Systematischer Praxiskommentar
GmbH-Recht
2. Auflage

Systematischer Praxiskommentar GmbH-Recht

für Unternehmer und Berater

hrsg. von

Prof. Dr. Gerhard Ring

Lehrstuhl für Bürgerliches Recht, Deutsches und Europäisches Wirtschaftsrecht, TU Bergakademie Freiberg

Prof. Dr. Dr. Herbert Grziwotz

Notar, Regen

2. Auflage

mit CD-ROM

Bundesanzeiger Verlag

Bibliografische Information Der Deutschen Nationalbibliothek
Die Deutsche Nationalbibliothek verzeichnet diese Publikation in der Deutschen Nationalbibliografie; detaillierte bibliografische Daten sind im Internet über:
http://dnb.d-nb.de abrufbar.

ISBN 978-3-89817-949-2

Die Formulierungsbeispiele in diesem Buch wurden mit Sorgfalt und nach bestem Wissen erstellt. Sie stellen jedoch lediglich Anregungen für die Lösung typischer Fallgestaltungen dar. Autoren und Verlag übernehmen keine Haftung für die Richtigkeit und Vollständigkeit der in dem Buch und auf der CD-ROM enthaltenen Ausführungen und Formulierungsmuster.

Herstellung: Günter Fabritius
Satz: starke+partner, Willich
Druck und buchbinderische Verarbeitung: Medienhaus Plump GmbH, Rheinbreitbach

Printed in Germany

Vorwort

Die GmbH ist und bleibt die ideale Gesellschaftsform für Einzelunternehmer sowie für kleinere und mittlere Unternehmen. Sie beschränkt nicht nur die stets zunehmenden Haftungsrisiken. Vielmehr ist die Rechtsform GmbH auch flexibel ausgestaltbar und kann deshalb auf das betreffende Unternehmen und seine(n) Inhaber „maßgeschneidert" werden. Gleichwohl verbleiben Risiken. Berater benötigen deshalb Informationen zum Recht der GmbH und die sie betreffenden weiteren Rechtsgebiete.

Der Systematische Praxiskommentar stellt auch in der 2. Auflage die Verbindung her zwischen einer Kommentierung, die sich fernab von bloß akademischen Streitigkeiten auf die praxisrelevanten Punkte beschränkt, und zusammenfassenden Überblickswerken, die die GmbH im Zusammenhang mit wichtigen weiteren Rechtsgebieten erläutern. Der Systematische Praxiskommentar beschreitet einen neuen Weg und geht über die klassische Kommentierung hinaus.

Die einzelnen Erläuterungen enthalten daher auch Hinweise zur Vertragsgestaltung. Sie sollen verschiedene Möglichkeiten und ihre Risiken verständlich machen. Zudem sind die Muster und Musterformulierungen, die auf der beigefügten CD-ROM enthalten sind, unmittelbar für die Praxis verwendbar.

Die Kombination von rechtlicher Kommentierung, gestaltenden Hinweisen und systematischen Darstellungen soll Gesellschaftern und Geschäftsführern zu mehr Durchblick im Recht der GmbH verhelfen. Auch ihre Berater erhalten in jenen Bereichen, in denen sie sich weniger gut auskennen, Informationen, die sie in ihrer täglichen Praxis benötigen.

Gedankt sei Frau Katharina Feucht für die umsichtige Betreuung und Organisation der Verfahrensabläufe. Auch nach der positiven Annahme der 1. Auflage sind die Herausgeber und die Autoren für Hinweise und Anregungen aus der Praxis weiterhin dankbar.

Regen und Freiberg, im Dezember 2012

Herbert Grziwotz

Gerhard Ring

Inhaltsübersicht

1. Teil: Kommentierung des GmbH-Gesetzes

Gesetz betreffend die Gesellschaften mit beschränkter Haftung (GmbHG)

Abschnitt 3. Vertretung und Geschäftsführung

Abschnitt 4. Abänderungen des Gesellschaftsvertrags

Abschnitt 5. Auflösung und Nichtigkeit der Gesellschaft

Abschnitt 6. Ordnungs-, Straf- und Bußgeldvorschriften

2. Teil: Die GmbH im Kontext

Musterverzeichnis und CD-ROM-Inhalt

I. Muster

II. CD-ROM-Inhalt

1. Muster 1 bis 75 (siehe oben)

2. Weitere Muster

Bearbeiterverzeichnis

Dr. Wolfgang Barth Notar, Haag i. OB	§§ 30, 31, 32, „Gesellschafterdarlehen in der Insolvenz"
Prof. Dr. Dr. Herbert Grziwotz Notar, Regen; Honorarprofessor an der Universität Regensburg, Gastdozent an der Bundesfinanzakademie	§§ 60–62, §§ 65–74
Dr. Johannes Hecht Notar, Hengersberg	§§ 7, 8, 10, 39
Dr. Jörn Heinemann (LL.M.) Notar, Neumarkt i. d. OPf.	§§ 57c–57o, §§ 78, 79, 82
Sebastian Herrler Notar a. D., Geschäftsführer Deutsches Notarinstitut	§§ 55–57a (zus. mit *Dr. Susanne Herrler*)
Dr. Susanne Herrler Notarin, Nürnberg	§§ 55-57a (zus. mit *Sebastian Herrler*)
Prof. Dr. Thomas Klingelhöfer Rechtsanwalt, Stuttgart, Gastprofessor für Gewerblichen Rechtsschutz und Urheberrecht an der Technischen Universität Bergakademie Freiberg	§§ 35, 37, 38, 44, „Rechtsanwalts- und Prozesskosten"
Dr. Niklas Korff (LL.M.) Rechtsanwalt, Dozent für Wirtschafts- und Arbeitsrecht, Universität Hamburg, Fakultät für Wirtschafts- und Sozialwissenschaften, Fachbereich Sozialökonomie	„GmbH-Konzernrecht"
Thomas Krause Notar, Staßfurt	§§ 45–51b, § 85
Peter Kreilinger, Dipl.-Kfm. Rechtsanwalt, Deggendorf/Werder (Havel)	„Arbeitsrecht"
Dr. Marcel Krumm Rechtsanwalt, Fachanwalt für Steuerrecht und Steuerberater, Akademischer Rat, Ruhr-Universität-Bochum, Lehrstuhl für Steuerrecht (Prof. Dr. Roman Seer)	§§ 9–9c, Vor § 64, §§ 64, 84
Dr. Andrea Lichtenwimmer, Dipl.-Kffr. Notarin, Ingolstadt	§§ 19–29
Prof. Dr. Gerhard Ring Technische Universität Bergakademie Freiberg, Lehrstuhl für Bürgerliches Recht, Deutsches und Europäisches Wirtschaftsrecht	§§ 1–3, §§ 4a–6, § 13
Dr. Stephan Salzmann, Dipl.-Kfm. Rechtsanwalt und Steuerberater, Grünwald b. München	Steuerrechtliche Hinweise (siehe im Einzelnen a.E.)

Erich Schmid Rechtsanwalt, Stuttgart	§ 43
Dr. Martin T. Schwab Notar, München	§§ 52–54, „Mittelbare Unternehmensbeteiligungen"
Arnulf Starck Rechtsanwalt und Steuerberater, Hannover	§§ 33, 34, Anhang zu § 34, 43a (zus. mit *Dr. Frank Westphal*)
Werner Tiedtke Notariatsoberrat, München; Leiter der Prüfungs- und Ausbildungsabteilung der Notarkasse A.d.ö.R. München	„Notar- und Handelsregisterkosten im GmbH-Recht" sowie kostenrechtliche Hinweise in § 2 Rn. 48; § 5a Rn. 41, 42; § 7 Rn. 28, 29; § 8 Rn. 22; § 12 Rn. 10; § 38 Rn. 38; § 39 Rn. 12; § 40 Rn. 24–30; § 48 Rn. 24, 25; § 53 Rn. 29; § 54 Rn. 18–30; § 55 Rn. 51, 52; § 55a Rn. 38–44; § 56 Rn. 26; § 57 Rn. 27–30; § 58 Rn. 18; § 65 Rn. 10; § 67 Rn. 11; § 74 Rn. 14
Lucas Wartenburger Notar, Rosenheim	§§ 41–42a, „Steuerrecht", „Nachfolgeplanung"; Rn. 65 von „GmbH-Konzernrecht" inkl. Muster; steuerrechtliche Hinweise (siehe im Einzelnen a.E.)
Dr. Simon Weiler Notar, München	„Umwandlungsrecht", „Unternehmenskauf"
Dr. Frank Westphal Rechtsanwalt und Steuerberater, Duisburg	§ 12, §§ 14–16, § 18, §§ 35a, 40; §§ 33, 34, Anhang zu § 34, 43a (zus. mit *Arnulf Starck*)
Prof. Dr. Maximilian Zimmer Notar, Wernigerode; Honorarprofessor an der Hochschule Harz, in Wernigerode	§§ 4, 11, §§ 58–58f, §§ 75–77

Steuerrechtliche Hinweise von *Salzmann*: § 1 Rn. 48; § 2 Rn. 49; § 3 Rn. 60; § 4a Rn. 37–41; § 5 Rn. 70–72; § 5a Rn. 43; § 6 Rn. 64; § 7 Rn. 30, 31; § 8 Rn. 23; § 9 Rn. 14; § 9a Rn. 18; § 9b Rn. 10; § 9c Rn. 10; § 10 Rn. 16; § 11 Rn. 72; § 13 Rn. 92; § 14 Rn. 19; § 15 Rn. 32–42; § 16 Rn. 25; § 18 Rn. 12; § 19 Rn. 76; § 20 Rn. 9; § 22 Rn. 26; § 23 Rn. 20; § 24 Rn. 11; § 26 Rn. 14; § 27 Rn. 6; § 29 Rn. 56–60; § 30 Rn. 60; § 31 Rn. 39; § 33 Rn. 21; § 34 Rn. 27; Anh. § 34 Rn. 19; § 35 Rn. 63; § 35a Rn. 9; § 37 Rn. 28; § 38 Rn. 39; § 43 Rn. 84; § 43a Rn. 10; § 45 Rn. 17; § 46 Rn. 31; § 52 Rn. 147 Abs. 2; § 53 Rn. 30; § 54 Rn. 31; § 55 Rn. 53–57; § 56 Rn. 27–30; § 58 Rn. 19–23; § 58a Rn. 11; § 58b Rn. 7; § 58c Rn. 6; § 62 Rn. 7; § 71 Rn. 10; § 72 Rn. 9; § 74 Rn. 15; § 82 Rn. 46;
Steuerrechtliche Hinweise von *Wartenburger*: 2. Teil – 2. Unternehmenskauf Rn. 84–90; 2. Teil – 3. Gesellschafterdarlehen Rn. 64–69; 2. Teil – 4. Mittelbare Unternehmensbeteiligungen Rn. 49–61, 2. Teil – 5. Umwandlungsrecht Rn. 90–106

Abkürzungsverzeichnis

a.A., A.A.	anderer Ansicht
a.a.O.	am angegebenen Ort
a.D.	außer Dienst
a.E.	am Ende
a.F.	alte Fassung
Abb.	Abbildung
abl.	ablehnend
ABl.	Amtsblatt
Abs.	Absatz
abw.	abweichend
AcP	Archiv für die civilistische Praxis (Band, Seite)
AEAO	Anwendungserlass zur Abgabenordnung
AG	Aktiengesellschaft; Amtsgericht; Ausführungsgesetz; Die Aktiengesellschaft (Zeitschrift)
AGG	Allgemeines Gleichbehandlungsgesetz
AktG	Aktiengesetz
allg.	allgemein
Alt.	Alternative
AnfG	Anfechtungsgesetz
Anh.	Anhang
Anl.	Anlage
Anm.	Anmerkung
AntBVBewV-E	Diskussionsentwurf einer Verordnung zur Durchführung des § 11 Abs. 2 des Bewertungsgesetzes – Anteils- und Betriebsvermögensbewertungsverordnung
AO	Abgabenordnung
AP	Arbeitsrechtliche Praxis (Nachschlagewerk des Bundesarbeitsgerichts – Gesetzesstelle und Entscheidungsnummer)
ArbGG	Arbeitsgerichtsgesetz
ArbZG	Arbeitszeitgesetz
Art.	Artikel
Aufl.	Auflage
ausdr.	ausdrücklich
ausf.	ausführlich
AuslInvG	Gesetz über steuerliche Maßnahmen bei Auslandsinvestitionen der deutschen Wirtschaft (Auslandsinvestitionsgesetz)
Az.	Aktenzeichen
BAG	Bundesarbeitsgericht
BAGE	Entscheidungen des Bundesarbeitsgerichts (Band, Seite)
BAT	Bundes-Angestelltentarif
BayArchG	Bayerisches Architektengesetz
BayBauKaG	Gesetz über die Bayerische Architektenkammer und die Bayerische Ingenieurkammer-Bau (Baukammerngesetz)
BayObLG	Bayerisches Oberstes Landesgericht
BayObLGZ	Entscheidungen des Bayerischen Obersten Landesgerichts in Zivilsachen (Band, Seite)
BB	Der Betriebs-Berater (Zeitschrift)

BBodSchG	Bundes-Bodenschutzgesetz
Bd.	Band
Bearb.	bearbeitet
BeckRS	Beck-Rechtsprechung
Begr.	Begründung
Bek.	Bekanntmachung
Beschl.	Beschluss
bestr.	bestritten
betr.	betrifft
BetrAVG	Gesetz zur Verbesserung der betrieblichen Altersversorgung
BetrVG	Betriebsverfassungsgesetz
BeurkG	Beurkundungsgesetz
BewG	Bewertungsgesetz
bez.	bezüglich
BFH	Bundesfinanzhof
BFH/NV	Sammlung der (bis 1997: amtlich nicht veröffentlichten) Entscheidungen des Bundesfinanzhofs
BFHE	Sammlung der Entscheidungen des Bundesfinanzhofs (Band, Seite)
BGB	Bürgerliches Gesetzbuch
BGBl.	Bundesgesetzblatt
BGH	Bundesgerichtshof
BGHSt	Entscheidungen des Bundesgerichtshofes in Strafsachen (Band, Seite)
BGHZ	Entscheidungen des Bundesgerichtshofs in Zivilsachen (Band, Seite)
BilMoG	Gesetz zur Modernisierung des Bilanzrechts – Bilanzrechtsmodernisierungsgesetz (RegE, BT-Drucks. 16/10067)
BiRiLiG	Bilanzrichtliniengesetz
BKartA	Bundeskartellamt
BMF	Bundesministerium der Finanzen
BMJ	Bundesministerium der Justiz
BNotK	Bundesnotarkammer
BNotO	Bundesnotarordnung
BOStB	Berufsordnung der Bundes-Steuerberaterkammer
BRAO	Bundesrechtsanwaltsordnung
BR-Drucks.	Bundesrats-Drucksache
BSG	Bundessozialgericht
BStBl.	Bundessteuerblatt
BSWP/vBP	Berufssatzung für Wirtschaftsprüfer/vereidigte Buchprüfer
BT-Drucks.	Bundestags-Drucksache
Buchst.	Buchstabe
BuW	Betrieb und Wirtschaft (Zeitschrift)
BVerfG	Bundesverfassungsgericht
BVerfGE	Entscheidungen des Bundesverfassungsgerichts (Band, Seite)
BVerwG	Bundesverwaltungsgericht
BVerwGE	Entscheidungen des Bundesverwaltungsgerichts (Band, Seite)
BWNotZ	Zeitschrift für das Notariat in Baden-Württemberg
BZRG	Bundeszentralregistergesetz
bzw.	beziehungsweise

Abkürzungsverzeichnis

c.i.c.	culpa in contrahendo
ca.	circa
ct	Cent
D&O	Directors-and-Officers[-Versicherung]
d.h.	das heißt
DAV	Deutscher Anwaltverein
DB	Der Betrieb (Zeitschrift)
DBA	Doppelbesteuerungsabkommen
DCF	Discounted Cashflow
ders.	derselbe
DGVZ	Deutsche Gerichtsvollzieher-Zeitung
dies.	dieselbe/n
DK	Die Kanzlei (Zeitschrift)
DMBilG	Gesetz über die Eröffnungsbilanz in Deutscher Mark und die Kapitalneufestsetzung
DNotZ	Deutsche Notar-Zeitschrift
DONot	Dienstordnung für Notare
DR	Deutsches Recht (Zeitschrift)
Dr.	Doktor
DrittelbG	Gesetz über die Drittelbeteiligung der Arbeitnehmer im Aufsichtsrat (Drittelbeteiligungsgesetz)
DRS	Deutscher Rechnungslegungsstandard
Drucks.	Drucksache
DStR	Deutsches Steuerrecht (Zeitschrift)
DStRE	Deutsches Steuerrecht – Entscheidungsdienst (Zeitschrift)
DVBl	Deutsches Verwaltungsblatt (Zeitschrift)
DWiR	Deutsche Zeitschrift für Wirtschaftsrecht (ab 9.1998: DZWiR)
DZWiR	Deutsche Zeitschrift für Wirtschafts- und Insolvenzrecht (bis 8.1998: DWiR)
e.V.	eingetragener Verein
EBAO	Einforderungs- und Beitreibungsanordnung
ebd.	ebenda
EBIT	earnings before interest and taxes
EBITDA	earnings before interest, taxes, depreciation and amortization
EDV	Elektronische Datenverarbeitung
EFG	Entscheidungen der Finanzgerichte (Zeitschrift)
EG	Europäische Gemeinschaft
EGBGB	Einführungsgesetz zum Bürgerlichen Gesetzbuch
EGGmbHG	Einführungsgesetz zum GmbHG (GmbHG-Einführungsgesetz)
EGHGB	Einführungsgesetz zum Handelsgesetzbuche
EGInsO	Einführungsgesetz zur Insolvenzordnung
EGStGB	Einführungsgesetz zum Strafgesetzbuch
EGV	Vertrag zur Gründung der Europäischen Gemeinschaft
EGVP	Elektronisches Gerichts- und Verwaltungspostfach
EHUG	Gesetz über elektronische Handelsregister und Genossenschaftsregister sowie das Unternehmensregister v. 10.11.2006
Einl.	Einleitung
einschl.	Einschließlich
einschr.	einschränkend

entspr.	entsprechend
ErbbauRG	Gesetz über das Erbbaurecht (Erbbaurechtsgesetz)
ErbStB	Erbschaft-Steuer-Berater (Zeitschrift)
ErbStG	Erbschaftsteuer- und Schenkungsteuergesetz
ErbStG-E	Regierungsentwurf zur Reform des ErbStG
ErbStR	Erbschaftsteuer-Richtlinien
ErbStRG	Gesetz zur Reform des Erbschaftsteuer- und Schenkungsteuerrechts
Erg.	Ergebnis
EStB	Der Ertragsteuerberater (Zeitschrift)
EStDV	Einkommensteuer-Durchführungsverordnung
EStG	Einkommensteuergesetz
EStG-E	Artikel 3 RegE des BilMoG (Änderung des EStG)
EStH	Einkommensteuer-Hinweise
et al.	und andere
etc.	et cetera
EuGH	Europäischer Gerichtshof
EuGHE	Sammlung der Rechtsprechung des Gerichtshofs der Europäischen Gemeinschaften
EUR	Euro
EuZW	Europäische Zeitschrift für Wirtschaftsrecht
evtl.	eventuell
EWiR	Entscheidungen zum Wirtschaftsrecht (Zeitschrift)
EWIV	Europäische Wirtschaftliche Interessenvereinigung
exkl.	exklusive
f., ff.	folgende, fortfolgende
FA	Fachanwalt Arbeitsrecht (Zeitschrift); Finanzamt
FamFG	Gesetz über das Verfahren in Familiensachen und in den Angelegenheiten der freiwilligen Gerichtsbarkeit
FamFG-E	FamFG-Entwurf
FG	Finanzgericht
FGG	Gesetz über die Angelegenheiten der freiwilligen Gerichtsbarkeit
FGPrax	Praxis der Freiwilligen Gerichtsbarkeit (Zeitschrift)
FinMin	Finanzministerium
FKVO	Fusionskontrollverordnung
Fn.	Fußnote
FN-IDW	IDW-Fachnachrichten (Zeitschrift)
FR	Finanz-Rundschau (Zeitschrift)
FS	Festschrift
GA	Goltdammer´s Archiv für Strafrecht (Jahr, Seite)
GBO	Grundbuchordnung
GbR	Gesellschaft bürgerlichen Rechts
gem.	gemäß
GenG	Gesetz betreffend die Erwerbs- und Wirtschaftsgenossenschaften (Genossenschaftsgesetz)
GesR	Gesellschaftsrecht
GewArch/GewA	Gewerbearchiv (Zeitschrift)
GewO	Gewerbeordnung
GewSt	Gewerbesteuer

Abkürzungsverzeichnis

GewStG	Gewerbesteuergesetz
GewStR	Gewerbesteuer-Richtlinien
ggf.	gegebenenfalls
GK	Großkommentar
GKG	Gerichtskostengesetz
GmbH	Gesellschaft mit beschränkter Haftung
GmbH i.G.	GmbH in Gründung
GmbH i.L.	GmbH in Liquidation
GmbHG	Gesetz betreffend die Gesellschaften mit beschränkter Haftung
GmbHR	GmbH-Rundschau (Zeitschrift)
GmbH-StB	Der GmbH-Steuer-Berater (Zeitschrift)
GoB	Grundsätze ordnungsmäßiger Buchführung
grds.	grundsätzlich
GrdstVG	Grundstückverkehrsgesetz
GrEStG	Grunderwerbsteuergesetz
GrS	Großer Senat
GRUR	Gewerblicher Rechtsschutz und Urheberrecht (Zeitschrift)
GStB	Gemeinde- und Städtebund
GüKG	Güterkraftverkehrsgesetz
GuV	Gewinn und Verlust
GV	Gebührenverzeichnis
GVG	Gerichtsverfassungsgesetz
GVG-E	Art. 22 des Entwurfs eines Gesetzes zur Reform des Verfahrens in Familiensachen und in den Angelegenheiten der freiwilligen Gerichtsbarkeit
GVO	Gerichtsvollzieherordnung
GWB	Gesetz gegen Wettbewerbsbeschränkungen
h.L.	herrschende Lehre
h.M., H.M.	herrschende Meinung
HandwO	Handwerksordnung
Hdb.	Handbuch
HeilBerG	Heilberufsgesetz
HessOrtsGG	Hessisches Ortsgerichtsgesetz
HGB	Handelsgesetzbuch
HGB-E	Artikel 1 RegE des BilMoG (Änderung des HGB)
HK	Heidelberger Kommentar
HRA/HRB	Handelsregister – Abteilung A/B
HRegGebV	Verordnung über Gebühren in Handels-, Partnerschafts- und Genossenschaftsregistersachen (Handelsregistergebührenverordnung)
HRR	Höchstrichterliche Rechtsprechung (Zeitschrift, 1928–1940)
hrsg.	herausgegeben
Hrsg.	Herausgeber
HRV	Handelsregisterverordnung
Hs.	Halbsatz
i.A.	in Abwicklung; im Auftrag
i.d.F.	in der Fassung
i.d.R.	in der Regel
i.d.S.	in diesem Sinne

i.E.	im Ergebnis
i.e.S.	im engeren Sinne
i.F.d.	im Falle des/der
i.Gr.	in Gründung
i.H.d.	in Höhe des/der
i.H.v.	in Höhe von
i.L.	in Liquidation
i.S.d.	im Sinne des
i.S.v.	im Sinne von
i.Ü.	im Übrigen
i.V.	in Vertretung
i.V.m.	in Verbindung mit
i.W.	in Worten
i.w.S.	im weiteren Sinne
IAS	International Accounting Standards
IDW	Institut der Wirtschaftsprüfer in Deutschland
IFRS	International Financial Reporting Standards
IMR	Immobilienverwaltung & Recht (Zeitschrift)
inkl.	inklusive
insb.	insbesondere
insg.	insgesamt
InsO	Insolvenzordnung
InvG	Investmentgesetz
IPR	Internationales Privatrecht
JBeitrO	Justizbeitreibungsordnung
JFG	Jahrbuch für Entscheidungen in Angelegenheiten der freiwilligen Gerichtsbarkeit und des Grundbuchrechts (Band, Seite)
JR	Juristische Rundschau
JStG	Jahressteuergesetz
JurBüro	Das juristische Büro (Zeitschrift)
JW	Juristische Wochenschrift
JZ	Juristenzeitung
KAGG	Gesetz über Kapitalanlagegesellschaften
Kap.	Kapitel
KapAEG	Gesetz zur Verbesserung der Wettbewerbsfähigkeit deutscher Konzerne an Kapitalmärkten und zur Erleichterung der Aufnahme von Gesellschafterdarlehen (Kapitalaufnahmeerleichterungsgesetz)
KapErhG	Gesetz über die Kapitalerhöhung aus Gesellschaftsmitteln und über die Gewinn- und Verlustrechnung (Kapitalerhöhungsgesetz)
KapErhStG	Gesetz über steuerrechtliche Maßnahmen bei Erhöhung des Nennkapitals aus Gesellschaftsmitteln (Kapitalerhöhungssteuergesetz)
KG	Kommanditgesellschaft; Kammergericht
KGaA	Kommanditgesellschaft auf Aktien
KGJ	Jahrbuch für Entscheidungen des Kammergerichts in Sachen der freiwilligen Gerichtsbarkeit in Kosten-, Stempel- und Strafsachen
KK	Kölner Kommentar
Komm.	Kommentar

KonTraG	Gesetz zur Kontrolle und Transparenz im Unternehmensbereich
KostO	Kostenordnung
KostRspr.	Kostenrechtsprechung – Nachschlagewerke wichtiger Kostenentscheidungen
KpK	Kompaktkommentar
krit.	kritisch
KSt	Körperschaftsteuer
KStG	Körperschaftsteuergesetz
KStH	Hinweise zu den Körperschaftssteuer-Richtlinien
KStR	Körperschaftsteuer-Richtlinien
KTS	Konkurs-, Treuhand- und Schiedsgerichtswesen (Zeitschrift)
KWG	Kreditwesengesetz
LFGG	Landesgesetz über die freiwillige Gerichtsbarkeit (Baden-Württemberg)
LG	Landgericht
Lit.	Literatur
LM	Nachschlagewerk des Bundesgerichtshofes, hrsg. v. Lindenmaier, Möhring u.a.
LMK	Kommentierte BGH-Rechtsprechung Lindenmaier, Möhring
LoI	Letter of Intent
LöschG	Löschungsgesetz
LS	Leitsatz
LStH	Hinweise zu Lohnsteuer-Richtlinien
lt.	laut
LZ	Leipziger Zeitschrift für Deutsches Recht
LZB	Landeszentralbank
m. Anm.	mit Anmerkung
m.E.	meines Erachtens
m.N.	mit Nachweisen
m.w.N.	mit weiteren Nachweisen
MarkenG	Markengesetz
max.	maximal
MDR	Monatsschrift für Deutsches Recht (Zeitschrift)
Min.	Minute(n)
min.	minimal
mind.	mindestens
Mio.	Million(en)
MitbestErgG	Gesetz zur Ergänzung des Gesetzes über die Mitbestimmung der Arbeitnehmer in den Aufsichtsräten und Vorständen der Unternehmen des Bergbaus und der Eisen und Stahl erzeugenden Industrie (Montan-Mitbestimmungsergänzungsgesetz)
MitbestG	Gesetz über die Mitbestimmung der Arbeitnehmer (Mitbestimmungsgesetz)
Mitt.	Mitteilung/en
MittBayNot	Mitteilungen des Bayerischen Notarvereins, der Notarkasse und der Landesnotarkasse Bayern (Zeitschrift)
MittRhNotK	Mitteilungen der Rheinischen Notarkammer (Zeitschrift)
MMR	MultiMedia und Recht (Zeitschrift)
MoMiG	Gesetz zur Modernisierung des GmbH-Rechts und zur Bekämpfung von Missbräuchen vom 23.10.2008 (BGBl. I S. 2026)

MontanMitbestG	Gesetz über die Mitbestimmung der Arbeitnehmer in den Aufsichtsräten und Vorständen der Unternehmen des Bergbaus und der Eisen und Stahl erzeugenden Industrie (Montan-Mitbestimmungsgesetz)
MoRaKG	Gesetz zur Modernisierung der Rahmenbedingungen für Kapitalbeteiligungen
Mrd.	Milliarden
mtl.	monatlich
MüAnwHdb-GmbHR	Münchner Anwaltshandbuch GmbH-Recht
MüHdb-GesR	Münchener Handbuch des Gesellschaftsrechts
MünchKomm	Münchener Kommentar
MüVertrHdb	Münchener Vertragshandbuch
MwSt.	Mehrwertsteuer
n.F.	neue Fassung
n.r.	nicht rechtskräftig
n.v.	nicht veröffentlicht
nachf.	nachfolgend
NJOZ	Neue Juristische Online-Zeitschrift
NJW	Neue Juristische Wochenschrift
NJW-RR	NJW-Rechtsprechungs-Report
NL-BzAR	Neue Landwirtschaft – Briefe zum Agrarrecht (Zeitschrift)
NotBZ	Zeitschrift für die notarielle Beratungs- und Beurkundungspraxis
Nr.	Nummer
NStZ	Neue Zeitschrift für Strafrecht
NuR	Natur und Recht (Zeitschrift)
NVwZ	Neue Zeitschrift für Verwaltungsrecht
NWB	Neue Wirtschafts-Briefe für Steuer- und Wirtschaftsrecht (Zeitschrift)
NZA	Neue Zeitschrift für Arbeitsrecht
NZG	Neue Zeitschrift für Gesellschaftsrecht
NZI	Neue Zeitschrift für Insolvenz- und Sanierungsrecht
o.a.	oben angegeben
o.Ä.	oder Ähnliches
o.g.	oben genannt
OECD	Organization for Economic Cooperation and Development
OECD-MA	OECD-Musterabkommen
OFD	Oberfinanzdirektion
OHG	Offene Handelsgesellschaft
OLGE	Entscheidungssammlung der Oberlandesgerichte
OLGR	OLGReport
OLGZ	Entscheidungen der Oberlandesgerichte in Zivilsachen (Band, Seite)
p.a.	pro anno
PartGG	Partnerschaftsgesellschaftsgesetz
PatAnwO	Patentanwaltsordnung
PatG	Patentgesetz
PfandBG	Pfandbriefgesetz
PLZ	Postleitzahl
Pos.	Position
pp.	per procura
Prof.	Professor

PublG	Gesetz über die Rechnungslegung von bestimmten Unternehmen und Konzernen (Publizitätsgesetz)
RBerG	Rechtsberatungsgesetz
rd.	rund
RdA	Recht der Arbeit (Zeitschrift)
RefE	Referentenentwurf
RegBegr.	Regierungsbegründung
RegE	Regierungsentwurf (RegE MoMiG = BT-Drucks. 16/6140)
REIT	Real Estate Investment Trust
resp.	respektive
RG	Reichsgericht
RGSt	Entscheidungen des RG in Strafsachen (Band, Seite)
RGZ	Entscheidungen des RG in Zivilsachen (Band, Seite)
RIW	Recht der internationalen Wirtschaft (Zeitschrift)
rkr.	rechtskräftig
Rn.	Randnummer
RNotZ	Rheinische Notar-Zeitschrift (ab 2001, vorher: MittRhNotK)
RPBeglG	Landesgesetz über die Beglaubigungsbefugnis (Rheinland-Pfalz)
Rpfl.	Rechtspfleger
Rpfleger	Der deutsche Rechtspfleger (Zeitschrift)
RPflG	Rechtspflegergesetz
Rspr.	Rechtsprechung
RVG	Rechtsanwaltsvergütungsgesetz
S.	Satz; Seite
s.a.	siehe auch
s.o.	siehe oben
s.u.	siehe unten
sächs.	sächsisch
SächsArchG	Sächsisches Architektengesetz
SEStEG	Gesetz über steuerliche Begleitmaßnahmen zur Einführung der Europäischen Gesellschaft und zur Änderung weiterer steuerrechtlicher Vorschriften
SGB (I–XII)	Sozialgesetzbuch
Slg.	Sammlung
sog.	sogenannt
SolZG	Solidaritätszuschlaggesetz
SozR	Sozialrecht. Rechtsprechung und Schrifttum, bearb. v. d. Richtern des Bundessozialgerichts (Loseblatt)
StAuskV	Steuer-Auskunftsverordnung
StBerG	Steuerberatungsgesetz
StBGebV	Steuerberatergebührenverordnung
Std.	Stunde(n)
StGB	Strafgesetzbuch
StPO	Strafprozessordnung
str.	streitig/strittig
Tab.	Tabelle
Tel.	Telefon
TraPuG	Transparenz- und Publizitätsgesetz

Tz.	Textzahl
TzBfG	Teilzeit- und Befristungsgesetz
u.a.	unter anderem
u.Ä.	und Ähnliches
u.E.	unseres Erachtens
u.U.	unter Umständen
u.v.m.	und vieles mehr
UG	Unternehmergesellschaft
umstr.	umstritten
UmwBerG	Gesetz zur Bereinigung des Umwandlungsgesetzes
UmwG	Umwandlungsgesetz
UmwR	Umwandlungsrecht
UmwStG	Gesetz über steuerliche Maßnahmen bei Änderungen der Unternehmensform
unstr.	unstreitig
UPR	Umwelt- und Planungsrecht (Zeitschrift)
UrhG	Urheberrechtsgesetz
Urt.	Urteil
UStG	Umsatzsteuergesetz
USt-ID	Umsatzsteuer-Identifikation
UStR	Umsatzsteuerrichtlinien
usw.	und so weiter
UWG	Gesetz gegen den unlauteren Wettbewerb
v.	von/vom
v.a.	vor allem
v.H.	vom Hundert
VAG	Versicherungsaufsichtsgesetz
Var.	Variante
VereinsG	Gesetz zur Regelung des öffentlichen Vereinsrechts
Verf.	Verfasser
VG	Verwaltungsgericht; Verwertungsgesellschaft
vgl.	vergleiche
VO	Verordnung
Vorbem.	Vorbemerkung
vorl.	vorläufig
VV	Vergütungsverzeichnis
VVaG	Versicherungsverein auf Gegenseitigkeit
w.N.	weitere Nachweise
WEG	Wohnungseigentumsgesetz
wg.	wegen
WiB	Wirtschaftsrechtliche Beratung (Zeitschrift)
WiRO	Wirtschaft und Recht in Osteuropa (Zeitschrift)
wistra	Zeitschrift für Wirtschafts- und Steuerrecht
WM	Wertpapier-Mitteilungen (Zeitschrift)
WO DrittelbG	Verordnung zur Wahl der Aufsichtsratsmitglieder der Arbeitnehmer nach dem Drittelbeteiligungsgesetz (Wahlordnung zum Drittelbeteiligungsgesetz)

WPg	Die Wirtschaftsprüfung (Zeitschrift)
WPO	Gesetz über eine Berufsordnung der Wirtschaftsprüfer (Wirtschaftsprüferordnung)
WpÜG	Wertpapiererwerbs- und Übernahmegesetz
WuB	Entscheidungssammlung zum Wirtschafts- und Bankrecht
z.B.	zum Beispiel
z.Hd.	zu Händen
z.T.	zum Teil
z.Zt.	zur Zeit
ZCG	Zeitschrift für Corporate Governance
ZErb	Zeitschrift für die Steuer- und Erbrechtspraxis
ZEV	Zeitschrift für Erbrecht und Vermögensnachfolge
ZGR	Zeitschrift für Unternehmens- und Gesellschaftsrecht
ZGS	Zeitschrift für das gesamte Schuldrecht
ZHR	Zeitschrift für das gesamte Handelsrecht (Band, Seite)
Ziff.	Ziffer
ZInsO	Zeitschrift für das gesamte Insolvenzrecht
ZIP	Zeitschrift für Wirtschaftsrecht
zit.	zitiert
ZNotP	Zeitschrift für die Notarpraxis
ZPO	Zivilprozessordnung
ZRP	Zeitschrift für Rechtspolitik
zust.	zustimmend
ZustErgG	Zuständigkeitsergänzungsgesetz
zutr.	zutreffend
zw.	zweifelhaft
zzgl.	zuzüglich
ZZP	Zeitschrift für Zivilprozeß

Allgemeines Literaturverzeichnis

	zitiert:
Achilles/Ensthaler/Schmidt, Kommentar zum GmbH-Gesetz, 2005	Achilles/Ensthaler/Schmidt/*Bearbeiter*
Baumbach/Hopt, HGB, Kommentar, 35. Auflage 2012	Baumbach/Hopt/*Bearbeiter*
Baumbach/Hueck, GmbHG, Kommentar, 19. Auflage 2010	Baumbach/Hueck/*Bearbeiter*
Beck'sches Handbuch der GmbH, hrsg. von Müller/Hense, 4. Auflage 2009	*Bearbeiter,* in: Beck'sches Handbuch der GmbH
Blümich, EStG, KStG, GewStG, Kommentar, (Losebl.) Stand: April 2012	Blümich/*Bearbeiter*
Ebenroth/Boujong/Joost/Strohn, HGB, Kommentar, Bd. 1 (§§ 1–342e): 2. Auflage 2008, Bd. 2 (§§ 343–475h): 1. Auflage 2001, Aktualisierungs-Bd.: 2003	Ebenroth/Boujong/Joost/Strohn/*Bearbeiter*
Erman, Bürgerliches Gesetzbuch, Kommentar, 13. Auflage 2011	Erman/*Bearbeiter*
Gemeinschaftskommentar zum Handelsgesetzbuch mit UN-Kaufrecht, hrsg. von Ensthaler, 7. Auflage 2007	GK-HGB/*Bearbeiter*
GmbH-Handbuch, hrsg. von der Centrale für GmbH, (Losebl.) Stand: Juni 2012	*Bearbeiter,* in: GmbH-Handbuch
Gosch/Schwedhelm/Spiegelberger, GmbH-Beratung, (Losebl.) Stand: Mai 2012	*Bearbeiter,* in: Gosch/Schwedhelm/Spiegelberger
Großkommentar zum Aktiengesetz, hrsg. von Hopt/Wiedemann, 4. Auflage 1992 ff.	GK-AktG/*Bearbeiter*
Hachenburg, GmbHG, Kommentar, 8. Auflage 1990 ff.	Hachenburg/*Bearbeiter*
Heidelberger Kommentar zum Aktiengesetz, hrsg. von Bürgers/Körber, 2. Auflage 2011	HK-AktG/*Bearbeiter*
Heidelberger Kommentar zum GmbH-Recht, bearbeitet von Bartl/Fichtelmann/Schlarb/Schulze, 6. Auflage 2009	HK-GmbHR/*Bearbeiter*
Heidelberger Kommentar zur Insolvenzordnung, bearbeitet von Eickmann u.a., 6. Auflage 2011	HK-InsO/*Bearbeiter*
Hüffer, Aktiengesetz, Kommentar, 10. Auflage 2012	Hüffer
Jaeger, Insolvenzordnung, Großkommentar, 5 Bde., 2004 ff.	Jaeger/*Bearbeiter*
Jansen/von Schuckmann/Sonnenfeld, FGG, Kommentar, 3. Bde., 3. Auflage 2006	Jansen/von Schuckmann/Sonnenfeld/*Bearbeiter*

Keidel, FamFG, Kommentar, 17. Auflage 2011	Keidel/*Bearbeiter*
Koller/Roth/Morck, Handelsgesetzbuch, Kommentar, 7. Auflage 2011	Koller/Roth/Morck/*Bearbeiter*
Kölner Kommentar zum Aktiengesetz, hrsg. von Zöllner/Noack, 8 Bde. + Einl.-Bd., 3. Auflage 2004 ff.	KK-AktG/*Bearbeiter*
Korintenberg/Lappe/Bengel/Reimann, Kommentar, KostO, 18. Auflage 2010	Korintenberg/*Bearbeiter*
Krafka/Willer/Kühn, Registerrecht, 8. Auflage 2010	Krafka/Willer/Kühn
Kübler/Prütting, InsO, Kommentar (Losebl.), Stand: Juni 2012	Kübler/Prütting/*Bearbeiter*
Lutter/Hommelhoff, GmbHG, Kommentar, 17. Auflage 2009	Lutter/Hommelhoff/*Bearbeiter*
Meyer-Landrut/Miller/Niehaus, GmbHG, Kommentar, 1987	Meyer-Landrut/Miller/Niehaus/*Bearbeiter*
Michalski, GmbHG, Kommentar, 2 Bde., 2. Auflage 2010	Michalski/*Bearbeiter*
Münchener Handbuch des Gesellschaftsrechts, Bd. 1: BGB-Gesellschaft, Offene Handelsgesellschaft, Partnerschaftsgesellschaft, EWIV, hrsg. von Gummert/Riegger/Weipert, 3. Auflage 2009	MüHdb-GesR-I/*Bearbeiter*
Münchener Handbuch des Gesellschaftsrechts, Bd. 2: Kommanditgesellschaft, Stille Gesellschaft, hrsg. von Riegger/Weipert, 3. Auflage 2009	MüHdb-GesR-II/*Bearbeiter*
Münchener Handbuch des Gesellschaftsrechts, Bd. 3: Gesellschaft mit beschränkter Haftung, hrsg. von Priester/Mayer, 3. Auflage 2009	MüHdb-GesR-III/*Bearbeiter*
Münchener Handbuch des Gesellschaftsrechts, Bd. 4: Aktiengesellschaft, hrsg. von Hoffmann-Becking, 3. Auflage 2007	MüHdb-GesR-IV/*Bearbeiter*
Münchener Kommentar zum AktG, 2. Auflage 1999 ff., 9 Bde., hrsg. von Kropff/Semler; 3. Auflage 2008 ff., 7 Bde. (außer Bd. 3), hrsg. von Goette/Habersack/Kalss	MünchKomm-AktG/*Bearbeiter*
Münchener Kommentar zum BGB, hrsg. von Säcker/Rixecker, Bd. 1 ff., 4. Auflage 2001 ff.; 5. Auflage 2006 ff.	MünchKomm-BGB/*Bearbeiter*
Münchener Kommentar zum HGB, hrsg. von K. Schmidt, Bd. 1, 3. Auflage 2010	MünchKomm-HGB/*Bearbeiter*
Münchener Kommentar zur Insolvenzordnung, hrsg. von Kirchhof/Lwowski/Stürner, 3 Bde., 2. Auflage 2007/2008	MünchKomm-InsO/*Bearbeiter*
Münchener Vertragshandbuch, Bd. 1, Gesellschaftsrecht, hrsg. von Heidenhain/Meister/Waldner, 6. Auflage 2005	MüVertrHdb-GesR/*Bearbeiter*

Münchner Anwaltshandbuch GmbH-Recht, hrsg. von Römermann, 2. Auflage 2009	MüAnwHdb-GmbHR/*Bearbeiter*
Palandt, Bürgerliches Gesetzbuch, Kommentar, 71. Auflage 2012	Palandt/*Bearbeiter*
Röhricht/v. Westphalen, HGB, Kommentar, 3. Auflage 2008	Röhricht/v. Westphalen/*Bearbeiter*
Roth/Altmeppen, GmbHG, Kommentar, 7. Auflage 2012	Roth/Altmeppen/*Bearbeiter*
Rowedder/Schmidt-Leithoff, GmbHG, Kommentar, 4. Auflage 2002	Rowedder/Schmidt-Leithoff/*Bearbeiter*
Schmidt, Einkommensteuergesetz, Kommentar, 31. Auflage, 2012	Schmidt/*Bearbeiter*
K. Schmidt, Gesellschaftsrecht, 4. Auflage 2002	*K. Schmidt*, Gesellschaftsrecht
K. Schmidt, Handelsrecht, 5. Auflage 1999	*K. Schmidt*, Handelsrecht
Scholz, GmbHG, Kommentar, 3. Bde., Bd. 1: 10. Auflage 2006, Bd. 2: 10. Auflage 2007, Bd. 3: 10. Auflage 2009	Scholz/*Bearbeiter*
Spindler/Stilz, Kommentar zum Aktiengesetz, 2. Bde., 2. Auflage 2010	Spindler/Stilz/*Bearbeiter*
Staub, Handelsgesetzbuch, Großkommentar, 7 Bde., hrsg. von Canaris/Schilling/Ulmer, 4. Auflage 1995 ff.	Staub/*Bearbeiter*
Staudinger, Kommentar zum Bürgerlichen Gesetzbuch, 12. Auflage 1978 ff.; 13. Auflage 1993 ff.; danach bandweise neu bearbeitet	Staudinger/*Bearbeiter*
Thomas/Putzo, ZPO, Kommentar, 33. Auflage 2012	Thomas/Putzo/*Bearbeiter*
Uhlenbruck, InsO, Kommentar, 13. Auflage 2010	Uhlenbruck/*Bearbeiter*
Ulmer/Habersack/Winter, GmbHG, Kommentar, 3 Bde., Bd. 1 (Einleitung, §§ 1–28), 2005; Bd. 2 (§§ 29–52), 2006; Bd. 3 (§§ 53–87), 2008	Ulmer/Habersack/Winter/*Bearbeiter*

1. Teil:

Kommentierung des GmbH-Gesetzes

Gesetz betreffend die Gesellschaften mit beschränkter Haftung (GmbHG)

in der Fassung der Bekanntmachung vom 20.5.1898 (RGBl. S. 369, 846)
(BGBl. III 4123-1)
zuletzt geändert durch Artikel 2 Absatz 51 des Gesetzes vom 22. Dezember 2011
(BGBl. I S. 3044)

Einleitung

Die GmbH ist der wohl erfolgreichste deutsche Exportartikel auf dem Gebiet des Rechts. Im 19. Jahrhundert ohne Vorbild als Kunstschöpfung entwickelt, trat das GmbH-Gesetz am 10.5.1892 in Kraft. Bereits kurz darauf wurde die neue Gesellschaftsform auch in zahlreiche Länder des Auslands exportiert. Trotz der Einführung der kleinen Aktiengesellschaft ist sie die bevorzugte Rechtsform für kleinere und mittlere Unternehmen geblieben. Bereits in den Jahren 1912 und 1914 befasste sich der Deutsche Juristentag mit einer Reform des GmbH-Gesetzes. In den 1930er Jahren war die GmbH Gegenstand der zeitbedingten ideologischen Kritik an den „anonymen Kapitalgesellschaften". Nach dem Zweiten Weltkrieg flammte die Diskussion um eine umfassende GmbH-Reform wieder auf. Zu einer großen GmbH-Reform kam es jedoch zunächst nicht. Mit der GmbH-Novelle 1980 hat sich der Gesetzgeber auf die Beseitigung der wichtigsten Missstände beschränkt und das Stammkapital von 20.000 DM auf 50.000 DM erhöht. In den folgenden Jahren kam es nicht zuletzt infolge des Prozesses der europäischen Rechtsangleichung zu einer Reihe von Änderungen des GmbH-Rechts. Durch Entscheidungen des EuGH („Centros", „Überseering", „Inspire-Art" und „Sevic") wurden ausländische Gesellschaften, die keine Geschäftsaktivitäten in ihrem Gründungsland entfalten, in Deutschland zugelassen. Dies hat zu einem Wettbewerb der Gesellschaftsformen geführt, der sich, wie dies vielfach im Prozess der Rechtsangleichung meist der Fall ist, auf dem niedrigsten Level einpendelte, sodass die Ein-Pfund-Limited infolge einer geschickten Vermarktung zum angeblichen neuen Star der Gesellschaftsformen wurde. Die für 2005 geplante Reform der Herabsetzung des Stammkapitals auf 10.000 EUR, um gegenüber der Limited konkurrenzfähig zu bleiben, wurde zwar wegen der vorgezogenen Bundestagswahl zurückgestellt. Das **Gesetz zur Modernisierung des GmbH-Rechts und zur Bekämpfung von Missbräuchen (MoMiG)** von 2008 hat das GmbH-Recht grundlegend reformiert. Es hat zahlreiche Erleichterungen geschaffen, indem es auf die Sicherheit bei der Ein-Mann-Gründung verzichtet, die Übernahme mehrerer Geschäftsanteile gestattet, die Stückelung zulässt und auf die Genehmigungen als Eintragungsvoraussetzungen verzichtet. Ferner wurde eine haftungsbeschränkte Unternehmergesellschaft eingeführt, die mit null Stammkapital beginnen kann. Das Hin- und Herzahlen wurde legalisiert und das Cash-Pooling erlaubt. Eine grundlegende Neuerung war schließlich die Ermöglichung eines gutgläubigen Erwerbs von Geschäftsanteilen. Die erweiterte Insolvenzantragspflicht und die Pflicht zur Überwachung der Geschäftsführer haben demgegenüber zu weitergehenden Haftungen der Gesellschafter geführt. Zwischenzeitlich ergangene Gerichtsentscheidungen zum neuen GmbH-Recht haben Streitfragen gelöst. Die Praxis hat sich auf das neue Recht eingestellt.

Die **Entscheidung für die GmbH** als Gesellschaftsform ist Teil der Unternehmensplanung. Für die Wahl der geeigneten Rechtsform der unternehmerischen Tätigkeit sind unterschiedliche Gesichtspunkte maßgeblich. Persönliche Gründe spielen dabei ebenso eine Rolle wie betriebswirtschaftliche und rechtliche Erwägungen. Im Bereich der persönlichen Überlegungen sind der Kreis der Gesellschafter, ihre Mitarbeit und der Umfang der persönlichen Haftung von Bedeutung. **Betriebswirtschaftliche Kriterien** sind das Umsatzziel, der Kapitalbedarf sowie die Zahl der Mitarbeiter. Bei den **rechtlichen Rahmenbedingungen** sind neben den Vor- und Nachteilen der einzelnen

Gesellschaftsformen, vor allem das Mitbestimmungsrecht, die Publizitätspflichten und die steuerlichen Folgen zu beachten. Dabei ist es verfehlt, die Unternehmensform allein von steuerlichen Kriterien abhängig zu machen. Die Entscheidung für eine Gesellschaftsform ist zudem keine endgültige, sondern kann durch einen Wandel der Verhältnisse korrekturbedürftig werden. Dies ist häufig bei mittelständischen Familienunternehmen aufgrund der Nachfolgeproblematik der Fall. Die Vorzüge der GmbH sind ihre Haftungsbeschränkung, die vergleichsweise geringe Kapitalausstattung, die Unabhängigkeit von einem bestimmten Zweck, die Möglichkeit der Fremdorganschaft und vor allem die weitgehende Gestaltungsfreiheit hinsichtlich des Innenverhältnisses der Gesellschafter. Insofern dürfte die GmbH trotz der ausländischen Konkurrenz die bevorzugte Unternehmensform für kleinere und mittelständische Betriebe bleiben.

Abschnitt 1
Errichtung der Gesellschaft

§ 1 Zweck; Gründerzahl

Gesellschaften mit beschränkter Haftung können nach Maßgabe der Bestimmungen dieses Gesetzes zu jedem gesetzlich zulässigen Zweck durch eine oder mehrere Personen errichtet werden.

Literatur

Ahlers, Die Anwalts-GmbH nach geltendem Recht, AnwBl 1991, 226; *Altmeppen*, Abschied vom Durchgriff im Kapitalgesellschaftsrecht, NJW 2007, 2657; *Altmeppen*, Neues Recht für die Einpersonen-GmbH, MDR 1992, 324; *Blasche*, Individualisierung sowie Über- und Unterschreitung des Unternehmensgegenstandes, DB 2011, 517; *Bretschneider*, Die gesellschafterlose Gesellschaft mit beschränkter Haftung, 1994; *Ehricke*, Zur Begründbarkeit der Durchgriffshaftung in der GmbH, insbesondere aus methodischer Sicht, AcP 199 (1999), 257; *Engelsing/Lüke*, Die gemeinnützige GmbH, NWB 2010, 118; *Gail/Overlack*, Anwaltsgesellschaften, 2. Aufl. 1996; *Ganster*, Freier Beruf und Kapitalgesellschaft, 2000; *Heinemann*, Rechtsformwahl und Anwalts-GmbH, AnwBl 1991, 233; *Henssler*, Die Freiberufler-GmbH, ZIP 1994, 844; *v. Holt/Koch*, Gemeinnützige GmbH, 2005; *Hommelhoff*, Gestaltungsfreiheit im GmbH-Recht, in: Gestaltungsfreiheit im Gesellschaftsrecht, 1997, S. 36; *Hübner-Weingarten*, Outsorcing einer Patentabteilung – selbständige Patentanwalts-GmbH als Lösung?, DB 1998, 2049; *Koch*, Zur Zulässigkeit der Rechtsanwalts-GmbH nach geltendem Recht, AnwBl 1993, 157; *Kreutz*, Von der Einmann- zur „Keinmann"-GmbH?, FS für Stimpel, 1985, S. 379; *Loidl*, Die GmbH ohne erwerbswirtschaftliche Zielsetzung, 1970; *Meyer/Kreft*, Die Arzt-GmbH auf dem Prüfstand, GmbHR 1997, 193; *Paulick*, Die GmbH ohne Gesellschafter, 1979; *Michalski*, Das Gesellschafts- und Kartellrecht der berufsrechtlich gebundenen freien Berufe, 1989; *Oldenburg*, Die Keinmann-GmbH – Ein unmögliches Rechtsgebilde?, 1985; *Priester*, Nonprofit-GmbH – Satzungsgestaltung und Satzungsvollzug, GmbHR 1999, 149; *Prühs*, Non-Profit-GmbH, GmbH-Stpr 2010, 69; *Reher*, Die Zweipersonen-GmbH, 2003; *Reichert*, Das medizinische Versorgungszentrum in Form einer GmbH, 2008; *Ring*, Werberecht der Kliniken und Sanatorien, 1990; *Römer*, Die Eignung der GmbH als Rechtsform für Stiftungszwecke, 1991; *Römer*, Erste Praxisprobleme mit der Neuregelung der Anwalts-GmbH, GmbHR 1999, 526; *Römermann*, Entwicklungen und Tendenzen bei Anwaltsgesellschaften, 1995; *Schlüter*, Die gemeinnützige GmbH, GmbHR 2002, 535 (Teil 1) und 578 (Teil 2); *K. Schmidt*, Zur Einheits-GmbH & Co. KG, Kautelarjurisprudenz an ihren Grenzen oder Triumph der Typizität des Atypischen?, FS für Westermann, 2008, S. 1425; *Scholz*, Zu welchem Zweck kann eine GmbH gegründet werden?, GmbHR 1942, 281; *Steding*, Die Ein-Personen-Gesellschaft, eine unternehmerische Gestaltungsvariante auch in der Landwirtschaft?, NL-BzAR 2007, 442; *Steding*, Die gesellschafterlose GmbH – eine rechtlich zulässige Unternehmensvariante?, NZG 2003, 57; *Taupitz*, Zur Verfassungswidrigkeit des Verbots, ärztliche Praxen in Form einer juristischen Person des Privatrechts zu führen, NJW 1996, 3033; *Taupitz*, Die GmbH als Organisationsform ambulanter heilkundlicher Tätigkeit, NJW 1992, 2317; *Tieves*, Der Unternehmensgegenstand der Kapitalgesellschaft, 1998; *Ulmer/Ihrig*, Die Rechtsnatur der Einmann-Gründungsaktion, GmbHR 1988, 373; *Wachter*, Ausländer als GmbH-Gesellschafter und -Geschäftsführer, ZIP 1999, 1577; *Wachter*, Satzung einer gemeinnützigen Stiftungs-GmbH, GmbH-StB 2000, 194; *Wachter*, Die Stiftungs-GmbH, GmbH-StB 2000, 191; *Westermann*, Die Anpassung der GmbH an den Zweck des Unternehmens, 1959; *Westermann*, Die GmbH ohne erwerbswirtschaftliche Zielsetzung, GmbHR 1970, 313; *Westermann*, Zweck der Gesellschaft und Gegenstand des Unternehmens im Aktien- und Genossenschaftsrecht, FS für Schnorr v. Carolsfeld, 1972, S. 517; *Westermann*, Die GmbH, ein „Allzweck-Instrument", in: Pro GmbH, 1980, S. 23; *Winkler*, Nichtgewerbliche, ideale, insbesondere politische Zielsetzungen als Inhalt von Gesellschaftsverträgen und Satzungen, NJW 1970, 449; *Wochner*, Die Stiftungs-GmbH, DStR 1998, 1835; *Zöllner*, Inhaltsfreiheit bei Gesellschaftsverträgen, FS 100 Jahre GmbHG, 1992, S. 85.

A. Allgemeines

1 § 1 etabliert den Begriff der „Gesellschaft mit beschränkter Haftung" (GmbH) im deutschen Recht und regelt als erste Norm (Grundnorm)[1] des ersten Abschnitts (über die gesetzlichen Vorgaben einer GmbH-Gründung) den **Gesellschaftszweck** einer GmbH als juristischer Person (vgl. § 13 Abs. 1): Die GmbH kann nach Maßgabe der Bestimmungen des GmbHG zu jedem gesetzlich zulässigen Zweck durch eine oder mehrere Personen (**Ein- oder Mehr-Personen-Gesellschaft**) errichtet (d.h. gegründet)[2] werden. Die **Errichtung** (vgl. § 29 AktG) vollzieht sich als Gesamtvorgang in mehreren Schritten:[3]

- Abschluss eines formbedürftigen, einen bestimmten Mindestinhalt aufweisenden Gesellschaftsvertrags (§§ 1, 2, 3 bis 5);
- Bestellung der Geschäftsführer (§ 6 – sofern diese nicht bereits schon im Gesellschaftsvertrag benannt wurden);
- Erbringung der Stammeinlagen (§ 7 Abs. 2);
- Handelsregisteranmeldung (§§ 7 Abs. 1, 8); sowie
- Prüfung der Anmeldung durch das Registergericht, Eintragung und Bekanntmachung (§§ 9c und 10), wobei die GmbH mit der Eintragung „als solche" (d.h. als juristische Person) zur Entstehung gelangt (§ 11 Abs. 1).

Vorher besteht eine

- **Vorgründungsgesellschaft** (vom Abschluss des notariellen Gesellschaftsvertrags an) bzw. eine
- **Vorgesellschaft** (Vor-GmbH, im Zeitraum zwischen Errichtung und Eintragung).[4]

2 Die GmbH gilt (gesetzliche Fiktion) nach § 13 Abs. 3 als **Handelsgesellschaft** i.S.d. HGB, womit die in Betreff der Kaufleute geltenden Vorschriften gem. § 6 Abs. 1 HGB auf sie Anwendung finden. Sie ist **Formkaufmann** i.S.v. § 6 Abs. 2 HGB i.V.m. § 13 Abs. 3, da ihr das GmbHG ohne Rücksicht auf den Gegenstand des Unternehmens die Eigenschaft eines Kaufmanns beilegt (auch wenn die Voraussetzungen des § 1 Abs. 2 HGB nicht vorliegen, d.h., wenn sie kein „Handelsgewerbe" betreibt, womit ihre Geschäfte stets Handelsgeschäfte [vgl. § 343 Abs. 1 HGB] sind)[5].

1 Henssler/*Schäfer*, § 1 Rn. 1 unter Bezugnahme auf Hachenburg/*Ulmer*, § 1 Rn. 1.

2 Baumbach/Hueck/*Fastrich*, § 1 Rn. 2: Terminologisch bezeichnet im GmbH-Recht „Gründung" den Gesamtvorgang (bis zur Eintragung der Gesellschaft in das Handelsregister nach § 11 Abs. 1, womit sie als juristische Person zur Entstehung gelangt). „Errichtung" bezeichnet hingegen den Abschluss des Gesellschaftsvertrags unter Übernahme der Geschäftsanteile, womit die Gesellschaft als Vor-GmbH besteht: so Baumbach/Hueck/*Fastrich*, a.a.O.; a.A. hingegen Henssler/*Schäfer*, § 1 Rn. 3, wonach der Begriff weiter zu verstehen sei – er erfasse den gesamten Gründungsvorgang (vom notariellen Vertragsschluss bis zur Entstehung der GmbH als juristischer Person durch ihre Eintragung ins Handelsregister).

3 Dazu Roth/Altmeppen/*Roth*, § 1 Rn. 2: sukzessive Gründungsakte.

4 Roth/Altmeppen/*Roth*, § 11 Rn. 38 ff. zur Rechtsnatur der Vorgesellschaft im Allgemeinen. Die Parteifähigkeit einer Vor-GmbH entfällt, wenn die Eintragung nicht zeitnah betrieben wird (OLG Hamm v. 19.7.2006 – 20 U 241/05). Die in solchen Fällen ggf. in Betracht zu ziehende GbR ist zwar parteifähig, muss aber mangels abweichender Regelungen im Gesellschaftsvertrag von allen Gesellschaftern vertreten werden.

5 Roth/Altmeppen/*Roth*, § 1 Rn. 5.

B. Inhalt der Regelung

I. Gesellschaftszweck

Jeder gesetzlich zulässige Zweck[6] ist nach § 1 tauglicher Gesellschaftszweck[7], ohne dass das GmbHG selbst Begrenzungen vorgibt.[8] Damit kann die GmbH grundsätzlich zu allen **gewerblichen** (d.h. erwerbswirtschaftlichen i.w.S.[9] [d.h. jedes Gewerbe zum Zweck der Gewinnerzielung einschließlich dem Kleingewerbe, mithin nicht nur Handelsgewerbe i.S.v. § 1 Abs. 2 HGB, sowie der Urproduktion, d.h. Forst- und Landwirtschaft][10] oder für Unternehmensverbindungen [z.B. Konzerne i.S.v. § 18 AktG])[11] sowie **sonstigen wirtschaftlichen bzw. nicht-wirtschaftlichen Zwecken** (z.B. in den Bereichen Kunst, Politik, Religion, Sport oder Wissenschaft[12] und damit ggf. die Stiftung[13] als Institut substituieren kann),[14] **freiberuflichen**, **öffentlichen**, **ideellen** oder **gemeinnützigen**[15] (ohne Gewinnerzielungsabsicht[16], bspw. karitativen) **Zielsetzungen** (wobei jedoch der Rechtsformzusatz „gGmbH" unzulässig ist)[17] gegründet werden: Eine nach deutschem Recht gegründete und in Deutschland ansässige GmbH als juristische Person hat gem. Art. 12 Abs. 1 GG das Recht auf freie Berufswahl, weshalb es für die Beurteilung ihrer Geschäftstätigkeit nicht maßgeblich darauf ankommen kann, ob es gesetzliche Bestimmungen gibt, die diese Tätigkeit zulassen, sondern dass umgekehrt nur zu prüfen ist, ob es rechtliche Regelungen gibt, die eine entsprechende Berufsausübung verbieten – und ob solche Regelungen, falls und soweit sie bestehen, mit Art. 12 GG vereinbar sind.[18] **3**

6 Der Mangel eines rechtlich wirksamen Unternehmensgegenstands führt im Falle einer eingetragenen Gesellschaft nach § 75 über die Nichtigkeitsklage nur zur Auflösbarkeit der GmbH: Henssler/*Schäfer*, § 1 Rn. 9.

7 Umfassende Einsatzmöglichkeit der GmbH im Unterschied zur OHG oder KG: Henssler/*Schäfer*, § 1 Rn. 1.

8 Baumbach/Hueck/*Fastrich*, § 1 Rn. 6.

9 Baumbach/Hueck/*Fastrich*, § 1 Rn. 7; MüKo-GmbHG/*Fleischer*, § 1 Rn. 18 f. Die GmbH als Komplementärin einer GmbH & Co KG bzw. einer GmbH & Co KGaA dient „erwerbswirtschaftlichen Zwecken", so Roth/Altmeppen/*Roth*, § 1 Rn. 6.

10 BGHZ 33, 321, 334.

11 Baumbach/Hueck/*Fastrich*, § 1 Rn. 8.

12 Dazu Roth/Altmeppen/*Roth*, § 1 Rn. 12: Sofern die GmbH „gemeinnützige Zwecke" i.S. der §§ 51 ff. AO verfolgt, genießt sie ggf. Steuervorteile. Dazu auch *Schlüter*, GmbHR 2002, 535 und 578 sowie *Schröder*, DStR 2008, 1069. Bei Non-Profit-GmbHs (näher: *Priester*, GmbHR 1999, 149) muss sich der Körperschaftszweck in einer den §§ 52 ff. AO gemäßen Weise aus der Satzung ergeben mit zusätzlichen Angaben nach § 60 AO. Aus der bloßen Tatsache, dass eine juristische Person in der Rechtsform einer GmbH handelt, kann nicht zweifelsfrei auf deren Vorsteuerabzugsberechtigung geschlossen werden: KG NZG 2008, 110; OLG Düsseldorf, Rpfleger 2004, 184. Denn vorsteuerabzugsberechtigt ist nach § 15 Abs. 1 Satz 1 UStG nur ein „Unternehmer". Nach § 2 Abs. 1 Satz 1 UStG ist „Unternehmer", wer „eine gewerbliche oder berufliche Tätigkeit selbständig ausübt". Zwar wird im Falle einer GmbH vermutet, dass die Voraussetzungen des § 2 Abs. 1 Satz 1 UStG vorliegen: vgl. Rowedder/*Schmidt-Leithoff*, Einl. Rn. 99. Diese Vermutung ist jedoch widerlegbar (Rohwedder/*Schmidt-Leithoff*, a.a.O.). Denn beide Tatbestandsvoraussetzungen des § 2 Abs. 1 Satz 1 UStG können im Falle der GmbH ausfallen. So ist die Errichtung einer GmbH gemäß § 1 „zu jedem gesetzlich zulässigen Zweck" möglich, womit derartige Gesellschaften auch rein ideelle, d.h. nicht „gewerbliche oder berufliche" Zwecke verfolgen: Habersack/*Ulmer*, § 1 Rn. 33 ff.; Roth/Altmeppen/*Roth*, § 1 Rn. 11 f. Zudem sieht § 2 Abs. 2 Satz 1 Nr. 2 UStG ausdrücklich vor, dass eine juristische Person nicht „selbständig" tätig ist, wenn sie in das Unternehmen eines Organträgers eingegliedert ist. Aus der Rechtsform der GmbH lässt sich daher nicht ohne weiteres auf deren umsatzsteuerrechtliche Unternehmereigenschaft schließen: so KG NZG 2008, 110; OLG Düsseldorf, Rpfleger, 2004, 184.

13 Roth/Altmeppen/*Roth*, § 1 Rn. 13: Vorteile der GmbH sind die fehlende staatliche Errichtungsgenehmigung und eine fehlende permanente Staatsaufsicht, die Dispositionsfreiheit des Stifters und ein geringerer finanzieller Gründungsaufwand. Dazu auch Wachter, GmbH-StB 2000, 191; *Wochner*, DStR 1998, 1835.

14 GmbH als Rechtsform für Wirtschaftsverbände aller Art als Kartell (soweit kein Verstoß gegen § 1 GWB vorliegt – Roth/Altmeppen/*Roth*, § 1 Rn. 10), zur Vermögensverwaltung bzw. als Holdinggesellschaft (Roth/Altmeppen/*Roth*, § 1 Rn. 7), als Träger gemeinnütziger Unternehmen (Roth/Altmeppen/*Roth*, § 1 Rn. 7), für Unternehmen der öffentlichen Hand, vor allem im Bereich der öffentlichen Daseinsvorsorge (Baumbach/Hueck/*Fastrich*, § 1 Rn. 10; Hachenburg/*Ulmer*, § 1 Rn. 19 ff.) bzw. als Treuhandgesellschaft (dazu Baumbach/Hueck/*Fastrich*, § 1 Rn. 11).

15 Dazu *Wachter*, GmbH-StB 2000, 194;. Vgl. auch MüKo-GmbHG/*Fleischer*, § 1 Rn. 25 ff.

16 Etwa (Beispiele nach Henssler/*Schäfer*, § 1 Rn. 11) Wirtschaftsverbände (die nur im Interesse ihrer Mitglieder handeln), Syndikate, Auffanggesellschaften zur Verwertung eines Schuldnervermögens oder Holdinggesellschaften, der Komplementärstatus in einer GmbH & Co. KG (sofern auf einen eigenen Gewinnanteil verzichtet wird), Unternehmen der Daseinsvorsorge bzw. eine GmbH als Trägerin eines treuhänderisch verwalteten Vermögens.

17 OLG München, NJW 2007, 1601.

18 BGHZ 124, 224, 225 – GmbH-Zahnbehandlungsangebot.

4 **Gesellschaftszweck** nach § 1 (bedeutsam auch für § 61 Abs. 1) einerseits (verstanden als gemeinsames Ziel des Gesellschafterzusammenschlusses i.S.v. § 705 BGB)[19] und **Unternehmensgegenstand** (i.S.v. Bereich[20] und Art. der Betätigung[21] der GmbH [Umschreibung des Tätigkeitsbereichs der GmbH nach außen im Interesse des Rechtsverkehrs][22] – bedeutsam für das Außenverhältnis zu Dritten, weshalb der Unternehmensgegenstand im Gesellschaftsvertrag zu fixieren [§ 3 Abs. 1 Nr. 2; vgl. auch die §§ 4 Abs. 1, 10 Abs. 1, 75 Abs. 1 und 75] und ins Handelsregister einzutragen ist)[23] andererseits sind schon wegen der im GmbHG (anders als im AktG) getroffenen unterschiedlichen Verwendung der Begrifflichkeiten voneinander zu unterscheiden,[24] wenn sie sich auch (im Falle einer gewerblichen Betätigung der GmbH) decken können. Dies bedingt, dass nicht jede Änderung des Unternehmensgegenstands zugleich auch eine Änderung des Gesellschaftszwecks ist – wohl aber der Übergang von einer gewerblichen zu einer freiberuflichen bzw. karitativen Tätigkeit bzw. vice versa[25]. Dabei bildet der Unternehmenszweck zwar nicht die einzige, wohl aber eine bedeutende Erkenntnisquelle für den Gesellschaftszweck, sofern dieser im Gesellschaftsvertrag keine hinreichende Regelung erfahren hat und daher aufgrund der Gesamtumstände ermittelt werden muss.[26] Die Differenzierung zwischen Gesellschaftszweck und Unternehmensgegenstand hat zur Folge, dass „nicht schon die mangelnde Verfolgbarkeit des Unternehmensgegenstands einen Auflösungsgrund nach § 61 darstellt, sofern der weiter verstandene Zweck auch auf anderem Wege erreicht werden kann"[27]. Relevanz[28] erlangt die Differenzierung der Begrifflichkeiten im Kontext einer Änderung der ursprünglichen Satzungsbestimmung, da die Zweckänderung nach § 33 Abs. 1 Satz 2 BGB der Zustimmung aller Gesellschafter[29], wohingegen die bloße Änderung des Unternehmensgegenstandes nur einer satzungsändernden Mehrheit gemäß § 53 bedarf.

1. Ausschluss

5 In folgenden Fällen ist aufgrund spezialgesetzlicher Vorgaben (orientiert am Unternehmensgegenstand) eine berufliche Betätigung in der Rechtsform einer GmbH ausgeschlossen (**eingeschränkte Rechtsformwahl**):[30]

- Apothekenbetrieb (§ 8 ApothekenG – nur von natürlichen Personen oder in der Rechtsform einer OHG bzw. KG betreibbar);[31]
- (private) Bausparkassen (§ 2 Abs. 1 BausparkassenG – nur in der Rechtsform einer AG betreibbar, wobei die GmbH nicht grundsätzlich von Bankgeschäften ausgeschlossen ist [vgl. § 2a KWG und die Zulässigkeit von Investmentgeschäften nach § 1 Abs. 3 KAGG]);
- Pfandbriefbanken (i.S.v. § 1 Abs. 1 PfandBG), d.h. Kreditinstitute, die das Pfandbriefgeschäft betreiben, bedürfen der Erlaubnis nach § 32 KWG der Bundesagentur für Finanzdienstleis-

19 Henssler/*Schäfer*, § 1 Rn. 6 unter Bezugnahme auf Hachenburg/*Ulmer*, § 1 Rn. 5 ff. – bei Differenzierung zwischen gewerblichen, sonstigen wirtschaftlichen, freiberuflichen und ideellen Zielen, wobei der Unternehmensgegenstand Mittel zur Erreichung dieses Ziels ist.

20 Vgl. BGHZ 127, 176, 179 = NJW 1995, 192: Wirtschaftsbereich, in dem die stille Gesellschaft nach der beim Gesellschaftsvertragsabschluss von den Gesellschaftern erzielten Übereinkunft ihre Tätigkeit entfalten soll.

21 BGHZ 102, 209, 213 = NJW 1987, 1087: Tätigkeit, die die GmbH ausüben will.

22 Hachenburg/*Ulmer*, § 1 Rn. 8.

23 Baumbach/Hueck/*Fastrich*, § 1 Rn. 5. Zum Unternehmensgegenstand als Mittel zur Erreichung des „Gesellschaftszwecks" (als umfassenderen Begriff, der den Unternehmensgegenstand mit einschließt: Lutter/Hommelhoff/*Lutter/Bayer*, § 1 Rn. 3): OLG Hamburg, BB 1968, 267; Scholz/*Emmerich*, § 1 Rn. 2.

24 So die h. M., etwa Roth/Altmeppen/*Roth*, § 1 Rn. 4; Henssler/*Schäfer*, § 1 Rn. 4; Hachenburg/*Ulmer*, § 1 Rn. 5; *Michalski*, § 1 Rn. 2 ff.; MüKo-GmbHG/*Fleischer*, § 1 Rn. 6 ff.: a. A. hingegen *Flume*, Juristische Person, S. 324. Vgl. auch MüKo-AktG/*Pentz*, § 23 AktG Rn. 74: zudem ist auch noch das „Unternehmensziel" davon zu unterscheiden.

25 Henssler/*Schäfer*, § 1 Rn. 8.

26 RGZ 164, 129, 140; Baumbach/Hueck/*Fastrich*, § 1 Rn. 5; Scholz/*Emmerich*, § 1 Rn. 3.

27 Henssler/*Schäfer*, § 1 Rn. 4 unter Bezugnahme auf Hachenburg/*Ulmer*, § 1 Rn. 7.

28 So Henssler/*Schäfer*, § 1 Rn. 7.

29 Vgl. BGHZ 96, 245, 248 ff. = NJW 1986, 1033 – zum eingetragenen Verein.

30 Hachenburg/*Ulmer*, § 1 Rn. 17 f.; Roth/Altmeppen/*Roth*, § 1 Rn. 16; Scholz/*Emmerich*, § 1 Rn. 6 ff.

31 Dazu kritisch Scholz/*Emmerich*, § 1 Rn. 8.

tungsaufsicht (so § 2 Abs. 1 Satz 1 PfandBG), womit sie nach § 2b Abs. 1 KWG nicht in der Rechtsform des Einzelkaufmanns betrieben werden dürfen;

- Schiffspfandbriefbank (§ 2 Abs. 1 SchiffspfandbriefbankG – nur in der Rechtsform einer AG oder einer KGaA betreibbar);
- (Betrieb einer) Versicherungsgesellschaft gegen Prämien (§ 7 Abs. 1 VAG – nur in der Rechtsform einer AG oder VVaG möglich);
- (Ausübung des) Versicherungsgewerbes (§ 34b Abs. 3 Satz 1 GewO);
- Versteigerungsgewerbe (§ 34b Abs. 5 Satz 1 GewO – nur von natürlichen Personen betreibbar); bzw.
- Immobilien- (Aktien-) Gesellschaften mit börsennotierten Anteilen nur in der Rechtsform einer AG (so § 1 REIT-Gesetz[32]), was gleichermaßen nach § 2 REIT-Gesetz für die „Vor-REIT" gilt.

2. Genehmigungsvorbehalt

Zulassungs- und Genehmigungsvorbehalte[33], die sich nach dem satzungsmäßigen Unternehmens- 6
gegenstand bestimmen[34], haben **keinen Einfluss** auf die Zulässigkeit des Gesellschaftszwecks – doch kann eine fehlende behördliche Zulassung oder Genehmigung ggf. Eintragungshindernis (§ 6 Abs. 1 Nr. 6) oder Auflösungsgrund (§ 61) sein.[35] Fehlt eine notwendige Genehmigung, führt dies noch nicht die Unzulässigkeit einer an sich genehmigungsfähigen Tätigkeit – und damit des Gesellschaftszwecks – nach sich[36]. Scheidet eine Genehmigungsfähigkeit jedoch aus, liegt ein Fall der Unmöglichkeit der Erreichung des Gesellschaftszwecks (§ 275 Abs. 1 BGB) vor, was eine Auflösungsklage (§ 61) möglich macht[37].

Die notwendige Genehmigung ist der GmbH selbst (und nicht deren Geschäftsführer bzw. den Gesellschaftern) zu erteilen[38]. Kommt es in diesem Zusammenhang auf Anforderungen in der Person des Betreibers an (bspw. „Zuverlässigkeit" nach dem GaststättenG), ist auf die Person des organschaftlichen Vertreters abzustellen[39].

Das Registergericht ist an die Entscheidung der Genehmigungsbehörde gebunden[40]: Ihm steht nach § 9c keine Kontroll- bzw. Ablehnungsbefugnis zu[41].

Allgemeine Bankgeschäfte können – vorbehaltlich einer Erlaubnis des Bundesaufsichtsamts für das Kreditwesen (§ 32 Abs. 1 KWG), dessen Fehlen Eintragungshindernis ist (§ 43 KWG) – in der Rechtsform einer GmbH betrieben werden (vgl. auch **Kapitalanlagegesellschaften** gem. § 1 Abs. 3 KAAG), auch **Investmentgesellschaften** (nach § 6 Abs. 1 InvG als GmbH oder AG) oder **Unternehmensbeteiligungsgesellschaften** (§ 2 Abs. 1 UBGG)[42] bzw. **Kapitalanlagegesellschaften** (§ 7 InvG).

---

32 Als Art. 1 des Gesetzes zur Schaffung deutscher Immobilien-Aktiengesellschaften mit börsennotierten Anteilen vom 28.5.2007 (BGBl. I S. 914).
33 Näher *Gottwald*, DStR 2001, 944, 945. Vgl. auch MüKo-GmbHG/*Fleischer*, § 1 Rn. 20.
34 Henssler/*Schäfer*, § 1 Rn. 19: maßgeblich ist dann aber die tatsächlich ausgeübte Tätigkeit der Gesellschaft.
35 Baumbach/Hueck/*Fastrich*, § 1 Rn. 7; Hachenburg/*Ulmer*, § 1 Rn. 28; Lutter/Hommelhoff/*Lutter/Bayer*, § 1 Rn. 15; Roth/Altmeppen/*Roth*, § 1 Rn. 18.
36 Henssler/*Schäfer*, § 1 Rn. 19 unter Bezugnahme auf BGH NJW-RR 2003, 1116 – zur GbR.
37 Baumbach/Hueck/*Fastrich*, § 1 Rn. 9; Henssler/*Schäfer*, § 1 Rn. 19: bspw. im Falle einer Untersagungsverfügung nach § 35 GewO bzw. § 16 Abs. 3 HandwO.
38 OLG Hamm, NJW-RR 1997, 1258, 1259.
39 Henssler/*Schäfer*, § 1 Rn. 21 unter Bezugnahme auf OVG Hamburg, BB 1982, 2087 – vgl. aber auch VGH Mannheim, NJOZ 2006, 48: Unzuverlässigkeit des Alleingesellschafters strahlt auf die Geschäftsführung aus.
40 BGHZ 102, 209, 217 = NJW 1988, 1087.
41 So Henssler/*Schäfer*, § 1 Rn. 22 – arg.: mit der Aufhebung von § 8 Abs. 1 Nr. 6 a. F. (Vorlagepflicht öffentlich-rechtlicher Genehmigungen im Gründungsverfahren) ist eine Beschleunigung bezweckt worden: dazu RegE, BT-Dr. 16/6140, S. 34.
42 Zum UBGG näher *Fischer*, WM 2008, 857.

7 Weitere Genehmigungsvorbehalte bestehen im Hinblick auf eine Betätigung in der Rechtsform einer GmbH für folgende Bereiche:

- Arbeitsvermittlung (§ 291 SGB III)
- Gaststättenbetrieb (§ 2 Abs. 1 GaststättenG)
- Privatkrankenanstalt (§ 30 GewO)
- gewerbsmäßiges Betreiben einer Spielhalle (§ 33i GewO)[43]
- Güterkraftverkehr (§ 3 GüKG) bzw. entgeltliche oder geschäftsmäßige öffentliche Personenbeförderung (§ 2 PBefG)
- Zulassung einer Rechtsanwalts-GmbH (§§ 59c ff. BRAO)
- Pfandleihgewerbe (§ 34 GewO), Bewachungsgewerbe (§ 34a GewO), Versteigerergewerbe (§ 34b GewO), gewerbsmäßige Maklertätigkeit, Anlageberatung, Bauträger und Baubetreuer (§ 34c GewO), Versicherungsvermittler (§ 34d GewO) bzw. Versicherungsberater (§34e GewO)

Für einen Handwerksbetrieb (§§ 1 Abs. 1, 7 Abs. 1 HandwO) besteht das zusätzliche Erfordernis einer Eintragung des Betriebsleiters in die Handwerksrolle.

3. Freie Berufe

8 Ein Zusammenschluss von Freiberuflern[44] – die kein Gewerbe betreiben (vgl. bspw. § 2 Abs. 2 BRAO) – in der Rechtsform einer GmbH[45] (in Konkurrenz zur Partnerschaftsgesellschaft, vgl. § 1 Abs. 2 PartGG) ist auf Grund des Grundrechts der Berufsausübungsfreiheit nach Art. 12 Abs. 1 GG nach Maßgabe entsprechender berufsrechtlicher Vorgaben[46] Architekten[47] und freiberuflichen Ingenieuren[48] (vgl. § 8 Abs. 1 BayBauKaG), Steuerberatern (§§ 49 Abs. 1, 50, 50a Abs. 1 StBerG) sowie Wirtschaftsprüfern (§§ 27 Abs. 1, 28 Abs. 4 WPO) gestattet – aber auch Ärzten, Zahnärzten[49] bzw. Tierärzten[50] (mit Einschränkungen nach Maßgabe der jeweiligen Heilberufsgesetze der Länder)[51]. Nach dem GKV-Modernisierungsgesetz[52] ist seit 2004 eine GmbH auch zur vertragsärztlichen Versorgung als Medizinisches Versorgungszentrum möglich[53] (vgl. etwa § 29 Abs. 2 Satz 3 HeilbG NRW). Eine Rechtsanwalts-GmbH[54] muss die Zulassungsvoraussetzungen der § 59c ff. BRAO erfüllen[55] (wobei Rechtsanwälte [für Anwaltsnotare erfolgt nach § 59e Abs. 1 Satz 3 BRAO eine Restriktion auf die Anwaltstätigkeit] sich nur mit Angehörigen sozietätsfähiger Berufe i.S.v. § 59 Abs. 1 und 3 BRAO zu einer GmbH zusammenschließen dürfen und in einer entspre-

43 BGH NZG 2003, 770.
44 Zum Begriff des freien Berufs näher Ring, § 1 PartGG Rn. 12 ff.
45 Hachenburg/*Ulmer*, § 1 Rn. 23 ff.; Baumbach/Hueck/*Fastrich*, § 1 Rn. 9; *Michalski*, § 1 Rn. 21 ff.; MüKo-GmbhG/*Fleischer*, § 1 Rn. 22.
46 Kritisch zu berufsrechtlichen Beteiligungsverboten *Kleine/Cosack*, DB 2007, 1851.
47 OLG Düsseldorf, GRUR 1996, 370. Problematisch ist aber die Eintragungsfähigkeit der GmbH in die Architektenliste: VGH Mannheim, DVBl 1999, 50 – die zwar nicht Gründungsvoraussetzung für die GmbH, wohl aber für das Führen der Berufsbezeichnung „Architekt" in der Firma der GmbH ist: OLG Frankfurt/M., NJW-RR 2001, 172.
48 OLG Düsseldorf, GRUR 1996, 370; a.A. hingegen OLG Nürnberg, GRUR 1983, 453.
49 BGHZ 124, 224, 225 = NJW 1994, 786 – Zahnarzt-GmbH.
50 OLG Düsseldorf, NZG 20077, 190 – Tierarzt-GmbH.
51 Vgl. bspw. OLG Düsseldorf, NZG 2007, 190 = MedR 2007, 249, wonach § 29 Abs. 2 Satz 3 HeilBerG Nordrhein die Führung einer Tierarztpraxis in der Rechtsform der GmbH nur ermöglicht, wenn – wie bei der Tierärztekammer Nordrhein bis dato nicht der Fall – die Berufsordnung insoweit die Anforderungen im Einzelnen festlegt. Kritisch dazu Henssler/*Schäfer*, § 1 Rn. 12 unter Bezugnahme auf die bereits durch BayObLG NJW 1995, 199 eröffnete und allein auf Art. 12 Abs. 1 GG gestützte Möglichkeit der Gründung einer Anwalts-GmbH. So auch *Taupitz*, NJW 1996, 3033. Vgl. zudem BayVerfGH NJW 2000, 3418.
52 Vom 14.11.2003, BGBl. I, S. 2192.
53 Näher *Rau*, MedR 2004, 667.
54 Zugelassen im Nachgang zu BayOBLG NJW 1995, 195 = ZIP 1994, 1868. Dazu näher Henssler, NJW 1999, 241. Vgl. zur Möglichkeit einer „Rechtsanwalts-AG": BGHZ 161, 376 = NJW 2005, 1568.
55 Dazu näher Henssler, NJW 1999, 241; Römermann, GmbHR 1998, 926; Rowedder/Schmidt-Leithoff/*Schmidt-Leithoff*, § 1 Rn. 28 ff.

chenden GmbH auch die Mehrheit der Geschäftsanteile und Stimmrechte halten müssen[56] – eine bloße Kapitalbeteiligung an einer solchen GmbH scheidet nach § 59a Abs. 1 Satz 2 BRAO aus),[57] eine Patentanwalts-GmbH jene der §§ 52c ff. PatAnwO.[58] (Nur-)Notare als Träger eines öffentlichen Amtes (§§ 1, 9 Abs. 3 BNotO) können sich nicht in der Rechtsform einer GmbH zusammenschließen.[59] Grundsätzlich hat der BGH konstatiert, dass die GmbH als juristische Person des Privatrechts (Art. 19 Abs. 3 GG) Trägerin des Grundrechts auf freie Berufswahl ist mit der Folge, dass sie regelmäßig eine freiberufliche Tätigkeit betreiben darf, sofern ihr dies nicht durch berufsrechtliche Regelungen, die selbst verfassungskonform sein müssen, verwehrt ist[60].

Die Ausübung einer freiberuflichen Tätigkeit in der Rechtsform einer GmbH – die Kaufmann kraft Rechtsform ist (§ 13 Abs. 3 i.V.m. § 6 Abs. 2 HGB) – ist nach § 8 Abs. 2 KStG **gewerbesteuerpflichtig**[61].

Auch ein Krankenhaus- bzw. Sanatoriumsbetrieb in der Rechtsform einer GmbH ist statthaft[62] – 9
ebenso wie Zahnärzte[63] und Heilpraktiker[64] sich in der Rechtsform einer GmbH betätigen können (sofern die Unabhängigkeit der Berufsträger gewährleistet ist). Was für die Zahnärzte gilt, dürfte (trotz entgegenstehenden Berufsordnungsrechts)[65] gleichermaßen auch für die Humanmediziner (dazu bereits Rn. 8) gelten.[66]

4. Gesetzes- und Sittenverstoß (unzulässiger Gesellschaftszweck)[67]

Verstößt der Gesellschaftszweck gegen ein gesetzliches Verbot (§ 134 BGB)[68] bzw. gegen die 10
guten Sitten (§ 138 BGB)[69] – Letzteres bspw. in Gestalt eines **Rechtsformmissbrauchs** dann, wenn die GmbH nur oder vorwiegend den Zweck verfolgt, eine persönlich verbotene inländische Erwerbstätigkeit auszuüben (Aufeinandertreffen von Gesetzes- und Sittenverstoß)[70] –, d.h. im Falle eines **unzulässigen speziellen Zwecks,**[71] ist vor der Eintragung der Gesellschaftsvertrag nichtig. Der Mangel erfasst i.d.R. den gesamten Gesellschaftsvertrag[72]. Eine Eintragung ins Handelsregister ist nach § 9c Abs. 2 Nr. 3, 2 bzw. Nr. 1 ausgeschlossen[73] (**Eintragungshindernis** bei Unzulässigkeit von Unternehmensgegenstand wie -zweck vor der Handelsregistereintragung).

Wurde die Gesellschaft (als Vorgesellschaft) in Vollzug gesetzt, ist aber noch keine Handelsregister- 11
eintragung erfolgt, wird sie nach Maßgabe der Grundsätze über die fehlerhafte Gesellschaft

---

56 Roth/Altmeppen/*Roth*, § 1 Rn. 8: Ansonsten ist der Gesellschaftsvertrag nach § 134 BGB wegen Gesetzesverstoßes nichtig.
57 Dazu *Römermann*, GmbHR 1999, 526.
58 Näher *Hübner-Weingarten*, DB 1998, 2049.
59 So Roth/Altmeppen/*Roth*, § 1 Rn. 8.
60 BGHZ 161. 376 = NJW 2005, 1568; BGHZ 124, 224, 225 = NJW 1994, 786.
61 Henssler/*Schäfer*, § 1 Rn. 12.
62 Näher *Ring*, Werberecht der Kliniken und Sanatorien, 1990. Zudem BayObLG NZG 2000, 987.
63 BGHZ 124, 224.
64 BGH GRUR 1992, 176.
65 Dazu Rowedder/Schmidt-Leithoff/*Schmidt-Leithoff*, § 1 Rn. 13.
66 Ebenso *Henssler*, ZIP 1994, 844; *Meyer/Kreft*, GmbHR 1997, 193; *Taupitz*, NJW 1996, 3038; a.A. BayObLG, ZIP 2000, 2069. Vgl. jedoch OLG Düsseldorf, NZG 2007, 190.
67 Näher *Michalski*, § 1 Rn. 28 ff.; MüKo-GmbhG/*Fleischer*, § 1 Rn. 34 ff.
68 Etwa (Beispiele nach Henssler/*Schäfer*, § 1 Rn. 24) eine GmbH-Gründung mit dem zentral verfolgten Zweck der Veranstaltung eines verbotenen Glücksspiels, des Schmuggels (RGZ 96, 292) bzw. der Hehlerei.
69 Zum Gesetzes- und Sittenverstoß näher Baumbach/Hueck/*Fastrich*, § 1 Rn. 15 f.; Hachenburg/*Ulmer*, § 1 Rn. 33 ff.; Scholz/*Emmerich*, § 1 Rn. 20 ff. Vgl. zur Zulässigkeit einer Telefonsex-GmbH: BGH NJW 2008, 140.
70 Baumbach/Hueck/*Fastrich*, § 1 Rn. 16; Roth/Altmeppen/*Roth*, § 1 Rn. 17; Scholz/*Emmerich*, § 2 Rn. 41.
71 Lutter/Hommelhoff/*Lutter/Bayer*, § 1 Rn. 14 (zu Bordell-/Sexshopbetrieb); Roth/Altmeppen/*Roth*, § 1 Rn. 14: bspw. Glücksspiel oder Förderung der Steuerhinterziehung; a. A. Henssler/*Schäfer*, § 1 Rn. 24 unter Bezugnahme auf Scholz/*Emmerich*, § 1 Rn. 18: Die Zielsetzung einer nach § 42 AO unzulässigen Steuergestaltung führe „in keinem Falle zu einem verbots- (oder sitten-) widrigen Gesellschaftszweck".
72 Henssler/*Schäfer*, § 1 Rn. 26.
73 BayObLG DB 1972, 1015; Baumbach/Hueck/*Fastrich*, § 1 Rn. 17; Roth/Altmeppen/*Roth*, § 1 Rn. 15a; Scholz/*Emmerich*, § 1 Rn. 20f.; Hachenburg/*Ulmer*, § 1 Rn. 44.

behandelt[74] – „sofern sich nicht wegen der Schwere des Verstoßes auch dieses verbietet".[75] Damit scheidet eine rückwirkende Geltendmachung der Nichtigkeit aus[76].

12 Erfolgt eine Eintragung der Gesellschaft ins Handelsregister, wird der Mangel des Gesellschaftszwecks dadurch zwar nicht geheilt – die GmbH ist damit aber wirksam entstanden. Die Rechtsfolgen **nach Eintragung** der GmbH gestalten sich dann wie folgt:[77]

- Möglichkeit einer Nichtigkeitsklage nach § 75 (bei Heilungsmöglichkeit nach § 76) bzw. der Amtslöschung gem. § 397 FamFG (vormals § 144 Abs. 1 Satz 2 FGG) (wenn der **Unternehmensgegenstand unzulässig** ist) oder
- Möglichkeit einer Auflösungsklage nach § 61 bzw. ein außerordentliches Austrittsrecht eines Gesellschafters (wenn bei einem an sich zulässigen Unternehmensgegenstand der **Gesellschaftszweck** im Übrigen **unzulässig** ist[78] – bzw. ggf. [bei Gefährdung des Gemeinwohls] Auflösung nach § 62).[79]

13 Ändert sich ein ursprünglich zulässiger Gesellschaftszweck und/oder Unternehmensgegenstand nachträglich (d.h. nach Entstehung der GmbH) förmlich oder faktisch in einen unzulässigen, gelten die gemachten Aussagen grundsätzlich entsprechend.[80]

! Im Anwendungsbereich des § 75 kann eine Nichtigkeit des Gesellschaftszwecks nicht nur nach § 76, sondern auch durch einstimmigen (vgl. § 33 BGB) Gesellschafterbeschluss (mit ggf. korrespondierender paralleler Satzungsänderung) eine Nichtigkeit des Gesellschaftszwecks geheilt werden (Heilung des Mangels).[81]

14 Es ist zu unterscheiden zwischen

- einer unzulässigen Verwendung der Rechtsform „GmbH" für gesetz- oder sittenwidrige Zwecke (bspw. § 34b Abs. 5 Satz 1 GewO, wonach juristische Personen nicht öffentlich bestellte Versteigerer [anders § 34b Abs. 1 und 3 GewO hinsichtlich des Versteigerungsgewerbes] sein können; § 8 ApothekenG, der den Apothekenbetrieb durch eine Gesellschaft auf die Rechtsform einer GbR bzw. OHG beschränkt; § 2 Abs. 1 BauSparKG, wonach private Bausparkassen in der Rechtsform einer AG zu errichten sind; bzw. § 7 Abs. 1 VAG, wonach Versicherungsunternehmen nur als AG, SE, VVaG bzw. als Anstalt oder Körperschaft des öffentlichen Rechts betrieben werden dürfen);
- der Begehung spezieller Gesetzesverstöße einer nicht zu beanstandenden Zweckverfolgung sowie einer

74 BGHZ 13, 320; RGZ 166, 59.
75 Roth/Altmeppen/*Roth*, § 1 Rn. 15a; Rowedder/Schmidt-Leithoff/*Schmidt-Leithoff*, § 1 Rn. 50.
76 Henssler/*Schäfer*, § 1 Rn. 26: „Die immer noch von der h. M. vertretene Ausnahme beim Verstoß gegen §§ 134, 138 BGB (so U/H/W/Ulmer Rn. 45) ist abzulehnen".
77 Baumbach/Hueck/*Fastrich*, § 1 Rn. 17; Henssler/*Schäfer*,, § 1 Rn. 27; Hachenburg/*Ulmer*, § 1 Rn. 46.
78 So auch Roth/Altmeppen/*Roth*, § 1 Rn. 15; Scholz/*Emmerich*, § 1 Rn. 22.
79 Baumbach/Hueck/*Fastrich*, § 1 Rn. 17.
80 So Baumbach/Hueck/*Fastrich*, § 1 Rn. 18: Beruht eine Änderung des Gesellschaftszwecks auf einem Gesellschafterbeschluss, ist dieser nichtig (analog § 241 Nr. 3 AktG). Im Falle einer Satzungsänderung darf der Beschluss nach § 54 nicht ins Handelsregister eingetragen werden. Bei gleichwohl erfolgter Eintragung kommt eine Amtslöschung im öffentlichen Interesse (§ 398 FamFG, vormals 144 Abs. 2 FGG) in Betracht (Scholz/*Emmerich*, § 1 Rn. 23). Verfolgen die Gesellschafter den als Satzungsinhalt eingetragenen Unternehmensgegenstand, kommen Nichtigkeitsklage (§ 75) bzw. Amtslöschung der GmbH (§ 398 FamFG, vormals § 144 Abs. 1 FGG) in Betracht. Vgl. auch Hachenburg/*Ulmer*, § 1 Rn. 37; Lutter/Hommelhoff/*Lutter/Bayer*, § 1 Rn. 21; Roth/Altmeppen/*Roth*, § 1 Rn. 15a. Bei faktischer Abweichung kommt zwar eine Unwirksamkeit des Gesellschaftsvertrags nicht in Betracht (BayObLG BB 1982, 578) – doch kann eine faktische Fortsetzung analog § 399 FamFG (vormals § 144a Abs. 1 Satz 2, Abs. 2 FGG) untersagt werden (so Henssler/*Schäfer*, § 1 Rn. 28 unter Bezugnahme auf Hachenburg/*Ulmer*, § 3 Rn. 21; a. A. hingegen Roth/*Altmeppen*, § 1 Rn. 15a: Anwendung der Regeln über die Gesamtnichtigkeit des Vertrags).
81 Baumbach/Hueck/*Fastrich*, § 1 Rn. 19, Henssler/*Schäfer*, § 1 Rn. 29 – was sinngemäß auch dann gilt, wenn die Unzulässigkeit des Gesellschaftszwecks nicht auf dem Unternehmensgegenstand beruht, so Scholz/*Emmerich*, § 1 Rn. 24.

- Verfolgung eines an sich zulässigen Gesellschaftszwecks aus unlauteren Mitteln und Motiven,[82]
- wobei die beiden zuletzt genannten Konstellationen keine gesellschaftsrechtlichen Sanktionen nach sich ziehen.[83]

II. Gesellschafter

Als Gründer (d.h. Vertragsschließende des Gesellschaftsvertrags, den sie gem. § 2 Abs. 1 als ersten Errichtungsakt vorzunehmen haben,[84] mithin Erstgesellschafter) bzw. Gesellschafter einer entstandenen GmbH kommen sowohl im Rahmen einer **Ein-Personen-**[85] **(infolge der GmbH-Novelle 1980 zum 01.01.1981)**[86] als auch einer **Mehr-Personen-Gründung**[87] (die abgesehen von einigen Unterschieden[88] in § 1 gleichbehandelt werden)[89] natürliche wie juristische Personen, Personenhandelsgesellschaften sowie (andere) Gesamthandsgemeinschaften in Betracht. Eine maximale Festzahl von Gründern sieht lediglich § 2 Abs. 1a Satz 1 für das vereinfachte Verfahren vor: drei Gesellschafter. Im Gesellschaftsvertrag können für den Gesellschafterstatus besondere Voraussetzungen postuliert werden (bspw. in Hinblick auf Beruf, Alter [ggf. problematisch wegen eines Verstoßes gegen das AGG] bzw. Staatsangehörigkeit), die jedoch nicht Wirksamkeitsvoraussetzung sind, weswegen vor der Eintragung eine Anfechtung nach § 119 bzw. § 123 BGB in Betracht kommt, nach Geschäftsbeginn der Vor-GmbH bzw. nach der Eintragung eine Anwendung von § 723 Abs. 1 Satz 2 BGB[90]. 15

1. Natürliche Personen

Die Gründer müssen nach Maßgabe der §§ 2, 104 ff. BGB **voll geschäftsfähig** sein. Ein nicht voll Geschäftsfähiger bedarf (mangels nicht lediglich rechtlicher Vorteilhaftigkeit des Gesellschaftsvertrags i.S.v. § 107 BGB) der **Einwilligung seines gesetzlichen Vertreters (§§ 1626, 1629 BGB)**. Ist Letzterer gleichermaßen Gründungsgesellschafter (bzw. nach den §§ 1629 Abs. 2, 1795 BGB verhindert), ist ein (und zwar, wenn mehrere nicht voll Geschäftsfähige am Gründungsakt beteiligt sind, für jeden ein eigener) **Pfleger**[91] (nach § 1909 BGB) zu bestellen.[92] Wenn der Vertreter selbst bzw. als Vertreter einer weiteren Person an der GmbH-Gründung beteiligt ist, muss nach den §§ 181, 1629 Abs. 2 Satz 1, 1795 Abs. 1 und 2 sowie § 1909 BGB ein Ergänzungspfleger bestellt werden[93]. Eine Dauerergänzungspflegschaft ist hingegen nicht erforderlich, da der gesetzliche Vertreter ansonsten (d.h. außerhalb der Gründung) ohne Wertungswiderspruch mit § 181 BGB den Minderjährigen vertreten kann.[94] Zudem ist eine **familiengerichtliche Genehmigung** nach § 1822 Nr. 3 2 Alt. BGB erforderlich (auch bei einer nicht-gewerblichen GmbH, analog § 1822 Nr. 10 BGB, wegen der Differenz- bzw. Ausfallhaftung nach § 24).[95] Eine Ausnahme besteht für 16

82 Roth/Altmeppen/*Roth*, § 1 Rn. 17.
83 So soll die Gründung einer GmbH mit dem Ziel einer Steuerhinterziehung bzw. die Verwendung einer GmbH zur Umgehung ausländerrechtlicher Restriktionen oder zur Geldwäsche nur Sanktionen nach Maßgabe der Spezialgesetze (nicht jedoch des Gesellschaftsrechts) nach sich ziehen – umstritten, so aber Roth/Altmeppen/*Roth*, § 1 Rn. 17; Baumbach/Hueck/*Fastrich*, § 1 Rn. 16; a.A. hingegen OLG Stuttgart, BB 1984, 690; Lutter/Hommelhoff/ *Lutter/Bayer*, § 1 Rn. 14 und 16.
84 Roth/Altmeppen/*Roth*, § 1 Rn. 19.
85 Näher *Michalski*, § 1 Rn. 37 ff.
86 BGBl. I, S. 836.
87 Wobei die Zwei-Personen-GmbH (dazu *Reher*, Die Zweipersonen-GmbH, 2003) als Ehegattengesellschaft, verschleierte Ein-Personen-Gesellschaft (mit einem übermächtigen Gesellschafter) bzw. bei zwei gleichstarken Gesellschaftern besondere rechtliche Probleme bereiten kann, dazu Roth/Altmeppen/*Roth*, § 1 Rn. 20.
88 Bspw. setzt die Gründung rechtsgeschäftliches Handeln voraus, wohingegen ein Nachrücken als Gesellschafter auch nicht-rechtsgeschäftlich (z.B. infolge Erbfolge nach § 15) erfolgen kann: Roth/Altmeppen/*Roth*, §1 Rn. 21.
89 Baumbach/Hueck/*Fastrich*, § 1 Rn. 22; Scholz/*Emmerich*, § 1 Rn. 29.
90 Henssler/*Schäfer*, § 2 Rn. 29; Hachenburg/*Ulmer*, § 2 Rn. 85.
91 BGH DNotZ 1956, 559; Lutter/Hommelhoff/ *Lutter/Bayer*, § 2 Rn. 5.
92 Baumbach/Hueck/*Fastrich*, § 1 Rn. 25.
93 BGH NJW 1972, 1708.
94 BGHZ 53, 210, 216; Baumbach/Hueck/*Fastrich*, § 1 Rn. 25.
95 OLG Stuttgart, GmbHR 1980, 102; Hachenburg/*Ulmer*, § 2 Rn. 71; MünchKomm-BGB/*Schwab*, § 1822 BGB Rn. 25; Roth/Altmeppen/*Roth*, § 24 Rn. 1.

die Ein-Personen-Gründung.[96] Hier folgt das Genehmigungserfordernis allein aus § 1822 Nr. 3 BGB[97].

Fehlt die familiengerichtliche Genehmigung nach § 1822 BGB, ist die Vertretererklärung (bei einer Mehrpersonengründung) schwebend unwirksam (vgl. §§ 1643 Abs. 3, 1829, 1908i Abs. 1 BGB – Gründererklärung, bzw. §§ 108, 1903 Abs. 1 Satz 2 BGB – Einwilligung): Die Gesellschaft kann nicht eingetragen werden. Die Genehmigung kann (auch noch nach der Eintragung) nachgeholt werden (§ 1829 BGB). Ist der Minderjährige volljährig geworden, kann er nach § 1829 Abs. 3 BGB selbst genehmigen. Erfolgt keine Genehmigung, ist der Minderjährige nicht – auch nicht nach den Grundsätzen über die fehlerhafte Gesellschaft – Gesellschafter geworden[98]. Eine fehlende Genehmigung bewirkt bei einer Ein-Personen-Gründung die Nichtigkeit des Errichtungsgeschäfts nach den §§ 1643 Abs. 3, 1831 Satz 1, 1908i Abs. 1 BGB bzw. nach den §§ 1903 Abs. 1 Satz 2, 111 Satz 1 BGB[99].

17 **Betreute** bedürfen (wenn das Vormundschaftsgericht einen Einwilligungsvorbehalt für Vermögensangelegenheiten angeordnet hat – ansonsten ist der Betreute [abgesehen vom Fall des § 104 Nr. 2 BGB] unbeschränkt geschäftsfähig)[100] mangels nicht lediglich rechtlicher Vorteilhaftigkeit des Gesellschaftsvertrags i.S.v. § 1903 Abs. 3 Satz 1 BGB der Vertretung durch ihren Betreuer und der betreuungsgerichtlichen Genehmigung (vgl. §§ 1902, 1903 i.V.m. § 1908i BGB). Im Falle von Interessenkonflikten (§ 181, §§ 1908i oder 1795 BGB) wird jedoch kein Ergänzungspfleger, sondern ein weiterer **Ersatzbetreuer** (§ 1899 Abs. 4 BGB) bestellt.[101] Der Betreuer kann dann auch die Mitgliedschaftsrechte wahrnehmen[102].

18 Ein **Ehegatte** kann grundsätzlich allein (individuell, d.h. ohne Zustimmung des anderen Ehegatten) – aber auch gesamthänderisch – eine GmbH gründen bzw. Gesellschafter einer solchen werden.[103] Dies gilt uneingeschränkt für den Fall der Gütertrennung (§ 1414 BGB). Ausnahmen ergeben sich bei

- **gesetzlichem Güterstand** (der Zugewinngemeinschaft), sofern die Einlageverpflichtung (für den/die Vertragspartner erkennbar) nahezu das Gesamtvermögen der Ehegatten ausmacht (Einlageverpflichtung in Höhe von mindestens 85 % des Gesamtvermögens)[104]: Dann ist gem. § 1365 BGB die Einwilligung des anderen Ehegatten erforderlich.[105]
- **Gütergemeinschaft**,[106] sofern die Einlageverpflichtung Gesamtgut (vgl. §§ 1423 f., 1437 f. BGB) und nicht Vorbehaltsgut betrifft.

96 Baumbach/Hueck/*Fastrich*, § 2 Rn. 22 ff.
97 Henssler/*Schäfer*, § 2 Rn. 35.
98 So Scholz/*Emmerich*, § 2 Rn. 44; a. A. Henssler/*Schäfer*, § 2 Rn. 36.
99 Henssler/*Schäfer*, § 2 Rn. 39.
100 Baumbach/Hueck/*Fastrich*, § 1 Rn. 26.
101 Baumbach/Hueck/*Fastrich*, § 1 Rn. 26; Palandt/*Diederichsen*, § 1899 BGB Rn. 5.
102 Henssler/*Schäfer*, § 2 Rn. 32.
103 Baumbach/Hueck/*Fastrich*, § 1 Rn. 27 und 37; MüKo-GmbHG/*Fleischer*, § 1 Rn. 51; Roth/Altmeppen/*Roth*, § 1 Rn. 24.
104 Palandt/*Brudermüller*, § 1365 BGB Rn. 2 f.
105 Umstritten, näher dazu Hachenburg/*Ulmer*, § 2 Rn. 71. Nach *Reinicke* (BB 1960, 1003) muss im Güterstand der Zugewinngemeinschaft bei der Einbringung eigenen Vermögens in eine Gesellschaft der andere Ehegatte nicht zustimmen; a.A. Erman/*Gamillscheg*, § 1365 BGB Rn. 15 unter Bezugnahme auf BGHZ 43, 174; 35, 145: „ Entscheidend dürfte sein, dass der andere Ehegatte ein erhebliches Interesse daran haben kann, dass die Familienhabe nicht als Einlage in ein vielleicht risikobehaftetes Unternehmen eingebracht wird". Der BGH will § 1365 BGB auch in dem Fall angewendet sehen, wenn der verfügende Ehegatte eine wirtschaftlich gleichwertige Gegenleistung erhält, weswegen *Gamillscheg* (a.a.O.) der Ansicht ist, dass auch die Einbringung des Vermögens im Ganzen in eine Kapitalgesellschaft zustimmungsbedürftig sei, „weil es hier nur auf den Verfügungscharakter des vorgenommenen Rechtsgeschäfts ankommt und sich die Zuordnung des Eingebrachten zu einem bestimmten Rechtsträger ändert". So auch MünchKomm/*Koch*, § 1365 BGB Rn. 71 f.; Soergel/*Lange*, § 1365 BGB Rn. 52; Staudinger/*Thiele*, § 1365 BGB Rn. 59.
106 Dazu Roth/Altmeppen/*Roth*, § 1 Rn. 24: „Das Problem, ob Ehegatten in Gütergemeinschaft überhaupt eine GmbH gründen können, sollte jedenfalls mit der nunmehr eröffneten Gründung der Einmann-GmbH entfallen sein".

Ein **Einzelkaufmann** kann als Gründer wie als Gesellschafter sowohl unter seinem bürgerlichen Namen (§ 12 BGB) als auch unter seiner Firma (§ 17 HGB)[107] auftreten.[108] Letzteres bringt nach den §§ 343, 344 HGB unwiderlegbar zum Ausdruck, dass seine Beteiligung an der GmbH seiner unternehmerischen (und nicht seiner Privat-)Sphäre unterfallen soll.[109] Er kann nach § 5 Abs. 2 bereits bei der Gründung unter beiden Namen Stammeinlagen übernehmen.[110] Hingegen soll ein späterer Erwerb weiterer GmbH-Anteile unter dem jeweils anderen Namen möglich sein.[111] 19

Ausländer können Gründer und Gesellschafter einer GmbH sein, da dazu weder die deutsche Staatsangehörigkeit noch ein gewöhnlicher Aufenthalt im Geltungsbereich des GmbHG (einschließlich einer entsprechenden Aufenthaltserlaubnis nach dem Ausländerrecht)[112] bzw. die Erfüllung außenwirtschafts- oder devisenrechtlicher Anforderungen[113] Voraussetzung ist. Die genannten sondergesetzlichen Vorschriften berühren weder die Wirksamkeit einer gesellschaftsrechtlichen Beteiligung von Ausländern noch die Zulässigkeit der Eintragung.[114] 20

2. Juristische Personen

In Betracht kommen als Gründer in- wie ausländische[115] juristische Personen sowohl 21

- des privaten Rechts (z.B. AG, GmbH, KGaA bzw. e.V.) als auch
- des öffentlichen Rechts (Körperschaften, Anstalten und Stiftungen, sofern sich nicht aus ihrer gesetzlichen Grundlage bzw. Aufgabenstellung heraus Restriktionen ergeben).[116]

GmbH-Gesellschafter können somit auch **ausländische juristische Personen** sein, sofern sie nach ihrem Heimatrecht eine in Deutschland anzuerkennende Rechtsfähigkeit besitzen,[117] bzw. eine europäische Aktiengesellschaft.[118]

Ein-Personen-Gründungen (d.h., eine juristische Person gründet eine andere) sind statthaft,[119] wobei eine „GmbH auch als 100 %ige Tochter einer Kapitalgesellschaft gegründet werden kann".[120]

Auch die **Vorgesellschaft** als Gesamthandsgemeinschaft (bspw. eine Vor-GmbH [GmbH i.G.], Vor-AG[121] bzw. Vor-KGaA) kann nach h.A. wegen der Weiterentwicklung des Rechts der Vorgesellschaft zu einer ausgeweiteten teilweisen Rechtsfähigkeit[122] und der Anerkennung der Gründerfä- 22

107 Wobei in der Gesellschafterliste dann aber stets auch noch (d.h. zusätzlich) sein bürgerlicher Name genannt werden muss: so Baumbach/Hueck/*Fastrich*, § 8 Rn. 7.
108 Hachenburg/*Ulmer*, § 2 Rn. 75; MüKo-GmbHG/*Fleischer*, § 1 Rn. 52; Roth/Altmeppen/*Roth*, § 1 Rn. 25; Scholz/*Emmerich*, § 2 Rn. 46.
109 Roth/Altmeppen/*Roth*, § 1 Rn. 25.
110 Baumbach/Hueck/*Fastrich*, § 1 Rn. 28; Henssler/*Schäfer*, § 2 Rn. 39; a. A. nach der alten Rechtslage noch OLG Frankfurt/M., GmbHR 1962, 157; Roth/Altmeppen/*Roth*, § 1 Rn. 25.
111 Baumbach/Hueck/*Fastrich*, § 1 Rn. 28.
112 Baumbach/Hueck/*Fastrich*, § 1 Rn. 29; Roth/*Altmeppen*, § 1 Rn. 22; Henssler/*Schäfer*, § 2 Rn. 31; Scholz/*Emmerich*, § 2 Rn. 41.
113 Dazu Hachenburg/*Ulmer*, § 2 Rn. 70; Lutter/Hommelhoff/*Lutter/Bayer*, § 2 Rn. 3 f.; Scholz/*Emmerich*, § 2 Rn. 41a.
114 So Baumbach/Hueck/*Fastrich*, § 1 Rn. 29; MüKo-GmbhG/*Fleischer*, § 1 Rn. 53; Roth/Altmeppen/*Roth*, § 1 Rn. 22; *Wachter*, ZIP 1999, 1582; a.A. OLG Celle, DB 1977, 993.
115 Baumbach/Hueck/*Fastrich*, § 1 Rn. 30. Problematisch ist allein die Qualifikation ihrer Rechtsfähigkeit (rechtliche Anerkennung im Inland), dazu Baumbach/Hueck/*Fastrich*, Einleitung Rn. 36.
116 BGHZ 20, 119, 124; Baumbach/Hueck/*Fastrich*, § 1 Rn. 30; Hachenburg/*Ulmer*, § 2 Rn. 76; MüKo-GmbhG/*Fleischer*, § 1 Rn. 54 f.
117 KG NJW-RR 1997, 1127; OLG Frankfurt/M., DB 2002, 316; Roth/Altmeppen/*Roth*, § 1 Rn. 27.
118 Roth/Altmeppen/*Roth*, § 1 Rn. 27.
119 Baumbach/Hueck/*Fastrich*, § 1 Rn. 30.
120 Roth/Altmeppen/*Roth*, § 1 Rn. 27.
121 Dazu KG NZG 2004, 826.
122 Vgl. bspw. BGHZ 80, 129: Vorgesellschaft als persönlich haftende Gesellschafterin einer Personenhandelsgesellschaft.

higkeit von Gesamthandsgemeinschaften im GmbH-Recht sowohl Gründer als auch Gesellschafter einer GmbH sein[123] – nicht jedoch (im Gründungsstadium) ihr eigener Gesellschafter.[124]

3. Personenhandelsgesellschaften

23 Die Personenhandelsgesellschaften **OHG** und **KG** können (obwohl das GmbHG nur von „Personen" spricht) als Gesamthandsgemeinschaft aufgrund ihrer (Teil-)Rechtsfähigkeit nach § 124 HGB sowohl Gründer als auch Gesellschafter einer GmbH sein[125] – was (da § 1 insoweit nicht differenziert) sowohl für

- Mehr-Personen-Gründungen (OHG bzw. KG zusammen mit einem/mehreren ihrer Gesellschafter)[126] als auch für
- Ein-Personen-Gründungen gilt (durch eine OHG/KG),[127] womit das Gesellschaftsvermögen allein der Gesellschaft (und nicht den Gesellschaftern) zusteht[128].

Dies gilt gleichermaßen für die **Partnerschaftsgesellschaft** (§ 7 Abs. 2 PartGG) sowie die **EWIV**.[129]

Selbst eine **OHG/KG in Liquidation (i.L.)** soll (im Rahmen ihres Liquidationszwecks bzw. mit Sonderermächtigung für die Liquidatoren) noch Gesellschafter einer GmbH werden können.[130]

24 Die (Außen-) **GbR** kann aufgrund der ihr neuerdings beigemessenen Teilrechtsfähigkeit (analog § 124 HGB) und der damit korrespondierenden unbeschränkten Gesellschafterhaftung (analog § 128 HGB)[131] – sowie der Anerkennung einer Beteiligungsmöglichkeit der GbR an anderen Gesamthandsgemeinschaften[132] – sowohl Gründer als auch Gesellschafter einer GmbH sein.[133] Die fehlende Registerpublizität (d.h. Eintragungsfähigkeit) macht jedoch die Benennung aller GbR-Gesellschafter in der Satzung/Gesellschafterliste erforderlich (analog § 162 Abs. 1 Satz 2 HGB)[134]. Sowohl eine Ein-Personen-Gründung (wobei dann eine unbeschränkte persönliche Haftung aller Gesellschafter für die Einlage als Sicherung i.S.v. § 7 Abs. 2 Satz 3 ausreichen soll)[135] als auch eine Mehr-Personen-Gründung ist statthaft.[136]

25 Die **Freiberufler-Partnerschaftsgesellschaft** kann wegen ihrer Teilrechtsfähigkeit (§ 7 Abs. 2 PartGG i.V.m. § 124 HGB) sowohl Gründerin als auch Gesellschafterin einer GmbH sein.[137]

4. (Andere) Gesamthandsgemeinschaften

26 Auch andere Gesamthandsgemeinschaften (i.S. einer gesamthänderischen Verbundenheit der Mitglieder der Gemeinschaft) können sowohl (nach der Gründung) GmbH-Gesellschafter[138] als auch

---

123 Baumbach/Hueck/*Fastrich*, § 1 Rn. 31; Michalski/*Michalski*, § 2 Rn. 94; Roth/Altmeppen/*Roth*, § 1 Rn. 29; Scholz/*Emmerich*, § 2 Rn. 51 ff.; Hachenburg/*Ulmer*, § 2 Rn. 80; vgl. auch BGHZ 80, 130 = NJW 1981, 1373 – Vor-GmbH des Komplementärs; a.A. LG Mosbach, BB 1984, 1963.

124 Arg.: Gefährdung der Kapitalaufbringung – Baumbach/Hueck/*Fastrich*, § 1 Rn. 31; Roth/Altmeppen/*Roth*, § 1 Rn. 33 – später ist § 33 maßgeblich, so Lutter/Hommelhoff/*Lutter/Bayer*, § 5 Rn. 10.

125 Roth/Altmeppen/*Roth*, § 1 Rn. 28; MüKo-GmbHG/*Fleischer*, § 1 Rn. 56.

126 Roth/Altmeppen/*Roth*, § 1 Rn. 29: was durch § 5 Abs. 2 (a.F.) nicht ausgeschlossen ist; Baumbach/Hueck/*Fastrich*, § 1 Rn. 32: „wegen Trennung von Gesamthands- und Gesellschaftervermögen steht § 5 II nicht entgegen".

127 Baumbach/Hueck/*Fastrich*, § 1 Rn. 32; Hachenburg/*Ulmer*, § 2 Rn. 79: als Alleingesellschafter; Roth/*Altmeppen*, § 1 Rn. 29; Scholz/*Emmerich*, § 2 Rn. 50.

128 Henssler/*Schäfer*, § 2 Rn. 41: daher Unanwendbarkeit von § 18.

129 Roth/Altmeppen/*Roth*, § 1 Rn. 28.

130 So Baumbach/Hueck/*Fastrich*, § 1 Rn. 32; Scholz/*Emmerich*, § 2 Rn. 49.

131 Vgl. BGHZ 146, 341 = NJW 2001, 1056: rechts- und parteifähig; BGHZ 142, 315.

132 BGH NJW 2001, 3121; BGH NZG 1998, 23; BayObLG ZIP 2000, 2165.

133 BGH WM 1992, 12; Baumbach/Hueck/*Fastrich*, § 1 Rn. 33.

134 Baumbach/Hueck/*Fastrich*, § 1 Rn. 33; Henssler/*Schäfer*, § 2 Rn. 42.

135 Baumbach/Hueck/*Fastrich*, § 1 Rn. 33.

136 Baumbach/Hueck/*Fastrich*, § 1 Rn. 33; Roth/Altmeppen/*Roth*, § 1 Rn. 48; Scholz/*Emmerich*, § 1 Rn. 29.

137 Baumbach/Hueck/*Fastrich*, § 1 Rn. 32a.

138 Arg.: Es gebe keine Handhabe, einen GmbH-Anteilserwerb durch sie zu verhindern: so Roth/Altmeppen/*Roth*, § 1 Rn. 30 unter Bezugnahme auf § 18 und die Erbfolge bei OHG-Anteilen.

Gründer einer GmbH sein.[139] Dasselbe soll für eine Ein-Personen-Gründung bzw. eine Beteiligung an einer späteren Kapitalerhöhung (ggf. auch bei einem derivativen Anteilserwerb)[140] gelten.[141] Voraussetzung dafür ist aber (zwecks Sicherung der Kapitalaufbringung [Gläubigerschutz]) zwingend eine **volle persönliche Haftung aller Gesamthänder für die Einlageverpflichtung als Gesamtschuldner** – womit Haftungsbeschränkungen auf das Gesellschaftsvermögen ausgeschlossen sind.[142] Dies gilt z.B. für

- einen **nichtrechtsfähigen Verein** (sofern eine unbeschränkte persönliche Haftung aller Vereinsmitglieder und keine Beschränkung auf das Vereinsvermögen vorgesehen ist);[143]
- eine **Erbengemeinschaft** (die [trotz fehlender Rechtsfähigkeit] sowohl an einer Gründung[144] [bzw. Kapitalerhöhung] teilnehmen [wobei dann alle Miterben eine unbeschränkte persönliche Haftung für die Einlageverpflichtung ohne die Möglichkeit einer Beschränkung auf den Nachlass selbst vor dessen Teilung treffen muss][145] als auch Gesellschafter einer bestehenden GmbH werden kann bei Vererbung eines Gesellschaftsanteils nach § 15 Abs. 1 bzw. durch späteren Erwerb mit Nachlassmitteln [vgl. § 2041 BGB]);[146] bzw.
- eine **eheliche Gütergemeinschaft als bloßes Sondervermögen der Ehegatten** (sowohl bei Gründung [dadurch, dass **entweder** beide Ehegatten allein oder miteinander **je eine** Stammeinlage übernehmen und beide Gesellschaftsanteile nach GmbH-Entstehung ins Gesamtgut überführen,[147] **oder** durch gesamthänderische Gründungsteilnahme beider Ehegatten mit gemeinschaftlicher Stammeinlage sowohl in Gestalt einer Ein-Personen- als auch einer Mehr-Personen-Gründung – sofern in beiden Konstellationen beide Ehegatten für die Einlageverpflichtung nur unbeschränkt und persönlich sowohl mit dem Vorbehalts- als auch mit dem Gesamtgut haften][148] als auch beim GmbH-Anteilserwerb, der ins Gesamtgut fällt).

5. Treuhänder (Strohmänner) und Testamentsvollstrecker als Gesellschafter

Sowohl bei der Gründung als auch beim späteren Anteilserwerb bzw. bei Ausübung der Gesellschafterrechte ist ein Handeln **für fremde Rechnung** durch Dritte (z.B. Treuhänder) möglich.[149] 27

a) Treuhänder

Ein Treuhänder (bzw. auch „Strohmann" genannt, sofern als Vertreter mit strikt gebundener Marschroute auftretend) kann (unabhängig von der Möglichkeit einer direkten Vertretung im Rahmen einer Vollmacht oder einer gesetzlichen Vertretungsmacht) **als Gesellschafter** in rechtlich 28

---

139 Früher umstritten, heute wohl a.A., vgl. BGHZ 118, 83 = NJW 1992, 2222; BGHZ 116, 86 = NJW 1992, 499; BGHZ 78, 311 = NJW 1981, 682; zudem: Baumbach/Hueck/*Fastrich*, § 1 Rn. 34; Hachenburg/*Ulmer*, § 2 Rn. 80 ff.; MüKo-GmbH/*Fleischer*, § 1 Rn. 57 f.; Roth/Altmeppen/*Roth*, § 1 Rn. 30 f. – arg.: weder § 18 noch andere Vorgaben des GmbH-Rechts lassen einen überzeugenden Gegenschluss zu; Scholz/*Emmerich*, § 2 Rn. 51 ff.

140 OLG Hamm, DB 1975, 394.

141 Roth/Altmeppen/*Roth*, § 1 Rn. 30.

142 So BGHZ 118, 83 = NJW 1992, 2222; BGHZ 116, 86 = NJW 1992, 499; BGHZ 78,311 = NJW 1981, 682 (für die GbR). Vgl. zudem Baumbach/Hueck/*Fastrich*, § 1 Rn. 34; Lutter/Hommelhoff/*Lutter/Bayer*, § 2 Rn. 5; Roth/Altmeppen/*Roth*, § 1 Rn. 32; Rowedder/Schmidt-Leithoff/*Schmidt-Leithoff*, § 2 Rn. 24.

143 Baumbach/Hueck/*Fastrich*, § 1 Rn. 35: aus Praktikabilitätsgründen erfolgt bei größerer Mitgliederzahl oft die Einschaltung von Treuhändern. Vgl. auch BGH NJW 2008, 69. Nach Henssler/*Schäfer*, § 2 Rn. 43 sollen hier aber – anders als bei der Außen-GbR – nicht die Mitglieder, sondern nur die Handelnden und das Vereinsvermögen haften (ebenso Hachenburg/*Ulmer*, § 2 Rn. 80a; a. A. Scholz/*Emmerich*, § 2 Rn. 53b).

144 OLG Hamm, BB 1975, 292; Hachenburg/*Ulmer*, § 2 Rn. 81; Roth/Altmeppen/*Roth*, §1 Rn. 30 f.; Scholz/*Emmerich*, § 2 Rn. 53.

145 Baumbach/Hueck/*Fastrich*, § 1 Rn. 36; Roth/Altmeppen/*Roth*, § 1 Rn. 32; a.A. hingegen Lutter/Hommelhoff/*Lutter/Bayer*, § 2 Rn. 7.

146 KG NJW 1962, 54; Lutter/Hommelhoff/*Lutter/Bayer*, § 2 Rn. 5; Michalski/*Michalski*, § 2 Rn. 98; Roth/Altmeppen/*Roth*, § 1 Rn. 30 f.; Scholz/*Emmerich*, § 2 Rn. 51 ff.

147 Baumbach/Hueck/*Fastrich*, § 1 Rn. 37; Hachenburg/*Ulmer*, § 2 Rn. 57.

148 Baumbach/Hueck/*Fastrich*, § 1 Rn. 37; Hachenburg/*Ulmer*, § 2 Rn. 82; Scholz/*Emmerich*, § 2 Rn. 45.

149 Baumbach/Hueck/*Fastrich*, § 1 Rn. 39; MüKo-GmbHG/*Fleischer*, § 1 Rn. 59 ff.

zulässiger Weise **in eigenem Namen, aber für fremde Rechnung** (d.h. jene des Treugebers) – und damit in fremdem Interesse – in **indirekter Vertretung** sowohl bei der Gründung (sog. **Strohmanngründung** – z.B. Strohmann zusammen mit dem Treugeber, oder mehrere Strohmänner desselben Treugebers)[150] als auch beim Anteilserwerb tätig werden.[151] Auch wenn die Bedeutung dieser Konstruktion durch die Zulassung der Einpersonengründung an Bedeutung verloren hat, kann sie etwa zwecks Umgehung von § 7 Abs. 2 Satz 2 noch zur Anwendung gelangen.[152] Eine Strohmanngründung führt (ohne das Hinzutreten weiterer Umstände) grundsätzlich weder über § 117 BGB (Scheingeschäft) noch über §§ 134, 138, 826 BGB (gesetz- bzw. sittenwidrige Umgehung von Gründungs- oder Haftungsvorschriften) zur Nichtigkeit des Vertragsabschlusses, da die Vertragspartner i.d.R. eine ernste **Gesellschafterstellung des Treuhänders** (mit allen daraus resultierenden Verpflichtungen, einschließlich der Einlageneinbringungsverpflichtung) begründen wollen.[153] Auch eine beabsichtigte spätere Anteilsübertragung auf den Treugeber ist auf ein rechtlich zulässiges Ergebnis ausgerichtet – die Haftungsfreistellung des Treuhänders berührt hingegen grundsätzlich (Ausnahmen sollen für Fälle einer Knebelung[154] oder Schädigungsabsicht gelten) allein eine außerhalb des Gesellschaftsverhältnisses bestehende persönliche Rechtsbeziehung zwischen Treuhänder und Treugeber.[155]

29 Es ist zu differenzieren zwischen dem gesellschaftsrechtlichen Verhältnis (das grundsätzlich allein und umfänglich vom Strohmann ausgeübt wird)[156] und dem Innenverhältnis (Treuhandvereinbarung Treugeber – Strohmann, die Auftragsrecht unterliegt).[157] Jedoch kann das Gesellschaftsrecht ausnahmsweise auch auf das Innenverhältnis Einfluss nehmen[158] bzw. die Treuhandvereinbarung eine unbegrenzte Wahrnehmung der Mitgliedschaftsrechte beschränken[159]. Im Hinblick auf die Mitgesellschafter ist der Treuhänder zur Offenlegung der Treuhand nur dann verpflichtet, wenn die Anteile vinkuliert sind[160].

30 Allein der Treuhänder ist infolge des Anteilserwerbs (Beteiligung an der Gründung [Erwerbstreuhand] bzw. durch Anteilsübertragung) mit allen damit verbundenen Rechten und Pflichten Gesellschafter. Die Rechtsbeziehungen Treugeber – Treuhänder (Treuhandverhältnis) sind nur schuldrechtlicher Natur mit der Folge, dass erst eine Übertragung des Gesellschaftsanteils auf den Treugeber (wozu der Treuhänder i.d.R. aufgrund des Treuhandverhältnisses verpflichtet ist [vgl. § 662 BGB]) diesen zum Gesellschafter werden lässt.[161] Nur ausnahmsweise wird der Treugeber GmbH-Recht unterstellt, bspw. nach § 9a Abs. 4 bzw. gemäß § 47 Abs. 4.

150 BGHZ 31, 258; 21, 378; Roth/Altmeppen/*Roth*, § 1 Rn. 35: wobei auch eine antizipierte Übertragung des Geschäftsanteils auf den Treugeber bezogen auf einen späteren Zeitpunkt an der Gesellschafterstellung des Strohmanns nichts ändert, womit der Treugeber erst mit dem Wirksamwerden der Übertragung selbst Gesellschafter wird.
151 Baumbach/Hueck/*Fastrich*, § 1 Rn. 40 ff.; Hachenburg/*Ulmer*, § 2 Rn. 60; Scholz/*Emmerich*, § 2 Rn. 56.
152 Roth/Altmeppen/*Roth*, § 1 Rn. 35.
153 Baumbach/Hueck/*Fastrich*, § 1 Rn. 41; Roth/Altmeppen/*Roth*, § 1 Rn. 35.
154 OLG Brandenburg, GmbHR 1997, 168.
155 BGHZ 31, 258, 263; 21, 378; Baumbach/Hueck/*Fastrich*, § 1 Rn. 42, Hachenburg/*Ulmer*, § 2 Rn. 59 f.; Roth/Altmeppen/*Roth*, § 1 Rn. 35 ff.; Scholz/*Emmerich*, § 2 Rn. 55 ff.
156 BGH WM 1977, 70; 1976, 736; 1971, 306; BGHZ 31, 258, 263; 21, 378, 382.
157 Roth/Altmeppen/*Roth*, § 1 Rn. 36.
158 Dazu näher Roth/Altmeppen/*Roth*, § 1 Rn. 37 – wonach die GmbH auf Rückgriffsansprüche des Treuhänders zurückgreifen kann und im Hinblick auf den Stimmrechtsausschluss (§ 47 Abs. 4) sowie Ausschluss- und Auflösungsgründe die Person des Treuhänders maßgeblich sein kann, die Verpflichtung zur Übertragung des Geschäftsanteils auf den Treuhänder formbedürftig (§ 15 Abs. 4) ist und die Rückzahlungsverpflichtung nach den §§ 30, 31 den Treuhänder treffen kann.
159 Hachenburg/*Ulmer*, § 2 Rn. 59 f.; Henssler/*Schäfer*, § 2 Rn. 46.
160 OLG Hamburg, NJW-RR 1993, 868; Henssler/*Schäfer*, § 2 Rn. 46.
161 BGH WM 1976, 736; 1971, 306; Baumbach/Hueck/*Fastrich*, § 1 Rn. 42: bspw. jedoch nicht die Kündigung des Treuhandverhältnisses (d.h. des Auftrags bzw. des Geschäftsbesorgungsvertrags).

Umstritten ist, ob der Treugeber entsprechend §§ 16 Abs. 3, 19 Abs. 2, 22, 24, 30, 31 Abs. 3 zwecks Gewährleistung der Aufbringung und Erhaltung des Stammkapitals generell neben dem Treuhänder haftet (**Gesellschafterhaftung des Treugebers für die Einlagenverpflichtung**)[162]. Dem hingegen hat der BGH[163] in einer anderen Entscheidung 2008 die Außenhaftung in einer OHG im Falle einer qualifizierten offenen Treuhand verneint. *Schäfer*[164] will eine Haftung des Treuhänders auf Fälle beschränken, in denen dieser Mittel aus dem Gesellschaftsvermögen erlangt hat, bspw. bei Verstößen gegen die Auszahlungsverbote nach den §§ 30, 31 bzw. im Falle einer Existenzgefährdungshaftung. 31

b) Testamentsvollstrecker

Der Testamentsvollstrecker nimmt im eigenen Namen für den Erben bzw. die Erbengemeinschaft die Rechte und Pflichten aus einem dem Nachlass zugehörigen Gesellschaftsanteil wahr.[165] Er kann aber nicht (über den Nachlass hinaus) neue persönliche Verpflichtungen für die Erben begründen.[166] Das heißt, ein Testamentsvollstrecker kann grundsätzlich nicht ohne Zustimmung der Erben mit Wirkung für und gegen den Nachlass eine **GmbH-Beteiligung** eingehen.[167] Etwas anderes soll für den Fall gelten, dass jede zusätzliche Haftung (bspw. nach § 24) ausgeschlossen ist[168] bzw. er die Stammeinlage vor der Eintragung mit Nachlassmitteln unzulässig erfüllt hat (weil ansonsten eine mit § 2206 BGB unvereinbare persönliche Erbenhaftung droht)[169]. 32

Umstritten ist wegen der Notwendigkeit einer persönlichen Einlagenhaftung, ob ein Testamentsvollstrecker an der **GmbH-Gründung** (ohne besondere Ermächtigung der Erben mit korrespondierender unbeschränkter Übernahme der Einlagenhaftung) teilnehmen kann.[170] 33

Die Grundsätze einer Testamentsvollstreckerbeteiligung bei der GmbH-Gründung sollen gleichermaßen auf die Übernahme einer Stammeinlage im Falle einer Kapitalerhöhung bzw. auf den Erwerb eines Gesellschaftsanteils durch den Testamentsvollstrecker (ohne besondere Ermächtigung durch die Erben) zur Anwendung gelangen.[171]

---

162 Umstritten, so aber BGHZ 118, 107, 111; BGH WM 1977, 75; BGHZ 31, 258; Lutter/Hommelhoff/*Lutter/Bayer*, § 2 Rn. 8 und § 24 Rn. 7; a.A. hingegen die h.A. in der Literatur, vgl. etwa Baumbach/Hueck/*Fastrich*, § 1 Rn. 44; Hachenburg/*Ulmer*, § 2 Rn. 62 ff.; Michalski/*Michalski*, § 2 Rn. 94; Scholz/*Emmerich*, § 2 Rn. 59a. Nach Ansicht der Literatur reicht (um den Anforderungen der Kapitalaufbringung Rechnung zu tragen) die Möglichkeit aus, auf Freistellungs-/Regressansprüche des Treuhänders gegen den Treugeber Rückgriff zu nehmen, da eine potentielle Manipulationsmöglichkeit im Treuhandverhältnis (z.B. in Gestalt eines Anspruchserlasses zwischen Treugeber und Treuhänder) an § 138 BGB scheitere. Zudem seien die §§ 19, 31 auch unmittelbar auf den Treugeber anwendbar, sofern unzulässige Auszahlungen direkt an diesen wegen seiner Eigenschaft als Treugeber erfolgten. Auch § 9 Abs. 4 (der eine entsprechende haftungsmäßige Gleichstellung ausdrücklich gesetzlich regele, spreche dagegen (arg. e contrario) – so Baumbach/Hueck/*Fastrich*, a.a.O., unter Bezugnahme auf OLG Hamburg, BB 1984, 1516.

163 BGHZ 178, 271.

164 Henssler/*Schäfer*, § 2 Rn. 48 – auch könne (indirekt) auf Freistellungs- und Regressansprüche des Treuhänders gegen den Treugeber zurückgegriffen werden.

165 BGH NJW 1959, 1820; Baumbach/Hueck/*Fastrich*, § 1 Rn. 45.

166 Baumbach/Hueck/*Fastrich*, § 1 Rn. 45.

167 So KG KGJ 1933, 136; Baumbach/Hueck/*Fastrich*, § 1 Rn. 46; Roth/Altmeppen/*Roth*, § 1 Rn. 26; Scholz/*Emmerich*, § 2 Rn. 48.

168 Umstritten, so aber BayObLG NJW-RR 1991, 1254; Hachenburg/*Ulmer*, § 2 Rn. 35; Lutter/Hommelhoff/*Lutter/Bayer*, § 2 Rn. 10; a.A. Roth/Altmeppen/*Roth*, § 1 Rn. 26, da praktisch ein Haftungsausschluss kaum möglich sei.

169 Henssler/*Schäfer*, § 2 Rn. 30.

170 Verneinend: KG OLGZ 14, 322; Scholz/*Emmerich*, § 2 Rn. 47. Vermittelnd (d.h. für den Fall, dass keine Sonderermächtigung vorliegt, aber eine Erbenhaftung – bspw. bei Volleinzahlung des Stammkapitals – nicht in Betracht kommt): BayObLG NJW 1975, 1693. Näher zur vermittelnden Ansicht Baumbach/Hueck/*Fastrich*, § 1 Rn. 46 f.

171 Zulässigkeit nur für den Fall, dass die Erben dadurch nicht persönlich verpflichtet werden: Baumbach/Hueck/*Fastrich*, § 1 Rn. 48.

c) Beteiligung sonstiger Dritter

34 Einem Dritten kann seitens eines Gesellschafters eine **Unterbeteiligung** an dessen Gesellschaftsanteil eingeräumt werden, womit lediglich eine Innengesellschaft (§§ 705 ff. BGB) entsteht, Ersterer jedoch nicht Gesellschafter wird.[172]

III. Die Ein-Personen-Gesellschaft

35 Die GmbH kann durch mehrere oder auch nur (eingeführt durch die GmbH-Novelle 1980)[173] durch eine Person[174] (d.h. eine natürliche oder juristische Person, Personenhandelsgesellschaft bzw. GbR)[175] mittels einseitigem Rechtsgeschäft errichtet werden (Ein-Personen-Gesellschaft – früher: Ein-Mann-GmbH). Das Errichtungsgeschäft ist dann die Gründungserklärung des einen Gründers[176]. Die Ein-Personen-Gesellschaft ist eine „realtypische Ausprägung nach Maßgabe der jeweiligen faktischen Gegebenheiten".[177] Für die Ein-Personen-GmbH,[178] die damit schon in der Gründung zugelassen wird,[179] – bei der alle Geschäftsanteile in der Hand eines Gesellschafters bzw. daneben als eigene Anteile nach § 33 bei der GmbH selbst liegen[180] (die also nur einen Gesellschafter hat)[181] – gelten im Unterschied zur Mehr-Personen-GmbH einige **Besonderheiten**. Diese liegen im Fehlen einer gegenseitigen Gesellschafterkontrolle und der wechselseitigen Ausfallhaftung (vgl. § 24 bei der Mehr-Personen-GmbH) begründet. Da den Gläubigern als Haftungsmasse für deren Einlageforderungen nur das Vermögen eines Gesellschafters zur Verfügung steht, setzt die Gründung einer Ein-Personen-GmbH nach § 7 Abs. 2 Satz 3 die Leistung der Mindesteinzahlungen (vgl. 7 Abs. 2 Satz 1 und 2) voraus (Sicherung der Kapitalaufbringung, vgl. auch §§ 8 Abs. 2 Satz 2, 19 Abs. 4).[182] Zudem muss der Ein-Personen-Gesellschafter für den noch nicht geleisteten Teil der Geldeinlage eine Sicherheit bestellt haben.

1. Entstehung und Umwandlung

36 Die Ein-Personen-GmbH kann auf unterschiedliche Weise zur Entstehung gelangen, bspw.[183] durch eine

- Ein-Mann-Gründung (wobei die einseitige Errichtungserklärung des Gesellschafters den Abschluss eines Gesellschaftsvertrags ersetzt);[184]

172 Roth/Altmeppen/*Roth*, § 1 Rn. 39; zudem BGH LM § 662 BGB Nr. 45 zu Rechtsverhältnissen, die zwischen Treuhand und Unterbeteiligung einzuordnen sind.
173 BGBl. I, S. 836.
174 Womit den Vorgaben der EG-Einpersonengesellschaftsrichtlinie (Zwölfte Richtlinie des Rates vom 21.12.1989 auf dem Gebiet des Gesellschaftsrechts betreffend Gesellschaften mit beschränkter Haftung mit einem einzigen Gesellschafter, 89/667/EWG) Rechnung getragen wird.
175 Baumbach/Hueck/*Fastrich*, § 1 Rn. 49; Roth/Altmeppen/*Roth*, § 1 Rn. 48; *Michalski*, § 1 Rn. 37 ff.; MüKo-GmbHG/*Fleischer*, § 1 Rn. 65 ff.; Scholz/*Emmerich*, § 2 Rn. 51.
176 Henssler/*Schäfer*, § 1 Rn. 2: vgl. auch § 2 AktG und § 280 Abs. 1 Satz 1 AktG zur Ein-Personen-Gründung bei AG und KGaA infolge des UMAG vom 22.09.2005 (BGBl. I, S. 2802).
177 Roth/Altmeppen/*Roth*, § 1 Rn. 49: und somit „kein satzungsmäßiger festzuschreibender oder sonst rechtlich festgelegter Typus".
178 In seinen vielfältigsten Ausgestaltungsformen und Anwendungsbereichen, z.B. als „einzelkaufmännisches Unternehmen mit beschränkter Haftung", Komplementär-GmbH einer GmbH & Co KG bzw. auch als Einheitsgesellschaft (vgl. § 172 Abs. 6 HGB – d.h. einer KG, die alle Gesellschaftsanteile ihres Komplementärs innehat): Baumbach/Hueck/*Fastrich*, § 1 Rn. 52.
179 Roth/Altmeppen/*Roth*, § 1 Rn. 1.
180 Liegen hingegen – zumindest theoretisch – alle GmbH-Anteile bei der Gesellschaft (sog. Kein-Mann-Gesellschaft), die keinen Gesellschafter mehr hat (Rn. 47), kann die GmbH in dieser Form nicht mehr fortbestehen: Baumbach/Hueck/*Fastrich*, § 1 Rn. 49.
181 Baumbach/Hueck/*Fastrich*, § 1 Rn. 49.
182 Roth/Altmeppen/*Roth*, § 1 Rn. 41.
183 Beispiele nach Baumbach/Hueck/*Fastrich*, § 1 Rn. 53.
184 Roth/Altmeppen/*Roth*, § 1 Rn. 40. Zu Gründungsmängeln bei der Ein-Personen-Gründung näher *Grootenhorst*, NZG 2007, 605.

- infolge des MoMiG ist auch eine vereinfachte Gründung nach Maßgabe des Musterprotokolls (§ 2 Abs. 1a i.V.m. Anlage 1) möglich – wobei Stellvertretung[185] statthaft ist (vgl. Anmerkung 2 zum Musterprotokoll);
- Ausgliederung eines einzelkaufmännischen Unternehmens (im Rahmen einer Gesamtrechtsnachfolge) auf eine GmbH (§§ 152, 158 ff. UnwG); bzw. durch eine
- (anfängliche [Strohmanngründung] oder nachträgliche)[186] Vereinigung aller Gesellschaftsanteile in einer Hand (durch rechtsgeschäftlichen Erwerb oder Gesamtsrechtsnachfolge [bspw. nach § 1922 BGB]), wobei § 40 Abs. 3 n.F. bzw. § 19 Abs. 4 zu beachten sind; Amortisation, Anteilsübertragung, Ausschluss oder Kaduzierung.

Aus einer Ein-Personen-GmbH kann **umgekehrt** durch 37

- den Beitritt eines weiteren/weiterer Gesellschafter(s),
- den Erwerb eines/mehrerer Gesellschaftsanteile des bisherigen Alleingesellschafters bzw. eines eigenen Anteils der GmbH bzw. durch
- Übernahme einer Stammeinlage bei Kapitalerhöhung

eine Mehr-Personen-GmbH entstehen.[187]

2. Besonderheiten

Die Unternehmensverfassung der Ein-Personen-GmbH weist (auch wenn infolge des MoMiG das 38 Gros der Sonderregelungen zum 01.11.2008 für die Ein-Personen-GmbH entfallen ist, bspw. die §§ 7 Abs. 2 Satz 3, 8 Abs. 2 Satz 2, 19 Abs. 4, 60 Abs. 1 Nr. 6, 61 Abs. 1 Satz 2 a.F. bzw. § 144b FGG a.F.)[188] gegenüber der Mehr-Personen-GmbH nur noch folgende Besonderheiten auf:[189]

- Da das Organ „Gesellschafterversammlung" nur aus dem Alleingesellschafter besteht, bilden seine Entschlüsse die Gesellschafterbeschlüsse (vgl. § 48 Abs. 3), womit keine förmliche Gesellschafterversammlung abgehalten werden muss.
- Der Alleingesellschafter kann zugleich Geschäftsführer sein, deshalb § 35 Abs. 4 die Geltung von § 181 BGB und die Form von zwischen ihm und von der von ihm vertretenen Gesellschaft regelt. Rechtsgeschäfte zwischen dem Alleingesellschafter und der GmbH werden damit als selbstverständlich vorausgesetzt[190]. Der Alleingesellschafter-Geschäftsführer unterliegt keinem Wettbewerbsverbot[191].

Beachte zudem: Ist ein notwendiger Aufsichtsrat zu bilden, kann der Alleingesellschafter nicht zugleich Geschäftsführer und Aufsichtsratsmitglied sein[192].

3. Trennungsprinzip und Durchgriff

In rechtlicher Hinsicht ist strikt zwischen der Ein-Personen-GmbH und der Person ihres Alleingesell- 39 schafters zu trennen (**Trennungsprinzip**).[193] Träger des Gesellschafts- und des Gesellschaftervermögens (d.h. des Privatvermögens des Gesellschafters) sind also unterschiedliche Rechtssubjekte, womit

---

185 Vollmachtlose Vertretung ist nicht statthaft – arg.: § 180 Satz 1 BGB: so LG Berlin, GmbHR 1996, 123; Schindler/*Schäfer*, § 1 Rn. 34; a. A. hingegen *Dürr*, GmbHR 2008, 408.

186 Bspw. im Falle einer Zwei-Personen-GmbH, wenn ein Gesellschafter durch Kaduzierung (§ 21), Amortisation (§ 34), Ausschluss oder Austritt ausscheidet und sein Gesellschaftsanteil eingezogen oder vom verbliebenen Gesellschafter bzw. der GmbH übernommen wird: Baumbach/Hueck/*Fastrich*, § 1 Rn. 53.

187 Baumbach/Hueck/*Fastrich*, § 1 Rn. 54.

188 Henssler/*Schäfer*, § 1 Rn. 31. Diese Regelungen zielten darauf ab, ein Leerlaufen der subsidiären Ausfallhaftung nach § 24 zu kompensieren: Henssler/*Schäfer*, § 1 Rn. 35.

189 Baumbach/Hueck/*Fastrich*, § 1 Rn. 55.

190 Henssler/Schäfer, § 1 Rn. 38.

191 BGH NZG 2008, 187, 188.

192 Henssler/*Schäfer*, § 1 Rn. 37 unter Bezugnahme auf Scholz/*Emmerich*, § 1 Rn. 49.

193 BGHZ 26, 21, 33, 37; 22, 226, 230; Baumbach/Hueck/*Fastrich*, § 1 Rn. 56; Roth/Altmeppen/*Roth*, § 1 Rn. 42 ff. (insbesondere Rn. 44).

- den Gesellschaftsgläubigern grundsätzlich nur das Gesellschafts- und nicht auch das Gesellschaftervermögen zur Verfügung steht;[194] und umgekehrt
- den Gesellschaftergläubigern nur das Gesellschafter- und nicht auch das Gesellschaftsvermögen haftet[195] (womit die GmbH ggf. Drittwiderspruchsklage nach § 771 ZPO gegen eine Vollstreckung ins Gesellschaftsvermögen, das sich beim Gesellschafter befindet, erheben kann, wie umgekehrt);[196]
- gegen Forderungen der GmbH nicht mit Forderungen gegen den Gesellschafter aufgerechnet werden kann;[197] und
- aufgrund eines Vollstreckungstitels gegen die GmbH nicht in das Privatvermögen des Gesellschafters vollstreckt werden kann (und umgekehrt).[198]

> Allein der Grundsatz der wirtschaftlichen Einheit (der bei allen Ein-Personen-Gesellschaften gegeben ist) reicht also zu einer Durchbrechung des Trennungsprinzips nicht aus.[199]

40 Das **Trennungsprinzip** (d.h. die Anerkennung der rechtlichen Selbständigkeit der GmbH gegenüber ihrem Gesellschafter) als Grundsatz erfährt jedoch (in Ausnahmefällen, die einer besonderen Rechtfertigung bedürfen) einige **Durchbrechungen** in Anlehnung an die Grundsätze, die auch bei einer Mehr-Personen-GmbH einen **Durchgriff** rechtfertigen.[200] Nach der bisherigen Judikatur des BGH darf zwar über die Rechtsform der juristischen Person nicht leichtfertig und schrankenlos hinweggegangen werden. Gleichwohl wurde eine Durchbrechung sowohl in die eine Richtung (d.h. auf die GmbH zugunsten eines Privatgläubigers des Gesellschafters)[201] als auch in die andere (mithin die Person des Gesellschafters – sog. **Haftungsdurchgriff** zugunsten der GmbH-Gläubiger auf das Privatvermögen des Gesellschafters) beim Vorliegen besonderer Voraussetzung in folgenden Fällen bejaht:[202] Wenn

- bei einer Normanwendung deren Sinngehalt nicht verwirklicht werden kann;
- die Verwendung der Rechtsform einer juristischen Person der Rechtsordnung nicht entspricht (z.B. in den Fällen eines Formmissbrauchs); bzw. wenn
- die Berufung auf das Trennungsprinzip durch die GmbH bzw. den Gesellschafter gegen Treu und Glauben (§ 242 BGB) verstößt.

41 Als Konstellationen eines Haftungsdurchgriffs unter dem Gesichtspunkt einer **mangelnden Unterscheidbarkeit** von Gesellschaft und Gesellschafter kommen nach der bisherigen Judikatur die folgenden in Betracht:[203]

- Auftreten im Rechtsverkehr (Rechtsscheinhaftung);
- undurchsichtige Vermögenszuordnung (Vermögensvermischung);[204]

194 BGH NJW 1974, 1372; BGHZ 68, 314.
195 BGHZ 78, 333; 26; 31, 37.
196 BGHZ 156, 310 = NJW 2004, 217.
197 BGHZ 26, 31.
198 BGH GmbHR 1958, 77.
199 So Baumbach/Hueck/*Fastrich*, § 1 Rn. 56; Roth/Altmeppen/*Roth*, § 1 Rn. 42.
200 Baumbach/Hueck/*Fastrich*, § 1 Rn. 57. Näher zum Haftungsdurchgriff auch *Ehricke*, AcP 199 (1999), 257.
201 Vgl. OLG Hamm, GmbHR 1978, 13: Ablehnung einer Drittwiderspruchsklage der GmbH gegenüber einer Pfändung beim Gesellschafter (a.A. Baumbach/Hueck/*Fastrich*, § 1 Rn. 57), und sei es nur aus Beweisgründen (BGH ZIP 2003, 2247, 2250). Dazu auch Roth/Altmeppen/*Roth*, § 1 Rn. 42.
202 Dazu näher Baumbach/Hueck/*Fastrich*, § 1 Rn. 57 m.w.N.; Henssler/*Schäfer*, § 1 Rn. 41; Roth/*Altmeppen*, § 1 Rn. 42 ff.
203 So Roth/Altmeppen/*Roth*, § 1 Rn. 44.
204 Dazu RG DR 1943, 811; BGH LM § 13 GmbHG Nr. 24.

- Haftungsbildung durch Konzernbildung bzw. 100 %ige Beteiligung;[205] bzw.
- Haftung wegen Existenzvernichtung.[206]

Nach der Grundsatzentscheidung vom 16.7.2007 (§ 13 Rn. 43 ff.) hat der BGH[207] eine grundlegende Änderung des bisherigen Konzepts zur Durchbrechung der Haftungsbeschränkung in der GmbH herbeigeführt und sich wohl endgültig „von allen Missbrauchsformeln zur Rechtfertigung einer ‚Durchgriffshaftung' in der Kapitalgesellschaft verabschiedet":[208] Der BGH hält zwar am Erfordernis einer als **„Existenzvernichtung"** bezeichneten Haftung des Gesellschafters für missbräuchliche (zur Insolvenz der GmbH führende oder diese vertiefende kompensationslose) Eingriffe in das der Zweckbindung zur vorrangigen Befriedigung der Gesellschaftsgläubiger dienende Gesellschaftsvermögen fest. Er gibt aber das bisherige Konzept einer eigenständigen Haftungsfigur, die an den Missbrauch der Rechtsform anknüpfte und als Durchgriffsaußenhaftung des Gesellschafters gegenüber den Gesellschaftsgläubigern ausgestaltet (aber mit einer Subsidiaritätsklausel im Verhältnis zu den §§ 30, 31 BGB versehen) war, auf. Stattdessen knüpft der BGH die Existenzvernichtungshaftung des Gesellschafters an die missbräuchliche Schädigung des im Gläubigerinteresse zweckgebundenen Gesellschaftsvermögens an und ordnet sie – in Gestalt einer schadensersatzrechtlichen **Innenhaftung gegenüber der Gesellschaft** – allein in **§ 826 BGB** als eine besondere Fallgruppe der sittenwidrigen vorsätzlichen Schädigung ein (die gegenüber Erstattungsansprüchen aus den §§ 30, 31 nicht subsidiär ist – Anspruchskonkurrenz). 42

Ein gutgläubiger Erwerb in der Relation GmbH – Ein-Personen-Gesellschafter kann trotz formaler Verselbstständigung der beiden Vermögensmassen mangels eines schutzwürdigen Verkehrsinteresses ausgeschlossen sein.[209] 43

Im Falle subjektiver Merkmale (z.B. Kenntnis oder Gutgläubigkeit) bzw. bei Pflicht- oder Obliegenheitsverletzungen sowie bspw. bei Wettbewerbsverboten kann es (in der Beziehung GmbH – Ein-Personen-Gesellschafter) zu einer wechselseitigen Zurechnung kommen.[210]

Eine Durchbrechung erfährt das Trennungsprinzip auch beim **Verkauf aller** (oder eines überwiegenden, d.h. wesentlichen Teils der) **Gesellschaftsanteile** durch den Alleingesellschafter mit der Folge, dass den Verkäufer (wie beim Verkauf eines gesamten Unternehmens) Sachgewährleistungsansprüche treffen.[211] 44

Umgekehrt ist auch ein **Durchgriff zugunsten des Gesellschafters** möglich.[212]

Auch den Alleingründer trifft wegen Anlaufverlusten eine Unterbilanzhaftung als Innenhaftung[213] — als Außenhaftung des Alleingründers ist jedoch die vor der Eintragung bestehende **Verlustdeckungshaftung** ausgestaltet[214].

---

205 Roth/Altmeppen/*Roth*, § 1 Rn. 44 f.: Die (parallel zur allgemeinen Treuepflicht unterhalb der Schwelle des § 30 entwickelte) *besondere Bestandsschutzgarantie* verbietet es einem Alleingesellschafter, externe Sonderinteressen auf GmbH-Kosten zu verfolgen, wenn dadurch die Fähigkeit der GmbH zur Schuldenbegleichung beeinträchtigt wird – Haftungsdurchgriff wegen Rechtsmissbrauchs: BGHZ 151, 181.

206 Roth/Altmeppen/*Roth*, § 1 Rn. 44.

207 NJW 2007, 2689 – Trihotel.

208 *Altmeppen*, NJW 2007, 2657.

209 So Roth/Altmeppen/*Roth*, § 1 Rn. 42.

210 BGH ZIP 2005, 296; 2004, 957; Roth/Altmeppen/*Roth*, § 1 Rn. 42.

211 BGH NJW 1969, 184; 1965, 246.

212 Roth/Altmeppen/*Roth*, § 1 Rn. 43: Zum Beispiel kann dem Gesellschafter-Geschäftsführer (bei einem Schadensersatzanspruch wegen Körperverletzung) ein Vermögensschaden der GmbH (entgangener Geschäftsgewinn) als eigener ersatzfähiger Schaden zugerechnet werden – wobei er zumindest im Rahmen einer Drittschadensliquidation im Drittinteresse Ersatzleistung an die GmbH fordern könne – ggf. auch umgekehrt (BGH NJW 1977, 1283; BGHZ 61, 380).

213 BGH NJW-RR 2006, 254.

214 So BGHZ 134, 333 = NJW 1997, 1507.

4. Ein-Personen-GmbH & Co KG

45 Als einzige Komplementärin einer GmbH & Co KG kann auch eine Ein-Personen-GmbH in Betracht kommen, deren Alleingesellschafter auch Kommanditist ist.[215]

5. Einheitsgesellschaft

46 Bei der Einheitsgesellschaft – als Weiterentwicklung der GmbH & Co KG – überträgt/übertragen der/die GmbH-Gesellschafter ihre Gesellschaftsanteile auf die KG, wodurch diese alleinige Gesellschafterin ihrer eigenen Komplementär-GmbH wird (**Verschachtelung**).[216] In organisationsrechtlicher Hinsicht erfolgt die Willensbildung nunmehr – sowohl für die GmbH als auch für die KG – allein (und in Durchbrechung von § 170 HGB[217] bzw. im Rahmen einer ausdrücklichen gesellschaftsvertraglichen Zuweisung) durch die Person des/der (d.h. in Gesamtvertretung handelnden) Kommanditisten.[218] In haftungsrechtlicher Hinsicht müssen im Interesse eines effektiven Schutzes der Gläubiger und des Rechtsverkehrs kumulativ sowohl die Vorgaben des GmbH- als auch des KG-Rechts beachtet werden mit der Folge, dass die Kapitalaufbringung und Kapitalerhaltung bei der KG nach den §§ 171 Abs. 1, 172 Abs. 4 HGB nicht zulasten der GmbH (mithin der §§ 5, 19 ff., 30 f.) gehen dürfen und *vice versa*.[219]

6. Exkurs: Die GmbH ohne Gesellschafter (sog. Kein-Mann-GmbH)[220]

47 Gehen durch den Wegfall des letzten Gesellschafters – bspw. infolge Erbfolge oder Kaduzierung – alle Gesellschaftsanteile auf die GmbH über, erlischt die GmbH nicht kraft Gesetzes[221]. Doch muss sie nach den §§ 60 ff. aufgelöst werden (Vorliegen eines gesetzlichen Auflösungsgrundes)[222], da der eingetretene Zustand mit dem Grundsatz der Abhängigkeit der Gesellschaft von ihren Gesellschaftern (d.h. dem Zweck der gesellschaftsrechtlichen Existenz) unvereinbar ist und nicht durch die rechtliche Verselbstständigung der Gesellschaft nach § 13 zu rechtfertigen ist.[223]

C. Weitere praktische Hinweise

48 **Ertragsteuerlich** wird die GmbH stets als gewerbliche Gesellschaft behandelt, auch wenn sie ausweislich ihrer Satzung ausschließlich auf die Verwaltung eigenen Vermögens oder freiberufliche Tätigkeiten gerichtet ist (§ 8 Abs. 2 KStG). Die GmbH ist daher mit ihrem gesamten Ertrag nicht nur der **Körperschaftsteuer** unterworfen, sondern auch **gewerbesteuerpflichtig** (§ 2 Abs. 2 Satz 1 GewStG), vorbehaltlich der Steuerbefreiungen in § 5 KStG bzw. § 3 GewStG (insbesondere für gemeinnützige Gesellschaften – § 5 Abs. 1 Nr. 9 KStG bzw. § 3 Nr. 6 GewStG – und bestimmte Einrichtungen des Gesundheitswesens – § 3 Nr. 20 GewStG). Diese Befreiungstatbestände sollen sich nach neuerer Rechtsprechung[224] auch auf das Besitzpersonenunternehmen im Falle einer Betriebsaufspaltung erstrecken.

215 *Michalski*, § 1 Rn. 63; MüKo-GmbHG/*Fleischer*, § 1 Rn. 88; Roth/Altmeppen/*Roth*, § 1 Rn. 50.
216 Roth/Altmeppen/*Roth*, § 1 Rn. 51; *Michalski*, § 1 Rn. 64.
217 Zu den Begründungen der Durchbrechung Hachenburg/*Mertens*, § 13 Anhang I Rn. 17; Scholz/*Schmidt*, § 45 Anhang Rn. 59.
218 Roth/Altmeppen/*Roth*, § 1 Rn. 53.
219 Roth/Altmeppen/*Roth*, § 1 Rn. 54: So können sich die Kommanditisten durch Erbringung ihrer GmbH-Anteile in die KG nicht von ihrer Einlagepflicht nach § 171 Abs. 1 HGB befreien – und Zahlungen der KG an die Kommanditisten als Entgelt für die GmbH-Anteile oder an die GmbH auf die Stammeinlage gelten, ggf. als Rückzahlungen i.S.d. § 172 Abs. 4 HGB, so Roth/Altmeppen/*Roth*, § 1 Rn. 55.
220 Dazu *Steding*, NZG 2003, 57; Henssler/*Schäfer*, § 1 Rn. 32; *Michalski*, § 1 Rn. 62; MüKo-GmbHG/*Fleischer*, § 1 Rn. 80 ff.
221 Hachenburg/*Ulmer*, Einl. A Rn. A 23: kein sofortiges liquidationsloses Erlöschen der Gesellschaft.
222 Hachenburg/*Ulmer*, § 1 Rn. 55.
223 So Hachenburg/*Hohner*, § 33 Rn. 85 ff.; *Paulick*, Die GmbH ohne Gesellschafter, 1979; Roth/Altmeppen/*Roth*, § 1 Rn. 56.
224 Vgl. z.B. BFH BStBl. II 2006, S. 661; z.T. a.A. FinMin NRW DStR 2010, 2462.

§ 2 Form des Gesellschaftsvertrags

(1) Der Gesellschaftsvertrag bedarf notarieller Form. Er ist von sämtlichen Gesellschaftern zu unterzeichnen.

(1a) Die Gesellschaft kann in einem vereinfachten Verfahren gegründet werden, wenn sie höchstens drei Gesellschafter und einen Geschäftsführer hat. Für die Gründung im vereinfachten Verfahren ist das in der Anlage bestimmte Musterprotokoll zu verwenden. Darüber hinaus dürfen keine vom Gesetz abweichenden Bestimmungen getroffen werden. Das Musterprotokoll gilt zugleich als Gesellschafterliste. Im Übrigen finden auf das Musterprotokoll die Vorschriften dieses Gesetzes über den Gesellschaftsvertrag entsprechende Anwendung.

(2) Die Unterzeichnung durch Bevollmächtigte ist nur aufgrund einer notariell errichteten oder beglaubigten Vollmacht zulässig.

Literatur

Bayer/Hoffmann/Schmidt, Satzungskomplexität und Mustersatzung, GmbHR 2007, 953; *Benecke*, Auslandsbeurkundung im GmbH-Recht: Anknüpfung und Substitution, RIW 2002, 280; *Boehme*, Formunwirksamkeit von Schiedsklauseln in Gesellschaftsverträgen und ihre Folgen, BB 2008, 685; *Dürr*, Die nach- bzw. nicht-bevollmächtigte Einpersonen-Gründung einer GmbH, GmbHR 2008, 408; *Elsing*, Entfallen der Beurkundungspflicht, ZNotP 2007, 377; *Fischer*, Ist der Vorvertrag bei der Errichtung einer GmbH formbedürftig?, GmbHR 1954, 129; *Flume*, Die werdende juristische Person, FS für Geßler, 1971, S. 3; *Geier*, Anpassung von Gesellschaftsverträgen an sich verändernde Realstrukturen, ZGS 2008, 8; *Goette*, Auslandsbeurkundungen im Kapitalgesellschaftsrecht, DStR 1996, 709; *Goette*, Die GmbH – Darstellung anhand der Rechtsprechung des BGH, 2. Auflage 2002; *Grooterhorst*, Gründungsmängel und ihre Folgen bei der Einmann-GmbH, NZG 2007, 605; *Grunewald*, Die Auslegung von Gesellschaftsverträgen und Satzungen, ZGR 1995, 68; *Haerendel*, Die Beurkundung gesellschaftsrechtlicher Akte im Ausland, DStR 2001, 1802; *Heckschen*, Auslandsbeurkundungen und Richtigkeitsgewähr, DB 1990, 161; *Heckschen*, Gründungserleichterungen nach dem MoMiG – Zweifelsfragen in der Praxis, DStR 2009, 166; *Heidinger/Blath*, Das Musterprotokoll – Mehr Fluch als Segen?, ZNotP 2010, 376 (Teil 1) und 402 (Teil 2); *Henrich*, Vorvertrag, Optionsvertrag, Vorrechtsvertrag, 1965; *Herrler*, Fehlgeschlagene Gründung im vereinfachten Verfahren als herkömmliche GmbH-Gründung?, GmbHR 2010, 960; *Herrler/König*, Aktuelle Praxisfragen zur GmbH-Gründung im vereinfachten Verfahren (Musterprotokoll), DStR 2010, 2138; *Hoffmann-Becking*, Der Einfluss schuldrechtlicher Gesellschaftervereinbarungen auf die Rechtsbeziehungen in der Kapitalgesellschaft, ZGR 1994, 442; *Kanzleiter*, Der Umfang der Beurkundungsbedürftigkeit bei verbundenen Rechtsgeschäften, DNotZ 1994, 275; *Karsten*, Die GmbH-Gründung nach Inkrafttreten des MoMiG, GewA 2008, 476; *Katschinski/Rawert*, Stangenware versus Maßanzug: Vertragsgestaltung im GmbH-Recht nach Inkrafttreten des MoMiG, ZIP 2008, 1993; *Kerschbaumer*, Praktische Probleme bei der Anwendung der GmbH-Gründungsvorschriften beim Formwechsel von der AG in die GmbH nach § 197 UmwG, NZG 2011, 862; *Körber/Effer-Uhe*, Anforderungen an den Nachweis der Vertretungsmacht von Prokuristen und GbR-Gesellschaftern bei der Gründung von Kapitalgesellschaften, DNotZ 2009, 92; *Kuhn*, Beurkundungspflicht von sogenannten Drittkontrahierungsklauseln bei Abschluss eines Gesellschaftsverttrages?, BWNotZ 2008, 86; *Lüttmann/Breyer*, Notarielle Beurkundung von Schiedsvereinbarungen?, ZZP 119 (2006), 475; *Melchior*, Das Musterprotokoll nach Eintragung der GmbH, Notar 2010, 305; *Müller-von Münchow*, Rechtliche Vorgaben zu Inhalt und Form von Vollmachten, NotBZ 2010, 34; *Paschke*, Die fehlerhafte Korporation, ZHR 155 (1991), 1; *Pfeiffer*, Vollmacht und Vertretungsnachweis bei Auslandsbezug im deutschen Handelsregisterverfahren, Rpfleger 2012, 240; *Plückelmann*, Die Vertretungsbefugnis des Geschäftsführers bei Gründung einer GmbH nach dem Musterprotokoll, GWR 2009, 385; *Priester*, Das Gesellschaftsverhältnis im Vorgründungsstadium – Einheit oder Dualismus?, GmbHR 1995, 481; *Reimann*, Formerfordernisse beim Abschluss von Gesellschaftsverträgen, DStR 1991, 154; *Reinicke*, Die Formbedürftigkeit einer Vollmacht zum Abschluss eines GmbH-Vorvertrages, NJW 1969, 1830; *Reithmann*, Substitution bei Anwendung der Formvorschriften des GmbH-Gesetzes, NJW 2003, 385; *Ries*, Brauchen wir die „Unternehmergesellschaft" und den Verzicht auf die notarielle Beurkundung des Gesellschaftsvertrags, NotBZ 2007, 244; *Römermann*, Die vereinfachte Gründung mittels Musterprotokoll, in: Römermann/Wachter, GmbH-Beratung nach dem MoMiG, GmbHR, Sonderheft Oktober 2008, 16; *Rust*, Die Beteiligung von Minderjährigen im Gesellschaftsrecht, DStR 2005, 1942; *Sandhaus*, Musterprotokoll und Befreiung des Geschäftsführers von § 181 BGB, NJW-Spezial 2009, 607; *Schäfer*, Die Lehre vom fehlerhaften Verband, 2002; *Siegmann*, Zur Heilung eines fehlerhaften Gesellschafterbeschlusses einer Vor-GmbH durch Eintragung in das Handelsregister, DNotZ 1996, 686; *H. Schmidt*, Formerfordernis der Genehmigungserklärungen bei Änderung des GmbH-Gesellschaftsvertrags, MDR 1995, 888; *K. Schmidt*, Rechtsgrundlagen der Mitunternehmerschaft im Vorgründungsstadium der GmbH, GmbHR 1982, 6; *K. Schmidt*, Zur Haftungsverfassung in der Vor-GmbH, ZIP 1997, 671; *Wachter*, Vertretungsfragen bei der Gründung einer Einpersonen-GmbH, GmbHR 2003, 660; *Weigl*, Die Geschäftsführerbestellung im Musterprotokoll gemäß „MoMiG" und Änderungen der Bestellung und Vertretung, Notar 2008, 378; *Wicke*, Die Bedeutung der öffentlichen Beurkundung im GmbH-Recht, ZIP 2006, 977; *Wicke*, Abweichungen und Änderungen beim Musterprotokoll gemäß § 2 Abs. 1a GmbHG, DNotZ 2012, 15; *Witt*, Verdeckte Sacheinlage, Unternehmergesellschaft und Musterprotokoll, ZIP 2009, 1102.

A. Allgemeines

1 § 2 regelt die formellen Voraussetzungen für den Abschluss des Gesellschaftsvertrags (einschließlich des entsprechenden Vorgangs bei einer Ein-Personen-Gründung, d.h. des einseitigen Errichtungsgeschäfts)[1] als Grundlage der Errichtung und der Existenz der GmbH:[2] Der Gesellschaftsvertrag bedarf der notariellen Form (**Abs. 1 Satz 1**) und muss von allen Gesellschaftern unterzeichnet werden (**Abs. 1 Satz 2**).

2 Außer durch Vertragsabschluss kann eine GmbH auch im Zuge einer Gesamtrechtsnachfolge durch Umwandlung (d.h. Verschmelzung durch Neugründung, Spaltung zur Neugründung bzw. Formwechsel) nach Maßgabe des UmwG aus einer anderen Rechtsform heraus entstehen (**andere Entstehung**), wobei aufgrund der Verweisungen in den §§ 36 Abs. 2, 135 Abs. 2 oder 197 UmwG die Regelung des § 2 entsprechend gilt.[3]

3 Hat die Gesellschaft vor der notariellen Beurkundung des Gesellschaftsvertrags bereits ihre Geschäftstätigkeit aufgenommen, besteht eine **Vorgründungsgesellschaft** (i.S.v. § 705 BGB mit dem Ziel einer GmbH-Errichtung – bzw., wenn der Betrieb eines kaufmännischen Unternehmens in Rede steht, eine OHG i.S.v. § 105 HGB).[4] Mit der Beurkundung des Gesellschaftsvertrags geht die Vorgründungsgesellschaft in das Stadium der **Vorgesellschaft** (Vor-GmbH) über, die mit Ersterer jedoch nicht identisch ist.[5] Davon abzugrenzen ist die Einbringung aller Personengesellschaftsanteile durch Übertragung an eine GmbH (z.B. durch Übertragung des Kommanditanteils einer GmbH & Co KG auf eine GmbH).[6]

4 **Abs. 1a** schafft (alternativ zum normalen Gründungsverfahren – infolge des MoMiG seit dem 01.11.2011) die Möglichkeit einer vereinfachten Gründung der GmbH bzw. einer UG unter Verwendung eines Musterprotokolls nach Anlage 1, wobei die Sätze 1 bis 3 die Voraussetzungen einer vereinfachten Gründung statuieren (nämlich maximal drei Gesellschafter und ein Geschäftsführer sowie die Verwendung des Musterprotokolls) und die Sätze 4 und 5 Ergänzungen des Musterpro-

1 Baumbach/Hueck/*Fastrich*, § 2 Rn. 1.
2 Roth/Altmeppen/*Roth*, § 2 Rn. 1.
3 Baumbach/Hueck/*Fastrich*, § 2 Rn. 2; Roth/Altmeppen/*Roth*, § 2 Rn. 68.
4 BGH NJW 1982, 932; Baumbach/Hueck/*Fastrich*, § 2 Rn. 36; Hachenburg/*Ulmer*, § 2 Rn. 49; Scholz/*Emmerich*, § 2 Rn. 84; a.A. Roth/Altmeppen/*Roth*, § 2 Rn. 68: „U.E. konstituiert allein die Zielsetzung, den beabsichtigten Vertrag zu schließen, als ‚gemeinsamer Zweck' i.S.v. § 705 BGB ebenso wenig eine Gesellschaft bürgerlichen Rechts wie bei andersartigen Vorverträgen. Dies ist vielmehr nur dann der Fall, wenn darüber hinaus ein irgendwie gearteter Zusammenschluss zur Förderung dieses gemeinsamen Zwecks stattfindet" – ansonsten handele es sich um einen „schlicht verpflichtenden mehrseitigen Vertrag", der den allgemeinen BGB-Vorschriften unterliege.
5 BGH NJW 1982, 932.
6 OLG Karlsruhe, NZG 1999, 1231.

tokolls beinhalten. Die Gesellschafter können sich bei der Unterzeichnung des Gesellschaftsvertrags vertreten lassen (**Abs. 2 – Zulässigkeit einer Stellvertretung**), doch bedarf der Vertreter dazu (abweichend von § 167 Abs. 2 BGB) einer notariell errichteten oder beglaubigten Vollmacht.

B. Inhalt der Regelung

I. Formerfordernis (notarielle Form)

Der Gesellschaftsvertrag bedarf im Interesse der Rechtssicherheit, der Rechtsklarheit und der Richtigkeitsgewähr der notariellen Form (Abs. 1 Satz 1). 5

1. Gesellschaftsvertrag

Der Gesellschaftsvertrag normiert die Grundlage der GmbH, in der (für die Beitrittserklärungen der Gründungsgesellschafter als **Errichtungsgeschäft** ebenso wie für später eintretende Gesellschafter als **körperschaftliche Satzung**)[7] verbindlich die Organisation der Gesellschaft fixiert wird. Ihm kommt (auch bei Verwendung des Musterprotokolls) eine **Doppelfunktion**[8] zu: Schuldverhältnis zwischen den Gesellschaftern und Verfassung der GmbH. Die Beitrittserklärungen der Gründungsgesellschafter begründen die Einzahlungsverpflichtung auf die von jedem Gründer übernommene Stammeinlage i.S.v. § 3 Abs. 1 Nr. 4 (**Einheitsgründung**).[9] Die Gesellschaft ist mit dem Abschluss des Gesellschaftsvertrags errichtet, womit sie als **Vor-GmbH** (noch ohne volle Rechtsfähigkeit) bis zur Handelsregistereintragung (Eintritt der vollen Rechtsfähigkeit – Entstehung der GmbH als juristischer Person, *arg. e contrario* § 11 Abs. 1) besteht. 6

Nach h.M.[10] (**modifizierte Normtheorie**) finden auf den Gesellschaftsvertrag (als Organisationsvertrag, der bei rechtsgeschäftlichem Geltungsgrund auch objektive, die Verfassung der Gesellschaft ausgestaltende Regelungen enthält)[11] als einheitlicher Vertragszweck[12] (wobei eine einheitliche Urkunde nicht erforderlich ist, die Unterschriften sich also auch auf verschiedenen Urkunden, die auch von unterschiedlichen Notaren beurkundet sind, wiederfinden können)[13] – vor der Eintragung – grundsätzlich die Vorgaben des BGB über die Abgabe von Willenserklärungen und das Zustandekommen von Verträgen (d.h. die §§ 104 ff., 116 ff., 125, 134, 145 ff. BGB) uneingeschränkt Anwendung,[14] wobei die auf den Vertragsschluss gerichteten Willenserklärungen bedingungsfeindlich sind.[15] Folglich führt die Nichtigkeit bzw. Anfechtung einer Willenserklärung zur Nichtigkeit des gesamten Vertrags (ggf. modifiziert durch die Lehre von der fehlerhaften Gesellschaft bzw. durch die §§ 75 ff.)[16]– bei teilweiser Nichtigkeit gilt § 139 BGB.[17] Allerdings gelten einige Sonderregelungen: So weicht bspw. Abs. 2 von § 167 Abs. 2 BGB ab, für die Befristung gilt § 3 Abs. 2. 7

---

7 Baumbach/Hueck/*Fastrich*, § 2 Rn. 3.

8 Baumbach/Hueck/*Fastrich*, § 2 Rn. 3; Henssler/*Schäfer*, § 2 Rn. 4; Hachenburg/*Ulmer*, § 2 Rn. 4 f.; Michalski, § 2 Rn. 4 ff.; MüKo-GmbHR/Mayer, § 2 Rn. 4.

9 Baumbach/Hueck/*Fastrich*, § 2 Rn. 4; Roth/Altmeppen/*Roth*, § 2 Rn. 19 – Unzulässigkeit einer Stufengründung bzw. des Vorbehalts eines späteren Beitritts weiterer Gesellschafter oder einer bedingten bzw. befristeten Beteiligung (Hachenburg/*Ulmer*, § 2 Rn. 94 ff.).

10 K. *Schmidt*, Gesellschaftsrecht, § 5 I; Michalski/*Michalski*, § 2 Rn. 5. Vgl. auch BGHZ 47, 172, 179 = NJW 1967, 1268 (zum Idealverein); a. A.: modifizierte Vertragstheorie: Scholz/*Emmerich*, § 2 Rn. 7.

11 Henssler/*Schäfer*, § 2 Rn. 4.

12 Roth/Altmeppen/*Roth*, § 2 Rn. 20: mit dem Mindestinhalt des § 3 und den den gesamten Vertragstext abdeckenden Unterschriften aller Gesellschafter.

13 Hachenburg/*Ulmer*, § 2 Rn. 13; Roth/Altmeppen/*Roth*, § 2 Rn. 21: sofern „durch Bezugnahme und Beifügung als Anlage am Ende ein einheitliches Vertragswerk entsteht" – weil für die Anmeldung nach § 8 Abs. 1 Nr. 1 zwingend erforderlich: Baumbach/Hueck/*Fastrich*, § 2 Rn. 10 f.

14 Hachenburg/*Ulmer*, § 2 Rn. 5; Baumbach/Hueck/*Fastrich*, § 2 Rn. 6; Roth/Altmeppen/*Roth*, § 2 Rn. 10 und 44 f.; Scholz/*Emmerich*, § 2 Rn. 8.

15 Lutter/Hommelhoff/*Lutter/Bayer*, § 2 Rn. 21; Roth/Altmeppen/*Roth*, § 2 Rn. 13.

16 Henssler/*Schäfer*, § 2 Rn. 5.

17 Umstritten, so Baumbach/Hueck/*Fastrich*, § 2 Rn. 37; Roth/Altmeppen/*Roth*, § 2 Rn. 44; a.A. Hachenburg/*Ulmer*, § 2 Rn. 87.

8 **Nicht voll Geschäftsfähige** (§§ 106, 2 BGB) bedürfen bei Abgabe der Willenserklärung der Einwilligung (§§ 107, 183 BGB) bzw. Genehmigung (§§ 108, 184 BGB) ihres gesetzlichen Vertreters (§§ 1626 Abs. 1, 1629 BGB) – sofern dieser selbst auch Gründungsgesellschafter ist, muss ein Pfleger (bei mehreren Kindern jeweils ein eigener Pfleger) bestellt werden (§ 1909 BGB).[18] Zudem ist nach h.A.[19] eine vormundschaftsgerichtliche Genehmigung nach § 1822 Nr. 3 BGB (bzw. im Falle einer nicht-gewerblichen GmbH wegen der Ausfallhaftung nach § 24 eine vormundschaftsgerichtliche Genehmigung gem. § 1822 Nr. 10 BGB analog) erforderlich.

9 **Betreute** bedürfen der Vertretung (§ 1902 BGB) und der vormundschaftsgerichtlichen Genehmigung nach § 1903 i.V.m. § 1908i BGB.[20]

Auf den Abschluss des Gesellschaftsvertrags gelangt (trotz dessen Sondernatur – Rn. 11) § 181 BGB zur Anwendung (bspw. wenn ein Gründer zugleich als Vertreter eines anderen Gründers auftritt bzw. wenn mehrere Gesellschafter einen Vertreter bevollmächtigen).[21]

10 Der Gesellschaftsvertrag begründet zwar für die Gesellschafter schuldrechtliche Verpflichtungen – ist aber nicht gegenseitiger Vertrag, d.h. auf den Austausch von Leistungen gerichtet (womit die §§ 320 ff. BGB auf ihn nicht zur Anwendung gelangen, soweit sie zur Rückabwicklung einer bereits entstandenen Vor-GmbH führen würden).[22]

Eine **AGB-Kontrolle** des Gesellschaftsvertrags nach den §§ 305 ff. BGB ist gem. § 310 Abs. 4 Satz 1 BGB ausgeschlossen – nicht jedoch eine allgemeine Inhalts- und Billigkeitskontrolle nach § 242 BGB[23] bzw. am Maßstab des § 138 BGB[24]. Zudem kommt eine **Kontrolle nach dem AGG** in Betracht.

11 Im Falle einer **Mehr-Personen-Gründung** hat der GmbH-Vertrag als Gründungsakt sowohl als **Rechtsgeschäft**[25] (echter zwei- oder mehr- [also nicht gegen-]seitiger Vertrag zwischen den Gründungsgesellschaftern, der individualrechtlich deren Rechte und Pflichten bei der GmbH-Errichtung begründet)[26] schuldrechtlichen als auch als **Organisationsvertrag**[27] (der die **Satzung** als Organisationsstatut, mithin die normative Grundordnung, der künftigen GmbH statuiert, vgl. zum Mindestinhalt § 3 Abs. 1) korporationsrechtlichen Charakter (ist mithin Vertrag *sui generis*).[28] Der korporationsrechtliche Charakter zeitigt (im Unterschied zum individualrechtlichen Charakter) Folgen auch für unbeteiligte Dritte[29] (z.B. künftige Gesellschafter oder Gesellschaftsgläubiger). Durch den Gesellschaftsvertrag verpflichten sich die Gründer zur Übernahme sämtlicher Stammeinlagen (d.h. zur Aufbringung des Stammkapitals – § 5 Abs. 2 und 3 i.V.m. § 3 Abs. 1 Nr. 4). Zudem kann mit der Bestellung der Gesellschafter im Gesellschaftsvertrag ein weiterer Gründungsakt vorgenommen werden (§ 6 Abs. 3 Satz 2).[30] Zu der Möglichkeit, im Gesellschaftsvertrag auch **schuldrechtliche Sondervereinbarungen** zu treffen (§ 3 Rn. 57 ff.).

12 Die Gründung einer **Ein-Personen-Gesellschaft** erfolgt hingegen durch einseitige, nicht empfangsbedürftige Willenserklärung des Gründers (**einseitiges Errichtungsgeschäft** statt Ver-

---

18 Lutter/Hommelhoff/*Lutter/Bayer*, § 2 Rn. 5.
19 Baumbach/Hueck/*Fastrich*, § 2 Rn. 22 ff. unter Verweis auf § 1 Rn. 25 f.; Hachenburg/*Ulmer*, § 2 Rn. 73; Scholz/*Emmerich*, § 2 Rn. 43; Roth/Altmeppen/*Roth*, § 2 Rn. 12.
20 Baumbach/Hueck/*Fastrich*, § 2 Rn. 24; Roth/Altmeppen/*Roth*, § 2 Rn. 12.
21 Roth/Altmeppen/*Roth*, § 2 Rn. 31.
22 Baumbach/Hueck/*Fastrich*, § 2 Rn. 6; Henssler/*Schäfer*, § 2 Rn. 6. So gelten anstelle der Rücktrittsrechte (§§ 323 ff. BGB) die speziellen Auflösungstatbestände nach §§ 60 f. (bzw. Austrittsrechte der Gesellschafter): Roth/Altmeppen/*Roth*, § 2 Rn. 10.
23 So BGHZ 84, 11; 64, 238; zu Publikumsgesellschaften Roth/Altmeppen/*Roth*, § 2 Rn. 15.
24 BGHZ 164, 107 = NJW 2005, 3644 – Hinauskündigungsklausel.
25 Baumbach/Hueck/*Fastrich*, § 2 Rn. 6.
26 Hingegen nicht gegenseitiger Vertrag (d.h. grundsätzliche Unanwendbarkeit der §§ 320 ff. BGB): Roth/Altmeppen/*Roth*, § 2 Rn. 10 – arg.: Damit sei der gemeinsamen Finalität (Gesamtakt) und der organisationsrechtlichen Funktion (sozialrechtlicher Statusakt) noch nicht Rechnung getragen.
27 Roth/Altmeppen/*Roth*, § 2 Rn. 10; Scholz/*Emmerich*, § 2 Rn. 7.
28 Baumbach/Hueck/*Fastrich*, § 2 Rn. 6 f.; Roth/Altmeppen/*Roth*, § 2 Rn. 10.
29 BGHZ 116, 359, 364; BGH NJW-RR 1993, 607.
30 Roth/Altmeppen/*Roth*, § 2 Rn. 4.

trag).[31] Sie wird als solche mit der Abgabe wirksam. Im Falle von Mängeln ist das einseitige Errichtungsgeschäft nach § 180 BGB nicht schwebend unwirksam und auch nicht genehmigungsfähig – aber bis zur Eintragung der GmbH einseitig widerruflich.[32] Der Gründungsvorgang ist als einseitiges Rechtsgeschäft zugleich **Organisationsakt**.[33]

2. Notarielle Beurkundung

Der Gesellschaftsvertrag (bzw. die einseitige Erklärung bei der Ein-Personen-Gründung) bedarf im Interesse eines Schutzes der Beteiligten und des Rechtsverkehrs (zwecks Gewährleistung der Rechtsklarheit und der Einhaltung der Gründungsvorschriften)[34] nach **Abs. 1 Satz 1** der notariellen Beurkundung[35] (i.S.v. § 128 BGB – nach Maßgabe der §§ 6 bis 35 BeurkG). Ist durch Gesetz notarielle Beurkundung eines Vertrags vorgeschrieben, so genügt es nach § 128 BGB, wenn zunächst der Antrag und sodann die Annahme des Vertrags vor einem Notar beurkundet wird. Sowohl eine sukzessive Beurkundung der Erklärungen als auch eine Beurkundung vor verschiedenen Notaren (vgl. § 13a Abs. 2 BeurkG) ist statthaft[36]. 13

Bei einer **Ein-Personen-Gründung** ist unter zwingender Verwendung des Musterprotokolls die einseitige Erklärung des Gründers (einseitige, rechtsgeschäftliche Errichtungserklärung als Gesellschaftsvertrag i.S.v. § 2)[37].zu beurkunden und vom Gründer zu unterzeichnen. Soweit die Wirksamkeit von Erklärungen eine notarielle Beurkundung erfordert, wird diese bei einem Schiedsspruch nach § 1153 Abs. 3 ZPO mit vereinbartem Wortlaut durch die Aufnahme der Erklärungen der Parteien in den Schiedsspruch ersetzt.[38] 14

Auf die Beurkundung des Gesellschaftsvertrags einer GmbH mit Sitz in Deutschland gelangt **deutsches Recht** zur Anwendung. § 20 Abs. 1 Satz 2 BNotO begründet hierfür eine ausschließliche Zuständigkeit des **Notars**,[39] der in Wahrnehmung der Interessen aller Beteiligter verantwortlich belehren, beraten und prüfen muss.[40] Eine Beurkundung ist nach § 2 BNotO aber nicht deshalb unwirksam, weil ein Notar die Grenzen seines Amtsbezirks (§ 11 BNotO) überschritten hat (d.h., es gibt keine örtliche Zuständigkeitsbegrenzung).[41] Etwas anderes gilt dann, wenn die **Beurkundung im Ausland** erfolgt. Dann sind dafür nur die deutschen Konsuln (vgl. §§ 10, 19, 24 KonsularG) zuständig.[42] 15

Die Beurkundung eines Gesellschaftsvertrags in einer **ausländischen Sprache** ist nach § 5 Abs. 2 BeurkG zulässig. In einem solchen Fall ist jedoch der Handelsregisteranmeldung eine Übersetzung in die deutsche Sprache (§ 142 Abs. 2 ZPO) beizufügen.[43] 16

Dem notariellen Beurkundungserfordernis kann im Hinblick auf den Gesellschaftsvertrag einer GmbH deutschen Rechts grundsätzlich auch ein **ausländischer Notar** genügen[44]. Dabei gilt aufgrund der besonderen materiellen Bedeutung des § 2 nach h.M. das **Wirkungsstatut** (Art. 11

31 Hachenburg/*Ulmer*, § 2 Rn. 6; Roth/Altmeppen/*Roth*, § 2 Rn. 11; Scholz/*Emmerich*, § 2 Rn. 31.
32 Roth/Altmeppen/*Roth*, § 2 Rn. 11; Scholz/*Emmerich*, § 1 Rn. 32 ff.
33 Baumbach/Hueck/*Fastrich*, § 2 Rn. 7; Roth/Altmeppen/*Roth*, § 2 Rn. 10.
34 Roth/Altmeppen/*Roth*, § 2 Rn. 24; Henssler/*Schäfer*, § 2 Rn. 12: Rechtssicherheit und Warnfunktion.
35 Näher *Michalski*, § 2 Rn. 14 ff.; MüKo-GmbHG/*Mayer*, § 2 Rn. 20 ff.
36 Henssler/*Schäfer*, § 2 Rn. 13.
37 Henssler/*Schäfer*, § 2 Rn. 1.
38 Die Ersetzungswirkung des § 1053 Abs. 3 ZPO tritt jedoch nicht ein, wenn das Schiedsverfahren offenkundig zur Umgehung materiell-rechtlicher Formvorschriften gewählt worden ist. Ferner setzt die Ersetzungswirkung voraus, dass die Erklärungen im Rahmen eines Vergleichs abgegeben worden sind, also ein gegenseitiges Nachgeben der Parteien vorliegt, so OLG München v. 26.7.2005 – 31 Wx 050/05).
39 Womit eine öffentliche Beurkundung, z.B. durch einen Bürgermeister, nicht genügt: KG HRR 1940, 533.
40 OLG Schleswig, NZG 2005, 89; Roth/Altmeppen/*Roth*, § 2 Rn. 24.
41 Roth/Altmeppen/*Roth*, § 2 Rn. 22.
42 Und nicht etwa ein deutscher Notar, so BGH ZIP 1998, 1316.
43 LG Düsseldorf, GmbHR 1999, 609; Baumbach/Hueck/*Fastrich*, § 2 Rn. 9; Roth/Altmeppen/*Roth*, § 2 Rn. 25; Rowedder/Schmidt-Leithoff/*Schmidt-Leithoff*, § 2 Rn. 36.
44 Zur Beurkundung im Ausland näher MüKo-GmbHG/*Mayer*, § 2 Rn. 44 ff.

Abs. 1 Alt. 1 EGBGB),[45] nicht hingegen das Ortsstatut (Art. 11 Abs. 1 Alt. 2 EGBGB).[46] Voraussetzung einer wirksamen Beurkundung ist aber, dass die ausländische Beurkundung einer deutschen sachlich gleichwertig ist. Gleichwertigkeit ist gegeben, „wenn die ausländische Urkundsperson nach Vorbildung und Stellung im Rechtsleben eine der Tätigkeit des deutschen Notars entsprechende Funktion ausübt und für die Errichtung der Urkunde ein Verfahrensrecht zu berücksichtigen hat, das den tragenden Grundsätzen des deutschen Beurkundungsrechts entspricht".[47]

17 Eine Gleichwertigkeit hat die Judikatur regelmäßig bejaht bei einer Beurkundung österreichischer[48] und niederländischer Notare[49] sowie solcher im romanischen Rechtskreis (d.h. bspw. in Frankreich, Italien oder Spanien),[50] weiterhin bei Beurkundungen von Urkundsbeamten des Schweizer Beamtennotariats.[51] Eine wachsende Auffassung in der Literatur stellt hingegen die Auslandsbeurkundung unter Bezugnahme auf die Formzwecke des § 2 generell in Abrede[52].

18 Fraglich ist, ob Gleichwertigkeit aber nicht deshalb verneint werden muss, weil die Prüfungs- und Belehrungspflicht des deutschen Notars eine genaue Kenntnis des deutschen Gesellschaftsrechts erfordert, die der ausländische Notar regelmäßig nicht besitzt, sodass von keiner Gleichwertigkeit der Beurkundungsvorgänge gesprochen werden kann.[53] Die notarielle Beurkundung dient nicht nur Warn- und Beweiszwecken. Es geht auch um die in § 17 BeurkG vorgesehene **Prüfungs- und Belehrungsfunktion** des Formerfordernisses. Nur ist diese nicht Wirksamkeitserfordernis der Beurkundung, sondern **verzichtbar**.[54] Zwar wird durch die Sollvorschrift des § 17 BeurkG eine Amtspflicht des Notars begründet, von der dieser nicht abweichen darf. Von den „Mussvorschriften" des BeurkG unterscheidet sich § 17 BeurkG aber gerade dadurch, dass von ihrer Beachtung die Wirksamkeit der Beurkundung nicht abhängt.[55] Dies gilt nicht nur, wenn der Notar von sich aus die Beteiligten nicht belehrt, sondern auch, wenn diese auf seine Belehrung verzichten. Einem solchen Verzicht kommt es praktisch gleich, wenn die Beteiligten einen ausländischen Notar aufsuchen, von dem sie regelmäßig eine genaue Kenntnis des deutschen Gesellschaftsrechts und deshalb eine umfassende Belehrung von vornherein nicht erwarten können.[56] Dessen ungeachtet verstärkt sich in der Literatur die Auffassung, dass wegen der Richtigkeitsgewähr der notariellen Beurkundung eine im Ausland vollzogene Beurkundung gar nicht mehr oder nur noch bei „uneingeschränkter Gleichwertigkeit" als ausreichend angesehen werden könne.[57]

19 **!** Die Form des Abs. 1 Satz 1 wahrt auch das Formerfordernis nach § 311b Abs. 1 BGB (bei einer Verpflichtung zur Einbringung von Grundstücken).[58] Bei gleichzeitig erklärter Auflassung muss zudem § 925 BGB beachtet werden.[59]

45 Baumbach/Hueck/*Fastrich*, § 2 Rn. 9; Henssler/*Schäfer*, § 2 Rn. 16; Hommelhoff/*Bayer*, § 2 Rn. 18; MüKo-BGB/*Kindler*, Internationales Gesellschaftsrecht, Rn. 533; Roth/Altmeppen/*Roth*, § 2 Rn. 23a.
46 So hingegen OLG Düsseldorf, NJW 1989, 2200; BayObLG NJW 1978, 500; Palandt/*Heldrich*, Art. 11 EGBGB Rn. 12 f.; KK-AktG/*Kreft*, § 23 AktG Rn. 31.
47 BGHZ 80, 76, 78 = NJW 1981, 116; OLG München, DB 1998, 125. Ebenso Baumbach/Hueck/*Fastrich*, § 2 Rn. 9; Hachenburg/*Ulmer*, § 2 Rn. 17; Lutter/Hommelhoff/*Lutter/Bayer*, § 2 Rn. 16; Roth/Altmeppen/*Roth*, § 2 Rn. 23a; Scholz/*Emmerich*, § 2 Rn. 18c; a.A. LG Augsburg, GmbHR 1996, 941; *Goette*, DStR 1996, 711; *Heckschen*, DB 1990, 161.
48 BayObLG BB 1977, 2320.
49 OLG Düsseldorf, NJW 1989, 2200.
50 Baumbach/Hueck/*Fastrich*, § 2 Rn. 9; Hachenburg/*Ulmer*, § 2 Rn. 17; Lutter/Hommelhoff/*Lutter/Bayer*, § 2 Rn. 16.
51 BGHZ 80, 76 (Zürich); OLG München, NJW 1998, 157 (Basel).
52 Vgl. Henssler/*Schäfer*, § 2 Rn. 17; Hachenburg/*Ulmer*, § 2 Rn. 17a; *Goette*, DStR 1996, 709; Hommelhoff/*Bayer*, § 2 Rn. 18.
53 BGHZ 80, 76, 79.
54 So *Bokelmann*, NJW 1975, 1627; *Kropholler*, ZHR 140 (1976), S. 394, 409; *Rothoeft*, FS für Esser, 1975, S. 113, 126.
55 BT-Drucks. V/3282, Einl. III 1.
56 BGHZ 80, 76, 79.
57 So *Goette*, Die GmbH, § 1 Rn. 16; *ders.*, DStR 1996, 711; *Haerendel*, DStR 2001, 1804; *Reithmann*, NJW 2003, 385.
58 Roth/Altmeppen/*Roth*, § 2 Rn. 24.
59 BGHZ 45, 338; Roth/Altmeppen/*Roth*, § 2 Rn. 24.

3. Unterzeichnung durch alle Gesellschafter

Der Gesellschaftsvertrag ist nach **Abs. 1 Satz 2** von allen Gesellschaftern zu unterzeichnen (bzw. bei Erklärung zu Protokoll die Niederschrift, vgl. § 9 Abs. 1 Satz 2 BeurkG). Alle Gesellschafter müssen dem Gesellschaftsvertrag zustimmen. Dazu ist jedoch eine gleichzeitige Verhandlung und Annahme vor dem Notar im Falle einer Mehr-Personen-Gründung nicht erforderlich (Möglichkeit einer zeitlich **sukzessiven notariellen Beurkundung** in einer einheitlichen Urkunde). In diesem Fall kommt der Gesellschaftsvertrag nach § 152 Satz 1 BGB mit der Beurkundung der letzten Willenserklärung zustande. 20

! Auch eine Beurkundung der Willenserklärungen der Gesellschafter bei verschiedenen Notaren (bspw. bei großer räumlicher Entfernung der Wohnsitze) ist statthaft (Unterschriftsleistung auf einer Niederschrift), sofern in den Urkunden ein inhaltlicher Verweis aufeinander erfolgt.[60] Auch eine sukzessive Beurkundung begründet ein einheitliches Errichtungsgeschäft zwischen allen Gesellschaftern, womit diese ihre Stammeinlagen i.S.v. § 3 Abs. 1 Nr. 4 übernehmen (**Grundsatz der Einheitsgründung**).[61] 21

4. Umfang der notariellen Beurkundung

Die notarielle Beurkundung muss den gesamten Inhalt des Gesellschaftsvertrags erfassen, d.h. sowohl den vertraglichen **Mindestinhalt** nach § 3 (mithin den obligatorischen Mindestinhalt [§ 3 Rn. 6 ff., ergänzt durch die §§ 1, 4, 4a, 5 und 5a] und den fakultativen Inhalt [§ 3 Rn. 33 ff.]) als auch **Zusatzregelungen** (d.h. sonstige die Unternehmensverfassung betreffende Regelungen[62] [§ 3 Rn. 52 ff.]). Notariell zu beurkunden sind also die Mindestvorgaben nach § 3 – weiterhin aber auch die Beteiligungserklärungen der jeweiligen Gesellschafter (hinsichtlich der Übernahme eines Gesellschaftsanteils gegen Einlage) sowie korporative Bestimmungen (mit dem Regelungsgehalt hinsichtlich der Rechtsverhältnisse in der GmbH bzw. dieser zu ihren Gesellschaftern)[63] 22

Nicht formbedürftig sind hingegen (schuldrechtliche) Nebenabreden der Gründer (Gesellschaftervereinbarungen) untereinander[64] außerhalb des Gesellschaftsvertrags (d.h. der Satzungsurkunde, § 3 Rn. 57 ff.).

Formbedürftig vor Eintragung der Gesellschaft im Handelsregister sind auch alle Änderungen oder Ergänzungen des Gesellschaftsvertrags[65] mit der Folge, dass ein Gesellschafterwechsel, der Neueintritt eines Gesellschafters bzw. die Übertragung eines Gesellschaftsanteils[66] im Gründungsstadium nur **einstimmig** (d.h. durch Vertragsänderung nach Maßgabe von § 2) erfolgen kann.[67] Etwas anderes gilt nur, wenn ein Gesellschafter verstirbt (Übergang des Geschäftsanteils durch Tod).[68] Dann geht seine Gesellschafterstellung ohne neuen Vertragsabschluss nach Maßgabe von § 2 an seine Erben oder die Erbengemeinschaft über.[69] Eine **Vertragsänderung** vor der Handelsregistereintragung ist also formbedürftig, da die §§ 53 ff. erst nach Entstehung der GmbH gelten.[70] 23

---

60 Dazu näher Hachenburg/*Ulmer*, § 2 Rn. 12 ff.; Roth/Altmeppen/*Roth*, § 2 Rn. 20.
61 Baumbach/Hueck/*Fastrich*, § 2 Rn. 11 – Ausschluss einer Stufengründung.
62 Zum Beispiel die Einräumung von Sonderrechten zugunsten einzelner Gesellschafter: BGH NJW 1969, 131 – besonderes Recht zur Geschäftsführung.
63 Henssler/*Schäfer*, § 2 Rn. 9.
64 Baumbach/Hueck/*Fastrich*, § 2 Rn. 12; Henssler/*Schäfer*, § 2 Rn. 11; Roth/Altmeppen/*Roth*, § 2 Rn. 25.
65 Baumbach/Hueck/*Fastrich*, § 2 Rn. 13.
66 So BGH NJW 1997, 1507; BGHZ 29, 303; 21, 242; Roth/Altmeppen/*Roth*, § 2 Rn. 27; a.A. *K. Schmidt*, ZIP 1997, 671.
67 So die h.M.: BGH NJW 1997, 1507; BGHZ 29, 300; 21, 246; Baumbach/Hueck/*Fastrich*, § 2 Rn. 13; Hachenburg/*Ulmer*, § 2 Rn. 19 ff.; Roth/Altmeppen/*Roth*, § 2 Rn. 27; Scholz/*Emmerich*, § 2 Rn. 21 f.
68 Es gelten dann die allgemeinen erbrechtlichen Grundsätze, so Hachenburg/*Ulmer*, § 2 Rn. 20; Roth/Altmeppen/*Roth*, § 2 Rn. 28.
69 Baumbach/Hueck/*Fastrich*, § 2 Rn. 13; Scholz/*Emmerich*, § 2 Rn. 23.
70 OLG Düsseldorf, NJW-RR 1996, 550; Roth/Altmeppen/*Roth*, § 2 Rn. 27; a.A. Scholz/*Schmidt*, § 11 Rn. 47.

5. Formmangel

24 Bei einem Formmangel gilt (ebenso wie bei schwerwiegenden Mängeln im Beurkundungsverfahren)[71] § 125 Satz 1 BGB, sofern die Gesellschaft **noch nicht** im Register eingetragen ist: Ein Rechtsgeschäft, welches der durch Gesetz vorgeschriebenen Form ermangelt, ist (seinem gesamten Inhalt nach) nichtig (**Nichtigkeit wegen Formmangels**). Eine **Heilung** des Formmangels ist gem. § 141 Abs. 1 BGB nur durch Bestätigung (d.h. formgerechte Wiederholung des Errichtungsgeschäfts) möglich.[72]

25 Ein formnichtiger Gesellschaftsvertrag kann vor der Eintragung auch nicht als bindender Vorvertrag Bestand haben.[73] Eine bloße **Teilnichtigkeit** kommt bei Formmängeln nicht in Betracht.[74]

Das Registergericht muss die Eintragung eines an Formmängeln leidenden Gesellschaftsvertrags nach § 9c Abs. 1 ablehnen (**Eintragungshindernis**, das von jedem Gesellschafter geltend gemacht werden kann und vom Registergericht von Amts wegen zu beachten ist).[75]

26 Wird die Gesellschaft gleichwohl (d.h. trotz Formmangels) ins Handelsregister eingetragen (§ 10), erfolgt eine **Heilung** des eventuell bestehenden Formmangels. In der Folge bleibt der Gesellschaftsvertrag wirksam.[76] § 75 (der die Nichtigkeitsgründe in Gestalt inhaltlicher Satzungsmängel enumerativ und abschließend normiert)[77] sowie die §§ 397, 399 FamFG (vormals §§ 144, 144a FGG) können somit nicht mehr zur Anwendung gelangen.[78]

II. Gründung im vereinfachten Verfahren

27 Die Gesellschaft (GmbH oder UG)[79] kann nach Abs. 1a Satz 1 in einem vereinfachten Verfahren gegründet[80] werden. Voraussetzung dafür ist, dass sie höchstens

- drei Gesellschafter (Gesellschafterhöchstzahl – die drei Gründer dürfen jeweils nur einen Geschäftsanteil übernehmen [so lit. b Nr. 3 des Musterprotokolls] – **beachte** im Hinblick auf eine Ein-Personen-Gründung auch das Musterprotokoll lit. a) und
- (bis zur Eintragung[81] nur) einen Geschäftsführer (vgl. Nr. 4 des Musterprotokolls – nach Maßgabe des § 6)

hat. Für die Gründung im vereinfachten Verfahren darf ausschließlich das in der Anlage zum GmbHG[82] bestimmte Musterprotokoll (das selbst Gesetz und nicht bloße Arbeitshilfe ist)[83] verwendet werden (Abs. 1a Satz 2; siehe Rn. 50 f.). Völlig unbedeutende Abwandlungen bei Zeichen-

71 Baumbach/Hueck/*Fastrich*, § 2 Rn. 14.
72 Baumbach/Hueck/*Fastrich*, § 2 Rn. 14.
73 So Roth/Altmeppen/*Roth*, § 2 Rn. 34.
74 Umstritten, so aber die h.M., vgl. Michalski/*Michalski*, § 2 Rn. 25; Scholz/*Emmerich*, § 2 Rn. 19 ff.; a.A. Roth/Altmeppen/*Roth*, § 2 Rn. 32: „Entsprechen die unter den Gründern getroffenen Vereinbarungen nur teilweise der Form ..., so genügt als Gründungsvoraussetzung an sich, dass der notwendige Mindestinhalt formgerecht errichtet wurde" – ansonsten Anwendbarkeit von § 139 BGB.
75 Baumbach/Hueck/*Fastrich*, § 2 Rn. 14; Hachenburg/*Ulmer*, § 2 Rn. 24 f.; Roth/Altmeppen/*Roth*, § 2 Rn. 48.
76 Hachenburg/*Ulmer*, § 2 Rn. 26; Roth/Altmeppen/*Roth*, § 2 Rn. 34; Scholz/*Emmerich*, § 2 Rn. 28.
77 BGHZ 21, 378, 381; Hachenburg/*Ulmer*, § 2 Rn. 26; Roth/Altmeppen/*Roth*, § 2 Rn. 34.
78 Baumbach/Hueck/*Fastrich*, § 2 Rn. 15; Henssler/*Schäfer*, § 2 Rn. 18.
79 Wobei das Registergericht einer UG nicht durch Zwischenverfügung aufgeben kann, dass sie von einem von ihr propagierten Verfahren der „vereinfachten Satzungsänderung" unter Verwendung des bei der Gründung zu benutzenden Musters absieht und die Eintragungsvoraussetzung auf der Grundlage eines (nur durch einen entsprechenden Gesellschafterbeschluss zu schaffenden) neuen Gesellschaftsvertrages stellt: OLG Düsseldorf, NZG 2010, 719 = NZG 2010, 719 = GmbHR 2010, 757. Vgl. zur Anmeldung einer nach dem Musterprotokoll gegründeten UG (haftungsbeschränkt) zum Handelsregister auch OLG Stuttgart, NZG 2009, 754 = ZIP 2009, 1011.
80 Näher MüKo-GmbHG/*Mayer*, § 2 Rn. 223 ff.
81 Als bloß formeller Satzungsbestandteil müssen die Abberufung der Gesellschafter bzw. eine Bestellung weiterer Gesellschafter nach der Eintragung nicht im Zuge einer Satzungsänderung erfolgen: umstritten, so aber Henssler/*Schäfer*, § 2 Rn. 54 (der auch darauf hinweist, dass der ursprüngliche Gesellschafter von § 181 BGB befreit ist – nicht jedoch derjenige, der ihn dann ersetzt [dann: Notwendigkeit einer Satzungsänderung]) unter Bezugnahme auf Roth/*Altmeppen*, § 2 Rn. 56; a. A. hingegen Baumbach/Hueck/*Fastrich*, § 2 Rn. 18.
82 Anlage 1 zu Artikel 1 Nr. 50 MoMiG (BGBl. I 2008 S. 2044).
83 So Henssler/*Schäfer*, § 2 Rn. 50 – arg.: Wortlaut „bestimmtes Musterprotokoll".

setzung, Satzstellung und Wortwahl, die keinerlei Auswirkungen auf den Inhalt haben, stellen keine unzulässigen Abänderungen und Ergänzungen des Musterprotokolls dar[84]. Wird das für die GmbH-Gründung im vereinfachten Verfahren vorgesehene Musterprotokoll allerdings abgeändert, so finden die allgemeinen Vorschriften für eine „normale GmbH-Gründung" Anwendung[85]. Die aktienrechtliche Sperrfrist für Änderungen der Festsetzungen zum Gründungsaufwand gilt entsprechend für die GmbH auch in der Form der im vereinfachten Verfahren gegründeten UG[86]: Das Änderungsverbot innerhalb der Sperrfrist steht rein sprachlich-redaktionellen Änderungen, die im Zuge der Ersetzung des Musterprotokolls durch eine neue Satzung vorgenommen werden, nicht entgegen. Wird das Musterprotokoll ausgefüllt und beurkundet, ist es Niederschrift (§§ 8, 9 Abs. 1 Satz 2 BeurkG)[87]. Nach der Eintragung gelten allein die §§ 53 ff. Die Nutzung des Musterprotokolls setzt voraus, dass dieses ordnungsgemäß und vollständig (nur die im Protokoll selbst eröffneten Wahlmöglichkeiten sind statthaft – andere Ergänzungen und Streichungen hingegen unzulässig, womit der Vertrag dann nicht mehr an den Privilegierungen des Abs. 1a partizipiert[88], vgl. Abs. 1a Satz 3) nach Maßgabe der in den Fußnoten des Protokolls vorgegebenen Hinweise ausgefüllt wird. Darüber hinaus dürfen nach Abs. 1a Satz 3 keine vom GmbHG abweichenden Bestimmungen getroffen werden. Die Formulierung „Für die Gründung" bedeutet, dass bei späteren Änderungen eine Beibehaltung des genauen Wortlauts des Musterprotokolls nicht gefordert ist, was vor allem für Firma und Sitz gilt, da diese – späteren Änderungen zugänglichen – Angaben im Musterprotokoll im selben Satz enthalten sind, mit dem (einmalig) die Errichtung der Gesellschaft erfolgt[89]. Etwas anderes gilt nur für schuldrechtliche Nebenabreden (weil diese nicht Satzungsbestandteil sind). Zum **Musterprotokollinhalt** im Einzelnen:

- Nr. 1 bis 3: Mindestinhalt des Gesellschaftsvertrags (Firma, Sitz, Unternehmensgegenstand, Höhe des Stammkapitals[90], Nennbetrag der Gesellschaftsanteile, Gesellschafter [Angaben nach Maßgabe der Gesellschafterliste, da das Musterprotokoll gleichzeitig als Gesellschafterliste gilt][91] sowie den von diesen jeweils übernommenen Gesellschaftsanteilen): Allein statthaft ist eine Geldeinlage[92].
- Nr. 4 Satz 1: Der im Musterprotokoll bestellte Geschäftsführer[93] ist Kraft Gesetzes von § 181 BGB befreit. Bei der Gesellschaftsgründung im vereinfachten Verfahren nach Abs. 1a mit Hilfe des gesetzlich vorgesehenen Musterprotokolls gilt zwingend die gesetzliche Vertretungsregelung des § 35 Abs. 2 Satz 1, weshalb eine Anmeldung zur Eintragung ins Handelsregister, wonach der Geschäftsführer die Gesellschaft „stets einzeln" vertritt, nicht zutreffend ist[94]. Nr. 4 Satz 2 („Der Geschäftsführer ist von den Beschränkungen des § 181 des Bürgerlichen Gesetzbuches befreit") stellt eine konkrete Vertretungsregelung für den im Rahmen der Gründung bestellten, namentlich benannten Geschäftsführer dar. Dem gegenüber enthält das Musterprotokoll keine allgemeine oder abstrakte Vertretungsregelung, sodass diese sich nach dem Gesetz (§ 35) richtet[95]. Die allgemeine gesetzliche Vertretungsregelung geht dahin, dass, wenn nur ein Geschäftsführer bestellt ist, dieser die Gesellschaft

84 OLG München, GmbHR 2010, 1262 = ZIP 2010, 2044 – in Ergänzung zu OLG München, GmbHR 2010, 755.
85 OLG München, NZG 2010, 795 = GmbHR 2010, 755: Bei Gründung einer GmbH im „normalen Verfahren" kann das Musterprotokoll keine Grundlage für den Nachweis der darin zusammengefassten Dokumente sein. Dies gilt auch dann, wenn eine „normale GmbH-Gründung" deswegen gegeben ist, weil das Musterpotokoll Abänderungen oder Ergänzungen über die im Rahmen der in den Musterprotokollen zugelassenen Alternativen hinaus enthält.
86 OLG München, NZG 2010, 1302 = GmbHR 2010, 1263.
87 Henssler/*Schäfer*, § 2 Rn. 50.
88 Henssler/*Schäfer*, § 2 Rn. 56.
89 OLG München, GmbHR 2010, 312.
90 Vgl. zur Eintragung einer Kapitalerhöhung bei einer nach dem Musterprotokoll gegründeten UG: OLG München, GmbHR 2010, 922 = NZG 2010, 998.
91 Henssler/*Schäfer*, § 2 Rn. 66.
92 Zur Anwendbarkeit des § 19 Abs. 4 im Falle einer verdeckten Sacheinlage (bei einer „Normal-GmbH" [nicht einer UG], vgl. § 5a Abs. 2 Satz 2): Henssler/*Schäfer*, § 2 Rn. 58.
93 Wofür keine Gebühr nach § 47 KostO entsteht: OLG Celle, MDR 2010, 148.
94 OLG Celle, GmbHR 2011, 305.
95 OLG Hamm, NZG 2009, 754.

allein vertritt, und dass, wenn mehrere Geschäftsführer bestellt sind, diese die Gesellschaft gemäß § 35 Abs. 2 Satz 1 gemeinsam vertreten. Wenn also nach der Gründung der Gesellschaft unter Verwendung des Musterprotokolls ein weiterer Geschäftsführer bestellt wird, der bei der Gründung bestellte Geschäftsführer nach der allgemeinen gesetzlichen Regelung die Einzelvertretungsmacht verliert[96]. Da bei der Gründung der Gesellschaft im vereinfachten Verfahren keine über das Musterprotokoll hinaus gehenden, vom Gesetz abweichenden Bestimmungen getroffen werden dürfen (vgl. Abs. 1a Satz 3), kann dem im Rahmen der Gründung bestellten Geschäftsführer auch nicht von vornherein eine (besondere oder konkrete) Einzelvertretungsbefugnis für den Fall der späteren Bestellung weiterer Geschäftsführer eingeräumt werden[97]. Bei einer nach der Mustersatzung gegründeten GmbH kann also die Anmeldung der konkreten Vertretungsbefugnis eines Geschäftsführers nicht mit dem Zusatz verbunden werden, dieser sei einzelvertretungsberechtigt[98].

- Nr. 5: Von den Gründungskosten trägt die Gesellschaft maximal nur einen Betrag in Höhe von 300 EUR. Für den Fall der Gründung und Eintragung einer UG kann die Gesellschaft bei niedrig gewähltem Stammkapital gemäß Nr. 5 bis zur vollen Ausschöpfung mit dem Gründungsaufwand belastet sein, wenn auch maximal mit einem Betrag in Höhe von bis zu 300 EUR[99]: Aus der Begrenzung im Musterprotokoll auf einen Betrag in Höhe von 300 EUR kann aber nicht geschlossen werden, dass für höhere Gründungskosten ein bestimmtes prozentuales Verhältnis zum Stammkapital hergestellt werden muss. Insoweit ist zu berücksichtigen, dass eine UG sogar mit einem Stammkapital von nur einem Euro gegründet werden kann. Aus der Bezeichnung als „UG (haftungsbeschränkt)" ist für potentielle Gläubiger bereits deutlich, es mit einer Gesellschaft mit möglicherweise sehr geringem Stammkapital zu tun zu haben – darüber hinaus können potentielle Gläubiger den Gründungsvertrag einsehen und sich darüber informieren, inwieweit das Stammkapital durch Übernahme des Gründungsaufwands gefährdet sein kann. Damit ist dem Gläubigerschutz, die Vorbelastung des Stammkapitals durch Ausweis der Gründungskosten offen zu legen, genüge getan. Auch bei der Gründung einer UG im vereinfachten Verfahren nach Abs. 1a ist im Handelsregister eine abstrakte Vertretungsregelung neben der konkreten, die Befreiung von § 181 BGB berücksichtigenden Einzelfallregelung (unechter Satzungsbestandteil) eintragungsfähig[100].
- Nr. 6: Hinweis an den Notar auf seine Verpflichtung, eine beglaubigte Abschrift in elektronischer Form zum Handelsregister einzureichen.

Das Musterprotokoll gilt zugleich als Gesellschafterliste (Abs. 1a Satz 4). Im Übrigen finden auf das Musterprotokoll nach Abs. 1a Satz 5 die Vorschriften des GmbHG über den Gesellschaftsvertrag entsprechende Anwendung.

Das Beurkundungsverfahren vollzieht sich nach den allgemeinen Regelungen der §§ 8 ff. BeurkG[101]. Die Anmeldung im vereinfachten Verfahren folgt hingegen den allgemeinen Vorgaben[102].

28 In der Gesetz gewordenen Fassung des Abs. 1a wurde der noch im RegE vorgesehene Mustergesellschaftsvertrag durch ein beurkundungspflichtiges „Musterprotokoll" ersetzt. Die Standardisierung des Gesellschaftsvertrags (mit einer maximalen Zahl von drei Gesellschaftern und einem Geschäftsführer) soll – trotz fortbestehender Notwendigkeit einer notariellen Beurkundung – bei Verwendung des Musters (mit korrespondierendem Verbot, dieses zu verändern) den Beratungsbedarf und Prüfungsaufwand reduzieren und in der Folge einen Beschleunigungseffekt bewirken[103].

96 Roth/*Altmeppen*, § 2 Rn. 56; Lutter/*Hommelhoff*, § 2 Rn. 47; *Michalski*, § 2 Rn. 111.
97 So *Michalski*, § 2 Rn. 111.
98 OLG Hamm, NZG 2011, 705 = GmbHR 2011, 708.
99 OLG Hamburg, DNotZ 2011, 457 = GmbHR 2011, 766.
100 OLG Bremen, NZG 2009, 1193 = GmbHR 2009, 1210.
101 Henssler/*Schäfer*, § 2 Rn. 63.
102 Henssler/*Schäfer*, § 2 Rn. 50.
103 RegE, BT-Dr. 16/9737, S. 93.

Auf diese Weise hat der Gesetzgeber Bedenken gegen einen Verzicht auf das Beurkundungserfordernis Rechnung getragen.[104] Gleichzeitig wird dadurch das angestrebte Ziel erreicht, in Standardfällen die Möglichkeit einer einfacheren GmbH-Gründung zu eröffnen. Die Vereinfachung wird durch die

- Bereitstellung von Mustern,
- Zusammenfassung von drei Dokumenten (Gesellschaftsvertrag, Geschäftsführerbestellung [schon im Gesellschaftsvertrag] und Gesellschafterliste) in einem Dokument und eine
- kostenrechtliche Privilegierung (vgl. § 41d KostO)

bewirkt.

Die Bestimmung des Abs. 1a ist allgemein formuliert, wird aber insbesondere bei der UG (haftungsbeschränkt) nach Ansicht des Gesetzgebers zu einer echten Kosteneinsparung führen können.[105]

Liegen die Voraussetzungen einer vereinfachten Gründung nicht vor, weil gegen die Vorgaben des Abs. 1a verstoßen wird, findet keine Eintragung statt. Erfolgt eine solche gleichwohl, werden die Mängel geheilt – eine Auflösung der wirksam entstandenen GmbH nach § 75 ist nicht möglich[106].

III. Stellvertretung

Die Unterzeichnung des Gesellschaftsvertrags durch Bevollmächtigte (nur rechtsgeschäftliche Stellvertretung i.S.d. §§ 164 ff. BGB, nicht gesetzliche oder organschaftliche Vertretungsmacht)[107] ist nach **Abs. 2** – abweichend von § 167 Abs. 2 BGB, wonach die Erklärung (des Vertreters) nicht der Form bedarf, welche für das Rechtsgeschäft selbst bestimmt ist, auf das sich die Vollmacht bezieht – im Interesse der Rechtssicherheit nur aufgrund einer notariell errichteten oder beglaubigten Vollmacht (vgl. §§ 128, 129 BGB, §§ 8 ff., 40 BeurkG) zulässig (**Formwahrung als Wirksamkeitserfordernis der Vollmachtserteilung**)[108]: Die Vollmacht (§ 167 BGB – bzw. bei fehlender Vertretungsmacht die Genehmigung [§ 184 BGB]) bedarf der Beurkundung (§§ 6 ff. BeurkG) oder der Beglaubigung (§ 40 BeurkG)[109] – statt durch Beglaubigung kann die Vollmachtserteilung auch durch die öffentliche Urkunde einer Behörde ersetzt werden[110] bzw. durch einen Registerauszug im Falle einer im Handelsregister eingetragenen Prokura[111]. Zuständig für eine Beurkundung im **Inland** sind allein die Notare (wobei es jedoch auch ausreichen soll, wenn die Vollmacht von einer öffentlichen Behörde in einer öffentlichen Urkunde erteilt wird),[112] im **Ausland** deutsche Konsularbeamte nach § 10 KonsularG. Nach h.A. soll auch eine Beurkundung oder Beglaubigung durch einen ausländischen Notar ausreichen, da an eine formbedürftige Bevollmächtigung geringere Anforderungen zu stellen seien als hinsichtlich einer Beurkundung des Gesellschaftsvertrags.[113] 29

Die formwirksam erteilte Vollmacht muss auf den Abschluss des Gesellschaftsvertrags gerichtet sein, was im Falle einer **Generalvollmacht** durch Auslegung zu ermitteln ist. 30

Es gelten die §§ 172 und 173 BGB sowie die allgemeinen Grundsätze über die Rechtsscheinsvollmacht[114] – wobei **Kenntnis** jedoch nur schadet, wenn sie bei allen Vertragsparteien gegeben ist.[115] Die Vertretungsmacht aufgrund einer entsprechenden Vollmachtsurkunde bleibt nach § 172

104 Beschlussempfehlung und Bericht des Rechtsausschusses, BT-Drucks. 16/9737.
105 Beschlussempfehlung und Bericht des Rechtsausschusses, BT-Drucks. 16/9737.
106 Henssler/*Schäfer*, § 2 Rn. 67 unter Bezugnahme auf Hommelhoff/*Bayer*, § 2 Rn. 55.
107 Gesetzliche bzw. organschaftliche Vertretungsmacht ist durch geeignete Urkunden nachzuweisen: Henssler/*Schäfer*, § 2 Rn. 26.
108 Näher *Michalski*, § 2 Rn. 28 ff.; MüKo-GmbHG/*Mayer*, § 2 Rn. 65 ff.
109 Auch von einem ausländischen Notar vornehmbar, da die Beglaubigung nur die Authentizität der Unterschrift sichert: so Baumbach/Hueck/*Fastrich*, § 2 Rn. 16; Henssler/*Schäfer*, § 2 Rn. 20.
110 OLG Düsseldorf, GmbHR 1998, 238.
111 Henssler/*Schäfer*, § 2 Rn. 21 unter Bezugnahme auf Hachenburg/*Ulmer*, § 2 Rn. 29.
112 OLG Düsseldorf, GmbHR 1998, 238; Baumbach/Hueck/*Fastrich*, § 2 Rn. 16.
113 Baumbach/Hueck/*Fastrich*, § 2 Rn. 9; Hachenburg/*Ulmer*, § 2 Rn. 28; Roth/Altmeppen/*Roth*, § 2 Rn. 29; Scholz/*Emmerich*, § 2 Rn. 23 f.
114 Roth/Altmeppen/*Roth*, § 2 Rn. 49 – bei widerrufener Prokura gilt auch § 15 Abs. 1 HGB.
115 RGZ 69, 232; Roth/Altmeppen/*Roth*, § 2 Rn. 49.

Abs. 2 BGB (so lange) bestehen, bis die Vollmachtsurkunde dem Vollmachtgeber zurückgegeben oder für kraftlos erklärt worden ist.

31 Die das Errichtungsgeschäft umfassende Vollmacht muss nicht darauf beschränkte Sondervollmacht (Spezialvollmacht), sondern kann auch eine Generalvollmacht bzw. Prokura (i.S.v. § 49 Abs. 1 HGB[116] – wohingegen eine Handlungsvollmacht nach § 54 HGB eine GmbH-Gründung regelmäßig nicht mit einschließt) sein.[117]

32 Mehrere Gesellschafter können (formgerecht) einen ihrer Mitgesellschafter (was zugleich einen Dispens vom **Verbot des Selbstkontrahierens** nach § 181 BGB beinhaltet) bzw. einen bestimmten Dritten bevollmächtigen.[118] Formbedürftig ist auch die Gestattung nach § 181 BGB.[119]

33 Hat ein „Vertreter" bei Vertragsabschluss (bzw. bei Änderung des Gesellschaftsvertrags)[120] ohne (Vollmacht bzw.) notariell errichtete oder beglaubigte Vollmacht (**Mangel der Vertretungsmacht**) gehandelt, ist die Vollmachtserteilung wegen Formmangels nach § 125 Satz 1 BGB nichtig. Der „Vertreter" hat ohne wirksame Vertretungsmacht als falsus procurator (Vertreter ohne Vertretungsmacht – §§ 167 ff. BGB) gehandelt. Die vom Vertreter ohne Vertretungsmacht abgegebene (eigene) Willenserklärung ist im Falle einer **Mehr-Personen-Gründung** schwebend unwirksam (§ 177 Abs. 1 BGB – wirkt also nicht wie im Falle einer wirksamen Vertretung nach § 164 Abs. 1 BGB für und gegen den vertretenen Gesellschafter). Der Gesellschafter kann die Erklärung des „Vertreters" mit Ex-tunc-Wirkung formgerecht genehmigen (§ 184 Abs. 1 BGB)[121] bzw. formgerecht nachträglich erteilen. § 182 Abs. 2 BGB ist nicht anwendbar, womit eine formlose Genehmigung nicht möglich ist[122]. Aber auch der Bevollmächtigte kann nach einer (i.S.v. Abs. 2) formgerechten Nachholung der Bevollmächtigung erneut zu einer (jetzt) wirksamen Vertretung schreiten.[123]

Wird eine formlos ausgestellte Vollmacht nachträglich beglaubigt, genügt dies als Genehmigung.[124]

34 Eine nicht formgerechte Vollmacht führt zu deren Unwirksamkeit, womit die Stellvertretung unwirksam ist. Bei einer Mehr-Personen-Gründung ist die im Vertrag abgegebene Willenserklärung schwebend unwirksam (vgl. § 177 BGB – Rn. 43). Die nicht formgerechte Vollmacht verhindert die Eintragung der Gesellschaft ins Handelsregister nach § 9c Abs. 1.[125] Sollte die Eintragung (§ 10) gleichwohl erfolgen (womit eine Heilung des Formmangels der Vollmacht erfolgt),[126] gelangt die GmbH zur Entstehung, allerdings mit unterschiedlichen Konsequenzen für die Gesellschafter:[127]

- Hatte der Gesellschafter wirksam Vollmacht erteilt, bloß nicht die notwendige Form beachtet, ist mit der Eintragung Heilung des auf ihrer Basis geschlossenen Gesellschaftsvertrags eingetreten – der formunwirksam Vertretene ist wirksam Gesellschafter geworden.
- Hatte der „vertretene" Gesellschafter dem „Vertreter" niemals Vertretungsmacht erteilt, war Letzterer *falsus procurator* (Vertreter ohne Vertretungsmacht). Der „Vertretene" ist nicht Gesellschafter geworden (bloße Unwirksamkeit der in Rede stehenden Beitrittserklä-

116 Für den Prokuristen genügt im Anwendungsbereich von § 49 HGB, dass seine Legitimation aus der Handelsregistereintragung herrührt: Scholz/*Emmerich*, § 2 Rn. 29 – womit ggf. eine fehlende Eintragung dieselben Unwirksamkeitsfolgen haben kann wie ein sonstiger Formmangel (Rn. 48 ff), so Roth/Altmeppen/*Roth*, § 2 Rn. 29.
117 Baumbach/Hueck/*Fastrich*, § 2 Rn. 21; Roth/Altmeppen/*Roth*, § 2 Rn. 29.
118 Baumbach/Hueck/*Fastrich*, § 2 Rn. 21; Roth/Altmeppen/*Roth*, § 2 Rn. 29.
119 Hachenburg/*Ulmer*, § 2 Rn. 31; Roth/Altmeppen/*Roth*, § 2 Rn. 31.
120 OLG Köln, DB 1995, 2413.
121 Sowohl § 182 Abs. 2 als auch § 167 Abs. 2 BGB sind außer Kraft gesetzt: OLG Düsseldorf, NJW-RR 1996, 550; OLG Köln, WM 1996, 207; Roth/Altmeppen/*Roth*, § 2 Rn. 30.
122 OLG Dresden, NZG 1998, 311, 312 f.; OLG Köln, BB 1995, 2945; Henssler/*Schäfer*, § 2 Rn. 23.
123 OLG Düsseldorf, NJW-RR 1996, 550; Hachenburg/*Ulmer*, § 2 Rn. 27 und 32; Roth/Altmeppen/*Roth*, § 2 Rn. 30.
124 So Roth/Altmeppen/*Roth*, § 2 Rn. 30.
125 Baumbach/Hueck/*Fastrich*, § 2 Rn. 22; Hachenburg/*Ulmer*, § 2 Rn. 102 f.
126 Roth/Altmeppen/*Roth*, § 2 Rn. 30.
127 Dazu näher Baumbach/Hueck/*Fastrich*, § 2 Rn. 22; Hachenburg/*Ulmer*, § 2 Rn. 41; Scholz/*Emmerich*, § 2 Rn. 32.

rung)[128]. Er hat aber die Möglichkeit, in der Form des Abs. 2 die Erklärung des „Vertreters" zu genehmigen (§§ 177 Abs. 1, 184 Abs. 1 BGB) und damit letztlich Gesellschafterstatus zu erlangen.

Im Falle der (gesetzlichen) Vertretung eines nicht voll Geschäftsfähigen bzw. eines Betreuten gelangt Abs. 2 hingegen nicht zur Anwendung.[129] Erforderlich für das Errichtungsgeschäft ist jedoch grundsätzlich eine familien- bzw. vormundschaftsgerichtliche Genehmigung. 35

Hat ein nicht voll Geschäftsfähiger bzw. ein unter Einwilligungsvorbehalt stehender Betreuter hingegen **ohne** die 36

- Mitwirkung des gesetzlichen Vertreters bzw. seines Betreuers gehandelt, bzw.
- **fehlt** die familien- bzw. vormundschaftsgerichtliche Genehmigung,

so ist wie folgt zu unterscheiden:

- Bei einer **Ein-Personen-Gründung** ist das Errichtungsgeschäft nach den §§ 1831 Satz 1, 111 BGB (bei nicht voll Geschäftsfähigen) respektive §§ 1903 Abs. 1, 1908e Abs. 1, 111 BGB (bei Betreuten) nichtig.[130] Es kommt nur eine ordnungsgemäße Wiederholung des Errichtungsgeschäfts in Betracht.
- Bei einer **Mehr-Personen-Gründung** ist das Errichtungsgeschäft nach den §§ 1643 Abs. 1, 1822 Nr. 3 (anwendbar im Hinblick auf Gesellschaften zum Betrieb eines Erwerbsgeschäfts)[131] bzw. Nr. 10 (neben Nr. 3 ist Nr. 10 nur anwendbar bei nicht erwerbswirtschaftlich orientierten Gesellschaften),[132] 1829, 108 BGB (bei nicht voll Geschäftsfähigen) respektive §§ 1903 Abs. 1, 1908e Abs. 1, 108 BGB **schwebend unwirksam**. Wird der beschränkt Geschäftsfähige voll geschäftsfähig, kann er selbst nachträglich genehmigen. Ansonsten ist die (formfreie)[133] Genehmigung des gesetzlichen Vertreters bzw. des Betreuers oder die familien- bzw. vormundschaftsgerichtliche Genehmigung nachzuholen.[134]

Zur Haftung des Vertreters ohne Vertretungsmacht vgl. § 179 BGB.

Handelt es sich hingegen um eine **Ein-Personen-Gründung**, ist das einseitige Errichtungsgeschäft wegen § 180 Satz 1 BGB **nichtig**[135] – eine Genehmigung kommt nicht in Betracht[136]. Es besteht nur die Möglichkeit einer Heilung durch Bestätigung (§ 141 BGB, d.h. formgerechte Wiederholung).[137] 37

IV. Andere (als Form-)Mängel

(Im Falle sonstiger Mängel des Gesellschaftsvertrags bzw. der einseitigen Errichtung (bei einer Ein-Personen-Gründung) als Rechtsgeschäft,[138] die regelmäßig dessen Nichtigkeit zur Folge haben 38

128 Baumbach/Hueck/*Fastrich*, § 2 Rn. 19 und 38; Henssler/*Schäfer*, § 2 Rn. 24. Roth/*Altmeppen*, § 2 Rn. 44 plädiert für eine Anwendung von § 399 Abs. 4 FamFG (vormals § 144a Abs. 4 FGG) hinsichtlich der nicht wirksam entstandenen Gesellschafterstellung.

129 Baumbach/Hueck/*Fastrich*, § 2 Rn. 20.

130 Wegen fehlenden Vertrags bei der Ein-Personen-Gründung gelangen die §§ 1643 Abs. 1, 1822 Nr. 3 BGB respektive § 1908i BGB wegen der gleich gelagerten Interessenlage hinsichtlich einer Gesellschaft, die auf den Betrieb eines Erwerbsgeschäfts gerichtet ist, *analog* zur Anwendung, so Baumbach/Hueck/*Fastrich*, § 2 Rn. 25.

131 Auch wenn das Erwerbsgeschäft von einer GmbH als juristischer Person betrieben werden soll: Baumbach/Hueck/*Fastrich*, § 2 Rn. 26; Hachenburg/*Ulmer*, § 2 Rn. 73; Scholz/*Emmerich*, § 2 Rn. 43.

132 So OLG Stuttgart, GmbHR 1980, 102; Baumbach/Hueck/*Fastrich*, § 2 Rn. 27; Hachenburg/*Ulmer*, § 2 Rn. 73; Scholz/*Emmerich*, § 2 Rn. 43.

133 So BGH DB 1980, 1885 – aber umstritten.

134 Baumbach/Hueck/*Fastrich*, § 2 Rn. 25.

135 LG Berlin, GmbHR 1996, 123; Baumbach/Hueck/*Fastrich*, § 2 Rn. 22.

136 KG NZG 2004, 826; Henssler/*Schäfer*, § 2 Rn. 25; a. A. hingegen *Dürr*, GmbHR 2008, 408, 410.

137 Baumbach/Hueck/*Fastrich*, § 2 Rn. 22; Roth/Altmeppen/*Roth*, § 2 Rn. 30.

138 Baumbach/Hueck/*Fastrich*, § 2 Rn. 37 ff.

(etwa nach den §§ 142, 134, 138 BGB), ist in Bezug auf den Gesellschaftsvertrag eine differenzierte Betrachtung notwendig:[139]

- **Nach Abschuss des Gesellschaftsvertrags**, aber vor Eintragung der Gesellschaft ins Register, führen entsprechende Mängel – sofern die in diesem Stadium bestehende Vorgesellschaft noch keine Geschäftstätigkeit entfaltet hat – zur **Nichtigkeit** des Gesellschaftsvertrags. Eine Heilung durch Eintragung nach § 9c Abs. 1 scheidet aus. § 139 BGB (Teilnichtigkeit) gelangt nicht zur Anwendung.[140]
- Hat die Vorgesellschaft (vor ihrer Eintragung) hingegen bereits (mit Einverständnis all ihrer Gesellschafter) eine Geschäftstätigkeit entfaltet (vgl. § 123 Abs. 2 HGB), wurde die Gesellschaft also in Vollzug gesetzt (z.B. durch Einlagenerbringung bzw. Eingehung vorbereitender Geschäfte), gelangen die **Grundsätze über die fehlerhafte Gesellschaft**[141] zur Anwendung: Unter den Aspekten Rechtssicherheit und Verkehrsschutz (der Gläubiger wie der Gesellschafter) kommt eine Rückabwicklung nach allgemeinen Grundsätzen (d.h. nach Konditionsrecht – § 812 Abs. 1 BGB) nicht mehr in Betracht. Die Gesellschaft wird (zunächst) als fortbestehend fingiert und kann (durch bloße Erklärung [Kündigung nach § 723 Abs. 1 Satz 2 BGB][142] eines jeden Gesellschafters gegenüber seinen Mitgesellschaftern [d.h. ohne Notwendigkeit einer Auflösungsklage])[143] mit Wirkung für die Zukunft (d.h. mit Ex-nunc-Wirkung) aufgelöst werden mit der Folge einer Liquidation der Vorgesellschaft nach Maßgabe der §§ 66 ff. analog[144] (die maßgeblich den Vorgaben des GmbH-Rechts folgt).[145] Im Falle eines fehlerhaften Beitritts besteht ein außerordentliches Austrittsrecht[146], wenn sich die Unwirksamkeit auf die Beitrittserklärung selbst beschränkt, womit der Gesellschaftsvertrag ansonsten wirksam bleibt. Hingegen vermag das Invollzugsetzen das Eintragungshindernis nach § 9c Abs. 1 nicht aufzuheben.[147]
- **Nach der Eintragung** der Gesellschaft (trotz bestehender Mängel) ins Register (womit sich der Formwechsel von der Vor-GmbH zur GmbH vollzieht) tritt eine **Heilung** der Mängel des Gesellschaftsvertrags ein: Folge ist die **wirksame Entstehung einer GmbH**.[148] Eine Nichtigkeit kommt dann nur noch im Wege der Auflösungsklage in den in § 75 enumerativ angeführten Fällen schwerster Inhaltsmängel in Betracht (es sei denn, dass eine Auflösungsklage nach § 61 in Betracht kommt)[149] – nicht jedoch bei bloßen Irrtümern (§ 119 BGB) bzw. arglistiger Täuschung (§ 123 BGB),[150] anders ggf. noch bei Sittenwidrigkeit (§ 138 BGB):[151] Bestandsschutz im Hinblick darauf, dass andere – als in § 75 benannte – Mängel nicht mehr über § 139 BGB den gesamten Vertrag erfassen können und auch fehlerhafte Willenserklärungen eines oder mehrerer Gesellschafter keine Auswirkungen mehr zeitigen können:[152] Nichtigkeitsklage, die (sofern erfolgreich) erst ab Rechtskraft für die Zukunft (d.h. *ex nunc*)

139 Dazu näher Baumbach/Hueck/*Fastrich*, § 2 Rn. 37 ff.; Hachenburg/*Ulmer*, § 2 Rn. 86 ff.; Scholz/*Emmerich*, § 2 Rn. 62 ff.
140 Umstritten, so aber Hachenburg/*Ulmer*, § 2 Rn. 87; Henssler/*Schäfer*, § 2 Rn. 70; Michalski/*Michalski*, § 2 Rn. 53; a.A. Baumbach/Hueck/*Fastrich*, § 2 Rn. 39 – Anwendung im Fall einer Teilnichtigkeit „sonstiger Vertragsbestimmungen".
141 Dazu näher RGZ 166, 51, 59; BGHZ 13, 320; Baumbach/Hueck/*Fastrich*, § 2 Rn. 39; Hachenburg/*Ulmer*, § 2 Rn. 92; Scholz/*Emmerich*, § 2 Rn. 64. Vgl. auch *Schäfer*, Die Lehre vom fehlerhaften Verband, 2002.
142 So Henssler/*Schäfer*, § 2 Rn. 70 unter Bezugnahme auf Baumbach/Hueck/*Fastrich*, § 2 Rn. 39.
143 Umstritten, so aber Baumbach/Hueck/*Fastrich*, § 2 Rn. 39; Scholz/*Emmerich*, § 2 Rn. 64; a.A. Rowedder/Schmidt-Leithoff/*Schmidt-Leithoff*, § 2 Rn. 67: entsprechende Anwendbarkeit von § 61; Scholz/*Schmidt*, § 11 Rn. 55: analog § 133 HGB (sofern die Vorgesellschaft bereits ein Handelsgewerbe betreibt).
144 Henssler/Schäfer, § 2 Rn. 70 unter Bezugnahme BGHZ 169, 270 = NJW 2007, 589 – zur Vor-AG.
145 Baumbach/Hueck/*Fastrich*, § 2 Rn. 39.
146 Henssler/*Schäfer*, § 2 Rn. 70 und 72; *Schäfer*, Die Lehre vom fehlerhaften Verband, 2002, S. 243 ff.: außerordentliches, unbefristetes Austrittsrecht. Zu Besonderheiten bei der Unwirksamkeit, wenn alle Beitrittserklärungen unwirksam waren: Henssler/*Schäfer*, § 2 Rn. 73.
147 So Baumbach/Hueck/*Fastrich*, § 2 Rn. 39.
148 Baumbach/Hueck/*Fastrich*, § 2 Rn. 40.
149 Henssler/*Schäfer*, § 2 Rn. 71.
150 BGH GmbHR 1975, 154; Roth/Altmeppen/*Roth*, § 2 Rn. 40.
151 Scholz/*Emmerich*, § 2 Rn. 66 f.; Roth/Altmeppen/*Roth*, § 2 Rn. 40.
152 BGHZ 21, 378, 381; Baumbach/Hueck/*Fastrich*, § 2 Rn. 40; Roth/Altmeppen/*Roth*, § 2 Rn. 37.

wirkt.[153] Daneben kommt (beschränkt auf dieselben Fälle) eine Amtslöschung nach § 397 FamFG (vormals § 144 Abs. 1 Satz 2 FGG) in Betracht – wohingegen § 395 FamFG (vormals § 142 FGG) ausgeschlossen bleibt.[154] Ein Amtsauflösungsverfahren nach § 399 FamFG (vormals § 144a FGG) kommt bei Fehlen oder Nichtigkeit des sonst notwendigen Gesellschaftsinhalts (§ 3 Abs. 1 Nr. 1 und 4) bzw. bei Nichtigkeit (nicht jedoch bei Fehlen) der Höhe des Stammkapitals (§ 3 Abs. 1 Nr. 3) in Betracht[155]. Sonstige Fälle lassen den Bestand der GmbH unberührt.

- **Eine unwirksame Beitrittserklärung kann – auch nur mit ex-nunc-Wirkung – mit einem außerordentlichen Austrittsrecht begegnet werden**[156]

Für den Fall der Heilung verbleibt dem Gesellschafter allein ein Austrittsrecht, bei arglistiger Täuschung (§ 123 BGB) ggf. auch ein Schadensersatzanspruch gegen den Täuschenden (nicht jedoch gegen die Gesellschaft).[157] **39**

Exkurs: Im Falle von Mängeln einer einzelnen Beitrittserklärung gelten die vorab dargestellten allgemeinen Grundsätze mit zwei Ausnahmen.[158] Ein Beitritt ist nach h.M.[159] unheilbar (d.h. auch nachdem die Gesellschaft in Vollzug gesetzt worden ist bzw. nachdem eine Eintragung im Handelsregister erfolgt ist) **unwirksam** (i.S.v. dem Gesellschafter als fehlerhaft rechtlich nicht zurechenbar), wenn

- bei fehlender Geschäftsfähigkeit[160] bzw. Betreuung die zwingend erforderliche Mitwirkung des gesetzlichen Vertreters oder die familien- bzw. vormundschaftsgerichtliche Genehmigung fehlt;[161] bzw. in Fällen
- einer fehlenden Mitwirkung des Gesellschafters, z.B. bei Vertretung ohne Vertretungsmacht, Unterschriftenfälschung bzw. bei durch Gewalt oder Drohung mit Gewalt (*vis absoluta,* nicht jedoch durch eine sonstige Drohung) herbeigeführter Unterschriftsleistung durch den Gesellschafter.[162]

In der Folge wird im Falle der beiden genannten Konstellationen auch **nach Eintragung der Gesellschaft im Handelsregister** (womit die GmbH wirksam zur Entstehung gelangt, vgl. § 11 Abs. 1) aufgrund der unwirksamen Beitrittserklärung der Beitrittswillige **nicht Gesellschafter**.[163] **40**

153 Baumbach/Hueck/*Fastrich*, § 2 Rn. 41.
154 OLG Frankfurt/M., BB 2002, 372; Baumbach/Hueck/*Fastrich*, § 2 Rn. 41.
155 Hachenburg/*Ulmer*, § 2 Rn. 89.
156 Henssler/*Schäfer*, § 2 Rn. 71 ff.
157 Lutter/Hommelhoff/*Lutter/Bayer*, § 2 Rn. 23; Roth/Altmeppen/*Roth*, § 2 Rn. 40.
158 Baumbach/Hueck/*Fastrich*, § 2 Rn. 44.
159 So Baumbach/Hueck/*Fastrich*, § 2 Rn. 44; Hachenburg/*Ulmer*, § 2 Rn. 98 ff.; Roth/Altmeppen/*Roth*, § 2 Rn. 43; Scholz/*Emmerich*, § 2 Rn. 66.
160 Dazu Hachenburg/*Ulmer*, § 2 Rn. 98 ff.; Roth/Altmeppen/*Roth*, § 2 Rn. 39; Scholz/*Emmerich*, § 2 Rn. 66.
161 Beziehungsweise wenn bei Betreuung ohne Einwilligungsvorbehalt der Betreuer allein ohne eine entsprechende Genehmigung gehandelt hat: Baumbach/Hueck/*Fastrich*, § 2 Rn. 44; Roth/Altmeppen/*Roth*, § 2 Rn. 39.
162 Roth/Altmeppen/*Roth*, § 2 Rn. 35.
163 Baumbach/Hueck/*Fastrich*, § 2 Rn. 45: Ein Gesellschaftsanteil bzw. eine Verpflichtung zur Leistung der Stammeinlage entstehen nicht (Roth/Altmeppen/*Roth*, § 2 Rn. 42), wobei die übrigen Gesellschafter für die Stammeinlage auch nicht gem. § 24 (Ausfallhaftung) aufkommen müssen, da sie zu keinem Zeitpunkt geschuldet war (so Baumbach/Hueck/*Fastrich*, a.a.O.; Hachenburg/*Ulmer*, § 2 Rn. 107; a.A. Lutter/Hommelhoff/*Lutter/Bayer*, § 2 Rn. 20). Hingegen gilt § 30 (wonach Zahlungen an die anderen Gesellschafter erst nach anderweitiger Deckung des Fehlbetrags zulässig sind, so Hachenburg/*Ulmer*, § 2 Rn. 106 f.; Roth/Altmeppen/*Roth*, § 2 Rn. 42; Scholz/*Emmerich*, § 2 Rn. 71. Bereits geleistete Einlagen sind zurückzuerstatten (Roth/Altmeppen/*Roth*, a.a.O.). Stammkapital und Stammeinlagen sind (entgegen § 5 Abs. 3 Satz 3 a.F.) nicht deckungsgleich (Roth/Altmeppen/*Roth*, § 2 Rn. 43; zu Abhilfemöglichkeiten: Hachenburg/*Ulmer*, § 2 Rn. 109; Scholz/*Emmerich*, § 2 Rn. 71).

Eine unheilbare Unwirksamkeit ist hingegen für die Konstellationen **Bedingung** oder **Befristung** des Beitritts abzulehnen:[164] Mit der Eintragung tritt Heilung dergestalt ein, dass die Bedingung/Befristung als geschrieben gilt.[165]

41 Im Falle eines unwirksamen Beitritts kommt weder eine Nichtigkeitsklage (§ 75) noch eine Amtslöschung (§ 397 FamFG, vormals § 144 Abs. 1 FGG) in Betracht – wohl aber ein **Amtsauflösungsverfahren** nach § 399 FamFG (vormals § 144a FGG – da die materielle Unrichtigkeit und somit die Nichtigkeit der Angabe des „Gesellschafters" und seiner Stammeinlage im Gesellschaftsvertrag durch die Handelsregistereintragung nicht geheilt wird).[166]

42 ! Im Falle einer Vertretung ohne Vertretungsmacht haftet der *falsus procurator* nach § 179 Abs. 1 BGB auf Schadensersatz oder Erfüllung – er wird grundsätzlich jedoch nicht Gesellschafter.[167] Sofern ausnahmsweise **alle Beitrittserklärungen** (nach Maßgabe der vorab dargestellten Anforderungen) **unwirksam** sein sollten (bzw. im Falle der Nichtigkeit der Errichtungserklärung des Gründers einer Ein-Personen-Gründung), ist eine GmbH mit Stammeinlageverpflichtung nicht entstanden mit der Folge, dass die (nicht existente) **Scheingesellschaft** nach h.M. **analog §§ 395, 397 FamFG (vormals §§ 142, 144 Abs. 1 FGG)** von Amts wegen zu löschen ist.[168]

! Die vorab dargestellten Grundsätze gelten gleichermaßen (im Falle späterer Kapitalerhöhungen) für **fehlerhafte Übernahmeerklärungen**[169] – nicht jedoch bei Anteilsübertragungen.[170]

V. Exkurs: Rechtliche Beurteilung des Vorvertrags

43 Auch ein zwischen den Gesellschaftern eingegangener Vertrag, in dem diese sich gemeinsam (in inhaltlich bestimmter Weise[171], d.h. mit dem Mindestinhalt des Gesellschaftsvertrags nach § 3)[172] zum Abschluss des Gesellschaftsvertrags verpflichten (sog. **Vorvertrag**)[173], bedarf nach Sinn und Zweck der Regelung des § 2 (Gesellschafterschutz)[174]– ebenso wie die **Vollmacht** zum Abschluss

---

164 Umstritten, so aber RGZ 83, 256, 264; Baumbach/Hueck/*Fastrich*, § 2 Rn. 44 – arg.: Trotz Bedingungsfeindlichkeit des Beitritts liegt im Unterschied zu den vorab dargestellten Fallkonstellationen ein „zurechenbarer Erklärungstatbestand" vor. Zudem Scholz/*Emmerich*, § 2 Rn. 67.

165 Hachenburg/*Ulmer*, § 2 Rn. 113 ff.; Roth/Altmeppen/*Roth*, § 2 Rn. 41: „Zwar fehlt es hier an einer wirksamen (unbedingten) Beteiligungserklärung, jedoch ist die Erwartung des Erklärenden, sich nur bedingt bzw. befristet binden zu müssen, nicht schutzwürdig".

166 So Baumbach/Hueck/*Fastrich*, § 2 Rn. 41; Hachenburg/*Ulmer*, § 2 Rn. 102 f.; Roth/Altmeppen/*Roth*, § 2 Rn. 43; Scholz/*Emmerich*, § 2 Rn. 71.

167 Baumbach/Hueck/*Fastrich*, § 2 Rn. 39; Hachenburg/*Ulmer*, § 2 Rn. 107.

168 Baumbach/Hueck/*Fastrich*, § 2 Rn. 40; Hachenburg/*Ulmer*, § 2 Rn. 97; Scholz/*Emmerich*, § 2 Rn. 68.

169 Roth/Altmeppen/*Roth*, § 2 Rn. 43.

170 So BGH NJW 1990, 1915; Scholz/*Emmerich*, § 2 Rn. 75.

171 So konkret, dass eine Verurteilung zur Abgabe einer bestimmten Erklärung bei Gründung der Gesellschaft möglich ist: BGH WM 1976, 180.

172 OLG Karlsruhe, NJW-RR 1996, 997; Roth/Altmeppen/*Roth*, § 2 Rn. 63. Im Sinne einer Festlegung des wesentlichen Inhalts des künftigen GmbH-Vertrags (mit dem nach § 3 Abs. 1 notwendigen Inhalt) bzw. eine solche Vorbestimmung, dass das noch nicht Geregelte durch Auslegung nach den allgemeinen Auslegungsgrundsätzen (der §§ 133, 157 BGB – einschließlich der Möglichkeit einer ergänzenden Vertragsauslegung) bzw. gerichtlich auch nach § 894 ZPO vollstreckbares Urteil (so BGH WM 1976, 180) bestimmt werden kann: Baumbach/Hueck/*Fastrich*, § 2 Rn. 63 f. Wobei im Stadium des Vorvertrags die Parteien offene Punkte auch noch einer Mehrheitsentscheidung oder einer Bestimmung durch Dritte vorbehalten können: RGZ 156, 129, 138; Hachenburg/*Ulmer*, § 2 Rn. 48; Scholz/*Emmerich*, § 2 Rn. 83. Abzugrenzen davon (d.h.: Nicht-Vorvertrag) sind Gründungsvorbereitungshandlungen ohne Abschlusspflicht und schuldrechtliche Nebenabreden sowie (allerdings umstritten) eine verbindliche Beteiligungszusage zu einer GmbH-Gründung (so BGH GmbHR 1988, 98): dazu Henssler/*Schäfer*, § 2 Rn. 74.

173 Näher *Michalski*, § 2 Rn. 72 ff.; MüKo-GmbHG/*Mayer*, § 2 Rn. 169 ff.

174 So BGHZ 156, 138; 149, 395; BGH WM 1973, 68; Hachenburg/*Ulmer*, § 2 Rn. 43 ff.; Roth/Altmeppen/*Roth*, § 2 Rn. 63; Scholz/*Emmerich*, § 2 Rn. 79.

eines entsprechenden Vertrags[175] – der notariellen Beurkundung.[176] Etwas anderes (Formfreiheit) gilt nur für Vorgründungsgesellschaften i.w.S., die keine konkrete Gründungsverpflichtung (sondern bspw. nur bloße Absichtserklärungen oder Vorbereitungshandlungen) beinhalten[177] (sog. formfreie Absprachen zur Vorbereitung der Gesellschaftsgründung)[178] – was gleichermaßen für nicht zum Inhalt des Gesellschaftsvertrags werdende Nebenabreden gilt.[179] Möglich ist auch die Gründung einer Vorbereitungsgesellschaft bürgerlichen Rechts (i.S.v. § 705 BGB).[180] Somit bedürfen (mangels Anwendbarkeit der §§ 53 f.) auch Vertragsänderungen vor der Eintragung der Form des § 2[181] - gleichermaßen der Ein- oder Austritt von Gesellschaftern[182].

Eine **Nichtbeachtung der Form**[183] begründet keine Verpflichtung aus dem Vorvertrag zum endgültigen Abschluss des Gesellschaftsvertrags (**Nichtigkeit des Vorvertrags**). In der Folge haften dann die Gründungswilligen auch nicht nach §§ 311 Abs. 2, 280 Abs. 1 i.V.m. § 241 Abs. 2 BGB für ein Verschulden bei Vertragsabschluss.[184] **44**

Eine Haftung unter dem Gesichtspunkt des Verschuldens bei Vertragsabschluss wegen Abbruchs von Vertragsverhandlungen für Aufwendungen des Vertragspartners kommt – insbesondere bei beurkundungspflichtigen Rechtsgeschäften – nur dann in Betracht, wenn das Verhalten nach den gesamten Umständen mit Treu und Glauben (§ 242 BGB) nicht zu vereinbaren ist und eine besonders schwere Treuepflichtverletzung vorliegt[185]: Liegt keine Täuschung über die Abschlussbereitschaft vor und wird die Aufgabe der Absicht, kooperieren zu wollen, umgehend offen gelegt, sind diese Voraussetzungen im Zweifel nicht erfüllt. Dies gilt auch dann, wenn im Rahmen der Verhandlungen über die geplante Übernahme eines Unternehmens durch Anteilserwerb der von den Erwerbern vorgesehene Mitgesellschafter und Geschäftsführer, mit dem Verhandlungen über seinen Eintritt und seine Anstellung geführt werden, nach Abbruch der Verhandlungen die Anteile selbst erwirbt und den geplanten Unternehmenserwerb seiner Verhandlungspartner so zum Scheitern bringt[186].

Mit Abschluss des Vorvertrags entsteht die **Vorgründungsgesellschaft**[187] (regelmäßig eine [Innen-] GbR mit dem Gesellschaftszweck „Gründung einer GmbH" – ggf. auch [sofern sie bereits werbend tätig wird] eine [Außen-] GbR bzw. eine OHG)[188] – die einer strikten Unterscheidung von der Vor-GmbH (d.h. der **Vorgesellschaft**) bedarf, die mit Abschluss des Gesellschaftsvertrags (Errichtung der GmbH) zur Entstehung gelangt (wodurch i.d.R. die Vorgründungsgesellschaft durch Zweckerreichung nach § 726 BGB ihr Ende findet).[189] Jedenfalls geht die Vorgründungsgesellschaft nach der GmbH-Gründung nicht automatisch auf die Vor-GmbH über[190]. **45**

---

175 Baumbach/Hueck/*Fastrich*, § 2 Rn. 29; Hachenburg/*Ulmer*, § 2 Rn. 46 (analog Abs. 2: Henssler/*Schäfer*, § 2 Rn. 73); a.A. Michalski/*Michalski*, § 2 Rn. 76.

176 H.M., vgl. etwa BGH GmbHR 1988, 98; OLG Frankfurt/M., MDR 1998, 957; Baumbach/Hueck/*Fastrich*, § 2 Rn. 33; Roth/Altmeppen/*Roth*, § 2 Rn. 48 (analog Abs. 1: Henssler/*Schäfer*, § 2 Rn. 73).

177 Keine echten Vorverträge: Baumbach/Hueck/*Fastrich*, § 2 Rn. 66 und 67.

178 Roth/Altmeppen/*Roth*, § 2 Rn. 67.

179 BGH BB 1969, 772. Ebenso: Zusage einer Beteiligung an einer GmbH für den Fall ihrer Gründung (BGH WM 1973, 67 – Baumbach/Hueck/*Fastrich*, § 2 Rn. 35, erachtet dies als bedenklich) bzw. Treuhandverträge (Verpflichtung, als Treuhänder für den Treugeber an einer GmbH-Gründung teilzunehmen – BGH WM 1971, 306).

180 BGH ZIP 1988, 89; BGH WM 1973, 68; Roth/Altmeppen/*Roth*, § 2 Rn. 66.

181 Baumbach/Hueck/*Fastrich*, § 2 Rn. 13; Hachenburg/*Ulmer*, § 2 Rn. 19 – fraglich ist, ob dies auch für eine Anteilsübertragung gilt: bejahend BFH NZG 2008, 354, 356; ablehnend Henssler/*Schäfer*, § 2 Rn. 19 unter Bezugnahme auf K. *Schmidt*, GmbHR 1997, 869.

182 BGHZ 134, 333 = NJW 1997, 1507.

183 Anders im Falle, dass der Vorvertrag inhaltlich nicht mit zwingenden Vorgaben des GmbHG in Einklang steht: Hier können die Vertragsparteien nach Treu und Glauben (§ 242 BGB) verpflichtet sein, einer gesetzeskonformen Anpassung zuzustimmen: Roth/Altmeppen/*Roth*, § 2 Rn. 65.

184 Baumbach/Hueck/*Fastrich*, § 2 Rn. 34. Vgl. auch BGH GmbHR 1988, 98.

185 OLG Stuttgart, WM 2007, 1743.

186 OLG Stuttgart, WM 2007, 1743 – Ls. 1 bis 3.

187 Baumbach/Hueck/*Fastrich*, § 2 Rn. 36; Hachenburg/*Ulmer*, § 2 Rn. 48 ff.; Lutter/Hommelhoff/*Lutter/Bayer*, § 2 Rn. 25; Scholz/*Emmerich*, § 2 Rn. 84 f.

188 BGH NJW 1983, 2822; BGHZ 91, 151; Baumbach/Hueck/*Fastrich*, § 2 Rn. 36; Hachenburg/*Ulmer*, § 2 Rn. 50.

189 Das heißt kein automatischer Übergang der Vorgründungsgesellschaft in die Vorgesellschaft: BGHZ 91, 151; Baumbach/Hueck/*Fastrich*, § 2 Rn. 36; a.A. Roth/Altmeppen/*Roth*, § 11 Rn. 38.

190 Arg.: fehlende Identität – so BGHZ 91, 151 = NJW 1984, 2164; Henssler/*Schäfer*, § 2 Rn. 76.

Ein Gesellschaftsvertrag, mit dem zunächst eine GmbH mit einem Stammkapital von mindestens 25.000 EUR gegründet wurde, kann vor deren Eintragung in das Handelsregister, solange sie sich also im Stadium einer Vorgesellschaft („Vor-GmbH“) befindet, auch insoweit abgeändert werden, als nunmehr ein Stammkapital vereinbart wird, das unter 25.000 EUR liegt und somit eine UG gegründet werden, wobei weder § 58 Abs. 2 Satz 1 i. V. m. § 5 Abs. 1 noch § 5a entgegenstehen[191].

VI. Auslegung des Gesellschaftsvertrags

46 Im Hinblick auf eine Auslegung des Gesellschaftsvertrags (§§ 133, 157 BGB)[192] ist grundsätzlich (unabhängig davon, ob es sich um eine Ein- oder Mehr-Personen-Gründung bzw. eine personalistisch oder kapitalistisch strukturierte GmbH handelt) zu unterscheiden[193] zwischen

- dessen **körperschaftsrechtlichen (materiellen) Regelungen** (die mit Satzungscharakter die Grundlagen der Gesellschaft statuieren,[194] weswegen auf sie (auch wenn die Gesellschaft personalistisch strukturiert ist)[195] – wegen des Erfordernisses einer **objektivierten Auslegung**[196] [d.h. eine rein vertragsbezogene Auslegung am objektiven Erklärungswert der Satzung – primär[197] orientiert am ersichtlichen Wortlaut[198] und Sinnzusammenhang des Gesellschaftsvertrags – Notwendigkeit einer einheitlichen Auslegung mit der Möglichkeit einer unbeschränkten revisionsrechtlichen Überprüfbarkeit][199] – die §§ 133, 157 BGB nur in eingeschränktem Maße zur Anwendung gelangen); sowie
- dessen **individualrechtlichen Regelungen**[200] (auf die uneingeschränkt die allgemeinen Vorgaben zur Vertragsauslegung, mithin die §§ 133, 157 BGB [individuelle Vertragsauslegung] unter uneingeschränkter Heranziehung aller verfügbaren Quellen[201] zur Anwendung gelangen [womit eine revisionsgerichtliche Überprüfbarkeit auf eine Verletzung gesetzlicher Vorgaben oder allgemein anerkannter Auslegungsregeln beschränkt ist]).[202]

47 Im Falle einer personalistisch strukturierten GmbH können auch im Rahmen einer objektivierten Auslegung personengesellschaftsrechtliche Elemente zur Anwendung gelangen.[203]

> **!** Auch eine **Umdeutung** von Satzungsklauseln (§ 140 BGB) ist nach Maßgabe der vorab dargestellten Grundsätze möglich.[204]

---

191 So OLG Frankfurt/M., GmbHR 2011, 984.

192 BGH ZIP 1993, 1709; BGH WM 1989, 1809; BGHZ 116, 359; 96, 245; 63, 282; RGZ 159, 272 und 321; 101, 246. Zudem Baumbach/Hueck/*Fastrich*, § 2 Rn. 29 ff.; Hachenburg/*Ulmer*, § 2 Rn. 138 ff.; *Michalski*, § 2 Rn. 41 ff.; MüKo-GmbHG/*Mayer*, § 2 Rn. 150 ff.; Roth/Altmeppen/*Roth*, § 2 Rn. 16; Scholz/*Emmerich*, § 2 Rn. 33 ff.

193 BGHZ 142, 125; Hachenburg/*Ulmer*, § 2 Rn. 138 ff.; Baumbach/Hueck/*Fastrich*, § 2 Rn. 29; Roth/Altmeppen/*Roth*, § 2 Rn. 16.

194 Sie betreffen Dritte und künftige Gesellschafter nach deren Beitritt, weswegen sie zwingend formgebunden sind: Baumbach/Hueck/*Fastrich*, § 2 Rn. 31.

195 Dann ggf. aber Berücksichtigung der Treuepflicht: so Hachenburg/*Ulmer*, § 2 Rn. 150.

196 Unter Umständen auch eine teleologische und satzungs- bzw. gesetzeskonforme oder ergänzende Vertragsauslegung: Roth/Altmeppen/*Roth*, § 2 Rn. 16; Scholz/*Emmerich*, § 2 Rn. 37.

197 Umstände außerhalb der Urkunde oder Abreden können nur Berücksichtigung finden, „wenn sie aus den zum Handelsregister eingereichten Unterlagen ersichtlich oder sonst allgemein bekannt sind“: Henssler/*Schäfer*, § 2 Rn. 27 unter Bezugnahme auf BGHZ 123, 347 = NJW 1994, 51; BGHZ 116, 359 = NJW 1992, 892.

198 Eine *mehrdeutige Bestimmung* bedarf ggf. aber – selbst gegen ihren Wortlaut – einer gesetzes- bzw. satzungskonformen Auslegung, sofern sie dadurch gültig bleibt und somit am besten mit dem übrigen Vertragsinhalt konform geht, so Hachenburg/*Ulmer*, § 2 Rn. 146 f.; Baumbach/Hueck/*Fastrich*, § 2 Rn. 31.

199 BGHZ 142, 125; 123, 347, 350; 116, 359, 364 ff. = NJW 1992, 892; Roth/Altmeppen/*Roth*, § 2 Rn. 16.

200 Das heißt nur solche, die die persönlichen Rechtsbeziehungen zwischen der Gesellschaft und den Gesellschaftern (sog. unechte Satzungsbestandteile) regeln und auch außerhalb des Gesellschaftsvertrags geregelt werden können: Baumbach/Hueck/*Fastrich*, § 2 Rn. 32; Hachenburg/*Ulmer*, § 2 Rn. 142 f.; Roth/Altmeppen/*Roth*, § 2 Rn. 16.

201 Baumbach/Hueck/*Fastrich*, § 2 Rn. 32.

202 Baumbach/Hueck/*Fastrich*, § 2 Rn. 32; Hachenburg/*Ulmer*, § 2 Rn. 151.

203 So Baumbach/Hueck/*Fastrich*, § 2 Rn. 32.

204 Roth/Altmeppen/*Roth*, § 2 Rn. 17: wobei wiederum der wirkliche und hypothetische Parteiwille nur in beschränktem Umfang maßgeblich ist.

C. Weitere praktische Hinweise

I. Gründungskosten

Der **Geschäftswert** für die Gründung einer GmbH ist nach § 39 Abs. 1 KostO nach den Einlagen der Gründer zu bestimmen. Bei Bargründung ist das Stammkapital maßgebend, bei Sachgründungen der Wert der Sacheinlagen nach den allgemeinen kostenrechtlichen Bestimmungen. Schulden werden gem. § 18 Abs. 3 KostO nicht abgezogen.[205] Der Geschäftswert beträgt mindestens 25.000 EUR (Mindeststammkapital) und höchstens 5 Mio. EUR (§ 39 Abs. 5 KostO; siehe im Übrigen „Notar- und Handelsregisterkosten im GmbH-Recht", S. 1097 ff., Rn. 1 bis 8). 48

Bei **Gründung der GmbH mittels Musterprotokoll** (§ 2 Abs. 1a GmbHG) ergeben sich keine Besonderheiten, da auch hier das Mindeststammkapitel 25.000 EUR beträgt.

Bei **Gründung durch eine Person** fällt eine 10/10-Gebühr nach § 36 Abs. 1 KostO an. Bei Sachgründung fällt jedoch dann eine 20/10-Gebühr nach § 36 Abs. 2 KostO an, wenn zugleich auch Einbringungsvereinbarungen mitbeurkundet werden.[206] Bei Errichtung der Gesellschaft durch zwei oder mehr Personen liegt immer ein Vertrag vor, der eine 20/10-Gebühr nach § 36 Abs. 2 KostO auslöst (siehe „Notar- und Handelsregisterkosten im GmbH-Recht", S. 1097 ff., Rn. 7).

Erteilt ein Gründungsgesellschafter eine **Vollmacht** zur Errichtung der Gründungsurkunde, fällt aus dem Wert des Gesellschaftsvertrags (§ 41 Abs. 1 KostO) eine 5/10-Gebühr gem. § 38 Abs. 2 Nr. 4 KostO an. Ist der Vollmachtgeber nur einer von mehreren Gründern, ist gem. § 41 Abs. 3 i.V.m. § 40 Abs. 2 KostO nur dessen Anteil Geschäftswert. Der Höchstwert einer Vollmacht beträgt gem. § 41 Abs. 4 KostO 500.000 EUR. Die gleichen Grundsätze sind anzuwenden für die Erteilung der Genehmigung bei vollmachtloser Vertretung, wenn der Notar den Entwurf der Genehmigung fertigt (§ 145 Abs. 1 Satz 1 KostO), jedoch gilt hier der Höchstwert von 500.000 EUR nicht. Hat der Notar den Entwurf gefertigt, entsteht für die erste Unterschriftsbeglaubigung gem. § 145 Abs. 1 Satz 4 KostO keine zusätzliche Gebühr. Weitere Unterschriftsbeglaubigungen sind jedoch nach § 45 KostO zu bewerten. Die Gebühr nach § 45 KostO beträgt höchstens 130 EUR.

Kostenschuldner für die Gründungsurkunde sind gem. § 2 Nr. 1 KostO die Gründer persönlich und nicht die in Gründung befindliche GmbH oder UG.[207] Mehrere Gründer haften als Gesamtschuldner (§ 5 Abs. 1 KostO).

Zusätzliche Kosten entstehen für die Registeranmeldung (siehe „Notar- und Handelsregisterkosten im GmbH-Recht", S. 1097 ff., Rn. 12 ff.), für die Bestellung des Geschäftsführers, wenn diese durch Beschluss erfolgt (siehe „Notar- und Handelsregisterkosten im GmbH-Recht", S. 1097 ff., Rn. 9) und die Gesellschafterliste, wenn der Entwurf durch den Notar erfolgt (siehe „Notar- und Handelsregisterkosten im GmbH-Recht", S. 1097 ff., Rn. 16), nicht jedoch bei Gründung mittels Musterprotokoll gem. § 2 Abs. 1a GmbHG. Des Weiteren entstehen bei elektronischer Einreichung der Anmeldung samt Urkunden zusätzliche Kosten (siehe „Notar- und Handelsregisterkosten im GmbH-Recht", S. 1097 ff., Rn. 25).

Die **Kosten der Eintragung in das Handelsregister** richten sich nach Teil 2 – Eintragungen in das Handelsregister Abteilung B – Abschnitt 1, Gebührenverzeichnis Nr. 2100, 2101 oder 2104 (siehe „Notar- und Handelsregisterkosten im GmbH-Recht", S. 1097 ff., Rn. 74).

Im Fall einer Einbringung von Grundstücken in die GmbH fällt nach §§ 8, 11 GrEStG **Grunderwerbssteuer** in Höhe von grundsätzlich 3,5% an.[208]

---

205 Korintenberg/*Bengel/Tiedtke*, § 39 KostO Rn. 56 ff., § 18 KostO Rn. 11.
206 Korintenberg/*Bengel/Tiedtke*, § 36 KostO Rn. 6.
207 Korintenberg/*Lappe*, § 2 KostO Rn. 41; OLG Karlsruhe, DNotZ 1965, 372.
208 Roth/Altmeppen/*Roth*, § 2 Rn. 57.

Nach § 3 Abs. 1 des Gesetzes über die Festsetzung der Hebesätze für die Realsteuern für 2007 bis 2011 und des Steuersatzes für die Grunderwerbsteuer des Landes Berlin[209] sowie dessen Änderung vom 14.03.2012 beträgt der Steuersatz bei der Grunderwerbsteuer für Rechtsvorgänge, die sich auf im Land Berlin belegene Grundstücke beziehen, 5%. Dieser Steuersatz ist auf Rechtsvorgänge anzuwenden, die ab dem 01. April 2012 verwirklicht werden.

II. Steuern

49 Zum Beginn der Körperschaftsteuerpflicht siehe § 7 Rn. 30 f. und § 9c Rn. 10.

Soweit der Gesamtbetrag der Gründungskosten in der Satzung als Höchstbetrag enthalten ist, können sie von der Gesellschaft als Betriebsausgaben geltend gemacht werden. Da der Gesetzgeber durch die entsprechende Formulierung des Musterprotokolls die Aufführung der einzelnen Kostenpositionen zivilrechtlich nicht für erforderlich hält, kann auch steuerlich eine solche Aufzählung nicht mehr verlangt werden, erst recht nicht die Ausweisung einzelner Kostenanteile.[210]

Die im Fall einer Grundstückseinbringung von der Gesellschaft zu übernehmende Grunderwerbsteuer ist nicht sofort als Betriebsausgabe abzugsfähig, sondern – nach Maßgabe der Verkehrswerte – auf den Grundstücks- und Gebäudeanteil zu verteilen und entsprechend zu aktivieren.

Soweit die Gesellschafter die Gründungskosten selbst tragen, erhöht dies die ansatzfähigen Anschaffungskosten der Anteile (zu den Auswirkungen im Fall der Veräußerung der Anteile siehe „Steuerrecht", S. 1046 ff., Rn. 68 ff.).[211] Übernimmt die Gesellschaft solche Kosten, die gesellschaftsrechtlich von den Gründern zu tragen waren, handelt es sich um eine verdeckte Gewinnausschüttung (zu den steuerlichen Konsequenzen siehe „Steuerrecht", S. 1046 ff., Rn. 8 ff.). Kommt eine Gründung nicht zustande, so sind die bis dahin angefallenen Beratungskosten nicht als vorweggenommene Werbungskosten abzugsfähig.[212]

D. Musterprotokolle

50 I. Musterprotokoll für die Gründung einer Einpersonengesellschaft[213]:

1

UR Nr. …

Heute, den …

erschien vor mir, …, Notar/in mit dem Amtssitz in …,

Herr/Frau[1)] …[2)]

1. Der Erschienene errichtet hiermit nach § 2 Abs. 1a GmbHG eine Gesellschaft mit beschränkter Haftung unter der Firma … mit dem Sitz in ….
2. Gegenstand des Unternehmens ist ….

1) Nicht Zutreffendes streichen. Bei juristischen Personen ist die Anrede Herr/Frau wegzulassen.
2) Hier sind neben der Bezeichnung des Gesellschafters und den Angaben zur notariellen Identitätsfeststellung ggf. der Güterstand und die Zustimmung des Ehegatten sowie die Angaben zu einer etwaigen Vertretung zu vermerken.

209 GVBl. Nr. 43/2006 vom 30.12.2006, S. 1172.
210 Formulierungsvorschläge bei *Wälzholz*, in: Gosch/Schwedhelm/Spiegelberger, S. G222 f.
211 Schmidt/*Weber-Grellet*, § 17 EStG Rn. 161.
212 BFH GmbHR 2004, 910.
213 Anlage 1 Buchst. a) zu Art. 1 Nr. 50 MoMiG (BGBl. I 2008 S. 2044).

3. Das Stammkapital der Gesellschaft beträgt … EUR (i.W. … Euro) und wird vollständig von Herrn/Frau[1)] … (Geschäftsanteil Nr. 1) übernommen. Die Einlage ist in Geld zu erbringen, und zwar sofort in voller Höhe/zu 50% sofort, im Übrigen sobald die Gesellschafterversammlung ihre Einforderung beschließt[2)].
4. Zum Geschäftsführer der Gesellschaft wird Herr/Frau[3)] …, geboren am …, wohnhaft in …, bestellt. Der Geschäftsführer ist von den Beschränkungen des § 181 des Bürgerlichen Gesetzbuchs befreit.
5. Die Gesellschaft trägt die mit der Gründung verbundenen Kosten bis zu einem Gesamtbetrag von 300 EUR, höchstens jedoch bis zum Betrag ihres Stammkapitals. Darüber hinausgehende Kosten trägt der Gesellschafter.
6. Von dieser Urkunde erhält eine Ausfertigung der Gesellschafter, beglaubigte Ablichtungen die Gesellschaft und das Registergericht (in elektronischer Form) sowie eine einfache Abschrift das Finanzamt – Körperschaftsteuerstelle –.
7. Der Erschienene wurde vom Notar/von der Notarin insbesondere auf Folgendes hingewiesen: …

---

1) Nicht Zutreffendes streichen. Bei juristischen Personen ist die Anrede Herr/Frau wegzulassen.
2) Nicht Zutreffendes streichen. Bei der Unternehmergesellschaft muss die zweite Alternative gestrichen werden.
3) Nicht Zutreffendes streichen.

II. Musterprotokoll für die Gründung einer Mehrpersonengesellschaft mit bis zu drei Gesellschaftern[214]: 51

UR Nr. …

Heute, den … 2

erschienen vor mir, …, Notar/in mit dem Amtssitz in …,

Herr/Frau[1)] …[2)]

Herr/Frau[1)] …[2)]

Herr/Frau[1)] …[2)]

1. Die Erschienenen errichten hiermit nach § 2 Abs. 1a GmbHG eine Gesellschaft mit beschränkter Haftung unter der Firma … mit dem Sitz in ….
2. Gegenstand des Unternehmens ist ….
3. Das Stammkapital der Gesellschaft beträgt … EUR (i.W. … Euro) und wird wie folgt übernommen:

   Herr/Frau[1)] … übernimmt einen Geschäftsanteil mit einem Nennbetrag in Höhe von … EUR (i.W. … Euro) (Geschäftsanteil Nr. 1)

   Herr/Frau[1)] … übernimmt einen Geschäftsanteil mit einem Nennbetrag in Höhe von … EUR (i.W. … Euro) (Geschäftsanteil Nr. 2)

   Herr/Frau[1)] … übernimmt einen Geschäftsanteil mit einem Nennbetrag in Höhe von … EUR (i.W. … Euro) (Geschäftsanteil Nr. 3)

---

1) Nicht Zutreffendes streichen. Bei juristischen Personen ist die Anrede Herr/Frau wegzulassen.
2) Hier sind neben der Bezeichnung des Gesellschafters und den Angaben zur notariellen Identitätsfeststellung ggf. der Güterstand und die Zustimmung des Ehegatten sowie die Angaben zu einer etwaigen Vertretung zu vermerken.

---

214 Anlage 1 Buchst. b) zu Art. 1 Nr. 50 MoMiG (BGBl. I 2008 S. 2045).

Die Einlagen sind in Geld zu erbringen, und zwar sofort in voller Höhe/zu 50% sofort, im Übrigen sobald die Gesellschafterversammlung ihre Einforderung beschließt[1].

4. Zum Geschäftsführer der Gesellschaft wird Herr/Frau[2] ..., geboren am ..., wohnhaft in ..., bestellt. Der Geschäftsführer ist von den Beschränkungen des § 181 des Bürgerlichen Gesetzbuchs befreit.
5. Die Gesellschaft trägt die mit der Gründung verbundenen Kosten bis zu einem Gesamtbetrag von 300 €, höchstens jedoch bis zum Betrag ihres Stammkapitals. Darüber hinausgehende Kosten tragen die Gesellschafter im Verhältnis der Nennbeträge ihrer Gesellschaftsanteile.
6. Von dieser Urkunde erhält eine Ausfertigung jeder Gesellschafter, beglaubigte Ablichtungen die Gesellschaft und das Registergericht (in elektronischer Form) sowie eine einfache Abschrift das Finanzamt – Körperschaftsteuerstelle –.
7. Die Erschienenen wurden vom Notar/von der Notarin insbesondere auf Folgendes hingewiesen: ...

---

1) Nicht Zutreffendes streichen. Bei der Unternehmergesellschaft muss die zweite Alternative gestrichen werden.
2) Nicht Zutreffendes streichen.

§ 3 Inhalt des Gesellschaftsvertrags

(1) Der Gesellschaftsvertrag muss enthalten:

1. die Firma und den Sitz der Gesellschaft,

2. den Gegenstand des Unternehmens,

3. den Betrag des Stammkapitals,

4. die Zahl und die Nennbeträge der Geschäftsanteile, die jeder Gesellschafter gegen Einlage auf das Stammkapital (Stammeinlage) übernimmt.

(2) Soll das Unternehmen auf eine gewisse Zeit beschränkt sein oder sollen den Gesellschaftern außer der Leistung von Kapitaleinlagen noch andere Verpflichtungen gegenüber der Gesellschaft auferlegt werden, so bedürfen auch diese Bestimmungen der Aufnahme in den Gesellschaftsvertrag.

Literatur

Altmeppen, Zur Mantelverwendung in der GmbH, NZG 2003, 145; *Bayer*, Schiedsfähigkeit von GmbH-Streitigkeiten, ZIP 2002, 881; *Blasche*, Individualisierung sowie Über- und Unterschreitung des Unternehmensgegenstandes, DB 2011, 517; *Blöse*, Befreiung vom Selbtkontrahierungsverbot bei Geschäftsführern rechtssicher vereinbaren, GStB 2006, 344; *Fichtelmann*, Bürgschaften von Gesellschaftern für ihre GmbH: Chancen und Risiken dieser gängigen Gestaltung, GStB 2011, 176; *Goette*, Haftungsfragen bei der Verwendung von Vorratsgesellschaften und „leeren" GmbH-Mänteln, DStR 2004, 461; *Heckschen*, Aktuelle Beratungshinweise zur GmbH-Satzung – Unternehmensgegenstand, Bekanntmachung, Anteilserwerb, GmbHR 2007, 198; *Heckschen*, Firmenbildung und Firmenverwertung – aktuelle Tendenzen, NotBZ 2006, 346; *Heckschen*, Auswirkungen des MoMiG auf die Übertragung von GmbH-Anteilen von Todes wegen und im Wege der vorweggenommenen Erbfolge, ZErb 2008, 246; *Herchen*, Zur Einforderung des Agio in der Insolvenz, GmbHR 2008, 149; *Herrmann*, Die Bestimmung der Abfindung in der Satzung für die Fälle der Ausschließung und des Austritts aus der GmbH, 1967; *Hermanns*, Gestaltungsmöglichkeiten bei der Kapitalerhöhung mit Agio, ZIP 2003, 788; *Heyer/Reichert-Clauß*, Sichere Verwendung von Vorratsgesellschaften – die Anforderungen der Rechtsprechung, NZG 2005, 193; *Jäger*, Schuldrechtliche Nebenabreden zum Gesellschaftsvertrag der GmbH, DStR 1996, 1935; *Jeck*, Zum Unternehmensgegenstand einer Komplementär-GmbH, DB 1978, 832; *Karsten*, Kann man eine GmbH auf einem Bierdeckel gründen?, GmbHR 2007, 958; *Krause*, Verlustausgleichspflicht der GmbH-Gesellschafter als statutarische Nebenleistung, BB 2008, 522; *Krause*, Zulässigkeit und Verbindlichkeit von Vereinbarungen über neben der Einlage zu erbringendes Aufgeld (Agio), BB 2008, 77; *Krues*, Die Besonderheiten des Gesellschaftsvertrages einer kommunalen GmbH, sj 2004, Nr. 7, 42; *Melchior*, Kummer mit der Nummer? – Hinweise zur Nummerierung der GmbH-Geschäftsanteile in der Gesellschafterliste, NotBZ 2010, 213; *Milch*, Schuldrechtliche Absprachen in der GmbH, 2004; *Müller*, Weglassen der GmbH-Gründungsgesellschafter bei späteren Satzungsänderungen?, GmbHR 1997, 923; *Noack*, Gesellschaftervereinbarungen bei Kapitalgesellschaften, 1994; *Noack*, Der allseitige Gesellschafterbeschluss als „schuldrechtliche Abrede" und dessen korporationsrechtlichen Folgen, NZG 2010, 1017; *Petzold*, Zum Unternehmensgegenstand einer Komplementär-GmbH, DB 1977, 1783; *Priester*, Mantelverwendung und Mantelgründung bei der GmbH, DB 1983, 2298; *Reichert/Harbarth*, Statutarische Schiedsklauseln, NZG 2003, 379; *v. Reinersdorff*, Musterklausel für GmbH-Verträge § 3 (Stammkapital, Stammeinlage), WiB 1994, 130; *v. Reinersdorff*, Musterklauseln für GmbH-Verträge §§ 1 – 3, WiB 1994, 47, 92 und 130; *Rodewald/Scheel*, Kapitalaufbringung in der GmbH durch Einlage von Dienstleistungen?, GmbHR 2003, 1478; *Rudersdorf*, Wettbewerbsverbote in Gesellschafts- und Unternehmenskaufverträgen, RNotZ 2011, 509; *Sachs*, Der Unternehmensgegenstand der Komplementär-GmbH, DNotZ 1976, 355; *Schmidt*, Nebenleistungsgesellschaft (§§ 55 AktG, 3 Abs. 2 GmbHG) zwischen Gesellschaftsrecht, Schuldrecht und Kartellrecht – von der Rübenzucker-AG zum Nebenleistungsnetzwerk, in: Fuchs u.a. (Hrsg.) Wirtschafts- und Privatrecht im Spannungsfeld von Privatautonomie, Wettbewerb und Regulierung: Festschrift für Ulrich Immenga, 2004, S. 705; *Schmidt*, Vorratsgründung, Mantelkauf und Mantelverwendung, NJW 2004, 1345; *Schneider*, Schiedsverfahren in GmbH-Beschlussmängelstreitigkeiten, GmbHR 2005, 86; *Schröder/Cannive*, Der Unternehmensgegenstand der GmbH vor und nach dem MoMiG, NZG 2008, 1; *Schütz*, Haftungsfragen im Zusammenhang mit der wirtschaftlichen Neugründung, NZG 2004, 746; *Servatius*, Die Bestellung eines Geschäftsführers als materieller Satzungsbestandteil, NZG 2002, 708; *Stein*, Beschlussabhängige Nebenleitungspflichten nach § 3 Abs. 2 GmbHG – eine nutzlose Konstruktion?, ZGR 1990, 357; *Teichmann*, Gestaltungsfreiheit in Gesellschaftsverträgen, 1970; *Thoma*, Der Handel mit Waren aller Art als Unternehmensgegenstand einer GmbH, RNotZ 2011, 413; *Ulrich*, Formzwang und Gestaltungsgrenzen bei Sonderrechten und Nebenleistungspflichten in der GmbH, ZGR 1985, 235; *Wagner*, Gründung bzw. Kapitalerhöhung von Kapitalgesellschaften – Aufgeld auf satzungsmäßiger bzw. schuldrechtlicher Grundlage, DB 2004, 293; *Wälz-*

holz, Vorbelastungshaftung und Vertrauenschutz bei gebrauchten GmbH-Mänteln oder der Nebel lichtet sich langsam, NZG 2005, 203; *Wälzholz*, Gesellschaftervereinbarungen (side-letters) neben der GmbH-Satzung, GmbHR 2009, 1020; *Wallner*, Der Unternehmensgegenstand der GmbH als Ausdruck der Unternehmensfreiheit, JZ 1986, 721; *Werner*, Der Gegenstand des Unternehmens und seine Festlegung im Gesellschaftsvertrag der GmbH, StBW 2011, 522; *Westermann*, Das Verhältnis von Satzung und Nebenordnungen in der Kapitalgesellschaft, 1994; *Wicke*, Schuldrechtliche Nebenvereinbarungen bei der GmbH – Motive, rechtliche Behandlung, Verhältnis zum Gesellschaftsvertrag, DStR 2006, 1137; *Wicke*, Echte und unechte Bestandteile im Gesellschaftsvertrag der GmbH, DNotZ 2006, 419; *Zöllner*, Inhaltsfreiheit bei Gesellschaftsverträgen, FS 100 Jahre GmbHG, 1992, S. 85.

A. Allgemeines

1 § 3 erfasst alle GmbHs (mithin auch die UG, wobei im Rahmen der vereinfachten Gründung § 2 Abs. 1a i. V. m. dem Musterprotokoll jedoch lex specialis ist).

Abs. 1 regelt (ergänzt durch die §§ 4, 4a und 5) den **obligatorischen Mindestinhalt** (dessen Fehlen bzw. Unwirksamkeit Eintragungshindernis ist, § 9c Abs. 2 Nr. 1 – kommt es gleichwohl zur Eintragung, gelangt beim Vorliegen der Voraussetzungen [Angabe des Stammkapitals bzw. des Unternehmensgegenstandes] ggf. § 75 zur Anwendung, ansonsten kommt eine Auflösung nach § 399 Abs. 4 FamFG [vormals § 144a Abs. 4 FGG] in Betracht), **Abs. 2 weitere, fakultative (aber formbedürftige) Inhalte** eines Gesellschaftsvertrags (nämlich zeitliche Befristung des Unternehmens bzw. die Übernahme weiterer Verpflichtungen durch die Gesellschafter gegenüber der Gesellschaft als Kapitaleinlage), die, um Gültigkeit für die GmbH (und damit mittelbar auch für alle Gesellschafter) erlangen zu können, in den Gesellschaftsvertrag mit aufgenommen werden müssen. Dem obligatorischen wie dem fakultativen (aber formbedürftigen) Inhalt liegen i.d.R. **Regelungen mit körperschaftsrechtlichem, d.h. Satzungscharakter** zugrunde [1](die einer nur eingeschränkten objektivierten Auslegung unterworfen sind – vgl. § 2 Rn. 46[2]). § 3 (der unterschiedslos für Ein- wie Mehr-Personen-Gründungen gilt) ist **zwingendes Recht** und muss grundsätzlich auch bei späteren Satzungsänderungen berücksichtigt werden.[3]

2

1 Beispielsweise Regelungen über den Gesellschaftszweck, (Kompetenzen der) Gesellschaftsorgane, Gewinnverteilung, Kapitalausstattung, (Zulassung von) Sacheinlagen bzw. Stimmrechte: Baumbach/Hueck/*Fastrich*, § 3 Rn. 3.
2 Baumbach/Hueck/*Fastrich*, § 3 Rn. 3.
3 Baumbach/Hueck/*Fastrich*, § 3 Rn. 1.

! Über den obligatorischen und fakultativen Inhalt hinaus bedürfen auch solche Bestimmungen einer Regelung im Gesellschaftsvertrag, die die **Unternehmensverfassung** betreffen (mithin nicht nur eine Bindung der Gründer, sondern auch aller später in die GmbH eintretenden Gesellschafter): **sonstige vom Gesetz** (bspw. in den §§ 5 Abs. 4 Satz 1, 10 Abs. 3 i.V.m. 12, 15 Abs. 5, 17 Abs. 3, 26, 34, 35 Abs. 2 bzw. 45 Abs. 2) **dem Gesellschaftsvertrag vorbehaltene Regelungen**.[4] Es handelt sich dabei um fakultative Inhalte, die aber – um wirksam zu werden – einer Aufnahme in den Gesellschaftsvertrag bedürfen und bei denen es sich sowohl um körperschaftsrechtliche als auch um individualrechtliche Bestimmungen handeln kann[5] (wobei letztere uneingeschränkt auslegungsfähig sind, vgl. § 2 Rn. 46).

Zudem sind – außerhalb des Gesellschaftsvertrags wirksam vereinbar bzw. durch einfachen Gesellschafterbeschluss schaffbar – weitere **Nebenabreden** beliebigen Inhalts möglich, denen nur individualrechtlicher Charakter zukommt (die also uneingeschränkt auslegungsfähig sind). 3

Wird den Vorgaben nach § 3 Abs. 1 nicht (zusammengefasst in einer einzigen Urkunde)[6] Rechnung getragen, so ist der Gesellschaftsvertrag **nichtig**. Es gelangen dann die Grundsätze über die fehlerhafte Gesellschaft zur Anwendung. Nach § 9c Abs. 2 Nr. 1 scheidet eine Eintragung der Gesellschaft ins Handelsregister aus. Auf der Grundlage eines wirksamen Vorvertrags kann jedoch jeder Gesellschafter auf Abschluss des Gesellschaftsvertrags (respektive Korrekturen von Inhaltsmängeln) klagen.[7] Sollte es gleichwohl zu einer Eintragung gekommen sein, zeitigt diese – unterschiedlich nach der Art des Mangels (d.h. des Fehlens oder der Nichtigkeit entsprechender Bestimmungen) – folgende Konsequenzen: Mängel hinsichtlich 4

- Angaben zur Firma und zum Sitz der Gesellschaft (Abs. 1 Nr. 1): Amtsauflösungsverfahren nach § 399 Abs. 4 FamFG (vormals § 144a Abs. 4 FGG) i. V. m. § 60 Abs.1 Nr. 6 (sofern nicht durch Satzungsänderung behoben);
- Angaben zum Unternehmensgegenstand (Abs. 1 Nr. 2): Amtsauflösungsverfahren nach § 144a Abs. 4 FGG, Amtslöschungsverfahren nach § 397 FamFG (vormals § 144 Abs. 1 FGG) bzw. Nichtigkeitsklage nach § 75;
- der Angabe des Stammkapitalbetrags (d.h. dessen Fehlen [was auch nicht heilbar ist][8] – Abs. 1 Nr. 3): Amtslöschungsverfahren nach § 397 FamFG (vormals § 144 Abs. 1 FGG) oder Nichtigkeitsklage nach § 75; bzw.
- Angaben über die auf die Gesellschafter entfallenden Stammeinlagen (Abs. 1 Nr. 4): Amtsauflösungsverfahren nach § 399 Abs. 4 FamFG (vormals § 144a Abs. 4 FGG), § 60 Abs. 1 Nr. 6.

Enthalten die Mängel einen Auflösungsgrund i.S.v. § 61 Abs. 1, können die Gesellschafter Auflösungsklage erheben. 5

! Über § 3 Abs. 2 hinaus ermöglichen auch die §§ 5 Abs. 4 Satz 1, 15 Abs. 5, 17 Abs. 3, 19 Abs. 3, 26 Abs. 1, 34 Abs. 1, 52 Abs. 1 bzw. 60 Abs. 2 fakultative, in den Gesellschaftsvertrag übernehmbare Verpflichtungen der Gesellschafter.

4 Roth/Altmeppen/*Roth*, § 3 Rn. 1a.
5 Baumbach/Hueck/*Fastrich*, § 3 Rn. 2.
6 Roth/Altmeppen/*Roth*, § 3 Rn. 2 und § 2 Rn. 20.
7 Baumbach/Hueck/*Fastrich*, § 3 Rn. 22.
8 Roth/Altmeppen/*Roth*, § 3 Rn. 2.

B. Inhalt der Regelung

I. Obligatorischer Mindestinhalt des Gesellschaftsvertrags (Abs. 1)

6 Nach der enumerativen und abschließenden Aufzählung in Abs. 1 muss der Gesellschaftsvertrag folgenden gesetzlichen Mindestinhalt (der notwendig zu den materiellen, d. h. korporativen Regelungen der Satzung zählt[9] und der der Form des § 2 bedarf) enthalten:

- die Firma und den Sitz der Gesellschaft (Nr. 1);
- den Gegenstand des Unternehmens (Nr. 2);
- den Betrag des Stammkapitals (Nr. 3); und
- die Zahl und die Nennbeträge der Geschäftsanteile, die jeder Gesellschafter gegen Einlage auf das Stammkapital (Stammeinlage) übernimmt (Nr. 4).

7 Die Angaben des obligatorischen Mindestinhalts müssen zwecks Sicherstellung klarer Beteiligungsverhältnisse an der GmbH **bestimmt** und **unbedingt**[10] sein (z.B. lässt Abs. 1 Nr. 4 keine vorläufige, ungewisse Beteiligung [insbesondere keine Stufengründung] zu) – widrigenfalls ist (die Beitrittserklärung und damit) der Gesellschaftsvertrag **mangelhaft**,[11] was Eintragungshindernis (§ 9c Abs. 2 Nr. 1) ist. Das Registergericht trägt ein, sobald der Wegfall der Beschränkung der Beitrittserklärung eingetreten ist,[12] nach h.M. soll auch ein formloser Verzicht des Begünstigten auf eine Beschränkung statthaft sein.[13] Kommt es nicht zu einer Behebung der Beschränkung der Beitrittserklärung und somit zu keiner Handelsregistereintragung, gelangen die Grundsätze über die fehlerhafte Gesellschaft zur Anwendung. Wird die Gesellschaft hingegen ausnahmsweise ohne Beseitigung des Mangels im Handelsregister eingetragen, führt die Eintragung (aufgrund des zurechenbar gesetzten Erklärungstatbestands) zu einer **Heilung** des Mangels: Der bewusst (wenn auch ggf. bedingt oder unter Vorbehalt) Beigetretene ist gebunden.[14]

Wird das für die GmbH-Gründung im vereinfachten Verfahren vorgesehene Musterprotokoll abgeändert, so finden die allgemeinen Vorschriften für eine „normale GmbH-Gründung" (mithin § 3) Anwendung[15]: Bei Gründung einer GmbH im „normalen Verfahren" kann das Musterprotokoll keine Grundlage für den Nachweis der darin zusammengefassten Dokumente sein. Dies gilt auch dann, wenn eine „normale GmbH-Gründung" deswegen gegeben ist, weil das Musterprotokoll Abänderungen oder Ergänzungen über die im Rahmen der in den Musterprotokollen zugelassenen Alternativen hinaus enthält.

Das Gesetz sieht eine **Regelung des Gründungsaufwands** als zwingenden Bestandteil des Gesellschaftsvertrags nicht vor (§§ 3 Abs. 1, 9c Abs. 2)[16]. Allerdings ist davon auszugehen, dass sich Sondervorteile, die Gesellschaftern anlässlich der Gründung der Gesellschaft eingeräumt werden, und Ansprüche auf Ersatz von Gründungsaufwand als Vorbelastung der künftigen GmbH auswirken können. Dies wiederum kann Gefahren für die Gläubiger, aber auch für die Mitgesellschafter begründen. Um derartigen Gefahren entgegen zu wirken, enthält das Aktienrecht nähere Bestimmungen über die Voraussetzungen, unter denen Verpflichtungen der Gesellschaft aus Sondervorteilen und Gründungsaufwand begründet werden können (vgl. § 26 AktG). Maßgebend ist danach die Aufnahme derartiger Verpflichtungen in die Satzung vor Eintragung der Gesellschaft. Entsprechende Vorschriften finden sich im GmbHG nicht. Die Frage, ob die Übernahme des Grün-

9 Henssler/*Schäfer*, § 3 Rn. 5
10 Statthaft soll lediglich eine reine Rechtsbedingung sein: so Henssler/*Schäfer*, § 3 Rn. 14.
11 Baumbach/Hueck/*Fastrich*, § 3 Rn. 19; Hachenburg/*Ulmer*, § 2 Rn. 113; Scholz/*Emmerich*, § 3 Rn. 34.
12 Umstritten, so aber die h.A., vgl. Baumbach/Hueck/*Fastrich*, § 3 Rn. 20; Roth/Altmeppen/*Roth*, § 2 Rn. 38; Scholz/*Emmerich*, § 3 Rn. 34; a.A. Hachenburg/*Ulmer*, § 2 Rn. 113 f.: notwendig sei eine Bestätigung (§ 141 Abs. 1 BGB) durch Neuvornahme in der Form des § 2.
13 So Baumbach/Hueck/*Fastrich*, § 3 Rn. 21; Roth/Altmeppen/*Roth*, § 2 Rn. 38.
14 Baumbach/Hueck/*Fastrich*, § 3 Rn. 21; Hachenburg/*Ulmer*, § 2 Rn. 115 f.; Roth/Altmeppen/*Roth*, § 2 Rn. 34; Scholz/*Emmerich*, § 3 Rn. 34.
15 OLG München, NZG 2010, 795 = GmbHR 2010, 755.
16 OLG Frankfurt/M., NZG 2010, 593 = GmbHR 2010, 589.

dungsaufwands zu Lasten der Gesellschaft entsprechend dem Aktienrecht – mithin entsprechend § 26 Abs. 2 AktG – einer Festsetzung im Gesellschaftsvertrag bedarf, ist nach Ansicht des OLG Frankfurt/M.[17] zu bejahen. Der mit § 26 Abs. 2 AktG verfolgte Zweck, die aus der Übernahme von Gründungsaufwand seitens der Gesellschaft resultierenden Vorbelastungen des Stammkapitals offen zu legen, hat auch für die GmbH-Gründung seine Berechtigung. Die Einhaltung der aus der Analogie zu § 26 Abs. 2 AktG folgenden Anforderungen unterliegt dabei der Registerkontrolle nach § 9c Abs. 2 Nr. 2[18] und stellt eine dem Gläubigerschutz dienende Vorschrift im vorerwähnten Sinne dar[19].

1. Firma und Sitz der Gesellschaft (Abs. 1 Nr. 1)

Nach Abs. 1 Nr. 1 muss der Gesellschaftsvertrag zwingend die 8

- **Firma** i.S.v. § 4 (d.h. eines individualisierenden Gesellschaftsnamens nach den §§ 17 und 18 Abs. 1 HGB) und den
- **Sitz** der Gesellschaft i.S.v. § 4a (wonach statutorischer Sitz der Gesellschaft der Ort im Inland ist, den der Gesellschaftsvertrag bestimmt)

enthalten.[20]

Die **Firma** der Gesellschaft, die nach Maßgabe der §§ 17 ff. HGB als 9

- Personenfirma,
- Sachfirma,
- Mischform einer Personen- und Sachfirma oder als
- Fantasiefirma

gebildet werden kann, muss zwingend – auch wenn sie nach § 22 HGB (Fortführung bei Geschäftserwerb) oder nach anderen gesetzlichen Vorschriften fortgeführt wird – gem. § 4 die Bezeichnung „Gesellschaft mit beschränkter Haftung" oder eine allgemein verständliche Abkürzung – bspw. „GmbH" – dieser Bezeichnung enthalten.

2. Unternehmensgegenstand (Abs. 1 Nr. 2)

Der Gesellschaftsvertrag muss (im Interesse eines Schutzes des Rechtsverkehrs [Information] und der Gesellschafter [Beschränkung der Geschäftsführerbefugnis im Innenverhältnis nach § 37 Abs. 1 und damit Minderheitenschutz])[21] zwingend auch den Unternehmensgegenstand[22] (der nicht gleichbedeutend ist mit dem Begriff des Gesellschaftszwecks, vgl. § 1 Rn. 3) enthalten – der dem Wahrheitsgebot entsprechen muss[23]. Unter **Unternehmensgegenstand** ist der Tätigkeitsbereich der Gesellschaft (d.h. der Bereich und die Art der Betätigung der GmbH, die sowohl erwerbswirtschaftlich als auch nicht-erwerbswirtschaftlich bzw. ideell sein kann)[24] zu verstehen (bei dessen Wahl die Gesellschafter grundsätzlich unbeschränkt sind).[25] Er muss aufgrund der Angaben im Gesellschaftsvertrag für Dritte hinreichend individualisiert werden können[26] (mithin informativ sein), d.h. sowohl nach **außen** den beteiligten Wirtschaftskreisen den Schwerpunkt der Geschäftstätigkeit hinreichend 10

17 NZG 2010, 593 = GmbHR 2010, 589.
18 Im Einzelnen Ulmer/*Ulmer*, § 5 Rn. 200 und 216.
19 OLG Frankfurt/M., NZG 2010, 593 = GmbHR 2010, 589.
20 *Michalski*, § 3 Rn. 5; MüKo-GmbHG/*Wicke*, § 3 Rn. 8.
21 Roth/Altmeppen/*Roth*, § 3 Rn. 4.
22 *Michalski*, § 3 Rn. 6 ff.; MüKo-GmbHG/*Wicke*, § 3 Rn. 9 ff.
23 Henssler/*Schäfer*, § 3 Rn. 8: weshalb bei einer Vorratsgesellschaft die Verwahrung eigenen Vermögens anzugeben sei (unter Bezugnahme auf BGHZ 117, 323).
24 Baumbach/Hueck/*Fastrich*, § 3 Rn. 7.
25 Roth/Altmeppen/*Roth*, § 3, Rn. 5.
26 So die h.M., vgl. BGH DB 1981, 466; BayObLG BB 1994, 1811; *Dass.*, GmbHR 1996, 360; *Dass.*, NZG 2003, 482; Baumbach/Hueck/*Fastrich*, § 3 Rn. 8; Hachenburg/*Ulmer*, § 3 Rn. 21 ff.; Scholz/*Emmerich*, § 3 Rn. 13. Henssler/*Schäfer*, § 3 Rn. 7 spricht vom „Individualisierungsgebot".

offenlegen[27] als auch nach **innen** (aber ohne Außenwirkung, vgl. § 37 Abs. 2) einen (Minderheiten-)Gesellschafterschutz gegen willkürliche Änderungen bzw. Ausweitungen des Unternehmensgegenstands (i.S. einer Bindung des Geschäftsführers an den Gesellschaftsvertrag) bewirken.[28] Der Tätigkeitsbereich der GmbH muss (entsprechend § 23 Abs. 3 Nr. 2 AktG) im Großen und Ganzen i.S. einer weiter gehenden Konkretisierung des Unternehmensgegenstands erkennbar sein[29] – i.d.R. durch die Angabe der geschäftszweigmäßigen Bezeichnung (die erforderlich, aber auch ausreichend sein soll).[30] Damit scheidet die Verwendung von Pauschalbezeichnungen oder bloß floskelhafter Angaben aus,[31] ebenso wie die bloße Angabe des Gesellschaftszwecks i.S.v. § 1[32] (wenngleich vom typischen GmbH-Zweck der Gewinnerzielung abweichende Zweckbestimmungen – bspw. „Gemeinnützigkeit" – satzungsbedürftig sind, sofern dies nicht bereits schon aus der Gegenstandsbeschreibung resultiert).[33] Hingegen soll die Angabe „Verwaltung von Vermögen und Beteiligung an anderen Unternehmen" noch statthaft sein,[34] ebenso „Betrieb von Gaststätten"[35] – „Import und Export" hingegen nur, wenn tatsächlich eine sinnvollerweise nicht näher konkretisierbare Vielfalt von Geschäften intendiert wird.[36] **Negative Hinweise**[37] (bspw. „keine Tätigkeit nach § 34c GewO")[38] und **erweiternde Zusätze** (z.B. „einschließlich …" bzw. „und verwandte Geschäfte") sollen grundsätzlich statthaft sein.[39] Im Falle einer Komplementär-GmbH verlangt die h.A. nicht mehr die Angabe des Unternehmensgegenstands der KG.[40] Doch wird zumindest die Bezeichnung der konkreten KG gefordert, sofern diese schon feststeht.[41]

11 Nach Abs. 1 Nr. 2 i.V.m. § 13d Abs. 3 HGB ist der Gegenstand des Unternehmens so **bestimmt** anzugeben, dass der Schwerpunkt der Geschäftstätigkeit für die beteiligten Wirtschaftskreise hinreichend erkennbar wird (**Notwendigkeit einer Individualisierung**).[42] Das Tätigkeitsfeld der Unternehmensberatung ist ein im deutschen Rechtskreis etablierter Begriff, der inhaltlich hinreichend bestimmt ist (für Beratungstätigkeiten zugunsten von Unternehmen, die sich sowohl auf betriebswirtschaftliche als auch auf andere Aufgabenfelder beziehen können). So ist der für eine Zweigniederlassung angemeldete Gegenstand der Unternehmensberatungsdienstleistungen einer

27 BGH DB 1981, 466; Baumbach/Hueck/*Fastrich*, § 3 Rn. 7; Hachenburg/*Ulmer*, § 3 Rn. 22; enger: Roth/Altmeppen/*Roth*, § 3 Rn. 7: Es genüge schon die Angabe des Gesellschaftszwecks i.S.v. § 1.
28 Baumbach/Hueck/*Fastrich*, § 3 Rn. 7; Roth/Altmeppen/*Roth*, § 3 Rn. 7; Scholz/*Emmerich*, § 3 Rn. 12.
29 So BayObLG GmbHR 2003, 414; 1996, 360; BayObLG BB 1995, 1814 (entgegen der früheren großzügigeren Judikatur, bspw. RG JW 1916, 745). Zudem Hachenburg/*Ulmer*, § 3 Rn. 21 ff.; Roth/Altmeppen/*Roth*, § 3 Rn. 6; Scholz/*Emmerich*, § 3 Rn. 13.
30 Baumbach/Hueck/*Fastrich*, § 3 Rn. 8, z.B. „Gaststättenbetrieb", so OLG Frankfurt/M., DB 1980, 75. Vgl. auch Henssler/*Schäfer*, § 3 Rn. 7 – die Kennzeichnung einer Branche reiche aus, bspw. „Betrieb eines Konzerthauses".
31 Unzureichend sind somit z.B. Bezeichnungen wie „Betreiben von Handelsgeschäften" (BayObLG BB 1995, 1814) bzw. „Handelsgeschäfte aller Art" (BayObLG NZG 2003, 482) – ebenso wie (Beispiele nach Henssler/Schäfer, § 3 Rn. 8) „Betrieb eines Kaufmanngeschäfts", „Produktion und Vertrieb von Waren aller Art". Vgl. auch OLG Düsseldorf, GmbHR 2010, 1261: Der bei der Eintragung in das Handelsregister anzugebende Gegenstand des Unternehmens ist regelmäßig über allgemeine Angaben (im konkreten Fall: „Handel und Vertrieb von Verbrauchs- und Konsumgütern, soweit der Handel nicht einer besonderen Erlaubnis bedarf") hinaus zu individualisieren. Die Vielfalt der beabsichtigten Geschäfte schließt eine Individualisierung des Unternehmensgegenstandes nicht aus, wenn der Schwerpunkt der Geschäftstätigkeit für die beteiligten Wirtschaftskreise ohne besondere Schwierigkeiten (z.B. als „Handel mit Waren verschiedener Art, insbesondere ...") hinreichend erkennbar gemacht werden kann.
32 So Roth/Altmeppen/*Roth*, § 3 Rn. 5 – da der Unternehmensgegenstand schon begrifflich enger zu verstehen sei.
33 Roth/Altmeppen/*Roth*, § 3 Rn. 5.
34 So Baumbach/Hueck/*Fastrich*, § 3 Rn. 8 – „falls tatsächlich eine weitere Präzisierung nicht möglich ist", unter Bezugnahme auf OLG Düsseldorf, NJW 1970, 815.
35 OLG Frankfurt/M., BB 1979, 1682 – Entbehrlichkeit einer Konkretisierung der Betriebsstätten.
36 Hachenburg/*Ulmer*, § 3 Rn. 23; Roth/Altmeppen/*Roth*, § 3 Rn. 6.
37 BayObLG DB 1993, 2225.
38 Roth/Altmeppen/*Roth*, § 3 Rn. 6 – zulässig, aber nicht genügend (so auch BayObLG BB 1993, 2112).
39 Baumbach/Hueck/*Fastrich*, § 3 Rn. 8; Hachenburg/*Ulmer*, § 3 Rn. 23.
40 So Baumbach/Hueck/*Fastrich*, § 3 Rn. 9; Hachenburg/ *Ulmer*, § 3 Rn. 29; Scholz/*Emmerich*, § 3 Rn. 16; a.A. noch BayObLG NJW 1976, 1694; Dass., GmbHR 1996, 360; OLG Hamburg, BB 1968, 271. Zum Unternehmensgegenstand der Komplementär-GmbH auch BayObLG BB 1993, 2112.
41 BayObLG BB 1995, 1814; Lutter/Hommelhoff/*Lutter/Bayer*, § 3 Rn. 6; Roth/Altmeppen/*Roth*, § 3 Rn. 6.
42 BGH WM 1981, 163. Zur Individualisierung des Geschäftsgegenstands auch KG ZIP 2012, 1123 = GmbHR 2012, 856.

englischen *perspectives consulting Germany limited* auch bei Zugrundelegung der Maßstäbe deutschen Rechts inhaltlich hinreichend bestimmt und nicht unzulässig.[43]

> **!** Art und Zulässigkeit des Gegenstands einer englischen **private limited company** richten sich ausschließlich nach englischem Gesellschaftsrecht. Dem deutschen Registergericht der Zweigniederlassung steht daher insoweit kein Prüfungsrecht zu. Die für deutsche GmbHs geltende Verpflichtung, den Unternehmensgegenstand in der Satzung so konkret anzugeben, dass der Schwerpunkt der Tätigkeit erkennbar ist, kann auf EU-Gesellschaften nicht übertragen werden. Der im deutschen Handelsregister einzutragende Gegenstand der Zweigniederlassung muss aber hinreichend konkretisiert und individualisiert sein. Der Gegenstand der englischen *private limited company* ist hingegen nicht anzumelden. Eine Identität des Gegenstands der inländischen Zweigniederlassung mit dem der englischen *private limited company* muss nicht bestehen. Dem deutschen Handelsregister steht kein Prüfungsrecht dahin gehend zu, ob der Gegenstand der inländischen Zweigniederlassung von dem Gegenstand der englischen *private limited company* umfasst ist.[44]

Die erforderliche **hinreichende Bestimmtheit** des Unternehmensgegenstands setzt also eine solche konkretisierte Umschreibung voraus, dass für die Geschäftskreise allein aus dem Verständnis der Satzung heraus das Betätigungsfeld und der Geschäftsbereich der GmbH ablesbar sind.[45] **12**

Fehlt eine hinreichende Bestimmtheit (Individualisierung) des Unternehmensgegenstands, steht dies nach § 9c Abs. 2 Nr. 1 einer Eintragung entgegen. Eine Heilung ist nur durch eine formgerechte (vgl. § 2) Änderung des Gesellschaftsvertrags möglich. Bei gleichwohl erfolgter Invollzugsetzung der Vorgesellschaft gelangen die Grundsätze über die fehlerhafte Gesellschaft (näher unter § 2 Rn. 38) zur Anwendung. Kommt es dennoch zu einer Eintragung der Gesellschaft ins Handelsregister, liegt kein Nichtigkeitsgrund nach § 75 vor, ebenso wenig wie die Möglichkeit einer Amtsauflösung nach § 399 Abs. 4 FamFG (vormals § 144a Abs. 4 FGG) besteht (bloßer Ordnungsmangel, da die Angabe des Unternehmensgegenstands nicht gänzlich fehlt).[46] **13**

Ist der angegebene Unternehmensgegenstand hingegen **gesetz- oder sittenwidrig** (vorstehend: § 1 Rn. 10 ff.) bzw. **fingiert** (d.h. bloß zum Schein abgegeben),[47] ist seine Bestimmung **nichtig**.[48] Fehlt die Angabe des Unternehmensgegenstands ganz bzw. ist ein solcher bloß zum Schein abgegeben worden, darf die Gesellschaft nicht eingetragen werden.[49] Wird sie gleichwohl eingetragen, gelangen § 75 (Nichtigkeitsklage) bzw. § 144 FGG (Amtslöschungsverfahren) zur Anwendung.[50] Dies gilt gleichermaßen, wenn der satzungsmäßige Unternehmensgegenstand nicht in angemessener Zeit (mithin nach einer angemessenen An- bzw. Vorlaufphase)[51] verwirklicht werden soll.[52] Allerdings ist keine Änderung des Unternehmensgegenstands erforderlich, wenn ein Teilbereich der operativen Tätigkeit verbleibt.[53] **14**

---

43 OLG Frankfurt/M., ZIP 2006, 333 = NZG 2006, 515.
44 So OLG Hamm, ZIP 2005, 1871 = NZG 2005, 930.
45 Die für deutsche GmbHs geltende Verpflichtung, den Unternehmensgegenstand in der Satzung so konkret anzugeben, dass der Schwerpunkt der Tätigkeit erkennbar ist (Abs. 1 Nr. 2), kann auf EU-Gesellschaften – im konkreten Fall eine englische „private limited company" – nicht übertragen werden, so OLG Hamm v. 28.6.2005 – 15 W 159/05. Der im deutschen Handelsregister einzutragende Gegenstand der Zweigniederlassung muss aber hinreichend konkretisiert und individualisiert sein. Der Gegenstand der englischen Limited ist hingegen nicht anzumelden.
46 So Baumbach/Hueck/*Fastrich*, § 3 Rn. 10; Hachenburg/*Ulmer*, § 3 Rn. 20 f.; Roth/Altmeppen/*Roth*, § 3 Rn. 8 f.; Scholz/*Emmerich*, § 3 Rn. 11.
47 Dazu Hachenburg/*Ulmer*, § 3 Rn. 20; Scholz/*Emmerich*, § 3 Rn. 11.
48 Roth/Altmeppen/*Roth*, § 3 Rn. 9.
49 Roth/Altmeppen/*Roth*, § 3 Rn. 11.
50 BGHZ 117, 323.
51 Roth/Altmeppen/*Roth*, § 3 Rn. 11.
52 So BGHZ 117, 323; BayObLG ZIP 2000, 2067.
53 OLG Stuttgart, BB 2001, 794.

Soll der Unternehmensgegenstand nach der GmbH-Gründung gänzlich geändert werden (**Änderung**), ist dafür eine Satzungsänderung (§ 53) erforderlich.[54]

15 Hat sich im Laufe der Zeit der satzungsmäßige Unternehmensgegenstand in tatsächlicher Hinsicht gänzlich verändert (**tatsächliche Änderung**), wird dadurch die alte Angabe im Gesellschaftsvertrag nicht nichtig[55] (es sei denn, die alte Angabe hat nunmehr den Charakter einer Scheinangabe)[56] – doch lässt die h.A. in diesem Fall § 75 bzw. § 397 FamFG (vormals § 144 Abs. 1 Satz 2 FGG) entsprechend zur Anwendung gelangen.[57]

16 Tritt hinsichtlich des Unternehmensgegenstands **Unmöglichkeit** (§ 275 BGB) ein (bzw. fällt er aus anderen Gründen später weg), nicht jedoch schon bei bloß vorübergehender Einstellung des Geschäftsbetriebs,[58] kommt eine Auflösungsklage nach § 61 in Betracht[59]– analog zur Situation bei Unmöglichkeit des Gesellschaftszwecks.

17 **Exkurs**: Im Falle einer **Vorratsgründung** (d.h. einer GmbH- [auch UG-][60] Gründung zwecks späterer eigener Verwendung bzw. Weiterveräußerung an einen Dritten),[61] die auf die Bereithaltung eines fertigen Rechtsformmantels zielt,[62] ist es erforderlich, dass im Rahmen der Darstellung des Unternehmensgegenstands und der Firma die Gesellschaft dergestalt bestimmt wird, dass sie als Mantel für eine spätere Aufnahme des Geschäftsbetriebs durch den Dritten (**Mantelverwertung**)[63] dienen soll[64]. Wird die Zielsetzung offengelegt (eindeutige Erkennbarkeit der Mantelgründung – bspw. durch den Hinweis „Verwaltung eigenen Vermögens"[65]) und ist der Unternehmensgegenstand ausdrücklich auf die Verwaltung des eigenen Gesellschaftsvermögens beschränkt (**Fall einer offenen Vorratsgründung**), ist dies (obgleich formell den Individualisierungsanforderungen nicht genügt wird, Rn. 11) aus praktischen Überlegungen heraus **zulässig** (sofern keine Umgehung der Kapitalaufbringungs- und -kontrollvoraussetzungen erfolgt).[66]

18 Ein **GmbH-Mantel**, der in der äußeren GmbH-Form als juristischer Person besteht, kann mit einem neuen Unternehmensgegenstand (durch Satzungsänderung[67] und damit ohne rechtliche Neugründung) **reaktiviert** werden.[68]

Eine **Mantelverwertung** und ein **Mantelkauf** (durch Erwerb der Geschäftsanteile des GmbH-Mantels) sind nach h.A. grundsätzlich (es sei denn, ausnahmsweise liegt beim Hinzutreten weiterer schwerwiegender Umstände ein Verstoß gegen § 134 bzw. § 138 BGB vor) statthaft,[69] sofern die Kapitalaufbringungsvorschriften im Hinblick auf eine wirtschaftliche Neugründung eingehalten werden, d.h. es zu keiner Umgehung der Gründungsvorschriften (insbesondere der Mindestkapitalausstattung) kommt.[70]

54 Baumbach/Hueck/*Fastrich*, § 3 Rn. 10.
55 BayObLG BB 1982, 578; Scholz/*Emmerich*, § 3 Rn. 17; a.A. Baumbach/Hueck/*Fastrich/Fastrich*, § 3 Rn. 12; Hachenburg/*Ulmer*, § 3 Rn. 26.
56 Roth/Altmeppen/*Roth*, § 3 Rn. 10.
57 Baumbach/Hueck/*Fastrich*, § 3 Rn. 10; Henssler/*Schäfer*, § 3 Rn. 9; Michalski/*Michalski*, § 3 Rn. 16; Hachenburg/*Ulmer*, § 3 Rn. 21.
58 Dazu RG DR 1939, 721.
59 So Baumbach/Hueck/*Fastrich*, § 3 Rn. 10.
60 Henssler/*Schäfer*, § 3 Rn. 16.
61 Dazu BGHZ 153, 158 = NJW 2003, 892.
62 Roth/Altmeppen/*Roth*, § 3 Rn. 12.
63 Zur Mantelgründung und Mantelverwertung näher *Michalski*, § 3 Rn. 19 ff.; MüKo-GmbHG/*Wicke*, § 3 Rn. 24 ff.
64 BGHZ 153, 158 = NJW 2003, 892.
65 So BGHZ 117, 323: Vorrats-Firma mit Hinweis auf § 18 Abs. 2.
66 So im Nachgang zu *Priester* (DB 1983, 2298) die wohl h.A. – vgl. etwa BGHZ 153, 158 = NJW 2003, 892; Baumbach/Hueck/*Fastrich*, § 3 Rn. 11; Roth/Altmeppen/*Roth*, § 3 Rn. 19; Scholz/*Emmerich*, § 3 Rn. 20.
67 BGHZ 153, 158 = NJW 2003, 892.
68 Baumbach/Hueck/*Fastrich*, § 3 Rn. 12.
69 BGHZ 117, 323, 330 f; Baumbach/Hueck/*Fastrich*, § 3 Rn. 11; Hachenburg/*Ulmer*, § 3 Rn. 36 ff.; Roth/Altmeppen/*Roth*, § 3 Rn. 13 f.; Scholz/*Emmerich*, § 3 Rn. 21 ff.
70 Roth/Altmeppen/*Roth*, § 3 Rn. 13 – problematisch ist aber „wenn die übernommene GmbH nicht mehr mit einem ausreichenden Haftungsfonds ausgestattet ist und die neuen Betreiber ihr auch kein neues Kapital zuführen".

19 Die h.M. will (wegen offen bestehender Vermögenslosigkeit des Mantels) bei einer wirtschaftlichen Neugründung unter Verwendung eines Mantels sowohl aus einer

- Vorratsgründung[71] als auch aus einer
- Altmantel-Gründung[72] (d.h. einer existenten unternehmenslosen Gesellschaft)

heraus die Gründungsvorschriften entsprechend zur Anwendung gelangen lassen, um Umgehungstatbeständen entgegenzuwirken.[73]

Daraus resultiert zunächst eine präventive Registerkontrolle: Offenlegung der Verwendung des Mantels (d.h. der wirtschaftlichen Neugründung bei Anmeldung der Satzungsänderung im Falle einer Vorratsgründung bzw. Anzeige der Reaktivierung bei einer Altmantel-Gründung) gegenüber dem Registergericht[74] (sog. **offene Vorratsgründung** i.S. einer ausdrücklichen Offenlegung der Satzungsänderungen einschließlich der Versicherung analog § 8 Abs. 2, dass die Mindesteinlagen [§ 7 Abs. 2 und 3] erbracht sind und ihr Wert immer noch zur freien Verfügung des Geschäftsführers steht),[75] des Weiteren ggf. eine Haftung aus übernommener Gesellschafterstellung[76] sowie eine materiellrechtliche Haftung[77] (nach Maßgabe der §§ 5, 7 Abs. 2, 8 Abs. 2, 9, 11 Abs. 2 und u.U. der §§ 16 Abs. 3, 19 ff. sowie 30 ff.).[78] Entscheidend ist dabei der Anmeldezeitpunkt (d.h. der Zeitpunkt der Offenlegung gegenüber dem Registergericht), nicht jener der Eintragung.[79] Die Pflicht zur Kapitalaufbringung (und damit korrespondierend ggf. eine Vorbelastungshaftung) richtet sich nach Maßgabe des satzungsmäßigen Stammkapitals (und nicht nach dem gesetzlichen Mindeststammkapital).[80] Im Falle einer Mantelverwendung durch Geschäftsaufnahme mit Zustimmung der Gesellschafter – aber vor der notwendigen Offenlegung gegenüber dem Registergericht – kommt eine **Verlustdeckungs- (Unterbilanz-) haftung** bzw. eine **Handelndenhaftung** (entsprechend § 11 Abs. 2)[81] in Betracht.[82] Bei nicht korrekter Anmeldung kommt es zu einer unbeschränkten Haftung der Gründer für die Verluste der Gesellschaft[83].

Auch im Falle der **Aktivierung eines Altmantels**[84] (mithin der wirtschaftlichen Neugründung einer Alt-GmbH, die über einen längeren Zeitraum nicht werbend tätig geworden ist) besteht nach Ansicht des BGH[85] eine Anmeldepflicht gegenüber dem Registergericht (sowie ggf. die vorgeschriebene Haftungslage): *Schäfer*[86] plädiert (sofern es sich nicht um die Konstellation der Neugründung eines vermögenslosen Altmantels ohne jede Aktivität handelt) für eine Verpflichtung, die volle Deckung des Stammkapitals durch das Gesellschaftsvermögen im Anmeldezeitpunkt zu versichern – sowie (haftungsmäßig bei **unterbliebener Offenbarung**) für eine Begrenzung der Gesell-

71 BGHZ 153, 158 = NJW 2003, 892.
72 BGHZ 155, 318.
73 Baumbach/Hueck/*Fastrich*, § 3 Rn. 13; Hachenburg/*Ulmer*, § 3 Rn. 39 ff.; Roth/Altmeppen/*Roth*, § 3 Rn. 13a; Scholz/*Emmerich*, § 3 Rn. 22.
74 BGHZ 155, 318; 153, 158. Vor der Anmeldung ggf. Ermittlung des Vermögensstatus, wobei eine Zwischenbilanz empfohlen wird, so Roth/Altmeppen/*Roth*, § 3 Rn. 14a – alsdann Auffüllen festgestellter Vermögensdefizite durch eine Vermögenszuführung.
75 BGHZ 153, 158 = NJW 2003, 892; OLG Jena, ZIP 2007, 124; OLG Hamburg, ZIP 2004, 2431. Zu den Begrifflichkeiten: Scholz/*Emmerich*, § 3 Rn. 18 ff.; Hachenburg/*Ulmer*, § 3 Rn. 27 ff.
76 Baumbach/Hueck/*Fastrich*, § 3 Rn. 13.
77 BGHZ 155, 318.
78 BGHZ 155, 318; 153, 158; 117, 323, 331; Baumbach/Hueck/*Fastrich*, § 3 Rn. 13; Hachenburg/*Ulmer*, § 3 Rn. 39 ff.; Scholz/*Emmerich*, § 3 Rn. 22.
79 BGHZ 155, 318.
80 BGHZ 155, 318.
81 BGHZ 155, 318, 327 = NJW 2003, 398 (sofern nicht alle Gesellschafter der Geschäftsaufnahme zugestimmt haben). Ebenso Baumbach/Hueck/*Fastrich*, § 3 Rn. 13; Henssler/*Schäfer*, § 3 Rn. 18.
82 BGHZ 155, 318, 322 = NJW 2003, 398: sofern es sich nicht um eine bloße Umstrukturierung innerhalb einer bestehenden GmbH handelt; Baumbach/Hueck/*Fastrich*, § 3 Rn. 13; Hachenburg/*Ulmer*, § 3 Rn. 40.
83 BGHZ 155, 318, 326 = NJW 2003, 398.
84 Dazu Henssler/*Schäfer*, § 3 Rn. 19 f. unter Bezugnahme auf Hachenburg/*Ulmer*, § 3 Rn. 164 ff.
85 BGHZ 155, 318 = NJW 2003, 398.
86 Henssler/*Schäfer*, § 3 Rn. 20.

schafterhaftung auf die Differenz zwischen dem bei der Anmeldung vorhandenem und dem im Gesellschaftsvertrag ausgewiesenem Stammkaptitalbetrag sowie für eine Handelndenhaftung nach § 11 Abs. 2 (bei eindeutigen Fällen einer Altmantel-Verwertung).

20 Eine unwirksame **verdeckte Vorratsgründung** ist hingegen in solchen Fällen anzunehmen, in denen ein unzutreffender Unternehmensgegenstand (fiktiv) genannt wird – aber auch dann, wenn der benannte Unternehmensgegenstand überhaupt nicht oder in absehbarer Zeit nicht realisiert werden kann. Hier ist die Angabe des Unternehmensgegenstands als Scheinbestimmung nach § 117 BGB nichtig.[87] Kommt es (trotz fiktiver bzw. unzureichender Angaben) gleichwohl zu einer Handelsregistereintragung, gelangt auch im Falle einer verdeckten Mantelgründung eine GmbH zur Entstehung, die erst mit einer Nichtigkeitsklage (§ 75) bzw. im Rahmen eines Amtslöschungsverfahrens (§ 144 Abs. 1 FGG) wieder beseitigt werden kann.[88]

3. Betrag des Stammkapitals (Abs. 1 Nr. 3)

21 Obligatorischer Mindestinhalt des Gesellschaftsvertrags ist nach Abs. 1 Nr. 3 auch die Angabe des Betrags des Stammkapitals[89] (das die Grundlage der GmbH als Kapitalgesellschaft ausmacht)[90] – und zwar ziffernmäßig (als fester Betrag in Euro)[91] in bestimmter Höhe (womit die Angabe eines Stammkapitalhöchstbetrags unzulässig ist).[92] Der Mindestbetrag des Stammkapitals muss nach § 5 Abs. 1 25.000 EUR betragen – wobei ein Unterschreiten nach § 5a Abs. 1 nur bei der UG statthaft ist. Die bloße Angabe aller Stammeinlagen (mit genauen Beträgen, vgl. Abs. 1 Nr. 4), deren Summen den Betrag des Stammkapitals ausmacht, genügt nicht.[93]

22 Der Betrag des Stammkapitals bildet eine Gesamtziffer für den Haftungsfonds, mithin die ursprüngliche Eigenkapitalausstattung in Gestalt des Reinvermögens der GmbH, das zur Befriedigung der GmbH-Gläubiger diesen mindestens zur Verfügung stehen soll.[94] Er ist somit „Bezugspunkt für das Kapitalaufbringungs- und -erhaltungsrecht sowie für die Gründerhaftung"[95].

23 Ändern die Gesellschafter die Höhe des Stammkapitals, ist wie folgt zu unterscheiden:

- **Vor** Eintragung der GmbH ins Handelsregister stellt dies eine Satzungsänderung dar, die der Mitwirkung aller Gesellschafter sowie der Beachtung der Formvorschrift des § 2 bedarf.
- **Nach** Eintragung der GmbH ins Handelsregister gelangen die Vorgaben der §§ 53 ff. über die Abänderung des Gesellschaftsvertrags (Satzungsänderung) zur Anwendung (Kapitalerhöhung nach den §§ 55 ff. bzw. Kapitalherabsetzung gem. §§ 58 ff.).

4. Stammeinlage (Abs. 1 Nr. 4)

24 Der Gesellschaftsvertrag muss zudem die Stammeinlage (für jeden Gesellschafter getrennt als festen Betrag und in Euro (fester Euro-Betrag) – auch im Falle von Sacheinlagen unter namentlicher Benennung der Gesellschafter)[96] angeben[97], d.h. nach der **Legaldefinition** des Abs. 1 Nr. 4 die

---

87 Baumbach/Hueck/*Fastrich*, § 3 Rn. 11; Hachenburg/*Ulmer*, § 3 Rn. 27; Roth/Altmeppen/*Roth*, § 3 Rn. 11; Scholz/*Emmerich*, § 3 Rn. 20.

88 So Baumbach/Hueck/*Fastrich*, § 3 Rn. 11.

89 Näher *Michalski*, § 3 Rn. 37 ff.; MüKo-GmbHG/*Wicke*, § 3 Rn. 43 ff.

90 Baumbach/Hueck/*Fastrich*, § 3 Rn. 14. Weshalb Henssler/*Schäfer* (§ 3 Rn. 10) vom „Garantiefonds zugunsten der Gläubiger" spricht.

91 Vgl. aber § 1 EGGmbHG – Übergangsvorschriften zur DM.

92 Baumbach/Hueck/*Fastrich*, § 3 Rn. 15.

93 So Scholz/*Emmerich*, § 3 Rn. 25; a.A. KG OLGZ 1940, 291 (Stammkapital war zwar nicht beziffert, ließ sich aber als Summe der Stammeinlagen problemlos errechnen); Baumbach/Hueck/*Fastrich*, § 3 Rn. 15 – ausreichend, doch sollte das Registergericht dies als nicht gesetzeskonform beanstanden.

94 Baumbach/Hueck/*Fastrich*, § 3 Rn. 14.

95 Henssler/*Schäfer*, § 3 Rn. 10.

96 Baumbach/Hueck/*Fastrich*, § 3 Rn. 16 – was gleichermaßen für die Ein-Personen-Gründung gilt, so OLG Hamm, NJW 1987, 263.

97 Näher *Michalski*, § 3 Rn. 41 ff.; MüKo-GmbHG/*Wicke*, § 3 Rn. 49 ff.

Zahl und die (ggf. variablen) Nennbeträge der Geschäftsanteile, die jeder Gesellschafter gegen Einlage auf das Stammkapital übernimmt (womit seine Einlageverpflichtung begründet wird)[98]. Nach der Stammeinlage bestimmt sich auch der Geschäftsanteil eines jeden Gesellschafters.[99] Ein Gesellschafter muss mindestens einen Geschäftsanteil übernehmen – nach dem Musterprotokoll Nr. 3 darf er bei einer UG im Rahmen einer einfachen Gründung aber auch nur einen übernehmen. Der Gesamtbetrag der Stammeinlagen muss mit dem Stammkapital übereinstimmen (so § 5 Abs. 3 Satz 2). Bei der Eintragung einer GmbH in das Handelsregister gilt Abs. 1 Nr. 4, wonach die Zahl und die Nennbeträge der Geschäftsanteile, die jeder Gesellschafter gegen Zahlung der Stammeinlage übernimmt, im Gesellschaftsvertrag enthalten sein müssen, nur für den Gründungsvertrag: Zahl und Nennbeträge können in späteren Fassungen der Satzung entfallen, weil es sich nur formell um Satzungsbestandteile, materiell aber um Übernahmeerklärungen handelt[100].

Gefordert ist zudem (mit dem Ziel einer Fixierung der individuellen Beitragspflicht) – über den Wortlaut der Norm hinaus – eine Verknüpfung der Angabe der Stammeinlage mit dem **Namen eines Gesellschafters**, dem die Stammeinlage zuzuordnen ist (namentliche Benennung des Übernehmers [d.h. des Gründers] – Festlegung der übernommenen Einlageverpflichtung nach Person und Stammeinlagebetrag als Teil der Gründungsvereinbarung und notwendiger Satzungsinhalt),[101] wodurch zugleich eine Offenlegung der Parteien des Gesellschaftsvertrags erfolgt. Bei nachfolgenden Satzungsänderungen soll aber eine Streichung von Name und jeweiliger Stammeinlage möglich sein (selbst wenn die ursprüngliche Einlagenverpflichtung noch nicht erbracht worden ist)[102]. 25

Die Aufnahme der **Zahl** der von jedem Gesellschafter übernommenen Geschäftsanteile in den Gesellschaftsvertrag ist infolge der GmbH-Reform notwendig geworden, da ein Gesellschafter nach § 5 Abs. 2 Satz 2 nunmehr auch bei der Gründung **mehrere Geschäftsanteile** übernehmen kann. Darüber hinaus ist eine inhaltliche Änderung mit der Neuregelung nicht verbunden.[103] Durch die Neufassung werden aber die von den Gesellschaftern zu übernehmenden Geschäftsanteile und somit ihre Beteiligung bzw. ihre Mitgliedschaft gegenüber ihrer Einlageverpflichtung in den Vordergrund gerückt. Die Erklärung des Gesellschafters, sich an der Gesellschaft beteiligen zu wollen, war auch schon nach altem Recht notwendiger Inhalt des Gesellschaftsvertrags. Die Neufassung in Abs. 1 Nr. 4 bringt die Notwendigkeit einer solchen Beitrittserklärung durch das Erfordernis der Angabe der Nennbeträge der übernommenen Geschäftsanteile jedoch noch besser zum Ausdruck. Zudem stimmt dies mit der Vorstellung des Gesellschafters überein, dass er einen Geschäftsanteil an der Gesellschaft übernimmt und anschließend hält.[104] 26

Der Begriff **Nennbetrag des Geschäftsanteils** entspricht der aktienrechtlichen Ausdrucksweise (vgl. § 23 Abs. 3 Nr. 4 AktG) sowie dem allgemeinen Sprachgebrauch in der Praxis. In § 57h hat er bereits Eingang in das GmbHG gefunden. Die Aufnahme der Nennbeträge der Geschäftsanteile in den Gesellschaftsvertrag ist auch deshalb sinnvoll gewesen, weil der Nennbetrag des Geschäftsanteils schon nach altem Recht als Identitätsbezeichnung diente.[105] 27

Die Gesellschafter haben die Geschäftsanteile jeweils gegen eine Einlage auf das Stammkapital zu übernehmen. Die Einlageverpflichtung entsteht nach neuem Recht nicht mehr mit der Aufnahme der Stammeinlage, sondern mit der Aufnahme des Nennbetrags des jeweiligen Geschäftsanteils in den Gesellschaftsvertrag. Die Regelung ist an § 2 AktG angelehnt. Dadurch wird verdeutlicht, dass die Gründer sämtliche Geschäftsanteile sofort übernehmen müssen, was dem **Prinzip der Ein-** 28

98 Worin sich nach Henssler/*Schäfer* (§ 3 Rn. 11) die Einheitsgründung (bei der das Stammkapital vollständig zu zeichnen ist) manifestiert.
99 Roth/Altmeppen/*Roth*, § 3 Rn. 15a.
100 OLG Rostock, NZG 2011, 992 = GmbHR 2011, 710.
101 OLG Hamm, NJW 1987, 263; Roth/Altmeppen/*Roth*, § 3 Rn. 17. Nach Henssler/*Schäfer* (§ 3 Rn. 11) reicht eine bloße Bestimmbarkeit der Zuordnung ebenso wenig aus wie die Angabe in der begleitenden Gründungsvereinbarung.
102 So BayObLG ZIP 1996, 2109, 2110; Baumbach/Hueck/*Fastrich*, § 3 Rn. 18.
103 RegE, BT-Drucks. 16/6140, S. 28.
104 RegE, BT-Drucks. 16/6140, S. 28.
105 RegE, BT-Drucks. 16/6140, S. 28.

heitsgründung entspricht. Gleichzeitig kommt die logische Unterscheidung zwischen der Beteiligung des Gesellschafters bzw. seiner Mitgliedschaft und seiner Einlageverpflichtung bei Gründung der Gesellschaft zum Ausdruck. Der Begriff „Stammeinlage" hat diese Differenzierung verwischt. Die **Höhe der Einlageverpflichtung** bzw. das **Verhältnis von Nennbetrag des Geschäftsanteils und Stammeinlage** ergibt sich aus der Neufassung des § 14.[106]

29 Der Gesetzgeber will den Begriff der **„Stammeinlage"** für eine Übergangsphase beibehalten. Stammeinlage ist – wie bisher – die von jedem Gesellschafter auf das Stammkapital zu leistende Einlage.[107] Durch die Beibehaltung des Begriffs kann teilweise auf redaktionelle Änderungen (insbesondere außerhalb des GmbHG) zunächst verzichtet werden. Der Gesetzgeber beabsichtigt jedoch, künftig einmal generell auf den einfacheren Ausdruck „Einlage" und ggf. „Einlageverpflichtung" umzustellen, da der Begriff der „Stammeinlage" veraltet ist und dem allgemeinen Sprachgebrauch nicht mehr entspricht.[108]

30 Die Neufassung von Abs. 1 Nr. 4 führt zu folgender Änderung: Der nach altem Recht im Gesellschaftsvertrag anzugebende Betrag der Stammeinlage blieb im Verlauf der Gesellschaft stets gleich. Im Rahmen einer Kapitalerhöhung übernahm der Gesellschafter nach altem Recht eine neue Stammeinlage und damit einen neuen Geschäftsanteil. Nunmehr ist die Höhe der Einlageverpflichtung stets aus dem Gründungsvertrag und der Übernahmeerklärung im Rahmen der Kapitalerhöhung ersichtlich. Der Wertbetrag des Geschäftsanteils kann sich hingegen verändern. So kann er sich durch eine nominelle Aufstockung im Zuge der Einziehung des Geschäftsanteils eines anderen Gesellschafters gem. § 34 oder im Zuge einer Kapitalerhöhung aus Gesellschaftsmitteln nach den §§ 57c ff. erhöhen. In diesen Fällen wird durch die Erhöhung jedoch keine neue Einlageverpflichtung des Gesellschafters begründet. Die Einlageverpflichtung des Gesellschafters entspricht in ihrer Höhe daher nicht immer dem Nennbetrag des Geschäftsanteils. Die Höhe der Einlageverpflichtung des Gesellschafters kann allerdings eindeutig dadurch festgestellt werden, dass man auf den bei Errichtung der Gesellschaft im Gesellschaftsvertrag bzw. auf den bei der Kapitalerhöhung in der Übernahmeerklärung festgesetzten Nennbetrag des Geschäftsanteils abstellt. Hier übernimmt der Gesellschafter in beiden Fällen Geschäftsanteile gegen Einlage, sodass eine Einlageverpflichtung in Höhe des Nennbetrags des Geschäftsanteils besteht.[109]

31 Die Stammeinlage erfährt in den §§ 5, 7 Abs. 2, 14, 15 und 17 eine nähere Regelung.

Die **Stammeinlage** begründet die **Einlageverpflichtung** der Gesellschafter bei der GmbH-Gründung bzw. einer Kapitalerhöhung – vgl. § 14, wonach auf jeden Geschäftsanteil eine Einlage zu leisten ist, deren Höhe sich nach dem bei der Errichtung der Gesellschaft im Gesellschaftsvertrag festgesetzten Nennbetrag richtet (im Fall der Kapitalerhöhung nach dem in der Übernahmeerklärung festgesetzten Nennbetrag des Geschäftsanteils).[110]

32 Nach h.A. soll im Falle späterer Satzungsänderungen Abs. 1 Nr. 4 nur noch **beschränkt gelten**: Eine Beibehaltung der Angaben nach Registereintragung der GmbH sei ohne Rücksicht auf den Einlagenstand entbehrlich, wenn die anfängliche Festlegung sich in den Registerakten befindet.[111]

---

106 RegE, BT-Drucks. 16/6140, S. 28.
107 RegE, BT-Drucks. 16/6140, S. 28.
108 RegE, BT-Drucks. 16/6140, S. 29.
109 RegE, BT-Drucks. 16/6140, S. 29.
110 Dazu auch Baumbach/Hueck/*Fastrich*, § 3 Rn. 17.
111 So Baumbach/Hueck/*Fastrich*, § 3 Rn. 18; Hachenburg/*Ulmer*, § 3 Rn. 48; Roth/Altmeppen/*Roth*, § 3 Rn. 18; Scholz/*Emmerich*, § 3 Rn. 31.

II. Fakultativer, formbedürftiger Inhalt des Gesellschaftsvertrags[112] (Abs. 2)

Der Normzweck des § 3 (notarielle Form) gebietet es, alle – insoweit ist Abs. 2 nicht abschließend – wesentlichen i.S.v. materiellen Regelungen (Rechte und Pflichten, die die Gesellschaft und die Gesellschafter betreffen)[113] im Gesellschaftsvertrag selbst (und nicht in bloß schuldrechtlichen Nebenabreden) zu treffen[114]. Soll das Unternehmen auf bestimmte Zeit (i.S. eines „gewissen Zeitraums")[115] beschränkt sein (**Zeitbestimmung** – als Ausnahme vom Grundsatz, dass eine Gesellschaft auf unbestimmte Zeit gegründet wird) oder sollen den Gesellschaftern außer der Leistung von Kapitaleinlagen noch andere Verpflichtungen gegenüber der Gesellschaft auferlegt werden, so bedürfen nach Abs. 2 auch diese Bestimmungen (die den Gesellschaften freigestellt sind), um Wirksamkeit (mithin Bindung für die GmbH) zu entfalten, einer Aufnahme in den Gesellschaftsvertrag (in der Form des § 2).[116] Abs. 2 setzt aber keine ausdrückliche Regelung voraus – eine konkludente (bspw. eine stillschweigende) Befristung reicht aus,[117] nicht jedoch eine bloße Bezugnahme auf Urkunden außerhalb des Gesellschaftsvertrags.[118] 33

Abs. 2 trifft keine abschließende Regelung[119] (sondern nennt nur zwei bedeutsame Anwendungsfälle) – zum weiteren fakultativen gesetzlichen Mindestinhalt eines Gesellschaftsvertrags Rn. 49 ff.

Liegt ein **Mangel** i.S.v. Abs. 2 vor, bewirkt dieser nur eine **Teilnichtigkeit** des Gesellschaftsvertrags nach § 139 BGB – was eine Eintragung ins Handelsregister nicht hindert (da § 9c Abs. 2 Nr. 3 eine Gesamtnichtigkeit des Gesellschaftsvertrags voraussetzt). 34

Eine **Umdeutung** (§ 140 BGB) einer mangelhaften Angabe i.S.v. Abs. 2 in eine „sonstige Nebenabrede außerhalb des Gesellschaftsvertrags" (Rn. 57 ff.) ist nicht möglich, da dies dem Gesetzeszweck widerspricht.[120] 35

Kommt es zur Handelsregistereintragung, tritt **Heilung** ein: Die GmbH ist wirksam entstanden (womit § 75 ebenso wie die §§ 397 und 399 Abs. 4 FamFG unanwendbar sind).[121]

36

! Hingegen kann gesellschaftsvertraglich keine Auferlegung von Rechten und Pflichten **Dritter** gegenüber der Gesellschaft erfolgen.[122] Entsprechende Pflichten können nur schuldrechtlich (d.h. als eigenständige vertragliche Regelung bzw. – im Falle der Einräumung einer Berechtigung zugunsten des Dritten – als Vertrag zugunsten Dritter [§ 328 BGB]) mit Dritten vereinbart werden.

1. Befristung der Gesellschaft

Die GmbH wird nach § 60 Abs. 1 Nr. 1 durch Ablauf der im Gesellschaftsvertrag bestimmten Zeit kraft Gesetzes aufgelöst. Eine entsprechende Befristung (durch Angabe eines Datums, einer Frist oder eines gewissen künftigen Ereignisses[123] i.S.v. § 163 BGB [objektive Bestimmbarkeit][124] – 37

112 Näher *Michalski*, § 3 Rn. 50 ff.; MüKo-GmbHG/*Wicke*, § 3 Rn. 57 ff.
113 Nicht hingegen Rechte und Pflichten Dritter, die im Gesellschaftsvertrag nicht geregelt werden können: so Hachenburg/*Ulmer*, § 3 Rn. 39 ff.
114 So Baumbach/Hueck/*Fastrich*, § 3 Rn. 28; Hachenburg/*Ulmer*, § 3 Rn. 35.
115 Henssler/*Schäfer*, § 3 Rn. 23: i.S. eines bestimmten Datums, einer genau bestimmbaren Zeitspanne oder auch eines künftigen objektiven Ereignisses – nicht jedoch einer auflösenden Bedingung (die aber als Auflösungsgrund i.S.v. § 60 Abs. 2 in Betracht kommen kann).
116 Womit eine bloße Bezugnahme auf ein sonstiges Schriftstück nicht ausreicht: RGZ 79, 418, 423; Baumbach/Hueck/*Fastrich*, § 3 Rn. 24.
117 Roth/Altmeppen/*Roth*, § 3 Rn. 20 – wobei in diesem Kontext eine ergänzende Vertragsauslegung (§ 2 Rn. 46) möglich ist.
118 RGZ 79, 418, 422.
119 Baumbach/Hueck/*Fastrich*, § 3 Rn. 25.
120 Baumbach/Hueck/*Fastrich*, § 3 Rn. 24; a.A. Roth/Altmeppen/*Roth*, § 3 Rn. 21.
121 Baumbach/Hueck/*Fastrich*, § 3 Rn. 24 – ausnahmsweise (aber nur in schwerwiegenden Fällen) kann noch eine Auflösungsklage (§ 61) in Betracht kommen.
122 Baumbach/Hueck/*Fastrich*, § 3 Rn. 26; Hachenburg/*Ulmer*, § 3 Rn. 56 f.; Roth/Altmeppen/*Roth*, § 3 Rn. 46.
123 Baumbach/Hueck/*Fastrich*, § 3 Rn. 27; Hachenburg/*Ulmer*, § 3 Rn. 61; Scholz/*Emmerich*, § 3 Rn. 37.
124 Roth/Altmeppen/*Roth*, § 3 Rn. 22.

nicht jedoch [wegen der Ungewissheit] eine auflösende Bedingung oder ein Kündigungsrecht)[125] kann ausdrücklich im Gesellschaftsvertrag vereinbart werden (was der Registereintragung und Bekanntmachung bedarf, vgl. § 10 Abs. 2 Satz 1 und 3) oder sich konkludent aus dem Gesellschaftsvertrag ergeben[126]. Eine Änderung der Befristung bedarf *vor* Eintragung der Gesellschaft in das Handelsregister einer einvernehmlichen, die Form des § 2 wahrenden Vertragsänderung, *danach* einer Satzungsänderung (nach den §§ 53, 54), wobei dann grundsätzlich eine satzungsändernde Mehrheit (§ 53 Abs. 2) erforderlich ist, wenn die Frist verlängert oder gänzlich beseitigt werden soll.[127] Fehlt eine Befristung, ist die Gesellschaft auf unbestimmte Zeit errichtet.

38 **!** Eine nach Abs. 2 unwirksame Befristung kann als Festsetzung eines sonstigen Auflösungsgrunds i.S.v. § 60 Abs. 2 Wirksamkeit entfalten (z.B. als statutarisches Kündigungsrecht, als Austrittsrecht bzw. als auflösende Bedingung bzw. als Grundlage für einen „wichtigen Grund" i.S.v. § 61).[128]

! Ist die Befristung außerhalb des Gesellschaftsvertrags (bspw. als schuldrechtliche Nebenabrede) getroffen worden, zeitigt sie nicht automatisch die kraft Gesetzes eintretende Rechtsfolge des § 60 Abs. 1 Nr. 1 (d.h. Auflösung). Sie kann allerdings die Verpflichtung begründen, nach Fristablauf einen Auflösungsbeschluss zu treffen[129].

2. Verpflichtungen der Gesellschafter, die über die Leistung von Kapitaleinlagen hinausgehen (sog. Nebenleistungs-[Sonder-]Pflichten)

39 Haben sich alle oder einzelne Gesellschafter gegenüber der GmbH zu über die Leistung von Kapitaleinlagen (d.h. ihrer Stammeinlage sowie ggf. gesetzlicher Nachzahlungspflichten nach den §§ 26 ff.) hinausgehenden Verpflichtungen (i.S. **zusätzlicher Leistungen** [**Nebenleistungspflichten**], die im Unterschied zu Stammeinlagen (vgl. Abs. 1 Nr. 4) und Nachschüssen (§ 26)[130] nicht der Bildung bzw. ausnahmsweisen Ergänzung des Stammkapitals dienen)[131] eingelassen (bspw.[132] in Gestalt zusätzlicher Geldzahlungsverpflichtungen,[133] der Erbringung von Sacheinlagen (bspw. eine Gebrauchsüberlassung), der Erbringung selbstständiger Dienstleistungen durch die Gesellschafter (bspw. die Übernahme der Geschäftsführung) bzw. einer Übernahme von Schulden der Gesellschaft[134] oder Unterlassungspflichten, etwa in Gestalt eines Wettbewerbsverbots), was das GmbH-Recht grundsätzlich als Abweichung vom gesetzlichen Regelfall gestattet, bedarf dies – sofern es im Zeitpunkt der Gesellschaftsgründung geschieht – einer ausdrücklichen Aufnahme in

125 Baumbach/Hueck/*Fastrich*, § 3 Rn. 27: Beides kann aber (als nicht nach § 10 Abs. 2 ins Handelsregister eintragungspflichtiger) Auflösungsgrund i.S.v. § 60 Abs. 2 sein.
126 Allerdings soll nach RGZ 79, 418, 422 die Bezugnahme auf eine privatschriftliche Urkunde nicht ausreichen.
127 Baumbach/Hueck/*Fastrich*, § 3 Rn. 29; Roth/Altmeppen/*Roth*, § 3 Rn. 24.
128 OLG Hamm, NJW-RR 1995, 550; Hachenburg/*Ulmer*, § 3 Rn. 62; Roth/Altmeppen/*Roth*, § 3 Rn. 23.
129 Hachenburg/*Ulmer*, § 3 Rn. 46.
130 Zur Abgrenzung gegenüber einer Nachschusspflicht Henssler/*Schäfer*, § 3 Rn. 26.
131 Baumbach/Hueck/*Fastrich*, § 3 Rn. 36.
132 Beispiele nach Hachenburg/*Ulmer*, § 3 Rn. 69 ff.; Baumbach/Hueck/*Fastrich*, § 3 Rn. 40 ff.
133 Ein nicht in der Satzung der GmbH verankerter Aufgeldanspruch im Zusammenhang mit einer Anteilsübertragung (*Agio*) ist als schuldrechtliche Nebenleistungspflicht i.S.v. Abs. 2 anzusehen – und nicht als Teil der Stammeinlageverpflichtung. Die Verpflichtung zur Leistung eines Agios als nicht gebundenes Eigenkapital besteht wie bei den übrigen Nebenleistungen nicht in erster Linie im Gläubigerinteresse, sondern im Interesse der Gesellschaft: OLG Köln, NZG 2007, 108. Abreden über ein als neben der Einlage zu erbringendes Aufgeld (Agio) sind bei der GmbH sowohl in statuarischer Form gem. Abs. 2 bzw. aufgrund formwirksamen Kapitalerhöhungsbeschlusses als auch ohne statuarische Grundlage durch rein schuldrechtlich wirkende Vereinbarung zulässig, so BGH ZIP 2007, 2416 = NZG 2008, 73 unter Bezugnahme auf BayObLG ZIP 2002, 1484 – dazu *Hermanns*, ZIP 2003, 788; *Wagner*, DB 2004, 293.
134 Eine entsprechende *Verlustausgleichspflicht* als statuarische Nebenpflicht (die das Eigenkapital sichern und stärken soll) besteht nur zugunsten der lebensfähigen Gesellschaft, d.h. nicht mehr im Insolvenzfall, so Brandenburgisches OLG, ZIP 2006, 1675 = NZG 2006, 756. Aber: Eine Verpflichtung der Gesellschafter in der Satzung einer GmbH zur Übernahme von Verlusten ist als Nebenleistungspflicht unwirksam, wenn sie weder zeitlich begrenzt ist noch eine Obergrenze enthält: BGH ZIP 2008, 266 = GmbHR 2008, 258.

den Gesellschaftsvertrag. Gleiches gilt, wenn umgekehrt Rechte zugunsten aller oder einzelner Gesellschafter (sog. **Sonderrechte** oder **Gründervorteile** bzw. ähnliche Vergünstigungen oder sonstiger Gründungsaufwand) vereinbart werden.[135]

Im Rahmen der Vertragsfreiheit können die Nebenleistungen frei ausgestaltet werden – möglich[136] **40**
sind Geld-, Sach- und Dienstleistungen (bspw. eine Geschäftsführungstätigkeit), eine Rechteüberlassung bzw. Unterlassungspflichten (z.B. Wettbewerbsverbote, da die Gesellschafter allein aufgrund ihrer Gesellschafterstellung nicht zur Unterlassung von Wettbewerb verpflichtet sind).[137]

Eine Verpflichtung der Gesellschafter in der Satzung einer GmbH zur **Übernahme von Verlusten** ist als Nebenleistungsverpflichtung allerdings dann unwirksam, wenn sie weder zeitlich begrenzt ist noch eine Obergrenze enthält[138].

Abreden über ein neben der Einlage zu erbringendes Aufgeld (**Agio**) sind bei der GmbH sowohl in statutarischer Form gemäß Abs. 2 bzw. aufgrund formwirksamen Kapitalerhöhungsbeschlusses als auch ohne statutarische Grundlage durch rein schuldrechtlich wirkende Vereinbarung (nachstehende Rn. 57 ff.) zulässig[139].

Entsprechende (entgeltliche oder unentgeltliche)[140] Pflichten oder Rechte sind gesellschaftsrechtli- **41**
cher Natur und Bestandteil der Mitgliedschaft[141]: Sie betonen den personalistischen Charakter der GmbH und sind im GmbH-Recht (im Unterschied zu § 55 AktG) – soweit hinreichend umfänglich bestimmt – möglich[142].

Es ist Auslegungsfrage, ob die Leistung als **Kapitaleinlage** i.S.v. Abs. 2 der Kapitalstruktur dienen soll.[143]

Die unbeschränkte Möglichkeit einer Begründung von einerseits **Nebenleistungspflichten** (in **42**
Gestalt von [einmaligen oder regelmäßig bzw. unregelmäßig wiederkehrenden] Geld- [auch in Gestalt einer Darlehensgewährung[144] bzw. Übernahme einer Bürgschaft oder einer anderen Sicherheit][145] und Sachleistungen [Gebrauchsüberlassung von Sachen und Rechten[146] bzw. die Vereinbarung von Liefer- oder Abnahmepflichten], auch von Auskunftsrechten und Erwerbsvorrechten für Gesellschaftsanteile [Eintrittsrechte bzw. Andienungsverpflichtungen],[147] Handlungen

135 Roth/Altmeppen/*Roth*, § 3 Rn. 26 und 28: Eine Aufnahmepflicht besteht selbst dann, wenn sie nicht als Elemente des Gesellschaftsanteils oder für einen Nicht-Gesellschafter festgelegt werden; so auch Hachenburg/*Ulmer*, § 3 Rn. 115; Scholz/*Emmerich*, § 3 Rn. 60.

136 Beispiele nach Roth/Altmeppen/*Roth*, § 3 Rn. 36 ff.

137 Roth/Altmeppen/*Roth*, § 3 Rn. 37 – ggf. verbunden mit weiteren Nebenpflichten: z.B. Ausschließlichkeitsbindungen. Jedoch ist eine reine Kartell-GmbH im Geltungsbereich des GWB – sofern die §§ 2 f. GWB nicht eingreifen – wegen der Gesetzwidrigkeit des verfolgten Zwecks (§ 1 GWB) unzulässig: Roth/Altmeppen/*Roth*, § 3 Rn. 38.

138 BGH NZG 2008, 148 = GmbHR 2008, 258.

139 BGH NZG 2008, 73 = GmbHR 2008, 147: Ein in den satzungsändernden Kapitalerhöhungsbeschluss und die Übernahmeerklärung aufgenommenes statutarisches Agio wird als korporative Nebenleistungspflicht mit der Eintragung der Kapitalerhöhung in das Handelsregister verbindlich. Danach kann die Übernahmeerklärung auch in Bezug auf das Agio vom Inferenten nicht mehr wegen Willensmängeln nach den §§ 119, 123 BGB angefochten werden. Die auf § 46 Nr. 2 oder inhaltsgleicher Satzungsregelung beruhende Beschlusskompetenz der Gesellschafter zur Einforderung sowohl der Geldeinlage selbst als auch eines darüber hinaus aufgrund statutarischer Festlegung zu leistenden Agios entfällt mit der Eröffnung des Insolvenzverfahrens über das Vermögen der GmbH. In diesem Fall ist der Insolvenzverwalter befugt, auch eine bis dahin noch nicht fällig gestellte Einlage- oder (Rest-) Agioforderung unmittelbar zur Masse einzufordern.

140 Roth/Altmeppen/*Roth*, § 3 Rn. 29: Unentgeltlichkeit bedeutet keine Schenkung, bei Entgeltlichkeit ist zu beachten, dass überhöhte Gegenleistungen als verdeckte Gewinnausschüttungen (§§ 30, 31) qualifiziert werden können.

141 Roth/Altmeppen/*Roth*, § 3 Rn. 27.

142 So Henssler/*Schäfer*, § 3 Rn. 24.

143 Hachenburg/*Ulmer*, § 3 Rn. 70; Roth/Altmeppen/*Roth*, § 3 Rn. 30a; Scholz/*Emmerich*; § 3 Rn. 47a.

144 BGH BB 1989, 221.

145 Wobei dabei jedoch – vor Inkrafttreten des MoMiG – noch die Grundsätze über kapitalerhaltende Gesellschafterdarlehen (§§ 32a und b alt) zu beachten waren: Baumbach/Hueck/*Fastrich*, § 3 Rn. 39.

146 Baumbach/Hueck/*Fastrich*, § 3 Rn. 40.

147 Baumbach/Hueck/*Fastrich*, § 3 Rn. 41.

[z.B. Dienstleistungen, insbesondere bspw. eine Pflicht zur Geschäftsführung[148]] sowie Unterlassungen [z.B. Wettbewerbsverbote][149])[150] und andererseits besonderen **Rechten** (entgeltlichen wie unentgeltlichen),[151] zudem Pflichtrechten (d.h. komplementären, verknüpften Nebenleistungspflichten und Gesellschafterrechten, bspw. im Kontext mit der Geschäftsführung)[152] von Gesellschaftern[153] (einschließlich Sonderpflichten bzw. Sonder-[Vorzugs-]Rechten Einzelner) im Gesellschaftsvertrag unter Beachtung der Form des § 2 (die auf der Mitgliedschaft beruhen, satzungsmäßig wirken und damit auch gegenüber künftigen Gesellschaftern und Dritten Wirkung entfalten)[154] ist im GmbH-Recht weit verbreitet (sog. **Nebenleistungs-GmbH** in der Erscheinungsform einer kapitalistischen oder personalistischen Ausgestaltung). Damit wird den Gesellschaftern ein sehr weit reichender Rahmen satzungsautonomer Gestaltungsfreiheit eingeräumt.[155] Nebenpflichten und Nebenrechte können auch **bedingt** oder **befristet** vereinbart werden.[156] An ihre Bestimmtheit im Gesellschaftsvertrag sind geringere Anforderungen zu stellen.[157] Der **Inhalt** muss jedoch hinreichend bestimmt sein (i.S. einer Erkennbarkeit des wesentlichen Kerns der Verpflichtung).[158] Sofern die Bestimmung der Nebenpflichten oder -rechte im Einzelnen einem Gesellschaftsorgan oder Dritten überlassen wird, gelten die §§ 315 ff. BGB.[159]

43 Eine nach Eintragung der GmbH ins Handelsregister eingegangene entsprechende Verpflichtung entfaltet nur als formbedürftige **Satzungsänderung** i.S.v. § 53 Abs. 3 Rechtswirksamkeit, die der Zustimmung aller beteiligten Gesellschafter bedarf.

Eine nachträgliche Begründung von Rechten (bzw. eine Präzisierung bestehender Rechte und Pflichten) hat unter Beachtung des Gleichbehandlungsgrundsatzes (§ 13 Rn. 79 ff.) zu erfolgen.[160]

44 Die **nachträgliche Befristung** einer Verpflichtung zu zusätzlichen Leistungen (Nebenleistungspflichten) ist nur im Rahmen einer Satzungsänderung (§ 53) möglich[161] – eine Aufhebung von Sonderrechten ist nach § 35 BGB nur mit Zustimmung des/der Betroffenen möglich.[162] Eine einseitige Lossagung bzw. Kündigung ist (mit Ausnahme eines Kündigungsrechts aus „wichtigem Grund" nach § 314 BGB als Ultima Ratio)[163] gleichermaßen nicht möglich.[164]

45 Die Durchführung der zusätzlichen Leistungen (Nebenleistungspflichten) nach Abs. 2 erfolgt nach Maßgabe des Gesellschaftsvertrags (als Grundlage einer entsprechenden Verpflichtung bzw. eines entsprechenden Rechts), hilfsweise nach BGB (bspw. §§ 119, 123 BGB [Anfechtung einer entsprechenden Regelung], § 134 BGB, § 138 BGB, §§ 315 ff. BGB [Leistungsbestimmung durch Gesell-

148 Baumbach/Hueck/*Fastrich*, § 3 Rn. 42 unter Bezugnahme auf BGH GmbHR 1982, 129: Sie resultiert nicht bereits aus der Bestellung zum Geschäftsführer im Gesellschaftsvertrag, sondern es muss im Einzelfall geprüft werden, ob aufgrund dieser Verpflichtung auch ein entsprechendes Recht gewollt ist.

149 In kartellrechtlicher Hinsicht sind Wettbewerbsverbote zulässig, wenn sie erforderlich sind, um ein wettbewerbsrechtlich neutrales Unternehmen im Bestand und in der Funktionsfähigkeit zu erhalten, so BGHZ 104, 246, 251. *Nachträgliche Wettbewerbsverbote* verstoßen dann nicht gegen § 138 BGB (i.S. der im Rahmen der Unlauterkeit [früher: „guten Sitten"] mit zu berücksichtigenden Berufsausübungsfreiheit [Art. 12 Abs. 1 GG]), wenn sie erforderlich sind (mithin einem schützenswerten Geschäftsinteresse dienen) und für den Betreffenden keine unverhältnismäßige Belastung begründen: BGH WM 1986, 1282; BGHZ 91, 1, 5.

150 Näher Hachenburg/*Ulmer*, § 3 Rn. 75 ff.; Scholz/*Emmerich*, § 3 Rn. 47 ff.

151 Näher zu den Rechten: Baumbach/Hueck/*Fastrich*, § 3 Rn. 45 f.; Hachenburg/*Ulmer*, § 3 Rn. 114 f.; Scholz/*Emmerich*, § 3 Rn. 60.

152 Baumbach/Hueck/*Fastrich*, § 3 Rn. 45; Hachenburg/*Ulmer*, § 3 Rn. 85; Scholz/*Emmerich*, § 3 Rn. 60.

153 Näher zu Gesellschafterpflichten und Gesellschafterrechten: Baumbach/Hueck/*Fastrich*, § 3 Rn. 31 ff.; Hachenburg/*Ulmer*, § 3 Rn. 65 ff.; Roth/Altmeppen/*Roth*, § 3 Rn. 26 ff.; Scholz/*Emmerich*, § 3 Rn. 42 ff.

154 Baumbach/Hueck/*Fastrich*, § 3 Rn. 34.

155 Baumbach/Hueck/*Fastrich*, § 3 Rn. 32: vgl. zudem die weitreichende Gestaltungsfreiheit im Hinblick auf die innere Organisation der GmbH nach § 45 Abs. 1.

156 Roth/Altmeppen/*Roth*, § 3 Rn. 32.

157 BGH DB 1989, 221.

158 BGH DB 1989, 221; Baumbach/Hueck/*Fastrich*, § 3 Rn. 38; Hachenburg/*Ulmer*, § 3 Rn. 87; Scholz/*Emmerich*, § 3 Rn. 44.

159 Baumbach/Hueck/*Fastrich*, § 3 Rn. 38; Hachenburg/*Ulmer*, § 3 Rn. 88.

160 Baumbach/Hueck/*Fastrich*, § 3 Rn. 37.

161 Baumbach/Hueck/*Fastrich*, § 3 Rn. 50: Ein Erlass durch den Geschäftsführer ist nicht möglich.

162 Baumbach/Hueck/*Fastrich*, § 3 Rn. 50.

163 Baumbach/Hueck/*Fastrich*, § 3 Rn. 51; Roth/Altmeppen/*Roth*, § 3 Rn. 33.

164 Baumbach/Hueck/*Fastrich*, § 3 Rn. 50; Hachenburg/*Ulmer*, § 3 Rn. 92; Roth/Altmeppen/*Roth*, § 3 Rn. 33.

schaftsorgane bzw. Dritte], §§ 339 ff. BGB [Vertragsstraferegelung]; Anwendbarkeit des Leistungsstörungsrechts [§§ 275 ff., 320 ff. BGB] bzw. des Gewährleistungsrechts [§ 437 BGB], beschränkt auf die konkret in Rede stehende Verpflichtung [nicht jedoch den Gesellschaftsvertrag in toto im Falle einer Abwicklung der Gesellschaft]).[165] Das Kündigungsrecht nach § 62 (bei Gemeinwohlgefährdung) soll bei Dienstleistungen nicht zur Anwendung gelangen,[166] wohl aber ein allgemeines Kündigungsrecht aus „wichtigem Grund" (vgl. § 314 BGB).[167] Auch können Störungen auf das gesellschaftsrechtliche Grundverhältnis ausstrahlen und damit einen „wichtigen Grund" i.S.v. § 61 begründen (bzw. einen Ausschluss des verpflichteten Gesellschafters rechtfertigen).[168] Eine Befreiung von einer wirksam begründeten Nebenleistungspflicht setzt eine Satzungsänderung voraus[169].

Eine AGB-Kontrolle des GmbH-Vertrags findet nicht statt (vgl. § 310 Abs. 4 Satz 1 BGB).[170] Hingegen besteht eine Bindung an die **gesellschaftsrechtliche Treuepflicht**[171] (§ 13 Rn. 63 ff.). 46

Wird ein Gesellschaftsanteil nach § 15 übertragen, gehen sowohl die Verpflichtung zu zusätzlichen Leistungen (Nebenleistungspflichten) als auch die Sonderrechte (unter grundsätzlicher Herausnahme höchstpersönlicher Pflichten und Rechte) mit Ex-nunc-Wirkung auf den Erwerber über (arg.: Weil sie mit der Mitgliedschaft verbunden sind),[172] wobei im Hinblick auf bereits fällige Leistungen der Alt-Gesellschafter – neben dem Erwerber (vgl. § 16 Abs. 3) – weiter haftet.[173] 47

Dies gilt gleichermaßen für den Tod des Gesellschafters (vgl. § 15, Übergang der Pflichten und Rechte auf den/die Erbe[n] mit Ausnahme jener, die höchstpersönlicher Natur sind).[174] Im Falle der **Insolvenz** der Gesellschaft oder eines Gesellschafters unterfällt die Nebenleistung dem allgemeinen Insolvenzrecht.[175] 48

III. Weiterer gesetzlicher, fakultativer Mindestinhalt eines Gesellschaftsvertrags

Das GmbH-Gesetz hat – über die Vorgaben des Mindestinhalts in § 3 hinaus – einige weitere gesetzliche (**ergänzende bzw. ausfüllende**) **Regelungen**, die den Organisations- oder den Kapitalumfang der Gesellschaft betreffen, getroffen, die zu ihrer Wirksamkeit einer Aufnahme in den Gesellschaftsvertrag bedürfen:[176] bspw. die Bestellung eines freiwilligen Aufsichts- oder Beirats (§ 52 Abs. 1), die Einziehung (§ 34 Abs. 1), die Festlegung (vertraglicher) Auflösungsgründe (§ 60 Abs. 2), von Nachschusspflichten (§ 26 Abs. 1), von Sacheinlagen (§§ 5 Abs. 4, 19 Abs. 5), Regelungen über Teilgeschäftsanteile (§ 17 Abs. 3), Vinkulierungen (§ 15 Abs. 5), die Verpflichtung eines Gesellschafters zur Abtretung eines Geschäftsanteils (§ 15 Abs. 4), die Festsetzung bestimmter Eigenschaften für Gesellschafter oder Geschäftsführer, die Festlegung von Voraussetzungen für die Anteilsübertragung, das Ausscheiden, den Austritt und den Ausschluss von Gesellschaftern 49

165 Baumbach/Hueck/*Fastrich*, § 3 Rn. 48; Hachenburg/*Ulmer*, § 3 Rn. 81 ff.

166 Baumbach/Hueck/*Fastrich*, § 3 Rn. 50; Hachenburg/*Ulmer*, § 3 Rn. 92; Roth/Altmeppen/*Roth*, § 3 Rn. 33; a.A. noch RGZ 128, 1, 17.

167 Umstritten, so aber Baumbach/Hueck/*Fastrich*, § 3 Rn. 51; Roth/Altmeppen/*Roth*, § 3 Rn. 33. Vgl. auch Hachenburg/*Ulmer*, § 3 Rn. 106: Austrittsrecht aus „wichtigem Grund".

168 Roth/Altmeppen/*Roth*, § 3 Rn. 33.

169 Näher Henssler/*Schäfer*, § 3 Rn. 29 – eine isolierte Kündigung scheidet aus, der Tod eines Gesellschafters bzw. die Veräußerung des Gesellschaftsanteils lassen die Verpflichtung grundsätzlich nicht erlöschen.

170 Roth/Altmeppen/*Roth*, § 2 Rn. 15; Michalski/*Michalski*, § 2 Rn. 13.

171 Baumbach/Hueck/*Fastrich*, § 3 Rn. 47.

172 OLG Frankfurt/M., NJW-RR 1998, 1512; Baumbach/Hueck/*Fastrich*, § 3 Rn. 49.

173 Baumbach/Hueck/*Fastrich*, § 3 Rn. 49; Hachenburg/*Ulmer*, § 3 Rn. 105 ff.; Roth/Altmeppen/*Roth*, § 3 Rn. 34; Scholz/*Emmerich*, § 3 Rn. 54 f.

174 Baumbach/Hueck/*Fastrich*, § 3 Rn. 49.

175 Hachenburg/*Ulmer*, § 3 Rn. 103; Roth/Altmeppen/*Roth*, § 3 Rn. 35: Eine Auslegung kann „jedoch ggf. ergeben, dass die Pflicht nur zugunsten der lebensfähigen GmbH bestehen soll".

176 Beispiele nach Baumbach/Hueck/*Zöllner*, § 45 Rn. 3; Henssler/*Schäfer*, § 3 Rn. 30; Lutter/Hommelhoff/*Lutter/Bayer*, § 3 Rn. 40 ff.; Hachenburg/*Ulmer*, § 5 Rn. 200 ff.; Roth/Altmeppen/*Roth*, § 3 Rn. 40: Unzulässig ist hingegen eine gesellschaftsvertragliche Reduktion der gesetzlichen Arbeitnehmermitbestimmung im Aufsichtsrat.

bzw. die Gewinnverwendung bzw. Regeln zur Einberufung und Abhaltung der Gesellschafterversammlung, zum Stimmrecht und zur Stimmabgabe.

50 In zahlreichen weiteren Fällen ist eine formgerechte (§ 2) Aufnahme von Regelungen in den Gesellschaftsvertrag notwendig, wenn vom **dispositiven Gesetzesrecht abgewichen** werden soll: vgl. bspw. in den Fällen der §§ 17 Abs. 6, 28, 29, 35 Abs. 2, 37 Abs. 1, 38 Abs. 2, 45 Abs. 2, 53 Abs. 2, 60 Abs. 1 Nr. 2, 66 Abs. 1 bzw. 72 Satz 2.

51 Entsprechende, dem Gesellschaftsvertrag vorbehaltene Regelungen können **im Nachgang** nur noch durch Satzungsänderung (§§ 53 ff.) eingeführt oder (einmal getroffene) wieder geändert werden.[177] Ist eine entsprechende Regelung nichtig, erfolgt durch die Eintragung (mit Ausnahme der Formnichtigkeit) **keine Heilung.** Die Nichtigkeit erfasst nach § 139 BGB nicht mehr den notwendigen Mindestinhalt des Vertrags nach Abs. 1[178] – doch kann die Nichtigkeit ggf. Teile des nicht notwendigen Vertragsinhalts nach Abs. 2 gem. § 139 mit erfassen.[179]

IV. Sonstige, die Unternehmensverfassung betreffende (fakultative) Regelungen

52 Auch sonstige, die Unternehmensverfassung betreffende (fakultative) Regelungen (d.h. solche, die nicht allein die Gründungsgesellschafter, sondern auch später eintretende Gesellschafter verpflichten) bedürfen einer Aufnahme in den Gesellschaftsvertrag – bspw. die Schaffung eines Beirats als zusätzliches Gesellschaftsorgan sowie die Regelung seiner Kompetenzen.[180] Auch eine **Schiedsvereinbarung** (§§ 1029 Abs. 2, 1066 ZPO)[181] – die von einer Schiedsvereinbarung unter den Gesellschaftern mit bloß individualrechtlichem Charakter (für die § 1031 ZPO gilt) abzugrenzen ist[182] – kann mit entsprechender bindender Wirkung im Gesellschaftsvertrag geregelt werden.[183] Im Nachgang können entsprechende korporationsrechtliche Schiedsklauseln nur im Rahmen einer Satzungsänderung (nach Maßgabe von § 53 Abs. 3) eingeführt werden.[184]

! Auch i.S.v. § 17 EuGVÜ sind **Gerichtsstandsklauseln** (die sich auf gesellschaftsrechtliche Rechtsverhältnisse beziehen) wirksam.[185]

53 Die **Satzungsautonomie** findet ihre Grenzen an den allgemeinen Schranken der Privatautonomie nach den §§ 134, 138 BGB.[186]

Zudem entstehen Probleme, wenn durch entsprechende Regelungen in die Rechtsstellung außenstehender Dritter eingegriffen wird.[187]

54 In Betracht kommen zudem Regelungen, die auch in anderer Weise (d.h. getrennt) wirksam möglich wären (mithin ohne Formbindung i.S.v. § 2), z.B. beliebige schuldrechtliche Vereinbarungen[188] (die aus Gründen der Übersichtlichkeit und Vollständigkeit äußerlich mit dem Gesellschaftsvertrag verbunden wurden, die aber individualrechtlich bleiben [also nach BGB und nur zwischen den unmittelbar Beteiligten wirken])[189] bzw. innergesellschaftsrechtliche Regelungen (die auch außer-

177 Roth/Altmeppen/*Roth*, § 3 Rn. 41.
178 RGZ 128, 1, 5; Hachenburg/*Ulmer*, § 2 Rn. 87; Roth/Altmeppen/*Roth*, § 3 Rn. 41.
179 Roth/Altmeppen/*Roth*, § 3 Rn. 41.
180 Baumbach/Hueck/*Fastrich*, § 3 Rn. 25.
181 Dazu BGH ZIP 2009, 1003.
182 Roth/Altmeppen/*Roth*, § 3 Rn. 42.
183 Dazu *Bayer*, ZIP 2002, 881; *Reichert/Harbarth*, NZG 2003, 379; Roth/Altmeppen/*Roth*, § 3 Rn. 42; *Schneider*, GmbHR 2005, 86. Einzelheiten können in einer Schiedsordnung außerhalb der Satzung geregelt werden: BGH NJW 1984, 1355; OLG München, NZG 1999, 780.
184 BGH NJW 2000, 1713; Roth/Altmeppen/*Roth*, § 3 Rn. 43; Scholz/*Emmerich*, § 13 Rn. 31.
185 So EuGH ZIP 1992, 472; BGH ZIP 1993, 1709; Roth/Altmeppen/*Roth*, § 3 Rn. 44.
186 Roth/Altmeppen/*Roth*, § 3 Rn. 45.
187 Roth/Altmeppen/*Roth*, § 3 Rn. 46. Dazu auch *Bürkle*, Rechte Dritter in der Satzung der GmbH, 1991; *Weber*, Privatautonomie und Außeneinfluss im Gesellschaftsrecht, 2000.
188 Baumbach/Hueck/*Fastrich*, § 3 Rn. 53 f.
189 Baumbach/Hueck/*Fastrich*, § 3 Rn. 54.

halb des Gesellschaftsvertrags durch Gesellschafterbeschluss treffbar gewesen wären – bspw.[190] eine Geschäftsführerbestellung nach § 6 Abs. 3 Satz 2, die Aufstellung von Geschäftsordnungen für Gesellschaftsorgane bzw. die Bestellung anderer Organe [z.B. eines Beirats oder eines fakultativen Aufsichtsrats]).[191]

Innergesellschaftliche Regelungen unterliegen einer eingeschränkten (objektivierten) Auslegung, wenn sie körperschaftliche Vorgänge betreffen.[192] Sie werden durch Aufnahme in die Satzung aber nicht notwendigerweise echte (d.h. nur durch eine Satzungsänderung nach § 53 abänderbare) Satzungsbestandteile – wenngleich eine entsprechende Indizwirkung i.S. eines echten Satzungstatbestands bestehen soll.[193] 55

Schuldrechtliche Vereinbarungen unterliegen in vollem Umfang der allgemeinen Auslegung nach den §§ 133, 157 BGB. Eine Abänderung dieser unechten Satzungsbestandteile erfolgt formfrei durch vertragliche Regelung zwischen den Beteiligten (und nicht durch Satzungsänderung nach § 53).[194] 56

V. (Weitere) Nebenabreden außerhalb des Gesellschaftsvertrags (Zusatzvereinbarungen)

Über die vorbeschriebenen Regelungsbereiche hinaus steht es den Gesellschaftern frei, weitere (d.h. nicht i.S.d. § 2 formbedürftige) schuldrechtliche Nebenabreden (Gesellschaftervereinbarungen i.S. beliebiger zusätzlicher Verpflichtungen im Hinblick auf das Gesellschaftsverhältnis zwischen allen oder Einzelnen [d.h. inter partes], auch i.S. eines Vertrags zugunsten der Gesellschaft nach § 328 BGB) außerhalb des Gesellschaftsvertrags (mithin auch außerhalb der Handelsregisterpublizität) zu treffen (Nebenabreden – Zusatzvereinbarungen außerhalb des Gesellschaftsvertrags als rein schuldrechtliche Verträge)[195] – deren Änderung auch nicht den Vorgaben der §§ 53 ff. (über die Satzungsänderung) folgen muss. Wenngleich der Satzung vorbehaltene Regelungen in Nebenabreden eigentlich nicht wirksam getroffen werden können, kann das Ziel ggf. auch wirksam im Rahmen einer solchen schuldrechtlichen Bindung erreicht werden.[196] 57

Entsprechende Nebenabreden entfalten rechtlich Wirksamkeit ausschließlich zwischen den daran beteiligten Gesellschaftern (nicht jedoch gegenüber nicht verpflichteten Gesellschaftern).[197] Eine automatische Verpflichtung später in die GmbH eintretender Gesellschafter wird durch solche Abreden grundsätzlich[198] nicht begründet[199] (keine Teilhabe entsprechender Vereinbarungen an der Geltungs- und Bestandskraft von Satzungsbestimmungen).[200] 58

Entsprechende Verträge sind nicht-gesellschaftsrechtlicher[201], sondern rein **schuldrechtlicher Natur** und somit im Rahmen der Vertragsfreiheit grundsätzlich (d.h., sofern keine zwingend dem Gesellschaftsvertrag vorbehaltenen Regelungen getroffen werden und auch keine Umgehung 59

---

190 Beispiele nach Baumbach/Hueck/*Fastrich*, § 3 Rn. 53.
191 Roth/Altmeppen/*Roth*, § 3 Rn. 40; Scholz/*Emmerich*, § 3 Rn. 67 ff.
192 Baumbach/Hueck/*Fastrich*, § 3 Rn. 53.
193 Umstritten, so aber Roth/Altmeppen/*Roth*, § 3 Rn. 47 f.; Scholz/*Emmerich*, § 3 Rn. 57a; a.A. Baumbach/Hueck/*Fastrich*, § 3 Rn. 53 unter Bezugnahme auf BGHZ 18, 205, 207 f.: Im Gesellschaftsvertrag könne gleichermaßen eine einfache, durch nochmaligen Gesellschafterbeschluss beeinflussbare Regelung erfolgen.
194 Baumbach/Hueck/*Fastrich*, § 3 Rn. 54; Hachenburg/*Ulmer*, § 3 Rn. 53 ff.; Roth/Altmeppen/*Roth*, § 3 Rn. 48; Scholz/*Emmerich*, § 3 Rn. 61 ff.
195 Unumstritten, vgl. BGHZ 123, 15, 20 = NJW 1993, 2246; Baumbach/Hueck/*Fastrich*, § 3 Rn. 53; Hachenburg/*Ulmer*, § 3 Rn. 116 ff.; Roth/Altmeppen/*Roth*, § 3 Rn. 49 ff.; Scholz/*Emmerich*, § 3 Rn. 71 ff.
196 Roth/Altmeppen/*Roth*, § 3 Rn. 51 – vgl. z.B. BGH NJW 1987, 1890: hinsichtlich Stimmrechtsvereinbarungen mit qualifiziertem Mehrheitserfordernis; zudem BGH ZIP 1993, 432: Verpflichtung zu Deckungsbeiträgen.
197 Roth/Altmeppen/*Roth*, § 3 Rn. 52 – eine Verpflichtungswirkung gegenüber Einzelrechtsnachfolgern entsteht nur, wenn sie dem Vertrag beitreten: BGH ZIP 1993, 432.
198 Sofern entsprechende Abreden jedoch zwischen *allen* Gesellschaftern geschlossen werden, soll ihnen (hinsichtlich Regelungsgegenstand und Rechtsfolgen) ausnahmsweise „satzungsähnliche Qualität" zukommen, so Roth/Altmeppen/*Roth*, § 3 Rn. 52.
199 BGH ZIP 1993, 432.
200 Roth/Altmeppen/*Roth*, § 3 Rn. 49.
201 Etwas anderes gilt nur dann, wenn dauernde oder wiederkehrende Pflichten begründet werden: so Henssler/*Schäfer*, § 3 Rn. 32: Innen-GbR.

zwingenden GmbH-Rechts erfolgt) frei gestaltbar[202] und **formlos** gültig.[203] Ohne Vereinbarung binden entsprechende Verpflichtungen im Falle einer Veräußerung des Gesellschaftsanteils den Erwerber nicht.[204] § 310 Abs. 4 Satz 1 BGB gelangt auf Nebenabreden nicht zur Anwendung – sie unterliegen also der AGB-Kontrolle[205]. Als entsprechende Nebenabreden kommen bspw.[206] folgende in Betracht:

- Tatbestände, die zu einer Übertragung des Gesellschaftsanteils auf Mitgesellschafter, die Gesellschaft bzw. auf Dritte führen sollen auf Initiative des Erwerbers (sog. **Aufgriffsrechte**), des Inhabers (**Andienungsrechte**) bzw. als **Vorkaufsrecht**[207] – wobei die Zusatzvereinbarung (um mehr als eine bloße Verpflichtung zu schaffen) ausnahmsweise derselben Form wie die Satzung bedarf (§ 15 Abs. 4).[208]
- **Beitragspflichten** (Verpflichtung gegenüber der GmbH, dieser finanzielle Mittel zuzuführen)[209] oder **Garantieerklärungen**.[210]
- Vereinbarungen über das Abstimmungsverhalten bei Gesellschafterbeschlüssen (**Stimmrechtsbindungsverträge**).[211]
- Geschäftsordnungen für Geschäftsführer, Aufsichtsrat und die Gesellschafterversammlung (sog. **statuarische Nebenordnungen**).[212]

C. Weitere praktische Hinweise

60 Satzungsmäßig vereinbarte **Neben- oder Sonderleistungspflichten** eines Gesellschafters führen **steuerlich** im Rahmen des § 17 EStG zu Anschaffungskosten. Dies gilt insbesondere für den Nominalwert sog. **Finanzplankredite** und krisenbestimmter Gesellschafterdarlehen, falls diese von der Gesellschaft nicht zurückgezahlt werden können.[213] Dagegen ist ein bloßer Verzicht des Gesellschafters auf Einnahmemöglichkeiten (Vereinbarung eines unentgeltlichen Wettbewerbsverbots; unentgeltliche Dienstleistungspflichten; zinsgünstige Darlehensgewährung) steuerlich neutral, führt also weder zu (fiktiven) steuerpflichtigen Einnahmen noch zu einer Erhöhung der Anschaffungskosten des Gesellschafters oder zu einer Minderung des Einkommens der Gesellschaft; da es sich um keine Wirtschaftsgüter handelt (§ 4 Abs. 1 Satz 7 EStG), kommt auch keine verdeckte Einlage in Betracht.[214] Ein zinsloses Gesellschafterdarlehen mit einer Laufzeit ab zwölf Monaten ist allerdings – ertragswirksam – auf Gesellschaftsebene abzuzinsen (§ 6 Abs. 1 Nr. 3 EStG) und sollte daher als Finanzierungsinstrument vermieden werden.

---

202 So Baumbach/Hueck/*Fastrich*, § 3 Rn. 57; Hachenburg/*Ulmer*, § 3 Rn. 120; Scholz/*Emmerich*, § 3 Rn. 71 ff.
203 Baumbach/Hueck/*Fastrich*, § 3 Rn. 56: Eine Form ist allein unter Beweisgesichtspunkten zweckdienlich.
204 Baumbach/Hueck/*Fastrich*, § 3 Rn. 56; Hachenburg/*Ulmer*, § 3 Rn. 119.
205 BGH WM 1992, 99, 100.
206 Beispiele nach Roth/Altmeppen/*Roth*, § 3 Rn. 55 ff.
207 Roth/Altmeppen/*Roth*, § 3 Rn. 55.
208 Roth/Altmeppen/*Roth*, § 3 Rn. 56.
209 BGH ZIP 1993, 432.
210 Roth/Altmeppen/*Roth*, § 3 Rn. 57: wobei problematisch sei, „dass der Schutzeffekt aus der materiellen Beurkundung (und Belehrung) oder auch aus § 27 hierbei entfällt".
211 Roth/Altmeppen/*Roth*, § 3 Rn. 58. Dazu näher auch Henssler/*Schäfer*, § 3 Rn. 33; Hachenburg/*Ulmer*, § 3 Rn. 121 ff.
212 Roth/Altmeppen/*Roth*, § 3 Rn. 59; Baumbach/Hueck/*Fastrich*, § 3 Rn. 53.
213 Vgl. zur Rechtslage nach MoMiG BMF, BStBl. I 2010, 832.
214 Zur verdeckten Einlage vgl. *Roser*, in: Gosch/Schwedhelm/Spiegelberger, S. V20.

§ 4 Firma

Die Firma der Gesellschaft muß, auch wenn sie nach § 22 des Handelsgesetzbuchs oder nach anderen gesetzlichen Vorschriften fortgeführt wird, die Bezeichnung „Gesellschaft mit beschränkter Haftung" oder eine allgemein verständliche Abkürzung dieser Bezeichnung enthalten.

Literatur

Ammon, Gesellschaftsrechtliche und sonstige Neuerungen im Handelsrechtsreformgesetz, DStR 1998, 1474; *Beyerlein, Th.*, Die Firma, WRP 2005, 582; *Bokelmann*, Das Recht der Firmen und Geschäftsbezeichnungen, 5. Auflage 2000; *Bokelmann*, Die Neuregelungen im Firmenrecht nach dem RegE des Handelsrechtsreformgesetzes, GmbHR 1998, 57; *Bülow, L./Baronikians, P.*, Marken- und firmenrechtliche Beratung bei der Unternehmensgründung, MittBayNot 2002, 137; *Bülow/Artz*, Neues Handelsrecht, JuS 1998, 680; *Emmerich*, Unlauterer Wettbewerb, 7. Auflage 2004; *Goette*, Die GmbH, 2. Auflage 2002; *Haas*, Die Vertreterhaftung bei Weglassen des Rechtsformzusatzes nach § 4 II GmbHG, NJW 1997, 2854; *Joussen*, Die Kompetenz zur Änderung einer GmbH-Firma im Konkurs, GmbHR 1994, 159; *Jung, P.*, Firmen von Personenhandelsgesellschaften, ZIP 1998, 677; *Kögel*, Neues Firmenrecht und alte Zöpfe – Auswirkungen der HGB-Reform, BB 1998, 1645; *Kögel*, Sind geographische Zusätze im Firmennamen erlaubt?, GmbH Recht 2002, 642; *Köhler*, Das neue UWG, NJW 2004, 2121; *Krause, N.*, gGmbH als unzulässiger Rechtsformzusatz; NJW 2007, 2156; *Lutter/Welp*, Das neue Firmenrecht der Kapitalgesellschaften, ZIP 1999, 1073; *Möller*, Das neue Firmenrecht in der Rechtsprechung, DNotZ 2000, 830; *Möller*, Neues Kaufmanns- und Firmenrecht, 1998; *Munzig*, Rechtsprechungsübersicht zum Handels- und Registerrecht, FGPrax 2006, 47; *Müther, P.-H.*, Überlegungen zum neuen Firmenbildungsrecht bei der GmbH, GmbHR 1998, 1058; *Paulick*, Das Ende der gGmbH im Gemeinnützigkeitsrecht?, DNotZ 2008,167; *Raiser/Veil*, Recht der Kapitalgesellschaften, 5. Auflage 2009; *Riegger*, Der Doktor-Titel in der Firma der GmbH, DB 1984, 441; *Römermann*, Satzungsgestaltung bei der Anwalts-GmbH, GmbHR 1999, 1175; *Roth, W.-H.*, Zum Firmenrecht der juristischen Person im Sinne des § 33 HGB, in: Schneider u.a. (Hrsg.), Deutsches und europäisches Gesellschafts-, Konzern- und Kapitalmarktrecht: Festschrift für Marcus Lutter zum 70. Geburtstag, 2000, S. 651; *Schaefer*, Handelsrechtsreformgesetz, 1999; *K. Schmidt*, Das Handelsrechtsreformgesetz, NJW 1998, 2161; *Schmitt, R.*, Der Entwurf eines Handelsrechtsreformgesetzes WiB 1997, 1113; *Schulenburg*, Die Abkürzung im Firmenrecht der Kapitalgesellschaften, NZG 2000, 1156; *Schulte, Chr./Warnke, R.*, Das neue Firmenrecht der GmbH im Handelsregisterverfahren, GmbHR 2002, 626; *Ullrich*, Firmenrechtliche Zulässigkeit des Firmenbestandteils „gGmbH", NZG, 2007, 656; *Weber/Jacob*, Exklusivität der Bezeichnungen „Partnerschaft", „und Partner" für Partnerschaften, ZGR 1998, 142; *Wessel/Zwernemann/Kögel*, Die Firmengründung, 7. Auflage 2001.

A. Allgemeines

I. Zusammenhang

1 Die Vorschrift ergänzt den auch für die GmbH geltenden § 17 HGB. Danach ist die **Firma des Kaufmanns** der Name, unter dem er seine Geschäfte betreibt und die Unterschrift abgibt (§ 17 Abs. 1 HGB). Damit weicht der Rechtsbegriff der Firma erheblich vom allgemeinen Sprachgebrauch ab, der die Begriffe Firma und **Unternehmen** bzw. **Betrieb** synonym verwendet. Nach der Neufassung des § 4 durch das Gesetz zur Neuregelung des Kaufmanns- und Firmenrechts und zur Änderung handels- und gesellschaftsrechtlicher Vorschriften (Handelsrechtsreformgesetz) vom 22.6.1998[1] beschränkt sich der Regelungsgehalt des § 4 nunmehr auf das zwingende Erfordernis des Rechtsformzusatzes bei der Bildung der GmbH-Firma, welches insoweit gegenüber § 4 a.F. durch die ausdrückliche Zulassung von allgemein verständlichen Abkürzungen des Rechtsformzusatzes ergänzt und zur Klarstellung auch auf die Fälle der Firmenfortführung nach § 22 HGB erweitert wurde. Unter der Zielsetzung der Liberalisierung des Firmenrechts durch das Handelsrechtsreformgesetz ist insbesondere die unter Geltung des Abs. 1 a.F. gegebene Beschränkung der Firmenbildung entfallen. Im Wesentlichen folgt aus der Neuregelung durch das Handelsrechtsreformgesetz für die Firma der GmbH zum einen die generelle Zulässigkeit von Fantasiebezeichnungen neben den bisher schon zulässigen Personen- und Sachbezeichnungen (oder einer Kombination der beiden), nicht zuletzt mit dem Zweck einer Angleichung an andere europäische Rechtsordnungen.[2] Damit kann auch eine Marke als Firma herangezogen werden.[3] Zum anderen ist das in § 4 a.F. enthaltene Entlehnungsgebot bei der Wahl einer Sachbezeichnung entfallen, nachdem die Firma der Gesellschaft von dem Gegenstand des Unternehmens entlehnt sein musste. Es gilt damit der **Grundsatz der freien Firmenbildung**. Um die Mindestanforderungen an Transparenz und Information zu sichern und einen Ausgleich für die generelle Freiheit bei der Firmenbildung zu schaffen, hat nunmehr jedoch jede Firma eine spezielle Rechtsformbezeichnung zu enthalten.[4] Für die GmbH regelt dies § 4. Wie die Firma im Übrigen zu bilden ist, richtet sich nunmehr einheitlich für alle Firmen einschließlich der GmbH – abgesehen von einigen gesetzlichen Sonderbestimmungen[5] – nach den Regelungen des HGB über die Handelsfirma, §§ 17 bis 37a HGB (über § 13 Abs. 3 i.V.m. § 6 Abs. 1 HGB), insbesondere § 18 HGB.

II. Aufbau der Norm

2 Die GmbH muss **eine Firma** haben, deren Festlegung notwendig in der Satzung zu erfolgen hat (§ 3 Abs. 1 Nr. 1). Die Vorschrift des § 4 regelt den **Rechtsformzusatz** bei der Firma der GmbH in ähnlicher Weise, wie sie in § 19 HGB für Einzelkaufleute, die offene Handelsgesellschaft und die Kommanditgesellschaft, in § 4 AktG für die AG und in § 3 Abs. 1 GenG für die Genossenschaft bestimmt ist. In § 5a ist für die **Unternehmergesellschaft** die Notwendigkeit des Rechtsformsatzes eigenständig geregelt, und zwar in der Weise, dass der Begriff Unternehmergesellschaft oder die Abkürzung **„UG"** Bestandteil der Firma sein muss und der weitere Zusatz „haftungsbeschränkt" enthalten sein muss, wobei hier eine Abkürzung nicht gestattet ist. Für die Anforderungen an die Bildung der Firma, insbesondere den Firmenkern, gelten die Vorschriften des HGB in gleicher Weise auch für die GmbH.

1 BGBl. I S. 1474.
2 RegBegr., BT-Drucks. 13/8444, S. 35.
3 Michalski/*Michalski*, § 4 Rn. 6; Scholz/*Emmerich*, § 4 Rn. 43.
4 Näher dazu Ulmer/Habersack/Winter/*Heinrich*, § 4 Rn. 4.
5 Unter anderem durch §§ 39, 40, 41 KWG sowie besondere Berufsordnungen (§ 59k BRAO).

B. Inhalt der Regelung

I. Die Firma der GmbH

1. Begriff

Die Firma der GmbH ist der **Name**, unter dem die Gesellschaft am Rechtsverkehr teilnimmt und ihre Geschäfte betreibt (§ 17 HGB). Insoweit besteht bei der GmbH (anders als bei Einzelkaufleuten) eine **Identität** zwischen der **Firma**, unter der sie als Kaufmann ihre Geschäfte betreibt, und ihrem allgemeinen Namen als juristische Person, auch außerhalb des Handelsverkehrs.[6] Die Firma dient primär dazu, die Gesellschaft im Rechtsverkehr zu individualisieren und von anderen Gesellschaften unterscheidbar zu machen.[7] Daher kann die Gesellschaft immer nur einen Namen, d.h. eine einzige Firma haben (Grundsatz der **Firmeneinheit**). Dies gilt auch dann, wenn die Gesellschaft mehrere getrennte, auch verschiedenartige, Handelsgeschäfte betreibt oder ein bestehendes Handelsgewerbe erwirbt.[8] Auch im letzteren Fall ist eine **doppelte Firmenführung** damit stets **unzulässig**. Erwirbt die GmbH ein Handelsgeschäft mit Firma, kann sie die Firma des hinzuerworbenen Handelsgeschäfts neben ihrer Firma nur fortführen, indem sie das hinzuerworbene Handelsgeschäft unter einer besonderen Firma (Filialfirma) als Zweigniederlassung betreibt, allerdings unter Kenntlichmachung der Zugehörigkeit zur Hauptniederlassung (näher dazu Rn. 4, zur Zweigniederlassung vgl. auch Rn. 40), eine rechtlich **selbstständige Tochtergesellschaft** mit dieser eigenen Firma gründet oder die Firmen miteinander verbindet. Bei Interesse an der Erhaltung der Firma des hinzuerworbenen Handelsgeschäfts kann diese auch anstelle der bisherigen Firma der GmbH geführt werden. Die Firma ist nach § 3 Abs. 1 Nr. 1 notwendiger Inhalt des Gesellschaftsvertrags, auch bei Verfolgung nicht wirtschaftlicher Zwecke (zum Firmenzusatz der gemeinnützigen GmbH (zum Anschein öffentlicher Trägerschaft vgl. Rn. 23), und ist gem. § 10 Abs. 1 Satz 1 in das Handelsregister einzutragen.[9] 3

> **!** Bei der Errichtung der Gesellschaft ist nicht immer sicher, ob die gewählte Firma auch zulässig ist. Insbesondere kann es an einer hinreichenden Unterscheidbarkeit im Verhältnis zu anderen Firmen an demselben Ort fehlen (§ 30 Abs. 1 HGB). Im Zweifel sollte daher vor Beurkundung des Gesellschaftsvertrags die Zulässigkeit der gewünschten Firma mit der örtlich zuständigen Industrie- und Handelskammer geklärt werden.

2. Der Grundsatz der Firmeneinheit

Die GmbH kann nach ganz überwiegender Ansicht **nur eine Firma** haben („ein Unternehmen – eine Firma"),[10] auch wenn sie mehrere getrennte Handelsgeschäfte betreibt.[11] Dies gilt auch dann, wenn die GmbH ein weiteres Handelsgeschäft hinzuerwirbt.[12] Die GmbH kann jedoch in diesem Fall das hinzuerworbene Geschäft als **Zweigniederlassung unter besonderer Firma** betreiben, solange hinreichend klar zum Ausdruck gebracht ist, dass es sich um die Firma einer Zweigniederlassung handelt, und die Firma der Hauptniederlassung eindeutig zu erkennen ist.[13] 4

---

6 Baumbach/Hueck/*Fastrich*, § 4 Rn. 2.
7 BayObLG GmbHR 2001, 476.
8 OLG Stuttgart BB 1983, 1688; BGHZ 67, 166, 167 ff.; Baumbach/Hueck/*Fastrich*, § 4 Rn. 2 m.w.N.
9 Michalski/*Michalski*, § 4 Rn. 2.
10 BGH NJW 1991, 2023.
11 Ulmer/Habersack/Winter/*Heinrich* § 4 Rn. 8; Scholz/*Emmerich*, § 4 Rn. 6.
12 BGHZ 67, 166.
13 Scholz/*Emmerich*, § 4 Rn. 6; GK-HGB/*Steitz*, vor § 17–24 HGB Rn. 25.

II. Grundsätze der Firmenbildung

1. Einleitung

5 Nach den firmenrechtlichen Vorschriften des HGB ist eine gewählte Firma nur dann zulässig, wenn sie **Kennzeichnungseignung** und **Unterscheidungskraft** besitzt (§ 18 Abs. 1 HGB) und sich zusätzlich von in der gleichen Gemeinde bestehenden und in das Handels- oder Genossenschaftsregister eingetragenen Firmen deutlich unterscheidet (§ 30 Abs. 1 HGB). Zudem muss sie zwingend den Rechtsformzusatz nach § 4 enthalten. Eingeschränkt wird die Freiheit der Firmenbildung durch das **Täuschungs- und Irreführungsverbot** des § 18 Abs. 2 Satz 1 HGB, nachdem die Firma nicht über geschäftliche Verhältnisse täuschen darf, die für die angesprochenen Verkehrskreise wesentlich sind. Ferner darf die Firma nicht gegen gesetzliche Verbote, die öffentliche Ordnung oder die guten Sitten verstoßen (§§ 134, 138 BGB).

6 Im Allgemeinen lassen sich bei der Bildung der Firma drei Grundkategorien unterscheiden. Zunächst besteht die Möglichkeit der Bildung der Firma durch Verwendung eines Personennamens, etwa eines Gesellschafters der GmbH (siehe Rn. 34).[14] Diese sog. **Personenfirma** ist vor allem bei Einzelkaufleuten und Personengesellschaften beliebt.

7 Die sog. **Sachfirma** beschreibt den Unternehmensgegenstand (siehe Rn. 21). Auch die **Fantasiefirma**, bei der die Firma weder aus einem Personennamen noch aus dem Unternehmensgegenstand gebildet wird, ist zulässig (siehe Rn. 26). Schließlich sind **Kombinationen** aus diesen verschiedenen Kategorien möglich und auch weit verbreitet.

2. Kennzeichnungseignung und Unterscheidungskraft (§ 18 Abs. 1 HGB)

8 Die Firma des Kaufmanns muss nach § 18 Abs. 1 HGB zur Kennzeichnung geeignet sein und Unterscheidungskraft besitzen. Diese Vorschrift gilt auch für die GmbH.

9 Die Firma der Gesellschaft ist zur Kennzeichnung geeignet, wenn sie einen ein Unternehmen **individualisierenden Hinweis** enthält.[15] Dieses Erfordernis der Kennzeichnungskraft der Firma ist Folge der Namensfunktion, die die GmbH als Rechtssubjekt von anderen Rechtssubjekten unterscheiden soll.[16]

10 Als Firma darf damit grundsätzlich nur eine wörtliche und aussprechbare Bezeichnung gewählt werden und kann damit regelmäßig nur aus **Worten**, nicht dagegen aus Bildern oder Bildbestandteilen bestehen.[17]

a) Bild- und Sonderzeichen sowie @-Zeichen

11 Die Firma kann die Namensfunktion nicht erfüllen, wenn die Bezeichnung durch **Bild- oder Sonderzeichen** erfolgen soll. Unzulässig ist damit zunächst die Bildung der Firma ausschließlich durch Bilder oder Sonderzeichen. Sonderzeichen sind aber dann zur Firmenbildung geeignet, wenn sie in den maßgeblichen Verkehrskreisen ausgesprochen werden können, wie etwa das übliche „&" oder das mathematische „+"[18]. Die **Unterstreichung** einzelner oder mehrerer Buchstaben, etwa der Anfangsbuchstaben, ist jedoch nicht für die Bildung der Firma geeignet, da sie nicht aussprechbar ist.

> **!** Die Praxis der Registergerichte ist bei Überprüfung der Zulässigkeit einer Firma im Hinblick auf die Kennzeichnungsfunktion uneinheitlich. Bei Zweifel über die Zulässigkeit gewählter Zeichen sollte vorab mit dem Registergericht geklärt werden, ob dort Bedenken bestehen.

---

14 Zur Verwendung des Namens eines Prominenten vgl. *Jung*, ZIP 1998, 681.
15 GK-HGB/*Steitz*, § 18 HGB Rn. 6.
16 RGZ 85, 397, 399; BGHZ 67, 166, 168; vgl. auch BayObLGZ 1970, 235, 237.
17 Achilles/Ensthaler/Schmidt/*Achilles*, § 4 Rn. 4.
18 BGH NZG 2009, 192 HM & A

Für das **@-Zeichen** ist zu unterscheiden, ob das @-Zeichen in der Weise Bestandteil der Firma sein soll, in der es auch im elektronischen Rechtsverkehr verwendet wird, oder ob es sich nur um eine besondere Darstellung des Buchstabens „a" handeln soll. Im letztgenannten Fall ist die Verwendung unzulässig. 12

> **!** Mitunter wird die Aufnahme des @-Zeichens in die Firma gewünscht. Dieses Zeichen kann nach nunmehr herrschender Ansicht als Bestandteil (Buchstabe) der Firma der Gesellschaft verwendet werden, wenn es die Buchstaben „at" ersetzen soll.[19] Unzulässig sind aber etwa „Met@box AG" [20] oder „@toll GmbH"[21]. Zulässig ist dagegen eine Firma, bei der das Zeichen @ wie „at" verwendet wird, etwa in der Firma „men@work".[22]

b) Buchstabenkombinationen und Zahlen

Ob bloßen **Buchstabenkombinationen** eine Namensfunktion zukommen kann und sie damit als Firma der GmbH in Betracht kommen, wird unterschiedlich beurteilt.[23] Nach nunmehr herrschender Ansicht ist eine nur aus Buchstaben bestehende Firma als zulässig anzusehen,[24] und zwar auch dann, wenn die Buchstaben nicht artikulierbar sind[25]. Dieser letztgenannten Auffassung ist vor dem Hintergrund auch der markenrechtlichen Zulässigkeit derartiger Buchstabenkombinationen zuzustimmen, zumal eine derartige Firma auch im Rechtsverkehr tatsächlich unterscheidbar ist. 13

Auch **Zahlenfolgen** können zur Kennzeichnung der Firma geeignet sein, da sie aussprechbar sind und Unterscheidungskraft besitzen.[26]

c) Unterscheidungskraft der Firma

Neben der Eignung zur Kennzeichnung der Firma verlangt § 18 Abs. 1 HGB von der gewählten Firma auch, dass sie Unterscheidungskraft haben muss. Dabei geht es zunächst nicht um die konkrete Unterscheidbarkeit von einer anderen Firma (siehe Rn. 29 ff.), sondern um eine **abstrakte** Unterscheidungskraft. Es geht hier zunächst darum, dass die gewählte Firma der Gesellschaft bei abstrakter Betrachtungsweise geeignet ist, sich von anderen ähnlichen Firmen zu unterscheiden.[27] Diese Unterscheidungskraft soll in gleicher Weise wie die Kennzeichnungseignung eine Identifizierung der GmbH ermöglichen. Diese fehlt grundsätzlich bei pauschalen Branchenbezeichnungen.[28] 14

> **!** Die Firma darf sich nicht in einer pauschalen Branchenbezeichnung, wie „Online Store GmbH" erschöpfen. Soll gleichwohl eine solche Firma gewählt werden, kann die Firma um Buchstaben oder Zahlen ergänzt werden, damit die erforderliche Unterscheidungskraft herbeigeführt wird, etwa „MZ Online Store GmbH". Auch die Ergänzung um Fantasienamen kann eine ausreichende Unterscheidungskraft herbeiführen.

Eine hinreichende Unterscheidungskraft fehlt auch dort, wo die Firma ausschließlich mit einem weit verbreiteten Familiennamen gebildet werden soll.[29] 15

---

19 Ablehnend: BayObLG NJW 2001, 3337 insoweit für das @-Zeichen allerdings überholt.
20 OLG Braunschweig, WRP 2001, 287.
21 LG Leipzig, NotBZ 2002, 112.
22 GK-HGB/*Steitz*, § 18 HGB Rn. 13; *Beyerlein*, WRP 2005, 582.
23 Ablehnend etwa OLG Celle, DB 2006, 1950.
24 Bejahend etwa: BGH WRP 2001, 273, 274 für „DB Immobilienfonds"; GK-HGB/*Steitz*, § 18 HGB Rn. 12, der darauf hinweist, dass es sich aber um mindestens zwei Buchstaben handeln muss.
25 OLG Hamm, FGPrax 2008, 78.
26 OLG Köln, NJW-RR 2006, 624 („01059 GmbH"); *Schulenburg*, NZG 2000, 1156.
27 GK-HGB/*Steitz*, § 18 HGB Rn. 14.
28 Etwa OLG Frankfurt/M. FGPrax 2005, 133 („Grundbesitz AG"); BayObLG NJW-RR 2003, 1544 („Profihandwerker GmbH"); OLG Frankfurt, Beschluss vom 13.10.2010 – 20 W 196/10 (Unzulässigkeit der Firma „Outlets.de GmbH").
29 Wie hier etwa Baumbach/*Hopt*, § 18 HGB Rn. 6, a.A. etwa MünchKomm-HGB/*Heidinger*, § 18 Rn. 35.

Ausnahmen sind jedoch dort anzunehmen, wo eine bereits eingeführte Firma in den maßgeblichen Verkehrskreisen Geltung erhalten hat und somit auch bei abstrakter Bezeichnung der Gattung oder des verbreiteten Familiennamens tatsächlich von anderen Firmen unterschieden wird.

3. Das Irreführungsverbot des § 18 Abs. 2 HGB

a) Grundsatz

16 Der in § 18 Abs. 2 HGB enthaltene Grundsatz der **„Firmenwahrheit"** gilt als „oberstes Gebot des Firmenrechts"[30] uneingeschränkt auch für die GmbH. Danach ist eine gewählte Firma, die geeignet ist, über geschäftliche Verhältnisse irrezuführen, die für die angesprochenen Verkehrskreise wesentlich sind, unzulässig.

17 Die Eignung der Firma zur **Irreführung** ist zunächst aus Sicht der angesprochenen Verkehrskreise[31] zu beurteilen (zum Prüfungsmaßstab im Registerverfahren siehe Rn. 28). Derartige Verkehrskreise können Kunden, Lieferanten oder Kreditgeber sein.[32] Es kommt dabei innerhalb dieser **Verkehrskreise** auf den durchschnittlichen, auch durchschnittlich informierten Angehörigen der betroffenen Personenkreise an.[33]

18 Der maßgebliche Zeitpunkt, zu dem es auf die Irreführung der gewählten Firma ankommt, erstreckt sich auf den gesamten Zeitpunkt des Bestehens der Firma. Ist also die Firma zunächst nicht irreführend i.S.d. § 18 Abs. 2 HGB und kommt es zu Änderungen, etwa der Sitzverlegung[34] oder Änderung des Unternehmensgegenstands,[35] wird die geführte Firma (oder die unwahr gewordenen Bestandteile der Firma) unzulässig und die Firma muss geändert werden.

b) Einzelfälle

19 Rechtsprechung und Schrifttum zum **Irreführungsverbot** sind unüberschaubar. Im Folgenden sollen einige häufiger auftretende Fallgruppen dargestellt werden.

aa) Irreführung über die Größe

20 Zusätze, die den Anschein erwecken, das Unternehmen verfüge über eine gewisse Größe, sind i.d.R. nicht irreführend, da aus Sicht der betroffenen Verkehrskreise auch mit dem Firmenbestandteil „Werk", „Fabrik", „Center" oder „Zentrum" eine bestimmte Größe der GmbH nicht mehr assoziiert wird.[36] Aber auch hier kann im Einzelfall eine Irreführung vorliegen.

bb) Irreführung hinsichtlich Gegenstand und Tätigkeitsbezeichnung

21 Die **Sachfirma** muss mit dem **Unternehmensgegenstand** übereinstimmen,[37] insbesondere darf die gewählte Firma nicht den Anschein erwecken, dass die GmbH Leistungen anbietet, die sie tatsächlich nicht anbietet und anbieten kann (zu der Firma bestimmter Berufe siehe Rn. 43).[38]

---

30 *K. Schmidt*, Handelsrecht, S. 361.
31 Zum Begriff *Bokelmann*, GmbHR 1998, 57; *Köhler*, NJW 2004, 2121 ff.
32 Vgl. BayObLG NJW-RR 2002, 472.
33 Etwa GK-HGB/*Steitz*, § 18 HGB Rn. 20; OLG Stuttgart, FGPrax 2004, 40.
34 OLG Jena, Rpfleger 1996, 462.
35 BayObLG NJW 1988, 2480.
36 Wie hier Baumbach/Hueck/*Fastrich*, § 4 Rn. 11; GK-HGB/*Steitz*, § 18 HGB Rn. 26; vgl. aber BayOblG NJW-RR 1990, 671 zur Unzulässigkeit des Begriffs „Süßwarenhaus".
37 Baumbach/Hueck/*Fastrich*, § 4 Rn. 11; nach OLG Stuttgart, Beschluss vom 08.03.2012 – 8 W 82/12 ist von einer wesentlichen Irreführung bei einer Sachfirma nicht allein deshalb auszugehen, weil sie den Unternehmensgegenstand für Dritte nicht erkennen lässt. Vielmehr bedarf das Abstellen auf den Tätigkeitsbereich einer großzügigen Beurteilung.
38 KG, FGPrax 2010, 42.

> **!** Unzulässig ist etwa die Firma oder der Bestandteil der Firma „Treuhand", wenn die GmbH reine Steuerberatung erbringt,[39] oder „Revisions- und Treuhandgesellschaft", wenn die GmbH keine Wirtschaftsprüfung bietet.[40] Probleme bereitet auch die Firma, die als Bestandteil „Invest", „Investment" u.Ä. enthalten soll. Hier muss genau geprüft werden, ob der Unternehmensgegenstand die damit verbundenen Tätigkeiten erlaubt.

Gesetzlich vorgeschriebene Gegenstandsbezeichnungen, wie etwa **Rechtsanwaltsgesellschaft** (vgl. § 59k Abs. 2 BRAO) oder Steuerberatungsgesellschaft (vgl. §§ 53, 161 StBerG), dürfen nur dann in der Firma enthalten sein, wenn die entsprechenden Voraussetzungen vorliegen. So ist etwa der Zusatz „Steuerberatung" in einer reinen **Rechtsanwaltskanzlei** auch dann unzulässig, wenn eine Ausnahme nach § 43 Abs. 4 Satz 3 StBerG vorliegt, weil der Eindruck erweckt wird, es handele sich um einen Zusammenschluss von Steuerberater und Rechtsanwalt.[41]

cc) Geografische Zusätze

Geografische Bestandteile der Firma müssen einen realen Bezug zur unternehmerischen Tätigkeit der GmbH aufweisen,[42] etwa den Sitz oder das Tätigkeitsgebiet des Unternehmens. Derartige geographische Zusätze sind insbes. dann zulässig, wenn sie attributiv oder substantivischer Bestandteil der Firma sind.[43] Die Verwendung des Begriffs „Deutsch" oder „Deutschland" als Bestandteil der Firma ist etwa nur dann zulässig, wenn das Unternehmen nach Größe und Präsenz im gesamten oder überwiegenden Teil des Bundesgebiets tätig ist, wobei jedoch nicht gefordert werden kann, dass eine hervorgehobene Position vorliege.[44] Für die Verwendung der Begriffe „Euro", „europäisch" sowie „international" u.Ä. ist zu fordern, dass tatsächlich ein nicht ganz untergeordneter grenzüberschreitender Waren- oder Dienstleistungsverkehr stattfindet.[45] 22

dd) Anschein öffentlicher Trägerschaft

Irreführend können auch Firmenbestandteile sein, die den Hinweis auf **amtliche**, **kommunale**, **staatliche** oder **kirchliche Funktionen** vermitteln. Probleme bereitet in der Praxis die Verwendung der Begriffe „Institut" oder „Akademie". Für Ersteres wird auch heute noch angenommen, es vermittle einen „amtlichen" Eindruck und sei daher als Firmenbestandteil unzulässig.[46] Die „Akademie" wird mittlerweile in der Öffentlichkeit nicht mehr als staatliche Einrichtung verstanden und ist deshalb als Firmenbestandteil nicht zwingend irreführend.[47] 23

ee) Akademische Grade

Die Verwendung akademischer Grade als Bestandteil der Firma der GmbH ist zulässig. Da mit derartigen akademischen Graden (angeblich) beim Publikum der Eindruck besonderer Vertrauenswürdigkeit und Kompetenz erweckt wird, wird gefordert, dass der Titel tatsächlich von einer Person geführt wird, die die Geschicke des Unternehmens maßgeblich mitbestimmt. Dass allerdings die Fakultätsangabe („Dr. med."; „Dr. phil.") anzufügen ist, kann m.E. jedenfalls bei der GmbH nicht verlangt werden.[48] 24

ff) Gesetzlich geschützte Zusätze

Gewisse Begriffe können im Rahmen der Bildung einer Firma unzulässig sein, wenn das Unternehmen die Voraussetzung zur Führung einer Firma mit diesem Inhalt nicht erfüllt. Zu nennen ist hier 25

---

39 OLG Frankfurt/M., DB 1980, 1641.
40 BayObLG DB 1982, 1572.
41 OLG Rostock, NJW-RR 2006, 784.
42 OLG Frankfurt/M., FGPrax 2005, 133.
43 OLG Köln, FGPrax 2008, 125; OLG München, FGPrax 2010, 206; OLG Zweibrücken, 01.02.2012 – 3 W 16/12.
44 BGH GRUR 1982, 239.
45 OLG Hamm, NZG 1999, 994.
46 LG Düsseldorf, DB 2004, 1720; krit.: *Munzig*, FGPrax 2006, 47.
47 Vgl. KG FGPrax 2005, 77.
48 So aber GK-HGB/*Steitz*, § 18 HGB Rn. 29; im Einzelnen: *Riegger*, DB 1984, 441 ff.

etwa der Bestandteil der Firma **„Bank"**, **„Sparkasse"**, „Bausparkasse" u.Ä. Die Verwendung einer Firma mit diesen Bestandteilen ist allein Unternehmen i.S.v. § 39 KWG vorbehalten. Entsprechendes gilt für die Verwendung der Bezeichnung **„Versicherung"** o.Ä. (§ 4 VAG) und **„Investmentfonds"**, „Investmentgesellschaft" u.Ä. (§ 3 InvG).

gg) Irreführung bei der Fantasiefirma

26 Die Liberalisierung des Firmenrechts hat es mit sich gebracht, dass die Bildung der Firma ohne jeden Bezug zum Gegenstand des Unternehmens oder des Unternehmensträgers möglich ist. Damit ist eine Irreführung der betreffenden Verkehrskreise nur noch ausnahmsweise möglich. Dies kommt etwa in Betracht, wenn die Fantasiefirma im Firmenkern Bestandteile enthält, die Rechtsformzusätzen („AG") entsprechen oder ähneln oder sonstige Gesellschaftsverhältnisse andeuten. Ausgenommen davon ist die anerkannte GmbH & Co. KG, die mit den unterschiedlichen Rechtsformangaben keine Irreführung herbeizuführen vermag (siehe Rn. 41).

27 Für die GmbH sind dabei insbesondere solche Firmenbestandteile unzulässig, die auf die Rechtsform der AG hindeuten, etwa die **Buchstabenkombination** AG am Schluss des Firmenkerns[49]. Dies gilt auch dann, wenn (was regelmäßig der Fall ist) der Rechtsformzusatz der GmbH dem Firmenkern angefügt ist, da bei der schlagwortartigen Verwendung der Firma der Rechtsformzusatz häufig nicht erwähnt wird. Entsprechendes gilt für die Verwendung des Begriffs „Stiftung".

hh) Verwendung des Namens einer fiktiven Person für eine Personenfirma

28 Nach einer neueren Entscheidung des OLG Jena [50] ist die Verwendung des Namens einer fiktiven Person, der in der Firma einer GmbH enthalten ist, nicht irreführend im Sinne des § 18 Abs. 2 HGB. Zwar ist bei der Verwendung des Namens einer *fiktiven* Person die Firma unwahr, jedoch sind die Namen der Gesellschafter einer GmbH für den maßgeblichen Durchschnittsadressaten nicht von wesentlicher Bedeutung für seine wirtschaftliche Entscheidung. Schließlich ist es für die wirtschaftlichen Erwartungen der angesprochenen Verkehrskreise ohne Bedeutung, ob es sich bei der Personenfirma um den Namen einer existenten oder einer fiktiven Person handelt, solange sie den verwendeten Namen nicht einer bestimmten Person zuordnen können.

c) Prüfungsumfang des Registergerichts (§ 18 Abs. 2 Satz 2 HGB)

29 Das Registergericht prüft das Vorhandensein einer möglichen Eignung zur Irreführung nur, wenn es für das Gericht „ersichtlich" ist. Eine solche Prüfung kann zunächst bei der Erstanmeldung der GmbH, aber auch im Firmenmissbrauchsverfahren (§ 37 Abs. 1 HGB) und im Amtslöschungsverfahren (§ 395 FamFG) erfolgen. Der eingeschränkte Prüfungsumfang soll eine Erleichterung des Eintragungsverfahrens bewirken. Ersichtlich i.S.d. § 18 Abs. 2 Satz 2 HGB ist die Eignung zur Irreführung dann, wenn dem Registergericht Hinweise aus den Registerakten vorliegen und/oder es sich Informationen aus den üblichen Informationsmitteln beschafft. Eine systematische Einholung von Stellungnahmen von der Industrie- und Handelskammer würde sich jedoch nicht mit dem Zweck der Vorschrift vereinbaren lassen.[51] Im Übrigen bestimmt sich das Vorgehen des Registergerichts nach dem das FGG-Verfahren beherrschenden Amtsermittlungsgrundsatz (§ 12 FamFG).

4. Unterscheidungskraft der Firma (§ 30 HGB)

30 Anders als die Vorschrift des § 18 HGB, die die Kennzeichnungs- und Individualisierungsfunktion der Firma zum Inhalt hat, soll mit § 30 HGB der Grundsatz der Firmenausschließlichkeit verwirklicht werden. Der Geschäftsverkehr soll vor der Verwechslung neuer Firmen mit bereits bestehenden Firmen geschützt werden. Die Vorschrift des § 30 HGB dient damit nicht allein dem Schutz des Inhabers der älteren Firma, sodass der Inhaber der älteren Firma auf diesen Schutz auch nicht verzichten kann.[52]

49 Vgl. OLG Dresden, NZG 2010, 1237.
50 OLG Jena, MDR 2010, 1128; Anschluss LG München, Beschluss vom 26.10.2006 – 17 HK T 16920/06, 17 HKT 16920/06; A.A. LG Frankfurt (Oder), Beschluss vom 16.05.2002 – 32 T 3/02
51 OLG Stuttgart, DB 2012, 741
52 BGHZ 46, 11.

a) Räumlicher Anwendungsbereich des § 30 Abs. 1 HGB

Nach § 30 Abs. 1 HGB muss die Unterscheidung im Hinblick auf andere Firmen in derselben Gemeinde (im kommunalrechtlichen Sinne) bzw. demselben Ort (i.S.d. Verkehrsanschauung) möglich sein. Damit deckt sich der räumlich maßgebliche Bereich nicht etwa mit dem Bezirk des Registergerichts. 31

b) Sachlicher Anwendungsbereich des § 30 Abs. 1 HGB

Die Vorschrift des § 30 Abs. 1 HGB gilt für alle Firmen unabhängig von der Rechtsform, insbesondere auch für juristische Personen (§ 33 HGB). 32

aa) Der Prioritätsgrundsatz

Die Pflicht zur Unterscheidung trifft den Inhaber der neuen Firma. Entscheidender Zeitpunkt ist dabei der der Eintragung in das Handelsregister, unerheblich ist dabei der Zeitpunkt der Entstehung des Unternehmens (siehe § 11 Rn. 5 ff.). Neu in diesem Sinne kann auch die Eintragung einer Änderung der Firma oder die Eintragung der Firma aufgrund Sitzverlegung sein.[53] 33

Die ältere Firma muss dabei jedoch noch bestehen, d.h. noch im Handelsregister eingetragen sein, und darf nicht unter Verstoß gegen firmenrechtliche Grundsätze gebildet sein.[54]

bb) Deutliche Unterscheidbarkeit

Die Vorschrift des § 30 HGB geht über die des § 18 Abs. 1 HGB nicht nur deshalb hinaus, weil eine deutliche Unterscheidbarkeit gefordert ist, sondern auch weil § 30 HGB nicht nur eine abstrakte, sondern eine konkrete Unterscheidbarkeit verlangt. Eine solche Verwechslungsgefahr liegt nicht nur dann vor, wenn die Verwechslung der Firma möglich ist, sondern auch dann, wenn die Firmierung den Eindruck vermittelt, die alte und die neue Firma seien organisatorisch oder wirtschaftlich miteinander verbunden. 34

Maßgeblich ist dabei der Gesamteindruck der Firma, wie er sich beim allgemeinen Publikum (nicht in den betreffenden Kaufmannskreisen) in „Auge und Ohr einprägt".[55] Dabei sind auch gebräuchliche Abkürzungen von Firmen (MAN) zu berücksichtigen. Der allein abweichende Rechtsformzusatz reicht dabei nicht aus (zur GmbH & Co. KG siehe Rn. 41).

! Bei der Personenfirma genügt es zur deutlichen Unterscheidung, dass der Vorname dem Nachnamen als Firmenbestandteil hinzugefügt wird.[56]

5. Rechtsformzusatz nach § 4

a) Grundsatz

Die Vorschrift des § 4 regelt allein den Rechtsformzusatz der Firma der GmbH. Die Firma muss danach, auch wenn sie nach § 22 HGB oder nach anderen gesetzlichen Vorschriften fortgeführt wird, die Bezeichnung **„Gesellschaft mit beschränkter Haftung"** oder eine **allgemein verständliche Abkürzung** dieser Bezeichnung enthalten. Die Rechtsformbezeichnung muss dabei in genau dieser Form erfolgen. So kann etwa auf die Verwendung des Worts „Gesellschaft" auch dann nicht verzichtet werden, wenn durch andere Bezeichnungen der Hinweis auf die Gesellschaft gegeben ist.[57] 35

53 Etwa GK-HGB/*Steitz*, § 30 HGB Rn. 4.
54 Streitig, GK-HGB/*Steitz*, § 30 HGB Rn. 11 m.w.N.
55 Vgl. BGHZ 46, 12.
56 Vgl. BGH NJW 1993, 2236 (vollständiger Vorname beim Einzelkaufmann).
57 Zu den Übergangsvorschriften für die nach altem Recht gebildete Firma vgl. Art. 38 Abs. 1 EGHGB; ausführlich: Ulmer/Habersack/Winter/*Heinrich*, § 4 Rn. 34.

Anders als nach früherem Recht ist der Rechtsformzusatz „& Co. mbH" nicht zulässig, der Rechtsformzusatz muss GmbH lauten.[57]

36 Zulässig ist jedoch die Verbindung des Wortes Gesellschaft mit einem anderen Wort, etwa „Handelsgesellschaft mbH". Ob jedoch der Begriff Gesellschaft vorgezogen werden darf („Gesellschaft für Finanzdienstleistungen mbH"), erscheint zweifelhaft, da das Vorziehen des Bestandteils Gesellschaft nach dem Wortlaut des § 4 zu vereinbaren ist.[58]

b) Ergänzungen zum Rechtsformzusatz

37 Problematisch sind auch weitere Hinzufügungen zu dem Rechtsformzusatz, da derartige Zusätze zu Unklarheiten führen können. Die Abkürzung „gGmbH" entspricht diesen Vorgaben nicht. § 4 lässt als Abkürzung nur eine solche für die Bezeichnung „Gesellschaft mit beschränkter Haftung" zu. Die Aufnahme weiterer Kürzel für zusätzliche Angaben, hier zum Gesellschaftszweck, kommt deshalb nicht in Betracht.[59] Unbedenklich ist hingegen die Bezeichnung „gemeinnützige Gesellschaft mit beschränkter Haftung". Die Hinzufügung weiterer Bestandteile zu der allgemein verständlichen Abkürzung „GmbH" birgt die Gefahr, dass die Gesellschaft im Rechtsverkehr als Sonderform der GmbH angesehen wird und Unklarheit darüber entsteht, ob und in welchem Umfang sie den für die GmbH geltenden Regelungen, insbesondere über die Haftung, unterliegt.

38 Die Notwendigkeit des Rechtsformzusatzes ist nach dem ausdrücklichen Wortlaut des § 4 auch dann nicht entbehrlich, wenn die GmbH nach § 22 HGB (oder sonstigen Vorschriften) eine Firma fortführt.

c) Rechtsscheinhaftung bei fehlendem Rechtsformzusatz

39 Verstößt der Geschäftsführer gegen die Verpflichtung aus § 4, mit der Firma der GmbH unter Verwendung des Rechtsformzusatzes aufzutreten (vgl. etwa §§ 35 Abs. 3 und 35a Abs. 1), kann dies zu einer Rechtsscheinhaftung der Handelnden führen.[60] Diese Rechtsscheinhaftung setzt voraus, dass der Handelnde durch das Weglassen des Rechtsformzusatzes den Eindruck einer unbeschränkten Haftung erweckt hat.[61] Da aber nunmehr jede Firma, also auch der Einzelkaufmann (§ 19 HGB), einen Rechtsformzusatz verwenden muss, dürfte ein solcher Rechtsschein nicht bereits allein durch das Weglassen des Rechtsformzusatzes der GmbH entstehen.[62] Es müssen vielmehr weitere Umstände hinzukommen, damit ein entsprechender Rechtsschein gesetzt ist. Hinzukommen muss, dass der Rechtsschein zurechenbar beim Handelnden gesetzt wurde (zur Rechtsscheinhaftung bei der Vor-GmbH siehe § 11 Rn. 38 ff.).

d) Sonderfälle

aa) Die Firma der Zweigniederlassung

40 Eine Ausnahme vom sog. Grundsatz der Firmeneinheit besteht für Zweigniederlassungen. Die Firma der Zweigniederlassung darf eine von der Firma der Hauptniederlassung abweichende Firma führen, solange hinreichend deutlich zum Ausdruck kommt, dass es sich um die Firma eines Zweigunternehmens handelt. Hinzukommen muss, dass die Firma der Hauptniederlassung eindeutig erkennbar ist.[63]

Nach § 30 Abs. 3 HGB bedarf es in besonderen Fällen sogar eines solchen Zusatzes.

58 Streitig, vgl. etwa Michalski/*Michalski*, § 4 Rn. 38.
59 OLG München, NJW 2007, 1601; dazu *N. Krause*, NJW 2007, 2156; a.A. etwa *Ullrich*, NZG 2007, 656.
60 Einen anderen Ansatz wählt *Haas*, NJW 1997, 2854 (Verletzung von Aufklärungspflichten).
61 BGH NJW 1998, 2897; Palandt/*Heinrichs*, § 164 BGB Rn. 3.
62 A.A. für den Zeitraum bis Außerkrafttreten des alten Rechts: Michalski/*Michalski*, § 4 Rn. 110; zum Anschein, einen Dritten (unbeschränkt Haftenden) zu vertreten, vgl. Michalski/*Michalski*, § 4 Rn. 111.
63 BayObLG NJW-RR 1992, 1062.

bb) Die Firma der GmbH & Co. KG

Besonderheiten ergeben sich bei der Firma der GmbH & Co. KG. Dies betrifft sowohl den Firmenkern als auch den Rechtsformzusatz. Die GmbH & Co. KG kann wie jedes andere Unternehmen eine Sachfirma, eine Fantasiefirma oder eine Personenfirma[64] wählen, sofern der Firmenkern den Anforderungen des § 18 HGB genügt. Nach § 19 Abs. 2 HGB muss die GmbH und & Co. KG jedoch einen Zusatz führen, der die Haftungsbeschränkung kennzeichnet. Ein solcher Zusatz kann etwa lauten „GmbH & Co. KG". Zweifelhaft erscheint, ob die Bezeichnung „GmbH & Co" nach § 18 Abs. 2 HGB zulässig ist.[65] Nicht ausreichend ist jedenfalls die Verwendung des Firmenzusatzes „(GmbH & Co)".[66] 41

Die Aneinanderreihung von Rechtsformenzusätzen ist insoweit unzulässig, als sie geeignet ist, den Rechtsverkehr über die für den Rechtsträger maßgebende Rechtsform irrezuführen. 42

Dies ist bei der GmbH & Co. KG insbesondere dann der Fall, wenn der Rechtsformzusatz oder die Rechtsformzusätze nicht klar erkennen lassen, dass eine GmbH die einzige persönlich haftende Gesellschafterin ist.[67]

Die Verwendung eines weiteren Rechtsformzusatzes (etwa „Partner") ist auch dann ausgeschlossen, wenn er als Bestandteil des Firmenkerns unter Hinzufügung des zutreffenden Rechtsformzusatzes verwendet wird.[68]

C. Weitere praktische Hinweise

I. Die Firma einzelner Berufsgruppen – freie Berufe in der Rechtsform der GmbH

Soweit Angehörige freier Berufe zur Ausübung ihrer Tätigkeit die Rechtsform der GmbH wählen, bedarf es einer besonderen Zulassung nach den jeweiligen Berufsordnungen. Die in der Rechtsform der GmbH betriebenen freien Berufe können Rechtsanwalts-, Steuerberatungs- oder Wirtschaftsprüfungsgesellschaften sein. Auch Architekten und eingeschränkt auch die Angehörigen von Heilberufen[69] können für die Berufsausübung die Rechtsform der GmbH wählen. 43

Für die Firmenbildung derartiger Gesellschaften gelten zunächst die allgemeinen Vorschriften, es sind aber nach den jeweiligen Vorschriften insoweit Einschränkungen angeordnet, die bei der Firmenbildung zu berücksichtigen sind.

Nach § 59k BRAO, der *lex specialis* gegenüber § 4 ist,[70] muss die Firma der Rechtsanwalts-GmbH mindestens den Namen eines Gesellschafters, der Rechtsanwalt ist, und die Bezeichnung „Rechtsanwaltsgesellschaft" enthalten. Mit dieser (teilweisen) Rückkehr zur Personenfirma soll offenbar die Pflicht zur eigenverantwortlichen und persönlichen Berufsausübung und die Abgrenzung zur gewerblichen Tätigkeit ausgedrückt werden. Der Hinweis auf die Rechtsanwaltsgesellschaft soll die Verwechslungsgefahr zur Partnerschaft verhindern. Abgesehen von den Fällen der Fortführung einer Sozietät sind weitere Firmenbestandteile nur zulässig, soweit sie gesetzlich vorgeschrieben sind.[71] Damit sind etwa geografische Zusätze wie „Kanzlei Königsplatz" nicht zulässig. 44

---

64 OLG Karlsruhe, Beschluss vom 24.02.2010 – 11 Wx 15/09: Die Bildung der Firma mit dem Namen eines Nichtgesellschafters ist grundsätzlich möglich, da die betroffenen Verkehrskreise auf Grund des eindeutigen Rechtsformzusatzes nicht die Existenz eines persönlich haftenden Gesellschafters vermuten könne, mithin kein Verstoß gegen das Irreführungsverbot über die persönliche Haftung des Namensgebers vorliegt.

65 GK-HGB/*Steitz*, § 19 HGB Rn. 22.

66 OLG Oldenburg, NJW-RR 1990, 357.

67 GK-HGB/*Steitz*, § 19 HGB Rn. 25 m.w.N.

68 OLG München, GmbHR 2007, 266.

69 Zur Zulässigkeit der GmbH bei Heilberufen vgl. § 95 Abs. 2 Satz 3 SGB V; BGHZ 124, 224; Ulmer/Habersack/Winter/*Heinrich*, § 4 Rn. 56 ff. m.w.N.

70 BGH BB 2004, 512.

71 Vergleichbares gilt nach § 52k PatAnwO für die Patentanwalts-GmbH.

45 Die Firma der Steuerberatungs-, Wirtschaftsprüfungs- und Buchprüfungs-GmbH sehen ebenfalls Einschränkungen vor, insbesondere sind derartige Gesellschaften verpflichtet, die Bezeichnung „Steuerberatungsgesellschaft" (§ 53 StBerG) bzw. „Wirtschaftsprüfungsgesellschaft" (§ 31 WPO) oder „Buchprüfungsgesellschaft" (§ 128 Abs. 2 WPO) als Bestandteil der Firma zu führen. Der Gebrauch derartiger Bezeichnung durch Nichtberechtigte ist strafbewehrt. Diese Vorschriften werden ergänzt durch berufsständische Satzungen etwa die BOStB oder BSWP/vBP, nach denen bestimmte Kombinationen oder Wortverbindungen nicht zulässig sind. Im Gegensatz zu der Firma der Rechtsanwalts-GmbH sind jedoch geografische Bezeichnungen (siehe Rn. 22) oder Buchstabenfolgen (siehe Rn. 13) in der Firma gestattet (vgl. jedoch § 56 BOStB).

46 Die Firma der Architekten-GmbH ist durch Landesgesetze, etwa SächsArchG, geregelt. Nach diesen Vorschriften bedarf es i.d.R. der Aufnahme der Bezeichnung „Architekt", bzw. „Innenarchitekt" oder „Landschaftsarchitekt" in der Firma der GmbH, mitunter auch der Aufnahme des Namens eines Gesellschafters (Art. 3 Satz 2 BayArchG).

II. Firmenfortführung

47 Nach § 22 HGB kann derjenige, der ein bestehendes Handelsgeschäft unter Lebenden oder von Todes wegen erwirbt, die bisherige Firma fortführen, wenn der bisherige Geschäftsinhaber oder dessen Erben in die Fortführung der Firma ausdrücklich einwilligen. Um eine Irreführung über die Rechtsform zu vermeiden, muss bei der Fortführung der Firma eines Einzelkaufmanns durch eine GmbH neben der Beifügung eines korrekt wiedergegebenen Rechtsformzusatzes (siehe Rn. 35 ff.) der Rechtsformzusatz der Einzelfirma gestrichen werden. Möglich ist es jedoch auch, anstelle der Streichung des Rechtsformzusatzes des Einzelkaufmanns einen Nachfolgezusatz beizufügen, der die Zweifel an der Rechtsform beseitigt.[72]

III. Änderung der Firma

48 Die Änderung der Firma der eingetragenen Gesellschaft kann durch Satzungsänderung erfolgen (§ 53 Abs. 1) und ist zur Eintragung in das Handelsregister anzumelden (§ 54). Durch die Änderung der Firma erlischt die bisherige Firma. Für die neu gewählte Firma sind die gleichen Grundsätze zu beachten, die auch bei der Neugründung der GmbH zu berücksichtigen sind.

IV. Die Firma in der Liquidation und bei Erlöschen der GmbH

49 Die Firma der GmbH teilt deren Schicksal. Tritt die Gesellschaft in das Stadium der Liquidation, besteht die Firma der Gesellschaft zunächst fort und ist um den Zusatz „in Liquidation" bzw. eine allgemein verständliche Kurzform zu ergänzen (§ 68 Abs. 2). Die Hinzufügung eines Liquidationszusatzes ist aber dann nicht erforderlich, wenn über das Vermögen der Gesellschaft das Liquidationsverfahren eröffnet wurde, da hier die Vorschrift des § 68 Abs. 2 keine Anwendung findet. Es bedarf im Falle der Insolvenz der Gesellschaft auch keiner anderweitigen Kennzeichnung im Hinblick auf die Insolvenz.

50 Die Firma der Gesellschaft erlischt jedoch mit der endgültigen Auseinandersetzung der Gesellschaft oder aber durch Untergang der Gesellschaft im Rahmen eines Umwandlungsvorgangs, sofern der übernehmende Rechtsträger die Firma nicht übernimmt. Die Firma erlischt schließlich auch dann, wenn die Gesellschaft nach § 60 Abs. 1 Nr. 6 gelöscht wird. Die vorübergehende Einstellung des Geschäftsbetriebs führt jedoch nicht zu einem Erlöschen der Firma.[73]

51 Das Erlöschen der Firma ist durch das Registergericht nach § 31 Abs. 2 HGB i.V.m. § 141 FGG in das Handelsregister einzutragen. Das Erlöschen der Firma einer Zweigniederlassung ist jedoch zur Eintragung in das Handelsregister anzumelden (§ 13 Abs. 5 HGB).

72 BGH NJW 1998, 1150.
73 Michalski/*Michalski*, § 4 Rn. 94.

§ 4a Sitz der Gesellschaft

Sitz der Gesellschaft ist der Ort im Inland, den der Gesellschaftsvertrag bestimmt.

Literatur

Bandehzadeh/Thoß, Die nachträgliche Verlagerung des tatsächlichen Sitzes einer GmbH, NZG 2002, 803; *Bayer/Schmidt*, Grenzüberschreitende Sitzverlegung und grenzüberschreitende Restrukturierungen nach MoMiG, Cartesio und Trabrennbahn, ZHR 173 (2009), 735; *Bergmann*, Niederlassungsfreiheit: Wegzug und Zuzug von Gesellschaften in der EU, ZEuS 2012, 233; *Binnewies*, Verlegung des Verwaltungssitzes einer GmbH ins Ausland, GmbH-StB 2008, 268; *Blaschke*, Satzungssitz, tatsächlicher Verwaltungssitz und inländische Geschäftsanschrift: Neue Gestaltungsmöglichkeiten bei innerdeutschen Sachverhalten, GWR 2010, 25; *Bollacher*, Keine Verletzung der Niederlassungsfreiheit durch nationale Beschränkungen des Wegzugs von Gesellschaften – Besprechung zu EuGH, RIW 2009, 70 – Cartesio, RIW 2009, 150; *Bollacher*, Referentenentwurf zur Regelung des Internationalen Gesellschaftsrechts, RIW 2008, 200; *Brakalova/Barth*, Nationale Beschränkungen des Wegzugs von Gesellschaften innerhalb der EU bleiben zulässig – Anmerkung zum Urteil des EuGH in der Rs. Cartesio vom 16.12.2008 – Rs. C-210/06, DB 2009, S. 52, DB 2009, 213; *Breitenstein/Meyding*, Der Regierungsentwurf zum MoMiG: Die Deregulierung des GmbH-Rechts schreitet voran, BB 2007, 1457; *Däubler/Heuschmid*, Cartesio und MoMiG-Sitzverlagerung ins Ausland und Unternehmensmitbestimmung, NZG 2009, 493; *Dierksmeyer/Scharbert*, GmbH und englische Ltd. Im Wettlauf der Reformen 2006, BB 2006, 1517; *Ebert*, Die sachrechtliche Behandlung einer GmbH mit ausländischem Verwaltungssitz, NZG 2002, 937; *Fingerhuth/Rumpf*, MoMiG und die grenzüberschreitende Sitzverlegung – Die Sitztheorie ein (lebendes) Fossil?, IPRax 2008, 90; *Forsthoff*, Internationales Gesellschaftsrecht im Umbruch, DB 2003, 979; *Franz/Laeger*, Die Mobilität deutscher Kapitalgesellschaften nach Umsetzung des MoMiG unter Einbeziehung des Referentenentwurfs zum internationalen Gesellschaftsrecht, BB 2008, 678; *Frobenius*, „Cartesio": Partielle Wegzugsfreiheit für Gesellschaften in Europa, DStR 2009, 487; *Geyrhalter/Gänßler*, Perspektiven nach Überseering – wie geht es weiter?, NZG 2003, 409; *Grohmann/Gruschinske*, Beschränkungen des Wegzugs von Gesellschaften innerhalb der EU – die Rechtssache Cartesio, EuZW 2008, 463; *Großerichter*, Ausländische Kapitalgesellschaften im deutschen Rechtsraum: Das deutsche internationale Gesellschaftsrecht und seine Perspektiven nach der Entscheidung „Überseering", DStR 2003, 159; *v. Halen*, Das internationale Gesellschaftsrecht nach dem Überseering-Urteil des EuGH, WM 2003, 571; *Hamann*, Auslandsscheingesellschaften im Spannungsfeld zwischen Kollisionsrecht, BGB und dem GATS am Beispiel Schweizer Aktiengesellschaften mit Verwaltungssitz in Deutschland (zugleich eine Urteilsbesprechung von BGH II ZR 158/06 („Trabrennbahn") vom 27. Oktober 2008, NJW 2009, 289), ELR 2009, 186; *Hellgardt/Illmer*, Wiederauferstehung der Sitztheorie?, NZG 2009, 94; *Heinze*, Der Begriff des Sitzes gemäß §§ 13 III 1, 46 II FZV bei Divergenz von Satzungssitz und Verwaltungssitz, NZV 2012, 1891; *Hoffmann*, Die stille Bestattung der Sitztheorie durch den Gesetzgeber, ZIP 2007, 1581; *Kersting*, Rechtswahlfreiheit im Europäischen Gesellschaftsrecht nach Überseering, NZG 2003, 9; *Kieninger*, Sitztheorie bei Sitzverlegung schweizerischer AG – Trabrennbahn, NJW 2009, 292; *Kindler*, GmbH-Reform und internationales Gesellschaftsrecht, AG 2007, 721; *Kindler*, Internationales Gesellschaftsrecht 2009: MoMiG, Trabrennbahn, Cartesio und die Folgen, IPRax 2009, 189; *Klos-Mokroß*, Die Eintragung der Zweigniederlassung einer englischen „private limited company" in das deutsche Handelsregister, DStR 2005, 971 und 1013; *Knop*, Die Wegzugsfreiheit nach dem Cartesio-Urteil des EuGH – Zugleich eine Besprechung des EuGH-Urteils vom 16.12.2008 – Rs. C-210/06 (Cartesio), DZWiR 2009, 147; *Kobelt*, Internationale Optionen deutscher Kapitalgesellschaften nach MoMiG, „Cartesio" und „Trabrennbahn" – zur Einschränkung der Sitztheorie, GmbHR 2009, 808; *Koch/Eickmann*, Gründungs- oder Sitztheorie? Eine „never ending story"?, AG 2009, 73; *Kögel*, Gründung einer ausländischen Briefkastenfirma: Wann ist eine Zweigniederlassung in Deutschland eine Zweigniederlassung?, DB 2004, 1763; *Kußmaul/Richter/Ruiner*, Die Sitztheorie hat endgültig ausgedient! – Anmerkungen zum Referentenentwurf für ein Gesetz zum Internationalen Privatrecht der Gesellschaften, Vereine und juristischen Personen, DB 2008, 451; *Leible/Hoffmann*, „Überseering" und das deutsche Gesellschaftskollisionsrecht, ZIP 2003, 925; *Leible/Hoffmann*, Cartesio – fortgeltende Sitztheorie, grenzüberschreitender Formwechsel und Verbot materiellrechtlicher Wegzugsbeschränkungen, BB 2009, 58; *Leitzen*, Die GmbH mit Verwaltungssitz im Ausland, NZG 2009, 728; *Leitzen*, Der Umzug von Kapitalgesellschaften und seine registerrechtlichen Folgen, RNotZ 2011, 536; *Leuering*, Neue Entwicklungen im Internationalen Gesellschaftsrecht, NJW-Spezial 2008, 111; *Leuering*, Von Scheinauslandsgesellschaften hin zu Gesellschaften mit Migrationshintergrund, ZRP 2008, 73; *Lieder/Kliebisch*, Nichts Neues im Internationalen Gesellschaftsrecht: Anwendbarkeit der Sitztheorie auf Gesellschaften aus Drittstaaten?, BB 2009, 338; *Lutter*, „Überseering" und die Folgen, BB 2003, 7; *Nave*, Die Liberalisierung der Wegzugsfreiheit in Europa, BB 2008, 1410; *Nave*, Das Ende der gegenwärtigen Wegzugsbesteuerung – Der zweite Block auf Cartesio, BB 2009, 870; *Nemessanyi*, Cartesio ergo sum?, ZfRV 2008, 264; *Neye*, Die Regelung der grenzüberschreitenden Sitzverlegung – eine ungelöste Aufgabe des europäischen Gesetzgebers, Festschrift für Schwark, 2009, S. 231; *Nolting*, Wegzugsbeschränkungen für Gesellschaften in Deutschland nach Cartesio, NotBZ 2009, 109; *Paefgen*, Auslandsgesellschaften und Durchsetzung deutscher Schutzinteressen nach „Überseering", DB 2003, 487; *Paefgen*, Cartesio: Niederlassungsfreiheit minderer Güte, WM 2009, 529; *Peterhoff*, Die tatsächliche Verlagerung des Gesellschaftssitzes während der Liquidation – auch ein Problem „post" MoMiG?, DZWiR 2008, 359; *Peters*, Verlegung des tatsächlichen Verwaltungssitzes der GmbH ins Ausland – Aufgabe der Sitztheorie durch das MoMiG?, GmbHR 2008, 245; *Pießkalla*, Verhinderbare Gesellschaftssitzverlegung in einen anderen Mitgliedstaat aus dem Gründungsmitgliedstaat, EuZW 2009, 81; *Pluskat*, Die Zulässigkeit des Mehrfachsitzes und die Lösung der damit verbundenen Probleme, WM 2004, 601; *Preuß*, Die Wahl des Satzungssitzes im geltenden Gesellschaftsrecht und nach dem MoMiG-Entwurf, GmbHR 2007, 57; *Ring*, Gesetzesvorschlag zum Internationalen Gesellschaftsrecht, IWB 2008, 821; *Ringe*, Keine Eintragung der Verlegung des Satzungssitzes einer GmbH in das EU-Ausland in das deutsche Handelsregister, GmbHR 2005, 487; *Roß*, Konzernrechnungslegungspflicht bei Verlegung des Verwaltungssitzes in das Ausland, BB 2012, 1783; *Roth*, Die deutsche Initiative zur Kodifizierung der Gründungstheorie, Festschrift für Westermann, 2008, S. 1345; *Rotheimer*, Referentenentwurf zum Internationalen Gesellschaftsrecht, NZG 2008, 181; *Schanze/Jüttner*, Anerkennung und Kontrolle ausländischer Gesellschaften – Rechtslage und Perspektiven nach der Überseering-Entscheidung des EuGH, AG 2003, 30; *Schmidt-Kessel*, Wirtschafts- und Gesellschaftsrecht, Niederlassungsfreiheit gestattet Wegzugsbeschränkungen – Anmerkung zu EuGH, Urteil vom 16.12.2008, C-210/06 – Cartesio, GPR 2009, 26; *Schmidtbleicher*, Verwaltungssitzverlegung deutscher Kapitalgesellschaften in Europa: „Sevic" als Leitlinie für „Cartesio"?, BB 2007, 613: *Schneider*, Internationales Gesellschaftsrecht vor der Kodifizierung, BB 2008, 566; *Sethe/Winzer*, Der Umzug von Gesellschaften in Europa nach dem Cartesio-Urteil, WM 2009, 536; *Stork*, Die geplante Kodifizierung des Internationalen Gesellschaftsrechts – Referentenentwurf eines Gesetzes zum Internationalen Privatrecht der Gesellschaften, Vereine und juristischen Personen, GewA 2008, 240; *Thömmes*, Grenzüberschreitende Sitzverlegung, JbFfSt 2009/2010, 86; *Thömmes*, Wegzug und Zuzug von Kapitalgesellschaften, StJB 2009/2010, 219; *Treibel/v. Hase*, Wegzug und grenzüberschreitende Umwandlungen deutscher Gesellschaften nach „Überseering" und „Inspire Art", BB 2003, 2409; *Wagner/Timm*, Der Referentenentwurf eines Gesetzes zum Internationalen Privatrecht der Gesellschaften, Vereine und juristischen Personen, IPRax 2008, 81; *Weber*, Internationale Zuständigkeit und Gläubigerschutz nach dem Wegzug von Gesellschaften, ZvglRWiss 2008, 193; *Weller*, Zum identitätswahrenden Wegzug deutscher Gesellschaften, DStR 2004, 1218; *Wenig*, Die Rechtssache Cartesio – das Ende Daily Mails?, EWS 2008, 264; *Werner*, Das deutsche Internationale Gesellschaftsrecht nach „Cartesio" und „Trabrennbahn", GmbHR 2009, 191; *Wicke*, Mobilität europäischer Kapitalgesellschaften am Vorabend der 14. gesellschaftsrechtlichen Richtlinie über die grenzüberschreitende Sitztverlegung, GPR 2010, 238; *Wiehe/Thies*, Sitzverlegung nach Luxemburg in der Praxis, BB 2012, 1891; *Wilhelmi*, Der Wegzug von Gesellschaften im Lichte der Rechtsprechung des EuGH zur Niederlassungsfreiheit, DB 2008, 1611; *Wilhelmi*, Anwendbarkeit der Niederlassungsfreiheit auf Gesellschaften bei Sitzverlegung, JZ 2009, 411; *Wöhlert*, Umzug von Gesellschaften innerhalb Europas – Eine systematische Darstellung unter Auswertung der Entscheidungen „Cartesio" und „Trabrennbahn", GWR 2009, 161; *Zimmer*, Wie es Euch gefällt? Offene Fragen nach dem Überseering-Urteil des EuGH, BB 2003, 1; *Zimmer/Naendrup*, Das Cartesio-Urteil des EuGH: Rück- oder Fortschritt für das internationale Gesellschaftsrecht?, NJW 2009, 545.

A. Allgemeines

1 § 4a regelt den Gesellschaftssitz, der nach § 3 Abs. 1 Nr. 1 als obligatorischer Mindestinhalt im Gesellschaftsvertrag festgelegt werden muss.

Durch die GmbH-Reform 2007 wurde Abs. 2 a.F.[1] ersatzlos gestrichen. Dieser hatte folgenden Wortlaut: „Als Sitz der Gesellschaft hat der Gesellschaftsvertrag in der Regel den Ort, an dem die Gesellschaft einen Betrieb hat, oder den Ort zu bestimmen, an dem sich die Gesellschaftsleitung

1 Vgl. dazu BGH DB 2008, 1906, wonach die faktische, gegen § 4a Abs. 2 verstoßende Verlagerung des Sitzes der Gesellschaft zu einem nachträglichen (dem gleichartigen anfänglichen Nichtigkeitsgrund vergleichbaren) Satzungsmangel führt, der die entsprechende Anwendung des § 399 FamFG (vormals § 144a Abs. 4 Alt. 2 FGG) rechtfertigt.

befindet oder die Verwaltung geführt wird." § 4a a.F. war durch das HRefG[2] zum 1.1.1999 mit dem Ziel eingeführt worden, die bis dato freie Sitzwahl zur Vermeidung von Missbräuchen stärker zu beschränken, insbesondere die Verlegung des Sitzes mit der Intention zu verhindern, sich dem Gläubigerzugriff zu entziehen oder die Zuständigkeit eines eintragungsfreundlicheren Registergerichts zu erreichen.[3]

Vergleiche im Kontext mit der Neufassung des § 4a auch den Referentenentwurf eines **Gesetzes zum Internationalen Privatrecht der Gesellschaften, Vereine und Juristischen Personen vom 7.1.2008** (fortan: RefE), der das EGBGB um Vorschriften zum Recht für grenzüberschreitend tätige Gesellschaften, Vereine und Juristische Personen ergänzen soll.[4] Nach Art. 10 Abs. 1 RefE sollen Gesellschaften, Vereine und Juristische Personen des Privatrechts dem Recht des Staates unterliegen, in dem sie in ein öffentliches Register eingetragen sind. Sind sie nicht oder noch nicht in ein öffentliches Register eingetragen, sollen sie dem Recht des Staates unterliegen, nach dem sie organisiert sind. Das nach Art. 10 Abs. 1 RefE anzuwendende Recht soll gem. Art. 10 Abs. 2 RefE insbesondere maßgebend sein für die Rechtsnatur und die Rechts- und Handlungsfähigkeit, die Gründung und die Auflösung, den Namen und die Firma, die Organisations- sowie die Finanzverfassung, die Vertretungsmacht der Organe, den Erwerb und den Verlust der Mitgliedschaft und die mit diesen verbundenen Rechte und Pflichten, die Haftung der Gesellschaft, des Vereins oder der Juristischen Person sowie die Haftung ihrer Mitglieder und Organmitglieder für Verbindlichkeiten der Gesellschaft, des Vereins oder der Juristischen Person sowie für die Haftung wegen der Verletzung gesellschaftsrechtlicher Pflichten. Art. 10a RefE regelt die Umwandlung, Art. 10b RefE den Wechsel des anwendbaren Rechts. 2

Hintergrund der beabsichtigten Neuregelung des Internationalen Gesellschaftsrechts im EGBGB ist der Umstand, dass im Hinblick auf Gesellschaften, Vereine und Juristische Personen der Frage, welches Recht auf ihre gesellschaftsrechtliche Organisation anzuwenden ist, zentrale Bedeutung zukommt. Im deutschen Kollisionsrecht gibt es hierzu bisher keine geschriebenen Regelungen. Judikatur und Literatur haben lange Zeit überwiegend die sog. **Sitztheorie** zugrunde gelegt, wonach auf Gesellschaften das an ihrem tatsächlichen Sitz (mithin dem Sitz ihrer Hauptverwaltung) geltende Recht anzuwenden war.[5] Die uneingeschränkte Anwendung des Rechts am tatsächlichen Verwaltungssitz einer Gesellschaft hat der EuGH in einer Reihe von Entscheidungen[6] jedoch als Verstoß gegen die Niederlassungsfreiheit aus Art. 49 AEUV (ex Art. 43 EGV), Art. 54 AEUV (ex Art. 48 EGV – Gesellschaften) qualifiziert. Diese Verfahren betrafen Gesellschaften, die nach dem Recht eines EU-Mitgliedstaates wirksam gegründet waren, ihre Aktivitäten jedoch ausschließlich in einem anderen Mitgliedstaat ausübten bzw. ausüben wollten. Der EuGH hat aus der Niederlassungsfreiheit abgeleitet, dass eine nach dem Recht eines Mitgliedstaates wirksam gegründete Gesellschaft auch im Staat ihres tatsächlichen Sitzes als rechts- und parteifähig anzusehen ist. Ihre Niederlassung dort darf nicht von bestimmten weiteren Voraussetzungen abhängig gemacht werden. Dies gilt insbesondere für Vorschriften über die Mindestkapitalausstattung und die Haftung der Geschäftsführer. Andernfalls liegt ein Verstoß gegen die Niederlassungsfreiheit nach Art. 49, 54 AEUV (Art. 43, 48 EGV) vor. Ausnahmen von diesem Grundsatz sollen nur gelten, wenn im Einzelfall ein betrügerisches oder missbräuchliches Verhalten der Gesellschaft gegeben ist.[7] 3

Die EuGH-Judikatur legt den Schluss nahe, auf Gesellschaften, Vereine und Juristische Personen, die in einem EU-Mitgliedstaat wirksam gegründet worden sind, das Gründungsrecht anzuwenden.[8] Umfang, Ausgestaltung und Grenzen der sog. **Gründungstheorie** sind jedoch im Einzelnen ungeklärt.[9]

---

2 BGBl. I 1998 S. 1474.
3 RegE, BT-Drucks. 13/8444, S. 75.
4 Dazu *Leuering*, NJW-Spezial 2008, 111; *Rotheimer*, NZG 2008, 566; *Schneider*, BB 2008, 566.
5 RefE, S. 5 (vgl. Rn. 2).
6 Vgl. bspw. EuGHE I 2002, S. 9919 = NJW 2002, 3614 – Überseering; 2003, S. 10155 = NJW 2003, 3331 – Inspire Art.
7 RefE, S. 5.
8 So auch BGH NJW 2005, 1648.
9 RefE, S. 5.

Beachte jedoch: Nach der Cartesio-Entscheidung des EuGH vom 16.12.2008[10] kann ein Mitgliedstaat die Verlegung des Sitzes einer nach seinem Recht gegründeten Gesellschaft in einen anderen Mitgliedstaat der EU verhindern. Dagegen ermöglicht die Niederlassungsfreiheit einer Gesellschaft die Verlegung in einen anderen Mitgliedstaat, indem sie sich in eine Gesellschaftsform des Rechts dieses Staates umwandelt, ohne dass sie im Zuge der Umwandlung aufgelöst und abgewickelt werden muss, wenn das Recht des Aufnahmemitgliedstaats dies gestattet. Ein EU-Mitgliedstaat kann in Ermangelung einer einheitlichen gemeinschaftsrechtlichen Regelung sowohl die Anknüpfung bestimmen, die eine Gesellschaft aufweisen muss, um als nach seinem innerstaatlichen Recht gegründet angesehen werden und damit in den Genuss der Niederlassungsfreiheit gelangen zu können, als auch die Anknüpfung, die für den Erhalt dieser Eigenschaft verlangt wird. Die entsprechende Befugnis umfasst die Möglichkeit für diesen Mitgliedstaat, es einer Gesellschaft seines nationalen Rechts nicht zu gestatten, diese Eigenschaft zu behalten, wenn sie sich durch die Verlegung ihres Sitzes in einen anderen Mitgliedstaat dort neu organisieren möchte und damit die Anknüpfung löst, die das nationale Recht des Gründungsmitgliedstaats vorsieht. Die Niederlassungsfreiheit hindere beim gegenwärtigen Stand des Gemeinschaftsrechts daher einen Mitgliedstaat nicht daran, es einer nach seinem Recht gegründeten Gesellschaft zu verwehren, ihren Sitz unter Beibehaltung ihrer Eigenschaft als Gesellschaft des Rechts dieses Staates in einen anderen Mitgliedstaat zu verlegen. Die Konstellation einer solchen Sitzverlegung sei jedoch von dem Fall zu unterscheiden, dass eine Gesellschaft aus einem Mitgliedstaat in einen anderen Mitgliedstaat unter Änderung des anwendbaren nationalen Rechts verlegt und dabei in eine dem nationalen Recht des zweiten Mitgliedstaats unterliegende Gesellschaftsform umgewandelt wird. Denn die Niederlassungsfreiheit ermögliche es einer Gesellschaft, sich auf diese Art umzuwandeln, ohne dass sie im ersten Mitgliedstaat aufgelöst und abgewickelt werden muss, wenn das Recht des Aufnahmemitgliedstaats eine solche Umwandlung erlaubt, es sei denn, zwingende Gründe des Allgemeininteresses rechtfertigen eine Beschränkung dieser Freiheit.

4 Der Gesetzentwurf soll das EGBGB um Vorschriften zum Internationalen Privatrecht der Gesellschaften, Vereine und Juristischen Personen ergänzen und dabei die grundsätzliche Anwendung des **Gründungsrechts** im deutschen Recht verankern. Der Entwurf trägt damit den Vorgaben des EuGH Rechnung und ermöglicht dadurch Unternehmen bei der Gestaltung ihrer gesellschaftsrechtlichen Strukturen eine größere internationale Flexibilität und Mobilität.[11] Zugleich werden Umfang und Grenzen der Geltung des Gründungsrechts für den Rechtsverkehr sicher bestimmt.[12] Der Entwurf beruht wesentlich auf Vorarbeiten der Spezialkommission „Internationales Gesellschaftsrecht" des Deutschen Rates für Internationales Privatrecht[13], die vom BMJ eingesetzt wurde, um Regelungen zum Internationalen Privatrecht der Gesellschaften und Juristischen Personen auszuarbeiten.[14]

B. Inhalt der Regelung

5 Durch die Streichung von Abs. 2 a.F. (und der älteren Parallelnorm des § 5 Abs. 2 AktG, infolge Art. 5 Nr. 1 MoMiG) soll es deutschen wie vergleichbaren Gesellschaften anderer Rechtsordnungen ermöglicht werden, einen Verwaltungssitz im Ausland zu wählen, der nicht notwendig mit dem

10 Rs. C-210/06 = RIW 2009,70 = DB 2009, 52.
11 RefE, S. 5.
12 RefE, S. 6.
13 Dazu *Sonnenberger* (Hrsg.), Vorschläge und Berichte zur Reform des Europäischen und Deutschen Internationalen Gesellschaftsrechts, 2007.
14 RefE, S. 6.

Satzungssitz übereinstimmt (Verwaltungssitz einer deutschen GmbH im Ausland). Damit soll der Spielraum deutscher Gesellschaften erhöht werden, ihre Geschäftstätigkeit auch ausschließlich im Rahmen einer (Zweig-)Niederlassung, die alle Geschäftsaktivitäten erfasst, außerhalb des deutschen Hoheitsgebiets in der ihnen geläufigen Rechtsform der GmbH zu entfalten (**Möglichkeit der Gründung ausländischer Tochtergesellschaften in der Rechtsform einer GmbH**).[15] Damit ist eine Verlegung des effektiven Verwaltungssitzes ins Ausland ohne Änderung des inländischen Satzungssitzes möglich,[16] was dem beklagten Wettbewerbsnachteil der deutschen GmbH im stärker werdenden internationalen Wettbewerb der Rechtsformen begegnen soll[17] (z.B. die von der englischen „Limited" ausgehende Verdrängungsgefahr).[18] Die Regelung dient der Steigerung der Attraktivität der GmbH gegenüber vergleichbaren ausländischen Rechtsformen – bspw. der britischen Limited – (bei denen die Wahl eines ausländischen Verwaltungssitzes bereits seit geraumer Zeit möglich ist).[19] Die in der Rechtsform einer GmbH gegründeten ausländischen Tochtergesellschaften können ihren **Verwaltungssitz im Ausland** wählen und sogar ihre gesamte Geschäftstätigkeit ausschließlich im Rahmen der (Zweig-) Niederlassung außerhalb des deutschen Hoheitsgebiets ausüben. Auch ein Ausländer kann damit die GmbH als Rechtsform sogar dann wählen, wenn er seine Geschäftstätigkeit ganz oder überwiegend vom Ausland aus führt[20]. *Wamser*[21] weist auf die Gefahr hin, dass der Verzicht auf eine „gewisse räumliche Anbindung zu einem Auftreten von Briefkastenfirmen in Deutschland" führen könnte.

Der Rechtsausschuss hat ausführlich die Frage der möglichen Auswirkungen der Neuregelung auf die deutsche **Mitbestimmung** erörtert. Er konnte sich im Ergebnis davon überzeugen, dass die Ermöglichung einer Verlagerung des Verwaltungssitzes ins Ausland nicht einer „Flucht aus der Mitbestimmung" dienen kann. Die Anwendung der Unternehmensmitbestimmung hängt von zwei Parametern ab: Sitz der Gesellschaft in Deutschland (also deutsche Rechtsform) und Anzahl der Arbeitnehmer in Deutschland (mindestens 500). Der erste Aspekt wird durch die Regelung in § 4a sogar verbessert: Die betreffenden Unternehmen sind trotz des Verwaltungssitzes im Ausland deutsche GmbHs (oder – mit Blick auf die Paralleländerung des § 5 AktG – deutsche Aktiengesellschaften) und nicht ausländische Limiteds oder andere Kapitalgesellschaften. Sie werden damit in der deutschen Rechtsform gehalten und verlassen nicht den deutschen Rechtskreis. Im Hinblick auf den zweiten Aspekt ist die Neuregelung des § 4a neutral: Es geht um den Verwaltungssitz, also die Geschäftsführung. Diese ist aber für die Mitbestimmung irrelevant. Für die Mitbestimmung kommt es auf die Arbeitnehmer in Deutschland an, die von einer bloßen Verlegung der Geschäftsführung nicht betroffen sind. Die Arbeitnehmer konnten schon nach altem Recht ins Ausland verlagert werden und können genauso gut nach neuem Recht im Falle einer Verlagerung der Geschäftsführung im Inland verbleiben. Die Neuregelung des § 4a ist daher mitbestimmungsrechtlich neutral.[22] 6

EU-Auslandsgesellschaften, deren Gründungsstaat eine derartige Verlagerung des Verwaltungssitzes erlaubt, ist es aufgrund der EuGH-Rechtsprechung nach den Urteilen „Überseering" vom 5.11.2002[23] und „Inspire Art" vom 30.9.2003[24] rechtlich gestattet, ihren effektiven Verwaltungssitz in einem anderen Staat – also auch in Deutschland – zu wählen. Diese Auslandsgesellschaften sind in Deutschland als solche anzuerkennen.[25] 7

15 RegE, BT-Drucks. 16/6140, S. 29.
16 Dieses führt nicht mehr, wie vor Inkrafttreten des MoMiG, zur Nichtigkeit der Sitzbestimmung und damit zur Amtsauflösung der GmbH nach § 399 FamFG (vormals § 144a FGG).
17 *Breitenstein/Meyding*, BB 2007, 1457, 1458.
18 Zur GmbH im Wettbewerb mit der englischen Limited: *Dierksmeyer/Scharbert*, BB 2006, 1517; *Wulfetange*, BB 2006, Beilage Nr. 7, S. 19.
19 Beschlussempfehlung und Bericht des Rechtsausschusses, BT-Drucks. 16/9737.
20 RegE, BT-Dr. 16/6140, S. 68 f. So auch Henssler/*Wamser*, § 4a Rn. 1; differenzierend hingegen *Leitzen*, NZG 2009, 728.
21 Henssler/*Wamser*, § 4a Rn. 1.
22 Beschlussempfehlung und Bericht des Rechtsausschusses, BT-Drucks. 16/9737.
23 Rs. C-208/00 = NJW 2002, 3614.
24 Rs. C-167/01 = NJW 2003, 3331.
25 RegE, BT-Drucks. 16/6140, S. 29.

8 Umgekehrt stand diese Möglichkeit deutschen Gesellschaften aufgrund der Regelung in Abs. 2 a.F. (bzw. § 5 Abs. 2 AktG a.F.) nicht zur Verfügung. Es war für ein ausländisches Unternehmen nicht möglich, sich bei der Gründung eines Unternehmens für die Rechtsform der deutschen Aktiengesellschaft bzw. der GmbH zu entscheiden, wenn die Geschäftstätigkeit ganz oder überwiegend aus dem Ausland geführt werden sollte. Es war einer deutschen Konzernmutter nicht möglich, ihre ausländischen Tochtergesellschaften mit der Rechtsform der GmbH zu gründen.

Unabhängig von der Frage, ob die neuere EuGH-Rechtsprechung zur Niederlassungsfreiheit gem. Art. 43 und 48 EGV allein die Freiheit des **Zuzugs** von Gesellschaften in einen Mitgliedstaat verlangt oder damit konsequenterweise auch der **Wegzug** von Gesellschaften ermöglicht werden müsse, waren vor dem MoMiG Gesellschaften, die nach deutschem Recht gegründet worden sind, in ihrer Mobilität unterlegen.[26]

9 Für die AG und die GmbH sind infolge der GmbH-Reform durch die Möglichkeit, sich mit der Hauptverwaltung an einem Ort unabhängig von dem in der Satzung oder im Gesellschaftsvertrag gewählten Sitz niederzulassen, ein *level playing field*, also gleiche Ausgangsbedingungen gegenüber gleichen Auslandsgesellschaften geschaffen worden.

Freilich bleibt es auch nach der Reform dabei, dass die Gesellschaften eine Geschäftsanschrift im Inland im Handelsregister eintragen und aufrechterhalten müssen. Die Neuregelungen zur Zustellung in Deutschland erhalten durch die Mobilitätserleichterungen zusätzliches Gewicht.[27]

I. Der Sitz

10 § 4a statuiert den Grundsatz der Maßgeblichkeit des Gesellschaftsvertrags für den Satzungssitz.[28] Die Aufnahme des Erfordernisses eines inländischen Satzungssitzes ins Gesetz infolge des MoMiG war bereits früher schon in der Judikatur gefordert worden[29]. Der Satzungssitz bestimmt die **Zuständigkeit** des Registergerichts (§ 7), des Prozessgerichts (§ 17 ZPO) und des Insolvenzgerichts (§§ 3, 4 InsO – sofern das Insolvenzverfahren in Deutschland zu eröffnen ist[30]). Zudem ist er maßgeblich für den Ort der Hauptniederlassung i.S.v. § 13 Abs. 1 HGB sowie den Ort der Gesellschafterversammlung – darüber hinaus für das Personalstatut der Gesellschaft (nach Maßgabe der Gründungstheorie (zu dieser bereits Rn. 1) – nicht jedoch der Sitztheorie, für die der Sitz der [Haupt-]Verwaltung maßgeblich ist).[31]

11 Satzungssitz kann allein ein Ort im **Inland** sein – womit die Angabe einer **bestimmten inländischen Gemeinde** erforderlich ist.[32] Ansonsten ist ein Handelsregisterantrag nach § 7 ausgeschlossen.[33]

Die bloße Notwendigkeit einer Fixierung des Gesellschaftssitzes im Gesellschaftsvertrag ohne das Erfordernis einer tatsächlichen räumlichen Anbindung könnte theoretisch zwar ein sog. **forum shopping** begünstigen – gleichwohl stellt sich diese Frage tatsächlich in der Praxis wegen der „weitgehend einheitlichen Anwendung des in Deutschland geltenden Gesellschafts- und Registerrechts" nicht[34].

26 RegE, BT-Drucks. 16/6140, S. 29.
27 RegE, BT-Drucks. 16/6140, S. 29.
28 Baumbach/Hueck/*Fastrich*, § § 4a Rn. 2.
29 Vgl. OLG Brandenburg, BB 2005, 849, 850.
30 Henssler/*Wamser*, § 4a Rn. 3.
31 Baumbach/Hueck/*Fastrich*, § 4a Rn. 2.
32 Baumbach/Hueck/*Fastrich*, § 4a Rn. 3. Die zusätzliche Angabe eines Gemeindeteils mit eigenem Namen ist unschädlich: BayObLG BB 1976, 622 (für den e.V.). Eine Sammelbezeichnung ist unzureichend: Baumbach/Hueck/*Fastrich*, a.a.O. Großgemeinden innerhalb mehrerer Gerichtsbezirke bedürfen einer weiteren Konkretisierung: Scholz/*Emmerich*, § 13 Rn. 9.
33 BGHZ 29, 328; 19, 105.
34 Henssler/*Wamser*, § 4a Rn. 3.

Die GmbH hat **nur einen Sitz**, womit ein Doppelsitz unmöglich ist.[35]

12 Da die Bestimmung des Sitzes nach § 3 Abs. 1 Nr. 3 Mindestinhalt des Gesellschaftsvertrags ist, hat das Registergericht bei einer fehlenden oder unzulässigen Sitzbestimmung die Eintragung der Gesellschaft nach § 9c Abs. 1 Nr. 1 abzulehnen (Eintragungshindernis). Kommt es gleichwohl zu einer Eintragung, ändert dies an der wirksamen Entstehung der Gesellschaft nichts[36] – der unzulässige Gesellschaftssitz bleibt zunächst relevant, bis es ggf. nach § 399 FamFG (vormals § 144a FGG), § 60 Abs. 1 Nr. 6 zu einem Amtsauflösungsverfahren kommt.

13 Ändert die Gesellschaft nach ihrer Eintragung den Gesellschaftssitz in unzulässiger Weise (bspw. auch die unzulässige Wahl eines ausländischen Gesellschaftssitzes), ist ein entsprechender Gesellschafterbeschluss analog § 241 Nr. 3 AktG nichtig – die alte Satzungsbestimmung gilt fort.[37] Es liegt ein Eintragungshindernis vor. Erfolgt gleichwohl eine Eintragung des geänderten unzulässigen Geschäftsführungssitzes im Register, erfolgt eine Amtslöschung gemäß § 395 FamFG (vormals nach § 144 Abs. 2 FGG).[38]

II. Sitzverlegung

14 Eine Sitzverlegung[39] setzt eine Satzungsänderung nach § 53 voraus, die gem. § 54 beim Handelsregister des alten Sitzes anzumelden und von diesem nach § 13h HGB dem Gericht des neuen Sitzes mitzuteilen ist. Eine bloß tatsächliche Verlagerung des Verwaltungssitzes zeitigt nach § 4a n.F. hingegen keine Rechtswirkungen[40].

Erfolgt durch **Satzungsänderung** eine Sitzverlegung ins **Ausland**, beendet dies – entsprechend einem Auflösungsbeschluss – die Rechtsfähigkeit der GmbH und führt zur Liquidation.[41]

15 Eine **identitätswahrende grenzüberschreitende Verlegung des Satzungssitzes** durch Satzungsänderung[42] innerhalb der EU (bzw. des EWR) – wofür sowohl die Voraussetzungen im Zuzugs- als auch im Wegzugsstaat vorlegen müssen[43] – gestattet das GmbHG auch nach dem MoMiG nicht.

35 Baumbach/Hueck/*Fastrich*, § 4a Rn. 6; Scholz/*Emmerich*, § 13 Rn. 16. Dazu auch Michalski/*Funke*, § 4a Rn. 104. Für eng begrenzte Ausnahmen plädieren Hachenburg/*Ulmer*, § 3 Rn. 13 ff.; Lutter/Hommelhoff/*Lutter/Bayer*, § 13 Rn. 10; Roth/Altmeppen/*Roth*, § 4a Rn. 10.

36 Baumbach/Hueck/*Fastrich*, § 4a Rn. 7.

37 KG ZIP 2011, 1566 = GmbHR 2011, 1104: Die Sitzwahl dürfe nicht missbräuchlich ausgeübt werden. Die Vorschrift des § 4a müsse auch bei der förmlichen Sitzverlegung gewahrt bleiben. Ein Satzungsänderungsbeschluss, der gegen § 4a verstößt, sei folglich analog § 241 Nr. 3 3. Alt. AktG nichtig (unter Bezugnahme auf Baumbach/Hueck/*Fastrich*, § 4a Rn. 7) und dürfe nicht ins Handelsregister eingetragen werden. Vielmehr bleibe der ursprünglich festgelegte Sitz weiterhin gültig (unter Bezugnahme auf Baumbach/Hueck/*Fastrich*, a. a. O.). Baumbach/Hueck/*Fastrich*, § 4a Rn. 7; Lutter/Hommelhoff/*Lutter/Bayer*, § 4a Rn. 29; Rowedder/Schmidt-Leithoff/*Schmidt-Leithoff*, § 4a Rn. 18.

38 Baumbach/Hueck/*Fastrich*, § 4a Rn. 7.

39 Zur Sitzverlegung ausländischer Gesellschaften ins Inland (Zuzugsfälle): MüKo-GmbHG/*Mayer*, § 4a Rn. 21 ff. Vgl. etwa OLG Nürnberg, ZIP 2012, 572 = NZG 2012, 468 = WM 2012, 993 zur Verlegung des Satzungs- und Verwaltungssitzes einer ausländischen Kapitalgesellschaft (im konkreten Fall einer Societé à respnsibilitée limitée luxemburgischen Rechts) nach Deutschland (die unter identitätswahrendem Formwechsel in eine Kapitalgesellschaft deutschen Rechts [in Gestalt einer GmbH] nach deutschem Sachrecht auch dann unzulässig ist, wenn das Sachrecht des Gründungsstaates eines solche Sitzverlegung zulässt). Zur Sitzverlegung ins Ausland (Wegzugsfälle): MüKo-GmbHG/*Mayer*, § 4a Rn. 66 ff. Vgl. zur Sitzverlegung vom bzw. ins Ausland auch Michalski/*Funke*, § 4a Rn. 16 ff.

40 A. A. noch BGH NJW 2008, 2914 = NZG 2008, 707 = GmbHR 2008, 909 zu § 4a Abs. 2 a. F.: Die faktische, gegen Abs. 2 a. F. verstoßende Verlagerung des Sitzes der Gesellschaft führe zu einem nachträglichem (dem gleichartigen anfänglichen Nichtigkeitsgrund vergleichbaren) Satzungsmangel, der die entsprechende Anwendung des § 144a Abs. 4 2. Alt. FGG (nunmehr § 399 FamFG) rechtfertige.

41 RG JW 1934, 2969; BayObLG BB 1992, 1400; OLG Hamm, NJW 2001, 2183; Baumbach/Hueck/*Fastrich*, § 4a Rn. 9; Hachenburg/*Ulmer*, § 3 Rn. 18; Roth/Altmeppen/*Roth*, § 4a Rn. 20. Nach a.A. MünchKomm-BGB/*Kindler*, Bd. 11, Int. GesR, Rn. 399) liegt im Zweifelsfall nur ein nichtiger Satzungsänderungsbeschluss vor (sofern nicht auch der tatsächliche Sitz ins Ausland verlegt wird) – arg.: § 4a erlaubt für eine deutsche GmbH keinen ausländischen Satzungssitz.

42 Dazu Hachenburg/*Behrens*, Einl. Rn. 166 ff.

43 Baumbach/Hueck/*Fastrich*, § 4a Rn. 10.

> **!** Beachte jedoch den Richtlinienentwurf der EU-Kommission zur Verlegung des Gesellschaftssitzes innerhalb der EU,[44] der die Möglichkeit einer grenzüberschreitenden identitätswahrenden Sitzverlegung innerhalb der EU ermöglichen will. Beachte zudem den RefE zum Internationalen Gesellschaftsrecht im EGBGB (Rn. 1).

16 **Umgekehrt**: Will eine ausländische GmbH (auch eine solche eines anderen EU-Mitgliedstaats)[45] ihren Satzungssitz ins **Inland** verlegen, setzt dies voraus, dass nach dem Recht des Wegzugsstaats (trotz Verlegung des Satzungssitzes) die Gesellschaft fortbesteht und dass die ausländische Gesellschaft alle Voraussetzungen des deutschen Rechts erfüllt.[46] Allein eine Verlegung des Verwaltungssitzes (d.h. des tatsächlichen Sitzes) einer Gesellschaft, die in einem Mitgliedstaat der EU bzw. des EWR wirksam gegründet worden ist, ist nach Maßgabe der Niederlassungsfreiheit (Art. 43, 48 EGV) zulässig.

So ist eine in der Schweiz gegründete AG mit Verwaltungssitz in Deutschland hier als rechtsfähige Personengesellschaft zu behandeln:[47] Aufgrund der Judikatur des EuGH in den Entscheidungen Centros[48], Überseering[49] und Inspire Art[50] hat sich der BGH für diejenigen Auslandsgesellschaften, die in einem EU- bzw. EWR-Mitgliedsstaat (oder in einem mit diesen aufgrund eines Staatsvertrages in Bezug auf die Niederlassungsfreiheit gleichgestellten Staat) gegründet worden sind, der **Gründungstheorie** angeschlossen[51]. Danach ist die Rechtsfähigkeit einer Gesellschaft nach dem Recht ihres Gründungsstaats zu beurteilen. Die Rechtsfähigkeit von Gesellschaften, die in einem Drittstaat gegründet worden sind, der weder der EU angehört noch aufgrund von Verträgen hinsichtlich der Niederlassung gleichgestellt ist, hat die Judikatur dagegen weiter nach der Sitztheorie beurteilt, wonach für die Rechtsfähigkeit einer Gesellschaft das Recht des Sitzstaates maßgeblich ist.[52]

Nach den allgemeinen Regeln des deutschen Privatrechts ist die Rechtsfähigkeit einer in der Schweiz (als Nicht-EU- und Nicht-EWR-Mitgliedstaat) begründeten Gesellschaft nach dem Recht des Ortes zu beurteilen, an dem sie ihren Verwaltungssitz hat.[53] Eine in der Schweiz gegründete AG ist also nur dann in Deutschland rechtsfähig, wenn sie im deutschen Handelsregister eingetragen ist, was eine Neugründung voraussetzt. Der BGH sah keinen Anlass, diese Rechtsprechung grundsätzlich aufzuheben. Allerdings herrscht in der Literatur Streit über die Frage, ob der Übergang von der Gründungstheorie zur Sitztheorie für Gesellschaften unter dem Regime der europäischen Niederlassungsfreiheit einen ebensolchen Schritt für Gesellschaften aus Drittstaaten rechtfertigt oder gar erfordert. Die dies befürwortenden Autoren berufen sich zur Begründung ihrer Meinung vor allem auf die Einheit des deutschen Kollisionsrechts und den durch die Gründungstheorie ausgelösten Wettbewerb der internationalen Gesellschaftsformen.[54] Die Gegenmeinung sieht die Gründe für die ursprünglich umfassende Geltung der Sitztheorie – Schutz der Gläubiger und Minderheitsgesellschafter nach deutschem Standard, Verhinderung einer Flucht in Gesellschaftsrechte mit den geringsten Anforderungen („race to the bottom") – im Verhältnis zu den

44 11. Richtlinie 89/666/EWG des Rats vom 21.12.1989 über die Offenlegung von Zweigniederlassungen, die in einem Mitgliedstaat von Gesellschaften bestimmter Rechtsformen errichtet werden, die dem Recht eines anderen Staates unterliegen – ABl. Nr. L 395/36.
45 MünchKomm-BGB/*Kindler*, Bd. 11, Int. GesR, Rn. 404.
46 BGHZ 153, 353; Baumbach/Hueck/*Fastrich*, § 4a Rn. 11.
47 So BGHZ 178, 192 = NJW 2009, 289 = GmbHR 2009, 84 = NZG 2009, 68 – Trabrennbahn.
48 EuGH ZIP 1999, 438.
49 EuGH ZIP 2002, 2037.
50 EuGH ZIP 2003, 1885.
51 Vgl. BGHZ 164, 148; 154, 185; BGH ZIP 2005, 805.
52 BGHZ 153, 353, 355; BayObLG BB 2003, 819; OLG Hamburg, ZIP 2007, 1108.
53 BGHZ 178, 192 – Rz. 21 unter Bezugnahme auf BGHZ 97, 269, 271.
54 Vgl. etwa *Eidenmüller*, ZIP 2002, 2233, 2244; *Leible/Hoffmann*, ZIP 2003, 925, 930; *Paefgen*, WM 2003, 561, 670.

Drittstaaten als nach wie vor gegeben an und will deshalb ein „gespaltenes Kollisionsrecht" in Kauf nehmen[55].

Der Gesetzgeber hat dazu bisher noch keine Regelung getroffen. Insbesondere enthält § 4a i.d.F. des MoMiG keine Regelung über die Anerkennung ausländischer Gesellschaften mit Verwaltungssitz im Inland.[56] Wohl hat der Gesetzgeber – einer Empfehlung des Deutschen Rates für Internationales Privatrecht folgend[57] – am 14.12.2007 einen Referentenentwurf eines Gesetzes vom IPR der Gesellschaften, Vereine und juristischen Personen (vorstehende Rn. 2 ff.) vorgelegt. Darin schlägt er vor, die Gründungstheorie im deutschen Recht zu kodifizieren (vgl. Art. 10 EGBGB-E). Dieses Gesetzgebungsvorhaben ist allerdings noch nicht abgeschlossen. Gegen die generelle Geltung der Gründungstheorie sind im politischen Meinungsbildungsprozess Bedenken geäußert worden.

Vor diesem Hintergrund hat der BGH[58] entschieden, dass eine AG des schweizerischen Rechts mit Verwaltungssitz im Inland zwar nicht als AG rechtsfähig sei. Sie sei aber als rechtsfähige Personengesellschaft deutschen Rechts zu behandeln, nämlich als OHG oder GbR, die keiner Eintragung in ein deutsches Register bedürfen.[59] Wenn diese Gesellschaft in Deutschland am Geschäftsverkehr teilnimmt, wäre es nicht hinnehmbar, ihr nicht die Möglichkeit zu geben, Rechte zu begründen und klageweise geltend zu machen. Als Kehrseite davon haften die Gesellschafter zwar persönlich und unbeschränkt für die Gesellschaftsverbindlichkeiten. Die Rechtsfolgen dieser Haftung zu regeln, sei aber eine Frage des Innenrechts der betreffenden Gesellschaften.[60]

Für die Registrierung von **Zweigniederlassungen** entsprechender ausländischer GmbHs im Inland gelten die §§ 13d und 13e HGB.

III. Weitere Folgen der Neufassung

17 Nach der Neufassung des § 4a, der es erlaubt, dass eine deutsche GmbH ihren Verwaltungssitz an jeden beliebigen Ort im Ausland verlegt, mithin ihre Geschäfte auch vollständig im oder aus dem Ausland tätigt, ist – auch mit Blick auf die denkbare Möglichkeit einer Anordnung des persönlichen Erscheinens des Geschäftsführers der GmbH durch ein inländisches Gericht oder eine inländische Behörde – nicht anzunehmen, dass ein Geschäftsführer mit Staatsangehörigkeit und Wohnsitz eines Nicht-EU-Staates seine gesetzlichen Aufgaben bei fehlender Einreisemöglichkeit typischer Weise nicht erfüllen könnte.[61]

Das OLG Zweibrücken[62] hat demnach folgerichtig seine früher vertretene Rechtsansicht aufgegeben, nach der die Bestellung von Nicht-EU-Ausländern als Geschäftsführer einer GmbH zu ihrer Wirksamkeit zur Voraussetzung habe, dass für die betreffende Person die Einreise in das Inland jederzeit möglich ist.

IV. Zweigniederlassung

18 Eine Zweigniederlassung[63] (Zweitgeschäft, Filiale) ist ein Unternehmensteil mit einer gewissen organisatorischen Selbstständigkeit (wofür die Befugnis des Leiters zu selbstständigem Auftreten, eine gesonderte Buchführung oder selbstständige Konten Indizien liefern können) und einer dauernden räumlichen Trennung von der Hauptniederlassung.[64]

19 § 13 HGB regelt allgemein die Anmeldung von Zweigunternehmen von Unternehmen mit Sitz im Inland. Die §§ 13d, 13e und 13g HGB treffen Sonderregelungen für die Eintragung von GmbH-

55 *Bayer*, BB 2003, 2357, 2363 f.; *Ebke*, JZ 2003, 927, 929 f.; *Horn*, NJW 2004, 893, 897; *Wachter*, GmbHR 2005, 1484, 1485; *Weller*, ZGR 2006, 748, 765.
56 BGHZ 178, 192 - Rz. 22 unter Bezugnahme auf *Kindler*, AG 2007, 721, 725 f.
57 Abgedruckt bei *Sonnenberger/Bauer*, RIW 2006 Beilage 1 zu Heft 4.
58 BGHZ 178, 192 – Rz. 23.
59 BGHZ 178, 192 – Rz. 23 unter Bezugnahme auf BGHZ 151, 204. Kritisch dazu Bilz, BB 2005, 2361, 2363 ff.
60 BGHZ 178, 192 – Rz. 23.
61 So OLG Düsseldorf, GmbHR 2009, 776 = ZIP 2009, 1074.
62 GmbHR 2010, 1260.
63 Dazu näher Michalski/*Funke*, § 4a Rn. 20 ff.; MüKo-GmbHG/*Mayer*, § 4a Rn. 82 ff.
64 *Brox/Henssler*, Rn. 126 ff.

Zweigniederlassungen mit Sitz im Ausland und erklären inländische Zweigniederlassungen ausländischer Gesellschaften (wie die Hauptniederlassung einer inländischen GmbH) mit dem Ziel einer Publizität der Rechtsverhältnisse der ausländischen Gesellschafter für anmelde- und eintragungspflichtig.[65]

> **!** Eine uneingeschränkte Registrierungspflicht besteht auch für Zweigniederlassungen von Gesellschaften aus EU- bzw. EWR-Mitgliedstaaten. Die entsprechenden Anforderungen müssen jedoch im Einklang mit der Niederlassungsfreiheit nach Art. 43 und 48 EGV stehen.[66]

20 Die Zulassung einer Zweigniederlassung darf nach der Judikatur des EuGH im Hinblick auf eine in einem anderen EU-Mitgliedstaat wirksam gegründete Gesellschaft weder von zusätzlichen Voraussetzungen (bspw. Mindestkapital bzw. eine Geschäftsführerhaftung) abhängig gemacht werden[67] noch darf einer entsprechenden Gesellschaft, wenn sie unter Aufrechterhaltung ihres Satzungssitzes ihren tatsächlichen (d.h. effektiven Verwaltungs-)Sitz in einen anderen Mitgliedstaat verlagert, die Rechts- oder Parteifähigkeit abgesprochen werden.[68]

21

> **!** Diese Grundsätze gelten nicht nur, wenn eine ausländische Gesellschaft unter Beibehaltung ihrer ausländischen Hauptniederlassung im Inland eine Zweigniederlassung begründet hat, sondern auch wenn sie ihre gesamte Geschäftstätigkeit ins Ausland verlagert[69] (bzw. von vornherein nur zu dem Zweck gegründet wurde, strengere Gründungsvorschriften in einem anderen EU-Mitgliedstaat zu umgehen)[70] – wenn und soweit der Satzungssitz keine Veränderung erfährt.[71] Entsprechende Gesellschaften unterfallen der Zweigniederlassungsrichtlinie[72] und müssen daher als „Zweigniederlassung" im Inland registriert werden. Insoweit bedeutet „Sitz im Ausland" (i.S.v. § 13d HGB) Satzungssitz und „Zweigniederlassung" (i.S.v. § 13e HGB), dass eine solche auch die inländische Niederlassung einer Gesellschaft aus einem anderen EU-/EWR-Mitgliedstaat ist, wenn die „Hauptniederlassung" *de facto* lediglich Briefkastencharakter, *de iure* aber Beibehaltung des ausländischen Satzungssitzes bedeutet.[73]

1. Zweigniederlassungen von Unternehmen mit Sitz im Inland (§ 13 HGB)

22 Die Errichtung einer Zweigniederlassung ist (in öffentlich beglaubigter Form, § 12 Abs. 1 HGB) nach § 13 Abs. 1 HGB von einer GmbH (durch ihre[n] Geschäftsführer) beim Gericht der Hauptniederlassung unter Angabe des Orts und der inländischen Geschäftsanschrift der Zweigniederlassung und des Zusatzes, falls der Firma der Zweigniederlassung ein solcher beigefügt wird, zur Eintragung anzumelden (**Anmeldungspflicht**). In gleicher Weise sind spätere Änderungen der die Zweigniederlassung betreffenden einzutragenden Tatsachen anzumelden.

23 Das zuständige Gericht trägt gem. § 13 Abs. 2 HGB die Zweigniederlassung auf dem Registerblatt der Hauptniederlassung oder des Sitzes unter Angabe des Orts sowie der inländischen Geschäftsanschrift der Zweigniederlassung und des Zusatzes (falls der Firma der Zweigniederlassung ein solcher beigefügt ist) ein, es sei denn, die Zweigniederlassung ist offensichtlich nicht errichtet worden.

65 Baumbach/Hueck/*Fastrich*, § 4a Rn. 9.
66 Roth/*Altmeppen*, § 4a Rn. 68.
67 EuGH NJW 2003, 3331 – Inspire Art.
68 EuGH NJW 2002, 3614 – Überseering. So auch BGH NJW 2003, 1461.
69 EuGH NJW 2003, 3331 – Inspire Art; NJW 1999, 2027 – Centros.
70 EuGH NJW 1999, 2027 – Centros.
71 Roth/*Altmeppen*, § 4a Rn. 68.
72 11. Richtlinie 89/666/EWG des Rats vom 21.12.1989 über die Offenlegung von Zweigniederlassungen, die in einem Mitgliedstaat von Gesellschaften bestimmter Rechtsformen errichtet werden, die dem Recht eines anderen Staates unterliegen – ABl. EG Nr. L 395/36.
73 Roth/*Altmeppen*, § 4a Rn. 68.

Die genannten Vorgaben gelten nach § 15 Abs. 3 HGB auch entsprechend für die Aufhebung einer Zweigniederlassung.

2. Sitz oder Hauptniederlassung im Ausland (§ 13d HGB)

Befindet sich die Hauptniederlassung einer GmbH im Ausland, so haben nach § 13d Abs. 1 HGB alle eine inländische Zweigniederlassung betreffenden Anmeldungen, Einreichungen und Eintragungen bei dem Gericht zu erfolgen, in dessen Bezirk die Zweigniederlassung besteht. 24

Die Eintragung der Errichtung der Zweigniederlassung hat gem. § 13d Abs. 2 HGB auch den Ort und die inländische Geschäftsanschrift der Zweigniederlassung zu enthalten. Ist der Firma der Zweigniederlassung ein Zusatz beigefügt, ist auch dieser einzutragen. 25

3. Zweigniederlassungen von Kapitalgesellschaften mit Sitz im Ausland (§ 13e HGB)

Für Zweigniederlassungen von GmbHs (wobei „GmbH" nicht im wörtlichen Sinne zu verstehen ist, sondern die in Rede stehende Gesellschaft – unabhängig von ihrer Bezeichnung – lediglich den Wesensmerkmalen einer deutschen GmbH entsprechen muss, vgl. auch die Zweigniederlassungsrichtlinie – 12. Richtlinie 89/666/EWG vom 21.12.1989)[74] mit Sitz im Ausland (abzustellen ist – zumindest für Gesellschaften mit einem Satzungssitz in einem EU-/EWR-Mitgliedstaat – [nicht auf den effektiven Verwaltungssitz, Sitztheorie, sondern] auf den **ausländischen Satzungssitz** [Gründungstheorie, selbst wenn die Gesellschaft ihre Verwaltung mit ihrem Haupttätigkeitsbereich im Inland hat])[75] gelten nach § 13e Abs. 1 HGB ergänzend zu § 13d HGB weitere Vorgaben: 26

Die Errichtung einer Zweigniederlassung einer GmbH ist gem. § 13e Abs. 2 HGB durch die Geschäftsführer zur Eintragung ins Handelsregister anzumelden. Bei der Anmeldung ist das Bestehen der Gesellschaft (d.h. deren wirksame Gründung)[76] als solcher nachzuweisen. Die Anmeldung hat auch eine inländische Geschäftsanschrift und den Gegenstand der Zweigniederlassung zu enthalten. Daneben kann eine Person, die für Willenserklärungen und Zustellungen an die Gesellschaft empfangsberechtigt ist, mit inländischer Anschrift zur Eintragung in das Handelsregister angemeldet werden. Dritten gegenüber gilt die Empfangsberechtigung als fortbestehend, bis sie im Handelsregister gelöscht und die Löschung bekannt gemacht worden ist – es sei denn, dass die fehlende Empfangsberechtigung dem Dritten bekannt war. In der Anmeldung sind ferner anzugeben: 27

- das Register, bei dem die Gesellschaft geführt wird, und die Nummer des Registereintrags, sofern das Recht des Staates, in dem die Gesellschaft ihren Sitz hat, eine Registereintragung vorsieht,
- die Rechtsform der Gesellschaft,
- die Personen, die befugt sind, als ständige Vertreter für die Tätigkeit der Zweigniederlassung die Gesellschaft gerichtlich und außergerichtlich zu vertreten, unter Angabe ihrer Befugnisse,

---

74 Roth/*Altmeppen*, § 4a Rn. 68; Scholz/*Winter*, § 12 Rn. 41.

75 Roth/*Altmeppen*, § 4a Rn. 68.

76 Maßgeblich für die Beurteilung der Wirksamkeit (d.h. der wirksamen Begründung) einer GmbH ist das *Gesellschaftsstatut*, wobei nach der Sitztheorie das Recht des Orts maßgeblich ist, wo die Gesellschaft ihren tatsächlichen (nicht nur ihres satzungsmäßigen Hauptverwaltungs-)Sitz hat, nach der Gründungstheorie das Recht des Gründungsorts. Problematisch sind insoweit sog. „Pseudo-Foreign-Companies", d.h. solche, die im Ausland gegründet und registriert sind (d.h. ihren Satzungssitz im Ausland haben), ihren tatsächlichen (Verwaltungs-)Sitz aber nicht im Ausland, sondern im Inland haben: Roth/*Altmeppen*, § 4a Rn. 68. Das deutsche Recht differenziert immer noch (wobei sich eine Änderung nach dem RefE zum Internationalen Gesellschaftsrecht im EGBGB [siehe Rn. 1] abzeichnet) danach, ob es sich um Gesellschaften handelt, die in EU-/EWR-Staaten gegründet und registriert wurden oder um solche aus Drittstaaten. Im Hinblick auf Letztere hält es (vorbehaltlich separater anderweitiger staatsvertraglicher Regelungen) an der Sitztheorie fest mit der Folge, dass „Schein-ausländische-Gesellschaften" mit inländischem Verwaltungssitz grundsätzlich nicht als rechtswirksam begründete ausländische Gesellschaften anerkannt werden, so Baumbach/Hueck/*Fastrich*, a.a.O. (arg.: Unterbindung einer Umgehung der inländischen Gründungs- und Kapitalerhaltungsvorschriften).

- wenn die Gesellschaft nicht dem Recht eines EU-/EWR-Mitgliedstaats unterliegt, das Recht des Staates, dem die Gesellschaft unterliegt.

28 Die vorab genannten vertretungsberechtigten Personen haben gem. § 13e Abs. 3 HGB jede Änderung dieser Personen oder der Vertretungsbefugnis dieser Personen zur Eintragung ins Handelsregister anzumelden. Für die gesetzlichen Vertreter der Gesellschaft gelten in Bezug auf die Zweigniederlassung § 76 Abs. 3 Satz 2 und 3 AktG sowie § 6 Abs. 2 Satz 2 und 3 entsprechend.

29 An die vorab genannten vertretungsberechtigten Personen als Vertreter der Gesellschaft können nach § 13e Abs. 3a HGB unter der im Handelsregister eingetragenen inländischen Geschäftsanschrift der Zweigniederlassung Willenserklärungen abgegeben und Schriftstücke zugestellt werden. Unabhängig hiervon können die Abgabe und die Zustellung auch unter der eingetragenen Anschrift der „empfangsberechtigten Person" erfolgen.

30 Die vertretungsberechtigten Personen oder, wenn solche nicht angemeldet sind, die gesetzlichen Vertreter der Gesellschaft haben nach § 13e Abs. 4 HGB die Eröffnung oder die Ablehnung der Eröffnung eines Insolvenzverfahrens oder eines ähnlichen Verfahrens über das Vermögen der Gesellschaft zur Eintragung ins Handelsregister anzumelden.

31 Errichtet eine Gesellschaft **mehrere Zweigniederlassungen** im Inland, so brauchen gem. § 13e Abs. 5 HGB die Satzung oder der Gesellschaftsvertrag sowie deren Änderungen nach Wahl der Gesellschaft nur zum Handelsregister *einer* dieser Zweigniederlassungen eingereicht zu werden. In diesem Fall haben die Anmeldepflichtigen zur Eintragung in den Handelsregistern der übrigen Zweigniederlassungen anzumelden, welches Register die Gesellschaft gewählt hat und unter welcher Nummer die Zweigniederlassung eingetragen ist.

4. Zweigniederlassungen von GmbHs mit Sitz im Ausland (§ 13g HGB)

32 Für Zweigniederlassungen von GmbHs mit Sitz im Ausland gelten gem. § 13g Abs. 1 HGB ergänzend noch folgende Vorschriften:

Der Anmeldung ist nach § 13g Abs. 2 HGB der Gesellschaftsvertrag in öffentlich beglaubigter Abschrift und, sofern der Gesellschaftsvertrag nicht in deutscher Sprache erstellt ist, eine beglaubigte Übersetzung in deutscher Sprache beizufügen. Die Vorschriften des § 8 Abs. 1 Nr. 2 und Abs. 3 und 4 sind anzuwenden. Wird die Errichtung der Zweigniederlassung in den ersten zwei Jahren nach der Eintragung der Gesellschaft in das Handelsregister ihres Sitzes angemeldet, so sind in die Anmeldung auch die nach § 5 Abs. 4 getroffenen Festsetzungen aufzunehmen, soweit nicht das ausländische Recht Abweichungen nötig macht.

33 Die Eintragung der Errichtung der Zweigniederlassung hat nach § 13g Abs. 3 HGB auch die Angaben nach § 10 sowie die Angaben nach § 13e Abs. 2 Satz 3 bis 5 HGB (Rn. 26) zu enthalten.

Änderungen des Gesellschaftsvertrags der ausländischen Gesellschaft sind gem. § 13g Abs. 4 HGB durch die Geschäftsführer zur Eintragung ins Handelsregister anzumelden. Für die Anmeldung gelten die Vorschriften des § 54 Abs. 1 und 2 sinngemäß, soweit nicht das ausländische Recht Abweichungen nötig macht.

34 Im Übrigen gelten nach § 13g Abs. 5 HGB die Vorschriften der §§ 39, 65, 67 Abs. 1 und 2, 74 Abs. 1 Satz 1 sinngemäß, soweit nicht das ausländische Recht Abweichungen notwendig macht.

Für die Aufhebung einer Zweigniederlassung gelten die Vorschriften über ihre Errichtung entsprechend (so § 13g Abs. 6 HGB).

5. Verlegung des Sitzes einer Hauptniederlassung im Inland (§ 13h HGB)

Wird die Hauptniederlassung einer GmbH im Inland verlegt, so ist nach § 13h Abs. 1 HGB die Verlegung beim Gericht der bisherigen Hauptniederlassung oder des bisherigen Sitzes anzumelden.

35 Wird die Hauptniederlassung oder der Sitz aus dem Bezirk des Gerichts der bisherigen Hauptniederlassung oder des bisherigen Sitzes verlegt, so hat dieses gem. § 13h Abs. 2 HGB unverzüglich von Amts wegen die Verlegung dem Gericht der neuen Hauptniederlassung oder des neuen Sitzes

mitzuteilen. Der Mitteilung sind die Eintragungen für die bisherige Hauptniederlassung oder den bisherigen Sitz sowie die bei dem bisher zuständigen Gericht aufbewahrten Urkunden beizufügen. Das Gericht der neuen Hauptniederlassung oder des neuen Sitzes hat zu prüfen, ob die Hauptniederlassung oder der Sitz ordnungsgemäß verlegt und § 30 HGB beachtet ist. Ist dies der Fall, so hat es die Verlegung einzutragen und dabei die ihm mitgeteilten Eintragungen ohne weitere Nachprüfung in sein Handelsregister zu übernehmen. Die Eintragung ist dem Gericht der bisherigen Hauptniederlassung oder des bisherigen Sitzes mitzuteilen. Dieses hat die erforderlichen Eintragungen von Amts wegen vorzunehmen.

Wird die Hauptniederlassung oder der Sitz an einen anderen Ort innerhalb des Bezirks des Gerichts der bisherigen Hauptniederlassung oder des bisherigen Sitzes verlegt, so hat das Gericht nach § 13h Abs. 3 HGB zu prüfen, ob die Hauptniederlassung oder der Sitz ordnungsgemäß verlegt und § 30 HGB beachtet ist. Ist dies der Fall, so hat es die Verlegung einzutragen. **36**

C. Weitere praktische Hinweise

I. Körperschaftsteuer

Anknüpfungspunkt für die unbeschränkte Körperschaftsteuerpflicht ist nach § 1 Abs. 1 KStG, dass die Gesellschaft ihren – formal satzungsmäßig bestimmten – Sitz (§ 11 AO) oder ihre – tatsächliche – Geschäftsleitung (§ 10 AO) im Inland hat. Auch die nach § 4a nunmehr zulässige GmbH mit Verwaltungssitz im Ausland ist daher in Deutschland innerstaatlich mit ihrem Welteinkommen unbeschränkt körperschaftsteuerpflichtig. Abkommensrechtlich ist aber im Regelfall der Ort der Geschäftsleitung maßgeblich (Art. 4 Abs. 3 OECD-MA); eine GmbH mit Geschäftsleitung im Ausland wird daher für Zwecke eines Doppelbesteuerungsabkommens nicht als in Deutschland ansässig gelten. Dies kann nach den Regeln des internationalen Steuerrechts gravierende Auswirkungen auf die Anrechnung der im Ausland erhobenen Steuern, die Freistellung der im Ausland erzielten Einkünfte von der deutschen Körperschaftsteuer und die Höhe des ausländischen Quellensteuersatzes haben. **37**

Eine **Verlegung des Verwaltungssitzes einer existierenden Gesellschaft ins Ausland** führt nunmehr gesellschaftsrechtlich nicht mehr zur Liquidation der Gesellschaft. Steuerlich hingegen fingiert § 12 Abs. 3 KStG nach wie vor die Auflösung der Gesellschaft, wenn durch die Sitzverlegung die unbeschränkte Steuerpflicht oder die abkommensrechtliche Ansässigkeit in einem EU/EWR-Staat endet. Zwar bleibt bei einer GmbH mit Satzungssitz in Deutschland stets die unbeschränkte Steuerpflicht in Deutschland erhalten (siehe vorangehende Rn.), durch Verlegung des Verwaltungssitzes kann eine GmbH aber nach den Bestimmungen eines anwendbaren Doppelbesteuerungsabkommens als im Drittstaat ansässig gelten (vgl. § 12 Abs. 3 Satz 2 KStG). In diesem Fall kommt es zur Liquidationsbesteuerung entsprechend § 11 KStG, d.h., sämtliche stille Reserven werden aufgedeckt. **38**

Wird der Verwaltungssitz in einen EU-/EWR-Staat verlegt, so findet § 12 Abs. 3 KStG keine Anwendung. Soweit hierbei aber Wirtschaftsgüter in diesen Staat verbracht bzw. einer dort belegenen (Geschäftsleitungs-)Betriebsstätte steuerlich zugeordnet werden, kann es nach § 12 Abs. 1 KStG zur Aufdeckung der darin enthaltenen stillen Reserven kommen. Die Auswirkungen können allerdings durch Bildung eines steuerlichen Ausgleichspostens (§ 4g EStG) gemildert werden. **39**

II. Gewerbesteuer

Die Auswahl des – tatsächlichen – Sitzes der Gesellschaft hat erhebliche Auswirkungen auf die Gewerbesteuerbelastung der GmbH, da die gemeindlichen Hebesätze zwischen 200 % (gesetzlicher Mindestsatz) und 490 % (München; in einigen Kleingemeinden noch höher) schwanken. Die Gewerbesteuerpflicht knüpft dabei aber nicht an den satzungsmäßigen Sitz an, sondern an das Vorhandensein einer inländischen Betriebsstätte (§ 2 Abs. 1 GewStG; zum Begriff siehe § 12 AO). Dazu gehört auch die Stätte der Geschäftsleitung (§ 12 Satz 2 Nr. 1 AO), also derjenige Ort, an dem **40** die geschäftsleitenden Maßnahmen im Tagesgeschäft umgesetzt (nicht notwendig: angeordnet) werden. Ebenso steht die Gewerbesteuer nur den Gemeinden zu, in denen sich Betriebsstätten befinden (§§ 4, 28 ff. GewStG). Sind Betriebsstätten in mehreren Gemeinden vorhanden, so sind in erster Linie die jeweiligen Lohnsummen Maßstab für die Zerlegung des Steuermessbetrags (siehe „Steuerrecht", S. 1046 ff., Rn. 19 ff.). Die Angabe eines Satzungssitzes in einer Gemeinde mit niedrigem Hebesatz führt daher für sich gesehen nicht zu einer Gewerbesteuerersparnis.

III. Zuständigkeit der Finanzbehörden

41 Zuständig für die Körperschaftsteuer ist nach § 20 Abs. 1 AO das Finanzamt, in dessen Bezirk sich die tatsächliche Geschäftsleitung befindet. Liegt diese (zusammen mit dem Verwaltungssitz) im Ausland, so wird das Finanzamt am Satzungssitz zuständig (§ 20 Abs. 2 AO). Ähnliches ergibt sich nach §§ 22, 18 AO für die Gewerbesteuer, zur Umsatzsteuer vgl. § 21 AO. Gegenüber dem nach § 20 AO zuständigen Finanzamt bestehen auch die steuerlichen Anzeigepflichten gem. § 54 EStDV, § 137 AO.

§ 5 Stammkapital; Geschäftsanteil

(1) Das Stammkapital der Gesellschaft muß mindestens fünfundzwanzigtausend Euro betragen.

(2) Der Nennbetrag jedes Geschäftsanteils muss auf volle Euro lauten. Ein Gesellschafter kann bei Errichtung der Gesellschaft mehrere Geschäftsanteile übernehmen.

(3) Die Höhe der Nennbeträge der einzelnen Geschäftsanteile kann verschieden bestimmt werden. Die Summe der Nennbeträge aller Geschäftsanteile muss mit dem Stammkapital übereinstimmen.

(4) Sollen Sacheinlagen geleistet werden, so müssen der Gegenstand der Sacheinlage und der Nennbetrag des Geschäftsanteils, auf den sich die Sacheinlage bezieht, im Gesellschaftsvertrag festgesetzt werden. Die Gesellschafter haben in einem Sachgründungsbericht die für die Angemessenheit der Leistungen der Sacheinlagen wesentlichen Umstände darzulegen und beim Übergang eines Unternehmens auf die Gesellschaft die Jahresergebnisse der beiden letzten Geschäftsjahre anzugeben.

Literatur

Azhari, Haftungsrisiken bei verschleierten Sachgründungen und Sachkapitalerhöhungen sowie deren Heilungsmöglichkeiten, BuW 2000, 154; *Barta*, Das Kapitalsystem von GmbH und AG, GmbHR 2005, 657; *Becker*, Heilung verdeckter Sacheinlagen bei der GmbH, RNotZ 2005, 569; *Berninger*, Aufstieg der UG (haftungsbeschränkt) zur vollwertigen GmbH, GmbHR 2011, 953; *Blasche*, Verdeckte Sacheinlage und Hin- und Herzahlen, GmbHR 2010, 288; *Blath*, Einziehung und Nennbetragsanpassung, GmbHR 2011, 1177; *Boehme*, Kapitalaufbringung durch Sacheinlagen, 1999; *Boehme*, Sacheinlagefähigkeit von Lizenzen, GmbHR 2000, 841; *Bongen/Renauld*, Sachübernahmen, GmbHR 1992, 100; *Bork*, Die Einlagefähigkeit obligatorischer Nutzungsrechte, ZHR 154 (1990), 205; *Bormann*, Der Entwurf des „MoMiG" und die Auswirkungen auf die Kapitalaufbringung, GmbHR 2006, 1021; *Bormann*, Die Kapitalaufbringung nach dem Regierungsentwurf des MoMiG, GmbHR 2007, 897; *Brandner*, Verdeckte Sacheinlage – eine Aufgabe für den Gesetzgeber, in: Ebenroth u.a. (Hrsg.), Verantwortung und Gestaltung: Festschrift für Karlheinz Boujong zum 65. Geburtstag, 1996, S. 37; *Brauer*, Heilung verdeckter Sacheinlagen bei der GmbH durch nachträglichen Umwidmungsbeschluss, BB 1997, 269; *Braun*, Einziehung von GmbH-Geschäftsanteilen nach MoMiG, GmbHR 2010, 82; *Braun*, Nochmals: Einziehung von GmbH-Geschäftsanteilen und Konvergenz nach § 5 III 2 GmbHG, NJW 2010, 2700; *Büchel*, Kapitalaufbringung, insbesondere Regelung der verdeckten Sacheinlage nach dem Regierungsentwurf des MoMiG, GmbHR 2007, 1065; *Crezelius*, Zu den Rechtsfolgen verdeckter Sacheinlagen im GmbH-Recht, DB 1990, 2458; *Custodis*, Verdeckte Sacheinlagen im GmbH-Recht – Anmerkungen zum Tatbestand und zur Heilung, DNotZ 1997, 437; *Döllerer*, Das Kapitalnutzungsrecht als Gegenstand der Sacheinlage bei Kapitalgesellschaften, in: Gordeler u.a. (Hrsg.), Festschrift für Hans-Joachim Fleck zum 70. Geburtstag, 1988, S. 35; *Dreßel*, Kapitalaufbringung und -erhaltung in der GmbH unter besonderer Berücksichtigung des Gründungsstadiums, 1988; *Drygala*, Stammkapital heute – Zum veränderten Verständnis vom System des festen Kapitals und seinen Konsequenzen, ZGR 2006, 587; *Einsele*, Möglichkeit der Heilung verdeckter Sacheinlagen, NJW 1997, 562; *Ekhold*, Materielle Unterkapitalisierung, 2002; *Engert*, Die Wirksamkeit des Gläubigerschutzes durch Nennkapital, GmbHR 2007, 337; *Festl-Wietek*, Bewertung von Sacheinlagen, Umwandlungen und Verschmelzungen bei Gesellschaften mit beschränkter Haftung, BB 1993, 2410; *Finken*, Die verdeckte Sacheinlage im Kapitalgesellschaftsrecht, DStR 1992, 359; *Fischer*, Die verdeckte Sacheinlage bei der GmbH und ihre Heilung, BWNotZ 2006, 13; *Fleck*, Kapitalaufbringung, Kapitalerhaltung und Insolvenzprobleme in der GmbH, 2. Aufl. 1982; *Flitsch/Schellenberger*, Zur Frage der wirksamen Kapitalaufbringung innerhalb eines Cash-Pool-Systems, BB 2006, 850; *Frey*, Einlagen in Kapitalgesellschaften, 1990; *Gärtner*, Keine verschleierte Sacheinlage bei Bargründung einer GmbH und unmittelbar folgendem Umsatzgeschäft, GmbHR 2003, 1417; *Geißler*, Rechtsgrundlagen und taktische Erwägungen zur Pfändung von GmbH-Geschäftsanteilen, KKZ 2012, 8; *v. Gerkan*, Verdeckte Sacheinlagen in der GmbH, GmbHR 1992, 433; *Gesell*, Verdeckte Sacheinlage & Co. Im Lichte des MoMiG, BB 2007, 2241; *Giedinghagen/Lakenberg*, Kapitalaufbringung durch Dienstleistungen?, NZG 2009, 201; *Goette*, Der Stand der höchstrichterlichen Rechtsprechung zur Kapitalaufbringung im GmbH-Recht, DStR 1997, 924; *Götting*, Die Einlagefähigkeit von Lizenzen an Immaterialgüterrechten, AG 1999, 1; *Grunewald*, Die Zwangseinziehung von GmbH-Geschäftsanteilen, GmbHR 2012, 769; *Grunewald*, Rechtsfolgen verdeckter Sacheinlagen, in: Pfeiffer u.a. (Hrsg.), Festschrift für Heinz Rowedder zum 75. Geburtstag, 1994, S. 111; *Haas*, Mindestkapital und Gläubigerschutz in der GmbH, DStR 2006, 993; *Haberstroh*, Nichtigkeit des Beschlusses zur Einziehung von Geschäftsanteilen wegen Verstoßes gegen § 5 III 2 GmbHG, NZG 2010, 1094; *Häuselmann/Rümker/Westermann*, Die Finanzierung der GmbH durch ihre Gesellschafter, 1992; *Heidinger*, Zum Einlagegegenstand bei der Heilung einer verdeckten Sacheinlage, ZNotP 2004, 465; *Heidinger*, Der Kapitalschutz der GmbH auf dem Prüfstand, DNotZ 2005,

97; *Heil*, Die verdeckte Sacheinlage bei Beteiligung Dritter, NZG 2001, 913; *Heinze*, Der Sacheinlagebegriff des § 20 UmwStG – Neues Gestaltungspotenzial im Kapitalgesellschaftsrecht, ZNotP 2012, 87; *Hentzen*, Die Abgrenzung von Kapitalaufbringung und Kapitalerhaltung im Cash-Pool, DStR 2006, 948; *Hoffmann*, Sind wertlose Forderungen gegen Kapitalgesellschaften zum Nennwert einlagefähig?, BB 1992, 575; *Hoffmann*, Die unzulässige Einlage von Dienstleistungen im GmbH- und Aktienrecht, NZG 2001, 433; *Hohage*, Erwerb eigener Anteile, Einziehung, Aufstockung und vGA bei der GmbH, DB 2009, 1033; *Joost*, Kapitalbegriff und Reichweite der Bindung des aufgebrachten Vermögens in der GmbH, GmbHR 1983, 285; *Kanzleiter/Lemcke*, Leistungen auf die Stammeinlage bei der GmbH, BWNotZ 1996, 153; *Krieger*, Zur Heilung verdeckter Sacheinlagen in der GmbH, ZGR 1996, 674; *Krüger*, Mindestkapital und Gläubigerschutz, 2005; *Lamb/Schluck-Amend*, Kapitalaufbringung im Rahmen des Cash-Poolings, DB 2006, 879; *Langenbucher*, Zur Rechtsfolge der verdeckten Sacheinlage bei der GmbH, DStR 2003, 1838; *Lieder*, Grund- und Zweifelsfragen des genehmigten Kapitals der GmbH, DNotZ 2010, 655; *Lohaus*, Voraussetzungen und Rechtsfolgen verdeckter Sacheinlagen im GmbH-Recht, in: Stiefel u.a. (Hrsg.), Iusto jure: Festgabe für Sandrock zum 65. Geburtstag, 1995, S. 291; *Lutter*, Kapital, Sicherung der Kapitalaufbringung und Kapitalerhaltung in den Aktien- und GmbH-Rechten der EWG, 1964; *Lutter*, Vom formellen Mindestkapital zu materiellen Finanzierungsregeln, Festschrift für Riesenfeld, 1983, S. 165; *Manger*, Sacheinlagefähigkeit von obligatorischen Nutzungsrechten, GmbHR 2004, 1222; *Meier*, Der praktische Fall: Rückgriff auf das Stammkapital zur Verlustabdeckung?, GmbHR 2007, 638; *Meyer/Ludwig*, Annäherung der Rechtsfolgen verdeckter Sacheinlagen im Aktien- und GmbH-Recht, NotBZ 2004, 1; *Mosthaf*, „Schütt aus – Hol zurück" oder die Sacheinlage in bar, in: Beisse u.a. (Hrsg.), Festschrift für Karl Beusch zum 68. Geburtstag, 1993, S. 605; *Mülbert*, Die Anwendung der allgemeinen Formvorschriften bei Sachgründungen und Sachkapitalerhöhungen, AG 2003, 281; *Nolting*, Disquotale Aufstockung der Nennbeträge von GmbH-Geschäftsanteilen bei der Einziehung, ZIP 2011, 1292; *Oppenländer*, Nachträgliche Umwandlung einer Geldeinlage in eine Sacheinlage, GmbHR 2004, 667; *Pauli*, Die GmbH & Co. KG als Einheitsgesellschaft in der Nachfolgeplanung, ZErb 2008, 215; *Philipp/Weber*, Materielle Unterkapitalisierung als Durchgriffshaftung im Lichte der jüngeren BGH-Rechtsprechung zur Existenzvernichtung, DB 2006, 142; *Rawert*, Heilung verdeckter Sacheinlagen durch nachträgliche Änderung der Einlagedeckung, GmbHR 1995, 87; *Reuter*, Praktische Fragen bei der Heilung verdeckter GmbH-Sacheinlagen, BB 1999, 217; *Rodewald/Scheel*, Kapitalaufbringung in der GmbH durch Einlage von Dienstleistungen?, GmbHR 2003, 1478; *Römermann*, Ausschließung von GmbH-Gesellschaftern und Einziehung von Anteilen – Ein Minenfeld, NZG 2010, 96; *Rogusch*, Mindesthaftkapital, Haftungsbeschränkung und Gläubigerschutz bei der GmbH, 1979; *Roth*, Unterkapitalisierung und persönliche Haftung, ZGR 1993, 182; *Roth*, Neue Fallstricke beim Hin- und Herzahlen – Cash Pool, NJW 2009, 3397; *Schärtl*, Reformüberlegungen zum deutschen GmbH-Recht, 2006; *Schärtl*, Die Doppelfunktion des Stammkapitals als Schlüssel für ein wettbewerbsfähiges GmbH-Recht in Deutschland?, GmbHR 2007, 344; *K. Schmidt*, Die Eigenkapitalausstattung der Unternehmen als rechtspolitisches Problem, JZ 1984, 771; *Schneider*, Die Sicherung der Kapitalaufbringung bei Gründung der GmbH, MittRhNotK 1992, 165; *v. Schnurbein*, Verdeckte Sacheinlage im Konzern – Vereinfachung durch das MoMiG?, GmbHR 2010, 568; *Schürmann*, Zur Stückelung von GmbH-Geschäftsanteilen, GmbHR 1998, 1014; *Seibert*, BB-Gesetzgebungsreport: Entwurf eines Mindestkapitalgesetzes (MindestkapG) – Substanzielle Absenkung des Mindeststammkapitals, BB 2005, 1061; *Sosnitza*, Die Einlagefähigkeit von Domain-Namen bei der Gesellschaftsgründung, GmbHR 2002, 821; *Specks*, Kapitalerhöhungen bei der Unternehmergesellschaft, RNotZ 2011, 234; *Sporre*, Verdeckte Sacheinlage und (unzulässiges) Hin- und Herzahlen einer Einlage nach dem MoMiG – ein Überblick, DZWir 2010, 184; *Steinbeck*, Obligatorische Nutzungsüberlassung als Sacheinlage und Kapitalersatz, ZGR 1996, 116; *Steiner*, Kapitalaufbringung in der GmbH seit MoMiG, BWNotZ 2009, 193; *v. Sydow/Beyer*, Erwerb von notleidenden Krediten und anschließende Kapitalerhöhung mit Sacheinlage, AG 2005, 635; *Theusinger/Liese*, Keine verdeckte Sacheinlage bei der „Einlage" von Dienstleistungen, NZG 2009, 641; *Tillmann/Tillmann*, Heilung einer verschleierten Sachgründung aus steuerlicher Sicht, DB 2004, 1853; *Tillmann*, Kapitalausstattung der GmbH – zivil- und steuerrechtlich, GmbHR 1987, 329; *Transfeld*, Abweichende Festsetzung des Einziehungsentgelts in der Insolvenz eines Gesellschafters, GmbHR 2011, 298; *Ulmer*, Verdeckte Sacheinlagen im Aktien- und GmbH-Recht, ZHR 154 (1990), 128; *Ulmer*, Die „Anrechnung" (MoMiG) des Wertes verdeckter Sacheinlagen auf die Bareinlageforderung der GmbH – ein neues Erfüllungssurrogat?, ZIP 2009, 293; *Ulmer*, Sacheinlagenverbote im MoMiG – umgehungsfest?, GmbHR 2010, 1298; *Veil/Werner*, Die Regelung der verdeckten Sacheinlage – eine gelungene Rechtsfortbildung des GmbH-Rechts und bürgerlich-rechtlichen Erfüllungsregimes, GmbHR 2009, 729; *Weitbrecht*, Haftung der Gesellschafter bei materieller Unterkapitalisierung, 1990; *Werner*, Neues zur Zwangseinziehung, StBW 2012, 283; *Westermann/Braun*, Einlagen und Kapitalaufbringung bei kommunalen Unternehmen, VersorgW 2011, 141; *Wicke*, Gründung, Satzungsgestaltung und Anteilsabtretung nach der GmbH-Reform, NotBZ 2009, 1; *Wirsch*, Die Legalisierung verdeckter Sacheinlagen – Das Ende der präventiven Wertkontrolle, GmbHR 2007, 736.

A. Allgemeines

§ 5 regelt die **Grundsätze der Kapitalstruktur** einer GmbH.[1] Die GmbH-Gesellschafter bringen infolge ihrer gesellschaftsvertraglichen Verpflichtung zur Leistung der **Stammeinlage** (d.h. – nach § 3 Abs. 1 Nr. 4 – die Zahl und die Nennbeträge der Geschäftsanteile, die jeder Gesellschafter im Gesellschaftsvertrag gegen Einlage auf das Stammkapital übernimmt) das **Stammkapital** der GmbH[2] (i.S. der Summe der Nennbeträge aller Geschäftsanteile – vgl. Abs. 3 Satz 2, wonach die Summe der Nennbeträge aller Geschäftsanteile mit dem Stammkapital übereinstimmen muss) auf (deren Höhe ins Handelsregister einzutragen ist, § 10 Abs. 1). 1

Der (Mindest-) Nennbetrag jedes Geschäftsanteils muss auf **volle Euro** lauten (**Abs. 2 Satz 1**) – und mindestens ein Euro betragen – und die Höhe der Nennbeträge der einzelnen Geschäftsanteile kann verschieden bestimmt werden (**Abs. 3 Satz 1**). Ein Gesellschafter kann bei Errichtung der Gesellschaft nach **Abs. 2 Satz 2** auch mehrere Geschäftsanteile (selbst mit unterschiedlichen Nennbeträgen, **Abs. 3 Satz 1**) übernehmen. 2

Da den Gläubigern einer GmbH als juristischer Person grundsätzlich allein deren Stammkapital (und nicht das Privatvermögen der Gesellschafter) als Haftungsgrundlage (i.S. eines Mindesthaftbetrags) zur Verfügung steht, hat der Gesetzgeber mit § 5 (und darüber hinaus mit den §§ 7 Abs. 2 und 3, 9, 19 ff., 24, 30 ff., 58 ff., § 15a InsO sowie § 42 Abs. 1 i.V.m. § 266 Abs. 3, A. 1. HGB sowie den Grundsätzen der Unterbilanzhaftung) sichergestellt, dass sowohl die Aufbringung als auch die Erhaltung dieses Kapitals sichergestellt ist. Bildet das Stammkapital die Referenzgröße für das Kapitalschutzsystem[3] (i S. von dessen Aufbringung und Erhaltung), setzt dies voraus, dass der GmbH im Zeitpunkt der Eintragung ein Mindestvermögen in Höhe des Stammkapitals von 25.000 EUR (**gesetzliches Mindeststammkapital**) seitens der Gesellschafter zugeflossen sein muss (**Abs. 1**). § 5a Abs. 1 statuiert zugunsten der UG eine Ausnahme zu Abs. 1: deren Stammkapital liegt zwischen einem und 24.999 EUR. 3

Besonderheiten der **Sachgründung** (die bei der UG nach § 5a Abs. 2 Satz 2 nicht möglich ist) regelt Abs. 4.

Die notwendigen Angaben zu Stammkapital und Nennbetrag als notwendigem Inhalt des Gesellschaftsvertrags i.S.v. § 3 Abs. 1 Nr. 3 und 4 sind nach § 10 Abs. 1 ins Handelsregister einzutragen.

Eine der Regelung des § 5, die zwingendes Recht darstellt (und nach § 55 Abs. 4 auch bei der Kapitalerhöhung und gemäß §§ 197, 36 Abs. 2, 135 Abs. 2 UmwG bei Umwandlungen gilt), nicht entsprechende Festsetzung des Stammkapitals (in Höhe von 25.000 EUR) bzw. der Geschäftsanteile im Gesellschaftsvertrag (als dessen notwendiger Inhalt, § 3 Abs. 1 Nr. 3 und 4) führt zu dessen Nichtigkeit (§ 134 BGB – es sei denn [im Hinblick auf das Mindeststammkapital, Abs. 1] kommt ausnahmsweise ein UG-Gesellschaftsvertrag in Betracht)[4] – und damit in der Folge zu einem Eintragungshindernis i.S.v. § 9c Abs. 2. Es gelangen die Regelungen über die fehlerhafte Gesellschaft zur Anwendung. Erfolgt gleichwohl eine Eintragung der Gesellschaft im Handelsregister, ist (nachdem dadurch Heilung des Mangels eingetreten und die Gesellschaft wirksam entstanden ist) dem durch ein Amtsauflösungsverfahren (§ 399 Abs. 4 FamFG [vormals § 144a FGG] i.V.m. § 60 Abs. 1 Nr. 6) 4

1 Roth/Altmeppen/*Roth*, § 5 Rn. 1.
2 In der Bilanz „gezeichnetes Kapital" (§ 42 Abs. 1) als erste Position auf der Passivseite (§ 266 Abs. 3 HGB).
3 Henssler/*Schäfer*, § 5 Rn. 4.
4 Dazu muss jedoch eine Änderung der Firma vorgenommen werden: so Henssler/*Schäfer*, § 5 Rn. 11.

zu begegnen. Eine Heilung ist durch Satzungsänderung möglich.[5] Erreicht die Summe der Nennbeträge aller Geschäftsanteile nicht den Betrag des Stammkapitals, gelten die Grundsätze über eine unwirksame Beitrittserklärung entsprechend[6] (§ 2 Rn. 39).

5 Fehlt die Angabe des Stammkapitals im Gesellschaftsvertrag gänzlich bzw. ist diese unklar gefasst, bestehen nach der Handelsregistereintragung (da der Mangel nicht heilbar ist [sog. **qualifizierter Mangel**], arg.: § 76)[7] folgende Möglichkeiten:

- Nichtigkeitsklage nach § 75 Abs. 1 bzw.
- Amtslöschungsverfahren gem. § 397 FamFG (vormals § 144 Abs. 1 Satz 2 FGG).

B. Inhalt der Regelung

I. Stammkapital (Abs. 1 und Abs. 3 Satz 2)

6 Das Stammkapital der GmbH muss nach **Abs. 1** mindestens (ohne Höchstgrenze – eine Höchstgrenze besteht nur für die UG)[8] 25.000 EUR (**Haftungsfonds**) im Interesse des Gläubigerschutzes (als generelle Mindestkapitaluntergrenze)[9] betragen, wenngleich „dies naturgemäß keine ausreichende Kapitalisierung der Gesellschaft" gewährleistet[10], doch die Bedeutung einer „Seriositätsschwelle"[11] zum Haftungsprivileg des § 13 Abs. 2 hat[12] (vgl. hingegen für die UG § 5a Abs. 1). Das Stammkapital ist eine auf (volle) Euro (als nach § 1 EGGmbHG [§ 86 a.F.] maßgeblicher Währung) lautende Ziffer (bestimmter Euro-Betrag).

Das Sacheinlagenverbot nach § 5a Abs. 2 Satz 2 gilt für eine den Betrag des Mindestkapitals nach Abs. 1 erreichende oder übersteigende Erhöhung des Stammkapitals einer UG (haftungsbeschränkt) **nicht**[13] (näher: § 5a Rn. 17).

Die Summe der Nennbeträge aller Gesellschaftsanteile muss mit dem Stammkapital übereinstimmen (**Abs. 3 Satz 2**)[14], woraus die Beteiligungsquote eines Gesellschafters (mithin das Verhältnis von Nennbeträgen zum Stammkapital) resultiert[15].

Vor der Eintragung kann die Höhe des Stammkapitals durch bloße Satzungsänderung, nach der Eintragung nur durch Kapitalherabsetzung (§§ 58 ff.) bzw. Kapitalerhöhung (§§ 55 ff.) geändert werden.

5 Baumbach/Hueck/*Fastrich*, § 5 Rn. 13.
6 Baumbach/Hueck/*Fastrich*, § 5 Rn. 13; Hachenburg/*Ulmer*, § 5 Rn. 18.
7 Baumbach/Hueck/*Fastrich*, § 5 Rn. 13; Roth/Altmeppen/*Roth*, § 5 Rn. 7.
8 Henssler/*Schäfer*, § 5 Rn. 4.
9 Roth/Altmeppen/*Roth*, § 5 Rn. 11.
10 Henssler/*Schäfer*, § 5 Rn. 3.
11 Dazu auch Hachenburg/*Ulmer*, § 5 Rn. 10.
12 Henssler/*Schäfer*, § 5 Rn. 3.
13 BGH NJW 2011, 1881 = NZG 2011, 664 = GmbHR 2011, 699 – ebenso OLG München, GmbHR 2011, 1276; a. A. OLG München, ZIP 2010, 1991, 1992.
14 Zum Problem von Einziehungsbeschlüssen, die nicht mit einer Kapitalherabsetzung einhergehen, näher Henssler/*Schäfer*, § 5 Rn. 7. Dazu auch Baumbach/Hueck/*Fastrich*, § 5 Rn. 10. Vgl. zur Frage der Übereinstimmung von Stammkapital und Summe der Geschäftsanteile bei einer neu eingereichten Gesellschafterliste vor Inkrafttreten des MoMiG: OLG München, NZG 2012, 349 = GmbHR 2012, 398 – diene die neu eingereichte Gesellschafterliste der Korrektur einer Gesellschafterliste mit vor dem Inkrafttreten des MoMiG am 1.11.2008 liegendem Stichtag, muss die Summe der Nennbeträge aller Geschäftsanteile nicht mit dem Stammkapital übereinstimmen.
15 Henssler/*Schäfer*, § 5 Rn. 4.

Nach § 1 EGGmbHG (Umstellung auf Euro), der § 86 a.F. (aufgehoben durch Art. 1 Nr. 49 MoMiG) ersetzt hat[16], dürfen Gesellschaften, die vor dem 1.1.1989 in das Handelsregister eingetragen worden sind, ihr auf Deutsche Mark lautendes Stammkapital beibehalten (§ 1 Abs. 1 EGGmbHG). Entsprechendes gilt für Gesellschaften, die vor dem 1.1.1989 zur Eintragung in das Handelsregister angemeldet und bis zum 31.12.2001 eingetragen worden sind. Für Mindestbetrag und Teilbarkeit von Kapital, Einlagen und Geschäftsanteilen sowie für den Umfang des Stimmrechts bleiben bis zu einer Kapitaländerung nach § 1 Abs. 1 S. 4 EGGmbHG die bis dahin gültigen Beträge weiter maßgeblich. Dies gilt auch, wenn die Gesellschaft ihr Kapital auf Euro umgestellt hat. Das Verhältnis der mit den Geschäftsanteilen verbundenen Rechte zueinander wird durch Umrechnung zwischen Deutscher Mark und Euro nicht berührt. Eine Änderung des Stammkapitals darf nach dem 31.12.2001 nur eingetragen werden, wenn das Kapital auf Euro umgestellt wird. Bei Gesellschaften, die zwischen dem 1.1.1999 und dem 31.12.2001 zum Handelsregister angemeldet und in das Register eingetragen worden sind, dürfen nach § 1 Abs. 2 EGGmbHG Stammkapital und Stammeinlagen auch auf Deutsche Mark lauten. Für Mindestbetrag und Teilbarkeit von Kapital, Einlagen und Geschäftsanteilen sowie für den Umfang des Stimmrechts gelten die zu dem vom Rat der Europäischen Union nach Art. 123 Abs. 1 S. 1 EGV unwiderruflich festgelegten Umrechnungskurs in Deutsche Mark umzurechnenden Beträge des Gesetzes in der ab dem 1.1.1999 geltenden Fassung. Die Umstellung des Stammkapitals und der Geschäftsanteile sowie weiterer satzungsmäßiger Betragsangaben auf Euro zu dem nach Art. 123 Abs. 4 S. 1 EGV unwiderruflich festgelegten Umrechnungskurs erfolgt gem. § 1 Abs. 3 EGGmbHG durch Beschluss der Gesellschafter mit einfacher Stimmenmehrheit nach § 47. Die Regelung des § 53 Abs. 2 S. 1 ist nicht anzuwenden. Auf die Anmeldung und Eintragung der Umstellung in das Handelsregister ist § 54 Abs. 1 Satz 2 und Abs. 2 Satz 2 nicht anzuwenden. Werden mit der Umstellung weitere Maßnahmen verbunden, insbesondere das Kapital verändert, bleiben die hierfür geltenden Vorschriften unberührt. Auf eine Herabsetzung des Stammkapitals, mit der die Nennbeträge der Geschäftsanteile auf einen Betrag nach § 1 Abs. 1 Satz 4 EGGmbHG gestellt werden, ist jedoch § 58 Abs. 1 nicht anzuwenden, wenn zugleich eine Erhöhung des Stammkapitals gegen Bareinlagen beschlossen und diese in voller Höhe vor der Anmeldung zum Handelsregister geleistet werden. 7

Die auf **(volle) Euro** lautende Ziffer des Stammkapitals bezeichnet die **Mindestgesamthaftungssumme** der GmbH (in Geld oder geldwerten Einlagen), die in der Bilanz als gezeichnetes Kapital (vgl. § 42 Abs. 1 – mithin nominales Haftungskapital) auszuweisen ist. Das Stammkapital bildet das zentrale Element für die Eigenkapitalausstattung der GmbH. Die Höhe des Stammkapitals sollte trotz bloßer Vorgabe eines Mindestbetrags gleichwohl individuell mit der wirtschaftlichen Betätigung des in Rede stehenden Unternehmens korrelieren, wenngleich der Gesetzgeber dazu auch keine gesetzliche Verpflichtung statuiert hat (Freiheit von Art und Umfang der Finanzierungsentscheidung der Gesellschafter)[17] – bei der UG ist nach § 5a Abs. 1 sogar auf jede Begrenzung (nach unten) verzichtet worden. Die Ausstattungsgarantie bietet jedoch keinen Schutz gegen (eine nicht sanktionierbare) Auszehrung durch wirtschaftliche Misserfolge.[18] Daraus können Probleme einer **Unterkapitalisierung** (Rn. 10) resultieren. Das Stammkapital einer GmbH als Haftungsgarantie muss mindestens 25.000 EUR betragen, wobei ein höherer Betrag (der den echten Eigenkapitalbedarf überschreitet) unstreitig möglich ist. Im Zuge einer Kapitalherabsetzung darf die genannte Mindesthöhe nach § 58 Abs. 2 jedoch grundsätzlich (vgl. als Ausnahme § 58a Abs. 4 – Fall einer 8

16 RegE, BT-Drucks. 16/6140, S. 47: Um zu verhindern, dass das GmbHG im sechsten Abschnitt mit Übergangsvorschriften zu Änderungsgesetzen überfrachtet wird, werden durch das MoMiG dem Vorbild des HGB mit dem EGHGB und des AktG mit dem EGAktG folgend die Übergangsvorschriften zum GmbHG in ein gesondertes Gesetz übernommen. Obschon für das GmbHG nicht bereits bei dessen Einführung ein entsprechendes Einführungsgesetz geschaffen wurde, ist ein solches Gesetz unter dieser Bezeichnung nach Ansicht des Gesetzgebers hier angezeigt. Ein „Einführungsgesetz" ist nicht nur dann angebracht, wenn das Gesetz erstmalig „eingeführt" wird, sondern auch, wenn es dazu dient, spätere Ergänzungen hinsichtlich ihres späteren „Einführungs"-Zeitpunktes zu definieren. Die bisherige im GmbHG enthaltene Übergangsvorschrift des § 86 gilt als § 1 EGGmbHG fort. Die geringfügigen Änderungen beruhen auf Anpassungen an die neue Rechtslage (RegE, BT-Drucks. 16/6140, S. 48).

17 Vgl. BGHZ 127, 17, 23; BGH NJW 1979, 2104; Baumbach/Hueck/*Fastrich*, § 5 Rn. 5; Roth/Altmeppen/*Roth*, § 5 Rn. 12.

18 Roth/Altmeppen/*Roth*, § 5 Rn. 13.

Herabsetzung mit nachfolgender Kapitalerhöhung) nicht unterschritten werden. Das Mindestkapitalerfordernis gilt auch für die umwandlungsbedingte GmbH-Entstehung (nach den §§ 197, 220, 158 i.V.m. § 135 Abs. 2 UmwG).[19]

Höhere Mindestkapitalbeträge können nach den §§ 10 Abs. 1 (Eigenmittelausstattung), 33 Abs. 1 Nr. 1 KWG (Versagung der Erlaubnis) für Kreditinstitute und Kapitalanlagegesellschaften gelten.[20]

9 Durch die Änderung des § 5 im Zuge des RegE zum MoMiG sollten die Kapitalaufbringung bei der Gründung und die Übertragung der Geschäftsanteile erleichtert werden. Zu diesem Zweck war vorgesehen, in Abs. 1 auch die Höhe des Mindeststammkapitals der Gesellschaft von 25.000 EUR auf 10.000 EUR herabzusetzen. Rechnung getragen werden sollte damit einer zunehmenden Kritik von Praxis und Wissenschaft an der Sinnhaftigkeit der Mindeststammkapitalhöhe. Einerseits sollte durch die Beibehaltung eines nennenswerten Mindeststammkapitals berücksichtigt werden, dass diesem die Funktion einer **Seriositätsschwelle** beigemessen wird.[21] Andererseits sollte es mit der Absenkung gerade Kleinunternehmen und Existenzgründern ermöglicht werden, bei geringem Kapitalbedarf leichter eine Gesellschaft zu gründen. Dabei sollte der Wandel des Wirtschaftslebens seit der Schaffung des GmbHG berücksichtigt werden: Heute betrifft die Mehrzahl der Neugründungen nicht mehr Produktionsunternehmen, sondern Unternehmen aus dem Dienstleistungssektor (über 85%). Dienstleistungsbetriebe können aber u.U. mit relativ geringem Startkapital gegründet werden. Für manche dieser Gesellschaften wurde ein Mindeststammkapital von 25.000 EUR als überhöht angesehen. Die Vorgabe von 10.000 EUR – so wurde argumentiert – halte sich hingegen auch im europäischen Vergleich im angemessenen Rahmen.[22] Unternehmen mit höherem Kapitalbedarf seien freilich auch in Zukunft gut beraten, schon bei Gründung ein höheres Kapital zu zeichnen. Für viele solcher Unternehmen waren aber auch in der Vergangenheit 25.000 EUR von Anfang an zu niedrig. So kann bspw. eine mit Eigenkapital besser ausgestattete GmbH wesentlich einfacher einen Bankkredit ohne zusätzliche persönliche Sicherheiten erhalten.

10 Die im RegE vorgesehene Absenkung des Mindeststammkapitals der „klassischen GmbH" von 25.000 EUR auf 10.000 EUR hat der Gesetzgeber im Laufe des Gesetzgebungsverfahren aufgegeben.[23] Die Absenkung sollte es Unternehmen mit geringem Kapitalbedarf erleichtern, eine GmbH zu gründen, und zudem die Wettbewerbsfähigkeit der GmbH gegenüber vergleichbaren ausländischen Rechtsformen steigern. Wie jedoch bereits schon in der Begründung zum RegE ausgeführt wurde, wird dieser Druck künftig bereits schon über die Unternehmergesellschaft (haftungsbeschränkt) aufgefangen, die ohne ein bestimmtes Mindeststammkapital gegründet werden kann.[24] Kleinunternehmern und Existenzgründern – so der Gesetzgeber –, deren Unternehmen nur ein geringes Startkapital benötigen, wird damit bereits insofern eine äußerst flexible Variante der GmbH angeboten, die auch dem Wettbewerb mit entsprechenden ausländischen Rechtsformen standhalten kann. Vor diesem Hintergrund hat die Absenkung des Mindeststammkapitals bei der „klassischen" GmbH nach Ansicht des Gesetzgebers ihre Bedeutung verloren. Sie unterbleibt auch deshalb, um das Ansehen der bereits gegründeten GmbHs nicht zu unterlaufen. Damit wird auch einer Sorge des deutschen Mittelstands entsprochen, der einerseits Verständnis für das Bedürfnis nach einer Kapitalgesellschaft mit sehr geringen Kapitalanforderungen geäußert hatte, zugleich aber besorgt war, die in über hundert Jahren erworbene Reputation der normalen GmbH als verlässliche Rechtsform des etablierten Mittelstands könne durch die Absenkung des Mindeststammkapitals mit seiner Funktion der Seriositätsschwelle Schaden leiden. Die nunmehr gefundene Lösung – d.h. die Beibehaltung des 25.000-Euro-Stammkapitalerforderisses für die klassische GmbH einerseits und einer GmbH-Variante mit geringeren Anforderungen – entspreche den berechtigten Interessen aller.[25]

---

19 Roth/Altmeppen/*Roth*, § 5 Rn. 11.
20 Dazu Rowedder/Schmidt-Leithoff/*Schmidt-Leithoff*, § 5 Rn. 10; Roth/Altmeppen/*Roth*, § 5 Rn. 14.
21 RegE, BT-Drucks. 16/6140, S. 29.
22 RegE, BT-Drucks. 16/6140, S. 29.
23 Beschlussempfehlung und Bericht des Rechtsausschusses, BT-Drucks. 16/9737.
24 Beschlussempfehlung und Bericht des Rechtsausschusses, BT-Drucks. 16/9737.
25 Beschlussempfehlung und Bericht des Rechtsausschusses, BT-Drucks. 16/9737.

Für das System des MoMiG ist jedenfalls das gezeichnete Stammkapital die Grenze, eine **Unterkapitalisierungshaftung** hat der Gesetzgeber bewusst nicht vorgesehen.[26]

Der Begriff des Stammkapitals stimmt nicht mit jenem des **Eigenkapitals** (welches bereits schon im Zeitpunkt der Gründung vom Stammkapital abweichen und sich von diesem unabhängig entwickeln kann) überein. Letzteres umfasst über das gezeichnete Kapital hinaus auch Kapital- oder Gewinnrücklagen, Gewinn- bzw. Verlustvorträge sowie Jahresüberschüsse oder Jahresfehlbeträge. 11

Das bezifferte Stammkapital in Höhe von mindestens 25.000 EUR verlautbart gegenüber dem Geschäftsverkehr die Höhe der **Einlageverpflichtung** der Gesellschafter nach dem Gesellschaftsvertrag.

Das **Stammkapital** kann jedoch **nicht** als **Garantiesumme** (i.S. eines den Gläubigern in jedem Falle auch tatsächlich zur Verfügung stehenden Gesellschaftsvermögens) begriffen werden. Vielmehr wird seine Aufbringung durch eine Reihe weiterer Vorschriften gesichert (bspw. §§ 7 Abs. 2 und 3, 9 ff.). In der Folge vermag § 5 eine unzureichende Finanzausstattung mit Eigenkapital (Unterkapitalisierung) nicht zu verhindern. 12

13

! **Unterkapitalisierung** ist dann anzunehmen, wenn das Eigenkapital (insbesondere das Stammkapital) in keiner angemessenen Relation zur Gesellschaftsart und zum Umfang des konkret betriebenen GmbH-Unternehmens steht.[27] Wenngleich Unterkapitalisierung in gewissem Umfang aus Praktikabilitätserwägungen (wegen der nicht präzise fixierbaren Höhe des in jedem Einzelfall notwendigen Eigenkapitalbedarfs einer GmbH) zu akzeptieren ist (es sei denn, Sonderregelungen bestehen – vgl. § 11 InvG bzw. §§ 10 f., 33 Abs. 1 Nr. 1 KWG),[28] ist sowohl eine

- **materielle** Unterkapitalisierung (d.h. eine insgesamt zu geringe Eigenkapitalausstattung) als auch eine
- **nominelle** Unterkapitalisierung (d.h. eine Ausstattung der GmbH mit hinreichend Fremdkapital, vor allem Gesellschafterdarlehen)

problematisch.[29] Im ersten Fall kann es, sofern die Unterkapitalisierung schwerwiegend (d.h. qualifiziert) sowie eindeutig und klar erkennbar ist, sogar zu einer Haftung der Gesellschafter (als Haftungsdurchgriff im Insolvenzfall[30] nach § 826 BGB)[31] kommen (§ 13 Rn. 25 ff.).

Der Haftungsdurchgriff (als Rechtsfortbildung) wird nach einer in Judikatur und Literatur höchst umstrittenen Auffassung mit dem Normzweck der gesetzlichen Regelungen über die Kapitalhöhe und die Kapitalaufbringung sowie die Kapitalerhaltung begründet, der eine Haftungsbeschränkung zugunsten der Gesellschaft (d.h. auf das Gesellschaftsvermögen beschränkt) nach § 13 Abs. 2 nur im Falle einer zureichenden Eigenkapitalausstattung zu rechtfertigen vermag.[32] Doch hat sich bislang ein allgemeiner Haftungstatbestand der Unterkapitalisierung letztlich noch nicht durchsetzen können.[33] Eine allgemeine Unterkapitalisierungshaftung[34] (außerhalb der allgemein anerkannten Durchgriffshaftung – näher unter § 13 Rn. 22 ff.) dürfte kaum anzuerkennen sein, 14

26 RegE, BT-Drucks. 16/6140, S. 30.
27 Baumbach/Hueck/*Fastrich*, § 5 Rn. 5 f.; Hachenburg/*Ulmer*, Anhang zu § 30 Rn. 13 ff.
28 Baumbach/Hueck/*Fastrich*, § 5 Rn. 5.
29 So BGH NJW 2008, 2437. Kapitalisierungsregeln, „die unabhängig vom Mindestkapital in Relation zur konkreten Geschäftstätigkeit den wirklichen Kapitalbedarf definieren und bei deren Nichtbeachtung eine Durchgriffshaftung der Gesellschafter eingreift" – so Henssler/*Schäfer*, § 5 Rn. 6 – werden abgelehnt
30 Baumbach/Hueck/*Fastrich*, § 5 Rn. 6.
31 BGH NJW 1979, 2104.
32 Umstritten, so aber Baumbach/Hueck/*Fastrich*, § 5 Rn. 6; Hachenburg/*Ulmer*, Anhang zu § 30 Rn. 35 ff. und 50 ff.; Scholz/*Emmerich*, § 13 Rn. 81 ff.; Lutter/Hommelhoff/*Lutter/Hommelhoff*, § 13 Rn. 6 ff.; a.A. BGH NJW 2003, 2809; BAG ZIP 1999, 24 und 878; BGHZ 68, 312; Scholz/*Winter*, § 5 Rn. 18 f.
33 Baumbach/Hueck/*Fastrich*, § 5 Rn. 6.
34 A.A. hinsichtlich einer Durchgriffshaftung bei „qualifizierter Unterkapitalisierung": Lutter/*Hommelhoff*, § 13 Rn. 15 ff.

ebenso wenig wie ein Tatbestand „Unterkapitalisierung" als Eintragungshindernis bei der GmbH-Gründung.[35]

II. Geschäftsanteil (Abs. 2 und Abs. 3 Satz 1)

15 Die Nennbeträge der Geschäftsanteile der Gesellschafter (wohingegen die Gesellschaft keine Geschäftsanteile zeichnen kann)[36] müssen nach Abs. 2 Satz 1 als feste Beträge auf volle Euro lauten[37] (auch bei Sacheinlagen, da diese sich auf einen bestimmten Nennbetrag des Geschäftsanteils beziehen müssen, vgl. Abs. 4 Satz 1).[38] Sie können nach Abs. 3 Satz 1 (ohne Vorgabe eines Höchstbetrags) unterschiedlich hoch sein (unterschiedlich hohe Nennbeträge). Die Summe der Nennbeträge aller Geschäftsanteile muss jedoch (zumindest im Zeitpunkt der Gründung) mit der Ziffer des Stammkapitals übereinstimmen (so Abs. 3 Satz 2). Das Stammkapital muss also bei der Gründung zwingend von dem durch die Gründer übernommenen Gesamtnennbetrag aller Geschäftsanteile abgedeckt sein. Jeder Gesellschafter muss zwingend auch (zumindest) einen Geschäftsanteil übernehmen (arg.: keine Gesellschafterbeteiligung an einer GmbH als Kapitalgesellschaft ohne Beitragsleistung auf das Stammkapital),[39] **Abs. 2 Satz 2** gestattet ihm (nicht jedoch im vereinfachten Gründungsverfahren, vgl. § 2 Abs. 1a) ausdrücklich aber auch die Übernahme mehrerer Geschäftsanteile[40] (die gemäß § 40 Abs. 1 Satz 1 fortlaufend zu nummerieren sind).

16 ! Eine **Überpari-Emission** von Gesellschaftsanteilen ist (im Unterschied zu einer **Unterpari-Emission** [Verstoß gegen § 9 Abs. 1 AktG analog][41] als Abschlag vom Nennbetrag des Geschäftsanteils [Disagio])[42] statthaft. Doch lässt dies (als Zahlung eines Aufgelds [Agio] i.S. einer Nebenleistungspflicht nach § 3 Abs. 2) das Stammkapital und den Betrag der Nennbeträge der Geschäftsanteile unberührt.[43]

Bei Gründung einer Ein-Personen-GmbH besteht Identität zwischen dem Nennbetrag des einzigen Geschäftsanteils und dem Stammkapital.[44]

17 Die Gesellschafter können nach dem MoMiG die **Höhe der Nennbeträge** der von ihnen zu übernehmenden Geschäftsanteile individueller als früher bestimmen. Als einzige Begrenzung ist vorgesehen, dass der Nennbetrag jedes Geschäftsanteils auf volle Euro (mindestens also 1 EUR) lauten muss. Früher musste der Geschäftsanteil jedes Gesellschafters nach Abs. 1 a.F. mindestens 100 EUR betragen. Hierauf wird verzichtet. Zum Schutz der Gesellschaftsgläubiger trägt ein solcher Mindestnennbetrag nämlich nichts bei. Die Kapitalerhaltung nach § 30 Abs. 1 sowie § 31 Abs. 1 orientiert sich an dem zur Erhaltung des Stammkapitals als Ganzem erforderlichen Vermögen. Demgegenüber ist die Höhe des Nennbetrags des jeweiligen Geschäftsanteils nur für die Ausfallhaftung der Mitgesellschafter gem. §§ 24, 31 Abs. 3 von Belang. Auch hier dient sie nur dazu, die von den Mitgesellschaftern zu erstattenden Beträge nach dem Verhältnis ihrer Geschäftsanteile zu berechnen. An dieser Funktion als Rechengröße ändert sich auch dann nichts, wenn die Höhe der Nenn-

35 So auch Baumbach/Hueck/*Fastrich*, § 5 Rn. 6.
36 Lutter/Hommelhoff/*Bayer*, § 5 Rn. 11.
37 Werden bei der Gründung einer GmbH Stammkapitalanteile mit Nennbeträgen von jeweils einem Euro gebildet, muss die Versicherung des Geschäftsführers bei der Anmeldung der GmbH sich auf die Tatsachen erstrecken, die für die Beurteilung der Tilgungswirkung einer einheitlich erfolgten, jedoch nur einen Teilbetrag deckenden Zahlung auf das übernommene Stammkapital maßgeblich sind, also ob eine Tilgungsbestimmung getroffen worden ist und ggf. welche: so OLG Hamm, GmbHR 2011, 652.
38 Baumbach/Hueck/*Fastrich*, § 5 Rn. 7.
39 Roth/Altmeppen/*Roth*, § 5 Rn. 18.
40 Was – so Henssler/*Schäfer*, § 5 Rn. 10 – trotz „vermeintlich abweichendem Wortlauf" auch bei der Leistung einer einheitlichen Sacheinlage (Abs. 4 Satz 1) gelten soll.
41 „Auch wenn sie das formale Verhältnis vom Nennbetrag und Stammkapital nicht berührt": Henssler/*Schäfer*, § 5 Rn. 8.
42 BGHZ 68, 195.
43 Baumbach/Hueck/*Fastrich*, § 5 Rn. 9: Ein Agio ist in der Bilanz gem. § 272 Abs. 2 Nr. 1 HGB als Kapitalrücklage auszuweisen (§ 266 Abs. 3, A. II. HGB); Hachenburg/*Ulmer*, § 5 Rn. 155; Rowedder/Schmidt-Leithoff/*Schmidt-Leithoff*, § 5 Rn. 18; Roth/Altmeppen/*Roth*, § 5 Rn. 22.
44 KG WM 1996, 631; Roth/Altmeppen/*Roth*, § 5 Rn. 22.

beträge der Geschäftsanteile individuell bestimmt werden kann. Dem Schutz der Gesellschaftsgläubiger dient als Ausschüttungssperre weiterhin das gezeichnete Kapital.[45]

Nach Abs. 2 braucht der Nennbetrag jedes Geschäftsanteils nur noch auf volle Euro zu lauten. Hierbei handelt es sich in erster Linie um eine Folgeänderung zur Neuregelung des Abs. 1 (Rn. 6 ff.). Zudem wird eine Liberalisierung der Teilbarkeitsregel für Geschäftsanteile gegenüber den bisherigen Vorgaben in Abs. 3 Satz 2 a.F. verfolgt, der infolge der Reform aufgehoben wurde und folgenden Wortlaut hatte: „Er" (d.h. der Betrag der Stammeinlage) „muß in Euro durch fünfzig teilbar sein". 18

Das Verbot der Übernahme mehrerer Stammeinlagen bei Errichtung der Gesellschaft nach Abs. 2 a.F. wurde im Rahmen des MoMiG gleichermaßen aufgehoben. Nunmehr kann ein Gesellschafter bei Errichtung der Gesellschaft **mehrere Geschäftsanteile** übernehmen (Abs. 2 Satz 2). Als Zweck des Verbots der Übernahme wurde früher angeführt, dass für die Gründung die Einheit der Stammeinlage und des Geschäftsanteils sichergestellt sowie darüber hinaus die Personalisierung der Beteiligung an der Gesellschaft gestärkt und eine geringere Fungibilität erreicht werden sollte.[46] 19

In der Literatur wurden diese Argumente zur Rechtfertigung der Vorschrift jedoch schon seit Langem mit überzeugenden Gründen angezweifelt. Zunächst muss bereits überdacht werden, ob im Recht der GmbH noch ein schutzwürdiges Regelungsinteresse daran besteht, die Fungibilität der Geschäftsanteile so gering wie möglich zu halten. Diese Grundsatzdiskussion konnte im Rahmen des MoMiG allerdings dahinstehen, da durch die Aufhebung des bisherigen Abs. 2 für die Geschäftsanteile der GmbH nicht annähernd eine zur Aktiengesellschaft vergleichbare Handelbarkeit entsteht. Das größte Hemmnis für eine freie Übertragbar der Geschäftsanteile bei der GmbH stellt nach wie vor das Erfordernis der notariellen Beurkundung nach § 15 Abs. 3 dar. Die Entstehung eines Handels mit Geschäftsanteilen von GmbHs wie bei Aktien kann daher ausgeschlossen werden. Das frühere Verbot der Übernahme mehrerer Stammeinlagen hat in diesem Zusammenhang nur – wenn überhaupt – eine äußerst untergeordnete Bedeutung und war daher entbehrlich. Durch die Stärkung der Gesellschafterliste und die Schaffung der Möglichkeit eines gutgläubigen Erwerbs von Geschäftsanteilen wird zudem einer Unübersichtlichkeit der Beteiligungsverhältnisse wirksam begegnet.[47] 20

Auch vermochte das Argument, dass für die Gründung die Einheit der Stammeinlage und des Geschäftsanteils sichergestellt werden müsse, den Gesetzgeber nicht zu überzeugen. Denn schon nach altem Recht war unmittelbar nach der Eintragung der Gesellschaft in das Handelsregister nach § 15 Abs. 2 der Erwerb weiterer Geschäftsanteile unter Erhaltung ihrer Selbstständigkeit zulässig. Daneben konnte auch schon der einheitliche Anteil nach § 17 a.F. zum Zweck der Veräußerung geteilt werden (was durch das MoMiG weiter erleichtert wurde).[48] Folglich soll dies auch schon in der Gründungsphase möglich sein. Das Verbot der Übernahme mehrerer Stammeinlagen bei Errichtung der Gesellschaft kann auch nicht mit einer Stärkung der personellen Beteiligung an der Gesellschaft begründet werden, wenn bereits kurze Zeit nach der Gründung ein Erwerb weiterer Geschäftsanteile bzw. eine Aufteilung von Anteilen zulässig ist.[49] 21

Abs. 3 Satz 1 stellt klar, dass die Nennbeträge der einzelnen Geschäftsanteile und nicht nur die Nennbeträge der Geschäftsanteile jedes Gesellschafters verschieden bestimmt werden können. Ein Gesellschafter kann daher auch mehrere Geschäftsanteile mit verschiedenen Nennbeträgen übernehmen.[50] 22

Daneben musste die **Teilbarkeitsregelung** in Abs. 3 Satz 2 a.F. an den neu gefassten Abs. 1 angepasst werden. Die Vorschrift war daher aufzuheben und in Abs. 2 neu zu fassen. Die Gestaltung 23

45 RegE, BT-Drucks. 16/6140, S. 30.
46 RegE, BT-Drucks. 16/6140, S. 30.
47 RegE, BT-Drucks. 16/6140, S. 30.
48 Vgl. die Begründung zu Nr. 9 Buchst. b.
49 RegE, BT-Drucks. 16/6140, S. 30.
50 RegE, BT-Drucks. 16/6140, S. 30.

der Beträge von Stammeinlagen einer GmbH und – davon abhängig – der Geschäftsanteile (§ 14) war durch die alte gesetzliche Vorgabe in Abs. 3 Satz 2 a.F. erheblich eingegrenzt. Durch die Bestimmung, dass der Betrag der Stammeinlage in Euro grundsätzlich durch fünfzig teilbar sein musste, wurde in manchen Fällen eine exakte Aufteilung eines Anteils in einem gewünschten Verhältnis verhindert. Bereits seit Langem war deshalb diskutiert worden, Abs. 3 Satz 2 a.F. gänzlich aufzuheben. Das BMJ hatte diese Frage 1997 im Zuge der Euro-Umstellung den interessierten Kreisen vorgelegt. Die eingegangenen Stellungnahmen fielen unterschiedlich aus, das Meinungsbild war sehr gespalten. Zuspruch für die Aufhebung der Vorschrift kam vor allem aus den Reihen der Wirtschafts- und Beraterverbände, wohingegen die Landesjustizverwaltungen sich damals überwiegend für eine Beibehaltung der Teilbarkeitsregelung aussprachen. Gerade die Wirtschaftsverbände forderten aber seit geraumer Zeit eine völlige Aufhebung der Teilbarkeitsregel in Abs. 3 Satz 2 a.F., die häufig als eine unnötige Belastung der betrieblichen Praxis empfunden wurde. Dies galt insbesondere für kleine Familienbetriebe, die oftmals aus Anlass einer Bankauseinandersetzung oder Vorgängen der vorweggenommenen Erbfolge zu Kapitalerhöhungen gezwungen waren, damit die Geschäftsanteile durch fünfzig teilbar blieben.[51]

24 Zwar wurde gegen eine Aufhebung des Abs. 3 Satz 2 a.F. vor allem die Befürchtung vorgebracht, dass darunter die **Übersichtlichkeit der Beteiligungsverhältnisse** leiden würde. Im Blick der Kritiker standen die Fälle, in denen eine rechnerisch exakte Teilung eines Geschäftsanteils Beträge mit zahlreichen Nachkommastellen erzeugen würde, z.B. bei einer Aufteilung eines Anteils mit einem Nennbetrag von 10.000 EUR auf drei Gesellschafter. Aufgrund der Neufassung der Abs. 2 ist jedoch sichergestellt, dass der Nennbetrag jedes Geschäftsanteils nunmehr auf volle Euro lauten muss.[52] Verhindert wird demzufolge, dass bei Teilungen Beträge mit unübersichtlichen Nachkommastellen sowie dadurch bedingte Rundungsprobleme entstehen.[53]

25 Mit der gesetzlichen Neuregelung hat der Gesetzgeber aber in keiner Weise die Einrichtung oder Förderung eines Kapitalmarktsegments zum Börsenhandel von GmbH-Anteilen geplant, was in der Vergangenheit häufig in der Kritik gegen eine Aufhebung von Abs. 3 Satz 2 a.F. vorgebracht worden war.[54]

26 Abs. 3 Satz 2 trägt dem Verständnis Rechnung, dass das Stammkapital in Geschäftsanteile zerlegt ist. Es wird klargestellt, dass das **Stammkapital immer gleich** bleibt und sich nicht aus der Summe der Nennbeträge ergibt. Vielmehr muss die Summe der Nennbeträge der Geschäftsanteile mit dem Stammkapital übereinstimmen. Dies bezieht sich nicht nur auf das Gründungsstadium – sondern auch auf den weiteren Verlauf der Gesellschaft. Bei der Einziehung des Geschäftsanteils eines anderen Gesellschafters gem. § 34 bleibt daher das Stammkapital gleich, obwohl sich die Summe der Nennbeträge der Geschäftsanteile aufgrund der Einziehung des einen Geschäftsanteils verringert. Ein solches Auseinanderfallen der Summe der Nennbeträge der Geschäftsanteile und des Nennbetrags des Stammkapitals ist nunmehr im Unterschied zum früheren Recht unzulässig. Um eine unzulässige Abweichung der Summe der Nennbeträge der Geschäftsanteile vom Nennbetrag des Stammkapitals nach Abs. 3 Satz 2 zu vermeiden, bleibt den Gesellschaftern die Möglichkeit, die Einziehung mit einer Kapitalherabsetzung zu verbinden, die Summe der Nennbeträge der Geschäftsanteile durch eine normale Aufstockung an das Stammkapital anzupassen oder einen neuen Geschäftsanteil zu bilden.

27 Im Fall der **Kapitalerhöhung** aus Gesellschaftsmitteln kommt es hingegen nicht zu einer unzulässigen Abweichung des Nennbetrags des Stammkapitals von der Summe der Nennbeträge der Geschäftsanteile. § 57h Abs. 1 Satz 1 bestimmt, dass eine Kapitalerhöhung durch Bildung neuer Geschäftsanteile oder durch Erhöhung des Nennbetrags der Geschäftsanteile ausgeführt werden kann.

---

51 RegE, BT-Drucks. 16/6140, S. 30.
52 RegE, BT-Drucks. 16/6140, S. 30.
53 RegE, BT-Drucks. 16/6140, S. 31.
54 RegE, BT-Drucks. 16/6140, S. 31.

Auch infolge einer **Kapitalherabsetzung** nach § 58 fallen der Betrag des Stammkapitals und die Summe der Nennbeträge der Geschäftsanteile nicht auseinander, da nach ganz h.M. in allen Fällen der Kapitalherabsetzung die Nennbeträge der Geschäftsanteile dem herabgesetzten Kapital angeglichen werden.[55] **28**

Im Fall der **Unwirksamkeit einer Beteiligungserklärung** und für die Folgen der **Einziehung** können die zum alten Recht bestehenden Lösungsansätze in das neue Recht übertragen werden.[56] **29**

Der **Leistungspflicht zur Erbringung seines Geschäftsanteils** kommt der Gesellschafter dadurch nach, dass er den entsprechenden Geldbetrag bar einzahlt (§ 19 – wobei im Falle einer Bargründung, bei der die Hälfte des Mindeststammkapitals in Höhe von 5.000 EUR einzubezahlen ist, auch auf jede Stammeinlage nach § 7 Abs. 2 mindestens ein Viertel einzubezahlen ist, sofern der Gesellschaftsvertrag nicht volle Einzahlung verlangt) bzw. als Sacheinlage nach Abs. 4 i.V.m. § 9 erbringt. Im Zeitpunkt der Handelsregistereintragung muss der Geldbetrag nach § 8 Abs. 2 jedenfalls zur freien Verfügung des/der Geschäftsführer stehen, d.h. er muss sowohl tatsächlich als auch rechtlich endgültig aus dem Privatvermögen des/der Gesellschafter(s) in das Vermögen der Gesellschaft übergegangen sein.

30

> **!** Im Falle der Gründung einer **Ein-Personen-Gesellschaft** gilt grundsätzlich dasselbe – Einzahlung der Hälfte des Mindeststammkapitals bei Bargründung. Jedoch muss der Gesellschafter nach § 7 Abs. 2 Satz 3 darüber hinaus eine Sicherheit für den Restbetrag stellen.

III. Sacheinlagen

1. Festsetzung

Sollen anstelle der originären Einlageverpflichtung in Geld Sacheinlagen (i.S. einer jeden Nicht-Geldleistung, Rn. 41 ff.) geleistet werden (was sowohl für die UG nach § 5a Abs. 2 Satz 2 als auch im vereinfachten Verfahren nach § 2 Abs. 1a ausgeschlossen ist), so müssen aus Gründen der Transparenz im Hinblick auf die Art der Kapitalaufbringung[57] nach Abs. 4 Satz 1 der **Gegenstand der Sacheinlage** (genau bezeichnet zwecks zweifelsfreier Feststellung der Identität [Individualisierungszweck])[58] und der **Nennbetrag des Geschäftsanteils** (Geldwert in Euro, womit der Gesellschafter einen Geschäftsanteil gegen Einlage übernimmt und somit der Geschäftsanteil Bezugspunkt für die zu erbringende Sacheinlage ist),[59] auf den sich die Stammeinlage bezieht (bzw. in dessen Höhe bei einer Sachübernahme eine Verrechnung erfolgt),[60] im Gesellschaftsvertrag (im Hinblick auf einen bestimmten Gesellschafter)[61] – respektive im Rahmen einer Kapitalerhöhung im Gesellschafterbeschluss (§ 56 Abs. 1) – festgesetzt werden (**ausdrückliche Festsetzung im Gesellschaftsvertrag**)[62]. *Schäfer*[63] weist darauf hin, dass die Sachgründung – in Anlehnung an § 9 Abs. 3 – für eine Dauer von mindestens 10 Jahren aus der Satzung ersichtlich sein muss. Entsprechende Angaben sind auch in einer Anlage zum Gesellschaftsvertrag möglich, die gem. § 9 **31**

55 RegE, BT-Drucks. 16/6140, S. 31.
56 RegE, BT-Drucks. 16/6140, S. 31.
57 Henssler/*Schäfer*, § 5 Rn. 12 und 16.
58 Baumbach/Hueck/*Fastrich*, § 5 Rn. 45; Hachenburg/*Ulmer*, § 5 Rn. 116 ff. Bei Übernahme eines Unternehmens genügt die Firmenangabe – die einzelnen Vermögensgegenstände bedürfen keiner Auflistung: so Henssler/*Schäfer*, § 5 Rn. 16, wenngleich bei Herausnahme einzelner Aktiva oder Passiva eine genaue Bezeichnung erforderlich sein soll: OLG Düsseldorf, GmbHR 1996, 214, 216.
59 RegE, BT-Drucks. 16/6140, S. 31.
60 Baumbach/Hueck/*Fastrich*, § 5 Rn. 46.
61 Baumbach/Hueck/*Fastrich*, § 5 Rn. 44: Erforderlich ist eine Bezeichnung des Gesellschafters, die seine Identität eindeutig erkennen lässt; Hachenburg/*Ulmer*, § 5 Rn. 115; Scholz/*Winter*, § 5 Rn. 87.
62 Als Grundlage einer Überprüfung der ordnungsgemäßen Bewertung nach den §§ 7 bis 9, 9c, 10, 19 und 82: Henssler/*Schäfer*, § 5 Rn. 12 – vgl. auch die strafbewehrten Verlautbarungspflichten in den §§ 5 Abs. 4, 8 Abs. 1 Nr. 4 und 5.
63 Henssler/*Schäfer*, § 5 Rn. 16.

Abs. 1 Satz 2 BeurkG dem notariellen Errichtungsprotokoll beigefügt wird[64] (vgl. zur Festsetzung bei einer Kapitalerhöhung § 56 Abs. 1).

32 Festsetzung im Gesellschaftsvertrag ist Sacheinlagevereinbarung als Bestandteil der Beteiligungserklärung (d.h. des Gesellschaftsvertragsabschlusses), wovon das Verfügungsgeschäft zu unterscheiden ist (dessen Erklärungen auch schon im Gesellschaftsvertrag enthalten sein können).[65] Festzulegen (i.S. einer Individualisierung, die ausreichend, aber auch erforderlich ist)[66] ist zweierlei: Der

- **Gegenstand der Sacheinlage**. Bei **Gattungssachen** muss aufgrund der Angaben eine eindeutige Bewertung möglich sein.[67] Im Falle eines **Unternehmens** sind dessen Aktiva und Passiva eindeutig festzulegen (aber nicht einzeln aufzulisten).[68]
- **Nennbetrag des Geschäftsanteils eines Gesellschafters**, [69]auf den sich die Sacheinlage bezieht i.S. eines genauen Wertansatzes,[70] bei gemischten Sacheinlagen die Angaben beider Teilbeträge.[71]

33 Die endgültige Wertermittlung kann für den Übernahmestichtag zurückgestellt werden, wenn für ggf. auftretende Differenzen eine Geldeinlagepflicht vorgesehen ist.[72] In einem entsprechenden Fall muss jedoch nach Erbringung der Sacheinlage gem. § 7 Abs. 3 der Sachgründungsbericht eine Ergänzung um die getroffene Betragsfestsetzung erfahren, dergestalt beim Registergericht eingereicht (§ 8 Abs. 1 Nr. 4) und in die Veröffentlichung (10 Abs. 3) aufgenommen werden.[73]

34 Fehlen die Angaben nach Abs. 4 Satz 1 bzw. sind sie unzureichend, ist die Sacheinlage-(Anrechnungs-)Vereinbarung unwirksam[74] und damit *vor* der Eintragung Eintragungshindernis. Sollte die Einlageverpflichtung gleichwohl wirksam begründet worden sein, besteht sie in Geld und kann durch Geldzahlung auch erfüllt werden[75] (eine zudem erfolgte Sachleistung, auch wenn sie vollwertig sein sollte, wirkt jedoch nicht als Einlageleistung).[76] Die unwirksame Sacheinlage/Anrechnungsabrede wirkt auf die Beitrittserklärung im Gesellschaftsvertrag zurück (da beide eine Einheit bilden) und führt zu deren Unwirksamkeit.[77] *Vor* der Eintragung vermögen die Grundsätze über die fehlerhafte Gesellschaft (§ 2 Rn. 38) weiterzuhelfen. *Nach* der Eintragung wird der Mangel des Gesellschaftsvertrags geheilt – ebenso die einzelne Beteiligungserklärung (arg.: Schutzzweck des Sacheinlagenrechts, vgl. den Rechtsgedanken des § 27 Abs. 3 Satz 2 AktG), der Gesellschafter schuldet nunmehr noch eine Geldeinlage.[78]

Die Festsetzungen im Gesellschaftsvertrag haben (auch bei späteren Satzungsänderungen) analog § 27 Abs. 5 Satz 1 i.V.m. § 26 Abs. 4 AktG fünf Jahre Bestand.[79]

35 Die Gesellschafter haben gem. § 5 Abs. 4 Satz 2 in einem **Sachgründungsbericht** (der über die Angemessenheit der Bewertung informiert, jedoch keine Gründungsprüfung im aktienrechtlichen Sinne statuiert)[80] die für die Angemessenheit der Leistungen der Sacheinlagen wesentlichen

64 Baumbach/Hueck/*Fastrich*, § 5 Rn. 43.
65 Roth/Altmeppen/*Roth*, § 5 Rn. 50 f. – wovon die Sachübernahme als Veräußerungsgeschäft mit einer Anrechnungsklausel als Vereinbarung einer Erfüllungsmodalität abzugrenzen ist.
66 BGH NZG 2000, 1226; Roth/Altmeppen/*Roth* § 5 Rn. 52.
67 Roth/Altmeppen/*Roth*, § 5 Rn. 52.
68 OLG Düsseldorf, NJW-RR 1996, 605; NJW 1993, 2123. Umstritten ist, ob die Bilanz oder Inventarliste als Bestandteil (Anlage) von Abs. 4 Satz 1 im Sachgründungsbericht oder als Unterlage (§ 8 Abs. 1) gefordert wird: Baumbach/Hueck/*Fastrich*, § 5 Rn. 45; Hachenburg/*Ulmer*, § 5 Rn. 121.
69 Roth/Altmeppen/*Roth*, § 5 Rn. 54.
70 Roth/Altmeppen/*Roth*, § 5 Rn. 53.
71 OLG Stuttgart, GmbHR 1982, 109.
72 OLG Zweibrücken, GmbHR 1981, 214.
73 Roth/Altmeppen/*Roth*, § 5 Rn. 53.
74 BGHZ 45, 338; BGH GmbHR 1978, 226; Roth/Altmeppen/*Roth*, § 5 Rn. 55.
75 Roth/Altmeppen/*Roth*, § 5 Rn. 55.
76 BGH NZG 2000, 1226; BGH GmbHR 1997, 545; Roth/Altmeppen/*Roth*, § 5 Rn. 55.
77 Roth/Altmeppen/*Roth*, § 5 Rn. 56.
78 Roth/Altmeppen/*Roth*, § 5 Rn. 57.
79 Baumbach/Hueck/*Fastrich*, § 5 Rn. 49; Roth/Altmeppen/*Roth*, § 5 Rn. 58; zweifelnd: Rowedder/Schmidt-Leithoff/*Schmidt-Leithoff*, § 5 Rn. 56.
80 Roth/Altmeppen/*Roth*, § 5 Rn. 37.

Umstände darzulegen und beim Übergang eines Unternehmens auf die Gesellschaft die Jahresergebnisse der beiden letzten Geschäftsjahre anzugeben. Im Nachgang[81] müssen nach § 7 Abs. 3 die Sacheinlagen *vor* der Handelsregisteranmeldung (bei der die erforderlichen Unterlagen gem. § 5 Abs. 4 einschließlich der Nachweise über die zutreffende Bewertung [§ 8 Abs. 1 Nr. 4 und 5] vorzulegen sind) erbracht werden, wobei die registerrechtliche Prüfung nach § 9c Abs. 1 die Sacheinlagen (und deren Bewertung) mit umfasst. Im Falle einer Überbewertung der Sacheinlage trifft den Gesellschafter eine **Differenzhaftung** in Geld (§ 9). Zusätzliche Sanktionen statuiert § 9a Abs. 2.

Abs. 4 erfasst nicht eine Einbringung von Vermögensgegenständen, „die zwar im Hinblick bzw. in Anrechnung auf eine gesellschaftsvertragliche Verpflichtung erfolgt, aber nicht auf die Stammeinlagepflicht".[82] 36

> **Nachschüsse** nach § 26 sind allein Geldleistungen.[83]

Eine **Kapitalerhöhung** durch Sacheinlage wird in § 56 i.V.m. §§ 56a ff. der Sachgründung gleichgestellt.[84]

> Auch eine **Stufengründung** dürfte dergestalt statthaft sein, dass die Gründer zunächst eine Bargründung vornehmen. Ziel ist dabei, möglichst schnell eine Handelsregistereintragung ihrer GmbH zu erreichen. Alsdann erfolgt eine Kapitalerhöhung mit Einbringung des bisherigen Unternehmens (Sachgründung), wobei dies so bereits in der Satzung einvernehmlich festgelegt worden war.[85]

Sowohl der Gesellschaft als auch dem Gesellschafter kann im Gesellschaftsvertrag ein **Wahlrecht** zwischen Sach- und Geldeinlage (und zudem zwischen zwei verschiedenen Sacheinlagen) eingeräumt werden.[86]

Eine **Fristsetzung** ist bei späteren Satzungsänderungen (ohne zeitliche Begrenzung, anders als bspw. nach §§ 27 Abs. 5, 26 Abs. 5 AktG) beizubehalten.[87] 37

Genügen die gemachten Angaben (wegen Unbestimmtheit oder Unzulässigkeit) nicht den Anforderungen des Abs. 4 Satz 1, ist die Sacheinlagenvereinbarung (bzw. Sachübernahmevereinbarung, Rn. 47 und 50) unwirksam, was nach § 9c **Eintragungshindernis** ist.[88]

Fehlt die Angabe, liegt eine **Bargründung** (mit korrespondierender Geldeinlageverpflichtung in Höhe der Stammeinlage) vor.[89] 38

Wird die Gesellschaft ins Handelsregister eingetragen, ist die Unwirksamkeit der Sacheinlagevereinbarung/Sachübernahmevereinbarung endgültig mit der Folge einer **gesetzlichen Geldeinlageverpflichtung**.[90]

---

81 Dazu Roth/Altmeppen/*Roth*, § 5 Rn. 37.
82 Roth/Altmeppen/*Roth*, § 5 Rn. 35: d.h. Nebenleistungspflichten nach § 3 Abs. 2.
83 Roth/Altmeppen/*Roth*, § 5 Rn. 35.
84 Roth/Altmeppen/*Roth*, § 5 Rn. 36 – hier tritt der Kapitalerhöhungsbeschluss an die Stelle des Gesellschaftsvertrags.
85 Vgl. zur nachträglichen Umwandlung einer Geldeinlage in eine Sacheinlage auch *Oppenländer*, GmbHR 2004, 667; zudem *Spiegelberger*, MittBayNot 1982, 1, 13 – GmbH-Bargründung und Kapitalerhöhung durch Sacheinlage.
86 Baumbach/Hueck/*Fastrich*, § 5 Rn. 48; Scholz/*Winter*, § 5 Rn. 110.
87 Baumbach/Hueck/*Fastrich*, § 5 Rn. 49.
88 Baumbach/Hueck/*Fastrich*, § 5 Rn. 50; Hachenburg/*Ulmer*, § 5 Rn. 130 ff.; Roth/Altmeppen/*Roth*, § 5 Rn. 55a; Scholz/*Winter*, § 5 Rn. 93.
89 Baumbach/Hueck/*Fastrich*, § 5 Rn. 50.
90 Baumbach/Hueck/*Fastrich*, § 5 Rn. 51.

39 Eine zugrunde liegende Einbeziehungsabrede[91] sowie die Einbringung des Vermögensgegenstands (als Verfügung) sind analog § 27 Abs. 3 AktG unwirksam[92] mit der Folge, dass der Gesellschafter einen Herausgabeanspruch bzw. (in der Insolvenz einen Absonderungsanspruch) gegen die GmbH geltend machen kann.[93]

40 Eine **nachträgliche Änderung der Einlageform** (z.B. ein Übergang von einer Sach- zu einer Geldeinlage bzw. *vice versa*[94]) ist *vor* Beantragung der Handelsregistereintragung durch formbedürftige (§ 2) Änderung des Gesellschaftsvertrags (§§ 5 Abs. 4, 3 Abs. 1 Nr. 4) unter Beteiligung (Zustimmung) aller Gesellschafter möglich (**Neuvornahme**). *Nach* Handelsregisteranmeldung ist eine Satzungsänderung (§§ 53 f., mit entsprechender qualifizierter Mehrheit)[95] einschließlich einer Wiederholung der Anmeldung erforderlich (arg.: Dem Normzweck des Sachgründungsrechts könne auch im Rahmen einer Satzungsänderung Rechnung getragen werden).[96] Dies gilt auch für einen **Austausch von Sacheinlagen**.[97]

a) Gegenstand

41 Sollen (anstelle eines Geldbetrags – **Bargründung**) als Einlageverpflichtung Sacheinlagen geleistet werden (**Sachgründung**), so müssen nach Abs. 3 Satz 1 (vgl. auch § 19 Abs. 4) der Gegenstand der Sacheinlage und der Nennbetrag des Geschäftsanteils (in Euro), auf die sich die Sacheinlage bezieht, im Gesellschaftsvertrag ausdrücklich (bzw. im Falle einer Kapitalerhöhung im Erhöhungsbeschluss, vgl. § 56) festgesetzt werden. Möglich ist auch eine Verbindung von Geld- und Sachleistungen auf eine Stammeinlage in Gestalt einer **Mischeinlage** (sog. gemischte Einlage), auf die Abs. 3 entsprechend anzuwenden ist.[98] Davon abzugrenzen ist die **gemischte Sacheinlage** (Rn. 53).

42 Der steuerrechtliche Begriff der **verdeckten Einlage** umschreibt hingegen eine Vermögensmehrung bei der GmbH zulasten eines Gesellschafters, der der Gesellschaft Wirtschaftsgüter zuführt bzw. auf Forderungen verzichtet. Die gewinnerhöhende Auswirkung wird durch den Ansatz einer korrespondierenden Einlageposition ausgeglichen.[99]

43 Die notwendige **Sacheinlagenvereinbarung** als Teil des Gesellschaftsvertrags (vgl. § 56 Abs. 1 im Kapitalerhöhungsbeschluss und der Übernahmeerklärung), der **körperschaftsrechtlicher Charakter** zukommt[100] (mit der Folge einer objektivierten Auslegung, § 2 Rn. 46), muss hinreichend bestimmt sein.[101]

44 Die auf die Sacheinlageverpflichtung grundsätzlich unmittelbar oder entsprechend anwendbaren allgemeinen Vorschriften des BGB erfahren (aufgrund der mitgliedschaftlichen Bindung und des Kapitalaufbringungsgrundsatzes bei der Sachgründung) aber eine Reihe von Modifikationen:[102]

Ist die Sacheinlagevereinbarung **willensmängelbehaftet,**

- gelangen *vor Eintragung* der Gesellschaft ins Handelsregister die Grundsätze über die fehlerhafte Gesellschaft zur Anwendung (wobei eine **Teilanfechtung** beschränkt auf die Sachein-

---

91 BGH NJW 1998, 1951; Baumbach/Hueck/*Fastrich*, § 5 Rn. 51.
92 Umstritten, so aber BGHZ 155, 329 = NJW 2003, 3127 (für die verdeckte Sacheinlage); Baumbach/Hueck/*Fastrich*, § 5 Rn. 51; a.A. die frühere h.A.: OLG Oldenburg, NZG 2000, 316.
93 BGHZ 155, 329 = NJW 2003, 3127; Baumbach/Hueck/*Fastrich*, § 5 Rn. 51.
94 BGHZ 155, 329; 132, 141 – dann ist auch ein Sachgründungsbericht sowie ein Wertgutachten erforderlich.
95 So BGHZ 155, 329 = NJW 2003, 3127; BGHZ 132, 141: Anerkennung der *Heilung einer verdeckten Sacheinlage* durch Satzungsänderung (Änderung einer Geld- in eine Sacheinlage); ebenso Baumbach/Hueck/*Fastrich*, § 5 Rn. 53; Roth/Altmeppen/*Roth*, § 5 Rn. 64; Scholz/*Winter*, § 5 Rn. 80. Vgl. zudem KG GmbHR 2005, 95, 96 und OLG Hamburg, ZIP 2005, 988: Anerkennung einer allgemeinen Umwandlung einer Geld- in eine Sacheinlage.
96 Baumbach/Hueck/*Fastrich*, § 5 Rn. 52 f.
97 Baumbach/Hueck/*Fastrich*, § 5 Rn. 53; Roth/Altmeppen/*Roth*, § 5 Rn. 64; Scholz/*Winter*, § 5 Rn. 106 ff.
98 Roth/Altmeppen/*Roth*, § 5 Rn. 25.
99 BFH NJW 2001, 1588; BFH ZIP 1998, 471; Roth/Altmeppen/*Roth*, § 5 Rn. 26 – doch werden dadurch weder die Beträge der Stammeinlagen erhöht noch Einlageschulden wirksam erfüllt.
100 BGHZ 45, 338, 345; Baumbach/Hueck/*Fastrich*, § 5 Rn. 21; Hachenburg/*Ulmer*, § 5 Rn. 23; Roth/Altmeppen/*Roth*, § 5 Rn. 50; Scholz/*Winter*, § 5 Rn. 40.
101 BGH NZG 2000, 226; Baumbach/Hueck/*Fastrich*, § 5 Rn. 21.
102 BGHZ 45, 338, 345; Baumbach/Hueck/*Fastrich*, § 5 Rn. 36; Hachenburg/*Ulmer*, § 5 Rn. 80 ff.; Roth/Altmeppen/*Roth*, § 5 Rn. 65 ff.; Scholz/*Winter*, § 5 Rn. 62 ff.

lageverpflichtung und ohne Rückwirkung auf eine gleichfalls abgegebene Bareinzahlungsverpflichtung nur in Betracht kommt, wenn der Gesellschaftsvertrag auch ohne die Sacheinlage abgeschlossen worden wäre);[103]

- kann *nach Eintragung* der Gesellschaft ins Handelsregister die Beitrittserklärung (einschließlich der damit verbundenen Sacheinlageverpflichtungen) nicht mehr angefochten werden (es sei denn, die vorgenannten Voraussetzungen einer Teilanfechtung kommen in Betracht).[104]

Leistungsstörungen können nur unter Wahrung des Bestands der Gesellschaft und der Mitgliedschaft sowie bei voller Kapitalaufbringung geltend gemacht werden (wobei Unmöglichkeit und Verzug die Handelsregisteranmeldung hindern, vgl. § 7 Abs. 3, wonach Sacheinlagen bereits im Gründungsstadium vollständig erbracht sein müssen):[105] **45**

- **Anfängliche Unmöglichkeit** (§ 311a Abs. 1 BGB): Die Sacheinlageverpflichtung ist wirksam, doch tritt an ihre Stelle ohne Weiteres die Verpflichtung zur Bareinlage (und, bei ggf. verbleibendem Schaden, ein kumulativer Schadensersatzanspruch nach § 311a Abs. 2 BGB).[106]
- **Nachträgliche Unmöglichkeit** (§ 275 BGB): Verpflichtung zur Bareinlage anstelle der unmöglich gewordenen Sachleistung [107](und ggf., bei einer vom Versprechenden zu vertretenden Unmöglichkeit, ein Anspruch der Gesellschaft auf Ersatz des darüber hinausgehenden Schadens – §§ 280 Abs. 1 und 3, 283 BGB).[108]
- **Rücktritt** (§§ 323, 324 bzw. 326 Abs. 5 BGB): erfasst nur die Sacheinlageverpflichtung (**nicht** hingegen die Übernahme eines Gesellschaftsanteils bzw. eine ggf. subsidiär bestehende Bareinlageverpflichtung).[109]
- **Schuldnerverzug** (§ 286 BGB): Ersatz des Verzugsschadens.
- **Sach- und Rechtmängelhaftung**: Unabhängig von § 9 (Differenzhaftung – Verjährung gemäß § 9 Abs. 2 nach 10 Jahren) sind die §§ 437 ff. BGB entsprechend (mit Modifikationen) [110]anwendbar[111] (Verjährung nach Maßgabe von § 438 BGB)

Die Sacheinlageverpflichtung wird erfüllt nach Maßgabe der von dieser zu trennenden (Trennungsprinzip) Übertragungsregeln (als **Verfügungsgeschäfte**), d.h. bei **46**

- **beweglichen Sachen** nach den §§ 929 ff. BGB durch Einigung und Übergabe (auch mit der Möglichkeit eines gutgläubigen Erwerbs nach den §§ 932 ff. BGB);[112]
- **unbeweglichen Sachen** nach den §§ 873, 925 BGB durch Auflassung und Eintragung; sowie bei
- **Forderungen und Rechten** nach § 398 (i.V.m. § 413) BGB durch Abtretung,

wobei die Leistung nach § 7 Abs. 3 vor Eintragung der GmbH im Handelsregister voll bewirkt sein muss (durch Verfügung gegenüber der bereits errichteten Vorgesellschaft, die durch ihren/ihre Geschäftsführer vertreten wird).[113]

---

103 Baumbach/Hueck/*Fastrich*, § 5 Rn. 37.
104 Baumbach/Hueck/*Fastrich*, § 5 Rn. 37; Hachenburg/*Ulmer*, § 5 Rn. 86; Roth/Altmeppen/*Roth*, § 5 Rn. 66; Scholz/*Winter*, § 5 Rn. 96.
105 Baumbach/Hueck/*Fastrich*, § 5 Rn. 38.
106 Baumbach/Hueck/*Fastrich*, § 5 Rn. 38.
107 BGH NJW-RR 1997, 670.
108 Baumbach/Hueck/*Fastrich*, § 5 Rn. 38.
109 Baumbach/Hueck/*Fastrich*, § 5 Rn. 38.
110 Sofern Rücktritt möglich, bleibt es bei der vollen Bareinlageverpflichtung: Baumbach/Hueck/*Fastrich*, § 5 Rn. 39.
111 Dazu näher BGHZ 45, 338, 345; Baumbach/Hueck/*Fastrich*, § 5 Rn. 39; Roth/Altmeppen/*Roth*, § 5 Rn. 67; Scholz/*Winter*, § 5 Rn. 65. Minderung und Rücktritt scheiden hingegen aus: so Hachenburg/*Ulmer*, § 5 Rn. 109.
112 BGH NZG 2003, 85, 86.
113 Baumbach/Hueck/*Fastrich*, § 5 Rn. 22.

47 Abs. 4 erfasst die **Sacheinlage i.w.S.**, d.h. neben der Sacheinlage i.e.S. (deren Vereinbarung notwendigerweise Vertragsbestandteil ist)[114] auch die **Sachübernahme**[115] (mit Anrechnungsabrede – bei der der Gesellschafter [oder ein Dritter] Vermögenswerte an die Gesellschaft veräußert und die Vergütung aus diesem Geschäft auf den in Geld ausgedrückten Nennbetrag des Geschäftsanteils des Gesellschafters [d.h. die eigene oder fremde Einlagenforderung] angerechnet [verrechnet] wird)[116] und **andere Formen verschleierter Sachgründungen**[117] – nicht jedoch die Übertragung von Vermögenswerten (anders als § 27 Abs. 1 AktG) ohne Anrechnung einer Vergütung auf den Geschäftsanteil[118] (weshalb im GmbH-Recht auch eine Regelung zur Nachgründung [d.h. die Vereinbarung einer Sachleistung in zeitlicher Nähe nach der Gründung, vergleichbar § 52 AktG] fehlt).[119]

48 Vereinbarungen mit Anrechnungsabrede sind (sofern es sich nicht um verdeckte Sacheinlagen – Rn. 63 f. – handelt) im GmbH-Recht grundsätzlich statthaft und bedürfen keiner Aufnahme in den Gesellschaftsvertrag[120] (es sei denn, dass ein Gesellschafter außerhalb seines Geschäftsanteils zu einer Sachleistung mitgliedschaftlich verpflichtet werden soll, wobei es sich dann um eine Nebenleistungspflicht i.S.v. § 3 Abs. 2 handelt, ohne dass die Sachgründungsregelungen zur Anwendung gelangen).[121] Uneingeschränkt zulässig ist auch die Gewährung einer Sachleistung im Rahmen einer schuldrechtlichen Nebenabrede.[122]

49 **Sacheinlage i.e.S.** ist zu verstehen als jede befreiende Leistung auf das Stammkapital, die nicht in Geld (sondern in der Einbringung von Sachen oder sonstigen Vermögensgegenständen) besteht. Eine befreiende Wirkung setzt voraus, dass eine entsprechende Festlegung im Gesellschaftsvertrag erfolgt ist.

50 **Sachübernahme** (mit Anrechnungsabrede) ist die Übernahme von Sachen und sonstigen Vermögensgegenständen (seitens des Gesellschafters oder eines Dritten) durch die GmbH gegen Vergütung (d.h. durch bloß mittelbare Erfüllung der Einlageverpflichtung) unter **Anrechnung** auf den als Bareinlage vereinbarten Geschäftsanteil.[123] Die Sachübernahme gestaltet sich grundsätzlich wie die Sacheinlage i.e.S. – allerdings mit einigen **Besonderheiten**: Die Sachübernahmevereinbarung (als schuldrechtliche Vereinbarung) fixiert den Gegenstand der Sachleistung und die von der Gesellschaft dafür zu erbringende Vergütung unter Anrechnung auf den Geschäftsanteil, weshalb die Anrechnung gem. § 5 Abs. 4 (vgl. auch § 56 für die Kapitalerhöhung) zwingend in den Gesellschaftsvertrag aufzunehmen ist. Die formbedürftige Sachübernahmeerklärung und das schuldrechtliche Verpflichtungsgeschäft werden i.d.R. im Gesellschaftsvertrag zusammen geregelt (womit die Sachübernahmevereinbarung zugleich die Anrechnungsklausel für den mitgliedschaftlichen Geschäftsanteil und das selbstständige schuldrechtliche Verpflichtungsgeschäft [regelmäßig ein Kaufvertrag nach § 433 BGB] umfasst).[124]

51 Sowohl für die Sacheinlage als auch für die Sachübernahme gilt § 7 Abs. 3 im Hinblick auf den Zeitpunkt der Leistungserbringung für alle anrechnungsbestimmten Austauschgeschäfte mit der Folge, dass Geschäfte nach der GmbH-Entstehung ausgeschieden werden.[125] Sogar das die Sachleistung betreffende **Verpflichtungsgeschäft** (d.h. die Sachübernahmevereinbarung) ist in den Gesell-

---

114 Rowedder/Schmidt-Leithoff/*Schmidt-Leithoff*, § 5 Rn. 24; Roth/Altmeppen/*Roth*, § 5 Rn. 33.
115 Baumbach/Hueck/*Fastrich*, § 5 Rn. 16; Hachenburg/*Ulmer*, § 5 Rn. 21; Roth/Altmeppen/*Roth*, § 5 Rn. 29; Scholz/*Winter*, § 5 Rn. 37.
116 Dazu näher Hachenburg/*Ulmer*, § 5 Rn. 110 ff. Auch ein Erwerbsgeschäft mit einem Nichtgesellschafter, wenn nur der Anrechnungszusammenhang einem Gesellschafter auf dessen Einlageschuld zugute kommen soll: Roth/Altmeppen/*Roth*, § 5 Rn. 32; Scholz/*Winter*, § 5 Rn. 72 und 74.
117 Rechtsausschuss, BT-Drucks. 8/3908, S. 69.
118 Roth/Altmeppen/*Roth*, § 5 Rn. 30.
119 Baumbach/Hueck/*Fastrich*, § 5 Rn. 17; Roth/Altmeppen/*Roth*, § 5 Rn. 31.
120 BGHZ 28, 318; Baumbach/Hueck/*Fastrich*, § 5 Rn. 17; Hachenburg/*Ulmer*, § 5 Rn. 98; Scholz/*Winter*, § 5 Rn. 75.
121 Baumbach/Hueck/*Fastrich*, § 5 Rn. 17.
122 BGH BB 1969, 1410.
123 Baumbach/Hueck/*Fastrich*, § 5 Rn. 16.
124 Baumbach/Hueck/*Fastrich*, § 5 Rn. 40.
125 Baumbach/Hueck/*Fastrich*, § 5 Rn. 16 und 41; Hachenburg/*Ulmer*, § 5 Rn. 91; Lutter/Hommelhoff/*Lutter/Bayer*, § 5 Rn. 37.

schaftsvertrag aufzunehmen,[126] womit es sich für die Gesellschaft als Vertragsschluss in einer (unter den Voraussetzungen von Abs. 4 wirksamen) Vertretung durch die Gründer darstellt.[127]

Wegen der mit Sacheinlagen einhergehenden **Gefahr unseriöser Gründungen** durch die Einbringung mangelhafter oder wertloser Gegenstände[128] (Gefährdung der mit dem Stammkapital verbundenen Schutz- und Haftungsgarantie[129] und den daraus resultierenden **Bewertungsproblemen**) statuiert das GmbH-Gesetz eine Reihe von Gläubigerschutzvorschriften, neben Abs. 4 die §§ 7, 8, 9, 9c, 10, 19 sowie 82 (respektive der §§ 56 ff. im Falle der Kapitalerhöhung), mit dem Ziel der Schaffung von Publizität über die Kapitalgrundlage der GmbH, der tatsächlichen Erbringung der Sacheinlagen, einer Überprüfung derselben durch das Registergericht und einer Verhinderung von Überbewertungen (sowie ggf. der Notwendigkeit eines Geldausgleichs).[130] 52

Einer Umgehung der Sachgründungsvorschriften durch die Zulässigkeit schuldrechtlich vereinbarter Sachübernahmen ohne Anrechnung einer Vergütung auf die Stammeinlage gilt es entgegenzuwirken. 53

Von **gemischten Sacheinlagen** (auf die Abs. 4 und die Sachgründungsvorschriften uneingeschränkt Anwendung finden mit der Folge, dass sie insgesamt nach § 9c Abs. 1 Satz 2 eine Prüfung erfahren)[131] ist die Rede, wenn der Wert der versprochenen Sacheinlage jenen des Nennbetrags übersteigt, weshalb der Gesellschafter den Differenzbetrag von der GmbH in Geld (bzw. als Darlehensgutschrift o.Ä.) – der entweder (außer dem Anrechnungsbetrag auf den Geschäftsanteil) im Gesellschaftsvertrag zu fixieren ist[132] oder aber auch nur als erst später festzusetzende Wertdifferenz vereinbart werden kann[133] – erhält.[134] Sie ist als einheitliches Geschäft zu behandeln mit der Folge, dass die Regelungen über die verdeckte Sacheinlage „auch bei Teilbarkeit des Sacheinlagegegenstandes anwendbar sind"[135].

Auch eine (von der gemischten Sacheinlage [Rn. 53] abzugrenzende) **Mischeinlage** (d.h. eine Verbindung von Sach- und Geldeinlage – der Nennbetrag bzw. der Geschäftsanteil eines Gesellschafters wird teils durch eine Geld- und teils durch eine Sachleistung erbracht) ist nach Abs. 4 in den Gesellschaftsvertrag aufzunehmen.[136] 54

Notwendig ist, dass der Wert der Sacheinlage den Anrechnungsbetrag auf die Stammeinlage voll abdeckt,[137] weshalb eine Überbewertung (Unterpariemission) nach den §§ 9, 9c Abs. 1 Satz 2 zu vermeiden ist[138] – wohingegen eine Unterbewertung (Überpari-Emission) statthaft sein soll.[139]

Die **Bewertung der Sacheinlagen** (die anders als Geld ihren Nominalwert nicht in sich tragen)[140] vollzieht sich im Interesse der Mitgesellschafter, der Gläubiger, vor allem aber des Rechtsverkehrs,[141] 55

126 Umstritten, so aber Baumbach/Hueck/*Fastrich*, § 5 Rn. 40; a.A. Scholz/*Winter*, § 5 Rn. 74; Roth/Altmeppen/*Roth*, § 5 Rn. 33: Dies sei mit der Aussage inkompatibel, dass Sachübernahmegeschäfte auch durch Dritte abgeschlossen werden können (vgl. Rn. 50) und führe zu wenig überzeugenden Differenzierungen zwischen Vereinbarungen mit Gesellschaftern und Drittgeschäften.

127 Roth/Altmeppen/*Roth*, § 5 Rn. 34.

128 Baumbach/Hueck/*Fastrich*, § 5 Rn. 15.

129 Roth/Altmeppen/*Roth*, § 5 Rn. 27.

130 Baumbach/Hueck/*Fastrich*, § 5 Rn. 15.

131 Scholz/*Winter*, § 9 Rn. 8,

132 OLG Stuttgart, GmbHR 1981, 109.

133 So RGZ 159, 321, 327; Baumbach/Hueck/*Fastrich*, § 5 Rn. 20; Hachenburg/*Ulmer*, § 5 Rn. 108; Roth/Altmeppen/*Roth*, § 5 Rn. 53; Scholz/*Winter*, § 5 Rn. 83.

134 Baumbach/Hueck/*Fastrich*, § 5 Rn. 20; Hachenburg/*Ulmer*, § 5 Rn. 105 ff.; Lutter/Hommelhoff/*Bayer*, § 5 Rn. 31; Roth/Altmeppen/*Roth*, § 5 Rn. 53; Scholz/*Winter*, § 5 Rn. 82.

135 Henssler/*Schäfer*, § 5 Rn. 15: d.h. Notwendigkeit sowohl einer Festsetzung nach Abs. 4 als auch eines Sachgründungsberichts – keine nachträgliche Aufspaltung in gesellsachafts- und kaufrechtlichen Teil.

136 Baumbach/Hueck/*Fastrich*, § 5 Rn. 20; Hachenburg/*Ulmer*, § 5 Rn. 118.

137 Baumbach/Hueck/*Fastrich*, § 5 Rn. 33.

138 Hachenburg/*Ulmer*, § 5 Rn. 66 f.; Scholz/*Winter*, § 5 Rn. 57.

139 So Baumbach/Hueck/*Fastrich*, § 5 Rn. 33: zur bilanztechnischen Behandlung. Zudem Roth/Altmeppen/*Roth*, § 5 Rn. 54a; Scholz/*Winter*, § 5 Rn. 56.

140 Roth/Altmeppen/*Roth*, § 5 Rn. 27.

141 Gegebenenfalls auch auf Kosten der Mitgesellschafter – vgl. deren erweiterte Haftung nach § 24 i.V.m. § 9: Roth/Altmeppen/*Roth*, § 5 Rn. 27.

nach **objektiven Kriterien**, d.h., es ist der Marktpreis zugrunde zu legen bzw. der Betrag, den die GmbH im Falle einer anderweitigen Beschaffung (bei Anlagevermögen i.d.R. der Wiederbeschaffungswert,[142] bei Umlaufvermögen regelmäßig nur der Veräußerungswert[143] und bei Unternehmen der Ertragswert [ggf. erhöht um geschätzte Nettoeinzelerlösveräußerungserlöse nicht betriebsnotwendiger Unternehmensgegenstände])[144] hätte aufwenden müssen (d.h. der objektive, wirkliche [Zeit-]Wert)[145].

> **!** Sind **Forderungen** zu bewerten, ist nicht der Nennwert, sondern ein realisierbarer Erlös zugrunde zu legen. Bei immateriellen Vermögensgütern ist eine zurückhaltende Bewertung notwendig.

56 Maßgeblicher **Beurteilungszeitpunkt** ist die Anmeldung der Gesellschaft zum Handelsregister (§ 9 Abs. 1, vor der die Sacheinlage eingebracht sein muss [vgl. § 7 Abs. 3])[146] – wohingegen im Hinblick auf die Beurteilung durch das Registergericht der Eintragungszeitpunkt entscheidend sein soll.[147] Im Falle eines wesentlichen Wertverlusts nach der Anmeldung kann die Eintragung abgelehnt werden (vgl. § 9c).

57 Im Falle einer („nicht unwesentlichen") **Überbewertung** – die sich als Unterpari-Emission darstellt – ist eine Eintragung im Handelsregister ausgeschlossen (§ 9c Abs. 1 Satz 2 – Eintragungshindernis). Erreicht der Wert einer Sacheinlage im Zeitpunkt der Anmeldung der Gesellschaft zur Eintragung in das Handelsregister nicht den Nennbetrag des dafür übernommenen Gesellschaftsanteils, hat der Gesellschafter nach § 9 Abs. 1 in Höhe des Fehlbetrags eine Einlage in Geld (Bareinlagepflicht) zu leisten (**Differenzhaftung** – bei verdeckten Sacheinlagen kommt es zu einer Anrechnung nach § 19 Abs. 4 Satz 3) – ggf. kommen auch Schadensersatzansprüche nach § 9a (Gründerhaftung), § 823 BGB oder § 823 Abs. 2 BGB i.V.m. § 263 StGB bzw. § 826 BGB in Betracht,[148] vgl. auch § 9 Abs. 1 Satz 2 n.F., wonach sonstige Ansprüche unberührt bleiben. Hingegen liegt kein Nichtigkeitsgrund vor.[149]

Demhingegen zeitigt eine **Unterbewertung** aus Gläubigerschutzinteressen keine Probleme und bleibt damit folgenlos.[150]

58 Ein Vermögensgegenstand (in Gestalt von Sachen, Rechten und sonstigen vermögenswerten Positionen) ist grundsätzlich als Sacheinlage **einlagefähig**, wenn ein wirtschaftlicher Wert feststellbar ist (vgl. § 27 Abs. 2 Hs. 1 AktG entsprechend, wonach bei der Aktiengesellschaft als Sacheinlagen oder Sachübernahmen nur Vermögensgegenstände in Betracht kommen, „deren wirtschaftlicher Wert feststellbar ist") und er dergestalt auf die Gesellschaft übertragbar ist, dass er dieser zur freien Verfügung steht[151] (funktionale Betrachtungsweise). Das heißt, es kommt nicht auf die Bilanzfähigkeit und Übertragbarkeit des Gegenstands (mithin eine formale Betrachtungsweise) an.[152] Sacheinlage kann somit jedes Rechtsobjekt sein, sofern es

- verkehrsfähig (**Verkehrsfähigkeit**) und auf die Gesellschaft (bzw. die Vorgesellschaft) ohne Zugriffsmöglichkeit durch einen Privatgläubiger des Einbringenden übertragbar (**Übertragbarkeit**) ist;

---

142 OLG Düsseldorf, WM 1991, 1669.
143 Baumbach/Hueck/*Fastrich*, § 5 Rn. 43; Hachenburg/*Ulmer*, § 5 Rn. 68; Scholz/*Winter*, § 5 Rn. 57.
144 Baumbach/Hueck/*Fastrich*, § 5 Rn. 34; Scholz/*Winter*, § 5 Rn. 57.
145 Henssler/*Schäfer*, § 5 Rn. 22.
146 Infolgedessen trägt der Einbringende ggf. das Risiko einer Wertminderung: Henssler/*Schäfer*, § 5 Rn. 23 – „obwohl die vorherige Leistung erforderlich ist (§ 7 Abs. 3)" – ggf. kommt eine Kompensation durch internen Ausgleich zwischen den Gründern in Betracht.
147 Baumbach/Hueck/*Fastrich*, § 5 Rn. 34.
148 Baumbach/Hueck/*Fastrich*, § 5 Rn. 35; Hachenburg/*Ulmer*, § 5 Rn. 95.
149 Baumbach/Hueck/*Fastrich*, § 5 Rn. 35; Hachenburg/*Ulmer*, § 5 Rn. 77 ff.; Scholz/*Winter*, § 5 Rn. 61.
150 Henssler/*Schäfer*, § 5 Rn. 22.
151 BGH NZG 2004, 910; Baumbach/Hueck/*Fastrich*, § 5 Rn. 23; Hachenburg/*Ulmer*, § 5 Rn. 23 ff.; Roth/Altmeppen/*Roth*, § 5 Rn. 32; Scholz/*Winter*, § 5 Rn. 42. Im Einzelfall durch den Insolvenzverwalter bzw. Gläubiger zwangsweise verwertbar: Henssler/*Schäfer*, § 5 Rn. 19.
152 So noch KGJ 1944, 146. Die Bilanzfähigkeit ist Folge der Einlagefähigkeit: Henssler/*Schäfer*, § 5 Rn. 19.

- einen **selbstständigen Vermögenswert** hat;
- mit hinreichender Sicherheit zu jedem Zeitpunkt bewertbar ist (**Bewertbarkeit; Bilanzierungsfähigkeit**); und
- dem eine ausreichende **Wertsicherheit** zukommt.

Als **Gegenstand einer Sacheinlage** kommen damit in Betracht:[153] 59

- (bewegliche wie unbewegliche) **Sachen** (auch erst noch herzustellende [künftige] Sachen, sofern sie i.S.v. § 7 Abs. 3 rechtzeitig hergestellt und übertragen werden),[154] unabhängig davon, ob die Sache im Eigentum des übertragungspflichtigen Gesellschafters steht oder nicht;[155] dingliche Rechte an Sachen (z.B. Grunddienstbarkeiten oder Nießbrauch), die zugunsten der Gesellschaft bestellt, an diese übertragen oder ihr zur Ausübung überlassen werden;[156] Gebrauchsüberlassungen (i.S. der Einräumung eines obligatorischen Nutzungsrechts).[157]
- **Forderungen** (auch bestrittene, befristete oder zweifelhafte, nicht jedoch künftige oder bedingte Forderungen bzw. Ansprüche auf Dienst- [ggf. mit einer Ausnahme bei nicht personengebundener Leistungsverpflichtung, § 613 Satz 1 BGB] bzw. höchstpersönliche Werkleistungen;[158] Forderungen, die gegen den Gesellschafter selbst gerichtet sind (bspw. Substitution der Einlageerbringung durch Übernahme einer anderweitigen Verpflichtung gegenüber der Gesellschaft)[159] bzw. die ihm gegen einen Mitgesellschafter zustehen[160] – auch Ansprüche des Gesellschafters gegen die Gesellschaft.[161] Voraussetzung ist bei Forderungen aber wiederum ihre Bewertbarkeit und Wertsicherheit[162] (Rn. 58). Es ist somit eine differenzierte Betrachtung geboten. (Bestehende) Forderungen (auch solche eines Gesellschafters gegen Dritte, die einen Vermögenswert haben – nicht hingegen solche gegen den Einleger selbst bzw. andere Gesellschafter) sind also einlagefähig, sofern sie übertragbar sind (vgl. § 399 BGB – Übertragbarkeit der Forderung). Ist eine Forderung hingegen bedingt[163] oder gelangt sie erst künftig zur Entstehung, ist eine Eintragungsfähigkeit (noch) nicht gegeben (arg.: Entstehung bis zum Eintragungszeitpunkt nach § 7 Abs. 3).[164] Eintragungsfähigkeit ist gleichermaßen zu verneinen für Ansprüche zur Erbringung einer Dienstleistung bzw. für Verpflichtungen aus Werkverträgen jeweils gegen Dritte, die in erheblichem Umfang personenbezogen sind (arg.: Die künftige Erfüllung ist unsicher, vgl. auch § 27 Abs. 2 AktG).[165]

---

153 Dazu Baumbach/Hueck/*Fastrich*, § 5 Rn. 23 ff.; Hachenburg/*Ulmer*, § 5 Rn. 30 ff.; Roth/Altmeppen/*Roth*, § 5 Rn. 38.

154 Roth/Altmeppen/*Roth*, § 5 Rn. 40.

155 Die Leistung muss nach § 7 Abs. 3 nur wirksam ins Gesellschaftsvermögen übergehen (Roth/Altmeppen/*Roth*, § 5 Rn. 41), wobei auch ein gutgläubiger Erwerb vom Nichtberechtigten ausreicht (BGH ZIP 2003, 30). Bei der Gutgläubigkeit kommt es auf § 166 Abs. 1 und 2 BGB an mit der Folge, dass *alle Mitgesellschafter* gutgläubig sein müssen (so Scholz/*Winter*, § 5 Rn. 55). Allein die Bösgläubigkeit des einbringenden Mitgesellschafters soll nicht schaden (umstritten, so aber Lutter/Hommelhoff/*Lutter/Bayer*, § 19 Rn. 9).

156 Roth/Altmeppen/*Roth*, § 5 Rn. 39.

157 Dazu BGH ZIP 2004, 1642; BGHZ 144, 290; Baumbach/Hueck/*Fastrich*, § 5 Rn. 25; Hachenburg/*Ulmer*, § 5 Rn. 40. Die Gebrauchsüberlassung bedarf der Abgrenzung zum Abschluss von Miet- oder Pachtverträgen (so Roth/Altmeppen/*Roth*, § 5 Rn. 39), weshalb bei der Gebrauchsüberlassung (mit der Notwendigkeit eines Zeitfaktors mit fester Bindung) dem Anspruch auf i.d.R. unentgeltliche Nutzung ein eigener Kapitalwert zukommen soll. Problematisch ist jedoch die Bewertung: dazu Rowedder/Schmidt-Leithoff/*Schmidt-Leithoff*, § 5 Rn. 28.

158 Umstritten, so aber Roth/Altmeppen/*Roth*, § 5 Rn. 43.

159 Baumbach/Hueck/*Fastrich*, § 5 Rn. 24; Hachenburg/*Ulmer*, § 5 Rn. 36; Roth/Altmeppen/*Roth*, § 5 Rn. 44 – arg.: funktionaler Sinn der Sacheinlage. Etwas anderes gilt für dingliche Nutzungsrechte (siehe Rn. 59) bzw. für Lizenzen, die der Gesellschafter der Gesellschaft einräumt (so Baumbach/Hueck/*Fastrich*, § 5 Rn. 24 ff.)

160 Baumbach/Hueck/*Fastrich*, § 5 Rn. 24 und 27; Roth/Altmeppen/*Roth*, § 5 Rn. 46 – arg.: konterkariert die Schutzüberlegungen hinsichtlich der Einlageverpflichtung.

161 BGH NJW 2001, 67; BGHZ 15, 52. Beispielsweise die Einbringung einer eigenen Darlehensforderung des Gesellschafters gegen die Gesellschaft, wobei die Gesellschaftsverbindlichkeit durch Konfusion erlischt: Roth/Altmeppen/*Roth*, § 5 Rn. 45. Auch (bspw. im Rahmen einer Kapitalerhöhung) eine Einlageerbringung durch Schuldenübernahme bzw. Schuldentilgung seitens der Gesellschafter: BGHZ 113, 335, 340; Baumbach/Hueck/*Fastrich*, § 5 Rn. 28.

162 Roth/Altmeppen/*Roth*, § 5 Rn. 42.

163 Anderer Ansicht: Scholz/*Winter*, § 5 Rn. 47.

164 Baumbach/Hueck/*Fastrich*, § 5 Rn. 27.

165 Baumbach/Hueck/*Fastrich*, § 5 Rn. 27; Hachenburg/*Ulmer*, § 5 Rn. 48; Scholz/*Winter*, § 5 Rn. 52.

Forderungen gegen die Gesellschaft selbst sind einlagefähig[166] (eine Befreiung von der Forderung eines Dritten gegen die GmbH ist hingegen wegen § 7 Abs. 3 nur im Rahmen einer Kapitalerhöhung denkbar)[167] – jedenfalls hindert das Aufrechnungsverbot gem. § 19 Abs. 2 Satz 2 nicht die Einbringung einer Forderung als Sacheinlage.[168]

- **Sonstige Rechte** (sofern Verkehrsfähigkeit und ein selbstständiger Vermögenswert gegeben sind, vgl. Rn. 55),[169] bspw.[170] Immaterialgüterrechte wie Gebrauchsmusterrechte,[171] Markenrechte[172] (wegen § 27 Abs. 1 MarkenG),[173] Patent- (einschließlich noch nicht patentierter Erfindungen[174] sowie entsprechender Lizenzen)[175] und Urheber-[176] sowie Verlagsrechte,[177] selbstständige Betriebsteile,[178] Unternehmen insgesamt[179] bzw. Unternehmensbeteiligungen[180] (nicht hingegen – wegen § 23 HGB – die Firma [§ 17 HGB] bzw. sonstige Geschäftsbezeichnungen oder ein Goodwill ohne das dazugehörige Unternehmen)[181] oder Geschäftsanteile.[182] Das heißt, Know-how,[183] Firmen, Geschäftsbezeichnungen und Goodwill können nicht isoliert, sondern nach § 23 HGB nur zusammen mit dem Unternehmen übertragen werden, womit dann i.d.R. auch die Rechte mit übergehen[184], wobei Letztere aber nur sehr schwer bewertbar sind.[185] Zudem sind beschränkt dingliche Rechte einlagefähig (z.B. Erbbaurechte und Grundpfandrechte, unabhängig davon, ob diese an einem Grundstück des Einlegers oder eines Dritten bestehen;[186] ein bestehender Nießbrauch bzw. beschränkt persönliche Dienstbarkeiten, die zwar unübertragbar, aber gem. §§ 1059, 1059a ff., 1092 BGB durch Ausübungsüberlassung eingebracht werden können).

60 **Obligatorische Nutzungsrechte** (Gebrauchsüberlassung) an Sachen Dritter wie des Gesellschafters weisen nur dann einen wirtschaftlichen Wert auf, wenn ihre Nutzungsdauer eine feste Laufzeit bzw. eine konkret bestimmte Mindestdauer hat (d.h. bei langfristiger, präziser Zielbestimmung oder unkündbarer Verpflichtung),[187] wobei im Rahmen der Bewertung ein strenger Maßstab anzulegen ist.[188] Keine Bedenken bestehen dann, wenn das Nutzungsrecht **dinglich gesichert** ist[189] (bspw. durch einen Nießbrauch oder eine beschränkt persönliche Dienstbarkeit, vgl. Rn. 59)[190] –

166 Baumbach/Hueck/*Fastrich*, § 5 Rn. 28: Eine Erfüllung der Verpflichtung auf den Geschäftsanteil in Höhe des Nennwerts der Forderung tritt aber nur dann eine, wenn die Forderung vollwertig ist – ebenso BGHZ 132, 133, 144.
167 BGHZ 113, 335, 340 ff.; BGH NJW 1970, 469; Baumbach/Hueck/*Fastrich*, § 5 Rn. 28; Hachenburg/*Ulmer*, § 5 Rn. 43.
168 Baumbach/Hueck/*Fastrich*, § 5 Rn. 28.
169 Roth/Altmeppen/*Roth*, § 5 Rn. 47.
170 Näher Scholz/*Winter*, § 5 Rn. 50. Zu Know-how: BGH DB 1993, 323.
171 OLG Köln, GmbHR 1998, 42.
172 Roth/Altmeppen/*Roth*, § 5 Rn. 47.
173 So Ingerl/Rohnke, NJW, 1994, 1253.
174 Baumbach/Hueck/*Fastrich*, § 5 Rn. 26.
175 Dazu *Götting*, AG 1999, 1.
176 BGHZ 29, 300.
177 Baumbach/Hueck/*Fastrich*, § 5 Rn. 26.
178 BGH NJW 2001, 67.
179 RGZ 155, 211; BGHZ 45, 338. Wobei die allgemeinen Grundsätze über eine Vermögensveräußerung gelten: Hachenburg/*Ulmer*, § 5 Rn. 58 ff.; Roth/Altmeppen/*Roth*, § 5 Rn. 48.
180 Roth/Altmeppen/*Roth*, § 5 Rn. 47.
181 Roth/Altmeppen/*Roth*, § 5 Rn. 47.
182 OLG Celle, WM 1988, 1375.
183 Baumbach/Hueck/*Fastrich*, § 5 Rn. 26; Hachenburg/*Ulmer*, § 5 Rn. 50; Scholz/*Winter*, § 5 Rn. 50.
184 Baumbach/Hueck/*Fastrich*, § 5 Rn. 26.
185 Vgl. BGHZ 29, 300, 304.
186 Baumbach/Hueck/*Fastrich*, § 5 Rn. 25.
187 BGH NZG 2004, 910; BGHZ 144, 290; Hachenburg/*Ulmer*, § 5 Rn. 40; Roth/Altmeppen/*Roth*, § 5 Rn. 39; Scholz/*Winter*, § 5 Rn. 46. Kritisch: Baumbach/Hueck/*Fastrich*, § 5 Rn. 25, weil (trotz langjähriger Praxis) hier als Sacheinlage ein obligatorisches Recht gegen den Einleger (dazu näher Rn. 62) zugelassen wird.
188 Hachenburg/*Ulmer*, § 5 Rn. 40.
189 Baumbach/Hueck/*Fastrich*, § 5 Rn. 25.
190 BGHZ 45, 338.

bzw. sich gegen einen Dritten (oder gegen den Einbringenden) richten, aber der Sachbesitz auf die Gesellschaft übertragen wird[191].

Weiterhin sind **Mitgliedschaftsrechte** (z.B. Aktien und Gesellschaftsanteile an anderen [Kapital-] Gesellschaften, an Personengesellschaften hingegen nur, wenn deren Gesellschaftsvertrag dies gestattet bzw. deren Gesellschafter dem zustimmen;[192] bzw. Erbteile[193])[194] und **Sach- und Rechtsgesamtheiten** (z.B. Unternehmen oder Handelsgeschäfte,[195] Warenlager, Wertpapierdepots, ein Nachlass bzw. eine Insolvenzmasse)[196] einlagefähig. 61

Nicht einlagefähig (resultierend aus der Funktion der Sacheinlage, wonach es unzulässig ist, die mitgliedschaftliche Einlagepflicht durch ein bloßes Eingehen einer anderen, rein schuldrechtlichen Verpflichtung zu kompensieren)[197] sind hingegen analog § 27 Abs. 2 2. Halbsatz AktG bloß obligatorische Rechte gegen den einlageberechtigten Gesellschafter selbst[198] (bspw. in Gestalt einer Verpflichtung des Gesellschafters zu eigenen Dienstleistungen [Dienstleistungsforderungen] bzw. einem Wechselakzept, einer Bürgschaft oder einem Darlehensversprechen, weiterhin schuldrechtliche Forderungen gegen Mitgesellschafter[199]).[200] 62

b) Umgehungstatbestände und verdeckte Sacheinlagen

Durch die Neufassung von § 19 Abs. 4 und die Aufhebung von § 19 Abs. 5 a.F. werden die Rechtsfolgen verdeckter Sacheinlagen auf eine **Differenzhaftung des Gesellschafters** beschränkt. 63

Ist eine Geldeinlage eines Gesellschafters bei wirtschaftlicher Betrachtung und aufgrund einer im Zusammenhang mit der Übernahme der Geldeinlage getroffenen Abrede vollständig oder teilweise als Sacheinlage zu bewerten (**Legaldefinition einer verdeckten Sacheinlage**), so befreit dies den Gesellschafter nach § 19 Abs. 4 Satz 1 nicht von seiner Einlageverpflichtung. Jedoch sind die Verträge über die Sacheinlage und die Rechtshandlungen zu ihrer Ausführung nach § 19 Abs. 4 Satz 2 nicht unwirksam. Auf die fortbestehende Geldeinlagepflicht des Gesellschafters wird der Wert des Vermögensgegenstands im Zeitpunkt der Anmeldung der Gesellschaft zur Eintragung in das Handelsregister oder im Zeitpunkt seiner Überlassung an die Gesellschaft, falls diese später erfolgt, angerechnet (so § 19 Abs. 4 Satz 3). Die Anrechnung erfolgt nach § 19 Abs. 4 Satz 4 nicht vor Eintragung der Gesellschaft in das Handelsregister. Die Beweislast für die Werthaltigkeit des Vermögensgegenstands trägt § 19 Abs. 4 Satz 5 der Gesellschafter. Ist vor der Einlage eine Leistung an den Gesellschafter vereinbart worden, die wirtschaftlich einer Rückzahlung der Einlage entspricht und die nicht als verdeckte Sacheinlage i.S.v. § 19 Abs. 4 n.F. zu beurteilen ist, so befreit dies den Gesellschafter gemäß § 19 Abs. 5 n.F. von seiner Einlageverpflichtung nur dann, wenn die Leistung durch einen vollwertigen Rückgewähranspruch gedeckt ist oder durch fristlose Kündigung durch die Gesellschaft fällig werden kann. Eine solche Leistung oder die Vereinbarung einer solchen Leistung ist in der Anmeldung nach § 8 anzugeben. Verboten ist auch die **Leistung an Erfüllung statt** (vgl. § 19 Abs. 2 Satz 1).

Umgehungstatbestände im Kontext mit Abs. 4 regelt das Gesetz auch im Rahmen anderer Tatbestände[201] – bspw.[202] sind nach § 54 Abs. 3 AktG analog die vor Anmeldung eingeforderten Bei- 64

---

191 Henssler/*Schäfer*, § 5 Rn. 20 unter Bezugnahme auf BGHZ 144, 290, 294 = NJW 2000, 2356.
192 Hachenburg/*Ulmer*, § 5 Rn. 51; Scholz/*Winter*, § 5 Rn. 50.
193 Baumbach/Hueck/*Fastrich*, § 5 Rn. 26.
194 Dazu zusammenfassend Baumbach/Hueck/*Fastrich*, § 5 Rn. 26.
195 BGH NJW 1992, 2698; BGHZ 68, 191; 45, 338; Baumbach/Hueck/*Fastrich*, § 5 Rn. 30; Hachenburg/*Ulmer*, § 5 Rn. 58 ff.; Roth/Altmeppen/*Roth*, § 5 Rn. 48; Scholz/*Winter*, § 5 Rn. 54.
196 Baumbach/Hueck/*Fastrich*, § 5 Rn. 29; Hachenburg/*Ulmer*, § 5 Rn. 52 ff.
197 Baumbach/Hueck/*Fastrich*, § 5 Rn. 24.
198 BGHZ 180, 38 = ZIP 2009, 714.
199 Umstritten, so aber Baumbach/Hueck/*Fastrich*, § 5 Rn. 24; Hachenburg/*Ulmer*, § 5 Rn. 41; Roth/Altmeppen/*Roth*, § 5 Rn. 44; a.A. Scholz/*Winter*, § 5 Rn. 47.
200 Dazu zusammenfassend Baumbach/Hueck/*Fastrich*, § 5 Rn. 24; Lutter/Hommelhoff/*Bayer*, § 5 Rn. 15; Roth/Altmeppen/*Roth*, § 5 Rn. 42; Scholz/*Winter*, § 5 Rn. 49 und 52.
201 Womit eine vom BGH betriebene Rechtsfortbildung kritisch zu beurteilen ist, so Roth/Altmeppen/*Roth*, § 5 Rn. 69.
202 Beispiele nach Roth/Altmeppen/*Roth*, § 5 Rn. 70.

träge nach § 7 Abs. 2 durch effektive Geldzahlung zu erbringen. Einem „Hin- und Herzahlen"[203] im Rahmen eines „Cash-Pool-Systems"[204] (d.h., der Gesellschafter zahlt zunächst eine Bareinlage ein und die GmbH verwendet diese Mittel zur Erfüllung seiner Gegenforderung)[205] – kann z.T. mit § 54 Abs. 3 AktG analog begegnet werden, z.T. mit § 8 Abs. 2 Satz 1 (vor der Anmeldung einzuzahlende Mittel müssen sich endgültig in der Verfügung des Geschäftsführers befinden).

2. Verfahren (Sachgründungsbericht)

65 Die (i.S. aller) Gesellschafter haben im Rahmen jeder Sachgründung (zwecks Sicherung der Kapitalaufbringung und als Grundlage einer registergerichtlichen Prüfung)[206] gem. Abs. 3 Satz 2 in einem **Sachgründungsbericht** die für die Angemessenheit der Leistungen für Sacheinlagen wesentlichen Umstände (d.h. eine angemessene Bewertung der Sacheinlagen) darzulegen (mithin sind in plausibler Art und Weise die Grundlagen für eine Bewertung in Höhe des bezifferten Einlagewerts aufzuzeigen – bspw. sind Markt- und Börsenpreise bzw. Sachverständigenbewertungen darzulegen) und beim Übergang eines Unternehmens auf die Gesellschaft die Jahresergebnisse der beiden letzten Geschäftsjahre anzugeben (bei kürzerem Bestehen ein Bericht über den bisherigen Geschäftsgang).[207] Der Sachgründungsbericht (der nicht Teil des Gesellschaftsvertrags ist, mit diesem nicht zu beurkunden ist, aber – um § 8 Abs. 1 Nr. 4 zu genügen – der Schriftform nach § 126 BGB [d.h. die Unterschrift aller Gesellschafter] bedarf)[208] ist bei der Anmeldung zum Handelsregister zusammen mit Verträgen über die Feststellung und Ausführungen zu Sacheinlagen sowie sonstigen Unterlagen über deren Wert (§ 8 Abs. 1 Nr. 4 und 5) einzureichen.[209] Er ist von allen Gründungsgesellschaftern persönlich (wobei gesetzliche Vertretung, nicht jedoch Vollmacht zulässig ist)[210] zu erstatten und zu unterschreiben.[211] Der Sachgründungsbericht kann in Anlehnung an die das GmbH-Recht nicht bindende Regelung des **§ 32 Abs. 2 AktG** erstellt werden:[212]

> „Im Gründungsbericht sind die wesentlichen Umstände darzulegen, von denen die Angemessenheit der Leistungen für Sacheinlagen oder Sachübernahmen abhängt. Dabei sind anzugeben
>
> 1. die vorausgegangenen Rechtsgeschäfte, die auf den Erwerb durch die Gesellschaft hingezielt haben;

---

203 Roth/Altmeppen/*Roth*, § 5 Rn. 71.

204 Die in ein Cash-Pool-System einbezogenen GmbHs unterliegen (ohne dass ein „Sonderrecht" für diese Art der Finanzierung anerkannt werden könnte) bei der Gründung und der Kapitalerhöhung den GmbH-Kapitalaufbringungsvorschriften und den dafür vom BGH entwickelten Grundsätzen, so BGH DZWiR 2006, 248 = BB 2006, 798. Ist eine GmbH im Rahmen eines Konzernverbunds in ein automatisches Cash-Pool-Managementsystem einbezogen, bei dem zum Zwecke des besseren Liquiditätsmanagements buchungstäglich zugunsten oder zulasten des sog. Zentralkontos der Zentralgesellschaft (GmbH & Co KG), über das diese allein verfügungsberechtigt war, sämtliche „Nebenkonten" der anderen teilnehmenden Konzerngesellschaften „auf null" gestellt wurden, und hat die GmbH eine Kapitalerhöhung beschlossen, vermag eine Einzahlung des Kapitalerhöhungsbetrags durch die sowohl die GmbH als auch die Zentralgesellschaft beherrschenden Mitgesellschafter, die zunächst auf ein als Termingeldkonto errichtetes Sonderkonto erfolgt und sodann (nach Handelsregistereintragung der Kapitalerhöhung) auf das in den Cash-Pool einbezogene Nebenkonto transferiert wird, die Einlageschuld nicht zu tilgen, wenn der Betrag noch am selben Tag von dem Nebenkonto durch Stellung dieses Kontos „auf null" wieder abgebucht und dem Zentralkonto gutgeschrieben wird. Der Erhöhungsbetrag ist dann nach Art eines Zahlungskreislaufs über das Nebenkonto im Rahmen des Cash-Pool-Systems an die Zentralgesellschaft und damit aufgrund der Beherrschungsverhältnisse wieder an die Mitgesellschafter zurückgeflossen und hat so nur in entsprechender Höhe eine bereits zuvor bestehende Darlehensverbindlichkeit der GmbH gegenüber der Zentralgesellschaft verringert. Im wirtschaftlichen Ergebnis ist der GmbH objektiv nicht die im Kapitalerhöhungsbeschluss festgesetzte Bareinlage, sondern aufgrund des verrechnungsähnlichen Hin- und Herzahlens lediglich die Befreiung von einer Verbindlichkeit zugeflossen. Der Zahlungsvorgang war lediglich Teil eines gegen § 56 Abs. 2, § 19 Abs. 5 a.F. sowie Abs. 4 Satz 1 verstoßenden und damit unwirksamen Umgehungsgeschäfts in Form einer verdeckten Sacheinlage: BGH BB 2006, 847.

205 BGH NJW 1998, 1951; BGHZ 125, 141.

206 Baumbach/Hueck/*Fastrich*, § 5 Rn. 54.

207 Baumbach/Hueck/*Fastrich*, § 5 Rn. 55.

208 Roth/Altmeppen/*Roth*, § 5 Rn. 59.

209 Baumbach/Hueck/*Fastrich*, § 5 Rn. 54.

210 Baumbach/Hueck/*Fastrich*, § 5 Rn. 54; Roth/Altmeppen/*Roth*, § 5 Rn. 59; Scholz/*Winter*, § 5 Rn. 100.

211 Baumbach/Hueck/*Fastrich*, § 5 Rn. 54; Hachenburg/*Ulmer*, § 5 Rn. 137; Scholz/*Winter*, § 5 Rn. 99.

212 Baumbach/Hueck/*Fastrich*, § 5 Rn. 55; Roth/Altmeppen/*Roth*, § 5 Rn. 60.

2. die Anschaffungs- und Herstellungskosten aus den letzten beiden Jahren;
3. beim Übergang eines Unternehmens auf die Gesellschaft die Betriebserträge aus den letzten beiden Geschäftsjahren."

Die Einreichung eines vollständigen Jahresabschlusses mag zweckmäßig sein, wird aber nicht verlangt.[213] 66

Fehlt der Sachgründungsbericht ganz oder ist er unvollständig bzw. zu unbestimmt (d.h. bei inhaltlichen oder formalen Mängeln), hindert dies nach § 9c Abs. 1 Satz 2 die Handelsregistereintragung – der Mangel kann jedoch durch Nachholung geheilt werden.[214] Erfolgt trotz des Mangels eine Eintragung, ist dies unschädlich.[215]

Nach der Eintragung zeitigt ein entsprechender Mangel keine Folgen mehr,[216] doch sind falsche Angaben strafbewehrt (§ 82 Abs. 1 Nr. 2) bzw. begründen eine Ausfallhaftung nach § 9a.[217] 67

Die **nachträgliche Umwandlung** einer Sach- in eine Geldeinlage und die **nachträgliche Herabsetzung ihres Wertansatzes** sind möglich – doch kommt es (wegen § 24) zur Anwendung von § 53 Abs. 3.[218]

Durch Satzungsänderung kann nachträglich auch eine Geldeinlage im Wege der Änderung der Einlagendeckung unter Beachtung aller Vorgaben über die Sachgründung (bzw. **Sachkapitalerhöhung**)[219] **in** eine **Sacheinlage** umgewandelt werden.[220]

3. Exkurs: Gründungsaufwand und Sondervorteile

Um gefährliche Belastungen des Gesellschaftsvermögens im Gründungsstadium schon im Gesellschaftsvertrag offenzulegen, gilt nach h.A. – auch ohne entsprechende ausdrückliche Regelung im GmbH-Recht – (als geltendes ungeschriebenes Recht)[221] **§ 26 Abs. 2 AktG analog** mit der Folge, dass 68

- der **Gründungsaufwand** (Gründungskosten, d.h. Ansprüche der Gesellschafter auf Kostenersatz im Kontext mit einer GmbH-Gründung [Anmeldekosten, Gebühren, Steuern, Kosten für hinzuzuziehende Dritte wie Anwälte, Wirtschaftsprüfer usw., sowie u. U. ein Gründerlohn[222]][223] – als Belastung des Stammkapitals[224] – und
- **Sondervorteile** (d.h. Ansprüche auf Vergütung [Gründerlohn] und alle sonstigen Vorteile im Zusammenhang mit der Teilnahme eines Gesellschafters an der Gründung [Gesellschaftervergütungen für erbrachte Leistungen im Rahmen der Gründung[225]])

gegenüber der GmbH nur ausdrücklich im Gesellschaftsvertrag (in der Gründungssatzung – der Gründungsaufwand, ggf. als geschätzter Gesamtbetrag[226] i.S. einer betragsmäßigen Angabe)

---

213 Baumbach/Hueck/*Fastrich*, § 5 Rn. 55.
214 Baumbach/Hueck/*Fastrich*, § 5 Rn. 56.
215 OLG Naumburg, GmbHR 1998, 385; Baumbach/Hueck/*Fastrich*, § 5 Rn. 54; Roth/Altmeppen/*Roth*, § 5 Rn. 61: allenfalls §§ 9a, 82 Abs. 1 Nr. 2.
216 BGH NZG 2004, 910, 911; Baumbach/Hueck/*Fastrich*, § 5 Rn. 56.
217 Baumbach/Hueck/*Fastrich*, § 5 Rn. 56.
218 Roth/Altmeppen/*Roth*, § 5 Rn. 62: wobei eine vollständige Umwandlung von geringem praktischen Interesse ist, da die Sacheinlage dann wegen § 7 Abs. 3 geleistet sein dürfte. Zudem Scholz/*Winter*, § 5 Rn. 109.
219 KG NZG 2005, 183 – bspw. Einstimmigkeit der Gesellschafter (so Roth/Altmeppen/*Roth*, § 5 Rn. 64).
220 OLG Stuttgart, ZIP 1996, 277 – für den Fall, dass die Gesellschafter versucht haben, vorher eine verdeckte Sacheinlage einzubringen. Für eine Anwendung auf alle Fälle plädieren Baumbach/Hueck/*Fastrich*, § 5 Rn. 51, Roth/Altmeppen/*Roth*, § 5 Rn. 64; Scholz/*Winter*, § 5 Rn. 106.
221 BT-Drucks. 8/3908, S. 70.
222 BGHZ 107, 1, 6 = NJW 1989, 1616.
223 Roth/Altmeppen/*Roth*, § 5 Rn. 73.
224 Henssler/*Schäfer*, § 5 Rn. 29.
225 Rowedder/Schmidt-Leithoff/*Schmidt-Leithoff*, § 5 Rn. 67 ff.: Gründerlohn.
226 BGHZ 107, 1, 6 f. = NJW 1989, 1610.

wirksam begründet werden können.[227] Eine nachträgliche Abwälzung auf die Gesellschaft ist nach § 26 Abs. 3 AktG analog nicht möglich (vgl. auch Nr. 5 des Musterprotokolls, wonach die Gesellschaft im vereinfachten Gründungsverfahren nur in Höhe bis zu 300 EUR mit Gründungskosten belastet werden darf).

69 Erfolgt keine ausdrückliche Regelung im Gesellschaftsvertrag, tragen die Gesellschafter den Gründungsaufwand selbst anteilig – eine nachträgliche Kostenübernahme durch die Gesellschaft (durch entsprechende Satzungsänderung) nach der Handelsregistereintragung scheidet aus.[228]

! Eine Aufnahme in den Gesellschaftsvertrag befreit im Hinblick auf Zahlungen an die Gesellschafter nicht von der Schranke des § 30 (es sei denn, es handelt sich um notwendige Aufwendungen für Kosten, die kraft Gesetzes oder nach Art und Umfang in angemessener Weise die GmbH treffen).[229]

C. Weitere praktische Hinweise

70 Für die **Besteuerung** sind Stammeinlagen insofern bedeutsam, als sie ursprünglich aus der Vermögenssphäre der Gesellschafter herrühren und regelmäßig nicht durch die Gesellschaft erwirtschaftet worden sind (zur Ausnahme einer Kapitalerhöhung aus Gesellschaftsmitteln siehe § 57c Rn. 26 f, § 58 Rn. 19). Folglich ordnet § 20 Abs. 1 Nr. 2 EStG an, dass die **Rückzahlung des Stammkapitals** im Rahmen einer Kapitalherabsetzung oder Auflösung der Gesellschaft beim Gesellschafter nicht zu steuerpflichtigen Kapitalerträgen führt. Bei Anteilen im Betriebsvermögen und „steuerverstrickten" Anteilen im Privatvermögen nach § 17 EStG kann es aber zu Veräußerungsgewinnen kommen (vgl. z.B. § 17 Abs. 4 EStG), sobald die Anschaffungskosten aufgebraucht sind (vgl. § 58 Rn. 21 und § 72 Rn. 9).

71 Die gleichen Grundsätze gelten gem. § 20 Abs. 1 Nr. 1 Satz 3 EStG auch für die **Rückzahlung von sonstigen Einlagen**, die nicht auf das nominale Stammkapital geleistet worden sind. Diese werden auf der Ebene der Gesellschaft steuerlich auf dem steuerlichen Einlagenkonto nach § 27 KStG verbucht und dauerhaft fortgeführt. Jedoch ist eine steuerfreie Rückgewähr dieser Einlagen erst möglich, nachdem sämtliche Gewinnvorträge und Rücklagen aufgebraucht worden sind („Lock in"-Effekt; vgl. § 27 Abs. 1 Satz 3 bis 5 KStG). Dem steuerlichen Einlagenkonto werden insbesondere Aufgelder, verdeckte Einlagen und Rückzahlungen für verdeckte Gewinnausschüttungen gutgeschrieben.[230] Um den vorbeschriebenen „Lock in"-Effekt zu vermeiden, bietet sich eine Kapitalherabsetzung an, entweder aus einem von vornherein relativ hoch festgesetzten Stammkapital oder in Kombination mit einer Kapitalerhöhung aus Gesellschaftsmitteln zu einem späteren Zeitpunkt vor Durchführung der Kapitalherabsetzung.

72 Die – offene oder verdeckte – **Einlage von steuerverstrickten Gegenständen** in eine GmbH stellt auf der Seite des Gesellschafters regelmäßig eine (soweit stille Reserven vorhanden sind steuerpflichtige) Veräußerung bzw. einen gleichgestellten Vorgang dar (vgl. §§ 6 Abs. 6 Satz 2; 15 Abs. 1a Satz 2; 17 Abs. 1 Satz 2; 20 Abs. 2 Satz 2 n.F.; 23 Abs. 1 Satz 5 Nr. 2 EStG). Dies gilt nicht unter den Voraussetzungen der §§ 20, 21 UmwStG bei Einbringung eines Betriebs, Teilbetriebs, Mitunternehmeranteils oder von mehrheitsvermittelnden Kapitalgesellschaftsanteilen gegen Gewährung neuer Gesellschaftsanteile (siehe „Steuerrecht", S. 1046 ff., Rn. 74 ff.; „Umwandlungsrecht", S. 995 ff., Rn. 90 ff.).

---

227 BGHZ 107, 1 – eine allgemeine Vereinbarung der Kostenübernahme ist hingegen unzulässig; Baumbach/Hueck/*Fastrich*, § 5 Rn. 57; Baumbach/Hueck/*Fastrich*, § 5 Rn. 55; Hachenburg/*Ulmer*, § 5 Rn. 171 ff.; Roth/Altmeppen/*Roth*, § 5 Rn. 72; Scholz/*Winter*, § 5 Rn. 111 ff. Hingegen soll eine nachträgliche einstimmige Satzungsänderung (abweichend von § 26 Abs. 3 Satz 2 AktG) zulässig sein, so Roth/Altmeppen/*Roth*, § 5 Rn. 72; ebenso Hachenburg/*Ulmer*, § 5 Rn. 180 für Sondervorteile (anders: Hachenburg/*Ulmer*, § 5 Rn. 186 für den Gründungsaufwand). Gänzlich a.A.: Baumbach/Hueck/*Fastrich*, § 5 Rn. 55.

228 Umstritten, so aber die h.M., vgl. Baumbach/Hueck/*Fastrich*, § 5 Rn. 57; a.A. Roth/Altmeppen/*Roth*, § 5 Rn. 72.

229 Baumbach/Hueck/*Fastrich*, § 5 Rn. 57; Hachenburg/*Ulmer*, § 5 Rn. 188.

230 Einzelheiten bei *Roser*, in: Gosch/Schwedhelm/Spiegelberger, S. E36.

§ 5a Unternehmergesellschaft

(1) Eine Gesellschaft, die mit einem Stammkapital gegründet wird, das den Betrag des Mindeststammkapitals nach § 5 Abs. 1 unterschreitet, muss in der Firma abweichend von § 4 die Bezeichnung „Unternehmergesellschaft (haftungsbeschränkt)" oder „UG (haftungsbeschränkt)" führen.

(2) Abweichend von § 7 Abs. 2 darf die Anmeldung erst erfolgen, wenn das Stammkapital in voller Höhe eingezahlt ist. Sacheinlagen sind ausgeschlossen.

(3) In der Bilanz des nach den §§ 242, 264 des Handelsgesetzbuchs aufzustellenden Jahresabschlusses ist eine gesetzliche Rücklage zu bilden, in die ein Viertel des um einen Verlustvortrag aus dem Vorjahr geminderten Jahresüberschusses einzustellen ist. Die Rücklage darf nur verwandt werden

1. für Zwecke des § 57c;

2. zum Ausgleich eines Jahresfehlbetrags, soweit er nicht durch einen Gewinnvortrag aus dem Vorjahr gedeckt ist;

3. zum Ausgleich eines Verlustvortrags aus dem Vorjahr, soweit er nicht durch einen Jahresüberschuss gedeckt ist.

(4) Abweichend vom § 49 Abs. 3 muss die Versammlung der Gesellschafter bei drohender Zahlungsunfähigkeit unverzüglich einberufen werden.

(5) Erhöht die Gesellschaft ihr Stammkapital so, dass es den Betrag des Mindeststammkapitals nach § 5 Abs. 1 erreicht oder übersteigt, finden die Absätze 1 bis 4 keine Anwendung mehr; die Firma nach Absatz 1 darf beibehalten werden.

Literatur

Arzt/Thielemann, Bankgeschäfte mit der Unternehmergesellschaft (haftungsbeschränkt), BKR 2010, 58; *Bayer/Hoffmann*, Erste Unternehmergesellschaften (haftungsbeschränkt) seit Inkrafttreten des MoMiG, GmbHR 2008, 1302; *Bayer/Hoffmann*, Die Unternehmergesellschaft (haftungsbeschränkt) des MoMiG zum 1.1.2009 – eine erste Bilanz, GmbHR 2009, 124; *Bayer/Hoffmann*, Die Musterprotokoll-Unternehmergesellschaft (haftungsbeschränkt), GmbHR 2009, R 225; *Berninger*, Die Unternehmergesellschaft (haftungsbeschränkt) – Sachkapitalerhöhungsverbot und Umwandlungsrecht, GmbHR 2010, 63; *Berninger*, Aufstieg der UG (haftungsbeschränkt) zur vollwertigen GmbH, GmbHR 2011, 953; *Bormann*, Die Kapitalaufbringung nach dem Regierungsentwurf des MoMiG, GmbHR 2007, 897; *Breitenstein/Meyding*, Der Regierungsentwurf zum MoMiG: Die Deregulierung des GmbH-Rechts schreitet voran, BB 2007, 1457; *Cannivé/Seebach*, Unternehmergesellschaft (haftungsbeschränkt) versus Europäische Privatgesellschaft (SPE): Wettbewerb der Ein-Euro-Gesellschaften?, GmbHR 2009, 519; *David*, Eignet sich die Unternehmergesellschaft für Heilberufler, PFB 2010, 212; *Dierksmeyer/Scharbert*, GmbH und englische Ltd. im Wettlauf der Reformen 2006, BB 2006, 1517; *Flore/Traut*, Die Unternehmergesellschaft, 2009; *Forst*, Unternehmensmitbestimmung in der Unternehmergesellschaft (haftungsbeschränkt), GmbHR 2009, 1131; *Freitag/Riemenschneider*, Die Unternehmergesellschaft – „GmbH light" als Konkurrenz für die Limited?, ZIP 2007, 1485; *Friedel*, Die Unternehmergesellschaft (haftungsbeschränkt), in: Bormann/Kauka/Ockelmann (Hrsg.), Handbuch GmbH-Recht, 2009, S. 53; *Gasteyer*, Unternehmergesellschaft (haftungsbeschränkt), NZG 2009, 1364; *Gasteyer*, UG: Zulässigkeit der Sacheinlage bei einer Kapitalerhöhung auf mindestens 25000 Euro, NZG 2011, 693; *Geißler*, Die Einberufung der Gesellschafterversammlung in der Krise der UG (haftungsbeschränkt), DZWiR 2010, 98; *Geißler*, Ein Votum für die beschränkte Nachschusspflicht – insbesondere bei der UG (haftungsbeschränkt), DZWiR 2010, 485; *Geschwandtner/Wittenberg*, Die attraktive Unbekannte: „kleine eG" als neue Kooperationsform, BB 2008, 1748; *Goebel*, Die „kleine" GmbH – Pfänden Sie die Ansprüche bei der Unternehmergesellschaft richtig, FoVo 2009, 49; *Gößl*, Hinweise für die Praxis – Neues zur Kapitalerhöhung bei der UG, MittBayNot 2011, 438; *Hangebrauck*, Aktuelle Fragen zur Unternehmergesellschaft (haftungsbeschränkt), § 5 a GmbHG, JR 2010, 323; *Heckelmann*, Kommt nun die Unternahmergesellschaft?, BB 2007, Die erste Seite, Nr. 18; *Heeg*, Die UG (haftungsbeschränkt) & Co. KG als (weiteres) hybrides Rechtsgebilde im deutschen Gesellschaftsrecht, DB 2009, 719; *Heinemann*, Die Unternehmergesellschaft als Zielgesellschaft von Formwechsel, Verschmelzung und Spaltung nach dem Umwandlungsgesetz, NZG 2008, 820; *Hennrichs*, Kapitalschutz bei GmbH, UG (haftungsbeschränkt) und SPE, NZG 2009, 921; *Hennrichs/Klavina*, Die Unternehmergesellschaft (haftungsbeschränkt), JA 2012, 169; *Hennrichs*, Die UG (haftungsbeschränkt) – Reichweite des Sacheinlageverbots und gesetzliche Rücklage, NZG 2009, 1161; *Hirte*, Die Unternehmergesellschaft

(UG) nach dem Gesetz zur Modernisierung des GmbH-Rechts und zur Bekämpfung von Missbräuchen (MoMiG), ZInsO 2008, 933; *Hoffmann*, „Erfolgsmodell Unternehmergesellschaft?", ZInsO 2011, 711; *Hommerich/Kilian*, Berufsausübung in der haftungsbeschränkten Unternehmergesellschaft, AnwBl 2009, 861; *Hucke/Holfter*, Die Unternehmergesellschaft (haftungsbeschränkt) – eine echte Alternative für Unternehmensgründer, JuS 2010, 861; *Joost*, Unternehmergesellschaft, Unterbilanz und Verlustanzeige, ZIP 2007, 2242; *Kadel*, Die Umwandlung eines Einzelunternehmens in eine UG (haftungsbeschränkt) bzw. GmbH, BWNotZ 2010, 46; *Kallmeyer*, Kapitalaufbringung und Kaptalerhaltung nach dem MoMiG: Änderungen für die GmbH-Beratungspraxis, DB 2007, 2755; *Klein*, Wenn die Unternehmergesellschaft (haftungsbeschränkt) erwachsen werden will, NZG 2011, 377; *Kleindiek*, Die Unternehmergesellschaft (haftungsbeschränkt) des MoMiG – Fortschritt oder Wagnis?, BB 2007, Die erste Seite, Nr. 27; *Klose*, Die Stammkapitalerhöhung bei der Unternehmergesellschaft (haftungsbeschränkt), GmbHR 2009, 294; *Kock/Vater/Mraz*, Die Zulässigkeit einer UG (haftungsbeschränkt) & Co. KG auch bei Gewinnausschluss zu Lasten der Komplementärin, BB 2009, 848; *Krause/Kindler*, Brauchen wir neue Rechtsformen für NPO's: UG, Low Profit Limited, Europäische Privatgesellschaft, wirtschaftlicher Verein oder kleine Genossenschaft?, Non Profit Law Yearbook 2010/2011, 85; *Lange*, Wenn die UG erwachsen werden soll – „Umwandlung" in die GmbH, NJW 2010, 3686; *Leuering*, Die GmbH und der internationale Wettbewerb der Rechtsformen, ZRP 2006, 201; *Leyendecker*, Rechtsökonomische Überlegungen zur Unternehmergesellschaft (haftungsbeschränkt), GmbHR 2008, 302; *Lieder/Hoffmann*, Zwei auf einen Streich: BGH klärt wichtige Streitfragen zu UG-Kapitalerhöhungen, GmbHR 2011 R 193-194; *Lieder/Hoffmann*, Upgrades von Unternehmergesellschaften, GmbHR 2011, 561; *Lutter*, Für eine Unternehmer-Gesellschaft (UG) – Zur notwendigen Erweiterung der geplanten GmbH-Reform, BB 2006, Beilage Nr. 7, S. 2; *Lutter*, Zur Entwicklung der GmbH in Europa und in der Welt, GmbHR 2005, 1; *Meckbach*, Haftungsfolgen unrechtmäßiger Firmierung einer UG (haftungsbeschränkt)?, NZG 2011, 968; *Miras*, Die neue Unternehmergesellschaft, 2008; *Miras*, Die bisherige Rechtsprechung zur Unternehmergesellschaft – Eine kritische Analyse, DB 2010, 2488; *Miras*, Sacheinlageverbot und Volleinzahlungsgebot bei der Unternehmergesellschaft im Vorgang der Kapitalerhöhung, DStR 2011, 1379; *Miras*, Aktuelle Fragen zur Unternehmergesellschaft (haftungsbeschränkt), NZG 2012, 486; *Müller*, Die gesetzliche Rücklage bei der Unternehmergesellschaft, ZGR 2012, 81; *Niemeier*, Die „Mini-GmbH" (UG) trotz Marktwende bei der Limited?, ZIP 2007, 1794; *Neideck*, Rückforderungsansprüche der Unternehmergesellschaft bei Verstoß gegen die Rücklagenverpflichtung, GmbHR 2010, 624; *Niemeier*, Erste Startkapitalisierungsdaten der „UG": Mit Schwung in die kapitallose Unternehmensgründung?, Status Recht 2009, 74; *Noack*, Der Regierungsentwurf des MoMiG – Die Reform des GmbH-Rechts geht in die Endrunde, DB 2007, 1395; *Oberbeck/Winheller*, Die gemeinnützige Unternehmergesellschaft, DStR 2009, 516; *Patt*, Beteiligung der UG (haftungsbeschränkt) an Umstrukturierungsvorgängen, GmbH-StB 2011, 20; *Plagemann/Plagemann*, Der Sozialschutz des Unternehmers in der Unternehmergesellschaft (haftungsbeschränkt), DStR 2009, 1809; *Priester*, Wann endet das Sonderrecht der UG (haftungsbeschränkt)?, ZIP 2010, 2182; *Ramm*, Der Gesellschaftsvertrag der Unternehmergesellschaft (haftungsbeschränkt), Jura 2009, 895; *Ries*, Geiz ist geil? Die Unternehmergesellschaft („UG") und das Musterprotokoll in der Praxis, RpflStud 2012, 7; *Römermann*, Die Unternehmergesellschaft – manchmal die bessere Variante der GmbH, NJW 2010, 905; *Römermann*, Vollzahlungsgebot und Sacheinlagen bei der UG (haftungsbeschränkt), NZG 2010, 1375; *Römermann/Passarge*, Die GmbH & Co. KG ist tot – es lebe die UG & Co. KG!, ZIP 2009, 1479; *Rubel*, Konzerneinbindung einer UG (haftungsbeschränkt) durch Gewinnabführungsverträge, GmbHR 2010, 470; *Schäfer*, Rechtsprobleme bei Gründung und Durchführung einer Unternehmergesellschaft, ZIP 2011, 53; *Schärtl*, Unternehmergesellschaft (haftungsbeschränkt) – innovatives Konzept oder typischer „Kompromiss"?, GmbHR 2007, R 305; *Schärtl*, Gesetzliche Rücklage und Unternehmergesellschaft (haftungsbeschränkt) – ein Beispiel für ungenutzte Steuerungsmöglichkeiten des Gesetzgebers?, GmbHR 2008, R 81; *Schreiber*, Die Unternehmergesellschaft als Rechtsformvariante im Gefüge des GmbH-Rechts, DZWiR 2009, 492; *Seibert*, GmbH-Reform (MoMiG): Der Regierungsentwurf, BB 2007, Die erste Seite, Nr. 23; *Seibert*, Der Regierungsentwurf des MoMiG und die haftungsbeschränkte Unternehmergesellschaft, GmbHR 2007, 673; *Specks*, Kapitalerhöhungen bei der Unternehmergesellschaft, RNotZ 2011, 234; *Stenzel*, Die Pflicht zur Bildung einer gesetzlichen Rücklage bei der UG (haftungsbeschränkt) und die Folgen für die Wirksamkeit des Gesellschaftsvertrags einer UG (haftungsbeschränkt) & Co. KG, NZG 2009, 168; *Tamm*, Die Unternehmergesellschaft (haftungsbeschränkt), MDR 2010, 1025; *Tettinger*, UG (umwandlungsbeschränkt), Der Konzern 2008, 75; *Veil*, Die Unternehmergesellschaft nach dem Regierungsentwurf des MoMiG, Regelungsmodell und Praxistauglichkeit, GmbHR 2007, 1080; *Veil*, Die Unternehmergesellschaft im System der Kapitalgesellschaften, ZGR 2009, 623; *Wachter*, Auswirkungen der Finanzmarktkrise auf die neue Unternehmergesellschaft (haftungsbeschränkt), GmbHR 2008, 1296; *Wachter*, Firmierung der Unternehmergesellschaft (haftungsbeschränkt) & Co. KG, NZG 2009, 1263; *Wachter*, Sacheinlagen bei der Unternehmergesellschaft (haftungsbeschränkt), NJW 2011, 2620; *Wälzholz*, Die „Unternehmergesellschaft (haftungsbeschränkt)" als Alternative zur GmbH?, GmbH-StB 2007, 319; *Waldenberger/Sieber*, Die Unternehmergesellschaft (haftungsbeschränkt) jenseits der „Existenzgründer", GmbHR 2009, 114; *Weber*, Die Unternehmergesellschaft (haftungsbeschränkt), BB 2009, 842; *Wedemann*, Die Reform des GmbH-Rechts durch das „MoMiG", GewArch 2007, 325; *Weiß*, Die Unternehmergesellschaft (haftungsbeschränkt) aus strafrechtlicher Sicht, wistra 2010, 361; *Werner*, Aktuelle Entwicklungen des

Rechts der Unternehmergesellschaft, GmbHR 2011, 459; *Werner*, Unternehmergesellschaft und Sacheinlageverbot, StBW 2011, 667; *Westermann*, Die GmbH in der nationalen und internationalen Konkurrenz der Rechtsformen, GmbHR 2005, 4; *Wicke*, Praktische Verwendung und Kapitalbildung der Unternehmergesellschaft (haftungsbeschränkt), GWR 2010, 259; *Wilhelm*, Unternehmergesellschaft (haftungsbeschränkt) Der neue § 5a GmbHG in dem RegE zum MoMiG, DB 2007, 1510; *Witt*, Verdeckte Sacheinlage, Unternehmergesellschaft und Musterprotokoll, ZIP 2009, 1102.

A. Allgemeines

Die neu geschaffene Regelung in § 5a zielt darauf ab, dass junge Existenzgründer (ohne die Notwendigkeit, Stammkapital in erheblicher Höhe aufbringen zu müssen) mit der GmbH in der Variante der **haftungsbeschränkten Unternehmergesellschaft** (jedoch keiner „GmbH light",[1] d.h. nicht als eigener Rechtsform unterhalb oder neben der GmbH) ihre unternehmerischen Ziele in Angriff nehmen können.[2] Auf diese GmbH-Variante (ohne Mindestkapitalerfordernis) finden grundsätzlich sämtliche Vorgaben des GmbH-Rechts Anwendung[3] mit einigen Abweichungen im Hinblick auf das Stammkapital, die Firmierung und die Rücklagenbildung – d.h., die „UG (haftungsbeschränkt)" ist eine „echte GmbH mit Erleichterungen". Zugleich reagierte der Gesetzgeber mit der Schaffung der UG aber auch auf einen „vermeintlichen Wettbewerbsdruck durch Auslandsgesellschaften (insbesondere die Limited)"[4]: Stärkung der Wettbewerbsfähigkeit der GmbH[5] bei Aufrechterhaltung des Prestiges der „Normal-GmbH". In Kombination mit der Vereinfachung der Gründung unter Verwendung des **Musterprotokolls** wird damit ein der GmbH bisher unbekanntes Maß an Flexibilität, Schnelligkeit, Einfachheit und Kostengünstigkeit erreicht.[6] 1

§ 5a beabsichtigt nicht eine generelle Aufgabe des Mindeststammkapitals der GmbH. Dies wäre theoretisch möglich, weil das Mindeststammkapital kein zwingender Bestandteil des Haftkapitalsystems der GmbH ist. Der Gedanke einer völligen Aufgabe fand aber in der Diskussion um die GmbH-Reform keine ungeteilte Zustimmung. Der Grund dafür ist, dass mit der **Seriositätsschwelle**, die in einem angemessenen Mindeststammkapitalbetrag liegt, auch eine gewisse Seriosität auf die Rechtsform der GmbH insgesamt ausstrahlt. Trotz der durch das MoMiG bekämpften Missbrauchs- und Bestattungsfälle und trotz der hohen Zahl der Insolvenzen hat sich die GmbH in Deutschland seit ihrem Bestehen einen festen Platz als verlässliche und ernst zu nehmende Rechtsform des deutschen Mittelstands und der deutschen Konzerntöchter erworben.[7] 2

Von Seiten der Wirtschaft wurde teilweise befürchtet, dass mit einer vollständigen Aufgabe des Mindeststammkapitals dieses Prestige der GmbH gerade auch für den größeren Mittelstand geschädigt werden könnte. Deshalb erschien es konsequenter, nicht für die angestammte GmbH, wohl aber für eine **Rechtsformvariante** „Unternehmergesellschaft (haftungsbeschränkt)" auf das Mindeststammkapitalerfordernis zu verzichten. Der Gesetzgeber hat sich nicht dafür entschieden, eine eigene Rechtsform unterhalb oder neben der GmbH für Unternehmensgründer zu schaffen (**keine eigenständige Rechtsform**). Das war nicht erforderlich, um das angestrebte Ziel zu erreichen, und 3

1 *Breitenstein/Meyding*, BB 2007, 1457.
2 Vgl. daneben aber auch die Möglichkeit der Gründung einer „kleinen eG", bei der im Gründungszeitpunkt gleichermaßen kein Mindestkapital erforderlich ist (§§ 7, 8a GenG): *Geschwandtner/Wittenberg*, BB 2008, 1748.
3 Was nicht unerheblicher Kritik ausgesetzt war, vgl. etwa *Bormann*, GmbHR 2007, 987, 989; *Noack*, BB 2007, 1395, 1396; *Veil*, GmbHR 2007, 1080, 1085.
4 Henssler/*Schäfer*, § 5a Rn. 1 unter Bezugnahme auf EuGH NJW 2003, 3331 – Inspire Art.
5 Henssler/*Schäfer*, § 5a Rn. 2: weil eine echte Rechtsformalternative das Prestige der GmbH „verbessert" hätte.
6 RegE, BT-Drucks. 16/6140, Anlage 1, S. 31.
7 RegE, BT-Drucks. 16/6140, Anlage 1, S. 31.

hätte einen unverhältnismäßig hohen Aufwand an Regulierung erfordert.[8] Vielmehr gibt die Neuregelung innerhalb der GmbH einige Erleichterungen vor, die durch eine deutlich **andere Firmierung** flankiert werden. Diese **Variante der GmbH** fügt sich in das GmbHG nahtlos ein. Alle Vorschriften des GmbHG und des gesamten deutschen Rechts, die die GmbH betreffen, gelten ohne Weiteres auch für diese Gesellschaft – mit Ausnahme der ausdrücklichen Sonderregelungen des § 5a.[9]

4 Der **Bundesrat** hatte in seiner Stellungnahme zum RegE darum gebeten, in § 5a nach Abs. 1 noch folgenden Abs. 1a einzufügen:[10]

> „(1a) Die Gesellschaft kann in einem vereinfachten Verfahren gegründet werden, wenn sie höchstens drei Gesellschafter und einen Geschäftsführer hat. In diesem Fall genügt ein Gründungsprotokoll, das die in § 3 Abs. 1 und § 8 Abs. 1 Nr. 3 genannten Angaben und die Bestimmung des Geschäftsführers enthält. Darüber hinaus dürfen keine vom Gesetz abweichenden Bestimmungen getroffen werden. Der Geschäftsführer ist von den Beschränkungen des § 181 des Bürgerlichen Gesetzbuches befreit. Das Gründungsprotokoll gilt zugleich als Gesellschafterliste. Die Gesellschaft trägt die mit der Gründung verbundenen Kosten bis zu einem Gesamtbetrag von 300 Euro, höchstens jedoch bis zum Betrag ihres Stammkapitals. Darüber hinausgehende Kosten tragen die Gesellschafter im Verhältnis der Nennbeträge ihrer Geschäftsanteile. Für die Gründung der Gesellschaft und, sofern die Voraussetzungen des Satzes 3 fortbestehen, für Änderungen des Gründungsprotokolls gelten § 39 Abs. 4, § 41a Abs. 1 Nr. 1 Halbsatz 2, Abs. 4 Nr. 1 Halbsatz 2 der Kostenordnung nicht. Im Übrigen finden auf das Gründungsprotokoll die Vorschriften dieses Gesetzes über den Gesellschaftsvertrag entsprechende Anwendung."

5 Der Bundesrat begründete dies damit, dass die Notarkammer Sachsen den Vorschlag unterbreitet habe, bei der Gründung einer Unternehmergesellschaft (haftungsbeschränkt) anstelle einer (ursprünglich vorgesehenen) Mustersatzung (nunmehr: Musterprotokoll) ein vereinfachtes Gründungsverfahren einzuführen. Anstatt in einer Mustersatzung eingetragen zu werden, sollten die individuell festzulegenden Satzungsbestandteile (Firma, Sitz, Höhe und Aufteilung des Stammkapitals sowie auch der Unternehmensgegenstand) in ein zu beurkundendes Gründungsprotokoll aufgenommen werden. Dieses Gründungsprotokoll sollte zusätzlich nur noch die Personalien der Gründer und die Hinweise des Notars zur Aufbringung bzw. Erhaltung des Stammkapitals enthalten, gleichzeitig sollte auch die Bestellung des Geschäftsführers in das Gründungsprotokoll integriert werden, ohne dass hierzu ein gesonderter Beschluss gefasst werden müsste. Die übrigen zunächst in der Mustersatzung (nunmehr: Musterprotokoll) getroffenen Regelungen sollten deshalb unmittelbar in das Gesetz verlagert werden. Anders als bei der Unterschriftsbeglaubigung unter der Mustersatzung (nunmehr: Musterprotokoll) oder unter der Musteranmeldung sollte die Auswahl einer zulässigen Firma durch die notarielle Beratung gewährleistet sein. Hiermit hätte registergerichtlichen Zwischenverfügungen vorgebeugt werden sollen, die mit Zeitverlusten für die Unternehmensgründer und Mehrbelastungen für die Justiz notwendig verbunden gewesen wären. Außerdem wäre der Notar vollumfänglich zum Vollzug der Gründung verpflichtet (§ 53 BeurkG) geblieben, der angesichts des elektronischen Handelsregisterverkehrs durch elektronischen Datenaustausch schnell gewährleistet werden kann. Das vereinfachte Gründungsverfahren – so die Argumentation – habe gegenüber einer Mustersatzung (nunmehr: Musterprotokoll) auch den Vorteil, dass nicht auf einen individuell festgelegten, klar abgegrenzten Unternehmensgegenstand verzichtet würde, wodurch keine Verletzungen öffentlich-rechtlicher Genehmigungspflichten drohten. Daneben entfalle bei einer Beurkundung nicht die notarielle Aufklärung des Gründers über seine umfangreichen Pflichten, insbesondere bei Kapitalaufbringung und -erhaltung. Schließlich löse die Beurkundung (anders als die reine Unterschriftsbeglaubigung) Ermittlungs-, Dokumentations- und Meldepflichten nach dem Geldwäschegesetz aus.

8 RegE, BT-Drucks. 16/6140, Anlage 1, S. 31.
9 RegE, BT-Drucks. 16/6140, Anlage 1, S. 31.
10 Stellungnahme des Bundesrats, BR-Drucks. 354/07 zu Art. 1 Nr. 6 (§ 5a Abs. 1a – neu), S. 5 ff.

Die Aufnahme des Gründungsprotokolls erfordere regelmäßig keinen größeren Zeitaufwand für die Beteiligten als die Unterschriftsbeglaubigung. Um Unternehmensgründer und Kleinunternehmer bei der Gründung und bei Satzungsänderungen kostenmäßig zu entlasten, sollten diese Vorgänge bei der UG (haftungsbeschränkt) im vereinfachten Gründungsverfahren von den nach dem MoMiG geplanten (§ 39 Abs. 4, § 41a Abs. 1 Nr. 1 KostO-E) oder bereits bestehenden (§ 41a Abs. 4 Nr. 1, § 41c Abs. 1 KostO) erhöhten Mindestwerten ausgenommen werden. Lediglich dann, wenn die Gesellschaft durch über den Inhalt des Gründungsprotokolls hinausgehende Satzungsänderungen den Anwendungsbereich des vereinfachten Verfahrens verließe, sollte die Ausnahme von den erhöhten Mindestwerten entfallen. Das beurkundete Gründungsprotokoll würde damit insbesondere bei Gesellschaften mit niedrigem Stammkapital günstiger als die Unterschriftsbeglaubigung unter die Mustersatzung (nunmehr: Musterprotokoll) bzw. Musteranmeldung sein, weil der Vollzug hier nicht gesondert berechnet würde (vgl. § 147 Abs. 2 KostO). So hätte die Gesellschaftsgründung mit beurkundetem Gründungsprotokoll bei einer Ein-Personen-Gesellschaft bei 1 EUR Stammkapital 40 EUR weniger (20 statt 60 EUR) und bei 10.000 EUR Stammkapital nur 3 EUR mehr (81 statt 78 EUR) als mit Beglaubigung gekostet. 6

Letztlich hat der Gesetzgeber diesem Vorschlag jedoch nicht Rechnung getragen,[11] da er diejenigen, die eine GmbH mit einem (extrem) niedrigen Stammkapital gründen, besser gestellt hätte als diejenigen, die eine GmbH mit einem höheren Stammkapital gründen. Eine derartige Privilegierung ist aber nicht wünschenswert, da kein Anreiz geschaffen werden soll, GmbHs mit einem geringen Stammkapital zu gründen. Darüber hinaus sind die Begrenzung der vorgeschlagenen Vereinfachung auf die Unternehmergesellschaft und der damit verbundene Ausschluss der Privilegierung für die „normale GmbH" nicht überzeugend. Zuletzt dürfte sich auch die Signalwirkung, die sich weite Kreise der Wirtschaft von einer beurkundungsfreien GmbH-Gründung versprechen, bei einer Beurkundung in vereinfachter Form nicht in gleichem Maße einstellen. 7

Der Bundesrat hat in seiner Stellungnahme auch darum gebeten, im weiteren Verlauf des Gesetzgebungsverfahrens zu prüfen, ob die Regelungen zur Unternehmergesellschaft (haftungsbeschränkt) durch weitere gläubigerschützende Maßnahmen zu ergänzen sind,[12] und dies damit begründet, dass die Einführung der Unternehmergesellschaft unter völligem Verzicht auf ein Stammkapital ohne besondere Gläubigerschutzvorschriften einen **Fremdkörper** im deutschen GmbH-Recht bilde und den Gesetzeszweck der Bekämpfung von Missbräuchen konterkariere. Mit jeder Form der Haftungsbeschränkung würden unternehmerische Risiken auf die Gesellschaft verlagert. Zum Ausgleich hierfür gebe es im Wesentlichen zwei unterschiedliche Ansätze: die Beteiligung des Unternehmers am Risiko durch die Vorgabe eines Mindestkapitals oder die Schaffung strenger Vorgaben hinsichtlich Publizität und unternehmerischer Verantwortlichkeit, wie dies z.B. bei der britischen Limited der Fall ist.[13] 8

Beide Ansätze hätten verschiedene Vor- und Nachteile. Bei der Unternehmergesellschaft (haftungsbeschränkt) komme (nach dem RegE) jedoch keiner dieser Ansätze zum Tragen. Hier werde das Kapitalaufbringungserfordernis aufgegeben, ohne dass an anderer Stelle ein Ausgleich hierfür geschaffen werde. Leider stehe – so der Bundesrat – zu erwarten, dass diese unausgewogene Risikoverteilung nicht nur Gründer, sondern auch andere, weniger seriöse Kreise für diese Rechtsform gewinnen werde. 9

Die einzige gläubigerschützende Vorgabe, ein Viertel des Jahresgewinns in eine gesetzliche Rückstellung aufzunehmen, sei in diesem Zusammenhang nur dann hilfreich, wenn (insbesondere nach Abzug des Geschäftsführergehalts) überhaupt nennenswerte Gewinne realisiert würden. Gleichzeitig stelle sich generell die Frage, ob diese konkrete Maßnahme in der Anfangsphase eines Unternehmens nicht sogar kontraproduktiv sei. 10

11 RegE, BT-Drucks. 16/6140, Gegenäußerung der Bundesregierung, Anlage 3, S. 74.
12 Stellungnahme des Bundesrats, BR-Drucks. 354/07 – zu Art. 1 Nr. 6 (§ 5a), S. 75.
13 Zur Konkurrenz der Rechtsformen näher *Leuering*, ZRP 2006, 201; *Lutter*, GmbHR 2005, 1; *Westermann*, GmbHR 2005, 4.

11 Im Ergebnis sollte daher der Verzicht auf ein Mindestkapital durch andere gesellschafts- und insolvenzrechtliche Maßnahmen kompensiert werden, wie z.B. eine Verschärfung der gesellschaftsrechtlichen und deliktischen (Durchgriffs-)Haftung von Geschäftsführern und Gesellschaftern. Daneben könnten hierfür höhere Anforderungen an die unternehmerische Transparenz, etwa in Form der Pflicht zur Offenlegung gewisser Financial Covenants (z.B. Verschuldungsgrad, Liquidität), oder die Einführung einer Haftung von Gesellschaftern, die die Gesellschaft nur mit unzureichenden Mitteln ausstatten, wegen materieller Unterkapitalisierung in Betracht kommen.

12 Der Gesetzgeber hat jedoch auch diesem Ansinnen letztlich nicht Rechnung getragen, da die gläubigerschützenden Maßnahmen ausreichend sind. Zum einen finden alle Gläubigerschutzinstrumente, die für die GmbH allgemein gelten, ohne Weiteres auch auf die Unternehmergesellschaft (haftungsbeschränkt) Anwendung. Zum anderen stellt die spezielle Firmierung „Unternehmergesellschaft (haftungsbeschränkt)" sicher, dass die Geschäftspartner erkennen können, mit welcher Art von Gesellschaft sie es zu tun haben, womit sie sich entsprechend darauf einstellen können. Im Übrigen ist mit der Pflicht zur Bildung einer gesetzlichen Kapitalrücklage schon ein zusätzlicher gläubigerschützender Faktor vorgesehen.[14]

13 In der Literatur ist die Einführung der „Unternehmensgesellschaft (haftungsbeschränkt)" gleichwohl kritisch kommentiert worden.[15] *Schäfer*[16] konstatiert zurecht, dass der Gläubigerschutz trotz Zwangsrücklage und Warnhinweis unzureichend sei – weswegen die Praxis darauf „mit verschärften Durchgriffstatbeständen und der Anerkennung einer Unterkapitalisierungshaftung reagieren" sollte.[17]

14 Ein Gesellschaftsvertrag, mit dem zunächst eine GmbH mit einem Stammkapital von mindestens 25.000 EUR gegründet wurde, kann vor deren Eintragung in das Handelsregister, solange sie sich also im Stadium einer Vorgesellschaft („Vor-GmbH") befindet, auch insoweit abgeändert werden, als nunmehr ein Stammkapital vereinbart wird, das unter 25.000 EUR liegt und somit eine UG gegründet werden – wobei dem weder § 58 Abs. 2 Satz 1 i. V. m. § 5 Abs. 1 noch § 5a entgegenstehen.[18]

15 Die ständige Judikatur der OLG zur fehlenden Eintragungsfähigkeit der Amtsniederlegung eines geschäftsführenden Alleingesellschafters einer GmbH gilt auch für den Geschäftsführer einer GmbH, deren Geschäftsführer Alleingesellschafter und Geschäftsführer einer UG ist, die sämtliche Gesellschaftsanteile an der GmbH hält.[19]

B. Inhalt der Regelung

16 Nach **Abs. 1** kann eine Ein-Personen-UG ggf. mit einem Stammkapital von einem Euro – sofern nur der Rechtsformzusatz unter Transparenzgesichtspunkten („Unternehmergesellschaft [haftungsbeschränkt]") geführt wird – gegründet werden[20], womit die UG als **GmbH-Sonderform**[21] (als „GmbH ohne Mindeststammkapital")[22] nur partiell das allgemeine GmbH-Recht (bei ansonsten genereller Anwendung) verdrängt: § 5a gilt nur für die UG, die als GmbH juristische Person, Kapi-

14 RegE, BT-Drucks. 16/6140, Gegenäußerung der Bundesregierung, Anlage 3, S. 75.
15 Vgl. etwa *Kleindiek*, BB 2007, Die erste Seite, Nr. 23: Der Gesetzgeber mache sich zum Mentor typischer Primärinteressen von GmbH-Gründern. Der notwendige Ausgleich im Zielkonflikt zwischen Gesellschafter- und Gläubigerinteressen bleibe dabei auf der Strecke.
16 Henssler/*Schäfer*, § 5a Rn. 2.
17 Henssler/*Schäfer*, § 5a Rn. 2 unter Bezugnahme auf die Stellungnahme des Bundesrats, BT-Dr. 16/6140, S. 63 f.
18 OLG Frankfurt/M., GmbHR 2011, 984.
19 So OLG München, NZG 2012, 739 = GmbHR 2012, 796 = ZIP 2012, 1559.
20 Die UG ist im Rahmen einer Erstgründung – hingegen nicht durch Umwandlung (Verschmelzung oder Formwechsel) – gründbar: Roth/*Altmeppen*, § 5a Rn. 5; Henssler/*Schäfer*, § 5a Rn. 32. Zur Frage, ob die UG aufnehmende Gesellschaft bei einer Spaltung oder Verschmelzung sein kann, näher Henssler/*Schäfer*, § 5a Rn. 6 und 32 – ablehnend, es sei denn, sie käme damit ins Stadium einer „Normal-GmbH".
21 Die UG ist keine eigenständige Rechtsform, sondern eine GmbH-Variante: so RegE, BT-Dr. 16/6140, S. 31 – für die aber alle GmbH-Vorschriften gelten – allein § 5a ist UG-Sonderrecht: so Henssler/*Schäfer*, § 5a Rn. 7.
22 So *Seibert/Decker*, ZIP 2008, 1208.

talgesellschaft und nach § 13 Abs. 3 Formkaufmann ist.[23] Die Bildung einer UG & Co. KG ist trotz faktisch fehlendem Stammkapital statthaft[24] – zumal der Gesetzgeber kein ausdrückliches Verbot **aufgestellt hat.**[25]

Abs. 2 statuiert das Gebot, das (reduzierte) Stammkapital voll einzuzahlen – sowie ein Verbot von **Sacheinlagen**.

Abs. 3 verpflichtet zum Aufbau einer gesetzlichen Rücklage zwecks Schaffung eines Eigenkapitals der UG (**Zwangsrücklage** – **Thesaurierungsgebot**), das idealer Weise einmal das Mindeststammkapital der Normal-GmbH nach § 5 Abs. 1 erreichen soll.

Nach **Abs. 4** ist – abweichend von § 49 Abs. 3 – eine Gesellschafterversammlung bei drohender Zahlungsunfähigkeit einzuberufen.

Erreicht die UG das Mindeststammkapital nach § 5 Abs. 1, geht sie gemäß **Abs. 5** in eine „Normal-GmbH" über (sog. **„transitorische Rechtsform-Variante"**)[26] – die Abs. 1 bis 4 finden keine Anwendung mehr. Die Abs. 1 bis 4 sowie Abs. 5 1. Halbs. sind zwingendes Recht (jus cogens) – und allein Abs. 5 2. Halbs. „eröffnet hinsichtlich der Firmenfortführung eine Wahlmöglichkeit"[27]. 17

Die aktienrechtliche Sperrfrist für Änderungen der Festsetzungen zum Gründungsaufwand (§ 26 Abs. 4 AktG) gilt entsprechend für die GmbH auch in Form der im vereinfachten Verfahren gegründeten UG.[28] Das Änderungsverbot innerhalb der Sperrfrist steht rein sprachlich-redaktionellen Änderungen, die im Zuge der Ersetzung des Musterprotokolls durch eine neue Satzung vorgenommen werden, nicht entgegen.[29] 18

I. Die Firma einer „Unternehmergesellschaft (haftungsbeschränkt)" (Abs. 1)

Eine GmbH, die im Zuge einer Erstgründung (im Normalverfahren, ggf. aber auch im vereinfachten Verfahren nach § 2 Abs. 1a) mit einem Stammkapital gegründet wird, das den Betrag des Mindeststammkapitals[30] nach § 5 Abs. 1 unterschreitet (GmbH-Gründung ohne Einhaltung des Mindeststammkapitals nach § 5 Abs. 1 – im Extremfall eine Ein-Euro-Einpersonen-UG, wobei der eine Euro als fester Betrag im Gesellschaftsvertrag zu fixieren ist, so § 3 Abs. 1 Nr. 3), muss in ihrer Firma (um den Rechtsverkehr zu warnen) – abweichend von § 4 – eine **andere Bezeichnung** als die „normale GmbH" wählen, nämlich „Unternehmergesellschaft (haftungsbeschränkt)" bzw. die Kurzform „UG (haftungsbeschränkt)" als zwingender Firmenbestandteil (und damit notwendiger Vertragsbestandteil i.S.v. § 3 Abs. 1 Nr. 1)[31], so Abs. 1. Diese beiden Bezeichnungs*varianten* sind zwingend. Eine Abkürzung der Bezeichnung „(haftungsbeschränkt)" ist unzulässig[32]. Das Publikum darf nicht darüber getäuscht werden, dass es sich hierbei um eine Gesellschaft handelt, die möglicherweise mit sehr geringem Gründungskapital ausgestattet ist[33] (Schutz des Rechtsverkehrs). 19

Beachte: Bei zu niedrigem Stammkapital besteht die reale Gefahr einer bereits anfänglichen Überschuldung, die auch schon bei einer Vor-UG eine Insolvenzantragspflicht des Geschäftsführers (§ 15a) begründet[34].

---

23 Henssler/*Schäfer*, § 5a Rn. 4.
24 Dazu näher Michalski/*Miras*, § 5a Rn. 98 f.; MüKo-GmbHG/*Rieder*, § 5a Rn. 53 ff.
25 Vgl. aber Henssler/*Schäfer*, § 5a Rn. 8, der die Frage aufwirft, ob das Thesaurierungsgebot des Abs. 3 systematisch dadurch unterlaufen werden darf, „dass die UG im KG-Vertrag gewinnlos gestellt wird" – vgl. auch *Veil*, GmbHR 2007, 1080, 1084.
26 Henssler/*Schäfer*, § 5a Rn. 6: „Übergangsstadium zur ordentlichen GmbH".
27 Henssler/*Schäfer*, § 5a Rn. 33.
28 OLG München, GmbHR 2010, 1263 = NZG 2010, 1302.
29 OLG München, GmbHR 2010, 1263.
30 Eine Obergrenze für das Stammkapital normiert Abs. 5: 24 999 EUR: so Henssler/*Schäfer*, § 5a Rn. 11.
31 Henssler/*Schäfer*, § 5a Rn. 13; Michalski/*Miras*, § 5a Rn. 51 ff.; MüKo-GmbHG/*Rieder*, § 5a Rn. 14 ff. Vgl. zur Unterscheidungskraft einer UG nach § 18 HGB auch KG ZIP 2012, 1123 = GmbHR 2012, 856.
32 Näher RegE, BT-Dr. 16/6140, S. 31.
33 RegE, BT-Drucks. 16/6140, Anlage 1, S. 31.
34 Henssler/*Schäfer*, § 5a Rn. 11.

20 Der Bundesrat hatte in seiner Stellungnahme zum RegE ursprünglich darum gebeten, im weiteren Verlauf des Gesetzgebungsverfahrens zu prüfen, ob statt der damals als Rechtsformzusatz genannten Bezeichnung „Unternehmergesellschaft (haftungsbeschränkt)“ oder der Abkürzung „UG (haftungsbeschränkt)“ besser der Rechtsformzusatz „Gesellschaft mit beschränkter Haftung (ohne Mindeststammkapital)“ oder die Abkürzung „GmbH (o.M.)“ gewählt werden könnte.[35] Er hat dies damit begründet, dass der RegE zu Recht darauf abstellt, dass das Publikum nicht darüber hinweggetäuscht werden dürfe, dass es sich bei einer Gesellschaft i.S.v. § 5a um eine solche handeln kann, die möglicherweise mit sehr geringem Gründungskapital ausgestattet ist. Der Rechtsformzusatz müsse das zum Ausdruck bringen, sich aber auch und gerade daran orientieren, dass es sich bei der Gesellschaft i.S.v. § 5a **nicht** um eine **neue Rechtsform**, sondern um eine GmbH handelt, die ohne bestimmtes Stammkapital gegründet worden ist. Die Gesellschaft stehe nicht neben oder unter der GmbH, sondern bilde ein **Durchgangsstadium** hin zur „Voll-GmbH“. Vor diesem Hintergrund sollte gerade in diesem Interimsstadium auch ein Rechtsformzusatz gewählt werden, der zielführenden Charakter habe und der die neue „Gesellschaftsform“ nicht von Anfang an in Misskredit bringt. Es erscheine – so der Bundesrat – daher folgerichtig, das Publikum umfassend, aber auch nur darüber zu informieren, woran es der gegenwärtigen Gesellschaft noch mangelt, nämlich am vollen Stammkapital i.S.v. § 5 Abs. 1. Der Rechtsformzusatz „Gesellschaft mit beschränkter Haftung (ohne Mindeststammkapital)“ oder die Abkürzung „GmbH (o.M.)“ genüge Publizitätsanforderungen ebenso, wie dies bei dem eine Liquidationsfirma kennzeichnenden Zusatz i.S.v. § 68 Abs. 2 der Fall sei („GmbH i.L.“).[36]

21 Der Gesetzgeber ist diesem Ansinnen letztlich nicht gefolgt, da die spezielle Firmierung „Unternehmergesellschaft (haftungsbeschränkt)“ sicherstellt, dass die Geschäftspartner erkennen können, mit welcher Art von Gesellschaft sie es zu tun haben, und sich entsprechend darauf einstellen können. Dies ist ein unverzichtbarer Bestandteil des Gläubigerschutzes. Der vom Bundesrat vorgeschlagene Rechtsformzusatz würde diesem Ziel weniger gerecht werden. Der Zusatz „Unternehmergesellschaft (haftungsbeschränkt)“ oder „UG (haftungsbeschränkt)“ führt dem Rechtsverkehr wesentlich deutlicher (als der Alternativvorschlag des Bundesrats) vor Augen, dass es sich um eine Gesellschaft mit Besonderheiten handelt. Dabei ist auch wichtig, dass eine Abkürzung des Zusatzes „(haftungsbeschränkt)“ nicht vorgesehen ist. Diese wäre erst möglich, wenn sich diese GmbH-Variante so stark und so lange verbreitet hätte, dass man davon ausgehen könnte, dass die Rechtsanwender genau wissen, was sich hinter einer entsprechenden Abkürzung verbirgt. Die Gesellschaft wird hierdurch auch nicht in Misskredit gebracht, sondern vielmehr der Rechtsverkehr über die Sachlage in angemessener Weise informiert.[37]

22 Im Rahmen des Gesetzgebungsverfahrens wurde der ursprünglich im RegE verwendete Terminus „Rechtsformzusatz“ durch „Bezeichnung“ ersetzt. Hierbei handelt es sich um eine redaktionelle Korrektur auf Anregung aus der Praxis. Da die Unternehmergesellschaft (haftungsbeschränkt) keine eigene Rechtsform darstellt, sondern eine Unterform der GmbH ist, soll – um Missverständnisse zu vermeiden – nicht von „Rechtsformzusatz“, sondern von „Bezeichnung“ gesprochen werden.[38]

23 Die Firma einer Personenhandelsgesellschaft „X GmbH & Co.“ ist unzulässig, wenn allein Unternehmergesellschaften i.S.v. Abs. 1 persönlich haften[39]: Wird der Rechtsformzusatz der UG unzutreffend geführt, kann die UG (vor einer notwendigen Gesellschaftsvertragsänderung) nicht eingetragen werden (§ 9c Abs. 2 Nr. 1). Wird sie gleichwohl eingetragen, kann gegen sie im Wege des Amtsauflösungsverfahrens (§ 399 Abs. 4 FamFG [vormals § 144a FGG] i. V. m. § 60 Abs. 1 Nr. 6) bzw. des Firmenmissbrauchsverfahrens nach den §§ 392 FamFG [vormals § 140 FGG], 37 HGB vorgegangen werden.[40]

35 Stellungnahme des Bundesrats, BR-Drucks. 354/07 zu Art. 1 Nr. 6 (§ 5a Abs. 1), S. 4 f.
36 RegE, BT-Drucks. 16/6140, Anlage 2, Stellungnahme des Bundesrats, S. 62.
37 RegE, BT-Drucks. 16/6140, Anlage 3, Gegenäußerung der Bundesregierung, S. 74.
38 Beschlussempfehlung und Bericht des Rechtsausschusses, BT-Drucks. 16/9737.
39 KG NZG 2009, 1159 = GmbHR 2009, 1281.
40 Henssler/*Schäfer*, § 5a Rn. 14.

Ein Verzicht auf den Rechtsformzusatz löst eine **Rechtsscheinhaftung** zu Lasten des Geschäftsführers aus.[41] Firmiert eine UG hingegen als „GmbH", geht das Vertrauen des Rechtsverkehrs allein auf die Haftung in Höhe eines Mindeststammkapitals in Höhe von 25 000 Euro.[42] Allerdings greift die Rechtsscheinhaftung des Handelnden analog § 179 BGB dann (d.h. wenn eine UG mit dem unrichtigen Rechtsformzusatz „GmbH" gehandelt hat) ein[43], wobei der Handelnde dann nicht nach den Grundsätzen der Unterbilanzhaftung, sondern dem auf den Rechtsschein vertrauenden Vertragspartner persönlich haftet (Außenhaftung)[44]. 24

II. Anmeldung (Abs. 2 Satz 1)

Abweichend von § 7 Abs. 2 darf die Anmeldung einer „UG (haftungsbeschränkt)" nach Abs. 2 Satz 1 erst erfolgen, wenn das Stammkapital in voller Höhe eingezahlt ist (**Gebot der Volleinzahlung**)[45]. Da das Stammkapital von den Gründern frei gewählt und bestimmt werden kann, ist die Halbeinzahlung (§ 7 Abs. 2 Satz 2) nicht erforderlich. Weil jede GmbH nach der Gründung gewisse Barmittel für die Anfangszeit benötigt, können diese von den Gründern als Mindeststammkapital gewählt werden, müssen dann aber auch in bar einbezahlt werden.[46] 25

Das **Sacheinlagenverbot** nach Abs. 2 Satz 2 gilt nach seinem Sinn und Zweck für eine den Betrag des Mindeststammkapitals nach § 5 Abs. 1 erreichende oder übersteigende Erhöhung des Stammkapitals einer UG nicht[47]: Dem Wortlaut der Norm lasse sich entnehmen, dass die für die UG geltenden Sonderregelungen nach Abs. 1 bis 4 erst dann nicht mehr gelten sollen, wenn ein Stammkapital von mindestens 25.000 EUR bar eingezahlt und in das Handelsregister eingetragen worden ist. Die sprachliche Fassung („erreicht") lasse vielmehr auch die Auslegung zu, dass die Sonderregeln bereits für eine die Mindestkapitalgrenze erreichende Kapitalerhöhung nicht mehr zur Anwendung gelangen sollen.[48] Auch der Umstand, dass nach Abs. 5 eine das Mindeststammkapital erreichende Kapitalerhöhung zur Folge hat, dass sämtliche Sonderregeln der Abs. 1 bis 4 keine Anwendung mehr finden, stehe der Auslegung nicht entgegen, bereits die diese Grenze erreichende Kapitalerhöhung könne durch Sacheinlagen bewirkt werden. Die Auslegung, dass das Sacheinlagenverbot bereits für die die Mindeststammkapitalgrenze nach § 5 Abs. 1 erreichende Kapitalerhöhung nicht mehr gilt, sei nach dem Sinn und Zweck von Abs. 2 Satz 2, Abs. 5 geboten: Die Anwendung der Sonderregelung des Abs. 2 Satz 2 auch den Übergang zur „normalen GmbH" bewirkende Kapitalerhöhung würde die UG gegenüber der Neugründung einer normalen GmbH, bei der Sacheinlagen geleistet werden dürfen (vgl. § 5 Abs. 4), deutlich in einer den Zielen der Neuregelung widersprechenden Weise benachteiligen.[49] Die systembedingten Unterschiede zwischen der UG und der „normalen GmbH" rechtfertigten diese Ungleichbehandlung nicht.[50] 26

41 BGH NJW 2007, 1529.
42 Henssler/*Schäfer*, § 5a Rn. 15 – ggf. soll zusätzlich ein Schadensersatzanspruch aus Verschulden bei Vertragsschluss in Betracht kommen.
43 BGH ZIP 2012, 1659 = WM 2012, 1629 – Rz. 12 unter Bezugnahme auf *Miras*, NZG 2012, 486, 489; Roth/Altmeppen/*Roth*, § 5a Rn. 11 und § 4 Rn. 49. Vgl. auch MüKo-GmbHG/Meyer, § 4 Rn. 141.
44 BGH ZIP 2012, 1659 = WM 2012, 1629 – Rz. 23; a.A. Roth/Altmeppen/Roth, § 5a Rn. 11.
45 Näher Michalski/*Miras*, § 5a Rn. 33 ff.; MüKo-GmbHG/*Rieder*, § 5a Rn. 18f.
46 RegE, BT-Drucks. 16/6140, Anlage 1, S. 32.
47 BGH NJW 2011, 1881 = NZG 2011, 664 = GmbHR 2011, 699; ebenso OLG München, GmbHR 2011, 1276; OLG Stuttgart, 2011, 1275 = NZG 2012, 23; OLG Hamm, GmbHR 2011, 655; a. A. hingegen noch OLG München, GmbHR 2010, 1210 = NJW 2011, 664: Eine Beschlussfassung zur Kapitalerhöhung, mit der das Mindeststammkapital i.S. des § 5 Abs. 1 erreicht wird, führe noch nicht zu einem Wegfall der für eine UG geltenden Beschränkungen i.S. des Abs. 1 bis 4. Die Beschränkungen des Abs. 1 bis 4 entfielen erst dann, wenn eine Volleinzahlung des Stammkapitals i.S. des § 5 Abs. 1 erbracht worden sei.
48 *Klose*, GmbHR 2010, 1212; *Lange*, NJW 2010, 3686, 3687; *Miras*, BB 2010, 2488, 2491; *Priester*, ZIP 2010, 2182, 2184; *Schreiber*, DZWiR 2009, 492, 496 f.
49 BGH NJW 2011, 1881 unter Bezugnahme auf Klose, GmbHR 2009, 294, 296; *Heinemann*, NZG 2008, 820, 821.
50 BGH NJW 2011, 1881 – a. A. hingegen OLG München, ZIP 2010, 1991, 1992; Baumbach/Hueck/*Fastrich*, § 5a Rn. 33; *Heckschen*, DStR 2009, 166, 170.

III. Ausschluss von Sacheinlagen (Abs. 2 Satz 2)

27 Nach Abs. 2 Satz 2 sind im Gläubigerschutzinteresse[51] Sacheinlagen ausgeschlossen (**Verbot der Sacheinlage**)[52]. Diese sind nach Ansicht des Gesetzgebers nicht erforderlich und deshalb auch unzulässig.[53]

28 Die Neugründung einer UG durch **Abspaltung** verstößt gegen das Sacheinlagenverbot nach Abs. 2 Satz 2[54]. Der Wortlaut des Abs. 2 Satz 2 unterscheide nicht nach der Entstehungsweise der Gesellschaft. Auch die Verweisung in § 135 Abs. 2 Satz 1 UmwG enthalte keine einschlägige Einschränkung. Überzeugende systematische Anhaltspunkte für eine Verdrängung des Sacheinlageverbots des Abs. 2 Satz 2 durch die umwandlungsspezifischen Vermögensübertragungsformen fänden sich nicht. Das Sacheinlagenverbot nach Abs. 2 Satz 2 lasse weder Sonderregelungen für Umwandlungen unberührt, noch stünden die Spezialvorschriften über die Umwandlung im Rahmen spezifischer Gesamtrechtsnachfolge der Anwendung von Abs. 2 Satz 2, auch die Abspaltung zur Neugründung, entgegen. Vielmehr zeige das in § 138 UmwG geregelte Erfordernis eines Sachgründungsberichts bei der Spaltung zur Neugründung einer GmbH, dass die für diese Gesellschaftsform geltenden Sachgründungsvorschriften zu beachten seien[55].

29 Erfolgt im Gesellschaftsvertrag gleichwohl eine Sacheinlagenverpflichtung, so ist diese Klausel (nicht jedoch der gesamte Gesellschaftsvertrag) nichtig[56] – was ein Eintragungsverbot bewirkt.[57] Die Regelungen über verdeckte Sacheinlagen sind wegen Abs. 2 Satz 2 auf eine UG nicht anwendbar.[58]

IV. Rücklagenbildung (Abs. 3)

30 In der Bilanz des nach den §§ 242, 264 HGB aufzustellenden Jahresabschlusses (Bilanz) ist in Einschränkung des Gebots der Vollausschüttung nach § 29 Abs. 1[59] im Gläubigerschutzinteresse[60] und mit dem Ziel einer beschleunigten Beendigung der UG und Überführung derselben in eine „Normal-GmbH“[61] nach Abs. 3 Satz 1 eine besondere **gesetzliche Rücklage** zu bilden[62], in die ein Viertel des um einen Verlustvortrag aus dem Vorjahr geminderten Jahresüberschusses einzustellen ist (Ausgleich des fehlenden Haftkapitals der UG durch Einstellung einer gesetzlichen Rücklage von 25 % des Jahresüberschusses in die Bilanz, die nicht ausschüttbar ist). Dadurch soll gesichert werden, dass diese Form der GmbH, die möglicherweise mit einem sehr geringen Stammkapital gegründet worden ist, durch **Thesaurierung** innerhalb einiger Jahre eine höhere Eigenkapitalausstattung erreicht. Da in Fällen der „Unternehmergesellschaft (haftungsbeschränkt)“ sehr häufig eine Identität zwischen Gesellschafter und Geschäftsführer vorliegen wird, ist ohnehin davon auszugehen, dass der Geschäftsführer seinen notwendigen Lebensunterhalt über sein Geschäftsführergehalt bestreiten kann. Es ist deshalb vertretbar, die zusätzliche Gewinnausschüttung zu beschränken.[63]

---

51 Vermeidung missbrauchsanfälliger Sacheinlagen: Henssler/*Schäfer*, § 5a Rn. 17; *Veil*, GmbHR 2007, 1080, 1081.
52 Dazu näher Michalski/*Miras*, § 5a Rn. 34 ff.; MüKo-GmbHG/*Rieder*, § 5a Rn. 19 ff. Was grundsätzlich auch für Kapitalerhöhungen gilt: Roth/*Altmeppen*, § 5a Rn. 13. Eine Ausnahme soll für eine Sachkapitalerhöhung „in“ eine GmbH gelten: so Henssler/*Schäfer*, § 5a Rn. 17 und 28. Dazu auch Roth/*Altmeppen*, § 5a Rn. 26.
53 RegE, BT-Drucks. 16/6140, Anlage 1, S. 32.
54 Baumbach/Hueck/*Fastrich*, § 5a Rn. 17; Michalski/*Miras*, § 5a Rn. 13; Roth/*Altmeppen*, § 5a Rn. 30; *Meister*, NZG 2008, 767, 768; *Heinemann*, NZG 2008, 820, 822.
55 BGH NJW 2011, 1883.
56 Roth/*Altmeppen*, § 5a Rn. 14: Der Verpflichtete schuldet anstelle der Sach- eine Geldleistung.
57 Henssler/*Schäfer*, § 5a Rn. 18.
58 Henssler/*Schäfer*, § 5a Rn. 19 unter Bezugnahme auf *Joost*, ZIP 2007, 2242, 2244.
59 Henssler/*Schäfer*, § 5a Rn. 20.
60 RegE, BT-Dr. 16/6140, S. 32.
61 Henssler/*Schäfer*, § 5a Rn. 26.
62 Zur Rücklagenbildung näher Michalski/*Miras*, § 5a Rn. 68 ff.; MüKo-GmbHG/*Rieder*, § 5a Rn. 26 ff.
63 RegE, BT-Drucks. 16/6140, Anlage 1, S. 32.

Die gebildete Rücklage darf nicht durch Gesellschafterbeschluss aufgelöst, sondern nach Abs. 3 Satz 2 nur verwendet werden 31

- für Zwecke des § 57c (d.h. für eine Kapitalerhöhung aus Gesellschaftsmitteln) (Nr. 1);
- (vergleichbar § 150 Abs. 4 Nr. 1 AktG) zum Ausgleich eines Jahresfehlbetrags, soweit er nicht durch einen Gewinnvortrag aus dem Vorjahr gedeckt ist (Nr. 2);
- (vergleichbar § 150 Abs. 4 Nr. 2 AktG) zum Ausgleich eines Verlustvortrags aus dem Vorjahr, soweit er nicht durch einen Jahresüberschuss gedeckt ist (Nr. 3).

Die bei der Unternehmergesellschaft zu bildende Rücklage soll nicht nur – wie ursprünglich im RegE vorgesehen – zum Zwecke von Kapitalerhöhungen, sondern gemäß einer Empfehlung aus der Praxis auch zur Verlustdeckung genutzt werden dürfen.[64]

Ziel der Regelung ist es, dass die UG innerhalb einiger Jahre eine Eigenkapitalausstattung erreicht und sich dann ggf. in eine „reguläre GmbH" umwandelt.[65]

Ein **Verstoß gegen Abs. 3** zieht die Nichtigkeit der Feststellung des Jahresabschlusses (gem. § 256 AktG analog) nach sich – die wiederum die Nichtigkeit des Gewinnverwendungsbeschusses zur Folge hat (§ 253 AktG analog).[66] 32

Aus der Nichtigkeit des Feststellungs- und des Gewinnverwendungsbeschlusses resultieren bürgerlich-rechtliche **Rückzahlungsansprüche gegen die Gesellschafter** als Empfänger (nach § 812 BGB). Ferner macht der Geschäftsführer sich bei unterlassener Rücklagenbildung haftbar (§ 43). Gegebenenfalls kann man auch ausdrücklich auf die Kapitalerhaltung nach den §§ 30, 31 verweisen.[67]

V. Einberufung der Gesellschafterversammlung (Abs. 4)

Abweichend von § 49 Abs. 3 muss die Versammlung der Gesellschafter zwecks Warnung der Gesellschafter durch den Geschäftsführer nach Abs. 4 bei drohender Zahlungsunfähigkeit i.S.v. § 18 Abs. 2 InsO unverzüglich (d.h. ohne schuldhaftes Zögern i.S.v. § 121 Abs. 1 Satz 1 BGB) einberufen werden[68]. Das heißt, die Einberufung der Gesellschafterversammlung kann nicht – wie sonst – an den Verlust der Hälfte des Stammkapitals anknüpfen.[69] Dem Schuldner droht i.S.v. § 18 Abs. 2 InsO Zahlungsunfähigkeit, wenn er voraussichtlich nicht in der Lage sein wird, die bestehenden Zahlungspflichten im Zeitpunkt der Fälligkeit zu erfüllen. 33

Beachte: Abs. 4 lässt die Verpflichtung zur Stellung eines Insolvenzantrags nach § 15a InsO unberührt – ebenso wie auch das Antragsrecht des Geschäftsführers nach den §§ 15, 18 InsO.[70]

Beachte zudem: Die Einberufungspflicht nach der Generalklausel des § 49 Abs. 2 greift i.d.R. bereits zu einem früheren Zeitpunkt ein – weswegen Abs. 4 geringe praktische Bedeutung haben wird.[71]

Verletzt der Geschäftsführer seine Einberufungspflicht, macht er sich schadensersatzpflichtig.[72]

Der Bundesrat hatte darum gebeten, im weiteren Verlauf des Gesetzgebungsverfahrens zu prüfen, ob in Abs. 4 die Wörter „Abweichend von" durch die Wörter „Ergänzend zu" ersetzt und nach dem Wort „Gesellschafter" das Wort „auch" eingefügt werden sollte.[73] Der Bundesrat hatte dies damit begründet, dass Abs. 4 in der Formulierung des RegE durch die Formulierung mit „Abweichend" dahin verstanden werden könnte, dass es bei einer Unternehmergesellschaft der Einberu- 34

64 Beschlussempfehlung und Bericht des Rechtsausschusses, BT-Drucks. 16/9737.
65 *Breitenstein/Meyding*, BB 2007, 1457.
66 RegE, BT-Drucks. 16/6140, Anlage 1, S. 32.
67 RegE, BT-Drucks. 16/6140, Anlage 1, S. 32.
68 Dazu näher Michalski/*Miras*, § 5a Rn. 102 ff.; MüKo-GmbHG/*Rieder*, § 5a Rn. 35 f.
69 RegE, BT-Drucks. 16/6140, Anlage 1, S. 32.
70 Henssler/*Schäfer*, § 5a Rn. 27.
71 So Roth/*Altmeppen*, § 5a Rn. 24.
72 Henssler/*Schäfer*, § 5a Rn. 27.
73 Stellungnahme des Bundesrats, BR-Drucks. 354/07 zu Art. 1 Nr. 6 (§ 5a Abs. 4), S. 7.

fung einer Gesellschafterversammlung im Falle des Aufzehrens der Hälfte eines etwa vorgesehenen und eingezahlten Stammkapitals nicht mehr bedarf. Eine solche Unterscheidung dürfte nicht beabsichtigt sein. Dies erscheint bei einer GmbH etwa mit einem Stammkapital von 10.000 EUR und einer Unternehmergesellschaft mit 9.000 EUR auch nicht nachvollziehbar. Es sollte daher klargestellt werden, dass bei der Unternehmergesellschaft ein Einberufungsgrund zu den ansonsten gesetzlich vorgesehenen hinzukommt.

35 Der Gesetzgeber ist diesem Ansinnen letztlich jedoch nicht gefolgt:[74] Die Formulierung „Abweichend von" wurde bewusst gewählt, da bei der Unternehmergesellschaft (haftungsbeschränkt) angesichts des Verzichts auf ein Mindeststammkapital eine Anknüpfung der gesetzlichen Einberufungspflicht an den Verlust der Hälfte des Stammkapitals nicht sinnvoll ist. Daher soll hier anders als bei der „normalen GmbH" die drohende Zahlungsunfähigkeit als Anknüpfungspunkt dienen. Die Formulierung „Ergänzend zu" würde demgegenüber im Vergleich zur „normalen GmbH" zu einer Kumulierung von Einberufungspflichten (drohende Zahlungsunfähigkeit und hälftiger Verlust des Stammkapitals) führen und damit die Geschäftsführer der insbesondere für Existenzgründer und kleine Unternehmen gedachten Unternehmergesellschaft mit der Beachtung doppelter Kriterien belasten, was nicht zu rechtfertigen ist.

VI. Folgen einer Kapitalerhöhung (Abs. 5)

36 Erhöht die Gesellschaft durch satzungsändernden Beschluss (§§ 53 f.) ihr Stammkapital[75] so, dass es den Betrag des Mindeststammkapitals nach § 5 Abs. 1 in Höhe von 25.000 EUR erreicht oder übersteigt[76], finden gem. Abs. 5 Halbs. 1 die Abs. 1 bis 4 keine Anwendung mehr – die UG geht bei identischer Rechtsträgerschaft (mithin liegt kein Fall der Gesamtrechtsnachfolge vor)[77] in eine Normal-GmbH über:[78] Mit der Eintragung der Kapitalerhöhung – mindestens 25.000 EUR – ins Handelsregister wird nach § 54 Abs. 3 der Übergang wirksam.[79] Die Firma nach Abs. 1 darf jedoch beibehalten werden (so Abs. 5 Halbs. 2).

37 § 5a enthält keine zeitliche Begrenzung der Kapitalerhöhung. Solange die Gesellschaft kein eingetragenes Stammkapital in Höhe des Mindeststammkapitals nach § 5 Abs. 1 hat, gilt die **Pflicht zur Bildung der gesetzlichen Rücklage** nach Abs. 3 (Rn. 18 ff.). Hat die Gesellschaft allerdings genügend Eigenmittel, um eine Kapitalerhöhung aus Gesellschaftsmitteln durchzuführen, und führt sie diese dann auch durch oder wird eine Kapitalerhöhung durch Einlage der Gesellschafter durchgeführt und wird dadurch im Ergebnis das Mindestkapitalerfordernis des § 5 Abs. 1 erfüllt, so entfällt die Anwendbarkeit der Abs. 1 bis 4.[80]

38 Für diesen Fall kann die Gesellschaft sich nach § 4 **umfirmieren**, was eines satzungsändernden Beschlusses bedarf.[81] Sie muss dies aber nicht tun (so Abs. 5 Halbs. 2 – Möglichkeit der Beibehaltung der Firma der UG einschließlich des UG-Rechtsformzusatzes):[82] Der Grundsatz der Firmenwahrheit erfährt dadurch eine Durchbrechung (wenngleich allzu hohe damit einhergehende Gefahr der Irreführung)[83] – die Normal-GmbH darf weiterhin als UG firmieren. Da es sich auch bei der Gesellschaft nach § 5a – der UG - um eine GmbH handelt, bedarf es also einer Umwandlung nicht.[84]

74 RegE, BT-Drucks. 16/6140, Anlage 3, Gegenäußerung der Bundesregierung, S. 75.
75 „effektiv (§§ 55 ff.) oder nominell (§§ 57c ff.)": Henssler/*Schäfer*, § 5a Rn. 28.
76 Was auch im Wege einer effektiven Sachkapitalerhöhung möglich sein soll: so Henssler/*Schäfer*, § 5a Rn. 28 und 17.
77 Henssler/*Schäfer*, § 5a Rn. 29.
78 Näher Michalski/*Miras*, § 5a Rn. 107ff.; MüKo-GmbHG/*Rieder*, § 5a Rn. 37 ff.
79 Henssler/*Schäfer*, § 5a Rn. 29.
80 RegE, BT-Drucks. 16/6140, Anlage 1, S. 32.
81 Henssler/*Schäfer*, § 5a Rn. 29 – „der mit der Kapitalerhöhung verbunden werden kann". Vgl auch Roth/*Altmeppen*, § 5a Rn. 27.
82 Roth/*Altmeppen*, § 5a Rn. 28.
83 Roth/*Altmeppen*, § 5a Rn. 31.
84 RegE, BT-Drucks. 16/6140, Anlage 1, S. 32.

Die nach Abs. 3 gebildete Rücklage kann dann, soweit sie nicht für die Erhöhung des Stammkapitals verwendet wurde, aufgelöst werden.[85] 39

Wenn der Übergang zur „Normal-GmbH" nach Maßgabe des Abs. 5 einmal erfolgt ist, gibt es kein zurück[86]: Eine „Herabzonung" der GmbH in eine UG im Zuge einer Kapitalherabsetzung ist nach § 58 Abs. 2 Satz 1 ausgeschlossen. 40

C. Weitere praktische Hinweise

I. Gründungskosten

Die Gründung einer Unternehmergesellschaft – UG – (haftungsbeschränkt) ist kostenrechtlich gem. § 41d KostO privilegiert. Für sie gilt der in § 39 Abs. 4 KostO bestimmte Mindestwert von 25.000 EUR nicht, sofern vom Musterprotokoll nicht abgewichen wird. Beträgt das Stammkapital lediglich 1 EUR, beträgt auch der Geschäftswert für die Gründungsurkunde 1 EUR (siehe „Notar- und Handelsregisterkosten im GmbH-Recht", S. 1097 ff., Rn. 6). 41

Bei Gründung durch eine Person fällt eine 10/10-Gebühr nach § 36 Abs. 1 KostO an. Bei Errichtung der Gesellschaft durch zwei oder drei Personen liegt immer ein Vertrag vor, der eine 20/10-Gebühr nach § 36 Abs. 2 KostO auslöst. Bei einem Stammkapital von 1 EUR beträgt die 10/10-Gebühr 10 EUR, die 20/10-Gebühr 20 EUR (siehe „Notar- und Handelsregisterkosten im GmbH-Recht", S. 1097 ff., Rn. 7).

Zusätzliche Kosten fallen für die Registeranmeldung an. Aus dem einzutragenden Stammkapital ist eine 5/10-Gebühr zu erheben, wenn der Notar die Registeranmeldung entweder beurkundet (§ 38 Abs. 2 Nr. 7 KostO) oder entwirft (§§ 145 Abs. 1 Satz 1, 38 Abs. 2 Nr. 7 KostO). Der in § 41a Abs. 1 Nr. 1 KostO bestimmte Mindestwert von 25.000 EUR ist gem. § 41d KostO nicht anzuwenden bei Anmeldung einer Unternehmergesellschaft, die mittels Musterprotokoll gegründet worden ist. Die 5/10-Gebühr beträgt bei einem Stammkapital von 1 EUR 10 EUR (siehe „Notar- und Handelsregisterkosten im GmbH-Recht", S. 1097 ff., Rn. 12 bis 15). 42

Bei Gründung einer UG mittels Musterprotokoll löst die Bestellung des Geschäftsführers keine zusätzlichen Gebühren aus. Die Bestellung des Geschäftsführers ist Inhalt des Musterprotokolls; es liegt kein Beschluss vor (siehe „Notar- und Handelsregisterkosten im GmbH-Recht", S. 1097 ff., Rn. 9 und 10). Das Musterprotokoll gilt kraft gesetzlicher Fiktion zugleich als Gesellschafterliste, sodass keine weitere Liste erforderlich ist.

Bei elektronischer Einreichung der Anmeldung samt Urkunden durch den Notar fallen zusätzliche Kosten an (siehe „Notar- und Handelsregisterkosten im GmbH-Recht", S. 1097 ff., Rn. 25).

II. Steuern

Für die UG (haftungsbeschränkt) gelten keine steuerlichen Besonderheiten. 43

85 RegE, BT-Drucks. 16/6140, Anlage 1, S. 32.
86 Roth/*Altmeppen*, § 5a Rn. 27.

§ 6 Geschäftsführer

(1) Die Gesellschaft muß einen oder mehrere Geschäftsführer haben.

(2) Geschäftsführer kann nur eine natürliche, unbeschränkt geschäftsfähige Person sein. Geschäftsführer kann nicht sein, wer

1. als Betreuter bei der Besorgung seiner Vermögensangelegenheiten ganz oder teilweise einem Einwilligungsvorbehalt (§ 1903 des Bürgerlichen Gesetzbuchs) unterliegt,

2. aufgrund eines gerichtlichen Urteils oder einer vollziehbaren Entscheidung einer Verwaltungsbehörde einen Beruf, einen Berufszweig, ein Gewerbe oder einen Gewerbezweig nicht ausüben darf, sofern der Unternehmensgegenstand ganz oder teilweise mit dem Gegenstand des Verbots übereinstimmt,

3. wegen einer oder mehrerer vorsätzlich begangener Straftaten

a) des Unterlassens der Stellung des Antrags auf Eröffnung des Insolvenzverfahrens (Insolvenzverschleppung),

b) nach den §§ 283 bis 283d des Strafgesetzbuchs (Insolvenzstraftaten),

c) der falschen Angaben nach § 82 dieses Gesetzes oder § 399 des Aktiengesetzes,

d) der unrichtigen Darstellung nach § 400 des Aktiengesetzes, § 331 des Handelsgesetzbuchs, § 313 des Umwandlungsgesetzes oder § 17 des Publizitätsgesetzes oder

e) nach den §§ 263 bis 264a oder den §§ 265b bis 266a des Strafgesetzbuchs zu einer Freiheitsstrafe von mindestens einem Jahr

verurteilt worden ist; dieser Ausschluss gilt für die Dauer von fünf Jahren seit der Rechtskraft des Urteils, wobei die Zeit nicht eingerechnet wird, in welcher der Täter auf behördliche Anordnung in einer Anstalt verwahrt worden ist.

Satz 2 Nr. 3 gilt entsprechend bei einer Verurteilung im Ausland wegen einer Tat, die mit den in Satz 2 Nr. 3 genannten Taten vergleichbar ist.

(3) Zu Geschäftsführern können Gesellschafter oder andere Personen bestellt werden. Die Bestellung erfolgt entweder im Gesellschaftsvertrag oder nach Maßgabe der Bestimmungen des dritten Abschnitts.

(4) Ist im Gesellschaftsvertrag bestimmt, daß sämtliche Gesellschafter zur Geschäftsführung berechtigt sein sollen, so gelten nur die der Gesellschaft bei Festsetzung dieser Bestimmung angehörenden Personen als die bestellten Geschäftsführer.

(5) Gesellschafter, die vorsätzlich oder grob fahrlässig einer Person, die nicht Geschäftsführer sein kann, die Führung der Geschäfte überlassen, haften der Gesellschaft solidarisch für den Schaden, der dadurch entsteht, dass diese Person die ihr gegenüber der Gesellschaft bestehenden Obliegenheiten verletzt.

Literatur

Bastian, Der besondere Status des Geschäftsführers als Organ und in der Tätigkeit in der Rechtsform der Gesellschaft mit beschränkter Haftung, rv 2010, 148; *Bauer,* Der Notgeschäftsführer in der GmbH, 2006; *Bauer/Diller,* Koppelung von Abberufung und Kündigung bei Organmitgliedern, GmbHR 1998, 809; *Bauer/Großerichter,* Zur Durchsetzung deutscher Bestellungshindernisse von Geschäftsleitern gegenüber ausländischen Gesellschaften, NZG 2008, 253; *Bayer/Lieder,* Die Lehre vom fehlerhaften Bestellungsverhältnis, NZG 2012, 1; *Böttcher/Hassner,* Inhabilität des strafrechtlich verurteilten Geschäftsführers nach MoMiG, GmbHR 2009, 1321; *Bohlscheid,* Ausländer als Gesellschafter und Geschäftsführer einer deutschen GmbH, RNotZ 2005, 505; *Brand/Reschke,* Die Inhabilitätsanordnung des § 6 Abs. 2 Satz 2 Nr. 3 GmbHG im Spannungsfeld des strafprozessualen Verbots der reformatio in peius, JZ 2011, 1102; *Cahn,* Die Ausfallhaftung des GmbH-Gesellschafters, ZGR 2003, 298; *Deckert/Sangiovanni,* Der GmbH-

Geschäftsführer in Italien, Frankreich und Deutschland, ZVglRWiss 2008, 164; *Deutler*, „Betreute" als Geschäftsführer – Versicherungen bei der Anmeldung, GmbHR 1992, 252; *Drygala*, Zur Neuregelung der Tätigkeitsverbote für Geschäftsführer von Kapitalgesellschaften, ZIP 2005, 423; *Eidenmüller/Rehberg*, Umgehung von Gewerbeverboten mittels Auslandsgesellschaften, NJW 2008, 28; *Erdmann*, Ausländische Staatsangehörige in Geschäftsführungen und Vorständen deutscher GmbHs und AGs, NZG 2002, 503; *Fleischer*, Bestellungshindernisse und Tätigkeitsverbote von Geschäftsführern im Aktien-, Bank- und Kapitalmarktrecht, WM 2004, 157; *Fleischer*, Zur GmbH-rechtlichen Verantwortlichkeit des faktischen Geschäftsführers, GmbHR 2011, 337; *Friemel/Kamlah*, Der Geschäftsführer als Erfinder, BB 2008, 613; *Gundlach/Müller*, Die Verurteilung wegen Insolvenzverschleppung als Hindernis der Geschäftsführerbestellung, NZI 2011, 480; *Helmschrott*, Der Notgeschäftsführer – eine notleidende Regelung, ZIP 2001, 636; *Heßeler*, Der „Ausländer als Geschäftsführer" – das Ende der Diskussion durch das MoMiG?!, GmbHR 2009, 759; *Himmelbach/Achsnick*, Faktische Geschäftsführung durch Banken – Gefahr oder Scheinproblem?, NZI 2003, 355; *Hinghaus/Höll/Hüls/Ransiek*, Inhabilität nach § 6 Abs. 2 Nr. 3 GmbHG und Rückwirkungsverbot, wistra 2010, 291; *Jaeger*, Der Betreuer als gesetzlicher Vertreter des Gesellschafter-Geschäftsführers und des Gesellschafters, DStR 1996, 108; *Jula*, Der GmbH-Geschäftsführer, 2009; *Lutter*, Zur persönlichen Haftung des Geschäftsführers aus deliktischen Schäden im Unternehmen, ZHR 157 (1993), 464; *Möser*, Berufsverbote für Geschäftsleiter – Überlegungen zu einer Weiterentwicklung des § 6 Abs. 2 Satz 2 Nr. 2, 3 GmbHG und des § 76 Abs. 3 Satz 2 Nr. 2, 3 AktG vor dem Hintergrund des englischen Companies Directors Disqualification Act 1986, ZVglRWiss 110 (2011), 324; *Münch*, Amtsniederlegung, Abberufung und Geschäftsunfähigkeit des Geschäftsführers einer GmbH, DStR 1993, 916; *Neelmeier/Huth*, Ausländer als Geschäftsführer einer GmbH, GmbHR 2005, 1409; *Ries*, Der ausländische Geschäftsführer, NZG 2010, 298; *Römermann*, Anwalts-GmbH im Wettbewerb, GmbHR 1998, 966; *Römermann*, Die Limited in Deutschland – eine Alternative zur GmbH, NJW 2006, 2065; *Roth*, Zum Vertrauensschutz des Rechtsverkehrs bei geschäftsunfähigen Gesellschaftsorganen, JZ 1990, 1030; *Schiedermair*, Der ausländische Geschäftsführer einer GmbH, FS für Bezzenberger, 2000, S. 393; *K. Schmidt*, GmbH-Reform auf Kosten der Geschäftsführer, GmbHR 2008, 449; *Seel*, Rechtsstellung des GmbH-Geschäftsführers – Worauf ist zu achten?, JA 2009, 446; *Stein*, § 6 Abs. 2 Satz 2 GmbHG, § 76 Abs. 3 Satz 2 AktG – Verfassungswidrige Berufsverbote?, AG 1987, 165; *Teichmann*, Die Bestellung eines Ausländers zum Geschäftsführer einer deutschen GmbH, IPRax 2000, 115; *Voerste*, Nochmals – § 6 Abs. 2 S. 2 GmbHG, § 76 Abs. 3 S. 2 AktG – Verfassungswidrige Berufsverbote?, AG 1987, 376; *Wachter*, Ausländer als GmbH-Gesellschafter und -Geschäftsführer, ZIP 1999, 1577; *Wachter*, Zur Bestellung eines Nichtdeutschen zum Geschäftsführer einer GmbH, NZG 2001, 858; *Weiß*, Ausschluss vom Geschäftsführeramt bei strafgerichtlichen Verurteilungen nach § 6 Abs. 2 GmbHG nF, wistra 2009, 209; *Welchior*, Ausländer als GmbH-Geschäftsführer, DB 1997, 413; *Weyand*, Gesetzlicher Ausschluss vom Geschäftsführeramt, ZInsO 2007, 754; *Zuck*, Die Anwalts-GmbH nach §§ 59c ff. BRAO, MDR 1998, 1317; *Zuck*, Die berufsrechtliche Zulassung der Anwalts-GmbH, AnwBl 1999, 297.

A. Allgemeines

Abs. 1 gibt als **notwendiges Organ** der GmbH[1] – neben der Gesellschafterversammlung (§§ 48 ff.) als oberstem Willensbildungsorgan – zwingend den/die Geschäftsführer als **Handlungsorgan** zur Geschäftsführung (im Innenverhältnis) und zur Außenvertretung (§§ 35 ff.) vor. Die Eignungsvoraussetzungen des/der Geschäftsführer sind in Abs. 2 normiert (unbeschränkt geschäftsfähige Personen [Satz 1] und ein Katalog von personenbezogenen Ausschlusstatbeständen [Satz 2], 1

1 Weiteres (grundsätzlich fakultatives) Organ der GmbH ist der Aufsichtsrat (vgl. § 52) – der nur dann zwingend errichtet werden muss, wenn andere Gesetze dies vorgeben (bspw. im Hinblick auf die Unternehmensmitbestimmung nach § 3 Abs. 1 Montan-MitbestG, § 1 Abs. 1 Nr. 3 Satz 2 DrittelbeteilG bzw. § 6 Abs. 1 i. V. m. § 1 Abs. 1 MitbestG).

wobei letztere auch eine Eintragung inländischer Zweigniederlassungen ausländischer Gesellschaften mit einer Haftungsbeschränkung ins Handelsregister ausschließen, vgl. § 13e Abs. 3 Satz 2 HGB)[2] das Bestellungsverfahren mit der Möglichkeit, dass zum Geschäftsführer ein Gesellschafter (Gesellschafter-Geschäftsführer – Selbstorganschaft) oder ein Dritter (Fremdgeschäftsführer – Dritt- oder Fremdorganschaft) bestellt werden kann. Abs. 4 trifft eine Auslegungsregel im Hinblick auf den Gesellschaftsvertrag: Wer ist zur Geschäftsführung berechtigt, wenn dieser bestimmt, dass sämtliche Gesellschafter zur Geschäftsführung berechtigt sein sollen? Die Bestellung, Nichtabberufung oder tatsächliche Überlassung der Führung der Geschäfte (zugunsten) einer Person, die nach Abs. 2 Satz 2 und 3 nicht Geschäftsführer sein kann, begründet im Falle eines durch sie verursachten Schadens eine Schadensersatzpflicht der dafür verantwortlichen Gesellschafter gegenüber der Gesellschaft (Innenhaftung – Abs. 5).

Die Rechtsstellung des Geschäftsführers ist im Übrigen in den §§ 35 ff. detailliert geregelt.

B. Inhalt der Regelung

I. Geschäftsführer als notwendige(s) GmbH-Organ(e) (Abs. 1)

2 Die Gesellschaft muss nach Abs. 1 (mindestens) einen oder auch mehrere Geschäftsführer (vgl. auch § 33 MitbestG, § 13 MontanMitbestG bzw. § 13 MitbestErgG, wonach in mitbestimmten Unternehmen mindestens zwei Geschäftsführer bestellt werden müssen, da einer von ihnen als gleichberechtigter Geschäftsführer zum Arbeitsdirektor zu berufen ist)[3] haben (ohne Höchstbegrenzung, wenngleich der Gesellschaftsvertrag eine bestimmte Zahl, auch eine Mindest- oder Höchstzahl fixieren kann)[4] – und zwar auch schon in der Gründungsphase vor der Handelsregistereintragung, damit die Vorgesellschaft handlungsfähig ist.

3 Soll von der gesellschaftsvertraglich fixierten Zahl von Gesellschaftern (als nicht notwendige Angabe des Gesellschaftsvertrags nach § 3 Abs. 1 – vgl. aber für das vereinfachte Gründungsverfahren nach § 2 Abs. 1a die Vorgabe in Nr. 4) abgewichen werden, bedarf dies einer Satzungsänderung. Geschieht dies nicht, ist der Gesellschafterbeschluss über die Bestellung von mehr Gesellschaftern (als gesellschaftsvertraglich festgelegt) anfechtbar.[5]

4 Ist eine Regelung über die Zahl der Geschäftsführer unterblieben, kann die Gesellschafterversammlung (mit einfacher Mehrheit, vgl. §§ 46 Nr. 5, 47 Abs. 1) im Rahmen der Bestellung eine Fixierung der Zahl vornehmen.[6] Da im Gesellschaftsvertrag auch die Möglichkeit einer „anderweitigen Bestellung" eröffnet werden kann, ist umstritten, ob diese Option auch die Zahl der Geschäftsführer mit umfasst.[7]

5 Da die **Anmeldung zum Handelsregister** zwingend von dem/den Geschäftsführer(n) vorzunehmen ist (§§ 7 Abs. 1, 8 Abs. 1 Nr. 2 und Abs. 2 bis 4), gelangt eine GmbH nicht wirksam zur Entstehung, wenn die Anmeldung von einem Nicht-Geschäftsführer vorgenommen wird (bzw. alle Geschäftsführer nachträglich weggefallen sind). Handelt ein Nicht-Geschäftsführer, weist das Registergericht die Anmeldung zurück. Eine Anmeldung ist gleichermaßen vom Registergericht zurückzuweisen, wenn bei der Anmeldung der GmbH noch kein Geschäftsführer wirksam bestellt worden war.

---

2 RegE, BT-Dr. 16/6140, S. 49 f. – § 13g Abs. 3 Satz 2 HGB erfasst auch die Versicherung nach § 8 Abs. 3 (wonach keine Umstände vorliegen dürfen, die nach § 6 Abs. 2 Satz 2 und 3 einer Bestellung zum Geschäftsführer entgegenstehen).

3 Baumbach/Hueck/*Fastrich*, § 6 Rn. 5. Vgl. auch §§ 33 Abs. 1 Nr. 5, 35 Abs. 2 Nr. 3 KWG bzw. § 2 KAGG, wonach die Geschäftsführung von Kreditinstituten respektive Kapitalanlagegesellschaften aus mindestens zwei Personen bestehen muss: so Henssler/*Oetker*, § 6 Rn. 6.

4 Baumbach/Hueck/*Fastrich*, § 6 Rn. 5.

5 Baumbach/Hueck/*Fastrich*, § 6 Rn. 5. Schmidt-Leithoff, § 6 Rn. 7.

6 Baumbach/Hueck/*Fastrich*, § 6 Rn.5; Roth/Altmeppen/*Altmeppen*, § 6 Rn. 3; Hachenburg/*Ulmer*, § 6 Rn. 6; Scholz/*Schneider*, § 6 Rn. 8.

7 Vgl. Scholz/*Schneider*, § 6 Rn. 8: Im Zweifelsfalle nein; a.A. Michalski/*Heyder*, § 6 Rn. 16.

Wird die GmbH in einem solchen Fall gleichwohl im Handelsregister eingetragen, kann ggf. § 395 FamFG (vormals § 142 FGG) zur Anwendung gelangen[8] – zudem ist die Bestellung eines Geschäftsführers unverzüglich nachzuholen.[9]

6 Die Geschäftsführer sind zur gerichtlichen sowie außergerichtlichen **Vertretung der GmbH nach außen** berufen (§§ 35 f.). Dabei sind sie gem. § 37 der Gesellschaft gegenüber verpflichtet, die Beschränkungen einzuhalten, welche für den Umfang ihrer Befugnis, die Gesellschaft zu vertreten, durch den Gesellschaftsvertrag oder (soweit dieser nichts anderes bestimmt) durch die Beschlüsse der Gesellschaft festgesetzt worden sind. Gegen dritte Personen hat eine Beschränkung der Befugnis der Geschäftsführer, die Gesellschaft zu vertreten, jedoch keine Wirkung.

Die Geschäftsführer sind nach Maßgabe der ihnen durch den Gesellschaftsvertrag bzw. durch die Gesellschafterversammlung eingeräumten Befugnisse auch zur **Geschäftsführung** befugt.

7 Auch in dem Fall, dass der Geschäftsführer *nach* der Anmeldung der Gesellschaft einschließlich der Abgabe der Versicherung nach § 8 Abs. 2 und 3 aber noch *vor* dem Vollzug der Eintragung wegfällt (**Wegfall von Geschäftsführern**) bzw. im Falle einer Abberufung ohne korrespondierende Neubestellung, darf nicht eingetragen werden. Erfolgt gleichwohl eine Eintragung, ist die GmbH aber wirksam entstanden – nur steht ihr das zur Führung der Geschäfte und zur Vertretung im Außenverhältnis notwendige Organ nicht mehr zur Verfügung. Die tatbestandlichen Voraussetzungen einer Nichtigkeitsklage nach §§ 397, 398 FamFG (vormals § 144 FGG) sind nicht erfüllt. Eine Amtslöschung nach § 395 FamFG (vormals § 142 FGG) kommt nur dann in Betracht, wenn die Eintragung von den Gesellschaftern nicht gewollt wird. Allerdings muss der Registerrichter auf eine umgehende Geschäftsführerbestellung dringen – kann diese aber nicht (bspw. durch Zwangsgeld) erzwingen.[10] Eine vorübergehende – d.h. nicht auf Dauer angelegte – Vertretung der GmbH durch Prokuristen bzw. eine Führung der Geschäfte durch Angestellte soll in entsprechenden Fällen statthaft sein.[11] Die Gesellschafter treten nicht selbst in der Interimsperiode in die Organstellung des Geschäftsführers ein[12].

8 Die Gesellschafter selbst können nach § 50 eine **Neubestellung** erzwingen. Zudem besteht die Möglichkeit der gerichtlichen Bestellung eines **Notgeschäftsführers** entsprechend § 29 BGB (Rn. 61 ff.). Steht eine Neubestellung in absehbarer Zeit nicht zu erwarten, kommt als Ultima Ratio eine Auflösungsklage (§ 61) in Betracht,[13] wozu die Gesellschafter gegenüber den Gläubigern jedoch wegen der Möglichkeit der Bestellung eines Notgeschäftsführers nicht verpflichtet sind.[14]

Der Geschäftsführer ist als solcher – auch nach seiner Eintragung ins Handelsregister – **weder Kaufmann** i.S.v. § 1 HGB[15] **noch Unternehmer** i.S.v. § 14 Abs. 1 BGB.[16]

II. Eignungsvoraussetzungen (Abs. 2)

9 Losgelöst von den Vorgaben in Abs. 2, die als Mindeststandard nicht zur Disposition der Gesellschafter stehen,[17] setzt das GmbHG (anders bspw. die Regelung des § 59f Abs. 2 BRAO für die Anwalts-GmbH) keine beruflichen Mindestqualifikationen oder eine besondere Befähigung voraus.[18]

8 Baumbach/Hueck/*Fastrich*, § 6 Rn. 3: nicht hingegen § 75 (wegen fehlendem Nichtigkeitsgrund) bzw. §§ 144 Abs. 1 oder § 144a FGG. Ebenso Henssler/*Oetker*, § 6 Rn. 5.
9 Baumbach/Hueck/*Fastrich*, § 6 Rn. 3; Hachenburg/*Ulmer*, § 6 Rn. 4 f.; Scholz/*Schneider*, § 6 Rn. 2 ff.
10 Baumbach/Hueck/*Fastrich*, § 6 Rn. 6: Scholz/*Schneider*, § 6 Rn. 39.
11 Baumbach/Hueck/*Fastrich*, § 6 Rn. 6; Henssler/*Oetker*, § 6 Rn. 12.
12 Scholz/*Schneider*, § 6 Rn. 3. Vgl. aber § 35 Abs. 1 Satz 2 hinsichtlich der Passivvertretung: Henssler/*Oetker*, § 6 Rn. 12.
13 Baumbach/Hueck/*Fastrich*, § 6 Rn. 6; Hachenburg/*Ulmer*, § 6 Rn. 4.
14 So BGH WM 1985, 53.
15 OLG Düsseldorf, BB 1994, 2001, 2002 – „Geschäftsführer" als reine Berufsbezeichnung; Roth/Altmeppen/*Altmeppen*, § 6 Rn. 5.
16 BGH NJW 2004, 3039, 3040; Roth/Altmeppen/*Altmeppen*, § 6 Rn. 5.
17 Henssler/*Oetker*, § 6 Rn. 30.
18 Roth/Altmeppen/*Altmeppen*, § 6 Rn. 12.

> **!** Über die gesetzlichen Eignungsvoraussetzungen des Abs. 2 (Ausschlusstatbestände und Bestellungsvoraussetzungen) hinaus kann der Gesellschaftsvertrag unter Beachtung zwingenden Gesetzesrechts[19] weitere (zusätzliche) **persönliche Qualifikationsmerkmale** (bspw. im Hinblick auf die Geschäftsführereigenschaft)[20] fixieren[21]. Dies bedingt, dass dann ein Abweichen von diesen Kriterien nur im Rahmen einer Satzungsänderung möglich ist.[22] Wird in einem solchen Fall gegen die Vorgaben des Gesellschaftsvertrags verstoßen (**Fehlen sog. statutorischer Qualifikationsmerkmale**), ist die Bestellung zwar gültig. Der Geschäftsführer kann jedoch aus „wichtigem Grund" abberufen werden.[23] Gegebenenfalls ist auch der Bestellungsbeschluss anfechtbar bzw. der Bestellungsakt (bei anderer Zuständigkeit) wegen Satzungsverstoßes nichtig.[24]

1. Unbeschränkt geschäftsfähige natürliche Personen (Abs. 2 Satz 1)

10 Nach Abs. 2 Satz 1 kann nur eine natürliche, unbeschränkt geschäftsfähige Person Geschäftsführer sein. Das heißt, dass

- juristische Personen ebenso wenig wie
- sonstige rechtsfähige Personenvereinigungen[25] oder
- Geschäftsunfähige (§ 104 BGB) bzw. Minderjährige[26] (d.h. beschränkt Geschäftsfähige – § 2 i.V.m. § 106 BGB) – Letztere selbst bei Ermächtigung nach §§ 112, 113 BGB bzw. entsprechender Zustimmung ihres gesetzlichen Vertreters (einschließlich familiengerichtlicher Genehmigung)[27] nicht –

Geschäftsführer sein können, ebenso wenig wie Erbengemeinschaften und vergleichbare Rechtsgemeinschaften[28].

11 Um die Übersichtlichkeit von Abs. 2 zu erhöhen, wurden durch das MoMiG Abs. 2 Satz 2 bis 4 a.F. in Abs. 2 Satz 2 **zusammengeführt** – bei der Aufzählung der zur Inhabilität führenden Fälle in Abs. 2 Satz 2 Nr. 1 und 2 handelt es sich also lediglich um eine formale Änderung.[29]

---

19 Henssler/*Oetker*, § 6 Rn. 32. Zum Konflikt ggf. mit den Vorgaben des Mitbestimmungsrechts im Falle einer mitbestimmten GmbH im Hinblick auf das Auswahlermessen des Aufsichtsrats näher Roth/*Altmeppen*, § 6 Rn. 66; U/H/W/*Ulmer*, § 6 Rn. 22. Problematisch können auch persönliche Qualifikationsmerkmale sein, die in Bezug stehen zu den Anknüpfungsmerkmalen einer „Benachteiligung" i.S.v. § 1 AGG: dazu Lutter/Hommelhoff/*Kleindiek*, § 6 Rn. 34. Henssler/*Oetker*, § 6 Rn. 34 weist darauf hin, dass – auch wenn Gesellschaftsverträge nicht von den §§ 19 und 20 AGG erfasst werden – sich die Regelung des § 6 Abs. 3 AGG auf „Organmitglieder" bezieht: „Soweit es die Bedingungen für den Zugang zur Erwerbstätigkeit sowie zum beruflichen Aufstieg betrifft, gelten die Vorschriften dieses Abschnitts" (Schutz der Beschäftigten vor Benachteiligung – §§ 6 bis 18 AGG) „für ... Organmitglieder, insbesondere Geschäftsführer oder Geschäftsführerinnen ...". Dies erstrecke sich auch auf die Bestellung zum Organmitglied (so *Oetker*, FS für Otto, 2008, S. 361, 377 f.), was im Hinblick auf die Merkmale „Geschlecht", „Religion oder Weltanschauung" bzw. vor allem auch „Alter" (im Hinblick auf Altersgrenzen) relevant werden könne: so Henssler/*Oetker*, § 6 Rn. 34 unter Bezugnahme auf Lutter/Hommelhoff/*Kleindiek*, § 6 Rn. 35 – keine freie Fixierung von Altersgrenzen im Gesellschaftsvertrag (Notwendigkeit einer Rechtfertigung nach § 10 AGG).

20 Bspw., dass zum Geschäftsführer nur bestellt werden darf, wer auch Gesellschafter ist: Baumbach/Hueck/*Fastrich*, § 6 Rn. 8; Roth/*Altmeppen*, § 6 Rn. 37.

21 Baumbach/Hueck/*Fastrich*, § 6 Rn. 8; Scholz/*Schneider*, § 6 Rn. 35; U/H/W/*Ulmer*, § 6 Rn. 22.

22 Baumbach/Hueck/*Fastrich*, § 6 Rn. 8; Hachenburg/*Ulmer*, § 6 Rn. 15; Roth/Altmeppen/*Altmeppen*, § 6 Rn. 17; Scholz/*Schneider*, § 6 Rn. 24 f.

23 Roth/Altmeppen/*Altmeppen*, § 6 Rn. 17.

24 Baumbach/Hueck/*Fastrich*, § 6 Rn. 8; Henssler/*Oetker*, § 6 Rn. 35; Lutter/Hommelhoff/*Kleindiek*, § 6 Rn. 36; Scholz/*Schneider*, § 6 Rn. 37; U/H/W/*Ulmer*, § 6 Rn. 22.

25 Näher Hachenburg/*Ulmer*, § 6 Rn. 8; Baumbach/Hueck/*Fastrich*, § 6 Rn. 9; Scholz/*Schneider*, § 6 Rn. 11 ff.; U/H/W/*Ulmer*, § 6 Rn. 8.

26 Minderjährige können nicht GmbH-Geschäftsführer sein: OLG Hamm, BB 1992, 1281.

27 OLG Hamm, DB 1992, 1401; Roth/Altmeppen/*Altmeppen*, § 6 Rn. 6; Scholz/Schneider, § 6 Rn. 11; U/H/W/*Ulmer*, § 6 Rn. 9.

28 Henssler/*Oetker*, § 6 Rn. 14; Michalski/*Tebben*, § 6 Rn. 18.

29 RegE, BT-Drucks. 16/6140, S. 32.

2. Betreuungsverhältnis (Abs. 2 Satz 2 Nr. 1)

Geschäftsführer kann nach Abs. 2 Satz 2 Nr. 1 nicht sein, wer als Betreuter bei der Besorgung seiner Vermögensangelegenheiten ganz oder teilweise (d.h. unabhängig von der Reichweite) einem Einwilligungsvorbehalt (§ 1903 BGB) unterliegt.[30] Soweit dies zur Abwendung einer erheblichen Gefahr für die Person oder das Vermögen des Betreuten erforderlich ist, ordnet das Vormundschaftsgericht nach § 1903 Abs. 1 BGB an, dass der Betreute zu einer Willenserklärung, die den Aufgabenkreis des Betreuers betrifft, dessen Einwilligung bedarf (**Einwilligungsvorbehalt**). Die §§ 108 bis 113, 131 Abs. 2 und § 210 BGB gelten für den Einwilligungsvorbehalt entsprechend (so § 1903 Abs. 1 Satz 2). Ist ein Einwilligungsvorbehalt angeordnet, so bedarf der Betreute gem. § 1903 Abs. 3 Satz 1 BGB dennoch nicht der Einwilligung seines Betreuers, wenn die Willenserklärung ihm (d.h. dem Betreuten) „lediglich einen rechtlichen Vorteil" bringt. Soweit das Gericht nichts anderes anordnet, gilt dies auch, wenn die Willenserklärung eine geringfügige Angelegenheit des täglichen Lebens betrifft (so § 1903 Abs. 3 Satz 2). Umgekehrt ist im Falle einer Betreuung ohne Anordnung eines Einwilligungsvorbehalts eine Geschäftsführerbestellung statthaft[31]. 12

3. Gerichtliches oder behördliches Berufs- oder Gewerbeverbot (Abs. 2 Satz 2 Nr. 2)

Geschäftsführer kann nach dem Ausschlusstatbestand des Abs. 2 Satz 2 Nr. 2 weiterhin nicht sein, wer aufgrund eines gerichtlichen Urteils oder einer vollziehbaren Entscheidung einer Verwaltungsbehörde (wobei letztere nicht unanfechtbar sein muss, vgl. den Wortlaut) einen Beruf, einen Berufszweig, ein Gewerbe oder einen Gewerbezweig nicht ausüben darf, sofern (d.h. nur dann, wenn) der (statuarische bzw. tatsächliche) Unternehmensgegenstand ganz oder teilweise mit dem Gegenstand des Verbots (d.h. dem vom Verbot umfassten Beruf oder Berufszweig bzw. Gewerbe oder Gewerbezweig)[32] übereinstimmt[33] (**gerichtliches oder behördliches Berufs- oder Gewerbeverbot**[34] – z.B. gem. § 70 StGB bzw. § 35 GewO [nicht hingegen nach § 132a StPO oder § 16 Abs. 3 HandwO[35]]). Ein durch eine ausländische Verwaltungsbehörde verhängtes Berufsverbot ist hingegen unschädlich[36]. Ein dauerhaft verhängtes Berufs- oder Gewerbeverbot hat einen dauerhaften Ausschluss von der Geschäftsführerbestellung zur Folge[37] – im Falle einer Befristung ist diese maßgeblich[38]. Jedenfalls findet die Fünf-Jahres-Periode des Abs. 2 Satz 2 Nr. 3 2. Halbs. auf Abs. 2 Satz 2 Nr. 2 keine Anwendung[39]. 13

Dabei muss das Verbot nicht unbedingt die Geschäftsführertätigkeit als solche betreffen.[40] Auch ist nicht erforderlich, dass das Verbot den Schwerpunkt der Betätigung erfasst – vielmehr soll es ausreichen, dass ein auch nebensächlicher Teil des Unternehmensgegenstands betroffen wird.[41] 14

Der Geschäftsführer ist verpflichtet, bei der Anmeldung alle konkret bekannten Verbote anzugeben, „um dem Registergericht die Beurteilung der Frage zu ermöglichen, ob eines der etwa vorhandenen Verbote ganz oder teilweise mit dem Unternehmensgegenstand der Gesellschaft über- 15

---

30 Dazu näher *Deutler*, GmbHR 1992, 252; zum Betreuten ohne Einwilligungsvorbehalt: *Jäger*, DStR 1996, 108.
31 Henssler/*Oetker*, § 6 Rn. 16; Scholz/*Schneider*, § 6 Rn. 11.
32 Baumbach/Hueck/*Fastrich*, § 6 Rn. 12.
33 Näher Baumbach/Hueck/*Fastrich*, § 6 Rn. 12; Lutter/Hommelhoff/*Kleindiek*, § 6 Rn. 19; Roth/Altmeppen/*Altmeppen*, § 6 Rn. 9. Dazu auch KG NZG 2012, 750 = GmbHR 2012, 859.
34 Wobei das Urteil weder Rechtskraft noch die behördliche Entscheidung Bestandskraft (Anordnung sofortiger Vollziehung reicht aus – so Baumbach/Hueck/*Fastrich*, § 6 Rn. 29) erlangt haben müssen: Henssler/*Oetker*, § 6 Rn. 21.
35 BayObLG DB 1986, 1768; Baumbach/Hueck/*Fastrich*, § 6 Rn. 12; Scholz/*Schneider*, § 6 Rn. 22.
36 Baumbach/Hueck/*Fastrich*, § 6 Rn. 14; Henssler/*Oetker*, § 6 Rn. 21.
37 Henssler/*Oetker*, § 6 Rn. 22.
38 Baumbach/Hueck/*Fastrich*, § 6 Rn. 12; Henssler/*Oetker*, § 6 Rn. 22; U/H/W/*Ulmer*, § 6 Rn. 21.
39 KG ZIP 2012, 84; Baumbach/Hueck/Fastrich, § 6 Rn. 12; Henssler/*Oetker*, § 6 Rn. 22.
40 OLG Frankfurt/M., GmbHR 1994, 802.
41 Baumbach/Hueck/*Fastrich*, § 6 Rn. 12; Henssler/*Oetker*, § 6 Rn. 21; Roth/Altmeppen/*Altmeppen*, § 6 Rn. 9; Scholz/*Schneider*, § 6 Rn. 27.

einstimmt"[42] – eine pauschale Versicherung (eine Tätigkeit auf dem Gebiet der Gesellschaft sei ihm nicht bekannt) ist unzureichend.[43]

16 Hat eine deutsche Behörde dem Geschäftsführer einer ausländischen Kapitalgesellschaft durch vollziehbare Entscheidung die Gewerbeausübung untersagt, kann die Gesellschaft in Deutschland keine Zweigniederlassung eintragen lassen.[44]

Die Dauer des Ausschlusses korreliert mit der Dauer des Verbots – kann also auch zeitlich unbegrenzt sein.[45] Jedenfalls gelangt die Fünfjahresfrist des Abs. 2 Nr. 3 Satz 1 Hs. 2 nicht zur Anwendung.[46]

17 ! Auch ein rechtskräftig festgestelltes **zivilrechtliches Tätigkeitsverbot** verhindert eine wirksame Bestellung[47] – nicht hingegen beamtenrechtliche Genehmigungserfordernisse[48] (bspw. nach den §§ 65 BBG, 42 BRRG, die allein in der Relation zwischen dem Geschäftsführer und seinem Dienstherrn wirksam sind)[49] oder Regelungen des Berufsrechts (z.B. § 59 f. Abs. 2 BRAO,[50] § 50 Abs. 1 StBerG[51] bzw. § 28 Abs. 1 Satz 1 WPO), weswegen auf der zuletzt genannten Grundlage eine Handelsregistereintragung auch nicht verweigert werden kann.[52]

18 Der Bundesrat hatte in seiner Stellungnahme darum gebeten, im weiteren Verlauf des Gesetzgebungsverfahrens zu prüfen, ob die Ausschlussgründe auch auf den Fall erstreckt werden sollten, dass einer Person die **Ausübung der Geschäftsführertätigkeit als solche untersagt** wurde, und ob die **Anerkennung ausländischer Entscheidungen** auf Abs. 2 Satz 2 Nr. 2 erstreckt werden sollte.[53] Dies war damit begründet worden, dass Abs. 2 Satz 2 Nr. 2 sich nur auf den Fall bezieht, dass einer Person ein bestimmter Beruf oder ein Gewerbe untersagt wurde. Damit ist die Geschäftsführertätigkeit als solche nicht erfasst, da sie keinen Beruf darstellt. Eine solche Untersagung der Geschäftsführertätigkeit ist bspw. möglich nach dem *Company Directors Disqualification Act des* englischen Rechts. Danach kann insbesondere derjenige von der Geschäftsführung ausgeschlossen werden, der bereits Direktor oder faktischer Geschäftsführer einer insolventen Gesellschaft war und sich dabei als ungeeignet zur Geschäftsleitung erwiesen hat. Die Ungeeignetheit wird einerseits durch Unredlichkeit bspw. gegenüber Gläubigern definiert, andererseits durch Leichtsinn und fachliche Inkompetenz. Weitere Ausschlussgründe sind die Verurteilung wegen einer schweren Straftat im Zusammenhang mit der Gründung oder Führung einer Gesellschaft sowie die kontinuierliche Verletzung von Miteilungspflichten gegenüber dem *Companies House*.[54] Diese Fälle – so der Bundesrat – seien vergleichbar mit dem in Abs. 2 Satz 2 Nr. 2 geregelten Fall einer Gewerbeuntersagung wegen Unzuverlässigkeit. Sie sollten daher in die Aufzählung der Inha-

42 Roth/Altmeppen/*Altmeppen*, § 6 Rn. 9 unter Bezugnahme auf OLG Düsseldorf, GmbHR 1997, 71.
43 Roth/Altmeppen/*Altmeppen*, § 6 Rn. 9. Auch unter Berücksichtigung der vom BGH (Beschluss v. 17.05.2010, II ZB 5/10) aufgestellten Grundsätze erfüllt die von einer Geschäftsführerin abgegebene Versicherung, sie sei nicht gemäß § 6 von der Tätigkeit als Geschäftsführer ausgeschlossen, weil sie aufgrund eines gerichtlichen Urteils oder einer vollziehbaren Entscheidung einer Verwaltungsbehörde einen Beruf, einen Berufszweig, ein Gewerbe oder einen Gewerbezweig nicht ausüben dürfe, sofern der Unternehmensgegenstand ganz oder teilweise mit dem Gegenstand des Verbots übereinstimme, nicht den mit § 8 Abs. 3 Satz 1 verfolgten Zweck: so OLG Frankfurt/M., GmbHR 2011, 1156.
44 AG Westerstäde, RIW 2001, 67; Roth/Altmeppen/*Altmeppen*, § 6 Rn. 10.
45 Baumbach/Hueck/*Fastrich*, § 6 Rn. 12; Lutter, DB 180, 1320.
46 Baumbach/Hueck/*Fastrich*, § 6 Rn. 12.
47 BayObLG BB 1989, 1009; Baumbach/Hueck/*Fastrich*, § 6 Rn. 10; Scholz/*Schneider*, § 6 Rn. 23.
48 Baumbach/Hueck/*Fastrich*, § 6 Rn. 10.
49 So Michalski/*Heyder*, § 6 Rn. 32; Roth/Altmeppen/*Altmeppen*, § 6 Rn. 10.
50 Zur Rechtsanwaltsgesellschaft (Anwalts-GmbH) näher *Römermann*, GmbHR 1998, 966; *Zuck*, MDR 1998, 1317; *ders*., AnwBl. 1999, 297.
51 BFH NJW 1995, 2376: Die Bestellung eines Steuerbevollmächtigten zum einzelvertretungsberechtigten Geschäftsführer einer Steuerberatungsgesellschaft schließt die Anerkennung einer GmbH als Steuerberatungsgesellschaft dann nicht aus, wenn daneben noch ein Steuerberater zum Geschäftsführer bestellt wurde.
52 Baumbach/Hueck/*Fastrich*, § 6 Rn. 10; Michalski/*Heyder*, § 6 Rn. 32 f.
53 Stellungnahme des Bundesrats, BR-Drucks. 354/07 – zu Art. 1 Nr. 7 (§ 6 Abs. 2 Satz 2– 4 GmbHG), S. 8 f.
54 Dazu näher *Römermann*, NJW 2006, 2065.

bilitätsgründe aufgenommen werden. Zugleich sollten auch hier entsprechende ausländische Entscheidungen (jedenfalls anderer EU-Mitgliedstaaten) anerkannt werden.[55]

Diesen Ansinnen – die letztlich darauf abzielten, auch ausländische Entscheidungen in die Bestellungshindernisse einzubeziehen (durch die z.B ein englisches Gericht auf der Grundlage des *Company Directors Disqualification Act* einer Person generell die Tätigkeit als *Director* verbietet, weil sie etwa wegen einer unternehmensbezogenen Straftat verurteilt worden ist) – hat der Gesetzgeber letztlich nicht entsprochen,[56] da eine solche Erweiterung als zu weit gehend qualifiziert worden ist.[57] Denn im Ergebnis würde dies auf nichts anderes hinauslaufen, als dass sämtliche Entscheidungen auf der Grundlage ausländischer Rechtsordnungen, durch die einer Person eine Geschäftsführertätigkeit untersagt werden kann, in Abs. 2 inkorporiert würden, ohne dass zuvor geprüft würde, ob die zugrunde liegenden Bestellungshindernisse den im deutschen Recht vorgesehenen auch inhaltlich und wertungsmäßig entsprechen. Eine solche Prüfung wird demgegenüber durch die in Abs. 2 Satz 3 gefundene Lösung einer Erstreckung der Bestellungshindernisse wegen unternehmensbezogener Straftaten auf „vergleichbare" Verurteilungen im Ausland gewährleistet. Es erscheint genauer und zur Einschränkung der Berufsfreiheit angemessener, auf die zugrunde liegende Straftat und nicht auf die Rechtsfolge (Verbot der Geschäftsführertätigkeit) abzustellen. Beruhte die ausländische „Untersagung der Geschäftsführertätigkeit" also auf einer solchen Straftat, so wird das gewünschte Ergebnis jetzt zielgenauer erreicht. Auf diese Weise werden zudem die maßgeblichen Schutzlücken auch schon geschlossen. 19

4. Straftaten (Abs. 2 Satz 2 Hs. 1 Nr. 3)

In Abs. 2 Satz 2 Nr. 3 wurden infolge des MoMiG die früheren **Ausschlusstatbestände** des Abs. 2 Satz 3 a.F. **erweitert**. Die Neuregelung hat die Vorschläge des Bundesratsentwurfs eines Gesetzes zur Sicherung von Werkunternehmeransprüchen und zur verbesserten Durchsetzung von Forderungen (Forderungssicherungsgesetz – FoSiG)[58] in modifizierter Form aufgegriffen. Die Erweiterung erstreckt sich auf zentrale Bestimmungen des Wirtschaftsstrafrechts[59] (Rn. 22). 20

Nach Abs. 2 Satz 2 Hs. 1 Nr. 3 kann nicht Geschäftsführer sein, wer wegen einer oder mehrerer vorsätzlich begangener (vollendeter oder versuchter bzw. Verwirklichung durch Unterlassen [§ 13 StGB][60], weiterhin auch Anstiftung und Beihilfe von) Straftaten (die – anders als nach Abs. 2 Satz 2 Nr. 2 – nicht auf den Gegenstand der GmbH bezogen sein müssen)[61]. 21

- des Unterlassens der Stellung des Antrags auf Eröffnung des Insolvenzverfahrens (Insolvenzverschleppung) – Buchst. a,
- nach den §§ 283 bis 283d StGB (Insolvenzstraftaten) – Buchst. b,
- der falschen Angabe nach § 82 GmbHG oder § 399 AktG – Buchst. c,

---

55 Früher umstritten – für eine Berücksichtigung ausländischer Urteile: OLG Naumburg, ZIP 2000, 622, 624; Scholz/*Schneider*, § 6 Rn. 20; a.A. LG Köln, NJW-RR 1995, 553.

56 Vgl. Gegenäußerung der Bundesregierung, RegE BT-Drucks. 16/6140, S. 75.

57 Vgl. jedoch BGH BB 2007, 1640 (mit Anm. *Dierksmeier*, BB 2007, 1861): Das Registergericht dürfe wegen eines im Inland gegen den – dem Geschäftsführer einer GmbH gleichstehenden – Director einer Private Limited Company durch vollziehbare Entscheidung der Verwaltungsbehörde verhängten Gewerbeverbots (zu Abs. 2 Satz 4 a.F.) die beantragte Eintragung einer Zweigniederlassung der Limited in das Handelsregister verweigern. Eine derartige Ablehnung der Eintragung der Zweigniederlassung der Limited im Inland verstoße weder gegen die 11. (Zweigniederlassungs-)Richtlinie des Rats vom 21.12.1989 (89/666/EWG) noch (nach Maßgabe des sog. Vier-Kriterien-Tests) gegen die Niederlassungsfreiheit gem. Art. 43, 48 EGV. Zudem OLG Jena, GewArch 2006, 259: Auch wenn das für die Gesellschaft maßgebliche Recht keine besonderen Anforderungen an die Person des geschäftsführenden Organs stellt, könne ohne Widerspruch zur 11. (Zweigniederlassungs-)Richtlinie wegen eines im Inland gegenüber dem alleinvertretungsberechtigten Geschäftsführer (Director) der Gesellschaft verhängten Gewerbeverbots die Eintragung einer Zweigniederlassung verweigert werden. Entgegen OLG Oldenburg, GmbHR 2002, 29. Zudem OVG Münster, BB 2005, 2259 zur Zulässigkeit einer Gewerbeuntersagungsverfügung gegenüber dem Geschäftsführer einer Limited.

58 RegE, BT-Drucks. 16/511.

59 RegE, BT-Drucks. 16/6140, S. 32.

60 Henssler/*Oetker*, § 6 Rn. 24.

61 Baumbach/Hueck/Fastrich, § 6 Rn. 13; Scholz/*Schneider*, § 6 Rn. 23; U/H/W/*Ulmer*, § 6 Rn. 18.

- der unrichtigen Darstellung nach § 400 AktG, § 331 HGB, § 313 UmwG oder § 17 PublG – Buchst. d – bzw.
- nach den §§ 263 bis 264a oder 265b bis § 266a StGB zu einer Freiheitsstrafe von mindestens einem Jahr – Buchst. e –

verurteilt worden ist. Die Auflistung dieser Straftaten ist **abschließend**[62].

Beachte: Nur Abs. 2 Satz 2 Nr. 3e verlangt eine Mindestfreiheitsstrafe von einem Jahr – für Buchst. a bis d sind „Art und Dauer der Strafe für den Ausschlusstatbestand ohne Bedeutung"[63], womit eine Geldstrafe ausreicht. Auch die Verhängung eines Berufsverbots als Nebenstrafe (§ 70 Abs. 1 StGB) spielt für den Ausschlusstatbestand der Nr. 3 keine Rolle[64].

Dieser Ausschluss gilt (ohne Unterschied für alle der vorgenannten Straftatbestände) für die Dauer von fünf Jahren seit der Rechtskraft des Urteils, wobei die Zeit nicht eingerechnet wird, in welcher der Täter auf behördliche Anordnung in einer Anstalt verwahrt worden ist (so Abs. 2 Satz 2 Halbs. 2). Die Fünf-Jahres-Frist – für deren Berechnung die §§ 186 ff. BGB gelten[65] – beginnt mit der Rechtskraft der Entscheidung – nicht hingegen mit der Verurteilung[66]. Die vom Geschäftsführer in der Anmeldung zum Handelsregister gemäß § 8 Abs. 3 abgegebene Versicherung, er sei „noch nie, weder im Inland noch im Ausland, wegen einer Straftat verurteilt worden", genügt den gesetzlichen Anforderungen, da es weder erforderlich ist, die in Abs. 2 Satz 2 Nr. 3 genannten Straftatbestände noch die in Rede stehenden vergleichbaren Bestimmungen des ausländischen Rechts in der Versicherung im einzelnen aufzuführen[67].

! Nach § 8 Abs. 3 besteht eine Verpflichtung zur Versicherung des Nichtvorliegens der Voraussetzungen des Abs. 2 Satz 2 Hs. 1 Nr. 1 gegenüber dem Registergericht.

22 Eine **rechtskräftige Verurteilung** wegen einer Straftat nach Abs. 2 Satz 2 Hs. 1 Nr. 3 ist ein allgemeines Hindernis für eine Geschäftsführerbestellung.[68]

Zu den Ausschlussgründen gehört in Abs. 2 Satz 2 Hs. 1 Nr. 3 nunmehr neben den bereits früher schon genannten Straftaten nach den §§ 283 bis 283d StGB (jetzt: **Buchst. b**) eine strafrechtliche Verurteilung wegen **Insolvenzverschleppung** (**Buchst. a**). Erfasst werden damit Verurteilungen auf der Grundlage von § 15a Abs. 4 InsO (neu – eingefügt infolge Art. 9 Nr. 3 MoMiG) ebenso wie Verurteilungen nach den schon früher geltenden inhaltsgleichen Straftatbeständen in §§ 84 Abs. 1 Nr. 2, 401 Abs. 1 Nr. 2 AktG oder § 130b (ggf. i.V.m. § 177) HGB.

23 Auch wer als Gesellschafter oder Geschäftsführer im Zusammenhang mit der Gründung einer Gesellschaft, der Erhöhung oder Herabsetzung des Stammkapitals oder in öffentlichen Mitteilungen vorsätzlich falsche Angaben macht (vgl. § 82), ist für eine Geschäftsführertätigkeit nicht geeignet. Entsprechendes gilt für eine Verurteilung nach dem aktienrechtlichen Paralleltatbestand des § 399 AktG (so **Buchst. c**).

In die Ausschlussgründe einbezogen wird außerdem eine Verurteilung wegen unrichtiger Darstellung nach § 400 AktG, § 331 HGB, § 313 UmwG oder § 17 PublG[69] (**Buchst. d**).

24 Darüber hinaus führt nunmehr eine Verurteilung zu einer Freiheitsstrafe von mindestens einem Jahr wegen einer oder mehrerer vorsätzlich begangener Straftaten nach § 265b (Kreditbetrug), § 266

---

62 Henssler/*Oetker*, § 6 Rn. 23.
63 Henssler/*Oetker*, § 6 Rn. 25: arg. e contrario zu Buchst. e.
64 Baumbach/Hueck/*Fastrich*, § 6 Rn. 13; Scholz/*Schneider*, § 6 Rn. 23.
65 Lutter/Hommelhoff/Kleindiek, § 6 Rn. 21.
66 Henssler/*Oetker*, § 6 Rn. 26. Eine Versicherung, in der ein Geschäftsführer nur auf den Zeitpunkt der Verurteilung selbst abstellt und nicht auf den der Rechtskraft des Urteils, vermittelt dem Registergericht nicht die nach dem Gesetz erforderlichen Angaben über das Vorliegen eines Ausschlussgrundes nach Abs. 2 Satz 2 Nr. 3: so BGH NZG 2011, 871 = GmbHR 2011, 864.
67 So BGH NZG 2010, 829 = GmbHR 2010, 812 – a. A. hingegen noch OLG München, NZG 2009, 717.
68 Baumbach/Hueck/*Fastrich*, § 6 Rn. 13.
69 RegE, BT-Drucks. 16/6140, S. 32.

(Untreue) oder § 266a StGB (Vorenthalten und Veruntreuen von Arbeitsentgelt) nach **Buchst. e)** zur Annahme der generellen Ungeeignetheit als Geschäftsführer. Insoweit wurden Forderungen nach der Aufnahme allgemeiner Vermögensdelikte des StGB in die Inhabilitätsregelung vom Gesetzgeber aufgegriffen. Für die Aufnahme dieser Straftatbestände unter der Einschränkung einer Verurteilung zu einer Freiheitsstrafe von mindestens einem Jahr sprechen gewichtige Gründe.[70]

So wird der Tatbestand des **§ 266a StGB** von einem Geschäftsführer, der verspätet die Insolvenz der GmbH anmeldet, regelmäßig verwirklicht und spielt in der Praxis aufgrund der einfachen Nachweisbarkeit durch die Aufstellungen der Krankenkassen, welche Beträge nicht oder nicht rechtzeitig abgeführt wurden, eine wichtige Rolle. 25

Die Aufnahme von Verurteilungen nach **§ 266 StGB** wegen Untreue war schon deshalb erforderlich, weil nach der Rechtsprechung des BGH typische Bankrottstraftaten eines Geschäftsführers dem § 266 StGB unterfallen, wenn dieser im eigenen Interesse gehandelt hat. Darüber hinaus kann generell davon ausgegangen werden, dass eine Person, die wegen Missbrauchs ihrer Befugnis, über fremdes Vermögen zu verfügen, oder wegen Verletzung der ihr obliegenden Vermögensbetreuungspflicht zu einer Freiheitsstrafe von mindestens einem Jahr verurteilt wurde, auch ungeeignet ist, das Amt eines Geschäftsführers zu bekleiden, welches grundsätzlich mit solchen Befugnissen und Pflichten einhergeht. 26

Schließlich weist auch **§ 265b StGB** einen konkreten unternehmerischen Bezug auf, indem er grundsätzlich an einen Betrieb oder ein Unternehmen anknüpft. Durch die Tathandlungen des Vorlegens unrichtiger oder unvollständiger Unterlagen oder der Abgabe unrichtiger oder unvollständiger schriftlicher Angaben rückt die Vorschrift zudem in die Nähe der in Buchst. d) (Rn. 24) neu aufgenommenen Verurteilungen wegen **unrichtiger Darstellung**.[71] 27

Der RegE[72] hatte zunächst darauf verzichtet, das Bestellungsverbot in Buchst. e darüber hinausgehend an weitere Verurteilungen gegen Bestimmungen des **allgemeinen Strafrechts** zu knüpfen. So war insbesondere davon abgesehen worden, die Strafvorschriften der §§ 263, 263a, 264, 264a StGB als Ausschlusstatbestände aufzunehmen, da Verurteilungen nach diesen Vorschriften nicht regelmäßig im Zusammenhang mit der Tätigkeit eines Geschäftsführers oder einer sonstigen wirtschaftlichen Tätigkeit stünden. Der Anwendungsbereich sei vielmehr so vielgestaltig, dass nicht zwingend auf eine fehlende Eignung als Geschäftsführer geschlossen werden könne. Aus diesem Grund müsse – so noch der RegE – eine Aufnahme wegen des starken Eingriffs in die durch Art. 12 GG gewährte Berufsfreiheit unterbleiben. Insbesondere würden durch den Verzicht auf § 263 StGB ungerechte Ergebnisse wegen der teilweise schwierigen Abgrenzung zwischen Betrug und Diebstahl vermieden, die dazu führen könnten, dass in einem Fall ein Bestellungshindernis aufgrund Verurteilung wegen Betrugs anzunehmen wäre, während in einem ganz ähnlich gelagerten Fall die Verurteilung wegen Diebstahls der Bestellung zum Geschäftsführer nicht entgegenstünde.[73] 28

Der Bundesrat hatte in seiner Stellungnahme[74] darum gebeten, in Buchst. e) auch die Straftatbestände der §§ 263 bis 264a oder 265b bis 266a StGB sowie § 5 des Gesetzes über die Sicherung der Bauforderungen aufzunehmen und dies damit begründet, dass die im RegE enthaltene Regelung sich an den Vorschlägen des Gesetzentwurfs des Bundesrats zum Gesetz zur Sicherung von Werkunternehmeransprüchen und zur verbesserten Durchsetzung von Forderungen (Forderungssicherungsgesetz)[75] orientiere, was grundsätzlich zu begrüßen sei, aber zu kurz greife.[76] Zum einen erscheine die Aufnahme der Straftatbestände der §§ 263, 263a, 264, 264a StGB als Ausschlusstatbestände angezeigt, weil derjenige, der deswegen zu einer Freiheitsstrafe von mindestens einem Jahr verurteilt worden ist, deutlich zum Ausdruck gebracht habe, dass er eine zweifelhafte Einstellung zu fremden Vermögensmassen hat. Da eine „GmbH-UG (haftungsbeschränkt)" über eine 29

70 RegE, BT-Drucks. 16/6140, S. 32.
71 RegE, BT-Drucks. 16/6140, S. 33.
72 RegE, BT-Drucks. 16/6140, S. 33.
73 RegE, BT-Drucks. 16/6140, S. 33.
74 Stellungnahme des Bundesrats, BR-Drucks. 354/07 – zu Art. 1 Nr. 7 (§ 6 Abs. 2 Satz 2 Nr. 3e GmbHG), S. 9 f.
75 BR-Drucks. 878/05.
76 Stellungnahme des Bundesrats, Anlage 2 des RegE, BT-Drucks. 16/6140, S. 64.

eigene (vom Geschäftsführer zu schützende) Vermögensmasse verfügt, komme es nicht darauf an, ob eine Verurteilung nach diesen Vorschriften im Zusammenhang mit der Tätigkeit eines Geschäftsführers oder einer sonstigen wirtschaftlichen Tätigkeit stehe oder nicht. Personen, die wegen Vermögensdelikten zu hohen Strafen verurteilt worden sind, seien per se nicht geeignet, den Aufgabenbereich eines Geschäftsführers auszuüben. Bei derartigen Verurteilungen bestehe regelmäßig keine Vertrauensbasis für eine ordnungsgemäße und entsprechend den Regeln des Wirtschaftslebens ausgerichtete Geschäftsführung. In dieser Strafrechtskategorie spiele auch die eher im Bagatellbereich anzusiedelnde Abgrenzungsproblematik von Betrug und Diebstahl keine Rolle mehr.[77]

30 Die Aufnahme der Strafvorschrift wegen Zuwiderhandlung gegen die Baugeldverwendungspflicht aus dem Gesetz über die Sicherung der Bauforderungen in diesen Katalog sei angemessen, da das Interesse der Baugeldgläubiger an der zweckentsprechenden Verwendung von Baugeld ebenso gewichtig sei.[78]

31 Nachdem die Bundesregierung dem letztlich zugestimmt hat, ist es auch zu einer Aufnahme der Straftatbestände der **§§ 263 bis 264a StGB** in den Katalog von Buchst. e) gekommen[79] – nicht jedoch auch zu einer Einbeziehung von § 5 des Gesetzes über die Sicherung von Bauforderungen, da dieses Gesetz einen zu geringen Zusammenhang zur Geschäftsführertätigkeit im Allgemeinen hat und nicht ausreichend die generelle Unfähigkeit einer Person begründet, Geschäftsführer zu sein, weswegen eine Einbeziehung unverhältnismäßig gewesen wäre.[80]

32 Der Bundesrat hatte in seiner Stellungnahme zum MoMiG außerdem darum gebeten, in Buchst. e) nach dem Wort „Strafgesetzbuches" die Wörter „oder wegen einer Steuerstraftat im Sinne der §§ 369 ff. der Abgabenordnung in Verbindung mit den Einzelsteuergesetzen" einzufügen[81] und dies damit begründet, dass GmbH-Geschäftsführer nicht sein dürfe, wer entsprechende Straftaten begangen hat oder begeht. Bei der Auswahl der Strafrechtsnormen, die Eingang in den RegE fanden (Kreditbetrug, Untreue etc.), sei darauf abgestellt worden, ob die Straftat (auch wenn sie nicht in einem bereits bestehenden Geschäftsführerverhältnis begangen wurde) in einem Zusammenhang mit der typischen Tätigkeit eines Geschäftsführers stehe. Dabei wurden jedoch Steuerstraftaten i.S.v. § 369 AO nicht berücksichtigt. Ein GmbH-Geschäftsführer hat unter anderem auch die steuerlichen Pflichten der Gesellschaft zu erfüllen. Begeht er eine Steuerstraftat, so sei – so der Bundesrat – unstreitig, an seiner Zuverlässigkeit zu zweifeln. Deshalb sollte Buchst. e) dahin gehend ergänzt werden, dass eine Verurteilung zu einer Freiheitsstrafe von mindestens einem Jahr wegen einer Steuerstraftat i.S.v. § 369 AO ebenfalls zur Inhabilität führt.

33 Dem ist der Gesetzgeber letztlich jedoch nicht gefolgt, da das Bestellungsverbot nur auf solche Straftaten bezogen werden kann, bei denen auch ein tatsächlicher Zusammenhang zu der Ungeeignetheit der Person besteht, Geschäftsführer einer GmbH zu sein. Der Vorschlag, alle Steuerstraftaten nach den §§ 369 ff. AO i.V.m. den Einzelsteuerstraftaten aufzunehmen, geht vor diesem Hintergrund deutlich zu weit und würde die Regelung für die Praxis unüberschaubar machen.[82]

34 Die Erweiterung der Ausschlusstatbestände wird dadurch abgemildert, dass allgemein nur **vorsätzlich begangene Straftaten** zur Amtsunfähigkeit führen sollen. Nicht erfasst werden also fahrlässige Insolvenzstraftaten (vgl. § 283 Abs. 4 und 5, § 283b Abs. 2 StGB, § 15a Abs. 5 InsO neu). Diese Beschränkung soll Zweifeln an der Verhältnismäßigkeit von Abs. 2 a.F. begegnen. Demgegenüber stärkt die Einbeziehung insbesondere der Strafbarkeit wegen vorsätzlicher Insolvenzverschleppung den Gleichbehandlungsgrundsatz.

77 Stellungnahme des Bundesrats, Anlage 2 des RegE, BT-Drucks. 16/6140, S. 64.
78 Stellungnahme des Bundesrats, Anlage 2 des RegE, BT-Drucks. 16/6140, S. 64.
79 Gegenäußerung der Bundesregierung, RegE, BT-Drucks. 16/6140, S. 75.
80 Gegenäußerung der Bundesregierung, RegE, BT-Drucks. 16/6140, S. 75.
81 Stellungnahme des Bundesrats, BR-Drucks. 354/07 – zu Art. 1 Nr. 7 (§ 6 Abs. 2 Satz 2 Nr. 3e GmbHG), S. 11.
82 Gegenäußerung der Bundesregierung, RegE, BT-Drucks. 16/6140, S. 75.

Nach der Übergangsvorschrift des **§ 3 Abs. 2 EGGmbHG**[83] ist Abs. 2 Satz 2 Hs. 1 Nr. 3 Buchst. a), c), d) und e) in der ab dem 1.11.2008 geltenden Fassung auf Personen, die vor dem 1.11.2008 zum Geschäftsführer bestellt worden sind, nicht anzuwenden, wenn die Verurteilung vor dem 1.11.2008 rechtskräftig geworden ist. Entsprechendes gilt für Abs. 2 Satz 3 (Rn. 36) in der ab dem 1.11.2008 geltenden Fassung, soweit die Verurteilung wegen einer Tat erfolgte, die den Straftaten i.S.v. § 3 Abs. 2 Satz 1 EGGmbHG vergleichbar ist (so § 3 Abs. 2 Satz 1 EGGmbHG). Dies bedeutet, dass bei Personen, die bereits vor Inkrafttreten des MoMiG zum Geschäftsführer bestellt worden sind, Verurteilungen nach den neu in den Katalog des Abs. 2 Satz 2 Hs. 1 Nr. 3 Buchst. a), c), d) und e) aufgenommenen Straftaten nicht zum Verlust der Befähigung, Geschäftsführer einer GmbH sein zu können, führen, wenn die Verurteilung bereits vor Inkrafttreten des MoMiG rechtskräftig geworden ist. Entsprechendes gilt für Verurteilungen wegen vergleichbarer Auslandsstraftaten (Abs. 2 Satz 3 – Rn. 36). Damit wird dem Gebot des Vertrauensschutzes Rechnung getragen.[84]

5. Ausländische Straftaten (Abs. 2 Satz 3)

Nach Abs. 2 Satz 3 gilt Abs. 2 Satz 2 Hs. 1 Nr. 3 entsprechend bei einer Verurteilung im Ausland wegen einer Tat, die mit den in Abs. 2 Satz 2 Hs. 1 Nr. 3 genannten Taten vergleichbar ist. Die ausdrückliche Erstreckung des Bestellungshindernisses nach Abs. 2 Satz 2 Hs. 1 Nr. 3 auf Fälle einer Verurteilung wegen **vergleichbarer ausländischer Straftaten**[85] zielt darauf ab, auch in diesen Fällen einen **einheitlichen Schutzstandard** vor ungeeigneten Personen als Geschäftsführer zu gewährleisten. So darf das Registergericht wegen eines im Inland gegen den – einem Geschäftsführer einer GmbH gleichstehenden – „Director" einer englischen Private Limited Company durch vollziehbare Entscheidung der Verwaltungsbehörde verhängten Gewerbeverbots (Abs. 2 Satz 3) die beantragte Eintragung einer Zweigniederlassung der Limited in das Handelsregister verweigern[86]. 35

6. Exkurs: Ausländische Staatsangehörigkeit und Ähnliches

Das GmbHG statuiert hingegen keine Restriktionen der Geschäftsführereignung im Hinblick auf die Staatsangehörigkeit (d.h. **keine Inhabilität**)[87] – insbesondere werden auch weder ein Wohnsitz bzw. ständigem Aufenthaltsort der Geschäftsführer in Deutschland noch hinreichende deutsche Sprachkenntnisse bzw. eine Arbeits- oder Gewerbeerlaubnis gefordert.[88] Dies gilt unabhängig davon, dass für Staatsangehörige eines EU-Mitgliedstaats ohnehin die Grundfreiheiten des Markts (Art. 49, 54 AEUV, ex Art. 43, 48 EGV) gelten.[89] Allerdings sind für das Anstellungsverhältnis die ausländerrechtlichen Vorgaben (vgl. bspw. § 3 AuslG) zu beachten. 36

83 Dazu Baumbach/Hueck/*Fastrich*, § 6 Rn. 15 f.; Lutter/Hommelhoff/*Kleindiek*, § 6 Rn. 30.

84 So RegE, BT-Drucks. 16/6140, S. 33.

85 Was schon der h.M. vor dem Inkrafttreten des MoMiG entsprach: vgl. etwa OLG Naumburg, GmbHR 2000, 378; a. A. hingegen LG Köln, NJW-RR 1995, 553.

86 BGHZ 172, 200 = NJW 2007, 2328 = NZG 2007, 592 = GmbHR 2007, 870: Eine derartige Ablehnung der Eintragung der Zweigniederlassung der Limited im Inland verstoße weder gegen die elfte (Zweigniederlassungs-) Richtlinie des Rates vom 21.12.1989 (89/666/EWG) noch – nach Maßgabe des sog. Vier-Kriterien-Tests – gegen die Niederlassungsfreiheit gemäß Art. 43, 48 EGV (nunmehr Art. 49, 54 AEUV).

87 Baumbach/Hueck/*Fastrich*, § 6 Rn. 9; Henssler/*Oetker*, § 6 Rn. 17; Roth/*Altmeppen*, § 6 Rn. 33; Scholz/*Schneider*, § 6 Rn. 16.

88 So OLG Stuttgart v. 9.2.2005 – 8 KV 164/08: Die Bestellung eines Ausländers, der die Staatsangehörigkeit eines Landes hat, das nicht der EU angehört und der außerhalb der EU wohnt, zum Geschäftsführer einer GmbH, steht nicht entgegen, dass er lediglich über ein „Besuchs-/Geschäftsvisum" verfügt, das ihm jederzeit die Einreise für eine Aufenthaltsdauer von bis zu 90 Tagen gestattet und die Beschränkung enthält „Erwerbstätigkeit nicht gestattet". Die Geschäftsführertätigkeit für eine juristische Person gilt nicht als Erwerbstätigkeit, sofern sie im Inland innerhalb von zwölf Monaten insgesamt nicht länger als drei Monate ausgeübt wird. Vgl. auch OLG Celle, GmbHR 2007, 657; OLG Dresden, GmbHR 2003, 537; OLG Frankfurt/M., GmbHR 2001, 324; OLG Düsseldorf, GmbHR 1978, 110; Baumbach/Hueck/*Fastrich*, § 6 Rn. 39; *Erdmann*, NZG 2003, 503; Henssler/*Oetker*, § 6 Rn. 17.; Roth/Altmeppen/*Altmeppen*, § 6 Rn. 33; U/W/H/*Ulmer*, § 6 Rn. 12.

89 EuGH EuZW 1998, 601.

37 Jedoch verlangt die Judikatur teilweise zwecks Gewährleistung einer Erfüllung der gesetzlichen Mindestpflichten **Einreisemöglichkeit**:[90] Zwar können – wie ausgeführt – grundsätzlich auch Ausländer zu Geschäftsführern bestellt werden, wobei Wohnsitz oder ständiger Aufenthalt, Arbeits- oder Gewerbeerlaubnis im Inland dafür nicht Voraussetzung sind.[91] Jedoch sei zu berücksichtigen, dass durch die Bestellung des Geschäftsführers die GmbH erst handlungsfähig gemacht werden kann und soll. Aus Abs. 2 lasse sich entnehmen, dass nur solche Personen zu Geschäftsführern bestellt werden können, die auch die der Gesellschaft und ihnen persönlich in ihrer Eigenschaft als Geschäftsführer obliegenden gesetzlichen Pflichten erfüllen können. Die an die wirksame Bestellung eines Geschäftsführers zu stellenden Anforderungen seien überdies nicht abschließend in § 6 geregelt. Vielmehr ergebe sich aus anderen Vorschriften des GmbHG, dass der Geschäftsführer über die in § 6 genannten Voraussetzungen – insbesondere die Fähigkeit, rechtlich handeln zu können – hinaus in der Lage sein muss, seine Funktion auch tatsächlich Engständig im Interesse der Gesellschaft auszuüben und die mit ihr verbundenen Pflichten zu erfüllen.[92] Andernfalls widerspräche seine Bestellung dem gesetzlichen Bild eines Geschäftsführers einer GmbH, der nicht allein der Gesellschaft gegenüber gehalten ist, deren Angelegenheiten mit der Sorgfalt eines ordentlichen Geschäftsleiters zu besorgen, sondern zugleich öffentliche und damit auch dem Schutz der Gläubiger dienende Pflichten hat, vor allem im Hinblick auf die Sicherung des Stammkapitals und die rechtzeitige Beendigung der Geschäfte einer insolvent gewordenen Gesellschaft.

Nach neuerer Ansicht[93] kommt – losgelöst von den Ausnahmetatbeständen des § 6 – ein in der Person des Geschäftsführers begründetes Bestellungshindernis nur dann in Betracht, wenn die Organtätigkeit aus tatsächlichen Gründen dauerhaft unmöglich ist. Die fehlende Möglichkeit, nach Deutschland einzureisen, reiche für die Annahme eines solchen Hindernisses grundsätzlich nicht aus. Zudem müsse die Novelierung des § 4a mit berücksichtigt werden, nach der eine GmbH jetzt ihren Verwaltungssitz auch dauerhaft ins Ausland verlegen kann[94].

90 So OLG Celle, GmbHR 2007, 657, 658 (zum Anspruch auf Eintragung eines in Russland lebenden russischen Staatsangehörigen als Geschäftsführer): Die Erfüllung der gesetzlichen Verpflichtungen eines Geschäftsführers ist nur dann sichergestellt, wenn für ihn die jederzeitige Möglichkeit besteht, in das Inland einzureisen, um auch von dort die gesetzlichen Aufgaben eines Geschäftsführers wahrnehmen zu können. Soweit deshalb für den in Aussicht genommenen Geschäftsführer ein besonderer Aufenthaltstitel erforderlich ist, steht dies einer Bestellung als Geschäftsführer entgegen. Vgl. zudem OLG Zweibrücken, NZG 2001, 857; OLG Hamm, ZIP 1999, 1919; OLG Köln, BB 1999, 493; Rowedder/Schmidt-Leithoff/*Schmidt-Leithoff*, § 6 Rn. 13; Scholz/*Schneider*, § 6 Rn. 17 f.; *Teichmann*, IPRax 2000, 110, 113 f. Kritisch hierzu Baumbach/Hueck/*Fastrich*, § 6 Rn. 8: Eine solche Anforderung sei vom Gesetz nicht gedeckt und verkenne praktische Erfordernisse und reale Möglichkeiten moderner Kommunikationsmittel.

91 Lutter/Hommelhoff/*Kleindiek*, § 6 Rn. 14; Roth/Altmeppen/*Altmeppen*, § 6 Rn. 39; Scholz/*Schneider*, § 6 Rn. 16.

92 BGH NJW 1981, 2125, 2126; OLG Köln, NZG 1999, 269; OLG Hamm, DNotZ 2000, 235, 237; OLG Zweibrücken, NZG 2001, 857; a.A. OLG Dresden, GmbHR 2005, 537; LG Rostock, NJW-RR 2004, 398.

93 OLG Dresden, GmbHR 2003, 537; OLG Düsseldorf, NZG 2009, 678; Dass., GmbHR 1978, 110; OLG Frankfurt/M., NJW 1977, 1595; OLG München, NZG 2010, 157, 158 = GmbHR 2010, 210; OLG Celle, GmbHR 2007, 657 = NZG 2007, 634: Die Erfüllung der gesetzlichen Verpflichtungen eines Geschäftsführers sei nur dann sichergestellt, wenn für ihn die jederzeitige Möglichkeit besteht, in das Inland einzureisen, um auch von dort die gesetzlichen Aufgaben eines Geschäftsführers wahrnehmen zu können – soweit deshalb für den in Aussicht genommenen Geschäftsführer ein besonderer Aufenthaltstitel erforderlich ist, stehe dies seiner Bestellung als Geschäftsführer entgegen. Ebenso Baumbach/Hueck/*Fastrich*, § 6 Rn. 9; Henssler/*Oetker*, § 6 Rn. 18; *Ries*, NZG 2010, 298, 299; Roth/*Altmeppen*, § 6 Rn. 35; U/W/H/*Ulmer*, § 6 Rn. 15 ff.

94 OLG Düsseldorf, NZG 2009, 678, 679; Dass., GmbHR 2009, 776: Nach der Neufassung des § 4a, der es erlaubt, dass eine deutsche GmbH ihren Verwaltungssitz an jeden beliebigen Ort im Ausland verlegt, mithin ihre Geschäfte auch vollständig im oder aus dem Ausland tätigt, ist – auch mit Blick auf die denkbare Möglichkeit einer Anordnung des persönlichen Erscheinens des Geschäftsführers der GmbH durch ein inländisches Gericht oder eine inländische Behörde – nicht anzunehmen, dass ein Geschäftsführer mit Staatsangehörigkeit und Wohnsitz eines Nicht-EU-Staates seine gesetzlichen Aufgaben bei fehlender Einreisemöglichkeit typischer Weise nicht erfüllen könnte. Dazu auch Henssler/*Oetker*, § 6 Rn. 18.

Letztlich dürfte jedoch dem praktischen Ansatz von *Fastrich*[95] zuzustimmen sein, dass eine Versagung der Handelsregistereintragung „keine geeignete Sanktion für Verstöße gegen das Ausländerrecht" darstellt. „Übernimmt ein Ausländer solche Organpflichten, muss er sie jedenfalls erfüllen, und wie er Einreisehindernisse überwindet, ist sein Problem".[96] **38**

7. Rechtsfolgen eines Verstoßes gegen Abs. 2

Beachte: Bei der Handelsregisteranmeldung muss der Geschäftsführer über das Vorliegen der Voraussetzungen eines Ausschlusstatbestands nach Abs. 2 Satz 2 Nr. 2 oder Nr. 3 bzw. Abs. 2 Satz 3 nach § 8 Abs. 3 eine **Negativerklärung** abgeben. **39**

Soweit eine Eignungsvoraussetzung fehlt, ein Geschäftsführer also unter Missachtung von Abs. 2 Satz 1, 2 oder 3 bestellt worden ist, ist seine Bestellung (ohne Rücksicht auf eine Kenntnis des Mangels) nicht bloß anfechtbar, sondern unwirksam (**Nichtigkeit der Bestellung**).[97] Es erfolgt eine Löschung von Amts wegen nach § 398 FamFG[98].

Geht ein Geschäftsführer (nachträglich) seiner Geschäftsfähigkeit (oder einer sonstigen Eignungsvoraussetzung) verlustig (**nachträglicher Eintritt eines absoluten Eignungsmangels Inhabilität** [Wegfall der Bestellungsvoraussetzung durch Eintritt eines Ausschlusstatbestands]), verliert er *ipso iure* (d.h. ohne eine Reaktion der Gesellschaft, bspw. eine Abberufung) auch sein Amt. [99]Es spielt dabei keine Rolle, ob die Gesellschafter oder er selbst bspw. den Wegfall der Geschäftsfähigkeit bzw. der Bestellungsvoraussetzung kennen oder nicht.

Eine ipso iure erloschene Geschäftsführerbestellung lebt auch nicht mehr automatisch nach Ablauf der Fünf-Jahres-Frist (Abs. 2 Satz 2 2. Halbs.) bzw. nach Wegfall des Ausschlusstatbestandes wieder auf[100] – erforderlich ist dann vielmehr eine erneute Bestellung[101]

Auf einen Geschäftsführer, der entgegen einem Ausschlusstatbestand (Abs. 2 Satz 2 Nr. 1 bis 3) bzw. bei Fehlen der Voraussetzungen von Abs. 2 Satz 1 sein Amt ausübt, gelangen die **Grundsätze über die fehlerhafte Organbestellung** zur Anwendung[102]. **40**

Die **Eintragung ins Handelsregister** (oder ein späterer Wegfall einer einmal bestandenen Eignungsvoraussetzung) führt **keine Heilung** herbei[103] mit folgenden Konsequenzen:

- Im **Innenverhältnis** (zwischen den Gesellschaftern) gelten die Grundsätze der fehlerhaften Organstellung.[104]
- Im **Außenverhältnis** genießen Dritte Vertrauensschutz wegen der im Handelsregister erfolgten Eintragung als Geschäftsführer nach § 15 HGB.[105]

Die Handelsregistereintragung des Geschäftsführers ist grundsätzlich von Amts wegen wieder zu löschen.[106]

---

95 Baumbach/Hueck/*Fastrich*, § 6 Rn. 9 unter Bezugnahme auf OLG Dresden, GmbHR 2003, 527; OLG Frankfurt/M., NJW 1977, 1595. Ebenso Hachenburg/*Ulmer*, § 6 Rn. 10; Roth/Altmeppen/*Altmeppen*, § 6 Rn. 40: „Konsequent wäre es … allein, bei einem Ausländer ohne Aufenthaltserlaubnis ein Bestellungshindernis analog § 6 II anzunehmen (so Scholz/*Schneider*, § 6 Rn. 18a). Doch erlaubt die Ausnahmeregelung des § 6 II … keine entsprechende Anwendung".

96 So Roth/Altmeppen/*Altmeppen*, § 6 Rn. 41.

97 OLG Naumburg, ZIP 2000, 622; OLG Frankfurt/M., DB 1994, 2282; KG ZIP 2012, 84: Die Gewerbeuntersagung eines Unternehmensteilgegenstandes gemäß Abs. 2 Satz 2 führt zur Nichtigkeit der Geschäftsführerbestellung; Baumbach/Hueck/*Fastrich*, § 6 Rn. 17; Roth/Altmeppen/*Altmeppen*, § 6 Rn. 23; Scholz/*Schneider*, § 6 Rn. 12 und 31.

98 OLG München, NZG 2010, 474, 475.

99 BGHZ 115, 78, 80; OLG Düsseldorf, GmbHR 1994, 114; BayObLG BB 1993, 1547; Baumbach/Hueck/*Fastrich*, § 6 Rn. 17; Roth/Altmeppen, § 6 Rn. 23; Scholz/*Schneider*, § 6 Rn. 30 f.; U/H/W/*Ulmer*, § 6 Rn. 19.

100 Henssler/*Oetker*, § 6 Rn. 28.

101 Roth/*Altmeppen*, § 6 Rn. 23; Scholz/*Schneider*, § 6 Rn. 13.

102 Baumbach/Hueck/*Fastrich*, § 6 Rn. 17; Henssler/*Oetker*, § 6 Rn. 29.

103 Baumbach/Hueck/*Fastrich*, § 6 Rn. 17.

104 Baumbach/Hueck/*Fastrich*, § 6 Rn. 17; Goette, § 8 Rn. 14.

105 Baumbach/Hueck/*Fastrich*, § 6 Rn. 17; Roth/*Altmeppen*, § 6 Rn. 24; U/H/W/*Ulmer*, § 6 Rn. 10.

106 OLG Zweibrücken, NZG 2001, 857; BayObLG NJW-RR 1989, 934, 935; Roth/Altmeppen/*Altmeppen*, § 6 Rn. 24.

41 **!** Bei Fehlen (bzw. späterem Wegfall) der Geschäftsführerfähigkeit (Inhabilität) umfasst der Vertrauensschutz nach § 15 HGB nur die Geschäftsführerstellung (d.h. die organschaftliche Vertretungsmacht) selbst, nicht hingegen auch die Frage der Geschäftsfähigkeit oder Geschäftsunfähigkeit (da es sich hierbei nicht um eine „eintragungsfähige Tatsache" und somit um einen der Publizitätswirkung des Handelsregisters teilhabenden Umstand i.S.v. § 15 HGB handelt).[107] Allein allgemeine Rechtscheinsgrundsätze (d.h. der Anscheins- oder Duldungsvollmacht) vermögen hier eine Verpflichtung der GmbH für ein Geschäftsführerhandeln herbeizuführen[108] (allgemeine Rechtsscheinshaftung).

! Nach § 165 BGB kann jedoch ein beschränkt geschäftsfähiger Geschäftsführer – sofern er nach Maßgabe von § 15 Abs. 1 und 3 HGB als Geschäftsführer „gilt" – die GmbH vertreten.[109]

42 Erlangt die Person ihre Geschäftsfähigkeit wieder zurück (bzw. fällt ein zunächst unentdeckt gebliebener Mangel später weg), lebt die Geschäftsführerstellung nicht automatisch (d.h. *ipso iure*) wieder auf. Vielmehr ist eine erneute Bestellung zum Geschäftsführer nach Abs. 3 Satz 2 erforderlich.[110]

III. Fremd- und Selbstgeschäftsführerschaft (Abs. 3 Satz 1)

43 Zu Geschäftsführern können nach Abs. 3 Satz 1 Gesellschafter (**Gesellschafter-Geschäftsführer**[111] – Selbstgeschäftsführerschaft [Selbstorganschaft]) oder andere Personen (**Nicht- oder Fremdgeschäftsführer** [-schaft], d.h. [im Unterschied zum Personengesellschaftsrecht] Möglichkeit der Drittorganschaft) bestellt werden.

Das GmbHG behandelt Selbst- und Fremdorganschaft rechtlich gleich (eine Ausnahme gilt lediglich bei der Ein-Personen-GmbH für den (Ein-Mann-)Geschäftsführer nach § 35 Abs. 4)[112] – bspw. auch hinsichtlich des Verbots des Selbstkontrahierens nach § 35 Abs. 4 Satz 1 i.V.m. § 181 BGB.

Hingegen besteht nach § 52 Abs. 1 (i.V.m. § 105 AktG) Inkompatibilität zwischen der Geschäftsführerposition und der Innehabung eines Aufsichtsratsmandats.[113]

IV. Bestellung des Geschäftsführers (Abs. 3 Satz 2)

44 Die Bestellung – actus contrarius ist die Abberufung (§ 38, Beendigung der Organstellung) – des Geschäftsführers (wodurch dieser Gesellschaftsorgan wird) ist **körperschaftlicher Akt**[114] und vom ihr zugrunde liegenden Anstellungs- (beim Fremdgeschäftsführer) oder Gesellschaftsverhält-

107 BGHZ 115, 78, 81; 53, 210, 215; Baumbach/Hueck/*Fastrich*, § 6 Rn. 17; Roth/Altmeppen/*Altmeppen*, § 6 Rn. 24; U/H/W/*Ulmer*, § 6 Rn. 10; a.A. OLG München, DB 1990, 1959.

108 BGHZ 115, 81, 82 f.; Baumbach/Hueck/*Fastrich*, § 6 Rn. 18 – wobei hier argumentiert wird, der Schutz des Geschäftsunfähigen greife in einem solchen Fall deshalb nicht, da der Rechtsschein nur zulasten der GmbH wirke, so *Roth*, JZ 1990, 1030; a.A. Roth/Altmeppen/*Altmeppen*, § 6 Rn. 25: Allgemeine Rechtsscheinsgrundsätze können nur eine „Scheinvertretungsmacht", nicht jedoch eine „Scheingeschäftsfähigkeit" überwinden. Haftung der GmbH nach §§ 311 Abs. 2, 280 Abs. 1, 241 Abs. 2 BGB (wegen Verschuldens bei Vertragsschluss, wenn der Geschäftsherr die Geschäftsunfähigkeit des Geschäftsführers erkannt hat oder hätte erkennen müssen [wobei es auf die Kenntnis/das Kennenmüssen der Gesellschafter ankommt], und ggf. nach § 826 BGB).

109 Roth/Altmeppen/*Altmeppen*, § 6 Rn. 25.

110 BayObLG ZIP 1993, 595; Roth/Altmeppen/*Altmeppen*, § 6 Rn. 23.

111 Dessen Beteiligungsrechte an der Gesellschafterversammlung aufgrund seiner Gesellschafterstellung nicht beschränkt sind: Baumbach/Hueck/*Fastrich*, § 6 Rn. 8; Henssler/*Oetker*, § 6 Rn. 19.

112 Baumbach/Hueck/*Fastrich*, § 6 Rn. 8.

113 Roth/Altmeppen/*Altmeppen*, § 6 Rn. 21.

114 Baumbach/Hueck/*Fastrich*, § 6 Rn. 25; Roth/Altmeppen/*Altmeppen*, § 6 Rn. 44.

nis (beim Gesellschafter-Geschäftsführer) zu unterscheiden.[115] Es handelt sich mithin um zwei verschiedene, zu trennende Rechtsverhältnisse mit jeweils eigenem rechtlichen Schicksal (**Trennung zwischen Organstellung und Anstellungs-/Gesellschaftsverhältnis**).[116] Doch kann das Anstellungs- mit dem Organverhältnis auch verknüpft werden[117] – wobei die Auffassung vertreten wird, dass eine entsprechende Koppelung über eine längere Zeit hinweg (bzw. bei längerer Kündigungsfrist des Anstellungsverhältnisses) einer angemessenen Kompensation zugunsten des Geschäftsführers bedarf.[118] Die Bestellung eines Geschäftsführers muss bereits im Gründungsstadium erfolgen.[119] Hat die Vorgesellschaft keinen Geschäftsführer, ist dies nach § 10 Abs. 1 Eintragungshindernis.[120]

Die Bestellung kann mit einer aufschiebenden oder auflösenden Bedingung (§ 158 BGB) verknüpft werden[121].

Die Bestellung eines Geschäftsführers (als rechtsgeschäftliche Erklärung gegenüber dem Geschäftsführer, deren Eintragung ins Handelsregister nach den §§ 10 Abs. 1, 39 nur deklaratorische Bedeutung zukommt)[122] erfolgt gem. Abs. 3 Satz 2 entweder 45

- im **Gesellschaftsvertrag** (als einfacher fakultativer Inhalt [dem nicht Satzungscharakter zukommt, weswegen eine Abrufung und Neubestellung eines anderen Geschäftsführers ohne Satzungsänderung vollzogen werden kann][123] – § 3 Rn. 33 ff.; ist der Geschäftsführer als Gesellschafter Vertragspartei des Vertragsabschlusses, erfolgt dadurch zugleich auch die Bestellungserklärung und deren Annahme[124] – ggf. als mitgliedschaftliche Nebenpflicht i.S.v. § 3 Abs. 2[125]) *oder*
- (sofern im Gesellschaftsvertrag nichts anderes bestimmt ist und auch aus dem Mitbestimmungsrecht nichts anderes folgt)[126] nach Maßgabe der Bestimmungen des dritten Abschnitts (§§ 35 ff. – vgl. insbesondere die §§ 46 Nr. 5, 47 ff.) durch **Gesellschafterbeschluss**[127] (mit einfacher Mehrheit[128] [§ 47 Abs. 1, sofern der Gesellschaftsvertrag keine

---

115 Roth/Altmeppen/*Altmeppen,* § 6 Rn. 44; Henssler/*Oetker*, § 6 Rn. 37: wodurch die persönliche Rechtsstellung des Gesellschafters geregelt wird.

116 BGH ZIP 1999, 1669; BGH NJW-RR 1990, 1123, 1124; Roth/Altmeppen/*Altmeppen,* § 6 Rn. 44; Scholz/*Schneider*, § 35 Rn. 150 f.

117 BGH NJW 1999, 3263; 1998, 1480; Roth/Altmeppen/*Altmeppen,* § 6 Rn. 44.

118 *Bauer/Diller*, GmbHR 1998, 809.

119 BGHZ 80, 212, 214 f.

120 Roth/Altmeppen/*Altmeppen,* § 6 Rn. 48.

121 Umstritten, so aber BGH ZIP 2005, 2255, 2256; OLG Stuttgart, ZIP 2004, 951, 953. Zustimmend Henssler/*Oetker*, § 6 Rn. 39; a. A. hingegen Roth/*Altmeppen*, § 6 Rn. 62; Scholz/*Schneider*, § 6 Rn. 38.

122 BGH NJW 1996, 257, 259; Roth/*Altmeppen*, § 6 Rn. 39.

123 BGH GmbHR 1982, 129; BGHZ 18, 205, 207 f.; Hachenburg/*Ulmer*, § 6 Rn. 26; Roth/Altmeppen/*Altmeppen,* § 6 Rn. 56. Nach Baumbach/Hueck/*Fastrich*, § 6 Rn. 26 (ebenso U/H/W/*Ulmer*, § 6 Rn. 26) kann der Gesellschaftsvertrag die Bestellung jedoch mit *Satzungscharakter* versehen (als Zweifelsregelung ist dies jedoch nicht gewollt: Roth/Altmeppen/*Altmeppen,* a.a.O.), eine Abrufung aus „wichtigem Grund" aber nicht ausschließen.

124 Roth/Altmeppen/*Altmeppen,* § 6 Rn. 62.

125 Roth/*Altmeppen*, § 6 Rn. 58; U/H/W/*Ulmer*, § 6 Rn. 26.

126 Zuständigkeit des Aufsichtsrats in mitbestimmten Unternehmen nach § 31 MitbestG, § 12 Montan-MitbestG bzw. § 13 MitbestErGG.

127 Vgl. aber § 46 Abs. 2, der auch hinsichtlich der Gesellschafterversammlung einen Vorrang des Gesellschaftsvertrags postuliert: so Henssler/*Oetker*, § 6 Rn. 44.

128 Wobei auch der Gesellschafter-Geschäftsführer in spe (selbst in der Ein-Personen-GmbH: Alleingesellschafter bestellt sich selbst zum Geschäftsführer, weil § 35 Abs. 4 i. V. m. § 181 BGB auf einen solchen Beschluss grundsätzlich nicht anzuwenden ist – umstritten, so aber Baumbach/Hueck/Fastrich, § 6 Rn. 28; Roth/*Altmeppen*, § 6 Rn. 57; U/H/W/*Ulmer*, § 6 Rn. 29; a. A. hingegen Schmidt-Leithoff, § 6 Rn. 27) an der Abstimmung teilnehmen darf: so Henssler/*Oetker*, § 6 Rn. 46.

qualifizierte Mehrheit vorsieht und keine weiteren Vorgaben, bspw. ein Vorschlagsrecht, regelt[129]] und ggf. auch schon vor Eintragung der GmbH ins Handelsregister, d.h. im Stadium der Vorgesellschaft).[130]

Voraussetzung einer wirksamen Bestellung ist aber grundsätzlich die **Annahme** des Amtes[131] (speziell bei der Bestellung eines Fremdgeschäftsführers)[132] – eine Ausnahme ist bei einem Gesellschafter-Geschäftsführer anzunehmen[133].

Vgl. auch § 2 Abs. 1a (Errichtung einer GmbH im vereinfachten Verfahren) i. V. m. Nr. 4 des Musterprotokolls.

46 Die Bestellung erfolgt gleichermaßen durch **Gesellschafterbeschluss**, wenn z.B.[134] im Gesellschaftsvertrag der Eintritt einer bestimmten Person beim Eintreten gewisser Voraussetzungen vorgesehen ist[135] bzw. im Falle eines bindenden Vorschlagsrechts (Benennungs- oder Präsentationsrechts).

> ! Nach Maßgabe von § 48 Abs. 3 kann sich ein **Ein-Personen-Gesellschafter** selbst zum Geschäftsführer bestellen[136] (wobei § 35 Abs. 3 i.V.m. § 181 BGB den körperschaftlichen Bestellungsakt nicht hindert).[137]

47

> ! **Mitbestimmungsrechtlich** erfolgt die Bestimmung des Geschäftsführers nach den Vorgaben in § 31 MitbestG, § 12 MontanMitbestG bzw. § 13 MitbestErgG durch den in mitbestimmungspflichtigen Gesellschaften obligatorischen Aufsichtsrat (§ 84 AktG – da dabei zugleich der Arbeitsdirektor zu bestellen ist [§§ 13 MontanMitbestG, 13 MitbestErgG, 33 MitbestG][138], hat eine mitbestimmte GmbH mehr als nur einen Geschäftsführer).[139] Bei einer mitbestimmungspflichtigen GmbH werden die ersten Geschäftsführer – da die Mitbestimmungsvoraussetzungen frühestens mit der Eintragung vorliegen – nach § 6 bestellt.[140] Dem Aufsichtsrat kann durch Gesellschaftsvertrag die Bestellung der Geschäftsführer auch übertragen werden, wenn dieser nach § 52 freiwillig bzw. nach § 1 Abs. 1 Nr. 3 DrittelbG errichtet worden ist.[141]

48 Eine **anderweitige Bestellungszuständigkeit** (zugunsten eines, einzelner oder mehrerer Geschäftsführer, eines anderen Gesellschaftsorgans [selbst wenn dieses sich ganz oder teilweise aus

---

129 OLG Hamm, ZIP 1986, 1188; Oetker/*Henssler*, § 6 Rn. 45 – allerdings ist davon die Konstellation abzugrenzen, dass einem Gesellschafter im Gesellschaftsvertrag das Recht eingeräumt ist, den Geschäftsführer zu bestellen: vgl. BGH WM 1973, 1291, 1295.

130 BGHZ 80, 212, 214, f.; BayObLG DB 1989, 2529, 2530; Baumbach/Hueck/*Fastrich*, § 6 Rn. 28; Roth/Altmeppen/*Altmeppen*, § 6 Rn. 55; U/H/W/*Ulmer*, § 6 Rn. 25.

131 Keine Bestellung gegen den Willen des zu Bestellenden: Baumbach/Hueck/Fastrich, § 6 Rn. 25; Henssler/*Oekter*, § 6 Rn. 36; Scholz/*Schneider*, § 6 Rn. 36.

132 Baumbach/Hueck/*Fastrich*, § 6 Rn. 26; Henssler/*Oetker*, § 6 Rn. 42: ggf. sei die Annahme im Abschluss des Anstellungsvertrags konkludent enthalten.

133 Arg.: Einverständnis sei bereits durch den Abschluss des Gesellschaftsvertrags erklärt worden: so Henssler/*Oetker*, § 6 Rn. 42; Lutter/Hommelhoff/*Kleindiek*, § 6 Rn. 43; Roth/*Altmeppen*, § 6 Rn. 56.

134 Beispiele nach Baumbach/Hueck/*Fastrich*, § 6 Rn. 61.

135 RGZ 170, 371.

136 Dazu RGZ 68, 172, 179; BGHZ 33, 189, 194; Baumbach/Hueck/*Fastrich*, § 6 Rn. 28; Hachenburg/*Ulmer*, § 6 Rn. 20; Roth/Altmeppen/*Altmeppen*, § 6 Rn. 63.

137 Baumbach/Hueck/*Fastrich*, § 6 Rn. 28; Hachenburg/*Ulmer*, § 6 Rn. 20; Roth/Altmeppen/*Altmeppen*, § 6 Rn. 63.

138 Roth/Altmeppen/*Altmeppen*, § 6 Rn. 70.

139 Baumbach/Hueck/*Fastrich*, § 6 Rn. 5; Scholz/*Schneider*, § 6 Rn. 9.

140 Roth/Altmeppen/*Altmeppen*, § 6 Rn. 70.

141 Baumbach/Hueck/*Fastrich*, § 6 Rn. 29.

Nicht-Gesellschaftern konstituiert,[142] z.B. einem fakultativen Aufsichtsrat oder einem Beirat[143]],[144] einzelner Gesellschafter,[145] ja [wenngleich umstritten][146] selbst außenstehender Dritter[147] [bspw. Kreditgeber, die Konzernmutter, Behörden o.Ä.])[148] kann nach § 45 Abs. 2[149] durch entsprechende gesellschaftsvertragliche Regelungen (die einen fakultativen, aber formbedürftigen Inhalt des Gesellschaftsvertrags statuieren und denen Satzungscharakter [mit der Folge, dass Modifikationen nur im Wege einer Satzungsänderung möglich sind][150] zukommt) bestimmt werden.[151]

Ein **fehlerhafter Bestellungsbeschluss** führt grundsätzlich nur zur Anfechtbarkeit (arg.: § 47) – d.h., es besteht kein besonderer Bestandsschutz (mit der Möglichkeit einer Unwirksamkeit der Bestellung nach allgemeinen Regeln).[152] Ein Verstoß der Bestellung gegen Abs. 2 führt zu deren Unwirksamkeit (Rn. 40) – ebenso wie eine unberechtigte Bestellung durch ein nicht autorisiertes Organ bzw. durch einen unautorisierten Dritten.[153] Der allgemeine Rechtsverkehr ist durch § 15 Abs. 3 HGB respektive die allgemeinen Grundsätze der Rechtsscheinshaftung geschützt[154] (Rn. 41 f.). **49**

Erfolgt die Bestellung im Gesellschaftsvertrag, kann diese ausnahmsweise durch eine besondere Regelung (die eine entsprechende Auslegung zulässt[155] – nicht jedoch durch einfache Bestellung im Gesellschaftsvertrag bzw. als Beschränkung der Abberufung aus „wichtigem Grund" oder des Einstimmigkeitserfordernisses für Beschlüsse)[156] auch als unentziehbares Sonderrecht (i.S. eines echten, fakultativen Satzungsbestandteils, der das Recht zur Geschäftsführung so mit dem Gesellschaftsanteil verbindet, dass es mit diesem übertrag- und vererbbar ist) ausgestaltet werden (meist mit korrespondierender mitgliedschaftlicher Nebenpflicht zur Geschäftsführung nach § 3 Abs. 2, obgleich beide Regelungsaspekte auch getrennt vereinbart werden können).[157] In einem solchen Fall kann allerdings eine Abrufung aus „wichtigem Grund" nicht ausgeschlossen werden.[158] Ein Entzug der Geschäftsführungsbestellung ist nur durch satzungsändernden Beschluss mit Zustimmung des Berechtigten (§ 35 BGB) möglich.[159] **50**

142 Michalski/*Heyder*, § 6 Rn. 60; Roth/Altmeppen/*Altmeppen*, § 6 Rn. 59: „Dagegen bestehen deswegen keine Bedenken, weil die Gesellschafter diese Kompetenz wieder an sich ziehen können"; Rowedder/Schmidt-Leithoff/*Schmidt-Leithoff*, § 6 Rn. 28.
143 Baumbach/Hueck/*Fastrich*, § 6 Rn. 30; R/S/L/*Schmidt-Leithoff*, § 6 Rn. 28 – selbst wenn dem Beirat Nicht-Gesellschafter angehören: Henssler/*Oetker*, § 6 Rn. 51; Roth/*Altmeppen*, § 6 Rn. 53; Scholz/*Schneider*, § 6 Rn. 51.
144 BGHZ 43, 261, 264.
145 BGH WM 1989, 250, 252; 1973, 1291, 1295. Vgl. auch Roth/*Altmeppen*, § 6 Rn. 53; U/H/W/*Ulmer*, § 6 Rn. 27.
146 Dazu Henssler/*Oetker*, § 6 Rn. 52; vgl. auch *Herfs*, Einwirkungen Dritter auf den Willensbildungsprozess der GmbH, 1994, S. 117 ff.
147 Baumbach/Hueck/*Fastrich*, § 6 Rn. 31 – arg.: Die Satzung könne grundsätzlich zwar keine unmittelbaren Rechte Dritter begründen, so doch eine organisatorische Kompetenzzuordnung in einer für die GmbH und ihre Gesellschafter bindenden Weise schaffen und dergestalt auch Kompetenzen Dritter schaffen.
148 Umstritten, so aber KG JW 1926, 598; zudem Baumbach/Hueck/*Fastrich*, § 6 Rn. 31; Michalski/*Heyder*, § 6 Rn. 60; MüKo-GmbHG/*Goette*, § 6 Rn. 61; Roth/Altmeppen/*Altmeppen*, § 6 Rn. 53; a.A. Hachenburg/*Ulmer*, § 3 Rn. 56 f.; Scholz/*Schneider*, § 6 Rn. 50; *Ulmer*, FS für Werner, 1984, S. 911.
149 Dazu näher MüKo-GmbHG/*Goette*, § 6 Rn. 60.
150 Henssler/*Oetker*, § 6 Rn. 50.
151 Baumbach/Hueck/*Fastrich*, § 6 Rn. 30.
152 Roth/Altmeppen/*Altmeppen*, § 6 Rn. 69.
153 Roth/Altmeppen/*Altmeppen*, § 6 Rn. 69; Baumbach/Hueck/Fastrich, § 6 Rn. 33; R/S/L/*Schmidt-Leithoff*, § 6 Rn. 28.
154 Roth/Altmeppen/*Altmeppen*, § 6 Rn. 69.
155 BGH GmbHR 1982, 129; BGH NJW 1969, 131; Baumbach/Hueck/*Fastrich*, § 6 Rn. 27 und 33; Hachenburg/*Ulmer*, § 6 Rn. 18; Roth/Altmeppen/*Altmeppen*, § 6 Rn. 62; Scholz/*Schneider*, § 6 Rn. 27 ff.
156 OLG Hamm, NZG 2002, 421. Eine Ausgestaltung als unentziehbares Sonderrecht wird im Zweifelsfall jedoch nicht anzunehmen sein – arg.: Auslegungsregel nach Abs. 4 – siehe Rn. 56.
157 BGH NZG 2004, 516, 517; Baumbach/Hueck/*Fastrich*, § 6 Rn. 27.
158 Baumbach/Hueck/*Fastrich*, § 6 Rn. 27.
159 Baumbach/Hueck/*Fastrich*, § 6 Rn. 27.

V. Befristung und Bedingung

51 Eine Befristung der (grundsätzlich unbefristeten, aber nach § 38 Abs. 1 frei widerruflichen) Bestellung ist möglich[160] – auch eine auflösende Befristung bzw. eine auflösende Bedingung (arg.: Belange der Rechtssicherheit werden nicht in stärkerem Maße als bei einer anderen Form der Abberufung berührt).[161]

> **!** Nach § 84 Abs. 1 AktG i.V.m. §§ 31 Abs. 1 MitbestG, 12 MontanMitbestG bzw. § 13 MitbestErgG ist die Bestellung von Geschäftsführern in **mitbestimmten GmbHs** auf die Dauer von fünf Jahren begrenzt.[162]

52 In jedem Falle muss die Bestellung mit **Einverständnis** des Bestellten erfolgen[163] (d.h., ein *Oktroi* ist unzulässig).

Der Bestellungsbeschluss durch die Gesellschafter führt zunächst nämlich nur zur **schwebenden Unwirksamkeit** der Bestellung. Erst wenn die ins Auge gefasste Person die Bestellung (auch formlos) annimmt (Annahmeerklärung, wobei der Gesellschafter-Geschäftsführer im Zweifelsfall [sofern die Bestellung im Gesellschaftsvertrag erfolgt] mit Abschluss desselben die Bestellung konkludent annimmt),[164] erlangt die Bestellung ihre endgültige Wirksamkeit.

53 Die Geschäftsführerbestellung ist nach § 38 Abs. 1 jederzeit widerruflich (**Abberufung**, sofern der Gesellschaftervertrag keine Einschränkungen im Hinblick auf die Widerruflichkeit der Bestellung vorsieht, vgl. § 38 Abs. 2).

Das Geschäftsführungsverhältnis endet außerdem bspw. durch den Tod des Geschäftsführers, das Erreichen einer Altersgrenze bzw. einer festen Amtszeit, die im Gesellschaftsvertrag fixiert ist, oder durch eine freiwillige Niederlegung des Amts.[165]

54 Eine Bestellung entgegen den gesetzlichen Vorgaben bzw. Bestellungshindernissen führt zu deren **Nichtigkeit** – ein satzungswidriger Bestellungsbeschluss (d.h. ein solcher gegen die Vorgaben des Gesellschaftsvertrags) ist lediglich anfechtbar (es sei denn, ein unzulässiges Organ hat die Bestellung vorgenommen bzw. die Bestellungsermächtigung wurde überschritten: Dann ist gleichermaßen Nichtigkeit anzunehmen)[166].

> **!** Die Bestellung zum (Fremd-)Geschäftsführer ist vom **Anstellungsverhältnis** zwischen GmbH und Geschäftsführer (das die persönliche Rechtsstellung regelt) zu unterscheiden (**abstrakt**).[167]

160 Roth/Altmeppen/*Altmeppen,* § 6 Rn. 68.
161 Umstritten, so aber BGH BB 2006, 14: Sieht der Bestellungsakt vor, dass das Amt endet, wenn der Geschäftsführer ab einem bestimmten Zeitpunkt der GmbH nicht seine volle Arbeitskraft zur Verfügung stellt, so verliert der Geschäftsführer automatisch sein Amt, wenn er zu dem genannten Zeitpunkt diese Voraussetzung nicht erfüllt (etwa weil er außerdem einer weiteren Tätigkeit nachgeht). Vgl. zudem OLG Stuttgart, ZIP 2004, 951, 953; Baumbach/Hueck/*Zöllner,* § 38 Rn. 38b; a.A. Lutter/Hommelhoff/*Kleindiek*, § 6 Rn. 25; Roth/Altmeppen/*Altmeppen,* § 6 Rn. 68 – arg.: Die auflösende Bedingung sei nicht eintragungsfähig, „für den Rechtsverkehr muss aber Klarheit bestehen, wer die Organwalterstellung innehat". Zudem bestehe wegen der freien Widerrufbarkeit der Bestellung nach § 38 Abs. 1 kein Bedürfnis für eine auflösende Bedingung.
162 BGH WM 1962, 109; Rowedder/Schmidt-Leithoff/*Schmidt-Leithoff*, § 6 Rn. 29.
163 Baumbach/Hueck/*Fastrich*, § 6 Rn. 25; Hachenburg/*Mertens*, § 35 Rn. 22; Scholz/*Schneider,* § 6 Rn. 36.
164 Baumbach/Hueck/*Fastrich*, § 6 Rn. 25.
165 Baumbach/Hueck/*Fastrich*, § 6 Rn. 25.
166 Baumbach/Hueck/*Fastrich*, § 6 Rn. 33; Roth/Altmeppen/*Altmeppen,* § 6 Rn. 69; Scholz/*Schneider,* § 6 Rn. 29.
167 Baumbach/Hueck/*Fastrich*, § 6 Rn. 25.

VI. Auslegungsregel (Abs. 4)

Heftig diskutiert ist die Auslegung von Gesellschaftsverträgen – ob und in welchem Umfang 55 bestimmten Gesellschaftern ein **Sonderrecht** zur Geschäftsführung eingeräumt ist.[168] Nach der Auslegungsregel in Abs. 4 gelten (im Zweifelsfalle, d.h. i.S. einer gesetzlichen Fiktion), sofern im Gesellschaftsvertrag bestimmt ist, dass sämtliche Gesellschafter zur Geschäftsführung berechtigt sein sollen, nur die der Gesellschaft bei Festsetzung dieser Bestimmung angehörenden Personen als die bestellten Geschäftsführer[169], mithin nur die **Gründungsgesellschafter**. Entsprechende Sonderrechte sind somit im Zweifelsfall eher **restriktiv** auszulegen.[170] Gesellschafter bedürfen hingegen immer einer gesonderten Bestellung[171].

VII. Schadensersatzverpflichtung (Abs. 5)

Der Entwurf des **Forderungssicherungsgesetzes** sieht zugunsten der Gesellschaft eine Scha- 56 densersatzhaftung derjenigen Gesellschafter vor, die eine nach Abs. 2 amtsunfähige Person die Geschäfte führen lassen. Von der Übernahme einer entsprechenden Regelung im GmbH-Gesetz hatte der RegE ursprünglich jedoch Abstand genommen, weil eine solche Binnenhaftung weder effektiv noch mit der Gesetzessystematik vereinbar wäre.[172] Eine Haftung für geschäftliche Fehlentscheidungen des faktischen Geschäftsführers würde – so noch der RegE – dem Grundsatz des GmbH-Rechts widersprechen,[173] dass der Alleingesellschafter oder die einverständlich handelnden Gesellschafter für einen Schaden nicht verantwortlich sind, den sie selbst oder der mit ihrem Einverständnis handelnde Geschäftsführer ihrer eigenen Gesellschaft zufügen. Ausnahmen hiervon bestehen im Wesentlichen nur in Bezug auf die zwingenden Kapitalerhaltungsregeln. Ergänzend greift die zivilrechtliche Verantwortlichkeit der Gesellschafter nach § 826 BGB (im Falle einer vorsätzlichen und sittenwidrigen Schädigung) oder bei existenzvernichtendem Eingriff ein. Die vom Bundesrat (im Zusammenhang mit dem Forderungssicherungsgesetz) vorgeschlagene weiter gehende Haftung zielt insbesondere darauf ab, Umgehungen des Abs. 2 zu vermeiden.[174] Das Gewährenlassen einer amtsunfähigen Person in der Geschäftsführung ist allerdings nicht der einzige Weg, Bestellungsverbote zu missachten. Vielmehr haben Gesellschafter, die wegen einschlägiger Verurteilungen selbst nicht Geschäftsführer sein können, aufgrund der gesetzlichen Ausgestaltung der Geschäftsführerstellung die Möglichkeit, eine unbescholtene Person als Geschäftsführer einzusetzen und durch Weisungen zu steuern. Hierdurch können amtsunfähige Personen mittelbar die Geschäftspolitik einer GmbH maßgeblich beeinflussen. Gerade derartige „Strohmannkonstruktionen" ließen sich – so noch der RegE – jedoch mit einer Gesellschafterhaftung, die an der faktischen Geschäftsführung durch amtsunfähige Personen ansetzt, nicht verhindern.[175]

Anders stelle sich die Haftungssituation bei Aktiengesellschaften dar. Die Bestellung des Vorstands 57 gem. § 84 Abs. 1 AktG gehört zu den wichtigsten Pflichten des Aufsichtsrats. Verletzen die Aufsichtsratsmitglieder bei der Bestellung oder durch Gewährenlassen einer amtsunfähigen Person ihre Pflichten, haften sie der AG auf Schadensersatz. Entsprechendes gilt gem. § 52 Abs. 1 für GmbHs, die über einen Aufsichtsrat verfügen, sofern der Gesellschaftsvertrag nichts anderes vorsieht. Die Verantwortlichkeit des Kontrollorgans und ihre je nach Rechtsform zwingende oder fakultative Ausgestaltung entspreche dem nach dem gesetzlichen Leitbild abgestuften Verhältnis von AG und GmbH. Dieses Verhältnis, das durch eine unterschiedliche Satzungsstrenge und Kon-

168 RGZ 44, 95; 170, 358; BGH ZIP 2004, 804; BGH NJW-RR 1989, 542; BGH NJW 1969, 131; Roth/Altmeppen/*Altmeppen*, § 6 Rn. 75.
169 Dazu näher Hachenburg/*Ulmer*, § 6 Rn. 18 und 24; Roth/Altmeppen/*Altmeppen*, § 6 Rn. 75; Scholz/*Schneider*, § 6 Rn. 33.
170 Roth/Altmeppen/*Altmeppen*, § 6 Rn. 75: womit bspw. ein mit dem Geschäftsanteil verbundenes Geschäftsführungsrecht im Zweifel nicht mit übertragbar ist oder im Falle einer Anteilsübertragung erlischt.
171 So Henssler/*Oetker*, § 6 Rn. 43; U/H/W/*Ulmer*, § 6 Rn. 33.
172 RegE, BT-Drucks. 16/6140, S. 64.
173 Vgl. aber auch schon BGH BB 1991, 1584 zur Haftung der GmbH bei Geschäftsunfähigkeit des Geschäftsführers.
174 Vgl. BT-Drucks. 16/511, S. 25 f.
175 RegE, BT-Drucks. 16/6140, S. 33.

trolldichte beider Rechtsformen gekennzeichnet ist, sollte – so noch der RegE – nicht durch eine Haftung der GmbH-Gesellschafter verschoben werden.[176]

58 Der Bundesrat hat in seiner Stellungnahme[177] gleichwohl darum gebeten, im Falle der Bestellung, Nichtabberufung oder tatsächlichen Überlassung der Führung der Geschäfte (zugunsten) einer Person, die nicht Geschäftsführer sein kann, sofern diese einen Schaden verursacht, eine Schadensersatzpflicht der dafür verantwortlichen Gesellschafter gegenüber der Gesellschaft zu begründen. Es gehe nämlich darum, zu verhindern, dass die Regelungen über den Ausschluss von der Funktion des Geschäftsführers einer GmbH durch die Einschaltung eines Strohmanns umgangen werden. Dem könne (dem Ansatz im Forderungssicherungsgesetz entsprechend) ein neuer Abs. 5 begegnen, der einen Schadensersatzanspruch der Gesellschaft gegen die Gesellschafter normiert. Die gesamthänderische Haftung solle der Geschäftsführerhaftung in § 43 Abs. 2 dergestalt nachempfunden werden, dass Gesellschafter dann haften, wenn sie vorsätzlich oder grob fahrlässig eine Person, die die für eine Geschäftsführerstellung nach Abs. 2 erforderlichen Zuverlässigkeitskriterien nicht erfüllt, zum Geschäftsführer bestellen, nicht abrufen oder ihr faktisch die Führung der Geschäfte überlassen und diese Person die ihr nach § 43 Abs. 1 obliegenden Sorgfaltspflichten verletzt. Hierbei handele es sich nicht um eine Haftung für „geschäftliche Fehlentscheidungen" des Geschäftsführers, sondern um eine die Kapitalerhaltungsinteressen stärkende Haftung der Gesellschafter gegenüber der Gesellschaft für eigenes Auswahl- bzw. Haftungs- und Unterlassungsverschulden im Rahmen der Geschäftsführerbestellung. Sie diene allein dem Anliegen, Verstöße gegen Abs. 2 zu sanktionieren.[178]

59 Der Gesetzgeber hat letztlich diesem Ansinnen – zum Geschäftsführer sollen nur solche Personen bestellt werden, die Geschäftsführer sein können – entsprochen und die Regelung des § 6 einen neuen Abs. 5 angefügt. Danach haften Gesellschafter, die vorsätzlich oder grob fahrlässig einer Person, die nicht Geschäftsführer sein kann, die (tatsächliche)[179] Führung der Geschäfte (womit die Regelung nicht an die Bestellung selbst anknüpft)[180] überlassen (i.S. einer Überlassung von Aufgaben, die mit einer Geschäftsführertätigkeit äquivalieren)[181], der Gesellschaft (d.h. im Rahmen einer **Innenhaftung** der Gesellschafter gegenüber der GmbH für ein eigenes Auswahl- bzw. Handlungs- und Unterlassungsverschulden[182])[183] solidarisch (mithin als Gesamtschuldner)[184] für den Schaden, der dadurch entsteht, dass diese Person die ihr gegenüber der Gesellschaft bestehenden Obliegenheiten verletzt (Verletzung einer Pflicht nach § 43 Abs. 1 gegenüber der GmbH [und nicht gegenüber Dritten] mit entstandenem korrespondierendem Schaden)[185]. *Fastrich*[186] verlangt einschränkend einen Zurechnungszusammenhang zwischen dem die Amtsunfähigkeit ausmachenden Grund und der Pflichtverletzung. Auch das Nichtentfernen einer Person aus einer faktischen Leitung der GmbH führt zur Verwirklichung des Abs. 5[187]. Abs. 5 soll eine Umgehung der Bestellungshindernisse des Abs. 2 Satz 1 bis 3 durch eine Beteiligung von Strohmännern verhindern[188]. Fraglich ist, ob auch darüber hinaus gesellschaftsvertragliche Vorgaben hinsichtlich einer notwendigen Eignung als Geschäftsführer von Abs. 5 erfasst werden[189] – was der Wortlaut hergibt, wohl

176 RegE, BT-Drucks. 16/6140, S. 33.
177 Stellungnahme des Bundesrats, BR-Drucks. 354/07 – zu Art. 1 Nr. 7 (§ 6 Abs. 5 neu GmbHG), S. 9. f.
178 Stellungnahme des Bundesrats, Anlage 2 zu RegE, BT-Drucks. 16/6140, S. 65.
179 Lutter/Hommelhoff/*Kleindiek*, § 6 Rn. 47; MüKo-GmbHG/*Goette*, § 6 Rn. 51.
180 Henssler/*Oetker*, § 6 Rn. 61 – unabhängig davon, ob die Bestellung nichtig oder nur anfechtbar ist.
181 Baumbach/Hueck/*Fastrich*, § 6 Rn. 19.
182 BT-Dr. 16/6140, S. 65; Henssler/*Oetker*, § 6 Rn. 63.
183 Keine Durchgriffshaftung – wobei die Gesellschaftsgläubiger nach Henssler/*Oetker* (§ 6 Rn. 64) allerdings in den Ersatzanspruch der Gesellschaft nach den §§ 829, 835 ZPO vollstrecken können.
184 Henssler/*Oetker*, § 6 Rn. 64.
185 Damit entspricht Abs. 5 der Regelung des § 43 Abs. 2: Henssler/*Oetker*, § 6 Rn. 62: „Die Vorschrift bestätigt deshalb indirekt, dass der als Geschäftsführer Tätige den Pflichten aus § 43 Abs. 2 unterliegt, obwohl eine entgegen § 6 Abs. 2 erfolgte Bestellung nichtig ist".
186 Baumbach/Hueck/*Fastrich*, § 6 Rn. 23.
187 So Henssler/*Oetker*, § 6 Rn. 61 unter Bezugnahme auf Baumbach/Hueck/*Fastrich*, § 6 Rn. 20; Roth/*Altmeppen*, § 6 Rn. 27.
188 BT-Dr. 16/6140, S. 65.
189 Dazu Henssler/*Oetker*, § 6 Rn. 60.

aber nicht die Intention der Regelung: Umgehung durch die Einschaltung von Strohmännern. Damit durchbricht die Regelung den Grundsatz, „dass die Gesellschafter für einen Schaden nicht verantwortlich sind, den sie selbst ihrer eigenen Gesellschaft zufügen"[190]. Entgegen dem Vorschlag des Bundesrats wird dabei in Abs. 5 die Formulierung „bestellen oder nicht abberufen" nicht verwendet, da hierdurch der Eindruck erweckt werden könnte, dass eine unter Verstoß gegen Abs. 2 vorgenommene Bestellung rechtswirksam und damit eine Abberufung notwendig wäre. Tatsächlich ist eine solche Bestellung jedoch nichtig, und auch der nachträgliche Eintritt eines Bestellungshindernisses führt nach ganz h.M. *ipso iure* zum sofortigen Amtsverlust.[191]

Abs. 5 soll **analog** anwendbar sein, wenn die Bestellung statt durch die Gesellschafter durch den Aufsichtsrat vorgenommen wird[192].

Abs. 5 verjährt analog § 43 Abs. 4 in fünf Jahren – und damit nicht nach § 195 BGB[193].

VIII. Exkurs: Notgeschäftsführer

Ein Notgeschäftsführer kann nach allgemeiner Ansicht beim Fehlen (d.h. späteren Wegfall) eines 60
Geschäftsführers, sofern die zur Vertretung der GmbH notwendige Zahl der Geschäftsführer nicht erreicht wird bzw. bei Verhinderung der Geschäftsführer – sofern nicht unverzüglich neue bestellt werden – **analog § 29 BGB** bestellt werden,[194] da das dauerhafte Fehlen eines Geschäftsführers Auflösungsgrund (anderer, in den Verhältnissen der Gesellschafter liegender „wichtiger Grund") i.S.v. § 61 Abs. 1 ist.[195] Soweit die/der erforderliche Geschäftsführer fehlen, sind sie in **dringenden Fällen** (d.h., wenn die Gesellschafter nicht in der Lage sind, rechtzeitig einen Geschäftsführer zu bestellen,[196] wenn der GmbH oder Beteiligten Schaden droht[197] bzw. wenn die erforderlichen Handlungen nicht alsbald vollzogen werden können[198] – bspw. aber auch bei Zerstrittenheit, wenn die Gesellschafter sich nicht einigen können)[199] für die Zeit bis zur Behebung des Mangels auf **Antrag eines Beteiligten** (d.h. eines Gesellschafters, eines Gläubigers, u.U. auch eines Geschäftsführers [sofern satzungsgemäß zur Vertretung ein zweiter Geschäftsführer erforderlich ist], eines Aufsichtsratsmitglieds bzw. auch einer Verwaltungsbehörde [sofern diese eine der Gesellschaft obliegende öffentlich-rechtliche Verpflichtung durchsetzen möchte])[200] von dem Amtsgericht (bei einer Bindung an ggf. bestehende Vorgaben des Gesellschaftsvertrags)[201] zu bestellen, das für den Bezirk, in dem die GmbH ihren Sitz hat, das Handelsregister führt (**Notbestellung auch durch das Amtsgericht** im FGG-Verfahren). Das Gericht hat dabei die notwendigen Geschäftsführer-Qualifi-

190 So Henssler/*Oetker*, § 6 Rn. 59.
191 Beschlussempfehlung und Bericht des Rechtsausschusses, BT-Drucks. 16/9737.
192 Henssler/*Oetker*, § 6 Rn. 64; Roth/*Altmeppen*, § 6 Rn. 30.
193 So Henssler/*Oetker*, § 6 Rn. 64 unter Bezugnahme auf Baumbach/Hueck/*Fastrich*, § 6 Rn. 24 – Verknüpfung der Haftungstatbestände von Abs. 5 mit § 43 Abs. 1.
194 So RGZ 138, 101; BGHZ 6, 232, 234 ff.; OLG München, GmbHR 2007, 1271, 1272; OLG Frankfurt/M., GmbHR 2001, 436; BayObLG BB 1997, 2546; OLG Düsseldorf, DB 1997, 1071; Baumbach/Hueck/*Fastrich*, § 6 Rn. 32; Hachenburg/*Ulmer*, § 6 Rn. 21; Scholz/*Schneider*, § 6 Rn. 57; U/H/W/*Ulmer*, § 6 Rn. 30; a. A. hingegen *Kögel*, NZG 2000, 20. *Unzulässig* ist eine Bestellung bspw. (Beispiele nach Roth/Altmeppen/*Altmeppen*, § 6 Rn. 49) im Falle einer unwirksamen Abberufung des von der Gesellschafterversammlung bestellten Geschäftsführers (BayObLG ZIP 1999, 1845), bei rechtsmissbräuchlicher (und damit unzulässiger) Amtsniederlegung des einzigen Geschäftsführers und alleinigen Gesellschafters (BayObLG ZIP 1999, 1599) bzw. wenn für das Insolvenzverfahren der Gesellschaft ein Prozess- oder Verfahrenspfleger bestellt worden ist (sofern dies zur Abwendung drohender Schäden ausreicht): OLG Zweibrücken, ZIP 2001, 973.
195 Roth/Altmeppen/Altmeppen; § 6 Rn. 50.
196 BayObLG DB 1995, 2364; 1998, 2359, 2360; OLG Frankfurt/M., GmbHR 2001, 436; OLG München, GmbHR 2007, 1271, 1272.
197 OLG Zweibrücken, ZIP 2001, 973, 974.
198 So OLG Frankfurt/M., GmbHR 2001, 436 – nicht hingegen, wenn die Gesellschafter selbst zu einer rechtzeitigen Bestellung in der Lage sind.
199 So OLG München, BB 2007, 2311 = GmbHR 2007, 1271: zu den Voraussetzungen einer gerichtlichen Bestellung eines Notgeschäftsführers bei Streitigkeiten zwischen den Gesellschaftern; BayObLG DB 1998, 2360; GmbHR 1999, 1291; NZG 2000, 41. Zudem Baumbach/Hueck/*Fastrich*, § 6 Rn. 32; Roth/Altmeppen/*Altmeppen*, § 6 Rn. 49; a.A. OLG Frankfurt/M., GmbHR 2001, 436: Unfähigkeit zur Einigung soll allein nicht ausreichend sein.
200 Baumbach/Hueck/*Fastrich*, § 6 Rn. 32; Roth/Altmeppen/*Altmeppen*, § 6 Rn. 49; Scholz/*Schneider*, § 6 Rn. 42.
201 Henssler/*Oetker*, § 6 Rn. 54.

kationsmerkmale auch für den Notgeschäftsführer zu beachten.[202] Bei mitbestimmten Gesellschaften erfolgt die Notgeschäftsführerbestellung nach § 85 AktG i.V.m. § 31 MitbestG.[203] Die Notgeschäftsführungsbefugnis ist auf das sachlich Notwendige zu beschränken[204].

61 Eine Bestellung gegen den Willen des zu Bestellenden ist nicht möglich[205] – vor allem haben Gesellschaftsgläubiger keinen Anspruch gegen einen Gesellschafter, dass dieser das Amt des Notgeschäftsführers unentgeltlich übernimmt.[206]

Der Notgeschäftsführer ist nach seiner Bestellung zur **uneingeschränkten Vertretung** der GmbH berechtigt[207].

Der Notgeschäftsführer hat gegen die GmbH einen **Vergütungsanspruch** (was bei insolventen Gesellschaften problematisch ist, da die Gesellschafter für den Vergütungsanspruch keine persönliche Haftung oder eine Nachschusspflicht trifft),[208] dessen Herleitung – sofern kein Geschäftsbesorgungsvertrag (§§ 675, 611 BGB) abgeschlossen wird – umstritten ist.[209]

62 Wenn auch eine Abberufung des Notgeschäftsführers durch die Gesellschafterversammlung aus „wichtigem Grund" ausgeschlossen ist[210], führt die ordnungsgemäße Neubestellung des Geschäftsführers zur **Beendigung des Amtes** des Notgeschäftsführers[211] – da damit der Notberufung die Grundlage entzogen wird[212].

§ 29 BGB analog verwehrt dem Registergericht nicht das Recht, anstelle der Gesellschafterversammlung die Abberufung eines Notgeschäftsführers zu beschließen.[213] Auch die Gesellschafter selbst können einen Notgeschäftsführer nicht nach § 38 abberufen.[214]

63 Gegen die gerichtliche Bestellungsentscheidung (eines Notgeschäftsführers) ist Beschwerde seitens der Gesellschafter möglich,[215] bzw. ein Antrag auf Widerruf der Bestellung aus „wichtigem Grund".[216] Bei einer fortbestehenden Notlage kommt eine Abberufung aus „wichtigem Grund" nur im Zusammenhang mit einer parallelen Neubestellung eines Notgeschäftsführers in Betracht.[217] Im Übrigen endet das Amt eines Notgeschäftsführers ipso iure mit der Neubestellung eines Notgeschäftsführers.[218]

Der Beschluss über eine Abberufung des Notgeschäftsführers ist durch einfache Beschwerde anfechtbar.[219]

---

202 BayObLG NJW 1981, 995, 996; Dass., DB 1998, 2259, 2261; Roth/Altmeppen/*Altmeppen,* § 6 Rn. 47; Scholz/*Schneider*, § 6 Rn. 61.
203 Roth/Altmeppen/*Altmeppen,* § 6 Rn. 58; Rowedder/Schmidt-Leithoff/Schmidt-Leithoff, § 6 Rn. 38.
204 OLG München, GmbHR 2007, 1271, 1272; Henssler/*Oetker*, § 6 Rn. 53.
205 BGH NJW 1985, 637; BayObLG NZG 2000, 41, 42; OLG Hamm, DB 1996, 369; OLG München, GmbHR 2007, 1271, 1273; Baumbach/Hueck/*Fastrich*, § 6 Rn. 32; Roth/*Altmeppen*, § 6 Rn. 47.
206 So BGH NZG 2000, 650; BGH NJW 1985, 637; Baumbach/Hueck/*Fastrich*, § 6 Rn. 32; Roth/Altmeppen/*Altmeppen*, § 6 Rn. 56.
207 BayObLG DB 1986, 422; 1998, 2359, 2360; Baumbach/Hueck/*Fastrich*, § 6 Rn. 32; Roth/*Altmeppen*, § 6 Rn. 49; U/H/W/*Ulmer*, § 6 Rn. 30.
208 BGH NJW 1985, 637.
209 Dazu Roth/Altmeppen/*Altmeppen,* § 6 Rn. 56. Scholz/*Schneider*, § 6 Rn. 44 gehen von einem Vertragsschluss kraft gerichtlicher Bestellung aus; ablehnend: Scholz/*Schmidt*, § 66 Rn. 50: Festsetzung der Vergütung durch das Gericht analog § 265 Abs. 4 AktG.
210 BayObLG DB 1998, 2359, 2360; Baumbach/Hueck/*Fastrich*, § 6 Rn. 32; Roth/*Altmeppen*, § 6 Rn. 48.
211 BGH NJW 1981, 1041; BayObLG NZG 2000, 41, 42; Baumbach/Huck/*Fastrich*, § 6 Rn. 32; Roth/Altmeppen/*Altmeppen,* § 6 Rn. 49; Scholz/*Schneider*, § 6 Rn. 68; U/H/W/*Ulmer*, § 6 Rn. 30.
212 Henssler/*Oetker*, § 6 Rn. 55.
213 BayObLG NZG 1998, 946.
214 Baumbach/Hueck/*Fastrich*, § 6 Rn. 32. Ein entsprechender Beschluss ist nichtig: Roth/Altmeppen/*Altmeppen,* § 6 Rn. 54.
215 BayObLG DB 1998, 2359.
216 OLG Düsseldorf, DB 1997, 1071. „Wichtiger Grund" ist jedoch nicht die lange Zeitdauer der bisherigen Tätigkeit: OLG Düsseldorf, NZG 2002, 328.
217 Roth/Altmeppen/*Altmeppen,* § 6 Rn. 54.
218 BGH NJW 1981, 1041.
219 BayObLG ZIP 1999, 1845; Roth/Altmeppen/*Altmeppen,* § 6 Rn. 54 a.E.; Rowedder/Schmidt-Leithoff/*Schmidt-Leithoff*, § 6 Rn. 36.

C. Weitere praktische Hinweise

Zur **steuerlichen Behandlung der Geschäftsführerbezüge** siehe „Steuerrecht", S. 1046 ff., Rn. 47 (Gefahr der verdeckten Gewinnausschüttung); Rn. 50 (Lohnsteuerpflicht); Rn. 51 (umsatzsteuerliche Behandlung). 64

Der **Geschäftsführer haftet** nach §§ 69, 34 AO für **steuerliche Verbindlichkeiten der GmbH**, die aufgrund seiner vorsätzlichen oder grob fahrlässigen Pflichtverletzung entstanden sind. Diese Haftung ist nicht von einem wirksamen Bestellungsakt abhängig, sondern trifft gleichermaßen nach § 35 AO den faktischen Geschäftsführer, der Verfügungsmacht über das Vermögen der GmbH hat; ebenso den Alleingesellschafter einer frühungslosen GmbH ohne Geschäftsführer.[220]

220 AEAO zu 35, Tz. 1.

§ 7 Anmeldung der Gesellschaft

(1) Die Gesellschaft ist bei dem Gericht, in dessen Bezirk sie ihren Sitz hat, zur Eintragung in das Handelsregister anzumelden.

(2) Die Anmeldung darf erst erfolgen, wenn auf jeden Geschäftsanteil, soweit nicht Sacheinlagen vereinbart sind, ein Viertel des Nennbetrags eingezahlt ist. Insgesamt muß auf das Stammkapital mindestens soviel eingezahlt sein, daß der Gesamtbetrag der eingezahlten Geldeinlagen zuzüglich des Gesamtnennbetrags der Geschäftsanteile, für die Sacheinlagen zu leisten sind, die Hälfte des Mindeststammkapitals gemäß § 5 Abs. 1 erreicht.

(3) Die Sacheinlagen sind vor der Anmeldung der Gesellschaft zur Eintragung in das Handelsregister so an die Gesellschaft zu bewirken, daß sie endgültig zur freien Verfügung der Geschäftsführer stehen.

Literatur

Apfelbaum, GmbH-Reform 2008, notar 2008, 160; *Büchel*, Kapitalaufbringung, insbesondere Regelung der verdeckten Sacheinlage nach dem Regierungsentwurf des MoMiG, GmbHR 2007, 1065; *Drygala*, Zweifelsfragen im Regierungsentwurf zum MoMiG, NZG 2007, 561; *Gesell*, Verdeckte Sacheinlage & Co. im Lichte des MoMiG, BB 2007, 2241; *Gesmann-Nuissl*, Quo Vadis GmbH? – Zum Entwurf des Gesetzes zur Modernisierung des GmbH-Rechts und zur Bekämpfung von Missbräuchen (MoMiG), WM 2006, 1756; *Haack*, Die Mustersatzung im Regierungsentwurf zum MoMiG, NWB 2008, 314; *Kallmeyer*, Kapitalaufbringung und Kapitalerhaltung nach dem MoMiG: Änderungen für die GmbH-Beratungspraxis, DB 2007, 2755; *Melchior*, Frühjahrsputz bei der GmbH, GmbHR 2005, R 165; *Miras*, Auswirkungen der geplanten GmbH-Reform nach dem MoMiG auf die notarielle Praxis, BWNotZ 2007, 101; *Noack*, Der Regierungsentwurf des MoMiG – Die Reform des GmbH-Rechts geht in die Endrunde, DB 2007 1395; *Priester*, Kapitalaufbringung nach Gutdünken? – Ein Zwischenruf zum MoMiG, ZIP 2008, 55; *Römermann*, Der Entwurf des „MoMiG" – die deutsche Antwort auf die Limited, GmbHR 2006, 673; *Römermann*, MoMiG: Regierungsentwurf mit „Überraschungs-Coups", GmbHR 2007, R193; *Seibert*, Der Regierungsentwurf des MoMiG und die haftungsbeschränkte Unternehmergesellschaft, GmbHR 2007, 673; *Sikora/Schwab*, Das EHUG in der notariellen Praxis, MittBayNot 2007, 1; *Simon/Leuering*, Hin- und Herzahlen bei der GmbH & Co. KG, NJW-Spezial, Heft 5 2008, 143; *Stork*, Deutsche GmbH versus englische Ltd.: Wettbewerb der Rechtsordnungen um die beste Gesellschaftsform für den Mittelstand, GewArch 2005, 265; *Veil*, Die Reform des Rechts der Kapitalaufbringung durch den RegE MoMiG, ZIP 2007, 1241; *Wachter*, Der Entwurf des „MoMiG" und die Auswirkungen auf inländische Zweigniederlassungen von Auslandsgesellschaften, GmbHR 2006, 793; *Wilhelm*, Unternehmergesellschaft (haftungsbeschränkt) – Der neue § 5a GmbHG in dem Reg-E zum MoMiG, DB 2007, 1510; *Wirsch*, Die Legalisierung verdeckter Sacheinlagen – Das Ende der präventiven Wertkontrolle?, GmbHR 2007, 736; *Wulfetange*, Die Reform des GmbH-Rechts: Schneller und einfacher gründen, wettbewerbsfähiger in Europa werden!, BB Beilage 7, Heft 37/2006, 19.

A. Allgemeines

I. Einordnung der Norm in den Gesamtzusammenhang des Gesetzes

§ 7 statuiert die elementaren Voraussetzungen für die Initiierung des GmbH-Gründungsprozesses, der mit der Eintragung der GmbH im Handelsregister seinen Abschluss findet. Folgerichtig wurde die Norm im ersten Abschnitt, betreffend die Errichtung der Gesellschaft, verortet und dort der ergänzenden Regelung über die nähere Ausgestaltung der Anmeldung (§ 8) sowie dem am zeitlichen Ende des Gründungsstadiums stehenden § 10 vorangestellt. Weitere Anmeldungen finden sich in § 54 (Satzungsänderungen), § 57 (Kapitalerhöhung, auf welche Abs. 2 Satz 1, Abs. 3 und § 8 Abs. 2 Satz 2 entsprechend anwendbar sind), § 39 (Änderungen in der Geschäftsführung bzw. Vertretungsbefugnis) sowie § 65 (Auflösung). § 5a Abs. 2 ordnet als *lex specialis* zu Abs. 2 an, dass die Anmeldung einer Unternehmergesellschaft (haftungsbeschränkt) erst erfolgen darf, wenn das Stammkapital in voller Höhe eingezahlt ist, wobei Sacheinlagen ausgeschlossen sind. 1

II. Aufbau der Norm

§ 7 enthält eine Kette von Bedingungen, denen nach der Normstruktur jeweils ein eigener Absatz zugewiesen ist. *Conditio sine qua non* für die Anmeldung zum Handelsregister (Abs. 1) – ihrerseits Voraussetzung für die Eintragung der Gesellschaft – ist die Erbringung konkreter Einlageleistungen auf die Geschäftsanteile (Abs. 2 und 3). Obgleich Abs. 3 als scheinbare *lex specialis* zu Abs. 2 suggeriert, lediglich Sacheinlagen müssten sich zur freien Verfügung der Geschäftsführer befinden, ergibt sich aus dem Gesetzeszweck, der Entstehungsgeschichte des Abs. 2 sowie aus dem Wortlaut des § 8 Abs. 2 Satz 1, dass sich dieses Erfordernis in gleicher Weise auf Bareinlagen bezieht.[1] Die Bestimmung des früheren Abs. 2 Satz 3, wonach bei einer Ein-Mann-Gründung die fehlende Ausgleichshaftung des § 24 durch die Pflicht zur Bestellung einer Sicherheit für den ausstehenden Betrag der Geldeinlagepflicht auszugleichen war, wurde durch das MoMiG ebenso wie die hiermit korrespondierende Regelung des § 19 Abs. 4 a.F. aufgehoben. 2

III. Sinn und Zweck der Norm

Da die Existenz einer GmbH – anders als beispielsweise die Kaufmannseigenschaft i.S.v. § 1 HGB – nicht automatisch kraft Gesetzes vermutet werden kann, sondern an die konstitutive Eintragung im Handelsregister geknüpft ist, stellt Abs. 1 klar, dass es hierfür zwingend der vorherigen Anmeldung bedarf. 3

Die Rechtfertigung von Abs. 2 und Abs. 3 mit dem Argument, durch die Notwendigkeit der Bewirkung der Sacheinlagen bzw. des Mindesteinzahlungsbetrags der Bareinlagen solle die Überschreitung einer gewissen **„Seriositätsschwelle“**[2] bzw. eine angemessene Eigenkapitalausstattung[3] der ins Leben tretenden GmbH sichergestellt werden,[4] vermag angesichts der Beibehaltung des Mindeststammkapitals von 25.000 EUR nach wie vor zu überzeugen.[5] Folgerichtig ordnet der Gesetzgeber für Unternehmergesellschaften (haftungsbeschränkt) ohne vorgeschriebenes Mindestkapital eine Bareinlagepflicht in voller Höhe an (§ 5a Abs. 2). 4

IV. Gesetzesbegründung, europarechtlicher Hintergrund

Da die besonderen Sicherungen bei Gründung einer Ein-Personen-Gesellschaft in Abs. 2 Satz 3 a.F. nach der Ein-Personen-GmbH-Richtlinie (89/667/EWG) nicht erforderlich waren, wurde diese Vor- 5

1 Scholz/*Veil*, § 7 Rn. 34; Roth/Altmeppen/*Roth*, § 7 Rn. 23; Michalski/*Tebben*, § 7 Rn. 47.
2 Vgl. Beschlussempfehlung und Bericht des Rechtsausschusses, BT-Drucks. 16/9737.
3 Vgl. *Priester*, DB 2005, 1315, 1316.
4 Ulmer/Habersack/Winter/*Ulmer*, § 7 Rn. 2.
5 Zweifelnd: Michalski/*Tebben*, § 7 Rn. 3; zur Kritik an der im RegE (BT-Drucks. 16/6140) vorgesehenen Herabsetzung des Mindeststammkapitals auf 10.000 EUR vgl. *Wilhelm*, DB 2007, 1510, 1512, („bagatellhafte Größe“); *Melchior*, GmbHR 2005, R 165 („geradezu katastrophale Eigenkapitalquote“); *Römermann*, GmbHR 2007, R 193.

schrift gestrichen. Der Gesetzgeber wollte hierdurch einen Beitrag zur Vereinfachung und Beschleunigung des Gründungsverfahrens leisten.[6]

6 Weiterhin soll nach dem gesetzlichen Leitbild des MoMiG der **Geschäftsanteil** gegenüber der Stammeinlage im Vordergrund stehen, gem. § 3 Abs. 1 Nr. 4 als notwendiger Inhalt des Gesellschaftsvertrags mit einem Nennbetrag bezeichnet sein und den Bezugspunkt für die zu erbringende Geldeinlage darstellen, weshalb Abs. 2 Satz 1 und 2 entsprechend geändert worden sind.[7]

7 Die im RegE vorgesehene Neufassung des Abs. 2 Satz 3, welcher die Verwendung von Mustern („Gründungs-Set") zur Anmeldung einer „im Ankreuzverfahren" errichteten GmbH vorsah, wurde angesichts der gegen einen Verzicht auf das Beurkundungserfordernis geäußerten Bedenken[8] vom Gesetzgeber verworfen. Stattdessen ermöglicht § 2 Abs. 1a nunmehr die vereinfachte GmbH-Gründung mit einem beurkundungspflichtigen **„Musterprotokoll"**. Dieses sollte indes aufgrund seiner nach wie vor zahlreichen Einschränkungen und Regelungslücken, die bereits am Mustergesellschaftsvertrag des RegE kritisiert wurden[9], allenfalls von Gründern einer Ein-Personen-GmbH in Betracht gezogen werden. Für die Anmeldung einer im vereinfachten Verfahren errichteten GmbH gelten im Übrigen keine Besonderheiten.

B. Inhalt der Regelung

I. Registeranmeldung (Abs. 1)

1. Anmeldeerfordernis

8 Die Vor-GmbH hat bei Vorliegen der Eintragungsvoraussetzungen und vorbehaltlich einer abweichenden Weisung der Gründer gegenüber ihren Geschäftsführern einen gerichtlich durchsetzbaren[10], privatrechtlichen Anspruch auf unverzügliche Vornahme der Anmeldung. Diese kann jedoch – anders als die Anmeldung einer Zweigniederlassung – von den Registergerichten nicht erzwungen werden (§ 79 Abs. 2).[11]

! Angesichts drohender **Haftungsrisiken** (Handelndenhaftung der Geschäftsführer, § 11 Abs. 2, Verlustdeckungshaftung der Gründungsgesellschafter bis zur Eintragung sowie Gefahr der Behandlung des Zusammenschlusses als unbeschränkt haftende OHG mangels Eintragungsabsicht[12]) sollte die Anmeldung der Gesellschaft unverzüglich nach Abschluss des Gesellschaftsvertrags veranlasst und die Aufnahme des Geschäftsbetriebs bis zur Eintragung der Gesellschaft abgewartet werden.

2. Anmeldende Personen

9 Gemäß § 78 müssen sämtliche wirksam bestellte[13] Geschäftsführer – auch deren Stellvertreter (§ 44) – die Anmeldung bewirken. Die h.M. erachtet eine Vertretung bei der Anmeldung durch andere Geschäftsführer oder Dritte unter Verweis auf die nach § 8 Abs. 2 und 3 höchstpersönlich abzugebenden Versicherungen als unzulässig.[14] Dagegen kann jeder Dritte zur Einreichung der Anmeldung bei Gericht ermächtigt werden. Angesichts der seit dem 1.1.2008 bundesweit eingeführten Pflicht zur elektronischen (siehe Rn. 11) Einreichung von Registeranmeldungen wird der

6 Begründung RegE, BT-Drucks. 16/6140, S. 34; *Seibert*, GmbHR 2007, 673, 674.
7 Begründung RegE, BT-Drucks. 16/6140, S. 33.
8 Beschlussempfehlung und Bericht des Rechtsausschusses, BT-Drucks. 16/9737.
9 Vgl. *Noack*, DB 2007, 1395, 1398; *Miras*, BWNotZ 2007, 101, 103; *Römermann*, GmbHR 2007, R 193, R 194; *Haack*, NWB 2008, 314, 317.
10 Scholz/*Veil*, § 7 Rn. 6; Roth/Altmeppen/*Roth*, § 7 Rn. 4.
11 Michalski/*Tebben*, § 7 Rn. 9.
12 Vgl. Ulmer/Habersack/Winter/*Ulmer*, § 7 Rn. 5.
13 Scholz/*Veil*, § 7 Rn. 10.
14 Michalski/*Tebben*, § 7 Rn. 8; Lutter/Hommelhoff/*Bayer*, § 7 Rn. 1; differenzierend: Ulmer/Habersack/Winter/*Ulmer*, § 7 Rn. 14; Roth/Altmeppen/*Roth*, § 7 Rn. 7 f.

Notar, der die Anmeldeerklärung[15] beglaubigt oder beurkundet hat und daher gem. § 378 FamFG als zur Einreichung der Anmeldung ermächtigt gilt, stärker als bisher in das registergerichtliche Eintragungsverfahren eingebunden.[16]

3. Rechtsqualität und Form der Anmeldung

Die Anmeldung ist keine Willenserklärung, sondern ein verfahrensrechtlicher Antrag sowie ein organschaftlicher Akt und kann daher nicht gem. §§ 119 ff. BGB – etwa wegen Irrtums – angefochten werden oder an Bedingungen[17] geknüpft werden.[18] Dagegen ist ihr Widerruf mangels rechtsgeschäftlicher Bindungswirkung bis zum Vollzug der Eintragung zulässig.[19] 10

Die Anmeldung bedarf der öffentlichen – bis auf Weiteres papiergebundenen – Beglaubigung (§ 12 Abs. 1 Satz 1 HGB, § 129 Abs. 1 Satz 1 BGB i.V.m. §§ 39, 41 BeurkG). Da Registeranmeldungen gem. § 12 Abs. 1 Satz 1 HGB nunmehr in allen Bundesländern **zwingend elektronisch**[20] in öffentlich beglaubigter Form einzureichen sind, bedarf es einer entsprechenden Transformation der Papierurkunde in eine elektronisch beglaubigte Abschrift i.S.d. § 39a BeurkG.[21] Vollmachten zur Registeranmeldung sind nach § 12 Abs. 1 Satz 2 HGB ebenfalls ausschließlich elektronisch in öffentlich beglaubigter Form vorzulegen. Gemäß § 8a Abs. 2 HGB ist die nähere Ausgestaltung des elektronischen Anmeldeprozesses und der Datenübermittlung an die Registergerichte den Ländern vorbehalten.[22] 11

4. Zuständiges Gericht

Die Anmeldung ist bei dem Registergericht (Amtsgericht, § 376 Abs. 1 FamFG) einzureichen, in dessen Bezirk die Gesellschaft ihren – gem. § 4a nunmehr frei wählbaren – inländischen Satzungssitz hat. In Deutschland tätige Auslandgesellschaften mit beschränkter Haftung[23] müssen ihre Zweigniederlassung – seit Inkrafttreten des MoMiG einschließlich einer *inländischen* Geschäftsanschrift[24] – nach §§ 13d Abs. 1, 13e Abs. 2 HGB bei dem Gericht, in dessen Bezirk die Zweigniederlassung besteht, anmelden (Sanktion: § 14 HGB).[25] Die Errichtung einer Zweigniederlassung durch eine inländische GmbH ist dagegen beim Gericht des satzungsmäßigen Sitzes der Gesellschaft zur Eintragung anzumelden (§ 13 Abs. 1 Satz 1 HGB). 12

! Bei der Erzeugung von XML-Strukturdaten mit der Notarsoftware „XNotar“ ist im Falle der Anmeldung einer Zweigniederlassung einer Auslandsgesellschaft mit beschränkter Haftung der Auffangfall „Sonstige Anmeldung/Mitteilung“ auszuwählen. Die Mitteilungsart „Errichtung einer Zweigniederlassung“ findet lediglich auf in deutscher Rechtsform errichtete Gesellschaften Anwendung.

15 Die Erstreckung des § 378 FamFG auf den Notar, der lediglich das Gründungsprotokoll beurkundet hat, wird von der h.M. verneint: Scholz/*Winter/Veil*, § 7 Rn. 11; Lutter/Hommelhoff/*Bayer*, § 7 Rn. 1; BayObLG DB 1978, 880; a.A. Michalski/*Tebben*, § 7 Rn. 8.

16 Vgl. hierzu *Sikora/Schwab*, MittBayNot 2007, 1, 2 f.

17 Möglich ist jedoch eine Weisung an den Notar, die Anmeldung dem Registergericht erst vorzulegen, wenn bestimmte Bedingungen erfüllt sind.

18 Ulmer/Habersack/Winter/*Ulmer*, § 7 Rn. 19; Michalski/*Tebben*, § 7 Rn. 11.

19 Ulmer/Habersack/Winter/*Ulmer*, § 7 Rn. 21.

20 Mit der Einführung der elektronischen Registerführung durch das „Gesetz über elektronische Handelsregister und Genossenschaftsregister sowie das Unternehmensregister“ wurde vom Gesetzgeber eine erhebliche Beschleunigung des Registerverfahrens beabsichtigt; vgl. *Römermann*, GmbHR 2006, 673, 675.

21 Hierzu wird i.d.R. das Papierdokument eingescannt und vom Notar mit einer qualifizierten elektronischen Signatur versehen, welche an die Stelle der eigenhändigen Unterschrift des Notars tritt.

22 Eine tabellarische Übersicht über die maßgeblichen Vorschriften der Länder findet sich im Internet unter http://www.elrv.info/de/elektronischer-rechtsverkehr/rechtsgrundlagen/ElRv_Uebersicht_BL.html (zuletzt abgerufen am 11.09.2012).

23 Besonders praxisrelevant ist insoweit die englische *private limited company*.

24 Vgl. hierzu die Kommentierung zu § 8 Abs. 4 Nr. 1.

25 Ausführlich: *Wachter*, GmbHR 2006, 793 ff.

5. Mängel

13 Weist die Anmeldung Mängel auf, die nicht behebbar sind oder trotz Zwischenverfügung des Gerichts nicht behoben werden, so ist die Anmeldung zurückzuweisen (§ 9c). Wird die Gesellschaft gleichwohl eingetragen, führt dies grundsätzlich zur Heilung der Mängel,[26] es sei denn, die Anmeldung ist überhaupt nicht vom Willen der Geschäftsführer gedeckt.[27] In letzterem Fall besteht – außer bei nachträglicher Billigung der Scheinanmeldung – die Möglichkeit der Amtslöschung (§ 395 FamFG).[28] Mit dem MoMiG wurde die Prüfpflicht bei Sacheinlagen (§ 9c Abs. 1 Satz 2) inhaltlich abgeschwächt und der Rechtslage bei Aktiengesellschaften angepasst. Zu verifizieren ist nur noch, ob eine „nicht unwesentliche" Überbewertung vorliegt.

II. Bareinlageleistungen

1. Ein Viertel des Nennbetrags auf jeden Geschäftsanteil (Abs. 2 Satz 1)

14 Auf jeden Geschäftsanteil ist bei einer Bareinlageverpflichtung mindestens ein Viertel des Nennbetrags einzuzahlen. Anders als früher nennt das Gesetz nicht mehr die Stammeinlage als Bezugspunkt für die Höhe der zu erbringenden Geldeinlage. Hierdurch soll dem Umstand Rechnung getragen werden, dass nach dem neu gefassten § 3 Abs. 1 Nr. 4 nicht mehr der Betrag der Stammeinlage, sondern die Angabe der Zahl und der Nennbeträge der Geschäftsanteile notwendiger Inhalt des Gesellschaftsvertrags ist.[29] Dadurch, dass die Gesellschafter jetzt den Nennbetrag und die Anzahl der Geschäftsanteile, die sie bei Gründung übernehmen, frei bestimmen können (§ 5 Abs. 2 Satz 2, Abs. 3), wurde das vor Inkrafttreten des MoMiG bestehende Strukturprinzip der „Einheitlichkeit der Stammeinlage bei Gründung" aufgegeben.[30]

15 Der **kleinstmögliche Einzahlungsbetrag** je Geschäftsanteil beträgt seit Herabsetzung des Mindestnennbetrags eines Geschäftsanteils auf 1 EUR (§ 5 Abs. 2 Satz 1) 25 ct.[31] Freiwillige Mehrleistungen auf den Nennbetrag des Geschäftsanteils befreien den Gesellschafter von seiner Einlagenschuld, können aber zur Entstehung eines Verlusts bei der Vorgesellschaft beigetragen haben mit der Folge einer drohenden Unterbilanzhaftung im Falle der Geschäftsaufnahme vor Eintragung.[32] Verpflichtende Aufzahlungen (Agio) bleiben bei der Berechnung der Mindesteinzahlung generell unberücksichtigt.[33] Mehrzahlungen auf einzelne Geschäftsanteile können Minderzahlungen (weniger als ein Viertel des Nennbetrags) auf andere Geschäftsanteile nicht kompensieren.[34]

2. Mindestgesamteinlage (Abs. 2 Satz 2)

16 Während Abs. 2 Satz 1 isoliert auf die Mindesteinlage des **einzelnen Gesellschafters** abstellt, fordert Abs. 2 Satz 2 darüber hinausgehend bezüglich der Gesamteinlage aller Gesellschafter die Leistung der Hälfte des vom MoMiG der Höhe nach beibehaltenen Mindeststammkapitals der Gesellschaft gem. § 5 Abs. 1 GmbHG, mithin eines Betrags von 12.500 EUR.[35] Daraus folgt, dass zumindest ein Gesellschafter mehr als ein Viertel des Nennbetrags seines Geschäftsanteils (bzw. eines oder mehrerer seiner Geschäftsanteile) aufbringen muss, falls keine Sacheinlagen vereinbart sind und die Höhe des Stammkapitals 50.000 EUR unterschreitet. Welchen Gesellschafter diese

---

26 Michalski/*Tebben*, § 7 Rn. 16; Roth/Altmeppen/*Roth*, § 7 Rn. 14; vgl. hierzu auch § 10 Rn. 14.

27 Zum Beispiel bei Einreichung durch unbefugte Dritte oder versehentlicher Nichtbeachtung einer dem Notar erteilten Weisung (vgl. Rn. 19).

28 Scholz/*Veil*, § 7 Rn. 16; Achilles/Ensthaler/Schmidt/*Achilles*, § 7 Rn. 5.

29 Begründung RegE, BT-Drucks. 16/6140, S. 33.

30 Vgl. *Gesmann-Nuissl*, WM 2006, 1756, 1758: Ein Einzelkaufmann kann nunmehr sowohl unter seiner Firma als auch unter seinem bürgerlichen Namen eine (zweite) Einlage übernehmen.

31 Dem Vorschlag des Handelsrechtsausschusses des DAV, zur Vermeidung ungerader Beträge solle die Mindesteinlage auf volle Euro lauten (NZG 2007, 211, 214), ist der Gesetzgeber nicht gefolgt.

32 BGHZ 105, 300; Roth/Altmeppen/*Roth*, § 7 Rn. 22; differenzierend: Ulmer/Habersack/Winter/*Ulmer*, § 7 Rn. 46.

33 Scholz/*Veil*, § 7 Rn. 19; Ulmer/Habersack/Winter/*Ulmer*, § 7 Rn. 26; Michalski/*Tebben*, § 7 Rn. 20 (h.M.); a.A. Achilles/Ensthaler/Schmidt/*Achilles*, § 7 Rn. 6.

34 Roth/Altmeppen/*Roth*, § 7 Rn. 19; Ulmer/Habersack/Winter/*Ulmer*, a.a.O.

35 Das Stammkapital einer Unternehmergesellschaft, welches den Betrag des Mindeststammkapitals von 25.000 EUR unterschreitet, ist vor Anmeldung in *voller* Höhe einzuzahlen (§ 5a Abs. 2; siehe hierzu Rn. 4, 17).

Mehrleistungspflicht trifft, unterliegt der internen Vereinbarung der Gesellschafter, wobei in Ermangelung einer solchen die Mindesteinzahlungen von allen Gesellschaftern anteilig im Verhältnis der Geldeinlagen zu erbringen sind (§ 19 Abs. 1). Gesellschafter, die bei Gründung mehrere Geschäftsanteile übernommen haben, können wählen, auf welche(n) Geschäftsanteil(e) sie die erforderliche Mehrleistung erbringen. Die Mindesteinlagepflicht des Abs. 2 Satz 1 bezieht sich bei Mischeinlagen nur auf die Bareinlage, während die Sacheinlage in voller Höhe zu leisten ist.[36]

Die Besonderheiten, welche Abs. 2 Satz 3 a.F. für Ein-Personen-Gründungen vorsah, wurden durch das MoMiG aufgehoben (siehe Rn. 2).

3. Vollaufbringung und zwingende Bareinlage bei der Unternehmergesellschaft (§ 5a Abs. 2) bzw. bei Verwendung des Musterprotokolls (§ 2 Abs. 1a)

Da die Gründer einer Unternehmergesellschaft die Höhe des Stammkapitals frei wählen können, hat ihnen der Gesetzgeber die Möglichkeit der Halbeinzahlung i.S.v. Abs. 2 und der Sacheinlage verwehrt.[37] Sie müssen daher vor Anmeldung das Stammkapital in voller Höhe bar einzahlen. Nach zutreffender Ansicht (im Einzelnen sehr str.) gelten das Volleinzahlungsgebot (§ 5a Abs. 2 Satz 1)[38] und das Sacheinlagenverbot (§ 5a Abs. 2 Satz 2)[39] nicht (mehr), falls die UG (haftungsbeschränkt) ihr Stammkapital auf das Mindestkapital i.S.d. § 5 Abs. 1 (25.000 EUR) oder mehr erhöht. Bei regulären GmbHs kann die Entstehung der Volleinzahlungspflicht entweder in der Satzung oder durch entsprechenden Gesellschafterbeschluss bestimmt werden. Aus Ziffer 3. des Musterprotokolls (§ 2 Abs. 1a) ergibt sich, dass bei dessen Verwendung Sacheinlagen unzulässig sind. Die Einlage ist insoweit stets – auch wenn es sich bei der gegründeten GmbH nicht um eine UG (haftungsbeschränkt) handelt – in Geld zu erbringen. 17

! Gewichtige Argumente sprechen dafür, dass eine „Ein-Euro-GmbH" bereits durch die Übernahme der Gründungskosten in die Überschuldung gerät und dass infolgedessen Probleme im Eintragungsverfahren und für die Haftung der Geschäftsführer auftreten können.[40] Es empfiehlt sich daher, das Stammkapital einer Unternehmergesellschaft mindestens in Höhe der Gründungskosten festzusetzen.[41] Unternehmen mit umfangreicherem Kapitalbedarf sind gut beraten, schon bei Gründung ein entsprechend größeres Kapital zu zeichnen.[42]

4. Barzahlung

a) Zahlungsempfänger

Die Mindesteinzahlung ist an die „Vor-GmbH" zu leisten (§ 54 Abs. 3 AktG analog), welche erst mit formgültigem – also notariell beurkundetem – Abschluss des Gesellschaftsvertrags bzw. des Musterprotokolls (§ 2 Abs. 1a) entsteht. Vor diesem Zeitpunkt erbrachte Leistungen an die „Vorgründungsgesellschaft" wirken nur dann schuldbefreiend, wenn sie ungeschmälert an die Vor- 18

36 Achilles/Ensthaler/Schmidt/*Achilles*, § 7 Rn. 6; Ulmer/Habersack/Winter/*Ulmer*, § 7 Rn. 28; Roth/Altmeppen/*Roth*, § 7 Rn. 17; bei einem Stammkapital von 25.000 EUR ergibt sich im Falle einer Sacheinlage in Höhe von 9.000 EUR eine Mindestbareinlage von ¼ der Bareinlagepflicht (25.000 EUR – 9.000 EUR), mithin 4.000 EUR (Abs. 2 Satz 1). Die Mindestgesamteinlage in Höhe von 12.500 EUR (Abs. 2 Satz 2) ist in diesem Beispiel eingehalten.

37 Begründung RegE, BT-Drucks. 16/6140, S. 32.

38 OLG Stuttgart, DStR 2011, 2261; OLG Hamm, RNotZ 2011, 439; OLG München, NZG 2012, 104 (unter Aufgabe von OLG München, NZG 2010, 1303).

39 BGH DStR 2011, 988 mit umfangreicher Darstellung der unterschiedlichen Ansichten.

40 *Drygala*, NZG 2007, 561, 562; *Römermann*, GmbHR 2007, R193; *Seibert*, GmbHR 2007, 673, 675.

41 Ziffer 5. des Musterprotokolls (§ 2 Abs. 1a) sieht zur Vermeidung einer Überschuldung vor, dass Gründungskosten, soweit sie das Stammkapital übersteigen, von den Gesellschaftern im Verhältnis ihrer Geschäftsanteile getragen werden. Insoweit scheidet freilich ein steuerwirksamer Betriebsausgabenabzug auf Seiten der Gesellschaft aus.

42 Der BGH hat indes in seinem Beschl. v. 28.4.2008 – II ZR 264/06 – das Konzept einer Durchgriffshaftung aus materieller Unterkapitalisierung abgelehnt.

GmbH weitergereicht worden sind.[43] Zahlungen an einen Gläubiger der Gesellschaft oder an die KG bei Gründung einer GmbH & Co. KG haben keine Erfüllungswirkung.[44]

b) Leistungsart

19 Die in der Vorschrift des § 54 Abs. 3 AktG, an der sich die h.M. auch im GmbH-Recht orientiert,[45] an erster Stelle genannte Möglichkeit der Barzahlung in gesetzlich anerkannten inländischen Zahlungsmitteln[46] hat in der Praxis kaum noch eine Bedeutung. Üblicherweise erfolgt die Einlageleistung durch Gutschrift auf ein für die Vor-GmbH zu errichtendes inländisches[47] **Bankkonto**.

> **!** Die Eröffnung eines solchen Gesellschaftskontos wird von den meisten Banken erfahrungsgemäß nach Vorlage der notariellen Gründungsurkunde vorgenommen. Auf dieses Konto müssen die satzungsmäßig einzuzahlenden Beträge voll, d.h. insbesondere ohne Abzug von Bearbeitungsgebühren, gutgeschrieben werden.[48] Üblicherweise wird die Anmeldung, welche eine strafbewehrte Einzahlungsversicherung enthält (siehe § 8 Rn. 15 f.), durch den beurkundenden bzw. beglaubigenden Notar erst an das Registergericht weitergeleitet, wenn ihm zumindest eine Kopie des Belegs der Überweisungs*gutschrift* vorliegt.[49] Um den Gründungsprozess zu beschleunigen, ist die Einrichtung eines Kontos auf den Namen der Gesellschaft schon vor dem Notartermin denkbar. Angesichts drohender Haftungsrisiken sollte die Einlage gleichwohl erst nach Beurkundung der Satzung bzw. des Musterprotokolls einbezahlt werden (siehe Rn. 18).

20 Im Übrigen ist die Gutschrift auf ein Bankkonto der Barzahlung nur gleichgestellt, wenn die Überweisung ohne Vorbehalt erfolgt und gegen die Bonität des Kreditinstituts keine Bedenken bestehen.[50] Im letzteren Fall ist es unschädlich, dass das Kreditinstitut zugleich Mitgesellschafter ist.[51] Wirksam ist darüber hinaus die Einzahlung auf ein Treuhänderkonto des Notars („Notaranderkonto“).[52] Leistungen auf ein Bankkonto mit **negativem Saldo** („debitorisches Konto“) sind nur schuldbefreiend, solange eine etwa eingeräumte, ungekündigte Kreditlinie nicht überschritten wird.[53]

21 Die Hingabe sog. **Erfüllungssurrogate** hat entsprechend § 364 Abs. 2 BGB nur bei erfolgreicher und vollständiger Transformation in die an sich geschuldete Zahlungsform (Barzahlung oder Kontogutschrift wie vorstehend beschrieben) Erfüllungswirkung,[54] beispielsweise im Falle der vorbehaltslosen Gutschrift eines Schecks, der Einlösung eines Wechsels oder der Tilgung einer Forderung der GmbH mittels Bar- bzw. Buchgeld. Die Auffassung[55], welche die ursprünglich geplante, liberale Regelung des § 19 Abs. 4 RegE zur verdeckten Sacheinlage auf werthaltige **Leistungen an Erfül-**

43 Ulmer/Habersack/Winter/*Ulmer*, § 7 Rn. 36; Scholz/*Veil*, § 7 Rn. 27; OLG Frankfurt/M. MittBayNot 2005, 421; OLG Nürnberg BeckRS 2010, 25668.
44 H.M., stellvertretend für viele: Ulmer/Habersack/Winter/*Ulmer*, § 7 Rn. 42 und 43; OLG Stuttgart, WM 1985, 1066; a.A. Lutter/Homelhoff/*Bayer*, § 7 Rn. 12.
45 Ulmer/Habersack/Winter/*Ulmer*, § 7 Rn. 32; Roth/Altmeppen/*Roth*, § 7 Rn. 25.
46 Banknoten oder Scheidemünzen der Europäischen Zentralbank.
47 H.M.; Lutter/Hommelhoff/Bayer, § 7 Rn. 9; BGHZ 45, 347; a.A. Roth/Altmeppen/*Roth*, § 7 Rn. 26 (Konto im Bereich der EU).
48 Als Verwendungszweck sollte auf dem Überweisungsträger „Einlageleistung“ angegeben werden.
49 Für ein Festhalten an dieser Praxis *Apfelbaum*, notar 2008, 160, 165.
50 Ulmer/Habersack/Winter/*Ulmer*, § 7 Rn. 34; Scholz/*Veil*, § 7 Rn. 29.
51 H.M.: Lutter/Hommelhoff/*Bayer*, § 7 Rn. 9; Scholz/*Veil*, a.a.O.; Ulmer/Habersack/Winter/*Ulmer*, § 7 Rn. 35; a.A. Michalski/*Tebben*, § 7 Rn. 31; Roth/Altmeppen/*Roth*, § 7 Rn. 26.
52 Scholz/*Veil*, a.a.O.; hinsichtlich Rechtsanwalts-Anderkonten oder sonstigen Treuhandkonten zweifelnd: Michalski/*Tebben*, § 7 Rn. 30. Die Begründung RegE, BT-Drucks. 16/6140, S. 35 hält allerdings die Einzahlung auf ein Treuhandkonto des Geschäftsführers zugunsten der künftigen GmbH für zulässig.
53 Andernfalls steht die Leistung nicht zur freien Verfügung der Geschäftsführer; siehe hierzu näher Rn. 22–25 sowie Ulmer/Habersack/Winter/*Ulmer*, § 7 Rn. 34; Achilles/Ensthaler/Schmidt/*Achilles*, § 7 Rn. 12; BGH NJW 1991, 1294.
54 Lutter/Hommelhoff/*Bayer*, § 7 Rn. 10; Ulmer/Habersack/Winter/*Ulmer*, § 7 Rn. 39.
55 *Gesell*, BB 2007, 2241, 2245; *Veil*, ZIP 2007, 1241, 1246.

lungs statt (§ 364 Abs. 1 BGB) anwenden und diesen damit gleichfalls Erfüllungswirkung zukommen lassen wollte, wurde angesichts der erheblichen Verschärfung dieser Vorschrift in der endgültigen Gesetzesfassung obsolet. Zumindest die Anrechnungsbestimmung des § 19 Abs. 4 Satz 3 (vgl. auch Rn. 24) dürfte künftig für Leistungen an Erfüllungs statt in Höhe der Werthaltigkeit des Einlagegegenstands entsprechend gelten.

Die Begründung des RegE zum MoMiG[56] attestiert schließlich dem bestätigten Bundesbankscheck (früher LZB-garantierter Scheck) – entgegen jüngeren Tendenzen in der Kommentarliteratur[57] – weiterhin unmittelbare Erfüllungswirkung.

c) Zur freien Verfügung der Geschäftsführer

Aus § 8 Abs. 2 Satz 1 bzw. aus Abs. 3 folgt, dass Bar- und Sacheinlagen so geleistet werden müssen, dass sie zur freien Verfügung der Geschäftsführer stehen. Hierunter versteht man die endgültige und vorbehaltslose Überführung der Einlageleistung aus der Verfügungsmacht des Gesellschafters in das Vermögen der Gesellschaft, auf welches die Geschäftsführer unbeschränkt zugreifen können.[58] Im Kern erlangte dieses Erfordernis schon bislang primär bei Missbrauchsgestaltungen praktische Relevanz, die entweder von einer alsbaldigen Rückerstattung der Bareinlageleistung in Darlehensform an den Gesellschafter (Hin- und Herzahlen, das nicht zugleich die Kriterien einer verdeckten Sacheinlage erfüllt) oder aber von einer Umgehung der strengen Vorschriften über die Sachgründung (verdeckte Sacheinlage[59]) gekennzeichnet sind. Wenngleich es als Missbrauchsbekämpfungsgesetz deklariert ist, hat das MoMiG das Hin- und Herzahlen in § 19 Abs. 5 n.F.[60] unter gewissen Bedingungen legitimiert und darüber hinaus die vormals einschneidenden Rechtsfolgen einer verdeckten Sacheinlage – nämlich die unverändert fortbestehende Pflicht zur Leistung der gesamten Einlage – durch eine abgemilderte Anrechnungsbestimmung[61] in § 19 Abs. 4 Satz 3 abgelöst. 22

aa) Hin- und Herzahlen, das nicht zugleich die Kriterien einer verdeckten Sacheinlage erfüllt

Zahlt die Gesellschaft dem Gesellschafter aufgrund einer vorherigen Absprache eine Geldeinlage im Wege eines Neudarlehens wieder zurück[62], so liegt seit der Neufassung des § 19 Abs. 5 Satz 1[63] gleichwohl eine Leistung zur freien Verfügung der Geschäftsführer vor, sofern der Rückgewähranspruch der Gesellschaft als **vollwertig und liquide**[64] anzusehen ist. An das Erfordernis der Vollwertigkeit dürften vor dem Hintergrund der Intention des Gesetzgebers[65], in erster Linie das 23

56 RegE, BT-Drucks. 16/6140, S. 35.

57 Scholz/*Veil*, § 7 Rn. 32; Ulmer/Habersack/Winter/*Ulmer*, a.a.O. begründet seine Ansicht damit, dass der bestätigte Bundesbankscheck nicht mehr als zulässiges Zahlungsmittel in § 54 Abs. 3 AktG aufgeführt ist.

58 Lutter/Hommelhoff/*Bayer*, § 7 Rn. 16; Ulmer/Habersack/Winter/*Ulmer*, § 7 Rn. 53; Michalski/*Tebben*, § 7 Rn. 48.

59 Auch die verdeckte Sacheinlage wird in der Literatur unter dem Oberbegriff des Hin- und Herzahlens geführt. Nach einer Mindermeinung soll darüber hinaus bei der verdeckten Sacheinlage nicht zwingend zugleich ein Verstoß gegen das Merkmal zur endgültigen freien Verfügung vorliegen, vgl. hierzu *Gesell*, BB 2007, 2241.

60 Diese Regelung war im RegE (BT-Drucks. 16/6140) ursprünglich für § 8 Abs 2 Satz 2 vorgesehen, wurde jedoch in den § 19 verschoben, um die Sachnähe zur Fallgruppe der verdeckten Sacheinlage besser zu verdeutlichen, vgl. Beschlussempfehlung und Bericht des Rechtsausschusses, BT-Drucks. 16/9737.

61 In § 19 Abs. 4 Satz 1 RegE (BT-Drucks. 16/6140) war eine noch großzügigere Erfüllungslösung vorgesehen, vgl. Rn. 24.

62 Zur Problematik des Hin- und Herzahlens bei der GmbH & Co. KG vgl. BGH, Urteil v. 10.12.2007 – II ZR 180/06 – m. Anm. *Simon/Leuering*, NJW-Spezial, Heft 5 2008, 143 f.

63 Kritisch zur entsprechenden Regelung des § 8 Abs. 2 Satz 2 RegE (BT-Drucks. 16/6140): *Noack*, DB 2007, 1395, 1397; *Priester*, ZIP 2008, 55; *Büchel*, GmbHR 2007, 1065, 1067 f.

64 Das Merkmal der Liquidität in dem Sinne, dass der Rückzahlungsanspruch *fällig* ist oder *jederzeit fällig gestellt* werden kann, wurde auf Anregung aus der Wissenschaft aufgenommen, vgl. Beschlussempfehlung und Bericht des Rechtsausschusses, BT-Drucks. 16/9737. Lichtenwimmer setzt Liquidität indes mit der *Unbestrittenheit* des Rückgewähranspruchs gleich, der mithin über den Gesetzeswortlaut hinaus einrede- und einwendungsfrei sein müsse (siehe § 19 Rn. 65).

65 RegE, BT-Drucks. 16/6140, S. 34.

„Cash-Pooling"[66] im Konzern dauerhaft auf rechtlich sichere Füße zu stellen,[67] eher restriktive Anforderungen gestellt werden. Ist der Gesellschafter z.B. eine mit geringen Mitteln ausgestattete Erwerbsgesellschaft oder ist die Durchsetzbarkeit der Forderung aus anderen Gründen absehbar in Frage gestellt, dürfte die Vollwertigkeit regelmäßig in Frage gestellt sein.[68] Die Beweislast trägt insoweit analog § 19 Abs. 4 Satz 5 der Gesellschafter.[69] Zur Tilgung eines der Gesellschaft durch einen Dritten gewährten Darlehens unter Verwendung der Einlageleistung siehe Rn. 24.

! Gesellschaftern, welche über das zur Erfüllung ihrer Einlagepflicht erforderliche Geld schlicht nicht verfügen oder sich jedenfalls nicht davon trennen möchten, ist von der Konstruktion des „Hin- und Herzahlens" nach wie vor dringend abzuraten.[70] Denn ein nur teilweise werthaltiger oder nicht liquider[71] Rückzahlungsanspruch führt nach dem Gesetzeswortlaut nicht lediglich zu einer Differenzhaftung, sondern zur **vollständigen Nichterfüllung der Einlagepflicht**.[72] Falls Gesellschafter vom Institut des Hin- und Herzahlens Gebrauch machen wollen, müssen die Geschäftsführer eine solche Leistung bzw. die Vereinbarung einer solchen Leistung gem. § 19 Abs. 5 Satz 2 in der Anmeldung offenlegen (siehe § 8 Rn. 16). Andernfalls sind Schadensersatzansprüche gegen die Geschäftsführer denkbar.[73]

bb) Verdeckte Sacheinlage

24 Fallgestaltungen, die zwar auch als Einlagenrückgewähr gewertet werden können, zugleich aber die Kriterien einer verdeckten Sacheinlage erfüllen, wurden in § 19 Abs. 4 neu geregelt. Die Legaldefinition des § 19 Abs. 4 Satz 1 deckt sich im Wesentlichen[74] mit der bisherigen Rechtsprechung[75], die eine verdeckte Sacheinlage annimmt, wenn zwar formell eine Bareinlage vereinbart und geleistet wird, die Gesellschaft bei wirtschaftlicher Betrachtung aber aufgrund einer im Zusammenhang mit der Übernahme der Einlage getroffenen Absprache einen Sachwert erhalten soll.[76] Wird die Einlage zunächst an die Gesellschaft geleistet und anschließend zur Tilgung eines der Gesellschaft von einem *Dritten* gewährten Darlehens an diesen ausbezahlt, so liegt grundsätzlich auch dann keine verdeckte Sacheinlage vor, wenn sich der Inferent für die Rückzahlung des Darlehens verbürgt hat oder der Darlehensgläubiger zum Inferenten in einem „Näheverhältnis" steht.[77] Der RegE sah in § 19 Abs. 4 Satz 1 zunächst eine Legalisierung der verdeckten Sacheinlage dergestalt vor, dass dieser Erfüllungswirkung hätte zukommen sollen, soweit der anstelle des Geldes eingelegte Vermögensgegenstand werthaltig gewesen wäre. Der Einleger hätte in entsprechender Anwendung des § 9 lediglich für eine etwaige Wertdifferenz haften sollen. In der endgültigen Gesetzesfassung wurde diese Erfüllungslösung durch eine **Anrechnungslösung** ersetzt, wonach der Wert einer verdeckt eingebrachten Sacheinlage nach Eintragung der Gesellschaft im Handelsregister automatisch auf die Geldeinlagepflicht des Gesellschafters angerechnet wird (§ 19

66 Hierunter versteht man das Zusammenführen der gesamten Liquidität mehrerer Unternehmen auf einen „Master Account", der Gesellschaften mit debitorischen Konten zur Vermeidung teurer Fremdkredite einen Ausgleich gewährt. Die absprachegemäße Überweisung der Stammeinlage in den Cash-Pool wurde von BGH NZG 2006, 344 nicht als Einlageleistung „zur freien Verfügung der Geschäftsführer" anerkannt mit der Folge, dass das Stammkapital nochmals in voller Höhe aufgebracht werden musste.
67 *Wulfetange*, BB Beilage 7, Heft 37/2006, 19, 22.
68 RegE, BT-Drucks. 16/6140, S. 41.
69 Zweifelnd: *Büchel*, GmbHR 2007, 1065, 1067 f.
70 Vgl. *Priester*, ZIP 2008, 55.
71 Siehe Fn. 64.
72 Dem Vorschlag des Bundesrats in seiner Stellungnahme zum MoMiG (BR-Drucks. 354/07, S. 13 f.; ebenso *Gesell*, BB 2007, 2241, 2246), das Wort „wenn" in § 8 Abs. 2 Satz 2 RegE (BT-Drucks. 16/6140) durch das Wort „soweit" zu ersetzen, ist der Gesetzgeber bei der Neufassung des § 19 Abs. 5 Satz 1 nicht gefolgt.
73 Vgl. *Apfelbaum*, notar 2008, 161, 167.
74 Kritisch hierzu *Gesell*, BB 2007, 2241, 2245.
75 Vgl. BGH DStR 1996, 794.
76 Lehrbuchbeispiel ist das Auto des Gesellschafters, das nicht als Sacheinlage eingebracht wird, sondern von der Gesellschaft zeitnah zur Gründung mit dem eingelegten Geldbetrag erworben wird.
77 BGH NZG 2011, 667; OLG Köln, NZI 2011, 376.

Abs. 4 Sätze 3 und 4) Die Beweislast für die Werthaltigkeit des eingelegten Gegenstandes trägt gem. § 19 Abs. 4 Satz 5 der Gesellschafter. Nach Ansicht des BGH[78] finden die Grundsätze der verdeckten Sacheinlage auf nach Bareinlageleistung entgeltlich durch den Gesellschafter zu erbringende **Dienstleistungen** keine Anwendung. Ebenso wenig liege in solch einem Fall ein der Erfüllung der Einlageschuld entgegenstehendes Hin- und Herzahlen der Einlagemittel (§ 19 Abs. 5 GmbHG) vor, sofern der Inferent diese nicht für die Vergütung seiner Dienstleistungen „reserviere".

! Von vereinzelten, auf Grundlage des RegE ausgesprochenen Empfehlungen im Schrifttum,[79] unter gewissen Bedingungen bewusst eine verdeckte anstelle der ordentlichen Sacheinlage zu wählen, sollte angesichts der nunmehr stärkeren Sanktionierung dieses Rechtsinstituts Abstand genommen werden. Aus § 19 Abs. 4 Satz 3 ergibt sich zum einen, dass das Gericht im Falle einer verdeckten Sacheinlage die Eintragung nach § 9c ablehnen darf, und zum anderen, dass der Geschäftsführer in der Anmeldung weder versichern kann noch darf, die Geldeinlage sei zumindest durch Anrechnung erloschen und damit erfüllt.[80] Der anmeldende Geschäftsführer setzt sich damit dem Risiko aus, nach § 82 Abs. 1 Nr. 1 wegen Vortäuschung einer Bareinlage **strafrechtlich** zur Verantwortung gezogen zu werden.[81] Schließlich ist zu beachten, dass bei Gründung einer Unternehmergesellschaft i.S.v. § 5a sowie bei Verwendung des Musterprotokolls (§ 2 Abs. 1a) Sacheinlagen von vornherein unzulässig sind (siehe Rn. 17). In diesen Fällen dürfte § 19 Abs. 4 n.F. keine Anwendung finden mit der Folge, dass es insoweit bei den bisherigen schärferen Grundsätzen der Rechtsprechung bliebe, wonach die Erbringung der Einlage keine Erfüllungswirkung hat, die zugrundeliegenden Verträge unwirksam sind und eine Anrechnungsmöglichkeit auf den fortbestehenden Bareinlageanspruch nicht besteht.[82]

cc) Verwendungen nach Einlageleistung

Im Übrigen stehen schuldrechtliche Verwendungsabreden zwischen der Gesellschaft und dem Ein- 25
leger oder einem Dritten – z.B. die Verpflichtung, mit der Einlage bestimmte Gegenstände zu erwerben – dem Merkmal der freien Verfügbarkeit nicht entgegen, sofern sie nicht gerade einen Rückfluss der eingezahlten Mittel an den Inferenten bezwecken.[83]

d) Gründungsaufwand

Zur Begleichung der Gründungskosten dürfen die Mindesteinlagen der Gesellschafter nur verwen- 26
det werden, wenn dies im Gesellschaftsvertrag festgesetzt wurde.[84]

III. Sacheinlageleistungen (Abs. 3)

Unter „Bewirken" der Sacheinlage, worunter auch die sog. Sachübernahme (siehe § 5 Rn. 50) fällt, 27
ist der dingliche Vollzug des für den eingelegten Gegenstand maßgeblichen Erfüllungsgeschäfts zu verstehen.[85] Bewegliche Sachen sind somit gem. §§ 929 ff. BGB[86] zu übereignen, Forderungen und Rechte nach §§ 398, 413, 1032, 1069, 1153 f. BGB und anderen Vorschriften zu übertragen. Bei der Einbringung von Grundbesitz ist die Auflassung und die Eintragung für die Vor-GmbH im Grundbuch erforderlich (§§ 873 Abs. 1, 925 BGB, streitig).[87] Soll die Sacheinlage durch Einbrin-

78 NJW 2009, 2375 („Qivive").
79 *Kallmeyer*, DB 2007, 2755, 2757; *Wirsch*, GmbHR 2007, 736, 740.
80 Vgl. Beschlussempfehlung und Bericht des Rechtsausschusses, BT-Drucks. 16/9737.
81 Insoweit äußerte sich die BNotK in ihrer Stellungnahme v. 17.1.2008 – T II 32 S. 4 bereits kritisch zum RegE.
82 Vgl. *Apfelbaum*, notar 2008, 160, 161 f.
83 Michalski/*Tebben*, § 7 Rn. 51; Ulmer/Habersack/Winter/*Ulmer*, § 7 Rn. 56; BGHZ 113, 335, 347 f.
84 Scholz/*Veil*, § 7 Rn. 41; Lutter/Hommelhoff/*Bayer*, § 7 Rn. 19.
85 Achilles/Ensthaler/Schmidt/*Achilles*, § 7 Rn. 15; Scholz/Veil, § 7 Rn. 42.
86 Die Möglichkeit eines gutgläubigen Erwerbs bejahend: BGH DStR 2003, 44.
87 Scholz/*Veil*, § 7 Rn. 43; Achilles/Ensthaler/Schmidt/*Achilles*, § 7 Rn. 16; a.A. Lutter/Hommelhoff/*Bayer*, § 7 Rn. 13; Roth/Altmeppen/*Roth*, § 7 Rn. 34.

gung eines Unternehmens erbracht werden, muss danach differenziert werden, ob eine Einzelübertragung sämtlicher Wirtschaftsgüter (Assets) oder aber eine Anteilsabtretung gewollt ist. Hinsichtlich des Erfordernisses der Leistung zur freien Verfügung der Geschäftsführer, das regelmäßig mit dem ordnungsgemäßen „Bewirken" erfüllt sein wird,[88] kann auf die Ausführungen unter Rn. 22 bis 25 verwiesen werden. Zur eingeschränkten gerichtlichen Prüfpflicht gem. § 9c Abs. 1 Satz 2 vgl. Rn. 13.

C. Weitere praktische Hinweise

I. Notarkosten

28 Der **Geschäftswert** für die Anmeldung zum Handelsregister bestimmt sich nach § 41a Abs. 1 Nr. 1 KostO. Danach ist das in das Handelsregister einzutragende Stammkapital maßgebend, unabhängig davon, ob das Stammkapital durch Bar- oder Sacheinlagen erbracht wird. Gemäß § 41a Abs. 1 Nr. 1 KostO beträgt der Mindestwert 25.000 EUR. Dies gilt nicht, wenn die Gründung im vereinfachten Verfahren unter Verwendung des Musterprotokolls erfolgt (§ 41d KostO). Zwar ersetzt das Musterprotokoll nicht eine gesondert zu fertigende Registeranmeldung. Gleichwohl ist hier die kostenrechtliche Privilegierung anzuwenden. Der Mindestwert des § 41a Abs. 1 Nr. 1 KostO ist dabei stets auf die erste Anmeldung einer Kapitalgesellschaft beschränkt.

29 Für **spätere Anmeldungen**, aufgrund deren ein bestimmter Geldbetrag in das Register einzutragen ist, z.B. also bei Kapitalerhöhungen oder Kapitalherabsetzungen, ist nicht § 41a Abs. 1 Nr. 1 KostO anzuwenden, sondern § 41a Abs. 1 Nr. 3 KostO (siehe im Übrigen „Notar- und Handelsregisterkosten im GmbH-Recht", S. 1097 ff., Rn. 12 bis 15). Geschäftswert ist hier stets der in das Handelsregister einzutragende Unterschiedsbetrag.

Bei **Beurkundung der Registeranmeldung** fällt eine 5/10-Gebühr gem. § 38 Abs. 2 Nr. 7 KostO an, bei Fertigung des Entwurfs mit anschließender Beglaubigung der Unterschrift eine 5/10-Gebühr gem. §§ 145 Abs. 1 Satz 1, 38 Abs. 2 Nr. 7 KostO. Die erste Unterschriftsbeglaubigung ist gem. § 145 Abs. 1 Satz 4 KostO mit der Entwurfsgebühr abgegolten, weitere Unterschriftsbeglaubigungen sind kostenpflichtig nach § 45 KostO.

II. Steuern

30 Die mit Beurkundung des Gesellschaftsvertrags entstehende **Vor-GmbH** ist ebenso wie die später eingetragene GmbH körperschaft-, gewerbe- und umsatzsteuerpflichtig, soweit sie eine nach außen in Erscheinung tretende Geschäftstätigkeit entfaltet. Sie ist steuerlich mit der eingetragenen Gesellschaft identisch, sofern die Eintragung tatsächlich betrieben wird und später nachfolgt.

Im Gegensatz hierzu ist eine **Vorgründungsgesellschaft**, also ein Zusammenschluss mehrerer Personen zum Zweck der Errichtung einer GmbH, auch steuerlich nicht mit der späteren Gesellschaft identisch. Sie wird ertragsteuerlich als Personengesellschaft (ggf. Mitunternehmerschaft) behandelt und stellt umsatzsteuerlich ein eigenes Unternehmen dar (zur Vorsteuerberechtigung siehe „Steuerrecht", S. 1046 ff., Rn. 25).

31 Unabhängig von der Pflicht zur Anmeldung gegenüber dem Handelsregister bestehen die **steuerlichen Anzeigepflichten gegenüber dem Finanzamt und der Gemeinde** gem. §§ 137, 138 AO.

Die **Einforderung der Mindesteinlage** nach § 7 Abs. 2 ist auch steuerlich insofern sanktioniert, als der damit für die GmbH verbundene Verzicht auf die Erzielung von Zinseinnahmen bzw. die Vermeidung von Zinsaufwand zu einer verdeckten Gewinnausschüttung führt.[89]

88 Scholz/*Veil*, § 7 Rn. 45.
89 Niedersächsisches FG EFG 2007, 619.

§ 8 Inhalt der Anmeldung

(1) Der Anmeldung müssen beigefügt sein:

1. der Gesellschaftsvertrag und im Fall des § 2 Abs. 2 die Vollmachten der Vertreter, welche den Gesellschaftsvertrag unterzeichnet haben, oder eine beglaubigte Abschrift dieser Urkunden,

2. die Legitimation der Geschäftsführer, sofern dieselben nicht im Gesellschaftsvertrag bestellt sind,

3. eine von den Anmeldenden unterschriebene Liste der Gesellschafter, aus welcher Name, Vorname, Geburtsdatum und Wohnort der letzteren sowie die Nennbeträge und die laufenden Nummern der von einem jeden derselben übernommenen Geschäftsanteile ersichtlich sind,

4. im Fall des § 5 Abs. 4 die Verträge, die den Festsetzungen zugrunde liegen oder zu ihrer Ausführung geschlossen worden sind, und der Sachgründungsbericht,

5. wenn Sacheinlagen vereinbart sind, Unterlagen darüber, daß der Wert der Sacheinlagen den Nennbetrag der dafür übernommenen Geschäftsanteile erreicht,

(2) In der Anmeldung ist die Versicherung abzugeben, daß die in § 7 Abs. 2 und 3 bezeichneten Leistungen auf die Geschäftsanteile bewirkt sind und daß der Gegenstand der Leistungen sich endgültig in der freien Verfügung der Geschäftsführer befindet. Das Gericht kann bei erheblichen Zweifeln an der Richtigkeit der Versicherung Nachweise (unter anderem Einzahlungsbelege) verlangen.

(3) In der Anmeldung haben die Geschäftsführer zu versichern, daß keine Umstände vorliegen, die ihrer Bestellung nach § 6 Abs. 2 Satz 2 Nr. 2 und 3 sowie Satz 3 entgegenstehen, und daß sie über ihre unbeschränkte Auskunftspflicht gegenüber dem Gericht belehrt worden sind. Die Belehrung nach § 53 Abs. 2 des Bundeszentralregistergesetzes kann schriftlich vorgenommen werden; sie kann auch durch einen Notar oder einen im Ausland bestellten Notar, durch einen Vertreter eines vergleichbaren rechtsberatenden Berufs oder einen Konsularbeamten erfolgen.

(4) In der Anmeldung sind ferner anzugeben

1. eine inländische Geschäftsanschrift,

2. Art und Umfang der Vertretungsbefugnis der Geschäftsführer.

(5) Für die Einreichung von Unterlagen nach diesem Gesetz gilt § 12 Abs. 2 des Handelsgesetzbuchs entsprechend.

Literatur

Apfelbaum, Gmbh-Reform 2008, notar 2008, 160; *Büchel*, Kapitalaufbringung, insbesondere Regelung der verdeckten Sacheinlage nach dem Regierungsentwurf des MoMiG, GmbHR 2007, 1065; *Gesell*, Verdeckte Sacheinlage & Co. im Lichte des MoMiG, BB 2007, 2241; *Leitzen*, Öffentlich-rechtliche Genehmigungen in GmbH-Registerverfahren nach dem MoMiG, GmbHR 2009, 480; *Mayer*, Der Erwerb einer GmbH nach den Änderungen durch das MoMiG, DNotZ 2008, 403; *Reithmann*, Beurkundung, Beglaubigung, Bescheinigung durch inländische und durch ausländische Notare, DNotZ 1995, 360; *Sandhaus*, Musterprotokoll und Befreiung des Geschäftsführers von § 181 BGB; NJW-Spezial 2009, 607; *Seibert/Wedemann*, Der Schutz der Privatanschrift im elektronischen Handels- und Unternehmensregister, GmbHR 2007, 17; *Sikora/Schwab*, Das EHUG in der notariellen Praxis, MittBayNot 2007, 1; *Stenzel*, Handelsregistereintragung von „c/o"-Adressen; NZG 2011, 851; *Tiedtke*, Streifzug durch die Kostenordnung, 7. Auflage 2008; *Wachter*, Der Entwurf des „MoMiG" und die Auswirkungen auf inländische Zweigniederlassungen von Auslandsgesellschaften, GmbHR 2006, 793; *Wicke*, Abweichungen und Änderungen beim Musterprotokoll gemäß § 2 Abs. 1a GmbHG, DNotZ 2012, 15.

A. Allgemeines

I. Einordnung der Norm in den Gesamtzusammenhang des Gesetzes

1 Die Vorschrift enthält konkrete Vorgaben inhaltlicher und formeller Art für die Anmeldung der Gesellschaft und ergänzt somit die allgemeinen Regelungen des § 7. Sie ist *lex specialis* zu § 29 HGB.[1]

II. Aufbau der Norm

2 Abs. 1 enthält eine Aufzählung der dem Registergericht als objektive Nachweise vorzulegenden Anlagen zur Anmeldung. Zur Verifizierung der ordnungsgemäßen Einlageleistungen sowie der persönlichen Eignung, d.h. der erforderlichen Integrität der Geschäftsführer, begnügen sich Abs. 2 Satz 1 und Abs. 3 grundsätzlich mit einer subjektiven Versicherung der Geschäftsführer. Lediglich in Ausnahmefällen räumt Abs. 2 Satz 2 den Registergerichten insoweit die Befugnis ein, zusätzliche objektive Beweismittel einzufordern. Die Pflicht zur Angabe einer inländischen Geschäftsanschrift sowie der konkreten Vertretungsbefugnis der Geschäftsführer hätte gesetzestechnisch auch in Abs. 1 aufgenommen werden können, wurde jedoch anlässlich zweier Gesetzesänderungen in den Jahren 2008 (Abs. 4 Nr. 1) und 1969 (Abs. 4 Nr. 2) in einem neuen Absatz verortet. Die Verweisung des Abs. 5, welcher in seiner Fassung vor Inkrafttreten des EHUG[2] das obsolet gewordene Erfordernis einer Unterschriftsprobe statuierte, auf die Vorschrift des § 12 Abs. 2 HGB, wonach neben der Registeranmeldung als solcher auch die hierzu gehörenden Dokumente elektronisch einzureichen sind, ist lediglich deklaratorischer Natur.[3]

III. Sinn und Zweck der Norm

3 Die gem. § 8 beizubringenden Anlagen und Versicherungen sollen das Registergericht in die Lage versetzen, seiner Prüfungspflicht gem. § 9c nachzukommen und die gem. § 10 erforderlichen Inhalte ins Handelsregister einzutragen.

IV. Gesetzesbegründung

4 Mit der Neufassung des § 8 durch das MoMiG wurde einerseits die **Beschleunigung** und Erleichterung von GmbH-Gründungen (Aufhebung der Pflicht zur Vorlage einer Genehmigungsurkunde

1 Scholz/*Veil*, § 8 Rn. 3.
2 Gesetz über das elektronische Handelsregister und Genossenschaftsregister sowie das Unternehmensregister v. 10.11.2006 (EHUG), BGBl. I 2006 S. 2553.
3 RegE EHUG, BT-Drucks. 16/960, S. 66.

gem. Abs. 1 Nr. 6 a.F.[4], Ermöglichung der Belehrung von Geschäftsführern im Ausland nach Abs. 3 Satz 2) und andererseits eine **Erhöhung des Gläubigerschutzes** (Pflicht zur Angabe einer inländischen Geschäftsadresse, um Zustellungsprobleme zu vermeiden) beabsichtigt.[5]

Die im RegE ursprünglich für Abs. 2 Satz 2 vorgesehene Regelung, welche unter bestimmten Voraussetzungen (siehe § 7 Rn. 23) das vormals unzulässige Hin- und Herzahlen im Rahmen der Erfüllung der Bareinlagepflicht legitimiert, wurde in § 19 Abs. 5 verschoben, um die Sachnähe zur Fallgruppe der verdeckten Sacheinlage besser zu verdeutlichen.[6] Gemäß § 19 Abs. 5 Satz 2 muss eine solche Leistung oder die Vereinbarung einer solchen Leistung indes in der Anmeldung nach § 8 offengelegt werden (siehe Rn. 16).

V. Europarechtlicher Hintergrund

Die Pflicht zur Angabe der Vertretungsbefugnis der Geschäftsführer (Abs. 4 Nr. 2) wurde 1969 zur Umsetzung der Publizitätsrichtlinie (68/151/EWG) eingeführt.[7] Das EHUG, mit dessen Inkrafttreten Abs. 5 an die Erfordernisse des elektronischen Rechtsverkehrs angepasst wurde (siehe Rn. 2), beruht auf den europarechtlichen Vorgaben der Transparenzrichtlinie (2004/109/EG) sowie der Richtlinie 2993/58/EG zur Änderung der Publizitätsrichtlinie. 5

B. Inhalt der Regelung

I. Anlagen zur Anmeldung (Abs. 1)

1. Gesellschaftsvertrag (Abs. 1 Nr. 1)

Der gem. § 2 Abs. 1 notariell zu beurkundende Gesellschaftsvertrag ist seit Inkrafttreten des EHUG nach Abs. 5 i.V.m. § 12 Abs. 2 Satz 2 Hs. 2 HGB, § 39a BeurkG in **elektronisch beglaubigter Abschrift** an das Registergericht zu übermitteln (vgl. hierzu Rn. 21). „Gesellschaftsvertrag" im Sinne dieser Vorschrift meint nicht nur die eigentliche Satzung, sondern darüber hinaus auch das **Gründungsprotokoll**. Letzteres muss nicht zusammen mit der Satzung in einem Schriftstück zusammengefasst sein. Der gängigen Praxis entsprechend ist es vielmehr ausreichend, wenn der Gründungsniederschrift, welche den „Urkundenmantel" bildet, gem. § 9 Abs. 1 Satz 2 BeurkG die Satzung als Anlage beigefügt und mitverlesen wird.[8] Erfolgt vor Eintragung eine **Änderung des Gesellschaftsvertrags**, so ist die hierüber errichtete Urkunde zusammen mit dem neuen Satzungstext sowie einer Satzungsbescheinigung entsprechend § 54 Abs. 1 Satz 2 jeweils in elektronisch beglaubigter Form beim Registergericht einzureichen.[9] Einer Wiederholung der bereits erfolgten Anmeldung bedarf es insoweit – anders als bei entsprechenden Änderungen nach Eintragung – nicht mehr.[10] Wurde der Gesellschaftsvertrag nicht in deutscher Sprache beurkundet, ist eine Übersetzung beizufügen, deren Übereinstimmung mit dem Originalwortlaut – z.B. gem. § 50 Abs. 1 BeurkG – nachgewiesen werden muss.[11] Zur Einreichung eines **Musterprotokolls** i.S.v. § 2 Abs. 1a siehe Rn. 13. 6

Vollmachten oder nachträgliche Genehmigungen zum Abschluss des Gesellschaftsvertrags sind gem. § 2 Abs. 2 zu beurkunden bzw. zu beglaubigen und dem Registergericht in elektronisch beglaubigter Abschrift zu übermitteln (Abs. 5 i.V.m. § 12 Abs. 2 Satz 2 Hs. 2 HGB, § 39a BeurkG). Eine Vertretung bei der Anmeldung als solcher ist dagegen nach h.M. nicht zulässig (siehe § 7 Rn. 9). 7

---

4 Zu den Ausnahmen s. jedoch Rn. 13a:
5 RegE, BT-Drucks. 16/6140, S. 34 bis 36.
6 Vgl. Beschlussempfehlung und Bericht des Rechtsausschusses, BT-Drucks. 16/9737.
7 Michalski/*Tebben*, § 8 Rn. 52; Scholz/*Veil*, § 8 Rn. 4.
8 Michalski/*Tebben*, § 8 Rn. 3; Achilles/Ensthaler/Schmidt/*Achilles*, § 8 Rn. 2; OLG Stuttgart, DNotZ 1979, 359, 360.
9 Michalski/*Tebben*, § 8 Rn. 6; Ulmer/HabersackWinter/*Ulmer*, § 8 Rn. 3.
10 Achilles/Ensthaler/Schmidt/*Achilles*, a.a.O.
11 Michalski/*Tebben*, § 8 Rn. 8.

> **!** Besondere Vorsicht ist bei der Gründung einer Ein-Personen-GmbH durch einen Stellvertreter geboten. Handelt dieser ohne die nach § 2 Abs. 2 erforderliche Vollmacht, so ist die Gründung nach bislang h.M. unheilbar nichtig, § 180 Satz 1 BGB.[12]

2. Legitimation der Geschäftsführer (Abs. 1 Nr. 2)

8 Ergibt sich die Legitimation der Geschäftsführer nicht bereits aus dem Gesellschaftsvertrag bzw. aus der Gründungsniederschrift, sondern aus einem **separaten Gesellschafterbeschluss**, so ist dieser der Anmeldung gesondert beizufügen. Da dieser Beschluss in einfacher Schriftform (§ 126 BGB) gefasst oder ein mündlicher Beschluss schriftlich bestätigt werden kann[13], genügt grundsätzlich[14] die Übermittlung einer unsignierten elektronischen Aufzeichnung i.S.v. Abs. 5, § 12 Abs. 2 Satz 2 Hs. 1 HGB[15] an das Registergericht. Gleichwohl erscheint die Einreichung einer elektronisch beglaubigten Abschrift des Beschlusses durch den Notar vorzugswürdig, um die Authentizität der Erklärung zu sichern und dem Registergericht die formelle Prüfung der Eintragungsunterlagen zu erleichtern.[16] Ebenfalls ausreichend, wenngleich aus Sicht der Gesellschafter in der Erstellung aufwendiger, wäre die Übermittlung eines von allen Gesellschaftern mit einer qualifizierten Signatur versehenen Dokuments in elektronischer Form (§ 126a BGB). An der Formwirksamkeit von Gesellschafterbeschlüssen, die lediglich in Textform (§ 126b BGB) – also beispielsweise im Umlaufverfahren per E-Mail – geschlossen wurden, bestehen angesichts der Parallelvorschrift des § 39 Abs. 2 erhebliche Zweifel; jedenfalls wären Dokumente in Textform nach den Vorgaben des § 47 Abs. 1 Satz 2 HRV nur dann zur dauerhaften Wiedergabe in einem öffentlichen Register geeignet, wenn sie in unveränderbare Bilddaten (z.B. im PDF- oder TIFF-Format) umgewandelt würden.[17] Der Beschluss muss Vor- und Nachname, Geburtsdatum und Wohnort (nicht jedoch die Privatanschrift[18]) der Geschäftsführer enthalten und ist von *sämtlichen* Gesellschaftern zu unterzeichnen.

3. Gesellschafterliste (Abs. 1 Nr. 3)

9 Die Gründungsgesellschafter müssen mit Vor- und Nachname, Geburtsdatum und Wohnort in eine Liste aufgenommen werden, die von sämtlichen Geschäftsführern zu unterzeichnen ist; notarielle Unterschriftsbeglaubigung ist trotz der erheblichen Aufwertung der Gesellschafterliste durch das MoMiG ebenso wenig erforderlich wie die Einreichung einer elektronisch beglaubigten Abschrift[19], sodass grundsätzlich die Übermittlung einer unsignierten elektronischen Aufzeichnung genügt. Im Hinblick auf die neue Publizitätswirkung der Gesellschafterliste (vgl. §§ 16, 40) sollte der Notar diese gleichwohl mit Unterschriftsbeglaubigung und einer qualifizierten elektronischen Signatur versehen[20]. Alternativ kommt die Erstellung und Einreichung eines Dokuments durch die Geschäftsführer in elektronischer Form (§ 126a BGB) in Betracht. Eine Gesellschafterliste in Textform (§ 126b BGB) ist allerdings nicht ausreichend, da es sich hierbei um eine unterschriftslose Erklärung handelt.[21] Sind **Kapital- oder Personenhandelsgesellschaften Gesellschafter**[22], ist anstelle der vorgenannten Daten Firma und Sitz anzugeben. Manche Registergerichte bitten darüber hinaus um die Angabe des zuständigen Registergerichts und der Registernummer der Handels-

12 Roth/Altmeppen/*Roth*, § 2 Rn. 30 und *Wicke*, § 2 Rn. 8 lassen indes die nachträgliche Beglaubigung einer „formlos" (gemeint ist wohl privatschriftlich) erteilten Vollmacht genügen.
13 Vgl. hierzu Ulmer/*Ulmer*, § 8 Rn. 6; Scholz/*Veil*, § 8 Rn. 9.
14 Dies gilt nach der Begründung zum RegE EHUG (BT-Drucks. 16/960) S. 45 f. selbst dann, wenn ein solcher Beschluss beurkundet ist oder in beglaubigter Abschrift vorliegt.
15 Hierzu wird der schriftliche Gesellschafterbeschluss i.d.R. eingescannt.
16 *Sikora/Schwab*, MittBayNot 2007, 1, 5; a.A. *Krafka/Willer*, Registerrecht, Rn. 132, Fn 6.
17 *Sikora/Schwab*, MittBayNot 2007, 1, 4.
18 *Wicke*, § 8 Rn. 3.
19 Kritisch hierzu der Bundesrat in seiner Stellungnahme zum MoMiG, BR-Drucks. 354/07, 14 f sowie *Mayer*, DNotZ 2008, 403, 429. Die sog. notarbescheinigte Liste i.S.d. § 40 Abs. 2 Satz 2 ist indes in elektronisch beglaubigter Form einzureichen, OLG Jena DNotZ 2010, 793.
20 Vgl. hierzu den Änderungsvorschlag von *Mayer* a.a.O.
21 *Sikora/Schwab*, MittBayNot 2007, 1, 5.
22 Das Musterprotokoll (§ 2 Abs. 1a) sieht in Ziffer 3. i.V.m. Fn. 1 lediglich juristische Personen – und keine Personengesellschaften – als mögliche Gesellschafter vor.

gesellschaft. Bei Gesamthandsgemeinschaften (z.B. GbR; Erbengemeinschaft) ist jedes Mitglied mit einem Hinweis auf die Zugehörigkeit zur entsprechenden Gemeinschaft aufzuführen.[23] Seit Inkrafttreten des MoMiG sind die von jedem Gesellschafter übernommenen Geschäftsanteile, deren Nennbetrag in der Liste angegeben werden muss, künftig **durchzunummerieren**, was zu einer erheblichen Erleichterung im Rahmen von Anteilsabtretungen bzw. Anteilsteilungen führen soll.[24] Zur praktischen Handhabung der Neu-Nummerierung von Geschäftsanteilen im Rahmen der vorgenannten Maßnahmen vgl. § 40 Rn. 8. Einlageart und die Höhe der Einzahlung bei Gründung müssen aus der Gesellschafterliste nicht hervorgehen.[25] Bei Änderungen der Gesellschafterliste nach Gründung, aber vor Eintragung der Gesellschaft ist eine notarbescheinigte Liste nach § 40 Abs. 2 Satz 2 in elektronisch beglaubigter[26] Form einzureichen.[27]

! Zum Schutz der Privatanschrift im Registerwesen kann der Notar seit der Neufassung von § 26 Abs. 2 Satz 3 Buchst. a) DONot im Beglaubigungsvermerk zur Anmeldung die Geschäftsanschrift der Geschäftsführer angeben. In der Gesellschafterliste genügt die Aufnahme des Wohnorts (ohne Straße und Hausnummer) der Gesellschafter.[29] Von der Angabe der vollständigen Privatanschrift der Gesellschafter im Gründungsprotokoll ist gem. § 26 Abs. 2 Satz 2 DONot in besonders gelagerten Ausnahmefällen zum Schutz gefährdeter Beteiligter abzusehen.[30]

4. Verträge über Sacheinlagen; Sachgründungsbericht (Abs. 1 Nr. 4)

a) Verträge über Sacheinlagen

Zu übermitteln sind elektronische Aufzeichnungen[30] aller schuldrechtlichen und dinglichen Verträge, die zur Erbringung von Sacheinlagen oder Sachübernahmen (siehe § 5 Rn. 50) i.S.v. § 5 Abs. 4 geschlossen worden sind. Abs. 1 Nr. 4 ist keine Formvorschrift, weshalb die bisherige Kommentarliteratur einhellig annahm, es seien nur freiwillig in schriftlicher oder notariell beurkundeter Form niedergelegte Verträge einzureichen, während im Übrigen ein Hinweis auf das Fehlen solcher Dokumente genüge.[31] Angesichts der Neufassung des Abs. 5 spricht einiges dafür, dass nunmehr auch solche Verträge dem Registergericht übermittelt werden müssen, die in elektronischer (§ 126a BGB) oder in Textform (§ 126b BGB) geschlossen worden sind. 10

b) Sachgründungsbericht

Darüber hinaus ist eine elektronische Aufzeichnung[32] des obligatorischen Sachgründungsberichts gem. § 5 Abs. 4 Satz 2 einzureichen, der von sämtlichen im Zeitpunkt der Anmeldung vorhandenen Gesellschaftern, gleich ob sie eine Bar- oder eine Sacheinlage erbringen,[33] höchstpersönlich bzw. von deren gesetzlichen Vertretern zu unterzeichnen oder alternativ mit einer qualifizierten elektronischen Signatur gem. § 126a BGB zu versehen ist. Eine Übermittlung in Textform (§ 126b BGB) ist mangels gültiger Unterschrift ausgeschlossen. Nach der Anmeldung hinzutretende Gesellschafter, die selbst eine Sacheinlage erbringen, müssen mit den vorhandenen Gesellschaftern einen neuen Sachgründungsbericht erstellen und einreichen.[34] Im Übrigen ist eine nachträgliche Unter- 11

23 Michalski/*Tebben*, § 8 Rn. 12; Achilles/Ensthaler/Schmidt/*Achilles*, § 8 Rn. 4.
24 RegE, BT-Drucks. 16/6140, S. 34. Bei Verwendung des Musterprotokolls kann entgegen § 5 Abs. 2 Satz 2 von jedem Gesellschafter nur *ein* Geschäftsanteil übernommen werden.
25 Scholz/*Veil*, § 8 Rn. 11; Michalski/*Tebben*, § 8 Rn. 13.
26 S. Fn. 20.
27 *Wicke*, § 8 Rn. 4; BeckOKGmbHG/*Jaeger*, § 8 Rn. 8.
28 Michalski/*Tebben*, § 8 Rn. 12; *Seibert/Wedemann*, GmbHR 2007, 17, 19; kritisch: Roth/Altmeppen/*Roth*, § 8 Rn. 5.
29 Vgl. *Seibert/Wedemann*, GmbHR 2007, 17, 18.
30 Vgl. jedoch Fn. 17.
31 Scholz/*Veil*, § 8 Rn. 14; Achilles/Ensthaler/Schmidt/*Achilles*, § 8 Rn. 5.
32 Vgl. jedoch Fn. 17.
33 Michalski/*Tebben*, § 8 Rn. 17.
34 Achilles/Ensthaler/Schmidt/*Achilles*, § 8 Rn. 5; Scholz/*Veil*, § 8 Rn. 17.

zeichnung des bereits eingereichten Sachgründungsberichts durch einen neuen Gesellschafter nicht erforderlich.[35]

5. Unterlagen über die Werthaltigkeit der Sacheinlagen (Abs. 1 Nr. 5)

12 Die Pflicht zur Einreichung der in Nr. 5 geforderten Unterlagen muss seit Inkrafttreten des MoMiG im Lichte des geänderten § 9c Abs. 1 Satz 2 betrachtet werden, wonach das Gericht nunmehr seine Werthaltigkeitsprüfung bei Sacheinlagen im Sinne einer bloßen Evidenzkontrolle darauf beschränken muss, ob eine „nicht unwesentliche" Überbewertung vorliegt. Im Gegensatz zu der nach bisherigem Recht zumindest in der Theorie vorgesehenen, umfassenden gerichtlichen Kontrolle soll durch die jetzige **Plausibilitätsprüfung** das Eintragungsverfahren bei Sachgründungen beschleunigt werden.[36] Während bislang für die Bewertung von Gegenständen ohne leicht zu ermittelnden Marktpreis (z.B. Unternehmen, Grundstücke, Schutz- und Urheberrechte) regelmäßig die Beibringung eines Sachverständigengutachtens verlangt wurde,[37] dürften insoweit seit Inkrafttreten des MoMiG zur Vermeidung weiterer Kosten und Verzögerungen[38] ein Steuerberater- oder Wirtschaftsprüfertestat, Einbringungsbilanzen oder zeitnah erstellte Jahresabschlüsse bzw. beim Erwerb von Dritten auch Kaufverträge ausreichend sein. Im Falle der Einlage von Gegenständen mit einem Kurs- oder Marktwert genügen entsprechende Belege wie z.B. Preislisten, Kurszettel, Tarife oder Rechnungen.[39] In formeller Hinsicht ist die Einreichung einer elektronischen Aufzeichnung ausreichend, Abs. 5 i.V.m. § 12 Abs. 2 Satz 2 Hs. 1 HGB.[40]

6. Musterprotokoll (§ 2 Abs. 1a)

13 Auch im Falle einer vereinfachten Gründung muss das sog. „Musterprotokoll" – anders als der im RegE vorgesehene Mustergesellschaftsvertrag – beurkundet werden und ist deshalb zusammen mit der Anmeldung nach Abs. 1 Nr. 1, Abs. 5 i.V.m. § 12 Abs. 2 Satz 2 Hs. 2 HGB, § 39a BeurkG in elektronisch beglaubigter Abschrift an das Registergericht zu übermitteln. Die Einreichung weiterer Unterlagen ist in diesem Fall nicht erforderlich, da im Gründungsprotokoll die in Nr. 1 bis 3 aufgezählten Dokumente (Gesellschaftsvertrag, Geschäftsführerbestellung und Gesellschafterliste) zusammengefasst sind.[41]

! Die Notarsoftware „XNotar" sieht ab der Versionslinie 3.1 eine eigenständige Dokumentenart „Musterprotokoll" vor. Die bislang empfohlene Zuordnung der drei XNotar-Dokumententypen „Gesellschaftsvertrag", „Protokoll/Beschluss" und „Liste der Gesellschafter" zur elektronischen Abschrift des Musterprotokolls ist seitdem obsolet.

7. Genehmigungen

13a Seit der Streichung des § 8 Abs. 1 Nr. 6 GmbHG im Zuge des MoMiG (s. Rn. 4) muss dem Registergericht im Falle der Genehmigungspflichtigkeit des Unternehmensgegenstandes (z.B. nach § 34c GewO) die erforderliche Genehmigung *grundsätzlich* nicht mehr durch Vorlage einer Genehmigungsurkunde nachgewiesen werden. Gleichwohl sehen einzelne Spezialvorschriften (z.B. § 43 Abs. 1 i.V.m. § 32 KWG) nach wie vor eine solche Nachweispflicht vor.[42]

---

35 H.M.: Achilles/Ensthaler/Schmidt/*Achilles*, a.a.O.; Scholz/*Veil*, a.a.O.; Ulmer/Habersack/Winter/*Ulmer*, § 8 Rn. 11; a.A. Michalski/*Tebben*, § 8 Rn. 17.
36 Begründung RegE, BT-Drucks. 16/6140, S. 36.
37 Ulmer/Habersack/Winter/*Ulmer*, § 8 Rn. 12; Achilles/Ensthaler/Schmidt/*Achilles*, § 8 Rn. 6; Lutter/Hommelhoff/*Bayer*, § 8 Rn. 6.
38 Vgl. Begründung RegE, BT-Drucks. 16/6140, S. 36.
39 So bereits zur früheren Rechtslage Ulmer/Habersack/Winter/*Ulmer*, a.a.O.; Scholz/*Veil*, § 8 Rn. 18.
40 Vgl. jedoch Fn. 17.
41 Vgl. Beschlussempfehlung und Bericht des Rechtsausschusses, BT-Drucks. 16/9737.
42 Ausführlich *Leitzen* GmbHR 2009, 480, 481.

8. Liste der Aufsichtsratsmitglieder

Bei Bildung eines fakultativen Aufsichtsrats im Gründungsstadium ist zudem eine elektronische Aufzeichnung der Liste der Aufsichtsratsmitglieder gem. § 52 Abs. 2 Satz 1 i.V.m. § 37 Abs. 4 Nr. 3a AktG zum Handelsregister einzureichen. 13b

II. Versicherungen der Geschäftsführer (Abs. 2 und 3)

1. Allgemeines

Bei den Versicherungen gem. Abs. 2 und 3 handelt es sich um subjektive Wissenserklärungen, die in der Anmeldung oder zeitnah in einem gesonderten, notariell beglaubigten Dokument[43] von sämtlichen Geschäftsführern, einschließlich der stellvertretenden Geschäftsführer i.S.d. § 44[44], **höchstpersönlich**[45] abzugeben sind. Da die Versicherungen die Glaubhaftmachung der von ihnen erfassten Tatsachen gegenüber dem Registergericht bezwecken, lösen falsche Angaben ggf. strafrechtliche (§ 82) und zivilrechtliche (§ 9a) Sanktionen aus. In zeitlicher Hinsicht kommt es für die Richtigkeit der Versicherung grundsätzlich auf den **Eingang der Anmeldung beim Registergericht** an.[46] Die gängige Praxis, die Versicherungen bereits am Tage der Beurkundung des Gesellschaftsvertrags abzugeben und zu beglaubigen, wobei deren Weiterleitung an das Registergericht abredegemäß erst dann vom Notar veranlasst wird, wenn diesem der Eintritt der zu versichernden Tatsachen nachgewiesen wird, ist daher zulässig.[47] Zur Bestellung eines neuen Geschäftsführers nach der Anmeldung vgl. § 39.[48] Später auftretende Ausschlussgründe i.S.d. § 6 Abs. 2 Satz 2 Nr. 2 und 3, Satz 3[49] sind entsprechend § 39 Abs. 1 und 3 nachzumelden. 14

Auf **„Mantelgründungen"** unter Verwendung einer „Vorratsgesellschaft", die angesichts der mit Einführung des elektronischen Rechtsverkehrs erzielten Beschleunigung der Eintragungsverfahren in der Praxis etwas an Bedeutung eingebüßt haben, finden Abs. 2, § 9c entsprechende Anwendung.[50] Dies hat zur Folge, dass die Geschäftsführung die Tatsache der wirtschaftlichen Neugründung der bislang „inaktiven" Gesellschaft offenlegen und die in §§ 8 Abs. 2, 7 Abs. 2, 3 vorgesehene Versicherung (erneut) abgeben muss.[51] Stichtag für die Anwendung der maßgeblichen Vorschriften über die Geschäftsführerversicherung ist der Zeitpunkt der Neuanmeldung der „aktivierten" Mantelgesellschaft, auch wenn diese im Geltungszeitraum früheren Rechts (etwa vor Inkrafttreten des MoMiG) gegründet worden ist.[52] In Ansehung einer reinen Vorratsgesellschaft („neuer Mantel") dürfte diese Offenlegungspflicht der Rechtspraxis freilich keine allzu großen Probleme bereiten, da die entsprechenden Tatbestandsvoraussetzungen insoweit regelmäßig auf der Hand liegen werden. Problematischer erscheint jedoch, dass der BGH[53] die vorgenannten Grundsätze auch auf die Reaktivierung zwischenzeitlich „unternehmensloser", in der Vergangenheit aber wirtschaftlich tätiger Unternehmen („alter Mantel") überträgt. Diese Rechtsprechung ist in der Literatur im Hinblick auf die hiermit verbundenen Haftungsrisiken[54] und Schwierigkeiten bei der 14a

---

43 Lutter/Hommelhoff/*Bayer*, § 8 Rn. 9; Achilles/Ensthaler/Schmidt/*Achilles*, § 8 Rn. 11.
44 Scholz/*Veil*, § 8 Rn. 25.
45 Michalski/*Tebben*, § 8 Rn. 28; Lutter/Hommelhoff/*Bayer*, § 8 Rn. 10.
46 H.M.: Ulmer/Habersack/Winter/*Ulmer*, § 8 Rn. 27; Lutter/Hommelhoff/*Bayer*, § 8 Rn. 9; a.A. OLG Düsseldorf, GmbHR 2000, 232; Achilles/Ensthaler/Schmidt/*Achilles*, § 8 Rn. 12 für Umstände nach Abs. 3.
47 Ulmer/Habersack/Winter/*Ulmer*, a.a.O.; Lutter/Hommelhoff/*Bayer*, a.a.O.
48 Dieser hat grds. lediglich die Versicherung nach § 39 Abs. 3, nicht jedoch eine zusätzliche Versicherung nach Abs. 2 abzugeben, es sei denn, die ursprüngliche Anmeldung wird wiederholt oder ergänzt, vgl. Michalski/*Tebben*, § 8 Rn. 41; KG MittBayNot 1972, 124.
49 Die Anwendbarkeit der durch das MoMiG erheblich erweiterten Bestellhindernisse (§ 6 Abs. 2 Satz 2 Nr. 3 Buchst. a, c, d und e, Satz 3) auf Personen, die zum Zeitpunkt des Inkrafttretens des MoMiG bereits zum Geschäftsführer bestellt worden sind, ist in § 3 Abs. 2 EGGmbHG näher geregelt.
50 BGH WM 2003, 348, 349; ausführlich hierzu Achilles/Ensthaler/Schmidt/*Achilles*, § 8 Rn. 12.
51 *Wicke*, § 3 Rn. 10.
52 OLG Nürnberg, DStR 2011, 1190.
53 BGH NJW 2003, 3198.
54 Der BGH nimmt in seinem Urteil vom 06.03.2012 – II ZR 56/10 nunmehr eine zeitlich beschränkte Unterbilanzhaftung der Gesellschafter an. Maßgeblich für die Haftungshöhe sei die Unterbilanz in dem Zeitpunkt, zu dem die wirtschaftliche Neugründung nach außen getreten sei.

Abgrenzung der wirtschaftlichen Neugründung von einer bloßen Umstrukturierung oder Sanierung eines Unternehmens zu Recht auf Kritik gestoßen.[55]

2. Versicherung über die bewirkten Leistungen (Abs. 2 Satz 1, § 19 Abs. 5 Satz 2)

15 Damit das Registergericht in die Lage versetzt wird, die Bewirkung der Stammeinlagen zur freien Verfügung der Geschäftsführer (hierzu ausführlich § 7 Rn. 22 bis 25) nachzuvollziehen, ist in der Versicherung **konkret anzugeben**, welche(r) Geschäftsanteil(e) von jedem einzelnen Gesellschafter übernommen worden ist (sind) und welcher Betrag auf den Nennwert eines jeden Geschäftsanteils jeweils einbezahlt worden ist bzw. welche Sacheinlagen eingebracht worden sind und in welcher Weise diese auf die Einlageforderung angerechnet wurden.[56] Dies ist insbesondere bei der Bildung von Geschäftsanteilen mit einem Nennbetrag von je 1 EUR von Bedeutung.[57] Alternativ genügt eine **pauschale Erklärung** der Geschäftsführer, falls die Details der Einlageleistungen aus beigefügten Belegen ersichtlich sind oder die Volleinzahlung der gesamten Stammeinlage angegeben wird.[58] Eine Versicherung, wonach auf jeden Geschäftsanteil die Hälfte eingezahlt ist, darf vom Registergericht im Rahmen der Prüfung nach § 9c nicht beanstandet werden, sofern im Gesellschaftsvertrag „freiwillig" eine höhere als die gesetzlich vorgeschriebene Mindesteinzahlung vereinbart wurde.[59] Die Versicherung der Geschäftsführer, dass sich die Einlageleistungen endgültig in ihrer freien Verfügung befinden, muss eine Erklärung darüber enthalten, ob und ggf. inwieweit das Stammkapital im Zeitpunkt der Anmeldung noch vorhanden bzw. durch Verbindlichkeiten – mit Ausnahme des im Gesellschaftsvertrag festgelegten Gründungsaufwands – vorbelastet ist.[60]

16 Machen die Gesellschafter von der nunmehr legalisierten Möglichkeit des **„Hin- und Herzahlens"** (siehe § 7 Rn. 23) Gebrauch, so müssen sie eine solche Leistung oder die Vereinbarung einer solchen Leistung in der Anmeldung offenlegen (§ 19 Abs. 5 Satz 2). Eine vom Wortlaut des Abs. 2 Satz 1 abweichende Versicherung ist in diesem Fall indes nicht erforderlich: Sind die Voraussetzungen des § 19 Abs. 5 Satz 1 (vollwertiger und liquider[61] Rückgewähranspruch der Gesellschaft) erfüllt, so liegt auch eine „Leistung zur endgültigen und freien Verfügung der Geschäftsführer" vor.[62]

! Ist der Gegenleistungs- oder Rückgewähranspruch i.S.v. § 19 Abs. 5 Satz 1 dagegen bspw. nur zu 95 % werthaltig, setzt sich der Geschäftsführer der Gefahr einer Strafbarkeit gem. § 82 Abs. 2 Nr. 1 aus.[63] Dieses Risiko besteht erst recht in den Fällen einer verdeckten Sacheinlage gem. § 19 Abs. 4, bei denen es nach wie vor an einer Leistung zur freien Verfügung der Geschäftsführer fehlt (siehe § 7 Rn. 24). Aus diesem Grund sollte von vereinzelt auf Grundlage des RegE ausgesprochenen Empfehlungen zur „Flucht in die verdeckte Sacheinlage" Abstand genommen werden.[64]

3. Erfordernis weiterer Nachweise für die Einlageleistung (Abs. 2 Satz 2)

17 Bereits vor Inkrafttreten des MoMiG nahm die einhellige Meinung in Literatur und Rechtsprechung an, das Registergericht könne nur bei „begründeten Zweifeln" an der Richtigkeit und Vollständig-

55 Ausführlich MünchKommGmbHG/*Wicke*, § 3 Rn. 32 f., der bei bloßen Umorganisationen von Unternehmen eine vorsorgliche Mitteilung gegenüber dem Registergericht empfiehlt, dass der Tatbestand der wirtschaftlichen Neugründung nach Auffassung der Beteiligten im konkreten Fall nicht erfüllt sei.
56 Achilles/Ensthaler/Schmidt/*Achilles*, § 8 Rn. 14; Scholz/*Veil*, § 8 Rn. 26.
57 Insoweit ist eine Versicherung, wonach auf 12.500 Geschäftsanteile in Höhe von je 1 EUR mit den lfd. Nrn. 1-12.500 ein Betrag von 6250 EUR bezahlt wurde, nicht ausreichend, OLG Hamm, RNotZ 2011, 437. Vielmehr muss aus der Versicherung hervorgehen, wie sich dieser Betrag anteilig auf die einzelnen Geschäftsanteile (z.B. 0,50 EUR je Anteil) verteilt.
58 Scholz/*Veil*, § 8 Rn. 26; Lutter/Hommelhoff/*Bayer*, § 8 Rn. 11.
59 OLG Stuttgart, NZG 2011, 993.
60 Achilles/Ensthaler/Schmidt/*Achilles*, § 8 Rn. 14; Lutter/Hommelhoff/*Bayer*, § 8 Rn. 12.
61 Siehe § 7 Fn. 64 und § 19 Rn. 65.
62 Vgl. Beschlussempfehlung und Bericht des Rechtsausschusses, BT-Drucks. 16/9737.
63 *Gesell*, BB 2007, 2241, 2246.
64 Vgl. hierzu auch den Praxishinweis bei § 7 Rn. 24.

keit der Versicherung i.S.v. Abs. 2 Satz 1 weitere Nachweise für die Erbringung der Einlageleistung verlangen.[65] Der geänderte Abs. 2 Satz 2 hat demzufolge lediglich klarstellende Funktion.[66] Gleichwohl besteht die in der Praxis übliche Vorgehensweise[67] darin, dass der Notar, welcher die Anmeldung am Tag der Errichtung des Gesellschaftsvertrags beglaubigt hat, diese erst an das Registergericht weiterleitet, wenn ihm die Erfüllung der Einlagepflicht durch einen Einzahlungsbeleg nachgewiesen wurde (siehe § 7 Rn. 19). Auf die Regelung des Abs. 2 Satz 2 dürfte von den Registergerichten regelmäßig dann zurückgegriffen werden, wenn in der Anmeldung[68] eine Leistung i.S.v. § 19 Abs. 5 Satz 1 (siehe § 7 Rn. 23) offengelegt wird. Zu einer solchen Offenlegung sind die anmeldenden Geschäftsführer im Übrigen nach § 19 Abs. 5 Satz 2 *verpflichtet*.[69] In diesem Fall ist das Registergericht auf zusätzliche Unterlagen (z.B. Darlehensvertrag, Steuerberatertestat) angewiesen, um prüfen zu können, ob die Voraussetzungen einer Erfüllungswirkung (Vollwertigkeit und Liquidität[70] des Rückgewähranspruchs) gegeben sind.[71]

> **!** Wird die nunmehr unter gewissen Voraussetzungen legalisierte Möglichkeit des „Hin- und Herzahlens" in Anspruch genommen, dürfte die Übermittlung von Unterlagen, welche zum Nachweis der Vollwertigkeit und Liquidität des Rückgewähranspruchs i.S.v. § 19 Abs. 5 Satz 1 geeignet sind, grundsätzlich geboten sein, damit das Registergericht seiner Prüfungspflicht (§ 9c) nachkommen kann.

III. Versicherung der persönlichen Eignung (Abs. 3)

Falls die durch das MoMiG erweiterten Bestellungshindernisse i.S.v. § 6 Abs. 2 Satz 2 Nr. 2 und 3 **18** sowie Satz 3 (Berufsverbot bzw. Straftaten) durchgehend verneint werden, genügt – anders als bei der Versicherung nach Abs. 2 – die Wiedergabe des Gesetzeswortlauts[72], wobei nach der bislang h.M. jeder Ausschlussgrund unter Bezugnahme auf den Unternehmensgegenstand **einzeln aufzuführen** sei.[73] Eine pauschale Bezugnahme auf die Vorschrift des § 6 in der Versicherung sei nach dieser Auffassung daher nicht ausreichend.[74] Die Versicherung des Geschäftsführers über das Fehlen von Bestellungshindernissen hat sich dabei in Ansehung der nach § 6 Abs. 2 Satz 2 Nr. 3 Hs. 2 maßgeblichen 5-Jahres-Grenze auf den Zeitpunkt der **Rechtskraft**[75] einer etwaigen Verurteilung und nicht auf den Zeitpunkt des Urteils zu beziehen. Der BGH[76] erachtet indes in Abweichung von der bislang h.M. nunmehr eine **allgemeine Versicherung** für ausreichend, wonach der betroffene Geschäftsführer „noch nie, weder im Inland noch im Ausland, wegen einer Straftat verurteilt worden" sei. In „Fortführung" des BGH lässt das OLG Hamm[77] jetzt sogar eine pauschale Inbezugnahme des § 6 Abs. 2 Satz 2 Nr. 3 im Rahmen der Geschäftsführerversicherung nach § 8 Abs. 3 genügen, wovon bis zur endgültigen Klärung dieser Rechtsfrage vorsorglich Abstand genommen werden sollte. Etwaige Berufs- oder Tätigkeitsverbote sind jedenfalls uneingeschränkt offenzulegen, da die Beurteilung der Relevanz dieser Verbote für den ausgeübten Unternehmensgegenstand dem Registergericht und nicht dem Anmeldenden obliegt.[78] Entsprechend dürften nunmehr

65 Achilles/Ensthaler/Schmidt/*Achilles*, § 8 Rn. 6; Scholz/*Veil*, § 8 Rn. 26; Roth/Altmeppen/*Roth*, § 8 Rn. 13.
66 RegE, BT-Drucks. 16/6140, S. 35.
67 Für ein Festhalten an dieser Praxis *Apfelbaum*, notar 2008, 160, 165.
68 Zur offen gelassenen Möglichkeit einer Nachholung der Offenlegung bis zur Eintragung der Gesellschaft im Handelsregister vgl. OLG Stuttgart, DNotZ 2012, 224.
69 Nach OLG Koblenz MittBayNot 2011, 330, soll diese Offenlegungspflicht auch in sog. „Altfällen" vor Inkrafttreten des MoMiG gelten (a.A. LG Erfurt, BeckRS 2010, 29372).
70 Siehe § 7 Fn. 64 und § 19 Rn. 65.
71 *Wicke*, § 19 Rn. 35; OLG München MittBayNot 2011, 331; a.A. BeckOKGmbHG/*Jaeger*, § 8 Rn. 18;
72 Michalski/*Tebben*, § 8 Rn. 43.
73 Vgl. Scholz/*Veil*, § 8 Rn. 30; Lutter/Hommelhoff/*Bayer*, § 8 Rn. 4; Roth/Altmeppen/*Roth*, § 8 Rn. 17.
74 BeckOGGmbHG/*Jaeger*, § 8 Rn. 19 m.w.N.
75 BGH, Beschluss vom 7. Juni 2011, II ZB 24/10.
76 NZG 2010, 829.
77 NZG 2011, 710.
78 Michalski/*Tebben*, § 8 Rn. 45; Achilles/Ensthaler/Schmidt/*Achilles*, § 8 Rn. 17; OLG Frankfurt a.M. GWR 2011, 523.

sämtliche etwa erfolgte Verurteilungen wegen **ausländischer Straftaten** in der Versicherung anzugeben sein, zumal die Vergleichbarkeit solcher Straftaten mit den in § 6 Abs. 2 Satz 2 Nr. 3 genannten Vergehen ausschließlich vom Registergericht selbst rechtlich gewürdigt werden kann. Da sich Abs. 2 Satz 2 n.F. lediglich auf die Versicherung der Einlageleistung nach Abs. 2 Satz 1 bezieht, kann das Registergericht gem. § 41 Abs. 1 Nr. 1 BZRG die Angaben nach Abs. 3 Satz 1 unbeschränkt – also über die Anforderung eines Führungszeugnisses hinaus – überprüfen, falls der Anmeldende hierüber nach § 53 Abs. 2 BZRG belehrt worden ist.

18a Mit der im Zuge des MoMiG erfolgten Neufassung des Abs. 3 Satz 2 wollte der Gesetzgeber die bislang herrschende Meinung[79], wonach diese Belehrung auch schriftlich vorgenommen und durch einen (im Ausland bestellten) Notar oder Konsularbeamten erfolgen kann, auf eine sichere gesetzliche Grundlage stellen. Ob das insoweit vom Gesetzgeber verfolgte Ziel, im Ausland befindlichen Geschäftsführern eine Einreise nach Deutschland wegen der Belehrung nach dem BZRG zu ersparen,[80] in der Praxis erreicht werden wird, erscheint zweifelhaft. Zwar kann die gem. § 12 Abs. 1 Satz 1 HGB erforderliche Beglaubigung der GmbH-Anmeldung grundsätzlich auch durch einen ausländischen Notar vorgenommen werden.[81] Allerdings dürften die wenigsten ausländischen Notare über die zur Einreichung der Anmeldung in elektronischer Form erforderliche Infrastruktur (Signaturkarte, Justizkommunikationsprogramme) verfügen. Aus dem gleichen Grund dürfte die neu geschaffene Möglichkeit der Belehrung durch Vertreter „eines vergleichbaren rechtsberatenden Berufs", also insbesondere durch Rechtsanwälte, in der Praxis keine allzu große Bedeutung erlangen.

18b Um Zwischenverfügungen oder Nachfragen des Registergerichts zu vermeiden, empfiehlt es sich, in der von den Geschäftsführern abzugebenden Tatsachenmitteilung nach § 8 Abs. 3 Satz 1 ausdrücklich das Wort „versichern" zu verwenden. Die h.M. lässt indes jede Wendung („erklären", „angeben" u.a.) genügen, die hinreichend erkennen lässt, dass es sich um eine eigenverantwortliche Bekundung des Betroffenen handelt.[82]

IV. Weitere Angaben (Abs. 4)

1. Inländische Geschäftsanschrift (Abs. 4 Nr. 1)

19 Ein Novum[83] ist die durch das MoMiG eingeführte Pflicht zur Angabe einer *inländischen* Geschäftsanschrift, die gem. § 10 Abs. 1 Nr. 1 (siehe § 10 Rn. 7) in das Handelsregister einzutragen ist und damit an den Publizitätswirkungen des § 15 HGB teilnimmt. Hierdurch sollen nach der Gesetzesbegründung[84] Zustellungsprobleme zulasten der Gläubiger der Gesellschaft vermieden werden. Unter „Geschäftsanschrift" ist die Mitteilung von PLZ, Ort, Straße und Hausnummer zu verstehen. Eine c/o-Adresse sollte mit einer gewissen Zurückhaltung[85] nur dann verwendet werden, wenn eine sichere und zuverlässige Zustellung an diese Anschrift erfolgen kann[86]. Die bloße Angabe eines Postfachs ist dagegen nicht ausreichend.[87] Im Übrigen kann die Geschäftsanschrift **frei gewählt** werden, sodass insbesondere bei GmbHs mit Verwaltungssitz im Ausland die Angabe der inländischen (Wohn-)Anschrift eines Gesellschafters oder Geschäftsführers in Betracht kommt.[88] Zur Möglichkeit, darüber hinaus einen **zusätzlichen Empfangsberechtigten** i.S.v. § 10 Abs. 2 Satz 2 anzumelden, siehe § 10 Rn. 13. Änderungen der inländischen Geschäftsanschrift müssen gem. § 31 Abs. 1 HGB n.F. angemeldet werden.

---

79 Vgl. Hierzu: Michalski/*Tebben*, § 8 Rn. 46 m.w.N.
80 RegE, BT-Drucks. 16/6140, S. 35.
81 *Reithmann*, DNotZ 1995, 360, 364 f.
82 OLG Karlsruhe, NZG 2012, 598 m.w.N.
83 Diese Neuregelung betrifft gem. § 29 HGB n.F. sämtliche im Handelsregister eingetragene Gesellschaften und Kaufleute, vgl. *Wachter*, GmbHR 2006, 793, 799.
84 RegE, BT-Drucks. 16/6140, S. 35.
85 Vgl. *Stenzel*, NZG 2011, 851, 853.
86 OLG Rostock, NZG 2011, 279.
87 *Wachter* GmbHR 2006, 793, 799; Krafka/Willer/Kühn/*Krafka/Kühn*, Registerrecht Rn. 947a.
88 *Wachter*, GmbHR 2006, 793, 799.

> GmbHs, die bereits am Tag des Inkrafttretens des MoMiG (Stichtag: 1.11.2008) im Handelsregister eingetragen waren, mussten bis zum **31.10.2009** ihre aktuelle Geschäftsanschrift in der Form des § 12 Abs. 1 Satz 1 HGB (siehe § 7 Rn. 11) zur Eintragung in das Handelsregister anmelden, es sei denn, diese Anschrift war dem Gericht bereits mitgeteilt worden und hatte sich anschließend nicht geändert. Andernfalls hatte das Registergericht die ihm zuletzt mitgeteilte oder ihm in sonstiger Weise bekannt gewordene Geschäftsanschrift kostenfrei von Amts wegen im Handelsregister einzutragen. Zustellungen an diese Anschrift können unter bestimmten Voraussetzungen[89] – auch wenn sie sich zwischenzeitlich geändert hat – gleichwohl wirksam vorgenommen werden. Alle zum vorgenannten Stichtag bestehenden Gesellschaften sollten daher vorsorglich darauf achten, dass sie künftig stets etwaige Änderungen ihrer aktuellen Geschäftsanschrift zur Eintragung anmelden.

2. Vertretungsbefugnis (Abs. 4 Nr. 2)

20 Mit der im Vergleich zu Abs. 4 a.F. geringfügig geänderten Gesetzesformulierung in Abs. 4 Nr. 2 n.F. ist nach der Gesetzesbegründung[90] keine inhaltliche Veränderung verbunden. Nach wie vor sind daher sowohl die *allgemeine*[91] (gesetzliche bzw. – falls hiervon abweichend – satzungsgemäße) Vertretungsregelung als auch für jeden Geschäftsführer – selbst wenn nur ein einziger bestellt wurde – dessen *konkrete* Vertretungsbefugnis (Einzel- oder Form der Gesamtvertretung) anzugeben, es sei denn, diese stimmt mit der abstrakten Vertretungsregelung überein.[92] Die Begriffe „Einzelvertretungsbefugnis" und „Alleinvertretungsbefugnis" können in diesem Zusammenhang synonym verwendet werden.[93] Ebenfalls anzumelden ist eine vollständige oder partielle Befreiung von den Beschränkungen des § 181 BGB[94] (nicht jedoch eine Ermächtigung hierzu im Gesellschaftsvertrag[95]), wobei ein bloßer Hinweis auf diese Vorschrift ohne weitere Konkretisierung nicht ausreichen soll.[96]

20a Bei Gründung der Gesellschaft mittels **Musterprotokolls** (§ 2 Abs. 1a) ist die dort (Ziff. 4 Satz 2) vorgesehene Befreiung des *ersten* Geschäftsführers von den Beschränkungen des § 181 BGB als *konkrete*[97] Vertretungsregelung zur Eintragung ins Handelsregister anzumelden. Die abstrakte Vertretungsbefugnis ergibt sich insoweit aus § 35.[98] Wird nach Gründung einer GmbH im vereinfachten Verfahren ein weiterer Geschäftsführer bestellt, so sind beide Geschäftsführer gesamtvertretungsbefugt (§ 35 Abs. 2 Satz 1), es sei denn, das Musterprotokoll wird unter Verlust der Kostenprivilegierung des § 41d KostO entsprechend abgeändert. Ebenso gilt die im Musterprotokoll vorgesehene Befreiung von den Beschränkungen des § 181 BGB nur für den ersten Geschäftsführer, nicht jedoch für etwaige weitere Geschäftsführer, selbst wenn sie an die Stelle des Gründungsgeschäftsführers treten[99]. Der Gründungsgeschäftsführer als solcher bleibt indes auch nach Bestellung weiterer Geschäftsführer von den Beschränkungen des § 181 BGB befreit.[100]

89 Vgl. hierzu im Einzelnen § 3 Abs. 1 EGGmbHG.
90 RegE, BT-Drucks. 16/6140, S. 35.
91 Dies gilt auch, wenn zunächst nur ein Geschäftsführer oder ein (erster) Liquidator bestellt wird, BGH DStR 2007, 1452.
92 Michalski/*Tebben*, § 8 Rn. 52 bis 54; Achilles/Ensthaler/Schmidt/*Achilles*, § 8 Rn. 18.
93 BGH v. 19.3.2007 – II Z B 19/06; a.A. OLG Zweibrücken, DB 1992, 2337.
94 Zur Unzulässigkeit der Eintragung einer Befreiung des Geschäftsführers einer *private limited company* von den Beschränkungen des § 181 BGB vgl. OLG München MittBayNot 2005, 512.
95 BeckOKGmbHG/*Jaeger*, § 8 Rn. 26.
96 Michalski/*Tebben*, § 8 Rn. 53; Lutter/Hommelhoff/*Bayer*, § 8 Rn. 15; OLG Stuttgart BB 2007, 2428.
97 OLG Hamm NZG 2011, 705; *Wicke*, DNotZ 2012, 15, 24; a.A. *Sandhaus*, NJW-spezial 2009, 607, 608 (Befreiung von den Beschränkungen des § 181 BGB gilt als abstrakte Vertretungsregelung auch für Nachfolger des Gründungsgeschäftsführers).
98 OLG Hamm a.a.O.; *Wicke* a.a.O.
99 DNotI-Report 2010, 16, 17.
100 H.M., vgl. *Wicke* DNotZ 2012, 15, 25 m.w.N.; a.A. OLG Stuttgart, NZG 2009, 754, 755, wonach in diesem Fall die Befreiung von den Beschränkungen des § 181 BGB auch für den Gründungsgesellschafter entfalle.

V. Einreichung in elektronischer Form (Abs. 5)

21 Diese Regelung, welche auf dem zum 1.1.2007 in Kraft getretenen EHUG[101] beruht, stellt klar, dass nicht nur die Anmeldung als solche (siehe § 7 Rn. 11), sondern auch die Anlagen hierzu im Interesse der Schnelligkeit des Registerwesens gem. § 12 Abs. 2 HGB **ausschließlich elektronisch** beim Registergericht einzureichen sind. Während bei Dokumenten i.S.v. § 12 Abs. 2 Satz 2 Hs. 1 HGB – hierunter fallen insbesondere GmbH-Gesellschafterlisten (siehe jedoch Rn. 9) und Beschlüsse zur Geschäftsführerbestellung, selbst wenn diese beurkundet sind oder in beglaubigter Abschrift vorliegen – grundsätzlich[102] die Übermittlung einer „elektronischen Aufzeichnung" ohne qualifizierte elektronische Signatur genügt, müssen in den Fällen, in denen nach der jeweiligen gesetzlichen Vorschrift *zwingend* ein notariell beurkundetes Dokument oder eine öffentlich beglaubigte Abschrift einzureichen ist (z.B. GmbH-Satzung, Anmeldung nach § 7, Versicherungen nach Abs. 2 und 3), sog. elektronisch beglaubigte Abschriften gem. § 12 Abs. 2 Satz 2 Hs. 2 HGB i.V.m. § 39a BeurkG gefertigt und an das Registergericht übermittelt werden. Die Modalitäten der elektronischen Einreichung, namentlich die Bestimmungen über die zu verwendende Justizkommunikationssoftware, sind im Einzelnen in Rechtsverordnungen der Länder[103] auf der Grundlage von § 8a Abs. 2 HGB geregelt.[104]

C. Weitere praktische Hinweise

I. Kosten

22 Zu den **Notarkosten für die Registeranmeldung** selbst siehe § 7 Rn. 28 f. und „Notar- und Handelsregisterkosten im GmbH-Recht", S. 1097 ff., Rn. 12 bis 15. Die Miteinreichung von Anlagen löst allenfalls im Hinblick auf die elektronische Übermittlung zusätzliche Kosten aus (siehe „Notar- und Handelsregisterkosten im GmbH-Recht", S. 1097 ff., Rn. 25).

Die **Versicherungen des Geschäftsführers über seine persönliche Eignung** nach § 6 Abs. 2 Satz 3 und 4, § 7 Abs. 2 und 3 GmbHG sind, wenn der Notar die Anmeldung entweder entworfen oder beurkundet hat, Teil der Anmeldung und daher nicht gesondert zu bewerten. In diesem Falle ist auch die Belehrung des Geschäftsführers nach § 51 Abs. 2 BZRG durch den Notar gebührenfreies Nebengeschäft nach § 35 KostO zur Registeranmeldung. Hat der Notar die Anmeldung weder beurkundet noch den Entwurf gefertigt, ist hierfür eine 5/10-Gebühr nach § 147 Abs. 2 KostO zu erheben. Der Geschäftswert ist nach § 30 Abs. 1 KostO zu bestimmen mit etwa 10 bis 20 % des Werts der Anmeldung (siehe auch „Notar- und Handelsregisterkosten im GmbH-Recht", S. 1097 ff., Rn. 61 und 62).

Für den **Entwurf der Gesellschafterliste** entsteht zumindest für die Rechtslage ab Inkrafttreten des MoMiG (01.11.2008) eine weitere Gebühr nach § 147 Abs. 2 KostO.[105] Der Geschäftswert ist nach § 30 Abs. 1 KostO zu bestimmen mit etwa 10 bis 20 % des Stammkapitals[106] (siehe im Übrigen „Notar- und Handelsregisterkosten im GmbH-Recht", S. 1097 ff., Rn. 16 und 17).

Fertigt der Notar den **Entwurf des Sachgründungsberichts**, entsteht eine Entwurfsgebühr nach §§ 145 Abs. 1 Satz 1, 36 Abs. 1 KostO aus einem nach § 30 Abs. 1 KostO zu bestimmenden Teilwert. Angemessen sind ca. 20 bis 30 % des Werts der Sacheinlagen.[107]

---

101 Siehe Fn 2.

102 Gleichwohl sollte der Notar zur Sicherung der Authentizität der Erklärung auch in diesen Fällen anregen, elektronisch beglaubigte Abschriften zu übermitteln, vgl. *Sikora/Schwab*, MittBayNot 2007, 1, 4.

103 Abrufbar unter http://www.elrv.info/de/elektronischer-rechtsverkehr/rechtsgrundlagen/ElRv_Uebersicht_ BL.html (zuletzt abgerufen am 11.09.2012).

104 Ausführlich hierzu *Sikora/Schwab*, MittBayNot 2007, 1, 3 ff.

105 BGH, Beschluss vom 14.02.2012, II ZB 18/10.

106 OLG Stuttgart, JurBüro 1984, 1078; OLG Saarbrücken, MittRhNotK 1984, 222; OLG Celle, JurBüro 1994, 41 = GmbHR 1993, 294; Korintenberg/*Bengel/Tiedtke*, § 147 KostO Rn. 113; a.A. (gebührenfrei) OLG Frankfurt/M., DNotZ 1987, 641 mit abl. Anm. *Reimann* = KostRspr. § 147 KostO mit abl. Anm. *Lappe*; OLG Karlsruhe, Rpfleger 1977, 229; OLG Hamm, ZNotP 2002, 123 mit abl. Anm. *Tiedtke*.

107 *Notarkasse*, Streifzug durch die Kostenordnung, Rn. 1258.

II. Steuern

Zur steuerlichen Relevanz von Sacheinlagen vgl. § 5 Rn. 72 f. 23

D. Muster

Muster: Handelsregisteranmeldung einer Bargründung 24

3

An das Amtsgericht ....
– Registergericht –

Neuanmeldung einer Gesellschaft mit beschränkter Haftung in Firma ... GmbH[1]

Wir, die unterzeichneten Geschäftsführer[2], überreichen

- 1. elektronisch beglaubigte Abschrift der Urkunde des beglaubigenden Notars vom ... (UR Nr. ...), die den Gesellschaftsvertrag und den Beschluss der Gesellschafterversammlung über die Bestellung der Unterzeichneten zu Geschäftsführern[3] enthält
- 2. elektronische beglaubigte Abschrift[4] der Liste der Gesellschafter

[alternativ anstelle von 1. und 2.: elektronisch beglaubigte Abschrift des Musterprotokolls zur Urkunde des beglaubigenden Notars vom ... (UR Nr. ...)][5]

und melden die Gesellschaft und uns als deren Geschäftsführer zur Eintragung in das Handelsregister an.

Die inländische Geschäftsanschrift[6] der Gesellschaft lautet wie folgt: ...

Die allgemeine Vertretungsregelung lautet wie folgt:

Ist nur ein Geschäftsführer bestellt, so vertritt er die Gesellschaft einzeln. Sind mehrere Geschäftsführer bestellt, so ist jeweils ein Geschäftsführer gemeinsam mit einem weiteren Geschäftsführer oder einem Prokuristen zur Vertretung der Gesellschaft berechtigt.[7]

Die konkrete Vertretungsregelung lautet wie folgt:[8]

Der Geschäftsführer A vertritt die Gesellschaft einzeln. Er ist von den Beschränkungen des § 181 Alt. 2 BGB befreit und kann die Gesellschaft daher bei Rechtsgeschäften mit einem von ihm vertretenen Dritten vertreten.

---

1 Unternehmergesellschaften müssen gem. § 5a Abs. 1 in der Firma anstelle von „GmbH" den Zusatz „Unternehmergesellschaft (haftungsbeschränkt)" oder UG „(haftungsbeschränkt)" führen.

2 Bei der Verwendung des Musterprotokolls i.S.v. § 2 Abs. 1a kann zunächst nur *ein* Geschäftsführer bestellt werden.

3 Wird der Beschluss privatschriftlich gefasst, reicht insoweit die Übermittlung einer elektronischen Aufzeichnung aus.

4 Zwar genügt nach § 12 Abs. 2 Satz 2 Hs. 1 HGB grundsätzlich die Einreichung einer elektronischen Aufzeichnung. Im Hinblick auf die erhebliche Aufwertung der Gesellschafterliste durch das MoMiG sollte der Notar diese gleichwohl mit einer qualifizierten elektronischen Signatur versehen (siehe Rn. 9).

5 Das Musterprotokoll umfasst Gesellschaftsvertrag, Geschäftsführerbestellung und Gesellschafterliste in einer Urkunde; es ist in der Notarsoftware XNotar ab der Versionslinie 3.1 als gesonderte Dokumentart hinterlegt.

6 Vgl. § 8 Abs. 4 Nr. 1 n.F.

7 Bei Verwendung des Musterprotokolls lautet die allgemeine Vertretungsregelung: „*Ist nur ein Geschäftsführer bestellt, so vertritt dieser die Gesellschaft allein, sind mehrere Geschäftsführer bestellt, so vertreten diese die Gesellschaft gemeinschaftlich.*"

8 Die Angabe der konkreten Vertretungsregelung ist entbehrlich, wenn sie mit der abstrakten Vertretungsregelung übereinstimmt (siehe Rn. 20). Bei Verwendung des Musterprotokolls lautet die konkrete Vertretungsbefugnis (siehe Rn. 20a): Der Geschäftsführer A vertritt die Gesellschaft entsprechend der allgemeinen Vertretungsregelung (siehe Fn. 7). Er ist von den Beschränkungen des § 181 BGB befreit.

Der Geschäftsführer B vertritt die Gesellschaft einzeln.

[optional: Als zusätzliche empfangsberechtigte Person[9] melden wir zur Eintragung ins Handelsregister an: Frau/Herrn …[10], …[11].]

[*optional*: Wir legen (*ggf.*: unter Vorlage einer elektronischen Aufzeichnung des …)[12] offen, dass mit dem Gesellschafter … eine Leistung i.S.v. § 19 Abs. 5 Satz 1 GmbHG vereinbart worden ist.]

Wir versichern was folgt:

- 1. Auf die Einlageverpflichtungen sind folgende Beträge einbezahlt worden:

Gesellschafter	Nennbetrag des Geschäftsanteils in EUR	Einzahlungsbetrag in EUR[13]
C	12.500	6.250
D-GmbH	6.250	3.125
E	6.250	3.125

- 2. Der Gegenstand der Leistungen befindet sich endgültig in unserer freien Verfügung. Das Stammkapital ist insbesondere nicht durch Verbindlichkeiten vorbelastet, mit Ausnahme des in der Satzung übernommenen Gründungsaufwands.
- 3. Während der letzten fünf Jahre wurde keine Verurteilung gegen uns rechtskräftig wegen einer oder mehrerer vorsätzlich begangener Straftaten nach den §§ 263 bis 264a oder den §§ 265b bis 266a des Strafgesetzbuchs (Betrug, Computerbetrug, Subventionsbetrug, Kapitalanlagebetrug, Kreditbetrug, Untreue, Vorenthalten und Veruntreuen von Arbeitsentgelt) zu einer Freiheitsstrafe von mindestens einem Jahr, der Insolvenzverschleppung, nach den §§ 283 bis 283d des Strafgesetzbuchs (Bankrott, Verletzung der Buchführungspflicht, Gläubigerbegünstigung, Schuldnerbegünstigung), der falschen Angaben nach § 82 des Gesetzes betreffend die Gesellschaften mit beschränkter Haftung oder § 399 des Aktiengesetzes, der unrichtigen Darstellung nach § 400 des Aktiengesetzes, § 331 des Handelsgesetzbuches, § 313 des Umwandlungsgesetzes oder § 17 des Publizitätsgesetzes, auch nicht im Ausland wegen einer mit den genannten Taten vergleichbaren Straftat[14], noch ist uns durch gerichtliches Urteil oder vollziehbare Entscheidung einer Verwaltungsbehörde die Ausübung eines Berufs, Berufszweiges, Gewerbes oder Gewerbezweiges untersagt worden.
- 4. Wir sind über unsere unbeschränkte Auskunftspflicht gegenüber dem Registerbericht belehrt worden, ebenso darüber, dass falsche Versicherungen strafbar sind.

…, den …

[Unterschriften aller bestellten Geschäftsführer]

[Beglaubigungsvermerk]

---

9 Vgl. § 10 Abs. 2 Satz 2 n.F.

10 Einsetzen: Vor- und Zuname.

11 Einsetzen: inländische Anschrift.

12 Es erscheint zweckmäßig, zum Nachweis der Werthaltigkeit und der Liquidität des Rückgewähranspruchs i.S.v. § 19 Abs. 5 Satz 1 geeignete Unterlagen (z.B. Darlehensvertrag, Steuerberatertestat) zu übermitteln, damit das Registergericht seiner Prüfungspflicht gem. § 9c nachkommen kann (siehe Rn. 17).

13 Bei der Unternehmergesellschaft (haftungsbeschränkt) entspricht der Einzahlungsbetrag jeweils dem Nennbetrag.

14 Alternativ: Wir sind noch nie, weder im Inland noch im Ausland, wegen einer Straftat verurteilt worden.

§ 9 Überbewertung der Sacheinlagen

(1) Erreicht der Wert einer Sacheinlage im Zeitpunkt der Anmeldung der Gesellschaft zur Eintragung in das Handelsregister nicht den Nennbetrag des dafür übernommenen Geschäftsanteils, hat der Gesellschafter in Höhe des Fehlbetrags eine Einlage in Geld zu leisten. Sonstige Ansprüche bleiben unberührt.

(2) Der Anspruch der Gesellschaft nach Absatz 1 Satz 1 verjährt in zehn Jahren seit der Eintragung der Gesellschaft in das Handelsregister.

Literatur

Cahn/Simon/Theiselmann, Dept Equity Swap zum Nennwert, DB 2010, 1629; *Festl-Wietek*, Bewertung von Sacheinlagen, Umwandlungen und Verschmelzungen bei Gesellschaften mit beschränkter Haftung, BB 1993, 2410; *Gehrlein*, Banken – vom Kreditgeber zum Gesellschafter – neue Haftungsfallen? (Debt-Equity-Swap nach ESUG), NZI 2012, 257; *Gienow*, Zur Differenzhaftung nach § 9 GmbHG, in: Bierich u.a. (Hrsg.), Festschrift für Johannes Semler zum 70 Geburtstag: Unternehmen und Unternehmensführung im Recht, 1993, S. 165; *Hirte/Knof/Mock*, Das Gesetz zur weiteren Erleichterung der Sanierung von Unternehmen (Teil I), DB 2011, 632; *Klaiber*, Rechtsfolgen mangelhafter Sacheinlagen im Innenverhältnis, DZWiR 2007, 313; *Kind*, Die Differenzhaftung im Recht der Gesellschaft mit beschränkter Haftung, 1984; *Lieb*, Zum Spannungsverhältnis zwischen Vorbelastungshaftung und Differenzhaftung, in: Lieb u.a. (Hrsg.), Festschrift für Wolfgang Zöllner zum 70. Geburtstag, 1998, S. 347; *Meyer/Degener*, Debt-Equity-Swap nach dem RegE-ESUG, BB 2011, 846; *Priester*, Dept-Equity-Swap zum Nennwert?, DB 2010, 1445; K. *Schmidt*, Die Differenzhaftung des Sachanlegers, GmbHR 1978, 5; *derselbe*, Gesellschaftsrecht und Insolvenzrecht im ESUG-Entwurf, BB 2011, 1603; *Sina*, Sacheinlage zu Anschaffungs- und Herstellungskosten, GmbHR 1994, 387; *Spiegelberger/Walz*, Die Prüfung der Kapitalaufbringung im Rahmen der GmbH-Gründung, GmbHR 1998, 761; *Thoß*, Differenzhaftung bei der Kapitalerhöhung zur Durchführung einer Verschmelzung, NZG 2006, 376; *Trölitzsch*, Differenzhaftung für Sacheinlagen bei Kapitalgesellschaften, 1998.

A. Allgemeines

Abs. 1 sichert die effektive Kapitalaufbringung[1] durch eine zwingende Geldeinlageverpflichtung des Gesellschafters, sofern der Wert des Sacheinlage- oder des Sachübernahmegegenstands im Zeitpunkt der Anmeldung der Gesellschaft zum Handelsregister nicht den Nennbetrag des übernommenen Geschäftsanteils erreicht (sog. Differenzhaftung). Den Grundgedanken hatte die Rechtsprechung in Ansehung des Grundsatzes der effektiven Kapitalaufbringung und des Gläubigerschutzes bereits vor der Kodifizierung im Rahmen der GmbH-Novelle von 1980 formuliert.[2] Die Differenzhaftung gilt konsequent nicht nur für Sachgründungen, sondern ist entsprechend anwendbar bei Kapitalerhöhungen (§ 56 Abs. 2) und bei bestimmten Umwandlungsvorgängen.[3] Abs. 2 bestimmt die Verjährungsfrist des Anspruchs auf zehn Jahre. 1

1 Baumbach/Hueck/*Hueck/Fastrich*, § 9 Rn. 1; *Trölitzsch*, Differenzhaftung, S. 102 ff.
2 BGHZ 68, 191.
3 Scholz/*Winter/Veil*, § 9 Rn. 2.

B. Inhalt der Regelung

I. Differenzhaftung

1. Anwendungsbereich (Abs. 1 Satz 1)

2 Abs. 1 Satz 1 setzt eine **wirksame Sacheinlage-, Sachübernahme- und Anrechnungsvereinbarung** voraus. Bei Unwirksamkeit der Vereinbarung besteht bereits nach allgemeinen Grundsätzen die Verpflichtung, den Nennbetrag in Geld zu leisten. Ferner findet die Vorschrift keine Anwendung auf verdeckte oder verschleierte Sacheinlagen.[4]

2. Differenz zwischen Nominalwert der Stammeinlage und Wert der Sacheinlage

3 Sacheinlage ist jede im Gesellschaftsvertrag festgesetzte Einlageleistung, soweit sie nicht in Geld besteht (zur Sacheinlage § 5 Rn. 31 ff.). Für die effektive Kapitalaufbringung ist ihr **objektiver Zeitwert** maßgeblich.[5] Bei Gegenständen des Anlagevermögens wird dies regelmäßig der Wiederbeschaffungswert sein.[6] Im Falle der Mangelhaftigkeit ist der Minderwert anzusetzen. Etwaige Gewährleistungsansprüche bleiben außer Betracht und können die Wertminderung nicht kompensieren.[7] Bei der Bewertung von Anlagegütern und insbesondere Immaterialgütern (Patente, Warenzeichen, Lizenzen u.Ä.) ist die Berücksichtigung der beabsichtigten betrieblichen Nutzung und des künftigen dauerhaften Nutzens zulässig.[8] Bei Gegenständen des Umlaufvermögens orientiert sich der maßgebliche Wert am Veräußerungswert.[9] Werden Forderungen des Gesellschafters gegen die Gesellschaft eingebracht (Dept-Equity-Swap), kommt es auf deren Werthaltigkeit an; der Nennwert ist nicht maßgeblich.[10] Ist Gegenstand der Einbringung ein Unternehmen (organisatorische Verbindung einer Vielzahl von Aktiva und Passiva), bestimmt nicht der Substanz-, sondern der nach anerkannten Methoden der Betriebswirtschaft ermittelte Ertragswert den für § 9 maßgeblichen Zeitwert.[11]

> **!** Beruht die Bewertung eines Gegenstands oder eines Unternehmens (auch) auf prognostischen Elementen, ist Vorsicht mit allzu optimistischen Umsatz- und Gewinnerwartungen geboten. Treten diese Erwartungen nicht ein, läuft der Gesellschafter Gefahr, dass die Gesellschaft oder der Insolvenzverwalter den beigemessenen Wert bereits entscheidend über die Prognosegrundlage angreifen kann, und zwar mit dem – vermeintlich durch die tatsächliche Entwicklung gestützten – Argument, die Prognose sei *ex ante* und bei objektiver Betrachtung unrealistisch und unvertretbar gewesen.

4 Der **Zeitwert der Sacheinlage** ist **zu vergleichen mit dem Nominalwert der übernommenen Stammeinlage**. Ein Agio ist nicht als Bestandteil der Stammeinlage zu berücksichtigen.[12] Bei mehreren Einlagegegenständen wird deren Gesamtwert am Nominalwert der Einlage gemessen. Innerhalb solcher Gesamtheiten sind mithin Wertkompensationen möglich.[13] Maßgebender Zeitpunkt für den Vergleich ist der Eingang des Antrags beim Registergericht.[14] Wertminderungen nach der

4 Scholz/*Winter/Veil*, § 9 Rn. 4.
5 Eingehend und instruktiv zur Bewertung einzelner Vermögensgegenstände mit vielen Beispielen: *Festl-Wietek*, BB 1993, 2410, 2413 ff.
6 OLG Düsseldorf, GmbHR 1992, 112, 113.
7 Lutter/Hommelhoff/*Bayer*, § 9 Rn. 5.
8 OLG Köln, GmbHR 1998, 42, 43 für ein Gebrauchsmuster und die damit verbundenen Gewinnerwartungen.
9 *Sina*, GmbHR 1994, 387, 388.
10 Str., siehe zur jüngsten Diskussion vor allem *Cahn/Simon/Theiselmann*, DB 2010, 1629; *Hirte/Knof/Mock*, DB 2011, 632, 634; *Priester*, DB 2010, 1445.
11 Lutter/Hommelhoff/*Bayer*, § 9 Rn. 4.
12 Lutter/Hommelhoff/*Bayer*, § 9 Rn. 4.
13 OLG Düsseldorf, GmbHR 1992, 112, 113.
14 H.M.: OLG Köln, NJW 1999, 143; OLG Düsseldorf, GmbHR 1991, 112, 113; anders: *Spiegelberger/Walz*, GmbHR 1998, 761, 763 f.: Zeitpunkt der Eintragung.

Anmeldung gehen mithin zulasten der Gesellschaft und begründen keine Haftung des Gesellschafters nach § 9,[15] sofern nicht lediglich eine bereits vor Anmeldung dem Grunde nach angelegte Wertminderung später zutage tritt. Wegen des Stichtagsprinzips kann umgekehrt eine Werterhöhung oder Wertaufholung nach der Anmeldung eine bis dahin zu verzeichnende Überbewertung nicht beseitigen.[16] Nach Eingang des Antrags beim Registergericht eingetretene Werterhöhungen kommen folglich allein der Gesellschaft zugute. Die Gesellschafter sind jedoch nicht gehindert, im Gesellschaftsvertrag einen Ausgleichsanspruch für einen bis zur Eintragung eingetretenen Mehrwert vorzusehen.[17]

Der Wert eines Einlagegegenstands ist im Differenzhaftungsprozess (grundsätzlich) uneingeschränkt gerichtlich nachprüfbar. Die herrschende Auffassung erklärt selbst geringe Abweichungen zwischen den Vergleichswerten für beachtlich und versagt einen **Bewertungs- und Vertretbarkeitsspielraum**.[18] Dies ist insbesondere problematisch, wenn die Wertbestimmung auch auf einer Prognose beruht (z.B. Ertragswerte von Unternehmen). Von Teilen des Schrifttums wird daher zu Recht die Auffassung vertreten, dass in diesen Fällen insoweit nur eine gerichtliche Vertretbarkeitskontrolle erfolgen darf.[19] 5

> **!** Der Gesellschafter trägt stets das Risiko, dass dem Sacheinlagegegenstand bei nachträglicher Betrachtung im Differenzhaftungsprozess von einem Sachverständigen nicht der von ihm beigelegte Wert zugesprochen wird. Der Bewertung ist ein Unsicherheitsfaktor immanent. Es gibt selten den einen Wert. Dies gilt erst recht für Unternehmensbewertungen. Dem muss bei Sachgründungsvorgängen ausreichend Beachtung geschenkt werden.

Der für die Prüfung der Wertdifferenz anzulegende Maßstab hat ferner Bedeutung für das **Registerverfahren**. Ist die Sacheinlage überbewertet, ist die Eintragung der Gesellschaft in das Handelsregister zu versagen (§ 9c Abs. 1). Der Reformgesetzgeber hat die in der Praxis mit dem vorgenannten Vergleichsgrundsatz – zumindest theoretisch – einhergehende Problematik nunmehr entschärft und den Prüfungsmaßstab des Registergerichts herabgesetzt. Künftig sind nur für den Fall, dass sich auf der Grundlage der mit der Anmeldung eingereichten Unterlagen begründete Zweifel ergeben, die auf eine wesentliche Überbewertung der Sacheinlage hindeuten, weitere Ermittlungen von Amts wegen zu veranlassen (siehe § 9c Rn. 7). 6

Die **Differenzhaftung setzt kein Verschulden** und keine Erkennbarkeit voraus. Der Grund für die Wertdifferenz ist ebenfalls unerheblich. Er kann auf einem Irrtum über die Bewertungsgrundlagen oder einem nicht erkannten Mangel des Einlagegegenstands beruhen.[20] Auch seine Benutzung zwischen Abschluss des Gesellschaftsvertrags und der Anmeldung kann eine Wertminderung zur Folge haben. Ferner bedarf es keiner zurechenbaren Verantwortung oder Veranlassung der Unterdeckung durch den Gesellschafter.[21] 7

3. Rechtsfolge: Zahlungsanspruch auf die Differenz

Abs. 1 Satz 1 gewährt der Gesellschaft einen **ergänzenden gesetzlichen Zahlungsanspruch gegen den Sacheinleger**. Er entsteht – nach umstrittener Auffassung – mit der Anmeldung.[22] Die Eintragung der Gesellschaft ist keine Entstehungsvoraussetzung.[23] Mit der Anmeldung tritt 8

15 OLG Köln, GmbHR 1998, 42, 43; Baumbach/Hueck/*Hueck/Fastrich*, § 9 Rn. 4; Lutter/Hommelhoff/*Bayer*, § 9 Rn. 5; a.A. *Lieb*, in: FS-Zöllner, S. 347, 359 f.
16 Baumbach/Hueck/*Hueck/Fastrich*, § 9 Rn. 4.
17 Lutter/Hommelhoff/*Bayer*, § 9 Rn. 5.
18 Baumbach/Hueck/*Hueck/Fastrich*, § 9 Rn. 3; Lutter/Hommelhoff/*Bayer*, § 9 Rn. 4.
19 Scholz/*Winter/Veil*, § 9 Rn. 9.
20 LG Düsseldorf v. 21.1.2010, 32 O 81/08, juris, für die AG.
21 Scholz/*Winter/Veil*, § 9 Rn. 16.
22 Zutreffend: Lutter/Hommelhoff/*Bayer*, § 9 Rn. 7; a.A. Baumbach/Hueck/*Hueck/Fastrich*, § 9 Rn. 8.
23 Scholz/*Winter/Veil*, § 9 Rn. 17.

zugleich Fälligkeit ein.[24] Auf den Anspruch finden die allgemeinen Vorschriften über Geldeinlagen Anwendung.[25] Der Anspruch kann mithin nicht gestundet, erlassen oder durch Aufrechung erfüllt werden (§ 19 Abs. 2, 3 und 5). Zahlt der Schuldner nicht rechtzeitig, hat er Verzugszinsen zu leisten (§ 20). Die Mitgesellschafter unterliegen auch in Ansehung der Differenzhaftung der Ausfallhaftung nach § 24.[26]

9 Der Zahlungsanspruch wird durch die übernommene Einlageverpflichtung nicht begrenzt. Ist dem **Einlagegegenstand** ein **negativer Wert** beizulegen (z.B. Einbringung eines überschuldeten Unternehmens, Einlage eines mit Altlasten belasteten Grundstücks u.Ä.), erfasst die Differenzhaftung die Summe aus nominaler Einlageverpflichtung und negativem Wert.[27] Nach überwiegender Auffassung gilt diese Differenzhaftung über den Nominalbetrag hinaus auch für die Ausfallhaftung der Mitgesellschafter nach § 24.[28]

II. Kein Ausschluss des Anspruchs nach § 254 Abs. 4 InsO

10 Sieht ein Insolvenzplan im gestaltenden Teil die Umwandlung einer Forderung in Anteils- oder Mitgliedschaftsrechte vor (sog. Dept-Equity-Swap), stellt dies gesellschaftsrechtlich (u.a.) eine Sachkapitalerhöhung dar, anlässlich derer sich der Gläubiger zur Einbringung seiner Forderung verpflichtet. Da die Bewertung dieser Forderung mit erheblichen Unsicherheiten behaftet ist und das Risiko einer Differenzhaftung die Bereitschaft der Gläubiger zu einem solchen Insolvenzplan hemmen könnte, hat der Gesetzgeber mit Wirkung zum 1.3.2012 in § 254 Abs. 4 InsO eine Sonderregelung vorgesehen, die den Gläubigern (Neugesellschaftern) kurzfristig Rechtssicherheit verschaffen soll[29]: Hiernach kann der Schuldner nach der gerichtlichen Bestätigung des Insolvenzplans keine Ansprüche wegen einer Überbewertung der Forderungen im Insolvenzplan gegen die bisherigen Gläubiger (Neugesellschafter) mehr geltend machen. Eine vermeintliche Überbewertung muss also innerhalb des Insolvenzplanverfahrens durch sofortige Beschwerde gegen den Beschluss, durch den der Insolvenzplan bestätigt wird (siehe § 253 InsO), angegriffen werden.[30] § 254 Abs. 4 InsO enthält nur eine präkludierende Regelung; ihm kann keine Entscheidung für die zum Teil vertretene Ansicht, dass die umgewandelten Forderungen stets mit dem Nennwert in Ansatz zu bringen sind (dazu auch Rn. 3), entnommen werden.[31] Vielmehr bleibt es bei der Notwendigkeit einer Werthaltigkeitsbewertung.

III. Verjährung (Abs. 2)

11 Der Anspruch verjährt nach zehn Jahren. Für mit Ablauf des 14.12.2004 noch nicht verjährte Ansprüche bleibt es hingegen bei der früheren fünfjährigen Verjährungsfrist (Art. 229 § 12 Abs. 1 EGBGB i.V.m. Art. 229 § 6 EGBGB). Die Verjährung beginnt mit der Eintragung in das Handelsregister. Die **Verjährungsfrist kann nicht durch Vereinbarung verkürzt werden.**[32]

---

24 H.M.: Scholz/*Winter/Veil*, § 9 Rn. 19.
25 Lutter/Hommelhoff/*Bayer*, § 9 Rn. 9; *Steiner*, BWNotZ 2009, 193, 194.
26 BGHZ 80, 129, 140 f. = NJW 1981, 1373.
27 Lutter/Hommelhoff/*Bayer*, § 9 Rn. 4; Scholz/*Winter/Veil*, § 9 Rn. 14 m.w.N.
28 So Lutter/Hommelhoff/*Bayer*, § 24 Rn. 8; Rowedder/Schmitt-Leithoff/*Pentz*, § 24 Rn. 24; a.A. *K. Schmidt*, BB 1995, 529: Limitierung durch die Stammeinlage.
29 BT-Drucks. 17/5712, 36.
30 Siehe zu § 254 Abs. 4 InsO in der Fassung ESUG *Gehrlein*, NZI 2012, 257, 260 f.; *Meyer/Degener*, BB 2011, 846; *K. Schmidt*, BB 2011, 1603, 1608 f.
31 *Hirte/Knof/Mock*, DB 2011, 632, 634; *K. Schmidt*, BB 2011, 1603, 1609.
32 Baumbach/Hueck/*Hueck/Fastrich*, § 9 Rn. 10; Lutter/Hommelhoff/*Bayer*, § 9 Rn. 6; Scholz/*Winter/Veil*, § 9 Rn. 20.

C. Weitere praktische Hinweise

Die **Darlegungs- und Beweislast für den Wert der Sacheinlage** und damit für ihre Überbewertung trägt die Gesellschaft.[33] Weder Angaben im Sachgründungsbericht noch das Prüfungsergebnis des Registergerichts (§ 9c) können eine Bindungswirkung im Prozess begründen.[34] Der Sachgründungsbericht oder Werthaltigkeitsbescheinigungen erlauben aber zumindest einen substantiierten Sachvortrag, mit dem sich der Gegner auseinandersetzen muss. Obergerichte und Schrifttum tendieren in der Insolvenz der Gesellschaft zur Beweislastumkehr, sofern die Gesellschaft bzw. der Insolvenzverwalter plausible Verdachtsgründe für die Überbewertung der Sacheinlage vortragen kann.[35] Andere Gerichte haben in diesen Fällen bei Aufklärungsschwierigkeiten hingegen lediglich das Beweismaß herabgesenkt.[36] 12

> ! Gegebenenfalls kommt es erst nach Jahren zu einem Streit über die Werthaltigkeit der Sacheinlage. Es liegt in der Natur der Sache, dass die fortschreitende Zeit die Wertermittlung auf den Anmeldezeitpunkt schwierig gestalten kann. Vor dem Hintergrund der vorgenannten Rechtsprechung sollte der Gesellschafter im Zusammenhang mit der Sacheinlage im eigenen Interesse Beweismittelvorsorge in Ansehung der Unterlagen betreiben, die als Anknüpfungstatsachen die Grundlage für einen günstigen Sachverständigenbeweis bilden können.

Die Differenzhaftung schließt **Ansprüche aus anderen Rechtsgründen** nicht aus (Abs. 1 Satz 2). 13
Gesellschaftsvertraglich kann vereinbart sein, dass der Einbringende im Sinne einer Garantiehaftung über § 9 hinaus für die Werthaltigkeit des Einlagegegenstands haften soll. In Betracht kommen zudem gesetzliche Gewährleistungs- oder Schadensersatzansprüche in Ansehung eines mangelhaften Einlagegegenstands (siehe § 5 Rn. 42). Neben der Differenzhaftung können des Weiteren Ansprüche aus Vorbelastungshaftung (siehe § 11 Rn. 41 ff.) bestehen.[37] Relevanz erlangen bei Falschangaben ferner die Gründerhaftung nach § 9a und deliktische Ansprüche (§§ 823, 826 BGB).

Die vom Gesellschafter zu zahlenden **Differenzbeträge** nach § 9 gehören **steuerlich** – neben 14
dem gemeinen Wert der eingebrachten Gegenstände – zu den Anschaffungskosten der Beteiligung. Insofern wird der Gesellschafter nicht anders gestellt, als wäre von vornherein eine gemischte Bar- und Sacheinlage vereinbart gewesen.

33 OLG Köln, GmbHR 1998, 42, 43; Baumbach/Hueck/*Hueck/Fastrich*, § 9 Rn. 8.
34 Baumbach/Hueck/*Hueck/Fastrich*, § 9 Rn. 3.
35 OLG Naumburg, DB 1998, 125; wohl auch OLG Düsseldorf, GmbHR 1992, 112, 113.
36 OLG München, GmbHR 1994, 712; Scholz/*Winter/Veil*, § 9 Rn. 15: lediglich Beweiserleichterung; *Bayer/Illhardt*, GmbHR 2011, 505, 512: sekundäre Behauptungslast des Gesellschafters.
37 Eingehend: *Lieb*, in: FS Zöllner, 347 ff.; Scholz/*Winter/Veil*, § 9 Rn. 25.

§ 9a Ersatzansprüche der Gesellschaft

(1) Werden zum Zweck der Errichtung der Gesellschaft falsche Angaben gemacht, so haben die Gesellschafter und Geschäftsführer der Gesellschaft als Gesamtschuldner fehlende Einzahlungen zu leisten, eine Vergütung, die nicht unter den Gründungsaufwand aufgenommen ist, zu ersetzen und für den sonst entstehenden Schaden Ersatz zu leisten.

(2) Wird die Gesellschaft von Gesellschaftern durch Einlagen oder Gründungsaufwand vorsätzlich oder aus grober Fahrlässigkeit geschädigt, so sind ihr alle Gesellschafter als Gesamtschuldner zum Ersatz verpflichtet.

(3) Von diesen Verpflichtungen ist ein Gesellschafter oder ein Geschäftsführer befreit, wenn er die die Ersatzpflicht begründenden Tatsachen weder kannte noch bei Anwendung der Sorgfalt eines ordentlichen Geschäftsmannes kennen mußte.

(4) Neben den Gesellschaftern sind in gleicher Weise Personen verantwortlich, für deren Rechnung die Gesellschafter Geschäftsanteile übernommen haben. Sie können sich auf ihre eigene Unkenntnis nicht wegen solcher Umstände berufen, die ein für ihre Rechnung handelnder Gesellschafter kannte oder bei Anwendung der Sorgfalt eines ordentlichen Geschäftsmannes kennen musste.

Literatur

Dreher, Die Gründungshaftung bei der GmbHR, DStR 1992, 33; *Lowin*, Die Gründerhaftung bei der GmbH nach § 9a Abs. 1 GmbHG, 1987; *K. Schmidt*, Grundzüge der GmbH-Novelle, NJW 1980, 1769; *van Venrooy,* Vertrauen des Geschäftsführers bei der Anmeldung einer Sachkapitalerhöhung und die Folgen des enttäuschten Vertrauens, GmbHR 2002, 701.

A. Allgemeines

1 § 9a bestimmt einen verschuldensabhängigen Anspruch auf Differenzleistung und Schadensersatz. Er ergänzt im Sinne einer Gründerhaftung die Kapitalaufbringungsvorschriften.[1] Die Gesellschafter und Geschäftsführer haften gem. **Abs. 1** für **falsche Angaben,** die sie zum Zwecke der Errichtung der Gesellschaft machen. Die Norm gilt analog für falsche Angaben im Zusammenhang mit der Offenlegung einer wirtschaftlichen Neugründung[2] (dazu § 3 Rn. 18 f.; § 8 Rn. 14a; § 11 Rn. 4). **Abs. 2** regelt die **Ersatzpflicht** der Gesellschafter bei vorsätzlichem oder grob fahrlässigem Handeln als Gesamtschuldner für Einlagen und Gründungsaufwand. **Abs. 4** bestimmt schließlich die Verantwortlichkeit sog. **Hintermänner, für deren Rechnung andere Personen Gesellschaftsanteile halten.**

1 Baumbach/Hueck/*Hueck/Fastrich,* § 9a Rn. 1.
2 BGH ZIP 2011, 1761.

B. Inhalt der Regelung

I. Haftung wegen falscher Angaben (Abs. 1)

1. Voraussetzungen von Abs. 1

Haftungsbegründend sind falsche Angaben **zum Zwecke und im Zusammenhang mit der Errichtung der Gesellschaft**. Die Angaben müssen mithin in einem engen sachlichen Zusammenhang zur Errichtung gemacht werden und für die Ordnungsmäßigkeit des Gründungsvorgangs erheblich sein.[3] Dies kann, muss aber nicht gelegentlich der Anmeldung geschehen. Bereits im Gesellschaftsvertrag oder im Sachgründungsbericht können falsche Angaben in diesem Sinne gemacht werden.[4] Dementsprechend kann Adressat der Angaben sowohl das Registergericht als auch ein Geschäftsführer, ein Gesellschafter oder ein im Zusammenhang mit dem Gründungsvorgang tätiger Sachverständiger sein.[5] Falschangaben gegenüber einer Genehmigungsbehörde unterliegen hingegen ihrem eigenen Sanktionsregime und fallen nicht unter Abs. 1.[6] Nicht (mehr) verwirklicht werden kann der Tatbestand durch Angaben nach der Eintragung der Gesellschaft.[7] 2

Relevante Angaben sind vornehmlich solche nach § 8, und zwar insbesondere Angaben über die Einlagen, deren Übernahme und zu deren Verfügbarkeit, zur Leistung und Bewertung von Sacheinlagen sowie zum Unternehmensgegenstand.[8] Die Angaben sind **falsch, wenn** sie objektiv unrichtig sind. Sofern eine Erklärungspflicht besteht, ist auch das Unterlassen der geforderten Erklärung eine falsche Angabe. Ferner kann die Unvollständigkeit der Angaben die Haftung begründen. Dies ist insbesondere der Fall, wenn die Angabe zwar für sich genommen inhaltlich richtig ist, aber durch das Verschweigen von Einzelumständen ein objektiv falscher Eindruck erweckt wird.[9] Eine solche Unvollständigkeit wird z.B. angenommen, wenn die eine verdeckte Sacheinlage begründenden Abreden nicht offengelegt werden.[10] Ob und inwieweit Angaben bereits für sich oder zumindest der Vollständigkeit wegen zu offenbaren sind, bestimmt sich – sofern das Gesetz nicht bereits explizit eine Erklärung vorsieht (vgl. § 8) – nach ihrer Erheblichkeit für eine zutreffende Beurteilung der für das Gründungsverfahren relevanten Tatsachen.[11] **Maßgeblicher Zeitpunkt** für die Beurteilung, ob die entsprechende Angabe falsch i.S.v. Abs. 1 ist, ist die Abgabe der Erklärung.[12] Wird eine Angabe nach diesem Zeitpunkt unrichtig, besteht nach richtiger Auffassung keine Berichtigungspflicht.[13] Werden ursprünglich falsche Angaben bis zur Eintragung korrigiert, schließt das eine Haftung nach § 9a aus.[14] 3

Voraussetzung der Ersatzpflicht ist die Eintragung der Gesellschaft.[15] Im Stadium der Vor-GmbH besteht der Anspruch (noch) nicht. 4

Nach § 9a haften **Geschäftsführer und Gesellschafter** als **Gesamtschuldner**. **Aufsichtsratsmitglieder und sonstige Dritte haften nicht** nach Abs. 1,[16] womöglich aber aus anderen Rechtsgründen (siehe Rn. 15). Die Unwirksamkeit einer Geschäftsführerbestellung steht der Haftung nicht entgegen, wenn der unwirksam bestellte Geschäftsführer gleichwohl als solcher tätig geworden ist.[17] Gesellschafter haften selbst dann, wenn sie erst zwischen Anmeldung und Eintra- 5

3 Scholz/*Winter/Veil*, § 9a Rn. 9.
4 Lutter/Hommelhoff/*Bayer*, § 9a Rn. 3.
5 OLG Köln, GmbHR 1998, 42, 44.
6 H.M.: Scholz/*Winter/Veil*, § 9a Rn. 11; Lutter/Hommelhoff/*Bayer*, § 9a Rn. 3; a.A. Ulmer/Habersack/Winter/*Ulmer*, § 9a Rn. 13.
7 KG GmbHR 2011, 821.
8 Weitere Beispiele bei Scholz/*Winter/Veil*, § 9a Rn. 13 ff.
9 OLG Bremen, GmbHR 1998, 40, 41.
10 OLG Köln, GmbHR 1999, 663.
11 Scholz/*Winter/Veil*, § 9a Rn. 20.
12 OLG München, BB 1990, 1151, 1152; OLG Bremen, GmbHR 1998, 40, 41.
13 Lutter/Hommelhoff/*Bayer*, § 9a Rn. 5; offengelassen von OLG Bremen, GmbHR 1998, 40, 41.
14 Lutter/Hommelhoff/*Bayer*, § 9a Rn. 5; Baumbach/Hueck/*Hueck/Fastrich*, § 9a Rn. 8.
15 OLG Rostock, GmbHR 1995, 658, 659; Baumbach/Hueck/*Hueck/Fastrich*, § 9a Rn. 19.
16 Scholz/*Winter/Veil*, § 9a Rn. 23.
17 Lutter/Hommelhoff/*Bayer*, § 9a Rn. 2; Scholz/*Winter/Veil*, § 9a Rn. 23.

gung Mitglied der Gesellschaft geworden sind.[18] Auf Gesellschafter oder Geschäftsführer, die vor der Eintragung in das Handelsregister ausscheiden, ist § 9a nicht anwendbar.[19] Wer die falschen Angaben gemacht oder veranlasst hat, ist für den objektiven Tatbestand nicht relevant.[20] Dieser Aspekt kann allenfalls unter dem Gesichtspunkt mangelnden Verschuldens entlasten.

6 Die Haftung setzt Verschulden voraus, wobei Abs. 3 eine **Verschuldensvermutung** anordnet. Gehaftet wird nicht nur für Vorsatz, sondern auch für (einfache) Fahrlässigkeit. Maßstab ist insoweit die Sorgfalt eines ordentlichen Geschäftsmanns. Der Vorwurf sorgfaltswidrigen Verhaltens beschränkt sich nicht nur auf eigene Erklärungen oder Angaben aus eigener Wahrnehmung. Vielmehr handelt auch derjenige fahrlässig, der die (falschen) Angaben eines Geschäftsführers, Gesellschafters oder Dritten sorgfaltswidrig übernimmt. Von einem Geschäftsführer wird erwartet, dass er die Angaben der Gesellschafter nicht ungeprüft verwendet, soweit sie für die Anmeldung Relevanz haben. Von einem sorgfältigen Geschäftsführer wird zumindest eine Plausibilitätskontrolle verlangt.[21] Freilich besteht keine allumfassende gegenseitige Kontrollpflicht. Die Gesellschafter müssen daher insbesondere die Anmeldung der Geschäftsführung nicht durch gezielte Einsicht auf Falschangaben hin untersuchen.[22]

2. Rechtsfolge

7 Abs. 1 ordnet eine **Differenzhaftung** an, sofern infolge der falschen Angaben eine effektive Kapitalaufbringung nicht erfolgt ist. Die Gesellschaft ist so zu stellen, wie sie stünde, wenn die falschen Angaben richtig gewesen wären.[23] Wird z.B. die Leistung von Einlagen versichert, obwohl diese nicht erfolgt sind, richtet sich die Haftung auf den Einlagebetrag. Entsprechendes gilt bei falschen Angaben zur Bewertung von Sacheinlagen für die Differenz zwischen wirklichem Wert des Einlagegegenstands und dem Nominalbetrag der Einlageverpflichtung. Der Anspruch ist Einlageschuld und tritt neben die fortbestehende und inhaltsgleiche Verpflichtung des jeweils betroffenen Gesellschafters.[24] Die Haftung entfällt mithin, wenn der originäre Einlagenschuldner seine Einlage wie geschuldet erbringt.[25]

8 Wird eine Vergütung, die im Gesellschaftsvertrag nicht als zu erstattender **Gründungsaufwand** vorgesehen war (siehe § 5 Rn. 68), gleichwohl von der Gesellschaft geleistet, ist dieser Betrag zu erstatten. Wer die Leistung empfangen hat, ist irrelevant. Es besteht auch keine Pflicht der Gesellschaft, vorrangig den Empfänger in Anspruch zu nehmen.[26]

9 Ferner ordnet Abs. 1 eine Haftung für **kausal** durch die falschen Angaben **verursachte Schäden** an. Für den Umfang des Schadensersatzes gelten die §§ 249 ff. BGB. Zu ersetzen ist ggf. auch der entgangene Gewinn, wenn es z.B. wegen der vorgetäuschten Brauchbarkeit eines Sacheinlagegegenstands zu Produktionsausfällen kommt.[27] Ein der Gesellschaft zurechenbares Mitverschulden (§§ 254 Abs. 1, 31 BGB) wird nicht berücksichtigt, da dies im Widerspruch zum Schutzzweck des § 9a stehen würde. Nach allgemeiner Auffassung ist jedoch eine anspruchsmindernde Verletzung der Schadensminderungspflicht (§ 254 Abs. 2 BGB) denkbar.[28]

II. Haftung für Schäden durch Einlagen oder Gründungsaufwand (Abs. 2)

10 Gesellschafter haften als Gesamtschuldner für schuldhaftes Verhalten, das im Zusammenhang mit einer Sacheinlage oder Gründungsaufwand zu einem Schaden der Gesellschaft führt. Falsche Angaben können die Haftung nach Abs. 2 nicht begründen. **Abs. 1** ist insoweit **vorrangig und**

18 Baumbach/Hueck/*Hueck/Fastrich*, § 9a Rn. 2.
19 OLG Rostock, GmbHR 1995, 658, 660.
20 Scholz/*Winter/Veil*, § 9a Rn. 10 f.; Lutter/Hommelhoff/*Bayer*, § 9a Rn. 3.
21 Lutter/Hommelhoff/*Bayer*, § 9a Rn. 6.
22 Lutter/Hommelhoff/*Bayer*, § 9a Rn. 6.
23 OLG Köln, ZIP 2002, 713; Scholz/*Winter/Veil*, § 9a Rn. 30 ff.
24 Lutter/Hommelhoff/*Bayer*, § 9a Rn. 7.
25 OLG Düsseldorf, GmbHR 1995, 582, 583.
26 Baumbach/Hueck/*Hueck/Fastrich*, § 9a Rn. 15.
27 Lutter/Hommelhoff/*Bayer*, § 9a Rn. 8.
28 BGHZ 64, 52, 60 f.

abschließend; Abs. 2 findet mithin keine Anwendung, wenn bei der Errichtung der Gesellschaft falsche Angaben gemacht worden sind.[29] Anwendungsfälle sind in der Praxis selten. In der Regel werden beispielhaft die Einbringung einer zwar werthaltigen, aber für den konkreten Betrieb untauglichen Sacheinlage und gemessen an der Größe und Bedeutung der Gesellschaft überzogener Gründungsaufwand genannt.[30]

III. Hintermännerhaftung (Abs. 4)

§ 9 Abs. 4 dehnt die Haftung des Abs. 1 auf sog. Hintermänner aus. Diese haften neben dem (vorgeschobenen) Gesellschafter.[31] Die Vorschrift dient dem Schutz der Gesellschaft vor Schädigungen durch das Vorschieben vermögensloser Gründer und der Umgehung der Gründungshaftung. Hintermänner in diesem Sinne sind insbesondere Treugeber im Rahmen von **Treuhandverhältnissen**. Auch **Unterbeteiligungsverhältnisse** können die Voraussetzung des Abs. 4 erfüllen. Äußerst umstritten ist, ob und inwieweit die Möglichkeit der Einflussnahme durch einen Hintermann Haftungsvoraussetzung ist. Mit der herrschenden Meinung wird in Ansehung des Schutzzwecks der Norm eine Haftung jedenfalls dann zu verneinen sein, wenn der Treugeber, der Unterbeteiligte oder der sonstige Dritte überhaupt keinen Einfluss auf die Gründung nehmen konnte und auch nicht genommen hat.[32] **11**

Die Haftung setzt Verschulden voraus (siehe Rn. 6). Der Hintermann muss sowohl das fehlende Verschulden des Gesellschafters als auch fehlendes Eigenverschulden darlegen und ggf. beweisen.[33] **12**

C. Weitere praktische Hinweise

I. Darlegungs- und Beweislast

Die Gesellschaft trägt bezüglich des Anspruchs gemäß Abs. 1 nach allgemeinen Grundsätzen die Darlegungs- und Beweislast für die Unrichtigkeit der Angaben. Entsprechendes gilt für den Schaden einschließlich der Kausalität. Die in Anspruch genommenen Gesellschafter und Geschäftsführer trifft die Darlegungs- und Beweislast für ihr fehlendes Verschulden (Abs. 3). **13**

Macht die Gesellschaft den Ersatzanspruch nach Abs. 2 geltend, hat sie nicht nur die objektiven Tatbestandsvoraussetzungen darzulegen und zu beweisen, sondern auch, dass bei mindestens einem Gesellschafter Vorsatz oder grobe Fahrlässigkeit gegeben war; Abs. 3 gilt nicht.[34] **14**

II. Gesellschafterbeschluss

Die Durchsetzung von Ersatzansprüchen i.S.v. Abs. 1 und Abs. 2 setzt einen Gesellschafterbeschluss voraus (§ 46 Nr. 8). Dies gilt nur dann nicht, wenn der Insolvenzverwalter über das Vermögen der Gesellschaft die Anspruchsdurchsetzung betreibt.[35] **15**

III. Gesamtschuldnerische Haftung und Ausgleich im Innenverhältnis

Infolge der gesamtschuldnerischen Haftung bestehen Rechte und Pflichten zwischen den nach § 9a verpflichteten Geschäftsführern und Gesellschaftern. Im Innenverhältnis wird ein Ausgleich der Ansprüche nach § 426 Abs. 1 Satz 1 BGB vorgenommen. Verteilungsmaßstab ist grundsätzlich die Beteiligungsquote. Eine abweichende Verteilung kommt dann in Betracht, wenn einzelne **16**

29 KG, GmbHR 2011, 821; Baumbach/Hueck/*Hueck/Fastrich,* § 9a Rn. 18; Scholz/*Winter/Veil,* § 9a Rn. 35.
30 Lutter/Hommelhoff/*Bayer,* § 9a Rn. 9.
31 Lutter/Hommelhoff/*Bayer,* § 9a Rn. 13.
32 *K. Schmidt*, NJW 1980, 1769, 1771; Roth/Altmeppen/*Roth,* § 9a Rn. 20; a.A. Lutter/Hommelhoff/*Bayer,* § 9a Rn. 13 m.w.N. zur Gegenauffassung.
33 Lutter/Hommelhoff/*Bayer,* § 9a Rn. 13.
34 *Bayer/Illhardt,* GmbHR 2011, 505, 508; MünchKomm-GmbHG/*Schaub*, § 9a Rn. 75.
35 OLG Schleswig, NZG 2001, 84.

Gesellschafter oder Geschäftsführer die falschen Angaben z.B. infolge von Täuschung gegenüber den anderen Personen in jeder Hinsicht allein zu vertreten haben.[36] Im Vorfeld kann dann bereits Freistellung verlangt werden. Ferner besteht eine **Gesamtschuld im Verhältnis zum originären Einlageschuldner**, soweit die Ansprüche nach Inhalt und Höhe deckungsgleich sind.[37] Im Verhältnis zum Einlageschuldner bestimmt der Gesellschaftsvertrag die interne Ausgleichspflicht i.S.v. § 426 Abs. 1 BGB.[38] Der Einlageschuldner ist letztlich zu belasten. Die Haftungsschuldner i.S.v. § 9a können von ihm Ersatz der getätigten Zahlungen verlangen. § 426 Abs. 2 BGB ist anwendbar, sodass die Einlageforderung übergeht.[39]

IV. Weitere Haftungsgründe

17 Eine **Haftung des Geschäftsführers nach § 43** in Ansehung von Falschangaben scheidet aus, soweit die Pflichtverletzung in den von § 9a erfassten Handlungen besteht.[40] Im Übrigen schließt § 9a **Ansprüche aus anderen Rechtsgründen** wegen falscher Angaben im Rahmen der Errichtung der Gesellschaft nicht aus (z.B. § 823 Abs. 2 BGB i.V.m. §§ 263, 266 StGB oder i.V.m. § 82 Abs. 1). Im Kontext des § 9a ist ferner die Haftung der Kreditinstitute für die Richtigkeit einer Bestätigung über die Einzahlungen auf die Einlage analog § 37 Abs. 1 Satz 4 AktG zu nennen.[41]

V. Steuern

18 Soweit sich eine den Ersatzanspruch begründende Handlung auf den Gewinn der Gesellschaft ausgewirkt hat (z.B. die Übernahme überhöhten Gründungsaufwands durch die Gesellschaft, siehe § 2 Rn. 49), liegt steuerlich oft eine **verdeckte Gewinnausschüttung** vor. Deren Rückzahlung ist ergebnisneutral und wird dem steuerlichen Einlagekonto gutgeschrieben. Bei der Leistung nachträglicher Einzahlungen handelt es sich um nachträgliche Anschaffungskosten des Gesellschafters.

Ansprüche der Gesellschaft wegen erlittener weiterer Schäden (Produktionsausfall, entgangene Geschäftschancen etc.) gehören dagegen zum steuerlich relevanten Einkommen der Gesellschaft. Soweit ein Geschäftsführer in Anspruch genommen wird, der nicht zugleich Gesellschafter ist, kann er die Zahlungen als Werbungskosten ansetzen, sofern für die Geschäftsführungstätigkeit ein Gehalt vereinbart ist und die die Haftung auslösende Handlung durch das Anstellungsverhältnis veranlasst ist, also nicht auf privaten Gründen beruht. Letzteres ist z.B. der Fall, wenn der Geschäftsführer durch die Handlung sich selbst oder einen Angehörigen auf Kosten der Gesellschaft bereichern wollte.[42]

---

36 Vgl. Scholz/*Winter/Veil*, § 9a Rn. 41.
37 H.M.: OLG Hamm, GmbHR 1994, 399, 401; Baumbach/Hueck/*Hueck/Fastrich*, § 9a Rn. 6 m.w.N.
38 Baumbach/Hueck/*Hueck/Fastrich*, § 9a Rn. 6.
39 Baumbach/Hueck/*Hueck/Fastrich*, § 9a Rn. 6.
40 OLG Celle, NZG 2000, 1178, 1179; OLG Rostock, GmbHR 1995, 658, 660.
41 Eingehend: Scholz/*Winter/Veil*, § 9a Rn. 43 ff.
42 BFH/NV 1988, 353.

§ 9b Verzicht auf Ersatzansprüche

(1) Ein Verzicht der Gesellschaft auf Ersatzansprüche nach § 9a oder ein Vergleich der Gesellschaft über diese Ansprüche ist unwirksam, soweit der Ersatz zur Befriedigung der Gläubiger der Gesellschaft erforderlich ist. Dies gilt nicht, wenn der Ersatzpflichtige zahlungsunfähig ist und sich zur Abwendung des Insolvenzverfahrens mit seinen Gläubigern vergleicht oder wenn die Ersatzpflicht in einem Insolvenzplan geregelt wird.

(2) Ersatzansprüche der Gesellschaft nach § 9a verjähren in fünf Jahren. Die Verjährung beginnt mit der Eintragung der Gesellschaft in das Handelsregister oder, wenn die zum Ersatz verpflichtende Handlung später begangen worden ist, mit der Vornahme der Handlung.

Literatur

Cahn, Vergleichsverbote im Gesellschaftsrecht, 1996; *Haas,* Der Verzicht und Vergleich auf Haftungsansprüche gegen den GmbH-Geschäftsführer, ZInsO 2007, 464.

A. Allgemeines

§ 9b setzt einen nach den Voraussetzungen des § 9a entstandenen Haftungsanspruch voraus und regelt in Abs. 1 die Dispositionsfreiheit der Gesellschaft über diesen Anspruch (Abs. 1). Die Gesellschaft ist grundsätzlich nicht gehindert, auf den Ersatzanspruch nach § 9a zu verzichten oder sich hierüber mit dem Haftenden zu vergleichen. Zum Schutz der Gesellschaftsgläubiger schränkt Abs. 1 diese Freiheit jedoch ein[1] und ordnet unter bestimmten Voraussetzungen die Unwirksamkeit von Verzicht und Vergleich an. Abs. 2 bestimmt die Verjährungsfrist auf fünf Jahre. 1

B. Inhalt der Regelung

I. Verzicht und Vergleich (Abs. 1)

Der **Verzicht auf Haftungsansprüche i.S.v. § 9a** ist möglich. Die rechtliche Umsetzung des Verzichts ist dabei unerheblich (z.B. Erlassvertrag, negatives Schuldanerkenntnis, Entlastung nach § 46 Nr. 5[2] etc.). Ferner kann sich die Gesellschaft über den Anspruch außergerichtlich oder vor einem Prozessgericht vergleichen. Die Entscheidung über den Verzicht oder den Vergleich ist der Gesellschafterversammlung zugewiesen (§ 46 Nr. 8). 2

Der – auch nur teilweise – Verzicht oder Vergleich ist gem. Abs. 1 **unwirksam**, soweit der Ersatz zur Befriedigung der Gesellschaftsgläubiger erforderlich ist. Neben Verzicht und Vergleich erfasst Abs. 1 ferner die Abtretung des Anspruchs ohne adäquate Gegenleistung, die Annahme einer minderwertigen Leistung an Erfüllungs statt sowie sonstige einem Verzicht in Ansehung des Schutzzwecks der Norm gleichkommende Rechtsgeschäfte.[3] Keiner Einschränkung unterliegen grundsätzlich **Stundungs- oder Ratenzahlungsvereinbarungen**.[4] Nach zutreffender Auffassung ist Abs. 1 allerdings auf solche Stundungsvereinbarungen anwendbar, die in Ansehung ihres langfristigen Charakters bei wirtschaftlicher Betrachtungsweise einem Verzicht gleichkommen.[5] 3

Der infolge des Verzichts oder des Vergleichs der Gesellschaft nicht mehr zur Verfügung stehende (Teil des) Ersatzanspruch(s) ist zur Befriedigung der Gläubiger erforderlich, wenn die Gesellschaft 4

1 Baumbach/Hueck/*Hueck/Fastrich*, § 9b Rn. 1.
2 Vgl. BGH ZIP 1987, 1050, 1052.
3 Baumbach/Hueck/*Hueck/Fastrich,* § 9b Rn. 2; Lutter/Hommelhoff/*Bayer,* § 9b Rn. 1.
4 Scholz/*Winter/Veil*, § 9b Rn. 6.
5 Scholz/*Winter/Veil*, § 9b Rn. 6.

ohne ihn überschuldet wäre (siehe Vor § 64 Rn. 9 ff.) oder wenn sie sich in ernsten und nicht nur vorübergehenden Zahlungsschwierigkeiten befindet.[6] Zahlungsunfähigkeit i.S.v. § 17 InsO ist nicht erforderlich. Nach herrschender Auffassung ist es unerheblich, ob und inwieweit die Gesellschaft bei Vornahme des fraglichen Rechtsgeschäfts die Erforderlichkeit kannte oder vorhersehen konnte.[7]

5 Verzicht und Vergleich sind entgegen Abs. 1 Satz 1 wirksam, wenn der aus § 9a Verpflichtete zahlungsunfähig i.S.v. § 17 InsO (siehe Vor § 64 Rn. 4 ff.) ist und sich zur Abwendung eines Insolvenzverfahrens mit seinen Gläubigern vergleicht. Entsprechendes gilt für im gestaltenden Teil eines Insolvenzplans (vgl. §§ 217 ff. InsO) zulasten der Gesellschaft vorgesehene Rechtswirkungen.

6 **Rechtsfolge** des Abs. 1 Satz 1 ist die **Unwirksamkeit des Rechtsgeschäfts**, soweit die Befriedigung der Gläubiger die Durchsetzung des Ersatzanspruchs erfordert. Eine bloße Teilunwirksamkeit des Verzichts oder des Vergleichs ist mithin möglich. Da die Erforderlichkeit i.S.v. Abs. 1 nicht statisch ist, sondern sich stets an der jeweiligen finanziellen Situation der Gesellschaft orientiert, steht die Verzichts- oder Vergleichsvereinbarung bis zur Grenze der Verjährung stets unter der auflösenden Bedingung der Erforderlichkeit.[8]

7 Abs. 1 ist nicht abschließend und schließt andere Unwirksamkeits- oder Rückabwicklungsgründe nicht aus. Ein im Voraus erklärter Verzicht ist bereits nach allgemeinen Grundsätzen unwirksam.[9] Verzicht und Vergleich sind ferner z.B. nach § 30 unzulässig, wenn hierdurch das Gesellschaftsvermögen geschmälert wird.[10] Anwendung finden können auch die Regelungen über die Insolvenzanfechtung (§§ 129 ff. InsO).

II. Verjährung (Abs. 2)

8 Die Verjährungsfrist für Ansprüche aus § 9a beträgt **fünf Jahre** und beginnt regelmäßig mit der Eintragung der Gesellschaft in das Handelsregister. Wird die schädigende Handlung erst nach der Eintragung begangen – was allerdings nur im Anwendungsbereich des § 9a Abs. 2 möglich ist und daher Ansprüche nach § 9a Abs. 1 nicht betrifft[11] –, beginnt die Frist mit der Handlung. Auf den Schadenseintritt kommt es nicht an.[12] Hemmung und Unterbrechung der Verjährung bestimmen sich nach den allgemeinen Regelungen der §§ 203 ff. BGB. Eine vertragliche Verkürzung der Verjährung ist in Ansehung des Schutzzwecks der Norm nicht möglich.[13]

C. Weitere praktische Hinweise

I. Darlegungs- und Beweislast

9 Beruft sich der aus § 9a in Anspruch Genommene auf einen Verzicht oder Vergleich, trifft ihn nach allgemeinen Grundsätzen die Darlegungs- und Beweislast für den Abschluss eines solchen Rechtsgeschäfts. Die Gesellschaft hingegen muss darlegen und beweisen, ob und inwieweit der erlassene oder die Vergleichssumme übersteigende Betrag zur Befriedigung der Gläubiger i.S.v. Abs. 1 Satz 1 erforderlich ist.[14]

II. Steuern

10 Die steuerliche Behandlung etwaiger Verzichtserklärungen folgt unmittelbar aus der steuerlichen Behandlung des Ersatzanspruchs (vgl. § 9a Rn. 18).

---

6 Baumbach/Hueck/*Hueck/Fastrich*, § 9b Rn. 2; Rowedder/Schmidt-Leithoff/*Schmidt-Leithoff*, § 9b Rn. 9.
7 Scholz/*Winter/Veil*, § 9b Rn. 8; a.A. Ulmer/Habersack/Winter/*Ulmer*, § 9b Rn. 13.
8 Baumbach/Hueck/*Hueck/Fastrich*, § 9b Rn. 2; Scholz/*Winter/Veil*, § 9b Rn. 10.
9 Roth/Altmeppen/*Roth*, § 9b Rn. 10; Scholz/*Winter/Veil*, § 9b Rn. 4.
10 Scholz/*Winter/Veil*, § 9b Rn. 3.
11 KG GmbHR 2011, 821.
12 Ulmer/Habersack/Winter/*Ulmer*, § 9a Rn. 25.
13 Baumbach/Hueck/*Hueck/Fastrich*, § 9b Rn. 4; Scholz/*Winter/Veil*, § 9b Rn. 19.
14 Scholz/*Winter/Veil*, § 9b Rn. 9.

Verzichtet die Gesellschaft auf den Ersatz für eine verdeckte Gewinnausschüttung (vGA) oder auf die Nachforderung nicht geleisteter Einlagen, liegt darin keine neue Gewinnausschüttung, da sich die Rückzahlung einer vGA nicht auf die Höhe des Einkommens der Gesellschaft auswirkt.

Verzichtet hingegen die Gesellschaft auf die Geltendmachung steuerpflichtiger Ersatzansprüche gegenüber einem Gesellschafter oder diesem nahestehender Personen wegen weiterer Schäden, so stellt der Verzicht darauf regelmäßig eine vGA dar.

Der Verzicht gegenüber einem Fremdgeschäftsführer stellt für diesen dann keinen lohnsteuerpflichtigen Vorteil dar, wenn die Geltendmachung der Ansprüche bei ihm zu abzugsfähigen Werbungskosten geführt hätte. Andernfalls (Beruhen des Einsatzanspruchs auf privaten Gründen) liegt steuerpflichtiger Arbeitslohn vor.

§ 9c Ablehnung der Eintragung

(1) Ist die Gesellschaft nicht ordnungsgemäß errichtet und angemeldet, so hat das Gericht die Eintragung abzulehnen. Dies gilt auch, wenn Sacheinlagen nicht unwesentlich überbewertet worden sind.

(2) Wegen einer mangelhaften, fehlenden oder nichtigen Bestimmung des Gesellschaftsvertrages darf das Gericht die Eintragung nach Absatz 1 nur ablehnen, soweit diese Bestimmung, ihr Fehlen oder ihre Nichtigkeit

1. **Tatsachen oder Rechtsverhältnisse betrifft, die nach § 3 Abs. 1 oder auf Grund anderer zwingender gesetzlicher Vorschriften in dem Gesellschaftsvertrag bestimmt sein müssen oder die in das Handelsregister einzutragen oder von dem Gericht bekanntzumachen sind.**
2. **Vorschriften verletzt, die ausschließlich oder überwiegend zum Schutze der Gläubiger der Gesellschaft oder sonst im öffentlichen Interesse gegeben sind, oder**
3. **die Nichtigkeit des Gesellschaftsvertrages zur Folge hat.**

Literatur

Ammon, Die Prüfungsbefugnis des Registergerichts bei GmbH-Anmeldungen – besteht Reformbedarf, DStR 1995, 1311; *Elsing*, Gründungsaufwand und seine Höchstgrenze?, DNotZ 2011, 245; *Grootehorst*, Gründungsmängel und ihre Folgen bei der Einmann-GmbH, NZG 2007, 605; *Gustavus*, Handelsregister-Anmeldungen, 7. Auflage 2009; *Heinze*, „Präventivkontrolle" der Kapitalaufbringung bei der wirtschaftlichen Neugründung, GmbHR 2011, 962; *Keilbach*, Die Prüfungsaufgaben der Registergerichte, MittRhNotK 2000, 365; *Klepsch*, Prüfungsrecht und Prüfungspflicht der Registergerichte, 2002; *Spiegelberger/Walz*, Die Prüfung der Kapitalaufbringung im Rahmen der GmbH-Gründung, GmbHR 1998, 761; *Ullrich/Kirstin*, Registergerichtliche Inhaltskontrolle von Gesellschaftsverträgen und Satzungsänderungsbeschlüssen. Eintragungsverfahren gem. § 9c Abs. 2 GmbHG, 2006.

A. Allgemeines

1 Das Registergericht hat das Recht und die Pflicht, den Gründungsvorgang auf die Einhaltung der zwingenden gesetzlichen Vorschriften hin zu prüfen und ggf. die Eintragung zu versagen. § 9c soll sicherstellen, dass nur solche Gesellschaften mit der Eintragung in das Handelsregister zur Entstehung gelangen, die die zwingenden Gründungsvoraussetzungen erfüllen.[1] Gegenstand der Prüfung ist die Beachtung aller vorgeschriebenen Gründungsformalien und eintragungsrelevanten Tatsachen einschließlich der Bewertung von Sacheinlagen. Abs. 2 beschränkt das Prüfungsrecht in Ansehung des Gesellschaftsvertrags auf bestimmte Mängel. Im Zusammenhang mit Kapitalerhöhungen ist Abs. 1 entsprechend anwendbar (§ 57a). Die Norm gilt analog anlässlich der Offenlegung der wirtschaftlichen Neugründung einer GmbH (dazu § 3 Rn. 18 f.; § 8 Rn. 14a; § 11 Rn. 4).[2] Allerdings muss insoweit der Besonderheit Rechnung getragen werden, dass die wirtschaftliche Neugründung selbst nicht eingetragen wird. Die Präventivkontrolle des Registergerichts kann hier daher (allenfalls) nur über die Ablehnung der Eintragung eines Geschäftsführerwechsels oder einer Satzungsänderung und der Verweigerung einer Aufnahme neuer Gesellschafter in die Gesellschafterliste wirksam werden.[3]

1 Eingehend zur Rechtfertigung der Prüfungspflicht: BGHZ 113, 335, 352 ff. = NJW 1991, 1754; Scholz/*Winter/Veil*, § 9c Rn. 1.
2 BGH DStR 2012, 974; OLG Nürnberg, GmbHR 2011, 582.
3 Eingehend zu der Problematik *Heinze*, GmbHR 2011, 962

B. Inhalt der Regelung

I. Prüfungsrecht und Prüfungspflicht

Das Registergericht prüft die **Ordnungsmäßigkeit der Errichtung und der Anmeldung der Gesellschaft** in Ansehung aller Formalien und eintragsrelevanten Tatsachen.[4] Die Prüfung ist sowohl auf die Einhaltung der formellen Voraussetzungen als auch die Richtigkeit der gemachten Angaben gerichtet.[5] Das Registergericht ist im Rahmen der Prüfung nicht auf die Anmeldung, die damit im Zusammenhang eingereichten Unterlagen und die sonstigen Angaben der anmeldenden Geschäftsführer beschränkt. Vielmehr sind bei begründeten Zweifeln an der ordnungsgemäßen Errichtung **eigene Ermittlungen** und insbesondere die Einholung von **Sachverständigengutachten** (z.B. Bewertung von Sacheinlagen) zulässig (§ 26 FamFG).[6] Bloße Vermutungen oder die statistische Wahrscheinlichkeit von Unregelmäßigkeiten rechtfertigen hingegen keine umfangreichen eigenen Ermittlungen.[7] Das Registergericht hat insoweit stets zwischen der ihm durch § 9c ausdrücklich auferlegten Pflicht zur Prüfung der Rechtsmäßigkeit einer Gründung einerseits und dem Anspruch der Beteiligten auf eine zügige Erledigung ihrer Anmeldungen andererseits abzuwägen.[8] 2

II. Prüfungsgegenstände

Das Registergericht prüft seine **Zuständigkeit** und die **Ordnungsmäßigkeit der Anmeldung**. 3 Dies umfasst die Prüfung der Form, der Legitimation der Geschäftsführer und die Einreichung der vorgeschriebenen Unterlagen (siehe § 8 Rn. 6 ff.); insbesondere umfasst die Prüfung die Frage, ob die Geschäftsführer die durch das Gesetz an sie gestellten persönlichen Voraussetzungen erfüllen und keine Bestellungshindernisse entgegenstehen.[9]

Das Registergericht hat das wirksame **Zustandekommen des Gesellschaftsvertrags** (siehe § 2 4 Rn. 5 ff.) zu prüfen. Hierzu gehören die Wirksamkeit der Willenserklärungen, die Beachtung der Formvorschriften und das Vorliegen erforderlicher Genehmigungs- (vgl. § 1822 Nr. 3, 10 BGB) oder Zustimmungserklärungen (vgl. § 1365 BGB).[10] Abs. 2 Nr. 3 stellt ferner klar, dass die Prüfung des Registergerichts auch die Frage umfasst, ob und inwieweit die Unwirksamkeit einzelner Bestimmungen zur Nichtigkeit des gesamten Gesellschaftsvertrags führt.

Der **Gesellschaftsvertrag** ist nicht nur einer Wirksamkeits-, sondern in den Grenzen des Abs. 2 5 auch einer **Inhaltskontrolle** zu unterziehen. Das Registergericht kann hiernach die Eintragung der Gesellschaft in das Handelsregister ablehnen, wenn die in **§ 3 Abs. 1** oder aufgrund anderer zwingender gesetzlicher Vorschriften geforderten Mindestanforderungen im Gesellschaftsvertrag nichtig, mangelhaft oder unvollständig sind (Abs. 2 Nr. 1). Zu prüfen ist insbesondere, ob die gewählte Firma und der Gesellschaftssitz zulässig sind[11], der Unternehmensgegenstand ausreichend spezifiziert[12], er nicht gesetzes- oder sittenwidrig ist und das Stammkapital, die Übernahme der Gesellschaftsanteile sowie des Gründungsaufwands[13] festgesetzt sind.[14] Des Weiteren kann die Eintragung wegen der Missachtung von Vorschriften versagt werden, die ausschließlich oder überwiegend dem **Gläubigerschutz** oder dem **öffentlichen Interesse** dienen (Abs. 2 Nr. 2). Dies sind vornehmlich die Bestimmungen zur Kapitalaufbringung und -erhaltung. Hierzu gehören fer-

4 Baumbach/Hueck/*Hueck/Fastrich*, § 9c Rn. 2.
5 BGHZ 335, 353 f. = NJW 1991, 1754.
6 BayObLG NJW 1995, 1971.
7 H.M.: KG GmbHR 1998, 786; Baumbach/Hueck/*Hueck/Fastrich*, § 9c Rn. 2.
8 BGHZ 113, 335, 353 f. = NJW 1991, 1754.
9 OLG Frankfurt, GmbHR 2011, 1156
10 Weitere Beispiele bei Scholz/*Winter/Veil*, § 9c Rn. 16.
11 Lutter/Hommelhoff/*Bayer*, § 9c Rn. 7.
12 Instruktiv einerseits OLG Düsseldorf, GmbHR 2010, 1261 und die ablehnende Besprechung von *Wachter*, EWiR 2010, 779 andererseits.
13 Zur Prüfung von Höchstgrenzen *Elsing*, DNotZ 2011, 245; siehe zur Abgrenzung ferner OLG Frankfurt, GmbHR 2010, 589: Die Eintragung darf nicht versagt werden, wenn die Gesellschafter den Gründungsaufwand zu tragen haben und es deshalb auch keiner Festsetzung des Gründungsaufwandes im Gesellschaftsvertrag bedarf.
14 Siehe im Übrigen die Übersicht bei Baumbach/Hueck/*Hueck/Fastrich*, § 9c Rn. 5.

ner die formalen Anforderungen des § 40 an die Gesellschafterliste[15] und die Anforderungen an die inländische Geschäftsadresse[16]. Ge- oder Verbotsnormen, die im öffentlichen Interesse im Sinne dieser Bestimmung bestehen, sind insbesondere zwingende Vorschriften des Sozial-, Wettbewerbs-, Steuer- und Verwaltungsrechts (z.B. fehlende Aufenthaltserlaubnis des Geschäftsführers[17], Verstöße gegen Betriebsverfassungsrecht u.Ä.). Abs. 2 ist abschließend. Insbesondere Bestimmungen des Gesellschaftsvertrags, die zwingenden Vorschriften des Minderheiten- und Individualschutzes von Gesellschaftern entgegenstehen, begründen kein Eintragungshindernis.[18]

6 **Zweckmäßigkeitserwägungen sind nicht Prüfungsmaßstab.** Das Registergericht darf mithin nicht die unternehmerischen Entscheidungen der Gesellschafter prüfen. Weder die Angemessenheit des Eigenkapitals noch die Unternehmensfinanzierung im weiteren Sinne dürfen beanstandet werden, sofern durch die gewählte Finanzausstattung und weitere Umstände nicht die Absicht einer sittenwidrigen Gläubigerschädigung offenbar wird.[19] Auch widersprüchliche, missverständliche oder unsinnige Bestimmungen des Gesellschaftsvertrags können nicht beanstandet werden.[20]

7 Die Prüfung der ordnungsgemäßen Errichtung umfasst des Weiteren die notwendigen **Mindestleistungen auf die Stammeinlage** und deren **Verfügbarkeit**. Die Versicherungen der Geschäftsführer müssen die tatsächlichen Umstände der Einlageleistungen so hinreichend genau darlegen, dass dem Registergericht diese Prüfung ohne Weiteres möglich ist.[21] Sofern Zweifel bestehen, kann das Gericht auch die Vorlage von Einzahlungsbelegen verlangen (§ 8 Abs. 2 Satz 2). Ob nach dem Gesellschaftsvertrag geschuldete Mehrleistungen erbracht worden sind, prüft das Gericht nicht.[22] Die Solvenz der Gesellschafter ist trotz der unbestreitbaren Relevanz für die Kapitalaufbringung nicht zu prüfen.[23] Ferner muss die **Vereinbarung von Sacheinlagen** den gesetzlichen Anforderungen genügen. Diese unterliegen insbesondere auch in Ansehung der **Bewertung des Einlagegegenstands** der registergerichtlichen Prüfung. Eine Eintragung wäre demnach bei jeder Überbewertung zu versagen.[24] Abs. 1 Satz 2 formuliert im Interesse der Verfahrensbeschleunigung jedoch eine Einschränkung dahin gehend, dass unwesentliche Differenzen zwischen nomineller Einlageverpflichtung und dem Wert des Einlagegegenstands unschädlich sind. Vor dem Hintergrund, dass weitere Ermittlungen überhaupt nur bei begründeten Zweifeln veranlasst sind (siehe Rn. 2), verspricht sich der Reformgesetzgeber mit der Einführung dieses Wesentlichkeitserfordernisses eine Beschleunigung des registerrechtlichen Verfahrens.[25] Die Prüfung der Wertigkeit erfolgt in erster Linie anhand des Sachgründungsberichts und der eingereichten Unterlagen. Bewertungsstichtag ist nach umstrittener Rechtsprechung die Eintragung im Handelsregister.[26] Unterbewertungen sind hingegen unschädlich.[27]

8 Das Registergericht hat zu prüfen, ob im Zeitpunkt der Anmeldung eine Unterbilanz vorliegt. Die Geschäftsführer haben sich hierzu zu erklären (siehe § 8 Rn. 15). Es besteht Einigkeit, dass eine vor der Anmeldung in das Handelsregister entstandene Vorbelastung, die bis zum Zeitpunkt der Anmeldung nicht ausgeglichen wird, ein Eintragungshindernis darstellt.[28] Ob und unter welchen weiteren Voraussetzungen eine nach der Anmeldung eingetretene Unterbilanz die Ablehnung der

---

15 OLG Bamberg, GmbHR 2010, 594; offen gelassen von BGH GmbHR 2011, 474.
16 OLG Naumburg, GmbHR 2009, 832.
17 KG GmbHR 1997, 413, vgl. auch OLG Celle NZG 2007, 633.
18 OLG München, GmbHR 2010, 870.
19 H.M.: Baumbach/Hueck/*Hueck/Fastrich*, § 9c Rn. 6; Rowedder/Schmidt-Leithoff/*Schmidt-Leithoff*, § 9c Rn. 19; Scholz/*Winter/Veil*, § 9c Rn. 36.
20 Lutter/Hommelhoff/*Bayer*, § 9c Rn. 13.
21 *Scholz/Winter/Veil*, § 9c Rn. 28.
22 H.M.: OLG Stuttgart, GmbHR 2011, 1101; Scholz/*Winter/Veil*, § 9c Rn. 30; Ulmer/Habersack/Winter/*Ulmer*, § 9c Rn. 35; offengelassen von BGHZ 113, 335, 356 = NJW 1991, 1754.
23 Roth/Altmeppen/*Roth*, § 9c Rn. 3a.
24 So die h.M. vor der GmbH-Reform: Baumbach/Hueck/*Hueck/Fastrich*, § 9c Rn. 7 m.w.N.
25 BT-Drucks. 16/6140, S. 36.
26 BGHZ 80, 129, 136 f.; BayObLG GmbHR 1992, 109, 110; a.A. (= Tag der Anmeldung) die herrschende Lehre, vgl. nur Baumbach/Hueck/*Hueck/Fastrich*, § 9c Rn. 8; Scholz/*Winter/Veil*, § 9c Rn. 33 m.w.N.
27 LG Augsburg, GmbHR 1996, 216.
28 H.M.: Baumbach/Hueck/*Hueck/Fastrich*, § 9c Rn. 11; Roth/Altmeppen/*Roth*, § 9c Rn. 12 f; a.A.: MüHdb-GesR-III/*Heinrich*, § 8 Rn. 36 f.

Eintragung rechtfertigt, ist äußerst umstritten. Während einige Obergerichte dies bejahen,[29] stellt das Schrifttum auf die Werthaltigkeit etwaiger Haftungsansprüche gegen die Gesellschafter ab. Nur wenn absehbar ist, dass die Unterbilanz in Ansehung der Vermögensverhältnisse der Gesellschafter nicht ausgeglichen werden kann, soll die Eintragung nach der Literaturauffassung zu versagen sein.[30]

III. Verfahrensfragen

Sofern Mängel der Errichtung bzw. der Anmeldung behebbar sind, gibt das Registergericht den Geschäftsführern die Möglichkeit zu deren Beseitigung, fordert insbesondere **weitere Unterlagen** an oder verlangt **weitere Auskünfte**. Die Entscheidung des Registergerichts ist als Zwischenverfügung (§ 26 Satz 2 HRV) anfechtbar. Besteht zwischen den Beteiligten Streit über eine Tatsache, die nach § 9c zu prüfen ist, kann die Entscheidung über die Eintragung nach pflichtgemäßem Ermessen ausgesetzt werden (§§ 21, 381 FamFG). Ist zumindest ein formeller Mangel oder eine fehlende Eintragungsvoraussetzung – ggf. nach erfolgloser Zwischenverfügung – nicht behebbzw. nachholbar, ist die Eintragung abzulehnen. Teileintragungen sind nicht zulässig. Die Eintragung ist im Ganzen zu versagen. Hiergegen ist die Beschwerde statthaft. Beschwerdeberechtigt ist die Vorgesellschaft, vertreten durch die Geschäftsführer in vertretungsberechtigter Zahl, nicht die Geschäftsführer in eigenem Namen oder die Gesellschafter.[31] Gegen die Eintragung der Gesellschaft ist keine Beschwerde statthaft. Mit ihr entsteht die Gesellschaft ungeachtet der Tatsache, dass Errichtung und Anmeldung gem. § 9c zu beanstanden gewesen wären.[32] Defizite der Kapitalaufbringung werden durch Haftungsansprüche ausgeglichen. Gegebenenfalls muss Nichtigkeitsklage nach § 75 erhoben oder ein Amtslöschungsverfahren angeregt werden (§§ 394, 397 FamFG). 9

C. Weitere praktische Hinweise

Die **steuerlichen Folgen eines Scheiterns der Eintragung** leiten sich aus der Unanwendbarkeit des KStG ab. Legt man die Prämisse zugrunde, dass die Gesellschaft erst mit ihrer Eintragung – dann aber rückwirkend zum Tag der Errichtung – körperschaftsteuerpflichtig wird, ist die Besteuerung beim Scheitern der Eintragung nach den Grundsätzen des Personenunternehmens vorzunehmen, und zwar unabhängig davon, ob die Gründung einer GmbH von Anfang an ernsthaft beabsichtigt war („echte Vorgesellschaft") oder nicht („unechte Vorgesellschaft"). Die Vorgesellschaft erfüllt in beiden Fällen nicht die Voraussetzungen des § 1 KStG, so dass die Unterscheidung in „echte" und „unechte" Vorgesellschaft steuerlich ohne Bedeutung ist.[33] 10

Wegen der angenommenen Rechtsträgeridentität zwischen Vorgesellschaft und eingetragener Kapitalgesellschaft soll es grunderwerbsteuerlich zur Zuordnung des Vermögens der Vorgesellschaft als „Sondervermögen" kommen, bei dessen Rückfall auf den Gründer ein Rechtsträgerwechsel stattfindet, auf den die Begünstigung des § 6 GrEStG für den Grundstückserwerb von einer Gesamthand nicht anwendbar sein soll.[34] Dies widerspricht der ertragsteuerlichen Behandlung.

29 OLG Hamm, DB 1993, 86; OLG Düsseldorf, ZIP 1996, 1705.
30 Baumbach/Hueck/*Hueck/Fastrich*, § 9c Rn. 12; Rowedder/Schmidt-Leithoff/*Schmidt-Leithoff*, § 9c Rn. 17.
31 BGHZ 117, 323, 325.
32 Scholz/*Winter/Veil*, § 10 Rn. 21; Baumbach/Hueck/*Hueck/Fastrich*, § 9c Rn. 13.
33 Vgl. *Gosch*, KStG § 1 Rn. 35, im Ergebnis ebenso BFH, BStBl. II 2010, S. 991.
34 So zur gescheiterten Ein-Personen-Gründung BFH/NV 2002, 455.

§ 10 Inhalt der Eintragung

(1) Bei der Eintragung in das Handelsregister sind die Firma und der Sitz der Gesellschaft, eine inländische Geschäftsanschrift, der Gegenstand des Unternehmens, die Höhe des Stammkapitals, der Tag des Abschlusses des Gesellschaftsvertrages und die Personen der Geschäftsführer anzugeben. Ferner ist einzutragen, welche Vertretungsbefugnis die Geschäftsführer haben.

(2) Enthält der Gesellschaftsvertrag Bestimmungen über die Zeitdauer der Gesellschaft oder über das genehmigte Kapital, so sind auch diese Bestimmungen einzutragen. Wenn eine Person, die für Willenserklärungen und Zustellungen an die Gesellschaft empfangsberechtigt ist, mit einer inländischen Anschrift zur Eintragung in das Handelsregister angemeldet wird, sind auch diese Angaben einzutragen; Dritten gegenüber gilt die Empfangsberechtigung als fortbestehend, bis sie im Handelsregister gelöscht und die Löschung bekannt gemacht worden ist, es sei denn, dass die fehlende Empfangsberechtigung dem Dritten bekannt war.

Literatur

Sandhaus, Musterprotokoll und Befreiung des Geschäftsführers von § 181 BGB, NJW-Spezial 2009, 607; *Wicke*, Abweichungen und Änderungen beim Musterprotokoll gemäß § 2 Abs. 1a GmbHG, DNotZ 2012, 15;

A. Allgemeines

I. Einordnung der Norm in den Gesamtzusammenhang des Gesetzes

1 Die Vorschrift markiert das Ende des GmbH-Gründungsprozesses und ist daher systematisch nach den Regelungen über die Anmeldung (§§ 7, 8) und deren registergerichtliche Prüfung (§ 9c) im GmbHG verortet. Sie ist indes nicht nur auf GmbH-Neugründungen, sondern darüber hinaus auf weitere Entstehungsmöglichkeiten durch Verschmelzung, Spaltung und Rechtsformwechsel anwendbar (§§ 36 Abs. 2 Satz 1, 135 Abs. 2 Satz 1, 197 Satz 1 UmwG).[1]

II. Aufbau der Norm

2 Abs. 1 und Abs. 2 Satz 1 zählen abschließend[2] diejenigen Angaben auf, welche obligatorisch in das Handelsregister einzutragen sind. Abs. 2 Satz 1 wurde durch das ARUG[3] um die Worte „oder über das genehmigte Kapital" ergänzt und trägt nunmehr der bereits mit dem MoMiG zum 1. November 2008 eingeführten Neuregelung des § 55a auch in Ansehung der Erstanmeldung einer GmbH Rechnung. Der durch das MoMiG neu eingefügte Abs. 2 Satz 2 gestattet den Gesellschaftern, fakultativ eine Person in das Handelsregister eintragen zu lassen, die den Gläubigern als

1 Vgl. Scholz/*Veil*, § 10 Rn. 3.
2 Achilles/Ensthaler/Schmidt/*Achilles*, § 10 Rn. 1; Ulmer/Habersack/Winter/*Ulmer*, § 10 Rn. 3.
3 Gesetz zur Umsetzung der Aktionärsrichtlinie vom 30. Juli 2009, BGBl I 2009 S. 2479.

zusätzlicher Empfänger von Willenserklärungen[4] und Zustellungen neben den Vertretern der Gesellschaft dient (vgl. § 35 Abs. 2 Satz 4 n.F.). Der bis zum 31.12.2006 in § 10 enthaltene Abs. 3, welcher neben dem Inhalt der Eintragung die Bekanntmachung weiterer Vereinbarungen[5] anordnete, wurde durch das EHUG[6] ersatzlos gestrichen, sodass insoweit nunmehr die allgemeine Regelung des § 10 Satz 2 HGB maßgeblich ist.

III. Sinn und Zweck der Norm

Die Eintragung der Gesellschaft hat konstitutive Wirkung (arg. e § 11 Abs. 1) und führt im Interesse des Gläubigerschutzes und der Rechtssicherheit zu einer **Heilung** der meisten Gründungsmängel, welche durch die vorgeschaltete registergerichtliche Kontrolle (§ 9c) freilich nach Möglichkeit vermieden bzw. korrigiert werden sollen. Darüber hinaus entfaltet die Eintragung die allgemeinen Publizitätswirkungen des § 15 HGB, der indes auf den neu eingefügten Abs. 2 Satz 2 Hs. 1 nicht unmittelbar anwendbar ist[7], weshalb der Gesetzgeber in Abs. 2 Satz 2 Hs. 2 eine dem § 15 HGB entsprechende Regelung ergänzend aufgenommen hat. **3**

IV. Gesetzesbegründung

Die Anordnung der Eintragung einer inländischen Geschäftsanschrift in Abs. 1 n.F. stellt eine Folgeänderung zu § 8 Abs. 4 Nr. 1 n.F. dar (siehe § 8 Rn. 19).[8] Von der Option, darüber hinaus gem. Abs. 2 Satz 2 eine zusätzliche empfangsberechtigte Person ins Register eintragen zu lassen, sollen nach der Gesetzesbegründung zum MoMiG nur solche Gesellschaften Gebrauch machen, die Bedenken haben, ob die eingetragene Geschäftsanschrift tatsächlich ununterbrochen für Zustellungen geeignet sein wird.[9] Beide Gesetzesänderungen sind im Zusammenhang mit dem neu gefassten § 185 Nr. 2 ZPO zu sehen, der den Gläubigern von Gesellschaften, die postalisch nicht erreichbar sind, öffentliche Zustellungen erleichtert und damit Missbräuche im Zusammenhang mit „Firmenbestattungen" bekämpfen soll.[10] **4**

Durch das MoMiG wurde in Anlehnung an § 202 AktG auch bei der GmbH die Möglichkeit der Erhöhung des Stammkapitals in Form des genehmigten Kapitals eröffnet, § 55a. Eine § 39 Abs. 2 AktG entsprechende Pflicht zur Eintragung einer Satzungsbestimmung über das genehmigte Kapital wurde indes zunächst[11] nicht in das GmbHG aufgenommen. Diese Lücke wurde im Zuge des ARUG (s. Rn. 2) geschlossen, um auch insoweit die notwendige Publizität zu gewährleisten.[12] **4a**

V. Europarechtlicher Hintergrund

Die Eintragung der Vertretungsbefugnis der Geschäftsführer (Abs. 1 Satz 2) wurde 1969 zur Umsetzung der Publizitätsrichtlinie (68/151/EWG) angeordnet.[13] Das EHUG, mit dessen Inkrafttreten der frühere Abs. 3 aufgehoben wurde, beruht auf den europarechtlichen Vorgaben der Transparenzrichtlinie (2004/109/EG) sowie der Richtlinie 2993/58/EG zur Änderung der Publizitätsrichtlinie. Das ARUG, auf welches die Ergänzung des Abs. 2 Satz 1 um die Pflicht zur Eintragung einer Satzungsbestimmung über das genehmigte Kapital zurückzuführen ist, dient wiederum der Umsetzung der sog. Aktionärsrechterichtlinie (2007/36/EG) und der Kapitalgesellschaftsrichtlinie (2006/68/EG). **5**

---

4 Nach entsprechendem Hinweis aus der Wissenschaft wurde in der Beschlussempfehlung und dem Bericht des Rechtsausschusses (BT-Drucks. 16/9737) klargestellt, dass sich die Empfangsberechtigung dieser Personen nicht nur auf Zustellungen beschränken, sondern auch auf den Empfang von Willenserklärungen erstrecken soll.

5 Festsetzungen über Sacheinlagen nach § 5 Abs. 4 Satz 1 sowie Bestimmungen über die Form öffentlicher Bekanntmachungen.

6 Gesetz über das elektronische Handelsregister und Genossenschaftsregister sowie das Unternehmensregister v. 10.11.2006 (EHUG), BGBl. I 2006 S. 2553.

7 Bei der zusätzlichen empfangsberechtigten Person gem. Abs. 2 Satz 2 handelt es sich nämlich nicht um eine eintragungspflichtige Tatsache i.S.d. § 15, vgl. Baumbach/Hueck/*Hueck/Fastrich*, § 10 Rn. 5.

8 RegE, BT-Drucks. 16/6140, S. 36.

9 RegE, BT-Drucks. 16/6140, S. 37.

10 RegE, BT-Drucks. 16/6140, S. 53.

11 Vermutlich aufgrund gesetzgeberischen Versehens, vgl. Baumbach/Hueck/*Hueck/Fastrich*, § 10 Rn. 3.

12 Beschlussempfehlung, BT-Drucks. 16/13098, S. 43.

13 Ulmer/Habersack/Winter/*Ulmer*, § 10 Rn. 2; Scholz/*Veil*, § 8 Rn. 1.

B. Inhalt der Regelung

I. Notwendige Eintragungen (Abs. 1)

1. Firma und Sitz

6 Firma und Sitz sind entsprechend ihrer Festlegung in der Satzung (§ 3 Abs. 1 Nr. 1) zu übernehmen, wobei geringfügige Eintragungsfehler bezüglich der Firma das Entstehen der Gesellschaft nicht hindern.[14] Nach § 23 Satz 2 HRV kann das Registergericht nur noch in zweifelhaften Fällen das Gutachten der IHK zur Vermeidung der Eintragung einer unzulässigen Firma einholen.

! Unterstreichungen, Bindestriche, die Wahl von Groß- und Kleinbuchstaben sowie ähnliche Formatierungen der Firmenbezeichnung sollten in Satzung und Anmeldung nur aufgenommen werden, wenn deren Eintragung tatsächlich gewünscht ist.

2. Inländische Geschäftsanschrift

7 Diese ist seit Inkrafttreten des MoMiG ins Handelsregister einzutragen (siehe § 8 Rn. 19). Bleiben Zustellversuche an die Geschäftsanschrift, unter der entsprechend der unwiderleglichen Vermutung[15] des § 35 Abs. 2 Satz 3 nunmehr alle Vertreter der Gesellschaft erreichbar sind, sowie an eine ggf. eingetragene weitere Empfangsperson i.S.d. Abs. 2 Satz 2 (vgl. Rn. 13) erfolglos, können Gläubiger der Gesellschaft die öffentliche Zustellung gem. § 185 Nr. 2 ZPO n.F. beantragen.

! Angesichts der Risiken aus der öffentlichen Zustellung sollte die inländische Geschäftsanschrift stets aktuell gehalten werden. Änderungen sind gem. § 31 Abs. 1 HGB beim Registergericht in der Form des § 12 Abs. 1 Satz 1 HGB (siehe § 7 Rn. 11) zur Eintragung anzumelden.[16]

3. Unternehmensgegenstand

8 Da die im RegE geregelte Mustersatzung, welche eine Beschränkung auf drei allgemein gehaltene Unternehmensgegenstände vorsah, nicht ins MoMiG aufgenommen, sondern durch ein sog. Musterprotokoll (§ 2 Abs. 1a) ersetzt worden ist, muss der in der Satzung bzw. im Gründungsprotokoll gewählte Unternehmensgegenstand (§ 3 Abs. 1 Nr. 2)[17] nach wie vor stets wortwörtlich ins Handelsregister übernommen werden. Lediglich die häufig verwendeten „Leerformeln"[18] brauchen nicht eingetragen zu werden.[19]

4. Höhe des Stammkapitals

9 Vgl. hierzu § 3 Abs. 1 Nr. 3; Zahl und Nennbetrag der vom jeweiligen Gesellschafter übernommenen Geschäftsanteile werden hingegen nicht eingetragen, da sie sich aus der gem. § 8 Abs. 1 Nr. 3 einzureichenden Gesellschafterliste ergeben.

5. Tag des Vertragsschlusses

10 Hierunter ist das Datum der (jüngsten[20]) notariellen Beurkundung des Gesellschaftsvertrags bzw. des Musterprotokolls zu verstehen.

14 Roth/Altmeppen/*Roth*, § 10 Rn. 8; Ulmer/Habersack/Winter/*Ulmer*, § 10 Rn. 19.
15 RegE, BT-Drucks. 16/6140, S. 43.
16 Vgl. hierzu auch die Ausführungen zu § 8 Rn. 19.
17 Zur erforderlichen Individualisierung des Unternehmensgegenstands vgl. BayObLG MittBayNot 2003, 232.
18 Zum Beispiel „Tätigung aller sonstigen Geschäfte, die dem Zweck der Gesellschaft dienen".
19 Ulmer/Habersack/Winter/*Ulmer*, § 10 Rn. 8a; Michalski/*Tebben*, § 10 Rn. 6.
20 Ulmer/Habersack/Winter/*Ulmer*, § 10 Rn. 8; Michalski/*Tebben*, § 10 Rn. 8.

6. Geschäftsführer und Vertretungsbefugnis

Sämtliche Geschäftsführer – auch die stellvertretenden (§ 44) – sind gem. § 43 Nr. 4b HRV mit Nachname, Vorname, Geburtsdatum und Wohnort (ohne Straße) einzutragen. Darüber hinaus ist deren abstrakte (gesetzliche oder – falls abweichend – satzungsgemäße) Vertretungsbefugnis ins Handelsregister zu übernehmen. Stimmt die abstrakte Vertretungsregelung nicht mit der konkreten Vertretungsbefugnis eines Geschäftsführers überein, so ist auch diese einzutragen.[21] Schließlich müssen etwaige Befreiungen der Geschäftsführer von den Beschränkungen des § 181 BGB aus dem Handelsregister ersichtlich sein.[22] Bei Gründung der Gesellschaft mittels **Musterprotokolls** (§ 2 Abs. 1a) ist die dort (Ziff. 4 Satz 2) vorgesehene Befreiung des ersten Geschäftsführers von den Beschränkungen des § 181 BGB als *konkrete*[23] Vertretungsregelung ins Handelsregister einzutragen. Die abstrakte Vertretungsbefugnis ergibt sich insoweit aus § 35 GmbHG.[24] 11

II. Mögliche Eintragungen (Abs. 2)

1. Bestimmungen über die Zeitdauer der Gesellschaft (Abs. 2 Satz 1 Alt. 1)

Einzutragen sind Vereinbarungen nach § 3 Abs. 2 (siehe § 3 Rn. 37), nicht jedoch etwaige Kündigungsrechte, auch wenn deren Ausübung zur Auflösung der Gesellschaft führt.[25] 12

2. Bestimmungen über das genehmigte Kapital (Abs. 2 Satz 1 Alt. 2)

Mit dem ARUG (s. Rn. 4a) wurde in Anlehnung an § 39 Abs. 2 AktG auch für die Ersteintragung einer GmbH eine Pflicht zur Eintragung einer Satzungsbestimmung über das genehmigte Kapital (§ 55a) eingeführt. Der Inhalt der Eintragung ergibt sich aus § 43 Ziff. 6. b) hh) HRV. Unterbleibt die Eintragung, so hat dies nicht die Unwirksamkeit der Ermächtigung nach § 55a, sondern (lediglich) die Rechtsfolgen der negativen Publizität des Handelsregisters (§ 15 Abs. 1 HGB) zur Folge.[26] Wird eine Ermächtigung i.S.d. § 55a Abs. 1 Satz 1 hingegen erst nach Gründung der GmbH in den Gesellschaftsvertrag aufgenommen, so ist die Eintragung der Satzungsänderung im Handelsregister Wirksamkeitsvoraussetzung, § 54 Abs. 3. Von der Eintragung der Ermächtigung zur Erhöhung des Stammkapitals ist wiederum die Eintragung der Kapitalerhöhung selbst zu unterscheiden (§§ 54, 57). 12a

3. Zusätzliche empfangsberechtigte Person (Abs. 2 Satz 2)

Seit Inkrafttreten des MoMiG haben die Gesellschafter das Recht, eine Person (z.B. Steuerberater, Notar oder Gesellschafter) mit Nachname, Vorname und inländischer Anschrift ins Handelsregister eintragen zu lassen, die den Gläubigern als zusätzlicher Empfänger von Willenserklärungen und Zustellungen neben den Vertretern der Gesellschaft dient (§ 35 Abs. 2 Satz 4; vgl. auch § 8 Rn. 19). Die empfangsberechtigte Person muss weder die Anmeldung unterzeichnen noch sonst der Eintragung im Handelsregister zustimmen.[27] Wird von dieser Möglichkeit Gebrauch gemacht, so erstreckt sich die Registerpublizität auf die eingetragenen Tatsachen (Abs. 2 Satz 2 Hs. 2), was in der Praxis bspw. im Falle der Niederlegung des Mandats eines als Zustellungsbevollmächtigten eingetragenen Rechtsanwalts relevant werden kann. 13

---

21 Michalski/*Tebben*, § 10 Rn. 10; Ulmer/Habersack/Winter/*Ulmer*, § 10 Rn. 9.

22 Ganz h.M., vgl. Ulmer/Habersack/Winter/*Ulmer*, § 10 Rn. 13; Michalski/*Tebben*, § 10 Rn. 11; Roth/Altmeppen/*Roth*, § 10 Rn. 3; BGH DNotZ 1983, 633; a.A. *Altmeppen*, DNotZ 2008, 305 ff. (Anmerkung zu OLG Stuttgart, DNotZ 2008, 303); zur Unzulässigkeit der Eintragung einer Befreiung des Geschäftsführers einer *private limited company* von den Beschränkungen des § 181 BGB vgl. OLG München MittBayNot 2005, 512.

23 OLG Hamm NZG 2011, 705; *Wicke*, DNotZ 2012, 15, 24; a.A. *Sandhaus*, NJW-spezial 2009, 607, 608 (Befreiung von den Beschränkungen des § 181 BGB gilt als abstrakte Vertretungsregelung auch für Nachfolger des Gründungsgeschäftsführers).

24 OLG Hamm a.a.O.; *Wicke* a.a.O.

25 Streitig, so Ulmer/Habersack/Winter/*Ulmer*, § 10 Rn. 15; Michalski/*Tebben*, § 10 Rn. 12; Scholz/*Veil*, § 10 Rn. 14; a.A. Roth/Altmeppen/*Roth*, § 10 Rn. 4.

26 BeckOKGmbHG/*Jaeger*, § 10 Rn. 5.

27 *Wachter*, GmbHR 2006, 793, 800.

> **!** Diese Option bietet lediglich solchen Gesellschaften einen „Mehrwert", die – etwa aufgrund voraussichtlich häufiger Verlegungen der Geschäftsadresse – Zweifel an deren ununterbrochenen Eignung für Zustellungen haben. Die Gesellschafter erhalten durch die Eintragung einer weiteren Empfangsperson in diesem Fall eine „zweite Chance"[28] zur Kenntniserlangung von einem zuzustellenden Schriftstück, ehe die Gesellschaftsgläubiger den Weg zur öffentlichen Zustellung gem. § 185 Nr. 2 ZPO beschreiten können. Angesichts der Publizitätswirkung des Abs. 2 Satz 2 Hs. 2 sollten die Gesellschaften die Angaben zur empfangsberechtigten Person stets aktuell halten. Änderungen sind beim Registergericht in der Form des § 12 Abs. 1 Satz 1 HGB zur Eintragung anzumelden.

III. Wirkungen der Eintragung

14 Mit der Eintragung entsteht die GmbH als juristische Person, und zwar unabhängig von der Veröffentlichung (Rn. 15). Verfahrens- bzw. Gründungsmängel werden durch die Eintragung meist **geheilt**.[29] Auch fehlerhafte Eintragungen durch das Registergericht selbst hindern das Entstehen der Gesellschaft grundsätzlich nicht; sofern das Gericht sie nicht von Amts wegen gem. § 17 HRV korrigiert, können die Antragsteller durch formlosen Antrag oder im Wege der Beschwerde (§ 59 Abs. 2 FamFG) auf eine Registerberichtigung hinwirken.[30] Die Eintragung ist schließlich Voraussetzung für die Anrechnung des Wertes einer **verdeckten Sacheinlage** auf die Geldeinlagepflicht des Inferenten (§ 19 Abs. 4 Sätze 3 und 4).

IV. Bekanntmachung

15 Durch die Streichung des früheren Abs. 3 (siehe Rn. 2) sowie des § 40 AktG, auf welchen § 52 Abs. 2 Satz 1 a.F. verwies und die Veröffentlichung etwaiger vor Eintragung bestellter Aufsichtsratsmitglieder anordnete,[31] sollte nach dem Regierungsentwurf zum EHUG[32] der Grundsatz umgesetzt werden, dass die Bekanntmachung nur das Spiegelbild der Eintragung sei, nicht aber weiter gehende Inhalte aufweisen müsse. Demnach sind seit dem 1.1.2007 gem. § 10 Satz 2 HGB ausschließlich der Inhalt der Eintragung sowie nach § 33 Abs. 2 HRV das Gericht und der Tag der Eintragung zu veröffentlichen. Die Bekanntmachung hat auf Veranlassung des Gerichts (§ 32 HRV) in dem von der Landesjustizverwaltung bestimmten elektronischen Informations- und Kommunikationssystem (www.handelsregisterbekanntmachungen.de) zu erfolgen (§ 10 Satz 1 HGB); eine zusätzliche Veröffentlichung in einer Tageszeitung oder einem sonstigen Blatt ist seit dem 1.1.2009 (Art. 61 Abs. 4 Satz 1 EGHGB)[33] nicht mehr vorgesehen. Zur Verbesserung der Publizität werden seit dem 1.1.2007 zudem Eintragungen im Handelsregister und deren Bekanntmachung gem. § 8b Abs. 2 Nr. 1 HGB in ein zentrales Unternehmensregister eingestellt. Die Wirkungen der Bekanntmachung ergeben sich aus § 15 HGB. Von der handelsrechtlichen Bekanntmachung i.S.d. § 10 Satz 1 HGB sind schließlich die Bekanntmachungen der Gesellschaft i.S.d. § 12 zu trennen, welche grundsätzlich im elektronischen Bundesanzeiger erfolgen.[34]

28 Vgl. RegE, BT-Drucks. 16/6140, S. 43.
29 Ausführlich hierzu Scholz/*Veil*, § 10 Rn. 21 ff.; Ulmer/Habersack/Winter/*Ulmer*, § 10 Rn. 17.
30 Vgl. Scholz/*Veil*, § 10 Rn. 22; Ulmer/Habersack/Winter/*Ulmer*, § 10 Rn. 18.
31 Vgl. hierzu noch Ulmer/Habersack/Winter/*Ulmer*, § 10 Rn. 21.§ Rn.
32 BT-Drucks. 16/960, S. 65.
33 Übergangsfrist zur Schonung der Printmedien, vgl. *Schlotter/Reiser*, BB 2008, 118.
34 Baumbach/Hueck/*Hueck/Fastrich*, § 10 Rn. 7.

Einsichten in das Handelsregister können kostenpflichtig[35] nach vorheriger Registrierung unter www.handelsregister.de vorgenommen werden. Der Abruf von Daten aus dem Unternehmensregister erfolgt über das Portal www.unternehmensregister.de und ist größtenteils kostenfrei[36] und ohne vorherige Anmeldung möglich. Das Unternehmensregister genießt im Gegensatz zum Handelsregister keinen öffentlichen Glauben i.S.v. § 15 HGB[37].

C. Weitere praktische Hinweise

Mit Eintragung der Gesellschaft wird diese rückwirkend zum Tag der Errichtung des Gesellschafts- 16
vertrags **körperschaftsteuerpflichtig** (siehe auch § 7 Rn. 30), während die **Gewerbesteuerpflicht** infolge des Objektsteuercharakters der Gewerbesteuer erst mit der tatsächlichen Aufnahme einer nach außen in Erscheinung tretenden Tätigkeit einsetzt (R 2.5 Abs. 2 Satz 3 GewStR). Im Gegensatz zu Personenunternehmen kommt es ab Handelsregistereintragung auf Art und Umfang der Tätigkeit nicht an, spätestens in diesem Zeitpunkt beginnt die Gewebesteuerpflicht kraft Rechtsform (R 2.5 Abs. 2 Sätze 2, 3 GewStR). Mit einer gewerblich tätig gewordenen Vorgesellschaft bildet die GmbH nach Eintragung einen einheitlichen Steuergegenstand.[38]

35 Derzeit fällt pro Registerauszug eine Gebühr von 4,50 EUR an (Nr. 400 der Anlage zu § 2 Abs. 1 JVKostO).

36 Hiervon ausgenommen ist der Abruf von „Registerinformation des Registergerichts" wie z.B. Registerauszügen, der anders als im Portal www.handelsregister.de ohne Registrierung möglich ist.

37 Vgl. Oetker/*Preuß*, § 8b Rn. 6 f.

38 BFH, BStBl. III 1960, S. 319.

§ 11 Rechtszustand vor der Eintragung

(1) Vor der Eintragung in das Handelsregister des Sitzes der Gesellschaft besteht die Gesellschaft mit beschränkter Haftung als solche nicht.

(2) Ist vor der Eintragung im Namen der Gesellschaft gehandelt worden, so haften die Handelnden persönlich und solidarisch.

Literatur

Altmeppen, Konkursantragspflicht in der Vor-GmbH?, ZIP 1997, 273; *Altmeppen*, Das unvermeidliche Scheitern des Innenhaftungskonzepts in der Vor-GmbH, NJW 1997, 3272; *Baumann*, Die GmbH in Anwartschaft – ein neues Konzept zur Gründerhaftung, JZ 1998, 597; *Bayer/Lieder*, Vorbelastungshaftung und Vorbelastungsbilanz, insbesondere bei späterer Auffüllung des Haftungsfonds – Besprechung der Entscheidung BGHZ 165, 391, ZGR 2006, 875; *Bergmann*, Die Handelnden-Haftung als Ausgleich fehlender Registerpublizität, GmbHR 2003, 563; *Bayer/Illhardt*, Darlegungs- und Beweislast im Recht der GmbH, GmbHR 2011, 751, 856; *Beuthien*, Haftung bei gesetzlichen Schuldverhältnissen einer Vorgesellschaft, BB 1996, 1337; *Beuthien*, Die Vorgesellschaft im Privatrechtssystem, ZIP 1996, 305 und 360; *Beuthien*, Vertretungsmacht bei der Vor-GmbH – erweiterbar oder unbeschränkbar?, NJW 1997, 565; *Böhringer*, Zur Grundbuchfähigkeit einer GmbH im Gründungsstadium, Rpfleger, 1988, 446; *Dreher/Kreiling*, Haftung des wahren Rechtsträgers bei betriebsbezogenen Geschäften im Namen der noch nicht existierenden GmbH, EWiR, 1998, 417; *Drygalla*, Auflösung der Vor-Aktiengesellschaft, JZ 2007, 997; *Ensthaler*, Die Verlustdeckungshaftung der Gesellschafter einer Vor-GmbH, BB 1997, 1210; *Flore*, Kapitalaufbringung und -verwendung vor Eintragung der GmbH, GmbH-StB 2003, 230; *Flume*, Zur Enträtselung der Vorgesellschaft, NJW 1981, 1753, 1755; *Gehrlein*, Die Haftung in den verschiedenen Gründungsphasen einer GmbH, DB 1996, 561; *Gehrlein*, Von der Differenz- zur Verlustdeckungshaftung, NJW 1996, 1193; *Goette*, Haftungsfragen bei der Verwendung von Vorratsgesellschaften und „leeren" GmbH-Mänteln, DStR 2004, 461; *Gräder/Knöchel*, Die Haftung der Gesellschafter im Gründungsstadium einer GmbH; ZGS 2011, 441; *Gummert*, Die Haftungsverfassung der Vor-GmbH nach der jüngsten Rechtsprechung des BGH, DStR 1997, 1007; *Haas*, Vor-GmbH und Insolvenz, DStR 1999, 985; *Heidinger/Blath*, Die Unterbilanzhaftung im Kapitalaufbringungssystem der GmbH, ZNotP, 2007, 42; *Jäger*, Haftungsrisiken bei der GmbH-Gründung und Belehrungspflichten des Notars, MDR 1996, 656; *Kersting*, Europäische Vorgaben zur Handelnden-Haftung und zur Haftung in der Vorgesellschaft, GmbHR 2003, 1466; *Lohr*, Änderungen bei der Vor-GmbH, GmbH-StB 2005, 117; *Paul*, Voraussetzungen und Rechtsfolgen der Unterbilanzhaftung nach der neueren Rechtsprechung des BGH, ZInsO, 2006, 589; *Peetz*, Die Vor-GmbH und der gewissenhafte Gründer, GmbHR 2003, 933; *Petersen*, Die fehlgeschlagene Einmanngründung – liquidationsloses Erlöschen oder Fiktion des Fortbestandes, NZG 2004, 400; *Priester*, Das Gesellschaftsverhältnis im Vorgründungsstadium – Einheit oder Dualismus?, GmbHR 1995, 481; *Priester*, Satzungsänderung bei der Vor-GmbH, ZIP 1987, 280; *Sandberger*, Die Haftung bei der Vorgesellschaft – Zur Interaktion von Richterrecht und Rechtsdogmatik, in: Großfeld u.a. (Hrsg.), Festschrift für Wolfgang Fikentscher zum 70. Geburtstag, 1998, S. 389; *Schmidt*, Zur Haftungsverfassung der Vor-GmbH, ZIP 1997, 671; *K. Schmidt*, Haftung aus Rechtsgeschäften vor Errichtung einer GmbH, GmbHR 1998, 613; *Schütz*, Enträtselung der Vorgesellschaft?, GmbHR 1996, 727; *Schwarz*, Offene Fragen bei der sogenannten unechten Vor-GmbH, ZIP 1996, 2005; *Timme*, Erfüllung von GmbH-Stammeinlageverpflichtungen bei Vorratsgründungen, MDR 2006, 665; *v. Reinersdorff*, Zu den Voraussetzungen, unter welchen von einer Vorgründungsgesellschaft eingegangene Verbindlichkeiten auf Vorgesellschaft (Vor-GmbH) übergehen, NZG 1998, 383; *Wiedemann*, Zur Haftungsverfassung der Vor-AG: Der Gleichlauf von Gründerhaftung und Handelnden-Regress, ZIP 1997, 2029; *Wiegand*, Offene Fragen zur neuen Gründerhaftung in der Vor-GmbH, BB 1998, 1065; *Zöllner*, Die sog. Gründerhaftung, in: Wank u.a. (Hrsg.), Festschrift für Herbert Wiedemann zum 70. Geburtstag, 2002, S. 1383.

A. Allgemeines

§ 11 befasst sich sehr knapp mit der **Rechtslage der Gesellschaft vor Eintragung**. Die Vorschrift bestimmt dabei in Abs. 1 zunächst, dass die GmbH als juristische Person erst mit der Eintragung im Handelsregister entsteht und nicht etwa vor der Eintragung oder mit der Bekanntmachung. Weiter gehende Hinweise auf den Rechtszustand der Gesellschaft vor Eintragung enthält Abs. 1 dagegen nicht. Weiter regelt die Vorschrift in Abs. 2 lediglich einen Teilaspekt des Rechtszustands vor Eintragung, in dem die Vorschrift bestimmt, dass derjenige, der vor der Eintragung im Namen der (künftigen) Gesellschaft gehandelt hat, persönlich haftet. Die vielfältigen Probleme im Zusammenhang mit dem Gründungsvorgang der GmbH bleiben damit weitgehend der Rechtsprechung und Rechtslehre überlassen. Dabei haben sich im Laufe der Zeit die Auffassungen über den Rechtszustand der Gesellschaft vor Eintragung deutlich verändert. 1

Die Gründungsphase der GmbH bis zur Eintragung in das Handelsregister wird nunmehr ganz überwiegend eingeteilt in die **Vorgesellschaft** und die **Vorgründungsgesellschaft**. Zeitpunkt der Gründung der Vorgesellschaft ist der Abschluss des Gesellschaftervertrags in der Form des § 2. Demgegenüber ist die Vorgründungsgesellschaft ein vor Abschluss des Gesellschaftervertrags stattfindender Zusammenschluss der Gründer mit dem Ziel, zur Gründung der GmbH zusammenzuwirken. Naturgemäß ist ein solcher Zusammenschluss bei der GmbH-Gründung durch eine Person nicht vorhanden (siehe Rn. 57). 2

B. Inhalt der Regelung

I. Das Gründungsstadium bei der Mehr-Personen-Gesellschaft (Abs. 1)

Die Gründung der GmbH durchläuft Gründungsstadien, die von der bloßen Abrede über die Gründung der Gesellschaft, die Errichtung der Satzung in notarieller Form, die Bestellung der Geschäftsführer, die Kapitalaufbringung, die Anmeldung bis schließlich zur Eintragung reichen. 3

1. Wirtschaftliche Neugründung durch Mantelverwendung

Erfolgt die „Gründung" der GmbH durch wirtschaftliche Neugründung unter Verwendung eines „GmbH-Mantels", oder der wirtschaftlichen Neugründung sind nach Ansicht des BGH zur Gewährleistung der Kapitalausstattung der Gesellschaft die Gründungsvorschriften des GmbH-Rechts entsprechend anzuwenden.[1] Damit liegt zwar bei der Verwendung eines GmbH-Mantels eine Vorgesellschaft nicht vor. Die Grundsätze der GmbH-Gründung sind aber auch in Fragen der Haftung für Verluste der Gesellschaft vor Offenlegung der wirtschaftlichen Neugründung entsprechend anwendbar (vgl. Rn. 56). 4

1 BGH NJW 2003, 3198; BGH 6.3.2012 – II ZR 56/10.

2. Vorgründungsgesellschaft

5 Die Vorgründungsgesellschaft ist in § 11 nicht ausdrücklich erwähnt. Die Vorgründungsgesellschaft ist dabei eine Vorstufe zur Errichtung der (Vor-)GmbH.[2] Eine Vorgründungsgesellschaft entsteht, wenn sich mehrere Personen mit dem Zweck der Gründung einer GmbH zusammenschließen.[3] Sie dauert im Normalfall bis zur Festsetzung der notariell beurkundeten GmbH-Satzung an. Eine bindende Vereinbarung zur Errichtung der GmbH bedarf im Hinblick auf § 2 der notariellen Beurkundung (siehe § 2 Rn. 5).

6 Dies gilt auch, wenn das **Musterprotokoll** (Anlage zu Artikel 1 Nr. 50 MoMiG[4]; vgl. § 2 Rn. 50) verwendet werden soll, denn auch hier bedarf es der notariellen Beurkundung (siehe § 2 Rn. 27) Die nach § 2 (auch weiterhin) erforderliche Beurkundung soll offenbar allein dem Zweck dienen, durch die Mitwirkung des Notars wirksame Satzungen zu schaffen.

7 Auch die Vollmacht zur Mitwirkung bei der Vereinbarung des **Gründungsvorvertrags** bedarf weiterhin der notariellen Form (siehe § 2 Rn. 29 ff.).[5] Liegt eine bindende Abrede zur Errichtung der GmbH vor, handelt es sich um einen (bislang in der Praxis seltenen) Gründungsvorvertrag.[6]

8 Neben der Festlegung der Verpflichtung zur Mitwirkung bei der Errichtung der GmbH in notarieller Form bedarf es aber auch der **Festlegung des Gesellschaftsvertrags in seinen wesentlichen Punkten**, also etwa Stammkapital, Stammeinlage, Sitz und Gegenstand des Unternehmens. Soweit konkrete Festlegungen fehlen, kann nunmehr bei fehlenden Anhaltspunkten angenommen werden, dass im Übrigen das Musterprotokoll Anwendung finden soll (siehe § 2 Rn. 50 f.).

9 Die Rechte und Pflichten der Vertragsschließenden aus dem Vertrag zur Errichtung der Vorgründungsgesellschaft können sich darin erschöpfen, die entsprechenden Schritte zur Errichtung der Gesellschaft zu unternehmen. In diesem Fall ist auch eine reine Innengesellschaft bei Abschluss des Vorvertrags noch nicht vorhanden.[7] Oft werden die Vertragsschließenden aber über diese Abreden hinaus tätig werden, sei es, dass sie im Rechtsverkehr auftreten oder aber zumindest weitere Abreden treffen, die nicht nur auf die Errichtung der Satzung und Eintragung der Gesellschaft gerichtet sind, sondern auch dem Zweck der späteren Gesellschaft dienen sollen. Damit liegt auch in diesem Stadium i.d.R. eine Gesellschaft vor.

10 Ein solcher Gründungsvorvertrag, der aus den oben (Rn. 5 ff.) genannten Gründen meist wegen der fehlenden Beurkundung und der fehlenden Bestimmtheit keine wirksame Verpflichtung zur Errichtung der GmbH beinhalten konnte, wird in Zukunft wahrscheinlich der Regelfall bei der Mehr-Personen-Gründung sein.

11 Als **Rechtsform** für die Gesellschaft kommt regelmäßig eine **GbR** (Gesellschaft bürgerlichen Rechts, §§ 705 ff. BGB) oder bei Betrieb eines Handelsgewerbes eine **OHG** (offene Handelsgesellschaft, §§ 105 ff. HGB) in Betracht,[8] sofern es sich bei der vertraglichen Bindung der Gesellschafter nicht um eine reine Innengesellschaft (keine Geschäftsaufnahme nach außen) handelt. Soweit es sich bei der Vorgründungsgesellschaft um eine reine Innengesellschaft handelt, fehlt es ihr auch vor dem Hintergrund der jüngeren Rechtsprechung sowohl an der Rechts- als auch der Parteifähigkeit. Hat die Vorgründungsgesellschaft jedoch Gesamthandsvermögen oder bestehen Gesamthandverbindlichkeiten, so liegt eine Außengesellschaft vor, die auch Partei- und Rechtsfähigkeit besitzt.

12 Da die Vorgründungsgesellschaft weder mit der Vorgesellschaft noch mit der GmbH identisch ist, richtet sich die persönliche Haftung der Gesellschafter nach diesen Regeln und nicht nach den Grundsätzen der Haftung der Vorgesellschaft (siehe Rn. 36 ff.).

---

2 Hachenburg/*Ulmer*, § 11 Rn. 30.
3 BGH NJW-RR 1988, 288; Michalski/*Michalski*, § 11 Rn. 2 f.
4 BT-Drucks. 16/9737.
5 A.A. noch die bisherigen Auffassungen zum alten Rechtszustand, vgl. Scholz/*Emmerich*, § 2 Rn. 79.
6 Michalski/*Michalski*, § 11 Rn. 4. Ein „Vorgründungsvertrag" soll demgegenüber die Verabredung sein, auf die spätere Errichtung der GmbH hinzuwirken, ohne eine einklagbare Verpflichtung zur Errichtung der Gesellschaft zum Inhalt zu haben.
7 Wie hier: Michalski/*Michalski*, § 11 Rn. 14.
8 Lutter/Hommelhoff/*Lutter/Bayer*, § 11 Rn. 2; *Drygalla*, JZ 2007, 997.

Die Vorgründungsgesellschaft oder deren Vermögen geht bei der Entstehung der Vorgesellschaft (siehe Rn. 17) nicht auf diese über, insbesondere ist eine entsprechende Anwendung der Grundsätze für den Übergang von der Vorgesellschaft auf die GmbH nicht möglich (vgl. Rn. 17).[9] 13

Aktiva und Passiva sind dementsprechend von der Vorgründungsgesellschaft auf die Vorgesellschaft oder die GmbH zu übertragen.[10] Werden im Namen der noch zu gründenden GmbH oder der noch nicht vorhandenen GmbH i.G. Erklärungen abgegeben, treffen die Wirkungen dieser Erklärungen allein die Handelnden oder die GbR bzw. die OHG. Werden gegenüber der Vor-GmbH Erklärungen zu einem Zeitpunkt abgegeben, zu dem es sich noch um eine Vorgründungsgesellschaft handelt, können diese Erklärungen jedoch durch die Vorgesellschaft oder nach Eintragung durch die GmbH genehmigt werden.[11] Auch können Erklärungen für die zu errichtende GmbH im Stadium der Vorgründungsgesellschaft unter aufschiebender Bedingung (§ 158 BGB) der Eintragung der GmbH abgegeben werden.[12] Dies kann jedoch nur dort angenommen werden, wo die Erklärungen erkennbar durch die Vorgründungsgesellschaft abgegeben werden und nicht etwa durch eine (nicht existente) GmbH in Gründung. 14

Ein Wegfall der Handelndenhaftung und Übergang der Rechtswirkungen wie beim Handeln für die Vorgesellschaft (nach Errichtung des Gesellschaftsvertrags) bei Eintragung der GmbH findet weder bei Errichtung der Vorgesellschaft noch bei Eintragung der GmbH statt.[13] Zwar ist auch hier zuzugeben (siehe § 2 Rn. 13), dass die Zäsurwirkung der notariellen Beurkundung des Gesellschaftsvertrags durch die nunmehr unter bestimmten Voraussetzungen entbehrliche notarielle Beurkundung (siehe § 2 Rn. 13 ff.) wegfällt. Allerdings ist auch bei der Gründung der GmbH unter Verwendung des Musterprotokolls die notarielle Beurkundung erforderlich, sodass stets der Zeitpunkt der Errichtung der Vorgesellschaft sicher festgestellt werden kann. 15

Die Vorgründungsgesellschaft endet i.d.R. mit der Errichtung der Vorgesellschaft, also bei Abschluss des Gesellschaftsvertrags, sofern nicht weitere Zwecke mit der Gesellschaft verfolgt werden. 16

3. Vorgesellschaft

a) Rechtsnatur

Unter Vorgesellschaft versteht man den Zusammenschluss der Gründungsgesellschafter nach Errichtung der Gesellschaft (notarielle Beurkundung des Gesellschaftsvertrags oder bei Verwendung des Musterprotokolls nach Beglaubigung der Unterschrift unter der Satzung) und vor der Eintragung der GmbH in das Handelsregister. Sie ist dabei „ein von ihren Gründern bzw. Gesellschaftern verschiedenes körperschaftlich strukturiertes Rechtsgebilde mit eigenen Rechten und Pflichten und als solches rechtsfähig sowie im Rechtsstreit parteifähig".[14] Die Vorgesellschaft wird bei verschiedenen Vorschriften des GmbHG vorausgesetzt, etwa bei der Notwendigkeit der Bestellung von Geschäftsführern vor Eintragung der GmbH (§ 6 Abs. 1) oder der Aufbringung des Gründungskapitals (§ 7 Abs. 2).[15] Dieses Gebilde ist als Vorstufe und notwendige Durchgangsstation auf dem Weg zur GmbH nach überwiegender Ansicht ein Rechtsträger *„sui generis"*[16], der sich mit der Erlangung der Rechtsfähigkeit mit allen Aktiva und Passiva in die GmbH umwandelt und mit dieser identisch ist (siehe Rn. 14). Die geleisteten Einlagen werden Vermögen der Vorgesellschaft, über das verfügt werden kann, allerdings mit der Folge, dass die Gesellschafter für eine Unterdeckung zum Zeitpunkt der Eintragung einstehen und ggf. nach Abs. 2 haften müssen (siehe Rn. 36 ff.). Die Vorgesellschaft unterscheidet sich damit von der GmbH nicht nur durch die fehlende Eintragung, sondern in vielfältiger Hinsicht. 17

9 Achilles/Ensthaler/Schmidt/*Ensthaler*, § 11 Rn. 4; BGH NJW 1998, 1645.
10 OLG Hamm, GmbHR 1997, 602 (konkludente Übertragung).
11 KG Grundeigentum 2007, 149.
12 Baumbach/Hueck/*Hueck/Fastrich*, § 11 Rn. 37.
13 BGHZ 91, 148, unter Aufgabe der früheren Rechtsprechung.
14 BGHZ 169, 270.
15 Dies gilt auch für die Entstehung der GmbH durch Umwandlung; vgl. etwa Michalski/*Michalski*, § 11 Rn. 42.
16 Etwa Baumbach/Hueck/*Hueck/Fastrich*, § 11 Rn. 6; zum Einsichtsrecht in das Handelsregister nach § 9 HGB vgl. OLG Celle, GmbHR 2007, 938 (verneinend).

18 Welche **Rechtsnatur** die Vorgesellschaft hat, ist in der Literatur streitig.[17] Die überwiegende Ansicht sieht in der Vorgesellschaft eine Gesamthandsgesellschaft.[18] Nach anderer Auffassung handelt es sich um eine juristische Person[19] oder um ein rechtsfähiges Gebilde eigener Art.[20] Die Beantwortung der Frage nach der Rechtsnatur der Vorgesellschaft ist zwar für die Praxis im Hinblick auf die anzuwendenden Vorschriften (siehe Rn. 20, 29) von gewisser Bedeutung, allerdings lässt sich auch mit der einen oder anderen Ansicht nur selten bestimmen, welche Vorschriften im konkreten Einzelfall anzuwenden sind (siehe Rn. 20).

19 Da die Vorgesellschaft gesetzlich weitgehend ungeregelt ist,[21] bereitet die Frage, welche Vorschriften auf die Vorgesellschaft anzuwenden sind, erhebliche Schwierigkeiten.

20 Auf die Vorgesellschaft sind bereits die **Regeln des GmbH-Rechts anwendbar**, also dem Recht der angestrebten Gesellschaftsform, soweit es mit ihrem besonderen Zweck vereinbar ist und diese Vorschriften nicht die Eintragung in das Handelsregister[22] und die mit der Eintragung notwendig verbundene Rechtsfähigkeit der Gesellschaft voraussetzen.[23] Betreibt die Vorgesellschaft ein Handelsgewerbe, können die entsprechenden Vorschriften des HGB zu beachten sein (siehe Rn. 29).[24] Jedoch bietet weder das Recht der GmbH noch das der OHG für sich genommen auf das einerseits gesamthänderisch gebundene Vermögen, und der im Gegensatz zur späteren GmbH stärkeren persönlichen Verpflichtungen der Gesellschafter, und andererseits der späteren GmbH ähnlichen Struktur befriedigende Ergebnisse. Bei der Lösung gesellschaftsrechtlicher Fragestellungen ist deshalb stets darauf zu achten, interessengerechte Lösungen zu finden. Damit bietet sich insbesondere an, zwar das Recht der Personenhandelsgesellschaften anzuwenden, auf der anderen Seite aber die gefundenen Ergebnisse auf der Grundlage des GmbHG zu überprüfen. Der BGH fasst diese Auffassung in der Formel zusammen, die Vorgesellschaft sei „eine Organisation, die einem Sonderrecht untersteht, das aus den im Gesetz oder Gesellschaftsvertrag gegebenen Gründungsvorschriften und dem Recht der rechtsfähigen Gesellschaft, soweit es nicht die Eintragung voraussetzt, besteht".[25] Diese Auffassung vermeidet insbesondere unbefriedigende Ergebnisse, die bei einer schematischen Anwendung des GmbH-Rechts oder des Rechts der Personengesellschaft nicht zu vermeiden wären.

b) Der Gesellschaftszweck der Vorgesellschaft

21 Der Zweck der Vorgesellschaft ist zunächst darauf gerichtet, die Eintragung der GmbH herbeizuführen. Die Gesellschafter sind in diesem Zusammenhang verpflichtet, alles zu unternehmen, damit die Eintragung der Gesellschaft erfolgen kann (vgl. Rn. 22, 52 ff.). Dazu kann auch die Verpflichtung zur Mitwirkung bei der Behebung von Eintragungshindernissen gehören.[26] In aller Regel verfolgen die Gesellschafter jedoch bereits im Stadium der Vorgesellschaft den weiter gehenden Zweck der GmbH selbst. Dies ist insbesondere dann der Fall, wenn die Gesellschaft bereits vor Eintragung der GmbH die Geschäftstätigkeit aufnimmt. Wird in diesem Zusammenhang nach außen für die Vorgesellschaft gehandelt, stellt sich eine Reihe weiterer Fragen, insbesondere über die Geschäftsführung, die Vertretung, die Haftung usw.

c) Die Rechte und Pflichten der Gesellschafter

22 Die Rechte und Pflichten der Gesellschafter der GmbH unterscheiden sich bei der Vorgesellschaft z.T. erheblich von denen bei der späteren GmbH.

17 Vgl. den Überblick bei *Drygalla*, JZ 2007, 997.
18 BGHZ, 65, 378; 80, 129; Baumbach/Hueck/*Hueck/Fastrich*, § 11 Rn. 7; *Ulmer,* AcP 198 (1998), 113, 123.
19 *K. Schmidt*, Gesellschaftsrecht, § 11 IV 4.
20 Michalski/*Michalski*, § 11 Rn. 74; *Drygalla*, JZ 2007, 997.
21 Vgl. etwa *Beurskens*, JR 2007, 512.
22 BGHZ 169, 270 m.w.N.
23 Etwa BGHZ, 21, 242; 45, 338, 347; 129, 32, 134; BGH NJW 2000, 1193; abw. etwa *Beuthien*, ZIP 1996, 305.
24 Achilles/Ensthaler/Schmidt/*Ensthaler*, § 11 Rn. 6.
25 BGHZ 21, 242; Hachenburg/*Ulmer,* § 11 Rn. 11; stärker an das GmbH-Recht anlehnend etwa *K. Schmidt*, Gesellschaftsrecht, § 11 IV 2.
26 Baumbach/Hueck/*Hueck/Fastrich*, § 11 Rn. 8.

aa) Mitwirkungspflichten der Gesellschafter

Die Pflichten der Gesellschafter gehen im Stadium der Vorgesellschaft über die Pflichten der späteren GmbH hinaus. Die Gesellschafter haben zunächst die Pflicht, alles zu tun, was zur Eintragung der GmbH erforderlich ist, etwa die Verpflichtung zur Leistung der versprochenen Einlagen (§ 7 Abs. 2 und 3), der Mitwirkung bei der Bestellung der ersten Geschäftsführer oder der Beseitigung von Eintragungshindernissen.[27] Die Gesellschafter sind auch verpflichtet, während der Gründungsphase eintretende Verluste der Gesellschaft auszugleichen, damit im Zeitpunkt der Eintragung der Gesellschaft in das Handelsregister das Stammkapital der Gesellschaft unverbraucht zur Verfügung steht.[28] 23

bb) Die Gesellschafterversammlung, insbesondere die Satzungsänderung

Die Rechte der Gesellschafter werden bei der Vorgesellschaft in erster Linie im Rahmen der Gesellschafterversammlung ausgeübt. Die Gesellschafterversammlung ist auch bei der Vorgesellschaft das oberste Gesellschafterorgan.[29] Anzuwenden ist dabei grundsätzlich das Mehrheitsprinzip (vgl. § 47 Abs. 1). Allerdings ist zur Änderung der Satzung vor Eintragung der einstimmige Beschluss aller Gesellschafter erforderlich. Die §§ 53 ff., die die Satzungsänderung regeln, sind nicht anwendbar,[30] weil die Errichtung der Satzung ebenfalls die Unterschrift aller Gesellschafter verlangt.[31] 24

Ein **Wechsel des Gesellschaftsbestands** im Stadium der Vorgesellschaft ist stets zugleich auch eine Satzungsänderung[32] und bedarf daher ebenfalls der Mitwirkung aller Gesellschafter. Entsprechendes gilt für die Änderung der Stammeinlage bei den Gründungsgesellschaftern. Ein Geschäftsanteil im eigentlichen Sinne besteht nämlich vor Eintragung der GmbH nicht[33] und kann daher weder abgetreten noch ohne Satzungsänderung verändert werden. Möglich ist jedoch ein Wechsel im Gesellschafterbestand oder in der Höhe der Stammeinlagen im Stadium der Vorgesellschaft aufschiebend bedingt auf die Eintragung der GmbH.[34] Zur Kündigung der Vorgesellschaft siehe Rn. 49. 25

Wird die Satzung im Stadium der Vorgesellschaft geändert, genügt es, wenn bei Anmeldung die geänderte Satzung beim Handelsregister eingereicht wird. Eine Bescheinigung des Geschäftsführers nach § 54 ist nicht erforderlich.[35] 26

d) Die Geschäftsführung bei der Vorgesellschaft

Die Geschäftsführer der GmbH sind notwendig bereits im Stadium der Vorgesellschaft zu bestellen (§ 6). Die Bestellung erfolgt durch Beschluss der Gesellschafterversammlung bei fehlender abweichender Vereinbarung durch einfache Mehrheit.[36] Die Befugnis zur Geschäftsführung umfasst zunächst alle im Rahmen der Gründung der GmbH erforderlichen und den Geschäftsführern zugewiesenen Aufgaben. Dazu gehören zunächst die Entgegennahme der Bar- und Sacheinlagen (§ 7 Abs. 2 und 3), die Aufstellung der Liste der Gesellschafter (siehe § 40 Rn. 2), die Anmeldung der Gesellschaft beim Handelsregister (§ 7 Abs. 1) und die Einholung sonstiger für die Eintragung der Gesellschaft notwendiger (z.B. § 34c GewO) oder geeigneter Genehmigungen und Erlaubnisse. Neben diesen für die Herbeiführung der Eintragung der Gesellschaft erforderlichen notwendigen Geschäftsführungsmaßnahmen umfasst die Geschäftsführungsbefugnis weitere Tätigkeiten, die 27

27 Achilles/Ensthaler/Schmidt/*Ensthaler*, § 11 Rn. 7.
28 BGHZ 80, 129.
29 Michalski/*Michalski*, § 11 Rn. 49 ; Hachenburg/*Ulmer*, § 11 Rn. 33.
30 BGH ZIP 1983, 299; OLG Köln, GmbHR 1995, 725; Hachenburg/*Ulmer*, § 11 Rn. 34; Michalski/*Michalski*, § 11 Rn. 48.
31 A.A. (Mehrheitsbeschluss sei ausreichend) etwa Scholz/*K. Schmidt*, § 11 Rn. 47; *Priester*, ZIP 1987, 280, 283; zur Möglichkeit der Änderung der Satzung für einen Zeitpunkt nach Eintragung der Gesellschaft: Michalski/*Michalski*, § 11 Rn. 50.
32 BGHZ 15, 204; 21, 242; BGH WM 1983, 230; Michalski/*Michalski*, § 11 Rn. 49; a.A. Scholz/*K. Schmidt*, § 11 Rn. 41; zur Umdeutung der Geschäftsanteilsabtretung in eine Satzungsänderung vgl. BGH 134, 333.
33 BGH GmbHR 2005, 354.
34 BGH GmbHR 2005, 354.
35 Streitig, vgl. *Krafka/Willer*, Registerrecht, Rn. 973.
36 BGHZ 80, 212.

damit in engem Zusammenhang stehen, etwa die Verwaltung von Sacheinlagen, wozu auch die Führung der Geschäfte eines eingebrachten Unternehmens gehören kann.[37]

28 Eine **weiter gehende Geschäftsführung**, auch soweit sie nicht zur Herbeiführung der Eintragung geeignet oder erforderlich ist, ist seit Aufgabe des sog. Grundsatzes des Vorbelastungsverbots[38] nicht mehr ausgeschlossen. Die Geschäftsführung kann also auch Maßnahmen umfassen, die dem eigentlichen Gesellschaftszweck der Gesellschaft zu dienen bestimmt sind. Dies kann etwa auch die Aufnahme der Geschäfte bedeuten. Im Hinblick auf die Risiken derartiger Maßnahmen vor Eintragung der Gesellschaft (siehe Rn. 33) bedarf es für derartige Akte jedoch einer übereinstimmenden Ermächtigung aller Gesellschafter (siehe Rn. 33).

e) Die Vorgesellschaft als Außengesellschaft

29 Die Vorgesellschaft kann Teilnehmer am Rechtsverkehr sein. Insoweit ist die Rechtslage der einer Personenhandelsgesellschaft nicht unähnlich.[39] Die Vorschriften des HGB sind auf die Vorgesellschaft jedenfalls dann anwendbar, wenn die Gesellschaft über den Zweck, die Eintragung der Gesellschaft herbeizuführen, hinaus handelt,[40] also das Tätigwerden der Gesellschaft im Rechtsverkehr erfolgt. Diese Teilnahme am Rechtsverkehr erfolgt im Hinblick auf die zukünftige Tätigkeit als Handelsgesellschaft (§ 5 HGB), sodass der Schutz der beteiligten Verkehrskreise die Anwendbarkeit der handelsrechtlichen Vorschriften auf die Vorgesellschaft erfordert.[41] Aus diesem Grunde kann die Vorgesellschaft bereits eine Firma (mit dem Zusatz „i.G." oder „in Gründung") verwenden und den vollen Namens- und Firmenschutz in Anspruch nehmen.[42] Soweit es jedoch um das Verhältnis der Gesellschafter untereinander geht, können Vorschriften und Rechtsgrundsätze der GbR zur Anwendung kommen (siehe etwa Rn. 11).

30 Die Vorgesellschaft kann im Übrigen in gleicher Weise am Geschäftsverkehr teilnehmen wie die GmbH selbst, sie ist konto- und grundbuchfähig,[43] und zwar auch soweit dies über die Einbringung von Bar- oder Sacheinlagen hinausgeht. Die Vorgesellschaft kann auch Komplementär einer GmbH & Co KG sein (siehe Rn. 61).[44]

31 Die Vorgesellschaft besitzt aktive und passive Parteifähigkeit[45], nicht nur bei dem FGG-Verfahren im Zusammenhang mit der Eintragung der GmbH.[46] Die Insolvenzfähigkeit der Vorgesellschaft folgt aus § 11 Abs. 1 InsO.[47]

f) Die Vertretung bei der Vorgesellschaft

32 Da die Vorschrift des § 37 Abs. 2 auf die bereits eingetragene GmbH zugeschnitten ist und auf die Vorgesellschaft zumindest keine unmittelbare Anwendung findet,[48] stellt sich die Frage, in welchem Umfang die Geschäftsführer zur Vertretung der Gesellschaft ermächtigt sind. Die Vertretungsmacht umfasst dabei zunächst ohne Zweifel alle Handlungen, die zur Eintragung der GmbH erforderlich sind, etwa die Abgabe der zur Übertragung der Sacheinlagen erforderlichen rechtsgeschäftlichen Erklärungen (siehe § 7 Rn. 27).

33 Problematischer ist die Frage der Vertretungsmacht der Geschäftsführer im Hinblick auf solche **Geschäfte, die nicht unmittelbar für die Eintragung der Gesellschaft in das Handelsregister erforderlich sind**. Dabei geht es vor allem um die Vertretung im Rahmen von Rechtsgeschäf-

37 Baumbach/Hueck/*Hueck/Fastrich*, § 11 Rn. 10.
38 Vgl. RGZ 83, 370; 134, 121; aufgegeben in BGHZ 80, 129; dazu etwa Hachenburg/*Ulmer*, § 11 Rn. 66.
39 Baumbach/Hueck/*Hueck/Fastrich*, § 11 Rn. 12.
40 Roth/Altmeppen/*Altmeppen*, § 11 Rn. 44; a.A. etwa Baumbach/Hueck/*Hueck/Fastrich*, § 11 Rn. 13.
41 Einschränkend: BGHZ 169, 270.
42 BGHZ 120, 103; Baumbach/Hueck/*Hueck/Fastrich*, § 11 Rn. 13.
43 BGHZ 45, 348; zum Nachweis der Vertretungsmacht im Grundbuchverkehr nachfolgend Rn. 35; zur Wechsel- und Scheckfähigkeit siehe BGHZ 117, 323.
44 BGHZ 80, 132 = BGH NJW 1981, 1373; BGH NJW 1985, 736.
45 BGHZ 1269, 270.
46 BGHZ 117, 323; zum Gerichtsstand: OLG Brandenburg, NZG 2004, 100.
47 BGH NZG 2003, 1167.
48 BGHZ, 53, 210; Hachenburg/*Ulmer*, § 11 Rn. 68; für eine Anwendung etwa Michalski/*Michalski*, § 11 Rn. 55.

ten, die bereits dem Gesellschaftszweck der GmbH dienen sollen. Vor dem Hintergrund des Risikos einer möglichen Haftung der Gesellschafter muss zwischen dem Schutzbedürfnis der Gesellschafter einerseits und dem Vertrauen des Rechtsverkehrs in das Handeln der Geschäftsführer andererseits abgewogen werden. Eine Beschränkung der Vertretungsmacht der Geschäftsführer auf die ihnen eingeräumten Geschäftsführungsbefugnisse (vgl. Rn. 27) würde jedenfalls das Vertrauen des Rechtsverkehrs in das Handeln des Geschäftsführers erheblich beeinträchtigen. Das sich aus einer weitgehend unbeschränkten Vertretungsmacht ergebende Risiko der Gesellschafter ist, jedenfalls dort, wo die Gesellschafter in die Aufnahme der Geschäfte zugestimmt haben, hinzunehmen. Im Übrigen können die Gesellschafter durch die Auswahl der Geschäftsführer[49] und durch möglichst konkrete Anweisungen im Rahmen der Geschäftsführung dieses Risiko gering halten.

Eine vollständige Anwendung des § 37 Abs. 1 auf die Vertretung der Vorgesellschaft, auch dort, **34** wo die Gesellschafter nicht der Aufnahme der werbenden Tätigkeit zugestimmt haben, ist jedoch abzulehnen.[50]

Der Nachweis der Vertretungsmacht bereitet namentlich im Grundbuchverkehr im Hinblick auf die **35** fehlende Handelsregistereintragung Probleme. Hier ist zum Nachweis der Vertretungsmacht zu fordern, dass die Geschäftsführer auch die Beschlüsse vorlegen, auf denen ihre Bestellung zu Geschäftsführern beruht.

4. Die Haftung der Gesellschafter und der Vorgesellschaft

a) Grundsatz

Die Frage der rechtsgeschäftlichen Haftung bei der Vorgesellschaft ist im Gesetz nicht ausdrücklich **36** geregelt und ist in der Vergangenheit zahlreichen Veränderungen unterworfen gewesen.[51] Dabei ist zu unterscheiden zwischen der Haftung der Vorgesellschaft und der Haftung der Gesellschafter selbst für rechtsgeschäftliches Handeln der Gesellschaft und schließlich der Haftung derjenigen, die für die Vorgesellschaft gehandelt haben („Handelndenhaftung"). § 13 Abs. 1 und 2 ist auf derartige Verbindlichkeiten nicht anwendbar.

Im Grundsatz ist heute anerkannt, dass die **Vorgesellschaft** vertraglich wie gesetzlich mit ihrem **37** Vermögen für die in ihrem Namen oder im Namen der künftigen GmbH begründeten Verbindlichkeiten haftet. Ebenso ist der Vorgesellschaft ein Organverschulden entsprechend § 31 BGB zuzurechnen. Zur Zwangsvollstreckung ist ein gegen sie gerichteter Titel nach § 735 ZPO analog ausreichend, aber auch erforderlich. Die Haftung der **Gesellschafter** in diesem Stadium ist streitig. Nach heute überwiegender Meinung haften die Gründungsgesellschafter gegenüber der Gesellschaft nach dem Verhältnis ihrer Stammeinlagen für alle vom Gesellschaftsvermögen nicht abgedeckten Verluste (Verlustdeckungshaftung). Gläubiger der Vorgesellschaft können (von bedeutsamen Ausnahmen abgesehen, siehe Rn. 40, 46 ff.) nicht unmittelbar gegen die Gesellschafter vorgehen, sondern müssen zunächst die Vorgesellschaft in Anspruch nehmen.

b) Die Haftung der Vorgesellschaft

Die Haftung der Vorgesellschaft für rechtsgeschäftliches Handeln der Geschäftsführer (im Rahmen **38** ihrer Vertretungsmacht) spielt vor allem dort eine Rolle, wo die Gesellschaft ihre Tätigkeit bereits aufgenommen hat. Da die Vorgesellschaft Träger von Rechten und Pflichten ist, muss auch die Haftung der Vorgesellschaft bejaht werden, die allerdings auf das Gesellschaftsvermögen begrenzt ist.[52]

Die Haftung erstreckt sich dabei auch auf gesetzlich begründete Verbindlichkeiten, wie etwa aus **39** Ansprüchen aus Geschäftsführung ohne Auftrag (§§ 677 ff. BGB) oder ungerechtfertigter Bereicherung (§§ 812 ff. BGB) sowie öffentlich-rechtliche Ansprüche. Für ein Verschulden der Organe

49 Vgl. Michalski/*Michalski*, § 11 Rn. 63.
50 Vgl. im Einzelnen Hachenburg/*Ulmer*, § 11 Rn. 69 ff.
51 Ausführlich zur Entwicklung der Rechtsprechung: Achilles/Ensthaler/Schmidt/*Ensthaler*, § 11 Rn. 12 ff.
52 Etwa Baumbach/Hueck/*Hueck/Fastrich*, § 11 Rn. 22; Michalski/*Michalski*, § 11 Rn. 64.

der Vorgesellschaft kann auch eine Haftung aus § 31 BGB[53], für ein Verschulden von Verrichtungsgesellschaften aus § 831 BGB anwendbar sein. Auch kann bereits die Vorgesellschaft auf Unterlassung nach § 1 UWG in Anspruch genommen werden.[54]

c) Die Haftung der Gesellschafter

40 Wesentlich schwieriger zu beantworten als die Frage nach der Haftung der Vorgesellschaft, aber dafür für die Gläubiger interessanter, ist die Frage der Haftung der Gesellschafter der Vorgesellschaft. Im Hinblick auf die Aufgabe der früheren Rechtsprechung durch die Entscheidung des BGH vom 4.3.1996[55] sind Entscheidungen, die davor ergangen sind, gewissermaßen „überholt". Dies gilt insbesondere für die bis dahin angenommene beschränkte persönliche Außenhaftung des Gesellschafters bis zur Höhe seiner Einlageschuld.[56] Nunmehr wird die Haftung der Gesellschafter der Vorgesellschaft durch die sog. Verlustdeckungshaftung (siehe Rn. 41 ff.) für den Fall, dass es nicht zur Eintragung der Gesellschaft in das Handelsregister kommt, und die sog. Vorbelastungshaftung oder Unterbilanzhaftung bestimmt. Gemeinsam ist beiden Haftungsvarianten jedoch, dass eine unmittelbare Inanspruchnahme der Gesellschafter durch Dritte grundsätzlich nicht vorgesehen ist (zu den Ausnahmen, insbesondere bei der Ein-Personen-Gründung, siehe Rn. 47).[57] Dies ist insbesondere deshalb problematisch, weil der Gläubigerzugriff damit erheblich erschwert wird[58] und damit das Bestreben zunimmt, den Gesellschafter gleichwohl persönlich in Anspruch zu nehmen. Da der Gläubiger im Regelfall den Gesellschafter nicht unmittelbar in Anspruch nehmen kann (siehe jedoch Rn. 46 f.), ist er darauf angewiesen, einen Titel gegen die (ohnehin im Übrigen meist vermögenslose) Vorgesellschaft zu erwirken und sich deren Ansprüche gegen die Gesellschafter pfänden und überweisen zu lassen. Da die Haftung des Gesellschafters nur entsprechend den Kapitalanteilen besteht (vgl. Rn. 54), muss der Gläubiger darüber hinaus dessen Haftungsquoten ermitteln, um seinen Anspruch erfolgreich durchzusetzen.

d) Die Verlustdeckungshaftung (bei Nichteintragung der Mehr-Personen-GmbH)

41 Die Verlustdeckungshaftung der Gesellschafter bedeutet zunächst eine anteilige Innenhaftung der Gesellschafter, die der Aufnahme der Geschäfte zugestimmt haben, und zwar entsprechend dem Verhältnis der Stammeinlagen an den eingetretenen Verlusten der Vorgesellschaft.[59] Ist der Anspruch gegen einen Gesellschafter nicht durchsetzbar, haften die weiteren Gesellschafter entsprechend § 24.[60] Sind die Verluste eingetreten, obwohl die Vorgesellschaft die Geschäfte noch nicht aufgenommen hat, soll die Verlustdeckungshaftung alle Gesellschafter treffen.[61]

42 Die Verlustdeckungshaftung ist im Hinblick auf die Möglichkeit unbegrenzter Verluste nicht etwa auf die Höhe der übernommenen Stammeinlage begrenzt, sondern kann (bei höheren Verlusten) auch darüber hinausgehen.[62]

43 Da die Verlustdeckungshaftung an die Nichteintragung der Gesellschaft, genauer an das Scheitern der Eintragung,[63] anknüpft, bereitet der Zeitpunkt des Entstehens des Anspruchs besondere Schwierigkeiten. Zur Vermeidung dieser Schwierigkeiten wurde vorgeschlagen, den Anspruch

53 OLG Stuttgart, NJW-RR 1989, 637.
54 OLG Frankfurt/M., DB 1985, 1334.
55 BGH NJW 1996, 1210. Dieser Auffassung hat sich die Literatur weitgehend angeschlossen, etwa *Wiedemann*, ZIP 1997, 2032; *Schütz*, GmbHR 1996, 727; *Ulmer*, ZIP 1997, 733; *Gehrlein*, NJW 1996, 1193.
56 So etwa noch BGHZ 65, 378; 80, 182; anders bereits damals BSG BB 1986, 2272.
57 Kritisch etwa Michalski/*Michalski*, § 11 Rn. 65 f. ; *Altmeppen*, NJW 1997, 3272; *Schwarn*, ZIP 1996, 2005.
58 Vgl. etwa *K. Schmidt*, ZIP 1996, 593; *Altmeppen*, NJW 1997, 3272; BGH NJW 1997, 1507, 1509; Michalski/*Michalski*, § 11 Rn. 66.
59 BGHZ 134, 333; 149, 273; BAG NJW 1998, 628.
60 Baumbach/Hueck/*Hueck/Fastrich*, § 11 Rn. 25; zur Haftung ausgeschiedener Gesellschafter: OLG Düsseldorf, GmbHR 1995, 823.
61 Baumbach/Hueck/*Hueck/Fastrich*, § 11 Rn. 25.
62 Die Haftung ist begrenzt auf die Verluste, die nach einer Liquidation der Vorgesellschaft verbleiben würden, vgl. Hachenburg/*Ulmer*, § 11 Rn. 95; vgl. nunmehr BGH 6.3.2012 – II ZR 56/11.
63 Vgl. BGHZ 134, 333; ebenso: *Wiegand*, BB 1998, 1065, 1067.

bereits bei Eintritt von Verlusten entstehen zu lassen.[64] Dies ist jedoch nicht sachgerecht, da die Verluste stets auch wieder ausgeglichen werden können.

Die Eintragung der Gesellschaft ist in diesem Sinne „gescheitert", wenn die Eintragung der Gesellschaft nicht mehr (ernsthaft) betrieben wird. Dies kann die (endgültige) Rücknahme des Eintragungsantrags, die Zurückweisung des Eintragungsantrags durch das Registergericht, die Stellung des Insolvenzantrags, die Ablehnung der Eröffnung der Insolvenz mangels Masse oder die bloße Einstellung des Geschäftsbetriebs[65] sein. Jedenfalls sollte bei ungewöhnlich langer Dauer des Eintragungsverfahrens die Gesellschaft die Beweislast dafür tragen, dass die Eintragung nicht endgültig gescheitert ist und die Eintragung noch möglich und wahrscheinlich ist. 44

aa) Die Unterbilanzhaftung

Die Haftung der Gesellschafter nach den Grundsätzen der Unterbilanzhaftung ähnelt der Verlustdeckungshaftung, setzt aber die Eintragung der Gesellschaft in das Handelsregister voraus. Anders als bei den Grundsätzen der Verlustdeckungshaftung ist diese Haftung auf die Deckungslücke zwischen dem Vermögen der Gesellschaft und dem satzungsmäßigen Kapital beschränkt, also nicht unbegrenzt. 45

bb) Die unmittelbare Außenhaftung der Gesellschafter

Die unmittelbare Außenhaftung der Gesellschafter ist die Ausnahme, da eine solche nach Ansicht des BGH dem Haftungssystem des GmbH-Rechts widersprechen würde.[66] Gleichwohl spielt die unmittelbare Inanspruchnahme der Gläubiger in der Praxis eine nicht unerhebliche Rolle, weil sie aus Sicht des Gläubigers eine Reihe von Nachteilen der Innenhaftung der Gesellschafter vermeidet (Rn. 42 f.; vgl. auch § 13 Rn. 44 ff.). Die unmittelbare Außenhaftung kommt dabei dann zur Anwendung, wenn nur ein Gesellschafter vorhanden ist (Ein-Personen-Gründung) oder aber die Vorgesellschaft vermögenslos ist. 46

Zunächst kommt eine Innenhaftung dann nicht in Betracht, wenn **nur ein Gesellschafter** vorhanden ist.[67] Eine Innenhaftung des Gesellschafters wäre unter dem Gesichtspunkt der Verfahrensökonomie nicht zu vertreten. Nicht zuletzt fällt das Sondervermögen nach Scheitern der Vorgesellschaft ohne Liquidation dem Gesellschafter zu. 47

Als weiterer Ausnahmefall von der reinen Innenhaftung der Gesellschafter ist in der Praxis die Möglichkeit des unmittelbaren Zugriffs auf die Gesellschafter dann gegeben, wenn die **Vorgesellschaft** (mit Ausnahme etwaiger Ansprüche gegen die Gesellschafter) **vermögenslos** ist.[68] Auch hier wäre eine reine Abwicklung über das Vermögen der Gesellschaft unter verfahrensökonomischen Gesichtspunkten kaum vertretbar. Eine die unmittelbare Inanspruchnahme der Gesellschafter rechtfertigende Vermögenslosigkeit ist jedenfalls dann anzunehmen, wenn das Insolvenzverfahren bei der Vorgesellschaft (siehe Rn. 44) mangels die Kosten des Verfahrens deckenden Vermögens abgelehnt wurde oder aber das Verfahren eingestellt wurde, weil (nennenswertes) Vermögen nicht vorhanden ist.[69] Können die Gesellschafter unter diesem Gesichtspunkt unmittelbar vom Gläubiger in Anspruch genommen werden, haften sie nicht als Gesamtschuldner,[70] sondern entsprechend der übernommenen Stammeinlage quotal.[71] 48

5. Die Beendigung der Vorgesellschaft vor Eintragung

In der Regel endet die Vorgesellschaft durch Eintragung der GmbH in das Handelsregister. Dabei wird das Vermögen der Vorgesellschaft durch die GmbH fortgeführt (siehe Rn. 52). Kommt es nicht 49

64 *Schmidt*, ZIP 1997, 671.
65 *Wiegand*, BB 10098, 1065, 1067.
66 BGH NJW 1997, 1507; krit. etwa Michalski/*Michalski*, § 11 Rn. 66.
67 BGHZ 134, 341.
68 BGHZ 134, 341; BAG NJW 2000, 2915.
69 BAG NJW 3331; 1998, 628.
70 So LAG Hessen, GmbHR 1998, 783; *Ensthaler*, BB 1997, 1210.
71 Baumbach/Hueck/*Hueck/Fastrich*, § 11 Rn. 27 ; BSG ZIP 2000, 494; *Schmidt*, ZIP 1997, 671.

zur Eintragung, kann die Vorgesellschaft aus anderen Gründen erlöschen. Dabei sind § 60 und die darin genannten Auflösungsgründe auch für die Vorgesellschaft weitgehend anwendbar,[72] insbesondere können die Gesellschafter die Auflösung der Vorgesellschaft beschließen (§ 60 Abs. 1 Nr. 2). Der Beschluss zur Auflösung der Gesellschaft bedarf im Stadium der Vorgesellschaft einer Dreiviertelmehrheit.[73] Sofern nicht der Gesellschaftsvertrag ohnehin das Recht zur Kündigung der Gesellschaft vorsieht (§ 60 Abs. 2), kann nach Ansicht des BGH die Kündigung eines Gesellschafters aus wichtigem Grund in entsprechender Anwendung des § 723 BGB zur Auflösung der Gesellschaft führen.[74] Ein solcher wichtiger Grund dürfte stets dann vorliegen, wenn ein Gesellschafter seiner Einlagepflicht nicht nachkommt. Dieser Auffassung ist im Grundsatz zuzustimmen, die verbleibenden Gesellschafter können die Fortsetzung der Gesellschaft beschließen, sofern sie den Zweck der Gesellschaft und das Ziel der Eintragung noch weiterverfolgen.[75] Die Kündigung des Gesellschafters (Austrittsrecht) würde zu Problemen im Hinblick auf den „Anteil" des ausscheidenden Gesellschafters führen, da der Geschäftsanteil erst mit der Eintragung der Gesellschaft besteht (siehe § 10 Rn. 14).

50 Die Gesellschaft endet auch, wenn über das Vermögen der Gesellschaft das Insolvenzverfahren eröffnet (§ 60 Abs. 1 Nr. 4) oder mangels Masse abgelehnt worden ist (§ 60 Abs. 1 Nr. 5). Auch die Ablehnung der Eintragung wegen eines Eintragungshindernisses führt zum Erlöschen der Vorgesellschaft, sofern das Eintragungshindernis nicht behebbar ist.

51 Die Abwicklung der Vorgesellschaft selbst (die Liquidation) entspricht im Grundsatz der Abwicklung der GmbH nach den §§ 65 ff. und erfolgt nicht etwa nach den §§ 730 ff., 421, 427 BGB,[76] sofern die Abwicklung nicht nach den Vorschriften der InsO erfolgt (zur Abwicklung bei der Ein-Personen-GmbH siehe Rn. 57 ff.). Die Anwendbarkeit der Vorschriften des GmbHG bedeutet vor allem die Zuständigkeit der Geschäftsführer für die Liquidation der Gesellschaft. Setzen die Gesellschafter trotz Scheitern der Eintragung die Gesellschaft fort, so wandelt sich die Gesellschaft im Regelfall in eine OHG um.

6. Die Eintragung der GmbH

52 Die Auffassungen über den Entstehungsgrund der GmbH bei Eintragung unterscheiden sich mehr in der Theorie als in den praktischen Folgen. Die Kontinuität der GmbH mit der Vorgesellschaft kann mit einer formwechselnden Umwandlung[77] oder aber mit der Identität von Vorgesellschaft und GmbH[78] erklärt werden. Fest steht, dass die Einlagen der Vorgesellschaft auf die GmbH übergehen, die Satzung nunmehr Satzung der GmbH ist.

a) Die Haftungsfolgen bei Eintragung

53 Mit der Eintragung der GmbH entfällt die Verlustdeckungshaftung (Rn. 41 ff.). Dafür können die Gesellschafter nunmehr nach den Grundsätzen der Vorbelastungshaftung für Verluste der Gesellschaft, die bei der Eintragung der Gesellschaft vorhanden waren, in Anspruch genommen werden. Diese Vorbelastungshaftung erstreckt sich sowohl auf den Ausgleich der Unterbilanz (also das bei Eintragung der Gesellschaft zur Deckung des Stammkapitals fehlende Kapital) als auch auf den Zustand der Überschuldung.[79]

---

72 Michalski/*Michalski*, § 11 Rn. 72.

73 Etwa Hachenburg/*Ulmer*, § 11 Rn. 23; Baumbach/Hueck/*Hueck/Fastrich*, § 11 Rn. 30; Scholz/*K. Schmidt*, § 11 Rn. 55.

74 Streitig, wie hier BGH v. 23.10.2006 – II ZR 162/05; Hachenburg/*Ulmer*, § 11 Rn. 53; a.A. (Auflösungsklage) etwa Michalski/*Michalski*, § 11 Rn. 72. Die Folge der Ansicht des BGH ist, dass die Gesellschaft nicht etwa durch den oder die verbleibenden Gesellschafter fortgesetzt werden kann, wie dies etwa nach § 133 Abs 3 Nr. 3 HGB der Fall wäre.

75 Dies kann jedoch nur durch Satzungsänderung geschehen, BGH v. 23.10.2006 – II ZR 162/05; zweifelnd: *Drygalla*, JZ 2007, 997, 999.

76 H.M.: BGHZ 169, 270; BGH NJW 1998, 1079; Baumbach/Hueck/*Hueck/Fastrich*, § 11 Rn. 31 ; a.A. etwa Hachenburg/*Ulmer*, § 11 Rn. 55. Insbesondere besteht keine Nachschusspflicht der Gesellschafter nach § 735 BGB, vgl. BGH NJW 1983, 876.

77 Etwa Hachenburg/*Ulmer*, § 11 Rn. 89.

78 Etwa Scholz/*K. Schmidt*; § 11 Rn. 25, 133; Roth/Altmeppen/*Roth*, § 11 Rn. 19.

79 Achilles/Ensthaler/Schmidt/*Ensthaler*, § 11 Rn. 35.

Dies bedeutet zunächst, dass die Gründer anteilig im Verhältnis der übernommenen Stammeinlagen (siehe Rn. 41) gegenüber der Gesellschaft insoweit haften, als sich durch Verbindlichkeiten der Vorgesellschaft im Zeitpunkt der Eintragung der Gesellschaft eine Differenz zwischen Stammkapital und Wert des Gesellschaftsvermögens ergeben hat. Daraus folgt weiter, dass der Anspruch aus der Unterbilanzhaftung nicht infolge späterer Gewinne oder anderweitiger Werterhöhungen des Vermögens untergehen kann, selbst wenn diese Gewinne zur Deckung des Stammkapitals führen. Die Haftung der Gesellschafter ist hier auf die Deckungslücke zwischen dem Vermögen der Gesellschaft und dem satzungsmäßigen Kapital beschränkt;[80] umfasst also auch weiter gehende Verluste.[81] Auch ist die Ausfallhaftung des § 24 hier anwendbar. **54**

Die Haftung umfasst jedoch nicht die in der Satzung festgesetzten Gründungskosten.[82] Die Durchsetzung des Anspruchs erfolgt durch den Geschäftsführer und hat so zu erfolgen wie die Einlagepflicht nach den §§ 19 ff.[83] **55**

b) Mantelverwendung

Besondere Probleme wirft die Haftung bei den Fällen der Mantelverwendung oder wirtschaftlichen Neugründung auf (siehe § 7 Rn. 14). Die Grundsätze der Unterbilanzhaftung sind nämlich auf die wirtschaftliche Neugründung entsprechend anzuwenden.[84] Erwerber von Geschäftsanteilen sollten daher sorgfältig prüfen, ob in der Vergangenheit eine wirtschaftliche Neugründung der Gesellschaft vorlag und dabei eine Unterbilanz nicht vorlag. Maßgeblicher Zeitpunkt für eine Unterbilanzhaftung kann mangels Eintragung jedoch nicht der Zeitpunkt der Eintragung der Gesellschaft sein, sondern der Stichtag der Offenlegung entsprechend § 8 Abs. 2 der wirtschaftlichen Neugründung gegenüber dem Registergericht.[85] Schwierigkeiten bereiten die Fälle der Mantelverwendung (oder Verwendung einer Vorrats-GmbH), bei denen die wirtschaftliche Neugründung im Sinne des BGH vor dem Bekanntwerden der Entscheidung des BGH vom 7.7.2003 erfolgt ist, da hier eine (zwingend notwendige) Offenlegung gegenüber dem Registergericht weder verlangt noch vorgenommen wurde. Die Folge der Unterbilanzhaftung der Gesellschafter versuchen einzelne Obergerichte unter Hinweis auf den Vertrauensschutz zu vermeiden, indem sie die Grundsätze des BGH zur wirtschaftlichen Neugründung auf Altfälle nicht anwenden.[86] Dies würde jedoch zu einer nicht gerechtfertigten Privilegierung der Gesellschafter dieser früheren Vorratsgesellschaften führen und ist daher abzulehnen, zumal die Problematik sich dadurch entschärft, dass derartige Ansprüche im Hinblick auf den anzuwendenden § 9 Abs. 2 (a.F.) häufig verjährt sein dürften.[87] **56**

7. Besonderheiten bei der Ein-Personen-Vorgesellschaft

Die Gründung der Ein-Personen-GmbH führt gerade im Bereich der Gründungsphase zu erheblichen dogmatischen Schwierigkeiten.[88] Insbesondere kann die Vorstellung der Vorgesellschaft als Gesamthandsgemeinschaft (vgl. Rn. 18) hier nicht zur Anwendung kommen, weil es bereits an mehreren Gesellschaftern fehlt. Nach überwiegender Ansicht handelt es sich bei der Ein-Personen-Vorgesellschaft um ein Sondervermögen des Gründers.[89] Teilweise wird in der Ein-Personen-Gesellschaft jedoch ein nicht näher einzuordnendes teilrechtsfähiges „Gebilde" ohne Gesamthandsvermögen gesehen, das auch nicht rechtsfähig ist.[90] Auch wenn sich eine Reihe von dogmatisch ungelösten Problemen ergibt, etwa Schwierigkeiten der Erkennbarkeit von Übertragungen, bei Scheitern der Eintragung der automatische Rückfall des Vermögens an den Gesellschafter (vgl. zur **57**

80 BGH NJW 2012, 1875.
81 BGHZ 134, 333; BGH NJW 2006, 1594 (Vor-AG).
82 BGH NJW 1998, 223.
83 Achilles/Ensthaler/Schmidt/*Ensthaler*, § 11 Rn. 36; zur Verjährung vgl. BGH GmbHR 2008, 208.
84 BGH NJW 2012, 1875.
85 BGH NJW 2003, 3198.
86 OLG Köln v. 20.12.2007 – Az. 18 U 172/06.
87 BGH GmbHR 2008, 208.
88 Vgl. etwa *Petersen*, NZG 2004, 400.
89 Hachenburg/*Ulmer*, § 11 Rn. 17; Baumbach/Hueck/*Hueck/Fastrich*, § 11 Rn. 42.
90 Michalski/*Michalski*, § 11 Rn. 74.

Haftung Rn. 47)[91], dürfte es sich um Sondervermögen des Gesellschafters handeln. Ein ähnliches Sondervermögen erkennt der Gesetzgeber im Übrigen im Zusammenhang mit der Möglichkeit der Umwandlung des Vermögens eines Einzelkaufmanns an (§ 3 Abs. 2 Nr. 2 UmwG). Auch dort muss zwischen dem einzubringenden Sondervermögen des Kaufmanns und seinem Privatvermögen unterschieden werden (vgl. zur Haftung Rn. 47).

58 Der Gesetzgeber unterscheidet bei der Frage der Vorgesellschaft und deren Funktionen (etwa als Empfänger der Einlagen) jedoch nicht zwischen der Mehr-Personen-Gesellschaft und der Ein-Personen-Vorgesellschaft, sodass es unabhängig von der dogmatischen Einordnung und den sich daraus ergebenden Fragen in jedem Fall angebracht erscheint, die für die gewöhnliche Vorgesellschaft anzuwendenden Grundsätze so weit als möglich auch für die Ein-Personen-Vorgesellschaft anzuwenden.

59 Die Ein-Personen-Vorgesellschaft hat bereits einen Geschäftsführer (§ 8 Abs. 1 Nr. 2), durch den sie im Außenverhältnis vertreten wird. Der Geschäftsführer hat die Aufgabe, die Eintragung der Gesellschaft herbeizuführen (§ 7 Abs. 1), er ist für die Übertragung der Einlagen auf die Vorgesellschaft zuständig, insbesondere müssen diese Übertragungen auch bei Personenidentität nach außen erkennbar sein.[92] Sie ist weiter konto- und parteifähig.

60 Unterschiede ergeben sich jedoch bei der Haftung der Vorgesellschaft bei **unterbleibender Eintragung** (siehe Rn. 52 ff.). Anders als bei der gewöhnlichen Vorgesellschaft, die allein eine Innenhaftung der Gesellschafter gegenüber der Gesellschaft ist, können Gläubiger wegen Forderungen gegen die Gesellschaft unmittelbar gegen den Gründer vorgehen (siehe Rn. 46 f.), ihn trifft also eine unbeschränkte Außenhaftung. Damit haftet der Alleingesellschafter bis zur Eintragung der Gesellschaft in das Handelsregister unbeschränkt, und zwar ggf. neben der Haftung nach Abs. 2, wenn der Gesellschafter zugleich Geschäftsführer der Gesellschaft ist. Nach Eintragung der Gesellschaft in das Handelsregister können Dritte den Gesellschafter jedoch nicht unmittelbar wegen Verlusten in Anspruch nehmen, die vor der Eintragung entstanden sind, ausgenommen der Gesellschafter haftet nach Abs. 2 (siehe Rn. 41 ff.) oder beim Haftungsdurchgriff (siehe § 13 Rn. 19 ff.).

8. Besonderheiten bei der GmbH & Co. KG

61 Die Vorgesellschaft kann Komplementär der KG sein,[93] insbesondere kann die Vorgesellschaft als Komplementärin in das Handelsregister bei der KG eingetragen werden,[94] ratsam ist dies jedoch nicht. Erforderlich ist in diesem Fall allerdings die Vereinbarung, dass auch die Vorgesellschaft Komplementär sein soll, und die Anmeldung der Vorgesellschaft als Komplementär der KG.

62 ! Die Gründung der GmbH & Co. KG kann im Hinblick auf die oft geringe Kapitalausstattung der Komplementär-GmbH und ihre meist nur begrenzten Aufgaben (Wahrnehmung der Geschäftsführung bei der KG) meist einfach und schnell herbeigeführt werden. Es ist daher ratsam, mit der Anmeldung der KG zum Handelsregister (und der Aufnahme der Geschäftstätigkeit) so lange zu warten, bis auch die GmbH angemeldet werden kann. Die gleichzeitige Einreichung zum Handelsregister ist dabei ausreichend und führt zur Eintragung der KG mit eingetragener GmbH als Komplementär.

63 Vor Eintragung der KG haften die Gesellschafter der KG unbeschränkt (§ 173 HGB), die Gesellschafter der Vorgesellschaft aus den Grundsätzen der Unterbilanzhaftung für die Verbindlichkeiten der KG nach § 128 HGB (siehe Rn. 43 ff.).

91 dazu etwa *Petersen*, NZG 2004, 400.
92 BayObLG DB 1994, 524; Baumbach/Hueck/*Hueck*/*Fastrich*, § 11 Rn. 43.
93 Allgemeine Ansicht: BGHZ 80, 129; BGH NJW 1985, 736; Hachenburg/*Ulmer*, § 11 Rn. 136; *K. Schmidt*, NJW 1981, 1347.
94 BGH NJW 1985, 736.

II. Die Handelndenhaftung (Abs. 2)

1. Grundsatz

Die Regelung des Abs. 2 sollte ursprünglich dem Zweck dienen, das Handeln der Gesellschaft oder für die Gesellschaft vor Eintragung möglichst zu unterbinden.[95] Später trat der Gesichtspunkt des Gläubigerschutzes in den Vordergrund, der jedoch im Hinblick auf die Haftung der Gesellschaft und der Gesellschafter (siehe Rn. 36 ff.) an Bedeutung verloren hat.[96] Abs. 2 spielt daher nunmehr vor allem dort eine Rolle, wo die Geschäftsführer außerhalb der ihnen zustehenden Vertretungsmacht handeln.[97] Nunmehr wird der Grund für die Handelndenhaftung darin gesehen, dass für Dritte das Risiko der fehlenden Kapitalgrundlage aufgrund (ausstehender) registerrechtlicher Kontrolle kompensiert werden soll.[98] 64

Die Handelndenhaftung nach Abs. 2 kommt **nur im Stadium der Vorgesellschaft**, dagegen nicht im Rahmen der Vorgründungsgesellschaft in Betracht, da ein Handeln für die Gesellschaft im Bereich der Vorgründungsgesellschaft nicht möglich ist. Dagegen findet Abs. 2 im Bereich der Mantelverwendung (siehe Rn. 56) Anwendung, da die Mantelverwendung keine Haftungserleichterung bewirken soll. Maßgeblicher Zeitpunkt für das in Betracht kommende Handeln ist dabei der Zeitraum vor Offenlegung der wirtschaftlichen Neugründung gegenüber dem Registergericht. 65

a) Der Begriff des Handelnden i.S.v. Abs. 2

Da die Vorgesellschaft allein durch die Geschäftsführer vertreten wird, kann Handelnder i.S.d. Abs. 2 nur sein, wer als Geschäftsführer oder zumindest wie ein Geschäftsführer für die Vorgesellschaft (oder für die zukünftige GmbH) auftritt (sog. faktischer Geschäftsführer)[99]. Die Gründer fallen auch dann nicht in den Anwendungsbereich des Abs. 2, wenn sie die Geschäftsaufnahme und Tätigkeit des Geschäftsführers veranlasst haben.[100] Auch Vertreter der Gesellschaft, die nicht Geschäftsführer sind oder wie Geschäftsführer handeln, etwa Prokuristen oder Handlungsbevollmächtigte, fallen nicht unter Abs. 2.[101] Dagegen kann eine Haftung des Geschäftsführers dann in Betracht kommen, wenn er nicht selbst gehandelt hat, sondern ein Dritter etwa als Vertreter gehandelt hat.[102] 66

b) Handeln im Namen der Gesellschaft

Die Haftung des Abs. 2 setzt rechtsgeschäftliches oder zumindest rechtsgeschäftsähnliches Handeln des Geschäftsführers voraus[103] und greift daher nicht bei Forderungen, die aufgrund gesetzlicher Vorschrift entstehen.[104] Die Vorschrift findet auch dort keine Anwendung, wo die Gründer Ansprüche gegen den Geschäftsführer geltend machen,[105] da diese das Risiko einer vorzeitigen Geschäftsaufnahme nicht auf andere abwälzen können. 67

Streitig ist, ob die Haftung des Abs. 2 nur dann in Betracht kommt, wenn der Geschäftsführer „im Namen der Gesellschaft", also im Namen der (künftigen) GmbH, gehandelt haben muss, oder ob Abs. 2 auch den Fall erfasst, dass der Geschäftsführer [106] für die Vorgesellschaft handelt.[107] Da der Geschäftsführer i.d.R. nicht zwischen einem Handeln für die Vorgesellschaft und einem Handeln 68

95 Baumbach/Hueck/*Hueck/Fastrich*, § 11 Rn. 45.
96 Im Einzelnen: Michalski/*Michalski*, § 11 Rn. 85, 87.
97 BGH WM 2004, 15.
98 Michalski/*Michalski*, § 11 Rn. 103.
99 BGHZ, 47, 26; Michalski/*Michalski*, § 11 Rn. 90 m.w.N.; zur Haftung des Aufsichtsrates der Vorgesellschaft einer AG vgl. BGH NJW 2004, 2519.
100 BGHZ 65, 378; vgl. jedoch *Beuthien*, ZIP 1996, 305, 309.
101 Zur Haftung des ausgeschiedenen Geschäftsführers vgl. BAG NJW 1998, 2846.
102 BGHZ 53, 206; Michalski/*Michalski*, § 11 Rn. 91.
103 *Beuthien*, BB 1996, 1337.
104 BSG BB 1986, 2271 (Sozialversicherungsbeiträge).
105 Vgl. BGHZ 76, 320.
106 So etwa BGHZ 66, 359.
107 So etwa Baumbach/Hueck/*Hueck/Fastrich*, § 11 Rn. 48; Michalski/*Michalski*, § 11 Rn. 98 ff.

für die zukünftige GmbH differenziert,[108] erscheint es mit der nunmehr vorherrschenden Ansicht richtig, sowohl das Handeln im Namen der künftigen GmbH als auch das Handeln im Namen der Vorgesellschaft (nicht jedoch Vorgründungsgesellschaft) in den Anwendungsbereich des Abs. 2 zu nehmen.

2. Inhalt und Umfang der Haftung

69 Die Haftung des Handelnden nach Abs. 2 kann nicht weiter gehen, als die Haftung der eingetragenen Gesellschaft sein würde, denn der Gläubiger soll nicht schlechter, aber auch nicht besser gestellt werden als bei Inanspruchnahme der eingetragenen Gesellschaft.[109] Das gilt etwa auch für die Verjährung des Anspruchs. Greift die Handelndenhaftung nach Abs. 2 ein und ist die Vorgesellschaft nicht wirksam verpflichtet worden (Vertreter ohne Vertretungsmacht), steht dem Gläubiger kein Wahlrecht aus § 179 Abs. 1 BGB auf Erfüllung oder Schadensersatz zu, sondern er hat allein Anspruch aus Abs. 2, weil § 179 Abs. 1 BGB durch Abs. 2 verdrängt wird.[110] Der Handelnde kann die Haftung rechtsgeschäftlich ausschließen, Abs. 2 ist damit dispositiv.[111] Wird für eine nicht oder noch nicht existierende Gesellschaft gehandelt, haftet der Handelnde persönlich.[112]

a) Erlöschen der Haftung

70 Die Haftung des Handelnden erlöscht ohne Weiteres mit der Eintragung der Gesellschaft in das Handelsregister, da die Forderung damit auf die Gesellschaft übergeht (siehe Rn. 52 ff.).[113] Ein anerkennenswertes Bedürfnis für die Haftung des Geschäftsführers besteht dann nicht mehr. War das Handeln des Geschäftsführers (oder faktischen Geschäftsführers) dagegen außerhalb der ihm eingeräumten Vertretungsmacht, was allerdings die Ausnahme sein dürfte (vgl. Rn. 67), bleibt die Haftung nach Abs. 2 bestehen.[114] Die Handelndenhaftung ist daher vor allem im Zeitraum bis zur Eintragung der Gesellschaft und bei gescheiterter Eintragung der Gesellschaft von Bedeutung.

b) Rückgriffsansprüche des Handelnden

71 Der nach Abs. 2 in Anspruch genommene Geschäftsführer kann, sofern er im Rahmen seiner Befugnisse gehandelt hat, zunächst nach § 257 BGB Freistellung von der Inanspruchnahme von der Vorgesellschaft oder, wenn er bereits erfüllt hat, Erstattung verlangen. Der Anspruch folgt aus dem Anstellungsvertrag des Geschäftsführers, der auch den Anspruch auf Aufwendungsersatz (§§ 675, 670 BGB) umfasst.[115] Ob ein solcher Anspruch auch unmittelbar gegenüber den Gründern besteht, ist streitig.[116] Nach neuerer Ansicht besteht im Hinblick auf die Unterbilanzhaftung der Gesellschafter (siehe Rn. 40 ff.) nunmehr kein Anlass, dem Geschäftsführer einen unmittelbaren Anspruch gegen die Gründer einzuräumen.[117]

C. Weitere praktische Hinweise

72 Zur **steuerlichen Einordnung** der Gesellschaft zwischen Errichtung und Eintragung vgl. § 7 Rn. 30, § 9c Rn. 10 und § 10 Rn. 16.

108 Vgl. Michalski/*Michalski*, § 11 Rn. 99.
109 BGHZ 69, 104; Baumbach/Hueck/*Hueck/Fastrich*, § 11 Rn. 51; Michalski/*Michalski*, § 11 Rn. 103.
110 Michalski/*Michalski*, § 11 Rn. 106.
111 BGHZ 53, 210; Baumbach/Hueck/*Hueck/Fastrich*, § 11 Rn. 52; zur Handelndenhaftung einer Gesellschaft in Gründung: OLG Brandenburg, Urteil vom 05.04.2011 – 11 U 121/09.
112 OLG Brandenburg, 5.4.2011 – 11 U 121/09.
113 BGHZ 80, 182; BGH NJW 1982, 932.
114 BGHZ 80, 182; BGH NJW 1982, 932; a.A. Scholz/*K. Schmidt*, § 11 Rn. 120 (Anwendung von § 179 BGB).
115 Michalski/*Michalski*, § 11 Rn. 110; Baumbach/Hueck/*Hueck/Fastrich*, § 11 Rn. 54.
116 So etwa BGHZ 86, 122; *Flume*, NJW 1981, 1755.
117 Hachenburg/*Ulmer*, § 11 Rn. 123; Michalski/*Michalski*, § 11 Rn. 112; Baumbach/Hueck/*Hueck/Fastrich* § 11 Rn. 54.

§ 12 Bekanntmachungen der Gesellschaft

Bestimmt das Gesetz oder der Gesellschaftsvertrag, dass von der Gesellschaft etwas bekannt zu machen ist, so erfolgt die Bekanntmachung im Bundesanzeiger (Gesellschaftsblatt). Daneben kann der Gesellschaftsvertrag andere öffentliche Blätter oder elektronische Informationsmedien als Gesellschaftsblätter bezeichnen.

Literatur

Noack, Neue Publizitätspflichten und Publizitätsmedien für Unternehmen – eine Bestandsaufnahme nach EHUG und TUG, WM 2007, 377; *Noack*, Pflichtbekanntmachungen bei der GmbH: Neue Regeln durch das Justizkommunikationsgesetz, DB 2005, 599; *Noack*, Elektronische Publizität im Aktien- und Kapitalmarktrecht in Deutschland und Europa, AG 2003, 537; *Struppi*, Bekanntmachungen der GmbH nach § 12 GmbHG, GmbHR 2006, 138; *Terbrack*, Neuregelung der Bekanntmachung der GmbH, DStR 2005, 2045.

A. Allgemeines

Die Vorschrift wurde neu eingefügt durch Gesetz über die Verwendung elektronischer Kommunikationsformen in der Justiz (Justizkommunikationsgesetz – JKomG) vom 22.3.2005,[1] geändert durch Gesetz über elektronische Handelsregister und Genossenschaftsregister sowie das Unternehmensregister (EHUG) vom 10.11.2006.[2] Zuletzt Satz 1 geändert und Satz 3 aufgehoben mit Wirkung zum 1.4.2012 durch Gesetz vom 22.12.2011.[3] Die Parallelvorschrift im Aktienrecht ist § 25 AktG. 1

B. Inhalt der Regelung

I. Bekanntmachungen im Gesellschaftsblatt (Satz 1)

Die Vorschrift regelt die gesetzlichen und gesellschaftsvertraglichen **Pflichtbekanntmachungen** der Gesellschaft, nicht die Bekanntmachungen über Eintragungen im Handelsregister.[4] Pflichtbekanntmachungen kraft Gesetzes finden sich z.B. in § 30 Abs. 2; § 58 Abs. 1 Nr. 1; § 65 Abs. 2; § 73 Abs. 1, § 75 Abs. 2 i.V.m. § 246 Abs. 4 AktG.[5] Bekanntmachungen, die nach dem Gesellschaftsvertrag vorgesehen sein können, betreffen i.d.R. die Information der Gesellschafter. Denkbar ist etwa, dass die Einberufung der Gesellschafterversammlung unter Mitteilung der Tagesordnung oder personelle Veränderungen von fakultativen Gremien im Bundesanzeiger bekannt zu machen ist. Solche satzungsmäßigen Bekanntmachungspflichten sind in der Praxis aber eher selten anzutreffen.[6] 2

Der **Bundesanzeiger** wird durch die Vorschrift in Form einer Legaldefinition als Basisgesellschaftsblatt und damit als Pflichtmedium für die Gesellschaften mit beschränkter Haftung festgelegt.[7] Es 3

1 BGBl. I S. 837.
2 BGBl. I S. 2553.
3 BGBl. I S. 3044.
4 Diese erfolgen elektronisch z.B. unter <http://www.handelsregisterbekanntmachungen.de>. Für diese gilt weiterhin § 10 HGB, vgl. Scholz/*Veil*, § 12 Rn. 5.
5 *Noack*, DB 2005, 599; *Struppi*, GmbHR 2006, 138.
6 Vgl. *Terbrack*, DStR 2005, 2045.
7 BT-Drucks. 15/4067, S. 56.

handelt sich um zwingendes Gesetzesrecht,[8] das die Bekanntmachungsvorschriften sprachlich und inhaltlich vereinheitlicht.[9]

4 Der Bundesanzeiger wird seit dem 1.4.2012 nur noch ausschließlich elektronisch herausgegeben. Insofern erübrigt sich ein entsprechender Hinweis auf den „elektronischen" Bundesanzeiger im Gesetz oder im Gesellschaftsvertrag (Muster siehe Rn. 10). Der Bundesanzeiger kann kostenfrei unter http://www.bundesanzeiger.de abgerufen werden. Herausgeber ist das Bundesministerium der Justiz. Betrieben wird der Bundesanzeiger von der Bundesanzeiger Verlagsgesellschaft mbH in Köln, in der auch dieser Kommentar verlegt wird.

> **!** Da der Bundesanzeiger nur noch elektronisch herausgegeben wird, ist ein entsprechender Hinweis im Gesellschaftsvertrag entbehrlich bzw. gegenstandslos. Gleichwohl sollte der Gesellschaftsvertrag generell an die jeweils aktuelle Gesetzeslage angepasst werden, um Auslegungswidersprüche zu vermeiden.

5 Es wird die Auffassung vertreten, dass gänzlich von einer Regelung über Bekanntmachungen der Gesellschaft im Gesellschaftsvertrag verzichtet werden könnte, da mit § 12 eine einschlägige zwingende Vorschrift existiere.[10]

> **!** In der Praxis empfiehlt es sich immer, eine entsprechende Bestimmung nach dem angegebenen Muster (siehe Rn. 10) in den Gesellschaftsvertrag mit aufzunehmen (sicherster Weg).

6 Bei inhaltlich **fehlerhaften Bekanntmachungen** treten gewünschte Rechtsfolgen grundsätzlich nicht ein; Fristen beginnen nicht zu laufen.[11] Das gilt auch für den Fall, dass weitere Gesellschaftsblätter in der Satzung benannt sind (Satz 2) und die Bekanntmachung nicht in sämtlichen Gesellschaftsblättern erfolgt ist (siehe Rn. 8).[12]

II. Satzungsmäßige Gesellschaftsblätter (Satz 2)

7 Neben dem Bundesanzeiger können „andere öffentliche Blätter" als Gesellschaftsblätter festgelegt werden. Dies können Printmedien sein, wie z.B. Tageszeitungen. Unter „elektronische Informationsmedien" sind etwa die Unternehmenshomepage[13], Finanzportale im Internet oder sonstige Dienstleister für Wirtschaftsinformationen zu verstehen.[14]

8 Zu beachten ist, dass es sich stets nur um **zusätzliche Veröffentlichungen** neben der Bekanntmachung im Bundesanzeiger handelt.[15] Die Bekanntmachung im Bundesanzeiger ersetzt gleichwohl nicht die Bekanntmachung durch andere Medien, wenn diese in der Satzung der Gesellschaft vorgesehen ist.[16] Unter dem Gesichtspunkt des Gesellschafter- und Gläubigerschutzes dürfen die angesprochenen Personenkreise darauf vertrauen, dass Bekanntmachungen auch weiterhin in den in der Satzung bestimmten weiteren Gesellschaftsblättern erfolgen.[17] Relevant ist dies v.a. etwa für den Fristbeginn, für den es auf den Zeitpunkt der Veröffentlichung im zuletzt erschienen aller

8 BT-Drucks. 15/4067, S. 56; vgl. auch Baumbach/Hueck/*Fastrich*, § 12 Rn. 4; *Struppi*, GmbHR 2006, 138.
9 BT-Drucks. 15/4067, S. 56.
10 Vgl. *Struppi*, GmbHR 2006, 138.
11 Baumbach/Hueck/*Fastrich*, § 12 Rn. 9; Scholz/*Veil*, § 12 Rn. 10. Zur aktienrechtlichen Regelung ebenso *Hüffer*, § 25 AktG Rn. 5a.
12 Scholz/*Veil*, § 12 Rn. 10; hierzu auch OLG Stuttgart v. 12.11.2010 – 8 W 444/10, GmbHR 2011, 38-39 = NZG 2011, 29-30 = ZIP 2011, 84-85.
13 BT-Drucks. 14/8769, S. 11.
14 Siehe dazu insgesamt *Noack*, AG 2003, 537 ff.
15 Vgl. auch Baumbach/Hueck/*Fastrich*, § 12 Rn. 7; Scholz/*Veil*, § 12 Rn. 7.
16 Vgl. etwa OLG Stuttgart v. 12.11.2010 – 8 W 444/10, GmbHR 2011, 38-39 = NZG 2011, 29-30 = ZIP 2011, 84-85.
17 Baumbach/Hueck/*Fastrich*, § 12 Rn. 7; *Noack*, DB 2005, 599, 600; Michalski/*Rühland*, § 12 Rn. 10.

Gesellschaftsblätter ankommt.[18] Ferner kann auch eine Veröffentlichung in jeder anderen Sprache festgelegt werden.[19]

C. Weitere praktische Hinweise

> Auf die **Benennung weiterer Gesellschaftsblätter** neben dem Bundesanzeiger sollte, wenn nicht ein zwingendes Erfordernis besteht, **verzichtet** werden, weil Bekanntmachungen dann stets auch in diesen Blättern zu erfolgen haben. Das ist mit **zusätzlichen Kosten** verbunden und führt bei Nichtbeachtung z.B. bei einer Einladung zu einer Gesellschafterversammlung zu einer nicht ordnungsgemäßen Ladung und damit möglicherweise zu einem Anfechtungsgrund. Darüber hinaus wird aufgrund des regelmäßig überschaubaren Gesellschafterkreises eine direkte Ansprache der Gesellschafter, etwa per Brief, vorzuziehen sein. 9

Zu den **Kosten der Bekanntmachung** durch die Gesellschaft einschließlich der Pflichtbekanntmachung im Bundesanzeiger siehe § 54 Rn. 25 ff. 10

D. Muster

Muster: Formulierungsvorschlag für die Regelung der Bekanntmachung im Gesellschaftsvertrag 11

> „Bekanntmachungen der Gesellschaft erfolgen ausschließlich im Bundesanzeiger." 4

18 Baumbach/Hueck/*Fastrich*, § 12 Rn. 8, Michalski/*Rühland*, § 12 Rn. 10.
19 *Terbrack*, DStR 2005, 2045.

Abschnitt 2 Rechtsverhältnisse der Gesellschaft und der Gesellschafter

§ 13 Juristische Person; Handelsgesellschaft

(1) Die Gesellschaft mit beschränkter Haftung als solche hat selbständig ihre Rechte und Pflichten; sie kann Eigentum und andere dingliche Rechte an Grundstücken erwerben, vor Gericht klagen und verklagt werden.

(2) Für die Verbindlichkeiten der Gesellschaft haftet den Gläubigen derselben nur das Gesellschaftsvermögen.

(3) Die Gesellschaft gilt als Handelsgesellschaft im Sinne des Handelsgesetzbuchs.

Literatur

Altmeppen, Gesellschafterhaftung und „Konzernhaftung" in der GmbH, NJW 2002, 321; *Altmeppen*, Grundlegend Neues zum „qualifiziert faktischen" Konzern und zum Gläubigerschutz in der GmbH, ZIP 2001, 1837; *Altmeppen*, Abschied vom Durchgriff im Kapitalgesellschaftsrecht, NJW 2007, 2657; *Altmeppen*, Zur Entwicklung eines neuen Gläubigerschutzkonzeptes in der GmbH, ZIP 2002, 1553; *Altmeppen*, Zur Rechtsnatur der actio pro socio, in: Heinrich (Hrsg.), Festschrift für Hans-Joachim Musielak zum 70. Geburtstag, 2004, S. 1; *Altmeppen*, Zur vorsätzlichen Gläubigerschädigung, Existenzvernichtung und materiellen Unterkapitalisierung der GmbH, ZIP 2008, 1201; *Banerjea*, Die Gesellschafterklage im GmbH- und Aktienrecht, 2000; *Bayer/Lieder*, Zur Abwicklung der Haftung wegen existenzvernichtenden Eingriffs und der Ersatzpflicht aus § 826 BGB in der Insolvenz, WM 2006, 999; *Benecke*, Existenzvernichtender Eingriff statt qualifiziert faktischer Konzern: Die neue Rechtsprechung des BGH zur Haftung von GmbH-Gesellschaftern, BB 2003, 1190; *Berger*, Die actio pro socio im GmbH-Recht, ZHR 149 (1985), 599; *Bitter*, Konzernrechtliche Durchgriffshaftung bei Personengesellschaften, 2000; *Bitter*, Gesellschafterhaftung für materielle Unterkapitalisierung, in: Bachmann u.a. (Hrsg.), Steuerungsfunktionen des Haftungsrechts, 2007, S. 57; *Bitter*, Haftung von Gesellschaftern und Geschäftsführern in der Insolvenz der GmbH, ZInsO 2010, 1505 und 1561; *Borges*, Gläubigerschutz bei ausländischen Gesellschaften mit inländischem Sitz, ZIP 2004, 733; *Brox/Henssler*, Handelsrecht, 19. Auflage 2007; *Bruns*, Zur Reichweite der Haftung wegen existenzvernichtenden Eingriffs, NZG 2004,409; *Bruns*, Zur Haftung des mittelbaren Gesellschafters wegen eines existenzvernichtenden Eingriffs bei Managementfehlern, DB 2005, 330; *Dauner-Lieb*, Die Existenzvernichtungshaftung – Schluss der Debatte?, DStR 2006, 2034; *Dauner-Lieb*, Die Existenzvernichtungshaftung als deliktische Innenhaftung gemäß § 826 BGB, ZGR 2008, 34; *Diem*, Besicherung von Gesellschafterverbindlichkeiten als existenzvernichtender Eingriff des Gesellschafters?, ZIP 2003, 1283; *Dißars*, Der existenzvernichtende Eingriff: Ein Instrument auch für das Steuerrecht?, StB 2007, 101; *Ehricke*, Zur Begründbarkeit der Durchgriffshaftung in der GmbH, insbesondere aus methodischer Sicht, AcP 199 (1999), 257; *Fleischer*, Konzernuntreue zwischen Straf- und Gesellschaftsrecht: Das Bremer Vulkan-Urteil, NJW 2004, 2867; *Flume*, Allgemeiner Teil des Bürgerlichen Rechts, Bd. 1 Teil 2, Die juristische Person, 1983; *Flume*, Die Rechtsprechung des II. Zivilsenats des BGH zur Treuepflicht des GmbH-Gesellschafters und des Aktionärs, ZIP 1996, 161; *Gehrlein*, Die Existenzvernichtungshaftung im Wandel der Rechtsprechung, WM 2008, 761; *Gellings*, Inanspruchnahme eines Gesellschafters: Innenregress und Gesamtschuldnerausgleich, JuS 2012, 589; *Gloger/Goette*, van Huet, Die neue Rechtsprechung zur Existenzvernichtungshaftung mit Ausblick in das englische Recht (Teil 1), DStR 2008, 1141 und 1194; *Götte*, Das Kapitalschutzsystem auf der neuen Grundlage der Existenzvernichtungshaftung, DStR 2007, 1593; *Götte*, Drittwiderspruchsklage der Gesellschaft bei Pfändung eines im Besitz des Alleingesellschafter-Geschäftsführers stehenden Gegenstandes, DStR 2004, 50; *Grädler/Köchel*, Die Haftung der Gesellschafter in den Gründungsstadien einer GmbH, ZGS 2011, 441; *Grigoleit*, Gesellschafterhaftung für interne Einflussnahme im Recht der GmbH, 2006; *Grunewald*, Die Gesellschafterklage in der Personengesellschaft und der GmbH, 1990; *Haas*, Die Gesellschafterhaftung wegen Existenzvernichtung, WM 2003, 1929; *Habersack*, Trihotel – Das Ende der Debatte?, ZGR 2008, 533; *Heidinger/Blath*, Die Unterbilanzhaftung im Kapitalaufbringungssystem der GmbH – zugleich Besprechung von BGH v. 16.1.2006 – II ZR 65/04, ZNotP 2007, 42; *Heinz*, Die Haftung in GmbH und englischer Limited, AnwBl 2005, 417; *Henze*, Gesichtspunkte des Kapitalerhaltungsgebots und seiner Ergänzung im Kapitalgesellschaftsrecht der Rechtsprechung des BGH, NZG 2003, 649; *Henzler*, Haftung der GmbH-Gesellschafter wegen Existenzvernichtung, 2009; *Hinze*, Treuepflichten der Gesellschafter im Kapitalgesellschaftsrecht, ZHR 162 (1998), 186; *Höffer*, Zur gesellschaftsrechtlichen Treuepflicht als Richter rechtlicher Generalklauseln, in: Baur u.a. (Hrsg.),

Festschrift für Ernst Steindorff zum 70. Geburtstag, 1990, S. 59; *Hölzle*, Existenzvernichtungshaftung als Fallgruppe des § 826 BGB – Alte Haftung in neuem Gewand?, DZWiR 2007, 397; *Hölzle*, Materielle Unterkapitalisierung und Existenzvernichtungshaftung, ZIP 2004, 1729; *Hommelhoff*, Die Konzernleitungspflicht, 1982; *Hönn*, Roma Locuta? – Trihotel, Rechtsfortbildung und die gesetzliche Wertung, WM 2008, 769; *Hueck*, Der Grundsatz der gleichmäßigen Behandlung im Privatrecht, 1958; *Ihrig*, Einzelfragen zur Existenzvernichtungshaftung als Binnenhaftung, DStR 2007, 1170; *Jacob*, Konzeption der Existenzvernichtungshaftung vor dem Hintergrund des MoMiG-Entwurfs, GmbHR 2007, 796; *Keßler*, Durchgriffshaftung der GmbH-Gesellschafter wegen „existenzgefährdender" Eingriffe – Zur dogmatischen Konzeption des Gläubigerschutzes in der GmbH, GmbHR 2002, 945; *Kleindiek*, Deliktshaftung und juristische Person, 1997; *Kölbl*, Die Haftung wegen existenzvernichtenden Eingriffs: gesicherte Erkenntnisse und Entwicklungen seit Trihotel, BB 2009, 1194; *Konow*, Der Grundsatz der gleichmäßigen Behandlung der GmbH-Gesellschafter bei der Gewinnverteilung, GmbHR 1973, 121; *Kuleisa*, Vorbelastungshaftung bei der wirtschaftlichen Neugründung, DB 2011, 575; *Leuering*, Neues zur Haftung wegen materieller Unterkapitalisierung – Gamma, NJW-Spezial 2008, 431; *Leuering/Rubner*, Neues Konzept der Existenzvernichtungshaftung, NJW-Spezial 2007, 363; *Lieder, J.*, Die neue Existenzvernichtungshaftung, DZWiR 2008, 145; *Lutter*, Theorie der Mitgliedschaft, AcP 180 (1980), 84; *Lutter*, Treuepflichten und ihre Anwendungsprobleme, ZHR 162 (1998), 164; *Lutter/Banerjea*, Die Haftung des Geschäftsführers für existenzvernichtende Eingriffe, ZIP 2003, 2177; *Lutter/Banerjea*, Die Haftung wegen Existenzvernichtung, ZGR 2003, 402; *Methfessel*, Sind Organvertreter persönlich haftbar?, AuA 2011, 16; *Meyer*, Die Verantwortlichkeit des Geschäftsführers für Gläubigerinteressen – Veränderungen durch das MoMiG, BB 2008, 1742; *Möller*, Zur Frage der Gesellschafterhaftung im Wege einer Durchgriffshaftung wegen materieller Unterkapitalisierung der GmbH, BB 2008, 1701; *Müller-Freienfels*, Zur Lehre vom sog. „Durchgriff" bei juristischen Personen des Privatrechts, AcP 156 (1957), 522; *Nannt*, Der existenzvernichtende Eingriff des GmbH-Gesellschafters, StudZR 2008, 211; *Nassal*, Der existenzvernichtende Eingriff in die GmbH: Einwendungen aus verfassungs- und insolvenzrechtlicher Sicht, ZIP 2003, 969; *Osterloh-Konrad*, Abkehr vom Durchgriff: Die Existenzvernichtungshaftung des GmbH-Gesellschafters nach „Trihotel", ZHR 172 (2008), 274; *Paefgen*, Existenzvernichtungshaftung nach Gesellschaftsdeliktsrecht, DB 2007, 1907; *Peifer*, Die persönliche Haftung der Gesellschafter einer GmbH, JuS 2008, 490; *Pellens/Kemper/Schmidt*, Geplante Reformen im Recht der GmbH: Konsequenzen für den Gläubigerschutz, ZRP 2008, 381; *Petrak*, Durchgriffshaftung auf den GmbH-Gesellschafter aufgrund Unterkapitalisierung?, GmbHR 2007, 1009; *Priester*, Die eigene GmbH als fremder Dritter, ZGR 1993, 512; *Radtke/Hoffmann*, Gesellschaftsrechtsakzessorietät bei der strafrechtlichen Untreue zu Lasten von Kapitalgesellschaften? – oder – „Trihotel" und die Folgen, GA 2008, 535; *Raiser*, Das Recht der Gesellschafterklagen, ZHR 153 (1989), 1; *Raiser*, Der Gleichheitsgrundsatz im Privatrecht, ZHR 111 (1948), 75; *Raiser*, Die Haftungsbeschränkung ist kein Wesensmerkmal der juristischen Person, in: Schneider u.a. (Hrsg.), Deutsches und europäisches Gesellschafts-, Konzern- und Kapitalmarktrecht: Festschrift für Marcus Lutter zum 70. Geburtstag, 2000, S. 637; *Raiser*, Treuepflichten im GmbH-Recht als Beispiel der Rechtsfortbildung, ZHR 151 (1987), 422; *Röhricht*, Insolvenzrechtliche Aspekte im Gesellschaftsrecht, ZIP 2005, 505; *Röhricht*, Die GmbH im Spannungsfeld zwischen wirtschaftlicher Dispositionsfreiheit ihrer Gesellschafter und Gläubigerschutz, FS 50 Jahre BGH, 2000, S. 83; *Roth*, Gläubigerschutz durch Existenzschutz, NZG 2003, 1081; *Rubner*, Die Haftung wegen sittenwidriger vorsätzlicher Existenzvernichtung, Der Konzern 2007, 635; *Rubner*, Liquidationsgesellschaft und Gesellschafterhaftung, DStR 2009, 1538; *Schaefer/Fackler*, Durchgriffshaftung wegen allgemeiner Unterkapitalisierung? NZG 2007, 377; *Schaefer/Steinmetz*, Neue Haftungsgrundlage für den existenzvernichtenden Eingriff, WM 2007, 2265; *Schanbacher*, Actio pro socio – Zur Dogmatik der Gesellschafterklage, AG 1999, 21; *Schanze*, Gesellschafterhaftung für unlautere Einflussnahme nach § 826 BGB – Die Trihotel-Doktrin des BGH, NZG 2007, 681; *K. Schmidt*, Die Behandlung treuwidriger Stimmen in der Gesellschafterversammlung im Prozess, GmbHR 1992, 9; *K. Schmidt*, Zur Durchgriffsfestigkeit der GmbH, ZIP 1994, 837; *K. Schmidt*, Gesellschafterhaftung und „Konzernhaftung" bei der GmbH, Bemerkungen zum „Bremer Vulkan"-Urteil des BGH vom 17.09.2010, NJW 2001, 3577; *K. Schmidt*, Die Verwendung von GmbH-Mänteln und ihre Haftungsfolgen – ein Thema von gestern?, ZIP 2010, 857; *Schober*, Die Haftung des GmbH-Gesellschafters für die Verursachung der Unternehmensinsolvenz, 2009; *Schön*, Zur Existenzvernichtungshaftung der juristischen Person, ZHR 168 (2004), 268; *Schröder*, Durchgriffshaftung wegen existenzvernichtendem Eingriff, GmbHR 2005, 227; *Schwab*, Die Neuauflage der Existenzvernichtungshaftung: Kein Ende der Debatte, ZIP 2008, 341; *Steffek*, Der subjektive Tatbestand der Gesellschafterhaftung im Recht der GmbH, JZ 2009, 77; *Strohn*, Existenzvernichtungshaftung – Vermögensvermischungshaftung – Durchgriffshaftung, ZInsO 2008, 706; *Theiselmann*, Die Existenzvernichtung im Wandel, GmbHR 2007, 904; *Theiselmann*, Die Kapitalaufbringung in der GmbH & Co. KG, GmbHR 2008, 617; *Tiedemann*, Zur Altlastensanierungspflicht des GmbH-Gesellschafters bei Haftung wegen existenzvernichtenden Eingriffs, NZG 2004, 177; *Tiedemann*, Die bodenschutzrechtliche Einstandsverpflichtung und der existenzvernichtende Eingriff, NVwZ 2008, 257; *Tröger/Dangelmayer*, Eigenhaftung der Organe für die Veranlassung existenzvernichtender Leistungsmaßnahmen im Konzern, ZGR 2011, 558; *Ulmer*, Entschärfte Gesellschafterhaftung bei wirtschaflicher Neugründung einer zuvor unternehmerischen Alt-GmbH, ZIP 2012, 1265; *Ulmer*, Der Gläubigerschutz im faktischen GmbH-Konzern beim Fehlen von Minderheitsgesellschaftern, ZHR 148 (1984), 391; *Ulmer*, Haftung von GmbH-Gesellschafter, JZ 2002, 1049; *Ulmer*, Zur Treuepflicht zwischen GmbH-

Gesellschaftern, NJW 1976, 1992; *Ulmer*, Von „TBB" zu „Bremer Vulkan" – Revolution oder Evolution?, ZIP 2001, 2021; *Ulrich*, Durchbrechung der Haftungsbeschränkung im GmbH-Unternehmensverbund und ihre Grenzen, GmbHR 2007, 1289; *Veil*, Gesellschafterhaftung wegen existenzvernichtenden Eingriffs und materieller Unterkapitalisierung, NJW 2007, 1965; *Vetter*, Rechtsfolgen existenzvernichtender Eingriffe, ZIP 2003, 601; *Vetter*, Grundlinien der GmbH-Gesellschafterhaftung, ZGR 2005, 788; *Wackerbarth*, Existenzvernichtungshaftung, 2005; *Wackerbarth*, Unternehmerische Entscheidungen auf dem Prüfstand?, ZIP 2005, 877; *Wagner*, Existenzvernichtung als Deliktstatbestand, FS für Canaris, Bd. 2, 2007, S. 473; *Wahl*, Die Haftung für existenzvernichtende Eingriffe in der instanzgerichtlichen Rechtsprechung, GmbHR 2004, 994; *Wahl/Schult*, Reichweite der Unterbilanzhaftung bei wirtschaftlicher Neugründung einer GmbH, NZG 2010, 611; *Wazlawek*, Existenzvernichtung und kein Ende, NZI 2009, 291; *Weller*, Die Existenzvernichtungshaftung im modernisierten GmbH-Recht – Eher Außenhaftung für Forderungsvereitelung (§ 826 BGB), DStR 2007, 1166; *Weller*, Die Neuausrichtung der Existenzvernichtungshaftung durch den BGH und ihre Implikationen durch die Praxis, ZIP 2007, 1681; *Westermann*, Haftungsrisiken eines „beherrschenden" GmbH-Gesellschafters, NZG 2002, 1129; *Wiedemann*, Reflexionen zur Durchgriffshaftung, ZGR 2003, 283; *Wiedemann*, Zu den Treuepflichten im Gesellschaftsrecht, in: Kübler u.a. (Hrsg.), Festschrift für Theodor Heinsius zum 65. Geburtstag, 1991, S. 949; *Wiedemann*, Reflexionen zur Durchgriffshaftung, ZGR 2003, 283; *Wiedemann*, Existenzvernichtung und Bestandsschutz der GmbH, FS für Lüer, 2008, S. 337; *Wilhelmi*, Die „neue" Existenzvernichtungshaftung der Gesellschafter der GmbH, DZWiR 2003, 45; *Winter*, Eigeninteresse und Treuepflicht bei der Einmann-GmbH in der neuen GmbH-Rechtsprechung, ZGR 1994, 570; *Witt*, Zur Existenzvernichtungshaftung des Gesellschafters einer GmbH, DNotZ 2008, 219; *Zech*, Haftung der Geschäftsführer einer GmbH gegenüber deren Gläubigern, JA 2009, 769; *Zöllner*, Schranken mitgliedschaftlicher Stimmrechtsmacht, 1963; *Zöllner*, Gläubigerschutz durch Gesellschafterhaftung bei der GmbH, FS für Konzel, 2006, S. 999.

A. Allgemeines

1 § 12, der „elementare Grundprinzipien des GmbH-Rechts"[1] statuiert, regelt in seinem **Abs. 1** die **Rechtsnatur** der GmbH: Als juristische Person (vgl. die Überschrift der Norm: „Juristische Person") hat die GmbH als solche selbstständig ihre Rechte und Pflichten. Sie kann Eigentum und dingliche Rechte an Grundstücken erwerben sowie vor Gericht klagen und verklagt werden (**volle Rechtsfähigkeit** i.S. einer eigenen Rechtspersönlichkeit). Die Rechtsfähigkeit beginnt mit der Eintragung der GmbH in das Handelsregister (§ 11 Abs. 1). Sie endet mit dem Abschluss der Liquidation (wonach die Liquidatoren den Abschluss der Liquidation zur Eintragung in das Handelsregister anzumelden haben [§ 74 Abs. 1 Satz 1]) bzw. im Falle einer Verschmelzung mit der Registereintragung nach § 20 Abs. 1 Nr. 2 UmwG.[2]

2 **Abs. 2** beschränkt (wegen des Status der GmbH als juristischer Person, der eine vermögensmäßige Verselbstständigung der Gesellschaft gegenüber den Gesellschaftern herbeiführt)[3] die Haftung für

1 Henssler/*Verse*, § 12 Rn. 1.
2 Roth/Altmeppen/*Altmeppen*, § 13 Rn. 2 – anders als beim Formwechsel, vgl. § 202 Abs. 1 Nr. UmwG.
3 Roth/Altmeppen/*Altmeppen*, § 13 Rn. 1.

Gesellschaftsverbindlichkeiten auf das Gesellschaftsvermögen und normiert zusammen mit Abs. 1 das **Trennungsprinzip** als Grundlage der Vermögens- und Haftungsverfassung der GmbH.[4] Für die Gesellschaftsverbindlichkeiten haftet den Gläubigern grundsätzlich nur das Gesellschaftsvermögen – also nicht das Privatvermögen der Gesellschafter. Gesellschaft und Gesellschafter sind selbständige Rechtsträger, denen jeweils eigene Vermögensmassen zugeordnet sind und die den Gläubigern auch unterschiedlich haften[5].

Nach **Abs. 3** gilt (i.S. einer gesetzlichen Fiktion) die GmbH stets als **Formkaufmann** i.S.v. § 6 HGB, ohne dass es auf den konkreten Unternehmensgegenstand ankommt.

B. Inhalt der Regelung

I. Eigene Rechtspersönlichkeit (Abs. 1)

Die GmbH, die mit ihrer Eintragung ins Handelsregister volle Rechtsfähigkeit erlangt (vgl. § 11 Abs. 1 – vorher ist sie Vorgesellschaft), welche sie bis zur Vollbeendigung (vgl. § 60) behält,[6] hat nach Abs. 1 Hs. 1 als solche selbstständig ihre Rechte und Pflichten und ist damit **juristische Person**[7]. Sie ist privatrechtliche Körperschaft – und wie AG und eG Spezialausprägung des eV[8]. Als juristische Person ist sie – anders als eine Personengesellschaft – gegenüber ihren Mitgliedern verselbständigt,[9] was etwa in der Möglichkeit einer Ein-Personen-Gesellschaft oder der sog. Fremd- bzw. Drittorganschaft zum Ausdruck kommt[10]. Sie kann nach dem Beispielskatalog in Abs. 1 Hs. 2 Eigentum und andere dingliche Rechte an Grundstücken erwerben, vor Gericht klagen und verklagt werden. Ihre **Grundrechtsfähigkeit** resultiert aus Art. 19 Abs. 3 GG.[11] 3

1. Rechtsfähigkeit

Als juristische Person kommt der GmbH nach Abs. 1 Hs. 1 – wie einer natürlichen Person – eine umfassende Rechtsfähigkeit zu.[12] Die GmbH ist Vertragspartnerin sowohl gegenüber Dritten (**Drittgeschäfte**) als auch (als selbstständige Rechtsperson) gegenüber ihren Gesellschaftern (**Eigengeschäfte**).[13] Dabei kann es auch zu einer kombinierten Haftung von GmbH und Gesellschaftern kommen (z.B. infolge einer Mitverpflichtung bei Vertragsabschluss bzw. aus Garantie- oder Bürgschaftsversprechen des Gesellschafters oder eigener unerlaubter Handlungen [für die die GmbH u.U. gleichermaßen nach § 31 BGB einzustehen hat]).[14] Es kommt im Hinblick auf Dienstleistungen nur der Abschluss von auf **selbstständige Dienstleistungen** gerichteten Verträge (nicht hingegen unselbstständigen, d.h. Arbeitsverträge)[15] in Betracht. Die GmbH kann erben (Erbfähigkeit)[16] oder mit Vermächtnissen bedacht werden. Sie kann auch Testamentsvollstreckerin, Nachlasspflegerin oder Nachlassverwalterin sein.[17] Hingegen kann die GmbH *nicht* Pflegerin, Betreuerin oder Insolvenzverwalterin (i.S.v. § 56 Abs. 1 InsO) sein.[18] Sie kann Gesellschafterin anderer Personen- (z.B. einer OHG bzw. Komplementärin einer KG) oder Kapitalgesellschaften[19] 4

4 Baumbach/Hueck/*Fastrich*, § 13 Rn. 1.
5 Henssler/*Verse*, § 12 Rn. 1.
6 Baumbach/Hueck/*Fastrich*, § 13 Rn. 2.
7 Hachenburg/*Raiser*, § 12 Rn. 2 ff.; Michalski/*Funke*, § 13 Rn. 26 ff.; MüKo-GmbHG/*Merkt*, § 13 Rn. 3 ff.
8 Henssler/*Verse*, § 12 Rn. 2: mit subsidiärer Anwendbarkeit der §§ 21 ff. BGB.
9 Wenngleich aufgrund der im Innenverhältnis weitgehend geltenden Vertragsfreiheit (vgl. § 45) eine Ausgestaltung in Annäherung an Personengesellschaften möglich ist: BGHZ 65, 15, 18 f. = NJW 1976, 191.
10 Henssler/*Verse*; § 12 Rn. 3.
11 Dazu näher Michalski/*Michalski*, § 13 Rn. 102 ff.
12 Dazu Roth/Altmeppen/*Altmeppen*, § 13 Rn. 2 ff.; Scholz/*Emmerich*, § 13 Rn. 11 ff.
13 Baumbach/Hueck/*Fastrich*, § 13 Rn. 5.
14 BGH NJW 1986, 580; BGHZ 31, 258, 271; Baumbach/Hueck/*Fastrich*, § 13 Rn. 10; Scholz/*Emmerich*, § 13 Rn. 61 ff.
15 Baumbach/Hueck/*Fastrich*, § 13 Rn. 4.
16 Roth/Altmeppen/*Altmeppen*, § 13 Rn. 3.
17 Umstritten, so aber Baumbach/Hueck/*Fastrich*, § 13 Rn. 4; Michalski/*Michalski*, § 13 Rn. 59; Roth/Altmeppen/*Altmeppen*, § 13 Rn. 3.
18 Baumbach/Hueck/*Fastrich*, § 13 Rn. 4.
19 BGH NJW 1997, 1923.

sein bzw. Mitglied eines Vereins werden.[20] Die GmbH kann Handelsvertreter (nicht jedoch Handlungsgehilfe) sein.[21]

5 Die GmbH kann Eigentum und andere dingliche Rechte an Grundstücken erwerben[22] (Abs. 1 Hs. 2), womit sie auch grundbuchfähig ist.

Die GmbH kann nicht selbst Erfinder oder Urheber sein (arg.: Höchstpersönlichkeit der Immaterialgüterrechte), wohl aber **gewerbliche Schutzrechte** erwerben.[23] Sie genießt (auch wenn ihr kein umfassendes Persönlichkeitsrecht zusteht)[24] **Firmen-**, Marken- (§§ 5, 15 MarkenG)[25] **und Namensschutz** (§ 12 BGB)[26] (einschließlich eines zivil- und strafrechtlichen Ehrenschutzes).[27]

6 Die GmbH ist selbst **Steuerschuldnerin.**[28] Da die strafrechtliche Verantwortlichkeit nur natürliche Personen erfasst, trifft diese die jeweils handelnden Organmitglieder – doch können gem. § 30 OWiG auch gegen die GmbH wegen Nebenfolgen bei Straftaten und Ordnungswidrigkeiten (die sich auf Pflichten oder Vorteile der Gesellschaft beziehen) **Geldbußen** festgesetzt werden.[29]

2. Handlungsfähigkeit

7 Für die GmbH als juristische Person handeln im geschäftlichen Verkehr ihre **Organe**, d.h. der/die Geschäftsführer (§ 35), der/die organschaftliche Vertretungsmacht hat/haben (§§ 36, 37, § 164 BGB) und für dessen/deren vertragliche(s) bzw. außervertragliche(s) Verhalten (Pflichtverletzung) die GmbH nach § 31 bzw. § 278 BGB einzustehen hat.[30]

3. Die GmbH im Prozess

8 Die GmbH (die als juristische Person parteifähig ist, § 50 Abs. 1 ZPO) kann (unter ihrer Firma, § 17 HGB) nach Abs. 1 Hs. 2 (vertreten durch ihre[n] Geschäftsführer i.S. einer gesetzlichen Vertretung nach § 51 Abs. 1 ZPO [weshalb die GmbH nicht selbst prozessfähig i.S. der §§ 51 ff. ZPO ist])[31] vor Gericht klagen und verklagt werden, womit ihr eine umfassende **Partei- und Prozessfähigkeit**[32] zukommt. Sie ist aktiv- und passivlegitimiert. Im Prozess der GmbH kann nur ein Gesellschafter, nicht jedoch ein Geschäftsführer Zeuge sein.[33]

9 Im Gesellschaftsvertrag kann zwecks Beilegung von Streitigkeiten zwischen der Gesellschaft und ihren Gesellschaftern sowie zwischen den Gesellschaftern untereinander eine **Schiedsklausel** vorgesehen werden (vgl. §§ 1031, 1066 ZPO).[34]

20 Baumbach/Hueck/*Fastrich*, § 13 Rn. 4.
21 Baumbach/Hueck/*Fastrich*, § 13 Rn. 4.
22 Michalski/Funke, § 13 Rn. 44; MüKo-GmbHG/Merkt, § 13 Rn. 19 ff.
23 Baumbach/Hueck/*Fastrich*, § 13 Rn. 4; MüKo-GmbHG/Merkt, § 13 Rn. 30 f.
24 BVerfG NJW 2002, 3619 – abgeleitet aus Art. 2 Abs. 1 i. V. m. Art. 19 Abs. 3 GG. Zudem BGHZ 98, 94, 97 = NJW 1986, 2951; BGH NJW 1994, 1281, 1282: GmbH als Trägerin des allgemeinen Persönlichkeitsrechts, soweit sie aus ihrem Wesen als Zweckschöpfung des Rechts und deren Funktionen dieses Rechtsschutzes bedarf; Baumbach/Hueck/*Fastrich*, § 13 Rn. 4; a.A. Michalski/*Michalski*, § 13 Rn. 54. Vgl. auch *Fellner*, Persönlichkeitsrechtsschutz juristischer Personen, 2007.
25 Henssler/*Verse*, § 12 Rn. 3.
26 Zudem Baumbach/Hueck/*Fastrich*, § 13 Rn. 4; Roth/Altmeppen/*Altmeppen*, § 13 Rn. 3; Scholz/*Emmerich*, § 3 Rn. 11.
27 BGHSt 6, 186, 191; BGHZ 98, 94, 95; BGH NJW 1975, 1882; Baumbach/Hueck/*Fastrich*, § 13 Rn. 4; Roth/Altmeppen/*Altmeppen*, § 13 Rn. 3.
28 Baumbach/Hueck/*Fastrich*, § 13 Rn. 3.
29 Baumbach/Hueck/*Fastrich*, § 13 Rn. 3.
30 Roth/Altmeppen/*Altmeppen*, § 13 Rn. 5.
31 Umstritten, so aber BGHZ 38, 71, 75; Thomas/Putzo/*Putzo*, § 51 ZPO Rn. 6 sowie § 52 ZPO Rn. 4; a.A. die überwiegende gesellschaftsrechtliche Literatur – arg.: Zurechnung des Geschäftsführerhandels als Organhandeln und damit Prozessfähigkeit nach § 52 ZPO; so Baumbach/Hueck/*Fastrich*, § 13 Rn. 8; Hachenburg/*Raiser*, § 13 Rn. 16; Roth/Altmeppen/*Altmeppen*, § 13 Rn. 6; Scholz/*Emmerich*, § 13 Rn. 23.
32 So auch Baumbach/Hueck/*Fastrich*, § 13 Rn. 8: Zurechnung als Organhandeln; Michalski/*Michalski*, § 13 Rn. 68; MüKo-GmbHG/Merkt, § 13 Rn. 45 ff.; Scholz/*Emmerich*, § 13 Rn. 23; a.A. jedoch die h.M.: gesetzliche Vertretung i.S.v. § 51 Abs. 1 ZPO, vgl. BGHZ 38, 71, 75 *obiter dictum*.
33 Roth/Altmeppen/*Altmeppen*, § 13 Rn. 6: Beim Geschäftsführer findet nach §§ 445 ff. ZPO Parteivernehmung statt.
34 Roth/Altmeppen/*Altmeppen*, § 13 Rn. 6.

4. Insolvenzfähigkeit

Nach § 11 Abs. 1 Satz 1 InsO ist die GmbH insolvenzfähig: Ein Insolvenzverfahren kann über das Vermögen einer jeden juristischen Person eröffnet werden. Zum Antrag auf Eröffnung eines Insolvenzverfahrens über das Vermögen der GmbH ist gem. § 15 Abs. 1 InsO außer den Gläubigern jedes Mitglied des Vertretungsorgans – mithin ein Geschäftsführer – sowie jeder Abwickler berechtigt (aber auch verpflichtet). Wird der Antrag nicht von allen Mitgliedern des Vertretungsorgans (oder allen Abwicklern) gestellt, so ist er zulässig, wenn der Eröffnungsgrund glaubhaft gemacht wird (so § 15 Abs. 2 InsO). Das Insolvenzgericht hat die übrigen Mitglieder des Vertretungsorgans (oder die übrigen Abwickler) zu hören. 10

Nach Auflösung einer juristischen Person ist die Eröffnung des Insolvenzverfahrens gem. § 11 Abs. 3 InsO zulässig, solange die Verteilung des Vermögens (noch) nicht vollzogen ist. 11

5. Deliktsfähigkeit

Der GmbH fehlt als juristischer Person die Deliktsfähigkeit, da diese auf natürliche Personen beschränkt ist. Für ein deliktisches Handeln der Geschäftsführer haftet die GmbH hingegen nach **§ 31 BGB analog** (bzw. gem. § 278 BGB): Die GmbH ist damit für den Schaden verantwortlich, den ein Geschäftsführer (als ihr verfassungsmäßig berufener Vertreter) durch eine in Ausführung der ihm zustehenden Verrichtungen begangene, zum Schadensersatz verpflichtende Handlung einem Dritten zufügt. 12

6. Organbesitz

Da die GmbH im Geschäftsverkehr durch ihre Organe handelt, insbesondere ihren/ihre Geschäftsführer (§ 35), übt/üben diese(r) für sie auch den Besitz (vgl. § 854 BGB) aus (Organbesitz)[35] und ist/sind nicht bloße(r) Besitzdiener oder Besitzmittler.[36] Die Gesellschaft selbst kann sich auch auf § 1006 BGB berufen.[37] 13

7. Exkurs: Bestellung zum Vertreter

Die GmbH kann zum Vertreter – bspw. zum Geschäftsführer oder Vorstand, auch zum Handlungsbevollmächtigten, nicht jedoch (wegen der besonderen Vertrauensstellung) zum Prokuristen[38] – bestellt werden.[39] 14

8. Weiterer Exkurs: Rechtsschein-GmbH

Eine nicht existente (weil im Handelsregister nicht eingetragene, vgl. § 11 Abs. 1) GmbH kann nach Rechtsscheinsgrundsätzen als GmbH zu behandeln sein, sofern das Unternehmen in zurechenbarer Weise den Rechtsschein einer solchen gesetzt hat.[40] 15

Existiert der Unternehmensträger weder in der Rechtsform einer GmbH noch in einer anderen, kann auch eine Handelndenhaftung nach § 179 BGB in Betracht kommen[41]. Anders verhält es sich, wenn ein Rechtsträger (der nicht GmbH ist) im Geschäftsverkehr eine falsche (d.h. auf eine beschränkte Gesellschafterhaftung hinweisende) Kennzeichnung führt, mithin als „GmbH" firmiert (**Handeln eines Unternehmensträgers im Namen einer allerdings nicht existenten juristischen Person**): Hier sollen nach Maßgabe der Grundsätze über unternehmensbezogene Geschäfte die Handelnden nach Maßgabe der wahren Rechtslage behandelt werden (d.h. persön- 16

35 OLG Brandenburg, GmbHR 1996, 453; Baumbach/Hueck/*Fastrich*, § 13 Rn. 4; Roth/Altmeppen/*Altmeppen*, § 13 Rn. 4: Der Besitz des *Organwalters* wird der GmbH unmittelbar zugerechnet.
36 So aber *Ballenstedt*, JuS 1965, 276.
37 BGHZ 156, 310, 316.
38 Umstritten, so aber KG NZG 2002, 48; Koller/Roth/Morck/*Morck*, § 48 HGB Rn. 4.
39 Baumbach/Hueck/*Fastrich*, § 13 Rn. 4.
40 OLG Nürnberg, WM 1985, 259; MüKo-GmbHG/*Merkt*, § 13 Rn. 13; Roth/Altmeppen/*Altmeppen*, § 13 Rn. 7. Kritisch Henssler/*Verse*, § 12 Rn. 6: Ein Bedürfnis für die Konstruktion einer „Rechtsschein-GmbH" sei nicht erkennbar.
41 BGH NJW 2009, 215.

liche und unmittelbare Haftung als Einzelgewerbetreibende bzw. nach § 128 HGB [eventuell analog]).[42]

Zudem kommt ggf. eine Haftung analog § 179 BGB in Betracht.[43]

II. Haftung für Gesellschaftsschulden (Abs. 2)

17 Für die Verbindlichkeiten der Gesellschaft haftet den Gläubigern (wegen der Selbstständigkeit der GmbH als juristischer Person) nach Abs. 2[44] (grundsätzlich – zu den Ausnahmen Rn. 22 ff.) i.S. eines Haftungsprivilegs[45] unmittelbar nur das Gesellschaftsvermögen[46] (**Trennungsprinzip**), dieses aber insgesamt und unbeschränkt (einschließlich ggf. bestehender Ansprüche der GmbH gegen ihre Gesellschafter, in die die Gläubiger nach §§ 829, 835 ZPO vollstrecken können):[47] Gewährleistung einer ausreichenden Haftungssubstanz bei der GmbH als Fundament des Gläubigerschutzes.[48] Damit haften die Gesellschafter – die nur eine Verpflichtung gegenüber der GmbH auf Erbringung ihrer (in Höhe der jeweiligen Stammeinlage beschränkten) Beitragsleistungen (ggf. verbunden mit einer Ausfallhaftung nach § 24) trifft[49] (Verpflichtung zur Kapitalaufbringung und -erhaltung) – auch dann den Gesellschaftsgläubigern nicht unmittelbar (**keine Außenhaftung**, anders als nach § 62 Abs. 2 AktG), wenn sie der GmbH Beträge aus Gründerhaftung oder Verschuldenshaftung, Erstattung verbotswidriger Auszahlungen, Nachschüsse oder Resteinlagen schulden:[50] Grundsatz einer bloßen **Innenhaftung** der Gesellschafter gegenüber der Gesellschaft. Etwas anderes gilt nur dann, wenn in der Person eines Gesellschafters selbst ein persönlicher Haftungsgrund begründet ist, indem er bspw. eine Bürgschaftserklärung (§ 765 BGB) abgegeben bzw. einen Schuldbeitritt erklärt hat oder unmittelbar aus § 823 Abs. 1 BGB haftet.

Diese Grundsätze sind auf den/die Geschäftsführer übertragbar, den/die auch nur im Falle eines in seiner/ihrer Person liegenden Verpflichtungsgrundes eine Außenhaftung trifft – bspw. wegen Insolvenzverschleppung nach § 823 Abs. 2 BGB i. V. m. § 15a InsO.

Die Haftungsbeschränkung der Gesellschafter auf das Gesellschaftsvermögen nach Abs. 2 tritt ohne die Eintragung einer im Ausland gegründeten Gesellschaft mit deutschem Sitz in das Handelsregister gemäß Abs. 1 nicht ein. Die für die Gesellschaft Handelnden haften persönlich nach § 11 Abs. 2 (Gesellschafterhaftung entsprechend § 128 HGB)[51].

Unterbleibt – entgegen der Rechtsprechung des BGH[52] – die Offenlegung der wirtschaftlichen Neugründung einer GmbH gegenüber dem Registergericht, führt dies in entsprechender Anwen-

---

42 BGH NJW 1996, 1053, 1054; Roth/Altmeppen/*Altmeppen*, § 13 Rn. 8; Henssler/*Verse*, § 12 Rn. 6; a.A. BGHZ 65, 378; 61, 59.

43 LG Karlsruhe, ZIP 1995, 1818.

44 Der auch für Rechtsanwaltsgesellschaften i.S.v. §§ 59c ff. BRAO gilt: so OLG Nürnberg, AnwBl 2008, 468 = NJW-RR 2009, 140 – wobei eine persönliche Haftung des Geschäftsführers der Anwalts-GmbH dann in Betracht kommt, wenn er in besonderem Maß persönliches Vertrauen in Anspruch nahm oder ein unmittelbar eigenes wirtschaftliches Interesse verfolgte.

45 Was auch für kommunale GmbHs gilt, vgl. OLG Celle, GmbHR 2001, 342: Danach trifft die öffentliche Hand keine besondere Insolvenzabwendungspflicht.

46 Dies gilt auch für Rechtsanwaltsgesellschaften nach §§ 59c ff. BRAO: so OLG Nürnberg, Beschl. v. 21.1.2008 – 6 U 2208/07, womit eine persönliche Haftung des Geschäftsführers der Rechtsanwalts-GmbH nur dann in Betracht kommt, wenn er in besonderem Maß persönliches Vertrauen in Anspruch nahm oder ein unmittelbar eigenes wirtschaftliches Interesse verfolgte. Zum Trennungsprinzip und Haftungsprivileg auch Michalski/*Funke*, § 13 Rn. 305 ff.

47 Baumbach/Hueck/*Fastrich*, § 13 Rn. 7.

48 Roth/Altmeppen/*Altmeppen*, § 13 Rn. 65.

49 Roth/Altmeppen/*Altmeppen*, § 13 Rn. 66.

50 So Baumbach/Hueck/*Fastrich*, § 13 Rn. 40; a.A. Roth/Altmeppen/*Altmeppen*, § 13 Rn. 65 f.

51 BGH GmbHR 2010, 211 = AG 2010, 79 = ZIP 2009, 2385: mittelbare Gesellschafter- und Handelndenhaftung für Verbindlichkeiten einer in Singapur gegründeten Limited.

52 BGHZ 155, 318 = ZIP 2003, 1698.

dung des Haftungsmodells der Unterbilanzhaftung zu einer zeitlich unbeschränkten Haftung der Gesellschafter, wobei diese Haftung auch den Erwerber des Gesellschaftsanteils einer GmbH trifft[53].

Etwas anderes gilt allein im **Insolvenzfall** der GmbH – dann können die GmbH-Gläubiger ggf. in die Einlageforderung der GmbH gegen die Gesellschafter vollstrecken und im Nachgang gegen den jeweiligen Gesellschafter als Schuldner der GmbH vorgehen (§§ 829, 835 ZPO).[54] 18

1. Grundsatz

Folglich ist ein Durchgriff der Gläubiger wegen Gesellschaftsschulden der GmbH auf das Privatvermögen der Gesellschafter grundsätzlich, d.h., soweit kein selbstständiger (Mit-) Verpflichtungsgrund besteht[55] (bspw. Schuldmitübernahme, Schuldbeitritt, harte Patronatserklärung, Garantieversprechen oder Bürgschaft des Gesellschafters), nicht möglich (Trennungsprinzip bei fehlendem selbstständigem Verpflichtungsgrund). Damit sind die Gesellschafter grundsätzlich von einer Haftung für die Gesellschaftsverbindlichkeiten freigestellt. 19

Eine **kumulative Verpflichtung** – Gesellschaft *und* Gesellschafter – ist im Rahmen vereinbarter Unterlassungspflichten (z.B. Wettbewerbsverbote) bzw. Auskunftspflichten denkbar.[56] 20

Zudem kann eine unmittelbare Haftung des Handelnden (Geschäftsführer oder Gesellschafter) – im Rahmen einer **sog. unechten Durchgriffshaftung**[57] – in Betracht kommen unter 21

- **Rechtsscheinsgesichtspunkten**[58]. Anknüpfungspunkt für eine solche kann der im Geschäftsverkehr fälschlich erweckte Eindruck sein, eine natürliche Person hafte persönlich.[59] Die Rechtsscheinshaftung setzt keine Insolvenz der GmbH voraus. Vielmehr hat der Gläubiger bei einer solventen GmbH ein Wahlrecht, welchen Schuldner (Gesellschaft oder Gesellschafter als Gesamtschuldner) er in Anspruch nehmen will.[60]
- Eine (Eigen-) Haftung des an einem Vertragsschluss beteiligten Geschäftsführers oder Gesellschafters kann sich auch aus **Verschulden bei Vertragsschluss** (*culpa in contrahendo* – § 311 Abs. 2 BGB) wegen besonderer Inanspruchnahme von persönlichem Vertrauen (§ 311

53 OLG München, GmbHR 2010, 425 = NZG 2010, 544 – Haftung bei nicht offengelegter wirtschaftlicher Neugründung.

54 Roth/Altmeppen/*Altmeppen*, § 13 Rn. 66.

55 Baumbach/Hueck/*Fastrich*, § 13 Rn. 10; MüKo-GmbHG/Merkt, § 13 Rn. 331 ff.; Roth/Altmeppen/*Altmeppen*, § 13 Rn. 68: Auch eine Vertragsauslegung (§§ 133, 157 BGB) könne ergeben, dass sich ein Gesellschafter neben der Gesellschaft selbst (persönlich) verpflichten wollte (z.B. wenn er am Vertragsschluss persönlich beteiligt oder wirksam vertreten war).

56 Baumbach/Hueck/*Fastrich*, § 13 Rn. 14; Roth/Altmeppen/*Altmeppen*, § 13 Rn. 68 – im Rahmen einer Patronatserklärung ist es nach BGHZ 117, 127 entscheidend, ob diese (als sog. harte Patronatserklärung) i.S. einer rechtsverbindlichen Mithaftung ausgelegt werden kann. Dem hingegen lassen sich aus einer „weichen Patronatserklärung" keine Erfüllungs- oder Schadensersatzansprüche gegen den Gesellschafter ableiten: OLG Karlsruhe, ZIP 1992, 1392; Roth/Altmeppen/*Altmeppen*, a.a.O.

57 Zum Begriff: Baumbach/Hueck/*Fastrich*, § 13 Rn. 13.

58 Beispielsweise bei Firmenfortführung ohne Rechtsformzusatz nach § 4: Baumbach/Hueck/*Fastrich*, § 13 Rn. 11; Henssler/*Verse*, § 12 Rn. 22; MüKo-GmbHG/Merkt, § 13 Rn. 335; Roth/Altmeppen/*Altmeppen*, § 13 Rn. 71; Scholz/*Emmerich*, § 13 Rn. 63.

59 Roth/Altmeppen/*Altmeppen*, § 13 Rn. 71. Eine entsprechende Rechtsscheinshaftung kann nach BGH NJW 1996, 2645 und 1991, 2627 – neben Gesellschafter und/oder Geschäftsführer – *jeden Unternehmensvertreter* treffen. Kritisch zu Letzterem: Roth/Altmeppen/*Altmeppen*, a.a.O.

60 So BGH NJW 1991, 2622; kritisch dazu Roth/Altmeppen/*Altmeppen*, § 13 Rn. 71 mit dem Hinweis auf eine Diskrepanz dieser Entscheidung mit BGHZ 86, 273 sowie auf § 178 BGB: „Man kann nicht den Geschäftsherrn und den *falsus procurator* kumulativ in Anspruch nehmen."

Abs. 3 BGB)[61] für sich (und nicht nur für den Vertretenen) am Zustandekommen eines Rechtsgeschäfts (bzw. dessen fehlgeschlagener Anbahnung) ergeben.[62] Voraussetzung einer entsprechenden Eigenhaftung nach §§ 311 Abs. 2, 280 Abs. 1, 241 Abs. 2 i. V. m. § 311 Abs. 3 BGB ist, dass der in Anspruch Genommene ein eigenes Interesse und einen persönlichen Nutzen verfolgt hat,[63] wobei jedoch nach h.A. ein normales (bloß durch Beteiligung an der GmbH begründetes) Interesse des Gesellschafter-Geschäftsführers (auch wenn er Alleingesellschafter sein sollte) nicht ausreicht[64] (selbst wenn er Täuschungshandlungen bei den Vertragsverhandlungen vornimmt).[65] Die Judikatur lehnt dies also für den Gesellschafter-Geschäftsführer im Regelfall ab[66]: Auch seine maßgebliche oder alleinige Beteiligung an einer GmbH soll nicht geeignet sein, seine Haftung aus Verschulden bei Vertragsschluss zu begründen[67] – nicht einmal für den Fall, dass er persönlich Sicherheiten für die Fremdschuldner der GmbH gestellt hat[68] oder ein gesteigertes Eigeninteresse am Vertragsschluss hat (weil er sich die Forderung von der GmbH hat abtreten lassen)[69]. Relevant wird eine entsprechende Haftung jedoch im Falle eines geschäftlichen Kontakts mit künftigen Gläubigern in der Krisensituation einer GmbH.[70] Ein spezieller Fall der Eigenhaftung kann im Bereich der Prospekthaftung greifen[71].

2. Ausnahmen (Durchgriffshaftung)

22 Ein Durchgriff auf das Privatvermögen der hinter der juristischen Person stehenden Gesellschafter[72] (als Haftungsdurchgriff wegen Verbindlichkeiten der Gesellschaft bzw. als Zurechnungsdurchgriff, weil rechtlich relevante Umstände der GmbH unmittelbar den Gesellschaftern zugerechnet werden können)[73] ist über die vorgeschriebenen Konstellationen der sog. unechten Durchgriffshaftung (Rn. 21) hinaus über lange Zeit hinweg in Rechtsprechung und Literatur nur in Ausnahmefällen angenommen worden (Fallkonstellationen einer sog. echten Durchgriffshaftung nach den

61 Was die Judikatur nur ganz ausnahmsweise beim Vorliegen eines zusätzlichen, vom Gesellschafter-Geschäftsführer selbst verursachten Vertrauen auf die Vollständigkeit und Richtigkeit von ihm abgegebener Erklärungen anerkennt (nicht aber bei bloßen Hinweisen auf die eigene Sachkunde: so BGH NJW 1990, 389) – mithin Fälle im „Vorfeld einer Garantiezusage" (Henssler/*Verse*, § 13 Rn. 25): BGHZ 126, 181, 189 = NJW 1994, 2220 – bei einer Eigenbeteiligung des Gesellschafter-Geschäftsführers an den Verhandlungen: OLG Hamm, NJW-RR 1991, 747, 748. BGH NJW 1990, 389; BGHZ 87, 27; Baumbach/Hueck/*Fastrich*, § 13 Rn. 42; MüKo-GmbHG/Merkt, § 13 Rn. 336; Roth/Altmeppen/*Altmeppen*, § 13 Rn. 69 f.; Scholz/*Emmerich*, § 13 Rn. 64.

62 Zu den beiden Fallgruppen BGH NJW 2006, 2321, 2322: So hat der Arbeitnehmer nur dann einen Anspruch auf Rückzahlung seiner Einlagen in eine insolvent gewordene Mitarbeiterbeteiligungsgesellschaft, wenn eine persönliche Haftung der Gesellschafter oder Geschäftsführer durch einen besonderen Haftungsgrund nach den Grundsätzen der Eigenhaftung von Vertretern, Vermittlern oder Sachwaltern vorliegt. Für eine Eigenhaftung dieser Personen aus der Inanspruchnahme besonderen persönlichen Vertrauens reicht es aber nicht aus, dass der Arbeitnehmer den Verhandelnden besonderes Vertrauen entgegenbringt, so BAG ZIP 2006, 965 = NZA 2006, 914. Vgl. auch BAG GmbHR 2012, 31 = NZG 2011, 1422: Ein Geschäftsführer haftet (entgegen Abs. 2) nur ganz ausnahmsweise persönlich, wenn er dem Vertrag besonders nahe steht und bei wirtschaftlicher Betrachtung gewissermaßen in eigener Sache handelt oder er gegenüber dem Verhandlungspartner in besonderem Maß persönliches Vertrauen in Anspruch genommen und damit die Vertragsverhandlungen beeinflusst hat, was dann nicht anzunehmen ist, wenn sich sein Verhalten im Wesentlichen darin erschöpft hat, eine Aufklärung über die finanziellen Verhältnisse der Gesellschaft zu unterlassen.

63 Dazu MünchKomm-BGB/*Roth*, § 311 BGB Rn. 210 ff.; Roth/Altmeppen/*Altmeppen*, § 13 Rn. 70.

64 BGHZ 129, 183; BGH DB 1991, 1765; Roth/Altmeppen/*Altmeppen*, § 13 Rn. 70.

65 BGH DB 1991, 1765; Baumbach/Hueck/*Fastrich*, § 13 Rn. 9.

66 BGH NJW 1995, 1544.

67 BGHZ 126, 181, 183 ff. = NJW 1994, 2220.

68 BGHZ 126, 181, 186 ff. = NJW 1994, 2220

69 So BGH NJW 1995, 1544.

70 BGHZ 126, 181. In einer solchen Konstellation gewährt der BGH zudem den Neugläubigern wegen Insolvenzverschleppung einen Anspruch auf deliktische Direkthaftung gegen den Handelnden (selbst im Falle bloßer Fahrlässigkeit des Geschäftsführers). Kritisch zu Letzterem: Roth/Altmeppen/*Altmeppen*, § 13 Rn. 70.

71 Henssler/*Verse*, § 12 Rn. 26 unter Bezugnahme auf BGHZ 123, 106 = NJW 1993, 2868.

72 Näher MüKo-GmbHG/*Merkt*, § 13 Rn. 340 ff.

73 Zur Differenzierung: Baumbach/Hueck/*Fastrich*, § 13 Rn. 10; Hachenburg/*Mertens*, Anhang zu § 13 Rn. 46 ff.; Scholz/*Emmerich*, § 13 Rn. 68 ff.

§§ 823 ff. BGB) – insbesondere im Falle einer Insolvenzverschleppungshaftung[74] (§ 823 Abs. 2 BGB i. V. m. § 15a InsO bzw. § 826 BGB)[75] oder arglistigem Verschweigen einer prekären Vermögenslage der GmbH trotz Offenbarungspflicht im Rahmen von Verhandlungen[76]: Voraussetzung dafür war, dass schwerwiegende Gründe – abgeleitet aus dem Grundsatz von Treu und Glauben (§ 242 BGB) – dies geboten (weil die Verwendung der Rechtsform „juristische Person" der Rechtsordnung widersprach [Formmissbrauch – Missbrauchslehre],[77] also Rechtsmissbrauch angenommen werden konnte).[78]. Dazu zählten bspw. aber weder die bloße Existenz einer Ein-Personen-[Ein-Mann-]GmbH noch die bloße Einschaltung eines Treuhänders[79] [siehe § 1 Rn. 27 ff.] bzw. die bloße Erteilung von Weisungen[80] (es sei denn, die Voraussetzungen eines existenzvernichtenden Eingriffs – siehe Rn. 35 ff. – lagen vor)[81] oder eine bloße mit einer Konzernbindung verbundene Fremdbestimmung.[82] Dabei wurde ein objektiver Maßstab angelegt.[83] Die Judikatur hatte dazu (ohne dass sich bereits ein allgemein anerkanntes Institut der Durchgriffshaftung generell durchgesetzt hatte) einige Fallgruppen[84] rechtsmissbräuchlichen Verhaltens entwickelt, womit die Problematik über § 242 bzw. § 826 BGB (vorsätzliche sittenwidrige Handlung – sittenwidrige Gläubigerbenachteiligung durch missbräuchliche Ausnutzung des Haftungsprivilegs mit zumindest Eventualvorsatz hinsichtlich der Gläubigerbenachteiligung)[85] einer Lösung zugeführt werden sollte.

Prinzipiell galt nach Ansicht des BGH aber für jeden einzelnen Fall der Grundsatz, dass über die Rechtsform der juristischen Person „nicht leichtfertig und schrankenlos hinweggegangen werden darf".[86] **23**

Dennoch hatten Judikatur und Literatur bspw. in folgenden Fällen eine sog. **echte Durchgriffshaftung** (als echte Ausnahme vom Haftungsprivileg)[87] diskutiert: **24**

- Unterkapitalisierung,
- ununterscheidbare Vermögens- oder Sphärenvermischung,
- Entziehung von Gesellschaftsvermögen (existenzvernichtender Eingriff) sowie

---

74 Deren Adressat primär der Geschäftsführer, ggf. aber auch nicht geschäftsführende Gesellschafter sein können: so Henssler/*Verse*, § 13 Rn. 27 – als Teilnehmer (§ 830 Abs. 2 BGB) bzw. unmittelbar Verantwortliche nach § 150 Abs. 3 InsO (bei Führungslosigkeit der Gesellschaft).

75 BGHZ 108, 134, 142 = NJW 1989, 2277 – oder Abhalten des Geschäftsführers von der Insolvenzantragsstellung trotz Kenntnis der Insolvenzreife zwecks Sicherung eigener Vorteile: BGH WM 1973, 1354, 1355.

76 BGH NJW-RR 1992, 1061.

77 Baumbach/Hueck/*Fastrich*, § 13 Rn. 10. Beziehungsweise weil das Haftungsprivileg nach Abs. 2 nur dann zur Anwendung gelangen kann, wenn der Kapitalerhaltungsgrundsatz und das Prinzip der vorrangigen Gläubigerbefriedigung nicht unterlaufen werden, so BGHZ 151, 181 = NJW 2002, 3024 – KBV. Oder die Normzwecklehre, die darauf abstellt, ob nach dem Zweck der konkret anzuwendenden Norm (Normzweck) eine Zurechnung notwendig ist.

78 BGH NJW 1999, 2299: Allerdings soll die Unterkapitalisierung einer GmbH – für sich allein – den Haftungsdurchgriff auf die Gesellschafter nicht rechtfertigen, so auch BAG AP Nr. 21 zu § 826 BGB; BGHZ 68, 312. Auch der Umstand, dass eine GmbH, deren Alleingesellschafterin ebenfalls eine juristische Person ist, mit einem Stammkapital ausgestattet ist, das außer Verhältnis zu ihrem satzungsmäßigen Zweck steht (Unterkapitalisierung), rechtfertigt weder für sich allein noch dann ohne weiteres einen Haftungsdurchgriff ihrer Gläubiger gegen die Alleingesellschafterin, wenn die GmbH finanziell, wirtschaftlich und organisatorisch in diese eingegliedert ist, so BGHZ 68, 312 = NJW 1977, 1449.

79 BGH WM 1977, 75.

80 So BGHZ 31, 285, 278.

81 Baumbach/Hueck/*Fastrich*, § 13 Rn. 12.

82 BGHZ 68, 312, 320.

83 BGHZ 68, 312 = NJW 1977, 1449; BSG NJW-RR 1997, 94; BAG NJW 1999, 740.

84 Dazu näher Baumbach/Hueck/*Fastrich*, § 13 Rn. 11; Hachenburg/*Mertens*, Anhang zu § 13 Rn. 28 ff.; Michalski/*Michalski*, § 13 Rn. 306 ff.; Scholz/*Emmerich*, § 13 Rn. 78 ff.

85 So Henssler/*Verse*, § 13 Rn. 28: Bewusstsein der Sittenwidrigkeit sei nicht erforderlich.

86 BSG ZIP 1996, 1134; BGHZ 102, 95, 101; 78, 333; 61, 383.

87 So Henssler/*Verse*, § 13 Rn. 35: „Bei ihr geht es darum den Gesellschafter für die Verbindlichkeiten der GmbH haftbar zu machen, ohne dass ein besonderer Verpflichtungsgrund in seiner Person vorliegt".

- Missbrauch der Rechtsform[88] (da die Respektierung der Zweckbindung des Gesellschaftsvermögens zur vorrangigen Befriedigung der Gesellschaftsgläubiger während der Lebensdauer der GmbH unabdingbare Voraussetzung für die Inanspruchnahme des Haftungsprivilegs nach Abs. 2 ist, sollen Zugriffe der Gesellschafter auf das Gesellschaftsvermögen, welche die aufgrund dieser Zweckbindung gebotene angemessene Rücksichtnahme auf die Erhaltung der Fähigkeit der Gesellschaft zur Bedienung ihrer Verbindlichkeiten in einem ins Gewicht fallenden Maße vermissen lassen, einen Missbrauch der Rechtsform der GmbH darstellen (**Institutsmissbrauch**)[89], der zum Verlust des Haftungsprivilegs führt, soweit nicht der der GmbH durch den Eingriff insgesamt zugefügte Nachteil bereits nach §§ 30, 31 ausgeglichen werden kann)[90],

bevor der BGH – zumindest für die Fallgruppe „existenzvernichtender Eingriff" – im Jahre 2007 eine Änderung des bisherigen Haftungskonzepts herbeigeführt hat (Rn. 43 ff.).

a) Fallgruppen der bisherigen Durchgriffshaftung

aa) Unterkapitalisierung

25 Die bloße Unterkapitalisierung einer GmbH rechtfertigt für sich allein noch keinen Haftungsdurchgriff auf die Gesellschafter.[91] Gegen einen Durchgriff bei bloßer Unterkapitalisierung spricht zum einen die Unklarheit des Begriffs und dessen tatsächliche Voraussetzungen, zum anderen der Umstand, dass der Gesetzgeber davon abgesehen hat, der GmbH eine Mindestkapitalausstattung vorzuschreiben. Auch der Umstand, dass nur ein Teil des Stammkapitals eingezahlt wurde, führt nicht zur Durchgriffshaftung.

26 Es ist zwischen materieller und nomineller Unterkapitalisierung zu unterscheiden:[92]

- **Materielle Unterkapitalisierung** ist anzunehmen, wenn das Eigenkapital der GmbH in keinem angemessenen Verhältnis zur Geschäftstätigkeit steht.
- **Nominelle Unterkapitalisierung** liegt vor, wenn der Kapitalbedarf der GmbH zwar durch Gesellschafterdarlehen oder in vergleichbarer Weise gedeckt ist, die **Form der Deckung** des Eigenkapitalbedarfs jedoch allgemein als nicht zufriedenstellend zu qualifizieren ist (was letztlich aber kein Problem der Durchgriffshaftung [Gesellschaftsgläubiger versus Gesellschafter] ist, sondern die Vertragsbeziehung Gesellschaft – Gesellschafter berührt [insbesondere die Problemstellung eigenkapitalersetzender Gesellschafterdarlehen nach den §§ 32a und 32b a.F. – nunmehr aufgehoben und infolge des MoMiG in die InsO verlagert,[93] vgl. §§ 39 Abs. 1 Nr. 5, 44a, 135, 143 Abs. 3 InsO n.F. – betrifft]).[94]

---

88 BGHZ 165, 85 = NJW 2006, 1344 – Rn. 17 und 10: persönliche Haftung der Gesellschafter analog §§ 128 f. HGB, weil ein missbräuchliches bzw. ein dem Zweck des Haftungsprivilegs widersprechendes Gesellschafterverhalten das Haftungsprivileg entfallen lässt.

89 Dazu Lutter/*Hommelhoff*, § 13 Rn. 22. Kritisch hingegen Henssler/*Verse*, § 13 Rn. 42: „Aschenputtelgesellschaften" bzw. auch die Aufspaltung eines einheitlichen Unternehmensetats könnten schon nach § 826 BGB beurteilt werden – es bestehe somit kein Bedürfnis nach der Anerkennung einer entsprechenden zusätzlichen Fallgruppe der Durchgriffshaftung.

90 BGHZ 151, 181 = NJW 2002, 3024 – bei Vorliegen der genannten Voraussetzungen sind die Gesellschaftsgläubiger deshalb außerhalb des Insolvenzverfahrens grundsätzlich berechtigt, ihre Forderungen unmittelbar gegen die an den Eingriffen in das Gesellschaftsvermögen mitwirkenden Gesellschafter geltend zu machen, soweit sie von der Gesellschaft keine Befriedigung erlangen können, so auch BGHZ 149, 10 – Bremer Vulkan; BGH ZIP 2002, 848.

91 BGH NJW 1999, 740; BGHZ 68, 312 = NJW 1977, 1449; ebenso: Baumbach/Hueck/*Fastrich*, § 5 Rn. 6; *K. Schmidt*, Gesellschaftsrecht, S. 241.

92 Baumbach/Hueck/*Fastrich*, § 5 Rn. 6 und § 13 Rn. 47.

93 Damit werden Regelungsredundanzen zwischen GmbH-Recht und Insolvenzrecht abgebaut. Das Anliegen von § 32a Abs. 1 ist der Sache nach seit Inkrafttreten der InsO 1999 dort in § 39 geregelt. Auf die Qualifizierung „kapitalersetzend" wurde verzichtet, was eine erhebliche Vereinfachung des GmbH-Rechts bedeutet, das sich an die mittelständische Wirtschaft richtet und folglich vor allem einfach und leicht handhabbar sein soll. Grundgedanke der Regelung ist, dass die Organe und Gesellschafter der gesunden GmbH einen einfachen und klaren Rechtsrahmen vorfinden. Rückzahlungen auf Gesellschafterdarlehen werden überhaupt erst ein Jahr vor und in der Insolvenz der Gesellschaft kritisch: RegE, BT-Drucks. 16/6140, Anlage 1, S. 101.

94 Baumbach/Hueck/*Fastrich*, § 13 Rn. 16; Michalski/*Michalski*, § 13 Rn. 360.

Die Frage einer Durchgriffshaftung hat der BGH im Kontext mit einer **qualifizierten materiellen Unterkapitalisierung** (mit vielen Schwankungen) diskutiert, letztlich aber abgelehnt[95] und entsprechende Fallkonstellationen über **§ 826 BGB** einer Haftung zugeführt.[96] **27**

Der Begriff der **materiellen Unterkapitalisierung** ist unklar, im GmbHG findet er sich nicht. Der BGH versteht darunter die im Verhältnis zum angestrebten Geschäftszweck (einschließlich eventueller Gesellschafterdarlehen) – und damit zum Gesellschaftsrisiko – unzureichende Ausstattung mit Stammkapital[97] (bspw. in Gestalt von „**Aschenputtelgesellschaften**" [bei denen die GmbH zwar alle Geschäftsführungsrisiken trägt aber keine Vorteile erlangen soll])[98]. In der Literatur wird zur Ermittlung einer Unterkapitalisierung überwiegend auf das Verhältnis des Stammkapitals zum Geschäftsumfang der Gesellschaft abgestellt.[99] Nach *Ulmer*[100] ist eine Gesellschaft „unterkapitalisiert", wenn das Eigenkapital nicht ausreicht, um den nach Art und Umfang der angestrebten oder tatsächlichen Geschäftstätigkeit unter Berücksichtigung der Finanzierungsmethoden bestehenden, nicht durch Kredite Dritter zu deckenden mittel- oder langfristigen Finanzbedarf zu befriedigen. Der Gesetzgeber hat keine Regelung zur Durchgriffshaftung wegen Unterkapitalisierung geschaffen. Er hatte sich ursprünglich darauf beschränkt, die Höhe des Stammkapitals festzusetzen und bestimmte Voraussetzungen für die Anmeldung der GmbH zum Handelsregister aufzustellen (§§ 5 und 7). Durch Gesetz vom 4.7.1980[101] wurden besondere Regelungen zur Behandlung von Gesellschafterdarlehen im Insolvenzverfahren geschaffen (§§ 32a, 32b a.F., mit dem MoMiG nunmehr in die InsO verlagert [Rn. 26]) und das Mindestkapital heraufgesetzt (während das MoMiG die Höhe des Mindestkapitals wieder verringert, vgl. § 5 Abs. 1). Eine Regelung, die das Stammkapital an den Gesellschaftszweck oder den Geschäftsumfang koppelt, hat er hingegen nicht getroffen. Es gibt damit keine gesetzliche Bestimmung, die eine Mindestkapitalausstattung vorschreibt. Somit erscheint es auch zweifelhaft, ob sich ein objektiver Maßstab finden lässt, an dem eine Unterkapitalisierung der Gesellschaft für den Gesellschaftszweck oder den Geschäftsumfang zweifelsfrei gemessen werden kann. Ein Haftungsdurchgriff wäre – wenn überhaupt – nur dann gerechtfertigt, wenn der Gesellschafter die Unterkapitalisierung erkennen kann. Nicht jeder Gesellschafter einer GmbH verfügt aber über vertiefte betriebswirtschaftliche Kenntnisse, um vorab das erforderliche Stammkapital bestimmen zu können. Es fehlt also an hinreichend klaren Maßstäben für die notwendige Höhe des Eigenkapitals.[102] **28**

Auch der Umstand, dass das Stammkapital nicht vollständig eingezahlt ist, reicht für die Annahme einer Durchgriffshaftung nicht aus. Nach § 7 Abs. 2 darf zwar die Anmeldung nur erfolgen, wenn ein bestimmter Teil als Stammeinlage eingezahlt wurde. Das Gesetz sieht aber für den Fall, dass darüber hinausgehende Einzahlungen auf Stammeinlagen nicht erfolgen, keine Sanktionen vor. Die Gläubiger haben allerdings die Möglichkeit, die Forderung der GmbH gegen die Gesellschafter auf Einzahlung der noch nicht erbrachten Stammeinlage zu pfänden und sich überweisen zu lassen (§§ 829, 835 ZPO). **29**

In seinem Urteil vom 7.12.1983 hat allerdings das BSG[103] einen Haftungsdurchgriff gegen den GmbH-Gesellschafter in einem Fall bejaht, in dem zu der Unterkapitalisierung **weitere Umstände** **30**

95 BGHZ 68, 312, 316 ff. = NJW 1977, 1449.

96 BGHZ 142, 116 = NJW 1999, 2809; BGH NJW-RR 1991, 1312; BGH NJW 1979, 2104. Zudem BAG NJW 1999, 740; OLG Oldenburg, NZG 2000, 559. In diesem Sinne auch Baumbach/Hueck/*Fastrich*, § 13 Rn. 47 und 51 sowie § 5 Rn. 6; Roth/Altmeppen/*Altmeppen*, § 5 Rn. 12a.

97 BGHZ 68, 312 = NJW 1977, 1449.

98 Henssler/*Verse*, § 13 Rn. 29. Vgl. etwa BGH NJW-RR 1988, 1181: vermögenslos gehaltene Bauträger-GmbH mit dem Zweck einer Benachteiligung der Architekten und Bauhandwerker, die allein Ansprüche gegen die GmbH erlangen – wohingegen die Erlöse dem Bauträger persönlich zufließen. Zudem BGHZ 176, 204 = NJW 2008, 2437; BGH NJW-RR 1992, 1061.

99 Vgl. *Kahler*, BB 1985, 1429, 1430; Scholz/*Emmerich*, § 13 Rn. 82.

100 Hachenberg/*Ulmer*, Anhang § 30 Rn. 50 ff.; Lutter/Hommelhoff/*Lutter*, § 13 Rn. 15 ff.

101 BGBl. I S. 836.

102 Baumbach/Hueck/*Fastrich*, § 13 Rn. 47 und § 5 Rn. 6: Zumal in der *Insolvenz* fast immer damit gerechnet werden müsste, dass diese bei Ex-post-Betrachtung letztlich auf eine Unterkapitalisierung zurückführbar ist. Zudem Michalski/*Michalski*, § 13 Rn. 365.

103 NJW-RR 1997, 94.

hinzutraten, die für die Erfüllung des **Missbrauchstatbestands** sprachen. Sie lagen darin, dass die Gesellschafter mit der Gründung immer neuer Gesellschaften und deren Abwicklung („GmbH-Stafette") allein den Gesellschaftsgläubigern das Risiko der gesamten geschäftlichen Unternehmungen dieser Gesellschaften überbürdeten und sich die GmbH Eingliederungsbeihilfen der Bundesanstalt zur Schaffung von Dauerarbeitsplätzen auszahlen ließ, obwohl die Gesellschaft kurz vor dem Zusammenbruch stand und der Zweck der Leistungen nach Lage der Dinge keinesfalls mehr erreichbar war.

Folgt man dieser Auffassung, gelangt so in entsprechenden Konstellationen **§ 826 BGB** zur Anwendung, sofern die Unterkapitalisierung eindeutig und klar ist, weil ein Misserfolg der Gläubiger mit hoher (mithin das gewöhnliche Geschäftsrisiko weit übersteigender) Wahrscheinlichkeit zu erwarten steht[104].

Dem hingegen hat der BGH 2008[105] zwar – wegen Fehlens einer Gesetzeslücke und der Vagheit des Unterkapitalisierungstatbestands – eine Fallgruppe „**materielle Unterkapitalisierung**" abgelehnt, zugleich aber offengelassen, ob nicht im Rahmen des § 826 BGB selbst eine besondere Fallgruppe einer „**Haftung wegen Unterkapitalisierung einer GmbH**" denkbar erscheint.
„Daher bleibt abzuwarten, ob die im Schrifttum entwickelten Ansätze zur Durchgriffshaftung nicht doch noch durch die Hintertür des § 826 BGB Anerkennung finden werden"[106]

Während eine Existenzvernichtungshaftung (als bloße **Innenhaftung**[107] – nachstehende Rn. 35 ff.) einen insolvenzverursachenden bzw. -vertiefenden Eingriff in das Gesellschaftsvermögen zur Voraussetzung hat, würde eine besondere Fallgruppe des § 826 BGB – „Haftung wegen Unterkapitalisierung einer GmbH" – als **Außenhaftung**[108] das Unterlassen einer notwendigen Kapitalausstattung voraussetzen. Letzteres ist aber nicht als „Eingriff" i.S.d. Existenzvernichtungshaftung zu qualifizieren.[109]

bb) Ununterscheidbare Vermögens- bzw. Sphärenvermischung

31 Nach der allerdings restriktiven Rechtsprechung des BGH[110] soll eine persönliche Haftung von GmbH-Gesellschaftern auch dann in Betracht kommen, wenn die Abgrenzung zwischen Gesellschafts- und Privatvermögen durch eine **mangelnde oder undurchsichtige Buchführung** oder auf andere Weise verschleiert worden ist (ununterscheidbare Vermögensvermischung): Dann können nämlich die Kapitalerhaltungsvorschriften, deren Einhaltung ein unverzichtbarer Ausgleich für die Beschränkung der Haftung auf das Gesellschaftsvermögen (§ 13 Abs. 2) ist, nicht funktionieren[111] (d.h. Unkontrollierbarkeit [Außerkraftsetzung] – sog. „Waschkorblagen")[112] – etwa weil eine Buchführung gänzlich fehlt[113]. Eine solche Konstellation ist jedoch noch nicht schon dann anzuneh-

104 Hachenburg/*Ulmer*, Anhang § 30 Rn. 55.
105 BGHZ 176, 204, = NJW 2008, 2437 – Rz. 15 ff.
106 So Henssler/*Verse*, § 13 Rn. 30 – beschränkt auf „äußerste Ausnahmefälle", die der Gesetzgeber bei materiell unterkapitalisierten Gesellschaften ja bewusst in Kauf nimmt – etwa auch in Gestalt einer Unternehmergesellschaft (§ 5a).
107 Henssler/*Verse*, § 13 Rn. 31 – arg.: unmittelbare Schädigung der GmbH durch Eingriff in das Gesellschaftsvermögen mit bloß mittelbarer Betroffenheit der Gläubiger.
108 BGHZ 176, 204 = NJW 2008, 2437 – Rz. 25 ff. Dazu auch Henssler/*Verse*, § 13 Rn. 31 – arg. für eine Außenhaftung: unmittelbare Schädigung der Gläubiger (ohne Eingriff in das Gesellschaftsvermögen).
109 BGHZ 176, 204 = NJW 2008, 2437 – Rz. 12.
110 BGHZ 173, 246 = NJW 2007, 2689 – Rz. 27; BGHZ 165, 85 = NJW 2006, 1344; BGHZ 125, 366 = NJW 1994, 1801. Vgl. auch Baumbach/Hueck/*Fastrich*, § 13 Rn. 45; Henssler/*Verse*, § 13 Rn. 38.
111 BGHZ 165, 85 = NJW 2006, 1344 – Rz. 14; BGHZ 125, 366, 368 = NJW 1994, 1801; BGHZ 95, 330, 333 f. = NJW 1986, 188: erforderlich ist eine über einzelne Gegenstände hinausgehende allgemeine Verschleierung der Vermögensabgrenzung.
112 BGHZ 125, 366, 368 = NJW 1994, 1801; BGHZ 95, 330, 333 f. = NJW 1986, 188 – Autokran; Baumbach/Hueck/*Fastrich*, § 13 Rn. 45.
113 Henssler/*Verse*, § 13, Rn. 38.

men, wenn Unklarheit über die Zuordnung einzelner Vermögensgegenstände herrscht bzw. im Falle buchmäßig nicht erfasster Gesellschafterentnahmen[114] (bloße Mängel in der Buchführung)[115].

Eine ununterscheidbare Vermögens- oder Sphärenvermischung kann es rechtfertigen, ausnahms- 32
weise den Gläubigern außer dem nicht mehr wirksam geschützten Haftungsfonds der Gesellschaft auch das Privatvermögen der Gesellschafter zur Verfügung zu stellen. Die persönliche Haftung kann unter dem genannten Gesichtspunkt aber nur diejenigen Gesellschafter treffen, die aufgrund des ihnen in dieser Stellung gegebenen Einflusses in der Gesellschaft für den Vermögensvermischungstatbestand verantwortlich sind[116] (**notwendiger Einfluss auf die Herbeiführung oder Aufrechterhaltung des Tatbestands – Verhaltenshaftung**)[117]. Wer wegen geringer Beteiligung und fehlender interner Mitspracherechte einen solchen Einfluss nicht ausüben kann (z.B. ein Minderheitsgesellschafter), kann für den Tatbestand, der die Voraussetzungen für die Beschränkung der Haftung auf das Gesellschaftsvermögen entfallen lässt, nicht verantwortlich gemacht werden.[118] Über derartige Einflussmöglichkeiten verfügen i.d.R. nur solche Gesellschafter, die auf die Gesellschaft einen beherrschenden Einfluss ausüben können[119]. Dazu gehören Minderheitsgesellschafter nur dann, wenn sie aufgrund besonderer tatsächlicher oder rechtlicher Umstände die Geschicke des Unternehmens bestimmen können[120]. Dies ist etwa dann der Fall, wenn einem Gesellschafter zwar nicht rechtlich, wohl aber wirtschaftlich die Mehrheit der Anteile gehört (faktischer Gesellschafter)[121], weil andere Gesellschafter ihre Anteile als Treuhänder für ihn halten, oder wenn er wie die ständige Übung gezeigt hat, in der Gesellschafterversammlung immer mit der Unterstützung bestimmter anderer Gesellschafter rechnen kann, mit denen zusammen er über die Mehrheit verfügt.[122]

Eine ununterscheidbare Sphärenvermischung ist dann anzunehmen, wenn ein Gesellschafter im 33
Rechtsverkehr zu Dritten nicht in ausreichender Weise zwischen den von ihm repräsentierten (vertretenen) Rechtssubjekten eine Trennung aufrechterhält.[123] Betrachtet man den Sachverhalt (verwechselbare Firmenbezeichnungen oder Gesellschaftsetablissements) näher, stellt man fest, dass es sich bei dieser Konstellation weniger um ein Problem der Durchgriffshaftung als um ein **Problem der Rechtsscheinshaftung** (insbesondere der vertriebsrechtlichen Offenkundigkeit)[124] handelt[125] (wohingegen z.T. auch vertreten wird, es handele sich um einen Fall der Vermögensvermischung).[126]

Der Insolvenzverwalter des Vermögens einer GmbH ist entsprechend § 93 InsO befugt, eine etwa- 34
ige Durchgriffshaftung eines Gesellschafters für die Gesellschaftsverbindlichkeiten (§ 128 HGB analog) wegen „Vermögensvermischung" geltend zu machen.[127] Die Durchgriffshaftung eines

114 Baumbach/Hueck/*Fastrich*, § 13 Rn. 45: was u.U. die Rechtsfolgen nach §§ 30, 31 auslöst.

115 Henssler/*Verse*, § 13 Rn. 38 unter Bezugnahme auf BGHZ 165, 85 = NJW 2006, 1344 – Rz. 15: sofern sich Vermögenszuflüsse und -abflüsse sowie die Trennung von Gesellschafts- und Privatvermögen aufgrund sonstiger vorhandener Unterlagen nachvollziehen lassen.

116 BGHZ 165, 85 = NJW 2006, 1344 – Rz. 17.

117 Henssler/*Verse*, § 13 Rn. 39: mit der Notwendigkeit eines Verschuldens.

118 BGHZ 125, 366, 368 f. = NJW 1994, 1801: auch dann nicht, wenn er die Möglichkeit gehabt hätte, sich zu informieren und infolgedessen auch zu intervenieren. Er haftet also dann nach § 826 BGB, wenn er bewusst den Geschäftsführer bei einer Gläubigerschädigung gewähren lässt: BGHZ 165, 85 = NJW 2006, 1344 – Rz. 17. Vgl. auch *Immenga*, Die personalistische Kapitalgesellschaft, 1970, S. 411; *Stimpel*, in: FS Goerdeler, 1987, S. 601, 612; vgl. zudem Hachenburg/*Ulmer*, Anhang § 30 Rn. 60.

119 Henssler/*Verse*, § 13 Rn. 39.

120 BGHZ 125, 366, 368 f. = NJW 1994, 1801.

121 Henssler/*Verse*, § 13 Rn. 39.

122 BGHZ 77, 94, 105 f. = NJW 1980, 2254; BGHZ 80, 69, 73 = NJW 1982, 1512; BGH NJW 1992, 1167; BGHZ 122, 123 = NJW 1993, 1200.

123 Baumbach/Hueck/*Fastrich*, § 13 Rn. 46; Henssler/*Verse*, § 13 Rn. 41: „Von der Gesellschaft betriebenes Unternehmen und ein rechtlich eigenständiges anderes Unternehmen des Gesellschafters (treten) im äußeren Erscheinungsbild als Einheit auf". Vgl. auch Lutter/*Hommelhoff*, § 13 Rn. 20.

124 Henssler/*Verse*, § 13 Rn. 41.

125 BGH NJW 1985, 740; Baumbach/Hueck/*Fastrich*, § 13 Rn. 46; Michalski/*Michalski*, § 13 Rn. 356; Hachenburg/*Raiser*, § 13 Rn. 131.

126 So Lutter/Hommelhoff/*Lutter/Hommelhoff*, § 13 Rn. 11; Roth/Altmeppen/*Altmeppen*, § 13 Rn. 25.

127 BGHZ 165, 85 = NJW 2006, 1344 = BB 2006, 961 – Rz. 10.

GmbH-Gesellschafters wegen „Vermögensvermischung", die zu einem Wegfall des Haftungsprivilegs nach § 13 Abs. 2 führt, ist keine Zustands-, sondern eine Verhaltenshaftung. Sie trifft einen Gesellschafter nur, wenn er aufgrund des von ihm wahrgenommenen Einflusses als Allein- oder Mehrheitsgesellschafter für den Vermögensvermischungstatbestand verantwortlich ist[128] (dazu bereits Rn. 32). Darlegungs- und beweispflichtig für das Vorliegen einer unkontrollierbaren Vermischung des Gesellschafts- mit dem Privatvermögen der Gesellschafter ist im Grundsatz der klagende Insolvenzverwalter. Den oder die Gesellschafter trifft aber eine sekundäre Darlegungslast für das Gegenteil. Das bloße Fehlen einer „doppelten Buchführung" reicht als Nachweis für eine „Vermögensvermischung" jedoch noch nicht aus.[129] Der Insolvenzverwalter kann sich gegenüber einem aus Durchgriffshaftung in Anspruch genommenen GmbH-Gesellschafter, der keine Gelegenheit zu einem Widerspruch i.S.v. § 178 Abs. 1 InsO hatte, nicht auf die Rechtskraftwirkung der Eintragung der Gläubigerforderungen in die Insolvenztabelle (§ 178 Abs. 3 InsO) berufen.[130]

Neben der vorbeschriebenen Rechtsscheinshaftung (Rn. 33 – Analogie zu § 128 HGB) kommt auch eine solche nach § 826 BGB in Betracht.[131]

cc) Entziehung von Gesellschaftsvermögen (existenzvernichtender Eingriff)

35 Gleichermaßen wurde über lange Zeit hinweg ein Durchgriff auch im Falle eines existenzvernichtenden Eingriffs anerkannt **(Existenzvernichtungshaftung)**, d.h., wenn ein Alleingesellschafter bzw. auch ein im Konsens handelnder Gesellschafter[132] (oder ein mittelbarer Gesellschafter, der über eine von ihm beherrschte Gesellschaft einen entsprechenden Einfluss ausübt)[133] der GmbH (unter Missachtung der Zweckbindung des Gesellschaftsvermögens, nämlich vorrangig die Gesellschaftsgläubiger zu befriedigen – Kapitalerhaltung nach den §§ 30 f.) ohne Rücksicht auf bestehende Gesellschaftsverbindlichkeiten GmbH-Vermögen entzieht (bspw. durch offene oder verdeckte Entnahmen, aber auch durch andere Eingriffe, mithin durch eine positive Einflussnahme [Verbot existenzvernichtender i.S.v. insolvenzverursachender bzw. -vertiefender Eingriffe[134]]).[135] Dadurch musste die Fähigkeit der GmbH, ihre Verbindlichkeiten zu bedienen, beeinträchtigt worden sein (Schutz der GmbH vor bestandsvernichtenden Eingriffen)[136] (Eingriff in das im Liquidationsfall allen Gläubigern dienende Gesellschaftsvermögen).[137]

So soll der GmbH-Gesellschafter den Gesellschaftsgläubigern gegenüber zwar grundsätzlich nicht verpflichtet sein, das Gesellschaftsunternehmen fortzuführen. Will er die Unternehmenstätigkeit einstellen, muss er sich dabei aber des dafür im Gesetz vorgesehenen Verfahrens bedienen. Nimmt er dagegen auf die Zweckbindung des Gesellschaftsvermögens keine Rücksicht und entzieht er der Gesellschaft Vermögenswerte, die sie zur Erfüllung ihrer Verbindlichkeiten benötigt (i.S. eines existenzvernichtenden Eingriffs), kann er – so die früher vorherrschende Auffassung – für die Gesellschaftsschulden persönlich haften.[138] Der zur persönlichen Haftung des GmbH-Gesellschafters führende Haftungstatbestand des „existenzvernichtenden Eingriffs" hat sich jedoch nicht auf Managementfehler beim Betrieb des Gesellschaftsunternehmens bezogen, sondern setzte einen

128 BGHZ 125, 366, 368 f.
129 BGHZ 165, 85 = NJW 2006, 1344 = BB 2006, 961.
130 BGHZ 165, 85 = NJW 2006, 1344.
131 Baumbach/Hueck/*Fastrich*, § 13 Rn. 45.
132 BGHZ 150, 61 = NJW 2002, 1803.
133 BGH NZG 2005, 177, 178: Wegen existenzvernichtenden Eingriffs haftet auch derjenige, der zwar nicht an der GmbH, wohl aber an einer Gesellschaft beteiligt ist, die ihrerseits Gesellschafterin der GmbH ist (Gesellschafter-Gesellschafter), jedenfalls wenn er einen beherrschenden Einfluss auf die Gesellschafterin ausüben kann.
134 Henssler/*Verse*, § 13 Rn. 46.
135 Baumbach/Hueck/*Fastrich*, § 13 Rn. 49: deshalb keine Verpflichtung von nicht Einfluss nehmenden Gesellschaftern, ein entsprechendes Verhalten ihrer Mitgesellschafter zu verhindern.
136 BGH NZG 2005, 214 und 177; BGHZ 151, 181, 186 ff. = NJW 2002, 3024 – KBV; BGHZ 150, 61 = NJW 2002, 1803; BGHZ 149, 10, 16 f. = NJW 2001, 3622 = NZG 2002, 38 – Bremer Vulkan; BGHZ 122, 123, 130 = NJW 1993, 1200 – TBB (zum qualifizierten faktischen Konzern).
137 Baumbach/Hueck/*Fastrich*, § 13 Rn. 57 ff.
138 BGH NZG 2005, 177.

gezielten, betriebsfremden Zwecken dienenden Eingriff des Gesellschafters in das Gesellschaftsvermögen voraus.[139]

Es sind bspw. folgende **Konstellationen einer Existenzvernichtung**[140] in Betracht gezogen worden: 36

- Auferlegung existenzvernichtender Risiken[141] (z.B. Bestellung von Sicherheiten für Gesellschafter oder *cash pools*)
- Vermögensabzug zugunsten von Gesellschaftern[142] (bzw. zugunsten in deren Lager stehender Personen [bspw. auch im Konzernverbund])
- Entzug von überlebenswichtigen Geldchancen[143] bzw.
- Kündigung und Übertragung überlebenswichtiger Pacht- und Mietverträge ohne sachlichen Grund[144].

Die Durchgriffshaftung wegen existenzvernichtendem Eingriff soll nicht zwingend einen unkompensierten benachteiligenden Zugriff auf das Gesellschaftsvermögen zur Voraussetzung haben, sondern auch dann zur Anwendung gelangen, wenn einer Gesellschaft von vornherein die Fähigkeit vorenthalten wird, die vorhersehbaren Risiken ihres Geschäftsbetriebs zu bestehen und ihre Verbindlichkeiten zu erfüllen (**„Aschenputtel-Gesellschaft"**).[145] 37

Ein entsprechender existenzvernichtender Eingriff in das Gesellschaftsvermögen durch einen Gesellschafter (nachhaltige Beeinträchtigung der Funktion der GmbH als Haftungsträger, vor allem durch Entzug der Existenzgrundlage)[146] musste gezielt und zu betriebsfremden Zwecken erfolgen[147] und als Verstoß gegen den Mindeststandard ordnungsgemäßen unternehmerischen (kaufmännischen) Verhaltens (im Hinblick auf die Zweckbindung des Gesellschaftsvermögens) zu qualifizieren sein[148] (wenngleich die Durchgriffshaftung als Missbrauch der Gesellschaftsform – so noch die tradierte Vorstellung – keine Verschuldenshaftung sein sollte).[149] In der Folge wurden bloße Managementfehler nicht als existenzvernichtender Eingriff qualifiziert.[150] Der Eingriff musste zu einer Existenzvernichtung (d.h. einer Insolvenz oder Vermögenslosigkeit der GmbH mit korrespondierendem teilweisem oder vollkommenem Ausfall des Gläubigers mit seiner Forderung) geführt

---

139 BGH NZG 2005, 214 = BB 2005, 286.
140 Beispiele nach Baumbach/Hueck/*Fastrich*, § 13 Rn. 72.
141 BGH NJW 2000, 1571, 1572; BGH ZIP 1994, 207, 208; BGHZ 122, 123, 132 – TBB.
142 BGH NZG 2005, 177, 178; BGHZ 151, 181 = NJW 2002, 324 – KBV.
143 BGH NZG 2005, 214, 215.
144 OLG Rostock, NZG 2004, 385, 386.
145 OLG Düsseldorf v. 26.10.2006 – 6 U 248/05: Eine solche „Aschenputtel-Situation" liegt auch für eine in der Rechtsform einer GmbH geführte Beschäftigungs- und Qualifizierungsgesellschaft (BQG) vor, bei der es sich um ein arbeitsmarktpolitisches Instrument zur Beschäftigung und Sicherung sowie zum Schutz der Arbeitnehmer eines zu sanierenden Unternehmens und des Arbeitsmarkts handelt. Geschäftsgegenstand ist die „Verwaltung" der übernommenen Arbeitsverhältnisse, die Organisation von Fortbildungs- und Weiterbildungsmaßnahmen für diese Mitarbeiter sowie der Versuch, sie an außenstehende Arbeitgeber weiterzuvermitteln. Insgesamt tritt eine BQG nicht mit einer Gewinnerzielungsabsicht am Markt auf, sie ist nicht werbend am Markt tätig, um eigene Profite zu erwirtschaften. Die Existenz der BQG ist weitgehend vom Überleben des zu sanierenden, die Arbeitnehmer abgebenden Unternehmens abhängig.
146 Baumbach/Hueck/*Fastrich*, § 13 Rn. 57 f.
147 „Weichenstellung ins Aus": Baumbach/Hueck/*Fastrich*, § 13 Rn. 64 und 66. Vgl. bspw. BGHZ 151, 181, 184 = NJW 2002, 3024 – KBV: Entzug von GmbH-Vermögen, das zur gleichmäßigen Gläubigerbefriedigung erforderlich gewesen wäre (unter Übernahme eines Teils der Verbindlichkeit durch die Gesellschaft), was zur Folge hatte, dass im darauf sich anschließenden Insolvenzverfahren für die restlichen Gläubiger kein Vermögen mehr vorhanden war, weshalb der Insolvenzantrag wegen Masselosigkeit abgewiesen wurde – Fall einer „wilden bzw. kalten Liquidation": Baumbach/Hueck/*Fastrich*, a.a.O.
148 Baumbach/Hueck/*Fastrich*, § 13 Rn. 65.
149 Baumbach/Hueck, § 13 Rn. 65; *Ulmer*, JZ 2002, 1049.
150 BGH NZG 2005, 214 = BB 2005, 286: Der Haftungstatbestand des „existenzvernichtenden Eingriffs" bezieht sich nicht auf Managementfehler beim Betrieb des Gesellschaftsunternehmens, sondern setzt einen gezielten, betriebsfremden Zwecken dienenden Eingriff des Gesellschafters in das Gesellschaftsvermögen voraus.

haben[151] (**nicht bloße Existenzgefährdung**).[152] So hat der BGH[153] unlängst – in Fortführung der „Trihotel"-Entscheidung[154] (Rn. 43 ff.) – entschieden, dass die als besondere Fallgruppe der sittenwidrigen vorsätzlichen Schädigung in § 826 BGB einzuordnende Existenzvernichtungshaftung des Gesellschafters einen kompensationslosen „Eingriff" in das im Gläubigerinteresse zweckgebundene Gesellschaftsvermögen voraussetzt, wobei ein Unterlassen hinreichender Kapitalausstattung i.S. einer „Unterkapitalisierung" der GmbH nicht gleichsteht.[155]

38 Es durfte sich auch nicht um bloße einzelne, begrenzte und damit ausgleichsfähige Nachteilszufügungen handeln – vielmehr musste es sich um einen **Vermögensabzug** handeln, der die GmbH in einen vorhersehbaren wirtschaftlichen Ruin führte.[156]

39 Lag ein existenzvernichtender Eingriff mit korrespondierendem Zusammenbruch der Gesellschaft infolge des Versagens der Gewährleistungen des Gläubigerschutzes (wegen egoistischer Wahrnehmung von Gesellschafterinteressen) vor, ist angenommen worden, dass die Rechtsform der GmbH missbraucht worden ist (**Rechtsformmissbrauch**),[157] was einen Verlust ihres Haftungsprivilegs zur Folge haben sollte und in dieser Konsequenz im Zuge einer Rechtsfortbildung (teleologische Reduktion von Abs. 2)[158] zu einer **Durchgriffshaftung** (und zwar nicht beschränkt auf Konzernsachverhalte) des an entsprechenden Maßnahmen zumindest einverständlich beteiligten Gesellschafters führte.[159]

Als notwendig angesehen wurde ein rechtlich relevantes Eigen- bzw. Bestandsinteresse der GmbH gegenüber ihren Gesellschaftern[160] (letztlich begründet in deren Treuepflicht – vgl. Rn. 63 ff.).[161]

40 Strittig war jedoch (was im Hinblick auf die Folgen der kollisionsrechtlichen Anknüpfung bedeutsam ist) die Bewertung, ob es sich bei dieser Form der Durchgriffshaftung um eine gesellschafts-, delikts- oder insolvenzrechtliche Haftung handelt.[162] Diese Frage hat der BGH nun in seiner „Trihotel"-Entscheidung[163] (siehe Rn. 43 ff.) durch eine Änderung des Haftungskonzepts abschließend beantwortet.

Fraglich war zudem die europarechtliche Vereinbarkeit des Konstrukts mit der Niederlassungsfreiheit.[164]

41 Eine **Durchgriffshaftung sollte ausscheiden**, soweit die nachteilige Maßnahme (einschließlich der sonstigen Vermögensnachteile, die die GmbH erlitten hat) einen Ausgleich erfährt (bzw. die Vermögensnachteile nach den §§ 30 f. ausgeglichen werden können, oder wenn durch korrespon-

---

151 BGHZ 151, 181 = NJW 2002, 3024 – KBV: fehlende Möglichkeit der Befriedigung aus dem Gesellschaftsvermögens außerhalb des Insolvenzverfahrens.
152 So Baumbach/Hueck/*Fastrich*, § 13 Rn. 66.
153 BGH NJW 2008, 2437 = ZIP 2008, 1232 = BB 2008, 1697 – GAMMA.
154 BGHZ 173, 246.
155 BGH NJW 2008, 2437 – arg.: Für die Statuierung einer allgemeinen gesellschaftsrechtlichen (verschuldensabhängigen oder gar verschuldensunabhängigen) Haftung des Gesellschafters wegen Unterkapitalisierung im Wege höchstrichterlicher Rechtsfortbildung besteht nämlich bereits mangels einer im derzeitigen gesetzlichen System des GmbHG bestehenden Gesetzeslücke kein Raum. Ob und ggf. unter welchen Voraussetzungen unter diesem Aspekt eine persönliche Haftung des Gesellschafters nach § 826 BGB in Betracht kommt, bleibt offen.
156 Baumbach/Hueck/*Fastrich*, § 13 Rn. 67.
157 BGHZ 151, 181 = NJW 2002, 3024 – KBV.
158 Umstritten, so aber Baumbach/Hueck/*Fastrich*, § 13 Rn. 17; a.A. unter Heranziehung von § 128 HGB: *Benecke*, BB 2003, 1190, 1192; *Lutter/Banerjea*, ZGR 2003, 402, 430; *Ulmer*, JZ 2002, 1049, 1050.
159 So BGHZ 151, 181 = NJW 2002, 3024 – KBV; Baumbach/Hueck/*Fastrich*, § 13 Rn. 17: Maßgeblich sei das *Gläubigerschutzprinzip* und dessen Umsetzung im Zusammenwirken von Kapitalerhaltung und geordneter Liquidation. Zustimmend: *Altmeppen*, NJW 2002, 321, 323 ff.; *Benecke*, BB 2003, 1190; *K. Schmidt*, NJW 2001, 3577, 3578 f.; *Ulmer*, ZIP 2001, 2021, 2022; *Wilhelm*, NJW 2003, 175, 177 f.; a.A. *Nassall*, ZIP 2003, 969.
160 Umstritten, so aber BGHZ 122, 123 – TBB; a.A. Baumbach/Hueck/*Fastrich*, § 13 Rn. 17; *Kiethe/Groeschke*, NZG 2001, 504, 505; *Wilhelm*, NJW 2003, 175, 179.
161 So *Ulmer*, ZIP 2001, 2021, 2026.
162 Dazu näher Baumbach/Hueck/*Fastrich*, § 13 Rn. 17; *Röhricht*, ZIP 2005, 505, 513 ff.; *Westermann*, NZG 2002, 1129, 1131.
163 BGH NJW 2007, 2689.
164 Dazu *Borges*, ZIP 2004, 733, 741 f.

dierende Rückstellungen die existenzgefährdenden Risiken ausgleichbar sind)[165] bzw. wenn dem in Anspruch genommenen Gesellschafter der Nachweis gelingt, dass die GmbH im Vergleich zu jener Vermögenslage, die bei einem redlichen Verhalten bestünde, ein nur begrenzter (mithin ausgleichsfähiger) Nachteil erwachsen ist.[166]

Lagen die Voraussetzungen der Durchgriffshaftung wegen existenzvernichtendem Eingriff vor, so sollten die handelnden (bzw. auch bloß zustimmenden) Gesellschafter gegenüber dem Gläubiger eine **Ausfallhaftung** treffen.[167] **42**

Im Falle der **Insolvenz** der GmbH war die Durchgriffshaftung während eines laufenden Insolvenzverfahrens nach § 93 InsO nur vom Insolvenzverwalter geltend zu machen.[168]

Die Judikatur gewährte dem Gesellschafter das Recht, nachzuweisen, dass der Schaden durch den Eingriff auf eine bestimmte Höchstsumme beschränkt war.[169]

b) Änderung der bisherigen Judikatur zum „existenzvernichtenden Eingriff" („Trihotel")

Mit Urteil vom 16.7.2007 hat der BGH[170] (bestätigt im Nachhinein auch durch Urteil vom 28.04.2008[171] und vom 09.02.2009[172]) eine umfassende Änderung des bisherigen Haftungskonzepts zum existenzvernichtenden Eingriff vollzogen: Der BGH hält zwar weiterhin – zur Vermeidung einer durch das Haftungssystem der §§ 30, 31 offen gelassenen Schutzlücke[173] – an der begrifflich auch künftig als „Existenzvernichtungshaftung" bezeichneten Haftung des Gesellschafters für missbräuchliche, zur Insolvenz der Gesellschaft führende oder diese vertiefende „kompensationslose" Eingriffe in deren (der Zweckbindung zur vorrangigen Befriedigung der Gesellschaftsgläubiger dienendes) Gesellschaftsvermögen[174] und den diesen Eingriffstatbestand nach dem bisherigen Entwicklungsstand der Rechtsprechung des BGH kennzeichnenden sowie näher eingrenzenden Merkmalen[175] fest. Ein „existenzvernichtender Eingriff" liegt im Falle eines kompensationslosen (d.h. ohne angemessenen [bspw. unvertretbar niedrigen] Ausgleich[176] erfolgten) Entzugs von Gesellschaftsvermögen i.w.S.[177] vor (wobei aber die Nichtbereitstellung einer angemessenen [notwendigen] Kapitalausstattung durch die Gesellschafter nicht als „Eingriff" zu qualifizieren ist[178] – es gelten dann allein die Grundsätze über die materielle Unterkapitalisierung[179]), die (kausal) in eine Insolvenz mündet bzw. eine solche vertieft[180] (vgl. §§ 17, 19 InsO). Dies gilt unterschiedslos für eine Ein-[181] wie für eine Mehr-Personen-GmbH[182]. **43**

165 So BGHZ 151, 181 = NJW 2002, 3024 – KBV; BGHZ 122, 123, 132 – TBB; BGH NZG 2005, 214, 215 und 177.
166 BGH NZG 2005, 214, 215 und 177, 178. Insgesamt dazu Baumbach/Hueck/*Fastrich*, § 13 Rn. 43 f.
167 BGHZ 151, 181, 188 = NJW 2002, 3024 – KBV; BGHZ 150, 61 = NJW 2001, 2002.
168 BGHZ 151, 181 = NJW 2002, 3024 – KBV. Zudem BGH BB 2005, 2144: jedenfalls nicht von einem GmbH-Gläubiger. Vgl. auch BAGE 113, 121 = NJW 2005, 2172: Ein Haftungsdurchgriff der Gesellschaftsgläubiger auf die Gesellschafter einer GmbH wegen „existenzgefährdenden Eingriffs" kommt nicht in Betracht, wenn über das Vermögen der Gesellschaft das Insolvenzverfahren eröffnet worden ist. Das gilt auch für mögliche Ansprüche aus § 826 BGB.
169 So BGH NZA 2005, 177; Baumbach/Hueck/*Fastrich*, § 13 Rn. 49.
170 BGHZ 173, 246 = NJW 2007, 2689 = BB 2007, 1970 = NZG 2007, 667 = DB 2007, 1802 = WM 2007, 1572 = ZIP 2007, 1552 = DStR 2007, 1586 = GmbHR 2007, 917 – Trihotel. Dazu *Altmeppen*, NJW 2007, 2657.
171 BGHZ 176, 204 = NJW 2008, 2437 – Gamma.
172 BGHZ 179, 344 = NJW 2009, 2127 – Sanitary.
173 Dazu *Röhricht*, FS 50 Jahre BGH, Bd. 1, S. 83, 92 ff.; ders., ZIP 2005, 505, 514. Zudem: Baumbach/Hueck/*Fastrich*, § 13 Rn. 49; *Dauner-Lieb*, DStR 2006, 2034, 2037.
174 BGHZ 151, 181 – KBV.
175 Zuletzt BGH ZIP 2005, 117 – Autovertragshändler; BGH ZIP 2005, 250 – Handelsvertreter.
176 BGHZ 173, 246 = NJW 2007, 2689 – Rz. 50.
177 Näher Henssler/*Verse*, § 13 Rn. 53: bspw. (nach Henssler/*Verse*, a.a.O.) die Entnahme von Finanzmitteln (BGHZ 149, 10, 16 f. = NJW 2001, 2622) oder die Verlagerung von Aktiva von der GmbH auf einen Gesellschafter (BGHZ 151, 181, 186 ff. = NJW 2002, 3024) bzw. die Vereinnahmung von Forderungen der GmbH durch einen Gesellschafter (BGH NJW-RR 2008, 629).
178 BGHZ 176, 204 = NJW 2008, 2437 – Rz. 12 ff.
179 Bspw. die „Aschenputtelfälle" (vorstehende Rn. 28) – die (so Henssler/*Verse*, § 13 Rn. 54) außerhalb der Existenzvernichtungshaftung eine Außenhaftung nach § 826 BGB auslösen können.
180 BGHZ 173, 246 = NJW 2007, 2689 – Rz. 24.
181 BGHZ 149, 10 = NJW 2001, 3622.
182 BGHZ 151, 181 = NJW 151, 181 = NJW 2002, 3024.

44 Der BGH hebt jedoch das bisherige Konzept einer eigenständigen Haftungsfigur, die an den Missbrauch der Rechtsform anknüpft und als Durchgriffsaußenhaftung des Gesellschafters gegenüber den Gesellschaftsgläubigern ausgestaltet, aber mit einer Subsidiaritätsklausel im Verhältnis zu den §§ 30, 31 BGB versehen war (siehe Rn. 41), auf. Stattdessen knüpft er die **Existenzvernichtungshaftung** des Gesellschafters an die missbräuchliche Schädigung des im Gläubigerinteresse zweckgebundenen Gesellschaftsvermögens (und zwar sowohl bei Eingriffen in das Gesellschaftsvermögen einer werbenden GmbH als auch im nachgelagerten Liquidationsstadium[183])[184] an (da die §§ 30 f. einer Ergänzung i.S. einer Gesellschafterhaftung für insolvenzverursachende Eingriffe bedürfen) und ordnet sie – in Gestalt einer schadensersatzrechtlichen **Innenhaftung gegenüber der Gesellschaft** – allein in **§ 826 BGB**[185] und als eine besondere Fallgruppe der sittenwidrigen vorsätzlichen Schädigung ein[186] (Fortentwicklung des gleichermaßen als Innenhaftung ausgestalteten Schutzsystems der §§ 30 f. auf der Ebene des Deliktrechts)[187].

45 Nach dem vom BGH in seiner bisherigen neueren Rechtsprechung (unter Aufgabe der Haftung im sog. qualifiziert faktischen Konzern)[188] entwickelten Haftungstatbestand der Existenzvernichtungshaftung[189] hat der Gesellschafter einer GmbH für die Gesellschaftsschulden persönlich einzustehen, wenn er auf die Zweckbindung des Gesellschaftsvermögens keine Rücksicht nimmt und der Gesellschaft ohne angemessenen Ausgleich (offen oder verdeckt) Vermögenswerte entzieht, die sie zur Erfüllung ihrer Verbindlichkeiten benötigt. Greift er in das der Gesellschaft überlassene und als Haftungsfonds erforderliche Vermögen gleichwohl ein und bringt er dadurch die Gesellschaft in die Lage, ihre Verbindlichkeiten nicht mehr oder nur noch in geringerem Maße erfüllen zu können, so missbraucht er nach der früheren Judikatur die Rechtsform der GmbH. Damit soll er zugleich grundsätzlich die Berechtigung verlieren, sich auf die Haftungsbeschränkung des Abs. 2 zu berufen, soweit die der Gesellschaft durch den Eingriff insgesamt zugefügten Nachteile nicht bereits durch etwa bestehende Ansprüche nach den §§ 30, 31 ausgeglichen werden können. Abwenden konnte der Gesellschafter die unbeschränkte Außenhaftung nur, wenn er nachwies, dass der Gesellschaft im Vergleich zu der Vermögenslage bei redlichem Verhalten nur ein begrenzter (und dann in diesem Umfang auszugleichender) Nachteil entstanden ist[190] (vgl. Rn. 41).

46 Bei kritischer Analyse und Bewertung dieses Rechtsprechungsmodells[191] stellt der BGH nunmehr fest, dass zum Schutz des zur Befriedigung der Gesellschaftsgläubiger erforderlichen Gesellschaftsvermögens gegen existenzvernichtende, d.h. zur Insolvenz der Gesellschaft führende oder eine solche vertiefende, Eingriffe des Gesellschafters eine Haftungssanktion gegen diesen unzweifelhaft erforderlich ist, soweit das gesetzliche System der §§ 30, 31 versagt bzw. wegen seiner begrenzten Reichweite die gebotene Schutzfunktion von vornherein nicht erfüllen kann.[192]

---

183 BGHZ 179, 344 = NJW 2009, 2127.

184 Wobei dann – so Henssler/*Verse*, § 13 Rn. 51 – auch ein Anspruch nach § 826 BGB wegen sittenwidriger Verletzung der Liquidationsvorschriften (§ 73 Abs. 1) in Betracht kommen soll.

185 Wobei er eine – weitergehende – Fahrlässigkeitshaftung explizit ablehnt: so BGHZ 173, 246 = NJW 2007, 2689 – Rz. 17; ebenso BGH NJW-RR 2008, 629 – Rz. 11.

186 BGHZ 173, 246 = NJW 2007, 2689 – Rz. 23. Zustimmend zur Anerkennung als Fallgruppe des § 826 BGB auch *Dauner-Lieb*, ZGR 2008, 34; *Paefgen*, DB 2007, 1907, 1912; *Weller*, ZIP 2007, 1681, 1683. Hingegen will *Lieder* (EZWiR 2008, 145, 147 f.) am Konstrukt einer Durchgriffshaftung festhalten. Nach a.A. Innenhaftung der Gesellschafter gegenüber der GmbH nach § 280 Abs. 1 BGB (wegen einem aus ihrer Mitgliedschaft resultierenden Sonderstatus [Sonderverbindung] mit korrespondierender Verpflichtung zum Schutz der Gläubiger): so *K. Schmidt*, NJW 2001, 3577, 3579; *Ulmer*, ZIP 2001, 2021, 2026; *Habersack*, ZGR 2008, 553, 558. Auch dabei plädiert aber *Osterloh-Konrad* (ZHR 172 [2008], 274, 295) für eine Reduktion des § 280 BGB auf eine alleinige Vorsatzhaftung.

187 BGHZ 173, 246 = NJW 2007, 2689 – Rz. 33.

188 Dazu BGHZ 122, 123, 130 – TBB.

189 Seit BGHZ 149, 10 – Bremer Vulkan.

190 BGHZ 149, 10 – Bremer Vulkan; 150, 61; 151, 181 – KBV. Zuletzt BGH ZIP 2005, 117 – Autovertragshändler; BGH ZIP 2005, 250 – Handelsvertreter.

191 Dazu *Altmeppen*, ZIP 2001, 1837; *Dauner-Lieb*, DStR 2006, 2034; *Priester*, ZGR 1993, 512; *K. Schmidt*, NJW 2001, 3577; *Ulmer*, ZIP 2001, 2021; *Wiedemann*, ZGR 2003, 283; *Weller*, DStR 2007, 1166; *Ihrig*, DStR 2007, 1170.

192 BGH NJW 2007, 2689, 2690.

Der BGH lässt aber nunmehr das bisherige, im Wege der Rechtsfortbildung entwickelte Modell der Existenzvernichtungshaftung als selbstständiges Rechtsinstitut i.S. einer eigenen Anspruchsgrundlage mit einer eigenständigen Rechtsfolgenseite fallen und ordnet den existenzvernichtenden Eingriff (freilich ebenfalls durch richterrechtlichen Gestaltungsakt) jetzt dogmatisch allein als **besondere Fallgruppe** im Rahmen der allgemeinen deliktischen Anspruchsnorm des **§ 826 BGB** ein, und zwar – im Gleichlauf mit den gesellschaftsrechtlichen Schutznormen der §§ 30, 31 – als **Innenhaftung** des den Eingriff verursachenden Gesellschafters (d.h. sowohl des unmittelbaren [Allein- oder Mehrheits-][193] Gesellschafter als auch des mittelbaren Gesellschafters, sofern letzterer nur tatsächlich einen beherrschbaren Einfluss auf die Gesellschaft ausüben kann[194]) gegenüber der Gesellschaft selbst (arg.: Entzug des Gesellschaftsvermögens trifft unmittelbar nur die GmbH – bloße mittelbare Betroffenheit der Gesellschafter)[195]. Geschäftsführer, die am Eingriff mitwirken (vgl. § 43 Abs. 2) oder als Teilnehmer i.S.v. § 830 Abs. 2 BGB zu qualifizieren sind, haften neben den Gesellschaftern[196] – ebenso wie Dritte, sofern sie den Eingriff wissentlich gefördert haben[197]. 47

Ausgangspunkt für das Erfordernis einer Verantwortlichkeit des Gesellschafters im Falle kompensationsloser, zur Insolvenz führender (oder diese vertiefender) Eingriffe in das auch als Haftungsfonds für die Gläubiger dienende Gesellschaftsvermögen ist eine **Lücke im Kapitalschutz** der GmbH in Bezug auf derartige Eingriffe des Gesellschafters, die nicht oder nicht in vollem Umfang durch die §§ 30, 31 ausgeglichen werden können. Dabei handelt es sich namentlich um Eingriffe des Gesellschafters, die als solche oder deren Folgen in der für § 30 maßgeblichen Stichtagsbilanz zu fortgeführten Buchwerten nicht oder nur ungenügend abgebildet werden, sodass die Schutzfunktion der Kapitalerhaltungsvorschriften von vornherein versagt. Ferner geht es um solche Eingriffe, bei denen eine Rückgewähr nach § 31 allein die Insolvenz nicht mehr zu beseitigen vermag. 48

Bei der Bestimmung der Rechtsgrundlage und der sachgerechten Grenzen der Verantwortlichkeit des Gesellschafters für Eingriffe in den im Gesellschafterinteresse zweckgebundenen Haftungsfonds, mit denen die Solvenz der Gesellschaft beeinträchtigt wird, geht es allein darum, dieses Vermögen der Gesellschaft unter Schließung der von §§ 30, 31 offen gelassenen Schutzlücke auch jenseits der Stammkapitalziffer, soweit es zur Gläubigerbefriedigung benötigt wird, vor derartigen Eingriffen des Gesellschafters zu schützen. Der existenzvernichtende Eingriff in das Gesellschaftsvermögen stellt einen **Verstoß gegen die Pflicht zur Respektierung der Zweckbindung des Gesellschaftsvermögens zur vorrangigen Befriedigung der Gesellschaftsgläubiger** während der Lebensdauer der GmbH dar. Damit ist die den Gesellschafter solchermaßen als Verhaltenspflicht auferlegte Rücksichtnahmepflicht als das systemimmanente normative Korrelat der Instrumentalisierung der GmbH als haftungsbegrenzende Institution zu verstehen. 49

Anders als der BGH früher jedoch angenommen hat (Rn. 35 ff.), besteht kein Bedürfnis, einen solchen missbräuchlichen Eingriff in das Gesellschaftsvermögen mit einem Verlust des Haftungsprivilegs gegenüber den Gesellschaftsgläubigern und damit mit einer „Durchgriffshaftung wegen Missbrauchs der Rechtsform der GmbH" zu sanktionieren. Rechtsfolge wäre nämlich – i.S. einer zumindest dogmatisch konsequent zu Ende gedachten Haftungskonstruktion – eine grundsätzlich unbeschränkte Durchgriffsaußenhaftung gegenüber den Gläubigern nach dem Vorbild einer Analogie zu § 128 HGB (wie sie der BGH im Übrigen weiterhin für die Fälle der Vermögensvermischung bejaht [siehe Rn. 31 ff.], ohne diese freilich in die Fallgruppe des existenzvernichtenden Eingriffs 50

---

193 Aber nicht nur diese – sondern jeder an einem Eingriff mitwirkende Gesellschafter: BGHZ 151, 181, 187 f. = NJW 2002, 3024; BGHZ 150, 61 = NJW 2003, 1803.

194 BGHZ 173, 246 = NJW 2007, 2689 – Rz. 44; BGH NZG 2005, 177, 178. Auch die Gesellschafter, die über Treuhänder oder Strohmänner Einfluss nehmen können und wirtschaftlich einem Gesellschafter gleichzustellen sind: so BGHZ 173, 246 = NJW 2007, 2689 – Rz. 45 f.

195 BGHZ 173, 246 = NJW 2007, 2689 – Rz. 33 – zudem sei die Existenzvernichtungshaftung lediglich eine Verlängerung der Kapitalerhaltungsvorschriften (die gleichermaßen auf eine Innenhaftung gehen): so Henssler/*Verse*, § 13 Rn. 64.

196 So Henssler/*Verse*, § 13 Rn. 63 (zudem komme eine Haftung nach § 64 S. 3 [wofür Fahrlässigkeit ausreicht] in Betracht) unter Bezugnahme auf *Weller*, ZIP 2007, 1681, 1687.

197 So Henssler/*Verse*, § 13 Rn. 63 (unter Bezugnahme auf *Gehrlein*, WM 2008, 761, 764) – bspw. Banken, Anwälte bzw. sonstige Berater – wobei *Verse* (a.a.O.) jedoch darauf hinweist, dass die Notwendigkeit eines doppelten Teilnahmevorsatzes diesem Haftungsansatz enge Grenzen setzt.

einzuordnen).[198] Diesen Weg hat der BGH aber wie die Korrekturen des Modells über die Subsidiarität und den Einwand im Ergebnis nicht beschritten, weil eine derartige uneingeschränkte Erfolgshaftung Gefahr liefe, in einer Vielzahl von Fällen weit über das Ziel hinauszuschießen und der Gesellschaftsform der GmbH (entgegen den Zielen des Gesetzgebers) den Boden zu entziehen. Der missbräuchliche Eingriff in das Gesellschaftsvermögen unter Verstoß gegen die Verpflichtung zur Respektierung seiner Zweckbindung zur vorrangigen Gläubigerbefriedigung ist schon begrifflich und auch funktionell kein Missbrauch der Rechtsform, der als solcher an den Fehlgebrauch der Rechtsform selbst anknüpft und nur bei ihrer Schaffung oder beim Gebrauchmachen von ihr, also beim Abschluss von Geschäften, denkbar ist.

51 Deshalb kommt als gebotener Ausgleich für den kompensationslosen, durch missbräuchlichen Eingriff verursachten Entzug des Gesellschaftsvermögens entsprechend dem grundsätzlich geltenden präventiven „Basisschutzkonzept" der §§ 30, 31 nur eine **Ersatzhaftung gegenüber der Gesellschaft selbst** als Trägerin des geschädigten Gesellschaftsvermögens und damit eine **Innenhaftung** in Betracht. Die Existenzvernichtungshaftung soll wie eine das gesetzliche Kapitalerhaltungssystem ergänzende, aber deutlich darüber hinausgehende „Entnahmesperre" wirken, indem sie die sittenwidrige, weil Insolvenz verursachende oder vertiefende „Selbstbedienung" des Gesellschafters vor den Gläubigern der Gesellschaft durch die repressive Anordnung der Schadensersatzpflicht in Bezug auf das beeinträchtigte Gesellschaftsvermögen ausgleicht.

52 An die Qualifizierung des existenzvernichtenden Eingriffs als Verstoß gegen die Schutzpflicht der Respektierung der Zweckbindung des Gesellschaftsvermögens bedarf es zur Sanktionierung des Verstoßes nicht zwingend eines selbstständigen, im Wege der Rechtsfortbildung zu schaffenden gesellschaftsrechtlich fundierten Haftungsinstituts zur Erfüllung der durch die §§ 30, 31 offen gelassenen Schutzlücke. Vielmehr ist es ausreichend, diese Schutzfunktion im Bereich der ohnehin bereits von jeher hierfür herangezogenen gesetzlichen, deliktischen Schadensersatznorm des **§ 826 BGB** anzusiedeln, und zwar wiederum in Form einer **Innenhaftung** gegenüber der Gesellschaft. Die Einordnung der Existenzvernichtungshaftung als **besondere Fallgruppe des § 826 BGB** bietet sich schon deshalb an, weil bereits nach der früheren Judikatur des BGH die Fälle der Existenzvernichtungshaftung sich im Grundsatz zwanglos unter dieser Norm subsumieren ließen. § 826 BGB verbietet eine vorsätzliche Schädigung des Gesellschaftsvermögens, die gegen die „guten Sitten" verstößt. Dass dies bei einer planmäßigen „Entziehung" von (der Zweckbindung zur vorrangigen Befriedigung der Gesellschaftsgläubiger unterliegendem) Vermögen der Gesellschaft mit der Folge der Beseitigung ihrer Solvenz der Fall ist, kann, wenn dies zudem – wie regelmäßig – zum unmittelbaren oder mittelbaren Vorteil des Gesellschafters oder eines Dritten geschieht, nicht bezweifelt werden[199]. Die „Sittenwidrigkeit" setzt einen gezielten, betriebsfremden Zwecken dienenden Eingriff voraus[200].

53 Dem **Vorsatzerfordernis** ist genügt, wenn dem handelnden Gesellschafter bewusst ist, dass durch von ihm selbst oder mit seiner Zustimmung veranlasste Maßnahmen das Gesellschaftsvermögen sittenwidrig geschädigt wird. Dafür reicht es aus, dass ihm die Tatsachen bewusst sind, die den Eingriff sittenwidrig machen, während ein Bewusstsein der Sittenwidrigkeit nicht erforderlich ist. Eine derartige Sittenwidrigkeit betrifft nicht nur die Fälle, in denen die Vermögensentziehung geschieht, um den Zugriff der Gläubiger auf dieses Vermögen zu verhindern, sondern ist auch dann anzunehmen, wenn die faktische dauerhafte Beeinträchtigung der Erfüllung der Verbindlichkeiten die voraussehbare Folge des Eingriffs ist und der Gesellschafter diese Rechtsfolge in Erkenntnis ihres möglichen Eintritts billigend in Kauf nimmt[201] (**Eventualvorsatz**).

198 BGH NJW 2006, 1345 im Anschluss an BGHZ 125, 366.
199 So bereits BGHZ 173, 246 = NJW 2007, 2689 – Rz. 31.
200 BGHZ 173, 246 = NJW 2007, 2689 = Rz. 31 – womit bloße Managementfehler aus der Existenzvernichtungshaftung ausgenommen sind: so Henssler/*Verse*, § 13 Rn. 57 unter Bezugnahme auf BGH NZG 2005, 214. Eine Bereicherung des Gesellschafters wird nicht vorausgesetzt: Henssler/*Verse*, a.a.O.
201 BGHZ 173, 246 = NJW 2007, 2689 – Rz. 30.

Die Bestimmung der Grenzen einer Existenzvernichtungshaftung durch ihre Einordnung allein in den Anwendungsbereich des § 826 BGB erscheint dem BGH auch deshalb angemessen, weil eine reine erfolgsbezogene Verursachungshaftung über das Ziel der angemessenen Lückenschließung hinausginge und eine verschuldensunabhängige Erfolgshaftung auch nicht die korrekte Sanktionsreaktion auf den existenzvernichtenden Eingriff aus schuldhafter Verletzung einer Verhaltenspflicht, d.h. der Rücksichtnahmepflicht des Gesellschafters in Bezug auf das der Zweckbindung der vorrangigen Gläubigerbefriedigung unterliegenden Gesellschaftsvermögens wäre. Die Begrenzung der Schadensersatzpflicht nach § 826 BGB auf mindestens eventualvorsätzliches Handeln ist die folgerichtige Beschränkung der Haftung entsprechend dem objektiven Haftungstatbestand des existenzvernichtenden Eingriffs, der einen gezielten, betriebsfremden Zwecken dienenden Entzug von Vermögenswerten voraussetzt, die die Gesellschaft zur Begleichung ihrer Verbindlichkeiten benötigt.[202] 54

Nach diesem neuen Haftungskonzept besteht zwischen den §§ 30, 31 und § 826 BGB eine – soweit sich diese überschneiden – **Anspruchsgrundlagenkonkurrenz**. Dadurch wird der Gesellschaft bzw. dem Insolvenzverwalter die Rechtsverfolgung in zulässiger Weise erleichtert, weil auch dann, wenn etwa der Nachweis eines existenzvernichtenden Eingriffs i.S.v. § 826 BGB nicht gelingt, die Rechtsverfolgung (ohne Änderung des prozessualen Streitverhältnisses) immer noch wenigstens im Umfang des Vorliegens verbotener Auszahlungen i.S. der §§ 30, 31 erfolgreich sein kann. 55

Hinsichtlich der **Darlegungs- und Beweislast** gilt im Rahmen von § 826 BGB grundsätzlich, dass die Gesellschaft als Gläubigerin die Darlegungs- und Beweislast für alle objektiven und subjektiven Tatbestandsmerkmale des Delikts trägt,[203] mithin insbesondere in diesem Rahmen auch den vollen Kausalitätsnachweis für die Insolvenz bzw. deren Vertiefung zu erbringen hat[204]. 56

Fazit: Der BGH hat sich mit der „Trihotel"-Entscheidung wohl endgültig von allen Missbrauchsformen zur Rechtfertigung einer Durchgriffshaftung bei der GmbH verabschiedet[205] und stützt das fortbestehende Konstrukt der Existenzvernichtungshaftung in Gestalt einer Innenhaftung der Gesellschafter gegenüber der Gesellschaft auf § 826 BGB (als besonderer Fall der vorsätzlichen sittenwidrigen Schädigung). Rechtsfolge ist eine Innenhaftung gegenüber der Gesellschaft auf den tatsächlich entstandenen Schaden, die gleichrangig neben einer Haftung nach den §§ 30, 31 steht. 57

Die Durchgriffshaftung ist in begründeten Fällen nach Eröffnung des Insolvenzverfahrens vom Insolvenzverwalter (§ 80 Abs. 1 InsO) geltend zu machen, doch wird man in Fällen, in denen der haftungsbegründende Sachverhalt dem Insolvenzverwalter nicht rechtzeitig bekannt wird oder dieser aus anderen, unsachlichen Gründen von einer Verfolgung des Gesellschafters absieht, auch einem unbefriedigten Gläubiger die Möglichkeit einräumen müssen, dass dieser den Anspruch der GmbH gegen den Gesellschafter pfändet und sich zur Einziehung überweisen lässt (§§ 829, 835 ZPO).[206] 58

---

202 BGH ZIP 2005, 250, 252 – Handelsvertreter.

203 BGH NJW 2007, 2689, 2693.

204 Für eine Erleichterung der Darlegungslast (in Anlehnung an die Kriterien im qualifizierten faktischen Konzern – BGHZ 122, 123, 133 = NJW 1993, 1200) im Falle eines Gläubigers, der den Anspruch gepfändet hat (und in Beweisschwierigkeiten ist), plädiert Henssler/*Verse*, § 13 Rn. 68.

205 *Altmeppen*, NJW 2007, 2657.

206 So *Altmeppen*, NJW 2007, 2657, 2660: „Doch es wäre überflüssig und extrem belastend, wenn die Gläubiger im Standardfall der masselosen GmbH zunächst einen Titel gegen diese – womöglich schon gelöschte – Schuldnerin erwirken und anschließend den Anspruch der Gesellschaft gegen den Geschäftsführer im Wege der Zwangsvollstreckung auf sich überleiten müssten, um erst danach in das Erkenntnisverfahren um das Bestehen dieses Anspruchs eintreten zu können. Erkennt man, dass der Gesellschafter ohnehin unbegrenzt haften muss, wenn er den Beweis hinsichtlich der Schadenshöhe durch sein eigenes Verhalten vereitelt hat, bleibt es im Ergebnis bei einer Direkthaftung, weil die unbegrenzte Haftung stets eine Außenhaftung ist. Der Gläubiger muss dazu also nur beweisen, dass der Gesellschafter seine insolvente GmbH gröblich sorgfaltswidrig in einer nicht mehr quantifizierbaren Höhe geschädigt hat. Wer dieses Ergebnis nicht mittragen will, sollte zumindest in analoger Anwendung der Bestimmungen über das Gläubigerverfolgungsrecht im Aktiengesetz (§§ 62 II, 93 V, 116, 117 V, 309 IV 3, 310 IV, 318 IV AktG) eine direkte Inanspruchnahme des Schädigers ermöglichen."

Gleiches ist in Fällen einer **masselosen Insolvenz** anzunehmen[207].

Die Ansprüche aus Existenzvernichtungshaftung unterliegen der **allgemeinen Verjährungsfrist** (§§ 195, 199 BGB)[208].

Ansprüche aus Existenzvernichtungshaftung stehen in **Anspruchsgrundlagenkonkurrenz** zu solchen aus § 31 BGB[209] und § 823 Abs. 2 BGB i. V. m. § 266 StGB[210] – befindet sich die GmbH bereits im Stadium ihrer Liquidation, kommt ggf. auch ein konkurrierender Anspruch nach § 826 BGB wegen sittenwidriger Verletzung der Liquidationsvorschriften in Betracht[211].

§ 8a Abs. 1 Alt TZG a. F. verpflichtete den Arbeitgeber, Wertguthaben, die aufgrund einer Altersteilzeitvereinbarung aufgebaut werden, in geeigneter Weise gegen das Risiko seiner Zahlungsunfähigkeit abzusichern. Die Vorschrift ist aber nur im Verhältnis zum Arbeitgeber Schutzgesetz i.S.v. § 823 Abs. 2 BGB und begründet daher keine Durchgriffshaftung gegen die gesetzlichen Vertreter juristischer Personen[212].

aa) Die Gamma-Entscheidung

58a In der Gamma-Entscheidung vom 28.04.2008[213] hat der BGH ausgeführt, dass die als besondere Fallgruppe der sittenwidrigen vorsätzlichen Schädigung in § 826 BGB einzuordnende Existenzvernichtungshaftung des Gesellschafters einen kompensationslosen „Eingriff" in das im Gläubigerinteresse zweckgebundene Gesellschaftsvermögen der GmbH voraussetzt[214]. Dem steht ein Unterlassen hinreichender Kapitalausstattung i.S. einer „Unterkapitalisierung" der GmbH (im konkreten Fall einer Gesellschaft für Personalentwicklung und Qualifizierung [sog. BQG]) nicht gleich[215]. Für die Statuierung einer allgemeinen gesellschaftsrechtlichen (verschuldensabhängigen oder gar verschuldensunabhängigen) Haftung des Gesellschafters wegen materieller Unterkapitalisierung im Wege höchstrichterlicher Rechtsfortbildung sei bereits mangels einer im derzeitigen gesetzlichen System des GmbHG bestehenden Gesetzeslücke kein Raum. Ob und ggf. unter welchen Voraussetzungen unter diesem Aspekt eine persönliche Haftung des Gesellschafters nach § 826 BGB in Betracht kommt, bleibe offen[216]. Verschweigt der Gesellschafter-Geschäftsführer einer BQG im Einvernehmen mit seinen Mitgesellschaftern bei Abschluss der dreiseitigen Verträge den von dem sanierungsbedürftigen Unternehmen übernommenen Arbeitnehmern, dass die von der abgebenden Gesellschaft zur Aufstockung ihres Verdienstes geschuldeten sog. Remanenzkosten nicht (wie branchenüblich) gegen deren Insolvenz abgesichert sind, so haften sie den einzelnen Arbeitnehmern jeweils wegen gemeinschaftlicher sittenwidriger Schädigung nach den §§ 826, 830 BGB persönlich auf Schadensersatz in Form des negativen Interesses. Im Insolvenzverfahren über das Vermögen der BQG sei der Insolvenzverwalter nicht zur Geltendmachung solcher den Arbeitnehmern individuell zustehenden Deliktsansprüche zugunsten der Masse befugt[217].

---

207 BGHZ 179, 344 = NJW 2009, 2127 – Rz. 32; BGHZ 173, 246 = NJW 2007, 2689 – Rz. 36. Kritisch dazu Henssler/*Verse*, § 13 Rn. 65: notwendig sei ein unmittelbarer Gläubigerzugriff – entweder in Anlehnung an die Verlustdeckungshaftung in der Vor-GmbH (BGHZ 134, 333, 341 = NJW 1997, 1507) bzw. in Rechtsanalogie zu den §§ 62 Abs. 2 Satz 1, 93, Abs. 5 Satz 1, 117 Abs. 5 Satz 1, 209 Abs. 4 Satz 3 AktG.

208 BGHZ 179, 344 = NJW 2009, 2127 – Rz. 33 f.

209 So BGHZ 179, 344 = NJW 2009, 2927 – Rz. 44; BGHZ 173, 246 = NJW 2007, 2689 – Rz. 38 f.

210 BGH NZG 2009, 1152, 1153.

211 Henssler/*Verse*, § 13 Rn. 69.

212 BAGE 133, 213 = NZA 2010, 1418.

213 BGHZ 176, 204 = NJW 2008, 2437 = NZG 2008, 547 = GmbHR 2008, 805 = WM 2008, 1220 = ZIP 2008, 1232 = BB 2008, 1697.

214 BGHZ 176, 204 unter Bezugnahme auf BGHZ 173, 246 – Trihotel.

215 BGHZ 176, 204 – Rz. 10 und 13.

216 BGHZ 176, 204 – Rz. 17 f., 21 f. und 24 f.

217 BGHZ 176, 204 – Rz. 12 und 27 ff.

bb) Sanitary

In der Sanitary-Entscheidung[218] vom 09.02.2009 hat der BGH konstatiert, dass eine Existenzvernichtungshaftung des GmbH-Gesellschafters aus § 826 BGB für missbräuchliche, zur Insolvenz der GmbH führende oder diese vertiefende kompensationslose Eingriffe in die Zweckbindung des zur vorrangigen Befriedigung der Gesellschaftsgläubiger dienenden Gesellschaftsvermögens[219] auch **im Stadium der Liquidation** der Gesellschaft (§§ 66 ff.) in Betracht kommt. Der für die Existenzvernichtungshaftung nach § 826 BGB bei der werbenden Gesellschaft anerkannte Grundsatz eines verselbständigten Vermögensinteresses gelte nämlich erst recht für eine Gesellschaft in der Liquidation, für die § 73 Abs. 1 und 2 den Erhalt des Gesellschaftsvermögens im Interesse der Gläubiger in besonderer Weise hervorhebt. Der Liquidationsgesellschaft könne daher ein eigener (Innenhaftungs-) Anspruch aus § 826 BGB gegen den Gesellschafter schon dann zustehen, wenn dieser unter Verstoß gegen § 73 Abs. 1 in sittenwidriger Weise das im Interesse der Gesellschaftsgläubiger zweckgebundene Gesellschaftsvermögen schädigt, ohne dass zugleich die speziellen „Zusatzkriterien" einer Insolvenzverursachung oder -vertiefung erfüllt sind. 58b

cc) Zusammenfassung

Die Rechtsprechung will das Instrument der Durchgriffshaftung allein noch im Falle der „Vermögensvermischung" zur Anwendung gelangen lassen – auf die Konstellationen „Unterkapitalisierung" bzw. „Existenzvernichtung" wird eine Durchgriffshaftung ausdrücklich abgelehnt, gangbar ist hier allein der Weg über § 626 BGB. 58c

Teilweise wird in der Literatur die Durchgriffshaftung gänzlich abgelehnt[220] – zumal die kritische Frage durchaus berechtigt ist, „warum ausgerechnet in der verbliebenen Fallgruppe der Vermögensvermischung Raum für eine Durchgriffshaftung bleiben soll, zumal auch hier der Weg über § 826 BGB gangbar wäre"[221].

c) Exkurs: Umgekehrter Durchgriff

Vom umgekehrten (gesellschafterfreundlichen) Durchgriff ist dann die Rede, wenn die GmbH durch eine Verletzungshandlungshandlung gegenüber dem Alleingesellschafter geschädigt wird. Auch hier kommt eine Durchbrechung des Trennungsprinzips (Rn. 19) dergestalt in Betracht, dass der **Alleingesellschafter** den Schaden **als eigenen im eigenen Namen** nach Maßgabe der Grundsätze über die Drittschadensliquidation (bzw. ggf. eines Vertrags mit Schutzwirkung zugunsten Dritter)[222] geltend machen kann[223] (zumindest dann, wenn dadurch der GmbH und infolgedessen den Gesellschaftsgläubigern kein Vermögen entzogen wird – ist Letzteres der Fall, kann der [Allein-]Gesellschafter nur Leistung an die GmbH verlangen).[224] 59

Im Falle von **Reflexschäden** (d.h. wenn GmbH und Gesellschafter nebeneinander verletzt und auch selbstständig anspruchsberechtigt sind)[225] ist der Gesellschafter (wenn sein Schaden in einer Minderung des Werts seines Gesellschaftsanteils infolge der Schädigung der GmbH besteht) nur berechtigt, den Schaden für die GmbH (d.h. als Leistung an diese) geltend zu machen.[226] 60

---

218 BGHZ 179, 344.
219 BGHZ 173, 246 – Trihotel.
220 Vgl. etwa nur *Ehricke*, AcP 199 (1999), 2581.
221 Henssler/*Verse*, § 13 Rn. 37.
222 So Baumbach/Hueck/*Fastrich*, § 13 Rn. 43 f.
223 Dazu BGH NJW-RR 1995, 864; BGH NJW 1992, 368, 369; BGHZ 61, 380.
224 So Baumbach/Hueck/*Fastrich*, § 13 Rn. 43 f.; Lutter/Hommelhoff/ Lutter/Hommelhoff, § 13 Rn. 29 f.; Michalski/*Funke*, § 13 Rn. 450 ff.; MüKo-GmbHG/*Merkt*, § 13 Rn. 360 ff.; Scholz/*Emmerich*, § 13 Rn. 97.
225 Baumbach/Hueck/*Fastrich*, § 13 Rn. 43 f.; Roth/*Altmeppen*, § 13 Rn. 149 f.
226 BGH NJW 1992, 368, 369; OLG Hamm, NZG 2002, 780, 781; Baumbach/Hueck/*Fastrich*, § 13 Rn. 43; Lutter/Hommelhoff/*Lutter/Hommelhoff*, § 13 Rn. 30; Scholz/*Emmerich*, § 13 Rn. 98.

61 In jedem Fall ist ein **umgekehrter Haftungsdurchgriff zugunsten von Privatgläubigern der Gesellschafter** durch Inanspruchnahme des Gesellschaftsvermögens für Gesellschafterschulden (auch bei einer Ein- Personen-[Ein-Mann-]GmbH)[227] nicht statthaft[228] – ebenso wenig wie eine Berufung des Gesellschaftsschuldners auf Ansprüche gegen den Alleingesellschafter.[229] So ist eine Ein-Mann-GmbH nicht gehindert, gegen Gläubiger ihres Alleingesellschafters Drittwiderspruchsklage zu erheben, wenn deren Vollstreckung ein eigenes, von § 771 ZPO erfasstes Recht verletzt.[230]

III. Der Gesellschafter und seine Rechtsstellung

62 Die GmbH ist – trotz ihrer körperschaftlichen Struktur und aufgrund ihrer auf dem Stammkapital basierenden kapitalbezogenen Fundierung – in ihrer inneren Ausgestaltung (im Unterschied zur Aktiengesellschaft) sowohl kapitalistisch als auch personalistisch (d.h. stärker personenbezogen) strukturierbar. Insoweit wird sie als zwischen der Aktiengesellschaft und den Personengesellschaften angesiedelter Personenverband qualifiziert, der durch seine „grundsätzlich personalistische Ausrichtung die mitgliedschaftliche Rechtsstellung der Gesellschafter im Verhältnis zur Gesellschaft geprägt wird".[231] Zum einen bestehen Rechtsbeziehungen zwischen der GmbH und ihren Gesellschaftern. Zum anderen bestehen zwischen den Gesellschaftern selbst Rechtsbeziehungen gesellschaftsrechtlicher Art, die aus ihrer Mitgliedschaft zum Personenverband resultieren.[232]

1. Die Treuepflicht zwischen den Gesellschaftern und zwischen Gesellschaft und Gesellschaftern

63 Es besteht im GmbH-Recht eine über die Grundsätze von Treu und Glauben (nach § 242 BGB) hinausgehende – aber in deren Bezugsrahmen angesiedelte[233] – allgemeine Treuepflicht der Gesellschafter sowohl gegenüber der GmbH als auch gegenüber ihren Mitgesellschaftern,[234] ebenso wie der GmbH eine Treuepflicht gegenüber ihren Gesellschaftern obliegt.[235]

64 Danach hat ein Gesellschafter (als allgemeiner Rechtsgedanke) im Zuge seiner Loyalitäts- und Förderpflicht die Interessen der GmbH und der Mitgesellschafter zu wahren (**Interessenwahrung**) und aktiv zu fördern (**Interessenförderung**) sowie auf die mitgliedschaftlichen Interessen der Mitgesellschafter (nicht jedoch auf deren private Interessen) angemessen Rücksicht zu nehmen (**Rücksichtnahmepflicht**).[236] Diese Verpflichtung besteht abgestuft nach Intensität und Tragweite der Treuebindung im konkret zu berücksichtigenden Einzelfall – etwa einer stärker personalistischen (denn kapitalistischen) Ausprägung der GmbH (d.h. unter Berücksichtigung der Realstruktur der

227 BGHZ 156, 310 = NJW 2004, 217, 218.
228 BGH DStR 1999, 1822; BGH BB 1990, 730; Baumbach/Hueck/*Fastrich*, § 13 Rn. 43; Scholz/*Emmerich*, § 13 Rn. 96.
229 BGH DStR 1996, 975.
230 BGHZ 156, 310 = NJW 2004, 217.
231 Baumbach/Hueck/*Fastrich*, § 13 Rn. 18; *Flume* (Juristische Person, S. 62) meint, dass wegen der Weisungsbefugnis der Gesellschafter gegenüber dem Geschäftsführer die GmbH eigentlich materiell „Personengesellschaft" und nur wegen des Ziels „Haftungsbeschränkung" vermögensmäßig gegenüber den Gesellschaftern verselbstständigt sei. Vgl. zudem Roth/Altmeppen/*Altmeppen*, § 13 Rn. 13: Möglichkeit einer stärkeren Akzentuierung des personalen Elements.
232 So BGHZ 65, 15, 18 f.; Baumbach/Hueck/*Fastrich*, § 13 Rn. 21; Hachenburg/*Raiser*, § 13 Rn. 7 ff.; Roth/Altmeppen/*Altmeppen*, § 13 Rn. 28 und 47; Scholz/*Emmerich*, § 13 Rn. 36 ff.
233 So MünchKomm-BGB/*Roth*, § 242 BGB Rn. 166 ff.; Scholz/*Emmerich*, § 13 Rn. 36.
234 Allgemeine Ansicht, vgl. etwa BGHZ 65, 17, 18 f.; Baumbach/Hueck/*Fastrich*, § 13 Rn. 20; Hachenburg/*Raiser*, § 14 Rn. 52; *Lutter*, ZHR 162 (1998), 164; *ders.*, AcP 180 (1980), 84, 102 ff.; Michalski/*Michalski*, § 13 Rn. 136 ff.; 98, 276, 279; *Raiser*, ZHR 151 (1987), 422; Scholz/*Emmerich*, § 13 Rn. 36 ff.; kritisch jedoch *Flume*, Juristische Person, S. 258 ff.; *ders.*, ZIP 1996, 161: Die Rechte und Pflichten der Gesellschafter in der GmbH resultieren allein aus ihrer Mitgliedschaft zur juristischen Person und finden ihre Grundlage in einer durch die gemeinsame Mitgliedschaft vermittelten organisationsrechtlichen Sonderverbindung. So besteht ein Schutzpflichtverhältnis ohne primäre Leistungspflicht. In diesem Sinne auch Roth/Altmeppen/*Altmeppen*, § 13 Rn. 28.
235 BGH NJW 1992, 368.
236 Baumbach/Hueck/*Fastrich*, § 13 Rn. 21; Michalski/*Michalski*, § 13 Rn. 37.

GmbH);[237] einer stärker persönlichen Bindung bzw. unter Berücksichtigung des Maßes des Einflusses des jeweiligen Gesellschafters auf die GmbH[238] bzw. nach Art und gesellschaftlicher Funktion des ausgeübten Rechts (wobei in Geschäftsführungsangelegenheiten, d.h. uneigennützigen Mitgliedschaftsrechten oder Pflichtrechten, eine stärker ausgeprägte Treuepflicht besteht als bei eigennützigen Rechten[239] mit der Folge, dass dem Gesellschaftsinteresse hier ein genereller Vorrang vor dem Eigeninteresse des handelnden Gesellschafters einzuräumen, weswegen die Verfolgung von Sonderinteressen nicht statthaft ist.).[240] Insbesondere hat der Gesellschafter alle schädigenden Verhaltensweisen zu unterlassen.[241]

Der Inhalt der Treuepflicht beurteilt sich grundsätzlich nach Maßgabe einer **Abwägung der divergierenden Interessen** (Konfliktsituation) – einerseits des Eigeninteresses des handelnden Gesellschafters, andererseits des Gesellschaftsinteresses bzw. der mitgliedschaftlichen Interessen der Mitgesellschafter.[242] Das Gesellschaftsinteresse kann als „aggregiertes Interesse" aller Gesellschafter verstanden werden,[243] das von den Gesellschaftern im Rahmen einer institutionalisierten Willensbildung bestimmt wird (und in das jeder Einzelgesellschafter legitimerweise auch seine eigenen Interessen und wirtschaftlichen Zielvorstellungen mit einbringen kann). 65

Kollisionen sind in folgenden Relationen möglich:[244] 66

- Partikularinteressen eines Gesellschafters versus Gesellschaftsinteresse (Gemeinschaftsinteresse der anderen Gesellschafter):[245] Treuepflicht gegenüber der GmbH – d.h. Kollision unternehmensexterner Partikularinteressen eines einzelnen Gesellschafters mit dem Gesellschaftsinteresse[246]
- Gesellschaftermehrheit versus Gesellschafterminderheit (im Kontext mit Mehrheitsentscheidungen, bspw. bei der Gewinnverteilung):[247] Mitgesellschafter gegen Mitgesellschafter (ohne verselbstständigtes Gesellschaftsinteresse)[248] – Treuepflicht gegenüber einem Mitgesellschafter (als Minderheitsgesellschafter) als Instrument des Minderheitenschutzes[249] (insbesondere im Konzernkontext)[250]
- Interessen eines Gesellschafters (dessen Mitwirkung – auch als Minderheit – erforderlich ist) versus Interessen aller übrigen Gesellschafter (bspw. im Rahmen einer Satzungsanpassung[251] oder eines Verzichts auf Gesellschafterrechte)[252]

Die Treuepflicht kann die Erfüllung von mitgliedschaftlichen Pflichten und Rechten konkretisieren (**Konkretisierungsfunktion**) und ihre Ausübung auch beschränken (**Schrankenfunktion** für die 67

---

237 Für eine stärkere Ausprägung der Treuepflicht in einer personalistisch strukturierten GmbH: BGHZ 129, 136 (Fall einer Treuepflicht zugunsten einer AG, was belegt, dass Treuepflichten zwischen den Gesellschaftern selbst bei einer AG möglich sind); 98, 276, 279; BGH NJW 1989, 166. Zudem *Raiser*, ZHR 151 (1987), 430.

238 Näher BGHZ 65, 15, 19; Baumbach/Hueck/*Fastrich*, § 13 Rn. 22; Michalski/*Michalski*, § 13 Rn. 146 ff.; Roth/Altmeppen/*Altmeppen*, § 13 Rn. 28 ff.

239 Baumbach/Huck/*Fastrich*, § 13 Rn. 27.

240 BGHZ 65, 15, 19; Baumbach/Hueck/*Fastrich*, § 13 Rn. 28; Michalski/*Michalski*, § 13 Rn. 155.

241 Zu einem solchen reduzierten Inhalt der Treuepflicht: Roth/Altmeppen/*Altmeppen*, § 13 Rn. 29 f. – Der Gesellschafter dürfe seine Mitgliedschaft weder zum Schaden der GmbH noch ihrer Mitgesellschafter ausüben – die Treuepflicht als *Schranke*, die aus dem Wesen der Mitgliedschaft resultiere und die die Gesellschafterstellung ohne spezifischen Aussagegehalt nur allgemein charakterisiere.

242 Baumbach/Hueck/*Fastrich*, § 13 Rn. 23 und 24.

243 Roth/Altmeppen/*Altmeppen*, § 13 Rn. 31: Eine Kollision mit dem Gesellschaftsinteresse sei daher regelmäßig auch eine solche mit den (Mit-)Gesellschafterinteressen.

244 Beispiele und Differenzierung nach Roth/Altmeppen/*Altmeppen*, § 13 Rn. 32 f.

245 BGH ZIP 1985, 1482 – Verwertung einer wirtschaftlichen Chance aus der Gesellschaftssphäre durch einen Gesellschafter zu seinem eigenen persönlichen Nutzen.

246 Roth/Altmeppen/*Altmeppen*, § 13 Rn. 36.

247 Roth/Altmeppen/*Altmeppen*, § 13 Rn. 33.

248 Roth/Altmeppen/*Altmeppen*, § 13 Rn. 37.

249 Roth/Altmeppen/*Altmeppen*, § 13 Rn. 38: Die Mehrheit darf keinen schrankenlosen Eigennutz ohne Rücksicht auf berechtigte Minderheitsbelange verfolgen.

250 BGHZ 65, 15 – ITT.

251 BGH NJW 1995, 1739; BGHZ 98, 276.

252 BGH NJW 1985, 972.

Ausübung von Gesellschafterrechten[253] bzw. als Minderheitenschutz [Schranke der Mehrheitsmacht][254] oder einer Bindung der Mehrheit bei Geschäftsführungsmaßnahmen an das Gesellschaftsinteresse).[255] Darüber hinaus soll die Treuepflicht u.U. (wobei angesichts § 53 Abs. 3 jedoch große Zurückhaltung zu üben ist) sogar eigenständige **Handlungs-** (zur Mitwirkung und Förderung des Gesellschaftszwecks)[256] und **Unterlassungspflichten** begründen können.[257]

Die Treuepflicht in ihrer Funktion als Minderheitenschutz bietet auch den Ansatz für ein eigenständiges **GmbH-Konzernrecht**.[258]

68 Die Treuepflicht führt dazu, dass mitgliedschaftliche Interessen von Mitgesellschaftern allein dann beeinträchtigt werden dürfen (Sonderrechte i.S.v. § 35 BGB hingegen überhaupt nicht),[259] wenn und soweit (sowie zusätzlich unter Berücksichtigung des Verhältnismäßigkeitsgrundsatzes) dies ein **(übergeordnetes) Gesellschaftsinteresse** gebietet.[260]

69 Die Treuepflicht verdient bspw. Beachtung im Zusammenhang mit der Stimmabgabe bei Gesellschafterbeschlüssen[261] und verbietet auch etwa eine nachteilige faktische Einwirkung auf die Geschäftsführung durch Mehrheitsgesellschafter.[262]

70 Auch im Rahmen der Ausübung **eigennütziger Rechte und Befugnisse** ist die Treuepflicht zu beachten[263], und zwar dergestalt, dass in diesem Zusammenhang zwar die Interessen der Mitgesellschafter bzw. der Gesellschaft dem Eigeninteresse nicht vorgehen, wohl aber eine Interessenabwägung unter Berücksichtigung allgemeiner Treuepflichtkriterien[264] (d.h. kein Handeln zum Nachteil der Gesellschaft bzw. der Mitgesellschafter) und dem Verhältnismäßigkeitsgrundsatz vorzunehmen ist.[265] Insoweit kann die Ausnutzung (Wegnahme) von Geschäftschancen (d.h. von wirtschaftlichen Möglichkeiten, die der Gesellschaft gehören [mithin objektiv dort ihren Ursprung haben, wovon der Gesellschafter subjektiv Kenntnis hat]) zum eigenen Vorteil unzulässig sein[266] und einen Schadensersatzanspruch auslösen.[267]

! Der Treuepflicht unterliegt auch die Ausübung von Sonderrechten[268] – (grundsätzlich) nicht jedoch eine Betätigung der Gesellschafter im Rahmen eines Drittgeschäfts mit der Gesellschaft.[269]

71 Während die Treuepflicht für die inhaltliche Bestimmung und Ausübung von gesetzlichen wie satzungsmäßig statuierten Gesellschafterpflichten gilt, erlangt sie als allgemeine **Loyalitäts- und Förderungspflicht** auch Bedeutung als Grundlage für Mitgliedschaftspflichten, die sich erst aus einer **besonderen Situation** heraus ergeben[270] – bspw.[271] die Verpflichtung im Gründungsstadium, Eintragungshindernisse zu beseitigen, als Aufklärungspflicht gegenüber unerfahrenen Gesellschaf-

---

253 Dazu Baumbach/Hueck/*Fastrich*, § 13 Rn. 24; Michalski/*Michalski*, § 13 Rn. 150 ff.; Roth/Altmeppen/*Altmeppen*, § 13 Rn. 28 f.; Scholz/*Emmerich*, § 13 Rn. 40.
254 Baumbach/Hueck/*Fastrich*, § 13 Rn. 24.
255 Baumbach/Hueck/*Fastrich*, § 13 Rn. 24.
256 Baumbach/Hueck/*Fastrich*, § 13 Rn. 24.
257 Baumbach/Hueck/*Fastrich*, § 13 Rn. 23.
258 Baumbach/Hueck/*Fastrich*, § 13 Rn. 25.
259 Baumbach/Hueck/*Fastrich*, § 13 Rn. 26.
260 Baumbach/Hueck/*Fastrich*, § 13 Rn. 26; Michalski/*Michalski*, § 13 Rn. 148; Rowedder/Schmidt-Leithoff/*Pentz*, § 13 Rn. 40.
261 Baumbach/Hueck/*Fastrich*, § 13 Rn. 26.
262 BGHZ 65, 15; Baumbach/Hueck/*Fastrich*, § 13 Rn. 26
263 So Baumbach/Hueck/*Fastrich*, § 13 Rn. 26.
264 BGH GmbHR 1991, 362; Baumbach/Hueck/*Fastrich*, § 13 Rn. 27; Michalski/*Michalski*, § 13 Rn. 147.
265 Baumbach/Hueck/*Fastrich*, § 13 Rn. 27.
266 BGH ZIP 1989, 986, 987 – zur KG; 1985, 1484 – Erfindung; Roth/Altmeppen/*Altmeppen*, § 13 Rn. 44.
267 Roth/Altmeppen/*Altmeppen*, § 13 Rn. 44: entsprechend § 113 HGB sind zumindest – auch ohne besonderen Schadensnachweis – die selbstgezogenen Vorteile an die Gesellschaft abzuführen.
268 Baumbach/Hueck/*Fastrich*, § 13 Rn. 27; Michalski/*Michalski*, § 13 Rn. 159.
269 BGH NJW 1989, 166, 167 f.; Baumbach/Hueck/*Fastrich*, § 13 Rn. 27; Michalski/*Michalski*, § 13 Rn. 155.
270 Baumbach/Hueck/*Fastrich*, § 13 Rn. 28.
271 Beispiele nach Baumbach/Hueck/*Fastrich*, § 13 Rn. 28.

tern,[272] als Vertraulichkeit gegenüber Geschäftsinterna bzw. als Unterlassung kreditschädigender Äußerungen gegenüber Dritten[273] (hingegen nicht als allgemeines **Wettbewerbsverbot** für Gesellschafter, die nicht zugleich Geschäftsführer sind[274] – ebenso wenig [mangels Treuepflicht] für den Gesellschafter einer Ein-Personen-[Ein-Mann-]GmbH).[275] Ein den §§ 112 f. HGB entsprechendes Wettbewerbsverbot bindet nämlich grundsätzlich nur den geschäftsführenden Gesellschafter – andere Gesellschafter unterliegen einem Wettbewerbsverbot i.d.R. nur bei vertraglicher Festlegung.[276] Ein Wettbewerbsverbot – abgeleitet aus der Treuepflicht – soll den Gesellschafter einer mehrgliedrigen GmbH in einer der Konstellation des § 112 HGB vergleichbaren Interessenlage[277] dann treffen, wenn er (z.B. wegen einer Mehrheitsbeteiligung) eine beherrschende Stellung innehat[278] (d.h. einen relevanten Einfluss auf die Geschäftsführung nehmen kann bzw. es sich zumindest um eine personalistisch, d.h. nicht kapitalistisch strukturierte GmbH handelt).[279] Etwas anderes gilt dann, wenn die Mitgesellschafter von der Wettbewerbssituation bei Aufnahme der Konkurrenz Kenntnis hatten.[280]

Den **Ein-Personen-[Allein-]Gesellschafter** trifft grundsätzlich (sieht man einmal von der Aus- **72**
nahme eines existenzgefährdenden Eingriffs [dazu unter Rn. 35 ff.] ab)[281] **keine Treuepflicht** (die Gläubiger vor einer schädigenden Einflussnahme zu schützen).[282]

In Bezug auf das **Stimmrecht** kann die Treuepflicht in zweierlei Hinsicht Bedeutung erlangen – **73**
nämlich[283] hinsichtlich des

- Ob (d.h. der Teilnahme eines Gesellschafters an einer Abstimmung überhaupt) bzw. des
- Wie (d.h. der Abstimmung selbst in einem bestimmten Sinne, mithin i.S. einer Zustimmung[284] [bei zwingender Notwendigkeit für die Gesellschaft und geringer Nachteilsbehaftetheit für den betroffenen Gesellschafter]).[285]

Verstößt ein Gesellschafter gegen die ihm obliegende Treuepflicht (**Treuepflichtverstoß**), zeitigt **74**
dies folgende Konsequenzen:[286]

- Ein treuwidriger Gesellschafterbeschluss ist anfechtbar.[287]

---

272 BGH BB 1991, 2588.
273 Roth/Altmeppen/*Altmeppen*, § 13 Rn. 50 – ebenso wie wenn kein Missbrauch interner Informationen zum Nachteil der GmbH erfolgt: RGZ 107, 171.
274 OLG Karlsruhe, GmbHR 1999, 539; OLG Köln, BB 1991, 859. Zur Frage von Wettbewerbsverboten allgemein Michalski/*Funke*, § 13 Rn. 188 ff.; MüKo-GmbHG/*Merkt*, § 13 Rn. 211 ff.
275 BGHZ 122, 333, 336; BGHZ 119, 257, 259 ff.; Roth/Altmeppen/*Altmeppen*, § 13 Rn. 47 – es sei denn, es handelt sich um einen existenzvernichtenden Eingriff, so Baumbach/Hueck/*Fastrich*, § 13 Rn. 28.
276 Roth/Altmeppen/*Altmeppen*, § 13 Rn. 45.
277 Roth/Altmeppen/Altmeppen § 13 Rn. 45 – arg.: § 1 GWB, unter Bezugnahme auf BGH NJW 1988, 2737.
278 Wofür eine 50%ige Beteiligung allein noch nicht ausreichend sein soll: OLG Karlsruhe, GmbHR 1999, 539.
279 BGH NJW 1988, 2737; BGHZ 89, 162, 166; Baumbach/Hueck/*Fastrich*, § 13 Rn. 28.
280 BGH GmbHR 1987, 302: Dann ist im Zweifel von ihrem Einverständnis auszugehen.
281 So Hachenburg/*Ulmer*, Anh. § 77 Rn. 85 und 79. Damit sind Ein-Personen-Gesellschafter nur solche Maßnahmen verboten, die den Bestand der GmbH gefährden und in der Folge auf eine Liquidation derselben auf „kaltem Wege" abzielen; *Winter*, ZGR 1994, 570, 585 ff.
282 So die h.M.: BGHZ 142, 92, 95 f.; 122, 333, 336; 119, 257; Baumbach/Hueck/*Zöllner*, § 13 Rn. 20; in der Begründung anders: Roth/Altmeppen/*Altmeppen*, § 13 Rn. 57 ff.: Auch ein Ein-Mann-Gesellschafter (der zugleich Geschäftsführer ist oder auch nicht) müsse ein von seinem Interesse verschiedenes Eigeninteresse der GmbH insoweit gelten lassen, als es um deren Fähigkeit zur Gläubigerbefriedigung geht (Gläubigerschutz in der Ein-Personen-GmbH), was auf eine Verhaltenshaftung im Interesse der unbefriedigten Gläubiger hinausläuft. A.A. eine starke, früher im Schrifttum vertretene Auffassung: *Hommelhoff*, Konzernleitungspflicht 1982, S. 256; *Ulmer*, ZHR 148 (1984), 391, 418.
283 So BGH BB 1987, 12; BGHZ 98, 276; Baumbach/Hueck/*Fastrich*, § 13 Rn. 29; Roth/Altmeppen/*Altmeppen*, § 13 Rn. 43 f. und 52.
284 Zum Beispiel *Zustimmungspflicht* bei personalistisch strukturierter GmbH, wenn eine Satzungsänderung dem Gesellschafter zumutbar und im Gesellschaftsinteresse dringend geboten ist: BGHZ 98, 276, 280.
285 BGHZ 98, 276; BGH BB 1987, 1200; vgl. zu dem bspw. BGHZ 155, 329 = NJW 2003, 3127 für den Fall der Mitwirkung zur Heilung einer verdeckten Sacheinlage; Baumbach/Hueck/*Fastrich*, § 13 Rn. 29 unter Bezugnahme auf BGHZ 129, 153: Fall einer Aktiengesellschaft – Nichtausübung einer Sperrminorität.
286 Dazu Baumbach/Hueck/*Fastrich*, § 13 Rn. 30; Roth/Altmeppen/*Altmeppen*, § 13 Rn. 40 ff.
287 BGHZ 76, 357. Wobei eine Anfechtung entbehrlich ist, wenn das Beschlussergebnis nicht förmlich festgestellt wurde, so OLG Stuttgart, NZG 2000, 490.

- Auf eine Handlung, die aufgrund der Treuepflicht geboten gewesen wäre, kann geklagt werden (**Erfüllungsanspruch**).[288] Beispielsweise bei Forderungs- und Mitwirkungspflichten[289] – etwa Verpflichtungen zu einer inhaltlich bestimmten Stimmabgabe.[290] Wenn auch die Gesellschafter grundsätzlich keine Verpflichtung trifft, Vertragsänderungen zuzustimmen und dabei Eigeninteressen der Mitgesellschafter unterzuordnen, kann dann etwas anderes anzunehmen sein, „wenn die Interessen der Gesellschaft bzw. der Mitgesellschafter eindeutig überwiegen, die Belastung für den betreffenden Gesellschafter gering und unter Abwägung aller Umstände dabei die Zustimmung zumutbar ist".[291]
- Eine sonstige (d.h. nicht in Gestalt eines Gesellschafterbeschlusses) vorgenommene treuwidrige Rechtshandlung ist unbeachtlich[292] (**Beschneidung des privatautonomen Handlungsspielraums** eines Einzelnen i.S. eines Verzichts oder eines Hintanstellens eigener Interessen gegenüber jenen – überwiegenden – der Gesellschaft bzw. der Mitgesellschafter, ggf. sogar gegenüber Drittgläubigerforderungen).[293]
- Eine schuldhafte Treuepflichtverletzung begründet (bei konkretisierbarem Schaden) eine **Schadensersatzpflicht** gegenüber der GmbH (bzw. gegenüber Gesellschaftern, sofern diesen ein zusätzlicher individueller Schaden entstanden ist).[294] Im Falle eines Schadens der GmbH ist ein (bloß) mittelbarer Schaden des Gesellschafters (wegen Entwertung seines Gesellschaftsanteils) nicht ersatzfähig[295] – vielmehr ist Ersatz in das Gesellschaftsvermögen zu leisten.[296]
- Gegebenenfalls (sofern unzulässige Eigeninteressen in Rede stehen) – als Ultima Ratio (d.h. nach Entzug von Sonderrechten sowie u.U. der Einsetzung eines Treuhänders zur Ausübung der Mitverwaltungsrechte)[297] – **Ausschluss** des treuwidrig handelnden Gesellschafters von der Mitwirkung und Entscheidung[298] (z.B. Stimmrechtsausschluss).[299]

2. Die Gesellschafterklage (actio pro socio)

75 Nach der im Personengesellschaftsrecht entwickelten und grundsätzlich (wobei die Grenzen noch nicht abschließend bestimmt sind) auch für die GmbH maßgeblichen *actio pro socio* kann ein Gesellschafter Ansprüche der Gesellschaft für diese gegen Mitgesellschafter geltend machen.[300]

---

288 Baumbach/Hueck/*Fastrich*, § 13 Rn. 30 – vgl. bspw. BGHZ 48, 163: Durchsetzung der Stimmpflicht.
289 Roth/Altmeppen/*Altmeppen*, § 13 Rn. 52.
290 So BGHZ 129, 136 für die AG. Zudem OLG Hamm, ZIP 1993, 119; Roth/Altmeppen/*Altmeppen*, § 13 Rn. 52; *Winter*, Mitgliedschaftliche Treuebindungen, S. 167 ff.; *Zöllner*, Schranken mitgliedschaftlicher Stimmrechtsmacht, § 30.
291 Roth/Altmeppen/*Altmeppen*, § 13 Rn. 54 unter Bezugnahme auf BGH ZIP 1986, 91 und BGH NJW 1985, 972 (zum Personengesellschaftsrecht). Zur Zustimmung zu einer Kapitalerhöhung: BGHZ 98, 276 und BGH NJW 1987, 3192. Zur Zustimmung zu einem Kapitalherabsetzungsbeschluss: BGHZ 129, 136.
292 Baumbach/Hueck/*Fastrich*, § 13 Rn. 30; Roth/Altmeppen/*Altmeppen*, § 13 Rn. 40.
293 Roth/Altmeppen/*Altmeppen*, § 13 Rn. 40 und 54 ff. – d.h. Ansprüche auf außergesellschaftlicher Grundlage.
294 BGHZ 95, 340; 65, 15, 21; Baumbach/Hueck/*Fastrich*, § 13 Rn. 30. Umstritten ist, ob im Falle einer Treuepflichtverletzung im Zusammenhang mit dem Abstimmungsverhalten ein Schadensersatzanspruch *erst nach Anfechtung* des zugrunde liegenden Beschlusses geltend gemacht werden kann, so Michalski/*Michalski*, § 13 Rn. 182; a.A. Rowedder/Schmidt-Leithoff/*Pentz*, § 13 Rn. 42. Offengelassen von BGHZ 129, 160.
295 Roth/Altmeppen/*Altmeppen*, § 13 Rn. 42. Anders hingegen ein individueller Schaden des Gesellschafters, der über den bei der GmbH entstandenen Schaden hinausgeht: Baumbach/Hueck/*Fastrich*, § 13 Rn. 30; Hachenburg/*Raiser*, § 14 Rn. 61.
296 BGHZ 129, 136; 105, 121, 130.
297 BGHZ 16, 317, 322; Baumbach/Hueck/*Fastrich*, § 13 Rn. 30.
298 BGHZ 16, 317, 322; 9, 157, 163; Baumbach/Hueck/*Fastrich*, § 13 Rn. 30; Roth/Altmeppen/*Altmeppen*, § 13 Rn. 40.
299 Roth/Altmeppen/*Altmeppen*, § 13 Rn. 40 und 43: Unter Treuepflichtgesichtspunkten ist zu prüfen, inwieweit eine spezialgesetzliche Regelung wie § 47 Abs. 4 über Einzelfallanalogien hinaus zu einem „Prinzip des Stimmrechtsausschlusses" bei Interessenkollisionen generalisierbar ist.
300 BGH NZG 2005, 216; BGH ZIP 2004, 804, 805; BGH NJW 1990, 2627; BGHZ 65, 15; Baumbach/Hueck/*Fastrich*, § 13 Rn. 36 f.; MüKo-GmbHG/*Merkt*, § 13 Rn. 309 ff.; Roth/Altmeppen/*Altmeppen*, § 13 Rn. 15; Scholz/*Emmerich*, § 13 Rn. 44.

Die Durchsetzung von mitgliedschaftlichen Ansprüchen der GmbH gegen ihre Gesellschafter ist grundsätzlich Aufgabe der Gesellschaftsorgane (d.h. **primäre Organzuständigkeit**) – nur **ausnahmsweise** (**subsidiäre Not-Zuständigkeit**),[301] nämlich wenn die interne Organisationsstruktur der GmbH wegen eines Interessenkonflikts versagt,[302] kann (im Interesse eines Minderheitenschutzes)[303] auch ein einzelner Gesellschafter entsprechende mitgliedschaftliche Ansprüche der GmbH gegenüber ihren Gesellschaftern (nicht hingegen gegen Dritte bzw. gegen den Geschäftsführer [sofern in letzterem Fall nicht zugleich eine Gesellschafterpflicht verletzt ist,[304] auch nicht aus Drittgeschäften zwischen der Gesellschaft und einzelnen Gesellschaftern[305]])[306] im eigenen Namen auf Leistung an die Gesellschaft (*actio pro socio* – d.h. in **Prozessstandschaft**[307] [sog. *actio pro societate*])[308] geltend machen und gerichtlich durchsetzen.[309] Dies resultiert aus einer begrenzten Übertragung des Instituts der *actio pro socio* aus dem Personengesellschaftsrecht auf die (stärker kapitalistisch strukturierte) GmbH – jedenfalls für Fälle besonderer gesellschafts- bzw. schuldrechtlicher Beziehungen gegenüber den mitbetroffenen Gesellschaftern.[310] **76**

Ein **Versagen der Organstruktur** ist nur bei **Untätigkeit** (d.h. Nicht-Verfolgung entsprechender Ansprüche durch das zuständige Organ i.S. eines Eingriffs in das Mitgliedschaftsrecht)[311] anzunehmen[312] (doch will die Judikatur die *actio pro socio* auch im Falle einer im Handelsregister gelöschten zweigliedrigen GmbH zur Anwendung gelangen lassen, die entweder kein Vertretungsorgan mehr hat[313] oder aber über einen Nachtragsliquidator, aber nicht mehr über die für eine Prozessführung erforderlichen Mittel verfügt)[314] – wobei vorab (d.h. vor Geltendmachung einer *actio pro socio*) alle rechtlichen Einwirkungsmöglichkeiten gegen das untätige Organ wahrzunehmen sind.[315] Die **Subsidiarität** der *actio pro socio* bedingt, dass sie erfolglos bleibt, wenn der Gesellschafter es versäumt hat, einen der Inanspruchnahme der Mitgesellschafter entgegenstehenden Gesellschafterbeschluss (rechtzeitig) anzufechten.[316] **77**

301 An die jedoch „keine zu hohen Anforderungen" zu stellen sind, so Baumbach/Hueck/*Fastrich*, § 13 Rn. 40 – „Gesellschafterklage ohne den Versuch intensiver Einwirkung (ist) möglich, wenn Nicht-Geltendmachung rechtswidrig wäre und interne Einwirkung aussichtslos oder als unnötiger Umweg bzw. zu zeitaufwendig erscheint" (Baumbach/Hueck/*Fastrich*, a.a.O., unter Bezugnahme auf BGH WM 1982, 928; BGHZ 65, 15, 21).

302 BGH NJW 1998, 1951; 1990, 2627; Baumbach/Hueck/*Fastrich*, § 13 Rn. 39; *Grunewald*, Die Gesellschafterklage, S. 66 und 69 f.

303 Weswegen die *actio pro socio* auch nicht allgemein gesellschaftsvertraglich bzw. im Einzelfall durch Gesellschafterbeschluss abdingbar ist: Baumbach/Hueck/*Fastrich*, § 13 Rn. 37.

304 Umstritten, so aber BGH WM 1982, 928; a.A. (Ausdehnung der *actio per socio* auf Geschäftsführer und andere Organmitglieder): Hachenburg/*Raiser*, § 14 Rn. 46.

305 Scholz/*Emmerich*, § 13 Rn. 47.

306 Baumbach/Hueck/*Fastrich*, § 13 Rn. 38.

307 Umstritten, so aber OLG Düsseldorf, ZIP 1994, 621; Baumbach/Hueck/*Fastrich*, § 13 Rn. 38; *K. Schmidt*, Gesellschaftsrecht, § 21 VI 4a; a.A. Roth/Altmeppen/*Altmeppen*, § 13 Rn. 16 – arg.: Der Gesellschafter berufe sich nicht auf ein fremdes, sondern – abgeleitet aus der eigenen Mitgliedschaft – auf ein eigenes Recht auf Leistung bzw. Feststellung. Ebenso *Flume*, Juristische Person, S. 300 ff.; Lutter/Hommelhoff/*Lutter/Hommelhoff*, § 13 Rn. 34. Die Gesellschaftereigenschaft sei Klagegrund, aber nicht Zulässigkeitsschranke für die Realisierung eines fremden Rechts i.S.v. gewillkürter Prozessstandschaft. Ein Teil der Literatur will wegen der Figur „*actio per socio*" hingegen auf einen besonderen eigenen Anspruch des klagenden Gesellschafters gegen seine Mitgesellschafter rekurrieren.

308 Lutter/Hommelhoff/*Lutter/Hommelhoff*, § 13 Rn. 31 ff.

309 Baumbach/Hueck/*Fastrich*, § 13 Rn. 37 ff.; Lutter/Hommelhoff/*Lutter/Hommelhoff*, § 13 Rn. 31 ff.; Roth/Altmeppen/*Altmeppen*, § 13 Rn. 48; Scholz/*Emmerich*, § 13 Rn. 44 ff.

310 BGH NJW 1990, 2627; BGH WM 1982, 928; BGHZ 65, 15, 21; Baumbach/Hueck/*Fastrich*, § 13 Rn. 36.

311 BGH NJW 1990, 2628 – bspw. Verletzung des Gleichbehandlungsgrundsatzes oder von Mitwirkungsrechten des Minderheitsgesellschafters durch die Geschäftsleitung bzw. Beeinträchtigung des Werts der Mitgliedschaft oder des Gewinnbezugsrechts: BGH NZG 2005, 216; BGHZ 111, 224, 227; 65, 15, 19.

312 Baumbach/Hueck/*Fastrich*, § 13 Rn. 39.

313 BGH NJW 1991, 1884.

314 BGH NZG 2005, 216.

315 Baumbach/Hueck/*Fastrich*, § 13 Rn. 39.

316 Roth/Altmeppen/*Altmeppen*, § 13 Rn. 20 f. – analog §§ 243 ff. AktG.

78 **!** Eine *actio pro socio* gegen einen Geschäftsführer, der nicht Gesellschafter ist, ist auf solche Konstellationen beschränkt, in denen kein Organhandeln begehrt wird und ein Gesellschafterbeschluss nicht weiterhilft.[317]

! Eine rechtskräftig im Rahmen einer *actio pro socio* ergangene Entscheidung bindet auch die GmbH.[318] Allein der klagende Gesellschafter trägt hingegen das Prozessrisiko seiner Gesellschafterklage.[319]

3. Der Grundsatz der gleichmäßigen Behandlung der Gesellschafter

79 Im GmbH-Recht gilt im Hinblick auf konkrete Gesellschaftsvorgänge der allgemeine Grundsatz einer gleichmäßigen Behandlung aller Gesellschafter (der sich auch in einer Reihe von Einzelbestimmungen widerspiegelt, z.B. in den §§ 19 Abs. 1, 24, 26 Abs. 2 und 3, 29 Abs. 3, 31 Abs. 3, 47 Abs. 2 bzw. 72).[320] Der einzelne Gesellschafter hat insbesondere in der Intention eines Minderheitenschutzes[321] ein **Recht auf Gleichbehandlung**, und zwar sowohl der Gesellschaft als auch seinen Mitgesellschaftern (in dieser Relation als Korrelat zur Treuepflicht)[322] gegenüber.[323]

80 Das Recht auf Gleichbehandlung ist dergestalt beschränkt, dass es keine materielle Gleichstellung aller Gesellschafter (mithin keine zwingende Zuweisung gleicher Rechte und Pflichten) fordert.[324] Es hat jedoch zur Folge, dass die Gesellschafter bei objektiver Beurteilung unter gleichen Voraussetzungen (d.h. sofern kein „sachlicher Grund" i.S.d. Willkürverbots für eine Differenzierung besteht – Verbot einer willkürlichen, d.h. sachlich nicht gerechtfertigten unterschiedlichen Behandlung der Gesellschafter gegen ihren Willen)[325] im Rahmen des gesamten Gesellschaftsverhältnisses (mithin grundsätzlich im Hinblick auf alle die Gesellschafter betreffenden Vorgänge – **nicht** hingegen bei Drittgeschäften mit Gesellschaftern)[326] gleich zu behandeln sind.[327]

81 Die Gewährung von Vorteilen und die Verteilung von Lasten hat gleichmäßig zu erfolgen (es sei denn, eine Ungleichbehandlung ist aufgrund eines übergeordneten Gesellschaftsinteresses – mithin letztlich aus der Treuepflicht heraus – geboten).[328]

82 Die (nicht zwingende) Gleichbehandlung (weswegen aufgrund der Vertragsfreiheit nachteilige Abweichungen vom Gleichbehandlungsgrundsatz mit Zustimmung des betroffenen Gesellschafters [bspw. auch im Gesellschaftsvertrag in Gestalt einer Zuweisung von Sonderrechten[329] oder

---

317 Roth/Altmeppen/*Altmeppen*, § 13 Rn. 27 – arg.: Eine Mitgliedschaftsverletzung durch Organhandeln kann grundsätzlich gar nicht durch eine Klage gegen den Geschäftsführer persönlich abgewehrt werden, da eine Klage wegen Organhandelns i.d.R. gegen die GmbH selbst zu richten ist. Dazu auch Baumbach/Hueck/*Fastrich*, § 13 Rn. 38; Hachenburg/*Raiser*, § 14 Rn. 46 ff.; Scholz/*Emmerich*, § 13 Rn. 34.

318 Baumbach/Hueck/*Fastrich*, § 13 Rn. 39.

319 Baumbach/Hueck/*Fastrich*, § 13 Rn. 39.

320 Baumbach/Hueck/*Fastrich*, § 13 Rn. 40 ff.; Michalski/*Michalski*, § 13 Rn. 123 ff.; Roth/Altmeppen/*Altmeppen*, § 13 Rn. 60 ff.; Scholz/*Emmerich*, § 13 Rn. 41 ff.

321 So Roth/Altmeppen/*Altmeppen*, § 13 Rn. 62 unter Bezugnahme auf *Hueck*, Der Grundsatz der gleichberechtigten Behandlung im Privatrecht, S. 107 ff.

322 Umstritten, so aber Scholz/*Emmerich*, § 13 Rn. 43; a.A. Baumbach/Hueck/*Fastrich*, § 13 Rn. 31.

323 Baumbach/Hueck/*Fastrich*, § 13 Rn. 31; MüKo-GmbHG/*Merkt*, § 13 Rn. 282 ff.; Roth/Altmeppen/*Altmeppen*, § 13 Rn. 62.

324 Roth/Altmeppen/*Altmeppen*, § 13 Rn. 60.

325 BGHZ 116, 359, 372; 111, 224, 227; Roth/Altmeppen/*Altmeppen*, § 13 Rn. 60; Scholz/*Emmerich*, § 13 Rn. 41.

326 Baumbach/Hueck/*Fastrich*, § 13 Rn. 31.

327 Umstritten, so aber Baumbach/Hueck/*Fastrich*, § 13 Rn. 32; Roth/Altmeppen/*Altmeppen*, § 13 Rn. 61 plädiert hingegen dafür, eine Gleichbehandlung bei Drittgeschäften zwar grundsätzlich anzuerkennen, „aber nur nach Maßgabe unternehmerischer Vernunft, d.h., eine GmbH braucht z.B. einen Großauftrag nicht auf zwei konkurrierende Gesellschafter zu verteilen, wenn ihr mit einer Gesamtvergabe besser gedient ist".

328 Roth/Altmeppen/*Altmeppen*, § 13 Rn. 61.

329 *Altmeppen* (in: Roth/Altmeppen, § 13 Rn. 61) warnt zu Recht vor einer „Bevormundung" bei Beachtung der Anforderungen von BGH NJW 1992, 892, 896 (wonach die Gewährung unterschiedlicher Rechte im Gesellschaftsvertrag – im Falle einer Abfindungsvereinbarung – „sachlich berechtigt" sein müsse.

durch eine spätere Satzungsänderung mit Zustimmung der betreffenden Gesellschafter] statthaft sind)[330] erfolgt im Zweifel nach dem Verhältnis der Gesellschaftsanteile (im Übrigen nach Köpfen).[331]

Der Gleichbehandlungsgrundsatz bindet sowohl die GmbH (und damit zugleich all ihre Organe) als auch jeden einzelnen Mitgesellschafter (im Rahmen eines Organhandels bzw. eines sonstigen Handelns für die GmbH).[332] **83**

Ein **Verstoß gegen den Gleichheitsgrundsatz** hat folgende rechtlichen Konsequenzen:[333] **84**

- **Anfechtbarkeit** des den Gleichbehandlungsgrundsatz verletzenden Gesellschafterbeschlusses[334]
- **Unwirksamkeit** der ungleich behandelnden Maßnahmen[335]
- **Unzulässigkeit** anderer rechtlicher oder tatsächlicher Maßnahmen[336]
- Folgen einer Ungleichbehandlung sind zu verhindern bzw. rückgängig zu machen (wobei der ungleich begünstigte Gesellschafter ggf. – aufgrund seiner Treuepflicht [siehe Rn. 63 ff.] – verpflichtet ist, sein Einverständnis zu erklären)[337] oder zu kompensieren[338] (z.B. bei ungleicher Verteilung einer Vergünstigung: Anspruch auf eine entsprechende Leistung bzw. Wert- oder Schadensersatz,[339] wobei im Hinblick auf die Beurteilung der Herstellung der Gleichheit dem Handelnden ein **Ermessensspielraum** einzuräumen ist).[340]

IV. GmbH als Formkaufmann

Jede GmbH gilt (i.S. einer gesetzlichen Fiktion) nach Abs. 3 – unabhängig vom verfolgten Gesellschaftszweck und dem Unternehmensgegenstand (mithin auch dann, wenn sie kein [Handels-] Gewerbe betreibt) – als Handelsgesellschaft i.S.d. § 6 HGB. Dies hat zur Folge, dass sie den handelsrechtlichen Vorschriften über die Kaufleute (mithin den §§ 238 ff. HGB) unterworfen ist. Damit gelangen auf die GmbH die Vorgaben des ersten, dritten und vierten Buchs des HGB zur Anwendung[341]. **85**

> **!** Der Kaufmannsstatus der GmbH führt jedoch nicht zu einem solchen ihrer Geschäftsführer oder Gesellschafter persönlich.[342]

1. Handelsgesellschaft

Auf die im Handelsregister eingetragenen Gesellschaften – und damit auch auf die GmbH – finden nach § 6 Abs. 1 HGB (unabhängig vom Unternehmensgegenstand) die in Betreff der Kaufleute gegebenen Vorschriften Anwendung. Dies hat zur Folge, dass auf die GmbH als Kaufmann kraft Rechtsform die HGB-Vorschriften auch dann Anwendung finden, wenn sie kein Gewerbe (i.S. eines Erwerbsgeschäfts) betreibt (bspw. im Falle einer ideellen oder der freiberuflichen Betätigung einer **86**

---

330 Baumbach/Hueck/*Fastrich*, § 13 Rn. 33.
331 Baumbach/Hueck/*Fastrich*, § 13 Rn. 34.
332 Baumbach/Hueck/*Fastrich*, § 13 Rn. 34.
333 Dazu Baumbach/Hueck/*Fastrich*, § 13 Rn. 35.
334 BGHZ 116, 359, 372; Baumbach/Hueck/*Fastrich*, § 13 Rn. 35; Michalski/*Michalski*, § 13 Rn. 134.
335 Roth/Altmeppen/*Altmeppen*, § 13 Rn. 64.
336 Baumbach/Hueck/*Fastrich*, § 13 Rn. 35.
337 Roth/Altmeppen/*Altmeppen*, § 13 Rn. 64.
338 Baumbach/Hueck/*Fastrich*, § 13 Rn. 35; Michalski/*Michalski*, § 13 Rn. 135 f.
339 Roth/Altmeppen/*Altmeppen*, § 13 Rn. 64.
340 So Roth/Altmeppen/*Altmeppen*, § 13 Rn. 64: Grundsätzlich müsse ein insgesamt gleichwertiges Ergebnis genügen.
341 Näher Michalski/*Funke*, § 13 Rn. 300 ff.
342 BGH ZIP 1986, 1457; Roth/Altmeppen/*Altmeppen*, § 13 Rn. 12.

Rechtsanwalts- oder Patentanwalts-GmbH, vgl. § 59c BRAO bzw. § 57c PatAO):[343] **notwendige Handelsgesellschaft**.

87 Die **Vor-GmbH** ist mangels Eintragung im Handelsregister nur dann Kaufmann, wenn sie ein Gewerbe in dem von § 1 Abs. 2 HGB beschriebenen Umfang (mithin ein Handelsgewerbe) betreibt,[344] wobei auf den künftigen Zuschnitt der GmbH abzustellen ist.[345]

2. Formkaufmann

88 Die Rechte und Pflichten einer Gesellschaft („Verein"), der das Gesetz ohne Rücksicht auf den Gegenstand des Unternehmens die Eigenschaft eines Kaufmanns beilegt (wie der GmbH nach Abs. 3), bleiben nach **§ 6 Abs. 2 HGB** unberührt, d.h., die Gesellschaft bleibt (Form-)Kaufmann, auch wenn die Voraussetzungen des § 1 Abs. 2 HGB nicht vorliegen. Die GmbH ist also auch dann Formkaufmann, wenn sie kein Handelsgewerbe (i.S. eines jeden Gewerbebetriebs, es sei denn, dass das Unternehmen nach Art oder Umfang einen nach kaufmännischer Weise eingerichteten Geschäftsbetrieb nicht erfordert, vgl. § 1 Abs. 2 HGB) betreibt. Damit finden auf die GmbH grundsätzlich die Vorschriften des ersten, dritten und vierten Buches des HGB uneingeschränkt Anwendung. Jedes von der GmbH getätigte Geschäft ist „Handelsgeschäft". Auch im Hinblick auf § 343 BGB kommt es für die GmbH nicht auf die Art ihrer Betätigung an.[346]

3. Die GmbH als „Unternehmer"

89 Die GmbH ist „Unternehmer" i.S.v. § 14 BGB,[347] weswegen im Hinblick auf die Verwendung von AGB die Regelung des § 310 Abs. 1 BGB auf die GmbH zur Anwendung gelangt.[348] Zudem finden auf die GmbH die §§ 241a Abs. 1, 310 Abs. 3, 312 Abs. 1, 312b Abs. 1, 474 Abs. 1, 481 Abs. 1, 491 Abs. 1, 499 Abs. 1 sowie 505 Abs. 1 BGB Anwendung.[349] Fraglich ist hingegen, ob eine nichterwerbswirtschaftliche GmbH „Unternehmer" ist – bzw. ggf. nach § 13 BGB als „Verbraucher" qualifiziert werden kann[350].

4. Anwendbarkeit weiterer Vorschriften

90 Auf die GmbH finden auch Vorschriften außerhalb des HGB (die direkt oder sinngemäß auf den Kaufmannsbegriff rekurrieren)[351] – wie etwa § 38 ZPO sowie § 95 Abs. 1 Nr. 1 GVG – Anwendung. Hingegen ist sie nur dann Gewerbebetrieb i.S.d. GewO, wenn sie tatsächlich ein entsprechendes Gewerbe betreibt.[352]

Gemäß § 17 Abs. 1 ZPO richtet sich der allgemeine Gerichtsstand einer GmbH nach ihrem Sitz (vgl. § 4a). Sollte ein Geschäftsführer entfallen sein, kann für den Passivprozess analog § 57 ZPO ein Prozesspfleger bestellt werden.[353] Urteile im Rahmen eines Prozesses wirken nur für und gegen die GmbH[354] (*nicht* hingegen auch gegen ihre Gesellschafter).

91 Die dargestellten Grundsätze gelten gleichermaßen für einen Prozess zwischen der GmbH und ihren Gesellschaftern aus dem Gesellschaftsverhältnis[355] – auch hier ist die GmbH parteifähig.

---

343 Koller/Roth/Morck/*Roth*, § 6 HGB Rn. 5
344 Umstritten, so aber Koller/Roth//Morck/*Roth*, § 5 HGB Rn. 4.
345 Röhricht/v. Westphalen/*Röhricht*, § 5 HGB Rn. 9.
346 Baumbach/Hueck/*Fastrich*, § 13 Rn. 73; Hachenburg/*Raiser*, § 13 Rn. 27; Scholz/*Emmerich*, § 13 Rn. 33 f.
347 Baumbach/Hueck/*Fastrich*, § 13 Rn. 73; Roth/Altmeppen/*Altmeppen*, § 13 Rn. 12.
348 Baumbach/Hueck/*Fastrich*, § 13 Rn. 73; Michalski/*Michalski*, § 13 Rn. 305.
349 Roth/Altmeppen/*Altmeppen*, § 13 Rn. 12.
350 Henssler/*Verse*, § 13 Rn. 70 unter Bezugnahme auf MüKo-BGB/*Micklitz*, § 13 Rn. 11 ff.
351 Baumbach/Hueck/*Fastrich*, § 13 Rn. 73.
352 Baumbach/Hueck/*Fastrich*, § 13 Rn. 73; Michalski/*Michalski*, § 13 Rn. 305.
353 Baumbach/Hueck/*Fastrich*, § 13 Rn. 8.
354 Baumbach/Hueck/*Fastrich*, § 13 Rn. 8.
355 Baumbach/Hueck/*Fastrich*, § 13 Rn. 9.

Für körperschaftliche wie auch Streitigkeiten aus dem Gesellschaftsverhältnis kann der Gesellschaftsvertrag auch ein **Schiedsgericht** statuieren (vgl. §§ 1029 Abs. 2, 1066 ZPO).[356] Schriftform nach § 1031 Abs. 1 und 5 ZPO ist nicht erforderlich (wäre aber auch durch die notarielle Beurkundung des Gesellschaftsvertrags kompensiert, vgl. § 1031 Abs. 5 Satz 3 Hs. 2 ZPO).[357]

C. Weitere praktische Hinweise

Zur steuerlichen Behandlung der GmbH als eigenständiges Körperschaftsteuersubjekt siehe „Steuerrecht", S. 1046 ff., Rn. 2 ff. Zur Haftung für steuerliche Verbindlichkeiten der GmbH siehe „Steuerrecht", S. 1046 ff., Rn. 39 f. 92

356 So Baumbach/Hueck/*Fastrich*, § 13 Rn. 9; vgl. bspw. BGH NJW 2004, 2898: für Streitigkeiten wegen der Kapitalaufbringung; BGHZ 132, 278, 285 ff.: für Anfechtungsklage.
357 Baumbach/Hueck/*Fastrich*, § 13 Rn. 9.

§ 14 Einlagepflicht

Auf jeden Geschäftsanteil ist eine Einlage zu leisten. Die Höhe der zu leistenden Einlage richtet sich nach dem bei der Errichtung der Gesellschaft im Gesellschaftsvertrag festgesetzten Nennbetrag des Geschäftsanteils. Im Fall der Kapitalerhöhung bestimmt sich die Höhe der zu leistenden Einlage nach dem in der Übernahmeerklärung festgesetzten Nennbetrag des Geschäftsanteils.

Literatur

van Lishaut/Ebber/Schmitz, Die schenkung- und ertragsteuerliche Behandlung disquotaler Einlagen und disquotaler Gewinnausschüttungen, Ubg 2012, 1; *Zimmermann*, Maßgeblicher Zeitpunkt bei der Berechnung der Beteiligungsquote i.S. von § 17 EStG im Falle einer Kapitalerhöhung, EFG 2011, 963.

A. Allgemeines

1 Die seit der ursprünglichen Fassung des GmbHG von 1892 im Text unveränderte Vorschrift wurde durch das Gesetz zur Modernisierung des GmbH-Rechts und zur Bekämpfung von Missbräuchen (MoMiG) vom 23.10.2008[1] grundlegend neu gefasst. Zweck ist die sprachliche Anpassung und Vereinheitlichung der Regelungen zum Geschäftsanteil. Vergleichbare Vorschriften im Aktienrecht sind §§ 8 bis 10 AktG.[2]

B. Inhalt der Regelung

I. Geschäftsanteil und Einlage (Satz 1)

1. Geschäftsanteil

2 Satz 1 dient ausweislich der Gesetzesbegründung[3] lediglich der Klarstellung, weil bereits § 3 Abs. 1 Nr. 4 regelt, dass für die Übernahme eines Geschäftsanteils eine Einlage zu erbringen ist. Diese Einlage ist die vom Gesellschafter auf das Stammkapital der GmbH zu erbringende Einlage und somit gem. § 3 Abs. 1 Nr. 4 die **„Stammeinlage"**.[4] Der Nennbetrag des Geschäftsanteils ist maßgebend für die Einlagepflicht und gleichzeitig kennzeichnend für den Geschäftsanteil.[5]

3 Der Geschäftsanteil bezeichnet nach allgemeinem Verständnis[6] die Gesamtheit der Rechte und Pflichten eines Gesellschafters aus dem Gesellschaftsverhältnis und ist damit Ausdruck und Verkörperung der **Mitgliedschaft** (siehe Rn. 6 ff.). Er ist ein eigenes Objekt der Rechtsordnung und damit selbstständig übertragbar und belastbar (siehe § 15 Rn. 3).[7] Gleichzeitig ist der Geschäftsanteil im Regelfall durch den Nennbetrag bestimmter Maßstab für die Rechte und Pflichten des Gesellschafters im Verhältnis zu seinen Mitgesellschaftern, soweit diese von der Höhe der Beteiligung abhängen, z.B. Gewinnanspruch (§ 29 Abs. 3), Stimmrecht (§ 47 Abs. 2), Auseinandersetzungsguthaben (§ 72), Nachschusspflichten (§ 26 Abs. 2, 3).[8] Der beteiligungsquotale Verteilungsmaßstab ist allerdings nicht zwingend, sondern überwiegend durch gesellschaftsvertragliche Regelung abdingbar (so ausdrücklich etwa § 29 Abs. 3 Satz 2 und § 72 Satz 2).

1 BGBl. I S. 2026.
2 BGH ZIP 1986, 1457; Roth/Altmeppen/*Altmeppen*, § 13 Rn. 12.
3 RegE BT-Drucks. 16/6140, S. 37. Anders OLG Nürnberg, Urteil vom 13.10.2010 – 12 U 1528/09, DZWIR 2011, 167, wonach § 14 Satz 1 konstitutiv die Einlagenpflicht normiert.
4 RegE BT-Drucks. 16/6140, S. 28.
5 Baumbach/Hueck/*Hueck/Fastrich*, § 14 Rn. 3, 4.
6 BGH DB 1972, 132; Baumbach/Hueck/*Hueck/Fastrich*, § 14 Rn. 2; Michalski/*Ebbing*, § 14 Rn. 2; Lutter/Hommelhoff/*Lutter/Bayer*, § 14 Rn. 1; Rowedder/Schmidt-Leithoff/*Pentz*, § 14 Rn. 1.
7 Lutter/Hommelhoff/*Lutter/Bayer*, § 14 Rn. 1.
8 Baumbach/Hueck/*Hueck/Fastrich*, § 14 Rn. 5; Lutter/Hommelhoff/*Lutter/Bayer*, § 14 Rn. 1.

Der Geschäftsanteil **entsteht** wie die GmbH selbst erst mit Eintragung im Handelsregister (§§ 11, 13). Ebenso geht der Geschäftsanteil mit dem **Erlöschen** der GmbH unter (§ 74). Wesentliche Neuerung durch das MoMiG ist, dass ein Gesellschafter im Gegensatz zu früherem Recht bereits bei Gründung mehrere Geschäftsanteile übernehmen kann.[9] 4

! Neben dem Wegfall der eingeschränkten Teilbarkeit von Geschäftsanteilen (§ 17 a.F.) stellt die Übernahme mehrerer Geschäftsanteile bei Gründung die größtmögliche Flexibilität für die Praxis her. Sollen in absehbarer Zukunft weitere Gesellschafter aufgenommen werden, so bietet es sich an, gleich bei Gründung mehrere Geschäftsanteile zu bilden.

Die **Verbriefung** eines Geschäftsanteils, etwa in Form von **Anteilsscheinen**, ist im Gesetz nicht vorgesehen, nach allgemeiner Meinung aber ohne Weiteres zulässig.[10] Die Anteilscheine gelten nicht als Wertpapiere im engeren Sinne (Inhaber- oder Orderpapiere), sondern sind schlichte **Beweisurkunden**. Um den Beweiszweck erfüllen zu können, sollten sie mindestens Firma und Sitz der GmbH, den Nennbetrag und den Namen des Berechtigten enthalten sowie Ort und Zeit der Ausstellung erkennen lassen. Die Satzung kann die Übertragung des Anteilsscheins zur weiteren Voraussetzung (§ 15 Abs. 5, siehe § 15 Rn. 26 ff.) einer wirksamen Abtretung des Geschäftsanteils machen.[11] 5

! Anteilsscheine für Geschäftsanteile sind in der Praxis äußerst selten, weil sie keine wirkliche Funktion besitzen und ihre Ausgabe mit Kosten verbunden ist. Die materielle Berechtigung an einem Geschäftsanteil sollte sich nunmehr im Regelfall anhand der aufgewerteten Gesellschafterliste (vgl. § 40) leichter nachweisen lassen als mit einem Anteilsschein.

2. Mitgliedschaft

Die Mitgliedschaft eines Gesellschafters, verkörpert im Geschäftsanteil (siehe Rn. 3), besteht in Rechten und Pflichten gegenüber der Gesellschaft. Die Rechte lassen sich unterscheiden in **Vermögensrechte** (Gewinn- und Liquidationsanteil, Bezugsrecht), **Mitverwaltungsrechte** (Stimmrecht, Anfechtungsrecht) und **sonstige Rechte** (Einsichts- und Auskunftsrecht, Minderheitenrecht).[12] Die meisten Rechte können in weitem Umfang eingeschränkt oder sogar ausgeschlossen werden, insbesondere das Stimmrecht, solange die Mitgliedschaft nicht sinnentleert wird.[13] Unabdingbar sind jedoch das Teilnahmerecht an der Gesellschafterversammlung und in der Folge auch Auskunfts- und Einsichtsrechte sowie generell das Austrittsrecht auf unbestimmte Zeit. Die aus der Mitgliedschaft folgenden **Pflichten** sind stets unabdingbar, da sie regelmäßig die Kapitalaufbringung und Kapitalerhaltung sicherstellen sollen (z.B. Einlagepflicht und Haftung nach § 24) oder die gesellschafterliche Treuepflicht betreffen (siehe Rn. 10 f.).[14] 6

Zur Mitgliedschaft gehören auch die **statuarischen Sonderrechte**, wie z.B. ein Recht auf Geschäftsführung oder Vorkaufsrechte, und **Sonderpflichten**, wie z.B. Nachschusspflicht oder Pflicht zur Geschäftsführung. Da diese statuarischen Sonderrechte und -pflichten an der Mitgliedschaft hängen, gehen sie mit dem Geschäftsanteil auch auf einen etwaigen Nachfolger ohne Weiteres über.[15] 7

Nicht zur Mitgliedschaft gehören die in der Praxis nicht seltenen **schuldrechtlichen Nebenvereinbarungen**, mit denen einzelnen Gesellschaftern bestimmte Sonderrechte oder Sondervorteile durch gesonderten Vertrag oder durch sog. unechte, d.h. nicht materielle Satzungsbestandteile 8

9 Zum früheren Recht siehe etwa Rowedder/Schmidt-Leithoff/*Pentz*, § 14 Rn. 6.
10 Lutter/Hommelhoff/*Lutter/Bayer*, § 14 Rn. 10.
11 Allgemeine Meinung: Lutter/Hommelhoff/*Lutter/Bayer*, § 14 Rn. 8, Baumbach/Hueck/*Hueck/Fastrich*, § 14 Rn. 8.
12 Vgl. auch Lutter/Hommelhoff/*Lutter/Bayer*, § 14 Rn. 10; Baumbach/Hueck/*Hueck/Fastrich*, § 14 Rn. 13.
13 Baumbach/Hueck/*Hueck/Fastrich*, § 14 Rn. 15.
14 Baumbach/Hueck/*Hueck/Fastrich*, § 14 Rn. 13; Lutter/Hommelhoff/*Lutter/Bayer*, § 14 Rn. 10.
15 Lutter/Hommelhoff/*Lutter/Bayer*, § 14 Rn. 11.

gewährt werden. Hierzu gehören etwa Stimmbindungsvereinbarungen, Vorkaufs- oder Andienungsrechte, aber auch Rechte aus sog. Drittgeschäften, wie z.B. Kauf, Darlehen, Dienstverträgen etc. Diese Rechte gehen nur auf einen Gesamtrechtsnachfolger (z.B. Erbe) *ipso iure* über, nicht hingegen auf einen rechtsgeschäftlichen Erwerber.[16]

> **!** Solche außerhalb der Mitgliedschaft bestehenden schuldrechtlichen Nebenvereinbarungen gehen bei einer Veräußerung des Geschäftsanteils nicht automatisch auf den Erwerber über. Sollen die Sonderrechte mit auf den Erwerber übergehen, bedarf es einer gesonderten, zumindest konkludenten Abtretung dieser Rechte. Das wird in der Praxis nicht selten vergessen.

9 Hinsichtlich der einzelnen Elemente der Mitgliedschaft besteht ein **Abspaltungsverbot**,[17] d.h., Teile der Mitgliedschaft können weder an Dritte noch an Gesellschafter isoliert übertragen werden. Somit kann z.B. weder das Stimmrecht noch der Gewinnanteil als solcher übertragen werden. Zulässig ist hingegen, die **Ausübung** des Stimmrechts durch (widerrufliche) Vollmacht einem Dritten oder einem Gesellschafter zu überlassen. Das kann auch bereits bei Gründung und in der Satzung geschehen. Ebenso kann der schuldrechtliche Anspruch auf Auszahlung des (festgestellten oder zukünftigen) Gewinns ohne Bedenken abgetreten werden, weil das Stammrecht beim Gesellschafter verbleibt und der Auszahlungsanspruch somit grundsätzlich in der Person des Gesellschafters entstehen kann.

10 Ein wesentliches Element der Mitgliedschaft ist auch im GmbH-Recht die **gesellschafterliche Treuepflicht**.[18] Die Treuepflicht wird unmittelbar aus der Mitgliedschaft abgeleitet und ist damit kein Fall des § 242 BGB.[19] Sie ist Hauptpflicht des Gesellschafters und besteht aufgrund der mitgliedschaftlich vermittelten Einwirkungsmöglichkeiten auf die Interessen der Mitgesellschafter und der Gesellschaft. Damit vermittelt die Mitgliedschaft nicht nur eine rechtliche Beziehung des Gesellschafters zur GmbH, sondern auch ein Rechtsband zwischen den Gesellschaftern selbst.[20] Die Reichweite der Treuepflicht kann im Einzelfall umstritten sein. Klar ist dabei nur, dass die Treuepflicht nicht notwendigerweise vor den eigenen Interessen des Gesellschafters halt macht, sondern notfalls auch einen (zeitweisen) Verzicht auf Rechte erfordern kann.

11 Die Treuepflicht läuft zum einen auf eine **aktive Förderpflicht** hinaus (§ 705 BGB). Danach muss der Gesellschafter an allen Maßnahmen mitwirken, die zur Zweckerreichung dringend geboten sind (z.B. Mitwirkung bei der Feststellung des Jahresabschlusses, bei Änderungen einer unzureichenden Satzung) oder die der Erhaltung des in der GmbH Geschaffenen dienen (z.B. Beschluss über Sanierungsmaßnahmen oder Liquidation der GmbH, wenn der Zweck nicht mehr erreicht werden kann).[21] Zum anderen besteht die Treuepflicht in **Loyalitäts-** und **Unterlassungspflichten**. Das bedeutet, der Gesellschafter darf die GmbH gegenüber Dritten nicht diskreditieren, sie nicht ihrer Geschäftschancen berauben oder sie zu eigenem Nutzen schädigen. Auch kann es geboten sein, bestimmte Rechte, insbesondere Widerspruchs- und Anfechtungsrechte, (zeitweise) nicht auszuüben.[22] Ferner gehört zur Treuepflicht auch eine **Aufklärungspflicht** gegenüber den Mitgesellschaftern, damit diese eine ausreichende Grundlage für erforderliche Entscheidungen haben. Diese Pflicht trifft besonders Gesellschafter-Geschäftsführer, da sie aufgrund ihrer Arbeit einen vertieften Einblick in die Vorgänge der GmbH haben. Schließlich kann aus der Treuepflicht auch ein **Wettbewerbsverbot** analog § 112 HGB abgeleitet werden, wenn die Beziehung der Gesellschafter besonders eng ist (personalistische Struktur der GmbH) oder ein Gesellschafter besonderen Einfluss auf die GmbH ausüben kann.

---

16 Lutter/Hommelhoff/*Lutter/Bayer*, § 14 Rn. 12, 13.
17 Lutter/Hommelhoff/*Lutter/Bayer*, § 14 Rn. 14; Michalski/*Ebbing*, § 14 Rn. 70.
18 Siehe hierzu grundsätzlich *Henze*, ZHR 162 (1998), 186; *Lutter*, ZHR 162 (1998), 164.
19 Lutter/Hommelhoff/*Lutter/Bayer*, § 14 Rn. 18.
20 Lutter/Hommelhoff/*Lutter/Bayer*, § 14 Rn. 19.
21 Lutter/Hommelhoff/*Lutter/Bayer*, § 14 Rn. 20.
22 Lutter/Hommelhoff/*Lutter/Bayer*, § 14 Rn. 22.

> Die Reichweite der Treuepflicht wirft in der Praxis immer wieder Fragen auf und führt zu Konflikten zwischen den Gesellschaftern, insbesondere dann, wenn die unterschiedlichen Vermögensinteressen der Gesellschafter betroffen sind. Hier hilft nur eine sorgfältige Formulierung der Rechte und Pflichten der Gesellschafter im Gesellschaftsvertrag und im Konfliktfalle eine anwaltliche Beratung.

Aus der Mitgliedschaft folgt ferner ein **Gebot der Gleichbehandlung** aller Gesellschafter (im Zweifel nicht nach Köpfen, sondern nach dem Verhältnis der Nennbeträge ihrer Geschäftsanteile).[23] Dies ist anders als in § 53a AktG im GmbH-Gesetz nicht ausdrücklich geregelt, ist aber allgemein anerkannt.[24] Das Gleichbehandlungsgebot richtet sich primär an die Geschäftsführer, aber auch an die Mehrheit und verbietet willkürliche Differenzierungen unter den Gesellschaftern, es sei denn, diese sind aus sachlichen Gründen im Einzelfall gerechtfertigt oder in speziellen Einzelfällen durch eine Satzungsregelung ausdrücklich zugelassen. Gegen das Gleichbehandlungsgebot verstoßende Geschäftsführungsmaßnahmen sind primär rückgängig zu machen, Beschlüsse der Gesellschafterversammlung können anfechtbar sein. 12

II. Nennbetrag des Geschäftsanteils (Satz 2)

Nach der Gesetzesbegründung zum MoMiG[25] wird in den Sätzen 2 und 3 des § 14 das Verhältnis zwischen dem bezeichneten Nennbetrag des Geschäftsanteils und der **Stammeinlage** festgelegt. Die Begriffe „Nennbetrag des Geschäftsanteils" und „Stammeinlage" wurden schon bisher in der Praxis häufig als Synonyme verwendet. § 14 soll deutlich machen, dass sich die Nennbeträge der Geschäftsanteile und die Nennbeträge der Stammeinlagen grundsätzlich entsprechen, wobei der Begriff Nennbetrag des Geschäftsanteils der aktienrechtlichen Ausdrucksweise entspricht. Weiterhin stellt der Gesetzgeber nunmehr statt auf den Begriff der Stammeinlage auf die Begriffe „Einlage" oder „Einlageverpflichtung" ab.[26] Die Einlageverpflichtung entsteht in der Höhe, in welcher der Nennbetrag des jeweiligen Geschäftsanteils festgesetzt wird. Dabei wird in der Regelung bewusst auf den bei der Errichtung der Gesellschaft im Gesellschaftsvertrag festgesetzten Nennbetrag des jeweiligen Geschäftsanteils abgestellt. 13

Die sprachliche Neuregelung des § 14 durch das MoMiG, wonach sich die Höhe der Einlageverpflichtung nach dem bei der Errichtung der Gesellschaft im Gesellschaftsvertrag festgesetzten Nennbetrag des jeweiligen Geschäftsanteils richtet, hat auch zahlreiche Folgeänderungen in anderen Vorschriften des GmbH-Gesetz zur Folge gehabt. So ist für § 9 (Überbewertung der Sacheinlagen) der **Nennbetrag des jeweiligen Geschäftsanteils** Bezugsgröße dafür, ob der Gesellschafter durch die Erbringung der Sacheinlage seine Einlageverpflichtung erfüllt.[27] Des Weiteren stellen nunmehr auch die Regelungen in § 5 (Stammkapital; Geschäftsanteil), § 7 (Anmeldung der Gesellschaft), § 8 (Inhalt der Anmeldung), § 9a (Ersatzansprüche der Gesellschaft), § 26 (Nachschusspflicht), § 50 (Minderheitenrechte), § 56 (Kapitalerhöhung mit Sacheinlagen), § 57 (Anmeldung der Erhöhung), § 82 (Falsche Angaben) statt auf die Stammeinlagen auf den Geschäftsanteil bzw. den Nennbetrag des Geschäftsanteils ab. 14

Der Nennbetrag des Geschäftsanteils ist regelmäßig nicht mit dessen **wirtschaftlichem Wert** (Verkehrswert, wahrer Wert) identisch. Bereits bei Gründung kann sich über die Einlageverpflichtung hinaus durch ein Aufgeld (**Agio**) eine höhere Leistungspflicht des Gesellschafters und damit ein höherer Wert ergeben. Umgekehrt kann sich bei Existenzgründung durch Belastung mit Gründungskosten ein niedrigerer Wert ergeben.[28] Der Wert eines Geschäftsanteils wird darüber hinaus von zahlreichen weiteren variablen Faktoren bestimmt, z.B. Bestand des Gesellschaftsvermögens, 15

23 Baumbach/Hueck/*Hueck/Fastrich*, § 14 Rn. 4.
24 Lutter/Hommelhoff/*Lutter/Bayer*, § 14 Rn. 30.
25 RegE BT-Drucks. 16/6140, S. 37.
26 RegE BT-Drucks. 16/6140, S. 28, 29.
27 RegE BT-Drucks. 16/6140, S. 36.
28 Vgl. auch Lutter/Hommelhoff/*Lutter/Bayer*, § 14 Rn. 3.

wirtschaftliche Situation der GmbH, Ertragskraft, aber auch durch mit dem Geschäftsanteil verbundene Sonderrechte und -pflichten, z.B. Kündigungsrechte und Nachschusspflichten.[29]

16 Der Wert eines Geschäftsanteils hat rechtlich und tatsächlich eine vielfältige Bedeutung, z.B. im Rahmen der Abfindung bei Einziehung sowie bei Ausscheiden durch Austritt oder Ausschließung, für das Umtauschverhältnis bei Verschmelzung, als gemeiner Wert für steuerliche Zwecke etc.[30] Dadurch wird die Wertfindung, also die **Bewertung** des Geschäftsanteils, wesentlich beeinflusst. Eine bestimmte **Bewertungsmethode** ist gesellschaftsrechtlich nicht vorgeschrieben. Eine entsprechende Satzungsregelung kann somit sinnvoll sein, wäre aber keineswegs abschließend. In der Praxis durchgesetzt hat sich als Bewertungsmethode das **Ertragswertverfahren** in seinen verschiedenen Facetten, das – vereinfacht ausgedrückt – den Wert eines Unternehmens aus den zukünftig erwarteten und um Sondereinflüsse bereinigten Erträgen, abgezinst auf den Bewertungszeitpunkt, ableitet. Insoweit ist auf den vom Institut der Wirtschaftsprüfer (IDW) niedergelegten und in der Praxis häufig verwendeten Bewertungsstandard IDW S 1 zu verweisen.[31] Bewertungsvereinfachungen in Form eines **Buchwerts** (Wert in der Bilanz), eines **Substanzwerts** (Reproduktionswert), eines **Liquidationswerts** (Zerschlagungswert) oder eines gemeinen Werts (steuerlicher Wert) eignen sich nur in besonders einfach gelagerten Fällen, weil diese Werte häufig stark vom tatsächlichen Wert abweichen.

> **!** Die Bewertung von Geschäftsanteilen kann in der Praxis eine recht komplexe Angelegenheit sein und sollte daher einem Sachverständigen, z.B. einem Wirtschaftsprüfer, übertragen werden. Gerade in Streitfragen ermöglicht eine objektivierte Wertfindung durch einen sachverständigen Dritten eine schnelle Einigung.

III. Kapitalerhöhung (Satz 3)

17 Satz 3 hat für die Kapitalerhöhung im Grunde genommen den gleichen Regelungsinhalt wie Satz 2 bei der Gründung der GmbH, nur wird bei der **Kapitalerhöhung** statt auf die Regelungen im Gesellschaftsvertrag auf den in der **Übernahmeerklärung** festgesetzten Nennbetrag abgestellt. Insofern ist die Regelung für die Einlageverpflichtung im Rahmen einer Kapitalerhöhung konsequent.

18 Umgekehrt wird aus Satz 3 auch deutlich, dass z.B. die Erhöhung des Nennbetrags der Geschäftsanteile nach § 57h Abs. 1 im Rahmen einer Kapitalerhöhung aus Gesellschaftsmitteln oder die Erhöhung des Nennbetrags der Geschäftsanteile im Zuge einer Einziehung gem. § 34 keine Erhöhung der Einlageverpflichtung zur Folge hat.[32]

C. Weitere praktische Hinweise

19 Die Einlage gehört **steuerlich** zu den Anschaffungskosten des Gesellschafters; ihre Rückzahlung im Wege der Kapitalherabsetzung oder Liquidation wird bei im Betriebsvermögen gehaltenen oder unter § 17 EStG fallenden Anteilen steuerlich wie eine Anteilsveräußerung behandelt, soweit Nennkapital zurückgezahlt wird oder das steuerliche Einlagenkonto als verwendet gilt (siehe dazu § 5 Rn. 70 f., § 72 Rn. 9 und § 58 Rn. 19 ff. sowie „Steuerrecht“, S. 1046 ff., Rn. 68 ff.) Ein steuerpflichtiger Veräußerungsgewinn nach § 17 Abs. 4 EStG kann eintreten, wenn die Anschaffungskosten niedriger sind als die aus dem steuerlichen Einlagenkonto zurückgezahlten Beträge, also vor allem beim derivativen Erwerb einer Beteiligung. Ein etwaiger Auflösungsverlust kann gem. § 17 Abs. 2 Satz 6 EStG steuerlich unbeachtlich sein.

---

29 Vgl. ferner Michalski/*Ebbing*, § 14 Rn. 12 ff.; Baumbach/Hueck/*Hueck/Fastrich*, § 14 Rn. 6.
30 Baumbach/Hueck/*Hueck/Fastrich*, § 14 Rn. 6.
31 „Grundsätze zur Durchführung von Unternehmensbewertungen“, FN-IDW 2008, 271 ff.
32 RegE BT-Drucks. 16/6140, S. 37. Ebenso Baumbach/Hueck/*Hueck/Fastrich*, § 14 Rn. 2; Henssler/Strohn/*Verse*, § 14 Rn. 3.

§ 15 Übertragung von Geschäftsanteilen

(1) Die Geschäftsanteile sind veräußerlich und vererblich.

(2) Erwirbt ein Gesellschafter zu seinem ursprünglichen Geschäftsanteil weitere Geschäftsanteile, so behalten dieselben ihre Selbständigkeit.

(3) Zur Abtretung von Geschäftsanteilen durch Gesellschafter bedarf es eines in notarieller Form geschlossenen Vertrages.

(4) Der notariellen Form bedarf auch eine Vereinbarung, durch welche die Verpflichtung eines Gesellschafters zur Abtretung eines Geschäftsanteils begründet wird. Eine ohne diese Form getroffene Vereinbarung wird jedoch durch den nach Maßgabe des vorigen Absatzes geschlossenen Abtretungsvertrag gültig.

(5) Durch den Gesellschaftsvertrag kann die Abtretung der Geschäftsanteile an weitere Voraussetzungen geknüpft, insbesondere von der Genehmigung der Gesellschaft abhängig gemacht werden.

Literatur

Barth, Keine Erfüllung der Formerfordernisse des § 15 Abs. 3 und Abs. 4 GmbHG durch antizipierende Satzungsklausel, GmbHR 2004, 383; *Boruttau*, Grunderwerbsteuergesetz, Kommentar, 16. Auflage 2007; *Brauer/Levedag*, Die Zusammenlegung eines verpfändeten GmbH-Geschäftsanteils mit einem pfandfreien GmbH-Geschäftsanteil, GmbHR 2002, 572; *Brück*, Rechtsprobleme der Auslandsbeurkundung im Gesellschaftsrecht, DB 2004, 2409; *Bruhns*, Verpfändung von GmbH-Anteilen in der Finanzierungspraxis, GmbHR 2006, 587; *Dignas*, Die Auslandsbeurkundung im deutschen GmbH-Recht, GmbHR 2005, 139; *Duhnkrack/Hellmann*, Der Side Letter. Zur rechtlichen Bedeutung von Nebenabreden, ZIP 2003, 1425; *Fetsch*, Zur Beurkundungsbedürftigkeit von Kaufverträgen über eine englische Private Limited Company, GmbHR 2008, 133; *Fischer*, Die Haftung des Unternehmensverkäufers nach neuem Schuldrecht, DStR 2004, 276; *Frenzel*, Nachträgliche Vinkulierung von Geschäftsanteilen, GmbHR 2008, 983; *Fricke*, Der Nießbrauch an einem GmbH-Geschäftsanteil – Zivil- und Steuerrecht, GmbHR 2008, 739; *Gottwald*, Grunderwerbsteuer, 2. Auflage 2004; *Grunewald*, Rechts- und Sachmängelhaftung beim Kauf von Unternehmensteilen, NZG 2003, 372; *Ivo*, Die Vererbung von GmbH-Geschäftsanteilen, ZEV 2006, 252; *Jasper/Rust*, Die Zusammenlegung von GmbH-Geschäftsanteilen, DB 2000, 1549; *König*, Zur notariellen Beurkundung der Abtretung von GmbH-Geschäftsanteilen – Ein Vorschlag zur Einschränkung des § 15 Abs. 3 und 4 GmbHG, ZIP 2004, 1838; *Kröll*, Beurkundung gesellschaftsrechtlicher Vorgänge durch einen ausländischen Notar, ZGR 2000, 111; *Langner/Heydel*, Vererbung von GmbH-Geschäftsanteilen – Sicherstellung einer familieninternen Nachfolge, GmbHR 2005, 377; *Langner/Heydel*, Nachfolgeklauseln im GmbH-Gesellschaftsvertrag, GmbHR 2006, 291; *Liebscher*, Umgehungsresistenz von Vinkulierungsklauseln, ZIP 2003, 825; *Liebscher/Lübke*, Die zwangsweise Verwertung vinkulierter Anteile zur angeblich vinkulierungsfreien Pfand- und Insolvenzverwertung, ZIP 2004, 241; *Loritz*, Die Reichweite von Vinkulierungsklauseln in GmbH-Gesellschaftsverträgen, NZG 2007, 361; *Maier-Reimer/Webering*, Verwertung von Pfandrechten an Unternehmensbeteiligungen, BB 2003, 1630; *Menke*, Beurkundungspflicht von Verträgen über den Verkauf oder die Abtretung ausländischer GmbH-Geschäftsanteile, BB 2004, 1807; *Michalski*, Nachfolgeklauseln in der GmbH-Satzung, NZG 1998, 301; *Priester*, Die Zusammenlegung von GmbH-Anteilen, GmbHR 1976, 130; *Reichert/Weller*, Geschäftsanteilsübertragung mit Auslandsberührung, DStR 2005, 250 und 292; *Roth*, Pfändung und Verpfändung von Gesellschaftsanteilen, ZGR 2000, 187; *Saenger/Scheuch*, Auslandsbeurkundung bei der GmbH – Konsequenzen aus MoMiG und Reform des Schweizer Obligationenrechts, BB 2008, 65; *Schäfer/Hillesheim*, Die Gesellschafterstellung auf Zeit im Rahmen eines Geschäftsführerbeteiligungsmodells (Managermodells), DStR 2003, 2122; *Schothöfer*, Die Folgewirkungen des fehlerhaften Ausscheidens eines GmbH-Gesellschafters, GmbHR 2003, 1321; *Schulz*, Zur Formbedürftigkeit von Vereinbarungs- und Erwerbstreuhand an GmbH-Geschäftsanteilen, GmbHR 2001, 282; *Seibt*, Rechtssicherheit beim Unternehmens-, Beteiligungs- und Anteilsverkauf – Analyse der Änderungen bei §§ 444, 639 BGB, NZG 2004, 801; *Suchanek/Herbst*, Erweiterte Verlustabzugsmöglichkeiten für Investitionen in „junge" Unternehmen; § 8c Abs. 2 KStG i.d.F. des Gesetzes zur Modernisierung der Rahmenbedingungen für Kapitalbeteiligungen (MoRaKG), GmbHR 2008, 862; *Triebel/Hölzle*, Schuldrechtsreform und Unternehmenskaufverträge, BB 2002, 521; *Walz/Fembacher*, Zweck und Umfang der Beurkundung nach § 15 GmbHG, NZG 2003, 1134; *Werner*, Treuhandverhältnisse an GmbH-Anteilen, GmbHR 2008, 1248; *Zeilinger*, Das Verhältnis der Parteien zur GmbH und ihren Gesellschaftern bei der fehlerhaften rechtsgeschäftlichen Übertragung eines GmbH-Geschäftsanteils, NZG 2001, 871.

A. Allgemeines

1 Der Text der Vorschrift ist in der Sache seit der Ursprungsfassung des GmbH-Gesetzes von 1892 unverändert. Lediglich die Alleinzuständigkeit des Notars für die Übertragungsakte (Abs. 3 und 4) wurde durch das Beurkundungsgesetz 1969 eingeführt.[1] Eine mehrfach angeregte[2] sinnvolle Änderung der Vorschrift im Rahmen des Gesetzes zur Modernisierung des GmbH-Rechts und zur Bekämpfung von Missbräuchen (MoMiG) vom 23.10.2008[3] wurde verworfen und auf spätere Zeit in einem geplanten Gesetz zur Erleichterung von beurkundungsrechtlichen Vorschriften verschoben.[4]

2 Sinn und Zweck der Regelung ist es zum einen, die Geschäftsanteile von Gesetzes wegen veräußerlich und vererblich zu stellen, was aus historischer Sicht ein Abgrenzungsmerkmal zu den Personenhandelsgesellschaften des HGB war. Zum anderen soll mit der Einführung der notariellen Form für die Veräußerung die Handelbarkeit der Geschäftsanteile eingeschränkt werden. Gleichzeitig werden damit die Beweis- und Warnfunktion der notariellen Form erfüllt. Als Parallelvorschrift im Aktienrecht kann eingeschränkt § 68 AktG angesehen werden.

B. Inhalt der Regelung

I. Veräußerlichkeit der Geschäftsanteile (Abs. 1)

1. Veräußerlichkeit

3 Die Geschäftsanteile (siehe § 14 Rn. 3) sind nach Abs. 1 grundsätzlich frei veräußerlich. Auch **Teile eines Geschäftsanteils** sind nach Streichung des § 17 a.F. durch das MoMiG[5] grundsätzlich frei veräußerlich. Einer nach früherem Recht erforderlichen Genehmigung der Gesellschaft für die Veräußerung des Teilgeschäftsanteils bedarf es hiernach nicht mehr. Gleichwohl verbleibt es aber nach dem geänderten § 46 Nr. 4 in der Zuständigkeit der Gesellschafter, über die Teilung oder Zusammenlegung von Geschäftsanteilen zu beschließen (siehe § 46 Rn. 14).[6] Abs. 1 ist, wie sich aus Abs. 5 ergibt, nicht zwingend. So sind Beschränkungen der freien Veräußerbarkeit i.S.v. Abs. 5 bis hin zum völligen Ausschluss der Veräußerbarkeit im Gesellschaftsvertrag vereinbar (siehe Rn. 25).[7] Umgekehrt können auch Veräußerungspflichten einschließlich Rückkaufs- und Vorkaufsrechte in der Satzung geregelt werden.[8] Die freie Veräußerbarkeit bringt es mit sich, dass die Veräußerung

1 Gesetz vom 28.8.1969 (BGBl. I S. 1513).
2 Zum Beispiel durch den Handelsrechtsausschuss des DAV in Stellungnahme 43/07 vom 5.9.2007, Rn. 35 f.
3 BGBl. I S. 2026.
4 Siehe die allgemeine Begründung im RegE, BT-Drucks. 16/6140, S. 25 f.
5 BGBl. I S. 2026, 2028.
6 BT-Drucks. 16/1640, S. 45.
7 Baumbach/Hueck/*Hueck/Fastrich*, § 15 Rn. 2.
8 Baumbach/Hueck/*Hueck/Fastrich*, § 15 Rn. 2.

auch bedingt oder befristet erfolgen kann.[9] Ebenso können auch **künftige Geschäftsanteile** (vor Eintragung der GmbH oder bei Kapitalerhöhung) veräußert und abgetreten werden. Die Abtretung wird dann im Zeitpunkt der Eintragung der GmbH oder der Kapitalerhöhung im Handelsregister wirksam.[10] Abzugrenzen ist die Veräußerung von Geschäftsanteilen von der bloßen Veräußerung einzelner **vermögensrechtlicher Ansprüche**, wie z.B. dem Anspruch auf Gewinnauszahlung (siehe § 14 Rn. 9). § 15 findet insoweit keine Anwendung; eine Veräußerung dieser vermögensrechtlichen Ansprüche ist daher formlos möglich (siehe Rn. 17).[11]

Die freie Veräußerlichkeit ist auch nicht bei Beteiligung von Minderjährigen eingeschränkt. Denn 4
eine familien- oder **vormundschaftsgerichtliche Genehmigung** des entgeltlichen Erwerbs oder der entgeltlichen Veräußerung des Geschäftsanteils durch einen nicht unbeschränkt Geschäftsfähigen oder Betreuten nach §§ 1643 Abs. 1, 1908i Abs. 1, 1822 Nr. 3 BGB ist grundsätzlich nicht erforderlich.[12] Nicht der Minderjährige, sondern die GmbH betreibt das Erwerbsgeschäft. Auch kommt es bei Erwerb oder Veräußerung nicht zu einem Abschluss eines Gesellschaftsvertrags i.S.v. § 1822 Nr. 3 BGB. Ein Genehmigungserfordernis nach § 1822 Nr. 3 BGB (analog) soll nur dann vorliegen, wenn sich der Erwerb oder die Veräußerung von Geschäftsanteilen wirtschaftlich als der Erwerb oder die Veräußerung eines Erwerbsgeschäfts darstellen. Das soll der Fall sein, wenn (nahezu) alle Geschäftsanteile (sog. Ein-Mann-Gesellschaft) erworben oder veräußert werden.[13] Ferner ergibt sich ein Genehmigungserfordernis nach §§ 1643 Abs. 1, 1908i Abs. 1, 1822 Nr. 10 BGB, wenn die **konkrete Möglichkeit** für die Inanspruchnahme für Verbindlichkeiten von Mitgesellschaftern besteht, etwa dann, wenn noch Einlagenverpflichtungen nach § 24 oder Rückzahlungsverpflichtungen nach § 31 Abs. 3 bestehen.[14]

Der Kauf eines Geschäftsanteils stellt nach einhelliger Meinung einen **Rechtskauf** dar.[15] Der Ver- 5
äußerer unterliegt damit im Regelfall nur der Rechtsmängelhaftung nach § 435 BGB, auch wenn sich gem. § 453 Abs. 1 BGB Sach- und Rechtskauf nunmehr auf dieselben Vorschriften beziehen. Ein **Rechtsmangel** liegt insbesondere dann vor, wenn das veräußerte Recht, also der Geschäftsanteil, nicht oder nicht im vertraglich vereinbarten Umfang besteht oder Rechte Dritter entgegenstehen.[16] Eine Haftung für den Wert des Geschäftsanteils oder den Wert des von der GmbH betriebenen Unternehmens kommt i.d.R. nicht in Betracht, sofern hierfür nicht gesondert vertraglich Gewährleistung oder Garantien übernommen wurden.[17] Auch bestehen Aufklärungspflichten nicht umfassend, sondern nur bezogen auf den Geschäftsanteil selbst. Darüber hinaus können auch Garantien übernommen werden.

> **!** Das rechtliche Bestehen des Geschäftsanteils und der Inhaber ergibt sich aus der Gesellschafterliste nach § 40, auf deren Richtigkeit der Erwerber in begrenztem Umfang mit gutem Glauben vertrauen darf (§ 16 Abs. 3).

Der Geschäftsanteilserwerb kann sich wirtschaftlich auch als **Unternehmenskauf** (Share Deal) 6
darstellen. Die Gewährleistung bezieht sich naturgemäß dann auf die Sachgesamtheit „Unternehmen", mit der Folge, dass gem. §§ 453 Abs. 1, 434, 437 BGB Sachmängelgewährleistung Anwendung findet und gesteigerte Aufklärungspflichten bestehen.[18] Von einen Unternehmenserwerb wird aber nur dann gesprochen werden können, wenn sich der Parteiwille von Veräußerer und Erwerber darauf bezieht und sämtliche, wenigstens aber nahezu alle Geschäftsanteile erworben

---

9 Lutter/Hommelhoff/*Lutter/Bayer*, § 15 Rn. 2; Baumbach/Hueck/*Hueck/Fastrich*, § 15 Rn. 2.
10 Lutter/Hommelhoff/*Lutter/Bayer*, § 15 Rn. 2.
11 Baumbach/Hueck/*Hueck/Fastrich*, § 15 Rn. 2; Lutter/Hommelhoff/*Lutter/Bayer*, § 15 Rn. 3.
12 Lutter/Hommelhoff/*Lutter/Bayer*, § 15 Rn. 4; Baumbach/Hueck/*Hueck/Fastrich*, § 15 Rn. 3.
13 Lutter/Hommelhoff/*Lutter/Bayer*, § 15 Rn. 4 m.w.N.; Baumbach/Hueck/*Hueck/Fastrich*, § 15 Rn. 4.
14 Lutter/Hommelhoff/*Lutter/Bayer*, § 15 Rn. 4 m.w.N.; Baumbach/Hueck/*Hueck/Fastrich*, § 15 Rn. 5.
15 Baumbach/Hueck/*Hueck/Fastrich*, § 15 Rn. 6; Rowedder/Schmidt-Leithoff/*Rowedder/Bergmann*, § 15 Rn. 9.
16 Ausführlich: Rowedder/Schmidt-Leithoff/*Rowedder/Bergmann*, § 15 Rn. 9 ff.
17 Baumbach/Hueck/*Hueck/Fastrich*, § 15 Rn. 6.
18 Baumbach/Hueck/*Hueck/Fastrich*, § 15 Rn. 7.

werden.[19] Ein Geschäftsanteil, der nur eine Minderheitsbeteiligung oder einfache Mehrheit vermittelt, genügt nicht, da nur eine uneingeschränkte Verfügungsmacht über den Geschäftsanteil vermittelt wird und nicht über das gesamte Unternehmen.

2. Vererblichkeit

7 Die Geschäftsanteile sind nicht nur frei veräußerlich, sondern auch frei vererblich. Die Gesellschaft besteht damit auch bei Tod eines Gesellschafters ohne Weiteres fort. Der Geschäftsanteil fällt in den Nachlass und geht *ipso iure* mit allen Rechten und Pflichten (einschließlich der Sonderrechte und Nebenleistungspflichten) auf den bzw. die Erben über.[20] Die Vererbung richtet sich dabei ausschließlich nach dem Erbrecht.[21] Anders als bei Personenhandelsgesellschaften kann im Gesellschaftsvertrag keine Sonderrechtsnachfolge begründet werden. Ebenso wenig kann die Vererblichkeit des Geschäftsanteils ausgeschlossen werden.[22] Erben mehrere Personen in Erbengemeinschaft, so sind sie am Geschäftsanteil gemeinsam berechtigt. Hier ist grundsätzlich § 18 zu beachten (siehe § 18 Rn. 3 ff., 11).

8 Der freien Vererblichkeit des Geschäftsanteils stehen nicht die sog. **Nachfolgeklauseln** im Gesellschaftsvertrag entgegen, die darüber entscheiden, ob der Erbe oder die Erben endgültig in der GmbH verbleiben können.[23] Die Nachfolgeklauseln können dabei auf eine konkrete Person abzielen oder aber auch sonstige Bedingungen (z.B. eine bestimmte Qualifikation) zur Voraussetzung des Verbleibs in der Gesellschaft machen.

! Unabhängig von der freien Vererblichkeit des Geschäftsanteils sollten sich Gesellschafter frühzeitig mit der Frage beschäftigen, wer von den potentiellen Erben die Nachfolge im Unternehmen antreten soll. Das sichert einerseits den Bestand des Unternehmens und andererseits der Familie die Erwerbsquelle.

9 Der Gesellschaftsvertrag kann auf verschiedene Weise **Nachfolgeklauseln** regeln, da insbesondere in personalistisch strukturierten Gesellschaften ein Interesse daran besteht, das Schicksal des Geschäftsanteils im Fall des Todes eines Gesellschafters festzulegen.[24] Für bestimmte Berufsausübungsgesellschaften von Freiberuflern kann sich darüber hinaus die Notwendigkeit ergeben, dass nur Berufsangehörige in den Gesellschafterkreis aufgenommen werden. Die nachfolgerelevanten Satzungsbestimmungen beeinflussen die Erbfolge selbst nicht, können aber auch nicht durch letztwillige Verfügung einseitig abbedungen werden.[25] Üblicherweise kommen als Klauseln auf den Todesfall bedingte Abtretungen, Abtretungsverpflichtungen, Einziehungsklauseln und Inhaltsänderungen des Geschäftsanteils in Betracht.[26]

! Satzungsmäßige bedingte Anteilsabtretungen sind wenig sinnvoll, da sie den Erblasser zu Lebzeiten stark in seiner Verfügungsfreiheit einschränken und somit eventuell erforderliche Umstrukturierungen behindern. Praktikabler sind Abtretungs- und Einziehungsklauseln für den Todesfall eines Gesellschafters (siehe hierzu die Muster am Ende).

10 Ein Gesellschafter kann ohne Weiteres für seinen in den Nachlass fallenden Geschäftsanteil **Testamentsvollstreckung** anordnen. Gesellschaftsrechtlich steht dem nichts entgegen.[27] Der Testamentsvollstrecker nimmt dann i.d.R. die personen- und vermögensbezogenen Rechte, die sich aus der Mitgliedschaft ergeben, unter Ausschluss des oder der Erben wahr. Gesellschafter bleiben aber

19 Streitig, vgl. Baumbach/Hueck/*Hueck/Fastrich*, § 15 Rn. 7.
20 Lutter/Hommelhoff/*Lutter/Bayer*, § 15 Rn. 8.
21 Baumbach/Hueck/*Hueck/Fastrich*, § 15 Rn. 9.
22 Baumbach/Hueck/*Hueck/Fastrich*, § 15 Rn. 9, 12; Michalski/*Ebbing*, § 15 Rn. 22.
23 Lutter/Hommelhoff/*Lutter/Bayer*, § 15 Rn. 9; Baumbach/Hueck/*Hueck/Fastrich*, § 15 Rn. 13.
24 Michalski/*Ebbing*, § 15 Rn. 23.
25 Michalski/*Ebbing*, § 15 Rn. 23.
26 Siehe auch *Michalski*, NZG 1998, 301.
27 Vgl. Michalski/*Ebbing*, § 15 Rn. 49; Baumbach/Hueck/*Hueck/Fastrich*, § 15 Rn. 17.

der Erbe bzw. die Erben. Die Verwaltung des Geschäftsanteils durch einen Testamentsvollstrecker bis zur Erbauseinandersetzung kann im Hinblick auf § 18 sinnvoll sein. Die Ausübung von Verwaltungsrechten durch außenstehende Dritte, wie einen Testamentsvollstrecker, kann im Gesellschaftsvertrag aber regelmäßig ausgeschlossen werden.

II. Selbstständigkeit der Geschäftsanteile (Abs. 2)

Abs. 2 regelt den an sich selbstverständlichen Grundsatz, dass jeder Geschäftsanteil selbstständig **11**
bleibt, auch wenn mehrere oder sämtliche Geschäftsanteile von einem Gesellschafter erworben werden. Die Erwerbsart ist dabei unbeachtlich. Zuordnungsobjekt für Rechte und Pflichten ist damit stets der Geschäftsanteil, nicht die Person des Gesellschafters (siehe auch § 14 Rn. 3). Die Vorschrift ist an sich durch das MoMiG überholt, da sie davon ausgeht, dass ein Gesellschafter originär nur einen einzigen Geschäftsanteil halten kann. Durch die Neuregelung in § 3 Nr. 4 kann ein Gesellschafter aber bereits bei Gründung mehrere Geschäftsanteile übernehmen. Auch diese behalten über den Wortlaut der Vorschrift hinaus grundsätzlich ihre Selbstständigkeit.

Zweck der Selbstständigkeit der Geschäftsanteile ist es, bei nicht voll eingezahlter Einlage oder **12**
beschränkten Nachschusspflichten den Rückgriff gegen die Rechtsvorgänger nach § 22 Abs. 4 zu sichern.[28] Eine **Zusammenlegung mehrerer Geschäftsanteile** ist nach allgemeiner Meinung dennoch grundsätzlich möglich, wenn die Einlageverpflichtung erfüllt oder Nachschuss nicht mehr rückständig ist bzw. eine Haftung eines Rechtsvorgängers wegen § 22 Abs. 3 nicht mehr in Frage kommt.[29] Die Zusammenlegung erfolgt durch einfachen Gesellschafterbeschluss mit Zustimmung des betroffenen Gesellschafters. Eine entsprechende Ermächtigung in der Satzung für die Zusammenlegung ist nicht erforderlich,[30] weil bereits nach dem durch das MoMiG geänderten § 46 Nr. 4 die Zusammenlegung von Geschäftsanteilen in die Zuständigkeit der Gesellschafter fällt. Auch erfolgt durch die Zusammenlegung keine Satzungsänderung. Problematisch ist die Zusammenlegung verpfändeter Geschäftsanteile, wobei eine Zusammenlegung mit nicht verpfändeten Geschäftsanteilen grundsätzlich nicht zulässig ist.[31] Im Übrigen ist die Zustimmung des Pfandgläubigers gem. § 1276 BGB erforderlich.

> **!** Die **Zusammenlegung von Geschäftsanteilen** ist über den Wortlaut des § 40 hinaus auch in der Gesellschafterliste nachzuvollziehen (siehe § 40 Rn. 7, 9). Die Geschäftsführer sind demnach verpflichtet, nach Zusammenlegung der Geschäftsanteile eine aktualisierte Liste der Gesellschafter beim Handelsregister einzureichen.

Nach Streichung des § 17 durch das MoMiG ist auch die **Teilung von Geschäftsanteilen** jederzeit **13**
unproblematisch möglich. Die nunmehr geteilten Geschäftsanteile sind über den Wortlaut der Vorschrift hinaus auch ohne Erfüllung eines Erwerbstatbestands voneinander unabhängig. Die zuvor bestehenden Rechte und Pflichten, einschließlich Sonderrechte und Nebenleistungspflichten am ungeteilten Geschäftsanteil, setzen sich an den geteilten Geschäftsanteilen ohne Weiteres fort.

> **!** Auch die Teilung von Geschäftsanteilen ist in der Gesellschafterliste nachzuvollziehen. Dementsprechend ist nach der Teilung eine aktualisierte Liste beim Handelsregister durch die Geschäftsführer einzureichen.

III. Abtretung von Geschäftsanteilen (Abs. 3)

Das Gesetz setzt für die Wirksamkeit der **dinglichen Übertragung** (Abtretung) eines Geschäfts- **14**
anteils die notarielle Form voraus. Zweck ist die damit verbundene Warnfunktion und die Beweissicherung. Durch die **zwingende Formvorschrift** wird die Fungibilität der Geschäftsanteile im

28 Baumbach/Hueck/*Hueck/Fastrich*, § 15 Rn. 19.
29 Baumbach/Hueck/*Hueck/Fastrich*, § 15 Rn. 19; Rowedder/Schmidt-Leithoff/*Rowedder/Bergmann*, § 15 Rn. 191 f.
30 Wie hier Baumbach/Hueck/*Hueck/Fastrich*, § 15 Rn. 19 m.w.N.
31 Baumbach/Hueck/*Hueck/Fastrich*, § 15 Rn. 19.

Gegensatz zur Aktie bewusst stark eingeschränkt, um im Interesse des Anlegerschutzes den leichten und spekulativen Handel mit Geschäftsanteilen auszuschließen.[32] Die Formvorschrift gilt nicht, auch nicht entsprechend, für Übertragungen von Anteilen an ausländischen Gesellschaften (also auch nicht für die *Limited*).[33]

15 Vorgeschrieben ist die **notarielle Beurkundung** (§§ 8 ff. BeurkG) des Abtretungsvertrags (§§ 413, 398 BGB), nicht nur der Erklärungen des Veräußerers und des Erwerbers.[34] Es genügt aber nach § 128 BGB die getrennte Beurkundung von Angebot und Annahme. Aufgrund des Abstraktionsprinzips ist die Angabe eines Rechtsgrundes für die Abtretung nicht erforderlich. Ebenso wenig erforderlich ist der Gebrauch der Wörter Abtretung und Übertragung. Entscheidend ist, dass der Übertragungswille und der Erwerber eindeutig aus der Urkunde hervorgehen und der Geschäftsanteil hinreichend bezeichnet und damit der Abtretungsgegenstand ausreichend bestimmt ist.

! Durch die nunmehr in § 40 gesetzlich vorgeschriebene Nummerierung der Geschäftsanteile in der Gesellschafterliste lässt sich der bestehende zu übertragende Geschäftsanteil stets eindeutig in der Urkunde bezeichnen, auch wenn ein Gesellschafter mehrere Geschäftsanteile in einer Hand halten sollte.

Die Abtretung kann und wird meist in einer notariellen Urkunde mit dem **Verpflichtungsgeschäft** (siehe Rn. 20) zusammengefasst. Die Beurkundung des Verpflichtungsgeschäfts nach Abs. 4 allein ersetzt nicht die Abtretung. Für **Auslandsbeurkundungen** gilt Art. 11 Abs. 1 EGBGB, sodass insbesondere auch die Ortsform ausreichend sein kann.[35]

16 **Abtretung** bedeutet Änderung der dinglichen Zuordnung des Geschäftsanteils durch rechtsgeschäftliche Einzelnachfolge und ist somit jede Veräußerung unter Lebenden.[36] Diese ist auch bedingt oder befristet möglich. Ferner kann auch ein künftiger Geschäftsanteil (bei Vor-GmbH oder bei Kapitalerhöhungen) abgetreten werden. In all diesen Fällen gilt das Formerfordernis des Abs. 3. Aufgrund des formal eintretenden Gesellschafterwechsels ist auch die Abtretung des Geschäftsanteils für **Sicherungs- und Treuhandzwecke** formbedürftig. Gleiches gilt für die **Verpfändung** des Geschäftsanteils sowie die **Einbringung** des Geschäftsanteils in eine andere Personen- oder Kapitalgesellschaft.[37] Nach heute ganz herrschender Meinung ist auch die **Abtretung eines Anspruchs auf Übertragung** eines Geschäftsanteils formbedürftig, weil dieselben Schutzzwecke bestehen.[38]

Eine **Vollmacht zur Abtretung** ist dagegen formlos möglich, auch wenn sie unwiderruflich ist und von den Beschränkungen des § 181 BGB befreit. Formfrei ist auch die **Genehmigung** der Abtretung nach §§ 184 Abs. 1, 182 Abs. 2, 185 Abs. 2 BGB sowie die Verpflichtung zu dieser.[39]

17 Soweit keine rechtsgeschäftliche Einzelrechtsnachfolge in Form der Abtretung vorliegt, ist der Übergang eines Geschäftsanteils nicht nach Abs. 3 formbedürftig. Solche anderen Formen des Übergangs des Geschäftsanteils können der Übergang kraft Gesetzes, kraft Hoheitsakts oder durch Anwachsung sein.[40] Nicht der Form des Abs. 3 bedürfen demnach die Fälle der **Gesamtrechtsnachfolge**, z.B. Erbfolge oder auch Umwandlungsfälle (Verschmelzung, Spaltung, Formwechsel), die Fälle der dinglichen Surrogation, die Fälle des § 22 Abs. 4, der Einziehung gem. § 34 sowie im Rahmen der Zwangsvollstreckung oder der öffentlichen Versteigerung nach § 23 Satz 1, 27 Abs. 2 Satz 1.[41] Gehört der Geschäftsanteil zum Vermögen von Gesamthandsgemeinschaften, erfordert der Mitgliederwechsel durch Eintritt, Austritt oder Übertragung der Mitgliedschaft oder des Erbteils

32 Baumbach/Hueck/*Hueck/Fastrich*, § 15 Rn. 21.
33 Baumbach/Hueck/*Hueck/Fastrich*, § 15 Rn. 21.
34 Lutter/Hommelhoff/*Lutter/Bayer*, § 15 Rn. 16; Baumbach/Hueck/*Hueck/Fastrich*, § 15 Rn. 22.
35 Baumbach/Hueck/*Hueck/Fastrich*, § 15 Rn. 22.
36 Baumbach/Hueck/*Hueck/Fastrich*, § 15 Rn. 24; Lutter/Hommelhoff/*Lutter/Bayer*, § 15 Rn. 15.
37 Lutter/Hommelhoff/*Lutter/Bayer*, § 15 Rn. 17.
38 Baumbach/Hueck/*Hueck/Fastrich*, § 15 Rn. 25, 26; Lutter/Hommelhoff/*Lutter/Bayer*, § 15 Rn. 18.
39 Baumbach/Hueck/*Hueck/Fastrich*, § 15 Rn. 23.
40 Baumbach/Hueck/*Hueck/Fastrich*, § 15 Rn. 27.
41 Baumbach/Hueck/*Hueck/Fastrich*, § 15 Rn. 27.

(also bei **Anwachsung**) keine förmliche Abtretung.[42] Abs. 3 gilt auch nicht für die Abtretung einzelner Vermögensrechte, wie der Anspruch auf Auszahlung des Gewinnanteils oder des Auseinandersetzungsguthabens (siehe Rn. 3) oder bei Einräumung einer **Unterbeteiligung**.

Die Abtretung wird grundsätzlich **sofort wirksam**, im Zweifel mit Beendigung der Beurkundung; bei Abtretung künftiger Geschäftsanteile erst bei Entstehung der Anteile, d.h. mit Eintragung in das Handelsregister. Bei bedingter oder befristeter Abtretung treten die Wirkungen erst mit Bedingungseintritt oder Fristablauf ein.[43] Zu den **Wirkungen** gehören der Übergang des Geschäftsanteils mit allen Rechten (einschließlich Nebenrechten, §§ 413, 401 BGB) und Pflichten auf den Erwerber. Die Gewinnansprüche auch für Zeiten vor der Abtretung stehen dem Erwerber zu, soweit sie sich nicht als Gewinnauszahlungsanspruch durch einen Gewinnverwendungsbeschluss konkretisiert haben, weil sie mit dem Gewinnstammrecht übergehen.[44] Im Übrigen hat die Veräußerung von Geschäftsanteilen regelmäßig **steuerliche Folgen** (siehe Rn. 32 ff.). 18

> **!** In der Praxis ist bei Veräußerungen häufig streitig, wem der bis dahin entstandene Gewinn, sei er bereits mit dem Jahresabschluss festgestellt oder nicht, zusteht. Aus diesem Grund empfehlen sich entsprechende eindeutige Regelungen im Kaufvertrag (siehe das Muster am Ende).

Bei Abs. 3 handelt es sich um eine zwingende Formvorschrift und keine bloße Ordnungsvorschrift, sodass die Nichtbeachtung der vorgeschriebenen notariellen Form stets zur **Nichtigkeit** der Abtretung führt (§ 125 BGB). Eine Heilung ist anders als bei Abs. 4 nicht vorgesehen, sodass nur die Möglichkeit einer formgerechten Nachholung gem. § 141 BGB mit Wirkung für die Zukunft (*ex nunc*) verbleibt. Die notarielle Form des Abs. 3 ist bei einer Bestätigung der Abtretung auch dann einzuhalten, wenn sich die Nichtigkeit des ursprünglichen Geschäfts nicht aus Formvorschriften, sondern aus sonstigen Gründen ergibt.[45] Im Übrigen gelten auch für die Abtretung von Geschäftsanteilen die allgemeinen Regeln des BGB für die Anfechtbarkeit und die Nichtigkeit. Wird eine **fehlerhafte Anteilübertragung** gleichwohl tatsächlich vollzogen, so erfolgt die Rückabwicklung nach den allgemeinen Regeln, insbesondere dem Bereicherungsrecht, und nicht nach der Lehre von der fehlerhaften Gesellschaft.[46] Auch der neue, durch das MoMiG geänderte § 16 regelt für die Gesellschaft und die Gesellschafter ausreichend das Verhältnis bei einer fehlerhaften Anteilsübertragung. 19

IV. Verpflichtung zur Abtretung und Heilung (Abs. 4)

1. Verpflichtungsgeschäft (Abs. 4 Satz 1)

Die vertragliche Verpflichtung zur Übertragung von Geschäftsanteilen (schuldrechtliches Geschäft) ist nach Abs. 4 ebenfalls formbedürftig. Der Schutzzweck ist derselbe wie nach Abs. 3 (siehe Rn. 14) und soll den leichten Handel mit Geschäftsanteilen unterbinden.[47] Daher ist auch Abs. 4 **zwingend**, soweit die Vereinbarung unmittelbar auf die Verpflichtung zur Abtretung gerichtet ist und diese sich nicht nur mittelbar oder als gesetzliche Folge ergibt. Der notariellen Beurkundung (siehe Rn. 15) unterliegt nicht nur die eigentliche Hauptpflicht zur Übertragung, sondern sämtliche Nebenabreden, die nach dem Willen der Parteien Bestandteil der vertraglichen Vereinbarung über die Verpflichtung zur Abtretung werden sollen.[48] 20

42 Siehe auch BGH BB 2008, 1251.
43 Baumbach/Hueck/*Hueck/Fastrich*, § 15 Rn. 24.
44 Baumbach/Hueck/*Hueck/Fastrich*, § 15 Rn. 28.
45 Baumbach/Hueck/*Hueck/Fastrich*, § 15 Rn. 29.
46 Ganz h.M.: Michalski/*Ebbing*, § 15 Rn. 129; Baumbach/Hueck/*Hueck/Fastrich*, § 15 Rn. 29; Rowedder/Schmidt-Leithoff/*Rowedder/Bergmann*, § 15 Rn. 195.
47 Baumbach/Hueck/*Hueck/Fastrich*, § 15 Rn. 30.
48 So richtig Baumbach/Hueck/*Hueck/Fastrich*, § 15 Rn. 30.

> **!** In der Praxis werden häufig unter anderem zur vermeintlichen Kostenersparnis Regelungen außerhalb der notariellen Urkunde getroffen (sog. side letter). Dieses Vorgehen ist problematisch. Solche Zusatzvereinbarungen wirken i.d.R. nicht Kosten erhöhend. Da aber die Abtretung regelmäßig mit Einhaltung dieser Nebenabreden stehen und fallen soll (einheitliches Verpflichtungsgeschäft), unterliegen auch sie grundsätzlich der strengen notariellen Formvorschrift.

21 Nur **Vereinbarungen**, also Verträge, auch spätere Änderungen und Zusätze, wie z.B. die Aufhebung einer aufschiebenden Bedingung, fallen unter Abs. 4 und sind demnach **formbedürftig**.[49] Nach Abs. 4 formbedürftig ist die vertragliche Verpflichtung zur Abtretung unabhängig von der Rechtsnatur. Also ist nicht nur der Kauf, sondern auch die Schenkung (über § 518 Abs. 1 Satz 1 BGB hinaus), ein Vergleich oder ein Gesellschaftsvertrag notariell zu beurkunden, wenn darin die Verpflichtung zur Abtretung eines Geschäftsanteils übernommen wird.[50] Die formbedürftige Verpflichtung kann bedingt, wahlweise oder nur auf Verlangen zu erfüllen sein.[51] Ferner kann auch ein Vorkaufsrecht oder Übernahmerecht in Form von einer Option vereinbart werden. Die Vereinbarung kann sich auch auf einen erst zu beschaffenden oder entstehenden Geschäftsanteil beziehen.[52] Unerheblich ist auch, an wen der Geschäftsanteil abzutreten ist. Das muss nicht der Vertragspartner sein.[53] Ein Verpflichtungsgeschäft zur Übertragung eines Gesellschaftsanteils an einer GbR, deren Gesellschaftsvermögen aus einem GmbH-Anteil besteht, bedarf nicht schlechthin der notariellen Beurkundung entsprechend § 15 Abs. 4.[54]

22 **Nicht** unter Abs. 4 fallen **einseitige Rechtsgeschäfte**, wie etwa die Auslobung (§ 657 BGB), testamentarische Anordnungen wie Vermächtnis (§ 2174) oder Teilungsanordnung (§ 2048 BGB) etc.[55] Soweit sich die Abtretungspflicht nur mittelbar oder als gesetzliche Folge ergibt, ist umstritten, inwieweit diese Vereinbarungen formbedürftig sind. Das betrifft vor allem den Auftrag zum Erwerb eines Geschäftsanteils, aber auch die Vereinbarungstreuhand und die Erwerbstreuhand.[56]

> **!** Aus Gründen der Rechtssicherheit sollte im Zweifel über die Beurkundungspflicht immer der Gang zum Notar gewählt werden, um hinterher böse Überraschungen zu vermeiden.

Die **Vollmacht** zum Abschluss einer Vereinbarung über eine Abtretungspflicht ist wie die Vollmacht zur Abtretung selbst (siehe Rn. 16) grundsätzlich **formfrei** (§ 167 Abs. 2 BGB). Gleiches gilt für die Genehmigung (§ 182 Abs. 2 BGB) und die Verpflichtung hierzu.[57]

23 Ein Verstoß gegen die Formvorschrift des Abs. 4 Satz 1 macht den Verpflichtungsvertrag **nichtig** (§ 125 BGB). Heilung ist aber anders als bei Abs. 3 grundsätzlich möglich (siehe Rn. 24).

2. Heilung der mangelnden notariellen Form (Abs. 4 Satz 2)

24 Durch die im Übrigen wirksame und formgerechte Abtretung (siehe Rn. 14) wird eine formnichtige Abtretungsverpflichtung geheilt. Die Abtretung muss sich allerdings auf die nichtige Verpflichtung beziehen bzw. das mit der Abtretungsverpflichtung Gewollte zum Gegenstand haben. Dies setzt das Fortbestehen der Willensübereinstimmung im Zeitpunkt der Abtretung voraus.[58] Geheilt wird die nicht erfolgte, unvollständige oder unrichtige Beurkundung des Verpflichtungsgeschäfts mit

49 Baumbach/Hueck/*Hueck/Fastrich*, § 15 Rn. 30.
50 Baumbach/Hueck/*Hueck/Fastrich*, § 15 Rn. 31.
51 Siehe Baumbach/Hueck/*Hueck/Fastrich*, § 15 Rn. 33.
52 Baumbach/Hueck/*Hueck/Fastrich*, § 15 Rn. 33.
53 Baumbach/Hueck/*Hueck/Fastrich*, § 15 Rn. 33.
54 BGH BB 2008, 1251 = GmbHR 2008, 589 mit Anm. *Werner*.
55 Baumbach/Hueck/*Hueck/Fastrich*, § 15 Rn. 31.
56 Siehe Baumbach/Hueck/*Hueck/Fastrich*, § 15 Rn. 34.
57 Baumbach/Hueck/*Hueck/Fastrich*, § 15 Rn. 30.
58 Baumbach/Hueck/*Hueck/Fastrich*, § 15 Rn. 36.

Wirkung für die Zukunft (*ex nunc*).[59] § 141 Abs. 2 BGB gilt entsprechend. Soweit das Verpflichtungsgeschäft an sonstigen Mängeln leidet, tritt die Heilungswirkung nicht ein, da nur Formmängel geheilt werden.[60]

V. Vinkulierung (Abs. 5)

25 Nach Abs. 5 kann die freie Veräußerbarkeit der Geschäftsanteile im Gesellschaftsvertrag durch weitere Voraussetzungen für die Abtretung beschränkt (sog. Vinkulierung) oder sogar ganz ausgeschlossen werden.[61] Die Einschränkungen sind stets nur für die Abtretung selbst, nicht aber für die schuldrechtliche Verpflichtung vereinbar.[62] Die zusätzlichen Abtretungserfordernisse müssen in der Satzung klar und eindeutig angegeben sein und sind der Auslegung zugänglich. Sie können jederzeit durch Satzungsänderung eingeführt, verändert oder abgeschwächt werden. Soweit eine **nachträgliche Begründung** oder **Erschwerung** der Abtretungsbeschränkungen herbeigeführt werden soll, geht dies nach h.M. nur mit Zustimmung aller (betroffenen) Gesellschafter, da die Veräußerlichkeit der Mitgliedschaft ein relativ unentziehbares Recht darstellt.[63] Dagegen können die Abtretungsbeschränkungen durch satzungsändernden Mehrheitsbeschluss **aufgehoben** oder **abgeschwächt** werden, soweit damit nicht Sonderrechte bestimmter Gesellschafter (z.B. Zustimmungserfordernisse zu Abtretungen oder Erwerbsvorrechte) mit aufgehoben werden. Diese müssen dann zustimmen.

26 Die **Satzungsbestimmungen**, die Abtretungsbeschränkungen i.S.v. Abs. 5 enthalten, können in der Praxis höchst unterschiedlich ausgestaltet sein. Es können Vorkaufs- und sonstige Erwerbsvorrechte zugunsten aller oder einzelner Gesellschafter oder der Gesellschaft ebenso vereinbart werden wie Andienungspflichten des veräußerungswilligen Gesellschafters. Die Abtretung kann von bestimmten **Eigenschaften des Erwerbers** abhängig gemacht werden, z.B. beruflicher Abschluss (Rechtsanwalt, Wirtschaftsprüfer etc.), Gesellschafterstellung oder Familienzugehörigkeit. Es können dem Erwerber auch bestimmte Verpflichtungen auferlegt werden, wie z.B. Übernahme von Aufgaben in der Gesellschaft oder Erwerb von Gesellschaftsanteilen an anderen Gesellschaften (z.B. bei der GmbH & Co. KG). Ferner kann die Satzung differenzieren: Die Abtretungsbeschränkungen müssen nicht alle Geschäftsanteile und nicht sämtliche Abtretungen erfassen. So können z.B. Abtretungen im Familienkreis oder an Mitgesellschafter zustimmungsfrei ausgestaltet sein, während Abtretungen an Dritte einer Beschränkung unterliegen. Der praktisch häufigste Fall einer Vinkulierungsklausel wird die **Zustimmung** zur Abtretung sein (siehe Rn. 27).

> ! Abtretungsbeschränkungen sind in der Praxis ein bewährtes Mittel, um den Gesellschafterkreis zu kontrollieren und unerwünschte Dritte aus der Gesellschaft herauszuhalten. Gleichzeitig muss bedacht werden, dass diese Beschränkungen aber auch die eigene Verfügungsfreiheit einengen, wenn man sich später wieder von seinem Anteil trennen will.

27 Das Gesetz nennt beispielhaft als eine Abtretungsvoraussetzung die Genehmigung der Gesellschaft. **Genehmigung** nach Abs. 5 meint Zustimmung i.S.v. §§ 182 ff. BGB.[64] Die Genehmigung kann demnach *vor* (= Einwilligung gem. § 183 BGB), *bei* oder *nach* (= Genehmigung i.S.v. § 184 BGB) Abtretung erteilt werden. Die Zustimmung wird regelmäßig durch die Geschäftsführer gegenüber dem Veräußerer oder dem Erwerber erteilt. Im Innenverhältnis ist im Zweifel ein Gesellschafterbeschluss mit einfacher Mehrheit notwendig.[65] Der Gesellschaftsvertrag kann aber auch

---

59 Baumbach/Hueck/*Hueck/Fastrich*, § 15 Rn. 36.
60 Baumbach/Hueck/*Hueck/Fastrich*, § 15 Rn. 36.
61 Lutter/Hommelhoff/*Lutter/Bayer*, § 15 Rn. 41.
62 Baumbach/Hueck/*Hueck/Fastrich*, § 15 Rn. 37; Lutter/Hommelhoff/*Lutter/Bayer*, § 15 Rn. 41.
63 Michalski/*Ebbing*, § 15 Rn. 133; Lutter/Hommelhoff/*Lutter/Bayer*, § 15 Rn. 43; Baumbach/Hueck/*Hueck/Fastrich*, § 15 Rn. 40.
64 Lutter/Hommelhoff/*Lutter/Bayer*, § 15 Rn. 46; Baumbach/Hueck/*Hueck/Fastrich*, § 15 Rn. 41.
65 Lutter/Hommelhoff/*Lutter/Bayer*, § 15 Rn. 46.

generell bestimmen, dass die Zustimmung durch die Gesellschafterversammlung erteilt wird; auch hier genügt im Zweifel die einfache Mehrheit. Die Zustimmung kann aber auch in die Hände eines anderen Gesellschaftsorgans gelegt werden (z.B. Beirat, Aufsichtsrat). Ferner können Sonderrechte einzelner Gesellschafter begründet werden, indem sie ihre Zustimmung zu einer Abtretung ausdrücklich erteilen müssen.

> **!** Im Gesellschaftsvertrag problematisch und daher zu vermeiden sind Formulierungen wie Zustimmung „der Gesellschafter" oder „aller Gesellschafter". Diese Formulierungen sind auslegungsbedürftig und können einerseits die bloße Zustimmung der Gesellschafterversammlung (einfache Mehrheit) bedeuten, andererseits aber auch die Zustimmung jedes einzelnen Gesellschafters (Einstimmigkeit) erfordern. Dies ist ein nicht unerheblicher Unterschied.

28 Die Abtretung ist **schwebend unwirksam**, bis die Genehmigung erteilt oder endgültig verweigert wird.[66] Die Erteilung der Zustimmung steht mangels besonderer Kriterien im Gesellschaftsvertrag regelmäßig im pflichtgemäßen Ermessen des Berechtigten. Der Veräußerer und der Erwerber haben daher nur einen Anspruch auf ermessenfehlerfreie Ausübung des Zustimmungsrechts, nicht hingegen auf die Zustimmung selbst.[67] Die **Erteilung** der Genehmigung wirkt auf den Zeitpunkt der Abtretung zurück (§ 184 Abs. 1 BGB) und kann auch aufschiebend bedingt erfolgen.[68] Sie ist unwiderruflich. Die Verweigerung vor Abtretung ist nicht endgültig und hindert eine spätere Genehmigung durch die Gesellschaft nicht. Sofern die **Genehmigung nach Abtretung verweigert** wird, ist die Abtretung endgültig unwirksam. Dies macht die Erfüllung einer Übertragungsverpflichtung unmöglich.[69] Es bleibt nur die Neuvornahme der Abtretung mit erneutem Zustimmungserfordernis. Umstritten ist, ob Abtretungsbeschränkungen auch in **Insolvenz** und **Zwangsvollstreckung** wirksam sind.[70]

VI. Sonderprobleme

29 Über den Wortlaut des § 15 hinaus stellen sich einige Sonderprobleme, die im Gesetzestext nicht geregelt sind, aber in der Literatur und Rechtsprechung ausgiebig erörtert wurden.[71] Hierher gehören unter anderem die Verpfändung und Pfändung von Geschäftsanteilen. Die **Verpfändung** unterliegt grundsätzlich den gleichen Voraussetzungen wie die Abtretung (§ 1274 Abs. 1 BGB). Damit bedarf auch die Bestellung des Pfandrechts an einem Geschäftsanteil der notariellen Beurkundung nach Abs. 3. Gesellschaftsvertragliche Beschränkungen für die Pfandrechtsbestellung nach Abs. 5 sind ebenfalls möglich. Der Verpfänder bleibt Gesellschafter mit allen Rechten und Pflichten, insbesondere dem Stimmrecht. Die **Pfändung** eines Geschäftsanteils erfolgt nach den Regeln der ZPO (§ 857 ZPO) und kann durch den Gesellschaftsvertrag nicht erschwert oder ausgeschlossen werden. Der Gläubiger erhält ein Pfändungspfandrecht am Geschäftsanteil. Die Verwertung erfolgt durch Veräußerung.

> **!** Da die Pfändung von Geschäftsanteilen nicht verhindert werden kann, ist es in der Praxis üblich, im Gesellschaftsvertrag die Einziehung des Geschäftsanteils im Fall der Pfändung vorzusehen. Dies ist allerdings nur zulässig, wenn dem Gläubiger der volle Wert des Geschäftsanteils abgegolten wird.

30 Bei der **Sicherungs- oder Treuhandabtretung** (fiduziarische Abtretung) findet formal ein Gesellschafterwechsel statt. Der Sicherungsnehmer wird vollberechtigter und -verpflichteter Gesellschaf-

66 Baumbach/Hueck/*Hueck/Fastrich*, § 15 Rn. 47.
67 Michalski/*Ebbing*, § 15 Rn. 155.
68 Lutter/Hommelhoff/*Lutter/Bayer*, § 15 Rn. 50.
69 Baumbach/Hueck/*Hueck/Fastrich*, § 15 Rn. 47.
70 Baumbach/Hueck/*Hueck/Fastrich*, § 15 Rn. 43.
71 Siehe nur Baumbach/Hueck/*Hueck/Fastrich*, § 15 Rn. 48 ff.

ter. Daher sind die Vorschriften der Abs. 3 bis 5 zu beachten. Es ist somit eine notarielle Beurkundung der Abtretung erforderlich. Ferner sind Verfügungsbeschränkungen gem. Abs. 5 zu beachten.

Auch bei der Bestellung eines **Nießbrauchs** sind die Abs. 3 bis 5 grundsätzlich zu beachten. Die Bestellung eines Nießbrauchs an einem Geschäftsanteil ist nach § 1068 Abs. 1 BGB zulässig. Gemäß § 1069 Abs. 1 BGB gelten für die Bestellung die gleichen Regeln wie für die Übertragung, d.h., es ist grundsätzlich die notarielle Beurkundung gem. Abs. 3 erforderlich. Die Aufhebung des Nießbrauchs ist dagegen formfrei.[72] Im Übrigen gelten auch beim Nießbrauch die Verfügungsbeschränkungen des Abs. 5. Der Nießbrauch ist dadurch gekennzeichnet, dass der Nießbrauchsbesteller dem Gesellschafter und daher auch gegenüber der Gesellschaft verpflichtet bleibt. Die nicht abspaltbaren Mitgliedschaftsrechte stehen nur ihm zu. Das ist streitig für das Stimmrecht, wird aber von der h.M. bejaht.[73] Der Nießbrauchsbesteller hat demnach das Stimmrecht auch im Interesse des Nießbrauchers auszuüben. Durch das Wesen des Nießbrauchs hat der Nießbraucher einen Anspruch auf die **Nutzungen**, insbesondere den Gewinnanteil. 31

Der Nießbrauch ist ein interessantes Modell für die Gestaltung der Unternehmens- und Vermögensnachfolge. Dabei überträgt die Elterngeneration die Vermögenssubstanz auf die Kinder, die damit Gesellschafter in der GmbH werden und so bereits die unternehmerische Verantwortung tragen können, während sich die Elterngeneration über den Nießbrauchsvorbehalt die Erträge aus dem Unternehmen (teilweise) als Einkommen sichert.

C. Weitere praktische Hinweise

I. Besteuerung beim Gesellschafter

Die **entgeltliche Veräußerung von GmbH-Anteilen** ist regelmäßig einkommensteuerpflichtig. Etwas anderes gilt nur für im Privatvermögen gehaltene, nicht einbringungsverbundene und vor dem 1.1.2009 erworbene Beteiligungen unter 1 % an einer GmbH. Die steuerlichen Folgen, einschließlich der Berücksichtigung von Veräußerungsverlusten, richten sich ansonsten danach, ob die Beteiligung im Privat- oder Betriebsvermögen gehalten wird und ob sie einer natürlichen Person oder einer Kapitalgesellschaft zuzurechnen ist; sie sind im Beitrag „Steuerrecht", S. 1046 ff. unter Rn. 68 ff. dargestellt. 32

Einer **Veräußerung steuerlich gleichgestellt** sind: 33

- die Entnahme aus einem Betriebsvermögen (z.B. bei Beendigung einer Betriebsaufspaltung)
- die offene oder verdeckte Einlage in eine Kapitalgesellschaft, soweit nicht die §§ 20, 21 UmwStG eingreifen
- die Einbringung in eine Personengesellschaft gegen Gewährung von Gesellschaftsrechten, soweit nicht § 6 Abs. 5 Satz 3 EStG oder § 24 UmwStG eingreifen
- u.U. die Sitzverlegung der Gesellschaft in einen Drittstaat nach § 17 Abs. 5 EStG
- u.U. der Wegzug des Gesellschafters ins Ausland gem. § 6 AStG

Zu den steuerlichen Folgen teilentgeltlicher oder unentgeltlicher Übertragungen siehe „Nachfolgeplanung", S. 907 ff., Rn. 23 ff.

Zu Besonderheiten beim Unternehmenskauf sowie zur Umsatzsteuer siehe „Unternehmenskauf", S. 924 ff., Rn. 84 ff.

---

72 Baumbach/Hueck/*Hueck/Fastrich*, § 15 Rn. 52.
73 Vgl. Baumbach/Hueck/*Hueck/Fastrich*, § 15 Rn. 53.

34 Die **Veräußerungskosten** (insbesondere Beratungs- und Notarkosten) sind von den Vertragsteilen zu tragen (aufgrund Vereinbarung regelmäßig vom Erwerber); eine Übernahme durch die Gesellschaft stellt eine verdeckte Gewinnausschüttung dar. Beim Erwerber gehören diese Kosten zu den Anschaffungskosten der Anteile.[74] Die vom Veräußerer getragenen Kosten mindern den Veräußerungsgewinn bzw. erhöhen den Veräußerungsverlust.

II. Grunderwerbsteuer

35 Sofern sich inländischer **Grundbesitz** im Vermögen der Gesellschaft oder von Tochtergesellschaften befindet, kann die Anteilsveräußerung Grunderwerbsteuer auslösen. Dies ist der Fall bei

- erstmaliger unmittelbarer oder mittelbarer Vereinigung von mindestens 95 % der Anteile in einer Hand (§ 1 Abs. 3 Nr. 1 und 2 GrEStG); steuerlich wird hier eine Übertragung des Grundstücks von der Gesellschaft auf den herrschenden Beteiligten fingiert;
- der Übertragung eines vereinigten Anteils von mindestens 95 % auf einen Erwerber (§ 1 Abs. 3 Nr. 3 und 4 GrEStG); hier wird steuerlich eine Übertragung des Grundstücks zwischen dem Anteilsveräußerer und dem Anteilserwerber fingiert;
- der Übertragung von Anteilen, wenn dadurch mittelbar mindestens 95 % der Anteile am Vermögen einer grundbesitzenden Personengesellschaft auf „neue", d.h. nicht schon fünf Jahre oder als Gründungsgesellschafter beteiligte Gesellschafter übergehen (§ 1 Abs. 2a GrEStG).

36 Als „eine Hand" bzw. „ein Erwerber" gelten hierbei auch voneinander abhängige Unternehmen und Personen nach Maßgabe des § 1 Abs. 4 Nr. 2 GrEStG (sog. grunderwerbsteuerliche Organschaft). Leicht zu übersehen sind diese grunderwerbsteuerlichen Folgen, wenn es durch die Abtretung eines scheinbar unbedeutenden Anteils an einer selbst nicht grundbesitzhaltenden Gesellschaft zu einer mittelbaren Anteilsvereinigung kommt. Zur Zurechnung einer mittelbaren Beteiligung führen neben den Organschaftsfällen auch[75]

- Beteiligungen an Kapitalgesellschaften von mindestens 95 %;
- Beteiligungen an Personengesellschaften, bei denen kein außenstehender Gesellschafter als Gesamthänder vorhanden ist.[76]

37 ! Die Weiterübertragung von 95 % (oder aller) Anteile an verschiedene voneinander unabhängige Erwerber erfüllt nicht den Tatbestand des § 1 Abs. 3 Nr. 3, 4 GrEStG (anders bei Personengesellschaften nach § 1 Abs. 2a GrEStG). Die Steuer lässt sich hingegen nicht dadurch umgehen, dass der Erwerber 94,9 % der Anteile selbst erwirbt und einen 5,1%-Anteil durch einen Beauftragten kaufen lässt: Aufgrund des Auftragsverhältnisses hat der Erwerber den Anspruch auf Übertragung der verbleibenden 5,1 % (§ 667 BGB), womit § 1 Abs. 3 Nr. 1 GrEStG erfüllt ist.[77]

III. Verlustvorträge

38 Ein weiteres steuerliches Risiko im Fall einer Anteilsveräußerung stellt die Neuregelung des § 8c Abs. 1 KStG bzw. § 10a Satz 10 GewStG dar. Danach gehen körperschaftsteuerliche und gewerbesteuerliche Verlustvorträge anteilig verloren, wenn innerhalb von fünf Jahren ein Erwerber mittelbar oder unmittelbar mehr als 25 % der Anteile erwirbt. Bei einem Erwerb von mehr als 50 % der Anteile gehen die Verlustvorträge vollständig verloren. Dies gilt nicht für Verlustvorträge in Höhe der im Inland steuerpflichtigen stillen Reserven sowie bei konzerninternen Übertragungen,

74 Schmidt/*Weber-Grellet*, § 17 EStG Rn. 161.
75 Ausführlich bei *Gottwald*, Grunderwerbsteuer, Abschn. B VI 2).
76 Also z.B. eine GmbH & Co. KG mit nur einem Kommanditisten und mindestens 95%iger Beteiligung in der Komplementär-GmbH, vgl. Boruttau/*Fischer*, § 1 GrEStG Rn. 978 f.
77 Für die Annahme einer abhängigen natürlichen Person i.S.v. § 1 Abs. 4 Nr. 2a) GrEStG ist daneben kein Raum; vgl. Boruttau/*Fischer*, § 1 GrEStG Rn. 1057.

sofern sich diese innerhalb 100%iger Beteiligungsketten abspielen (§ 8c Abs. 1 Sätze 5 ff. KStG). Andernfalls ist auch hier im Vorfeld einer Übertragung insbesondere auf mittelbare Beteiligungen zu achten; auch bei Übertragungen von Kleinbeteiligungen bestehen Risiken durch:

- die Zusammenrechnung über einen Zeitraum von fünf Jahren
- die Zusammenrechnung mit nahestehenden Personen
- die Zusammenrechnung von Erwerbergruppen mit „gleichgerichteten Interessen"[78]

Diese Restriktionen führen dazu, dass steuerliche Verlustvorträge im Regelfall nicht mehr als abgeltungswürdige Vorteile angesehen werden.

Um zu vermeiden, dass die vorstehenden steuerlichen Risiken übersehen werden, sollte in den Veräußerungsvertrag routinemäßig folgende Formulierung aufgenommen werden:

Muster: Klausel im GmbH-Anteilsveräußerungsvertrag zur Adressierung typischer Steuerrisiken

> Die Gesellschaft hält keinen Grundbesitz und ist auch nicht unmittelbar oder mittelbar an grundbesitzhaltenden Gesellschaften beteiligt. Bei der Gesellschaft und deren Tochtergesellschaften bestehen keine körperschaftsteuerlichen oder gewerbesteuerlichen Verlustvorträge. 5

Falls die Gesellschaft (oder eine oder mehrere Tochtergesellschaften) Grundbesitz hält, ergibt sich weiterer Regelungsbedarf. Es ist festzulegen, wer die Steuer im Verhältnis der Vertragspartner zueinander zu tragen hat. 39

> **!** Von einer Parteivereinbarung über die Tragung der Grunderwerbsteuer bleibt die gesetzliche Steuerschuldnerschaft unberührt. Bei der Übertragung bereits vereinigter Anteile (§ 1 Abs. 3 Nr. 3 und 4 GrEStG) sind beispielsweise die Vertragsteile Gesamtschuldner (§ 13 Nr. 1 GrEStG) mit den entsprechenden Risiken für den Veräußerer bei Insolvenz des Erwerbers.

IV. Weitere steuerliche Risiken

Daneben kann eine Veräußerung von GmbH-Anteilen auch weitere steuerliche Folgen auslösen, die nicht auf den ersten Blick und nicht ohne Informationen über die Vorgeschichte der Anteile erkennbar sind: 40

Sofern die **Anteile** durch einen **Einbringungsvorgang** unterhalb des gemeinen Werts entstanden sind, ist nicht nur die Veräußerung als solche stets nach § 17 Abs. 6 EStG unabhängig vom Erreichen der Beteiligungsquote von 1 % steuerpflichtig. Sie löst vielmehr innerhalb von sieben Jahren nach einer Einbringung nach § 20 UmwStG zusätzlich nach § 22 Abs. 1 UmwStG die nachträgliche Versteuerung des sog. Einbringungsgewinns I aus (siehe hierzu auch „Steuerrecht", S. 1046 ff., Rn. 74 ff., „Umwandlungsrecht", S. 995 ff., Rn. 90 ff., § 55 Rn. 53 ff.). War ein GmbH-Anteil selbst Gegenstand einer Einbringung, kommt es im Falle einer Veräußerung innerhalb der Siebenjahresfrist zu einer Nachversteuerung des sog. Einbringungsgewinns II (§ 22 Abs. 2 UmwStG). Auch andere steuerlich nachteilige Merkmale können sich im Rahmen der Veräußerung auswirken (Beispiele: Alteinbringungsgeborenheit nach § 22 UmwStG a.F.; Sperrbetragsbehaftung nach § 50c EStG a.F.; Wertaufholungsverpflichtung nach § 6 Abs. 1 Nr. 2 Satz 3 EStG), die eine Prüfung der „Historie" der Anteile vor Durchführung der Veräußerung empfehlenswert erscheinen lassen.

78 Zur Auslegung dieses bedenklich unbestimmten Rechtsbegriffs vgl. BMF-Schreiben v. 4.7.2008, BStBl. I, S. 736, Tz. 27.

41 Weiterhin kann die Veräußerung der GmbH-Anteile Folgen hinsichtlich der steuerlichen Zuordnung anderer Wirtschaftsgüter des Gesellschafters haben. Zu klären ist insbesondere das Schicksal stiller Beteiligungen (siehe „Mittelbare Unternehmensbeteiligungen“, S. 975 ff., Rn. 49 ff.) und von Gesellschafterdarlehen (siehe „Gesellschafterdarlehen in der Insolvenz“, S. 951 ff., Rn. 60 ff.).

Schließlich kann die Veräußerung der Anteile an einer Betriebs-GmbH zur Beendigung einer Betriebsaufspaltung mit erheblichen steuerlichen Folgen auch für das Besitzunternehmen führen (siehe „Steuerrecht“, S. 1046 ff., Rn. 86).

V. Steuerliche Anzeigepflichten

42 Den Notar, der die Anteilsveräußerung beurkundet, treffen folgende steuerliche Anzeigepflichten:

- Übersendung der Urkunde an das für die Gesellschaft zuständige Finanzamt (Körperschaftsteuerstelle) gem. § 54 Abs. 1 EStDV
- ergänzende Anzeige bei Veräußerung durch nicht mehr unbeschränkt Steuerpflichtige an das letzte Wohnsitzfinanzamt (§ 54 Abs. 4 EStDV)
- schenkungsteuerliche Anzeige bei unentgeltlichen oder teilentgeltlichen Übertragungen gem. §§ 34, 35 ErbStG, § 8 ErbStDV an das für den Wohnsitz des Schenkers zuständige Schenkungsteuer-Finanzamt
- Veräußerungsanzeige nach § 18 Abs. 2 Satz 2 GrEStG bei grundbesitzenden Gesellschaften an das nach §§ 18 Abs. 5, 17 Abs. 3 Nr. 2 GrEStG zuständige Finanzamt (Grunderwerbsteuerstelle für den Ort der Geschäftsleitung der Gesellschaft)

> **!** Die Erfüllung dieser Anzeigepflicht ist essentiell, da bei einem Verstoß die grunderwerbsteuerlichen Folgen nicht mehr rückgängig gemacht werden können (§ 16 Abs. 5 GrEStG).

D. Muster

43 I. Muster: Nachfolgeklausel/Vinkulierung (bestimmte Berufsqualifikation)

6

> Gesellschafter kann nur sein, wer ein ingenieurwissenschaftliches Studium abgeschlossen hat.

II. Muster: Abtretungsklausel

7

> Beim Tode eines Gesellschafters sind die Erben, die nicht Abkömmlinge, Ehegatten oder Mitgesellschafter sind, dazu verpflichtet, den Geschäftsanteil innerhalb von zwei Monaten nach dem Eintritt des Todesfalles auf die Mitgesellschafter oder die Gesellschaft oder ein von ihr benannten Dritten zu übertragen. Den Erben ist vom jeweiligen Erwerber eine Abfindung in durch die Satzung festgelegter Höhe zu gewähren. Erfolgt die Abtretung nicht innerhalb von drei Monaten nach dem Tod des Gesellschafters, so kann der Geschäftsanteil eingezogen werden, ohne dass es der Zustimmung der Erben bedarf.

III. Muster: Einziehungsklausel

Geschäftsanteile können jederzeit ganz oder teilweise eingezogen werden, 8

1. wenn der betroffene Gesellschafter zustimmt.

2. im Falle des Todes eines Gesellschafters auch ohne dessen Zustimmung oder der seiner Erben. Der Entschluss über die Einziehung muss in der ersten auf die Kenntniserlangung über den Todesfall folgenden ordentlichen Gesellschafterversammlung gefasst werden. Die Stimm- und Verwaltungsrechte der Erben des verstorbenen Erblassers ruhen, bis ein Entschluss über die Einziehung gefasst ist.

3. wenn in den Geschäftsanteil eines Gesellschafters die Zwangsvollstreckung betrieben wird. Die Abfindung richtet sich nach den Bestimmungen der Satzung.

IV. Muster: Gewinnverteilungsabrede im Rahmen der Veräußerung

Mit dem Kaufpreis sind auch sämtliche festgestellten und noch nicht ausgezahlten sowie alle noch nicht festgestellten Gewinnanteile des Veräußerers abgegolten. 9

V. Muster: Vinkulierung der Anteile einer Komplementär-GmbH

Die Abtretung ist nur wirksam, wenn gleichzeitig ein gleich hoher Gesellschaftsanteil an der Gesellschaft übernommen wird, in der die GmbH die Stellung einer persönlichen haftenden Gesellschaft übernommen hat. 10

§ 16 Rechtsstellung bei Wechsel der Gesellschafter oder Veränderung des Umfangs ihrer Beteiligung; Erwerb vom Nichtberechtigten

(1) Im Verhältnis zur Gesellschaft gilt im Fall einer Veränderung in den Personen der Gesellschafter oder des Umfangs ihrer Beteiligung als Inhaber eines Geschäftsanteils nur, wer als solcher in der im Handelsregister aufgenommenen Gesellschafterliste (§ 40) eingetragen ist. Eine vom Erwerber in Bezug auf das Gesellschaftsverhältnis vorgenommene Rechtshandlung gilt als von Anfang an wirksam, wenn die Liste unverzüglich nach Vornahme der Rechtshandlung in das Handelsregister aufgenommen wird.

(2) Für Einlageverpflichtungen, die in dem Zeitpunkt rückständig sind, ab dem der Erwerber gemäß Absatz 1 Satz 1 im Verhältnis zur Gesellschaft als Inhaber des Geschäftsanteils gilt, haftet der Erwerber neben dem Veräußerer.

(3) Der Erwerber kann einen Geschäftsanteil oder ein Recht daran durch Rechtsgeschäft wirksam vom Nichtberechtigten erwerben, wenn der Veräußerer als Inhaber des Geschäftsanteils in der im Handelsregister aufgenommenen Gesellschafterliste eingetragen ist. Dies gilt nicht, wenn die Liste zum Zeitpunkt des Erwerbs hinsichtlich des Geschäftsanteils weniger als drei Jahre unrichtig und die Unrichtigkeit dem Berechtigten nicht zuzurechnen ist. Ein gutgläubiger Erwerb ist ferner nicht möglich, wenn dem Erwerber die mangelnde Berechtigung bekannt oder infolge grober Fahrlässigkeit unbekannt ist oder der Liste ein Widerspruch zugeordnet ist. Die Zuordnung eines Widerspruchs erfolgt aufgrund einer einstweiligen Verfügung oder aufgrund einer Bewilligung desjenigen, gegen dessen Berechtigung sich der Widerspruch richtet. Eine Gefährdung des Rechts des Widersprechenden muss nicht glaubhaft gemacht werden.

Literatur

Bednarz, Die Gesellschafterliste als Rechtsscheinträger für einen gutgläubigen Erwerb von GmbH-Geschäftsanteilen, BB 2008, 1854; *Bohrer*, Fehlerquellen und gutgläubiger Erwerb im Geschäftsanteilsverkehr – Das Vertrauensschutzkonzept im Regierungsentwurf des MoMiG, DStR 2007, 995; *Grunewald*, Der gutgläubige Erwerb von GmbH-Anteilen: Eine neue Option, Der Konzern 2007, 13; *Hamann*, GmbH-Anteilserwerb vom Nichtberechtigten, NZG 2007, 492; *Harbarth*, Gutgläubiger Erwerb von GmbH-Geschäftsanteilen nach dem MoMiG-RegE, ZIP 2008, 57; *Mayer*, Der Erwerb einer GmbH nach der Änderung durch das MoMiG, DNotZ 2008, 403; *Müller*, Der Entwurf des „MoMiG" und die Auswirkungen auf den Unternehmens- und Beteiligungskauf, GmbHR 2006, 953; *Rau*, Der Erwerb einer GmbH nach In-Kraft-Treten des MoMiG – Höhere Transparenz des Gesellschafterkreises, gutgläubiger Erwerb und vereinfachte Stückelung, DStR 2006, 1892; *Vossius*, Gutgläubiger Erwerb von GmbH-Anteilen nach MoMiG, DB 2007, 2299.

A. Allgemeines

1 Die Regelung wurde umfassend neu gefasst durch das Gesetz zur Modernisierung des GmbH-Rechts und zur Bekämpfung von Missbräuchen (MoMiG) vom 23.10.2008.[1] Als wesentliches Element ermöglicht die neue Regelung in Abs. 3 erstmals den **gutgläubigen Erwerb von Geschäftsanteilen** (siehe Rn. 11). Darüber hinaus verfolgt die Änderung neben dem konkreten

1 BGBl. I S. 2026.

Ziel der Missbrauchsbekämpfung auch das allgemeine Anliegen, **Transparenz der Anteilseignerstrukturen** der GmbH zu schaffen und Geldwäsche zu verhindern. Diese Transparenzforderungen entsprechen den europarechtlichen Vorgaben.[2] Vergleichbare Vorschrift im Aktienrecht ist § 67 Abs. 2 AktG, an dessen Regelungsmuster sich die Vorschrift anlehnt.[3]

B. Inhalt der Regelung

I. Rechtsstellung des Gesellschafters (Abs. 1)

1. Gesellschafter und Gesellschafterliste (Abs. 1 Satz 1)

Im Unterschied zum früheren Recht gilt nach Abs. 1 im Verhältnis zur GmbH nur der in der im Handelsregister aufgenommenen Gesellschafterliste Eingetragene als Gesellschafter. Eine Gesellschafterliste ist im Handelsregister aufgenommen, wenn sie in den für das entsprechende Registerblatt bestimmten Registerordner (§ 9 Abs. 1 HRV) bzw. den sog. Sonderband der Papierregister aufgenommen ist.[4] Das Abstellen auf diesen Zeitpunkt dient nach der Gesetzesbegründung der angestrebten Transparenz der Anteilsverhältnisse, da die Liste ab der Aufnahme im Handelsregister auch eingesehen werden kann. Eine separate **Anmeldung** des Gesellschafterwechsels bei der GmbH ist damit **nicht mehr erforderlich** und entfällt somit ersatzlos. Auch wenn die Gesellschaft von der Übertragung eines Geschäftsanteils nicht unmittelbar Kenntnis erlangt, ist die zeitnahe Information der Geschäftsführer über die Veränderung im Gesellschafterbestand gewährleistet. In den Fällen des § 40 Abs. 2 Satz 1, in denen der Notar zur Erstellung und Einreichung der Liste verpflichtet ist (siehe § 40 Rn. 14 f.), hat der Notar zusammen mit der Einreichung der Liste zum Handelsregister eine einfache Abschrift der Liste an die Gesellschaft zu übermitteln.[5] 2

Die Vorschrift regelt im Wege der **gesetzlichen Fiktion** die Gesellschafterstellung nur im Verhältnis zur Gesellschaft (relative Rechtsstellung). Die Gesellschafterliste wird nach dem Willen des Gesetzgebers damit dogmatisch an das Aktienregister bei der Namensaktie angenähert, bei dem sich Probleme aus der relativen Rechtsstellung nicht ergeben haben.[6] Die Eintragung in die Gesellschafterliste und die Aufnahme der Liste in das Handelsregister sind aber gerade **nicht materielle Wirksamkeitsvoraussetzung** für die Übertragung des Geschäftsanteils. Die Übertragung eines Geschäftsanteils ist – abgesehen vom neuen Fall des gutgläubigen Erwerbs nach Abs. 3 (siehe Rn. 11) – auch weiterhin unabhängig von der Eintragung in die Gesellschafterliste wirksam.[7] Damit ergibt sich aus der Gesellschafterliste nicht die tatsächliche materielle Berechtigung am Geschäftsanteil. Jemand kann auch dann Inhaber eines Geschäftsanteils und damit als Gesellschafter materiell Berechtigter sein (absolute Rechtsstellung), wenn er nicht in der Gesellschafterliste eingetragen ist. Ohne die Eintragung und die Aufnahme der Liste in das Handelsregister bleibt dem Gesellschafter allerdings die Ausübung seiner Mitgliedschaftsrechte verwehrt, weil ihm im Verhältnis zur Gesellschaft erst mit Aufnahme der entsprechend geänderten Gesellschafterliste in das Handelsregister die Gesellschafterstellung zukommt.[8] 3

Ein nach Abs. 3 der Gesellschafterliste zugeordneter **Widerspruch** (siehe Rn. 21 ff.) zerstört lediglich die Gutglaubenswirkung des Abs. 3. Die relative Gesellschafterstellung nach Abs. 1 bleibt hiervon unberührt.[9] Der Widerspruch beseitigt auch nicht die Möglichkeit des tatsächlich Berechtigten, seinen Anteil wirksam zu veräußern, weil die Eintragung auf der Gesellschafterliste gerade nicht 4

2 Siehe RegE, BT-Drucks. 16/6140, S. 37: Empfehlungen der Financial Action Task Force on Money Laundering (FATF), umgesetzt durch die Richtlinie 2005/60/EG vom 26. Oktober 2005 zur Verhinderung der Nutzung des Finanzsystems zum Zwecke der Geldwäsche und der Terrorismusfinanzierung in der Europäischen Union (Artikel 7, 8, 13 Abs. 6).
3 RegE, BT-Drucks. 16/6140, S. 37.
4 RegE, BT-Drucks. 16/6140, S. 37.
5 RegE, BT-Drucks. 16/6140, S. 37.
6 RegE, BT-Drucks. 16/6140, S. 37.
7 RegE, BT-Drucks. 16/6140, S. 37.
8 RegE, BT-Drucks. 16/6140, S. 37.
9 RegE, BT-Drucks. 16/6140, S. 39.

erforderlich ist und nicht die materielle Berechtigung wiedergibt (siehe Rn. 3). Auf den Gutglaubensschutz ist der tatsächlich Berechtigte nämlich nicht angewiesen, sondern nur der Nichtberechtigte (siehe Rn. 12).

2. Rückwirkung (Abs. 1 Satz 2)

5 Nach Abs. 1 Satz 2 werden die unmittelbar nach Wirksamwerden der Übertragung der Geschäftsanteile vorgenommenen Rechtshandlungen in Bezug auf das Gesellschaftsverhältnis rückwirkend (*ex tunc*) wirksam, wenn die neue Gesellschafterliste **unverzüglich** nach Vornahme der Rechtshandlung in das Handelsregister aufgenommen wird. Unverzüglich bedeutet dabei ohne schuldhaftes Zögern (§ 121 Abs. 1 BGB). Ausreichend für die Unverzüglichkeit ist die ordnungsgemäße Übermittlung der Liste in elektronischer Form durch die Geschäftsführer oder den Notar, da der Erwerber des Geschäftsanteils Verzögerungen im geschäftsmäßigen Ablauf des Handelsregisters nicht zu vertreten hat, insbesondere dann nicht, wenn die Aufnahme in den Registerordner entgegen der Auffassung des Gesetzgebers regelmäßig nicht binnen sehr kurzer Zeit erfolgt.[10]

6 Aus Sicht des Gesetzgebers trägt die Regelung in Abs. 1 Satz 2 dem **Bedürfnis der Praxis** Rechnung, dem Erwerber die Möglichkeit zu eröffnen, bereits vor Aufnahme der Liste in das Handelsregister unmittelbar nach Wirksamwerden des Erwerbs Rechtshandlungen in Bezug auf das Gesellschaftsverhältnis vorzunehmen.[11] Das könnte beispielsweise die Mitwirkung an einem satzungsändernden Gesellschafterbeschluss oder einer Bestellung neuer Geschäftsführer sein. Nach Abs. 1 Satz 1 sind derartige Rechtshandlungen zunächst schwebend unwirksam, weil der neue Gesellschafter mangels Eintragung und Aufnahme der Liste im Handelsregister noch nicht als Gesellschafter im Verhältnis zur Gesellschaft gilt (siehe Rn. 2). Die Rechtshandlungen **werden wirksam**, wenn die Liste unverzüglich nach Vornahme der Rechtshandlung in das Handelsregister aufgenommen wird. Erfolgt die Aufnahme nicht unverzüglich, so sind die Rechtshandlungen **endgültig unwirksam**.

Nach früherem Recht hatte es der Erwerber in der Hand, durch die Anmeldung des Gesellschafterwechsels bei der Gesellschaft seine relative Rechtsstellung als Gesellschafter im Verhältnis zur Gesellschaft zu begründen. Nunmehr entsteht diese relative Rechtsstellung erst durch die Aufnahme der neuen Gesellschafterliste im Handelsregister. Hierauf hat der Erwerber sehr wenig Einfluss, da nur die Geschäftsführer oder der Notar die neue Liste dem Handelsregister übermitteln können und die Übermittlung an das Handelsregister noch nicht die Aufnahme in das Handelsregister bedeutet (siehe Rn. 2). Der Erwerber sollte daher bereits bei der Anteilsübertragung darauf drängen bzw. vereinbaren, dass die neue Gesellschafterliste unverzüglich dem Handelsregister übermittelt wird.

7 Die Vorschrift findet nicht nur bei rechtsgeschäftlicher Übertragung durch Abtretung Anwendung, sondern bei **allen Formen des Anteilsübergangs**, insbesondere bei der Gesamtrechtsnachfolge.[12] Dem eintretenden Gesellschafter steht ein Rechtsanspruch auf Einreichung der korrigierten Gesellschafterliste zum Handelsregister zu. Eine entsprechende einklagbare Verpflichtung der Gesellschaft gegenüber dem Neugesellschafter ist bei § 67 Abs. 2 AktG ohne ausdrückliche gesetzliche Regelung anerkannt. Gleiches soll aufgrund der Parallelität der Vorschriften nach dem Willen des Gesetzgebers künftig auch für die GmbH gelten,[13] ohne dies allerdings im Gesetzestext zum Ausdruck zu bringen. Insbesondere sollen auch für den Anspruch auf Einreichung der Gesellschafterliste die Regeln des einstweiligen Rechtsschutzes Anwendung finden. Abgesehen davon entstehe aber mit dem Anteilserwerb ein gesetzliches Schuldverhältnis zwischen dem jeweiligen Gesellschafter und der Gesellschaft, aufgrund dessen dem ausscheidenden wie dem eintretenden

10 RegE, BT-Drucks. 16/6140, S. 38.
11 RegE, BT-Drucks. 16/6140, S. 37, 38.
12 RegE, BT-Drucks. 16/6140, S. 38.
13 RegE, BT-Drucks. 16/6140, S. 38.

Gesellschafter ein Anspruch auf unverzügliche Aktualisierung der Gesellschafterliste zustehe. Bereits nach allgemeinem bürgerlichem Leistungsstörungsrecht folge aus der Verletzung dieser Pflicht ein Schadensersatzanspruch.[14] Darüber hinaus haben der Alt- und der Neugesellschafter aus gleichem Grund einen Schadensersatzanspruch nach § 40 Abs. 3 gegen die Geschäftsführer (siehe § 40 Rn. 19 ff.).

II. Haftung für rückständige Einlagen (Abs. 2)

Durch den ebenfalls neu gefassten Abs. 2 wird die bisherige Regelung in § 16 Abs. 3 a.F. aufgegrif- 8
fen. Zeitlicher Anknüpfungspunkt ist nunmehr, der Neuregelung in Abs. 1 folgend, nicht mehr die Anmeldung des Erwerbs bei der Gesellschaft, sondern der Zeitpunkt, in dem die **aktualisierte Gesellschafterliste im Handelsregister aufgenommen** wird (siehe Rn. 2).[15] Die alte Regelung in § 16 Abs. 2 a.F. wurde ersatzlos gestrichen, weil sich die dort bislang geregelten Rechtsfolgen bereits aus Abs. 1 ableiten lassen.

Nach Abs. 2 haften Veräußerer und Erwerber für alle im genannten Zeitpunkt rückständigen Einla- 9
geverpflichtungen als **Gesamtschuldner** (§§ 421 ff. BGB). Veräußerer ist der ursprüngliche in der Gesellschafterliste eingetragene Inhaber eines Geschäftsanteils, der Erwerber ist der neue eingetragene Inhaber. Der Erwerber eines Teilgeschäftsanteils haftet *pro rata*.[16] Die Vorschrift ist zwingend und kann durch den Gesellschaftsvertrag nicht ausgeschlossen oder gemildert werden.[17] Die subsidiäre Haftung nach §§ 22, 28 bleibt unberührt.[18]

> **!** Gleichwohl steht es den Parteien frei, im Rahmen des Abtretungsvertrags im Innenverhältnis abweichende Vereinbarungen zu treffen. Im Zweifel wird aber stets der Veräußerer für rückständige Einlageverpflichtungen allein haften sollen.

Unter **Einlageverpflichtungen** sind nicht nur solche rückständigen Verpflichtungen zu verstehen, 10
die auf die Stammeinlage i.S.v. § 3 Abs. 1 Nr. 4 originär oder im Rahmen einer Kapitalerhöhung zu erbringen sind (siehe auch § 14 Rn. 2), sondern hierzu gehören auch zu erbringende Nachschüsse, Nebenleistungspflichten und sonstige Verpflichtungen, die die Gesellschafter nicht nur in Person übernommen haben und somit an der Mitgliedschaft hängen. Gleiches gilt für die Differenzhaftung nach § 9 (siehe § 9 Rn. 2) und die Vorbelastungshaftung (siehe § 11 Rn. 40), da sie sich unmittelbar auf die Einlageverpflichtung auf den veräußerten Geschäftsanteil beziehen.[19] **Keine rückständige Einlageverpflichtung** ist dagegen die **Ausfallhaftung** nach §§ 24 und 31 Abs. 3,[20] denn im Unterschied zum früheren Recht spricht der Gesetzestext nunmehr von rückständigen Einlageverpflichtungen und nicht mehr von „rückständigen Leistungen". Die Ausfallhaftung ist aber keine Einlageverpflichtung des Gesellschafters, sondern eben nur eine Haftung für nicht erbrachte Einlagen *anderer* Gesellschafter, die unmittelbar an der Mitgliedschaft hängt.

> **!** Der Erwerber sollte sich also davon überzeugen, dass zumindest beim Erwerb des Geschäftsanteils keine Ausfallhaftung geltend gemacht wurde. Gegebenenfalls sollten entsprechende Garantien in den Abtretungsvertrag aufgenommen werden.

---

14 RegE, BT-Drucks. 16/6140, S. 38.
15 RegE, BT-Drucks. 16/6140, S. 38.
16 Baumbach/Hueck/*Hueck/Fastrich*, § 16 Rn. 12.
17 Lutter/Hommelhoff/*Lutter/Bayer*, § 16 Rn. 17.
18 Baumbach/Hueck/*Hueck/Fastrich*, § 16 Rn. 12.
19 Baumbach/Hueck/*Hueck/Fastrich*, § 16 Rn. 12; Lutter/Hommelhoff/*Lutter/Bayer*, § 16 Rn. 17.
20 A.A. zum früheren Recht siehe Baumbach/Hueck/*Hueck/Fastrich*, § 16 Rn. 12; Lutter/Hommelhoff/*Lutter/Bayer*, § 16 Rn. 18.

III. Gutgläubiger Erwerb eines Geschäftsanteils

1. Erwerb vom Nichtberechtigten (Abs. 3 Satz 1)

11 Der gutgläubige Erwerb eines GmbH-Geschäftsanteils nach Abs. 3 ist eine der zentralen Neuerungen der GmbH-Reform durch das MoMiG. Der Erwerber eines Geschäftsanteils geht grundsätzlich das Risiko ein, dass der Anteil einem anderen als dem Veräußerer zusteht. In der Praxis wurde bisher versucht, dieses Risiko durch zwei Möglichkeiten zu minimieren. Erstens verlangt der Erwerber vom Veräußerer eine möglichst lückenlose Vorlage aller relevanten Abtretungsurkunden bis zurück zur Gründungsurkunde. Das ist für den Veräußerer – wenn überhaupt – häufig nur mit hohem Aufwand möglich und selbst dann ist nicht sicher, dass die beurkundeten Abtretungen auch materiell wirksam sind. Zweitens verlangt daher der Erwerber vom Veräußerer eine Garantie, dass der Geschäftsanteil dem Veräußerer zusteht. Das führt aber nur dazu, dass der Erwerber den Veräußerer aus Rechtsmängelhaftung in Anspruch nehmen kann. Nach früherem Recht konnte aber der Veräußerer dem Erwerber gegen den Willen des wahren Berechtigten den Anteil nicht verschaffen. Hatte der Erwerber das von der Gesellschaft betriebene Unternehmen bereits nach seinen Vorstellungen umgestaltet, bevor der Dritte sein Recht geltend gemacht hatte, war die Rückabwicklung des Anteilskaufvertrags oft mit großen Schwierigkeiten verbunden. Um diese in der Praxis oft sehr missliche Situation zu verbessern, hat der Gesetzgeber nun die Möglichkeit des gutgläubigen Erwerbs geschaffen.

> **!** Ein Kaufinteressent sollte auch weiterhin eine Due-Diligence-Prüfung (Suche nach Anzeichen für eine Zwischenabtretung und Einsichtnahme in die Gesellschafterlisten) für die vorausgegangenen drei Jahre durchführen. Stellt sich heraus, dass der Verkäufer den betreffenden Geschäftsanteil seit drei Jahren hält, so genügt es, festzustellen, dass es keine Anzeichen für eine zwischenzeitliche Abtretung an Dritte gibt. Ergänzend zur Due-Diligence-Prüfung sind in jedem Fall nach wie vor unvermindert die üblichen Garantien in den Kaufvertrag aufzunehmen.

12 **Nichtberechtigter** i.S.v. Abs. 3 Satz 1 ist, wem die tatsächliche Berechtigung an dem fraglichen Geschäftsanteil gar nicht zusteht, also weder Inhaber des Geschäftsanteils ist noch sonst zu Verfügungen über den Geschäftsanteil berechtigt ist. Zu unterscheiden sind (a) der *nicht voll* Berechtigte (z.B. der Miteigentümer oder Gesamthandeigentümer, vgl. § 18), (b) der *nicht mehr* Berechtigte (z.B. wenn der Gesellschafter den Anteil zum zweiten Mal abtritt), (c) der *noch nicht* Berechtigte (z.B. wenn der aufschiebend bedingte Erwerber den Geschäftsanteil vor Eintritt der Bedingung weiterveräußert), (d) der *nicht verfügungsberechtigte Inhaber* des Geschäftsanteils (z.B. der Schuldner im Insolvenzverfahren, der Erbe bei angeordneter Testamentsvollstreckung). Geschützt wird damit nur der gute Glaube an die **Verfügungsbefugnis**. Nicht existente Geschäftsanteile können dagegen nicht gutgläubig erworben werden.

13 Ebenso wenig geschützt ist der gute Glaube an die Lastenfreiheit, also die Freiheit von Rechten Dritter. Denn **Belastungen** von Geschäftsanteilen werden nicht in die Gesellschafterliste eingetragen. Der Geschäftsanteil kann daher auch vom Nichtberechtigten nur in dem Zustand veräußert werden, den der Geschäftsanteil hat. Wenn also jemand einen Geschäftsanteil gutgläubig erwirbt, an dem z.B. ein Pfandrecht besteht, erwirbt er den Geschäftsanteil mit der fortbestehenden Belastung durch das Pfandrecht auch dann, wenn er von diesem nichts wusste. Der Erwerber kann demnach nicht darauf vertrauen, dass der Geschäftsanteil unbelastet ist, nur weil die Belastung in der Gesellschafterliste nicht vermerkt ist. Gleiches gilt für andere Belastungen eines Anteils (Nießbrauch, Genussrecht).

> **!** Hinsichtlich der Belastung von Geschäftsanteilen sind also unverändert eine eingehende Due-Diligence-Prüfung und die Vereinbarung von Garantien im Kaufvertrag erforderlich.

Der Inhalt der Gesellschafterliste gilt nicht nur zugunsten des Erwerbers eines Geschäftsanteils, sondern auch zugunsten desjenigen als richtig, der ein **Recht an einem Geschäftsanteil** erwirbt. Es ist also z.B. möglich, gutgläubig ein **Pfandrecht** an einem Geschäftsanteil zu erwerben, der tatsächlich nicht der in der Gesellschafterliste ausgewiesenen Person gehört. **14**

2. Unrichtigkeit der Gesellschafterliste (Abs. 3 Satz 2)

Die Neuregelung sieht im Grundsatz vor, dass der gute Glaube an die Verfügungsberechtigung auf der Basis der Eintragung in der im Handelsregister aufgenommenen Liste geschützt ist. Damit ist die im Handelsregister aufgenommene Gesellschafterliste der erforderliche **Rechtsscheinträger** für den Gutglaubenserwerb.[21] Eine Ausnahme von diesem Grundsatz ergibt sich nach Abs. 3 Satz 2 für den Fall, dass die Unrichtigkeit der Liste dem wahren Rechtsinhaber nicht zuzurechnen ist und die im Handelsregister aufgenommene Liste hinsichtlich des Geschäftsanteils weniger als drei Jahre unrichtig ist. **15**

Unrichtig i.S.v. Abs. 3 Satz 2 ist die Gesellschafterliste nur, wenn statt des tatsächlich Berechtigten ein anderer als Inhaber des Geschäftsanteils ausgewiesen wird. Die Unrichtigkeit bezieht sich dagegen nicht auf die übrigen Angaben in der Gesellschafterliste, wie z.B. Wohnort oder Geburtsdatum (siehe § 40 Rn. 5 ff.). Sind diese Angaben fehlerhaft, ergibt sich allenfalls die Notwendigkeit einer Berichtigung, den Gutglaubenserwerb ermöglichen sie dagegen nicht. Die Unrichtigkeit der Gesellschafterliste kann sich z.B. aus einer unbemerkten Zwischenabtretung oder einer unbemerkt unwirksamen Abtretung des Geschäftsanteils ergeben. **16**

Nach der Auffassung des Gesetzgebers ist dem wahren Rechtsinhaber, der sich nach Erwerb seines Geschäftsanteils nicht darum gekümmert hat, dass die Gesellschafterliste geändert wird und seine Rechtsstellung richtig wiedergibt, die Unrichtigkeit der Liste ohne Wartefrist zuzurechnen.[22] Eine **zurechenbare Unrichtigkeit** soll z.B. dann vorliegen, wenn zunächst der Scheinerbe des früheren Gesellschafters in der Gesellschafterliste eingetragen wird und der wahre Erbe es unterlässt, die Geschäftsführer zur Einreichung einer korrigierten Liste zu veranlassen. **17**

> **!** Es ist immens wichtig, dass der Erwerber eines Geschäftsanteils, sei es durch Rechtsgeschäft oder im Wege der Gesamtrechtsnachfolge, auf eine Aktualisierung der Gesellschafterliste hinwirkt. Einerseits wird dadurch die Gesellschafterstellung gegenüber der GmbH nach Abs. 1 begründet und andererseits die Möglichkeit des Gutglaubenserwerbs nach Abs. 3 eingeschränkt.

Wenn einem Gesellschafter die Unrichtigkeit in keiner Weise zuzurechnen ist, gilt eine Wartefrist von **drei Jahren**, in der die unrichtige Liste im Handelsregister aufgenommen sein muss. Das ist z.B. gegeben, wenn der Geschäftsführer ohne Wissen des Gesellschafters eine falsche Liste einreicht, in der seine Rechtsstellung nicht mehr oder nicht mehr vollständig aufgeführt ist. In diesen Fällen kann ein gutgläubiger Erwerb durch einen Dritten erst eintreten, wenn die im Handelsregister aufgenommene Gesellschafterliste hinsichtlich dieses Geschäftsanteils drei Jahre lang unrichtig ist. Entscheidend ist, dass derjenige oder diejenigen, die im Laufe der vorangegangenen drei Jahre als Inhaber in der Gesellschafterliste eingetragen waren, durchgehend nicht die wahren Berechtigten waren.[23] Unerheblich ist, ob mehrere Listen eingereicht wurden, die den Geschäftsanteil verschiedenen Personen zuweisen. Sämtliche im Handelsregister aufgenommenen Gesellschafterlisten werden insoweit als eine fortgeschriebene Liste behandelt.[24] Die eingereichten Gesellschafterlisten sind in der Reihenfolge ihrer Aufnahme im Handelsregister elektronisch einsehbar, um die Historie nachvollziehen zu können. Die Dreijahresfrist beginnt mit Aufnahme der Liste in das Handelsregister, die erstmalig einen Nichtberechtigten als Inhaber des Geschäftsanteils ausweist. Nach erfolgter Berich- **18**

---

21 Kritisch: *Bednarz*, BB 2008, 1854, 1855.
22 RegE, BT-Drucks. 16/6140, S. 39.
23 RegE, BT-Drucks. 16/6140, S. 39.
24 RegE, BT-Drucks. 16/6140, S. 39.

tigung der Liste beginnt die Dreijahresfrist erneut, wenn eine neue unrichtige Liste in das Handelsregister aufgenommen wird.

19 Für Abs. 3 gibt es in § 3 Abs. 3 EGGmbHG eine spezielle **Anwendungsregelung** für Gesellschaften, die vor dem Inkrafttreten des MoMiG gegründet worden sind. Abs. 3 findet in der neuen Fassung für den Fall, dass die Unrichtigkeit in der Gesellschafterliste bereits vor dem Inkrafttreten des MoMiG vorhanden und dem Berechtigten zuzurechnen ist, hinsichtlich des betreffenden Geschäftsanteils frühestens auf solche Rechtsgeschäfte Anwendung, die sechs Kalendermonate nach Inkrafttreten des MoMiG abgeschlossen wurden. Ist die Unrichtigkeit dem Berechtigten nicht zuzurechnen, so findet abweichend davon die Regelung frühestens auf Rechtsgeschäfte Anwendung, die drei Jahre nach Inkrafttreten des MoMiG abgeschlossen werden. Die Anwendungsvorschrift ist problematisch, da sich der Gutglaubensschutz auf eine Gesellschafterliste erstreckt, die nicht nach den strengeren Anforderungen des neuen § 40 erstellt wurde. Unter Geltung des alten Rechts wurde die Gesellschafterliste mehr oder weniger *pro forma* erstellt. Der Erwerber eines Geschäftsanteils hatte gar keinen Anlass, die Richtigkeit der Gesellschafterliste zu prüfen; für ihn war die Anmeldung des Gesellschafterwechsels bei der Gesellschaft nach § 16 Abs. 1 a.F. ausreichend. Daher wird im Zweifel der wahre Berechtigte die Unrichtigkeit der Liste regelmäßig auch nicht zu vertreten haben.

! Es empfiehlt sich für alle Gesellschaften, mit dem Inkrafttreten des MoMiG die Gesellschafterliste zu überprüfen und ggf. durch die Geschäftsführer zu aktualisieren und den neuen Anforderungen des § 40 anzupassen.

3. Bösgläubigkeit (Abs. 3 Satz 3)

20 Nach Abs. 3 Satz 3 ist nicht in gutem Glauben („bösgläubig"), wem die mangelnde Berechtigung am Geschäftsanteil bekannt oder infolge grober Fahrlässigkeit unbekannt ist. Ferner scheidet nach Satz 3 ein gutgläubiger Erwerb aus, wenn der Gesellschafterliste im Handelsregister ein **Widerspruch** zugeordnet ist (siehe Rn. 21). Der Gesetzgeber wendet hinsichtlich des fehlenden guten Glaubens die übliche und bekannte Regelungstechnik an (vgl. etwa § 932 Abs. 2 BGB). Danach ist dem Erwerber die mangelnde Berechtigung bekannt, wenn er positive Kenntnis der Tatsachen hat. Grob fahrlässige Unkenntnis liegt vor, wenn der Erwerber die im Verkehr erforderliche Sorgfalt in ungewöhnlich hohem Maße verletzt und dasjenige unbeachtet gelassen hat, was im gegebenen Fall sich jedem aufgedrängt hätte.[25]

4. Widerspruch zur Gesellschafterliste (Abs. 3 Satz 4)

21 Die Regelung in Abs. 3 Satz 4 und 5 lehnt sich im Wortlaut an die Regelung über die Eintragung eines Widerspruchs im Grundbuch gem. § 899 Abs. 2 BGB an. Zur Verhinderung von Missbräuchen setzt die **Zuordnung eines Widerspruchs** zur Gesellschafterliste im Handelsregister voraus, dass entweder derjenige **zustimmt**, gegen dessen aus der Gesellschafterliste ergebende Berechtigung am Geschäftsanteil der Widerspruch sich richtet, oder eine entsprechende **einstweilige Verfügung** vorliegt.[26] Die Zustimmung zur Zuordnung eines Widerspruchs zur Gesellschafterliste ist wie bei § 899 Abs. 2 BGB[27] eine einseitige formfreie empfangsbedürftige materiellrechtliche Willenserklärung gegenüber dem Widersprechenden oder dem Handelsregister. Ein Widerspruch aufgrund einer einstweiligen Verfügung steht der Zustimmung nicht entgegen. Die einstweilige Verfügung ersetzt die Zustimmung des Eingetragenen und setzt einen glaubhaft zu machenden Verfügungsanspruch voraus (§§ 936, 920 Abs. 2 ZPO, siehe Rn. 24).

25 Vgl. nur BGH NJW 1994, 2022, 2093.
26 RegE, BT-Drucks. 16/6140, S. 39.
27 Palandt/*Bassenge*, § 899 BGB Rn. 5.

Gerade wenn Streit über die tatsächliche Berechtigung am Geschäftsanteil besteht, wird der eingetragene Gesellschafter einem Widerspruch nicht zustimmen, sodass in der Praxis der Widersprechende regelmäßig den Erlass einer einstweiligen Verfügung beantragen muss.

Die Regelung berücksichtigt nach Auffassung des Gesetzgebers die schutzwürdigen Interessen des wahren Berechtigten.[28] Sofern ihm die Unrichtigkeit der Liste nicht zuzurechnen ist, hat er nach Eintritt der Unrichtigkeit drei Jahre Zeit, die Zuordnung eines Widerspruchs zur Gesellschafterliste zu veranlassen oder auf Korrektur der Liste hinzuwirken und auf diese Weise einen gutgläubigen Erwerb des ihm zustehenden Anteils auszuschließen. Da die Gesellschafterliste online einsehbar ist, ist es dem Berechtigten auch ohne nennenswerten Aufwand möglich, die Liste zu prüfen. § 9 Abs. 2 Satz 1 der Handelsregisterverordnung (HVO) verweist insoweit auf Abs. 3. Aber auch wenn dem tatsächlich Berechtigten die Unrichtigkeit zuzurechnen ist, steht ihm das Recht zu, die Zuordnung eines Widerspruchs zur Gesellschafterliste zu veranlassen oder auf Korrektur der Liste hinzuwirken. 22

Der Widerspruch ist über das elektronische Handelsregister für jedermann online einsehbar.[29] Damit können sich nicht nur der Widersprechende, sondern auch Dritte auf die Wirkung des Widerspruchs berufen. Denn ein solcher Widerspruch zerstört die Gutglaubenswirkung des Abs. 3 und **verhindert** somit einen **gutgläubigen Erwerb**. Die relative Gesellschafterstellung nach Abs. 1 bleibt hingegen durch den zugeordneten Widerspruch unberührt (siehe Rn. 4). Der Widerspruch beseitigt auch nicht die Möglichkeit des tatsächlich Berechtigten, seinen Anteil wirksam zu veräußern. Besteht Uneinigkeit zwischen mehreren Prätendenten, so ist diese zwischen den Beteiligten zivilrechtlich zu klären. Gleichfalls kann in einem zivilrechtlichen Verfahren die Verpflichtung des Geschäftsführers zur Korrektur der Liste oder die Rücknahme eines Widerspruchs geklärt werden. Das ist deshalb erforderlich, weil das Handelsregister die materielle Richtigkeit der privat geführten Gesellschafterliste nicht prüft.[30] Durch die **Löschung** des Widerspruchs verliert dieser rückwirkend jede Wirkung.[31] 23

5. Keine Glaubhaftmachung der Gefährdung (Abs. 3 Satz 5)

Abs. 3 Satz 5 lehnt sich an § 899 Abs. 2 Satz 2 BGB an. Eine einstweilige Verfügung wird grundsätzlich nur erlassen, wenn der Anspruch auf Einreichung einer korrigierten Liste **glaubhaft gemacht** ist.[32] Dies ergibt sich bereits aus §§ 936, 920 Abs. 2, 294 ZPO. Die Vorschrift regelt dagegen nur, dass die Gefährdung des Rechts des Widersprechenden nicht glaubhaft zu machen ist. Damit zielt Abs. 3 Satz 5 nur auf den **Verfügungsgrund** i.S.v. § 935 ZPO ab, der nicht vorliegen muss, nicht dagegen auf den Verfügungsanspruch, der vorliegen und glaubhaft gemacht werden muss. 24

Für die Glaubhaftmachung seines Anspruchs kann sich der Widersprechende nach § 294 ZPO sämtlicher präsenten Beweismittel bedienen, einschließlich der Versicherung an Eides statt.

C. Weitere praktische Hinweise

Zur **steuerlichen Zurechnung der Anteile** siehe „Steuerrecht", S. 1046 ff., Rn. 38. 25

28 RegE, BT-Drucks. 16/6140, S. 39.
29 RegE, BT-Drucks. 16/6140, S. 39.
30 Vgl. RegE, BT-Drucks. 16/6140, S. 38.
31 Siehe auch Palandt/*Bassenge*, § 899 BGB Rn. 8.
32 RegE, BT-Drucks. 16/6140, S. 39.

§ 17 (weggefallen)

§ 18 Mitberechtigung am Geschäftsanteil

(1) Steht ein Geschäftsanteil mehreren Mitberechtigten ungeteilt zu, so können sie die Rechte aus demselben nur gemeinschaftlich ausüben.

(2) Für die auf den Geschäftsanteil zu bewirkenden Leistungen haften sie der Gesellschaft solidarisch.

(3) Rechtshandlungen, welche die Gesellschaft gegenüber dem Inhaber des Anteils vorzunehmen hat, sind, sofern nicht ein gemeinsamer Vertreter der Mitberechtigten vorhanden ist, wirksam, wenn sie auch nur gegenüber einem Mitberechtigten vorgenommen werden. Gegenüber mehreren Erben eines Gesellschafters findet diese Bestimmung nur in bezug auf Rechtshandlungen Anwendung, welche nach Ablauf eines Monats seit dem Anfall der Erbschaft vorgenommen werden.

Literatur

Ivo, Die Vererbung von GmbH-Geschäftsanteilen, ZEV 2006, 252; *ders.*, Die Vererbung von GmbH-Geschäftsanteilen nach Inkrafttreten des MoMiG, ZEV 2009, 333; *Hohaus/Weber*, BB-Rechtsprechungsreport zu Managementbeteiligungen in Private Equity-Transaktionen, BB 2010, 2771; *Langner/Heydel*, Nachfolgeklauseln im GmbH-Gesellschaftsvertrag, GmbHR 2006, 291.

A. Allgemeines

1 Der Text der Vorschrift ist seit der ursprünglichen Fassung des GmbHG von 1892 unverändert. Die Regelung dient dem Schutz der Gesellschaft. Diese soll nicht belastet sein, wenn ein Geschäftsanteil mehreren Mitberechtigten zusteht. Parallelvorschrift im Aktienrecht ist § 69 AktG.

B. Inhalt der Regelung

I. Gemeinschaftliche Rechtsausübung (Abs. 1)

2 **Mitberechtigung** ist die gleichstufige Beteiligung mehrerer an einem ungeteilten Geschäftsanteil.[1] Sie kann folglich nur im Rahmen der **Bruchteilsgemeinschaft** (§§ 741 ff. BGB) oder bei bestimmten Formen der **Gesamthandsgemeinschaft**, insbesondere also bei der **Erbengemeinschaft** (§§ 2038 ff. BGB) oder der **Gütergemeinschaft** (§§ 1415 ff. BGB) vorliegen.[2] Die Mitberechtigung muss sich als solche bereits aus der **Gesellschafterliste** (§ 40) ergeben, da andernfalls nur die in der Gesellschafterliste eingetragene Person der Gesellschaft gegenüber als Gesellschafter gilt (siehe § 40 Rn. 3). Eine Mitberechtigung liegt dagegen nicht vor bei allen Personenmehrheiten mit eigener Rechtspersönlichkeit, also den juristischen Personen, sowie bei solchen, denen das Gesetz oder die Rechtsprechung zumindest eine Teilrechtsfähigkeit zuerkennt, also alle Personenhandelsgesellschaften (OHG, KG, § 124 HGB) und auch die BGB-Gesellschaft (§ 705 BGB) als Außengesellschaft, weiterhin die Partnerschaft und die EWIV.[3] **Unterbeteiligung**, **Nießbrauch**, **Pfandrecht** und vergleichbare Gestaltungen führen allenfalls schuldrechtlich oder dinglich zu einer

1 Michalski/*Ebbing*, § 18 Rn. 6; Henssler/Strohn/*Verse*, § 18 Rn. 2.
2 Baumbach/Hueck/*Hueck/Fastrich*, § 18 Rn. 2.
3 Baumbach/Hueck/*Hueck/Fastrich*, § 18 Rn. 2.

beschränkten Berechtigung am Geschäftsanteil, nicht jedoch zu einer gleichstufigen Mitberechtigung gesellschaftsrechtlicher Art i.S.v. Abs. 1.[4]

Mitberechtigte selbst können alle natürlichen und juristischen Personen und Personengemeinschaften sein,[5] wobei jeder Mitberechtigte in der Gesellschafterliste verzeichnet sein muss (siehe § 40 Rn. 3), um auch als solcher gegenüber der Gesellschaft zu gelten. § 18 regelt nur das Verhältnis der Mitberechtigten zur GmbH (Außenverhältnis), nicht hingegen die Rechtsbeziehungen der Mitberechtigten untereinander (Innenverhältnis).[6] Aus diesem Grund geht § 18 den allgemeineren Regelungen der fraglichen Rechtsgemeinschaften grundsätzlich vor. Allerdings ist § 18 im Gesellschaftsvertrag abdingbar, bloß schuldrechtliche Vereinbarungen sind insoweit nichtig, §§ 134, 139 BGB.[7] 3

> **!** Da § 18 verhindert, dass Streitigkeiten unter den Mitberechtigten über die Gesellschafterversammlung auch in die GmbH getragen werden, sollte die Regelung nur mit Vorsicht und nur bei speziellem Bedarf im Gesellschaftsvertrag abgeschwächt werden. Ferner empfiehlt es sich, auch das Innenverhältnis der Mitberechtigten durch vertragliche Regelungen selbst zu gestalten, weil § 18 nur im Außenverhältnis zur GmbH wirkt.

Die Mitberechtigung muss am **Geschäftsanteil** selbst bestehen (siehe § 14 Rn. 3). Sie bezieht sich damit auf die im Geschäftsanteil verkörperten **Rechte und Pflichten** der Mitgliedschaft, wenngleich der Wortlaut nur auf die Ausübung der Rechte abstellt. 4

Abs. 1 erfordert die **gemeinschaftliche Ausübung** hinsichtlich aller Mitgliedschaftsrechte.[8] Das gilt also für die **Verwaltungsrechte**, wie das Stimmrecht, Auskunftsrecht, Teilnahme an der Gesellschafterversammlung (für jeden einzelnen Mitberechtigten)[9] etc., genauso wie für die **Vermögensrechte**, also Gewinnanteil und Liquidationsanteil. Ebenso können auch Anfechtungs- und Nichtigkeitsklagen und das Austrittsrecht als sonstige Rechte nur gemeinschaftlich ausgeübt werden. Gemeinschaftliche Ausübung bedeutet einheitliches Handeln, wobei auch ein Alleinhandeln eines Einzelnen mit Zustimmung der Übrigen (§§ 182 ff. BGB) genügt. Hinsichtlich des Stimmrechts kann allerdings eine gespaltene Stimmabgabe durch die Satzung zugelassen werden.[10] 5

Anders als § 69 Abs. 1 AktG verlangt § 18 Abs. 1 nicht die Bestellung eines gemeinsamen Vertreters. Allerdings kann eine entsprechende Satzungsregelung in der Praxis äußerst hilfreich sein.[11] Die Mitberechtigten können jederzeit formlos einen **gemeinsamen Vertreter** bestellen, auch zeitlich und sachlich beschränkt.[12] Soll die Bestellung auch die Stimmrechtsausübung umfassen, bedarf gem. § 47 Abs. 3 die Vollmacht wenigstens der Textform. Im Übrigen richtet sich die Bestellung des gemeinsamen Vertreters nach den Regelungen des jeweiligen Gemeinschaftsverhältnisses (Innenverhältnis).[13] 6

---

4 Vgl. auch Baumbach/Hueck/*Hueck/Fastrich*, § 18 Rn. 2 und Michalski/*Ebbing*, § 18 Rn. 7.
5 Michalski/*Ebbing*, § 18 Rn. 6.
6 Michalski/*Ebbing*, § 18 Rn. 42; Baumbach/Hueck/*Hueck/Fastrich*, § 18 Rn. 3.
7 So das LG Berlin, Urteil vom 13.01.2010 – 105 O 42/09, GmbHR 2010, 875, für einen (Quoten-)Treuhandvertrag, dazu auch *Hohaus/Weber*, BB 2010, 2771, 2774.
8 Baumbach/Hueck/*Hueck/Fastrich*, § 18 Rn. 4; auch in Bezug auf die Erbengemeinschaft, vgl. *Ivo*, ZEV 2006, 252, 253; *Langner/Heydel*, GmbHR 2006, 291, 295.
9 Baumbach/Hueck/*Hueck/Fastrich*, § 18 Rn. 4.
10 Siehe Beschl. des LG München, GmbHR 2006, 431 mit Anm. *Schüppen/Gahn*, GmbHR 2006, 433.
11 Vgl. auch *Ivo*, ZEV 2006, 252, 253; *Langner/Heydel*, GmbHR 2006, 291, 295.
12 Baumbach/Hueck/*Hueck/Fastrich*, § 18 Rn. 5; Rowedder/Schmidt-Leithoff/*Pentz*, § 18 Rn. 13.
13 Baumbach/Hueck/*Hueck/Fastrich*, § 18 Rn. 5.

! In der Satzung sollte unbedingt festgelegt sein, dass mehrere Mitberechtigte, insbesondere bei Erbengemeinschaften, die Rechte und Pflichten nur über einen gemeinsamen Vertreter ausüben können. Das vereinfacht erheblich die Arbeit in der GmbH und verbessert die Kommunikation zwischen Geschäftsführung und Gesellschafter einerseits und zwischen den Gesellschaftern untereinander andererseits (siehe Muster Rn. 13).

II. Gesamtschuldnerische Haftung (Abs. 2)

7 Abs. 2 ist nach ganz h.M. zwingend, soweit er Aufbringung oder Erhaltung des Stammkapitals sichert, im Übrigen aber abdingbar.[14] Er stellt auf die Pflichtenseite der Mitgliedschaft ab und bezieht sich vom Wortlaut her aber nur auf sämtliche Leistungspflichten, die auf der Gesellschafterstellung beruhen.[15] Gemeint sind demnach alle **Einlageverpflichtungen** (§§ 19 ff., 26 ff.) auf den Geschäftsanteil (§ 14) oder die **Haftung** für rückständige Einlagen oder den Ausfall bei anderen Gesellschaftern (§ 24) sowie die **Nebenleistungspflichten** (§ 3 Abs. 2). Nicht von Abs. 2 erfasst sind höchstpersönliche Verpflichtungen, z.B. die Pflicht zur Geschäftsführung, oder schuldrechtliche Verpflichtungen, z.B. Darlehen.[16]

8 Die Mitberechtigten haften im Außenverhältnis gegenüber der Gesellschaft zwingend solidarisch, also als **Gesamtschuldner**. Es gelten somit die §§ 421 ff. BGB unabhängig von den Regelungen bei der jeweiligen Rechtsgemeinschaft. Auch nach dem Ausscheiden eines Mitberechtigten haftet dieser weiterhin gesamtschuldnerisch für Verbindlichkeiten, die bei seinem Ausscheiden fällig, aber noch nicht beglichen waren, vgl. § 16 Abs. 2 (siehe § 16 Rn. 9).[17] Miterben können ihre Haftung nach § 2059 Abs. 1 BGB auf den Nachlass beschränken, dagegen gilt die Haftungsbeschränkung der §§ 2060, 2061 BGB nach allgemeiner Meinung nicht.[18]

! Die Regelung in Abs. 2 ordnet nur die gesamtschuldnerische Haftung gegenüber der Gesellschaft an. Die Verteilung der tatsächlichen Lasten im Innenverhältnis können die Mitberechtigten untereinander abweichend regeln.

III. Rechtshandlungen (Abs. 3)

1. Passive Wirksamkeit (Abs. 3 Satz 1)

9 Abs. 3 Satz 1 regelt die Rechtshandlungen der Gesellschaft gegenüber den Mitberechtigten in ihrer Eigenschaft als Gesellschafter. Gemeint sind damit nach Sinn und Zweck nur **einseitige Rechtsgeschäfte** und **geschäftsähnliche Handlungen**,[19] also Einforderung von Einlagen, Mahnungen, Kündigung, Kaduzierung, aber auch Einladungen zur Gesellschafterversammlung. Nicht erfasst werden dagegen finanzielle Leistungen wie Zahlungen auf den Gewinnanspruch, der gem. § 432 BGB an alle Gesellschafter gemeinsam geleistet werden muss,[20] oder sonstige Geschäfte.[21]

10 Für die **Wirksamkeit** der Rechtshandlungen ist es, sofern kein gemeinsamer Vertreter bestellt ist, ausreichend, dass sie einem der Mitberechtigten als solchem gegenüber vorgenommen werden. Die Handlungen wirken dann für und gegen alle Mitberechtigten.[22] Soweit ein Mitberechtigter

14 Statt vieler Michalski/*Ebbing*, § 18 Rn. 63; Lutter/Hommelhoff/*Bayer*, § 18 Rn. 5.
15 Baumbach/Hueck/*Hueck/Fastrich*, § 18 Rn. 8.
16 Baumbach/Hueck/*Hueck/Fastrich*, § 18 Rn. 8.
17 Michalski/*Ebbing*, § 18 Rn. 69.
18 Vgl. Baumbach/Hueck/*Hueck/Fastrich*, § 18 Rn. 8 m.w.N. sowie Rowedder/Schmidt-Leithoff/*Pentz*, § 18 Rn. 20.
19 Rowedder/Schmidt-Leithoff/*Pentz*, § 18 Rn. 28; Baumbach/Hueck/*Hueck/Fastrich*, § 18 Rn. 9; Michalski/*Ebbing*, § 18 Rn. 75.
20 Rowedder/Schmidt-Leithoff/*Pentz*, § 18 Rn. 29; Baumbach/Hueck/*Hueck/Fastrich*, § 18 Rn. 9; Henssler/Strohn/*Verse*, § 18 Rn. 13.
21 Roth/Altmeppen/*Altmeppen*, § 18 Rn. 17, Henssler/Strohn/*Verse*, § 18 Rn. 13.
22 Baumbach/Hueck/*Hueck/Fastrich*, § 18 Rn. 11.

noch einen weiteren Geschäftsanteil inne hat, erstreckt sich die Wirkung nach Abs 3 nicht ohne Weiteres auf diesen. Im umgekehrten Falle wirkt die Vornahme einer Rechtshandlung gegenüber einem Mitberechtigten, der einen weiteren Geschäftsanteil besitzt, nur dann auch für andere, wenn sie ihm erkennbar auch in seiner Eigenschaft als Mitberechtigter zugegangen ist.[23] Ist ein gemeinsamer Vertreter bestellt, so sind die Rechtshandlungen nur gegenüber ihm vorzunehmen.[24]

2. Erbengemeinschaft (Abs. 3 Satz 2)

Abs. 3 Satz 2 enthält Sonderregelungen für die Erbengemeinschaft insoweit, dass die Regelungen des Abs. 3 Satz 1 erst einen Monat nach Anfall der Erbschaft (auch im Nacherbfall)[25], also dem Todestag des Erblassers, Anwendung finden. Die Rechtshandlungen sind daher innerhalb dieses Monats sämtlichen Miterben gegenüber vorzunehmen,[26] es sei denn, es ist bereits ein gemeinsamer Vertreter bestellt oder letztwillig ein Testamentsvollstrecker oder Nachlassverwalter bestimmt worden.[27] 11

Im Wege einer Vorsorge für das Unternehmen sollte sich der Gesellschafter bereits zu Lebzeiten Gedanken darüber machen, ob es wirklich sinnvoll ist, dass sämtliche Erben in Erbengemeinschaft die Beteiligung an der GmbH fortführen. Gerade bei einer aktiven Gesellschaftsbeteiligung als Geschäftsführer und Unternehmer wird es regelmäßig sinnvoller sein, einen oder mehrere befähigte Personen als alleinige Nachfolger im Unternehmen zu bestimmen.

C. Weitere praktische Hinweise

Steuerlich werden die Mitberechtigten i.S.v. § 18 als jeweils eigenständige Gesellschafter angesehen; dies gilt auch für Gesamthandsgemeinschaften, die kein Betriebsvermögen haben (sog. Bruchteilsbetrachtung nach § 39 AO).[28] Folglich wird die Beteiligungsschwelle nach § 17 EStG für jeden Gesellschafter individuell berechnet.[29] 12

D. Muster

Muster: Restriktive Satzungsregelung mit Pflicht zur Bestellung eines gemeinsamen Vertreters und gleichzeitiger Sanktionierung 13

11

„Steht mehreren Mitberechtigten, insbesondere nach einem Erbfall, ein Geschäftsanteil ungeteilt zu, so haben sie eine Person aus ihrer Mitte oder einen Dritten, der berufsrechtlich zur Verschwiegenheit verpflichtet ist, als ihren Vertreter zu bestimmen, der sämtliche Mitgliedschaftsrechte gegenüber der Gesellschaft wahrnimmt. Solange ein Vertreter gegenüber der Gesellschaft nicht benannt ist, ruhen die Stimmrechte aus dem Geschäftsanteil."

23 Baumbach/Hueck/*Hueck/Fastrich*, § 18 Rn. 11; Henssler/Strohn/*Verse*, § 18 Rn. 14.
24 Rowedder/Schmidt-Leithoff/*Pentz*, § 18 Rn. 27.
25 Baumbach/Hueck/*Hueck/Fastrich*, § 18 Rn. 11; Michalski/*Ebbing*, § 18 Rn. 81; Henssler/Strohn/*Verse*, § 18 Rn. 16; Roth/Altmeppen/*Altmeppen*, § 18 Rn. 19.
26 Baumbach/Hueck/*Hueck/Fastrich*, § 18 Rn. 11.
27 Rowedder/Schmidt-Leithoff/*Pentz*, § 18 Rn. 32; *Langner/Heydel*, GmbHR 2006, 291, 295.
28 Vgl. hierzu auch BFH, Urteil vom 6.10.2009 – IX R14/08, DStR 2010, 537.
29 Schmidt/*Weber-Grellet*, § 17 EStG Rn. 55.

§ 19 Leistung der Einlagen

(1) Die Einzahlungen auf die Geschäftsanteile sind nach dem Verhältnis der Geldeinlagen zu leisten.

(2) Von der Verpflichtung zur Leistung können die Gesellschafter nicht befreit werden. Gegen den Anspruch der Gesellschaft ist die Aufrechnung nur zulässig mit einer Forderung aus der Überlassung von Vermögensgegenständen, deren Anrechnung auf die Einlageverpflichtung nach § 5 Abs. 4 Satz 1 vereinbart worden ist. An dem Gegenstand einer Sacheinlage kann wegen Forderungen, welche sich nicht auf den Gegenstand beziehen, kein Zurückbehaltungsrecht geltend gemacht werden.

(3) Durch eine Kapitalherabsetzung können die Gesellschafter von der Verpflichtung zur Leistung von Einlagen höchstens in Höhe des Betrags befreit werden, um den das Stammkapital herabgesetzt worden ist.

(4) Ist eine Geldeinlage eines Gesellschafters bei wirtschaftlicher Betrachtung und aufgrund einer im Zusammenhang mit der Übernahme der Geldeinlage getroffenen Abrede vollständig oder teilweise als Sacheinlage zu bewerten (versteckte Sacheinlage), so befreit dies den Gesellschafter nicht von seiner Einlageverpflichtung. Jedoch sind die Verträge über die Sacheinlage und die Rechtshandlungen zu ihrer Ausführung nicht unwirksam. Auf die fortbestehende Geldeinlagepflicht des Gesellschafters wird der Wert des Vermögensgegenstandes im Zeitpunkt der Anmeldung der Gesellschaft zur Eintragung in das Handelsregister oder im Zeitpunkt seiner Überlassung an die Gesellschaft, falls diese später erfolgt, angerechnet. Die Anrechnung erfolgt nicht vor Eintragung der Gesellschaft in das Handelsregister. Die Beweislast für die Werthaltigkeit des Vermögensgegenstandes trägt der Gesellschafter.

(5) Ist vor der Einlage eine Leistung an den Gesellschafter vereinbart worden, die wirtschaftlich einer Rückzahlung der Einlage entspricht und die nicht als verdeckte Sacheinlage im Sinne von Absatz 4 zu beurteilen ist, so befreit dies den Gesellschafter von seiner Einlageverpflichtung nur dann, wenn die Leistung durch einen vollwertigen Rückgewähranspruch gedeckt ist, der jederzeit fällig ist oder durch fristlose Kündigung durch die Gesellschaft fällig werden kann. Eine solche Leistung oder die Vereinbarung einer solchen Leistung ist in der Anmeldung nach § 8 anzugeben.

(6) Der Anspruch der Gesellschaft auf Leistung der Einlagen verjährt in zehn Jahren von seiner Entstehung an. Wird das Insolvenzverfahren über das Vermögen der Gesellschaft eröffnet, so tritt die Verjährung nicht vor Ablauf von sechs Monaten ab dem Zeitpunkt der Eröffnung ein.

Literatur

Bayer/Lieder, Kapitalaufbringung im Cash-Pool. Anmerkung zu BGH v. 16.01.2006 – II ZR 75/04, II ZR 76/04 –, GmbHR 2006, 449; *dies.*, Einbringung von Dienstleistungen in die AG, NZG 2010, 86; *Benecke/Geldsetzer*, Verjährung von Einlageforderungen der GmbH nach Übergangsrecht, NZG 2008, 374; *Bormann/Urlichs*, Der Entwurf des MoMiG zur Regelung des Hin- und Herzahlens – ein Fremdkörper im GmbH-Gesetz, GmbHR 2008, 119; *dies.*, Kapitalerhöhung im Cash Pooling – welche Erleichterungen bringt das MoMiG tatsächlich?, DStR 2009, 641; *Büchel*, Kapitalaufbringung, insbesondere Regelung der verdeckten Sacheinlage nach dem Regierungsentwurf des MoMiG, GmbHR 2007, 1065; *Drygala*, Zweifelsfragen im Regierungsentwurf zum MoMiG, NZG 2007, 561; *Fliegner*, Das MoMiG – Vom Regierungsentwurf zum Bundestagsbeschluss, DB 2008, 1668; *Gehrlein*, Erfüllung der Stammeinlage durch reale Leistungsbewirkung, NZG 2006, 374; Göhmann, Sind bei der wirtschaftlichen Neugründung einer GmbH die Sacheinlagevorschriften und § 19 Abs. 5 GmbHG zu beachten?, RNotZ 2011, 290; *Goette*, Kapitalaufbringung und Kapitalschutz in der GmbH, 2004; *Gummert*, Die Kapitalaufbringung bei der Komplementär-GmbH einer GmbH & Co. KG – Zum Urteil des BGH vom 10.12.2007, II ZR 180/06, DStR 2008, 976; *Habersack*, Dienst- und Werkleistungen des Gesellschafters und das Verbot der verdeckten Sacheinlage und des Hin- und Herzahlens, in: Hommelhoff u.a. (Hrsg.), Festschrift für Hans-Joachim Priester zum 70. Geburtstag, 2007, S. 157; *Haas/Vogel*, Die Verfassungsmäßigkeit der in § 3 IV EGGmbHG angeordneten Rückwirkung des § 19 IV GmbHG, NZG 2010, 11081; *Hermanns*, Grauzonen im Kapitalaufbringungsrecht der GmbH – die Abgrenzung der verdeckten Sacheinlage vom Hin- und Herzahlen, – zugleich Anmerkungen zum Urt. des OLG Köln v. 20.5.2010 – 18 U 122/09, DNotZ 2011, 325; *Herrler*, Verjährung von Einlageforderungen bei der GmbH in Altfällen (Fälligkeit der Forderung zwischen 31.12.1974 und 30.12.1981), ZIP 2008, 1568; *ders.*, Kapitalaufbringung nach dem MoMiG – Verdeckte Sacheinlagen und Hin- und Herzahlen, (§ 19 Abs. 4 und 5 n.F.) -, DB 2008, 2347; *ders.*, Erleichterung der Kapitalaufbringung durch § 19 Abs. 5 GmbHG (sog. Hin- und Herzahlen)? Zweifelsfragen und Ausblick, DStR 2011, 2255; *ders.*, Handlungsoptionen bei tilgungsschädlicher Einlagenrückzahlung i.S. von § 19 Abs. 5 GmbHG (sog. Hin- und Herzahlen), DStR 2011, 2300; *Kallmayer*, Kapitalaufbringung und Kapitalerhaltung nach dem MoMiG: Änderungen für die GmbH-Beratungspraxis, DB 2007, 2755; *Kleindieck*, Verdeckte (gemischte) Sacheinlage nach MoMiG: Rückwirkende Neuregelung und Wertanrechnung, ZGR 2011, 334; *Komo*, Kapitalaufbringung im Cash Pool – aktuelle Entwicklungen in Rechtsprechung und Literatur, BB 2011, 2307; *Mayer*, Kapitalaufbringungsrisiken bei der GmbH im Rahmen eines sog. Cash-Pooling und Heilungsmöglichkeiten, in: Hommelhoff u.a. (Hrsg.), Festschrift für Hans-Joachim Priester zum 70. Geburtstag, 2007, S. 445; *Meier-Reimer/Wenzel*, Kapitalaufbringung in der GmbH nach dem MoMiG, ZIP 2008, 1449; *dies.*, Nochmals: Die Anrechnung der verdeckten Sacheinlage nach dem MoMiG, ZIP 2009, 1185; *Meyer*, Die Verantwortlichkeit des Geschäftsführers für Gläubigerinteressen – Veränderungen durch das MoMiG, BB 2008, 1742; *Mülbert*, Zukunft der Kapitalaufbringung/-erhaltung, DK 2004, 151; *Müller*, Rechtsfolgen verdeckter Sacheinlagen, NZG 2011, 761; *Naraschewki*, Die (vorsorgliche) Heilung von fehlerhaften Kapitalaufbringungsvorgängen bei der GmbH, in: Hommelhoff u.a. (Hrsg.), Festschrift für Hans-Joachim Priester zum 70. Geburtstag, 2007, S. 523; *Priester*, Kapitalaufbringung nach Gutdünken, ZIP 2008, 55; *K. Schmidt*, GmbH-Reform auf Kosten der Geschäftsführer?, GmbHR 2008, 449; *ders.*, Mittelaufbringung und Mittelverwendung bei der GmbH & Co. KG, ZIP 2008, 481; *Schön*, Die Zukunft der Kapitalaufbringung/-erhaltung, DK 2004, 162; *Schöpflin*, Die Lehre von der verdeckten Sacheinlage – Eine gelungene Rechtsfortbildung?, GmbHR 2003, 57; *Seibert/Decker*, Die GmbH-Reform kommt!, ZIP 2008, 1208; *Ulmer*, Der „Federstrich des Gesetzgebers" und die Anforderungen der Rechtsdogmatik, ZIP 2008, 45; *Veil*, Die Reform des Rechts der Kapitalaufbringung durch den RegE MoMiG, ZIP 2007, 1241; *Veil/Werner*, Die Regelung der verdeckten Sacheinlage – eine gelungene Rechtsfortbildung des GmbH-Rechts und bürgerlich-rechtlichen Erfüllungsregimes?, GmbHR 2009, 729; *Wachter*, Sacheinlagen bei der Unternehmergesellschaft (haftungsbeschränkt), NJW 2011, 2620; *Wälzholz*, Das MoMiG kommt: Ein Überblick über die neuen Regelungen – Mehr Mobilität, Flexibilität und Gestaltungsfreiheit bei gleichzeitigem Gläubigerschutz, GmbHR 2008, 841; *Wedemann*, Das neue GmbH-Recht, WM 2008, 1381; *Wilhelm*, Cash-Pooling, Garantiekapital der GmbH und die GmbH-Reform, DB 2006, 2729; *Winter*, Die Rechtsfolgen der „verdeckten" Sacheinlage – Versuch einer Neubestimmung, in: Hommelhoff u.a. (Hrsg.), Festschrift für Hans-Joachim Priester zum 70. Geburtstag, 2007, S. 867.

A. Allgemeines

1 § 19 ist der Grundpfeiler der Finanzverfassung der GmbH.[1] Er regelt (zusammen mit §§ 20–25) die reale **Aufbringung des Stammkapitals** der Gesellschaft und damit im Gläubigerinteresse die Erfüllung der Pflichten der Gesellschafter zur Erbringung der versprochenen Einzahlungen auf die Geschäftsanteile. Die Norm gilt für alle Einlageverpflichtungen der Gesellschafter, sei es, dass sie aus der **Gründung** der Gesellschaft, sei es, dass sie aus einer **Kapitalerhöhung** resultieren. Dies schließt auch alle Neben- und Folgeansprüche etwa aus der Differenz-, Vorbelastungs- und Ausfallhaftung mit ein. § 19 steht in engem Regelungszusammenhang mit den übrigen Vorschriften der Kapitalaufbringung und -erhaltung (vgl. insbesondere § 5 Abs. 4, § 7 Abs. 2, § 8 Abs. 2, §§ 55 ff.).

2 **Kapitalaufbringung** ist die erstmalige Zurverfügungstellung des Betriebskapitals durch die Gesellschafter an die Gesellschaft. **Kapitalerhaltung** ist dagegen der Schutz des der Gesellschaft zur Verfügung gestellten Betriebskapitals vor späteren unzulässigen Schmälerungen (siehe § 30 Rn. 5).

3 Die Erbringung der Einlagen kann durch **Geldleistungen** erfolgen (Bareinlage). Dies ist der gesetzliche Regelfall der Gesellschaftsgründung. Neben der Bareinlage lässt es das Gesetz aber auch zu, dass Gegenstände in die Gesellschaft eingebracht werden (**Sacheinlage**); schließlich können beide Formen kombiniert werden (**Mischeinlage**). Von einer **gemischten Sacheinlage** spricht man, wenn der Wert der geleisteten Sacheinlage den Betrag der geschuldeten Stammeinlage übersteigt und der Wert der Sacheinlage dem Einleger teilweise anders gutgebracht wird.[2] Werden (auch) Sacheinlagen erbracht, so sind besondere Vorschriften zu beachten, die die Werthaltigkeit der Kapitalausstattung der GmbH sicherstellen sollen (siehe § 5 Rn. 31 ff.).

I. Übersicht

4 Abs. 1 bringt das Gleichbehandlungsgebot der Gesellschafter bei Einlageleistungen zum Ausdruck. Abs. 2 macht deutlich, dass die Gesellschafter von ihrer Leistungspflicht gegenüber der Gesellschaft grundsätzlich nicht befreit werden können. Eine Ausnahme von der Leistungspflicht der Gesellschafter stellt Abs. 3 bei einer Kapitalherabsetzung auf. Abs. 4 und 5 wurden durch das MoMiG neu gefasst und treffen Regelungen für verdeckte Sacheinlagen und das Hin- und Herzahlen. Abs. 6 ist eine Verjährungsregel.

II. Anwendungsbereich

5 **Abs. 1** findet nur Anwendung auf **Geldeinlageverpflichtungen** (bei Mischeinlagen auf den Geldleistungsteil) und sonstige Geldleistungspflichten der Gesellschafter aus dem Gesellschaftsverhältnis, wie Verlustdeckungs- und Vorbelastungshaftung. **Abs. 2 bis 6** gelten hingegen für **alle Einlagepflichten** der Gesellschafter. Es ist hierbei unerheblich, ob es sich um Bar- oder Sacheinlagen handelt.

1 Baumbach/Hueck/*Hueck/Fastrich*, § 19 Rn. 1.
2 Die Sprachregelung ist teilweise uneinheitlich; wie hier: Baumbach/Hueck/*Hueck/Fastrich*, § 5 Rn. 20.

§ 19 erfasst auch die Einlagepflichten im Stadion der **Vorgesellschaft**, allerdings nicht im Stadion der Vorgründungsgesellschaft.[3] Ferner gilt § 19 für alle Einlagepflichten ersetzenden oder ergänzenden Pflichten; z.B. die Differenzhaftung nach § 9, die Verlustdeckungs- und Vorbelastungshaftung, die Haftung nach §§ 21 Abs. 3, 22, grundsätzlich auch für die Ausfallhaftung aus § 24. 6

§ 19 gilt nicht für sonstige Leistungen der Gesellschafter, die nicht in Einlagepflichten auf die Geschäftsanteile bestehen, wie z.B. die Nebenleistungen nach § 3 Abs. 2, die Verzugszinsen nach § 20, Nachschüsse oder die Einzahlung von Agio (statutarisch oder schuldrechtlich).[4] Die Gesellschaft kann von diesen Leistungspflichten ohne Rücksicht auf § 19 befreien, wobei ggf. § 30 zu beachten ist. 7

III. Überblick über die wesentlichen Änderungen durch das MoMiG

Das MoMiG hat im Bereich der Kapitalaufbringung wesentliche Änderungen gebracht, wobei es im Gegensatz zum früher geltenden Recht im Wesentlichen eine **bilanzielle Betrachtungsweise** verfolgt.[5] Der MoMiG-Gesetzgeber ließ sich von einer Wertaufbringungspflicht der Gesellschafter leiten, ohne die bislang im Gesetz angelegte grundlegende Differenzierung zwischen Bar- und Sacheinlagen und deren unterschiedlichen Rechtsfolgen aufzugeben. Die Neuregelung wird wohl zu einer Abschwächung des Kapitalschutzes in der GmbH entgegen der bisherigen Praxis der Gerichte führen. 8

1. Einführung einer Anrechnungslösung bei Vorliegen verdeckter Sacheinlagen

Vor der Neuregelung durch das MoMiG wurde als Rechtsfolge einer verdeckten Sacheinlage von der Rechtsprechung die Unwirksamkeit sowohl des schuldrechtlichen Teils der verdeckten Sacheinlage als auch des dinglichen Erfüllungsgeschäfts analog § 27 Abs. 3 Satz 1 AktG angenommen. Die damit einhergehende erneute Einzahlungspflicht war von der Literatur und der Praxis als überzogen kritisiert worden. Mit der Einführung einer Anrechnungslösung durch das MoMiG werden die bislang eintretenden drastischen Rechtsfolgen abgemildert.[6] So sind **Verträge** im Zusammenhang mit einer verdeckten Sacheinlage **nicht mehr nichtig**. Das Gesetz hält die bisherige Unterscheidung zwischen Bar- und Sacheinlage aufrecht, wobei der Wert einer verdeckt eingebrachten Sacheinlage auf die Bareinlagepflicht des Gesellschafters **angerechnet** (Abs. 4 Satz 3) wird. Die Regelung wurde durch das ARUG 2009 in § 27 Abs. 3 AktG für die AG fast wortgleich übernommen. 9

2. Hin- und Herzahlen als Leistung zur freien Verfügbarkeit

Eine Einlageleistung war vor MoMiG nicht „zur freien Verfügung der Geschäftsführer" (§ 8 Abs. 2 Satz 1), also ohne Erfüllungswirkung erbracht, wenn die Gesellschaft dem Gesellschafter die von ihm als Einlage geleisteten Mittel zurückgewährt und hierfür einen nicht sacheinlagefähigen Anspruch gegen den Gesellschafter erhält (sog. Hin- und Herzahlen). Ein Hin- und Herzahlen ist beispielsweise dann anzunehmen, wenn die Gesellschaft dem Gesellschafter die als Einlage erhaltenen Mittel als Darlehen zur Verfügung stellt.[7] Dies führte in der Praxis insbesondere zu Problemen bei der Gründung oder Kapitalerhöhung von GmbHs unter Einbeziehung in ein **Cash-Pool-System**. Die Verpflichtung des Gesellschafters zur Einlageleistung bestand nach bisherigem Recht fort, der Darlehensvertrag war wegen Verstoßes gegen die Kapitalaufbringungsvorschriften nich- 10

3 Baumbach/Hueck/*Hueck/Fastrich*, § 19 Rn. 4; mit Modifikation im Bereich der Vorbelastungshaftung aber Lutter/Hommelhoff/*Bayer*, § 19 Rn. 4; teilweise anders: Roth/Altmeppen/*Roth*, § 19 Rn. 1; vgl. zum Rückfluss des auf den Geschäftsanteil gezahlten Betrags an den Gesellschafter im Gründungsstadium Brandenburgisches OLG v. 19.12.2007 – 7 U 143/04.

4 Scholz/*Schneider/Westermann*, § 19 Rn. 31.

5 Vgl. nur RegE MoMiG, BT-Drucks. 16/6140, S. 34; zum Hintergrund: *Seibert/Decker*, ZIP 2008, 1208. Zweifelnd Baumbach/Hueck/*Hueck/Fastrich*, § 19 Rn. 3. Kritisch zur Beibehaltung des Prinzips der realen Kapitalaufbringung, *Bayer*, GmbHR 2010, 1289.

6 RegE MoMiG, BT-Drucks. 16/6140, S. 39 f. zu den Rechtsfolgen nach bisherigem Recht.

7 Flossen die Geldmittel nach Leistung der Bareinlagen an die Gesellschafter zurück, so hat der Gesellschafter seine Einlage geleistet, auch wenn als Tilgungsbestimmung die Darlehensrückzahlung genannt war, BGHZ 165, 113.

tig. § 19 Abs. 5 n.F. mildert diese drastischen Rechtsfolgen ab, indem es das Hin- und Herzahlen bei Vollwertigkeit des Rückgewähranspruchs einer zur freien Verfügbarkeit geleisteten Einlage gleichstellt,[8] wobei der Geschäftsführer zur Offenlegung der Vereinbarung in der Registeranmeldung verpflichtet ist.

3. Keine Sicherungspflichten bei nachträglich entstehender Ein-Mann-GmbH

11 § 19 Abs. 4 a.F. regelte bisher die Verpflichtung des **Alleingesellschafters** bei einer Anteilsvereinigung innerhalb von drei Jahren nach Eintragung der Gesellschaft, nachträglich das gesamte Stammkapital einzuzahlen, der Gesellschaft eine Sicherheit für den nicht eingezahlten Teil der Stammeinlage zu bestellen oder einen Teil seiner Anteile an Dritte abzutreten. Diese **Sonderregelungen** für nachträglich entstehende Ein-Personen-Gesellschaften sind durch das MoMiG **entfallen**.[9] Der Gesetzgeber hielt diese Regelung als Folgeänderung zu §§ 7 Abs. 2 und § 8 Abs. 2 Satz 2 für entbehrlich, da die Volleinzahlungspflicht für Ein-Personen-GmbHs über das von der Ein-Personen-GmbH-Richtlinie (89/667/EWG) vom 21.12.1989 Geforderte hinausging und in der Praxis zu unnötigen Komplizierungen geführt habe.

B. Inhalt der Regelung

I. Einzahlung der Bareinlagen (Abs. 1)

12 Die Verpflichtung zur Leistung der Bareinlagen an die Gesellschaft ergibt sich aus der Übernahme eines Geschäftsanteils bei **Gründung** der GmbH oder bei **Kapitalerhöhung**.

Das MoMiG ersetzt den Begriff der Stammeinlage durchgängig und somit auch in Abs. 1 durch den moderneren **Begriff des Geschäftsanteils**, ohne dass damit eine inhaltliche Änderung einhergeht.[10]

1. Bareinzahlungspflicht

13 Bei einer **Bargründung** sind die Einzahlungen auf die Geschäftsanteile in Geld zu leisten. Abs. 1 gilt für alle Geldeinzahlungspflichten, auch soweit sie über die folgenden Mindesteinzahlungspflichten hinausgehen: Es muss – unabhängig davon, ob die Gründung durch eine oder mehrere Personen erfolgt – ein Viertel des Nennbetrags auf jeden Geschäftsanteil sofort bewirkt werden (§ 7 Abs. 2 Satz 1), wenn der Gesellschaft insgesamt mindestens die Hälfte des Mindeststammkapitals, also 12.500 EUR, zugeführt werden (§ 7 Abs. 2 Satz 2). Die Volleinzahlungspflicht für die Ein-Personen-Gesellschaft ist durch das MoMiG entfallen (siehe § 7 Rn. 16). Bei der **Sachgründung** gilt nicht Abs. 1, sondern besteht nach § 7 Abs. 3 Volleinzahlungspflicht vor Registereintragung (siehe § 7 Rn. 17).

14 Bei einer **Barkapitalerhöhung** gilt Abs. 1. Zu den Mindesteinzahlungspflichten bei Kapitalerhöhungen siehe § 56a Rn. 2. Es verstößt nicht gegen das Gleichbehandlungsgebot, wenn Beträge auf die Kapitalerhöhung unabhängig davon eingefordert werden, ob bisherige Geschäftsanteile der Altgesellschafter bereits voll eingezahlt sind.[11] Zur **Sachkapitalerhöhung** siehe § 56a Rn. 4.

15 Abs. 1 verlangt, dass alle Gesellschafter bei allen Geldeinlageverpflichtungen (zur Art der Einlageverpflichtung siehe Rn. 5 ff.) gleich behandelt werden. Die Norm ist eine Ausprägung des **allgemeinen Gleichbehandlungsgebots**. Das Gleichbehandlungsgebot kann von den Gesellschaftern **abbedungen** werden (ausführlich zum allgemeinen Gleichbehandlungsverbot § 13 Rn. 79 ff.). In der **Gründungssatzung** können für jeden Gesellschafter z.B. unterschiedliche Einzahlungszeitpunkte oder quotenabweichende Erst- und Restzahlungspflichten festgelegt werden.[12]

---

8 RegE MoMiG, BT-Drucks. 16/6140, S. 34. Vgl. zu den Anforderungen an den Nachweis der Vollwertigkeit des Rückzahlungsanspruchs OLG München v. 7.2.2011, 31 Wx 246/10, MittBayNot 2011, 331.

9 Vgl. zum alten Recht die Kommentierung bei Lutter/Hommelhoff/*Lutter/Bayer*, 16. Aufl., § 19 Rn. 41 ff.; Baumbach/Hueck/*Hueck/Fastrich*, 18. Aufl., § 19 Rn. 50 ff.

10 Vgl. RegE MoMiG, BT-Drucks. 16/6140, S. 28.

11 Baumbach/Hueck/*Hueck/Fastrich*, § 19 Rn. 9.

12 Allgemeine Meinung; vgl. nur Baumbach/*Hueck/Hueck/Fastrich*, § 19 Rn. 10.

Jede **nachträgliche Änderung** einer bereits entstandenen Einlageverpflichtung hat das Stundungsverbot des Abs. 2 zu berücksichtigen (siehe Rn. 23 ff.).

2. Einforderung durch Gesellschaft

Sofern nicht bereits bei Gründung oder Kapitalerhöhung Volleinzahlung vereinbart wurde oder soweit der Gesellschaftsvertrag die über die Mindesteinzahlungen hinausgehende Einzahlungspflicht nicht abschließend festlegt, erfolgt die Einforderung von Einzahlungen auf Geschäftsanteile nach Maßgabe der Regelungen in der Satzung, bei Fehlen solcher durch Gesellschafterbeschluss (§ 46 Nr. 2). 16

Die **Satzung** kann Regelungen zur Einforderung der ausstehenden Einlagen sowie zur Fälligkeit der Einlageleistung enthalten, etwa zu welchen Terminen oder unter welchen Voraussetzungen die Bareinlageleistungen der Gesellschafter fällig sind. Die Einforderungsbefugnis, die gesetzlich der Gesellschafterversammlung gem. § 46 Nr. 2 zusteht, kann auf ein anderes Organ, in der Praxis meist auf den Geschäftsführer, übertragen werden.[13] 17

In der **Insolvenz** der Gesellschaft, bei **Pfändung** und **Liquidation** wird die Resteinlage im Interesse des Gläubigerschutzes auch ohne einen Einforderungsbeschluss der Gesellschafter auf Anforderung des Insolvenzverwalters bzw. Pfändungsgläubigers oder Liquidators fällig.[14] Dringender Kapitalbedarf alleine rechtfertigt hingegen weder die Vorverlagerung der satzungsgemäß bestimmten Fälligkeit noch die Entbehrlichkeit eines Einforderungsbeschlusses.[15] 18

Wird ein Einlagebetrag ohne Rücksicht auf Abs. 1 eingefordert, so ist der Gesellschafterbeschluss **anfechtbar**, sofern eine Abweichung nicht durch die Satzung oder Zustimmung der betroffenen Gesellschafter gedeckt ist. Unterlässt der Gesellschafter die rechtzeitige Anfechtung der Einforderung, so kann er gegen die darauf gestützte Anforderung durch den Geschäftsführer nicht mehr vorgehen.[16] 19

Zahlt ein Gesellschafter ein, obwohl die Anforderung gegen Abs. 1 verstößt, so kann er den Einzahlungsbetrag **nicht zurückverlangen**, sondern nur bei künftigen Anforderungen verrechnen.[17]

3. Anforderung durch den Geschäftsführer

Neben der Einforderung durch die Gesellschaft ist die Anforderung durch den Geschäftsführer beim Gesellschafter erforderlich (siehe Muster Rn. 77).[18] Die Anforderung ist eine einseitige empfangsbedürftige Willenserklärung. Die Satzung kann Regelungen zur Form treffen. Ohne eine solche Regelung ist sie formlos wirksam. Die Anforderung durch den Geschäftsführer in der Ausführung der Einforderungsentscheidung bewirkt die **Fälligkeit** der Einzahlungsbeträge.[19] Die Anforderung ist als Ausführungshandlung des Geschäftsführers zum Gesellschafterbeschluss stets erforderlich.[20] Legt bereits die Satzung Zahlungszeitpunkt und Zahlungshöhe so fest, dass keine 20

13 Die Übertragung auf ein anderes Organ erfordert eine eindeutige Regelung, wobei in der Satzung die Formulierung „die Reststammeinlage ist nach Anforderung durch die Geschäftsführung fällig" in der Regel nicht ausreichen soll; Lutter/Hommelhoff/*Bayer* § 19 Rn. 10 unter Hinweis auf BGH DStR 1996, 111.

14 Allgemeine Meinung: Scholz/*Schmidt*, § 46 Rn. 53: teleologische Reduktion des § 46 Nr. 2; vgl. auch Lutter/Hommelhoff/*Bayer*, § 19 Rn. 9; Roth/Altmeppen/*Roth*, § 19 Rn. 7.

15 Teilweise anders Roth/Altmeppen/*Roth*, § 19 Rn. 9.

16 Baumbach/Hueck/*Hueck/Fastrich*, § 19 Rn. 11.

17 Scholz/*Schneider/Westermann*, § 19 Rn. 25; Baumbach/Hueck/*Hueck/Fastrich*, § 19 Rn. 11.

18 Dies gilt auch bei Anforderung von Verzugszinsen und bei der Kaduzierung.

19 Es schließt sich z.B. Zinspflicht nach § 20 an, vgl. dort Rn. 4.

20 Streitig, teilweise wird auf Anforderung verzichtet, wenn der betroffene Gesellschafter bei der Beschlussfassung über die Einforderung anwesend war, so Lutter/Hommelhoff/*Bayer*, § 19 Rn. 9 („bloße Förmelei"); anders: Baumbach/Hueck/*Hueck/Fastrich*, § 19 Rn. 7.

Konkretisierung mehr notwendig ist, ist die Anforderung durch den Geschäftsführer zur Herbeiführung der Fälligkeit entbehrlich.[21]

Ist der Einforderungsbeschluss der Gesellschafter unwirksam oder fehlt er ganz, so ist die Anforderung durch den Geschäftsführer ebenfalls unwirksam.[22]

4. Ordnungsgemäßes Bewirken der Zahlung durch den Gesellschafter

21 Die Leistung der Zahlung hat **unverzüglich** nach ordnungsgemäßer Ein- und Anforderung durch die Gesellschaft zu erfolgen. Gesellschafter kann Auskunft verlangen, sofern Anforderung gleichmäßige Inanspruchnahme der Gesellschafter nicht erkennen lässt, und kommt vor ordnungsgemäßer Auskunftserteilung nicht in Verzug.[23] **Leistungsverpflichtet** ist derjenige, der im Zeitpunkt der Anforderung gegenüber der Gesellschaft als Gesellschafter gilt. Ein früherer Gesellschafter haftet über § 22, Mitgesellschafter über § 24. Neben dem Treuhänder haftet auch der Treugeber (vgl. zur Treuhandschaft § 1 Rn. 27 ff.). Die Zahlung eines Dritten befreit den Zahlungspflichtigen von seiner Zahlungspflicht.

22 Die Leistung hat so zu erfolgen, dass der Geschäftsführer **endgültig frei über den Betrag verfügen** kann.[24] Es gilt das zur Mindesteinzahlung Gesagte entsprechend (siehe § 7 Rn. 14 ff.). Es liegt keine wirksame Leistung vor, wenn die Leistung umgehend an den Gesellschafter zurückfließen soll. Die Zahlung darf nicht mit Mitteln der Gesellschaft erfolgen (siehe Rn. 60). Bei einem **Hin- und Herzahlen** fehlt es an einem ordnungsgemäßen Bewirken der Leistung, sofern nicht die Ausnahme des Abs. 5 eingreift (siehe Rn. 57 ff.). Zum Problem der Einzahlung auf ein **debitorisches Konto** siehe § 7 Rn. 20.

II. Einlagepflichten der Gesellschafter (Abs. 2 und 3)

1. Keine Befreiung der Gesellschafter von der Einlagepflicht

a) Grundsatz

23 Abs. 2 stellt den Grundsatz der **realen Kapitalaufbringung** auf. Die Gesellschafter können von ihrer Verpflichtung, die Einlage zu erbringen, nicht durch ein Rechtsgeschäft mit der Gesellschaft befreit werden. Den Gesellschaftern ist im Interesse des Gläubigerschutzes alles verboten, was die Pflicht zur Kapitalaufbringung beeinträchtigen könnte. Das Verbot erstreckt sich auf alle Leistungspflichten der Gesellschafter im Zusammenhang mit der Erbringung der Einlage (siehe Rn. 5 f.). Das Verbot gilt für Bareinlagen und Sacheinlagen gleichermaßen (zu den Ausnahmen vgl. Rn. 36 bei Kapitalherabsetzung). Rechtsgeschäfte, die gegen Abs. 2 verstoßen, sind nichtig.

Wird eine **Sacheinlage überbewertet**, so unterliegt der Zuzahlungsanspruch des § 9 ebenfalls dem Befreiungsverbot des Abs. 2 (siehe § 9 Rn. 3). Abs. 2 gilt analog für die **Erstattung verbotener Rückzahlungen** (siehe § 31 Rn. 29). In der Insolvenz gilt Abs. 2 für den **Insolvenzverwalter**.[25]

b) Übersicht über den Regelungsgegenstand des Abs. 2

24 Abs. 2 verbietet den **Erlass** einer Einlageforderung (siehe Rn. 27), die **Stundung** (siehe Rn. 28), die **Aufrechnung** (siehe Rn. 31 ff.) gegen die Einlageforderung und die Geltendmachung eines **Zurückbehaltungsrechts** an der Einlageleistung (siehe Rn. 30).

---

21 Allgemeine Meinung: Baumbach/Hueck/*Hueck/Fastrich*, § 20 Rn. 3, wonach dies neben Verzinsungspflicht nach § 20 auch Fälligkeit im Sinne des § 16 Abs. 2 auslöst; Lutter/Hommelhoff/*Bayer*, § 19 Rn. 8.

22 Scholz/*Winter*, § 20 Rn. 10; selbst dringender Kapitalbedarf ermächtigt nicht zur selbstständigen Einforderung durch den Geschäftsführer: Baumbach/Hueck/*Hueck/Fastrich*, § 19 Rn. 8.

23 Baumbach/Hueck/*Hueck/Fastrich*, § 19 Rn. 11.

24 So Baumbach/Hueck/*Hueck/Fastrich*, § 19 Rn. 12 f.; a.A. Lutter/Hommelhoff/*Bayer*, § 19 Rn. 12 (mangels Anwendbarkeit von §§ 7 Abs. 2, 8 Abs. 2); ebenso: Scholz/*Schneider/Westermann*, § 19 Rn. 112; Roth/Altmeppen/*Roth*, § 19 Rn. 16 (vgl. zur Zahlung direkt an einen Gläubiger der GmbH, auch dort Rn. 18).

25 Scholz/*Schneider/Westermann*, § 19 Rn. 35; Michalski/*Ebbing*, § 19 Rn. 35; Ulmer/Habersack/Winter/*Ulmer*, § 19 Rn. 46.

Nicht von dem Verbot des Abs. 2 erfasst sind die Abtretung (§ 398 BGB), die Leistung an Dritte (§§ 362 Abs. 2, 185 BGB),[26] die Verpfändung und die Pfändung, wenn der Erlös, der an die Gesellschaft zurückfließt, vollwertig ist.

aa) Verbot der Leistung an Erfüllungs statt

Zusätzlich zu der Regelung in Abs. 2 bestand nach bisherigem Recht in Abs. 5 a.F. Alt. 1 das Verbot der Leistung an Erfüllungs statt. Nach allgemeiner Auffassung betraf die erste Alternative des Abs. 5 a.F. die Leistung an Erfüllungs statt i.S.d. § 364 BGB.[27] Eine Leistung an Erfüllungs statt liegt dann vor, wenn auf eine im Gesellschaftsvertrag vereinbarte Geldleistung eine Sacheinlage erbracht werden soll oder wenn auf eine vereinbarte Sachleistungspflicht ein anderer als der ursprünglich vereinbarte Sacheinlagegegenstand erbracht werden soll. Dies war nach bisherigem Recht nicht zulässig. Nunmehr hat der Gesetzgeber die Rechtsfolgen einer verdeckten Sacheinlage neu bewertet (siehe Rn. 37 ff.). In diesem Zuge ist das Verbot einer Leistung an Erfüllungs statt des Abs. 5 a.F. entfallen.[28] 25

bb) Weiteres Aufrechnungsverbot

Daneben stellte Abs. 5 a.F. Alt. 2 ein weiteres Aufrechnungsverbot auf. Dieses weitere Aufrechnungsverbot des Abs. 5 Alt. 2 ist durch das MoMiG inhaltsgleich in Abs. 2 n.F. überführt worden.[29] Erfasst wird wie bisher der Fall einer ordnungsgemäß vereinbarten und damit auch der Prüfung durch das Registergericht unterworfenen sog. **Sachübernahme**, bei der vereinbart wird, dass die Gesellschaft einen Vermögensgegenstand übernimmt und die Vergütung auf die Einlagepflicht des Gesellschafters angerechnet werden soll oder ein Gesellschafter im Rahmen einer Kapitalerhöhung eine Forderung gegen die Gesellschaft als Sacheinlage unter Wahrung der Voraussetzungen der §§ 56 Abs. 2, 19 Abs. 4 einbringt. Die Überführung in Abs. 2 n.F. ist sachgerecht, da die Vorschrift schon bisher eine Ergänzung zu dem Aufrechnungsverbot in Abs. 2 a.F. darstellte und eine Aufrechnung des Gesellschafters ohne Rücksicht auf die Vollwertigkeit zuließ. 26

c) Befreiungsverbote im Einzelnen

aa) Erlass, Verzicht

Unzulässig ist der Erlass (§ 397 Abs. 1 BGB, auch in Form des negativen Schuldanerkenntnisses, § 397 Abs. 2 BGB) oder der Verzicht auf die Einlageforderung. Auch ein Erlass oder Verzicht auf **Gewährleistungsansprüche** bei Sacheinlagen ist unzulässig.[30] 27

bb) Stundung

Unzulässig ist ferner die Stundung als rechtsgeschäftliches Hinausschieben der Fälligkeit. Unzulässig ist auch ein Zahlungsaufschub wegen Zahlungsunfähigkeit des Einlageschuldners, ebenso in der Insolvenz die Einbeziehung in einen Insolvenzplan.[31] Es handelt sich nicht um eine Stundung, wenn die Einlage wegen der Festsetzung späterer Einzahlungszeitpunkte in der Satzung oder durch Beschluss noch nicht fällig ist.[32] Unterlässt der Geschäftsführer die Einforderung fälliger Ein- 28

---

26 Vgl. zur Kapitalaufbringung in der GmbH & Co. KG ausführlich BGHZ 174, 370; Lutter/Hommelhoff/*Bayer*, § 19 Rn. 41 ff.

27 Zum bisherigen Recht: Baumbach/Hueck/*Hueck/Fastrich*, 18. Aufl., § 19 Rn. 28.

28 Vgl. RegE MoMiG, BT-Drucks. 16/6140, S. 39. A. A. Baumbach/Hueck/*Hueck/Fastrich*, § 19 Rn. 28, 53, wonach Annahme an Erfüllungs Statt nicht per se schuldtilgende Wirkung hat, sondern abweichend von § 364 Abs. 1 BGB nur in dem Umfang, in dem nach § 19 Abs. 4 Anrechnung erfolgt. Für ein Entfallen des Verbots der Annahme an Erfüllungs statt wegen Neubewertung der verdeckten Sacheinlage durch MoMiG-Gesetzgeber: Scholz/*Veil*, Nachtrag MoMiG, § 19 Rn. 13. Roth/Altmeppen/*Roth*, § 19 Rn. 25, wonach die nicht i.S.d. Abs. 4 verabredete Annahme an Erfüllungs statt nach Maßgabe der Vollwertigkeit eine Anrechnungswirkung entfalten kann.

29 Vgl. RegE MoMiG, BT-Drucks. 16/6140, S. 39.

30 Baumbach/Hueck/*Hueck/Fastrich*, § 19 Rn. 19.

31 Roth/Altmeppen/*Roth*, § 19 Rn. 23; Scholz/*Schneider/Westermann*, § 19 Rn. 48.

32 Anders aber die nachträgliche Verlängerung von Zahlungsfristen; vgl. Scholz/*Schneider/Westermann*, § 19 Rn. 45; Ulmer/Habersack/Winter/*Ulmer*, § 19 Rn. 58.

lagebeträge, so soll dies keine unzulässige Stundung sein, wohl aber, wenn er sich zu so einem Verhalten verpflichtet.[33]

cc) Vergleich

29 Die herrschende Meinung lässt einen Vergleich nach § 779 BGB über die Einlageverpflichtung zu, wenn er der Beseitigung von Streit oder Ungewissheit ernsthaft durch gegenseitiges Nachgeben dient.[34] Insoweit ist die Schiedsfähigkeit von Einlageforderungen anzuerkennen.

dd) Zurückbehaltungsrecht

30 Zurückbehaltungsrechte sind bei **Barleistungen** unzulässig. Das Verbot ergibt sich zwar nicht ausdrücklich aus Abs. 2, ist aber aus dem Normzweck heraus notwendig.[35] Bei **Sachleistungen** kann nach Abs. 2 Satz 3 ein Zurückbehaltungsrecht nur wegen Forderungen geltend gemacht werden, die sich unmittelbar auf den Sacheinlagegegenstand beziehen. Dies ist etwa ein Anspruch auf Verwendungsersatz nach §§ 273 Abs. 2, 1000 BGB. Kaufmännische Zurückbehaltungsrechte des HGB (§§ 369, 370 HGB) reichen ebenso wenig wie § 273 Abs. 1 BGB.[36]

ee) Aufrechnung

31 Eine **Aufrechnung durch den Gesellschafter** gegen die Einlageforderung ist nur zulässig mit einer Forderung aus der Überlassung von Vermögensgegenständen, deren Anrechnung auf die Einlageverpflichtung nach § 5 Abs. 4 Satz 1 vereinbart worden ist. Ansonsten ist die Aufrechnung durch den Gesellschafter unzulässig.[37] Das **Aufrechnungsverbot** gilt unabhängig davon, ob bei wirtschaftlicher Betrachtung der Gesellschaft ein Vermögenswert zugeführt wird, der der übernommenen Einlageforderung entspricht. Das Aufrechnungsverbot gilt auch für **Umsatzgeschäfte** (vgl. Rn. 40).[38]

32 Der Geldeinlageanspruch der Gesellschaft besteht – vorbehaltlich der Regelung in Abs. 5 n.F. (siehe Rn. 57 ff.) – fort. Im Gegensatz zur alten Rechtslage, bei der der Geldeinlageanspruch der Gesellschaft auch dann weiter bestand, wenn der Gesellschaft bei wertmäßiger Betrachtung das zur Kapitaldeckung notwendige Kapital bereits zugeflossen ist, darf der Gesellschafter nach neuer Rechtslage den von ihm geleisteten Sacheinlagewert auf seine grundsätzlich fortbestehende Bareinlageverpflichtung **anrechnen**. Im Insolvenzverfahren der Gesellschaft hat er somit nicht mehr die gesamte Geldeinlage (vorbehaltlich einer nachträglichen Heilung) noch einmal zu leisten, sondern nur den fehlenden Wert bis zur Kapitalziffer zu ergänzen, wobei die Beweislast für die Werthaltigkeit der Sacheinlage beim Gesellschafter liegt. Bisher war strittig, ob das Aufrechnungsverbot auch die Fälle des **Hin- und Herzahlens** erfasst.[39] Dieser Streit hat sich mit der Neuregelung in Abs. 5 erledigt.

33 Beim Aufrechnungsverbot ist grundsätzlich zwischen **Altforderungen** und **Neuforderungen** zu differenzieren.[40] Hat der Gesellschafter zur Zeit der Begründung der Einlagepflicht (Gründung oder Kapitalerhöhung) eine (Alt-) Forderung gegen die Gesellschaft (Vergütung für eine Sachleistung des Gesellschafters oder eine andere Forderung, z.B. aus Gesellschafterdarlehen), so darf der Gesellschafter nicht aufrechnen, wenn die Forderung sacheinlagefähig (zur Sacheinlagefähigkeit

---

33 Baumbach/Hueck/*Hueck/Fastrich*, § 19 Rn. 21; Scholz/*Schneider/Westermann*, § 19 Rn. 46.
34 BGH, ZIP 2004, 1616; Scholz/*Schneider/Westermann*, § 19 Rn. 49 (teilweise abweichend und differenzierend nach Vergleichsgegenstand); Baumbach/Hueck/*Hueck/Fastrich*, § 19 Rn. 20; Roth/Altmeppen/*Roth*, § 19 Rn. 23; Lutter/Hommelhoff/*Bayer*, § 19 Rn. 20.
35 Allgemeine Meinung, vgl. nur Baumbach/Hueck/*Hueck/Fastrich*, § 19 Rn. 41.
36 Allgemeine Meinung, vgl. nur Ulmer/Habersack/Winter/*Ulmer*, § 19 Rn. 83.
37 Scholz/*Schneider/Westermann*, § 19 Rn. 53; Baumbach/Hueck/*Hueck/Fastrich* § 19 Rn. 30 ff.; Roth/Altmeppen/*Roth*, § 19 Rn. 29.
38 Teilweise großzügiger für normale Umsatzgeschäfte des Alltags: Roth/Altmeppen/*Roth*, § 19 Rn. 42 auch zur Vorgängervorschrift; differenzierend auch: Baumbach/Hueck/*Hueck/Fastrich*, § 19 Rn. 32; vgl. auch Lutter/Hommelhoff/*Bayer*, § 5 Rn. 38 ff.
39 Ausführlich zur bisherigen Rechtslage: Ulmer/Habersack/Winter/*Ulmer*, § 19 Rn. 105 ff.
40 Scholz/*Schneider/Westermann*, § 19 Rn. 117 ff.

siehe § 5 Rn. 59) gewesen wäre.[41] Insofern liegt eine **verdeckte Sacheinlage** vor (vgl. zu den Rechtsfolgen nach neuem Recht Rn. 37). Entsteht hingegen die Forderung erst nach der Begründung der Einlagepflicht (Neuforderung), so ist die Aufrechnung nur dann ausgeschlossen, wenn bei Begründung der Einlageverpflichtung die nachträgliche Begründung einer an sich sacheinlagefähigen Forderung des Gesellschafters gegen die Gesellschaft beabsichtigt oder abgesprochen ist.[42] Hier liegt ein Fall des **Hin- und Herzahlens** vor (vgl. Rn. 57).

Schon nach bisherigem Recht war die Aufrechnung seitens des Gesellschafters zugelassen worden, wenn seine Gegenforderung aus einer Sachübernahme stammt, die gem. §§ 5 Abs. 4 (§ 19 Abs. 5 a.F.), § 55 Abs. 1, § 56 Abs. 1 beurkundet ist und die wegen der Gleichstellung mit der Sacheinlage gem. § 7 Abs. 3 vor der Eintragung bewirkt sein muss. Dies folgt aus Abs. 5 a.F., der *lex specialis* zu Abs. 2 war. 34

Die **Aufrechnung durch die Gesellschaft** mit der Einlageforderung des Gesellschafters verbietet Abs. 2 nicht ausdrücklich. Nach herrschender Auffassung gilt aber auch hier wegen des Grundsatzes der realen Kapitalaufbringung ein grundsätzliches Aufrechnungsverbot.[43] Hieran hat auch die Neuregelung nichts geändert; für die Abwicklung gilt nunmehr § 19 Abs. 4. 35

Eine Ausnahme soll nur bei vollwertigen, fälligen (§ 271 BGB) und unbestrittenen Gegenforderungen gelten.[44] Hieran hat die Reform nichts geändert.[45] Vollwertigkeit ist gegeben, wenn die Gesellschaft im Zeitpunkt der Aufrechnung in der Lage ist, alle fälligen Forderungen zu erfüllen, also nicht bei Zahlungsunfähigkeit (§ 17 Abs. 2 InsO) oder Überschuldung (§ 19 Abs. 2 InsO). Anders ist dies nur bei der Festsetzung von Sacheinlagen; hier kann die Gesellschaft ohne Rücksicht auf die Vollwertigkeit aufrechnen. Dann greift allerdings die Differenzhaftung nach §§ 9, 56 Abs. 2.[46]

2. Einlagepflicht bei Kapitalherabsetzung (Abs. 3)

Als **Ausnahme** vom Verbot der Einlagenbefreiung darf bei einer Kapitalherabsetzung der Betrag, um den das Stammkapital im Rahmen eines ordnungsgemäßen Verfahrens nach § 58 herabgesetzt worden ist, an den Gesellschafter ausbezahlt werden (siehe § 58 Rn. 1). 36

III. Behandlung verdeckter Sacheinlagen (Abs. 4)

Die bisherige Rechtsprechung im Kapitalaufbringungsrecht führt nach der Regierungsbegründung zum MoMiG zu Rechtsunsicherheit und Einschränkungen in der wirtschaftlichen Betätigung der Gesellschaft.[47] Das MoMiG dereguliert mit seinen Regelungen zur verdeckten Sacheinlage und zum Hin- und Herzahlen das bisher stark formalisierte Kapitalaufbringungsrecht. Während bisher verdeckte Sacheinlagen nach Abs. 5 nicht zu einer Befreiung von der Einlageverpflichtung führten, ändert der Gesetzgeber nunmehr die Bewertung der Rechtsfolgen einer verdeckten Sacheinlage. Der Regierungsentwurf des MoMiG hatte zur verdeckten Sacheinlage noch eine wirksame Erfüllung der Bareinlageschuld durch die verdeckte Sacheinlage (Erfüllungslösung) vorgeschlagen.[48] 37

---

41 Baumbach/Hueck/*Hueck/Fastrich*, § 19 Rn. 34 ff. Ggf. sollen die Rechtsfolgen des Abs. 4 analog heranzuziehen sein, vgl. Ulmer/Habersack/Winter/*Casper*, Ergänzungsband MoMiG, § 19 Rn. 21; die Aufrechnung zulassend Scholz/*Veil*, Nachtrag MoMiG, § 19 Rn. 9; *Schall*, ZGR 2009, 126.

42 Zur Aufrechenbarkeit von Neuforderungen durch die Gesellschaft Baumbach/Hueck/*Hueck/Fastrich*, § 19 Rn. 37 ff.

43 H.M., jedenfalls bezüglich Mindesteinlagen, siehe statt aller: Scholz/*Schneider/Westermann*, § 19 Rn. 61.

44 Ausführlich: Scholz/*Schneider/Westermann*, § 19 Rn. 71 ff.; Michalski/*Ebbing*, § 19 Rn. 60 ff.; Lutter/Hommelhoff/*Bayer*, § 19 Rn. 27.

45 Scholz/*Veil*, Nachtrag MoMiG, § 19 Rn. 7, der die Aufrechnung unabhängig davon zulässt, ob es sich um eine Alt- oder eine Neuforderung handelt; teilweise a. A. Lutter/Hommelhoff/*Bayer*, § 19 Rn. 27, der Aufrechnung gegen Altforderung (wie bisher) als unzulässig erachtet.

46 Bei Aufrechnung durch die Gesellschaft vgl. Baumbach/Hueck/*Hueck/Fastrich*, § 19 Rn. 33. Scholz/*Schneider/Westermann*, § 19 Rn. 136.

47 Begr. RegE MoMiG, BT-Drucks. 16/6140, S. 40.

48 Begr. RegE MoMiG, BT-Drucks. 16/6140, S. 40.

Aufgrund der Kritik der Literatur an dieser Lösung[49] hat sich der Gesetzgeber nunmehr auf Vorschlag des Rechtsausschusses für eine **Anrechnungslösung** entschieden.[50]

1. Verdeckte Sacheinlage als Erweiterung des Aufrechnungsverbots

38 Die herrschende Meinung erstreckte das Aufrechnungsverbot des Abs. 5 a.F. auf solche Forderungen, die keine Vergütungsansprüche darstellten, mit der Begründung, dass auch diese Forderungen als Sacheinlagen hätten eingebracht werden müssen (verdeckte oder verschleierte Sacheinlage). Es sollte damit erreicht werden, dass jede Sachleistung auf eine Bareinlageverpflichtung ausgeschlossen ist. Dies entsprang der Befürchtung, dass Sacheinlagegegenstände überbewertet würden und deren Einlage somit die Aufbringung des Stammkapitals der Gesellschaft gefährdete.

a) Tatbestand

39 Rechtsprechung und Literatur haben die Tatbestandsmerkmale der verdeckten Sacheinlage in jahrelanger Konturierungsarbeit herausgearbeitet, wobei über die Grundsätze heutzutage weitgehend Einigkeit besteht und lediglich Einzelheiten noch ungeklärt bzw. strittig sind.[51]

40 Eine verdeckte Sacheinlage liegt vor, wenn ein **unmittelbarer sachlicher und zeitlicher Zusammenhang** zwischen der Begründung[52] oder Erfüllung der Bareinlagepflicht und dem entsprechenden Gegengeschäft besteht (**objektiver Tatbestand**)[53] – wobei überwiegend davon ausgegangen wird, dass ein Zeitraum von mehr als sechs Monaten zwischen Bareinlage und Verkehrsgeschäft den erforderlichen Zusammenhang entfallen lässt – und in **subjektiver Hinsicht** eine Abrede zwischen den Gesellschaftern, die den wirtschaftlichen Erfolg einer Sacheinlage umfasst.[54] Der objektive sachliche und zeitliche Zusammenhang begründet eine tatsächliche Vermutung für das Bestehen solcher Abreden und damit eine Beweislastumkehr zulasten des Einlegers.[55] Eine Umgehungsabsicht der Beteiligten gehört dagegen nicht zum Tatbestand der verdeckten Sacheinlage.[56]

b) Legaldefinition (Abs. 4 Satz 1 Hs. 1)

41 Es ist davon auszugehen, dass der Gesetzgeber den Tatbestand der verdeckten Sacheinlage, wie er in Rechtsprechung und Literatur herausgearbeitet worden ist, ins Gesetz ohne sachliche Änderungen im Tatbestand überführen wollte. Da die Rechtsprechung nach dem Willen des MoMiG-Gesetzgebers weiterhin frei ist, „die Voraussetzungen der verdeckten Sacheinlage innerhalb der gegebenen Definition zu entwickeln und Beweisregeln mit Zeitfaktoren zu verbinden"[57], wird man die bisher entwickelten Rechtsprechungsregeln auch weiter heranziehen können.

Abs. 4 Satz 1 Hs. 1 übernimmt demgemäß diese in Rechtsprechung und Literatur entwickelten Kriterien in das Gesetz. Nach der **neuen Legaldefinition** in Abs. 4 Satz 1 Hs. 1 liegt eine verdeckte Sacheinlage dann vor, wenn eine Geldeinlage eines Gesellschafters bei wirtschaftlicher Betrachtung und aufgrund einer im Zusammenhang mit der Übernahme der Geldeinlage getroffenen Abrede vollständig oder teilweise als Sacheinlage zu bewerten ist.

---

49 *Bormann/Urlichs*, GmbHR 2008, 119; *Büchel*, GmbHR 2007, 1065; *Drygala*, NZG 2007, 561; *Priester*, ZIP 2008, 55; *Ulmer*, ZIP 2008, 45.

50 Vgl. RegE MoMiG, BT-Drucks. 16/6140, S. 40 und BT-Drucks. 16/9737.

51 Lutter/Hommelhoff/*Bayer*, § 19 Rn. 49 ff.; Michalski/*Ebbing*, § 19 Rn. 133 ff.; Roth/Altmeppen/*Roth*, § 19 Rn. 40 ff.

52 Unerheblich ist, ob GmbH mittels einer selbst ausgearbeiteten Satzung oder mittels Musterprotokoll gegründet wird, Ulmer/Habersack/Winter/*Casper*, Ergänzungsband MoMiG, § 19 Rn. 48.

53 BGH GmbHR 2003, 1051; Lutter/Hommelhoff/*Bayer*, § 5 Rn. 52; Baumbach/Hueck/*Hueck/Fastrich*, § 19 Rn. 49.

54 BGHZ 152, 37; Scholz/*Schneider/Westermann*, § 19 Rn. 126 und Rn. 77; gewöhnliche Umsatzgeschäfte können mangels Abrede aus dem Tatbestand der verdeckten Sacheinlage herausfallen.

55 BGH GmbHR 2003, 231; 2006, 43.

56 H.M., vgl. nur Baumbach/Hueck/*Hueck/Fastrich*, § 19 Rn. 49.

57 Begr. RegE MoMiG, BT-Drucks. 16/6140, S. 41.

2. Fallgruppen

Klassische Fälle verdeckter Sacheinlagen sind die Verrechnungsfälle, bei denen die Gesellschafter Waren liefern oder Dienstleistungen für die Gesellschaft erbringen und der Entgeltanspruch mit der Einlageforderung verrechnet wird. Die Forderung des Gesellschafters muss zum Zeitpunkt der Begründung der Einlageverpflichtung bereits entstanden sein und als Sacheinlage eingebracht werden können. Von den Grundsätzen der verdeckten Sacheinlagen erfasst werden auch Darlehen der Gesellschafter,[58] Abreden über Anrechnung künftiger Gewinnansprüche, künftiger Ansprüche aus Geschäftsführervergütungen und Rückzahlungen von Gesellschafterdarlehen.[59] Es können auch **Dritte** in die Umgehungsgeschäfte einbezogen sein, wenn die Zahlung an den Dritten die gleiche Wirkung wie eine Leistung an den Gesellschafter selbst hat.[60] Keine verdeckte Sacheinlage liegt vor, wenn es zu keinem unmittelbaren oder mittelbaren Kapitalrückfluss an den Einleger kommt.[61] **42**

Hinzukommen muss eine im Zusammenhang mit der Übernahme der Geldeinlage getroffene Abrede. Bei einer Einmann-GmbH reicht ein entsprechendes Vorhaben des Alleingesellschafters.

Keine verdeckte Sacheinlage liegt vor, wenn mit der Bareinlage ein Darlehen abgelöst wird, für dessen Rückzahlung sich der Inferent verbürgt hat.[62] Zur Abgrenzung von verdeckter Sacheinlage und Hin- und Herzahlen im Cash-Pool, vgl. BGH v. 20.7.2009, II ZR 273/07, BB 2009, 2108, wobei für Unterscheidung maßgeblich sein soll, ob Konto der Tochter im Zeitpunkt der Einlageleistung im Soll geführt wird (dann verdeckte Sacheinlage), wird das Konto dagegen im Haben geführt, handelt es sich um ein Hin- und Herzahlen.

Die Grundsätze der verdeckten Sacheinlage sind nicht auf **Dienstleistungen** anzuwenden, die der Gesellschafter nach Leistung der Bareinlage entgeltlich erbringen soll. Eine Umgehung der Sacheinlagevorschriften kann in einem solchem Vorgehen nicht gesehen werden. **43**

Dieses Ergebnis lässt sich nach dem BGH daraus herleiten, dass nur Einlagefähiges verdeckt eingelegt werden kann, was sich wiederum aus der eingeschränkten Vollstreckbarkeit von Dienstleistungsversprechen ergebe.[63] In Betracht kommen kann allerdings ein Hin- und Herzahlen.

Fälle des **Hin- und Herzahlens** (siehe zu den gesetzlichen Sonderregeln zum Hin- und Herzahlen Rn. 57) liegen vor, wenn die Gesellschafter die Einlage zur Begleichung von Entgeltansprüchen gegen die Gesellschaft zurückerhalten[64] oder wenn die Gesellschaft den als Bareinlage erhaltenen Betrag in Form eines Darlehens an den Gesellschafter zurückreicht. Hierbei handelt es sich nicht zugleich um verdeckte Sacheinlagen.[65] **43 a**

3. Rechtsfolgen nach bisherigem Recht

a) Keine Befreiung von der Einlagepflicht; Unwirksamkeit des Verkehrsgeschäfts

Nach bisherigem Recht wurde der Gesellschafter von seiner Pflicht zur Leistung der Bareinlage nicht frei, wenn er bei vereinbarter Bareinlagepflicht eine Sacheinlage an die Gesellschaft erbrachte oder vonseiten des Gesellschafters eine Aufrechnung mit einer für die Überlassung von Vermögensgegenständen zu gewährenden Vergütung vorgenommen wurde. Auch der Vertrag über den Sachwert und alle Verfügungen, die zur Ausführung des Verkehrsgeschäfts getroffen wurden, wurden als nichtig angesehen (§ 27 Abs. 3 Satz AktG analog).[66] Die Rechtsprechung war der Auffassung, dass nicht nur das schuldrechtliche, sondern auch das dingliche Geschäft unwirksam ist. Ver- **44**

58 BGHZ 153, 107.
59 BGHZ 110, 47 für die AG.
60 BGHZ 125, 141; LG Dresden, GmbHR 2001, 29; auch Rechtsgeschäfte mit vom Einleger abhängigen Unternehmen; vgl. BGH ZIP 2007, 178; BGHZ 53, 107.
61 BGHZ 171, 113.
62 BGH v. 12.4.2011, II ZR 17/10, BB 2011, 1804.
63 BGH v. 16.2.2009, II ZR 120/07, DNotZ 2009, 766 (Qivive).
64 BGHZ 125, 141.
65 BGHZ 165, 113; Ulmer/Habersack/Winter/*Ulmer*, § 19 Rn. 54; *Drygala*, NZG 2007, 561.
66 BGHZ 28, 317; 155, 329; Baumbach/Hueck/*Hueck/Fastrich*, 18. Aufl., § 19 Rn. 41; Ulmer/Habersack/Winter/*Ulmer*, § 19 Rn. 133.

einbarten die Gesellschafter im Gesellschaftsvertrag eine Geldeinlagepflicht, obwohl sie in Wirklichkeit eine Sacheinlage erbringen wollten, so war die beurkundete Erklärung als Scheingeschäft gem. § 117 BGB nichtig. Die gewollte Vereinbarung hingegen war wegen Formmangels nichtig.

Unerheblich sollte auch sein, dass der auf die unwirksame Sacheinlage vereinbarte Kaufpreis vielfach höher war als die Bareinlageverpflichtung.[67]

b) Rückabwicklungsmöglichkeiten

45 Das nichtige Verkehrsgeschäft sollte nach **Bereicherungsrecht** rückabgewickelt werden, soweit nicht der an die Gesellschaft verkaufte Einlagegegenstand wegen der Nichtigkeit der Erfüllungsgeschäfte herauszugeben war.[68] Mit dem Bereicherungsanspruch aus der unwirksamen Einzahlung konnte der Gesellschafter nicht gegen die fortbestehende Einlageforderung aufrechnen (Abs. 2 und 5 a.F.). Da die Gesellschaft wegen der Unwirksamkeit des dinglichen Geschäfts nicht wirksam Eigentum an dem verdeckt eingelegten Gegenstand erworben hat, hatte der einlegende Gesellschafter immerhin einen Aussonderungsanspruch nach § 47 InsO hinsichtlich des fehlerhaft eingelegten Gegenstands. Die **Wertermittlung** bezog sich auf den Zeitpunkt der Anmeldung der Satzungsänderung. Eine zwischen Einlage und Anmeldung eingetretene Wertminderung aufgrund Alters oder aufgrund Beschädigung war somit zum Nachteil des Gesellschafters zu berücksichtigen.

c) Heilungsmöglichkeiten

46 Seit der grundlegenden Entscheidung des BGH vom 4.3.1996[69] war anerkannt, dass die verdeckte Sacheinlage mit Wirkung *ex nunc* durch Satzungsänderung geheilt werden kann. Hierbei wurde die Bareinlageverpflichtung in eine **Sacheinlageverpflichtung umgewidmet**.

Die Heilungsmöglichkeiten liefen allerdings vielfach ins Leere, da sie voraussetzten, dass bereits vor einer wirtschaftlichen Schieflage der Gesellschaft eine Einlage als verdeckte Sacheinlage aufgedeckt wurde. In der Praxis wurde dies allerdings meist erst durch den Insolvenzverwalter aufgedeckt.

Die Möglichkeit zur Heilung einer verdeckten Sacheinlage bleibt durch die gesetzliche Neuregelung des Rechts der verdeckten Sacheinlage und die Einführung der Anrechnungslösung grundsätzlich unberührt. Jeder Gesellschaft steht es frei, verdeckte Sacheinlagen nachträglich offenzulegen, sofern sie dies später bemerkt.

> **!** Die **nachträgliche Heilung einer verdeckten Sacheinlage** erfordert: (1.) einen Gesellschafterbeschluss über die nachträgliche Änderung zur Sacheinlage mit satzungsändernder Mehrheit (2.) unter Angabe des Einlegers und des Gegenstands der Sacheinlage, die anstelle der Bareinlage erbracht worden ist. Darüber hinaus ist (3.) ein privatschriftlicher, von allen Geschäftsführern und dem betroffenen Gesellschafter zu erstattender Bericht über die Änderung der Einlagendeckung und (4.) ein Nachweis der Vollwertigkeit der Sacheinlage zu erbringen. Die Umwidmung ist mit (5.) der Versicherung der Geschäftsführer, dass die Sacheinlage werthaltig ist und der Gesellschaft überlassen ist, (6.) zum Handelsregister anzumelden.

d) Keine Heilung in der Insolvenz

47 Wurde die verdeckte Sacheinlage durch den Insolvenzverwalter in der Insolvenz der Gesellschaft bemerkt, war die Einlage nach altem Recht durch den Gesellschafter grundsätzlich nochmals in bar

67 BGH ZIP 2008, 788 – Rheinmöve (zur AG); BGH ZIP 2007, 1751 – Lurgi (zur AG).
68 BGH ZIP 2007, 1751 – Lurgi (zur AG).
69 GmbHR 1996, 351.

zu leisten. **Mitgesellschafter** hafteten über die Grundsätze der Ausfallhaftung (§ 24), **Anteilserwerber** über die Rückgriffstatbestände des § 22.

e) Bewertung

Diese Rechtsfolgen wurden – trotz der von der Rechtsprechung zugelassenen Heilungsmöglichkeiten – in Literatur und Praxis kritisiert.[70] Sie wurden überwiegend als überzogen und als hart für die Gesellschafter beurteilt. Selbst bei Gesellschaftern, die im Grundsatz redlich mit dem Vermögen der Gesellschaft umgehen wollten, aber rechtlich nicht beraten waren, konnte wegen der Komplexität der Regelungen nicht ohne Weiteres erwartet werden, dass diese und deren Rechtsfolgen bekannt waren. **48**

4. Alternative Vorschläge zur Regelung der Rechtsfolgen der verdeckten Sacheinlage

Der Regierungsentwurf für das MoMiG sah für § 19 Abs. 4 noch eine Erfüllungslösung vor.[71] Eine verdeckte Sacheinlage sollte der Erfüllung der Bareinlagepflicht nicht entgegenstehen, sondern nur eine Differenzhaftung des Gesellschafters mit Beweislastumkehr eingreifen, wenn der Wert der verdeckten Sacheinlage nicht den Wert der geschuldeten Bareinlage erreicht. Die Erfüllungslösung ist nicht zuletzt wegen der Kritik[72] aus Literatur und Praxis nicht Gesetz geworden. **49**

Es wurde daneben auch eine Neuordnung der Kapitalaufbringung nach dem Vorbild der Kommanditistenhaftung als reine Wertleistungspflicht vorgeschlagen.[73] Die Unterscheidung zwischen Bar- und Sacheinlagen, präventive Registerkontrolle und Differenzierung zwischen Kapitalaufbringung und Kapitalerhaltung sollte nach dieser Auffassung ersatzlos entfallen. Diese Lösung wurde auf dem Deutschen Juristentag mit großer Mehrheit abgelehnt. **50**

5. Rechtsfolge nach dem MoMiG: Anrechnungslösung (Abs. 4)

a) Anrechnung

Die Pflicht, die Bareinlage zu leisten, besteht nach der Neuregelung durch das MoMiG grundsätzlich fort; der Gesellschafter wird von der Einlagepflicht nicht etwa befreit (Abs. 4 Satz 1). Auch die Unterscheidung zwischen Bareinlage und Sacheinlage sowie verdeckter Sacheinlage wird beibehalten. Nach aktueller Rechtslage wird jedoch der Wert einer verdeckt eingebrachten Sacheinlage auf die Bareinlagepflicht des Gesellschafters angerechnet (Abs. 4 Satz 3). Das Gesetz stellt weiter klar, dass die Verträge über die Sacheinlage und die Rechtshandlungen zu ihrer Ausführung entgegen bisheriger Rechtsprechung nicht unwirksam sind (Abs. 4 Satz 2). Die Anrechnung erfolgt automatisch per Gesetz, ohne dass es einer Willenserklärung der Gesellschafter oder eines Anrechnungsbeschlusses bedürfte. **51**

Dogmatisch könnte es sich bei der Anrechnung um eine nachträglich eintretende Erfüllung (§ 362 BGB), eine gesetzlich angeordnete Leistung an Erfüllungs statt (§ 364 Abs. 1 BGB), eine Leistung erfüllungshalber (§ 364 Abs. 2 BGB), einen Vorteilsausgleich ähnlich § 326 Abs. 2 Satz 2 BGB, eine Parallele zur Differenzhaftung bei einer offenen Sachübernahme oder um ein verrechnungsähnliches Erfüllungssurrogat eigener Art handeln. [74] **51a**

Unverändert sind die tatbestandlichen Voraussetzungen (vgl. § 38 ff.) der Gesellschafter bleibt zur erneuten Leistung der Bareinlage verpflichtet, wobei auf deren Wert der Wert des eingebrachten Vermögensgegenstandes anzurechnen ist. Das Schicksal der ursprünglichen Einlageforderung bestimmt sich nach allgemeinen Grundsätzen, etwa Haftung nach §§ 24, 16 Abs. 2. **51b**

---

70 Begr. RegE MoMiG, BT-Drucks. 16/6140, S. 29, 40; vgl. nur *Maier-Reimer/Wenzel*, ZIP 2008, 1449; *Veil*, ZIP 2007, 1241 („katastrophal").

71 Begr. RegE MoMiG, BT-Drucks. 16/6140, S. 40.

72 Vgl. nur *Kallmayer*, DB 2007, 2755; *Priester*, ZIP 2008, 55 (dort auch ablehnend zur Haftung nach dem Vorbild der Kommanditistenhaftung); *Winter*, in: FS-Priester, 2007, 867 (für Anrechnungslösung).

73 Vgl. zu dem Vorschlag *Priester*, ZIP 2008, 55.

74 Zweifelnd Baumbach/Hueck/*Hueck/Fastrich*, § 19 Rn. 61 f. Vgl. auch Lutter/Hommelhoff/*Bayer*, § 19 Rn. 71; Scholz/*Veil*, Nachtrag MoMiG, § 19 Rn. 19.

aa) Anrechnungswert

52 Der Sachwert des Einlagegegenstands und die (ggf. verbleibende) Geldeinlagepflicht ergeben zusammen den Wert der Einlage. Wird ein Geschäftsanteil zum Nennwert ausgegeben, so erfolgt die Anrechnung gegen den Nennwert. Bei Vereinbarung eines **Agios** erfolgt die Anrechnung gegen den gesamten Ausgabebetrag einschließlich des satzungsgemäß oder schuldrechtlich vereinbarten Aufgelds.[75]

Der Inferent kann über die Anrechnung hinaus nicht auch die Rückerstattung seiner Barleistung verlangen. Der Anspruch aus § 812 Abs. 1 Satz 2 Alt. 1 BGB ist mit der Anrechnung mit abgegolten.[76] Abs. 4 Satz 3 schließt als Sonderregelung das Bereicherungsrecht aus.[77]

52a Ist der Wert der verdeckt eingelegten Sache **negativ**, so bleibt die Bareinlageverpflichtung unverändert bestehen. Eine Anrechnung kommt dann nicht in Betracht, daneben besteht ggf. die Differenzhaftung entsprechend § 9 Abs. 1.[78]

Entspricht der Wert der eingelegten Sache dem dafür angesetzten Kaufpreis und ist der Kaufpreis für die verdeckt eingelegte Sache niedriger als die Einlageleistung, so bezieht sich die Anrechnung nur auf den Teil der Einlageleistung, der durch den Rückfluss an den Einleger neutralisiert wurde (teilweise verdeckte Sacheinlage).[79]

Die Anrechnung kann nur auf den Teil der Einlage vorgenommen werden, der bereits fällig ist. Der Teil der Einlageleistung, der durch die Gesellschaft noch nicht fällig gestellt wurde, bleibt unverändert.[80]

Zur Frage, ob ein überhöht angesetzter Kaufpreis zu einer verdeckten Gewinnausschüttung führt, siehe § 29 Rn. 42 ff.

Hat ein Gesellschafter mehrere Geschäftsanteile übernommen und wurde nur ein Austauschgeschäft vereinbart, so ist die Anrechnung auf alle Geschäftsanteile zu erstrecken, ggf. proportional nach dem Verhältnis der geleisteten Einlagebeträge.[81]

bb) Sonderfall: Verdeckte gemischte Sacheinlage

53 Übersteigt die von der Gesellschaft zu erbringende Gegenleistung bei dem Verkehrsgeschäft den Betrag der Bareinlage (verdeckte gemischte Sacheinlage), so muss der Wert der Sacheinlage der Gegenleistung entsprechen, damit eine vollständige Anrechnung in Betracht kommt. Ist der Wert der eingebrachten Sache hingegen niedriger als die dafür angesetzte Gegenleistung, darf die Anrechnung des Werts der verdeckt eingelegten Sache auf die Bareinlageverpflichtung nicht zu Lasten des übrigen Gesellschaftsvermögens gehen.[82] Vor einer Anrechnung muss daher von dem tatsächlichen Wert der eingelegten Sache der Betrag abgezogen werden, den die Gesellschaft über den Nominalbetrag der Bareinlage hinaus als Gegenleistung aufgewendet hat.[83] Wenn die Differenz aus Kaufpreis und tatsächlichem Wert der verdeckt eingelegten Sache sogar den Einlagebetrag übersteigt, so muss nach einer Ansicht in der Literatur der Einleger die Differenz in bar einlegen (Differenzhaftung gemäß § 9 Abs. 1).[84] Anderer Ansicht ist der BGH, der §§ 30, 31 zur Anwendung bringt.[85]

75 Vgl. *Maier-Reimer/Wenzel*, ZIP 2008, 1451.
76 Str., a. A. Scholz/*Veil*, Nachtrag MoMiG, § 19 Rn. 36,; teilweise wird § 812 Abs. 1 S. 1 Alt. 1 BGB für anwendbar gehalten, vgl. *Veil/Werner*, GmbHR 2009, 729.
77 *Ulmer*, ZIP 2009, 293, 298; Lutter/Hommelhoff/*Bayer*, § 19 Rn. 71; für eine Anwendbarkeit von § 818 Abs. 3 BGB (Wegfall der Bereicherung) *Pentz*, in: FS Karsten Schmidt, S. 1265.
78 *Müller*, NZG 2011, 761.
79 Vgl. auch Ulmer/Habersack/Winter/*Casper*, Ergänzungsband MoMiG, § 19 Rn. 76.
80 *Maier-Reimer/Wenzel*, ZIP 2009, 1185.
81 Ulmer/Habersack/Winter/*Casper*, Ergänzungsband MoMiG, § 19 Rn. 66.
82 BGHZ 185, 44; *Veil/Werner*, GmbHR 2009, 729.
83 BGHZ 185, 44; a. A. Baumbach/Hueck/*Hueck/Fastrich*, § 19 Rn. 56.
84 Vgl. zu dieser Fallgestaltung *Maier-Reimer/Wenzel*, ZIP 2008, 1451 (mit Beispiel); Lutter/Hommelhoff/*Bayer*, § 19 Rn. 77.
85 BGHZ 185, 44.

cc) Leistungsstörungen und Mängel

Rechtshindernde Einwendungen führen dazu, dass die Anrechnung nicht erfolgen kann, selbst wenn das nichtige Austauschgeschäft vollzogen wird, der Gesellschafter ist weiterhin zur Erbringung der Bareinlage verpflichtet.[86] **53a**

Bei Ausübung des Rücktrittsrechts wegen Mängeln der verdeckt eingelegten Sache kommt die Anrechnung ebenfalls nicht in Betracht. Darf die Gesellschaft mindern, so ändert dies an der grundsätzlichen Anrechenbarkeit nichts, reduziert aber den Anrechnungswert (zum Anrechnungswert vgl. auch Rn. 53).

b) Maßgeblicher Zeitpunkt der Anrechnung

Maßgebender Zeitpunkt der Anrechnung ist die Eintragung der Gesellschaft in das Handelsregister oder der Zeitpunkt der Überlassung, falls diese nach der Eintragung erfolgt (Abs. 4 Satz 3). Dies ist eine zusätzliche Sanktionierung einer vorsätzlich begangenen verdeckten Sacheinlage, um zu verhindern, dass der Geschäftsführer für den Fall, dass der Sachwert bereits vor der Anmeldung eingebracht wurde, nicht nach § 8 Abs. 2 versichern kann, dass die Einlagepflicht des Gesellschafters ordnungsgemäß (über die Wertanrechnung) erfüllt worden sei. Gibt er dennoch vorsätzlich eine entsprechende Versicherung ab, so erfüllt er den Straftatbestand des § 82. Die Haftung des Geschäftsführers nach § 43 bleibt unberührt. **54**

c) Beweislast

Der verdeckt Einlegende muss den Wert der Sacheinlage im Zeitpunkt der Anrechnung beweisen. Da der Anspruch auf erneute Zahlung der Einlage häufig erst geraume Zeit später geltend gemacht wird, wird dies den Einlegenden häufig vor Beweisschwierigkeiten stellen. In geeigneten Fällen wird sich ggf. die zeitnahe Beauftragung eines Wertgutachtens empfehlen.[87] **55**

d) Anmeldung

Der Geschäftsführer darf nicht die Versicherung nach § 8 abgeben, die Einlage sei erbracht, da im Zeitpunkt der Anmeldung die Anrechnung noch nicht erfolgt ist. Bei Offenlegung besteht Eintragungshindernis, § 9 c Abs. 1 Satz 1. **56**

e) Anwendbarkeit von Abs. 4 auf UG

Fraglich ist, ob Abs. 4 auf UG Anwendung findet. Soweit dies verneint wird, wird auf das gesetzliche Verbot der Sacheinlage bei der UG hingewiesen,[88] das bei Anwendbarkeit weitgehend leerlaufen würde, und für die Anwendung der vor MoMiG geltenden Rechtsprechungsregeln in ihrer älteren oder neueren Form plädiert.[89] Die besseren Gründe sprechen aber dafür, eine Anwendbarkeit zu bejahen, da es trotz Verbots der Sacheinlage auch bei der UG tatsächlich zu einer verdeckten Sacheinlage kommen kann, und nicht nachzuvollziehen ist, warum die Gesellschafter einer UG insofern schlechter gestellt sein sollten.[90] **56a**

IV. Hin- und Herzahlen (Abs. 5)

Ein Hin- und Herzahlen liegt vor, wenn der Einlegende die auf seine Einlageschuld fällige Bareinlage leistet, aber sich die alsbaldige Rücküberweisung von der Gesellschaft vorbehält. Die **zeitliche Abfolge** des Hin- und Herzahlens ist nicht entscheidend, es kann auch zuerst zu einer Auszahlung und sodann zu einer Rückzahlung aufgrund einer Stammkapitalverpflichtung kommen.[91] Ein Hin- **57**

---

86 Ulmer/Habersack/Winter/*Casper*, Ergänzungsband MoMiG, § 19 Rn. 82.
87 Kritisch zum Beweiswert eines solchen Gutachtens, Ulmer/Habersack/Winter/*Casper*, Ergänzungsband MoMiG, § 19 Rn. 85 auch unter dem Aspekt der späteren eingeschränkten Nachprüfbarkeit der zugrunde gelegten Prämissen.
88 Vgl. *Bohrmann*, GmbHR 2007, 897.
89 Baumbach/Hueck/*Hueck/Fastrich*, § 5a Rn. 12.
90 So Lutter/Hommelhoff/*Lutter*, § 5a Rn. 13; Roth/Altmeppen/*Roth*, § 5a Rn. 20.
91 Sogenanntes Her- und Hinzahlen; vgl. OLG Hamm v. 7.11.2007 – 8 U 39/07.

und Herzahlen liegt auch vor, wenn dem Einleger der Bareinlagebetrag von der Gesellschaft aufgrund einer bei Begründung der Einlageforderung bestehenden Abrede wieder zurückgezahlt wird, z.B. als Darlehen.[92] Dies erfasst auch die Fälle des **Cash Pools**, in den vergangenen Jahren häufig Gegenstand von gerichtlichen Entscheidungen waren.[93] Die Vorschrift findet auch dann Anwendung, wenn die Leistung an ein vom Gesellschafter beherrschtes Unternehmen erfolgt.[94] Voraussetzung ist weiterhin eine **Vereinbarung** i.d.R. zwischen Gesellschaft und Gesellschafter über die Leistung an den Gesellschafter und zwar in zeitlicher Hinsicht vor der Einlageleistung.[95]

58 Ein Fall des Hin- und Herzahlens liegt hingegen nicht vor, wenn ohne zeitlichen und sachlichen Zusammenhang mit der Einlageleistung die Gesellschaft dem Einlegenden ein Darlehen gewährt; dies steht der Erfüllungswirkung der Einlageleistung nicht entgegen. Allenfalls ist an einen Verstoß gegen § 30 und einer Rückgewährpflicht nach § 31 zu denken, wenn die Darlehensgewährung aus gebundenem Vermögen erfolgt (siehe § 30 Rn. 5 ff.).

59 Das Hin- und Herzahlen ist **kein Fall der verdeckten Sacheinlage**, da der Darlehensanspruch gegen den Gesellschafter wegen der fehlenden Aussonderung der Mittel aus dem Vermögen des Gesellschafters nicht als sacheinlagefähig angesehen wird.[96] Erfolgt der Rückfluss teils auf Altdarlehen, teils auf Neudarlehen, so ist der auf das Altdarlehen entfallende Betrag als verdeckte Sacheinlage, sonst als Hin- und Herzahlen zu qualifizieren.

59a Fraglich ist die Anwendbarkeit des Abs. 5 auf die UG, die sich in gleicher Weise wie bei der Anwendbarkeit des Abs. 4 (vgl. dort) stellt.

1. Grundsatz

60 Die **Einlageleistung** war bei einem Hin- und Herzahlen bisher grundsätzlich **nicht wirksam** erbracht, da es an der freien Verfügung der Geschäftsführers über die eingelegten Mittel fehlt.[97] Zahlt der Gesellschafter in bar auf eine Bareinlageverpflichtung ein und wird die gezahlte Summe aufgrund einer Abrede bei der Einzahlung unmittelbar oder mittelbar an den Gesellschafter zurückgegeben, so lag nach der Rechtsprechung bisher keine Erfüllung der Bareinlageverpflichtung vor. **Erfüllungswirkung** trat allerdings ein, wenn das Darlehen an die Gesellschaft **zurückgezahlt** wurde.[98]

61 Das MoMiG bringt in **Abs. 5** eine Sonderregelung für das Hin- und Herzahlen in das Gesetz. Im Sinne einer bilanziellen Betrachtungsweise soll eine Verwendungsabrede, die wirtschaftlich nicht als eine Rückgewähr der Einlage zu werten ist, nicht zu einem Verstoß gegen die Regeln der Kapitalaufbringung führen.[99] Der Standort in § 19 Abs. 5 soll die systematische Nähe zur verdeckten Sacheinlage verdeutlichen.[100] Die Sonderregelung des Abs. 5 ist als **Komplementärregelung** zu § 30 Abs. 1 Satz 2 Alt. 2 n.F. zu sehen, mit dem der Cash Pool aus Sicht der Kapitalerhaltung legalisiert werden soll (siehe § 30 Rn. 21).[101]

62 In Durchbrechung des Grundsatzes realer Kapitalaufbringung erlaubt der neu eingefügte Abs. 5 die Rückgewähr der zunächst geleisteten Einlage an den Gesellschafter, soweit die Forderung der Gesellschaft an den Gesellschafter (aus Darlehen o.Ä.) vollwertig ist. Das Gesetz trifft hier eine Sonderregelung für den Cash Pool, weil es sich um eine im Grunde wirtschaftlich vernünftige Gestal-

---

92 BGH, NZG 2003, 168; OLG Köln, NJW-RR 2000, 1480.
93 BGH, ZIP 2006, 665; BGH, DK 2006, 382.
94 Scholz/*Veil*, Nachtrag MoMiG, § 19 Rn. 65.
95 Scholz/*Veil*, Nachtrag MoMiG, § 19 Rn. 66.
96 BGHZ 165, 113. Auf Dienstleistungen, die ein Gesellschafter nach Leistung einer Bareinlage entgeltlich erbringen soll, ist Abs. 5 nicht anwendbar, BGH, DNotZ 2009, 766.
97 Baumbach/Hueck/*Hueck/Fastrich*, 18. Aufl., § 19 Rn. 10, kritisch zur Neuregelung: *Drygala*, NZG 2007, 564 („gekünstelt") und mit dem Vorschlag, ein werthaltiges Darlehen gegen den Inferenten als sacheinlagefähig anzusehen.
98 BGH GmbHR 2006, 43.
99 Begr. RegE MoMiG, BT-Drucks. 16/6140, S. 35.
100 BT-Drucks. 16/9737; vgl. auch *Seibert*, ZIP 2008, 1208; kritisch: *Priester*, ZIP 2008, 55; vgl. auch *Mayer*, in: FS-Priester, 2007, S. 445.
101 Zur Kapitalaufbringung im Cash Pool: *Bayer/Lieder*, GmbHR 2006, 449.

tung handelt,[102] die durch die Regeln der realen Kapitalaufbringung und deren Anwendung durch den BGH auf diesen Bereich nach der Auffassung der Literatur zu Unrecht behindert wurde.[103]

2. Voraussetzungen der wirksamen Einlageleistung

a) Rückgewähranspruch ist vollwertig

Der Rückgewähranspruch muss vollwertig sein (Abs. 5 Satz 1). Der Rückgewähranspruch ist nicht **63** vollwertig, wenn das Vermögen des Gesellschafters die Verbindlichkeiten unter Einschluss der Gesellschafterforderung nicht mehr deckt. An einer Vollwertigkeit mangelt es auch, wenn der Gesellschafter nicht in der Lage ist, alle fälligen Verbindlichkeiten einschließlich des Rückzahlungsanspruchs an die Gesellschaft zu befriedigen.[104] Es kommt auf die objektive Sicht an, nicht auf die subjektive Einschätzung der Beteiligten.

b) Fällig oder jederzeit kündbar

Es kommen nur fällige Ansprüche in Betracht, da der Gesellschafter bei nicht fälligen Ansprüchen **64** noch nicht zur Leistung verpflichtet ist und daher eine Abzinsung auf den Gegenwartswert vorgenommen werden müsste.[105]

Der Rückgewähranspruch der Gesellschaft muss jederzeit fällig sein oder fällig gestellt werden können. Auf diese Weise fallen Darlehen mit längeren Laufzeiten aus der Regelung heraus, da nach der Vorstellung des Gesetzgebers die Prognose der Vollwertigkeit bei diesen Forderungen nur schwer zu treffen ist.

c) Liquide

Auch wenn sich dies nicht ausdrücklich aus dem Gesetzeswortlaut ergibt, so muss der Rückge- **65** währanspruch im Interesse einer ordnungsgemäßen Kapitalaufbringung auch liquide, also unbestritten sein. Einreden oder Einwendungen stehen einer Anwendbarkeit des Abs. 5 entgegen.[106]

d) Maßgeblicher Zeitpunkt

Maßgeblicher Zeitpunkt, zu dem der Rückgewähranspruch vollwertig zu sein hat, ist der der **66** Anmeldung der Gründung oder der Kapitalerhöhung beim Handelsregister.[107] Eine nachträgliche Verschlechterung des Anspruchs ist unschädlich, der Geschäftsführer wird aber ggf. Anspruch fällig stellen und geltend machen müssen.

e) Offenlegung in der Anmeldung

Der Vorgang ist in der Anmeldung nach § 8 offenzulegen (Abs. 5 Satz 2). Eine **Werthaltigkeits- 67** **prüfung** durch das Registergericht findet grundsätzlich nicht statt.[108] Legt der Geschäftsführer den Vorgang entgegen Abs. 5 Satz 2 nicht offen, so erfüllt er den Tatbestand des § 82. Nimmt er irrig die Vollwertigkeit oder die Fälligkeit an, so ist die Erklärung falsch. Hinsichtlich der Strafbarkeit

---

102 Probleme können vermieden werden, wenn Forderungen aus dem Cash Pool im Wege einer förmlichen Sachkapitalerhöhung eingebracht werden. Notwendig ist hierzu die Herausnahme aus dem Cash Pool, damit die Einlageforderung isoliert werden kann. Weiter könnte auch an virtuelles Cash-Pooling gedacht werden; vgl. zu Praxisvorschlägen auch *Mayer*, in: FS-Priester, 2007, S. 445.

103 Vgl. nur *Mayer*, in: FS-Priester, 2007, S. 445.

104 Zum Begriff der Vollwertigkeit vgl. Scholz/*Schneider/Westermann*, § 19 Rn. 76; Lutter/Hommelhoff/*Bayer*, § 19 Rn. 91, 95; Scholz/*Priester*, § 56 Rn. 59; Baumbach/Hueck/*Hueck/Fastrich*, § 19 Rn. 76. Unter Hinweis auf die vom Gesetzgeber angestrebte Rückkehr zur bilanziellen Betrachtungsweise bejaht Scholz/*Veil*, Nachtrag MoMiG, § 19 Rn. 68 Vollwertigkeit nur, wenn Forderung bilanziell zu 100 % angesetzt werden darf.

105 Vgl. Ulmer/Habersack/Winter/*Ulmer*, § 19 Rn. 73.

106 Str., vgl. oben *Hecht*, § 7 Fn. 62. sowie *Priester*, ZIP 2008, 55; *Maier-Reimer/Wenzel*, ZIP 2008, 1449.

107 A. A. Baumbach/Hueck/Hueck/Fastrich, § 19 Rn. 79; Scholz/*Veil*, Nachtrag MoMiG, § 19 Rn. 69: bei Erbringung der Leistung der Gesellschaft an den Gesellschafter.

108 A.A. bei Zweifeln des Gerichts über die Vollwertigkeit: *Maier-Reimer/Wenzel*, ZIP 2008, 1449.

nach § 82 bei Irrtum des Geschäftsführers siehe § 82 Rn. 32 bis 34. Die Offenlegung ist Wirksamkeitsvoraussetzung für die Erfüllungswirkung.[109]

3. Ergänzende Heilungsmöglichkeiten der Rechtsprechung

68 Sofern die Voraussetzungen für eine wirksames Hin- und Herzahlen nicht vorliegen, finden die Heilungsmöglichkeiten der Rechtsprechung auf den Sachverhalt Anwendung. Dies bedeutet, dass die Einlage dann erbracht ist, wenn das Darlehen an die Gesellschaft zurückgezahlt ist.[110]

4. Kein vollwertiger Rückgewähranspruch

69 Liegt kein vollwertiger Rückgewähranspruch vor, so findet die Sonderregelung des Abs. 5 keine Anwendung. Der Einlageanspruch der Gesellschaft ist noch nicht erfüllt. Es findet nicht etwa eine Anrechnung in Höhe der tatsächlichen Einbringlichkeit der Forderung statt.

V. Verjährung (Abs. 6)

70 Die Einlageforderungen der Gesellschaft verjährten ursprünglich in der 30-jährigen Regelverjährungsfrist (§§ 195, 198 BGB a.F.). Durch die Schuldrechtsreform ist diese Verjährungsvorschrift, mangels Sonderregelung, zunächst auf drei Jahre verkürzt worden (§§ 195, 199 Abs. 1 BGB). Dies führte allerdings zu einem Wertungswiderspruch mit der vom GmbHG festgelegten fünfjährigen Verjährungsfrist der Ansprüche, die die Kapitalaufbringung absichern (vgl. § 9 Abs. 2 a.F.). Zudem war der kenntnisabhängige Verjährungsbeginn mit den Regeln der Kapitalaufbringung und dem Gedanken des Gläubigerschutzes nur schwer vereinbar.[111] Das Verjährungsanpassungsgesetz[112] hat eine Regelung in Abs. 6 Satz 1 geschaffen und die Verjährungsfrist auf zehn Jahre seit der Entstehung verlängert, ist also zur objektiven Anknüpfung zurückgekehrt.

71 Abs. 6 Satz 2 bestimmt, dass bei Eröffnung des Insolvenzverfahrens bei unverjährten Forderungen eine **Ablaufhemmung** von sechs Monaten eintritt, um dem Insolvenzverwalter die Möglichkeit der Prüfung der Ansprüche zu geben.

Nach herrschender Auffassung ist unter „Entstehung" trotz des entgegenstehenden Wortlauts in Abs. 6 Satz 1 die **Fälligkeit** der Einlageforderung zu verstehen.[113]

72 Von der Verjährungsregelung erfasst sind alle **Einlageforderungen**. Hierzu zählen Bar- und Sacheinlagen, auch (Rest-)Ansprüche, soweit den verdeckten Sacheinlagen keine Erfüllungswirkung zukommt. Ebenso bei Fällen des Hin- und Herzahlens, die nicht von Abs. 5 erfasst werden. Nicht erfasst werden andere Ansprüche, z.B. Nebenleistungen und Agio. Hierfür gelten die allgemeinen Regeln (§§ 195, 199 Abs. 1 BGB).

73 Die **Überleitungsvorschrift** des Art. 229 § 12 EGBGB wirft zahlreiche Zweifelsfragen auf, die auch durch die Rechtsprechung noch nicht abschließend geklärt sind.[114] Im Ergebnis wird man die 30-jährige Verjährungsfrist der §§ 195, 198 BGB a.F. auf alle Einlageforderungen anwenden können, die vor Ablauf des 31.12.1981 fällig geworden sind. Forderungen, die nach dem 31.12.1981 fällig geworden sind, verjähren in der zehnjährigen Verjährungsfrist des Abs. 6 Satz 1, wobei nur der ab 1.1.2002 verstrichene Zeitraum zu berücksichtigen ist.[115]

VI. Abdingbarkeit

74 **Abs. 1** als Ausprägung des allgemeinen Gleichbehandlungsgrundsatzes gilt nur im Innenverhältnis der Gesellschafter und steht zu deren **Disposition**.[116] Die Gesellschafter können in der Satzung

109 BGH, NZG 2009, 944, NJW 2009, 2375; a.A. Baumbach/Hueck/Hueck/Fastrich, § 19 Rn. 80.
110 BGH GmbHR 2006, 43.
111 Baumbach/Hueck/*Hueck/Fastrich*, § 19 Rn. 84.
112 BGBl. I 2004, S. 3214.
113 Baumbach/Hueck/*Hueck/Fastrich*, § 19 Rn. 12; Roth/Altmeppen/*Roth*, § 19 Rn. 119.
114 BGH NZG 2008, 311; hierzu *Herrler*, ZIP 2008, 568.
115 BGH NZG 2008, 311.
116 Ulmer/Habersack/Winter/*Ulmer*, § 19 Rn. 3; Baumbach/Hueck/*Hueck/Fastrich*, § 19 Rn. 1.

oder durch Gesellschaftervereinbarung abweichende Regelungen aufstellen. Die übrigen Regelungen in den **Abs. 2 bis 6** sind dagegen **nicht abdingbar**, da sie der Aufbringung des Stammkapitals und damit dem Gläubigerschutz dienen. Abweichende Regelungen zuungunsten der Gesellschaftsgläubiger sind nicht zulässig.[117] Die Rechtsfolgen der Regelungen treten unabhängig davon ein, ob die Gesellschafter deren Geltung herbeiführen wollen oder nicht.

VII. Intertemporales Recht

Nach der Übergangsvorschrift des § 3 Abs. 4 EGGmbHG gelten die neuen Abs. 4 und 5 auch für Altfälle, soweit diese nicht durch rechtskräftiges Urteil oder eine wirksame Vereinbarung nach altem Recht geregelt sind. Die Regelung führt zu einer verfassungsrechtlich nicht zu beanstandenden unechten Rückwirkung bzw. tatbestandlichen Rückanknüpfung.[118] 75

C. Weitere praktische Hinweise

Die nach der gesetzlichen Neuregelung (§ 19 Abs. 4 Satz 2) wirksamen Rechtsgeschäfte im Rahmen einer verschleierten Sachgründung sind grundsätzlich auch der **Besteuerung** zugrunde zu legen. Es handelt sich also um (u.U. teilentgeltliche) Veräußerungen, die zur vollständigen Aufdeckung der stillen Reserven der an die Gesellschaft übertragenen Wirtschaftsgüter führen. Soweit für die Einlage eine **Gegenleistung** vereinbart wird (z.B. ein Kaufpreis), handelt es sich um eine entgeltliche Veräußerung. Der unentgeltliche Teil ist als verdeckte Einlage zu behandeln (vgl. § 6 Abs. 6 Satz 2 EStG); bei Wirtschaftsgütern aus dem Betriebsvermögen führt dies zu einer steuerpflichtigen Entnahme zum Teilwert.[119] 76

Die Voraussetzungen einer steuerneutralen Einbringung gegen Gewährung von Gesellschaftsrechten i.S.v. § 20 UmwStG sind durch eine verschleierte Sachgründung nicht erfüllt. Auch die Anrechnung der Sacheinlage auf die geschuldete Bareinlagepflicht gem. § 19 Abs. 4 Satz 3 führt nicht zu einer steuerlichen Gleichstellung mit der offenen Sacheinlage, weil es an dem von § 20 Abs. 1 UmwStG vorausgesetzten Verhältnis von Leistung und Gegenleistung zwischen Sacheinlage und Anteilsgewährung („… dafür …") fehlt. Wem eine Sachgründung oder -kapitalerhöhung zu aufwendig ist, kann sich nach neuerer Rechtsprechung die Rechtswohltat der Steuerneutralität auch durch eine Bargründung oder -kapitalerhöhung mit der Verpflichtung sichern, den Unternehmensteil (Betrieb, Teilbetrieb, Mitunternehmeranteil) als Aufgeld zu erbringen.[120]

D. Muster

Muster: Ein- und Anforderungsschreiben des Geschäftsführers 77

Sehr geehrte/-r …, 12

als Gesellschafter haben Sie einen Geschäftsanteil in Höhe von … EUR bei Gründung/durch Anteilsabtretung/aus Kapitalerhöhung/im Wege des Erbgangs/durch Auseinandersetzung/etc. (Nichtzutreffendes streichen) erworben. Auf die Einlage ist bisher ein Betrag in Höhe von … EUR eingezahlt worden. Durch Festsetzung in der Satzung/aufgrund Gesellschafterbeschlusses bin ich (eigenverantwortlich) zur Einforderung eines weiteren Teilbetrags/des Restbetrags in Höhe von … EUR aufgerufen.

Ich bitte Sie daher, den angeforderten Betrag bis spätestens … auf das Konto der Gesellschaft bei der …-Bank, Konto-Nr. … einzuzahlen.

117 Baumbach/Hueck/*Hueck/Fastrich*, § 19 Rn. 1.
118 BGH, NJW 2010, 1948 (AdCoCom).
119 Vgl. BFH BStBl. II 2005, S. 378 und DStR 2010, 371.
120 BFH BStBl. II 2010, S. 1094.

§ 20 Verzugszinsen

Ein Gesellschafter, welcher den auf die Stammeinlage eingeforderten Betrag nicht zur rechten Zeit einzahlt, ist zur Entrichtung von Verzugszinsen von Rechts wegen verpflichtet.

Literatur

Wachter, Auswirkungen der Schuldrechtsreform auf die GmbH-Errichtung, GmbHR 2002, 665.

A. Allgemeines

1 Die Vorschrift erleichtert die Verzinsung fälliger Bareinlageverpflichtungen im Interesse der rechtzeitigen Zahlung der auf die Geschäftsanteile geforderten Beträge. Sie ist **Sondervorschrift zu §§ 286, 288 BGB**.

Obwohl der **Begriff der Stammeinlage** nach Auffassung des MoMiG-Gesetzgebers veraltet ist und daher in der Praxis durch den Begriff der Einlage ersetzt werden sollte, behält das Gesetz an manchen Stellen den Ausdruck zur Vermeidung von Folgeänderungen, insbesondere in anderen Gesetzen, noch für eine Übergangszeit bei, so auch in § 20.

B. Inhalt der Regelung

I. Sachlicher Anwendungsbereich

2 Die in der Norm statuierte Verzinsungspflicht gilt für **sämtliche Bareinlagen** der Gesellschafter auf das Kapital. Hierzu zählen:

- Mindesteinzahlung bei Geldeinlagen
  - bei Gründung (§ 7 Abs. 2)
  - bei Kapitalerhöhung (§ 56a)
- Restbareinzahlung auf den Geschäftsanteil nach Anforderung durch den Geschäftsführer
  - bei Gründung (§ 19 Abs. 1)
  - bei Kapitalerhöhung
- Geldanteil bei gemischten Sacheinlagen
- verbleibende Bareinlageverpflichtung bei verdeckten Sacheinlagen[1]
  - auch Ansprüche bei Heilung nach altem Recht[2]
  - soweit nicht Anrechnung nach § 19 Abs. 4
  - bei vereitelter Sacheinlage

1 Bei einer Anrechnung nach § 19 Abs. 4 Satz 3 besteht die Verzinsungspflicht bis zum Zeitpunkt der Anrechnung; im Übrigen bis zur Erfüllung der Bareinlageverpflichtung oder bei Heilung durch Satzungsänderung bis zur Eintragung des Heilungsbeschlusses im Handelsregister, vgl. auch BGHZ 185, 44.

2 Hier ist nach § 3 Abs. 4 EGGmbHG wie folgt zu unterscheiden: Die Rechtslage bis zum Zeitpunkt des Inkrafttretens des MoMiG bleibt maßgeblich, sofern davor eine wirksame Vereinbarung zwischen Gesellschafter und Gesellschaft getroffen worden ist oder ein rechtskräftiges Urteil vorliegt. Der Verzinsungszeitraum ist dann der Zeitraum von der Fälligkeit der Einlageforderung bis zur Eintragung des Heilungsbeschlusses.

- Ansprüche aus Differenzhaftung
  - bei Gründung (§ 9)
  - bei Kapitalerhöhung (§§ 9, 56 Abs. 2)
- Ansprüche aus Vorbelastungshaftung[3]

Hierzu zählen nicht: 3

- Ansprüche auf Leistung von Sacheinlagen
- Nichterfüllung von Erstattungsansprüchen wegen Verstoß gegen §§ 30 ff.
- sonstige Leistungspflichten
  - Agio
  - Nebenleistungen, § 3 Abs. 2
  - Nachschüsse, §§ 26 ff.
  - Haftungsansprüche aus §§ 16 Abs. 2, 22, 24

Für diese Leistungen verbleibt es bei den allgemeinen Regeln.[4]

1. Tatbestand

a) Fälligkeit der Bareinlageverpflichtung

Fällig ist die Bareinlageverpflichtung (Rn. 2) entweder bei festem Zahlungstermin (vgl. § 286 Abs. 2 4
Nr. 1 BGB) oder bei Einforderung durch die Gesellschaft und Anforderung durch den Geschäftsführer, auch vor Eintragung der Gesellschaft (vgl. zur Einforderung § 7 Rn. 22 bis 25; § 19 Rn. 22). So kann bereits der Gesellschaftsvertrag feste Zahlungstermine vorsehen, eine zusätzliche Einforderung durch die Gesellschaft ist dann entbehrlich, jedenfalls wenn die Zahlungstermine kalendermäßig festgelegt sind.

b) Nichtleistung durch den Gesellschafter

Nach Fälligkeit hat der Gesellschafter sofort, also **so schnell wie objektiv möglich**, zu leisten 5
(§ 271 BGB).[5] Ob die Nichtleistung verschuldet ist oder nicht, ist unerheblich.

Einer **Mahnung** i.S.d. § 286 Abs. 1 Satz 1 BGB bedarf es nicht.

Der Gesellschafter hat **Leistungsverweigerungsrechte** (Einreden und Einwendungen) nach allgemeinen Regeln, z.B. die Einrede der Verjährung.

2. Rechtsfolge

§ 20 statuiert eine Verzinsungspflicht des säumigen Gesellschafters. Rechtsnachfolger werden 6
gem. § 16 Abs. 2 gebunden. Der Zinssatz beträgt 4 % gem. § 246 BGB (nicht § 352 HGB: kein Handelsgeschäft).[6] Es handelt sich – entgegen dem Wortlaut – um einen **Fälligkeitszins**, daher ist § 288 BGB nicht anwendbar.[7]

---

3 BGHZ 80, 129; Scholz/*Winter*, § 20 Rn. 3; Roth/Altmeppen/*Altmeppen*, § 20 Rn. 2 (jeweils für entsprechende Anwendung); für unmittelbare Anwendung: Baumbach/Hueck/*Hueck/Fastrich*, § 20 Rn. 2; Lutter/Hommelhoff/*Bayer*, § 20 Rn. 1.

4 Baumbach/Hueck/*Hueck/Fastrich*, § 20 Rn. 2; Scholz/*Winter/Westermann*, § 20 Rn. 3.

5 Es kann erwartet werden, dass die bei Gründung fällige Stammeinlageverpflichtung binnen zwei bis drei Tagen eingezahlt wird, vgl. OLG Oldenburg, NZG 2008, 40; Baumbauch/Hueck/*Hueck/Fastrich*, § 20 Rn. 5.

6 Allgemeine Ansicht, siehe auch OLG Oldenburg, NZG 2008, 32; Baumbach/Hueck/*Hueck/Fastrich*, § 20 Rn. 6. Scholz/*Winter/Westermann*, § 20 Rn. 17; Ulmer/Habersack/Winter/*Müller*, § 20 Rn. 43.

7 Streitig, wie hier: Roth/Altmeppen/*Altmeppen*, § 20 Rn. 10; Baumbach/Hueck/*Hueck/Fastrich*, § 20 Rn. 6; Lutter/Hommelhoff/*Bayer*, § 20 Rn. 5; wohl auch *Wachter*, GmbHR 2002, 665.

Eine **Aufrechnung** gegen den Zinsanspruch ist zulässig, da der Zinsanspruch nicht mit der Einlage gleichzusetzen ist.[8] Ebenso ist **Stundung** oder **Erlass** möglich. Es besteht keine Haftung der Mitgesellschafter nach § 24 oder der Rechtsvorgänger nach § 22.

Die **Geltendmachung weiterer Ansprüche** unter der Voraussetzung, dass die allgemeinen Verzugsvoraussetzungen vorliegen, wird durch § 20 nicht ausgeschlossen (vgl. den Grundsatz in § 288 Abs. 3 BGB).[9]

3. Bilanzierung

7 Einnahmen aus Verzugszinsen sind als **außerordentliche Erträge** i.S. der §§ 275 Abs. 2 Nr. 15 oder Abs. 3 Nr. 14, 277 Abs. 4 HBG zu verbuchen. Verwendungsbeschränkungen der Gesellschaft bestehen nicht.

II. Abdingbarkeit

8 § 20 ist nicht zwingend, da er in § 25 nicht erwähnt wird (streitig).[10] Der Gesellschaftsvertrag kann einen höheren (allgemeine Meinung) oder niedrigeren Zins festsetzen. Die Satzung kann die Verzinsung auch ganz ausschließen. Sie kann auch über die Regelung des § 20 hinaus eine Vertragsstrafe für den Fall der nicht rechtzeitigen Einzahlung vorsehen.

C. Weitere praktische Hinweise

9 Verzichtet der Geschäftsführer auf die Einforderung der zu leistenden Mindesteinlage, kommt es bei der GmbH in Höhe der dadurch nach § 20 entgangenen Verzugszinsen zu einer **verdeckten Gewinnausschüttung**.[11]

8 A.A. Michalski/*Ebbing*, § 20 Rn. 38; Lutter/Hommelhoff/*Bayer*, § 20 Rn. 6; wie hier: Scholz/*Winter/Westermann*, § 20 Rn. 29.
9 Allgemeine Ansicht, vgl. nur Lutter/Hommelhoff/*Bayer*, § 20 Rn. 6.
10 Wie hier: Baumbach/Hueck/*Hueck/Fastrich*, § 20 Rn. 1; Scholz/*Winter/Westermann*, § 20 Rn. 1; *Wachter*, GmbHR 2002, 665.
11 Niedersächsisches FG, EFG 2007, 619.

§ 21 Kaduzierung

(1) Im Fall verzögerter Einzahlung kann an den säumigen Gesellschafter eine erneute Aufforderung zur Zahlung binnen einer zu bestimmenden Nachfrist unter Androhung seines Ausschlusses mit dem Geschäftsanteil, auf welchen die Zahlung zu erfolgen hat, erlassen werden. Die Aufforderung erfolgt mittels eingeschriebenen Briefes. Die Nachfrist muß mindestens einen Monat betragen.

(2) Nach fruchtlosem Ablauf der Frist ist der säumige Gesellschafter seines Geschäftsanteils und der geleisteten Teilzahlungen zugunsten der Gesellschaft verlustig zu erklären. Die Erklärung erfolgt mittels eingeschriebenen Briefes.

(3) Wegen des Ausfalls, welchen die Gesellschaft an dem rückständigen Betrag oder den später auf den Geschäftsanteil eingeforderten Beträgen der Stammeinlage erleidet, bleibt ihr der ausgeschlossene Gesellschafter verhaftet.

Literatur

Baumann, Die Ausschließung von GmbH-Gesellschaftern, MittRhNotK 1997, 271; *Dietsch*, Besonderheiten bei Kauf und Abtretung von kaduzierten GmbH-Geschäftsanteilen, NotBZ 1999, 201; *Gehrlein*, Ausschluss und Abfindung von GmbH-Gesellschaftern, 1997; *Gehrlein*, Zum Gewinnbezugsrecht eines GmbH-Gesellschafters nach Einziehung seines Geschäftsanteils, DB 1998, 2355; *Hörstel*, Der Ausschluss des GmbH-Gesellschafters durch Kaduzierung, NJW 1994, 965; *Köhl*, Die Ausfallhaftung der Hintermänner bzw. Treugeber für nichtgeleistete Stammeinlagezahlungen, GmbHR 1998, 119; *Lergon*, Die persönliche Haftung des Gesellschafters einer GmbH, RNotZ 2003, 214; *Melber*, Die Kaduzierung in der GmbH, 1993; *Michalski/Schulenburg*, Pfändung von Kaduzierungsansprüchen und Kaduzierung bei Einmann-Gesellschaften, NZG 1999, 431; *Weigl*, Die Kaduzierung von GmbH-Geschäftsanteilen nach tschechischem und deutschem Recht, WiRO 1997, 170.

A. Allgemeines

Die §§ 21 bis 24 regeln die **Kaduzierung**. Es handelt sich um eine **Sanktionsmöglichkeit** der Gesellschaft bei nicht rechtzeitiger Einzahlung der eingeforderten Beträge auf einen Geschäftsanteil und damit um eine Maßnahme zur **Sicherung der Kapitalaufbringung**. Die Gesellschafter sollen durch das außerordentlich harte Mittel des entschädigungslosen Ausschlusses aus der Gesellschaft zur Erbringung der gesellschaftsvertraglich geforderten Beträge angehalten werden. Die Bedeutung der Kaduzierung liegt weniger in ihrer praktischen Anwendung, sondern eher in ihrer generalpräventiven Wirkung auf zahlungsunwillige Gesellschafter. 1

Liegen die Voraussetzungen der Kaduzierung vor, so ist die Gesellschaft berechtigt, aber nicht verpflichtet, das Kaduzierungsverfahren durchzuführen. Es liegt im **pflichtgemäßen Ermessen des Geschäftsführers**, alle Maßnahmen zu ergreifen, die der Gesellschaft das zugesagte Kapital sichern. Der Geschäftsführer kann stattdessen oder daneben auch das Klageverfahren gegen den säumigen Gesellschafter betreiben. Sind **mehrere Gesellschafter** säumig, darf der Geschäftsführer im Interesse der Kapitalaufbringung das jeweils vielversprechendste Mittel der Kapitalbeschaffung anwenden, insofern gibt es keine Gleichbehandlungspflicht.[1] Eine Differenzierung ohne sachlichen 2

1 Baumbach/Hueck/*Hueck/Fastrich*, § 21 Rn. 7; enger: Michalski/*Ebbing*, § 21 Rn. 58; Scholz/*Emmerich*, § 21 Rn. 14.

Grund ist ihm aber verwehrt. Wird hiergegen verstoßen, hat der betroffene Gesellschafter ein Leistungsverweigerungsrecht, § 273 BGB, so dass er nicht mehr als säumig gilt.

3 Der **Ablauf des Kaduzierungsverfahrens** ist durch die §§ 21 bis 24 zwingend vorgegeben. Nach Ausschluss des säumigen Gesellschafters (§ 21) muss die Gesellschaft zunächst die ausstehende Einlage von dessen Rechtsvorgängern einfordern (§ 22). Bleibt dies erfolglos, so kann der Geschäftsanteil sodann anderweitig verwertet werden (§ 23). Bleibt auch die Verwertung erfolglos, so haften der ausgeschlossene Gesellschafter (§ 21 Abs. 3) und nachrangig die übrigen aktuellen Gesellschafter (§ 24) für die Aufbringung der ausstehenden Einlagen.

4 **Abzugrenzen** ist die Kaduzierung von der **Einziehung des Geschäftsanteils** nach § 34, die vornehmlich dazu dient, sich von einem missliebigen Gesellschafter zu trennen. Zu unterscheiden ist die Kaduzierung schließlich von der **Preisgabe des Geschäftsanteils** (Abandon) nach § 27, der dem Gesellschafter ermöglicht, seinen Geschäftsanteil aufzugeben und sich so von einer Nachschusspflicht zu befreien.

B. Inhalt der Regelung

I. Bareinlageverpflichtung des Gesellschafters

1. Bareinlageverpflichtung

5 Die Norm ist nur bei einer Bareinlageverpflichtung des Gesellschafters anwendbar. Es gelten die gleichen Regeln wie bei § 20 (vgl. dort Rn. 2). **Keine Anwendung** findet die Vorschrift auf **Sacheinlagen**. Auch nicht auf sonstige Leistungspflichten, die Zinspflicht nach § 20 oder die Haftung der Mitgesellschafter nach § 24. Die Vorschriften finden im Falle nicht rechtzeitiger Zahlung eingeforderter **Nachschüsse** entsprechende Anwendung (§ 28).

Wird der Kaufpreis auf einen kaduzierten Geschäftsanteil nicht gezahlt, so kann der Geschäftsanteil erneut kaduziert werden. Kaduzierung kommt nicht in Betracht, wenn die Gesellschaft eine Einlageforderung abgetreten hat und dafür eine vollwertige Gegenleistung erhalten hat.[2]

2. Gesellschafter

6 Gesellschafter ist im Verhältnis zur Gesellschaft derjenige, der in die Gesellschafterliste eingetragen ist (§ 16 Abs. 1), auch derjenige, der gutgläubig nach § 16 Abs. 3 einen Geschäftsanteil erworben hat. Für alle vor Veräußerung rückständigen Leistungen haftet der Veräußerer neben dem Erwerber (§ 16 Abs. 2).

Eine Kaduzierung ist auch in der **Ein-Personen-Gesellschaft** zulässig (zur Rechtsfolge „Kein-Mann-GmbH" siehe § 33 Rn. 16).

II. Nichtleistung trotz Fälligkeit

7 Fällig ist die Bareinlageverpflichtung (siehe Rn. 5) entweder bei festem (gesellschaftsvertraglich festgelegtem) Zahlungstermin (vgl. § 286 Abs. 2 Nr. 1 BGB) oder bei Einforderung durch die Gesellschaft und Anforderung durch den Geschäftsführer, auch vor Eintragung der Gesellschaft (vgl. zur Einforderung und zur Anforderung § 19 Rn. 16 bis 20).

III. Erneute Aufforderung zur Zahlung

8 Weitere Voraussetzung der Kaduzierung ist, dass die Gesellschaft dem säumigen Gesellschafter gegenüber eine erneute Zahlungsaufforderung ausspricht. Sie wird nicht durch die Anforderung ersetzt, da mit Letzterer erst die Fälligkeit ausgelöst wird. Aus dem gleichen Grund darf die erneute Zahlungsaufforderung auch nicht mit der Anforderung des rückständigen Betrags verbunden werden. Dem säumigen Gesellschafter sollen durch die erneute Zahlungsaufforderung die Konsequen-

2 Lutter/Hommelhoff/*Bayer*, § 21 Rn. 4.

zen seines Handelns deutlich vor Augen geführt werden. Die erneute Zahlungsaufforderung darf (anders als die Anforderung) erst nach Eintragung der Gesellschaft im Handelsregister erfolgen.[3]

1. Aufforderungsberechtigter

Zuständig für die erneute Aufforderung sind die **Geschäftsführer** in vertretungsberechtigter Zahl (§ 35 Abs. 2 Satz 2). In der Insolvenz der Gesellschaft ist der **Insolvenzverwalter** zuständig. Neben dem Einforderungsbeschluss ist kein weiterer Gesellschafterbeschluss erforderlich, der die Geschäftsführer zur Kaduzierung ermächtigt.[4] 9

2. Adressat

Die Aufforderung hat gegenüber dem säumigen **Gesellschafter** zu ergehen. Bei einem **Gesellschafterwechsel** muss die Aufforderung nicht wiederholt werden; sie wirkt gegenüber dem (durch Aufnahme in die Gesellschafterliste legitimierten) Erwerber des Geschäftsanteils fort.[5] § 16 Abs. 2 hatte bis zur GmbH-Reform durch das MoMiG ausdrücklich geregelt, dass der Erwerber Rechtshandlungen gegen sich gelten lassen muss, die die Gesellschaft vor der Anmeldung gegenüber dem Veräußerer aus dem Gesellschaftsverhältnis vorgenommen hat. Da es sich hierbei nur um eine (an sich überflüssige) Klarstellung handelte,[6] konnte der Gesetzgeber § 16 Abs. 2 streichen, ohne dass sich an diesem Grundsatz etwas geändert hätte. Sind **mehrere Personen Inhaber** eines Geschäftsanteils, so genügt die Aufforderung an einen von ihnen, sofern nicht ein gemeinsamer Vertreter bestellt ist (siehe § 18 Abs. 3). Ist der Gesellschafter in **Insolvenz**, so ist die Erklärung gegenüber dem Insolvenzverwalter abzugeben. 10

3. Formale Vorschriften

Eine Aufforderung ist eine **einseitige empfangsbedürftige Willenserklärung**. Sie muss dem Adressaten zugehen. Für Zugang und Verteilung der Beweislast gelten die allgemeinen Vorschriften (§ 130 BGB). 11

Die Versendung hat mit **eingeschriebenem Brief** zu erfolgen. Die Wahl der Einschreibeart (Übergabe-Einschreiben oder Einwurf-Einschreiben) steht im Ermessen der Gesellschaft. Beide Zustellungsarten sind dem Normzweck nach gleich gut geeignet, da bei beiden Zustellvarianten das Verbringen in den Machtbereich des Empfängers beweiskräftig nachzuweisen ist.[7] Streitig ist, ob es sich bei der Zustellung durch eingeschriebenen Brief um eine Mindestvoraussetzung handelt und die Gesellschaft im Hinblick auf § 25 und die zwingende Natur der Kaduzierungsregeln eine andere Zustellungsart wählen darf, sofern sie einen höheren Beweiswert hat (z.B. Zustellung durch Gerichtsvollzieher, § 132 BGB oder öffentliche Zustellung).[8]

! Die Zustellung sollte in der Praxis ausschließlich durch eingeschriebenen Brief erfolgen, um sich nicht dem Risiko der Unzulässigkeit der gewählten Zustellungsvariante auszusetzen.

3 Allgemeine Meinung, vgl. nur Baumbach/Hueck/*Hueck/Fastrich*, § 21 Rn. 4.
4 Baumbach/Hueck/*Hueck/Fastrich*, § 21 Rn. 6; Michalski/*Ebbing*, § 21 Rn. 56. Fassen die Gesellschafter aber einen solchen Gesellschafterbeschluss, so bindet er die Geschäftsführer.
5 Scholz/*Emmerich*, § 21 Rn. 13; Baumbach/Hueck/*Hueck/Fastrich*, § 21 Rn. 7.
6 Ulmer/Habersack/Winter/*Winter/Löbbe*, § 16 Rn. 25.
7 Anderer Ansicht Ulmer/Habersack/Winter/*Müller*, § 21 Rn. 37; *Dietsch*, NotBZ 1999, 201. Diese Ansicht verkennt aber, dass die Übermittlung des Schreibens auch durch das Einwurf-Einschreiben sichergestellt ist. Darüber hinaus bietet das Einwurf-Einschreiben Schutz vor der missbräuchlichen Zugangsvereitelung durch den Gesellschafter. Gleichsetzung von Übergabe- und Einwurf-Einschreiben bei § 51 Abs. 1 Satz 1 durch LG Mannheim, NZG 2008, 111; gegen eine Gleichsetzung dort: Baumbach/Hueck/*Zöllner*, § 51 Rn. 12.
8 Bejahend: Baumbach/Hueck/*Hueck/Fastrich*, § 21 Rn. 8; Michalski/*Ebbing*, § 21 Rn. 76; Roth/Altmeppen/*Altmeppen*, § 21 Rn. 14.

4. Notwendiger Inhalt

12 Die Zahlungsaufforderung muss folgende Mindestbestandteile enthalten: unbedingte Aufforderung zur Zahlung, Bezeichnung des betroffenen Geschäftsanteils, Bezifferung des rückständigen Betrags der Einlage, Setzen einer angemessenen Nachfrist, die einen Monat (zu kurz bemessene Frist ist unwirksam; vier Wochen sind kein Monat) nicht unterschreiten darf, sowie das Androhen des Ausschlusses (vgl. Muster Rn. 23). In der Insolvenz der Gesellschaft gelten die gleichen Regeln.[9]

IV. Kaduzierungserklärung

13 Der erfolglose Ablauf der Nachfrist führt nicht automatisch zum Ausschluss des säumigen Gesellschafters.

1. Zuständigkeit

14 Es ist vielmehr erforderlich, dass die Geschäftsführer in vertretungsberechtigter Zahl eine ausdrückliche Kaduzierungserklärung aussprechen (siehe Muster Rn. 24). Ein (weiterer) ermächtigender Gesellschafterbeschluss ist nicht notwendig.

2. Zeitpunkt

15 Der Ausspruch der Kaduzierung kann erst erfolgen, wenn die Nachfrist des Abs. 1 erfolglos abgelaufen ist. Die Frist beginnt mit Zugang des Aufforderungsschreibens (siehe Rn. 8) und wird nach §§ 187 ff. BGB berechnet. Eine verfrühte Erklärung ist nichtig, auch wenn eine Zahlung innerhalb der Frist nicht mehr erfolgt.[10] Die Erklärung kann in diesem Fall aber nach ordnungsgemäßem Ablauf der Frist nachgeholt werden.[11] Der säumige Gesellschafter kann die Kaduzierung auch dadurch verhindern, dass er nach Fristablauf, aber vor Zugang der Kaduzierungserklärung bezahlt. Es genügt, wenn der angeforderte Stammeinlagebetrag bei der Gesellschaft eingeht, Verzugszinsen, Vertragsstrafen etc. bleiben unberücksichtigt.

3. Inhalt und Form

16 Die Kaduzierungserklärung muss wie bei der Aufforderung nach Abs. 1 mittels eingeschriebenen Briefs erfolgen. Die Erklärung muss deutlich machen, dass der Gesellschafter seines Geschäftsanteils verlustig geht und dass alle darauf bereits gezahlten Beträge zugunsten der Gesellschaft verfallen.

V. Rechtsfolge

1. Wirkung der Kaduzierung

17 Durch die Kaduzierung **verliert** der Gesellschafter seine **Mitgliedschaft**, ohne dass der Geschäftsanteil selbst untergeht. Eine Wiederherstellung der Rechte des Gesellschafters ist nicht möglich.

Mit Ausnahme der Ausfallhaftung (siehe Rn. 19) **enden** mit Zugang der Ausschlusserklärung alle **Rechte und Pflichten** des Ausgeschlossenen mit Wirkung für die Zukunft. Die Verfügungsbefugnis des Ausgeschlossenen über den Geschäftsanteil geht unter; ein gutgläubiger Erwerb ist nicht möglich. Die Kaduzierung hat aber **keine Rückwirkung**, d.h., bereits entstandene Rechte und Pflichten bleiben dem ausgeschlossenen Gesellschafter (z.B. beschlossene Dividende). **Rechte Dritter** am Geschäftsanteil erlöschen. Zwangsvollstreckungsmaßnahmen von Gläubigern des Gesellschafters in den Geschäftsanteil werden unzulässig.

---

9 Nach OLG Jena, NZG 2007, 717, gilt dies auch unabhängig davon, ob sich der auszuschließende Gesellschafter in der Insolvenz befindet.

10 Baumbach/Hueck/*Hueck/Fastrich*, § 21 Rn. 9; Lutter/Hommelhoff/*Bayer*, § 21 Rn. 12 (maßgeblich Zugang, vorherige Abgabe unschädlich); Roth/Altmeppen/*Altmeppen*, § 21 Rn. 16.

11 Baumbach/Hueck/*Hueck/Fastrich*, § 21 Rn. 9.

Der **Geschäftsanteil fällt der Gesellschaft selbst an**.[12] Dementsprechend ist auch die Gesellschaft als Inhaber des Geschäftsanteils in die Gesellschafterliste aufzunehmen.[13] Die Gesellschaft kann den Geschäftsanteil aber nur nach Maßgabe der §§ 22, 23 verwerten. Diese Bindung macht Zwangsvollstreckungsmaßnahmen in den Anteil durch Gesellschaftsgläubiger unzulässig; es erfolgt kein Ausweis in der Bilanz als eigener Anteil. Stimmrechte und andere Mitgliedschaftsrechte (Gewinnbezugsrecht)[14] aus dem Anteil ruhen. 18

2. Bestehenbleiben der Ausfallhaftung (Abs. 3)

Der Ausgeschlossene haftet nach Kaduzierung unbefristet für alle noch offenen Einlageforderungen. Die Haftung erstreckt sich auch auf solche Einlagen, die nach seinem Ausschluss fällig werden, aber nur, wenn der vorrangig schuldende Gesellschafter ebenfalls ausgeschlossen wurde.[15] Die Haftung bezieht sich nur auf **Bareinlagepflichten**, nicht auf sonstige Gesellschafterpflichten. §§ 22, 23 sind vorrangig heranzuziehen. Die Haftung nach § 24 ist dagegen nachrangig, wenn die Inanspruchnahme des Ausgeschlossenen erfolglos oder aussichtslos ist. Eine Zahlungsunfähigkeit ist ggf. durch die Gesellschaft zu beweisen.[16] § 19 Abs. 2 gilt entsprechend (siehe § 19 Rn. 6). 19

Zahlt der Ausgeschlossene nach Abs. 3, so wird er dadurch nicht wieder Gesellschafter; Ansprüche gegen die Gesellschaft oder den Erwerber des Geschäftsanteils erwirbt er durch die Zahlung nicht.

VI. Fehlerhafte Ausschließung, Rechtsmittel

Formelle und materielle Fehler führen grundsätzlich zur **Nichtigkeit der Maßnahme**. Die fehlerhafte Angabe des rückständigen Betrags soll allerdings unschädlich sein.[17] Bei formalen Fehlern ist eine Neuvornahme zulässig, dies erfordert auch eine Neuvornahme aller der mängelbehafteten Erklärung folgenden Schritte. 20

Der Kaduzierung kann mit einer **Feststellungsklage** (Feststellungsziel: Fortdauer der Mitgliedschaft) begegnet werden. Eine Anfechtungsklage kommt nicht in Betracht.[18] 21

VII. Abdingbarkeit

Die Vorschrift dient der Kapitalaufbringung und ist daher zwingendes Recht (§ 25). Die Gesellschafter können in der Satzung oder durch Individualabrede die Kaduzierung nicht ausschließen. Dem Normzweck des § 25 steht auch eine Erleichterung der Kaduzierungsregeln zum Vorteil der Gesellschafter entgegen. Die Kaduzierungsregeln können aber sehr wohl durch die Satzung verschärft werden, da dies die Befriedigungsaussichten der Gesellschaft erleichtert (im Einzelnen streitig)[19]. Weiter kann das Kaduzierungsverfahren durch eine Satzungsregelung auf andere Gesellschafterpflichten ausgedehnt werden. 22

---

12 H.M. für Anfall bei der Gesellschaft mit folgender Differenzierung: Baumbach/Hueck/*Hueck/Fastrich*, § 21 Rn. 12 (Gesellschaft treuhänderische Inhaberin); Roth/Altmeppen/*Altmeppen*, § 21 Rn. 19 (nicht Treuhänderin der späteren Erwerber, aber belastet nach Maßgabe der §§ 22, 23); Lutter/Hommelhoff/*Bayer*, § 21 Rn. 15; Scholz/*Emmerich*, § 21 Rn. 29 (gebundenes Sondervermögen); Ulmer/Habersack/Winter/*Müller*, § 21 Rn. 61. Die Auffassung, dass der Anteil als subjektsloses Recht „herrenlos" ist, wird heute, soweit ersichtlich, nicht mehr vertreten. Die Gesellschaft hat keine Anschaffungskosten; sie ist weder Rechtsnachfolger des Ausgeschlossenen noch Rechtsvorgänger der Erwerber, Ulmer/Habersack/Winter/*Müller*, § 21 Rn. 61.

13 Baumbach/Hueck/*Hueck/Fastrich*, § 21 Rn. 12 mit dem Hinweis auf den nunmehr möglichen gutgläubigen Erwerb des Geschäftsanteils bei späterem Verkauf hinsichtlich unerkannter Fehler im Kaduzierungsverfahren.

14 Streitig ist, wem die Gewinne zustehen. Nach zutreffender Auffassung sind dies die übrigen Gesellschaftern, nicht der spätere Erwerber; so Lutter/Hommelhoff/*Bayer*, § 21 Rn. 15; a.A. Scholz/*Emmerich*, § 21 Rn. 30; Baumbach/Hueck/*Hueck/Fastrich*, § 21 Rn. 12.

15 Baumbach/Hueck/*Hueck/Fastrich*, § 21 Rn. 14.

16 Vermutung des § 22 Abs. 2 gilt nicht, vgl. Baumbach/Hueck/*Hueck/Fastrich*, § 24 Rn. 3.

17 H.M.: OLG Hamburg, WM 1993, 1751; Baumbach/Hueck/*Hueck/Fastrich*, § 21 Rn. 17; differenzierend: Scholz/*Emmerich*, § 21 Rn. 16 (wird zu wenig angefordert, kann der Gesellschafter die Kaduzierung durch Leistung des niedrigeren Betrags abwenden; eine nicht völlig unerhebliche Mehrforderung führt zur Unwirksamkeit des Verfahrens).

18 Scholz/*Emmerich*, § 21 Rn. 32a.

19 Baumbach/Hueck/*Hueck/Fastrich*, § 25 Rn. 1; Scholz/*Emmerich*, § 25 Rn. 3.

C. Muster

23 I. Muster: Erneute Zahlungsaufforderung nach § 21 Abs. 1

Einwurf-Einschreiben

13 Sehr geehrter Herr …,

als Gesellschafter der …-GmbH schulden Sie der Gesellschaft eine rückständige Bareinlage auf Ihren Geschäftsanteil Nr. … in Höhe von … EUR. Ich habe die Einlage mit Schreiben vom … angefordert, sie ist daher fällig.

Ich fordere Sie hiermit gem. § 21 Abs. 1 GmbHG erneut auf, innerhalb einer Nachfrist von einem Monat ab Zugang dieses Schreibens den rückständigen Betrag in obiger Höhe an die Gesellschaft zu leisten. Sollte die Zahlung nicht fristgerecht innerhalb der Nachfrist bei der Gesellschaft eingegangen sein, so drohe ich Ihnen den Ausschluss aus der Gesellschaft mit dem Geschäftsanteil Nr. … an. Vorsorglich weise ich auch darauf hin, dass mit der Kaduzierung auch der Verlust aller bisher gezahlter Einlagen einhergeht (§ 21 Abs. 2 GmbHG).

Mit freundlichen Grüßen

[Geschäftsführer in vertretungsberechtigter Anzahl]

24 II. Muster: Kaduzierungserklärung

Einwurf-Einschreiben

14 Sehr geehrter Herr …,

ich habe Sie mit Schreiben vom … gem. § 21 GmbHG erneut aufgefordert, die säumige Einlage auf Ihren Geschäftsanteil Nr. ... einzubezahlen. Einen Zahlungseingang konnte ich bis heute nicht feststellen.

Ich erkläre Sie daher gem. § 21 Abs. 2 GmbHG Ihres oben bezeichneten Geschäftsanteils und der bisher darauf geleisteten Teilzahlungen in Höhe von … EUR für verlustig. Ich weise vorsorglich darauf hin, dass mit der Kaduzierung Ihre sämtlichen gesellschafterlichen Rechte und Pflichten mit Ausnahme der Ausfallhaftung für die Zukunft enden. Die Verfügungsbefugnis über den Geschäftsanteil endet hiermit.

Mit freundlichen Grüßen

[Geschäftsführer in vertretungsberechtigter Anzahl]

§ 22 Haftung der Rechtsvorgänger

(1) Für eine von dem ausgeschlossenen Gesellschafter nicht erfüllte Einlageverpflichtung haftet der Gesellschaft auch der letzte und jeder frühere Rechtsvorgänger des Ausgeschlossenen, der im Verhältnis zu ihr als Inhaber des Geschäftsanteils gilt.

(2) Ein früherer Rechtsvorgänger haftet nur, soweit die Zahlung von dessen Rechtsnachfolger nicht zu erlangen ist; dies ist bis zum Beweis des Gegenteils anzunehmen, wenn der letztere die Zahlung nicht bis zum Ablauf eines Monats geleistet hat, nachdem an ihn die Zahlungsaufforderung und an den Rechtsvorgänger die Benachrichtigung von derselben erfolgt ist.

(3) Die Haftung des Rechtsvorgängers ist auf die innerhalb der Frist von fünf Jahren auf die Einlageverpflichtung eingeforderten Leistungen beschränkt. Die Frist beginnt mit dem Tag, ab welchem der Rechtsnachfolger im Verhältnis zur Gesellschaft als Inhaber des Geschäftsanteils gilt.

(4) Der Rechtsvorgänger erwirbt gegen Zahlung des rückständigen Betrages den Geschäftsanteil des ausgeschlossenen Gesellschafters.

Literatur

Siehe § 21 sowie *Schuler*, Einziehung gepfändeter GmbH-Anteile, GmbHR 1961, 2281.

A. Allgemeines

1 § 22 ist der zweite Verfahrensschritt innerhalb des Kaduzierungsverfahrens. Die Vorschrift ermöglicht den **Rückgriff auf die Rechtsvorgänger** eines nach § 21 ausgeschlossenen Gesellschafters. Zum Ablauf des Kaduzierungsverfahrens siehe § 21 Rn. 3. Die Norm schließt damit im Interesse der Kapitalaufbringung alle bisherigen Inhaber des Geschäftsanteils in die Verantwortung für die Aufbringung des auf den Geschäftsanteil noch nicht erbrachten Betrags mit ein.

2 Erst wenn der Regress nach § 22 ohne Erfolg bleibt, ist der Weg für eine Versteigerung des Geschäftsanteils nach § 23 eröffnet.

3 Abzugrenzen ist die Haftung des Rechtsvorgängers nach § 22 von der **Haftung nach § 16 Abs. 2**. War die Stammeinlage bereits zum Zeitpunkt der Veräußerung durch den Rechtsvorgänger fällig, so kann die Haftung nach § 22 im Fall der Kaduzierung mit der gesamtschuldnerischen Haftung nach § 16 Abs. 2 zusammentreffen.[1] Die Haftung aus § 16 Abs. 2 bleibt neben § 22 unverändert bestehen.[2] Da es sich um selbstständige Ansprüche handelt, kann die Gesellschaft sowohl nach § 22 als auch nach § 16 Abs. 2 vorgehen (Wahlrecht).[3]

1 Zutreffend: Michalski/*Ebbing*, § 22 Rn. 101; Ulmer/Habersack/Winter/*Müller*, § 22 Rn. 6; Altmeppen/Roth/*Altmeppen*, § 22 Rn. 10.
2 Baumbach/Hueck/*Hueck/Fastrich*, § 22 Rn. 2.
3 Scholz/*Emmerich*, § 22 Rn. 5; Michalski/*Ebbing*, § 22 Rn. 102; Baumbach/Hueck/*Hueck/Fastrich*, § 22 Rn. 2; Altmeppen/Roth/*Altmeppen*, § 22 Rn. 10.

B. Inhalt der Regelung

I. Haftung (Abs. 1)

1. Wirksamer Ausschluss eines Gesellschafters

4 Voraussetzung für die Haftung des Rechtsvorgängers nach § 22 ist eine wirksame **Kaduzierung** des Geschäftsanteils nach § 21. Alle Verfahrensvorschriften und materiellen Voraussetzungen des Kaduzierungsverfahrens müssen eingehalten sein. In der Insolvenz der Gesellschaft gilt nichts anderes.[4] Zu den Voraussetzungen einer wirksamen Kaduzierung siehe § 21 Rn. 5 ff.

5 Der in Anspruch genommene Rechtsvorgänger kann der Gesellschaft die Unwirksamkeit der Kaduzierung einredeweise entgegenhalten.[5] Die Zahlungsunfähigkeit des ausgeschlossenen Gesellschafters ist nicht Voraussetzung der Haftung des Rechtsvorgängers.[6]

2. Anspruchsgegner ist Rechtsvorgänger

a) Rechtsvorgänger

6 Die Haftung richtet sich gegen den Rechtsvorgänger. Rechtsvorgänger ist jeder, der vor dem Inhaber des kaduzierten Geschäftsanteils als Gesellschafter im Verhältnis zur Gesellschaft gilt. Die Art und Weise des Erwerbs ist unerheblich (Einzelrechtsnachfolge, Gesamtrechtsnachfolge). Eine spätere **Rückgängigmachung** des Erwerbs hindert die einmal erlangte Stellung als Rechtsvorgänger nicht.

Rechtsvorgänger ist auch der originäre Gründungsgesellschafter, auch wenn er im Gründungsstadium durch Vorausabtretung des Geschäftsanteils mit Wirkung auf die Entstehung aus der Gesellschaft ausgeschieden ist (siehe zur Vorausabtretung und deren Rechtsfolgen § 11 Rn. 25).[7]

Sind mehrere **gemeinsam Inhaber** eines Geschäftsanteils, so findet § 18 Abs. 2 Anwendung (siehe § 18 Rn. 7).

Nicht Regressschuldner ist der nicht in die Gesellschafterliste aufgenommene Zwischenerwerber.

b) Inhaber im Verhältnis zur Gesellschaft

7 In das Haftungssystem des § 22 sind nur die Rechtsvorgänger eingebunden, die im Verhältnis zur Gesellschaft **als Inhaber des Geschäftsanteils gelten**, also in der Gesellschafterliste vermerkt sind. Ob die Eintragung zu Recht oder zu Unrecht erfolgt ist, ist zunächst unerheblich; unabhängig davon besteht ggf. Anspruch auf Berichtigung der Gesellschafterliste. [8] Die Nichtigkeit oder Anfechtbarkeit des Erwerbs ist wegen des Rückgriffs auf die Gesellschafterliste ebenfalls nicht von Belang.[9] Allenfalls ist der Einwand zulässig, der Eingetragene habe seine Eintragung wegen Minderjährigkeit, Geschäftsunfähigkeit, Fälschung o.Ä. nicht zurechenbar veranlasst.[10] Während nach

---

4 So auch OLG Dresden, GmbHR 1998, 884; OLG Hamburg, BB 2001, 2182.

5 Feststellungsinteresse des Rechtsvorgängers im Rahmen einer Feststellungsklage besteht ebenfalls, vgl. Ulmer/Habersack/Winter/*Müller*, § 22 Rn. 39.

6 OLG Dresden, GmbHR 1998, 884; Scholz/*Emmerich*, § 22 Rn. 5; Ulmer/Habersack/Winter/*Müller*, § 22 Rn. 9.

7 Roth/Altmeppen/*Altmeppen*, § 22 Rn. 6; Michalski/*Ebbing*, § 22 Rn. 17; undifferenziert: Ulmer/Habersack/Winter/*Müller*, § 22 Rn. 26.

8 A.A. Ulmer/*Müller*, Ergänzungsband MoMiG, § 22 Rn. 2 ff.: Gegenüber einem im Handelsregister aufgenommenen materiellen Nicht-Gesellschafter soll die Kaduzierung nicht möglich sein, weil er nicht wahrer Rechtsinhaber ist. Die Gesellschaft trägt das Risiko im Rahmen der Kaduzierung gegen den „richtigen" Gesellschafter vorzugehen.

9 Wie hier: Lutter/Hommelhoff/*Bayer*, § 22 Rn. 4; abweichend die h.M., vgl. Roth/Altmeppen/*Altmeppen*, § 22 Rn. 5; Scholz/*Emmerich*, § 22 Rn. 8; Baumbach/Hueck/*Hueck/Fastrich*, § 22 Rn. 4.

10 Vgl. zum Aktienregister *Hüffer*, § 67 AktG Rn. 15.

früherem Recht auch eine Legitimation gegenüber der Gesellschaft außerhalb der Veräußerungsfälle ohne Anmeldung möglich war (z.B. bei Erbfolge), ist diese Legitimationsmöglichkeit nach neuem Recht entfallen.[11]

§ 22 Abs. 1 zeichnet die Änderung des § 16 durch das MoMiG nach, wonach Gesellschafter nur der ist, der als solcher in der **im Handelsregister aufgenommenen Gesellschafterliste** eingetragen ist. Unterbleibt die Aufnahme des neuen Gesellschafters in die Gesellschafterliste, so haftet er nicht nach § 22. Eine nicht ordnungsgemäße Aufnahme in die Gesellschafterliste hindert also den Zugriff der Gesellschaft auf den Gesellschafter. Dies kann für die Gesellschaft nachteilig sein, da ihr ein potentiell Haftender verloren geht. Der Rückgriff auf die Gesellschafterliste ist in den Fällen sinnvoll, in denen es um Ansprüche des Erwerbers gegen die Gesellschaft geht. Trotzdem ist auf die Legitimationswirkung der Gesellschafterliste abzustellen. 8

Rechtsvorgänger ist auch, wer gem. § 16 Abs. 3 die Gesellschafterstellung **gutgläubig erworben** hat, sobald er gegenüber der Gesellschaft durch die eigene Eintragung in die Gesellschafterliste legitimiert ist. Ebenfalls Rechtsvorgänger ist der **Treuhänder**.[12] Auch die spätere Rückgängigmachung des Erwerbs (z.B. durch Rückübertragung auf den Treugeber) hindert seine Stellung als Rechtsvorgänger nicht. 9

Rechtsvorgänger kann auch der nach § 21 **Kaduzierte selbst** sein, nämlich dann, wenn er bereits früher Inhaber des gleichen Geschäftsanteils war. Seine Haftung nach § 21 Abs. 3 kommt nur in Betracht, wenn von den Rechtsvorgängern (also auch von ihm) die Einlage nicht erlangt werden kann. Zahlt er aufgrund seiner Haftung nach § 22, so erhält er auch den Geschäftsanteil zurück. 10

Rechtsvorgänger ist nicht, wer aus der Vorgesellschaft durch Vertragsänderung ausgeschieden ist[13] (anders bei Vorausabtretung, vgl. Rn. 6). Siehe zur Vertragsänderung im Gründungsstadium § 11 Rn. 25. 11

Wurde der (nun erneut) kaduzierte Geschäftsanteil in einem früheren Kaduzierungsverfahren aufgrund § 22 Abs. 4 erworben, so ist der **erstkaduzierte Inhaber** nicht Rechtsvorgänger.[14] Streitig ist, ob im Falle der Zweitkaduzierung alle anderen früheren Inhaber des Geschäftsanteils als Rechtsvorgänger anzusehen sind.[15]

3. Verhältnis mehrerer zeitlich aufeinanderfolgender Rechtsvorgänger (Abs. 2)

a) Staffelregress

Im Verhältnis mehrerer Rechtsvorgänger ordnet das Gesetz einen sog. Staffelregress an. Dies bedeutet, dass ein früherer Rechtsvorgänger erst dann in die Haftung gerät, wenn die Leistung der eingeforderten und noch ausstehenden Leistung von dem Nachfolger in den Geschäftsanteil nicht erlangt werden kann. 12

Die **Reihenfolge** der Inanspruchnahme ist zwingend umgekehrt zum Anteilserwerb. Die Gesellschaft hat keine Möglichkeit, einzelne Rechtsnachfolger aus der Haftung herauszunehmen und stattdessen an dessen Rechtsvorgänger heranzugehen. 13

---

11 H.M. Lutter/Hommelhoff/*Bayer*, § 22 Rn. 4; Baumbach/Hueck/*Hueck/Fastrich*, § 22 Rn. 4; Scholz/*Emmerich*, Nachtrag MoMiG, § 22 Rn. 5; a.A. unter Hinweis auf die erbrechtlichen Haftungsvorschriften der §§ 1922, 1967 BGB Roth/Altmeppen/*Altmeppen*, § 22 Rn. 4.

12 Roth/Altmeppen/*Altmeppen*, § 22 Rn. 5.

13 Lutter/Hommelhoff/*Bayer*, § 22 Rn. 4.

14 Baumbach/Hueck/*Hueck/Fastrich*, § 22 Rn. 12.

15 *Schuler*, GmbHR 1961, 98 (originärer Erwerb, daher keine Rechtsnachfolger); a.A. Roth/Altmeppen/*Altmeppen*, § 22 Rn. 24; Scholz/*Emmerich*, § 22 Rn. 23; Baumbach/Hueck/*Hueck/Fastrich*, § 22 Rn. 12 (Haftung nur der Rechtsvorgänger des Erwerbers, Nachfolger werden frei); Lutter/Hommelhoff/*Bayer*, § 22 Rn. 15; Michalski/*Ebbing*, § 22 Rn. 21 (Haftung aller Rechtsvorgänger des Erstkaduzierten).

b) Zahlungsunfähigkeit der Rechtsnachfolger

14 Ein Rechtsvorgänger kann die Zahlung verweigern, wenn und solange die Zahlungsunfähigkeit aller Rechtsnachfolger nicht feststeht. Die Zahlungsunfähigkeit der zunächst Verpflichteten muss von der Gesellschaft dem in Anspruch Genommenen dargelegt und bewiesen werden.

15 Das Gesetz erleichtert der Gesellschaft allerdings den **Nachweis der Zahlungsunfähigkeit**. Es wird (widerleglich) vermutet, dass der Zahlungspflichtige zahlungsunfähig ist, wenn er nicht innerhalb eines Monats nach Aufforderung an ihn und Benachrichtigung seines Rechtsvorgängers leistet, Abs. 2 Hs. 2. Der Beweis der Zahlungsfähigkeit eines vorrangig Haftenden ist jedoch zulässig.

16 Die Frist beginnt mit Zugang der letzten der beiden Mitteilungen. Besondere Formvorschriften bestehen nicht, es sollte aber eine solche Übermittlung gewählt werden, mit der sich im Bestreitensfalle der Zugang beweisen lässt.

> **!** Aufforderung an den Zahlungspflichtigen und Benachrichtigung von dessen Rechtsvorgänger möglichst am selben Tag zur Post geben. Eine Übermittlung mittels Einwurf-Einschreiben ist zu bevorzugen. Liegt der vom Zusteller ausgefüllte Zustellnachweis vor, so spricht der erste Anschein für Zugang. Die sicherste Zustellungsart, nämlich die durch einen Gerichtsvollzieher, ist zu aufwendig und für den Empfänger i.d.R. zu belastend. Die Zustellung durch Übergabe-Einschreiben hat den Nachteil, dass sich der Zugang vergleichsweise leicht durch einfaches Nichtabholen verweigern lässt. Die Versendung mittels einfachen Briefs scheidet aus, da sich der Zugang hierbei nicht beweisen lässt.

17 Die Benachrichtigung des Rechtsvorgängers entfällt bei dem Regress gegenüber dem Letzten in der Regresskette, also dem Gründungsgesellschafter. Zahlt dieser nach Zahlungsaufforderung durch die Gesellschaft nicht, so gilt die Vermutung des Abs. 2 Hs. 2 auch für das weitere Vorgehen nach § 23.[16]

18 **Unterbleibt** die **Benachrichtigung des Rechtsvorgängers**, so hat dies auf die Schuldnerstellung des in Anspruch genommenen Rechtsnachfolgers keinen Einfluss. Der Gesellschaft ist aber der erleichterte Nachweis der Zahlungsunfähigkeit über die Vermutung des Abs. 2 Hs. 2 abgeschnitten.

19 Wird einer der Teilnehmer der Regresskette während des Regressverfahrens **wieder zahlungsfähig** oder stellt sich die ursprüngliche Annahme der Zahlungsunfähigkeit als nachträglich unrichtig heraus, so entfällt die Zahlungspflicht der weiteren Rechtsvorgänger. Zu Erstattungspflichten bei zwischenzeitlicher Zahlung vgl. Rn. 24.

20 Die Zahlungsunfähigkeit lässt die Haftung des Zahlungspflichtigen nicht entfallen, sondern gibt der Gesellschaft nur die Möglichkeit, den Rechtsvorgänger in Haftung zu nehmen.

4. Zeitraum der Haftung (Abs. 3)

21 Ein ausscheidender Gesellschafter haftet nur für solche Beträge, die von der Gesellschaft **innerhalb von fünf Jahren** nach seinem Ausscheiden aus der Gesellschaft als Stammeinlagen eingefordert werden.

Maßgebend für den Beginn der Frist ist das Wirksamwerden der Anteilsabtretung gegenüber der Gesellschaft, also die Eintragung des Rechtsnachfolgers in die Gesellschafterliste (§ 16 Abs. 1). Der Fristbeginn ist nach § 187 Abs. 2 BGB zu ermitteln.[17]

22 **Einfordern** ist das Geltendmachen der Verpflichtung zur Zahlung ausstehender Beiträge auf den Geschäftsanteil durch den Geschäftsführer im Namen der Gesellschaft gegenüber dem zahlungspflichtigen Gesellschafter (zum Einfordern siehe § 7 Rn. 22 bis 25; § 19 Rn. 22); ein Einforderungs-

16 Heute h.M., anders noch RGZ 85, 237.
17 Vgl. zur Anwendbarkeit des § 187 Abs. 2 Michalski/*Ebbing*, § 22 Rn. 55.

beschluss der Gesellschafterversammlung innerhalb der Frist genügt nicht. Es ist hingegen nicht erforderlich, dass ein Kaduzierungsverfahren oder der Regress innerhalb eines Zeitraums von fünf Jahren nach dem Ausscheiden beginnt.

Abs. 3 ist eine **Haftungsbegründungsfrist**, keine Verjährungsfrist. Die Regressforderung **verjährt** nach den allgemeinen Regeln (siehe § 19 Rn. 70).

II. Rechtsfolge (Abs. 4)

Der Rechtsvorgänger erwirbt gegen **vollständige Zahlung des rückständigen Betrags** den Geschäftsanteil (Abs. 4). Der Geschäftsanteil geht kraft Gesetzes auf den Zahlenden über. Die Gesellschafterliste ist entsprechend zu berichtigen. Werden **Teilzahlungen** geleistet, so werden in Höhe der Teilzahlung alle in Anspruch Genommenen von der Zahlungspflicht frei. Den Geschäftsanteil erwirbt aber nur derjenigen, der die letzte ausstehende Teilzahlung erbringt.[18] 23

Die **Zahlung eines Dritten** für einen haftenden Rechtsvorgänger ist grundsätzlich nicht möglich. Das streng formalisierte Kaduzierungsverfahren mit seinen Rückgriffsvorschriften spricht gegen eine Anwendung des § 267 BGB.[19]

Die Haftung der Rechtsvorgänger erlischt, wenn die ausstehende Einlage vollständig erbracht ist.

Gesetzliche Erstattungsansprüche des Rechtsvorgängers gegen die Gesellschaft oder Rechtsnachfolger bzw. Rechtsvorgänger bestehen grundsätzlich nicht. Hat ein Gesellschafter eine Teilzahlung vorgenommen, so hat er gegenüber dem Erwerber des Geschäftsanteils ungeachtet der Tatsache, dass dieser den Geschäftsanteil um dessen Teilzahlung günstiger erworben hat, keine Erstattungsansprüche.[20] 24

> **!** Da gesetzliche Erstattungsansprüche ausscheiden, sollten bei der Anteilsabtretung ggf. schuldrechtliche Ansprüche der Beteiligten untereinander, z.B. Freistellungsverpflichtungen, vereinbart werden.

III. Abdingbarkeit

Die Vorschrift dient ebenso wie das gesamte Kaduzierungsverfahren der Kapitalaufbringung und ist daher zwingendes Recht (§ 25). Zum zwingenden Charakter der Norm und den Abänderungsmöglichkeiten in der Satzung siehe § 21 Rn. 22. 25

C. Weitere praktische Hinweise

Wird ein Rechtsvorgänger nach § 22 wegen nicht erbrachter Einlagen in Anspruch genommen, so handelt es sich **steuerlich** um Anschaffungskosten für den nach § 22 Abs. 4 erworbenen Anteil. 26

---

18 Roth/Altmeppen/*Altmeppen*, § 22 Rn. 21.

19 Streitig, gegen Anwendung von § 267 BGB: Roth/Altmeppen/*Altmeppen*, § 22 Rn. 20; a.A. Scholz/*Emmerich*, § 22 Rn. 19a; Lutter/Hommelhoff/*Bayer*, § 22 Rn. 13; differenzierend: Michalski/*Ebbing*, § 22 Rn. 84.

20 Roth/Altmeppen/*Altmeppen*, § 22 Rn. 25.

§ 23 Versteigerung des Geschäftsanteils

Ist die Zahlung des rückständigen Betrages von Rechtsvorgängern nicht zu erlangen, so kann die Gesellschaft den Geschäftsanteil im Wege öffentlicher Versteigerung verkaufen lassen. Eine andere Art des Verkaufs ist nur mit Zustimmung des ausgeschlossenen Gesellschafters zulässig.

Literatur

Vgl. Literaturhinweise bei § 21.

A. Allgemeines

1 § 23 ist der dritte und letzte Verfahrensschritt innerhalb des Kaduzierungsverfahrens. Kann der Geschäftsanteil im Wege des **Zwangsverkaufs** nach § 23 nicht verwertet werden, so darf der Ausgeschlossene nach § 21 Abs. 3 und subsidiär die übrigen Gesellschafter nach § 24 in Anspruch genommen werden. Allgemein zum Ablauf des Kaduzierungsverfahrens siehe § 21 Rn. 3.

B. Inhalt der Regelung

I. Voraussetzungen für eine Verwertung nach § 23

2 Voraussetzung für eine Verwertung des Geschäftsanteils nach § 23 ist die wirksame **Durchführung des Kaduzierungsverfahrens**. Der Geschäftsanteil muss wirksam kaduziert worden sein (zum Verfahren vgl. § 21 Rn. 5 ff.), da die Gesellschaft sonst über den Geschäftsanteil nicht verfügen darf (vgl. § 21 Rn. 18). Zu Mängeln im Kaduzierungsverfahren vgl. Rn. 16. Die Gesellschaft muss darüber hinaus erfolglos nach § 22 vorgegangen sein, also nicht die gesamte ausstehende Einlage von den Rechtsvorgängern des Ausgeschlossenen erlangt haben.[1]

3 Erst wenn die Kaduzierung und der Regress nach § 22 erfolglos geblieben sind, kann die Gesellschaft den Geschäftsanteil nach § 23 verwerten. Die Entscheidung, ob und auf welche Weise der Geschäftsanteil verwertet wird, treffen die Geschäftsführer nach pflichtgemäßem Ermessen. Die Geschäftsführer sind bei der **Verwertungsentscheidung** an die Satzung und die Weisungen der Gesellschafter gebunden (vgl. allgemein zur Weisungsgebundenheit der Geschäftsführer § 37 Rn. 5). Der ausgeschlossene Gesellschafter hat keinen Anspruch auf Verwertung, aber ggf. auf Schadenersatz gegen den einen erfolgversprechenden Verkauf pflichtwidrig verweigernden Geschäftsführer.[2]

4 Der Geschäftsführer ist i.d.R. zur **unverzüglichen Verwertung des Geschäftsanteils** verpflichtet. Hiervon kann nur unter engen Voraussetzungen abgesehen werden, beispielsweise wenn die Verwertung wegen Insolvenz der Gesellschaft von vornherein **aussichtslos** wäre.[3]

1 OLG Hamm, GmbHR 1988, 266.
2 OLG Nürnberg, NZG 2002, 578.
3 OLG Hamm, NJW-RR 1994, 611; Scholz/*Emmerich*, § 23 Rn. 5; Michalski/*Ebbing*, § 23 Rn. 13; Lutter/Hommelhoff/*Bayer*, § 23 Rn. 3.

II. Öffentliche Versteigerung (Satz 1)

1. Allgemeines

Die **öffentliche Versteigerung** kaduzierter Geschäftsanteile findet nach Maßgabe der §§ 383 Abs. 3, 156 BGB statt. **Keine Anwendung** finden die Vorschriften über die Versteigerung ge- oder verpfändeter Sachen nach §§ 814 ff. ZPO, §§ 1233 ff. BGB.[4] Ebenfalls keine Anwendung finden die Regelungen über den Selbsthilfeverkauf im BGB oder im HGB. § 1238 Abs. 1 BGB ist abweichend davon anwendbar.[5] Ein Zuschlag ist folglich nur gegen sofortige Barzahlung zulässig. Die **Versteigerungsbedingungen** setzt die Gesellschaft fest. Der ausgeschlossene Gesellschafter hat hierauf keinen Einfluss. 5

Die Versteigerung muss öffentlich sein. Dies bedeutet, dass der **Teilnehmerkreis** der Versteigerung **nicht eingeschränkt** werden darf. Die Gesellschaft selbst darf hingegen bei der Versteigerung nicht mitbieten.[6] Sie ist bereits Inhaberin des Anteils, im Übrigen dürfte auch § 33 Abs. 1 entgegenstehen. Ein bestimmter **Versteigerungsort** ist anders als im Aktienrecht (vgl. § 65 Abs. 3 Satz 2 AktG) nicht vorgeschrieben; im Zweifel dürfte der Sitz der Gesellschaft Versteigerungsort sein. 6

2. Verfahren

Die Gesellschaft muss die öffentliche Versteigerung durch eine dazu befugte Person in dem dafür vorgesehenen Verfahren beantragen (vgl. § 383 Abs. 3 Satz 1 BGB). Die Versteigerung muss von einem für den Versteigerungsort bestellten Gerichtsvollzieher oder zur Versteigerungen befugten anderen Personen (Notare nach § 20 Abs. 3 BNotO, öffentlich angestellte Versteigerer) auf Antrag der Gesellschaft durchgeführt werden. Ort, Zeit und Bezeichnung der Sache sind öffentlich bekannt zu machen. 7

3. Zuschlag

Mit dem Zuschlag kommt gem. § 156 BGB ein **Kaufvertrag** zwischen dem Erwerber und der Gesellschaft zustande. Die Formvorschrift des § 15 Abs. 4 gilt nicht. Zur Erfüllung des Kaufvertrags ist vonseiten der Gesellschaft die Abtretung des Anteils notwendig. Die Formvorschrift des § 15 Abs. 3 soll hierfür nicht gelten, da die Formvorschriften in einer öffentlichen Versteigerung keine Anwendung finden.[7] Ist der Geschäftsanteil **vinkuliert**, so brauchen die nach dem Gesellschaftsvertrag notwendigen Genehmigungen oder Zustimmungserfordernisse nicht vorzuliegen.[8] Die Einreichung einer geänderten **Gesellschafterliste** zum Handelsregister nach § 16 Abs. 1 ist nach neuer Rechtslage erforderlich, auch wenn der Eigentumswechsel von der Gesellschaft ausgeht. 8

III. Sonstige Verwertung (Satz 2)

Neben der öffentlichen Versteigerung ist nach Satz 2 eine andere Art des Verkaufs zulässig. In erster Linie ist hier an den **freihändigen Verkauf** zu denken. Eine andere Art des Verkaufs liegt aber auch dann vor, wenn von dem vorgeschriebenen Verfahren der öffentlichen Versteigerung (vgl. Rn. 5) abgewichen wird. 9

Jede andere Art des Verkaufs bedarf der **Zustimmung des ausgeschlossenen Gesellschafters,** nicht aber sonstiger Gesellschafter. Eine Ausnahme besteht dann, wenn die Satzung eine sonstige Verwertung zulässt, dann ist die Zustimmung entbehrlich.[9] Die Zustimmung kann formlos, auch konkludent, erteilt werden.[10] Sie kann vor dem Verkauf oder nachträglich erteilt werden. Der Aus- 10

---

4 Scholz/*Emmerich*, § 23 Rn. 6.
5 A. A. Lutter/Hommelhoff/*Bayer*, § 23 Rn. 4; wie hier Scholz/*Emmerich*, § 23 Rn. 7a.
6 RGZ 98, 276; Baumbach/Hueck/*Hueck/Fastrich*, § 23 Rn. 4; Scholz/*Emmerich*, § 23 Rn. 7.
7 Scholz/*Emmerich*, § 23 Rn. 7c; Ulmer/Habersack/Winter/*Müller*, § 23 Rn. 24.
8 Vorkaufsrechte bleiben ebenfalls außer Betracht, vgl. Ulmer/Habersack/Winter/*Müller*, § 23 Rn. 23.
9 Baumbach/Hueck/*Hueck/Fastrich*, § 23 Rn. 5.
10 Zustimmung heilt auch Verfahrensfehler der öffentlichen Versteigerung, Baumbach/Hueck/*Hueck/Fastrich*, § 23 Rn. 5.

geschlossene darf seine Zustimmung ohne Angabe von Gründen verweigern. Eine Pflicht, einem erfolgversprechenderen freihändigen Verkauf zuzustimmen, besteht (auch aus gesellschafterlicher Treuepflicht) nicht. Grenze dürfte nur die sittenwidrige Schädigung der Gesellschaft sein.

11 Die Verfahrensprivilegien der öffentlichen Versteigerung gelten bei dem freihändigen Verkauf nicht. Die **Formvorschriften** des § 15 Abs. 3, 4 sind zu beachten.[11] Genehmigungen und Zustimmungserfordernisse nach § 15 Abs. 5 müssen nach allgemeinen Regeln vorliegen.[12] Der Kaufpreis kann gestundet werden; wird später nicht ordnungsgemäß bezahlt, kann der Anteil erneut nach §§ 21 ff. kaduziert werden.

IV. Rechtsfolgen

1. Erwerb des Anteils

12 Kann der Anteil nach § 23 verwertet werden, so tritt der Erwerber in die Gesellschafterstellung ein mit allen Rechten und Pflichten vom Zeitpunkt des Erwerbs an. Es handelt sich um einen **originären Erwerb**, ohne Rechtsvorgänger.[13] Der Erwerber haftet also nicht für die Rückstände vor der Kaduzierung; **Rechte Dritter** am Geschäftsanteil erlöschen (siehe § 21 Rn. 17). Bezüglich aller später fällig werdenden Einlageschulden haftet der Erwerber nach den allgemeinen Regeln als Gesellschafter. Erforderlich ist der Eintrag des Erwerbers in der zum Handelsregister aufzunehmenden **Gesellschafterliste** (§ 16 Abs. 1).

13 Kann der Anteil nicht nach § 23 verwertet werden, so erwirbt die Gesellschaft den Anteil selbst; nunmehr ohne die Bindungen nach §§ 22, 23 (siehe dazu § 21 Rn. 18). Für das weitere Schicksal des Anteils gilt § 33 entsprechend (siehe § 33 Rn. 6).

2. Erlösverteilung

14 Mit der Verwertung tritt der Kaufpreis an die Stelle der rückständigen Einlage. Es gelten insoweit alle Vorschriften der Kapitalaufbringung, etwa § 19 Abs. 2 und Abs. 4, 5.[14] Wird der Erwerber mit der Zahlung rückständig, kann erneut nach § 21 ff. vorgegangen werden. Die nach § 22 rückständige Einlageforderung erlischt, und zwar unabhängig von der Höhe des für den Anteil gezahlten Preises.

Ein **Mehrerlös** steht der Gesellschaft zu, ist nicht an den Kaduzierten herauszugeben und ist nicht auf später fällig werdende Einlageforderungen (weder zugunsten des Ausgeschlossenen noch des neuen Gesellschafters) zu verrechnen.[15]

3. Ausfallhaftung

15 Die Haftung des Ausgeschlossenen aus § 21 Abs. 3 und die der Mitgesellschafter aus § 24 entstehen mit Abschluss des Verfahrens des § 23 (Erwerb des Geschäftsanteils) in Höhe der Differenz zwischen Erlös und rückständigen Einlageforderung zuzüglich aller Kosten.[16] Hindern Mängel im Kaduzierungsverfahren (siehe Rn. 16) den wirksamen Erwerb des Geschäftsanteils, so verbleibt es bei der Haftung nach § 22; die Haftung aus § 21 Abs. 3 und § 24 ist noch nicht entstanden.

---

11 Baumbach/Hueck/*Hueck/Fastrich*, § 23 Rn. 5; Scholz/*Emmerich*, § 23 Rn. 9; Roth/Altmeppen/*Altmeppen*, § 23 Rn. 11.

12 So Ulmer/Müller, § 23 Rn. 29; Roth/Altmeppen/*Altmeppen*, § 23 Rn. 12: In der Veräußerung liegt die Genehmigung der Gesellschaft, nicht jedoch der Genehmigung der Gesellschafterversammlung; so Baumbach/Hueck/*Hueck/Fastrich*, § 23 Rn. 5; a.A. Scholz/*Emmerich*, § 23 Rn. 9: Zustimmungspflichten passen nicht auf die Zwangsverwertung; eine Ausnahme besteht allenfalls, wenn das Individualrecht eines Gesellschafters betroffen ist.

13 Roth/Altmeppen/*Altmeppen*, § 23 Rn. 13; Scholz/*Emmerich*, § 23 Rn. 14.

14 BGHZ 42, 93; Lutter/Hommelhoff/*Bayer*, § 23 Rn. 9.

15 Baumbach/Hueck/*Hueck/Fastrich*, § 23 Rn. 8; Lutter/Hommelhoff/*Bayer*, § 23 Rn. 8.

16 Baumbach/Hueck/*Hueck/Fastrich*, § 23 Rn. 8.

V. Mängel im Kaduzierungsverfahren

16 Ist die **Kaduzierung unwirksam**, so hat der unwirksam Ausgeschlossene seinen Geschäftsanteil nicht verloren. Eine Weiterübertragung durch die Gesellschaft scheidet aus.[17] Wird die Kaduzierung wirksam nachgeholt, so kann die Gesellschaft dem Erwerber wirksam den Geschäftsanteil verschaffen (§ 185 Abs. 2 BGB).[18]

17 Ist der **Regressweg nach § 22 Abs. 2 nicht ordnungsgemäß eingehalten**, so erwirbt der Erwerber den Geschäftsanteil nur, wenn der Verkaufserlös den Einlagerückstand erbringt.[19] Ansonsten ist die Kapitalaufbringung gefährdet, weil die Gesellschaft Haftungsschuldner i.S.d. § 22 verliert; der Verkauf ist in diesem Fall unwirksam.[20]

18 Sind wesentliche **Voraussetzungen der öffentlichen Versteigerung**, etwa Zulassung der Öffentlichkeit, nicht eingehalten, so hindert dies ebenfalls den Erwerb des Geschäftsanteils (Ausnahme: nachträgliche Genehmigung des Kaduzierten).[21]

Die Gesellschaft haftet nach § 311a Abs. 2 BGB, soweit eine Übertragung des Geschäftsanteils wegen vorgenannter Hindernisse unmöglich ist.

VI. Abdingbarkeit

19 Die Vorschrift dient ebenso wie das gesamte Kaduzierungsverfahren der **Kapitalaufbringung** und ist daher zwingendes Recht (§ 25). Zum zwingenden Charakter der Norm und den Abänderungsmöglichkeiten in der Satzung siehe § 21 Rn. 22. Die Satzung kann die Möglichkeiten der Verwertung über § 23 hinaus erweitern, aber nicht beschränken.

C. Weitere praktische Hinweise

20 Anders als bei § 27 veräußert die Gesellschaft den Anteil hier auf eigene Rechnung, sodass für den Gesellschafter keine steuerlichen Folgen eintreten. Auf Gesellschaftsebene dürften die Grundsätze über den Erwerb und die Veräußerung eigener Aktien entsprechend anwendbar sein.[22] Ein etwaiger Mehrerlös ist daher grundsätzlich zu 95 % steuerfrei (§ 8b Abs. 2, 3 Satz 1 KStG), ein Mindererlös steuerlich unbeachtlich (§ 8b Abs. 3 Satz 3 KStG).

---

17 Vgl. OLG Rostock, GmbHR 1997, 449.

18 H.M.: RGZ 85, 239; Baumbach/Hueck/*Hueck/Fastrich*, § 23 Rn. 10; a.A. Lutter/Hommelhoff/*Bayer*, § 23 Rn. 10: Nachholung aller Verfahrensschritte notwendig.

19 Baumbach/Hueck/*Hueck/Fastrich*, § 23 Rn. 10; Lutter/Hommelhoff/*Bayer*, § 23 Rn. 10; kritisch: Scholz/*Emmerich*, § 23 Rn. 15a: nur schwer mit dem vorrangigen Erwerbsrecht der Vormänner vereinbar; a.A. Michalski/*Ebbing*, § 23 Rn. 85 f.

20 Vgl. Baumbach/Hueck/*Hueck/Fastrich*, § 23 Rn. 10.

21 H.M., vgl. Baumbach/Hueck/*Hueck/Fastrich*, § 23 Rn. 11; für weiter gehende Wirksamkeit: Lutter/Hommelhoff/*Bayer*, § 23 Rn. 11 (arg. ex §§ 1243, 1244 BGB).

22 Vgl. BFH, BStBl. II 2005, 522.

§ 24 Aufbringung von Fehlbeträgen

Soweit eine Stammeinlage weder von den Zahlungspflichtigen eingezogen, noch durch Verkauf des Geschäftsanteils gedeckt werden kann, haben die übrigen Gesellschafter den Fehlbetrag nach Verhältnis ihrer Geschäftsanteile aufzubringen. Beiträge, welche von einzelnen Gesellschaftern nicht zu erlangen sind, werden nach dem bezeichneten Verhältnis auf die übrigen verteilt.

Literatur

Siehe zunächst § 21; *Gaiser*, Die Freistellung geringfügig beteiligter Gesellschafter von der Ausfallhaftung nach § 24 GmbHG im Rahmen einer Kapitalerhöhung, GmbHR 1999, 210; *Gätsch*, Ausfallhaftung von Mitgesellschaftern für rückständige Einlagen und verbotswidrige Ausschüttungen – Summenmäßige Beschränkung?, BB 1999, 701; *Henze*, Ausfallhaftung des GmbH-Gesellschafters, BB 2002, 1011; *K. Schmidt*, Summenmäßige Grenzen der Haftung von Mitgesellschaftern aus rückständigen Einlagen (§ 24 GmbHG) und verbotenen Ausschüttungen (§ 31 GmbHG), BB 1985, 154.

A. Allgemeines

1 Die Norm ist Teil des **Kaduzierungsverfahrens** und dient als solche der **Sicherung der Kapitalaufbringung** (vgl. zum Ablauf des Kaduzierungsverfahrens § 21 Rn. 3). Haben die vorgängigen Verfahrensschritte der Kaduzierung die rückständige Einlage auf den Geschäftsanteil nicht (vollständig) erbracht, so hat der Geschäftsführer nach § 24 gegen die Mitgesellschafter vorzugehen. Sie haften auf die Einbringlichkeit der Kapitaleinlage des ausgeschlossenen Gesellschafters anteilig zu ihrem Geschäftsanteil. Die Norm durchbricht im Interesse einer effektiven Kapitalaufbringung den Grundsatz, dass Gesellschafter nach Erbringung ihrer Einlage zu weiteren Leistungen an die Gesellschaft i.d.R. nicht mehr verpflichtet sind (vgl. auch § 31 Abs. 3).

B. Inhalt der Regelung

I. Haftungsvoraussetzungen

2 Die Inanspruchnahme der Mitgesellschafter nach § 24 kann erst erfolgen, wenn (1.) der Geschäftsanteil wirksam kaduziert wurde, (2.) die Rechtsvorgänger des ausgeschlossenen Gesellschafters nach § 22 erfolglos in Anspruch genommen wurden, (3.) die Veräußerung des kaduzierten Geschäftsanteils ohne vollen Erlös geblieben oder die Veräußerung erfolglos war und (4.) die Inanspruchnahme des Ausgeschlossenen nach § 21 Abs. 3 erfolglos oder aussichtslos war. Zur Aussichtslosigkeit der Inanspruchnahme siehe § 21 Rn. 19.

II. Haftende Gesellschafter

3 Es haften **alle Gesellschafter** nach dem Verhältnis ihrer Geschäftsanteile. Unerheblich ist, ob der Gesellschafter selbst eine Sach- oder Bareinlage erbracht hat. Gesellschafter ist, wer im **Zeitpunkt der Fälligkeit der Einlageschuld**[1] (vgl. zum Umfang der Einlageschuld § 20 Rn. 2) im Verhältnis zur Gesellschaft als Gesellschafter gilt, also in der Gesellschafterliste geführt wird (bei Gesamtrechtsnachfolge vgl. § 22 Rn. 7), auch ein später selbst nach § 21 Ausgeschlossener. Die Haftung ist auch unabhängig von der Höhe der Beteiligung, die Privilegierung von Gesellschaftern mit Kleinbeteiligungen von weniger als 10 % des Stammkapitals ist nicht anwendbar.[2]

1 Nicht im Zeitpunkt der Geltendmachung der Haftung nach § 24, vgl. aber Michalski/*Ebbing*, § 24 Rn. 30.
2 OLG Hamm, Urteil vom 26.1.2011, I-8 U 142/10; Ulmer/*Müller*, § 24 Rn. 20.

Neben dem Treuhänder haftet der **Treugeber** als Gesamtschuldner[3] (vgl. zur Gesellschaftereigenschaft § 16). Ist der Geschäftsanteil zwischenzeitlich veräußert worden, gilt § 16 Abs. 2. 4

Bei einer **Kapitalerhöhung** haften Altgesellschafter und Neugesellschafter sowohl für Rückstände „alter" Geschäftsanteile als auch „neuer" Geschäftsanteile. Die Haftung von Minderheitsgesellschaftern bei Kapitalerhöhungen besteht unabhängig davon, ob sie der Maßnahme zugestimmt haben oder nicht.[4]

Bei **Umwandlungsvorgängen** haften auch Gesellschafter einer übertragenden Gesellschaft (vgl. §§ 51, 52, 313 Abs. 2 UmwG).

Nach § 24 haftet der nach § 21 Ausgeschlossene nicht, ebenso wenig die Rechtsvorgänger des Ausgeschlossenen. Der Erwerber des Geschäftsanteils nach § 23 haftet nicht, auch wenn durch den Verkauf nicht die gesamte Einlageschuld gedeckt werden konnte. Die Gesellschaft selbst haftet nicht, auch wenn sie eigene Anteile hat. 5

III. Umfang der Haftung

Die Gesellschafter haften nicht als Gesamtschuldner, sondern im Verhältnis der Nennbeträge ihrer Geschäftsanteile. Unerheblich ist, wie viel der Gesellschafter bereits auf den Geschäftsanteil erbracht hat. Die Haftung bezieht sich wegen Zusammenhang mit §§ 21 ff. auf rückständige Bareinlagebeträge und diesen gleichzustellende Verbindlichkeiten (vgl. § 21 Rn. 5) und ist im Grundsatz **unbeschränkt**. Durch die Einbeziehung der Vorbelastungshaftung (siehe § 11 Rn. 45) und der Differenzhaftung (siehe dazu § 9 Rn. 2) kann der Haftungsbetrag auch über das Stammkapital der Gesellschaft hinausgehen. Trotz der damit verbundenen erheblichen Haftungsgefahren für die Mitgesellschafter kann eine summenmäßige Begrenzung der Haftung nur in engen Ausnahmefällen eingreifen. 6

Beispiel:
Einbringung eines altlastenbehafteten Grundstücks als Sacheinlage.[5]

Zur Beschränkung der Ausfallhaftung nach § 31 Abs. 3 auf das Stammkapital siehe § 31 Rn. 26.

Die Haftung umfasst den gesamten Einlagebetrag, der im Kaduzierungsverfahren nach §§ 21 ff. nicht erlangt wurde, sowie seither fällig gewordene weitere Einlageleistungen.

IV. Anforderungsberechtigter

Die nach § 24 fälligen Beträge werden durch den **Geschäftsführer**, bei Liquidation durch den Liquidator, eingefordert. Ein Gesellschafterbeschluss ist nicht erforderlich. Der Geschäftsführer ist an die Weisungen der Gesellschaftergesamtheit nach allgemeinen Regeln gebunden. In der Insolvenz der Gesellschaft ist der Insolvenzverwalter zuständig. Verletzt der Geschäftsführer bei der Anforderung Sorgfaltspflichten, so haftet er der Gesellschaft und den Mitgesellschaftern (Analogie zu § 31 Abs. 6)[6]. 7

3 Zur Ausfallhaftung des Treugebers vgl. BGHZ 118, 11; Roth/Altmeppen/*Altmeppen*, § 24 Rn. 12; Bedenken bei Baumbach/Hueck/*Hueck/Fastrich*, § 24 Rn. 4.

4 Gesellschafter steht aber Austrittsrecht aus wichtigem Grund zu, Scholz/*Emmerich*, § 24 Rn. 17; Baumbach/Hueck/*Hueck/Fastrich*, § 24 Rn. 5.

5 Haftungsbegrenzung grds. befürwortend: Scholz/*Emmerich*, § 24 Rn. 3a; Baumbach/Hueck/*Hueck/Fastrich*, § 24 Rn. 7: bei Kenntnis der Gesellschafter allerdings Haftung nach § 9a oder wegen existenzvernichtenden Eingriffs möglich; ablehnend: Lutter/Hommelhoff/*Bayer*, § 24 Rn. 8.

6 H.M.: Scholz/*Emmerich*, § 24 Rn. 24; Roth/Altmeppen/*Altmeppen*, § 24 Rn. 28; Michalski/*Ebbing*, § 24 Rn. 97; a.A. Baumbach/Hueck/*Hueck/Fastrich*, § 24 Rn. 10: nur bei unerlaubter Handlung i.S.d. § 826 BGB.

V. Rechtsfolge

8 Zahlt ein Gesellschafter den auf ihn entfallenden Fehlbetrag ein, so **erwirbt** er dadurch **nicht den Geschäftsanteil**. Dies ergibt sich konkludent daraus, dass in § 24 eine Regelung vergleichbar mit § 22 Abs. 4 fehlt. Der Anteil bleibt bei der Gesellschaft (siehe § 23 Rn. 13). Der zahlende Gesellschafter kann bei dem Ausgeschlossenen[7] (nicht aber bei Rechtsvorgängern nach § 22)[8] Regress nehmen.

9 Ist von einem Gesellschafter der **Haftungsanteil nicht zu erlangen** oder ist dessen Inanspruchnahme aussichtslos, so treten die übrigen Gesellschafter *pro rata* an dessen Stelle. Der Geschäftsanteil des nicht zahlenden Gesellschafters kann nicht eingezogen werden, weil die Haftungsansprüche nach § 24 nicht der Kaduzierung unterliegen (vgl. § 21 Rn. 5). Der zahlende Gesellschafter hat aber Regressanspruch gegen den nicht zahlenden Mitgesellschafter.

Die **Verjährung** der Ausfallhaftung richtet sich nach § 19 Abs. 6 (siehe § 19 Rn. 70). Es gilt § 19 Abs. 2 und Abs. 4, 5.

Im Prozess kann die Rechtmäßigkeit der Kaduzierung vom Zahlungspflichtigen ohne Rücksicht auf ein im Verhältnis zwischen seinem Mitgesellschafter und der Gesellschaft ergangenes Urteil in Frage gestellt werden.[9]

VI. Abdingbarkeit

10 Die Vorschrift dient ebenso wie das gesamte Kaduzierungsverfahren der Kapitalaufbringung und ist daher zwingendes Recht (§ 25). Zum zwingenden Charakter der Norm und den Abänderungsmöglichkeiten in der Satzung siehe § 21 Rn. 22. Die Gesellschafter können ihre Ausfallhaftung im Außenverhältnis weder durch die Satzung noch durch eine Individualvereinbarung begrenzen oder ausschließen.

! Bei Anteilsabtretungen werden häufig Freistellungsvereinbarungen zwischen Veräußerer und Erwerber vereinbart. Diese Regelungen sind i.d.R. sinnvoll und werden durch den zwingenden Charakter der Kaduzierungsregeln nicht ausgeschlossen.

C. Weitere praktische Hinweise

11 Soweit die Mitgesellschafter nach § 24 in Anspruch genommen werden, liegen bei diesen **nachträgliche Anschaffungskosten** auf die Beteiligung vor, die etwaige spätere Veräußerungsgewinne mindern.

7 H.M., Begründung im Einzelnen streitig: Scholz/*Emmerich*, § 24 Rn. 23; Lutter/Hommelhoff/*Bayer*, § 24 Rn. 16.
8 Baumbach/Hueck/*Hueck/Fastrich*, § 24 Rn. 10.
9 BGH DStR 2005, 164.

§ 25 Zwingende Vorschriften

Von den in den §§ 21 bis 24 bezeichneten Rechtsfolgen können die Gesellschafter nicht befreit werden.

Literatur

Siehe § 21.

Die Norm legt fest, dass die Vorschriften des Kaduzierungsverfahrens als Teil der **Kapitalaufbringungsvorschriften** zwingend sind und nicht zur Disposition der Gesellschafter stehen. Dies schließt Abweichungen zuungunsten der Gesellschafter (Haftungsverschärfungen) nicht aus (vgl. dazu näher § 21 Rn. 22). § 20 wird in der Norm nicht erwähnt und ist folglich in jeder Hinsicht abdingbar (siehe § 20 Rn. 8).[1] 1

Die Regelung stimmt teilweise mit § 19 Abs. 2 überein (siehe § 19 Rn. 23).

1 A.A. Roth/Altmeppen/*Altmeppen*, § 25 Lutter/Hommelhoff/*Bayer*, § 25.

§ 26 Nachschusspflicht

(1) Im Gesellschaftsvertrag kann bestimmt werden, daß die Gesellschafter über die Nennbeträge der Geschäftsanteile hinaus die Einforderung von weiteren Einzahlungen (Nachschüssen) beschließen können.

(2) Die Einzahlung der Nachschüsse hat nach Verhältnis der Geschäftsanteile zu erfolgen.

(3) Die Nachschusspflicht kann im Gesellschaftsvertrag auf einen bestimmten, nach Verhältnis der Geschäftsanteile festzusetzenden Betrag beschränkt werden.

Literatur

Altmeppen, Neues zum Finanzplan- und zum Sanierungskredit, in: Hommelhoff u.a. (Hrsg.), Familiengesellschaften, Festschrift für Walter Sigle zum 70. Geburtstag, 2000, S. 211; *Hommelhoff/Kleindiek*, Flexible Finanzierungsinstrumente im GmbH-Recht, in: Lutter u.a. (Hrsg.), Festschrift 100 Jahre GmbH-Gesetz, 1992, S. 421; *Kaminski*, Nachschusspflichten, 1965; *Weisser*, Nachschusspflicht von GmbH-Gesellschaftern für sog. Milestone Payments im Insolvenzfall, GmbHR 2004, 1370; *Winter*, Nachschüsse – besser als ihr Ruf, GStB 1997, 10.

A. Allgemeines

1 Die §§ 26 bis 28 regeln die Möglichkeit der Gesellschaft, **Nachschusspflichten** zu vereinbaren. Der Gesetzgeber wollte damit der Gesellschaft ein einfach zu handhabendes Mittel zur Verfügung stellen, um ihren Kapitalbedarf flexibel zu regeln, ohne an die strengen Formvorschriften der Kapitalerhöhung bzw. -herabsetzung gebunden zu sein.

Die **Bedeutung** des Nachschusskapitals ist in der Wirtschaftspraxis **denkbar gering**. Als Finanzierungsinstrumente werden anstelle der Nachschüsse hauptsächlich das **Gesellschafterdarlehen** sowie gelegentlich auch **Nebenleistungen** (siehe § 3 Rn. 39 ff.) eingesetzt. Lediglich im Zusammenhang mit dem steuerlich motivierten Ausschüttungs-Rückholverfahren haben Nachschüsse eine gewisse Bedeutung in der Rechtspraxis erlangt (siehe § 29 Rn. 41).

2 Das Gesetz kennt **drei Grundformen**[1] von Nachschusspflichten:

1. die unbeschränkte Nachschusspflicht mit unbeschränkten Preisgabe- oder Abandonrecht (§§ 26 Abs. 1, 27 Abs. 1 bis 3)
2. die unbeschränkte Nachschusspflicht mit beschränktem Preisgabe- oder Abandonrecht (§§ 27 Abs. 4, 28 Abs. 1 Satz 2)[2]
3. die beschränkte Nachschusspflicht ohne Preisgaberecht, aber mit Kaduzierungsmöglichkeit (§§ 26 Abs. 3, 28)

Regelungen zu Nachschüssen finden sich neben §§ 26 bis 28 auch in §§ 30 Abs. 2, 42 Abs. 2, 46 Nr. 3 und 57d.

Die Gesellschafter sind darüber hinaus frei, im **Gesellschaftsvertrag** innerhalb des gesetzlichen Rahmens eine andere inhaltliche Ausgestaltung der Nachschüsse festzulegen (Abs. 3 sowie §§ 27 Abs. 4, 28 Abs. 3).

---

1 Systematisierung in der Literatur variiert; vgl. Scholz/*Emmerich*, § 26 Rn. 2; andere Einteilung bei Lutter/Hommelhoff/*Bayer*, § 26 Rn. 3.

2 Die Sprachregelung ist unterschiedlich, die unbeschränkte Nachschusspflicht mit Preisgaberecht wird auch als „gemischte Nachschusspflicht" bezeichnet, so etwa Roth/Altmeppen/*Altmeppen*, § 26 Rn. 7; Ulmer/Habersack/Winter/*Müller*, § 26 Rn. 7.

B. Inhalt der Regelung

I. Aufnahme einer Nachschusspflicht in den Gesellschaftsvertrag

1. Begriff des Nachschusses und Abgrenzung zu anderen Gesellschafterbeiträgen

Nachschüsse sind Einlagen in Geld,[3] die über das Stammkapital hinaus von den Gesellschaftern zur Stärkung der Kapitalkraft der Gesellschaft zu erbringen sind. Ihre **Festsetzung** erfolgt im Gesellschaftsvertrag. Die spätere **Einforderung** durch die Gesellschaft erfordert einen Gesellschafterbeschluss. Eine **Rückzahlung** der Nachschüsse an die Gesellschafter ist nach § 30 Abs. 2 zulässig; sie kann aber von den Gesellschaftern nicht einseitig eingefordert werden.[4] 3

Die Bilanzierung regelt § 42 Abs. 2. Nur die eingeforderten Nachschüsse dürfen aktiviert werden (vgl. § 42 Abs. 2 Satz 1 und 2).

Bei Nachschüssen handelt es sich **nicht um Einzahlungen auf den Geschäftsanteil**. Die Leistung von Nachschüssen hat keinen Einfluss auf die Geschäftsanteile und das durch sie repräsentierte Verhältnis der Gesellschafter untereinander.[5] Die Nachschüsse haben mit Einzahlungen auf Geschäftsanteile gemeinsam, dass sie von den Gesellschaftern nicht einseitig zurückgefordert werden können. Die Nachschüsse werden aber anders als das Stammkapital nicht in das Handelsregister eingetragen; bilanziert werden sie nur bei Einzahlung. Für die Abgrenzung zu Stammkapital ist weiter von Bedeutung, dass die Vorschriften der §§ 19, 24 und 30 Abs. 1 auf Nachschüsse keine Anwendung finden.[6] 4

Anders als bei **Nebenleistungen** setzt die Einforderung von Nachschüssen einen Gesellschafterbeschluss voraus. Weiteres Unterscheidungsmerkmal zwischen Nachschüssen und Nebenleistungen ist, dass Nachschüsse nur in Geld erbracht werden können. 5

Das **Agio** ist regelmäßig nicht als Nachschuss zu beurteilen, da die Festsetzung des Agio üblicherweise bereits im Gesellschaftsvertrag erfolgt.

Während die Leistung von Nachschüssen im Gesellschaftsvertrag geregelt ist, steht es den Gesellschaftern jederzeit frei, auf freiwilliger Basis **Zuzahlungen** in das Kapital der Gesellschaft zu erbringen. Zuzahlungen fallen ebenfalls in das Vermögen der Gesellschaft und können nur unter Beachtung des § 30 Abs. 1 an die Gesellschafter zurückgezahlt werden.

Anders als Nachschüsse können **Gesellschafterdarlehen** an den Gesellschafter auf einseitiges Verlangen (ggf. nach Kündigung) **zurückgezahlt** werden. Ein weiteres Abgrenzungsmerkmal ist die regelmäßige **Verzinsung** von Gesellschafterdarlehen. 6

2. Regelung im Gesellschaftsvertrag

a) Allgemeines

Die Gesellschafter können Nachschusspflichten nur im Gesellschaftsvertrag festlegen. Sofern dies nicht bereits bei Gründung der Gesellschaft geschieht, ist bei nachträglicher Einführung (**Satzungsänderung**) § 53 Abs. 3 zu beachten und die Zustimmung aller Gesellschafter einzuholen, die von der Einführung oder Abänderung der Nachschusspflicht betroffen werden. Auch die Umwandlung einer unbeschränkten in eine beschränkte Nachschusspflicht löst die Zustimmungspflicht aller betroffenen Gesellschafter aus, weil sie dadurch ihr Abandonrecht einbüßen.[7] 7

---

3 Die Gesellschaft darf auch Sachleistungen als Leistung an Erfüllungs statt annehmen, da § 19 Abs. 2 nicht gilt; vgl. Lutter/Hommelhoff/*Bayer*, § 26 Rn. 9.

4 Ein Rückzahlungsanspruch entsteht erst dann, wenn die Gesellschafterversammlung die Rückzahlung beschlossen hat, sofern nicht der Gesellschaftsvertrag eine andere Regelung trifft.

5 Hinsichtlich eigener Geschäftsanteile der Gesellschaft kann keine Nachschusspflicht vereinbart werden, vgl. Baumbach/Hueck/*Hueck/Fastrich*, § 26 Rn. 10.

6 A.A. für Anwendbarkeit des § 30 Abs. 1 bei Rückzahlung der Nachschüsse: Ulmer/Habersack/Winter/*Müller*, § 26 Rn. 17.

7 KG NZG 2000, 688; Baumbach/Hueck/*Hueck/Fastrich*, § 26 Rn. 7; Roth/Altmeppen/*Altmeppen*, § 26 Rn. 8; Scholz/*Emmerich*, § 26 Rn. 9a.

b) Beschränkungsmöglichkeiten (Abs. 3)

8 Die Gesellschafter können im Gesellschaftsvertrag die Nachschusspflicht beschränken. Dies hat zur Folge, dass das Preisgaberecht des § 27 entfällt. § 28 Abs. 1 stärkt die Position der Gesellschaft mit einem Kaduzierungsrecht. Da der Ausschluss des Preisgaberechts eine für einzelne Gesellschafter nachteilige Regelung ist, müssen gem. § 53 Abs. 3 bei einer durch Satzungsänderung eingeführten Beschränkung alle Gesellschafter zustimmen. Die Gesellschafter sind frei, auf welche Art sie die Beschränkung festlegen. Denkbar ist etwa eine Beschränkung auf einen bestimmten Prozentsatz des Geschäftsanteils oder auf eine bestimmte absolute Schranke.[8]

II. Einforderungsbeschluss (Abs. 2)

9 Die Nachschüsse werden zwingend durch Gesellschafterbeschluss eingefordert. Mit dem Einforderungsbeschluss entsteht die Nachschussforderung und kann ab diesem Zeitpunkt gepfändet und abgetreten werden. Für den Beschluss genügt einfache Mehrheit. In der **Insolvenz** der Gesellschaft gilt nichts anderes. Beschluss muss Höhe der Nachschüsse und Verteilung auf die Gesellschafter (im Zweifel nach Verhältnis der Geschäftsanteile) regeln. Sofern die Gesellschafter nichts anderes beschließen, wird der Nachschuss sofort fällig. Die Gesellschaft kann Beschlusskompetenz nicht auf ein anderes Gesellschaftsorgan übertragen, es kann jedoch zusätzlich zum Gesellschafterbeschluss eigene Beschlussrechte anderer Gesellschaftsorgane (Aufsichtsrat, Beirat) vorsehen.

III. Rechtsfolge

10 Die Gesellschafter sind zur **Leistung** der Nachschüsse verpflichtet; die Aufforderung zur Einzahlung ergeht durch Geschäftsführer.[9] Die Leistung ist nach allgemeinen Regeln zu erbringen, wobei die Gesellschaft Sachleistungen als Leistung an Erfüllungs statt annehmen darf. Die Schranken der § 19 Abs. 2 gelten nicht (siehe § 19 Rn. 7).

11 Der Gesellschafter, der bei Fälligkeit des Nachschusses in der Gesellschafterliste geführt wird,[10] ist **Schuldner des Nachschusses**. Frühere Gesellschafter haften grundsätzlich nicht. Gesellschafter, die erst nach der Fälligkeit der Nachschüsse den betroffenen Geschäftsanteil erwerben, haften für rückständige Beträge nach § 16 Abs. 2. Eine Ausfallhaftung der Mitgesellschafter aus § 24 besteht für Nachschüsse nicht.

Die Nachschusspflicht trifft auch Anteile, die durch Kapitalerhöhung nach Einforderungsbeschluss geschaffen werden.[11]

12 Die gezahlten Nachschüsse sind von der Gesellschaft in die **Kapitalrücklage nach § 272 HGB einzustellen** (§ 42 Abs. 2 Satz 3). Es besteht eine Aktivierungspflicht nach § 42 Abs. 2 Satz 1 und 2. Die Nachschüsse können in Stammkapital umgewandelt werden, sofern nicht die Satzung andere Regelungen trifft. Dies ist auch der Grund, warum Nachschüsse in Zusammenhang dem steuerlich motivierten **Schütt-aus-hol-zurück-Verfahren** in der Praxis eine gewisse Bedeutung erlangt hatten (siehe § 29 Rn. 41). Mit der Angleichung der Ausschüttungs- und Thesaurierungsbelastung im Körperschaftsteuerrecht ist dieser Anwendungsbereich heutzutage so gut wie weggefallen.

IV. Abdingbarkeit

13 **Abs. 1** ist **zwingendes Recht**. Der Gesellschaftsvertrag kann aber zusätzliche Regelungen aufstellen, etwa die Zustimmung anderer Organe der Gesellschaft vorsehen, Verfahrensvorschriften einführen oder besondere Sanktionsmöglichkeiten bei Nichtzahlung vorsehen. **Abs. 2** ist als Ausprägung

---

8 Vgl. Lutter/Hommelhoff/*Bayer*, § 26 Rn. 11.

9 Teilweise wird die Anforderung durch den Geschäftsführer für entbehrlich gehalten, wenn der betroffene Gesellschafter bei dem Einforderungsbeschluss mitgewirkt hat, vgl. zum Parallelproblem bei Einforderung der Einlagen § 19 Rn. 20.

10 Scholz/*H.P.Westermann*, Nachtrag MoMiG, § 26 Rn. 2.

11 Wegen der Haftung der Rechtsvorgänger kann eine durch Nachschusspflichten betroffene Kapitalerhöhung nur durch die Schaffung neuer Anteile und nicht durch Aufstockung bestehender Anteile erfolgen, so die h.M., teilweise abweichend Michalski/*Ebbing*, § 26 Rn. 28.

des allgemeinen Gleichbehandlungsgrundsatzes **dispositiv** (vgl. zum allgemeinen Gleichbehandlungsgrundsatz § 13 Rn. 79).

C. Weitere praktische Hinweise

Nachschüsse gehören seitens der Gesellschafter zu den **Anschaffungskosten** der Beteiligung. Seitens der Gesellschaft sind sie dem steuerlichen Einlagenkonto gutzuschreiben. Bis zur Änderung des § 27 Abs. 1 KStG durch das SEStEG vom 7.12.2006[12] war die Rückzahlung von Nachschusskapital eine Möglichkeit, unmittelbar auf das steuerliche Einlagekonto zuzugreifen und damit eine steuerneutrale Ausschüttung sicherzustellen. Seitdem lässt sich ein vergleichbarer Effekt nur noch durch eine kombinierte Kapitalerhöhung/Kapitalherabsetzung erreichen. 14

Zur **Funktion des steuerlichen Einlagenkontos** siehe § 5 Rn. 70 ff., bei Kapitalherabsetzung siehe § 58 Rn. 19 ff., bei Liquidation siehe § 71 Rn. 10 und § 72 Rn. 9.

12 BGBl. I, S. 2782.

§ 27 Unbeschränkte Nachschusspflicht

(1) Ist die Nachschußpflicht nicht auf einen bestimmten Betrag beschränkt, so hat jeder Gesellschafter, falls er die Stammeinlage vollständig eingezahlt hat, das Recht, sich von der Zahlung des auf den Geschäftsanteil eingeforderten Nachschusses dadurch zu befreien, daß er innerhalb eines Monats nach der Aufforderung zur Einzahlung den Geschäftsanteil der Gesellschaft zur Befriedigung aus demselben zur Verfügung stellt. Ebenso kann die Gesellschaft, wenn der Gesellschafter binnen der angegebenen Frist weder von der bezeichneten Befugnis Gebrauch macht, noch die Einzahlung leistet, demselben mittels eingeschriebenen Briefes erklären, daß sie den Geschäftsanteil als zur Verfügung gestellt betrachte.

(2) Die Gesellschaft hat den Geschäftsanteil innerhalb eines Monats nach der Erklärung des Gesellschafters oder der Gesellschaft im Wege öffentlicher Versteigerung verkaufen zu lassen. Eine andere Art des Verkaufs ist nur mit Zustimmung des Gesellschafters zulässig. Ein nach Deckung der Verkaufskosten und des rückständigen Nachschusses verbleibender Überschuß gebührt dem Gesellschafter.

(3) Ist die Befriedigung der Gesellschaft durch den Verkauf nicht zu erlangen, so fällt der Geschäftsanteil der Gesellschaft zu. Dieselbe ist befugt, den Anteil für eigene Rechnung zu veräußern.

(4) Im Gesellschaftsvertrag kann die Anwendung der vorstehenden Bestimmungen auf den Fall beschränkt werden, daß die auf den Geschäftsanteil eingeforderten Nachschüsse einen bestimmten Betrag überschreiten.

Literatur

Vgl. Literaturnachweise bei § 26.

A. Allgemeines

1 § 27 regelt die Möglichkeit der Gesellschafter den Gesellschaftsanteil der Gesellschaft zur Verfügung zu stellen (**Abandon** oder **Preisgaberecht**), wenn eine unbeschränkte Nachschusspflicht der Gesellschafter vorgesehen ist. Die Preisgabemöglichkeit ist **untrennbar** mit der unbeschränkten Nachschusspflicht verbunden, um dem Gesellschafter eine Möglichkeit zu geben, sich von der potentiell ruinösen unbeschränkten Nachschusspflicht zu befreien.

Vgl. zu den verschiedenen Formen der Nachschusspflichten § 26 Rn. 2.

Der Gesellschafter entscheidet nach freiem Ermessen, ob er von seinem Preisgaberecht Gebrauch machen möchte. Eine Verpflichtung dazu besteht nicht.

B. Inhalt der Regelung

I. Abandonrecht des Gesellschafters

2 Der Gesellschafter kann von seinem Abandonrecht Gebrauch machen, wenn eine unbeschränkte Nachschusspflicht vereinbart ist und er durch Gesellschafterbeschluss zum Nachschuss herangezogen wird.

Voraussetzung der Preisgabe ist, dass der **Geschäftsanteil vollständig einbezahlt** ist. Gegebenenfalls muss der Gesellschafter die restliche Einlage bis zum Ablauf der Monatsfrist des Abs. 1 Satz 1 vollständig einbezahlen.

Der Abandon erfolgt durch eine einseitige empfangsbedürftige Willenserklärung. Der Zugang muss bei der Gesellschaft innerhalb der Monatsfrist des Abs. 1 Satz 1 erfolgt sein. Nach Ablauf der Frist erlischt das Abandonrecht des Gesellschafters.

II. Abandonrecht der Gesellschaft

Ist das Abandonrecht des Gesellschafters wegen Fristablauf erloschen, kann die Gesellschaft durch Erklärung gegenüber dem Gesellschafter den Abandon bewirken. Allerdings kann der Gesellschafter bis zum Zugang der Preisgabeerklärung der Gesellschaft deren Wirkungen verhindern, sofern er alle angeforderten Beträge auf die Nachschüsse an die Gesellschaft einzahlt. 3

Die Gesellschaft hat das Verfahren nach Abs. 1 Satz 2 genau einzuhalten. Es empfiehlt sich, den Wortlaut des Abs. 1 Satz 2 im Anforderungsschreiben genau wiederzugeben. Das Anforderungsschreiben ist mittels Einschreiben an den Gesellschafter zu übermitteln.

III. Rechtsfolgen

Ein Abandon **beseitigt nicht die Gesellschafterstellung** des der Preisgabe unterworfenen Gesellschafters, dem Stimmrecht und alle mit dem Geschäftsanteil verbundenen Rechte verbleiben.[1] Sie ist weder Einziehung noch Ausschließung. Der Abandon gibt der Gesellschaft nur ein **Verwertungsrecht** an dem Gesellschaftsanteil. Der Gesellschafter bleibt der Gesellschafter wegen anderer Leistungspflichten verhaftet (z.B. Nebenleistungspflichten, Zinsen und Gesellschafterhaftung aus §§ 16 Abs. 2, 24). 4

Die Gesellschafterstellung des Gesellschafters, der den Geschäftsanteil im Wege des Abandons verloren hat, endet erst mit dem Erwerb des Geschäftsanteils durch einen Dritten.

Der Ablauf des Verwertungsverfahrens ist in Abs. 2 und 3 dargestellt. Er ist mit dem Kaduzierungsverfahren identisch, vgl. daher zum Verfahren unter § 21 Rn. 3.

IV. Abdingbarkeit

Das Preisgaberecht bei unbeschränkter Nachschusspflicht kann durch Gesellschaftsvertrag nicht abbedungen werden. Abs. 4 gibt den Gesellschaftern aber die Möglichkeit, das Abandonrecht betragsmäßig zu beschränken. Wird ein Nachschuss eingefordert, der unterhalb der satzungsmäßigen Grenze liegt, so findet § 28 Abs. 1 Anwendung; bei Nachschüssen, die darüber hinausgehen, kommt § 27 zur Anwendung. Das Abandonrecht kann durch Satzung auch bei beschränkter Nachschusspflicht eingeführt werden oder Verfahrenserleichterungen geschaffen werden.[2] 5

C. Weitere praktische Hinweise

Da der Verwertungserlös dem Gesellschafter wirtschaftlich zugutekommt (er wird von seiner Nachschusspflicht befreit), ist er ihm auch steuerlich zuzurechnen. Freilich bleibt, soweit der Erlös zur Deckung des Nachschusses verwendet wird, kein Veräußerungsgewinn, da Anschaffungskosten in gleicher Höhe entstehen; für darüber hinausgehende Erlösanteile gelten die allgemeinen Regeln (siehe „Steuerrecht", S. 1046 ff., Rn. 68 ff.). 6

1 Lutter/Hommelhoff/*Bayer*, § 27 Rn. 2.
2 Scholz/*Emmerich*, § 27 Rn. 15.

§ 28 Beschränkte Nachschusspflicht

(1) Ist die Nachschusspflicht auf einen bestimmten Betrag beschränkt, so finden, wenn im Gesellschaftsvertrag nicht ein anderes festgesetzt ist, im Fall verzögerter Einzahlung von Nachschüssen die auf die Einzahlung der Stammeinlagen bezüglichen Vorschriften der §§ 21 bis 23 entsprechende Anwendung. Das gleiche gilt im Fall des § 27 Abs. 4 auch bei unbeschränkter Nachschusspflicht, soweit die Nachschüsse den im Gesellschaftsvertrag festgesetzten Betrag nicht überschreiten.

(2) Im Gesellschaftsvertrag kann bestimmt werden, daß die Einforderung von Nachschüssen, auf deren Zahlung die Vorschriften der §§ 21 bis 23 Anwendung finden, schon vor vollständiger Einforderung der Stammeinlagen zulässig ist.

Literatur

Vgl. Literaturhinweise bei § 26.

A. Allgemeines

1 § 28 regelt die beschränkte Nachschusspflicht (vgl. zur Möglichkeit, der Gesellschaft eine Nachschusspflicht vorzusehen, § 26 Rn. 3). Es gibt neben der beschränkten Nachschusspflicht auch die unbeschränkte Nachschusspflicht (vgl. zu den einzelnen Formen der Nachschusspflichten und den Regelungsmöglichkeiten der Gesellschafter § 26 Rn. 2).

B. Inhalt der Regelung

I. Beschränkte Nachschusspflicht

2 Die Norm legt fest, dass bei einer beschränkten Nachschusspflicht die §§ 21 bis 23 entsprechende Anwendung finden, sofern der in Anspruch genommene Gesellschafter die geforderten Nachschüsse nicht zur rechten Zeit einbezahlt. Die Gesellschaft kann den säumigen Gesellschafter nach den Regeln des Kaduzierungsverfahrens aus der Gesellschaft ausschließen. Vgl. zu den einzelnen Verfahrensschritten und den dabei zu beachtenden Formen § 21 Rn. 3, § 22 Rn. 5 ff. sowie § 23 Rn. 2 ff. Die dort dargestellten Regeln gelten hier entsprechend. Da § 28 nicht die Norm des § 24 in Bezug nimmt, besteht keine Haftung der übrigen Gesellschafter auf nicht erlangte Nachschüsse.

3 Hat der Gesellschafter weder die angeforderten Nachschüsse erbracht noch die rückständigen Einlagen auf den Geschäftsanteil geleistet, so kann die Gesellschaft das Kaduzierungsverfahren sowohl wegen der rückständigen Nachschüsse als auch wegen der rückständigen Einlage durchführen. Es genügt ein Verfahren, in dem beide rückständigen Beträge zu bezeichnen sind. Die Rechtsvorgänger des Gesellschafters haften auf beide Rückstände.

II. Unbeschränkte Nachschusspflicht mit beschränktem Abandonrecht

4 Ist in der Satzung geregelt, dass auf die verzögerte Einzahlung von Nachschüssen bis zu einer bestimmten Höhe mit einer Kaduzierung reagiert werden soll (vgl. § 27 Abs. 4), so finden die vorstehenden Regelungen dann Anwendung, wenn der eingeforderte Nachschuss unterhalb der im Gesellschaftsvertrag festgesetzten Grenze liegt. Liegt er hingegen darüber, so finden wieder § 27 und das Abandonrecht Anwendung (siehe § 27 Rn. 3). Werden Nachschüsse in mehreren Tranchen eingefordert, so sind alle Nachschussbeträge für die Beurteilung, ob die gesellschaftsvertragliche Grenze erreicht ist, zusammenzufassen.

Die Gesellschafter können die Grenze, ab welcher ein Preisgaberecht besteht, nach freiem Ermessen in den allgemeinen Grenzen von Treu und Glauben festsetzen.

III. Verhältnis zur Einforderung von Einlagen

Aus Abs. 2 ergibt sich, dass Nachschüsse grundsätzlich erst nach vollständiger Einforderung der Einlagen verlangt werden dürfen. Durch Gesellschaftsvertrag kann von dieser Reihenfolge unter den in Abs. 2 aufgestellten Voraussetzungen abgewichen werden. 5

IV. Abdingbarkeit

Die Kaduzierung wegen verzögerter Nachschüsse kann durch Gesellschaftsvertrag **ausgeschlossen** oder **verschärft** oder **erleichtert** werden. Die Satzung kann auch bei beschränkter Nachschusspflicht ein Preisgaberecht schaffen, das allerdings nur ausgeübt werden kann, wenn der betroffene Geschäftsanteil vollständig einbezahlt ist. 6

§ 29 Ergebnisverwendung

(1) Die Gesellschafter haben Anspruch auf den Jahresüberschuss zuzüglich eines Gewinnvortrags und abzüglich eines Verlustvortrags, soweit der sich ergebende Betrag nicht nach Gesetz oder Gesellschaftsvertrag, durch Beschluß nach Absatz 2 oder als zusätzlicher Aufwand auf Grund des Beschlusses über die Verwendung des Ergebnisses von der Verteilung unter die Gesellschafter ausgeschlossen ist. Wird die Bilanz unter Berücksichtigung der teilweisen Ergebnisverwendung aufgestellt oder werden Rücklagen aufgelöst, so haben die Gesellschafter abweichend von Satz 1 Anspruch auf den Bilanzgewinn.

(2) Im Beschluß über die Verwendung des Ergebnisses können die Gesellschafter, wenn der Gesellschaftsvertrag nichts anderes bestimmt, Beträge in Gewinnrücklagen einstellen oder als Gewinn vortragen.

(3) Die Verteilung erfolgt nach Verhältnis der Geschäftsanteile. Im Gesellschaftsvertrag kann ein anderer Maßstab der Verteilung festgesetzt werden.

(4) Unbeschadet der Absätze 1 und 2 und abweichender Gewinnverteilungsabreden nach Absatz 3 Satz 2 können die Geschäftsführer mit Zustimmung des Aufsichtsrats oder der Gesellschafter den Eigenkapitalanteil von Wertaufholungen bei Vermögensgegenständen des Anlage- und Umlaufvermögens und von bei der steuerrechtlichen Gewinnermittlung gebildeten Passivposten, die nicht im Sonderposten mit Rücklageanteil ausgewiesen werden dürfen, in andere Gewinnrücklagen einstellen. Der Betrag dieser Rücklagen ist entweder in der Bilanz gesondert auszuweisen oder im Anhang anzugeben.

Literatur

Arnold, Der Gewinnauszahlungsanspruch des GmbH-Minderheitsgesellschafters, 2001; *Blumers/Beinert/Witt*, Individuell gesteuerter Gewinnfluss zur Gesellschafterebene bei Kapitalgesellschaften, DStR 2002, 565, 616; *Bork/Oepen*, Schutz des GmbH-Minderheitsgesellschafters vor der Mehrheit bei der Gewinnverteilung, ZGR 2002, 241; *Crezelius*, Gewinnermittlung vs. Gewinnverwendung, in: Lutter u.a. (Hrsg.), Festschrift 100 Jahre GmbH-Gesetz, 1992, S. 315; *Ehlke*, Ergebnisverwendungsregelungen in der GmbH nach dem BiRiLiG, DB 1987, 671; *Falkenstein*, Grenzen für die Entnahmerechte der GmbH-Gesellschafter, 1992; *Flume*, Der Gesellschafter und das Vermögen der Kapitalgesellschaft und die Problematik der verdeckten Gewinnausschüttung, ZHR 144 (1980), 18; *Gehrlein*, Zum Gewinnbezugsrecht eines GmbH-Gesellschafters nach Einziehung seines Geschäftsanteils, DB 1998, 2355; *Groh*, Disquotale Gewinnverteilung in Kapitalgesellschaften – Ein Freibrief des BFH?, DB 2000, 1433; *Gutbrod*, Vom Gewinnbezugsrecht zum Gewinnanspruch des GmbH-Gesellschafters, GmbHR 1995, 551; *Hommelhoff*, Auszahlungsanspruch und Ergebnisverwendungsbeschluss in der GmbH, in: Pfeiffer u.a. (Hrsg.), Festschrift für Heinz Rowedder zum 75. Geburtstag, 1994, S. 171; *Joost*, Beständigkeit und Wandel im Recht der Gewinnverwendung, in: Lutter u.a. (Hrsg.), Festschrift 100 Jahre GmbH-Gesetz, 1992, S. 289; *ders.*, Grundlagen und Rechtsfolgen der Kapitalerhaltungsregeln, ZHR 148 (1984), 27; *Kallmayer*, Recht der Gewinnverwendung in der GmbH, GmbHR 1992, 788; *Paus*, Verdeckte Gewinnausschüttung wegen unüblicher Vereinbarungen mit einem Minderheitsgesellschafter, GmbHR 2001, 328; *Peschke*, Gesellschafts- und steuerrechtliche Zulässigkeit disquotaler Gewinnverteilungen bei der GmbH, 2006, *Priester*, Änderung von Gewinnverwendungsbeschlüssen, ZIP 2000, 261; *Rödder/Schuhmacher*, Unternehmensteuerreform 2001 – Eine erste Analyse des Regierungsentwurfs aus Beratersicht, DStR 2000, 353; *Schön*, Vermögensbindung, in: Crezelius u.a. (Hrsg.), Festschrift für Volker Röhricht zum 65. Geburtstag, 2005, S. 559; *Schulze-Osterloh*, Ausweis der Sachdividende im Jahresabschluss und im Gewinnverwendungsbeschluss, in: Hommelhoff u.a. (Hrsg.), Festschrift für Hans-Joachim Priester zum 70. Geburtstag, 2007, S. 749; *Wälzholz*, Gestaltungsmöglichkeiten zur Ergebnisverwendung. Formulierungshilfen für Ausschüttung, Thesaurierung, Rücklagen, GmbH-StB 2005, 144; *Winter*, Verdeckte Gewinnausschüttungen, ZHR 148 (1984), 579.

A. Allgemeines

Die Norm regelt die **Ergebnisverwendung** in der Gesellschaft. Sie ist im Grundsatz eine **Kompetenznorm** und weist den Gesellschaftern die Entscheidungsbefugnis über die Verwendung des Ergebnisses der Gesellschaft zu. Die Norm steht in enger Wechselwirkung mit den Vorschriften zur **Ergebnisermittlung** (siehe § 42), da jede Verwendungsentscheidung voraussetzt, dass ein verwendungsfähiges Ergebnis vorhanden ist. Bereits bei der Aufstellung des Jahresabschlusses sind Entscheidungen zu treffen, die unmittelbar auf das zu verteilende Ergebnis Einfluss nehmen. Umgekehrt hat nach derzeitigem Körpersteuerrecht die Art der Ergebnisverwendung keine Rückwirkungen mehr auf das Ergebnis der Gesellschaft, da der Körperschaftssteuersatz unabhängig von der Ergebnisverwendung ist.[1] 1

Die Norm weist auch einen Bezug zu den **Kapitalerhaltungsvorschriften** auf, da die Ergebnisverwendung den Übergang finanzieller Mittel aus der Sphäre der Gesellschaft auf die der Gesellschafter zum Gegenstand hat. Während dem GmbH-Recht **Verwendungsbeschränkungen** fremd sind, soweit nicht das nominale Stammkapital der Gesellschaft angegriffen wird (vgl. §§ 30 ff.),[2] wird die Verzahnung mit dem Kapitalerhaltungsrecht über die Anknüpfung an das **bilanzielle Jahresergebnis** erreicht.[3] 2

1 Vgl. zur früheren Rechtslage mit gespaltenem KSt-Satz und Anrechnungsverfahren Baumbach/Hueck/*Hueck/Fastrich*, 17. Aufl., § 29 Rn. 90 f. Die Regelung galt letztmals für das Wirtschaftsjahr 2000 bzw. das vor dem 31.12.2001 endende Wirtschaftsjahr; zu den Übergangsvorschriften vgl. *Rödder/Schuhmacher*, DStR 2000, 353.

2 Anders das Aktienrecht, vgl. § 57 Abs. 3 AktG, das vor Auflösung der Gesellschaft nur eine Ausschüttung des Bilanzgewinns an die Aktionäre zulässt.

3 Vgl. ausführlich Ulmer/Habersack/Winter/*Müller*, § 29 Rn. 1.

3 Die Gesellschafter haben nach Abs. 1 grundsätzlich **Anspruch auf den Jahresabschluss bzw. Bilanzgewinn**, soweit nicht eine andere Verwendung nach Gesetz, Gesellschaftsvertrag oder Gesellschafterbeschluss vorgesehen ist. Der **Gesellschafterbeschluss** nach Abs. 2 zur Ergebnisverwendung kann grundsätzlich mit einfacher Mehrheit gefasst werden und eine Zuweisung eines Teils des Ergebnisses in die Gewinnrücklagen oder als Gewinnvortrag vorsehen. Soweit nicht anders geregelt, erfolgt die **Gewinnverteilung** nach Abs. 3 – als Ausprägung des Gleichbehandlungsgrundsatzes – entsprechend den Geschäftsanteilen der Gesellschafter. Abs. 4 enthält Regelungen für den Eigenkapitalanteil von **Wertaufholungen** und von **Passivposten**, die im Rahmen der steuerlichen Gewinnermittlung gebildet wurden und nicht als Sonderposten mit Rücklageanteil ausgewiesen werden dürfen.

Das BilMoG lässt § 29 im Grundsatz unberührt.

4 Der **zeitliche Ablauf der Ergebnisermittlung und Gewinnverwendung** stellt sich so dar, dass zunächst die Aufstellung des Jahresabschlusses durch die Geschäftsführer mit Ausweis des Jahresüberschusses bzw. des Bilanzgewinns (siehe Rn. 9 ff.) erfolgt. Der Jahresabschluss muss ggf. – abhängig von der Größe der Gesellschaft – durch einen Wirtschaftsprüfer oder einen vereidigten Buchprüfer geprüft werden und mit Bestätigungsvermerk versehen werden. Sodann erfolgt die Feststellung des Jahresabschlusses, die den Gesellschaftern obliegt (§ 46 Nr. 1; siehe § 46 Rn. 4 ff.). Erst durch die Feststellung wird der Jahresabschluss für die Gesellschaft verbindlich. Durch weiteren Beschluss der Gesellschafter, den Ergebnisverwendungsbeschluss nach Abs. 2, können die Gesellschafter über die Ergebnisverwendung disponieren (siehe Rn. 15 ff.).

B. Inhalt der Regelung

I. Ergebnisverwendung

5 Das Ergebnis einer Gewinnermittlungsperiode kann positiv, also **Gewinn**, oder negativ, also **Verlust,** sein. Die Gesellschafter einer GmbH sind nicht unmittelbar am Verlust einer Periode beteiligt. Wird ein Geschäftsjahr mit einem bilanziellen Verlust abgeschlossen, so entfällt der Ergebnisverwendungsbeschluss. Der Verlust wird nicht auf die Gesellschafter verteilt, sondern auf neue Rechnung vorgetragen (siehe § 42 Rn. 8). Die Beteiligung der Gesellschafter am Verlust besteht aber mittelbar doch, etwa durch Wegfall der Ausschüttung, Verwendung der Erträge späterer Perioden für Verlustverrechnung oder Fernwirkungen auf den späteren Liquidationserlös.

Eine **Verlustausgleichspflicht der Gesellschafter** besteht nicht allgemein, kann aber in der Satzung (Nachschüsse, § 26, oder Nebenleistungen, § 3 Abs. 2) festgelegt werden. Auch schuldrechtliche Vereinbarungen zur Tragung eines Verlusts unter den Gesellschaftern sind möglich.[4]

1. Gewinnbezugsrecht der Gesellschafter und konkreter Ausschüttungsanspruch

6 Das Gewinnbezugsrecht zählt neben dem Anspruch auf Teilhabe am Liquidationserlös bei Auflösung der Gesellschaft nach § 72 zu den wichtigsten Vermögensrechten der Gesellschafter.[5] Es repräsentiert die Teilhabe am periodenmäßig abgegrenzten Teil des Gesamtgewinns der Gesellschaft.[6] Beim Gewinnbezugsrecht ist wie bei allen Mitgliedschaftsrechten zwischen dem **Stammrecht** und dem daraus entspringenden **konkreten Einzelanspruch** zu unterscheiden.[7] Während das Gewinnbezugsrecht des Gesellschafters nur zusammen mit der Mitgliedschaft übertragbar ist (Abspaltungsverbot),[8] kann der konkrete Ausschüttungsanspruch des Gesellschafters abgetreten werden, und zwar auch bereits vor seiner Entstehung.[9]

4 Baumbach/Hueck/*Hueck/Fastrich*, § 29 Rn. 48; Roth/Altmeppen/*Roth*, § 29 Rn. 4.
5 Baumbach/Hueck/*Hueck/Fastrich*, § 29 Rn. 48; Scholz/*Emmerich*, § 29 Rn. 25.
6 Ulmer/Habersack/Winter/*Müller*, § 29 Rn. 6.
7 Ulmer/Habersack/Winter/*Müller*, § 29 Rn. 6.
8 RGZ 98, 318; BGH WM 1998, 2200; Scholz/*Emmerich*, § 29 Rn. 25; Lutter/Hommelhoff/*Hommelhoff*, § 29 Rn. 3.
9 Lutter/Hommelhoff/*Hommelhoff*, § 29 Rn. 3, 43; Roth/Altmeppen/*Roth*, § 29 Rn. 52; Scholz/*Emmerich*, § 29 Rn. 28; Ulmer/Habersack/Winter/*Müller*, § 29 Rn. 116.

Der **konkrete Gewinnausschüttungsanspruch** ist der schuldrechtliche Anspruch des Gesellschafters auf anteilige Auszahlung des auf den Gesellschafter entfallenden Gewinns. Er kann als **selbstständige schuldrechtliche Forderung** formlos abgetreten, verpfändet und belastet werden, sofern dies nicht durch Satzung ausgeschlossen ist.[10] Der Ausschüttungsanspruch tritt mit seiner Entstehung neben das allgemeine Gewinnbezugsrecht. Nach seiner Entstehung ist eine Verfügung darüber nur noch mit der Zustimmung des Gesellschafters möglich.[11] Die Gesellschaft darf die Auszahlung nicht verweigern (vgl. aber die Schranken in § 30; siehe § 30 Rn. 5 ff.). 7

2. Entstehung des Ausschüttungsanspruchs

Der konkrete Gewinnausschüttungsanspruch entsteht am Ende eines an die Rechnungslegung der Gesellschaft anschließenden Verfahrens, wobei die Bedeutung der einzelnen Zwischenschritte für die Entstehung des Ausschüttungsanspruchs nicht einheitlich beurteilt wird.[12] 8

a) Aufstellung des Jahresabschlusses

Für die Aufstellung des Jahresabschlusses gelten die allgemeinen Vorschriften der §§ 242 ff. HGB ergänzt durch §§ 42, 42a (siehe § 42a Rn. 2 ff.). Die GmbH hat einen Jahresabschluss zu erstellen, der aus der Bilanz, der Gewinn- und Verlustrechnung sowie einem erläuternden Anhang besteht (§§ 242, 264 HGB). Außerdem müssen alle GmbHs, die nicht kleine Kapitalgesellschaften i.S.v. § 267 Abs. 1 HGB sind, einen Lagebericht aufstellen, der ein den tatsächlichen Verhältnissen entsprechendes Bild zu vermitteln hat (§§ 264 Abs. 1, 289 HGB). Der Lagebericht gehört allerdings als Teil der Rechnungslegung nicht zum Jahresabschluss und ist deshalb nicht Voraussetzung des Gewinnausschüttungsanspruchs.[13] 9

Der **Gesellschaftsvertrag** kann Regelungen über Form und Inhalt des Jahresabschlusses und des Lageberichts treffen, soweit diese nicht gegen zwingendes Recht und gegen die Grundsätze ordnungsgemäßer Buchführung (GoB) verstoßen. Insbesondere darf der Gesellschaftsvertrag nicht hinter den gesetzlichen Informationsanforderungen für die Größenklasse, der die GmbH angehört, zurückbleiben. Eine gesellschaftsvertragliche Regelung, wonach die Steuerbilanz mit der Handelsbilanz übereinstimmen soll, ist unwirksam, soweit Steuerbilanzrecht mit zwingendem Handelsrecht in Gegensatz steht. 10

> **!** Der Spielraum abweichender Satzungsregelungen ist wegen der detaillierten gesetzlichen Vorgaben nicht sehr groß, sodass in vielen Fällen lediglich ein klarstellender Verweis auf die gesetzlichen Regelungen in die Satzung aufzunehmen ist. Vgl. die Musterformulierung in Rn. 64.

Der Jahresabschluss wird durch die **Geschäftsführer** aufgestellt (siehe § 42a Rn. 2). Die Bilanz ist grundsätzlich **innerhalb der ersten drei Monate** nach Ablauf des Geschäftsjahres aufzustellen (§ 264 Abs. 1 Satz 2 HGB), bei kleinen Gesellschaften i.S.v. § 267 Abs. 1 HGB innerhalb von sechs Monaten, soweit es einem ordnungsgemäßen Geschäftsgang entspricht (§ 264 Abs. 1 Satz 3 HGB). Der Geschäftsführer kann durch das Registergericht auf Antrag eines Gesellschafters, Gläubigers oder des Betriebsrats zur Aufstellung angehalten werden (§ 335 Abs. 1 Nr. 1 HGB). Sobald der Jahresabschluss aufgestellt ist, ist er den Gesellschaftern zur Feststellung vorzulegen, es sei denn, der Jahresabschluss ist zu prüfen (vgl. Rn. 12). 11

---

10 H.M., vgl. auch § 15 Rn. 3.

11 Baumbach/Hueck/*Hueck/Fastrich*, § 29 Rn. 50.

12 Vgl. zu den Voraussetzungen der Entstehung des Gewinnausschüttungsanspruchs Baumbach/Hueck/*Hueck/Fastrich*, § 29 Rn. 49; Roth/Altmeppen/*Roth*, § 29 Rn. 52; Scholz/*Emmerich*, § 29 Rn. 25; a.A. Lutter/Hommelhoff/*Hommelhoff*, § 29 Rn. 40 (Gewinnverwendungsbeschluss keine Voraussetzung für die Entstehung des Gewinnausschüttungsanspruchs).

13 Peschke, S. 9.

b) Prüfung des Jahresabschlusses

12 Kapitalgesellschaften, die nicht kleine Kapitalgesellschaften i.S.d. § 267 HGB sind, müssen ihren Jahresabschluss nach § 316 Abs. 1 HGB prüfen lassen. Der Prüfer hält das Ergebnis in einem **Prüfbericht** fest und erteilt ein **Testat** (vgl. §§ 321, 322 HGB). Der Prüfbericht ist nach § 42a Abs. 1 Satz 2 den Gesellschaftern als Entscheidungshilfe bei der Beschlussfassung über die Feststellung des Jahresabschlusses vorzulegen (siehe § 42a Rn. 3). Ohne Bestätigungsvermerk kann **keine wirksame Feststellung** des Jahresabschlusses bei prüfungspflichtigen Gesellschaften stattfinden.[14]

c) Feststellung des Jahresabschlusses

13 Von der Aufstellung des Jahresabschlusses zu unterscheiden ist die Feststellung des Jahresabschlusses, die regelmäßig den Gesellschaftern obliegt (§ 46 Nr. 1; siehe § 46 Rn. 4 ff.), aber von den Gesellschafter gem. § 45 Abs. 2 auch auf ein anderes Gesellschaftsorgan[15] übertragen werden kann.

Erst durch die Feststellung wird der Jahresabschluss für die Gesellschaft verbindlich.[16] Sie muss innerhalb der ersten acht Monate des Geschäftsjahres, bei kleinen Gesellschaften i.S.v. § 267 Abs. 1 HGB binnen der ersten elf Monate des Geschäftsjahrs erfolgen (§ 42a Abs. 2 Satz 1; siehe § 42a Rn.13).

> **!** Der **Gesellschaftsvertrag** kann diese Fristen nicht verlängern, wohl aber verkürzen, wenn gewährleistet ist, dass innerhalb der verkürzten Frist die sorgfältige Aufstellung des Jahresabschlusses gewährleistet ist.

14 Der festgestellte Jahresabschluss muss von allen Geschäftsführern **unterzeichnet** werden (§ 245 HGB).

Das Feststellungsorgan ist nicht an den von den Geschäftsführern aufgestellten Entwurf gebunden, sondern kann **bilanzielle Wahlrechte** anders ausüben und **Rückstellungen**[17] nach eigenen Vorstellungen neu bilden oder die Bildung dieser versagen.[18] Die Geschäftsführer haben alle damit in Zusammenhang stehenden Informationen an das Feststellungsorgan weiterzugeben.

Fehler in dem Jahresabschluss sind durch das Feststellungsorgan zu berichtigen. Wird ein Fehler nicht berichtigt, so gelten die allgemeinen Regeln der Beschlussnichtigkeit und Anfechtbarkeit (siehe § 47 Rn. 33 ff.).

d) Gewinnverwendungsbeschluss

15 Neben dem Feststellungsbeschluss ist ein Gewinnverwendungsbeschluss zu fassen; beide Beschlüsse können miteinander verbunden werden. Dies gilt auch dann, wenn satzungsmäßige Regeln die Verwendung des Gewinns vollständig vorgeben. Die Zahlungsansprüche der Gesellschafter entstehen erst mit Fassung des Gewinnverwendungsbeschlusses.[19] Ein Gewinnverwendungsbeschluss ist aber entbehrlich, wenn ein **Gewinnabführungsvertrag** besteht (siehe Rn. 52 ff.) oder kein verteilungsfähiger Gewinn mehr vorhanden ist (siehe auch Rn. 31).

---

14 Ulmer/Habersack/Winter/*Müller*, § 29 Rn. 29.

15 Delegation auf Geschäftsführer ist nach h.M. auch zulässig, vgl. Baumbach/Hueck/*Zöllner*, § 46 Rn. 16; a.A. Ulmer/Habersack/Winter/*Hüffer*, § 46 Rn. 22.

16 Baumbach/Hueck/*Hueck/Fastrich*, § 29 Rn. 9; Lutter/Hommelhoff/*Bayer*, § 46 Rn. 3.

17 Ausführlich zur Möglichkeit der Bildung von Aufwandsrückstellungen Lutter/Hommelhoff/*Hommelhoff*, § 29 Rn. 13.

18 Lutter/Hommelhoff/*Hommelhoff*, § 29 Rn. 12.

19 H.M., vgl. nur BGHZ 139, 299; Baumbach/Hueck/*Hueck/Fastrich*, § 29 Rn. 38; a.A. Lutter/Hommelhoff/*Hommelhoff*, § 29 Rn. 40, wonach der Ausschüttungsanspruch der Gesellschafter bereits mit Feststellung des Jahresabschlusses entsteht und unter dem Vorbehalt steht, dass die Gesellschafter nicht im Verwendungsbeschluss die ganze oder teilweise Thesaurierung des Gewinns beschließen.

Der Gewinnverwendungsbeschluss entscheidet somit über die **Eigenkapitalausstattung der Gesellschaft.** Trifft die Satzung keine Regelung über die Ergebnisverwendung, so beschließen die Gesellschafter jährlich über die Ergebnisverwendung nach freiem Ermessen. Durch Gesellschafterbeschluss oder Satzungsregelung kann über die Ergebnisverwendung disponiert werden, insbesondere kann festgelegt werden, in welchem Umfang das Jahresergebnis ausgeschüttet oder in der Gesellschaft thesauriert wird. Die Gesellschafter haben grundsätzlich **Anspruch** auf den Jahresüberschuss zuzüglich eines Gewinnvortrags und abzüglich eines Verlustvortrags (Abs. 1). 16

Der Ergebnisverwendungsbeschluss wird auf der Grundlage des festgestellten Jahresabschlusses gefasst. Es ist den Gesellschaftern auch gestattet, **Vorabausschüttungen** im Vorgriff auf den zum nächsten Stichtag zu erwartenden Gewinn zu beschließen, wenn das Kapitalerhaltungsgebot (§ 30) nicht entgegensteht (siehe Rn. 40). 17

Zuständig für den Ergebnisverwendungsbeschluss sind die **Gesellschafter**. Der Gesellschaftsvertrag kann die Entscheidungszuständigkeit auf ein anderes Gesellschaftsorgan (z.B. Beirat oder Aufsichtsrat) übertragen. Die Gesellschafter haben Anspruch darauf, dass ihnen die relevanten Unterlagen (regelmäßig Jahresabschluss und Lagebericht) in angemessener Frist vor Beschlussfassung zur Verfügung gestellt werden. 18

Der Verwendungsbeschluss muss **innerhalb der ersten acht Monate** des Geschäftsjahres, bei kleinen Gesellschaften i.S.v. § 267 Abs. 1 HGB binnen der ersten elf Monate des Geschäftsjahrs erfolgen (§ 42a Abs. 2 Satz 1; siehe § 42a Rn. 13). 19

Es gelten die allgemeinen Regeln der Beschlussnichtigkeit und Anfechtbarkeit (siehe § 47 Rn. 33 ff.).

3. Regeln der Ergebnisverwendung

a) Verwendungsfähige Beträge

aa) Jahresüberschuss

Der Jahresüberschuss nach Abs. 1 Satz 1 ist die vom Gesetz angenommene Ausgangsposition für die Ergebnisverwendung. Der Jahresüberschuss ist das Ergebnis der Gewinn- und Verlustrechnung nach § 275 Abs. 2 Nr. 20, Abs. 3 Nr. 19 HGB. Das **verteilungsfähige Jahresergebnis nach Abs. 2** ist der Jahresüberschuss nach Abs. 1 Satz 1 vermehrt um Gewinnvorträge und Rücklagen nach § 272 HGB und verringert um die Verlustvorträge. 20

bb) Bilanzgewinn

Der Begriff des Bilanzgewinns nach Abs. 1 Satz 2 ersetzt den Begriff des Jahresüberschusses, wenn die Bilanz gem. § 268 Abs. 1 HGB unter Berücksichtigung der teilweisen Verwendung des Jahresergebnisses aufgestellt worden ist.[20] In diesem Fall ist der Bilanzgewinn die Ausgangsgröße für den Ergebnisverwendungsbeschluss nach Abs. 2 und Rechengröße für den Ausschüttungsanspruch der Gesellschafter. 21

cc) Gewinnausschüttungsanspruch

Der Gewinnausschüttungsanspruch ist der Betrag, der an die Gesellschafter verteilt werden kann, wenn die in Abs. 1 Satz 1 genannten Abzugsposten vom Jahresüberschuss bzw. Bilanzgewinn, jeweils korrigiert um Gewinn- und Verlustvorträge sowie Rücklagenbildung, abgezogen sind. Bei den Korrekturposten handelt es sich um 22

- nach **Gesetz oder Satzung gebundene Beträge**. Dies sind entweder positive oder negative Zweckbindungen oder Ausschüttungsge- oder -verbote. Die praktische Bedeutung solcher gebundenen Beträge ist gering, vgl. etwa die bilanzrechtlich gebundene Ausschüttungssperre nach § 269 Satz 2 HGB. Nicht zu diesen Beträgen gehören solche, die

20 Baumbach/Hueck/*Hueck/Fastrich*, § 29 Rn. 11.

bereits in der Bilanz zu berücksichtigen sind, also etwa die Rücklage für eigene Anteile nach § 272 Abs. 4 Satz 3 HGB.

- **Einstellungen in Gewinnrücklage oder Gewinnvortrag** durch Beschluss nach Abs. 2.
- **zusätzlichen Aufwand**, etwa aus höherer KSt-Belastung als erwartet[21]

b) Materielle Gewinnverwendungsmöglichkeiten

23 Es gibt im Wesentlichen drei Möglichkeiten der Verwendung des Jahresergebnisses. Die Verwendungsmöglichkeiten sind grundsätzlich unabhängig davon, ob die Bilanz unter teilweiser Verwendung des Jahresergebnisses aufgestellt worden ist oder nicht (§ 268 Abs. 1 HGB; siehe Rn. 32).

aa) Ausschüttung, Auflösung von Rücklagen

24 Die Gesellschafter können das Jahresergebnis an sich (vollständig oder teilweise) ausschütten. Im Rahmen der Durchführung der Ausschüttung können sie sich den auf sie entfallenden Betrag von der Gesellschaft auszahlen lassen oder ihn im Unternehmen „stehen lassen", also der Gesellschaft als Darlehen zur Verfügung stellen. Die Gesellschafter können das ausschüttungsfähige Volumen erhöhen, wenn sie die Auflösung von Rücklagen beschließen.

bb) Einstellung in Rücklagen

25 Die Gesellschafter können Beträge in die anderen **Gewinnrücklagen** nach § 266 Abs. 3 A III Nr. 4 HGB oder in die **Kapitalrücklage** nach § 266 Abs. 3 A II HGB einstellen, falls das Jahresergebnis aus der Auflösung der Kapitalrücklage stammt.[22]

26 Die Geschäftsführer können mit Zustimmung der Gesellschafter **Gewinnrücklagen aus Wertaufholungen bilden** und in die anderen **Gewinnrücklagen** nach § 266 Abs. 3 A III Nr. 4 HGB einstellen (Abs. 4). Die Norm erleichtert die Rücklagenbildung für den Eigenkapitalanteil von Wertaufholungen. Die Bedeutung dieser Vorschrift hat sich seit dem Steuerentlastungsgesetz 1999/2000/2002 erhöht, weil nunmehr ein striktes Wertaufholungsgebot besteht.[23] Eine Wertaufholung ist immer dann geboten, wenn aufgrund einer Bilanzierungsentscheidung in der Vergangenheit eine Bilanzposition einen niedrigeren Wert aufweist, als sie nach der Ex-post-Betrachtung aufweisen müsste.[24] Die damalige Bewertungsentscheidung ist somit zu korrigieren und etwa eine früher gebildete Rücklage gewinnwirksam aufzulösen. Dies führt zur Nachversteuerung des überschüssigen Betrags. Der Überschuss, der nach Versteuerung in der Gesellschaft verbleibt, bildet den rücklagefähigen Eigenkapitalanteil. Abs. 4 betrifft zum einen das **Wertaufholungsgebot bei Abschreibungen** (vgl. § 280 Abs. 1 HGB) und zum anderen im Rahmen der steuerlichen Gewinnermittlung gebildete **Passivposten**, die **nicht im Sonderposten mit Rücklageanteil** ausgewiesen werden dürfen.

cc) Vortrag auf neue Rechnung

27 Schließlich können die Gesellschafter das Jahresergebnis auf neue Rechnung vortragen und somit vorläufig von der Verteilung unter den Gesellschaftern ausschließen (**Gewinnvortrag**). Der Gewinnvortrag ist ein kurzfristiges Instrument der Innenfinanzierung der Gesellschaft. Die Beträge stehen ohne erneuten Beschluss im nächsten Jahr für die erneute Verwendung zur Verfügung. Sollen sie weiter ins nächste Geschäftsjahr vorgetragen werden, ist ein neuer Gesellschafterbeschluss erforderlich.[25]

21 Ausführlich: Baumbach/Hueck/*Hueck/Fastrich*, § 29 Rn. 17.
22 Ulmer/Habersack/Winter/*Müller*, § 29 Rn. 55.
23 Sog. Zuschreibungsgebot, § 7 Abs. 1 Satz 6 EStG.
24 Ausführlich: Michalski/*Salje*, § 29 Rn. 129.
25 Baumbach/Hueck/*Hueck/Fastrich*, § 29 Rn. 25; Scholz/*Emmerich*, § 29 Rn. 72.

c) Schranken der Gewinnverwendung?

Die Gesellschafter entscheiden grundsätzlich nach **freiem Ermessen**, ob und in welchem Umfang der Gewinn ausgeschüttet oder einbehalten wird. Die Gesellschafter haben allerdings wohl im Interesse der Gesellschaft dafür zu sorgen, dass ihr die betriebsnotwendige Liquidität nicht entzogen wird.[26] Ob dem Minderheitsgesellschafter ein Anspruch auf eine bestimmte „Mindestausschüttung" zusteht, wenn er auf die Ausschüttungen zum Bestreiten des Lebensunterhalts angewiesen ist, während der Mehrheitsgesellschafter an einer weitgehenden Thesaurierung interessiert ist, da er andere Finanzierungsquellen (z.B. Gehalt aus Geschäftsführertätigkeit oder Pachtzinsen) hat, wird ebenfalls sehr kontrovers beurteilt.[27] 28

Zu den **gesellschaftsrechtlichen Treuepflichten** im Verhältnis der Gesellschafter untereinander siehe § 14 Rn. 10 ff. 29

! Ergibt sich bei Abschluss des Gesellschaftsvertrags, dass (Minderheits-)Gesellschafter auf eine gewisse (Mindest-)Ausschüttung angewiesen sind, so sollte dieses Interesse im **Gesellschaftsvertrag** berücksichtigt und eine Klausel aufgenommen werden, die eine Ausschüttung etwa in der Form einer Mindestverzinsung des eingelegten Kapitals sicherstellt. Vgl. die Musterformulierung in Rn. 67.

d) Zuständigkeit für Entscheidungen zur Gewinnverwendung

aa) Ergebnisverwendung bei Aufstellung des Jahresabschlusses (Abs. 1 Satz 2)

Die Geschäftsführer können das Jahresergebnis bereits bei der Aufstellung des Jahresabschlusses verwenden und einen entsprechend **geringeren Bilanzgewinn ausweisen** (vgl. § 268 Abs. 1 HGB), **sofern** die Feststellungs- und Verwendungskompetenz bei den Gesellschaftern ist (und nicht einem anderen Organ, z.B. Beirat, zugewiesen wurde).[28] § 270 Abs. 2 HGB geht davon aus, dass bereits bei Aufstellung der Bilanz Zuführungen (und Auflösungen) von Gewinnrücklagen vorgenommen werden (einschließlich solcher Zuführungen, die auf Gesellschaftsvertrag oder Satzung beruhen). Die Geschäftsführer können bei der Aufstellung der Bilanz auch über Satzung und Gesellschaftsvertrag hinausgehende Zuführungsentscheidungen zu Gewinnrücklagen treffen, da den Gesellschaftern stets die Möglichkeit verbleibt, diese Entscheidungen im anschließenden Feststellungsbeschluss zu korrigieren. Sofern die Geschäftsführer dieses Verfahren anwenden, ist die maßgebende Größe nach Abs. 1 Satz 2 der **Bilanzgewinn** (siehe zur Begrifflichkeit Rn. 21). Mit Feststellung des Jahresabschlusses ist somit auch bereits über die Ergebnisverwendung entschieden. Der nachfolgende Verwendungsbeschluss hat für das Verteilungsvolumen keine Bedeutung mehr, ist aber trotzdem nicht entbehrlich. 30

Ein **Gewinnverwendungsbeschluss entfällt allerdings ausnahmsweise** dann, wenn die Bilanz bereits unter vollständiger Ergebnisverwendung nach § 268 Abs. 1 HGB aufgestellt worden ist, da dann kein verwendungsfähiger Gewinn mehr vorhanden ist. Dies kann aber nur auf Grundlage einer entsprechenden Satzungsregelung, die Ausschüttungen an Gesellschafter verbietet, vorgesehen werden (siehe § 42). 31

26 Im Einzelnen sehr streitig; vgl. die Diskussion zum Eigeninteresse der Gesellschaft, Scholz/*Winter/Seibt*, § 14 Rn. 50.

27 Vgl. Scholz/*Emmerich*, § 29 Rn. 65. Ausführlich zu den Grenzen der „Herrschaftsmacht", Ulmer/Habersack/Winter/*Müller*, § 29 Rn. 83.

28 Anders aber, wenn die Kompetenz zur Fassung des Feststellungsbeschlusses einem anderen Organ zugewiesen ist, da die Gesellschafter dann keine Möglichkeit haben, auf den verteilungsfähigen Gewinn Einfluss zu nehmen; vgl. Lutter/Hommelhoff/*Hommelhoff*, § 29 Rn. 6; Baumbach/Hueck/*Hueck/Fastrich*, § 29 Rn. 9, der für die GmbHs, bei denen die Feststellung des Jahresabschlusses nicht den Gesellschaftern zugewiesen ist, die Entscheidung der Gesellschafter über die Rücklagenauflösung verneint; vgl. auch Michalski/*Salje*, § 29 Rn. 47 ff.

bb) Ergebnisverwendung durch die Gesellschafter nach Abs. 2

32 Die Gesellschafter können den Feststellungsbeschluss auch verwendungsneutral beschließen und die Verwendung des Jahresüberschusses dem Gewinnverwendungsbeschluss nach Abs. 2 vorbehalten.

cc) Kombination

33 Die beiden Wege unter Rn. 31 und Rn. 32 können auch kombiniert werden.

4. Gewinnauszahlung an die Gesellschafter

a) Anspruch auf Gewinnausschüttung

34 Die Gesellschafter haben nach Abs. 1 ein mitgliedschaftliches Recht auf Gewinnausschüttung, das dem allgemeinen Gewinnbezugsrecht entspringt (vgl. Rn. 6 f.). Vgl. zu den Voraussetzungen Rn. 8 ff.

Vom Gewinnbezug ausgeschlossen sind **eigene Geschäftsanteile** (§ 33). Soweit die Satzung keine Regelung vorsieht, können die Gesellschafter im Gewinnverwendungsbeschluss über den auf die eigenen Geschäftsanteile entfallenden Gewinn entscheiden. Es stehen den Gesellschaftern grundsätzlich alle Möglichkeiten der Gewinnverwendung offen (vgl. auch die Musterformulierungen zur Gewinnverwendung in Rn. 65 bis 68). **Eingezogene Anteile** (§ 34) oder **kaduzierte Anteile** (§§ 21, 23, 28) sind bei der Ergebnisverteilung ebenfalls nicht zu berücksichtigen.[29] Die Gewinnanteile der anderen Gesellschafter erhöhen sich entsprechend.

b) Verteilungsmaßstab, Gleichbehandlungsgebot

35 Abs. 3 Satz 1 legt fest, dass die Verteilung des Gewinns mangels abweichender Regelungen der Gesellschafter untereinander im **Verhältnis der Geschäftsanteile** zu erfolgen hat. Maßgebend sind die Nennbeträge der Geschäftsanteile, nicht die tatsächlich einbezahlten Beträge auf die Geschäftsanteile, auch nicht die Tatsache, ob Geldeinlagen oder Sacheinlagen erbracht wurden. Sonstige Zahlungspflichten der Gesellschafter, die nicht auf die Geschäftsanteile erbracht wurden, bleiben bei dem Gewinnverteilungsmaßstab ebenfalls außer Betracht, z.B. ein **Agio**. Ebenfalls zulässig sind die hauptsächlich im Aktienrecht diskutierten **Tracking Stocks**, bei denen das Gewinnbezugsrecht vom Ergebnis einer bestimmten betrieblichen Einheit (Betrieb, Teilbetrieb) abhängig gemacht wird.[30]

36 Abs. 3 Satz 1 ist als **Ausprägung des allgemeinen Gleichbehandlungsgrundsatzes** abdingbar. Die Gesellschafter können in der Satzung (oder durch Gesellschafterbeschluss) andere Verteilungsmaßstäbe aufstellen (Abs. 3 Satz 2).[31] Einzelne Gesellschafter können zeitweise oder auf Dauer vollständig vom Gewinnbezugsrecht ausgeschlossen werden. Ungleiche Verteilungsmaßstäbe sind in weitestem Umfang zulässig, also etwa eine Verteilung nach Köpfen, nach Stämmen, eine Verteilung nach dem bisher eingezahlten Kapital oder sonstige Verteilungskriterien. Die Gesellschafter können weiter eine bestimmte Mindestverzinsung des eingezahlten Kapitals vorsehen und darüber hinausgehend nach Köpfen verteilen.[32] Es können auch Entnahmerechte der Gesellschafter, unabhängig von der Ertragslage der Gesellschaft und unter Berücksichtigung der Regeln der Kapitalerhaltung, vereinbart werden. Anders als bei Personengesellschaften ist dies im GmbH-Recht aber eher ungewöhnlich.[33]

37 Wird der Verteilungsmaßstab **später geändert**, so ist besonders Rücksicht auf das Gewinnbezugsinteresse der durch den geänderten Verteilungsmaßstab nachteilig betroffenen Gesellschafter zu achten. Zu einer solchen Regelung ist die Zustimmung dieser Gesellschafter erforderlich.

29 Ulmer/Habersack/Winter/*Müller*, § 29 Rn. 93.
30 Ulmer/Habersack/Winter/*Müller*, § 29 Rn. 95.
31 In gesellschaftsrechtlicher Hinsicht sind sog. disquotale Gewinnausschüttungen unproblematisch; die steuerliche Behandlung ist umstritten; vgl. BFHE 189, 342. Zum Ganzen auch Ulmer/Habersack/Winter/*Müller*, § 29 Rn. 7.
32 Vgl. Baumbach/Hueck/*Hueck/Fastrich*, § 29 Rn. 52 f.
33 Baumbach/Hueck/*Hueck/Fastrich*, § 29 Rn. 64.

c) Auszahlung

Die Auszahlung des auf den einzelnen Gesellschafter entfallenden Gewinnanspruchs hat **in Geld** zu erfolgen, sofern nicht durch Satzung oder Gesellschafterbeschluss etwas anderes bestimmt ist.[34] Sofern ein Gesellschafterbeschluss eine andere Auszahlung als in Geld vorsieht, muss der Beschluss vor der Entstehung des konkreten Auszahlungsanspruchs und mit Zustimmung aller Gesellschafter gefasst werden, da die Abweichung vom Geldzahlungsgebot potentiell für alle Gesellschafter nachteilig ist.[35] Die Gesellschafter können jedoch andere Leistungen als Leistung an Erfüllungs statt annehmen (§ 364 BGB). 38

Die Gewinnauszahlung muss die **gesetzlichen Schranken der Kapitalerhaltung** einhalten (§ 30). Ein Verstoß ist etwa dann denkbar, dass dem Gewinnverwendungsbeschluss ein unrichtiger Jahresabschluss zugrunde lag und bei richtiger Betrachtung im Zeitpunkt der Auszahlung des Gewinns kein freies Vermögen der Gesellschaft vorhanden war (siehe §§ 30, 31). 39

Der Anspruch auf Gewinnauszahlung **verjährt** nach der Regelverjährung in §§ 195, 199 BGB. Abweichende Satzungsregeln sind zulässig.

d) Besondere Gestaltungen

aa) Vorabausschüttung

Die Gesellschafter können bereits während des laufenden Geschäftsjahres den für das Geschäftsjahr erwarteten Gewinn ausschütten (Vorabausschüttung, Gewinnvorab). Voraussetzung für die Gewährung einer Vorabausschüttung ist die auf Grundlage der aktuellen Rechnungslegung der Gesellschaft durch Tatsachen erhärtete Feststellung der Gesellschafter, dass für das laufende Geschäftsjahr ein Gewinn entstehen wird.[36] Die damit in Zusammenhang stehenden Regelungen können in der Satzung oder (in der Praxis häufiger) durch Gesellschafterbeschluss festgelegt werden (vgl. hierzu Muster Rn. 67). Als Gewinnvorab ist die Auszahlung von einem tatsächlichen Gewinn der Gesellschaft in der Periode abhängig. Stellt sich später heraus, dass die Gewinnerwartung der Gesellschafter unrealistisch war und ein entsprechender Gewinn nicht erzielt wurde, so sind die Gesellschafter zur **Rückzahlung** aus ungerechtfertigter Bereicherung verpflichtet. 40

bb) Schütt-aus-hol-zurück-Verfahren

Das frühere Körperschaftsteuerrecht hat die Ausschüttung von Gewinnen grundsätzlich gegenüber der Thesaurierung im Unternehmen begünstigt. Dies folgte daraus, dass ausgeschüttete und thesaurierte Gewinne einem unterschiedlichen Steuersatz unterworfen waren und die Verbindung mit der individuellen Einkommensteuer des Gesellschafters über ein Anrechnungsverfahren hergestellt wurde (vgl. §§ 23, 27 KStG a.F.). Um die steuerlich günstige Ausschüttung mit dem Binnenfinanzierungsinteresse der Gesellschaft in Einklang zu bringen, hat die Kautelarpraxis das sog. Schütt-aus-hol-zurück-Verfahren entwickelt. Die rechtliche Ausgestaltung erfolgte i.d.R. über eine schuldrechtliche Verpflichtung der Gesellschafter, den als Gewinn ausgeschütteten Betrag der Gesellschaft wieder zur Verfügung zu stellen. Darüber hinaus war auch die Aufnahme in die Satzung als Nebenleistungspflicht oder als Nachschusspflicht möglich. Mit der Änderung des Körperschaftsteuerrechts ist die Sinnhaftigkeit des Schütt-aus-hol-zurück-Verfahrens entfallen. Es wird seither in der Praxis nicht mehr häufig als Gestaltungsvariante gewählt. 41

---

34 Vgl. zur Zulässigkeit der Sachdividende bei der GmbH trotz Fehlens einer dem § 58 Abs. 5 AktG entsprechenden Bestimmung *Schulze-Osterloh*, in: FS Priester, 2007, S. 749.

35 Teilweise a.A. die h.M. Baumbach/Hueck/*Hueck/Fastrich*, § 29 Rn. 55, der keine Abweichung vom Geldzahlungsgebot durch Gesellschafterbeschluss zulassen möchte; Scholz/*Emmerich*, § 29 Rn. 84.

36 Formelle Zwischenbilanz ist nicht erforderlich, vgl. Baumbach/Hueck/*Hueck/Fastrich*, § 29 Rn. 61.

5. Verdeckte Gewinnausschüttung

a) Begriffsbestimmung

42 Eine verdeckte Gewinnausschüttung liegt im gesellschaftsrechtlichen Kontext vor, wenn die Gesellschaft ihren Gesellschaftern außerhalb des förmlichen Gewinnausschüttungsverfahrens Leistungen aus dem Gesellschaftsvermögen ohne korrespondierende Gegenleistung gewährt.[37]

Die verdeckte Gewinnausschüttung ist in erster Linie ein **steuerrechtlich geprägter Begriff.** Er bezeichnet als solcher eine Vermögensminderung, die durch das Gesellschaftsverhältnis veranlasst ist, sich auf die Höhe des sog. Unterschiedsbetrags i.S.d. § 4 Abs. 1 Satz 1 EStG auswirkt und in keinem Zusammenhang mit einer offenen Ausschüttung steht.

Die gesellschaftsrechtlich dem Begriff der verdeckten Gewinnausschüttung unterfallenden Sachverhalte sind jedoch durch andere Merkmale gekennzeichnet. Sie lassen sich nicht dadurch zu einer Fallgruppe zusammenfassen, dass stets ein „Gewinn" vorliegt; bei den betroffenen Handlungen handelt sich nicht notwendigerweise um „Ausschüttungen" und auch das Gegensatzpaar „verdeckt"–„offen" führt nicht immer weiter. Wegen seiner speziell steuerrechtlichen Funktion verstellt der Begriff der verdeckten Gewinnausschüttung im gesellschaftsrechtlichen Zusammenhang eher den Blick auf die gesellschaftsrechtliche Fragestellung nach einem Schutz des Vermögens der Gesellschafter vor dem Zugriff der Gesellschafter.

b) Grundsätzliche Zulässigkeit verdeckter Gewinnausschüttungen

43 Grundlage einer verdeckten Gewinnausschüttung ist nicht etwa § 29; eine solche Auszahlung ist vielmehr außerhalb des Anwendungsbereichs des § 29 und unabhängig von § 29 zulässig.[38]

In der Praxis lassen sich viele **Fallgestaltungen** denken, etwa die Überlassung von Leistungen und Waren der Gesellschaft an den Gesellschafter zu besonders günstigen Konditionen; die zeitweise Überlassung von Eigentum der Gesellschaft ohne marktübliches Entgelt. Alle diese Leistungen der Gesellschaft, die sie gegenüber ihren Gesellschaftern ohne angemessenes Entgelt erbringt, sind zulässig, solange und soweit nicht zwingende Regelungen der Kapitalerhaltung entgegenstehen oder ein Verstoß gegen den Gleichbehandlungsgrundsatz oder die gesellschafterliche Treuepflicht in Rede steht.

c) Schranken der Zulässigkeit

aa) Schranke der Kapitalerhaltung (§ 30)

44 Alle Leistungsbeziehungen, also auch verdeckte Gewinnausschüttungen, sind an die Grenze des § 30 der Kapitalerhaltung gebunden (vgl. zur Schranke der Kapitalerhaltung § 30).

bb) Verstoß gegen Gleichbehandlungsgrundsatz, Verstoß gegen gesellschafterliche Treuepflicht

45 Als weitere Schranke der verdeckten Gewinnausschüttungen ist der **Gleichbehandlungsgrundsatz** zu beachten. Die verdeckte Gewinnausschüttung darf nicht einzelne Gesellschafter begünstigen und andere von diesen Vorteilen ausschließen. Eine ungleiche Behandlung der Gesellschafter ist aber möglich, wenn dies im Gesellschaftsvertrag so bestimmt ist oder mit Zustimmung aller Gesellschafter später so beschlossen wird (vgl. allgemein zum Gleichbehandlungsgrundsatz § 13 Rn. 79 ff.).

---

37 Vgl. auch Scholz/*Emmerich*, § 29 Rn. 98; Michalski/*Salje*, § 29 Rn. 102; Baumbach/Hueck/*Hueck/Fastrich*, § 29 Rn. 68; Lutter/Hommelhoff/*Hommelhoff*, § 29 Rn. 48.

38 Vgl. Baumbach/Hueck/*Hueck/Fastrich*, § 29 Rn. 68 ff.; Scholz/*Emmerich*, § 29 Rn. 101; Roth/Altmeppen/*Roth*, § 29 Rn. 61; weiter gehend: Lutter/Hommelhoff/*Hommelhoff*, § 29 Rn. 48, der die verdeckte Gewinnausschüttung auch dann als unzulässig einstuft, wenn die Schranke des § 30 unberührt bleibt, und sie nur zulassen möchte, wenn die für die Abschlussfeststellung und die Gewinnverwendung zuständigen Entscheidungsträger dieser Gewinnverwendung zustimmen und bei einseitigen verdeckten Gewinnausschüttungen zugunsten einzelner Gesellschafter alle Gesellschafter zustimmen.

46 Nach der **Treuepflicht** der Gesellschafter untereinander ist es einzelnen Gesellschaftern verwehrt, ihre Vorstellungen in der Gesellschaft ohne Rücksicht auf die Interessen der anderen Gesellschafter durchzusetzen, wenn diese Interessen schutzwürdig sind und den Gesellschaftern die Einhaltung dieser Schranke billigerweise zugemutet werden kann (vgl. zur Treuepflicht der Gesellschafter § 14 Rn. 10 ff.).

Da in der **Ein-Mann-GmbH** weder Gleichbehandlungsgrundsatz noch gesellschafterliche Treuepflichten in Betracht kommen, ist dort als Schranke der verdeckten Gewinnausschüttung nur der Kapitalerhaltungsgrundsatz zu nennen.

d) Rechtsfolgen der verdeckten Gewinnausschüttung

47 Hält sich die verdeckte Gewinnausschüttung in den oben aufgezeigten Grenzen und ist demnach **zulässig**, so bestehen keine Ansprüche der Gesellschaft gegen die Gesellschafter.

Ist nach dem oben Gesagten die verdeckte Gewinnausschüttung **unzulässig**, so hat die Gesellschaft Anspruch auf Rückgewähr der dem Gesellschafter zu Unrecht gewährten Leistungen. Verstößt die verdeckte Auszahlung gegen § 30, so ergibt sich Rückforderungsanspruch aus § 31. Im Übrigen wird eine Rückabwicklung nach Bereicherungsrecht favorisiert.

6. Gewinnverwendung im Konzern

48 Bei konzernverbundenen Unternehmen stellen sich bei der Gewinnverwendung eigene Probleme, da die Interessen sowohl der Unter- als auch der Obergesellschaft ausreichend berücksichtigt werden müssen.[39] Das Gesetz nimmt sich dieser Besonderheiten, auch der besonderen **Finanzierungsinteressen im Konzern**, in § 29 nicht an. Es kollidiert grundsätzlich das Finanzierungsinteresse der Gesellschafter der Untergesellschaft mit dem Gewinnbezugsrecht der Gesellschafter der Obergesellschaft. Werden in der Untergesellschaft Gewinne in die Rücklagen eingestellt, so entzieht dies den Gesellschaftern der Obergesellschaft den Gewinn. Da die Entscheidung über die Gewinnverwendung auf Ebene der Untergesellschaft stattfindet (über die Ausübung des Stimmrechts in der Gesellschafterversammlung, zu der der Geschäftsführer der Obergesellschaft von den Obergesellschaftern angewiesen werden kann), kann ein an der Obergesellschaft beteiligter Minderheitsgesellschafter von der Mehrheit in die Thesaurierung bei der Untergesellschaft gezwungen werden. Umgekehrt kann auch ein Interesse der Mehrheitsgesellschafter der Obergesellschaft bestehen, der Tochter Kapital durch Ausschüttung zu entziehen und die Kapitalbasis der Untergesellschaft zu schwächen. Hier sind trotz der Ausschüttung die Minderheitsgesellschafter der Untergesellschaft möglicherweise negativ betroffen, weil sie durch die übermäßige Ausschüttung eine vernünftige Kapitalbasis verlieren und auf lange Sicht stärker an das Oberunternehmen gebunden werden.

7. Gewinnbeteiligung Dritter

49 Die Gewinnbeteiligung Dritter ist nach allgemeiner Ansicht zulässig. Sie sind rechtstatsächlich weit verbreitet. Sie können entweder auf **schuldrechtlicher Grundlage** vereinbart werden, wie dies etwa bei der Beteiligung von Arbeitnehmern am Gewinn der Fall ist. Für weiter gehende Gewinnbeteiligungsrechte Dritter wie etwa den Gewinnabführungsvertrag wird eine **Grundlage in der Satzung** sowie die Zustimmung aller Gesellschafter gefordert.[40]

a) Beteiligung von Arbeitnehmern, Geschäftsführern, Mitgliedern von Gesellschaftsorganen

50 Die Beteiligung Dritter am Ergebnis der Gesellschaft ist auf vielfache Weise möglich. Als Anreiz erhalten häufig bestimmte Arbeitnehmer, Geschäftsführer oder Mitglieder von Gesellschaftsorganen (Aufsichtsrat, Beirat) zusätzlich zu oder anstelle der festen Vergütung eine **gewinnabhängige**

39 Ausnahme ist der Vertragskonzern, in dem ein Gewinnabführungsvertrag besteht; vgl. dazu näher Ulmer/Habersack/Winter/*Müller*, § 29 Rn. 114.

40 Baumbach/Hueck/*Hueck/Fastrich*, § 29 Rn. 79 ff.; Roth/Altmeppen/*Roth*, § 29 Rn. 65.

Vergütung (Tantieme). Der zusätzliche Vergütungsbestandteil wird bei Arbeitnehmern und Geschäftsführern im Anstellungsvertrag vereinbart. Die gewinnabhängige Vergütung von Mitgliedern von Gesellschaftsorganen wird durch Gesellschafterbeschluss festgelegt.

b) Stille Gesellschaft

51 Die Beteiligung eines stillen Gesellschafters an der GmbH mit einem Anspruch auf Teilhabe an Gewinn und Verlust oder nur am Gewinn (**typische stille Gesellschaft**) ist ebenso möglich wie die weiter gehende Beteiligung des stillen Gesellschafters am Gesellschaftsvermögen und dessen Wertveränderungen (**atypische stille Gesellschaft**).

c) Gewinnabführungsvertrag

52 Die Gesellschaft kann Unternehmensverträge schließen und sich darin verpflichten, den gesamten Gewinn (Gewinnabführungsvertrag entsprechend § 291 Abs. 1 AktG) oder einen Teil des Gewinns (Teilgewinnabführungsvertrag entsprechend § 292 Abs. 1 Nr. 2 AktG) an ein anderes Unternehmen abzuführen. Ebenso können der Gewinn oder Teile des Gewinns zu einer Gewinngemeinschaft zusammengelegt werden (entsprechend § 292 Abs. 1 Nr. 1 AktG). Die Verträge sind in der Gewinn- und Verlustrechnung des Unternehmens auszuweisen (vgl. § 277 Abs. 3 Satz 2 HGB). Bei Gewinnabführungsverträgen kommt dann kein Gewinn des Unternehmens mehr zur Entstehung. Bei Teilgewinnabführungsverträgen oder Gewinngemeinschaften bleibt ein Restgewinn als Jahresüberschuss.

d) Gewinnanteilscheine, Genussscheine, Besserungsscheine

53 Der Anspruch der Gesellschafter auf den festgestellten Gewinn kann in einem sog. **Gewinnanteilschein** verbrieft werden. Die Ausgestaltung ist den Beteiligten überlassen, entweder als echtes Wertpapier oder als schlichte Beweisurkunde[41] (siehe § 14 Rn. 5).

54 **Genussscheine** sind ein Finanzierungsmittel der Gesellschaft. Sie sind im Bereich der GmbH nicht so verbreitet wie bei der AG. Eine gesetzliche Regelung fehlt. Die Einsatzmöglichkeiten sind breit gestreut. Genussrechte gewähren nicht auf korporativer, sondern auf schuldrechtlicher Grundlage einzelne Vermögensrechte gegenüber der Gesellschaft. Häufig wird ein Gewinnbezugsrecht vereinbart, dann besteht eine Ähnlichkeit mit dem Besserungsschein.

55 **Besserungsscheine** sind verbriefte Schuldversprechen mit dem Inhalt, Gläubigern, die auf ihre Forderungen gegenüber der Gesellschaft verzichtet haben, die erlassenen Schulden aus dem zukünftigen Gewinn zurückzuzahlen.[42] Der Besserungsschein wird insbesondere zur Sanierung notleidender Unternehmen eingesetzt. Soweit die Gesellschaft in späteren Perioden wieder Gewinn erzielt, ist der zunächst ausgebuchte Schuldenstand im Zuge der Aufstellung des Jahresabschlusses wieder zu passivieren.

8. Steuern

56 Zur steuerlichen Belastung im Thesaurierungs- und Ausschüttungsfall sowie den daraus folgenden Konsequenzen für die Rechtsformwahl siehe „Steuerrecht", S. 1046 ff., Rn. 41 ff.

a) Ebene der Gesellschaft

57 Seit dem Übergang vom früheren Vollanrechnungsverfahren zum zwischenzeitlichen Halbeinkünfteverfahren durch das StSenkG vom 23.10.2000 (BGBl. I, S. 1433) hat die Entscheidung über die Ergebnisverwendung keinen unmittelbaren Einfluss mehr auf die körperschaftsteuerliche Belastung der Gesellschaft. Da nach altem Recht eine bestimmte Ausschüttungsbelastung bei der Gesellschaft im Anrechnungsverfahren hergestellt werden musste, beinhalteten bis zur Ausschüttung unbelastete Eigenkapitalanteile (z.B. EK-02) eine latente Steuerverbindlichkeit, höher belastete Eigenkapitalanteile (EK-40) ein latentes Steuerguthaben für die Gesellschaft. Daher wurden sie

41 Ausführlich Scholz/*Winter* § 14 Rn. 66.
42 Ulmer/Habersack/Winter/*Müller*, § 29 Rn. 110.

auch noch nach dem Systemwechsel zunächst fortgeführt. Nach dem 31.12.2006 werden diese vormaligen Eigenkapitalpositionen nicht mehr fortgeführt und festgestellt. Die noch ausstehenden Körperschaftsteuerguthaben und -verbindlichkeiten nach altem Recht werden ausschüttungsunabhängig in zehn gleichen Jahresbeträgen von 2008 bis 2017 abgebaut (§§ 37 Abs. 5, 38 Abs. 6 KStG). Die damit verbundene Abkoppelung der Ausschüttungspolitik von steuerlichen Optimierungsüberlegungen auf Gesellschaftsebene ist zu begrüßen.

Die Gesellschaft hat jedoch im Fall der Gewinnausschüttung die **Kapitalertragsteuer** in Höhe von 25 % (§§ 43 Abs. 1 Satz 1 Nr. 1, 43a Abs. 1 Satz 1 Nr. 1 EStG) zuzüglich **Solidaritätszuschlag** i.H.v. 5,5 % der Kapitalertragsteuer (§§ 3 Abs. 1 Nr. 5, 4 SolZG) einzubehalten und abzuführen (zum Kirchensteuerabzug siehe „Steuerrecht", S. 1046 ff., Rn. 36).

Im Fall einer Sachdividende werden die in den ausgeschütteten Wirtschaftsgütern vorhandenen stillen Reserven noch auf der Ebene der Gesellschaft realisiert, was die Körperschaft- und Gewerbesteuerbelastung erhöht.

b) Ebene des Gesellschafters

Seitens des Gesellschafters sind die ausgeschütteten Gewinne (Dividenden) im Rahmen des Teilein- 58
künfteverfahrens zu 40 % steuerfrei (§ 3 Nr. 40 d) EStG), sofern sie zu seinen betrieblichen Einkünften oder denjenigen aus Vermietung und Verpachtung gehören (vgl. § 20 Abs. 8 EStG). Wenn die Dividenden zu den Einkünften aus Kapitalvermögen gehören, unterliegen sie ab 2009 der Abgeltungsteuer (§§ 32d, 43 Abs. 5, 2 Abs. 5b EStG), die mit 25 % dem Satz der Kapitalertragsteuer entspricht, was dazu führen soll, dass steuerabgegoltene Kapitalerträge im Veranlagungsverfahren nicht weiter berücksichtigt werden müssen (siehe auch „Steuerrecht", S. 1046 ff., Rn. 28 ff.). Soweit für die Ausschüttung das steuerliche Einlagekonto als verwendet gilt (siehe dazu § 5 Rn. 70 ff.), handelt es sich steuerlich nicht um eine Dividende, sondern um eine steuerneutrale Kapitalrückzahlung. Diese ist so lange möglich, wie sie nicht die Anschaffungskosten/Beteiligungsbuchwerte des Gesellschafters übersteigt; anschließend liegen steuerpflichtige Veräußerungsgewinne vor (z.B. noch § 17 Abs. 4 EStG). Werden im Wege einer Sachdividende Grundstücke übertragen, so fällt auch Grunderwerbsteuer an.

Sofern der Gesellschafter in Deutschland weder einen Wohnsitz noch seinen gewöhnlichen Auf- 59
enthalt hat und die Anteile auch nicht einer inländischen Betriebsstätte zuzurechnen sind, ist er hinsichtlich der von einer inländischen Gesellschaft bezogenen Dividenden beschränkt steuerpflichtig (§ 49 Abs. 1 Nr. 5 Buchst. a EStG). Die Kapitalertragsteuer hat in diesem Fall Abgeltungswirkung nach § 50 Abs. 2 EStG, § 32 Abs. 1 Nr. 2 KStG, also unabhängig von den Voraussetzungen der Abgeltungsteuer nach § 32d EStG. Die Höhe der in Deutschland zu erhebenden Kapitalertragsteuer (Quellensteuer) wird häufig durch Doppelbesteuerungsabkommen (DBA) beschränkt, da das Besteuerungsrecht hinsichtlich der Dividenden dem Ansässigkeitsstaat des Gesellschafters zugewiesen wird (vgl. etwa Art. 10 OECD-MA). Im Anwendungsbereich der Richtlinie 90/435/EWG (Mutter-Tochter-Richtlinie) wird nach Maßgabe der §§ 43b, 50d EStG keine Kapitalertragsteuer erhoben. Solange der Gesellschaft keine Freistellungsbescheinigung des Bundeszentralamts für Steuern vorliegt, muss sie allerdings von der Dividende die Kapitalertragsteuer einbehalten; der Gesellschafter ist dann auf vollständige oder teilweise Erstattung gem. DBA bzw. Mutter-Tochter-Richtlinie verwiesen.

Die steuerliche Anerkennung einer von der gesellschaftsrechtlichen Beteiligung abweichenden 60
(inkongruenten oder disquotalen) Gewinnausschüttung ist von der Rechtsprechung inzwischen abgesichert.[43]

43 Vgl. u. a. BFHE 189, 342 = BStBl. II 2001, S. 43 = NJW-RR 2000, 176, BFH/NV 2010, 1865 und zuletzt FG Münster EFG 2012, 94; dagegen noch BMF-Schreiben v. 7.12.2000, BStBl. I 2001, S. 47.

II. Gewinnverwendung nach altem Recht

61 Für GmbHs, die vor dem 1.1.1986 im Handelsregister eingetragen waren, gilt § 29 a.F. weiter.[44] Nach dieser Vorschrift hatten die Gesellschafter Anspruch auf Ausschüttung des gesamten ausgewiesenen Bilanzgewinns (Vollausschüttungsanspruch). Durch die Abschaffung des Vollausschüttungsgebots und durch die Einstellung von Gewinnanteilen in die Gewinnrücklagen oder als Gewinnvortrag sollten nach dem Willen des Gesetzgebers die Binnenfinanzierungsmöglichkeiten sowie die Kapitalausstattung der Gesellschaften verbessert werden. Die Neuregelung schaffte einen Ausgleich für die durch das Bilanzrichtliniengesetz 1985 eingeführten neuen Bilanzierungsregeln.

62 Die Übergangsregel des Art. 12 § 7 GmbHG-ÄndG findet Anwendung.[45] Sie erlaubt für Altgesellschaften nach wie vor die Vollausschüttung. Sie passt aber sachlich und terminologisch das Bilanzrecht der Altgesellschaften an die neue Rechtslage nach dem BiRiLiG an.

Die Übergangsregel hat noch immer eine große praktische Bedeutung wegen der vielen Altgesellschaften, die in der Zwischenzeit noch keine Satzungsänderung durchgeführt haben. Kernstück ist eine **Registersperre**, wonach Änderungen des Gesellschaftsvertrags nur im Handelsregister eingetragen werden, wenn der Gesellschaftsvertrag die Neuregelung hinsichtlich der Ergebnisverwendung übernimmt.

> Sofern bei Gesellschaften, die vor dem 1.1.1986 ins Handelsregister eingetragen wurden, die Satzung die Ergebnisverwendung nicht umfassend regelt, greift eine Registersperre ein.[46] Die inhaltliche Anpassung an § 29 n.F. erfolgt stets durch Satzungsänderung, ggf. genügt ein Bestätigungsbeschluss, wenn die Satzung schon bisher eine Regelung zur Ergebnisverwendung getroffen hat, ohne den Anwendungsbereich von § 7 GmbHG-ÄndG auszuschließen. Zur Erleichterung lässt § 7 Abs. 2 GmbHG-ÄndG für Bestätigungs- oder Änderungsbeschlüsse einfache Mehrheit genügen.

III. Abdingbarkeit

63 § 29 ist dispositives Recht. Änderungen der Bestimmungen der Vorschrift in der Satzung sind möglich und in der Rechtspraxis üblich.

C. Muster

64 I. Muster: Klausel für Jahresabschluss in der Satzung

15

> § … Jahresabschluss
>
> 1. Der Jahresabschluss (Bilanz einschließlich Gewinn- und Verlustrechnung und Anhang) sowie der Lagebericht, soweit erforderlich, sind innerhalb der gesetzlichen Fristen von den Geschäftsführern nach den gesetzlichen Bestimmungen für jedes abgelaufene Geschäftsjahr aufzustellen und für die Gewinnverteilung maßgebend.
>
> 2. Der Jahresabschluss ist unter Zuhilfenahme eines Angehörigen der steuerberatenden Berufe anzufertigen und, falls das Gesetz eine Prüfung vorsieht, vor der Beschlussfassung in der Gesellschafterversammlung dem Abschlussprüfer zur Prüfung vorzulegen.

---

44 Vgl. zum alten Recht Roth/Altmeppen/*Roth* § 29 Rn. 5; ausführlich zur Übergangsregelung: Baumbach/Hueck/*Hueck/Fastrich*, 18. Aufl., § 29 Rn. 97 ff.; Ulmer/Habersack/Winter/*Müller*, § 29 Rn. 182 ff; Michalski/*Salje*, § 29 Rn. 138 ff.

45 Die Übergangsregelung für Altgesellschaften ist enthalten im Gesetz zur Änderung des GmbHG und anderer handelsrechtlicher Vorschriften vom 4.7.1980 und wurde dort eingefügt durch Art. 11 Abs. 2 des Bilanzrichtlinien-Gesetzes.

46 Im Einzelnen umstritten, vgl. BGHZ 105, 206.

II. Muster: Klausel für Gewinnverwendung in der Satzung 65

16

§ … Gewinnverwendung

1. Für die Gewinnverwendung gelten die gesetzlichen Bestimmungen, jedoch mit der Maßgabe, dass ein Anspruch der Gesellschafter auf Ausschüttung des Jahresüberschusses zzgl. eines Gewinnvortrags und abzgl. eines Verlustvortrags bzw. des Bilanzgewinns gem. § 29 Abs. 1 GmbHG bis zur Beschlussfassung durch die Gesellschafterversammlung über die Verwendung des Ergebnisses ausgeschlossen ist.

2. Der ausgeschüttete Gewinn steht den Gesellschaftern entsprechend ihren Geschäftsanteilen zu, soweit sie nicht unter Zustimmung des Betroffenen für das jeweilige Geschäftsjahr etwas anderes beschließen.

III. Muster: Klausel für Gewinnverwendung in der Satzung bei Minderheitsgesellschaftern 66

17

Nach Feststellung des Jahresabschlusses darf jeder der Gesellschafter 40 % der auf ihn entfallenden ausschüttungsfähigen Gewinnanteile an sich ausschütten, soweit diese noch nicht durch Vorausausschüttungen aufgezehrt sind. Das Ausschüttungsrecht ist ausgeschlossen, wenn und soweit der Gesellschafter seine Einlage noch nicht in voller Höhe erbracht hat oder die Gesellschaft durch den Liquiditätsentzug erhebliche Nachteile erleiden würde. Solange Herr/Frau … Gesellschafter/in ist, kann er/sie bestimmen, dass Gewinnanteile der Gesellschafter bis zur Höhe von 10 % den Gewinnrücklagen gutzuschreiben sind.

IV. Muster: Klausel für Gewinnvoraus für einen Gesellschafter 67

18

Vorabausschüttungen auf den zu erwartenden Gewinn des Geschäftsjahres können bereits vor dessen Ablauf beschlossen werden. Der Aufstellung einer Zwischenbilanz bedarf es hierfür nicht. Die gesetzlichen Voraussetzungen sind einzuhalten. Stellt sich nachträglich heraus, dass der Gewinnvorschuss zu Unrecht gezahlt wurde, so sind die zu Unrecht gezahlten Beträge ohne Zinsen unverzüglich nach Feststellung des Jahresabschlusses der Gesellschaft zurückzugewähren.

V. Muster: Klausel für Thesaurierung im Gesellschaftsvertrag 68

19

25 % des ausschüttungsfähigen Jahresergebnisses sind in die Gewinnrücklage der Gesellschaft einzustellen, so lange, bis in den Gewinnrücklagen Beträge eingestellt sind, die das Fünffache des Stammkapitals erreichen. Die Gesellschafter können durch Beschluss, der einstimmig zu fassen ist, etwas abweichendes festlegen.

§ 30 Kapitalerhaltung

(1) Das zur Erhaltung des Stammkapitals erforderliche Vermögen der Gesellschaft darf an die Gesellschafter nicht ausgezahlt werden. Satz 1 gilt nicht bei Leistungen, die bei Bestehen eines Beherrschungs- oder Gewinnabführungsvertrags (§ 291 des Aktiengesetzes) erfolgen, oder durch einen vollwertigen Gegenleistungs- oder Rückgewähranspruch gegen den Gesellschafter gedeckt sind. Satz 1 ist zudem nicht anzuwenden auf die Rückgewähr eines Gesellschafterdarlehens und Leistungen auf Forderungen aus Rechtshandlungen, die einem Gesellschafterdarlehen wirtschaftlich entsprechen.

(2) Eingezahlte Nachschüsse können, soweit sie nicht zur Deckung eines Verlustes am Stammkapital erforderlich sind, an die Gesellschafter zurückgezahlt werden. Die Zurückzahlung darf nicht vor Ablauf von drei Monaten erfolgen, nachdem der Rückzahlungsbeschluß nach § 12 bekanntgemacht ist. Im Fall des § 28 Abs. 2 ist die Zurückzahlung von Nachschüssen vor der Volleinzahlung des Stammkapitals unzulässig. Zurückgezahlte Nachschüsse gelten als nicht eingezogen.

Literatur

Altmeppen, Die Grenzen der Zulässigkeit des Cash Pooling, ZIP 2006, 1025; *Altmeppen*, „Upstream-loans", Cash Pooling und Kapitalerhaltung nach neuem Recht, ZIP 2009, 49; *Altmeppen*, Cash Pooling und Kapitalerhaltung bei bestehendem Beherrschungs- oder Gewinnabführungsvertrag, NZG 2010, 361; *Altmeppen*, Cash Pooling und Kapitalerhaltung im faktischen Konzern, NZG 2010, 401; *Arens*, Untreue des Gesellschafters bei Errichtung eines Cash-Pools, GmbHR 2010, 905; *Bayer/Lieder*, Der Entwurf des „MoMiG" und die Auswirkungen auf das Cash-Pooling, GmbHR 2006, 1121; *Blaschke/König*, Upstream-Darlehen vor dem Hintergrund des neuen § 30 Abs. 1 GmbHG, GmbHR 2009, 897; *Bormann*, Der Entwurf des „MoMiG" und die Auswirkungen auf die Kapitalaufbringung, GmbHR 2006, 1021; *Breitenstein/Meyding*, GmbH-Reform: Die „neue" GmbH als wettbewerbsfähige Alternative oder nur „GmbH light"?, BB 2006, 1457; *Drygala/Kremer*, Alles neu macht der Mai – Zur Neuregelung der Kapitalerhaltungsvorschriften im Regierungsentwurf zum MoMiG, ZIP 2007, 1289; *Eckhardt/Hermanns*, Kölner Handbuch Gesellschaftsrecht, 2011; *Eusani*, Das neue Deckungsgebot und Leistungen *causa societatis* nach § 30 Abs. 1 GmbHG, GmbHR 2009, 512; *ders.*, Darlehensverzinsung und Kapitalerhaltung beim Cash Pooling nach dem MoMiG, GmbHR 2009, 795; *Fabritius*, Vermögensbindung in der AG und GmbH – tiefgreifender Unterschied oder grundsätzliche Identität?, ZHR 144 (1980), 628; *Fischer/Gasteyer*, Grenzen der Sicherheitenbestellung bei der GmbH, NZG 2003, 517; *Fleck*, Der Grundsatz der Kapitalerhaltung – seine Ausweitung und seine Grenzen, in: Lutter u.a. (Hrsg.), Festschrift 100 Jahre GmbHG, 1992, S. 391; *Flesner*, Die GmbH-Reform (MoMiG) aus Sicht der Akquisitions- und Restrukturierungspraxis, NZG 2006, 641; *Flume*, Der Gesellschafter und das Vermögen der Kapitalgesellschaft und die Problematik der verdeckten Gewinnausschüttung, ZHR 144 (1980), 23; *Freitag*, Finanzverfassung und Finanzierung von GmbH und AG nach dem Regierungsentwurf des MoMiG, WM 2007, 1681; *Gätsch*, Ausfallhaftung von Mitgesellschaftern für rückständige Einlagen und verbotswidrige Ausschüttungen – Summenmäßige Beschränkung?, BB 1999, 704; *Geißler*, Verdeckte Gewinnausschüttung und Rückforderungsansprüche der GmbH, GmbHR 2003, 394; *Goette*, Der Stand der höchstrichterlichen Rechtsprechung zur Kapitalerhaltung und zum Rückgewährverbot im GmbH-Recht, DStR 1997, 1495; *ders.*, Schadensersatzpflicht der alleinigen Gesellschafter und Geschäftsführer, DStR 1999, 1367; *Grunewald*, Cash-Pooling und Sacheinlagen: Was bringt das MoMiG, was könnte es bringen?, WM 2006, 2333; *Haas*, Kapitalerhaltung, Insolvenzanfechtung, Schadensersatz und Existenzvernichtung – wann wächst zusammen, was zusammen gehört?, ZIP 2006, 1373; *Habersack*, Aufsteigende Kredite im Lichte des MoMiG und des „Dezember"-Urteils des BGH, ZGR 2009, 347; *Handelsrechtsausschuss des Deutschen Anwaltvereins*, Stellungnahme zum Regierungsentwurf eines Gesetzes zur Modernisierung des GmbH-Rechts und zur Bekämpfung von Missbräuchen (MoMiG), NZG 1007, 735; *Hölzle*, Gesellschafterfremdfinanzierung und Kapitalerhaltung im Regierungsentwurf des MoMiG, GmbHR 2007, 729; *Hommelhoff*, Eigenkapitalersatz im Konzern und in Beteiligungsverhältnissen, WM 1984, 1105; *Hüttemann*, Gläubigeranfechtung und Kapitalschutz, GmbHR 2000, 357; *Kallmeyer*, Stellungnahme der Centrale für GmbH Dr. Otto Schmidt vom 2.7.2007, GmbHR 2007, 754; *Knof*, Modernisierung des GmbH-Rechts an der Schnittstelle zum Insolvenzrecht – Zukunft des Eigenkapitalersatzrechts, ZInsO 2007, 125; *Kropff*, Nettoausweis des Gezeichneten Kapitals und Kapitalschutz, ZIP 2009, 1137; *Joost*, Grundlagen und Rechtsfolgen der Kapitalerhaltungsregeln in der GmbH, ZHR 148 (1984), 27; *ders.*, Unternehmergesellschaft, Unterbilanz und Verlustanzeige, ZIP 2007, 2242; *Mayer*, Kapitalaufbringungsrisiken bei der GmbH im Rahmen eines sog. Cash-Pooling und Heilungsmöglichkeiten, in: Hommelhoff u.a. (Hrsg.), Festschrift für Hans-Joachim Priester zum 70. Geburtstag, 2007, S. 445; *Meister*, Die Sicherheitsleistung der GmbH für Gesellschafterverbindlichkeiten, WM 1980, 390; *Mülbert/Leuschner*, Aufsteigende Darlehen im Kapitalerhaltungs- und Konzernrecht – Gesetzgeber und BGH haben gesprochen, NZG 2009, 281; *Müller*, Darlehensgewährung der GmbH an ihre Gesellschafter, WM 1998, 1804; *ders.*, Der Prokurist und das Auszahlungsverbot des § 30 GmbHG, ZGR 2003, 441; *ders.*, Kapitalerhaltung und Bilanzierung: Zur Ermittlung der Unterbilanz bei § 30 Abs. 1 GmbHG, DStR 1997, 1577; *Neideck*, Rückforderungsansprüche der Unternehmergesellschaft bei Verstoß gegen die Rücklagenverpflichtung, GmbHR 2010, 624; *Peltzer/Bell*, Besicherung von Gesellschafterkrediten mit dem GmbH-Vermögen, ZIP 1993, 1757; *Pentz*, Einzelfragen zu Cash Management und Kapitalerhaltung, ZIP 2006, 781; *Priester*, Kapitalaufbringung beim Cash Pool – Kurswechsel durch das MoMiG?, ZIP 2006, 1557; *Reemann*, Zur Ausfallhaftung des Gesellschafters für verbotene Auszahlungen der GmbH an andere Gesellschafter, ZIP 1990, 1309; *ders.*, Sicherheitsleistungen der GmbH für Verbindlichkeiten ihrer Gesellschafter und das Auszahlungsverbot des § 30 Abs. 1 GmbHG, MittRhNotK 1996, 113; *Römermann*, Insolvenzrecht im MoMiG, NZI 2008, 641; *Rönnau/Krezer*, Darlehensverrechnungen im Cash-Pool – nach Inkrafttreten des MoMiG auch ein Untreue-Risiko (§ 266 StGB)?, ZIP 2010, 2269; *Rothley/Weinberger*, Die Anforderungen an Vollwertigkeit und Deckung nach § 30 I 2 GmbHG und § 57 I 3 AktG, NZG 2010, 1001; *Schäfer*, Probleme des Cash-Poolings bei Kapitalaufbringung und -erhaltung – Welche Lösung bringt das MoMiG?, BB 2006, 5; *Schnelle*, Haftung des Nur-Kommanditisten nach §§ 30, 31 GmbHG, GmbHR 1995, 853; *K. Schmidt*, Der gutgläubige Erwerb von Scheingewinnen und die Kapitalsicherung im Aktienrecht, im Recht der GmbH und im Kommanditgesellschaftsrecht, BB 1984, 1588; *ders.*, Grenzen der Ausfallhaftung von Mitgesellschaftern wegen Rückgewähr eigenkapitalersetzender Finanzierungsleistungen, DB 1992, 1917; *ders.*, Überlegungen zum Referentenentwurf eines GmbH-Reformgesetzes (MoMiG) von 2006, ZIP 2006, 1925; *ders.*, GmbH-Reform, Solvenzgewährung und Insolvenzpraxis, GmbHR 2007, 1; *ders.*, Reform der Kapitalsicherung und Haftung in der Krise nach dem Regierungsentwurf des MoMiG, GmbHR 2007, 1072; *ders.*, GmbH-Reform auf Kosten der Geschäftsführer, GmbHR 2008, 449; *Schön*, Kreditbesicherung durch abhängige Kapitalgesellschaften, ZHR 159 (1995), 351; *Servatius*, Nutzungsweise Überlassung von Betriebsmitteln der GmbH an Gesellschafter als Auszahlung gemäß §§ 30, 31 GmbHG, GmbHR 1998, 723; *Spliedt*, MoMiG in der Insolvenz – ein Sanierungsversuch, ZIP 2009, 149; *Steinbeck*, Besicherung von Gesellschafterverbindlichkeiten durch die GmbH, WM 1999, 885; *Stimpel*, Zum Auszahlungsverbot des § 30 Abs. 1 GmbHG, in: Lutter u.a. (Hrsg.), Festschrift 100 Jahre GmbHG, 1992, S. 335; *Strohn/Simon*, Haftungsfallen für Geschäftsführer und Gesellschafter im Recht der GmbH, GmbHR 2010, 1181; *Theusinger/Kapteina*; Upstream-Sicherheiten und Limitation Language, NZG 2011, 881; *Tillmann*, Upstream-Sicherheiten der GmbH im Lichte der Kapitalerhaltung – Ausblick auf das MoMiG, NZG 2008, 401; *Weber*, Die Unternehmergesellschaft (haftungsbeschränkt), BB 2009, 842; *Weitzel/Socher*, Cash-Pooling-Risiken für die GmbH-Geschäftsführung und ihre Vermeidung, ZIP 2010, 1069; *Wessels*, Cash Pooling und Upstream-Sicherheiten – Gestaltungspraxis im Lichte aktueller BGH-Rechtsprechung und anstehender GmbH-Novelle, ZIP 2006, 1701; *Wilhelm*, Die Vermögensbindung bei der Aktiengesellschaft und der GmbH und das Problem der Unterkapitalisierung, in: Jacobs u.a. (Hrsg.), Festschrift für Werner Flume zum 70. Geburtstag, 1978, S. 337; *ders.*, Um ein sauberes GmbH-Wesen: Hilfe des BGH bei Machenschaften der GmbH-Geschäftsführung, DB 1999, 2349; *Wilhelmi*, Upstream-Darlehen nach dem MoMiG, WM 2009, 1917; *Winkler/Becker*, Die Limitation Language bei Akquisitions- und Konzernfinanzierungen unter Berücksichtigung des MoMiG, ZIP 2009, 2361; *Willemsen/Rechel*, Erweiterte Geschäftsführerhaftung beim Cash-Pooling, GmbHR 2010, 349; *Wulfetange*, Die Reform des GmbH-Rechts: Schneller und einfacher gründen, wettbewerbsfähiger in Europa werden, BB 2006, 19.

A. Allgemeines

1 Neben dem Grundsatz der Kapitalaufbringung nach § 19 regelt § 30 als zentrale Gläubigerschutzbestimmung den **Grundsatz der Kapitalerhaltung**. Die Vorschrift wurde früher als das „Kernstück des GmbH-Rechts"[1] bezeichnet. Das von den Gesellschaftern aufzubringende und im Handelsregister offengelegte Stammkapital ist ein Ausgleich für die fehlende Haftung der Gesellschafter für die Verbindlichkeiten der GmbH. Über die Regelungen in §§ 19 ff. wird die Aufbringung des Stammkapitals sichergestellt.[2] Über § 30 soll erreicht werden, dass der so geschaffene Risikofonds nicht durch offene oder verdeckte Rückzahlungen an die Gesellschafter vermindert wird. Das Auszahlungsverbot beginnt erst mit der Eintragung der GmbH und endet in der Liquidation mit Wegfall der Auszahlungssperre nach § 73 Abs. 1.[3] § 30 ist **nicht abdingbar**.[4]

2 § 30 verbietet nicht Ausschüttungen, wenn die Gesellschaft Verlust macht, etwa wenn die Ausschüttungen aus den Rücklagen erfolgen, die das Stammkapital übersteigen (**Begrenzung auf Stammkapitalerhaltung**). Die Vorschrift bietet keinen Schutz davor, dass der Haftungsfonds auf andere Weise aufgezehrt wird, etwa durch Verluste aus dem laufenden Geschäftsbetrieb (**kein Schutz vor Verwirtschaften**). Die Gesellschafter sind grundsätzlich nicht gezwungen, solche Verluste auszugleichen und das Stammkapital wieder aufzufüllen.

3 Der Grundsatz der Kapitalerhaltung in der GmbH ist damit schwächer als in der **Aktiengesellschaft**.[5] Dort bindet § 57 AktG das gesamte Gesellschaftsvermögen mit Ausnahme des ordnungsgemäß festgestellten Bilanzgewinns. Nur Letzterer darf ausgeschüttet werden. § 30 ist dagegen auf die Erhaltung des Stammkapitals begrenzt und ermöglicht flexible Ausschüttungen auch von stehen gelassenen Gewinnen aus früheren Geschäftsjahren und von Rücklagen.

4 In **Abs. 1 Satz 1** ist der Grundtatbestand des Auszahlungsverbots geregelt. Wird gegen das Auszahlungsverbot verstoßen, enthält § 31 die zentrale Erstattungsnorm, die sich gegen den betreffenden Gesellschafter (§ 31 Abs.1), gegen die weiteren Gesellschafter (§ 31 Abs. 3) und gegen den Geschäftsführer (§ 31 Abs. 6) richtet. Mit dem **MoMiG** wurden in **Abs. 1 Satz 2** zwei Ausnahmen vom Auszahlungsverbot aufgenommen. Der ebenfalls neue **Abs. 1 Satz 3** besiegelt das Ende der sog. Rechtsprechungsregeln zu eigenkapitalersetzenden Gesellschafterleistungen. **Abs. 2** enthält eine Sonderregelung für die Rückzahlung von Nachschüssen. Sonderregelungen bestehen in § 33 (Erwerb eigener Anteile) und in §§ 25, 27 DMBilG.[6]

B. Inhalt der Regelung

I. Auszahlungsverbot (Abs. 1)

5 **Checkliste: Auszahlungsverbot**

- Auszahlung auf Grundlage des Gesellschaftsverhältnisses
- Minderung des geschützten Vermögens (Stammkapital), **nicht:**
  - vollwertiger Gegenleistungs- oder Rückgewähranspruch (Abs. 1 Satz 2)
  - Beherrschungs- oder Gewinnabführungsvertrag (Abs. 1 Satz 2)
  - eigenkapitalersetzendes Gesellschafterdarlehen (Abs. 1 Satz 3)
- Auszahlungsempfänger: Gesellschafter bzw. gleichgestellter Dritter

---

1 BGHZ 28, 77, 78 = WM 1958, 936.
2 Zum Vorrang des Rechts der Kapitalaufbringung vor Anwendung der §§ 30, 31: BGH NJW 2001, 3781 = DStR 2001, 1948; Baumbach/Hueck/*Hueck/Fastrich*, § 30 Rn. 4; Rowedder/Schmidt-Leithoff/*Pentz*, § 30 Rn. 15.
3 Roth/Altmeppen/*Altmeppen*, § 30 Rn. 3; *Wicke*, § 30 Rn. 3.
4 Henssler/Strohn/*Fleischer*, § 30 Rn. 1; Rowedder/Schmidt-Leithoff/*Pentz*, § 30 Rn. 43.
5 Scholz/*Westermann*, Erg. Bd. MoMiG § 30 Rn. 6; Ulmer/Habersack/Winter/*Habersack*, § 30 Rn. 18 ff.
6 Hachenburg/*Goerdeler/Müller*, § 30 Rn. 7 f.

Subjektive Tatbestandsvoraussetzungen gibt es nicht. Auf eine Kenntnis bzw. ein Verschulden der Beteiligten kommt es nicht an.[7] Die Gutgläubigkeit des Gesellschafters wird nur im Rahmen des § 31 Abs. 2 berücksichtigt. 6

1. Auszahlung

a) Leistungen aller Art

Der Begriff der Auszahlung ist weit zu verstehen und erfasst nicht nur Geldzahlungen, sondern Leistungen aller Art, die wirtschaftlich das Gesellschaftsvermögen verringern[8] (Beispiele siehe Rn. 58). Unerheblich ist, ob die Auszahlung offen oder verdeckt im Rahmen eines Austauschgeschäfts, ob sie unmittelbar oder mittelbar an den Gesellschafter oder ob sie durch den Geschäftsführer oder den Prokuristen bzw. Angestellte erfolgt. Letzteres hat nur Auswirkungen auf die Haftung des Geschäftsführers nach § 43 Abs. 3, wobei der ohne Zustimmung des Geschäftsführers handelnde Prokurist zwar nicht Adressat des gesellschaftsrechtlichen Auszahlungsverbots ist, neben dem Gesellschafter aber aus Verletzung des Anstellungsvertrags haften kann.[9] Einer Auszahlung steht nicht entgegen, dass in der Bilanz der an den Gesellschafter geleistete Vermögenswert nicht, zum Beispiel bei einer Nutzungsüberlassung, oder lediglich mit einem Erinnerungswert, zum Beispiel bei vollständig abgeschriebenen Gegenständen, erfasst ist (siehe Rn. 29).[10] Keine Auszahlung liegt vor, wenn die Leistung ohne oder gegen den Willen der Gesellschaft erfolgt ist, zum Beispiel durch Diebstahl oder Unterschlagung.[11] 7

b) Grundlage im Gesellschaftsverhältnis

Als ungeschriebene Tatbestandsvoraussetzung gilt, dass nur solche Zahlungen erfasst werden, die ihre Grundlage im Gesellschaftsverhältnis haben (*causa societatis*).[12] Typische Fälle sind die Auszahlung von Gewinnen und Abfindungen an Gesellschafter (zu weiteren Fällen siehe Rn. 58). 8

Leistungen aufgrund des Gesellschaftsverhältnisses können auch im Rahmen von **Austauschgeschäften** zu nicht marktgerechten Bedingungen bzw. in Form von verdeckten Gewinnausschüttungen vorliegen. Typische Fälle sind überhöhte Entgelte bei Geschäftsführer- und Mietverträgen mit Gesellschaftern sowie die Gewährung von Darlehen an nicht kreditwürdige Gesellschafter (siehe Rn. 22) und die Bereitstellung von Kreditsicherheiten in ihrem Interesse (siehe Rn. 28). Vom Anwendungsbereich sind nur echte Drittgeschäfte ausgenommen, bei denen der Gesellschafter wie ein fremder Dritter der Gesellschaft gegenüber auftritt. Maßgeblich hierfür ist, ob nach allgemeinen kaufmännischen Grundsätzen ein Nichtgesellschafter das Geschäft zu gleichen Bedingungen abgeschlossen hätte (**Drittvergleich**).[13] Beim Erwerb eigener Anteile ist § 33 Abs. 2 zu beachten. 9

Keine Grundlage im Gesellschaftsverhältnis haben Leistungen, die in **Erfüllung gesetzlicher Ansprüche** erfolgen, z.B. zur Erfüllung von Schadensersatzansprüchen des Gesellschafters gegen die Gesellschaft aus unerlaubter Handlung oder aus Vertragsverletzung[14] oder zur Erfüllung von Rückgewähransprüchen des Gläubigers eines Gesellschafters nach § 11 AnfG.[15] 10

---

7 Henssler/Strohn/*Fleischer*, § 30 Rn. 19; Michalski/*Heidinger*, § 30 Rn. 72.
8 BGHZ 31, 258, 276 = NJW 1960, 285, BHGZ 122, 333, 337 f. = NJW 1993, 1922; BGH NJW 1987, 1194; Henssler/Strohn/*Fleischer*, § 30 Rn. 4.
9 BGHZ 148, 167 = NJW 2001, 3123; Baumbach/Hueck/*Hueck/Fastrich*, § 30 Rn. 64; *Müller*, ZGR 2003, 441, 451.
10 Henssler/Strohn/*Fleischer*, § 30 Rn. 4.
11 Henssler/Strohn/*Fleischer*, § 30 Rn. 4.
12 BGHZ 13, 49 54 = NJW 1954, 1157; Ulmer/Habersack/Winter/*Habersack*, § 30 Rn. 81; Baumbach/Hueck/*Hueck/Fastrich*, § 30 Rn. 29. Einschränkend *Eusani*, GmbHR 2009, 512, 516 f.
13 BGHZ 81, 311, 320 = NJW 1982, 383; BGHZ 119, 201 = NJW 1992, 2894; BGH DStR 2007, 2270; Henssler/Strohn/*Fleischer*, § 30 Rn. 7.
14 Michalski/*Heidinger*, § 30 Rn. 63; Baumbach/Hueck/*Hueck/Fastrich*, § 30 Rn. 32.
15 BGHZ 128, 184, 193 = NJW 1995, 659; Baumbach/Hueck/*Hueck/Fastrich*, § 30 Rn. 50; Michalski/*Heidinger*, § 30 Rn. 64; *Hüttemann*, GmbHR 2000, 357.

11 Die Rückzahlung der **Einlage** ist bereits ein Verstoß gegen § 19 Abs. 2.[16] Zulässig ist aber die Rückzahlung der auf eine beschlossene Kapitalerhöhung eingezahlten Beträge vor deren Eintragung im Handelsregister.[17]

2. Minderung des geschütztes Vermögens

12 Voraussetzung für das Auszahlungsverbot ist eine Minderung des geschützten Gesellschaftsvermögens. Hierzu sind die Aktiva und die Passiva bilanzmäßig gegenüberzustellen. Geschützt wird nicht das Stammkapital als solches, sondern das zur Erhaltung des Stammkapitals erforderliche Gesellschaftsvermögen.[18] Ein Verlustausweis ist unschädlich, soweit dieser durch über das Stammkapital hinausgehende Rücklagen gedeckt ist.[19]

a) Stammkapital als geschützte Höhe

13 Die Höhe des Stammkapitals ergibt sich aus der Satzung (§ 3 Abs. 1 Nr. 3) und der Handelsregistereintragung (§ 10 Abs. 1). Maßgeblich ist die Stammkapitalziffer. Auf die Einzahlung der Stammeinlagen kommt es nicht an. Änderungen des Stammkapitals werden erst nach der (konstitutiven) Eintragung der **Kapitalerhöhung** oder -herabsetzung im Handelsregister (§ 54 Abs. 3) berücksichtigt. Bei der **Unternehmergesellschaft** (UG haftungsbeschränkt) zählt zur geschützten Höhe auch die gesetzliche Rücklage i.S.v. § 5a Abs. 3.[20]

b) Bewertung des Gesellschaftsvermögens

14 Die Bewertung des Gesellschaftsvermögens erfolgt nach allgemeinen **Bilanzierungsgrundsätzen** für die Jahresbilanz (§ 42). Maßgeblich sind die Fortführungswerte und nicht die Zerschlagungs- bzw. Liquidationswerte.[21] Auszugehen ist von den fortgeschriebenen Buchwerten der letzten Jahresbilanz. Statt der Fortführungswerte werden ausnahmsweise die Liquidationswerte angesetzt, wenn die Auszahlung selbst zur insolvenzrechtlichen Überschuldung und Liquidation der Gesellschaft führt.[22]

15 ! Die Erstellung einer formellen **Zwischenbilanz** auf den maßgeblichen Auszahlungspunkt ist nicht erforderlich, wird aber aus Beweisgründen empfohlen.[23] Insbesondere wenn Zweifel bestehen, ob gegen das Auszahlungsverbot verstoßen wird, sollte der Geschäftsführer auf eine Zwischenbilanz bestehen und bis dahin die Leistung verweigern.[24]

16 Die Gesellschaft ist an die bisherige Bewertungs- und Bilanzierungspraxis gebunden (Stetigkeitsgebot, § 252 Abs. 1 Nr. 6 HGB). Einmal ausgeübte Bilanzierungswahlrechte können nicht allein für die Ermittlung der Unterbilanz geändert werden.[25] Wird die Bilanz nachträglich erstellt, sind alle jetzt bekannten Risiken zu berücksichtigen, auch wenn sie bei Auszahlung noch nicht bekannt waren. Ursprünglich als zulässig erachtete Auszahlungen können sich dann nachträglich als unzulässig erweisen.[26]

---

16 Baumbach/Hueck/*Hueck/Fastrich*, § 30 Rn. 50; a.A. Roth/Altmeppen/*Altmeppen*, § 30 Rn. 20.
17 Ulmer/Habersack/Winter/*Habersack*, § 30 Rn. 26; Michalski/*Heidinger*, § 30 Rn. 62. Zur Rückzahlung einer als Übergangszahlung bezeichneten freien Kapitalrücklage BGH ZIP 2008, 26.
18 Ulmer/Habersack/Winter/*Habersack*, § 30 Rn. 28; Michalski/*Heidinger*, § 30 Rn. 21.
19 Roth/Altmeppen/*Altmeppen*, § 30 Rn. 14; *Wicke*, § 30 Rn. 5.
20 Roth/Altmeppen/*Altmeppen*, § 30 Rn. 9; Henssler/Strohn/*Fleischer*, § 30 Rn. 29; *Weber*, BB 2009, 842, 845; *Joost*, ZIP 2007, 2242; *Neideck*, GmbHR 2010, 624, 626 ff.
21 BGHZ 76, 326, 335 = NJW 1980, 1524; Baumbach/Hueck/*Hueck/Fastrich*, § 30 Rn. 17; Ulmer/Habersack/Winter/*Habersack*, § 30 Rn. 31.
22 Ulmer/Habersack/Winter/*Habersack*, § 30 Rn. 31; Michalski/*Heidinger*, § 30 Rn. 50.
23 BGH NJW 1988, 139; BGHZ 106, 7, 12 = NJW 1989, 982; BGHZ 109, 334, 339 = NJW 1990, 1109; Baumbach/Hueck/*Hueck/Fastrich*, § 30 Rn. 18; Ulmer/Habersack/Winter/*Habersack*, § 30 Rn. 41; Scholz/*Westermann*, Erg. Bd. MoMiG § 30 Rn. 19.
24 Rowedder/Schmidt-Leithoff/*Pentz*, § 30 Rn. 9; Ulmer/Habersack/Winter/*Habersack*, § 30 Rn. 41.
25 BGHZ 109, 334, 339 = NJW 1990, 1109; *Wicke*, § 30 Rn. 5; Ulmer/Habersack/Winter/*Habersack*, § 30 Rn. 32.
26 BGH NJW 1988, 139; Rowedder/Schmidt-Leithoff/*Pentz*, § 30 Rn. 10.

Offene **Einlageforderungen** sind trotz der Neuformulierung in § 272 Abs. 1 HGB bei der Unterbilanzfeststellung weiterhin mit ihrem Nominalwert anzusetzen, soweit sie werthaltig sind; ansonsten sind sie entsprechend abzuschreiben.[27] Nicht berücksichtigt werden bestehende Rückerstattungsansprüche nach § 31, die die Gesellschaft gegen einen Gesellschafter wegen einer bereits erfolgten unzulässigen Auszahlung hat.[28] **Stille Reserven** sind nicht zu berücksichtigen, sofern es nicht den Grundsätzen ordnungsgemäßer Buchführung entspricht.[29] Daher sind immaterielle Vermögensgegenstände, die nicht entgeltlich angeschafft wurden, grundsätzlich nicht ansatzfähig. Das BilMoG vom 25.05.2009 lässt zwar die Aktivierung solcher Vermögensgegenstände weitgehend zu (§ 248 Abs. 2 HGB), verbietet jedoch die Ausschüttung von Erträgen, die mit der Aktivierung solcher Vermögensgegenstände verbundenen sind (§ 268 Abs. 8 HGB).[30] Gleiches gilt für einen selbst geschaffenen **Firmenwert**. Der derivativ erworbene Geschäfts- und Firmenwert (§ 246 Abs. 1 Satz 4 HGB) wird wie in der allgemeinen Handelsbilanz auch im Rahmen der Unterbilanzfeststellung als Vermögensgegenstand aktiviert.[31] Der Wert **eigener Anteile** wird nach der Neuregelung des BilMoG nicht mehr aktiviert (§ 272 Abs. 1a HGB).[32] 17

Zu den Verbindlichkeiten gehören Gesellschafterforderungen, ebenso solche aus (früher eigenkapitalersetzenden) **Gesellschafterdarlehen**.[33] Letztere bilden (nachrangig) zu befriedigende Verbindlichkeiten (§ 39 Abs. 1 Nr. 5 InsO). Gleiches gilt bei vertraglicher Vereinbarung eines Rangrücktritts trotz deren Nichtberücksichtigung in der Überschuldungsbilanz (§ 19 Abs. 2 InsO).[34] Neben den Verbindlichkeiten sind **Rückstellungen**, insbesondere die aus schwebenden Geschäften (§ 249 Abs. 1 Satz 1 HGB) anzusetzen, nicht jedoch Aufwandsrückstellungen i.S.v. § 249 Abs. 1 Satz 2 Nr. 1 HGB.[35] Einlagen stiller Gesellschafter sind bei der Unterbilanzfestellung anders als in der Handelsbilanz zu passivieren.[36] Nicht mehr passiviert wird seit der Neuregelung im BilMoG der Rückstellungsanteil von **Sonderposten mit Rücklagenanteil**.[37] **Rechnungsabgrenzungsposten** sind sowohl auf der Aktivseite als auch auf der Passivseite zu berücksichtigen.[38] 18

c) Unterbilanz

Zahlungen an die Gesellschafter sind dann verboten, wenn der Betrag des Stammkapitals nicht durch das Gesellschaftsvermögen gedeckt ist bzw. dieses durch die Zahlung darunter absinkt (Unterbilanz). Die Darlegungs- und **Beweislast** für das Vorliegen einer Unterbilanz trägt die Gesellschaft. Eine Beweislastumkehr ist bei undurchsichtiger Buchführung möglich. [39] Maßgeblich für 19

---

27 Henssler/Strohn/*Fleischer*, § 30 Rn. 28; Lutter/Hommelhoff/*Hommelhoff*, § 30 Rn. 13; *Wicke*, § 30 Rn. 5; *Kropff*, ZIP 2009, 1137.

28 Baumbach/Hueck/*Hueck/Fastrich*, § 30 Rn. 18; Begründung MoMiG, BT-Drucks. 16/6140, S. 41; *Wicke*, § 30 Rn. 5; a.A. MüKoGmbHG/*Ekkenga*, § 30 Rn. 102.

29 KG NZG 2000, 1224; vgl. auch BGHZ 109, 334, 337 = NJW 1990, 1109; Henssler/Strohn/*Fleischer*, § 30 Rn. 27; Roth/Altmeppen/*Altmeppen*, § 30 Rn. 11; a.A. *Meister*, WM 1980, 390, 394.

30 Roth/Altmeppen/*Altmeppen*, § 30 Rn. 11; *Wicke*, § 30 Rn. 5; a.A. Henssler/Strohn/*Fleischer*, § 30 Rn. 28.

31 Ulmer/Habersack/Winter/*Habersack*, § 30 Rn. 35; Michalski/*Heidinger*, § 30 Rn. 35; Lutter/Hommelhoff//*Hommelhoff*, § 30 Rn. 12.

32 Baumbach/Hueck/*Hueck/Fastrich*, § 30 Rn. 16; Michalski/*Heidinger*, § 30 Rn. 36; Henssler/Strohn/*Fleischer*, § 30 Rn. 28; *Wicke*, § 30 Rn. 5. Dies galt im Ergebnis auch nach alter Rechtslage, da die Aktivierung eigener Anteile durch die gleichzeitig zu bildende Rücklage neutralisiert wurde, vgl. Roth/Altmeppen/*Altmeppen*, § 30 Rn. 13.

33 BGHZ 124, 282, 284 = NJW 1994, 724; BGH DStR 2006, 860 = ZIP 2006, 703; Baumbach/Hueck/*Hueck/Fastrich*, § 30 Rn. 15; Ulmer/Habersack/Winter/*Habersack*, § 30 Rn. 39.

34 BGH NJW 2009, 68; BGH DStR 2006, 860 = ZIP 2006, 703; Henssler/Strohn/*Fleischer*, § 30 Rn. 29; *Wicke*, § 30 Rn. 5; Ulmer/Habersack/Winter/*Habersack*, § 30 Rn. 39; Michalski/*Heidinger*, § 30 Rn. 40; a.A. Roth/Altmeppen/*Altmeppen*, § 30 Rn. 10.

35 BGHZ 106, 7, 12 = NJW 1989, 982; Michalski/*Heidinger*, § 30 Rn. 44; MüKoGmbHG/*Ekkenga*, § 30 Rn. 118; Roth/Altmeppen/*Altmeppen*, § 30 Rn. 10.

36 OLG Brandenburg, GmbHR 1998, 190; Baumbach/Hueck/*Hueck/Fastrich*, § 30 Rn. 15; *Wicke*, § 30 Rn. 5; differenzierend Roth/Altmeppen/*Altmeppen*, § 30 Rn. 10.

37 Baumbach/Hueck/*Hueck/Fastrich*, § 30 Rn. 16; Roth/Altmeppen/*Altmeppen*, § 30 Rn. 11. Vor Inkrafttreten des BilMoG wurde eine Passivierung in Höhe des Rückstellungsanteils vorgenommen.

38 Michalski/*Heidinger*, § 30 Rn. 38; Henssler/Strohn/*Fleischer*, § 30 Rn. 28; Ulmer/Habersack/Winter/*Habersack*, § 30 Rn. 33; a.A. Lutter/Hommelhoff//*Hommelhoff*, § 30 Rn. 16.

39 BGH DStR 2003, 650 = ZIP 2003, 625; KG NZG 2000, 1224; Roth/Altmeppen/*Altmeppen*, § 30 Rn. 16.

die Beurteilung des Vorliegens einer Unterbilanz ist der **Zeitpunkt der Auszahlung**, nicht der Zeitpunkt des Abschlusses des Verpflichtungsgeschäfts.[40]

20 Die Vorschrift gilt auch bei **Überschuldung**.[41] Dies hat zur Folge, dass die Primärhaftung des Gesellschafters nach § 31 Abs. 1 nicht auf die Höhe des Stammkapitals beschränkt ist. Die Ausgleichspflicht des Gesellschafters umfasst dann – bei entsprechend hoher Auszahlung – den zur Beseitigung der Überschuldung erforderlichen Betrag und das Stammkapital.[42] Frühere Bedenken im Hinblick auf die Haftungsrisiken des Mitgesellschafters nach § 31 Abs. 3 sind durch die dortige Rechtsprechung zur Haftungsbegrenzung (siehe § 31 Rn. 26) ausgeräumt.

d) Kein vollwertiger Gegenleistungs- oder Rückgewähranspruch gegen den Gesellschafter (Abs. 1 Satz 2)

21 Mit dem durch das **MoMiG** neu eingeführten Abs. 1 Satz 2 kehrt der Grundsatz der Kapitalerhaltung zur **bilanziellen Betrachtungsweise** zurück.[43] Bei einer Leistung, die durch einen vollwertigen Gegenleistungs- oder Rückgewähranspruch gedeckt ist, handelt es sich um einen reinen Aktivtausch, der nicht zu einer Minderung des durch Abs. 1 geschützten Vermögens führt. Die Darlegungs- und Beweislast für das Vorliegen dieses Ausnahmetatbestandes trägt der Gesellschafter.[44] Der Rückzahlungsanspruch nach § 31, der sich erst aus der Verletzung des Abs. 1 ergibt, kann dabei nicht in Ansatz gebracht werden.[45]

aa) Darlehen an Gesellschafter

22 Bedeutung hat die bilanzielle Betrachtung in Fällen der Gewährung eines **Darlehens** an den Gesellschafter bzw. der sonstigen Stundungen zugunsten des Gesellschafters. Entgegen der früheren Rechtsprechung[46], die eine Darlehensgewährung bei angemessener Verzinsung und Werthaltigkeit des Rückzahlungsanspruchs zuließ, entschied der BGH[47] (November-Urteil) – vor Änderung des Abs. 1 durch das MoMiG –, dass die Darlehensgewährung auch dann gegen Abs. 1 verstößt, wenn der Rückzahlungsanspruch vollwertig ist. Denn schon die Weggabe liquider Haftungsmasse verschlechtert die Befriedigungsaussichten der Gesellschaftsgläubiger. Hier ist jetzt der neue Abs. 1 Satz 2 zu beachten, der eine Darlehensgewährung an kreditwürdige Gesellschafter zulässt.

23 Auswirkungen hat dies auf die Beurteilung von zentralisierten Konzernfinanzierungen (**cash pooling**).[48] Hierbei werden die freien Mittel einer abhängigen Gesellschaft bei einer Zentralstelle gebündelt und dann nach Bedarf an andere Konzerngesellschaften weitergereicht. Die jetzige Gesetzeslage, die abweichend von der zuvor genannten Rechtsprechung eine Darlehensgewährung bei Vollwertigkeit des Rückzahlungsanspruchs zulässt, soll auch dieser ökonomisch sinnvollen Finanzierungspraxis des cash pooling Rechtssicherheit verschaffen.[49]

---

40 BGH NJW 1987, 1194; BGH NJW 1988, 139; BGH NJW 2003, 3629; Baumbach/Hueck/*Hueck/Fastrich*, § 30 Rn. 22.

41 BGH NJW 1990, 1730; früher BGHZ 60, 324, 328 = NJW 1973, 1036: nur mittelbare Anwendung; Baumbach/Hueck/*Hueck/Fastrich*, § 30 Rn. 20; Rowedder/Schmidt-Leithoff/*Pentz*, § 30 Rn. 13.

42 BGHZ 81, 252, 259 = NJW 1981, 2570; Roth/Altmeppen/*Altmeppen*, § 30 Rn. 18; Ulmer/Habersack/Winter/*Habersack*, § 30 Rn. 42.

43 Begründung MoMiG, BT-Drucks. 16/6140, S. 41.

44 *Wicke*, § 30 Rn. 8; Michalski/*Heidinger*, § 30 Rn. 144.

45 Begründung MoMiG, BT-Drucks. 16/6140, S. 41; Henssler/Strohn/*Fleischer*, § 30 Rn. 25.

46 RGZ 150, 28, 34; *Müller*, BB 1998, 1804, 1805.

47 BGHZ 157, 72, 75 = NJW 2004, 1111; einschränkend BGHZ 179, 71 = NJW 2009, 850; Ulmer/Habersack/Winter/*Habersack*, § 30 Rn. 43 ff., Erg. Bd. MoMiG § 30 Rn. 8; *Stimpel*, in: FS-100 Jahre GmbHG, 1992, S. 335, 346 ff. Offengelassen wurde die Frage der Zulässigkeit im Ausnahmefall, wenn die Darlehensgabe im Interesse der Gesellschaft erfolgt, die Bedingungen einem Drittvergleich standhalten und die Kreditwürdigkeit des Gesellschafters über jeden Zweifel erhaben ist.

48 Zum alten Recht BGHZ 166, 8, 15 = NJW 2006, 1736; Ulmer/Habersack/Winter/*Habersack*, § 30 Rn. 50, Erg. Bd. MoMiG, § 30 Rn. 28; *Altmeppen*, ZIP 2006, 1025, 1028; *Pentz*, ZIP 2006, 781; *Mayer*, in: FS-Priester, 2007, S. 445.

49 Begründung MoMiG, BT-Drucks. 16/6140, S. 41; Henssler/Strohn/*Fleischer*, § 30 Rn. 26; *Bayer/Lieder*, GmbHR 2006, 1121; *Bormann*, GmbHR 2006, 1021; *Wessels*, ZIP 2006, 1701, 1705; *Priester*, ZIP 2006, 1557; *Grunewald*, WM 2006, 2333, 2334; *Wulfetange*, BB 2006, 19, 22; *Schäfer*, BB 2006, 5; *Breitenstein/Meyding*, BB 2006, 1457, 1460; vgl. auch BGHZ 179, 71 = NJW 2009, 850; BGH NJW 2009, 3091.

Die **Vollwertigkeit des Gegenleistungs- oder Rückgewähranspruchs** beurteilt sich nach der Realisierbarkeit der Rückzahlungsforderung beim Gesellschafter, was sich nach der finanziellen Lage des Gesellschafters und der Kreditlaufzeit richtet. Für den Geschäftsführer besteht hier ein gewisser Beurteilungsspielraum. Spätere nicht vorherschbare negative Entwicklungen führen nicht nachträglich zu einer verbotenen Auszahlung.[50] Eine unzulässige Auszahlung liegt aber dann vor, wenn nach Verschlechterung der Bonität des Gesellschafters das Darlehen am Ende der Laufzeit ausdrücklich verlängert oder einfach nicht eingefordert wird.[51] Auszahlungen ohne vollwertigen Gegenleistungsanspruch sind insgesamt unzulässig und nicht nur in Höhe des nicht durch einen vollwertigen Gegenanspruch gedeckten Teils.[52] Soweit Dritte einem Gesellschafter gleichgestellt sind (siehe Rn. 34 ff.), ist die Vollwertigkeit des Gegenleistungsanspruchs gegen diesen Dritten maßgeblich.[53] **24**

Der **Geschäftsführer** hat nicht nur bei der erstmaligen Gewährung eines Darlehens an einen Gesellschafter, sondern bei jeder Darlehensverlängerung oder einem Stehenlassen der Forderung die **Kreditwürdigkeit** des Gesellschafters erneut zu prüfen. Auch das Unterlassen einer nach § 490 BGB möglichen außerordentlichen Kündigung kann eine Haftung des Geschäftsführers nach § 43 begründen.[54] Bei der Beteiligung an einem cash pooling muss sich der Geschäftsführer der abhängigen Gesellschaft umfassende Informationsrechte („Frühwarnsystem") einräumen lassen, die ihm eine fortlaufende Prüfung der Kreditwürdigkeit der beteiligten Gesellschaften ermöglichen (siehe auch Rn. 31, 44).[55] **25**

Die weitere, von der früher herrschenden Auffassung verlangte Voraussetzung der Angemessenheit der Gegenleistung des Gesellschafters wurde vom Gesetzgeber zwar nicht ausdrücklich übernommen, dennoch wird überwiegend stets[56] oder zumindest bei längerfristigen Darlehen (Laufzeit von mehr als einem Jahr)[57] eine übliche **Verzinsung** gefordert. Offen ist, ob bei einem cash pooling ohne Verzinsung die Zulässigkeit auch über den mit dem cash pooling für die Gesellschaft verbundenen (potentiellen) Liquiditätsvorteil gerechtfertigt werden kann[58]. Bei unzureichendem Zins ist jedoch nur die Differenz zum marktüblichen Zins und nicht das gesamte Darlehen über § 31 zu erstatten[59]. **26**

Eine bilanzielle Vollwertigkeit setzt nicht eine ausreichende **Besicherung** des Rückerstattungsanspruchs voraus[60], kann aber bei fehlender Bonität des Gesellschafters durch eine solche Besicherung erreicht werden.[61] Eine fehlende Besicherung ist bei der Zinshöhe zu berücksichtigen.[62] Für **27**

---

50 *Drygala/Kremer*, ZIP 2007, 1289, 1293; *Freitag*, WM 2007, 1681, 1685; *Tillmann*, NZG 2008, 401, 403. Anders bei Unterbilanzfeststellung, siehe Rn. 16.

51 Begründung MoMiG, BT-Drucks. 16/6140, S. 41; *Wicke, § 30 Rn. 11; Drygala/Kremer*, ZIP 2007, 1289, 293; einschränkend Baumbach/Hueck/*Hueck/Fastrich*, § 30 Rn. 43.

52 *Wicke*, § 30 Rn. 10; Baumbach/Hueck/*Hueck/Fastrich*, § 30 Rn. 55.

53 *Wicke*, § 30 Rn. 15.

54 *Wicke*, § 30 Rn. 11; Roth/Altmeppen/*Altmeppen*, § 30 Rn. 138 ff; MüKoGmbHG/*Ekkenga*, § 30 Rn. 243.

55 BGHZ 179, 71 = NJW 2009, 850; *Wicke*, § 30 Rn. 11; Roth/Altmeppen/*Altmeppen*, § 30 Rn. 131; *Willemsen/Rechel*, GmbHR 2010, 349, 352; *Strohn/Simon*, GmbHR 2010, 1181, 1184; *Weitzel/Socher*, ZIP 2010, 1069, 1070.

56 *Wicke*, § 30 Rn. 10; *Blaschke/König*, GmbHR 2009, 897, 899; *Eusani*, GmbHR 2009, 795, 796; *Spliedt*, ZIP 2009, 149, 150; a.A. Ulmer/Habersack/Winter/*Habersack*, Erg. Bd. MoMiG § 30 Rn. 21: Verzinsung für Frage der Vollwertigkeit unerheblich.

57 Baumbach/Hueck/*Hueck/Fastrich*, § 30 Rn. 34a, 56; MüKoGmbHG/*Ekkenga*, § 30 Rn. 252; *Drygala/Kremer*, ZIP 2007, 1289, 129; *Bayer/Lieder*, GmbHR 2006, 449, 452; *Wessels*, ZIP 2006, 1701, 1705.

58 Bejahend Roth/Altmeppen/*Altmeppen*, § 30 Rn. 119; Ulmer/Habersack/Winter/*Habersack*, Erg. Bd. MoMiG § 30 Rn. 28; a.A. *Eusani*, GmbHR 2009, 795, 798.

59 Roth/Altmeppen/*Altmeppen*, § 30 Rn. 119; Michalski/*Heidinger*, § 30 Rn. 202.

60 Baumbach/Hueck/*Hueck/Fastrich*, § 30 Rn. 56; Roth/Altmeppen/*Altmeppen*, § 30 Rn. 114; Ulmer/Habersack/Winter/*Habersack*, Erg. Bd. MoMiG § 30 Rn. 20; *Römermann*, NZI 2008, 641, 643; *Rothley/Weinberger*, NZG 2010, 1001, 1003; *Blaschke/König*, GmbHR 2009, 897, 900. Vgl. auch BGHZ 179, 71 = NJW 2009, 850.

61 *Wicke*, § 30 Rn. 10; MüKoGmbHG/*Ekkenga*, § 30 Rn. 245.

62 *Wicke*, § 30 Rn. 10.

die Vollwertigkeit des Gegenleistungs- bzw. Rückerstattungsanspruchs ist dessen Liquidität, also dessen jederzeitige Fälligkeit oder Kündbarkeit, nicht entscheidend.[63]

bb) Bereitstellung von Kreditsicherheiten

28 Auch die Bereitstellung von Sicherheiten (Grundschuld, Hypothek, Bürgschaft, Pfandrecht etc.) durch die GmbH unterliegt dem Auszahlungsverbot des Abs. 1. Denkbar ist die Absicherung von Verbindlichkeiten eines Dritten gegenüber dem Gesellschafter und die Absicherung von Verbindlichkeiten des Gesellschafters gegenüber einem Dritten. Typischer Fall ist die Absicherung eines fremdfinanzierten Unternehmenskaufs (leveraged buyout) oder die Gewährung von Sicherheiten im Rahmen eines cash poolings. Umstritten war bislang, ob für den Verstoß gegen Abs. 1 bereits die Bestellung der Sicherheit als solche ausreicht (entsprechend der früheren Beurteilung von Darlehensgewährungen an Gesellschafter, siehe Rn. 22) oder eine Auszahlung erst bei einer Gefährdung des Gesellschaftsvermögens durch wahrscheinliche Inanspruchnahme oder erst im Zeitpunkt der Verwertung der Sicherheit vorliegt.[64] Letzteres ist jedenfalls dann gerechtfertigt, wenn die Gesellschaft sich gegenüber dem Gesellschafter zur Absicherung einer Darlehensforderung des Gesellschafters gegenüber einem Dritten verpflichtet, da die Gesellschaft gegen das Verwertungsgesuch des Gesellschafters das Auszahlungsverbot des Abs. 1 einwenden kann.[65] In anderen Fällen ist mit Rückkehr zur bilanziellen Betrachtungsweise durch den neuen Abs. 1 Satz 2 bei einer drohenden Inanspruchnahme eine Rückstellung zu bilden. Die Höhe der Rückstellung hängt vom Umfang der Sicherheit und vom Risiko ihrer Verwertung ab. Für Abs. 1 ist dann entscheidend, ob die Rückstellung durch einen **werthaltigen Regressanspruch** gegen den Gesellschafter voll gedeckt ist.[66] Maßgeblich für diese Beurteilung ist der Zeitpunkt der Bestellung bzw. Erneuerung der Sicherheit.[67] Auch danach muss jedoch das Risiko der Inanspruchnahme vom Geschäftsführer zur Vermeidung seiner Haftung nach § 43 geprüft werden.[68] Die Gewährung der Sicherheit ist marktüblich zu vergüten (Avalprovision).[69] Als Rechtsfolge eines Verstoßes gegen Abs. 1 muss der Gesellschafter die Gesellschaft von der Belastung befreien, zumindest im Innenverhältnis[70] (zur Haftung des kreditgebenden Dritten siehe Rn. 36).

cc) Ausnahmen der bilanziellen Betrachtungsweise

29 Im Interesse des Gläubigerschutzes ermöglicht die rein bilanzielle Betrachtung – auch nach Einführung des Abs. 1 Satz 2 durch das MoMiG (siehe Rn. 21) – nicht jeden Zugriff auf das Gesellschaftsvermögen, solange dieser nur bilanziell neutral erfolgt. Werden bei Vorliegen einer Unterbilanz **stille Reserven** durch eine Auszahlung **abgezogen,** liegt ein Fall des Auszahlungsverbots nach Abs.1 vor, etwa wenn an den Gesellschafter ein Vermögensgegenstand zu dem unter dem Verkehrswert liegenden Buchwert verkauft wird.[71] Gleiches gilt für **bilanziell** überhaupt **nicht**

---

63 Michalski/*Heidinger*, § 30 Rn. 191; Roth/Altmeppen/*Altmeppen*, § 30 Rn. 120; Ulmer/Habersack/Winter/*Habersack*, Erg. Bd. MoMiG § 30 Rn. 20; *Wicke*, § 20 Rn. 10.

64 Vgl. hierzu BGHZ 173, 1, 10 = DStR 2007, 1874; OLG München, ZIP 1998, 1438 = GmbHR 1998, 986; *Fischer/Gasteyer*, NZG 2003, 517, 519. Zu anderen Ansichten vgl. *Steinbeck*, WM 1999, 885; *Reemann*, MittRhNotK 1996, 113; *Meister*, WM 1980, 390; *Schön*, ZHR 159 (1995), 351.

65 Baumbach/Hueck/*Hueck/Fastrich*, § 30 Rn. 60; *Wicke*, § 30 Rn. 12; Rowedder/Schmidt-Leithoff/*Pentz*, § 30 Rn. 36.

66 Baumbach/Hueck/*Hueck/Fastrich*, § 30 Rn. 62; Ulmer/Habersack/Winter/*Habersack*, Erg. Bd. MoMiG § 30 Rn. 24; *Wicke*, § 30 Rn. 12; Michalski/*Heidinger*, § 30 Rn. 95; *Drygala/Kremer*, ZIP 2007, 1289, 1295; *Peltzer/Bell*, ZIP 1993, 1757, 1761; *Tillmann*, NZG 2008, 401, 403; a. A. *Freitag*, WM 2007, 1681, 1685.

67 Baumbach/Hueck/*Hueck/Fastrich*, § 30 Rn. 63; *Wicke*, § 30 Rn. 12; *Spliedt*, ZIP 2009, 149, 152; *Theusinger/Kapteina*, NZG 2011, 881, 883 f.

68 Ulmer/Habersack/Winter/*Habersack*, Erg. Bd. MoMiG § 30 Rn. 24, 26; *Wicke*, § 30 Rn. 12. Roth/Altmeppen/*Altmeppen*, § 30 Rn. 144 ff. Zu sog. „limitation language" (Vereinbarung zwischen GmbH und Sicherungsnehmer über Verzicht auf die Sicherheit, wenn die Verwertung gegen § 30 GmbHG verstößt) Michalski/*Heidinger*, § 30 Rn. 96; *Strohn/Simon*, GmbHR 2010, 1181, 1185; *Theusinger/Kapteina*, NZG 2011, 881, 886.

69 Roth/Altmeppen/*Altmeppen*, § 30 Rn. 126; MüKoGmbHG/*Ekkenga*, § 30 Rn. 253; *Wicke*, § 30 Rn. 12; *Winkler/Becker*, ZIP 2009, 2361, 2367; a.A. Ulmer/Habersack/Winter/*Habersack*, Erg. Bd. MoMiG § 30 Rn. 17.

70 Ulmer/Habersack/Winter/*Habersack*, § 30 Rn. 54; Roth/Altmeppen/*Altmeppen*, § 30 Rn. 163.

71 Begründung MoMiG, BT-Drucks. 16/6140, S. 41; Roth/Altmeppen/*Altmeppen*, § 30 Rn. 12, 76; Ulmer//Habersack/Winter/*Habersack*, § 30 Rn. 43; Rowedder/Schmidt-Leithoff/*Pentz*, § 30 Rn. 11.

erfasste Leistungen an den Gesellschafter, insbesondere für den Verkauf von selbst geschaffenen Vermögenswerten (Patente, Marke) oder für die Gewährung von Dienstleistungen und Nutzungsüberlassungen an den Gesellschafter zu unangemessen niedrigen Entgelten.[72]

> ! Die Veräußerung von Vermögensgegenständen an den Gesellschafter zum **Selbstkostenpreis** begründet einen Verstoß gegen Abs. 1, es sei denn, ein höherer Marktwert ist bei Dritten nicht realisierbar („Ladenhüter").[73] 30

e) Kein Beherrschungs- oder Gewinnabführungsvertrag (Abs. 1 Satz 2)

Die Kapitalbindungsvorschriften der §§ 30, 31 gelten nach dem durch das **MoMiG** neu eingeführten Abs. 1 Satz 2 nicht bei Leistungen, die bei Bestehen eines Beherrschungs- oder Gewinnabführungsvertrags erfolgen. In solchen Fällen ist das herrschende Unternehmen der GmbH zum Verlustausgleich analog § 302 AktG verpflichtet. Im Unterschied zum Wortlaut des § 291 Abs. 3 AktG kommt es bei Abs. 1 Satz 2 nicht darauf an, dass die Leistung aufgrund des Vertrags erfolgt, also etwa bei einem Beherrschungsvertrag in Ausübung des Weisungsrechts. Damit werden bei den in der Praxis häufigen, weil für die steuerliche Organschaft ausreichenden, Gewinnabführungsverträgen ohne Beherrschungsteil nicht nur der abgeführte Gewinn, sondern **alle Leistungen** vom Anwendungsbereich des Abs. 1 ausgenommen.[74] Die Ausnahmevorschrift ist nicht auf Leistungen zwischen den Vertragsteilen begrenzt, sondern erfasst auch Leistungen an Dritte auf Veranlassung des herrschenden Unternehmens, etwa an andere Konzernunternehmen oder an Unternehmen, die mit dem herrschenden Unternehmen oder anderen Konzernunternehmen in Geschäftsverbindungen stehen.[75] Bedeutung hat die Vorschrift auch im Bereich des cash poolings. Die Befreiung von den Kapitalerhaltungsvorschriften gilt aber nur, dann wenn der Verlustausgleichsanspruch **vollwertig** ist.[76] Neben dem Geschäftsführer der Muttergesellschaft (zur Vermeidung einer Haftung entsprechend §§ 309, 317 Abs. 3 AktG) muss auch der Geschäftsführer der Tochtergesellschaft (zur Vermeidung einer Haftung nach § 43) die Leistungsfähigkeit der Muttergesellschaft prüfen und ggf. auf Besicherung des Verlustausgleichsanspruchs bestehen (siehe auch Rn. 25, 44).[77]. Abs. 1 Satz 2 gilt nicht für bis zum 01.11.2008 nach alter Rechtslage entstandene Ansprüche nach § 31[78]. Die Vorschrift gilt nicht für den faktischen Konzern[79]. 31

f) Eigenkapitalersetzendes Gesellschafterdarlehen (Abs. 1 Satz 3)

Nicht zum gebundenen Kapital gehören eigenkapitalersetzende Gesellschafterdarlehen. Mit dem durch das **MoMiG** neu eingeführten Abs. 1 Satz 3 wird die Rechtsfigur des eigenkapitalersetzenden Gesellschafterdarlehens aufgegeben. Nach dem bisherigen Recht wurden Darlehen von Gesellschaftern und diesem gleichgestellte Leistungen, die in der Krise der Gesellschaft gewährt oder stehen gelassen wurden, im Ergebnis wie haftendes Eigenkapital behandelt. Diese Rückstufung wurde von der Rechtsprechung zunächst auf eine entsprechende Anwendung der §§ 30, 31 (sog. Rechtsprechungsregeln) gestützt und in der GmbH-Novelle von 1980 in §§ 32a, 32b a.F. nur 32

---

72 Michalski/*Heidinger*, § 30 Rn. 188; Ulmer/Habersack/Winter/*Habersack*, § 30 Rn. 46; *Drygala/Kremer*, ZIP 2007, 1289, 1294.

73 Baumbach/Hueck/*Hueck/Fastrich*, § 30 Rn. 31, 34a; Roth/Altmeppen/*Altmeppen*, § 30 Rn. 76; Henssler/Strohn/*Fleischer*, § 30 Rn. 7; *Servatius*, GmbHR 1998, 723, 726; *Goette*, DStR 1997, 1495, 1498.

74 Baumbach/Hueck/*Hueck/Fastrich*, § 30 Rn. 44; *Drygala/Kremer*, ZIP 2007, 1289, 1295 f; *Winkler/Becker*, ZIP 2009, 2361, 2365.

75 Henssler/Strohn/*Fleischer*, § 30 Rn. 8; *Wicke*, § 30 Rn. 14; Roth/Altmeppen/*Altmeppen*, § 30 Rn. 94; *Handelsrechtsausschuss des Deutschen Anwaltvereins*, NZG 1007, 735, 740.

76 Roth/Altmeppen/*Altmeppen*, § 30 Rn. 99; Baumbach/Hueck/*Hueck/Fastrich*, § 30 Rn. 45; *Mülbert/Leuschner*, NZG 2009, 281, 287; Blaschke/*König*, GmbHR 2009, 897, 902; *Spliedt*, ZIP 2009, 149, 152; a.A. Lutter/Hommelhoff/*Hommelhoff*, § 30 Rn. 48; Ulmer/Habersack/Winter/*Habersack*, Erg. Bd. MoMiG § 30 Rn. 11.

77 Ulmer/Habersack/Winter/*Habersack*, Erg. Bd. MoMiG § 30 Rn. 11; *Wicke*, § 30 Rn. 14; Roth/Altmeppen/*Altmeppen*, § 30 Rn. 101; *Altmeppen*, NZG 2010, 361, 364 f; *Altmeppen*, ZIP 2009, 49, 55 f.

78 MüKoGmbHG/*Ekkenga*, § 30 Rn. 10; Michalski/*Heidinger*, § 30 Rn. 15. Vgl. auch *Habersack*, ZGR 2009, 347, 352 f.; *Wilhelmi*, WM 2009, 1917, 1918; a.A. Roth/Altmeppen/*Altmeppen*, § 30 Rn. 96: Neuregelung mit lediglich klarstellender Bedeutung gilt auch für Altfälle.

79 Henssler/Strohn/*Fleischer*, § 30 Rn. 8.

unzureichend geregelt. Die entwickelten Regeln zu §§ 30, 31 wurden von der Rechtsprechung weiter angewendet.[80] Mit der jetzigen Streichung der §§ 32a, 32b a.F. und der Verlagerung der Vorschriften über die Behandlung von Gesellschafterdarlehen in das Insolvenzrecht (siehe „Gesellschafterdarlehen in der Insolvenz ", S. 951 ff., Rn. 3) soll Abs. 1 Satz 3 die endgültige **Abschaffung der Rechtsprechungsregeln** anordnen. Abs. 1 Satz 3 erfasst auch die Zinsen aus solchen Darlehen[81]. Zum Übergangsrecht siehe „Gesellschafterdarlehen in der Insolvenz", S. 951 ff. Rn. 11. Weiterhin anwendbar ist dagegen die Rechtsfigur des Finanzplandarlehens (siehe „Gesellschafterdarlehen in der Insolvenz-", S. 951 ff., Rn. 47).

3. Auszahlungsempfänger

a) Gesellschafter als Leistungsempfänger

33 Adressat des Auszahlungsverbots ist der Gesellschafter.[82] Die Gesellschaftereigenschaft muss im Zeitpunkt der Begründung der Verpflichtung vorliegen.[83] Unerheblich ist, dass die Auszahlung selbst erst nach dem Ausscheiden erfolgt. Der künftige Gesellschafter kann ebenso wie der ausgeschiedene Gesellschafter bei Leistungen im Zusammenhang mit der (künftigen bzw. beendeten) Gesellschafterstellung erfasst werden, zum Beispiel bei fremdfinanzierten Unternehmenskäufen, bei denen das Vermögen der zu erwerbenden Gesellschaft als Sicherheit für den fremdfinanzierten Kaufpreis dient (leveraged buyout), was zur gesamtschuldnerischen Haftung sowohl des Veräußerers als auch des Erwerbers führt.[84]

b) Dritter als Leistungsempfänger

34 Geschäfte mit Nicht-Gesellschaftern fallen grundsätzlich nicht unter Abs. 1 (zu Krediten an Geschäftsführer und gleichgestellte Personen siehe § 43a). Eine **Leistung an Dritte** ist jedoch dem Gesellschafter zuzurechnen, wenn sie indirekt dem Gesellschafter zugutekommt (siehe Rn. 35 f.) oder zwischen dem Dritten und dem Gesellschafter ein enges persönliches oder wirtschaftliches Näheverhältnis besteht (siehe Rn. 37 f.). Dabei stellt sich weiter die Frage, ob für die Rückzahlung nur der Gesellschafter oder auch der Dritte selbst haftet (siehe § 31 Rn. 13). Daneben gibt es Fälle, in denen ein Dritter unmittelbar selbst einem Gesellschafter i.S.d. Abs. 1 gleichgestellt wird (siehe Rn. 39 f.).

aa) Mittelbare Leistungen an Gesellschafter

35 Beispiele für Leistungen, die sich als mittelbare Leistungen an den Gesellschafter selbst darstellen und für die der Gesellschafter nach §§ 30, 31 haftet, sind die Zahlungen an den Dritten auf Geheiß und für Rechnung des Gesellschafters,[85] die Erfüllung oder Übernahme einer Verbindlichkeit des

---

80 BGHZ 90, 370, 380 = NJW 1984, 1891; BGHZ 95, 188, 192 = NJW 1985, 2947; BGH ZIP 2006, 243; Ulmer/Habersack/Winter/*Habersack*, §§ 32a/b Rn. 23.

81 LG Berlin GmbHR 2010, 201; *Wicke*, Anh. § 30 Rn. 2. Vgl. aber Henssler/Strohn/*Fleischer*, § 30 Rn. 11: Abs. 1 gilt für Zinsen aus Gesellschafterdarlehen, wenn sie den marktüblichen Zins (Drittvergleich) übersteigen.

82 BGHZ 148, 167, 169 = NJW 2001, 3123: nicht Prokurist oder verfügungsbefugter Angestellter; Roth/Altmeppen/*Altmeppen*, § 30 Rn. 23.

83 BGH NJW 1988, 139; BGH DStR 2005, 119 = ZIP 2005, 163; bereits RG JW 1938, 1176; Baumbach/Hueck/*Hueck/Fastrich*, § 30 Rn. 23. Anders BGH NJW 1996, 589 bei Zahlung an verbundenes Unternehmen: Zeitpunkt der Leistung maßgebend; ablehnend Roth/Altmeppen/*Altmeppen*, § 30 Rn. 28.

84 BGHZ 13, 49 54 = NJW 1954, 457; BGHZ 173, 1, 5 = DStR 2007, 1874; BGH ZIP 2008, 118 (künftiger Aktionär); Henssler/Strohn/*Fleischer*, § 30 Rn. 13, § 31 Rn. 9; Baumbach/Hueck/*Hueck/Fastrich*, § 30 Rn. 23; OLG Brandenburg, ZIP 2006, 1864: nachrangige Haftung des Altgesellschafters, wenn Realisierung des Anspruchs allein Vermehrung des Vermögens des Anteilserwerbers bezweckt.

85 BGHZ 81, 252, 260 = NJW 1981, 2570; BGHZ 95, 188, 193 = NJW 1985, 2947; Rowedder/Schmidt-Leithoff/*Pentz*, § 30 Rn. 20.

Gesellschafters gegenüber einem Dritten,[86] ebenso die Erfüllung einer Forderung des Gesellschafters gegenüber einem Dritten.[87]

Hierzu zählen auch die Fälle der **Bereitstellung von Sicherheiten** im Interesse des Gesellschafters (siehe Rn. 28). Eine Haftung des Dritten neben dem Gesellschafter, insbesondere eine Haftung der Bank als Sicherungsnehmer bei von der Gesellschaft gewährten Sicherheiten für Kredite des Gesellschafters, besteht aber nur bei einem kollusiven Zusammenwirken mit dem Gesellschafter, also einem bewussten Handeln zum Schaden der Gesellschaft bzw. deren Gläubiger.[88] **36**

bb) Persönliches oder wirtschaftliches Näheverhältnis

Dem Gesellschafter sind nach dem Rechtsgedanken der §§ 89 Abs. 3, 115 Abs. 2 AktG auch Leistungen an **nahe Angehörige** zuzurechnen, insbesondere solche an Ehegatten und minderjährige Kinder.[89] Hierzu zählt auch die Zahlung an eine Gesellschaft, an der ein Ehegatte oder ein minderjähriges Kind maßgeblich beteiligt ist.[90] Auch der Angehörige haftet selbst nach §§ 30, 31, wobei zum Teil vorausgesetzt wird, dass die Unzulässigkeit der Auszahlung für ihn bzw. dessen gesetzlichen Vertreter erkennbar war.[91] **37**

Erfasst werden Leistungen an mit dem Gesellschafter **verbundene Unternehmen** (§§ 15 ff. AktG),[92] wobei Einzelheiten umstritten sind und die Praxis sich daher auf eine weitgehende Einbeziehung verbundener Unternehmen bei Vorliegen maßgeblicher Beteiligungsverhältnisse mit typischen Einflussmöglichkeiten einzustellen hat.[93] Auch bei einer Minderheitsbeteiligung ist eine Haftung möglich, wenn die Zahlungsanweisung gemeinsam mit den übrigen Gesellschaftern erfolgt.[94] Ein (mittelbar) beteiligtes Unternehmen haftet auch dann, wenn es selbst nichts empfangen, die Auszahlung aber veranlasst hat. Leistet die Enkelgesellschaft an die Muttergesellschaft, haftet diese immer und die Tochtergesellschaft dann, wenn sie die Leistung an die Muttergesellschaft veranlasst hat. Leistet die Enkelgesellschaft an die Tochtergesellschaft, haftet neben der Tochtergesellschaft auch die Muttergesellschaft bei Veranlassung der Auszahlung. Leistet die Tochtergesellschaft an eine Schwestergesellschaft, kommt nicht nur eine Haftung der veranlassenden Muttergesellschaft, sondern auch der Schwestergesellschaft selbst in Betracht.[95] Anders als in Fällen des faktischen Konzerns sind im Bereich des Vertragskonzerns die Kapitalbindungsvorschriften nach Abs. 1 Satz 2 ausgesetzt (siehe Rn. 31). **38**

---

86 BGHZ 60, 324, 328 = NJW 1973, 1036 (Erfüllung einer privaten Steuerschuld des Gesellschafters); BGHZ 144, 336, 337 = NJW 2000, 2577; Baumbach/Hueck/*Hueck/Fastrich*, § 30 Rn. 25; Michalski/*Heidinger*, § 30 Rn. 109; OLG Rostock, GmbHR 1998, 329: Eingehung einer neuen Verbindlichkeit im Interesse des Gesellschafters.

87 BGHZ 13, 49, 54 = NJW 1954, 1157; BGHZ 122, 333, 337 = NJW 1993, 1922; Roth/Altmeppen/*Altmeppen*, § 30 Rn. 29; Henssler/Strohn/*Fleischer*, § 30 Rn. 15.

88 BGHZ 138, 291, 298 f. = NJW 1998, 2592; BGH WM 1982, 1402; Ulmer//Habersack/Winter/*Habersack*, § 30 Rn. 99; Michalski/*Heidinger*, § 30 Rn. 110, § 31 Rn. 24; a.A. Roth/Altmeppen/*Altmeppen*, § 30 Rn. 42 ff, 165: Evidenz ausreichend.

89 BGHZ 81, 365, 369 = NJW 1982, 386; BGH NJW 1996, 589, 590; Hachenburg/*Goerdeler/Müller*, § 30 Rn. 52; a.A. Roth/Altmeppen/*Altmeppen*, § 30 Rn. 51 f., der die Fälle über die Regeln des evidenten Missbrauchs der Vertretungsmacht erfasst. Offengelassen für sonstige Verwandte (volljährige Kinder) in BGH NJW-RR 1991, 744; Rowedder/Schmidt-Leithoff/*Pentz*, § 30 Rn. 26; *Fleck*, in: FS-100 Jahre GmbHG, 1992, S. 391, 403.

90 BGH ZIP 1986, 456, 458 = GmbHR 1986, 113; Michalski/*Heidinger*, § 30 Rn. 125.

91 BGHZ 81, 365, 368 = NJW 1982, 386; BGH DStR 1991, 554 = ZIP 1991, 366; Henssler/Strohn/*Fleischer*, § 31 Rn. 13; Rowedder/Schmidt-Leithoff/*Pentz*, § 30 Rn. 10; Baumbach/Hueck/*Hueck/Fastrich*, § 31 Rn. 13; im Ergebnis auch Roth/Altmeppen/*Altmeppen*, § 30 Rn. 51 f. (evidenter Missbrauch der Vertretungsmacht); ohne Voraussetzung der Erkennbarkeit BGH NJW 1996, 589; BGH NJW 1991, 357; Ulmer/Habersack/Winter/*Habersack*, § 30 Rn. 69. Einschränkend Michalski/*Heidinger*, § 30 Rn. 126, § 31 Rn. 22.

92 BGHZ 81, 311, 315 = NJW 1982, 383; BGH NJW 1984, 1036; BGH ZIP 1986, 456 = GmbHR 1986, 113; BGH NJW 1991, 1057; BGH NJW 1992, 1167; BGH NJW 1996, 589; Baumbach/Hueck/*Hueck/Fastrich*, § 30 Rn. 27.

93 Vgl. ausführlich Roth/Altmeppen/*Altmeppen*, § 30 Rn. 53 ff.; Michalski/*Heidinger*, § 30 Rn. 172 ff.

94 BGH DStR 2007, 2270; *Wicke*, § 30 Rn. 16.

95 Ulmer/Habersack/Winter/*Habersack*, § 30 Rn. 66; *Fleck*, in: FS-100 Jahre GmbHG, 1992, S. 391, 417; vgl. auch BGH NJW 1991, 1057; a.A. Roth/Altmeppen/*Altmeppen*, § 30 Rn. 62; Michalski/*Heidinger*, § 30 Rn. 182: nur Haftung der Muttergesellschaft, da Schwestergesellschaft nicht selbst (mittelbar) am Risikokapital beteiligt ist.

cc) Einem Gesellschafter gleichgestellter Dritter

39 Bei **Treuhandverhältnissen** ist der Treugeber wirtschaftlich als Gesellschafter zu betrachten und haftet daher unmittelbar sowohl für Leistungen an ihn selbst als auch für Leistungen an den Treuhänder, auch wenn er die Leistungen nicht empfangen oder gekannt hat.[96] Kraft seiner formalrechtlichen Stellung als Gesellschafter haftet daneben auch der Treuhänder, selbst dann, wenn die Auszahlung direkt an den Treugeber erfolgt ist, es sei denn, er hat die Leistung in keiner Weise veranlasst.[97]

40 Dem Gesellschafter gleichgestellte Dritte sind auch der **Nießbraucher**,[98] der atypische **Pfandgläubiger**,[99] der aufgrund besonderer Vertragsgestaltung wie ein Gesellschafter Einfluss auf die Gesellschaft nehmen kann, und der atypische **stille Gesellschafter**,[100] der neben besonderen Einflussmöglichkeiten auch am Vermögen beteiligt ist.

4. Rechtsfolgen

41 Eine Auszahlung, die gegen Abs. 1 verstößt, ist unzulässig. Dies begründet nicht nur ein Recht auf Leistungsverweigerung, sondern ein zwingendes **Auszahlungsverbot**.[101] Erfolgt gleichwohl eine Auszahlung, besteht nach **§ 31 Abs. 1** eine **Erstattungspflicht** des Gesellschafters, der die Leistung empfangen hat, bei gutgläubigen Leistungsempfängern eingeschränkt nach § 31 Abs. 2.

42 Daneben können Ansprüche aus §§ 812 ff. BGB, aus §§ 823 ff. BGB und im Ausnahmefall aus § 985 BGB bestehen. Allerdings ist § 30 kein Schutzgesetz i.S.v. § 823 Abs. 2 BGB[102] und kein Verbotsgesetz i.S.v. § 134 BGB. Das der Auszahlung zugrunde liegende **Kausal- und Verfügungsgeschäft** ist grundsätzlich **gültig**, auch bei einem bewussten Verstoß gegen das Auszahlungsverbot des Abs. 1.[103] In der Insolvenz des Empfängers (Doppelinsolvenz) hat die Gesellschaft damit keinen Aussonderungsanspruch nach § 47 InsO.[104] Allerdings können die Grundsätze über den Missbrauch der Vertretungsmacht anwendbar sein, was bei Geschäften mit Dritten Bedeutung hat,[105] etwa bei der Tilgung von Verbindlichkeiten des Gesellschafters gegenüber einem Dritten (siehe

---

96 BGHZ 157, 72, 74 = NJW 2004, 1111; BGHZ 107, 7, 11 = NJW 1989, 1800; BGH ZIP 2008, 118 (faktischer Aktionär); einschränkend: Henssler/Strohn/*Fleischer*, § 31 Rn. 12; Ulmer/Habersack/Winter/*Habersack*, § 30 Rn. 66. Zu Fällen der mittelbaren Stellvertretung ausführlich Roth/Altmeppen/*Altmeppen*, § 30 Rn. 36 ff.

97 BGHZ 31, 258, 263 = NJW 1960, 285; BGHZ 105, 168, 175 = NJW 1987, 3143; Roth/Altmeppen/*Altmeppen*, § 30 Rn. 34; Henssler/Strohn/*Fleischer*, § 31 Rn. 12.

98 Baumbach/Hueck/*Hueck/Fastrich*, § 30 Rn. 28; Scholz/*Westermann*, Erg. Bd. MoMiG § 30 Rn. 46; Michalski/*Heidinger*, § 30 Rn. 119; a.A. Roth/Altmeppen/*Altmeppen*, § 30 Rn. 66 wegen fehlender Beteiligung am Risikokapital.

99 Baumbach/Hueck/*Hueck/Fastrich*, § 30 Rn. 28; Michalski/*Heidinger*, § 30 Rn. 122; Rowedder/Schmidt-Leithoff/*Pentz*, § 30 Rn. 28; a.A. Ulmer/Habersack/Winter/*Habersack*, § 30 Rn. 68; Roth/Altmeppen/*Altmeppen*, § 30 Rn. 68 wegen fehlender Beteiligung am Risikokapital.

100 OLG Köln ZIP 2011, 2208; BGHZ 106, 7, 9 = NJW 1989, 982; BGH DStR 2006, 860 = ZIP 2006, 703; OLG Stuttgart NZG 2009, 259; Rowedder/Schmidt-Leithoff/*Pentz*, § 30 Rn. 27; Baumbach/Hueck/*Hueck/Fastrich*, § 30 Rn. 28; ebenso Roth/Altmeppen/*Altmeppen*, § 30 Rn. 67, ohne dass es auf die Einflussnahmemöglichkeiten ankommt.

101 Roth/Altmeppen/*Altmeppen*, § 30 Rn. 153; Rowedder/Schmidt-Leithoff/*Pentz*, § 30 Rn. 44; vgl. aber Baumbach/Hueck/*Hueck/Fastrich*, § 30 Rn. 67 („Leistungsverweigerung"); BGH NJW 1996, 1341.

102 BGHZ 110, 342, 359 = NJW 1990, 1725; BGHZ 148, 167 = NJW 2001, 3123; Lutter/Hommelhoff//*Hommelhoff*, § 30 Rn. 1; Michalski/*Heidinger*, § 30 Rn. 132.

103 BGHZ 136, 125, 129 = NJW 1997, 2599; BGHZ 110, 342 = NJW 1990, 1725; BGHZ 148, 167 = NJW 2001, 3123; OLG Düsseldorf GmbHR 2012, 793; Michalski/*Heidinger*, § 30 Rn. 134 ff.; Henssler/Strohn/*Fleischer*, § 30 Rn. 32; Roth/Altmeppen/*Altmeppen*, § 30 Rn. 151 Rowedder/Schmidt-Leithoff/*Pentz*, § 30 Rn. 45; a.A. noch BGHZ 69, 274, 280 = NJW 1978, 160; BGHZ 81, 365, 367 = NJW 1982, 386: Unwirksamkeit bei bewusstem Verstoß.

104 Roth/Altmeppen/*Altmeppen*, § 30 Rn.151; Michalski/*Heidinger*, § 30 Rn. 136.

105 Roth/Altmeppen/*Altmeppen*, § 30 Rn. 154; Rowedder/Schmidt/Leithoff/*Pentz*, § 30 Rn. 53; *Steinbeck*, WM 1999, 885, 889; a.A. Baumbach/Hueck/*Hueck/Fastrich*, § 30 Rn. 67; *Schön*, ZHR 159 (1995), 351, 365; zurückhaltend auch Ulmer/Habersack/Winter/*Habersack*, § 30 Rn. 99.

Rn. 36). Auch der einer unzulässigen Auszahlung zugrunde liegende **Gesellschafterbeschluss** ist wirksam.[106]

Bei Verstößen gegen das Auszahlungsverbot des Abs. 1 im Rahmen von **Austauschgeschäften** (siehe Rn. 9) schuldet der Gesellschafter nicht die Gegenleistung, sofern die Vertragsteile nicht einvernehmlich die Vertragsbedingungen am Maßstab der Drittüblichkeit nachbessern. Zu einer solchen Vertragsanpassung ist der Gesellschafter nicht verpflichtet,[107] jedoch einseitig berechtigt, indem er die Rückabwicklung durch Zahlung des Differenzbetrages abwendet (siehe § 31 Rn. 17). 43

§ 31 Abs. 3 ordnet eine Ausfallhaftung der **Mitgesellschafter** an, die eine Geschäftsführerhaftung nach § 31 Abs. 6 nach sich ziehen kann. Der **Geschäftsführer** haftet – neben dem allgemeinen Haftungstatbestand des § 43 Abs. 2 – auch nach § 43 Abs. 3, wenn ihn ein Verschulden trifft (Sorgfaltsmaßstab § 43 Abs. 1). Dem Geschäftsführer kann weiter die **Haftung** nach § 64 drohen, sowohl allgemein für Leistungen, die nach Eintritt der Zahlungsunfähigkeit oder Feststellung der Überschuldung erfolgen (§ 64 Satz 1), als auch speziell für Leistungen an Gesellschafter, die zur Zahlungsunfähigkeit der Gesellschaft führen mussten, es sei denn, dies war für den Geschäftsführer nicht erkennbar (§ 64 Satz 3). Die Befolgung eines Gesellschafterbeschlusses exkulpiert den Geschäftsführer nicht.[108] Vorsätzliches Handeln kann zur Strafbarkeit des Geschäftsführers wegen Untreue (§ 266 StGB) führen.[109] Auch die Geschäftsführung des herrschenden Unternehmens kann entsprechend § 317 Abs. 3 AktG für Verstöße gegen Abs. 1 durch Tochtergesellschaften haften, etwa im Rahmen eines cash poolings. Diesem Risiko ist durch ein geeignetes Informations- und Frühwarnsystems Rechnung zu tragen (siehe Rn. 31).[110] 44

> Während der Geschäftsführer nach bisherigem Recht Leistungen an den Gesellschafter, z.B. Darlehensgewährungen, unter Verweis auf eine Unterbilanz verweigern konnte, muss der Geschäftsführer nun die Vollwertigkeit des Gegenleistungs- oder Rückgewähranspruchs gegenüber dem Gesellschafter prüfen. Dies führt im Ergebnis zu einer strengen **Geschäftsführerhaftung**[111] und ist insbesondere auch für Geschäftsführer von Tochtergesellschaften bei konzernweiten cash pooling Finanzierungen problematisch. 45

Die §§ 30, 31 sind nicht anzuwenden, wenn sie der Rückforderung einer **europarechtswidrigen Beihilfe** entgegenstehen; dem Europarecht ist insoweit Vorrang einzuräumen.[112] Die §§ 30, 31 verdrängen nicht Schadensersatzansprüche aus **Existenzvernichtungshaftung** nach § 826 BGB.[113] Ein Verstoß gegen das Auszahlungsverbot des Abs. 1 kann, muss aber nicht zugleich steuerrechtlich eine **verdeckte Gewinnausschüttung** sein.[114] 46

5. GmbH & Co. KG

Bei Auszahlungen an Gesellschafter einer GmbH & Co. KG kann eine Haftung nach §§ 30, 31 neben der aus § 172 Abs. 4 HGB bestehen. Erfasst werden nicht nur Zahlungen aus dem Vermö- 47

---

106 Anders, wenn Gesellschafterbeschluss seinem Inhalt nach ausdrücklich auf eine Auszahlung trotz Verletzung des Stammkapitals gerichtet ist; hierzu Michalski/*Heidinger*, § 30 Rn. 140; Rowedder/Schmidt-Leithoff/*Pentz*, § 30 Rn. 48. Zur Nichtigkeit des Ausschlusses eines Gesellschafters bei Verstoß der Abfindungszahlung gegen § 30 GmbHG BGH ZIP 2011, 1104.

107 Roth/Altmeppen/*Altmeppen*, § 30 Rn. 159; *Flume*, ZHR 144 (1980), 18, 23.

108 BGH NJW 2010, 64; Michalski/*Heidinger*, § 30 Rn. 133; Rowedder/Schmidt-Leithoff/*Pentz*, § 30 Rn. 44.

109 BGHSt 54, 52 = NJW 2009, 3666; BGH NStZ 2009, 153; *Wicke*, § 30 Rn. 18; *Arens*, GmbHR 2010, 905; *Rönnau/Krezer*, ZIP 2010, 2269.

110 BGHZ 179, 71 = NJW 2009, 850; Roth/Altmeppen/*Altmeppen*, § 30 Rn. 132 ff.

111 *K. Schmidt*, GmbHR 2008, 449, 453; *K. Schmidt*, GmbHR 2007, 1, 5; *K. Schmidt*, GmbHR 2007, 1072, 1075; einschränkend Roth/Altmeppen/*Altmeppen*, § 30 Rn. 130: Weisungsrecht gegenüber Geschäftsführer endet bereits dann, wenn Auszahlungen aus gebundenem Vermögen erfolgen soll.

112 BGHZ 173, 129, 135 = ZIP 2007, 1816.

113 BGHZ 179, 344 = NJW 2009, 2127; BGHZ 173, 246, 262 = NJW 2007, 2689; Henssler/Strohn/*Fleischer*, § 30 Rn. 1.

114 Zur Abgrenzung Rowedder/Schmidt-Leithoff/*Pentz*, § 30 Rn. 49; Michalski/*Heidinger*, § 30 Rn. 93.

gen der Komplementär-GmbH, sondern auch solche aus dem Vermögen der KG. Ist die Komplementär-GmbH selbst vermögensmäßig an der KG beteiligt, verliert diese Beteiligung mittelbar durch Auszahlungen aus dem Vermögen der KG an Wert. Auch ohne vermögensmäßige Beteiligung der Komplementär-GmbH an der KG führt ein Vermögensverfall bei der KG zu einer Entwertung des Freistellungs- bzw. Rückgriffsanspruchs der GmbH gegenüber der KG aus §§ 110, 161 Abs. 2 HGB.[115]

48 Leistungsempfänger kann in allen genannten Fällen der GmbH-Gesellschafter, der Kommanditist, der zugleich GmbH-Gesellschafter ist, und der **Nur-Kommanditist** (ohne GmbH-Beteiligung) sein, da auch dieser für die Kapitalerhaltung der KG verantwortlich ist.[116] Soweit die Auszahlung allein aus dem Vermögen der GmbH erfolgt, wird der Nur-Kommanditist als nahe stehende Person einbezogen.[117] Auch die Mitgesellschafter haften dann nach § 31 Abs. 3 analog.[118]

49 **!** Ein Verstoß gegen die Vorschriften über die Kapitalaufbringung und -erhaltung in der Komplementär-GmbH kann insbesondere vorliegen, wenn das **Stammkapital** der Komplementär-GmbH **darlehensweise an die KG** weitergeleitet wird.[119]

II. Rückzahlung von Nachschüssen (Abs. 2)

50 Die Voraussetzungen für die Rückzahlung von Nachschüssen sind in Abs. 2 speziell geregelt. Eingezahlte Nachschüsse sind Einlagen des Gesellschafters, die eine **Zwischenstellung zwischen Stammkapital und Kapitalrücklage** bilden[120] und die Funktion eines variablen Zusatzkapitals erfüllen.[121] Ihr Betrag wird nicht im Handelsregister eingetragen und nur in der Bilanz auf der Passivseite als besonderer Posten ausgewiesen (§ 266 Abs. 3 Posten A II HGB). Nachschüsse unterliegen daher einer weniger strengen Bindung als das Stammkapital. § 19 Abs. 2 gilt nicht. Ein Erlass, eine Aufrechnung oder eine Stundung noch nicht eingezahlter Nachschüsse sind zulässig.[122] Abs. 2 erleichtert im Gegensatz zu den strengen Regeln der für das Stammkapital geltenden Regeln der Kapitalherabsetzung (§ 58) die Rückzahlung von geleisteten Nachschüssen. Die praktische Bedeutung der Vorschrift ist gering, da Gesellschaftsverträge Nachschusspflichten i.d.R. nicht enthalten.

51 Die über Abs. 1 hinausgehenden Auszahlungsvoraussetzungen des Abs. 2 gelten nur für **echte Nachschüsse** i.S.d. § 26, nicht für sonstige freiwillige Zuschüsse der Gesellschafter,[123] die schon unter den einfacheren Voraussetzungen des Abs. 1 zurückgezahlt werden können. Abs. 2 gilt nur für **eingezahlte Nachschüsse**. Vor Einzahlung kann der Einforderungsbeschluss ohne Einhaltung der Voraussetzungen des Abs. 2 aufgehoben werden.[124]

115 BGHZ 60, 324, 329 = NJW 1973, 1036; BGHZ 69, 274, 279 = NJW 1978, 160; BGHZ 95, 188, 191 = NJW 1985, 2947; Roth/Altmeppen/*Altmeppen*, § 30 Rn. 173; Michalski/*Heidinger*, § 30 Rn. 161; Henssler/Strohn/*Fleischer*, § 30 Rn. 5.
116 BGHZ 110, 342, 355 = NJW 1990, 1725; BGH NJW 1991, 1057; BGH NJW 1995, 1960; OLG Celle NZG 2004, 183; Roth/Altmeppen/*Altmeppen*, § 30 Rn. 173; Rowedder/Schmidt-Leithoff/*Pentz*, § 30 Rn. 72; einschränkend: Ulmer/Habersack/Winter/*Habersack*, § 30 Rn. 105; Scholz/*Westermann*, Erg. Bd. MoMiG § 30 Rn. 56.
117 BGHZ 110, 342, 355 = NJW 1990, 1725; Michalski/*Heidinger*, § 30 Rn. 167; Rowedder/Schmidt-Leithoff/*Pentz*, § 30 Rn. 72.
118 Henssler/Strohn/*Fleischer*, § 31 Rn. 33; Roth/Altmeppen/*Altmeppen*, § 30 Rn. 173; a.A. *Schnelle*, GmbHR 1995, 853, 854.
119 BGHZ 174, 370 = DStR 2008, 311: Verstoß gegen Kapitalaufbringungsregeln, § 19; OLG Karlsruhe, GmbHR 2008, 147 = ZIP 2007, 2319; Roth/Altmeppen/*Altmeppen*, § 30 Rn. 171.
120 Michalski/*Heidinger*, § 30 Rn. 218.
121 *Eckhardt* in: Eckhardt/Hermanns, Kölner Handbuch Gesellschaftsrecht, 2. Kap. Rn. 241.
122 Baumbach/Hueck/*Hueck/Fastrich*, § 30 Rn. 72; Ulmer/Habersack/Winter/*Habersack*, § 30 Rn. 115; Rowedder/Schmidt-Leithoff/*Pentz*, § 30 Rn. 56.
123 Michalski/*Heidinger*, § 30 Rn. 219; Scholz/*Westermann*, Erg. Bd. MoMiG § 30 Rn. 61; Henssler/Strohn/*Fleischer*, § 30 Rn. 34.
124 Scholz/*Westermann*, Erg. Bd. MoMiG § 30 Rn. 61; Ulmer/Habersack/Winter/*Habersack*, § 30 Rn. 115.

1. Materielle Auszahlungsvoraussetzungen

Die Rückzahlung darf nicht erfolgen, wenn die eingezahlten Nachschüsse zur **Deckung** eines Verlusts am **Stammkapital** erforderlich sind (Abs. 2 Satz 1). Damit gilt Abs. 1 uneingeschränkt, soweit durch die Auszahlung eine Unterbilanz entsteht. Maßgeblich ist wie bei Abs. 1 auch hier der Zeitpunkt der Auszahlung und nicht der des Beschlusses.[125] Bei einem teilweisen Verstoß ist der Anspruch eines jeden Gesellschafters anteilig zu kürzen (Gleichbehandlungsgrundsatz).[126] 52

Über den Wortlaut von Abs. 2 Satz 3 hinaus, der sich nur auf die Fälle des § 28 Abs. 2 bezieht, können Nachschüsse nur zurückgezahlt werden, wenn das **Stammkapital voll eingezahlt** ist.[127] Sind nur einzelne Gesellschafter nachschusspflichtig, reicht die Volleinzahlung des auf diesen Gesellschafter entfallenden Geschäftsanteils.[128] 53

2. Formelle Auszahlungsvoraussetzungen

Die Rückzahlung setzt einen **Gesellschafterbeschluss** voraus (Abs. 2 Satz 2), sofern nicht die Satzung ein anderes Organ bestimmt oder der Einforderungsbeschluss nicht selbst die Rückzahlungsvoraussetzungen festlegt.[129] Der Beschluss ist im elektronischen Bundesanzeiger (§ 12) und ggf. in weiteren durch die Satzung bestimmten Gesellschafterblättern zu **veröffentlichen**. Seit der Veröffentlichung muss eine **Sperrfrist** von drei Monaten vergangen sein, wobei bei mehreren Blättern das Erscheinungsdatum des zuletzt erschienenen Blatts maßgeblich ist.[130] 54

3. Rechtsfolgen

Ist die **Rückzahlung** nach Abs. 2 **zulässig,** gelten die Nachschüsse als nicht eingezogen (Abs. 2 Satz 4). Bei betragsmäßig begrenzten Nachschusspflichten (§ 26 Abs. 3) und beim Abandonrecht (§ 27 Abs. 4) zählen die wirksam zurückgezahlten Nachschüsse bei der Berechnung des schon Geleisteten nicht mit. 55

Die Rechtsfolgen von nach Abs. 2 **unzulässigen Rückzahlungen** bestimmen sich nach § 31. 56

C. Weitere praktische Hinweise

Die praktische Schwierigkeit bei der Handhabung der Norm besteht darin, den erfolgten oder drohenden Verstoß gegen das Auszahlungsverbot des Abs. 1 überhaupt zu erkennen. Da der Kapitalerhaltungsgrundsatz auch bei Austauschgeschäften zwischen der Gesellschaft und dem Gesellschafter verletzt werden kann (siehe Rn. 9) und es für die Haftung grundsätzlich nicht auf eine Kenntnis oder ein Kennenmüssen der Beteiligten vom Verstoß ankommt (siehe Rn. 6), ist zu empfehlen, jedes Rechtsgeschäft zwischen der Gesellschaft und dem Gesellschafter bzw. nahe stehende Personen auf die Einhaltung der Kapitalerhaltungsvorschriften zu überprüfen. Dies gilt insbesondere auch für den Geschäftsführer, der bei Verstößen gegen Abs. 1 persönlich haftet (siehe Rn. 44). 57

---

125 Ulmer/Habersack/Winter/*Habersack*, § 30 Rn. 119; Scholz/*Westermann*, Erg. Bd. MoMiG § 30 Rn. 63.

126 Rowedder/Schmidt-Leithoff/*Pentz*, § 30 Rn. 58; Michalski/*Heidinger*, § 31 Rn. 221.

127 Baumbach/Hueck/*Hueck/Fastrich*, § 30 Rn. 71; Michalski/*Heidinger*, § 30 Rn. 222; Scholz/ *Westermann*, Erg. Bd. MoMiG § 30 Rn. 64; Ulmer/Habersack/Winter/*Habersack*, § 30 Rn. 120; a.A. Roth/Altmeppen/*Altmeppen*, § 30 Rn. 170: Volleinforderung ausreichend.

128 Michalski/*Heidinger*, § 30 Rn. 222; Scholz/*Westermann*, Erg. Bd. MoMiG § 30 Rn. 64; Ulmer/Habersack/Winter/*Habersack*, § 30 Rn. 120; a.A. MüAnwHdb-GmbHR/*Schröder*, § 6 Rn. 39: Volleinzahlung sämtlicher Gesellschafter.

129 Scholz/*Westermann*, Erg. Bd. MoMiG § 30 Rn. 65; Ulmer/Habersack/Winter/*Habersack*, § 30 Rn. 121.

130 Baumbach/Hueck/*Hueck/Fastrich*, § 30 Rn. 71; Michalski/*Heidinger*, § 30 Rn. 225; Roth/Altmeppen/*Altmeppen*, § 30 Rn. 170; a.A. Scholz/*Westermann*, Erg. Bd. MoMiG § 30 Rn. 65: erste Veröffentlichung maßgeblich.

58 **Beispiele für Verstöße gegen § 30:**

- Gewinnauszahlungen, selbst wenn die Unterbilanz erst nach dem Gewinnverwendungsbeschluss eintritt[131]
- Leistungen auf Gewinnvorrechte, sonstige Gewinnzusagen, Vorabausschüttungen und Entnahmerechte[132]
- Abfindungen bei Einziehung von Gesellschaftsanteilen bzw. Ausschluss von Gesellschaftern[133]
- Auszahlungen von Teilen des Liquidationserlöses vor Abschluss der Liquidation[134]
- Zahlungen aufgrund von Genussrechten und partiarische Darlehen, wobei die Ausgestaltung im Einzelfall maßgeblich ist[135]
- überhöhte Vergütung an Gesellschafter-Geschäftsführer,[136] auch in Form gewinnabhängiger Tantiemen[137]
- unentgeltliche Sachübereignung[138]
- Zahlung eines überhöhten Kaufpreises bei Austauschgeschäften[139]
- Veräußerung an Gesellschafter zum Selbstkostenpreis (siehe Rn. 30)
- Verzicht auf einen aus einer Schädigung des Gesellschaftsvermögens resultierenden Schadensersatzanspruch gegen den Gesellschafter-Geschäftsführer[140]
- prozessuales Fallenlassen eines Anspruchs gegen den Gesellschafter im Wege der Säumnis[141]
- Abtretung einer Forderung an Gesellschafter[142]
- Veräußerung an Gesellschafter zum Buchwert (siehe Rn. 29)
- Stundungsvereinbarung[143]
- Verzicht bzw. unterlassene Durchsetzung von Forderungen gegenüber Gesellschafter[144]
- Erfüllung bzw. Übernahme einer Verbindlichkeit des Gesellschafters (siehe Rn. 35)[145]
- Bereitstellung von Sicherheiten zugunsten des Gesellschafters (siehe Rn. 28)
- Zahlung eines überhöhten Miet- und Pachtzinses an Gesellschafter[146]

---

131 Baumbach/Hueck/*Hueck/Fastrich*, § 30 Rn. 48; Ulmer/Habersack/Winter/*Habersack*, § 30 Rn. 82; Hachenburg/*Goerdeler/Müller*, § 30 Rn. 59; a.A. Rowedder/Schmidt-Leithoff/*Pentz*, § 30 Rn. 32.
132 Baumbach/Hueck/*Hueck/Fastrich*, § 30 Rn. 48.
133 BGH GmbHR 2011, 761; BGH DStR 1997, 461 = GmbHR 1997, 501; OLG Düsseldorf, ZIP 2007, 1064 = GmbHR 2007, 538; Baumbach/Hueck/*Hueck/Fastrich*, § 30 Rn. 48.
134 MüAnwHdb-GmbHR/*Schröder*, § 6 Rn. 12.
135 Baumbach/Hueck/*Hueck/Fastrich*, § 30 Rn. 49; Michalski/*Heidinger*, § 30 Rn. 68.
136 OLG Hamm, DStR 1992, 591 = GmbHR 1992, 607; OLG Düsseldorf, ZIP 1989, 1458 = GmbHR 1990, 134; OLG Frankfurt, DB 2005, 492 = GmbHR 2005, 550.
137 OLG Hamburg, NZG 2000, 839.
138 *Wicke*, § 30 Rn. 8.
139 OLG Celle, NJW 1993, 739.
140 BGH NJW 2000, 1571; Roth/Altmeppen/*Altmeppen*, § 30 Rn. 2.
141 BGHZ 179, 344, 357 = NJW 2009, 2127; Henssler/Strohn/*Fleischer*, § 30 Rn. 4; Roth/Altmeppen/*Altmeppen*, § 30 Rn. 72.
142 BGH NJW 1984, 1037; OLG Düsseldorf GmbHR 2012, 793.
143 BGHZ 81, 311, 321 = NJW 1983, 383; Rowedder/Schmidt-Leithoff/*Pentz*, § 30 Rn. 38.
144 BGHZ 122, 333, 338 = NJW 1993, 1922; Michalski/*Heidinger*, § 30 Rn. 108.
145 BGHZ 81, 252, 258 = NJW 1981, 2570; Michalski/*Heidinger*, § 30 Rn. 108.
146 Roth/Altmeppen/*Altmeppen*, § 30 Rn. 72.

- unentgeltliche Überlassung von Personal für private Zwecke des Gesellschafters und seiner Familie[147]
- darlehensweise Weiterreichung der Stammeinlage der Komplementär-GmbH an die GmbH & Co. KG (siehe Rn. 49)
- Eingehen wechselseitiger Beteiligungen zwischen Tochter- und Muttergesellschaft[148]
- Abkauf einer Anfechtungsklage[149]

Die Darlegungs- und **Beweislast** für das Vorliegen der Voraussetzungen liegt bei der Gesellschaft. Die Drittüblichkeit eines Austauschgeschäfts muss dagegen der Gesellschafter darlegen und beweisen.[150] Liegt eine Unterbilanz sowohl zu Beginn als auch am Ende eines Geschäftsjahres vor, kann hierin ein Anscheinsbeweis liegen, dass bei Auszahlungen während dieses Geschäftsjahres auch eine Unterbilanz bestand.[151] 59

Zur **steuerlichen Behandlung** von Kapitalrückzahlungen vgl. § 5 Rn. 70 ff. 60

147 MüAnwHdb-GmbHR/*Schröder*, § 6 Rn. 15.
148 Ausführlich: Michalski/*Heidinger*, § 30 Rn. 104 ff.; Rowedder/Schmidt-Leithoff/*Pentz*, § 30 Rn. 78.
149 BGH NJW 1992, 2821; Rowedder/Schmidt-Leithoff/*Pentz*, § 30 Rn. 38.
150 BGHZ 157, 72, 75 = NJW 2004, 1111; Baumbach/Hueck/*Hueck/Fastrich*, § 30 Rn. 65.
151 KG, NZG 2000, 1224, 1225; Roth/Altmeppen/*Altmeppen*, § 30 Rn. 16; Henssler/Strohn/*Fleischer*, § 30 Rn. 36.

§ 31 Erstattung verbotener Rückzahlungen

(1) Zahlungen, welche den Vorschriften des § 30 zuwider geleistet sind, müssen der Gesellschaft erstattet werden.

(2) War der Empfänger in gutem Glauben, so kann die Erstattung nur insoweit verlangt werden, als sie zur Befriedigung der Gesellschaftsgläubiger erforderlich ist.

(3) Ist die Erstattung von dem Empfänger nicht zu erlangen, so haften für den zu erstattenden Betrag, soweit er zur Befriedigung der Gesellschaftsgläubiger erforderlich ist, die übrigen Gesellschafter nach Verhältnis ihrer Geschäftsanteile. Beiträge, welche von einzelnen Gesellschaftern nicht zu erlangen sind, werden nach dem bezeichneten Verhältnis auf die übrigen verteilt.

(4) Zahlungen, welche auf Grund der vorstehenden Bestimmungen zu leisten sind, können den Verpflichteten nicht erlassen werden.

(5) Die Ansprüche der Gesellschaft verjähren in den Fällen des Absatzes 1 in zehn Jahren sowie in den Fällen des Absatzes 3 in fünf Jahren. Die Verjährung beginnt mit dem Ablauf des Tages, an welchem die Zahlung, deren Erstattung beansprucht wird, geleistet ist. In den Fällen des Absatzes 1 findet § 19 Abs. 6 Satz 2 entsprechende Anwendung.

(6) Für die in den Fällen des Absatzes 3 geleistete Erstattung einer Zahlung sind den Gesellschaftern die Geschäftsführer, welchen in betreff der geleisteten Zahlung ein Verschulden zur Last fällt, solidarisch zum Ersatz verpflichtet. Die Bestimmungen in § 43 Abs. 1 und 4 finden entsprechende Anwendung.

Literatur
Siehe Literaturübersicht zu § 30.

A. Allgemeines

1 Die Vorschrift begründet die Erstattungspflicht bei Verstößen gegen § 30 (**Grundsatz der Kapitalerhaltung**) und sichert damit im Interesse der Gesellschaft, der Gläubiger und der weiteren Gesellschafter die Wiederherstellung des Stammkapitals.

2 Der Erstattungsanspruch ist ein eigenständiger **gesellschaftsrechtlicher Anspruch**. Die Besonderheiten des Bereicherungsrechts (§§ 814, 817, 819 BGB) sind nicht anwendbar; eine Berufung auf den Wegfall der Bereicherung (§ 818 Abs. 3 BGB) ist ausgeschlossen.[1] Funktional führt der Erstattungsanspruch zum Wiederaufleben der Einlagepflicht.[2] Die Regelungen in **§§ 19 bis 25** sind aber nicht unmittelbar anwendbar und können nur ergänzend herangezogen werden. Insbesondere gelten nicht, § 20 („Fälligkeitszinsen"), § 18 Abs. 2 (Solidarhaftung) und § 21 (Kaduzierung).[3] § 16 Abs. 2 GmbHG wird jedoch von der Rechtsprechung angewendet (siehe auch Rn. 22).[4]

1 Henssler/Strohn/*Fleischer*, § 31 Rn. 15; Michalski/*Heidinger*, § 31 Rn. 43; *Wicke*, § 31 Rn. 2.
2 BGHZ 144, 336, 341 = NJW 2000, 2577; Ulmer/Habersack/Winter/*Habersack*, § 31 Rn. 2.
3 Ulmer/Habersack/Winter/*Habersack*, § 31 Rn. 4; Baumbach/Hueck/*Hueck/Fastrich*, § 31 Rn. 3.
4 Zum Primäranspruch OLG Köln, GmbHR 2011, 648.

Andere Ansprüche werden durch den Erstattungsanspruch des § 31 nicht ausgeschlossen, z.B. solche aus ungerechtfertigter Bereicherung (siehe § 30 Rn. 42), aus unerlaubter Handlung oder wegen Verletzung gesellschaftsrechtlicher Treuepflichten.[5] Die Nichtgeltendmachung des Erstattungsanspruchs nach § 31 kann anfechtbar sein (§§ 129 ff. InsO, §§ 3 ff. AnfG).[6] 3

Abs. 1 regelt den Erstattungsanspruch, der in Abs. 2 bei gutgläubigen Leistungsempfängern eingeschränkt wird. Abs. 3 ordnet eine Ausfallhaftung der anderen Gesellschafter an, die zu einer Geschäftsführerhaftung nach Abs. 6 führen kann. Für den Erstattungsanspruch und die Ausfallhaftung sind in Abs. 4 ein ausdrückliches Erlassverbot und in Abs. 5 die Verjährung geregelt. 4

B. Inhalt der Regelung

I. Haftung des Leistungsempfängers (Abs. 1 und Abs. 2)

1. Verstoß gegen § 30

Der Erstattungsanspruch setzt einen Verstoß gegen § 30 voraus, also eine Auszahlung trotz Unterbilanz (§ 30 Abs. 1) oder eine Rückzahlungen von Nachschüssen (§ 30 Abs. 2), auch wenn hier nur die formellen Erfordernisse des § 30 Abs. 2 Satz 2 verletzt sind.[7] § 31 ist unmittelbar anwendbar auf Auszahlungen bei **Überschuldung** (siehe § 30 Rn. 20). 5

Entgegen der früheren Rechtsprechung[8] erlischt der Erstattungsanspruch wegen der funktionalen Gleichheit zum Einlageanspruch nach § 19 nicht, wenn das **Vermögen** der Gesellschaft durch zwischenzeitliche Gewinne nachhaltig **wiederhergestellt** ist.[9] Gleiches gilt für einen eventuell neben § 31 bestehenden Anspruch aus § 812 BGB (siehe § 30 Rn. 42).[10] Der Gesellschafter hat bei Entfallen der Unterbilanz wieder den Erfüllungsanspruch aus dem Kausalgeschäft, der dem Erstattungsanspruch aber nicht im Wege der Aufrechnung oder der Dolo-petit-Einrede entgegengehalten werden kann.[11] 6

Der Erstattungsanspruch ist **sofort fällig**. Seine Geltendmachung setzt keinen Gesellschafterbeschluss nach § 46 Nr. 2 voraus.[12] Dies gilt auch, wenn die Unterbilanz auf einer Rückstellung für ungewisse Verbindlichkeiten (§ 249 Abs. 1 HGB) beruht; die Gewissheit über den Eintritt der Verbindlichkeit ist nicht abzuwarten.[13] 7

2. Berechtigter

Gläubiger des Erstattungsanspruchs ist die **Gesellschaft**, vertreten durch den Geschäftsführer oder Liquidator. Bei Auszahlungen durch die GmbH & Co. KG ist die KG selbst anspruchsberechtigt.[14] Im Insolvenzverfahren erfolgt die Einziehung durch den Insolvenzverwalter (§ 148 Abs. 1 InsO). Gesellschafter können den Anspruch nur im Verfahren der *actio pro socio* verfolgen.[15] 8

5 Michalski/*Heidinger*, § 31 Rn. 27; Henssler/Strohn/*Fleischer*, § 31 Rn. 1.
6 BGHZ 165, 343, 348 = NJW 2006, 908; Henssler/Strohn/*Fleischer*, § 31 Rn. 1; Ulmer/Habersack/Winter/*Habersack*, § 31 Rn. 10.
7 Baumbach/Hueck/*Hueck/Fastrich*, § 31 Rn. 5.
8 BGH NJW 1988, 139; OLG Stuttgart, GmbHR 1998, 935; *Meister*, WM 1980, 390, 395.
9 BGHZ 144, 336, 341 = NJW 2000, 2577; BGH NJW 2003, 3629; Baumbach/Hueck/*Hueck/Fastrich*, § 31 Rn. 17; Ulmer/Habersack/Winter/*Habersack*, § 31 Rn. 28; Roth/Altmeppen/*Altmeppen*, § 31 Rn. 11 ff. mit anderer Begründung.
10 Michalski/*Heidinger*, § 31 Rn. 41.
11 BGHZ 144, 336, 341 = NJW 2000, 2577; Henssler/Strohn/*Fleischer*, § 31 Rn. 4; Baumbach/Hueck/*Hueck/Fastrich*, § 31 Rn. 17; Ulmer/Habersack/Winter/*Habersack*, § 31 Rn. 30.
12 BGH NJW 1987, 779; BGHZ 76, 328 = NJW 1980, 1524; Roth/Altmeppen/*Altmeppen*, § 31 Rn. 6.
13 BGH NJW 2003, 3629; Roth/Altmeppen/*Altmeppen*, § 31 Rn. 6.
14 BGHZ 60, 324, 329 = NJW 1973, 1036; BGHZ 110, 342, 346 = NJW 1990, 1725; Roth/Altmeppen/*Altmeppen*, § 30 Rn. 175; Michalski/*Heidinger*, § 30 Rn. 11 f.; Ulmer/Habersack/Winter/*Habersack*, § 31 Rn. 6; a.A. Scholz/*Westermann*, § 31 Rn. 10; Lutter/Hommelhoff/*Lutter/Hommelhoff*, § 31 Rn. 3: eigener Anspruch der Komplementär-GmbH auf Leistung an die KG.
15 Henssler/Strohn/*Fleischer*, § 31 Rn. 5; Rowedder/Schmidt-Leithoff/*Pentz*, § 31 Rn. 4; Ulmer/Habersack/Winter/*Habersack*, § 31 Rn. 11.

9 Die **Gesellschaftsgläubiger** haben zwar keinen eigenen Anspruch gegen den Gesellschafter – § 62 Abs. 2 AktG gilt nicht entsprechend –, können jedoch den Anspruch der Gesellschaft pfänden und an sich überweisen lassen. Die für den Einlageanspruch aus § 19 geltende Beschränkung auf die Fälle der vollwertigen Gegenleistung gilt nicht.[16] Dementsprechend kann der Erstattungsanspruch auch an Gesellschaftsgläubiger **abgetreten** werden, und zwar selbst dann, wenn deren Forderung wegen der Lage der Gesellschaft nicht vollwertig ist.[17]

3. Verpflichteter

a) Haftung des Gesellschafters

10 Schuldner des Anspruchs ist derjenige, an den als Gesellschafter die unzulässige Auszahlung erfolgt ist. Die Gesellschafterstellung muss im Zeitpunkt der Begründung der Verpflichtung zur Auszahlung bestehen, jedoch nicht mehr bei der Auszahlung selbst oder bei der Geltendmachung des Erstattungsanspruchs.[18]

11 Der Gesellschafter kann sich der Erstattungspflicht nicht dadurch entziehen, dass er seinen Geschäftsanteil nach der Begründung der Verpflichtung abtritt. Nur im Ausnahmefall kann der **ausgeschiedene Gesellschafter** auf eine vorrangige Inanspruchnahme des verbliebenen (Allein-) Gesellschafters verweisen.[19] Der **Erwerber** eines Geschäftsanteils haftet nicht für unzulässige Auszahlungen an seinen Rechtsvorgänger, sofern er nicht unmittelbar selbst entsprechend § 30 Rn. 33 haftet; § 16 Abs. 2 gilt nicht.[20]

12 Steht ein Geschäftsanteil mehreren **Mitberechtigten** zu, schuldet nur derjenige unter ihnen die Erstattung, der die Leistung empfangen hat. Die Mitberechtigten haften wie alle anderen Gesellschafter im Rahmen der Solidarhaftung nach Abs. 3, jedoch nicht nach § 18 Abs. 2.[21]

b) Haftung Dritter

13 Bei Leistungen an einen Dritten haftet grundsätzlich nicht dieser, sondern nur der **mittelbar begünstigte Gesellschafter**, etwa wenn der Dritte die Leistung als Vertreter oder in sonstiger Weise nur für den Gesellschafter in Empfang genommen hat[22] oder wenn der Gesellschafter durch eine Leistung der Gesellschaft an den Dritten von einer ihn treffenden Verbindlichkeit befreit wird, sowohl unmittelbar, weil eine eigene Verbindlichkeit des Gesellschafters getilgt wurde,[23] als auch mittelbar, weil eine Verbindlichkeit der Gesellschaft erfüllt wurde, für die der Gesellschafter eine Sicherheit bestellt hat.[24]

14 Eine unmittelbare Verpflichtung des Dritten zur Rückzahlung kommt nur in Betracht, wenn die Leistung an ihn auf einem **persönlichen** oder **wirtschaftlichen Näheverhältnis** beruht, insbesondere wenn es sich bei dem Dritten um ein verbundenes Unternehmen i.S.d. §§ 15 ff. AktG handelt (siehe § 30 Rn. 38) oder um nahe Angehörige des Gesellschafters, wobei zum Teil vorausgesetzt wird, dass sie den Verstoß gegen § 30 kannten oder hätten kennen müssen (siehe § 30 Rn. 37; zu Fällen der Treuhand siehe § 30 Rn. 39).

---

16 Baumbach/Hueck/*Hueck/Fastrich*, § 31 Rn. 6; vgl. auch Roth/Altmeppen/*Altmeppen*, § 31 Rn. 9 und Ulmer/Habersack/Winter/*Habersack*, § 31 Rn. 12: § 62 Abs. 2 AktG analog.

17 BGHZ 69, 274, 281 = NJW 1978, 160; BGH NJW 1995, 326; Baumbach/Hueck/*Hueck/Fastrich*, § 30 Rn. 6. Bedenken bei Scholz/*Westermann*, § 31 Rn. 9; a.A. Ulmer/Habersack/Winter/*Habersack*, § 31 Rn. 13.

18 BGHZ 69, 274, 280 = NJW 1978, 160; BGHZ 81, 252 258 = NJW 1981, 2570; BGH NJW 1984, 1037; Baumbach/Hueck/*Hueck/Fastrich*, § 31 Rn. 8; Ulmer/Habersack/Winter/*Habersack*, § 31 Rn. 15.

19 BGH NJW 1984, 1037; BGH NJW 1988, 139; Ulmer/Habersack/Winter/*Habersack*, § 31 Rn. 16; kritisch: Baumbach/Hueck/*Hueck/Fastrich*, § 31 Rn. 8.

20 Roth/Altmeppen/*Altmeppen*, § 31 Rn. 2; *Wicke*, § 31 Rn. 3; Hachenburg/*Goerdeler/Müller*, § 31 Rn. 17; Baumbach/Hueck/*Hueck/Fastrich*, § 31 Rn. 8; a.A. Michalski/*Heidinger*, § 31 Rn. 1720 wegen funktionaler Gleichartigkeit zur Stammeinlagenforderung.

21 Baumbach/Hueck/*Hueck/Fastrich*, § 31 Rn. 8; Michalski/*Heidinger*, § 31 Rn. 22.

22 BGHZ 60, 324, 330 = NJW 1973, 1036; Baumbach/Hueck/*Hueck/Fastrich*, § 31 Rn. 10.

23 BGHZ 60, 324, 330 = NJW 1973, 1036; BGHZ 122, 333, 337 = NJW 1993, 1922; BGH NJW 2003, 3629; Ulmer/Habersack/Winter/*Habersack*, § 30 Rn. 60, § 31 Rn. 19.

24 BGHZ 81, 252, 260 = NJW 1981, 2570; Michalski/*Heidinger*, § 31 Rn. 16.

Wird ein Anspruch des Gesellschafters, der wegen § 30 nicht erfüllt werden darf, abgetreten bzw. gepfändet und danach an den **Zessionar** oder **Pfandgläubiger** erfüllt, sind nur diese zur Rückzahlung verpflichtet. Ein gutgläubiger Erwerb ist nach § 404 BGB ausgeschlossen. Der abtretende Gesellschafter (Zedent) haftet dann nur dem Zessionar gegenüber, nicht jedoch der Gesellschaft gegenüber aus Abs. 1, unter Umständen jedoch aus Abs. 3.[25] 15

4. Anspruchsinhalt

Der Anspruch ist auf die Rückgewähr der verbotswidrigen Leistung in Natur gerichtet. Empfangene **Geldbeträge** sind zurückzuerstatten, soweit dies zur Auffüllung des Stammkapitals erforderlich ist (zur Situation bei Überschuldung siehe § 30 Rn. 20). Reicht die Rückgewähr nicht zur Auffüllung des Stammkapitals aus, weil weiterhin eine Unterbilanz oder eine Überschuldung vorliegt, besteht keine weitergehende Zahlungspflicht.[26] Der Rückerstattungsanspruch wird auch dann erfüllt, wenn bei der Zahlung des Geldbetrages an die Gesellschaft keine oder eine hiervon abweichende Tilgungsbestimmung getroffen wird.[27] Ist die unzulässige Leistung in einem Forderungsverzicht gegenüber dem Gesellschafter begründet, kann die Erstattung durch Wiederbegründung der Forderung erfolgen.[28] 16

Wurden **Sachleistungen** verbotswidrig erbracht, insbesondere im Rahmen von Austauschgeschäften, so sind diese grundsätzlich gegenständlich zurückzugewähren. Der Gesellschafter hat jedoch ein Ablösungsrecht bzw. eine **Ersetzungsbefugnis** (Wertausgleich statt gegenständlicher Rückgewähr), soweit dem nicht die gesellschaftsrechtliche Treuepflicht entgegensteht. Letzteres ist der Fall bei betriebsnotwendigen Gegenständen, die nicht leicht beschafft werden können.[29] Eine Verpflichtung, den **Wertausgleich** durch eine Geldzahlung zu erbringen, besteht nicht generell, sondern nur, wenn die Rückabwicklung unmöglich ist oder der Sache nach nicht in Betracht kommt, etwa bei Dienstleistungen und Nutzungsüberlassungen durch die Gesellschaft[30] (zu Austauschgeschäften siehe weiter § 30 Rn. 43). Auch zwischenzeitlich eingetretene Wertverluste sind vom Gesellschafter unabhängig von seinem Verschulden durch eine Zuzahlung auszugleichen,[31] es sei denn, die Wertminderung wäre auch bei der Gesellschaft eingetreten.[32] Eine zwischenzeitliche Wertsteigerung der gegenständlich zurückzugewährenden Leistung ist unerheblich.[33] 17

5. Gutgläubiger Erwerb (Abs. 2)

Abs. 2 enthält eine Beschränkung zugunsten des gutgläubigen Leistungsempfängers. Dieser haftet nur, soweit dies für die **Gläubigerbefriedigung erforderlich** ist, insbesondere bei Überschuldung[34] und schon vorher bei Zahlungsschwierigkeiten.[35] Die **Beweislast** hierfür trägt die Gesell- 18

---

25 Baumbach/Hueck/*Hueck/Fastrich*, § 31 Rn. 11; Michalski/*Heidinger*, § 31 Rn. 25; Rowedder/Schmidt-Leithoff/*Pentz*, § 31 Rn. 8; Henssler/Strohn/*Fleischer*, § 31 Rn. 10; a.A. Roth/Altmeppen/*Altmeppen*, § 30 Rn. 26, § 31 Rn. 4: gesamtschuldnerische Haftung des Zessionars aus Bereicherungsrecht und des Gesellschafters aus § 31.

26 Michalski/*Heidinger*, § 30 Rn. 29.

27 BGHZ 179, 285 = BGH NJW 2009, 1418; BGHZ 165, 113 = NJW 2006, 509; *Wicke*, § 31 Rn. 2.

28 *Wicke*, § 31 Rn. 2; vgl. auch BGH NJW 2001, 370.

29 Baumbach/Hueck/*Hueck/Fastrich*, § 31 Rn. 16; Rowedder/Schmidt-Leithoff/*Pentz*, § 31 Rn. 16; *K. Schmidt*, Gesellschaftsrecht, § 37 III 2a; Michalski/*Heidinger*, § 31 Rn. 34; Lutter/Hommelhoff/*Lutter/Hommelhoff*, § 31, Rn. 8.

30 BGH NJW 2008, 2118; Baumbach/Hueck/*Hueck/Fastrich*, § 31 Rn. 16; Michalski/*Heidinger*, § 31 Rn. 31.; Ulmer/Habersack/Winter/*Habersack*, § 31 Rn. 23 f.; Roth/Altmeppen/*Altmeppen*, § 31 Rn. 10; a.A. *Joost*, ZHR 1984, 27; *K. Schmidt*, Gesellschaftsrecht, § 37 III 2a.

31 BGHZ 122, 333, 338 = NJW 1993, 1922; Henssler/Strohn/*Fleischer*, § 31 Rn. 15; Baumbach/Hueck/*Hueck/Fastrich*, § 31 Rn. 16; Michalski/*Heidinger*, § 31 Rn. 35; a.A. Scholz/*Westermann*, § 31 Rn. 2.

32 BGHZ 176, 62 = NJW 2008, 2118; Rowedder/Schmidt-Leithoff/*Pentz*, § 31 Rn. 15; Michalski/*Heidinger*, § 31 Rn. 36.

33 Rowedder/Schmidt-Leithoff/*Pentz*, § 31 Rn. 9; Michalski/*Heidinger*, § 31 Rn. 37; Ulmer/Habersack/Winter/*Habersack*, § 31 Rn. 23.

34 BGH NJW 2003, 3629; Ulmer/Habersack/Winter/*Habersack*, § 31 Rn. 39.

35 Michalski/*Heidinger*, § 31 Rn. 55; Ulmer/Habersack/Winter/*Habersack*, § 31 Rn. 40; Baumbach/Hueck/*Hueck/Fastrich*, § 31 Rn. 19.

schaft, wobei die Anforderungen hierfür nicht überspannt werden dürfen.[36] Allein aus dem Vorliegen der Unterbilanz ergibt sich das Erfordernis der Gläubigerbefriedigung jedoch noch nicht.[37] Maßgeblich ist der **Zeitpunkt** der Geltendmachung des Erstattungsanspruchs bzw. bei dessen gerichtlicher Durchsetzung der Zeitpunkt der letzten mündlichen Verhandlung.[38] Vermögensverbesserungen nach der Auszahlung wirken zugunsten des gutgläubigen Empfängers (anders bei Abs. 1, siehe Rn. 6).

19 Der gute Glaube fehlt entsprechend § 932 Abs. 2 BGB bei **Kenntnis** oder **grob fahrlässiger Unkenntnis**. Der gute Glaube muss sich auf die tatsächlichen Umstände (Vermögenslage, Ausgewogenheit des Austauschgeschäftes etc.) beziehen. Bei der Bemessung der groben Fahrlässigkeit ist zu differenzieren zwischen geschäftsführenden Gesellschaftern und rein kapitalmäßig beteiligten Gesellschaftern, die grundsätzlich auf die Richtigkeit vorgelegter Bücher und erteilter Auskünfte des Geschäftsführers vertrauen dürfen, solange kein Anlass zu Zweifeln besteht.[39] Die Unkenntnis der Rechtslage hindert die Bösgläubigkeit nicht.[40] Maßgeblich ist der **Zeitpunkt** des Leistungsempfangs. Die **Beweislast** hierfür trägt der Empfänger der Leistung.[41]

20 Bei Leistungen an einen **Dritten** kommt es auf die Gutgläubigkeit des Gesellschafters an, wenn es sich um eine mittelbare Leistung an den Gesellschafter selbst handelt (siehe § 30 Rn. 35; ebenso bei Strohmannfällen).[42] Erfolgt die Einbeziehung des Dritten aufgrund eines persönlichen oder wirtschaftlichen Näheverhältnisses zu einem Gesellschafter (siehe § 30 Rn. 37 f.), schadet sowohl die Bösgläubigkeit des Gesellschafters als auch die des Dritten.[43] Wird der Dritte einem Gesellschafter ausnahmsweise gleichgestellt (siehe § 30 Rn. 39 f.), ist allein die Kenntnis dieses Dritten maßgeblich. Dies gilt auch für Leistungen an den Abtretungsempfänger bzw. Pfändungsgläubiger, es sei denn, der Auszahlungsanspruch wurde von einem bösgläubigen Gesellschafter erworben (§ 404 BGB).[44]

II. Haftung der Mitgesellschafter (Abs. 3)

1. Voraussetzungen

21 Die subsidiäre Ausfallhaftung in Abs. 3 setzt voraus, dass die **Erstattung** nach Abs. 1 vom Empfänger der Leistung **nicht zu erlangen** ist. Es reicht aus, dass sich die Rückzahlung nicht mit zumutbaren Mitteln in angemessener Zeit realisieren lässt. Dies ist auch gegeben, wenn der Aufenthalt des Empfängers unbekannt ist.[45] Eine vorherige Klageerhebung, ein erfolgloser Vollstreckungsversuch oder die Stellung eines Insolvenzantrags sind nicht erforderlich.[46]

22 Die Ausfallhaftung trifft alle übrigen **Gesellschafter**, bei Leistungen an Dritte sämtliche Gesellschafter, neben dem nach § 16 Abs. 1 als Gesellschafter registrierten Treuhänder auch dessen Treugeber.[47] Bei Mitberechtigung gilt § 18 Abs. 2. Maßgeblicher Zeitpunkt für die Gesellschafterstel-

36 Henssler/Strohn/*Fleischer*, § 31 Rn. 28; Lutter/Hommelhoff/*Lutter/Hommelhoff*, § 31 Rn. 17; Rowedder/Schmidt-Leithoff/*Pentz*, § 31 Rn. 16.
37 Henssler/Strohn/*Fleischer*, § 31 Rn. 26.
38 BGH NJW 2003, 3629; Ulmer/Habersack/Winter/*Habersack*, § 31 Rn. 41; Bedenken bei Baumbach/Hueck/*Hueck/Fastrich*, § 31 Rn. 19; a.A. Scholz/*Westermann*, § 31 Rn. 23.
39 Henssler/Strohn/*Fleischer*, § 31 Rn. 23.
40 Michalski/*Heidinger*, § 31 Rn. 49; einschränkend: Baumbach/Hueck/*Hueck/Fastrich*, § 31 Rn. 18; Ulmer/Habersack/Winter/*Habersack*, § 31 Rn. 35.
41 Henssler/Strohn/*Fleischer*, § 31 Rn. 28; Scholz/*Westermann*, § 31 Rn. 21; *K. Schmidt*, BB 1984, 1588, 1591.
42 Michalski/*Heidinger*, § 31 Rn. 51; Rowedder/Schmidt-Leithoff/*Pentz*, § 31 Rn. 25.
43 Ulmer/Habersack/Winter/*Habersack*, § 31 Rn. 37; Michalski/*Heidinger*, § 31 Rn. 52; Lutter/Hommelhoff/*Lutter/Hommelhoff*, § 31 Rn. 18; einschränkend: Baumbach/Hueck/*Hueck/Fastrich*, § 31 Rn. 18: nur bei besonderer Beziehung bzw. gesetzlicher Vertretung.
44 Ulmer/Habersack/Winter/*Habersack*, § 31 Rn. 37; Michalski/*Heidinger*, § 31 Rn. 53.
45 Henssler/Strohn/*Fleischer*, § 31 Rn. 31.
46 Michalski/*Heidinger*, § 31 Rn. 59; Baumbach/Hueck/*Hueck/Fastrich*, § 31 Rn. 22.
47 BGHZ 31, 258, 266 = NJW 1960, 285; Lutter/Hommelhoff/*Lutter/Hommelhoff*, § 31 Rn. 21; Michalski/*Heidinger*, § 31 Rn. 61.

lung ist die Auszahlung.[48] Wird der Geschäftsanteil danach **abgetreten**, haftet neben dem Veräußerer auch der Erwerber nach § 16 Abs. 2 (siehe auch Rn. 2).[49]

23 Im Hinblick auf die Erwerberhaftung nach § 16 Abs. 2 sollte ein **Geschäftsanteilskauf** eine verschuldensunabhängige Garantie oder zumindest eines Wissenserklärung des Veräußerers – ggf. auch des beteiligten Geschäftsführers – enthalten, dass in der Vergangenheit keine Auszahlungen unter Verstoß gegen § 30 erfolgt sind.

Die Erstattung muss **zur Befriedigung der Gläubiger erforderlich** sein (wie bei Abs. 2, siehe Rn. 18). Bei der rein objektiven, dem Gläubigerschutz dienenden Ausfallhaftung kommt es im Übrigen auf ein Verschulden bzw. eine Bösgläubigkeit der Mitgesellschafter nicht an.[50] Die **Beweislast** für das Vorliegen der Voraussetzungen des Abs. 3 liegt bei der Gesellschaft. 24

2. Umfang der Haftung

Die Mitgesellschafter haften auch in Fällen der Rn. 17 nur in **Geld**,[51] nicht jedoch gesamtschuldnerisch, sondern nur anteilig (**pro rata**) im Verhältnis der Geschäftsanteile. Fällt ein Mitgesellschafter aus, erhöht sich wiederum anteilig die Ausfallhaftung der übrigen (Abs. 3 Satz 2). 25

Die Haftung ist anders als der Primäranspruch nach Abs. 1 der Höhe nach auf den **Betrag des Stammkapitals begrenzt.**[52] Eine unbeschränkte Ausfallhaftung wird abgelehnt, da das Gesetz eine Nachschusspflicht nicht vorsieht. Andererseits ist eine weitergehende Begrenzung auf den Nennbetrag der Stammeinlagepflicht des Leistungsempfängers, wie dies bei § 24 der Fall ist, oder eine Abzugsmöglichkeit in Höhe der eigenen Einlage des solidarisch Haftenden nicht gerechtfertigt.[53] Auch gilt die Begrenzung auf den Betrag des Stammkapitals nur für den jeweiligen Haftungsfall, so dass dem Gesellschafter über Abs. 3 ein über das Stammkapital hinausgehendes Haftungsrisiko drohen kann.[54] 26

Eine weitergehende **Verschuldenshaftung** der Mitgesellschafter, die die verbotswidrige Auszahlung (mit-)veranlasst haben, etwa durch Zustimmung zu einem entsprechenden Gesellschafterbeschluss, wurde von der neueren Rechtsprechung aufgegeben[55] und auf die Fälle einer Haftung wegen Existenzvernichtung (siehe § 13 Rn. 35 ff.) begrenzt. 27

III. Erlass (Abs. 4)

Nach Abs. 4 ist für alle Verpflichtungen aus Abs. 1 bis 3 ein Erlass ausgeschlossen. Die Regelungen sind **zwingendes Recht.** Auch die Verjährungsfrist des Abs. 5 kann vertraglich nicht verkürzt werden.[56] 28

---

48 Roth/Altmeppen/*Altmeppen*, § 31 Rn. 20; Baumbach/Hueck/*Hueck/Fastrich*, § 31 Rn. 21; Michalski/*Heidinger*, § 31 Rn. 65; Ulmer/Habersack/Winter/*Habersack*, § 31 Rn. 46; a.A. Scholz/*Westermann*, § 31 Rn. 25 und Hachenburg/*Goerdeler/Müller*, § 31 Rn. 43: Gesellschafterstellung bei Ausfall des Zahlungsempfängers.

49 Roth/Altmeppen/*Altmeppen*, § 31 Rn. 20; Ulmer/Habersack/Winter/*Habersack*, § 31 Rn. 46.

50 Roth/Altmeppen/*Altmeppen*, § 31 Rn. 19; a.A. *Reemann*, ZIP 1990, 1309, 1314.

51 Michalski/*Heidinger*, § 31 Rn. 70.

52 BGHZ 150, 61, 65 = NJW 2002, 1803; BGH NJW 2003, 3629; Henssler/Strohn/*Fleischer*, § 31 Rn. 34; Baumbach/Hueck/*Hueck/Fastrich*, § 31 Rn. 24; Ulmer/Habersack/Winter/*Habersack*, § 31 Rn. 55; a.A. *Wilhelm*, in: FS-Flume, 1978, S. 337, 361, *Fabritius*, ZHR 144 (1980), 628; *Gätsch*, BB 1999, 701, 704.

53 BGH NJW 2003, 3629; BGHZ 150, 61 = NJW 2002, 1803; Henssler/Strohn/*Fleischer*, § 31 Rn. 34; Baumbach/Hueck/*Hueck/Fastrich*, § 31 Rn. 24; Ulmer/Habersack/Winter/*Habersack*, § 31 Rn. 2, 55; a.A. (Beschränkung auf Höhe der übernommenen Stammeinlage) *K. Schmidt*, DB 1992, 1917; *ders.*, BB 1995, 529; a.A. (Abzug in Höhe der eigenen Einlage) Lutter/Hommelhoff/*Lutter/Hommelhoff*, § 31 Rn. 22.

54 Henssler/Strohn/*Fleischer*, § 31 Rn. 34.

55 BGHZ 142, 92, 96 = NJW 1999, 2817; BGHZ 150, 61, 67 = NJW 2002, 1803; Baumbach/Hueck/*Hueck/Fastrich*, § 31 Rn. 25; Rowedder/Schmidt-Leithoff/*Pentz*, § 31 Rn. 48; *Goette*, DStR 1999, 1367; a.A. Roth/Altmeppen/*Altmeppen*, § 31 Rn. 22 f.; *Wilhelm*, DB 1999, 2349; vgl. auch Ulmer/Habersack/Winter/*Habersack*, § 31 Rn. 60. Vgl. zur Haftung wegen Existenzvernichtung auch BGHZ 173, 246 = NJW 2007, 2689; BGHZ 179, 344 = NJW 2009, 2127.

56 Roth/Altmeppen/*Altmeppen*, § 31 Rn. 1.

29 Aufgrund des engen Zusammenhangs zwischen Kapitalaufbringung und Kapitalerhaltung sind entsprechend § 19 Abs. 2 eine **Stundung**, eine Leistung an Erfüllungs statt und eine **Aufrechnung** durch den Gesellschafter (nach bisheriger Rechtsprechung stets) ausgeschlossen.[57] Eine Aufrechnung durch die Gesellschaft ist jedoch zulässig, wenn die Gegenforderung des Gesellschafters vollwertig, fällig und liquide ist. Darüber hinaus wird man entsprechend der Wertentscheidung des § 30 Abs. 1 Satz 2 (siehe § 30 Rn. 21) bei Vollwertigkeit des Rückzahlungsanspruchs bzw. des Ersatzgegenstandes Stundungen und Erfüllungssurrogate zulassen müssen.[58] Nicht ausgeschlossen ist ein ernst gemeinter **Vergleich**, auch Prozessvergleich, dem die Mitgesellschafter zustimmen müssen, soweit sie durch ihre Mithaftung betroffen sind.[59]

IV. Verjährung (Abs. 5)

30 Abs. 5 wurde durch das Verjährungsanpassungsgesetz vom 14.12.2004 neu geregelt. Der Erstattungsanspruch nach Abs. 1 verjährt nunmehr in **zehn Jahren** nach Leistung der unzulässigen Zahlung (Verjährungsbeginn mit Ablauf des Tages, Abs. 5 Satz 2), die Ausfallhaftung nach Abs. 3 nach **fünf Jahren**. Auch die Verjährung der Ausfallhaftung beginnt schon mit der Auszahlung.[60] Liegt der Verstoß in der Bereitstellung einer Sicherheit für den Gesellschafter, beginnt die Verjährung mit Verwertung der Sicherheit.[61] Bei wiederholten Verstößen läuft für jede unzulässige Auszahlung eine neue Verjährungsfrist.[62] Die Nichtgeltendmachung des Rückzahlungsanspruchs durch den Geschäftsführer ist kein erneuter Verstoß gegen Abs. 1, so dass auch die Verjährung der Haftung des Geschäftsführers nach Abs. 6 i.V.m. § 43 Abs. 4 mit der Auszahlung beginnt.[63] Bei Insolvenz gilt § 19 Abs. 6. Die Kenntnis des Geschäftsführers vom Verstoß wird nicht vorausgesetzt.[64] Auf die nach altem Recht maßgebliche Differenzierung zwischen der Gut- und Böslichkeit des Gläubigers oder des Gesellschafters kommt es nicht mehr an.[65]

V. Haftung des Geschäftsführers (Abs. 6)

1. Haftung gegenüber Gesellschaft

31 Der Geschäftsführer haftet nach Abs. 3, soweit er Mitgesellschafter ist, und nach Abs. 1, wenn er die Leistung selbst empfangen hat. Die Berufung auf Abs. 2 (Gutgläubigkeit) dürfte hier kaum in Betracht kommen. Bei Verstößen gegen § 30 durch Zahlung an andere Gesellschafter oder Dritte haftet der Geschäftsführer – mehrere gesamtschuldnerisch – nach **§ 43 Abs. 3**, wenn ihn ein **Verschulden** trifft (Sorgfaltsmaßstab § 43 Abs. 1, siehe § 43 Rn. 50 ff.).

2. Haftung gegenüber Gesellschafter (Abs. 6)

32 Werden Mitgesellschafter wegen der Ausfallhaftung nach Abs. 3 – nicht wegen der Primärhaftung nach Abs. 1 – in Anspruch genommen, können sie in dieser Höhe **Regress** bei dem Geschäftsführer – mehrere als Gesamtschuldner haftend – nehmen, soweit diesem bezüglich der Auszahlung ein Verschulden trifft (Sorgfaltsmaßstab § 43 Abs. 1). Maßgeblicher Zeitpunkt für die Geschäftsführereigenschaft ist die unzulässige Auszahlung.[66] Der Geschäftsführer kann sich nicht darauf

57 BGHZ 146, 105, 107 = NJW 2001, 830 (Aufrechnung); BGHZ 157, 72, 77 = NZG 2004, 1111 (Stundung).
58 Roth/Altmeppen/*Altmeppen*, § 31 Rn. 26 ff.; *Wicke*, § 31 Rn. 7; Michalski/*Heidinger*, § 31 Rn. 84, 89; teilweise auch Baumbach/Hueck/*Hueck/Fastrich*, § 31 Rn. 26.
59 Baumbach/Hueck/*Hueck/Fastrich*, § 31 Rn. 26; Michalski/*Heidinger*, § 31 Rn. 90; einschränkend: Rowedder/Schmidt-Leithoff/*Pentz*, § 31 Rn. 45; Ulmer/Habersack/Winter/*Habersack*, § 31 Rn. 65: Vergleich ausnahmsweise zulässig, wenn Mitgesellschafter nicht vorhanden oder insolvent sind.
60 BGH, DStR 2005, 1705 = ZIP 2005, 1638; Baumbach/Hueck/*Hueck/Fastrich*, § 31 Rn. 19; Scholz/*Westermann*, § 31 Rn. 35. Bedenken bei Michalski/*Heidinger*, § 31 Rn. 96 Fn. 242.
61 Henssler/Strohn/*Fleischer*, § 31 Rn. 41; Baumbach/Hueck/*Hueck/Fastrich*, § 31 Rn. 27; vgl. auch BGHZ 173,1 = NJW-RR 2008, 51: Verjährungsbeginn mit Verwertung, nicht erst mit Auskehr des Verwertungserlöses.
62 *Wicke*, § 31 Rn. 8.
63 BGH NJW 2009, 68, 70; Baumbach/Hueck/*Hueck/Fastrich*, § 31 Rn. 27; Michalski/*Heidinger*, § 31 Rn. 105.
64 Ulmer/Habersack/Winter/*Habersack*, § 31 Rn. 67.
65 Zum Übergangsrecht Rowedder/Schmidt-Leithoff/*Pentz*, § 31 Rn. 49 ff.
66 Henssler/Strohn/*Fleischer*, § 31 Rn. 42; Michalski/*Heidinger*, § 31 Rn. 111; Ulmer/Habersack/Winter/*Habersack*, § 31 Rn. 70.

berufen, aufgrund eines Gesellschafterbeschlusses gehandelt zu haben.[67] Der **Einwand unzulässiger Rechtsausübung** kann erst erhoben werden, wenn der Geschäftsführer ausdrücklich auf den Verstoß hingewiesen und der Gesellschafter gleichwohl für die verbotswidrige Auszahlung gestimmt hat.[68]

! Jeder Geschäftsführer muss sich aktiv an der **Überwachung der Kapitalerhaltung** beteiligen, auch wenn er aufgrund interner Aufgabenverteilung für Finanzen nicht zuständig ist.[69] Einer Anweisung der Gesellschafter, eine Auszahlung unter Verstoß gegen § 30 vorzunehmen, sollte der Geschäftsführer in jedem Fall widersprechen und den Hinweis hinreichend dokumentieren, um dies später einer Regresshaftung gegenüber den Gesellschaftern entgegenhalten zu können. Dies befreit ihn jedoch nicht von der Haftung nach §§ 43, 64 Satz 3.[70] 33

Die Haftung nach Abs. 6 **verjährt** entsprechend § 43 Abs. 4 in fünf Jahren ab Inanspruchnahme des Gesellschafters nach Abs. 3. Das Erlassverbot des Abs. 4 gilt nicht.[71] 34

Wird der Geschäftsführer von der Gesellschaft nach § 43 Abs. 3 oder von Gesellschaftern nach Abs. 6 in Anspruch genommen, kann er bei dem nicht gutgläubigen (Abs. 2) Empfänger der unzulässigen Leistung (Abs. 1) Regress nehmen (**Gesamtschuldnerausgleich**).[72] 35

C. Weitere praktische Hinweise

Abs. 3 begründet eine **strenge Haftung** der Mitgesellschafter, die durch die Auszahlung keinen Vorteil erlangt haben. Jedem Gesellschafter ist daher zu empfehlen, die Geschäftsführung nicht nur bei allen offenen Auszahlungen an Mitgesellschafter, sondern auch bei allen Austauschgeschäften zwischen der Gesellschaft und anderen Gesellschaftern, die möglicherweise verdeckte Ausschüttungen beinhalten, zu überwachen.[73] 36

Bedeutung hat dies insbesondere für **Minderheitsgesellschafter**, denen zwar ein umfassendes Auskunftsrecht nach § 51a zusteht, die aber sonst nicht laufend die Geschäftsführung kontrollieren. Das für solche passive Minderheitsgesellschafter in § 39 Abs. 5 eingeführte Kleinbeteiligtenprivileg (früher § 32a Abs. 3 Satz 2 a.F.) gilt nur im Recht der Gesellschafterdarlehen (früher Eigenkapitalersatzrecht) und ist im unmittelbaren Anwendungsbereich des § 31 nicht auf die Solidarhaftung in Abs. 3 übertragbar.[74] Problematisch ist die Überwachung vor allem bei wesentlich beteiligten, von § 181 BGB befreiten Gesellschafter-Geschäftsführern. 37

! Durch eine gesellschaftsvertragliche Gestaltung sollte sichergestellt werden, dass über den Anwendungsbereich des § 46 Nr. 8 hinaus alle Rechtsgeschäfte zwischen der Gesellschaft und Gesellschaftern der Gesellschafterversammlung zur Beschlussfassung vorgelegt werden müssen, um so für den **Minderheitsgesellschafter** eine aktuelle **Kontrollmöglichkeit** zu gewährleisten. 38

Die Erstattung einer verbotenen Rückzahlung gehört **steuerlich** zu den Anschaffungskosten der Beteiligung (siehe § 9a Rn. 16 und § 9b Rn. 10). 39

---

67 BGHZ 31, 258, 278 = NJW 1960, 285; Baumbach/Hueck/*Hueck/Fastrich*, § 31 Rn. 30.
68 Michalski/*Heidinger*, § 31 Rn. 110; Ulmer/Habersack/Winter/*Habersack*, § 31 Rn. 69, 73.
69 Ulmer/Habersack/Winter/*Habersack*, § 31 Rn. 72; Michalski/*Heidinger*, § 31 Rn. 96.
70 Michalski/*Heidinger*, § 30 Rn. 85; Rowedder/Schmidt-Leithoff/*Pentz*, § 30 Rn. 44.
71 Michalski/*Heidinger*, § 31 Rn. 114; Ulmer/Habersack/Winter/*Habersack*, § 31 Rn. 74.
72 Ulmer/Habersack/Winter/*Habersack*, § 31 Rn. 76; Scholz/*Westermann*, § 31 Rn. 42. Weitergehend: Roth/Altmeppen/*Altmeppen*, § 31 Rn. 38: Regress beim gutgläubigen Empfänger im Umfang seiner noch vorhandenen Bereicherung.
73 Baumbach/Hueck/*Hueck/Fastrich*, § 31 Rn. 1.
74 Ulmer/Habersack/Winter/*Habersack*, § 31 Rn. 51, §§ 32a/b Rn. 222.

§ 32 Rückzahlung von Gewinn

Liegt die in § 31 Abs. 1 bezeichnete Voraussetzung nicht vor, so sind die Gesellschafter in keinem Fall verpflichtet, Beträge, welche sie in gutem Glauben als Gewinnanteile bezogen haben, zurückzuzahlen.

A. Allgemeines

1 Die Vorschrift schützt den Gesellschafter, der einen Gewinnanteil aufgrund eines unwirksamen Gewinnverteilungsbeschlusses erhält (**Schutz des gutgläubigen Gewinnbezugs**). Der Vertrauensschutz des Gesellschafters ist begrenzt durch den gläubigerschützenden Grundsatz der Kapitalerhaltung des § 30 und ist damit schwächer als die vergleichbare Vorschrift des § 62 Abs. 1 Satz 2 AktG (gutgläubiger Dividendenbezug des Aktionärs).

B. Inhalt der Regelung

2 **Checkliste: Gutgläubiger Gewinnbezug (§ 32)**

- kein Verstoß gegen § 31
- fehlerhafter Gewinnverteilungsbeschluss
- Bezug von Gewinnanteilen aus § 29
- geschützter Personenkreis: Gesellschafter
- Gutgläubigkeit des Gesellschafters

3 Werden Gewinne zulasten des Stammkapitals (§ 30 Abs. 1) oder unter Verstoß gegen die Rückzahlungsvoraussetzungen für Nachschüsse (§ 30 Abs. 2) ausgezahlt, so hat der Rückerstattungsanspruch des **§ 31 Vorrang** vor einer Anwendung des § 32. Die Gutgläubigkeit wird dort nur im Rahmen des § 31 Abs. 2 berücksichtigt.

4 § 32 gewährt dem Gesellschafter eine Einwendung gegen alle Rückforderungsansprüche, die die Gesellschaft gegen den Gesellschafter aufgrund eines **fehlerhaften Gewinnverteilungsbeschlusses** hat, i.d.R. solche aus § 812 BGB.[1] Die Gesellschaft kann unmittelbar die Rückzahlung verlangen, wenn der Jahresabschluss entsprechend § 256 AktG nichtig ist, bei der prüfungspflichtigen Gesellschaft nicht geprüft oder der Feststellungsbeschluss unwirksam ist.[2] Ist der Beschluss lediglich anfechtbar, kann die Rückforderung erst nach dessen erfolgreicher Anfechtung verlangt werden.

5 Die Vorschrift bezieht sich nur auf den **Gewinnbezug**, der **in Vollzug des § 29** erfolgt, also auf Gewinnverteilungen des Bilanzgewinns. Sonstige Zahlungen wie z.B. Zinsen, Tantiemen, Gewinnvorauszahlungen, Bezüge aus Genussscheinen und partiarischen Darlehen und verdeckte Gewinnausschüttungen werden nicht geschützt,[3] ebenso nicht ein versehentlich doppelt ausgezahlter Gewinn.[4]

6 § 32 gilt in erster Linie für den Gesellschafter. Neben dem Nießbraucher[5] gehört zum **geschützten Personenkreis** bei einer **Abtretung** des (vermeintlichen) Gewinnanspruchs auch der Rechtsnachfolger des Gesellschafters. Für die Gutgläubigkeit kommt es dann weiterhin allein auf die Person

1 Michalski/*Heidinger*, § 32 Rn. 4; Scholz/*Westermann*, § 32 Rn. 3.
2 Michalski/*Heidinger*, § 32 Rn. 5.
3 *Wicke*, § 32 Rn. 1; Roth/Altmeppen/*Altmeppen*, § 32 Rn. 4; Baumbach/Hueck/*Hueck/Fastrich*, § 32 Rn. 3; Ulmer/Habersack/Winter/*Habersack*, § 32 Rn. 5; Scholz/*Westermann*, § 32 Rn. 6.
4 Rowedder/Schmidt-Leithoff/*Pentz*, § 32 Rn. 5; Scholz/*Westermann*, § 32 Rn. 4.
5 Hachenburg/*Goerdeler/Müller*, § 32 Rn. 6; Michalski/*Heidinger*, § 32 Rn. 7.

des Gesellschafters an. Es besteht kein Vertrauensschutz, wenn der bösgläubige Gesellschafter an den gutgläubigen Dritten abtritt. Dagegen schützt § 32 auch den bösgläubigen Dritten, sofern nur der abtretende Gesellschafter gutgläubig war, es sei denn, der bösgläubige Zessionar hat selbst an dem (unwirksamen) Verwendungsbeschluss mitgewirkt.[6] Der gewinnbeziehende Erwerber, der aufgrund einer nichtigen Abtretung gar nicht Gesellschafter wurde, kann sich seinem Veräußerer gegenüber nicht auf § 32, sondern allenfalls auf §§ 409, 413 BGB i.V.m. § 16 (Leistung an registrierten Gesellschafter) berufen.[7]

Der **gute Glaube** des Gesellschafters muss sich auf die Ordnungsmäßigkeit des Gewinnverteilungsbeschlusses beziehen und im Zeitpunkt des Empfangs gegeben sein.[8] Entsprechend § 932 Abs. 2 BGB scheidet Gutgläubigkeit bei Kenntnis oder grob fahrlässiger Unkenntnis aus; leicht fahrlässige Unkenntnis schadet nicht.[9] 7

C. Weitere praktische Hinweise

Die **Beweislast** für die Fehlerhaftigkeit des Gewinnverteilungsbeschlusses liegt bei der Gesellschaft, die Beweislast für den guten Glauben dagegen beim Gesellschafter. Dabei wird er sich häufig auf die formelle Ordnungsmäßigkeit des Gewinnverwendungsbeschlusses berufen können.[10] 8

6 Scholz/*Westermann*, § 32 Rn. 9; Michalski/*Heidinger*, § 32 Rn. 7, 14; einschränkend Roth/Altmeppen/*Altmeppen*, § 32 Rn. 3.

7 Scholz/*Westermann*, § 32 Rn. 4; Michalski/*Heidinger*, § 32 Rn. 8; Ulmer/Habersack/Winter/*Habersack*, § 32 Rn. 9.

8 Baumbach/Hueck/*Hueck/Fastrich*, § 32 Rn. 6; Michalski/*Heidinger*, § 32 Rn. 12, 13.

9 Scholz/*Westermann*, § 32 Rn. 8.

10 Baumbach/Hueck/*Hueck/Fastrich*, § 32 Rn. 6; Scholz/*Westermann*, § 32 Rn. 10.

§ 33 Erwerb eigener Geschäftsanteile

(1) Die Gesellschaft kann eigene Geschäftsanteile, auf welche die Einlagen noch nicht vollständig geleistet sind, nicht erwerben oder als Pfand nehmen.

(2) Eigene Geschäftsanteile, auf welche die Einlage vollständig geleistet ist, darf sie nur erwerben, sofern sie im Zeitpunkt des Erwerbs eine Rücklage in Höhe der Aufwendungen für den Erwerb bilden könnte, ohne das Stammkapital oder eine nach dem Gesellschaftsvertrag zu bildende Rücklage zu mindern, die nicht zur Zahlung an die Gesellschafter verwandt werden darf. Als Pfand nehmen darf sie solche Geschäftsanteile nur, soweit der Gesamtbetrag der durch Inpfandnahme eigener Geschäftsanteile gesicherten Forderungen oder, wenn der Wert der als Pfand genommenen Geschäftsanteile niedriger ist, dieser Betrag nicht höher ist als das über das Stammkapital hinaus vorhandene Vermögen. Ein Verstoß gegen die Sätze 1 und 2 macht den Erwerb oder die Inpfandnahme der Geschäftsanteile nicht unwirksam; jedoch ist das schuldrechtliche Geschäft über einen verbotswidrigen Erwerb oder eine verbotswidrige Inpfandnahme nichtig.

(3) Der Erwerb eigener Geschäftsanteile ist ferner zulässig zur Abfindung von Gesellschaftern nach § 29 Abs. 1, § 122i Abs. 1 Satz 2, § 125 Satz 1 in Verbindung mit § 29 Abs. 1 und § 207 Abs. 1 des Umwandlungsgesetzes, sofern der Erwerb binnen sechs Monaten nach dem Wirksamwerden der Umwandlung oder nach der Rechtskraft der gerichtlichen Entscheidung erfolgt und die Gesellschaft im Zeitpunkt des Erwerbs eine Rücklage in Höhe der Aufwendungen für den Erwerb bilden könnte, ohne das Stammkapital oder eine nach dem Gesellschaftsvertrag zu bildende Rücklage zu mindern, die nicht zur Zahlung an die Gesellschafter verwandt werden darf.

Literatur

Habersack, Das Andienungs- und Erwerbsrecht bei Erwerb und Veräußerung eigener Anteile, ZIP 2004, 1121; *Hohage*, Erwerb eigener Anteile, Einziehung, Aufstockung und vGA bei der GmbH, DB 2009, 1033; *Hüttemann*, Erwerb eigener Anteile im Bilanz- und Steuerrecht nach BilMoG, in: Unternehmensbesteuerung (Festschrift für Norbert Herzig), 2010, 595; *van Meegen/Boßmann*, Steuerliche Vorteile durch Anteilsrückkauf vom ausscheidenden GmbH-Gesellschafter, DStR 2010, 262; *Najdecki*, Erwerb eigener Anteile durch die GmbH, NWB 2010, 349; *Oser/Kropp*, Eigene Anteile in Gesellschafts-, Bilanz- und Steuerrecht, Der Konzern 2012, 185, *Rodewald/Pohl*, Neuregelungen des Erwerbs von eigenen Anteilen durch die GmbH im Bilanzrechtsmodernisierungsgesetz (BilMoG), GmbHR 2009, 32; *Westphal*, Der nicht zweckgebundene Erwerb eigener Aktien, 2004.

A. Allgemeines

1 Vorschrift in Abs. 2 Satz 1 und Abs. 3 zuletzt geändert durch das Bilanzrechtsmodernisierungsgesetz (BilMoG) v. 25.5.2009[1] als Folgeanpassung an die Änderung der handelsrechtlichen Bilanzierung eigener Anteile. Abs. 1 dient der realen **Kapitalaufbringung**, denn die Gesellschaft kann sich selbst keine offenen Einlagen schulden. Da das Erwerbsentgelt eine Quasirückzahlung der Einlagen ist, sichert Abs. 2 die **Kapitalerhaltung**. Im Unterschied zur Einziehung (§ 34) geht der

1 BGBl. I S. 1102.

Geschäftsanteil bei § 33 nicht unter, sondern bleibt existent. § 33 ist **zwingend** und kann statutarisch lediglich verschärft werden.[2]

B. Inhalt der Regelung

I. Erwerb und Inpfandnahme eigener Anteile

§ 33 erfasst jede (derivative) Art des **Erwerbs**, ob entgeltlich, unentgeltlich, im Wege der Zwangsvollstreckung, wirtschaftlich vor- oder nachteilig; maßgebend ist der Umstand, dass in allen Fällen die Einlageforderung durch Konfusion untergeht, weil die GmbH sich selbst nichts schulden oder leisten kann. Nach wohl h.M. gilt die Norm auch bei Gesamtrechtsnachfolge.[3] Kein Erwerb in diesem Sinne ist Kaduzierung (§ 21) oder Einziehung (§ 34). § 33 regelt nur den derivativen Erwerb eigener Geschäftsanteile. Unzulässig ist aber stets der **originäre** Erwerb bei Gründung oder Kapitalerhöhung gegen Einlagen;[4] an einer Kapitalerhöhung aus Gesellschaftsmitteln nehmen eigene Geschäftsanteile hingegen teil (§ 57l Abs. 1, siehe dort). 2

Um eine Umgehung zu verhindern, ist die **Inpfandnahme** dem Erwerb gleichgestellt. Pfandrechtliche Maßnahmen könnten sonst zum Anteilserwerb bzw. zur Beeinträchtigung des Stammkapitals führen. Pfanderwerb kraft Gesetzes gem. § 401 BGB und als Pfändungspfandrecht im Wege der Zwangsvollstreckung dürfte möglich sein (streitig).[5] Nicht betroffen und zulässig sind andere Belastungen, insbesondere Nießbrauch.[6] 3

II. Erwerb, Inpfandnahme nicht voll eingezahlter Anteile (Abs. 1)

1. Mangelnde Volleinzahlung

Abs. 1 normiert nur für den Fall ein Erwerbsverbot, wenn Einlagen auf einen Geschäftsanteil **nicht** voll eingezahlt sind. Dies ist der Fall, wenn im Zeitpunkt des Vertragsschlusses objektiv irgendein Teil der Einlage rückständig ist (auch aus Vorbelastungshaftung oder Zuzahlung i.S.d. § 9). Ob die Einlage eingefordert ist, spielt keine Rolle. Rückstand mit Zinsen, Agio oder sonstiger Nebenleistung schadet hingegen nicht; Gleiches gilt für Fehlbeträge gem. § 24.[7] 4

2. Rechtsfolge des Abs. 1

Der Erwerb bzw. die Inpfandnahme entgegen Abs. 1 ist **nichtig** (§ 134 BGB). Das gilt sowohl für das schuldrechtliche als auch das dingliche Geschäft.[8] Der Veräußerer bleibt daher weiter Inhaber des Geschäftsanteils, die Gesellschaft wird nicht Inhaber und kann anders als i.F.d. Abs. 2 (siehe Rn. 10) allenfalls an einen Gutgläubigen gem. § 16 Abs. 3 weiterveräußern. Geleistetes Entgelt ist rechtsgrundlos erbracht und daher gem. §§ 812 ff. BGB (ggf. auch gem. § 31) zurückzugewähren. Die unmittelbare Nichtigkeitsfolge kann bei vereinbarter **aufschiebender Bedingung** der Vollein- 5

2 Baumbach/Hueck/*Hueck/Fastrich*, § 33 Rn. 1; Lutter/Hommelhoff/*Lutter/Hommelhoff*, § 33 Rn. 1; Ulmer/Habersack/Winter/*Hohner/Paura*, § 33 Rn. 17 f.; Scholz/*Westermann*, § 33 Rn. 4.

3 Ulmer/Habersack/Winter/*Hohner/Paura*, § 33 Rn. 9, 12 f.; Baumbach/Hueck/*Hueck/Fastrich*, § 33 Rn. 3; Scholz/*Westermann*, § 33 Rn. 6, 9; MüHdb-GesR-III/*Kort*, § 27 Rn. 6; Michalski/*Sosnitza*, § 33 Rn. 5; a.A. Lutter/Hommelhoff/*Lutter/Hommelhoff*, § 33 Rn. 10: § 71 Abs. 1 Nr. 5 AktG analog.

4 Ulmer/Habersack/Winter/*Hohner/Paura*, § 33 Rn. 1, 97 ff.; Michalski/*Sosnitza*, § 33 Rn. 64; Scholz/*Westermann*, § 33 Rn. 7.

5 Baumbach/Hueck/Hueck/Fastrich, § 33 Rn. 5; Roth/*Altmeppen*, § 33 Rn. 35 f.; a.A. *Scholz/Westermann*, § 33 Rn. 8.

6 Baumbach/Hueck/*Hueck/Fastrich*, § 33 Rn. 5 m.w.N.; Scholz/*Westermann*, § 33 Rn. 8, 20; Roth/*Altmeppen*, § 33 Rn. 36.

7 Baumbach/Hueck/*Hueck/Fastrich*, § 33 Rn. 2; Lutter/Hommelhoff/*Lutter/Hommelhoff*, § 33 Rn. 8; Scholz/*Westermann*, § 33 Rn. 6.

8 *Lutter/Hommelhoff/Lutter*, § 33 Rn. 11; Roth/*Altmeppen*, § 33 Rn. 6.

zahlung (§ 158 BGB) verhindert werden; die Einlage darf dann jedoch nicht mit dem bezahlten, aber nach Abs. 1 tatsächlich nicht geschuldeten Kaufpreis erbracht werden.[9]

III. Erwerb, Inpfandnahme voll eingezahlter Anteile (Abs. 2)

1. Erwerb eigener, voll eingezahlter Anteile (Abs. 2 Satz 1)

6 Der Erwerb voll eingezahlter Anteile ist der GmbH anders als einer Aktiengesellschaft nach § 71 AktG[10] ohne Bindung an weitere sachliche Gründe oder Höchstgrenzen grundsätzlich gestattet. Einzige Voraussetzung nach der Neuregelung durch das BilMoG ist, dass die Gesellschaft im Zeitpunkt des Erwerbs eine Rücklage in Höhe der Aufwendungen für den Erwerb bilden *könnte,* ohne das Stammkapital zu mindern. Damit kommt es nur noch auf die hypothetische Rücklagenbildung an und hat im Ergebnis zur Folge, dass die Gegenleistung für den Erwerb der eigenen Geschäftsanteile ausschließlich aus freiem, ungebundenem Vermögen zu erfolgen hat.[11] Bei unentgeltlichem Erwerb hat die GmbH keine Aufwendungen, so dass die Voraussetzung stets erfüllt und damit zulässig ist.[12] Im Übrigen darf die Gesellschaft also nur solche Mittel zum Erwerb der eigenen Geschäftsanteile verwenden, die sie ohnehin an die Gesellschafter ausschütten könnte.[13] Nach altem Recht vor BilMoG durfte der Erwerb hingegen nur erfolgen, wenn die Leistung hierfür aus **ungebundenem Kapital** gezahlt und die **Rücklage** nach § 272 Abs. 4 HGB a.F. gebildet werden konnte, ohne das Stammkapital oder gebundene Rücklagen anzugreifen. Es musste wie auch jetzt nach neuem Recht mit anderen Worten in Höhe der Gegenleistung ausschüttungsfähige Rücklagen oder festgestellter Bilanzgewinn vorhanden sein.[14] Entscheidend ist die Bilanz zu fortgeführten Buchwerten ohne Berücksichtigung nicht aufgedeckter stiller Reserven.[15]

7 Aufgrund der nach BilMoG anderen handelsrechtlichen Behandlung eigener Anteile ist im künftigen Jahresabschluss keine besondere Rücklagenbildung nach § 272 Abs. 4 HGB a.F. mehr in Höhe aktivierter eigener Geschäftsanteils vorzunehmen. Eine bilanzielle Neutralisierung eigener Anteile findet nicht mehr satt. Maßgebend ist nur die hypothetische Rücklagenbildung (Rn. 6), so dass das Gesellschaftsvermögen in Höhe der Gegenleistung nicht mehr ausgeschüttet oder erneut für Zwecke des § 33 verwendet werden. Handelsbilanziell folgt nach den Änderungen durch das BilMoG der Ausweis der eigenen Geschäftsanteile der sog. **Nettomethode**. Danach werden die eigenen Geschäftsanteile nicht mehr als Vermögensgegenstand aktiviert. Auf der Passivseite wird der Nennbetrag der erworbenen eigenen Geschäftsanteile vom Posten „gezeichnetes Kapital" in einer Vorspalte abgesetzt und der etwaige Mehrbetrag des Erwerbspreises mit frei verfügbaren Rücklagen verrechnet, § 272 Abs. 1a HGB n.F. Das führt bilanziell quasi zu einer Kapitalherabsetzung.[16] Bei der Veräußerung stellt sich das umgekehrte Bild dar: Die Absetzung in der Vorspalte des gezeichneten Kapitals wird um den Nennbetrag des veräußerten Geschäftsanteils verringert. Die verbleibende Differenz des Erlöses bis zu den ursprünglichen Anschaffungskosten wird der freien Rücklage zugeführt; ein darüber hinausgehender Erlös ist gem. § 272 Abs. 1b HGB n.F. der Kapitalrücklage zuzuführen.[17]

---

9 Vgl. Lutter/Hommelhoff/*Lutter/Hommelhoff*, § 33 Rn. 11, 12; Baumbach/Hueck/*Hueck/Fastrich*, § 33 Rn. 8; Ulmer/Habersack/Winter/*Hohner/Paura*, § 33 Rn. 31 f.; Scholz/*Westermann*, § 33 Rn. 11; Roth/Altmeppen/*Altmeppen*, § 33 Rn. 10.
10 Vgl. hierzu auch *Westphal*, Der nicht zweckgebundene Erwerb eigener Aktien, 2004.
11 Baumbach/Hueck/*Hueck/Fastrich*, § 33 Rn. 9; Michalski/*Sosnitza*, § 33 Rn. 23; Lutter/Hommelhoff/*Lutter*, § 33 Rn. 15; Scholz/*Westermann*, § 33 Rn. 24; Roth/*Altmeppen*, § 33 Rn. 15.
12 OLG Hamm, GmbHR 1994, 179 f.
13 Lutter/Hommelhoff/*Lutter*, § 33 Rn. 15.
14 Vgl. Lutter/Hommelhoff/*Lutter/Hommelhoff*, § 33 Rn. 7; Baumbach/Hueck/*Hueck/Fastrich*, § 33 Rn. 9.
15 BGH NJW 1997, 196; Ulmer/Habersack/Winter/*Hohner/Paura*, § 33 Rn. 2, 47; Scholz/*Westermann*, § 33 Rn. 24; Lutter/Hommelhoff/*Lutter*, § 33 Rn. 15.
16 Vgl. zum Ganzen auch Baumbach/Hueck/*Hueck/Fastrich*, § 33 Rn. 9/10; Michalski/*Sosnitza*, § 33 Rn. 23; Lutter/Hommelhoff/*Lutter*, § 33 Rn. 5, 6, 19, 26 ff.; Scholz/*Westermann*, § 33 Rn. 24, 18.
17 Lutter/Hommelhoff/*Lutter*, § 33 Rn. 7.

Beurteilungszeitpunkt ist jedenfalls derjenige der Zahlung, wobei überwiegend zusätzlich auf den Zeitpunkt des Vertragsschlusses abgestellt wird.[18] Zum maßgeblichen Zeitpunkt muss gemäß sorgfältiger pflichtgemäßer Prüfung wenigstens die Möglichkeit der Rücklagenbildung bestehen. War die Prognose *ex ante* nicht zu beanstanden, ist der Erwerb selbst dann zulassig, wenn sich nachträglich wider Erwarten zeigt, dass nicht genügend freie Mittel vorhanden sind.[19] Eine **Zwischenbilanz** kann vor allem in schwierigen Prognosefällen sinnvoll sein.[20] 8

2. Inpfandnahme eigener, voll eingezahlter Anteile (Abs. 2 Satz 2)

Bei der Inpfandnahme darf der Gesamtbetrag der gesicherten Forderungen das freie Vermögen nicht übersteigen. Falls der Wert der verpfändeten Geschäftsanteile niedriger als dieser Gesamtbetrag der Forderungen ist, kommt es auf diesen niedrigeren Betrag an.[21] 9

3. Rechtsfolge (Abs. 2 Satz 3)

Gemäß Abs. 2 Satz 3 ist – anders als bei Abs. 1 (siehe Rn. 5) – die bereits erklärte **dingliche Übertragung** wirksam, jedoch **kondizierbar** (§§ 812 ff. BGB); nur das schuldrechtliche Geschäft ist kraft Gesetzes nichtig. Sofern dinglich keine aufschiebende Bedingung vereinbart ist, kommt Heilung wohl nur durch Neuvornahme in Betracht.[22] Die vollzogene Gegenleistung ist Zug um Zug gegen Rückabtretung des Geschäftsanteils zurückzufordern. Da die Gesellschaft bis zur Rückabtretung Inhaberin des Geschäftsanteils ist, kann sie anders als nach Abs. 1 als Berechtigte hierüber verfügen; auf § 16 Abs. 3 kommt es nicht an. Es gelten dann §§ 818 Abs. 2 und 3, 819 BGB. Mangels Rechtsgrund besteht vor dinglichem Vollzug Leistungsverweigerungsrecht.[23] 10

IV. Zulässiger Erwerb in Umwandlungsfällen

Abs. 3 erleichtert dem übernehmenden Rechtsträger bei Verschmelzung, Spaltung und Formwechsel den Erwerb eigener Anteile zum Zwecke der Abfindung widersprechender Gesellschafter. Wie bei Abs. 2 muss nach der neuen Rechtslage nach BilMoG eine Rücklage nach § 272 Abs. 4 HGB a.F. nicht mehr tatsächlich gebildet werden, sondern nur noch hypothetisch werden können; nicht erforderlich ist aber, dass die Abfindung aus dem ungebundenen Vermögen bezahlt wird. Abs. 3 gilt auch bei nicht voll eingezahlten Anteilen.[24] 11

V. Allgemeine Erwerbsvoraussetzungen eigener Anteile

Auch ohne Vinkulierungsregelung (§ 15 Abs. 5) kann der Erwerb eigener Anteile jedenfalls im Innenverhältnis grundsätzlich nicht ohne **Gesellschafterbeteiligung** nur durch den Geschäftsführer erfolgen (bei Weiterveräußerung, Rn. 14). Insbesondere wegen Änderung der Mehrheitsverhältnisse hat der Geschäftsführer die Gesellschafter vor Erwerb zumindest zu informieren und Weisungen der Mehrheit abzuwarten; häufig wird auch im Außenverhältnis ein erkennbarer Missbrauch der Vertretungsmacht vorliegen.[25] Bei Weisung durch die Gesellschafter kommt es i.F.d. § 16 Abs. 3 auch auf deren Gutgläubigkeit an, § 166 Abs. 2 BGB. Einer Anmeldung (§ 16) bedarf es nicht. 12

---

18 Letzteres wohl offengelassen in BGHZ 139, 132 = NJW 1998, 3121 = DStR 1998, 1486 m. Anm. *Goette*; Baumbach/Hueck/*Hueck/Fastrich*, § 33 Rn. 11 m.w.N.; Michalski/*Sosnitza*, § 33 Rn. 27; LG Leipzig, ZIP 1997, 602.

19 Lutter/Hommelhoff/*Lutter/Hommelhoff*, § 33 Rn. 16; Baumbach/Hueck/*Hueck/Fastrich*, § 33 Rn. 11; Michalski/*Sosnitza*, § 33 Rn. 27; a.A. Scholz/*Westermann*, § 33 Rn. 26.

20 Siehe auch OLG Hamm, GmbHR 1994, 179 f.; BGH DStR 1994, 107.

21 Vgl. ergänzend Baumbach/Hueck/*Hueck/Fastrich*, § 33 Rn. 13; Michalski/*Sosnitza*, § 33 Rn. 29; Scholz/*Westermann*, § 33 Rn. 24§ .

22 Baumbach/Hueck/*Hueck/Fastrich*, § 33 Rn. 14; a.A. Lutter/Hommelhoff/*Lutter/Hommelhoff*, § 33 Rn. 20 ff., 24 (unter Berufung auf BGH GmbHR 1998, 933 f. = DStR 1998, 1485); ähnlich: *Roth*/Altmeppen, § 33 Rn. 33 ff.; Michalski/*Sosnitza*, § 33 Rn. 31 ff.

23 Zum Ganzen Baumbach/Hueck/*Hueck/Fastrich*, § 33 Rn. 14; Lutter/Hommelhoff/*Lutter/Hommelhoff*, § 33 Rn. 20 ff.

24 Näher hierzu Baumbach/Hueck/*Hueck/Fastrich*, § 33 Rn. 15 ff.; Lutter/Hommelhoff/*Lutter/Hommelhoff*, § 33 Rn. 30 ff.; Scholz/*Westermann*, § 33 Rn. 45 ff.

25 Ulmer/Habersack/Winter/*Hohner/Paura*, § 33 Rn. 41 f.; Roth/*Altmeppen*, § 33 Rn. 15, 26; Lutter/Hommelhoff/*Lutter/Hommelhoff*, § 33 Rn. 34; Michalski/*Sosnitza*, § 33 Rn. 24.

VI. Wirkungen des zulässigen Erwerbs eigener Anteile

13 Der Geschäftsanteil besteht anders als bei Einziehung (§ 34) fort, Rechte und Pflichten aus der **Mitgliedschaft ruhen** jedoch:[26] Das **Stimmrecht** kann nicht ausgeübt werden und zählt bei der Berechnung der Quoten nicht. Die Gesellschaft hat keinen Gewinnanspruch gegen sich selbst; der Gewinn ist unter den übrigen Gesellschaftern zu verteilen oder in Rücklagen einzustellen (§ 29). Die GmbH hat keinen Anspruch auf etwaigen Liquidationserlös. Im Falle der Kapitalerhöhung hat die GmbH kein Bezugsrecht und übernimmt grundsätzlich keine Einlagen (Ausnahme: Kapitalerhöhung aus Gesellschaftsmitteln, vgl. § 57l). Nachschusspflicht (§ 26) oder Rückstände (16 Abs. 3) bestehen nicht. Eine etwaige Ausfallhaftung (§§ 24, 31 Abs. 3) wird auf die übrigen Gesellschafter verteilt.

VII. Weiterveräußerung eigener Anteile

14 Eigene Anteile können nach allgemeinen Regeln veräußert werden. Unter welchen weiteren Voraussetzungen die Veräußerung zulässig ist, ist im Detail durchaus umstritten.[27] Es ist nicht ganz einsichtig, warum an die Veräußerung ein strengerer Maßstab angelegt wird als an den Erwerb.[28] Nach wohl h.M. ist die Geschäftsführung nicht ohne **Gesellschafterbeschluss** für die Veräußerung vertretungsbefugt, für die Wirksamkeit im Außenverhältnis soll es der Ermächtigung durch die Gesellschafterversammlung bedürfen.[29] Nach anderer Ansicht soll nur eine Beschlussfassung im Innenverhältnis erforderlich sein und andernfalls ein Missbrauch der Vertretungsmacht vorliegen.[30] Sicherheitshalber soll selbst bei Vinkulierung stets zusätzlich ein entsprechender Beschluss gefasst werden. Den Gesellschaftern wird darüber hinaus teilweise ein **Bezugs- bzw. Andienungsrecht** zugestanden, da die Situation mit einer Kapitalerhöhung vergleichbar sei.[31] Mit wirksamer Veräußerung (dinglicher Rechtserwerb) leben die danach fällig werdenden, bis dahin ruhenden Rechte und Pflichten (vgl. Rn. 13) wieder auf. Einer Anmeldung (§ 16) bedarf es nicht.

!

Für die Praxis empfiehlt es sich für die Geschäftsführer stets, die Veräußerung eigener Geschäftsanteile durch einen Gesellschafterbeschluss absegnen zu lassen. Damit wird auch klargestellt, wie die Gesellschafter zu einem evtl. Bezugs- oder Andienungsrecht stehen.

Wenn der Gesellschaftsvertrag Regelungen für den Fall des Erwerbs eigener Geschäftsanteile aufstellt, sollten auch solche für die Veräußerung nicht fehlen.

VIII. Sonderfälle

1. Treuhand: Erwerb durch Dritte für Rechnung der GmbH

15 Falls ein Dritter (Treuhänder) für Rechnung der GmbH Anteile erwirbt, ist dessen Erwerb zwar nach allgemeinen Regeln mit allen Rechten und Pflichten wirksam. Für das Innenverhältnis gilt § 33 jedoch analog, weswegen die GmbH gem. §§ 670, 667 BGB nur verpflichtet und berechtigt ist, wenn die Voraussetzungen des § 33 erfüllt sind.[32]

---

26 Vgl. BGH NJW 1995, 1027 f.; Baumbach/Hueck/*Hueck/Fastrich*, § 33 Rn. 23 ff.; MüHdb-GesR-III/*Kort*, § 27 Rn. 26 ff.; Lutter/Hommelhoff/*Lutter/Hommelhoff*, § 33 Rn. 39.

27 Baumbach/Hueck/*Hueck/Fastrich*, § 33, Rn. 28; Ulmer/Habersack/Winter/*Hohner/Paura*, § 33 Rn. 85 ff.; Lutter/Hommelhoff/*Lutter/Hommelhoff*, § 33 Rn. 34; Michalski/*Sosnitza*, § 33 Rn. 65 ff.; offengelassen: BGH NJW 2004, 365 f.; Roth/Altmeppen/*Altmeppen*, § 33 Rn. 55.

28 Ähnlich auch Michalski/*Sosnitza*, § 33 Rn. 67.

29 Baumbach/Hueck/*Hueck/Fastrich*, § 33, Rn. 28; Ulmer/Habersack/Winter/*Hohner/Paura*, § 33 Rn. 85 ff.; Lutter/Hommelhoff/*Lutter/Hommelhoff*, § 33 Rn. 34; Michalski/*Sosnitza*, § 33 Rn. 65 ff.

30 Roth/Altmeppen/*Altmeppen*, § 33 Rn. 55.

31 OLG Hamm, ZIP 1983, 1332; *Habersack*, ZIP 2004, 1121 ff.; Lutter/Hommelhoff/*Lutter/Hommelhoff*, § 33 Rn. 34, 36; Ulmer/Habersack/Winter/*Hohner/Paura*, § 33 Rn. 88 f.; a.A. MüHdb-GesR-III/*Kort*, § 27 Rn. 41; differenzierend: Scholz/*Westermann*, § 33 Rn. 38.

32 Lutter/Hommelhoff/*Lutter/Hommelhoff*, § 33 Rn. 25; MüHdb-GesR-III/*Kort*, § 27 Rn. 12; Ulmer/Habersack/Winter/*Hohner/Paura*, § 33 Rn. 15; Scholz/*Westermann*, § 33 Rn. 12.

2. Kein-Mann-GmbH

Der Erwerb sämtlicher Anteile durch die GmbH selbst führt nach wohl h.M. zu deren Auflösung, weil ein gesetzlich nicht geregelter Auflösungsgrund eintritt. Die Veräußerung eines Anteils durch Liquidatoren bleibt aber möglich. In dem Erwerb wird entweder konkludent die Fortsetzung der Gesellschaft gesehen oder der Erwerber kann diese dann ausdrücklich beschließen.[33] 16

3. (Einheits-)GmbH & Co. KG

§ 33 steht dem Erwerb sämtlicher Anteile an der Komplementär-GmbH durch die KG (sog. **Einheitsgesellschaft**) nur dann entgegen, wenn die Stammeinlage noch nicht voll eingezahlt ist (Abs. 1) oder die Gegenleistung mittelbar gebundenes Vermögen der GmbH berührt (Abs. 2).[34] Im Übrigen ist das Problem bei der GmbH & Co. KG weitgehend durch § 172 Abs. 6 HGB gelöst. 17

4. Verbotene wechselseitige Beteiligungen

§ 33 gilt nach h.M. entsprechend für beherrschende wechselseitige GmbH-Beteiligungen (mittelbare Selbstbeteiligung; vgl. § 56 Abs. 2 AktG). Ist die A-GmbH an der B-GmbH beteiligt, darf die B-GmbH Anteile an der A-GmbH nur unter den Voraussetzungen des § 33 halten. Streitig ist nur, ob dies bereits bei einer Beteiligungsquote von 25 % oder erst ab 50 % gilt.[35] 18

C. Weitere praktische Hinweise

Der Erwerb eigener Anteile und deren Weiterveräußerung können die internen Mehrheitsverhältnisse stark verändern, da insbesondere das Stimmrecht ruht bzw. wiederauflebt (vgl. Rn. 13 und 14). Sowohl der Erwerb als auch die Weiterveräußerung bedürfen daher auch ohne Vinkulierungsnorm eines zustimmenden Gesellschafterbeschlusses. Sicherheitshalber sollte dies im Außenverhältnis durch **statutarische Regelungen** geklärt werden (vgl. Rn. 12 und 14). 19

Typische Fehlerquellen sind die der Norm immanenten Kapitalerhaltungsregeln: Wegen § 33 Abs. 1 sollten schuldrechtlicher und dinglicher Vertrag stets vorsorglich unter der Bedingung der vorherigen Volleinzahlung geschlossen sein, da eine Heilung sonst nur durch Neuvornahme möglich ist (siehe Rn. 5). Außerdem ist für den schuldrechtlichen Vertrag als Bedingung die Einhaltung des § 33 Abs. 2 zu vereinbaren; der Rechtserwerb wird dann jedenfalls mit späterer Herbeiführung erfüllbar bzw. ist nicht mehr nach § 812 BGB kondizierbar (siehe Rn. 10). Auch eine Vertragsgestaltung abhängig von den Vermögensverhältnissen der Gesellschaft (z.B. Festlegung des Kaufpreises zu einem späteren Zeitpunkt gemäß dann vorliegender Zwischenbilanz)[36] kann sinnvoll sein. 20

Steuerlich wurden bisher Erwerb und Veräußerung eigener Anteile im Grunde ebenso behandelt wie Erwerb und Veräußerung von Anteilen an anderen Kapitalgesellschaften (siehe „Steuerrecht", S. 1046 ff., Rn. 72).[37] Das BilMoG (BGBl. I 2009, 1102) verfolgt hingegen handelsrechtlich das Konzept der Kapitalherabsetzung bei Erwerb bzw. der Kapitalerhöhung bei Weiterveräußerung (§ 272 Abs. 1a und 1b). Ob dies über den Fall des Erwerbs zum Zweck der Einziehung, der schon bisher wie eine Kapitalherabsetzung behandelt wurde, hinaus Auswirkungen hat, ist umstritten.[38] Weichen die vereinbarten Gegenleistungen deutlich vom tatsächlichen Wert der Anteile ab, kann sowohl der Erwerb als auch die Weiterveräußerung zu einer verdeckten Gewinnausschüttung führen. Bei der Berechnung steuerlich relevanter Beteiligungsquoten, wie in § 17 EStG, werden eigene Anteile nicht mitgezählt. 21

---

33 Siehe auch Baumbach/Hueck/*Hueck/Fastrich*, § 33 Rn. 19; Michalski/*Sosnitza*, § 33 Rn. 53 f.; MüHdb-GesR-III/*Kort*, § 27 Rn. 42; Ulmer/Habersack/Winter/*Hohner/Paura*, § 33 Rn. 118; Lutter/Hommelhoff/*Kleindiek*, § 60 Rn. 24.

34 Vgl. Baumbach/Hueck/*Hueck/Fastrich*, § 33 Rn. 20; MüHdb-GesR-III/*Kort*, § 27 Rn. 43 ff.

35 Lutter/Hommelhoff/*Lutter/Hommelhoff*, § 33, Rn. 40 ff.; MüHdb-GesR-III/*Kort*, § 27 Rn. 46 ff.; Roth/Altmeppen/*Altmeppen*, § 33 Rn. 40 ff; Michalski/*Sosnitza*, § 33 Rn. 48 ff.; Scholz/*Westermann*, § 33 Rn. 21 f.

36 Vgl. OLG Hamm, GmbHR 1994, 179; s.a. BGH DStR 1994, 107.

37 Vgl. BFH, BStBl. II 2005, 522.

38 Für eine analoge Behandlung zum Handelsrecht z.B. Schmidt/*Weber-Grellet*, § 17 EStG Rn. 102.

§ 34 Einziehung von Geschäftsanteilen

(1) Die Einziehung (Amortisation) von Geschäftsanteilen darf nur erfolgen, soweit sie im Gesellschaftsvertrag zugelassen ist.

(2) Ohne die Zustimmung des Anteilsberechtigten findet die Einziehung nur statt, wenn die Voraussetzungen derselben vor dem Zeitpunkt, in welchem der Berechtigte den Geschäftsanteil erworben hat, im Gesellschaftsvertrag festgesetzt waren.

(3) Die Bestimmung in § 30 Abs. 1 bleibt unberührt.

Literatur

Blath, Einziehung und Nennbetragsanpassung, GmbHR 2011, 1177; *ders.*, Der Vollzug des Ausscheidens aus der GmbH - dogmatische und praktische Fragen, GmbHR 2012, 657; *Braun*, Einziehung von GmbH-Geschäftsanteilen nach MoMiG, GmbHR 2010, 82; *Clevinghaus*, Voraussetzungen und Folgen der Einziehung von GmbH-Geschäftsanteilen, RNotZ 2011, 449; *Fleischer*, Rechtsfragen der Unternehmensbewertung bei geschlossenen Kapitalgesellschaften - Minderheitsabschlag, Fungibilitätsabschlag, Abschlag für Schlüsselpersonen, ZIP 2012, 1633; *Goette*, Zum Zeitpunkt des Wirksamwerdens des Zwangseinziehungsbeschlusses, in: Schneider u.a. (Hrsg.), Deutsches und europäisches Gesellschafts-, Konzern- und Kapitalmarktrecht: Festschrift für Marcus Lutter zum 70. Geburtstag, 2000, S. 399; *Haibt*, Abfindungsklauseln in GmbH-Verträgen, MittRhNotK 1998, 261; *Lohr*, Abtretung statt Einziehung, GmbH-StB 2010, 368; *Römermann*, Ausschließung von GmbH-Gesellschaftern und Einziehung von Anteilen: Ein Minenfeld, NZG 2010, 96; *Schwab*, Kündigung, Ausschluss und Einziehung in der GmbH, DStR 2012, 707; *Stumpf/Müller*, Sofortige Wirksamkeit der Einziehung des Geschäftsanteils eines GmbH-Gesellschafters - Der Abschied des BGH von der Bedingungslösung, GWR 2012, 143; *Transfeld*, Abweichende Festsetzung des Einziehungsentgelts in der Insolvenz eines Gesellschafters, GmbHR 2011, 298; *Wanner-Laufer*, Die Zwangseinziehung von Geschäftsanteilen nach § 34 GmbHG - Veränderung durch die Reform des GmbH-Rechts, NJW 2010, 1499.

A. Allgemeines

1 Die Norm ist durch das MoMiG[1] und das BilMoG[2] unverändert geblieben. Die Einziehung führt anders als der Erwerb eigener Anteile (§ 33) zum **Untergang des Geschäftsanteils** und kommt als Alternative zu Ausschluss und Austritt (siehe Anh. § 34 Rn. 1 ff.) in Betracht. Die **Zwangseinziehung** (Abs. 2) dient i.d.R. dem Hinausdrängen missliebiger Gesellschafter oder der Abwehr Dritter (z.B. Pfändungsgläubiger), neuerdings auch der Beendigung von Mitarbeiterbeteiligungen. Auch der **letzte Geschäftsanteil** soll eingezogen werden können, die Gesellschaft wird dadurch aber aufgelöst[3] (Kein-Mann-GmbH, vgl. § 33 Rn. 16).

1 Gesetz zur Modernisierung des GmbH-Rechts und zur Bekämpfung von Missbräuchen (MoMiG) vom 23.10.2008, BGBl. I S. 2026.
2 Bilanzrechtsmodernisierungsgesetz (BilMoG) v. 25.5.2009, BGBl. I S. 1102.
3 Michalski/*Sosnitza*, § 34 Rn. 27; a.A. Baumbach/Hueck/*Hueck/Fastrich*, § 34 Rn. 2: Einziehungsbeschluss ist nichtig.

B. Inhalt der Regelung

I. Freiwillige Einziehung (Abs. 1)

Da die Einziehung die Rechte aller Gesellschafter berührt, ist stets eine entsprechende **Satzungsgrundlage** erforderlich. Zur freiwilligen Einziehung genügt bereits eine pauschale Klausel, die die Einziehung als solche zulässt; ggf. kann die Einziehungsmöglichkeit auch durch Auslegung der Satzung entnommen werden.[4] Bei **späterer Satzungsänderung** könnte man für die freiwillige Einziehung großzügiger sein als bei Abs. 2 (siehe Rn. 7), die Rechtsprechung verlangt aber dennoch gem. § 53 Abs. 3 Zustimmung aller Gesellschafter.[5] Stets erforderlich ist Volleinzahlung (Abs. 3, vgl. Rn. 18). 2

Die erforderliche (vorherige oder nachträgliche) **Zustimmung** des Anteilsinhabers als empfangsbedürftige Willenserklärung kann formfrei gegenüber dem Geschäftsführer oder der beschließenden Gesellschafterversammlung erklärt werden, ggf. auch konkludent durch positive Stimmabgabe.[6] Die Vorabeerteilung „auf Vorrat" für noch unbestimmte Fälle ist jedoch wie Hinauskündigungsklauseln (siehe Rn. 5) nicht zulässig[7] (wegen Zustimmung Dritter siehe Rn. 24). 3

Auch die **Einziehung eigener Anteile** bedarf gem. Abs. 1 einer Satzungsgrundlage.[8] Einziehung erfolgt dann durch **Beschluss**, daneben ist hier die Zustimmung der Gesellschaft als Anteilsinhaberin nach h.M. ebenso wenig nötig wie eine Einziehungserklärung. Der Vorgang ist bilanziell neutral, da bisher die zu bildende Rücklage für eigene Anteile (§ 272 Abs. 4 HGB) im Fall der Einziehung aufzulösen war. Nach BilMoG sind dagegen die eigenen Anteile weder zu aktivieren noch ist eine Rücklage zu bilden. (vgl. § 33) Den eigenen Anteilen wird nunmehr nicht die Eigenschaft eines Vermögensgegenstandes beigemessen; sie sind in der Vorspalte offen vom Posten "Gezeichnetes Kapital" als Kapitalrückzahlung abzusetzen. Der Unterschiedsbetrag zwischen Nennbetrag und Anschaffungskosten ist mit den frei verfügbaren Rücklagen zu verrechnen. Die Einziehung bleibt somit auch nach dem BilMoG bilanzneutral.[9] Bei bereits bestehender Unterbilanz dürfen eigene Anteile wegen Abs. 3 nicht eingezogen werden.[10] 4

II. Zwangseinziehung (Abs. 2)

1. Festsetzung der Voraussetzungen im Gesellschaftsvertrag

Zur Zulässigkeit der **Einziehung ohne Zustimmung** des Betroffenen müssen die Tatbestandsvoraussetzungen hierfür bereits vor Anteilserwerb (siehe Rn. 7) in gerichtlich überprüfbarer Weise **statutarisch festgesetzt** sein.[11] Dazu ist der Einziehungsgrund so konkret zu bestimmen, dass sich die Gesellschafter auf den möglichen Anteilsverlust einstellen können. Einziehung kann auch nur für einzelne Geschäftsanteile zugelassen werden. Ohne satzungsmäßig bestimmten **sachlichen Grund** ist eine Einziehung wirkungslos (siehe Rn. 21). Denn der Verbleib in der Gesellschaft darf ohne klaren Grund nicht vom schlichten Wohlwollen der anderen Gesellschafter abhängen (Verbot der Hinauskündigungsklausel).[12] Der Grund muss nicht „wichtiger Grund" sein. Als Satzungsrege- 5

---

4 Michalski/*Sosnitza*, § 34 Rn. 9; Baumbach/Hueck/*Hueck/Fastrich*, § 34 Rn. 4.

5 So wohl BGHZ 9, 160 = NJW 1953, 780; BayObLG DB 1978, 2164; Michalski/*Sosnitza*, § 34 Rn. 10 f.; Lutter/Hommelhoff/*Lutter/Hommelhoff*, § 34 Rn. 13; a.A. (3/4-Mehrheit) Ulmer/Habersack/Winter/*Ulmer*, § 34 Rn. 17 f., Scholz/*Westermann*, § 34 Rn. 10; Roth/Altmeppen/*Altmeppen*, § 34 Rn. 8; Baumbach/Hueck/*Hueck/Fastrich*, § 34 Rn. 5.

6 Vgl. Michalski/*Sosnitza*, § 34 Rn. 13 f.; Lutter/Hommelhoff/*Lutter/Hommelhoff*, § 34 Rn. 12.

7 Michalski/*Sosnitza*, § 34 Rn. 14.

8 Baumbach/Hueck/*Hueck/Fastrich*, § 34 Rn. 13; Michalski/*Sosnitza*, § 34 Rn. 24; Roth/Altmeppen/*Altmeppen*, § 34 Rn. 6; a.A. bei Zustimmung aller Gesellschafter: Lutter/Hommelhoff/*Lutter/Hommelhoff*, § 34 Rn. 7; ähnlich: Scholz/*Westermann*, § 34 Rn. 39.

9 Baumbach/Hueck/*Hueck/Fastrich*, § 34 Rn. 13.

10 Baumbach/Hueck/*Hueck/Fastrich*, § 34 Rn. 13; Michalski/*Sosnitza*, § 34 Rn. 25; Lutter/Hommelhoff/*Lutter/Hommelhoff*, § 34 Rn. 7; Scholz/*Westermann*, § 34 Rn. 39; a.A. Roth/Altmeppen/*Altmeppen*, § 34 Rn. 13.

11 BGH NJW 1977, 2316.

12 Siehe auch Scholz/*Westermann*, § 34 Rn. 13 ff.; Michalski/*Sosnitza*, § 34 Rn. 40 ff. m.w.N.; Lutter/Hommelhoff/*Lutter/Hommelhoff*, § 34 Rn. 27.

lung sollen aber „wichtiger Grund in der Person" oder ähnlich übliche bzw. an Gesetzesbegriffe angelehnte Formulierungen noch ausreichen, sind jedoch eng auszulegen.[13] Solche wichtigen Gründe in der Person des Gesellschafters können z.B. ein schwerer Verstoß gegen ein gesellschaftsvertragliches Wettbewerbsverbot oder auch allgemein gegen Treupflichten sein, die die weitere Zusammenarbeit unzumutbar machen.[14] Einziehungsgründe unterliegen der Verwirkung;[15] anderenfalls würde der einmal eingetretene Tatbestand zur dauernden Hinauskündigungsmöglichkeit (die Satzung kann hierfür Fristen regeln). Eine mangelhafte Klausel kann ggf. durch Auslegung mit dem Inhalt „zumindest aus wichtigem Grund" aufrechterhalten werden.[16]

! Es empfiehlt sich eine entsprechende Generalklausel zur Einziehung im Gesellschaftsvertrag vorzusehen. Anderenfalls bleibt nur die Ausschlussklage aus wichtigem Grund (siehe Anh. § 34 Rn. 3 ff.).

6 Als **ausreichende sachliche Gründe** sind etwa anerkannt: Veräußerung oder Pfändung (zumindest wenn im Zeitpunkt des Einziehungsbeschlusses noch fortbestehend),[17] Insolvenz des Gesellschafters,[18] Vererbung des Anteils an andere als genannte Personen,[19] Erreichen eines bestimmten Alters,[20] Tod des Gesellschafters (bei nur kurzer Einziehungsfrist),[21] kurzfristige Prüfung bei Aufnahme eines neuen Gesellschafters[22] oder Kooperationspartners,[23] Ausscheiden als Kommanditist bei GmbH & Co. KG, Verlust der Zulassung als Rechtsanwalt, Steuerberater, Wirtschaftsprüfer oder Arzt,[24], Beendigung der Mitarbeit (z.B. wenn die GmbH auf Mitarbeit aller Gesellschafter angelegt ist)[25] oder Organstellung (wenn die Gesellschafterstellung nur Annex zur Organ- oder Mitarbeiterstellung war; sog. Manager- bzw. Mitarbeiter-Modell),[26] Ausschluss, Austritt, Kündigung, Erhebung einer offensichtlich erfolglosen Auflösungsklage,[27] schwerer oder nachhaltiger Verstoß gegen festgelegtes Wettbewerbsverbot[28] oder Treuepflicht,[29] unzumutbare Summe vieler kleinerer Verstöße.[30] Bei verhaltensgebundenen Gründen ist das Verhalten des Treugebers dem Gesellschafter (Treuhänder) zuzurechnen.[31] **Nicht ausreichend** ist z.B. die Nichtgenehmigung des Jah-

13 BGH NJW 1977, 2316; BGH DStR 2003, 745; OLG Hamburg, ZIP 1996, 962; Scholz/*Westermann*, § 34 Rn. 16; Lutter/Hommelhoff/*Lutter/Hommelhoff*, § 34 Rn. 25; Michalski/*Sosnitza*, § 34 Rn. 36 m.w.N. Baumbach/Hueck/*Hueck/Fastrich*, § 34 Rn. 10.
14 Baumbach/Hueck/*Hueck/Fastrich*, § 34 Rn. 10. Vgl. auch KG Berlin, Beschluss vom 1.4.2010 (2 W 36/10), BB 2010, 1562: Der erforderliche wichtige Grund muss bei Personenidentität im Verhalten des Gesellschafters, nicht im Verhalten des Geschäftsführers, vorliegen.
15 BGH WM 1977, 192; OLG Frankfurt/M., NZG 1998, 595; OLG München, GmbHR 1998, 322, 334; OLG Celle, GmbHR 1999, 551; Michalski/*Sosnitza*, § 34 Rn. 104 f.; Lutter/Hommelhoff/*Lutter/Hommelhoff*, § 34 Rn. 21; Scholz/*Westermann*, § 34 Rn. 44.
16 BGHZ 107, 351 = NJW 1989, 2681.
17 BGHZ 65, 22, 24 = NJW 1975, 1835 f.; OLG Hamburg, BB 1997, 431 m. abl. Anm. *Fingerhut*; Michalski/*Sosnitza*, § 34 Rn. 39.
18 OLG Frankfurt/M., NZG 1998, 595 m. Anm. *Eckhardt*.
19 BGH DB 1977, 342 (Familiengesellschaft); OLG München, ZIP 1984, 1349.
20 Baumbach/Hueck/*Hueck/Fastrich*, § 34 Rn. 10, Lutter/Hommelhoff/*Lutter/Hommelhoff*, § 34 Rn. 25; Michalski/*Sosnitza*, § 34 Rn. 36.
21 BGHZ 105, 213, 217; BGH NJW 1973, 1606.
22 BGH NJW 2004, 2013 (Praxisgemeinschaft von Ärzten); nach BGH v. 7.5.2007 – II ZR 281/05 – Frist bis zu drei Jahren.
23 BGH DStR 2005, 798 = ZIP 2005, 706 = GmbHR 2005, 620.
24 Michalski/*Sosnitza*, § 34 Rn. 36.
25 BGH NJW 1983, 2880.
26 BGHZ 164, 98 = BGH NJW 2005, 3641 = DStR 2005, 1913; BGHZ 164, 107 = BGH NJW 2005, 3644; BGH NJW 1983, 2880; OLG Hamm, GmbHR 1998, 1081; OLG Celle, GmbHR 2003, 1428; OLG Düsseldorf, ZIP 2004, 1804; a.A. OLG Frankfurt/M, ZIP 2004, 1801; zsf. Scholz/*Westermann*, § 34 Rn. 18a.
27 Streitig, vgl. Michalski/*Sosnitza*, § 34 Rn. 35 m.w.N.; MüHdb-GesR-III/*Kort*, § 28 Rn. 9; s.a. BayObLG DB 1978, 2164.
28 OLG Nürnberg, GmbHR 1994, 252.
29 OLG München, DB 1994, 320.
30 Siehe auch Lutter/Hommelhoff/*Lutter/Hommelhoff*, § 34 Rn. 18; Baumbach/Hueck/*Hueck/Fastrich*, § 34 Rn. 10.
31 OLG München, GmbHR 1997, 451.

resabschlusses oder der Widerstand gegen die Aufnahme neuer Gesellschafter bei berechtigtem Eigeninteresse,[32] Mehrheitsentscheidung nach freiem Belieben.[33]

2. Festsetzung vor Erwerb des Geschäftsanteils

Nach Abs. 2 Hs. 2 muss die konkrete **Einziehungsklausel** bereits **vor Erwerb** des betroffenen Geschäftsanteils bestanden haben, die h.M. lässt aber gem. § 53 Abs. 3 auch **nachträgliche Einführung** oder Beschränkung[34] jedenfalls zu, wenn sämtliche Gesellschafter dieser zugestimmt haben,[35] da der Kernbereich der Mitgliedschaft betroffen ist (vgl. auch § 14 Rn. 6 ff.). Bei 3/4-Mehrheit (§ 53 Abs. 2) ist die Satzungsänderung insgesamt gescheitert, die Einziehung auch nicht zulasten der Zustimmenden[36] oder späterer Erwerber möglich.[37] Dinglich Berechtigte an Geschäftsanteilen müssen nach wohl h.M. nicht zustimmen[38] (siehe auch Rn. 24). 7

III. Abfindung

1. Allgemeines

Dem Betroffenen steht für den Verlust seines Geschäftsanteils eine Abfindung zu. Bei einvernehmlicher Einziehung werden die Einzelheiten i.d.R. vorab individuell vereinbart und bereiten dann keine Schwierigkeiten.[39] Ist im Gesellschaftsvertrag zu Höhe und Zahlungsmodalitäten nichts geregelt, können aber bei der Zwangseinziehung lange Streitigkeiten folgen. Fälligkeit tritt spätestens ein, sobald die unverzügliche Ermittlung der Höhe möglich war.[40] Es ist grundsätzlich der **volle Verkehrswert** der Beteiligung abzufinden,[41] regelmäßig also der anteilige Unternehmenswert (einschließlich stiller Reserven und Goodwill) zum Zeitpunkt des Wirksamwerdens des Einziehungsbeschlusses.[42] Bestimmte **Wertermittlungsmethoden** sind nicht vorgeschrieben, mangels Vergleichszahlen wird jedoch regelmäßig vom Ertragswert ausgegangen, wobei Substanzwertkomponenten umso mehr zu berücksichtigen sind, als die Ertragskraft vom persönlichen Einsatz der Gesellschafter abhängt oder erhebliches nichtbetriebsnotwendiges Vermögen vorhanden ist.[43] Beim Ertragswertverfahren werden künftige Ertragsaussichten aus den in der Vergangenheit erzielten Erträgen und erkennbaren Entwicklungen prognostiziert und kapitalisiert. In der Regel ist ein Sachverständigengutachten nötig,[44] das regelmäßig durch einen Wirtschaftsprüfer auf Basis der 8

---

32 OLG Celle, NZG 1998, 29; OLG Dresden, NZG 2001, 809.
33 Vgl. z.B. BGHZ 112, 103, 107 ff. = NJW 1990, 2622; a.A. Roth/Altmeppen/*Altmeppen*, § 34 Rn. 40 ff.
34 Zum Beispiel Stundung oder Herabsetzung der Abfindung, vgl. BGHZ 116, 359, 363, 372 = NJW 1992, 892; Baumbach/Hueck/*Hueck/Fastrich*, § 34 Rn. 8; MüHdb-GesR-III/*Kort*, § 28 Rn. 20.
35 Vgl. BGHZ 9, 157, 160 = NJW 1953, 780; BGHZ 116, 359, 363 = NJW 1992, 892; BayObLG DB 1978, 2164; Baumbach/Hueck/*Hueck/Fastrich*, § 34 Rn. 8; Roth/Altmeppen/*Altmeppen*, § 34 Rn. 9; Michalski/*Sosnitza*, § 34 Rn. 32; a.A. Scholz/*Westermann*, § 34 Rn. 10: 3/4-Mehrheit.
36 So wohl Baumbach/Hueck/*Hueck/Fastrich*, § 34 Rn. 8 (unter Berufung auf BGH NJW 1977, 2316); MüHdb-GesR-III/*Kort*, § 28 Rn. 8: Zustimmung nur der möglicherweise Betroffenen nötig; diff.: Ulmer/Habersack/Winter/*Ulmer*, § 34 Rn. 35 ff.; Roth/Altmeppen/*Altmeppen*, § 34 Rn. 9; Michalski/*Sosnitza*, § 34 Rn. 32.
37 So wohl Lutter/Hommelhoff/*Lutter/Hommelhoff*, § 34 Rn. 23 m.w.N.; unklar Scholz/*Westermann*, § 34 Rn. 10 f., 21.
38 Der Gesellschafter ist allenfalls im Innenverhältnis zum dinglich Berechtigten verpflichtet, die Änderung abzulehnen, vgl. MüHdb-GesR-III/*Kort*, § 28 Rn. 8; Baumbach/Hueck/*Hueck/Fastrich*, § 34 Rn. 8; a.A. Lutter/Hommelhoff/*Lutter/Hommelhoff*, § 34 Rn. 23.
39 Siehe Lutter/Hommelhoff/*Lutter/Hommelhoff*, § 34 Rn. 19.
40 BayObLG GmbHR 1983, 270 f.; Ulmer/Habersack/Winter/*Ulmer*, § 34 Rn. 80; a.A. MüHdb-GesR-III/*Kort*, § 28 Rn. 20; Baumbach/Hueck/*Hueck/Fastrich*, § 34 Rn. 24 m.w.N.: mit Wirksamwerden der Einziehung.
41 BGHZ 116, 359, 365, 370 f., 375 m.w.N. = NJW 1992, 892; BGH NJW 1993, 2101; BGHZ 123, 281 ff. = NJW 1993, 3193; BGHZ 126, 226 = NJW 1994, 2536; Roth/Altmeppen/*Altmeppen*, § 34 Rn. 44; Baumbach/Hueck/*Hueck/Fastrich*, § 34 Rn. 22 f.; Scholz/*Westermann*, § 34 Rn. 25; Michalski/*Sosnitza*, § 34 Rn. 43 ff.
42 BGHZ 9, 157, 172; Michalski/*Sosnitza*, § 34 Rn. 48.
43 BGHZ 116, 359, 371 = NJW 1992, 892; BGH NJW 1985, 192 f.; 1993, 2101, 2103; OLG Düsseldorf, DB 1988, 1109; OLG Köln, GmbHR 1998, 641; Baumbach/Hueck/*Hueck/Fastrich*, § 34 Rn. 23; Lutter/Hommelhoff/*Lutter/Hommelhoff*, § 34 Rn. 50; Michalski/*Sosnitza*, § 34 Rn. 45.
44 BGHZ 116, 359, 371 = NJW 1992, 892; BGH NJW 1985, 192 f.; Lutter/Hommelhoff/*Lutter/Hommelhoff*, § 34 Rn. 50; Baumbach/Hueck/*Hueck/Fastrich*, § 34 Rn. 23; Michalski/*Sosnitza*, § 34 Rn. 45.

Empfehlungen des IDW S 1 erstellt wird. Der Liquidationswert bildet grundsätzlich die Untergrenze der Bewertung.[45]

2. Satzungsmäßige Abfindungsregelungen (Beschränkungen)

9 Durch Satzungsklauseln wird häufig versucht, Bestand und Liquidität der Gesellschaft zu sichern. Auch die Erleichterung von Bewertungsschwierigkeiten spielt eine große Rolle. Angesichts des drohenden Anteilsverlusts muss eine Abfindungsbeschränkung ausreichend deutlich aus der Satzung hervorgehen. Es gelten grundsätzlich dieselben Zulässigkeitsschranken wie bei Personengesellschaften.[46] Klauseln sind gem. §§ 138, 242 BGB grob unbillig und von **Anfang an nichtig**, wenn bereits **bei** ihrer **Einführung offensichtlich** ist, dass das Interesse an einer Beschränkung völlig außer Verhältnis zum tatsächlichen Wert steht.[47] Die Einziehung als solche bleibt zwar wirksam, es ist aber der volle Verkehrswert abzufinden.[48] Nichtig sind auch **einseitig** nur **zulasten Dritter** (z.B. Gläubiger) wirkende Abfindungsklauseln. So darf eine Abfindung etwa nicht nur für den Fall der Pfändung oder Insolvenz verkürzt werden, wenn in anderen Fällen (insbesondere der Einziehung aus wichtigem Grund) höhere Beträge vorgesehen sind und damit den Gesellschafter im Vergleich zu seinen Gläubigern begünstigen.[49] Sachliche Differenzierungen sind im Übrigen aber durchaus zulässig.[50] Die Nichtigkeit einer Klausel soll drei Jahre nach Handelsregistereintragung (analog § 242 Abs. 2 AktG) auch von Gläubigern (h.M.) nicht mehr geltend gemacht werden können;[51] es dürften dann die nachfolgenden Grundsätze (Rn. 10) entsprechend gelten.

10 Stellt sich ein **Missverhältnis** zwischen Wert und vereinbarter Abfindung **erst später** heraus, ist die Klausel ggf. unanwendbar und die Abfindung im Wege der Ausübungskontrolle angemessen entsprechend dem hypothetischen Parteiwillen, Zweck der Klausel, Verursachungsbeitrag und Ertrags- und Vermögensentwicklung der Gesellschaft **anzupassen**.[52] Der volle Verkehrswert wird durch Anpassung regelmäßig nicht erreicht. Das Ergebnis ist stets einzelfallabhängig, starre Grenzen gibt es nicht. Problematisch dürften Abfindungen sein, die 30 bis 50 % hinter dem tatsächlichen Wert zurückbleiben.[53] Wenn eine Klausel umgekehrt zu einem erheblich über dem Verkehrswert liegenden Betrag führt, kann die Anpassung ggf. auch zu einer Reduzierung der Abfindung führen.[54]

11 Zunächst wirksam[55] sind grundsätzlich **Buchwertklauseln**, die im Jahresabschluss ausgewiesene Werte einschließlich offener Rücklagen und Gewinnvorträgen und abzüglich der Schulden berück-

---

45 BayObLG GmbHR 1995, 662.

46 Ulmer/Habersack/Winter/*Ulmer*, § 34 Rn. 90.

47 BGHZ 116, 359, 376 = NJW 1992, 892; BGHZ 123, 281 f. = NJW 1993, 3193; BGHZ 126, 226, 233, 240 = NJW 1994, 2536; Lutter/Hommelhoff/*Lutter/Hommelhoff*, § 34 Rn. 81 ff. m.w.N.; Michalski/*Sosnitza*, § 34 Rn. 54 ff., 76 ff.; MüHdb-GesR-III/*Kort*, § 28 Rn. 24; Baumbach/Hueck/*Hueck/Fastrich*, § 34 Rn. 27 f.

48 BGHZ 65, 22, 26 = NJW 1975, 1835; BGHZ 116, 359, 376 = NJW 1992, 892; BGH NJW 2000, 2819 = DStR 2000, 1443 f. m. Anm. *Goette*; OLG Hamm, NZG 1999, 599; MüHdb-GesR-III/*Kort*, § 28 Rn. 37; Lutter/Hommelhoff/*Lutter/Hommelhoff*, § 34 Rn. 86; Baumbach/Hueck/*Hueck/Fastrich*, § 34 Rn. 33.

49 BGHZ 144, 365, 367 = NJW 2000, 2819; Baumbach/Hueck/*Hueck/Fastrich*, § 34 Rn. 30 f.; Ulmer/Habersack/Winter/*Ulmer*, § 34 Rn. 94 ff.

50 Zum Beispiel im Rahmen von Mitarbeiter-Modellen; BGH NJW 1977, 2316; Ulmer/Habersack/Winter/*Ulmer*, § 34 Rn. 90a; s.a. BGHZ 65, 22, 24 ff. = NJW 1975, 1835; BGHZ 116, 359, 373 f. = NJW 1992, 892; Baumbach/Hueck/*Hueck/Fastrich*, § 34 Rn. 29 f.; Roth/Altmeppen/*Altmeppen*, § 34 Rn. 55.

51 BGH NJW 2000, 2819; BGHZ 116, 359, 368 = NJW 1992, 892; Ulmer/Habersack/Winter/*Ulmer*, § 34 Rn. 108; a.A. (Geltendmachung nur bei Gesellschaftern ausgeschlossen) Roth/Altmeppen/*Altmeppen*, § 34 Rn. 54; Michalski/*Sosnitza*, § 34 Rn. 82 f.; Baumbach/Hueck/*Hueck/Fastrich*, § 34 Rn. 32; Lutter/Hommelhoff/*Lutter/Hommelhoff*, § 34 Rn. 94.

52 BGHZ 123, 281, 284 ff. = NJW 1993, 3193; BGHZ 126, 226, 241 f. = NJW 1994, 2536; BGHZ 144, 365, 367, 369 = NJW 2000, 2819; BGH NJW 1993, 2101 = ZIP 1993, 1160 ff.; Scholz/*Westermann*, § 34 Rn. 35; Lutter/Hommelhoff/*Lutter/Hommelhoff*, § 34 Rn. 87 ff.; MüHdb-GesR-III/*Kort*, § 28 Rn. 27; Ulmer/Habersack/Winter/*Ulmer*, § 34 Rn. 98 f.; Michalski/*Sosnitza*, § 34 Rn. 84 ff.; Baumbach/Hueck/*Hueck/Fastrich*, § 34 Rn. 28.

53 Lutter/Hommelhoff/*Lutter/Hommelhoff*, § 34 Rn. 90 f.: diff. nach Veranlassung und Einziehungsgrund; Baumbach/Hueck/*Hueck/Fastrich*, § 34 Rn. 27.

54 BGH DStR 2006, 1005; Scholz/*Westermann*, § 34 Rn. 35.

55 Vgl. OLG Frankfurt/M., NJW 1978, 328; OLG München, DB 1993, 2325; Baumbach/Hueck/*Hueck/Fastrich*, § 34, 35; Lutter/Hommelhoff/*Lutter/Hommelhoff*, § 34 Rn. 85; siehe aber BGH GmbHR 1989, 508 f.: Unwirksamkeit bei halbem Buchwert.

sichtigen, nicht aber stille Reserven und Geschäfts- oder Firmenwerte. Das Risiko späterer Unanwendbarkeit (siehe Rn. 10) ist jedoch hoch, insbesondere wenn Buchwerte bei erfolgreichen Gesellschaften bald weit hinter dem wirklichen Wert zurückbleiben. Noch weiter zurück hinter dem eigentlichen Wert bleiben i.d.R. **Nennbetragsklauseln**,[56] die die Abfindung auf das anteilige Stammkapital beschränken. Der BGH hat beim Erwerb zum Nennbetrag Beschränkungen auf den zehnfachen (Manager-Modell) bzw. (trotz zwischenzeitlicher Wertsteigerungen) auf den einfachen Erwerbspreis (Mitarbeiter-Modell) akzeptiert.[57]

Häufig vereinbart werden noch immer **Substanzwertklauseln**, die lediglich die schwierig zu bewertenden Geschäfts- und Firmenwerte (Goodwill) außen vor lassen, sonst aber nicht aktivierte Wirtschaftsgüter und nicht passivierte Risiken berücksichtigen. Sie sind zwar zulässig, können bei ertragsstarken Unternehmen vom wirklichen Wert aber erheblich abweichen und daher problematisch sein.[58] Eine realistische Bewertung darf man angesichts der immer wichtiger werdenden nicht bilanzierten Werte jedenfalls nicht erwarten. Substanzwerte sind damit regelmäßig ungeeignet. Die moderne Unternehmensbewertung orientiert sich daher am Ertragswert.[59] 12

Zumindest teilweise berücksichtigt der **Ertragssteuerwert** nach dem mittlerweile auch überholten sog. Stuttgarter Verfahren künftige Erwerbsaussichten. Auch dieser ist aber zur realistischen Wertermittlung nicht geeignet.[60] Zumindest die Wirksamkeit entsprechender Klauseln ist regelmäßig unbedenklich,[61] auch nach Änderung der steuerlichen Bewertungsgrundsätze. Eine Anpassung an moderne Bewertungsmethoden dürfte sich aber häufig empfehlen, in jedem Fall sollten Auffangklauseln formuliert werden. 13

Wer bei ertragsstarken Gesellschaften möglichst den tatsächlichen Wert abfinden möchte, wird eine **Ertragswertklausel** wählen, die sich am gesetzlichen Leitbild (siehe Rn. 8) orientiert. Auch eine Ertragswertklausel kann aber bei ertragsschwachen Unternehmen mit hohem Substanzwert unwirksam sein.[62] Die Klausel sollte die Berechnungsgrundlagen und Kapitalisierungsmodalitäten genau regeln bzw. auf anerkannte Bewertungsmethoden abstellen (z.B. IDW- oder DCF-Verfahren).[63] Zur Streitvermeidung dürften Schiedsklauseln unvermeidbar sein. Einem zu großen Kapitalabfluss sollte durch Ratenzahlungen vorgebeugt werden. Häufig werden die ermittelten Werte auch durch prozentuale (Sicherheits-)Abschläge gekürzt.[64] 14

! Vorausschauende Unternehmensgründer denken bei aller Euphorie über die Gründung des neuen Unternehmens auch an eine mögliche spätere Trennung der Gründer. Ein guter Gesellschaftsvertrag enthält daher neben einer Einziehungsklausel auch Abfindungsklauseln. Wie diese konkret ausgestaltet sein sollten, hängt sehr von den individuellen Gegebenheiten und Vorstellungen der Gesellschafter ab. Bei der Formulierung solcher Klauseln sollte in jedem Fall ein Berater hinzugezogen werden.

Zur konfliktarmen Ermittlung des Abfindungsbetrags empfehlen sich **Schiedsgutachterklauseln**, wonach eine neutrale sachverständige Person zur verbindlichen Wertermittlung vorgesehen ist. 15

56 Vgl. BGHZ 116, 359, 367 ff. = NJW 1992, 892 f., 896; BGHZ 126, 226 = NJW 1994, 2536; BGH, DStR 1997, 336 m. Anm. *Goette* (Manager-Modell); Baumbach/Hueck/*Hueck/Fastrich*, § 34 Rn. 35; Ulmer/Habersack/Winter/*Ulmer*, § 34 Rn. 85.

57 Vgl. BGH MittBayNot 2006, 344 bzw. 347.

58 BGHZ 65, 22, 26 f.; BGH NJW 1991, 1547 f.; OLG München, BB 1987, 3292; Baumbach/Hueck/*Hueck/Fastrich*, § 34 Rn. 36; Michalski/*Sosnitza*, § 34 Rn. 47, 65.

59 Ulmer/Habersack/Winter/*Ulmer*, § 34 Rn. 84.

60 OLG Köln, GmbHR 1998, 641, 643; Lutter/Hommelhoff/*Lutter/Hommelhoff*, § 34 Rn. 79; Roth/Altmeppen/*Altmeppen*, § 34 Rn. 45; Michalski/*Sosnitza*, § 34 Rn. 68.

61 BGH BB 1987, 710; OLG München, BB 1987, 2392 f.; Baumbach/Hueck/*Hueck/Fastrich*, § 34 Rn. 36.

62 BGH DStR 2006, 1005 = ZIP 2006, 851 f.; Ulmer/Habersack/Winter/*Ulmer*, § 34 Rn. 87.

63 Bewertungsgrundsätze des Instituts der Wirtschaftsprüfer in Deutschland e.V. nach dem Standard IDW S 1 i.d.F. 2008 bzw. Discounted-Cashflow-Methode; vgl. *Haibt*, MittRhNotK 1998, 261.

64 Ulmer/Habersack/Winter/*Ulmer*, § 34 Rn. 87; Michalski/*Sosnitza*, § 34 Rn. 69; Baumbach/Hueck/*Hueck/Fastrich*, § 34 Rn. 37.

> **!** Streit ist häufig nicht nur bei der Ermittlung der Abfindungshöhe vorprogrammiert. Im Gesellschaftsvertrag sollte daher zum einen geregelt werden, wie sich die Abfindung ermittelt und zum anderen wie ggf. Konflikte gelöst werden, z.B. durch ein neutrales Schiedsgutachten, durch Schiedsgerichtsklauseln oder durch Mediation.

16 Die Abfindung ist in voller Höhe mit Wirksamwerden der Einziehung fällig.[65] Um Zeit für die Ermittlung des Anspruchs zu erhalten und zur Verhinderung von sofortigem Kapitalabfluss, finden sich häufig **Stundungs- und Ratenzahlungsklauseln**. Üblich sind Zeitspannen von zwei bis fünf Jahren mit (marktüblicher) Verzinsung. Zu bedenken ist bei langen Fristen stets, dass sich der Anspruch bei späterer Unterbilanz wegen Abs. 3 ggf. nicht mehr durchsetzen lässt und die Einziehung dann scheitern kann (vgl. Rn. 19 und 23); statutarisch sollte der vorzeitige Bedingungseintritt bei Gewährung von Sicherheiten ggf. vorgesehen werden. Bloße Zahlungsmodalitäten sind zwar grundsätzlich zulässig, je länger die Zahlung aber hinausgeschoben wird und je geringer eine Abfindung oder deren Verzinsung sein soll, desto eher können auch Stundungsklauseln grob unbillig und unwirksam sein.[66]

17 Ein **vollständiger Ausschluss** der Abfindung ist grundsätzlich unwirksam (§ 138 BGB)[67] und kann nur in Ausnahmefällen sachlich gerechtfertigt sein. So z.B. ist dies bei Einziehung eigener Anteile[68] und ggf. im Fall des Versterbens (insbesondere bei Familiengesellschaften); hierfür gilt § 2301 Abs. 1 und 2 BGB möglich.[69] Ausnahmsweise kann ein den Ausschluss berechtigendes Interesse auch anerkannt werden bei Gesellschaften mit ideellen Zwecken[70] oder Mitarbeiter-Modellen (bei Erstattung von Erwerbskosten bzw. Nennbetrag).[71] Dass ein Gesellschafter den Anteil unentgeltlich erhalten hat, genügt allein aber wohl nicht.[72] Stets zulässig ist der (nachträgliche) freiwillige **Abfindungsverzicht** des Betroffenen bei der Durchführung der Einziehung.[73]

IV. Volleinzahlung, Kapitalerhaltung (Abs. 3)

18 Einziehung ist stets nur zulässig, wenn die betreffende **Stammeinlage voll erbracht** ist.[74] Anderenfalls würde entgegen § 19 Abs. 2 mit dem eingezogenen Geschäftsanteil die noch offene Einlagepflicht untergehen; die reale Kapitalaufbringung und -erhaltung wäre beeinträchtigt. Das gilt auch dann, wenn die Gesellschaft freies Kapital in Höhe der offenen Einlage hat. Eine Verrechnung von Einlagelücke und Abfindung ist ebenso unzulässig.[75]

---

65 Baumbach/Hueck/*Hueck/Fastrich*, § 34 Rn. 38.

66 BGH NJW 1989, 2685 f. (15 Jahre; offengelassen für zehn Jahre); OLG Dresden, NJZ 2000, 1042 f. (drei Raten zum fünften, achten und zehnten Jahr); BayObLG GmbHR 1983, 270 f. = DB 1983, 99 f. (sechs Jahre bei voller Abfindung zulässig); BayObLG DB 1983, 99 f.; Ulmer/Habersack/Winter/*Ulmer*, § 34 Rn. 88, 92 (über fünf Jahre); Lutter/Hommelhoff/*Lutter/Hommelhoff*, § 34 Rn. 85 (Obergrenze zwischen fünf und sieben Jahren); Baumbach/Hueck/*Hueck/Fastrich*, § 34 Rn. 38 (Obergrenze zwischen fünf und acht Jahren).

67 Siehe Ulmer/Habersack/Winter/*Ulmer*, § 34 Rn. 100; MüHdb-GesR-III/*Kort*, § 28 Rn. 36; Michalski/*Sosnitza*, § 34 Rn. 65 f.

68 Ulmer/Habersack/Winter/*Ulmer*, § 34 Rn. 103; Michalski/*Sosnitza*, § 34 Rn. 66.

69 Vgl. BGH DB 1977, 342 f. = WM 1977, 192 f.; BGH NJW 1989, 2685 f.; BGH DStR 1997, 336 (m. Anm. *Goette*) = NJW 1997, 2592 f.; Ulmer/Habersack/Winter/*Ulmer*, § 34 Rn. 101 f.; Baumbach/Hueck/*Hueck/Fastrich*, § 34 Rn. 34; Lutter/Hommelhoff/*Lutter/Hommelhoff*, § 34 Rn. 68; Scholz/*Westermann*, § 34 Rn. 28.

70 BGHZ 135, 387, 390 f. = NJW 1997, 2592 (GbR); OLG Hamm, GmbHR 1997, 942, 944; Ulmer/Habersack/Winter/*Ulmer*, § 34 Rn. 103; Michalski/*Sosnitza*, § 34 Rn. 63; Baumbach/Hueck/*Hueck/Fastrich*, § 34 Rn. 34.

71 BGH MittBayNot 2006, 344 bzw. 347; OLG Celle, GmbHR 2003, 1428; Baumbach/Hueck/*Hueck/Fastrich*, § 34 Rn. 34.

72 BGH NJW 1989, 2685 f. (für KG), streitig.

73 Ulmer/Habersack/Winter/*Ulmer*, § 34 Rn. 100.

74 Einziehung ist wegen Verstoßes gegen §§ 34 Abs. 3, 30 nichtig: OLG München, Beschluss vom 18.10.2010 (7 U 3343/10).

75 Baumbach/Hueck/*Hueck/Fastrich*, § 34 Rn. 11; Lutter/Hommelhoff/*Lutter/Hommelhoff*, § 34 Rn. 16; Scholz/*Westermann*, § 34 Rn. 52 f.

Die geschuldete Abfindung muss **aus freiem Vermögen** geleistet werden können. Die Einziehung ist nichtig, wenn im Zeitpunkt der Beschlussfassung feststeht, dass dies nicht möglich ist;[76] die Abfindung ist dann gem. § 31 zu erstatten. Stellt sich aber erst im Zeitpunkt der Auszahlung heraus, dass diese gem. § 30 nicht erfolgen darf, so soll nach der **Bedingungslehre** (Rn. 23) der Geschäftsanteil beim Betroffenen verbleiben. Fällt die Bedingung endgültig aus, ist die Einziehung ohne Wirkung.[77] Dies führt mangels anderer **Satzungsregelung** (siehe Rn. 22 f.) zu ggf. langwieriger Ungewissheit.[78] Es ist vor allem nicht geklärt, ob der Geschäftsanteil bis zum Bedingungsausfall trägerlos ist bzw. erst bei Nichtleistung wiederauflebt[79] oder vorübergehend der Gesellschaft treuhänderisch anfällt.[80] Auch wenn die Kapitalbindung ggf. durch Kapitalherabsetzung reduziert werden kann,[81] sollte in jeder Satzung alternativ die Erbringung der Abfindung aus dem Vermögen eines Dritten, der keinen Ersatzanspruch gegen die Gesellschaft hat,[82] vorgesehen sein; insbesondere eine Abtretungsverpflichtung (siehe Anh. § 34 Rn. 17). 19

V. Einziehungsverfahren

Die Einziehung erfolgt stets durch **Gesellschafterbeschluss** (§ 46 Nr. 4) und ist (sofern er der Beschlussfassung nicht beiwohnt) dem Betroffenen durch den Geschäftsführer mittels **Einziehungserklärung** mitzuteilen. Mangels abweichender Satzungsregelung ist nur einfache Mehrheit erforderlich und keine notarielle Beurkundung oder Handelsregistereintragung.[83] Die berichtigte Liste der Gesellschafter ist gem. § 40 einzureichen. Richtigerweise hat der Betroffene gem. § 47 Abs. 4 generell kein eigenes Stimmrecht; die Satzung sollte dies aber klarstellen, da die wohl h.M. den Ausschluss des Stimmrechts nur für die Einziehung aus wichtigem Grund bejaht.[84] Der Betroffene muss i.d.R. angehört werden.[85] Soll Einziehung bei mehreren Betroffenen aus demselben Grund erfolgen, haben diese auch bei der Abstimmung hinsichtlich der Mitbetroffenen kein Stimmrecht.[86] Der Beschlussinhalt ist auslegbar, sollte aber stets klarstellen, dass Einziehung und nicht Ausschlussklage gewollt ist. Die Abfindung muss nur benannt werden, wenn Statuten dies verlangen.[87] Die Satzung kann die Einziehung einem **anderen Organ** (z.B. Aufsichtsrat, Beirat, Geschäftsführer) übertragen, nicht aber Dritten.[88] Ein fehlender Beschluss macht die Einziehung nichtig.[89] Umstritten ist, ob eine automatische statutarische Einziehung, z.B. bei Synchronisierung von GmbH- und KG-Beteiligung in der Doppelgesellschaft GmbH & Co. KG, möglich ist.[90] 20

---

76 Genaugenommen ist der Einziehungsbeschluss entsprechend § 241 Nr. 3 AktG nichtig und nicht nur anfechtbar: BGH NZG 2009, 221, BGH DStR 2002, 461; 2006, 1900 f. m. Anm. Goette; Baumbach/Hueck/*Hueck/Fastrich*, § 34 Rn. 40; Lutter/Hommelhoff/*Lutter/Hommelhoff*, § 34 Rn. 20; Scholz/*Westermann*, § 34 Rn. 51 ff., 55; a.A. Roth/Altmeppen § 34 Rn. 22: Sache der Beteiligten, den Einziehungsbeschluss anzufechten.

77 Baumbach/Hueck/*Hueck/Fastrich*, § 34 Rn. 41.

78 Dies betont auch BGH NJW 2004, 1865; s.a. Baumbach/Hueck/*Hueck/Fastrich*, § 34 Rn. 41 ff.; Roth/Altmeppen/*Altmeppen*, § 34 Rn. 16 ff.; Lutter/Hommelhoff/*Lutter/Hommelhoff*, § 34 Rn. 29.

79 So Ulmer/Habersack/Winter/*Ulmer*, § 34 Rn. 62 ff.

80 Offengelassen von BGH NJW 2004, 1865.

81 Hierzu näher Michalski/*Sosnitza*, § 34 Rn. 18; Scholz/*Westermann*, § 34 Rn. 61.

82 Dann ist § 30 nicht betroffen; OLG Hamm, NZG 1999, 597; Lutter/Hommelhoff/*Lutter/Hommelhoff*, § 34 Rn. 30; Michalski/*Sosnitza*, § 34 Rn. 75.

83 Siehe OLG Kalsruhe, GmbHR 2003, 1482; Baumbach/Hueck/*Hueck/Fastrich*, § 34 Rn. 18; Michalski/*Sosnitza*, § 34 Rn. 98 ff., 107 ff; Scholz/*Westermann*, § 34 Rn. 42.

84 Wie hier Ulmer/Habersack/Winter/*Ulmer*, § 34 Rn. 51 f. m.w.N.; Michalski/*Sosnitza*, § 34 Rn. 103 f.; zur h.M. vgl. Lutter/Hommelhoff/*Lutter/Hommelhoff*, § 34 Rn. 17, 37; Baumbach/Hueck/*Hueck/Fastrich*, § 34 Rn. 14; diff.: Scholz/*Westermann*, § 34 Rn. 43; s.a. BGH DB 1977, 342 f.; OLG Celle, GmbHR 1998, 140; MüHdb-GesR-III/*Kort*, § 28 Rn. 12 m.w.N.

85 BGH DStR 1997, 1257; OLG München, NZG 1998, 383; Roth/Altmeppen/*Altmeppen*, § 34 Rn. 60.

86 BGHZ 97, 28, 33 f. = NJW 1986, 2051; Michalski/*Sosnitza*, § 34 Rn. 101.

87 BGH ZIP 1995, 835; Baumbach/Hueck/*Hueck/Fastrich*, § 34 Rn. 14; MüHdb-GesR-III/*Kort*, § 28 Rn. 15.

88 H.M., vgl. Baumbach/Hueck/*Hueck/Fastrich*, § 34 Rn. 14; Lutter/Hommelhoff/*Lutter/Hommelhoff*, § 34 Rn. 10; Ulmer/Habersack/Winter/*Ulmer*, § 34 Rn. 115; Michalski/*Sosnitza*, § 34 Rn. 69 f.; Scholz/*Westermann*, § 34 Rn. 42.

89 Baumbach/Hueck/*Hueck/Fastrich*, § 34 Rn. 14; Roth/Altmeppen/*Altmeppen*, § 34 Rn. 57.

90 Offengelassen von BGH WM 1977, 192; verneinend: Baumbach/Hueck/*Hueck/Fastrich*, § 34 Rn. 17; Lutter/Hommelhoff/*Lutter/Hommelhoff*, § 34 Rn. 10; Scholz/*Westermann*, § 34 Rn. 49 f.; Michalski/*Sosnitza*, § 34 Rn. 96 f.; einschränkend: MüHdb-GesR-III/*Kort*, § 28 Rn. 14; Ulmer/Habersack/Winter/*Ulmer*, § 34 Rn. 118 f.; bejahend: OLG Hamm, GmbHR 1988, 308.

! Da die Literatur und die Rechtsprechung in sich uneinig sind, ob und inwieweit automatische Einziehungsklauseln (auch Einziehung ipso iure oder statuarische Einziehung genannt) zulässig sind, sollte in der Praxis auf solche Klauseln verzichtet werden. Zudem sollte sicherheitshalber stets ein Beschluss über die Einziehung gefasst werden.

21 Für **Beschlussmängel** gelten die allgemeinen Regeln (siehe § 47 Rn. 33 ff.).[91] Fehlt ein Einziehungsgrund, liegt im Zweifelsfall nur Anfechtbarkeit vor.[92] Fehlt aber eine ausreichende Grundlage in der Satzung, ist der Beschluss nichtig; anders jedoch, wenn nur streitig ist, ob die konkrete Satzungsgrundlage den streitigen Fall betrifft.[93] Bloße Anfechtungsgründe sind z.B. der Verstoß gegen die Anhörungspflicht[94] oder den Gleichbehandlungsgrundsatz (z.B. bei einer Zwei-Personen-GmbH und wechselseitigen Einziehungsgründen).[95] Soweit eine Abfindungsklausel unwirksam ist, berührt das nach der ganz h.M. weder die Wirksamkeit der Einziehungsklausel noch den Beschluss über die Einziehung.[96]

VI. Wirkungen der Einziehung

22 Die Einziehung bewirkt nach allgemeiner Meinung das **Untergehen des Geschäftsanteils** mit Verlust der Mitgliedschaft mit allen Rechten und Pflichten. Das Stammkapital bleibt grundsätzlich unverändert und stimmt dann nicht mehr mit der Summe der Nennbeträge der Geschäftsanteile überein. Das wiederspricht aber dem Übereinstimmungsgebot des § 5 Abs. 3 Satz 2 in der Fassung des MoMiG, wobei noch nicht geklärt ist, welche Konsequenzen sich daraus ergeben.[97] Demnach ist es empfehlenswert, entweder eine **Kapitalherabsetzung** (§§ 58 ff.), eine (nominelle) **Aufstockung** der Nennbeträge der **übrigen Anteile oder Schaffung eines neuen Geschäftsanteils** (Revalorisierung) **durchzuführen**.[98] Auch ohne Erhöhung werden die Rechte und Pflichten der verbleibenden Gesellschafter aber unmittelbar nach dem neuen Verhältnis ihrer Anteile zum unveränderten Stammkapital erweitert;[99] dadurch ändern sich ggf. Mehrheitsverhältnisse. Der Erhöhungsbeschluss ist nicht Satzungsänderung und mit einfacher Mehrheit möglich (keine notarielle Form).[100] Anstelle der Erhöhung ist bei Satzungsregelung bzw. mit Zustimmung aller Gesellschafter Neubildung eines Geschäftsanteils zulässig;[101] dieser steht der Gesellschaft als eigener Anteil zu.[102] Bis zu dem für die Einziehung relevanten Zeitpunkt fällige Ansprüche (z.B. Nachschüsse, Gewinnanspruch, falls bereits festgestellt) bleiben bestehen.[103]

91 Je mit weiteren Beispielen: Michalski/*Sosnitza*, § 34 Rn. 27 f.; Scholz/*Westermann*, § 34 Rn. 48.
92 OLG München, GmbHR 1992, 808; Roth/Altmeppen/*Altmeppen*, § 34 Rn. 61; MüHdb-GesR-III/*Kort*, § 28 Rn. 15.
93 Unklar: BGH NJW 1999, 3779; s.a. Roth/Altmeppen/*Altmeppen*, § 34 Rn. 62; Baumbach/Hueck/*Hueck/Fastrich*, § 34 Rn. 15.
94 OLG München, GmbHR 1998, 332.
95 BGHZ 116, 359, 363, 373 = NJW 1992, 892; Baumbach/Hueck/*Hueck/Fastrich*, § 34 Rn. 15, 29; Roth/Altmeppen/*Altmeppen*, § 34 Rn. 55; Ulmer/Habersack/Winter/*Ulmer*, § 34 Rn. 90.
96 Vgl. etwa Michalski/*Sosnitza*, § 34 Rn. 93 f.; Baumbach/Hueck/*Hueck/Fastrich*, § 34 Rn. 33.
97 Siehe hierzu auch OLG München, Beschluss vom 30.1.2012 (31 Wx 483/11), DStR 2012, 425 = NZG 2012, 349, das die Anforderungen des § 5 Abs. 3 Satz 2 n.F. nicht für Altfälle vor Inkrafttreten des MoMiG anwenden will. Ferner LG Neubrandenburg, Urteil vom 31.3.2011 (10 O 62/10), GmbHR 2011, 823 = ZIP 2011, 1214; LG Essen, Urteil vom 9.6.2010 (42 O 100/09), RNotZ 2010, 547.
98 Baumbach/Hueck/*Hueck/Fastrich*, § 34 Rn. 20; Scholz/*Westermann*, § 34 Rn. 67; Michalski/*Sosnitza*, § 34 Rn. 115 ff.; a.A. Lutter/Hommelhoff/*Lutter/Hommelhoff*, § 34 Rn. 2 f.: Erhöhung tritt automatisch ein. Vgl. auch LG Essen Urteil vom 9.6.2010 (42 O 100/09), RNotZ 2010, 547: Der Beschluss über die Einziehung ist mit einer gesellschaftsrechtlichen Lösung zur Wahrung der Voraussetzungen des § 5 Abs. 3 Satz 2 zu verbinden, andernfalls der Einziehungsbeschluss nicht nur anfechtbar, sondern nichtig ist - in der Begründung u.E. durchaus zweifelhaft.
99 So jedenfalls die h.M. zum bisherigen Recht (Wirksamkeit der Einziehung ohne Aufstockungsbeschluss nunmehr wegen § 5 Abs. 3 Satz 2 fraglich). Baumbach/Hueck/*Hueck/Fastrich*, § 34 Rn. 20.
100 Vgl. BGH NJW 1989, 168 f.; BayObLG DB 1991, 2537; Baumbach/Hueck/*Hueck/Fastrich*, § 34 Rn. 20 m.w.N.
101 BayObLG DB 1991, 2537; Baumbach/Hueck/*Hueck/Fastrich*, § 34 Rn. 20; Scholz/*Westermann*, § 34 Rn. 70; Michalski/*Sosnitza*, § 34 Rn. 117 (3/4-Mehrheit); i. Erg. auch durch Teilabtretung der Erhöhungen und Zusammenlegung erreichbar.
102 Baumbach/Hueck/*Hueck/Fastrich*, § 34 Rn. 20.
103 Näher hierzu Michalski/*Sosnitza*, § 34 Rn. 118 ff.; Scholz/*Westermann*, § 34 Rn. 64.

23 Die Wirkungen der Einziehung treten nach noch h.M.[104] erst zum **Zeitpunkt der Erbringung der vollständigen Abfindungsleistung** ein (sog. Bedingungslehre), bis dahin besteht eine unsichere Schwebelage. Um nicht langwierige Streitigkeiten über die Abfindung abwarten zu müssen (ebenso bei vorgesehenen Ratenzahlungen), sollte der relevante Zeitpunkt ggf. **statutarisch vorverlagert** werden[105] (z.B. Bestandskraft des Beschlusses,[106] Sicherheitsleistung, Teilzahlung oder Zahlung eines vorläufig festgesetzten Betrags[107] – wegen Streits über etwaige Spitzenbeträge –, Schiedsklauseln). Der BGH hat in einem neueren - im Wesentlichen zuzustimmenden - Urteil[108] der Bedingungslehre eine klare Absage erteilt. Danach wird die Einziehung mit der Mitteilung des Beschlusses an den betroffenen Gesellschafter und nicht erst mit der Leistung der Abfindung wirksam, wenn der Einziehungsbeschluss weder nichtig ist noch für nichtig erklärt wird. Die Gesellschafter, die den Einziehungsbeschluss gefasst haben, haften dem ausgeschiedenen Gesellschafter anteilig, wenn sie nicht dafür sorgen, dass die Abfindung aus dem ungebundenen Vermögen der Gesellschaft geleistet werden kann oder sie die Gesellschaft nicht auflösen.[109] Wer das Interesse des Ausscheidenden am Erhalt einer vollwertigen statutarischen Abfindung nicht zurücktreten lassen möchte,[110] kann als minderen Eingriff zumindest das Ruhen des Stimmrechts ab Beschlussfassung anordnen, damit die übrigen Gesellschafter handlungsfähig bleiben. Eine Blockade durch den Betroffenen ist aber im Einzelfall auch ohne Satzungsregelung missbräuchlich.[111] Hängt die Wirksamkeit der Einziehung (nach Bedingungslehre oder Satzung) von der Abfindungszahlung ab, so ergeben sich Probleme, falls die Zahlung nicht aus dem ungebundenen Vermögen erfolgen kann (siehe Rn. 18 f.). Hierzu wird vorgeschlagen, dass die übrigen Gesellschafter – wenn sie sich nicht für die Liquidation entscheiden – automatisch für Differenzbeträge *pro rata* haften;[112] jedenfalls gesellschaftsvertraglich kann diese Folge angeordnet werden.

24 Ist der Geschäftsanteil mit **Rechten Dritter** belastet und dies der Gesellschaft entsprechend § 16 angezeigt, bedarf die freiwillige Einziehung auch deren Zustimmung; Rechte erlöschen dann. Bei unfreiwilliger Einziehung ist Zustimmung erforderlich, wenn das Recht bereits vor der Satzungsklausel zur Zwangseinziehung bestand. Erfolgte die Rechtseinräumung danach, setzen sich mangels Zustimmung die Rechte ggf. am Surrogat (Abfindung) fort.[113]

---

104 Bejahend (teilweise unter dem Vorbehalt, dass Abfindung in angemessenem zeitlichen Abstand erfolgt): BGHZ 9, 157, 173; 32, 17, 23 = NJW 1960, 866; BGHZ 16, 317, 325 f. = NJW 1955, 667; OLG Köln, GmbHR 1996, 609; OLG Zweibrücken, GmbHR 1997, 939, 942; OLG Schleswig, NZG 2000, 703, 704; Baumbach/Hueck/*Hueck/Fastrich*, § 34 Rn. 19, 41; Scholz/*Westermann*, § 34 Rn. 56 ff., 60; Michalski/*Sosnitza*, § 34 Rn. 72 ff., 75; MüHdb-GesR-III/*Kort*, § 28 Rn. 40; Ulmer/Habersack/Winter/*Ulmer*, § 34 Rn. 57 ff. (auflösende Bed.); a.A. Vorlagebeschluss KG, ZIP 2006, 1098 (Revision anhängig beim BGH unter Az. II 76/06); Roth/Altmeppen/*Altmeppen*, § 34 Rn. 14, 28 ff.; kritisch: *Goette*, in: FS Lutter 2000, S. 399, 405 ff.; offengelassen von BGHZ 139, 299, 301 f. = NJW 1998, 3646 f.; BGH DStR 2006, 1900 f.

105 Zur Zulässigkeit vgl. BGHZ 32, 17, 23 = NJW 1960, 866; BGH NJW 2003, 871; Lutter/Hommelhoff/*Lutter/Hommelhoff*, § 34 Rn. 49.

106 So *Goette*, Anm. zu BGH DStR 2006, 1900, 1901.

107 Ähnlich wohl Baumbach/Hueck/*Hueck/Fastrich*, Anh. § 34 Rn. 14 a.E.; die Gesellschaft büßt durch Sicherheitsleistung zwar ggf. ihre Kreditwürdigkeit ein, der Gewinn an schneller Rechtssicherheit kann häufig aber wichtiger sein.

108 BGH, Urteil vom 24.1.2012 (II ZR 109/11), ZIP 2012, 422; hierzu Urteilsanmerkung *Lutter*, EWiR 2012, 177 sowie *Stumpf/Müller*, GWR 2012, 143. Ähnlich bereits zuvor in einem anderen Fall OLG Frankfurt, Urteil vom 12.10.2010 (5 U 189/09), GWR 2011, 447: Die Wirksamkeit eines Einziehungsbeschlusses hängt nicht von der Zahlung einer Abfindung ab.

109 Jeweils Wiedergabe der amtlichen Leitsätze BGH ZIP 2012, 422.

110 Vgl. Baumbach/Hueck/*Hueck/Fastrich*, § 34 Rn. 42 m.w.N. (sonst ungerechtfertigte Bevorzugung der anderen Gesellschafter wegen erhöhter Liquidationsquote); Lutter/Hommelhoff/*Lutter/Hommelhoff*, § 34 Rn. 26, 28; MüHdb-GesR-III/*Kort*, § 28 Rn. 40.

111 Siehe BGHZ 88, 320, 328 ff. = NJW 1984, 489: kein automatisches Ruhen; OLG Schleswig, NZG 2000, 703 f.; ebenso MüHdb-GesR-III/*Kort*, § 28 Rn. 40; Baumbach/Hueck/*Hueck/Fastrich*, § 34 Rn. 41; Lutter/Hommelhoff/*Lutter/Hommelhoff*, § 34 Rn. 51.

112 Vgl. etwa Roth/Altmeppen/*Altmeppen*, § 34 Rn. 28; *Goette*, in: FS Lutter 2000, S. 399, 410; Lutter/Hommelhoff/*Lutter/Hommelhoff*, § 34 Rn. 48 f.; im Einzelnen bei fehlenden Satzungsregelungen sehr umstritten.

113 Zum Ganzen MüHdb-GesR-III/*Kort*, § 28 Rn. 6, 41; Lutter/Hommelhoff/*Lutter/Hommelhoff*, § 34 Rn. 2; Scholz/*Westermann*, § 34 Rn. 38, 68; z.T. anders Michalski/*Sosnitza*, § 34 Rn. 15, 33, 114: Zustimmung bei unfreiwilliger Einziehung nie erforderlich.

C. Weitere praktische Hinweise

25 Das vom Gesetzgeber vorgegebene **Musterprotokoll** für eine Gründung im vereinfachten Verfahren nach § 2 Abs. 1a enthält keinerlei Regeln zu Einziehung, Ausschluss, Austritt etc. und ist daher völlig **unpraktikabel**.

Eine Mehr-Gesellschafter-Satzung sollte stets einvernehmliche und zwangsweise Einziehungsmöglichkeiten vorsehen. Falls die Einziehung unzulässig oder unzweckmäßig ist, sollten daneben flexible Lösungen dadurch gewährleistet sein, dass nach Wahl der Gesellschafter Austritts- und Ausschlussmöglichkeiten sowie Erwerbsrechte (Abtretungsverpflichtungen) alternativ zur Verfügung stehen. Der Vollzug von Abtretungsverpflichtungen kann dabei durch statutarische Vollmachten vereinfacht werden (siehe Anh. § 34 Rn. 17).

Bei Gesellschaften, die auf persönliche Dienstleistung ihrer Gesellschafter angelegt sind, sollte die Einziehung und Ausschließung ggf. auch für den Fall der Beendigung der Mitarbeit eines Gesellschafters vorgesehen werden.

Soweit bei Einziehung keine Kapitalherabsetzung erfolgt, sind die verbleibenden Anteile aufzustocken; hierdurch ändern sich gegebenenfalls die Beteiligungs- und Mehrheitsquoten der übrigen Gesellschafter. Eine berichtigte Gesellschafterliste (§ 40) ist einzureichen.

Bei späterer Änderung einer Einziehungsklausel bzw. der Abfindungsregelung ist ggf. die Zustimmung sämtlicher Gesellschafter nötig (vgl. Rn. 2 und 7); dies wird häufig übersehen.

26 Die **Wirksamkeit einer Abfindungsklausel** ist umso gefährdeter, je eher die Klausel voraussichtlich nicht den tatsächlichen künftigen Verkehrswert abbildet. Abfindungsklauseln sollten daher nicht schematisch verwendet werden, sondern unter Beachtung der beabsichtigten Gesellschafter-, Vermögens- und Tätigkeitsstruktur individuell festgelegt sein; bestenfalls ist die Abfindungsklausel genauso dynamisch und flexibel wie die Unternehmensentwicklung selbst. Ziel ist stets eine möglichst einfache, Streit vermeidende Klausel, die einerseits den Bestand der Gesellschaft sichert, andererseits auch dem Interesse des Ausscheidenden an einer angemessenen Abfindung genügt. Stets sollten Schiedsklauseln aufgenommen und ggf. flexible Mindestbeträge vorgesehen werden, um dem Verdikt der Sittenwidrigkeit zu entgehen (vgl. Rn. 9 f.). Bei festen Kalkulationsvorgaben sollte jedenfalls der Verkehrswert als Höchstgrenze festgeschrieben sein, da jede Berechnung bei veränderten oder unvorhergesehenen Umständen zu einem höheren Wert führen könnte. Soweit keine Gläubigerbenachteiligung vorliegt, kann die Höhe der Abfindung auch differenzierend nach Ausscheidensgrund festgelegt sein.

27 Auf der Ebene der Gesellschaft ist die Einziehung **steuerlich** neutral, und zwar auch die Einziehung eigener Anteile; es erfolgt eine Verbuchung des Entgelts zulasten des Eigenkapitals (Rücklagen) der Gesellschaft. Bei dem Gesellschafter, dessen Anteil gegen Abfindung eingezogen wird, liegt eine ggf. nach den allgemeinen Grundsätzen steuerpflichtige Veräußerung (siehe „Steuerrecht“, S. 1046 ff., Rn. 68 ff.), nach a.A.[114] ein Fall der wirtschaftlichen Teilliquidation vor. Die erstgenannte Ansicht hat den Vorteil, dass Einziehung und Zwangsabtretung als wirtschaftlich gleichwertige Vorgänge auch steuerlich gleich behandelt werden.[115]

Grunderwerbsteuerlich kann eine Einziehung zu einer erstmaligen Anteilsvereinigung gem. § 1 Abs. 3 Nr. 2 GrEStG und damit zu einer Steuerbelastung bei den verbleibenden Gesellschaftern führen. Weicht die Abfindung vom tatsächlichen Wert der Anteile ab, kann dies gem. §§ 3 Abs. 1 Nr. 2 Satz 3, 7 Abs. 7 ErbStG Erbschaft- bzw. Schenkungsteuer auslösen.

114 Schmidt/*Weber-Grellet*, § 17 EStG Rn. 101.
115 Zur Funktionsweise des § 17 Abs. 4 EStG siehe § 58 Rn. 19 ff.

D. Muster

I. Muster: Satzungsklausel nach § 34 Abs. 1 (freiwillige Einziehung) 28

Die Einziehung von Geschäftsanteilen durch Gesellschafterbeschluss mit Zustimmung des betroffenen Gesellschafters ist zulässig. 20

II. Muster: Satzungsklausel nach § 34 Abs. 2 (Zwangseinziehung) 29

Die Einziehung von Geschäftsanteilen ist zulässig. Die Einziehung ohne Zustimmung des betroffenen Gesellschafters ist ganz oder teilweise zulässig, wenn 21

a) in den betroffenen Geschäftsanteil die Zwangsvollstreckung betrieben wird und die Vollstreckungsmaßnahme im Zeitpunkt der Beschlussfassung nicht aufgehoben ist;
b) über das Vermögen des betroffenen Gesellschafters im Zeitpunkt der Beschlussfassung ein Insolvenzverfahren eröffnet oder die Eröffnung mangels Masse abgelehnt ist;
c) der betroffene Gesellschafter eine offensichtlich erfolglose Auflösungsklage erhebt;
d) der betroffene Gesellschafter seinen Austritt aus der Gesellschaft erklärt und der Austritt noch nicht endgültig wirksam ist;
e) der Inhaber des Geschäftsanteils verstorben ist und der Einziehungsbeschluss höchstens sechs Monate, nachdem die Rechtsnachfolge den Mitgesellschaftern durch Erbschein oder durch notarielle Verfügung von Todes wegen samt Eröffnungsniederschrift nachgewiesen ist, erfolgt; oder
f) in der Person des betroffenen Gesellschafters ein wichtiger seinen Ausschluss rechtfertigender Grund vorliegt, sein Verbleib in der Gesellschaft also unzumutbar ist; oder
g) …

Bei Mitberechtigten an einem Geschäftsanteil genügt das Vorliegen des Einziehungsgrundes bei einem der Mitberechtigten.

Über die Einziehung entscheiden die Gesellschafter durch Gesellschafterbeschluss mit einfacher Mehrheit. Der betroffene Gesellschafter hat kein Stimmrecht.

Mit der Beschlussfassung über die Einziehung ruht das Stimmrecht des betroffenen Gesellschafters.

Der betroffene Gesellschafter erhält im Fall der Einziehung von der Gesellschaft eine Abfindung, die sich nach § … dieser Satzung errechnet.

Die Einziehung wird wirksam, sobald mindestens 2/3[1] der geschuldeten Abfindung (ohne Einbeziehung etwa noch nicht ausgeschütteter Gewinne) bezahlt sind oder hierüber eine unwiderrufliche, unbedingte und unbefristete selbstschuldnerische Bürgschaft eines im Inland zum Geschäftsbetrieb befugten Kreditinstituts gestellt ist. Soweit die Abfindung nur unter Verstoß gegen § 30 GmbHG geleistet werden könnte, haben diese – unter Ausschluss eines Erstattungsanspruchs gegen die Gesellschaft – die verbleibenden Gesellschafter im Verhältnis ihrer Geschäftsanteile unmittelbar gegenüber dem Betroffenen zu tragen.

1 Dadurch wird die Einziehung trotz Streit über etwaige Spitzen- oder Restbeträge der Vergütung wirksam (es kann selbstverständlich auch auf die vollständige Zahlung abgestellt werden).

30 III. Muster: Ergänzung der Einziehungsklausel (Manager-Modell)[116]

22 Hat ein Gesellschafter einen Geschäftsanteil im Hinblick auf seine gleichzeitige Geschäftsführerstellung erworben und wurde dabei vereinbart, dass er diesen Geschäftsanteil nur bis zum Verlust der Geschäftsführerstellung halten soll (Manager-Modell), ist die Einziehung dieses Geschäftsanteils ohne Zustimmung des Betroffenen außerdem zulässig, wenn der betroffene Gesellschafter nicht mehr Geschäftsführer der Gesellschaft ist. Abweichend von § ... erhält der betroffene Gesellschafter in diesem Fall als Abfindung seine eigenen Erwerbskosten, erhöht um das Verhältnis, wie sich der nach § ... zu berechnende Wert im Zeitpunkt des Eintritts zum Wert im Zeitpunkt des Einziehungsbeschlusses erhöht hat; mindestens sind jedoch die eigenen Erwerbskosten zu vergüten, höchstens das Zehnfache hiervon.

31 IV. Muster: Ergänzung der Einziehungsklausel durch Abtretungsverpflichtung

23 Anstelle der Einziehung kann die Gesellschafterversammlung nach ihrer Wahl beschließen, dass der Anteil ganz oder teilweise von der Gesellschaft selbst erworben wird (§ 33 GmbHG) oder auf eine von ihr zu benennende übernahmebereite Person zu übertragen ist.

Im ersten Fall hat die Gesellschaft, im zweiten Fall die übernahmebereite Person dem betroffenen Gesellschafter als Entgelt die nach § ... dieser Satzung zu entrichtende Abfindung zu zahlen. Soweit die Abfindung vom Erwerber nicht erlangt werden kann, haben diese die verbleibenden Gesellschafter im Verhältnis ihrer Geschäftsanteile unmittelbar gegenüber dem Betroffenen zu tragen.

Im Übrigen gelten die Regelungen zur Einziehung entsprechend, insbesondere hinsichtlich des Ausschlusses und Ruhens des Stimmrechts und des dinglichen Vollzugs (Wirksamwerden).

Der jeweilige Geschäftsführer der Gesellschaft und die Gesellschaft selbst werden hiermit je einzeln, unwiderruflich und unter Befreiung von den Beschränkungen des § 181 BGB bevollmächtigt, sämtliche zum dinglichen Vollzug der Abtretungsverpflichtung erforderlichen Erklärungen im Namen des betroffenen Gesellschafters abzugeben und entgegenzunehmen, sobald der vorstehende Beschluss gefasst ist.

32 V. Muster: Einziehungsbeschluss

24 Der Geschäftsanteil mit der laufenden Nr. ... des Gesellschafters ... im Nennbetrag von ... wird gemäß § ... der Satzung eingezogen. (Die Abfindung ergibt sich aus § ... der Satzung.) Der Beschluss steht unter der Bedingung, dass die Abfindung aus dem ungebundenen Vermögen (§ 30 GmbHG) erfolgen kann oder durch die übrigen Gesellschafter unter Verzicht auf einen Erstattungsanspruch gegen die Gesellschaft geleistet wird.

... (folgt: Kapitalherabsetzung bzw. Aufstockung der übrigen Geschäftsanteile oder Neubildung des eingezogenen Geschäftsanteils)

116 Damit der Manager bzw. Mitarbeiter nicht ungerechtfertigt an die Gesellschaft gebunden ist, sollte ihm für Fälle, in denen es nicht zur Einziehung kommt, vorsorglich ein entsprechendes außerordentliches Austrittsrechts gewährt werden.

VI. Muster: Abfindungsklausel 33

Im Fall der Einziehung und allen sonstigen Fällen des Ausscheidens eines Gesellschafters erhält der betroffene Gesellschafter für seinen Geschäftsanteil eine Abfindung nach folgenden Maßstäben: 25

Die Abfindung beträgt … (hier Berechnungsmethode festlegen, vgl. z.B. nachfolgendes Muster IDW).

In jedem Fall beträgt die Abfindung aber mindestens 60 %, höchstens 90 % des Verkehrswerts der Beteiligung zum Zeitpunkt des Ausscheidens, errechnet aus dem anteiligen Unternehmenswert (Verhältnis des Nennbetrags des betroffenen Geschäftsanteils zum Stammkapital der Gesellschaft).

Soweit nicht bereits bei der vorgenannten Bewertung der Abfindung berücksichtigt, erhält der ausscheidende Gesellschafter neben der vorstehenden Abfindung den auf seinen Geschäftsanteil bis zum Zeitpunkt des Ausscheidens zeitanteilig entfallenden ausschüttungsfähigen Jahresüberschuss, einschließlich des anteiligen ausschüttungsfähigen Jahresüberschusses vorausgegangener Geschäftsjahre, die nicht unter die Gesellschafter verteilt worden sind.

Ergeben sich aus anderen Gründen als der Anfechtung des Gewinnfeststellungsbeschlusses nachträgliche Änderungen der Jahresabschlüsse (z.B. infolge steuerlicher Betriebsprüfung), sind diese bei der Ermittlung der Abfindung nicht zu berücksichtigen. Etwa hieraus geänderte Gewinne oder Verluste, Zurückerstattungen oder Nachzahlungen betreffen dann nur die verbleibenden Gesellschafter.

Die Abfindung samt noch auszuzahlender Gewinnanteile ist in sechs gleichen Halbjahresraten zu entrichten. Die erste Rate ist sechs Monate nach dem Zeitpunkt des Ausscheidens fällig, die weiteren Raten im Sechsmonatszyklus danach. Der jeweils noch offene Betrag ist vom Zeitpunkt des Ausscheidens an mit drei Prozentpunkten über dem jeweiligen Basiszins zu verzinsen. Zahlungen können jederzeit ganz oder teilweise vorzeitig geleistet werden, Zinsen sind dann nur bis zur Zahlung geschuldet.

An die Stelle des Zeitpunkts des Ausscheidens tritt bei Einziehung, Ausschluss oder deren Surrogate jeweils der Zeitpunkt der Fassung des entsprechenden Gesellschafterbeschlusses, bei Austritt der Zeitpunkt des Zugangs der Austrittserklärung.

Bei Streitigkeiten über die Abfindung, insbesondere deren Höhe oder ihrer Anpassung wegen unzumutbarem Missverhältnis, und über den auszuzahlenden Gewinnanteil entscheidet verbindlich als Schiedsgutachter eine von sämtlichen Beteiligten einvernehmlich benannte Person, mangels Einvernehmen ein durch die am Sitz der Gesellschaft zuständige Industrie- und Handelskammer zu benennender Wirtschaftsprüfer. Der Schiedsgutachter entscheidet auch über die Kosten seiner Inanspruchnahme.

VII. Muster: Mögliche Berechnungsmethode für die Abfindung (IDW)

Die Abfindung beträgt 75 % des auf den Geschäftsanteil entfallenden anteiligen Unternehmenswerts zum Ablauf des vor dem Zeitpunkt des Ausscheidens abgelaufenen Geschäftsjahrs. 26
Die Ermittlung des Unternehmenswerts erfolgt nach den zu diesem Zeitpunkt geltenden Bewertungsgrundsätzen und Richtlinien des Instituts der Wirtschaftsprüfer in Deutschland e.V. (IDW), Düsseldorf, oder dessen Nachfolger. Hilfsweise und ergänzend bestimmt der Schiedsgutachter die Bewertungsmethode und die Einzelheiten der Konkretisierung.

Anhang zu § 34: Ausschluss und Austritt von Gesellschaftern

Literatur

Goette, Ausschließung und Austritt aus der GmbH in der Rechtsprechung des Bundesgerichtshofs, DStR 2001, 533; *Römermann*, Ausschließung von GmbH-Gesellschaftern und Einziehung von Anteilen: Ein Minenfeld, NZG 2010, 96; *Rosner*, Streitvermeidung beim Austritt vom GmbH-Gesellschaftern, ZGR 2011, 732, *Schwab*, Kündigung, Ausschluss und Einziehung in der GmbH, DStR 2012, 707.

A. Allgemeines

1 Das GmbHG enthält keine allgemeine Regel für den **Ausschluss** und den **Austritt** eines Gesellschafters; es sind nur spezielle Fälle geregelt (vgl. §§ 21, 27, 28). Neben der zum Untergang der GmbH führenden Auflösungsklage (§ 61) ist allgemein auch ohne Satzungsregelung die unabdingbare Möglichkeit des Ausschlusses oder Austritts aus wichtigem Grund anerkannt.[1] Ordentliche Ausschluss- oder Austrittsmöglichkeiten bestehen aber ohne Satzungsklausel nicht.[2]

2 Der Geschäftsanteil geht im Gegensatz zur Einziehung weder beim Ausschluss noch beim Austritt unmittelbar unter. Erst die anschließende **Verwertung** des Anteils (i.d.R. Abtretung oder Einziehung) entscheidet über dessen Schicksal (siehe Rn. 12 f.). Bis dahin bleibt der bisherige Inhaber Gesellschafter.

B. Die Rechtslage für Ausschluss und Austritt

I. Rechtslage bei fehlender Satzungsregelung

1. Ausschluss- und Austrittsgründe

3 Zwangsausschluss und -austritt sind mangels besonderer Satzungsklausel nur bei Vorliegen eines **wichtigen Grundes** erfolgreich. Für den **Ausschluss** (= zwangsweises Ausscheiden eines Gesellschafters aus der Gesellschaft) muss der Grund in der Person oder dem Verhalten des Betroffenen liegen und dadurch die Erzielung des Gesellschaftszwecks ernsthaft gefährdet oder unmöglich werden. Beim **Austritt** (= freiwilliges Ausscheiden eines Gesellschafters aus der Gesellschaft) kommen nachhaltige persönliche Gründe, geänderte Verhältnisse der Gesellschaft oder Verhalten der Mitgesellschafter in Betracht. Jeweils muss die **Gesamtwürdigung** ergeben, dass ein Verbleib in der Gesellschaft unzumutbar erscheint.[3] Verschulden ist nicht nötig, jedoch bei der Abwägung zu berücksichtigen; umgekehrt aber auch das Mitverschulden der anderen Gesellschafter.[4] Ein wichti-

---

1 BGHZ 9, 157, 161 ff.; BGHZ 116, 359, 360, 369; Ulmer/Habersack/Winter/*Ulmer*, Anh. § 34 Rn. 9 f., 46; Baumbach/Hueck/*Hueck/Fastrich*, Anh. § 34 Rn. 1; Lutter/Hommelhoff/*Lutter/Hommelhoff*, § 34 Rn. 52.

2 H.M., vgl. Ulmer/Habersack/Winter/*Ulmer*, Anh. § 34 Rn. 48 m.w.N. (gilt selbst bei unbefristeten Gesellschaften, streitig).

3 BGHZ 16, 317, 322; 32, 17, 31; 80, 346, 350 = NJW 1981, 1729; BGHZ 116, 359, 369; BGH DStR 1991, 1055; Ulmer/Habersack/Winter/*Ulmer*, Anh. § 34 Rn. 11 f., 51 ff.; Scholz/*Winter/Seibt*, Anh. § 34 Rn. 7 ff., 25 ff.; Michalski/*Sosnitza*, Anh. § 34 Rn. 8 ff., 46 ff.; MüHdb-GesR-III/*Kort*, § 29 Rn. 6 ff., 33 ff.

4 BGHZ 9, 157, 161, 164; BGH DB 1990, 929; BGH NJW 1995, 1358; 1998, 146; Michalski/*Sosnitza*, Anh. § 34 Rn. 12, 17; Lutter/Hommelhoff/*Lutter/Hommelhoff*, § 34 Rn. 53; MüHdb-GesR-III/*Kort*, § 29 Rn. 12, 14, 37.

ger Grund wird bei personalistischen Strukturen eher bejaht werden können als bei kapitalistischen.[5] Zustimmung der Gesellschaft zu einem bestimmten Verhalten schließt wichtigen Grund i.d.R. aus.[6] Die anerkannten Gründe entsprechen im Wesentlichen denen bei Personengesellschaften (insbesondere § 140 HGB).

Ausschlussgründe sind etwa schwere oder eine Vielzahl kleinerer Pflichtverletzungen,[7] auch Kompetenzüberschreitungen, schuldhafte Verursachung eines unheilbaren Gesellschafterzerwürfnisses,[8] erhebliche unzulässige Privatentnahmen oder sonst kriminelle Handlungen,[9] Denunziation bzw. unrichtige ehrenrührige Vorwürfe gegen Mitgesellschafter,[10] gesellschaftsschädigendes öffentliches Auftreten,[11] schwerwiegende Konkurrenztätigkeit,[12] Verschweigen von relevanten Vorstrafen oder Vorspiegeln von Fachkenntnissen bzw. Betrugsversuch zulasten der GmbH;[13] auch Verlust vertraglich geforderter persönlicher Eigenschaften oder Familienzugehörigkeit,[14] Aushebeln der Funktionsfähigkeit der GmbH durch Unerreichbarkeit, KG-Ausschluss aus wichtigem Grund (§ 140 HGB) bei personenidentischer GmbH & Co. KG.[15] Wenn bei einer Zwei-Personen-GmbH auch beim anderen Gesellschafter ein wichtiger Grund gegeben ist, hindert dies i.d.R. den Ausschluss; es bleibt dann Auflösung und Liquidation (Entsprechendes gilt, wenn sich zwei Gesellschafter-Fronten geschlossen gegenüberstehen).[16] Auch der Mehrheitsgesellschafter kann ausgeschlossen werden.[17] **Nicht ausreichen** wird i.d.R. berechtigte Klageerhebung gegen die Gesellschaft,[18] unternehmerische Fehlentscheidungen als Geschäftsführer,[19] ausgiebige (nicht aber schikanöse) Ausnutzung oder einfache Überschreitung von Gesellschafterrechten.[20] Anteilsabtretung während einer Ausschließungsklage kann zur Erledigung der Hauptsache führen.[21] 4

Beispiele für wichtige **Austrittsgründe** sind grundlegende und beeinträchtigende Tätigkeits-, Struktur- oder Mehrheitsänderungen, unzumutbare Erhöhung der Ausfallhaftung (§ 24) durch Kapitalerhöhung oder schwerwiegende Gefährdung durch erdrückende Nebenpflichten,[22] Missbrauch der Mehrheitsherrschaft,[23] Nichteinschreiten gegen schwere Pflichtverletzungen anderer 5

---

5 Ulmer/Habersack/Winter/*Ulmer*, Anh. § 34 Rn. 14; Lutter/Hommelhoff/*Lutter/Hommelhoff*, § 34 Rn. 53; MüHdb-GesR-III/*Kort*, § 29 Rn. 6, 37.

6 Vgl. Baumbach/Hueck/*Hueck/Fastrich*, Anh. § 34 Rn. 19.

7 BGH DStR 1993, 1266; OLG München, DB 1994, 320 f.; OLG Brandenburg, GmbHR 1998, 193 ff.; OLG Dresden, NZG 2001, 809.

8 BGHZ 80, 346, 349 = NJW 1981, 2302; BGH GmbHR 1991, 362 f.; BGH DStR 1993, 923; OLG Frankfurt, GmbHR 1993, 659; aber OLG Hamm, GmbHR 1998, 1081 ff.: Zerrüttetes Vertrauen allein genügt nicht.

9 BGHZ 32, 17, 20 f.; BGH GmbHR 1987, 302 f.; OLG Düsseldorf, GmbHR 1999, 543, 546; OLG München, GmbHR 1997, 451 f.

10 BGHZ 51, 204 = NJW 1969, 793; OLG Hamm, GmbHR 1993, 743; aber BGH NZG 2003, 530: Gewissenhaft geprüfte Strafanzeige genügt nicht.

11 Ulmer/Habersack/Winter/*Ulmer*, Anh. § 34 Rn.12; nicht aber Fehlverhalten im rein privaten Bereich, so MüHdb-GesR-III/*Kort*, § 29 Rn. 36.

12 OLG Frankfurt, DStR 1992, 21661: nicht aber bloß Einräumung einer Unterbeteiligung; streitig, a.A. Lutter/Hommelhoff/*Lutter/Hommelhoff*, § 34 Rn. 55.

13 BGH GmbHR 1987, 302 f.; OLG Frankfurt, NJW 1948, 429.

14 BGHZ 9, 157, 159; BGH NJW 1973, 92.

15 Ulmer/Habersack/Winter/*Ulmer*, Anh. § 34 Rn. 12 m.w.N.

16 BGHZ 80, 346, 352 = NJW 1981, 2303; BGHZ 32, 17, 31, 35 = NJW 1960, 866; BGHZ 16, 317, 322 = NJW 1955, 667; MüHdb-GesR-III/*Kort*, § 29 Rn. 53: Wettlauf der Gesellschafter ist durch Klage und Widerklage zu verbinden und einheitlich zu entscheiden; Ulmer/Habersack/Winter/*Ulmer*, Anh. § 34 Rn. 15; Baumbach/Hueck/*Hueck/Fastrich*, Anh. § 34 Rn. 4.

17 BGHZ 51, 204, 207 = NJW 1969, 793.

18 OLG Hamm, GmbHR 1993, 656 ff.; OLG Frankfurt, GmbHR 1993, 659.

19 OLG Hamm, GmbHR 1998, 1081 f; OLG Dresden, NZG 1999, 29 f. = GmbHR 1999, 234. Vgl. auch KG Berlin, Beschluss vom 1.4.2010 (2 W 36/10), BB 2010, 1562: Der erforderliche wichtige Grund muss bei Personenidentität im Verhalten des Gesellschafters, nicht im Verhalten des Geschäftsführers, vorliegen.

20 OLG München, ZIP 1984, 1349 f.; OLG Hamm, GmbHR 1993, 656; OLG Frankfurt, GmbHR 1993, 659 f.; OLG Celle, NZG 1998, 29 f.

21 BGHZ 32, 17, 33 = NJW 1969, 866; BGH DB 1990, 929 f. = GmbHR 1990, 530; OLG Hamm, GmbHR 1993, 660; Baumbach/Hueck/*Hueck/Fastrich*, Anh. § 34 Rn. 5; Ulmer/Habersack/Winter/*Ulmer*, Anh. § 34 Rn. 16; MüHdb-GesR-III/*Kort*, § 29 Rn. 39.

22 RGZ 128, 1, 16 f.; Baumbach/Hueck/*Hueck/Fastrich*, Anh. § 34 Rn. 20 m.w.N.; Ulmer/Habersack/Winter/*Ulmer*, Anh. § 34 Rn. 52 f.; Lutter/Hommelhoff/*Lutter/Hommelhoff*, § 34 Rn. 72; MüHdb-GesR-III/*Kort*, § 29 Rn. 7 ff.

23 Ulmer/Habersack/Winter/*Ulmer*, Anh. § 34 Rn. 54, Lutter/Hommelhoff/*Lutter/Hommelhoff*, § 34 Rn. 72.

Gesellschafter,[24] nachhaltiger Ausschluss der Abtretung aus rechtlichen Gründen,[25] Wohnsitzverlegung ins entfernte Ausland.[26] **Nicht ausreichend** ist i.d.R. die Weigerung zur Gewinnausschüttung,[27] Verzögerung der Rechnungslegung,[28] dringender Finanzbedarf des Gesellschafters,[29] Scheitern der Anteilsabtretung aus rein tatsächlichen Gründen.[30]

6 Ausschluss oder Austritt sind als **äußerstes Mittel** (ultima ratio) unzulässig, wenn mildere Maßnahmen in Betracht kommen und der Betroffene – soweit erforderlich – mitwirkt. Zu denken ist etwa an freiwillige Veräußerung des Anteils, Mitverwaltungsrechte für Bevollmächtigten bzw. Treuhandvereinbarung, Abberufung als Geschäftsführer, Entzug von Sonderrechten, Teileinziehung, ordentliches Austrittsrecht, Anfechtungs- oder Nichtigkeitsklage gegen Beschlüsse.[31] Die Möglichkeit zur Auflösungsklage schadet dagegen i.d.R. nicht.[32]

7 Ausschluss und Austritt erfolgen nur gegen **Abfindung** (siehe auch Rn. 8). Insoweit gelten die Darstellungen zur Einziehung entsprechend (siehe § 34 Rn. 8 ff.). Abfindungsbeschränkungen hinsichtlich der Kündigung oder Einziehung können ggf. auch für den Fall des Ausschlusses oder Austritts aus wichtigem Grund Anwendung finden.[33]

2. Kapitalaufbringung und Kapitalerhaltung

8 Ausschluss und Austritt sind nur zulässig, wenn der **Kapitalschutz** nicht beeinträchtigt ist.[34] Über die Zulässigkeit der Maßnahme entscheidet daher die Verwertungsart: Ist die betroffene Stammeinlage noch nicht voll erbracht oder kann die Abfindung nur aus gebundenem Vermögen erfolgen, sind Einziehung oder Erwerb durch die GmbH (§ 33) ausgeschlossen (siehe § 34 Rn. 19). Findet sich aber ein zur Gegenleistung bereiter Erwerber oder ist Kapitalherabsetzung möglich, kann insoweit ein Ausschluss vor Volleinzahlung bzw. trotz Kapitalbindung erfolgen.[35] Bis zur Klärung dieser Frage ist der Ausschluss bzw. Austritt nicht endgültig wirksam. Die **Bedingungslehre** dürfte hierfür trotz der neueren Rechtsprechung des BGH[36] entsprechend (siehe § 34 Rn. 19, 23 und Anh. § 34 Rn. 11) gelten.[37] Kann die GmbH die Abfindung ohne Verstoß gegen § 30 nicht gewähren und findet sich auch kein übernahmebereiter Dritter, so kann der Austrittswillige analog § 61 Auflösungsklage erheben (siehe Rn. 12).

3. Verfahren bei Ausschluss und Austritt; Wirkungen

9 Der Ausschluss wird aufgrund **Ausschlussklage** durch Gestaltungsurteil ausgesprochen. Die Klage ist durch den Geschäftsführer oder einen nach § 46 Nr. 8 bestellten Vertreter zu erheben,[38] bei der

24 Lutter/Hommelhoff/*Lutter/Hommelhoff*, § 34 Rn. 72; Ulmer/Habersack/Winter/*Ulmer*, Anh. § 34 Rn. 54.
25 OLG Karlsruhe, BB 1984, 2015 f.; vgl. aber Ulmer/Habersack/Winter/*Ulmer*, Anh. § 34 Rn. 48 m.w.N.
26 MüHdb-GesR-III/*Kort*, § 29 Rn. 8; Ulmer/Habersack/Winter/*Ulmer*, Anh. § 34 Rn. 52.
27 OLG München, DB 1990, 473 f. = GmbHR 1990, 221; jedenfalls solange kein unzumutbares „Aushungern", so Ulmer/Habersack/Winter/*Ulmer*, Anh. § 34 Rn. 54; Baumbach/Hueck/*Hueck/Fastrich*, Anh. § 34 Rn. 20; MüHdb-GesR-III/*Kort*, § 29 Rn. 10.
28 OLG Hamm, GmbHR 1993, 656 f.
29 Streitig wie hier Baumbach/Hueck/*Hueck/Fastrich*, Anh. § 34 Rn. 20, 22: jedenfalls wenn nicht aus Sphäre der Gesellschaft veranlasst; MüHdb-GesR-III/*Kort*, § 29 Rn. 11; wohl auch OLG Hamm, GmbHR 1993, 656; a.A. Ulmer/Habersack/Winter/*Ulmer*, Anh. § 34 Rn. 52; Lutter/Hommelhoff/*Lutter/Hommelhoff*, § 34 Rn. 74.
30 OLG Hamm, GmbHR 1993, 656; Lutter/Hommelhoff/*Lutter/Hommelhoff*, § 34 Rn. 74; Ulmer/Habersack/Winter/*Ulmer*, Anh. § 34 Rn. 55; Baumbach/Hueck/*Hueck/Fastrich*, Anh. § 34 Rn. 18.
31 Zum Ganzen BGHZ 16, 317, 322; OLG Rostock, NZG 2002, 294; Baumbach/Hueck/*Hueck/Fastrich*, Anh. § 34 Rn. 6, 22; Michalski/*Sosnitza*, Anh. § 34 Rn. 1, 8 ff., 53 ff.; MüHdb-GesR-III/*Kort*, § 29 Rn. 15 ff., 40 ff.
32 Siehe auch BGHZ 80, 346 = NJW 1981, 2302; Baumbach/Hueck/*Hueck/Fastrich*, Anh. § 34 Rn. 22; Michalski/*Sosnitza*, Anh. § 34 Rn. 55; MüHdb-GesR-III/*Kort*, § 29 Rn. 18, 42.
33 BGH ZIP 2002, 258 = DStR 2001, 1898 m. Anm. *Goette*; BGH DStR 2002, 461 m. Anm. *Goette*; MüHdb-GesR-III/*Kort*, § 29 Rn. 47.
34 Dazu auch BGH, Teilurteil vom 5.4.2011 (II ZR 263/08), DStR 2011, 1188.
35 MüHdb-GesR-III/*Kort*, § 29 Rn. 19 f., 46.; Baumbach/Hueck/*Hueck/Fastrich*, Anh. § 34 Rn. 7, 23.
36 BGH, Urteil vom 24.1.2012 (II ZR 109/11), hierzu auch Stumpf/Müller, GWR 2012, 143 sowie *Lutter*, Urteilsanmerkung, EWiR 2012, 177.
37 Anders ggf., wenn Ausschluss statutarisch unmittelbar mit Gesellschafterbeschluss wirksam sein soll; vgl. auch BGHZ 32, 17, 23 = NJW 1960, 866; BGH WM 1983, 1354; OLG Schleswig, GmbHR 2000, 935.
38 BGHZ 9, 157, 166; BGHZ 80, 346, 349 = NJW 1981, 2302; Baumbach/Hueck/*Hueck/Fastrich*, Anh. § 34 Rn. 8; Michalski/*Sosnitza*, Anh. § 34 Rn. 27.

Zwei-Personen-GmbH wohl auch durch den anderen Gesellschafter.[39] Hiefür bedarf es – außer bei der Zwei-Personen-GmbH[40] – vorab eines **Beschlusses** der Gesellschafter, wofür die wohl h.M. 3/4-Mehrheit analog § 60 Abs. 1 Nr. 2 verlangt.[41] Ohne Beschluss ist die Klage abzuweisen.[42] Der Betroffene hat ein Recht zur Stellungnahme, aber kein Stimmrecht.[43] Soll der Ausschluss bei mehreren Betroffenen aus demselben Grund erfolgen, haben diese auch bei der Abstimmung hinsichtlich der Mitbetroffenen kein Stimmrecht.[44] Der Beschluss muss nicht notariell beurkundet werden.[45] Im stattgebenden bedingten (siehe Rn. 8, 11) **Urteil** sind bereits die Höhe der Abfindung und eine Zahlungsfrist festzusetzen; Beweislast trägt die Gesellschaft.[46] All dies macht das Ausschlussverfahren mühsam und langwierig.

Der Austritt bedarf keiner Klage, sondern erfolgt durch formfreie **Austrittserklärung** (Kündigung) 10
des Austrittswilligen gegenüber der Gesellschaft. Bei Vorliegen eines Austrittsgrundes resultiert hieraus unmittelbar der Anspruch auf Verwertung gegen die Gesellschaft[47] (siehe Rn. 12). Erst bei der Verwertung ist ggf. die Form des § 15 einzuhalten. Zustimmung dinglich Berechtigter ist bei wichtigem Grund nicht erforderlich.[48]

Sowohl Ausschlussurteil als auch die Austrittserklärung stehen unter der **aufschiebenden Bedingung** der **Abfindungsleistung** und werden daher wirkungslos, wenn die Verwertung am Kapitalschutz scheitert oder die Abfindung nicht in angemessener Zeit bezahlt wird (siehe Rn. 8 und 12).[49] 11

Die **Verwertung** erfolgt (nach Wahl der Gesellschaft) sowohl bei Ausschluss als auch Austritt entweder durch **Einziehung**[50] oder **Abtretung**[51] an die Gesellschaft, Mitgesellschafter oder Dritte. 12

---

39 *Actio pro socio*, so die h.M. in Lit., vgl. Baumbach/Hueck/*Hueck/Fastrich*, Anh. § 34 Rn. 8; Lutter/Hommelhoff/*Lutter/Hommelhoff*, § 34 Rn. 61; Ulmer/Habersack/Winter/*Ulmer*, Anh. § 34 Rn. 33; Michalski/*Sosnitza*, Anh. § 34 Rn. 28; Scholz/*Winter/Seibt*, Anh. § 34 Rn. 34; MüHdb-GesR-III/*Kort*, § 29 Rn. 44, 52; OLG München, GmbHR 1994, 251; a.A. *Goette*, DStR 2001, 533 f.; offengelassen von BGHZ 9, 157, 159.

40 H.M.: Baumbach/Hueck/*Hueck/Fastrich*, Anh. § 34 Rn. 9; Lutter/Hommelhoff/*Lutter/Hommelhoff*, § 34 Rn. 62; Scholz/*Winter/Seibt*, Anh. § 34 Rn. 36; Ulmer/Habersack/Winter/*Ulmer*, Anh. § 34 Rn. 28, 33; MüHdb-GesR-III/*Kort*, § 29 Rn. 43, 52; s.a. BGH NJW 1999, 3779 = GmbHR 1999, 1194.

41 H.M.: BGHZ 153, 285, 288 f. = NJW 2003, 2314 f.; anders die Vorinstanz OLG Köln, NZG 2001, 82; ebenso: Michalski/*Sosnitza*, Anh. § 34 Rn. 25; MüHdb-GesR-III/*Kort*, § 29 Rn. 43; BGH NZG 2003, 284 f.; Baumbach/Hueck/*Hueck/Fastrich*, Anh. § 34 Rn. 9; Lutter/Hommelhoff/*Lutter/Hommelhoff*, § 34 Rn. 59; a.A. Scholz/*Winter/Seibt*, Anh. § 34 Rn. 35: einfache Mehrheit.

42 BGHZ 9, 157, 177 = NJW 1953, 780; BGHZ 16, 317, 322; Baumbach/Hueck/*Hueck/Fastrich*, Anh. § 34 Rn. 9.

43 BGHZ 9, 157, 177 f. = NJW 1953, 780; OLG Düsseldorf, GmbHR 1999, 543; OLG Celle, GmbHR 1998, 140 f.; OLG München, GmbHR 1998, 332; OLG Hamm, GmbHR 1998, 138 f.; OLG Stuttgart, GmbHR 1989, 466 = WM 1989, 1252 f.; OLG Jena, GmbHR 2002, 115; Baumbach/Hueck/*Hueck/Fastrich*, Anh. § 34 Rn. 9; Lutter/Hommelhoff/*Lutter/Hommelhoff*, § 34 Rn. 61; Ulmer/Habersack/Winter/*Ulmer*, Anh. § 34 Rn. 27; Scholz/*Winter/Seibt*, Anh. § 34 Rn. 36.

44 BGHZ 9, 157, 178; OLG Celle, GmbHR 1998, 140 f.; OLG Düsseldorf, GmbHR 2000, 1050, 1052; Michalski/*Sosnitza*, Anh. § 34 Rn. 24; Ulmer/Habersack/Winter/*Ulmer*, Anh. § 34 Rn. 27; MüHdb-GesR-III/*Kort*, § 29 Rn. 43; Scholz/*Winter/Seibt*, Anh. § 34 Rn. 36.

45 Weder nach § 53 Abs. 2 noch nach § 15 Abs. 3 (Ausnahme siehe Rn. 15); OLG Frankfurt, DB 1979, 2127 = GmbHR 1980, 56 f.; Baumbach/Hueck/*Hueck/Fastrich*, Anh. § 34 Rn. 9; MüHdb-GesR-III/*Kort*, § 29 Rn. 43; ähnlich der Abtretung gilt das auch, wenn der Betroffene namentlich in der Satzung genannt ist; unklar insoweit MüHdb-GesR-III/*Kort*, § 29 Rn. 43.

46 Streitig: BGHZ 9, 157, 174; BGHZ 16, 317 f., 325 = NJW 1955, 667; OLG Hamm, GmbHR 1992, 757 ff.; Scholz/*Winter/Seibt*, Anh. § 34 Rn. 39 ff.; Michalski/*Sosnitza*, Anh. § 34 Rn. 30 ff.; MüHdb-GesR-III/*Kort*, § 29 Rn. 45; Lutter/Hommelhoff/*Lutter/Hommelhoff*, § 34 Rn. 63; a.A. Ulmer/Habersack/Winter/*Ulmer*, Anh. § 34 Rn. 34 ff.

47 OLG Köln, GmbHR 1998, 641, 644; Baumbach/Hueck/*Hueck/Fastrich*, Anh. § 34 Rn. 24; MüHdb-GesR-III/*Kort*, § 29 Rn. 22; Lutter/Hommelhoff/*Lutter/Hommelhoff*, § 34 Rn. 75; Michalski/*Sosnitza*, Anh. § 34 Rn. 57 f.; Scholz/*Winter/Seibt*, Anh. § 34 Rn. 12 ff.

48 H.M.: Baumbach/Hueck/*Hueck/Fastrich*, Anh. § 34 Rn. 24; MüHdb-GesR-III/*Kort*, § 29 Rn. 22.

49 BGHZ 9, 157; OLG Schleswig, GmbHR 2000, 935; Baumbach/Hueck/*Hueck/Fastrich*, Anh. § 34 Rn. 8, 12 ff., 26; MüHdb-GesR-III/*Kort*, § 29 Rn. 45. Dies gilt auch vor dem Hintergrund, dass der BGH in seinem Urteil vom 24.1.2012 (II ZR 109/11) die Bedingungslehre für die Einziehung aufgegeben hat.

50 Selbst wenn die Satzung keine Einziehungsmöglichkeit nach § 34 vorsieht: BGHZ 9, 168; BGH NJW 1977, 2316; Baumbach/Hueck/*Hueck/Fastrich*, Anh. § 34 Rn. 10. Ein Einziehungsbeschluss ist allenfalls anfechtbar, aber nicht nichtig, selbst wenn kein wichtiger Grund für die Kündigung vorlag, OLG München, Urteil vom 28.7.2011 (23 U 750/11), DStR 2011, 1673.

51 Hierfür gilt § 15; vgl. BGHZ 88, 320, 322 = NJW 1984, 489; Ulmer/Habersack/Winter/*Ulmer*, Anh. § 34 Rn. 39; Scholz/*Winter/Seibt*, Anh. § 34 Rn. 16; MüHdb-GesR-III/*Kort*, § 29 Rn. 27.

Erfolgt in angemessener Zeit keine Verwertung oder ist diese ohne Verstoß gegen § 30 nicht möglich, soll dem Austrittswilligen ein außerordentliches Auflösungsrecht entsprechend § 61, § 135 HGB zustehen.[52]

13 Bis zur Verwertung besteht der Geschäftsanteil fort. Der Betroffene bleibt Gesellschafter.[53] Nach h.M. ruhen seine **Mitgliedschaftsrechte** ohne entsprechende Satzungsregelung nicht; es ist ihm aber aufgrund Treuepflicht verwehrt, ohne triftigen Grund gegen eine von den Mitgesellschaftern vorgeschlagene Maßnahme zu stimmen.[54] Notfalls ist durch einstweilige Verfügung eine vorläufige Regelung zu treffen.[55] Nur bei Maßnahmen, die der Durchführung des Ausschlusses oder Austritts dienen, gilt § 47 Abs. 4.[56] Bei zwischenzeitlichen Verfügungen gilt wegen der Bedingungslehre § 161 BGB.[57]

II. Satzungsregelungen

14 In der Satzung können Voraussetzungen und Rechtsfolgen des Ausschlusses und Austritts näher geregelt werden. Dabei können insbesondere Ausschluss- und Austrittsgründe **konkretisiert** (z.B. Präzisierung des Begriffs wichtiger Grund) bzw. **erleichtert** werden (z.B. ordentliches Austrittsrecht). Der Austritt darf aber nicht unzumutbar eingeschränkt werden, insbesondere die Austrittsmöglichkeit aus wichtigem Grund ist zwingend.[58] Eine statutarische Definition muss stets ausreichend bestimmt sein. Die Darstellungen zur Einziehung gelten entsprechend, auch für spätere **Satzungsänderung** zur Modifizierung von Ausschluss- oder Austrittsmöglichkeiten (siehe § 34 Rn. 2 und 7)[59] und Ausschließung (Hinauskündigung) nach Ermessen der Mitgesellschafter (siehe § 34 Rn. 5 f. und 11). In jedem Fall sollte das Ruhen des Stimmrechts (siehe Rn. 13) ab Beschlussfassung oder Austrittserklärung angeordnet werden.[60]

> **!** Ebenso wie die Einziehung sollte auch die Möglichkeit des Ausschlusses und des Austritts von Gesellschaftern in den Gesellschaftsvertrag Eingang finden. Dabei sollten auch (wichtige) Ausschluss- und Austrittsgründe konkretisiert und auch das Verfahren sowie die Abfindung geregelt werden. Schließlich empfehlen sich Schiedsklauseln zur Streitvermeidung.

15 Die Satzung kann anstelle eines Ausschlussurteils den Ausschluss allein durch **rechtsgestaltenden Beschluss** der Gesellschafter (oder anderer Organe)[61] vorsehen.[62] Dabei kann und sollte der Bedingungseintritt ggf. vor voller Abfindungsleistung (z.B. mit Beschlussfassung oder Teilzahlung etc.) festgelegt werden (siehe § 34 Rn. 16, 19, 23).[63] Auch die Anordnung des sofortigen dinglichen Übergangs durch Beschluss ist möglich, der Beschluss muss dann in Form des § 15 Abs. 3

52 § 61 Abs. 2 Satz 2 (10%-Grenze) gilt hierfür nicht, so BGHZ 88, 320, 326 = NJW 1984, 489; Ulmer/Habersack/Winter/*Ulmer*, Anh. § 34 Rn. 44; Scholz/*Winter/Seibt*, Anh. § 34 Rn. 18; MüHdb-GesR-III/*Kort*, § 29 Rn. 21, 25, 31; Lutter/Hommelhoff/*Lutter/Hommelhoff*, § 34 Rn. 77.

53 Baumbach/Hueck/*Hueck/Fastrich*, Anh. § 34 Rn. 15, 26.

54 BGHZ 88, 320, 325 ff. = NJW 1984, 489; Baumbach/Hueck/*Hueck/Fastrich*, Anh. § 34 Rn. 26; MüHdb-GesR-III/*Kort*, § 29 Rn. 26, 49 f.; Lutter/Hommelhoff/*Lutter/Hommelhoff*, § 34 Rn. 64, 75; a.A. Ulmer/Habersack/Winter/*Ulmer*, Anh. § 34 Rn. 59 ff.: Mitgliedschaft ruht.

55 Baumbach/Hueck/*Hueck/Fastrich*, Anh. § 34 Rn. 15.

56 Baumbach/Hueck/*Hueck/Fastrich*, Anh. § 34 Rn. 15; MüHdb-GesR-III/*Kort*, § 29 Rn. 49 f.

57 Scholz/*Winter/Seibt*, Anh. § 34 Rn. 46.

58 BGHZ 116, 359, 360, 369; Baumbach/Hueck/*Hueck/Fastrich*, Anh. § 34 Rn. 16, 27; MüHdb-GesR-III/*Kort*, § 29 Rn. 28, 38.

59 Siehe auch BGH DStR 1991, 1597; Baumbach/Hueck/*Hueck/Fastrich*, Anh. § 34 Rn. 16; MüHdb-GesR-III/*Kort*, § 29 Rn. 38; Scholz/*Winter/Seibt*, Anh. § 34 Rn. 50.

60 Siehe auch BGHZ 88, 320, 322 = NJW 1984, 489. Ferner BGH, Beschluss vom 8.12.2008 (II ZR 263/07).

61 LG Heilbronn, GmbHR 1994, 322 f.; MüHdb-GesR-III/*Kort*, § 29 Rn. 51; Baumbach/Hueck/*Hueck/Fastrich*, Anh. § 34 Rn. 16.

62 BGH DStR 1991, 1055 = GmbHR 1991, 362; OLG Hamm, GmbHR 1993, 660 f.; OLG Düsseldorf, GmbHR 1999, 543, 545; Baumbach/Hueck/*Hueck/Fastrich*, Anh. § 34 Rn. 8, 16; Lutter/Hommelhoff/*Lutter/Hommelhoff*, § 34 Rn. 65; MüHdb-GesR-III/*Kort*, § 29 Rn. 51.

63 BGHZ 32, 17, 22; BGH NJW 1977, 2316; 1983, 2880; 2004, 1865 = NZG 2003, 871 f.; OLG Hamm, GmbHR 1993, 743; MüHdb-GesR-III/*Kort*, § 29 Rn. 51; Baumbach/Hueck/*Hueck/Fastrich*, Anh. § 34 Rn. 16 f.

erfolgen.[64] In jedem Fall sollte die Streitfrage hinsichtlich der erforderlichen Mehrheit (siehe Rn. 9) geklärt werden; insoweit sollte entsprechend der Einziehung einfache Mehrheit genügen.[65]

Die Satzung kann Art, Höhe, Berechnung und Fälligkeit der **Abfindung** regeln (siehe § 34 Rn. 9 ff.), soweit das Austrittsrecht dadurch nicht unzumutbar beschränkt wird. Insbesondere beim Austritt wegen schuldhaften Verhaltens der Mitgesellschafter wird ggf. annähernd der volle Verkehrswert zu gewähren sein.[66] Auch die Art der **Verwertung** (Kaduzierung, Einziehung, Abtretung, Übergang sofort mit Beschlussfassung etc.) ist oft Gegenstand des Gesellschaftsvertrags.[67] **16**

Anstelle von Ausschluss- oder Austrittsmöglichkeiten kann der Gesellschaftsvertrag die Kaduzierungsregeln (§§ 21 ff.) für anwendbar erklären oder unmittelbare **Erwerbsrechte** durch die Mitgesellschafter (bzw. von diesen benannten Dritten) vorsehen; der Anteilsinhaber ist dann verpflichtet, seinen Geschäftsanteil an den Berechtigten abzutreten (**Abtretungsverpflichtung**).[68] Die Satzung kann hierfür Befugnisse und Vollmachten (z.B. für Geschäftsführer oder Gesellschafterversammlung) zur Durchführung der Abtretung vorsehen oder unmittelbar den dinglichen Übergang mit notarieller (§ 15 Abs. 3) Beschlussfassung anordnen.[69] Im Übrigen gelten für Voraussetzungen und Bedingungen des Anteilsverlusts die vorstehenden Darstellungen zum Ausschluss und Austritt entsprechend.[70] **17**

C. Weitere praktische Hinweise

Gesellschaftsvertragliche Abtretungsverpflichtungen sollten durch statutarische Vollmachten vereinfacht werden (siehe Rn. 17). **18**

Im Fall des Austritts sollte den übrigen Gesellschaftern alternativ die Möglichkeit zur Auflösung und Abwicklung gegeben werden.

Bei Gesellschaften, die auf die persönliche Dienstleistung ihrer Gesellschafter angelegt sind, sollte die Einziehung bzw. Ausschließung ggf. auch für den Fall der Beendigung der Mitarbeit eines Gesellschafters vorgesehen werden.

Verwendet die Satzung den Begriff „Kündigung", muss stets klargestellt sein, ob damit der Austritt oder die Auflösung gemeint ist; es sollte i.d.R. zunächst der Austritt vorgesehen werden.

Siehe ergänzend die Praxishinweise zu § 34 (§ 34 Rn. 25 ff.).

Die Verwertung des Geschäftsanteils des ausgeschlossenen bzw. ausgetretenen Gesellschafters durch – entgeltliche – Einziehung oder Abtretung ist **steuerlich** wie eine gewinn- oder verlustrealisierende Veräußerung zu behandeln (siehe § 34 Rn. 27 und allg. zur Anteilsveräußerung „Steuerrecht", S. 1046 ff., Rn. 68 f.). **19**

---

64 BGH NJW 1983, 2880 f.; 2004, 1865 = GmbHR 2003, 1062 m.Anm. *Blöse/Kleinert*; Lutter/Hommelhoff/*Lutter/Hommelhoff*, § 34 Rn. 67 ff.

65 Siehe auch Scholz/*Winter/Seibt*, Anh. § 34 Rn. 35.

66 BGHZ 126, 226, 230 = NJW 1994, 2536; BGH DStR 2006, 1005 = ZIP 2006, 851 f.; OLG Köln, NZG 1999, 1222, 1224; s.a. OLG Naumburg, NZG 2001, 658; MüHdb-GesR-III/*Kort*, § 29 Rn. 15, 48; s.a. Ulmer/Habersack/Winter/*Ulmer*, Anh. § 34 Rn. 66; Scholz/*Winter/Seibt*, Anh. § 34 Rn. 19.

67 MüHdb-GesR-III/*Kort*, § 29 Rn. 30, 51; Baumbach/Hueck/*Hueck/Fastrich*, Anh. § 34 Rn. 17, 27.

68 Vgl. Lutter/Hommelhoff/*Lutter/Hommelhoff*, § 34 Rn. 67.

69 BGH NJW 1983, 2880 = WM 1983, 956; BGH NJW 2004, 1865 = GmbHR 2003, 1062 m. Anm. *Blöse/Kleinert*; Lutter/Hommelhoff/*Lutter/Hommelhoff*, § 34 Rn. 67.

70 Siehe auch Michalski/*Sosnitza*, § 34 Rn. 3.

D. Muster[71]

20 I. Muster: Austrittsklausel (Kündigung)

27

Die Gesellschaft ist auf unbestimmte Zeit errichtet.
Jeder Gesellschafter kann jedoch

a) ordentlich mit einer Frist von neun Monaten zum Ende eines Geschäftsjahres;
b) spätestens drei Monate nach erfolgter ordentlicher Austrittserklärung eines Mitgesellschafters (ordentlicher Anschlussaustritt);
c) außerordentlich aus wichtigem Grund; oder
d) wenn …

seinen Austritt aus der Gesellschaft erklären. Der Austritt ist gegenüber der Gesellschaft durch eingeschriebenen Brief zu erklären; der Geschäftsführer hat die übrigen Gesellschafter hiervon unverzüglich zu unterrichten.
Mit Zugang der Austrittserklärung ruht das Stimmrecht des austrittswilligen Gesellschafters.

Durch den Austritt wird die Gesellschaft vorbehaltlich der nachfolgenden Regelung nicht aufgelöst. Vielmehr scheidet der austrittswillige Gesellschafter aus der Gesellschaft aus.

Über die Art der Verwertung des Geschäftsanteils entscheidet die Gesellschafterversammlung. Es kann insbesondere beschlossen werden, dass der Anteil ganz oder teilweise eingezogen wird (§ 34 GmbHG), von der Gesellschaft selbst erworben wird (§ 33 GmbHG) oder auf eine von ihr zu benennende übernahmebereite Person zu übertragen ist. Die Regelungen dieser Satzung zur Einziehung (§ …) bzw. Abtretungsverpflichtung (§ …) gelten hierfür entsprechend,[1] insbesondere hinsichtlich des Ausschlusses und Ruhens des Stimmrechts, des Vollzugs und Eintritts der dinglichen Rechtswirkungen, der Abfindung samt Haftung der verbleibenden Gesellschafter und der Vollzugsvollmacht. Abweichend hiervon ist als Abfindung jedoch der nach § … dieser Satzung festgelegte Höchstbetrag (90 % des Verkehrswerts) zu entrichten, falls der Austritt aus wichtigem Grund wegen unzumutbarem Verhalten der Gesellschaft oder der übrigen Gesellschafter erfolgt.

Beschließt die Gesellschafterversammlung im Fall des ordentlichen Austritts bis zum Ablauf der Kündigungsfrist und im Fall der übrigen Austrittsgründe bis zum Ablauf von neun Monaten nach Zugang der Austrittserklärung weder die Einziehung noch eine der hierfür zur Verfügung stehenden Alternativen, wird die Gesellschaft aufgelöst, wenn der austrittswillige Gesellschafter dies nach Ablauf der vorgenannten Frist gegenüber der Gesellschaft erklärt; die übrigen Gesellschafter können jederzeit nach Zugang der Austrittserklärung anstelle des Austritts die Auflösung der Gesellschaft mit 3/4-Mehrheit beschließen. Der Austrittswillige nimmt an der Abwicklung teil.

1 Vgl. hierzu korrespondierendes Muster bei § 34.

71 Vgl. auch korrespondierende Muster bei § 34, insb. zur Abfindung etc.

II. Muster: Ausschlussklausel 34

Ein Gesellschafter kann ohne seine Zustimmung durch Gesellschafterbeschluss aus der Gesellschaft ausgeschlossen werden, wenn 28

a) – f) … – vgl. zu Ausschlussgründen entsprechende Einziehungsgründe bei Muster zu § 34: Muster Satzungsklausel nach § 34 Abs. 2 –

g) …

Bei Mitberechtigten an einem Geschäftsanteil genügt das Vorliegen des Ausschließungsgrundes bei einem der Mitberechtigten.

Über die Ausschließung entscheiden die Gesellschafter unmittelbar durch Gesellschafterbeschluss mit einfacher Mehrheit. Der betroffene Gesellschafter hat kein Stimmrecht. Eine Ausschlussklage samt Ausschlussurteil ist nicht erforderlich.

Mit der Beschlussfassung über den Ausschluss ruht das Stimmrecht des betroffenen Gesellschafters.

Durch den Ausschluss wird die Gesellschaft nicht aufgelöst. Vielmehr scheidet der betroffene Gesellschafter aus der Gesellschaft aus.

Über die Art der Verwertung des Geschäftsanteils entscheidet die Gesellschafterversammlung. Es kann insbesondere beschlossen werden, dass der Anteil ganz oder teilweise eingezogen wird (§ 34 GmbHG), von der Gesellschaft selbst erworben wird (§ 33 GmbHG) oder auf eine von ihr zu benennende übernahmebereite Person zu übertragen ist. Die Regelungen dieser Satzung zur Einziehung (§ …) bzw. Abtretungsverpflichtung (§ …) gelten hierfür entsprechend,[1] insbesondere hinsichtlich des Ausschlusses und Ruhens des Stimmrechts, des Vollzugs und Eintritts der dinglichen Rechtswirkungen, der Abfindung samt Haftung der verbleibenden Gesellschafter und der Vollzugsvollmacht.

1 Vgl. hierzu korrespondierendes Muster bei § 34.

Abschnitt 3
Vertretung und Geschäftsführung

§ 35 Vertretung der Gesellschaft

(1) Die Gesellschaft wird durch die Geschäftsführer gerichtlich und außergerichtlich vertreten. Hat eine Gesellschaft keinen Geschäftsführer (Führungslosigkeit), wird die Gesellschaft für den Fall, dass ihr gegenüber Willenserklärungen abgegeben oder Schriftstücke zugestellt werden, durch die Gesellschafter vertreten.

(2) Sind mehrere Geschäftsführer bestellt, sind sie alle nur gemeinschaftlich zur Vertretung der Gesellschaft befugt, es sei denn, dass der Gesellschaftsvertrag etwas anderes bestimmt. Ist der Gesellschaft gegenüber eine Willenserklärung abzugeben, genügt die Abgabe gegenüber einem Vertreter der Gesellschaft nach Absatz 1. An die Vertreter der Gesellschaft nach Absatz 1 können unter der im Handelsregister eingetragenen Geschäftsanschrift Willenserklärungen abgegeben und Schriftstücke für die Gesellschaft zugestellt werden. Unabhängig hiervon können die Abgabe und die Zustellung auch unter der eingetragenen Anschrift der empfangsberechtigten Person nach § 10 Abs. 2 Satz 2 erfolgen.

(3) Befinden sich alle Geschäftsanteile der Gesellschaft in der Hand eines Gesellschafters oder daneben in der Hand der Gesellschaft und ist er zugleich deren alleiniger Geschäftsführer, so ist auf seine Rechtsgeschäfte mit der Gesellschaft § 181 des Bürgerlichen Gesetzbuchs anzuwenden. Rechtsgeschäfte zwischen ihm und der von ihm vertretenen Gesellschaft sind, auch wenn er nicht alleiniger Geschäftsführer ist, unverzüglich nach ihrer Vornahme in eine Niederschrift aufzunehmen.

Literatur

Baetzgen, Insichgeschäfte im Gesellschaftsrecht, RNotZ 2005, 193; *Beuthien/Müller*, Gemischte Gesamtvertretung und unechte Gesamtprokura, DB 1995, 461; *Blöse*, Befreiung vom Selbstkontrahierungsverbot bei Geschäftsführern rechtssicher vereinbaren, GStB 2006, 344; *Brandmüller*, Der GmbH-Geschäftsführer im Gesellschafts-, Steuer- und Sozialversicherungsrecht, 17. Auflage 2005; *Esch*, Weisungsrechte der Gesellschafter der GmbH & Co KG, NJW 1988, 1553 ff.; *Fleck*, Das Dienstverhältnis der Vorstandsmitglieder und Geschäftsführer in der Rechtsprechung des BGH, WM 1985, 677 ff.; *Gehrlein*, Rechtsprechungsübersicht zum GmbH-Recht in den Jahren 2001–2004: Eigenkapitalersatz, Veräußerung des Geschäftsanteils, Gesellschafterbeschluss sowie Rechtsstellung und Haftung des GmbH-Geschäftsführers, BB 2004, 2585; *Goette*, Das Organverhältnis des GmbH-GFührers in der Rspr. des BGH, DStR 1998, 938; *Grobys*, Das Anstellungsverhältnis von Vorständen und Geschäftsführern, NJW-Spezial 2005, 513; *Grunewald*, Wissenszurechnung bei juristischen Personen, in: Beisse (Hrsg.), Festschrift für Karl Beusch zum 68. Geburtstag am 31. Oktober 1993, 1993, S. 301 ff.; *Hoffmann/Liebs*, Der GmbH-Geschäftsführer, Handbuch für die Praxis des Unternehmens und des Managers, 2. Auflage 2000; *Jaeger*, Der Anstellungsvertrag des GmbH-Geschäftsführers, 4. Auflage 2001; *Jungkurth*, Konzernleitung bei der GmbH, Die Pflichten des Geschäftsführers, 2000; *Kamanabrou*, Das Anstellungsverhältnis des GmbH-Geschäftsführers im Licht der neueren Rechtsprechung, DB 2002, 146; *Konzen*, Geschäftsführung, Weisungsrecht und Verantwortlichkeit in der GmbH und GmbH und Co KG, NJW 1989, 2977 ff.; *Köhl*, Gesellschaftsrechtliche Anforderungen an Vorstandshaftung und Corporate Governance durch das neue System der kartellrechtlichen Legalausnahme, NZG 2005, 197 ff., *Mildenberger*, Der Geschäftsführervertrag, 2000; *Mohr*, Besonderheiten für den Geschäftsführer im mittelständischen Konzern, GmbH-StB 2001, 290; *Nietsch*, Die Zustellung der Anfechtungsklage des GmbH-Geschäftsführers, GmbHR 2004; 1518 ff.; *Plagemann*, Der unecht gesamtvertretende Prokurist im Spannungsfeld der Kompetenzverteilung des GmbH-Gesetzes, GmbHR 2006, 576; *Reichert/Harbarth*, Der GmbH-Vertrag, 3. Auflage 2001; *Reuter*, Bestellung und Anstellung von Organmitgliedern im Körperschaftsrecht, in: Lieb (Hrsg.), Festschrift für Wolfgang Zöllner zum 70. Geburtstag, 1998, Bd. I, S. 487 ff.; *Schrader/Schubert*, Der Geschäftsführer als Arbeitnehmer, DB 2005, 1457; *Stück*, Die Rechtsstellung des GmbH-Geschäftsführers, FA 2007, 34; *Theusinger/Liese*, Zur Befreiung des GmbH-Geschäftsführers von den Beschränkungen des BGB § 181, EWiR 2006, 683; *Tiedtke*, Zur Form der Gestattung von Insichgeschäften des geschäftsführenden Mitgesellschafters einer GmbH, GmbHR 1993, 385 ff.; *Tillmann/Mohr*, GmbH-Geschäftsführer, 8. Auflage 2003; *Ulrici*, Geschäftsähnliche Handlungen, NJW 2003, 2053, *van Venrooy*, Anspruch der GmbH auf sachkundige Geschäftsführung, GmbHR 2004, 237; *Westermann*, Der Notgeschäftsführer der GmbH – der Mann zwischen den Fronten, in: Forster (Hrsg.), Festschrift für Bruno Kropff: Aktien- und Bilanzrecht, 1997, S. 681 ff.

A. Allgemeines

I. Einordnung der Norm in den Gesamtzusammenhang des Gesetzes

1 § 35 regelt die Vertretung der Gesellschaft durch ihre Geschäftsführer nach außen und dient damit der Sicherung der Handlungsfähigkeit der Gesellschaft. Willenserklärungen der Geschäftsführer (Vertragsangebote an Dritte, Vertragsabschlüsse, Kündigungserklärungen) führen grundsätzlich zu einer rechtlichen Bindung der Gesellschaft, aus der entsprechende Pflichten, aber auch Rechte der Gesellschaft resultieren. Durch § 35 wird die Geschäftsführung als operativ verantwortliches Organ der Gesellschaft damit in die Lage versetzt, deren geschäftliche Entwicklung zu steuern und die Vorgaben der Gesellschafterversammlung umzusetzen.

II. Aufbau der Norm

2 Abs. 1 regelt zunächst die umfassende Vertretung der Gesellschaft in allen gerichtlichen und außergerichtlichen Angelegenheiten durch die Geschäftsführer. Abs. 2 bestimmt die formellen Anforderungen an die Kundgabe einer Willenserklärung durch die Geschäftsführer, die im Zweifel anzunehmende Gesamtvertretung der Gesellschaft durch alle Geschäftsführer sowie die Passivvertretung der Gesellschaft. Abs. 3 schließlich regelt die Zulässigkeit und die formellen Anforderungen an Rechtsgeschäfte zwischen einem Geschäftsführer und der Gesellschaft (sog. **Insichgeschäft**).

B. Inhalt der Regelung

I. Gerichtliche und außergerichtliche Vertretung durch die Geschäftsführung (Abs. 1)

1. Allgemeines

3 Die Vertretung der Gesellschaft durch ihre Geschäftsführer resultiert aus dem Bedürfnis des Rechtsverkehrs nach einem verbindlich festgelegten Vertretungsorgan mit einer gesetzlich definierten Vertretungsmacht. Dabei besteht die Vertretungskompetenz der Geschäftsführer uneingeschränkt und kann auch nicht durch andere Gesellschaftsorgane eingeschränkt werden.

Anders als bei sonstigen Aufgaben der Geschäftsführung können die Gesellschafter die Vertretung der Gesellschaft nicht an sich ziehen,[1] weil auch dies zu einer Einschränkung der Rechtssicherheit des Geschäftsverkehrs führen könnte.

2. Vertretungsberechtigte Personen

a) Geschäftsführer

4 Die Vertretungsbefugnis des Geschäftsführers für die Gesellschaft beginnt mit dessen körperschaftlicher Bestellung und seiner Annahmeerklärung.

Die **Bestellung eines Geschäftsführers** erfolgt i.d.R. durch den Gesellschaftsvertrag oder durch einen Gesellschafterbeschluss. Daneben können in der Satzung der Gesellschaft die Voraussetzungen für die Bestellung der Geschäftsführer modifiziert werden.

5 In jedem Fall muss der zum Geschäftsführer Bestellte die **Annahme der Bestellung** erklären, da auch das der Bestellung zugrunde liegende Rechtsverhältnis eine Einigung erfordert (andernfalls könnten Personen gegen ihren Willen zu Geschäftsführern bestellt werden). Insoweit kann die Annahme der Bestellung ausdrücklich erklärt werden oder sich konkludent aus dem Verhalten des Bestellten ergeben, etwa wenn dieser in Kenntnis der Bestellung seine Tätigkeit als Geschäftsführer ohne weiteres aufnimmt.

> **!** Aufgrund der wichtigen Stellung des Geschäftsführers für das Handeln der Gesellschaft, sollte man die Wirksamkeit der Bestellung nicht der späteren Auslegung durch die Gerichte überlassen und durch die entsprechende schriftliche Dokumentation der Bestellung und deren Annahme durch den Bestellten für Klarheit sorgen.

6 Verstößt die Bestellung eines Geschäftsführers gegen gesetzliche Voraussetzungen oder liegen Bestellungshindernisse vor (sog. **fehlerhafte Bestellung**), ist die Bestellung nichtig.[2] Dies gilt auch dann, wenn der fehlerhaft Bestellte als Geschäftsführer in das Handelsregister eingetragen worden ist oder die Ursache der fehlerhaften Bestellung später wieder wegfällt. Nach den **Grundsätzen der fehlerhaften Organstellung** wird das Handeln des fehlerhaft Bestellten bis zum Bekanntwerden des Bestellungsmangels in aller Regel als wirksam behandelt. Den fehlerhaft Bestellten treffen damit dieselben Pflichten wie einen ordnungsgemäß bestellten Geschäftsführer, insbesondere haftet er bei der schuldhaften Verletzung dieser Pflichten nach § 43 und nach § 9. Dritte werden im Vertrauen auf die Vertretungsmacht eines fehlerhaft bestellten Geschäftsführers durch § 15 HGB geschützt.

7 Die gerichtliche Bestellung eines **Not-Geschäftsführers** kommt in dringenden Fällen beim Fehlen oder bei rechtlicher Verhinderung der Geschäftsführer in Betracht und setzt den Antrag eines

---

1 Str., wie hier Baumbach/Hueck/*Zöllner/Noack*, § 35 Rn. 3; Scholz/*Schneider*, § 6 Rn. 6; ähnlich: Lutter/Hommelhoff/*Kleindiek*, § 6 Rn. 7; Michalski/*Lenz*, § 35 Rn. 9; a.A. Rowedder/Schmidt-Leithoff/*Schmidt-Leithoff*, § 6 Rn. 4; HK-GmbHR/*Fichtelmann*, § 44 Rn. 4.

2 Baumbach/Hueck/*Zöllner/Noack*, § 6 Rn. 17.

Beteiligten voraus.[3] Die Notbestellung eines Geschäftsführers ist dringend, wenn der Gesellschaft oder einem sonstigen Beteiligten aufgrund der Verhinderung der Geschäftsführung ein Nachteil droht, etwa indem ein Schaden eintritt oder eine unverzüglich erforderliche Handlung nicht vorgenommen werden kann.

> **!** Um eine Notbestellung zu verhindern, ist es sinnvoll, einen oder mehrere stellvertretende Geschäftsführer zu bestellen, die für den oder die verhinderten Geschäftsführer handeln können (vgl. § 44).

Kein organschaftliches Handeln liegt dagegen vor, wenn eine natürliche Person ohne Vorliegen eines Bestellungsaktes faktisch nach außen für die Gesellschaft als Geschäftsführer auftritt (sog. **faktischer Geschäftsführer**). Das Handeln eines faktischen Geschäftsführers wird geprägt durch ein nach außen hervortretendes, normalerweise der Geschäftsführung vorbehaltenes Verhalten.[4] Willenserklärungen des faktischen Geschäftsführers muss sich die Gesellschaft nach den Regeln der Duldungs- und Anscheinsvollmacht gegebenenfalls zurechnen lassen. Eine Haftung des faktischen Geschäftsführers nach § 43 ist umstritten; überwiegend wird aufgrund des Normzwecks für eine analoge Anwendung plädiert.[5] **8**

b) Sonstige vertretungsberechtigte Personen

Neben der Vertretung der Gesellschaft durch die Geschäftsführer kommt auch die Vertretung durch rechtsgeschäftlich bestellte Vertreter (sog. **Bevollmächtigte**) in Betracht, insbesondere durch Prokuristen oder mit Handlungsvollmacht ausgestattete Mitarbeiter. Um rechtlich wirksam zu sein, muss die jeweilige Vollmacht auf die Geschäftsführer oder auf einen von den Geschäftsführern wirksam bevollmächtigten Dritten zurückzuführen sein, der seinerseits zur Vergabe von Untervollmachten berechtigt sein muss. **9**

> **!** Bei der Erteilung der rechtsgeschäftlichen Vollmacht an den zu Bevollmächtigenden ist innerhalb der Geschäftsführung darauf zu achten, dass die vertretungsberechtigte Anzahl von Geschäftsführern/Prokuristen die Vollmacht erteilt. Ist in der Satzung der Gesellschaft nichts Abweichendes geregelt, gilt auch für die Bevollmächtigung des Dritten das Erfordernis der Gesamtvertretung (Abs. 2 Satz 1).

Hat die Gesellschaft einen **Aufsichtsrat**, vertritt dieser die Gesellschaft gegenüber den Geschäftsführern auch im Außenverhältnis (vgl. zum Aufsichtsrat § 52).[6] Dagegen ist die zunächst im Regierungsentwurf noch vorgesehene Vertretung der Gesellschaft durch den Aufsichtsrat bei Führungslosigkeit der Gesellschaft nicht in das Gesetz übernommen worden.[7] **10**

Schließlich kann in Ausnahmefällen die Gesellschaft im Außenverhältnis auch durch die **Gesellschafterversammlung** vertreten werden.[8] Dies ist etwa im Zusammenhang mit der Bestellung eines Geschäftsführers, dem Abschluss eines Geschäftsführer-Dienstvertrags, der Bestellung von Vertretern für die Geltendmachung von Ansprüchen gegen einen Gesellschafter oder Geschäftsführer oder der prozessualen Durchsetzung von Ansprüchen gegen einen Geschäftsführer der Fall (vgl. zur Zuständigkeit der Gesellschafterversammlung § 46). **11**

3 Baumbach/Hueck/*Zöllner/Noack*, § 6 Rn. 32 m.w.N.
4 BGHZ 150, 61 = NJW 2002, 1803; Baumbach/Hueck/*Zöllner/Noack*, § 35 Rn. 9.
5 Baumbach/Hueck/*Zöllner/Noack*, § 43 Rn. 3.
6 Baumbach/Hueck/*Zöllner/Noack*, § 35 Rn. 71.
7 BT-Drucks. 16/6140, S. 42; BT-Drucks. 16/9737.
8 Baumbach/Hueck/*Zöllner/Noack*, § 35 Rn. 72 f.

3. Gesetzlicher Umfang der Vertretungsmacht

a) Außergerichtliche Vertretung

12 Im Rahmen der außergerichtlichen Vertretung ist die Geschäftsführung sowohl zur Abgabe von Willenserklärungen für die Gesellschaft berechtigt (sog. **Aktivvertretung**) als auch zur Entgegennahme von an die Gesellschaft gerichteten Willenserklärungen Dritter (sog. **Passivvertretung**). Entsprechendes gilt auch für rechtsgeschäftsähnliche Handlungen wie etwa die Mahnung eines Vertragspartners.[9]

13 Vor jeder außergerichtlichen Vertretung muss der Geschäftsführer überprüfen, ob er zur Abgabe der Willenserklärung ausnahmsweise nicht befugt ist (etwa bei einem nicht zulässigen Insichgeschäft nach § 181 BGB) und er zur Abgabe der Willenserklärung der Mitwirkung eines (oder aller) anderen Geschäftsführers bzw. eines Prokuristen bedarf. Auch ein **kollusives Zusammenwirken** mit dem Vertragspartner der Gesellschaft kann eine wirksame Vertretung ausschließen.[10]

14 Dagegen spielt es für die Wirksamkeit der Vertretung der Gesellschaft keine Rolle, ob die Willenserklärung für die Gesellschaft wirtschaftlich vorteilhaft ist. Die Vertretungsmacht des Geschäftsführers wird insoweit weder durch den Zweck der Gewinnerzielung noch durch den Gegenstand des Unternehmens begrenzt.[11] Damit sind auch unlukrative oder gegenstandsfremde Geschäfte des Geschäftsführers (etwa **Schenkungen an Dritte**) grundsätzlich wirksam und binden die Gesellschaft rechtlich.

15 Die Vertretungsmacht des Geschäftsführers im Außenverhältnis **erstreckt sich insbesondere auf folgende Bereiche** (zu den Beschränkungen im Innenverhältnis vgl. § 37):

- **Arbeitsverhältnisse** – der Geschäftsführer ist zur Begründung und Kündigung von Arbeitsverhältnissen berechtigt und kann das Direktionsrecht der Gesellschaft als Arbeitgeber ausüben.
- **Kollektives Arbeitsrecht** – der Geschäftsführer ist zum Abschluss von Haustarifverträgen und Betriebsvereinbarungen berechtigt.
- **Vollmachten** – der Geschäftsführer darf Vollmachten (Prokura, Handlungsvollmacht, Generalvollmacht) erteilen und widerrufen.
- **Rechtsgeschäfte mit Dritten** – der Geschäftsführer darf mit Dritten Rechtsgeschäfte (Kaufverträge, Mietverträge, Werkverträge etc.) abschließen, vertragliche Rechte gegenüber Dritten ausüben (Mängelrechte, Geltendmachung von Schadensersatz, etc.) und das Rechtsgeschäft beenden (Rücktritt, Kündigung). Grundsätzlich sind auch Rechtsgeschäfte mit Gesellschaftern oder anderen Geschäftsführern zulässig (zu den Beschränkungen im Innenverhältnis vgl. § 37).[12]
- **Beteiligungserwerb** – der Geschäftsführer ist berechtigt, Beteiligungen an Kapitalgesellschaften für die Gesellschaft zu erwerben.
- **Personengesellschaften** – der Geschäftsführer ist berechtigt, für die Gesellschaft Personengesellschaften (GbR, OHG, KG, stille Gesellschaft) zu gründen, sich an ihnen zu beteiligen oder sie zu beenden.
- **Verschmelzungsverträge** – der Geschäftsführer ist berechtigt, Verschmelzungsverträge mit anderen Rechtsträgern abzuschließen; allerdings ist zur Wirksamkeit im Außenverhältnis zusätzlich ein Gesellschafterbeschluss erforderlich (§ 13 UmwG). Entsprechendes gilt für Spaltungs- und Übernahmeverträge.[13]

---

9 *Ulrici*, NJW 2003, 2053; Baumbach/Hueck/*Zöllner/Noack*, § 35 Rn. 79.
10 OLG Hamm, GmbHR 1997, 999; Baumbach/Hueck/*Zöllner/Noack*, § 35 Rn. 80.
11 Baumbach/Hueck/*Zöllner/Noack*, § 35 Rn. 80; Rowedder/Schmidt-Leithoff/*Koppensteiner*, § 37 Rn. 46.
12 Baumbach/Hueck/*Zöllner/Noack*, § 35 Rn. 85 f.; einschränkend: Roth/Altmeppen/*Altmeppen*, § 35 Rn. 19; Scholz/*Schneider*, § 35 Rn. 25 ff.
13 Baumbach/Hueck/*Zöllner/Noack*, § 35 Rn. 88.

- **Beherrschungs- und Gewinnabführungsverträge** – der Geschäftsführer ist berechtigt, Beherrschungs- und Gewinnabführungsverträge abzuschließen oder zu beenden, sofern hiermit keine Änderung des Gesellschaftszwecks verbunden ist.[14]
- **Ausübung von Beteiligungsrechten** – nach h.M. unterliegt der Geschäftsführer bei der Ausübung von Beteiligungsrechten den Beschränkungen nach §§ 32 MitbestG, 15 MitbestErgG.

b) Innengeschäfte der GmbH mit einzelnen Gesellschaftern

Ob gesellschaftsrechtliche Rechtsgeschäfte mit einzelnen Gesellschaftern von der Vertretungsmacht des Geschäftsführers im Außenverhältnis gedeckt sind, ist umstritten. Teilweise wird dafür plädiert, diese Rechtsgeschäfte ausschließlich dem Innenverhältnis zuzuordnen,[15] sodass der Geschäftsführer nur zur Vertretung nach außen berechtigt ist, wenn er gesondert hierzu ermächtigt wurde (etwa durch die Satzung oder durch einen Gesellschafterbeschluss). Nach h.M. werden Rechtsgeschäfte des Geschäftsführers mit einem Gesellschafter dem Außenverhältnis zugerechnet, sodass der Geschäftsführer im Rahmen seiner Kompetenz zur Vertretung der Gesellschaft befugt ist. Praktisch wird sich auch bei einer Zuordnung des Rechtsgeschäfts zum Außenverhältnis der mit dem Geschäftsführer kontrahierende Gesellschafter sämtliche Beschränkungen der Vertretungsmacht im Innenverhältnis entgegenhalten lassen müssen, sodass ein Abschluss von Rechtsgeschäften außerhalb der Innenvollmacht des Geschäftsführers grundsätzlich ausgeschlossen ist. 16

c) Rechtsgeschäfte mit Bezug zur Satzung und zum Verhältnis der Gesellschafter

Alle satzungsändernden Erklärungen sowie alle das Verhältnis der Gesellschaft zu ihren Gesellschaftern betreffenden Erklärungen betreffen nicht das Außenverhältnis und sind deshalb von der körperschaftlichen Vertretungsmacht des Geschäftsführers nicht erfasst. Der Geschäftsführer darf daher ohne besondere Ermächtigung keine Erklärungen abgeben, die eine Änderung der Gesellschaftssatzung (einschließlich der Kapitalisierung der Gesellschaft) oder der Firma herbeiführen oder die die Auflösung der Gesellschaft bewirken.[16] 17

d) Vertretung der GmbH gegenüber einem Geschäftsführer

Betrifft die Willenserklärung das **Innenverhältnis der Gesellschaft**, ist grundsätzlich die **Gesellschafterversammlung** im Hinblick sowohl auf die Willensbildung als auch die Kundgabe des Willens gegenüber dem Geschäftsführer zuständig. Dies betrifft die Bestellung und Abberufung eines Geschäftsführers wie auch die Erteilung von Weisungen an den Geschäftsführer. Ausnahmsweise kann insoweit die Satzung der Gesellschaft etwas anderes bestimmen. Als gesellschaftsrechtliches Innengeschäft wird nach h.M. auch der **Geschäftsführer-Dienstvertrag** der Begründung, Änderung und Aufhebung durch die Geschäftsführung entzogen, da er in einem unmittelbaren Zusammenhang zur Bestellung des Geschäftsführers steht.[17] 18

Tritt der Geschäftsführer der Gesellschaft dagegen wie ein Dritter im Rechtsverkehr gegenüber, etwa beim Abschluss eines Mietvertrags, kann die Gesellschaft grundsätzlich durch einen anderen Geschäftsführer (ggf. unter Mitwirkung eines Prokuristen) vertreten werden. 19

e) Gerichtliche Vertretung der GmbH

Auch die gerichtliche Vertretung der Gesellschaft obliegt der Geschäftsführung und umfasst die Erteilung der Prozessvollmacht sowie die Vornahme aller Prozesshandlungen gegenüber Gerichten aller Rechtszweige. Bei der Führung eines Prozesses der Gesellschaft gegen einen Geschäftsführer ist die Bestellung eines **besonderen Vertreters** erforderlich (vgl. § 46 Nr. 8); in einem Passivpro- 20

---

14 Str., vgl. Baumbach/Hueck/*Zöllner/Noack*, § 35 Rn. 89.
15 Baumbach/Hueck/*Zöllner/Noack*, § 35 Rn. 92; Roth/Altmeppen/*Altmeppen*, § 37 Rn. 48.
16 Baumbach/Hueck/*Zöllner/Noack*, § 35 Rn. 93 ff.; Scholz/*Schneider*, § 35 Rn. 38 ff.; Roth/Altmeppen/*Altmeppen*, § 35 Rn. 17; Fleck, ZGR 1988, 111.
17 Baumbach/Hueck/*Zöllner/Noack*, § 35 Rn. 97.

zess ist die vorläufige Bestellung des besonderen Vertreters durch das Prozessgericht nach § 57 ZPO möglich.[18]

21 In **einstweiligen Verfügungsverfahren** zwischen der Gesellschaft und einem ihrer Geschäftsführer kann die Gesellschaft durch einen anderen (einzelvertretungsberechtigten) Geschäftsführer vertreten werden, bis der erforderliche Gesellschafterbeschluss nach § 46 Nr. 8 eingeholt ist.

22 Sofern die Bestellung eines Geschäftsführers mit der **Anfechtungs- oder Nichtigkeitsklage** angegriffen wird, ist der Geschäftsführer, dessen Bestellung angegriffen wird, auch weiterhin vertretungsberechtigt.[19] Ist ein **Aufsichtsrat** vorhanden, kann die Vertretung der Gesellschaft im Prozess grundsätzlich auch seinen Mitgliedern obliegen.[20]

23 Geschäftsführer werden in Prozessen nicht als Zeugen behandelt, sondern gelten nach § 455 Abs. 1 ZPO als **Parteivertreter**. Eine dennoch erfolgte Vernehmung eines Geschäftsführers als Zeuge ist unzulässig und bei der gerichtlichen Entscheidung nicht verwertbar (ggf. Berufungs- und Revisionsgrund). Die gerichtliche Befragung des Geschäftsführers als Parteivertreter kann das Gericht gleichwohl im Rahmen der **freien Beweiswürdigung** in den Prozess einbeziehen.

> **!** Im Einzelfall kann aus prozesstaktischen Gründen die (vorübergehende) Abberufung des Geschäftsführers zu überlegen sein, um ihm eine Zeugenaussage zu ermöglichen, die ggf. mehr Gewicht haben kann als sein Parteivortrag. Vereinzelt wird dieser Austausch der prozessualen Funktion des Geschäftsführers jedoch als rechtsmissbräuchlich angesehen. Frühere oder zukünftige Geschäftsführer können dagegen unproblematisch als Zeugen vernommen werden.

f) Vertretung bei Führungslosigkeit (Abs. 1 Satz 2)

24 Ist für die Gesellschaft kein Geschäftsführer wirksam bestellt, wird diese durch die Gesellschafter vertreten, soweit es um die Abgabe von Willenserklärungen oder die Zustellung von Schriftstücken gegenüber der Gesellschaft geht (Passivvertretung). Damit soll verhindert werden, dass durch eine – ggf. bewusst herbeigeführte – Führungslosigkeit der Gesellschaft öffentliche Zustellungen oder der Zugang von Erklärungen vereitelt werden.

II. Willenserklärungen durch die Geschäftsführung (Abs. 2)

1. Abgabe von Willenserklärungen durch die Geschäftsführung (Abs. 2)

a) Handeln im Namen der Gesellschaft

25 Damit ein Rechtsgeschäft zwischen einem Dritten und der Gesellschaft zustande kommt, müssen die Geschäftsführer nach außen im Namen der Gesellschaft auftreten (sog. **Offenkundigkeit**). Dies ist jedenfalls dann der Fall, wenn sie die Willenserklärung ausdrücklich im Namen der Gesellschaft abgeben, etwa indem die Willenserklärung auf dem Briefbogen der Gesellschaft übermittelt wird. Darüber hinaus kann sich der Wille des Geschäftsführers, im Namen der Gesellschaft zu handeln, auch aus den Gesamtumständen ergeben, etwa wenn Vertragsverhandlungen ausdrücklich im Namen der Gesellschaft geführt werden oder die Abgabe der Willenserklärung in den Geschäftsräumen der Gesellschaft erfolgt.

> **!** Auch insoweit sollte es der Geschäftsführer nicht auf die Auslegung der Gesamtumstände ankommen lassen und die Willenserklärung ausdrücklich im Namen der Gesellschaft abgeben. Denn nach § 164 Abs. 2 BGB schließt der Geschäftsführer das Rechtsgeschäft bei fehlender Offenkundigkeit **im eigenen Namen** ab.

---

18 RGZ 129, 108; Scholz/*Schmidt*, § 46 Rn. 175; Baumbach/Hueck/*Zöllner/Noack*, § 35 Rn. 100.
19 BGH NJW 1981, 1041; OLG Köln, NZG 2003, 395; OLG Hamm, GmbHR 1993, 743, 745; OLG Köln, NZG 1999, 773; Baumbach/Hueck/*Zöllner/Noack*, § 35 Rn. 100.
20 Baumbach/Hueck/*Zöllner/Noack*, § 35 Rn. 100.

Ist bei der Fassung eines Gesellschafterbeschlusses, der Grundlage eines Rechtsgeschäfts ist, sowohl der vertretungsberechtigte Geschäftsführer als auch der potenzielle Vertragspartner anwesend, so kann eine konkludente Willenserklärung des Geschäftsführers im Rahmen der Ermächtigung des Gesellschafterbeschlusses vorliegen, wenn der Geschäftsführer seinen entgegenstehenden Willen nicht offen zum Ausdruck bringt.[21] 26

Ist das Handeln des Geschäftsführers als Vertreter der Gesellschaft für den Vertragspartner nicht erkennbar und hält dieser den Geschäftsführer für den Unternehmensinhaber, kommt das Rechtsgeschäft zwischen dem Geschäftsführer und dem Dritten zustande (sog. **Eigengeschäft**).[22] 27

Ist der Geschäftsführer **für mehrere Gesellschaften vertretungsberechtigt** und stellt er bei Abgabe der Willenserklärung nicht klar, für welche Gesellschaft er handelt, liegt grundsätzlich ebenfalls ein Eigengeschäft des Geschäftsführers vor. Lediglich dann, wenn das Handeln des Geschäftsführers aufgrund der Umstände des Einzelfalls (bspw. Vorverhandlungen für eine bestimmte Gesellschaft; Ort des Vertragsschlusses) einer bestimmten Gesellschaft zugeordnet werden kann und dies für den Vertragspartner erkennbar ist, wird diese durch den Geschäftsführer wirksam vertreten. 28

Die **Beweislast** für das Handeln in fremdem Namen liegt bei demjenigen, der sich in einem Prozess auf das Fremdgeschäft beruft, d.h. der Geschäftsführer muss i.d.R. darlegen und beweisen, dass er für die Gesellschaft gehandelt hat.[23] 29

b) Vorgaben an die Kundgabe der Willenserklärung

Maßgebend für die **Form der Willenserklärung** ist allein das materielle Recht. Der Gesellschaftsvertrag kann insoweit im Außenverhältnis keine abweichenden formellen Vorgaben an die Kundgabe der Willenserklärung bewirken,[24] allerdings bindet er den Geschäftsführer im Innenverhältnis. 30

c) Erweckung des Anscheins persönlicher Haftung

Unterlässt der Geschäftsführer die Zeichnung für die Gesellschaft, indem er den Rechtsformzusatz („GmbH") weglässt, kommt eine **persönliche Haftung des Geschäftsführers** für den durch ihn beim Erklärungsempfänger erweckten Rechtsschein in Betracht.[25] Diese Haftung kann nach der Rechtsprechung selbst dann eintreten, wenn das Rechtsgeschäft tatsächlich zwischen dem Dritten und der durch den Geschäftsführer vertretenen Gesellschaft zustande gekommen ist, der Dritte aber aufgrund des fehlenden Rechtsformzusatzes darauf vertrauen durfte, dass eine natürliche Person haftet.[26] 31

Ob der Dritte bei Abschluss des Rechtsgeschäfts lediglich aufgrund des fehlenden Rechtsformzusatzes auf die Haftung einer natürlichen Person schließen darf, erscheint zumindest dann zweifelhaft, wenn der Firmenname (ohne den Rechtsformzusatz) erkennbar nicht dem Namen einer natürlichen Person entspricht. 32

Geht der Dritte aufgrund des fehlenden Rechtsformzusatzes allerdings berechtigt von einer anderen Rechtsform der vertretenen Gesellschaft aus, die mit der persönlichen Haftung eines oder mehrerer Gesellschafter verbunden ist (z.B. OHG, KG), ist grundsätzlich ebenfalls von einer Haftung des Geschäftsführers aufgrund des von ihm veranlassten Rechtsscheins auszugehen.

---

21 BGH NZG 2003, 771; Baumbach/Hueck/*Zöllner/Noack*, § 35 Rn. 124.
22 Baumbach/Hueck/*Zöllner/Noack*, § 35 Rn. 126.
23 BGH NJW 1995, 43, 44; 2000, 2984, 2985; Baumbach/Hueck/*Zöllner/Noack*, § 35 Rn. 126.
24 RGZ 119, 115; OLG München, NZG 2000, 892, 893; Lutter/Hommelhoff/*Kleindiek*, § 35 Rn. 6; Rowedder/Schmidt-Leithoff/*Koppensteiner*, § 35 Rn. 24; Michalski/*Lenz*, § 35 Rn. 83; Baumbach/Hueck/*Zöllner/Noack*, § 35 Rn. 125.
25 BGH NJW 1991, 2627 f.; 1996, 2645; Baumbach/Hueck/*Zöllner/Noack*, § 35 Rn. 125; Rowedder/Schmidt-Leithoff/*Koppensteiner*, § 35 Rn. 24.
26 OLG Karlsruhe, GmbHR 2004, 1016, 1017; BGH NJW 1990, 2678; BGH GmbHR 1998, 883; krit. Baumbach/Hueck/*Zöllner/Noack*, § 35 Rn. 127.

d) Zurechnung von Willensmängeln und Wissen des Geschäftsführers

33 Nach § 166 Abs. 1 BGB ist für die Zurechnung eines Willensmangels die Person des Vertreters maßgeblich. Dies bedeutet, dass etwa ein **Inhalts- oder Erklärungsirrtum** (vgl. § 119 BGB), eine **widerrechtliche Drohung** (§ 123 Alt. 1 BGB) oder eine **arglistige Täuschung** (§ 123 Alt. 2 BGB) in der Person des Geschäftsführers vorliegen muss.

34 Bei einer Gesamtvertretung der Gesellschaft durch sämtliche Geschäftsführer genügt es grundsätzlich, wenn der Willensmangel bei einem von ihnen vorliegt.[27] Dies gilt allerdings dann nicht, wenn die zur Gesamtvertretung berufenen Geschäftsführer einen oder mehrere von ihnen zur Vertretung ermächtigen und bei diesen Ermächtigten der Willensmangel nicht vorliegt.[28]

35 Auch für die Zurechnung der Kenntnis oder des Kennenmüssens von Umständen kommt es nach § 166 BGB auf das Wissen des Geschäftsführers an.[29] Bei einer Gesamtvertretung genügt daher für die Kenntnis der Gesellschaft bereits die Kenntnis eines ihrer Geschäftsführer.[30] Bei einzelvertretungsberechtigten Geschäftsführern genügt die Kenntnis oder das Kennenmüssen des geschäftsabschließenden Geschäftsführers.

36 Ob der Gesellschaft daneben auch die Kenntnis oder das Kennenmüssen weiterer Organmitglieder oder „Wissensvertreter" zugerechnet werden kann, ist umstritten. Die neuere höchstrichterliche Rechtsprechung legt eine wertende Betrachtung der Umstände des Einzelfalls zugrunde, die sich am Schutz des Geschäftsverkehrs sowie der Organisationspflicht und Organisationsmöglichkeit der Gesellschaft bemisst.[31] Danach muss die Organisation der Gesellschaft so ausgerichtet sein, dass sowohl eine Weiterleitung relevanter Informationen von dem und an den Vertragspartner (sog. **Informationsweiterleitungspflicht**) als auch die Abfrage der in der Gesellschaft vorhandenen Informationen (sog. **Informationsabfragepflicht**) sichergestellt ist.[32]

37 Eine **Zurechnung des Wissens eines Gesellschafters** ist nach § 166 Abs. 2 BGB nur dann möglich, wenn der Geschäftsführer auf Weisung des Gesellschafters tätig geworden ist. Dies gilt entsprechend, wenn der Geschäftsführer auf Weisung der Gesellschafterversammlung, des Aufsichtsrats oder des Beirats tätig wird.[33] Der Begriff der **Weisung** ist nach h.M. weit auszulegen, sodass bereits eine Empfehlung ausreichen kann.[34]

38 Die Zurechnung der Kenntnis oder des Kennenmüssens eines (einfachen) **Angestellten** der GmbH ist dagegen nur in Ausnahmenfällen möglich, nämlich dann, wenn der Angestellte innerhalb der Organisation der Gesellschaft als Wissensvertreter der Geschäftsführung fungiert.[35]

> **!** Insbesondere im Hinblick auf die Einhaltung von **vertraglichen und prozessualen Fristen** empfiehlt es sich dringend, eine Organisation vorzuhalten, die eine rechtzeitige Reaktion der Gesellschaft sicherstellen kann (Urlaubs- und Abwesenheitsvertretung etc.).

39 Außerhalb der Wissenszurechnung bei Willenserklärungen kommt es für die Zurechnung von Kenntnissen auf die jeweiligen Umstände des Einzelfalls an. So genügt bei der Übersendung eines **kaufmännischen Bestätigungsschreibens** an die Gesellschaft grundsätzlich der Zugang bei nur einem Geschäftsführer.[36] Entsprechendes gilt für die Einbeziehung einer Forderung in ein Konto-

27 RGZ 78, 347, 354; Baumbach/Hueck/*Zöllner/Noack*, § 35 Rn. 146; *Köhl*, NZG 2005, 197, 198.
28 Baumbach/Hueck/*Zöllner/Noack*, § 35 Rn. 146; a.A. GK-AktG/*Habersack* § 78 Rn. 26.
29 Baumbach/Hueck/*Zöllner/Noack*, § 35 Rn. 147; *Grunewald*, in: FS Beusch, 1993, S. 302.
30 RGZ 53, 231; 78, 347, 354; 134, 33, 36; OLG Köln, OLGZ 77, 343; Roth/Altmeppen/*Altmeppen*, § 35 Rn. 95.
31 BGHZ 109, 327, 331; 132, 30, 35 ff.; BGH DVBl 2000, 272; BGH ZIP 2001, 26, 27.
32 Vgl. dazu nur Baumbach/Hueck/*Zöllner/Noack*, § 35 Rn. 150.
33 Baumbach/Hueck/*Zöllner/Noack*, § 35 Rn. 151.
34 BGHZ 50, 368; Baumbach/Hueck/*Zöllner/Noack*, § 35 Rn. 151.
35 Baumbach/Hueck/*Zöllner/Noack*, § 35 Rn. 154 m.w.N.
36 BGHZ 20, 149; BGH WM 1988, 216; Baumbach/Hueck/*Zöllner/Noack*, § 35 Rn. 152.

korrentverhältnis[37], die Sittenwidrigkeit einer Abtretung[38] oder die Fehlerhaftigkeit eines Anstellungsvertrags[39]. Zweifelhaft ist die Zurechnung der Kenntnis eines nicht mit der Personalführung betrauten Geschäftsführers beim Beginn der **Kündigungserklärungsfrist** nach § 626 Abs. 2 BGB.[40]

Unklar ist dagegen in weiten Teilen noch die **Zurechnung von Kenntnissen innerhalb eines Konzerns**. Als Anknüpfungspunkte für eine Zurechnung des Wissens wird die teilweise oder vollständige Identität einzelner Gesellschaftsorgane[41] oder der Informationsaustausch zwischen verschiedenen Gesellschaften eines Konzerns[42] angesehen. **40**

2. Gesamtvertretung durch sämtliche Geschäftsführer (Abs. 2 Satz 1)

Als gesetzlich vorgesehener Normalfall der Gesamtvertretung müssen alle vertretungsberechtigten Geschäftsführer eine Willenserklärung für die Gesellschaft gemeinsam (d.h. gleichlautend und gleichzeitig) abgeben. Da diese Form des gemeinschaftlichen Handelns aller Gesamtvertreter vielfach zu unpraktisch ist, kommt alternativ die getrennte Abgabe der gleichen Willenserklärung (vgl. dazu Rn. 42), die Abgabe der Erklärung durch einen Gesamtvertreter (vgl. dazu Rn. 43) oder die Ermächtigung eines der Gesamtvertreter (vgl. dazu Rn. 45) in Betracht. **41**

a) Getrennte Abgabe der gleichen Willenserklärung

Die gesamtvertretungsberechtigten Geschäftsführer können die gleiche Willenserklärung getrennt voneinander abgeben.[43] Bei formlosen Erklärungen genügt auch die Bezugnahme auf die Willenserklärung eines anderen gesamtvertretungsberechtigten Geschäftsführers. Ist die Willenserklärung formbedürftig, muss diese Form bei jeder der getrennt abgegebenen Willenserklärungen gewahrt sein.[44] Bei nicht gleichlautenden Willenserklärungen der Gesamtvertreter liegt keine wirksame Willenserklärung im Außenverhältnis vor. **42**

b) Abgabe der Erklärung durch einen (ermächtigten) Gesamtvertreter

Bei der Abgabe einer Willenserklärung durch einen Gesamtvertreter ohne vorherige Ermächtigung der anderen Gesamtvertreter liegt nach § 177 Abs. 1 BGB zunächst ein schwebend unwirksames Rechtsgeschäft vor.[45] Allerdings können die Gesamtvertreter den Vertrag sowohl gegenüber dem Erklärenden als auch gegenüber dem Vertragspartner (Erklärungsempfänger) genehmigen. Der Vertragspartner hat auch die Möglichkeit, die Gesellschaft zur Abgabe der Genehmigung aufzufordern; wird diese dann nicht innerhalb von zwei Wochen abgegeben, gilt sie nach § 177 Abs. 2 Satz 2 Hs. 2 BGB als nicht erteilt. **43**

Der die Willenserklärung abgebende Gesamtvertreter ist nach dem Zugang an die Erklärung gebunden und kann sie nicht widerrufen. Durfte der Vertragspartner (Erklärungsempfänger) von der Verbindlichkeit der Erklärung für die Gesellschaft ausgehen, haftet der handelnde Gesamtvertreter für die bei dem Vertragspartner eintretenden Vermögensnachteile. **44**

---

37 BGH WM 1959, 84; Baumbach/Hueck/*Zöllner/Noack*, § 35 Rn. 152.
38 BGH WM 1955, 832; Baumbach/Hueck/*Zöllner/Noack*, § 35 Rn. 152.
39 Vgl. BGHZ 41, 287; Baumbach/Hueck/*Zöllner/Noack*, § 35 Rn. 152.
40 Baumbach/Hueck/*Zöllner/Noack*, § 35 Rn. 152.
41 Michalski/*Lenz*, § 35 Rn. 112; MüHdb-GesR-III/*Marsch-Barner/Diekmann*, § 44 Rn. 42; Baumbach/Hueck/*Zöllner/Noack*, § 35 Rn. 153.
42 Scholz/*Schneider*, § 35 Rn. 88; Baumbach/Hueck/*Zöllner/Noack*, § 35 Rn. 153.
43 BGH NJW 1959, 1183; Rowedder/Schmidt-Leithoff/*Koppensteiner*, § 35 Rn. 42; Baumbach/Hueck/*Zöllner/Noack*, § 35 Rn. 118.
44 BGHZ 53, 215; Hachenburg/*Mertens*, § 35 Rn. 90; Scholz/*Schneider*, § 35 Rn. 54; Rowedder/Schmidt-Leithoff/*Koppensteiner*, § 35 Rn. 42; Baumbach/Hueck/*Zöllner/Noack*, § 35 Rn. 118.
45 RGZ 81, 325; BGH MDR 1965, 818; Roth/Altmeppen/*Altmeppen*, § 35 Rn. 54; Baumbach/Hueck/*Zöllner/Noack*, § 35 Rn. 119.

> Ein Handeln ohne Ermächtigung ist für einen Gesamtvertreter auch deshalb besonders riskant, weil er nach Wahl des Vertragspartners zur Erfüllung des abgeschlossenen Vertrags oder zur Leistung von Schadensersatz verpflichtet ist (§ 179 BGB).

45 Stattdessen kann auch einer der Gesamtvertreter von den gesamtvertretungsberechtigten Geschäftsführern ermächtigt werden, eine bestimmte Willenserklärung für die Gesellschaft abzugeben. Nach h.M. führt die **Ermächtigung** als organschaftlicher Akt der besonderen Art zu einem Erstarken der Gesamtvertretungsmacht zu einer Alleinvertretungsmacht des Gesamtvertreters für die betroffene Willenserklärung.[46] Ein **Widerruf der Ermächtigung** kann jederzeit erfolgen und bedarf keiner Begründung.[47]

3. Modifizierte Gesamtvertretung

46 Neben der Vertretung der Gesellschaft durch alle Geschäftsführer kann im Gesellschaftsvertrag oder durch einen Beschluss der Gesellschafterversammlung vorgesehen werden, dass die Gesellschaft durch eine bestimmte Anzahl von Geschäftsführern vertreten werden kann. Gerade bei größeren Gesellschaften mit mehreren Geschäftsführern und stellvertretenden Geschäftsführern kann die Vertretung durch alle Geschäftsführer zu Verzögerungen führen, sodass eine Modifizierung der gesetzlich vorgesehenen Gesamtvertretung sinnvoll sein kann.

Im Unterschied zur Einzelvertretung ist bei der modifizierten Gesamtvertretung sichergestellt, dass eine Überwachung und Kontrolle der Geschäftstätigkeit des einzelnen Geschäftsführers durch mindestens einen anderen Geschäftsführer stattfindet.

4. Unechte Gesamtvertretung

47 Bei der unechten Gesamtvertretung wird einem von mehreren Geschäftsführern die Befugnis eingeräumt, die Gesellschaft **gemeinsam mit einem Prokuristen** zu vertreten. Diese Vertretungsbefugnis kann entweder allen Geschäftsführern und Prokuristen eingeräumt werden oder sich auf bestimmte Geschäftsführer und Prokuristen beschränken. Die unechte Gesamtvertretung soll die gesetzlich vorgesehene Gesamtvertretung der Gesellschaft durch die Geschäftsführer erleichtern, eine Beschränkung der organschaftlichen Vertretungsmacht darf damit jedoch nicht einhergehen.[48] Hat die Gesellschaft nur einen Geschäftsführer, kommt eine unechte Gesamtvertretung nicht in Betracht, da dessen organschaftliche Vertretungsmacht nicht beschränkt werden darf.[49] Darüber hinaus ist die unechte Gesamtvertretung nach h.M. nicht zulässig, wenn bei der Gesamtvertretung durch zwei Geschäftsführer einer wegfällt[50] oder sie – bei Vorhandensein mehrerer Geschäftsführer – die ausschließliche Form der Gesamtvertretung innerhalb der Gesellschaft sein soll.[51]

Nach h.M. ist auch die Erteilung einer **Gesamtprokura** möglich, nach der ein Prokurist nur gemeinschaftlich mit einem Geschäftsführer handeln darf.[52]

---

46 BGHZ 64, 75; Hachenburg/*Mertens*, § 35 Rn. 100; Scholz/*Schneider*, § 35 Rn. 55; Rowedder/Schmidt-Leithoff/*Koppensteiner*, § 35 Rn. 44; Baumbach/Hueck/*Zöllner/Noack*, § 35 Rn. 120.

47 Hachenburg/*Mertens*, § 35 Rn. 101; Roth/Altmeppen/*Altmeppen*, § 35 Rn. 59; Baumbach/Hueck/*Zöllner/Noack*, § 35 Rn. 122; Rowedder/Schmidt-Leithoff/*Koppensteiner*, § 35 Rn. 48.

48 BGHZ 26, 332 f.; Baumbach/Hueck/*Zöllner/Noack*, § 35 Rn. 112.

49 Baumbach/Hueck/*Zöllner/Noack*, § 35 Rn. 112; Roth/Altmeppen/*Altmeppen*, § 35 Rn. 66; Hachenburg/*Mertens*, § 35 Rn. 86; Michalski/*Lenz*, § 35 Rn. 57.

50 LG Wuppertal, GmbHR 1992, 380; Baumbach/Hueck/*Zöllner/Noack*, § 35 Rn. 112; Rowedder/Schmidt-Leithoff/*Koppensteiner*, § 35 Rn. 61; a.A. Scholz/*Schneider*, § 35 Rn. 72.

51 Hachenburg/*Mertens*, § 35 Rn. 86; Roth/Altmeppen/*Altmeppen*, § 35 Rn. 66; Baumbach/Hueck/*Zöllner/Noack*, § 35 Rn. 112; Michalski/*Lenz*, § 35 Rn. 57 f.

52 BGHZ 99, 76; Hachenburg/*Mertens*, § 35 Rn. 86; Roth/Altmeppen/*Altmeppen*, § 35 Rn. 70; Baumbach/Hueck/*Zöllner/Noack*, § 35 Rn. 113; Michalski/*Lenz*, § 35 Rn. 57; a.A. *Beuthien/Müller*, DB 1995, 461.

5. Einzelvertretung

Die Einräumung einer **Einzelvertretungsmacht** für einen Geschäftsführer ist zulässig, allerdings darf diese inhaltlich nicht beschränkt sein.[53] Eine Erteilung nur für bestimmte Rechtsgeschäfte oder bei der Verhinderung anderer vertretungsberechtigter Organmitglieder ist grundsätzlich unzulässig. 48

6. Passivvertretung (Abs. 2 Satz 2)

Für die Empfangnahme der Willenserklärung eines Dritten und Zustellungen in gerichtlichen Verfahren genügen die Abgabe und der Zugang bei einem der Gesamtvertreter der Gesellschaft. 49

Ob ein Gesamtvertreter für seine **eigene (Anfechtungs-)Klage** gegen die Gesellschaft Zustellungsadressat sein kann, ist umstritten.[54] Solange der Gesamtvertreter als Organmitglied handlungsbefugt ist und kein kollusives Verhalten vorliegt, sprechen gute Gründe für die Annahme einer sachlich unbeschränkten Empfangszuständigkeit. Handelt der Gesamtvertreter dagegen in gesellschaftsschädigender Absicht, etwa indem er die ihm zugestellte Klage den anderen Gesamtvertretern nicht so rechtzeitig weiterleitet, dass diese die prozessualen Fristen noch einhalten können, liegt wegen eines Verstoßes gegen § 138 BGB schon keine wirksame Vertretung vor.

Durch die Regelungen des neu gefassten Satzes 3 sowie des neuen Satzes 4 des Absatzes 2 soll das Verfahren des **Zugangs von Willenserklärungen** sowie für **Zustellungen an die Vertreter** der Gesellschaft deutlich vereinfacht werden. Alle Vertreter der Gesellschaft sind nun unter der eingetragenen Geschäftsanschrift zu erreichen, sodass unter dieser **Geschäftsanschrift** Schriftstücke für die Gesellschaft ohne weiteres an sie zugestellt werden können. Hierdurch findet eine Kanalisation auf diese Geschäftsanschrift statt, unter der, solange dort tatsächlich ein Geschäftslokal besteht oder der zurechenbare Rechtsschein eines Geschäftsraums gesetzt worden ist, wirksam Willenserklärungen zugehen und Zustellungen bewirkt werden können. Zudem können nach Abs. 2 Satz 4 Erklärungen und Zustellungen nunmehr auch unter der nach § 10 Abs. 2 Satz 2 ins Handelsregister eingetragenen **Anschrift einer empfangsberechtigten Person** abgegeben bzw. bewirkt werden. 50

Sollte eine Zustellung unter der Geschäftsanschrift oder bei einer empfangsberechtigten Person unmöglich sein, so droht der Gesellschaft künftig die Zustellung im Wege der **öffentlichen Bekanntgabe** nach § 185 Nr. 2 ZPO.

Die Regelung zum Zugang von Willenserklärungen (Abs. 2 Satz 3 Alt. 1) begründet eine unwiderlegliche Vermutung, dass unter der eingetragenen Adresse ein Vertreter der Gesellschaft erreicht werden kann. Irrelevant für den Zugang einer Willenserklärung ist danach die tatsächliche Kenntnisnahme durch die Vertretungsorgane der Gesellschaft, da die gesetzliche Vermutung bereits die **Möglichkeit der Kenntnisnahme** genügen lässt. Ohne Relevanz ist daher auch der dem Erklärenden bekannte Umstand, dass die Vertreter der Gesellschaft sich dauerhaft im Ausland aufhalten oder untergetaucht sind.

!

Will die Gesellschafterversammlung die Empfangszuständigkeit eines klagenden Geschäftsführers verhindern, so bleibt in der Regel nur die Beendigung der Stellung als Organmitglied durch den Widerruf der Bestellung. Allerdings bleibt der Geschäftsführer auch dann noch zur Passivvertretung befugt, bis seine Abberufung in das Handelsregister eingetragen ist.

53 RGZ 103, 417; Hachenburg/*Mertens*, § 35 Rn. 80; Baumbach/Hueck/*Zöllner/Noack*, § 35 Rn. 107; Michalski/*Lenz*, § 35 Rn. 50; MüHdb-GesR-III/*Marsch-Barner/Diekmann*, § 44 Rn. 18; Scholz/*Schneider*, § 35 Rn. 74.

54 Bejahend: *Nietsch*, GmbHR 2004; 1518, 1520 ff.; verneinend: OLG München, NZG 2004, 422.

III. Selbstkontrahieren der Geschäftsführer (Abs. 3)

1. Insichgeschäfte nach § 181 BGB (Abs. 3 Satz 1)

a) Reichweite des Verbots von Insichgeschäften

51 Nach § 181 BGB kann ein Vertreter wegen des entstehenden Interessenkonflikts grundsätzlich keine Rechtsgeschäfte für den Vertretenen mit sich selbst abschließen. Danach kann auch ein Geschäftsführer grundsätzlich keine Rechtsgeschäfte mit Wirkung für und gegen die Gesellschaft mit sich selbst abschließen (**Verbot des Selbstkontrahierens**). Dasselbe gilt für den Fall, dass der Geschäftsführer neben der Gesellschaft auch den Vertragspartner vertritt, der Geschäftsführer mithin auch insoweit den Vertrag mit sich selbst abschließen würde (sog. **Mehrvertretung**).

52 Problematisch sind bei der **GmbH & Co. KG** die Rechtsgeschäfte zwischen der Komplementär-GmbH und der KG, da die KG nach außen durch die Komplementär-GmbH vertreten wird.[55] Bei der Gründung der KG und bei Änderungen des Gesellschaftsvertrags wird von einer stillschweigenden Befreiung von § 181 BGB ausgegangen, wenn die Komplementär-GmbH ausschließlich für den Zweck gegründet worden ist, als Komplementärin der KG zu fungieren, und die Geschäftsführer der Komplementär-GmbH zugleich Kommanditisten der KG sind.[56]

53 Hat die Gesellschaft einen **Aufsichtsrat**, dann erfolgt die Vertretung der Gesellschaft bei Rechtsgeschäften mit dem Geschäftsführer stets durch den Aufsichtsrat.[57] Ein Selbstkontrahieren durch den Geschäftsführer kommt in diesem Fall nicht in Betracht.

Ist das Rechtsgeschäft für die Gesellschaft **lediglich rechtlich vorteilhaft**, kann man – im Wege einer teleologischen Reduktion des § 181 BGB – von der Wirksamkeit dieses Rechtsgeschäfts ausgehen.[58]

b) Erfüllung von Verbindlichkeiten der Gesellschaft

54 Eine Ausnahme zum Verbot des Selbstkontrahierens besteht nach § 181 BGB dann, wenn es um die Erfüllung einer Verbindlichkeit des Vertretenen durch den Vertreter geht. Der Geschäftsführer darf demnach die erforderlichen Willenserklärungen mit Wirkung für die Gesellschaft abgeben, soweit es sich um Leistungen der Gesellschaft handelt, die ihm gegenüber erfüllt werden müssen. So kann der Geschäftsführer ohne Weiteres Abbuchungen vom Konto der Gesellschaft veranlassen, um eigene Mietzinsforderungen zu begleichen oder sein Gehalt zu bezahlen.

c) Rechtsfolgen eines verbotswidrigen Insichgeschäfts

55 Nimmt der Geschäftsführer entgegen § 181 BGB und ohne Gestattung ein Rechtsgeschäft vor, ist dieses nach h.M. zunächst schwebend unwirksam, sodass die Gesellschaft – i.d.R. vertreten durch die Gesellschafterversammlung – die Willenserklärung des Geschäftsführers noch genehmigen kann.[59] Insoweit kommt auch eine konkludente Erteilung der Genehmigung in Betracht, etwa wenn das Rechtsgeschäft durch die Gesellschafter-Geschäftsführer umgesetzt wird.[60]

d) Gestattung des Insichgeschäfts

56 Das Verbot des Selbstkontrahierens nach § 181 BGB greift von vornherein nicht ein, wenn dem Geschäftsführer der Abschluss des Rechtsgeschäfts mit sich selbst durch die Gesellschaft gestattet worden ist. Diese **Einwilligung** der Gesellschaft muss sich nicht auf ein bestimmtes Rechtsgeschäft beziehen, sondern kann bestimmte Arten von Rechtsgeschäften oder sogar alle Rechtsgeschäfte erfassen.

---

55 BGH BB 1968, 481; Baumbach/Hueck/*Zöllner/Noack*, § 35 Rn. 128.
56 BayObLG GmbHR 1979, 252; Baumbach/Hueck/*Zöllner/Noack*, § 35 Rn. 128; Michalski/*Lenz*, § 35 Rn. 91.
57 Baumbach/Hueck/*Zöllner/Noack*, § 35 Rn. 129.
58 BGH NJW 1989, 2543; Baumbach/Hueck/*Zöllner/Noack*, § 35 Rn. 130; Roth/Altmeppen/*Altmeppen*, § 35 Rn. 74; Lutter/Hommelhoff/*Kleindiek*, § 35 Rn. 55; Michalski/*Lenz*, § 35 Rn. 87.
59 Baumbach/Hueck/*Zöllner/Noack*, § 35 Rn. 131.
60 Scholz/*Schneider*, § 35 Rn. 95; Baumbach/Hueck/*Zöllner/Noack*, § 35 Rn. 131; Michalski/*Lenz*, § 35 Rn. 86.

Die Gestattung kann für bestimmte oder alle Geschäftsführer bereits in der Satzung der Gesellschaft erfolgen. Darüber hinaus ist das für die Bestellung der Geschäftsführer verantwortliche Gesellschaftsorgan (i.d.R. die Gesellschafterversammlung) befugt, einem oder allen Geschäftsführern ein Insichgeschäft zu gestatten.[61]

Die Gestattung ist, wenn sie sich nicht auf ein konkretes Rechtsgeschäft bezieht, nach § 15 HGB in das **Handelsregister einzutragen**. Soweit die Gestattung sachlich beschränkt ist, ist auch diese Beschränkung in das Handelsregister einzutragen. Dagegen ist eine persönliche Beschränkung der Gestattung auf bestimmte Vertragspartner nur schwer mit der Publizität des Handelsregisters vereinbar.[62] Eintragungspflichtig ist auch die Einwilligung der Komplementär-GmbH in Rechtsgeschäfte mit dem Geschäftsführer und der KG.[63] 57

e) Gesamtvertretung

Ist für die Geschäftsführung eine Gesamtvertretung vorgesehen, kann nach h.M. der durch § 181 BGB von der Vertretung ausgeschlossene Gesamtvertreter die anderen vertretungsberechtigten Gesamtvertreter im Voraus ermächtigen, das Rechtsgeschäft mit ihm abzuschließen.[64] 58

f) Unterbevollmächtigung

Eine Umgehung des § 181 BGB durch Unterbevollmächtigung ist grundsätzlich nicht möglich.[65] Dies gilt auch dann, wenn sich der Geschäftsführer auf der Seite des Vertragspartners durch einen Unterbevollmächtigten vertreten lässt.[66] Beim Handeln eines Prokuristen für die Gesellschaft liegt dagegen keine Untervertretung des Geschäftsführers vor. 59

g) Insichgeschäfte des Gesellschafters einer Ein-Personen-GmbH

Der Gesellschafter-Geschäftsführer einer Ein-Personen-GmbH unterliegt nach Abs. 3 Satz 1 im Hinblick auf § 181 BGB grundsätzlich denselben Beschränkungen wie andere Geschäftsführer. Die **Gestattung des Selbstkontrahierens** kann für den Gesellschafter-Geschäftsführer einer Ein-Personen-GmbH grundsätzlich nur durch die **Satzung** erfolgen.[67] Zudem ist über die Vornahme des Rechtsgeschäfts nach Abs. 3 Satz 2 eine Niederschrift anzufertigen. 60

2. Niederschrift (Abs. 3 Satz 2)

Verträge zwischen dem einzigen Gesellschafter und der durch ihn vertretenen Gesellschaft sind nach Abs. 3 Satz 2 zu protokollieren, indem sie in eine Niederschrift aufgenommen oder schriftlich abgefasst werden. Die **Protokollierung** muss unverzüglich, d.h. ohne schuldhaftes Zögern, erfolgen. In der Regel wird der jeweilige Vertrag daher unmittelbar im Zusammenhang mit dem Abschluss des Rechtsgeschäfts zu protokollieren sein. Abs. 3 Satz 2 findet auch bei Vorliegen einer **Gesamtvertretung** Anwendung, wenn einer der Geschäftsführer auch im Lager des Vertragspartners steht.[68] 61

---

61 LG Köln, RNotZ 2001, 403; Lutter/Hommelhoff/*Kleindiek*, § 35 Rn. 51; Hachenburg/*Mertens*, § 35 Rn. 59; Baumbach/Hueck/*Zöllner/Noack*, § 35 Rn. 132; Roth/Altmeppen/*Altmeppen*, § 35 Rn. 77; teilweise einschränkend: BayObLG DB 1984, 1517; OLG Köln, GmbHR 1993, 37; OLG Celle, GmbHR 2000, 1098; KG GmbHR 2002, 327; *Fleck*, WM 1985, 677 f.; *Tiedtke*, GmbHR 1993, 388.

62 Baumbach/Hueck/*Zöllner/Noack*, § 35 Rn. 133.

63 BayObLG NZG 2000, 138; BayObLG NZG 2000, 475; BayObLG NZG 2000, 684; Baumbach/Hueck/*Zöllner/Noack*, § 35 Rn. 133.

64 BGHZ 64, 72, 76 f.; Scholz/*Schneider*, § 35 Rn. 94; Michalski/*Lenz*, § 35 Rn. 89; Roth/Altmeppen/*Altmeppen*, § 35 Rn. 79; einschränkend: BGH ZIP 1991, 1582; a.A. Baumbach/Hueck/*Zöllner/Noack*, § 35 Rn. 135; Lutter/Hommelhoff/*Kleindiek*, § 35 Rn. 51; Hachenburg/*Mertens*, § 35 Rn. 68.

65 BGHZ 64, 76; Hachenburg/*Mertens*, § 35 Rn. 62; Scholz/*Schneider*, § 35 Rn. 91; Baumbach/Hueck/*Zöllner/Noack*, § 35 Rn. 136; MüHdb-GesR-III/*Marsch-Barner/Diekmann*, § 44 Rn. 31; a.A. Roth/Altmeppen/*Altmeppen*, § 35 Rn. 80.

66 OLG Hamm, NJW 1982, 1105; Baumbach/Hueck/*Zöllner/Noack*, § 35 Rn. 136.

67 BGH GmbHR 2004, 949; Baumbach/Hueck/*Zöllner/Noack*, § 35 Rn. 140 m.w.N.

68 Roth/Altmeppen/*Altmeppen*, § 35 Rn. 92.

62 Eine ausdrückliche Regelung der Sanktion bei einem Verstoß des Gesellschafters bzw. Geschäftsführers gegen die Protokollierungspflicht hat der Gesetzgeber in § 35 nicht vorgesehen, da er insoweit die mögliche **Schadensersatzpflicht** des Gesellschafters bzw. Geschäftsführers als ausreichend angesehen hat, wenn der Gesellschaft durch den Abschluss des Rechtsgeschäfts ein Schaden entsteht.[69] Zudem kann das Unterlassen der Protokollierung des Rechtsgeschäfts zu einer **Beweislastumkehr** zulasten des Gesellschafters bzw. Geschäftsführers im Hinblick auf seine Pflichtverletzung und den der Gesellschaft dadurch zugefügten Schaden führen, d.h. der Gesellschafter bzw. Geschäftsführer muss darlegen und beweisen, dass sein Verhalten nicht pflichtwidrig war und nicht zu einem Schaden der Gesellschaft geführt hat.[70]

C. Weitere praktische Hinweise

63 Das Vertretungsrecht der Geschäftsführer erstreckt sich auch auf die **steuerlichen Angelegenheiten** der Gesellschaft (zur Haftung des Geschäftsführers vgl. § 6 Rn. 64).
Die Steuererklärungen sind gem. § 31 KStG bzw. § 14a GewStG entweder elektronisch zu übermitteln oder von den Geschäftsführern eigenhändig zu unterschreiben (vgl. § 150 Abs. 3 AO).

D. Muster

64 Muster: Vertretungsregelung im Gesellschaftsvertrag[71]

29

Zum Geschäftsführer der Gesellschaft wird Herr/Frau …, geb. am …, wohnhaft in …, bestellt. Der Geschäftsführer ist von den Beschränkungen des § 181 BGB befreit.

69 Baumbach/Hueck/*Zöllner/Noack*, § 35 Rn. 144; Roth/Altmeppen/*Altmeppen*, § 35 Rn. 93.
70 Roth/Altmeppen/*Altmeppen*, § 35 Rn. 93.
71 Vgl. Ziff. 4 des Musterprotokolls für die Gründung einer Einpersonengesellschaft (Anlage 1 zum GmbHG).

§ 35a Angaben auf Geschäftsbriefen

(1) Auf allen Geschäftsbriefen gleichviel welcher Form, die an einen bestimmten Empfänger gerichtet werden, müssen die Rechtsform und der Sitz der Gesellschaft, das Registergericht des Sitzes der Gesellschaft und die Nummer, unter der die Gesellschaft in das Handelsregister eingetragen ist, sowie alle Geschäftsführer und, sofern die Gesellschaft einen Aufsichtsrat gebildet und dieser einen Vorsitzenden hat, der Vorsitzende des Aufsichtsrats mit dem Familiennamen und mindestens einem ausgeschriebenen Vornamen angegeben werden. Werden Angaben über das Kapital der Gesellschaft gemacht, so müssen in jedem Falle das Stammkapital sowie, wenn nicht alle in Geld zu leistenden Einlagen eingezahlt sind, der Gesamtbetrag der ausstehenden Einlagen angegeben werden.

(2) Der Angaben nach Absatz 1 Satz 1 bedarf es nicht bei Mitteilungen oder Berichten, die im Rahmen einer bestehenden Geschäftsverbindung ergehen und für die üblicherweise Vordrucke verwendet werden, in denen lediglich die im Einzelfall erforderlichen besonderen Angaben eingefügt zu werden brauchen.

(3) Bestellscheine gelten als Geschäftsbriefe im Sinne des Absatzes 1. Absatz 2 ist auf sie nicht anzuwenden.

(4) Auf allen Geschäftsbriefen und Bestellscheinen, die von einer Zweigniederlassung einer Gesellschaft mit beschränkter Haftung mit Sitz im Ausland verwendet werden, müssen das Register, bei dem die Zweigniederlassung geführt wird, und die Nummer des Registereintrags angegeben werden; im übrigen gelten die Vorschriften der Absätze 1 bis 3 für die Angaben bezüglich der Haupt- und der Zweigniederlassung, soweit nicht das ausländische Recht Abweichungen nötig macht. Befindet sich die ausländische Gesellschaft in Liquidation, so sind auch diese Tatsache sowie alle Liquidatoren anzugeben.

Literatur

Glaus/Gabel, Praktische Umsetzung der Anforderungen zu Pflichtangaben in E-Mails, BB 2007, 1744; *Hoeren/Pfaff*, Pflichtangaben im elektronischen Geschäftsverkehr aus juristischer und technischer Sicht, MMR 2007, 207; *Meier*, Der praktische Fall: Versendung von Geschäftspost per E-Mail, GmbHR 2007, 922; *Otte*, Folgen der Trennung von Verwaltungs- und Satzungssitz für die gesellschaftsrechtliche Praxis, BB 2009, 344.

A. Allgemeines

1 Vorschrift eingefügt durch Gesetz vom 15.8.1969. Zuletzt geändert durch Gesetz über elektronische Handelsregister und Genossenschaftsregister sowie das Unternehmensregister (EHUG) vom 10.11.2006[1] und durch Gesetz zur Modernisierung des GmbH-Rechts und zur Bekämpfung von Missbräuchen (MoMiG) vom 23.10.2008.[2] Die ausführliche Vorschrift basiert auf der (geänderten) Ersten gesellschaftsrechtlichen Richtlinie des Rates der Europäischen Gemeinschaften[3]. Sinn und Zweck dieser Regelung ist es, Dritten, insbesondere Geschäftspartnern, bereits bei der Korrespondenz Auskunft über gesellschaftsrelevante Tatsachen zu verschaffen und insbesondere die weitere Informationsbeschaffung, etwa über das Unternehmensregister, zu erleichtern.

1 BGBl. I S. 2553.
2 BGBl. I S. 2026.
3 Sog. Publizitätsrichtlinie: Richtlinie 68/151/EWG, ABl. L 65 v. 14.3.1968, S. 8, wesentlich geändert durch Richtlinie 2003/58/EG, ABl. L 221 v. 4.9.2003, S. 13.

B. Inhalt der Regelung

2 Nach Abs. 1 Satz 1 sind die **grundlegenden gesellschaftserheblichen Informationen** anzugeben, also Rechtsform (auch abgekürzt), der Sitz der Gesellschaft, das Registergericht und die Handelsregisternummer. Schließlich müssen sämtliche Geschäftsführer (einschließlich der Stellvertreter) mit einem ausgeschriebenen Vornamen und dem Familiennamen benannt werden. Hat die Gesellschaft einen – obligatorischen oder fakultativen – Aufsichtsrat gebildet, ist der Vorsitzende ebenso zu benennen. Die Angabepflichten des § 35a gelten über § 71 Abs. 5 auch dann, wenn sich die Gesellschaft in Liquidation befindet (siehe § 71 Rn. 9).[4]

3 Angaben über das Kapital können, müssen aber nicht gemacht werden. Werden Informationen angegeben, so müssen die Angaben nach Abs. 1 Satz 1 vollständig sein, also das Stammkapital und die noch ausstehenden Einlagen, einschließlich der noch zu erbringenden Sacheinlagen,[5] angegeben werden.

4 Interessanterweise verlangt die Vorschrift nicht, dass auch die **Firma** (§ 4) auf dem Geschäftsbrief vollständig und richtig angegeben werden muss. Der Gesetzgeber ist offenbar selbstverständlich davon ausgegangen, dass diese Angabe auf dem Geschäftsbrief im geschäftlichen Verkehr gemacht wird, weil § 17 Abs. 1 HGB den Begriff der Firma so definiert. Ferner schreibt die Regelung nicht vor, auf welche Art und Weise (z.B. Größe, Hervorhebung, oben, unten, Vorderseite, Rückseite) die Angaben zu erfolgen haben.

> **!** Im Interesse der Klarheit sollten sämtliche gesetzlich erforderlichen Angaben auf der **ersten Seite** des Geschäftsbriefes gemacht werden. Unerheblich ist dabei, an welcher Stelle die Angaben erfolgen. Sie müssen auch nicht zusammenhängend am unteren Ende gemacht werden. Das ermöglicht es, oben die Kurzform des **Namens markenähnlich hervorzuheben**, während in der unteren Zeile die Firma vollständig angegeben werden kann (vgl. das Muster in Rn. 10).

5 Das Gesetz verlangt die Angaben auf **Geschäftsbriefen** (Abs. 1) und Bestellscheinen (Abs. 3): Der Begriff Geschäftsbrief ist weit aufzufassen und umfasst den gesamten externen Schriftverkehr aus dem geschäftlichen Bereich der GmbH an jeden externen Empfänger,[6] unabhängig von ihrer Form („gleichviel welcher Form"). Erfasst sind damit auch alle Erklärungen in Textform (§ 126b BGB), die über moderne Kommunikationsmedien (Fax, E-Mail) verbreitet werden.[7]

> **!** Auf die sorgfältige Gestaltung der Geschäftsbriefe sollte nicht nur aufgrund der gesetzlichen Pflichten geachtet werden. Die Art und Weise der Kommunikation nach außen stellt gleichermaßen die Visitenkarte des Unternehmens dar und vermittelt den (potentiellen) Geschäftspartnern einen wichtigen Eindruck von Ihrem Unternehmen.

6 Ausnahmsweise (Abs. 2) sind die nach Abs. 1 erforderlichen Angaben nicht zu machen, wenn (1.) Mitteilungen oder Berichte im Rahmen einer bestehenden Geschäftsbeziehung ergehen *und* (2.) die Mitteilung auf einem Vordruck (= Formular) ergeht, dessen Verwendung branchenüblich ist und in dem nur im Einzelfall die erforderlichen Angaben eingefügt werden, z.B. Lieferscheine, Versandanzeigen, Kontoauszüge oder Mahnungen.[8]

7 Nach Abs. 4 gelten für den vom Inland ausgehenden Schriftverkehr **ausländischer Gesellschaften** (= formaler Sitz im Ausland) die Angabepflichten des § 35a entsprechend. Dabei beschränken sich die Pflichten über den Wortlaut des Abs. 4 Satz 1 hinaus nicht nur auf eingetragene Zweigniederlassungen ausländischer Gesellschaften, sondern sie müssen auch von Betriebsstätten und

---

4 Vgl. auch OVG Berlin-Brandenburg, Beschl. v. 13.10.2009 (Az.: 11 S 51/09).
5 Vgl. Michalski/*Lenz*, § 35a Rn. 3.
6 Baumbach/Hueck/*Zöllner/Noack*, § 35a Rn. 18.
7 Siehe hierzu insbesondere auch *Hoeren/Pfaff*, MMR 2007, 207 ff.; *Glaus/Gabel*, BB 2007, 1744 ff. sowie *Meier*, GmbHR 2007, 922 ff.
8 Baumbach/Hueck/*Zöllner/Noack*, § 35a Rn. 24.

sonstigen nicht eingetragenen Zweigstellen etc. beachtet werden.[9] Nach der Erweiterung des Gesetzestextes durch das MoMiG gelten die Pflichten ausdrücklich „für die Angaben bezüglich der Haupt- und der Zweigniederlassung". Insoweit kommt es zu einer zwangläufigen **doppelten Angabepflicht**, zum einen für die ausländische Hauptniederlassung und zum anderen für die inländische Zweigniederlassung.[10] Die Vorschrift betrifft damit vor allem auch die *limited liability company* des englischen Rechts (also die **„Limited"** oder auch **„Ltd."**). Die Abgrenzung und Einordnung der ausländischen Rechtsformen ist aber nur von marginaler Bedeutung, weil die parallelen Vorschriften § 80 Abs. 4 AktG und §§ 125a, 177a HGB vergleichbare Regelungen enthalten.[11]

Die Folgen des Verstoßes gegen die Angabepflichten sind in der Vorschrift selbst nicht geregelt. § 35a ist keine Formvorschrift i.S.v. § 125 BGB, sondern **Ordnungsvorschrift**. Eine Verletzung macht die abgegebenen Erklärungen nicht ungültig, kann aber möglicherweise ein Anfechtungsrecht des Erklärungsempfängers begründen, eine Rechtsscheinhaftung oder eine Haftung aus *culpa in contrahendo* (§§ 280 Abs. 1, 311 Abs. 2 Nr. 1, 241 BGB) nach sich ziehen.[12] Fehlerhafte oder fehlende Angaben auf Geschäftsbriefen stellen regelmäßig keinen Wettbewerbsverstoß (§§ 1, 3 UWG) dar.[13] 8

Nicht selten werden (vermeintliche) Verstöße gegen die Angabepflichten für eine kostenpflichtige Abmahnung mit Unterlassungserklärung durch Wettbewerber genutzt. Vor einer Reaktion hierauf ist eine eingehende anwaltliche Beratung über die eigene rechtliche Position angeraten. Häufig wird ein Wettbewerbsverstoß gar nicht feststellbar sein und eine Kostenpflicht nicht bestehen.

C. Weitere praktische Hinweise

Für **umsatzsteuerlich relevante Rechnungen** sind darüber hinaus gem. § 14 Abs. 4 UStG zahlreiche weitere Angaben erforderlich. Hierauf hat der Leistungsempfänger im Hinblick auf seine Vorsteuerabzugsberechtigung, die von einer in diesem Sinne „ordnungsgemäßen" Rechnung abhängt, einen vor den ordentlichen Gerichten einklagbaren Anspruch (vgl. § 14 Abs. 2 UStG). 9

D. Muster

Muster: Einfacher Briefkopf 10

30

Muster GmbH

Tel.:+4930555
Fax: +4930444

Sehr geehrte Damen und Herren,

....

Mit freundlichen Grüßen

Dynamischer Elektro- und Kabelbau Muster GmbH, Musterhausen

HRB 12345 (AG Musterstadt)

Geschäftsführer: Max Mustermann, Anton Mustersohn

9 Baumbach/Hueck/*Zöllner/Noack*, § 35a Rn. 12; Michalski/*Lenz*, § 35a Rn. 14.
10 RegE, BT-Drucks. 16/6140, S. 43.
11 Baumbach/Hueck/*Zöllner/Noack*, § 35a Rn. 12; Michalski/*Lenz*, § 35a Rn. 16.
12 Baumbach/Hueck/*Zöllner/Noack*, § 35a Rn. 25.
13 Vgl. auch Hanseatisches OLG, Urteil v. 12.09.2007 (Az.: 5 U 208/06), OLGR Hamburg 2008, 76, das zumindest unter bestimmten Umständen einen Bagatellfall i.S.v. § 3 UWG annimmt.

§ 36 (weggefallen)

§ 37 Beschränkungen der Vertretungsbefugnis

(1) Die Geschäftsführer sind der Gesellschaft gegenüber verpflichtet, die Beschränkungen einzuhalten, welche für den Umfang ihrer Befugnis, die Gesellschaft zu vertreten, durch den Gesellschaftsvertrag oder, soweit dieser nicht ein anderes bestimmt, durch die Beschlüsse der Gesellschafter festgesetzt sind.

(2) Gegen dritte Personen hat eine Beschränkung der Befugnis der Geschäftsführer, die Gesellschaft zu vertreten, keine rechtliche Wirkung. Dies gilt insbesondere für den Fall, daß die Vertretung sich nur auf gewisse Geschäfte oder Arten von Geschäften erstrecken oder nur unter gewissen Umständen oder für eine gewisse Zeit oder an einzelnen Orten stattfinden soll, oder daß die Zustimmung der Gesellschafter oder eines Organs der Gesellschaft für einzelne Geschäfte erfordert ist.

Literatur

Siehe § 35.

A. Allgemeines

1 Abs. 1 behandelt die Beschränkung des Geschäftsführerhandelns im Innenverhältnis zur Gesellschaft, also die Befugnis des einzelnen Geschäftsführers zur Geschäftsführung.

Abs. 2 regelt dagegen die fehlende Beschränkbarkeit der Vertretungsmacht im Außenverhältnis.

B. Inhalt der Regelung

I. Begrenzung der Handlungsbefugnis im Innenverhältnis (Abs. 1)

1. Allgemeine Handlungsbefugnis des Geschäftsführers

2 Die Handlungsbefugnis der Geschäftsführer betrifft grundsätzlich den gesamten Bereich der Geschäftsführung. Die Geschäftsführer dürfen alle Maßnahmen und Entscheidungen treffen, die zur Verfolgung des Gesellschaftszwecks erforderlich sind. Nicht von der Geschäftsführungsbefugnis umfasst sind dagegen alle Maßnahmen und Entscheidungen, die die gesellschaftsvertragliche Zweckbestimmung oder den Gesellschaftsvertrag selbst ändern, insbesondere die Bestellung und Abberufung der Geschäftsführer, die Gewinnverteilung, die Genehmigung der Abtretung von Geschäftsanteilen nach § 15 Abs. 5 sowie der Abschluss von Übernahmeverträgen bei Kapitalerhöhung.[1] Daneben sind die Geschäftsführer zu einzelnen körperschaftsrechtlichen Maßnahmen befugt, etwa die Einberufung der Gesellschafterversammlung nach § 49 Abs. 1. Darüber hinaus kann die Satzung der Gesellschaft den Geschäftsführern weitergehende Einzelentscheidungen übertragen.

3 Allerdings wird die Geschäftsführungsbefugnis insbesondere durch die alleinige Entscheidungsbefugnis der Gesellschafter in Angelegenheiten der Gesellschaft **nach § 46 eingeschränkt**. Danach sind die Gesellschafter unter anderem für folgende Maßnahmen/Entscheidungen zuständig:

- Feststellung des Jahresabschlusses (§ 46 Nr. 1),
- Maßregeln zur Prüfung und Überwachung der Geschäftsführung (§ 46 Nr. 6),
- Bestellung von Prokuristen und Gesamthandlungsbevollmächtigten (§ 46 Nr. 7),

1 Baumbach/Hueck/*Zöllner/Noack*, § 37 Rn. 2.

- Geltendmachung von Ersatzansprüchen aus Gründung und Geschäftsführung einschließlich der Prozessvertretung gegenüber den Geschäftsführern (§ 46 Nr. 8).

Auch der Abschluss und die Beendigung der **Einstellungsverträge** mit Geschäftsführern sind ohne ausdrückliche Regelung der Geschäftsführungsbefugnis der Geschäftsführer entzogen.

Bei einem Teil der in § 46 den Gesellschaftern vorbehaltenen Entscheidungen (vgl. § 46 Rn. 4 ff.) kann die Satzung vorsehen, dass die Entscheidungsbefugnis auch auf einen oder mehrere Geschäftsführer übertragen wird, beispielsweise 4

- die Feststellung des Jahresabschlusses,
- die Bestellung von Prokuristen oder
- die Prozessvertretung gegenüber Geschäftsführern.

2. Weisungsgebundenheit des Geschäftsführers im Innenverhältnis

a) Weisungsbefugnis der Gesellschafter

Die Gebundenheit des Geschäftsführers an Weisungen der Gesellschafter ergibt sich für die GmbH mittelbar aus den §§ 6 Abs. 3, 37 Abs. 1, 38 Abs. 1 und 46 Abs. 5, 6. Umstritten ist allerdings, ob der Geschäftsführer damit gegenüber den Gesellschaftern vollständig weisungsgebunden ist oder ob für ihn ein „Kernbereich kardinaler Sorgfaltspflichten" verbleibt, innerhalb dessen der Geschäftsführer im Interesse der Gesellschaft weisungsunabhängig handeln kann.[2] 5

Da die Gesellschafter einer GmbH umfassend zur Steuerung der Geschicke der Gesellschaft innerhalb der gesetzlichen Rahmenbedingungen befugt sind, muss ihnen gegenüber dem Geschäftsführer auch eine umfassende und uneingeschränkte Weisungsbefugnis zustehen, die nicht durch eine teilweise Weisungsfreiheit des Geschäftsführers unterlaufen werden darf. Da die Interessen der Gesellschaft grundsätzlich zur Disposition der Gesellschafter stehen, lässt sich ein weisungsfreier Kernbereich für Handlungen des Geschäftsführers im Interesse der Gesellschaft nicht rechtfertigen. Daher sprechen die besseren Argumente dafür, dass der Geschäftsführer gegenüber den Gesellschaftern **grundsätzlich vollständig weisungsgebunden** ist. 6

Dies bedeutet allerdings nicht, dass der Geschäftsführer jede Weisung der Gesellschafter ausführen muss. Vielmehr findet die Weisungsbefugnis der Gesellschafter dort ihre Grenze, wo der Geschäftsführer im **Allgemein- oder Gläubigerinteresse** verpflichtet ist, gesetzliche Vorgaben zu erfüllen.[3] Danach muss der Geschäftsführer – unabhängig von entgegenstehenden Weisungen der Gesellschafter – insbesondere seiner **Pflicht zur Kapitalerhaltung** (§§ 43 Abs. 2, 30, 31) und zur rechtzeitigen **Stellung des Insolvenzantrags** (§ 64) genügen.[4] 7

Eine sog. **existenzgefährdenden Weisung** im Interesse eines Gesellschafters ist durch den Geschäftsführer nicht zu beachten, wenn er durch deren Befolgung gegen die Pflicht zur Kapitalerhaltung nach §§ 30, 31 verstoßen würde. Dies ist etwa dann anzunehmen, wenn die Weisung des Gesellschafters 8

- zu einer Bewertung der Aktiva der Gesellschaft zu Liquidationswerten nötigen würde und auf Grundlage dieser Berechnung der Haftungsfond bilanziell nicht mehr vollständig erhalten bliebe,[5]
- zu einem Abzug jeglicher Liquidität der Gesellschaft führen würde, da insoweit regelmäßig schon kein angemessenes Verkehrsgeschäft i.S.d. § 30 angenommen werden kann,[6]

2 Für eine vollständige Weisungsgebundenheit: OLG Nürnberg, NZG 2000, 154 f.; Roth/Altmeppen/*Altmeppen*, § 37 Rn. 3; Rowedder/Schmidt-Leithoff/*Koppensteiner*, § 37 Rn. 23 f.; Scholz/*Schneider*, § 37 Rn. 38; gegen eine vollständige Weisungsgebundenheit: Lutter/Hommelhoff/*Kleindiek*, § 37 Rn. 18a.

3 BGHZ 31, 258, 278 = NJW 1960, 285; BGH NJW 1974, 1088; OLG Frankfurt/M., GmbHR 1997, 346; Roth/Altmeppen/*Altmeppen*, § 37 Rn. 6; Hachenburg/*Mertens*, § 37 Rn. 15.

4 Roth/Altmeppen/*Altmeppen*, § 37 Rn. 6.

5 Scholz/*Schneider*, § 37 Rn. 52; Roth/Altmeppen/*Altmeppen*, § 37 Rn. 7.

6 Roth/Altmeppen/*Altmeppen*, § 37 Rn. 7.

- zu einer materiellen Unterkapitalisierung der Gesellschaft führen würde,[7] oder
- in einem sonstigen Fall zu einer Existenzgefährdung der Gesellschaft führen würde.

9 Aus der umfassenden Entscheidungskompetenz der Gesellschafter folgt auch, dass der Geschäftsführer den wirklichen oder mutmaßlichen Willen der Mehrheit der Gesellschafter berücksichtigen muss.[8] Im Zweifel muss der Geschäftsführer daher – soweit dies möglich und zumutbar ist – den Gesellschaftern einen Vorgang zur Entscheidung vorlegen, wenn er Anlass zu der Annahme hat, dass die Mehrheit der Gesellschafter der von dem Geschäftsführer für richtig erachteten Maßnahme widersprechen wird.[9]

10 Ändern sich dagegen die Umstände, die der Weisung des Gesellschafters erkennbar zugrunde lagen, hat der Geschäftsführer einen **Ermessensspielraum**, ob die Weisung der Mehrheit der Gesellschafter im Interesse der Gesellschaft und der Gesellschafter dennoch zu befolgen ist oder nicht.[10] Sofern möglich, muss der Geschäftsführer die Gesellschafter über die geänderte Sachlage informieren und eine **neue Weisung einholen**. Ist dies nicht möglich, muss der Geschäftsführer seine Entscheidung am **mutmaßlichen Willen der Mehrheit der Gesellschafter** orientieren.

11 In einer Gesellschaft mit mehreren Gesellschaftern (sog. **mehrgliedrige GmbH**) ist das Streben eines Gesellschafters nach **Sondervorteilen** ohne zustimmenden Beschluss der Gesellschafter rechtswidrig, sodass eine diesbezügliche Weisung des Gesellschafters für den Geschäftsführer unbeachtlich ist.[11] Dies gilt auch dann, wenn der Gesellschafter einen Gesellschafterbeschluss durch **sachwidrig ausgeübte Mehrheitsmacht** herbeigeführt hat und der Geschäftsführer dies erkannt hat oder bei sorgfaltsgemäßem Verhalten hätte erkennen können.[12] Führt der Geschäftsführer die Weisung in diesen Fällen dennoch aus, macht er sich gegenüber der Gesellschaft und ggf. gegenüber den Mitgesellschaftern schadensersatzpflichtig.[13]

12 Im **Vertragskonzern**, d.h. bei Vorliegen eines Beherrschungsvertrags, wird die übergreifende Kompetenz zur Geschäftsführung auf das herrschende Unternehmen übergeleitet.[14] Die Geschäftsführer unterliegen insoweit also den Weisungen der Gesellschafter des herrschenden Unternehmens. Dagegen ist im sog. **faktischen Konzern**, d.h. bei Vorliegen eines Abhängigkeitsverhältnisses trotz des Fehlens eines Beherrschungsvertrags oder der Eingliederung in einen Konzern, umstritten, ob die Weisungsbefugnis der Gesellschafter tatsächlich eingeschränkt ist.[15]

13 Die Weisungsbefugnis in einer **GmbH & Co. KG** ist grundsätzlich den Gesellschaftern der GmbH vorbehalten. Sofern keine abweichenden vertraglichen Vereinbarungen vorliegen, sind die Kommanditisten daher dem Grunde nach nicht zur Erteilung von Weisungen berechtigt.[16] Die h.M. billigt den Kommanditisten jedoch nach § 116 Abs. 2 HGB ein Mitspracherecht bei Handlungen zu, die über den gewöhnlichen Geschäftsbetrieb der Gesellschaft hinausgehen.[17]

b) Auswirkung des Gesellschaftsvertrags auf Weisungen

14 Die Gesellschafter können dem Geschäftsführer auch ohne Grundlage in der Satzung in jeder beliebigen Angelegenheit Weisungen erteilen, soweit der Weisung der Gesellschaftsvertrag nicht entgegensteht.[18] Wird die Weisung durch einen **Gesellschafterbeschluss** nach den §§ 47, 48

7 Roth/Altmeppen/*Altmeppen*, § 37 Rn. 7.
8 BGH NJW 1984, 1461; Roth/Altmeppen/*Altmeppen*, § 37 Rn. 8.
9 BGH NJW 1984, 1461; Roth/Altmeppen/*Altmeppen*, § 37 Rn. 8.
10 Roth/Altmeppen/*Altmeppen*, § 37 Rn. 9.
11 Roth/Altmeppen/*Altmeppen*, § 37 Rn. 10.
12 BGHZ 65, 15 = NJW 1976, 191; Scholz/*Schneider*, § 37 Rn. 53a; Roth/Altmeppen/*Altmeppen*, § 37 Rn. 10; *Konzen*, NJW 1989, 2977, 2981.
13 BGHZ 65, 15 = NJW 1976, 191; Scholz/*Schneider*, § 37 Rn. 53a; Roth/Altmeppen/*Altmeppen*, § 37 Rn. 10; *Konzen*, NJW 1989, 2977, 2981.
14 Roth/Altmeppen/*Altmeppen*, § 37 Rn. 11.
15 Gegen eine Beschränkung der Weisungsbefugnis: Roth/Altmeppen/*Altmeppen*, § 37 Rn. 12; für eine teilweise Beschränkung der Weisungsbefugnis: OLG Karlsruhe, NZG 2000, 264, 266; Scholz/*Schneider*, § 37 Rn. 67.
16 BGHZ 76, 160 = NJW 1980, 1463; *Esch*, NJW 1988, 1553; *Konzen*, NJW 1989, 2977, 2982.
17 RGZ 158, 302, 307; OLG München, GmbHR 2004, 587, 588; Roth/Altmeppen/*Altmeppen*, § 37 Rn. 13.
18 Hachenburg/*Mertens*, § 37 Rn. 20; Roth/Altmeppen/*Altmeppen*, § 37 Rn. 14.

erteilt, ist sie für den Geschäftsführer bindend. Entsprechendes gilt für Weisungen, zu denen ein Gesellschafter auf der Grundlage der Satzung ermächtigt ist.

Wird dem Geschäftsführer eine **satzungswidrige Weisung** erteilt, ist diese dennoch zu befolgen, wenn die Weisung auf einem wirksamen Beschluss der Gesellschafter beruht, der nicht oder nicht mehr angefochten werden kann.[19] Für den Geschäftsführer unbeachtlich sind dagegen Weisungen, wenn der zugrunde liegende Beschluss wirksam angefochten worden ist. Ist der Beschluss der Gesellschafter nur anfechtbar, aber entweder noch nicht angefochten oder über die Anfechtungsklage ist noch nicht entschieden, verhält sich der Geschäftsführer in der Regel dann nicht pflichtwidrig, wenn er die Satzung befolgt. Aber auch der Geschäftsführer, der bei geringen oder fehlenden Erfolgsaussichten der Anfechtung des Beschlusses der Weisung folgt, handelt grundsätzlich nicht pflichtwidrig.[20] Insoweit ist dem Geschäftsführer, der die Wirksamkeit oder Unwirksamkeit eines Gesellschafterbeschlusses im Allgemeinen nicht prognostizieren kann, ein Ermessensspielraum einzuräumen, ob er die Weisung befolgen will.[21] 15

Verletzt die Weisung dagegen inhaltlich eine gesetzliche oder gesellschaftsvertraglich zwingende Vorgabe, ist sie nichtig und darf durch den Geschäftsführer nicht beachtet werden. Handelt er dennoch weisungsgemäß, wird der Geschäftsführer durch den (nichtigen) Gesellschafterbeschluss nicht von seiner Verantwortung für die Pflichtverletzung entlastet und haftet – bei Vorliegen eines Verschuldens – für den der Gesellschaft dadurch entstandenen Schaden nach § 43.[22] 16

c) Sanktionen bei weisungswidrigem Verhalten

Bei einer **Missachtung einer wirksamen Weisung** der Gesellschafter oder der Beschränkungen des Abs. 1 haftet der Geschäftsführer der Gesellschaft nach § 43 auf Schadensersatz. Zudem kann die pflichtwidrige Missachtung einer Weisung Grundlage für einen Widerruf der Bestellung zum Geschäftsführer nach § 38 Abs. 2 sein und grundsätzlich – je nach Schwere und/oder Häufigkeit der Zuwiderhandlung – auch eine Kündigung des Geschäftsführer-Dienstvertrags nach sich ziehen. 17

Dagegen kommt nach h.M. eine Klage der Gesellschafter gegen den Geschäftsführer auf weisungsgemäßes Verhalten nicht in Betracht, da die Klage auf Vornahme bestimmter Organhandlungen der Geschäftsführer in der GmbH grundsätzlich ausgeschlossen ist.[23] 18

! Praktisch ist eine solche Vornahmeklage gegen einen weisungswidrig handelnden Geschäftsführer ohnehin so gut wie nie erforderlich, da die Gesellschafter jedenfalls einen weiteren Geschäftsführer bestellen und diesem gegenüber die Weisung erneut aussprechen können.

II. Uneingeschränkte Vertretung im Außenverhältnis (Abs. 2)

1. Unbeschränkbarkeit der Vertretungsmacht

Die Weisung der Gesellschafter an den Geschäftsführer wirkt nur im Innenverhältnis zwischen dem Geschäftsführer und der Gesellschaft, ohne die Berechtigung des Geschäftsführers zu beschränken, im Namen der Gesellschaft gegenüber Dritten Willenserklärungen abzugeben oder in Empfang zu nehmen. 19

Diese im Außenverhältnis bestehende Vertretungsmacht des Geschäftsführers ist in § 35 gesetzlich festgelegt und kann weder allgemein noch im Einzelfall durch die Gesellschafter sachlich einge-

19 BGHZ 76, 160 = NJW 1980, 1463; Roth/Altmeppen/*Altmeppen*, § 37 Rn. 16.
20 BGHZ 31, 258, 278 = NJW 1960, 285; BGH NJW 1974, 1088 f.; BGHZ 76, 160 = NJW 1980, 1463; Rowedder/Schmidt-Leithoff/*Koppensteiner*, § 43 Rn. 33; Baumbach/Hueck/*Zöllner/Noack*, § 37 Rn. 22 f.; Roth/Altmeppen/*Altmeppen*, § 37 Rn. 17; kritisch: Scholz/*Schneider*, § 43 Rn. 132.
21 Hachenburg/*Mertens*, § 37 Rn. 30; Roth/Altmeppen/*Altmeppen*, § 37 Rn. 17.
22 Baumbach/Hueck/*Zöllner/Noack*, § 37 Rn. 22; Roth/Altmeppen/*Altmeppen*, § 37 Rn. 18.
23 Hachenburg/*Mertens*, § 14 Rn. 49; Roth/Altmeppen/*Altmeppen*, § 37 Rn. 29.

schränkt werden. Der Rechtsverkehr soll sich darauf verlassen können, dass die durch den Geschäftsführer für die Gesellschaft abgegebene Willenserklärung diese wirksam bindet.

2. Missbrauch der Vertretungsmacht

20 Eine faktische Einschränkung der Wirkung der Vertretungsmacht des Geschäftsführers im Außenverhältnis gilt jedoch in den Fällen des Missbrauchs der Vertretungsmacht. Danach darf ein Dritter aus der Unbeschränkbarkeit der Vertretungsmacht dann keine Rechte herleiten, wenn der Geschäftsführer die im Innenverhältnis zu beachtende Beschränkung missachtet hat und diese Pflichtverletzung des Geschäftsführers dem Dritten zuzurechnen ist.[24]

21 Der Fall des Missbrauchs der Vertretungsmacht setzt allerdings voraus, dass das Verhalten des Geschäftsführers überhaupt zum Abschluss des Rechtsgeschäfts führt. Kein Anwendungsfall des Missbrauchs der Vertretungsmacht liegt deshalb vor, wenn der nicht alleinvertretungsberechtigte Geschäftsführer eine Willenserklärung ohne die erforderliche Mitwirkung eines weiteren Geschäftsführers oder Prokuristen abgibt (fehlende Vertretungsmacht).[25]

22 Ein Missbrauch der Vertretungsmacht liegt zunächst dann vor, wenn der vertretungsberechtigte Geschäftsführer und ein Dritter durch arglistiges Zusammenwirken ein Rechtsgeschäft zum Nachteil der Gesellschaft abschließen (sog. **Kollusion**).[26] Allerdings muss es sich bei dem Dritten um den Vertragspartner der Gesellschaft des Geschäftsführers handeln.[27]

23 Darüber hinaus wird ein Missbrauch der Vertretungsmacht des Geschäftsführers nur in sehr engen Grenzen angenommen:

Objektive Voraussetzung eines Missbrauchs der Vertretungsmacht ist, dass

- der Geschäftsführer mit der Vornahme des Rechtsgeschäfts die ihm im Innenverhältnis auferlegten Beschränkungen überschreitet (Anordnungen durch den Gesellschaftsvertrag oder durch einen Gesellschafterbeschluss),
- der Geschäftsführer (innerhalb seiner internen Handlungsbefugnis) mit der Vornahme des Rechtsgeschäfts zum Nachteil der Gesellschaft handelt und
- der Geschäftsführer mit der Vornahme des Rechtsgeschäfts gegen den wirklichen oder mutmaßlichen Willen der Gesellschafter handelt.[28]

24 Zu diesen objektiven Voraussetzungen müssen weitere **subjektive Kriterien** hinzukommen, um einen Missbrauch der Vertretungsmacht zu begründen. Danach muss der Dritte wissen oder es muss sich ihm die Erkenntnis geradezu aufdrängen, dass der Geschäftsführer seine Vertretungsmacht mit Abschluss des Rechtsgeschäfts überschreitet (sog. **Evidenz**).[29]

25 Insoweit darf der Dritte besonders auffällige und unzweideutige Umstände, die auf einen Missbrauch der Vertretungsmacht des Geschäftsführers im Außenverhältnis schließen lassen, nicht ignorieren, sondern muss ggf. bei der Gesellschaft Erkundigungen einholen. Ein evidenter Missbrauch der Vertretungsmacht durch den Geschäftsführer ist für den Dritten aber dann sanktionslos, wenn er billigerweise mit einer Genehmigung des Rechtsgeschäfts durch die Gesellschaft rechnen durfte.[30]

26 Die **Rechtsfolge** eines kollusiven oder evidenten Missbrauchs der Vertretungsmacht besteht darin, dass das Handeln des Geschäftsführers analog zu den §§ 177 ff. BGB so behandelt wird, als hätte

---

24 BGHZ 50, 112 = NJW 1968, 1379; BGH NJW 1984, 1461; BGH NJW 1988, 2241; BGH NJW 1994, 2082; BGH NZG 2004, 139; Palandt/*Heinrichs*, § 164 Rn. 13 f.; Roth/Altmeppen/*Altmeppen*, § 37 Rn. 38.
25 Roth/Altmeppen/*Altmeppen*, § 37 Rn. 38; a.A. OLG Dresden, NJW-RR 1995, 803.
26 BGH NZG 2004, 139; OLG Hamm, GmbHR 1997, 999; Roth/Altmeppen/*Altmeppen*, § 37 Rn. 39.
27 Vgl. OLG Frankfurt/M., NJW 1987, 2447 f.; Roth/Altmeppen/*Altmeppen*, § 37 Rn. 39.
28 Roth/Altmeppen/*Altmeppen*, § 37 Rn. 40 f.
29 BGH NJW 1984, 1461; BGH DB 1976, 1278; BGH, NJW 1994, 2082 f.; OLG Stuttgart, NZG 1999, 1009 f.; OLG Zweibrücken, NZG 2001, 763; Baumbach/Hueck/*Zöllner/Noack*, § 37 Rn. 28; Roth/Altmeppen/*Altmeppen*, § 37 Rn. 42.
30 Scholz/*Schneider*, § 35 Rn. 134b; Roth/Altmeppen/*Altmeppen*, § 37 Rn. 42.

er **ohne Vertretungsmacht gehandelt.**[31] Danach kommt das Rechtsgeschäft nicht mit der Gesellschaft zustande. Eine persönliche Haftung des Geschäftsführers für das von ihm abgeschlossene Rechtsgeschäft scheitert in der Regel an der Kenntnis des Dritten von der fehlenden Vertretungsmacht des Geschäftsführers (§ 179 Abs. 3 BGB). Die Gesellschaft hat jedoch die Möglichkeit, das Rechtsgeschäft nach § 177 Abs. 1 BGB zu genehmigen und dadurch an sich zu ziehen.

Die **Beweislast** für das Vorliegen eines Missbrauchs der Vertretungsmacht durch den Geschäftsführer trifft die Gesellschaft.[32] 27

Soll das Rechtsgeschäft mit einem Gesellschafter oder einem anderen Geschäftsführer abgeschlossen werden, kommt aufgrund dessen Kenntnis der internen Beschränkungen der Handlungsbefugnis des Geschäftsführers dem Missbrauch der Vertretungsmacht eine gesteigerte Bedeutung zu. Teilweise wird jedoch angenommen, dass der Gesellschafter oder andere Geschäftsführer der Gesellschaft nicht Dritter i.S.d. Abs. 2 sind und es deshalb für die Wirksamkeit des Rechtsgeschäfts auf die interne Handlungsbefugnis des Geschäftsführers ankommt.[33]

C. Weitere praktische Hinweise

Die gem. § 37 dem Geschäftsführer auferlegten Beschränkungen haben keine Auswirkung auf die steuerliche Mitverantwortung und ggf. Mithaftung des Geschäftsführers (Grundsatz der Gesamtverantwortung). Die **Verantwortung für die Erfüllung steuerlicher Pflichten**, dazu gehören Buchführungs-, Erklärungs-, Mitwirkungs- und Auskunftspflichten nach §§ 140 ff., 90, 93 AO, trifft gem. § 34 AO grundsätzlich sämtliche Geschäftsführer, auch wenn diese nach der internen Kompetenzverteilung nicht mit kaufmännischen Fragen befasst sind (zum Umfang der Verpflichtungen und zur Überwachungspflicht bei Delegierung vgl. § 41 Rn. 3). Allerdings hat eine eindeutige schriftliche Regelung der Kompetenzverteilung im Vorfeld durchaus Auswirkungen auf die Haftung der Geschäftsführer für Steuerverbindlichkeiten nach § 69 AO insofern, als dies bei der Prüfung des Verschuldens und beim Auswahlermessen zwischen mehreren Haftungsschuldnern zu berücksichtigen ist.[34] Solange für den nicht unmittelbar zuständigen Geschäftsführer kein Anlass besteht, an der Erfüllung der steuerlichen Pflichten zu zweifeln und er seiner Überwachungspflicht genügt, haftet er auch nicht.[35] Im Krisenfall verdichtet sich die Überwachungspflicht zu einer inhaltlichen Überprüfungspflicht. 28

31 OLG Stuttgart, NZG 1999, 1009 f.; Scholz/*Schneider*, § 35 Rn. 139; Roth/Altmeppen/*Altmeppen*, § 37 Rn. 44.
32 OLG München, OLGR 1995, 244; Roth/Altmeppen/*Altmeppen*, § 37 Rn. 46.
33 BAGE 88, 177 = ZIP 1998, 1693, 1695 f.; BAG NJW 1994, 3117; Scholz/*Schneider*, § 35 Rn. 27 f.; Rowedder/Schmidt-Leithoff/*Koppensteiner*, § 37 Rn. 53; Hachenburg/*Mertens*, § 37 Rn. 37 f.
34 Vgl. z.B. BFH BStBl. II 1998, S. 761.
35 BFH/NV 2004, 157.

§ 38 Widerruf der Bestellung

(1) Die Bestellung der Geschäftsführer ist zu jeder Zeit widerruflich, unbeschadet der Entschädigungsansprüche aus bestehenden Verträgen.

(2) Im Gesellschaftsvertrag kann die Zulässigkeit des Widerrufs auf den Fall beschränkt werden, daß wichtige Gründe denselben notwendig machen. Als solche Gründe sind insbesondere grobe Pflichtverletzung oder Unfähigkeit zur ordnungsmäßigen Geschäftsführung anzusehen.

Literatur

Bauer/Krieger, Formale Fehler bei Abberufung und Kündigung vertretungsberechtigter Organmitglieder, ZIP 2004, 1247; *Fleck*, Das Dienstverhältnis der Vorstandsmitglieder und Geschäftsführer in der Rechtsprechung des BGH, WM 1985, 677 ff.; *Grunewald*, Die Abberufung von Gesellschaftergeschäftsführern in der GmbH, in: Lieb (Hrsg.), Festschrift für Wolfgang Zöllner zum 70. Geburtstag, 1998, Bd. I, S. 173 ff.; *Heller*, Die Rechtsverhältnisse der GmbH nach streitiger Abberufung des Geschäftsführers, GmbHR 2002, 1227; *Hesselmann*, Einstweiliger Rechtsschutz gegen eine Abberufung, GmbH-StB 2001, 325; *Link*, Die Amtsniederlegung durch Gesellschaftsorgane, 2003; *Littbarski*, Maßnahmen einstweiligen Rechtsschutzes zum Zwecke der Abberufung eines GmbH-Geschäftsführers, DStR 1994, 906; *Lohr*, Die Amtsniederlegung des GmbH-Geschäftsführers – Voraussetzungen der Niederlegung und Folgen für das Anstellungsverhältnis, DStR 2002, 2173; *Lohr*, Die fristlose Kündigung des Dienstvertrags eines GmbH-Geschäftsführers, NZG 2001, 826; *Moll*, Beschäftigung des Geschäftsführers/Vorstandsmitglieds nach Beendigung der Organstellung, in: Bauer/Boewer (Hrsg.), Festschrift für Peter Schwerdtner zum 65. Geburtstag, 2003, S. 453 ff.; *Schmidt-Diemitz*, Einstweiliger Rechtsschutz gegen rechtswidrige Gesellschafterbeschlüsse, 1993; *Schuhmann*, Zur Amtsniederlegung eines GmbH-Geschäftsführers, NZG 2002, 706; *Voigt*, Die Entlassung des GmbH-Geschäftsführers aus wichtigem Grund, 2001; *Vollmer*, Die Abberufung von Geschäftsführern der mitbestimmten GmbH, GmbHR 1984, 5 ff.; *Wachter*, Amtsniederlegung von GmbH-Geschäftsführern, GmbHR 2001, 1129.

A. Allgemeines

1 § 38 regelt die gesetzlichen Anforderungen an die **Abberufung eines Geschäftsführers**. Die Regelung betrifft nur die Beendigung der Stellung des Geschäftsführers als Organ der Gesellschaft.[1] Daneben bestehende Vertragsverhältnisse, etwa der **Geschäftsführer-Dienstvertrag**, sollten daher durch ausdrückliche Kündigungserklärung gesondert beendet werden, um Zweifel über den Beendigungstatbestand von vornherein auszuschließen.

Nach Abs. 1 kann der Geschäftsführer grundsätzlich jederzeit abberufen werden. Abs. 2 regelt zulässige Beschränkungen der freien Abrufbarkeit durch den Gesellschaftsvertrag.

1 BGH NZG 2004, 90; OLG München, NZG 2002, 390; *Moll*, in: FS Schwerdtner, 2003, S. 453, 454 ff.; Baumbach/Hueck/*Zöllner/Noack*, § 38 Rn. 2.

B. Inhalt der Regelung

I. Freie Abberufbarkeit des Geschäftsführers (Abs. 1)

Geschäftsführer können auch ohne Vorliegen eines Grundes durch die Gesellschaft abberufen werden, wenn in der Satzung der Gesellschaft keine weitergehenden Anforderungen geregelt sind.[2] Die grundsätzlich freie Abrufbarkeit des Geschäftsführers rechtfertigt sich aufgrund seiner Vertrauensstellung zu den Gesellschaftern und seiner umfassenden Handlungsbefugnis für die Gesellschaft (vgl. § 37 Rn. 2).[3] Die Abberufung des Geschäftsführers ist daher nicht von einer Nachprüfbarkeit der Entscheidung oder der Möglichkeit sachfremder Beweggründe abhängig, auch eine vorhergehende Anhörung des Geschäftsführers ist nicht erforderlich. Zudem scheitert die Abberufung nicht daran, dass kein vertretungsberechtigtes Geschäftsführungsmitglied mehr verbleibt. Eine Unwirksamkeit der Abberufung des Geschäftsführers kommt daher allenfalls dann in Betracht, wenn die Entscheidung gegen die guten Sitten verstößt (§ 138 BGB).[4] 2

Sind die Voraussetzungen einer vorsätzlichen, sittenwidrigen Schädigung nach § 826 BGB erfüllt, kann sich die Gesellschaft allerdings gegenüber dem Geschäftsführer schadensersatzpflichtig machen.[5] 3

Die Abberufung darf nicht mit einer aufschiebenden Bedingung verbunden werden, allerdings kann ihr Wirksamwerden an den Ablauf einer Frist geknüpft werden.[6]

II. Einschränkung der Abberufbarkeit durch den Gesellschaftsvertrag (Abs. 2)

1. Einschränkung durch das Mitbestimmungsgesetz

Soweit die Gesellschaft in den Geltungsbereich des Mitbestimmungsgesetzes fällt (vgl. § 1 MitbestG) ist nach §§ 31 MitbestG, 84 Abs. 3 AktG die Abberufung des Geschäftsführers durch den Aufsichtsrat nur bei Vorliegen eines **wichtigen Grundes** möglich.[7] Insoweit genügt allerdings – anders als bei Abs. 2 – der **Vertrauensentzug** durch die Gesellschafter.[8] 4

Fällt die Gesellschaft nachträglich in den Anwendungsbereich des Mitbestimmungsgesetzes, können Geschäftsführer nach einer Amtszeit von mehr als fünf Jahren ohne Vorliegen eines wichtigen Grundes durch den Aufsichtsrat abberufen werden (vgl. § 37 Abs. 3 Satz 5).[9] 5

2. Einschränkungen durch die Satzung

a) Umfang der Einschränkung

Die freie Abberufbarkeit des Geschäftsführers nach Abs. 1 ist keine zwingende gesetzliche Vorgabe und kann deshalb durch die Satzung der Gesellschaft eingeschränkt werden. Lediglich bei Vorliegen eines **wichtigen Grundes** muss die Abberufung eines Geschäftsführers auch nach der Satzung möglich bleiben.[10] 6

Daneben kann die **Satzung** vorsehen, dass die Abberufung an bestimmte sachliche Gründe geknüpft werden kann, die die Abberufung auch dann rechtfertigen, wenn sie keine wichtigen Gründe darstellen.[11] Ist der Umfang der Einschränkung der Abberufbarkeit des Geschäftsführers in 7

2 OLG Zweibrücken, NZG 1999, 1011; Michalski/*Terlau*, § 38 Rn 4; Baumbach/Hueck/*Zöllner/Noack*, § 38 Rn. 3.
3 Baumbach/Hueck/*Zöllner/Noack*, § 38 Rn. 3.
4 Baumbach/Hueck/*Zöllner/Noack*, § 38 Rn. 3.
5 BGH GmbHR 1960, 220; Hachenburg/*Stein*, § 38 Rn. 20; MüHdb-GesR-III/*Marsch-Barner/Diekmann*, § 42 Rn. 43; Baumbach/Hueck/*Zöllner/Noack*, § 38 Rn. 3.
6 Roth/Altmeppen/*Altmeppen*, § 38 Rn. 9; MüHdb-GesR-III/*Marsch-Barner/Diekmann*, § 42 Rn. 42; Baumbach/Hueck/*Zöllner/Noack*, § 38 Rn. 3.
7 Roth/Altmeppen/*Altmeppen*, § 38 Rn. 31.
8 OLG Stuttgart, ZIP 1985, 539; Roth/Altmeppen/*Altmeppen* § 38 Rn. 15; MüAnwHdb-GmbHR/*Lenz*, § 8 Rn. 30; *Vollmer*, GmbHR 1984, 5; Baumbach/Hueck/*Zöllner/Noack*, § 38 Rn. 4.
9 Baumbach/Hueck/*Zöllner/Noack*, § 38 Rn. 5 mwN.
10 Roth/Altmeppen/*Altmeppen*, § 38 Rn. 29.
11 Baumbach/Hueck/*Zöllner/Noack*, § 38 Rn. 6; Roth/Altmeppen/*Altmeppen*, § 38 Rn. 29.

der Satzung zu weitreichend (ist also auch die Abberufung aus wichtigem Grund abbedungen), wird dies im Wege einer teleologischen Reduktion als Beschränkung der Abberufbarkeit aus einem wichtigen Grund verstanden.[12]

b) Einschränkung durch Mitgliedschaftsrecht des Geschäftsführers

8 Eine Einschränkung der Abberufbarkeit des Geschäftsführers liegt grundsätzlich auch dann vor, wenn er seine Stellung als **relativ unentziehbares Mitgliedschaftsrecht** erworben hat.[13] Dies ist dann der Fall, wenn dem Geschäftsführer das Recht zur Mitgliedschaft in der Geschäftsführung einer Gesellschaft nur mit Zustimmung der Gesellschafterversammlung wieder entzogen werden kann. Hat der Geschäftsführer ein solches unentziehbares Mitgliedschaftsrecht erworben, kann er nur mit Zustimmung der Gesellschafterversammlung oder bei Vorliegen eines wichtigen Grundes abberufen werden.

9 Fehlt es an einer klaren Regelung des unentziehbaren Mitgliedschaftsrechts im Gesellschaftsvertrag, ist diese oftmals nur durch Auslegung zu ermitteln. Dabei genügt die Stellung als **Gesellschafter-Geschäftsführer** für sich genommen noch nicht für die Begründung eines unentziehbaren Mitgliedschaftsrechts an der Geschäftsführung.[14] Eine geringe Anzahl von Gesellschaftern, der Umfang der Beteiligung des Gesellschafter-Geschäftsführers an der Gesellschaft oder eine erkennbare zeitliche Absicherung der Zugehörigkeit des Gesellschafter-Geschäftsführers zur Geschäftsführung (z.B. Bestellung auf Lebenszeit) können jedoch für die Annahme eines relativ unentziehbaren Mitgliedschaftsrechts sprechen.

c) Einschränkung bei Stellung als Fremdgeschäftsführer

10 Die Möglichkeit zur Beschränkung der Abberufbarkeit beschränkt sich nicht nur auf den Gesellschafter-Geschäftsführer, sondern kann auch für einen Fremdgeschäftsführer im Gesellschaftsvertrag vorgesehen sein.[15]

d) Vorliegen eines wichtigen Grundes

11 Ein wichtiger Grund liegt vor, wenn Umstände gegeben sind, die ein Verbleiben des Geschäftsführers für die Gesellschaft unzumutbar machen.[16] Die Unzumutbarkeit ist durch eine **Abwägung der betroffenen Interessen**, nämlich der Gesellschaft einerseits und des Geschäftsführers andererseits, festzustellen. Eine Orientierungshilfe hat der Gesetzgeber in Abs. 2 Satz 2 vorgesehen, in dem als Regelbeispiele für das Vorliegen einer Unzumutbarkeit eine grobe Pflichtverletzung des Geschäftsführers oder dessen Unfähigkeit zur ordnungsgemäßen Geschäftsführung genannt werden.

12 Als **grobe Pflichtverletzung des Geschäftsführers** kommt jedes Verhalten in Betracht, dass ein besonderes Maß an Pflichtwidrigkeit erkennen lässt. Ein Verschulden des Geschäftsführers ist nicht erforderlich, ein schwerwiegender Verstoß gegen verkehrs- oder handelsübliche Sorgfaltspflichten oder gar ein vorsätzlich pflichtwidriges Verhalten des Geschäftsführers können jedoch bei der Feststellung der Schwere der Pflichtverletzung zu berücksichtigen sein.[17] Weitere **Kriterien für die Unzumutbarkeit** der Fortsetzung der Geschäftsführung durch einen Geschäftsführer sind auch[18]

- die Höhe eines der Gesellschaft entstandenen Schadens
- die Häufigkeit und Schwere von Pflichtverletzungen des Geschäftsführers
- die Dauer der Tätigkeit des Geschäftsführers für die Gesellschaft

---

12 BGH GmbHR 1982, 129 f.; OLG Naumburg, NZG 2000, 608; Roth/Altmeppen/*Altmeppen*, § 38 Rn. 30; MüHdb-GesR-III/*Marsch-Barner/Diekmann*, § 42 Rn. 52; Baumbach/Hueck/*Zöllner/Noack*, § 38 Rn. 6.
13 Baumbach/Hueck/*Zöllner/Noack*, § 38 Rn. 8.
14 OLG Hamm, GmbHR 1992, 380; OLG München, DB 1994, 1972, 1973; Scholz/*Schneider*, § 6 Rn. 31; Baumbach/Hueck/*Zöllner/Noack*, § 38 Rn. 8.
15 Baumbach/Hueck/*Zöllner/Noack*, § 38 Rn. 9; Roth/Altmeppen/*Altmeppen*, § 38 Rn. 29.
16 BGH GmbHR 1985, 256; BGH NJW-RR 1988, 352 f.; OLG Stuttgart, NJW-RR 1995, 295 f.; OLG Zweibrücken, NZG 1999, 1011; Baumbach/Hueck/*Zöllner/Noack*, § 38 Rn. 12; Roth/Altmeppen/*Altmeppen*, § 38 Rn. 33.
17 Roth/Altmeppen/*Altmeppen*, § 38 Rn. 36.
18 Vgl. nur Ulmer/Habersack/Winter/*Paefgen*, § 38 Rn. 42.

- besondere Verdienste des Geschäftsführers
- die sozialen Folgen einer außerordentlichen Kündigung
- die Zeitspanne bis zur Beendigung der Geschäftsführung durch eine ordentliche Kündigung des Geschäftsführer-Dienstvertrags

Eine **grobe Pflichtverletzung des Geschäftsführers** kommt insbesondere in Betracht bei[19] 13

- strafbaren Handlungen
- missbräuchlicher Ausnutzung der Vertretungsmacht
- Förderung des Wettbewerbs Dritter zum Nachteil der Gesellschaft
- Bestechlichkeit
- rufschädigendem Verhalten in der Öffentlichkeit
- einer Tätlichkeit gegen einen Mitgeschäftsführer[20]
- dem Entzug von erheblichen Barmitteln für private Zwecke[21]
- der Vorbereitung einer Kapitalerhöhung in einer Tochtergesellschaft zum Nachteil der herrschenden Gesellschaft[22]

Für eine **Unfähigkeit zur ordnungsgemäßen Geschäftsführung** genügt eine mangelnde Eignung des Geschäftsführers für das ihm zugewiesene Ressort. Die durch die Zuweisung eines bestimmten Ressorts hervorgerufene Unfähigkeit eines Geschäftsführers ist jedenfalls dann rechtmäßig, wenn der Ressortwechsel sachlich geboten ist.[23] Die nachhaltige Erfolglosigkeit eines Geschäftsführers ist nicht zwangsläufig mit dessen Unfähigkeit zur Geschäftsführung gleichzusetzen, wenngleich aus ihr in vielen Fällen auf eine mangelnde Eignung des Geschäftsführers geschlossen werden kann.[24] 14

Das Vorliegen eines wichtigen Grundes ist in der Regel auch bei einer **Zerrüttung der Vertrauensbasis** zwischen dem Geschäftsführer und der Gesellschafterversammlung bzw., bei der mitbestimmten Gesellschaft, dem Aufsichtsrat zu bejahen. Um eine willkürliche Abberufung des Geschäftsführers zu verhindern, darf die Zerrüttung jedoch nicht ausschließlich auf dem Entzug der Vertrauensbasis durch die Gesellschafter beruhen, sondern muss auf objektiv nachprüfbare Gründe gestützt werden.[25] Dies ist jedenfalls dann anzunehmen, wenn der Vertrauensentzug durch Tatsachen substantiiert wird und diese die Zerrüttung objektiv nachvollziehbar machen.[26] 15

Bei einer **Zerrüttung des Verhältnisses der Geschäftsführer untereinander**, die eine weitere Zusammenarbeit zwischen ihnen erheblich erschwert oder ausschließt, kann ein Geschäftsführer bereits dann abberufen werden, wenn er durch sein Verhalten an dem Zerwürfnis mitgewirkt hat, ohne dass es auf ein Verschulden ankommt.[27] Allerdings ist für die Auswahl des bzw. der abzuberufenden Geschäftsführer eine Gesamtschau des Fehlverhaltens der beteiligten Geschäftsführer maßgeblich, wobei insbesondere die Verursachungsbeiträge der Beteiligten relevant sein können.[28] 16

Die Befugnis zur Abberufung eines Geschäftsführers aus wichtigem Grund kann auch der **Verwirkung** unterliegen, wenn die Gesellschafter in Kenntnis der Umstände, die die Abberufung recht- 17

---

19 Vgl. nur Roth/Altmeppen/*Altmeppen*, § 38 Rn. 37.
20 OLG Stuttgart, NJW-RR 1995, 295, 296.
21 OLG Düsseldorf, GmbHR 1999, 543.
22 OLG Nürnberg, NZG 2000, 700.
23 Roth/Altmeppen/*Altmeppen*, § 38 Rn. 38.
24 Rowedder/Schmidt-Leithoff/*Koppensteiner*, § 38 Rn. 13; Scholz/*Schneider*, § 38 Rn. 51; Roth/Altmeppen/*Altmeppen*, § 38 Rn. 38.
25 BGH NJW 1960, 628; OLG Hamm, GmbHR 1989, 257 ff.; Rowedder/Schmidt-Leithoff/*Koppensteiner*, § 38 Rn. 13; Roth/Altmeppen/*Altmeppen*, § 38 Rn. 39.
26 OLG Hamm, GmbHR 1989, 257 ff.; OLG Köln, NZG 1999, 773; Roth/Altmeppen/*Altmeppen*, § 38 Rn. 39.
27 BGH ZIP 1992, 760 f.; OLG Hamm, GmbHR 1995, 736, 739; Roth/Altmeppen/*Altmeppen*, § 38 Rn. 41.
28 BGHZ 86, 177 = NJW 1983, 938; BGH GmbHR 1985, 256; OLG Karlsruhe, NZG 2000, 264, 265 f.; Roth/Altmeppen/*Altmeppen*, § 38 Rn. 41.

fertigen, über einen längeren Zeitraum keine Entscheidung treffen.[29] Nicht erforderlich ist, dass über die Abberufung bereits bei der nächstmöglichen Gesellschafterversammlung entschieden wird, solange zwischen der Kenntnis des Abberufungsgrundes und der Abberufung selbst kein solcher Zeitraum liegt, bei dem der Geschäftsführer bei verständiger Würdigung der Umstände nicht mehr mit seiner Abberufung rechnen musste. Auch der Versuch einer Verständigung zwischen den Gesellschaftern und dem Geschäftsführer schließt eine spätere Abberufung nicht zwingend aus,[30] allerdings darf aus der Art und Weise der Verständigung für den Geschäftsführer nicht der Eindruck entstehen, dass mit einer Abberufung nicht mehr zu rechnen ist. Anders als bei der Kündigung des Geschäftsführer-Dienstvertrags sind insoweit die engen Grenzen des § 626 Abs. 2 BGB auf die gesellschaftsrechtliche Abberufung des Geschäftsführers nicht übertragbar.[31]

18 Die Abberufung kann i.d.R. nicht auf solche Gründe gestützt werden, die den Gesellschaftern bereits im Zeitpunkt der Bestellung bekannt waren.[32]

Grundsätzlich möglich ist es, **Abberufungsgründe**, die im Zeitpunkt der Abberufung vorgelegen haben, aber erst später bekannt geworden oder geltend gemacht worden sind, **später nachzuschieben**, sofern ein entsprechender Gesellschafterbeschluss vorliegt.[33] Teilweise wird die Auffassung vertreten, dass selbst Abberufungsgründe, die erst nach der Abberufung entstehen, diese rechtfertigen können, wenn sich aus einer Gesamtbetrachtung ergibt, dass sich das Fehlverhalten auch in Zukunft wiederholen wird, und damit den Gesellschaftern die Fortsetzung der Zusammenarbeit mit dem Geschäftsführer bereits im Zeitpunkt der Abberufung unzumutbar war.[34]

3. Einschränkungen durch Treuebindungen der Gesellschafter

19 Ausnahmsweise kann sich eine Einschränkung der Abberufbarkeit eines Gesellschafter-Geschäftsführers auch aus den Treuebindungen der Gesellschafter untereinander ergeben.[35] So müssen die Gesellschafter vor einer Abberufung eine bedeutende Beteiligung des Gesellschafter-Geschäftsführers an der Gesellschaft ebenso berücksichtigen, wie dessen Verdienste und Erfolge in der Vergangenheit. Maßgeblich ist, ob ein **verständiger Entscheidungsträger** unter Berücksichtigung aller Umstände des Einzelfalls eine Abberufung des Gesellschafter-Geschäftsführers veranlassen würde.

4. Schuldrechtliche Einschränkung

20 Eine körperschaftsrechtliche Einschränkung der Abberufbarkeit ist grundsätzlich nur in der Satzung der Gesellschaft möglich, nicht aber durch andere schuldrechtliche Vereinbarungen zwischen dem Geschäftsführer und der Gesellschaft (insbesondere nicht im Geschäftsführer-Dienstvertrag).[36]

Allerdings kann sich die Gesellschaft gegenüber einem Geschäftsführer schuldrechtlich in der Form binden, dass die Stellung als Geschäftsführer nur aus wichtigem Grund beendet werden kann.[37] Erforderlich ist allerdings im Regelfall, dass diese schuldrechtliche Bindung durch das zur Abberufung bestimmte Organ der Gesellschaft erfolgt.[38]

29 BGH ZIP 1993, 1228 f.; BGH ZIP 1992, 32; OLG Düsseldorf, GmbHR 1992, 670; Roth/Altmeppen/*Altmeppen*, § 38 Rn. 42.
30 BGH ZIP 1992, 32, 34; Roth/Altmeppen/*Altmeppen*, § 38 Rn. 42.
31 Ähnlich OLG Naumburg, NZG 2000, 44, 47; OLG Düsseldorf, GmbHR 2000, 1050, 1055; Roth/Altmeppen/*Altmeppen*, § 38 Rn. 42.
32 BGHZ 13, 188, 194 = NJW 1954, 998; BGH ZIP 1993, 1228, 1229; 1992, 32; OLG Hamm, GmbHR 1995, 736, 739; Roth/Altmeppen/*Altmeppen*, § 38 Rn. 42.
33 BGH ZIP 1992, 32, 34 f.; Roth/Altmeppen/*Altmeppen*, § 38 Rn. 43.
34 OLG Stuttgart, NJW-RR 1995, 295 f.
35 Michalski/*Terlau*, § 38 Rn. 6; Baumbach/Hueck/*Zöllner/Noack*, § 38 Rn. 20.
36 BGH DB 1968, 2166; OLG Stuttgart, GmbHR 1995, 229; Roth/Altmeppen/*Altmeppen*, § 38 Rn. 29; Rowedder/Schmidt-Leithoff/*Koppensteiner*, § 38 Rn. 4; Baumbach/Hueck/*Zöllner/Noack*, § 38 Rn. 21; Hachenburg/*Stein*, § 38 Rn. 28; Scholz/*Schneider*, § 38 Rn. 55; Lutter/Hommelhoff/*Kleindiek*, § 38 Rn. 13.
37 BAG AP BGB § 628 Nr. 14; Baumbach/Hueck/*Zöllner/Noack*, § 38 Rn. 23; MüHdb-GesR-III/*Marsch-Barner/Diekmann*, § 42 Rn. 57.
38 Baumbach/Hueck/*Zöllner/Noack*, § 38 Rn. 23.

Zudem können sich **einzelne Gesellschafter** gegenüber einem Geschäftsführer schuldrechtlich 21
verpflichten, eine Abberufung nur bei Vorliegen eines wichtigen Grundes auszusprechen, da **Stimmrechtsbindungsverträge** auch gegenüber einem Geschäftsführer wirksam sind.

III. Abberufungsverfahren

1. Zuständiges Gesellschaftsorgan

Die Abberufung eines Geschäftsführers findet – sofern im Gesellschaftsvertrag hierzu keine abwei- 22
chende Regelung getroffen worden ist – nach § 46 Nr. 5 durch die **Gesellschafterversammlung** statt. Ein einzelner Gesellschafter (von mehreren) kann dagegen die Bestellung des Geschäftsführers nicht widerrufen, auch nicht bei Gefahr im Verzug.[39]

Im Gesellschaftsvertrag kann die Befugnis zur Abberufung auf andere Gesellschaftsorgane, ein- 23
zelne Gesellschafter oder auch einen Dritten verlagert werden.[40] Wollen die Gesellschafter diese Kompetenz wieder an sich ziehen, können sie dies jederzeit ohne Zustimmung des Dritten durch eine Änderung des Gesellschaftsvertrags erreichen.[41] Ist im Gesellschaftsvertrag lediglich die Berechtigung zur Bestellung des Geschäftsführers abweichend von § 46 Nr. 5 geregelt, so wird vermutet, dass diese abweichende Regelung auch für den Widerruf (als *actus contrarius*) gelten soll.[42]

Wird das Organ, das zur Abberufung des Geschäftsführers zuständig ist, funktionsunfähig, so lebt 24
die Zuständigkeit der Gesellschafterversammlung wieder auf.[43] Entsprechendes gilt dann, wenn der Gesellschafter oder der Dritte, auf die die Kompetenz zur Abberufung übertragen worden ist, nicht (mehr) handlungsfähig sind.

Sehr umstritten ist, ob die Kompetenz der Gesellschafterversammlung zur Abberufung eines 25
Geschäftsführers trotz der gesellschaftsvertraglichen Übertragung bei Vorliegen eines wichtigen Grundes als Abberufungsgrund wieder auflebt.[44] Haben die Gesellschafter sich im Gesellschaftsvertrag für eine Übertragung der Berechtigung zur Abberufung entschieden und liegt keine Funktionsunfähigkeit oder Handlungsunfähigkeit des Organs, Gesellschafters oder Dritten vor, müssen sich die Gesellschafter auch bei Vorliegen eines wichtigen Grundes an diese Kompetenzverteilung halten. Wollen sie die Abberufung wieder an sich ziehen, bleibt den Gesellschaftern in jedem Fall die Möglichkeit, den Gesellschaftsvertrag abzuändern.

> Da die Kompetenz der Gesellschafterversammlung bei Vorliegen eines wichtigen Grundes sehr umstritten ist, wenn die Berechtigung zur Abberufung des Geschäftsführers auf ein anderes Organ oder einen Dritten übertragen ist, sollte vorsorglich im Gesellschaftsvertrag eine Regelung dazu getroffen werden, ob die Gesellschafterversammlung trotz der Kompetenzübertragung zur Entscheidung bei Vorliegen eines wichtigen Grundes berufen bleiben soll.

Soweit die Gesellschaft den gesetzlichen Vorgaben der Mitbestimmung unterliegt, gilt die zwin- 26
gende und ausschließliche Kompetenz des **Aufsichtsrats** nach § 84 Abs. 3 AktG. Den Gesellschaftern verbleiben insoweit keinerlei Kompetenzen zur Abberufung des Geschäftsführers,[45] der Ent-

---

39 Roth/Altmeppen/*Altmeppen*, § 38 Rn. 11.
40 Roth/Altmeppen/*Altmeppen*, § 38 Rn. 12; Baumbach/Hueck/*Zöllner/Noack*, § 38 Rn. 24; a.A. bezüglich der Übertragung auf externe Dritte: Hachenburg/*Stein*, § 38 Rn. 84; Scholz/*Schneider*, § 38 Rn. 24 f.
41 Roth/Altmeppen/*Altmeppen*, § 38 Rn. 12.
42 Roth/Altmeppen/*Altmeppen*, § 38 Rn. 12; Baumbach/Hueck/*Zöllner/Noack*, § 38 Rn. 24; Hachenburg/*Stein*, § 38 Rn. 84.
43 BGHZ 12, 337, 340 = NJW 1954, 799; BGH WM 1970, 249, 251; Roth/Altmeppen/*Altmeppen*, § 38 Rn. 13.
44 Bejahend: Rowedder/Schmidt-Leithoff/*Koppensteiner*, § 38 Rn. 17; Roth/Altmeppen/*Altmeppen*, § 38 Rn. 13; ablehnend: Baumbach/Hueck/*Zöllner/Noack*, § 38 Rn. 25; Hachenburg/*Stein*, § 38 Rn. 84.
45 Roth/Altmeppen/*Altmeppen*, § 38 Rn. 15.

zug des Vertrauens seitens der Gesellschafter gegenüber dem Geschäftführer stellt jedoch bei der mitbestimmten Gesellschaft einen wichtigen Grund für die Abberufung dar.[46]

2. Beschluss und Erklärung der Abberufung

27 Zur Abberufung eines Geschäftsführers ist neben der Entscheidung des zuständigen Organs der Gesellschaft auch die Kundgabe der Entscheidung nach außen, also gegenüber dem betroffenen Geschäftsführer, erforderlich.[47] § 626 Abs. 2 BGB, der eine – ggf. schriftliche – Kündigung innerhalb von zwei Wochen erfordert, gilt für den körperschaftsrechtlichen Akt der Abberufung nicht (wohl aber für die Beendigung des Geschäftsführer-Dienstverhältnisses).[48]

28 Der Beschluss über die Abberufung eines Geschäftsführers muss nach § 47 Abs. 1 grundsätzlich mit **einfacher (Kapital-)Mehrheit** gefasst werden. Die Satzung der Gesellschaft kann jedoch sowohl hinsichtlich der Art (z.B. Kopfmehrheit, Kombinationen aus Kapital- und Kopfmehrheit) als auch der erforderlichen Mehrheitsverhältnisse (2/3-Mehrheit, Einstimmigkeit) auch **andere Mehrheitsbeschlüsse** für die Abberufung des Geschäftsführers vorsehen.

29 Umstritten ist, ob die Abberufung des Geschäftsführers bei Vorliegen eines **wichtigen Grundes** stets mit einfacher Mehrheit zulässig sein muss.[49] Grundsätzlich werden sich die Gesellschafter jedoch auch im Hinblick auf die Abberufung eines Geschäftsführers den Regelungen unterwerfen müssen, die sie in der Satzung der Gesellschaft vereinbart haben.

! Da beim Vorliegen eines wichtigen Grundes die Anforderungen an die zur Abberufung erforderliche Mehrheit umstritten sind, sollte vorsorglich im Gesellschaftsvertrag ausdrücklich geregelt werden, ob für die Abberufung eines Geschäftsführers aus wichtigem Grund eine einfache Mehrheit ausreichen soll.

30 Der abzuberufende Geschäftsführer darf grundsätzlich bei der Beschlussfassung mitstimmen, wenn er selbst Gesellschafter ist oder von einem oder mehreren Gesellschaftern wirksam zur Stimmabgabe bevollmächtigt worden ist. Dies gilt allerdings dann nicht, wenn seine Abberufung aus wichtigem Grund erfolgen soll. Umstritten ist, ob für den Ausschluss der **Stimmberechtigung des abzuberufenden Geschäftsführers** der wichtige Grund tatsächlich vorliegen muss[50] oder ob die substantiierte Behauptung eines wichtigen Grundes bereits genügt.[51] Da die zuletzt genannte Auffassung die Gefahr in sich birgt, dass ein zur Abstimmung Berechtigter ohne tatsächliches Vorliegen eines wichtigen Grundes von der Abstimmung ausgeschlossen werden kann, ist der Auffassung zu folgen, die das tatsächliche Vorliegen eines wichtigen Grundes für den Stimmrechtsausschluss fordert. Der **Versammlungsleiter** hat mithin vor der Beschlussfassung festzustellen, ob für die Abberufung tatsächlich ein wichtiger Grund vorliegt und das Stimmrecht versagt werden muss.[52] Liegt der Versammlungsleiter mit seiner Beurteilung des Vorliegens eines wichtigen Grundes falsch (hat er den abzuberufenden Gesellschafter also ohne Vorliegen eines wichtigen Grundes von der Beschlussfassung ausgeschlossen), so ist der **Abberufungsbeschluss rechtswidrig**, wenn die Abberufung mit den Stimmen des Abberufenen nicht zustande gekommen wäre.[53]

---

46 OLG Stuttgart, ZIP 1985, 539; Rowedder/Schmidt-Leithoff/*Koppensteiner*, § 38 Rn. 15, 20; Roth/Altmeppen/*Altmeppen*, § 38 Rn. 15; *Vollmer*, GmbHR 1984, 5.

47 Baumbach/Hueck/*Zöllner/Noack*, § 38 Rn. 28.

48 Vgl. Baumbach/Hueck/*Zöllner/Noack*, § 39 Rn. 28

49 Verneinend: Baumbach/Hueck/*Zöllner/Noack*, § 38 Rn. 30; bejahend: BGHZ 86, 179; BGH WM 1984, 29; BGH WM 1988, 23; *Fleck*, WM 1985, 677, 680; Rowedder/Schmidt-Leithoff/*Koppensteiner*, § 38 Rn. 19; Roth/Altmeppen/*Altmeppen*, § 38 Rn. 18.

50 OLG Stuttgart, GmbHR 1995, 228; LG München I, EWiR § 47 GmbHG 1/95, 585; Baumbach/Hueck/*Zöllner/Noack*, § 38 Rn. 35; Roth/Altmeppen/*Altmeppen*, § 38 Rn. 48.

51 Scholz/*Schmidt*, § 46 Rn. 76; Lutter/Hommelhoff/*Kleindiek*, § 38 Rn. 17; Michalski/*Terlau*, § 38 Rn. 60 f.; MüHdb-GesR-III/*Marsch-Barner/Diekmann*, § 42 Rn. 62.

52 Baumbach/Hueck/*Zöllner/Noack*, § 38 Rn. 35.

53 Baumbach/Hueck/*Zöllner/Noack*, § 38 Rn. 35.

Das durch den Versammlungsleiter verbindlich festgestellte **Beschlussergebnis** ist allerdings zumindest vorläufig maßgebend und kann nur durch eine **Anfechtung** beseitigt werden.[54] Liegt dagegen keine verbindliche Beschlussfeststellung vor, müssen die Beteiligten die Beschlusslage durch eine gerichtliche Entscheidung klären lassen. 31

Schließlich ist zu beachten, dass der Abberufungsbeschluss **dem betroffenen Geschäftsführer mitgeteilt** werden muss. Ist der abberufene Geschäftsführer bei der Beschlussfassung *anwesend*, wird eine formfrei mögliche Abberufung sofort wirksam.[55] Ist der Geschäftsführer *abwesend*, tritt die Wirksamkeit der Abberufung erst mit dem Zugang des Beschlussergebnisses (einschließlich der Information über das beschließende Organ[56]) bei ihm ein. Eine Kenntnisnahme des Beschlussinhalts durch den Geschäftsführer ist – bei nachweisbarem Zugang – nicht erforderlich.[57] 32

3. Einstweiliger Rechtsschutz

Ist der **Abberufungsbeschluss anfechtbar**, so ist dieser nach h.M. bis zu einer anders lautenden gerichtlichen Entscheidung zunächst wirksam.[58] Der abberufene Geschäftsführer kann jedoch im Wege des einstweiligen Rechtsschutzes gegen den Abberufungsbeschluss klagen.[59] 33

Ist der Abberufungsbeschluss nicht nur anfechtbar, sondern liegen **Nichtigkeitsgründe** für den gefassten Beschluss vor, so können sowohl die Gesellschaft als auch der abberufene Geschäftführer bis zur rechtskräftigen Entscheidung über die Beschlussfeststellungsklage **vorläufige Regelungen** ihres Rechtsverhältnisses durch ein Gericht festlegen lassen.[60] Insoweit kommt sowohl die Einschränkung als auch das vollständige Ruhen der Befugnisse des Geschäftsführers durch das Gericht in Betracht, etwa durch Zugangssperren, Einsichtsverbote, Umwandlung der Einzelvertretung in eine Gesamtvertretung oder eine vorläufige Abberufung des Geschäftsführers. Aufgrund der Anforderungen des § 15 HGB muss ggf. auch eine entsprechende Eintragung im Handelsregister erfolgen.[61] 34

Allerdings kann der abberufene Geschäftsführer sich durch eine einstweilige Verfügung auch bis zur endgültigen Entscheidung über den Abberufungsbeschluss Zugangs-, Nutzungs- und Einsichtsrechte sichern. 35

> **!** Bei jeder einstweiligen Verfügung ist zu bedenken, dass man dem Verfügungsgegner nach § 945 ZPO Schadensersatz leisten muss, wenn sich die Verfügung im Hauptsacheverfahren als von Anfang an ungerechtfertigt erweist. Voraussetzung ist allerdings, dass die Gegenpartei die Entstehung eines Schadens darlegen und beweisen kann.

Während des Schwebezustands über die rechtliche Wirksamkeit eines Abberufungsbeschlusses kann auch ein Gesellschafter die Geschäfte einer ansonsten **handlungsunfähigen Gesellschaft** wahrnehmen.[62] 36

---

54 BGHZ 104, 66, 69; Baumbach/Hueck/*Zöllner/Noack*, § 38 Rn. 39; a.A. *Grunewald*, in: FS Zöllner, S. 173, 184.

55 BGH BB 1968, 560; BGH ZIP 2003, 1294; Roth/Altmeppen/*Altmeppen*, § 38 Rn. 22; Baumbach/Hueck/*Zöllner/Noack*, § 38 Rn. 42.

56 Baumbach/Hueck/*Zöllner/Noack*, § 38 Rn. 43; a.A. Lutter/Hommelhoff/*Kleindiek*, § 38 Rn. 6.

57 Baumbach/Hueck/*Zöllner/Noack*, § 38 Rn. 43.

58 Roth/Altmeppen/*Altmeppen*, § 38 Rn. 66.

59 Baumbach/Hueck/*Zöllner/Noack*, § 38 Rn. 69; Roth/Altmeppen/*Altmeppen*, § 38 Rn. 66; a.A.: LG Köln, GmbHR 1997, 1104.

60 OLG Zweibrücken, GmbHR 1998, 373; OLG Stuttgart, GmbHR 1997, 312; LG München, ZIP 1994, 1858, 1859; Roth/Altmeppen/*Altmeppen*, § 38 Rn. 67.

61 Baumbach/Hueck/*Zöllner/Noack*, § 38 Rn. 99 f.; Roth/Altmeppen/*Altmeppen*, § 38 Rn. 68.

62 BGHZ 86, 177, 183 = NJW 1983, 938; OLG Frankfurt/M., GmbHR 1998, 1126 f.; OLG Karlsruhe, GmbHR 1993, 154 f.; Baumbach/Hueck/*Zöllner/Noack*, § 38 Rn. 58; Roth/Altmeppen/*Altmeppen*, § 38 Rn. 68.

4. Wechselseitige Abberufung

37 Insbesondere in zweigliedrigen oder zweistämmigen Gesellschaften stellt sich oftmals das Problem eines **„Abberufungswettlaufs"**, d.h., die Gesellschafter-Geschäftsführer versuchen, sich untereinander abzuberufen.

Um dies zu vermeiden, empfiehlt es sich, in den Gesellschaftsvertrag **formale Hürden für die Abberufung** aufzunehmen, etwa indem über die Abberufung eines Geschäftsführers nur durch Verhandlung und Entscheidung in einer **gemeinsamen Gesellschafterversammlung** entschieden werden darf.

C. Weitere praktische Hinweise

I. Notarkosten

38 Beurkundet der Notar den Beschluss über die Abberufung eines Geschäftsführers, liegt ein nach § 41c Abs. 1 i.V.m. § 41a Abs. 4 Nr. 1 KostO zu bewertender geldwertunbestimmter Beschluss vor. Der Geschäftswert beträgt 1 % des eingetragenen Stammkapitals, mindestens 25.000 EUR und höchstens 500.000 EUR. Auch bei Abberufung mehrerer Geschäftsführer liegt insgesamt nur ein Beschluss vor (siehe § 41c Abs. 3 Satz 3 KostO). Fertigt der Notar im Auftrag nur den Entwurf des Gesellschafterbeschlusses, ist die Bewertung in gleicher Weise vorzunehmen (§ 145 Abs. 1 Satz 1 i.V.m. § 47 KostO).[63]

Bei der **Registeranmeldung** liegt eine Anmeldung ohne bestimmten Geldwert vor. Der Geschäftswert ist nach § 41a Abs. 4 Nr. 1 KostO in gleicher Weise zu bestimmen, wie für den Beschluss, jedoch liegen mehrere Anmeldungen vor, wenn die Abberufung und/oder die Neubestellung mehrerer Geschäftsführer in einer Anmeldung angemeldet wird.[64]

II. Steuern

39 Die steuerliche **Verantwortung des Geschäftsführers endet** gem. § 34 AO mit seinem Ausscheiden aus dem Amt, unabhängig von der Handelsregistereintragung.

63 OLG Düsseldorf MittBayNot 2010, 420 = ZNotP 2010, 239 = RNotZ 2010, 279 = NZG 2010, 438 = NotBZ 2010, 343 = JurBüro 2010, 311 = FGPrax 2010, 150.
64 BGH, DNotZ 2003, 297 = ZNotP 2003, 119 = MittBayNot 2003, 235.

§ 39 Anmeldung der Geschäftsführer

(1) Jede Änderung in den Personen der Geschäftsführer sowie die Beendigung der Vertretungsbefugnis eines Geschäftsführers ist zur Eintragung in das Handelsregister anzumelden.

(2) Der Anmeldung sind die Urkunden über die Bestellung der Geschäftsführer oder über die Beendigung der Vertretungsbefugnis in Urschrift oder öffentlich beglaubigter Abschrift beizufügen.

(3) Die neuen Geschäftsführer haben in der Anmeldung zu versichern, daß keine Umstände vorliegen, die ihrer Bestellung nach § 6 Abs. 2 Satz 2 Nr. 2 und 3 sowie Satz 3 entgegenstehen und daß sie über ihre unbeschränkte Auskunftspflicht gegenüber dem Gericht belehrt worden sind. § 8 Abs. 3 Satz 2 ist anzuwenden.

Literatur

Sikora/Schwab, Das EHUG in der notariellen Praxis , MittBayNot 2007, 1.

A. Allgemeines

I. Einordnung in den Gesetzeszusammenhang, Aufbau der Norm

Während die §§ 8 Abs. 1 Nr. 2, Abs. 4 Nr. 2, 10 Abs. 1 Anmeldung und Eintragung der Geschäftsführer und deren Vertretungsbefugnis bei der GmbH-Neugründung regeln, betrifft § 39 die Pflicht *bestehender* Gesellschaften, spätere Änderungen in den Personen und der Vertretungsbefugnis der Geschäftsführer zur Eintragung anzumelden (Abs. 1). Im Falle einer sog. wirtschaftlichen Neugründung bereits existenter Mantel- bzw. Vorratsgesellschaften sind jedoch die Gründungsvorschriften analog anzuwenden (s. § 8 Rn. 14a). Abs. 2 und 3, die § 8 Abs. 1 Nr. 2, Abs. 3 nachgebildet sind bzw. hierauf verweisen, zählen die der Anmeldung beizufügenden objektiven Nachweise und subjektiven Versicherungen der Geschäftsführer auf. Zur entsprechenden Anwendbarkeit des § 39 auf Zweigniederlassungen von GmbHs mit Sitz im Ausland vgl. § 13g Abs. 5 HGB, und zum Verhältnis zwischen § 39 und § 54 vgl. Rn. 5. 1

II. Sinn und Zweck der Norm

Durch die bußgeldbewehrte (§ 14 HGB) Anmeldepflicht des § 39 soll im Interesse der Sicherheit des Rechtsverkehrs eine kontinuierliche Übereinstimmung der tatsächlichen Vertretungssituation bei der Gesellschaft mit dem Registerinhalt gewährleistet werden. Da sich die negativen Publizitätswirkungen des § 15 Abs. 1 HGB regelmäßig zulasten der Gesellschaft auswirken,[1] dient die Erfüllung dieser Pflicht letztlich auch dem Schutz der Gesellschaft vor einer Inanspruchnahme durch gutgläubige Dritte. 2

1 Vgl. das Beispiel bei Ulmer/Habersack/Winter/*Paefgen*, § 39 Rn. 44.

III. Gesetzesbegründung, europarechtlicher Hintergrund

3 Bei der Neufassung des Abs. 3 Satz 1 handelt es sich um eine Folgeänderung[2] zur Regelung der durch das MoMiG teilweise erweiterten (vgl. § 6 Rn. 20) Bestellungshindernisse i.S.v. § 6 Abs. 2 Satz 2 Nr. 2 und 3 sowie Satz 3. Die in Abs. 4 a.F. enthaltene Pflicht zur Unterschriftszeichnung wurde durch die Einführung des elektronischen Registerverkehrs obsolet und ist deshalb im Zuge des EHUG[3], das auf den europarechtlichen Vorgaben der Transparenzrichtlinie (2004/109/EG) sowie der Richtlinie 2993/58/EG zur Änderung der Publizitätsrichtlinie beruht, aufgehoben worden.

B. Inhalt der Regelung

I. Gegenstand der Anmeldung und Anmeldebefugnis (Abs. 1)

1. Änderungen in den Personen der Geschäftsführer

4 Anzumelden sind sowohl jede Neubestellung[4] als auch das Ausscheiden eines Geschäftsführers, gleich auf welchem Grund dieses beruht,[5] und zwar auch dann, wenn die Bestellung nicht eingetragen worden ist.[6] Die Eintragung eines Geschäftsführers ist beim Wegfall dessen unbeschränkter Geschäftsfähigkeit sowie beim Eintritt eines Bestellungshindernisses i.S.v. § 6 Abs. 2 Satz 2 Nr. 2 und 3 sowie Satz 3[7] – unabhängig von einer auch insoweit obligatorischen[8] Anmeldung – gem. § 395 FamFG von Amts wegen zu löschen.[9] Keine Anmeldepflicht besteht im Falle der unrichtigen Eintragung eines Geschäftsführers.[10] Zur Eintragung anzumelden sind wiederum Änderungen des Vor- und Familiennamens des Geschäftsführers einschließlich zum Namen gehörender Titel (z.B. Adelstitel; nicht akademische Grade, die jedoch – ebenso wie Änderungen des Wohnorts – optional angemeldet werden können).[11]

5 Liegt der Änderung in der Person der Geschäftsführer eine **Satzungsänderung** zugrunde, so genügt die Anmeldung nach § 54.[12] Dies ist insbesondere im Hinblick auf unter Verwendung des Musterprotokolls (§ 2 Abs. 1a) gegründete Gesellschaften zweckmäßig, die nachträglich weitere Geschäftsführer bestellen möchten. Die insoweit mangels abweichender Regelung im Musterprotokoll maßgebliche Gesamtvertretungsbefugnis des § 35 Abs. 2 Satz 1 wird den Interessen der Beteiligten nämlich regelmäßig nicht gerecht werden[13] und eine entsprechende Satzungsänderung erforderlich machen.

2. Änderungen der Vertretungsbefugnis

6 Nach allgemeiner Meinung[14] ist nicht nur die Beendigung, sondern darüber hinaus jede Veränderung der Vertretungsbefugnis der Geschäftsführer, auch im Hinblick auf etwaige Befreiungen von § 181 BGB, anzumelden. Insoweit kann – insbesondere im Hinblick auf die Unterscheidung von allgemeiner und konkreter Vertretungsregelung – auf die Ausführungen zu § 8 Rn. 20, 20a und zu

---

2 RegE, BT-Drucks. 16/6140, S. 43.
3 Gesetz über das elektronische Handelsregister und Genossenschaftsregister sowie das Unternehmensregister v. 10.11.2006 (EHUG), BGBl. I 2006 S. 2553.
4 Nicht jedoch die zukünftige Geschäftsführerbestellung, vgl. Lutter/Hommelhoff/*Hommelhoff*, § 39 Rn. 2.
5 Ulmer/Habersack/Winter/*Paefgen*, § 39 Rn. 4; Michalski/*Terlau*, § 39 Rn. 3.
6 Ulmer/Habersack/Winter/*Paefgen,* a.a.O. Gutgläubige Dritte können sich bei Nichteintragung der Bestellung und des Ausscheidens auf die Publizitätswirkung des § 15 Abs. 1 HGB berufen.
7 Zur Anwendbarkeit der durch das MoMiG erheblich erweiterten Bestellhindernisse (§ 6 Abs. 2 Satz 2 Nr. 3 Buchst. a, c, d und e, Satz 3) auf Personen, die zum Zeitpunkt des Inkrafttretens des MoMiG bereits zum Geschäftsführer bestellt worden sind, vgl. die Übergangsvorschrift des § 3 Abs. 2 EGGmbHG.
8 Achilles/Ensthaler/Schmidt/*Schmidt*, § 39 Rn. 2.
9 Michalski/*Terlau*, § 39 Rn. 4; Lutter/Hommelhoff/*Hommelhoff*, § 39 Rn. 1.
10 Roth/Altmeppen/*Altmeppen*, § 39 Rn. 2; a.A. Scholz/*Schneider*, § 39 Rn. 2.
11 Im Einzelnen streitig; so Michalski/*Terlau*, § 39 Rn. 5; Achilles/Ensthaler/Schmidt/*Schmidt*, § 39 Rn. 2; abw.: Scholz/*Schneider*, § 39 Rn. 4.
12 Roth/Altmeppen/*Altmeppen*, § 39 Rn. 4; Achilles/Ensthaler/Schmidt/*Schmidt*, § 39 Rn. 4.
13 Römermann/*Wachter*, MAH GmbH-Recht, § 4 Rn. 183.
14 Michalski/*Terlau*, § 39 Rn. 6; Scholz/*Schneider*, § 39 Rn. 1; Lutter/Hommelhoff/*Hommelhoff*, § 39 Rn. 4.

§ 10 Rn. 11 verwiesen werden. Beruht die Änderung der Vertretungsmacht auf einer Satzungsänderung – welche insbesondere bei einer nachträglichen Abweichung von der Vertretungsregelung des Musterprotokolls erforderlich ist (vgl. Rn. 5) – genügt die Anmeldung nach § 54.[15]

3. Anmeldende Personen

Anmeldeberechtigt und -verpflichtet sind gem. § 78 die Geschäftsführer entsprechend ihrer Vertretungsbefugnis[16], also nicht notwendig alle. Beispielsweise kann ein neu bestellter, einzelvertretungsbefugter Geschäftsführer sich selbst ohne Mitwirkung der übrigen Geschäftsführer anmelden, sofern er seine Anmeldebefugnis nachweist.[17] Die Vornahme der Anmeldung durch Dritte aufgrund öffentlich zu beglaubigender[18] Vollmacht ist zulässig;[19] die Versicherungen nach Abs. 3 sind jedoch vom neu angemeldeten Geschäftsführer höchstpersönlich abzugeben.[20] 7

Ausscheidende Geschäftsführer sollten ihre Amtsniederlegung aufschiebend bedingt durch die Eintragung des Ausscheidens im Handelsregister erklären, um ihr Ausscheiden noch selbst wirksam anmelden zu können.[21] Die Abberufung des alleinigen Gesellschafter-Geschäftsführers ohne Bestellung eines Nachfolgers dürfte sich regelmäßig als rechtsmissbräuchlich darstellen, sodass eine entsprechende Anmeldung vom Registergericht zurückzuweisen wäre.[22]

II. Beizufügende Unterlagen, Form (Abs. 2)

Der Anmeldung, die schriftlich abgefasst und öffentlich beglaubigt werden muss (§ 12 Abs. 1 HGB, § 129 BGB), sind die maßgebenden Urkunden (z.B. Gesellschafterbeschluss, Sterbeurkunde) über Bestellung und Ausscheiden der Geschäftsführer sowie über die Änderung ihrer Vertretungsbefugnis nach dem Gesetzeswortlaut „in Urschrift oder in öffentlich beglaubigter Abschrift" beizufügen. Meldet ein Geschäftsführer die Niederlegung seines Amtes beim Registergericht zur Eintragung an, ist diesem nicht nur die Niederlegungserklärung selbst, sondern auch deren **Zugang** beim zuständigen Organ[23] in der Form des Abs. 2 nachzuweisen.[24] Dagegen müssen keine zusätzlichen Urkunden beigebracht werden, welche belegen, dass dem betroffenen Geschäftsführer ein Abberufungsbeschluss zugegangen ist.[25] Auch wenn eine dem – lediglich deklaratorischen – § 8 Abs. 5 entsprechende Regelung in § 39 nicht aufgenommen worden ist, sind die Anmeldung sowie die vorbeschriebenen Anlagen hierzu gem. § 12 Abs. 1, 2 HGB in **elektronischer Form** an das Registergericht zu übermitteln. Die Anmeldung als solche ist gem. § 12 Abs. 1 Satz 1, Abs. 2 Satz 2 Hs. 2 HGB i.V.m. § 39a BeurkG als elektronisch beglaubigtes Dokument (siehe § 7 Rn. 11) einzureichen. Im Hinblick auf die nach Abs. 2 beizufügenden Unterlagen genügt dagegen gem. 12 Abs. 2 Satz 2 Hs. 2 HGB grundsätzlich[26] die Übermittlung einer einfachen elektronischen Aufzeich- 8

---

15 Siehe auch Fn. 12.
16 Vgl. hierzu BayObLG BB 2003, 2366 f.
17 Scholz/*Schneider*, § 39 Rn. 13; Lutter/Hommelhoff/*Hommelhoff*, § 39 Rn. 6.
18 Zur Form: Scholz/*Schneider*, § 39 Rn. 17.
19 Achilles/Ensthaler/Schmidt/*Schmidt*, § 39 Rn. 5; Lutter/Hommelhoff/*Hommelhoff*, § 39 Rn. 6; Michalski/*Terlau*, § 39 Rn. 10.
20 A.A. Scholz/*Schneider*, § 39 Rn. 12, der § 39 Abs. 3 eine Pflicht zur höchstpersönlichen Vornahme der Anmeldung als solcher durch den neu bestellten Geschäftsführer entnimmt.
21 Vgl. Lutter/Hommelhoff/*Hommelhoff*, § 39 Rn. 7; Achilles/Ensthaler/Schmidt/*Schmidt*, 39 Rn. 5. Roth/Altmeppen/*Altmeppen*, § 39 Rn. 8 vertritt dagegen die Auffassung, dass der *einzige* Geschäftsführer seine wirksame Amtsniederlegung stets noch zeitnah zu seinem Ausscheiden anmelden kann.
22 OLG Zweibrücken BB 2007, 1179 f.
23 Z.B. bei der Gesellschafterversammlung. Zur Wirksamkeit der Niederlegung durch Erklärung gegenüber nur einem Gesellschafter s. BGH DNotZ 2002, 302.
24 OLG Frankfurt/M. BB 2006, 2154 f.; OLG Düsseldorf GmbHR 2004, 1532 f.; zum Zugang der Amtsniederlegungserklärung eines Geschäftsführers im Ausland s. BGH NJW-RR 2011, 1184.
25 OLG Hamm MittBayNot 2003, 143 f.
26 Gleichwohl sollte der Notar zur Sicherung der Authentizität der Unterlagen anregen, elektronisch beglaubigte Abschriften zu übermitteln, vgl. *Sikora/Schwab*, MittBayNot 2007, 1, 4; a.A. *Krafka/Willer*, Registerrecht, Rn. 132, Fn 6.

nung – z.B. in Form einer Scandatei[27] – ohne qualifizierte elektronische Signatur, da Abs. 2 die Einreichung beglaubigter Abschriften[28] nicht zwingend vorschreibt, sondern alternativ gestattet. Ebenfalls ausreichend, wenngleich aus Sicht der Gesellschafter in der Erstellung aufwendiger, wäre die Übermittlung eines von den Gesellschaftern mit einer qualifizierten Signatur versehenen Gesellschafterbeschlusses in elektronischer Form (§ 126a BGB). Die Einreichung von Unterlagen in Textform (§ 126b) genügt dagegen nicht dem Formerfordernis des Abs. 2. Vollmachten zur Anmeldung sind wiederum in elektronisch beglaubigter Form zu übermitteln (§ 12 Abs. 1 Satz 2 HGB).

III. Versicherungen neu eingetretener Geschäftsführer (Abs. 3)

9 Neu bestellte Geschäftsführer müssen das Fehlen von Bestellungshindernissen (§ 6 Abs. 2 Satz 2 Nr. 2 sowie Satz 3) sowie ihre Belehrung über ihre unbeschränkte Auskunftspflicht versichern. Insoweit kann auf die Kommentierung zu § 8 Rn. 18-18b verwiesen werden. Der Beachtlichkeit einer solchen Versicherung steht grundsätzlich nicht entgegen, dass zwischen ihrer Abgabe und dem Wirksamwerden der Bestellung zum Geschäftsführer eine gewisse Zeitspanne liegt.[29] Im Falle einer sog. „wirtschaftlichen Neugründung" haben die Geschäftsführer die Tatsache der wirtschaftlichen Neugründung der bislang „inaktiven" Gesellschaft offenzulegen und die in §§ 8 Abs. 2, 7 Abs. 2, 3 vorgesehene Versicherung (erneut) abzugeben (s. § 8 Rn. 14a).

IV. Eintragungsverfahren

10 Zuständig für die Eintragung ist das Registergericht des Sitzes der Gesellschaft. Ob dem Registergericht neben der allgemein anerkannten formellen[30] auch eine materielle Prüfungskompetenz hinsichtlich der rechtlichen Voraussetzungen für die gem. § 39 anzumeldenden Tatsachen zukommt, ist in Literatur und Rechtsprechung umstritten. Ausgehend vom Grundsatz der Schnelligkeit des Registerverfahrens, welcher im Zusammenhang mit den jüngsten Gesetzesreformen (EHUG, MoMiG) erheblich an Bedeutung gewonnen hat, erscheint die Ansicht, welche dem Registergericht ein eingeschränktes materielles Prüfungsrecht im Sinne einer „Evidenzkontrolle" zuerkennt,[31] vorzugswürdig. Ist bspw. eine GbR alleinige Gesellschafterin einer GmbH, so genügt zum Nachweis der Wirksamkeit des der Bestellung eines Geschäftsführers zugrunde liegenden Gesellschafterbeschlusses grundsätzlich die Vorlage eines *privatschriftlichen* Gesellschaftsvertrags der GbR, welcher die Befugnis zur Vertretung der GbR erkennen lässt; das Registergericht darf die Vornahme der Eintragung mangels konkreter Zweifel in einem solchen Fall nicht von der Vorlage eines notariell beurkundeten Gesellschaftsvertrags der GbR abhängig machen.[32] Zur Veröffentlichung der Eintragung vgl. § 10 Rn. 15.

V. Wirkungen der Eintragung

11 Anders als die konstitutive Neueintragung einer GmbH (§ 10) hat die Eintragung der Änderungen i.S.v. § 39 nur deklaratorische Wirkung (Ausnahme: Satzungsänderung, vgl. 54 Abs. 3).[33] Gutgläubige Dritte, denen eine eintragungspflichtige, aber nicht eingetragene bzw. bekanntgemachte Tatsache nicht bekannt ist, genießen den Schutz des § 15 Abs. 1 HGB.

---

27 OLG Jena, NZG 2010, 1355.
28 Wurden die beizufügenden Unterlagen beurkundet oder liegen sie in öffentlich beglaubigter Abschrift vor, genügt gleichwohl die Übermittlung einer einfachen elektronischen Aufzeichnung, (siehe § 8, Fn. 14).
29 OLG Hamm, NZG 2010, 1156.
30 Ausführlich hierzu Ulmer/Habersack/Winter/*Paefgen*, § 39 Rn. 36.
31 So Ulmer/Habersack/Winter/*Paefgen*, § 39 Rn. 37; Michalski/*Terlau*, § 39 Rn. 17 und 18; Scholz/*Schneider*, § 39 Rn. 23; für eine weiter gehende Ablehnungspflicht des Registergerichts: Roth/Altmeppen/*Altmeppen*, § 39 Rn. 15.
32 OLG Hamm, MittBayNot 2011, 164.
33 Achilles/Ensthaler/Schmidt/*Schmidt*, § 39 Rn. 13; Scholz/*Schneider*, § 39 Rn. 25; Ulmer/Habersack/Winter/*Paefgen*, § 39 Rn. 43.

C. Weitere praktische Hinweise

12 Der **Geschäftswert für die Anmeldung der Bestellung oder Abberufung von Geschäftsführern** ist nach § 41a Abs. 4 Nr. 1 KostO zu bestimmen. Es handelt sich um Anmeldungen ohne bestimmten Geldwert. Gleiches gilt auch für die Anmeldung der Änderung der Vertretungsbefugnis (Gesamtvertretungs- in Einzelvertretungsbefugnis oder umgekehrt). Werden in einer Anmeldung mehrere Geschäftsführer abberufen oder neu bestellt oder deren Vertretungsbefugnis geändert, liegen gem. § 44 Abs. 2 Buchst. a) KostO mehrere Anmeldungen vor.[34] Die Werte mehrerer Anmeldungen sind gem. § 44 Abs. 20a KostO zu addieren, der Höchstwert einer Registeranmeldung beträgt jedoch, auch wenn mehrere Anmeldungen enthalten sind, gem. § 39 Abs. 5 KostO 500.000 EUR.

Die **Kosten der Eintragung** bestimmen sich nach der HRegGebV, Gebührenverzeichnis Nr. 2500 und 2502.

Der Beschluss über die Bestellung oder Abberufung von Geschäftsführern ist nicht beurkundungspflichtig. Erfolgt auf Wunsch die Beurkundung, entsteht eine 20/10-Gebühr nach § 47 KostO. Der Geschäftswert ist nach § 41c Abs. 1 i.V.m. § 41a Abs. 4 Nr. 1 KostO mit 1 % aus dem Stammkapital, mindestens jedoch mit 25.000 EUR und höchstens 500.000 EUR zu bestimmen. Wird nur der Entwurf gefertigt, entsteht die 20/10-Gebühr nach §§ 145 Abs. 1 Satz 1, 47 KostO.[35]

34 BGH DNotZ 2003, 297 = ZNotP 2003, 119 = MittBayNot 2003, 235 = RNotZ 2003, 147; Korintenberg/*Bengel/Tiedtke*, § 41a KostO Rn. 114.

35 Korintenberg/*Bengel/Tiedtke*, § 145 KostO Rn. 12 mit Hinweis auf LG Dresden, NotBZ 2007, 300 m. Anm. *Otto*; OLG Düsseldorf MittBayNot 2010, 420 = ZNotP 2010, 239 = RNotZ 2010, 279 = NZG 2010, 438 = NotBZ 2010, 434 = JurBüro 2010, 311 = FGPrax 2010, 150.

D. Muster

13 **Muster: Handelsregisteranmeldung einer Amtsniederlegung und einer Neubestellung eines Geschäftsführers**

31

An das Amtsgericht …

– Registergericht –

HRB …; Firma … mit dem Sitz in …

Wir, die unterzeichneten Geschäftsführer[1], überreichen je eine elektronisch beglaubigte Abschrift[2]

1. der Niederlegungserklärung des ausgeschiedenen Geschäftsführers gegenüber der Gesellschaft
2. des Empfangsbekenntnisses[3] der Gesellschafterversammlung
3. des Beschlusses der Gesellschafterversammlung über die Bestellung des eingetretenen Geschäftsführers

und melden zur Eintragung in das Handelsregister an:

1. Der Geschäftsführer …[4], geb. … 19…, wohnhaft[5]…, ist aus der Geschäftsführung ausgeschieden.
2. Herr …, geb. …19…, wohnhaft …, ist zum Geschäftsführer bestellt worden.

   Der neue Geschäftsführer vertritt die Gesellschaft wie folgt: …[6]

Der eingetretene Geschäftsführer versichert: …[7]

Die Geschäftsräume der Gesellschaft befinden sich unverändert in …[8]

[*alternativ:* Zur Eintragung ins Handelsregister wird folgende inländische Geschäftsanschrift angemeldet: …][9]

…, den …

[Unterschriften der Geschäftsführer]

[Beglaubigungsvermerk]

---

1 Der neu bestellte Geschäftsführer kann bei der Anmeldung mitwirken, der ausgeschiedene u.U. ebenfalls (siehe den Praxishinweis bei Rn. 7).

2 Zwar genügt nach § 12 Abs. 2 Satz 2 Hs. 1 HGB grundsätzlich die Einreichung einer elektronischen Aufzeichnung. Zu den Vorzügen einer elektronisch beglaubigten Abschrift siehe jedoch Fn 26.

3 Zum Nachweis des Zugangs der Niederlegungserklärung siehe Rn. 8.

4 Einsetzen: Vor- und Zuname.

5 Einsetzen: Wohnort ohne Straße.

6 Einsetzen: konkrete Vertretungsbefugnis, vgl. Muster zu § 8.

7 Wie bei Ziffern 3. und 4. des Musters zu § 8 Rn. 24. Zu den Anforderungen an die Versicherung der Geschäftsführung bei einer sog. wirtschaftlichen Neugründung s. § 8 Rn. 14a,

8 Einsetzen: inländische Geschäftsanschrift; Angabe entfällt gem. § 24 Abs. 2 Satz 2 HRV, falls die Lage der Geschäftsräume als inländische Geschäftsanschrift zur Eintragung angemeldet wird (§ 8 Abs. 4 Nr. 1, 3, Abs. 1 Satz 1 EGGmbHG, § 31 Abs. 1 HGB) bzw. bereits eingetragen wurde; siehe auch den Praxishinweis bei § 8 Rn. 19.

9 Siehe § 8 Rn. 19.

§ 40 Liste der Gesellschafter

(1) Die Geschäftsführer haben unverzüglich nach Wirksamwerden jeder Veränderung in den Personen der Gesellschafter oder des Umfangs ihrer Beteiligung eine von ihnen unterschriebene Liste der Gesellschafter zum Handelsregister einzureichen, aus welcher Name, Vorname, Geburtsdatum und Wohnort der letzteren sowie die Nennbeträge und die laufenden Nummern der von einem jeden derselben übernommenen Geschäftsanteile zu entnehmen sind. Die Änderung der Liste durch die Geschäftsführer erfolgt auf Mitteilung und Nachweis.

(2) Hat ein Notar an Veränderungen nach Absatz 1 Satz 1 mitgewirkt, hat er unverzüglich nach deren Wirksamwerden ohne Rücksicht auf etwaige später eintretende Unwirksamkeitsgründe die Liste anstelle der Geschäftsführer zu unterschreiben, zum Handelsregister einzureichen und eine Abschrift der geänderten Liste an die Gesellschaft zu übermitteln. Die Liste muss mit der Bescheinigung des Notars versehen sein, dass die geänderten Eintragungen den Veränderungen entsprechen, an denen er mitgewirkt hat, und die übrigen Eintragungen mit dem Inhalt der zuletzt im Handelsregister aufgenommenen Liste übereinstimmen.

(3) Geschäftsführer, welche die ihnen nach Absatz 1 obliegende Pflicht verletzen, haften denjenigen, deren Beteiligung sich geändert hat, und den Gläubigern der Gesellschaft für den daraus entstandenen Schaden als Gesamtschuldner.

Literatur

Elsing, Gesellschafterliste und Anzeigen von Gesellschaftsanteilsabtretungen mit Blick auf das MoMiG, ZNotP 2007, 232; *Mayer*, Der Erwerb einer GmbH nach den Änderungen durch das MoMiG, DNotZ 2008, 403; *Sikora/Regler/Tiedtke*, Die Auswirkungen des MoMiG auf die Notarkosten, MittBayNot 2008, 437; *Tiedtke*, Streifzug durch die Kostenordnung, 7. Auflage 2008.

A. Allgemeines

Die Vorschrift wurde durch das Gesetz zur Modernisierung des GmbH-Rechts und zur Bekämpfung 1
von Missbräuchen (MoMiG) vom 23.10.2008[1] grundlegend geändert. Die Bedeutung der Gesellschafterliste im Rechtsverkehr wurde erheblich verstärkt. Sinn und Zweck der Regelung ist es, die Transparenz der Anteilsinhaberschaft zu erhöhen. Damit steht die Vorschrift im engen Zusammenhang mit den Regelungen über den Gesellschafterwechsel in § 16, der auch auf diesen § 40 verweist (vgl. auch die Kommentierung dort). Vergleichbare Vorschrift im Aktienrecht ist § 67 AktG.

1 BGBl. I S. 2026.

B. Inhalt der Regelung

I. Inhalt der Gesellschafterliste (Abs. 1)

1. Inhalt und Änderungen der Gesellschafterliste (Abs. 1 Satz 1)

2 Der Inhalt der Gesellschafterliste bestimmt sich allein nach Abs. 1 Satz 1. Es handelt sich um dieselbe Gesellschafterliste, die auch bei der Anmeldung nach § 8 Abs. 1 Nr. 3 (siehe § 8 Rn. 9) einzureichen ist. Diese Liste wird durch die Änderungen fortgeschrieben. Die Gesellschafterliste hat die Gesellschafter der GmbH zu enthalten mit Namen, Vornamen, Geburtsdatum, Wohnort, Nennbeträgen und fortlaufenden Nummern der übernommenen Geschäftsanteile.

3 Als Gesellschafter anzugeben sind die **Inhaber der Geschäftsanteile**, also diejenigen Personen, denen die Geschäftsanteile **rechtlich**, nicht wirtschaftlich, zugewiesen sind. Das ist also auch der Treuhänder, nicht hingegen der wirtschaftlich Berechtigte (z.B. Treugeber, Nießbraucher) oder der (still) Unterbeteiligte. Somit gilt auch der bisherige Inhaber bei der Kaduzierung (§ 21) bis zum Wirksamwerden der Ausschlusserklärung (§ 21 Abs. 2) und bei Abandon (§ 27) bis zur Veräußerung (§ 27 Abs. 2) oder Anfall (§ 27 Abs. 3) des Geschäftsanteils als Gesellschafter.[2] Bei eigenen Anteilen (§ 33) ist die GmbH als Gesellschafter anzugeben. Sofern ein Geschäftsanteil mehreren Personen rechtlich zusteht, sind diese Personen und die Art der Gemeinschaft, also z.B. Erbengemeinschaft, Gütergemeinschaft, Bruchteilsgemeinschaft oder Gesellschaft bürgerlichen Rechts, anzugeben.[3]

4 Anzugeben ist der **Name**. Das ist bei natürlichen Personen der Familienname und mindestens ein **Vorname**. Im handelsgewerblichen Bereich ist dementsprechend die **Firma** mit Rechtsformzusatz anzugeben, wobei bei einem abweichenden Firmeninhaber auch dessen Name vollständig anzugeben ist.[4] Bei einer Gesellschaft bürgerlichen Rechts als Inhaber eines Geschäftsanteils sind auch im Hinblick auf die neuere Rechtsprechung[5] sämtliche Gesellschafter namentlich in der Gesellschafterliste zu erfassen.

5 Das **Geburtsdatum** der Gesellschafter ist vollständig anzugeben. Es dient der eindeutigen Identifizierung einer natürlichen Person.

6 Bei natürlichen Personen ist der **Wohnort** anzugeben. Sollte dies zur Identifizierung des Gesellschafters nicht ausreichen, so soll über den Wortlaut der Vorschrift hinaus auch die Angabe der genauen Adresse erforderlich sein.[6] Bei Personenhandelsgesellschaften oder juristischen Personen ist der Ort des **Sitzes** bzw. der gewerblichen Niederlassung anzugeben.[7]

7 Anzugeben sind ferner die **Nennbeträge** der übernommenen Geschäftsanteile. Aus der Verwendung des Plurals und der durch das MoMiG neu eingeführten fortlaufenden Nummerierung der Geschäftsanteile sind mehrere Geschäftsanteile eines einzelnen Gesellschafters gesondert anzugeben. Dies ist unter anderem aus Gesichtspunkten der Zwangsvollstreckung gegen den betreffenden Gesellschafter erforderlich.[8] Somit sind über den Wortlaut der Vorschrift hinaus nicht nur Änderungen im Umfang der Beteiligung, sondern auch bloße Änderungen der Stückelung eines Geschäftsanteils, etwa durch Teilung, in der Gesellschafterliste nachzuvollziehen.[9] Eine Änderung der Nennbeträge kann sich ferner z.B. im Rahmen einer Kapitalherabsetzung ergeben.[10]

---

2 Vgl. Michalski/*Terlau/Schäfers*, § 40 Rn. 4; Baumbach/Hueck/*Zöllner/Noack*, § 40 Rn. 3.
3 Baumbach/Hueck/*Zöllner/Noack*, § 40 Rn. 3; Michalski/*Terlau/Schäfers*, § 40 Rn. 4.
4 Baumbach/Hueck/*Zöllner/Noack*, § 40 Rn. 3; Michalski/*Terlau/Schäfers*, § 40 Rn. 4.
5 BGH NJW 2001, 1056.
6 Vgl. Baumbach/Hueck/*Zöllner/Noack*, § 40 Rn. 6; Michalski/*Terlau/Schäfers*, § 40 Rn. 7. Diese Auffassung ist aufgrund der seit dem EHUG jederzeit möglichen Online-Abfrage im elektronischen Handelsregister und der damit unproblematischen Einsichtnahme in die Gesellschafterliste unter datenschutzrechtlichen Gesichtspunkten zumindest zweifelhaft.
7 Baumbach/Hueck/*Zöllner/Noack*, § 40 Rn. 6; Michalski/*Terlau/Schäfers*, § 40 Rn. 7.
8 Baumbach/Hueck/*Zöllner/Noack*, § 40 Rn. 7; Michalski/*Terlau/Schäfers*, § 40 Rn. 8.
9 Baumbach/Hueck/*Zöllner/Noack*, § 40 Rn. 7.
10 Michalski/*Terlau/Schäfers*, § 40 Rn. 8.

8 Durch das MoMiG wurde neu eingeführt, dass die Geschäftsanteile fortlaufend zu **nummerieren** sind. Das dient der eindeutigen Identifikation der Geschäftsanteile und erleichtert damit die rechtsgeschäftliche Übertragung (§ 15 Rn. 15).[11] Gleichzeitig ermöglicht das erst den gutgläubigen Erwerb eines bestimmten Geschäftsanteils gem. § 16 Abs. 3 (§ 16 Rn. 11 ff.). Aufgrund der laufenden Nummerierung der Geschäftsanteile ergeben sich zwangsläufig in der Gesellschafterliste auch Angaben zu untergegangenen Geschäftsanteilen und dem Grund ihres Untergangs (z.B. Einziehung, Teilung),[12] da sich andernfalls nicht erklärte Lücken in der laufenden Nummerierung ergeben. Damit ermöglicht die Gesellschafterliste nicht nur die Darstellung des aktuellen Gesellschafterbestands, sondern auch einen gewissen Einblick in die Entwicklung der Geschäftsanteile.

! Zweckmäßigerweise bietet es sich an, die Gesellschafterliste nicht in der gesetzlichen Reihenfolge, sondern in Anlehnung an das amtliche Muster des „Gründungs-Sets" darzustellen, also als dreispaltige Tabelle aufzubauen, beginnend mit der laufenden Nummer des Geschäftsanteils, dann die erforderlichen Angaben zu den Gesellschaftern und schließlich die Nennung der Nennbeträge der Geschäftsanteile (siehe das Muster unter Rn. 24).

9 Die **Einreichungspflicht** trifft die Geschäftsführer (auch im Insolvenzverfahren),[13] nicht hingegen die Gesellschafter. Diese Pflicht besteht nur, wenn Veränderungen hinsichtlich des vorstehend erläuterten Pflichtinhalts der Gesellschafterliste eingetreten sind.[14] Dabei liegen **Veränderungen** über den Wortlaut der Vorschrift hinaus nicht nur bei Änderungen in den Personen der Gesellschafter oder des Umfangs ihrer Beteiligung vor, sondern auch bei **bloßer Namensänderung** (z.B. bei Eheschließung oder Firmenänderung)[15] oder bei Änderung in der Stückelung der Geschäftsanteile (siehe Rn. 7). Die bloße Adressänderung ist keine Veränderung, sofern Wohnort oder Sitzort unverändert bleiben.[16] Die Veränderungen sind nach Wirksamwerden unverzüglich, also „ohne schuldhaftes Zögern" (§ 121 Abs. 1 Satz 1 BGB), in der Gesellschafterliste nachzuvollziehen und beim Handelsregister einzureichen. Das Registergericht nimmt die Listen lediglich entgegen und hat keine inhaltliche Prüfungspflicht.[17]

10 Durch das MoMiG neu hinzugekommen ist das Merkmal des **Wirksamwerdens** der Veränderungen. Das Wirksamwerden bezieht sich auf die rechtliche Wirksamkeit der Veränderungen. Diese kann von tatsächlichen Umständen (z.B. Geschäftsunfähigkeit), sonstigen formellen Voraussetzungen (z.B. bei Vinkulierungen der Geschäftsanteile nach § 15 Abs. 5 die erforderliche Zustimmung der Gesellschaft) oder dem Eintritt bzw. Nichteintritt aufschiebender oder auflösender Bedingungen (§ 158 BGB) abhängen. Dabei trifft die Geschäftsführer nicht diejenige Prüfungspflicht über die Wirksamkeit von Anteilsübertragungen, die nach früherem Recht bereits einen Erwerber von Geschäftsanteilen vor erhebliche Schwierigkeiten gestellt hat.[18] Es sind also nur solche Unwirksamkeitsgründe beachtlich, die im Rahmen der allgemeinen Sorgfaltspflicht (§ 43 Abs. 1) erkennbar sind.

! Im Rahmen von Anteilsübertragungen werden häufig aufschiebende (z.B. behördliche Genehmigungen) oder auflösende Bedingungen (z.B. bestimmte Eigenkapitalausstattungen) vereinbart, von denen die rechtliche Wirksamkeit der Anteilsübertragung abhängt. Da die Geschäftsführer aufgrund der sachlichen Nähe den Bedingungseintritt besser überschauen können als ein eventuell ebenfalls beteiligter Notar, sollten die Geschäftsführer größtmögliche Sorgfalt auf die Überwachung solcher Vertragsklauseln legen (siehe auch Rn. 15).

11 RegE, BT-Drucks. 16/6140, S. 34.
12 Vgl. Baumbach/Hueck/*Zöllner/Noack*, § 40 Rn. 8; Michalski/*Terlau/Schäfers*, § 40 Rn. 8.
13 Baumbach/Hueck/*Zöllner/Noack*, § 40 Rn. 9.
14 Baumbach/Hueck/*Zöllner/Noack*, § 40 Rn. 9. Zum Inhalt der Liste vgl. ferner LG Essen, GmbHR 2001, 109, 110.
15 Baumbach/Hueck/*Zöllner/Noack*, § 40 Rn. 9.
16 Baumbach/Hueck/*Zöllner/Noack*, § 40 Rn. 9.
17 RegE, BT-Drucks. 16/6140, S. 44.
18 So auch RegE, BT-Drucks. 16/6140, S. 39.

11 Die neue Gesellschafterliste ist nicht von jedem Geschäftsführer zu unterschreiben; es genügt die Unterschrift in vertretungsberechtigter Anzahl.[19] Das gilt auch im Insolvenzverfahren.[20]

2. Mitteilung und Nachweis der Änderungen (Abs. 1 Satz 2)

12 Aufgrund der nach § 15 Abs. 3 und 4 erforderlichen notariellen Form bei der rechtsgeschäftlichen Übertragung von Geschäftsanteilen (§ 15 Rn. 15) ist regelmäßig eine Mitwirkung des Notars gewährleistet. Weiterhin wirkt der Notar häufig auch bei sonstigen Veränderungen im Gesellschafterbestand mit, z.B. in Umwandlungsfällen. In diesen Fällen besteht grundsätzlich die Pflicht des Notars, nach Abs. 2 die erforderlichen Veränderungen der Gesellschafterliste **anstelle der Geschäftsführer** zu bewirken, sodass für den Geschäftsführern mitgeteilte und nachgewiesene Änderungen i.S.v. Abs. 1 Satz 2 nur ein kleiner tatsächlicher Anwendungsbereich verbleibt. Diese wenigen Veränderungen können z.B. durch Gesamtrechtsnachfolge durch Erbfall oder Zusammenlegung oder Teilung von Geschäftsanteilen eingetreten sein,[21] oder eben durch Namensänderungen (siehe Rn. 9). Die Pflicht zur Anpassung der Gesellschafterliste bezieht sich über den Wortlaut hinaus nicht nur auf solche Änderungen, die den Geschäftsführern mitgeteilt und nachgewiesen worden sind, sondern auch auf Unrichtigkeiten, die die Geschäftsführer in der vom Notar der Gesellschaft nach Abs. 2 Satz 1 übermittelten Liste feststellen. Dies folgt bereits aus der allgemeinen Sorgfaltspflicht (§ 43 Abs. 1).[22]

13 Die Vorschrift verlangt, dass die Geschäftsführer die Änderung der Gesellschafterliste auf „Mitteilung" und „Nachweis" vornehmen, und verwendet insoweit den gleichen Wortlaut wie § 67 Abs. 3 AktG. Dies bedeutet, dass der Erwerber dem Geschäftsführer z.B. den Erwerb im Wege der Gesamtrechtsnachfolge durch Erbschein nachweist.[23] Im Übrigen genügen eher überzeugende Nachweise, von deren Richtigkeit und Echtheit die Geschäftsführer mangels entgegenstehender Umstände ausgehen können, als tatsächlich zwingende Beweise im juristischen Sinne.

II. Handlungspflichten des Notars (Abs. 2)

1. Mitwirkung eines Notars an Veränderungen im Gesellschafterbestand (Abs. 2 Satz 1)

14 Die Mitwirkung des Notars in amtlicher Eigenschaft an Veränderungen im Gesellschafterbestand stellt unter anderem wegen der erforderlichen notariellen Form bei der rechtsgeschäftlichen Übertragung von Geschäftsanteilen nach § 15 Abs. 3 und 4 sowie bei der regelmäßigen Beteiligung in Umwandlungsfällen den **Regelfall** dar.[24] Deshalb hat der Gesetzgeber durch die Änderungen des MoMiG die Pflichten des Notars in Abs. 2 erheblich ausgeweitet und den Notar verstärkt in die Aktualisierung der Gesellschafterliste einbezogen.[25] Es bietet sich unter dieser Voraussetzung daher an, dass der an einer Abtretung eines Geschäftsanteils mitwirkende Notar zugleich dafür Sorge trägt, dass die Einreichung der neuen Liste vollzogen wird. Dadurch wird das Verfahren besonders einfach und unbürokratisch und die Änderung der Gesellschafterliste kann gelegentlich der Abtretungsbeurkundung gleich miterledigt werden.[26] Darüber hinaus bietet die Beteiligung des Notars an der Änderung der Gesellschafterliste aufgrund seiner juristischen Vorbildung und seiner amtlichen Eigenschaft eine erhöhte Richtigkeitsgewähr für die Gesellschafterliste.[27]

15 Die Pflichten des Notars aus Abs. 2 bei seiner Mitwirkung treffen diesen **anstelle der Geschäftsführer**, die insoweit von ihrer eigenen Verpflichtung nach Abs. 1 frei werden. Damit findet eine klare Zuordnung der Pflichten statt, die im Vergleich zur früheren Rechtslage redundante Ände-

19 Michalski/*Terlau/Schäfers*, § 40 Rn. 12; Baumbach/Hueck/*Zöllner/Noack*, § 40 Rn. 12.
20 Michalski/*Terlau/Schäfers*, § 40 Rn. 12; Baumbach/Hueck/*Zöllner/Noack*, § 40 Rn. 12; Lutter/Hommelhoff/*Lutter/Hommelhoff*, § 40 Rn. 7.
21 RegE, BT-Drucks. 16/6140, S. 44.
22 Vgl. insoweit auch RegE, BT-Drucks. 16/6140, S. 44.
23 RegE, BT-Drucks. 16/6140, S. 39.
24 RegE, BT-Drucks. 16/6140, S. 44.
25 RegE, BT-Drucks. 16/6140, S. 44.
26 RegE, BT-Drucks. 16/6140, S. 44.
27 RegE, BT-Drucks. 16/6140, S. 44.

rungsanzeigen künftig vermeidet. Problematisch ist aber weiterhin, dass die Pflicht nach Abs. 2 nur inländische Notare betrifft. Bei zulässigen Auslandsbeurkundungen bleibt es bei der Pflicht der Geschäftsführer nach Abs. 1.[28] Für die Pflicht des Notars, die Gesellschafterliste unverzüglich nach **Wirksamwerden der Veränderung** (siehe Rn. 10) beim zuständigen Handelsregister einzureichen, ist unerheblich, ob anschließend Unwirksamkeitsgründe eintreten können. Der Notar hat die Gesellschafterliste also auch dann unverzüglich nach Wirksamwerden einer Anteilsübertragung einzureichen, wenn die Beteiligten eine auflösende Bedingung oder eine Rückübertragungsklausel vereinbart haben. Ihn trifft auch keine Pflicht, den Vertrag im Hinblick auf den Eintritt der für das Wirksambleiben maßgeblichen Umstände zu überwachen. Bei Eintritt entsprechender Ereignisse bleibt es vielmehr bei der Pflicht der Geschäftsführer nach Abs. 1 Satz 1 zur Aktualisierung und Einreichung einer neuen Gesellschafterliste (siehe auch Praxishinweis in Rn. 10).

Die zeitnahe Information der Geschäftsführer über die Veränderungen im Gesellschafterbestand ist dabei auch dann gewährleistet, wenn der Notar zur Erstellung und Einreichung der Gesellschafterliste gem. Abs. 2 verpflichtet ist, da der Notar zusammen mit der Einreichung der Liste zum Handelsregister eine einfache Abschrift der Liste an die Gesellschaft zu übermitteln hat. Die Übermittlung der Liste an die Gesellschaft dient der Information der Gesellschafter,[29] aber auch der Geschäftsführer. Denn den Geschäftsführern obliegt aufgrund der allgemeinen Sorgfaltspflicht (§ 43 Abs. 1) die nachfolgende Kontrolle der übermittelten Liste und ggf. die Korrektur gegenüber dem Handelsregister einer aus anderen Gründen unrichtigen Liste.[30] 16

2. Bescheinigung des Notars in Bezug auf die geänderte Gesellschafterliste (Abs. 2 Satz 2)

Die nach Abs. 2 Satz 2 vorgesehene Bescheinigung des Notars ist an die bereits bisher übliche Bescheinigung nach § 54 Abs. 1 (siehe § 54 Rn. 6) angelehnt. Die Bescheinigung des Notars erhöht zusammen mit der vorangehenden Mitwirkung des Notars an der Veränderung im Gesellschafterbestand die **Richtigkeitsgewähr** der Gesellschafterliste, welche neben der mehrjährigen Widerspruchsmöglichkeit den Rechtsverlust des wahren Berechtigten durch den gutgläubigen Erwerb nach § 16 Abs. 3 rechtfertigt (siehe § 16 Rn. 11 ff.).[31] 17

Die Bescheinigung des Notars bezieht sich zum einen auf diejenigen Eintragungen in der Gesellschafterliste, an deren Veränderungen er als Notar mitgewirkt hat, und zum anderen auf solche Eintragungen, die aus der letzten im Handelsregister verfügbaren Gesellschafterliste ersichtlich sind. Darüber hinausgehende veränderte Eintragungen kann und darf der Notar nicht bescheinigen. 18

III. Haftung der Geschäftsführer (Abs. 3)

Die Regelung des Abs. 3 ordnet an, dass die Geschäftsführer bei Verletzung ihrer nach Abs. 1 obliegenden Pflicht auf Schadensersatz haften. Bei mehreren verantwortlichen Geschäftsführern haften diese als Gesamtschuldner (§§ 421 ff. BGB). Abs. 3 ist eine eigenständige und **unmittelbare Anspruchsgrundlage** neben der Haftung nach § 43 Abs. 2 (siehe § 43 Rn. 28 ff.) und weitet damit das persönliche Haftungsrisiko der Geschäftsführer aus.[32] Denn die Haftung ist eine Außenhaftung und besteht zum einen gegenüber den Gläubigern der Gesellschaft (nicht Gläubigern der Gesellschafter) und zum anderen nunmehr in der Fassung des MoMiG auch gegenüber den veräußernden und erwerbenden Gesellschaftern. 19

! Aufgrund des ausgeweiteten Haftungsrisikos ist es für die Geschäftsführer wichtig, den Veränderungen im Gesellschafterbestand stets besondere Aufmerksamkeit zu widmen und diese in der Gesellschafterliste nachzuvollziehen.

28 Vgl. Baumbach/Hueck/*Zöllner/Noack*, § 40 Rn. 16; Michalski/*Terlau/Schäfers*, § 40 Rn. 18.
29 RegE, BT-Drucks. 16/6140, S. 44.
30 RegE, BT-Drucks. 16/6140, S. 37, 44.
31 So RegE, BT-Drucks. 16/6140, S. 44.
32 Vgl. Michalski/*Terlau/Schäfers*, § 40 Rn. 21.

20 Voraussetzung der Schadensersatzpflicht ist eine Verletzung der in Abs. 1 Satz 1 normierten Pflichten. Die den Geschäftsführern obliegende Einreichungspflicht muss also entweder **gar nicht**, **verspätet** oder **unrichtig** erfüllt worden sein.[33] Diese Verletzung muss für einen den Gläubigern entstandenen Schaden kausal geworden sein. Ein solcher Schaden der Gesellschaftsgläubiger könnte in den Kosten der anderweitigen Ermittlung der Gesellschafter liegen, aber auch im Ausfall des Gläubigers durch Verjährungseintritt.[34] Durch die Ausweitung der Schadensersatzpflicht im Rahmen des MoMiG auch gegenüber den betroffenen Gesellschaftern hat sich die Zahl der denkbaren Schäden vervielfacht. Ein Schaden eines Veräußerers könnte z.B. in den Kosten der Rechtsdurchsetzung liegen, weil er seinen Anspruch auf Löschung von der Gesellschafterliste gegen die Gesellschaft durchsetzen will oder weil er als vermeintlicher Gesellschafter von den Gläubigern der Gesellschaft in Anspruch genommen wird. Ein Schaden eines Erwerbers könnte darin liegen, dass er aufgrund der Regelung des § 16 Abs. 1 Satz 1 (§ 16 Rn. 2) seine Mitgliedschaftsrechte nicht in der gewünschten Art und Weise ausüben konnte. Nach der Gesetzesbegründung komme eine Haftung daher vor allem in solchen Fällen in Betracht, in denen der Geschäftsführer zulasten des wahren Berechtigten mit dem Veräußerer und/oder dem Erwerber kollusiv zusammenwirkt.[35] Problematisch ist dabei, dass dem „wahren Berechtigten" (= rechtlichen Eigentümer), der einen Schaden durch fehlerhafte Eintragungen in der Gesellschafterliste erleidet (z.B. Verlust des Geschäftsanteils aufgrund des § 16 Abs. 3), nach dem ausdrücklichen Wortlaut des Abs. 3 dann kein Anspruch zusteht, wenn sich seine Beteiligung gar nicht geändert hat.

21 Schließlich ist allgemein anerkannt, dass die Geschäftsführer ein **Verschulden** treffen muss.[36] Das Verschulden ist allerdings impliziert, sodass sich die Geschäftsführer exkulpieren müssen.[37] Den Geschäftsführern kann allerdings nicht diejenige Prüfung aufgebürdet werden, die nach früherem Recht schon einen Erwerber von Geschäftsanteilen vor erhebliche Schwierigkeiten gestellt hat. Die Geschäftsführer wird also, wenn sie über einen Gesellschafterwechsel informiert werden, aber von dessen **materieller Unwirksamkeit** nichts erfahren, regelmäßig kein Verschulden treffen.[38] Auch die Geschäftsführer können sich ohne weitere Anhaltspunkte darauf verlassen, dass der in der Gesellschafterliste eingetragene Gesellschafter zum Verkauf der Anteile legitimiert war.[39]

22 Abgesehen von den vorstehenden Erläuterungen gilt aber, dass mit dem Anteilserwerb ein gesetzliches Schuldverhältnis zwischen dem jeweiligen Gesellschafter und der Gesellschaft entsteht, aufgrund dessen dem ausscheidenden wie dem eintretenden Gesellschafter ein Anspruch auf unverzügliche Aktualisierung der Gesellschafterliste zusteht.[40] Bereits nach dem allgemeinen bürgerlichen Leistungsstörungsrecht folgt aus der Verletzung dieser Pflicht ein Schadensersatzanspruch (siehe Rn. 20). Nach der Gesetzbegründung soll dieser Schadensersatzanspruch des Alt- und des Neugesellschafters in Abs. 3 ausdrücklich fixiert werden, um etwaige Zweifel zu vermeiden.[41] Genau genommen handelt es sich aber nicht um denselben Schadensersatzanspruch. Vielmehr wird durch die Regelung des Abs. 3 die Schadensersatzpflicht unmittelbar auf die Geschäftsführer ausgedehnt.

23 Abs. 3 regelt nur die Haftung der Geschäftsführer wegen einer Verletzung der Pflichten nach Abs. 1, nicht hingegen eine Haftung wegen Verletzung der Pflichten in Abs. 2 durch einen **Notar**. Nach bislang h.M.[42] haftet der Notar daher grundsätzlich nicht. Das wurde als einfaches *argumentum e contrario* aus Abs. 2 (jetzt Abs. 3) abgeleitet und auch damit begründet, dass der frühere Abs. 1 Satz 2 (jetzt Abs. 2) kein Schutzgesetz i.S.v. § 823 Abs. 2 BGB sei. Diese Begründung ist jedoch seit der Gesetzesänderung durch das MoMiG nicht mehr haltbar, weil der Gesetzgeber die

33 Vgl. Michalski/*Terlau/Schäfers*, § 40 Rn. 22; Baumbach/Hueck/*Zöllner/Noack*, § 40 Rn. 17.
34 Lutter/Hommelhoff/*Lutter/Hommelhoff*, § 40 Rn. 9; Michalski/*Terlau/Schäfers*, § 40 Rn. 22 m.w.N.
35 Vgl. RegE, BT-Drucks. 16/6140, S. 39.
36 Baumbach/Hueck/*Zöllner/Noack* § 40 Rn. 17; vgl. auch RegE, BT-Drucks. 16/6140, S. 39.
37 Lutter/Hommelhoff/ *Lutter/Hommelhoff*, § 40 Rn. 9.
38 So RegE, BT-Drucks. 16/6140, S. 39.
39 RegE, BT-Drucks. 16/6140, S. 39.
40 RegE, BT-Drucks. 16/6140, S. 38.
41 RegE, BT-Drucks. 16/6140, S. 38.
42 Vgl. etwa Baumbach/Hueck/*Zöllner/Noack*, § 40 Rn. 19; Lutter/Hommelhoff/*Lutter/Hommelhoff*, § 40 Rn. 12; Michalski/*Terlau/Schäfers*, § 40 Rn. 19, 20.

Pflichten des Notars in Abs. 2 im Vergleich zur früheren Rechtslage erheblich ausgeweitet sowie den Kreis der Anspruchsberechtigten erweitert hat. Zudem treffen den Notar die Pflichten in Bezug auf die Gesellschafterliste nunmehr „anstelle" der Geschäftsführer. Die Erstellung und die Einreichung der Liste liegen somit in den Fällen des Abs. 2 allein im Verantwortungsbereich des Notars.[43] Schließlich sieht der Gesetzgeber in der Mitwirkung des Notars eine erhöhte Richtigkeitsgewähr bei Veränderungen der Gesellschafterliste.[44] Damit liegt in der Verletzung der Pflichten nach Abs. 2 nunmehr grundsätzlich eine gleichzeitige Verletzung der Amtspflicht des Notars nach § 19 BNotO.

C. Notarkosten

I. Gesellschafterliste bei Gründung einer GmbH ohne Musterprotokoll

Fertigt der Notar im Auftrag der Gesellschaft den Entwurf der Gesellschafterliste, liegt mangels Spezialnorm eine gebührenpflichtige Betreuungstätigkeit nach § 147 Abs. 2 KostO vor.[45] Die Anwendung § 145 KostO scheidet aus.[46] Der Geschäftswert bestimmt sich nach § 30 Abs. 1 KostO mit einem Teilwert. Etwa 10 bis 20 % des Stammkapitals der einzutragenden Gesellschaft werden als angemessen und sachgerecht angesehen.[47] Bei einem Stammkapital von 25.000 EUR und Annahme eines Teilwerts von 10 % ergibt sich ein Geschäftswert von 2.500 EUR, die daraus zu erhebende 5/10-Gebühr nach § 147 Abs. 2 KostO beträgt 13 EUR. 24

II. Gesellschafterliste bei Gründung einer GmbH oder UG (haftungsbeschränkt) mittels Musterprotokoll

Bei Gründung der GmbH oder UG mittels Musterprotokoll gem. § 2 Abs. 1a GmbHG ist keine eigene Gesellschafterliste notwendig. Das Musterprotokoll gilt zugleich kraft gesetzlicher Fiktion als Gesellschafterliste. 25

III. Gesellschafterliste nach Veränderungen der Beteiligungsverhältnisse

Hat der Notar an Veränderungen nach Abs. 1 Satz 1 mitgewirkt, hat er unverzüglich nach deren Wirksamwerden ohne Rücksicht auf etwaige später eintretende Unwirksamkeitsgründe die Liste anstelle der Geschäftsführer zu unterzeichnen, dem Registergericht einzureichen, eine Abschrift der Gesellschaft zu übermitteln und mit der Bescheinigung nach Abs. 2 Satz 2 zu versehen. Obwohl sich diese Bescheinigung an die Satzungsbescheinigung nach § 54 Abs. 1 Satz 2 anlehnt,[48] fehlt eine vergleichbare Regelung wie in § 47 KostO (Kostenfreiheit der Satzungsbescheinigung, wenn diese mit einer anderen gebührenpflichtigen Tätigkeit zusammenhängt). Eine sinngemäße Übertragung des § 47 KostO auf andere Sachverhalte ist wegen des Analogieverbots im Kostenrecht ausgeschlossen. Die kostenrechtliche Behandlung der notariellen Tätigkeit im Rahmen des Abs. 2 ist demgemäß nach den einzelnen Mitwirkungshandlungen zu beurteilen: 26

1. Gesonderte Bewertung der Entwurfsfertigung

Abs. 2 regelt die Pflicht des Notars, eine Liste anstelle des Geschäftsführers zu unterzeichnen, mit einer Bescheinigung zu versehen und die Liste danach einzureichen. Fraglich ist, ob diese Pflicht auch die Fertigung des Entwurfs der Liste einschließt und ob damit ein gebührenfreies Nebengeschäft zur Bescheinigung vorliegt. Dagegen spricht, dass die vom Notar gemäß Abs. 2 verlangte Bescheinigung nichts an der in Abs. 1 statuierten Pflicht der Geschäftsführer ändert, Veränderun- 27

43 RegE, BT-Drucks. 16/6140, S. 44.
44 RegE, BT-Drucks. 16/6140, S. 44.
45 BGH, Beschluss vom 14.2.2012, II ZB 18/10, zur Rechtslage seit Inkrafttreten des MoMiG zum 1.11.2008.
46 Zur bisherigen Gesetzeslage: OLG Stuttgart, JurBüro 1984, 1078; OLG Saarbrücken, MittRhNotK 1984, 222; OLG Celle, JurBüro 1994, 41 = GmbHR 1993, 294; Korintenberg/*Bengel/Tiedtke*, § 147 KostO Rn. 113; a.A. (gebührenfrei) OLG Frankfurt/M., DNotZ 1987, 641 m. abl. Anm. *Reimann* = KostRspr. KostO, § 147 Nr. 101 m. abl. Anm. *Lappe*; OLG Karlsruhe, Rpfleger 1977, 229; OLG Hamm, ZNotP 2002, 123 m. abl. Anm. *Tiedtke*.
47 Notarkasse, Streifzug durch die Kostenordnung, Rn. 1257 m.w.N.
48 *Mayer*, DNotZ 2008, 403, 410.

gen in einer Liste zusammenzustellen. Vom Notar wird gemäß Abs. 2 neben der Bescheinigung und Einreichung der Liste lediglich deren Unterzeichnung, nicht aber auch deren Erstellung verlangt. Auch wenn in der Praxis der Notar regelmäßig mit der Erstellung der Liste durch die Geschäftsführer beauftragt wird, erschöpft sich sein Pflichtenkreis nach Abs. 2 in der Prüfung, Unterzeichnung und Einreichung einer – ihm vorliegenden – und von ihm mit einer Bescheinigung versehenen Liste. Die auftragsgemäße Erstellung der Liste ist damit auch unter den Voraussetzungen des Abs. 2 kostenpflichtig.[49] Insoweit bestehen keine Besonderheiten (vgl. Rn. 24).

2. Prüfung der Wirksamkeitsvoraussetzungen und Notarbescheinigung

28 Der Notar hat, soweit er an Veränderungen nach Abs. 1 Satz 1 mitgewirkt hat, die Wirksamkeit der Veränderung zu prüfen.[50] Die Qualität der dem Notar nach Abs. 2 auferlegten Tätigkeit stellt sich als Tatsachenbescheinigung nach § 50 Abs. 1 Nr. 1 KostO dar.[51] Den Geschäftswert wird man mangels einer speziellen Regelung nach § 30 Abs. 1 KostO zu bestimmen haben. Als Bezugswert ist der Vorgang maßgeblich, der Anlass für die Unterzeichnung und Einreichung der Gesellschafterliste durch den Notar ist, also der von ihm beurkundete Sachverhalt, der die Veränderungen im Gesellschafterbestand (z.B. Geschäftsanteilsabtretung) oder des Umfangs ihrer Beteiligungen (z.B. Kapitalerhöhung) betrifft. Ein Teilwert zwischen 20 und 50 %, u.U. auch darüber, je nach Prüfungsumfang des Notars, erscheint angemessen.[52]

29 Die zusätzliche gutachterliche Feststellung des Eintritts der Wirksamkeitsvoraussetzungen ist, isoliert betrachtet, der Auffangnorm des § 147 Abs. 2 KostO zuzuordnen. Da aber Tatsachenfeststellung und die Wirksamkeitsfeststellungen eng miteinander verzahnt sind, ist von einer einheitlichen Tätigkeit des Notars auszugehen, die lediglich die Gebühr nach § 50 Abs. 1 Nr. 1 KostO auslöst. Die sonstigen Feststellungen sind gebührenfreies Nebengeschäft.

30 Zu erheben ist eine 10/10-Gebühr gem. § 50 Abs. 1 Nr. 1 KostO für die Bescheinigung nach Abs. 2 einschließlich der Feststellungen über die Wirksamkeit aus einem Teilwert nach § 30 Abs. 1 KostO. Diese Gebühr schließt den Entwurf der Liste nicht ein. Hierfür ist ein zusätzlicher Ansatz der Gebühr nach § 147 Abs. 2 KostO vorzunehmen. Für die der Bescheinigung vorausgehende Einsichtnahme in die zum Register eingereichte Liste fällt daneben keine zusätzliche Gebühr nach § 150 Nr. 2 KostO an. Die Einsichtnahme ist gebührenfreies Nebengeschäft zur Bescheinigung nach § 50 Abs. 1 Nr. 1 KostO. Die Einreichung der Liste zum Registergericht durch den Notar, der die Bescheinigung gem. Abs. 2 erteilt, ist gem. § 147 Abs. 4 Nr. 1 KostO ebenfalls gebührenfrei.

D. Muster

31 Muster: Gesellschafterliste

32

Nummer des Geschäftsanteils	Name, Vorname, Geburtsdatum, Wohnort	Nennbetrag in Euro
1		
2		
3		

49 Diese Ansicht wird durch den BGH, Beschluss vom 14.2.2012, II ZB 18/10, Ausführungen in der Entscheidungsbegründung unter Rn. 25 erhärtet.

50 Vgl. *Mayer*, DNotZ 2008, 403, 409.

51 *Sikora/Regler/Tiedtke*, MittBayNot 2008, 437; *Elsing*, ZNotP 2007, 232 (allerdings aus dem vollen Stammkapital); a.A. (es läge ein gebührenfreies Nebengeschäft vor) OLG Suttgart NZG 2009, 999 = MittBayNot 2009, 488 m. abl. Anm. *Sikora* = ZNotP 2009, 488 m. abl. Anm. *Sikora/Tiedtke* = RNotZ 2009, 615 m. abl. Anm. Diehn = JurBüro 2008, 602 m. abl. Anm. *H. Schmidt*.

52 *Sikora/Regler/Tiedtke*, MittBayNot 2008, 437.

§ 41 Buchführung

Die Geschäftsführer sind verpflichtet, für die ordnungsmäßige Buchführung der Gesellschaft zu sorgen.

Literatur

Fischer, Strafgesetzbuch und Nebengesetze, 55. Auflage 2007; *Schnorr*, Geschäftsleiteraußenhaftung für fehlerhafte Buchführung, ZHR 2006, 9; *Stapelfeld*, Außenhaftung des Geschäftsführers bei Verletzung der Buchführungspflicht, GmbHR 1991, 94.

A. Allgemeines

Die Verpflichtung, Handelsbücher zu führen, ist eine wesentliche und prägende Pflicht eines jeden 1
Kaufmanns[1] und ebenso auch einer jeden Handelsgesellschaft. Die handelsrechtliche Buchführungspflicht der GmbH ergibt sich bereits aus den §§ 238, 6 Abs. 1 HGB i.V.m. § 13 Abs. 3. § 41 regelt demgegenüber lediglich, welches Organ in der GmbH für die Erfüllung dieser Pflichten verantwortlich ist.

! Aus der handelsrechtlichen Buchführungspflicht folgt gemäß § 140 AO auch die steuerliche Buchführungspflicht, ohne dass es auf die Größengrenzen gem. § 141 AO ankommt.

Die Buchführungspflicht gehört – obgleich im HGB geregelt – zum **öffentlich-rechtlichen Pflichtenkreis** der Gesellschaft und kann daher gesellschaftsvertraglich nicht eingeschränkt oder vollständig auf andere Organe übertragen werden.[2]

B. Inhalt der Regelung

I. Beginn und Ende

Die **Vorgründungsgesellschaft** ist eine Personengesellschaft und als solche nur im Rahmen der 2
§§ 238, 6 Abs. 1 HGB buchführungspflichtig, wenn sie selbst ein kaufmännisches Unternehmen betreibt oder im Handelsregister eingetragen ist. Die handelsrechtliche Buchführungspflicht beginnt mit dem ersten buchungspflichtigen Geschäftsvorfall.[3] Als buchungspflichtiger Geschäftsvorfall soll dabei bereits das Entstehen der Einlageforderung gelten;[4] damit ist also jede **Vor-GmbH** nach Beurkundung des Gesellschaftsvertrags buchführungspflichtig.[5] Die **Buchführungspflicht endet** mit Beendigung der Liquidation gem. § 74. Sie lebt im Fall der Nachtragsliquidation wieder auf. Während der Liquidation sind allerdings gem. § 71 die Liquidatoren für die Buchführung verantwortlich, sodass § 41 keine Anwendung findet. Auch in der Insolvenz besteht die Buchführungspflicht fort, allerdings in Verantwortung des Insolvenzverwalters (§ 155 Abs. 1 Satz 2 InsO).

---

1 Die mit den BilMoG eingeführten §§ 241a, 242 Abs. 4 HGB sehen gewisse größenabhängige Befreiungen vor, die jedoch ausschließlich für Einzelkaufleute gelten sollen.
2 Scholz/*Crezelius*, § 41 Rn. 3.
3 Baumbach/Hopt/*Merkt*, § 238 HGB Rn. 16.
4 Baumbach/Hueck/*Haas*, § 41 Rn. 18.
5 Ganz h.M., vgl. Rowedder/Schmidt-Leithoff/*Tiedchen*, § 41 Rn. 41; Scholz/*Crezelius*, Anh. § 42a Rn. 35; a.A. Roth/Altmeppen/*Altmeppen*, § 41 Rn. 7.

II. Verantwortung

3 Die Geschäftsführer sind für die Buchführung verantwortlich, sie müssen die damit verbundenen Pflichten jedoch nicht persönlich erfüllen. Möglich und üblich ist die **Übertragung** der Buchführungstätigkeit auf einzelne Geschäftsführer, auf Angestellte der Gesellschaft oder auf Dritte, insbesondere Steuerberater. Auch eine Aufbewahrung der Buchungsunterlagen am Sitz der Gesellschaft ist nicht zwingend vorgesehen, lediglich steuerlich wird eine Aufbewahrung im Inland verlangt (§ 146 Abs. 2 AO).[6] Etwaige Fehler des mit der Buchführung befassten Personals werden dem Geschäftsführer nicht nach § 278 BGB zugerechnet, da diese Mitarbeiter Erfüllungsgehilfen der Gesellschaft, nicht des Geschäftsführers sind.[7] Die nicht mit der Buchführung befassten Geschäftsführer werden dadurch nicht aus ihrer gesetzlichen Verantwortung entlassen, jedoch wandelt sich die Tätigkeitspflicht in eine Auswahl- und Überwachungspflicht.[8] Diese besteht auch dann, wenn die Gesellschaft einer gesetzlichen oder freiwilligen Abschlussprüfung unterliegt. Speziell in Krisensituationen oder sobald Missstände erkennbar sind, ist jeder Geschäftsführer zum Eingreifen verpflichtet.

! Daraus resultiert selbstverständlich auch, dass jeder Geschäftsführer (auch ein sog. „Frühstücksdirektor") berechtigt ist, die entsprechenden Informationen von seinen Mitgeschäftsführern zu verlangen.[9] Ist einem Geschäftsführer eine Einflussnahme auf die Buchführung – etwa mangels Vorlage der erforderlichen Informationen – nicht möglich, kann er Sanktionen durch eine rechtzeitige außerordentliche Kündigung und Amtsniederlegung vermeiden.[10]

III. Umfang

4 Die **Handelsbücher** dienen der Darstellung der Geschäftsvorfälle des Unternehmens (§ 238 Abs. 1 Satz 2 und 3 HGB). Die Geschäftsvorfälle müssen in den Büchern vollständig, richtig, zeitnah und geordnet erfasst werden (§ 239 Abs. 2 HGB). Nachträgliche Änderungen sind entsprechend zu kennzeichnen (§ 239 Abs. 3 HGB). Im Übrigen verweist das Gesetz auf die Grundsätze ordnungsmäßiger Buchführung (GoB), die schon lange vor der Kodifizierung im Wege des Kaufmannsbrauchs entwickelt wurden und daher im Gesetz nur ansatzweise geregelt sind.[11] Grundlegend in formaler Hinsicht ist hierfür das **„Belegprinzip"**, demzufolge keine Buchung ohne Beleg – notfalls Eigenbeleg – aufgenommen werden darf.[12]

5 Wie konkret die Eintragungen in den Handelsbüchern vorgenommen werden, ist dem Kaufmann überlassen, sofern die obigen Ziele erreicht werden. Mit Ausnahme ganz kleiner Unternehmen[13] wird jedoch eine klassische doppelte Buchführung[14] erforderlich sein, bei der jeder Geschäftsvorfall auf zwei Bestands- und/oder Erfolgskonten erfasst wird.[15]

6 Neben der Buchführungspflicht i.e.S. ist die Geschäftsführung weiterhin verpflichtet zur

---

6 Im Hinblick auf die Entscheidung des EuGH, Rs.C-250/95, Slg. 1997, I-2471 (Futura Participations SA und Singer/Administration des contributions) ist nunmehr unter gewissen Voraussetzungen auch eine Buchführung im Ausland möglich, vgl. § 146 Abs. 2a und 2b AO.

7 Baumbach/Hueck/*Haas*, § 41 Rn. 4.

8 *Schiffers*, in: Gosch/Schwedhelm/Spiegelberger, B74; Roth/Altmeppen/*Altmeppen*, § 41 Rn. 5; Scholz/*Crezelius*, § 41 Rn. 5 f.

9 OLG Koblenz NJW-Spezial 2008, 113.

10 BGH NJW 1995, 2850 = ZIP 1995, 1334; Roth/Altmeppen/*Altmeppen*, § 41 Rn. 5.

11 Einzelheiten zu den Grundsätzen ordnungsmäßiger Buchführung siehe Ebenroth/Boujong/Joost/Strohn/*Wiedmann*, § 243 HGB Rn. 5 ff.

12 Ebenroth/Boujong/Joost/Strohn/*Wiedmann*, § 238 HGB Rn. 22.

13 Gegen solche Ausnahmen Scholz/*Crezelius*, § 41 Rn. 9.

14 Zur Funktionsweise der doppelten Buchführung sowie zu alternativen Buchführungsmethoden vgl. Ebenroth/Boujong/Joost/Strohn/*Wiedmann*, § 238 HGB Rn. 23 ff.

15 Zu den Anforderungen an EDV-gestützte Buchungssysteme vgl. § 239 Abs. 4 HGB sowie BMF-Schreiben v. 7.11.1995, BStBl. I 1995 S. 738.

- Aufbewahrung der Handelsbücher (§ 257 Abs. 3 HGB, § 147 Abs. 3 AO)
- Aufbewahrung von Handelsbriefen (§ 238 Abs. 2 HGB)
- Überwachung und Steuerung der finanziellen Lage der Gesellschaft; erforderlichenfalls bei großen Gesellschaften durch Einführung eines Risikomanagementsystems analog § 91 Abs. 2 AktG[16]
- Aufstellung der Eröffnungs- und Vorbelastungsbilanz zu Beginn der Geschäftstätigkeit[17]
- Aufstellung des Inventars (§§ 240, 241 HGB)
- Aufstellung, Vorlage und Veröffentlichung des Jahresabschlusses (§§ 242 Abs. 3, 320, 325 ff. HGB), bestehend aus Bilanz, Gewinn- und Verlustrechnung sowie Anhang (§ 264 Abs. 1 Satz 1 HGB)
- außer bei kleinen Gesellschaften: Aufstellung eines Lageberichts (§ 289 HGB)

IV. Sanktionen

Der **Gesellschaft** drohen bei Verletzung der (steuerlichen) Buchführungspflicht zunächst steuerliche Konsequenzen, nämlich: 7

- Zwangsgelder (§ 328 AO)
- die Schätzung der Besteuerungsgrundlagen (§ 162 AO) und
- Bußgelder (§§ 378 f. AO)

Hinzu treten jedoch zunehmend auch handelsrechtliche Sanktionen, insbesondere im Zusammenhang mit der Publizitätspflicht (siehe § 42 Rn. 21 ff.)

Der **Geschäftsführer** selbst haftet im Fall der Verletzung seiner Buchführungspflicht sowohl zivilrechtlich für entstehende Schäden als auch strafrechtlich. Ferner stellt die Pflichtverletzung einen wichtigen Grund zur Abberufung des Geschäftsführers dar.[18] Zivilrechtlich handelt es sich um **Ansprüche der Gesellschaft** gem. § 43. Für den Schadensnachweis genügt es bereits, dass aufgrund der ungenügenden Buchführung der Verbleib von Vermögensgegenständen der Gesellschaft nicht mehr geklärt werden kann, sodass letztlich den Geschäftsführer die Beweislast trifft. **Dritten gegenüber** haftet der Geschäftsführer nach wohl herrschender Ansicht jedoch nicht unmittelbar, da die Buchführungsverpflichtung als solche kein Schutzgesetz i.S.v. § 823 Abs. 2 BGB darstellt.[19] Anders soll dies nur sein, wenn der Geschäftsführer unzutreffende Buchungsunterlagen verwendet, um Dritte beispielsweise zur Kreditgewährung zu veranlassen. Dann wird regelmäßig eine Haftung nach § 826 BGB oder § 823 Abs. 2 BGB i.V.m. §§ 263 ff. StGB eingreifen. Ferner kann die Verletzung der Buchführungspflicht zur Beweislastumkehr zu Lasten des Geschäftsführers führen, wenn dieser von Dritten wegen eines aus Insolvenzverschleppung entstandenen Schadens in Anspruch genommen wird.[20] 8

Sofern eine unvollständige oder unzutreffende Buchführung zur Verletzung steuerliche Pflichten führt, kommt schließlich eine Haftung des Geschäftsführers für den entstandenen **Steuerschaden** gem. §§ 34, 69, 71 AO in Betracht. Schließlich kann die Verletzung der Buchführungspflicht verschiedene **Straftatbestände** erfüllen, insbesondere die §§ 283 Abs. 1 Nr. 5 bis 7, 283b StGB, § 331 HGB, § 82 Abs. 2 Nr. 2 sowie ggf. § 266 StGB. Aufgrund des strafrechtlichen Schuldprinzips haftet der Geschäftsführer nicht, wenn ihm eigene Buchhaltungskenntnisse fehlen und auch eine Beauftragung Dritter – regelmäßig mangels notwendiger Finanzmittel der Gesellschaft – nicht möglich ist.[21] 9

16 Roth/Altmeppen/*Altmeppen*, § 41 Rn. 15; Rowedder/Schmidt-Leithoff/*Tiedchen*, § 41 Rn. 159.
17 Rowedder/Schmidt-Leithoff/*Tiedchen*, § 41 Rn. 91 ff. und 100 ff.
18 BGH DStR 2009, 597; KG GmbHR 2011, 1272.
19 So Roth/Altmeppen/*Altmeppen*, § 41 Rn. 12; Scholz/Crezelius, § 41 Rn. 8; a.A. *Stapelfeld*, GmbHR 1991, 94. Für eine weitergehende Haftung Schnorr, ZHR 2006, 9.
20 BGH NZG 2012, 464.
21 BGH NStZ 1992, 182; 1998, 192.

10 Im Einzelnen ist umstritten, inwiefern die strafrechtliche Haftung auch einen **„faktischen Geschäftsführer"**, der als solcher nicht oder nicht ordnungsgemäß bestellt ist, treffen kann. Nach Auffassung der Rechtsprechung ist eine faktische Geschäftsführung auch neben einem ordnungsgemäß bestellten Geschäftsführer möglich, wenn die Rolle des faktischen Geschäftsführers überragend ist und er eine Vielzahl von klassischen Tätigkeiten der Unternehmensführung verrichtet.[22] Diese Auffassung wird in der handelsrechtlichen Literatur teils abgelehnt,[23] teilweise eingeschränkt auf Fälle, in denen zumindest ein unwirksamer Bestellungsakt vorlag.[24]

C. Weitere praktische Hinweise

I. Wichtige Aufbewahrungsfristen

11

Gegenstand	Datenträger zulässig[25]	Dauer[26]	Rechtsgrundlage
Eröffnungsbilanz, Abschlüsse	Nein	10 Jahre	§ 257 Abs. 1 Nr. 1 HGB, § 147 Abs. 1 Nr. 1 AO
Handelsbücher, Inventare, Lageberichte	Ja	10 Jahre	§ 257 Abs. 1 Nr. 1 HGB, § 147 Abs. 1 Nr. 1 AO
Organisationsunterlagen (Kontenpläne, EDV)	Ja	10 Jahre	§ 257 Abs. 1 Nr. 1 HGB, § 147 Abs. 1 Nr. 1 AO
Buchungsbelege	Ja	10 Jahre	§ 257 Abs. 1 Nr. 4 HGB, § 147 Abs. 1 Nr. 4 AO
Bestimmte Zollunterlagen	Nein	10 Jahre	§ 147 Abs. 1 Nr. 4a AO
Empfangene Handelsbriefe	Ja	6 Jahre	§ 257 Abs. 1 Nr. 2 HGB, § 147 Abs. 1 Nr. 2 AO
Wiedergabe der abgesandten Handelsbriefe	Ja	6 Jahre	§ 257 Abs. 1 Nr. 3 HGB, § 147 Abs. 1 Nr. 3 AO
Sonstige für die Besteuerung relevante Unterlagen	Ja	6 Jahre	§ 147 Abs. 1 Nr. 5 AO

22 BGHSt 3, 32; 21, 101; *Fischer*, § 14 StGB Rn. 18; zu den hiervon erfassten Tätigkeitsfeldern nach Definition des BayObLG BB 1997, 850 f. = GmbHR 1997, 453 f., siehe dazu Übersicht Rn. 12.

23 Roth/Altmeppen/*Altmeppen*, § 41 Rn. 4.

24 Rowedder/Schmidt-Leithoff/*Tiedchen*, § 41 Rn. 22; nach Scholz/*Crezelius*, § 41 Rn. 4, trifft den faktischen Geschäftsführer jedenfalls die Verpflichtung des § 41, unabhängig von der strafrechtlichen Folgefrage.

25 Einzelheiten hinsichtlich der steuerlichen Anforderungen an die Aufbewahrung elektronischer Unterlagen ergeben sich aus den „Grundsätzen zum Datenzugriff und zur Prüfbarkeit digitaler Unterlagen (GDPdU)" gemäß BMF-Schreiben v. 16.7.2001, BStBl. I 2001, 1542.

26 Gemäß § 147 Abs. 3 Satz 2 AO läuft die Aufbewahrungsfrist nicht ab, solange und soweit die Unterlagen für Steuern relevant sind, deren Festsetzungsfrist – ohne Verlängerung nach § 169 Abs. 2 Satz 2 AO – noch nicht abgelaufen ist. Zum Beginn des Fristlaufs vgl. Rowedder/Schmidt-Leithoff/*Tiedchen*, § 41 Rn. 156.

II. Gefahr der „faktischen Geschäftsführung"

Nach der Rechtsprechung[27] droht die Annahme einer faktischen Geschäftsführung, wenn eine Person sechs dieser acht Merkmale der Unternehmensführung erfüllt: 12

- Bestimmung der Unternehmenspolitik
- Unternehmensorganisation
- Einstellung von Mitarbeitern
- Gestaltung der Geschäftsbeziehungen zu Vertragspartnern
- Verhandlung mit Kreditgebern
- Festlegung der Gehaltshöhe
- Entscheidung über Steuerangelegenheiten und
- Steuerung der Buchhaltung

27 BayObLG NJW 1997, 1936 = BB 1997, 850 f. = GmbHR 1997, 453 f.

§ 42 Bilanz

(1) In der Bilanz des nach den §§ 242, 264 des Handelsgesetzbuchs aufzustellenden Jahresabschlusses ist das Stammkapital als gezeichnetes Kapital auszuweisen.

(2) Das Recht der Gesellschaft zur Einziehung von Nachschüssen der Gesellschafter ist in der Bilanz insoweit zu aktivieren, als die Einziehung bereits beschlossen ist und den Gesellschaftern ein Recht, durch Verweisung auf den Geschäftsanteil sich von der Zahlung der Nachschüsse zu befreien, nicht zusteht. Der nachzuschießende Betrag ist auf der Aktivseite unter den Forderungen gesondert unter der Bezeichnung „Eingeforderte Nachschüsse" auszuweisen, soweit mit der Zahlung gerechnet werden kann. Ein dem Aktivposten entsprechender Betrag ist auf der Passivseite in dem Posten „Kapitalrücklage" gesondert auszuweisen.

(3) Ausleihungen, Forderungen und Verbindlichkeiten gegenüber Gesellschaftern sind in der Regel als solche jeweils gesondert auszuweisen oder im Anhang anzugeben; werden sie unter anderen Posten ausgewiesen, so muß diese Eigenschaft vermerkt werden.

Literatur

Adler/Düring/Schmaltz, Rechnungslegung und Prüfung der Unternehmen, Kommentar zum HGB, AktG, GmbHG, PublG nach den Vorschriften des Bilanzrichtlinien-Gesetzes, 6. Auflage 1994 ff.; *Apfelbaum*, Wichtige Änderungen für Notare durch das EHUG jenseits der elektronischen Handelsregisteranmeldung, DNotZ 2007, 166; *Küting/Weber*, Die Darstellung des Eigenkapitals bei der GmbH nach dem Bilanzrichtlinie-Gesetz, GmbHR 1984, 165; *Liebscher/Scharff*, Das Gesetz über elektronische Handelsregister und Genossenschaftsregister sowie das Unternehmensregister, NJW 2006, 3745; *Sattler/Meeh*, Vermeidung der Offenlegung von Jahresüberschüssen für kleine GmbH durch (Vorab-)Ausschüttungen?, DStR 2007, 1595, 1643; *Schmid*, Synoptische Darstellung der Rechnungslegung nach HGB und IAS/IFRS, DStR 2005, 80; *Schulze-Osterloh*, Ausgewählte Änderungen des Jahresabschlusses nach dem Referentenentwurf eines Bilanzrechtsmodernisierungsgesetzes, DStR 2008, 63; *Theile*, Die Auswirkungen des Referentenentwurfs zum Bilanzrechtsmodernisierungsgesetz auf die Rechnungslegung der GmbH, Übersicht der wesentlichen Änderungen für den Jahres- und Konzernabschluss, GmbHR 2007, 1296.

A. Allgemeines

1 § 42 regelt den Inhalt der Handelsbilanz der Gesellschaft, allerdings nur soweit die Beziehungen zwischen der Gesellschaft und den Gesellschaftern betroffen sind. Im Übrigen wurde das materielle Bilanzrecht mit Inkrafttreten des BiRiLiG zum 1.1.1986 aus dem GmbHG ausgelagert und – für alle Kaufleute – in den §§ 242 ff. HGB sowie – für alle Kapitalgesellschaften – in den §§ 264 ff. HGB geregelt. Diese Bestimmungen setzen zugleich die Vierte gesellschaftsrechtliche Richtlinie[1] um.

2 Die Regeln der Bilanzierung wurden von jeher grenzüberschreitend im Wege des Kaufmannsbrauchs entwickelt.[2] Insofern ist es geradezu selbstverständlich, dass auch das kodifizierte Bilanzrecht diesen sich verändernden internationalen Gebräuchen (heute: IAS/IFRS) folgt.[3] Die bisher wichtigsten Schritte hierfür sind:

1 Vierte Richtlinie 78/660/EWG des Rats vom 25.7.1978.

2 Die historischen Wurzeln der Bilanzierungspraxis zeigen sich schon in den deutschen Bilanztiteln „Soll" und „Haben", die auf eine Fehlübersetzung aus dem Italienischen zurückgehen.

3 Übersichtliche Gegenüberstellung von HGB und IAS/IFRS bei *Schmid*, DStR 2005, 80.

- Angleichung des Bilanzrechts innerhalb der EU (4. Richtlinie)
- Anerkennung internationaler oder ausländischer Konzernabschlüsse (vormals § 292a HGB)
- Übernahme der IAS/IFRS in das Konzernbilanzrecht (IAS-Verordnung, § 315a HGB)

Zuletzt wurden mit dem BilMoG[4] auch für den Einzelabschluss punktuell Regelungen der IAS/IFRS in das deutsche Recht übernommen werden. Dies betrifft insbesondere:

- die zwingende Aktivierung latenter Steuern für mittlere und große Gesellschaften[5]
- den Zeitwertansatz für zu Handelszwecken erworbene Finanzinstrumente[6]
- die Aktivierungspflicht für bestimmte selbst geschaffene immaterielle Vermögensgegenstände[7]

Flankiert werden diese Maßnahmen durch eine erweiterte Ausschüttungs- und Gewinnabführungssperre in § 268 Abs. 8 HGB, § 301 AktG.[8]

B. Inhalt der Regelung

I. Bilanz

Eine Bilanz ist gem. § 242 Abs. 1 Satz 1 HGB ein das Verhältnis des Vermögens und der Schulden eines Kaufmanns darstellender Abschluss. Sie ist mit Beginn der Geschäftstätigkeit (Eröffnungsbilanz) und anschließend zum Ende eines jeden Geschäftsjahrs (Bilanz) aufzustellen. Gemeinsam mit der Gewinn- und Verlustrechnung bildet die Bilanz den **Jahresabschluss**. Diesem ist gem. §§ 264, 284 ff. HGB ein **Anhang** beizufügen, der zur Erläuterung unvollständiger, missverständlicher oder irreführender Bilanzpositionen dient (§ 264 Abs. 2 Satz 2 HGB). Auf diese Weise versucht der Gesetzgeber, das europarechtliche Gebot eines „den tatsächlichen Verhältnissen entsprechenden Bildes" (*true and fair view)* unter weitgehender Beibehaltung der hergebrachten Grundsätze ordnungsmäßiger Buchführung zu erfüllen.[9] Mittlere und große Kapitalgesellschaften müssen zusätzlich zum Jahresabschluss einen **Lagebericht** (§ 289 HGB) aufstellen, dessen Ziel die Information der Kapitalgeber über bedeutsame Entwicklungen und Perspektiven der Gesellschaft ist.[10] Kapitalmarktorientierte Kapitalgesellschaften (§ 264d HGB), die keinen Konzernabschluss aufstellen, müssen den Jahresabschluss um einen Eigenkapitalspiegel und eine Kapitalflussrechnung erweitern und können eine Segmentberichterstattung aufnehmen. 3

Neben den handelsrechtlichen Einzelabschlüssen sind im Konzern zusätzlich ein (konsolidierter) Konzernabschluss und ein Konzernlagebericht aufzustellen (§§ 290 ff. HGB). Der Konzernabschluss dient ausschließlich den Informationsinteressen der Kapitalgeber und hat derzeit keine gesellschafts- oder steuerrechtliche Funktion. Börsennotierte Konzerne müssen, andere dürfen ihren Konzernabschluss gem. § 315a HGB i.V.m. Art. 4 der Verordnung (EG) Nr. 1606/2002 (IAS-Verordnung) nach Maßgabe der europarechtlich für verbindlich erklärten internationalen Rechnungslegungsstandards (IAS/IFRS) aufstellen. Von der Aufstellung eines HGB-Konzernabschlusses sind diese Konzerne 4

4 BGBl. I 2009, 1102. Dazu *Theile*, GmbHR 2007, 1296.

5 § 274 HGB; nach bisherigem Recht waren lediglich passive latente Steuern zwingend auszuweisen, während der Ausweis aktiver latenter Steuern freiwillig war.

6 § 253 Abs. 1 Satz 3 i.V.m. § 255 Abs. 4 HGB.

7 § 248 i.V.m. § 255 Abs. 2a HGB; kritisch hierzu *Schulze-Osterloh*, DStR 2008, 63, 66. Steuerlich bleibt es bei der Regelung des § 5 Abs. 2 EStG, sodass hieraus keine Mehrbelastung resultiert; vgl. zu den steuerlichen Folgen BMF-Schreiben vom 12. März 2010 (BStBl. I S. 239) und vom 22. Juni 2010 (BStB. I S. 597).

8 Dieser gesperrte Betrag ist nach § 285 Nr. 28 HGB im Anhang anzugeben. Die Ausschüttungssperre soll nicht für Kredit- und Finanzdienstleistungsinstitute gelten, die jedoch einen Risikoabschlag in die Bewertung einbeziehen müssen (§§ 340a, 340e HGB). Nur für diese wird der (risikobereinigte) Zeitwert auch steuerlich relevant (§ 6 Abs. 1 Nr. 2b EStG).

9 Beispiele hierzu bei Ebenroth/Boujong/Joost/Strohn/*Wiedmann*, § 264 HGB Rn. 28 f.

10 Ebenroth/Boujong/Joost/Strohn/*Wiedmann*, § 289 HGB Rn. 6. Das Gebot des „true and fair view" gilt auch hier; vgl. Baumbach/Hopt/*Merkt*, § 289 HGB Rn. 1. Maßgeblich für die Aufstellung des Konzernlageberichts sind neben § 315 HGB die Richtlinien des DRS 15 – Lagerbericht, Bekanntmachung des BMJ gem. § 342 Abs. 2 HGB vom 26.2.2005, Bundesanzeiger, 40. Beilage.

befreit. Hinsichtlich der Einzelabschlüsse und der Steuerbilanzen bleibt es aber vorerst bei der Anwendung des deutschen – wenngleich europarechtlich harmonisierten – Rechts.[11]

> **!** Für die Gliederung der Bilanz enthält § 266 HGB detaillierte Vorschriften, die durch § 42 nur minimal ergänzt werden. Verbindlich ist § 266 HGB sowohl hinsichtlich der Gliederungstiefe als auch hinsichtlich der Reihenfolge der Positionen.
>
> Kleine Kapitalgesellschaften können jedoch die dritte Gliederungsebene (im Gesetz mit arabischen Ziffern gekennzeichnet) weglassen (§ 266 Abs. 1 Satz 3 HGB).

5 Der handelsrechtliche Einzelabschluss ist nicht auf einen bestimmten Adressaten ausgerichtet, sondern verfolgt verschiedene Zwecke. Er dient insbesondere

- der Information der Gesellschafter, die allerdings daneben auch auf weitere Informationsquellen gem. § 51a zurückgreifen können;
- der Information der Gläubiger; aus diesem Grund unterliegt der Abschluss der Publizität nach § 325 HGB;
- zur Auslösung der „Warnpflicht" gem. § 49 Abs. 3 bei Verlust des halben Stammkapitals;[12]
- der Ermittlung des zur Verteilung an die Gesellschafter zur Verfügung stehenden Betrags (Ausschüttungssperre) gem. § 30;
- der Vorbereitung der Steuerbilanz; das Steuerrecht lässt dem Steuerpflichtigen hierbei die Wahl, entweder eine eigenständige Steuerbilanz aufzustellen oder die Handelsbilanz mit den steuerlich notwendigen „Anpassungen" zu versehen (§ 60 Abs. 2 EStDV).

> **!** Hinsichtlich der beiden letztgenannten Punkte geht die Bedeutung der Handelsbilanz zurück, wie insbesondere die Neuregelung des § 268 Abs. 8 HGB und die Aufhebung der „umgekehrten Maßgeblichkeit" gem. § 5 Abs. 1 EStG durch das BilMoG (siehe Rn. 2) zeigen.

6 Hingegen ist der handelsrechtliche Abschluss regelmäßig nicht geeignet

- für die Unternehmensbewertung zum Zweck des Verkaufs (siehe „Unternehmenskauf", S. 924 ff., Rn. 23 ff.), der Erbschaftsteuererhebung (siehe „Nachfolgeplanung", S. 907 ff., Rn. 39) oder der Berechnung von Abfindungen (siehe § 34 Rn. 8 ff.) und
- für die Feststellung, ob eine materielle Überschuldung (Insolvenz) vorliegt (siehe Vor § 64 Rn. 9 ff.).

II. Ausweis des Stammkapitals (Abs. 1)

1. Gezeichnetes Kapital

7 Abs. 1 regelt ausschließlich die bilanzielle Behandlung des Eigenkapitals in der GmbH-Bilanz. Die Norm stellt dabei klar, dass unter der Position „gezeichnetes Kapital" (§ 266 Abs. 3 HGB Pos. A.I, zum Begriff vgl. § 272 Abs. 1 Satz 1 HGB) das Stammkapital i.S.v. § 3 Abs. 3 Nr. 3 wiederzugeben ist. Gesellschafterdarlehen sind jedenfalls an dieser Stelle nicht aufzuführen.[13] Dies ist auch bei einer **Unternehmergesellschaft** gem. § 5a nur das satzungsmäßige Kapital. Die gesetzliche Rücklage gem. § 5a Abs. 3 ist hingegen bilanziell unter Position A.III.1 darzustellen. Die besondere Verwendungssperre des § 5a Abs. 3 Satz 2 spricht dafür, dass diese Rücklage stets gesondert aus-

11 Für den handelsrechtlichen Jahresabschluss sieht das Gesetz keine Erleichterung vor, wenn ein Unternehmen freiwillig einen IAS/IFRS-Einzelabschluss aufstellt.

12 Ebenso: Rowedder/Schmidt-Leithoff/*Koppensteiner*, § 49 Rn. 10 f.; Roth/Altmeppen/*Roth*, § 49 Rn. 13 m.w.N. Der BGH WM 1958, 1417, geht hingegen davon aus, dass die Einberufungspflicht entfällt, wenn ausreichende stille Reserven vorhanden sind.

13 Scholz/*Crezelius*, § 42 Rn. 7; Roth/Altmeppen/*Altmeppen*, § 42 Rn. 47.

zuweisen ist,[14] obgleich der Gesetzestext dies – anders als etwa Abs. 2 Satz 3 – nicht ausdrücklich klarstellt.

2. Verluste

Etwaige Verluste sind auf der Passivseite unter der Position A.IV abzusetzen und mindern so das bilanzielle Eigenkapital. Übersteigen die Verluste das gezeichnete Kapital (bilanzielle Überschuldung), so ist auf der Aktivseite gem. § 268 Abs. 3 HGB ein Ausgleichsposten „nicht durch Eigenkapital gedeckter Fehlbetrag" zu bilden. 8

! Eine materielle Überschuldung im insolvenzrechtlichen Sinne liegt damit nicht automatisch vor, da entsprechende stille Reserven vorhanden sein können.

3. Ausstehende Einlagen

Für die Behandlung ausstehender Einlagen schreibt § 272 Abs. 1 S. 3 HGB die sog. Nettomethode verbindlich vor. Ein Wahlrecht besteht hier nicht mehr. Danach sind nicht eingeforderte Einlagen auf der Passivseite offen abzusetzen; der Restbetrag ist als „eingefordertes Kapital" auszuweisen. Eingeforderte ausstehende Einlagen sind gesondert als Forderung auszuweisen. 9

10

Beispiel: Bilanzierung eingeforderter Einlagen nach § 272 HGB n.F.

Vom Stammkapital der GmbH (25.000 EUR) wurde ein Betrag von 15.000 EUR einbezahlt und ein weiterer Betrag von 5.000 EUR eingefordert.

Aktiva		Passiva	
B.III	eingeforderte ausstehende Einlagen	A.I	gezeichnetes Kapital 25.000
	5.000	davon	nicht eingeforderte ausstehende Einlagen: 5.000
B.IV	Kasse	verbleiben	eingefordertes Kapital
	15.000		20.000
Summe	20.000	Summe	20.000

4. Kapitalerhöhung und -herabsetzung

Kapitalveränderungen werden erst mit ihrer Eintragung im Handelsregister wirksam und sind daher auch erst ab diesem Zeitpunkt durch eine entsprechende Anpassung der Position „Gezeichnetes Kapital" bilanziell darzustellen.[15] Werden im Fall einer Kapitalherabsetzung vor der Eintragung effektive Rückzahlungen getätigt, so verstößt dies gegen § 30 und eine entsprechende Forderung gegen die Zahlungsempfänger ist zu aktivieren.[16] Auf der Passivseite ändert sich hierdurch nichts. Wird eine Kapitalerhöhung vor dem Bilanzstichtag ganz oder teilweise erbracht, aber erst hernach eingetragen, so sind die eingezahlten Beträge in eine Rücklage (auszuweisen zwischen dem Eigenkapital und den Rückstellungen) einzustellen. Wird die Kapitalerhöhung anschließend noch vor der Bilanzaufstellung eingetragen, so soll es nach h.A. möglich sein, diese Position unter Datumsangabe unmittelbar nach dem gezeichneten Kapital aufzuführen.[17] 11

14 Zum Zusammenhang zwischen Verwendungssperren und gesondertem Ausweis vgl. *Adler/Düring/Schmaltz*, § 42 Rn. 25; Scholz/*Crezelius*, § 42 Rn. 17.

15 Roth/Altmeppen/*Altmeppen*, § 58 Rn. 27; Scholz/*Crezelius*, § 42 Rn. 5.

16 Rowedder/Schmidt-Leithoff/*Tiedchen*, § 42 Rn. 7; Scholz/*Crezelius*, § 42 Rn. 6; *Küting/Weber*, GmbHR 1984, 165, 168.

17 *Adler/Düring/Schmaltz*, § 272 HGB Rn. 19; Rowedder/Schmidt-Leithoff/*Tiedchen*, § 42 Rn. 6; Roth/Altmeppen/*Altmeppen*, § 42 Rn. 36; a.A. Scholz/*Crezelius*, § 42 Rn. 6.

5. Eigene Anteile

12 Der Erwerb eigener Anteile hat nach § 272 Abs. 1a HGB folgende bilanzielle Auswirkungen: Der Nennbetrag der eigenen Anteile ist vom gezeichneten Kapital offen abzusetzen, während die darüber hinausgehenden Anschaffungskosten mit den freien Rücklagen zu verrechnen sind. Eine Aktivierung der Anteile mit Rücklagenbildung ist danach nicht mehr zulässig.

6. Einziehung und Kaduzierung

13 Die Einziehung von Geschäftsanteilen verändert zwar die Summe der vorhandenen Geschäftsanteile, jedoch nicht den Betrag des gezeichneten Stammkapitals; die Beträge sind jedoch gem. § 5 Abs. 3 Satz 2 anzupassen (siehe § 5 Rn. 23). Daher bleibt auch der bilanzielle Eigenkapitalausweis im Fall der Einziehung unverändert. Die Abfindungsschuld ist zu passivieren und darf das Stammkapital nicht angreifen. Die Einziehung eigener Anteile wird bisher durch eine Auflösung der Rücklage gem. § 272 Abs. 4 HGB dargestellt.[18]

7. Stille Beteiligungen und partiarische Darlehen

14 Einlagen stiller Gesellschafter und partiarische Darlehen stellen handelsrechtlich kein Eigenkapital der GmbH dar, und zwar unabhängig von der konkreten Ausgestaltung des Rechtsverhältnisses (typische/atypische stille Beteiligung; siehe dazu „Mittelbare Unternehmensbeteiligungen", S. 975 ff.). Handelt es sich bei dem Kapitalgeber um einen Mitgesellschafter, so kommt es zum Sonderausweis gem. Abs. 3 (siehe Rn. 17); ansonsten bleibt es bei dem Ausweis als gewöhnliche Verbindlichkeit der Gesellschaft.[19]

III. Nachschusspflichten (Abs. 2)

15 Abs. 2 regelt die bilanzielle Darstellung satzungsmäßig vorgesehener Nachschüsse i.S.d. §§ 26 bis 28. Diese Nachschussforderungen dürfen bilanziell nur aktiviert werden, soweit sie gesichert sind, das heißt,

1. die Einforderung ist beschlossen worden,
2. den Gesellschaftern steht kein Abandonrecht zu (siehe § 27),
3. der Gesellschaft steht kein Recht nach § 27 Abs. 1 Satz 2 zu[20] und
4. der Anspruch ist werthaltig.

Die Voraussetzungen 2. und 3. betreffen dabei ausschließlich Fälle, in denen die Satzung eine betragsmäßig unbestimmte Nachschusspflicht vorsieht oder ein etwaiger Sockelbetrag i.S.v. § 27 Abs. 4 überschritten ist.

16 Sind die vorstehenden Voraussetzungen erfüllt, so sind die Nachschussforderungen (solange sie nicht erfüllt sind) gesondert zu aktivieren, etwa zwischen den Posten B.II.3 und B.II.4. Auf der Passivseite ist der Betrag als Unterposten der Kapitalrücklage gesondert auszuweisen (Nachschusskapital). Eine Vermischung mit anderen Kapitalrücklagepositionen gem. § 272 Abs. 2 HGB (Agio oder sonstige Zuzahlungen) ist – auch nach Einzahlung des Nachschusses – nicht zulässig.[21]

> **!** Die Rückzahlung geleisteter Nachschüsse ist nach § 30 Abs. 2 nur unter besonderen Bedingungen möglich. Diese Rückzahlungsbeschränkung wird bilanziell durch den gesonderten Ausweis abgesichert.

---

18 Scholz/Crezelius, § 42 Rn. 5; zur Neuregelung durch das BilMoG siehe Rn. 12.
19 Ebenso für eine GmbH & Still: Scholz/*Crezelius*, § 42 Rn. 27.
20 Diese Voraussetzung spielt praktisch keine Rolle, da in der Aktivierung der Nachschussforderung zugleich ein Verzicht auf das Verwertungsrecht gesehen wird; vgl. Scholz/*Crezelius* § 42 Rn. 15.
21 Rowedder/Schmidt-Leithoff/*Tiedchen*, § 42 Rn. 11; Scholz/*Crezelius*, § 42 Rn. 12; a.A. Lutter/Hommelhoff/*Hommelhoff*, § 42 Rn. 27: Teil der Kapitalrücklage.

IV. Forderungen und Verbindlichkeiten gegenüber Gesellschaftern (Abs. 3)

17 Gemäß Abs. 3 muss angegeben werden, in welchem Umfang die in der Bilanz ausgewiesenen Positionen auf Rechtsgeschäfte zwischen der Gesellschaft und den Gesellschaftern zurückgehen. **Gesellschafter** in diesem Sinne ist jeder, der am Bilanzstichtag einen oder mehrere Geschäftsanteile allein oder anteilig hält, ohne dass es auf die Größe der Beteiligung ankommt.[22] Als Gesellschafter in diesem Sinne gelten auch **Mitberechtigte** gem. § 18,[23] also Miterben in ungeteilter Erbengemeinschaft, Ehegatten in Gütergemeinschaft, Mitberechtigte in Bruchteilsgemeinschaft und Gesellschafter einer nicht rechtsfähigen Innen-GbR. Nur **mittelbar Beteiligte** fallen nicht hierunter (Gesellschafter einer Personenhandelsgesellschaft oder Außen-GbR, Mitglieder eines nichtrechtsfähigen Vereins, Unterbeteiligte, Nießbraucher).[24] In Treuhandverhältnissen sollen sowohl Treuhänder als auch Treugeber als Gesellschafter gelten.[25]

18 Nach altem Recht war umstritten, ob als Gesellschafter i.d.S. auch derjenige anzusehen ist, dessen Erwerb noch nicht förmlich nach § 16 a.F. bei der Gesellschaft angemeldet war. Die überzeugende h.M. ließ eine bloße Kenntnis vom Gesellschafterwechsel genügen;[26] jedenfalls sollte der gesonderte Ausweis erforderlich sein, wenn die Anmeldung noch vor Bilanzaufstellung nachgeholt wurde.[27] Hieran dürfte sich im Zuge der Neufassung des § 16 nichts ändern. Allerdings kann der Gesellschafterwechsel nach § 16 n.F. unabhängig von der Kenntnis der Gesellschaft wirksam werden.

> Deshalb folgt aus dem unveränderten Abs. 3 auch eine Obliegenheit der Geschäftsführung, vor der Aufstellung einer neuen Bilanz die aktuelle Gesellschafterliste zu studieren. Dies gilt sogar dann, wenn die Anteilsübertragung an eine Zustimmung der Gesellschaft geknüpft ist, da § 16 auch auf Erbfälle Anwendung findet.

19 Die gesonderte Ausweispflicht betrifft Ausleihungen, Forderungen und Verbindlichkeiten. **Ausleihungen** sind von Anfang an längerfristig angelegte Darlehen. Eine gesetzliche Definition gibt es hierfür nicht (mehr), jedoch liegt i.d.R. eine Ausleihung vor bei einer ursprünglichen Laufzeit von mindestens vier Jahren.[28] Alle sonstigen Forderungen (aus Umsatzgeschäften und kurzfristigen Darlehen) können zusammengefasst werden. Der gesonderte Ausweis geschieht durch

- Schaffung einer gesonderten Bilanzposition,
- Aufnahme in den Anhang oder
- „Davon"-Vermerk bei der entsprechenden Bilanzposition.

Welche dieser Varianten eher ein den tatsächlichen Verhältnissen entsprechendes Bild liefert, ist im Einzelnen umstritten.[29] Daneben bestehen die allgemeinen Vermerk- und Angabepflichten (vor allem §§ 268 Abs. 4, 5, 285 Satz 1 Nr. 1, 2 HGB) fort.

---

22 Zur Diskussion um „Zwerganteile" vgl. Scholz/*Crezelius*, § 42 Rn. 25.
23 Scholz/*Crezelius*, § 42 Rn. 21.
24 Roth/Altmeppen/*Altmeppen*, § 18 Rn. 7.
25 Rowedder/Schmidt-Leithoff/*Tiedchen*, § 42 Rn. 13.
26 Rowedder/Schmidt-Leithoff/*Tiedchen*, § 42 Rn. 13; Roth/Altmeppen/*Altmeppen*, § 42 Rn. 43; *Adler/Düring/Schmaltz*, Rn. 44, Lutter/Hommelhoff/*Hommelhoff*, Rn. 26; a.A. Scholz/*Crezelius*, § 42 Rn. 22 f.
27 So auch Scholz/*Crezelius*, § 42 Rn. 26.
28 Scholz/*Crezelius*, § 42 Rn. 29 unter Hinweis auf § 151 AktG a.F.
29 Roth/Altmeppen/*Altmeppen*, § 42 Rn. 45; Rowedder/Schmidt-Leithoff/*Tiedchen*, § 42 Rn. 17; Scholz/*Crezelius*, § 42 Rn. 18.

C. Weitere praktische Hinweise

I. Größenklassen nach Inkrafttreten des BilMoG

20

	Stand nach Inkrafttreten des BilMoG		
	Kleine Gesellschaft	Mittelgroße Gesellschaft	Große Gesellschaft
Merkmal	überschreitet maximal 1 Merkmal	überschreitet mindestens 2 Merkmale der kleinen Gesellschaft überschreitet maximal 1 Merkmal der großen Gesellschaft	überschreitet mindestens 2 Merkmale
Bilanzsumme[30]	4.840.000 EUR		19.250.000 EUR
Umsatzerlöse[31]	9.680.000 EUR		38.500.000 EUR
Arbeitnehmer[32]	50		250

Befreiung von der Pflicht zur Aufstellung eines Konzernabschlusses nach § 293 HGB		
	Abstellen auf Summe der Jahresabschlüsse der einzubeziehenden Gesellschaften	Abstellen auf Konzernabschluss
Bilanzsumme	max. 23.100.000 EUR	max. 19.250.000 EUR
Umsatzerlöse	max. 46.200.000 EUR	max. 38.500.000 EUR
Arbeitnehmer	max. 250	max. 250

II. Jahresabschlusspublizität gem. §§ 325 ff. HGB

21 Zur gesetzlichen Offenlegung gem. §§ 325 ff. HGB sind grundsätzlich alle Kapitalgesellschaften (sowie gem. § 264a HGB alle Kapitalgesellschaften & Co. KG/OHG)[33] verpflichtet. Verantwortlich sind die gesetzlichen Vertreter, also die Geschäftsführer einer GmbH.

Gegenstand der Offenlegungspflicht sind:

- der Jahresabschluss (Bilanz, GuV, Anhang)
- der Bestätigungs- oder Versagungsvermerk des Abschlussprüfers
- der Lagebericht[34]
- der Bericht des Aufsichtsrats – soweit vorhanden –

30 Nach Abzug eines auf der Aktivseite ausgewiesenen Eigenkapitalfehlbetrags.
31 Während der zwölf Monate vor dem Abschlussstichtag.
32 Im Jahresdurchschnitt.
33 Weiterhin auch alle eingetragenen Genossenschaften sowie die dem Publizitätsgesetz unterliegenden Großunternehmen, gleich welcher Rechtsform; zu Strategien der Publizitätsvermeidung vgl. *Sattler/Meeh*, DStR 2007, 1595, 1643.
34 Börsennotierte Aktiengesellschaften müssen weiterhin eine Erklärung über die Einhaltung des „Corporate Governance Kodex" gem. § 161 AktG einreichen.

- Angaben über die Ergebnisverwendung, soweit nicht aus dem Jahresabschluss ersichtlich
- ggf. Konzernabschluss und Konzernlagebericht

Die Unterlagen sind nach Möglichkeit gleichzeitig einzureichen, und zwar unverzüglich nach Vorlage des Jahresabschlusses an die Gesellschafter, längstens ein Jahr[35] nach dem Abschlussstichtag. Die Unterlagen werden in elektronischer Form bei dem Betreiber des elektronischen Bundesanzeigers eingereicht und anschließend im elektronischen Bundesanzeiger bekannt gemacht. Die früher vorgesehene Einreichung beim Handelsregister ist damit weggefallen.[36]

Das Gesetz sieht hierbei wichtige Erleichterungen für bestimmte Gesellschaftstypen vor: **22**

- Angaben über die Ergebnisverwendung können weggelassen werden, wenn sich daraus die Gewinnanteile natürlicher Personen feststellen lassen würden (§ 325 Abs. 1 Satz 4 HGB).
- Kleine Gesellschaften brauchen nur die Bilanz, ohne GuV und die GuV-spezifischen Angaben im Anhang, offenzulegen (§ 326 HGB).
- Mittelgroße Gesellschaften brauchen nur die Bilanz in der grob gegliederten Form des § 266 Abs. 1 Satz 3 HGB mit einzeln aufgeführten Ergänzungen sowie einen verkürzten Anhang offenzulegen.

Während Verstöße gegen die Offenlegungspflicht früher nicht von Amts wegen sanktioniert wurden, sehen die §§ 329, 335 HGB seit dem 1.1.2007 (Inkrafttreten des EHUG) eine automatisierte Kontrolle der Rechtzeitigkeit und Vollständigkeit der Offenlegung vor.[37] Werden die Unterlagen nicht oder nicht rechtzeitig eingereicht, so setzt das eigens dafür errichtete Bundesamt für Justiz nach Androhung und Ablauf einer Nachfrist von sechs Wochen ein Ordnungsgeld zwischen 2.500 EUR und 25.000 EUR fest. Für inhaltliche Mängel der eingereichten Unterlagen gelten weiterhin die Bußgeld- und Strafvorschriften der §§ 334, 331 HGB. **23**

35 Hat die Gesellschaft börsennotierte Wertpapiere mit einer Mindeststückelung unter 50.000 EUR begeben, so verkürzt sich die Frist gem. §§ 325 Abs. 4, 327a HGB auf vier Monate.

36 Zum Übergangsrecht vgl. *Apfelbaum*, DNotZ 2007, 166, 172.

37 *Liebscher/Scharff*, NJW 2006, 3745, 3750 f.

§ 42a Vorlage des Jahresabschlusses und des Lageberichts

(1) Die Geschäftsführer haben den Jahresabschluß und den Lagebericht unverzüglich nach der Aufstellung den Gesellschaftern zum Zwecke der Feststellung des Jahresabschlusses vorzulegen. Ist der Jahresabschluß durch einen Abschlußprüfer zu prüfen, so haben die Geschäftsführer ihn zusammen mit dem Lagebericht und dem Prüfungsbericht des Abschlußprüfers unverzüglich nach Eingang des Prüfungsberichts vorzulegen. Hat die Gesellschaft einen Aufsichtsrat, so ist dessen Bericht über das Ergebnis seiner Prüfung ebenfalls unverzüglich vorzulegen.

(2) Die Gesellschafter haben spätestens bis zum Ablauf der ersten acht Monate oder, wenn es sich um eine kleine Gesellschaft handelt (§ 267 Abs. 1 des Handelsgesetzbuchs), bis zum Ablauf der ersten elf Monate des Geschäftsjahrs über die Feststellung des Jahresabschlusses und über die Ergebnisverwendung zu beschließen. Der Gesellschaftsvertrag kann die Frist nicht verlängern. Auf den Jahresabschluß sind bei der Feststellung die für seine Aufstellung geltenden Vorschriften anzuwenden.

(3) Hat ein Abschlußprüfer den Jahresabschluß geprüft, so hat er auf Verlangen eines Gesellschafters an den Verhandlungen über die Feststellung des Jahresabschlusses teilzunehmen.

(4) Ist die Gesellschaft zur Aufstellung eines Konzernabschlusses und eines Konzernlageberichts verpflichtet, so sind die Absätze 1 bis 3 entsprechend anzuwenden. Das Gleiche gilt hinsichtlich eines Einzelabschlusses nach § 325 Abs. 2a des Handelsgesetzbuchs, wenn die Gesellschafter die Offenlegung eines solchen beschlossen haben.

Literatur

Adler/Düring/Schmaltz, Rechnungslegung und Prüfung der Unternehmen, Kommentar zum HGB, AktG, GmbHG, PublG nach den Vorschriften des Bilanzrichtlinien-Gesetzes, 6. Auflage 1994 ff.; *Brete/Thomsen*, Nichtigkeit und Heilung von Jahresabschlüssen der GmbH, GmbHR 2008, 176; *Heuser/Theile*, Auswirkungen des Bilanzrechtsreformgesetzes auf den Jahresabschluss und den Lagebericht der GmbH, GmbHR 2005, 201; *van Venrooy*, Feststellung von GmbH-Jahresabschlüssen, GmbHR 2003, 125; *Wimmer*, Die zivil- und steuerrechtlichen Folgen mangelhafter Jahresabschlüsse bei GmbH und KG, DStR 1997, 1931.

A. Allgemeines

1 § 42a regelt das Verfahren und insbesondere die Kompetenzverteilung bei der Aufstellung eines Jahresabschlusses einer GmbH. Die Regelung steht damit in engem Zusammenhang mit § 29, der die materiellen Vorgaben der Gewinnverteilung enthält. Der Ablauf des Verfahrens im Einzelnen hängt neben der Größenklasse der Gesellschaft (siehe § 42 Rn. 20) davon ab, ob die Gesellschaft über einen Aufsichtsrat verfügt (siehe § 52 Rn. 52 ff.) und ob die Prüfung des Jahresabschlusses durch einen Abschlussprüfer vorgeschrieben ist (siehe Rn. 6).

B. Inhalt der Regelung

I. Aufstellung, Prüfung und Vorlage des Jahresabschlusses (Abs. 1)

1. Aufstellung und Vorlage (Abs. 1 Satz 1)

Die Aufstellung eines Jahresabschlusses umfasst die gesamte Tätigkeit der Zusammenstellung eines in sich geschlossenen Zahlenwerks, das den Anforderungen des Bilanzrechts genügt. Die Verpflichtung, einen handelsrechtlichen Jahresabschluss aufzustellen, ergibt sich einschließlich der hierfür vorgeschriebenen Fristen (siehe Rn. 13) bereits aus § 264 HGB. Die Aufstellung des Jahresabschlusses ist mit der Unterzeichnung durch die Geschäftsführer gem. § 245 HGB abgeschlossen.[1] Zur höchstpersönlichen Unterzeichnung sind sämtliche Geschäftsführer einschließlich etwaiger Stellvertreter[2] verpflichtet; eine gegenseitige Ermächtigung scheidet aus. Auf die gesellschaftsvertraglich oder im Bestellungsbeschluss geregelte Vertretungsbefugnis kommt es nicht an.[3] 2

> ! Auch eine Vollmacht der Gesellschaft oder des Geschäftsführers genügt hier nicht.[4] Kann ein Geschäftsführer z.B. wegen Gebrechlichkeit die Bilanz nicht mehr unterzeichnen, so hilft nur die Abberufung des Geschäftsführers. Für diese Abberufung kann eine Vorsorgevollmacht des Gesellschafter-Geschäftsführers durchaus verwendet werden (siehe „Nachfolgeplanung", S. 907 ff., Rn. 48).

Wird der Jahresabschluss anschließend von der Gesellschafterversammlung in geänderter Fassung festgestellt, sind die Geschäftsführer zur erneuten Unterzeichnung verpflichtet.[5] Sie übernehmen damit auch Verantwortung für die geänderten Ansätze.[6]

Die Geschäftsführer sind anschließend verpflichtet, die für die Feststellung des Jahresabschlusses erforderlichen Unterlagen vorzulegen. Dabei umfasst die Vorlagepflicht den Jahresabschluss i.S.v. §§ 242, 264 HGB (Bilanz, Gewinn- und Verlustrechnung sowie Anhang), einen eventuellen Lagebericht (§ 264 HGB) und ggf. den Prüfungsbericht des Abschlussprüfers und den Bericht des Aufsichtsrats. Nicht vorzulegen sind dagegen die gesamten Buchführungsunterlagen sowie ein Gewinnverwendungsvorschlag. 3

> ! Mit Einführung des sog. Halbeinkünfteverfahrens werden thesaurierte und ausgeschüttete Gewinne gleich besteuert, sodass der Gewinnverwendungsbeschluss keine Auswirkung mehr auf die Handelsbilanz und die dort zu bildenden Steuerrückstellungen hat.[7] Ein Gewinnverwendungsvorschlag i.S.v. § 278 HGB ist danach nur noch erforderlich, soweit Altgewinne aus der Zeit vor dem Inkrafttreten der Reform verwendet werden sollen; vgl. hierzu die Neuregelung der §§ 37 f. KStG durch das Jahressteuergesetz 2008.

Diese Unterlagen sind jedenfalls dem Organ vorzulegen, das über die Feststellung des Jahresabschlusses zu beschließen hat, also regelmäßig den Gesellschaftern. Ob daneben die Gesellschafter auch dann einen Vorlageanspruch haben, wenn satzungsgemäß der **Aufsichtsrat** über die Feststellung beschließt, ist umstritten. Richtigerweise besteht die unaufgeforderte Vorlagepflicht nur, 4

1 Baumbach/Hopt/*Merkt*, § 245 HGB Rn. 2; Ebenroth/Boujong/Joost/Strohn/*Wiedmann*, § 245 HGB Rn. 8.
2 Rowedder/Schmidt-Leithoff/*Tiedchen*, § 41 Rn. 113; Ebenroth/Boujong/Joost/Strohn/*Wiedmann*, § 245 HGB Rn. 8.
3 Roth/Altmeppen/*Altmeppen*, § 42a Rn. 7.
4 Ebenso *Adler/Düring/Schmaltz*, § 245 HGB Rn. 13a; a.A. Ebenroth/Boujong/Joost/Strohn//*Wiedmann*, § 245 HGB Rn. 9 für den Fall der Verhinderung aus wichtigem Grund.
5 *Schiffers*, in: Gosch/Schwedhelm/Spiegelberger, S. J1.
6 Roth/Altmeppen/*Altmeppen*, § 42a Rn. 11.
7 Zur Berechnung der Körperschaftsteuerrückstellung vgl. *Brinkmeier*, in: Gosch/Schwedhelm/Spiegelberger, S. K68 f.

wenn die Gesellschafter die Unterlagen zu einer gesetzlich vorgeschriebenen Beschlussfassung benötigen. Soweit die Gesellschafter die Unterlagen nur zu Kontrollzwecken einsehen wollen, können und müssen sie ihre Rechte nach § 51a geltend machen.[8]

! „Vorlegen" in diesem Sinne bedeutet, dass die Unterlagen zugänglich gemacht werden müssen. Die Auslage zur Einsichtnahme mit Verschaffung einer Möglichkeit, sich Kopien zu fertigen, genügt dafür.

5 Die Möglichkeiten der Gesellschafter, die Aufstellung und Vorlage eines Jahresabschlusses zu erzwingen, sind zwar vorhanden, aber nicht effektiv. Praktisch bleibt den Gesellschaftern im Streitfalle nur die Möglichkeit, die Geschäftsführer abzuberufen.[9] Daneben drohen den Geschäftsführen öffentlich-rechtliche Sanktionen wie Bußgelder (§ 335 HGB) oder im Insolvenzfall strafrechtliche Sanktionen (§ 283 StGB), deren Verhängung allerdings nicht in der Macht der Gesellschafter steht.

2. Prüfung (Abs. 1 Satz 2)

6 Der Jahresabschluss einer prüfungspflichtigen Gesellschaft kann erst wirksam festgestellt werden, nachdem er von einem Abschlussprüfer geprüft worden ist. Dies betrifft stets die großen und mittelgroßen GmbHs (§ 316 HGB); die kleinen GmbHs hingegen nur dann, wenn die Prüfungspflicht in der Satzung ausdrücklich vorgesehen ist (freiwillige Prüfung). Zulässige Abschlussprüfer sind bei großen GmbHs nur Wirtschaftsprüfer oder Wirtschaftsprüfungsgesellschaften, bei mittleren GmbHs auch Buchprüfer oder Buchprüfungsgesellschaften (§ 319 Abs. 1 HGB). Mangels anderweitiger Satzungsbestimmung wird der Abschlussprüfer durch die Gesellschafterversammlung bestimmt und erhält anschließend durch die Geschäftsführung den Prüfungsauftrag (§ 318 Abs. 1 HGB).

7 Wesentliches Ziel der Prüfung ist gem. § 317 HGB die Feststellung, ob der Jahresabschluss entsprechend § 264 Abs. 2 HGB ein den tatsächlichen Verhältnissen der Gesellschaft entsprechendes Bild vermittelt. Das Ergebnis wird in einem Prüfungsbericht (§ 321 HGB) und zusammenfassend in einem Bestätigungs- bzw. Versagungsvermerk (§ 322 HGB) dargestellt. Entscheidend für das weitere Verfahren bei der Gesellschaft ist dabei lediglich, dass eine Prüfung stattgefunden hat. Auch ein negatives Prüfungsergebnis (Versagungsvermerk) ändert nichts daran, dass – theoretisch – der Jahresabschluss festgestellt und ein Gewinnverteilungsbeschluss gefasst werden kann.[10]

! Den Geschäftsführern droht dann allerdings – wenn die Zweifel des Prüfers berechtigt sind – die Strafbarkeit nach § 331 HGB, weshalb die Gesellschaft tatsächlich nicht um einer Änderung des Abschlusses umhinkommt.

3. Aufsichtsrat (Abs. 1 Satz 3)

8 Sofern eine GmbH über einen Aufsichtsrat verfügt (siehe § 52), ist auch dieser zwingend[11] in das Verfahren zur Aufstellung des Jahresabschlusses eingebunden, allerdings kraft Gesetzes nur im Rahmen seiner **Kontrollfunktion** (§ 52, § 171 AktG). Aufsichtsrat in diesem Sinne ist nur ein Gremium, das satzungsmäßig eingerichtet ist und eine Überwachungsfunktion wahrnimmt, unabhängig von der Bezeichnung.[12] Die Feststellung des Jahresabschlusses obliegt grundsätzlich, auch in mitbestimmten Gesellschaften, der Gesellschafterversammlung (siehe Rn. 12).

---

8 Im Ergebnis ebenso: Rowedder/Schmidt-Leithoff/*Tiedchen*, § 42a Rn. 8; Scholz/*Crezelius*, § 42a Rn. 7; a.A. Baumbach/Hueck/*Haas*, § 42a Rn. 5; Lutter/Hommelhoff/*Hommelhoff*, § 42a Rn. 9; ergebnisoffen: Roth/Altmeppen/*Altmeppen*, § 42a Rn. 30.

9 Rowedder/Schmidt-Leithoff/*Tiedchen*, § 42a Rn. 12.

10 Ebenroth/Boujong/Joost/Strohn//*Wiedmann*, § 322 HGB Rn. 6; Rowedder/Schmidt-Leithoff/*Tiedchen*, § 42a Rn. 47.

11 Rowedder/Schmidt-Leithoff/*Tiedchen*, § 42a Rn. 60.

12 Scholz/*Crezelius*, § 42a Rn. 26.

! Bei Bestehen eines Aufsichtsrats, dem die Feststellung des Jahresabschlusses nicht satzungsmäßig übertragen ist, gelten folgende Besonderheiten:

- Der Jahresabschluss und der Lagebericht sind dem Aufsichtsrat zur Prüfung vorzulegen (§ 171 AktG).
- Der Prüfungsbericht des Abschlussprüfers ist ebenfalls dem Aufsichtsrat zuzuleiten (§ 321 Abs. 5 Satz 2 HGB).
- Der Abschlussprüfer ist zur Teilnahme an Aufsichtsratssitzungen verpflichtet (siehe Rn. 18).
- Der Prüfungsbericht des Aufsichtsrats ist den Gesellschaftern vorzulegen (Abs. 1 Satz 3).

II. Feststellung des Jahresabschlusses (Abs. 2)

1. Feststellung und Ergebnisverwendung

Über die Feststellung des Jahresabschlusses und die Ergebnisverwendung sind grundsätzlich zwei eigenständige Beschlüsse zu fassen. Da jedoch im gesetzlichen Regelfall beide Beschlüsse durch die Gesellschafterversammlung zu fassen sind, ist eine formale Trennung nicht zwingend erforderlich.[13] Mit Feststellung wird der Jahresabschluss zu einem bindenden Rechtsverhältnis der Gesellschaft nach innen und außen. Von dem Ergebnis der Feststellung werden die Gewinnansprüche der Gesellschafter (§ 29) und etwaige gewinnabhängige Ansprüche Dritter (Tantiemen etc.) abgeleitet. Änderungen des Jahresabschlusses sind anschließend nur noch eingeschränkt möglich.[14] **9**

Der konkrete Gewinnauszahlungsanspruch der Gesellschafter entsteht hingegen nach § 29 erst aufgrund eines Ergebnisverwendungsbeschlusses. Beide Beschlüsse überschneiden sich jedoch inhaltlich, wenn bereits die Bilanz unter (teilweiser) Berücksichtigung der Ergebnisverwendung aufgestellt wird (§§ 268 Abs. 1 Satz 2, 270 Abs. 2 HGB). In diesem Fall ist das Ergebnis des abgelaufenen Geschäftsjahrs aus der Bilanz nicht mehr unmittelbar ersichtlich. **10**

! Die Begriffspaare Jahresüberschuss/-fehlbetrag und Bilanzgewinn/-verlust stehen zueinander in dem aus § 158 AktG ersichtlichen Verhältnis:

Jahresüberschuss/-fehlbetrag
\+ Gewinnvortrag aus Vorjahren
./.Verlustvortrag aus Vorjahren
\+ Entnahmen aus Rücklagen[15]
./.Einstellungen in Rücklagen
= Bilanzgewinn/-verlust

Die Gewinnverwendung kann bereits vollständig im Jahresabschluss vorweggenommen werden; ein eigener Verwendungsbeschluss erübrigt sich dann. **11**

13 Roth/Altmeppen/*Altmeppen*, § 29 Rn. 16.
14 Einzelheiten bei Rowedder/Schmidt-Leithoff/*Tiedchen*, § 42a Rn. 71.
15 Dieser Punkt ist allerdings nicht unstreitig (siehe Rn. 11 und Fn. 16).

> Aus Gründen der Praktikabilität empfiehlt es sich aber, nur die Einstellungen in gesetzlich oder satzungsmäßig vorgeschriebene Rücklagen sowie die Auflösung von Rücklagen[16] in den Jahresabschluss aufzunehmen.
>
> Die Entscheidung über die Ausschüttung und den weiteren Vortrag des verbleibenden Bilanzgewinns kann dann als Verwendungsbeschluss flexibler (auch stufenweise je nach weiterer Entwicklung) getroffen werden.

2. Zuständigkeit

12 Sowohl der Feststellungs- als auch der Ergebnisverwendungsbeschluss sind von der Gesellschafterversammlung zu fassen.[17] Diese Funktion kann jedoch gem. § 45 Abs. 3 auf den Aufsichtsrat oder einen gesonderten Ausschuss übertragen werden.[18] In diesem Fall geht die Kompetenz zur Bildung freiwilliger Rücklagen nicht auf das zur Ergebnisfeststellung berufene Organ über.[19] Die Kompetenzübertragung beseitigt auch nicht das Recht eines jeden Gesellschafters, fehlerhafte Jahresabschlüsse und Ergebnisverwendungsbeschlüsse anzufechten.[20] Die gesellschaftsrechtliche Kompetenzverteilung ist für die Steuerbilanz nicht maßgeblich; eine solche ist durch Beifügung zur Steuererklärung der Gesellschaft wirksam, auch wenn die Handelsbilanz noch nicht wirksam durch die Gesellschafterversammlung festgestellt worden ist.[21]

3. Frist

13 Der Feststellungsbeschluss und der Ergebnisverwendungsbeschluss müssen innerhalb der Fristen des Abs. 2 Satz 1 (für kleine Gesellschaften elf Monate, ansonsten acht Monate nach Ende des Geschäftsjahrs) gefasst werden. Eine satzungsmäßige Verkürzung der Fristen ist zulässig (Abs. 2 Satz 2), jedoch keine Verlängerung. Eine Sanktion bei Fristüberschreitung ist nicht vorgesehen, es handelt sich lediglich um Verpflichtungen im Innenverhältnis der Gesellschaft. Die **Publizitätspflicht** (§ 325 HGB) knüpft hingegen nicht an die Feststellung, sondern an die Vorlage des Jahresabschlusses an. Etwaige Änderungen, die sich nach der Veröffentlichung im Rahmen der Prüfung und Feststellung ergeben haben, sind nachträglich zu publizieren.

> Für kleinere Gesellschaften erscheint es daher zweckmäßig, den vorgelegten Abschluss unverzüglich festzustellen und sodann den festgestellten Abschluss zu publizieren.[22]

4. Inhalt

14 Für den **Feststellungsbeschluss** gelten die inhaltlichen Vorgaben des materiellen Bilanzrechts uneingeschränkt (Abs. 2 Satz 3), d.h., die Gesellschafterversammlung muss einen Jahresabschluss feststellen, der den gesetzlichen Vorgaben entspricht. Der Lagebericht ist nicht Bestandteil des Jahresabschlusses und daher auch nicht formal festzustellen. Etwaige diesbezügliche Änderungswünsche können die Gesellschafter hier nur im Wege einer Weisung an die Geschäftsführung geltend machen. Der festgestellte Jahresabschluss beinhaltet auch im Innenverhältnis Gesellschaft/Gesellschafter eine Beweiswirkung: Da die Bilanzansätze auch ein positives oder negatives Schuldanerkenntnis enthalten, sind die Beteiligten untereinander später an diese Ansätze gebunden.[23]

---

16 Dies empfiehlt sich im Hinblick darauf, dass die genaue Einordnung der Rücklagenauflösung umstritten ist. Ein Teil der Literatur sieht in einem dahin gehenden Beschluss eine Bilanzänderung, die ggf. eine Nachtragsprüfung erfordert, vgl. Rowedder/Schmidt-Leithoff/*Tiedchen*, § 42a Rn. 86 m.w.N.

17 Rowedder/Schmidt-Leithoff/*Tiedchen*, § 42a Rn. 63.

18 Zur Frage, ob diese Aufgabe auch auf die Geschäftsführung übertragen werden kann, vgl. Scholz/*Crezelius*, § 42a Rn. 35.

19 Roth/Altmeppen/*Altmeppen*, § 29 Rn. 18.

20 Rowedder/Schmidt-Leithoff/*Tiedchen*, § 42a Rn. 92.

21 BFH BStBl. II 2008, 916.

22 Ebenso Roth/Altmeppen/*Altmeppen*, § 42a Rn. 36.

23 BGH GmbHR 2009, 712.

Demgegenüber enthält das Gesetz nur wenige inhaltliche Vorgaben bezüglich des **Ergebnisverwendungsbeschlusses**. Lediglich das Stammkapital der Gesellschaft darf nicht angetastet werden (§ 30 Abs. 1); verstößt die Ergebnisverteilung hiergegen, sind die ausgezahlten Beträge nach § 31 zurückzuzahlen. Weitere Einschränkungen ergeben sich bei der Auflösung gesetzlich oder gesellschaftsvertraglich vorgeschriebener Rücklagen. Schließlich kann insbesondere ein Thesaurierungsbeschluss u.U. von einem Minderheitsgesellschafter wegen Verstoßes gegen die Treuepflicht angefochten werden. 15

5. Fehlerhafte Beschlüsse

Das GmbHG enthält keine eigenen Bestimmungen über die Rechtsfolgen fehlerhafter Jahresabschlüsse. Daher wird hierfür § 256 AktG entsprechend herangezogen. Danach führen in erster Linie zur Nichtigkeit: 16

- Verstoß gegen gläubigerschützende Buchungs- und Ansatzvorschriften (Überbewertung der Aktiva/Unterbewertung der Passiva)
- unterlassene Pflichtprüfung
- Verstoß gegen gesetzliche Vorschriften zur Rücklagenbildung[24]

Weniger schwerwiegende Fehler führen wie bei der AG lediglich zur Anfechtbarkeit des Feststellungsbeschlusses (siehe § 47 Rn. 33 ff.). Erhebt ein Gesellschafter eine Anfechtungsklage, kann der Jahresabschluss gerichtlich für (unheilbar) nichtig erklärt werden.

Verstöße gegen Gläubigerschutzvorschriften sind nach Ablauf von drei Jahren, sonstige Verstöße nach Ablauf von sechs Monaten ab Bekanntmachung des Jahresabschlusses geheilt (vgl. § 256 Abs. 6 AktG), sofern keine Klage auf Feststellung der Nichtigkeit erhoben wird. Nicht heilbar ist die Nichtigkeit wegen unterlassener Pflichtprüfung.[25] Die Nichtigkeit des Jahresabschlusses führt auch zur Nichtigkeit des darauf beruhenden Ergebnisverwendungsbeschlusses; dieser nimmt jedoch ebenso an einer späteren Heilung teil. 17

III. Teilnahme des Abschlussprüfers (Abs. 3)

Das Recht eines Gesellschafters, die Teilnahme des Abschlussprüfers bei der Verhandlung über die Feststellung des Jahresabschlusses zu verlangen, ist unabdingbar.[26] Es besteht ausweislich des Wortlauts auch im Fall einer freiwilligen Abschlussprüfung.[27] Die Ladung des Abschlussprüfers erfolgt über die Geschäftsführung, die hierfür auf Verlangen eines Gesellschafters zu sorgen hat. 18

Die Teilnahmepflicht erschöpft sich nicht in der physischen Präsenz des Abschlussprüfers, sondern umfasst auch einen Auskunftsanspruch des Gesellschafters. Soweit die an den Abschlussprüfer gerichteten Fragen die Interessen Dritter berühren, kann und muss er die Auskunft nach § 323 Abs. 1 HGB verweigern. Soweit die Interessen der Gesellschaft berührt sind, kann nach der vorzugswürdigen Auffassung die Gesellschafterversammlung analog § 51a Abs. 2 Satz 2 über die Auskunftsverweigerung beschließen.[28] Verstöße gegen die Teilnahmepflicht sowie die Erteilung unrichtiger bzw. unvollständiger Auskünfte führen zur Anfechtbarkeit des Jahresabschlusses. 19

24 Anders als bei der AG soll der Verstoß gegen Satzungsbestimmungen zur Rücklagenbildung nur zur Anfechtbarkeit führen, vgl. Rowedder/Schmidt-Leithoff/*Tiedchen*, § 42a Rn. 77.

25 Übersicht zu Nichtigkeitsgründen und Heilungsmöglichkeiten bei *Brete/Thomsen*, GmbHR 2008, 176, 183.

26 Eine Ausnahme stellt die Kompetenzübertragung für die Feststellung des Jahresabschlusses auf ein anderes Organ dar; das Recht geht dann auf dessen Mitglieder über, vgl. Rowedder/Schmidt-Leithoff/*Tiedchen*, § 42a Rn. 99; a.A. Lutter/Hommelhoff/*Hommelhoff*, § 42a Rn. 35.

27 Rowedder/Schmidt-Leithoff/*Tiedchen*, § 42a Rn. 96 m.w.N.

28 Ebenso Rowedder/Schmidt-Leithoff/*Tiedchen*, § 42a Rn. 101; a.A. Scholz/*Crezelius*, § 42a Rn. 54, der ein eigenes und von Beschlüssen der Gesellschafter unabhängiges Auskunftsverweigerungsrecht im Interesse der Gesellschaft annimmt.

IV. Konzernabschluss (Abs. 4)

20 Die Aufstellung eines Konzernabschlusses durch die Organe einer GmbH als Mutterunternehmen richtet sich seit der Neufassung durch Art. 3 Abs. 3 des Transparenz- und Publizitätsgesetzes (TraPuG) vom 19.7.2002 vollumfänglich nach den vorstehend dargestellten Regeln (zum Konzernbegriff siehe „GmbH-Konzernrecht", S. 1029 ff., Rn. 3 ff.) Im Gegensatz zum früheren Recht bedarf es auch hier eines formalen Feststellungsbeschlusses, wobei die Gesellschafter des Mutterunternehmens auch Änderungen am Konzernabschluss vornehmen können.

C. Weitere praktische Hinweise

21 **Wichtige Erleichterungen für kleine und mittelgroße Kapitalgesellschaften:**

	Erleichterungen für kleine Kapitalgesellschaften	Regelungen für mittelgroße Kapitalgesellschaften
Bilanzaufstellung		
• Gliederungstiefe	2 Ebenen	3 Ebenen
• Frist für Aufstellung	6 Monate	3 Monate
• Frist für Feststellung	11 Monate	8 Monate
• Anhang	deutlich verkürzter Anhang (§ 288 Satz 1 HGB)	leicht verkürzter Anhang (§ 288 Satz 2 HGB)
Lagebericht	nicht verpflichtend	verpflichtend; aber vereinfacht (§ 289 Abs. 3 HGB)
Inhalt		
• Bilanzierung	§ 274a HGB	
• latente Steuern	Wahlrecht	nach BilMoG kein Wahlrecht mehr
• GuV	§ 276 Satz 1 und 2 HGB	§ 276 Satz 1 HGB
Abschlussprüfung	nicht verpflichtend	auch durch Buchprüfer/BP-Gesellschaften
Publizität	ohne GuV, verkürzter Anhang	verkürzte Bilanz, verkürzter Anhang

D. Muster

Muster: Satzungsbestimmung über die Ergebnisfeststellung in einer kleinen Mehr-Personen-GmbH (ohne Aufsichtsrat und Prüfungspflicht) 22

33

(1) Die Geschäftsführung hat innerhalb der in § 264 HGB genannten Frist den Jahresabschluss aufzustellen und anschließend der Gesellschafterversammlung zur Beschlussfassung vorzulegen.

(2) Über die Verwendung des Jahresüberschusses entscheidet die Gesellschafterversammlung. Jeder Gesellschafter kann verlangen, dass mindestens 50 % des Jahresüberschusses ausgeschüttet werden. Ein Anspruch auf Teil- oder Vollausschüttung besteht im Übrigen nur insoweit, als nicht die Gesellschafterversammlung mit einfacher Mehrheit beschließt, Beträge in Gewinnrücklagen einzustellen oder als Gewinn vorzutragen.

(3) Der auszuschüttende Jahresüberschuss ist im Verhältnis der Geschäftsanteile unter den Gesellschaftern zu verteilen.

(4) Vorabausschüttungen sind zulässig, wenn ein entsprechender Jahresüberschuss mit Sicherheit vorhanden ist.

§ 43 Haftung der Geschäftsführer

(1) Die Geschäftsführer haben in den Angelegenheiten der Gesellschaft die Sorgfalt eines ordentlichen Geschäftsmannes anzuwenden.

(2) Geschäftsführer, welche ihre Obliegenheiten verletzen, haften der Gesellschaft solidarisch für den entstandenen Schaden.

(3) Insbesondere sind sie zum Ersatz verpflichtet, wenn den Bestimmungen des § 30 zuwider Zahlungen aus dem zur Erhaltung des Stammkapitals erforderlichen Vermögen der Gesellschaft gemacht oder den Bestimmungen des § 33 zuwider eigene Geschäftsanteile der Gesellschaft erworben worden sind. Auf den Ersatzanspruch finden die Bestimmungen in § 9b Abs. 1 entsprechende Anwendung. Soweit der Ersatz zur Befriedigung der Gläubiger der Gesellschaft erforderlich ist, wird die Verpflichtung der Geschäftsführer dadurch nicht aufgehoben, dass dieselben in Befolgung eines Beschlusses der Gesellschafter gehandelt haben.

(4) Die Ansprüche auf Grund der vorstehenden Bestimmungen verjähren in fünf Jahren.

Literatur

Dollmann, Haftung gemäß § 43 GmbHG, Verjährung von Regressansprüchen im Innenverhältnis, GmbHR 2004, 1330; *Ebert*, Folgepflicht und Haftung der GmbH-Geschäftsführer, GmbHR 2003, 444; *Fleck*, GmbHR 1997, 237 ff.; *Fleischer*, Zur Verantwortlichkeit einzelner Vorstandsmitglieder bei Kollegialentscheidungen im Aktienrecht, BB 2004, 2645; *Fleischer*, Aktienrechtliche Legalitätspflicht und „nützliche" Pflichtverletzungen von Vorstandsmitgliedern, ZIP 2005, 141 ff.; *Fleischer*, Zur Verantwortlichkeit einzelner Vorstandsmitglieder bei Kollegialentscheidungen im Aktienrecht, BB 2004, 2645 ff.; *Fleischer*, Zur Einschränkbarkeit der Geschäftsführerhaftung in der GmbH, BB 2011, 2435 ff.; *Fleischer*, Das unternehmerische Ermessen des GmbH-Geschäftsführers und seine GmbH-spezifischen Grenzen, NZG 2011, 521 ff.; *Gaul*, Information und Vertraulichkeit der Aufsichtsratsmitglieder einer GmbH, GmbHR 1986, 296 ff.; *Jula*, Geschäftsführerhaftung gemäß § 43 GmbHG, Minimierung der Risiken durch Regelungen im Anstellungsvertrag, GmbHR 2001, 806; *Jousson*, Der Sorgfaltsmaßstab des § 43 I GmbHG, GmbHR 2005, 441; *Lange*, Geschäftsleiterpflicht zur Sicherstellung risikoadäquaten Versicherungsschutzes, DStR 2002, 1626; *Laub*, Grenzen der Spendenkompetenz des Vorstands AG 2002, 308; *Ries/Peiniger*, Haftung und Versicherung von Managern, 2007; *Strohn/Simon,* Haftungsfallen für Gesellschafter und Geschäftsführer im Recht der GmbH- Aktuelle Rechtsprechung, Beratungs- und Gestaltungspraxis, GmbHR 2010, 1181 ff.; *Werner*, Sorgfaltspflicht des Geschäftsführers bei Unternehmensakquisitionen, GmbHR 2007, 678.

A. Allgemeines

I. Einordnung und Verhältnis zu anderen Anspruchsgrundlagen

Die Vorschrift stellt bei eigenen[1] schuldhaften Pflichtverletzungen von Geschäftsführern eine **allgemeine Anspruchsgrundlage für Schadensersatzansprüche der Gesellschaft gegen die Geschäftsführer** (sog. Innenhaftung) dar. Die Haftung besteht bereits im Gründungsstadium und umfasst daher auch Maßnahmen vor der Eintragung der Gesellschaft in das Handelsregister.[2] Für eine Haftung im Innenverhältnis ist als maßgeblicher Pflichtenstandard die Sorgfalt eines ordentlichen Kaufmanns normiert. Grundlage für die Haftung ist die organschaftliche Pflichtenbindung der Geschäftsführer gegenüber der Gesellschaft. Die Schadensersatzhaftung der Geschäftsführer wird dabei **unabhängig vom Bestehen eines Anstellungsverhältnisses** statuiert.[3] Fehlt ein Anstellungsvertrag[4], liegt eine Drittanstellung vor[5] oder enthält der Anstellungsvertrag von den gesetzlichen Vorgaben abweichende Bestimmungen[6], kann trotzdem eine Haftung aufgrund der selbstständigen Regelung nach § 43 bestehen. 1

Eine **Haftung** nach Abs. 2 kann allerdings durch die Satzung[7] der GmbH **begrenzt oder abgeändert** werden.[8] Eine Abänderung durch einfachen Gesellschafterbeschluss oder den Anstellungsvertrag ist jedoch nicht möglich.[9] Eine Haftung für Vorsatz kann nicht im Voraus ausgeschlossen werden.[10] Nicht zur Disposition der Parteien hingegen steht Abs. 3 Satz 1, welcher Zuwiderhandlungen gegen § 30 (Auszahlungsverbot) und § 33 (Verbot des Erwerbs eigener Anteile) erfasst.[11] Der Anspruch aus Abs. 2 konkurriert mit dem Anspruch aus § 64 Abs. 1 (Verbot von Zahlungen der Geschäftsführer an Gläubiger der Gesellschaft nach Eintritt der Zahlungsunfähigkeit der Gesellschaft oder nach Feststellung der Überschuldung bzw. an Gesellschafter, soweit diese zur Zahlungsunfähigkeit der Gesellschaft führen mussten, es sei denn, dies war auch bei Beachtung der für einen Geschäftsführer gebotenen Sorgfalt nicht erkennbar). Mit Ansprüchen der Gesellschaft aus Deliktsrecht besteht ebenfalls Anspruchskonkurrenz, so z.B. bei einer Haftung aus unerlaubter Handlung aufgrund der Verletzung eines Schutzgesetzes gem. § 823 Abs. 2 BGB i.V.m. §§ 263 (Betrug), 266 (Untreue) StGB oder bei vorsätzlicher sittenwidriger Schädigung nach § 826 BGB. 2

Verdrängt wird eine Haftung nach Abs. 2 von einer Haftung nach §§ 9a, 57 Abs. 4 wegen fehlerhafter Angaben bei der Gründung bzw. der Kapitalerhöhung. Diese gehen als Spezialregelungen vor. Eine mögliche – neben der Haftung aus Abs. 2 stehende – Haftung aus dem Anstellungsvertrag geht in der Haftung aus Abs. 2 auf. Gleiches gilt für eine Haftung aus angemaßter Eigengeschäftsführung gem. § 687 Abs. 2 BGB. 3

---

1 BGH NJW 1974, 1371.
2 BGH NJW 1994, 2027.
3 MüHdb-GesR-III/*Marsch-Barner*/*Diekmann*, S. 919, Rn. 5.
4 BGH GmbHR 2002, 1197, 1198.
5 Siehe Fn. 6.
6 Zur Auslegung von Anstellungsverträgen: Ulmer/Habersack/Winter/*Paefgen*, § 35 Rn. 140.
7 Baumbach/Hueck/*Zöllner*/*Noack*, § 43 Rn. 5.
8 Vom BGH entschieden für die Verkürzung von Verjährungsfristen: BGH NJW 2002, 3777 f.; Geltung auch für andere Haftungserleichterungen: *Jousson*, GmbHR 2005, 441, 447; *Jula*, GmbHR 2001, 806, 808.
9 MüHdb-GesR-III/*Marsch-Barner*/*Diekmann*, S. 919, Rn. 4.
10 Baumbach/Hueck/*Zöllner*/*Noack*, § 43 Rn. 5 und 46.
11 Ulmer/Habersack/Winter/*Paefgen*, § 43 Rn. 7.

II. Aufbau

4 **Abs. 1** legt in Abänderung des allgemeinen Sorgfaltsmaßstabs aus § 276 Abs. 2 BGB den für einen Geschäftsführer geltenden Pflichtenstandard fest. **Abs. 2** erklärt allgemein die Haftung der Geschäftsführer gegenüber der Gesellschaft und in Ausnahmefällen auch gegenüber den Gesellschaftern und Dritten. **Abs. 3 Satz 1** hingegen enthält eine besondere Schadensersatzpflicht[12] im Hinblick auf Verstöße gegen § 30 (Auszahlungsverbot) und § 33 (Verbot des Erwerbs eigener Anteile), welche unter verschärfte Haftung gestellt werden. **Abs. 4** beinhaltet eine gesonderte Verjährungsregelung.

III. Regelungszweck

5 Als allgemeine Haftungsgrundlage im GmbH-Recht regelt die Vorschrift die aus der organschaftlichen Pflichtenbindung des Geschäftsführers resultierende Haftung des Geschäftsführers gegenüber der Gesellschaft unter Festlegung eines besonderen Pflichtenmaßstabs. Grundlage der Haftung ist dabei die Berufung in das Amt. Der Auffangtatbestand stellt sicher, dass der Geschäftsführer aufgrund seiner durch die Berufung erlangten Stellung für Pflichtverletzungen, begangen bei der Ausführung seiner Tätigkeit als Mitglied des Organs, einzustehen hat. Einen weiter gehenden Schutzzweck verfolgen die Sondertatbestände des Abs. 3; die hier aufgeführten Verschärfungen sollen der Erhaltung des Stammkapitals dienen und somit die Gesellschaft und die Gesellschafter schützen. Ferner werden als Reflex ebenfalls die Gläubiger der Gesellschaft geschützt.

IV. Gesetzesbegründung

6 Im Wesentlichen besteht der Paragraph seit dem Jahr 1892 in nahezu unveränderter Form. Ziel damals wie heute ist es, den Schutz von Gesellschaft und Gesellschaftern gegenüber den Geschäftsführern zu statuieren und diesen ein Instrument zur Geltendmachung etwaiger Schadensersatzansprüche an die Hand zu geben. Reflexartig sollten auch die Gläubiger durch die Möglichkeit der Haftung der Geschäftsführer für Pflichtverletzungen geschützt werden. Ein Reformvorhaben aus dem Jahr 1971, bei welchem die Regelungen des § 43 durch eine eng an den Text der Vorschrift des § 93 AktG angelehnte Norm ersetzt werden sollten, scheiterte. Die GmbH-Novelle 1980 brachte lediglich die Anpassung des Abs. 3 (§ 9b Abs. 1 statt § 9 Abs. 2) mit sich. Auch das Gesetz zur Modernisierung des GmbH-Rechts und zur Bekämpfung von Missbräuchen (MoMiG) lässt die seitherige Fassung von § 43 unberührt.

B. Inhalt der Regelung

I. Sorgfaltsmaßstab (Abs. 1)

1. Umfang des Sorgfaltsmaßstabs

7 Der Geschäftsführer hat nach Abs. 1 in Angelegenheiten der Gesellschaft die **Sorgfalt eines ordentlichen Geschäftsmanns** anzuwenden. Dieser objektivierte Verschuldensmaßstab entspricht der Regelung in § 93 AktG (Sorgfalt eines ordentlichen und gewissenhaften Geschäftsleiters) und verpflichtet den Geschäftsführer, sich wie ein **selbstständiger treuhänderischer Verwalter fremden Vermögens** in einer leitenden Position zu verhalten.[13] Er ist streng von dem in § 276 Abs. 1 BGB normierten Verschuldensmaßstab, bei dem es um die verkehrsübliche Sorgfalt geht, sowie von der Sorgfalt eines ordentlichen Kaufmanns aus § 374 Abs. 1 HGB zu unterscheiden. Ebenso scheidet die Übertragung des Sorgfaltsmaßstabs aus § 708 BGB – auch im Hinblick auf den Gesellschafter-Geschäftsführer – aus, denn der Maßstab der eigenüblichen Sorgfalt aus § 708 BGB wird dem objektivierten Maßstab des Abs. 1 nicht gerecht.[14]

---

12 Nach ganz überwiegender Meinung erfolgt die Einordnung als besonderer Schadensersatzanspruch, vgl. BGHZ 122, 336, 340; Baumbach/Hueck/*Zöllner/Noack*, § 43 Rn. 48.

13 Lutter/Hommelhoff/*Hommelhoff/Kleindiek*, § 43 Rn. 6.

14 BGHZ 75, 321, 327.

Allerdings steht dem Geschäftsführer bei der Erfüllung seiner Aufgaben **unternehmerisches Ermessen** zu.[15] Eine Haftung kommt erst in Betracht, wenn die Grenzen von verantwortungsbewusstem unternehmerischem Handeln deutlich überschritten sind.[16] Das Risiko einer verantwortungsvoll getroffenen, wenngleich fehlerhaften geschäftlichen Entscheidung trägt die Gesellschaft und nicht der Geschäftsführer.[17] Jedoch darf der Geschäftsführer bei Fehlen von erforderlichen Fähigkeiten und Kenntnissen das Amt nicht antreten[18] bzw. muss es bei deren späteren Wegfall niederlegen. Die Geschäftsführer müssen dabei grundsätzlich die für ihr Amt erforderlichen Fähigkeiten und Kenntnisse aufweisen und bei Fehlen für diese einstehen.[19] Eine Geltendmachung des Einwands, die übrigen Geschäftsführer hätten die vorliegende Unerfahrenheit ausgleichen müssen, ist dem betroffenen Geschäftsführer verwehrt.[20] Ein Mitverschulden kommt hierbei nur in Betracht, wenn die übrigen Gesellschafter wussten oder wissen mussten, dass auf Seiten des Geschäftsführers erforderliche Qualifikationen fehlen. Bei der Ermittlung des konkret anzuwendenden Sorgfaltsmaßstabs sind die Verhältnisse des jeweiligen Unternehmens, wie Gegenstand, Größe, Situation des Einzelfalls sowie besondere Aufgaben des jeweiligen Geschäftsführers, zu beachten.[21] Hierbei kommen dem Geschäftsführer Haftungserleichterungen nach arbeitsrechtlichen Grundregeln nicht zugute.[22] Ebenso sind Erleichterungen abzulehnen, wenn die GmbH einen Idealzweck (gemeinnützige Tätigkeit) verfolgt.[23] 8

2. Adressaten des Sorgfaltsmaßstabs

Erfasst werden neben Pflichtverletzungen von Geschäftsführen auch solche von **stellvertretenden Geschäftsführern** nach § 44 und gerichtlich bestellten **Notstandsgeschäftsführern**, § 29 BGB gilt analog.[24] Ferner sind auch **ehrenamtliche Geschäftsführer** nicht von der Haftung ausgeschlossen.[25] Für ehrenamtliche sowie für nebenamtliche Geschäftsführer gilt allerdings ein eingeschränkter Sorgfaltsmaßstab.[26] Eine fehlerhafte Bestellung des Geschäftsführers ist hierbei unschädlich, solange der Geschäftsführer geschäftsfähig ist und das Amt angenommen hat oder mit Kenntnis der Gesellschaft tatsächlich ausübt.[27] Fehlt ein Bestellungsakt gänzlich, so kann eine Haftung aus Abs. 2 denjenigen treffen, der die Geschäfte tatsächlich führt. Voraussetzung ist, dass eine natürliche Person handelt, welche nach außen für die Gesellschaft tätig wird.[28] Das nach außen hervortretende Handeln muss der Geschäftsführung üblicherweise zugerechnet werden können.[29] In diesen Fällen spricht man von **faktischer Geschäftsführung**. Ferner haftet auch der **Strohmann-Geschäftsführer**; dabei ist jedoch eine Geltendmachung der Haftung durch den Hintermann als rechtsmissbräuchlich anzusehen .[30] 9

3. Einteilung der Pflichten

Um die dem Geschäftsführer auferlegten Pflichten zu konkretisieren, sind einerseits die gesetzlichen Vorgaben und solche, die sich aus Statut ergeben, heranzuziehen; andererseits ist die Pflicht des Geschäftsführers, im Gesellschaftsinteresse zu handeln, zu berücksichtigen.[31] Trifft man danach eine Einteilung der Pflichten, dann lassen sich diese in **Sorgfalts- und in Treuepflichten** 10

15 BGHZ 135, 244, 25.
16 BGHZ a.a.O.
17 Roth/Altmeppen/*Altmeppen*, § 43 Rn. 8.f.
18 BFH GmbHR 2000, 1211, 1212 f.
19 MüHdb-GesR-III/*Marsch-Barner/Diekmann*, S. 922, Rn. 13.
20 BGH NJW 1983, 1856, 1857.
21 BGH NJW 1995, 1290, 1291.
22 *Jousson*, GmbHR 2005, 441, 447.
23 Baumbach/*Zöllner/Noack*, § 43 Rn. 9.
24 Ulmer/Habersack/Winter/*Paefgen*, § 43 Rn. 11.
25 BGH DStR 2004, 513, 515.
26 MüHdb-GesR-III/*Marsch-Barner/Diekmann*, S. 922, Rn. 12.
27 BGHZ 129, 30 ff.
28 BGHZ 150, 61, 68 ff.; BGH ZIP 2005, 1414 f.
29 Baumbach/Hueck/*Zöllner/Noack*, § 35 Rn. 9.
30 Baumbach/Hueck/*Zöllner/Noack*, § 43 Rn. 2.
31 BGHZ 21, 354, 357.

untergliedern. Nach den zum Aktienrecht entwickelten Grundsätzen lässt sich auch zwischen **gebundenen Entscheidungen** und **unternehmerischen Entscheidungen** trennen. Diese in § 93 Abs. 1 Satz 2 AktG für die Aktiengesellschaft eingeführte Regelung[32] basiert auf dem amerikanischen Leitbild der **Business Judgment Rule**[33]. Sie besagt, dass unternehmerische Entscheidungen, sofern der Geschäftsführer sich nicht in einem Loyalitätskonflikt befindet und basierend auf der Grundlage von angemessenen Informationen gehandelt hat, der gerichtlichen Überprüfung entzogen sind. Eine entsprechende Regelung im GmbH-Recht fehlt.[34] Jedoch ist eine Übertragung aufgrund der vergleichbaren Interessenlage möglich (vgl. die Rechtsprechung zum unternehmerischen Ermessen, Rn. 8). Dass im GmbH-Recht gewisse Besonderheiten zu berücksichtigen sind, steht einem Analogieschluss nicht entgegen. [35]

4. Einzelne Pflichten

a) Allgemeine Pflichten des Geschäftsführers

11 Das Handeln des Geschäftsführers muss sich am wirtschaftlichen Wohl der Gesellschaft und am Gesellschaftszweck orientieren. Der Geschäftsführer muss immer die Vorgaben der Rechtsordnung beachten, rechtlich unzulässige Geschäfte unterlassen, öffentlich-rechtliche Pflichten erfüllen, den Weisungen der Gesellschafter als korporationsrechtliche Vorgaben nachkommen (§ 37 Abs. 1) und ggf. deren Zustimmung bei ungewöhnlichen Geschäften einholen.[36] Ferner muss der Geschäftsführer den Kompetenzvorschriften der gesellschaftsrechtlichen Organisationsverfassung folgen; hierbei ist keine Exkulpation durch Berufung auf Ermessen möglich.[37] Anhaltspunkte für die Beurteilung bieten Regelwerke, wie die Grundsätze der **Corporate Governance**[38] oder die **Due Diligence,** welche sich hauptsächlich mit Pflichten im Zusammenhang mit Unternehmenskäufen befassen.[39] Besonders zu beachten sind insbesondere die **Grundsätze der ordnungsgemäßen Unternehmensführung**. Sie beinhalten sowohl die ordnungsgemäße Leitung wie auch die ordnungsgemäße Überwachung. Die Geschäftsführung hat durch eine sorgfältige Auswahl und Überwachung der Mitarbeiter sicherzustellen, dass diese für das Unternehmen rechts- und satzungsmäßig sowie im Interesse der Gesellschaft handeln. Hierzu ist bei größeren Unternehmen eine sog. Compliance Organisation einzuführen, die für die Einhaltung dieser Grundsätze verantwortlich ist.

Ferner sind Grundlagen aus den entsprechenden Sachbereichen, wie z.B. die Grundsätze der ordnungsgemäßen Abschlussprüfung, zu berücksichtigen.

12 Immer zu unterlassen sind **existenzbedrohende Unternehmungen**. Die Schaffung unverhältnismäßiger Risiken hat grundsätzlich zu unterbleiben. Allerdings sind bei unverhältnismäßigen Risiken die Gewinnchancen gegenüberzustellen und es ist eine Abwägung vorzunehmen. Danach können **riskante Geschäfte** als pflichtgemäß eingestuft werden, wenn einem in Abwägung geringfügig anzusehenden Risiko eine hohe Gewinnchance gegenübersteht oder die Gesellschafter ihre Zustimmung erteilt haben. Hegt der Geschäftsführer Bedenken, muss er diese vorbringen. Zudem ist er verpflichtet, die Gesellschafter angemessen zu informieren. Auch muss der Geschäftsführer die zu treffende Entscheidung sorgfältig vorbereiten und alle abwägungsrelevanten Belange sowie alle Entscheidungsalternativen prüfen[40] und die anerkannten Erfahrungssätze der betreffenden Branche beachten[41].

---

32 Durch das Gesetz zur Unternehmensintegrität und Modernisierung des Anfechtungsrechts (UMAG) im Jahr 2005 eingeführt.
33 *Werner*, GmbHR 2007, 678.
34 *Strohn/Simon*, GmbHR 2010, 1181, 1185.
35 *Fleischer*, NZG 2011, 521, 523.
36 Lutter/Hommelhoff/*Hommelhoff/Kleindiek*, § 43 Rn. 8.
37 BGH NJW 1997, 741, 742.
38 Vgl. Empfehlungen in § 161 AktG.
39 Baumbach/*Zöllner/Noack*, § 43 Rn. 19.
40 Baumbach/*Zöllner/Noack*, § 43 Rn. 22.
41 BGH ZIP 2002, 213, 214.

Maßnahmen der Geschäftsführung 13

- sind unter Berücksichtigung ihrer Bedeutung für die Gesellschaft ordnungsgemäß unter Einholung aller wesentlichen Informationen vorzubereiten;
- müssen den gesetzlichen, satzungsmäßigen, dienstvertraglichen oder sonstigen für die Geschäftsführung bindenden Regelungen (z.B. Beschlüsse) entsprechen; bei unklaren Rechtsverhältnissen hat die Geschäftsführung qualifizierten Rechtsrat einzuholen;
- sind unter Einhaltung der Grundsätze einer ordnungsgemäßen Unternehmensführung zu treffen und durchzuführen;
- sind als unternehmerische Entscheidung unter sorgfältiger Abwägung der Chancen und Risiken für die Gesellschaft vorzunehmen;
- in Zweifelsfällen durch die Gesellschafterversammlung bzw. das zuständige Gremium (z.B. Beirat) zu genehmigen (siehe Rn. 42 ff.).

b) Kontrollpflichten des Geschäftsführers

Der einzelne Geschäftsführer ist für sein Handeln verantwortlich. Ihm obliegt bei der Besorgung seiner Pflichten eine **umfassende Allzuständigkeit**. Bei **mehreren Geschäftsführern** haftet dem Grundsatz nach der handelnde Geschäftsführer. Wurde eine Aufgabe allerdings pflichtwidrig delegiert, haftet der Delegierende uneingeschränkt für das Handeln des Tätigwerdenden.[42] Eine formlose, durch die Geschäftsführer vorgenommene Aufteilung, welche nicht ihre Grundlage in der Satzung der Gesellschaft oder in der Zustimmung der Gesellschafter findet, lässt die Gesamtverantwortlichkeit der Geschäftsführer unberührt.[43] Aus dieser Pflicht der Gesamtverantwortung der Geschäftsführer für die Geschäfte der Gesellschaft resultiert die **Pflicht der Zusammenarbeit und gegenseitigen Information**, um eine Überwachung und Kontrolle der Geschäftsführer untereinander zu ermöglichen.[44] Eine so erkannte Pflichtverletzung muss der Geschäftsführer dem Geschäftsführergremium mitteilen.[45] Hat ein Geschäftsführer seine **Überwachungspflicht** verletzt, dann haftet er nach Abs. 2 auch in dem Fall, in dem eine unmittelbare Beteiligung an der begangenen Pflichtverletzung nicht vorliegt.[46] Aus der Pflicht zur wechselseitigen Kontrolle folgt für den Geschäftsführer eine **Pflicht zum Einschreiten**, wenn offensichtlich ist, dass eine ordnungsgemäße Erfüllung der Aufgaben nicht mehr gewährleistet ist.[47] Dem Geschäftsführer ist es verwehrt, sich damit zu entlasten, dass ihm erforderliche Informationen von anderen Abteilungen (Ressorts) vorenthalten wurden.[48] Werden ihm Informationen verweigert, dann steht ihm das **Recht der fristlosen Kündigung und Amtsniederlegung** zu.[49] 14

c) Verschwiegenheitspflicht

Eine Verschwiegenheitspflicht wird in § 43 nicht ausdrücklich angeordnet.[50] Ihr Bestehen ist jedoch anerkannt und wird in § 85 Abs. 1 (Straftatbestand für Verletzung der Geheimhaltungspflicht) vorausgesetzt. Läuft die Preisgabe von nicht offenkundigen Tatsachen dem Willen der Gesellschaft zuwider oder wirkt sie sich nachteilig für die Gesellschaft aus[51], dann besteht für den Geschäftsführer eine Pflicht, die relevanten Informationen geheim zu halten.[52] So darf durch den 15

42 Roth/Altmeppen/*Altmeppen*, § 43 Rn. 21.
43 BGH GmbHR 1990, 298 f.
44 Ulmer/Habersack/Winter/*Paefgen*, § 43 Rn. 26.
45 BGH GmbHR 2004, 302, 304.
46 MüHdb-GesR-III/*Marsch-Barner/Diekmann*, S. 920, Rn. 8.
47 BGHZ 136, 370, 377 f.; BGH NJW 2001, 969, 971 (Umfang der Überwachungspflichten).
48 BGH NJW-RR 1995, 690.
49 BGH ZIP 1995, 1334, 1336.
50 Anders im AktG, vgl. § 93 Abs. 1 Satz 2.
51 Nach h.M. beurteilt sich das Geheimhaltungsinteresse sowohl subjektiv wie auch objektiv; BGHZ 64, 325, 329.
52 Roth/Altmeppen/*Altmeppen*, § 43 Rn. 25.

Geschäftsführer im Rahmen einer Due Diligence nur Einsicht in Unternehmensinterna gewährt werden, wenn ein einstimmiger Gesellschafterbeschluss vorliegt.[53] Unerheblich ist, ob der Geschäftsführer das Geschäftsgeheimnis im Rahmen seiner Tätigkeit oder privat erfahren hat.[54] Begrenzt wird die Verschwiegenheitspflicht durch **gesetzliche Pflichten zur Offenlegung**. Eine solche kann z.B. gegenüber dem Gesellschafterausschuss oder einem sonstigen Gesellschaftsorgan bestehen, gegenüber dem der Geschäftsführer entweder nach dem Gesetz oder nach der Satzung zur Auskunft verpflichtet ist.[55] Gleiches gilt für **Offenlegungspflichten gegenüber Behörden**, wie bspw. Steuerbehörden.[56] Ferner wird eine Verschwiegenheitspflicht seitens des Geschäftsführers abgelehnt, wenn ein **Schweigen** für ihn **unzumutbar** ist[57], so z.B. wenn sich der Geschäftsführer gegenüber der Gesellschaft hinsichtlich eines ihm vorgeworfenen Pflichtverstoßes verteidigen muss. Da die Verschwiegenheitspflicht die Interessen der Gesellschaft fördern soll, kann sie aufgrund eines übergeordneten Gesellschaftsinteresses auch hinter diese zurücktreten.[58]

Die Verschwiegenheitspflicht besteht auch noch umfassend nach Beendigung der Amtszeit weiter; einer ausdrücklichen Vereinbarung bedarf es dazu nicht.[59]

16 Im **Zivilprozess** hat der amtierende Geschäftsführer, der die Gesellschaft nach § 35 Abs. 1 vertritt, die Möglichkeit, die Vernehmung zur Wahrung von Geschäftsgeheimnissen abzulehnen (§ 446 ZPO). Ausgeschiedene Geschäftsführer, die als Zeugen vernommen werden dürfen, können aufgrund des Nachwirkens der Verschwiegenheitspflicht gem. § 384 Nr. 3 ZPO die Aussage verweigern. Im **Vollstreckungsverfahren** hingegen muss der Geschäftsführer ggf. nach § 807 ZPO Geheimnisse offenbaren. Ferner bestehen Auskunfts- und Mitwirkungspflichten im **Insolvenzverfahren**, siehe §§ 22 Abs. 3 Satz 3, 97 ff., 101 Abs. 1 Satz 1 und Satz 2, Abs. 2 InsO.

d) Treuepflicht

17 Die Figur der Treuepflicht wurde durch die Rechtsprechung im Zuge der Rechtsfortbildung entwickelt.[60] Sie basiert auf der Pflicht des Geschäftsführers, als treuhänderischer Verwalter mit dem Vermögen der Gesellschaft im Gesellschaftsinteresse umzugehen. Die Einhaltung der Treupflicht ist in vollem Umfang gerichtlich überprüfbar.[61] Um eine Kontrolle durch die Gesellschaft zu ermöglichen, muss der Geschäftsführer mögliche **Interessenkonflikte offenlegen**.

e) Transparenzgebot und Interessenkollision

18 Eine allgemeine Schranke, welche Interessenkonflikten entgegenwirkt, ist § 181 BGB. Dieser verbietet In-sich-Geschäfte. Dem Geschäftsführer ist es danach untersagt, mit sich selbst als Vertreter der Gesellschaft zu kontrahieren.

19 Neben dieser allgemeinen Regelung wird dem Geschäftsführer die **Pflicht zur Vermeidung von Interessenkollisionen** auferlegt. Um sich die aus dem unternehmerischen Ermessensspielraum erwachsenden Vorteile zu sichern, muss der Geschäftsführer **Interessenkonflikte** gegenüber kontrollbefugten Organen und gegenüber den Gesellschaftern **offenlegen**. Verletzt er diese Obliegenheit, dann entfällt das ansonsten vorliegende Haftungsprivileg bei unternehmerischen Entscheidungen.[62] Nur wenn eine vollständige Offenlegung stattgefunden hat, hat ein das Verhalten des Geschäftsführers billigender Beschluss haftungsbefreiende Wirkung.[63] Bei unvollständiger oder ausbleibender Offenlegung ist die Entscheidung des Geschäftsführers voll gerichtlich überprüfbar.

---

53 Lutter/Hommelhoff/*Hommelhoff/Kleindiek*, § 43 Rn. 14.
54 Ulmer/Habersack/Winter/*Paefgen*, § 43 Rn. 75.
55 Lutter/Hommelhoff/*Hommelhoff/Kleindiek*, § 43 Rn. 13.
56 Ulmer/Habersack/Winter/*Paefgen*, § 43 Rn. 79.
57 *Gaul*, GmbHR 1986, 296, 299.
58 BGHZ 64, 325, 327.
59 BGHZ 91, 1, 6.
60 BGHZ 10, 187, 102; 49, 30; BGH GmbHR 1977, 43, 44.
61 Ulmer/Habersack/Winter/*Paefgen*, § 43 Rn. 35.
62 Ulmer/Habersack/Winter/*Paefgen*, § 43 Rn. 51.
63 Michalski/*Haas*, § 43 Rn. 125.

f) Verbot der Ausnutzung der Organstellung

Dem Geschäftsführer ist es verboten, sich selbst oder einen Dritten im Zuge seiner Organtätigkeit zu begünstigen. Bei einer **Selbstbegünstigung** verschafft sich der Geschäftsführer eigene Vorteile, auf die er keinen Anspruch hat. Einen treuwidrigen Verstoß stellt hier z.B. die **Annahme von Geld- und Sachwerten** im Zusammenhang mit einem Geschäftsabschluss dar.[64] Diese müsste der Geschäftsführer an die Gesellschaft nach § 667 BGB abführen. **Drittbegünstigung** ist z.B. bei der Kreditgewährung an einen Verwandten anzunehmen, wenn dieser als kreditunwürdig gilt. Von dem Geschäftsführer getätigte Geschäfte sind hierbei einem **Drittvergleich** zu unterziehen. Bei diesem ist anhand objektiver Kriterien die Angemessenheit von Leistung und Gegenleistung festzustellen und eine Vereinbarkeit des Geschäfts mit den Interessen der Gesellschaft zu ermitteln. Sowohl die Angemessenheit wie auch die Vereinbarkeit sind in einem gerichtlichen Verfahren voll überprüfbar.[65] 20

Ebenfalls aus der Treuepflicht resultiert das Verbot für den Geschäftsführer, ihm übertragene Befugnisse zu gesellschaftsfremden Zwecken auszunutzen. Demnach darf der Geschäftsführer **Spenden**, welche den Unternehmenszweck nicht fördern, nicht tätigen. Aufgrund der Förderung des Ansehens der Gesellschaft ist allerdings die Hingabe von Spenden nicht per se treuewidrig.[66] Ist die Entscheidung über die Erteilung von Spenden nicht ausdrücklich den Gesellschaftern als Gremium vorbehalten, dann steht dem Geschäftsführer ein unternehmerischer Ermessensspielraum zu.[67] Bei **Vergütungsentscheidungen** ist zu berücksichtigen, dass diese nicht lediglich belohnenden Charakter aufweisen dürfen, sondern von diesen eine **Anreizwirkung** dahin gehend ausgehen muss, dass zukünftige Leistungen belohnt werden.[68] 21

g) Wettbewerbsverbot

Das Wettbewerbsverbot soll zum einen der Gesellschaft die **Loyalität des Geschäftsführers** sichern und zum anderen soll die **Arbeitskraft des Geschäftsführers** ungeteilt der Gesellschaft zugute kommen.[69] Der Geschäftsführer ist verpflichtet, Vorteile der Gesellschaft zu wahren und Geschäftschancen im Interesse der Gesellschaft und nicht für sich selbst oder nahestehende Dritte zu nutzen.[70] Der Adressatenkreis des Wettbewerbsverbots deckt sich mit dem des Sorgfaltsmaßstabs (vgl. Rn. 9); eine Ausnahme wird lediglich in Bezug auf die **Ein-Personen-Gesellschaft** anerkannt, da bei dieser ein schützenswertes eigenständiges Gesellschaftsinteresse nicht gegeben ist.[71] 22

Das Wettbewerbsverbot besteht, sobald der Geschäftsführer wirksam die Berufung in sein Amt annimmt oder bei einer fehlerhaften Bestellung mit tatsächlichem Tätigwerden als Geschäftsführer. Mit dem Ende der Organstellung des Geschäftsführers endet auch das Wettbewerbsverbot, ein Nachwirken des Verbots kann jedoch vereinbart werden.[72] 23

Das Wettbewerbsverbot umfasst ein **Tätigkeitsverbot**, wenn die zusätzliche Betätigung den Einsatz des Geschäftsführers für die Gesellschaft verringert; die Branche, in der die andere Gesellschaft agiert, spielt hierbei keine Rolle. Auch nichtkaufmännische, gewerbliche und freiberufliche Tätigkeiten sowie das Arbeiten in Auslandsgesellschaften sind erfasst.[73] Trifft der Geschäftsführer ledig- 24

64 BGH DStR 1997, 1735.
65 Ulmer/Habersack/Winter/*Paefgen*, § 43 Rn. 35b.
66 BGHZ 23, 150, 157; BGHSt 47, 187, 193 ff.
67 *Laub*, AG 2002, 308, 312 ff.
68 Siehe „Mannesmann"-Entscheidung des BGH (NJW 2006, 522, 524); Rspr. bezüglich der AG auf GmbH übertragbar.
69 BGH NZG 2001, 800, 801 für eine analoge Anwendung der §§ 88 Abs. 1 Satz 1 Alt. 1 und Satz 2 AktG bezüglich der Arbeitskraft; BGH NJW 2001, 2476 für eine analoge Anwendung des § 88 Abs. 1 Satz 1 Alt. 2 AktG im Hinblick auf die Loyalität.
70 Zur Einordnung von Geschäftschancen siehe Ulmer/Habersack/Winter/*Paefgen*, § 43 Rn. 45.
71 BGHZ 142, 92, 95.
72 Roth/Altmeppen/*Altmeppen*, § 43 Rn. 32.
73 Ulmer/Habersack/Winter/*Paefgen*, § 43 Rn. 41.

lich **vorbereitende Handlungen** aufgrund eines Ausscheidens in absehbarer Zeit, wie das Anmieten von Räumen und den Kauf von Waren[74] oder die Beantragung einer Berufszulassung[75], und wird dadurch der Arbeitseinsatz für die Gesellschaft nicht geschmälert, dann sind diese zulässig.[76] Sind die vorgenommenen Vorbereitungshandlungen auf den Aufbau eines Konkurrenzunternehmens gerichtet, sind diese aufgrund des Wettbewerbsverbots unzulässig. Durch das Wettbewerbsverbot untersagt sind auf Gewinnerzielung ausgerichtete Geschäfte im Geschäftszweig der Gesellschaft. Nicht erfasst werden Geschäfte zur privaten Bedürfnisbefriedigung. Entscheidend ist bei dem Abschluss von Geschäften immer, inwiefern ein möglicher Interessenkonflikt für den Geschäftsführer bestehen könnte. Sobald mit der Beteiligung an anderen Gesellschaften die Möglichkeit der **unternehmerischen Einflussnahme** gegeben ist, wie z.B. der Geschäftsleiter einer Kapitalgesellschaft oder andere leitende Positionen, auch bei ausländischen Unternehmen, handelt es sich um ein verbotenes Geschäft.[77] Beteiligungen ohne die Möglichkeit der Einflussnahme als Kommanditist, Minderheitsgesellschafter oder stiller Gesellschafter fallen nicht unter das Wettbewerbsverbot.[78]

Neben der Betätigung im Geschäftszweig der Gesellschaft fällt auch das **Vermitteln von Geschäften** sowie das Tätigwerden als Handelsmakler, Handelsvertreter oder Kommissionär unter das Wettbewerbsverbot.[79]

25 Eine **Befreiung** des Geschäftsführers vom Wettbewerbsverbot ist grundsätzlich möglich.[80] Die Voraussetzungen sind jedoch im Einzelnen umstritten.[81] Überwiegend wird angenommen, dass eine generelle Befreiung der Satzungsänderung bedarf, wohingegen für eine Befreiung im Einzelfall ein Gesellschafterbeschluss ausreicht.[82]

26 Verstößt ein Gesellschafter-Geschäftsführer gegen das mitgliedschaftliche Wettbewerbsverbot, dann kann in diesem Handeln in **steuerrechtlicher Hinsicht** eine **verdeckte Gewinnausschüttung** liegen; dies ist z.B. anzunehmen, wenn eine gewinnverzeichnende GmbH ein lukratives Geschäft auf eine verlustverzeichnende Tochtergesellschaft überleitet.[83] In derartigen Fällen ist eine Einzelfallentscheidung zu treffen, ob die Geschäftschance von der Gesellschaft genutzt werden muss oder ob sie dem Gesellschafter-Geschäftsführer überlassen werden darf. Bei einem Fremdgeschäftsführer stellt sich die Problematik mangels Gesellschafterstellung nicht.

h) Überwachung von Tochtergesellschaften

27 Im Konzern wird die einheitliche Leitung durch die Holding und damit deren Geschäftsführer ausgeübt. Hierbei steht es im freien unternehmerischen Ermessen, ob die Konzernleitung zentral oder dezentral ausgeübt wird.

Erfolgt die Leitung des Konzerns dezentral – somit unter weitgehendem eigenverantwortlichen Handeln der Geschäftsführung der Tochtergesellschaft – kann sich die Holding-Geschäftsführung auf wesentliche Maßnahmen der Unternehmensleitung beschränken. Grundlegend und unabdingbar bleibt jedoch ein Risiko- und Informationsmanagement, wonach sich die Holding-Geschäftsführung regelmäßig über die finanzielle, personelle und geschäftliche Entwicklung der Tochtergesellschaft zu informieren und bei erkennbaren Defiziten ihre Kontroll- und Eingriffsfunktion auszuüben hat.

---

74 *Fleischer*, AG 2003, 336, 337.
75 BAG BB 1958, 76.
76 OLG Frankfurt, AG 2000, 1038, 1039 f.
77 BGHZ 89, 162, 170.
78 Scholz/*Schneider*, § 43 Rn. 129.
79 OLG Köln, NZG 1999, 1008 f.
80 Lutter/Hommelhoff/*Hommelhoff/Kleindiek;* Anh. § 6 Rn. 23.
81 Siehe zum Streitstand Ulmer/Habersack/Winter/*Paefgen*, § 43 Rn. 47.
82 Baumbach/Hueck/*Zöllner/Noack*, § 35 Rn. 43.
83 BFH GmbHR 2003, 183, 184 f.

II. Haftung (Abs. 2)

Begehen Geschäftsführer einer Gesellschaft schuldhaft eine Pflichtwidrigkeit, dann haften sie der Gesellschaft für den hieraus entstehenden Schaden. Sind mehrere Geschäftsführer beteiligt, so haften diese solidarisch. 28

Voraussetzungen für eine Haftung:

1. Pflichtverletzung (vgl. Rn. 11 ff.)
2. Verschulden (vgl. Rn. 29 ff.)
3. Schaden (vgl. Rn. 33 ff.)
4. Ursächlicher Zusammenhang zwischen schuldhafter Pflichtverletzung und Schaden (vgl. Rn. 39)

1. Verschulden

Der **objektive Verschuldensmaßstab** richtet sich nach der allgemeinen Regelung des § 276 Abs. 1 BGB und umfasst dementsprechend Fahrlässigkeit und Vorsatz. Fehlt dem Geschäftsführer daher das Bewusstsein, pflichtwidrig zu handeln, so haftet er trotzdem nach den Grundsätzen der Fahrlässigkeit, wenn er die im Verkehr erforderliche Sorgfalt außer Acht gelassen hat.[84] Das Verschulden muss lediglich in Bezug auf die Pflichtverletzung bestehen; auf den Schadenseintritt braucht es sich nicht zu erstrecken.[85] Wendet der Geschäftsführer ein, der Schadenseintritt sei nicht vorhersehbar gewesen, so berührt das folglich eine Haftung aufgrund von Fahrlässigkeit nicht. Das Fehlen von Umständen, die in der Person des Geschäftsführers liegen, wie Ausbildung, Kenntnisse etc., entlastet den Geschäftsführer nicht im Hinblick auf den Verschuldensvorwurf.[86] Gleiches gilt für die Pflichtwidrigkeit (vgl. Rn. 7 f.). Verschulden und Pflichtwidrigkeit decken sich daher meist. 29

Ein Verschulden kann abzulehnen sein, wenn der Geschäftsführer in plötzlich auftretenden Situationen, die ein **sofortiges Handeln** verlangen, agiert, obwohl zuvor eine Beratung aufgrund mangelnder eigener Kenntnis nötig gewesen wäre. Dies ist vor allem bei **Rechtsirrtümern** von Bedeutung, wenn eine vorherige Rechtsberatung unterblieben ist.[87] Zu untersuchen ist dann, ob dem Geschäftsführer mangelnde Organisation vorzuwerfen ist. Auch kann ein Rechtsirrtum entschuldbar sein, wenn zwar eine externe Beratung stattgefunden hat, diese jedoch fehlerhaft war.[88] Konnte der Geschäftsführer aufgrund einer fehlerhaften Information nicht erkennen, dass eine von ihm ausgeführte Weisung nichtig war, dann liegt ein entschuldbarer Rechtsirrtum vor. Ignoriert der Geschäftsführer dagegen lediglich eine bestimmte Pflicht, ist ihm Fahrlässigkeit anzulasten. 30

Den Einwand des **Mitverschuldens** der Gesellschaft etwa durch Angestellte[89] oder andere Organe[90] kann der Geschäftsführer nicht erheben. Ebenso kann sich der Geschäftsführer nicht auf ein Mitverschulden eines anderen Geschäftsführers berufen.[91] Dies folgt aus der solidarischen Haftung der Geschäftsführer nach Abs. 2, nach welcher die Geschäftsführer als Gesamtschuldner gem. §§ 421 ff. BGB für den Schaden einzustehen haben (vgl. Ausführungen unter Rn. 40 f.). Eine Anwendung von § 254 BGB ist bei Mitgeschäftsführern daher nicht möglich. Wohl aber kann der Geschäftsführer den Einwand von Mitverschulden erheben, wenn die Pflichtverletzung auf einer rechtswidrigen Weisung der Gesellschafterversammlung oder eines anderen weisungsbefugten Organs beruht.[92] Zu denken ist hierbei auch an eine mögliche Entlastung (vgl. Rn. 65 ff.). Überwa- 31

84 Ulmer/Habersack/Winter/*Paefgen*, § 43 Rn. 86.
85 Baumbach/Hueck/*Zöllner/Noack*, § 43 Rn. 12.
86 OLG Düsseldorf, AG 1997, 231, 235.
87 Baumbach/Hueck/*Zöllner/Noack*, § 43 Rn. 13.
88 BGHZ 89, 296, 303.
89 Roth/Altmeppen/*Altmeppen*, § 43 Rn. 108.
90 BGH NJW 1983, 1856 f.
91 Baumbach/Hueck/*Zöllner/Noack*, § 43 Rn. 45.
92 Ulmer/Habersack/Winter/*Paefgen*, § 43 Rn. 90.

chungsverschulden eines anderen Organs für eigene Handlungen kann der Geschäftsführer niemals einwenden.[93] Allerdings kann der Geschäftsführer Mitverschulden aus § 254 BGB geltend machen, wenn das zuständige Gesellschaftsorgan einen ungeeigneten Mitgeschäftsführer einstellt und diesen nicht ordnungsgemäß überwacht.[94] In Bezug auf die eigene Person ist dem Geschäftsführer dieser Einwand jedoch verwehrt.[95] Der Einwand des Mitverschuldens von Vorgängern ist ausgeschlossen, wenn dem Geschäftsführer entgegenzuhalten ist, dass er bei Antritt seines Amts die Fehler des Vorgängers pflichtwidrig nicht aufgedeckt hat.[96]

32 Pflichtverletzungen anderer Mitgeschäftsführer oder von Angestellten werden dem Geschäftsführer weder über § 278 BGB (Zurechnung des Verhaltens von Erfüllungsgehilfen) noch über § 831 BGB (Haftung für Verrichtungsgehilfen) zugerechnet.

2. Schaden

33 Grundsatz für eine Haftung des Geschäftsführers ist, dass ein Schaden vorliegt. Ist eine Pflichtwidrigkeit gegeben, fehlt jedoch ein Schaden, dann haftet der Geschäftsführer nicht.[97] Verwendet der Geschäftsführer z.B. pflichtwidrig Gelder, welche entsprechend gesetzlicher Bestimmung zur Begleichung von Werklohnforderungen von Bauhandwerkern bestimmt sind, um andere Schulden der Gesellschaft zu begleichen, dann entsteht der Gesellschaft kein ersatzfähiger Schaden.[98]

Entscheidend für die **Berechnung des Schadens** ist der Zeitpunkt der Schadensfeststellung. Im Prozess ist dies der **Zeitpunkt der letzten mündlichen Verhandlung**.[99]

34 Die Berechnung findet nach den allgemeinen Regeln der §§ 249 ff. BGB im Wege der sog. **Differenzhypothese** statt. Zu vergleichen ist hierbei einerseits der Wert des Vermögens der Gesellschaft ohne das auf einer Pflichtwidrigkeit beruhende schädigende Ereignis und andererseits der Wert unter Berücksichtigung des auf einer Pflichtwidrigkeit beruhenden schädigenden Ereignisses, somit:

	Vermögenswert der Gesellschaft ohne schädigendes Ereignis
–	Vermögenswert unter Berücksichtigung des schädigenden Ereignisses
=	Schaden

35 Bei der Schadenshöhe, die grundsätzlich von der Gesellschaft als Anspruchsteller nachzuweisen ist, ergeben sich in der Praxis erhebliche Probleme, insbesondere bei der Feststellung, wie sich der Vermögenswert der Gesellschaft ohne das schädigende Ereignis entwickelt hätte. Hat der Geschäftsführer z.B. pflichtwidrig Tochtergesellschaften veräußert, so muss im Prozess unter anderem die Vermögenslage der Gesellschaft im Zeitpunkt der letzten mündlichen Verhandlung unter Berücksichtigung der hypothetischen Nichtveräußerung dieser Beteiligung – somit also deren konkrete Wertentwicklung – dargetan werden.

Auch wenn insoweit der Gesellschaft bei der gerichtlichen Geltendmachung die Erleichterung des § 287 ZPO (Schätzung des Gerichts) hinsichtlich der Schadenshöhe zugute kommt,[100] verbleibt ein erhebliches Prozessrisiko der Gesellschaft.

36 Die Differenzhypothese ist ferner dahin gehend zu korrigieren, dass sich die Gesellschaft Gegenleistungen von Dritten aus einem pflichtwidrig getätigten Geschäft nicht anrechnen lassen muss, ansonsten würde der Gesellschaft ein derartiges Geschäft aufgedrängt werden.[101] Basieren Verluste allerdings auf pflichtwidrigen Spekulationen, dann muss sich die Gesellschaft die erlangten

93 BGH NJW 1983, 1856 f.
94 Roth/Altmeppen/*Altmeppen*, § 43 Rn. 108.
95 BGH NJW 1983, 1856 f.
96 BGH DStR 1993, 1637, 1638.
97 Lutter/Hommelhoff/*Hommelhoff/Kleindiek*, § 43 Rn. 37.
98 BGH NJW-RR 1994, 806.
99 Baumbach/Hueck/*Zöllner/Noack*, § 43 Rn. 15.
100 BGHZ 152, 280, 283.
101 Ulmer/Habersack/Winter/*Paefgen*, § 43 Rn. 94.

Vorteile im Wege der Vorteilsausgleichung anrechnen lassen.[102] Dem Geschäftsführer steht im Fall einer Haftung ein Recht auf Herausgabe der Gegenleistung bzw. Abtretung des Anspruchs aus § 255 BGB zu.[103] Zu ersetzen sind dabei auch nach § 252 BGB **entgangene Vorteile**.[104] Wird das Gesellschaftsvermögen belastet, ohne dass eine adäquate Gegenleistung zufließt, liegt ebenfalls ein Schaden vor.[105]

Nimmt ein **Dritter** die Gesellschaft aufgrund der Pflichtwidrigkeit des Geschäftsführers in Anspruch, dann stellt der zu zahlende Haftungsbetrag den Schaden dar.[106] So auch, wenn die Gesellschaft nach § 31 BGB für eine unerlaubte Handlung des Geschäftsführers haftet, die dieser im Zusammenhang mit seiner Tätigkeit begangen hat. Dem Geschäftsführer steht dann kein Regressanspruch zu, § 840 Abs. 2 Alt. 1 BGB analog.[107] Bis zur Geltendmachung des Anspruchs durch den Dritten steht der Gesellschaft ein Anspruch auf Befreiung von der Verbindlichkeit gegen den Geschäftsführer zu. Erhebt die Gesellschaft Ansprüche gegen Dritte, dann kann ein einklagbarer Schaden in der Minderung liegen, die sich die Gesellschaft aufgrund eines pflichtwidrigen Verhaltens des Geschäftsführers anrechnen lassen muss.[108] 37

Daneben kann ein Schaden auch in einer **zusätzlichen steuerlichen Belastung** basierend auf verdeckter Gewinnausschüttung[109] oder Steuernachzahlung liegen.[110]

Entsteht ein Schaden bei der **Tochtergesellschaft** und gleicht die Muttergesellschaft diesen Schaden durch Zahlungen an die Tochtergesellschaft oder deren Gläubiger aus (mittelbarer Reflexschaden wird zu unmittelbarem Schaden), dann sind die getätigten Aufwendungen als Schaden für die Muttergesellschaft zu qualifizieren.[111] 38

3. Zurechnungszusammenhang

Zwischen der schuldhaften Verletzung von Pflichten durch den Geschäftsführer und dem eingetretenen Schaden muss ein Zurechnungszusammenhang vorliegen. Hierbei muss sich der Schaden als **adäquate Folge** der besagten Handlung darstellen.[112] Beruft sich der Geschäftsführer darauf, dass der Schaden auch bei **pflichtgemäßem Alternativverhalten** eingetreten wäre, dann muss er beweisen, dass ein Schadenseintritt tatsächlich stattgefunden hätte; die bloße Möglichkeit eines Schadenseintritts reicht nicht aus.[113] Bei einer in Frage stehenden verdeckten Gewinnausschüttung kann sich daher der Geschäftsführer nicht darauf berufen, der Betrag wäre sowieso an den begünstigten Gesellschafter ausgeschüttet worden.[114] Bei **Kollegialentscheidungen** kann sich der Geschäftsführer nicht dadurch entlasten, dass die Entscheidung auch ohne seine Stimmabgabe zustande gekommen wäre.[115] Hat der Geschäftsführer allerdings an der Kollegialentscheidung nicht teilgenommen, dann ist eine haftungsbegründende Mitwirkung abzulehnen.[116] Um die Pflichtgemäßheit seines Verhaltens – eine den pflichtwidrigen Beschluss ablehnende Stimmabgabe – zu beweisen, kann der Geschäftsführer das Sitzungsprotokoll heranziehen. 39

4. Mehrheit von Schädigern

Grundsätzlich haftet der Geschäftsführer nur für eigene schuldhafte pflichtwidrige Handlungen; eine Zurechnung von fremdem Verschulden scheidet aus. Sind allerdings mehrere Geschäftsführer 40

102 *Fleischer*, ZIP 2005, 141, 151.
103 BGH DB 2005, 1269, 1271.
104 Roth/Altmeppen/*Altmeppen*, § 43 Rn. 97.
105 Baumbach/Hueck/*Zöllner/Noack*, § 43 Rn. 15.
106 Baumbach/Hueck/*Zöllner/Noack*, § 43 Rn. 15.
107 Ulmer/Habersack/Winter/*Paefgen*, § 43 Rn. 95.
108 Ulmer/Habersack/Winter/*Paefgen*, § 43 Rn. 95.
109 BGH DStR 2002, 227.
110 OLG Celle, NZG 2000, 595, 596.
111 BGH ZIP 1987, 29, 33.
112 Roth/Altmeppen/*Altmeppen*, § 43 Rn. 97.
113 BGHZ 152, 280, 284.
114 BGH WM 1976, 77, 78.
115 *Fleischer*, ZIP 2005, 141, 151.
116 *Fleischer*, BB 2004, 2645, 2647.

für eine pflichtwidrige Schädigung gemeinsam verantwortlich, trifft also jeden individuell ein Pflichtwidrigkeitsvorwurf, dann haften diese solidarisch i.S.v. Abs. 2 als **Gesamtschuldner** nach §§ 421 ff. BGB.[117] Eine gesamtschuldnerische Haftung liegt vor allem bei gemeinsamem Handeln innerhalb eines gemeinsamen Pflichtenkreises vor. Dagegen ist bei zulässiger Aufteilung in **Ressorts** der Inhaber des jeweiligen Ressorts verantwortlich; die anderen Geschäftsführer kann insofern nur eine Haftung treffen, insoweit sie ihre Überwachungs- oder Organisationspflichten verletzt haben.[118] Gleiches gilt für die **Delegation** von Aufgaben. Bei Ermächtigungen ist eine Pflichtverletzung nur gegeben, wenn die **Ermächtigung** selbst Pflichten verletzt.[119] Auch begründet eine Zustimmung zu einem nach §§ 164, 177 BGB (Zustimmungserfordernis zu Vertretergeschäften) zustimmungsbedürftigen Geschäft noch keine Haftung; erst wenn den Zustimmenden selbst ein Verschulden angelastet werden kann, sind sie haftbar zu machen.[120]

41 Bei einer Mehrheit von Schädigern kann jeder einzelne auf den ganzen Schaden nach § 421 BGB in Anspruch genommen werden. **Untereinander** besteht dann eine **Ausgleichspflicht** gem. § 426 BGB. Falls nicht eine gegenteilige Regelung, z.B. in der Satzung oder im Anstellungsvertrag, vorliegt oder sich aus der Mitverschuldensquote nach § 254 BGB analog etwas anderes ergibt, sind die Geschäftsführer i.S.v. § 426 Abs. 1 Satz 1 BGB zu gleichen Teilen ausgleichspflichtig.[121] Bei dem Zusammentreffen **eines Überwachungsverstoßes** eines Geschäftsführers mit der durch einen anderen Geschäftsführer begangenen Pflichtwidrigkeit haftet im Innenverhältnis derjenige auf den ganzen Schaden, der die Pflichtwidrigkeit verübt hat.[122] Der Ausgleichsanspruch entsteht mit der Entstehung des Anspruchs der Gesellschaft aus Abs. 2. Die Geltendmachung des Ausgleichsanspruchs ist auch noch möglich, wenn der Anspruch der Gesellschaft bereits verjährt ist (vgl. Rn. 57 ff.).[123] Im Regressprozess muss der in Anspruch genommene Geschäftsführer – ebenso wie im Organhaftungsprozess der nunmehr Prozessierende – das Nichtvorliegen einer Pflichtwidrigkeit beweisen; insofern gilt auch hier die Beweislastumkehr (vgl. Rn. 71 ff.).

5. Haftungsausschluss aufgrund Weisung oder Gesellschafterbeschluss

42 Hat der Geschäftsführer aufgrund einer **bindenden Weisung** eines Gesellschaftsorgans gehandelt, dann ist er von der Haftung befreit.[124] Ausreichend ist, wenn der Beschluss eine Ermächtigung enthält oder einem bestimmten Verhalten zustimmt.[125] Für eine Beurteilung ist dabei der Sinngehalt des Beschlusses maßgebend.[126] Fehlt ein förmlicher Beschluss, dann tritt eine Befreiung nicht ein.[127]

Einem Beschluss gleichgestellt ist die **Billigung** der Handlung, wenn darin ein konkludenter Gesellschaftsbeschluss zu sehen ist; ist dies jedoch abzulehnen, dann kommt der Billigung keine befreiende Wirkung zu.[128]

43 Eine Befreiung des Geschäftsführers von seiner Haftung entfällt, wenn der Beschluss auf nicht ordnungsgemäßer Vorbereitung, z.B. durch fehlerhafte Weitergabe von Informationen durch den Geschäftsführer oder ein anderes zuständiges Organ oder durch unzureichende Aufklärung über Risiken oder auf anderen pflichtwidrig verursachten Willensmängeln, beruht.[129]

44 Ist ein gefasster **Beschluss nichtig**, dann kommt diesem keine befreiende Wirkung zu. Jedoch kann ein Verschulden aufseiten des Geschäftsführers abzulehnen sein, wenn er die Nichtigkeit des

---

117 Roth/Altmeppen/*Altmeppen*, § 43 Rn. 107.
118 BGHZ 133, 370, 377 ff.
119 Baumbach/Hueck/*Zöllner/Noack*, § 43 Rn. 26.
120 Baumbach/Hueck/*Zöllner/Noack*, § 43 Rn. 26.
121 Ulmer/Habersack/Winter/*Paefgen*, § 43 Rn. 103.
122 Baumbach/Hueck/*Zöllner/Noack*, § 43 Rn. 29.
123 BGH WM 1971, 1548, 1549.
124 BGH NJW 2000, 1571; BGHZ 142, 92, 95 f.
125 BGH NZG 2003, 528.
126 Baumbach/Hueck/*Zöllner/Noack*, § 43 Rn. 33.
127 BGHZ 119, 257, 261 f.
128 OLG Stuttgart, GmbHR 2000, 1048, 1049.
129 Lutter/Hommelhoff/*Hommelhoff/Kleindiek*, § 43 Rn. 32.

Beschlusses nicht erkennen konnte.[130] Folgt die Weisung oder Ermächtigung einem einstimmigen, wenn auch nichtigen Beschluss, dann kann der Geschäftsführer dem Ersatzanspruch der Gesellschaft den **Einwand der Arglist** entgegenhalten.[131]

Sind **Beschlüsse anfechtbar** und ist deren Anfechtbarkeit nicht zu erkennen, dann ist der Geschäftsführer von einer Anfechtung freigestellt.[132] Vielmehr muss er diese Beschlüsse ausführen. Liegt eine Ausführung erst zum Zeitpunkt der Unanfechtbarkeit vor, dann ist eine Haftung grundsätzlich ausgeschlossen.[133] Führt der Geschäftsführer einen anfechtbaren Beschluss noch während des Bestehens einer Anfechtungsmöglichkeit nach sorgfältiger Abwägung aus und erfolgt später eine Anfechtung, dann kann bei ermessensfehlerfreier Abwägung ein Verschulden seitens des Geschäftsführers entfallen.[134] 45

Betrifft ein Beschluss die Regelungen zur Erhaltung des Stammkapitals aus Abs. 3 Satz 1 und ist die Befriedigung der Gläubiger in Frage gestellt, dann hat der Beschluss keine haftungsbefreiende Wirkung (Abs. 3 Satz 3). Abs. 3 Satz 3 ist entsprechend anzuwenden bei **verbotener Kreditgewährung** und **existenzvernichtenden Eingriffen**.[135] Auch in diesen Fällen bewirkt der Beschluss keine Freistellung von der Haftung. 46

Eine **Vereinbarung der Freistellung** im Voraus ist seit Langem umstritten.[136] Im Grundsatz ist die gewöhnliche Haftung nach Abs. 2 verzichtbar.[137] Allerdings sind dem Verzicht Grenzen gezogen. Ein Ausschluss einer Haftung für Vorsatz ist schon nach den allgemeinen Regeln des § 276 Abs. 3 BGB nicht möglich. Ferner muss mindestens die Haftung für grobe Fahrlässigkeit bestehen bleiben.[138] Generell ist zu berücksichtigen, dass das Vermögen der Gesellschaft als Sondervermögen die Haftungsgrundlage für Dritte darstellt und daher schutzbedürftig ist. Eine mögliche Freistellung wird sich auf bestimmte Sorgfaltspflichtverletzungen oder Arten von Schäden beschränken müssen. Im Gegensatz dazu steht die Haftung aus Abs. 3 weder durch Ausschluss noch durch Absenkung der Sorgfaltsanforderungen zur Disposition, denn der zur Gläubigerbefriedigung notwendige Betrag muss erhalten bleiben.[139] 47

6. Geltendmachung des Anspruchs

Für die Geltendmachung eines Anspruchs durch die **Gesellschaft** ist ein Gesellschafterbeschluss nach § 46 Nr. 8 nötig. Der Beschluss ist materielle Voraussetzung für die Geltendmachung.[140] Dieser kann jedoch noch während des laufenden Prozesses gefasst und dem Gericht vorgelegt werden (vgl. Rn. 62).[141] Zwangsvollstreckungsgläubiger können allerdings aus gepfändetem und überwiesenem Ersatzanspruch auch ohne einen vorliegenden Gesellschafterbeschluss gegen den Geschäftsführer vorgehen.[142] Das Gleiche gilt bezüglich des Insolvenzverwalters und des Zessionars.[143] Ein unmittelbares Vorgehen der Gläubiger, ohne Pfändung oder Überweisung, ist hingegen nicht möglich.[144] 48

Eine Geltendmachung von Schadensersatzansprüchen durch **einzelne Gesellschafter** im Wege der *actio pro societate* ist nur in Form einer subsidiären Prozessstandschaft möglich.[145] Zunächst 49

130 Baumbach/Hueck/*Zöllner/Noack*, § 43 Rn. 35.
131 *Ebert*, GmbHR 2003, 444, 448; dies gilt nur, solange nicht der Bereich des § 43 Abs. 3 betroffen ist.
132 Roth/Altmeppen/*Altmeppen*, § 43 Rn. 117.
133 MüHdb-GesR-III/*Marsch-Barner/Diekmann*, S. 927, Rn. 34.
134 Baumbach/Hueck/*Zöllner/Noack*, § 43 Rn. 35.
135 *Fleischer*, BB 2011,2435, 2438;
BGH NJW 2004, 1111, 1112 und BGH NJW 2000, 1571
136 Zum Streitstand siehe Roth/Altmeppen/*Altmeppen*, § 43 Rn. 92 ff.
137 BGH NJW 2002, 3777 f.
138 *Jousson*, GmbHR 2005, 441, 447.
139 Baumbach/Hueck/*Zöllner/Noack*, § 43 Rn. 46.
140 Baumbach/Hueck/*Zöllner/Noack*, § 43 Rn. 30.
141 BGH DStR 2004, 1755, 1756.
142 BGHZ 110, 342, 360.
143 BGH DStR 2004, 1755, 1757.
144 Baumbach/Hueck/*Zöllner/Noack*, § 43 Rn. 31.
145 Ulmer/Habersack/Winter/*Paefgen*, § 43 Rn. 173.

muss der betreffende Gesellschafter versuchen einen entsprechenden Beschluss herbeizuführen. Wird ein ablehnender Beschluss gefasst, muss dieser angefochten werden. Eine Weigerung der Mehrheit, einen plausiblen Anspruch geltend zu machen, kann allerdings treuwidrig sein, wenn kein ausreichender Sachgrund vorliegt. Nach den Grundsätzen der Rechtsprechung kann sich die Gesellschaft in solchen Fällen schadensersatzpflichtig machen.[146]

III. Sonderfälle der Haftung (Abs. 3)

50 In Abs. 3 sind besondere Haftungsverschärfungen geregelt. Diese verfolgen den Zweck, das Stammkapital der Gesellschaft zu erhalten, um die Gläubiger der Gesellschaft zu schützen. Nach h.M. sind die Ansprüche aus Abs. 3 als Schadensersatzansprüche zu qualifizieren.[147]

1. Pflichtwidrige Zahlungen nach Abs. 3 Satz 1 Alt. 1 (§ 30)

51 Zum Zweck der Erhaltung des Stammkapitals statuiert Abs. 3 Satz 1 zunächst die Haftung von Geschäftsführern bezüglich unzulässiger Auszahlungen i.S.v. § 30. Hierbei müssen die Geschäftsführer für eine Haftung die Auszahlung nicht unmittelbar selbst vornehmen; sie haften auch für pflichtwidrige Verstöße gegen ihre Überwachungspflicht, wenn Auszahlungen von Mitgeschäftsführern, vertretungsberechtigten Personen, wie Prokuristen oder Handlungsbevollmächtigten, und Angestellten durchgeführt werden.[148] Von Abs. 3 Satz 1 Alt. 1 nicht erfasst werden Zahlungen nach § 64 Abs. 2, also Zahlungen in der Unternehmenskrise, sofern diese an Personen außerhalb des Gesellschafterkreises getätigt werden, denn Abs. 3 Satz 1 Alt. 1 setzt eine Vermögensverschiebung zwischen der Gesellschaft und einem Gesellschafter voraus.[149] Allerdings fallen alle nach § 30 verbotenen Zahlungen unter den Schutzzweck des Abs. 3 Satz 1 Alt. 1. Daneben fallen unter Abs. 3 Satz 1 Alt. 1 auch Ansprüche der Gesellschaft gegen einen Gesellschafter, die der Geschäftsführer nicht geltend macht.[150] Ist ein Erstattungsanspruch der Gesellschaft einmal entstanden, dann erlischt parallel auch die Geschäftsführerhaftung nach Abs. 3 Satz 1 Alt. 1 nicht kraft Gesetzes für den Fall, dass die Unterbilanz später nachhaltig durch z.B. Gewinne beseitigt wird.[151]

52 Neben dem Geschäftsführer haften die Zahlungsempfänger, es sei denn, diese waren gutgläubig nach § 31 Abs. 2. Der Geschäftsführer und der Zahlungsempfänger haften hierbei als Gesamtschuldner nach §§ 421 ff. BGB. Im Innenverhältnis kann der Geschäftsführer von dem Zahlungsempfänger vollen Regress verlangen. Neben diesen beiden haften nach § 31 Abs. 3 die Gesellschafter nach ihren Geschäftsanteilen. Diese Haftung stellt im Außenverhältnis mit der Haftung des Geschäftsführers eine Gesamtschuld dar. Hier trägt im Innenverhältnis allerdings der Geschäftsführer nach § 31 Abs. 6 die volle Haftung.[152]

2. Pflichtwidriger Erwerb eigener Anteile (§ 33)

53 Um eine Aushöhlung des Stammkapitals zu vermeiden, ist der Geschäftsführer bei dem Erwerb eigener Anteile haftbar zu machen. Erfasst hiervon sind:

- der Erwerb nicht voll eingezahlter Geschäftsanteile nach § 33 Abs. 1,
- der Erwerb zwar voll eingezahlter Geschäftsanteile, welcher jedoch nicht aus dem über das Stammkapital hinaus vorhandenen Vermögen und unter Verstoß gegen die vorgeschriebene Bildung von Rücklagen nach § 272 Abs. 4 HGB erfolgt ist i.S.v. § 33 Abs. 2 Satz 1, und schließlich

146 BGHZ 65, 15.
147 Vgl. zum Streitstand Ulmer/Habersack/Winter/*Paefgen*, § 43 Rn. 141.
148 BGHZ 148, 167, 170 f.
149 BGH GmbHR 2000, 330, 331.
150 BGH NJW 1992, 1166.
151 Siehe BGH NJW 2000, 2577; für das Problem der Aufrechnung vgl. Baumbach/Hueck/*Zöllner/Noack*, § 31 Rn. 17.
152 Vgl. zur Haftung Baumbach/Hueck/*Zöllner/Noack*, § 43 Rn. 49.

- die Inpfandnahme von Geschäftsanteilen, soweit eine Deckung der gesicherten Forderung durch das Stammkapital nicht gegeben ist.[153]

Das dem jeweiligen Erwerb zugrunde liegende schuldrechtliche Verpflichtungsgeschäft ist nichtig. Daher haftet neben dem Geschäftsführer der Veräußerer des Anteils auf Rückgewährung des Empfangenen nach § 812 Abs. 1 Satz 1 Alt. 1 BGB, es sei denn, der Erwerber wusste gem. § 814 BGB von der Nichtigkeit des Geschäfts.[154] 54

3. Verschulden

Wie auch für eine Haftung nach Abs. 2 ist im Fall des Abs. 3 Satz 1 ein Verschulden erforderlich.[155] Die Ausführungen unter Rn. 29 ff. gelten entsprechend. 55

4. Schaden

Für einen Schaden im Hinblick auf § 33 ist nicht lediglich die Differenz zum Wert des Geschäftsanteils in Anrechnung zu bringen, sondern es ist der unzulässig gezahlte Erwerbspreis abzüglich getätigter Rückzahlungen als Schaden anzusetzen.[156] Das Bestehen eines Schadens ist erst dann abzulehnen, wenn das Gesellschaftsvermögen endgültig nicht mehr geschmälert ist, z.B. durch endgültige Erlangung des Fehlbetrags oder endgültigen Ausgleich.[157] Eine Vorteilsausgleichung ist in keinem Fall vorzunehmen.[158] 56

IV. Verjährung (Abs. 4)

Abs. 4 legt für die Verjährung von Schadensersatzansprüchen aus Abs. 2 und Abs. 3 Satz 1 eine Frist von fünf Jahren fest. Diese Verjährungsfrist wurde im Zuge der Schuldrechtsmodernisierung im Jahr 2002 durch das Verjährungsanpassungsgesetz vom 9.12.2004 ausdrücklich unverändert gelassen.[159] 57

1. Geltungsbereich der Verjährungsregelung

Von der Verjährungsregelung des Abs. 4 werden die Ansprüche aus Abs. 2 und Abs. 3 Satz 1 erfasst. Kraft Verweisung in § 64 Satz 4 verjähren auch Ansprüche wegen Masseschmälerung nach § 64 Satz 1 in fünf Jahren. Ferner unterliegen Ansprüche aus Verletzungen von dienstvertraglichen Pflichten der fünfjährigen Verjährung.[160] Das betrifft einerseits Ansprüche gegen die Gesellschaft, welche den Geschäftsführer bestellt hat, und andererseits Ansprüche gegen den Dienstherrn im Fall der Drittanstellung.[161] Nicht erfasst von der Regelung werden hingegen Ansprüche aus der Verletzung sonstiger Verträge zwischen der Gesellschaft und dem Geschäftsführer.[162] Ebenso unterliegen Ansprüche aus Delikt, Bereicherungs- und Herausgabeansprüche ihren eigenen Verjährungsregeln.[163] Gleiches gilt auch für Ansprüche aus § 823 Abs. 2 BGB i.V.m. dem Untreuetatbestand des StGB (§ 266 StGB)[164] oder i.V.m. anderen Schutzgesetzen[165]. 58

Im Hinblick auf **Regressansprüche von Mitgeschäftsführern** ist zu unterscheiden zwischen dem schuldrechtlichen Regressanspruch aus § 426 Abs. 1 Satz 1 BGB – dieser verjährt nach §§ 195, 199 BGB in drei Jahren – und dem Organhaftungsanspruch aus übergegangenem Recht nach § 426 Abs. 2 Satz 1 BGB, welcher gem. Abs. 4 in fünf Jahren verjährt. Hat die Gesellschaft Ansprüche 59

153 Baumbach/Hueck/*Zöllner/Noack*, § 43 Rn. 50.
154 Ulmer/Habersack/Winter/*Paefgen*, § 43 Rn. 142.
155 BGHZ 148, 167, 171.
156 Baumbach/Hueck/*Zöllner/Noack*, § 43 Rn. 50.
157 RGZ 159, 211, 230.
158 *Fleischer*, ZIP 2005, 141, 151.
159 BT-Drucks. 15/3653, S. 12.
160 BGHZ 100, 190, 193 ff.
161 Ulmer/Habersack/Winter/*Paefgen*, § 43 Rn. 154.
162 RGZ 156, 296.
163 Baumbach/Hueck/*Zöllner/Noack*, § 43 Rn. 58.
164 BGH DStR 2005, 659, 660.
165 Baumbach/Hueck/*Zöllner/Noack*, § 43 Rn. 58.

gegen alle Geschäftsführer bereits gerichtlich geltend gemacht und befriedigt ein Geschäftsführer die Gesellschaft, dann ist der auf den befriedigenden Geschäftsführer übergegangene Anspruch durch die gerichtliche Geltendmachung durch die Gesellschaft gehemmt nach § 204 Abs. 1 Satz 1 BGB. Dadurch wird eine frühzeitige Verjährung der übergegangenen Ansprüche vermieden. Hinsichtlich des schuldrechtlichen Ausgleichsanspruchs kann eine Verjährung durch wechselseitige Streitverkündung nach §§ 72 ff. ZPO zwischen den Geschäftsführern gehemmt werden gem. § 204 Abs. 1 Nr. 6 BGB. Hat die Gesellschaft ihre Schadensersatzforderungen noch nicht geltend gemacht, dann kann der zahlende Geschäftsführer eine Hemmung herbeiführen, indem er negative Feststellungsklage nach § 256 ZPO gegen die Gesellschaft erhebt und den übrigen Geschäftsführern den Streit verkündet.[166]

60 Der **Einwand der Arglist** gegen die Berufung auf die Verjährung ist dem Grundsatz nach möglich.[167] Allerdings genügt es hierfür nicht, dass der Geschäftsführer geeignete Maßnahmen zur Verhinderung der Verjährung oder einen Hinweis auf die Verjährung unterlässt.[168]

2. Beginn und Ablauf der Verjährung

61 Die fünfjährige Verjährungsfrist beginnt mit **Entstehung des Schadens**. Diese ist ausschließlich **objektiv** zu beurteilen; eine Kenntnis der Gesellschaft von anspruchsbegründenden Tatsachen ist nicht ausschlaggebend.[169] Frühestens beginnt die Verjährung also mit dem Eintritt des Schadens dem Grunde nach.[170] Liegt ein **einheitliches Geschehen** vor, so ist für den Beginn der Abschluss des pflichtwidrigen Verhaltens maßgebend.[171] Entscheidend für den Fristbeginn ist, wann die Gesellschaft erstmals bezüglich ihres Anspruchs Feststellungsklage erheben kann. Eine genaue Schadenshöhe muss dazu noch nicht feststehen, allerdings muss der Schaden bereits eingetreten sein und nicht lediglich drohen einzutreten.[172] Daher beginnt die Frist bei Abschluss eines Vertrags durch den Geschäftsführer, mit welchem er seine Organpflicht aus Abs. 1 verletzt, bereits mit Abschluss des Vertrags und nicht erst mit Beendigung des Verheimlichens.[173] **Nicht vorhersehbare Schadensfolgen** verjähren eigenständig; für sie läuft eine gesonderte Verjährungsfrist.[174] Muss allerdings damit gerechnet werden, dass noch weitere Schäden eintreten, dann läuft für diese keine gesonderte Verjährungsfrist; hierunter sind insbesondere die Kosten für eine geplante Rechtsverfolgung, wie Anwalts- und Prozesskosten, zu fassen.[175]

3. Hemmung und Neubeginn der Verjährung

62 Sowohl für die Hemmung der Verjährung wie für den Neubeginn gelten die allgemeinen Vorschriften, §§ 203 ff. BGB. Hierbei hemmen nach § 203 BGB Vergleichsverhandlungen die Verjährung. Im Gegensatz dazu hat die Beschlussfassung der Gesellschafter über eine mögliche Verfolgung nach § 46 Nr. 8 keine Auswirkung auf die Verjährung.[176] Die Zustellung eines Mahnbescheids i.S.v. §§ 692, 693 ZPO sowie die Erhebung einer Klage hemmen nach § 204 Abs. 1 Nr. 3 und Nr. 1 BGB den Lauf der Verjährungsfrist, auch wenn ein Beschluss der Gesellschafter zur gerichtlichen Verfolgung nach § 46 Nr. 8 noch nicht vorliegt, sofern dieser während des Verfahrens – auch nach Eintritt der Verjährung – nachgeholt wird.[177]

---

166 *Dollmann*, GmbHR 2004, 1330, 1332.
167 Scholz/*Schneider*, § 43 Rn. 205.
168 OLG Köln, NZG 2000, 1137.
169 BGHZ 110, 342, 355.
170 Baumbach/Hueck/*Zöllner/Noack*, § 43 Rn. 57.
171 OLG Düsseldorf, GmbHR 2000, 666, 670.
172 BGH ZIP 2005, 852.
173 BGH ZIP 2005, 852.
174 BGHZ 100, 228, 231.
175 Ulmer/Habersack/Winter/*Paefgen*, § 43 Rn. 161.
176 Scholz/*Schneider*, § 43 Rn. 206.
177 BGH NJW 1999, 2115.

4. Verlängerung und Verkürzung der Verjährungsfrist

Nach h.M. sind die Vorschriften über die Dauer der Verjährung – soweit die gewöhnliche Haftung basierend auf einer Sorgfaltswidrigkeit i.S.v. § 202 Abs. 2 BGB betroffen ist – **disponibel**.[178] Eine Regelung kann durch Statut oder Gesellschafterbeschluss erfolgen. Die Verjährungsfrist kann nach § 202 Abs. 2 BGB bis auf höchstens 30 Jahre verlängert werden.[179] Ebenso ist eine Abkürzung der Verjährung möglich, hierbei ist allerdings zu beachten, dass eine Haftung wegen Vorsatz nicht im Voraus erleichtert werden darf. Die Abkürzung der Verjährung kann durch Gesellschafterbeschluss mit einfacher Mehrheit erfolgen.[180] 63

5. Ausschlussfrist

Der Vereinbarung einer Ausschlussfrist stehen ebenfalls keine Bedenken entgegen. Dies kann wiederum durch Satzung oder Vereinbarung erfolgen und festlegen, dass mit dem Ablauf einer bestimmten Zeitspanne **Schadensersatzansprüche erlöschen**.[181] Im Unterschied zur Verjährung ist nicht lediglich die Durchsetzung der Ansprüche dauerhaft gehemmt, sondern die Ansprüche sind erloschen. Eine Aufrechnung, wie sie z.B. nach § 215 BGB bei einer verjährten Forderung unter der Voraussetzung möglich ist, dass der Anspruch zum Zeitpunkt der erstmals möglichen Aufrechnung noch nicht verjährt war, kann bei erloschenen Ansprüchen nicht erfolgen. 64

V. Verzicht und Vergleich

1. Entlastung bezüglich der Ansprüche aus Abs. 2

Der Gesellschaft steht es grundsätzlich offen, auf ihre Ansprüche aus Abs. 2 zu verzichten.[182] Auch ein Vergleich, welcher die bestehenden Ansprüche abändert, ist möglich.[183] Nach § 46 Nr. 8 obliegt es den Gesellschaftern, Organhaftungsansprüche zu verfolgen. Unerheblich ist dabei, ob es sich um fahrlässige oder vorsätzliche Pflichtverletzungen handelt.[184] Für die Vereinbarung eines Verzichts oder Vergleichs ist ein einfacher Gesellschafterbeschluss ausreichend.[185] Der Verzichtsbeschluss kann auch nur einen Teil des Anspruchs erfassen oder sich nur auf einen bestimmten Zeitraum beziehen.[186] Als Form kann ein negatives Schuldanerkenntnis, ein Vergleich nach § 779 BGB oder ein Erlassvertrag i.S.v. § 397 BGB gewählt werden.[187] 65

Der Verzicht kann auch als **Entlastung** erteilt werden. Mit der Entlastung verzichten die Gesellschafter auf alle ihnen zur Zeit des Beschlusses bekannten Ansprüche und auf die aus den zugänglichen Unterlagen erkennbaren Ansprüche.[188] Die Entlastung wird nach § 46 Nr. 5 durch die Gesellschafterversammlung erteilt. 66

Weiterhin kann der Verzicht in Form der **Generalbereinigung** ergehen. Durch die Generalbereinigung können die Gesellschafter auf alle denkbaren Ersatzansprüche verzichten. Eine gesetzliche Grenze für den Verzicht bilden aber immer die Ansprüche aus Abs. 3, die den Erhalt des Stammkapitals sichern. Analog § 46 Nr. 8 hat über die Generalbereinigung ebenfalls die Gesellschafterversammlung zu entscheiden.[189] 67

Auch können die Gesellschafter auf eine Haftbarmachung des Geschäftsführers verzichten, indem sie bestimmte Geschäfte genehmigen. Hierbei kann eine **konkludente Genehmigung** in einem 68

---

178 Ulmer/Habersack/Winter/*Paefgen*, § 43 Rn. 164; Roth/Altmeppen/*Altmeppen*, § 43 Rn. 111; nun auch BGH NJW 2002, 3777, 3778.
179 Lutter/Hommelhoff/*Hommelhoff/Kleindiek*, § 43 Rn. 60.
180 Roth/Altmeppen/*Altmeppen*, § 43 Rn. 141.
181 BGH NJW 2002, 3777 f.
182 Baumbach/Hueck/*Zöllner/Noack*, § 43 Rn. 47.
183 BGH NJW 2001, 223 f.
184 Ulmer/Habersack/Winter/*Paefgen*, § 43 Rn. 132.
185 BGH NZG 2001, 77 f.
186 BGH GmbHR 2003, 712, 713.
187 BGH NJW 1998, 1315, 1316.
188 BGH DB 2005, 1296, 1270 f.
189 BGH GmbHR 2003, 712, 713.

Beschluss gesehen werden, der besagt, dass bestimmte Geschäfte in der Zukunft fortgeführt werden sollen.[190] Schweigen der Gesellschafter ist hingegen nicht als Verzicht zu verstehen; Ausnahmen werden hier bei einer Zwei-Personen-GmbH zu sehen sein, wenn ein Geschäftsführer über mehrere Jahre den anderen gewähren lässt, ohne zu widersprechen.[191]

69 Der vom Verzicht betroffene Gesellschafter-Geschäftsführer darf nicht am Verzichtsbeschluss mitwirken, ansonsten ist der Beschluss nach § 47 Abs. 4 anfechtbar.

Zu beachten ist bei einem Verzicht gegenüber einem Gesellschafter-Geschäftsführer immer, dass dieser in steuerrechtlicher Hinsicht als verdeckte Gewinnausschüttung gesehen werden kann.

2. Entlastung bezüglich der Ansprüche aus Abs. 3

70 Hinsichtlich der Ansprüche aus Abs. 3 sind grundsätzlich sowohl der Verzicht wie auch der Vergleich unwirksam.[192] Grund hierfür ist, dass das Kapital der Gesellschaft als Sondervermögen zur Befriedigung der Gläubiger erhalten bleiben muss. Ausnahmen hiervon werden nach Abs. 3 Satz 2, § 9b im Zusammenhang mit Insolvenzverfahren zugelassen.[193] Danach ist ein Vergleich oder Verzicht zur Abwendung des Insolvenzverfahrens bei Zahlungsunfähigkeit des ersatzpflichtigen Geschäftsführers möglich. Entsprechend angewandt wird diese Regelung auf Ansprüche wegen Verletzung der Kapitalerhaltungsregeln durch existenzvernichtenden Eingriff oder der verbotenen Kreditgewährung.[194] Auch hat das grundsätzliche Verbot keine Geltung, wenn die Ersatzpflicht in einem Insolvenzplan nach §§ 217 ff. InsO geregelt ist. Zudem haben Gesellschafterbeschlüsse nach Abs. 3 Satz 2 und 3 keine freistellende Wirkung. Sind Verzicht und Vergleich unwirksam und kommt auch einem Beschluss keine entlastende Wirkung zu, dann können auch sonstige Haftungsbeschränkungen, wie die Verkürzung der Verjährung, nicht zugunsten des Geschäftsführers vereinbart werden.[195]

VI. Beweislast

1. Bezüglich der Ansprüche aus Abs. 2

71 Die allgemeine Regel, nach der der Anspruchsteller die Anspruchsvoraussetzungen darzulegen und zu beweisen hat, gilt nur dem Grundsatz nach in Bezug auf die Organhaftung. Damit eine Organhaftung durch die Gesellschaft geltend gemacht werden kann, kommen ihr Beweiserleichterungen zugute. Zum einen äußert sich dies in der Umkehr der Beweislast bezüglich der Pflichtverletzung und des Verschuldens seitens des Geschäftsführers, zum anderen kann sich die Gesellschaft auf die Regeln des Anscheinsbeweises berufen.

72 Die Gesellschaft trägt daher im Organhaftungsprozess die Beweislast dafür, dass ihr ein Schaden entstanden ist, der durch ein Verhalten des Geschäftsführers verursacht wurde.[196] Im Zuge dieser Beweislast muss die Gesellschaft auch die **Geschäftsführereigenschaft** des Geschäftsführers darlegen und beweisen; dies gilt auch für den Fall der faktischen Geschäftsführung.[197] In analoger Anwendung des § 93 Abs. 2 Satz 2 AktG[198] trägt die Gesellschaft ferner die Beweislast für den **Schadenseintritt** und die **Schadenshöhe**.[199] Hierbei kommen der Gesellschaft allerdings der Anscheinsbeweis und die Möglichkeit der Schadensschätzung nach § 287 ZPO zugute.[200] Auch im

190 Ulmer/Habersack/Winter/*Paefgen*, § 43 Rn. 134.
191 OLG Celle, GmbHR 2006, 377, 378.
192 Roth/Altmeppen/*Altmeppen*, § 43 Rn. 113.
193 MüHdb-GesR-III/*Marsch-Barner/Diekmann*, S. 929, Rn. 43.
194 Baumbach/Hueck/*Zöllner/Noack*, § 43 Rn. 47.
195 Lutter/Hommelhoff/*Hommelhoff/Kleindiek*, § 43 Rn. 55 f., 60.
196 BGHZ 152, 280, 284.
197 Baumbach/Hueck/*Zöllner/Noack*, § 43 Rn. 36.
198 BGHZ 152, 280, 284; BGH NZG 2001, 616, 618.
199 BGH GmbHR 2003, 113, 114.
200 BGHZ 152, 280, 283 ff.

Hinblick auf die zwischen Schaden und Pflichtverletzung geforderte **Kausalität**, welche die Gesellschaft zu beweisen hat, kann sie sich der Grundsätze des Anscheinsbeweises bedienen.[201]

Hinsichtlich der **Pflichtwidrigkeit** und des **Verschuldens** findet in analoger Anwendung von § 93 Abs. 2 Satz 2 AktG eine Beweislastumkehr statt; um diese Vorwürfe zu entkräften, muss der Geschäftsführer Gegenbeweise erbringen.[202] Bildet eine **unternehmerische Ermessensentscheidung** allerdings den Gegenstand des Organhaftungsprozesses, dann muss die Gesellschaft die Sorgfaltsverletzung in Bezug auf die getroffene Entscheidung beweisen und ggf. darlegen.[203] Bezieht sich der Vorwurf der Gesellschaft auf die **Verletzung besonderer Pflichten**, welche z.B. aus einem Gesellschafterbeschluss resultieren können, dann muss die Gesellschaft die Pflicht und deren Umfang darlegen und beweisen.[204] Allerdings wird der dargelegte Schaden meist indizieren, dass er auf einer besonderen Pflichtenverletzung beruht. Trifft den Geschäftsführer der Vorwurf, er habe eine zur Schadensabwendung notwendige **Handlung unterlassen**, zu deren Vornahme er verpflichtet gewesen wäre, dann muss die Gesellschaft darlegen, auf welche Unterlassungen sie ihren Anspruch stützt.[205] **73**

Die Beweis- und Darlegungsgrundsätze gelten auch für **ausgeschiedene Geschäftsführer**.[206] Damit sich dieser angemessen verteidigen kann, ist ihm Einblick in die maßgeblichen Unterlagen zu gewähren und die Gesellschaft muss die streitgegenständliche Pflichtverletzung näher bezeichnen.[207] **74**

2. Bezüglich der Ansprüche aus Abs. 3

Für die Ansprüche aus Abs. 3 gelten die erläuterten Grundsätze mit der Abänderung, dass vermutet wird, dass der Gesellschaft ein Schaden in der Höhe der pflichtwidrigen Auszahlung bzw. Nichteinforderung entstanden ist. Der Geschäftsführer kann diese **Vermutung** nur widerlegen, indem er beweist, dass der Fehlbetrag an die Gesellschaft zurückgeflossen ist.[208] **75**

C. Praxishinweise

I. D & O-Versicherung[209]

Der Abschluss einer Vermögensschadenshaftpflichtversicherung für Organmitglieder ist inzwischen auch für mittelständische GmbHs üblich. Hierbei kommt der Versicherungsvertrag zwischen der Gesellschaft und dem Versicherer zustande; zur Zahlung der Prämien ist die Gesellschaft verpflichtet.[210] **76**

Gedeckt sind Ansprüche aller Geschädigten, somit von Eigentümern, Gläubigern und sonstigen Dritten, insbesondere auch Ansprüche des Unternehmens selbst.

Der Versicherungsfall tritt mit der erstmaligen Anspruchserhebung ein, weshalb es bei der Ausgestaltung der D & O-Versicherung von grundlegender Bedeutung ist, deren Umfang zeitlich auf einen Zeitpunkt rückzubeziehen, ab dem Pflichtverletzungen des Managements mitversichert sind, unabhängig davon, wann die Anspruchserhebung erfolgt. **77**

Die D & O-Versicherung sollte grundsätzlich alle Ansprüche im Zusammenhang mit Pflichtverletzungen der gegenwärtigen, ehemaligen oder zukünftigen Mitglieder der Geschäftsführung und **78**

---

201 BGH ZIP 1994, 872, 873.
202 BGHZ 152, 280, 284; Roth/Altmeppen/*Altmeppen*, § 43 Rn. 75.
203 Baumbach/Hueck/*Zöllner/Noack*, § 43 Rn. 40.
204 *Fleck*, GmbHR 1997, 237, 238.
205 Baumbach/Hueck/*Zöllner/Noack*, § 43 Rn. 42; häufigster Fall: die unterlassene Überwachung von Mitgeschäftsführern.
206 BGHZ 152, 280, 285.
207 BGH GmbHR 2003, 113, 114.
208 Ulmer/Habersack/Winter/*Paefgen*, § 43 Rn. 150.
209 Directors and Officers Liability Insurance.
210 *Lange*, DStR 2002, 1626, 1627.

der etwaigen Kontrollorgane (z.B. Aufsichtsrat, Verwaltungsrat oder Beirat) unter Einbeziehung von Tochterunternehmen decken.

79 In den Kreis der versicherten Personen können auch Prokuristen und sonstige leitende Angestellte einbezogen werden, soweit sie in Ausübung einer Organfunktion in Anspruch genommen werden. Bei Auslandsbezug ist darauf zu achten, dass auf die entsprechenden Bezeichnungen der leitenden Angestellten in den Rechtsordnungen anderer Länder Bezug genommen wird.

Bezüglich der Beendigung der D & O-Versicherung sollte vorgesehen werden, dass eine angemessene Nachmeldefrist (i.d.R. maximal drei Jahre) für Ansprüche besteht, die erst nach Beendigung der D & O-Versicherung erhoben werden.

II. Direktzusage

80 Bei der Direktzusage verspricht die GmbH dem Geschäftsführer eine betriebliche Versorgungsleistung nach Eintritt des Versorgungsfalls. Der Pensionsanspruch des Geschäftsführers ist somit unmittelbar gegen die Gesellschaft gerichtet.

Dies bedeutet aber auch, dass die GmbH etwaige ihr zustehende Schadensersatzansprüche gegen den Geschäftsführer mit noch nicht fälligen Ruhegeldforderungen aufrechnen kann. Nach Auffassung des BGH[211] ist eine solche Aufrechnung allerdings nicht unbegrenzt, sondern lediglich für ein halbes Jahr im Voraus möglich, es sei denn, die GmbH hat sich – zur Vermeidung des Einwands der Verjährung – im Anstellungsvertrag die Möglichkeit vorbehalten, im Schadensfall die Ruhegeldansprüche durch Aufrechnung mit einer einmaligen Geldzahlung in Höhe der Schadenssumme abzulösen (sog. Tilgungsvorbehalt).

81 Hierbei ist jedoch zu beachten, dass es sich um eine Individualvereinbarung handeln muss, da sonst die Gefahr besteht, dass der Tilgungsvorbehalt als überraschende Klausel i.S.v. § 305c Abs. 1 BGB zu qualifizieren ist.

Je nach Interessenlage ist dies beim Abschluss des Anstellungsvertrags eines Geschäftsführers zu beachten.

III. Direktversicherung

82 Bei der Direktversicherung schließt die Gesellschaft auf das Leben des Geschäftsführers zu seinen Gunsten oder zugunsten seiner Hinterbliebenen eine Lebensversicherung ab.

Ist der Geschäftsführer der Bezugsberechtigte, so können Gläubiger in die Ansprüche des Geschäftsführers aus der Direktversicherung vollstrecken.

Möglich ist aber auch, dass der Ehefrau oder den Kindern ein unwiderrufliches Bezugsrecht zugewendet wird, das nicht der Vollstreckung von Gläubigern des Geschäftsführers unterliegt.

83 Schließlich kann bestimmt werden, dass der Ehefrau oder den Kindern erst nach Ableben des Geschäftsführers ein unmittelbarer Leistungsanspruch gegenüber dem Versicherer zusteht. In diesem Fall steht den Hinterbliebenen ab Bezugsberechtigung ein unmittelbarer Anspruch auch dann zu, wenn sie als Erben des Geschäftsführers die Erbschaft ausschlagen. Im Falle der Ausschlagung haften die Erben nicht für die Verbindlichkeiten des Geschäftsführers, da es an den allgemeinen Vollstreckungsvoraussetzungen mangels Schuldnerstellung der Erben fehlt. Die Direktversicherung mit einer Bezugsberechtigung der Ehefrau oder der Kinder ist somit ein geeignetes Mittel, eine haftungsresistente Altersversorgung zu ermöglichen, wenn die Hinterbliebenen zugleich Erben des Geschäftsführers sind und bei Abwägung die Ausschlagung der Erbschaft als günstiger erscheint.

211 BGH NJW 1972, 154 f.

IV. Steuern

Die Geschäftsführer sind nach § 34 AO für die Erfüllung der steuerlichen Pflichten der Gesellschaft verantwortlich (zur internen Kompetenzverteilung vgl. § 37, Rn. 28). Dabei bleibt die Gesellschaft selbst Steuerschuldner, jedoch haften die Geschäftsführer gem. § 69 AO für die Steuern der Gesellschaft einschließlich etwaiger Säumniszuschläge. Daneben können gegen die Geschäftsführer selbst die steuerlichen Druckmittel (Verspätungszuschlag und Zwangsgeld) festgesetzt werden. 84

Zu den von § 34 AO umfassten Pflichten zählen insbesondere:

- steuerliche Mitwirkungspflichten (Anzeigen, Steuererklärungen)
- Buchführungspflichten
- Einbehaltung und Abführung der Lohnsteuer und der Kapitalertragsteuer, wobei Lohn und Dividende entsprechend zu kürzen sind, wenn die Gesellschaftsmittel nicht dazu reichen, die einzubehaltende Steuer zu finanzieren[212]
- rechtzeitige Zahlung der Steuern der Gesellschaft, wobei insoweit der Fiskus nicht schlechter gestellt werden darf als sonstige Gläubiger (anteilige Tilgung)

Hinzu tritt die strafrechtliche Verantwortung der Geschäftsführer nach § 370 AO für Steuerhinterziehung und für die Ordnungswidrigkeiten nach § 378 AO (Steuerverkürzung) sowie nach § 26b UStG (verspätete oder unvollständige Zahlung in einer Rechnung ausgewiesener Umsatzsteuer).

212 Vgl. zuletzt FG Berlin-Brandenburg DStRE 2011, 387.

§ 43a Kreditgewährung aus Gesellschaftsvermögen

Den Geschäftsführern, anderen gesetzlichen Vertretern, Prokuristen oder zum gesamten Geschäftsbetrieb ermächtigten Handlungsbevollmächtigten darf Kredit nicht aus dem zur Erhaltung des Stammkapitals erforderlichen Vermögen der Gesellschaft gewährt werden. Ein entgegen Satz 1 gewährter Kredit ist ohne Rücksicht auf entgegenstehende Vereinbarungen sofort zurückzugewähren.

Literatur

Fromm, Rückforderung von Krediten an GmbH-Leitungspersonen wegen Verstoßes gegen den Kapitalerhaltungsgrundsatz, GmbHR 2008, 537; *Meincke/Hingst*, Der Kreditbegriff im deutschen Recht, WM 2011, 633; *Michelfeit*, Kapitalaufbringung und -erhaltung nach dem MoMiG – Welche Grenzen zieht § 43a GmbHG?, MittBayNot 2009, 435; *K. Schmidt*, Reform der Kapitalsicherung und Haftung in der Krise nach dem Regierungsentwurf des MoMiG, GmbHR 2007, 1072, Uwe H. Schneider, Die Pflichten des Geschäftsführers in der Krise der GmbH – Zwölf Handlungsanweisungen an den Geschäftsführer zur Haftungsvermeidung, GmbHR 2010, 57.

A. Allgemeines

1 Die Norm ist durch das MoMiG[1] und das BilMoG[2] unverändert geblieben und dient der **Kapitalerhaltung**, indem sie die Kreditgewährung an die genannten Personen schlechthin für unzulässig erklärt. § 43a ist **zwingend** und folgt der Erfahrung, dass Kredite an Leitungspersonal nicht immer werthaltig sind. Die Norm kann statutarisch allenfalls verschärft werden.[3]

2 Eine konkrete Gefahr für die Kapitalerhaltung war jedenfalls vor der Reform 2008 unstreitig nicht erforderlich.[4] Anders als bei § 30 Abs. 1 Satz 2 Alt. 2 kommt es **nicht** darauf an, ob ein **vollwertiger Rückgewähranspruch** besteht; die Wertlosigkeit wird bei § 43a vielmehr fingiert und die bilanzielle Betrachtungsweise ist bei § 43a nicht anwendbar.[5] Auch die Stellung von Sicherheiten ändert hieran nichts.[6] Ob dies angesichts der in § 30 nunmehr relevanten bilanziellen Betrachtung noch zeitgemäß ist, erscheint zweifelhaft. Zumindest beim dort typischen Cash-Pooling werden aber Kredite an Nur-Gesellschafter geleistet; § 43a gilt dann gerade nicht. Im Gesetzgebungsverfahren zum MoMiG wurde eine dem § 30 Abs. 1 Satz 2 entsprechende Regelung für § 43a nicht diskutiert, eine Analogie wird bis zu einer Klarstellung nicht in Betracht kommen (siehe Rn. 4).

B. Inhalt der Regelung

I. Begriff der Kreditgewährung

3 **Der Begriff Kredit** ist hier weit auszulegen. Gemeint ist die Verschaffung finanzwirtschaftlicher Vorteile **jeder Art** wie Geld- oder Warenkredite, Nichtgeltendmachung fälliger Forderungen und Zinsen, Stundung, Gewährung von Vorschüssen, Gestattung von Überentnahmen, Zahlung und

1 Gesetz zur Modernisierung des GmbH-Rechts und zur Bekämpfung von Missbräuchen (MoMiG) vom 23.10.2008, BGBl. I S. 2026.
2 Bilanzrechtsmodernisierungsgesetz (BilMoG) v. 25.5.2009, BGBl. I S. 1102.
3 Baumbach/Hueck/*Zöllner/Noack*, § 43a Rn. 1; Lutter/Hommelhoff/*Lutter/Hommelhoff*, § 43a Rn. 1; Ulmer/Habersack/Winter/*Paefgen*, § 43a Rn. 1 f.; Michalski/*Michalski*, § 43a Rn. 3.
4 BGHZ 157, 72, 74 = NJW 2004, 111; Baumbach/Hueck/*Zöllner/Noack*, § 43a Rn. 1; Lutter/Hommelhoff/*Lutter/Hommelhoff*, § 43a Rn. 1, 9; Ulmer/Habersack/Winter/*Paefgen*, § 43a Rn. 3; Michalski/*Michalski*, § 43a Rn. 2.
5 Baumbach/Hueck/*Zöllner/Noack*, § 43a Rn. 1.
6 BGHZ 157, 72, 74 = NJW 2004, 111; BGHZ 124, 371, 375 = NJW 1994, 861 („Novemberurteil")

Besicherung der fremden Schulden durch die Gesellschaft etc.[7] Beim Management-Buy-out (Holding-Modell) soll § 43a nicht gelten.[8]

II. Kreditnehmer

Neben den ausdrücklich Genannten (Geschäftsführer, gesetzliche Vertreter, Prokuristen, Generalhandlungsbevollmächtigte) ist analog auch die stammkapitalverletzende Kreditgewährung an deren **nahestehende Personen** wie Ehegatten oder minderjährige Kinder erfasst (entsprechend § 89 Abs. 3 AktG). Nicht betroffen sind leitende Angestellte, Aufsichtsratsmitglieder oder Nur-Gesellschafter (siehe Rn. 2 und § 30).[9] Für den **Gesellschaftergeschäftsführer** ist § 43a dagegen neben § 30 anzuwenden.[10] Bei der Kreditgewährung an ein vom Gesellschafter beherrschtes Unternehmen oder ihm nahestehende Gesellschafter wird man angesichts der Intention des § 30 Abs. 1 Satz 2 ebenso wie bei Krediten an sonst verbundene Unternehmen (**Cash-Pooling**) oder deren Organe mit der Anwendung der Ausnahmeregelung des § 43a seit der Reform 2008 eher zurückhaltend sein müssen (siehe Rn. 2).[11] Für Kredite der GmbH & Co. KG an Geschäftsführer der Komplementär-GmbH war § 43a nach bisher h.M. anwendbar.[12] 4

III. Kapitalerhaltung

Kredite sind nach § 43a nur unzulässig, wenn das **Eigenkapital** bei Kreditgewährung bereits unterschritten ist oder dadurch **Unterdeckung** eintritt. Gerät die Gesellschaft erst später in eine Unterbilanz, ist § 43a nicht anwendbar.[13] Bilanziell liegt zwar ein neutraler Aktivtausch vor, der Rückzahlungsanspruch gilt für § 43a aber als wertlos (siehe Rn. 2). Kredite dürfen daher im Ergebnis nur dann und insoweit gewährt werden, wie freie Rücklagen oder Gewinnvorträge zur Verfügung stehen. Nicht aufgedeckte stille Reserven dürfen nicht herangezogen werden.[14] 5

Oberhalb der Stammkapitalziffer können Kredite – vorbehaltlich statutarischer Einschränkungen – unter Beachtung von § 43 (insbesondere Marktüblichkeit) frei gewährt werden. Über die Gewährung entscheidet dann die Geschäftsführung, soweit sich nicht aus § 49 Abs. 2, Satzung oder Geschäftsordnung etc. etwas anderes ergibt.[15] 6

IV. Maßgeblicher Zeitpunkt

Ob der Kreditnehmer zum genannten Personenkreis (siehe Rn. 4) gehört, entscheidet sich nach dem **Zeitpunkt der tatsächlichen Kreditgewährung**, nicht nach dem schuldrechtlichen Vertragsschluss. Gleiches gilt für die Frage der Stammkapitalverletzung (siehe Rn. 5).[16] Dem von der 7

---

7 Vgl. BGHZ 157, 72, 74 = NJW 2004, 111; Baumbach/Hueck/*Zöllner/Noack*, § 43a Rn. 6; Lutter/Hommelhoff/*Lutter/Hommelhoff*, § 43a Rn. 6; Roth/Altmeppen/*Altmeppen*, § 43a Rn. 2 f.; Fromm, GmbHR 2008, 537, 538; s.a. OLG Bremen, DStR 2002, 1407, m. zust. Anm. *Haas/Müller*.

8 Michalski/*Michalski*, § 43a Rn. 29; Baumbach/Hueck/*Zöllner/Noack*, § 43a Rn. 4; Ulmer/Habersack/Winter/*Paefgen*, § 43a Rn. 8.

9 Vgl. zum Ganzen OLG Düsseldorf, GmbHR 1995, 227; Baumbach/Hueck/*Zöllner/Noack*, § 43a Rn. 3 ff.; Lutter/Hommelhoff/*Lutter/Hommelhoff*, § 43a Rn. 4; Roth/Altmeppen/*Altmeppen*, § 43a Rn. 6 ff.; Michalski/*Michalski*, § 43a Rn. 20 f.

10 Allg. Meinung, vgl. auch BGH, BGHZ 157, 72, 73. Ferner auch BGH, Urteil vom 23.4.2012 – II ZR 252/10, GmbHR 2012, 740 = BB 2012, 1628.

11 So zum alten Recht im Ansatz schon Ulmer/Habersack/Winter/*Paefgen*, § 43a Rn. 13 f.; Michalski/*Michalski*, § 43a Rn. 11 f., 17 f.; zum unklaren Verhältnis der §§ 30 und 43a auch *K. Schmidt*, GmbHR 2007, 1072, 1075 f.

12 Vgl. Michalski/*Michalski*, § 43a Rn. 19 m.w.N.; Baumbach/Hueck/*Zöllner/Noack*, § 43a Rn. 3; Ulmer/Habersack/Winter/*Paefgen*, § 43a Rn. 18; Lutter/Hommelhoff/*Lutter/Hommelhoff*, § 43a Rn. 4.

13 So BGH, Urteil vom 23.4.2012 – II ZR 252/10, GmbHR 2012, 740 = BB 2012, 1628 mit einer ausführlichen Darstellung des Streitstandes in der Literatur. Vgl. auch die Anmerkungen von Kleindiek, BB 2012, 1632; Paefgen/Dettke, EWiR 2012, 415 sowie Röck; GmbHR 2012, 744.

14 Lutter/Hommelhoff/*Lutter/Hommelhoff*, § 43a Rn. 9.

15 Baumbach/Hueck/*Zöllner/Noack*, § 43a, Rn. 8; Lutter/Hommelhoff/*Lutter/Hommelhoff*, § 43a Rn. 2; Michalski/*Michalski*, § 43a Rn. 25; Roth/Altmeppen/*Altmeppen*, § 43a Rn. 14.

16 Baumbach/Hueck/*Zöllner/Noack*, § 43a Rn. 2; Lutter/Hommelhoff/*Lutter/Hommelhoff*, § 43a Rn. 10; Roth/Altmeppen/*Altmeppen*, § 43a Rn. 4; Michalski/*Michalski*, § 43a Rn. 32 ff. Streitentscheidend: BGH; Urteil vom 23.4.2012 – II ZR – 252/10, GmbHR 2012,740 = BB 2012, 1628.

gesunden Gesellschaft gewährten Darlehen schadet die danach eintretende Unterdeckung daher nicht. Allenfalls das spätere Stehenlassen (Verlängern, Nichtkündigen etc.) trotz Rückforderungsmöglichkeit kann eine neue – dann unzulässige – Kreditgewährung sein. Soweit eine Unterdeckung aber bei Kreditgewährung schon greifbar bevorsteht, ist der Kredit bereits unzulässig. Subjektive Erkennbarkeit ist nicht erforderlich.[17]

V. Rechtsfolge: Sofortige Rückgewährpflicht (Satz 2)

8 Ein entgegen Satz 1 geschlossener **Kreditvertrag** ist einschließlich etwa vereinbarter Verzinsungspflicht und Sicherheiten **wirksam**. Satz 2 begründet jedoch einen selbstständigen sofortigen Rückgewähranspruch bis zur Höhe der Unterdeckung; vor Auszahlung besteht Leistungsverweigerungspflicht. § 30 Abs. 2 (streitig), 4 und 5 sollen entsprechend anwendbar sein; in gleicher Weise wie dort ist auch die Aufrechnung unzulässig.[18] Neben Satz 2 kann der Gesellschaft ein Schadenersatzanspruch nach § 43 Abs. 2 und 3 gegen den kreditgewährenden Geschäftsführer zustehen; nicht aber Gesellschaftsgläubigern aus § 823 Abs. 2 BGB.[19]

C. Weitere praktische Hinweise

9 Kredite an Leitungspersonal sind stets nur oberhalb der Stammkapitalziffer zulässig und werden – vorbehaltlich § 181 BGB, Satzung bzw. Geschäftsordnung – grundsätzlich durch die Geschäftsführung selbst gewährt (unter möglichem Haftungsrisiko aus § 43 Abs. 2 und 3). Dringend zu empfehlen sind daher klarstellende **Regelungen über konkret zulässige Kreditkonditionen** (z.B. Höchstgrenzen, Verzinsung, vom Kreditvolumen abhängige Entscheidungsträger) in Gesellschaftsvertrag, Geschäftsordnung oder Anstellungsvertrag.

10 Die Vergabe vergünstigter Kredite an Gesellschafter-Geschäftsführer stellt **steuerlich** regelmäßig eine verdeckte Gewinnausschüttung (vGA) in Höhe der dadurch verursachten Vermögensminderung bzw. verhinderten Vermögensmehrung der Gesellschaft dar. Falls der Kredit ohne (ausreichende) Sicherheiten vergeben wird und von vornherein eine Rückzahlung nicht zu erwarten ist, bemisst sich die vGA nach der Höhe des ausgereichten Betrags. Eine vergünstigte Kreditvergabe an einen Fremdgeschäftsführer führt bei diesem zu lohnsteuerpflichtigen sonstigen Bezügen.

---

17 Lutter/Hommelhoff/*Lutter/Hommelhoff*, § 43a Rn. 11; Michalski/*Michalski*, § 43a Rn. 38.

18 Baumbach/Hueck/*Zöllner/Noack*, § 43a Rn. 7, Lutter/Hommelhoff/*Lutter/Hommelhoff*, § 43a Rn. 14; Ulmer/Habersack/Winter/*Paefgen*, § 43a Rn. 29 ff.; Michalski/*Michalski*, § 43a Rn. 39 ff.; a.A. zur Aufrechnung OLG Naumburg, GmbHR 1998, 1180 f. = ZIP 1999, 118 ff.

19 Vgl. *Achilles/Ensthaler/Schmidt*, § 43a Rn. 8 unter Berufung auf BGHZ 136, 125 und 138, 291; Michalski/*Michalski*, § 43a Rn. 6 f., 44.

§ 44 Stellvertreter von Geschäftsführern

Die für die Geschäftsführer gegebenen Vorschriften gelten auch für Stellvertreter von Geschäftsführern.

Literatur

Siehe § 35.

A. Allgemeines

§ 44 räumt der Gesellschaft die Möglichkeit ein, einen oder mehrere stellvertretende Geschäftsführer zu bestellen, und ergänzt damit die Bestellung ordentlicher Geschäftsführer nach § 35. Der Gesellschaft wird damit die Möglichkeit verschafft, ein **abgestuftes Vertretungssystem** zu etablieren, falls die ordentliche Geschäftsführung aus tatsächlichen oder rechtlichen Gründen an der Abgabe oder Entgegennahme einer Willenserklärung gehindert ist und die Bestellung eines neuen (weiteren) ordentlichen Geschäftsführers nicht oder nicht rechtzeitig erfolgen kann. Damit dient die Ernennung stellvertretender Geschäftsführer letztlich der **Absicherung der Handlungsfähigkeit** der Gesellschaft nach außen. 1

B. Inhalt der Regelung

I. Entsprechende Anwendung der Vorschriften für Geschäftsführer

§ 44 sieht vor, dass die für ordentliche Geschäftsführer gegebenen Vorschriften uneingeschränkt auch für stellvertretende Geschäftsführer Anwendung finden.[1] 2

II. Außenverhältnis

1. Vertretungsmacht

Der stellvertretende Geschäftsführer ist wie ein ordentlicher Geschäftsführer im Verhältnis zu Dritten zur Abgabe und Entgegennahme von Willenserklärungen befugt.[2] Er ist damit in der Lage, die Gesellschaft im Außenverhältnis rechtlich zu binden. Seine Stellung als Stellvertreter wirkt sich grundsätzlich nur im Innenverhältnis aus. 3

2. Gesamtvertretung durch sämtliche Geschäftsführer

Ist im Gesellschaftsvertrag eine Gesamtvertretung durch sämtliche Geschäftsführer ausdrücklich vorgesehen oder ergibt sich diese aus § 35 Abs. 2 Satz 1, so ist auch die Mitwirkung des stellvertretenden Geschäftsführers erforderlich.[3] Die h.M. geht zutreffend aus Praktikabilitätsgründen 4

---

1 Vgl. zu den einzelnen entsprechend anwendbaren Vorschriften Baumbach/Hueck/*Zöllner/Noack*, § 44 Rn. 2.

2 Baumbach/Hueck/*Zöllner/Noack*, § 44 Rn. 7; Scholz/*Schneider*, § 44 Rn. 7; Rowedder/Schmidt-Leithoff/*Koppensteiner*, § 44 Rn. 4; Michalski/*Terlau/Schäfers*, § 44 Rn. 6; MüAnwHdb-GmbHR / *Seibt*, § 2 Rn. 114.

3 Baumbach/Hueck/*Zöllner/Noack*, § 44 Rn. 8; Michalski/*Terlau*, § 44 Rn. 6; Hachenburg/*Stein*, § 44 Rn 6; Lutter/Hommelhoff/*Kleindiek*, § 44 Rn. 1; Scholz/*Schneider*, § 44 Rn. 7; Rowedder/Schmidt-Leithoff/*Koppensteiner*, § 44 Rn. 4; Roth/Altmeppen/*Altmeppen*, § 35 Rn. 48 f.; MüHdb-GesR-III/*Marsch-Barner/Diekmann*, § 41 Rn. 29.

davon aus, dass bei einer Gesamtvertretung sämtliche ordentlichen und stellvertretenden Geschäftsführer bei der Vertretung der Gesellschaft mitwirken müssen, da im Einzelfall für den Rechtsverkehr nicht erkennbar ist, welchen internen Beschränkungen der stellvertretende Geschäftsführer unterliegt. Bei einer Gesamtvertretung durch alle oder mehrere Geschäftsführer sind die stellvertretenden Geschäftsführer daher nicht aufgrund der Beschränkung im Innenverhältnis ausgeschlossen.[4]

3. Passivvertretung der Gesellschaft

5 Nach h.M. ist der stellvertretende Geschäftsführer zur Passivvertretung der Gesellschaft (d.h. zur Vertretung der Gesellschaft bei der Entgegennahme von Willenserklärungen, die ihr gegenüber abgegeben werden) berechtigt. Insoweit gilt nach § 35 Abs. 2 Satz 2 zwingend, dass die Gesellschaft durch jeden einzelnen Geschäftsführer vertreten werden kann.

4. Anmeldungen zum Handelsregister

6 Der stellvertretende Geschäftsführer ist im Außenverhältnis zur Anmeldung von Handelsregistereintragungen berechtigt. Seine Mitwirkung ist bei Registeranmeldungen nach § 78 Hs. 2 erforderlich.

III. Innenverhältnis

1. Gesetzliche Handlungspflichten des stellvertretenden Geschäftsführers

7 Die Handlungspflichten des stellvertretenden Geschäftsführers gegenüber der Gesellschaft orientieren sich zunächst an den getroffenen vertraglichen Vereinbarungen. Darüber hinaus kann sich auch aus gesetzlichen Vorschriften eine Handlungspflicht des stellvertretenden Geschäftsführers ergeben.

8 Der stellvertretende Geschäftsführer ist insoweit unter anderem mitwirkungsverpflichtet in Bezug auf die rechtzeitige und ordnungsgemäße **Rechnungslegung** (§ 41), die Einreichung der **Gesellschafterliste** (§ 40), die ordnungsgemäße **Einberufung der Gesellschafterversammlung** (§ 49) und die ordnungsgemäße Erfüllung der **Antragspflicht im Rahmen der Eröffnung eines Insolvenzverfahrens** (§ 15a Abs. 1 Satz 1 InsO).[5] Diesbezüglich haben die stellvertretenden Geschäftsführer die Verpflichtung, sich über die ordnungsgemäße Geschäftsführung zu informieren und erforderlichenfalls auch gegen den Willen der ordentlichen Geschäftsführer tätig zu werden. Daneben haben stellvertretende Geschäftsführer weitere allgemeine Handlungspflichten, etwa die **Mitwirkung an polizeilichen Maßnahmen** oder die Veranlassung von **Vorkehrungen zum Umweltschutz**.

2. Festlegung der Zahl der Geschäftsführer in der Satzung

9 Soweit die Regelung in der Satzung zur Zahl der Geschäftsführer nicht eindeutig ist, kann zweifelhaft sein, ob auch stellvertretende Geschäftsführer mit einzurechnen sind. Im Zweifel sind von der **Satzungshöchstzahl** auch die stellvertretenden Geschäftsführer mit umfasst.

3. Mitglieder des Aufsichtsrats als stellvertretende Geschäftsführer

10 Ob ein stellvertretender Geschäftsführer gleichzeitig Mitglied des Aufsichtsrats einer Gesellschaft sein darf, richtet sich nach § 105 AktG. § 105 AktG ist zwingend anzuwenden, wenn ein nach den Regelungen des Mitbestimmungsrechts zu bestellender Aufsichtsrat betroffen ist. In allen anderen Fällen ist eine Doppelfunktion als Aufsichtsratsmitglied und stellvertretender Geschäftsführer dann

4 Baumbach/Hueck/*Zöllner/Noack*, § 44 Rn. 8; Scholz/*Schneider*, § 44 Rn. 7; Michalski/*Terlau/Schäfers*, § 44 Rn. 7; MüHdb-GesR-III/*Marsch-Barner/Diekmann*, § 42 Rn. 29.

5 Baumbach/Hueck/*Zöllner/Noack*, § 44 Rn. 11; Michalski/*Terlau*, § 44 Rn. 8; MüHdb-GesR-III/*Marsch-Barner/Diekmann*, § 41 Rn. 30; Lutter/Hommelhoff/*Kleindiek*, § 44 Rn. 2.

unzulässig, wenn die Stellvertretung nur *pro forma* Bedeutung hat und das Aufsichtsratsmitglied faktisch als ordentlicher Geschäftsführer handelt.

4. Haftung des stellvertretenden Geschäftsführers

Die Haftung des stellvertretenden Geschäftsführers richtet sich wie beim ordentlichen Geschäftsführer nach § 43, sodass er im Rahmen des ihm obliegenden Pflichtenkreises für entstehende Schäden der Gesellschaft verantwortlich ist, wenn ihn ein **Verschulden** trifft (vgl. dazu § 43). 11

Umstritten ist, in welchem Umfang die **Sorgfaltspflicht** des stellvertretenden Geschäftsführers im Rahmen seiner Haftung nach § 43 reicht. Grundsätzlich hat der stellvertretende Geschäftsführer seine gesetzlichen und vertraglichen Pflichten im Rahmen der Sorgfaltsanforderungen des § 43 Abs. 1 wahrzunehmen.[6] Teilweise wird jedoch die Auffassung vertreten, dass ein stellvertretender Geschäftsführer auch eine **allgemeine Aufsichtspflicht** wahrzunehmen habe oder bei Vorliegen eines Anlasses einschreiten müsse.[7] Da dies jedoch letztlich zu einer ungenauen Ausweitung des Pflichtenkreises des stellvertretenden Geschäftsführers führt, kann eine Aufsichtspflicht nur im Rahmen der gesetzlichen Regelung des § 43 Abs. 3 bestehen. Darüber hinaus muss der stellvertretende Geschäftsführer nur überwachen und erforderlichenfalls einschreiten, wenn er die Funktion eines ordentlichen Geschäftsführers wahrnimmt.[8] 12

6 Baumbach/Hueck/*Zöllner/Noack*, § 43 Rn. 12; Michalski/*Terlau*, § 44 Rn 9.
7 Roth/Altmeppen/*Altmeppen*, § 44 Rn. 4.
8 Baumbach/Hueck/*Zöllner/Noack*, § 44 Rn. 12; Michalski/*Terlau/Schäfers*, § 44 Rn. 9; Scholz/*Schneider*, § 44 Rn. 13; Rowedder/Schmidt-Leithoff/*Koppensteiner*, § 44 Rn. 3 MüHdb-GesR-III/*Marsch-Barner/Diekmann*, § 41 Rn. 30.

§ 45 Rechte der Gesellschafter

(1) Die Rechte, welche den Gesellschaftern in den Angelegenheiten der Gesellschaft, insbesondere in bezug auf die Führung der Geschäfte zustehen, sowie die Ausübung derselben bestimmen sich, soweit nicht gesetzliche Vorschriften entgegenstehen, nach dem Gesellschaftsvertrag.

(2) In Ermangelung besonderer Bestimmungen des Gesellschaftsvertrages finden die Vorschriften der §§ 46 bis 51 Anwendung.

Literatur

Bea/Schreuer/Gutwein, Institutionalisierung der Kontrolle bei einer GmbH durch den Beirat, DB 1996, 1193; *Beuthien/Gätsch*, Vereinsautonomie und Satzungsrechte Dritter, ZHR 156 (1992), 459; *Beuthien/Gätsch*, Einfluß Dritter auf die Organbesetzung und Geschäftsführung bei Vereinen, Kapitalgesellschaften und Genossenschaften, ZHR 157 (1993), 483; *Buth/Hermanns*, Unternehmenspolitische Erwägungen zum Beirat in der GmbH und der KG, DStR 1996, 597; *Eickhoff*, Die Praxis der Gesellschafterversammlung bei GmbH und GmbH & Co. KG, 4. Auflage 2006; *Emde*, Die Bestimmtheit von Gesellschafterbeschlüssen, ZIP 2000, 59; *Geißler*, Die gesetzlichen Veranlassungen zur Einberufung der GmbH-Gesellschafterversammlung, GmbHR 2010, 457; *Haack*, Der Beirat der GmbH & Co. KG, BB 1993, 1607; *Hammen*, Zur Begründung von (organschaftlichen) Rechten Dritter im Gesellschaftsvertrag einer GmbH, WM 1994, 765; *Hey*, Freie Gestaltung in Gesellschaftsverträgen und ihre Schranken, 2004; *Huber*, Der Beirat, 2004; *Hüffer*, Die Gesellschafterversammlung, in: Lutter u.a. (Hrsg.), Festschrift 100 Jahre GmbH-Gesetz, 1992, S. 521; *Koppensteiner*, Treuwidrige Stimmabgaben bei Kapitalgesellschaften, ZIP 1994, 1325; *Lindemann*, Die Beschlußfassung in der Einmann-GmbH, 1997; *Schnorr*, Teilfehlerhafte Gesellschafterbeschlüsse, 1997; *Sigle*, Beiräte, NZG 1998, 619; *Thümmel*, Möglichkeiten und Grenzen der Kompetenzverlagerung auf Beiräte, DB 1995, 2461; *Weber*, Privatautonomie und Außeneinfluß im Gesellschaftsrecht, 2000; *Zöllner*, Inhaltsfreiheit bei Gesellschaftsverträgen, in: Lutter u.a. (Hrsg.), Festschrift 100 Jahre GmbH-Gesetz, 1992, S. 85.

A. Allgemeines

1 § 45 ist die Grundnorm für die Rechte der Gesellschafter im Rahmen der verfassungsmäßigen Ordnung der Gesellschaft.[1] Abs. 1 normiert, dass sich die Rechte der Gesellschafter in Angelegenheiten der Gesellschaft und deren Ausübung grundsätzlich nach dem Gesellschaftsvertrag richten, soweit dem nicht zwingende gesetzliche Regelungen entgegenstehen. Sollten keine gesellschaftsvertraglichen Regelungen existieren, verweist Abs. 2 auf die Vorschriften der §§ 46 bis 51.

B. Inhalt der Regelung

I. Gesellschaftsvertragliche Rechte der Gesellschafter (Abs. 1)

2 Gemäß Abs. 1 bestimmen sich die Rechte, die den Gesellschaftern in den Angelegenheiten der Gesellschaft, insbesondere in Bezug auf die Führung der Geschäfte, zustehen, sowie deren Ausübung grundsätzlich nach dem Gesellschaftsvertrag, es sei denn, gesetzliche Vorschriften stehen dessen Regelungen entgegen. Zu unterscheiden sind insoweit einerseits die individuellen Mitgliedschaftsrechte der Gesellschafter und andererseits die Rechte der Gesellschafter auf Mitwirkung bei der Willensbildung der Gesellschaft. Die Mitgliedschaftsrechte bestimmen den Umfang der Mitwirkungsrechte.

1 Roth/Altmeppen/*Roth*, § 45 Rn. 1.

1. Mitgliedschaftsrechte

Die Mitgliedschaftsrechte – auch Verwaltungsrechte genannt – stehen den einzelnen Gesellschaftern zu. Sie sind untrennbar mit dem jeweiligen Geschäftsanteil des einzelnen Gesellschafters verbunden. Mitgliedschaftsrechte sind in erster Linie das Stimmrecht in den Gesellschafterversammlungen (§ 47), das Recht auf Teilnahme an den Gesellschafterversammlungen (§ 48), das Recht auf Geltendmachung von Mängeln der Gesellschafterbeschlüsse mittels Anfechtung sowie das Auskunfts- und Einsichtsrecht nach § 51a. Hierzu zählen aber auch das Gewinnbezugsrecht (§ 29) sowie das Recht zur Erhebung von Gesellschafterklagen.[2] 3

Der **Gesellschaftsvertrag** kann darüber hinaus weitere Mitgliedschaftsrechte festlegen. Zulässig sind Sonderrechte, die die Entscheidungsbefugnis in der Gesellschafterversammlung einschränken können,[3] wie z.B. das Recht eines Gesellschafters, Geschäftsführer zu benennen. Auch können im Gesellschaftsvertrag Vermögensvorteile bei der Gewinnverteilung, Benutzungs- und Belieferungsrechte sowie Veto-, Mehrheitsstimm- oder Weisungsrechte für die Willensbildung in der Gesellschafterversammlung normiert werden.[4] Derartige gesellschaftsvertragliche Sonderrechte sind nicht ohne Zustimmung des begünstigten Gesellschafters entziehbar.[5] 4

2. Mitwirkungsrechte

Jeder einzelne Gesellschafter hat das Recht auf Mitwirkung an der Willensbildung der Gesellschaft.[6] Die Ausübung dieses Rechts erfolgt durch Teilnahme an den Beschlussfassungen in den Gesellschafterversammlungen.[7] 5

3. Grenzen der Satzungsautonomie

Die Ausgestaltung der Mitgliedschafts- und Mitwirkungsrechte ist grundsätzlich den Gesellschaftern überlassen. Ihre Regelungskompetenz im Gesellschaftsvertrag ist gleichwohl nicht schrankenlos. Grenzen der Satzungsautonomie ergeben sich aus spezialgesetzlichen Vorschriften und nicht zuletzt auch aus den allgemeinen Bestimmungen der §§ 134, 138 und 242 BGB. 6

Vorschriften, die dem Schutz des öffentlichen Interesses dienen, können im Gesellschaftsvertrag nicht eingeschränkt werden. Dies gilt z.B. für die Pflicht zur unverzüglichen Einberufung einer Gesellschafterversammlung nach § 49 Abs. 3, sofern sich aus der Jahresbilanz oder aus einer im Laufe des Geschäftsjahrs aufgestellten Bilanz ergibt, dass die Hälfte des Stammkapitals verloren ist (siehe § 49 Rn. 12). 7

Minderheitsrechte erlauben eine Einwirkung auf den Willensbildungsprozess der Gesellschaft. So gewährt § 50 einer Minderheit von 10 % die Möglichkeit, die Einberufung einer Gesellschafterversammlung und die Ankündigung von Tagesordnungspunkten zur Beschlussfassung zu erzwingen. Die Vorschrift bietet damit der Minderheit eine Mindestsicherung. Zum Nachteil der Minderheit ist sie nicht abdingbar. Im Gesellschaftsvertrag können die Rechte der Minderheit aber verstärkt werden (siehe § 50 Rn. 1). 8

§ 53 legt fest, dass eine **Abänderung des Gesellschaftsvertrags** nur durch notariell zu beurkundenden Beschluss der Gesellschafter mit einer Mehrheit von drei Vierteln der abgegebenen Stimmen erfolgen kann. Ein gesellschaftsvertraglicher Ausschluss dieser Vorschrift ist nicht möglich. 9

Sittenwidrig und damit nach § 138 Abs. 1 BGB nichtig ist regelmäßig eine Vorschrift im Gesellschaftsvertrag, die einem Gesellschafter, einer Gruppe von Gesellschaftern oder der Gesellschaftermehrheit das Recht einräumt, einen Mitgesellschafter ohne sachlichen Grund aus der Gesellschaft auszuschließen.[8] Nur in Ausnahmefällen können derartige Hinauskündigungsklauseln wirksam sein. Dies setzt voraus, dass sie aufgrund besonderer Umstände sachlich gerechtfertigt sind.[9] 10

2 HK-GmbHR/*Fichtelmann*, § 46 Rn. 76.
3 BGH NJW 1974, 1996.
4 Vgl. Achilles/Ensthaler/Schmidt/*Schmidt*, § 45 Rn. 7.
5 BGH NJW-RR 1989, 542.
6 Baumbach/Hueck/*Zöllner*, § 45 Rn. 4.
7 Vgl. Roth/Altmeppen/*Roth*, § 45 Rn. 18.
8 BGH GmbHR 2005, 620.
9 BGH NJW 2005, 3641.

11 Eine gesellschaftsvertragliche **Ausschlussklausel**, bei der es dem Ausschließungsberechtigten nur darum geht, sich sachlich ungerechtfertigt aus einer vormals übernommenen vertraglichen Verpflichtung zu lösen, kann gegen Treu und Glauben verstoßen (§ 242 BGB).[10]

4. Aufgabenübertragung auf andere Organe

12 Die Gesellschafter können im Gesellschaftsvertrag andere Organe (z.B. Gesellschafterausschuss,[11] Beirat oder Aufsichtsrat) schaffen und auf diese Kompetenzen der Gesellschafterversammlung übertragen. Ebenso zulässig ist die Delegation von Aufgaben auf ein nach §§ 1025 ff. ZPO tätiges Schiedsgericht. Dessen Entscheidungen unterliegen dann wie Gesellschafterbeschlüsse der Nichtigkeits- und Anfechtungsklage.[12]

13 Voraussetzung für die Zulässigkeit einer solchen Aufgabenübertragung im Gesellschaftsvertrag ist stets, dass die Satzungsregelung die Überwachungs- bzw. Kontrollfunktion des berufenen Organs erkennen lässt. Im Übrigen darf die Kompetenzübertragung nicht unumkehrbar sein.[13] Es darf auch nicht der Grundsatz der **Verbandssouveränität** durch den Gesellschaftsvertrag beeinträchtigt werden, d.h., es ist unzulässig, der Gesellschafterversammlung die Befugnis zur Änderung des Gesellschaftsvertrags[14] oder zur Auflösung der Gesellschaft zu nehmen.[15] Ebenso müssen den Gesellschaftern grundlegende Entscheidungen wie z.B. über bedeutsame Änderungen der Geschäftspolitik oder über Verschmelzung und Umwandlung verbleiben. Ferner sind solche Aufgaben im Gesellschaftsvertrag nicht übertragbar, die das von der Delegation betroffene Organ von der Natur der Sache her nicht wahrnehmen kann. Einem Geschäftsführer können z.B. im Gesellschaftsvertrag nicht seine eigene Entlastung und Abberufung übertragen werden.[16]

14 ! Haben die Gesellschafter im Gesellschaftsvertrag eine Aufgabe der Gesellschafterversammlung einem anderen Organ übertragen, fällt diese Aufgabe bei Funktionsunfähigkeit des anderen Organs an die Gesellschafterversammlung zurück.[17]

II. Fehlen gesellschaftsvertraglicher Regelungen (Abs. 2)

15 Gemäß Abs. 2 finden in Ermangelung besonderer Bestimmungen im Gesellschaftsvertrag die Vorschriften der §§ 46 bis 51 Anwendung. Die gesetzlichen Regelungen gelten somit lediglich subsidiär.[18] Sie sind unter Beachtung der gesetzlichen Schranken (siehe Rn. 6 ff.) dispositiv.[19]

C. Weitere praktische Hinweise

16 Die **Gesellschaftsverträge** sind nicht nach dem subjektiven Verständnis der Gesellschafter, sondern **objektiv auszulegen**.[20] Maßgeblich sind der Wortlaut des Gesellschaftsvertrags sowie die Unterlagen, die zum Handelsregister eingereicht und damit der Allgemeinheit zugänglich gemacht worden sind. Hierzu zählen auch frühere gesellschaftsvertragliche Regelungen.[21]

17 Zur Rolle der Gesellschafter im Steuerrecht (Trennungsprinzip) vgl. „Steuerrecht", S. 1046 ff., Rn. 2 ff.

10 BGH NJW 2004, 2013.
11 Vgl. BGH NJW 1961, 724.
12 BGH NJW 1965, 1378.
13 Lutter/Hommelhoff/*Lutter/Hommelhoff*, § 45 Rn. 6.
14 BGH NJW 1965, 1378.
15 RGZ 137, 308.
16 BGH NJW 1965, 1378.
17 BGH NJW 1954, 799.
18 Lutter/Hommelhoff/*Lutter/Hommelhoff*, § 45 Rn. 3; Baumbach/Hueck/*Zöllner*, § 45 Rn. 8.
19 Lutter/Hommelhoff/*Lutter/Hommelhoff*, § 45 Rn. 3; Baumbach/Hueck/*Zöllner*, § 45 Rn. 8.
20 BGH NJW-RR 2003, 826; BGH NJW 1994, 51.
21 BGH NJW 1992, 892.

§ 46 Aufgabenkreis der Gesellschafter

Der Bestimmung der Gesellschafter unterliegen:

1. die Feststellung des Jahresabschlusses und die Verwendung des Ergebnisses;

1a. die Entscheidung über die Offenlegung eines Einzelabschlusses nach internationalen Rechnungslegungsstandards (§ 325 Abs. 2a des Handelsgesetzbuchs) und über die Billigung des von den Geschäftsführern aufgestellten Abschlusses;

1b. die Billigung eines von den Geschäftsführern aufgestellten Konzernabschlusses;

2. die Einforderung der Einlagen;

3. die Rückzahlung von Nachschüssen;

4. die Teilung, die Zusammenlegung sowie die Einziehung von Geschäftsanteilen;

5. die Bestellung und die Abberufung von Geschäftsführern sowie die Entlastung derselben;

6. die Maßregeln zur Prüfung und Überwachung der Geschäftsführung;

7. die Bestellung von Prokuristen und von Handlungsbevollmächtigten zum gesamten Geschäftsbetrieb;

8. die Geltendmachung von Ersatzansprüchen, welche der Gesellschaft aus der Gründung oder Geschäftsführung gegen Geschäftsführer oder Gesellschafter zustehen, sowie die Vertretung der Gesellschaft in Prozessen, welche sie gegen die Geschäftsführer zu führen hat.

Literatur

Bärwaldt/Hadding, Die Bindung des Prokuristen an die Mitwirkung des Prinzipals, NJW 1998, 1103; *Bauer/Diller*, Koppelung von Abberufung und Kündigung bei Organmitgliedern, GmbHR 1998, 809; *Banerja*, Die Gesellschafterklage im GmbH- und Aktienrecht, 2000; *Baums*, Zuständigkeit für Abschluß, Änderung und Aufhebung von Anstellungsverträgen, ZGR 1993, 141; *Bea/Scheurer*, Die Kontrolle der GmbH, DB 1995, 1289; *Beuthien/Gätsch*, Einfluß Dritter auf die Organbesetzung und Geschäftsführung bei Vereinen, Kapitalgesellschaften und Genossenschaften, ZHR 157 (1993), 483; *Beuthien/Müller*, Gemischte Gesamtvertretung und unechte Gesamtprokura, DB 1995, 461; *Brandner*, Sonderprüfungen zur Kontrolle der Geschäftsführung im Recht der GmbH, in: Bruchhausen u.a. (Hrsg.), Festschrift für Rudolf Nirk zum 70. Geburtstag, 1992, S. 75; *Dahlbender*, Verfallklausel im Geschäftsführervertrag – Die Haftung des Geschäftsführers und ihre Begrenzung, GmbH-StB 2009, 311; *Eickhoff*, Die Praxis der Gesellschafterversammlung bei GmbH und GmbH & Co. KG, 4. Auflage 2006; *Endert/Sepetauz*, Gewinnausschüttungen an Kapitalgesellschaften, BBK 2011, 566; *Fleischer*, Zur Einschränkbarkeit der Geschäftsführerhaftung in der GmbH, BB 2011, 2435; *Gehrlein*, Die Gesellschafterklage und § 46 Nr. 8 GmbHG – ein ungelöstes Problem?, ZIP 1993, 1525; *Geißler*, Begrenzung bei der Weisungsbindung des GmbH-Geschäftsführers, GmbHR 2009, 1071; *Goette*, Das Organverhältnis des GmbH-Geschäftsführers in der Rechtsprechung des BGH, DStR 1998, 938; *Gross*, Stimmrecht und Stimmrechtsausschluß bei der Testamentsvollstreckung am GmbH-Anteil, GmbHR 1994, 596; *Gutbrod*, Vom Gewinnbezugsrecht zum Gewinnanspruch des GmbH-Gesellschafters, GmbHR 1995, 551; *Hasselbach*, Der Verzicht auf Schadensersatzansprüche gegen Organmitglieder, DM 2010, 2037; *Hommelhoff*, Auszahlungsanspruch und Ergebnisverwendungsanspruch in der GmbH, in: Pfeiffer u.a. (Hrsg.), Festschrift für Heinz Rowedder zum 75. Geburtstag, 1994, S. 171; *Irriger/Münstermann*, Teilung und Teilveräußerung von Geschäftsanteilen – Offene Rechtsfragen zur Zuständigkeit und Wirksamkeit, GmbHR 2010, 617; *Kallmeyer*, Recht der Gewinnverwendung in der GmbH, GmbHR 1992, 788; *Kowalski*, Die Gesellschafterklage und § 46 Nr. 8 – kein unlösbares Problem, ZIP 1995, 1315; *Karrer*, Bestellung und Rechtsstellung des besonderen Vertreters im Recht der Personengesellschaften, NZG 2009, 932; *Kersten*, Praxisfragen der Gesellschafterliste nach dem MoMiG, Renopraxis 2010, 243; *Klose*, Die Vertretung einer Zweipersonen-GmbH bei Gesellschafterstreitigkeiten, GmbHR 2010, 1139; *Klose/Schade*, Die Befugnisse des von der Gesellschafterversammlung bestellten Prozessvertreters, GmbHR 2011, 244; *Leuering/Rubner*, Vorabgewinnausschüttungen im Recht der GmbH, NJW Spezial 2011, 207; *Lohr*, Zusammenlegung von Geschäftsanteilen – Satzungsgestaltung, GmbH-StB 2010, 212; *Meier*, Zum Verhältnis zwischen der Informationspflicht und der Überwachungspflicht des fakultativen Aufsichtsrats bei einer GmbH, DStR 1997, 1894; *Mildenberger*, Der Geschäftsführervertrag, 2000; *Najdecki*, Ableben des GmbH-Gesellschafters oder GmbH-Geschäftsführers, NWB 2009, 3199; *Priester*, Stimmverbot des GmbH-Gesellschafters bei Entlastungsbeschlüssen, in: Pfeiffer u.a.

(Hrsg.), Festschrift für Heinz Rowedder zum 75. Geburtstag, 1994, S. 369; *Saenger*, Minderheitenschutz und innergesellschaftliche Klagen bei der GmbH, GmbHR 1997, 112; *Schelp*, Abberufung und Kündigung von Gesellschafter-Geschäftsführern, GmbH-StB 2010, 145; *Schelp*, Bestellungsrecht und Anstellungsrecht – Sonderrechte des GmbH-Gesellschafters, GmbH-StB 2011, 155; *Scheuffele*, Stimmrecht und Grenzen der Mehrheitsmacht des geschäftsführenden Gesellschafters einer GmbH bei der Festlegung seiner Vergütung, GmbHR 2009, 1254; *Sigle*, Die Entlastung des GmbH-Geschäftsführers und ihre Wirkung, DStR 1992, 469; *van Venrooy*, Die Bestellung von Prokuristen und Generalhandlungsbevollmächtigten nach § 46 Nr. 7 GmbHG und das „Innenverhältnis", GmbHR 1999, 800; *Vetter*, Corporate Governance in der GmbH – Aufgaben des Aufsichtsrats der GmbH, GmbHR 2011, 449; *Walk*, Die zweckmäßige Gewinnverwendungsklausel in der GmbH, 1993; *Wellkamp*, Die Gesellschafterklage im Spannungsfeld von Unternehmensführung und Mitgliedsrechten, DZWiR 1994, 221; *Wichmann*, Nichtigkeit des Jahresabschlusses der GmbH im Fall einer verdeckten Gewinnausschüttung, GmbHR 1992, 643; *Wolf*, Abberufung und Ausschluß in der Zweimann-GmbH, ZGR 1998, 92; *Zwissler*, Einstweiliger Rechtsschutz bei Abberufungskonflikten mit dem GmbH-Geschäftsführer, GmbHR 1999, 336.

A. Allgemeines

1 Die Aufgaben der Gesellschafter richten sich in erster Linie nach den Bestimmungen des Gesellschaftsvertrags. Diese werden durch § 46 ergänzt. Die Zuständigkeitszuweisung in § 46 hat zur Folge, dass andere Organe der Gesellschaft (z.B. Beirat, Aufsichtsrat) nicht ohne Weiteres über die in der Vorschrift genannten Beschlussgegenstände entscheiden können. Für eine generelle Verlagerung der Entscheidungskompetenz auf diese bedarf es einer entsprechenden Regelung im Gesellschaftsvertrag.[1] Die Übertragung der Entscheidung eines konkreten Einzelfalls kann durch Beschluss aller Gesellschafter erfolgen.[2]

2 § 46 ist in zweierlei Hinsicht **dispositiv**. Einerseits kann der Gesellschaftsvertrag über die in § 46 normierten Aufgaben hinaus weitere Beschlusszuständigkeiten der Gesellschafter begründen. Andererseits kann er den Aufgabenkreis der Gesellschafter auch einschränken. Eine Zuständigkeitserweiterung kann nur das Innenverhältnis der Gesellschaft betreffen. Die Vertretung der Gesellschaft nach außen obliegt zwingend den Geschäftsführern (Sonderfälle: Vertretung durch Aufsichtsrat nach den Mitbestimmungsgesetzen).[3] Die Grundkompetenz der Gesellschafterversammlung als oberstes Willensbildungsorgan kann nicht entzogen werden. Unzulässig ist es dementsprechend z.B., die Entlastung oder Überwachung der Geschäftsführer an diese zu delegieren.[4]

3 Die Gesellschafterversammlung hat eine **Allzuständigkeit**. Dies bedeutet, dass die Gesellschafter, sofern der Gesellschaftsvertrag keine abweichende Bestimmung enthält, alle Angelegenheiten an sich ziehen und für die anderen Gesellschaftsorgane verbindlich entscheiden können. Die Beschlüsse der Gesellschafterversammlung sind für die Geschäftsführer bindend. Die Gesellschafter müssen den Geschäftsführern jedoch einen Kern eigener Sachentscheidung überlassen.[5]

1 Baumbach/Hueck/*Zöllner*, § 46 Rn. 2.
2 Baumbach/Hueck/*Zöllner*, § 46 Rn. 2.
3 Hachenburg/*Hüffer*, § 46 Rn. 4; Baumbach/Hueck/*Zöllner*, § 46 Rn. 5.
4 Baumbach/Hueck/*Zöllner*, § 46 Rn. 93.
5 Baumbach/Hueck/*Zöllner*, § 46 Rn. 89.

B. Inhalt der Regelung

I. Feststellung des Jahresabschlusses und Verwendung des Ergebnisses (Nr. 1)

Der Jahresabschluss ist gem. § 264 Abs. 1 Satz 2 HGB von den Geschäftsführern aufzustellen. Dieser besteht aus Bilanz und Gewinn- und Verlustrechnung (§ 242 Abs. 3 HGB). Er ist von den Geschäftsführern um einen Anhang zu erweitern (§ 264 Abs. 1 Satz 1 HGB). Der von den Geschäftsführern ggf. aufzustellende Lagebericht (§ 264 Abs. 1 HGB) gehört nicht zum Jahresabschluss. 4

Gemäß § 42a Abs. 1 Satz 1 haben die Geschäftsführer den Jahresabschluss und den Lagebericht unverzüglich nach der Aufstellung den Gesellschaftern zum Zwecke der Feststellung des Jahresabschlusses **vorzulegen**. Diese haben gem. § 42a Abs. 2 spätestens bis zum Ablauf der ersten acht Monate oder, wenn es sich um eine kleine Gesellschaft i.S.d. § 267 Abs. 1 HGB handelt, bis zum Ablauf der ersten elf Monate des Geschäftsjahrs über die Feststellung des Jahresabschlusses und über die Ergebnisverwendung zu beschließen. Der Gesellschaftsvertrag kann diese Frist nicht verlängern. 5

Bei der Feststellung des Jahresabschlusses handelt es sich gewissermaßen um dessen **verbindliche Festlegung**.[6] Diese obliegt nach Nr. 1 Hs. 1 der Gesellschafterversammlung. Im Gesellschaftsvertrag kann sie auch dem Aufsichtsrat, Beirat, Gesellschafterausschuss oder den Geschäftsführern[7] übertragen werden. Eine konkludente Feststellung des Jahresabschlusses ist möglich, wenn die Gesellschafter auf der Basis des aufgestellten und ggf. geprüften Jahresabschlusses einen Ergebnisverwendungsbeschluss fassen.[8] Die Gesellschafter geben in einem solchen Fall zu erkennen, dass sie den Jahresabschluss als verbindlich festlegen und zur Grundlage ihres Ergebnisverwendungsbeschlusses machen wollen. 6

Neben der Feststellung des Jahresabschlusses haben die Gesellschafter in der Frist des § 42a Abs. 2 Satz 1 über die **Ergebnisverwendung** zu beschließen. Die Gesellschafter haben gem. § 29 grundsätzlich einen Anspruch auf Ausschüttung des Gewinns. Unter Zustimmung aller Gesellschafter kann der Gewinn beliebig verwendet werden.[9] Neben der Gewinnausschüttung sind Gewinn- und Verlustvorträge bzw. Gewinnthesaurierungen möglich. Die Kompetenz zur Verwendung des Ergebnisses kann ebenso wie die Zuständigkeit der Feststellung des Jahresabschlusses im Gesellschaftsvertrag auf andere Gesellschaftsorgane übertragen werden. 7

II. Offenlegung und Billigung eines nach internationalen Rechnungslegungsstandards aufgestellten Einzelabschlusses (Nr. 1a)

Gemäß § 325 Abs. 1 und 2 HGB sind die gesetzlichen Vertreter von Kapitalgesellschaften verpflichtet, den Jahresabschluss beim Betreiber des elektronischen Bundesanzeigers einzureichen und nach der Einreichung im elektronischen Bundesanzeiger bekannt machen zu lassen. Gemäß § 325 Abs. 2a Satz 1 HGB kann sich die Gesellschaft auch dafür entscheiden, anstelle des Jahresabschlusses einen Einzelabschluss offenzulegen, der nach den in § 315a Abs. 1 HGB bezeichneten internationalen Rechnungslegungsstandards aufgestellt worden ist. Die Vorlage des Einzelabschlusses durch die Geschäftsführer gegenüber den Gesellschaftern richtet sich nach § 42a Abs. 1 bis 3, sofern die Gesellschafter die Offenlegung eines solchen Einzelabschlusses beschlossen haben (§ 42a Abs. 4 Satz 2). Die Entscheidung über die Billigung und Offenlegung des Einzelabschlusses obliegt gem. Nr. 1a den Gesellschaftern. Im Gesellschaftsvertrag kann diese Kompetenz auch auf andere Organe der Gesellschaft übertragen werden. 8

---

6 Baumbach/Hueck/*Schulze-Osterloh*, § 42a Rn. 14.
7 Roth/Altmeppen/*Roth*, § 46 Rn. 6; Scholz/*Schmidt*, § 46 Rn. 46; Baumbach/Hueck/*Zöllner*, § 46 Rn. 16; a.A. Hachenburg/*Hüffer*, § 46 Rn. 22.
8 Baumbach/Hueck/*Zöllner*, § 46 Rn. 16.
9 Baumbach/Hueck/*Zöllner*, § 46 Rn. 17.

III. Billigung von Konzernabschlüssen (Nr. 1b)

9 Ist die Gesellschaft zur Aufstellung eines Konzernabschlusses und eines Konzernlageberichts verpflichtet, so sind gem. § 42a Abs. 4 Satz 1 die Regelungen für die Vorlage des Jahresabschlusses in § 42a Abs. 1 bis 3 entsprechend anzuwenden. Die Gesellschafterversammlung ist gem. Nr. 1b für die Billigung des Konzernabschlusses zuständig. Im Gesellschaftsvertrag kann diese Aufgabe aber auch einem anderen Gesellschaftsorgan übertragen werden.

IV. Einforderung der Einlagen (Nr. 2)

10 Wird eine Gesellschaft zur Eintragung in das Handelsregister angemeldet, müssen die Bareinlagen nicht sofort in voller Höhe erbracht werden (Ausnahme: Unternehmergesellschaft i.S.d. § 5a). Gemäß § 7 Abs. 2 Satz 1 reicht es aus, wenn auf jeden Geschäftsanteil mindestens ein Viertel des Nennbetrags eingezahlt wird. Insgesamt muss auf das Stammkapital gem. § 7 Abs. 2 Satz 2 so viel eingezahlt sein, dass der Gesamtbetrag der eingezahlten Geldeinlagen zuzüglich des Gesamtnennbetrags der Geschäftsanteile, für die Sacheinlagen zu leisten sind, die Hälfte des Mindeststammkapitals gem. § 5 Abs. 1 erreicht. Entscheidend ist insofern, welche Vereinbarung die Gründungsgesellschafter im Gesellschaftsvertrag treffen. Die ausstehenden Beträge werden fällig, wenn die Gesellschafter die Einforderung der Einlagen beschließen.[10] Ihre Zuständigkeit ergibt sich aus Nr. 2. Dessen Wortlaut wurde durch das MoMiG vereinfacht.[11]

11 Der **Einforderungsbeschluss** wird gegenüber den anwesenden Gesellschaftern sofort und gegenüber abwesenden Gesellschaftern mit schriftlicher Mitteilung an diese wirksam. Mit der Bekanntgabe des Einforderungsbeschlusses beginnt die Verjährungsfrist.[12] Die Geschäftsführer können die ausstehenden Einlagen erst nach einem entsprechenden Einforderungsbeschluss einfordern.[13]

12 Aufgehoben werden kann der Einforderungsbeschluss, sofern noch kein Gesellschafter die eingeforderte Stammeinlage geleistet hat.[14] Haben bereits einzelne vom Einforderungsbeschluss betroffene Gesellschafter geleistet, ist eine Aufhebung des Beschlusses und Erstattung der Einlage nur unter Beachtung der §§ 30, 31 zulässig.[15]

V. Rückzahlung von Nachschüssen (Nr. 3)

13 Im Gesellschaftsvertrag kann gem. § 26 Abs. 1 bestimmt werden, dass die Gesellschafter über die Nennbeträge der Geschäftsanteile hinaus die Einforderung von weiteren Einzahlungen, sog. Nachschüsse, beschließen können. Über die Rückzahlung derartiger Nachschüsse entscheidet gem. Nr. 3 die Gesellschafterversammlung. An der Beschlussfassung können auch die betroffenen Gesellschafter mitwirken.[16] Die Rückzahlung richtet sich nach § 30 Abs. 2.

VI. Teilung, Zusammenlegung und Einziehung von Geschäftsanteilen (Nr. 4)

14 § 17, der die Genehmigung der Teilung von Geschäftsanteilen durch die Gesellschaft vorschrieb, ist durch das MoMiG aufgehoben worden. Die Zusammenlegung von Geschäftsanteilen wurde durch das MoMiG in Nr. 4 neu als Aufgabe der Gesellschafter aufgenommen. Die Vorschrift unterstellt die Teilung und Zusammenlegung von Geschäftsanteilen der Zustimmung der Gesellschafterversammlung. Sie setzt damit deren Zulässigkeit voraus. Nach dem ausdrücklichen Willen des Gesetzgebers soll es Sache der Gesellschafter sein, ob und was sie an Teilungen und Zusammenlegungen von Geschäftsanteilen zulassen wollen.[17] Jede Teilung hat die Mindeststückelung gem. § 5 Abs. 2

10 BGH BB 1961, 953.
11 Vgl. RegE, BT-Drucks. 16/6140, S. 45.
12 BGH WM 1987, 208.
13 Lutter/Hommelhoff/*Lutter/Hommelhoff*, § 46 Rn. 7.
14 Roth/Altmeppen/*Roth*, § 46 Rn. 12.
15 Vgl. Baumbach/Hueck/*Zöllner*, § 46 Rn. 28.
16 Achilles/Ensthaler/Schmidt/*Schmidt*, § 46 Rn. 13.
17 RegE, BT-Drucks. 16/6140, S. 45.

(volle Euro) zu beachten. Der Gesellschaftsvertrag kann die Voraussetzungen für die Teilung und Zusammenlegung festlegen.[18] Sollte im Handelsregister noch keine Gesellschafterliste aufgenommen sein, die eine Nummerierung der Geschäftsanteile nach Maßgabe des § 40 Abs. 1 enthält, ist vor der Teilung oder Zusammenlegung von Geschäftsanteilen zunächst eine solche durch die Geschäftsführer zu erstellen und zum Handelsregister einzureichen. Auf der Grundlage der neu nummerierten Gesellschafterliste kann dann die Teilung oder Zusammenlegung der Geschäftsanteile erfolgen.

! Nach Zusammenlegung oder Teilung haben die Geschäftsführer eine aktualisierte Gesellschafterliste zum Handelsregister einzureichen. 15

Die Einziehung (Amortisation) von Geschäftsanteilen darf gem. § 34 Abs. 1 nur erfolgen, soweit sie im Gesellschaftsvertrag zugelassen ist. Die Gesellschafterversammlung entscheidet auf dessen Grundlage. 16

VII. Bestellung, Abberufung und Entlastung von Geschäftsführern (Nr. 5)

Die Bestellung und Abberufung der Geschäftsführer ist grundsätzlich Aufgabe der Gesellschafterversammlung[19] (Ausnahme: obligatorischer Aufsichtsrat gem. § 31 MitbestG). Im Gesellschaftsvertrag kann sie aber auch auf ein anderes Gesellschaftsorgan (z.B. Beirat, Aufsichtsrat), einen Gesellschafter als Sonderrecht[20] oder einen Dritten[21] übertragen werden. Als Annexkompetenz unterfallen Nr. 5 auch der Abschluss[22], die Kündigung, die Aufhebung[23] oder die Änderung[24] des Geschäftsführeranstellungsvertrags. 17

Die Bestellung des Geschäftsführers wird erst mit der **Kundgabe** des Beschlusses seitens der Gesellschafter wirksam.[25] Die Gesellschaft wird dabei gegenüber dem Geschäftsführer durch die Gesellschaftergesamtheit vertreten.[26] Andere Geschäftsführer sind hinsichtlich der Bestellung eines Geschäftsführers nicht vertretungsbefugt; sie können aber als Erklärungsboten handeln.[27] Da mit der Bestellung zum Geschäftsführer die Haftung nach § 43 verbunden ist, bedarf die Bestellung zu ihrer Wirksamkeit darüber hinaus einer Annahmeerklärung des Geschäftsführers.[28] 18

Zuständig ist die Gesellschafterversammlung gem. Nr. 5 auch für die **Entlastung** der Geschäftsführer. Mit der Entlastung wird die Amtsführung der Geschäftsführer in der zurückliegenden Amtsperiode gebilligt. Zugleich wird ihnen für die Zukunft das Vertrauen ausgesprochen.[29] Als Folge der Entlastung verliert die Gesellschaft die Möglichkeit, Ersatzansprüche gegen die Geschäftsführer geltend zu machen. Sie ist insoweit im Prozess präkludiert. Dies gilt jedoch nur für solche Ersatzansprüche, die der Gesellschafterversammlung bei sorgfältiger Prüfung aller Vorlagen und Berichte erkennbar waren[30] oder von denen alle Gesellschafter Kenntnis hatten.[31] Beschlüsse, die die 19

18 RegE, BT-Drucks. 16/6140, S. 45.
19 Zur Qualifizierung eines faktischen Geschäftsführers einer GmbH trotz mangelder Gesellschafterbestellung vgl. LG Stade ZinsO 2010, 1797; zur Bestellung eines zweiten Geschäftsführers bei vereinfachter Gründung einer GmbH mittels Musterprotokolls vgl. OLG Rostock DNotZ 2011, 308 = GmbHR 2010, 872 = MDR 2010, 1004 = NotBZ 2010, 196.
20 BGH NJW-RR 1989, 542.
21 BGH NJW-RR 1990, 233; Lutter/Hommelhoff/*Lutter/Hommelhoff*, § 46 Rn. 11.
22 BGH NJW 2000, 2983.
23 BGH NJW 1998, 1315.
24 BGH NJW 1991, 1680; LAG Hessen v. 14.3.2011 – 17 Sa 1673/10.
25 Roth/Altmeppen/*Roth*, § 46 Rn. 23.
26 BGH NJW 1991, 1680.
27 Scholz/*Schmidt*, § 46 Rn. 71.
28 Hachenburg/*Hüffer*, § 46 Rn. 44.
29 BGH NJW 1986, 129.
30 BGH NJW 1986, 129.
31 BGH WM 1976, 736.

Geschäftsführer trotz schwerwiegenden und eindeutigen Verstoßes gegen Gesetz oder Satzung entlasten, sind wegen Treuwidrigkeit anfechtbar.[32]

VIII. Maßregeln zur Prüfung und Überwachung der Geschäftsführung (Nr. 6)

20 Die Gesellschafterversammlung hat das Recht, die Geschäftsführer zu kontrollieren. Sie kann daher gem. Nr. 6 über Maßregeln zur Prüfung und Überwachung der Geschäftsführung beschließen. Zulässig sind insoweit alle geeigneten und nicht unverhältnismäßigen Maßnahmen, z.B. Vorbehalt der Genehmigung von Geschäften bestimmter Art oder bestimmten Umfangs, Erteilung von Auskünften oder Bestellung von Sonderprüfern analog § 142 Abs. 1 AktG. Geschäftsführende Gesellschafter haben kein Stimmrecht, soweit sie betroffen sind.[33] Im Gesellschaftsvertrag kann das Überwachungsrecht auf andere Organe der Gesellschaft (z.B. Beirat, Aufsichtsrat) übertragen werden. Die Letztzuständigkeit der Gesellschafter kann hierdurch jedoch nicht eingeschränkt werden.[34]

IX. Bestellung von Prokuristen und Generalhandlungsbevollmächtigten (Nr. 7)

21 Die **Prokura** ist eine rechtsgeschäftliche, handelsrechtliche Vollmacht.[35] Der Prokurist ist demzufolge nicht gesetzlicher Vertreter, sondern Bevollmächtigter. Der Umfang der Prokura ist gesetzlich umschrieben (§ 49 HGB) und rechtsgeschäftlich – vorbehaltlich § 50 Abs. 3 HGB (Niederlassungsprokura) – weitestgehend nicht einschränkbar (§ 50 Abs. 1 HGB). Ihre Erteilung richtet sich grundsätzlich nach den Vollmachtsregeln der §§ 167 ff. BGB. Mit Rücksicht auf ihre handelsrechtliche Natur kann die Prokura gem. § 48 Abs. 1 HGB nur der Kaufmann oder sein gesetzlicher Vertreter erteilen, und zwar ausschließlich mittels ausdrücklicher Erklärung. Ihre Erteilung ist in das Handelsregister einzutragen (§ 53 HGB). Der Handelsregistereintragung kommt jedoch nur eine deklaratorische Wirkung zu.

22 Die **Generalhandlungsvollmacht** gestattet alle Geschäftshandlungen und Rechtsgeschäfte, die der gesamte Betrieb des Handelsgewerbes gewöhnlich mit sich bringt. Sie ist damit die umfangreichste Form der Handlungsvollmacht (§ 54 Abs. 1 HGB). In der Praxis kommt diese Form der Handlungsvollmacht eher selten vor. Die Erteilung der Handlungsvollmacht erfolgt durch eine einseitige empfangsbedürftige Willenserklärung[36] nach den allgemeinen Vorschriften der §§ 167, 171 BGB (§ 167 Abs. 1 Alt. 1 BGB: Innenvollmacht; § 167 Abs. 1 Alt. 2 BGB: Außenvollmacht; § 171 Abs. 1 BGB: öffentliche Bekanntmachung). Sie ist grundsätzlich an keine Form gebunden und kann auch konkludent erteilt werden,[37] z.B. in der Bestellung zum Abschlussvertreter liegen. Sie kann auch durch Umdeutung (§ 140 BGB) einer unwirksamen Prokura oder Generalvollmacht entstehen.[38]

23 Die Erteilung der Prokura und Generalhandlungsvollmacht erfolgt ebenso wie die Anmeldung der Prokura zum Handelsregister, der Abschluss des Anstellungsvertrags mit dem Bestellten oder der Widerruf der Bestellung durch die Geschäftsführer. Der Gesellschafterversammlung obliegt gem. Nr. 7, ob und welche Personen als Prokuristen und Generalhandlungsbevollmächtigte bestellt werden.

---

32 BGH NJW-RR 2003, 895.
33 Vgl. Roth/Altmeppen/*Roth*, § 46 Rn. 45; Hachenburg/*Hüffer*, § 46 Rn. 78.
34 Baumbach/Hueck/*Zöllner*, § 46 Rn. 51.
35 MünchKomm-HGB/*Krebs*, § 48 Rn. 1; Röhricht/v. Westphalen/*Wagner*, § 48 HGB Rn. 1.
36 Röhricht/v. Westphalen/*Wagner*, § 54 HGB Rn. 14; MünchKomm-HGB/*Krebs*, § 54 Rn. 48.
37 BGH NJW 1982, 1390; BGH WM 2003, 750.
38 BGH WM 1978, 1078; BGH NZG 2002, 813, 814.

X. Geltendmachung von Ersatzansprüchen gegen Geschäftsführer und Gesellschafter sowie Vertretung der Gesellschaft in Prozessen gegen Geschäftsführer (Nr. 8)

Nr. 8 erfasst zwei Fallgruppen. Nach dieser Vorschrift unterliegt der Beschlussfassung der Gesellschafter einerseits die Geltendmachung von Ersatzansprüchen, welche der Gesellschaft aus der Gründung oder Geschäftsführung gegen Geschäftsführer oder Gesellschafter zustehen. Andererseits hat die Gesellschafterversammlung über die Vertretung der Gesellschaft in Prozessen, welche sie gegen die Geschäftsführer zu führen hat, zu befinden. **24**

Die Beschlussfassung erstreckt sich auf jegliche Ersatzansprüche der Gesellschaft, die im Zusammenhang mit der Gesellschaftsgründung oder mit der Geschäftsführung stehen. Unter Geltendmachung ist nicht nur Klageerhebung zu verstehen. Erfasst werden alle Maßnahmen, die den Geschäftsführer bzw. Gesellschafter mit einem gegen ihn gerichteten Ersatzanspruch der Gesellschaft konfrontieren oder diesen zum Erlöschen bringen, wie Mahnung, Anspruchstellung, Einleitung eines gerichtlichen Mahnverfahrens, Aufrechnung nach §§ 387 ff. BGB[39], Erlassvertrag gem. § 397 BGB, Vergleich nach § 779 BGB oder Generalbereinigung.[40] **25**

Die Beschlusskompetenz nach Nr. 8 Hs. 1 betrifft nicht nur Ersatzansprüche gegen aktuelle Geschäftsführer und Gesellschafter. Die Vorschrift ist vielmehr auch auf die Geltendmachung von Ersatzansprüchen gegen Aufsichtsrats- oder Beiratsmitglieder anwendbar.[41] Gleichgültig ist im Übrigen, ob das zu belangende Organmitglied in der Zwischenzeit als Gesellschafter, Geschäftsführer, Aufsichtsrats- oder Beiratsmitglied aus der Gesellschaft ausgeschieden ist.[42] Die Geltendmachung von Schadensersatzansprüchen der Kommanditgesellschaft gegenüber dem Geschäftsführer der Komplementär-GmbH bedarf keines vorherigen Beschlusses der Gesellschafter nach Nr. 8.[43] Einer Beschlussfassung der Gesellschafter nach Nr. 8 Hs. 1 bedarf es ebenfalls nicht, wenn sich die Gesellschaft in der Insolvenz befindet oder sie liquidiert wird und die Liquidation nur wegen des Fehlens einer die Kosten deckende Masse insolvenzverfahrensfrei bleibt.[44] Im Übrigen scheitert die Inanspruchnahme eines früheren Geschäftsführers nicht daran, dass der Alleingesellschafter, keinen förmlichen Beschluss nach Nr. 8 gefasst hat. Es genügt, wenn er als Alleingesellschafter und zugleich Geschäftsführer den Anspruch geltend macht. Eine Beschlussniederschrift nach § 48 Abs. 3 zu fordern, wäre bei dieser Sachlage eine nutzlose Förmelei.[45] **26**

Der Beschluss der Gesellschafter muss erkennen lassen, dass ein Ersatzanspruch geltend gemacht werden soll. Außerdem ist der entsprechende Ersatzanspruch im Beschluss seinem Kern nach hinreichend konkret zu umreißen. Nur so kann beurteilt werden, ob die Klage durch ihn gedeckt ist. Eine actio pro socio kommt bei Gesellschaften mit beschränkter Haftung nur subsidiär gegenüber den vom Gesetz bereitgestellten Rechtsinstrumenten in Betracht. Der Gesellschafter muss zunächst die rechtlichen Möglichkeiten ausschöpfen und über die Gesellschaft selbst Klage gegen den Mitgesellschafter erheben.[46] **27**

---

39 OLG Düsseldorf, GmbHR 1995, 232.
40 BGH NJW 1998, 1315.
41 Baumbach/Hueck/*Zöllner*, § 46 Rn. 59.
42 BGHZ 28, 357; BGH MW 1983, 498; BGH BB 1999, 1569; BGH NZG 2004, 962.
43 KG BB 2011, 1428 = GmbHR 2011, 477 =GmbH-StB 2011, 139 = GWR 2011, 163 = NJW-Spezial 2011, 241 = NWB 2011, 1600 = NZG 2011, 429 = StuB 2011, 519.
44 BGH NZG 2004, 962.
45 BGH BB 2009, 2657 = DB 2010, 2650 = DStR 2010, 63 = EWiR 2010, 151 = GmbHR 2010, 85 = GmbH-StB 2010, 8 = MDR 2010, 94 = NJW 2010, 64 = NWB 2009, 3892 = NZG 2009, 1385 = NZI 2010, 49 = WM 2009, 2321 = ZIP 2009, 2335 = ZNotP 2010, 70.
46 OLG Koblenz GmbHR 2010, 1043 = GmbH-StB 2010, 292 = GWR 2010, 374 = NJW-Spezial 2010, 496 = NZG 2010, 1023.

28 Liegt kein Gesellschafterbeschluss vor, wird eine Klage als unbegründet abgewiesen.[47] Die Inanspruchnahme eines früheren Geschäftsführers kann jedoch auch ohne einen Gesellschafterbeschluss gem. § 46 Nr. 8 erfolgen[48].

29 Im Rahmen der Beschlusszuständigkeit nach Nr. 8 Hs. 2 haben die Gesellschafter unabhängig vom Streitgegenstand, der Rechtsnatur des Anspruchs, der Gerichtsbarkeit und der Verfahrensart darüber zu entscheiden, durch wen die Gesellschaft in einem Prozess gegen Geschäftsführer gerichtlich vertreten wird. Die Beschlusszuständigkeit nach Nr. 8 Hs. 2 gilt nicht nur in Aktiv-, sondern auch in Passivprozessen der Gesellschaft.[49] Als Vertreter der Gesellschaft können Gesellschafter, Mitglieder anderer Gesellschaftsorgane oder Dritte bestellt werden.[50]

C. Weitere praktische Hinweise

30 Über den in § 46 genannten Aufgabenkreis und etwaige Regelungen des Gesellschaftsvertrags hinaus ergibt sich aus zahlreichen anderen gesetzlichen Vorschriften eine **Zuständigkeit der Gesellschafter**, z.B.:

- § 26 (Einforderung von Nachschüssen)
- § 53 (Änderung des Gesellschaftsvertrags)
- § 60 Abs. 1 Nr. 2 (Auflösung)
- § 66 Abs. 1 und 3 (Bestellung und Abberufung von Liquidatoren)
- § 74 Abs. 2 Satz 2 (Verwahrung der Geschäftsbücher nach Beendigung der Liquidation)
- § 318 Abs. 1 Satz 1 HGB (Wahl der Abschlussprüfer)
- § 13 Abs. 1 UmwG (Verschmelzung)
- §§ 125, 13 Abs. 1 UmwG (Spaltung)
- § 176 UmwG (Vermögensübertragung auf die öffentliche Hand)
- § 193 Abs. 1 UmwG (Formwechsel)

31 Zur **steuerlichen Reichweite** des Beschlusses über die Ergebnisverwendung vgl. § 29 Rn. 56 ff. und „Steuerrecht", S. 1046 ff., Rn. 37 und 38.

Die Einforderung der über die Mindesteinlagen nach § 7 Abs. 2 hinausgehenden Resteinlagen ist Sache der Gesellschafter und liegt in deren unternehmerischem Ermessen. Der Verzicht auf die Einforderung führt daher im Regelfall zu keiner verdeckten Gewinnausschüttung.[51]

47 BGH NJW 1999, 2115; 1998, 1646.
48 OLG Brandenburg v. 17.2.2010 – 7 U 82/09.
49 OLG Oldenburg GmbHR 2010, 258 = GWR 2010, 141.
50 Die Gesellschafter einer Personengesellschaft können zum Zwecke der Durchsetzung von Ersatzansprüchen gegen ihren organschaftlichen Vertreter in entsprechender Anwendung von §§ 46 Nr. 8 Halbs. 2 GmbHG, 147 Abs. 2 Satz 1 AktG einen besonderen Vertreter bestellen; vgl. BGH MDR 2011, 56.
51 Niedersächsisches FG EFG 2007, 619.

§ 47 Abstimmung

(1) Die von den Gesellschaftern in den Angelegenheiten der Gesellschaft zu treffenden Bestimmungen erfolgen durch Beschlussfassung nach der Mehrheit der abgegebenen Stimmen.

(2) Jeder Euro eines Geschäftsanteils gewährt eine Stimme.

(3) Vollmachten bedürfen zu ihrer Gültigkeit der Textform.

(4) Ein Gesellschafter, welcher durch die Beschlussfassung entlastet oder von einer Verbindlichkeit befreit werden soll, hat hierbei kein Stimmrecht und darf ein solches auch nicht für andere ausüben. Dasselbe gilt von einer Beschlussfassung, welche die Vornahme eines Rechtsgeschäfts oder die Einleitung oder Erledigung eines Rechtsstreites gegenüber einem Gesellschafter betrifft.

Literatur

Altmeppen, Gibt es Stimmverbote in der Einmann-Gesellschaft?, NJW 2009, 3757; *Bremer*, Stimmrechtsausschlüsse von Gesellschaftern, GmbHR 1999, 651; *Damm*, Einstweiliger Rechtsschutz im Gesellschaftsrecht, ZHR 154 (1990), 413; *Dreher*, Schadensersatzhaftung bei Verletzung der aktienrechtlichen Treupflicht durch Stimmrechtsausübung, ZIP 1993, 332; *Dürr*, Nebenarbeiten und Willensduldung in der GmbH, BB 1995, 1365; *Ebenroth/Müller*, Anfechtung von GmbH-Gesellschafterbeschlüssen. Effiziente Gestaltung der Beschlussprüfung, DB 1992, 361; *Ebenroth/Müller*, Das Doppelmandat des Geschäftsführers im GmbH-Konzern und seine Auswirkungen auf das Stimmverbot des § 47 Abs. 4 GmbHG, GmbHR 1991, 237; *Engelsing/Lüke*, Vorsicht bei Satzungsänderungen – Die gemeinnützige GmbH, NWB 2010, 118; *Fedtke*, Aktuelle Rechtsprechung des BGH – Das Stimmverbot im GmbH-Recht, NWB 2009, 4013; *Gehrlein*, Zur streitgenössischen Nebenintervention eines Gesellschafters bei der aktienrechtlichen Anfechtungs- und Nichtigkeitsklage, AG 1994, 103; *Groß*, Stimmrecht und Stimmrechtsausschluß bei der Testamentsvollstreckung am GmbH-Anteil, GmbHR 1994, 596; *Habersack*, Grenzen der Mehrheitsherrschaft in Stimmrechtskonsortien, ZHR 164 (2000), 1; *Heckschen*, Die Gestaltung der Mitgliedschaftsrechte für den Fall der Insolvenz des GmbH-Gesellschafters, ZIP 2010, 1319; *Hoffmann/Becking*, Der Einfluß schuldrechtlicher Gesellschaftervereinbarungen auf die Rechtsbeziehungen in der Kapitalgesellschaft, ZGR 1994, 442; *Hommelhoff*, Zum vorläufigen Bestand fehlerhafter Strukturveränderungen in Kapitalgesellschaften, ZHR 158 (1994), 11; *Immenga*, Bindung von Rechtsmacht durch Treuepflichten, in: Lutter u.a. (Hrsg.), Festschrift 100 Jahre GmbH-Gesetz, 1992, S. 189; *Kemper*, Erb- und gesellschaftsrechtliche Aspekte bei der Gestaltung von Poolverträgen, GmbHR 2010, 1023; *Koppensteiner*, Treuwidrige Stimmabgaben bei Kapitalgesellschaften, ZIP 1994, 1325; *Krieger*, Fehlerhafte Satzungsänderungen: Fallgruppen und Bestandskraft, ZHR 158 (1994), 35; *Mayer*, Die Zulässigkeit von Stimmrechtsvereinbarungen im GmbH-Recht, GmbHR 1990, 61; *Müller-Eising/Schmitt*, Mitwirkung der Gesellschafterversammlung der beherrschten GmbH bei der Beendigung von Beherrschungs- und Gewinnabführungsverträgen, NZG 2011, 1100; *Piehler*, Die Stimmbindungsabrede bei der GmbH, DStR 1192, 1654; *Saenger*, Hinzuziehung von Stellvertreter oder Beistand bei Beschlussfassung und Kontrolle im Gesellschaftsrecht, NJW 1992, 348; *Scheuffele*, Stimmrecht und Grenzen der Mehrheitsmacht des geschäftsführenden Gesellschafters einer GmbH bei der Festlegung seiner Vergütung, GmbHR 2009, 1254; *K. Schmidt*, Zur Behandlung treuwidriger Stimmen in der Gesellschafterversammlung und im Prozess, GmbHR 1992, 9; *Schmitt*, Einstweiliger Rechtsschutz gegen drohende Gesellschafterbeschlüsse, ZIP 1992, 1212; *Schröder*, Neue Konzepte zum Beschlussmangelrecht der GmbH und der Personengesellschaften, GmbHR 1994, 532; *Schwichtenberg*, Horizontale und Vertikale Interessenkonflikte bei Entlastungsbeschlüssen im GmbH-Recht, GmbHR 2007, 400; *Sigle*, Die Entlastung des GmbH-Geschäftsführers und ihre Wirkung, DStR 1992, 469; *Theiselmann*, Der Stimmrechtsausschluss für GmbH-Gesellschafter nach § 47 Abs. 4 GmbHG in der Konzernpraxis, BB 2011, 2819; *Theisen*, Die „verdrängende" Stimmrechtsausübung in der GmbH, DB 1993, 469; *Ulmer*, Zur Treuhand an GmbH-Anteilen: Haftung des Treugebers für Einlagenansprüche der GmbH?, ZHR 156 (1992), 377; *van Venrooy*, Gesellschafter-Sonderrechte in der GmbH, GmbHR 2010, 841; *Vorwerk*, Rechtsschutz bei Abberufung des GmbH-Geschäftsführers, GmbHR 1995, 266; *Westermann/Menger*, Gesellschafterstreitigkeiten im GmbH-Recht, DWiR 1991, 143; *Zöllner*, Zu Schranken und Wirkung von Stimmbindungsverträgen, insbes. bei der GmbH, ZHR 155 (1991), 168; *Zöllner/Winter*, Folgen der Nichtigerklärung durchgeführter Kapitalerhöhungsbeschlüsse, ZHR 158 (1994), 59; *Zutt*, Einstweiliger Rechtsschutz bei Stimmbindungen, ZHR 155 (1991), 190.

A. Allgemeines

1 Die Willensbildung der Gesellschafter in der Gesellschafterversammlung erfolgt durch Beschluss. § 47 bildet hierfür die gesetzliche Grundlage. Im Übrigen enthält die Vorschrift Formvorschriften für das Abstimmungsverfahren. Regelungen zur Art und Weise der Abstimmung oder zu Rechtsmängeln von Beschlüssen und deren Folgen finden sich in § 47 dagegen nicht. Hierzu hat sich eine umfangreiche Rechtsprechung herausgebildet. § 47 ist dispositiv. Die Gesellschafter können dementsprechend das Abstimmungsverfahren im Gesellschaftsvertrag weitgehend frei regeln. Schranken ergeben sich z.B. daraus, dass durch Stimmrechtsausschluss[1] oder treuwidriges Fernbleiben bzw. Boykottieren der Gesellschafterversammlung[2] die Beschlussfähigkeit der Gesellschafterversammlung nicht vereitelt werden darf.

B. Inhalt der Regelung

I. Gesellschafterbeschlüsse (Abs. 1)

2 Die von den Gesellschaftern in den Angelegenheiten der Gesellschaft zu treffenden Bestimmungen erfolgen gem. Abs. 1 durch Beschlussfassung nach der **Mehrheit der abgegebenen Stimmen**. Die Gesellschafter können somit Entscheidungen über Angelegenheiten der Gesellschaft wirksam nur im Rahmen von Gesellschafterbeschlüssen treffen. Hierbei handelt sich um eine organschaftliche Willensäußerung der Gesellschafter. Sie hat den Zweck der Entscheidung bestimmter Angelegenheiten durch Abstimmung.[3]

3 Das Gesetz sieht **kein Quorum** für die Teilnahme an der Gesellschafterversammlung vor. Sofern auch der Gesellschaftsvertrag keine besonderen Regelungen hierfür enthält, ist eine Gesellschafterversammlung auch beschlussfähig, wenn nur einer der Gesellschafter erschienen ist. Gleiches gilt, wenn Beiräte vor dem offiziellen Ende der Gesellschafterversammlung diese verlassen und somit von ihren Mitwirkungsrechten keinen Gebrauch machen.[4] Erforderlich ist jedoch stets, dass die gesetzlichen (§§ 48 bis 51) bzw. satzungsgemäßen Vorschriften über die Einberufung der Gesellschafterversammlung eingehalten worden sind.

4 Der Gesellschafterbeschluss ist nach seiner Rechtsnatur ein **Rechtsgeschäft**. Dementsprechend sind die allgemeinen Regelungen des Zivilrechts über Rechtsgeschäfte grundsätzlich auf Gesellschafterbeschlüsse anwendbar. Sie können z.B. auch unter einer Bedingung[5] oder Befristung gefasst werden. Änderungen des Gesellschaftsvertrags sind unter Bedingungen jedoch nicht möglich.[6]

5 Die Beschlussfassung setzt einen **Beschlussantrag** voraus. Hierzu ist jeder Gesellschafter berechtigt, der an der Gesellschafterversammlung teilnimmt, sei es persönlich oder durch einen Bevollmächtigten vertreten.[7] Beschlussanträge können positiv oder negativ gefasst sein. Mehrere

1 BGH NJW 1992, 978.
2 OLG Hamburg, NJW-RR 1991, 673.
3 Baumbach/Hueck/*Zöllner*, § 47 Rn. 2.
4 OLG Köln, GmbHR 2002, 492.
5 OLG Stuttgart, GmbHR 2004, 417.
6 Baumbach/Hueck/*Zöllner*, § 47 Rn. 6.
7 Baumbach/Hueck/*Zöllner*, § 47 Rn. 13.

Beschlussanträge können zur gemeinsamen Abstimmung gestellt werden, sofern kein Gesellschafter widerspricht.[8]

Die Fassung eines Beschlusses in der Gesellschafterversammlung erfolgt durch **Stimmabgabe** der Gesellschafter. Diese können dem Beschlussantrag zustimmen oder ihn ablehnen, sich ihrer Stimme enthalten oder eine Teilnahme an der Abstimmung verweigern. 6

Für einen zustimmenden Beschluss genügt nach Abs. 1 die einfache **Mehrheit** der abgegebenen Stimmen, sofern nicht das Gesetz (z.B. § 53 Abs. 2 Satz 1 [Änderung des Gesellschaftsvertrags], § 60 Abs. 1 Nr. 2 [Auflösung], § 50 Abs. 1 UmwG [Verschmelzung], § 125 UmwG [Spaltung], §§ 233 Abs. 1 und 2, 240 Abs. 1 und 2 UmwG [Formwechsel]) oder der Gesellschaftsvertrag etwas anderes vorschreiben. Hat sich eine GmbH eine Geschäftsordnung für die Geschäftsführung gegeben, die für bestimmte Geschäftsführungsmaßnahmen die vorherige Zustimmung der Gesellschafterversammlung vorsieht, kann die Gesellschafterversammlung die Geschäftsordnung mit einfacher Mehrheit aufheben. Es ist hierfür auch dann keine satzungsändernde Mehrheit erforderlich, wenn die Satzung die Regelung enthält, dass u.a. solche Geschäftsführungsmaßnahmen, die die Geschäftsordnung bestimmt, der vorherigen Zustimmung der Gesellschafterversammlung bedürfen.[9] 7

Ungültige oder unverständliche Stimmen, die Stimmen abwesender bzw. nicht ordnungsgemäß vertretener Gesellschafter oder Stimmenthaltungen werden bei der Auszählung nicht berücksichtigt.[10] Stimmengleichheit gilt als Ablehnung des Beschlussantrags. 8

Im Gegensatz zum Aktienrecht (vgl. § 130 Abs. 2 AktG) sind die Gesellschafterbeschlüsse grundsätzlich nicht zu protokollieren oder Ergebnisse der Abstimmung durch den Versammlungsleiter **formell festzustellen**. Etwas anderes gilt nur für satzungsändernde Beschlüsse, die nach § 53 Abs. 2 Satz 1 der notariellen Beurkundung bedürfen, und Beschlüsse des Ein-Personen-Gesellschafters gem. § 48 Abs. 3 (vgl. § 48 Rn. 20 ff.). Enthält der Gesellschaftsvertrag eine Regelung über die Feststellung der Gesellschafterbeschlüsse und wurde das Zustandekommen eines Beschlusses vom Versammlungsleiter in einer Gesellschafterversammlung festgestellt, ist der Beschluss mit dem festgestellten Inhalt auch für den Registerrichter verbindlich. Formelle oder materielle Mängel des Beschlusses können nur durch Erhebung einer Anfechtungsklage geltend gemacht werden.[11] 9

Gesellschafter können ihre **Beschlüsse** in derselben Gesellschafterversammlung **ändern oder aufheben**. Dies kann gem. Abs. 1 selbst dann mit einfacher Mehrheit geschehen, wenn der zu ändernde bzw. aufzuhebende Beschluss zuvor mit qualifizierter Mehrheit gefasst worden ist.[12] Die Aufhebung oder Änderung eines Gesellschafterbeschlusses in späteren Gesellschafterversammlungen bedarf der Ankündigung des entsprechenden Tagesordnungspunkts im Rahmen der Einberufung. Soll ein den Gesellschaftsvertrag ändernder Beschluss nach Eintragung in das Handelsregister geändert oder aufgehoben werden, gilt wiederum § 53 Abs. 2. Es handelt sich in einem solchen Fall um eine erneute Änderung des Gesellschaftsvertrags. 10

II. Stimmengewichtung (Abs. 2)

Abs. 2 wurde durch das MoMiG neu gefasst. Da die Geschäftsanteile entsprechend der Regelung des § 5 nicht mehr notwendigerweise durch fünfzig teilbar sein müssen, handelt es sich insoweit um eine Folgeänderung zu § 5. Abs. 2 stellt sicher, dass Gesellschafter mit Geschäftsanteilen von weniger als 50 EUR im Verhältnis ihrer Beteiligung an der Gesellschaft stimmberechtigt sein können. 11

---

8 LG München I, NZG 2004, 626.

9 OLG Hamm DStR 2010, 1950 = GmbH-StB 2010, 260 = NZG 2010, 1067.

10 Rowedder/Schmidt-Leithoff/*Koppensteiner*, § 47 Rn. 8; BGH MDR 2011, 1243 = WM 2011, 1851; BGH BB 2011, 2370 = DB 2011, 2199 = DStR 2011, 1913 = DStZ 2011, 847 = NWB 2011, 3344 = NZG 2011, 1142 = StuB 2011, 847 = WM 2011, 1848 = ZIP 2011, 1906.

11 BayObLG NJW-RR 1992, 295.

12 Scholz/*Schmidt*, § 45 Rn. 33.

12 Der Gesetzgeber hat es für sinnvoll erachtet, für jeden Euro eines Geschäftsanteils, der nach der neuen Rechtslage auf volle Euro lauten muss, eine Stimme zu gewähren.[13] Eine andere Möglichkeit hätte in der Vergabe jeweils einer Stimme pro Geschäftsanteil mit einer Gewichtung im Verhältnis der Beteiligung an der Gesellschaft bestanden. In diesem Fall wären jedoch bei einem Stimmrechtsausschluss eines Gesellschafters nach Abs. 4 schwierige und unnötige Umrechnungen erforderlich. Die nunmehr gewählte Lösung erleichtert die Bestimmung der Stimmgewichte zueinander auch gegenüber der früheren Rechtslage ganz erheblich. Jeder Gesellschafter hat danach so viele Stimmen wie Anteile. Der Gesetzgeber ist davon überzeugt, dass sich durch den reduzierten Umrechnungsaufwand wesentlich einfacher feststellen lassen wird, ob in einer Abstimmung die erforderliche Stimmenmehrheit zustande gekommen ist.[14]

13 Das **Stimmrecht** des Gesellschafters nach Abs. 2 ist Bestandteil seines Mitgliedschaftsrechts. Aufgrund dieses Rechts kann er an der Willensbildung der Gesellschaft in der Gesellschafterversammlung durch Stimmabgabe mitwirken. Es enthält zugleich das Recht, an den Gesellschafterversammlungen teilzunehmen. Umgekehrt ist nicht jeder Teilnahmeberechtigte zugleich stimmberechtigt.[15] Das Stimmrecht ist von der Einlagenleistung unabhängig.[16]

14 Das Stimmrecht kann im Gesellschaftsvertrag abweichend von der gesetzlichen Regelung bestimmt werden. Möglich ist z.B., das Stimmrecht statt nach der Kapitalbeteiligung nach anderen Kriterien, etwa Kopfzahl, festzulegen oder für einzelne Geschäftsanteile ein abweichendes Stimmengewicht festzusetzen. Geschäftsanteile können auch stimmrechtslos gestellt oder die für eine Stimme maßgeblichen Geschäftsanteilsbeträge anders festgesetzt werden, z.B.: „jede 100 EUR eines Geschäftsanteils gewähren eine Stimme". Auch Mehrstimmrechte sind zulässig. Die nachträgliche Einführung von Mehrstimmrechten bedarf i.d.R. der Zustimmung aller Benachteiligten.[17]

15 Bei der Ausübung des Stimmrechts handelt es sich um eine Willenserklärung. Für sie gelten die allgemeinen Vorschriften über Willenserklärungen. So ist z.B. eine Anfechtung der Stimmabgabe möglich.[18] Sofern die Anfechtung der Stimmabgabe auf das Abstimmungsergebnis keine Auswirkungen hat, bleibt der gefasste Gesellschafterbeschluss unberührt.

III. Stimmrechtsvollmacht (Abs. 3)

16 Ein Gesellschafter kann die Stimmrechtsausübung auf einen Bevollmächtigten übertragen. Die Person des Bevollmächtigten kann der Gesellschafter grundsätzlich frei wählen. Etwas anderes gilt nur, wenn der Kreis der möglichen Vertreter im Gesellschaftsvertrag eingeschränkt ist,[19] z.B. nur Mitgesellschafter oder zur Verschwiegenheit verpflichtete Berufsträger, oder die Wahl des Bevollmächtigten den schutzwürdigen Interessen der Gesellschaft entgegensteht, z.B. Konkurrent.[20]

17 ! Der Vertretung durch einen Mitgesellschafter kann § 181 BGB entgegenstehen. Eine Befreiung vom Verbot von Insichgeschäften empfiehlt sich in solchen Fällen.

18 Die **Erteilung der Vollmacht** erfolgt durch eine einseitige empfangsbedürftige Willenserklärung nach den allgemeinen Vorschriften der §§ 167, 171 BGB (§ 167 Abs. 1 Alt. 1 BGB: Innenvollmacht; § 167 Abs. 1 Alt. 2 BGB: Außenvollmacht; § 171 Abs. 1 BGB: öffentliche Bekanntmachung). Gemäß Abs. 3 bedarf sie zu ihrer Gültigkeit der Textform. Die Textform ist in § 126b BGB normiert (vgl. hierzu § 48 Rn. 16 f.). Der Gesellschaftsvertrag kann abweichende Formerfordernisse festlegen.

13 Vgl. RegE, BT-Drucks. 16/6140, S. 45.
14 RegE, BT-Drucks. 16/6140, S. 45.
15 Vgl. Baumbach/Hueck/*Zöllner*, § 47 Rn. 71.
16 Baumbach/Hueck/*Zöllner*, § 47 Rn. 66.
17 Hachenburg/*Hüffer*, § 47 Rn. 90; Baumbach/Hueck/*Zöllner*, § 47 Rn. 72; Scholz/*Priester*, § 53 Rn. 158.
18 OLG München, WM 1984, 260.
19 Scholz/*Schmidt*, § 47 Rn. 97; Hachenburg/*Hüffer*, § 47 Rn. 100; Baumbach/Hueck/*Zöllner*, § 47 Rn. 45.
20 Baumbach/Hueck/*Zöllner*, § 47 Rn. 46.

> Die Stimmrechtsvollmacht bedarf auch dann keiner notariellen Beurkundung oder Beglaubigung, wenn sie sich auf eine notariell zu beurkundende Änderung des Gesellschaftsvertrags erstreckt. 19

Der Gesellschafter kann die Stimmrechtsvollmacht jederzeit **widerrufen** und sein Stimmrecht selbst ausüben. Eine unwiderrufliche Stimmrechtsvollmacht ist i.d.R. nicht zulässig. Sie käme einer unwirksamen Abtretung des Stimmrechts gleich.[21] 20

Eine ohne formgültige Vollmacht erfolgte Stimmabgabe kann vom Vertretenen nachträglich genehmigt werden. Dies gilt auch für die Genehmigung einer durch einen vollmachtlosen Vertreter beschlossenen Satzungsänderung bei einer Ein-Personen-Gesellschaft.[22] Die **Genehmigung** ist formfrei möglich.[23] 21

IV. Stimmrechtsausschluss (Abs. 4)

Abs. 4 schließt die Gesellschafter in einer Reihe von Fällen zur Vorbeugung von Interessenkonflikten und Befangenheit von der Ausübung des Stimmrechts aus. Nach Abs. 4 Satz 1 hat ein Gesellschafter, der durch die Beschlussfassung entlastet oder von einer Verbindlichkeit befreit werden soll, hierbei kein Stimmrecht und darf ein solches auch nicht für andere ausüben. Dasselbe gilt gem. Abs. 4 Satz 2 für eine Beschlussfassung, welche die Vornahme eines Rechtsgeschäfts oder die Einleitung oder Erledigung eines Rechtsstreits gegenüber einem Gesellschafter betrifft. 22

Abs. 4 liegt der Gedanke des Verbots des Richtens in eigener Sache zugrunde. Die Vorschrift bezweckt einerseits eine Richtigkeitsgewähr der Willensbildung in der Gesellschaft.[24] Andererseits soll das Gesellschaftsvermögen gegenüber einzelnen Gesellschaftern zugunsten der Gesamtheit aller Gesellschafter geschützt,[25] eine Willensbildung aber gleichwohl nicht verhindert werden.[26] Ein Stimmrechtsausschluss besteht dementsprechend nicht, wenn ein Interessenkonflikt in der Gesellschafterversammlung von vornherein ausscheidet oder alle Gesellschafter gleichermaßen befangen sind.[27] Ein satzungsgemäß zum Versammlungsleiter in den Gesellschafterversammlungen einer GmbH berufener Gesellschafter unterliegt bei der Abstimmung über den Antrag, ihm die Versammlungsleitung im Hinblick auf einen Interessenkonflikt bei einzelnen Gegenständen der Tagesordnung zu entziehen, keinem Stimmverbot nach Abs. 4 im Hinblick auf diesen Interessenkonflikt.[28] Andererseits ist aber ein Gesellschafter, der nach dem Gesellschaftsvertrag einem Wettbewerbsverbot unterliegt, gem. Abs. 4 Satz 1 nicht nur an der Abstimmung über die Aufhebung des in seiner Person bestehenden Verbots, sondern auch hinsichtlich der Aufhebung des Wettbewerbsverbots insgesamt durch Satzungsänderung an der Abstimmung verhindert.[29] Die Befangenheit des Gesellschafters einer GmbH-Gesellschafterin nach Abs. 4 führt zu einem Stimmverbot der GmbH-Gesellschafterin, wenn er einen maßgebenden Einfluss bei der Gesellschafterin ausübt.[30] Soll ein Geschäftsführer aus wichtigem Grund wegen einer Pflichtverletzung abberufen werden, ist ein 23

21 OLG Koblenz, NJW 1992, 2163.
22 OLG München BB 2010, 2787 = DB 2010, 2438 = DStR 2010, 2205 = GmbHR 2011, 91 = MittBayNot 2011, 333 = NotBZ 2011 = NWB 2011, 504 = NZG 2010, 1427 = RNotZ 2011, 53 = Rpfleger 2011, 213 = StBW 2010, 1054 = StuB 2011, 240 = ZIP 2011, 772.
23 Scholz/*Schmidt*, § 47 Rn. 87; Baumbach/Hueck/*Zöllner*, § 47 Rn. 55; a.A. Roth/Altmeppen/*Roth*, § 47 Rn. 32.
24 *Schwichtenberg*, GmbHR 2007, 400.
25 Lutter/Hommelhoff/*Lutter/Hommelhoff*, § 47 Rn. 15.
26 Michalski/*Römermann*, § 47 Rn. 94.
27 BayObLG GmbHR 1985, 116; Scholz/*Schmidt*, § 47 Rn. 104; vgl. auch OLG Frankfurt am Main GmbHR 2010, 260 = ZIP 2010, 1033.
28 BGH BB 2010, 2057 = DB 2010, 1811 = DStR 2010, 1997 = EwiR 2010, 783 = GmbHR 2010, 977 = MDR 2010, 1271 = NJW 2010, 3027 = NWB 2010, 2688 =NZG 2010, 1022 = StBW 2010, 897 = StuB 2010, 723 = WM 2010, 1652 = ZBB 2010, 429 = ZIP 2010, 1640 = ZNotP 2010, 344.
29 OLG Bamberg DStR 2010, 13 = GmbHR 2010, 709 = GmbH-StB 2010, 194 = NZG 2010, 385.
30 BGH BGHReport 2009, 1269 = DB 2009, 2702 = DStR 2009, 2544 = GmbHR 2009, 1330 = GmbH-StB 2010, 6 = NJW-RR 2010, 48 =NWB 2009, 3632 =NZG 2009, 1310 = StuB 2010, 39 = WM 2009, 2130 = WuB 2010, 143 = ZIP 2009, 2194.

Gesellschafter, der die Pflichtverletzung gemeinsam mit dem Geschäftsführer begangen hat, von der Abstimmung ausgeschlossen.[31]

1. Entlastung

24 Unter der Entlastung eines Gesellschafters i.S.d. Abs. 4 Satz 1 Hs. 1 ist eine nachträgliche Billigung seines Handelns als Organmitglied zu verstehen. Hierüber kann ein Gesellschafter naturgemäß nicht unbefangen entscheiden. Soll über die Entlastung mehrerer geschäftsführender Gesellschafter beschlossen werden, sind diese sämtlichst von der Stimmrechtsausübung ausgeschlossen.[32] Verfügt eine Gesellschaft nur über einen einzigen geschäftsführenden Gesellschafter, kann sich dieser selbst entlasten.[33] Die Gegenauffassung, die die Selbstentlastung des geschäftsführenden Ein-Personen-Gesellschafters für nicht möglich hält,[34] übersieht, dass in diesem Fall ein Interessenkonflikt gar nicht entstehen kann.

2. Befreiung von einer Verbindlichkeit

25 Der Stimmrechtsausschluss wegen Befreiung von einer Verbindlichkeit i.S.d. Abs. 4 Satz 1 Hs. 2 erstreckt sich auf alle Arten von Verbindlichkeiten und auf jegliche Form der Befreiung, z.B. Aufrechnung und Stundung.[35] Vom Stimmrechtsverbot erfasst wird auch der Bürge des zu Befreienden oder ein mit anderen Sicherungsrechten Belasteter.[36]

3. Vornahme eines Rechtsgeschäfts

26 Ein Gesellschafter ist nach Abs. 4 Satz 2 Hs. 1 weiterhin vom Stimmrecht ausgeschlossen, wenn ein Beschluss über die Vornahme eines Rechtsgeschäfts mit diesem Gesellschafter gefasst werden soll. Dieses Stimmrechtsverbot erstreckt sich auf jede Art von Rechtsgeschäften. Erfasst werden nicht nur der Abschluss von Verträgen, sondern auch einseitige Rechtsgeschäfte wie Kündigungen, Anfechtungen oder Rücktrittserklärungen.[37] Bei der Beschlussfassung über die ordentliche Kündigung eines Beherrschungs- und Gewinnabführungsvertrags durch die beherrschte Gesellschaft ist der herrschende Gesellschafter stimmberechtigt.[38]

4. Einleitung oder Erledigung eines Rechtsstreits

27 Auch bei der Entscheidung über die Einleitung oder Erledigung eines Rechtsstreits gegenüber einem Gesellschafter darf der Betroffene nach Abs. 4 Satz 2 Hs. 2 nicht sein Stimmrecht ausüben.[39] Unter dem Begriff „Rechtsstreit" sind Verfahren jeglicher Art, unabhängig von der Gerichtsbarkeit, zu verstehen. Hierzu zählen neben Klagen jeder Art insbesondere auch Mahnverfahren, Zwangsvollstreckung, einstweiliger Rechtsschutz sowie Verfahren vor den Schiedsgerichten.[40] Die Einleitung beginnt bereits mit dem Gesellschafterbeschluss über die Klageerhebung.[41] Erledigung eines

---

31 BGH BGHReport 2009, 889 = DStR 2009, 1442 = GmbHR 2009, 770 = GmbH-StB 2009, 217 = NJW 2009, 2300 = NotBZ 2009, 270 = NWB 2009, 1808 = NZG 2009, 707 = StuB 2009, 554 = WM 2009, 1141 = ZIP 2009, 1158.

32 OLG Köln, NZG 1999, 1112.

33 Lutter/Hommelhoff/*Lutter/Hommelhoff*, § 47 Rn. 13; Michalski/*Römermann*, § 47 Rn. 97; vgl. auch BGH AG 2011, 702 = NJW-Spezial 2011, 529 = NZG 2011, 950 = ZIP 2011, 1508.

34 Baumbach/Hueck/*Zöllner*, § 46 Rn. 41.

35 OLG München, NZG 1999, 839.

36 Lutter/Hommelhoff/*Lutter/Hommelhoff*, § 47 Rn. 20; Baumbach/Hueck/*Zöllner*, § 47 Rn. 79; Rowedder/Schmidt-Leithoff/*Koppensteiner*, § 47 Rn. 67; Scholz/*Schmidt*, § 47 Rn. 124.

37 Baumbach/Hueck/*Zöllner*, § 47 Rn. 81.

38 BGH AG 2011, 668 = BB 2011, 1857 = DB 2011, 1682 = DStR 2011, 1576 = EwiR 2011, 563 = GmbHR 2011, 922 = GmbH-StB 2011, 266 = GWR 2011, 356 = JuS 2011, 1129 = MDR 2011, 990 = MittBayNot 2011, 515 = NJ 2011, 470 = NJW-RR 2011, 1117 = NJW-Spezial 2011, 560 = NWB 2011, 2848 = NZG 2011, 902 = StBW 2011, 861 = StuB 2011, 727 = WM 2011, 1416 = ZIP 2011, 1465.

39 Vgl. OLG Koblenz GmbHR 2010, 1043 = GmbH-StB 2010, 292 = GWR 2010, 374 = NJW-Spezial 2010, 496 = NZG 2010, 1023.

40 Roth/Altmeppen/*Roh*, § 47 Rn. 72.

41 OLG München, WM 1982, 1061.

Rechtsstreits ist nicht nur seine Beendigung, sondern jede seinen Fortgang betreffende Maßnahme.[42]

C. Weitere praktische Hinweise

I. Stimmrechtsbindungen

Die Gesellschafter nehmen auf die Entscheidungen der Gesellschaft durch Ausübung ihres Stimmrechts Einfluss. Dieses stellt den Kern ihrer Mitgliedschaft in der Gesellschaft dar. Die Gesellschafter können daher ihr Stimmrecht nicht gesondert übertragen oder abspalten (sog. Abspaltungsverbot).[43] **Stimmrechtsbindungsvereinbarungen** sind gleichwohl grundsätzlich zulässig[44] und formfrei möglich.[45] Durch Vereinbarungen über die Stimmrechtsbindung wird die Selbstbestimmung des Gesellschafters nicht berührt. Er kann selbst entscheiden, mit wem und mit welchem Inhalt er eine Stimmrechtsbindungsvereinbarung abschließt. 28

Die Zulässigkeit von Stimmrechtsbindungsvereinbarungen ist jedoch **nicht grenzenlos**. Eine Stimmrechtsbindung kann im Einzelfall gegen ein gesetzliches Verbot (§ 134 BGB) oder die guten Sitten (§ 138 BGB) verstoßen. Dies ist etwa bei einer Knebelung der Gesellschafter anzunehmen.[46] Auch können entgeltliche Stimmrechtsbindungen gegen § 138 BGB verstoßen.[47] Im Übrigen ergeben sich aus dem Recht der GmbH spezifische Grenzen. Unzulässig sind i.d.R. Stimmrechtsbindungen gegenüber Nichtgesellschaftern, die sich auf die Änderung des Gesellschaftsvertrags und andere wichtige Gesellschaftsmaßnahmen wie Umwandlung oder Auflösung beziehen.[48] Derartigen Stimmrechtsbindungen steht der Grundsatz der Selbstbestimmung der Gesellschafter entgegen. 29

30 ! Eine Vereinbarung, in der sich ein Gesellschafter verpflichtet, nach den Weisungen eines von der Abstimmung ausgeschlossenen Gesellschafters zu stimmen, ist unwirksam.[49]

Nichtig sind auch Vereinbarungen, die zu einem nichtigen oder anfechtbaren Gesellschafterbeschluss[50] oder zu einer Schädigung der GmbH führen würden.[51] Ferner kommt eine Unwirksamkeit wegen Verstoßes gegen § 1 GWB in Betracht. Noch nicht abschließend geklärt ist, ob eine Stimmrechtsbindungsvereinbarung, die eine Abstimmung nach Weisung von Gesellschaftsorganen beinhaltet, analog § 136 Abs. 2 AktG unwirksam ist. 31

Wirksame Stimmrechtsbindungsvereinbarungen können klageweise durchgesetzt werden. Ihre Vollstreckung richtet sich nach § 894 ZPO.[52] 32

II. Nichtigkeit und Anfechtbarkeit von Gesellschafterbeschlüssen

Gesellschafterbeschlüsse können mit rechtlichen Mängeln behaftet sein. Hinsichtlich der Rechtsfolgen ist zu unterscheiden zwischen nichtigen Gesellschafterbeschlüssen bei besonders schwerwiegenden Mängeln und anfechtbaren Gesellschafterbeschlüssen. 33

42 Baumbach/Hueck/*Zöllner*, § 47 Rn. 93; Scholz/*Schmidt*, § 47 Rn. 130; Hachenburg/*Hüffer*, § 47 Rn. 157.
43 BGH NJW 1965, 1378.
44 BGH ZIP 1983, 432; BGH NJW 1987, 1890; OLG Celle, GmbHR 1991, 580; OLG Frankfurt/M., NZG 2000, 378; OLG Köln, GmbHR 1989, 78; Lutter/Hommelhoff/*Lutter/Hommelhoff*, § 47 Rn. 5; Baumbach/Hueck/*Zöllner*, § 47 Rn. 113; Roth/Altmeppen/*Roth*, § 47 Rn. 38.
45 OLG Köln, GmbHR 2003, 416.
46 Baumbach/Hueck/*Zöllner*, § 47 Rn. 113.
47 Scholz/*Schmidt*, § 47 Rn. 45.
48 Lutter/Hommelhoff/*Lutter/Hommelhoff*, § 47 Rn. 5.
49 BGH NJW 1967, 1963.
50 *Piehler*, DStR 1992, 1654.
51 RGZ 131, 181.
52 BGH NJW 1967, 1963; BGH ZIP 1989, 1261.

1. Nichtigkeit von Gesellschafterbeschlüssen

34 Die Nichtigkeit eines Gesellschafterbeschlusses kann daraus folgen, dass sein Inhalt nicht mit dem Wesen einer Gesellschaft mit beschränkter Haftung i.S.d. GmbHG zu vereinbaren ist. Nichtig sind z.B. Beschlüsse, die das Teilnahme- oder Anfechtungsrecht einzelner Gesellschafter ausschließen oder die eine GmbH-prägende Haftungsbeschränkung aufheben. Nichtig können darüber hinaus Gesellschafterbeschlüsse sein, die gegen Vorschriften, die dem Gläubigerschutz oder sonstigen öffentlichen Interessen dienen, verstoßen. Hierzu zählen insbesondere straf- oder insolvenzrechtliche Vorschriften. Die Nichtigkeit eines Gesellschafterbeschlusses kann sich schließlich aus einem Verstoß gegen zwingende gesetzliche Formvorschriften ergeben. So ist z.B. ein den Gesellschaftsvertrag ändernder Beschluss nichtig, wenn er nicht gem. § 53 Abs. 2 Satz 1 notariell beurkundet worden ist. Gleiches gilt für Verschmelzungs-, Spaltungs- und Formwechselbeschlüsse (§§ 13 Abs. 3, 125, 193 Abs. 3 UmwG). Auch schwerwiegende Verfahrensfehler, wie z.B. die Einberufung der Gesellschafterversammlung durch Unbefugte[53] oder die Beschlussfassung durch ein unzuständiges Organ,[54] können zur Nichtigkeit des Beschlusses führen.

35

> **!** Beschränkt sich der Gesetzesverstoß auf einen Teil des Gesellschafterbeschlusses, richtet sich die Frage, ob dadurch der gesamte Beschluss nichtig ist, nach § 139 BGB.

36 Nichtige Gesellschafterbeschlüsse dürfen von der Geschäftsführung nicht vollzogen und vom Registergericht nicht ins Handelsregister eingetragen werden.[55] Eine gleichwohl erfolgte **Eintragung in das Handelsregister** führt bei Formmängeln, wie z.B. einer fehlenden notariellen Beurkundung nach § 53 Abs. 2 Satz 1, in analoger Anwendung des § 242 Abs. 1 AktG zur Heilung der Nichtigkeit des Gesellschafterbeschlusses.[56] Ein wegen Ladungsmängeln, inhaltlicher Verstöße gegen das Gesetz oder die guten Sitten oder wegen Unvereinbarkeit mit dem Wesen einer Gesellschaft mit beschränkter Haftung nichtiger Gesellschafterbeschluss wird analog § 242 Abs. 2 Satz 2 AktG drei Jahre nach Eintragung in das Handelsregister geheilt. Diese Frist verlängert sich entsprechend § 242 Abs. 2 Satz 2 AktG, falls zwischenzeitlich eine Nichtigkeits- oder Anfechtungsklage eingereicht worden ist, bis zur Rechtskraft der Entscheidung über diese.

37 Die Nichtigkeit eines Gesellschafterbeschlusses kann mit **Nichtigkeitsklage** analog § 249 AktG geltend gemacht werden.[57] Aktivlegitimiert sind Gesellschafter, Geschäftsführer und Aufsichtsratsmitglieder.[58] Nach Veräußerung eines Geschäftsanteils ist es der Erwerber.[59] Passivlegitimiert ist stets die Gesellschaft. Sie wird im Prozess von den Geschäftsführern vertreten.[60] Ausschließlich zuständig für die Entscheidung über die Nichtigkeitsklage ist analog §§ 249, 246 Abs. 3 Satz 1 AktG das Landgericht, in dessen Bezirk die Gesellschaft ihren Sitz hat. Der Klageantrag muss die Feststellung der Nichtigkeit des konkreten Gesellschafterbeschlusses zum Gegenstand haben. Er schließt einen Anfechtungsantrag ein.[61]

2. Anfechtbarkeit von Gesellschafterbeschlüssen

38 Weisen Gesellschafterbeschlüsse materielle oder formelle Mängel auf, die nicht zur Nichtigkeit des Gesellschafterbeschlusses führen, kommt lediglich Anfechtbarkeit in Betracht. Eine Anfechtbarkeit setzt analog § 243 Abs. 1 AktG einen Verstoß gegen gesetzliche oder gesellschaftsvertragliche Regelungen voraus. Erfasst werden insbesondere auch Verstöße gegen den gesellschaftsrechtli-

53 OLG München, GmbHR 2000, 486.
54 Roth/Altmeppen/*Roth*, § 47 Rn. 105.
55 Achilles/Ensthaler/Schmidt/*Schmidt*, § 47 Rn. 70.
56 BGH NJW 1996, 257.
57 Vgl. OLG München, NJW-RR 2000, 255.
58 Vgl. BGH NJW 1984, 733; OLG Hamm GmbHR 2010, 477.
59 BGH NJW 1965, 1378.
60 BGH NJW 1981, 1041.
61 BGH NJW 1997, 1510.

chen Gleichbehandlungsgrundsatz sowie die Treuepflicht der Gesellschafter untereinander. Darüber hinaus können Verfahrensfehler, z.B. Mängel bei der Einladung zur Gesellschafterversammlung,[62] Berücksichtigung von Stimmen eines nicht stimmberechtigten Teilnehmers[63] oder ein unberechtigter Stimmrechtsausschluss[64], zur Anfechtbarkeit führen. Ein solcher Mangel kann analog § 244 Satz 1 AktG durch eine nochmalige Beschlussfassung beseitigt werden.[65]

! Anfechtbarkeit besteht nur, wenn sich der Mangel auf das Beschlussergebnis ausgewirkt hat.[66]

Für die **Anfechtungsklage** gilt § 246 AktG in entsprechender Anwendung.[67] Aktivlegitimiert sind lediglich die Gesellschafter, nicht jedoch Geschäftsführer oder Aufsichtsratsmitglieder. Ein Gesellschafter kann den Gesellschafterbeschluss auch dann anfechten, wenn er von dem konkreten Beschlussinhalt nicht betroffen ist oder an der Beschlussfassung nicht teilgenommen hat.[68] Gegen einen Vorratsbeschluss, mit dem einem Gesellschafter über ein konkretes Informationsbegehren hinaus Einsicht oder Auskunft für eine bestimmte Zeit, unter bestimmten Umständen oder in bestimmte Unterlagen verweigert wird, ist die Anfechtungsklage zulässig.[69] Die Klage ist analog § 246 Abs. 2 Satz 1 AktG gegen die Gesellschaft zu richten. Ausschließlich zuständig für die Klage ist analog § 246 Abs. 3 Satz 1 das Landgericht, in dessen Bezirk die Gesellschaft ihren Sitz hat. Streitgegenstand ist die richterliche Klärung der Mangelhaftigkeit des Gesellschafterbeschlusses.[70] 39

Die Anfechtbarkeit eines Gesellschafterbeschlusses kann nur zeitlich begrenzt geltend gemacht werden. § 246 Abs. 1 AktG analog sieht hierfür eine **Frist** von einem Monat nach der Beschlussfassung vor. Die Anfechtungsfrist beginnt ab Kenntnis des Gesellschafters von dem Beschluss.[71] Sie kann im Gesellschaftsvertrag verlängert werden.[72] Eine Verkürzung der Frist im Gesellschaftsvertrag ist nicht möglich. Es handelt sich insoweit um eine gesetzliche Mindestfrist.[73] Sind ein Sachverhalt und die mit ihm verbundenen Rechtsfragen sehr komplex, kann im Einzelfall eine längere Anfechtungsfrist als ein Monat auch ohne entsprechende Regelung im Gesellschaftsvertrag angemessen sein.[74] 40

---

62 BGH NJW 1998, 684.
63 BGH NJW 1988, 1844.
64 OLG Frankfurt/M., NJW-RR 2001, 466.
65 BGH NJW 2004, 1165.
66 BGH NJW 2002, 1128.
67 BGH NJW 1999, 2115.
68 Achilles/Ensthaler/Schmidt/*Schmidt*, § 47 Rn. 99.
69 BGH BGHReport 2009, 889 = DStR 2009, 1442 = GmbHR 2009, 770 = GmbH-StB 2009, 217 = NJW 2009, 2300 = NotBZ 2009, 270 = NWB 2009, 1808 = NZG 2009, 707 = StuB 2009, 554 = WM 2009, 1141 = ZIP 2009, 1158.
70 BGH NZG 1999, 496; 2002, 957.
71 OLG Hamm, GmbHR 2003, 843.
72 BGH NJW 1989, 2694.
73 BGH NJW 1988, 1844.
74 BGH NJW 1990, 2625.

D. Muster

41 I. Muster: Regelung über Gesellschafterbeschlüsse im Gesellschaftsvertrag

34

1.

Gesellschafterbeschlüsse können nur in einer Gesellschafterversammlung oder gem. § 48 Abs. 2 GmbHG schriftlich gefasst werden. Soweit es gesetzlich zulässig ist und sich alle Gesellschafter damit einverstanden erklären, können Beschlüsse der Gesellschafter auch durch schriftliche, fernschriftliche oder fernmündliche Stimmabgabe oder im Umlaufverfahren oder in kombinierten Abstimmungsverfahren gefasst werden. Wird der Beschlussfassung außerhalb einer förmlichen Gesellschafterversammlung nicht unverzüglich nach einer entsprechenden Aufforderung widersprochen, so gilt die Zustimmung zum formlosen oder kombinierten Beschlussverfahren als erteilt.

2.

Über die Beschlüsse der Gesellschafterversammlung, gleichviel ob sie in förmlicher Versammlung oder in sonstiger in Absatz 1 vorgesehenen Weise gefasst worden sind, ist eine Niederschrift anzufertigen und von dem Vorsitzenden der Gesellschafterversammlung bzw. der Geschäftsführung zu unterzeichnen. Außerhalb von förmlichen Vollversammlungen gefasste Beschlüsse sind allen Gesellschaftern unverzüglich durch Übersendung einer Abschrift der Beschlussniederschrift zur Kenntnis zu bringen.

3.

Zu den Gesellschafterversammlungen sind die Gesellschafter durch eingeschriebenen Brief mindestens eine Woche vor der Versammlung zu laden. Die Gesellschafterversammlung ist beschlussfähig, wenn mindestens drei Viertel des Stammkapitals vertreten sind. Fehlt es daran, so ist innerhalb von vier Wochen eine neue Versammlung mit gleicher Tagesordnung einzuberufen, die dann immer beschlussfähig ist.

4.

Jeder Euro eines Geschäftsanteils gewährt eine Stimme. Für jeden Geschäftsanteil kann nur einheitlich abgestimmt werden. Jeder Gesellschafter kann sich in der Gesellschafterversammlung uneingeschränkt vertreten lassen.

5.

Die Beschlüsse der Gesellschafterversammlung bedürfen stets einer Mehrheit von drei Viertel der abgegebenen Stimmen, soweit nicht das Gesetz oder diese Satzung zwingend eine andere Mehrheit vorschreiben.

6.

Die Gesellschafterversammlung ist mindestens einmal jährlich, in den ersten sechs Monaten des Geschäftsjahrs, jedenfalls aber zwei Monate nach Aufstellung des Jahresabschlusses anzuberaumen.

7.

Die Unwirksamkeit oder Anfechtbarkeit von Gesellschafterbeschlüssen kann nur innerhalb einer Frist von sechs Wochen nach Zugang des Beschlussprotokolls geltend gemacht werden.

II. Muster: Niederschrift über eine außerordentliche Gesellschafterversammlung 42

35

Gesellschafterbeschluss
der
M. GmbH

Wir, die Unterzeichnenden, sind die alleinigen Gesellschafter der vorbezeichneten Gesellschaft. Wir treten unter Verzicht auf alle gesetzlichen Form- und Fristvorschriften zu einer Gesellschafterversammlung zusammen und beschließen einstimmig:

Herr M. ist nicht mehr Geschäftsführer.

Zum Geschäftsführer der Gesellschaft wird bestellt:

Herr …

geb. am …

wohnhaft in …

Der Geschäftsführer ist berechtigt, die Gesellschaft stets allein zu vertreten.

Der Geschäftsführer ist in allen Fällen von den Beschränkungen des § 181 BGB befreit.

Weitere Beschlüsse werden nicht gefasst.

…, den …

[Unterschriften]

III. Musterbeispiel: Notarielle Niederschrift über eine Gesellschafterversammlung (Tatsachenbeurkundung gem. §§ 36 ff. BeurkG)

UR Nr. … /2012 36

N i e d e r s c h r i f t
über eine Gesellschafterversammlung
der „Autohaus Müller GmbH"
mit dem Sitz in Magdeburg

Am zwanzigsten Mai zweitausendzwölf
– 20.5.2012 –
fanden sich vor dem unterzeichnenden Notar,
Max Münch
Notar
mit Amtssitz in Magdeburg,

in 39104 Magdeburg, Breitestraße 14, mit dem Ersuchen, in der dort stattfindenden Gesellschafterversammlung der

„Autohaus Müller GmbH" mit dem Sitz in Magdeburg

die Niederschrift zu führen, ein:

1.

Herr Rainer Müller

geb. am 1.4.1953

wohnhaft in 39120 Magdeburg, Birkenweg 3

– ausgewiesen durch gültigen deutschen Personalausweis –

2.
Herr Frank-Jürgen Müller
geb. am 27.8.1957
wohnhaft in 39326 Wolmirstedt, August-Bebel-Straße 4
– von Person bekannt –
3.
Herr Fred Helmut Schulze
geb. am 23.12.1955
wohnhaft in 39418 Staßfurt, Bahnhofstraße 14
– von Person bekannt –
4.
Herr Peter Meyer
geb. am 26.11.1940
wohnhaft in 30657 Hannover, Jägerstieg 44
– ausgewiesen durch gültigen deutschen Personalausweis –
in Begleitung von Herrn Rechtsanwalt Schlau.

I.

Die Erschienenen wählten zunächst gegen die Stimmen von Herrn Peter Meyer zum Vorsitzenden der Gesellschafterversammlung Herrn Frank-Jürgen Müller.

Herr Frank-Jürgen Müller übernahm sodann den Vorsitz in der Gesellschafterversammlung. Die Gesellschafterversammlung wurde um 15 Uhr eröffnet.

Herr Frank-Jürgen Müller stellte zu Beginn fest, dass Gesellschafter der im Handelsregister des Amtsgerichts Stendal unter HR B 11576 eingetragenen

„Autohaus Müller GmbH"

mit dem Sitz in Magdeburg (Stammkapital 51.000 EUR)

Herr Bernd Zimmer mit einem Geschäftsanteil von 10.200 EUR

Herr Rainer Müller mit einem Geschäftsanteil von 10.200 EUR

Herr Peter Meyer mit einem Geschäftsanteil von 10.200 EUR

Herr Fred Helmut Schulze mit Geschäftsanteilen von 3.400 EUR, 3.400 EUR und 3.400 EUR

Herr Frank-Jürgen Müller mit Geschäftsanteilen von 3.400 EUR, 3.400 EUR und 3.400 EUR

sind.

Herr Frank-Jürgen Müller stellte sodann fest, dass sämtliche Gesellschafter zu der heutigen Gesellschafterversammlung form- und fristgerecht unter Angabe der Tagesordnung geladen worden sind.

Herr Bernd Zimmer, geb. am 24.2.1961, wohnhaft in 47259 Duisburg, Tulpenweg 6, ist nicht erschienen. Herr Bernd Zimmer wird von Herrn Rainer Müller aufgrund schriftlicher Vollmacht vertreten.

Herr Frank-Jürgen Müller überreichte dem Notar die Vollmacht des Herrn Bernd Zimmer und bat den Notar, diese Vollmacht im Original zu dieser Niederschrift zu nehmen.

Herr Frank-Jürgen Müller stellte weiter fest, dass die Gesellschafterversammlung beschlussfähig ist.

II.

Herr Frank-Jürgen Müller wies darauf hin, dass nach dem Gesellschaftsvertrag nach Geschäftsanteilen abgestimmt wird und dass je 100 EUR eines Geschäftsanteils eine Stimme gewährt wird.

1.

Herr Frank-Jürgen Müller rief sodann den Tagesordnungspunkt „Änderung der Satzung" auf und bat die Gesellschafter, über den Antrag abzustimmen, dass § 1 Satz 1 des Gesellschaftsvertrags wie folgt gefasst wird:

„Die Firma der Gesellschaft lautet Autowerkstatt Müller GmbH."

Auf Nachfrage von Herrn Peter Meyer wird von Herrn Frank-Jürgen Müller zur Begründung ausgeführt, dass die Änderung des Gesellschaftsvertrags erfolgen solle, um im Firmennamen zum Ausdruck zu bringen, dass die Gesellschaft, nicht mehr, wie in der Vergangenheit, Handel mit Autos betreibt, sondern nur noch Werkstattleistungen für Autos erbringt.

Herr Frank-Jürgen Müller und Herr Fred Helmut Schulze erklärten, sie stimmten dem Antrag jeweils zu.

Herr Rainer Müller erklärte, er stimme dem Antrag im eigenen Namen und im Namen von Herrn Bernd Zimmer zu.

Herr Peter Meyer erklärte, er lehne den Antrag ab.

Herr Frank-Jürgen Müller stellte daraufhin fest, von den abgegebenen 510 Stimmen seien 408 Ja-Stimmen und 102 Nein-Stimmen. Der Antrag, § 1 Satz 1 des Gesellschaftsvertrags wie folgt zu fassen:

„Die Firma der Gesellschaft lautet Autowerkstatt Müller GmbH."

sei damit angenommen. Herr Frank-Jürgen Müller verkündete den Beschluss.

2.

Herr Frank-Jürgen Müller bat sodann die Gesellschafter, über den Antrag abzustimmen, dass Herr Rainer Müller als Geschäftsführer abberufen wird. Er wies darauf hin, dass dieser Tagesordnungspunkt in der Einladung zur heutigen Gesellschafterversammlung nicht enthalten gewesen sei.

Herr Peter Meyer erklärte, dass er sich auf diesen Tagesordnungspunkt nicht vorbereiten konnte und nicht bereit sei, über diesen abzustimmen.

Sämtliche Erschienenen erklärten daraufhin übereinstimmend, dass sie heute nicht mehr über die Abberufung von Herrn Rainer Müller als Geschäftsführer abstimmen wollten.

Herr Frank-Jürgen Müller erklärte die Gesellschafterversammlung damit für beendet.

Keiner der Anwesenden wünschte mehr das Wort.

Herr Frank-Jürgen Müller schloss die Versammlung um 15.20 Uhr.

Sämtliche Feststellungen des Herrn Frank-Jürgen Müller stimmen mit den Wahrnehmungen des Notars überein.

Magdeburg, den 20.5.2012

Max Münch

Notar

IV. Musterbeispiel: Notarielle Niederschrift über eine Gesellschafterversammlung (Beurkundung gem. §§ 8 ff. BeurkG)

37

UR Nr. … /2012

Gesellschafterversammlung

Heute, den vierzehnten Februar zweitausendzwölf,

– 14.2.2012 –

erschienen vor mir,

Max Münch

Notar

mit Amtssitz in Magdeburg,

in meinen Amtsräumen in 39116 Magdeburg, Herbert-Meier-Straße 11:

1.

Frau Elisabeth Singer geb. Habicht

geb. am 12.10.1963

wohnhaft in 06449 Aschersleben, Rundweg 7

ausgewiesen durch gültigen deutschen Personalausweis,

2.

Herr Manfred Schumacher,

geb. am 31.9.1954

wohnhaft in 97725 Elfershausen, Lärchenweg 8

persönlich bekannt,

3.

Herr Philipp Jan

geb. am 22.8.1966

wohnhaft in 30657 Hannover, Rabenhorst 35

ausgewiesen durch gültigen deutschen Reisepass.

Auf Ansuchen der Erschienenen beurkunde ich ihren Erklärungen gemäß bei gleichzeitiger Anwesenheit, was folgt:

§ 1

Gesellschafter der im Handelsregister des Amtsgerichts Hannover unter HR B 12345 eingetragenen Gesellschaft in Firma

AB Bedachung GmbH

mit dem Sitz in Hannover

sind nach eigenen Angaben

Frau Elisabeth Singer mit einem Geschäftsanteil von 12.500 EUR,

Herr Manfred Schumacher mit einem Geschäftsanteil von 12.500 EUR.

Das Stammkapital ist nach Angabe der Erschienenen voll eingezahlt.

Das gesamte Stammkapital der Gesellschaft in Höhe von 25.000 EUR ist somit vertreten; die Gesellschafterversammlung ist beschlussfähig.

§ 2

Unter Verzicht auf alle gesetzlichen und satzungsgemäßen Frist- und Formvorschriften halten die Gesellschafter eine Gesellschafterversammlung ab und beschließen jeweils einstimmig, was folgt:

Das Stammkapital der Gesellschaft wird von 25.000 EUR um 12.500 EUR auf 37.500 EUR erhöht.

Die Kapitalerhöhung erfolgt durch Ausgabe eines neuen Geschäftsanteils in Höhe von nominal 12.500 EUR.

Der neue Geschäftsanteil wird zum Nennwert ausgegeben und ist in Geld zu erbringen. Es ist sofort der volle Betrag in bar einzuzahlen.

Herr Philipp Jan wird zur Übernahme des neuen Geschäftsanteils in Höhe von 12.500 EUR zugelassen.

Der neue Geschäftsanteil ist vom Beginn des bei der Eintragung der Kapitalerhöhung im Handelsregister laufenden Geschäftsjahrs am Gewinn der Gesellschaft beteiligt.

§ 2 der Satzung wird wie folgt gefasst:

„Das Stammkapital der Gesellschaft beträgt 37.500 EUR."

Weitere Beschlüsse werden nicht gefasst. Damit ist die Gesellschafterversammlung geschlossen.

Übernahme

Im vorstehenden Gesellschafterbeschluss wurde das Stammkapital der Gesellschaft um 12.500 EUR auf 37.500 EUR erhöht. Der neue Geschäftsanteil ist in Geld zu erbringen und wird zum Nennwert ausgegeben.

Herr Jan Philipp übernimmt hiermit auf das erhöhte Stammkapital der vorgenannten Gesellschaft entsprechend dem obigen Kapitalerhöhungsbeschluss einen Geschäftsanteil im Nennbetrag von 12.500 EUR, wovon sofort der volle Betrag in bar einzuzahlen ist.

§ 3

Der Notar wies die Erschienenen darauf hin, dass die Gesellschafter für die Leistung des von dem Übernehmer übernommenen, aber nicht einbezahlten Geschäftsanteils haften und die Kapitalerhöhung erst mit der Eintragung in das Handelsregister wirksam wird.

Die Geschäftsführung wird mit der Vornahme etwa erforderlich werdender Anmeldungen zum Handelsregister beauftragt.

Die Kosten dieser Urkunde trägt die Gesellschaft.

Von dieser Urkunde erhalten

Ausfertigungen:

die Gesellschaft;

jeder Gesellschafter;

beglaubigte Abschriften:

gleichzeitig das zuständige Finanzamt – Körperschaftsteuerstelle – gem. § 54 EStDV;

das zuständige Amtsgericht – Registergericht – mit der Anmeldung.

Vorstehende Niederschrift wurde den Erschienenen vom Notar vorgelesen, von ihnen genehmigt und eigenhändig wie folgt unterschrieben:

V. Musterbeispiel: Stimmrechtsvollmacht

38 UR Nr. … /2012

Vollmacht

Heute, den dreißigsten April zweitausendzwölf,

– 30.4.2012 –

erschien vor mir,

Max Münch

Notar

mit Amtssitz in Magdeburg,

in meinen Amtsräumen in 39116 Magdeburg, Herbert-Meier-Straße 11:

Herr Hermann Wagner
geb. am 11.12.1949
wohnhaft in 44894 Bochum, Mönchhofstraße 14
– ausgewiesen durch gültigen Personalausweis –
– nachstehend „der Vollmachtgeber" genannt.

Auf Ansuchen des Vollmachtgebers beurkunde ich seinen Erklärungen gemäß folgende

V o l l m a c h t

1.

Der Vollmachtgeber ist nach eigener Angabe Gesellschafter der im Handelsregister des Amtsgerichts München unter HR B 121212 eingetragenen Gesellschaft in Firma

Wagner & Müller Bau GmbH

mit dem Sitz in München
mit einem Geschäftsanteil von 50.000 EUR.

2.

Der Vollmachtgeber erteilt hiermit
seinem Bruder
Herrn Fritz Müller
geb. am 3.2.1951
wohnhaft in 81377 München, Maikäferweg 7
– nachstehend „der Bevollmächtigte" genannt –

V o l l m a c h t ,

alle Rechte, welche sich für ihn aus der Beteiligung an der vorbezeichneten Gesellschaft ergeben, im Namen des Vollmachtgebers geltend zu machen. Dies schließt insbesondere auch die Ausübung des Stimmrechts in der außerordentlichen Gesellschafterversammlung vom 2.5.2012 ein. Der Bevollmächtigte ist insbesondere ermächtigt, in dieser Gesellschafterversammlung Kapitalerhöhungen und Satzungsänderungen zuzustimmen und diese zu beschließen. Der Bevollmächtigte ist weiter ermächtigt, alle von ihm in diesem Zusammenhang als erforderlich oder angemessen angesehenen Erklärungen abzugeben. Er ist insbesondere ermächtigt, die Gesellschafterrechte auszuüben und den Beschlussinhalt festzulegen. Der Bevollmächtigte ist weiterhin bevollmächtigt und ermächtigt, im Namen des Vollmachtgebers die Übernahme der auf das erhöhte Stammkapital von ihm zu leistenden Stammeinlage zu erklären.

3.

Der Bevollmächtigte ist berechtigt, diese Vollmacht ganz oder teilweise auf Dritte zu übertragen.

Von den Beschränkungen des § 181 BGB ist der Bevollmächtigte befreit.

Die Vollmacht ist jederzeit widerruflich.

Der Notar hat auf den Vertrauenscharakter der erteilten Vollmacht sowie darauf hingewiesen, dass die Vollmacht gegenüber Dritten so lange gilt, wie der Bevollmächtigte eine Ausfertigung oder die Urschrift in Händen hält.

4.

Der Vollmachtgeber trägt die Kosten der Urkunde und bittet um Erteilung einer beglaubigten Abschrift für sich und einer Ausfertigung für den Bevollmächtigten.

Vorstehende Niederschrift wurde dem Erschienenen vom Notar vorgelesen, von ihm genehmigt und eigenhändig wie folgt unterschrieben:

[Unterschriften]

VI. Musterbeispiel: Stimmrechtsbindungsvereinbarung

Gesellschafter der im Handelsregister des Amtsgerichts Hannover unter HR B 11111 eingetragenen Gesellschaft in Firma Hansebau GmbH mit dem Sitz in Hannover sind unter anderem Herr Fritz Müller mit einem Geschäftsanteil von 100.000 EUR, Herr Detlef Baum mit einem Geschäftsanteil von 70.000 EUR und Herr Klaus Schmidt mit einem Geschäftsanteil von 50.000 EUR. 39

Herr Fritz Müller, Herr Detlef Baum und Herr Klaus Schmidt vereinbaren hiermit, dass sie in Zukunft bei allen Gesellschafterbeschlüssen übereinstimmend abstimmen werden. Vor jedem Gesellschafterbeschluss werden sie ihr Stimmverhalten durch einen zwischen ihnen zu treffenden Beschluss festlegen. Der Beschluss wird mit einer Mehrheit der abgegebenen Stimmen gefasst. Je 100 EUR eines Geschäftsanteils gewähren eine Stimme. Dieser Vertrag wird für die Dauer von drei Jahren geschlossen.

[Unterschriften]

§ 48 Gesellschafterversammlung

(1) Die Beschlüsse der Gesellschafter werden in Versammlungen gefaßt.

(2) Der Abhaltung einer Versammlung bedarf es nicht, wenn sämtliche Gesellschafter in Textform mit der zu treffenden Bestimmung oder mit der schriftlichen Abgabe der Stimmen sich einverstanden erklären.

(3) Befinden sich alle Geschäftsanteile der Gesellschaft in der Hand eines Gesellschafters oder daneben in der Hand der Gesellschaft, so hat er unverzüglich nach der Beschlussfassung eine Niederschrift aufzunehmen und zu unterschreiben.

Literatur

Blasche, Praxisfragen und Gestaltungsmöglichkeiten bei der Beschlussfassung ohne Gesellschafterversammlung, GmbHR 2011, 232; *Böttcher/Grewe*, Der Versammlungsleiter in der GmbH, NZG 2002, 1086; *Eickhoff*, Die Praxis der Gesellschafterversammlung bei GmbH und GmbH & Co. KG, 4. Auflage 2006; *Erle/Becker*, Der Gemeinderat als Gesellschafterversammlung der GmbH, NZG 1999, 58; *Fingerhut/Schröder*, Recht des GmbH-Gesellschafters auf Beziehung eines juristischen Beraters in der Gesellschafterversammlung, BB 1999, 1230; *Geißler*, Die gesetzlichen Veranlassungen zur Einberufung der GmbH-Gesellschafterversammlung, GmbHR 2010, 457; *Goette*, Auslandsbeurkundungen im Kapitalgesellschaftsrecht, in: Ebenroth u.a. (Hrsg.), Verantwortung und Gestaltung: Festschrift für Karlheinz Boujong zum 65. Geburtstag, 1996, S. 131; *Goette*, Auslandsbeurkundungen im Kapitalgesellschaftsrecht, DStR 1996, 709; *Lindemann*, Die Beschlußfassung in der Einmann-GmbH, 1996; *Loritz*, Die Berechnung der Einberufungsfrist bei Gesellschafterversammlungen der GmbH, GmbHR 1992, 790; *Noack*, Moderne Kommunikationsformen vor den Toren des Gesellschaftsrechts, ZGR 1998, 592; *Nolting*, Mitwirkung des Anteilserwerbers bei Gesellschafterbeschlüssen der GmbH vor Aufnahme in die Gesellschafterliste, GmbHR 2010, 584; *Oelrichs*, Muß der Versammlungsleiter bei der Feststellung von Haupt- und Gesellschafterversammlungsbeschlüssen treuwidrig abgegebene Stimmen mitzählen?, GmbHR 1995, 863; *Saenger*, Hinzuziehung von Stellvertreter oder Beistand bei Beschlußfassung und Kontrolle im Gesellschaftsrecht, NJW 1992, 348; *Sina*, Das Recht des Gesellschafters auf Anwesenheit eines Beraters in der Gesellschafterversammlung, GmbHR 1993, 136; *Schnurbein/Neufeld*, Die fristlose Abberufung und Kündigung eines Geschäftsführers mit Minderheitsbeteiligung, BB 2011, 585; *Wernicke/Albrecht*, Kombinierte Beschlussfassung in der GmbH, GmbHR 2010, 393; *Zwissler*, Gesellschafterversammlungen und Internet, GmbHR 2000, 28.

A. Allgemeines

1 § 48 ergänzt § 47. Gemäß Abs. 1 werden die Gesellschafterbeschlüsse grundsätzlich in Gesellschafterversammlungen gefasst. Abs. 2 gestattet eine Beschlussfassung im **schriftlichen Verfahren**. Im Unterschied zur Aktiengesellschaft steht den Gesellschaftern mit diesem Verfahren eine organisatorisch einfache und schnelle Alternative zur Beschlussfassung in einer Gesellschafterversammlung zur Verfügung. Der förmlichen Einberufung einer Gesellschafterversammlung bedarf es im Übrigen nicht, wenn alle Gesellschafter zusammentreffen und an der Beschlussfassung widerspruchslos mitwirken.[1] Eine Sonderregelung für die Ein-Personen-Gesellschaften enthält Abs. 3. Bei Ein-Personen-Gesellschaften besteht naturgemäß kein Unterschied zwischen Versammlungsbeschlüssen und Nicht-Versammlungsbeschlüssen. Der Ein-Personen-Gesellschafter kann stets und überall eine Gesellschafterversammlung abhalten.[2]

1 BGH JZ 1999, 1171.
2 Vgl. *Lindemann*, Die Beschlußfassung in der Einmann-GmbH, 1996.

Der Gesellschaftsvertrag kann von der gesetzlichen Regelung abweichende Verfahrensvorschriften enthalten. So ist es z.B. zulässig, die Beschlussfassung ausschließlich in einer Gesellschafterversammlung vorzusehen, schriftliche Abstimmung bei Zustimmung der einfachen Mehrheit zu gestatten oder eine Beschlussfassung auf telefonischem, telegraphischem Wege oder per Internet[3] zuzulassen. 2

B. Inhalt der Regelung

I. Gesellschafterversammlung (Abs. 1)

Gesellschafterbeschlüsse werden gem. Abs. 1 grundsätzlich in einer Gesellschafterversammlung gefasst. Die Ersetzung der Gesellschafterversammlung durch ein externes Gremium im Gesellschaftsvertrag, z.B. Gemeinderat bei einer kommunalen GmbH, ist nicht zulässig.[4] 3

1. Teilnahmerecht

Jeder Gesellschafter ist berechtigt, an der Gesellschafterversammlung teilzunehmen. Dies gilt auch, wenn er vom Stimmrecht ausgeschlossen ist.[5] Im Gesellschaftsvertrag kann das Teilnahmerecht nicht gänzlich ausgeschlossen werden.[6] In besonderen Ausnahmefällen kann der Ausschluss eines Gesellschafters bei bestimmten Tagesordnungspunkten sachlich gerechtfertigt sein, z.B. wenn zu besorgen ist, dass der Gesellschafter die Informationen zu gesellschaftsfremden Zwecken verwenden und dadurch der Gesellschaft einen nicht unerheblichen Nachteil zufügen wird[7] (vgl. auch § 51a Abs. 2). Voraussetzung für den Ausschluss an der Teilnahme ist ein entsprechender Gesellschafterbeschluss. Wird ein Gesellschafter zu Unrecht ausgeschlossen, so sind die in seiner Abwesenheit gefassten Beschlüsse nichtig.[8] 4

Kein eigenes Teilnahmerecht haben die **zur Stimmrechtsausübung Bevollmächtigten**. Diese üben lediglich das Stimm- und Teilnahmerecht ihres Vollmachtgebers aus. Anders verhält es sich bei den gerichtlich bestellten Amtswaltern, wie Insolvenzverwalter, Nachlassverwalter, Pfleger oder Testamentsvollstrecker. Diesen steht kraft ihres Amts ein eigenes Teilnahmerecht zu.[9] 5

Der Gesellschaftsvertrag kann die Zuziehung von **Beratern** zur Gesellschafterversammlung vorsehen. Ebenso kann deren Teilnahme durch Mehrheitsbeschluss zugelassen werden. Die Gesellschaftertreuepflicht kann eine Zulassung von Beratern gebieten, wenn die persönlichen Verhältnisse eines Gesellschafters oder die Struktur der Gesellschaft und die Bedeutung des Beschlussgegenstands für eine dringende Beratungsbedürftigkeit sprechen.[10] 6

Geschäftsführern steht kein eigenes Teilnahmerecht zu. Sie sind aber analog § 37 Abs. 1 zur Teilnahme verpflichtet, wenn die Gesellschafter es verlangen.[11] Verfügt die Gesellschaft über einen obligatorischen Aufsichtsrat, haben sämtliche Aufsichtsratsmitglieder ein Teilnahmerecht nach § 25 Abs. 1 Satz 1 Nr. 2 MitbestG (§ 1 Abs. 1 Nr. 3 DrittelbG i.V.m. § 118 Abs. 2 AktG). Den Mitgliedern eines fakultativen Aufsichtsrats oder Beirats steht dagegen ein Teilnahmerecht nur aufgrund einer Regelung im Gesellschaftsvertrag oder eines Gesellschafterbeschlusses zu.[12] 7

---

3 Vgl. *Zwissler*, GmbHR 2000, 28.
4 *Erle/Becker*, NZG 1999, 60; Lutter/Hommelhoff/*Lutter/Hommelhoff*, § 48 Rn. 2a.
5 BGH NJW 1972, 2225; BGH WM 1985, 568; Baumbach/Hueck/*Zöllner*, § 48 Rn. 6.
6 BGH GmbHR 1989, 120; OLG Frankfurt/M., GmbHR 1984, 99; Lutter/Hommelhoff/*Lutter/Hommelhoff*, § 48 Rn. 3; Michalski/*Römermann*, § 48 Rn. 74; Rowedder/Schmidt-Leithoff/*Koppensteiner*, § 48 Rn. 9.
7 Vgl. Lutter/Hommelhoff/*Lutter/Hommelhoff*, § 48 Rn. 3; Baumbach/Hueck/*Zöllner*, § 48 Rn. 7; Roth/Altmeppen/*Roth*, § 48 Rn. 4; Michalski/*Römermann*, § 48 Rn. 83.
8 OLG Frankfurt/M., GmbHR 1984, 99.
9 Baumbach/Hueck/*Zöllner*, § 48 Rn. 47.
10 OLG Düsseldorf, GmbHR 2002, 67; OLG Stuttgart, GmbHR 1997, 1107; Lutter/Hommelhoff/*Lutter/Hommelhoff*, § 48 Rn. 4.
11 Lutter/Hommelhoff/*Lutter/Hommelhoff*, § 48 Rn. 5.
12 Lutter/Hommelhoff/*Lutter/Hommelhoff*, § 48 Rn. 6.

2. Ort und Zeit der Gesellschafterversammlung

8 Eine Regelung für den Ort und die Zeit von Gesellschafterversammlungen enthält das Gesetz nicht. Lediglich die Frist der Einberufung ist in § 51 Abs. 1 Satz 2 normiert (vgl. § 51 Rn. 3).

9 Der Gesellschaftsvertrag kann Regelungen zum Ort und zur Zeit der Gesellschafterversammlungen enthalten. Ist dies nicht der Fall, trifft der Einberufende (§§ 49 Abs. 1, 50 Abs. 3) in seiner Einladung die Bestimmung, an welchem Ort und zu welcher Zeit die Gesellschafterversammlung stattfinden soll. Ort der Gesellschafterversammlung wird regelmäßig der statutarische Gesellschaftssitz nach § 3 Abs. 1 Nr. 1 sein.[13] Ist ein anderer Versammlungsort für alle Gesellschafter leichter zu erreichen, so kann die Gesellschafterversammlung auch an diesem Ort einberufen werden, selbst wenn dieser im Ausland liegt.[14]

3. Beschlussfassung

10 In der Praxis enthalten die Gesellschaftsverträge häufig Regelungen über die Beschlussfähigkeit der Gesellschafterversammlung, z.B. Mindestanzahl erschienener Gesellschafter oder Mindestbeteiligungshöhe. Ist dies nicht der Fall, ist die Gesellschafterversammlung immer dann beschlussfähig, wenn mindestens einer der ordnungsgemäß geladenen Gesellschafter erscheint.[15]

11 Ist im Gesellschaftsvertrag keine Regelung über die **Versammlungsleitung** enthalten, kann der Versammlungsleiter mit einfacher Mehrheit bestimmt werden.[16] Versammlungsleiter kann auch ein Nicht-Gesellschafter sein,[17] z.B. ein Geschäftsführer. Der Versammlungsleiter hat die Aufgabe, die Gesellschafterversammlung zu eröffnen und zu schließen sowie die Beratung und Abstimmung zu leiten.[18]

12 ! Gesetzlich vorgeschrieben ist ein Versammlungsleiter nicht. In der Praxis empfiehlt sich die Bestimmung eines Versammlungsleiters jedoch regelmäßig. Dies gilt nicht nur für die Leitung der Gesellschafterversammlung, sondern insbesondere auch für die Protokollierung der Beschlüsse.

13 Sämtliche Gesellschafter haben in der Gesellschafterversammlung ein **Rede- und Antragsrecht** und können damit auf den Verlauf der Gesellschafterversammlung durch mündliche Ausführungen und Beschlussanträge Einfluss nehmen;[19] dies gilt auch für die von der Abstimmung ausgeschlossenen Gesellschafter.

14 Bei Mehr-Personen-Gesellschaften sind der Verlauf der Gesellschafterversammlung und die Ergebnisse der Beschlussfassungen grundsätzlich nicht zu protokollieren (zum **Protokollierungszwang** für Beschlüsse von Ein-Personen-Gesellschaften siehe Rn. 20 ff.). Etwas anderes gilt nur für Änderungen des Gesellschaftsvertrags (§ 53 Abs. 2 Satz 1) sowie für Verschmelzungs-, Spaltungs- und Formwechselbeschlüsse (§§ 13 Abs. 3, 125, 193 Abs. 3 UmwG). Diese bedürfen zu ihrer Wirksamkeit der notariellen Beurkundung.

! Zur Vermeidung von Feststellungs- und Anfechtungsklagen empfiehlt sich stets zumindest eine Protokollierung der Beschlussergebnisse.

13 Vgl. OLG Hamm, OLGZ 1974, 149; OLG Celle, GmbHR 1997, 748.
14 Vgl. Scholz/*Schmidt*, § 48 Rn. 8.
15 Vgl. OLG Köln, NZG 2002, 381.
16 OLG München, GmbHR 2005, 624; *Böttcher/Grewe*, NZG 2002, 1086; Hachenburg/*Hüffer*, § 48 Rn. 29; Lutter/Hommelhoff/*Lutter/Hommelhoff*, § 48 Rn. 9; Baumbach/Hueck/*Zöllner*, § 48 Rn. 16; Michalski/*Römermann*, § 48 Rn. 94.
17 Baumbach/Hueck/*Zöllner*, § 48 Rn. 16.
18 Baumbach/Hueck/*Zöllner*, § 48 Rn. 17.
19 Baumbach/Hueck/*Zöllner*, § 48 Rn. 20.

II. Beschlussfassung im schriftlichen Verfahren (Abs. 2)

Abs. 2 gestattet eine Beschlussfassung in zwei verschiedenen Verfahren außerhalb einer Gesellschafterversammlung. Sofern nicht notarielle Beurkundung vorgeschrieben ist, sind im vereinfachten Verfahren nach Abs. 2 Beschlüsse aller Art möglich. 15

1. Einstimmige Beschlussfassung in Textform (Abs. 2 Hs. 1)

Gemäß Abs. 2 Hs. 1 bedarf es der Abhaltung einer Gesellschafterversammlung nicht, wenn sämtliche Gesellschafter in Textform mit der zu treffenden Bestimmung einverstanden sind (einstimmiger Beschluss). Die Textform ist in § 126b BGB normiert. Sie unterscheidet sich von der Schriftform i.S.d. § 126 BGB dadurch, dass die Erklärung neben einer Urkunde auch in anderweitiger zur dauerhaften Wiedergabe in Schriftzeichen geeigneter Weise abgegeben werden kann und eine eigenhändige Unterzeichnung durch den Aussteller nicht erforderlich ist. Erklärungen in Schrift- oder notarieller Form (§§ 126, 128 BGB) wahren die Textform. 16

Von § 126b BGB werden **alle Medien** wie Papier, Diskette, CD-ROM, E-Mail, Computerfax[20] u.Ä., **auf denen Schriftzeichen sichtbar** sind oder zumindest mit üblichen Hilfsmitteln sichtbar gemacht werden können (z.B. Computer), erfasst. Dauerhaftigkeit ist gegeben, wenn der Adressat stets in der Lage ist, die Erklärung wieder einzusehen. Das ist z.B. nicht der Fall, wenn nur die Möglichkeit besteht, die Erklärung ausschließlich im Onlinebetrieb sichtbar zu machen.[21] Die Person des Erklärenden muss aus der Erklärung hervorgehen. Schließlich muss nach § 126b BGB der Abschluss der Erklärung durch die Nachbildung der Namensunterschrift oder anderweitig erkennbar gemacht werden. Insoweit kommt es lediglich darauf an, erkennen zu können, ob die Erklärung vollständig übermittelt wurde bzw. ob sonstige losgelöste Informationen nachfolgen. Eine Grußformel, Datumsangabe o.Ä. reicht aus. 17

2. Schriftliche Abstimmung bei Einverständnis sämtlicher Gesellschafter (Abs. 2 Hs. 2)

Erklären sich sämtliche Gesellschafter mit der schriftlichen Stimmabgabe einverstanden, können gem. Abs. 2 Hs. 2 Beschlüsse auch ohne Einstimmigkeitserfordernis gefasst werden. Die Einverständniserklärung ist formlos möglich,[22] kann also auch konkludent erfolgen. Noch nicht abschließend geklärt ist, ob eine „schriftliche" Stimmabgabe nach Abs. 2 Hs. 2 Schriftform i.S.d. § 126 BGB bedeutet. In einem solchen Fall müsste eine Urkunde vom Gesellschafter durch Namensunterschrift oder mittels notariell beglaubigten Handzeichens unterzeichnet sein. Gemäß § 126 Abs. 3 BGB kann die Schriftform durch elektronische Form (§ 126a BGB) ersetzt werden. Eine verbreitete Auffassung lässt für eine Stimmabgabe nach Abs. 2 Hs. 2 entgegen des Wortlauts der Vorschrift Textform genügen.[23] 18

3. Regelungen im Gesellschaftsvertrag

Abs. 2 ist dispositiv. Der Gesellschaftsvertrag kann daher die Beschlussfassung außerhalb von Gesellschafterversammlungen auch abweichend von Abs. 2 regeln, z.B. mündliche oder telefonische Beschlussfassungen zulassen.[24] Möglich ist auch eine Zulassung des schriftlichen Verfahrens aufgrund Mehrheitsbeschlusses.[25] 19

III. Beschlussfassung der Ein-Personen-Gesellschafter (Abs. 3)

Eine Sonderregelung enthält Abs. 3 für die Ein-Personen-Gesellschaften. Dies sind diejenigen Gesellschaften, bei denen sich alle Geschäftsanteile der Gesellschaft in der Hand eines Gesellschaf- 20

20 LG Kleve, NJW-RR 2003, 196.
21 OLG Hamburg, ZGS 2006, 477; KG ZGS 2007, 394; LG Kleve, NJW-RR 2003, 196; a.A. OLG München, NJW 2001, 2263.
22 Lutter/Hommelhoff/*Lutter/Hommelhoff*, § 48 Rn. 11; Baumbach/Hueck/*Zöllner*, § 48 Rn. 35; Rowedder/Schmidt-Leithoff/*Koppensteiner*, § 48 Rn. 19; Michalski/*Römermann*, § 48 Rn. 252 ff.
23 Vgl. Baumbach/Hueck/*Zöllner*, § 48 Rn. 37; Lutter/Hommelhoff/*Lutter/Hommelhoff*, § 48 Rn. 11.
24 OLG München, BB 1978, 471.
25 BGHZ 28, 358.

ters oder daneben in der Hand der Gesellschaft befinden. Nicht anwendbar ist die Vorschrift, falls auch nur ein Geschäftsanteil von einem anderen Gesellschafter gehalten wird, selbst wenn es sich hierbei um einen stimmrechtslosen Geschäftsanteil handelt.[26] Gleiches gilt, wenn der Ein-Personen-Gesellschafter einen Teil seiner Geschäftsanteile auf einen Treuhänder übertragen hat.[27] Auch die Innehabung des Geschäftsanteils durch eine Erben- oder Gütergemeinschaft schließt eine Ein-Personen-Eigenschaft aus.[28]

21 Der Ein-Personen-Gesellschafter ist verpflichtet, unverzüglich nach der Beschlussfassung eine Niederschrift aufzunehmen und zu unterschreiben.

! Ort und Datum sollten in der Niederschrift vermerkt werden.

22 Die Aufnahme der Niederschrift ist keine Wirksamkeitsvoraussetzung für die Gesellschafterbeschlüsse des Ein-Personen-Gesellschafters. Nichtprotokollierte Beschlüsse sind dementsprechend auch nicht nichtig.[29] Dem Ein-Personen-Gesellschafter ist damit verwehrt, sich einer Selbstbindung unter Berufung auf die unterlassene Protokollierung zu entziehen. Die Verletzung der gesellschaftsrechtlichen Protokollierungspflicht kann aber Schadensersatzpflichten begründen.[30]

C. Weitere praktische Hinweise

I. Unzulässige Wahl von Ort und Zeit der Gesellschafterversammlung

23 Sind Ort oder Zeit der Gesellschafterversammlung unzulässig gewählt worden, sind die im Rahmen dieser Gesellschafterversammlung gefassten **Beschlüsse** wegen Verletzung des Teilnahmerechts **anfechtbar**. Etwas anderes gilt nur dann, wenn sämtliche Gesellschafter anwesend waren.[31] Sieht ein Beschluss unter Verstoß gegen die Satzung eine unzulässige Versammlungszeit oder einen unzulässigen Versammlungsort für eine zukünftige Gesellschafterversammlung vor, kann dieser Beschluss als satzungsdurchbrechender Beschluss nichtig sein.[32]

II. Notarkosten

24 Gesellschafterversammlungen lösen bei Beurkundung eine 20/10-Gebühr nach § 47 KostO aus. Dies ist auch dann der Fall, wenn das Beschlussorgan nur aus einer Person besteht.[33] Fertigt der Notar im Auftrag nur den Entwurf eines Beschlusses, ist § 145 KostO anzuwenden.[34] Eine 20/10-Gebühr nach § 145 Abs. 1 Satz 1 i.V.m. § 47 KostO fällt immer an, wenn es sich um einen nicht beurkundungspflichtigen Beschluss handelt. Liegt ein beurkundungspflichtiger Entwurf vor, fällt eine 10/10-Gebühr nach § 145 Abs. 3 i.V.m. § 47 KostO an, wenn dem Notar zugleich ein Beurkundungsauftrag erteilt wurde, die Beurkundung jedoch infolge Rücknahme des Beurkundungsauftrags oder aus sonstigen Gründen endgültig unterbleibt. Wird neben dem Entwurfsauftrag kein Beurkundungsauftrag erteilt, verbleibt es bei der 20/10-Gebühr wie beim nicht beurkundungspflichtigen Beschluss. Die Höchstgebühr beträgt gem. § 47 Satz 2 KostO 5.000 EUR.

26 Baumbach/Hueck/*Zöllner*, § 48 Rn. 47.
27 Lutter/Hommelhoff/*Lutter/Hommelhoff*, § 48 Rn. 16; Baumbach/Hueck/*Zöllner*, § 48 Rn. 47.
28 Baumbach/Hueck/*Zöllner*, § 48 Rn. 47.
29 Hachenburg/*Hüffer*, § 48 Rn. 67; Lutter/Hommelhoff/*Lutter/Hommelhoff*, § 48 Rn. 17; Baumbach/Hueck/*Zöllner*, § 48 Rn. 48; Roth/Altmeppen/*Roth*, § 48 Rn. 44; Rowedder/Schmidt-Leithoff/*Koppensteiner*, § 48 Rn. 23; Michalski/*Römermann*, § 48 Rn. 320.
30 Lutter/Hommelhoff/*Lutter/Hommelhoff*, § 48 Rn. 17; Baumbach/Hueck/*Zöllner*, § 48 Rn. 48; Roth/Altmeppen/*Roth*, § 48 Rn. 44.
31 Vgl. Scholz/*Schmidt*, § 48 Rn. 10.
32 Vgl. Scholz/*Schmidt*, § 48 Rn. 10.
33 Korintenberg/*Bengel/Tiedtke*, § 41c KostO Rn. 517; Streifzug durch die Kostenordnung, Rn. 957.
34 LG Dresden, NotBZ 2007, 300 mit zust. Anm. *Otto*; OLG Düsseldorf MittBayNot 2010, 420 = ZNotP 2010, 239 = RNotZ 2010, 279 = NZG 2010, 438 = NotBZ 2010, 343 = JurBüro 2010, 311 = FGPrax 2010, 150; Korintenberg/*Bengel/Tiedtke*, § 145 KostO Rn. 12.

Betrifft der zu fassende **Beschluss einen bestimmten Geldbetrag oder einen bestimmten Geldwert**, so ist der Betrag oder dessen Wert, der nach den allgemeinen Vorschriften der Kostenordnung zu ermitteln ist, als Geschäftswert maßgebend. Solche Beschlüsse liegen vor z.B. bei Kapitalerhöhungen, Kapitalherabsetzungen, Schaffung eines genehmigten Kapitals, Beschlüssen über die Gewinnverwendung,[35] Beschlüssen über die Verlustdeckung, Zustimmungsbeschlüssen zur Abtretung von Geschäftsanteilen, Zustimmungsbeschlüssen zu Umwandlungsmaßnahmen (Verschmelzung, Spaltung, Formwechsel) usw. 25

Um Beschlüsse ohne bestimmten Geldbetrag oder Geldwert handelt es sich z.B. bei Wahlen (z.B. Abberufung oder Neubestellung von Geschäftsführern, Prokuristen usw.), Satzungsänderungen (ausgenommen Kapitalmaßnahmen), Zustimmungsbeschlüssen zu Gewinnabführungs- oder Beherrschungsverträgen, Umstellung des Stammkapitals auf Euro, Beschlüssen über die Zusammenlegung, Teilung oder Nummerierung von Geschäftsanteilen usw.

Der Höchstwert für Beschlüsse ohne bestimmten Geldbetrag oder Geldwert beträgt, auch wenn mehrere solcher Beschlüsse zusammen beurkundet werden, 500.000 EUR (§ 41c Abs. 4 KostO). Für Beschlüsse mit bestimmtem Geldbetrag oder Geldwert gibt es keinen Höchstwert, hier greift aber bei einem Wert von über 1.620.000 EUR die Höchstgebühr von 5.000 EUR.

35 OLG Düsseldorf, RNotZ 2002, 60 = JurBüro 2002, 257.

§ 49 Einberufung der Versammlung

(1) Die Versammlung der Gesellschafter wird durch die Geschäftsführer berufen.

(2) Sie ist außer den ausdrücklich bestimmten Fällen zu berufen, wenn es im Interesse der Gesellschaft erforderlich erscheint.

(3) Insbesondere muß die Versammlung unverzüglich berufen werden, wenn aus der Jahresbilanz oder aus einer im Laufe des Geschäftsjahres aufgestellten Bilanz sich ergibt, daß die Hälfte des Stammkapitals verloren ist.

Literatur

Eickhoff, Die Praxis der Gesellschafterversammlung bei GmbH und GmbH & Co. KG, 4. Auflage 2006; *Emde*, Einberufung der Gesellschafterversammlung mittels Kurier?, GmbHR 2002, 8; *Geißler*, Die Einberufung der Gesellschafterversammlung in der Krise der UG (haftungsbeschränkt), DZWIR 2010, 98; *Geißler*, Die gesetzlichen Veranlassungen zur Einberufung der GmbH-Gesellschafterversammlung, GmbHR 2010, 457; *Geißler*, Verhaltensmaßnahmen und Rechtspflichten des Geschäftsführers in der Krise der GmbH, DZWIR 2011, 309; *Karl*, Formerfordernisse bei Einberufung, Ankündigung und Durchführung von Gesellschafterversammlungen in der GmbH, DStR 1993, 880; *Nowotny*, Verlust des halben Stammkapitals, in: Bierich u.a. (Hrsg.), Festschrift für Johannes Semler zum 70. Geburtstag: Unternehmen und Unternehmensführung im Recht, 1993, S. 231; *Priester*, Verlustanzeige und Eigenkapitalersatz, ZGR 1999, 533; *Schnurbein/Neufeld*, Die fristlose Abberufung und Kündigung eines Geschäftsführers mit Minderheitsbeteiligung, BB 2011, 585; *van Venrooy*, Delegation der Einberufungsbefugnis der Geschäftsführer aus § 49 Abs. 1 GmbHG, GmbHR 2000, 166; *Weiß*, Die Unternehmergesellschaft (haftungsbeschränkt) aus strafrechtlicher Sicht, wistra 2010, 361; *Werner*, Aktuelle Entwicklungen des Rechts der Unternehmergesellschaft, GmbHR 2011, 459; *Zech*, Haftung der Geschäftsführer einer GmbH gegenüber deren Gläubigern, JA 2009, 769; *Zeilinger*, Die Einberufung der Gesellschafterversammlung, GmbHR 2001, 541.

A. Allgemeines

1 § 49 normiert in Abs. 1 die Grundsatzkompetenz der Geschäftsführer zur Einberufung der Gesellschafterversammlungen. Abs. 2 und 3 des § 49 legen Fälle fest, in denen die Geschäftsführer verpflichtet sind, eine Gesellschafterversammlung einzuberufen. Die Vorschrift wird ergänzt durch § 50, der die Einberufung einer Gesellschafterversammlung auf Verlangen einer Gesellschafterminderheit regelt. Nach § 52 Abs. 1 i.V.m. § 111 Abs. 3 AktG ist zudem ein Aufsichtsrat einberufungsbefugt, wenn das Wohl der Gesellschaft es erfordert. Die Form der Einberufung richtet sich nach § 51.

B. Inhalt der Regelung

I. Einberufungszuständigkeit der Geschäftsführer (Abs. 1)

2 Die Zuständigkeit für die Einberufung einer Gesellschafterversammlung liegt gem. Abs. 1 bei den Geschäftsführern. Sind mehrere Geschäftsführer bestellt, ist jeder einzelne Geschäftsführer berechtigt, die Gesellschafterversammlung einzuberufen, unabhängig davon, wie Geschäftsführung und Vertretung der Gesellschaft geregelt sind.[1] Eine Gesellschafterversammlung kann auch durch einen fehlerhaft bestellten Geschäftsführer, der sein Amt angetreten hat, einberufen werden.[2] Die Gel-

1 BayObLG GmbHR 1999, 984; OLG Frankfurt/M., GmbHR 1976, 110; Scholz/*Schmidt*, § 49 Rn. 4; Michalski/*Römermann*, § 49 Rn. 34; Baumbach/Hueck/*Zöllner*, § 49 Rn. 3.

2 Lutter/Hommelhoff/*Lutter/Hommelhoff*, § 49 Rn. 3a; Baumbach/Hueck/*Zöllner*, § 49 Rn. 3.

tendmachung der Fehlerhaftigkeit der Bestellung wirkt nicht zurück.[3] Dies wird teilweise auch als Einberufungskompetenz des faktischen Geschäftsführers bezeichnet.[4]

Ob im Gesellschaftsvertrag die Kompetenz der Geschäftsführer zur Einberufung der Gesellschafterversammlungen ausgeschlossen werden kann, ist umstritten. Die überwiegende Auffassung hält dies für möglich, wenn im Gesellschaftsvertrag eine anderweitige Zuständigkeit, z.B. Aufsichtsrat oder Beirat, geschaffen wird.[5] 3

Die Einberufungskompetenz der Geschäftsführer ist keine höchstpersönliche Aufgabe. Die Geschäftsführer können daher auch einen Dritten mit der Einberufung beauftragen, z.B. einen Rechtsanwalt.[6] 4

II. Einberufung der Gesellschafterversammlung in den ausdrücklich bestimmten Fällen (Abs. 2 Hs. 1)

Gemäß Abs. 2 Hs. 1 ist eine Gesellschafterversammlung in den ausdrücklich bestimmten Fällen einzuberufen. Solche ausdrücklich bestimmten Fälle finden sich insbesondere in Abs. 3 (Verlust des hälftigen Stammkapitals) und § 50 Abs. 1 (Verlangen einer Gesellschafterminderheit von 10 %).[7] Bei Vorliegen dieser sind die Geschäftsführer zur Einberufung verpflichtet. Der Gesellschaftsvertrag kann darüber hinaus die Pflicht zur Einberufung einer Gesellschafterversammlung erweitern.[8] 5

III. Einberufung der Gesellschafterversammlung im Gesellschaftsinteresse (Abs. 2 Hs. 2)

Außer in den ausdrücklich bestimmten Fällen sind die Geschäftsführer nach Abs. 2 Hs. 2 verpflichtet, eine Gesellschafterversammlung einzuberufen, wenn dies im Interesse der Gesellschaft erforderlich erscheint. Dies ist insbesondere immer dann der Fall, wenn der Gesellschaft ohne die Gesellschafterversammlung ein nicht unerheblicher Schaden droht.[9] 6

Die Geschäftsführer sind aber auch zur Einberufung einer Gesellschafterversammlung berechtigt, wenn sie es für erforderlich halten, um eine Maßnahme einzuleiten, die in die Zuständigkeit der Gesellschafter fällt (z.B. §§ 26, 46, 53). Dabei dürfen sie jedoch den zeitlichen und finanziellen Aufwand der mit einer Gesellschafterversammlung verbunden ist, nicht außer Acht lassen; ggf. ist eine Beschlussfassung nach § 48 Abs. 2 (z.B. im schriftlichen Umlaufverfahren) zu erwägen.[10] 7

Ein Teil der Literatur vertritt die Auffassung, dass die Pflicht zur Einberufung der Gesellschafterversammlung gem. Abs. 2 Hs. 2 im Gesellschaftsvertrag eingeschränkt werden kann.[11] Da die Einberufung einer Gesellschafterversammlung in einem solchen Fall gerade den Eintritt eines nicht unerheblichen Schadens der Gesellschaft verhindern soll, ist diese Ansicht nicht nachvollziehbar.[12] 8

IV. Einberufung der Gesellschafterversammlung bei Verlust der Hälfte des Stammkapitals (Abs. 3)

Sofern sich aus der Jahresbilanz oder aus einer im Laufe des Geschäftsjahrs aufgestellten Bilanz ergibt, dass die Hälfte des Stammkapitals verloren ist, sind die Geschäftsführer gem. Abs. 3 verpflichtet, unverzüglich eine Gesellschafterversammlung einzuberufen. Dies ist dann der Fall, wenn der Wert des Nettoaktivvermögens der Gesellschaft nicht mehr die Hälfte des statutarischen 9

---

3 Baumbach/Hueck/*Zöllner*, § 49 Rn. 3.
4 Vgl. Michalski/*Römermann*, § 49 Rn. 22; krit. zur Verwendung dieses Begriffs: Baumbach/Hueck/*Zöllner*, § 49 Rn. 3.
5 Roth/Altmeppen/*Roth*, § 49 Rn. 2; Hachenburg/*Hüffer*, § 49 Rn. 31; Rowedder/Schmidt-Leithoff/*Koppensteiner*, § 49 Rn. 8; a.A. Baumbach/Hueck/*Zöllner*, § 49 Rn. 4.
6 OLG Düsseldorf, ZIP 2004, 1956.
7 Vgl. Michalski/*Römermann*, § 49 Rn. 77.
8 Baumbach/Hueck/*Zöllner*, § 49 Rn. 22.
9 Baumbach/Hueck/*Zöllner*, § 49 Rn. 17.
10 Vgl. Baumbach/Hueck/*Zöllner*, § 49 Rn. 18.
11 Rowedder/Schmidt-Leithoff/*Koppensteiner*, § 49 Rn. 15; Michalski/*Römermann*, § 49 Rn. 142; Hachenburg/*Hüffer*, § 49 Rn. 31; Lutter/Hommelhoff/*Lutter/Hommelhoff*, § 49 Rn. 2.
12 Im Erg. ebenso: Baumbach/Hueck/*Zöllner*, § 49 Rn. 22.

Stammkapitals erreicht. Welche **Bewertungsgrundsätze** für die Ermittlung des Eigenkapitals anzuwenden sind, ist umstritten. Teilweise wird eine Zugrundelegung von Going-Concern-Werten gefordert; andere stellen ausschließlich auf Liquidationswerte ab.[13] Umstritten ist auch, ob nicht aktivierte stille Reserven zu berücksichtigen sind.[14] Die Einberufung der Gesellschafterversammlung hat unverzüglich, d.h. ohne schuldhaftes Zögern (§ 121 BGB), zu erfolgen.

10 Die Geschäftsführer sind stets gehalten, die **Vermögenslage der Gesellschaft zu überwachen**, nicht zuletzt schon um ihrer etwaigen Insolvenzantragspflicht nachzukommen. Sofern ihnen Tatsachen bekannt werden, die auf einen hälftigen Stammkapitalverlust hindeuten, sind sie auch unabhängig von der Aufstellung einer Bilanz verpflichtet, unverzüglich eine Gesellschafterversammlung einzuberufen.[15]

11 Sind sämtliche Gesellschafter zugleich Geschäftsführer, bedarf es keiner förmlichen Einberufung einer Gesellschafterversammlung; sie müssen allerdings über die Problematik des hälftigen Stammkapitalverlusts beraten.[16] Von der Einberufung einer Gesellschafterversammlung absehen können die Geschäftsführer ferner, wenn alle Gesellschafter in Kenntnis des Einberufungserfordernisses auf eine solche verzichten.[17]

12 Eine Einschränkung der Pflicht zur Einberufung einer Gesellschafterversammlung nach Abs. 3 im Gesellschaftsvertrag ist nicht zulässig.[18]

C. Weitere praktische Hinweise

13 Verletzt ein Geschäftsführer seine Einberufungspflicht nach Abs. 2 und 3, stellt dies eine Obliegenheitsverletzung i.S.d. § 43 Abs. 2 dar. Diese kann bei schuldhaftem Handeln (Vorsatz oder Fahrlässigkeit) des Geschäftsführers zu einem **Schadensersatzanspruch der Gesellschaft** führen.[19] Maßstab für fahrlässiges Handeln ist die Sorgfalt eines ordentlichen Geschäftsmanns; besondere individuelle Fähigkeiten des Geschäftsführers sind zu berücksichtigen. Der Schaden richtet sich danach, welche negativen Auswirkungen für die Gesellschaft durch die verspätete oder unterlassene Einberufung der Gesellschafterversammlung eingetreten sind.

14 Die Verletzung der Einberufungspflichten kann ein wichtiger Grund für die **Abberufung des Geschäftsführers** sein.[20] Im Übrigen macht sich ein Geschäftsführer, der es unterlässt, den Gesellschaftern einen Verlust in Höhe der Hälfte des Stammkapitals anzuzeigen, nach § 84 Abs. 1 strafbar. Gemäß § 84 Abs. 2 wird insoweit auch fahrlässiges Handeln bestraft.

13 Vgl. zum Streitstand etwa Roth/Altmeppen/*Roth*, § 49 Rn. 12 ff.; Michalski/*Römermann*, § 49 Rn. 105 ff.
14 So BGH WM 1958, 1416; a.A. Roth/Altmeppen/*Roth*, § 49 Rn. 13.
15 BGH ZIP 1995, 560; Michalski/*Römermann*, § 49 Rn. 100 ff.; Baumbach/Hueck/*Zöllner*, § 49 Rn. 20.
16 Baumbach/Hueck/*Zöllner*, § 49 Rn. 21.
17 Michalski/*Römermann*, § 49 Rn. 127; Baumbach/Hueck/*Zöllner*, § 49 Rn. 21.
18 Michalski/*Römermann*, § 49 Rn. 144; Hachenburg/*Hüffer*, § 49 Rn. 31; Lutter/Hommelhoff/*Lutter/Hommelhoff*, § 49 Rn. 2; Scholz/*Schmidt*, § 49 Rn. 35; Roth/Altmeppen/*Roth*, § 49 Rn. 17; a.A. Rowedder/Schmidt-Leithoff/*Koppensteiner*, § 49 Rn. 15.
19 Michalski/*Römermann*, § 49 MüHdb-GesR-III/*Marsch-Barner/Dieckmann*, § 45 Rn. 52; Scholz/*Schmidt*, § 49 Rn. 31.
20 Scholz/*Schmidt*, § 49 Rn. 31.

§ 50 Minderheitsrechte

(1) Gesellschafter, deren Geschäftsanteile zusammen mindestens dem zehnten Teil des Stammkapitals entsprechen, sind berechtigt, unter Angabe des Zwecks und der Gründe die Berufung der Versammlung zu verlangen.

(2) In gleicher Weise haben die Gesellschafter das Recht zu verlangen, daß Gegenstände zur Beschlußfassung der Versammlung angekündigt werden.

(3) Wird dem Verlangen nicht entsprochen oder sind Personen, an welche dasselbe zu richten wäre, nicht vorhanden, so können die in Absatz 1 bezeichneten Gesellschafter unter Mitteilung des Sachverhältnisses die Berufung oder Ankündigung selbst bewirken. Die Versammlung beschließt, ob die entstandenen Kosten von der Gesellschaft zu tragen sind.

Literatur

Eickhoff, Die Praxis der Gesellschafterversammlung bei GmbH und GmbH & Co. KG, 4. Auflage 2006; *Geißler*, Die gesetzlichen Veranlassungen zur Einberufung der GmbH-Gesellschafterversammlung, GmbHR 2010, 457; *Kühn*, Der Minderheitenschutz in der GmbH, GmbHR 1965, 132; *Schnurbein/Neufeld*, Die fristlose Abberufung und Kündigung eines Geschäftsführers mit Minderheitsbeteiligung, BB 2011, 585; *Schopp*, Einberufung einer GmbH-Gesellschafterversammlung durch die Minderheit, GmbHR 1976, 126.

A. Allgemeines

§ 50 enthält eines der wenigen gesetzlichen Minderheitsrechte im GmbHG. Die Vorschrift gewährt einer Minderheit von 10 % die Möglichkeit, die Einberufung einer Gesellschafterversammlung und die Ankündigung von Tagesordnungspunkten zur Beschlussfassung zu erzwingen. § 50 bietet der Minderheit eine Mindestsicherung. Die Vorschrift ist daher nicht zum Nachteil der Minderheit abdingbar.[1] Im Gesellschaftsvertrag können die Rechte der Minderheit verstärkt werden. 1

B. Inhalt der Regelung

I. Minderheitsquote

Die Minderheitsrechte des § 50 stehen Gesellschaftern zu, deren Geschäftsanteile zusammen mindestens dem zehnten Teil des Stammkapitals entsprechen. Die Berechnung dieses Quorums richtet sich nach dem im Gesellschaftsvertrag festgelegten Betrag des Stammkapitals (vgl. § 3 Abs. 1 Nr. 3). Berücksichtigt werden dabei auch stimmrechtslose Geschäftsanteile.[2] Nicht mitgezählt werden eigene Anteile der Gesellschaft (§ 33) sowie durch Einziehung untergegangene Anteile, sofern das Stammkapital noch nicht entsprechend herabgesetzt ist. Ob auch kaduzierte Geschäftsanteile 2

1 H.M., vgl. etwa OLG Stuttgart, NJW 1974, 1568; LG Bonn, AG 1991, 115; Michalski/*Römermann*, § 50 Rn. 192 ff.; Scholz/*Schmidt*, § 50 Rn. 6 f.; Baumbach/Hueck/*Zöllner*, § 50 Rn. 2; a.A. *Schopp*, GmbHR 1976, 126.

2 MüHdb-GesR-III/*Wolff*, § 39 Rn. 24.

(§ 21) bzw. preisgegebene Geschäftsanteile (§ 27) abzuziehen sind, ist umstritten.[3] Auch Inhaber stimmrechtsloser Geschäftsanteile sind nach § 50 antragsberechtigt.

3 Für die Berechnung der Minderheitsquote ist es unerheblich, ob der jeweilige Gesellschafter seine Stammeinlage vollständig eingezahlt hat. Die Ausübung der Mitgliedschaftsrechte ist hiervon grundsätzlich nicht abhängig.[4]

II. Einberufungsverlangen (Abs. 1)

1. Verlangenserklärung

4 Das Verlangen auf Einberufung einer Gesellschafterversammlung bedarf keiner besonderen Form. Anders als bei der Aktiengesellschaft nach § 122 AktG besteht insbesondere kein Schriftformerfordernis.

5 **!** Aus Beweisgründen ist stets Schriftform mit Zugangsbestätigung zu empfehlen.

6 **Adressat** des Einberufungsverlangens ist die Gesellschaft, vertreten durch ihre Geschäftsführer. Sofern nach dem Gesellschaftsvertrag auch andere Personen berechtigt oder verpflichtet sind, Gesellschafterversammlungen einzuberufen (z.B. Aufsichtsrat), können auch diese dem Minderheitsverlangen stattgeben.[5]

7 Im Einberufungsverlangen sind stets der **Zweck und die Gründe der Einberufung** der Gesellschafterversammlung anzugeben. Zu nennen sind einerseits der Gegenstand der begehrten Beschlussfassung, also der Tagesordnungspunkt, andererseits die Gründe für die Eilbedürftigkeit der Beschlussfassung.[6] Ausformuliert werden müssen die Anträge im Rahmen des Einberufungsverlangens nicht.[7]

2. Zeitliche Bindung

8 Das Gesetz enthält keine Regelung darüber, innerhalb welcher Frist dem Einberufungsverlangen stattzugeben ist. Abs. 3 normiert lediglich die Rechtsfolgen für den Fall, dass dem Einberufungsverlangen überhaupt nicht entsprochen wird. Nach der herrschenden Meinung ist dem Einberufungsverlangen innerhalb einer **angemessenen Frist** nachzukommen.[8] Die Vertreter einer anderen Auffassung fordern eine unverzügliche Einberufung, also ohne schuldhaftes Zögern.[9] In der Praxis dürften die unterschiedlichen Ansichten kaum zu verschiedenen Ergebnissen führen. So dürfte in jedem Fall eine Einberufung nach mehr als sieben Wochen zu spät sein.[10] Eine Frist von einem Monat wird dagegen noch hinnehmbar sein.[11]

III. Verlangen auf Ankündigung von Gegenständen zur Beschlussfassung (Abs. 2)

9 Der Anspruch der Minderheit nach Abs. 2 richtet sich nicht auf die Einberufung einer Gesellschafterversammlung selbst, sondern auf die **Ergänzung der Tagesordnung** einer bereits einberufenen Gesellschafterversammlung. Das Verlangen muss erkennen lassen, um welchen Tagesord-

3 Bejahend: Roth/Altmeppen/*Roth*, § 50 Rn. 3; Rowedder/Schmidt-Leithoff/*Koppensteiner*, § 50 Rn. 3; Lutter/Hommelhoff/*Lutter/Hommelhoff*, § 50 Rn. 3; verneinend: Michalski/*Römermann*, § 50 Rn. 31 ff.; Scholz/*Schmidt*, § 50 Rn. 10.
4 Baumbach/Hueck/*Zöllner*, § 50 Rn. 24; Michalski/*Römermann*, § 50 Rn. 6.
5 Baumbach/Hueck/*Zöllner*, § 50 Rn. 4.
6 OLG Köln, NJW-RR 1999, 979.
7 Scholz/*Schmidt*, § 50 Rn. 15.
8 BGH WM 1985, 567; BGH DStR 1998, 1101; Scholz/*Schmidt*, § 50 Rn. 31.
9 Baumbach/Hueck/*Zöllner*, § 50 Rn. 9; Hachenburg/*Hüffer*, § 50 Rn. 13.
10 Vgl. BGH WM 1985, 567.
11 Vgl. BGH DStR 1998, 1101.

nungspunkt es der Minderheit geht. Die Ausformulierung eines Beschlussvorschlags ist sinnvoll, aber nicht erforderlich.[12]

Dem Verlangen auf Ergänzung der Tagesordnung braucht nur entsprochen zu werden, sofern die Mindestankündigungsfrist des § 51 noch eingehalten werden kann. Für die Geschäftsführer bedeutet dies, dass sie im Falle des Abs. 2 schon allein deshalb zu raschem Handeln verpflichtet sind, um die Kosten einer erneut einzuberufenden Gesellschafterversammlung zu vermeiden.[13] 10

IV. Einberufungsrecht der Minderheit (Abs. 3)

1. Voraussetzung der Einberufung (Abs. 3 Satz 1)

Sofern dem Einberufungsverlangen nach Abs. 1 oder dem Verlangen auf Ergänzung der Tagesordnung nach Abs. 2 nicht entsprochen wird, kann die Minderheit gem. Abs. 3 Satz 1 die Gesellschafterversammlung selbst einberufen bzw. die Ergänzung der Tagesordnung ankündigen. Sie hat dabei ihr Einberufungs- bzw. Ankündigungsrecht zu begründen. Dieses **Selbsthilferecht** steht der Minderheit auch im Fall einer verspäteten oder nicht zum verlangten Zweck einberufenen Gesellschafterversammlung zu.[14] 11

Die Ausübung des Selbsthilferechts setzt einerseits ein wirksames Einberufungsverlangen voraus, d.h., dieses muss insbesondere die Angabe des Zwecks und der Gründe enthalten haben. Andererseits genügt eine Untätigkeit der Adressaten des ordnungsgemäßen Verlangens.[15] 12

Das Selbsthilferecht besteht gem. Abs. 3 Satz 1 auch dann, wenn keine zur Einberufung der Gesellschafterversammlung zuständigen Personen vorhanden sind. Dies kann etwa der Fall sein, wenn der einzige Geschäftsführer zuvor wirksam abberufen wurde, sein Amt niedergelegt hat oder verstorben ist. 13

Auch nach Entstehen des Selbsthilferechts kann das satzungsmäßige Einberufungsorgan die Gesellschafterversammlung mit der von der Minderheit geforderten Tagesordnung einberufen. Das Selbsthilferecht entfällt dann nachträglich. Erfolgt die Einberufung der Gesellschafterversammlung durch das zuständige Einberufungsorgan, nachdem die Minderheit bereits zu einem bestimmten Termin eingeladen hat, sind beide Gesellschafterversammlungen rechtmäßig einberufen.[16] Für die Einberufung aufgrund des Selbsthilferechts gilt § 51 entsprechend. 14

2. Kosten der Gesellschafterversammlung (Abs. 3 Satz 2)

Die Gesellschafterversammlung beschließt gem. Abs. 3 Satz 2, ob die Kosten der von der Minderheit einberufenen Gesellschafterversammlung von der Gesellschaft zu tragen sind. Hierzu zählen neben den Einberufungskosten auch die Kosten der Gesellschafterversammlung, wie z.B. Raummiete oder Notarkosten.[17] 15

Bei der Abstimmung über die Kosten sind die einberufenden Minderheitsgesellschafter stimmberechtigt.[18] Die Entscheidung steht im pflichtgemäßen Ermessen der Gesellschafterversammlung. Dabei ist die Treuepflicht der Gesellschafter zu beachten. Im Regelfall hat die Kosten einer sachdienlichen Gesellschafterversammlung die Gesellschaft zu tragen. Verweigert werden kann die Kostenübernahme, falls die Einberufung offensichtlich überflüssig oder unvernünftig war.[19] 16

---

12 BGH WM 1993, 1339.
13 Baumbach/Hueck/*Zöllner*, § 50 Rn. 14.
14 BGH GmbHR 1985, 256.
15 OLG München, NZG 2000, 654; OLG Köln, NZG 1999, 268; a.A. KG GmbHR 1997, 1001.
16 BGH GmbHR 1985, 256.
17 Baumbach/Hueck/*Zöllner*, § 50 Rn. 21; vgl. auch Hachenburg/*Hüffer*, § 50 Rn. 26; Michalski/*Römermann*, § 50 Rn. 171.
18 Roth/Altmeppen/*Roth*, § 50 Rn. 17; Hachenburg/*Hüffer*, § 50 Rn. 27; Rowedder/Schmidt-Leithoff/*Koppensteiner*, § 50 Rn. 11; a.A. Michalski/*Römermann*, § 50 Rn. 174.
19 Lutter/Hommelhoff/*Lutter/Hommelhoff*, § 50 Rn. 13.

3. Mängel bei der Ausübung des Selbsthilferechts

17 Mängel bei den Voraussetzungen des Selbsthilferechts führen regelmäßig analog § 241 Nr. 1 AktG zur Nichtigkeit der in der Gesellschafterversammlung gefassten Beschlüsse.[20] Etwas anderes gilt nur dann, wenn alle Gesellschafter an der Versammlung und Beschlussfassung rügelos teilgenommen haben.[21] Fehler bei der Ankündigung führen analog § 243 Abs. 1 AktG lediglich zur Anfechtbarkeit der Beschlüsse.[22]

C. Weitere praktische Hinweise

18 § 50 schließt **anderweitige Minderheitenrechte** nicht aus. Unabhängig von der Minderheitsquote des § 50 können einzelne Gesellschafter die Einberufung einer Gesellschafterversammlung verlangen, wenn das Gesetz oder der Gesellschaftsvertrag eine Beschlussfassung verlangt (z.B. Feststellung des Jahresabschlusses) oder wenn die Einberufung anderweitig nach § 49 Abs. 2 und 3 geboten ist.[23]

20 BGHZ 87, 1.
21 Michalski/*Römermann*, § 50 Rn. 160.
22 Michalski/*Römermann*, § 50 Rn. 165.
23 Scholz/*Schmidt*, § 50 Rn. 8.

§ 51 Form der Einberufung

(1) Die Berufung der Versammlung erfolgt durch Einladung der Gesellschafter mittels eingeschriebener Briefe. Sie ist mit einer Frist von mindestens einer Woche zu bewirken.

(2) Der Zweck der Versammlung soll jederzeit bei der Berufung angekündigt werden.

(3) Ist die Versammlung nicht ordnungsmäßig berufen, so können Beschlüsse nur gefasst werden, wenn sämtliche Gesellschafter anwesend sind.

(4) Das gleiche gilt in bezug auf Beschlüsse über Gegenstände, welche nicht wenigstens drei Tage vor der Versammlung in der für die Berufung vorgeschriebenen Weise angekündigt worden sind.

Literatur

Eickhoff, Die Praxis der Gesellschafterversammlung bei GmbH und GmbH & Co. KG, 4. Auflage 2006; *Emde*, Einberufung der Gesellschafterversammlung mittels Kurier?, GmbHR 2002, 8; *Kunz/Rubel*, Der Begriff des „eingeschriebenen Briefes" nach § 51 GmbHG, GmbHR 2011, 849; *Loritz*, Die Berechnung der Einberufungsfrist bei Gesellschafterversammlungen der GmbH, GmbHR 1992, 790; *Müther*, Zur Nichtigkeit führende Fehler bei der Einberufung der GmbH-Gesellschafterversammlung, GmbHR 2000, 967; *Priester*, Der vermeintliche Erbe als GmbH-Gesellschafter, GmbHR 1984, 193; *Schnurbein/Neufeld*, Die fristlose Abberufung und Kündigung eines Geschäftsführers mit Minderheitsbeteiligung, BB 2011, 585; *Thelen*, Die Ankündigung des Zwecks der Gesellschafterversammlung bei der Einberufung, GmbHR 1992, 796; *Zeilinger*, Die Einberufung der Gesellschafterversammlung – Fallstricke für die Wirksamkeit von Gesellschafterbeschlüssen, GmbHR 2001, 541.

A. Allgemeines

§ 51 dient der Gewährleistung der ordnungsgemäßen Einberufung einer Gesellschafterversammlung. Durch diese soll jedem Gesellschafter die Möglichkeit gegeben werden, an der Gesellschafterversammlung inhaltlich informiert und vorbereitet teilzunehmen.[1] Mit Ausnahme der in der Vorschrift genannten Mindestfristen und des Einverständnisses nach Abs. 3 ist die Vorschrift dispositiver Natur, d.h., der Gesellschaftsvertrag kann auch längere Fristen vorsehen oder eine andere Form der Ladung, z.B. mittels einfachen Briefs, Telefax oder anderer elektronischer Medien gestatten. Sichergestellt werden muss allerdings, dass sämtliche Gesellschafter die Möglichkeit haben, an der Gesellschafterversammlung teilzunehmen und sich über die Tagesordnung zu informieren. 1

B. Inhalt der Regelung

I. Form und Frist der Einberufung (Abs. 1)

1. Form der Einladung (Abs. 1 Satz 1)

Die Einberufung der Gesellschafterversammlung hat gem. Abs. 1 Satz 1 durch Einladung der Gesellschafter mittels **eingeschriebener Briefe** zu erfolgen. Es sind sämtliche Gesellschafter entsprechend einzuladen einschließlich solcher, die nicht stimmberechtigt sind. Das Formerfordernis des eingeschriebenen Briefs soll der Gesellschaft den Nachweis der Ladung ermöglichen und deren 2

1 BGH ZIP 1987, 1117.

Übermittlung sichern. Ein Einwurfeinschreiben genügt diesen Anforderungen nicht, sondern nur ein Übergabeeinschreiben.[2] Briefform ist nicht Schriftform. Es bedarf daher keiner eigenhändigen Unterschrift des Einladenden i.S.d. § 126 Abs. 1 BGB.[3] Dies gilt auch bei einer Einberufung durch eine Minderheit der Gesellschafter nach § 50 Abs. 3 (vgl. hierzu § 50 Rn. 11 ff.).[4] Der Einladende muss jedoch erkennbar sein.[5]

2. Frist der Einberufung (Abs. 1 Satz 2)

3 Die Einberufung der Gesellschafterversammlung ist gem. Abs. 1 Satz 2 mit einer Frist von mindestens einer Woche zu bewirken. **Fristbeginn** ist der Tag, an dem der Brief bei ordnungsgemäßer Zustellung den Gesellschaftern unter normalen Umständen zugegangen wäre.[6] Bei Zustellung im Inland ist dies üblicherweise nach zwei Tagen der Fall.[7] Für die **Berechnung der Frist** gelten §§ 188 Abs. 2, 187 Abs. 1 BGB. Danach läuft die Frist an demselben Wochentag ab, an dem die Einladung in der vorhergehenden Woche bewirkt ist.[8] Die Einladung zu einer am Donnerstag stattfindenden Gesellschafterversammlung muss demnach bei regelmäßigem Postlauf am Mittwoch der Vorwoche zugestellt werden. Fällt das Fristende auf einen Sonnabend, Sonntag oder Feiertag, gilt § 193 BGB entsprechend, sodass an die Stelle des Sonnabends, Sonntags oder Feiertags der nächste Werktag tritt.[9] Die Einladung hat entsprechend früher zu erfolgen.

II. Zweck und Inhalt der Einladung (Abs. 2)

4 Gemäß Abs. 2 soll der Zweck der Versammlung bei der Einberufung der Gesellschafterversammlung angekündigt werden. Dies erfolgt regelmäßig durch die **Mitteilung der Tagesordnung**. Die Ankündigung braucht jedoch keine Beschlussvorlagen zu enthalten.[10] Ausreichend sind alle Angaben, aus denen sich entnehmen lässt, worüber verhandelt und beschlossen werden soll. Umstände, die allen Gesellschaftern bekannt sind, müssen nicht mitgeteilt werden.[11] Gleiches gilt für Formalien, wie z.B. Wahl des Versammlungsleiters, Kosten der Gesellschafterversammlung etc. Erfolgt die Einberufung durch eine Minderheit der Gesellschafter i.S.d. § 50, ist zusätzlich § 50 Abs. 3 zu beachten (vgl. § 50 Rn. 11).

5 ! Zur Vermeidung von Unklarheiten und Streitigkeiten empfiehlt sich auch die Mitteilung selbstverständlicher und bekannter Gegenstände.

6 Neben dem Zweck der Versammlung sind notwendiger Inhalt der Einladung: Einberufung der Gesellschafterversammlung, Gesellschaft, Person des Einberufenden, Ort, Datum und Uhrzeit.[12]

III. Vollversammlung (Abs. 3)

7 Ist die Gesellschafterversammlung nicht ordnungsgemäß einberufen worden, z.B. weil die gesetzliche Ankündigungsfrist nicht eingehalten worden ist, kann eine wirksame Beschlussfassung nur unter der Voraussetzung des Abs. 3 erfolgen. Diese Vorschrift verlangt die **Anwesenheit sämtli-**

---

2 MüHdb-GesR-III/*Wolff*, § 39 Rn. 43; Baumbach/Hueck/*Zöllner*, § 51 Rn. 12.

3 MüHdb-GesR-III/*Wolff*, § 39 Rn. 43; Scholz/*Schmidt*, § 51 Rn. 13; Lutter/Hommelhoff/*Lutter/Hommelhoff*, § 51 Rn. 3; a.A. Roth/Altmeppen/*Roth*, § 51 Rn. 2; Baumbach/Hueck/*Zöllner*, § 51 Rn. 11.

4 MüHdb-GesR-III/*Wolff*, § 39 Rn. 44; Scholz/*Schmidt*, § 51 Rn. 26; a.A. Baumbach/Hueck/*Zöllner*, § 51 Rn. 11.

5 MüHdb-GesR-III/*Wolff*, § 39 Rn. 43; Scholz/*Schmidt*, § 51 Rn. 13; Lutter/Hommelhoff/*Lutter/Hommelhoff*, § 51 Rn. 3.

6 BGHZ 100, 264; OLG Naumburg, GmbHR 1998, 90; Hachenburg/*Hüffer*, § 51 Rn. 15; Roth/Altmeppen/*Roth*, § 51 Rn. 3; Baumbach/Hueck/*Zöllner*, § 51 Rn. 19; Michalski/*Römermann*, § 51 Rn. 44.

7 OLG Brandenburg, NZG 1999, 828; OLG Naumburg, NZG 2000, 44.

8 BGHZ 100, 264; OLG Naumburg, NZG 2000, 44.

9 OLG Naumburg, GmbHR 1998, 90; OLG Naumburg, NZG 1999, 317; Lutter/Hommelhoff/(*Lutter/Hommelhoff*, § 51 Rn. 8; MüHdb-GesR-III/*Wolff*, § 39 Rn. 44; a.A. OLG Hamm, NJW-RR, 2001, 105; Baumbach/Hueck/*Zöllner*, § 51 Rn. 20.

10 Baumbach/Hueck/*Zöllner*, § 51 Rn. 24.

11 KG OLGE 24, 158.

12 KG NJW 1965, 2157.

cher Gesellschafter. Gleichgültig ist dabei, ob diese persönlich erschienen sind oder wirksam vertreten werden. Darüber hinaus ist Einvernehmen aller Gesellschafter mit der Abhaltung der Gesellschafterversammlung zum Zweck der Beschlussfassung erforderlich;[13] das Einverständnis kann auch konkludent erteilt werden.[14] Unter diesen Voraussetzungen reicht auch ein zufälliges Zusammentreffen der Gesellschafter für die Anwendbarkeit des Abs. 3 aus.[15]

Die Grundsätze des Abs. 3 sind auch anwendbar, sofern bei einem Ladungsmangel alle Gesellschafter bis auf solche, die zuvor auf eine Ladung und Teilnahme verzichtet haben, erschienen sind.[16] Ein nachträglicher Verzicht auf die Rüge von Ladungsmängeln wird regelmäßig zu einer Heilung analog § 242 Abs. 2 Satz 4 AktG führen.[17] **8**

IV. Nachreichen von Tagesordnungspunkten (Abs. 4)

Ist die Ankündigung der Tagesordnung nicht bereits in der Einladung zur Gesellschafterversammlung erfolgt, muss sie gem. Abs. 4 mit einer Frist von mindestens drei Tagen vor der Gesellschafterversammlung nachgeholt werden. Für die Berechnung der Frist gelten die gleichen Grundsätze wie für die Einberufungsfrist (vgl. Rn. 3). Erfolgt die Nachreichung der Tagesordnungspunkte nicht innerhalb der Dreitagesfrist, können wirksame Beschlüsse nur im Falle des Abs. 3 gefasst werden (vgl. Rn. 7). **9**

C. Weitere praktische Hinweise

Beschlüsse, die in Gesellschafterversammlungen gefasst werden, die unter Verstoß gegen die Einberufungsvorschriften des § 51 zusammengetreten sind, können, sofern keine wirksame Beschlussfassung nach Maßgabe des Abs. 3 erfolgt ist, entweder **nichtig** oder **anfechtbar** sein. Nichtig sind Gesellschafterbeschlüsse immer dann, wenn die Gesellschafterversammlung von einem Nichtberechtigten einberufen worden ist,[18] es an einer Einladung sämtlicher Gesellschafter fehlt[19] oder die Einladung keine Angaben zum Ort oder zum Tag der Gesellschafterversammlung enthalten hat.[20] Die Verletzung der gesetzlich oder satzungsgemäß vorgeschriebenen Einladungsfristen oder eine mangelhafte Ankündigung der Tagesordnung führt dagegen lediglich zur Anfechtbarkeit etwaig gefasster Gesellschafterbeschlüsse.[21] **10**

---

13 BGHZ 100, 270; BGH NZG 2003, 127; BayObLG DB 1993, 577; OLG Hamm, DB 1992, 264; OLG Stuttgart, GmbHR 1994, 258; OLG Naumburg, GmbHR 1998, 90; OLG München, GmbHR 2000, 489.

14 BGH BGHReport 2009, 512 = DB 2009, 556 = DStR 2009, 646 = DZWiR 2009, 214 = GmbHR 2009, 437 = GmbH-StB 2009, 125 = MDR 2009, 515 = NJW-Spezial 2009, 207 = NWB 2009, 984 = NZG 2009, 385 = StuB 2009, 445 = WM 2009, 552 = ZIP 2009, 562 = ZNotP 2009, 447.

15 BGHZ 100, 264; Baumbach/Hueck/*Zöllner*, § 51 Rn. 31.

16 Baumbach/Hueck/*Zöllner*, § 51 Rn. 34.

17 Baumbach/Hueck/*Zöllner*, § 51 Rn. 34.

18 BGHZ 87, 1.

19 BGHZ 36, 207.

20 Lutter/Hommelhoff/*Lutter/Hommelhoff*, § 51 Rn. 15.

21 BGH GmbHR 1985, 256; BGH NJW 1998, 684; OLG Düsseldorf, NZG 2000, 1180.

D. Muster

11 Musterbeispiel: Einladung zu einer Gesellschafterversammlung

40

Einschreiben/Rückschein — Magdeburg, den 21.4.2012

An die Gesellschafter der

Autohaus Müller GmbH

Ich lade Sie hiermit ein zu einer Gesellschafterversammlung der Autohaus Müller GmbH am Montag, dem 21.5.2012, 13:00 Uhr, in den Geschäftsräumen der Gesellschaft in 39104 Magdeburg, Hegelstraße 14.

Tagesordnung:

1. Feststellung des Jahresabschlusses zum 31.12.2011 (Ein Exemplar des Jahresabschlusses ist dieser Einladung beigefügt.)
2. Gewinnverwendung (Der Geschäftsführer schlägt vor, den Gewinn des Geschäftsjahres 2011 in Höhe von 326.367 EUR wie folgt zu verwenden: Ausschüttung von 300.000 EUR an die Gesellschafter. Der Restbetrag von 26.367 EUR wird auf neue Rechnung vorgetragen.)
3. Entlastung des Geschäftsführers

[Unterschrift Fritz Müller, Geschäftsführer]

§ 51a Auskunfts- und Einsichtsrecht

(1) Die Geschäftsführer haben jedem Gesellschafter auf Verlangen unverzüglich Auskunft über die Angelegenheiten der Gesellschaft zu geben und die Einsicht der Bücher und Schriften zu gestatten.

(2) Die Geschäftsführer dürfen die Auskunft und die Einsicht verweigern, wenn zu besorgen ist, daß der Gesellschafter sie zu gesellschaftsfremden Zwecken verwenden und dadurch der Gesellschaft oder einem verbundenen Unternehmen einen nicht unerheblichen Nachteil zufügen wird. Die Verweigerung bedarf eines Beschlusses der Gesellschafter.

(3) Von diesen Vorschriften kann im Gesellschaftsvertrag nicht abgewichen werden.

Literatur

Bayer/Illhardt, Darlegungs- und Beweislast im Recht der GmbH anhand praktischer Fallkonstellationen – Teil 3: Geschäftsführer, Aufsichtsrat, Gesellschafterversammlung, GmbHR 2011, 751; *Bopp*, Die Informationsrechte des GmbH-Gesellschafters, 1991; *Bremer*, Herausgabe von Informationen im Rahmen einer Due Diligence, GmbHR 2000, 176; *Götze*, Auskunfterteilung durch GmbH-Geschäftsführer im Rahmen der Due Diligence beim Beteiligungserwerb, ZGR 1999, 202; *Grunewald*, Einsichts- und Auskunftsrecht des GmbH-Gesellschafters nach neuem Recht, ZHR 146 (1982), 211; *Gustavus*, Das Informationserzwingungsverfahren nach § 51b GmbHG in der Praxis, GmbHR 1989, 181; *Heckschen*, Die Gestaltung der Mitgliedschaftsrechte für den Fall der Insolvenz des GmbH-Gesellschafters, ZIP 2010, 1319; *van Kann/Keiluweit*, Verschwiegenheitspflichten kommunaler Aufsichtsratsmitglieder in privatrechtlich organisierten Gesellschaften, DB 2009, 2251; *Karl*, Das Auskunfts- und Einsichtsrecht des GmbH-Gesellschafters nach § 51a GmbHG, DStR 1995, 940; *Kiethe*, Das Informationsrecht des ausscheidenden Gesellschafters, DStR 1993, 1708; *Leuering/Pohlenz*, Informationsrechte des Kommanditisten, NJW Spezial 2011, 399; *Liese*, Die Offenlegung vertraulicher Verträge in Due Diligence-Verfahren, DB 2010, 1806; *Lutter*, Due Diligence des Erwerbers beim Kauf einer Beteiligung, ZIP 1997, 613; *Meier*, Zum Verhältnis zwischen Informationspflicht der Geschäftsführung und der Überwachungspflicht des fakultativen Aufsichtsrats bei einer GmbH, DStR 1997, 1894; *Oppenländer*, Grenzen der Auskunftserteilung durch Geschäftsführer und Gesellschafter beim Verkauf von GmbH-Anteilen, GmbHR 2000, 535; *K. Schmidt*, Die Dogmatik des Informationsrechts als Grundlage der Konkretisierung des § 51a GmbHG, in: Goerdeler u.a. (Hrsg.), Festschrift für Alfred Kellermann zum 70. Geburtstag, 1991, S. 389; *K. Schmidt*, Die Information des Gesellschafters, in: Lutter u.a. (Hrsg.), Festschrift 100 Jahre GmbH-Gesetz, 1992, S. 559; *Schäuffele*, Stellungnahmen zu Garantie-Erklärungen beim Unternehmenskauf – Pandora-Büchse für Geschäftsführer der zu veräußernden GmbH?, GmbHR 2010, 965; *Theiselmann*, Kardinale Informationspflichten des GmbH-Geschäftsführers – Pflichtgemäße Kommunikation gegenüber Gesellschaftern und Aufsichtsräten, GmbH-StB 2011, 334; *Wilde*, Informationsrechte und Informationspflichten im Gefüge der Gesellschaftsorgane, ZGR 1998, 423; *Witte*, Zum Informationsrecht des Gesellschafters einer mitbestimmten GmbH, ZGR 1998, 151.

A. Allgemeines

1 Die Vorschrift dient dem **Minderheitsschutz**.[1] Ein Gesellschafter bedarf für seine Entscheidungen in Angelegenheiten der Gesellschaft einer ausreichenden Informationsgrundlage. § 51a normiert allgemeine Kontroll- und Informationsrechte jedes einzelnen Gesellschafters. Diese sind zwingend und können grundsätzlich nicht eingeschränkt werden, auch nicht durch den Gesellschaftsvertrag. Grenzen des Informationsrechts bestehen jedoch, wenn der Auskunft begehrende Gesellschafter die Informationen zu gesellschaftsfremden Zwecken verwenden will und der Gesellschaft dadurch

1 Roth/Altmeppen/*Roth*, § 51a Rn. 3.

ein nicht unerheblicher Nachteil zugefügt wird. Die Auskunfts- und Einsichtsrechte können außerhalb der Gesellschafterversammlungen ausgeübt werden. Wie die häufigen gerichtlichen Verfahren zum Auskunfts- und Einsichtsrecht der Gesellschafter zeigen, hat diese Vorschrift eine erhebliche praktische Bedeutung.[2]

B. Inhalt der Regelung

I. Auskunftsanspruch (Abs. 1)

2 Die Geschäftsführer haben gem. Abs. 1 jedem Gesellschafter auf Verlangen unverzüglich Auskunft über die Angelegenheiten der Gesellschaft zu geben und die Einsicht der Bücher und Schriften zu gestatten.

1. Anspruchsberechtigter

3 Der Auskunfts- und Einsichtsanspruch steht jedem Gesellschafter zu. Die Höhe seiner Beteiligung ist dabei unerheblich.[3] Das Auskunfts- und Einsichtsrecht besteht nur **während der Dauer der Mitgliedschaft** in der Gesellschaft.[4] Im Rahmen eines Insolvenzverfahrens über das Vermögen eines Gesellschafters kann dessen Insolvenzverwalter das Auskunfts- und Einsichtsrecht ausüben.[5] Ausgeschiedene Gesellschafter haben grundsätzlich keine Auskunfts- und Einsichtsrechte. Dies gilt auch nicht hinsichtlich Angelegenheiten aus der Zeit ihrer Mitgliedschaft.[6] Bei einem Streit über Abfindungs- oder Gewinnansprüche steht den ausgeschiedenen Gesellschaftern aber ein Informationsrecht hinsichtlich der diese Ansprüche begründenden Berechnungsgrundlagen nach § 810 BGB zu.[7]

2. Träger der Auskunftspflicht

4 Der Auskunfts- und Einsichtsanspruch richtet sich gegen die Gesellschaft. Gegenüber dieser ist er auch gerichtlich geltend zu machen.[8] Die konkrete Ausführung, also die Erteilung der Auskunft und Gestattung der Einsicht in die Bücher und Schriften, erfolgt durch die Geschäftsführer.[9]

3. Gegenstand des Auskunfts- und Einsichtsrechts

5 Gegenstand des Auskunftsrechts können nur Angelegenheiten der Gesellschaft sein. Dieser Begriff ist weit zu fassen.[10] Gemeint ist damit alles, was mit der Führung der Geschäfte der Gesellschaft, den wirtschaftlichen Verhältnissen der Gesellschaft oder ihren Beziehungen zu Dritten usw. zusammenhängt.[11] Das Auskunftsrecht umfasst damit auch den Widerruf der Bestellung eines Geschäftsführers gem. § 38 sowie die Kündigung von dessen Anstellungsverhältnis.[12]

6 Neben dem Auskunftsanspruch räumt Abs. 1 dem Gesellschafter ein Recht zur Einsicht in die Bücher und Schriften der Gesellschaft ein. Dieses Einsichtsrecht umfasst alle Arten von Aufzeichnungen sowie Urkunden- und Datensammlungen, die die Gesellschaft führt oder führen lässt. Es

---

2 Baumbach/Hueck/*Zöllner*, § 51a Rn. 1; siehe auch *Gustavus*, GmbHR 1989,181.
3 Ulmer/Habersack/Winter/*Hüffer*, § 51a 12; Baumbach/Hueck/*Zöllner*, § 51a Rn. 5.
4 Ulmer/Habersack/Winter/*Hüffer*, § 51a 12.
5 Baumbach/Hueck/*Zöllner*, § 51a Rn. 5.
6 BGH GmbHR 1988, 434; BayObLG GmbHR 1991, 572; 1993, 741; OLG Frankfurt/M., GmbHR 1995, 901; OLG Jena, GmbHR 1996, 699; OLG Karlsruhe, NZG 2000, 435; a.A. OLG Frankfurt/M., BB 1982, 143.
7 BGH GmbHR 1977, 151; OLG Hamm, DB 1994, 1232; vgl. auch OLG Frankfurt/M., GmbHR 1995, 901; OLG Saarbrücken GmbHR 2011, 33 = ZIP 2010, 2300.
8 BGHZ 135, 51; BayObLG NZG 2004, 99; OLG Karlsruhe, GmbHR 1985, 59; OLG Hamm, WM 1986, 740; KG GmbHR 1988, 221; OLG Saarbrücken, GmbHR 1994, 474.
9 BGHZ 135, 48.
10 OLG Jena, ZIP 2004, 2003.
11 Vgl. näher Ulmer/Habersack/Winter/*Hüffer*, § 51a Rn. 22; Roth/Altmeppen/*Roth*, § 51a Rn. 5.
12 Vgl. OLG Nürnberg MDR 2010. 751.

umfasst auch Medien der fotomechanischen (Mikrofilm) und elektronischen Speicherung.[13] Sachliche Beschränkungen des Einsichtsrechts bestehen grundsätzlich nicht.[14]

4. Ausübung des Informationsrechts

Das Auskunfts- und Einsichtsrecht kann jederzeit geltend gemacht werden, also insbesondere auch außerhalb einer Gesellschafterversammlung. Der Gesellschafter muss sein Verlangen jedoch hinreichend konkretisieren und hat dabei auch auf die Belange der Gesellschaft Rücksicht zu nehmen, d.h., die Führung der Geschäfte der Gesellschaft sollte möglichst wenig beeinträchtigt werden.[15] Abzustellen ist insoweit auf die Lage des Einzelfalls.[16] Global und unbeschränkt kann die Einsicht nicht verlangt werden.[17] **7**

5. Kein Informationsbedürfnis erforderlich

Das individuelle Auskunfts- und Einsichtsrecht besteht grundsätzlich unbeschränkt. Es findet seine Begrenzung lediglich in einer nicht zweckentsprechenden Wahrnehmung. Entgegen einer in der Literatur vertretenen Auffassung[18] bedarf es für die Ausübung des Rechts nicht zusätzlich eines Informationsbedürfnisses des Auskunft bzw. Einsicht begehrenden Gesellschafters.[19] Eine solche Forderung ist mit den Zielvorstellungen des Gesetzgebers nicht vereinbar. Die Grenzen unzulässiger Rechtsausübung dürfen jedoch nicht überschritten werden.[20] **8**

II. Auskunftsverweigerungsrecht (Abs. 2)

Die Geschäftsführer dürfen die Auskunft und die Einsicht gem. Abs. 2 Satz 1 verweigern, wenn zu besorgen ist, dass der Gesellschafter sie zu gesellschaftsfremden Zwecken verwenden und dadurch der Gesellschaft oder einem verbundenen Unternehmen einen nicht unerheblichen Nachteil zufügen wird. Die Verweigerung bedarf gem. Abs. 2 Satz 1 eines Beschlusses der Gesellschafter. **9**

1. Voraussetzungen der Auskunftsverweigerung (Abs. 2 Satz 1)

Das Auskunftsverweigerungsrecht des Abs. 2 Satz 1 setzt eine doppelte Besorgnis voraus. Die Geschäftsführer müssen befürchten, dass der die Informationen begehrende Gesellschafter diese Informationen einerseits zu gesellschaftsfremden Zwecken verwenden wird (subjektiv) und andererseits der Gesellschaft dadurch ein nicht unerheblicher Nachteil droht (objektiv). **10**

a) Gesellschaftsfremde Verwendungszwecke

Gesellschaftsfremd ist ein Verwendungszweck, wenn dieser gesellschaftsschädlich oder jedenfalls nicht gesellschaftsnützlich ist und außerhalb ordnungsgemäßen mitgliedschaftlichen Verhaltens liegt.[21] Dies kann z.B. auch der Fall sein, wenn ein Gesellschafter die Schädigung eines Mitgesellschafters anstrebt.[22] **11**

b) Nicht unerheblicher Nachteil

Ein nicht unerheblicher Nachteil i.S.d. Abs. 2 Satz 1 kann jeder wirtschaftliche Nachteil sein, sofern er nicht nur geringfügig ist. Im Übrigen muss die Auskunft bzw. Einsicht für den Eintritt des nicht **12**

---

13 Baumbach/Hueck/*Zöllner*, § 51a Rn. 21.
14 Roth/Altmeppen/*Roth*, § 51a Rn. 9.
15 OLG Jena, ZIP 2004, 2003; Roth/Altmeppen/*Roth*, § 51a Rn. 17.
16 OLG Köln, WM 1986, 761; OLG Düsseldorf, NJW-RR 1996, 414.
17 Baumbach/Hueck/*Zöllner*, § 51a Rn. 24.
18 Baumbach/Hueck/*Zöllner*, § 51a Rn. 27; Scholz/*Schmidt*, § 51a Rn. 8, 15.
19 *Grunewald*, ZHR 146 (1982), 211; Roth/Altmeppen/*Roth*, § 51a Rn. 6 f.; Lutter/Hommelhoff/*Lutter/Hommelhoff*, § 51a Rn. 2; Ulmer/Habersack/Winter/*Hüffer*, § 51a Rn. 57.
20 BGHZ 135, 48; OLG Jena, ZIP 2004, 2003.
21 Baumbach/Hueck/*Zöllner*, § 51a Rn. 33.
22 Baumbach/Hueck/*Zöllner*, § 51a Rn. 33; siehe auch Ulmer/Habersack/Winter/*Hüffer*, § 51a Rn. 48.

unerheblichen Nachteils kausal sein. Ausreichend sind insoweit auch indirekte Schäden, die aus einer immateriellen Beeinträchtigung herrühren.[23]

c) Maß der Besorgnis

13 Die Besorgnis der Geschäftsführer muss sowohl hinsichtlich des subjektiven wie auch hinsichtlich des objektiven Tatbestandsmerkmals hinreichend begründet sein. Die Gesellschaft trägt hierfür die Beweislast.[24] Eine an Sicherheit grenzende Wahrscheinlichkeit ist nicht erforderlich. Es genügt eine aus den Tatsachen ableitbare Gefahr zweckwidriger Informationsverwendung.[25] Vorzunehmen ist insoweit regelmäßig eine Gesamtabwägung zwischen der Wahrscheinlichkeit der Gefährdung, der Schwere des drohenden Nachteils und der Bedeutung des konkreten Informationsinteresses des Gesellschafters.[26]

2. Gesellschafterbeschluss (Abs. 2 Satz 2)

14 Sofern die Geschäftsführer die Auskunft bzw. Einsicht verweigern wollen, müssen sie nach Abs. 2 Satz 2 einen Gesellschafterbeschluss herbeiführen. Der die Information begehrende Gesellschafter ist von der Abstimmung ausgeschlossen.[27] Erfolgt eine Informationsverweigerung durch die Geschäftsführer ohne Gesellschafterbeschluss, ist sie rechtswidrig.[28] Gegen einen Vorratsbeschluss, mit dem einem Gesellschafter über ein konkretes Informationsbegehren hinaus Einsicht oder Auskunft für eine bestimmte Zeit, unter bestimmten Umständen oder in bestimmte Unterlagen verweigert wird, ist die Anfechtungsklage zulässig.[29]

III. Zwingender Charakter der Vorschrift (Abs. 3)

15 Von den Vorschriften des Abs. 1 und 2 kann gem. Abs. 3 im Gesellschaftsvertrag nicht abgewichen werden. Der Gesellschaftsvertrag darf dementsprechend keine inhaltliche Beschränkung des Informationsrechts oder einen Ausschluss dieses Rechts vorsehen.[30] Ebenso kann das Auskunftsverweigerungsrecht der Geschäftsführer nicht durch den Gesellschaftsvertrag ausgeschlossen, gemindert oder erweitert werden.[31]

C. Weitere praktische Hinweise

16 Die von den Geschäftsführern zu erteilenden **Auskünfte** müssen nicht nur zutreffend, sondern auch **vollständig** sein. Dies ist nur dann der Fall, wenn die Auskunft das Informationsbegehren nicht nur nach seinem Wortlaut, sondern auch nach seinem erkennbaren Zweck abdeckt. Der Tatsache, dass uninformierte Gesellschafter gelegentlich ungenaue Fragen stellen, ist dabei Rechnung zu tragen. Im Einzelfall können die Geschäftsführer auch zur Nachfrage verpflichtet sein.[32]

17 Die Durchsetzung des Auskunfts- und Einsichtsrechts richtet sich in erster Linie nach § 51b. Darüber hinaus kommt eine Anfechtung von Gesellschafterbeschlüssen in Betracht, falls eine für die Beschlussfassung erforderliche und vom Gesellschafter begehrte Information versagt worden ist.[33]

---

23 Vgl. Roth/Altmeppen/*Roth*, § 51a Rn. 22 f.
24 BayObLG WM 1988, 1789; OLG Düsseldorf, WM 1990, 1823.
25 Ulmer/Habersack/Winter/*Hüffer*, § 51a Rn. 49.
26 Roth/Altmeppen/*Roth*, § 51a Rn. 29.
27 Ulmer/Habersack/Winter/*Hüffer*, § 51a Rn. 53; Roth/Altmeppen/*Roth*, § 51a Rn. 31.
28 OLG Karlsruhe, GmbHR 1985, 362.
29 BGH BGHReport 2009, 889 = DStR 2009, 1442 = GmbHR 2009, 770 = GmbH-StB 2009, 217 = NJW 2009, 2300 = NotBZ 2009, 270 = NWB 2009, 1808 = NZG 2009, 707 = StuB 2009, 554 = WM 2009, 1141 = ZIP 2009, 1158.
30 Ulmer/Habersack/Winter/*Hüffer*, § 51a Rn. 68.
31 Baumbach/Hueck/*Zöllner*, § 51a Rn. 2.
32 Ulmer/Habersack/Winter/*Hüffer*, § 51a Rn. 32.
33 Baumbach/Hueck/*Zöllner*, § 51a Rn. 47.

§ 51b Gerichtliche Entscheidung über das Auskunfts- und Einsichtsrecht

Für die gerichtliche Entscheidung über das Auskunfts- und Einsichtsrecht findet § 132 Abs. 1, 3 bis 5 des Aktiengesetzes entsprechende Anwendung. Antragsberechtigt ist jeder Gesellschafter, dem die verlangte Auskunft nicht gegeben oder die verlangte Einsicht nicht gestattet worden ist.

Literatur

Driesen, Gerichtliche Zuständigkeit für Informationserzwingungsverfahren nach § 51b GmbHG, GmbHR 1987, 103 und 1988, 228; *Driesen*, Zur Zuständigkeit für Informationserzwingungsverfahren, GmbHR 1994, 788; *Ebenroth/Wilken*, Zum Auskunftsrecht des Aktionärs im Konzern, BB 1993, 1818; *Gustavus*, Das Informationserzwingungsverfahren nach § 51b GmbHG in der Praxis, GmbHR 1989, 181; *Lüke*, Das Verhältnis von Auskunfts-, Anfechtungs- und Registerverfahren im Aktienrecht, ZGR 1990, 657; *Stangier/Bork*, Das Informationserzwingungsverfahren nach dem neuen GmbH-Gesetz, GmbHR 1982, 169; *Werner*, Fehlentwicklungen in aktienrechtlichen Auskunftsstreitigkeiten, in: Kübler u.a. (Hrsg.), Festschrift für Theodor Heinsius zum 65. Geburtstag, 1991, S. 911.

A. Allgemeines

Die gerichtliche Durchsetzung des Auskunfts- und Einsichtsrechts der Gesellschafter gem. § 51a Abs. 1 richtet sich nach § 51b. Diese Vorschrift verweist für das gerichtliche Verfahren auf § 132 Abs. 1, 3 bis 5 AktG. In dem gerichtlichen Verfahren wird nicht die Richtigkeit einer erteilten Informationen überprüft, sondern lediglich, ob der geltend gemachte Informationsanspruch besteht bzw. ob dieser ganz oder teilweise erfüllt ist. Nicht ausgeschlossen ist damit ein Begehren des den Antrag stellenden Gesellschafters, dass die von ihm begehrte Auskunft bisher wegen Unrichtigkeit der erteilten Informationen noch nicht gegeben worden ist.[1] 1

B. Inhalt der Regelung

I. Verfahrensgegenstand

Gegenstand des gerichtlichen Verfahrens nach § 51b ist die Verpflichtung der Gesellschaft zur Erteilung von Informationen an die Gesellschafter gem. § 51a. Prüfungsmaßstab des Gerichts ist die Frage, ob die begehrte Auskunft oder Einsicht zu Recht verweigert worden ist. In einem dem Antrag stattgebenden Beschluss wird festgestellt, dass die Gesellschaft zu einer bestimmten Auskunft oder Einsicht verpflichtet ist. Unbegründet ist der Antrag eines Gesellschafters, wenn ihm die Auskunft bereits erteilt worden ist, sachliche Voraussetzungen für das Informationsrecht fehlen oder berechtigte Gründe die Verweigerung der Informationen rechtfertigen. 2

II. Gerichtliche Zuständigkeit

Sachlich und örtlich zuständig ist ausschließlich das Landgericht am Sitz der Gesellschaft (Kammer für Handelssachen). Durch einen Schiedsvertrag oder durch eine Schiedsklausel im Gesellschaftsvertrag kann die Zuständigkeit eines Schiedsgerichts vereinbart werden. Bei dem Auskunfts- und 3

1 Baumbach/Hueck/*Zöllner*, § 51b Rn. 1.

Einsichtsrecht des Gesellschafters handelt es sich um einen vermögensrechtlichen Anspruch i.S.d. § 1030 Abs. 1 Satz 1 ZPO.[2]

III. Verfahren der freiwilligen Gerichtsbarkeit

4 Auf das gerichtliche Verfahren sind gem. Satz 1 i.V.m. §§ 132 Abs. 3 Satz 1, 99 Abs. 1 AktG die Bestimmungen des FamFG anzuwenden. Es gilt also der Amtsermittlungsgrundsatz (§ 26 FamFG). Die Beteiligten tragen in diesem Verfahren die Förderungslast, d.h., jeder Beteiligte muss durch Tatsachenbehauptungen und durch Bezeichnung von Beweismitteln zur Verfahrensbeschleunigung beitragen (§ 27 FamFG). Im Falle der Versäumung dieser Obliegenheit können Rechtsnachteile entstehen.[3] Im Verfahren der ordentlichen Gerichtsbarkeit – gestützt auf § 810 BGB – kann ein Gesellschafter sein Auskunfts- und Einsichtsrecht nicht geltend machen.[4]

IV. Antragsberechtigung

5 Antragsberechtigt ist gem. Satz 2 jeder Gesellschafter, dem die verlangte Auskunft nicht gegeben oder die verlangte Einsicht nicht gestattet worden ist. Die Höhe seiner Beteiligung ist dabei unerheblich.[5] Verliert ein Gesellschafter seine Gesellschafterstellung während des Verfahrens, wird sein Antrag unbegründet. In Ausnahmefällen kann die Gesellschaft mittels negativen Feststellungsantrags feststellen lassen, dass dem Gesellschafter für bestimmte Fragen kein Auskunftsrecht zusteht.[6]

V. Antragsgegner

6 Antragsgegner ist die Gesellschaft, vertreten durch ihre Geschäftsführer.[7]

VI. Frist und Form des Antrags

7 Eine **Frist** für die Stellung des Antrags sieht das Gesetz nicht vor. Der Anspruch kann aber verwirkt werden, wenn sich der Gesellschafter mit der Verweigerung der Auskunft bzw. Einsicht erkennbar zufriedengegeben hat.[8]

8 Eine besondere **Form** des Antrags ist ebenfalls nicht vorgeschrieben. In der Regel erfolgt die Antragstellung schriftlich.[9] Im Gegensatz zur sofortigen Beschwerde gegen die Entscheidung des Gerichts besteht kein Anwaltszwang.

9 Der Antrag muss **hinreichend bestimmt** sein. Hierfür ist die Benennung der Angelegenheit der Gesellschaft und der erstrebten Information erforderlich. Das erforderliche Maß an Bestimmtheit richtet sich nach der Lage des Einzelfalls.[10]

VII. Kosten

10 Die Kosten des Verfahrens richten sich gem. Satz 1 i.V.m. § 132 Abs. 5 AktG nach den Bestimmungen der Kostenordnung (KostO). Für jede Instanz fällt eine 20/10-Gebühr an. Der Regelgeschäftswert beträgt gem. Satz 1 i.V.m. § 132 Abs. 5 Satz 6 AktG 5.000 EUR.

---

2 OLG Hamm, NZG 2000, 1182; OLG Koblenz, GmbHR 1990, 556; Baumbach/Hueck/*Zöllner*, § 51b Rn. 3; Scholz/*Schmidt*, § 51b Rn. 5; Ulmer/Habersack/Winter/*Hüffer*, § 51b Rn. 25 f.; a.A. LG Mönchengladbach, GmbHR 1986, 390; OLG Köln, GmbHR 1989, 207.
3 Scholz/*Schmidt*, § 51b Rn. 25.
4 OLG Saarbrücken GmbHR 2011, 33 = ZIP 2010, 2300.
5 Baumbach/Hueck/*Zöllner*, § 51b Rn. 4.
6 Baumbach/Hueck/*Zöllner*, § 51b Rn. 5.
7 *Stangier/Bork*, GmbHR 1982, 171.
8 Ulmer/Habersack/Winter/*Hüffer*, § 51b Rn. 4.
9 Scholz/*Schmidt*, § 51b Rn. 14.
10 OLG Köln, WM 1986, 761; OLG Düsseldorf, NJW-RR 1996, 414.

VIII. Einreichung zum Handelsregister

Die Geschäftsführer haben rechtskräftige Entscheidungen gem. Satz 1 i.V.m. §§ 132 Abs. 3 Satz 1, 99 Abs. 5 Satz 3 AktG unverzüglich zum Handelsregister einzureichen. 11

IX. Vollstreckung der Entscheidung

Die Vollstreckung der gerichtlichen Entscheidung richtet sich nach § 888 ZPO.[11] Richtet sich der Einsichtsanspruch auf die Herausgabe von Sachen, findet die Vollstreckung nach § 883 ZPO statt.[12] 12

X. Rechtsmittel

Rechtsmittel gegen den Beschluss des Landgerichts ist die Beschwerde (Satz 1 i.V.m. §§ 132 Abs. 3, 99 Abs. 3 Satz 2 AktG); sie kann nur auf eine Verletzung des Rechts gestützt werden. Beschwerdegericht ist das Oberlandesgericht. 13

C. Weitere praktische Hinweise

Ein Antrag nach § 51b kann auch gestellt werden, wenn der Verweigerung der Auskunft bzw. Einsicht durch die Geschäftsführer kein Gesellschafterbeschluss zugrunde liegt; in einem solchen Fall allerdings erst nach angemessener Frist.[13] 14

11 Ulmer/Habersack/Winter/*Hüffer*, § 51b Rn. 20.
12 BayObLG ZIP 1996, 1039; OLG Frankfurt/M., GmbHR 1991, 577.
13 Baumbach/Hueck/*Zöllner*, § 51b Rn. 4; Roth/Altmeppen/*Roth*, § 51b Rn. 2; a.A. *Stangier/Bork*, GmbHR 1982, 169.

§ 52 Aufsichtsrat

(1) Ist nach dem Gesellschaftsvertrag ein Aufsichtsrat zu bestellen, so sind § 90 Abs. 3, 4, 5 Satz 1 und 2, § 95 Satz 1, § 100 Abs. 1 und 2 Nr. 2 und Abs. 5, § 101 Abs. 1 Satz 1, § 103 Abs. 1 Satz 1 und 2, §§ 105, 107 Abs. 4, §§ 110 bis 114, 116 des Aktiengesetzes in Verbindung mit § 93 Abs. 1 und 2 Satz 1 und 2 des Aktiengesetzes, § 124 Abs. 3 Satz 2, §§ 170, 171 des Aktiengesetzes entsprechend anzuwenden, soweit nicht im Gesellschaftsvertrag ein anderes bestimmt ist.

(2) Werden die Mitglieder des Aufsichtsrats vor der Eintragung der Gesellschaft in das Handelsregister bestellt, gilt § 37 Abs. 4 Nr. 3 und 3a des Aktiengesetzes entsprechend. Die Geschäftsführer haben bei jeder Änderung in den Personen der Aufsichtsratsmitglieder unverzüglich eine Liste der Mitglieder des Aufsichtsrats, aus welcher Name, Vorname, ausgeübter Beruf und Wohnort der Mitglieder ersichtlich ist, zum Handelsregister einzureichen; das Gericht hat nach § 10 des Handelsgesetzbuchs einen Hinweis darauf bekannt zu machen, dass die Liste zum Handelsregister eingereicht worden ist.

(3) Schadensersatzansprüche gegen die Mitglieder des Aufsichtsrats wegen Verletzung ihrer Obliegenheiten verjähren in fünf Jahren.

Literatur

Altmeppen, Die Einflussrechte der Gemeindeorgane in einer kommunalen GmbH, NJW 2003, 2561; *Buth/Hermanns*, Unternehmenspolitische Erwägungen zum Beirat in der GmbH und der KG, DStR 1996, 597; *Deilmann*, Abgrenzung der Überwachungsbefugnis von Gesellschafterversammlung und Aufsichtsrat einer GmbH unter besonderer Berücksichtigung des mitbestimmten Aufsichtsrats, BB 2004, 2253; *Deilmann*, Die Zurechnung von Arbeitnehmern nach dem neuen Drittelbeteiligungsgesetz, NZG 2005, 659; *Gernoth*, Aufsichtsrat und Prüfungsausschuss: Praktische Auswirkungen des Bilanzrechtsmodernisierungsgesetzes auf die Corporate Governance der GmbH, NZG 2010, 292; *Heidel*, Zur Weisungsgebundenheit von Aufsichtsratsmitgliedern bei Beteiligung von Gebietskörperschaften und Alleinaktionären, NZG 2012, 48; *Lange*, Zustimmungsvorbehaltspflicht und Kataloghaftung des Aufsichtsrats nach neuem Recht, DStR 2003, 376; *Lieder*, Zustimmungsvorbehalte des Aufsichtsrats nach neuer Rechtslage, DB 2004, 2251; *Loges*, Lässt sich eine GmbH nach dem „Board-System" organisieren?, ZIP 1997, 437; *Lutter/Krieger*, Rechte und Pflichten des Aufsichtsrats, 4. Auflage 2002; *Meier*, Arbeitnehmervertreter im Aufsichtsrat einer mitbestimmten GmbH nach dem DrittelbG, GmbHR 2008, 585; *Müller, K./Wolff*, Freiwilliger Aufsichtsrat nach § 52 GmbHG und andere freiwillige Organe, NZG 2003, 751; *Müller-Michaels*, Haftung des Aufsichtsrats bei unzureichender Überwachung der Geschäftsführung, ZCG 2007, 73; *Neuhaus/Gellißen*, Drittvergütungen für Aufsichtsratsmitglieder, NZG 2011, 1361; *Schürnbrand*, Überwachung des insolvenzrechtlichen Zahlungsverbots durch den Aufsichtsrat, NZG 2010, 1207; *Seibt*, Drittelbeteiligungsgesetz und Fortsetzung der Reform des Unternehmensmitbestimmungsrechts – Analyse des Zweiten Gesetzes zur Vereinfachung der Wahl der Arbeitnehmervertreter in den Aufsichtsrat, NZA 2004, 767; *Semler*, Anforderungen an die Befähigung eines Aufsichtsratsmitglieds, Festschrift K. Schmidt, 2009, 1489; *Sieg/Siebels*, Arbeitnehmervertreter im Aufsichtsrat – Vereinfachung des Wahlverfahrens, NZA 2002, 697; *Simon*, Bestellung und Abberufung des Aufsichtsrats in GmbH und GmbH & Co. KG, GmbHR 1999, 257; *Singhof*, Die Amtsniederlegung durch das Aufsichtsratsmitglied einer Aktiengesellschaft, AG 1998, 318; *Spindler/Kepper*, Funktion, rechtliche Rahmenbedingungen und Gestaltungsmöglichkeiten des GmbH-Beirats, DStR 2005, 1738, 1775; *Voormann*, Der Beirat im Gesellschaftsrecht, 2. Auflage 1990; *Voßen*, Stärkung der Informationsrechte der Aktionäre gegenüber dem Aufsichtsrat, DStR 2006, 1287; *Wälzholz*, Der Beirat im mittelständischen Unternehmen – Chancen, Grenzen und Probleme, DStR 2003, 511; *Wardenbach*, Niederlegung des Aufsichtsratsmandats bei Interessenkollisionen, AG 1999, 74; *Werner*, Der Beirat als Instrument der Unternehmensnachfolge, ZEV 2010, 619.

A. Allgemeines

Der Aufsichtsrat dient der Kontrolle und Beratung der Geschäftsleitung. Anders als bei einer AG bedarf es bei einer GmbH grundsätzlich nicht zwingend eines **Aufsichtsrats** als weiterem Organ neben der Gesellschafterversammlung (§ 45) und der Geschäftsführung (§ 6 Abs. 1). Fakultativ kann in der Satzung jedoch ein Aufsichtsrat eingerichtet oder aufgrund der Mitbestimmung ein Aufsichtsrat zwingend erforderlich werden. 1

Für den im Gesellschaftsvertrag begründeten **fakultativen Aufsichtsrat**, auch **freiwilliger Aufsichtsrat** genannt, bestimmt Abs. 1 die ergänzende Anwendung ausgewählter aktienrechtlicher Vorschriften. Die wesentlichen Rechte und Pflichten ergeben sich aus den entsprechend anwendbaren Vorschriften des Aktienrechts. Abweichende Bestimmungen im Gesellschaftsvertrag bleiben jedoch zulässig. Die Bekanntmachung der Mitglieder des Aufsichtsrats regelt Abs. 2, während Abs. 3 die Verjährung von Schadensersatzansprüchen gegen Mitglieder des Aufsichtsrats betrifft. § 52 wurde in 2009 durch das BilMoG und das VorstAG geändert. 2

Für den **obligatorischen Aufsichtsrat** findet nicht § 52 Anwendung, sondern die Bestimmungen der Gesetze, nach denen diese Aufsichtsräte zu bilden sind, nämlich das **Drittelbeteiligungsgesetz** (mehr als 500 Arbeitnehmer) und das **Mitbestimmungsgesetz** (mehr als 2.000 Arbeitnehmer) sowie – in der Praxis nicht mehr relevant – bei einer Tätigkeit im Montanbereich das Montan-Mitbestimmungsgesetz und das zugehörige Mitbestimmungsergänzungsgesetz[1]. Diese Aufsichtsräte sind insbesondere auch mit Vertretern der Arbeitnehmer zu besetzen. Dies wird fortgeschrieben auch bei Abspaltungen und Ausgliederungen (§ 325 UmwG) sowie Beteiligung einer mitbestimmten GmbH bei grenzüberschreitenden Verschmelzungen[2]. Schließlich ist ein Aufsichtsrat obligatorisch für **Kapitalanlagegesellschaften** in der Rechtsform einer GmbH (§ 6 Abs. 2 InvG).[3] 3

1 Näher hierzu Baumbach/Hueck/*Zöllner*, 17. Auflage, § 52 Rn. 190 ff.

4 Die Einrichtung **fakultativer Aufsichtsräte** ist sehr flexibel, sodass in der Praxis der GmbH eine Vielzahl von Institutionen entstanden ist, die neben der Geschäftsführung und der Gesellschafterversammlung bestehen. Aufgaben und Funktionen solcher Gremien sind unterschiedlich. In Betracht kommen Beratung der Geschäftsführung oder der Gesellschafter, Übernahme einzelner Aufgaben der Unternehmensleitung, Vertretung von Gesellschafter-Gruppen oder auch Tätigkeiten konkurrierend neben einem obligatorischen, mitbestimmten Aufsichtsrat.[4] Die rechtliche Einordnung im Einzelfall ist schwierig, insbesondere da auch die Bezeichnungen für solche Gremien vielfältig sind: Aufsichtsrat, Beirat, Verwaltungsrat, Gesellschafterausschuss, Firmenrat, Kuratorium, Familienbeirat und dergleichen.[5]

5 **Maßgebliches Kriterium** für die Qualifikation als Aufsichtsrat ist die Überwachung der Geschäftsführung (§ 111 Abs. 1 AktG); auf die konkrete Bezeichnung kommt es nicht an.[6] Die Übertragung zusätzlicher Befugnisse ist für die Qualifikation ohne Bedeutung. Ein lediglich beratendes Gremium ist demgegenüber kein Aufsichtsrat; § 52 und die dort genannten Vorschriften des Aktienrechts finden grundsätzlich keine Anwendung. Gleiches gilt für Ausschüsse, die lediglich von einzelnen Gesellschaftern eingesetzt werden. Auf Beiräte und Gesellschafterausschüsse wird nachfolgend daher gesondert eingegangen (siehe Rn. 137).

6 Im Unterschied zum **Aufsichtsrat einer AG** untersteht der GmbH-Aufsichtsrat der Gesellschafterversammlung. Anders als die Hauptversammlung einer AG können die Gesellschafter Maßnahmen des Aufsichtsrats aufheben oder abändern. Daneben kann die Gesellschafterversammlung auch die innere Verfahrensordnung des Aufsichtsrats festlegen und beispielsweise vorsehen, dass vor bestimmten Entscheidungen die Gesellschafter anzuhören sind.[7]

7 Der Aufsichtsrat steht in einem **organschaftlichen Verhältnis** zur Gesellschaft, aus dem sich die Rechte und Pflichten der Aufsichtsratsmitglieder ergeben. Dieses Verhältnis wird durch den Gesellschaftsvertrag und eine etwaige Geschäftsordnung sowie ergänzend durch das Gesetz ausgefüllt.[8] Daneben können mit Mitgliedern des Aufsichtsrats auch schuldrechtliche Vereinbarungen getroffen werden.

B. Inhalt der Regelung

I. Fakultativer Aufsichtsrat (Abs. 1)

8 Abs. 1 gilt für jeden fakultativen Aufsichtsrat. Ein solcher liegt vor, wenn ein Organ mit der Kompetenz zur **Überwachung der Geschäftsleitung** (§ 111 Abs. 1 AktG) bestellt ist. Auf die Bezeichnung kommt es nicht an. Darüber hinaus ist Abs. 1 auch für andere Organe der GmbH anwendbar, die neben einer Überwachungsfunktion weitere Kompetenzen neben der Gesellschafterversammlung und der Geschäftsführung innehaben.[9]

! Für die Einrichtung zusätzlicher Organe sollte in der Satzung die Errichtung, Zusammensetzung, Kompetenzen und Verfahren geregelt werden.

2 Gesetz über die Mitbestimmung der Arbeitnehmer bei einer grenzüberschreitenden Verschmelzung (MgVG), Gesetz vom 21.12.2006, BGBl. I 3332; hierzu Baumbach/Hueck/*Zöllner/Noack*, § 52 Rn. 315 ff.
3 Näher hierzu Baumbach/Hueck/*Zöllner/Noack*, § 52 Rn. 319 ff.
4 MüHdb-GesR-III/*Marsch-Barner/Diekmann*, § 48 Rn. 51 ff.; *W. Müller*, in: Beck'sches Handbuch der GmbH, § 6 Rn. 4.
5 *W. Müller*, in: Beck'sches Handbuch der GmbH, § 6 Rn. 1.
6 Baumbach/Hueck/*Zöllner/Noack*, § 52 Rn. 22; Rowedder/Schmidt-Leithoff/*Koppensteiner*, § 52 Rn. 6.
7 MüHdb-GesR-III/*Marsch-Barner/Diekmann*, § 48 Rn. 10.
8 Zur strittigen, aber nicht praxisrelevanten Frage eines daneben bestehenden schuldrechtlichen Verhältnisses in Form einer Geschäftsbesorgung oder eines Anstellungsverhältnisses siehe Ulmer/Habersack/Winter/*Raiser/Heermann*, § 52 Rn. 122.
9 Lutter/Hommelhoff/*Lutter*, § 52 Rn. 4.

1. Anwendbare Vorschriften des Aktienrechts

Abs. 1 verweist für den nach dem Gesellschaftsvertrag bestellten Aufsichtsrat auf eine Reihe entsprechend anwendbarer Vorschriften des Aktienrechts, die nachfolgend überblicksweise dargestellt sind. Es handelt sich jedoch nur um eine **Auffangvorschrift**, sodass die Verweisungen nur zum Tragen kommen, soweit die Satzung keine abweichenden Bestimmungen trifft:[10] Die Satzung hat Vorrang vor den aktienrechtlichen Bestimmungen; bei Fehlen einer entsprechenden Satzungsbestimmung oder bei Lücken werden über Abs. 1 die dort genannten Bestimmungen des aktienrechtlichen Aufsichtsrats entsprechend herangezogen. 9

Die nicht in Abs. 1 aufgeführten Bestimmungen des AktG zum Aufsichtsrat kommen grundsätzlich nicht zur Anwendung, da insoweit die Vorschrift abschließend ist.[11] Die Satzung kann gleichwohl weitere Bestimmungen des Aktienrechts für anwendbar erklären. Sofern in der Satzung Regelungslücken bestehen, kommt ferner eine entsprechende Anwendung weiterer aktienrechtlicher Vorschriften in Betracht, sofern die konkrete Vorschrift des AktG auch im Hinblick auf die Struktur der GmbH passend ist und soweit sie dem Willen der Gesellschafter entspricht; dies gilt etwa für die §§ 107 bis 109 AktG.[12] Andererseits gilt etwa die Erklärungspflicht des Aufsichtsrats zur Einhaltung des Corporate Governance Kodex gem. § 161 AktG nicht für die GmbH.[13] 10

Die **Satzung** kann insbesondere näher die Größe und Zusammensetzung des Aufsichtsrats, die innere Ordnung sowie die Aufgaben und Kompetenzen einschließlich Haftung und Sorgfaltsmaßstab abweichend und eigenständig bestimmen.[14] Die Abweichungen sind begrenzt durch die typische Überwachungsfunktion des Aufsichtsrats über die Geschäftsführung, sodass dieser nicht ohne zumindest diese Kompetenz gestaltet werden kann;[15] anderenfalls liegt kein als Aufsichtsrat zu bezeichnendes Gremium vor (zu Beirat und anderen Gremien siehe Rn. 137). 11

2. Errichtung

Voraussetzung für die Anwendung des Abs. 1 und damit der dort kasuistisch aufgezählten Bestimmungen des Aktienrechts ist die Errichtung eines Aufsichtsrats bei Gründung im Gesellschaftsvertrag oder die Schaffung durch spätere Satzungsänderung. Alternativ genügt auch eine Ermächtigung in der Satzung, durch späteren Gesellschafterbeschluss einen Aufsichtsrat zu errichten. 12

Für einen außerhalb des Gesellschaftsvertrags lediglich durch **Vereinbarung** mit der Geschäftsführung (beispielsweise im Rahmen eines Kreditvertrags) oder durch einfachen – nicht auf einer Satzungsermächtigung beruhenden – **Gesellschafterbeschluss** errichteten Aufsichtsrat findet § 52 keine Anwendung.[16] In diesem Fall wird das so errichtete Gremium auch nicht zu einem Organ der GmbH mit entsprechenden Befugnissen.[17] 13

3. Zusammensetzung und persönliche Voraussetzungen

Die **Anzahl der Aufsichtsratsmitglieder** ist bei der GmbH nicht gesetzlich vorgeschrieben und kann in der Satzung frei gewählt werden. Ohne Satzungsregelung besteht der Aufsichtsrat aus drei Mitgliedern (§ 95 Satz 1 AktG). Die Teilbarkeitsregeln und Höchstzahlen des § 95 Satz 2 f. AktG sind nicht anwendbar. Eine zahlenmäßige Beschränkung der Mitglieder besteht daher nicht, sodass auch ein Aufsichtsrat mit nur einem Mitglied zulässig ist.[18] Eine im Verhältnis zur Gesellschaft unangemessen große Anzahl kann eine Treupflichtverletzung darstellen.[19] 14

---

10 Baumbach/Hueck/*Zöllner/Noack*, § 52 Rn. 23; *W. Müller*, in: Beck'sches Handbuch der GmbH, § 6 Rn. 7.
11 Ulmer/Habersack/Winter/*Raiser/Heermann*, § 52 Rn. 21; Baumbach/Hueck/*Zöllner/Noack*, § 52 Rn. 31; im Ergebnis ähnlich Lutter/Hommelhoff/*Lutter*, § 52 Rn. 3.
12 Ulmer/Habersack/Winter/*Raiser/Heermann*, § 52 Rn. 22; ähnlich: Baumbach/Hueck/*Zöllner/Noack*, § 52 Rn. 31; Michalski/*Heyder*, § 52 Rn. 20; Scholz/*Schneider*, § 52 Rn. 70.
13 Baumbach/Hueck/*Zöllner/Noack*, vor § 35 Rn. 13.
14 Baumbach/Hueck/*Zöllner/Noack*, § 52 Rn. 24.
15 Baumbach/Hueck/*Zöllner/Noack*, § 52 Rn. 27 f.; *Wicke*, § 52 Rn. 3; eingehend: *K. Müller/Wolff*, NZG 2003, 751.
16 Lutter/Hommelhoff/*Lutter*, § 52 Rn. 4; MüHdb-GesR-III/*Marsch-Barner/Diekmann*, § 48 Rn. 2.
17 Lutter/Hommelhoff/*Lutter*, § 52 Rn. 111; *W. Müller*, in: Beck'sches Handbuch der GmbH, § 6 Rn. 5.

15 **Mitglieder des Aufsichtsrats** können Gesellschafter oder externe Personen, auch Arbeitnehmer[20], sein. Die Satzung kann hierzu Näheres regeln. Nach § 100 Abs. 1 AktG kann nur eine natürliche, unbeschränkt geschäftsfähige Person Mitglied sein. Die Satzung kann hiervon abweichen, sodass auch eine juristische Person oder beschränkt geschäftsfähige Person (Minderjähriger) als Mitglied bestellt werden kann.[21] Mitglied des Aufsichtsrats kann nicht sein, wer gesetzlicher Vertreter eines von der Gesellschaft abhängigen Unternehmens ist (§ 100 Abs. 2 Satz 1 Nr. 2 AktG).[22] Hiervon kann die Satzung ggf. abweichen.[23] Die anderen Ausschlusskriterien des § 100 Abs. 2 Satz 1 Nr. 1 und 3 AktG gelten für den freiwilligen, nicht mitbestimmten Aufsichtsrat nicht. Die Satzung kann weitere persönliche Voraussetzungen aufstellen, wie Alter, Familienzugehörigkeit oder Branchenerfahrung.[24] Hinsichtlich von Altersgrenzen sind ggf. Diskriminierungsverbote des AGG zu beachten, vgl. § 6 Abs. 3 AGG. Das gesetzliche Renteneintrittsalter als Höchstgrenze ist jedoch unschädlich, § 10 Satz 3 Nr. 5 AGG.[25] Bei kapitalmarktorientierter GmbH[26] i.S.d. § 264 d HGB ist mindestens ein unabhängiges Mitglied mit Sachverstand hinsichtlich Rechnungslegung und Abschlussprüfung erforderlich, § 105 Abs. 5 AktG.[27] Besteht bei einer solchen Gesellschaft kein Aufsichtsrat, ist zwingend nun ein Prüfungsausschuss einzurichten, § 324 Abs. 2 HGB.[28] Die Tätigkeit bei einem Konkurrenzunternehmen ist nur bei entsprechender Regelung in der Satzung ein Wählbarkeitshindernis.[29]

16 Nach § 105 Abs. 1 AktG kann ein Aufsichtsratsmitglied nicht zugleich in verantwortlicher Position in der Gesellschaft, sei es als Geschäftsführer, Prokurist oder Handlungsbevollmächtigter, tätig sein (sog. **Inkompatibilität**). Die Satzung kann Abweichendes bestimmen.[30] Umstritten ist, ob ein Geschäftsführer zugleich auch Mitglied des Aufsichtsrats sein kann und damit ein *board of directors* nach angelsächsischem Vorbild möglich ist. Denn in diesem Fall wäre ein Geschäftsführungsorgan zugleich Mitglied in einem Gremium mit Kontrollfunktion über die Geschäftsleitung. Es ist aber nicht erkennbar, wieso die Gesellschafter einer GmbH – anders als die der Satzungsstrenge unterliegende AG (§ 23 Abs. 5 AktG) – nicht von den zulässigen Abweichungen gem. Abs. 1 Hs. 2 Gebrauch machen dürften.[31]

17 Neben ordentlichen Aufsichtsratsmitgliedern können weitere **Mitglieder mit Sonderstatus** in der Satzung vorgesehen werden, wie beispielsweise Ehrenvorsitzende, wissenschaftliche Berater des Aufsichtsrats und dergleichen. Dabei ist im Einzelfall abzugrenzen, ob sie Teil des Kollektivorgans Aufsichtsrat sind – und damit über entsprechende Kompetenzen verfügen – oder lediglich beratende Funktion haben.

18 RGZ 82, 368, 388; Baumbach/Hueck/*Zöllner/Noack*, § 52 Rn. 32; Scholz/*Schneider*, § 52 Rn. 208; a.A. Lutter/Hommelhoff/*Lutter*, § 52 Rn. 5; Rowedder/Schmidt-Leithoff/*Koppensteiner*, § 52 Rn. 8.
19 Ulmer/Habersack/Winter/*Raiser/Heermann*, § 52 Rn. 28.
20 Baumbach/Hueck/*Zöllner/Noack*, § 52 Rn. 12, 33.
21 Baumbach/Hueck/*Zöllner/Noack*, § 52 Rn. 34; Michalski/*Heyder*, § 52 Rn. 56; *Wicke*, § 52 Rn. 4; a.A. MüHdb-GesR-III/*Marsch-Barner/Diekmann*, § 48 Rn. 21; Lutter/Hommelhoff/*Lutter*, § 52 Rn. 11.
22 OLG Frankfurt/M., BB 1981, 1543; OLG Frankfurt/M., NJW-RR 1987, 482.
23 Ulmer/Habersack/Winter/*Raiser/Heermann*, § 52 Rn. 32; a.A. Baumbach/Hueck/*Zöllner/Noack*, § 52 Rn. 36; Lutter/Hommelhoff/*Lutter*, § 52 Rn. 11.
24 Baumbach/Hueck/*Zöllner/Noack*, § 52 Rn. 40; *Semler*, FS K. Schmidt, S. 1489.
25 Lutter/Hommelhoff/*Lutter*, § 52 Rn. 11; Baumbach/Hueck/*Zöllner/Noack*, § 52 Rn. 40.
26 Eingehend *Gernoth*, NZG 2010, 292.
27 Baumbach/Hueck/*Zöllner/Noack*, § 52 Rn. 40, 329 ff.
28 Ulmer/Habersack/Winter/*Heermann*, Ergänzungsband MoMiG, § 52 Rn. 11.
29 Baumbach/Hueck/*Zöllner/Noack*, § 52 Rn. 39; *W. Müller*, in: Beck'sches Handbuch der GmbH, § 6 Rn. 31; a.A. Lutter/Hommelhoff/*Lutter*, § 52 Rn. 11; einschränkend: Scholz/*Schneider*, § 52 Rn. 261: Grund für Anfechtung der Wahl und Abberufung des Mitglieds aus wichtigem Grund.
30 Ulmer/Habersack/Winter/*Raiser/Heermann*, § 52 Rn. 36; a.A. Baumbach/Hueck/*Zöllner/Noack*, § 52 Rn. 39; Lutter/Hommelhoff/*Lutter*, § 52 Rn. 11.
31 Ulmer/Habersack/Winter/*Raiser/Heermann*, § 52 Rn. 36; *Loges*, ZIP 1997, 437; a.A. OLG Frankfurt/M., NJW-RR 1987, 482; Lutter/Hommelhoff/*Lutter*, § 52 Rn. 11.

4. Bestellung, Amtszeit und Abberufung

a) Bestellung und Entsendung

Die Mitglieder des Aufsichtsrats werden grundsätzlich von der **Gesellschafterversammlung** mit einfacher Mehrheit gewählt, soweit nicht in der Satzung etwas anderes bestimmt ist (§ 101 Abs. 1 Satz 1 AktG). Eine Wahl im schriftlichen Verfahren (§ 48 Abs. 2) ist möglich.[32] Die Bestellung nimmt das gewählte Aufsichtsratsmitglied durch Erklärung oder konkludent durch Amtsantritt an. Eine Pflicht zur Annahme des Amts besteht nicht, jedoch kann sich ein Aufsichtsratskandidat zur Übernahme eines Sitzes im Aufsichtsrat verpflichten. Nach der Bestellung eines neuen Mitglieds oder des gesamten Aufsichtsrats sind die Pflichten zur Bekanntmachung nach Abs. 2 zu beachten (siehe Rn. 127). 18

Abweichend von § 101 Abs. 1 Satz 1 AktG kann die Satzung bestimmen, dass die Bestellung durch **Gesellschafterstämme**, eine Kooptation neuer Mitglieder durch den Aufsichtsrat selbst oder die Benennung durch das ausscheidende Mitglied erfolgt. Eine Bestellung durch Geschäftsführer ist nicht zulässig.[33] 19

Eine Wahl von **Ersatzmitgliedern** oder **Stellvertretern** kann satzungsmäßig vorgesehen werden, da eine gesetzliche Verweisung auf § 101 Abs. 3 AktG fehlt.[34] Eine **Notbestellung** durch das Gericht bei Fehlen von Aufsichtsratsmitgliedern ist gesetzlich nicht vorgesehen; eine analoge Anwendung des § 104 AktG wird für erforderlich nicht gehalten, da die GmbH auch ohne fakultativen Aufsichtsrat aktions- und beschlussfähig bleibt.[35] Nach Wegfall eines satzungsmäßig vorgesehenen Aufsichtsrats oder wenn dieser funktionsunfähig ist, fallen die Aufgaben des Aufsichtsrats in die Kompetenz der Gesellschafter zurück.[36] 20

Weiter gehend können in der Satzung **Entsendungsrechte** – ähnlich dem mangels Verweisung in Abs. 1 nicht anwendbaren § 101 Abs. 2 AktG – zugunsten einzelner Gesellschafter festgelegt werden. Die für die AG geltenden Beschränkungen des § 101 Abs. 2 AktG gelten nicht, sodass Entsendungsrechte auch für mehr als ein Drittel der Aufsichtsratssitze begründet werden können. Der Entsendungsberechtigte unterliegt allerdings einer Treuepflicht, geeignete Personen zu entsenden.[37] Zur Frage der Interessenbindung und etwaigen Weisungsgebundenheit siehe Rn. 48. 21

> **!** Bei der Beteiligung einer Kommune an einer GmbH sind ggf. Vorgaben des Kommunalrechts der Länder zu berücksichtigen. So bestimmt beispielsweise Art. 93 Abs. 2 Bayerische Gemeindeordnung, dass eine Gemeinde bei der Ausgestaltung der Satzung auf eine Aufnahme von Entsendungsrechten in den Aufsichtsrat zu ihren Gunsten hinwirken soll.[37]

Ob auch ein **Entsendungsrecht für Nicht-Gesellschafter**, wie z.B. Kommanditisten einer GmbH & Co. KG, Banken oder Behörden, eingeräumt werden kann, ist strittig. Im Aktienrecht ist dies durch § 101 Abs. 2 Satz 1 AktG ausgeschlossen. Daraus wird ein allgemeiner, körperschaftsrechtlicher Grundsatz abgeleitet, wonach organschaftliche Rechte zugunsten Dritter in der Satzung nicht eingeräumt werden dürften.[39] Nach überwiegender Ansicht werden dagegen bei der GmbH auch Entsendungsrechte zugunsten Dritter als zulässig erachtet; angesichts der personalistischen 22

---

32 Baumbach/Hueck/*Zöllner/Noack*, § 52 Rn. 41; Ulmer/Habersack/Winter/*Raiser/Heermann*, § 52 Rn. 39.
33 Ulmer/Habersack/Winter/*Raiser/Heermann*, § 52 Rn. 40; Baumbach/Hueck/*Zöllner/Noack*, § 52 Rn. 41.
34 Baumbach/Hueck/*Zöllner/Noack*, § 52 Rn. 44.
35 Baumbach/Hueck/*Zöllner/Noack*, § 52 Rn. 45; Rowedder/Schmidt-Leithoff/*Koppensteiner*, § 52 Rn. 8; Ulmer/Habersack/Winter/*Raiser/Heermann*, § 52 Rn. 46; a.A. Scholz/*Schneider*, § 52 Rn. 242; Michalski/*Heyder*, § 52 Rn. 107.
36 BGHZ 12, 337, 340 = NJW 1954, 799; OLG Frankfurt/M., NJW-RR 1995, 36, 38.
37 Ulmer/Habersack/Winter/*Raiser/Heermann*, § 52 Rn. 44.
38 Eingehend: *Altmeppen*, NJW 2003, 2561, 2563 ff.; *Heidel*, NZG 2012, 48.
39 Baumbach/Hueck/*Zöllner/Noack*, § 52 Rn. 43.

Ausrichtung der GmbH würden Entscheidungsrechte der GmbH-Gesellschafter nicht ausgehöhlt werden, sodass ein besonderes Schutzbedürfnis nicht bestehe.[40]

b) Amtszeit

23 Für die Amtszeit des Aufsichtsrats besteht keine gesetzliche Regelung, insbesondere ist § 102 AktG mangels Verweisung in Abs. 1 nicht anwendbar. Die Amtszeit beginnt mit Bestellung und Annahme durch das Aufsichtsratsmitglied. Sie läuft grundsätzlich auf unbestimmte Zeit.[41] Dies ist in der Regel nicht wünschenswert, sodass eine Regelung in der Satzung empfehlenswert ist. Hierzu kann etwa auf § 102 Abs. 1 AktG verwiesen werden. Daneben sind aber auch weitere Regelungen wie eine Altersgrenze[42] oder verschiedene Amtszeitlängen für die Mitglieder zur Ermöglichung eines gestaffelten Wechsels (Rotationsprinzip)[43] möglich.

24 Auch im Falle der **Liquidation** der GmbH bleibt der Aufsichtsrat im Amt. Dies wird für den Aufsichtsrat einer AG in § 268 Abs. 2 AktG klargestellt und gilt entsprechend auch für den freiwilligen Aufsichtsrat einer GmbH. Seine Überwachungsfunktion erstreckt sich auf die Tätigkeit der Liquidatoren, nicht jedoch auf die Tätigkeit eines Insolvenzverwalters.[44]

c) Abberufung und andere Beendigungsgründe

25 Die Abberufung von Mitgliedern des Aufsichtsrats ist durch Beschluss der Gesellschafterversammlung mit mindestens qualifizierter 3/4-Stimmenmehrheit möglich, § 103 Abs. 1 Satz 1 und 2 AktG.[45] Dies gilt auch bei einer Abberufung aus wichtigem Grund. Eine Abberufungsmöglichkeit durch das Gericht auf Antrag des Aufsichtsrats besteht bei der nicht mitbestimmten GmbH nicht; § 103 Abs. 3 AktG ist nicht anwendbar (zur gerichtlichen Abberufung aus wichtigem Grund bei einem mitbestimmten Aufsichtsrat siehe Rn. 97).[46] Die Satzung kann die Abberufung erleichtern oder erschweren. Da für die Bestellung nur eine einfache Stimmenmehrheit erforderlich ist, empfiehlt sich, auch für die Abberufung eine entsprechende Stimmenmehrheit in der Satzung zu regeln.[47] Möglich ist auch, die Abberufung einem Gesellschafter oder einem Gesellschafterausschuss zu überlassen.[48]

26 Für die Abberufung **entsandter Aufsichtsratsmitglieder** fehlt eine gesetzliche Regelung; Abs. 1 verweist nicht auf § 103 Abs. 2 AktG. Dennoch wird überwiegend eine Rückgängigmachung der Entsendung durch den Entsendungsberechtigten für zulässig erachtet, wobei lediglich unterschiedliche Ansichten darüber bestehen, ob dies aufgrund einer analogen Anwendung des § 103 Abs. 2 AktG möglich sei,[49] auf ergänzender Satzungsauslegung beruhe[50] oder ob das Abberufungsrecht aus dem Entsendungsrecht selbst folge.[51] Ob neben dem Entsendungsberechtigten auch die Gesellschafterversammlung ein Recht hat, ein entsandtes Aufsichtsratsmitglied aus wichtigem Grund abzuberufen, ist streitig, aber wegen des Verweises auf § 103 Abs. 1 AktG zu bejahen.[52]

---

40 Lutter/Hommelhoff/*Lutter*, § 52 Rn. 6; Scholz/*Schneider*, § 52 Rn. 223; Ulmer/Habersack/Winter/*Raiser/Heermann*, § 52 Rn. 43; siehe auch OLG Köln, DB 1996, 466.
41 Baumbach/Hueck/*Zöllner/Noack*, § 52 Rn. 46; Scholz/*Schneider*, § 52 Rn. 178.
42 *W. Müller*, in: Beck'sches Handbuch der GmbH, § 6 Rn. 34.
43 Scholz/*Schneider*, § 52 Rn. 88.
44 Baumbach/Hueck/*Zöllner/Noack*, § 52 Rn. 255.
45 Baumbach/Hueck/*Zöllner/Noack*, § 52 Rn. 47; a.A. Lutter/Hommelhoff/*Lutter*, § 52 Rn. 9.
46 Baumbach/Hueck/*Zöllner/Noack*, § 52 Rn. 48; Scholz/*Schneider*, § 52 Rn. 201; Ulmer/Habersack/Winter/*Raiser/Heermann*, § 52 Rn. 51; a.A. Michalski/*Heyder*, § 52 Rn. 151.
47 Ulmer/Habersack/Winter/*Raiser/Heermann*, § 52 Rn. 52.
48 BGH NJW 1981, 757, 758 (betreffend die Vorstandsmitglieder einer Sparkasse); Baumbach/Hueck/*Zöllner/Noack*, § 52 Rn. 47; Scholz/*Schneider*, § 52 Rn. 291.
49 Scholz/*Schneider*, § 52 Rn. 98; Ulmer/Habersack/Winter/*Raiser/Heermann*, § 52 Rn. 53.
50 Baumbach/Hueck/*Zöllner/Noack*, § 52 Rn. 49.
51 *Simon*, GmbHR 1999, 257, 261.
52 Dafür: Ulmer/Habersack/Winter/*Raiser/Heermann*, § 52 Rn. 54; zweifelnd: Baumbach/Hueck/*Zöllner/Noack*, § 52 Rn. 49.

> Ein Entsendungsrecht sollte zur Vermeidung von Unsicherheiten auch eine Regelung zur Möglichkeit und Zuständigkeit der Abberufung enthalten. Zur Stärkung der Stellung eines entsandten Aufsichtsratsmitglieds ist es auch zulässig, die Abberufung zu erschweren und beispielsweise nur aus wichtigem Grund zuzulassen.[52]

Neben der Abberufung endet das Amt eines Aufsichtsratsmitglieds auch bei dessen Versterben; aufgrund der Höchstpersönlichkeit ist eine Vererbung der Mitgliedschaft ausgeschlossen.[54] Weitere **Beendigungsgründe** sind der Verlust persönlicher, satzungsmäßiger Voraussetzungen oder das Erlöschen der Gesellschaft infolge Umwandlung oder einer Vollbeendigung nach Liquidation oder Insolvenz.[55] Die Insolvenzeröffnung selbst oder ein Liquidationsbeschluss lösen einen Aufsichtsrat nicht auf.[56] 27

Ein Aufsichtsratsmitglied scheidet ferner auch durch **Amtsniederlegung** aus. Diese ist jederzeit zulässig, darf jedoch nicht zur Unzeit erfolgen.[57] Die Amtsniederlegung ist gegenüber dem Vorsitzenden des Aufsichtsrats, der Gesellschafterversammlung oder den Geschäftsführern zu erklären.[58] Davon zu unterscheiden ist die Frage, wann ein Aufsichtsratsmitglied verpflichtet sein kann, sein Amt niederzulegen. Eine solche Pflicht ist dann anzunehmen, wenn ein dauerhafter Konflikt zwischen den Interessen der Gesellschaft und den Interessen des Mitglieds persönlich oder in seiner Eigenschaft als Organ eines dritten Unternehmens entsteht. Dies ist denkbar beispielsweise bei Übernahmesituationen oder der Aufnahme einer Tätigkeit in einem Konkurrenzunternehmen.[59] 28

Sinkt infolge des Ausscheidens eines Aufsichtsratsmitglieds und mangels Nachfolge eines Ersatzmitglieds die Zahl der Mitglieder unter die nach § 95 Satz 1 AktG oder nach der Satzung erforderliche Mindestanzahl, ist der Aufsichtsrat, soweit die Satzung Vorgaben zur Beschlussfähigkeit macht (siehe Rn. 38), beschlussunfähig. Dennoch gefasste Beschlüsse eines nicht beschlussfähigen Aufsichtsrats sind nichtig. 29

5. Innere Ordnung und Beschlussfassung

a) Rechtsgrundlagen

Zur inneren Ordnung des fakultativen Aufsichtsrats bestehen nur wenige gesetzliche Regelungen. Abs. 1 verweist lediglich auf § 110 AktG, der die Einberufung regelt. Im Übrigen kann die innere Ordnung des Gremiums in der Satzung und in einer **Geschäftsordnung** geregelt werden. Letztere kann entweder durch die Gesellschafterversammlung oder vom Aufsichtsrat selbst erlassen werden.[60] Soweit die Satzung oder Geschäftsordnung keine abschließende Regelung trifft, können ergänzend die §§ 107, 108 AktG als Vorbild herangezogen werden; eine zwingende analoge Anwendung zur Lückenfüllung ist abzulehnen.[61] 30

b) Vorsitzender

Eine gesetzliche Regelung für den Vorsitz im Aufsichtsrat besteht nicht. Soweit Bestimmungen in der Satzung fehlen, kann der Regelungsgedanke des § 107 Abs. 1 AktG herangezogen werden.[62] Demnach kann ein Aufsichtsrat aus seiner Mitte einen **Vorsitzenden** und einen Stellvertreter wählen. Dies ist nicht zwingend, die Satzung kann ausdrücklich auf einen Vorsitzenden verzichten. In 31

---

53 Ulmer/Habersack/Winter/*Raiser/Heermann*, § 52 Rn. 53.
54 Baumbach/Hueck/*Zöllner/Noack*, § 52 Rn. 51.
55 *W. Müller*, in: Beck'sches Handbuch der GmbH, § 6 Rn. 36.
56 Ulmer/Habersack/Winter/*Raiser/Heermann*, § 52 Rn. 57; Baumbach/Hueck/*Zöllner/Noack*, § 52 Rn. 58.
57 Lutter/Hommelhoff/*Lutter*, § 52 Rn. 10; Ulmer/Habersack/Winter/*Raiser/Heermann*, § 52 Rn. 59; Scholz/*Schneider*, § 52 Rn. 301; a.A. (nur aus wichtigem Grund) Baumbach/Hueck/*Zöllner/Noack*, § 52 Rn. 52.
58 Ulmer/Habersack/Winter/*Raiser/Heermann*, § 52 Rn. 60.
59 *Singhof*, AG 1998, 318; *Wardenbach*, AG 1999, 74.
60 Baumbach/Hueck/*Zöllner/Noack*, § 52 Rn. 84.
61 Baumbach/Hueck/*Zöllner/Noack*, § 52 Rn. 85; Ulmer/Habersack/Winter/*Raiser/Heermann*, § 52 Rn. 62; a.A. Lutter/Hommelhoff/*Lutter*, § 52 Rn. 27; *Wicke*, § 52 Rn. 4.
62 Ulmer/Habersack/Winter/*Raiser/Heermann*, § 52 Rn. 72.

diesem Fall ist zu Beginn einer Aufsichtsratssitzung nach allgemeinen vereinsrechtlichen Grundsätzen ein Versammlungsleiter zu bestimmen. Zulässig sind auch ein turnusmäßiger Wechsel im Aufsichtsrat sowie die Bestellung eines Ehrenvorsitzenden.

32 Der Vorsitzende des Aufsichtsrats ist auf **Geschäftsbriefen** nach § 35a Abs. 1 Satz 1 anzugeben. Eine Anmeldepflicht des Vorsitzenden zum Handelsregister besteht mangels Verweisung auf § 107 Abs. 1 Satz 2 AktG nicht.

c) Einberufung und Teilnahmerecht

33 Der Aufsichtsratsvorsitzende hat auf Verlangen eines Mitglieds oder eines Geschäftsführers unter Angabe von Gründen unverzüglich den Aufsichtsrat einzuberufen (§ 110 Abs. 1 Satz 1 AktG). Die **Einberufung** erfolgt unter Angabe einer Tagesordnung, Sitzungsort und ggf. Art der Sitzung. Gemäß der gesetzlichen Vorgabe des § 110 Abs. 1 Satz 2 AktG hat die Sitzung binnen zwei Wochen nach der Einberufung stattzufinden. Im Verweigerungsfalle kann ein Geschäftsführer oder ein Aufsichtsratsmitglied auch selbst unter Mitteilung des Sachverhalts und der Angabe einer Tagesordnung den Aufsichtsrat einberufen (§ 110 Abs. 2 AktG).[63]

34 Die **Teilnahme** und Stimmabgabe im Aufsichtsrat sind höchstpersönliche Rechte. Sämtliche Aufsichtsratsmitglieder haben ein Teilnahmerecht und sind auch zur Teilnahme verpflichtet. Unentschuldigtes und wiederholtes Fernbleiben ist eine Sorgfaltspflichtverletzung. Geschäftsführer haben, vorbehaltlich der Zulassung in der Satzung, kein Recht zur Teilnahme; auf Verlangen des Aufsichtsrats sind sie jedoch verpflichtet, an einer Sitzung teilzunehmen.[64] Eine Stellvertretung von Aufsichtsratsmitgliedern ist möglich, soweit satzungsmäßig zugelassen und ein Stellvertreter konkret bestellt ist. Ein **Teilnahmerecht für Dritte**, beispielsweise für Berater oder Sachverständige, besteht grundsätzlich nicht, es sei denn, dies ist in der Satzung generell oder im Einzelfall durch Aufsichtsratsbeschluss zugelassen.[65]

35 Regelmäßig muss der Aufsichtsrat **zwei Sitzungen** im Kalenderhalbjahr abhalten (§ 110 Abs. 3 AktG). Durch Beschluss kann dies auf eine Sitzung im Kalenderhalbjahr reduziert werden. Dabei handelt es sich jedoch um das gesetzliche Mindesterfordernis. In der Praxis sind höhere Sitzungsfrequenzen festzustellen und abhängig von der Lage der Gesellschaft auch empfehlenswert und bei entsprechenden Anlass ggf. verpflichtend[66].

d) Ausschüsse

36 Ausschüsse als ein Untergremium des Aufsichtsrats dienen zur Vorbereitung von Sitzungen und zur Überwachung von Beschlüssen (**beratende Ausschüsse**). Bei fakultativen Aufsichtsräten einer GmbH ist die Einrichtung von Ausschüssen selten. Beratende Ausschüsse können ohne Weiteres durch Beschluss der Gesellschafterversammlung oder in der Satzung errichtet werden. Soweit ein Ausschuss auch Beschlusskompetenzen anstelle des Aufsichtsrats (**beschließende Ausschüsse**) erhalten soll, ist eine Zulassung in der Satzung erforderlich.[67] Mangels Verweis in Abs. 1 kann die Übertragung von Entscheidungsbefugnissen ohne die in § 107 Abs. 3 Satz 2 AktG bezeichneten Grenzen erfolgen.[68]

37 Die personelle Besetzung eines Ausschusses kann der Aufsichtsrat selbst oder beim freiwilligen Aufsichtsrat auch die Gesellschafterversammlung oder abstrakt die Satzung bestimmen. Begriffsnotwendig bestehen Ausschüsse mindestens aus zwei Mitgliedern; für beschließende Ausschüsse gilt eine satzungsmäßige Bestimmung zur Beschlussfähigkeit im Zweifel gleichermaßen. Wie im Aktienrecht sollten Ausschüsse regelmäßig an den Aufsichtsrat berichten (vgl. § 107 Abs. 3 Satz 3 AktG).

63 Baumbach/Hueck/*Zöllner/Noack*, § 52 Rn. 86.
64 Baumbach/Hueck/*Zöllner/Noack*, § 52 Rn. 87.
65 Baumbach/Hueck/*Zöllner/Noack*, § 52 Rn. 87.
66 Baumbach/Hueck/*Zöllner/Noack*, § 52 Rn. 85.
67 Baumbach/Hueck/*Zöllner/Noack*, § 52 Rn. 99; Ulmer/Habersack/Winter/*Raiser/Heermann*, § 52 Rn. 74; weiter gehend: Scholz/*Schneider*, § 52 Rn. 442.
68 Ulmer/Habersack/Winter/*Raiser/Heermann*, § 52 Rn. 74.

e) Abstimmung und Beschlüsse

Der Aufsichtsrat entscheidet in **Versammlungen** (Aufsichtsratssitzungen, auch in Form von Videokonferenzen) oder, soweit in der Satzung oder der Geschäftsordnung zugelassen bzw. kein Mitglied widerspricht, in einem **anderen Verfahren** entsprechend § 108 Abs. 4 AktG (schriftliches Umlaufverfahren, fernmündlich oder vergleichbar, zulässig auch per E-Mail). Zulässig ist auch eine kombinierte Beschlussfassung in Aufsichtsratssitzung und einem oder mehreren der vorgenannten anderen Verfahren.[69] Entscheidungen werden durch **Beschlüsse**, und zwar grundsätzlich mit einfacher Mehrheit nach § 32 Abs. 1 Satz 3 BGB getroffen. Voraussetzung ist, dass der Aufsichtsrat ordnungsgemäß unter Bekanntgabe der Tagesordnung geladen wurde und beschlussfähig ist. Soweit die **Beschlussfähigkeit** nicht in der Satzung oder Geschäftsordnung vorgegeben ist, genügt bei ordnungsgemäßer Ladung die Anwesenheit eines Aufsichtsratsmitglieds.[70] § 108 Abs. 3 AktG gilt mangels Verweisung in Abs. 1 nicht; dennoch ist eine schriftliche Stimmabgabe zulässig.[71] 38

! Eine Pflicht zur Protokollierung von Aufsichtsratssitzungen besteht nicht; § 107 Abs. 2 Satz 1 AktG ist nicht unmittelbar anwendbar. Eine satzungsmäßige Regelung in Anlehnung an die aktienrechtliche Bestimmung ist jedoch zu empfehlen, damit der Aufsichtsrat seine Beratungs- und Beschlusstätigkeit im Haftungsfall beweisen kann.[71]

Nach allgemeinen Grundsätzen (§ 47 Abs. 4, § 34 BGB) unterliegen Aufsichtsratsmitglieder einem **Stimmrechtsausschluss** bei Abstimmungen, welche die Vornahme eines Rechtsgeschäfts zwischen der GmbH und dem Mitglied, einen Rechtsstreit oder eine Befreiung von Verbindlichkeiten gegenüber dem Mitglied betreffen. Ob darüber hinaus auch bei sonstigen **Interessenkollisionen** ein Ausschluss vom Stimmrecht besteht, ist umstritten.[73] Der Ausschluss des Stimmrechts eines Mitglieds im Einzelfall führt nicht zur Beschlussunfähigkeit des Aufsichtsrats; das betreffende Aufsichtsratsmitglied kann und muss zwar an der Sitzung teilnehmen, hat sich bei der Beschlussfassung jedoch der Stimme zu enthalten.[74] Dennoch gefasste Beschlüsse sind nicht nichtig, sondern lediglich die unter Verstoß gegen den Stimmrechtsausschluss abgegebenen Stimmen.[75]

! In Fällen eines Stimmrechtsausschlusses erscheint das betroffene Aufsichtsratsmitglied häufig nicht, sodass u.U. eine nach Satzung oder Geschäftsordnung vorgeschriebene Beschlussfähigkeit nicht erreicht wird. Zur Vermeidung einer Entscheidungsunfähigkeit sollte daher entweder ein Quorum für die Beschlussfähigkeit abweichend von § 108 Abs. 2 Satz 2 und 3 AktG geregelt werden oder der Aufsichtsrat zahlenmäßig größer bestellt werden (z.B. sechsköpfiger Aufsichtsrat).

Mangelhafte Beschlüsse unterliegen einer **Beschlusskontrolle**. Dabei ist zwischen Inhaltsmängeln, bei denen ein Beschluss inhaltlich gegen das Gesetz, die Satzung oder die guten Sitten verstößt, und Verfahrensmängeln zu unterscheiden. Bei inhaltlichen Mängeln ist der Beschluss nichtig.[76] Verfahrensmängel betreffen das Zustandekommen eines Beschlusses, also Fehler bei der Ladung oder Abstimmung. Verfahrensmängel führen nicht immer zu Nichtigkeit eines Beschlusses. 40

69 Baumbach/Hueck/*Zöllner/Noack*, § 52 Rn. 83.
70 Ulmer/Habersack/Winter/*Raiser/Heermann*, § 52 Rn. 77; Baumbach/Hueck/*Zöllner/Noack*, § 52 Rn. 88; a.A. *Lutter/Krieger*, Rn. 1220; MüHdb-GesR-III/*Marsch-Barner/Diekmann*, § 48 Rn. 72.
71 Baumbach/Hueck/*Zöllner/Noack*, § 52 Rn. 88; MüHdb-GesR-III/*Marsch-Barner/Diekmann*, § 48 Rn. 72.
72 Baumbach/Hueck/*Zöllner/Noack*, § 52 Rn. 97.
73 Dafür: Baumbach/Hueck/*Zöllner/Noack*, § 52 Rn. 89; zurückhaltend: Ulmer/Habersack/Winter/*Raiser/Heermann*, § 52 Rn. 79.
74 BGH DStR 2007, 1046; anders noch BayObLG NZG 2003, 691.
75 *Hüffer*, § 108 AktG Rn. 77.
76 BGHZ 64, 325, 327 ff. = NJW 1975, 1412; BGHZ 122, 342 = NJW 1993, 2307; Lutter/Hommelhoff/*Lutter*, § 52 Rn. 50.

Bei bloßen Ordnungsvorschriften, wie beispielsweise – soweit anwendbar – § 107 Abs. 2 Satz 3 AktG oder Formvorschriften der Satzung, führen Verstöße nicht zur Nichtigkeit. Im Übrigen ist bei Verstößen gegen Verfahrenvorschriften im Einzelfall zu prüfen, ob die Nichtigkeitssanktion dem Zweck der Norm entspricht, was im Zweifel zu bejahen ist.[77] So sind Beschlüsse nichtig, die unter gesetzes- oder satzungswidriger Teilnahme Dritter gefasst wurden[78] oder die nicht mit der erforderlichen Stimmenmehrheit gefasst wurden.[79]

41 Zur **Geltendmachung der Nichtigkeit** eines Beschlusses sind die Gesellschafter, aber auch die Gesellschaft, vertreten durch die Geschäftsführer, berechtigt. Mittel hierzu ist eine Feststellungsklage auf Nichtigkeit des Aufsichtsratsbeschlusses.[80] Für die Klage ist ein Rechtsschutzinteresse erforderlich, was regelmäßig nur der Aufsichtsrat selbst, die Gesellschafter, die Geschäftsführer oder ein Beirat haben werden, nicht jedoch außerhalb der Gesellschaft stehende Personen.[81] Die Geltendmachung von Mängeln eines Beschlusses unterliegt ferner der Verwirkung durch Zeitablauf. Eine Verwirkung setzt voraus, dass der Kläger Kenntnis von der Beschlussfassung und vom Beschlussmangel hatte und es ihm möglich und zumutbar war, bereits früher den Mangel geltend zu machen.[82]

6. Aufgaben und Kompetenzen des Aufsichtsrats

a) Überblick

42 Für die Aufgaben und Rechte des Aufsichtsrats verweist Abs. 1 auf § 111 AktG. Wesentliche Aufgaben sind die Überwachung und Beratung der Geschäftsführung, die Berichterstattung an die Gesellschafter und die Vorlage und Prüfung des Jahresabschlusses. Der GmbH-Aufsichtsrat hat weder ein Recht noch eine Pflicht zur Stellung eines Insolvenzantrags (§§ 15 Abs. 1, 15a Abs. 3 InsO).[83]

43 Die **Aufgaben des Aufsichtsrats** können in der Satzung teilweise abbedungen, erweitert oder eingeschränkt werden, sodass die Gesellschafter nach Belieben Aufgaben auf den Aufsichtsrat delegieren können. Die Grenze sind dabei die nicht dispositiven Zuständigkeiten der Gesellschafterversammlung für sog. Grundlagenbeschlüsse. Zu diesen – auch als primäre Zuständigkeiten der Gesellschafter bezeichneten Rechten – gehören Satzungsänderungen nach §§ 53 ff., einschließlich von Kapitalerhöhungen und -herabsetzungen, Umwandlungsmaßnahmen nach dem UmwG, der Abschluss und die Beendigung von Unternehmensverträgen sowie die Auflösung der Gesellschaft nach § 60 Abs. 1 Nr. 2. Unbeschadet dessen kann der Aufsichtsrat jedoch auch bei den genannten Grundlagengeschäften beratend tätig werden. Anders als bei einem Aufsichtsrat einer AG (vgl. § 119 Abs. 2 AktG) bleibt das **Weisungsrecht** der Gesellschafter gegenüber der Geschäftsführung uneingeschränkt erhalten.[84]

b) Überwachung der Geschäftsführung

44 Der Aufsichtsrat hat die Geschäftsführung zu überwachen, § 111 Abs. 1 AktG. Diese **Kontrollfunktion** ist ein zwingendes Merkmal eines Aufsichtsrats – nicht jedoch eines Beirats – und kann in der Satzung daher nicht abbedungen werden.[85] Die Überwachungsbefugnis gilt nicht für andere Organe der GmbH, insbesondere nicht für die Gesellschafterversammlung. Die Überwachungskompetenz ist eine eigene Befugnis des Aufsichtsrats als Organ, die daneben bestehende

---

77 Baumbach/Hueck/*Zöllner/Noack*, § 52 Rn. 99 m.w.N.
78 BGH NZG 2002, 916.
79 MüHdb-GesR-IV/*Hoffmann-Becking*, § 31 Rn. 110 m.w.N.
80 BGHZ 135, 244, 247 (ARAG/Garmenbeck) = NJW 1997, 1926; BGHZ 122, 342, 347 f.; BGHZ 124, 111, 125 = NJW 1994, 520; OLG Düsseldorf, WM 1995, 1666, 1671.
81 Baumbach/Hueck/*Zöllner/Noack*, § 52 Rn. 96.
82 Baumbach/Hueck/*Zöllner/Noack*, § 52 Rn. 96; einschränkend: Michalski/*Heyder*, § 52 Rn. 383, der eine Kenntnis vom Mangel nicht für erforderlich hält.
83 Baumbach/Hueck/*Zöllner/Noack*, § 52 Rn. 131.
84 Michalski/*Heyder*, § 52 Rn. 232; MüHdb-GesR-III/*Marsch-Barner/Diekmann*, § 44 Rn. 68.
85 Baumbach/Hueck/*Zöllner/Noack*, § 52 Rn. 100.

Kompetenz der Gesellschafterversammlung zur Prüfung und Überwachung der Geschäftsführung (§ 46 Nr. 7) bleibt davon unberührt.

Die Kontrolle umfasst die Rechtmäßigkeit, Ordnungsmäßigkeit, Zweckmäßigkeit und Wirtschaftlichkeit der **Maßnahmen der Geschäftsführung** sowie die angemessene **Wahrnehmung sozialer Verpflichtungen** durch diese. Dies gilt nicht nur für die Vergangenheit, der Aufsichtsrat ist auch zu einer vorausschauenden Überwachung der künftigen Geschäftspolitik und der Unternehmensplanung verpflichtet.[86] Die Überwachungspflicht lässt sich daher in eine vergangenheitsbezogene und eine zukunftsorientierte Kontrolle unterteilen.[87] Kern der zukunftsbezogenen Kontrolle ist die Beratung der Geschäftsführer bei der künftigen Unternehmensführung.[88] Dies ist nicht nur eine Prüfung der Rechtmäßigkeit des Verwaltungshandelns, sondern umfasst auch die Zweckmäßigkeit und Wirtschaftlichkeit der Geschäftsführung. Der Aufsichtsrat hat auch **Einzelmaßnahmen von außergewöhnlicher Bedeutung** oder mit hohem, ungewöhnlichem Risiko zu überwachen, insbesondere durch Zustimmungsvorbehalte. Die Befugnisse des Aufsichtsrats erstrecken sich dabei auch auf die Verwaltung von Beteiligungen an Konzernunternehmen und anderen verbundenen Unternehmen.[89] Als Folge seiner Überwachungsfunktion hat der Aufsichtsrat auch etwaige **Schadensersatzansprüche gegenüber Geschäftsführern** zu prüfen und ggf. die Gesellschafterversammlung hierüber zu unterrichten, die nach § 46 Nr. 8 zur Geltendmachung von Ersatzansprüchen zuständig ist.[90] Soweit Geschäftsmaßnahmen, wie beispielsweise die Grundsätze der Unternehmenspolitik oder andere ungewöhnliche Maßnahmen, dem Zuständigkeitsbereich der Gesellschafterversammlung nach § 37 unterliegen, unterliegen diese nicht der Überwachungskompetenz des Aufsichtsrats.[91] 45

Im Rahmen seiner Überwachung muss der Aufsichtsrat insbesondere auch auf die **Bestandssicherung der Gesellschaft** achten. Diese Pflicht zur Risikoabwendung besteht unabhängig von der Rechtsform (für die AG siehe § 92 Abs. 2 AktG) und ist in erster Linie eine Aufgabe der Geschäftsführung. Der Aufsichtsrat hat aber gleichwohl etwaige Risiken für die Gesellschaft zu identifizieren und die Risikolage des Unternehmens zu überwachen, ggf. mit Hilfe auch des Abschlussprüfers (vgl. § 317 Abs. 2 Satz 2 HGB). Zur Erfüllung seiner Überwachungspflichten hat der Aufsichtsrat auf eine ausreichende Dokumentation und regelmäßige Berichterstattung zu achten.[92] 46

Maßnahmen des Aufsichtsrats liegen in seinem Ermessen. Im Regelfall wird der Aufsichtsrat zunächst Gespräche mit der Geschäftsführung, ggf. in Zusammenwirken mit dem Abschlussprüfer, führen. Wenn es das Wohl der Gesellschaft erfordert, hat der Aufsichtsrat eine Gesellschafterversammlung einzuberufen (§ 111 Abs. 3 AktG). Dann sind die Mitglieder des Aufsichtsrats aber auch berechtigt und verpflichtet, an der Gesellschafterversammlung teilzunehmen.[93] 47

Grundsätzlich sind Aufsichtsratsmitglieder allein dem Unternehmensinteresse verpflichtet und unterliegen keinen Weisungen.[94] Insbesondere bei GmbH, an denen die öffentliche Hand beteiligt ist, kann in der Satzung jedoch ein Weisungsrecht der zuständigen kommunalen Organe (Gemeinderat) vorgesehen werden oder sich im Wege (extensiver) Auslegung des Gesellschaftsvertrages ergeben.[95] Grenze bleibt aber gleichwohl das Unternehmenswohl. 48

c) Berichts- und Informationsrechte

Zur Erfüllung seiner Überwachungsaufgabe ist der Aufsichtsrat auf ausreichende Informationen angewiesen. Die Einholung von Informationen ist eine „Holschuld" des Aufsichtsrats.[96] Insbeson- 48a

86 *W. Müller*, in: Beck'sches Handbuch der GmbH, § 6 Rn. 47.
87 MünchKomm-AktG/*Habersack*, § 111 Rn. 29 ff.
88 BGHZ 114, 127, 129 f. = DStR 1991, 848; *Müller-Michaels*, ZCG 2007, 73.
89 Ulmer/Habersack/Winter/*Raiser*/*Heermann*, § 52 Rn. 93 ff.
90 Baumbach/Hueck/*Zöllner*/*Noack*, § 52 Rn. 108.
91 *Deilmann*, BB 2004, 2253, 2255.
92 *W. Müller*, in: Beck'sches Handbuch der GmbH, § 6 Rn. 49.
93 Ulmer/Habersack/Winter/*Heermann*, Ergänzungsband MoMiG, § 52 Rn. 12.
94 BGHZ 36, 296 = NJW 1962, 864; BGHZ 169, 98 = NZG 2006, 945; *Heidel*, NZG 2012, 48, 49.
95 BVerwG, NUG 2011, 1381; *Heidel*, NZG 2012, 48.
96 *Müller-Michaels*, ZCG 2007, 73, 74.

dere wird der Aufsichtsrat Informationen und Auskünfte unmittelbar bei den Geschäftsführern einholen.

49 Vorrangig erhält der Aufsichtsrat Informationen durch laufende Berichte der Geschäftsführung, sog. **Aufsichtsratsberichte** (§ 90 Abs. 3, 4, 5 Satz 1 und 2 AktG). Danach kann der Aufsichtsrat jederzeit von der Geschäftsführung einen Bericht anfordern über die Angelegenheiten der Gesellschaft, über ihre rechtlichen und geschäftlichen Beziehungen zu verbundenen Unternehmen sowie über geschäftliche Vorgänge bei diesen Unternehmen, die auf die Lage der Gesellschaft von erheblichem Einfluss sein können. Auch ein einzelnes Mitglied des Gremiums kann eine Berichterstattung an den Aufsichtsrat verlangen. Die Berichte sind nach den Grundsätzen einer gewissenhaften und getreuen Rechenschaft rechtzeitig und in der Regel in Textform zu erstatten (§ 90 Abs. 4 AktG). Sie müssen alles Wesentliche für die Beurteilung von Vorgängen enthalten.[97] Jedes Mitglied des Aufsichtsrats kann von den Berichten Kenntnis nehmen und die Aushändigung bzw. Übersendung von Berichten verlangen (§ 90 Abs. 5 Satz 1 und 2 AktG).

! Informations- und Berichtspflichten sollten individuell auf die Gesellschaft abgestimmt werden. Sie können in der Satzung, der Geschäftsordnung des Aufsichtsrats oder der Geschäftsordnung der Geschäftsführung näher geregelt werden.

50 Ergänzend zur Berichtspflicht regelt § 111 Abs. 2 Satz 1 AktG **Informationsrechte** des Aufsichtsrats. Danach kann der Aufsichtsrat die Bücher und Schriften der Gesellschaft sowie die Vermögensgegenstände, namentlich die Gesellschaftskasse und die Bestände an Wertpapieren und Waren (beispielsweise im Rahmen einer Betriebsbesichtigung), einsehen und prüfen. Nach Satz 2 kann er hierfür auch einzelne seiner Mitglieder beauftragen oder Sachverständige hinzuziehen. Die Geltendmachung des Informationsrechts ist als letztes Mittel anzusehen, da dies in der Regel eine besondere Belastung für die Gesellschaft darstellt.[98]

51 Geschäftsführer haben ferner auf Anforderung an Aufsichtsratssitzungen teilzunehmen (siehe Rn. 33). Eine Befugnis des Aufsichtsrats zur Teilnahme an Gesellschafterversammlungen besteht – anders als beim mitbestimmten Aufsichtsrat nach § 118 Abs. 2 AktG – hingegen nicht. Ein Teilnahmerecht kann jedoch durch entsprechende Satzungsregelung oder durch Gesellschafterbeschluss gewährt werden.[99]

d) Vorlage und Prüfung des Jahresabschlusses

52 Nach Abs. 1 i.V.m. § 170 Abs. 1 AktG hat der Aufsichtsrat das Recht auf Vorlage des Jahresabschlusses nebst Lagebericht und eines etwaigen Konzernabschlusses nebst Konzernlagebericht und Berichten des Abschlussprüfers. Dies hat unverzüglich nach Aufstellung durch die Geschäftsführung zu erfolgen, die zugleich einen Vorschlag zur Verwendung des Bilanzgewinns vorzulegen hat (§ 170 Abs. 2 AktG). Soweit der Jahresabschluss der GmbH nach § 316 Abs. 1 HGB prüfungspflichtig ist, ist im Regelfall der Abschlussprüfer von der Gesellschafterversammlung zu wählen, soweit diese Kompetenz nicht anderweitig übertragen ist (§ 318 Abs. 1 Satz 1 und 2 HGB). Dem von der Gesellschafterversammlung gewählten Abschlussprüfer hat der Aufsichtsrat nach § 111 Abs. 2 Satz 3 AktG den Prüfungsauftrag zu erteilen. Letzteres ist dispositiv, sodass durch entsprechende Regelung in der Satzung sowohl die Bestellung als auch die Auftragserteilung an den Prüfer in eine Hand gelegt werden können.[100]

53 Der Aufsichtsrat hat den Jahresabschluss, den Lagebericht und den Gewinnverwendungsvorschlag zu prüfen und hierüber schriftlich an die Gesellschafterversammlung zu berichten (§ 171 Abs. 2 Satz 1 AktG, § 42a Abs. 1 Satz 3).[101] Ferner ist in diesem **Aufsichtsratsbericht** auch Art und

97 Baumbach/Hueck/*Zöllner/Noack*, § 52 Rn. 134; OLG Oldenburg, NZG 2007, 434; OLG Koblenz, NZG 2008, 280.
98 *Lutter/Krieger*, Rn. 242.
99 *W. Müller*, in: Beck'sches Handbuch der GmbH, § 6 Rn. 55; Baumbach/Hueck/*Zöllner/Noack*, § 52 Rn. 138.
100 *W. Müller*, in: Beck'sches Handbuch der GmbH, § 6 Rn. 48.
101 Baumbach/Hueck/*Zöllner/Noack*, § 52 Rn. 111; Ulmer/Habersack/Winter/*Raiser/Heermann*, § 52 Rn. 97 ff.

Umfang der Überwachung der Geschäftsführung darzulegen (§ 171 Abs. 2 Satz 2 AktG). Ein bestellter Abschlussprüfer hat an den Verhandlungen des Aufsichtsrats über den Jahresabschluss teilzunehmen und über die wesentliche Ergebnisse seiner Prüfung zu berichten, insbesondere auch zu wesentlichen Schwächen des internen Kontroll- und Risikomanagementsystems bezogen auf den Rechnungslegungsprozess (§ 171 Abs. 1 Satz 2 AktG).[102] Ferner hat er über etwaige Befangenheitsumstände sowie zusätzlich erbrachte Leistungen zu berichten (§ 171 Abs. 1 Satz 3 AktG). Soweit der Aufsichtsrat nicht binnen eines Monats nach Zugang der Unterlagen seiner Berichtsaufgabe nachkommt, hat die Geschäftsführung eine weitere Frist von höchstens einem Monat zu setzen. Danach gilt der Jahresabschluss als vom Aufsichtsrat nicht gebilligt (§ 171 Abs. 3 AktG).

Zweck des Aufsichtsratsberichts ist es, die Gesellschafterversammlung über die Überprüfung der Rechnungslegung einschließlich der Kontrolle einer etwaigen Abschlussprüfung zu informieren und ihr eine Entscheidungsgrundlage zur Gewinnverwendung und Entlastung der Geschäftsführung zu verschaffen. Dabei hat der Aufsichtsrat zu erklären, ob Einwendungen bestehen oder ob der Jahresabschluss gebilligt wird (§ 171 Abs. 2 Satz 4 AktG). Lediglich formelhafte Aufsichtsratsberichte sind grundsätzlich nicht ausreichend.[103] So muss bei wirtschaftlichen Schwierigkeiten der Gesellschaft oder bei risikoträchtigen, wegweisenden Entscheidungen der Bericht die Schwerpunkte und zentralen Fragestellungen der Überwachungs- und Beratungstätigkeit im maßgeblichen Geschäftsjahr enthalten.[104] **54**

! Die Rechtsprechung hat die Anforderungen an Aufsichtsratsberichte in den vergangenen Jahren erhöht, sodass im Hinblick auf Haftungsgefahren besondere Sorgfalt auf die Erstellung und Abfassung der Berichte gelegt werden sollte.

Die **Feststellung des Jahresabschlusses** obliegt weiterhin der Gesellschafterversammlung (§§ 46 Nr. 1, 42a Abs. 1, 2). In der Satzung kann die Feststellung jedoch auch auf den Aufsichtsrat übertragen werden.[105] **55**

e) Maßnahmen der Geschäftsführung

Geschäftsführungsmaßnahmen können nicht auf den Aufsichtsrat übertragen werden (§ 111 Abs. 4 Satz 1 AktG). Jedoch hat die Satzung oder der Aufsichtsrat festzulegen, dass bestimmte Arten von Geschäften nur mit seiner Zustimmung vorgenommen werden dürfen (§ 111 Abs. 4 Satz 2 AktG). **Zustimmungsvorbehalte** sind daher das Instrument vorbeugender Kontrolle des Aufsichtsrats.[106] Die Aufstellung eines entsprechenden Zustimmungskatalogs ist eine zwingende Pflicht, deren Nichtbeachtung ggf. zu Schadensersatzansprüchen der Mitglieder des Aufsichtsrats führen kann.[107] Daneben kann der Aufsichtsrat auch Entscheidungen im Einzelfall ad hoc seinem Zustimmungsvorbehalt unterstellen.[108] Aufgrund der Regelungsfreiheit des Abs. 1 besteht jedoch auch die Möglichkeit, in der Satzung den Zustimmungsvorbehalt zugunsten des Aufsichtsrats insgesamt auszuschließen.[109] **56**

! Eine Bestimmung zustimmungspflichtiger Maßnahmen empfiehlt sich üblicherweise im Rahmen einer Geschäftsordnung, da dies in aller Regel flexibler als eine satzungsmäßige Festlegung ist.

Der Aufsichtsrat hat sich im Falle eines Zustimmungsvorbehalts angemessene Informationen geben zu lassen und über seine Zustimmung nach pflichtgemäßem Ermessen zu beschließen. Die Zustim- **57**

102 Ulmer/Habersack/Winter/*Heermann*, Ergänzungsband MoMiG, § 52 Rn. 15.
103 Eingehend: *Voßen*, DStR 2006, 1287 m.w.N.
104 OLG Stuttgart, NZG 2006, 472.
105 Baumbach/Hueck/*Zöllner/Noack*, § 52 Rn. 112.
106 *Hüffer*, § 111 AktG Rn. 16.
107 BGH NZG 2007, 187; *Lange*, DStR 2003, 376, 380; *Lieder*, DB 2004, 2251.
108 BGHZ 124, 111, 127; *Lutter/Krieger*, Rn. 220 f.
109 Scholz/*Schneider*, § 52 Rn. 130.

mung kann auch als Genehmigung erteilt werden. Verweigert der Aufsichtsrat die Zustimmung zu einer Geschäftsführungsmaßnahme, kann die Geschäftsführung verlangen, dass die Gesellschafterversammlung über die Zustimmung beschließt (§ 111 Abs. 4 Satz 3 AktG). Die Zustimmung der GmbH-Gesellschafter kann entgegen § 111 Abs. 4 Satz 4 AktG und anders als bei der AG mit einfacher Mehrheit erteilt werden.[110] Dies folgt schon daraus, dass die Gesellschafter jederzeit mit einfacher Mehrheit Weisungen an die Geschäftsführer richten können (siehe § 37 Rn. 5).

f) Übertragung weiterer Kompetenzen

58 In der Satzung kann der Einfluss des Aufsichtsrats auf die Geschäftsführung über § 111 AktG hinaus erweitert werden, insbesondere kann auch die **Geschäftsführung** teilweise dem (nicht mitbestimmten) Aufsichtsrat übertragen werden. Mit Ausnahme der oben genannten zwingenden Grundlagengeschäfte können weitere **Aufgaben der Gesellschafter** auf den Aufsichtsrat übertragen werden. Praxisrelevant ist insbesondere die Übertragung der Bestellung der Geschäftsführer auf den Aufsichtsrat. Für die mangelhafte Auswahl der Geschäftsführer haften Aufsichtsratsmitglieder analog § 6 Abs. 5 (siehe § 6 Rn. 57). Aber auch die weiteren in § 46 aufgeführten gesetzlichen Zuständigkeiten der Gesellschafterversammlung wie die Befugnis zum Abschluss und zur Beendigung von Anstellungsverträgen mit Geschäftsführern, die Bestellung der Abschlussprüfer u.Ä. können auf den Aufsichtsrat übertragen werden. Umgekehrt kann auch die Gesellschafterversammlung ihre **Weisungsbefugnis** ganz oder zum Teil auf den Aufsichtsrat in der Satzung delegieren.[111]

7. Vertretung der Gesellschaft gegenüber Geschäftsführern

59 Soweit ein Aufsichtsrat besteht, wird die Gesellschaft gegenüber ihren Geschäftsführern **durch den Aufsichtsrat** vertreten (§ 112 AktG). Die Vertretung ist in der Praxis jedoch eingeschränkt: Die Bestellung und Abberufung von Geschäftsführern sowie der Abschluss von Anstellungsverträgen bleibt der Gesellschafterversammlung vorbehalten, soweit dies nicht satzungsmäßig dem Aufsichtsrat übertragen ist.[112] Anwendbar bleibt § 112 aber bei sonstigen Geschäften mit Geschäftsführern, wie Umsatzgeschäften oder Darlehensgewährungen, sowie bei Rechtsstreiten mit (ehemaligen) Geschäftsführern.[113] Dabei genügt nunmehr die Abgabe einer Willenserklärung gegenüber einem beliebigen Aufsichtsratsmitglied, §§ 112 Satz 2, 78 Abs. 2 Satz 2 AktG Die Anwendung des § 112 AktG kann in der Satzung eingeschränkt oder gänzlich ausgeschlossen werden.[114] Im Übrigen hat der Aufsichtsrat keine Vertretungsbefugnis für die Gesellschaft, auch nicht bei Führungslosigkeit der GmbH (§ 35 Abs. 1 Satz 2); § 78 Abs. 1 Satz 2 AktG gilt nicht entsprechend.

60 Zuständig ist der **Aufsichtsrat als Gesamtgremium**. Er kann einzelne seiner Mitglieder, insbesondere den Vorsitzenden, zur Vertretung beauftragen oder entsprechend ermächtigen.[115] Hat umgekehrt ein Geschäftsführer eine Erklärung gegenüber der Gesellschaft abzugeben, genügt eine Erklärung gegenüber dem Aufsichtsratsvorsitzenden (Passivvertretung).

! Die Missachtung von § 112 AktG ist ein häufiges Problem in der Praxis. Bei Vertragsverhältnissen zwischen der GmbH mit Aufsichtsrat und einem Geschäftsführer ist hierauf besonders zu achten.

---

110 Baumbach/Hueck/*Zöllner/Noack*, § 52 Rn. 124; Lutter/Hommelhoff/*Lutter*, § 52 Rn. 15; Ulmer/Habersack/Winter/*Raiser/Heermann*, § 52 Rn. 112; Scholz/*Schneider*, § 52 Rn. 147; a.A. OLG Koblenz, GmbHR 1991, 264, 267.
111 *W. Müller*, in: Beck'sches Handbuch der GmbH, § 6 Rn. 52.
112 Ulmer/Habersack/Winter/*Raiser/Heermann*, § 52 Rn. 104.
113 BGH DStR 2004, 565; Ulmer/Habersack/Winter/*Raiser/Heermann*, § 52 Rn. 105 m.w.N.
114 Ulmer/Habersack/Winter/*Raiser/Heermann*, § 52 Rn. 109.
115 Baumbach/Hueck/*Zöllner/Noack*, § 52 Rn. 120.

8. Vergütung der Aufsichtsratsmitglieder

Für ihre Tätigkeit kann Aufsichtsratsmitgliedern eine Vergütung gewährt werden (§ 113 Abs. 1 Satz 1 AktG). Eine Pflicht hierzu besteht aber nicht. Die Höhe der Vergütung kann entweder durch Beschluss der Gesellschafterversammlung oder in der Satzung bestimmt werden (§ 113 Abs. 1 Satz 2 AktG). Ohne weitere Anforderungen können hingegen Zahlungen von Dritten an ein Aufsichtsratsmitglied (sog. Drittvergütung) als zusätzliche Vergütung für die Aufsichtsratstätigkeit geleistet werden.[116] 61

Eine Festlegung bereits in der Gründungssatzung ist nach § 113 Abs. 2 AktG ausgeschlossen, um der ersten Gesellschafterversammlung nach der GmbH-Gründung eine Kontrollmöglichkeit einzuräumen.[117] In der Satzung kann daher eine Vergütung nur durch eine Änderung des Gesellschaftsvertrags nach §§ 53, 54 festgesetzt werden. Für eine spätere Herabsetzung der satzungsmäßigen Vergütung genügt eine einfache Stimmenmehrheit (§ 113 Abs. 1 Satz 4 AktG). Wenn die Vergütung durch Gesellschafterbeschluss bestimmt wird, kann dies entweder einmalig festgelegt oder aber jährlich – in der Praxis regelmäßig zusammen mit der Feststellung des Jahresabschlusses – neu beschlossen werden. 62

Die **Höhe der Vergütung** soll nach § 113 Abs. 1 Satz 3 AktG in einem angemessenen Verhältnis zu den Aufgaben der Aufsichtsratsmitglieder und zur Lage der Gesellschaft stehen. Die Gesellschafter sind in der Art und Weise der Vergütung flexibel. Üblich ist eine Vergütung in festen Beträgen, ggf. auch mit zusätzlichen Pauschalen je Sitzungstag, sog. Sitzungsgeld. Auch eine prozentuale Beteiligung am Jahresgewinn der Gesellschaft ist nach Maßgabe des § 113 Abs. 3 AktG möglich. Zulässig sind auch Sachleistungen, wie der Abschluss von Haftpflichtversicherungen (D&O-Versicherung), Büro- oder Fahrdienste und dergleichen. Üblich ist es, dem Vorsitzenden des Aufsichtsrats die doppelte Vergütung eines einfachen Mitglieds und stellvertretenden Vorsitzenden die 1,5-fache Vergütung zu gewähren. Anders als bei der AG (§ 192 Abs. 2 Nr. 3 AktG) können Aufsichtsratsmitglieder auch Geschäftsanteile im Rahmen eines Beteiligungsprogramms als Vergütung erhalten. 63

Soweit eine Festsetzung nicht erfolgt ist, soll jedenfalls bei gesellschaftsfremden Mitgliedern des Aufsichtsrats, die nicht zugleich Gesellschafter sind, eine **„übliche" Vergütung** nach §§ 612 Abs. 1, 2 BGB geschuldet sein.[118] Die Höhe bemisst sich dann nach den konkreten Verhältnissen der Gesellschaft, den Rechten und Pflichten und dem Aufwand des Aufsichtsratsmitglieds. Empirische Vergleichswerte zur Vergütung von Aufsichtsratsmitgliedern bei börsennotierten Gesellschaften können als Grundlage nicht herangezogen werden, da deren Verhältnisse hinsichtlich Struktur, Rechten und Pflichten regelmäßig nicht einer GmbH entsprechen. 64

Neben der Vergütung hat ein Aufsichtsratsmitglied auch Anspruch auf Ersatz angemessener **Auslagen** (§§ 670, 675 BGB).[119] Hierzu zählen Reisekosten und vergleichbare Spesen. Die Aufwendungen müssen nach den Umständen erforderlich sein. 65

! Die Gesamtbezüge des Aufsichtsrats einschließlich Nebenbezügen sind im Anhang zum Jahresabschluss der Gesellschaft offenzulegen (§ 285 Nr. 9 HGB).

9. Verträge mit Aufsichtsratsmitgliedern

Vertragliche Vereinbarungen der GmbH mit einem Aufsichtsratsmitglied, die nicht im Zusammenhang mit seiner Tätigkeit als Mitglied des Aufsichtsrats stehen, bedürfen nach § 114 Abs. 1 AktG zu ihrer Wirksamkeit grundsätzlich der **Zustimmung des Aufsichtsrats**. Bei Fehlen einer Zustimmung sind die Vergütungen für solche Verträge zurückzugewähren (§ 114 Abs. 2 Satz 1 AktG). Zweck ist es, eine Beeinflussung der Aufsichtsratsmitglieder durch eigene Interessen gegenüber der 66

116 *Neuhaus/Gellißen*, NZG 2011, 1361.
117 Baumbach/Hueck/*Zöllner/Noack*, § 52 Rn. 60.
118 a.A. Baumbach/Hueck/*Zöllner/Noack*, § 52 Rn. 60; Ulmer/Habersack/Winter/*Raiser/Heermann*, § 52 Rn. 123.
119 Baumbach/Hueck/*Zöllner/Noack*, § 52 Rn. 61.

Gesellschaft und der Geschäftsführung zu verhindern und damit die Unabhängigkeit des Aufsichtsrats bei seiner Überwachungstätigkeit zu stärken. Eine Sondervergütung von Mitgliedern auf anderem Wege als nach § 113 Abs. 1 AktG durch die Gesellschafterversammlung und ohne Zustimmung des Aufsichtsrats soll nicht möglich sein.[120]

67 Von der Norm sind Dienst- und Werkverträge mit Ausnahme von weisungsgebundenen Arbeitsverhältnissen erfasst, mit denen ein Aufsichtsratsmitglied **Tätigkeiten höherer Art** schuldet. Darunter fallen jegliche Beratung oder Geschäftsbesorgung, die sich wegen besonderer Kenntnis oder besonderer Vertrauensstellung von sonstigen Verträgen unterscheidet, insbesondere **Beratungsverträge**.[121] Auch Verträge mit Aufsichtsratsmitgliedern, die vor deren Amtsbeginn geschlossen wurden, sind zustimmungspflichtig.[122] Das Zustimmungserfordernis gilt hingegen nicht für Verträge mit Tochtergesellschaften.[123] Für einen Vertrag mit einem Aufsichtsratsmitglied genügt es, wenn dieser mittelbar am Vertrag beteiligt ist, beispielsweise als Sozius einer beratenden Rechtsanwaltsgesellschaft (unabhängig von dessen Beteiligungsquote),[124] und nicht nur ganz geringfügige Zuwendungen für die Beratungstätigkeit zufließen.[125]

68 Zustimmungsfähig sind weiter nur Verträge, die Verpflichtungen **außerhalb der Tätigkeit im Aufsichtsrat** betreffen. Beratungsverträge, die sich inhaltlich mit Aufgaben des Aufsichtsrats decken, sind – auch wenn es sich um Sonderleistungen im Rahmen dieser Aufgaben handelt – wegen Umgehung des § 113 AktG nichtig.[126] Gegenstand eines (zustimmungspflichtigen) Beratungsvertrags kann daher keine Tätigkeit sein, die bereits Aufgabe des Aufsichtsratsmitglieds selbst ist. Dabei führen besondere Qualifikationen eines Mitglieds, wie z.B. als Rechtsanwalt, zu einer gesteigerten Beratungspflicht im Rahmen der Aufsichtsratstätigkeit, die mit der Vergütung nach § 113 AktG abgegolten ist.[127]

69 Soweit danach ein zustimmungspflichtiger Vertrag vorliegt, bedarf dieser der **Zustimmung des Aufsichtsrats** durch Beschluss. Dabei müssen die geschuldete Tätigkeit und das zu entrichtende Entgelt im Vertrag so konkret bezeichnet sein, dass sich der Aufsichtsrat ein eigenständiges Urteil über die Art der Leistung, deren Umfang sowie Höhe und Angemessenheit der Vergütung bilden kann.[128] Pauschalierungen oder Rahmenvereinbarungen hinsichtlich der geschuldeten Tätigkeiten genügen mangels Abgrenzung zur Organtätigkeit des Aufsichtsrats nicht.[129] Zahlungen sind nur zulässig, wenn der Aufsichtsrat vorher zustimmt; eine (nachträgliche) Genehmigung ändert nichts an der Pflichtwidrigkeit.[130]

> **!** Zulässige Beratungsleistungen nach § 114 Abs. 1 AktG umfassen typischerweise die Prozessführung, Einzelfälle der konkreten Umsetzung der Unternehmenspolitik oder Fragen des operativen Tagesgeschäfts.

70 Bei mangels Zustimmung unwirksamen Verträgen ist eine gezahlte Vergütung sofort und ohne Rücksicht auf bereicherungsrechtliche Einreden (§§ 814, 818 BGB) zurückzugewähren. Rechtsgrundlage ist ein eigenständiger **Rückgewähranspruch** nach § 114 Abs. 2 Satz 1 AktG.[131] Erst mit Genehmigung des Aufsichtsrats und nur dann entfällt der Anspruch. Geschäftsführer sind verpflichtet, etwaige Ansprüche geltend zu machen.[132] Das Aufsichtsratsmitglied selbst hat aus dem

120 *Hüffer*, § 114 AktG Rn. 1.
121 *Hüffer*, § 114 AktG Rn. 3.
122 *Hüffer*, § 114 AktG Rn. 2.
123 MüHdb-GesR-IV/*Hoffmann-Becking*, § 33 Rn. 41; Baumbach/Hueck/*Zöllner/Noack*, § 52 Rn. 107.
124 BGH DStR 2007, 123; OLG Hamburg, NZG 2007, 470.
125 BGH DStR 2007, 1046.
126 BGHZ 114, 177 = NJW 1991, 1830; BGHZ 126, 340 = NJW 1994, 2484.
127 BGH DStR 2007, 1046; OLG Hamburg, NZG 2007, 470.
128 BGHZ 126, 340 = NJW 1994, 2484; BGH DStR 2006, 1610.
129 BGH DStR 2007, 1046; DStR 2012, 1973.
130 OLG Frankfurt/M., NZG 2011, 350; BGH DStR 2012, 1973.
131 BGH DStR 2006, 1610.
132 *Hüffer*, § 114 AktG Rn. 7.

unwirksamen Vertrag seinerseits einen Wertersatzanspruch nach §§ 812, 814 ff. BGB. Gegen den Rückzahlungsanspruch der GmbH ist eine Aufrechnung mit dem Bereicherungsanspruch ausgeschlossen (§ 114 Abs. 2 Satz 2 Hs. 2 AktG).

10. Haftung der Aufsichtsratsmitglieder

Für die **Sorgfaltspflicht und Verantwortlichkeit** der Aufsichtsratsmitglieder gelten die gesetzlichen Regelungen für Vorstandsmitglieder entsprechend (§§ 116, 93 Abs. 1, 2 AktG). Der Aufsichtsrat trägt eine Gesamtverantwortung. Auf die interne Zuständigkeit, eine bessere Sachkenntnis eines anderen Mitglieds oder individuelle Defizite kommt es nicht an.[133] Im Zweifel muss ein ggf. überstimmtes Mitglied, das eine Entscheidung nicht mitverantworten möchte, alles unternehmen, um den Beschluss zu verhindern, insbesondere seine Bedenken vorbringen und ggf. auch Nichtigkeitsklage gegen einen Beschluss einreichen. Zur Vermeidung einer persönlichen Haftung bleibt einem Aufsichtsratsmitglied als Ultima Ratio die Amtsniederlegung aus wichtigem Grund. 71

Der Aufsichtsrat unterliegt der **Sorgfalt eines ordentlichen und gewissenhaften Aufsichtsratsmitglieds**. Dabei gilt die sog. *business judgement rule* nach § 93 Abs. 1 Satz 2 AktG, wonach eine Pflichtverletzung nicht vorliegt, wenn das Aufsichtsratsmitglied bei einer Entscheidung vernünftigerweise annehmen durfte, auf der Grundlage angemessener Information zu handeln. Die *business judgement rule* greift mangels unternehmerischer Entscheidungen nicht bei einer Kontrolle vergangener Vorgänge, sondern nur bei einer zukunftsorientierten Überwachung, insbesondere bei Zustimmungsvorbehalten.[134] Bei diesen hat der Aufsichtsrat seine Entscheidung auf der Basis angemessener Informationen zu treffen und entsprechend zu dokumentieren. 72

Die Pflichten des Aufsichtsrats sind vielfältig und ergeben sich aus seinen Aufgaben. Zu nennen sind insbesondere folgende Pflichten:[135] 73

- Einhaltung des GmbHG, der Satzung sowie einer Geschäftsordnung für den Aufsichtsrat
- Verschwiegenheit hinsichtlich vertraulicher Angaben und Geschäftsgeheimnisse der Gesellschaft (§§ 93 Abs. 1 Satz 3, 116 Satz 2 AktG)[136]
- Überwachung der Geschäftsführung
- Einholung von Informationen
- Treue gegenüber der Gesellschaft und ihren Interessen
- Prüfung von Schadensersatzansprüchen gegenüber Geschäftsführern
- Information der Gesellschafterversammlung über mögliche Ansprüche

Bei Pflichtverletzungen haften die Aufsichtsratsmitglieder **gesamtschuldnerisch** für einen entstandenen Schaden (§ 93 Abs. 2 Satz 1 AktG). Sie sind beweisbelastet dafür, dass sie die Sorgfalt eines ordentlichen und gewissenhaften Geschäftsleiters aufgewendet haben (**Beweislastumkehr** gem. § 93 Abs. 2 Satz 2 AktG). Entsprechend § 93 Abs. 4 Satz 1 AktG entfällt die Haftung nur dann, wenn die Handlung oder ein Unterlassen auf einem gesetzmäßigen Beschluss der Gesellschafterversammlung beruht.[137] 74

Aufsichtsratsmitglieder haften bei schuldhaftem Handeln, also bei Vorsatz und Fahrlässigkeit (§ 276 BGB), wobei die Satzung den **Haftungsmaßstab** mindern, insbesondere auf Vorsatz und grobe Fahrlässigkeit beschränken kann. Eine Herabsetzung der Sorgfaltspflichten auf diejenigen in eigenen Angelegenheiten nach § 708 BGB ist demgegenüber nicht möglich.[138] 75

---

133 Ulmer/Habersack/Winter/*Raiser/Heermann*, § 52 Rn. 130.
134 *Müller-Michaels*, ZCG 2007, 73, 75.
135 Baumbach/Hueck/*Zöllner/Noack*, § 52 Rn. 66 ff.; *W. Müller*, in: Beck'sches Handbuch der GmbH, § 6 Rn. 66; Ulmer/Habersack/Winter/*Raiser/Heermann*, § 52 Rn. 131 ff. m.w.N.
136 OLG Stuttgart, NZG 2007, 72.
137 Lutter/Hommelhoff/*Lutter*, § 52 Rn. 32; Ulmer/Habersack/Winter/*Raiser/Heermann*, § 52 Rn. 152.
138 Baumbach/Hueck/*Zöllner/Noack*, § 52 Rn. 72; Lutter/Hommelhoff/*Lutter*, § 52 Rn. 32.

76 **Beispiele aus der Rechtsprechung für eine Aufsichtsratshaftung:**[139]

Untätigkeit bei leichtfertigen Maßnahmen der Geschäftsführung,[140] Untätigkeit bei Gerüchten über existenzgefährdende Geschäftspraktiken der Geschäftsführer,[141] Ausübung des Amts ohne eigenes Bild von der Geschäftstätigkeit,[142] Zustimmung zu erkennbarer Grundstücksveräußerung unter Wert,[143] Genehmigung von Investitionen in andere Gesellschaften ohne ausreichende Sicherheiten sowie Entscheidungen über zustimmungsbedürftige Geschäfte ohne ausreichende Informationsgrundlage.[144]

Aufsichtsratsmitglieder einer GmbH haften hingegen nicht bei einer Verletzung ihrer Überwachungspflicht im Hinblick auf das Zahlungsverbot für die Geschäftsführung nach § 64 Satz 1 (Massesicherungspflicht), da hierdurch zwar den Gläubigern ein Schaden entsteht, regelmäßig aber nicht der GmbH selbst.[145]

77 Die Haftung besteht gegenüber der Gesellschaft, nicht gegenüber Gesellschaftern. Schuldner des Schadensersatzes ist das jeweilige Aufsichtsratsmitglied persönlich. Eine Haftung von Hintermännern im Falle der Entsendung wird von der Rechtsprechung verneint.[146] Für die Verjährung gilt eine Fünfjahresfrist (Abs. 3; siehe Rn. 135).

78 Die Gesellschafterversammlung kann dem Aufsichtsrat **Entlastung** erteilen; eine Pflicht besteht jedoch nicht; § 120 AktG ist mangels Verweisung in Abs. 1 nicht anwendbar. Der Entlastungsbeschluss der Gesellschafter führt zu einem Verzicht auf Schadensersatzansprüche der Gesellschaft, soweit nicht der fragliche Sachverhalt im Zeitpunkt der Entlastung unbekannt ist und die Gesellschafterversammlung ihn auch nicht kennen konnte.[147] Daneben ist auch separater Verzicht durch Beschluss der Gesellschafter außerhalb einer Entlastung möglich. Eine Karenzzeit von drei Jahren wie bei einer AG ist für einen Verzicht auf Ersatzansprüche nicht einzuhalten, da § 93 Abs. 4 Satz 3 AktG für den GmbH-Aufsichtsrat nicht anwendbar ist.

11. Abweichende Bestimmungen

79 Soweit die Satzung der GmbH keine Bestimmungen getroffen hat, gelten wie dargelegt (siehe Rn. 9) – ganz oder zum Teil – die in Abs. 1 aufgeführten aktienrechtlichen Vorschriften. Zulässigerweise kann im Gesellschaftsvertrag aber die Verweisung des Abs. 1 auf die zitierten Vorschriften des Aktienrechts beschränkt oder auch völlig ausgeschlossen werden.[148] Nicht abdingbar sind hingegen die Bekanntmachungspflichten nach Abs. 2 Satz 2 und die Pflicht zu Angaben auf den Geschäftsbriefen (siehe Rn. 127).

Formulierungsbeispiel:

Die in § 52 Abs. 1 GmbHG genannten Bestimmungen des AktG sind nicht anzuwenden.

139 Nach *Müller-Michaels*, ZCG 2007, 73, 75.
140 BGHZ 69, 207, 214 = NJW 1977, 2311.
141 LG Bielefeld, ZIP 2000, 20, 24.
142 OLG Düsseldorf, ZIP 1984, 825; ähnlich auch BGH NZG 2007, 187: fehlende Erkundigungen des Aufsichtsrats.
143 LG Stuttgart, AG 2000, 237.
144 BGH NZG 2007, 187.
145 BGH, DStR 2010, 2090; a.A. *Schürnbrand*, NZG 2010, 1207.
146 BGHZ 36, 296, 309 ff. = NJW 1962, 864; BGHZ 94, 381, 397 f. = NJW 1984, 1893; Lutter/Hommelhoff/*Lutter*, § 52 Rn. 339; Ulmer/Habersack/Winter/*Raiser/Heermann*, § 52 Rn. 151.
147 Lutter/Hommelhoff/*Lutter*, § 52 Rn. 36; Baumbach/Hueck/*Zöllner/Noack*, § 52 Rn. 79; Ulmer/Habersack/Winter/*Raiser/Heermann*, § 52 Rn. 152.
148 Baumbach/Hueck/*Zöllner/Noack*, § 52 Rn. 23.

> Angesichts der häufig schwerwiegenden Sanktionen bei Verstößen gegen die anwendbaren aktienrechtlichen Regelungen empfiehlt sich eine detaillierte Aufnahme der Aufgaben, Befugnisse und Pflichten des Aufsichtsrats in der Satzung der GmbH und im Übrigen die Abbedingung der Bestimmungen des Aktiengesetzes.

II. Obligatorischer Aufsichtsrat

Gesellschaften ab einer bestimmten Zahl von Arbeitnehmern haben die Pflicht, einen mitbestimmten, sog. obligatorischen Aufsichtsrat nach dem DrittelbG oder dem MitbestG zu bilden. Der Aufsichtsrat setzt sich dabei nicht nur aus Vertretern der Gesellschafter, sondern auch aus Arbeitnehmervertretern zusammen. Auf obligatorische Aufsichtsräte ist Abs. 1 nicht anwendbar. Den zahlenmäßigen Schwerpunkt in der Praxis bilden die Aufsichtsräte nach dem DrittelbG, erheblich geringer ist die Anzahl der GmbH-Aufsichtsräte nach dem MitbestG. Die obligatorischen Aufsichtsräte nach dem Montanmitbestimmungsgesetz und dem Mitbestimmungsergänzungsgesetz werden mangels praktischer Relevanz hier nicht näher erörtert.[149] Nachfolgend werden lediglich die mitbestimmungsrechtlichen Besonderheiten dargelegt, im Übrigen kann auf die Ausführungen zum fakultativen Aufsichtsrat verwiesen werden. **80**

1. Nach Drittelbeteiligungsgesetz

a) Allgemeines

Gesellschaften mit beschränkter Haftung mit i.d.R. mehr als **500 Arbeitnehmern** und weniger als 2.000 Arbeitnehmern sind verpflichtet, einen Aufsichtsrat zu bilden (§ 1 Abs. 1 Nr. 3 DrittelbG). Der Aufsichtsrat eines drittelbestimmten Unternehmens muss zu einem Drittel aus Vertretern der Arbeitnehmer bestehen (§ 4 Abs. 1 DrittelbG). Für die Zusammensetzung, die Rechte und Pflichten dieses **obligatorischen Aufsichtsrats** sind – weiter gehend als beim freiwilligen Aufsichtsrat nach Abs. 1 – die Vorschriften der § 90 Abs. 3, 4, 5 Satz 1 und 2, §§ 95 bis 114, 116, 118 Abs. 2, § 125 Abs. 3 und 4 sowie der §§ 170, 171, 268 Abs. 2 AktG anzuwenden. Das DrittelbG ist an die Stelle des früher anwendbaren Betriebsverfassungsgesetzes 1952 (BetrVG 1952) getreten; der Anwendungsbereich der Drittelbeteiligung blieb dabei unverändert. **81**

Eine Pflicht zur Einrichtung eines mitbestimmten Aufsichtsrats entfällt bei sog. **Tendenzunternehmen**. Dies sind Gesellschaften, die unmittelbar und überwiegend politischen, koalitionspolitischen (gewerkschaftlichen), konfessionellen, erzieherischen, wissenschaftlichen oder künstlerischen Bestimmungen oder Zwecken der Berichterstattung oder Meinungsäußerung i.S.v. Art. 5 Abs. 1 Satz 2 GG dienen (§ 1 Abs. 2 Satz 1 Nr. 2 DrittelbG). Gleiches gilt gem. § 1 Abs. 2 Satz 2 DrittelbG für Unternehmen der Religionsgemeinschaften, die karitativen oder erzieherischen Zwecken dienen. Aus Gründen des Tendenzschutzes entfällt bei solchen Unternehmen eine unternehmerische Mitbestimmung. **82**

Die Regelungen im DrittelbG einschließlich der Verweisung auf die anwendbaren aktienrechtlichen Vorschriften sind grundsätzlich zwingend, sodass die Mitbestimmung in der Satzung nicht reduziert werden kann. Zulässig bleiben jedoch Änderungen und Ergänzungen, soweit dies nach den in § 1 Abs. 1 Nr. 3 DrittelbG verwiesenen Vorschriften des Aktienrechts möglich ist oder eine gesetzliche Vorschrift überhaupt fehlt. So kann die Zahl der Arbeitnehmervertreter im Aufsichtsrat nicht unter ein Drittel gesenkt werden, nach allgemeiner Meinung jedoch erhöht werden.[150] **83**

Die **Wahl und Abberufung** von Aufsichtsratsmitgliedern der Arbeitnehmer sind in §§ 6 ff. DrittelbG und ergänzend in der Rechtsverordnung zur Wahl der Aufsichtsratsmitglieder der Arbeitnehmer nach dem Drittelbeteiligungsgesetz (WO DrittelbG) vom 23.6.2004[151] geregelt. **84**

---

149 Hierzu Baumbach/Hueck/*Zöllner*, 17. Auflage, § 52 Rn. 190 ff.

150 BGH NJW 1975, 1657; Baumbach/Hueck/*Zöllner/Noack*, § 52 Rn. 1616; Ulmer/Habersack/Winter/*Raiser/Heermann*, § 52 Rn. 159.

151 Art. 1 der Verordnung zum Zweiten Gesetz zur Vereinfachung der Wahl der Arbeitnehmervertreter in den Aufsichtsrat vom 23.6.2004, BGBl. I S. 1393.

b) Maßgebliche Arbeitnehmerzahl

85 Für die Pflicht zur Bildung des Aufsichtsrats ist eine regelmäßige Arbeitnehmeranzahl von mehr als 500 Arbeitnehmern entscheidend. Kurzzeitige Veränderungen der Anzahl nach oben oder unten haben keine Auswirkung auf die Aufsichtsratspflicht.[152] Zu berücksichtigen sind Arbeitnehmer nach § 3 Abs. 1 DrittelbG i.V.m. § 5 Abs. 1 BetrVG, und zwar einschließlich Heimarbeitern, teilzeitbeschäftigte Auszubildende und geringfügig Beschäftigte. Nicht zu zählen sind leitende Angestellte i.S.v. § 5 Abs. 3 BetrVG und Geschäftsführer. Arbeitnehmer sind solche Mitarbeiter, die in einem Arbeitsverhältnis zum Betriebsinhaber stehen und in die Betriebsorganisation des Arbeitgebers eingebunden sind.[153] Leiharbeiter sind mangels rechtlicher Eingliederung in die Betriebsorganisation keine Arbeitnehmer in diesem Sinne,[154] sodass diese bei der Ermittlung des Schwellenwerts nicht mitzurechnen sind.[155] Maßgeblich sind nur Arbeitnehmer inländischer Betriebe, sodass Arbeitnehmer der GmbH im Ausland außer Betracht bleiben.[156] Im **Konzern** sind Arbeitnehmer bei Konzernunternehmen nach § 2 Abs. 2 DrittelbG hinzuzurechnen, wenn ein Beherrschungsvertrag (§ 291 Abs. 2 AktG) besteht. Hingegen bleiben Arbeitnehmer sonstiger abhängiger Konzernunternehmen i.S.d. § 18 Abs. 1 AktG für Zwecke der Arbeitnehmerzurechnung außer Betracht.[157] Zur Hinzurechnung von Arbeitnehmern bei der Obergesellschaft genügt weder ein Gewinnabführungsvertrag noch eine Beherrschung kraft Mehrheit der Stimmen und Weisungsrecht nach § 37 Abs. 1.[158] Arbeitnehmer von faktischen Konzerngesellschaften, auch bei einer 100%igen Tochtergesellschaft, sind daher nicht hinzuzurechnen.

c) Bildung des Aufsichtsrats

86 Bei Gründung der GmbH besteht mangels Arbeitnehmern regelmäßig noch keine Pflicht zur Bildung eines Aufsichtsrats nach dem DrittelbG.[159] Erst nach Erreichen der maßgeblichen Schwelle von mehr als 500 Arbeitnehmern ist der mitbestimmte Aufsichtsrat zu errichten. Hat die Gesellschaft bereits einen fakultativen Aufsichtsrat, ist ein **Statusverfahren** entsprechend §§ 97 bis 99 AktG zur Feststellung des maßgeblichen Mitbestimmungsmodells durchzuführen. Hat die GmbH noch keinen Aufsichtsrat, kann gleichwohl ein Statusverfahren durchgeführt werden, auch wenn dies nicht zwingend erforderlich ist.[160] Ausreichend ist es, dass die Gesellschafter und Geschäftsführer die Bildung eines Aufsichtsrats nach dem DrittelbG in die Wege leiten, insbesondere die Wahlen für die Vertreter der Anteilseigner durchführen. Die fehlende Durchführung eines Statusverfahrens bei der Bildung des ersten Aufsichtsrats führt zur Nichtigkeit der Wahl der Arbeitnehmervertreter.[161]

! Nach Feststellung des maßgeblichen Mitbestimmungsmodells sind die Satzung der GmbH entsprechend anzupassen und die Vertreter der Anteilseigner in einer Gesellschafterversammlung zu wählen. Bei Untätigkeit können fehlende Mitglieder der Anteilseignervertreter gerichtlich nach § 104 AktG bestellt werden.

87 Einen Sonderfall stellt die **Sachgründung** einer GmbH da, wenn in die Gesellschaft ein bestehendes Unternehmen mit mehr als 500 Arbeitnehmern im Wege der Sacheinlage eingebracht wird.[162]

152 Baumbach/Hueck/*Zöllner/Noack*, § 52 Rn. 150.
153 BAG DB 2003, 2128; 2004, 1836.
154 BAG, DB 2003, 2128; 2005, 1855.
155 OLG Düsseldorf, GmbHR 2004, 1081, 1082; OLG Hamburg, DB 2007, 2762.
156 Baumbach/Hueck/*Zöllner/Noack*, § 52 Rn. 147.
157 *Seibt*, NZA 2004, 767, 770; *Deilmann*, NZG 2005, 659, 660.
158 BayObLG, NJW 1993, 1804; OLG Düsseldorf, ZIP 1997, 546, 548; OLG Zweibrücken, NZG 2006, 31; KG NZG 2007, 913; aus der Literatur: *Deilmann*, NZG 2005, 659, 660; Lutter/Hommelhoff/*Lutter*, § 52 Rn. 39; Baumbach/Hueck/*Zöllner/Noack*, § 52 Rn. 153.
159 BayObLG, NZG 2000, 932; Baumbach/Hueck/*Zöllner/Noack*, § 52 Rn. 158.
160 Baumbach/Hueck/*Zöllner/Noack*, § 52 Rn. 15; Ulmer/Habersack/Winter/*Raiser/Heermann*, § 52 Rn. 170.
161 BAG, DB 2008, 1850; Ulmer/Habersack/Winter/*Raiser/Heermann*, § 52 Rn. 11 ff.
162 Zu den Besonderheiten bei Umwandlungsfällen siehe *W. Müller*, in: Beck'sches Handbuch der GmbH, § 6 Rn. 76 m.w.N.

Nach vorzugswürdiger Ansicht gilt in diesem Falle § 31 Abs. 3 AktG entsprechend und die Geschäftsführer sind verpflichtet, unverzüglich ein Statusverfahren durchzuführen.[163] Die Eintragung der GmbH im Handelsregister wird davon nicht berührt.

d) Zusammensetzung und persönliche Voraussetzungen

Nach § 95 AktG besteht der Aufsichtsrat aus drei Mitgliedern. Die Satzung kann eine höhere Zahl festlegen, die durch drei teilbar ist. Abhängig von der Höhe des Stammkapitals beträgt die Höchstzahl der Mitglieder neun (Stammkapital bis zu 1.500.000 EUR), 15 (mehr als 1.500.000 EUR) bzw. 21 Mitglieder (mehr als 10.000.000 EUR). Der obligatorische Aufsichtsrat muss **zu einem Drittel aus Vertretern der Arbeitnehmer** bestehen (§ 4 Abs. 1 DrittelbG); bei einem dreiköpfigen Aufsichtsrat wählen die Arbeitnehmer also einen Vertreter. 88

Bis zu zwei Aufsichtsratsmitglieder der Mitarbeiter müssen als Arbeitnehmer im Unternehmen beschäftigt sein (§ 4 Abs. 2 DrittelbG). Diese sind wählbar, soweit sie volljährig sind und mindestens ein Jahr dem Unternehmen angehören (§ 4 Abs. 3 DrittelbG). Eine Tätigkeit in einem anderen Konzernunternehmen wird nach § 4 Abs. 3 Satz 2 DrittelbG angerechnet. Im Übrigen sind die Wählbarkeitsvoraussetzungen nach § 8 Abs. 1 BetrVG (keine strafrechtliche Verurteilung) zu beachten. Als weitere Arbeitnehmervertreter können auch Mitglieder außerhalb der Belegschaft wie Vertreter von Gewerkschaften gewählt werden. Bei einer Hinzurechnung von Arbeitnehmern von Konzerngesellschaften nach § 2 Abs. 2 DrittelbG ist eine bestimmte Sitzverteilung auf die Konzerngesellschaften nicht erforderlich.[164] Unter den Arbeitnehmervertretern im Aufsichtsrat sollen beide Geschlechter proportional zur Verteilung im Unternehmen repräsentiert sein (§ 4 Abs. 4 DrittelbG). 89

Für die **persönlichen Voraussetzungen** gilt § 100 AktG, insbesondere sind die zahlenmäßigen und funktionalen Beschränkungen des § 100 Abs. 2 AktG zu beachten. Ferner gilt nach § 105 Abs. 1 AktG die Unvereinbarkeit von Aufsichtsratsamt und Geschäftsführungsfunktion. Anders als beim freiwilligen Aufsichtsrat sind Abweichungen in der Satzung nicht möglich. 90

e) Bestellung und Wahlen

Die **Vertreter der Anteilseigner** im Aufsichtsrat werden nach § 101 Abs. 1 Satz 1 AktG von der Gesellschafterversammlung gewählt, soweit nicht Entsendungsrechte nach § 101 Abs. 2 AktG bestehen. Strenger als bei einem fakultativen Aufsichtsrat nach Abs. 1 können **Entsendungsrechte** nur zugunsten von Gesellschaftern gewährt werden, und zwar nur für bestimmte Gesellschafter persönlich oder verbunden mit vinkulierten Geschäftsanteilen.[165] Entsendungsrechte können höchstens für ein Drittel der Aufsichtsratsmitglieder der Anteilseigner begründet werden (§ 101 Abs. 2 Satz 4 AktG).[166] 91

Stellvertreter von Aufsichtsratsmitgliedern können nicht bestellt werden. Allerdings kann für den Fall, dass ein Aufsichtsratsmitglied vor Ablauf seiner Amtszeit wegfällt, ein **Ersatzmitglied** nach § 101 Abs. 3 Satz 2 AktG bzw. für Arbeitnehmervertreter nach § 7 DrittelbG gewählt werden. 92

Die **Vertreter der Arbeitnehmer** im Aufsichtsrat werden in allgemeiner, geheimer, gleicher und unmittelbarer Wahl nach § 5 Abs. 1 DrittelbG gewählt. **Wahlberechtigt** sind die volljährigen Arbeitnehmer des Unternehmens (§ 5 Abs. 2 DrittelbG) sowie – bei der Wahl in einer Konzernobergesellschaft – auch die Arbeitnehmer der übrigen Konzernunternehmen (§ 2 Abs. 1 DrittelbG). Auf die Art der Konzernierung kommt es nicht an, sodass auch Arbeitnehmer faktischer Konzernunternehmen wahlberechtigt sind, auch wenn deren Anzahl bei der Ermittlung des Erreichens des Schwellenwerts nicht berücksichtigt wird (siehe Rn. 85 a.E.). Nicht wahlberechtigt sind 93

---

163 Rowedder/Schmidt-Leithoff/*Koppensteiner*, § 52 Rn. 23; Baumbach/Hueck/*Zöllner/Noack*, § 52 Rn. 158; a.A. BayObLG, NZG 2000, 932; *Wicke*, § 52 Rn. 14; differenzierend: Ulmer/Habersack/Winter/*Raiser/Heermann*, § 52 Rn. 169.
164 BAG, DB 1981, 755; Baumbach/Hueck/*Zöllner/Noack*, § 52 Rn. 168; Scholz/*Schneider*, § 52 Rn. 127.
165 *W. Müller*, in: Beck'sches Handbuch der GmbH, § 6 Rn. 79.
166 Baumbach/Hueck/*Zöllner/Noack*, § 52 Rn. 1778; Lutter/Hommelhoff/*Lutter*, § 52 Rn. 41; Ulmer/Habersack/Winter/*Raiser/Heermann*, § 52 Rn. 186.

leitende Angestellte gem. § 3 Abs. 1 DrittelbG i.V.m. § 5 Abs. 3 BetrVG. Näheres ist in der Wahlordnung (WO DrittelbG[167]) geregelt.[168]

94 Bei Fehlen der nach Gesetz und Satzung nötigen Zahl von Mitgliedern oder beim Wegfall von Aufsichtsratsmitgliedern sowohl der Anteilseigner- als auch seitens der Arbeitnehmerseite kann nach § 104 AktG eine **gerichtliche Bestellung** zur Ergänzung des Aufsichtsrats erfolgen. Zuständig ist das am Sitz der Gesellschaft zuständige Amtsgericht – Registergericht –, dem die nicht vollständige Besetzung glaubhaft zu machen ist.

f) Amtszeit und Abberufung

95 Die **Amtszeit** der Aufsichtsratsmitglieder läuft höchstens bis zur Beendigung der Gesellschafterversammlung, die über die Entlastung für das vierte Geschäftsjahr nach Beginn der Amtszeit beschließt (§ 102 Abs. 1 AktG). Dies sind regelmäßig circa fünf Jahre. Eine Wiederwahl ist zulässig. Eine kürzere, nicht jedoch eine längere Amtszeit kann satzungsgemäß vorgesehen werden. Die Amtszeit gilt grundsätzlich einheitlich für alle Mitglieder des Aufsichtsrats, also sowohl für die Anteilseigner- als auch für Arbeitnehmervertreter. Zulässig ist aber auch ein gestaffeltes Eintreten und Ausscheiden, und zwar sowohl für die Anteilseignervertreter als auch Arbeitnehmermitglieder.[169]

96 Die **Abberufung** von Aufsichtsratsmitgliedern der Anteilseignerseite ist nach § 103 Abs. 1 AktG nur durch Beschluss der Gesellschafterversammlung möglich. Der Beschluss bedarf einer – dispositiven – Dreiviertelmehrheit der abgegebenen Stimmen. Auch kann die Satzung weitere, einheitlich für alle Mitglieder geltende Erfordernisse, wie beispielsweise eine Abberufung nur aus wichtigem Grund, bestimmen (§ 103 Abs. 1 Satz 2 AktG). Arbeitsnehmervertreter im Aufsichtsrat können mit Beschluss von mindestens einem Fünftel der wahlberechtigten Arbeitnehmer abberufen werden (§ 12 Abs. 1 DrittelbG i.V.m. § 103 Abs. 4 AktG). Der Beschluss erfolgt wie die Wahl bei der Bestellung in allgemeiner, geheimer, gleicher und unmittelbarer Abstimmung und bedarf gleichfalls einer Dreiviertelmehrheit.

97 Eine **gerichtliche Abberufung** eines Aufsichtsratsmitglieds ist ferner nach § 103 Abs. 3 AktG möglich, wenn in der Person ein wichtiger Grund vorliegt. Ein wichtiger Grund besteht, wenn im Einzelfall ein Verbleiben des Mitglieds im Aufsichtsrat bis zum Ablauf seiner Amtszeit für die Gesellschaft unzumutbar ist.[170] Erforderlich ist ein Antrag des Aufsichtsrats oder bei entsandten Aufsichtsratsmitgliedern von Gesellschaftern, die mindestens 10 % des Stammkapitals oder einen anteiligen Betrag am Nennkapital von 1 Mio. EUR erreichen. Zuständig für die Abberufung ist das Amtsgericht am Sitz der Gesellschaft. Die Verletzung der Verschwiegenheitspflicht nach § 116 Satz 2 AktG bzw. § 93 Abs. 1 Satz 3 i.V.m. § 116 Satz 1 AktG stellt einen solchen wichtigen Grund für die Abberufung dar.[171] Zu **anderen Beendigungsgründen** wird auf die Ausführungen zum freiwilligen Aufsichtsrat verwiesen (siehe Rn. 27).

98 Die **Abberufung eines Arbeitnehmervertreters** hat nicht die Beendigung seines Arbeitsverhältnisses zur Folge. Umgekehrt ist auch bei Ausscheiden eines Arbeitnehmers nicht automatisch sein Aufsichtsratsmandat beendet. In diesem Fall ist vielmehr eine Abberufung nach § 12 DrittelbG durchzuführen.[172]

g) Innere Ordnung und Beschlussfassung

99 Die **innere Ordnung** des obligatorischen Aufsichtsrats richtet sich nach den §§ 107 bis 110 AktG i.V.m. § 1 Abs. 1 Nr. 3 DrittelbG und ist damit strenger vorgegeben als beim fakultativen Aufsichtsrat. Abweichungen in der Satzung sind nur zulässig, soweit die aktienrechtlichen Vorschriften eine

167 BGBl. I 2004 S. 1852.
168 Hierzu: Ulmer/Habersack/Winter/*Raiser/Heermann*, § 52 Rn. 188; Baumbach/Hueck/*Zöllner/Noack*, § 52 Rn. 178 ff.
169 Baumbach/Hueck/*Zöllner/Noack*, § 52 Rn. 190 f.
170 OLG Stuttgart, NZG 2007, 72; OLG Frankfurt/M., NZG 2008, 272; *Hüffer*, § 103 AktG Rn. 10 f. m.w.N.
171 OLG Stuttgart, NZG 2007, 72.
172 *Meier*, GmbHR 2008, 585.

Dispositionsmöglichkeit eröffnen. Alle Mitglieder des Aufsichtsrats, gleich ob Vertreter der Anteilseigner oder der Arbeitnehmer, sind gleichberechtigt.[173]

Nach § 107 Abs. 1 AktG sind aus der Mitte des Aufsichtsrats zwingend ein **Vorsitzender** und mindestens ein Stellvertreter zu wählen. Die Wahl erfolgt, soweit nichts anderes in der Satzung bestimmt ist, mit einfacher Mehrheit. Der Vorsitzende und die Stellvertreter sind von den Geschäftsführern zum Handelsregister anzumelden (§ 107 Abs. 1 Satz 2). Eine Eintragung im Handelsregister erfolgt nicht, jedoch ist die Anmeldung im Registerordner (§ 9 Abs. 1 HRV) elektronisch abrufbar. Nach § 35a Abs. 1 Satz 1 ist der Vorsitzende des Aufsichtsrats auf Geschäftsbriefen anzugeben. 100

Der obligatorische Aufsichtsrat kann nach § 107 Abs. 3 AktG aus seiner Mitte **Ausschüsse** bilden. Anders als beim fakultativen Aufsichtsrat nach Abs. 1 können Ausschüsse nicht in der Satzung oder durch Beschluss der Gesellschafter eingerichtet werden. Eine gleichmäßige Verteilung der Sitze in Ausschüssen auf Arbeitnehmer- und Anteilseignervertreter ist gesetzlich nicht vorgeschrieben, sodass eine proportionale Besetzung nicht verlangt werden kann. Zu beachten ist jedoch das Diskriminierungsverbot, d.h., die Besetzung muss sachlich begründet und gerechtfertigt sein.[174] Auf beschließende Ausschüsse können bestimmte Kompetenzen nicht anstelle des Aufsichtsrats delegiert werden. Hierzu gehören die Wahl des Aufsichtsratsvorsitzenden und seiner Stellvertreter sowie deren Abberufung, ferner der Erlass einer Geschäftsordnung für die Geschäftsführung, die Prüfung des Jahresabschlusses sowie die Aufstellung eines Katalogs zustimmungspflichtiger Rechtsgeschäfte (§ 107 Abs. 3 Satz 2 AktG).[175] 101

Beim mitbestimmten Aufsichtsrat ist für die Beschlussfähigkeit die zwingende Anwendung des § 108 Abs. 3 AktG zu beachten. Im Übrigen wird zur **Beschlussfassung** und **Beschlusskontrolle** auf die Ausführungen zum fakultativen Aufsichtsrat verwiesen (siehe Rn. 38). 102

h) Aufgaben und Kompetenzen des Aufsichtsrats

Aufgaben und Kompetenzen des obligatorischen Aufsichtsrats entsprechen grundsätzlich denen eines freiwilligen Aufsichtsrats. Aufgrund der differenzierteren Verweisung auf das Aktienrecht sind satzungsmäßige Abweichungen nur eingeschränkt zulässig. Vorbehaltlich einer anders lautenden Regelung in der Satzung verbleibt die Befugnis zur Bestellung und Abberufung der Geschäftsführer bei der Gesellschafterversammlung. 103

Die Kompetenz des Aufsichtsrats zur **Überwachung der Geschäftsführung** nach § 111 Abs. 1 AktG ist zwingend. Diese Mitbestimmungskompetenz kann in der Satzung nicht eingeschränkt werden.[176] Die Überwachung bezieht sich nur auf die Tätigkeit der Geschäftsführer. Soweit daher Geschäftsführungsaufgaben von anderen Gremien wie der Gesellschafterversammlung oder einem Beirat wahrgenommen werden, unterliegt dies nicht der Überwachungskompetenz des Aufsichtsrats.[177] Zu beachten ist jedoch, dass nicht sämtliche Geschäftsführungsaufgaben auf andere Organe übertragen werden können, da anderenfalls die Überwachungsfunktion des Aufsichtsrats vollständig sinnentleert wäre.[178] 104

Die Pflicht zur **Prüfung des Jahresabschlusses** samt Lagebericht und des Vorschlags zur Gewinnverwendung gilt auch für den obligatorischen Aufsichtsrat und kann in der Satzung nicht abbedungen werden (näher hierzu siehe Rn. 52). Hingegen bleibt die Kompetenz zur Feststellung des Jahresabschlusses bei der Gesellschafterversammlung, § 46 Nr. 1, soweit dies nicht ausnahmsweise auf den Aufsichtsrat übertragen wird.[179] 105

Maßnahmen der Geschäftsführung sind dem mitbestimmten Aufsichtsrat zwingend entzogen (§ 111 Abs. 4 Satz 1 AktG). Eine Abweichung hiervon in der Satzung ist nicht zulässig, insbeson- 106

173 BGHZ 82, 154.
174 BGHZ 122, 432, 355; Ulmer/Habersack/Winter/*Raiser/Heermann*, § 52 Rn. 219 f.
175 Scholz/*Schneider*, § 52 Rn. 455; Ulmer/Habersack/Winter/*Raiser/Heermann*, § 52 Rn. 221.
176 *Deilmann*, BB 2004, 2253, 2254.
177 Baumbach/Hueck/*Zöllner/Noack*, § 52 Rn. 242.
178 *W. Müller*, in: Beck'sches Handbuch der GmbH, § 6 Rn. 87.
179 Baumbach/Hueck/*Zöllner/Noack*, § 52 Rn. 247.

dere ist auch eine Verlagerung der Weisungskompetenz von der Gesellschafterversammlung auf den Aufsichtsrat unzulässig.[180] Soweit in einer GmbH Geschäftsführungsaufgaben auf andere Organe als die Geschäftsführer übertragen werden sollen, ist dies nur auf einen Beirat oder ein vergleichbares weiteres Gremium möglich.[181]

> **!** Die Pflicht zur Aufstellung eines Katalogs zustimmungspflichtiger Rechtsgeschäfte entsprechend § 111 Abs. 4 Satz 2 AktG gilt gleichermaßen für den Aufsichtsrat nach dem DrittelbG; bei mitbestimmten Gesellschaften wird davon regelmäßig nur zurückhaltend Gebrauch gemacht. Empfehlenswert ist eine Regelung durch die Gesellschafter in der Satzung.

107 Zur Verbesserung der **Informationsbeschaffung** des obligatorischen Aufsichtsrats verweist § 1 Abs. 1 Nr. 3 DrittelbG auf §§ 118 Abs. 2 und 125 Abs. 3 bis 4 AktG. Danach sollen Aufsichtsratsmitglieder an Gesellschafterversammlungen teilnehmen. Ferner sind jedem Aufsichtsratsmitglied auf Verlangen die in der Gesellschafterversammlung gefassten Beschlüsse mitzuteilen.

2. Nach Mitbestimmungsgesetz

a) Allgemeines

108 Unternehmen in der Rechtsform einer GmbH, die mehr als **2.000 Arbeitnehmer** beschäftigen, haben nach § 6 Abs. 1 i.V.m. § 1 Abs. 1 MitbestG einen Aufsichtsrat zu bilden. Auf die Bildung dieses mitbestimmten Aufsichtsrats finden die §§ 7 bis 24 MitbestG sowie ergänzend § 96 Abs. 2, §§ 97 bis 101 Abs. 1, 3 sowie die §§ 102 bis 106 AktG Anwendung. Die innere Ordnung des Aufsichtsrats ist in den §§ 25 bis 29 MitbestG geregelt. Ergänzend zu den Vorschriften des MitbestG sind die genannten aktienrechtlichen Bestimmungen sowie die Satzung anwendbar, soweit das MitbestG keine abschließende Regelung trifft (§ 6 Abs. 2 Satz 2 MitbestG). Auf **Tendenzunternehmen** ist das MitbestG nicht anwendbar (§ 1 Abs. 4 MitbestG).

109 Wesentlicher Unterschied zum fakultativen Aufsichtsrat und zum Aufsichtsrat nach dem DrittelbG ist die ausschließliche Kompetenz des Aufsichtsrats zur **Bestellung der Geschäftsführer** (§ 31 MitbestG i.V.m. §§ 84, 85 AktG). Die Mitbestimmung ändert im Übrigen aber nichts an der Kompetenz der Gesellschafterversammlung in Angelegenheiten der Geschäftsführung und lässt auch deren Weisungsrecht in vollem Umfang unberührt.[182]

b) Maßgebliche Arbeitnehmerzahl

110 Voraussetzung für die Bildung eines Aufsichtsrats nach dem MitbestG ist eine Beschäftigung von mehr als 2.000 Arbeitnehmern. Auch **leitende Angestellte** i.S.d. § 5 Abs. 3 BetrVG sind anders als im Rahmen des DrittelbG in die Arbeitnehmerzahl einzurechnen (§ 3 Abs. 1 Nr. 2 MitbestG).

111 Im **Konzern** werden die Arbeitnehmer sämtlicher untergeordneter Konzerngesellschaften bei der herrschenden Obergesellschaft nach § 5 Abs. 1 MitbestG hinzugerechnet. Anders als im Anwendungsbereich des DrittelbG genügt ein Konzernverhältnis nach § 18 Abs. 1 AktG; auf das Mittel der Beherrschung – Mehrheitsbeteiligung oder Beherrschungsvertrag – kommt es nicht an. Bei einer GmbH, die Komplementärin einer **Kommanditgesellschaft** ist, werden nach § 4 Abs. 1 MitbestG die Arbeitnehmer der KG bei der GmbH hinzugerechnet, sodass die Mitbestimmung über den Aufsichtsrat bei der GmbH auch die Kommanditgesellschaft erfasst. Dies gilt auch bei mehreren hintereinander geschalteten GmbH & Co. KG (§ 4 Abs. 1 Satz 2 MitbestG), nicht jedoch bei einer ausländischen Kapitalgesellschaft als persönlich haftender Gesellschafterin[183].

---

180 Lutter/Hommelhoff/*Kleindiek*, § 37 Rn. 19.
181 Ulmer/Habersack/Winter/*Raiser/Heermann*, § 52 Rn. 240; Baumbach/Hueck/*Zöllner/Noack*, § 52 Rn. 230.
182 *Deilmann*, BB 2004, 2253.
183 Baumbach/Hueck/*Zöllner/Noack*, § 52 Rn. 273.

c) Bildung des Aufsichtsrats

Die Bildung des Aufsichtsrats nach dem MitbestG erfolgt gleichfalls durch ein **Statusverfahren** nach § 97 AktG. Auf die Ausführungen zum Aufsichtsrat zum DrittelbG wird verwiesen (siehe Rn. 86). 112

d) Mitgliederzahl und Zusammensetzung

Der **paritätische Aufsichtsrat** nach dem MitbestG ist gleichermaßen mit Vertretern der Anteilseigner und der Arbeitnehmer besetzt. Abhängig von der Arbeitnehmeranzahl im Unternehmen besteht der Aufsichtsrat gem. § 7 Abs. 1 MitbestG aus zwölf, 16 oder 20 Mitgliedern (bis 10.000, bis 20.000 oder mehr als 20.000 Arbeitnehmer). Je nach Größe müssen sich neben Arbeitnehmern aus dem Unternehmen zwingend zwei oder drei Vertreter von Gewerkschaften im Aufsichtsrat befinden (§ 7 Abs. 2 MitbestG). Mindestens ein Arbeitnehmervertreter muss leitender Angestellter sein, § 15 Abs. 1 Satz 2 MitbestG. Daneben kann die Satzung aber nicht bestimmen, dass der Aufsichtsrat aus weiteren Mitgliedern mit lediglich beratender Funktion besteht; § 7 Abs. 1 MitbestG ist insoweit eine abschließende Regelung.[184] 113

Die **Wählbarkeitsvoraussetzungen** nach §§ 100, 105 AktG gelten gleichermaßen für den mitbestimmten Aufsichtsrat. Nach § 6 Abs. 2 Satz 1 Hs. 2 MitbestG kann ein Prokurist auch Mitglied des Aufsichtsrats werden, soweit er nicht der Geschäftsführung unmittelbar unterstellt ist und nicht zur Ausübung der Prokura für den gesamten Geschäftsbereich des Organs ermächtigt ist. 114

e) Bestellung und Wahlen

Für die Bestellung der **Vertreter der Anteilseigner** gelten keine Besonderheiten. Sie werden durch Wahl der Gesellschafter bestellt oder aufgrund eines Entsendungsrechts eines Gesellschafters (§ 101 Abs. 2 AktG) in den Aufsichtsrat gewählt (§ 8 MitbestG). 115

Die Wahl der **Vertreter der Arbeiternehmer** erfolgt nach § 9 MitbestG entweder in direkter Wahl durch die Arbeitnehmer (§ 18 MitbestG) oder indirekt durch Delegierte (§§ 10 bis 17 MitbestG). Die Wahl erfolgt aufgrund von Wahlvorschlägen der Arbeitnehmer, der leitenden Angestellten (§ 15 Abs. 2 MitbestG) und der Gewerkschaften, die in dem Unternehmen vertreten sind (§ 16 Abs. 2 MitbestG). Näheres ist in den §§ 19 bis 22 MitbestG sowie in den aufgrund § 39 MitbestG jeweils erlassenen Wahlverordnungen zum MitbestG geregelt.[185] 116

Ohne Wahl können Aufsichtsratsmitglieder gleichermaßen durch gerichtliche Ersatzbestellung bestimmt werden (§ 104 AktG i.V.m. § 6 Abs. 2 MitbestG).[186]

f) Amtszeit und Abberufung

Für die Amtszeit des Aufsichtsrats nach dem MitbestG gelten die Ausführungen zum drittelbestimmten Aufsichtsrat entsprechend (siehe Rn. 95). Aufsichtsratsmitglieder der Arbeitnehmer können mit Dreiviertelmehrheit der Arbeitnehmer bzw. der Delegierten nach § 23 MitbestG abberufen werden. Eine Abberufung ist grundsätzlich nicht bei Beendigung des Arbeitsverhältnisses eines Arbeitnehmervertreters erforderlich, da ein Ausscheiden aus dem Unternehmen auch zu einem Erlöschen der Organstellung des Arbeitnehmervertreters führt (§ 24 Abs. 1 MitbestG).[187] 117

g) Innere Ordnung und Beschlussfassung

Die **innere Ordnung** des Aufsichtsrats nach dem MitbestG richtet sich nach den §§ 27 bis 29, 31 und 32 MitbestG sowie nach denselben aktienrechtlichen Vorschriften wie in § 1 Abs. 1 Nr. 3 DrittelbG aufgeführt, sodass insoweit auf die obigen Ausführungen (siehe Rn. 99) verwiesen werden kann. 118

---

184 BGH, DStR 2012, 762.
185 *Sieg/Siebels*, NZA 2002, 697; Baumbach/Hueck/*Zöllner/Noack*, § 52 Rn. 290.
186 Baumbach/Hueck/*Zöllner/Noack*, § 52 Rn. 291.
187 Baumbach/Hueck/*Zöllner/Noack*, § 52 Rn. 294.

119 Die **Wahl des Aufsichtsratsvorsitzenden** und seines Stellvertreters bedarf, anders als nach § 107 Abs. 1 AktG, einer Zweidrittelmehrheit (§ 27 Abs. 1 MitbestG). Soweit eine entsprechende Mehrheit nicht erreicht wird, findet ein zweiter Wahlgang statt, in dem die Vertreter der Anteilseigner den Vorsitzenden und die Vertreter der Arbeitnehmer den Stellvertreter jeweils mit einfacher Mehrheit nach § 27 Abs. 2 MitbestG wählen.

120 Unmittelbar nach der Wahl des Vorsitzenden und seines Stellvertreters ist ein **Vermittlungsausschuss** für die Wahl der Geschäftsführer zu wählen (§ 27 Abs. 3 MitbestG). Diesem gehören der Aufsichtsratsvorsitzende, sein Stellvertreter und je ein Vertreter der Anteilseigner und der Arbeitnehmer an.

121 Der Aufsichtsrat ist **beschlussfähig**, wenn mindestens die Hälfte seiner Mitglieder anwesend ist. Beschlüsse werden, soweit kein höheres Quorum gesetzlich festgelegt ist, mit einfacher Stimmenmehrheit getroffen (§ 29 Abs. 1 MitbestG). Soweit sich infolge der paritätischen Besetzung bei einer Abstimmung eine Stimmengleichheit ergibt, hat bei einer erneuten Wahl der Aufsichtsratsvorsitzende, nicht jedoch dessen Stellvertreter, zwei Stimmen, sog. **Stichentscheid** (§ 29 Abs. 2 MitbestG). Dies gilt auch bei schriftlicher Stimmabgabe bei Abwesenheit (§ 29 Abs. 2 Satz 2 MitbestG i.V.m. § 108 Abs. 3 AktG).

h) Aufgaben und Kompetenzen

122 Die Aufgaben und Kompetenzen entsprechen grundsätzlich denen eines Aufsichtsrats nach dem DrittelbG. Weitergehend erfolgt jedoch die **Bestellung der Geschäftsführer** zwingend durch den Aufsichtsrat, nicht durch die Gesellschafterversammlung (§ 31 MitbestG i.V.m. §§ 84, 85 AktG). Die Geschäftsführer sind auf eine Amtsdauer von höchstens fünf Jahren mit mindestens 2/3-Stimmenmehrheit der Aufsichtsratsmitglieder zu wählen (§ 31 Abs. 2 MitbestG). Dem Aufsichtsrat fällt als Annexkompetenz auch die Alleinzuständigkeit für den Abschluss der Anstellungsverträge mit den Geschäftsführern zu.[188] Die Unterzeichnung des Dienstvertrags kann durch ein vom Aufsichtsrat oder von einem gesonderten Ausschuss bevollmächtigtes Mitglied, in der Regel den Aufsichtsratsvorsitzenden, erfolgen.[189]

123 Infolge der paritätischen Besetzung des Aufsichtsrats und der damit möglichen Pattsituation sieht das MitbestG besondere Regeln für die Wahl der Geschäftsführung vor. Kommt im ersten Wahlgang eine Zweidrittelmehrheit nicht zustande, hat der **Vermittlungsausschuss** des Aufsichtsrats (§ 27 Abs. 3 MitbestG) binnen eines Monats einen Beschlussvorschlag zu machen, der mit einfacher Mehrheit vom Aufsichtsrat in einem zweiten Wahlgang beschlossen werden kann. Soweit auch dann keine Einigung möglich ist, hat in einem dritten Wahlgang der Aufsichtsratsvorsitzende nach § 31 Abs. 4 MitbestG ein doppeltes Stimmrecht. Das genannte Verfahren gilt auch für die Bestellung eines Vorsitzenden der Geschäftsführung nach § 84 Abs. 2 AktG und für die Abberufung eines Geschäftsführers (§ 31 Abs. 5 MitbestG).[190]

124 Die Geschäftsführung der mitbestimmten GmbH besteht aus mindestens zwei Geschäftsführern. Ein Mitglied des gesetzlichen Vertretungsorgans ist ausdrücklich als **Arbeitsdirektor** zu bestellen (§ 33 Abs. 1 MitbestG). Eine genaue Aufgabe legt das Gesetz nicht fest. Unabhängig von der Zuständigkeit der Gesamtgeschäftsführung soll der Arbeitsdirektor eine Ressortzuständigkeit für Personal- und Sozialfragen haben.[191] Näheres wird regelmäßig in einer Geschäftsordnung für die Geschäftsleitung festgelegt (§ 33 Abs. 2 MitbestG).

125 Für die **Ausübung von Beteiligungsrechten** in einem ebenfalls mitbestimmten Unternehmen, an dem die GmbH mit mindestens 25 % beteiligt ist, sieht § 32 MitbestG eine besondere Zustimmung der Anteilseignervertreter im Aufsichtsrat vor. Bei der Bestellung, dem Widerruf und der Entlastung der Geschäftsführungsorgane sowie bei Umwandlungen, Unternehmensverträgen und ähnlichen Strukturmaßnahmen darf die Geschäftsführung Stimmrechte in der Beteiligungsgesell-

188 BGHZ 89, 48, 51 ff.; Baumbach/Hueck/*Zöllner/Noack*, § 52 Rn. 303.
189 *W. Müller*, in: Beck'sches Handbuch der GmbH, § 6 Rn. 99.
190 Baumbach/Hueck/*Zöllner/Noack*, § 52 Rn. 302.
191 *Lutter/Krieger*, Rn. 181.

schaft nur aufgrund eines Beschlusses des Aufsichtsrats ausüben. Diese Beschlüsse bedürfen nur der Mehrheit der Stimmen der Anteilseignervertreter und sind für die Geschäftsführer verbindlich (§ 32 Abs. 1 Satz 2 MitbestG).

3. Weitere Gremien neben obligatorischem Aufsichtsrat

Neben einem obligatorischen Aufsichtsrat nach den Regelungen der Mitbestimmung ist die Einrichtung eines weiteren Gremiums, insbesondere eines Beirats oder eines Gesellschafterausschusses (siehe Rn. 137), zulässig.[192] Zwingende Befugnisse des Aufsichtsrats dürfen dadurch aber nicht beeinträchtigt werden.[193] Hierzu gehört vor allem die ausschließliche Befugnis des Aufsichtsrats nach dem MitbestG zur Bestellung und Abberufung der Geschäftsführer sowie zum Abschluss der Anstellungsverträge mit diesen.[194] Kontrolle und Überwachungsfunktionen können parallel jedoch auch einem weiteren Gremium übertragen werden.[195] Problematisch ist die Übertragung von Weisungsbefugnissen der Gesellschafterversammlung auf ein solches weiteres Gremium. Soweit dadurch Geschäftsführungsbefugnisse auf ein Gremium außerhalb der Überwachungskompetenz des Aufsichtsrats übertragen werden, könnte die Funktion des Aufsichtsrats als ausgehöhlt angesehen werden. Unzweifelhaft zulässig ist dies lediglich dann, wenn das weitere Gremium ausschließlich aus Gesellschaftern besteht.[196] 126

! Bei der Einrichtung eines weiteren Gremiums, wie beispielsweise eines Beirats mit Weisungsrechten neben einem Aufsichtsrat, ist in der Satzung eine klare Abgrenzung der Zuständigkeiten dieses Gremiums von denen des Aufsichtsrats erforderlich.

III. Bekanntmachungspflichten (Abs. 2)

1. Fakultativer Aufsichtsrat

Die Mitglieder des Aufsichtsrats sind nach Abs. 2 bekannt zu machen. Dies ist Aufgabe der Geschäftsführer und erfolgt durch Übersendung entsprechender Unterlagen, regelmäßig der **Aufsichtsratsliste**, an das Handelsregister. Die Einreichung hat in elektronischer Form beim Handelsregister zu erfolgen, und zwar in Form einer elektronischen Aufzeichnung (§ 12 Abs. 2 Satz 1 HGB; zur elektronischen Einreichung siehe § 7 Rn. 11). Eine unterlassene Einreichung kann das Registergericht durch Androhung eines Zwangsgelds nach § 14 HGB erzwingen. Der Vorsitzende des Aufsichtsrats ist zudem auf Geschäftsbriefen nach § 35a Abs. 1 anzugeben. Der Vorsitzende des Aufsichtsrats und sein Stellvertreter sind nicht separat zum Handelsregister anzumelden, da § 107 Abs. 1 Satz 2 AktG mangels Verweisung in Abs. 1 nicht anwendbar ist. Die Bekanntmachungspflicht kann in der Satzung nicht abbedungen werden; Abs. 2 ist zwingend.[197] Dies ist lediglich anders etwa bei einem Beirat, dem keine Überwachungsfunktion übertragen ist.[198] 127

Das Amtsgericht hat nach Einreichung der Unterlagen eine Bekanntmachung nach § 10 HGB zu veröffentlichen (Abs. 2 Satz 2 Hs. 2). Diese **Hinweisbekanntmachung** tritt an die Stelle der früheren Veröffentlichung in den Gesellschaftsblättern, insbesondere im Bundesanzeiger. Die Aufsichtsliste ist elektronisch über das Handelsregister und mittelbar damit auch über das Unternehmensregister für jedermann abrufbar, § 9 HGB. 128

Die Bekanntmachung des **ersten Aufsichtsrats**, der vor Eintragung der GmbH in das Handelsregister bestellt wird, erfolgt durch Einreichung der Urkunden über die Bestellung des Aufsichtsrats, also den Beschluss der Gesellschafterversammlung über die Aufsichtsratsbestellung, sowie durch Einreichung einer Liste der Mitglieder des Aufsichtsrats (Abs. 2 Satz 1 i.V.m. § 37 Abs. 4 Nr. 3 und 129

---

192 Ulmer/Habersack/Winter/*Raiser/Heermann*, § 52 Rn. 358 ff.
193 MüHdb-GesR-III/*Marsch-Barner/Diekmann*, § 48 Rn. 6.
194 Ulmer/Habersack/Winter/*Raiser/Heermann*, § 52 Rn. 359.
195 *K. Müller/Wolff*, NZG 2003, 751, 754.
196 *W. Müller*, in: Beck'sches Handbuch der GmbH, § 6 Rn. 18.
197 Ulmer/Habersack/Winter/*Raiser/Heermann*, § 52 Rn. 25; Baumbach/Hueck/*Zöllner/Noack*, § 52 Rn. 25.
198 Scholz/*Schneider*, § 52 Rn. 549.

3a AktG). Soweit bei Gründung noch kein Aufsichtsrat bestellt wird, genügt es nach der erstmaligen Bestellung eines Aufsichtsrats, eine Liste der Aufsichtsräte beim Handelsregister einzureichen.

130 Nach einem **Wechsel von Aufsichtsratsmitgliedern** haben die Geschäftsführer unverzüglich eine neue Aufsichtsratsliste einzureichen (Abs. 2 Satz 2). Die Bestellungsunterlagen sind nicht einzureichen. Auch ein ersatzloses Ausscheiden eines Mitglieds oder die Abschaffung des Aufsichtsrats sind mitzuteilen.[199]

131 Die Liste der Mitglieder des Aufsichtsrats muss die Namen, Vornamen, den jeweils ausgeübten Beruf und den Wohnort der einzelnen Mitglieder angeben. Ersatzmitglieder sind nicht aufzuführen. Üblich, auch wenn gesetzlich nicht gefordert,[200] ist es, den Vorsitzenden und dessen Stellvertreter zu bezeichnen. Die Liste ist von den Geschäftsführern in vertretungsberechtigter Anzahl zu unterzeichnen. Ein Muster für eine Liste der Aufsichtsratsmitglieder ist unter D. (Rn. 150) abgedruckt.

> **!** Die Angabe einer Postanschrift ist nicht erforderlich und im Hinblick auf die uneingeschränkte Einsichtsmöglichkeit über das Handelsregister und das Unternehmensregister auch nicht zu empfehlen.

2. Obligatorischer Aufsichtsrat nach DrittelbG und MitbestG

132 Für einen obligatorischen Aufsichtsrat nach dem DrittelbG oder dem MitbestG ist Abs. 2 nicht anwendbar. Für Gesellschaften mit einem nach dem DrittelbG gebildeten Aufsichtsrat gilt stattdessen die aktienrechtliche Bekanntmachung nach § 106 AktG i.V.m. § 1 Abs. 1 Nr. 3 DrittelbG und die mitbestimmungsrechtliche Bekanntmachung nach § 8 DrittelbG. Beim Aufsichtsrat nach dem MitbestG ergeben sich die Bekanntmachungspflichten aus § 106 AktG i.V.m. § 6 Abs. 2 MitbestG sowie zusätzlich nach § 19 MitbestG.

133 Die Bekanntmachung nach § 106 AktG entspricht der Veröffentlichungspflicht nach Abs. 2 Satz 2, sodass auf die obigen Ausführungen verwiesen werden kann (Rn. 128). Eine Unterteilung der Aufsichtsratsliste in Vertreter der Anteilseigner und Vertreter der Arbeitnehmer ist nicht erforderlich und im Hinblick auf die gleichberechtigte Stellung aller Mitglieder nicht zu empfehlen.

134 § 8 DrittelbG bzw. § 19 MitbestG ordnen neben der aktienrechtlichen Bekanntmachung überdies eine **mitbestimmungsrechtliche Bekanntmachung** durch die Geschäftsführung in den Betrieben des Unternehmens und im Bundesanzeiger an. Anders als beim fakultativen Aufsichtsrat ist hier weiterhin eine (zusätzliche) Veröffentlichung im Bundesanzeiger notwendig. Soweit an der Wahl der Arbeitnehmervertreter auch Arbeitnehmer eines anderen (Konzern-)Unternehmens teilgenommen haben, ist auch in den Betrieben dieses Unternehmens die Zusammensetzung des Aufsichtsrats bekannt zu machen (§ 8 Satz 2 DrittelbG bzw. § 19 Satz 2 MitbestG). Die Bekanntmachung umfasst dabei die Namen der Mitglieder sowie der Ersatzmitglieder, eine Bekanntmachung des ausgeübten Berufs oder des Wohnorts ist nicht erforderlich.

IV. Verjährung von Schadensersatzansprüche gegen Aufsichtsratsmitglieder (Abs. 3)

135 Schadensersatzansprüche gegen Mitglieder des Aufsichtsrats verjähren in **fünf Jahren**. Dies entspricht der gesetzlichen Regelung im Aktienrecht (§ 93 Abs. 6 AktG) und stellt eine Sondervorschrift gegenüber der allgemeinen zivilrechtlichen Regelverjährung von drei Jahren (§ 195 BGB) dar. Eine Verkürzung oder Verlängerung der Frist in der Satzung ist zulässig.[201]

136 Für Beginn, Hemmung, Ablaufhemmung und Neubeginn der Verjährungsfrist gelten die §§ 200, 202, 203 ff. BGB. Die Verjährung beginnt mit der Entstehung des Anspruchs; bei Schadensersatz-

199 Baumbach/Hueck/*Zöllner/Noack*, § 52 Rn. 139.
200 So aber Scholz/*Schneider*, § 52 Rn. 547.
201 Baumbach/Hueck/*Zöllner/Noack*, § 52 Rn. 24, 78; Ulmer/Habersack/Winter/*Raiser/Heermann*, § 52 Rn. 153.

ansprüchen gegen Aufsichtsratsmitglieder ist dies der Zeitpunkt der Verletzung ihrer Obliegenheiten. Die Verjährung wird durch Klageeinreichung unterbrochen. Nach Eintritt der Verjährung ist das Aufsichtsratsmitglied als Schuldner berechtigt, die Leistung zu verweigern (§ 214 BGB); dies ist als Einrede ausdrücklich zu erheben.

V. Beirat und Gesellschafterausschuss

Soweit neben Gesellschafterversammlung und Geschäftsführung ein zusätzliches Gremium bei einer GmbH eingerichtet wird, ohne Aufsichtsrat zu sein, wird dies regelmäßig als **Beirat**, Gesellschafterausschuss oder Verwaltungsrat bezeichnet. Allgemein kann man zwischen dem Beirat als beratendem Gremium, dem Beirat als Überwachungsorgan oder als dem unternehmensleitenden Gremium unterscheiden.[202] Aus der Bezeichnung lassen sich Kompetenzen und Aufgaben meist nicht konkret ableiten.[203] Die Zulässigkeit ist unbestritten. Im Unterschied zum Aufsichtsrat liegt der Schwerpunkt der Aufgaben eines Beirats nicht in der Überwachung der Geschäftsführer. 137

Die Anwendungsbereiche eines Beirats sind vielfältig. Mögliche **Aufgabenbereiche** sind die vorbereitende Diskussion von unternehmerischen Entscheidungen, die Repräsentation der Gesellschaft, die (auch wissenschaftliche) Beratung der Geschäftsführung, die unternehmensleitende Funktion nach dem Vorbild eines angloamerikanischen Board oder auch die Vermittlung zwischen Gesellschafterstämmen.[204] Auch als vorbereitendes und begleitendes Instrument einer Unternehmensnachfolge kann ein Beirat eingesetzt werden.[205] 138

Ein Beirat kann entweder organisationsrechtlich **in der Satzung** verankert oder rein vertraglich **durch Dienstleistungsverträge** mit den Beiratsmitgliedern begründet werden. Ein in der Satzung verankerter Beirat erhält die Stellung eines Gesellschaftsorgans, sodass hier die grundlegenden Regeln über die Besetzung des Beirats, seine Aufgaben und die Bestellung und Abberufung in der Satzung enthalten sein müssen.[206] Solche Beiräte können Rechte der Gesellschafterversammlung übernehmen und ggf. Geschäftsführern Weisungen erteilten. Vertraglich begründete Beiräte werden demgegenüber kein Organ der Gesellschaft und verfügen daher auch nicht über organschaftliche Befugnisse.[207] Letztere eignen sich insbesondere für die bloße Beratung oder Repräsentation der GmbH, da es in diesem Fall auf eine gesellschaftsrechtliche Institutionalisierung meist nicht ankommt.[208] 139

§ 52 ist nicht anwendbar, auch nicht entsprechend bei Fehlen von Satzungsbestimmungen.[209] Es ist daher empfehlenswert, alle einschlägigen Punkte möglichst eingehend im Gesellschaftsvertrag zu regeln. Hierzu gehören die Zusammensetzung, Aufgaben, Bestellung und Abberufung, insbesondere aber auch Informationsrechte, etwaige Zustimmungsvorbehalte, die Haftung, die Pflicht zur Verschwiegenheit[210] und die Frage einer Vergütung. Soweit das Gesetz Aufgaben zwingend der Gesellschafterversammlung oder den Geschäftsführern zuweist, können diese satzungsmäßig nicht auf einen Beirat übertragen werden;[211] im Übrigen besteht Satzungsfreiheit. 140

Mitglieder eines Beirats können sowohl Gesellschafter als auch externe Mitglieder, wie Vertreter von Banken, Wissenschaftler oder sonstige Experten, sein.[212] Auch soweit Geschäftsführungsbe- 141

---

202 Eingehend: *Spindler/Kepper*, DStR 2005, 1738 ff., 1775 ff.
203 Ulmer/Habersack/Winter/*Raiser/Heermann*, § 52 Rn. 308.
204 Eingehend: Ulmer/Habersack/Winter/*Raiser/Heermann*, § 52 Rn. 310 ff.; *Spindler/Kepper*, DStR 2005, 1738; *Wälzholz*, DStR 2003, 511, 513.
205 *Werner*, ZEV 2010, 619.
206 Ulmer/Habersack/Winter/*Raiser/Heermann*, § 52 Rn. 316.
207 Ulmer/Habersack/Winter/*Raiser/Heermann*, § 52 Rn. 318.
208 *W. Müller*, in: Beck'sches Handbuch der GmbH, § 6 Rn. 21.
209 Ulmer/Habersack/Winter/*Raiser/Heermann*, § 52 Rn. 327; *K. Müller/Wolff*, NZG 2003, 751, 754; a.A. *Wälzholz*, DStR 2003, 511, 512: teilweise anwendbar, „Lückenbüßerfunktion".
210 *Wälzholz*, DStR 2003, 511, 515.
211 Ulmer/Habersack/Winter/*Raiser/Heermann*, § 52 Rn. 328; *Spindler/Kepper*, DStR 2005, 1738, 1742; *Wälzholz*, DStR 2003, 511, 513.
212 Eingehend, auch zum Anforderungsprofil: *Spindler/Kepper*, DStR 2005, 1775, 1778.

fugnisse auf den Beirat übertragen werden, können Beiräte ganz oder überwiegend mit Nicht-Gesellschaftern besetzt werden.[213]

142 Aus dem Kreis der Gesellschafterversammlung können die Gesellschafter satzungsmäßig einen **Gesellschafterausschuss** bilden und auf diesen Kompetenzen übertragen. Anders als der Beirat ist der Gesellschafterausschuss kein eigenständiges Organ der GmbH, sondern ein Willensbildungsort der Gesellschafterversammlung.[214] In die Kompetenz eines Gesellschafterausschusses können Grundlagengeschäfte der Gesellschafterversammlung, wie Satzungsänderungen, Unternehmensverträge und Umwandlungen, nicht übertragen werden. Dagegen können Entscheidungen über die Bestellung von Geschäftsführern, die Feststellung des Jahresabschlusses samt Gewinnverwendung sowie die Zustimmung zu zustimmungspflichtigen Geschäften auf einen Gesellschafterausschuss delegiert werden.[215]

143 Mitglieder eines Beirats oder Gesellschafterausschusses haben Anspruch auf eine **Vergütung** nur, soweit sich dies aus der Rechtsgrundlage des Gremiums ergibt. Auch wenn eine Vergütung bei Mitgliedern, die nicht Gesellschafter sind, üblich ist,[216] begründet dies keine hinreichende Anspruchsgrundlage. Gewährte Bezüge sind im Anhang nach § 285 Nr. 9 HGB anzugeben. Eine Pflicht zur Bekanntmachung eines Beirats oder vergleichbaren Gremiums nach Abs. 2 besteht nicht, da kein Gremium mit Überwachungsfunktion besteht (siehe Rn. 127).

C. Weitere praktische Hinweise

I. Steuerliche Behandlung der Aufsichtsratsvergütung bei der Gesellschaft

144 Vergütungen für Aufsichtsrats- und Beiratsmitglieder sind bei der Gesellschaft **Betriebsausgaben**. Zu beachten ist jedoch das **Abzugsverbot** nach § 10 Nr. 4 KStG, wonach die Hälfte von Vergütungen aller Art, die an Mitglieder eines Aufsichtsrats, Verwaltungsrats oder andere mit der Überwachung der Geschäftsführung beauftragte Personen gewährt werden, nicht abgezogen werden können. Aufsichtsratsvergütungen sind alle Leistungen, die als Entgelt für die Überwachung der Geschäftsführung gewährt werden. Hierzu gehören auch Tagegelder, Sitzungsgelder, Reisegelder und sonstige Aufwandsentschädigungen; nicht jedoch die gesonderte Erstattung von Aufwendungen.[217] Der Begriff der Überwachung ist weit auszulegen und umfasst jede Tätigkeit eines Aufsichtsratsmitglieds, die innerhalb des möglichen Rahmens seiner Aufgaben liegt.[218] Lediglich soweit ein Beirat ausschließlich beratende Funktion hat, entfällt das Abzugsverbot.[219]

145 Soweit ein Aufsichtsrat Unternehmer nach § 2 UStG ist und die Umsatzsteuer für die Vergütung zusätzlich in Rechnung stellt, ist lediglich der Nettobetrag der Vergütung zur Hälfte nach § 10 Nr. 4 KStG dem Gewinn der Gesellschaft hinzuzurechnen; im Übrigen ist stets die Hälfte des Gesamtbetrags einschließlich Umsatzsteuer hinzuzurechnen.[220]

II. Steuerliche Behandlung der Aufsichtsratsvergütung beim Aufsichtsratsmitglied

146 Die Vergütung eines Aufsichtsrats sind in der Regel **Einkünfte aus selbstständiger Arbeit** nach § 18 Abs. 1 Nr. 3 EStG, bei reiner Beratungstätigkeit nach § 18 Abs. 1 Nr. 1 EStG. Sämtliche Zahlungen aus der Tätigkeit einschließlich Sitzungsgeldern, Gewinnanteilen und Sachleistungen sind steuerpflichtige Vergütungen. Steuerpflichtig ist der Gewinn aus der selbstständigen Tätigkeit (§ 2

---

213 Ulmer/Habersack/Winter/*Raiser/Heermann*, § 52 Rn. 329; Michalski/*Heyder*, § 52 Rn. 406 m.w.N. auch zur Gegenansicht.
214 *W. Müller*, in: Beck'sches Handbuch der GmbH, § 6 Rn. 24.
215 *W. Müller*, in: Beck'sches Handbuch der GmbH, § 6 Rn. 25.
216 Baumbach/Hueck/*Zöllner/Noack*, § 45 Rn. 22.
217 Abschn. 45 Abs. 1 KStR.
218 Abschn. 45 Abs. 3 KStR.
219 *W. Müller*, in: Beck'sches Handbuch der GmbH, § 6 Rn. 60.
220 Abschn. 45 Abs. 2 KStR.

Abs. 2 Nr. 1 EStG), sodass nach allgemeinen Regeln die Betriebsausgaben des Aufsichtsratsmitglieds nach § 4 Abs. 4 EStG abzugsfähig sind. Betriebsausgaben sind typischerweise Reisespesen, Bürokosten, Literatur- und eigene Beratungsaufwendungen, soweit diese nicht von der Gesellschaft erstattet werden.

Aufsichtsratsmitglieder, auch Arbeitnehmervertreter, erbringen eine steuerbare Leistung gegenüber der Gesellschaft als einem Dritten und sind als Unternehmer umsatzsteuerpflichtig. Die Aufsichtsratsvergütung unterliegt daher der **Umsatzsteuer** nach dem allgemeinen Steuersatz nach § 12 Abs. 1 UStG, derzeit 19 %. Die Steuer entsteht mit Abschluss der Gesellschafterversammlung, die über das abgelaufene Geschäftsjahr beschließt und den Aufsichtsrat entlastet.[221] 147

Für **beschränkt steuerpflichtige Aufsichtsratsmitglieder** sieht § 50a Abs. 1 Nr. 4 EStG eine gesonderte Aufsichtsratssteuer als Abzugssteuer i.H.v. 30 % der Einnahmen vor; auch umsatzsteuerlich werden solche Vergütungen im Inland erfasst (§ 3a Abs. 2 UStG).

D. Muster

I. Muster: Satzungsklausel für die Errichtung eines fakultativen Aufsichtsrats[222] 148

41

I. Zusammensetzung

Die Gesellschaft hat einen Aufsichtsrat, der aus drei Mitgliedern besteht. Ein Mitglied des Aufsichtsrats wird vom Gesellschafter … entsandt und abberufen. Im Übrigen werden die Aufsichtsratsmitglieder von der Gesellschafterversammlung gewählt.

Die Aufsichtsratsmitglieder werden für die Zeit bis zur Beendigung der Gesellschafterversammlung gewählt, die über ihre Entlastung für das zweite Geschäftsjahr nach dem Beginn der Amtszeit beschließt. Das Geschäftsjahr, in dem die Amtszeit beginnt, wird nicht mitgerechnet. Die Wahl oder Entsendung des Nachfolgers eines vor Ablauf der Amtszeit ausgeschiedenen Mitglieds erfolgt für den Rest der Amtszeit des ausgeschiedenen Mitglieds.

Die Mitglieder des Aufsichtsrats können ihr Amt durch schriftliche Erklärung unter Einhaltung einer Frist von vier Wochen niederlegen.

II. Aufgaben und Pflichten

Der Aufsichtsrat hat die Geschäftsführung zu beraten und zu überwachen. Er hat sich zu diesem Zweck über die Angelegenheiten der Gesellschaft zu unterrichten und hierzu Berichte von der Geschäftsführung zu verlangen.

Der Aufsichtsrat hat den Jahresabschluss nebst etwaigem Lagebericht zu prüfen und der Gesellschafterversammlung hierüber zu berichten.

Die Mitglieder des Aufsichtsrats haben ihre Aufgaben und Pflichten sorgfältig und gewissenhaft auszuüben. Sie haben über alle vertraulichen Angaben und Geschäftsgeheimnisse der Gesellschaft Stillschweigen zu bewahren.

Die Gesellschafterversammlung hat Näheres in einer Geschäftsordnung für den Aufsichtsrat zu regeln, insbesondere festzulegen, soweit Geschäftsführer zu Rechtsgeschäften der Zustimmung des Aufsichtsrats bedürfen.

III. Innere Ordnung und Beschlussfassung

Der Aufsichtsrat wählt aus seiner Mitte einen Vorsitzenden und einen stellvertretenden Vorsitzenden.

Der Aufsichtsrat ist beschlussfähig, wenn mindestens zwei seiner Mitglieder an der Beschlussfassung teilnehmen. Im Übrigen gelten §§ 107, 108 AktG entsprechend.

---

221 *W. Müller*, in: Beck'sches Handbuch der GmbH, § 6 Rn. 64.

222 Ein Formulierungsvorschlag zur Einrichtung eines Beirats in der Satzung findet sich bei *Wälzholz*, DStR 2003, 511, 514 ff.

II. Muster: Katalog zustimmungspflichtiger Geschäfte (§ 111 Abs. 2 Satz 4 AktG)

42 1. Folgende Rechtsgeschäfte bedürfen der Zustimmung durch den Aufsichtsrat:
   a) Errichtung und Aufhebung von Zweigniederlassungen und Tochtergesellschaften
   b) Erwerb, Belastung und Veräußerung von Grundstücken, grundstücksgleichen Rechten und Rechten an Grundstücken,
   c) Aufstellung von Geschäftsplänen der Gesellschaft, die einen Planungszeitraum von mindestens einem Jahr betreffen
   d) Investitionen, die den Betrag von … EUR im Einzelfall überschreiten
   e) Kreditaufnahmen, die den Betrag von … EUR im Einzelfall überschreiten
   f) Kreditgewährungen an Mitglieder eines Organs der Gesellschaft
   g) Gewährungen von Sicherheiten, insbesondere von Bürgschaften, Garantien und ähnlichen Sicherheiten
   h) die Übernahme von Aufträgen, die mit einem ungewöhnlichen Haftungsrisiko verbunden sind
   i) der Abschluss, die Änderung oder Beendigung von Anstellungsverträgen mit leitenden Angestellten der Gesellschaft
   j) das Erteilen oder Widerrufen von Prokuren, Generalvollmachten, Handlungsvollmachten und sonstigen dauernden, nicht nur auf einzelne Angelegenheiten begrenzten Vollmachten
2. Der Aufsichtsrat kann weitere Rechtsgeschäfte allgemein oder im Einzelfall durch Beschluss für zustimmungspflichtig erklären.

III. Muster: Liste der Aufsichtsratsmitglieder

43 Liste der Mitglieder des Aufsichtsrats
der … GmbH mit dem Sitz in …
HR B Nr. …

nach dem Stand vom ….

[für jedes Mitglied:] … [Name], … [Vorname], … [ausgeübter Beruf], … [Wohnort]

… [Ort], den … [Datum]

[Unterschrift durch Geschäftsführer in vertretungsberechtigter Zahl]

Abschnitt 4 Abänderungen des Gesellschaftsvertrags

§ 53 Form der Satzungsänderung

(1) Eine Abänderung des Gesellschaftsvertrages kann nur durch Beschluß der Gesellschafter erfolgen.

(2) Der Beschluss muß notariell beurkundet werden, derselbe bedarf einer Mehrheit von drei Vierteln der abgegebenen Stimmen. Der Gesellschaftsvertrag kann noch andere Erfordernisse aufstellen.

(3) Eine Vermehrung der den Gesellschaftern nach dem Gesellschaftsvertrag obliegenden Leistungen kann nur mit Zustimmung sämtlicher beteiligter Gesellschafter beschlossen werden.

Literatur

Goette, Auslandsbeurkundungen im Kapitalgesellschaftsrecht, DStR 1996, 709; *Hergeth/Mingau*, Beteiligungsverträge bei der GmbH, DStR 2001, 1217; *Lawall*, Satzungsdurchbrechende Beschlüsse im GmbH-Recht, DStR 1996, 1169; *Noack*, Zur Bindung des Erwerbers eines Geschäftsanteils an Beschlußlagen bei der GmbH, GmbHR 1994, 349; *Pöschke*, Satzungsdurchbrechende Beschlüsse in der GmbH, DStR 2012, 1089; *Schulte/Sieger*, Vereinbarungen über Satzungsänderungen, GmbHR 2002, 1050; *Wicke*, Schuldrechtliche Nebenvereinbarungen bei der GmbH, DStR 2006, 1137; *Wicke*, Echte und unechte Bestandteile im Gesellschaftsvertrag der GmbH, DNotZ 2006, 419; *Wicke*, Abweichungen und Änderungen beim Musterprotokoll gemäß § 2 Absatz 1a GmbHG, DNotZ 2012, 15.

A. Allgemeines

§ 53 ist die **Grundnorm** des vierten Abschnitts des GmbHG und regelt Änderungen und Ergänzungen des Gesellschaftervertrags. Diese erfordern nach Abs. 1 einen Beschluss der Gesellschafter, der notariell zu beurkunden und mit qualifizierter Dreiviertelmehrheit zu fassen ist (§ 53 Abs. 2). Abs. 3 schließlich begrenzt die Änderungskompetenz der Gesellschafterversammlung bei Erhöhung der einzelnen Gesellschaftern obliegenden Leistungen und stellt somit eine Ausprägung des Minderheitenschutzes bei der GmbH dar. Unter § 53 fallen auch Änderungen des bei Gründung im vereinfachten Verfahren verwendeten Musterprotokolls, das als Gesellschaftsvertrag zu behandeln ist (§ 2 Abs. 1a Satz 5). 1

Eine Änderung des Gesellschaftsvertrags vor Eintragung der GmbH fällt nicht in den Anwendungsbereich des § 53 und ist daher nur mit Zustimmung aller Gesellschafter und unter Beachtung der weiter gehenden Formerfordernisse des § 2 möglich (siehe § 2 Rn. 23).[1] 2

1 OLG Köln, DStR 1996, 113; Baumbach/Hueck/*Zöllner*, § 53 Rn. 82; zweifelnd: Scholz/*Priester/Veil*, § 53 Rn. 183.

B. Inhalt der Regelung

I. Änderung der Satzung (Abs. 1)

1. Satzung und andere Gesellschaftervereinbarungen

3 Ebenso wie an anderen Stellen des GmbHG wird in Abs. 1 der Begriff „Gesellschaftsvertrag" verwendet. Synonym und in der Praxis überwiegend gebraucht wird der organisationsrechtliche Begriff der **Satzung**.[2] Diese bestimmt, begrenzt lediglich durch die zwingenden Vorgaben des GmbHG, das Verhältnis zwischen den Gesellschaftern und den Organen der GmbH. Anders als bei der AG besteht keine Satzungsstrenge (§ 23 Abs. 5 AktG), sodass die Gestaltung weitestgehend zur Disposition der Gesellschaft steht (**Satzungsautonomie**).[3]

4 Die Satzung enthält regelmäßig sog. echte und unechte Bestandteile.[4] **Echte Satzungsbestandteile** unterliegen den Bestimmungen des § 53, während unechte Bestandteile grundsätzlich ohne Beachtung des § 53 änderbar sein sollen (siehe § 3 Rn. 55).[5] Zu den echten Bestandteilen gehören diejenigen Bestimmungen des Gesellschaftsvertrags, welche die Grundverfassung der GmbH regeln; sie binden Geschäftsführung und einen etwaigen Aufsichtsrat ebenso wie künftig hinzutretende Gesellschafter.[6] **Unechte Satzungsbestandteile** haben hingegen keinen eigenen Regelungscharakter für die GmbH, sondern enthalten schuldrechtliche Verpflichtungen der Gesellschafter untereinander sowie Mitteilungen oder Verlautbarungen, wie etwa die Namen von Geschäftsführern oder die Höhe des eingezahlten Kapitals.[7] Auch typische unechte Satzungsbestandteile, wie etwa Verpflichtungen gegenüber Dritten oder die Bestellung eines Geschäftsführers, können als echte Bestandteile in der Satzung ausgestaltet werden.[8]

5 Von der Satzung abzugrenzen sind **Gesellschaftervereinbarungen**, die neben der Satzung bestehen können, wie etwa Stimmbindungsvereinbarungen, Konsortialverträge, Beteiligungsverträge oder Vorkaufsrechtsvereinbarungen.[9] Solche schuldrechtlichen Verträge wirken lediglich zwischen den Vertragsparteien und gelten anders als die Satzung nicht für neu hinzutretende Gesellschafter. Ihre Änderung ist keine Satzungsänderung i.S.d. § 53, sondern erfordert eine einvernehmliche Vertragsänderung durch alle Vertragsbeteiligten.[10] Die Form solcher Vereinbarungen richtet sich nach den jeweiligen Verpflichtungen der Gesellschafter;[11] eine Stimmbindungsvereinbarung im Hinblick auf eine Satzungsänderung bedarf nicht notarieller Form entsprechend Abs. 2 Satz 1.[12] Ein unter Verstoß gegen derartige Vereinbarungen getroffener Beschluss zur Satzungsänderung soll anfechtbar sein.[13]

2. Möglichkeiten und Grenzen für Satzungsänderungen

6 Eine Änderung der Satzung ist jede Veränderung des Wortlauts, sowohl durch Modifizierung der bisherigen Bestimmungen als auch durch Aufnahme neuer Regelungen[14] einschließlich der vollständigen Neufassung[15]. **Typische Satzungsänderungen** sind die Änderung der Firma oder des Unternehmensgegenstands, die Sitzverlegung, die Einführung von Abtretungsbeschränkungen oder Erwerbsrechten für Geschäftsanteile, die Änderung der Gewinnverteilung, die Modifizierung

2 Baumbach/Hueck/*Zöllner*, § 53 Rn. 2; Scholz/*Priester/Veil*, § 53 Rn. 4.
3 Baumbach/Hueck/*Zöllner*, § 53 Rn. 21.
4 *Wicke*, DNotZ 2006, 419.
5 Baumbach/Hueck/*Zöllner*, § 53 Rn. 5, 20 ff.
6 Baumbach/Hueck/*Zöllner*, § 53 Rn. 15; Lutter/Hommelhoff/*Bayer*, § 53 Rn. 1.
7 Baumbach/Hueck/*Zöllner*, § 53 Rn. 17; Scholz/*Priester/Veil*, § 53 Rn. 6, 11.
8 *Wicke*, DNotZ 2006, 419, 434 ff.
9 Baumbach/Hueck/*Zöllner*, § 53 Rn. 19; eingehend: *Hergeth/Mingau*, DStR 2001, 1217; *Wicke*, DStR 2006, 1137.
10 Lutter/Hommelhoff/*Bayer*, § 53 Rn. 4; Scholz/*Priester/Veil*, § 53 Rn. 7.
11 *Hergeth/Mingau*, DStR 2001, 1217, 1219; *Wicke*, DStR 2006, 1137, 1139.
12 OLG München, NZG 2005, 756; Lutter/Hommelhoff/*Bayer*, § 53 Rn. 38.
13 BGH, NJW 1983, 1910; 1987, 1890; Scholz/*K. Schmidt*, § 47 Rn. 53; a.A. OLG Stuttgart, NZG 2001, 416; *Wicke*, DStR 2006, 1137, 1143; Baumbach/Hueck/*Zöllner*, § 47 Rn. 117 f.
14 OLG Köln, DB 1996, 467.
15 OLG Köln, BB 1993, 318.

der gesetzlichen Gesamtvertretung der Geschäftsführer oder die Einführung von Sonderrechten für Gesellschafter.[16] Eine besondere Art stellen Kapitalerhöhungen und Kapitalherabsetzungen dar, die neben § 53 den Sonderregelungen der §§ 55 ff. unterliegen. **Keine Satzungsänderungen** i.S.v. § 53 sind der Abschluss von Unternehmensverträgen, die Umwandlung der GmbH oder die Veräußerung des Unternehmens im Ganzen;[17] ebenso stellen die Einziehung von Geschäftsanteilen oder die Errichtung einer Zweigniederlassung keine Änderung des Gesellschaftsvertrags dar.[18] Eine nichtige Satzungsänderung stellt hingegen noch die Sitzverlegung ins Ausland dar.[19]

Die **Änderung redaktioneller Teile** der Satzung oder unechter Bestandteile soll nach überwiegender Ansicht zwar ohne Beachtung des § 53 möglich sein, aber gleichwohl eine Eintragung der Änderung im Handelsregister erfordern.[20] Dies betrifft etwa die Aufführung der Gründungsgesellschafter sowie Angaben über Sacheinlagen und Gründungsaufwand in der Satzung.[21] In der Praxis werden solche Änderungen regelmäßig bei Gelegenheit weiterer Satzungsänderungen vorgenommen. Eine Ermächtigung des Geschäftsführers oder des Notars zu Änderungen der Fassung entsprechend § 179a Abs. 1 Satz 2 AktG wird bei der GmbH – mit Ausnahme eines genehmigten Kapitals nach § 55a[22] – noch für unzulässig gehalten.[23] 7

Grenzen einer Satzungsänderung liegen vor bei Verstößen gegen zwingendes Recht oder die guten Sitten, Eingriffen in unentziehbare Mitglieds- oder Sonderrechte sowie bei Verstößen gegen die Treuepflicht oder den Grundsatz der Gleichbehandlung der Gesellschafter.[24] 8

Soweit eine GmbH lediglich mit einem **Musterprotokoll** gemäß Anlage 1 zum GmbHG gegründet ist, können bei einer Satzungsänderung keine abweichenden Bestimmungen vom GmbHG aufgenommen werden (§ 2 Abs. 1a Satz 3). Als Raum für zulässige Satzungsänderungen des Musterprotokolls bleibt somit die Änderung von Firma, Sitz oder Unternehmensgegenstand.[25] Zu beachten ist, dass dabei Hinweise auf die Gründung im Musterprotokolls sprachlich anzupassen sind (etwa „Der Erschienene errichtet hiermit..“), um eine Irreführung zu vermeiden.[26] Der Wechsel des im Musterprotokoll bestellten Geschäftsführers stellt keine Satzungsänderung dar;[27] allerdings empfiehlt sich eine Satzungsänderung, soweit eine vom Gesetz abweichende Vertretungsregelung oder eine Befreiung vom Verbot des Selbstkontrahierens gewünscht wird.[28] Soweit die Änderungen sich auf den Inhalt des Musterprotokolls beschränken, gilt das Kostenprivileg des § 41 d KostO. Weitergehende Änderungen erfordern eine Neufassung der Satzung unter Aufgabe des bei der Gründung verwendeten Musterprotokolls.[29] 9

3. Satzungsdurchbrechungen

Weichen Gesellschafter bewusst durch Beschluss für einen konkreten Einzelfall von einer Bestimmung in der Satzung ab, ohne aber diese Bestimmung für die Zukunft allgemein aufheben oder ändern zu wollen, liegt eine grundsätzlich zulässige[30] Satzungsdurchbrechung vor.[31] Beispiele sind etwa die Abweichung von Ausschüttungsregelungen oder die Bestellung eines Geschäftsführers, 10

16 Lutter/Hommelhoff/*Bayer*, § 53 Rn. 2 m.w.N.
17 Lutter/Hommelhoff/*Bayer*, § 53 Rn. 3.
18 Baumbach/Hueck/*Zöllner*, § 53 Rn. 26.
19 Baumbach/Hueck/*Zöllner*, § 53 Rn. 26.
20 Lutter/Hommelhoff/*Bayer*, § 53 Rn. 35 f.; Baumbach/Hueck/*Zöllner*, § 53 Rn. 23 f.; a.A. Scholz/*Priester/Veil*, § 53 Rn. 19; *Wicke*, § 53 Rn. 2.
21 Scholz/*Priester/Veil*, § 53 Rn. 23 f. m.w.N.; *Krafka/Willer/Kühn*, Rn. 1016.
22 OLG München, DStR 2012, 370.
23 Roth/*Altmeppen*, § 53 Rn. 5; *Wicke*, § 53 Rn. 2.
24 Eingehend: Scholz/*Priester/Veil*, § 53 Rn. 39 ff.
25 Eingehend *Wicke*, DNotZ 2012, 15.
26 OLG München, GmbHR 2010, 312; GmbHR 2010, 922; GmbHR 2010, 1263.
27 OLG Stuttgart, NZG 2009, 754; OLG Bremen, NZG 2009, 1193; OLG Hamm, NZG 2009, 1431; OLG Rostock, GmbHR 2010, 872; *Wicke*, DNotZ 2012, 15, 23.
28 *Wicke*, DNotZ 2012, 15, 24; OLG Hamm, RNotZ 2011, 193.
29 Baumbach/Hueck/*Zöllner*, § 53 Rn. 69.
30 BGHZ 123, 13 = NJW 1993, 2246; OLG Hamm, BB 1992, 2312; OLG Köln, DB 1996, 466; OLG Nürnberg, GmbHR 2000, 563.
31 Lutter/Hommelhoff/*Bayer*, § 53 Rn. 27 ff.; Scholz/*Priester/Veil*, § 53 Rn. 26 ff.; *Pöschke*, DStR 2012, 1089.

der nicht den satzungsmäßigen Anforderungen entspricht. Eine Satzungsdurchbrechung, die lediglich punktuell wirkt, d.h. sich in einer einzelnen Maßnahme erschöpft, ist keine Satzungsänderung.[32] Eine notarielle Beurkundung soll für eine solche Satzungsdurchbrechung nicht erforderlich sein.[33] Die höchstrichterliche Rechtsprechung hat dies bisher offen gelassen.[34] Anders ist die Rechtslage bei sog. **zustandsbegründenden Satzungsdurchbrechungen**, die eine Dauerwirkung entfalten, wie beispielsweise die generelle Befreiung von einem Wettbewerbsverbot.[35] Solche Beschlüsse sind unwirksam, soweit nicht die Vorschriften über eine Satzungsänderung (notarielle Beurkundung und Eintragung im Handelsregister) beachtet werden.[36]

Satzungsdurchbrechungen wirken sich insbesondere auf den Schutz von Minderheitsgesellschaftern, aber auch auf die Rechtsposition zukünftiger Gesellschafter aus. Zur Vermeidung von Rechtsunsicherheiten sollte bei einem Gesellschafterbeschluss geprüft werden, ob und inwieweit eine Abweichung von der Satzung vorliegt, die den Beschluss anfechtbar und damit ggf. unwirksam macht.

11 Keine Satzungsdurchbrechung liegt vor, soweit in der Satzung ein abweichender Beschluss durch eine konkrete **Öffnungsklausel** ermöglicht ist.[37] Die Aufnahme von solchen Klauseln in den Gesellschaftsvertrag ist zulässig und kann auch durch eine spätere Satzungsänderung erfolgen.[38] Eine Abweichung ist in diesem Fall möglich durch einen Beschluss mit einfacher Mehrheit; die weiteren Formerfordernisse nach §§ 53, 54 gelten nicht.[39]

4. Pflicht zu Satzungsänderungen

12 Eine Pflicht zur Satzungsänderung kann sich aus der gesellschaftlichen Treuepflicht des Gesellschafters ergeben, wenn die Änderung im Interesse der GmbH dringend geboten und dem Gesellschafter auch zumutbar ist.[40] Daneben kann eine Pflicht auch in der Satzung oder durch vertragliche Stimmbindungsvereinbarungen unter den Gesellschaftern begründet werden.[41] Diese bedürfen keiner notariellen Form.[42] Dabei können Stimmbindungsverpflichtungen zur Satzungsänderung auch aufgrund einer einfachen Mehrheitsklausel in Konsortialverträgen vereinbart werden.[43] Allgemeine Stimmbindungen gegenüber Nicht-Gesellschaftern zu Satzungsänderungen werden für unzulässig erachtet, eine schuldrechtliche Verpflichtung zu einer konkreten Satzungsänderung ist jedoch möglich.[44]

13 Eine **Verpflichtung der Gesellschaft** selbst gegenüber Dritten zu einer Satzungsänderung soll unzulässig sein, solange nicht die Gesellschafter einen entsprechenden Ermächtigungsbeschluss unter Beachtung des § 53 treffen.[45]

32 BGHZ 123, 13 = NJW 1993, 2246.
33 *Lawall*, DStR 1996, 1169, 1174; a.A. OLG Hamm, BB 1992, 2312; Lutter/Hommelhoff/*Bayer*, § 53 Rn. 32; Scholz/*Priester/Veil*, § 53 Rn. 30a.
34 BGHZ 123, 13 = NJW 1993, 2246.
35 Gegen diese Differenzierung: Baumbach/Hueck/*Zöllner*, § 53 Rn. 47.
36 BGHZ 123, 15 = NJW 1993, 2246; Lutter/Hommelhoff/*Bayer*, § 53 Rn. 30; Scholz/*Priester/Veil*, § 53 Rn. 29 f.
37 Lutter/Hommelhoff/*Bayer*, § 53 Rn. 34; Scholz/*Priester/Veil*, § 53 Rn. 27a.
38 BayObLG GmbHR 2001, 728.
39 OLG Hamm, DStR 2010, 1950 (Aufhebung einer Geschäftsordnung).
40 OLG Hamm, DStR 1992, 992; Lutter/Hommelhoff/*Bayer*, § 53 Rn. 38 ff.; Scholz/*Priester/Veil*, § 53 Rn. 37; Baumbach/Hueck/*Zöllner*, § 53 Rn. 85.
41 Scholz/*Priester/Veil*, § 53 Rn. 36; *Schulte/Sieger*, GmbHR 2002, 1050.
42 OLG Köln, GmbHR 2003, 416; *Schulte/Sieger*, GmbHR 2002, 1050; *Hergeth/Mingau*, DStR 2001, 1219; Scholz/*Priester/Veil*, § 53 Rn. 36; a.A. *Wicke*, § 53 Rn. 23; Michalski/*Hermanns*, § 55 Rn. 7.
43 BGH, DStR 2009, 280.
44 Scholz/*Priester/Veil*, § 53 Rn. 36; Lutter/Hommelhoff/*Bayer*, § 47 Rn. 16; *Wicke*, § 53 Rn. 24.
45 Scholz/*Priester/Veil*, § 53 Rn. 35.

II. Beschlusserfordernisse (Abs. 2)

1. Verfahren

Über Satzungsänderungen können nur die Gesellschafter beschließen (Abs. 1), sodass eine Übertragung der Beschlussfassung auf Dritte, wie Geschäftsführer oder Aufsichtsrat, nicht möglich ist.[46] Die Beschlussfassung kann entweder in einer **Gesellschafterversammlung** oder – in der Praxis selten – im Umlaufverfahren erfolgen. Hierfür gelten die allgemeinen Regelungen nach §§ 47 ff., wie ordnungsgemäße Ladung und konkrete Ankündigung der Satzungsänderung zur Tagesordnung.[47] Bei Satzungsänderungen ist ein etwaiger Stimmrechtsauschluss nach § 47 Abs. 4 nicht anwendbar.[48] 14

Eine **Vertretung** durch Bevollmächtigte bei der Beschlussfassung ist zulässig, soweit dies in der Satzung nicht ausgeschlossen ist. Vollmachten bedürfen der Textform (§ 47 Abs. 3); notarielle Beglaubigung oder Beurkundung ist nicht erforderlich.[49] Möglich ist auch eine Vertretung durch einen vollmachtlos handelnden Vertreter, wenn der vertretene Gesellschafter dies genehmigt, und zwar auch bei einer Ein-Personen-Gesellschaft (§ 180 Satz 2 BGB).[50] Auf Beschlüsse zur Satzungsänderung ist § 181 BGB anwendbar,[51] sodass bei Vertretung mehrerer Gesellschafter durch einen Dritten eine Stimmrechtsvollmacht unter Befreiung von § 181 BGB zu erteilen ist.[52] **Minderjährige** handeln durch die Eltern als gemeinsame gesetzliche Vertreter (§ 1629 Abs. 1 Satz 2 BGB). Soweit ein Elternteil ebenfalls Gesellschafter ist, ist eine Vertretung ausgeschlossen (§ 181 BGB i.V.m. §§ 1629 Abs. 2 Satz 1, 1795 Abs. 1 Nr. 1, Abs. 2 BGB); anstelle der Eltern hat ein Ergänzungspfleger zu handeln (§ 1909 BGB). Eine familiengerichtliche Genehmigung einer Satzungsänderung nach § 1822 Nr. 3 BGB ist nicht notwendig.[53] Dies gilt jedoch nicht für eine Kapitalerhöhung, bei der eine Genehmigung nach § 1822 Nr. 10 BGB erforderlich ist.[54] 15

2. Inhalt

Der Änderungsbeschluss hat die geänderte oder neu gefasste Bestimmung genau zu bezeichnen,[55] insbesondere empfiehlt es sich, die neue Bestimmung im **Wortlaut** vollständig im Beschluss anzugeben. Eine formale **Feststellung** des gefassten Beschlusses ist nicht erforderlich;[56] zur Vermeidung von Unsicherheiten sollte gleichwohl ausdrücklich eine Feststellung durch den Versammlungsleiter erfolgen. 16

> **!** Gegen eine fehlerhafte Feststellung eines Beschlusses kann eine Anfechtungsklage erhoben werden, die ggf. mit einer positiven Feststellungsklage verbunden werden kann.[57]

Eine Satzungsänderung unter einer unechten **Bedingung** ist zulässig, wenn etwa Geschäftsführer die Änderung erst zu einem späteren Zeitpunkt anmelden sollen. Demgegenüber sind auflösende und aufschiebende Bedingungen zur Wirksamkeit einer Änderung im Handelsregister unwirksam.[58] 17

---

46 OLG Köln, DB 1996, 466; Lutter/Hommelhoff/*Bayer*, § 53 Rn. 7; Baumbach/Hueck/*Zöllner*, § 53 Rn. 55.
47 Lutter/Hommelhoff/*Bayer*, § 53 Rn. 10 m.w.N.
48 Scholz/*Priester/Veil*, § 53 Rn. 100; Lutter/Hommelhoff/*Bayer*, § 53 Rn. 14.
49 Lutter/Hommelhoff/*Bayer*, § 53 Rn. 8.
50 OLG Frankfurt/M., DStR 2003, 749; OLG München, DStR 2010, 2205; Lutter/Hommelhoff/*Bayer*, § 53 Rn. 8.
51 BGH NJW 1989, 168; Palandt/*Ellenberger*, § 181 BGB Rn. 11a.
52 Lutter/Hommelhoff/*Bayer*, § 53 Rn. 9.
53 BGH NJW 1992, 300, 301; Baumbach/Hueck/*Zöllner*, § 53 Rn. 81; Lutter/Hommelhoff/*Bayer*, § 53 Rn. 9.
54 Lutter/Hommelhoff/*Lutter*, § 55 Rn. 35 f.; *Wicke*, § 55 Rn. 13; a.A. Baumbach/Hueck/*Zöllner*, § 53 Rn. 81.
55 Baumbach/Hueck/*Zöllner*, § 53 Rn. 57.
56 Baumbach/Hueck/*Zöllner*, § 53 Rn. 66.
57 Baumbach/Hueck/*Zöllner*, Anhang § 47 Rn. 118, 186 m.w.N.
58 Lutter/Hommelhoff/*Bayer*, § 53 Rn. 42; Scholz/*Priester/Veil*, § 53 Rn. 185; Baumbach/Hueck/*Zöllner*, § 53 Rn. 59.

18 Daher ist auch die **Befristung** einer Bestimmung in der geänderten Satzung möglich, um etwa eine geänderte Satzungsbestimmung erst zu einem späteren Zeitpunkt in Kraft treten zu lassen oder auch um beispielsweise bestimmte Sonderrechte einzelner Gesellschafter zeitlich zu begrenzen.[59]

3. Mehrheit

19 Die Satzungsänderung bedarf einer Mehrheit von **mindestens drei Viertel der abgegebenen Stimmen** (Abs. 2 Satz 1 Hs. 2). Die Stimmenberechnung erfolgt nach § 47 Abs. 2. Stimmenthaltungen zählen ebenso wenig wie Stimmen nicht erschienener Gesellschafter.[60] Die erforderliche Mehrheit kann im Gesellschaftsvertrag nicht herabgesetzt, jedoch erhöht werden (Abs. 2 Satz 2): Neben Einstimmigkeit kommt in Betracht das Erfordernis doppelter Stimm- und Kapitalmehrheiten, Zustimmung aller oder nur bestimmter Gesellschafter.[61]

20 In Ausnahmefällen genügt eine **einfache Stimmenmehrheit**. Dies ist der Fall bei Textänderungen wegen unechter Satzungsbestandteile,[62] Umstellung des Stammkapitals in Euro durch bloße Umrechnung nach § 86 Abs. 3 Satz 1 sowie bei Neufestsetzung der Gewinnverwendung in Altfällen.[63]

4. Form

21 Ein satzungsändernder Beschluss bedarf **notarieller Beurkundung** (Abs. 2 Satz 1 Hs. 1), anderenfalls ist der Beschluss nichtig.[64] Die Beurkundung kann entweder in Form der Niederschrift nach §§ 36, 37 BeurkG oder auch nach den Regeln über die Beurkundung von Willenserklärungen (§§ 8 ff. BeurkG) erfolgen.[65] Die notarielle Form bezweckt vor allem eine materielle Richtigkeitsgewähr[66] und dient zugleich zum Beweis des gefassten Beschlusses und damit der Rechtssicherheit[67].

22 Zum Teil wird eine Beurkundung durch einen **ausländischen Notar** für möglich gehalten, soweit die ausländische Urkundsperson nach Vorbildung und Stellung den deutschen Anforderungen entspreche.[68] Angesichts der Publizität im Handelsregister und der notwendigen elektronischen Antragstellung erscheinen vermeintliche Vorteile einer „Auslandsbeurkundung", wie Geheimhaltung oder Wegfall steuerlicher Anzeigepflichten, aber gering.[69]

5. Weitere satzungsmäßige Erfordernisse (Abs. 2 Satz 2)

23 Neben den bereits dargelegten Möglichkeiten der Erhöhung der erforderlichen Mehrheit (siehe Rn. 19) kann die Satzung weitere, verschärfende Erfordernisse für Satzungsänderungen vorsehen. In der Praxis betrifft dies häufig eine Veränderung des Quorums oder auch die Einführung eines (zulässigen) Vetorechts zugunsten eines Gesellschafters.[70]

---

59 OLG München, DNotZ 2010, 636; Lutter/Hommelhoff/*Bayer*, § 53 Rn. 44; Baumbach/Hueck/*Zöllner*, § 53 Rn. 58; *Wicke*, § 53 Rn. 9.
60 Baumbach/Hueck/*Zöllner*, § 53 Rn. 61.
61 Lutter/Hommelhoff/*Bayer*, § 53 Rn. 13.
62 Lutter/Hommelhoff/*Bayer*, § 53 Rn. 35; Baumbach/Hueck/*Zöllner*, § 53 Rn. 23.
63 Baumbach/Hueck/*Zöllner*, § 53 Rn. 61; Lutter/Hommelhoff/*Bayer*, § 53 Rn. 13.
64 Baumbach/Hueck/*Zöllner*, § 53 Rn. 69; Scholz/*Priester/Veil*, § 53 Rn. 68.
65 Lutter/Hommelhoff/*Bayer*, § 53 Rn. 16; Scholz/*Priester/Veil*, § 53 Rn. 69 f.; a.A. Baumbach/Hueck/*Zöllner*, § 53 Rn. 70.
66 BGHZ 105, 324, 338 = NJW 1989, 295, 298.
67 Baumbach/Hueck/*Zöllner*, § 53 Rn. 75; Lutter/Hommelhoff/*Bayer*, § 53 Rn. 16.
68 Sehr streitig, e.A. Baumbach/Hueck/*Zöllner*, § 53 Rn. 75; Michalski/*Hoffmann*, § 53 Rn. 77; Scholz/*Priester/Veil*, § 53 Rn. 75; a.A. LG Augsburg, DB 1996, 1666; *Goette*, DStR 1996, 709; Lutter/Hommelhoff/*Bayer*, § 53 Rn. 16.
69 Scholz/*Priester/Veil*, § 53 Rn. 76.
70 Scholz/*Priester/Veil*, § 53 Rn. 86 ff.

III. Qualifizierte Satzungsänderungen (Abs. 3)

Abs. 3 bestimmt als allgemeinen Rechtsgrundsatz, dass eine Vermehrung der den Gesellschaftern obliegenden Leistungen nur mit der **Zustimmung** des betroffenen Gesellschafters möglich ist.[71] Die Zustimmung ist ein separates **Wirksamkeitserfordernis** und als Willenserklärung vom Gesellschafter in der Gesellschafterversammlung abzugeben und dem Registergericht gegenüber nachzuweisen (siehe § 54 Rn.12).[72] 24

Unter Abs. 3 fallen Leistungsvermehrungen durch die Begründung neuer Einlage- oder Nebenleistungspflichten, aber auch deren Verstärkung oder Verschärfung durch Einführung von Sanktionen;[73] Beispiele sind die Einführung eines Wettbewerbsverbots oder einer Pflicht zur Mitarbeit der Gesellschafter.[74] Gleichfalls erfordert die Umstellung des Gesellschaftszwecks[75] oder die Änderung einer Abfindungsregel ausscheidender Gesellschafter nach Abs. 3 die Zustimmung aller Gesellschafter[76] Auch eine Satzungsänderung, die eine Zwangseinziehung von Geschäftsanteilen begründet, bedarf der Zustimmung aller Gesellschafter.[77] Ebenso können Sonderrechte eines Gesellschafters nur mit dessen Zustimmung aufgehoben oder geändert werden.[78] Kein Sonderrecht ist i.d.R. das Erfordernis eines einstimmigen Beschlusses, sodass dies seinerseits durch einen Beschluss mit Dreiviertelmehrheit geändert werden könne.[79] Eine Aufhebung der Vinkulierung ist keine Leistungsmehrung; nachträgliche Veränderungen der Vinkulierung bedürfen jedoch der Zustimmung sämtlicher betroffener Gesellschafter.[80] 25

IV. Wirksamkeit, Aufhebung und Rückwirkung

Satzungsänderungen werden wirksam im Zeitpunkt der **Eintragung im Handelsregister** (§ 54 Abs. 3; siehe § 54 Rn. 17). Geschäftsführer sind verpflichtet, unverzüglich die hierfür notwendige Anmeldung vorzunehmen. 26

Nach Eintragung bedarf es daher zu einer **Aufhebung** der Satzungsänderung oder erneuten Änderung eines Gesellschafterbeschlusses nach § 53.[81] Vor Eintragung im Handelsregister soll nach h.M. für die Aufhebung satzungsändernder Beschlüsse eine einfache Mehrheit ausreichend sein;[82] im Hinblick auf den Minderheitenschutz ist dies abzulehnen. Der Aufhebungsbeschluss ist nicht zu beurkunden.[83] 27

Eine **Rückwirkung** einer Satzungsänderung ist grundsätzlich nicht zulässig.[84] Jedoch bleibt es im Innenverhältnis möglich, zwischen den Gesellschaftern eine Rückwirkung zu vereinbaren. 28

---

71 Scholz/*Priester/Veil*, § 53 Rn. 50, 91 ff.
72 Lutter/Hommelhoff/*Bayer* § 53 Rn. 20.
73 Lutter/Hommelhoff/*Bayer*, § 53 Rn. 21.
74 Scholz/*Priester/Veil*, § 53 Rn. 52.
75 Baumbach/Hueck/*Zöllner*, § 53 Rn. 29.
76 KG v. 30.06.2006 – 14 U 164/04, BeckRS 2007, 1656; Scholz/*Priester/Veil*, § 53 Rn. 110.
77 BayObLG, DNotZ 1979, 49; Scholz/*Priester/Veil*, § 53 Rn. 126.
78 Lutter/Hommelhoff/*Bayer*, § 53 Rn. 24.
79 OLG Hamm, NZG 2002, 783; a.A. Baumbach/Hueck/*Zöllner*, § 53 Rn. 64.
80 OLG München, DStR 2008, 631; OLG Dresden, GmbHR 2004, 1080; Lutter/Hommelhoff/*Bayer*, § 53 Rn. 25.
81 Lutter/Hommelhoff/*Bayer*, § 53 Rn. 45; Scholz/*Priester/Veil*, § 53 Rn. 188.
82 Scholz/*Priester/Veil*, § 53 Rn. 188; Baumbach/Hueck/*Zöllner*, § 53 Rn. 65; Lutter/Hommelhoff/*Bayer*, § 53 Rn. 45; Michalski/*Hoffmann*, § 53 Rn. 55.
83 Baumbach/Hueck/*Zöllner*, § 53 Rn. 65; Scholz/*Priester/Veil*, § 53 Rn. 188.
84 Scholz/*Priester/Veil*, § 53 Rn. 187; Baumbach/Hueck/*Zöllner*, § 53 Rn. 60; Lutter/Hommelhoff/*Bayer*, § 53 Rn. 43.

Oftmals wird aus steuerlichen Gründen eine Änderung des Geschäftsjahrs gewünscht. Eine Rückwirkung der Satzungsänderung ist nach Ablauf des Rumpfgeschäftsjahrs nicht mehr möglich, sodass zur Wirksamkeit die Änderung zuvor im Handelsregister einzutragen ist.[85] Zur Umstellung auf ein vom Kalenderjahr abweichendes Wirtschaftsjahr ist zur steuerlichen Anerkennung daneben das Einvernehmen mit dem Finanzamt erforderlich (§ 7 Abs. 4 Satz 3 KStG).

C. Weitere praktische Hinweise

I. Notarkosten

29 Änderungen des Gesellschaftsvertrags vor Eintragung der GmbH fallen nicht unter § 47 KostO, sondern unter § 42 KostO. Als **Geschäftswert** ist gem. § 39 Abs. 1 Satz 2 KostO der Wert der Veränderung maßgebend, der notfalls zu schätzen ist. Sind die Änderungen jedoch so gravierend, dass von einem neuen Rechtsverhältnis auszugehen ist (z.B. statt Bareinlagen jetzt Sacheinlagen; Hinzutreten weiterer Gründungsgesellschafter usw.), ist nicht § 42 KostO, sondern § 36 Abs. 1 KostO (Ein-Personen-GmbH) oder § 36 Abs. 2 KostO (Mehr-Personen-GmbH) einschlägig.

Betrifft die Satzungsänderung einen **bestimmten Geldbetrag oder einen bestimmten Geldwert**, so ist dessen Wert, der nach den allgemeinen Vorschriften der Kostenordnung zu ermitteln ist, als Geschäftswert maßgebend. Solche Beschlüsse sind vor allem Kapitalerhöhungen und Kapitalherabsetzungen. Beschlüsse ohne bestimmten Geldbetrag oder Geldwert sind alle Satzungsänderungen mit Ausnahme von Kapitalmaßnahmen. Für sie gilt § 41c i.V.m. § 41a Abs. 4 Nr. 1 KostO. Danach ist als Geschäftswert 1 % des eingetragenen Stammkapitals maßgebend, mindestens 25.000 EUR und höchstens 500.000 EUR. Wird die Satzung in mehrfacher Hinsicht geändert oder insgesamt neu gefasst, liegt nur ein Beschluss vor.

Gemäß § 41d KostO gilt der **Mindestwert** nicht bei Änderung der Satzung (wenn diese keinen bestimmten Geldbetrag oder Geldwert betreffen) einer GmbH oder UG, die mittels Musterprotokoll (ohne Abweichung vom gesetzlichen Inhalt) gegründet worden ist. Hier bleibt es bei einem Geschäftswert von 1 % aus dem eingetragenen Stammkapital. Bei einer haftungsbeschränkten UG mit Stammkapital von 1 EUR beträgt somit der Geschäftswert einer derartigen Satzungsänderung 1 Cent, die 20/10-Gebühr nach § 47 KostO 20 EUR (Mindestgebühr).

Zu den Kosten der Anmeldung der Satzungsänderung und Eintragung beim Handelsregister siehe § 54 Rn. 18 ff.

II. Steuern

30 Steuerliche Relevanz haben insbesondere folgende Satzungsänderungen:

- Sitzverlegungen (siehe § 4a Rn. 36 ff.)
- Änderungen des Geschäftsjahres (siehe Rn. 28)
- Kapitalmaßnahmen (siehe §§ 55 ff.)

Die mit einer Satzungsänderung im Zusammenhang stehenden Kosten stellen ohne Weiteres Betriebsausgaben der Gesellschaft dar.[86] Sofern Satzungsänderungen und Geschäftsanteilsübertragungen in einer Urkunde miteinander verbunden werden, sollten die durch die Anteilsübertragung verursachten Mehrkosten zur Vermeidung einer verdeckten Gewinnausschüttung von den Gesellschaftern getragen werden.

85 BFH GmbHR 1997, 670 f.; OLG Schleswig, NJW-RR 2000, 1425; Baumbach/Hueck/*Zöllner*, § 53 Rn. 60; Scholz/*Priester/Veil*, § 53 Rn. 187; Lutter/Hommelhoff/*Bayer*, § 53 Rn. 37.; a.A. OLG Frankfurt/M., GmbHR 1999, 484 (Beschlussfassung genügt); *Krafka/Willer/Kühn*, Rn. 1014 (rechtzeitige Anmeldung).

86 Dies gilt auch für Kapitalmaßnahmen mit Ausnahme der Kosten für die Übernahme der neuen Anteile, vgl. BFH, BStBl. II 2000, S. 546.

III. Steuerliche Anzeigepflicht

Satzungsänderungen sind grundsätzlich nicht dem Finanzamt anzuzeigen. Lediglich bei Gesellschafterbeschlüssen (samt Satzungsänderung), die eine Kapitalerhöhung oder -herabsetzung zum Gegenstand haben, ist eine **Übersendung** des Gesellschafterbeschlusses **an die Finanzbehörden** erforderlich (§ 54 Abs. 1 EStDV). Die übrigen dort erwähnten Vorgänge (Gründung, Auflösung, Umwandlung, Verfügung über Anteile) sind keine Satzungsänderungen i.S.v. § 53. Die Einreichung hat **in beglaubigter Abschrift** unter Angabe der Steuernummer der GmbH binnen zwei Wochen zu erfolgen. Der Notar hat die erfolgte Absendung auf der Urschrift zu vermerken (§ 54 Abs. 2 EStDV). 31

D. Muster

Muster: Gesellschafterbeschluss zur Satzungsänderung als Vollversammlung in Form einer Niederschrift nach §§ 8 ff. BeurkG 32

44

[Notarieller Urkundseingang]

Die Erschienenen sind ausweislich der zuletzt im Handelsregister aufgenommenen Gesellschafterliste sämtliche Gesellschafter der im Handelsregister des Amtsgerichts ... unter HRB ... eingetragenen ... GmbH mit dem Sitz in .... Das Stammkapital der Gesellschaft beträgt... EUR.Die Gesellschafter halten eine Gesellschafterversammlung der vorgenannten GmbH ab.

Sie verzichten auf die Einhaltung aller nicht zwingenden Frist- und Formvorschriften hinsichtlich Einberufung und Abhaltung einer Gesellschafterversammlung und stellen fest, dass die Gesellschafterversammlung als Vollversammlung beschlussfähig ist.

Die Gesellschafter fassen mit allen Stimmen folgenden Beschluss:

§ … der Satzung wird geändert und lautet künftig wie folgt: …

[Kosten, Abschriften, notarieller Schlussvermerk]

§ 54 Anmeldung und Eintragung der Satzungsänderung

(1) Die Abänderung des Gesellschaftsvertrages ist zur Eintragung in das Handelsregister anzumelden. Der Anmeldung ist der vollständige Wortlaut des Gesellschaftsvertrages beizufügen; er muß mit der Bescheinigung eines Notars versehen sein, daß die geänderten Bestimmungen des Gesellschaftsvertrags mit dem Beschluss über die Änderung des Gesellschaftsvertrags und die unveränderten Bestimmungen mit dem zuletzt zum Handelsregister eingereichten vollständigen Wortlaut des Gesellschaftsvertrags übereinstimmen.

(2) Bei der Eintragung genügt, sofern nicht die Abänderung die in § 10 bezeichneten Angaben betrifft, die Bezugnahme auf die bei dem Gericht eingereichten Dokumente über die Abänderung.

(3) Die Abänderung hat keine rechtliche Wirkung, bevor sie in das Handelsregister des Sitzes der Gesellschaft eingetragen ist.

Literatur

Bengel/Tiedtke, Die Kostenrechtsprechung 2002 und 2003, DNotZ 2004, 258; *Fleischhauer/Preuß*, Handelsregisterrecht, 2. Auflage 2010; *Ising*, Handelsregisteranmeldungen durch den beurkundenden Notar, NZG 2012, 289; *Jeep/Wiedemann*, Die Praxis der elektronischen Registeranmeldung, NJW 2007, 2439; *Priester*, Unwirksamkeit der Satzungsänderung bei Eintragungsfehlern?, BB 2002, 2613; *Röll*, Die Bescheinigung des Notars über den Wortlaut der Gesellschaftsvertrags einer Gesellschaft mit beschränkter Haftung, DNotZ 1970, 342; *Schaub*, Stellvertretung bei Handelsregisteranmeldungen, DStR 1999, 1699; *Sikora/Schwab*, Das EHUG in der notariellen Praxis, MittBayNot 2007, 1; *Notarkasse*, Streifzug durch die Kostenordnung, 9. Auflage 2012.

A. Allgemeines

1 § 54 regelt die Anmeldung und Eintragung von Satzungsänderungen im Handelsregister sowie deren Bekanntmachung. Die Anmeldung und die dazu erforderlichen Unterlagen bestimmt Abs. 1, während Abs. 2 in Grundzügen die Eintragung durch das Gericht vorgibt. Näheres regelt die Handelsregisterverordnung (HRV). Abs. 3 stellt schließlich als wichtigen Unterschied zur Personengesellschaft die Eintragung der Satzungsänderung als konstitutives **Wirksamkeitserfordernis** auf.

B. Inhalt der Regelung

I. Anmeldung zum Handelsregister (Abs. 1)

2 Änderungen des Gesellschaftsvertrags der GmbH sind zum Handelsregister anzumelden. **Zuständig** sind die Geschäftsführer bzw. Liquidatoren grundsätzlich in vertretungsberechtigter Zahl, § 78 Hs. 1; Anmeldungen für Kapitalerhöhungen und -herabsetzungen und ähnlich wichtige Strukturmaßnahmen haben hingegen durch sämtliche Geschäftsführer zu erfolgen (siehe § 78 Rn. 12). Im Übrigen kann im Falle unechter Gesamtvertretung die Anmeldung auch durch einen Geschäftsführer gemeinsam mit einem Prokuristen erfolgen.[1] Eine Anmeldung ist auch durch den Notar, der die

1 Baumbach/Hueck/*Haas*, § 78 Rn. 3; *Schaub*, DStR 1999, 1699, 1704.

zu einer Eintragung erforderliche Erklärung beurkundet oder beglaubigt hat, nach § 378 Abs. 2 FamFG zulässig.[2] Alternativ ist eine Anmeldung durch Bevollmächtige aufgrund öffentlich beglaubigter Vollmacht (§ 12 Abs. 1 Satz 2 HGB) möglich.[3]

Das Gesetz bestimmt keine Pflicht der Gesellschaft zur Anmeldung, sondern lediglich ein **Anmeldeerfordernis**.[4] Die fehlende Anmeldung kann daher auch nicht durch ein Zwangsgeld nach § 14 HGB erzwungen werden (§ 79 Abs. 2). Unabhängig davon sind die Geschäftsführer gegenüber der GmbH verpflichtet, eine von der Gesellschafterversammlung beschlossene Änderung des Gesellschaftsvertrags unverzüglich bei Gericht anzumelden.[5] Eine aufschiebend befristete Satzungsänderung ist erst nach Eintritt des Befristungszeitpunktes anzumelden.[6] 3

Die **Unterzeichnung der Anmeldung** ist notariell zu beglaubigen (§ 129 BGB i.V.m. §§ 39, 40 BeurkG) und elektronisch in beglaubigter Form beim Handelsregister nebst den erforderlichen Dokumenten nach Maßgabe von § 12 Abs. 1, 2 HGB einzureichen (allgemein hierzu § 7 Rn. 11). In der Regel übernimmt der Notar, der die Anmeldung beglaubigt hat, die elektronische Übermittlung[7] der Anmeldung mitsamt Anlagen an das Gericht.[8] 4

Für den **Inhalt der Anmeldung** genügt grundsätzlich eine Bezugnahme auf die eingereichten Unterlagen. Soweit eine Änderung der gem. § 10 Abs. 1 und 2 in das Handelsregister einzutragenden Tatsachen erfolgt, wie etwa der Firma, des Sitzes, des Unternehmensgegenstands oder der Höhe des Stammkapitals, ist dies schlagwortartig in der Anmeldung anzugeben.[9] Dies gilt auch bei einer Neufassung des Gesellschaftsvertrags.[10] 5

> **!** Auch wenn nach § 378 Abs. 2 FamFG ohnehin eine Ermächtigung des beurkundenden Notars besteht, empfiehlt es sich, bei komplexeren Anmeldungen eine Änderungsvollmacht für den Notar oder einen beteiligten Rechtsanwalt in den Text der Anmeldung und ggf. den Gesellschafterbeschluss aufzunehmen.

Mit der Anmeldung sind verschiedene **Anlagen** elektronisch (§ 12 Abs. 2 Satz 1 HGB) einzureichen: 6

- notarielle Niederschrift über den Beschluss der Gesellschafterversammlung, die ggf. auch nachgereicht werden kann,[11]
- vollständiger Wortlaut der geänderten Satzung nebst Notarbescheinigung nach Abs. 1 Satz 2,
- ggf. Nachweis über Zustimmungserklärungen einzelner Gesellschafter und
- ggf. Vollmachten bei Anmeldung durch einen Bevollmächtigten.

Der Wortlaut der geänderten Satzung ist bei Gericht einzureichen, damit jeder Interessent den aktuellen und vollständigen Inhalt der Satzung einsehen kann. Dies gilt auch, wenn die Satzung vollständig neu gefasst wird.[12] Werden im Musterprotokoll nach § 2 Abs. 1a gesellschaftsvertragliche Regelungen geändert, muss der vollständige Wortlaut des geänderten Musterprotokolls vor- 7

2 OLG Frankfurt a.M., BeckRS 2011, 20300; OLG Karlsruhe, GmbHR 2011, 308; OLG Oldenburg, NZG 2011, 1233; Scholz/*Priester/Veil*, § 54 Rn. 7; eingehend *Ising*, NZG 2012, 289; a.A. Baumbach/Hueck/*Zöllner*, § 54 Rn. 3.
3 *Schaub*, DStR 1999, 1699, 1702.
4 Baumbach/Hueck/*Zöllner*, § 54 Rn. 1.
5 Scholz/*Priester/Veil*, § 54 Rn. 24.
6 OLG München, DNotZ 2010, 636.
7 Einzelheiten bei *Jeep/Wiedemann*, NJW 2007, 2439; *Krafka/Willer/Kühn*, Rn. 137 ff.; *Sikora/Schwab*, MittBayNot 2007, 1.
8 *Schaub*, DStR 1999, 1699, 1702.
9 BGH, NJW 1987, 3191; OLG Düsseldorf, GmbHR 1998, 1229; OLG Hamm, NZG 2002, 782; OLG Frankfurt a.M., NZG 2003, 1075; *Krafka/Willer/Kühn*, Rn. 1019; a.A. Baumbach/Hueck/*Zöllner*, § 54 Rn. 6.
10 OLG Hamm, NZG 2002, 782.
11 OLG Hamm, NZG 2002, 425.
12 Baumbach/Hueck/*Zöllner*, § 54 Rn. 10; Scholz/*Priester/Veil*, § 54 Rn. 15; a.A. OLG Hamm, NotBZ 2011, 372.

gelegt werden.[13] Beim Musterprotokoll soll es dabei genügen, wenn lediglich die Ziffern 1 bis 5 als eigentlicher Gesellschaftsvertrag wiedergegeben werden.[14] Die Zusammenstellung ist Aufgabe der Geschäftsführer, auch wenn diese regelmäßig auf den Notar übertragen wird. Daneben ist eine Notarbescheinigung nach Abs. 1 Satz 2 erforderlich, bei der vom Notar zu bestätigen ist, dass der eingereichte Wortlaut der geänderten Satzung mit dem Änderungen aufgrund des Gesellschafterbeschlusses und im Übrigen die unveränderten Bestimmungen mit dem zuletzt zum Handelsregister eingereichten vollständigen Wortlaut des Gesellschaftsvertrages übereinstimmen. Eine solche Notarbescheinigung ist auch erforderlich bei einer vollständigen Neufassung der Satzung[15] und bei auf das Musterprotokoll beschränkten Änderungen[16].

8 Die Anmeldung ist elektronisch bei dem für den Sitz der GmbH **zuständigen Handelsregister** (§ 7 Abs. 1) einzureichen; bei einer Sitzverlegung ist dies noch das Gericht am bisherigen Sitz (§ 13h Abs. 1 HGB), auch wenn für die Prüfung und Eintragung bereits das Gericht am neuen Sitz der Gesellschaft zuständig ist (§ 13h Abs. 2 HGB).

> **!** Da bei einer Sitzverlegung das Gericht am neuen Sitz der Gesellschaft für weitere Satzungsänderungen oder einen Geschäftsführerwechsel zuständig ist, kann es sich zur Vermeidung von Verzögerungen empfehlen, zunächst beim bisherigen Registergericht einen Teilvollzug anderer Anmeldepunkte zu beantragen.

II. Eintragung (Abs. 2)

1. Prüfung durch das Registergericht

9 Die Anmeldung unterliegt vor Eintragung im Register einer Prüfung durch den Registerrichter.[17] Dieser prüft die Anmeldung, den Gesellschafterbeschluss zur Änderung der Satzung sowie das Vorliegen etwaiger Eintragungssperren. Bei Mängeln wird das Registergericht regelmäßig eine Zwischenverfügung mit einer angemessenen Frist zur Behebung erlassen (§ 382 Abs. 4 FamFG), gegen die das Rechtsmittel der Beschwerde (§ 58 FamFG) besteht.[18]

10 Die **Prüfung der Anmeldung** erstreckt sich auf die richtige Form, die Zuständigkeit der anmeldenden Personen, die Vollständigkeit der beizufügenden Unterlagen und insbesondere auch auf die Übereinstimmung des Inhalts der Anmeldung mit dem Änderungsbeschluss.[19]

11 Der **Gesellschafterbeschluss** kann unwirksam und damit nicht eintragungsfähig sein, soweit er auf formellen oder materiellen Mängeln beruht. Grundsätzlich ist von der inhaltlichen Richtigkeit der notariellen Niederschrift über die Gesellschafterversammlung auszugehen, insbesondere dass die Versammlung ordnungsgemäß einberufen wurde und Beschlüsse mit der erforderlichen Mehrheit gefasst wurden.[20] Ein formeller Mangel kann insbesondere bei Beschlussfassung durch Personen vorliegen, die nicht Gesellschafter sind bzw. diese nicht wirksam vertreten konnten.[21] So hat das Registergericht das Recht, bei einer Ein-Personen-GmbH Wirksamkeit und Umfang der Bevollmächtigung zu prüfen, da eine Unwirksamkeit der Stimmabgabe auch zur Unwirksamkeit des gefassten Beschlusses führen würde.[22] Demgegenüber sind Verfahrensmängel, die lediglich zu einer Anfechtbarkeit eines Beschlusses führen, nur zu beachten, soweit eine Anfechtung geltend gemacht wird.[23] Dabei hat das Gericht grundsätzlich die beantragte Eintragung vorzunehmen und

13 OLG München, DStR 2009, 2499; Baumbach/Hueck/*Zöllner*, § 54 Rn. 10a.
14 *Krafka/Willer/Kühn*, Rn. 1020.
15 Baumbach/Hueck/*Zöllner*, § 54 Rn. 11; a.A. Scholz/*Priester/Veil*, § 54 Rn. 19; OLG Zweibrücken, NZG 2002, 93.
16 OLG München, DStR 2009, 2499.
17 Baumbach/Hueck/*Zöllner*, § 54 Rn. 19; Scholz/*Priester/Veil*, § 54 Rn. 28 ff.
18 Scholz/*Priester/Veil*, § 54 Rn. 46 f.; Baumbach/Hueck/*Zöllner*, § 54 Rn. 27.
19 Baumbach/Hueck/*Zöllner*, § 54 Rn. 19; Scholz/*Priester/Veil*, § 54 Rn. 31.
20 BayObLG, NZG 2001, 128; Scholz/*Priester/Veil*, § 54 Rn. 31; Baumbach/Hueck/*Zöllner*, § 54 Rn. 22.
21 Baumbach/Hueck/*Zöllner*, § 54 Rn. 20; Scholz/*Priester/Veil*, § 54 Rn. 32.
22 OLG München, MittBayNot 2010, 325.
23 Baumbach/Hueck/*Zöllner*, § 54 Rn. 22; Scholz/*Priester/Veil*, § 54 Rn. 35, 42 ff.

darf nicht nach Ermessen die Eintragung bis zum Abschluss eines etwaigen zivilgerichtlichen Verfahrens aussetzen.[24]

> Bei Zweifeln an der Gesellschaftereigenschaft konnte das Registergericht bisher die Vorlage von Abtretungsverträgen verlangen. Nach der Neufassung des § 16 Abs. 1 Satz 1 dürfte nun es allein auf die Eintragung der Gesellschafter in der zuletzt im Handelsregister aufgenommenen Gesellschafterliste ankommen.

Gleichfalls hat das Registergericht **inhaltliche Mängel** zu prüfen, die zu einer Nichtigkeit des Gesellschafterbeschlusses führen. Hierzu zählen insbesondere Verstöße der Satzung gegen zwingendes Recht,[25] ferner das Fehlen einer notwendigen Zustimmung nach § 53 Abs. 3 bei einer qualifizierten Satzungsänderung. Das Prüfungsrecht umfasst die gesamte Satzung, auch soweit nur einzelne Bestimmungen geändert werden. Die Prüfungsbeschränkungen für die Erstanmeldung nach § 9c Abs. 2 gelten für die Anmeldung einer Satzungsänderung nicht.[26] Soweit das Registergericht meint, dass eine weitere, zweckmäßige Bestimmung fehlt, kann alleine deshalb die Eintragung einer Satzungsänderung jedoch nicht abgelehnt werden.[27] 12

Weiter hat das Gericht zu prüfen, ob eine **Registersperre** bei der GmbH besteht. Eine Eintragung kann nicht erfolgen, soweit eine Satzungsregelung über die Ergebnisverwendung nach § 29 Abs. 2 fehlt (Art. 12 § 7 Abs. 2 GmbHÄndG[28]).[29] Eine weitere Registersperre regelt § 86 Abs. 1 Satz 4, wonach eine Änderung des Stammkapitals nach dem 31.12.2001 nur eingetragen werden kann, wenn das Stammkapital und die Geschäftsanteile auf Euro umgestellt sind.[30] 13

2. Freigabeverfahren

Soweit gegen einen Beschluss Anfechtungs- oder Nichtigkeitsklage erhoben wird oder zumindest eine Anfechtung möglich ist, stellt sich die Frage, ob die Eintragung durch ein Freigabeverfahren analog § 246a AktG erreicht werden kann. Im Freigabeverfahren werden durch das Prozessgericht in einem summarischen Verfahren die Erfolgsaussichten einer Klage geklärt, wodurch mit bindender Wirkung eine Eintragung erreicht werden kann, ohne das Hauptsacheverfahren abwarten zu müssen. Ob das aktienrechtliche Freigabeverfahren auch auf Anfechtungsklagen bei einer GmbHG gegen satzungsändernde Beschlüsse und andere Strukturmaßnahmen eingesetzt werden kann, erscheint fraglich.[31] Die Rechtsprechung hat dies für eine Kapitalerhöhung bei einer GmbH abgelehnt.[32] 14

3. Eintragung im Register

Die Eintragung erfolgt durch Vermerk im Handelsregister, wobei auf die eingereichte Urkunde über die Gesellschafterversammlung Bezug genommen wird (Abs. 2).[33] Soweit Änderungen der in § 10 genannten Angaben erfolgen, werden diese unmittelbar im Registereintrag durch Rötung (= Unterstreichung) der bisherigen Eintragung und Vermerk der geänderten Angabe kenntlich gemacht.[34] Im Übrigen genügt die Angabe, welche Paragraphen (Nummer und schlagwortartige 15

24 OLG Stuttgart, NZG 2011, 1301; a.A. Baumbach/Hueck/*Zöllner*, § 54 Rn. 22; Ebenroth/Boujong/Joost/Strohn/*Schaub*, § 8 HGB Rn. 164.
25 Baumbach/Hueck/*Zöllner*, § 54 Rn. 24.
26 BayObLG, MittBayNot 2002, 201; KG, DNotZ 2006, 306; *Krafka/Willer/Kühn*, Rn. 1031; Scholz/*Priester/Veil*, § 54 Rn. 29; a.A. Baumbach/Hueck/*Zöllner*, § 54 Rn. 21.
27 BayObLG, DNotZ 1997, 506.
28 BGBl. I 1985 S. 2355.
29 *Krafka/Willer/Kühn*, Rn. 1040.
30 OLG Frankfurt a.M., NZG 2003, 1075.
31 Bejahend Baumbach/Hueck/*Zöllner*, § 54 Rn. 28 ff.
32 KG, NZG 2011, 1068.
33 Baumbach/Hueck/*Zöllner*, § 54 Rn. 34 ff.
34 *Krafka/Willer/Kühn*, Rn. 1034 ff.

Bezeichnung) geändert wurden (§ 43 Nr. 6 lit. a HRV). Regelmäßig vermerkt werden der Tag der Beschlussfassung[35] und der Tag der Eintragung (§ 382 Abs. 2 FamFG).

16 Die **Bekanntmachung** richtet sich nach § 10 HGB und umfasst den gesamten Inhalt der Eintragung (hierzu siehe § 10 Rn. 15). Die Gesellschaft wird vom Gericht über die Eintragung durch Übersendung einer Eintragungsnachricht unterrichtet (§ 383 Abs. 1 FamFG); ferner erhält die Industrie- und Handelskammer eine Mitteilung (§ 37 Abs. 1 HRV).

> **!** Zum Nachweis gegenüber Vertragspartnern und Behörden kann es sich empfehlen, bereits in der Anmeldung einen Antrag auf Übersendung eines beglaubigten Registerauszugs zu stellen.

III. Wirksamkeit der Eintragung (Abs. 3)

17 Die Eintragung der Satzungsänderung im Handelsregister hat **konstitutive Wirkung** (Abs. 3). Dies bedeutet, dass erst im Zeitpunkt der Eintragung der geänderte Gesellschaftsvertrag gegenüber der Gesellschaft und Dritten wirksam wird.[36] Maßgebend ist der Tag der Eintragung. Innergesellschaftlich kann aufgrund Auslegung dennoch bereits eine Bindung an den Beschluss eingetreten sein.[37] Eine Rückwirkung auf einen Zeitpunkt vor Eintragung ist nicht möglich.[38] Fehler bei der Eintragung im Handelsregister ändern jedoch nichts an der Wirksamkeit der Satzungsänderung.[39]

18 Die gleichwohl erfolgte Eintragung eines nichtigen Beschlusses führt bei Verstößen gegen Formvorschriften zur sofortigen **Heilung** entsprechend § 242 Abs. 1 AktG,[40] im Übrigen erst nach Ablauf von drei Jahren nach Eintragung.[41] Vor Ablauf dieser Zeit ist eine Amtslöschung nach § 398 FamFG möglich.

> **!** Zu beachten ist, dass vor Eintritt der Heilungswirkung die geänderte Satzungsbestimmung keine wirksame Rechtsgrundlage für darauf beruhende Gesellschafterbeschlüsse bildet.

C. Weitere praktische Hinweise

I. Kosten

1. Notarkosten

a) Anmeldung der Abänderung des Gesellschaftsvertrages

19 **Beispiel**

Der Gesellschaftsvertrag wurde geändert. Geändert wurde § 1 (Firma und Sitz) des Gesellschaftsvertrages. § 10 des Gesellschaftsvertrages (Einziehung) wurde aufgehoben.

Die inländische Geschäftsanschrift lautet unverändert: 80333 München, Pacellistraße 5.

Als Anlagen sind beigefügt:

- notarielle Niederschrift über die Gesellschafterversammlung vom 1. Februar 2012, URNr. 333/2012 des Notars Hubert Bader, München
- Gesellschaftsvertrag samt Bescheinigung des Notars nach § 54 Abs. 1 Satz 2 GmbHG

---

35 Baumbach/Hueck/*Zöllner*, § 54 Rn. 37.
36 Baumbach/Hueck/*Zöllner*, § 54 Rn. 39; Scholz/*Priester/Veil*, § 54 Rn. 54.
37 Baumbach/Hueck/*Zöllner*, § 54 Rn. 39.; ablehnend Scholz/*Priester/Veil*, § 54 Rn. 60.
38 Scholz/*Priester/Veil*, § 54 Rn. 55.
39 *Priester*, BB 2002, 2613.
40 BGH NJW 1996, 257.
41 Baumbach/Hueck/*Zöllner*, § 54 Rn. 40; Scholz/*Priester/Veil*, § 54 Rn. 59.

b) Anmeldung der Neufassung des Gesellschaftsvertrages 20

Beispiel

Der Gesellschaftsvertrag wurde vollständig neu gefasst. Dabei wurden u.a. die Bestimmungen zu Firma und Sitz, Unternehmensgegenstand sowie zur Vertretung geändert. Die übrigen Bestimmungen des Gesellschaftsvertrages, die in § 10 Abs. 1 und Abs. 2 GmbHG genannte Angaben enthalten, sind inhaltlich unverändert.

Die inländische Geschäftsanschrift lautet unverändert: 80333 München, Pacellistraße 5.

Als Anlagen sind beigefügt:

- notarielle Niederschrift über die Gesellschafterversammlung vom 1. März 2012, URNr. 666/2012 des Notars Hubert Bader, München
- Gesellschaftsvertrag samt Bescheinigung des Notars nach § 54 Abs. 1 Satz 2 GmbHG

Bei Anmeldungen wird unterschieden zwischen Anmeldungen, bei welchen ein bestimmter Geldbetrag einzutragen ist, und solchen mit unbestimmtem Geldwert. 21

Bei **Anmeldungen mit bestimmtem Geldbetrag** handelt es sich zunächst um die Erstanmeldung der GmbH. Hier ist gem. § 41 Abs. 1 Nr. 1 KostO das in das Handelsregister einzutragende Stammkapital maßgebend. Der Mindestwert beträgt 25.000 EUR, gilt aber für die Gründung einer UG (haftungsbeschränkt) mittels Musterprotokoll gem. § 41d KostO nicht. Wird das Stammkapital erhöht oder herabgesetzt, liegt ebenfalls ein bestimmter Geldbetrag vor. Der Geschäftswert bestimmt sich nach § 41a Abs. 1 Nr. 3 KostO. Maßgebend ist der Betrag der Erhöhung oder Herabsetzung. Bei der Anmeldung einer Kapitalerhöhung ist es ohne Bedeutung, ob das erhöhte Kapital durch Bar- oder Sacheinlagen erbracht wird.

Anmeldungen ohne bestimmten Geldwert liegen immer vor, wenn aufgrund der Anmeldung kein bestimmter Geldbetrag in das Handelsregister einzutragen ist. Das sind alle Anmeldungen betreffend die Bestellung oder Abberufung eines Geschäftsführers oder Prokuristen oder von Satzungsänderungen mit Ausnahme von Kapitalveränderungen. Hierher gehört auch die Anmeldung der Auflösung der GmbH, die Anmeldung oder Abberufung eines Liquidators sowie die Anmeldung der neuen inländischen Geschäftsanschrift. Der Geschäftswert für die Anmeldung ohne bestimmten Geldwert beträgt gem. § 41a Abs. 4 Nr. 1 KostO 1 % des eingetragenen Stammkapitals, mindestens 25.000 EUR. Der Höchstwert für Registeranmeldungen beträgt gem. § 39 Abs. 5 KostO in allen Fällen 500.000 EUR, und zwar auch dann, wenn mehrere Veränderungen oder Tatsachen angemeldet werden. 22

Gemäß § 41d KostO gilt der **Mindestwert** von 25.000 EUR nicht bei Anmeldung der Änderung der Satzung (wenn diese keinen bestimmten Geldbetrag oder Geldwert betreffen) einer GmbH oder UG (haftungsbeschränkt), die mittels Musterprotokoll (ohne Abweichung vom gesetzlichen Inhalt) gegründet worden ist. Hier bleibt es bei einem Geschäftswert von 1 % aus dem eingetragenen Stammkapital. Bei einer haftungsbeschränkten UG mit Stammkapital von 1 EUR beträgt somit der Geschäftswert der Anmeldung einer derartigen Satzungsänderung 1 Cent, die 5/10-Gebühr nach § 145 Abs. 1 Satz 1 i.V.m. § 38 Abs. 2 Nr. 7 KostO 10 EUR (Mindestgebühr). 23

Hat der Notar den der Anmeldung zugrunde liegenden **Beschluss über die Satzungsänderung beurkundet**, ist die vom Notar zu erstellende Bescheinigung nach § 54 Abs. 1 GmbHG über den neuen vollständigen Wortlaut der Satzung gem. § 47 Satz 1 Hs. 2 KostO gebührenfrei. Wird die Bescheinigung von einem anderen Notar erteilt, liegt eine Tatsachenbescheinigung nach § 50 Abs. 1 Nr. 1 KostO vor. Zu erheben ist in diesem Fall eine 10/10-Gebühr aus einem nach § 30 Abs. 1 KostO zu schätzenden Wert (je nach Umfang der Tätigkeit zwischen 50 und 100 % des Beschlusswerts für die Satzungsänderung).[42] 24

42 Korintenberg/*Reimann*, § 47 KostO Rn. 17.

25 Streitig ist, ob dem Notar zusätzlich für die **Zusammenstellung des neuen Wortlauts der Satzung** eine Gebühr nach § 147 Abs. 2 KostO zusteht. Der Notar, der den satzungsändernden Beschluss beurkundet hat, muss zwar die Bescheinigung kostenfrei erteilen, jedoch sind die Vertretungsorgane verpflichtet, dem Notar den vollständigen Wortlaut der neuen Satzung zu liefern. Der Notar muss nur die Richtigkeit prüfen. Wird ihm demgemäß die Erstellung des neuen Wortlauts übertragen, wird man von einer zusätzlichen gebührenpflichtigen Tätigkeit ausgehen müssen.[43] Der Notar erhält also eine 5/10-Gebühr nach § 147 Abs. 2 KostO aus einem angemessenen Teilwert. Ausgangswert ist der nach §§ 41c Abs. 1, 41a Abs. 4 Nr. 1 KostO zu bestimmende Wert, höchstens 500.000 EUR.

26 Eine **Dokumentenpauschale** fällt für die Bescheinigung selbst nicht an, wohl aber für die schreibtechnische Herstellung der Satzung.

Zur kostenrechtlichen Behandlung der **Fertigung der Gesellschafterliste** siehe „Notar- und Handelsregisterkosten im GmbH-Recht", S. 1097 ff., Rn. 16 ff., 39 ff.

Für die **elektronische Einreichung** können zusätzliche Kosten entstehen. Siehe hierzu „Notar- und Handelsregisterkosten im GmbH-Recht", S. 1097 ff., Rn. 24 und 25.

2. Gerichtskosten

27 Die Eintragungskosten bestimmen sich nach der HRegGebV. Für die Sitzverlegung fällt gem. Gebührenverzeichnis Nr. 2300 eine Gebühr von 140 EUR an. Bleibt jedoch das bisherige Gericht zuständig, fällt anstelle dieser Gebühr eine solche nach Gebührenverzeichnis Nr. 2500 in Höhe von 70 EUR an. Die Kapitalerhöhung durch Sacheinlage oder zum Zwecke der Umwandlung löst eine Gebühr gemäß Gebührenverzeichnis Nr. 2401 i.H.v. 210 EUR aus. Andere Kapitalerhöhungen sind Tatsacheneintragungen nach Gebührenverzeichnis Nr. 2500. Für sie entstehen Eintragungsgebühren von 70 EUR. Bei Eintragung, Änderung oder Löschung einer Prokura fällt gemäß Gebührenverzeichnis Nr. 4000 (für jede Eintragung) eine Gebühr von 40 EUR an. Die Entgegennahme der Liste der Gesellschafter (§ 40 Abs. 1 GmbHG) kostet gemäß Gebührenverzeichnis Nr. 5002 eine Gebühr von 30 EUR.

3. Kosten der Bekanntmachung

a) Bekanntmachungen von Amts wegen

28 Als Folge der elektronischen Registerführung erfolgt die Veröffentlichung seit dem 1.1.2007 grundsätzlich elektronisch (§ 10 HGB), und zwar auf einer gemeinsamen Internetplattform der Länder (www.handelsregisterbekanntmachungen.de). Die bis 1.1.2007 bestehende Pflichtpublikation im (Papier-)Bundesanzeiger wurde mit Inkrafttreten des EHUG aufgegeben. Durch die elektronische Bekanntmachung sollen die Publizität der Registereintragung erhöht und die Kosten für die Unternehmen spürbar gesenkt werden.[44] Gemäß § 137 Abs. 1 Nr. 5 Buchst. a) KostO fällt für die Bekanntmachung im Internet pauschal 1 EUR an. Die Veröffentlichungskosten trägt die Kapitalgesellschaft. Die Eintragungen in das Handelsregister sind durch das Gericht von Amts wegen bekannt zu machen (§ 10 Abs. 1 HGB, § 32 HRV). Ein Verzicht hierauf durch den Anmeldenden ist nicht möglich.

---

43 So auch Korintenberg/Reimann/*Reimann*, § 47 KostO Rn. 17; *Röll*, DNotZ 1970, 342; *Tiedtke*, ZNotP 2003, 78 (Anm. zu OLG Stuttgart); *Bengel/Tiedtke*, DNotZ 2004, 258, 269; *Notarkasse*, Streifzug durch die Kostenordnung, Rn. 1271 ff.; a.A. (keine Gebühr) OLG Frankfurt/M., Rpfleger 1980, 203 = MittBayNot 1980, 123; OLG Celle, Rpfleger 1991, 462; PfälzOLG Zweibrücken, JurBüro 2001, 105 = ZNotP 2001, 167 mit krit. Anm. *Tiedtke*; OLG Stuttgart, ZNotP 2003, 78 = JurBüro 2002, 599.

44 *Sikora/Schwab*, MittBayNot 2007, 1, 9 m.w.N.

b) Veröffentlichung durch die Betroffenen

Daneben sind Bekanntmachungen durch die Kapitalgesellschaft selbst zu veranlassen, z.B. bei einer GmbH die Bekanntmachungen nach §§ 30 Abs. 2 Satz 2, 58 Abs. 1, 73 Abs. 1 GmbHG. Diese Bekanntmachungen erfolgen jedenfalls im elektronischen Bundesanzeiger (§ 12 Satz 1 GmbHG), soweit die Satzung daneben nicht noch andere öffentliche Blätter oder elektronische Informationsmedien als Gesellschaftsblätter bezeichnet (§ 12 Satz 2 GmbHG). 29

c) Kosten

Die Veröffentlichungskosten im Bundesanzeiger[45] sind vergleichsweise hoch.[46] Sie hängen maßgeblich vom Format ab, in dem die Daten angeliefert werden. Am kostengünstigsten ist die Übertragung in den Formaten XML- und XBRL und ist daher zu empfehlen. 20 EUR fallen in jedem Fall an. Dieser Betrag erhöht sich bei Jahresabschlüssen, für die kein Fixpreis festgesetzt ist, auf 35 EUR. Darüber hinaus fällt ein Zeichenpreis an, der bei der Übermittlung im XML oder XBRL-Format für die ersten 7.000 Zeichen bei 1 ct. pro sichtbarem Zeichen liegt und sich nach einer Staffel auf bis zu 0,10 ct. ab 80.001 Zeichen ermäßigt. Erfolgt eine Datenübermittlung hingegen im Word-, RTF-, Excel- oder PDF- Format, fallen 1,25 ct. pro sichtbarem Zeichen an. Am teuersten ist die Anlieferung in Papierform mit 2 ct. pro sichtbarem Zeichen. Die Einreichung durch den Notar löst eine 5/10-Gebühr nach § 147 Abs. 2 KostO aus einem nach § 30 Abs. 1 KostO zu schätzenden Geschäftswelt aus. 30

Die Veröffentlichung bestimmter Standardbekanntmachungen lösen folgende Kosten aus: Veröffentlichung von Jahresabschlüssen kleiner Gesellschaften bei Anlieferung im XML-Format 30 EUR und bei mittelgroßen Gesellschaften 48 EUR; die Veröffentlichung einer Liquidation unabhängig von der Größe der Gesellschaft 30 EUR.

II. Steuern

Zur steuerlichen Anerkennung von **Gewinnabführungsverträgen** siehe „Steuerrecht", S. 1046 ff., Rn. 80. 31

Zur steuerlichen Rückwirkung in **Umwandlungsfällen** siehe „Umwandlungsrecht", S. 995 ff., Rn. 90 ff.

45 Siehe zum Ganzen *Schmidt/Sikora/Tiedtke*, Rn. 2807 ff.

46 Die oben angegebenen Preise beruhen auf der Preisliste v. 1.1.2011, vgl. https://publikations-plattform.de/download/D045_Preisliste.pdf.

§ 55 Erhöhung des Stammkapitals

(1) Wird eine Erhöhung des Stammkapitals beschlossen, so bedarf es zur Übernahme jedes Geschäftsanteils an dem erhöhten Kapital einer notariell aufgenommenen oder beglaubigten Erklärung des Übernehmers.

(2) Zur Übernahme eines Geschäftsanteils können von der Gesellschaft die bisherigen Gesellschafter oder andere Personen, welche durch die Übernahme ihren Beitritt zu der Gesellschaft erklären, zugelassen werden. Im letzteren Falle sind außer dem Nennbetrag des Geschäftsanteils auch sonstige Leistungen, zu welchen der Beitretende nach dem Gesellschaftsvertrag verpflichtet sein soll, in der in Absatz 1 bezeichneten Urkunde ersichtlich zu machen.

(3) Wird von einem der Gesellschaft bereits angehörenden Gesellschafter ein Geschäftsanteil an dem erhöhten Kapital übernommen, so erwirbt derselbe einen weiteren Geschäftsanteil.

(4) Die Bestimmungen in § 5 Abs. 2 und 3 über die Nennbeträge der Geschäftsanteile sowie die Bestimmungen in § 19 Abs. 6 über die Verjährung des Anspruchs der Gesellschaft auf Leistung der Einlagen sind auch hinsichtlich der an dem erhöhten Kapital übernommenen Geschäftsanteile anzuwenden.

Literatur

Bayer/Hoffmann/Lieder, Ein Jahr MoMiG in der Unternehmenspraxis, GmbHR 2010, 9; *Berninger*, Aufstieg der UG (haftungsbeschränkt) zur vollwertigen GmbH, GmbHR 2011, 953; *Bormann*, Die Kapitalaufbringung nach dem Regierungsentwurf des MoMiG, GmbHR 2007, 897; *Ehlke*, Vinkulierung bei GmbH-Kapitalerhöhung und anderen Fällen des Gesellschaftereintritts ohne Anteilsübertragung, DB 1995, 561; *Heckschen*, Agio und Bezugsrechtsausschluss bei der GmbH, DStR 2001, 1437; *Heitsch*, Das Bezugsrecht der Gesellschafter der GmbH bei Kapitalerhöhungen, 1996; *Herchen,* Agio und verdecktes Agio im Recht der Kapitalgesellschaften, 2004; *Herrler,* Kapitalerhöhung bei der GmbH, DNotZ 2008, 903; *ders.*, Kapitalaufbringung nach dem MoMiG, DB 2008, 2347; *Herrler/König*, Aktuelle Praxisfragen zur GmbH-Gründung im vereinfachten Verfahren (Musterprotokoll), DStR 2010, 2138; *Hermanns*, Gestaltungsmöglichkeiten bei der Kapitalerhöhung mit Agio, ZIP 2003, 788; *Hirte*, Gesellschaftsinteresse und Gleichbehandlung beim Bezugsrechtsausschluß, ZHR 154 (1990), 374; *Kort*, Aktien aus vernichteten Kapitalerhöhungen, ZGR 1994, 291; *G. Krieger*, Fehlerhafte Satzungsänderungen: Fallgruppen und Bestandskraft, ZHR 158 (1994), 35 ff.; *Priester*, Das gesetzliche Bezugsrecht bei der GmbH, DB 1980, 1925; *Rottnauer,* Ausgabebetragsbemessung bei effektiver Kapitalerhöhung in einer personalistischen Kapitalgesellschaft, ZGR 2007, 401; *Temme/Küperkoch,* Heilung und „Reparatur" fehlerhafter Kapitalerhöhungsbeschlüsse, GmbHR 2004, 1556; *Wagner,* Gründung bzw. Kapitalerhöhung von Kapitalgesellschaften: Aufgeld auf satzungsmäßiger bzw. schuldrechtlicher Grundlage, DB 2004, 293; *Wicke*, Abweichungen und Änderungen beim Musterprotokoll gemäß § 2 Abs. 1a GmbHG, DNotZ 2012, 15; *Zöllner/M. Winter*, Folgen der Nichtigerklärung durchgeführter Kapitalerhöhungsbeschlüsse, ZHR 158 (1994), 59.

A. Allgemeines

I. Regelungsgegenstand

Bei einer Erhöhung des Stammkapitals wird die Kapitalbindung des Gesellschaftsvermögens als maßgebliches Gläubigerschutzinstrument erweitert. Für die Aufbringung des erhöhten Stammkapitals gelten im Wesentlichen dieselben Grundsätze wie bei der Gesellschaftsgründung (vgl. Abs. 4 i.V.m. §§ 5 Abs. 2, 3, 19 Abs. 6, § 56 i.V.m. §§ 9, 19 Abs. 2 Satz 2, Abs. 4 und § 56a i.V.m. §§ 7 Abs. 2 Satz 1, Abs. 3, 19 Abs. 5). Da das Stammkapital nach § 3 Abs. 1 Nr. 3 zum zwingenden Inhalt des Gesellschaftsvertrags (Satzung) gehört, erfolgt eine Stammkapitalerhöhung im Wege der **Satzungsänderung** nach §§ 53, 54. Zusätzlich gelten die Sondervorschriften der §§ 55 bis 57o. 1

Werden dem Gesellschaftsvermögen neue Mittel – von Altgesellschaftern oder Dritten – zugeführt, handelt es sich um eine **effektive Kapitalerhöhung** (§§ 55 bis 57a). Je nachdem, ob Bar- oder Sacheinlagen zu erbringen sind, spricht man von einer Bar- bzw. Sachkapitalerhöhung. Im Fall der Sachkapitalerhöhung sind ferner die Anforderungen des § 56 zu beachten (vgl. § 5 Abs. 4 zur Sachgründung). Mit dem MoMiG wurde die Möglichkeit des genehmigten Kapitals (§ 55a) eingeführt. Die bedingte Kapitalerhöhung (vgl. §§ 192 ff. AktG) als weitere aktienrechtliche Sonderform der effektiven Kapitalerhöhung ist im GmbHG weiterhin nicht vorgesehen. Eine analoge Anwendung dieser Vorschriften kommt nicht in Betracht.[1] In §§ 57c bis 57o ist die **nominelle Kapitalerhöhung** geregelt, bei der das Gesellschaftsvermögen nicht vergrößert wird, sondern vorhandene Gesellschaftsmittel der strengen Bindung des Stammkapitals (§ 30) unterworfen werden (siehe § 57c Rn. 6). Andere Arten der Kapitalzuführung durch die Gesellschafter (z.B. Einzahlung von Nachschüssen gem. § 26, Erfüllung oder Übernahme von Nebenleistungspflichten i.S.v. § 3 Abs. 2, Gesellschafterdarlehen) unterfallen hingegen nicht den §§ 55 ff., auch wenn sie teilweise eigenkapitalgleich oder -ähnlich wirken.[2] 2

II. Zweck der Kapitalerhöhung

Mit einer effektiven Kapitalerhöhung wird das Eigenkapital der Gesellschaft, z.B. zu Investitionszwecken, vergrößert und gleichzeitig deren **Bonität gesteigert**. Letzteres gilt in geringerem Umfang auch für die nominelle Kapitalerhöhung, bei der zwar nicht das Gesellschaftsvermögen, aber das über § 30 gebundene Kapital vermehrt wird. Ferner kann die Kapitalerhöhung zur **Aufnahme neuer Gesellschafter** genutzt werden, welche die geschaffenen Geschäftsanteile übernehmen, bzw. zur Erfüllung der Anteilsgewährspflicht im Rahmen einer Verschmelzung (§ 20 Abs. 1 Nr. 3 UmwG) oder Spaltung (§§ 123 Abs. 1 bis 3, 126 Abs. 1 Nr. 2, 131 Abs. 1 Nr. 3 UmwG). Zur Kapitalerhöhung zum Zwecke der Sanierung mit gleichzeitiger Kapitalherabsetzung siehe § 58 Rn. 1. 3

1 MünchKommGmbHG/*Lieder*, § 55 Rn. 10, auch zur Gewährung von Genussrechten sowie zur Ausgabe von Wandelschuldverschreibungen.

2 Roth/Altmeppen/*Roth*, § 55 Rn. 2; *Wicke*, § 55 Rn. 2.

III. Sonderfall: Kapitalerhöhung bei Unternehmergesellschaft (haftungsbeschränkt)

4 Bei der **Unternehmergesellschaft (haftungsbeschränkt)** (§ 5a, siehe § 5a, Rn. 24 ff.) dient die **Barkapitalerhöhung** auf ein Stammkapital von mindestens 25.000 EUR der Überführung in eine „normale" GmbH, auf welche die Sonderregelungen in § 5a keine Anwendung mehr finden (§ 5a Abs. 5). Mit Blick auf die Entscheidung des BGH zur Sachkapitalerhöhung bei der Unternehmergesellschaft (haftungsbeschränkt) vom 19.4.2011 (II ZB 25/10)[3] ist davon auszugehen, dass das **Volleinzahlungsgebot** des § 7 Abs. 2 Satz 1 **bei** einer **Barkapitalerhöhung auf 25.000 EUR keine Anwendung** findet, da der Gesetzeswortlaut insoweit offen und kein Grund für eine Schlechterstellung der Unternehmergesellschaft (haftungsbeschränkt) gegenüber der „ordentlichen" GmbH ersichtlich ist.[4] Allerdings darf auf diese Weise nicht die Mindestkapitalausstattung der GmbH unterlaufen werden. In Anlehnung an § 7 Abs. 2 Satz 2 ist daher in jedem Fall die Hälfte des Mindeststammkapitals, d.h. **zumindest 12.500 EUR, einzuzahlen.**[5] Zur verdeckten Sacheinlage bei der Unternehmergesellschaft (haftungsbeschränkt) siehe Rn. 47. Zur Kapitalerhöhung aus Gesellschaftsmitteln, insbesondere den Rücklagen nach § 5a Abs. 3 Satz 1, siehe § 57c Rn. 28 f. Eine **Sachkapitalerhöhung** ist bei der Unternehmergesellschaft (haftungsbeschränkt) **nicht zulässig** (§ 5a Abs. 2 Satz 2). Etwas anderes gilt aber für eine das **Mindeststammkapital** i.S.v. § 5 Abs. 1 **erreichende oder übersteigende Kapitalerhöhung** (Arg: ungerechtfertigte Schlechterstellung; Übergang von der Unternehmergesellschaft (haftungsbeschränkt) zur normalen GmbH in der Systematik des Gesetzes gerade angelegt).[6]

IV. Verfahren der effektiven Kapitalerhöhung im Überblick

5 Voraussetzung einer Kapitalerhöhung ist zunächst ein mit qualifizierter Mehrheit gefasster, notariell beurkundeter Beschluss der Gesellschafter zur Änderung des Gesellschaftsvertrags nach § 53 Abs. 1 und 2 (**Kapitalerhöhungsbeschluss**). Die dadurch neu gebildeten Geschäftsanteile müssen durch Vereinbarung zwischen den Übernehmern und der Gesellschaft übernommen werden (**Übernahme**). Sofern die neu gebildeten Geschäftsanteile nicht den Altgesellschaftern entsprechend ihrer Gesellschaftsbeteiligung zufallen sollen, bedarf es eines **Bezugsrechtsausschlusses** im Kapitalerhöhungsbeschluss. Zudem ist ein **Zulassungsbeschluss** erforderlich, in dem bestimmt wird, wer die neuen Geschäftsanteile übernehmen darf. Anschließend sind die **Einlagen zu leisten** (§ 56a) und die Kapitalerhöhung ist zur Eintragung in das Handelsregister **anzumelden** (§ 57). Nach Prüfung durch das Registergericht (§ 57a) erfolgt die **Eintragung** der Kapitalerhöhung in das Handelsregister des Sitzes der Gesellschaft (§ 54 Abs. 1, vgl. § 377 FamFG). Erst mit Eintragung verleihen die neu geschaffenen Geschäftsanteile den Übernehmern die mitgliedschaftlichen Rechte und Pflichten (§ 54 Abs. 3).

B. Inhalt der Regelung

I. Kapitalerhöhungsbeschluss

1. Zuständigkeit, Verfahren, Form

6 Eine Kapitalerhöhung setzt als Satzungsänderung (§ 3 Abs. 1 Nr. 3) einen mit einer Mehrheit von **drei Vierteln der abgegebenen Stimmen** gefassten Beschluss der Gesellschafter voraus (§ 53 Abs. 1, 2). Der Gesellschafterbeschluss ist nach § 53 Abs. 2 Satz 1 **notariell zu beurkunden**, entweder als Tatsachenprotokoll gem. § 36 f. BeurkG oder nach Maßgabe der (strengeren) Regeln der

3 NJW 2011, 1881.
4 OLG Hamm GmbHR 2011, 655 = DNotI-Report 2011, 127; OLG Stuttgart GmbHR 2011, 1275 = DNotZ 2012, 228; OLG München NJW 2012, 1453 (anders noch NJW 2011, 464), jew. m.w.N.
5 Ebenso Michalski/*Miras*, § 5a Rn. 112; MünchKommGmbHG/*Rieder* § 5a Rn. 40.
6 BGH NJW 2011, 1881 Tz. 13 ff., insb. Tz. 18 f., m. zahlreichen w.N.

§§ 6 ff. BeurkG (Beurkundung von Willenserklärungen). Für eine Beschränkung auf das Tatsachenprotokoll ist insbesondere auch unter Schutzzweckerwägungen kein Grund ersichtlich.[7]

Die Zustimmung aller beteiligter Gesellschafter nach **§ 53 Abs. 3** ist trotz der subsidiären Haftung der Altgesellschafter für nicht einbringliche Einlagen nach § 24 nur erforderlich, wenn eine Pflicht der Gesellschafter zur Übernahme der neu geschaffenen Geschäftsanteile begründet wird. Das Einstimmigkeitserfordernis des § 53 Abs. 3 erfasst nach Sinn und Zweck lediglich eine unmittelbar angeordnete Leistungsvermehrung.[8] Minderheitsgesellschafter können vor den Haftungsrisiken einer Kapitalerhöhung daher nur durch einen entsprechenden Satzungsvorbehalt geschützt werden (**Sonderrecht** auf Beibehaltung der bisherigen Beteiligungsverhältnisse oder auf Mitwirkung an Kapitalerhöhung; bloße Anteilsvinkulierung hingegen nicht ausreichend, Letzteres str.).[9] 7

Die Vorschriften über die ordnungsgemäße Abhaltung einer Gesellschafterversammlung sind zu beachten (§§ 48 bis 51, ggf. besondere Regelungen in der Satzung; Erleichterung bei Vollversammlung, § 51 Abs. 3, siehe § 51 Rn. 7 f.). Bei einem Kapitalerhöhungsbeschluss kommt ein **Stimmrechtsausschluss** eines Gesellschafters wegen persönlicher Beteiligung (§ 34 BGB, § 47 Abs. 4) auch dann nicht in Betracht, wenn dieser den Erhöhungsbetrag alleine übernehmen will, da durch den **bloßen Erhöhungsbeschluss** (verbunden mit einem teilweisen Bezugsrechtsausschluss) die Übernehmer noch nicht festgelegt sind.[10] Entgegen einer teilweise (auch in der Vorauflage) vertretenen Auffassung[11] unterliegen die vom **Zulassungsbeschluss** begünstigten Gesellschafter auch dann keinem Stimmverbot gem. § 47 Abs. 4, wenn die neu geschaffenen Anteile nur von einzelnen Altgesellschaftern übernommen werden sollen, da es an einem von § 47 Abs. 4 vorausgesetzten Interessenkonflikt zwischen Gesellschafter und GmbH fehlt (innergesellschaftliche Maßnahme, kein Drittgeschäft) und die übrigen Gesellschafter durch die formellen und materiellen Anforderungen an den Bezugsrechtsausschluss (vgl. unten Rn. 28-30) hinreichend geschützt sind (ggf. Anfechtbarkeit des Zulassungsbeschlusses).[12] 8

2. Zeitliche Grenzen

Eine Kapitalerhöhung ist schon vor Eintragung und damit vor Entstehung der GmbH (**Gründungsstadium**) zulässig, allerdings nur mit Zustimmung aller Gesellschafter und unter Beachtung der Formanforderungen des § 2, da das Mehrheitsprinzip nach der gesetzlichen Konzeption zum Schutz der beteiligten Gründungsgesellschafter erst mit Eintragung der GmbH zur Anwendung gelangt.[13] Aus diesem Grund muss auch ein Kapitalerhöhungsbeschluss ausscheiden, der erst nach Eintragung der GmbH Wirkungen entfalten soll (aufschiebende Bedingung oder entsprechende Anweisung an Geschäftsführer).[14] 9

Ebenso kann eine Kapitalerhöhung nach Eröffnung des **Insolvenzverfahrens** sowie im **Stadium der Liquidation** beschlossen werden.[15] Eine vor Eröffnung des Insolvenzverfahrens beschlossene,

7 OLG Köln NJW-RR 1993, 223, 224; MünchKommGmbHG/*Harbarth*, § 53 Rn. 68 m.w.N.; a.A. – soweit ersichtlich – nur Baumbach/Hueck/*Zöllner*, § 53 Rn. 70

8 RGZ 122, 159, 163; ausführlich MünchKommGmbHG/*Lieder*, § 55 Rn. 26-30 m.w.N., auch zum Verhältnis von § 53 Abs. 3 zu § 51 Abs. 1 UmwG, sowie *K. Schmidt*, Gesellschaftsrecht, § 37 V 1 a) dd) = S. 1173 f.

9 MünchKommGmbHG/*Lieder*, § 55 Rn. 30 m.w.N. zum Streitstand.

10 Baumbach/Hueck/*Zöllner*, § 55 Rn. 17; MünchKommGmbHG/*Lieder*, § 55 Rn. 31 (Arg: Willensbildung innerhalb der GmbH) m.w.N.

11 So RGZ 109, 77, 80; 122, 159, 162; Baumbach/Hueck/*Zöllner*, § 55 Rn. 17, 29; Roth/Altmeppen/*Roth*, § 55 Rn. 27.

12 MünchKommGmbHG/*Lieder*, § 55 Rn. 106, Lutter/Hommelhoff/*Lutter*, § 55 Rn. 29; Scholz/*Priester*, § 55 Rn. 63, jeweils m.w.N.

13 H.M.: OLG Köln, DStR 1996, 113; Michartlski/*Hermanns*, § 55 Rn. 60; MünchKommGmbHG/*Lieder*, § 55 Rn. 55; Roth/Altmeppen/*Roth*, § 55 Rn. 9; a.A. Scholz/*Priester*, § 55 Rn. 29; ders., ZIP 1987, 280, 284 f., der §§ 55 ff. auch auf die Vor-GmbH anwenden will.

14 A.A. Lutter/Hommelhoff/*Lutter*, § 55 Rn. 30; *Wicke*, § 55 Rn. 3.

15 BGH NJW 1957, 1279 (zur AG); MünchKommGmbHG/*Lieder*, § 55 Rn. 56 ff. m.w.N.; Roth/Altmeppen/*Roth*, § 55 Rn. 10; *Wicke*, § 55 Rn. 3. Zur umstrittenen Frage, ob eine vor Eröffnung des Insolvenzverfahrens beschlossene Kapitalerhöhung durchzuführen ist, vgl. Baumbach/Hueck/*Zöllner*, § 55 Rn. 5 m.w.N. Zur Kompetenzverteilung bei Kapitalerhöhungen im Insolvenzverfahren (v.a. beim sog. *Debt-Equity-Swap*) *Stöber*, ZInsO 2012, 1811, 1817 ff. Vgl. hierzu auch § 56 Rn. 6 f.

aber noch nicht durchgeführte Kapitalerhöhung wird nicht automatisch unwirksam, doch müssen sich die Gesellschafter nicht daran festhalten lassen (z.B. Anweisung an Geschäftsführer zur Rücknahme der Anmeldung; Aufhebung des Beschlusses; Rücktritt vom Übernahmevertrag gem. § 313 BGB; vgl. auch Rn. 39).[16]

3. Beschlussinhalt

a) Bestimmter Erhöhungsbetrag

10 In Abweichung von § 3 Abs. 1 Nr. 4 sind weder die Übernehmer noch Höhe und Anzahl der neu geschaffenen Geschäftsanteile notwendig im satzungsändernden Beschluss anzugeben (Ausnahme Sachkapitalerhöhung, siehe § 56 Rn. 8).[17] Aus dem Kapitalerhöhungsbeschluss muss sich lediglich ergeben, dass und in welchem Umfang das Stammkapital erhöht werden soll. Hierfür genügt die **Angabe des neuen Stammkapitals oder des Erhöhungsbetrags**. Es ist allerdings üblich, beide Beträge anzugeben.[18] Einer ausdrücklichen Änderung des Satzungswortlauts betreffend die Stammkapitalziffer bedarf es grundsätzlich nicht (str.). Allerdings dürfte sich eine förmliche Beschlussfassung in aller Regel im Interesse der Rechtsklarheit empfehlen.[19] Werden mehrere neue Geschäftsanteile an denselben Gesellschafter ausgegeben (vgl. § 5 Abs. 2 Satz 2 i.V.m. § 55 Abs. 4),[20] sind Zahl und Nennbeträge der neu zu schaffenden Geschäftsanteile in den Kapitalerhöhungsbeschluss aufzunehmen. Werden die neu geschaffenen Geschäftsanteile im Beschluss bereits explizit aufgeführt, empfiehlt sich eine **Nummerierung** (Transparenz, Bestimmtheit).[21]

11 Der Erhöhungsbetrag kann grundsätzlich frei gewählt werden. Allerdings ist auf die Interessen aller Gesellschafter Rücksicht zu nehmen. Im Hinblick auf die sich insbesondere bei geringfügigen Kapitalerhöhungen ergebenden Spitzenbeträge, die notwendig dem einen oder dem anderen Gesellschafter zuzuordnen sind, ist bei der Wahl des Erhöhungsbetrags darauf zu achten, dass durch Auf- bzw. Abrundung der Bezugsrechte die Mehrheitsverhältnisse in der Gesellschafterversammlung nicht verschoben werden.[22] Lauten die Geschäftsanteile – wie nunmehr möglich – je auf 1 EUR (§ 5 Abs. 2), ist der Verlust größerer Spitzen aber nahezu ausgeschlossen. Wird die Erhöhung um einen **bestimmten Betrag** beschlossen, scheitert die Kapitalerhöhung in der Regel, falls nicht das gesamte Erhöhungskapital übernommen wird (ggf. im Einzelfall Auslegung des Beschlussinhalts im Sinne eines Höchstbetrages,[23] vgl. Rn. 12). Dieser Beschlussinhalt eignet sich daher in Fällen, in denen die Übernahmeerklärungen zusammen mit dem Erhöhungsbeschluss protokolliert werden oder die vollständige Übernahme des Erhöhungskapitals feststeht bzw. gesichert erscheint.

b) Maximalbetrag/Mindestbetrag

12 Im Kapitalerhöhungsbeschluss können alternativ die obere Grenze der Stammkapitalerhöhung **(Maximalbetrag)** sowie ggf. auch die untere Grenze **(Mindestbetrag)** festgelegt werden (mindestens 1 EUR, vgl. § 5 Abs. 2 Satz 1). Die tatsächliche Erhöhung des Stammkapitals richtet sich dann nach den erfolgten Übernahmen neuer Geschäftsanteile. In Abgrenzung zur bedingten Kapitalerhöhung (vgl. §§ 192 ff. AktG) und insbesondere zum genehmigten Kapital (§ 55a) wird überwiegend die Bestimmung einer Höchstfrist für die Übernahme der neu geschaffenen Geschäftsan-

16 Vgl. BGH NJW 1995, 460; KG NZG 2000, 103, 104; MünchKommGmbHG/*Lieder*, § 55 Rn. 56, 59 m.w.N., auch zur Auslegung eines vor Auflösung der GmbH gefassten Kapitalerhöhungsbeschlusses.
17 BayObLG NJW 1982, 1400 f.; Baumbach/Hueck/*Zöllner*, § 55 Rn. 12.
18 Baumbach/Hueck/*Zöllner*, § 55 Rn. 10; Roth/Altmeppen/*Roth*, § 55 Rn. 3; anders wohl Lutter/Hommelhoff/*Lutter*, § 55 Rn. 8 (Angabe beider Beträge erforderlich). Da das Gesetz nicht die Angabe beider Beträge fordert und aus dem einen Betrag unschwer der andere berechnet werden kann, scheint dies aber eine ungerechtfertigt strenge Gesetzesauslegung.
19 BGH NZG 2008, 73, 74 Tz. 15 = DNotZ 2008, 461.
20 MünchKommGmbHG/*Lieder*, § 55 Rn. 46; Roth/Altmeppen/*Roth*, § 55 Rn. 34; *Wicke*, § 55 Rn. 9; a.A. (Ausgabe mehrere Geschäftsanteile an denselben Gesellschafter bei Kapitalerhöhung unzulässig) *Meister*, NZG 2008, 767, 769.
21 MünchKommGmbHG/*Lieder*, § 55 Rn. 46 m.w.N.
22 Vgl. Baumbach/Hueck/*Zöllner*, § 55 Rn. 21.
23 Vgl. hierzu MünchKommGmbHG/*Lieder*, § 55 Rn. 35 m.w.N., auch zur Möglichkeit der Anpassung des Erhöhungsbetrags an das übernommene Kapital mittels Änderungsbeschlusses.

teile im Kapitalerhöhungsbeschluss gefordert, da anderenfalls die weiteren Anforderungen des genehmigten Kapitals nach § 55a (insbesondere Begrenzung auf hälftige Stammkapitalziffer) umgangen werden könnten und eine gesetzlich nicht vorgesehene Einflussnahmemöglichkeit der Geschäftsführung auf den Umfang der Kapitalerhöhung entstünde. Im Regelfall soll eine Frist von **6 Monaten** die **Obergrenze** darstellen.[24] Angesichts der im Vergleich zur AG weniger strengen Kompetenzabgrenzung zwischen Gesellschafterversammlung und Leitungsorgan und vor allem aufgrund des Weisungsrechts der Gesellschafterversammlung (vgl. § 37 Rn. 5 f.) erscheint eine großzügigere Handhabung angezeigt. Mit Blick auf die 5-Jahresfrist in § 55a sollten m. E. jedenfalls keine durchgreifenden Bedenken gegen eine deutlich längere Übernahmefrist (z.B. 2 Jahre) bestehen.[25] Einstweilen dürfte sich für die Praxis freilich die Orientierung an der überwiegenden Ansicht empfehlen bzw. sollte auf das genehmigte Kapital zurückgegriffen werden.

> **!** Bis zur höchstrichterlichen bzw. jedenfalls obergerichtlichen Klärung dieser Streitfrage dürfte sich in der Praxis die Orientierung an der überwiegenden Ansicht und damit die Verknüpfung eines Maximalbetrags mit einer Übernahmefrist von höchstens 6 Monaten empfehlen. Anderenfalls sollte auf das genehmigte Kapital zurückgegriffen werden.

c) Ausgabebetrag

Wegen des im Interesse der Kapitalaufbringung geltenden Verbots der Unterpariemission (vgl. § 9 Abs. 1 AktG) muss die Ausgabe der neuen Geschäftsanteile mindestens zum Nennwert erfolgen. **13** Der Nennbetrag muss auf volle Euro lauten (§ 5 Abs. 2 Satz 1). Insbesondere bei Aufnahme neuer Gesellschafter erfolgt die Ausgabe häufig gegen ein **Aufgeld** (**Agio**), damit der Ausgabebetrag (Nennbetrag des jeweiligen Geschäftsanteils zuzüglich des Aufgelds) dem tatsächlichen Wert des Anteils entspricht.[26] Übersteigt der Wert der neu geschaffenen Geschäftsanteile den jeweiligen Nennbetrag, ist im Erhöhungsbeschluss **stets** ein angemessenes **Aufgeld festzusetzen**, selbst dann, wenn kein (teilweiser) Bezugsrechtsausschluss erfolgt. Zwar ist jeder Altgesellschafter bezugsberechtigt. Doch werden die Bezugsrechte bei der GmbH (trotz grundsätzlicher Übertragbarkeit) i.d.R. nicht am Markt gehandelt. Dadurch würden die Altgesellschafter ohne Festsetzung eines Agios zur Ausübung des Bezugsrechts gezwungen, um eine Umverteilung des Gesellschaftsvermögens zu verhindern.[27] Die weit verbreitete Praxis, die neuen Geschäftsanteile **zum Nennwert auszugeben**, ist allerdings bedenkenfrei, wenn **alle Gesellschafter** an der Kapitalerhöhung **teilnehmen oder** dem Ausgabebetrag **zustimmen** bzw. auf eine Anfechtung des Beschlusses verzichten (Zweck des Aufgelds ist Minderheitenschutz, nicht Kapitalschutz; daher disponibel).[28] Im Kapitalerhöhungsbeschluss (und in der Übernahmeerklärung, unten Rn. 35) muss das Aufgeld ausdrücklich und dessen Höhe zumindest bestimmbar festgelegt werden, z.B. durch Anknüpfung an Bilanz, Wertgutachten o.Ä.[29]

Alternativ zum Agio als Zuzahlungspflicht auf gesellschaftsvertraglicher Grundlage (**korporative** **14** **Leistungspflicht** i.S.v. § 3 Abs. 2) kann auch ein **„Zuschuss"**, d.h. eine Zahlungspflicht auf lediglich **schuldrechtlicher Grundlage** vereinbart werden.[30] Bei Letzterer findet keine Heilung etwai-

---

24 MünchKommGmbHG/*Lieder*, § 55 Rn. 37; Lutter/Hommelhoff/*Lutter*, § 55 Rn. 9; Scholz/*Priester*, § 55 Rn. 19, jeweils m.w.N.; vgl. OLG Hamburg NZG 2000, 549, 550 (zum AG); a.A. (nur Pflicht zur unverzüglichen Durchführung) Baumbach/Hueck/*Zöllner*, § 55 Rn. 11; *Wicke*, § 55 Rn. 5.

25 Noch weitergehend Baumbach/Hueck/*Zöllner*, § 55 Rn. 11; *Wicke*, § 55 Rn. 5: nur Pflicht zur unverzüglichen Durchführung.

26 Vgl. hierzu *Hermanns*, ZIP 2003, 788, 789 ff.

27 OLG Stuttgart, NZG 2000, 156; *Hermanns*, ZIP 2003, 788, 790; MünchKommGmbHG/*Lieder*, § 55 Rn. 49 f. m.w.N., *Wicke*, § 55 Rn. 6: Baumbach/Hueck/*Zöllner*, § 55 Rn. 13; a.A. Lutter/Hommelhoff/*Lutter*, § 55 Rn. 11 (Arg: sonst uferlose Bewertungsprobleme; Bezugsrecht gesetzlich vorgesehener Minderheitenschutz).

28 Scholz/*Priester*, § 55 Rn. 27; Baumbach/Hueck/*Zöllner*, § 55 Rn. 13; *Hermanns*, ZIP 2003, 788, 790.

29 Baumbach/Hueck/*Zöllner*, § 55 Rn. 13; *Wicke*, § 55 Rn. 6.

30 Zur Abgrenzung des statutarischen vom schuldrechtlichen Agio siehe BGH NZG 2008, 73 = DNotZ 2008, 461 m. Anm. Herchen.

ger Mängel durch Eintragung der Kapitalerhöhung (siehe Rn. 43) statt.[31] Während das Aufgeld als Kapitalrücklage i.S.v. § 272 Abs. 2 Nr. 1 HGB auszuweisen ist, wird der bloß schuldrechtlich vereinbarte Zuschuss nur dann in diese Rücklage eingestellt, wenn ein eigenes Forderungsrecht der Gesellschaft besteht. Anderenfalls liegt eine „freiwillige" Zuzahlung in die Kapitalrücklage nach § 272 Abs. 2 Nr. 4 HGB vor.[32] Da bei der GmbH eine § 150 AktG vergleichbare Vorschrift fehlt und diese auch nicht entsprechend gilt,[33] kommt der Unterscheidung zwischen einer Rücklage nach § 272 Abs. 2 Nr. 1 und § 272 Abs. 2 Nr. 4 HGB bei der GmbH allerdings keine entscheidende Bedeutung zu.

d) Rechte und Pflichten aus neuen Geschäftsanteilen

15 Den Übernehmern stehen die Rechte und Pflichten aus den neuen Geschäftsanteilen erst **ab Eintragung** der Kapitalerhöhung in das Handelsregister (§ 54 Abs. 3) zu. Zur Vereinfachung und wegen der Ungewissheit des Eintragungszeitpunkts ist i.d.R. eine abweichende Vereinbarung hinsichtlich der Gewinnberechtigung zu treffen (anderenfalls zeitanteilig im Jahr der Eintragung, str.[34]). Sollen für die neuen Geschäftsanteile abweichend von den bisher geltenden statutarischen Regelungen andere Regeln gelten (z.B. Vinkulierung, Nachschuss- bzw. Nebenleistungspflicht, Sondervorteile), sind diese in den Kapitalerhöhungsbeschluss und in die Satzung aufzunehmen.[35]

e) Sonderfall: Aufstockung

16 Im Regelfall erfolgt die Kapitalerhöhung durch Bildung neuer Geschäftsanteile (Abs. 3). Dies gilt auch dann, wenn das alte Stammkapital nicht voll eingezahlt ist, da die in § 57l Abs. 2 Satz 2 normierte Einschränkung nur für die Kapitalerhöhung aus Gesellschaftsmitteln gilt. Im Erhöhungsbeschluss kann aber festgelegt werden, dass die Geschäftsanteile der Altgesellschafter um den jeweils zu übernehmenden Erhöhungsbetrag *aufgestockt* werden. Ebenso ist eine **Kombination von Aufstockung** alter **und Bildung neuer Geschäftsanteile** möglich.[36] Eine Aufstockung setzt – aufgrund des grundsätzlich möglichen Rückerwerbs der Rechtsvorgänger nach § 22 Abs. 4 – voraus, dass der betreffende Geschäftsanteil voll einbezahlt ist, noch vom Gründungsgesellschafter (oder dessen Gesamtrechtsnachfolger) gehalten wird oder wegen Ablaufs der 5-Jahres-Frist des § 22 Abs. 3 ein Zugriff auf den Rechtsvorgänger ausscheidet.[37] In der Regel besteht kein Anlass für eine Aufstockung. Ein großer einheitlicher Geschäftsanteil ist sowohl bei künftigen Kapitalerhöhungen wegen der noch nicht abschließend geklärten Teilbarkeit des Bezugsrechts (siehe Rn. 23) als auch im Falle der Kaduzierung (§§ 21 ff.), die notwendig den gesamten Anteil betrifft,[38] unpraktikabel.

f) Sonderfall: Sachkapitalerhöhung (§ 56)

17 Zu den zusätzlichen Anforderungen an eine Sachkapitalerhöhung und den damit verbundenen Haftungsrisiken siehe § 56 Rn. 2 ff. Zur Heilung verdeckter Sachkapitalerhöhungen siehe § 5 Rn. 4. Die Haftungsrisiken sind nunmehr aufgrund der in § 19 Abs. 4 Sätze 3, 4 normierten Anrechnungslösung deutlich reduziert (näher § 56 Rn. 20 ff.). Bei der **Unternehmergesellschaft** (haftungsbeschränkt) ist eine Sachkapitalerhöhung nicht zulässig (§ 5a Abs. 2 Satz 2), es sei denn, durch die Sachkapitalerhöhung wird das Mindeststammkapital i.S.v. § 5 Abs. 1 erreicht oder überschritten (vgl. oben Rn. 4).[39]

---

31 BGH NZG 2008, 73, 74 = DNotZ 2008, 461.
32 BayObLG DB 2002, 940 = MittBayNot 2002, 304 m. Anm. *Gerber.*
33 Baumbach/Hueck/*Schulze-Osterloh*, 18. Aufl. 2006, § 42 Rn. 205.
34 Baumbach/Hueck/*Zöllner*, § 55 Rn. 49; a.A. Scholz/*Priester*, § 55 Rn. 298 Großkommentar/Ulmer, § 55 Rn. 26: volle Gewinnberechtigung im Jahr der Eintragung.
35 MünchKommGmbHG/*Lieder*, § 55 Rn. 47 m.w.N., Baumbach/Hueck/*Zöllner*, § 55 Rn. 14.
36 Vgl. BGHZ 63, 116, 118 = NJW 1975, 118; OLG Celle, NZG 2000, 148, 149; Roth/Altmeppen/*Roth*, § 55 Rn. 35 f.
37 BGHZ 63, 116, 118 = NJW 1975, 118; MünchKommGmbHG/*Lieder*, § 55 Rn. 43 f.; Baumbach/Hueck/*Zöllner*, § 55 Rn. 46; Lutter/Hommelhoff/*Lutter*, § 55 Rn. 15; Roth/Altmeppen/*Roth*, § 55 Rn. 35.
38 Roth/Altmeppen/*Roth*, § 55 Rn. 39.
39 BGH NJW 2011, 1881 Tz. 13 ff., insb. Tz. 18 f., m. zahlreichen w.N.

g) Sonderfall: Beibehaltung des Musterprotokolls (§ 2 Abs. 1a)

Wurde bislang das **Musterprotokoll** verwendet, kann dieses grundsätzlich auch nach der Kapitalerhöhung beibehalten werden, wenn nicht mehr als drei Gesellschafter beteiligt sind und keine Sacheinlagen vereinbart werden (siehe § 53 Rn. 9). Allerdings fordert insbesondere das OLG München eine **widerspruchsfreie redaktionelle Fassung der Satzung**. Nach Auffassung des Gerichts steht § 2 Abs. 1a Satz 3 einer den tatsächlichen Gegebenheiten Rechnung tragenden Anpassung des Mustertextes nicht entgegen. Diese Vorschrift ordne lediglich an, dass neben dem im Musterprotokoll vorgesehenen Mindestinhalt des Gesellschaftsvertrags im Gründungsstadium keine vom Gesetz abweichenden Bestimmungen getroffen werden dürfen.[40] Demzufolge ist der Text des Musterprotokolls dergestalt anzupassen, dass der unrichtige Eindruck vermieden wird, der neu hinzugetretene Gesellschafter habe den Anteil bereits bei Gründung übernommen (vgl. Rn. 62 für einen Formulierungsvorschlag).[41] Ungeachtet der etwaigen Kostenvorteile (§ 41d Var. 2 KostO) dürfte eine Beibehaltung des Musterprotokolls aber allenfalls bei einer Ein-Personen-Unternehmergesellschaft überhaupt in Erwägung zu ziehen sein. 17a

4. Beschlussmängel

a) Eintragungshindernis?

Infolge von Mängeln kann der Kapitalerhöhungsbeschluss **unwirksam** (wegen Unvollständigkeit des zur Wirksamkeit erforderlichen Gesamttatbestands), **nichtig** oder anfechtbar sein (näher zur Unterscheidung der beiden letztgenannten Kategorien siehe § 47 Rn. 33 ff.). Ein **Eintragungshindernis** besteht jedenfalls in den ersten beiden Fällen. Ein lediglich **anfechtbarer, vom Versammlungsleiter festgestellter[42] (Kapitalerhöhungs-) Beschluss** ist (zunächst) wirksam und grundsätzlich eintragungsfähig. Insoweit ist wie folgt zu differenzieren: Solange die **Anfechtungsfrist** (Monatsfrist nach § 246 Abs. 1 AktG) **noch läuft** bzw. nicht zuverlässig festgestellt werden kann, dass sie abgelaufen ist, steht es dem Registergericht gem. §§ 21 Abs. 1, 381 FamFG nach pflichtgemäßem Ermessen frei, die Eintragung bis zum Abschluss des Anfechtungsrechtsstreits bzw. bis zum Ablauf der Anfechtungsfrist auszusetzen. Im Falle von evidenten Rechtsverstößen oder bei ungewissem Ausgang einer etwaigen Anfechtungsklage wird gar eine Pflicht zur Aussetzung angenommen.[43] Unabhängig von einer etwaigen Eintragung kann ein anfechtbarer Beschluss aufgrund erfolgreicher Anfechtungsklage für nichtig erklärt werden (§§ 243 ff. AktG analog, insbesondere § 248 Abs. 1 Satz 1 AktG).[44] **Nach Ablauf der Anfechtungsfrist** ist das Registergericht aufgrund der Bestandskraft jedenfalls nicht mehr berechtigt, die Eintragung des wirksamen Beschlusses zu verweigern, sofern der zur Anfechtbarkeit führende Mangel nur die Interessen der Aktionäre untereinander oder im Verhältnis zur Gesellschaft betrifft, was bei bloßen Verfahrensverstößen stets der Fall ist.[45] 18

b) Folgen der Eintragung

Erfolgt die Eintragung der Kapitalerhöhung, werden **formelle Fehler analog § 242 Abs. 1 AktG sofort**[46] und **materielle Fehler analog § 242 Abs. 2 AktG nach Ablauf von drei Jahren** seit Eintragung **geheilt**.[47] Bei bloßer Anfechtbarkeit kommt es allein auf die Bestandskraft (Ablauf der Anfechtungsfrist) an. Wird nach Eintragung die Nichtigkeit oder Unwirksamkeit des Kapitalerhöhungsbeschlusses festgestellt oder die Anfechtung erfolgreich erklärt, so hat die Kapitalerhöhung 19

40 GmbHR 2010, 312 = NotBZ 2010, 110; bestätigt in NZG 2010, 998; zustimmend OLG Düsseldorf NZG 2010, 719.
41 *Herrler/König*, DStR 2010, 2138, 2143 f.; vgl. jüngst *Wicke*, DNotZ 2012, 15, jeweils auch zu den kostenrechtlichen Implikationen.
42 Vgl. hierzu OLG München, Beschl. v. 14.6.2012- 31 Wx 192/12.
43 BGH NJW 1990, 2747, 2750 = BGHZ 112, 9.
44 Lutter/Hommelhoff/*Lutter*, § 57 Rn. 24.
45 Vgl. *Krafka/Willer/Kühn*, Registerrecht, Rn. 1027 m.w.N.
46 BGH NJW 1996, 257 f.
47 OLG Stuttgart NZG 2001, 40, 44 = GmbHR 2000, 721; Lutter/Hommelhoff/*Lutter/Hommelhoff*, § 57 Rn. 23 m.w.N.

infolge Eintragung (§ 54 Abs. 3) bis zur rechtskräftigen Nichtigkeitsfeststellung bzw. -erklärung vorläufig Bestand (Arg: Rechtssicherheit, Verkehrsschutz; anderenfalls drohende Rückabwicklungsschwierigkeiten; **Lehre von der fehlerhaften Gesellschaft**). Insbesondere beschränkt sich die Einlageschuld der Inferenten nicht entsprechend § 77 Abs. 3 auf das zur Befriedigung der Gläubiger erforderliche Maß, sondern entsteht zunächst in vollem Umfang.[48] Dies gilt aus den vorgenannten Gründen auch dann, wenn der Nennbetrag eines neu gebildeten Geschäftsanteils unter Verstoß gegen § 5 Abs. 2 Satz 1 (i.V.m. § 55 Abs. 4) festgesetzt wurde. Eine Korrektur (im Sinne einer Glättung) dürfte insoweit durch Abtretung der „Anteilsspitzen" (Cent-Beträge)[49] oder durch Aufstockung auf den nächst höheren vollen Euro-Betrag entsprechend der zur Euro-Umstellung anerkannten Grundsätze möglich sein. Weder der rechtskräftigen Feststellung der Nichtigkeit des Kapitalerhöhungsbeschlusses noch der Für-nichtig-Erklärung aufgrund erfolgreicher Anfechtungsklage kommt Rückwirkung zu.[50] Stattdessen ist die Kapitalerhöhung entsprechend den zum Ausscheiden von Gesellschaftern entwickelten Grundsätzen abzuwickeln (Ex-nunc-Unwirksamkeit).[51]

! Sofern der Kapitalerhöhungsbeschluss (möglicherweise) nichtig ist bzw. erfolgreich angefochten wurde (werden wird), sollte er (ggf. vorsorglich) erneut gefasst (bzw. bestätigt) werden. Sofern den Inferenten im Falle der Unwirksamkeit der vorangegangenen Kapitalerhöhung Herausgabeansprüche hinsichtlich der geleisteten Einlagen zustehen, bedarf es einer Sachkapitalerhöhung. Die Rückforderungsansprüche sind als Sacheinlagen einzubringen.[52]

II. Übernahme

20 Ferner ist eine Übernahmevereinbarung zwischen dem – infolge Gesellschafterstellung bzw. Bezugsrechts oder Zulassungsbeschlusses – zur Übernahme Berechtigten und der Gesellschaft erforderlich.

1. Übernahmeberechtigung

21 Sowohl natürliche als auch juristische und sonstige rechtsfähige Personen (oHG, KG, Außen-GbR) können die neuen Geschäftsanteile übernehmen. Lediglich die **GmbH selbst** sowie von ihr **abhängige oder in Mehrheitsbesitz befindliche Unternehmen** (Details str.[53]) scheiden als Übernehmer im Rahmen einer effektiven Kapitalerhöhung aus, vgl. § 56 Abs. 1, 2 AktG (str. für den Vertragskonzern).[54] Etwas anderes gilt für die nominelle Kapitalerhöhung, siehe § 57l Abs. 1.

a) Bezugsrecht der Altgesellschafter

22 Den Altgesellschaftern der GmbH steht von Gesetzes wegen ein ihrer bisherigen Beteiligung entsprechender Teil des Erhöhungsbetrags zu. Im Interesse eines effektiven Minderheitenschutzes, der bei der GmbH wegen der typischerweise im Vergleich zur AG personalistischeren Gesellschaftsstruktur erst recht geboten erscheint, verfügen sie über ein ungeschriebenes **gesetzliches Be-**

48 MünchKommGmbHG/*Lieder*, § 57 Rn. 57 f. m.w.N.; a.A. wohl OLG Stuttgart NZG 2001, 40, 44 = GmbHR 2000, 721 (§ 77 Abs. 3 GmbHG).
49 Vgl. zum parallelen Problem bei der Einziehung unter disquotaler Aufstockung der übrigen Geschäftsanteile *Blath*, GmbHR 2011, 1177, 1181-1183.
50 OLG Stuttgart NZG 2001, 40, 44 = GmbHR 2000, 721; Baumbach/Hueck/*Zöllner*, § 57 Rn. 28; *Kort*, ZGR 1994, 291, 306 ff.; Scholz/*Priester*, § 57 Rn. 48; *Temme/Küpperkoch*, GmbHR 2004, 1556; ähnlich: *G. Krieger*, ZHR 158 (1994), 35, 48 ff.
51 MünchKommGmbHG/*Lieder*, § 57 Rn. 60 f. m.w.N., auch zum Ausnahmefall des Ausschluss der Rückabwicklung (z.B. bei Kapitalerhöhung zur Durchführung einer Verschmelzung, §§ 16 Abs. 3 Satz 8 Hs. 2, 20 Abs. 2 UmwG); *Zöllner/Winter*, ZHR 158 (1994), 59 ff.; a.A. Michalski/*Hermanns*, § 55 Rn. 29: Unwirksamkeit von Anfang an.
52 Vgl. *Hüffer*, § 248 AktG Rn. 7a; *Zöllner/Winter*, ZHR 158 (1994), 59, 79, 84 ff.
53 MünchKommGmbHG/*Lieder*, § 55 Rn. 119 m.w.N. (tatsächliche Beherrschung maßgeblich); a.A. Scholz/*Priester*, § 55 Rn. 112 m.w.N. (Kapitalbeteiligung von mindestens 50 %); a.A. Lutter/Hommelhoff/*Lutter*, § 55 Rn. 34 (Beteiligung von mehr als 25 %).
54 Vgl. MünchKommGmbHG/*Lieder*, § 55 Rn. 120 m.w.N., der eine Übertragung des Verbots des § 56 Abs. 2 Satz 1 AktG auf den GmbH-Vertragskonzern ablehnt (Arg: reale Kapitalaufbringung nicht betroffen).

zugsrecht analog § 186 Abs. 1 AktG (heute h.M.). Trotz des notwendigen Aufgelds (siehe Rn. 13) und dem damit verbundenen Schutz vor Umverteilung des Gesellschaftsvermögens bedarf es des Bezugsrechts, um den Einfluss des jeweiligen Altgesellschafters auf die Unternehmensführung zu erhalten.[55] Hieran ändert auch der Umstand nichts, dass beim genehmigten Kapital eine § 203 Abs. 2 AktG vergleichbare Regelung und damit eine Bezugnahme auf das gesetzliche Bezugsrecht fehlt, da § 55a bewusst knapp gefasst wurde. Zu den Anforderungen des Bezugsrechtsausschlusses siehe Rn. 27 ff.

Will ein Altgesellschafter sein Bezugsrecht ausüben (hierzu unten Rn. 25 f.), ist trotz des insoweit 23
missverständlichen Wortlauts des Abs. 2 Satz 1 **kein Zulassungsbeschluss** erforderlich, da eine Übernahmeberechtigung kraft Gesetz besteht und die Geschäftsführer zum Abschluss des Übernahmevertrages ermächtigt (und verpflichtet) sind (str.).[56] Dennoch empfiehlt sich in der Praxis im Interesse der Klarstellung die Fassung eines entsprechenden Zulassungsbeschlusses. Nach mittlerweile ganz herrschender Meinung in der Literatur soll auch die **teilweise Ausübung** des Bezugsrechts durch einen Altgesellschafter möglich sein, da keine Pflicht zur Quotenwahrung besteht (vgl. § 707 BGB, § 53 Abs. 3 GmbHG; Grenze: Treuwidrigkeit eines Verlangens nach Kleinstbeteiligung). Dies soll unabhängig davon gelten, ob ein Gesellschafter nur einen oder mehrere Geschäftsanteile hält.[57] Auf diese Frage kommt es aber in der Regel nur bei einem den Mindestnennbetrag übersteigenden Nennbetrag des das Bezugsrecht vermittelnden Geschäftsanteils an, so dass sich eine möglichst kleine Stückelung empfiehlt, wenn jeglicher Streit um die flexible Handhabung der Bezugsrechte vermieden werden soll. Denn verfügt ein Altgesellschafter über mehrere Geschäftsanteile, kann er über die jeweils korrespondierenden Bezugsrechte in jedem Fall getrennt bestimmen.

Hält die Gesellschaft selbst eigene Geschäftsanteile oder befinden sich solche in der Hand abhän- 24
giger Unternehmen (siehe Rn. 21), steht diesen nicht übernahmefähigen Rechtspersönlichkeiten kein Bezugsrecht zu. Die Bezugsrechte der verbleibenden Altgesellschafter erhöhen sich entsprechend.[58] Will ein Altgesellschafter sein (im konkreten Fall entstandenes) Bezugsrecht nicht ausüben, so kann er dieses an Mitgesellschafter oder an Dritte abtreten (§§ 413, 398 BGB), wobei die Formvorschriften des § 15 Abs. 3, 4 sowie sonstige satzungsmäßige Beschränkungen i.S.v. § 15 Abs. 5 zu beachten sind.[59] Wurde der Erhöhungsbetrag nicht bereits im Erhöhungsbeschluss in eine bestimmte Anzahl von neu zu bildenden Geschäftsanteilen gem. § 5 Abs. 2, 3 i.V.m. § 55 Abs. 4 aufgeteilt, kann dies auch im **Zulassungsbeschluss** erfolgen.

b) Bezugsrechtsausübung

Die Ausübung des Bezugsrechts erfolgt durch formgerechte Übernahmeerklärung des Berechtig- 25
ten (Abs. 1). Im Interesse der Rechtssicherheit ist die Setzung einer **Ausübungsfrist** analog § 186 Abs. 1 Satz 2 AktG auch bei der GmbH geboten.[60] Eine derartige Frist kann entweder in der Satzung normiert sein oder von der Gesellschafterversammlung bzw. durch den von dieser (ggf. stillschweigend) ermächtigten Geschäftsführer festgelegt werden. In allen Fällen sind die Bezugsberechtigten über ihr Bezugsrecht sowie die Ausübungsfrist in Kenntnis zu setzen. Dadurch wird der Fristlauf in Gang gesetzt. Um die Ausübung nicht unzumutbar zu erschweren, beträgt die **Min-**

---

55 MünchKommGmbHG/*Lieder*, § 55 Rn. 69 f. m.w.N.; *Heckschen*, DStR 2001, 1437, 1438; *Fleischer*, GmbHR 2008, 673, 680; Lutter/Hommelhoff/*Lutter*, § 55 Rn. 17 ff.; Baumbach/Hueck/*Zöllner*, § 55 Rn. 20 f.; Scholz/*Priester*, § 55 Rn. 42 ff.; *Wicke*, § 55 Rn. 11; ausführlich: *Heitsch*, Bezugsrecht, S. 1 ff.; tendenziell auch BGH NZG 2005, 551, 552; a.A. Roth/Altmeppen/*Roth*, § 55 Rn. 20 ff., die durch die Anwendung des Gleichbehandlungsgrundsatzes und das Erfordernis von Sachgründen für die Benachteiligung der/einzelner Altgesellschafter zu vergleichbaren Ergebnissen kommen; ablehnend: Meyer-Landrut/Miller/Niehaus/*Meyer-Landrut*, § 55 Rn. 19.

56 Baumbach/Hueck/*Zöllner*, § 55 Rn. 21; *Heckschen*, DStR 2001, 1437, 1439; Scholz/*Priester*, § 55 Rn. 41; a.A. Hachenburg/*Ulmer*, § 55 Rn. 33.

57 Vgl. nur MünchKommGmbHG/*Lieder*, § 55 Rn. 75; Scholz/*Priester*, § 55 Rn. 48, jew. m.w.N.; a.A. Baumbach/Hueck/*Zöllner*, § 55 Rn. 21; anders auch noch BGH NZG 2005, 551, 553.

58 Scholz/*Priester*, § 55 Rn. 48.

59 MünchKommGmbHG/*Lieder*, § 55 Rn. 79 m.w.N.

60 MünchKommGmbHG/*Lieder*, § 55 Rn. 76. Tendenziell ebenso Baumbach/Hueck/*Zöllner*, § 55 Rn. 23 („kann dafür Frist setzen"); Scholz/*Priester*, § 55 Rn. 50 (Fristsetzung optional; mangels Fristsetzung läuft angemessene Frist).

destfrist zwei Wochen (vgl. auch § 186 Abs. 1 Satz 2 AktG).[61] Fehlt die (obligatorische) Fristsetzung, läuft nicht automatisch die zweiwöchige Frist. Vielmehr dürfte eine Ausübung des Bezugsrechts bis zur Anmeldung der Kapitalerhöhung zur Eintragung in das Handelsregister (Eingang bei Gericht) noch möglich sein (kein vorzeitiges Erlöschen des Bezugsrechts, vgl. Rn. 26), da das Versäumnis der Gesellschaft nicht zulasten des Bezugsberechtigten gehen kann (Details str.).[62]

26 Wird ein Bezugsrecht **nicht innerhalb der Ausübungsfrist** ausgeübt, **erlischt** es mit der Folge, dass die übrigen Bezugsberechtigten den frei gewordenen Erhöhungsbetrag entsprechend dem Nennwert ihrer Geschäftsanteile anteilig übernehmen können.[63] Hierfür empfiehlt sich die Setzung einer weiteren Ausübungsfrist. § 186 Abs. 1 Satz 2 AktG findet insoweit auch keine entsprechende Anwendung, sodass unter Abwägung der Interessen der Gesellschaft sowie der Bezugsberechtigten eine einwöchige Frist nicht zu beanstanden sein dürfte. Dieses Verfahren kann bei Bedarf wiederholt werden.[64] Da mitunter eine automatische „Anwachsung" der Bezugsrechte bei den übrigen Gesellschaftern verneint wird,[65] empfiehlt sich eine ausdrückliche Regelung im Kapitalerhöhungsbeschluss oder in der Satzung. Werden nicht alle Bezugsrechte ausgeübt, muss bei einem bestimmten Erhöhungsbetrag (siehe Rn. 10) ein Zulassungsbeschluss gefasst werden, damit ein Dritter den verbleibenden Betrag übernehmen kann. Anderenfalls scheitert die Kapitalerhöhung. Wurde lediglich ein Maximalbetrag beschlossen (siehe Rn. 12), kann die Kapitalerhöhung entsprechend den übernommenen Geschäftsanteilen umgesetzt werden, sofern ein etwaiger Mindestbetrag erreicht ist.[66]

c) Bezugsrechtsausschluss

27 Sollen die Altgesellschafter die neu zu bildenden Geschäftsanteile nicht oder nicht entsprechend ihrer Gesellschaftsbeteiligung übernehmen, bedarf es eines Bezugsrechtsausschlusses sowie eines Zulassungsbeschlusses zur Bezeichnung des oder der Übernahmeberechtigten. Anders als bei der Aktiengesellschaft[67] kann das Bezugsrecht bereits **im Gesellschaftsvertrag generell** ausgeschlossen werden. Materielle Voraussetzungen sind nicht zu beachten, wenn alle Gesellschafter ihr Einverständnis erklären (z.B. bei angeordnetem Bezugsrechtsausschluss bereits im ursprünglichen Gesellschaftsvertrag). Neben der Möglichkeit des völligen Ausschlusses des Bezugsrechts in der Satzung können darin auch von den gesetzlichen Anforderungen (siehe Rn. 28 ff.) abweichende Regelungen getroffen werden. Bei einer den Bezugsrechtsausschluss einführenden Satzungsänderung müssen allerdings die nachfolgend dargestellten formellen und materiellen Voraussetzungen (Rn. 28 ff.) beachtet werden. Anderenfalls bedarf es der Zustimmung sämtlicher Gesellschafter (vgl. § 53 Abs. 3).[68]

aa) Formelle Voraussetzungen

28 In formeller wie in materieller Hinsicht finden die für die AG geltenden Regeln entsprechende Anwendung (§ 186 Abs. 3, 4 AktG). Der **konkret-individuelle** Bezugsrechtsausschluss hat **im Kapitalerhöhungsbeschluss** zu erfolgen (analog § 186 Abs. 3 Satz 1 AktG).[69] Hierfür bedarf es einer Mehrheit von **drei Vierteln der abgegebenen Stimmen**. § 186 Abs. 3 Satz 2 AktG (dreiviertel Kapitalmehrheit) findet keine analoge Anwendung (str.).[70] Zusätzlich ist die Beschlussfassung in der Tagesordnung **bekannt zu machen**; der Vorstand muss eine **schriftliche Begrün-**

61 Baumbach/Hueck/*Zöllner*, § 55 Rn. 23.
62 Vgl. Grigoleit/Rieder, § 186 AktG Rn. 4; Spindler/Stilz/*Servatius*, § 186 AktG Rn. 15 (bis zur Anmeldung der Durchführung gem. § 188 AktG); a.A. Scholz/*Priester*, § 55 Rn. 50 (Lauf einer angemessenen Frist).
63 Baumbach/Hueck/*Zöllner*, § 55 Rn. 24; Scholz/*Priester*, § 55 Rn. 51.
64 A.A. Baumbach/Hueck/*Zöllner*, § 55 Rn. 24; Scholz/*Priester*, § 55 Rn. 51.
65 MünchKommGmbHG/*Lieder*, § 55 Rn. 77 m.w.N.; *Kühne/Dietel*, NZG 2009, 15, 16; vgl. auch *Hüffer*, § 186 AktG Rn. 16 m.w.N. (zur AG).
66 Scholz/*Priester*, § 55 Rn. 51.
67 Ausnahme: genehmigtes Kapital (§§ 202 ff. AktG).
68 MünchKommGmbHG/*Lieder*, § 55 Rn. 104 m.w. N.
69 Lutter/Hommelhoff/*Lutter*, § 55 Rn. 21; Scholz/*Priester*, § 55 Rn. 61.
70 *Heckschen*, DStR 2001, 1437, 1442; MünchKommGmbHG/*Lieder*, § 55 Rn. 83; Lutter/Hommelhoff/*Lutter*, § 55 Rn. 21; Scholz/*Priester*, § 55 Rn. 61; a.A. Vorauflage sowie Baumbach/Hueck/*Zöllner*, § 55 Rn. 25

dung für den Bezugsrechtsausschluss sowie den vorgeschlagenen Ausgabebetrag vorlegen (§ 186 Abs. 4 AktG analog, Details str.).[71] Bei allseitigem Einverständnis der Gesellschafter kann von den formellen Anforderungen des § 186 Abs. 4 AktG – ebenso wie von den materiellen Schranken (siehe Rn. 29 f.) – abgewichen werden (vgl. § 51 Abs. 3),[72] da diese nur minderheitsschützend und damit verzichtbar sind. Zum Stimmrechtsausschluss siehe Rn. 8.

bb) Materielle Voraussetzungen

In inhaltlicher Hinsicht setzt ein rechtmäßiger Bezugsrechtsausschluss voraus, dass damit ein im Gesellschaftsinteresse liegendes Ziel verfolgt wird (**Sachgrund**), dieses nicht auf eine andere, die Mitgliedschaft der Altgesellschafter weniger beeinträchtigende Weise erreicht werden kann (**Erforderlichkeit**) und die Beeinträchtigung nicht außer Verhältnis zum erstrebten Ziel steht (**Angemessenheit**). Als grundsätzlich anzuerkennende Sachgründe für einen Bezugsrechtsausschluss kommen das Interesse an der Einbringung **bestimmter Sacheinlagen** bzw. ein sonstiges **Kooperationsinteresse der Gesellschaft**[73] sowie Sanierungsbestrebungen, d.h. die Erbringung finanzieller **Sonderleistungen** durch einen Gesellschafter bzw. Dritten[74] in Betracht.[75] Bei der Erforderlichkeits- und der Angemessenheitsprüfung ist der gerichtliche Kontrollmaßstab wegen eines stets vorhandenen Prognoseelements durch ein gewisses unternehmerisches Beurteilungsermessen begrenzt.[76] Eine Ausgabe unter Wert kann dadurch jedoch nicht gerechtfertigt werden (vgl. § 255 Abs. 2 AktG, siehe Rn. 13).[77] 29

Wird das Bezugsrecht einzelner Gesellschafter zugunsten anderen Gesellschafter ausgeschlossen, ist darüber hinaus der **Gleichbehandlungsgrundsatz** (vgl. 53a AktG) zu beachten.[78] § 186 Abs. 3 Satz 4 AktG findet bei der GmbH keine analoge Anwendung (Ausnahmevorschrift, kein allgemein anerkannter Grundsatz).[79] Zu Beschlussmängeln siehe Rn. 18 f. 30

d) Zulassungsbeschluss (Abs. 2 Satz 1)

Notwendig mit einem Bezugsrechtsausschluss verbunden ist der Zulassungsbeschluss, der die Übernehmer sowie den Nennbetrag ihrer jeweiligen Geschäftsanteile konkretisiert. Aber auch bei Übernahme nur durch Altgesellschafter ist ein entsprechender Zulassungsbeschluss zur Klarstellung zweckmäßig (siehe Rn. 23). Aufgrund des Charakters als körperschaftliche Maßnahme ist die **Gesellschafterversammlung** zuständig, die grundsätzlich mit einfacher Mehrheit beschließt (§ 47 Abs. 1).[80] Sieht die Satzung für Anteilsübertragungen Zustimmungserfordernisse vor (§ 15 Abs. 5, **Vinkulierung**), gelten diese wegen der vergleichbaren Interessenlage ebenso für die Zulassung zur Übernahme.[81] Das Stimmrecht der begünstigten Gesellschafter ist nicht gem. § 47 Abs. 4 ausgeschlossen (str., siehe Rn. 8). Die Befugnis, den Übernehmer zu benennen sowie das Erhöhungskapital in Geschäftsanteile aufzuteilen, kann die Gesellschafterversammlung auf den Geschäftsführer oder sonstige Personen übertragen, ebenso wie die Befugnis zum Abschluss der Übernahmevereinbarung (siehe Rn. 37). 31

---

71 *Heckschen*, DStR 2001, 1437, 1440; MünchKommGmbHG/*Lieder*, § 55 Rn. 84 m.w.N.; differenzierend Lutter/Hommelhoff/*Lutter*, § 55 Rn. 21; Scholz/*Priester*, § 55 Rn. 61 (Erfordernis schriftlicher Begründung anhängig vom Informationsbedürfnis der Gesellschafter).
72 Baumbach/Hueck/*Zöllner*, § 55 Rn. 25.
73 BGHZ 71, 40; *Priester*, DB 1980, 1925, 1929 f.
74 LG Heidelberg, AG 1989, 447; Scholz/*Priester*, § 55 Rn. 57.
75 Vgl. MünchKommGmbHG/*Lieder*, § 55 Rn. 92 ff. m.w.N. für weitere denkbare Fallkonstellationen.
76 Vgl. Grigoleit/*Rieder*, § 186 AktG Rn. 56 m.w.N.; *Hüffer*, § 186 AktG Rn. 36; tendenziell für eine strenge Verhältnismäßigkeitsprüfung Scholz/*Priester*, § 55 Rn. 54.
77 Scholz/*Priester*, § 55 Rn. 55.
78 Näher hierzu *Hirte*, ZHR 154 (1990), 374 ff.; einen eigenständigen Anwendungsbereich des Gleichbehandlungsgrundsatz verneinend MünchKommGmbHG/*Lieder*, § 55 Rn. 90.
79 Baumbach/Hueck/*Zöllner*, § 55 Rn. 27; vgl. *Hüffer*, § 186 AktG Rn. 39b.
80 Baumbach/Hueck/*Zöllner*, § 55 Rn. 28; Lutter/Hommelhoff/*Lutter*, § 55 Rn. 27.
81 *Ehlke*, DB 1995, 561, 563; MünchKommGmbHG/*Lieder*, § 55 Rn. 107 m.w.N.

2. Übernahmevertrag

a) Rechtsnatur/Formerfordernis (Abs. 1)

32 Die Übernahme der neu gebildeten Geschäftsanteile vollzieht sich durch einen **körperschaftlichen Vertrag** zwischen dem jeweiligen Übernehmer und der Gesellschaft[82], auch bei der Ein-Mann-GmbH.[83] Durch ihn wird die mitgliedschaftliche Verpflichtung zur Leistung der übernommenen Einlage begründet sowie die Grundlage für die Änderung der mitgliedschaftlichen Verhältnisse nach Eintragung gelegt.[84] Nur die Erklärung des Übernehmers bedarf im Interesse der Identifizierung zumindest der **notariellen Beglaubigung** (Abs. 1).[85] Lässt sich der Übernehmer bei der Übernahmeerklärung vertreten, ist die Vollmacht entsprechend § 2 Abs. 2 ebenfalls formbedürftig (vergleichbare Interessenlage; teleologische Reduktion von § 167 Abs. 2 BGB).[86]

33 Wird im Rahmen einer Sachkapitalerhöhung die mitgliedschaftliche Verpflichtung zur Übertragung von **Grundstücken** oder grundstücksgleichen Rechten oder von **GmbH-Geschäftsanteilen** begründet, so ist der **gesamte Übernahmevertrag notariell zu beurkunden** (§§ 311b Abs. 1 Satz 1 BGB, 4 Abs. 3 WEG, 11 Abs. 2 ErbbauRG sowie § 15 Abs. 4 Satz 1). § 55 Abs. 1 stellt keine Sondervorschrift gegenüber den vorgenannten Formvorschriften dar.[87]

34 Die **Reihenfolge** von Erklärung des Übernehmers und Erklärung der Gesellschaft ist gleichgültig. Ebenso kann der Übernahmevertrag dem Kapitalerhöhungsbeschluss vorausgehen.[88] Wird der Übernahmevertrag zusammen mit dem Kapitalerhöhungsbeschluss geschlossen, müssen die Willenserklärungen nach §§ 8, 13 BeurkG (§ 129 Abs. 2 BGB) beurkundet werden, eine Niederschrift nach § 36 BeurkG genügt nicht.[89]

b) Inhalt

35 Die Übernahmeerklärung muss neben der Person des Übernehmers und der Gesellschaft die **Anzahl** sowie die **Nennbeträge** der zu übernehmenden Geschäftsanteile enthalten und auf eine – zumindest bestimmbare[90] – Kapitalerhöhung gerichtet sein. Die weiteren für die AG erforderlichen Angaben (Ausgabebetrag, Einzahlungsbetrag, Datum des Kapitalerhöhungsbeschlusses, vgl. § 185 AktG) sind kein notwendiger Bestandteil der Übernahmeerklärung.[91] Sind im Kapitalerhöhungsbeschluss bereits die Übernehmer sowie die neu gebildeten Geschäftsanteile bezeichnet, ist bei gemeinsamer Beurkundung die bloße Bezugnahme in der Übernahmeerklärung ausreichend. Zu den weiteren Besonderheiten bei der Sachkapitalerhöhung siehe § 56 Rn. 2 ff.

36 Ist der Übernehmer Dritter, gehören zum erforderlichen Inhalt der Übernahmeerklärung nach Abs. 2 Satz 2 zusätzlich die **weiteren gesellschaftsvertraglichen Leistungspflichten,** wie Nebenleistungen (§ 3 Abs. 2), Nachschusspflichten (§§ 26 ff.) etc. Trotz Bedingungsfeindlichkeit der Übernahmeerklärung ist es zulässig und zweckmäßig, diese mit einer **Frist** zu verknüpfen, innerhalb derer die Kapitalerhöhung durch Eintragung wirksam werden muss (vergleichbar Potestativbedingung, keine unzumutbare Rechtsunsicherheit für Gesellschaft).[92] Zur Bindung des Übernehmers siehe Rn. 39 f.

---

82 BGHZ 49, 117, 119; Scholz/*Priester*, § 55 Rn. 72 f.
83 BayObLG NZG 2002, 585, 586.
84 Baumbach/Hueck/*Zöllner*, § 55 Rn. 31.
85 Eine öffentliche Urkunde einer öffentlich-rechtlichen Körperschaft i.S.d. §§ 415, 437 ZPO soll aufgrund dieser Zwecksetzung nach verbreiteter Ansicht keiner notariellen Beglaubigung bedürfen (vgl. LG Dortmund NJW 1962, 401; MünchKommGmbHG/*Lieder*, § 55 Rn. 129 m.w.N.; zweifelnd Michalski/*Hermanns*, § 55 Rn. 69).
86 MünchKommGmbHG/*Lieder*, § 55 Rn. 130 f., auch zur Heilung von Formverstößen durch Eintragung; *Herrler*, DNotZ 2008, 903, 916.
87 Vgl. auch Scholz/*Priester*, § 55 Rn. 81.
88 Hachenburg/*Ulmer*, § 55 Rn. 84; Rowedder/Schmidt-Leithoff/*Zimmermann*, § 55 Rn. 47.
89 Lutter/Hommelhoff/*Lutter*, § 55 Rn. 32.
90 Baumbach/Hueck/*Zöllner*, § 55 Rn. 33; a.A. Lutter/Hommelhoff/*Lutter*, § 55 Rn. 37.
91 MünchKommGmbHG/*Lieder*, § 55 Rn. 125; Scholz/*Priester*, § 55 Rn. 80, jew. m.w.N.; a.A. Vorauflage (bzgl. Ausgabebetrag) sowie allgemein Lutter/Hommelhoff/*Lutter*, § 55 Rn. 37 (auch Nummern der Geschäftsanteile anzugeben).
92 Baumbach/Hueck/*Zöllner*, § 55 Rn. 33.

> **!** Um einen längeren Schwebezustand zu vermeiden, sollte den potentiellen Übernehmern stets eine Frist gesetzt werden, binnen derer sie die Übernahmeerklärungen abzugeben haben. Für gesetzlich Bezugsberechtigte muss diese mindestens zwei Wochen betragen.

Die Zuständigkeit für die Übernahmeerklärung der Gesellschaft liegt bei der Gesellschafterver- **37**
sammlung (Übernahmevertrag als körperschaftliche Maßnahme). Eine Beschlussfassung erfolgt grundsätzlich mit einfacher Mehrheit (§ 47 Abs. 1; anders bei Vinkulierung, siehe Rn. 31). Durch den Zulassungsbeschluss wird der Geschäftsführer mangels entgegenstehender Anhaltspunkte konkludent zum Abschluss des Übernahmevertrags mit den zugelassenen Personen ermächtigt.[93] Die Erklärung seitens der Gesellschaft ist nicht formbedürftig (siehe aber Rn. 33).

c) Ein-Mann-GmbH (§ 181 BGB)

Bei der Ein-Mann-GmbH kann der alleinige Gesellschafter-Geschäftsführer nach zutreffender heute **38**
ganz h.M. den Übernahmevertrag ohne Verstoß gegen § 181 BGB sowohl im eigenen Namen als auch als organschaftlicher Vertreter der GmbH schließen. Zwar findet § 181 BGB im Grundsatz auch auf körperschaftliche Rechtsgeschäfte wie den Übernahmevertrag Anwendung. Bei der Ein-Mann-GmbH ist eine Interessenkollision, die dem Vertretungsverbot des § 181 BGB zugrunde liegt, aber nicht zu befürchten, da eine verbesserte Kapitalausstattung im Interesse von Gesellschaft und Gesellschaftsgläubigern liegt. Aus diesem Grund ist eine **teleologische Reduktion von § 181 BGB** gerechtfertigt.[94] Allgemein zum Vertretungsverbot nach § 181 siehe § 2 Rn. 32.

d) Bindungswirkungen

Der **Übernehmer** ist mit Abschluss des Übernahmevertrags an die darin übernommenen Verpflich- **39**
tungen gebunden. Mangels anderweitiger Regelung hat er Bareinlagen zu einem Viertel, Sacheinlagen in voller Höhe zu erbringen (§ 56a i.V.m. § 7 Abs. 2 Satz 1, Abs. 3). In Ermangelung einer vereinbarten Bindungsfrist (§ 185 Abs. 1 Nr. 4 AktG) erstreckt sich die Bindungswirkung auf den für die ordnungsgemäße Durchführung des konkreten Kapitalerhöhungsvorgangs angemessenen Zeitraum (abhängig vom Einzelfall).[95] Sofern die Übernahmeerklärung nicht befristet abgegeben wurde (siehe Rn. 36) und damit die Einlageverpflichtung nicht *eo ipso* mit Fristablauf entfällt (§ 158 Abs. 2 BGB)[96], kann sich der Übernehmer im Falle einer erheblichen Überschreitung des angemessenen Zeitraums durch einseitige Erklärung von den eingegangenen Verpflichtungen lösen (§ 313 oder § 723 BGB).[97] Die Einlage kann dann entsprechend §§ 346 ff. BGB zurückgefordert werden (Arg: Rücktrittsfolgen angemessen, da Rechtsbeziehung durch „Kündigung" nicht vollständig beseitigt; str.).[98] Fällt die Gesellschaft nach Abschluss des Übernahmevertrags in **Insolvenz**, ist der Übernehmer nicht mehr an seine Übernahmeverpflichtung, insbesondere die Pflicht zur Einlageleistung gebunden, es sei denn, die Übernahmeerklärung wurde schon im Bewusstsein möglicherweise eintretender Insolvenz abgegeben (siehe oben Rn. 9).[99]

Trotz des körperschaftlichen Charakters des Übernahmevertrags ist die **Gesellschaft** verpflichtet, **40**
die Durchführung der Kapitalerhöhung und die Eintragung ins Handelsregister zu betreiben. Zwar

---

93 BGHZ 49, 117, 120.
94 LG Berlin ZIP 1985, 1491, 1493; LG Kleve MittRhNotK 1989, 22; MünchKommGmbHG/*Lieder*, § 55 Rn. 139 m.w.N.; i.Erg. ebenso Baumbach/Hueck/*Zöllner*, § 55 Rn. 35 (Ausschluss von § 181 BGB durch § 47 Abs. 4 GmbHG).
95 MünchKommGmbHG/*Lieder*, § 55 Rn. 132 f.; Scholz/*Priester*, § 55 Rn. 84; a.A. Lutter/Hommelhoff/*Lutter*, § 55 Rn. 38 (6 Monate ab Übernahme).
96 Vgl. BGHZ 140, 258, 261 = NJW 1999, 1252.
97 H.M.: LG Hamburg, WM 1995, 338; MünchKommGmbHG/*Lieder*, § 55 Rn. 133; Baumbach/Hueck/*Zöllner*, § 55 Rn. 37; Scholz/*Priester*, § 55 Rn. 84; a.A. Lutter/Hommelhoff/*Lutter/Hommelhoff*, § 55 Rn. 31 (*eo ipso* Auflösung des Vertrags).
98 Ebenso MünchKommGmbHG/*Lieder*, § 55 Rn. 133; a.A. Scholz/*Priester*, § 55 Rn. 84 m.w.N. (§ 812 BGB).
99 Ähnlich: Baumbach/Hueck/*Zöllner*, § 55 Rn. 37 (Rechtsgedanke §§ 313, 321, 490 BGB); Scholz/*Priester*, § 55 Rn. 88.

soll nach der Rechtsprechung **kein Erfüllungsanspruch des jeweiligen Übernehmers** bestehen.[100] Das schließt aber nicht notwendig Schadensersatzansprüche des Übernehmers gegen die Gesellschaft aus. Diese hat sich durch den Übernahmevertrag auch schuldrechtlich gegenüber dem Übernehmer zur Förderung der Kapitalerhöhung verpflichtet, verstößt also durch grundloses Verstreichenlassen der Frist gegen ihre Leistungstreuepflicht (§ 241 Abs. 2 BGB). Zwecks Vermeidung eines faktischen Zwangs zur Durchführung der Kapitalerhöhung erscheint eine Begrenzung des Anspruchs auf den **Vertrauensschaden** sachgerecht.[101]

3. Übernahmeverpflichtung

41 Eine Übernahmeverpflichtung aus dem **Gesellschaftsverhältnis** setzt eine satzungsmäßige Nebenleistungs- oder Nachschusspflicht voraus (§§ 3 Abs. 2, 26 ff.) voraus. Die Berufung auf die allgemeine **Treuepflicht** genügt nicht (Ausnahmefall Euroumstellung).[102]

42 Allerdings kann sich der Übernehmer gegenüber den anderen Gesellschaftern rein schuldrechtlich zur Übernahme verpflichten, sog. **Übernahmeverpflichtungsvertrag**. Wird ein derartiger Vertrag mit der Gesellschaft abgeschlossen, gelten die in normierten **§ 55** Anforderungen, insbesondere Abs. 2 Satz 2, nach Sinn und Zweck **analog**, um dem Übernehmer die eingegangenen Verpflichtungen vor Augen zu führen, d.h. die versprochene Leistung muss bestimmbar sein.[103] Ob es zudem der notariellen Beglaubigung der Erklärung des künftigen Übernehmers bzw. einer darauf gerichteten Vollmacht bedarf, ist streitig.[104] Bei Sacheinlagen können u.U. strengere Regeln gelten (siehe Rn. 33).

4. Mängel des Übernahmevertrags

43 Formmängel (Abs. 1, § 2 Abs. 2) sowie die meisten inhaltlichen Mängel der Übernahmeerklärung werden durch die **Eintragung** der Kapitalerhöhung **geheilt** (zu den Folgen von Beschlussmängeln siehe Rn. 18 f.). Eine Anfechtung ist danach ausgeschlossen, weil der Übernahmevertrag in der neu begründeten bzw. erweiterten Mitgliedschaft aufgegangen ist. Bei Unwirksamkeit (z.B. wegen Geschäftsunfähigkeit) oder gänzlichem Fehlen der Erklärung des Übernehmers scheidet eine Heilung hingegen mangels Zurechenbarkeit aus; die Kapitalerhöhung ist unwirksam und geleistete Einlagen sind nach § 812 BGB rückforderbar.[105]

5. Auswechslung des Übernehmers

44 Der Übernehmer kann die von ihm übernommenen Geschäftsanteile bereits vor Entstehung (aufschiebend bedingt) an einen Dritten **abtreten (Formerfordernis gem. § 15 Abs. 3)**. Da die Abtretung erst mit Entstehen der neuen Geschäftsanteile (Eintragung, § 54 Abs. 3) Wirkung entfaltet, findet ein **Zwischenerwerb** beim Übernehmer statt, der damit ebenfalls für die Einlageleistung haftet.[106] Um dies zu vermeiden, kann der Übernehmer seine Rechtsposition aus dem Übernahmevertrag mit Zustimmung der Gesellschaft (bei Vinkulierung i.S.v. § 15 Abs. 5: zusätzlich Zustimmung der Berechtigten) und unter Beachtung des in § 15 Abs. 3 normierten Beurkundungserfordernisses auf den Erwerber übertragen (**Vertragsübernahme**). Hierfür bedarf es zudem eines

100 BGHZ 140, 258, 260 = GmbHR 1999, 287.
101 *H. F. Müller*, ZGR 2004, 842, 849; MünchKommGmbHG/*Lieder*, § 55 Rn. 62 m.w.N.; ohne Begrenzung auf den Vertrauensschaden: Baumbach/Hueck/*Zöllner*, § 55 Rn. 35; offen BGHZ 140, 258, 262 = NJW 1999, 1252.
102 Baumbach/Hueck/*Zöllner*, § 55 Rn. 41; Lutter/Hommelhoff/*Lutter*, § 55 Rn. 31.
103 RGZ 149, 395; RGZ 156, 138; Scholz/*Priester*, § 55 Rn. 117.
104 Bejahend RGZ 149, 395; Scholz/*Priester*, § 55 Rn. 117; Rowedder/Schmidt-Leithoff/*Zimmermann*, § 55 Rn. 47; Baumbach/Hueck/*Zöllner*, § 55 Rn. 40; verneinend OLG München NZG 2005, 756, 757; MünchKommGmbHG/*Lieder*, § 55 Rn. 160 m.w.N.
105 BGHZ 17, 160, 166 ff. = WM 1955, 828; Lutter/Hommelhoff/*Lutter*, § 57 Rn. 26; Scholz/*Priester*, § 57 Rn. 53 f., auch zum ausnahmsweise bestehenden Austritts- bzw. Ausschließungsrecht; Baumbach/Hueck/*Zöllner*, § 55 Rn. 42.
106 Baumbach/Hueck/*Zöllner*, § 55 Rn. 44; Lutter/Hommelhoff/*Lutter*, § 55 Rn. 42.

(ggf. erstmaligen) Zulassungsbeschlusses (siehe Rn. 31), die Übernehmerliste i.S.v. § 57 Abs. 3 Nr. 2 ist zu berichtigen. Sämtliche Dokumente sind dem Handelsregister einzureichen[107]

III. Einlageleistung

Die Verpflichtung des Übernehmers zur Erbringung der versprochenen Leistung entsteht mit Abschluss des Übernahmevertrags (siehe Rn. 39). Insoweit findet § 19 Anwendung. Ein Erlass der Einlageverpflichtung scheidet nach § 19 Abs. 2 Satz 1 aus, die Aufrechnung ist nach Abs. 2 Satz 2 nur sehr eingeschränkt möglich. Zu den Anforderungen einer befreienden Einlagenleistung siehe auch § 56a Rn. 7 ff. **45**

1. Verdeckte Sacheinlage und Einlagenrückzahlung (§ 19 Abs. 4 und 5)

Im Falle einer **verdeckten Sacheinlage** i.S.v. § 19 Abs. 4 (absprachegemäßer Rückfluss der Geldeinlage als Gegenleistung im Rahmen eines Austauschgeschäfts über einen sacheinlagefähigen Vermögensgegenstand zwischen Gesellschaft und Inferent) gilt nunmehr eine **bilanzielle Betrachtungsweise** in Gestalt der Anrechnungslösung (siehe § 56 Rn. 20). Zwar ist die Umgehung der Sondervorschriften für Sacheinlagen weiterhin untersagt und die Tilgung der Einlageschuld scheidet nach § 19 Abs. 4 Satz 1 zunächst aus. Wird die Kapitalerhöhung aber gleichwohl (unzulässigerweise) angemeldet (Strafdrohung nach § 82 Abs. 1 Nr. 3) und erfolgt die Eintragung, wird der Wert des zugeführten Sachvermögensgegenstands im Zeitpunkt der Anmeldung auf die fortbestehende Einlageschuld angerechnet, jedoch erst mit Eintragung (§ 19 Abs. 4 Satz 3, 4). Auf eine Ausnahme für Fälle (vorsätzlicher) Umgehung der Sondervorschriften für Sacheinlagen wurde bewusst verzichtet.[108] Zwar trägt der Inferent im Unterschied zur ordnungsgemäßen Sachgründung[109] die Darlegungs- und Beweislast für die Werthaltigkeit des zugeführten Vermögensgegenstands (vgl. § 19 Abs. 4 Satz 5). Gerade in Fällen planmäßiger Umgehung werden sich hieraus aber keine relevanten Nachteile für den Gesellschafter ergeben, wenn durch ein belastbares Wertgutachten Vorsorge getroffen wurde oder ohnehin ein hinreichend klar definierter Marktwert des Vermögensgegenstands existiert (vgl. auch § 19 Rn. 55 sowie § 56 Rn. 20). **46**

Im Gegensatz zur Rechtslage vor dem MoMiG – und in Abweichung von der verdeckten Sacheinlage – wurde die absprachegemäße[110] darlehensweise Rückzahlung der Bareinlage an den Gesellschafter bzw. die verdeckte Finanzierung der Bareinlage durch vorherige Gewährung eines Darlehens an den Inferenten (**Einlagenrückzahlung**, sog. „Hin- und Herzahlen") durch **§ 19 Abs. 5** legalisiert. Obwohl im Ergebnis der Einlageanspruch lediglich durch eine „schwächere" schuldrechtliche Forderung ersetzt wird,[111] d.h. der Gesellschafter – anders als bei der verdeckten Sacheinlage[112] – über die bereits übernommene bloße Verpflichtung zur Erbringung der Geldeinlage hinaus effektiv nichts leistet, soll eine die Einlageschuld tilgende Leistung „endgültig zur freien Verfügung der Geschäftsführer" vorliegen, sofern die Kautelen von § 19 Abs. 5 beachtet werden (vollwertiger, liquider Rückzahlungsanspruch). Im Gegensatz zur Anrechnungslösung gem. § 19 Abs. 4 Satz 3 gilt allerdings ein strenges Alles-oder-Nichts-Prinzip („… nur dann, wenn …"). Nach (abzulehnender) h.M. ist die in § 19 Abs. 5 Satz 2 angeordnete Offenlegung für die Tilgung der Einlageschuld konstitutiv (näher § 56a Rn. 21 ff.). **46a**

Diese Vorschriften gelten **ebenfalls** bei der **Unternehmergesellschaft** (haftungsbeschränkt) sowie bei Verwendung des **Musterprotokolls** i.S.v. § 2 Abs. 1a. Für § 19 Abs. 5 folgt dies bereits **47**

---

107 Scholz/*Priester*, § 55 Rn. 97; Lutter/Hommelhoff/*Lutter*, § 55 Rn. 42.

108 RegBegr., BT-Drucks. 16/6140, S. 40.

109 Wurde die Sacheinlage ordnungsgemäß festgesetzt und angemeldet, muss die Gesellschaft eine etwaige Minderwertigkeit des zugeführten Vermögensgegenstands beweisen (Differenzhaftung nach § 9 Abs. 1 GmbHG).

110 Richtigerweise muss die Absprache vor bzw. spätestens im Zeitpunkt der Leistung der Geldeinlage getroffen werden.

111 Vgl. RegBegr., BT-Drucks. 16/6140, S. 35 li. Sp. Mitte. Eine (analoge) Anwendung der die Einlageforderung schützenden Vorschriften der §§ 16 Abs. 2, 19 Abs. 2, 21-14 GmbHG dürfte damit kaum vereinbar sein (so auch die h.M., vgl. Lutter/Hommelhoff/*Bayer*, § 19 Rn. 89; Roth/Altmeppen/*Roth*, § 19 Rn. 108, der allerdings § 19 Abs. 2 GmbHG für anwendbar hält, jew. m.w.N.; a.A. *Wicke*, § 19 Rn. 37 m.w.N.).

112 Dort wird der Sachwert endgültig in das Gesellschaftsvermögen überführt.

daraus, dass die Einlagenrückzahlung einen Sonderfall der Barkapitalerhöhung darstellt und insoweit keine Anhaltspunkte für eine Unanwendbarkeit bestehen.[113] Was die verdeckte Sacheinlage anbelangt, ist zunächst zuzugeben, dass Sacheinlagen sowohl bei der Unternehmergesellschaft (haftungsbeschränkt) als auch bei Verwendung des Musterprotokolls unzulässig sind (vgl. § 5a Abs. 2 Satz 2 bzw. Wortlaut des Musterprotokolls). Unter Verweis darauf wird teilweise im Interesse des Umgehungsschutzes eine Unanwendbarkeit von § 19 Abs. 4 befürwortet.[114] Dies ist jedoch nicht angezeigt, da durch das MoMiG die – insbesondere für rechtlich nicht beratene Gesellschafter – sehr strengen Rechtsfolgen der verdeckten Sacheinlage beseitigt werden sollten und das Sacheinlagenverbot primär der Vereinfachung und Beschleunigung des Gründungs- bzw. Kapitalerhöhungsvorgangs dient.[115] Die Sonderform der Unternehmergesellschaft (haftungsbeschränkt) und das Musterprotokoll werden vermutlich genau von dieser kostenbewussten Zielgruppe gewählt. Insoweit eine Fortgeltung der bisherigen Grundsätze (Unwirksamkeit von schuldrechtlichem und dinglichem Rechtsgeschäft analog § 27 Abs. 3 Satz 1 AktG) anzunehmen, widerspräche der gesetzgeberischen Zwecksetzung.[116]

> **!** Wurden **in der Vergangenheit verdeckte Sacheinlagen** geleistet, empfiehlt sich – unbeschadet der nach wie vor möglichen Heilung (Umwandlung der Bar- in eine Sacherhöhung)[117] – wegen der **rückwirkenden Anwendung** von § 19 Abs. 4 gem. § 3 Abs. 4 EGGmbHG die nachträgliche **Beschaffung eines Werthaltigkeitsnachweises** bezogen auf den Zeitpunkt der Anmeldung bzw. der Leistungserbringung. Hingegen kommt der rückwirkenden Anwendung von § 19 Abs. 5 (§ 3 Abs. 4 EGGmbHG) wegen der Qualifizierung des Offenlegungserfordernisses in § 19 Abs. 5 Satz 2 als Tilgungsvoraussetzung keine praktische Bedeutung[118] zu (zu „Reparaturmöglichkeiten" siehe § 56a Rn. 32 ff.).

48 Bei der Kapitalerhöhung ist kein Raum für die Anwendung der Vorbelastungs- bzw. Differenzhaftung des Gründungsrechts (siehe § 56a Rn. 11).[119] Zur (gefährlichen) Einlagenleistung vor Beschlussfassung siehe § 56a Rn. 45 ff. Zum **Schütt-aus-hol-zurück-Verfahren** (Sachkapitalerhöhung) siehe § 29 Rn. 41.

2. Verjährung der Einlagepflicht

49 Die Einlageverpflichtung **verjährt** nach Abs. 4 i.V.m. § 19 Abs. 6 grundsätzlich innerhalb von **zehn Jahren** ab Entstehung des Anspruchs durch Abschluss des Übernahmevertrags (zuvor galten die dreißigjährige Verjährungsfrist nach § 195 BGB a.F., mit Inkrafttreten der Schuldrechtsreform die allgemeine dreijährige Verjährungsfrist nach §§ 195, 199 BGB für bis zum 14.12.2004 fällige Einlagenansprüche; Übergangsregelung in Art. 229 § 12 EGBGB).[120] Ist die Einlageschuld zunächst nicht oder nur teilweise zu erfüllen (vgl. § 56a i.V.m. § 7 Abs. 2 Satz 1), beginnt die Verjährungsfrist erst mit Fälligkeit der (Rest-)Forderung zu laufen.[121] Anders als noch im RegE zum MoMiG vorge-

---

113 Vgl. *Herrler/König*, DStR 2010, 2138, 2142; Roth/Altmeppen/*Roth*, § 5a Rn. 22, jew. m.w.N.; a.A. im Hinblick auf die Unternehmergesellschaft (haftungsbeschränkt) *Wicke*, § 5a Rn. 7 m.w.N.

114 So u.a. *Bormann*, GmbHR 2007, 897, 901; *König/Bormann*, DNotZ 2008, 652, 656 f.; *Pellens/Kemper/Schmidt*, ZGR 2008, 381, 390 f.; differenzierend (§ 19 Abs. 4 unanwendbar bei UG, nicht hingegen bei bloßer Verwendung des Musterprotokolls) *Wicke*, § 2 Rn. 16 a.E. einerseits, § 5a Rn. 8 andererseits; *Heckschen*, DStR 2009, 166, 167, 171.

115 MünchKommGmbHG/*Lieder*, § 56 Rn. 92 m.w.N. (keine gläubigerschützende Wirkung).

116 Lutter/Hommelhoff/*Bayer*, § 19 Rn. 59; *Herrler*, DB 2008, 2347, 2349 f.; *ders.*, DNotZ 2008, 903, 914 f.; MünchKommGmbHG/*Lieder*, § 56 Rn. 92-94 m.w.N.

117 RegBegr., BT-Drucks. 16/6140 S. 40.

118 Vgl. BGH NJW 2009, 3091 Tz. 25 = BGHZ 182, 103 – *Cash-Pool II*; OLG Koblenz GWR 2011, 161; OLG Nürnberg DZWIR 2011, 167, 171; OLG Stuttgart BB 2011, 2897 m. Anm. *Herrler* = DStR 2011, 2307 (*obiter dictum* zu § 27 Abs. 4 Satz 2 AktG).

119 BGH NJW 2002, 1716, 1717 f. = BGHZ 150, 197.

120 Vgl. zur Berechnung der Verjährungsfrist in Übergangsfällen BGH NJW-RR 2008, 843; *Herrler*, ZIP 2008, 1568.

121 Roth/Altmeppen/*Roth*, § 19 Rn. 119.

sehen,[122] gelten diese Grundsätze ebenso für die verdeckte Sacheinlage sowie die Einlagenrückzahlung (§ 19 Abs. 4, 5). Lässt der **Geschäftsführer** Einlageforderungen verjähren, **haftet** er hierfür grundsätzlich nach **§ 43 Abs. 2**. Wegen der für den Schadensersatzanspruch der GmbH geltenden fünfjährigen Verjährungsfrist (§ 43 Abs. 4), die erst mit Schadenseintritt, d.h. Verjährung des Einlagenanspruchs bzw. Geltendmachung der Verjährungseinrede durch den Gesellschafter (§ 214 Abs. 1 BGB) zu laufen beginnt, stellt das **Verjährenlassen** des Einlagenanspruchs **keine geeignete Strategie zur „Reparatur" eines gescheiterten Kapitalaufbringungsvorgangs** dar (zudem ggf. Anfechtbarkeit nach §§ 129 ff. InsO, §§ 3 ff. AnfG).[123]

3. Ausfallhaftung (§ 24)

Wurde das bisherige Stammkapital noch nicht vollständig eingezahlt, hindert das die Kapitalerhöhung grundsätzlich nicht. Allerdings haften die Übernehmer der neuen Geschäftsanteile in diesem Fall nach § 24 auch für das noch nicht aufgebrachte alte Stammkapital, ebenso wie die alten Gesellschafter für die Aufbringung des erhöhten Stammkapitals. Ohne Relevanz ist insoweit, ob der jeweilige Altgesellschafter der Kapitalerhöhung zugestimmt hat (aber: Austrittsrecht der Widersprechenden aus wichtigem Grund).[124] Ebenso wenig wird die Kapitalerhöhung durch das Bestehen einer **Unterbilanz** (Aufzehrung des bisherigen Stammkapitals durch Verluste) gehindert (siehe § 56a Rn. 2 zur Mindesteinlage). 50

C. Weitere praktische Hinweise

I. Notarkosten

Der Beschluss über eine Kapitalerhöhung ist ein Beschluss mit einem bestimmten Geldwert. Der **Geschäftswert** ist im Falle der Barkapitalerhöhung mit dem Erhöhungsbetrag, mindestens jedoch mit dem Ausgabebetrag, zu bestimmen.[125] Haben die zur Übernahme zugelassenen Gesellschafter Aufgelder zu leisten, ist der Geschäftswert um diese Beträge zu erhöhen. Siehe hierzu i.Ü. „Notar- und Handelsregisterkosten im GmbH-Recht", S. 1097 ff., Rn. 52. 51

Es fällt eine 20/10-Gebühr nach § 47 KostO an, die mindestens 20 EUR und höchstens 5.000 EUR beträgt (abhängig vom Geschäftswert). Die damit verbundene Änderung der Satzung ist gegenstandsgleich zum Erhöhungsbeschluss. Diese Grundsätze gelten gleichermaßen für die GmbH (unabhängig davon, ob sie mit Musterprotokoll gegründet worden ist) und für die UG (haftungsbeschränkt).

Zum Geschäftswert für eine Kapitalerhöhung durch Sacheinlage siehe § 56.

Bei **Mitbeurkundung der Übernahmeerklärung** fällt neben der Gebühr nach § 47 KostO eine 10/10-Gebühr gem. § 36 Abs. 1 KostO an. Werden mehrere Übernahmeerklärungen mitbeurkundet, entsteht die Gebühr aus dem Gesamtwert (insoweit hat gem. § 44 Abs. 2a KostO eine Zusammenrechnung der Werte zu erfolgen). Die Gebühren nach § 47 KostO und § 36 Abs. 1 KostO sind dagegen nebeneinander zu erheben, da § 44 KostO bei Zusammentreffen dieser beiden Gebührenvorschriften nicht anzuwenden ist.[126] Es hat daher auch keine Vergleichsberechnung nach § 44 Abs. 2b) KostO zu erfolgen. Wird die Übernahme isoliert erklärt und der Entwurf vom Notar gefertigt, ist nach § 145 Abs. 1 Satz 1 KostO i.V.m. § 36 Abs. 1 KostO ebenfalls die 10/10-Gebühr zu erheben. In diesem Falle ist gem. § 145 Abs. 1 Satz 4 KostO die erste Unterschriftsbeglaubigung auf dem Entwurf gebührenfrei. Weitere Unterschriftsbeglaubigungen lösen jeweils die Gebühr 52

122 Dort sollte § 9 entsprechend anwendbar sein (§ 19 Abs. 4 Satz 2 GmbHG-E, BT-Drucks. 16/6140, S. 7), mit der Folge, dass die 10-jährige Verjährungsfrist mit der Eintragung der Gesellschaft in das Handelsregister beginnen sollte (§ 9 Abs. 2).
123 Vgl. Roth/Altmeppen/*Roth*, § 19 Rn. 120.
124 RGZ 82, 116, 118 ff.; 132, 392, 394 ff.; LG Mönchengladbach ZIP 1986, 306; Roth/Altmeppen/*Altmeppen*, § 24 Rn. 17; Baumbach/Hueck/*Hueck/Fastrich*, § 24 Rn. 5; Baumbach/Hueck/*Zöllner*, 55 Rn. 6 f.
125 Korintenberg/*Bengel/Tiedtke*, § 41c KostO Rn. 32.
126 Korintenberg/*Bengel/Tiedtke*, § 44 KostO Rn. 6 m.w.N.

nach § 45 KostO aus. Wird lediglich die Unterschrift des Übernehmers beglaubigt (keine Entwurfstätigkeiten durch den Notar), fällt nur die Beglaubigungsgebühr nach § 45 KostO an. Diese beträgt mindestens 10 EUR und höchstens 130 EUR. Der Geschäftswert ist in allen Fällen in gleicher Weise zu bestimmen wie für den Erhöhungsbeschluss. Auch hier wird ein etwa vom Übernehmer zu zahlendes Aufgeld hinzugerechnet.

Siehe im Übrigen „Notar- und Handelsregisterkosten im GmbH-Recht", S. 1097 ff., Rn. 52 ff.

II. Steuern

1. Anschaffungskosten

53 Eine Kapitalerhöhung führt zu steuerlich relevanten Anschaffungskosten des Gesellschafters in Höhe des Nennwerts bei Bareinlage und des gemeinen Werts bei Sacheinlage (zur Kapitalerhöhung aus Gesellschaftsmitteln siehe § 57c Rn. 26).

2. Bezugsrecht und Agio

54 Die Veräußerung von Bezugsrechten (in der Terminologie des EStG – §§ 17 Abs. 1 Satz 3, 20 Abs. 2 Satz 1 Nr. 1: Anwartschaften auf Anteile) wird ebenso besteuert wie die Veräußerung von Gesellschaftsanteilen; bei Überschreitung der 1%-Grenze (bezogen auf die bereits vor Kapitalerhöhung bestehende Beteiligung, nicht die Bezugsrechte) greift § 17 Abs. 1 Satz 3 EStG, anderenfalls – bei Anschaffung ab 2009 – § 20 Abs. 2 Satz 1 Nr. 1 EStG.[127] Der Veräußerung des Bezugsrechts wird dabei der entgeltliche Verzicht auf dessen Ausübung gleichgestellt.[128]

Ein gezahltes Aufgeld (Agio) stellt hingegen keine an die Altgesellschafter erbrachte Gegenleistung dar. Etwas anderes soll – unter dem Gesichtspunkt des Umgehungsverbots nach § 42 AO – aber dann gelten, wenn das Agio zeitnah an den beherrschenden Altgesellschafter ausgeschüttet wird.[129]

3. Kapitalerhöhung zu „Vorzugskonditionen"

55 Überschreitet der Wert des im Zuge einer Kapitalerhöhung gewährten Gesellschaftsanteils die Summe aus Nennbetrag und Agio, kann dies zu einer Verschiebung erheblicher Vermögenswerte zwischen Alt- und Neugesellschaftern führen. Dies kann sowohl im Familienkreis als auch bei Konzerngesellschaften vorkommen. Unter Familienangehörigen wird dann eine unentgeltliche Zuwendung (eines Teils) des Geschäftsanteils angenommen, die ggf. Schenkungsteuer auslöst.[130] In Konzernsituationen kann es sich um eine verdeckte Gewinnausschüttung und/oder verdeckte Einlage handeln.

4. Überspringen stiller Reserven

56 Soweit bei der Gesellschaft noch alteinbringungsgeborene Anteile i.S. des § 21 UmwStG a.F. vorhanden sind (siehe „Steuerrecht", S. 1046 ff., Rn. 75), können im Fall einer Kapitalerhöhung die in den Anteilen **enthaltenen stillen Reserven** auf die neuen Anteile übergehen, die damit ebenfalls als alteinbringungsgeborene Anteile infiziert werden (sog. derivative einbringungsgeborene Anteile).[131]

127 Vgl. z.B. BFH BStBl. II 2003, S. 712. Zur Berechnung der Anschaffungskosten von Bezugsrechten nach der sog. Gesamtwertmethode vgl. Schmidt/*Weber-Grellet*, EStG § 17 Rz. 180 (mit Beispiel).

128 BFH BStBl. II 1993, 477.

129 BFH BStBl. II 1993, 477.

130 BFH BStBl. II 2005, 845 (zur Einbringung eines Einzelunternehmens zu Buchwerten bei Errichtung einer GmbH); dieser Sachverhalt wird schenkungssteuerlich ausdrücklich anders behandelt als die nachträgliche Werterhöhung eines bestehenden Anteils durch eine disquotale oder verdeckte Einlage eines anderen Gesellschafters; siehe dazu 56 Rn. 18 ff.

131 Die frühere Verwaltungsauffassung, schon die Kapitalerhöhung führe zur teilweisen Gewinnrealisierung, wurde von der Rechtsprechung nicht übernommen und später auch von der Verwaltung aufgegeben; vgl. BFH BStBl. II 1992, 761; BMF-Schreiben v. 25.3.1998, BStBl. I 1998, 268, Rn. 21.14. Vgl. zur Fortgeltung dieser Grundsätze BMF-Schreiben v. 11.11.2011, BStBl. I 2011, 1314, Rn. S.01.

Seit der Neugestaltung des Umwandlungsteuerrechts durch das SEStEG (BGBl. I 2006, 2782) regelt § 22 Abs. 7 UmwStG die seit Mitverstrickung von Anteilen durch Verlagerung stiller Reserven ausdrücklich. Bestehen bei der Gesellschaft „sperrfristverhaftete" Anteile aus einer Sacheinlage (§ 20 UmwStG) oder einem qualifizierten Anteilstausch (§ 21 UmwStG) nach neuem Recht und gehen deren stille Reserven im Zuge einer Kapitalerhöhung gegen unzureichendes Aufgeld auf neue Anteile über, so werden diese neuen Anteile von der Verstrickung erfasst. Auf die Besteuerung des Veräußerungsgewinns der mitverstrickten Anteile hat dies – anders als bei alteinbringungsgeborenen Anteilen – keinen Einfluss mehr. Jedoch löst eine Veräußerung der neuen Anteile die nachträgliche Versteuerung des Einbringungsgewinns I oder II aus. Diese nachträgliche Steuer auf den Einbringungsvorgang hat der ursprünglich Einbringende zu tragen.[132]

Generell drohen bei nicht den Wertverhältnissen entsprechenden Kapitalerhöhungen den Altanteilen anhaftende nachteilige Besteuerungsmerkmale (weitere Beispiele: latente Wertaufholungsverpflichtung; Sperrbetragsbehaftung nach § 50c EStG a.F.) auf die neuen Anteile überzuspringen. Es ist daher eine dahingehende Due Diligence hinsichtlich der Altanteile vor Durchführung der Kapitalerhöhung zu empfehlen.

5. Verlustvorträge

Vorsicht ist auch angezeigt, wenn bei der betroffenen Gesellschaft oder bei deren Tochterunternehmen körperschaftsteuerliche oder gewerbesteuerliche Verlustvorträge bestehen. Gemäß § 8c Abs. 1 Satz 4 KStG steht eine Kapitalerhöhung einer Anteilsübertragung gleich, soweit sie zu einer Veränderung der Beteiligungsquoten führt. Es droht hier der anteilige oder vollständige Untergang von steuerlichen Verlustvorträgen (siehe Steuerrecht, S. 1046 ff., Rn. 66).[133] 57

D. Muster

I. Muster: Kapitalerhöhungsbeschluss mit Zulassungsbeschluss und Übernahmevereinbarung 58

45

Heute, den …, erschienen vor mir, dem unterzeichneten Notar …, in …,

1. …
2. …

Die Erschienenen wiesen sich aus durch ...

Auf Ansuchen der Erschienenen beurkundete ich ihren vor mir bei gleichzeitiger Anwesenheit abgegebenen Erklärungen gemäß, was folgt:

I. Allgemeines

1. Am Stammkapital der GmbH in Firma … mit dem Sitz in … zu insgesamt … sind beteiligt:
   a) … mit einem Geschäftsanteil zu … EUR,
   b) … mit einem Geschäftsanteil zu … EUR.

132 Zu weiteren Fallgestaltungen und zur Frage, wie die nachtrglichen Anschaffungskosten zuzuteilen sind, vgl. Rödder/Herlinghaus/van Lishaut/Stangl, § 22 UmwStG Rn. 207 ff.

133 Zur Berechnung der Beteiligungsquoten vgl. BMF-Schreiben v. 4.7.2008, BStBl. I 2008, 736, Tz. 9 f.

2. Die Geschäftsanteile wurden mit Gründungsurkunde der Gesellschaft vom …, URNr. … des Notars … in … gebildet und übernommen. Die Satzung der Gesellschaft ist niedergelegt in der Urkunde des Notars … in … vom …, URNr. …. Die Nennbeträge der Geschäftsanteile sind voll einbezahlt. Die Gesellschaft ist eingetragen im Handelsregister des Amtsgerichts … HR B ….

II. Kapitalerhöhungsbeschluss

Das gesamte Stammkapital ist vertreten. Unter Verzicht auf die Einhaltung aller Förmlichkeiten hinsichtlich Einberufung und Abhaltung einer Gesellschafterversammlung, wie sie Gesetz und Satzung vorsehen, treten die Gesellschafter zu einer solchen zusammen und beschließen einstimmig mit allen Stimmen, was folgt:

1. Das Stammkapital der Gesellschaft wird im Wege der Barkapitalerhöhung von … EUR um nominal … EUR [*Erhöhungsbetrag*] auf … EUR erhöht.

   a) Im Rahmen der Kapitalerhöhung werden neue Geschäftsanteile gemäß nachfolgender Auflistung gebildet:

      aa) ein Geschäftsanteil mit einem Nennbetrag von … EUR,

      bb) zwei Geschäftsanteile mit einem Nennbetrag von je … EUR.

   b) Die neuen Geschäftsanteile werden zum Nennbetrag/mit einem Aufgeld von … % ihres Nennbetrags ausgegeben. [*Ausgabe neuer Geschäftsanteile*]. Die Nennbeträge der neuen Geschäftsanteile (ggf. zuzüglich des Aufgelds) sind sofort in voller Höhe/zu 25 % im Übrigen auf Anfordern der Gesellschaft in bar zu erbringen.

   c) Zur Übernahme des erhöhten Stammkapitals werden zugelassen: [*Zulassungsbeschluss*]

      aa) …mit einem Geschäftsanteil mit einem Nennbetrag von … EUR und einem weiteren Geschäftsanteil mit einem Nennbetrag von … EUR.

      bb) … mit einem Geschäftsanteil mit einem Nennbetrag von … EUR.

   d) Die neuen Geschäftsanteile nehmen am Gewinn und Verlust der Gesellschaft ab dem … teil.

   e) § … (Stammkapital) der Satzung wird geändert und wie folgt neu gefasst:

      „§ … Stammkapital

      Das Stammkapital der Gesellschaft beträgt … EUR

      – i.W. … EUR –."

2. Weitere Beschlüsse werden heute nicht gefasst.

III. Übernahmeerklärung

Es übernehmen hiermit auf das erhöhte Stammkapital der Gesellschaft

1. … die in vorstehender Ziffer II.1.c) bezeichneten neuen Geschäftsanteile mit einem Nennbetrag von … EUR und von … EUR sowie

2. … den in vorstehender Ziffer II.1.c) bezeichneten neuen Geschäftsanteil mit einem Nennbetrag von … EUR

jeweils zu den in vorstehender Ziffer II niedergelegten Bedingungen.

IV. Schlussbestimmungen, Hinweise

1. Die Gesellschafter erkennen an, dass die Satzung der Gesellschaft in der Fassung vom … abgesehen von den heute beschlossenen Änderungen in der Zwischenzeit keine Änderungen erfahren hat. Die heute nicht geänderten Bestimmungen gelten in vollem Umfang fort.
2. Die Beteiligten wurden vom Notar hingewiesen
   a) auf die Notwendigkeit der Bareinzahlung,
   b) auf die Grundsätze der verdeckten Sacheinlage und der Einlagenrückzahlung i.S.v. § 19 Abs. 5 GmbHG sowie darauf, dass dem Kapitalerhöhungsbeschluss vorangehende Zahlungen möglicherweise keine Erfüllungswirkung haben sowie
   c) darauf, dass die Änderung der Satzung erst mit der Eintragung in das Handelsregister wirksam wird.

   Die Beteiligten versichern, dass die Einlagen auf das erhöhte Stammkapital noch nicht geleistet sind.
3. Die Kosten dieser Urkunde, ihres Vollzugs und der beantragten Abschriften trägt die Gesellschaft.
4. Von dieser Urkunde erhalten beglaubigte Abschriften jeder Gesellschafter, die Gesellschaft, das Finanzamt … sowie das Amtsgericht – Registergericht – … in elektronischer Form.

II. Musterabwandlung: Sonderfall der Aufstockung bestehender Geschäftsanteile 59

[Anstelle vorstehender Ziffer II.1.a) bis c) und Ziffer III] 46

a) Im Rahmen der Kapitalerhöhung werden keine neuen Geschäftsanteile ausgegeben, sondern die bestehenden Geschäftsanteile wie folgt aufgestockt: [*Aufstockung vorhandener Geschäftsanteile*]
   aa) die Geschäftsanteile des Gesellschafters … von … EUR um … EUR auf … EUR,
   bb) der Geschäftsanteil des Gesellschafters … von … EUR um … EUR auf … EUR.

b) Die Aufstockung der Geschäftsanteile erfolgt zum Nennbetrag (ggf. zuzüglich eines Aufgelds von … %). Die vorstehenden Erhöhungsbeträge (ggf. zuzüglich des Aufgelds) sind sofort in voller Höhe/zu 25 %, im Übrigen auf Anfordern der Gesellschaft in bar zu erbringen.

c) Zur Übernahme des erhöhten Stammkapitals werden zugelassen: [*Zulassungsbeschluss*]
   aa) … hinsichtlich seines Geschäftsanteils mit einem Nennbetrag von … EUR
   mit einem Erhöhungsbetrag von … EUR, und
   hinsichtlich seines Geschäftsanteils mit einem Nennbetrag von … EUR mit
   einem Erhöhungsbetrag von … EUR,
   bb) … mit einem Erhöhungsbetrag von … EUR.

III. Übernahmevereinbarung

Es übernehmen hiermit auf das erhöhte Stammkapital der Gesellschaft

1. … die in vorstehender Ziffer II.1.c) bezeichneten erhöhten Geschäftsanteile mit einem Nennbetrag von nunmehr … EUR und … EUR sowie
2. … den in vorstehender Ziffer II.1.c) bezeichneten erhöhten Geschäftsanteil mit einem Nennbetrag von nunmehr … EUR

jeweils zu den in vorstehender Ziffer II niedergelegten Bedingungen.

60 III. Muster: Bezugsrechtsausschluss

[Anstelle vorstehender Ziffer II.1.c)]

47 c) Das Bezugsrecht der Gesellschafter wird ausgeschlossen. Zur Übernahme des erhöhten Stammkapitals werden zugelassen: … (siehe Rn. 58).

bzw.

c) Das Bezugsrecht der Gesellschafter wird ausgeschlossen. Die Geschäftsführer werden beauftragt, das erhöhte Stammkapital in Geschäftsanteile aufzuteilen, die Übernehmer auszuwählen und die Übernahmevereinbarungen – ggf. mit schriftlicher Einwilligung aller Gesellschafter – zu schließen.

61 IV. Muster: Isolierte Übernahmeerklärung (Abs. 1) bei Mindest-/Höchstbetrag

Übernahmeerklärung

48 1. Durch Beschluss der Gesellschafterversammlung der GmbH in Firma … mit dem Sitz in … vom … wurde das Stammkapital der Gesellschaft im Wege der Barkapitalerhöhung von … EUR um nominal … EUR auf … EUR erhöht. Die neuen Geschäftsanteile werden zum Nennbetrag/mit einem Aufgeld von … % ihres Nennbetrags ausgegeben. Die Nennbeträge der neuen Geschäftsanteile (ggf. zuzüglich des Aufgelds) sind sofort in voller Höhe/zu 25 %, im Übrigen auf Anfordern der Gesellschaft in bar zu erbringen.

[ggf. zusätzliche Leistungspflichten, z.B. Nachschusspflichten, bei Übernahme durch Dritte, § 55 Abs. 2 Satz 2]

2. … übernimmt hiermit auf das erhöhte Stammkapital der Gesellschaft … Geschäftsanteile mit einem Nennbetrag von je … EUR, unter der Bedingung, dass die Eintragung der Kapitalerhöhung im Handelsregister bis zum … erfolgt ist.

[Unterschriftsbeglaubigung]

V. Muster: Kapitalerhöhung unter Verwendung des Musterprotokolls[134] 62

48a

Kapitalerhöhungs- samt Zulassungsbeschluss

Das gesamte Stammkapital ist vertreten. Unter Verzicht auf die Einhaltung aller Förmlichkeiten hinsichtlich Einberufung und Abhaltung einer Gesellschafterversammlung, wie sie Gesetz und Satzung vorsehen, treten die Gesellschafter zu einer solchen zusammen und beschließen einstimmig mit allen Stimmen, was folgt:

1. Das Stammkapital der Gesellschaft wird im Wege der Barkapitalerhöhung von … EUR um nominal … EUR [*Erhöhungsbetrag*] auf … EUR erhöht.
   a) Im Rahmen der Kapitalerhöhung wird ein neuer Geschäftsanteil (z.B. Nr. 3) mit einem Nennbetrag von … EUR gebildet.
   b) Der neue Geschäftsanteil wird zum Nennbetrag/mit einem Aufgeld von … % seines Nennbetrags ausgegeben. Der Nennbetrag des neuen Geschäftsanteils (ggf. zuzüglich des Aufgelds) ist sofort in voller Höhe/ zu 25%, im Übrigen auf Anfordern der Gesellschaft in bar zu erbringen.
   c) Zur Übernahme des hierdurch neu gebildeten Geschäftsanteils Nr. … mit einem Nennbetrag von … EUR wird … zugelassen: [*Zulassungsbeschluss*]
   d) Der neue Geschäftsanteil nimmt am Gewinn und Verlust der Gesellschaft ab dem … teil.
2. Die Satzung der Gesellschaft wird in Ziffer 3 wie folgt geändert:

   Anstelle von

   „Das Stammkapital der Gesellschaft beträgt … EUR (i. W. … EUR) und wird wie folgt übernommen: …"

   heißt es künftig:

   „Das Stammkapital der Gesellschaft beträgt … EUR (i. W. … EUR). Bei der Gründung wurde das Stammkapital wie folgt übernommen: …"[135]
3. Weitere Beschlüsse werden heute nicht gefasst.

Alternativ könnte die Satzung in Ziffer 3 wie folgt geändert werden:

Ziffer 3 wird vollständig neu gefasst:

„Das Stammkapital der Gesellschaft beträgt … EUR (i. W. … EUR)."[136]

134 Vgl. *Herrler/König*, DStR 2010, 2138, 2144.

135 In seinem Beschluss vom 6.7.2010 (NZG 2010, 998, 999) hat das OLG München klargestellt, dass die Verwendung des Wortes „hält" anstelle von „übernimmt" nicht hinreichend deutlich macht, dass die aufgeführten Gesellschafter nicht allesamt Gründungsgesellschafter sind.

136 Der weitere Text der Ziffer 3 des Musterprotokolls entfällt ersatzlos, ebenso *Krafka*, NotBZ 2010, 110, 111. Diese Variante kommt jedenfalls nach vollständiger Erbringung der Einlagen durch die Gründungsgesellschafter in Betracht. Ob die Angaben zu den Gründungsgesellschaftern auch vorher entfallen dürfen, ist umstritten (vgl. hierzu MünchKommGmbHG/*Wicke*, § 3 Rn. 55 m.w.N.).

§ 55a Genehmigtes Kapital

(1) Der Gesellschaftsvertrag kann die Geschäftsführer für höchstens fünf Jahre nach Eintragung der Gesellschaft ermächtigen, das Stammkapital bis zu einem bestimmten Nennbetrag (genehmigtes Kapital) durch Ausgabe neuer Geschäftsanteile gegen Einlagen zu erhöhen. Der Nennbetrag des genehmigten Kapitals darf die Hälfte des Stammkapitals, das zur Zeit der Ermächtigung vorhanden ist, nicht übersteigen.

(2) Die Ermächtigung kann auch durch Abänderung des Gesellschaftsvertrages für höchstens fünf Jahre nach deren Eintragung erteilt werden.

(3) Gegen Sacheinlagen (§ 56) dürfen Geschäftsanteile nur ausgegeben werden, wenn die Ermächtigung es vorsieht.

Literatur

Bayer, Materielle Schranken und Kontrollinstrumente beim Einsatz des genehmigten Kapitals mit Bezugsrechtsausschluß, ZHR 168 (2004), 132; *Cahn,* Ansprüche und Klagemöglichkeiten der Aktionäre wegen Pflichtverletzungen der Verwaltung beim genehmigten Kapital, ZHR 164 (2000), 113; *Cramer,* Das genehmigte Kapital der GmbH nach dem MoMiG, GmbHR 2009, 408; *Herrler,* Aktuelles zur Kapitalerhöhung bei der GmbH, DNotZ 2008, 903; *Lieder,* Der Einfluss des genehmigten Kapitals auf die Dogmatik des GmbH-Rechts, ZGR 2010, 868; *ders.*, Grund- und Zweifelsfragen des genehmigten Kapitals der GmbH, DNotZ 2010, 655; *Klett*, Das genehmigte Kapital bei der GmbH, GmbHR 2008, 1312; *Priester*, Genehmigtes Kapital bei der GmbH, GmbHR 2008, 1177; *Schnorbus/Donner,* Das genehmigte Kapital bei der GmbH – der neue § 55a in der Praxis, NZG 2009, 1241; *van Venroy*, Voraussetzungen und Verwendbarkeit genehmigten Kapitals, AG 1981, 205.

A. Allgemeines

I. Zweck des genehmigten Kapitals

1 Mit der Einführung des genehmigten Kapitals durch das MoMiG in § 55a als **Sonderform der effektiven Kapitalerhöhung**, d.h. der Verlagerung der Entscheidungszuständigkeit für Kapitalerhöhungen im Rahmen der Ermächtigung auf die Verwaltung, wird zum einen die **Erleichterung der Kapitalbeschaffung** bei der GmbH bezweckt. Auf diese Weise kann die Geschäftsführung schnell und flexibel über die Aufnahme neuen Eigenkapitals entscheiden, insbesondere zu Akqui-

sitionszwecken.[1] Im Unterschied zur Aktiengesellschaft fällt dieser Vorteil jedenfalls bei der personalistisch strukturierten GmbH, bei der Kapitalerhöhungsbeschlüsse im Wege der Vollversammlung kurzfristig (§ 51 Abs. 3) und ohne erheblichen Kostenaufwand durchgeführt werden können, weniger ins Gewicht. Zum anderen können sich für die Gesellschaft **Kostenvorteile** ergeben, wenn das genehmigte Kapital bereits in der Ausgangssatzung verankert (Abs. 1) bzw. mit einem Beschluss über eine ordentliche Kapitalerhöhung verbunden wird (Abs. 2), da bei Ausnutzung nur noch die Kosten für die Handelsregisteranmeldung anfallen.[2] Allerdings erhöht das genehmigte Kapital die Notarkosten der GmbH-Gründung bzw. der Satzungsänderung. Auch fallen die Gebühren für die Handelsregisteranmeldung sowohl bei der Schaffung des genehmigten Kapitals als auch bei der Ausnutzung desselben und damit doppelt an. Vorteile können insoweit lediglich im Einzelfall aufgrund der degressiven Gebührensteigerung entstehen.[3] Aus den vorgenannten Gründen hat das genehmigte Kapital bei der GmbH – anders als bei der AG – bislang keine große praktische Bedeutung erlangt.[4] Vorteile kann das genehmigte Kapital zudem bei der **Verschmelzung bzw. beim Formwechsel einer AG**, die durch bedingtes Kapital gesicherte Wandelschuldverschreibungen ausgegeben hat, **auf bzw. in eine GmbH** bieten, da die Umtausch- und Bezugsrechte künftig in gleicher Weise an den GmbH-Geschäftsanteilen bestehen können.[5]

II. Verfahren im Überblick

Beim genehmigten Kapital vollzieht sich die Kapitalerhöhung in **zwei Stufen**. In einem **ersten Schritt** wird die Geschäftsführung entweder bereits in der Gründungssatzung (Abs. 1) oder durch eine spätere Satzungsänderung (Abs. 2) **ermächtigt**, das Stammkapital zu erhöhen, bei entsprechender Ermächtigung auch gegen Sacheinlagen (Abs. 3). Insoweit findet eine Delegierung der Kompetenz der Gründungsgesellschafter bzw. Gesellschafterversammlung zur Festlegung des Stammkapitals auf die Geschäftsführung statt. Die Delegierungsmöglichkeit ist allerdings begrenzt. Das genehmigte Kapital darf **maximal die Hälfte** des bei Eintragung der GmbH bzw. der Satzungsänderung vorhandenen **Stammkapitals** betragen (Abs. 1 Satz 2). Zeitlich ist die Ermächtigung auf **höchstens fünf Jahre ab Eintragung** zu befristen (Abs. 1 Satz 1). Sinnvollerweise ist die Geschäftsführung zudem analog § 179 Abs. 1 Satz 2 AktG zu ermächtigen, eine Anpassung der Satzung an die infolge der Ausnutzung des genehmigten Kapitals geänderte Stammkapitalziffer vorzunehmen (siehe Rn. 12). 2

In einem **zweiten Schritt** entscheidet die Geschäftsführung grundsätzlich autonom über die **Ausnutzung des genehmigten Kapitals** sowie über die Modalitäten der Ausgabe der neuen Geschäftsanteile (siehe Rn. 15 ff.). Bei mehrköpfiger Geschäftsführung gilt das Einstimmigkeitsprinzip (§ 77 Abs. 1 Satz 1 AktG analog). Die Geschäftsführung nimmt grundsätzlich alle im Regelfall der Gesellschafterversammlung obliegenden Aufgaben wahr, d.h. sie entscheidet auch über einen etwaigen Bezugsrechtsausschluss und hat den dann erforderlichen Zulassungsbeschluss zu fassen (vgl. § 55 Rn. 27, 31). Sie schließt mit den Übernehmern die Übernahmevereinbarungen ab, wobei die Übernahmeerklärung des Inferenten nach § 55 Abs. 1 formbedürftig ist. Nach Leistung der Einlagen (siehe § 56a Rn. 7 ff.) haben alle Geschäftsführer (§ 78) die Ausnutzung des genehmigten 3

1 AusschussB, BT-Drucks. 16/9737, S. 56 re. Sp. unten.
2 AusschussB, BT-Drucks. 16/9737, S. 56 re. Sp. unten.
3 Zu beachten ist, dass eine Satzungsanpassung durch die Geschäftsführung analog § 179 Abs. 1 Satz 2 AktG zwar selbst nicht beurkundungspflichtig und damit gebührenfrei ist, aber die Notarbescheinigung nach § 54 Abs. 1 Satz 2 Hs. 2 anders als bei der herkömmlichen Satzungsänderung bzw. Kapitalerhöhung kein gebührenfreies Nebengeschäft i.S.v. § 47 Satz 1 Hs. 2 KostO darstellt, sondern eine volle Gebühr nach § 50 Abs. 1 Nr. 1 KostO auslöst. Vgl. zu den Notarkosten auch *Diehn*, in: Fuhrmann/Wälzholz, Formularbuch Gesellschaftsrecht, 2012, Kap. 11 VII 6 = S. 1075 f.
4 Vgl. *Bayer/Hoffmann/Lieder*, GmbHR 2010, 9, 13 (praktische Bedeutung bei kapitalistisch strukturierten Gesellschaften).
5 Vgl. näher zu diesem Aspekt *Göppel*, Bedingte GmbH-Gesellschafterbeschlüsse, 2007, S. 169 f. Während es sich bei der AG nach § 194 Abs. 1 Satz 2 AktG kraft gesetzlicher Fiktion insoweit nicht um Sacheinlagen handelt, ist bei der GmbH in der Ermächtigung zur Schaffung des genehmigten Kapitals ausdrücklich die Einlagenerbringung durch Sacheinlagen (Abs. 3) vorzusehen, da § 194 Abs. 1 Satz 2 AktG bei der GmbH nicht entsprechend anwendbar ist.

Kapitals zum Handelsregister anzumelden (Anlagen, vgl. § 57 Abs. 3, näher Rn. 22 ff.), im Falle einer entsprechenden Ermächtigung (siehe Rn. 2) zusammen mit der Satzungsanpassung (samt Notarbescheinigung gem. § 54 Abs. 1 Satz 2). Eine gleichzeitige Anmeldung der Ermächtigung und der Durchführung des genehmigten Kapitals scheidet hingegen aus strukturellen Gründen aus.[6] Mit Eintragung der Kapitalerhöhung im Handelsregister entstehen die neuen Geschäftsanteile (§ 54 Abs. 3). Ebenfalls erforderlich ist die Einreichung einer aktualisierten Gesellschafterliste (näher Rn. 24 f.).

III. Sonderfälle

4 Grundsätzlich kann auch bei der **Unternehmergesellschaft** (haftungsbeschränkt) ein genehmigtes Kapital geschaffen werden. Eine Sachkapitalerhöhung (Abs. 3) scheidet wegen des in § 5a Abs. 2 Satz 2 normierten Sacheinlagenverbotes aber aus.[7] Etwas anderes dürfte wohl dann gelten, wenn in der Satzung bzw. im Kapitalerhöhungsbeschluss angeordnet wird, dass eine Ausnutzung nur bei Erhöhung auf mindestens 25.000 EUR – unter Beachtung der Höchstgrenze des § 55a Abs. 1 Satz 2 – zulässig ist (vgl. § 56 Rn. 24). Praktisch relevant dürfte dies jedoch nur in Ausnahmefällen sein. Ebenfalls im Grundsatz möglich ist die Schaffung eines genehmigten Kapitals im **Liquidationsstadium** bzw. **nach Eröffnung des Insolvenzverfahrens** über das Vermögen der Gesellschaft. Für die Ausnutzung des vor Auflösung bzw. Insolvenzeröffnung geschaffenen genehmigten Kapitals gelten die in § 55 Rn. 9 dargestellten Grundsätze.[8]

B. Inhalt der Regelung

I. Ermächtigung der Geschäftsführung (Abs. 1 und 2)

1. Allgemeines

5 Die Gründungsgesellschafter können die Geschäftsführung in der Gründungssatzung zur Erhöhung des Stammkapitals ermächtigen (Abs. 1). Das Mindeststammkapital i.S.v. § 5 Abs. 1 muss allerdings unter Außerachtlassung des genehmigten Kapitals erreicht sein.[9] Die Ermächtigung kann ebenfalls im Wege der Satzungsänderung durch die Gesellschafterversammlung erfolgen (Abs. 2, §§ 53 f.: Dreiviertelmehrheit der abgegebenen Stimmen, Beurkundungserfordernis). Als Bestandteil des Gesellschaftsvertrags entsteht das **genehmigte Kapital** erst **mit Eintragung** der Satzungsänderung in das Handelsregister (§ 54 Abs. 3). Im Fall von Abs. 2 ist die Satzungsänderung unter Beifügung des vollständigen Satzungswortlauts samt Bescheinigung i.S.v. § 54 Abs. 1 Satz 2 durch die Geschäftsführer in vertretungsberechtigter Zahl (anders bei Anmeldung der Durchführung: alle Geschäftsführer, § 78) zur Eintragung in das Handelsregister **anzumelden** (vgl. zur Anmeldung der Satzungsänderung § 54 Rn. 2 ff.).

6 Die Bestimmungen über das genehmigte Kapital sind seit dem ARUG gem. § 10 Abs. 2 Satz 1 Var. 2 **in das Handelsregister einzutragen**. Das im Interesse der Publizität bestehende Eintragungserfordernis wurde auch bereits unter Geltung von § 10 Abs. 2 Satz 1 a.F. in Analogie zu § 39 Abs. 2 AktG (Verlautbarung der wesentlichen Gesellschaftsverhältnisse) bejaht.[10] Als eintragungspflichtige Tatsache i.S.v. § 10 Abs. 2 Satz 1 ist die Einführung des genehmigten Kapitals **in der Anmeldung schlagwortartig hervorzuheben**.[11] Durch die Schaffung des genehmigten Kapitals werden Aufgaben auf die Geschäftsführung delegiert, da diese grundsätzlich autonom über dessen Ausnutzung entscheidet (siehe Rn. 15-17, auch zum Weisungsrecht der Gesellschafterver-

6 MünchKommGmbHG/*Lieder*, § 55a Rn. 19.
7 *Wicke*, NotBZ 2009, 1, 7; MünchKommGmbHG/*Lieder*, § 55a Rn. 79 f., auch zur Unzulässigkeit des genehmigten Kapitals bei Verwendung des **Musterprotokolls** i.S.v. § 2 Abs. 1a.
8 Vgl. auch MünchKommGmbHG/*Lieder*, § 55a Rn. 77 f.
9 *Wicke*, § 55a Rn. 7.
10 So Vorauflage Rn. 4 (fehlende Anpassung von § 10 Abs. 2 Satz 1 gesetzgeberisches Versehen); *Lieder*, DNotZ 2010, 655, 657; *Priester*, GmbHR 2008, 1177, 1178.
11 BGH NJW 1987, 3191.

sammlung). Die Kapitalerhöhung aus Gesellschaftsmitteln (§§ 57c ff.) ist ausgeschlossen (Wortlaut Abs. 1: „... gegen Einlagen").[12] Die Ermächtigung kann von der Gesellschafterversammlung jederzeit durch Satzungsänderung ohne Mitwirkung der Geschäftsführung **aufgehoben** oder **geändert** werden.[13]

2. Notwendiger Inhalt

a) Ausübungsfrist (§ 55a Abs. 1 Satz 1, Abs. 2)

Die Beschränkungen des genehmigten Kapitals folgen unmittelbar aus Abs. 1 und 2. Die maximale Ausübungsfrist des genehmigten Kapitals beträgt **fünf Jahre nach Eintragung** der Gesellschaft (Abs. 1 Satz 1) bzw. der Satzungsänderung (Abs. 2). Die Ausübungsfrist ist in der Gründungssatzung oder im satzungsändernden Beschluss entweder durch **Angabe des Enddatums** („bis 31. Oktober 2013") oder der **Berechnungsgrundlage** („bis fünf Jahre nach Eintragung") – Berechnung dann anhand §§ 187 Abs. 1, 188 Abs. 2 BGB – zu bezeichnen.[14] Der bloße Verweis auf die gesetzlichen Bestimmungen oder die Wiederholung des Wortlauts von § 55a genügt mangels Bestimmtheit nicht.[15] Die Ausnutzung des genehmigten Kapitals muss bis zum Ende der Frist vollständig abgeschlossen sein. Maßgeblich ist insoweit die **Eintragung** in das Handelsregister.[16] Wurde die Ausübungsfrist nicht oder nicht ordnungsgemäß bestimmt, ist die Satzungsregelung in der Gründungssatzung bzw. der Ermächtigungsbeschluss analog § 241 Nr. 3 AktG grundsätzlich **nichtig** und die Eintragung ist abzulehnen (auch bei Mangel der Gründungssatzung, vgl. § 9c Abs. 2 Nr. 1).[17] Allerdings kommt eine **Heilung** dieses Mangels analog § 242 Abs. 2 AktG (drei Jahre ab Eintragung) in Betracht (str. bei gänzlich fehlender Ausübungsfrist) mit der Folge, dass die gesetzliche Höchstfrist gilt (fünf Jahre ab Eintragung).[18] 7

b) Höhe des genehmigten Kapitals (§ 55a Abs. 1 Satz 2)

Neben der Ausübungsfrist ist die **betragsmäßige Angabe des Nennbetrags**, bis zu dem das Stammkapital erhöht werden darf, notwendiger Inhalt der Satzungsregelung zum genehmigten Kapital. Ob insoweit die Angabe eines **Prozentsatzes/Bruchteils** des bisherigen Stammkapitals genügt, ist umstritten.[19] Das maximale genehmigte Kapital ist **beschränkt auf die Hälfte** des zur Zeit der Ermächtigung, d.h. **bei Eintragung** des genehmigten Kapitals, **vorhandenen Stammkapitals** (Abs. 1 Satz 2). Wird gleichzeitig mit dem genehmigten Kapital eine Kapitalerhöhung oder Kapitalherabsetzung eingetragen, ist diese bei der Höchstgrenze bereits zu berücksichtigen.[20] Ob der Maximalbetrag des genehmigten Kapitals i.S.v. Abs. 1 Satz 2 im Zeitpunkt der Beschlussfassung beachtet wurde, spielt hingegen – anders als beim bedingten Kapital nach §§ 192 ff. AktG (vgl. Wortlaut von § 192 Abs. 3 Satz 1 AktG)[21] – keine Rolle. Wird genehmigtes Kapital wiederholt geschaffen, so ist hinsichtlich des Höchstbetrags ein zuvor geschaffenes, noch nicht ausgenutztes 8

---

12 Ebenso *Wicke*, § 55a Rn. 7.
13 MünchKommGmbHG/*Lieder*, § 55a Rn. 28.
14 *Schnorbus/Donner*, NZG 2009, 1241, 1242; *Wicke*, § 55a Rn. 9.
15 OLG Celle, AG 1962, 347 f. zu § 202 AktG; MünchKommGmbHG/*Lieder*, § 55a Rn. 23 m.w.N.
16 MünchKommGmbHG/*Lieder*, § 55a Rn. 23 m.w.N.; *Wicke*, § 55a Rn. 9; vgl. auch MünchKomm-AktG/*Bayer*, § 202 Rn. 62.
17 MünchKommGmbHG/*Lieder*, § 55a Rn. 85 m.w.N.; Scholz/*Priester* § 55a Rn. 50; Roth/Altmeppen/*Roth*, § 55a Rn. 12; *Wicke*, § 55a Rn. 9; ebenso h.M. bei der AG; vgl. OLG Celle NJW 1962, 2160, 2161; *Hüffer*, § 202 AktG Rn. 11; MünchKomm-AktG/*Bayer*, § 202 Rn. 51, 58 m.w.N.
18 GrK-GmbHG/*Casper*, § 55a Rn. 16; Scholz/*Priester* § 55a Rn. 50; Roth/Altmeppen/*Roth*, § 55a Rn. 12; *Wicke*, § 55a Rn. 9; anders MünchKommGmbHG/*Lieder*, § 55a Rn. 85 m.w.N. (Heilung nur bei Überschreitung der zeitlichen Obergrenze, nicht bei gänzlichem Fehlen einer Ausübungsfrist).
19 Bejahend MünchKommGmbHG/*Lieder*, § 55a Rn. 20 m.w.N.; *Schnorbus/Donner*, NZG 2009, 1241, 1242; a.A. h.M.: konkrete Bezifferung des Nennbetrags nötig, vgl. Roth/Altmeppen/*Roth*, § 55a Rn. 13 m.w.N. zur h.M. zum AktG; *Wicke*, § 55a Rn. 10.
20 MünchKommGmbHG/*Lieder*, § 55a Rn. 22 m.w.N.; Scholz/*Priester* § 55a Rn. 13; *Wicke*, § 55a Rn. 10.
21 Hierzu jüngst OLG München DNotZ 2012, 226 (Gesamtnichtigkeit des Kapitalerhöhungsbeschlusses; keine „Korrektur" durch Einschränkung der Handelsregisteranmeldung möglich).

und noch ausnutzbares genehmigtes Kapital zu berücksichtigen (**Gesamtvolumen maßgeblich**), sofern es nicht zeitgleich mit Eintragung des „neuen" genehmigten Kapitals aufgehoben wird.[22]

9 Wird der **Nennbetrag** des genehmigten Kapitals **nicht genannt**, so ist die entsprechende Regelung in der Gründungssatzung bzw. der Gesellschafterbeschluss analog § 241 Nr. 3 AktG **nichtig** und die Eintragung ist abzulehnen (siehe Rn. 8). Bei dennoch erfolgter Eintragung kommt eine Heilung analog § 242 Abs. 2 AktG nach h.M. mangels Bestimmtheit nicht in Betracht.[23] Eine **Überschreitung** der zulässigen **Höchstgrenze** führt zwar ebenfalls zur Nichtigkeit analog § 241 Nr. 3 AktG. In diesem Fall ist der Mangel aber nach allgemeiner Meinung analog § 242 Abs. 2 AktG durch Eintragung und Zeitablauf (drei Jahre ab Eintragung) **heilbar**, mit der Folge, dass der Höchstbetrag nach Abs. 1 Satz 2 gilt.[24]

3. Fakultativer Inhalt

a) Weitere Bedingungen

10 Die Gesellschafter (Ermächtigung in Gründungssatzung) können bzw. die Gesellschafterversammlung (Ermächtigungsbeschluss) kann die **Modalitäten der Ausübung** des genehmigten Kapitals entweder in die Hände der Geschäftsführung legen oder Vorgaben machen, z.B. die **Stückelung** (Anzahl und Nennbeträge der neuen Geschäftsanteile), ein **Aufgeld** bzw. einen **Mindestausgabepreis** (ggf. auch Höchstbetrag)[25] oder eine bestimmte **Zwecksetzung** der Ausnutzung des genehmigten Kapitals festlegen (Ausgabe an Arbeitnehmer analog § 202 Abs. 4 AktG, Unternehmensübernahme) oder anordnen, dass die Ausnutzung in einer oder mehreren Tranchen zu erfolgen hat. Denkbar sind auch Regelungen zur Fälligkeit der Einlageleistung, zur **Gewinn-** und zur **Stimmberechtigung**.[26] Entgegen dem Wortlaut von § 55a Abs. 1 Satz 1 („durch Ausgabe neuer Geschäftsanteile") kann auch eine **Aufstockung** (§ 55 Rn. 16) vorgesehen werden (Arg: keine Beeinträchtigung schutzwürdiger Interessen; genehmigtes Kapital als flexibles Instrument).[27]

11 Sollen die neuen Geschäftsanteile mit **besonderen Rechten und/oder Pflichten** verknüpft sein, die für die bisherigen Geschäftsanteile nicht gelten (Neben-, Nachschusspflichten, Sonderrechte), **muss** dies – entgegen der Situation bei der AG, vgl. § 204 Abs. 1 AktG – bereits in der **Ermächtigung angeordnet** werden (Arg: Entscheidungsdominanz der GmbH-Gesellschafter in Strukturfragen).[28] Gleiches gilt für einen (vollständigen oder teilweisen) **Bezugsrechtsausschluss**. Bei Ausnutzung des genehmigten Kapitals steht den Altgesellschaftern grundsätzlich ein Bezugsrecht zu (siehe § 55 Rn. 22), sofern die Ermächtigung (ggf. in Verbindung mit der Entscheidung der Geschäftsführung) nichts Abweichendes vorsieht. In Betracht kommt insoweit entweder ein **Direktausschluss**, d.h. ein Bezugsrechtsausschluss unmittelbar im satzungsändernden Beschluss über die Schaffung des genehmigten Kapitals, oder eine entsprechende **Ermächtigung** der Geschäftsführung **analog § 203 Abs. 2 Satz 1 AktG.**[29] **Zu den zu beachtenden** formellen und materiellen Anforderungen siehe Rn. 30 ff. Wurde das Bezugsrecht allerdings bereits in der **Gründungssatzung** ausgeschlossen (siehe § 55 Rn. 27), sind wegen des **Einstimmigkeitserforder-**

22 MünchKommGmbHG/*Lieder*, § 55a Rn. 21 m.w.N.; Scholz/*Priester* § 55a Rn. 13; *Wicke*, § 55a Rn. 10.
23 MünchKommGmbHG/*Lieder*, § 55a Rn. 85 m.w.N. zum Schrifttum zur AG; Roth/Altmeppen/*Roth*, § 55a Rn. 17; *Wicke*, § 55a Rn. 10; a.A. Scholz/*Priester* § 55a Rn. 50 m.w.N.
24 MünchKommGmbHG/*Lieder*, § 55a Rn. 85 m.w.N.
25 Die exakte Bemessung des Aufgeld (Agios) bereits in der Ermächtigung dürfte aufgrund der nicht zuverlässig prognostizierbaren Wertentwicklung bis zur Ausnutzung des genehmigten Kapitals nicht sinnvoll sein (anders wohl MünchKommGmbHG/*Lieder*, § 55a Rn. 26: Pflicht zur Aufnahme in Ermächtigung).
26 Vgl. *Henssler/Glindemann*, ZIP 2012, 949 ff. zur Problematik der Einräumung der Gewinnberechtigung für ein vergangenes Geschäftsjahr bei einer Kapitalerhöhung aus genehmigtem Kapital bei der AG.
27 MünchKommGmbHG/*Lieder*, § 55a Rn. 24 ff.; *Priester*, GmbHR 2008, 1177, 1180; *Schnorbus/Donner*, NZG 2009, 1241, 1242; *Wicke*, § 55a Rn. 11.
28 Scholz/*Priester* § 55a Rn. 17 f.; *Wicke*, § 55a Rn. 11 m.w.N.
29 Ohne entsprechende Ermächtigung ist der Vorstand nicht berechtigt, das Bezugsrecht der Altaktionäre auszuschließen.

nisses keine weiteren formellen und/oder materiellen Voraussetzungen zu berücksichtigen.[30] Soll die Kapitalerhöhung **gegen Sacheinlagen** erfolgen, muss dies ebenfalls in der Ermächtigung vorgesehen werden (Abs. 3, unten Rn. 27).

b) Ermächtigung zur Satzungsanpassung analog § 179 Abs. 1 Satz 2 AktG

Nutzt die Geschäftsführung das genehmigte Kapital aus, wird die **Satzung unrichtig**, denn die dort ausgewiesene Stammkapitalziffer stimmt dann nicht mehr mit dem tatsächlich vorhandenen Stammkapital überein. Die notwendige **Berichtigung der Stammkapitalziffer** (§ 3 Abs. 1 Nr. 3), die gleichzeitig mit der Anmeldung der Ausnutzung des genehmigten Kapitals zum Handelsregister anzumelden ist (str.),[31] stellt eine **Satzungsänderung** dar, für welche die Zuständigkeit nach § 53 Abs. 1 bei der Gesellschafterversammlung liegt. Da durch das Erfordernis eines entsprechenden Beschlusses die durch das genehmigte Kapital angestrebte Verfahrensvereinfachung konterkariert würde, sollte die Geschäftsführung **in der Gründungssatzung**[32] bzw. **im Beschluss** über die Schaffung des genehmigten Kapitals **ermächtigt** werden, nach Ausnutzung desselben eine Satzungsanpassung vorzunehmen. Hierbei handelt es sich lediglich um eine formale Anpassung, sodass eine Delegierung der Zuständigkeit an die Geschäftsführung **analog § 179 Abs. 1 Satz 2 AktG** zulässig ist.[33] Nach anderer Ansicht ergibt sich die Kompetenz der Geschäftsführer zur Satzungsanpassung bereits als Annexkompetenz zur Ermächtigung, so dass es keiner Regelung in der Satzung oder im Ermächtigungsbeschluss bedarf. Eine Verlautbarung wird gleichwohl für zweckmäßig erachtet.[34] 12

! Die **Geschäftsführung** kann (und sollte) in der Gründungssatzung bzw. im Beschluss zur Schaffung des genehmigten Kapitals **zur Anpassung** der Satzung nach (ggf. teilweiser) Ausnutzung des genehmigten Kapitals analog § 179 Abs. 1 Satz 2 AktG **ermächtigt** werden.[35] 13

Ein konkludenter einstimmiger Beschluss (analog § 77 Abs. 1 Satz 1 AktG) in diesem Sinne dürfte in aller Regel in der Anmeldung der Durchführung der Kapitalerhöhung zusammen mit der Anmeldung der Satzungsanpassung zu sehen sein (siehe auch Rn. 23).

c) Mehrfache Ermächtigungen

Bei der Aktiengesellschaft ist es in der Praxis üblich, mehrere Ermächtigungen des Vorstands zur Erhöhung des Grundkapitals in die Satzung aufzunehmen (z.B. Genehmigtes Kapital I und II). Beide Ermächtigungen unterscheiden sich z.B. dadurch, dass nur beim genehmigten Kapital II das Bezugsrecht der Altgesellschafter ausgeschlossen wird (oder dass die Geschäftsanteile insoweit gegen Sacheinlagen ausgegeben werden). Infolge dieser zulässigen Trennung wird der anfechtungsgefährdete Bezugsrechtsausschluss vom genehmigten Kapital I getrennt, welches somit unbeschadet etwaiger erfolgreicher Anfechtungsklagen gegen das genehmigte Kapital II eingetragen wird und Bestand hat. Wegen der weiter gehenden Möglichkeiten zum Bezugsrechtsausschluss schon in der Gründungssatzung (siehe § 55 Rn. 27) ist diese auch bei der GmbH zulässige Gestaltung von geringerer praktischer Bedeutung als bei der AG. 14

30 Anders wohl MünchKommGmbHG/*Lieder*, § 55a Rn. 63, der aber gleichwohl die allgemeinen formellen und materiellen Anforderungen beachtet wissen will, was mir bei einem einstimmigen Bezugsrechtsausschluss nicht gerechtfertigt erscheint.

31 H.M.: *Hüffer*, § 188 AktG Rn. 11; MünchKomm-AktG/*Pfeifer*, § 188 Rn. 41, jeweils m.w.N. auch zur Gegenauffassung.

32 Zu dieser Möglichkeit vgl. HK-AktG/*Körber*, § 179 AktG Rn. 30.

33 *Herrler*, DNotZ 2009, 903, 909; MünchKommGmbHG/*Lieder*, § 55a Rn. 40 ff. m.w.N., auch zur Möglichkeit, den beurkundenden Notar oder den Aufsichtsrat mit der Satzungsanpassung zu betrauen; *ders.*, DNotZ 2010, 655, 662 ff.; Lutter/Hommelhoff/*Lutter*, § 55a Rn. 33 ff., auch zur Frage der Übertragung des Formerfordernisses des § 53 Abs. 2 Satz 1 auf den Beschluss der Geschäftsführer; *Wicke*, § 55a Rn.5.

34 *Priester*, GmbHR 2008, 1177, 1180.

35 So jüngst auch OLG München NJW-RR 2012, 612, 614; a.A. *Lips/Randel/Werwigk*, DStR 2008, 2220, 2226.

II. Ausnutzung des genehmigten Kapitals

1. Entscheidungsbefugnis (Ob)

a) Grundsätzlich autonome Entscheidung der Geschäftsführung

15 Die Ausnutzung des genehmigten Kapitals stellt sich als **Maßnahme der Geschäftsführung** dar. Ein weiterer Beschluss der Gesellschafterversammlung ist nicht erforderlich. Die diesbezügliche Kompetenz besteht erst ab Eintragung des genehmigten Kapitals (vgl. Wortlaut Abs. 1 Satz 1, Abs. 2). Die Geschäftsführung entscheidet grundsätzlich autonom aufgrund **einstimmigen Beschlusses**[36] (analog § 77 Abs. 1 Satz 1 AktG) über die Kapitalerhöhung als solche und die Modalitäten, soweit in der Satzung keine Einschränkungen bzw. anderweitigen Regelungen enthalten sind (§ 204 Abs. 1 Satz 1 AktG analog; siehe Rn. 10 f.). Ihr steht insoweit ein **Ermessensspielraum** zu. Sie darf sich nicht von sachfremden Motiven leiten lassen und hat das Gleichbehandlungsgebot (§ 53a) zu beachten (siehe § 43 Rn. 10 ff.).[37] Wenngleich die Entscheidung der Geschäftsführung nicht formbedürftig ist, empfiehlt sich deren **zumindest schriftliche Dokumentation** schon im Hinblick darauf, dass diese bei der Anmeldung an die Stelle des Protokolls des Kapitalerhöhungsbeschlusses tritt.[38] Eine Pflicht zur Ausnutzung des genehmigten Kapitals besteht nicht (zum Weisungsrecht der Gesellschafterversammlung siehe Rn. 17). Die Ausnutzung des genehmigten Kapitals ist **in einem oder mehreren Schritten** möglich.

b) Kein Zustimmungserfordernis

16 Sofern die Satzung oder der Ermächtigungsbeschluss keinen Zustimmungsvorbehalt enthält, setzt die Ausnutzung des genehmigten Kapitals durch die Geschäftsführung **keine Mitwirkung anderer Gesellschaftsorgane** voraus, auch nicht die Zustimmung eines (obligatorischen oder fakultativen) Aufsichtsrats (keine Analogie zu § 202 Abs. 3 Satz 2 AktG).[39] Im Regelfall bedarf es vor Ausnutzung des genehmigten Kapitals auch keiner Unterrichtung der Gesellschafter und keiner Berichterstattung an einen ggf. bestehenden Aufsichtsrat.[40]

c) Weisungsrecht der Gesellschafterversammlung?

17 Im Unterschied zur AG steht es der Gesellschafterversammlung aber nach allgemeinen Grundsätzen (siehe § 37 Rn. 5 ff.) frei, durch Beschlussfassung **mit einfacher Mehrheit Weisungen** zur Durchführung der Kapitalerhöhung zu erteilen (str.).[41] Die Möglichkeit eines mit einfacher Mehrheit zu fassenden Weisungsbeschlusses steht auch nicht in Widerspruch zur Rechtsnatur der Ermächtigung bzw. zum qualifizierten Mehrheitserfordernis hinsichtlich der Einführung des genehmigten Kapitals,[42] da es sich bei der Durchführung der Kapitalmaßnahme infolge der Schaffung des genehmigten Kapitals um eine schlichte Geschäftsführungsmaßnahme handelt.[43] Zum Spezialfall des Bezugsrechtsausschlusses durch die Geschäftsführung siehe unten Rn. 36.

2. Weiterer Inhalt (Wie)

18 Den näheren Inhalt der Kapitalerhöhung bestimmt die Geschäftsführung im Rahmen der Ermächtigung. Der **Ausschluss des Bezugsrechts** (vgl. Rn. 35 f.) der Altgesellschafter setzt allerdings eine dahingehende Ermächtigung voraus, ebenso die Ausgabe der neuen Geschäftsanteile gegen

---

36 Bei einem Alleingeschäftsführer genügt ein entsprechender Entschluss.
37 Scholz/*Priester* § 55a Rn. 19 f.
38 MünchKommGmbHG/*Lieder*, § 55a Rn. 36 m.w.N.; *Wicke*, § 55a Rn. 13, 15.
39 Scholz/*Priester* § 55a Rn. 30; *Wicke*, § 55a Rn. 13.
40 Näher MünchKommGmbHG/*Lieder*, § 55a Rn. 33 ff. m.w.N.
41 *Herrler*, DNotZ 2008, 903, 908; *Priester*, GmbHR 2008, 1177, 1179; *Cramer*, GmbHR 2009, 408 f. (sogar Vorlagepflicht der Geschäftsführer); *Schnorbus/Donner*, NZG 2009, 1241, 1244; *Lieder*, DNotZ 2010, 655, 660 f.; Baumbach/Hueck/*Zöllner*, § 55a Rn. 3, 12.
42 So *Wicke*, § 55a Rn. 7, der aber auf die Möglichkeit der Bindung der Geschäftsführer im Ermächtigungsbeschluss bzw. in der Satzungsregelung betreffend das genehmigte Kapital hinweist (vgl. auch oben Rn. 8); *Klett*, GmbHR 2008, 1312, 1315.
43 Scholz/*Priester* § 55a Rn. 21.

Sacheinlagen (vgl. Abs. 3, unten Rn. 27 ff.) sowie die Ausstattung der neuen Geschäftsanteile mit besonderen Rechten und Pflichten (Rn. 11). Im Übrigen entscheidet die Geschäftsführung grundsätzlich nach **pflichtgemäßem Ermessen** über die weiteren Details der Kapitalerhöhung (u.a. Erhöhungsbetrag, Anzahl und Nennbeträge der auszugebenden Geschäftsanteile, ggf. Aufstockung, Zeitpunkt der Kapitalerhöhung, ggf. mehrere Tranchen, Fälligkeit der Einlagepflicht, Gewinn- und Stimmberechtigung, Ausgabebetrag – für die Festlegung des Ausgabekurses siehe § 55 Rn. 13 [Aufgeld als Minderheitenschutz gegen Verwässerung]), sofern die Satzung oder der Ermächtigungsbeschluss insoweit kein Vorgaben enthält oder Weisungen (Rn. 17) zu beachten sind.[44]

III. Durchführung der Kapitalerhöhung

Trotz der in § 55a (anders als in § 203 Abs. 1 AktG) fehlenden Verweisung auf die allgemeinen Vorschriften zur Kapitalerhöhung gegen Einlagen (§§ 55, 56 ff.) finden diese nach allgemeiner Meinung grundsätzlich auch beim genehmigten Kapital Anwendung. 19

1. Übernahmevereinbarung

Wie bei der regulären Kapitalerhöhung ist eine **Übernahmevereinbarung** zwischen der Gesellschaft und dem jeweiligen Übernehmer nötig, wobei die Erklärung des Letzteren gem. § 55 Abs. 1 **zumindest notariell beglaubigt** werden muss (näher zum notwendigen Inhalt der Übernahmeerklärung § 55 Rn. 20 ff.). Beim genehmigten Kapital umfasst die Ermächtigung der Geschäftsführung zur Ausnutzung stets auch die Befugnis zum Abschluss der Übernahmevereinbarung namens der GmbH (Arg: bezweckte Flexibilität dieser Form der Kapitalerhöhung).[45] Die **Übernahmeberechtigung** steht grundsätzlich den Altgesellschaftern kraft Bezugsrechts zu (siehe § 55 Rn. 22 f.). Sobald die Geschäftsführung die Ausnutzung des genehmigten Kapitals beschlossen hat, ist das (konkrete) Bezugsrecht nach §§ 413, 398 BGB übertragbar.[46] Zum Bezugsrechtsausschluss siehe Rn. 30 ff. 20

2. Einlagenleistung

Im Hinblick auf die erforderliche **Einlagenleistung** gelten die allgemeinen Grundsätze (§ 56a i.V.m. § 7 Abs. 2 Satz 1 bzw. Abs. 3), sofern die Ermächtigung bzw. die Entscheidung der Geschäftsführung keine Verschärfung vorsieht. Anders als bei der AG (§ 203 Abs. 3 AktG) hindern noch ausstehende Einlagen auf die bereits existierenden Geschäftsanteile die Ausnutzung des genehmigten Kapitals nicht.[47] 21

3. Anmeldung zur Eintragung in das Handelsregister

a) Handelsregisteranmeldung

Die Durchführung der Kapitalerhöhung ist durch sämtliche Geschäftsführer (vgl. § 78) zur Eintragung in das Handelsregister anzumelden (siehe § 57 Rn. 2 ff.). Die Anmeldung setzt voraus, dass die durch Ausnutzung des genehmigten Kapitals entstandenen neuen Geschäftsanteile vollständig übernommen wurden. Unter Umständen kann daher die schrittweise Ausnutzung und Anmeldung zweckmäßig sein (vgl. § 55 Rn. 12).[48] 22

b) Anlagen der Anmeldung

Neben den nach **§ 57 Abs. 3** beizufügenden Unterlagen (Übernahmeerklärungen, Übernehmerliste, ggf. sacheinlagenspezifische Verträge) ist der Anmeldung grundsätzlich der beim genehmigten Kapital an die Stelle des Kapitalerhöhungsbeschlusses (vgl. § 57 Rn. 15) tretende **Beschluss** 23

---

44 Vgl. MünchKommGmbHG/*Lieder*, § 55a Rn. 37 ff. m.w.N.
45 MünchKommGmbHG/*Lieder*, § 55a Rn. 48 m.w.N.; *Schnorbus/Donner*, NZG 2009, 1241, 1244.
46 Vgl. *Hüffer*, § 203 AktG Rn. 7.
47 Scholz/*Priester* § 55a Rn. 46.
48 MünchKommGmbHG/*Lieder*, § 55a Rn. 51; *Wicke*, § 55a Rn. 14.

der Geschäftsführung **über die Ausnutzung des genehmigten Kapitals** beizufügen. Da die von allen Geschäftsführern zu unterzeichnende Anmeldung typischerweise alle insoweit notwendigen Angaben enthält, dürfte bei Nichtvorlage des Beschlusses in der Regel kein Eintragungshindernis vorliegen. Gleichwohl ist die Beifügung des Beschlusses empfehlenswert.[49] Ebenfalls vorzulegen ist der **vollständige Wortlaut der Satzung** nebst **Notarbescheinigung** i.S.v. § 54 Abs. 1 Satz 2 Hs. 2. Dies gilt auch dann, wenn die Satzungsanpassung im Hinblick auf die Stammkapitalziffer in Ausübung der analog § 179 Abs. 1 Satz 2 AktG erteilten Ermächtigung durch Beschluss der Geschäftsführung erfolgt (zu den Kostenfolgen oben Fn. 3).[50] Regelmäßig wird man die Handelsregisteranmeldung zugleich als – jedenfalls konkludente – Beschlussfassung über die Anpassung der Satzung verstehen können (vgl. bereits Rn. 12). Vorzugswürdig dürfte es dennoch sein, im Rahmen der Beschlussfassung über die Ausnutzung des genehmigten Kapitals auch über die Satzungsanpassung zu entscheiden.

c) Aktualisierte Gesellschafterliste (§ 40 GmbHG)

aa) Zuständigkeit

24 Die Einreichung einer **aktuellen Gesellschafterliste** hat nach Eintragung in das Handelsregister („Wirksamwerden", vgl. § 54 Abs. 3) zu erfolgen. Noch nicht abschließend geklärt ist die **Zuständigkeit** für die Unterzeichnung der Liste.[51] Jedenfalls dann, wenn der Notar den Entwurf der Handelsregisteranmeldung erstellt und anschließend die Unterschriften beglaubigt hat, liegt eine „Mitwirkung" i.S.v. § 40 Abs. 2 Satz 1 vor, mit der Folge, dass er eine bescheinigte Liste i.S.v. § 40 Abs. 2 Satz 2 einzureichen hat.[52] Ob allein die Unterschriftsbeglaubigung genügt, ist umstritten.[53]

> ! Bis zur höchstrichterlichen bzw. jedenfalls obergerichtlichen Klärung dieser Streitfrage empfiehlt sich im Interesse einer zeitnahen Einstellung der Liste durch das Registergericht die **Einreichung einer von Geschäftsführer und Notar gemeinsam erstellten Gesellschafterliste** – die Bescheinigung nach § 40 Abs. 2 Satz 2 unterschreibt freilich nur der Notar.[54]

bb) Zeitpunkt der Einreichung

25 M.E. empfiehlt es sich, die bescheinigte Liste **gleichzeitig mit der Anmeldung** einzureichen, verbunden mit der Anweisung an das Registergericht, die neue Liste erst mit Eintragung der Durchführung der Kapitalerhöhung in den online abrufbaren Registerordner einzustellen (Arg: Verlautbarung der aktuellen Beteiligungsverhältnisse ohne jede Zeitverzögerung). Um einem fehlerhaften Rechtsschein vorzubeugen, sollte ferner in der Liste vermerkt werden, dass die Kapitalerhöhung aus genehmigtem Kapital bereits berücksichtigt ist (sehr str., vgl. ausführlich § 57 Rn. 12).

4. Gerichtliche Prüfung; Eintragung

26 Zu den Prüfungspflichten des Registergerichts siehe § 57a Rn. 2 ff. Zusätzlich zu den dort genannten Punkten prüft das Gericht, ob die Ausübungsfrist sowie der Höchstbetrag des genehmigten

---

49 *Wicke*, § 55a Rn. 15; ähnlich MünchKommGmbHG/*Lieder*, § 55a Rn. 53; zurückhaltender hinsichtlich der Entbehrlichkeit der Vorlage des Beschlusses: Scholz/*Priester* § 55a Rn. 45; Lutter/Hommelhoff/*Lutter*, § 55a Rn. 27.

50 Lutter/Hommelhoff/*Lutter*, § 55a Rn. 27, 33 ff. Vgl. Spindler/Stilz/*Holzborn*, § 181 AktG Rn. 15 m.w.N. sowie Stellungnahme Bundesrat, BT-Drucks. 16/11642 S. 55 f. (Vorschlag eines die Zuständigkeit des Notars zur Erteilung einer Satzungsbescheinigung klarstellenden § 55a Abs. 4 GmbHG-E).

51 Vgl. Stellungnahme Bundesrat, BT-Drucks. 16/11642 S. 55 f. (Klarstellung durch § 55a Abs. 4 GmbHG-E auch hinsichtlich der Listeneinreichungskompetenz des Notars).

52 Vgl. MünchKommGmbHG/*Heidinger*, § 40 Rn. 140.

53 In diesem Sinne Wicke, § 55a Rn. 15; wohl auch Lutter/Hommelhoff/*Bayer*, § 40 Rn. 24; anders MünchKommGmbHG/*Heidinger*, § 40 Rn. 140; gänzlich a.A. Scholz/*Priester* § 55a Rn. 45 Fn. 1.

54 OLG Hamm GmbHR 2010, 431 m. Anm. *Herrler*; MünchKommGmbHG/*Heidinger*, § 40 Rn. 157; Ries, NZG 2010, 135; anders *D. Mayer*, ZIP 2009, 1037, 1045 (Übermittlung von zwei Listen – einmal durch Geschäftsführer, einmal durch Notar).

Kapitals sowie weitere Einschränkungen der satzungsmäßigen Ermächtigung beachtet wurden. Mit **Eintragung** der Durchführung der Kapitalerhöhung entstehen die neuen Geschäftsanteile.

IV. Sacheinlagen (Abs. 3)

1. Ermächtigung

Die Geschäftsführung darf Geschäftsanteile nur dann gegen Sacheinlagen (Legaldefinition in § 27 Abs. 1 Satz 1 AktG; siehe § 56 Rn. 4) ausgeben, wenn die Satzung dies **ausdrücklich** vorsieht (Abs. 3). Etwaige Einschränkungen der satzungsmäßigen Ermächtigung sind zu beachten, z.B. die Festlegung auf bestimmte Sacheinlagen, die Beschränkung auf einen Teilbetrag des genehmigten Kapitals etc. Ebenso kann die Ermächtigung eine Kapitalerhöhung ausschließlich durch Sacheinlagen vorgeben. 27

2. Festsetzungen

Die nach § 56 Abs. 1 Satz 1 erforderlichen Festsetzungen (Gegenstand der Sacheinlage, Nennbetrag des Geschäftsanteils, Person des Übernehmers; siehe § 56 Rn. 8 f.) müssen – sofern sie nicht in der Ermächtigung selbst enthalten sind – durch die Geschäftsführung in ihrem **Beschluss** über die Ausnutzung des genehmigten Kapitals getroffen werden (vgl. § 205 Abs. 2 AktG). Sie sind ebenfalls in die Übernahmeerklärung aufzunehmen (vgl. § 56 Abs. 1 Satz 2). Für die **Rechtsfolgen** im Falle nicht ordnungsgemäßer Festsetzungen siehe § 56 Rn. 12 ff. 28

3. Anmeldung, registergerichtliche Prüfung

Bei der Anmeldung der Kapitalerhöhung sind die sacheinlagespezifischen Besonderheiten zu beachten (vollständige Leistung vor Anmeldung, § 7 Abs. 3 i.V.m. § 56a; Beifügung der korrespondierenden Verträge, § 57 Abs. 3 Nr. 3, sowie eines geeigneten Werthaltigkeitsnachweises, § 57 Rn. 14). Für die registergerichtliche Prüfung gilt § 9c Abs. 1 Satz 2 i.V.m. § 57a (insb. Unerheblichkeit unwesentlicher Überbewertungen). 29

V. Ausschluss des Bezugsrechts

Bei Ausnutzung des genehmigten Kapitals steht den Altgesellschaftern grundsätzlich ein Bezugsrecht analog § 203 Abs. 1 i.V.m. § 186 Abs. 3, 4 AktG zu (siehe § 55 Rn. 22), sofern das Bezugsrecht nicht ausgeschlossen ist.[55] Ein Bezugsrechtsausschluss kann bereits in der **Gründungssatzung** angeordnet sein. Dann sind keine weiteren Anforderungen zu beachten (näher Rn. 11). Im Regelfall fehlt aber ein derartiger genereller Ausschluss. In diesem Fall kann der Ermächtigungsbeschluss entweder unmittelbar einen Bezugsrechtsausschluss vorsehen (Direktausschluss, näher Rn. 31 f.) oder die Geschäftsführung lediglich zur Entscheidung über den Bezugsrechtsausschluss analog § 203 Abs. 2 Satz 1 AktG ermächtigen (näher Rn. 33 f.). 30

1. Bezugsrechtsausschluss im Gesellschafterbeschluss (Direktausschluss)

Wird das Bezugsrecht bereits im satzungsändernden Beschluss zur Schaffung des genehmigten Kapitals ausgeschlossen (**Direktausschluss**), gilt § 186 Abs. 3, 4 AktG grundsätzlich entsprechend (zu den formellen und materiellen Anforderungen des Bezugsrechtsausschlusses siehe § 55 Rn. 28 ff.). 31

a) Siemens/Nold-Entscheidung

Allerdings hat die **aktienrechtliche Rechtsprechung** seit der **Siemens/Nold-Entscheidung**[56] die Anforderungen an die materielle Rechtfertigung des Bezugsrechtsausschlusses beim genehmigten Kapital deutlich gesenkt. Im Gegensatz zur regulären Kapitalerhöhung (siehe § 55 32

---

55 OLG München NJW-RR 2012, 612, 613 m.w.N.
56 BGHZ 136, 133 = NJW 1997, 2815. Bestätigt in BGH NZG 2006, 18 – Mangusta/Commerzbank I; BGH NZG 2006, 20 – Mangusta/Commerzbank II.

Rn. 29 f.) wird es für ausreichend erachtet, dass die mit dem Ausschluss des Bezugsrechts verfolgten Zwecke allgemein und abstrakt **im wohlverstandenen Interesse der Gesellschaft** liegen. Eine konkrete Abwägung zwischen den Gesellschafts- und Gesellschafterinteressen sei an dieser Stelle nicht vorzunehmen.[57] Die Gesellschafter können ihre **mitgliedschaftlichen Rechte** in diesem Stadium nur sehr **eingeschränkt** durchsetzen, da sich die gerichtliche Kontrolle auf die Prüfung dieser allgemein gehaltenen Vorgaben beschränkt. Vielmehr habe das Leitungsorgan bei seiner Entscheidung zur Ausnutzung des genehmigten Kapitals im Rahmen seines unternehmerischen Ermessens (siehe § 43 Rn. 8 ff.) zu prüfen, ob der damit notwendig verknüpfte, von der Gesellschafterversammlung abstrakt vorgegebene Bezugsrechtsausschluss auch in der konkreten Situation durch das wohlverstandene Interesse der Gesellschaft gerechtfertigt sei.[58] Insoweit bestehen keine Unterschiede zum regulären Bezugsrechtsausschluss (siehe § 55 Rn. 29 f.). Sind diese Voraussetzungen nicht erfüllt, darf die Kapitalerhöhung nicht beschlossen werden.

b) Holzmann-Grundsätze?

33 In der Literatur wird die Übertragung dieser für das Aktienrecht entwickelten, liberalen Grundsätze hinsichtlich der Anforderungen an den Bezugsrechtsausschluss auf die GmbH überwiegend abgelehnt und eine Anwendung der strengeren **Holzmann-Grundsätze** gefordert. Zum einen fehle die **Kontrolle durch** den **Aufsichtsrat** (vgl. § 204 Abs. 1 Satz 2 Hs. 2 AktG). Zum anderen sei die GmbH typischerweise **personalistisch strukturiert**, sodass der Verlust des Bezugsrechts weit einschneidendere Konsequenzen als bei der AG habe. Danach wäre eine Ermächtigung zum Bezugsrechtsausschluss nur zulässig, wenn nach der Lage der Gesellschaft und dem Stand der Pläne für ihre Zukunft konkrete Anhaltspunkte dafür gegeben sind, es könnte sich innerhalb der der Geschäftsführung eingeräumten Frist als notwendig und auch im Hinblick auf die Interessen der betroffenen Gesellschafter als vertretbar erweisen, bei der Ausgabe neuer Geschäftsanteile das Bezugsrecht auszuschließen, was eine hinreichende Konkretisierung der anvisierten Maßnahme voraussetzt.[59] Dies gelte umso mehr, als die Geschäftsführung diese Voraussetzung in ihrem Bericht an die Gesellschafterversammlung analog § 186 Abs. 4 Satz 1, 203 Abs. 2 Satz 2 AktG darzulegen hat.[60]

c) Stellungnahme

34 Vergegenwärtigt man sich den Zweck des genehmigten Kapitals, das unter anderem als „Akquisitionswährung" dienen soll (Flexibilität, Schnelligkeit der Eigenkapitalbeschaffung), erscheint ein Rückgriff auf die Holzmann-Grundsätze übermäßig streng, da auf diese Weise ein Bezugsrechtsausschluss ausgeschlossen wäre, wenn keine Anhaltspunkte dafür vorliegen, wie das genehmigte Kapital später ausgenutzt werden soll. Aufgrund der strukturellen Unterschiede zwischen AG und GmbH lässt sich die Siemens/Nold-Entscheidung aber ebenso wenig undifferenziert auf das GmbH-Recht übertragen. Vorzugswürdig erscheint daher eine vermittelnde Position, wonach bei einem im Zeitpunkt des Ermächtigungsbeschlusses bereits **konkret anvisiertem Vorhaben** eine **herkömmliche Angemessenheitsprüfung** erforderlich ist (vgl. § 55 Rn. 29 f.). Anderenfalls muss sich der Bezugsrechtsausschluss jedenfalls aufgrund einer abstrakt-generellen Betrachtung der wirtschaftlichen, unternehmerischen und finanziellen Lage der GmbH als **notwendig zur Erreichung eines berechtigten Gesellschaftsinteresses** darstellen. Mangels konkreten Bezugspunkts des genehmigten Kapitals wird man an das (abstrakte) Gesellschaftsinteresse freilich hohe Anforderungen zu stellen haben.[61]

---

57 BGHZ 136, 133, 138 ff. = NJW 1997, 2815, 2816; HK-AktG/*Marsch-Barner*, § 203 AktG Rn. 12; *Hüffer*, § 203 AktG Rn. 11 f.; ablehnend: *Lutter*, JZ 1998, 50 ff.

58 Vgl. BGHZ 136, 133 = NJW 1997, 2815, 2816; NZG 2006, 20; HK-AktG/*Marsch-Barner*, § 203 AktG Rn. 13.

59 *Priester*, GmbHR 2008, 1177, 1182; *Cramer*, GmbHR 2009, 406, 409 f.; *Katschinski/Rawert*, ZIP 2008, 1993, 1997; offen OLG München NJW-RR 2012, 612, 613.

60 Vgl. BGHZ 83, 319, 325 = NJW 1982, 2444 – Holzmann.

61 Vgl. *Lieder*, DNotZ 2010, 655, 671 ff., insb. 674, auch zum Berichtserfordernis analog § 186 Abs. 4 Satz 2 AktG; *Bormann*, in: Gehrlein/Ekkenga/Simon, § 55a Rn. 32 f.

2. Bezugsrechtsausschluss aufgrund Ermächtigung

a) Ermächtigung der Geschäftsführer zum Bezugsrechtsausschluss

Anstatt das Bezugsrecht bereits unmittelbar selbst auszuschließen, kann die Geschaftsführung in der **Gründungssatzung** bzw. in einem **Ermächtigungsbeschluss** (auch eingeschränkt, z.B. nur hinsichtlich eines Teils des genehmigten Kapitals, lediglich für bestimmte Zeit etc.) zum Bezugsrechtsausschluss ermächtigt werden (vgl. § 203 Abs. 2 AktG). Dies hat **ausdrücklich** zu erfolgen. Die Ermächtigung kann nachträglich erteilt werden.[62] Für die Ermächtigung in der Gründungssatzung sind keine weiteren materiellen Anforderungen zu beachten (Rn. 11, 30). Aber auch bei einer nachträglichen Ermächtigung durch Gesellschafterbeschluss ist es angesichts der auf Ausübungsebene vorzunehmenden konkreten Angemessenheitsprüfung (Rn. 36) ausreichend, wenn die mit dem Bezugsrechtsausschluss verfolgten Zwecke abstrakt im wohlverstandenen Interesse der Gesellschaft liegen (Siemens/Nold, siehe Rn. 32).[63] Da lediglich abstrakt-generelle inhaltliche Anforderungen an diese Ermächtigung gestellt werden, ist eine Ermächtigung **auf Vorrat** zulässig.[64] Zu den formellen Anforderungen siehe § 55 Rn. 28. 35

b) Ausübung der Ermächtigung

Durch die Ermächtigung wird die **konkrete Rechtfertigungsprüfung** des Bezugsrechtsausschlusses auf die Entscheidung der Geschäftsführung verlagert. Die Geschäftsführung hat beim Beschluss über den Ausschluss des Bezugsrechts in eigener Verantwortung zu prüfen, ob dieser einem Zweck dient, der im Interesse der Gesellschaft liegt, und hierfür geeignet, erforderlich und verhältnismäßig ist (siehe § 55 Rn. 29 f.).[65] Zudem hat die Geschäftsführung etwaige Einschränkungen zu beachten, die in der Ermächtigung enthalten sind. Neben der Angemessenheitsprüfung wird die Geschäftsführung überwiegend als verpflichtet angesehen, die **Gesellschafter** im Regelfall **vorab** über die maßgeblichen Aspekte des geplanten Bezugsrechtsausschlusses zu **unterrichten** und ihnen damit Gelegenheit zu geben, die Entscheidung an sich zu ziehen, zumal die Funktionsfähigkeit des genehmigten Kapitals wegen des in der Regel leichten Zugangs der Geschäftsführung zu den Gesellschaftern dadurch nicht beeinträchtigt wird (personalistische Struktur der GmbH; Weisungsrecht der Gesellschafter; Bezugsrechtsausschluss als außergewöhnliche Geschäftsmaßnahme).[66] Dies gilt umso mehr, als ohne entsprechende Unterrichtung ein effektiver Rechtsschutz in der Regel ausscheidet (Rn. 37). Eine sachliche Rechtfertigung des Bezugsrechtsausschlusses ist ausnahmsweise dann entbehrlich, wenn das Bezugsrecht von der Geschäftsführung **auf Weisung** sämtlicher Gesellschafter ausgeschlossen wird. Im Übrigen sind Weisungen der Gesellschafterversammlung nur zu beachten, wenn der zugrunde liegende Beschluss mit drei Vierteln der abgegebenen Stimmen (vgl. § 186 Abs. 3 Satz 2 AktG, § 55 Rn. 28) gefasst wurde und der Bezugsrechtsausschluss sachlich gerechtfertigt ist.[67] 36

3. Rechtsschutzmöglichkeiten

Wird das Bezugsrecht bereits im Beschluss zur Schaffung des genehmigten Kapitals oder durch nachträgliche Beschlussfassung der Gesellschafterversammlung ausgeschlossen, kann dieser **Beschluss** bei Missachtung der formellen und/oder inhaltlichen Anforderungen (Rn. 31 ff.) nach allgemeinen Grundsätzen **angefochten** werden (analog § 243 ff. AktG). Gegen den – grundsätzlich einstimmig zu fassenden – **Beschluss der Geschäftsführung** über den Ausschluss des Bezugsrechts ist hingegen die Anfechtungsklage nicht statthaft. Die Gesellschafter können dage- 37

62 Michalski/Hermanns, § 55a Rn. 12; MünchKommGmbHG/*Lieder*, § 55a Rn. 70 m.w.N.
63 Scholz/*Priester*, § 55a Rn. 38; noch weitergehend *Bormann*, in: Gehrlein/Ekkenga/Simon, § 55a Rn. 34 (überhaupt keine sachliche Rechtfertigung nötig); a.A. *Cramer*, GmbHR 2009, 408, 411 f.
64 Vgl. BGHZ 136, 133, 138 = NJW 1997, 2815, 2816; *Hüffer*, § 203 AktG Rn. 29.
65 Vgl. BGHZ 136, 133 ff. = NJW 1997, 2815, 2816.
66 MünchKommGmbHG/*Lieder*, § 55a Rn. 72 f.; Scholz/*Priester*, § 55a Rn. 38 f., jew. m.w.N. auch zur Situation bei der AG (keine Pflicht zum Vorabbericht, BGH NJW 2006, 371, 372 = BGHZ 164, 241); *Bormann*, in: Gehrlein/Ekkenga/Simon, § 55a Rn. 48.
67 *Bormann*, in: Gehrlein/Ekkenga/Simon, § 55a Rn. 47; vgl. auch *Priester*, GmbHR 2008, 1177, 1179.

gen lediglich im Wege der (vorbeugenden) **Unterlassungs-** bzw. (nach Eintragung) mittels **Feststellungsklage** (§ 256 ZPO) vorgehen sowie **Schadensersatz** von der Gesellschaft wegen Verletzung des gesetzlichen Bezugsrechts verlangen.[68]

C. Notarkosten

38 Der Geschäftswert für den Beschluss über die Ermächtigung, das Stammkapital bis zu einem bestimmten Geldbetrag zu erhöhen, bestimmt sich nach dem Erhöhungsbetrag, mindestens jedoch nach dem Betrag, der den Einlagen bei Ausgabe der neuen Geschäftsanteile entspricht. Erfolgt die Ausgabe durch Sacheinlagen, ist deren Wert, der nach den allgemeinen Vorschriften der KostO zu bestimmen ist, maßgebend. Zu erheben ist eine 20/10-Gebühr nach § 47 KostO, höchstens 5.000 EUR.

39 Wird die Ermächtigung über das „genehmigte Kapital" bereits in die Gründungsurkunde aufgenommen, ist der Wert der Ermächtigung bei der Bestimmung des Geschäftswertes für den Gesellschaftsvertrag mit zu berücksichtigen. In diesem Falle liegt kein Beschluss vor, sondern eine weitere Gründererklärung. Aus dem Gesamtwert der Einlagen und des genehmigten Kapitals ist eine 20/10-Gebühr nach § 36 Abs. 2 KostO zu erheben. Der Höchstwert für den Gesellschaftsvertrag insgesamt beträgt 5 Mio. EUR (§ 39 Abs. 5 KostO).

40 Die Ausnutzung des genehmigten Kapitals, also die Durchführung der Kapitalerhöhung, erfolgt durch die Geschäftsführung. Formbedürftig ist nur die Übernahmeerklärung des jeweiligen Übernehmers gem. § 55 Abs. 1 GmbHG. Hier gelten die kostenrechtlichen Ausführungen zu § 55 Rn. 51 ff. und zu Notar- und Handelsregisterkosten im GmbH-Recht, S. 1097 ff., Rn. 56 ff. entsprechend. Besonderheiten ergeben sich nicht.

41 Die Anmeldung des Beschlusses über die Schaffung eines genehmigten Kapitals ist in sinngemäßer Anwendung des§ 41a Abs. 1 Nr. 4a KostO eine Anmeldung mit bestimmtem Geldwert. Geschäftswert ist der Nominalbetrag des genehmigten Kapitals, gleich ob die Ausgabe der neuen Geschäftsanteile in bar oder durch Sacheinlagen erfolgt. Bei Anmeldung der neu gegründeten Gesellschaft und des genehmigten Kapitals bestimmt sich der Geschäftswert nach dem Stammkapital + Nominalbetrag des genehmigten Kapitals.

42 Bei Anmeldung der Durchführung der Kapitalerhöhung aufgrund des genehmigten Kapitals liegt eine Anmeldung mit unbestimmtem Geldwert vor. Der Geschäftswert ist nach § 41a Abs. 4 Nr. 1 KostO zu bestimmen (1% des Stammkapitals, mindestens 25.000 EUR und höchstens 500.000 EUR).

43 Für die Beurkundung der Registeranmeldung entsteht eine 5/10-Gebühr nach § 38 Abs. 2 Nr. 7 KostO, bei Entwurffertigung mit sich daran anschließender Beglaubigung der Unterschriften i.V.m. § 145 Abs. 1 S. 1 und 4 KostO. Wird dem Notar der Entwurf der Registeranmeldung vorgelegt und beschränkt sich seine Tätigkeit auf die reine Unterschriftsbeglaubigung, fällt eine X-Gebühr nach § 45 KostO an (mindestens 10 EUR, höchstens 130 EUR).

44 Zu den Kosten der Eintragung in das Handelsregister wird auf die Ausführungen zu § 57 Rn. 32 hingewiesen.

68 Scholz/*Priester*, § 55a Rn. 40 (vorbeugend in der Regel nur einstweilige Verfügung erfolgversprechend); vgl. auch *Cahn*, ZHR 164 (2000), 113, 118 ff.

D. Muster

I. Muster: Genehmigtes Kapital in der Gründungssatzung 45

49

Stammkapital

(1) …

(2) Die Geschäftsführung ist ermächtigt, das Stammkapital bis zum [Datum]/fünf Jahre nach Eintragung der Gesellschaft im Handelsregister durch Ausgabe von Geschäftsanteilen gegen Bar-/Sacheinlagen einmal/mehrmals, insgesamt jedoch maximal um … EUR [maximal 50 % des in Abs. 1 festgelegten Stammkapitals] zu erhöhen.

Dabei ist den Altgesellschaftern ein Bezugsrecht einzuräumen./Das Bezugsrecht der Altgesellschafter ist ausgeschlossen./Die Geschäftsführung wird ermächtigt, das Bezugsrecht der Altgesellschafter auszuschließen.

Die Geschäftsführung wird ermächtigt, die weiteren Einzelheiten der Ausnutzung des genehmigten Kapitals (Ausgabebetrag etc.) festzulegen. [ggf. weitere Einschränkungen der Ermächtigung]

Die Geschäftsführung wird ferner ermächtigt, die Satzung entsprechend dem Umfang der jeweiligen Ausnutzung des genehmigten Kapitals zu ändern.

II. Muster: Gesellschafterbeschluss zur Schaffung von genehmigtem Kapital 46

§ … (Stammkapital) der Satzung wird um Abs. 2 ergänzt und wie folgt neu gefasst: 50

(1) …

(2) [Text wie Rn. 45]

III. Muster: Handelsregisteranmeldung des genehmigten Kapitals 47

51

Amtsgericht …

– Registergericht –

HR B …, Firma … mit dem Sitz in …

I. Anmeldung

Die Unterzeichneten [sämtliche Geschäftsführer] melden zur Eintragung in das Handelsregister an:

Durch Beschluss der Gesellschafterversammlung vom … wurde § … (Stammkapital) der Satzung zur Schaffung eines genehmigten Kapitals um Absatz 2 ergänzt.

II. Anlagen

Dieser Anmeldung sind als Anlagen beigefügt:

1. eine beglaubigte Abschrift der Gesellschaftsversammlungsniederschrift vom … [Beschluss über die Schaffung eines genehmigten Kapitals]
2. der vollständige Wortlaut des Gesellschaftsvertrags versehen mit einer Bescheinigung nach § 54 Abs. 1 Satz 2 GmbHG

[Unterschriftsbeglaubigung]

48 IV. Muster: Beschluss der Geschäftsführung über die Ausnutzung des genehmigten Kapitals unter Ausschluss des Bezugsrechts und die Anpassung der Satzung

I. Allgemeines

51a 1. Die Geschäftsführung ist durch § … Abs. 2 der Satzung/wurde durch Beschluss der Gesellschafterversammlung der … GmbH vom [Datum] ermächtigt, das Stammkapital bis zum [Datum]/fünf Jahre nach Eintragung der Gesellschaft im Handelsregister durch Ausgabe von Geschäftsanteilen gegen Bar-/Sacheinlagen einmal/mehrmals, insgesamt jedoch maximal um … EUR zu erhöhen (genehmigtes Kapital). Dabei wurde die Geschäftsführung ermächtigt, das Bezugsrecht auszuschließen. Von der Geschäftsführung ist ebenfalls eine Anpassung der Satzung an die geänderte Stammkapitalziffer vorzunehmen (vgl. § … der Satzung/Ziff. … des Gesellschafterbeschlusses vom [Datum]. Die Gesellschaft/Änderung der Satzung wurde am [Datum] in das Handelsregister eingetragen.

2. Die beabsichtigte Ausnutzung des genehmigten Kapitals zwecks Erhöhung des Stammkapitals von … EUR um … EUR auf … EUR im Wege der Barkapitalerhöhung unter Ausschluss des Bezugsrechts wurde sämtlichen Gesellschaftern mit Schreiben vom [Datum] mitgeteilt. Kein Gesellschafter hat Einwendungen hiergegen erhoben.

II. Kapitalerhöhung; Bezugsrechtsausschluss

Unter Verzicht auf die Einhaltung aller Förmlichkeiten hinsichtlich Einberufung und Abhaltung einer Geschäftsführerversammlung treten die Geschäftsführer zu einer solchen zusammen und beschließen einstimmig mit allen Stimmen, was folgt:

1. Das Stammkapital der Gesellschaft wird unter Ausnutzung des am […] in das Handelsregister eingetragenen genehmigten Kapitals im Wege der Barkapitalerhöhung von … EUR um nominal … EUR [*Erhöhungsbetrag*] auf … EUR erhöht.

   a) Im Rahmen der Kapitalerhöhung werden neue Geschäftsanteile gemäß nachfolgender Auflistung gebildet:

      aa) ein Geschäftsanteil mit einem Nennbetrag von … EUR,

      bb) zwei Geschäftsanteile mit einem Nennbetrag von je … EUR.

   b) Die neuen Geschäftsanteile werden zum Nennbetrag/mit einem Aufgeld von … % ihres Nennbetrags ausgegeben. [*Ausgabe neuer Geschäftsanteile*]. Die Nennbeträge der neuen Geschäftsanteile (ggf. zuzüglich des Aufgelds) sind sofort in voller Höhe/zu 25%, im Übrigen auf Anfordern der Gesellschaft in bar zu erbringen.

   c) Das Bezugsrecht der Gesellschafter wird ausgeschlossen. Zur Übernahme des erhöhten Stammkapitals werden zugelassen [*Zulassungsbeschluss*]:

      aa) …mit einem Geschäftsanteil mit einem Nennbetrag von … EUR und einem weiteren Geschäftsanteil mit einem Nennbetrag von … EUR.

      bb) … mit einem Geschäftsanteil mit einem Nennbetrag von … EUR.

   d) Die neuen Geschäftsanteile nehmen am Gewinn und Verlust der Gesellschaft ab dem … teil.

2. In Ausübung der Ermächtigung zur Satzungsanpassung wird § … (Stammkapital) der Satzung geändert und wie folgt neu gefasst:

   „§ … Stammkapital

Das Stammkapital der Gesellschaft beträgt… EUR

– i.W. … EUR –."

3. Weitere Beschlüsse werden heute nicht gefasst.

V. Muster: Handelsregisteranmeldung nach Ausnutzung des genehmigten Kapitals 49

52

Amtsgericht …

– Registergericht –

HR B …, Firma … mit dem Sitz in …

Die Geschäftsführung ist durch § … Abs. 2 der Satzung/wurde durch Beschluss der Gesellschafterversammlung der … GmbH vom [Datum] ermächtigt, das Stammkapital bis zum [Datum]/ fünf Jahre nach Eintragung der Gesellschaft im Handelsregister durch Ausgabe von Geschäftsanteilen gegen Bar-/Sacheinlagen einmal/mehrmals, insgesamt jedoch maximal um … EUR zu erhöhen. Dabei wurde die Geschäftsführung ermächtigt, das Bezugsrecht auszuschließen. Die Gesellschaft/Änderung der Satzung wurde am [Datum] in das Handelsregister eingetragen.

Die Geschäftsführung hat am [Datum] die (teilweise) Ausnutzung des genehmigten Kapitals in Höhe von … beschlossen. Das Stammkapital der Gesellschaft wird im Wege der Barkapitalerhöhung durch Ausgabe von [Anzahl] neuen Geschäftsanteilen mit einem Nennbetrag von jeweils 1 EUR zu einem Ausgabebetrag von … EUR erhöht. Das Bezugsrecht der Altgesellschafter wurde ausgeschlossen. Zudem hat die Geschäftsführung am [Datum] beschlossen, entsprechend der satzungsmäßigen Ermächtigung die Satzung an die geänderte Stammkapitalziffer [und das verringerte genehmigte Kapital] anzupassen.

I. Anmeldung

Die Unterzeichneten [sämtliche Geschäftsführer] melden zur Eintragung in das Handelsregister an:

Das Stammkapital der Gesellschaft wurde im Wege der Barkapitalerhöhung durch (teilweise) Ausnutzung des genehmigten Kapitals von … EUR um nominal … EUR auf … EUR erhöht. § … (Stammkapital) der Satzung wurde geändert und neu gefasst.

II. Versicherungen

Die Geschäftsführer wurden über die Strafbarkeit einer vorsätzlich falschen Versicherung belehrt. Sie versichern, dass auf die jeweils auf das erhöhte Stammkapital übernommenen Geschäftsanteile

– von … je ein Betrag in Höhe von … EUR auf dessen neue Geschäftsanteile mit einem Nennbetrag von jeweils… EUR und
– von … je ein Betrag in Höhe von … EUR auf dessen neue Geschäftsanteile mit einem Nennbetrag von jeweils … EUR

nach Beschluss der Geschäftsführung zur Ausnutzung des genehmigten Kapitals auf ein Konto der Gesellschaft einbezahlt wurden, damit die Mindesteinzahlung von einem Viertel für jeden neuen Geschäftsanteil erreicht ist, eine Rückzahlung an die Einleger weder stattgefunden hat noch im Zusammenhang mit der Übernahme verabredet worden ist und sich die einbezahlten Beträge endgültig in der freien Verfügung der Geschäftsführer befinden.

III. Anlagen

Dieser Anmeldung sind als Anlagen beigefügt:

1. eine beglaubigte Abschrift der Übernahmeerklärungen der jeweiligen Übernehmer
2. eine von den Anmeldenden unterschriebene Liste der Übernehmer der neuen Geschäftsanteile
3. der vollständige Wortlaut der angepassten Satzung versehen mit einer Bescheinigung nach § 54 Abs. 1 Satz 2 GmbHG
4. eine vom Notar erstellte, die vorliegende Kapitalerhöhung berücksichtigende aktualisierte Liste der Gesellschafter der Gesellschaft samt Notarbestätigung (§ 40 Abs. 2 Satz 1, 2 GmbHG)
5. eine beglaubigte Abschrift des Beschlusses der Geschäftsführung über die Ausnutzung des genehmigten Kapitals und die Anpassung der Satzung an die geänderte Stammkapitalziffer

[Unterschriftsbeglaubigung]

§ 56 Kapitalerhöhung mit Sacheinlagen

(1) Sollen Sacheinlagen geleistet werden, so müssen ihr Gegenstand und der Nennbetrag des Geschäftsanteils, auf den sich die Sacheinlage bezieht, im Beschluss über die Erhöhung des Stammkapitals festgesetzt werden. Die Festsetzung ist in die in § 55 Abs. 1 bezeichnete Erklärung des Übernehmers aufzunehmen.

(2) Die §§ 9 und 19 Abs. 2 Satz 2 und Abs. 4 finden entsprechende Anwendung.

Literatur

Benz, Verdeckte Sacheinlage und Einlagenrückzahlung im reformierten GmbH-Recht (MoMiG), 2010; *Bormann*, Die Kapitalaufbringung nach dem Regierungsentwurf des MoMiG, GmbHR 2007, 897; *Büchel*, Kapitalaufbringung, insbesondere Regelung der verdeckten Sacheinlagen nach dem Regierungsentwurf des MoMiG, GmbHR 2007, 1065; *Cahn/Simon/Theiselmann*, Dept Equity Swap zum Nennwert!, DB 2010, 1629; *dies.*, Nennwertanrechnung beim Dept Equity Swap!, DB 2012, 501; *Ekkenga*, Neuerliche Vorschläge zur Nennwertanrechnung beim Debt-Equity-Swap – Erkenntnisfortschritt oder Wiederbelebungsversuche am untauglichen Objekt?; DB 2012, 331; *ders.*, Sachkapitalerhöhung gegen Schuldbefreiung, *ZGR 2009, 581; Henze*, Zur Problematik der „verdeckten (verschleierten) Sacheinlage" im Aktien- und GmbH-Recht, ZHR 154 (1990), 105; *Herrler*, Kapitalaufbringung nach dem MoMiG, DB 2008, 2347; *Maier-Reimer*, Gesellschaftsrecht in der Diskussion (2011), Tagungsband der Gesellschaftsrechtlichen Vereinigung Band 17, S. 107; *Meilicke*, Die „verschleierte" Sacheinlage – eine deutsche Fehlentwicklung, 1989; *Merkner/Schmidt-Bendun*, Haftung von Rechtsanwälten und Steuerberatern nach Empfehlung einer (gemischten) verdeckten Sacheinlage, NZG 2009, 1054; *Meyer-Landrut/Miller/Niehaus*, GmbHG, 1987; *W. Müller*, Abgesang und Auftakt für die verdeckte Sacheinlage, NJW 2009, 2862; *Pentz*, Verdeckte Sacheinlagen nach dem MoMiG und prozessuale Folgen des Übergangsrechts, GmbHR 2009, 126; *Priester*, Dept-Equity-Swap zum Nennwert?, DB 2010, 1445; *ders.*, Kapitalaufbringung bei korrespondierenden Zahlungsvorgängen, ZIP 1991, 345; *Spliedt*, Dept-Equity-Swap und weitere Strukturänderungen nach dem ESUG, GmbhR 2012, 462; *Veil*, Die Reform des Rechts der Kapitalaufbringung durch das MoMiG, ZIP 2007, 1241; *Weber/Schneider*, Die nach dem Gesetz zur weiteren Erleichterung der Sanierung von Unternehmen (ESUG) vorgesehene Umwandlung von Forderungen in Anteils- bzw. Mitgliedschaftsrechte (Dept-Equity-Swap), ZInsO 2012, 374.

A. Allgemeines

Für die Kapitalerhöhung mit Sacheinlagen (siehe Rn. 2 f.) gilt abgesehen von den nachfolgend dar- 1
gestellten Besonderheiten das zur Barkapitalerhöhung Gesagte entsprechend (siehe § 55 Rn. 1 ff.). Wegen der mit Sacheinlagen verbundenen besonderen Gefahren für die **reale Kapitalaufbringung** stellt das Gesetz zusätzliche Anforderungen, insbesondere findet eine registergerichtliche Kontrolle der Einlagefähigkeit und Werthaltigkeit des Sacheinlagegegenstands statt.[1] Die Sonder-

vorschriften zur Sachgründung sind weitgehend bei der Sachkapitalerhöhung zu beachten (vgl. bereits § 5 Rn. 31 ff.). Die Sachkapitalerhöhung dient typischerweise einem der folgende Zwecke: Erwerb geschäftswesentlicher Gegenstände (Grundstücke, Patente, andere Unternehmen oder Unternehmensteile), Begründung eines Unternehmensverbunds gem. §§ 15 ff. AktG[2]; Umwandlung von Fremd- in Eigenkapital (siehe Rn. 4).

B. Inhalt der Regelung

I. Sacheinlagen

1. Erscheinungsformen

2 Gemäß der Legaldefinition des § 27 Abs. 1 Satz 1 Var. 1 AktG sind Sacheinlagen Einlagen, die nicht durch Einzahlung des Ausgabebetrags der Aktien in Geld zu leisten sind. Neben der **Sacheinlage im engeren Sinne** erstreckt sich der Anwendungsbereich von § 56 ungeachtet des Wortlauts der Vorschrift auch auf die sog. **Sachübernahme**, bei welcher die GmbH vorhandene oder herzustellende Anlagen oder andere Vermögensgegenstände unter Anrechnung der hierfür geschuldeten Vergütung auf die Bareinlageschuld übernehmen soll (vgl. § 27 Abs. 1 Sätze 1, 2 AktG).[3]

3 Eine Sachkapitalerhöhung kann mit einer Barkapitalerhöhung kombiniert werden (sog. **Mischeinlage**). Ebenso ist die Verbindung der Sachkapitalerhöhung mit einem Verkehrsgeschäft in der Weise möglich, dass der den Nennbetrag des übernommenen Geschäftsanteils (ggf. zzgl. Agio) übersteigende Wert dem Übernehmer von der GmbH vereinbarungsgemäß zu erstatten ist (**gemischte Sacheinlage**).[4] Aufgrund der mit einer gemischten Sacheinlage verbundenen Bewertungsprobleme wird hierauf in aller Regel nur bei unteilbaren Einbringungsgegenständen zurückgegriffen (z.B. Unternehmen, sonstige Sachgesamtheiten).[5] Siehe zum Ganzen auch § 5 Rn. 53 f.

2. Sacheinlagefähige Gegenstände

4 Als Sacheinlagen sind grundsätzlich **alle übertragbaren Vermögensgegenstände mit feststellbarem Wert einlagefähig** (vgl. § 27 Hs. 1 AktG),[6] u.a. bewegliche Gegenstände, Grundstücke, grundstücksgleiche Rechte, beschränkte dingliche Rechte, Immaterialgüterrechte sowie Sach- und Rechtsgesamtheiten (z.B. Unternehmen, Insolvenzmasse, Erbschaft). Obligatorische Nutzungsrechte sind jedenfalls dann einlagefähig, wenn ihre Nutzungsdauer in Form einer festen Laufzeit oder als konkret bestimmte Mindestdauer feststeht (kapitalisierter Nutzungswert).[7] Gesellschaftsanteile (Ausnahme: eigene Anteile der GmbH, da kein Kapitalzufluss) sind ebenso einlagefähig wie Forderungen gegen die GmbH (zum Sonderfall der Einbringung von Gesellschafterdarlehen vgl. Rn. 5) und (übertragbare) Forderungen gegen Dritten. Siehe auch § 5 Rn. 58 ff.

5 Nicht sacheinlagefähig sind hingegen – neben eigenen Anteilen der GmbH – Forderungen gegen den Inferenten selbst[8] (Arg: bloßer Austausch der Einlageforderung gegen schwächere schuldrechtliche Forderung; Sonderregelung des § 19 Abs. 5 betrifft Einlagenrückzahlung als Spezialfall der Geldeinlage, hierzu § 56a Rn. 7), Genussscheine der GmbH, die auf Gewinnbeteiligung oder Liquidationserlös gerichtet sind,[9] sowie Verpflichtungen zu Dienstleistungen (vgl. § 27 Hs. 2 AktG; zum Spezialfall entgeltlicher Dienstleistungen des Inferenten siehe § 56a Rn. 44).

---

1 MünchKommGmbHG/*Lieder*, § 56 Rn. 1 m.w.N.
2 Baumbach/Hueck/*Zöllner*, § 56 Rn. 5.
3 Vgl. MünchKommGmbHG/*Lieder*, § 56 Rn. 1 m.w.N.
4 BGH NJW-RR 2008, 486; instruktiv NJW 2007, 765, 767 = BGHZ 170, 47 (zur AG); vgl. auch BGH NJW 2010, 1948 = BGHZ 185, 44 – ADCOCOM (zum Sonderfall der verdeckten gemischten Sacheinlage); Scholz/*Priester*, § 56 Rn. 6.
5 MünchKommGmbHG/*Lieder*, § 56 Rn. 8, 101 m.w.N. und auch zur verdeckten gemischten Sacheinlage.
6 Vgl. BGH NZG 2004, 910, 911.
7 BGH NZG 2004, 910, 911.
8 Zur Sacheinlagefähigkeit von Forderungen gegen ein Konzernunternehmen des Inferenten vgl. MünchKommGmbHG/*Lieder*, § 56 Rn. 18 m.w.N.
9 Baumbach/Hueck/*Zöllner*, § 56 Rn. 7; Lutter/Hommelhoff/*Lutter*, § 56 Rn. 5.

3. Sonderfall: Einbringung von Gesellschafterdarlehen zum Nennwert (*Debt-Equity-Swap*)

Eine **Geldforderung** des Gesellschafters gegen die GmbH (**Gesellschafterdarlehen**) ist seit Inkrafttreten des MoMiG ohne weiteres sacheinlagefähig. Bei **Werthaltigkeit** des Darlehensanspruchs gegen die GmbH (Vermögensdeckung, d.h. keine Überschuldung, bloße Unterbilanz irrelevant) ergeben sich keine Probleme.[10] Unter dieser Voraussetzung ist jede Art von Gesellschafterdarlehen als Sacheinlage geeignet, auch soweit es aufgebrauchtes Stammkapital ausgleicht (vgl. § 30 Abs. 1 Satz 3). Auf eine etwaige Eigenkapitalersatzfunktion des Darlehens kommt es nicht mehr an.[11] 6

Darüber hinausgehend wird in der Literatur teilweise eine Umwandlung von Fremd- in Eigenkapital (***Debt-Equity-Swap***) zu Sanierungszwecken **zum Nennwert**, d.h. unabhängig von der Werthaltigkeit der Forderungen, befürwortet, unter anderem unter Hinweis darauf, dass auf diese Weise die Befriedigungsaussichten der Altgläubiger gesteigert würden (Rangrücktritt eines Konkurrenten) und eine Einbringung zum Nennbetrag wegen dem ansonsten auszuweisenden und in die Rücklagen einzustellenden Buchgewinn (Differenz zwischen Forderungsnennbetrag und Forderungswert), der keinem Auszahlungsschutz unterliege, im Interesse des Gläubigerschutzes sogar vorteilhaft sei.[12] **Mit** dem **Gebot der realen Kapitalaufbringung** ist ein derartiger *Debt-Equity-Swap* zum Nennwert unabhängig von der Werthaltigkeit der Darlehensforderung aber nicht vereinbar (keine Freisetzung eines entsprechenden Aktivvermögens trotz Ausweises eines erhöhten Stammkapitals), da künftige Gläubiger benachteiligt werden (Bilanzverwässerung). Ungeachtet der mit Offenlegung der Forderungsumwandlung verbundenen Publizität setzt ein ordnungsgemäßer Schutz der Neugläubiger – wie bei jeder Sacheinlage – Werthaltigkeit, registergerichtliche Wertprüfung und Differenzhaftung des Inferenten bei Überbewertung voraus (zum Sonderfall des § 254 Abs. 4 InsO sogleich).[13] Hingewiesen wird ferner darauf, dass (Alt-)Gesellschafter eine Verwässerung ihrer Beteiligung ohne entsprechenden Vermögenszufluss hinzunehmen hätten.[14] Auch der durch das ESUG neu eingeführten Möglichkeit der **Umwandlung von Fremd- in Eigenkapital mittels des Insolvenzplans** (§ 225a Abs. 2 InsO) liegt kein vom generellen Werthaltigkeitserfordernis abweichendes Konzept zugrunde. Zwar wird bei Überbewertung der eingebrachten Forderungen eine spätere Nachschusspflicht gem. §§ 9, 56 Abs. 2 ausgeschlossen (§ 254 Abs. 4 InsO). Hierdurch wurde aber ausweislich der Gesetzesbegründung[15] lediglich Vorsorge für die irrtümliche Bejahung der Werthaltigkeit getroffen.[15a] 7

II. Festsetzung der Sacheinlagen (Abs. 1)

1. Inhaltliche Anforderungen

Sowohl der **Kapitalerhöhungsbeschluss** (Abs. 1 Satz 1) als auch die **Übernahmevereinbarung** (Abs. 1 Satz 2) müssen den **Gegenstand** der Sacheinlage, den **Nennbetrag des Geschäftsanteils**, auf den sich die Sacheinlage bezieht, sowie die **Person des Übernehmers** hinreichend deutlich bezeichnen (Bestimmheitsgebot). Letzteres folgt daraus, dass eine Klarstellung nötig ist, für wen die 8

10 Stille Reserven sind bei der Ermittlung des Vermögens zu berücksichtigen (vgl. Scholz/*Priester*, § 56 Rn. 13 m.w.N., auch zur Frage der Anfechtbarkeit nach § 135 Abs. 1 Nr. 2 InsO; die Anfechtbarkeit verneinend auch *Wirsch*, NZG 2010, 1131).

11 RegBegr., BT-Drucks. 16/6140, S. 42.

12 *Cahn/Simon/Theiselmann*, DB 2010, 1629, 1630 ff.; *dies.*, DB 2012, 501 ff. (auch keine drohende Benachteiligung der Altgesellschafter); *Maier-Reimer*, S. 107, 142 (Stammkapitalziffer für künftige Gläubiger unerheblich); *Spliedt*, GmbHR 2012, 462, 463 f. (beschränkt auf Forderungen aus Geldzahlungen).

13 *Ekkenga*, DB 2012, 331, 332, 334 f. (auch zur Bedeutung der Ausnahmevorschrift des § 194 Abs. 1 Satz 2 AktG); *Priester*, DB 2010, 1445, 1449 f.; vgl. auch Gesetzesmaterialien zu § 225a Abs. 2 InsO (RegBegr., BT-Drs. 17/5712, S. 36).

14 *Ekkenga*, DB 2012, 331, 332 ff.; *Priester*, DB 2010, 1445, 1447 ff., auch unter Hinweis auf die Anrechnungslösung bei der verdeckten Sacheinlage (nur tatsächlicher Wert, § 19 Abs. 4 Satz 3); vgl. auch *Bay/Seeburg/Böhmer*, ZInsO 2011, 1927, 1934 (übermäßiger Eingriff in Rechte der Altgesellschafter).

15 RegBegr., BT-Drs. 17/5712, S. 36.

15a Zur Schließung etwaiger Schutzlücken für Neugläubiger durch § 826 BGB vgl. *Kanzler/Mader*, GmbHR 2012, 992, 996 ff.

Tilgungswirkung i.S.v. § 19 Abs. 2 Satz 2 eintreten soll.[16] Ausreichend ist es auch, wenn die Festsetzungen i.S.v. § 56 Abs. 1 Satz 1 nicht im Kapitalerhöhungsbeschluss, sondern – wie bei der Sachgründung (vgl. § 3 Abs. 1 Nr. 4, 5) – aufgrund einer gleichzeitig beschlossenen Satzungsänderung unmittelbar im Gesellschaftsvertrag geregelt sind.[17] Anders als bei der Gründung müssen die Festsetzungen aber nicht in der nach § 54 Abs. 1 Satz 2 einzureichenden Satzungsneufassung enthalten sein. Insoweit genügt die Korrektur der Stammkapitalziffer.[18] Sind Kapitalerhöhungsbeschluss und Übernahmevereinbarung in einer einheitlichen Urkunde enthalten, genügt unter Berücksichtigung des Schutzzwecks (Publizität) die einmalige Erwähnung der vorgenannten Festsetzungen.[19]

9 Bei einer **Mischeinlage** (siehe Rn. 3) muss angegeben werden, in welcher Höhe der Nennbetrag durch die Sacheinlage geleistet wird. Allerdings soll es insoweit genügen, den Bareinlagebetrag als Differenz zwischen dem Nennbetrag der Geschäftsanteile und dem noch zu ermittelnden Wert des Sacheinlagegegenstands festzusetzen. Letzterer muss dann erst in der Handelsregisteranmeldung beziffert werden, wodurch weder ein Publizitätsdefizit eintritt noch die richterliche Werthaltigkeitsprüfung beeinträchtigt wird.[20] Ebenso wenig müssen die Festsetzungen im Kapitalerhöhungsbeschluss sowie in der Übernahmevereinbarung bei der **gemischten Sacheinlage** (siehe Rn. 3) notwendig eine ausdrückliche Vergütungsvereinbarung sowie eine konkrete Bezifferung des Betrages enthalten, der dem Übernehmer vergütet wird (siehe auch § 5 Rn. 53). Es genügt, dass die Vergütungsvereinbarung anhand der zum Handelsregister eingereichten Unterlagen feststellbar ist (relevant insbesondere bei starken Wertschwankungen des Einlagegegenstands).[21]

2. Änderung der Festsetzungen

10 Bis zur Eintragung ist eine Änderung ohne weiteres möglich (formlose Aufhebung des Erhöhungsbeschlusses mit einfacher Mehrheit, Änderung unter Beachtung der §§ 53 ff.). Nach Eintragung kann die Sacheinlage durch eine Bareinlage ersetzt und umgekehrt die Bareinlage in eine Sacheinlage umgewidmet werden (Letzteres insbesondere vor Inkrafttreten von § 19 Abs. 4 Satz 3 zwecks Heilung einer nicht erfüllungstauglichen verdeckten Sacheinlage; ebenso bei nicht ordnungsgemäßen Festsetzungen, unten Rn. 15). Ebenso ist ein Austausch des Sacheinlagegegenstands gegen einen anderen möglich,[22] nicht hingegen eine nachträgliche Umqualifizierung des Schuldgrunds einer bereits erbrachten Leistung.[23]

3. Kein Erfordernis eines Sacheinlageberichts (vgl. § 5 Abs. 4 Satz 2)

11 Im Unterschied zur Sachgründung (§ 5 Abs. 4 Satz 2) bedarf es keines Sacheinlagenberichts, wie sich aus dem Vergleich von § 5 Abs. 4 und § 56 ergibt.[24] Gleichwohl ist der Anmeldung irgendein Werthaltigkeitsnachweis beizufügen, um die registergerichtliche Prüfung nach §§ 57a, 9c Abs. 1 Satz 2 zu ermöglichen (siehe § 57 Rn. 14).

---

16 H.M.: MünchKommGmbHG/*Lieder*, § 56 Rn. 27; Lutter/Hommelhoff/*Lutter*, § 56 Rn. 4; Scholz/*Priester*, § 56 Rn. 24; differenzierend: Roth/Altmeppen/*Roth*, § 56 Rn. 2, 6: Bezeichnung in Übernahmeerklärung ausreichend. Werden Kapitalerhöhungsbeschluss und Übernahmeerklärung zusammen beurkundet, genügt in Letzterer eine Bezugnahme auf den Beschlussinhalt.

17 BGH NJW-RR 2008, 486 Tz. 3, auch zur Anrechnung einer Sacheinlage auf zwei aufeinanderfolgende Kapitalerhöhungen.

18 MünchKommGmbHG/*Lieder*, § 56 Rn. 39.

19 BGH WM 1966, 1262, 1263;

20 OLG Zweibrücken GmbHR 1981, 214, 215; Scholz/*Priester*, § 56 Rn. 28.

21 BGH NJW-RR 2008, 486, 487 Tz. 7; Baumbach/Hueck/*Zöllner*, § 56 Rn. 20.

22 Vgl. MünchKommGmbHG/*Lieder*, § 56 Rn. 36 ff.; Scholz/*Priester*, § 56 Rn. 33 ff.

23 BGH ZIP 1982, 1320.

24 Ganz h.M.: OLG Köln NJW-RR 1996, 1250; MünchKommGmbHG/*Lieder*, § 56 Rn. 111; *Klasen*, BB 2008, 2694, 2696; Baumbach/Hueck/*Zöllner*, § 56 Rn. 17; Lutter/Hommelhoff/*Lutter*/, § 56 Rn. 7; Meyer-Landrut/Miller/Niehus/*Meyer-Landrut*, § 56 Rn. 10; Rowedder/Schmidt-Leithoff/*Zimmermann*, § 56 Rn. 23; a.A. Scholz/*Priester*, § 56 Rn. 39 ff., auch zu Aufsteller (Geschäftsführer), Form und Inhalt.

4. Folgen nicht ordnungsgemäßer Festsetzungen

a) Eintragungshindernis (§§ 57a, 9c Abs. 1)

Die fehlende bzw. nicht ordnungsgemäße Festsetzung der zu erbringenden Sacheinlage im Erhöhungsbeschluss bzw. im Übernahmevertrag stellt ein **Eintragungshindernis** dar (vgl. §§ 57a, 9c Abs. 1 Satz 1). Dies hat das Gericht im Wege der Zwischenverfügung zu beanstanden. Bei Aussichtslosigkeit der Abhilfe oder fruchtlosem Verstreichen der Abhilfefrist ist der Eintragungsantrag abzulehnen. Allerdings muss der entsprechende Fehler für das Registergericht aus den eingereichten Unterlagen erkennbar sein (keine darüber hinausgehende Prüfungspflicht und kein korrespondierendes Recht, siehe § 57a Rn. 4), was in der Praxis nur bei unvollständigen[25] oder widersprüchlichen, nicht hingegen bei gänzlich fehlenden Festsetzungen (absprachegemäßer Rückfluss der Bareinlage an den Inferenten im Zuge eines Austauschgeschäfts – verdeckte Sacheinlage i.S.v. § 19 Abs. 4, näher Rn. 19 ff.) der Fall sein wird.[26] 12

b) Heilung durch Eintragung?

Wird die **Kapitalerhöhung** trotz fehlerhafter Festsetzungen eingetragen, ist sie trotz des Verstoßes gegen Abs. 1 **wirksam**.[27] Bei einer gemischten Sacheinlage führt eine fehlerhafte oder fehlende Vergütungsabrede nicht zur Unwirksamkeit der Sacheinlagevereinbarung, sondern nur zur Unwirksamkeit der Vergütungsregelung.[28] Für die Frage nach dem **Gegenstand der Einlagepflicht** (Bar- oder Sacheinlage) und den Anforderungen an die Tilgung derselben ist nach Art und Schwere des Fehlers zu differenzieren. 13

aa) Sacheinlagepflicht bei geringfügigen Fehlern

Lassen sich bei lediglich **unvollständigen Festsetzungen** die fehlenden Elemente im Wege der Auslegung mit hinreichender Sicherheit ohne Beeinträchtigung des Normzwecks (Publizität, Registerkontrolle) ermitteln (geringfügige Fehler), bleibt dieser **Verstoß** gegen Abs. 1 **folgenlos**, d.h., die Kapitalerhöhung behält ihren Charakter als Sachkapitalerhöhung. Auf die **Übernahmeerklärung** beschränkte Mängel werden durch Eintragung geheilt, da die Interessen der Gläubiger und der Altgesellschafter durch ordnungsgemäße Festsetzungen im Kapitalerhöhungsbeschluss gewahrt sind.[29] 14

bb) Regelfall: Bareinlagepflicht

Ist die Sacheinlagenvereinbarung infolge fehlender oder fehlerhafter Festsetzungen nicht erkennbar, stellt sich die Kapitalerhöhung als **herkömmliche Barkapitalerhöhung** dar und ist als solche wirksam, mit der Folge, dass der Übernehmer eine Geldeinlage zu erbringen hat.[30] Wird der GmbH ungeachtet dessen (jedenfalls bei wirtschaftlicher Betrachtung) lediglich ein Sachvermögenswert zugeführt (verdeckte Sacheinlage, unten Rn. 19 f., oder unbewusst fehlerhafte Festsetzungen, unten Rn. 21 f.), ist gem. bzw. entsprechend dem Rechtsgedanken von § 19 Abs. 4 Sätze 3, 4 i.V.m. § 56 Abs. 2 der Wert des Vermögensgegenstandes im Zeitpunkt der Anmeldung der Kapitalerhöhung zur Eintragung in das Handelsregister bzw. – sofern zeitlich nachfolgend – im Zeitpunkt seiner Überlassung an die GmbH auf die Geldeinlageschuld **anzurechnen**. 15

III. Differenzhaftung (Abs. 2 i.V.m. § 9)

Erreicht der Wert der Sacheinlage im Zeitpunkt der Anmeldung der Kapitalerhöhung (Eingang bei Gericht) nicht den Nennbetrag des betreffenden Geschäftsanteils (ein etwaiges **Agio** ist hierfür **ohne Bedeutung**, vgl. Wortlaut § 9) und wird die Kapitalerhöhung gleichwohl eingetragen (siehe 16

25 Denkbar ist auch eine nicht ausreichend bestimmte Bezeichnung des Einlagegegenstands.
26 MünchKommGmbHG/*Lieder*, § 56 Rn. 40; Scholz/*Priester*, § 56 Rn. 36.
27 Scholz/*Priester*, § 56 Rn. 37.
28 BGH NJW-RR 2008, 486, 487 Tz. 7.
29 MünchKommGmbHG/*Lieder*, § 56 Rn. 41 f; vgl. auch Baumbach/Hueck/*Zöllner*, § 56 Rn. 14.
30 RGZ 96, 227, 229; BGHZ 33, 175, 177 f. (für die AG); Baumbach/Hueck/*Zöllner*, § 56 Rn. 12.

§ 57a Rn. 5 zum Prüfungsrecht des Registergerichts), haftet der Übernehmer der Gesellschaft gegenüber nach § 9 i.V.m. Abs. 2 auf den Differenzbetrag in Geld.[31] Verfügt die Gesellschaft zwischen Einlagenleistung und Anmeldung über den Gegenstand der Sacheinlage, wozu sie grundsätzlich berechtigt ist,[32] kommt es auf den Wert des Surrogats bei Anmeldung an (siehe § 56a Rn. 5; § 57a Rn. 8). Näher zur Differenzhaftung siehe § 9 Rn. 2 ff. Alle übrigen Gesellschafter trifft die Ausfallhaftung nach § 24. Eine darüber hinausgehende Haftung bis zur Eintragung der Kapitalerhöhung vergleichbar der Vorbelastungshaftung im Gründungsstadium trifft hingegen den Inferenten sowie die anderen Gesellschafter nicht.[33]

IV. Aufrechnungsverbot (Abs. 2 i.V.m. § 19 Abs. 2 Satz 2)

1. Aufrechnung durch den Inferenten

17 Im Interesse der realen Kapitalaufbringung kann sich der Inferent gem. § 19 Abs. 2 Satz 2 i.V.m. § 56 Abs. 2 nicht durch Aufrechnung einer Forderung gegen die Gesellschaft (Darlehensforderungen, Zahlungsansprüche aus Austauschgeschäften etc.) von seiner Einlageschuld befreien, sofern deren Anrechnung auf die Einlageleistung nicht nach § 5 Abs. 4 Satz 1 vereinbart wurde (Sachübernahme). Der ursprüngliche **Zweck** des Aufrechnungsverbots, einen entsprechenden **Liquiditätszufluss sicherzustellen**, wird wegen der liberalisierten Kapitalaufbringungsregeln (§ 19 Abs. 4, 5) nicht mehr stets erreicht. Anstelle der (einseitigen) Aufrechnung durch den Inferenten kann dieser mit der Gesellschaft eine Abrede treffen, wonach seine bare Einlageleistung wieder an ihn (z.B. im Rahmen eines Austauschgeschäfts oder einer Darlehensgewährung) zurückfließt (verdeckte Sacheinlage, **Einlagenrückzahlung**). Für die Tilgungswirkung kommt es insoweit ausschließlich auf die Werthaltigkeit des dauerhaft zugeführten Vermögenswerts an. Gleichwohl behält das Aufrechnungsverbot seine Berechtigung, da dadurch die Aufrechnung **mit nicht werthaltigen Forderungen** seitens des Inferenten **verhindert** wird. Zudem setzen die verdeckte Sacheinlage sowie die Einlagenrückzahlung i.S.v. § 19 Abs. 5 eine Übereinkunft mit der GmbH voraus, sodass der Inferent einen Zufluss an Liquidität jedenfalls nicht einseitig vereiteln kann.

2. Aufrechnung durch die Gesellschaft

18 Was die Aufrechnung durch die GmbH anbelangt, wurde in der Vergangenheit überwiegend zwischen Neu- und Altforderungen unterschieden, wobei die Entstehung der Bareinlageverbindlichkeit des Inferenten die maßgebliche Zäsur bildet. Eine Aufrechnung gegen **Neuforderungen** führt zur Einlageschuldtilgung, soweit diese **vollwertig, fällig** und **liquide** ist.[34] Gleiches muss – ungeachtet der Missachtung der Sacherhöhungsvorschriften – mit Blick auf die Anrechnungsanordnung in § 19 Abs. 4 Satz 3 ebenfalls für **Altforderungen** gelten (str., ob Anrechnung in Höhe des Teilwerts bei teilweiser Werthaltigkeit möglich).[35] Siehe auch § 19 Rn. 33 ff. Das **Erlassverbot** des § 19 Abs. 2 Satz 1 findet trotz der fehlenden Verweisung in § 56 Abs. 2 nach Sinn und Zweck ebenfalls Anwendung.[36]

31 H.M.: Baumbach/Hueck/*Zöllner*, § 56 Rn. 18; Roth/Altmeppen/*Roth*, § 56 Rn. 8.
32 BGH NJW 2002, 1716, 1717 = BGHZ 150, 197.
33 BGH NJW 1992, 3300 = BGHZ 119, 177.
34 BGH DNotZ 2003, 207 = BGHZ 152, 37; NJW 1994, 1477 = BGHZ 125, 141; NJW 1984, 1891 = BGHZ 90, 370; OLG Hamburg GmbHR 2006, 93; MünchKommGmbHG/*Lieder*, § 56 Rn. 105; Scholz/*Priester*, § 56 Rn. 50 (auch bei vorabgesprochener Aufrechnung), jew. m.w.N.; a.A. (kein Vollwertigkeitserfordernis) *Schall*, ZGR 2009, 126, 150.
35 MünchKommGmbHG/*Lieder*, § 56 Rn. 108 f., auch zum Aufrechnungsvertrag; Scholz/*Priester*, § 56 Rn. 51 (auch bei vorabgesprochener Aufrechnung), jew. m.w.N.
36 MünchKommGmbHG/*Lieder*, § 56 Rn. 110 m.w.N.

V. Verdeckte Sacheinlage (Abs. 2 i.V.m. § 19 Abs. 4)

1. Verbot der verdeckten Sacheinlage (§ 19 Abs. 4 Satz 1)

§ 19 Abs. 4 Satz 1 ordnet an, dass eine verdeckte Sacheinlage (legaldefiniert in § 19 Abs. 4 Satz 1) den Inferenten **nicht** von seiner Einlageverbindlichkeit **befreit**. Eine Versicherung nach § 57 Abs. 2 Satz 1 trotz der Absprache (bei Einpersonengesellschaft: „Vorhaben"),[37] dass die Bareinlage an den Gesellschafter im Rahmen eines Austauschgeschäfts zurückfließen soll bzw. bereits zurückgeflossen ist (**Vermutung** einer Absprache bei engem zeitlichen und sachlichen Zusammenhang: Zeitraum von **bis zu 6 Monaten**)[38], stellt sich auch bei Werthaltigkeit der Sacheinlage als **strafbewehrte falsche Versicherung** dar (§ 9a Abs. 1 i.V.m. § 57 Abs. 4; § 43 Abs. 2; § 82 Abs. 1 Nr. 3, siehe § 57 Rn. 20 ff.). Im Übrigen kann sich hieran auch eine **zivilrechtliche Haftung** des Geschäftsführers knüpfen (§ 43 Abs. 2; § 823 Abs. 2 BGB i.V.m. § 82 Abs. 1 Nr. 3; näher zu den Haftungsrisiken bei der verdeckten Sacheinlage siehe § 57 Rn. 16 ff.). Legt der Geschäftsführer die verdeckte Sacheinlage in der Anmeldung hingegen offen, hat das Gericht die Eintragung der Kapitalerhöhung nach §§ 57a, 9c Abs. 1 Satz 1 wegen Nichtbeachtung der Sacherhöhungsvorschriften (§ 56 Abs. 1) abzulehnen. 19

! Der Notar hat jeden Urkundsbeteiligten über die Bedeutung des Begriffs der „Bareinlage" eindringlich aufzuklären, da insoweit Fehlvorstellungen weit verbreitet sind.[39]

2. Anrechnungslösung (§ 19 Abs. 4 Sätze 2-5)

Durch § 19 Abs. 4 Satz 2 wird allerdings klargestellt, dass die schuldrechtlichen und dinglichen Rechtsgeschäfte im Zusammenhang mit der verdeckten Sacheinlage entgegen der bisherigen Rechtsprechung des BGH nicht analog § 27 Abs. 3 Satz 1 AktG unwirksam sind (**Wirksamkeit der Rechtsgeschäfte**). Vielmehr wird der Wert des der Gesellschaft endgültig überlassenen Vermögensgegenstands **nach Eintragung der Kapitalerhöhung** (§ 19 Abs. 4 Satz 4) auf die (Geld-)Einlageverbindlichkeit angerechnet (**Anrechnungslösung**).[40] Maßgeblich ist insoweit der Wert im Zeitpunkt der Anmeldung (Eingang bei Gericht) bzw. der Überlassung des Vermögensgegenstands, wenn diese der Anmeldung nachfolgt (§ 19 Abs. 4 Satz 3). Die **Darlegungs- und Beweislast** für die **Werthaltigkeit** des der Gesellschaft zugewandten Gegenstands trägt der Inferent (§ 19 Abs. 4 Satz 5). Die Gut- bzw. Bösgläubigkeit des Inferenten bzw. des Geschäftsführers ist für die Anrechnung ohne Bedeutung.[41] Für eine Heilung einer verdeckten Sacheinlage durch Umwidmung der Bar- in eine Sacheinlage[42] besteht angesichts der **rückwirkenden Anwendung von § 19 Abs. 4** (§ 3 Abs. 4 EGBGB) kein Anlass mehr. Näher zur verdeckten Sacheinlage § 19 Rn. 37 ff. 20

3. Exkurs: Anrechnung auch bei fehlerhaften Festsetzungen (fehlerhafte offene Sacheinlage)

Sind die nach § 56 Abs. 1 erforderlichen Festsetzungen unbewusst fehlerhaft (unvollständig, widersprüchlich) oder fehlen sie gänzlich[43] (**fehlerhafte offene Sacheinlage**), schuldet der Inferent im Regelfall jedenfalls ab Eintragung der Kapitalerhöhung eine Bareinlage (oben Rn. 13 ff.). Erbringt er (in der Regel in Unkenntnis der unwirksamen Sacheinlagenvereinbarung) keine Barein- 21

37 BGH NJW 2010, 1948 Tz. 12 = BGHZ 185, 44 – ADCOCOM, NZG 2008, 311 Tz. 12; zum Zeitpunkt der Absprache vgl. MünchKommGmbHG/*Lieder*, § 56 Rn. 63 ff. m.w.N.

38 *Bayer/Lieder*, GWR 2010, 3, 4; Scholz/*Priester*, § 56 Rn. 63 m.w.N.; *Wicke*, § 19 Rn. 20; zum alten Recht OLG Köln GmbHR 1999, 664.

39 OLG Naumburg GmbHR 2010, 533.

40 Zur rechtsdogmatischen Einordnung der Anrechnung vgl. MünchKommGmbHG/*Lieder*, § 56 Rn. 79 m.w.N.

41 RegBegr., BT-Drucks. 16/6140, S. 40. Kritisch hierzu zu Recht *Büchel*, GmbHR 2007, 1065, 1070.

42 BGH NJW 1996, 1473 = BGHZ 132, 141. Vgl. zu den Heilungsvoraussetzungen im Einzelnen: *D. Mayer*, in: FS Priester, 2007, S. 445, 456 ff.; *Priester*, in: Scholz, GmbHG, 9. Aufl. 2002, § 56 Rn. 37 ff., jeweils m.w.N.

43 Unter diesen Voraussetzungen wird die heilende Eintragung aber nur in seltenen Fällen erfolgen, da das Registergericht die fehlenden Festsetzungen bei im Übrigen ordnungsgemäßer Anmeldung der Sacherhöhung ohne Weiteres erkennen kann und daher die Eintragung nach §§ 57a, 9c Abs. 1 Satz 1 abzulehnen hat.

lage, sondern die vermeintlich geschuldete Sacheinlage, stellt sich die Frage, ob hierdurch die Einlageverbindlichkeit (jedenfalls teilweise) getilgt wird oder nicht.

22 Angesichts der § 19 Abs. 4 zugrunde liegenden Wertung (bilanzielle Betrachtungsweise, d.h. tatsächliche Wertzuführung entscheidend) wird der Übernehmer auch im Fall einer unwirksamen Sacheinlagenvereinbarung aufgrund fehlerhafter Festsetzungen mit der Eintragung (vgl. § 19 Abs. 4 Satz 4) von seiner Geldeinlagepflicht frei, sofern und soweit der der GmbH übertragene Sachvermögensgegenstand werthaltig ist. Auch wenn dieser Fall nicht vom unmittelbaren Anwendungsbereich von § 19 Abs. 4 erfasst ist, da diese Vorschrift eine Geldeinlage voraussetzt, an der es gerade fehlt – der Inferent erbringt (typischerweise im Bewusstsein, hierzu verpflichtet zu sein) eine Sacheinlage –, hat auch im Fall fehlerhafter Festsetzungen eine **Anrechnung analog § 19 Abs. 4 Sätze 3, 4** zu erfolgen. In beiden Fällen wird der Rechtsverkehr unzutreffend über die Kapitalaufbringung unterrichtet. Ein höheres Schutzbedürfnis ist in Fällen der verdeckten Sacheinlage nicht ersichtlich. Entscheidend ist vielmehr die bilanzielle Betrachtungsweise, die dem Kapitalaufbringungsrecht seit Inkrafttreten des MoMiG zugrunde liegt.[44] Etwas anderes gilt nur dann, wenn es um einen nicht einlagefähigen Gegenstand (z.B. Dienstleistungen) geht.[45]

4. Exkurs: Annahme an Erfüllungs statt (§ 364 Abs. 1 BGB)

23 Die Einführung der bilanziellen Betrachtungsweise durch § 19 Abs. 4 Sätze 3, 4 hat ebenfalls zur Folge, dass eine Annahme einer anderen als der geschuldeten Leistung durch die Gesellschaft **an Erfüllungs statt** (§ 364 Abs. 1 BGB) der Tilgung der Einlageschuld, anders als nach früherem Recht (vgl. § 19 Abs. 5 Satz 1 a.F.), nicht mehr kategorisch entgegen steht. Vielmehr kommt es auch insoweit allein auf die Werthaltigkeit des anstelle der geschuldeten Leistung Angenommenen an (analoge Anwendung von § 19 Abs. 4). Ein Ausnahmecharakter von § 19 Abs. 4, der einer Übertragung der Wertung auf andere Fallgestaltungen entgegenstünde, ist nicht ersichtlich.[46]

VI. Sonderfälle (Unternehmergesellschaft, Musterprotokoll)

I. Unternehmergesellschaft (haftungsbeschränkt)

24 Bei der **Unternehmergesellschaft** (haftungsbeschränkt) sind Sacheinlagen nach § 5a Abs. 2 Satz 2 nicht zulässig, Für die Kapitalerhöhung gilt das **Sacheinlagenverbot** allerdings nicht für eine das **Mindeststammkapital** i.S.v. § 5 Abs. 1 **erreichende oder übersteigende (Sach-)Kapitalerhöhung** (Arg: ungerechtfertigte Schlechterstellung; Übergang von der Unternehmergesellschaft zur normalen GmbH in der Systematik des Gesetzes gerade angelegt).[47] Im Falle einer verdeckten Sacheinlage finden die allgemeinen Kapitalaufbringungsvorschriften Anwendung, insbesondere Anrechnung des Wertes auf fortbestehende Einlagenverbindlichkeit (str., siehe § 55 Rn. 47).

II. Musterprotokoll

25 Eine Sachkapitalerhöhung unter weiterer Verwendung des Musterprotokolls i.S.v. § 2 Abs. 1a ist nicht zulässig. Im Falle einer verdeckten Sacheinlage finden allerdings ebenfalls die allgemeinen Kapitalaufbringungsvorschriften Anwendung, insbesondere Anrechnung des Wertes auf fortbestehende Einlagenverbindlichkeit (str., siehe § 55 Rn. 47).

---

44 Ebenso *Hoffmann-Becking*, in: Liber amicorum Martin Winter, 2011, S. 237, 248 ff. Für eine Gleichbehandlung verdeckter Sacheinlagen und sonstiger Festsetzungsmängel auch Baumbach/Hueck/*Zöllner*, § 56 Rn. 15 a.E. noch zur Rechtslage vor der GmbHG-Reform 2008.

45 Spindler/Stilz/*Heidinger*/*Benz*, AktG, 2. Aufl. 2010, § 27 Rn. 85.

46 MünchKommGmbHG/*Lieder*, § 56 Rn. 96 m.w.N.; *Veil*, ZIP 2007, 1241, 1246; *Wicke* § 19 Rn. 24; *Herrler*, DB 2008, 2347, 2352; tendenziell ebenso *Büchel*, GmbHR 2007, 1065, 1071; a.A. (direkte Anwendung von § 19 Abs. 4) Heinze, GmbHR 2008, 1065, 1069.

47 BGH NJW 2011, 1881 Tz. 13 ff., insb. Tz. 18 f., m. zahlreichen w.N.

C. Weitere praktische Hinweise

I. Notar- und Registerkosten

Zur kostenrechtlichen Behandlung einer Kapitalerhöhung mit Bareinlagen siehe § 55 Rn. 51 f. und „Notar- und Handelsregisterkosten im GmbH-Recht", S. 1097 ff., Rn. 52 ff. Die dort dargelegten Grundsätze gelten gleichermaßen für Kapitalerhöhungen durch Bar- oder Sacheinlagen, jedoch mit folgenden Besonderheiten: 26

- Der Geschäftswert einer Kapitalerhöhung, bei der das erhöhte Kapital ausschließlich durch Sacheinlagen zu erbringen ist, bestimmt sich nicht nach dem Erhöhungsbetrag, sondern nach dem Wert der Sacheinlagen. Hier gilt das allgemeine Schuldenabzugsverbot nach § 18 Abs. 3 KostO. Wird z.B. ein Grundstück eingebracht, ist dessen Verkehrswert nach § 19 Abs. 2 KostO ohne Abzug der darauf lastenden Verbindlichkeiten maßgebend. Bei Einbringung eines Einzelunternehmens ist das Aktivvermögen nach der Bilanz als Geschäftswert anzunehmen. Auch hier werden Verbindlichkeiten nicht abgezogen. Die KostO regelt für Kapitalerhöhungen zwar keinen Höchstwert, die Höchstgebühr beträgt jedoch 5.000 EUR (§ 47 KostO).
- Bei gemischter Kapitalerhöhung (teilweise Bareinlage/Sacheinlage) sind die Werte zusammenzurechnen und eine einheitliche Gebühr nach § 47 KostO zu erheben.
- Wird nur die Übernahmeerklärung (ohne Einbringungsvertrag) mitbeurkundet oder vom Notar entworfen, bleibt es bei der 10/10-Gebühr nach § 36 Abs. 1 KostO, bei Entwurf i.V.m. § 145 Abs. 1 Satz 1 KostO. Bei Mitbeurkundung des Einbringungsvertrags fällt anstelle der 10/10-Gebühr eine 20/10-Gebühr gem. § 36 Abs. 2 KostO an. Zwischen Übernahmeerklärung und Einbringungsvertrag liegt der gleiche Gegenstand gem. § 44 Abs. 1 KostO vor.[48]

II. Steuern

Werden steuerverstrickte Wirtschaftsgüter im Wege einer Sacheinlage in die GmbH eingebracht, so liegt hierin seitens des Inferenten grundsätzlich eine steuerpflichtige Veräußerung (tauschähnlicher Vorgang, § 6 Abs. 6 EStG). Etwas anderes gilt nur unter den Voraussetzungen der §§ 20 UmwStG (Einbringung von Betrieben, Teilbetrieben oder Mitunternehmeranteilen) und 21 UmwStG (Anteilstausch; siehe „Steuerrecht", S. 1046 ff., Rn. 76, und „Umwandlungsrecht", S. 995 ff., Rn. 90 ff.). Grundlegende Voraussetzung für die Steuerneutralität ist, dass die Sacheinlage bzw. der Anteilstausch gegen Gewährung „neuer" Anteile der Gesellschaft erfolgt. Diese Voraussetzung kann gegen neuere Rechtsprechung[49] nicht nur durch Sachkapitalerhöhung, sondern auch durch Sacheinlage als Aufgeld einer Barkapitalerhöhung erfüllt werden. 27

> **!** § 20 UmwStG setzt stets voraus, dass der Betrieb/Teilbetrieb vollständig auf die Kapitalgesellschaft übergeht. Eine Zurückbehaltung etwa von Betriebsgrundstücken (früher eine Variante zur Begründung der Betriebsaufspaltung) ist hier ausgeschlossen, anders als bei § 24 UmwStG (Einbringung in eine Personengesellschaft), weil es nicht die Möglichkeit der Begründung von Sonderbetriebsvermögen des Einbringenden gibt.

Im Gegensatz dazu ist eine **verdeckte Einlage**, also eine gesellschaftsrechtlich veranlasste Vermögenszuwendung an die Gesellschaft, die nicht zu einer Kapitalerhöhung führt, aus Gesellschaftersicht ein ertragsteuerlich unentgeltlicher Vorgang, der eine Gewinnrealisierung beim abgebenden Betriebsvermögen unter dem Gesichtspunkt der Entnahme (Teilwertansatz) bewirkt, sofern er nicht ohnehin durch ausdrückliche gesetzliche Anordnung der Veräußerung gleichgestellt ist (vgl. insbesondere §§ 6 Abs. 6 Satz 2, 17 Abs. 1 Satz 2, 20 Abs. 2 Satz 2, 23 Abs. 1 Satz 5 Nr. 2 EStG; zur 28

48 Korintenberg/*Bengel/Tiedtke*, § 44 KostO Rn. 65.
49 BFH BStBl. II 2010, 1094; zustimmend BMF BStBl. I 2011, 1314 Rn. 01.44.

steuerlichen Behandlung verdeckter Einlagen siehe „Steuerrecht", S. 1046 ff., Rn. 14; § 5 Rn. 70 ff.). Hingegen ist eine disquotale oder verdeckte Einlage eines anderen Gesellschafters keine unentgeltliche Zuwendung i.S.v. § 7 Abs. 1 Nr. 1 ErbStG, und zwar weder an die Gesellschaft noch an die Gesellschafter.[50]

29 Die Gewährung eines Gesellschaftsanteils im Rahmen einer **Überpari-Emission** wird dabei als einheitliche Gegenleistung für die Einbringung angesehen, es findet also keine quotale Aufteilung in Bestandteile mit offener oder verdeckter Einlage statt.[51]

30 **Verkehrsteuerlich** gelten für die Sachkapitalerhöhung dieselben Grundsätze wie für die Sachgründung:

- Grundstückseinbringungen sind grunderwerbsteuerpflichtig, wobei als Bemessungsgrundlage nach § 8 Abs. 2 Satz 1 Nr. 2 GrEStG der Bedarfswert (§ 138 Abs. 2 bis 4 BewG) dient.
- Einbringungen von Unternehmen, Unternehmensteilen und Gesellschaftsanteilen unterfallen grundsätzlich der Umsatzsteuer, sind aber im Regelfall nicht steuerbar nach § 1 Abs. 1a UStG oder steuerbefreit nach § 4 Nr. 8 f. UStG.

D. Muster

31 I. Muster: Kapitalerhöhungsbeschluss Sacheinlage (Abs. 1 Satz 1)

[Wie Grundmuster (§ 55 Rn. 58); anstelle Ziffer II.1, IV.2.a)]

53 **II. Kapitalerhöhungsbeschluss**

1. Das Stammkapital der Gesellschaft wird im Wege der Sachkapitalerhöhung von ... EUR um nominal ... EUR [*Erhöhungsbetrag*] auf ... EUR erhöht.

a) ... [wie oben]

b) Die neuen Geschäftsanteile werden zum Nennbetrag/mit einem Aufgeld von ... % ihres Nennbetrags ausgegeben. [*Ausgabe neuer Geschäftsanteile*]. Die Einlagen sind nicht in bar, sondern wie folgt zu erbringen:

aa)... bringt seine Forderung aus ... gegen ... in Höhe von ... EUR [genaue Bezeichnung] in die Gesellschaft ein.

bb)... bringt das Anwesen ... [genaue Bezeichnung] in die Gesellschaft ein. Der Wert des Anwesens wird auf ... EUR festgelegt.

cc)... bringt seinen Geschäftsanteil an der GmbH in Firma ... mit dem Sitz in ..., eingetragen im Handelsregister des Amtsgerichts ..., HRB ..., im Nennwert von ... EUR in die Gesellschaft ein. Der Wert des Anteils wird auf ... EUR festgelegt.

...

IV. Schlussbestimmungen, Hinweise

...

2. Die Beteiligten wurden vom Notar hingewiesen

a) auf die Haftung nach §§ 56 Abs. 2, 9 GmbHG für die Werthaltigkeit des jeweiligen Sacheinlagegegenstands im Zeitpunkt der Anmeldung, ...*

*) Vgl. BGH NJW 2007, 3566, 3567 (Belehrungspflicht nach § 17 Abs. 1 BeurkG betreffend Vollwertigkeit der einzubringenden Gesellschafterforderung gegen die GmbH); *Herrler*, ZNotP 2009, 13, 14 (Hinweis auf abstrakte Gefahr der Differenzhaftung ausreichend).

50 Vgl. BFH BStBl. II 1996, 160; BStBl. II 1996, 616, BStBl. II 2010, 566. Folglich kann die verdeckte Einlage eines Grundstücks Grunderwerbsteuer auslösen, da § 3 Nr. 2 GrEStG nicht eingreift, vgl. BFH ZEV 2008, 153.

51 BFH BStBl. II 2008, 253 und BMF BStBl. I 2011, 1314, Rn. E 20.11.

II. Musterabwandlung: Kapitalerhöhungsbeschluss gemischte Sacheinlage

[Ergänzung zu vorstehender Ziffer II.1.b)aa)] 54

aa) … Der den Ausgabebetrag des neuen Geschäftsanteils übersteigende Betrag von … EUR ist von der Gesellschaft innerhalb von 14 Tagen nach wirksamer Abtretung der Forderung an … zu zahlen.

[Ergänzung zu vorstehender Ziffer II.1.b)bb)]

bb) … Der Wert des Anwesens wird mit … EUR festgelegt. Der den Ausgabebetrag des neuen Geschäftsanteils übersteigende Betrag von … EUR ist von der Gesellschaft innerhalb von 14 Tagen nach wirksamer Abtretung der Forderung an … zu zahlen.

III. Muster: Isolierte Übernahmeerklärung Sacheinlage (Abs. 1 Satz 2)

Übernahmeerklärung 55

1. Durch Beschluss der Gesellschafterversammlung der GmbH in Firma … mit dem Sitz in … vom … wurde das Stammkapital der Gesellschaft im Wege der Sachkapitalerhöhung von … EUR um nominal … EUR auf … EUR erhöht. Die neuen Geschäftsanteile werden zum Nennbetrag/mit einem Aufgeld von … % ihres Nennbetrags ausgegeben. Die Nennbeträge der neuen Geschäftsanteile (ggf. zuzüglich des Aufgelds), zu deren Übernahme … zugelassen wurde, sind nicht in bar, sondern dadurch zu erbringen, dass … seine Forderung aus … gegen … in Höhe von … EUR [genaue Bezeichnung] in die Gesellschaft einbringt …

2. übernimmt hiermit auf das erhöhte Stammkapital der Gesellschaft einen Geschäftsanteile mit einem Nennbetrag von … EUR und bringt die vorstehend näher bezeichnete Forderung in die Gesellschaft ein.

[Unterschriftsbeglaubigung]

§ 56a Leistungen auf das neue Stammkapital

Für die Leistungen der Einlagen auf das neue Stammkapital finden § 7 Abs. 2 Satz 1 und Abs. 3 sowie § 19 Abs. 5 entsprechende Anwendung.

Literatur

Apfelbaum, GmbH-Reform 2008, notar 2008, 160; *Bayer*, Unwirksame Leistungen auf die Stammeinlage und nachträgliche Erfüllung, GmbHR 2004, 445; *Benz*, Verdeckte Sacheinlage und Einlagenrückzahlung im reformierten GmbH-Recht (MoMiG), 2010; *Bormann*, Die Kapitalaufbringung nach dem Regierungsentwurf des MoMiG, GmbHR 2007, 897; *Ehlke*, Vorausgezahlte Stammeinlage – ein Fall fehlerhafter Kapitalaufbringung in der GmbH?, ZGR 1995, 426; *Heckschen*, Gründungserleichterungen nach dem MoMiG – Zweifelsfragen in der Praxis, DStR 2009, 166; *Herrler*, Aktuelle Rechtsprechung zur Kapitalerhöhung bei der GmbH, ZNotP 2009, 13; *ders.*, Erleichterung der Kapitalaufbringung durch § 19 Abs. 5 GmbHG (sog. Hin- und Herzahlen)?, DStR 2011, 2255; *ders.*, Handlungsoptionen bei tilgungsschädlicher Einlagenrückzahlung i.S. von § 19 Abs. 5 GmbHG (sog. Hin- und Herzahlen), DStR 2011, 2300; *ders.*, Heilung einer nicht erfüllungstauglichen Einlagenrückzahlung, GmbHR 2010, 785; *Kort*, Voreinzahlungen auf künftige Kapitalerhöhungen bei AG und GmbH, DStR 2002, 1223; *Kupjetz/Peter*, Die Kapitalaufbringung der GmbH in Gründung in einem physischen Cash-Pooling-System, GmbHR 2012, 498; *Lieder*, Kapitalaufbringung im Cash Pool nach neuem Recht, GmbHR 2009, 1177; *Lutter*, Vorleistungsrisiko der Zeichner und „freie Verfügbarkeit" bei Gründung und Kapitalerhöhung, in: Kübler/Mertens/Werner (Hrsg.), Festschrift für Theodor Heinsius, 1991, S. 497; *Maier-Reimer/Wenzel*, Kapitalaufbringung in der GmbH nach dem MoMiG, ZIP 2008, 1449; *Mülbert*, Das „Magische Dreieck der Barkapitalaufbringung", ZHR 154 (1990), 145; *Priester*, Stammeinlagezahlung auf debitorisches Bankkonto der GmbH, DB 1987, 1473; *ders.*, Vorausleistungen auf die Kapitalerhöhung nach MoMiG und nach ARUG, DStR 2010, 494; *Rezori*, Die Kapitalaufbringung bei der GmbH-Gründung, RNotZ 2011, 125; *G. H. Roth*, Neue Fallstricke beim Hin- und Herzahlen – Cash Pool, NJW 2009, 3397; *Ulmer*, Rechtsfragen der Barkapitalerhöhung bei der GmbH, GmbHR 1993, 189; *Veil*, Die Reform des Rechts der Kapitalaufbringung durch das MoMiG, ZIP 2007, 1241; *Wedemann*, Das neue GmbH-Recht, WM 2008, 1381; *Wülfing*, Vorleistungen auf Kapitalerhöhungen bei der GmbH, GmbHR 2007, 1124.

A. Allgemeines

Die Vorschrift des § 56a regelt den Umfang der Einlageleistung, welcher für die Eintragung der Kapitalerhöhung im Handelsregister erforderlich und daher vor Anmeldung der Erhöhung (§ 57) zu erbringen ist. Dabei wird zwischen Bar- und Sacheinlage differenziert (§ 56a i.V.m. § 7 Abs. 2 Satz 1 bzw. § 7 Abs. 3). Entgegen der früheren Rechtslage gelten für die Ein-Mann-GmbH keine Besonderheiten mehr (vgl. § 7 Abs. 2 Satz 2 a.F. – Volleinzahlung bzw. Sicherheitsleistung). 1

B. Inhalt der Regelung

I. Mindesteinlage

1. Bareinlage (§ 56a i.V.m. § 7 Abs. 2 Satz 1)

Im Falle einer Bareinlageverpflichtung muss auf den Nennbetrag jedes Geschäftsanteils **vor Anmeldung** zur Eintragung in das Handelsregister **mindestens ein Viertel** eingezahlt werden (§ 56a i.V.m. § 7 Abs. 2 Satz 1). Weitere Anforderungen stellt das Gesetz nicht auf, insbesondere keinen Mindesteinzahlungsbetrag i.S.v. § 7 Abs. 2 Satz 2. Die dort normierte Grenze (insgesamt Hälfte des Mindeststammkapitals nach § 5 Abs. 1) betrifft nur das Gründungsstadium. Eine etwaige (ggf. auch nur teilweise) Aufzehrung des bisherigen Stammkapitals, d.h. das Bestehen einer Unterbilanz (siehe § 55 Rn. 50), ändert daran nichts.[1] Etwas anderes gilt allerdings im Sonderfall der Barkapitalerhöhung bei der **Unternehmergesellschaft (haftungsbeschränkt)** auf weniger als 25.000 EUR. Hier muss analog § 5a Abs. 2 Satz 1 (Volleinzahlungsgebot) der gesamte Erhöhungsbetrag eingezahlt werden.[2] Demgegenüber genügt bei einer Barkapitalerhöhung auf 25.000 EUR aufgrund des damit verbundenen Wegfalls der in § 5a Abs. 1–4 normierten Beschränkungen in Analogie zu § 7 Abs. 2 Sätze 1, 2 die Einzahlung eines Viertels des Erhöhungsbetrags, jedoch insgesamt mindestens 12.500 EUR (siehe § 55 Rn. 4). 2

Die Mindesteinzahlungspflicht erstreckt sich nach dem klarem Wortlaut des § 7 Abs. 2 Satz 1 nicht auf ein etwaiges Agio (anders § 36a Abs. 1 i.V.m. § 188 Abs. 2 Satz 1 AktG).[3] Werden vorhandene **Geschäftsanteile aufgestockt** (siehe § 55 Rn. 16), findet § 7 Abs. 2 Satz 1 für den Aufstockungsbetrag Anwendung, unabhängig davon, ob der ursprüngliche Nennbetrag voll eingezahlt wurde und/oder die frühere Einlageleistung noch im Gesellschaftsvermögen vorhanden ist[4], d.h., vor Eintragung ist wiederum nur jeweils ein Viertel des Erhöhungsbetrags einzuzahlen. 3

2. Sacheinlage (§ 56a i.V.m. § 7 Abs. 3)

Sacheinlagen sind nach § 56a i.V.m. § 7 Abs. 3 vor der Anmeldung **vollständig** an die Gesellschaft zu leisten. Für die Vollwertigkeit im Zeitpunkt der Anmeldung, d.h. den Eingang derselben beim zuständigen Registergericht, hat der Inferent nach §§ 56 Abs. 2, 9 einzustehen (siehe § 56 Rn. 16). Diese (besondere) Differenzhaftung greift auch für Wertverluste zwischen Leistung der Einlage und Anmeldung der Kapitalerhöhung (**Bewertungs- und Werterhaltungsrisiko**).[5] 4

Die Gesellschaft ist grundsätzlich berechtigt, **vor Anmeldung** über den Einlagegegenstand zu **verfügen**.[6] Im Gründungsstadium tritt bei derartigen Verfügungen die anteilige, allgemeine Differenz- bzw. Vorbelastungshaftung aller Gesellschafter (siehe § 9 Rn. 2 ff.) ggf. neben die besondere Diffe- 5

1 Roth/Altmeppen/*Roth*, § 56a Rn. 2; .
2 *Klose*, GmbHR 2009, 294, 296; MünchKommGmbHG/*Lieder*, § 56a Rn. 8 m.w.N.; *Wicke*, § 5a Rn. 7.
3 Scholz/*Priester*, § 56a Rn. 3 m.w.N.
4 H.M.: BayObLG BB 1986, 759; Baumbach/Hueck/*Zöllner*, § 56a Rn. 2; Lutter/Hommelhoff/*Lutter*, § 56a Rn. 2; Rowedder/Schmidt-Leithoff/*Zimmermann*, § 56a Rn. 3; Scholz/*Priester*, § 56a Rn. 4; a.A. Roth/Altmeppen/*Roth*, § 56a Rn. 3, der das Ein-Viertel-Kriterium auf die gesamte, im Anmeldungszeitpunkt noch vorhandene Einlageleistung des Gesellschafters bezieht.
5 MünchKommGmbHG/*Lieder*, § 56 Rn. 50.
6 BGH NJW 2002, 1716, 1717 = BGHZ 150, 197.

renzhaftung des Inferenten nach § 9.[7] Im Ergebnis führt dies zu einer Haftungsverschärfung, da bei Ersterer auf den Wert des Gesellschaftsvermögens im Zeitpunkt der Eintragung abzustellen ist, bei § 9 hingegen auf den Zeitpunkt der Anmeldung. Bei einer Kapitalerhöhung ist jedoch für die allgemeine Vorbelastungs- bzw. Differenzhaftung des Gründungsstadiums kein Raum (näher hierzu Rn. 11). Das Werterhaltungsrisiko trägt ausschließlich der Inferent. Verfügt die Gesellschaft vor Anmeldung über den Sacheinlagegegenstand, ist der Stichtag für die Differenzhaftung nach § 9 i.V.m. § 56 Abs. 2 entgegen einer teilweise vertretenen Auffassung nicht auf das Wirksamwerden der Verfügung vorzuverlagern.[8] Anderenfalls würde der Inferent durch sofortige Verfügung über den Sacheinlagegegenstand von dem Risiko eines Wertverlustes befreit, welches das Gesetz ihm in § 9 i.V.m. § 56 Abs. 2 ausdrücklich zuweist (z.B. Risiko eines allgemeinen Kursrutsches an der Börse durch Umschichtung der einzulegenden RWE-Aktien in E:on-Aktien). Um zu verhindern, dass die besondere Differenzhaftung durch derartige Verfügungsgeschäfte ausgehebelt wird, sollte es beim Stichtag des Eingangs der Handelsregisteranmeldung verbleiben. Ungeachtet dessen, dass der Inferent unter Umständen keinen Einfluss auf Verfügungen seitens der GmbH vor Anmeldung hat, erscheint es tendenziell vorzugswürdig, für die Differenzhaftung – entgegen dem Wortlaut von § 9 – auf den Wert des bei Anmeldung im Gesellschaftsvermögen befindlichen Gegenstands und damit auf den **Wert des Surrogats** (ggf. auch des Surrogats des Surrogats) abzustellen (zur Versicherung i.S.v. § 57 Abs. 2 in diesem Fall siehe § 57 Rn. 8). Die Aufgabe des Erfordernisses der wertgleichen Deckung[9] steht dem nicht entgegen.

! Zum Schutz vor einer unerwarteten Dimension der Differenzhaftung nach § 9 i.V.m. § 56 Abs. 2 sollte der Inferent sicherstellen, dass die Kapitalerhöhung zum einen möglichst zeitnah angemeldet wird und zum anderen eine Verfügung über den Sacheinlagegegenstand bis zur Anmeldung unterbleibt.[10]

3. Mindesteinlage in Fällen des § 19 Abs. 4 und 5

6 Im Hinblick auf die *vor* Anmeldung zu erbringende Einlage (§ 56a i.V.m. § 7 Abs. 2 Satz 1 bzw. Abs. 3) stellt sich bei der verdeckten Sacheinlage i.S.v. § 19 Abs. 4 (siehe § 56 Rn. 19 f.) und der **Einlagenrückzahlung i.S.v. § 19 Abs. 5** (sog. Hin- und Herzahlen, näher Rn. 13 ff.) die Frage, ob die Anwendung von § 7 Abs. 2 Satz 1 gerechtfertigt ist, d.h. eine Teileinzahlung des Erhöhungsbetrags genügt. Nach der gesetzlichen Ausgestaltung handelt es sich bei der Einlagenrückzahlung um einen Sonderfall der Barkapitalerhöhung, so dass vor Anmeldung eine **Teileinzahlung** nach § 56a i.V.m. § 7 Abs. 2 Satz 1 **ausreichend** ist. Bei der **verdeckten Sacheinlage** liegt formal ebenfalls eine Barkapitalerhöhung vor, auch wenn bei wirtschaftlicher Betrachtung Sachvermögenswerte ins Gesellschaftsvermögen überführt werden. Nach dem klaren Wortlaut von § 7 Abs. 2 Satz 1 und Abs. 3 gilt das Volleinzahlungserfordernis nur dann, wenn „Sacheinlagen [wirksam] vereinbart", d.h. im Erhöhungsbeschluss und der Übernahmevereinbarung ordnungsgemäß festgesetzt sind. Folglich ist bei der verdeckten Sacheinlage, die sich als Barkapitalerhöhung darstellt, **auf jeden Geschäftsanteil** ebenfalls nur **mindestens ein Viertel des Nennbetrags** einzuzahlen. Der wesentliche Unterschied zur Einlagenrückzahlung i.S.v. § 19 Abs. 5 liegt freilich darin, dass die ordnungsgemäße Anmeldung einer verdeckten Sacheinlage von vornherein ausscheidet (vgl. § 19 Abs. 4 Satz 1). Entdeckt das Gericht die verdeckte Sacheinlage vor Eintragung, hat es die Eintragung wegen Nichtbeachtung der Sacherhöhungsvorschriften abzulehnen. Mit Eintragung findet eine Anrechnung nach § 19 Abs. 4 Satz 3 statt. Sofern danach die Einlageschuld jeweils mindes-

---

7 Baumbach/*Hueck/Fastrich*, § 9 Rn. 9, § 11 Rn. 24 ff.; a.A. Michalski/*Tebben*, § 9 Rn. 21 m.w.N. (keine Haftung aller Gründer, wenn Unterbilanz bei Eintragung nur auf Unterbewertung im Zeitpunkt der Anmeldung beruht).
8 So aber Roth/Altmeppen/*Roth*, § 56a Rn. 13 (Arg: Verfügung als Zäsur).
9 BGH NJW 2002, 1716, 1717 = BGHZ 150, 197.
10 Freilich verzichtet der Inferent dadurch auch auf die Chance einer Wertsteigerung bis zur Anmeldung. In aller Regel dürfte die GmbH, vertreten durch den Geschäftsführer, aber auf die Werthaltigkeit des Sacheinlagegegenstands im Einbringungszeitpunkt achten, so dass der Inferent von einer etwaigen Wertsteigerung nicht profitieren würde.

tens in Höhe eines Viertels des Nennbetrags des jeweiligen Geschäftsanteils getilgt ist, kann die Resteinlage nur nach allgemeinen Grundsätzen eingefordert werden.

II. Voraussetzungen der befreienden Leistungserbringung

In § 7 i.V.m. § 56a ist zum einen die Mindesteinlageleistung vor Anmeldung geregelt. Von entscheidender Bedeutung ist ferner, unter welchen Voraussetzungen die Einlagepflicht des Gesellschafters erlischt. Die diesbezüglichen Vorschriften des allgemeinen Zivilrechts (Erfüllung, §§ 362 Abs. 1, 364 BGB; Hinterlegung, § 378 BGB; Aufrechnung, § 389 BGB; Erlass, § 397 Abs. 1 BGB) finden im Interesse der **realen Kapitalaufbringung** nicht uneingeschränkt Anwendung (unter anderem kein Erlass, § 19 Abs. 2 Satz 1; grundsätzlich keine Aufrechnung durch den Inferenten, § 19 Abs. 2 Satz 2; zur Leistung an Erfüllungs statt, § 364 Abs. 1 BGB, siehe § 56 Rn. 5; „endgültig in der freien Verfügung" § 57 Abs. 2).[11] 7

1. Effektiver Mittelzufluss

Der Gegenstand der Einlageverbindlichkeit ist derart zu leisten, dass er sich **endgültig** in der **freien Verfügung** der Gesellschaft befindet (§ 57 Abs. 2 Satz 1 sowie § 56a i.V.m. § 7 Abs. 3). Der Geschäftsführer der Gesellschaft muss über den Einlagegegenstand verfügen können. Der Übertragungsakt darf grundsätzlich auch nicht unter einer Bedingung stehen[12] (zum Sonderfall der Eintragung der Kapitalerhöhung als Bedingung siehe unten Rn. 12). Für die Befreiung von der Einlagepflicht (§ 362 Abs. 1 BGB) gilt das zu § 19 Gesagte entsprechend (vgl. § 19 Rn. 22 ff.). Insoweit kommt es auf den Leistungszeitpunkt nicht an. Erfolgt die Leistungserbringung entgegen § 56a i.V.m. § 7 Abs. 2 Satz 1 erst nach der Anmeldung oder nach der Eintragung, wird der Gesellschafter gleichwohl von seiner Einlagepflicht frei. Zu den Folgen einer falschen Versicherung i.S.v. § 57 Abs. 2 Satz 1 siehe § 57 Rn. 16 ff. Eine Einlageleistung mit befreiender Wirkung ist grundsätzlich **erst nach dem Kapitalerhöhungsbeschluss** als der maßgeblichen Zäsur möglich.[13] 8

! Hierauf hat der Notar die Beteiligten nach Ansicht des BGH regelmäßig unmissverständlich hinzuweisen und ggf. über die Voraussetzungen einer Zahlung auf künftige Einlagenschuld aufklären.[14]

Zur Frage der Vorausleistung im Hinblick auf einen künftigen Kapitalerhöhungsbeschluss siehe Rn. 45 ff. Mit dem Erfordernis endgültiger und freier Verfügbarkeit unvereinbar ist nach ganz h.M. eine Leistung des Einlagegegenstands **unmittelbar an einen Gesellschaftsgläubiger**, selbst wenn sie auf Weisung des Geschäftsführers erfolgt ist (Unanwendbarkeit von § 362 Abs. 2 BGB, vgl. § 36 Abs. 2 i.V.m. § 188 Abs. 2 Satz 1, § 54 Abs. 3 AktG), da auf diese Weise die Vollwertigkeitsprüfung durch das Registergericht entgegen dem gesetzlichen Konzept erschwert wird (Prüfung von Liquidität, Fälligkeit und Vollwertigkeit der gegen die GmbH gerichteten Gläubigerforderung notwendig).[15] Im Hinblick auf die Leistung der Resteinlage kann einer Zahlung unmittelbar an den Gesellschaftsgläubiger Tilgungswirkung zukommen, sofern dessen Anspruch vollwertig, fällig und liquide ist, da insoweit eine Vollwertigkeitsprüfung durch das Registergericht ohnehin nicht stattfindet.[16] Stets **unschädlich** ist es, wenn die **Mittelverwendung** bereits innergesellschaftlich bzw. nach außen (z.B. aufgrund bestehender schuldrechtlicher Verpflichtung) **feststeht**, sofern

---

11 Michalski/*Hermanns*, § 56a Rn. 3 f.; *Roth*, ZHR 167 (2003), 89, 92.
12 Baumbach/Hueck/*Zöllner*, § 56a Rn. 4; näher: *Mülbert*, ZHR 154 (1990), 145.
13 BGH NJW 2007, 515 Tz. 13 = BGHZ 168, 201; *Kort*, DStR 2002, 1223, 1227.
14 BGH DNotZ 2008, 841 Tz. 15 = NZG 2008, 512.
15 BGH NJW 1992, 3300, 3303 = BGHZ 119, 177 (zur AG); MünchKommGmbHG/*Lieder*, § 56a Rn. 18 m.w.N.
16 OLG Oldenburg GmbHR 2008, 1270, 1272; OLG Hamm BB 2000, 319; MünchKommGmbHG/*Lieder*, § 56a Rn. 18; Scholz/*Priester*, § 56a Rn. 14, jew. m.w.N.; a.A. *Bayer*, GmbHR 2004, 445, 454.

diese Absprache der Erreichung bestimmter gesellschaftlicher Ziele dient und keinen (auch nur mittelbaren) Rückfluss an den Inferenten bezweckt.[17]

9 Fließt die Bareinlage infolge einer Vereinbarung mit der Gesellschaft unmittelbar oder mittelbar **an den Inferenten zurück** (personelle Identität nicht erforderlich, Rückfluss an vom Inferenten beherrschtes[18] oder herrschendes[19] Unternehmen genügt), z.B. in Erfüllung eines Austauschgeschäfts, Darlehensvertrags (insbesondere im Cash-Pool), einer Treuhandabrede etc., scheidet eine befreiende Wirkung seit Inkrafttreten des MoMiG nicht mehr generell aus. Vielmehr kommt es auf die Werthaltigkeit (und ggf. Liquidität) des der Gesellschaft (endgültig und zur freien Verfügung) verbleibenden Vermögensgegenstands an. Insoweit ist danach zu unterscheiden, ob sich der Vorgang als verdeckte Sacheinlage i.S.v. § 19 Abs. 4 darstellt (Anrechnungsmodell, vgl. § 56 Rn. 19 f.) oder als (subsidiäre) Einlagenrückzahlung i.S.v. § 19 Abs. 5 (Alles-oder-nichts-Prinzip, näher Rn. 13 ff.).

10 Bei der Einzahlung auf ein **debitorisches Bankkonto** der Gesellschaft liegt nach neuerer Rechtsprechung des BGH eine wirksame Einlageleistung dann vor, wenn die (ggf. auch nur konkludent eingeräumte)[20] **Kreditlinie vor Einzahlung nicht überzogen** war, sodass über die eingezahlten Mittel frei verfügt werden kann (Steigerung der Liquidität, siehe § 7 Rn. 20).[21] Die bloße tatsächliche Duldung der Überziehung genügt hingegen mangels rechtlicher Verfügungsmacht der GmbH über die zugeflossenen Geldmittel nicht (str.).[22] Die Zahlung auf ein **Konto des Geschäftsführers** ist anders als im Gründungsstadium nicht zulässig (vgl. § 188 Abs. 2 Satz 2 AktG).[23] Hatte der Übernehmer im Zeitpunkt der Einlageleistung noch **weitere gleichartige Verbindlichkeiten** bei der Gesellschaft (relevant insbesondere bei Geldschulden), ist auf eine dokumentierte **Zweckbestimmung** zu achten, welche die Leistung mit der Einlageschuld verknüpft (§ 366 Abs. 1 BGB).[24] Vgl. im Übrigen die Ausführungen zur Einlageleistung bei Gründung (siehe § 7 Rn. 18 ff.).

2. Kein Erfordernis der Einlagenerhaltung bis zur Eintragung

11 Eine ordnungsgemäße Anmeldung i.S.v. § 57 Abs. 2 setzt nicht voraus, dass die erbrachte **Geldeinlage** (bzw. ein wertgleiches Surrogat) im Anmeldungs- bzw. im Eintragungszeitpunkt noch im Gesellschaftsvermögen vorhanden ist.[25] Vielmehr dürfen die Geschäftsführer ab Zufluss der Mittel über diese im Rahmen der allgemeinen Geschäftstätigkeit verfügen.[26] Eine Vorbelastungs- bzw. Differenzhaftung der Gesellschafter vergleichbar dem Gründungsstadium (siehe § 9 Rn. 2 ff.) existiert bei der Kapitalerhöhung nicht, da eine ordnungsgemäß errichtete und mit Kapital ausgestattete GmbH, die ihre Geschäftstätigkeit bereits aufgenommen hat und mit ihrem Vermögen am Markt wirtschaftet, bereits vorhanden ist. Eine Trennung der Erhöhungseinlagen vom übrigen Vermögen ist nicht praktikabel und auch nicht im Gläubigerinteresse geboten.[27] Hiervon unberührt bleibt die (besondere) Differenzhaftung bei der Sacherhöhung gem. § 9 i.V.m. § 56 Abs. 2, für welche es bei Verfügungen vor Anmeldung auf die Werthaltigkeit des Surrogats im Anmeldezeitpunkt ankommt (str., siehe Rn. 5).

17 BGH NJW 2007, 3285, 3286; BGH NJW 2003, 825 = BGHZ 153, 107; Baumbach/Hueck/*Zöllner*, § 57 Rn. 12.
18 BGH NJW 2007, 765, 766 f. = BGHZ 170, 47; BGH NJW 2003, 3127 = BGHZ 153, 107; *Bayer*, GmbHR 2004, 445, 454 f.
19 BGH NJW 1980, 982 = BGHZ 110, 47; *Bayer*, GmbHR 2004, 445, 454 f.
20 BGH NZG 2005, 180, 181; OLG Oldenburg GmbHR 2008, 1270, 1271; *Wicke*, § 56a Rn. 4.
21 BGH NJW 2002, 1716 = BGHZ 150, 197; NJW 1991, 226, 227.
22 OLG Oldenburg GmbHR 2008, 1270, 1272; OLG Dresden GmbHR 1999, 1035, 1036; Spindler, ZGR 1997, 537, 546 f.; a.A. OLG Hamm GmbHR 1992, 750, 751; *Priester*, DB 1987, 1473, 1474 f.
23 H.M., vgl. Scholz/*Priester*, § 56a Rn. 7 m.w.N.
24 Vgl. OLG Köln, NZG 2001, 1042; näher hierzu Scholz/*Priester*, § 56a Rn. 9, auch zur Maßgeblichkeit der Sicht des Geschäftsführers als Zahlungsempfänger.
25 BGH NJW 2002, 1716, 1717 = BGHZ 150, 197; NZG 2005, 180, 181; *Roth*, ZHR 167 (2003), 89, 98 ff.; anders noch *Ulmer*, GmbHR 1993, 189, 195.
26 Baumbach/Hueck/*Zöllner*, § 57 Rn. 12.
27 BGH NJW 2002, 1716, 1717 = BGHZ 150, 197. Ausführlich hierzu: Roth/Altmeppen/*Roth*, § 56a Rn. 6 ff. m.w.N., der allerdings dann eine Ausnahme machen will, wenn im Zeitpunkt der gerichtlichen Prüfung das gesamte Aktivvermögen der GmbH nicht einmal mehr den Erhöhungsbetrag deckt.

3. Bedingte Leistung (Vorleistungsrisiko)

Da die neuen Geschäftsanteile erst mit Eintragung der Kapitalerhöhung entstehen, geht der Inferent durch Leistungserbringung vor diesem Zeitpunkt ein **Vorleistungsrisiko** ein. Bei Scheitern der Kapitalerhöhung und Insolvenz der GmbH (zum Lösungsrecht des Inferenten vor Leistungserbringung bei Insolvenz der GmbH siehe § 55 Rn. 9) steht ihm nur eine **einfache Insolvenzforderung** zu.[28] Daher liegt es nahe, die Einlage – soweit rechtlich zulässig (vgl. § 925 Abs. 2 BGB) – jedenfalls in kritischen Situationen aufschiebend bedingt auf die Eintragung bzw. auflösend bedingt auf das Scheitern der Eintragung der Kapitalerhöhung zu erbringen oder an einen Treuhänder zu leisten. Dieses Vorgehen wird zwar teilweise für unzulässig gehalten, da es bei bedingter Leistung an der freien Verfügbarkeit i.S.v. § 57 Abs. 2 fehle.[29] Sofern aber gewährleistet ist, dass der Inferent bis zur Eintragung nicht mehr einseitig auf den Einlagegegenstand zugreifen kann, ist nicht ersichtlich, inwiefern der Normzweck des Gebots der Leistung endgültig zur freien Verfügung, die Sicherung der realen Kapitalaufbringung, gefährdet ist. Daher ist eine **im vorstehenden Sinne bedingte Leistung mit § 57 Abs. 2 Satz 1 vereinbar.**[30] 12

! Zumindest in Krisensituationen empfiehlt es sich, die Einlagenleistung – soweit rechtlich zulässig (vgl. § 925 Abs. 2 BGB) – aufschiebend bedingt für den Fall der erfolgreichen Durchführung der Kapitalerhöhung (bzw. auflösend bedingt für den Fall des Scheiterns der Eintragung) zu erbringen.

III. Einlagenrückzahlung (sog. „Hin- und Herzahlen, § 56a i.V.m. § 19 Abs. 5)

1. Erscheinungsformen; Behandlung vor MoMiG

Die Einlagenrückzahlung i.S.v. § 19 Abs. 5 i.V.m. § 56a ist dadurch gekennzeichnet, dass die Geldeinlage des Inferenten entweder absprachegemäß z.B. als Darlehen an ihn zurückfließt **(Hin- und Herzahlen)**[31] oder sie von vornherein mit Mitteln erbracht wird, die ihm zuvor von der GmbH „darlehensweise" zur Verfügung gestellt wurden **(Her- und Hinzahlen)**.[32] Eine Umgehung der Sondervorschriften für Sacheinlagen steht demgegenüber nicht im Raum, da die Forderung gegen Inferenten nicht sacheinlagefähig ist. Vor Inkrafttreten des MoMiG kam eine Tilgung der Einlageschuld nach Ansicht des BGH nicht in Betracht,[33] im Falle des Hin- und Herzahlens im engeren Sinne, weil es infolge des vereinbarten Mittelrückflusses an einer Leistung zur freien Verfügung der Geschäftsführer i.S.v. § 8 Abs. 2 Satz 1 fehlte,[34] im Falle des Her- und Hinzahlens, da es sich bei wirtschaftlicher Betrachtung um eine verbotene Befreiung von der Einlageschuld i.S.v. § 19 Abs. 2 Satz 1 handelte (verdeckte Finanzierung). Vielmehr waren die Zahlungsströme bei wirtschaftlicher Betrachtung als einheitlicher, sich selbst neutralisierender Vorgang (*nullum*) anzusehen, bei welchem der Inferent unter dem Gesichtspunkt der Kapitalaufbringung nichts leistet und die GmbH nichts erhält.[35] 13

---

28 Scholz/*Priester*, § 55 Rn. 91.
29 So u.a. Scholz/*H. Winter/Veil*, § 7 Rn. 39.
30 *Lutter*, in: FS Heinsius, 1991, S. 497, 509 ff.; MünchKommGmbHG/*Lieder*, § 56a Rn. 80; Scholz/*Priester*, § 56a Rn. 43.
31 BGH NJW 2003, 825 m.w.N.
32 BGH NJW-RR 2006, 1630, 1631 Tz. 11 f.
33 Zudem drohten eine zivilrechtliche Haftung nach § § 9a, 9b und § 43 Abs. 2 GmbHG (Innenhaftung), § 823 Abs. 2 BGB i.V.m. § 82 Abs. 1 Nr. 1 bzw. Nr. 3 GmbHG (Außenhaftung) sowie die Strafbarkeit nach § 82 Abs. 1 Nr. 1 bzw. Nr. 3 GmbHG wegen falscher Versicherung.
34 BGH NJW 2003, 825; NJW 2001, 3781, 3782.
35 BGH NJW-RR 2006, 1630, 1631 Tz. 11 f.; NJW 2003, 825.

2. Erfüllungslösung nach § 19 Abs. 5; Anwendungsbereich

14 In Abweichung von der Regelung zur verdeckten Sacheinlage wurde die absprachegemäße[36] darlehensweise Rückzahlung der Bareinlage an den Gesellschafter bzw. die verdeckte Finanzierung der Bareinlage durch vorherige Gewährung eines Darlehens an den Inferenten bereits dem Grunde nach in § 19 Abs. 5 **legalisiert**. Ausschlaggebendes Motiv für die Einführung der Sondervorschrift in § 19 Abs. 5 war der Wille zur Ermöglichung des sog. Cash-Poolings.[37] Obwohl der Einlageanspruch im Ergebnis lediglich durch eine „schwächere" schuldrechtliche Forderung (§ 21; keine Haftung des Rechtsvorgängers, § 22, und des Rechtsnachfolgers, § 16 Abs. 2; keine subsidiäre Haftung der anderen Gesellschafter, § 24; keine Kaduzierungsmöglichkeit, gegenüber § 19 Abs. 2 Satz 2 erleichterte Aufrechnungsmöglichkeit) ersetzt wird,[38] d.h. der Gesellschafter – anders als bei der verdeckten Sacheinlage[39] – über die bereits übernommene bloße Verpflichtung zur Erbringung der Geldeinlage hinaus effektiv nichts leistet, soll eine die Einlageschuld tilgende Leistung „endgültig zur freien Verfügung der Geschäftsführer" vorliegen, sofern die Kautelen von § 19 Abs. 5 beachtet werden (näher Rn. 16 ff.). Im Gegensatz zur Anrechnungslösung gem. § 19 Abs. 4 Satz 3 gilt allerdings ein **strenges Alles-oder-nichts-Prinzip** („… nur dann, wenn …"). Bei Vollwertigkeit und Liquidität der Forderung erlischt die Einlageforderung, ansonsten bleibt sie in voller Höhe bestehen. In dieser Hinsicht ist die subsidiäre Vorschrift des § 19 Abs. 5 strenger als § 19 Abs. 4.

15 Da es sich bei der Einlagenrückzahlung nach § 19 Abs. 5 dogmatisch um einen Spezialfall der Geldeinlage handelt, ist § 19 Abs. 5 als allgemeine Vorschrift betreffend die Barkapitalaufbringung auch bei Verwendung des **Musterprotokolls i.S.v. § 2 Abs. 1a** anzuwenden, zumal keine Änderung des Texts des Musterprotokolls erforderlich ist.[40] Gleiches muss auch für die **Unternehmergesellschaft** (haftungsbeschränkt) gelten.[41] Letzteres wird allerdings mitunter bestritten.[42] Freilich ist die praktische Relevanz der letztgenannten Streitfrage angesichts des typischerweise geringen Stammkapitals der UG (haftungsbeschränkt) gering. Siehe hierzu bereits § 55 Rn. 47. Die Neuregelung in § 19 Abs. 5 findet grundsätzlich ebenfalls auf **Altfälle** Anwendung (Rückwirkungsanordnung in § 3 Abs. 4 EGGmbHG), doch wird es insoweit in aller Regel an der von der Rechtsprechung als Tilgungsvoraussetzung qualifizierten Offenlegung i.S.v. § 19 Abs. 5 Satz 2 fehlen (näher Rn. 23). Ein Sonderrecht für die **GmbH & Co. KG** ist auch unter Geltung von § 19 Abs. 5 nicht anzuerkennen,[43] sodass die Stammeinlage der Komplementär-GmbH unter Beachtung der in § 19 Abs. 5 normierten Kautelen (auch) der (beteiligungsidentischen) KG zur Verfügung gestellt werden kann.[44] Die Subsidiarität der Einlagenrückzahlung i.S.v. § 19 Abs. 5 ist vor allem bei einem bestehenden **Cash-Pool** von Bedeutung, da die Anwendung von § 19 Abs. 4 oder 5 davon abhängig ist, ob die Gesellschaft einen positiven oder negativen Saldo im Cash-Pool hat.[45]

---

36 Richtigerweise muss die Absprache vor bzw. spätestens im Zeitpunkt der Leistung der Geldeinlage getroffen werden.

37 RegBegr., BT-Drucks. 16/6140, S. 34 f. Gleiches gilt für § 30 Abs. 1 Satz 2 Var. 2.

38 Vgl. RegBegr., BT-Drucks. 16/6140, S. 35 li. Sp. Mitte. Eine (analoge) Anwendung der die Einlageforderung schützenden Vorschriften der § § 16 Abs. 2, 19 Abs. 2, 21-14 GmbHG dürfte damit kaum vereinbar sein (so auch die h.M., vgl. Lutter/Hommelhoff/*Bayer*, § 19 Rn. 89; Roth/Altmeppen/*Roth*, § 19 Rn. 108, der allerdings § 19 Abs. 2 GmbHG für anwendbar hält, jew. m.w.N.; a.A. *Wicke*, § 19 Rn. 37 m.w.N.).

39 Dort wird der Sachwert endgültig in das Gesellschaftsvermögen überführt.

40 Vgl. *Herrler/König*, DStR 2010, 2138, 2142 m.w.N.

41 Roth/Altmeppen/*Roth*, § 5a Rn. 22 m.w.N.

42 *Wicke*, § 5a Rn. 7 m.w.N.

43 Vgl. BGH NJW-RR 2008, 480 = BGHZ 174, 370 m.w.N. zur Rechtslage vor Inkrafttreten des MoMiG.

44 Vgl. *Herrler*, GmbHR 2010, 785, 792. Im Ergebnis ebenso (jedoch ohne größere Problematisierung): LG Erfurt DZWIR 2010, 525 = BeckRS 2010, 29372; Lutter/Hommelhoff/*Bayer*, § 19 Rn. 87; Ulmer/Habersack/Winter/*Casper*, § 19 Rn. 103; *Sirchich von Kis-Sira*, in: Gehrlein/Ekkenga/Simon, GmbHG, 2012, § 19 Rn. 79 f.; a.A. *Krafka/Willer/Kühn*, Registerrecht, Rn. 805 unter Bezugnahme auf die BGH-Rechtsprechung zur Rechtslage vor dem MoMiG, allerdings ohne Erwähnung der gesetzlichen Neuregelung in § 19 Abs. 5 GmbHG.

45 Näher hierzu *Maier-Reimer/Wenzel*, ZIP 2008, 1449, 1454 sowie MünchKommGmbHG/*Lieder*, § 56a Rn. 63 ff.

3. Tilgungsvoraussetzungen

a) Vollwertigkeit, Fälligkeit und Liquidität (§ 19 Abs. 5 Satz 1)

Eine Einlagenrückzahlung i.S.v. § 19 Abs. 5 ist nur dann nicht tilgungsschädlich, wenn diese durch einen vollwertigen Rückgewähranspruch gedeckt ist, der jederzeit fällig ist oder durch fristlose Kündigung durch die Gesellschaft fällig werden kann. Der Rückgewähranspruch ist vollwertig, wenn er bilanziell in voller Höhe aktivierungsfähig ist (näher § 19 Rn. 63). Ein Besicherungserfordernis besteht nach allgemeinen Bilanzierungsgrundsätzen nicht.[46] Allerdings kann eine mangelnde Bonität des Inferenten durch Stellung werthaltiger Sicherheiten kompensiert werden. Letzteres setzt freilich voraus, dass die Sicherheiten selbst den weiteren Anforderungen von § 19 Abs. 5 Satz 1 entsprechen, insbesondere jederzeit voraussetzungslos und fristlos kündbar sind, was z.B. bei Sicherungsgrundschulden aufgrund der zwingenden 6-monatigen Kündigungsfrist gem. § 1193 Abs. 2 Satz 2 BGB nicht der Fall ist.[47] 16

Ob eine **Verzinsung** der ausstehenden Forderung der GmbH geboten ist, wird uneinheitlich beurteilt. Teilweise wird diese Frage unter Verweis auf das Erfordernis der jederzeitigen Abrufbarkeit der Forderung und der daher fehlenden Grundlage für eine Diskontierung des Rückzahlungsanspruchs verneint.[48] Denn nach allgemeinen Bilanzierungsgrundsätzen könne eine Abzinsung einer unverzinslichen Forderung auf den Barwert bei kurzer Restlaufzeit (drei – zwölf Monate, Details streitig) aus Vereinfachungsgründen unterbleiben.[49] Richtigerweise kann aber auf eine marktübliche Verzinsung nicht verzichtet werden.[50] Dies folgt bereits aus dem **Deckungsgebot**, wonach der Rückzahlungsanspruch nicht nur bilanziell vollwertig sein, sondern den geleisteten Gegenstand auch nach Marktwerten decken muss (vgl. § 19 Abs. 5 Satz 1: „gedeckt“).[51] Anderenfalls könnte der Nutzwert des Kapitals der Gesellschaft ohne angemessene Gegenleistung entzogen werden, was mit der Zielsetzung einer realen Kapitalaufbringung nicht vereinbar wäre. Praktikabilitätserwägungen müssen insoweit hintanstehen. Die Vereinbarung des marktüblichen Zinssatzes ist aus Sicht des Geschäftsführers ohnehin unverzichtbar, da ihm ansonsten Schadensersatzansprüche nach § 43 Abs. 2 drohen. Bei Bestimmung des marktgerechten Zinssatzes sollte den Vertragsparteien jedoch zwecks Vermeidung unbilliger Härten (Alles-oder-Nichts-Prinzip) ein **gewisser Spielraum** zugestanden werden. Dies erscheint auch deshalb geboten, weil der „Marktzins“ nur dann zuverlässig feststellbar ist, wenn der Zahlungsempfänger zeitnah Kredite von fremden Dritten mit vergleichbaren Parametern („jederzeit voraussetzungslos und fristlos durch Kreditgeber fälligstellbar“) aufgenommen hat, was kaum je der Fall sein dürfte.[52] 17

---

46 Ganz h.M., vgl. Baumbach/Hueck/*Hueck/Fastrich*, § 19 Rn. 77; MünchKommGmbHG/*Märtens*, § 19 Rn. 305; Roth/Altmeppen/*Roth*, § 19 Rn. 104; Henssler/Strohn/*Verse*, § 19 GmbHG Rn. 81; *Wicke*, § 19 Rn. 32a; ebenso RegBegr., BT-Drucks. 16/6140, S. 35 li. Sp. oben „bilanzielle Betrachtungsweise“ (zu § 8 Abs. 2 Satz 2 GmbHG-RegE, der „Vorgängervorschrift“ zu § 19 Abs. 5); wohl auch BGH NJW 2009, 850, 851 Tz. 11 f = BGHZ 179, 71 – MPS.

47 *Benz*, Verdeckte Sacheinlage und Einlagenrückzahlung, 2010, S. 344 f.; *Herrler*, DStR 2011, 2255, 2259.

48 *Drygala/Kremer*, ZIP 2007, 1289, 1293; *Gehrlein*, Der Konzern 2007, 771, 785; *Grigoleit/Rieder*, GmbH-Recht nach dem MoMiG, 2009, Rn. 200; *Kiefner/Theusinger*, NZG 2008, 801, 804; Roth/Altmeppen/*Roth*. § 19 Rn. 104; *Schall*, ZGR 2009, 126, 141 Fn. 56.

49 Vgl. Ebenroth/Boujong/Joost/Strohn/*Wiedmann*, HGB, 2. Aufl 2008, § 253 Rn. 105 m.w.N.; s aber zur Abzinsung eines Darlehens auch ohne feste Laufzeit mit jederzeitiger Kündigungsmöglichkeit gem. § 6 Abs. 1 Nr. 3 Satz 1 EStG: BFH DStR 2009, 2587.

50 *Benz*, Verdeckte Sacheinlage und Einlagenrückzahlung, S. 346 f.; *Heinze*, GmbHR 2008, 1065, 1071; *Herrler*, DStR 2011, 2255, 2259; *Lieder*, GmbHR 2009, 1177, 1182; MünchKommGmbHG/*Märtens*, § 19 Rn. 306; *Spliedt*, ZIP 2009, 149, 150; Scholz/*Veil*, § 19 Rn. 68; Henssler/Strohn/*Verse*, § 19 GmbHG Rn. 83; *Wicke*, § 19 Rn. 32a; *Wirsch*, Der Konzern 2009, 443, 449; *Kupjetz/Peter*, GmbHR 2012, 498, 503. Für den Spezialfall des *Cash Pools* wird teilweise eine Verzinsung für entbehrlich gehalten, wenn die beteiligten Gesellschaften (aus ex ante Sicht) auf Basis der Gegenseitigkeit wechselseitig partizipieren (Details aber streitig), vgl. MünchKommAktG/*Bayer*, 3. Aufl. 2008, § 57 Rn. 103; Roth/Altmeppen/*Roth*, § 19 Rn. 104. *Lieder*, GmbHR 2009, 1177, 1182 (lediglich entfernte Möglichkeit, im Ernstfall auf den *Cash Pool* zugreifen zu können, nicht ausreichend).

51 Vgl. RegBegr., BT-Drucks. 16/6140, S. 41 (zu § 30 Abs. 1 Satz 2 GmbHG); Henssler/Strohn/*Verse*, § 19 GmbHG Rn. 83.

52 *Herrler*, DStR 2011, 2255, 2259 m.w.N.

18 Was die von § 19 Abs. 5 Satz 1 geforderte **Fälligkeit** und Liquidität des Rückzahlungsanspruchs anbelangt („so gut wie Bargeld oder Kontoguthaben"), muss die Gesellschaft jederzeit in der Lage sein, die Geldforderung ohne weitere Voraussetzungen und ohne Einhaltung einer Kündigungsfrist abzurufen. Dies sollte im Darlehensvertrag ausdrücklich geregelt werden, da anderenfalls die dispositive gesetzliche Regelung (§ 488 Abs. 3 Satz 2 BGB) eingreift. Zusätzlich muss der Rückzahlungsanspruch frei von Einwendungen und Einreden sowie nach Grund und Höhe unstreitig sein, da anderenfalls das Niedrigstwertprinzip des § 253 Abs. 3 HGB anzuwenden wäre (**Liquidität**).[53] Der Übernehmer trägt die Darlegungs- und Beweislast für die Werthaltigkeit, Fälligkeit und die Liquidität der Forderung (vgl. § 19 Abs. 5 Satz 1: „befreit … nur dann, wenn …").

b) Maßgeblicher Zeitpunkt

19 Nach wie vor heftig umstritten ist der für die Feststellung von Vollwertigkeit und Liquidität ausschlaggebende Zeitpunkt. Teilweise wird der Zeitpunkt der Eintragung der Gesellschaft (bzw. der Kapitalerhöhung) für maßgeblich gehalten.[54] Dies überzeugt nicht, weil der Inferent dann das Risiko eines Wertverlustes wegen registerverfahrensrechtlicher Verzögerung der Eintragung zu tragen hätte. Hinzu kommt, dass sich die eingereichten Unterlagen notwendig auf einen früheren Stichtag beziehen. Teilweise wird auf die Begründung des Rückzahlungsanspruchs durch Rückgewähr der Geldeinlage (vgl. § 488 Abs. 1 Satz 2 BGB) abgestellt. Eine spätere, noch vor Anmeldung eintretende (positive oder negative) Veränderung wäre für die Zwecke des § 19 Abs. 5 dann irrelevant.[55] In Konsequenz der h.M. zur Qualifizierung des Offenlegungserfordernisses i.S.v. § 19 Abs. 5 Satz 2 als Erfüllungsvoraussetzung (vgl. Rn. 21 f.) liegt es jedoch nahe, den **Eingang der Handelsregisteranmeldung** (samt Offenlegung) **bei Gericht** als entscheidenden Zeitpunkt für die Werthaltigkeit und Liquidität des Rückzahlungsanspruchs anzusehen, sofern Letzterer nicht erst später begründet wird.[56] Denn die Tilgungswirkung der Geldeinlage kann danach bei verabredeter Einlagenrückzahlung erst mit der Offenlegung eintreten. Unabhängig von dieser Erwägung erscheint es aber letztlich – auch in Anbetracht des Alles-oder-Nichts-Prinzips – im Interesse der Sicherung der realen Kapitalaufbringung vorzugswürdig, dem Inferenten das Risiko eines Wertverlustes des Rückzahlungsanspruchs zwischen dessen Entstehung und der Anmeldung aufzubürden. Eine Vergemeinschaftung des Bonitätsrisikos des Inferenten (und zugleich Empfängers der Zahlung) vor diesem Zeitpunkt erschiene auch mit Blick auf die Stichtagsregelung bei der Sacheinlage (vgl. § 9 Abs. 1)[57] unangemessen.

c) Notwendig gegenläufiger Zahlungsstrom?

20 Ungeachtet dessen, dass im wirtschaftlichen Ergebnis die korporationsrechtliche Einlagenforderung lediglich gegen einen einfachen schuldrechtlichen Zahlungsanspruch ausgetauscht wird, steht die wohl überwiegende Auffassung in der Literatur unter Hinweis auf den Wortlaut von § 19 Abs. 5 Satz 1 sowie auf die Gesetzesbegründung auf dem Standpunkt, dass eine Einlagenrückzahlung stets tilgungsschädlich ist, wenn es an einem tatsächlichen Zahlungsstrom vom Inferenten zur Gesellschaft und wieder zurück (oder umgekehrt) fehlt.[58] Dies überzeugt nicht. Der Wortlaut von

---

53 Lutter/Hommelhoff/*Bayer*, § 19 Rn. 95; *Herrler*, DB 2008, 2347, 2348; MünchKommGmbHG/*Märtens*, § 19 Rn. 310 f.; *Ulmer*, ZIP 2008, 45; Henssler/Strohn/*Verse*, § 19 GmbHG Rn. 84.

54 *Büchel*, GmbHR 2007, 1065, 1067.

55 Lutter/Hommelhoff/*Bayer*, § 19 Rn. 95; *ders.* – trotz Zugrundelegung des Offenlegungserfordernisses als Erfüllungsvoraussetzung-, in: Schmidt/Lutter, AktG, 2. Aufl. 2010, § 27 Rn. 372; *Bormann*, GmbHR 2007, 897, 902; *Gehrlein*, Der Konzern 2007, 771, 782; *Heinze*, GmbHR 2008, 1065, 1070; Baumbach/Hueck/*Hueck/Fastrich*, § 19 Rn. 79; *Arnold*, in: KölnKommAktG, 3. Aufl. 2008; § 27 Rn. 142; so (noch) *Herrler*, DB 2008, 2347, 2349.

56 *Benz*, Verdeckte Sacheinlage und Einlagenrückzahlung, S. 349 f.; *Herrler*, DStR 2011, 2255, 2259 f. m.w.N.; *Markwardt*, BB 2008, 2414, 2420; *Pentz*, GmbHR 2009, 505, 511; *Schluck-Amend/Penke*, DStR 2009, 1433, 1436; Henssler/Strohn/*Verse*, § 19 GmbHG Rn. 82.

57 Dort greift freilich nur eine Differenzhaftung.

58 *Bormann/Urlichs*, GmbHR-Sonderheft MoMiG, S. 37, 43; Baumbach/Hueck/*Hueck/Fastrich*, GmbHG, § 19 Rn. 19, 73; *Illhardt*, DZWIR 2011, 524, 525 (unter Verweis auf Wortlaut sowie Gläubigerschutzerwägungen); MünchKommGmbHG/*Märtens*, § 19 Rn. 288 f.; BeckOK-*Ziemons*, GmbHG, Stand 1.5.2011, § 19 Rn. 235; wohl auch *Kupjetz/Peter*, GmbHR 2012, 498, 503; zweifelnd *Bartels*, in: Bork/Schäfer, GmbHG, 1. Aufl. 2010, § 19 Rn. 36; *Verse*, in: Henssler/Strohn, § 19 GmbHG Rn. 80.

§ 19 Abs. 5 Satz 1 („*eine Leistung an den Gesellschafter [...]*, „die *wirtschaftlich einer Rückzahlung der Einlage entspricht*") ist insoweit im besten Fall unergiebig. Die Gesetzesbegründung liefert zwar zugegebenermaßen gewisse Anhaltspunkte für das Erfordernis tatsächlicher Zahlungsströme („wieder auszahlen", „wieder an den Inferenten zurückfließt"),[59] doch dürfte es sich hierbei eher um eine typisierende Beschreibung als um die Normierung tatsächlicher Zahlungsströme als konstitutive Tilgungsvoraussetzung handeln. Mit Blick auf den Normzweck ist vielmehr der (fehlende) Mehrwert eines tatsächlichen Zahlungsflusses für die Zwecke des Schutzes der Gläubiger bzw. des Rechtsverkehrs ausschlaggebend.[60] Hält man sich die gesetzgeberische Zielsetzung der Einführung einer (weitgehend) bilanziellen Betrachtungsweise bei der Kapitalaufbringung sowie das Erfordernis der bloßen wirtschaftlichen Entsprechung der Einlagenrückzahlung vor Augen, besteht unter Wertungsgesichtspunkten kein relevanter Unterschied zwischen einem tatsächlich stattfindenden Zahlungsfluss und -rückfluss[61] und einer bloßen Verrechnung der gegenläufigen Forderungen. Schutzwürdige Gläubigerinteressen sind nicht ersichtlich. Vielmehr erweist sich die Forderung eines tatsächlichen Geldtransfers – insbesondere bei umgehender Rücküberweisung – als „gekünstelt", wie auch manche Verfechter der h.M. einräumen.[62] Wegen der Möglichkeit einer verdeckten Finanzierung durch die Gesellschaft im Wege des Her- und Hinzahlens wird durch das Erfordernis eines tatsächlichen Zahlungsstroms schließlich auch nicht mit der nötigen Zuverlässigkeit dokumentiert, dass der Inferent (ggf. nur für sehr kurze Zeit) zur Aufbringung der entsprechenden Barmittel in der Lage ist. Im Übrigen dürfte eine Finanzierung der Geldeinlage durch diejenige Bank, die auch das Konto der GmbH führt und bereits einen entsprechenden Rücküberweisungsauftrag erhalten hat, unabhängig von der Bonität des Inferenten in der Regel nicht schwer zu erlangen sein, so dass selbst in Fällen des Hin- und Herzahlens im engeren Sinne kein wirklicher Mehrwert der kurzzeitigen Fähigkeit des Inferenten zur Aufbringung der Barmittel ersichtlich ist. Im Ergebnis ist der Anwendungsbereich des § 19 Abs. 5 daher im Grundsatz auch dann eröffnet, wenn vor Einlagenleistung ein (Darlehensaus-)Zahlungsanspruch des Inferenten gegen die Gesellschaft begründet wurde und anschließend seitens der Gesellschaft[63] eine Verrechnung mit der baren Einlageleistungsverpflichtung erfolgt.[64]

d) Konstitutives Offenlegungserfordernis (§ 19 Abs. 5 Satz 2)?

Die (ggf. lediglich beabsichtigte) Offenlegung ist gem. § 19 Abs. 5 Satz 2 i.V.m. § 56a in der Han- 21
delsregisteranmeldung anzugeben (siehe § 57 Rn. 17 f.). Hierdurch soll dem Registerrichter die Prüfung der Tilgungswirkung der Geldeinlage trotz Einlagenrückzahlung ermöglicht werden. Ob es sich bei der erst aufgrund der Beschlussempfehlung des Rechtsausschusses eingefügten Offenlegungspflicht ebenfalls um eine Erfüllungsvoraussetzung handelt, geht aus den Gesetzesmaterialien nicht hervor.[65]

aa) BGH: Offenlegung als Tilgungsvoraussetzung 22

Der BGH hat seine bereits in einem *obiter dictum* in der Entscheidung Qivive[66] angedeutete Auffassung in seiner *Cash-Pool II*-Entscheidung bekräftigt, wonach die Offenlegung der Einlagenrückzahlung in der Anmeldung nach Maßgabe von § 19 Abs. 5 Satz 2 eine Voraussetzung für die Erfüllung der Einlageschuld sei.[67] Fehlt es an der Offenlegung, finden (unabhängig von einer etwaigen Werthaltigkeit, Fälligkeit und Liquidität des Rückzahlungsanspruchs) die bisherigen Rechtsprechungsre-

59 RegBegr., BT-Drucks. 16/6140, S. 34 f.
60 Denkbar wäre z.B. Vorteile im Falle einer Kontenpfändung bei der GmbHG (Hin- und Herzahlen), doch kann diese unschwer dadurch umgangen werden, dass für die Einzahlung der Bareinlage einfach ein neues Konto eröffnet wird. Im umgekehrten Fall (Her- und Hinzahlen) wäre eine Pfändung beim Inferenten möglich, doch dürften bei drohender Pfändung kaum je die Voraussetzung nach § 19 Abs. 5 GmbHG für eine nicht tilgungsschädliche Einlagenrückgewähr vorliegen.
61 Im Extremfall sofortige Zurücküberweisung der Geldeinlage nach Eingang auf dem Gesellschaftskonto.
62 Vgl. *Illhardt*, DZWIR 2011, 524, 525.
63 Eine Aufrechnung seitens des Inferenten scheidet wegen § 19 Abs. 2 Satz 2 aus.
64 Ebenso *Benz*, Verdeckte Sacheinlage und Einlagenrückzahlung, S. 308 f.; *Heinze*, GmbHR 2008, 1065, 1070.
65 Vgl. AusschussB, BT-Drucks. 16/9737, S. 56 li. Sp. Mitte.
66 BGH NJW 2009, 2375 Tz. 16 = BGHZ 180, 38– *Qivive*.
67 BGH NJW 2009, 3091 Tz. 24 f. = BGHZ 182, 103 – *Cash-Pool II*.

geln (Zahlungsvorgänge bzw. schuldrechtliche Vereinbarungen sind *nullum*) Anwendung und die Einlageverbindlichkeit des Inferenten besteht in voller Höhe fort.[68] Die instanzgerichtliche Rechtsprechung sowie zahlreiche Stimmen in der Literatur haben sich dieser Auffassung angeschlossen.[69] Der BGH hat für die Qualifizierung des Offenlegungserfordernisses als Erfüllungsvoraussetzung bislang keine nähere Begründung geliefert. In der Literatur wird insoweit auf die Zielsetzung der Gesetzesverfasser des MoMiG verwiesen, die Transparenz des Einlagevorgangs zu gewährleisten und eine präventive registergerichtliche Kontrolle von Vollwertigkeit, Fälligkeit und Liquidität des Rückzahlungsanspruchs zu ermöglichen. Ohne eine Angabe in der Handelsregisteranmeldung habe das Registergericht keinen Anhaltspunkt für eine entsprechende Prüfung.[70]

bb) Sonderbehandlung von Altfällen

23 Eine vermittelnde Ansicht geht zwar im Grundsatz von einem konstitutiven Offenlegungserfordernis aus, möchte aber in Altfällen hierauf verzichten, um ein faktisches Leerlaufen der Übergangsregelung in § 3 Abs. 4 EGGmbHG zu vermeiden.[71] Unter Wertungsgesichtspunkten ist eine privilegierte Behandlung von Altfällen aber nicht zu rechtfertigen. Denn die Erfüllungsschädlichkeit der Einlagenrückzahlung war vor Inkrafttreten des MoMiG allgemein anerkannt und muss als bekannt vorausgesetzt werden. Ein etwaiges Vertrauen des Inferenten auf eine Tilgung der Einlagenschuld war somit nicht schutzwürdig. Im Übrigen dürfte die praktische Relevanz der Diskussion um eine Sonderbehandlung von Altfällen wegen des Fehlens der weiteren Tilgungsvoraussetzungen (insbesondere der jederzeitigen Fälligstellbarkeit des Anspruchs, vgl. § 488 Abs. 3 Satz 2 BGB) äußerst gering sein.[72] Zudem steht eine Sonderbehandlung von Altfällen in Widerspruch zur höchstrichterlichen und obergerichtlichen Rechtsprechung zu § 19 Abs. 5, § 3 Abs. 4 EGGmbHG.[73]

cc) Offenlegung lediglich formell-rechtliche Verpflichtung

24 Trotz der damit verbundenen Schwächung der registergerichtlichen Präventivkontrolle erscheint es im Ergebnis vorzugswürdig, die Tilgung der Einlageschuld im Falle der Einlagenrückzahlung i.S.v. 19 Abs. 5 nicht von deren Offenlegung in der Handelsregisteranmeldung abhängig zu machen. Bereits nach dem Wortlaut von § 19 Abs. 5 Satz 1 GmbHG **ist** die Erfüllungswirkung nicht an die Offenlegung geknüpft. Das Offenlegungserfordernis **ist** systematisch in einem eigenständigen Satz verortet worden. Auch der Vergleich mit der verdeckten Sacheinlage, bei der die (dauerhafte) Nichttilgung der Einlageschuld als zu strenge Sanktion erachtet und durch die Anrechnungslösung mit Eintragung nach § 19 Abs. 4 Sätze 3, 4 GmbHG gerade preisgegeben wurde, wird gegen die Qualifizierung der Offenlegung als Erfüllungsvoraussetzung angeführt. Die gesetzliche Differenzierung zwischen verdeckter Sacheinlage einerseits und Einlagenrückzahlung andererseits betreffe allein den Tilgungsmodus (Anrechnungslösung vs. Alles-oder-Nichts-Prinzip). Demgegenüber stehe ein bloßer Verfahrensverstoß in beiden Fällen der Tilgung der Einlageschuld bei tatsächlicher Wertzuführung nicht entgegen.[74] **Im Übrigen erfülle** das Offenlegungserfordernis nur im Hinblick auf

68 BGH NZG 2006, 712 = BGHZ 168, 188. Vgl. auch Gegenäußerung der Bundesregierung zur Stellungnahme des Bundesrats, BT-Drucks 16/6140 S. 76.

69 OLG Koblenz MittBayNot 2011, 330 = GmbHR 2011, 579; OLG Nürnberg DZWIR 2011, 167, 171; ebenso (zur Parallelvorschrift des § 27 Abs. 4 Satz 2 AktG) OLG Stuttgart BB 2011, 2897 m. Anm. *Herrler* = DNotZ 2012, 224 = DZWIR 2011, 521 m. Anm. *Illhardt* = GmbHR 2012, 215 (*obiter dictum*); Ulmer/Habersack/Winter/*Casper*, § 19 Rn. 108; *Heckschen*, DStR 2009, 166, 173; *Priester*, DNotZ 2009, 946, 948, jew. m.w.N.

70 Ulmer/Habersack/Winter/*Casper*, § 19 Rn. 108; *Heckschen*, DStR 2009, 166, 173; *Priester*, DNotZ 2009, 946, 948; vgl. auch OLG Koblenz MittBayNot 2011, 330, 331 = GmbHR 2011, 579

71 LG Erfurt DZWIR 2010, 525 = BeckRS 2010, 29372; Ulmer/Habersack/Winter/*Casper*, § 19 Rn. 108, 126; *Heckschen*, DStR 2009, 166, 173 f.; *ders.*, GWR 2011, 51; *Merkner/Schmidt-Bendun*, NJW 2009, 3072; *Priester*, DNotZ 2009, 946, 948; *Ries*, GWR 2011, 161; *Schockenhoff/Wexler-Uhlich*, NZG 2009, 1330; *Theusinger*, NZG 2009, 1018; *Wicke*, § 19 Rn. 38; a.A. ausdrücklich *Goette*, GWR 2009, 333, 336 (Offenlegungspflicht auch bei Altfällen als konstitutive Tilgungsvoraussetzung).

72 Vgl. *Herrler*, DStR 2011, 2255, 2256 f. m.w.N.

73 BGH NJW 2009, 3091 Tz. 25 = BGHZ 182, 103 – *Cash-Pool II*; OLG Koblenz MittBayNot 2011, 330 = GmbHR 2011, 579; OLG Nürnberg DZWIR 2011, 167, 171; ebenso (zur Parallelvorschrift des § 27 Abs. 4 Satz 2 AktG) OLG Stuttgart BB 2011, 2897.

74 Ausführlich zu diesem Gesichtspunkt *Benz*, Verdeckte Sacheinlage und Einlagenrückzahlung, S. 411 f.; vgl. auch *Lieder*, GmbHR 2009, 1177, 1180; *G. H. Roth*, NJW 2009, 3397, 3398 f.; *Zabel*, DZWIR 2010, 359, 360 f.

die Mindesteinlage seine Gläubiger schützende Funktion, da bei der Resteinlage gerade kein Anmeldeerfordernis bestehe.[75] Zudem führte die Anwendung der h.M. auf Altfälle zu einem Leerlaufen der Übergangsvorschrift des § 3 Abs. 4 EGGmbHG, da eine Offenlegung vor Inkrafttreten des MoMiG zur Zurückweisung der Anmeldung geführt hätte und somit faktisch nie stattgefunden hat.[76]

Hinzu kommt, dass ein Verstoß gegen die Verpflichtung aus § 19 Abs. 5 Satz 2 – ebenso wie eine Missachtung der Spezialvorschriften für Sacheinlagen – **anderweitig straf-** (§ 82 Abs. 1 Nr. 1 und 3) **und zivilrechtlich** (§§ 9a, 43 Abs. 2 GmbHG, § 823 Abs. 2 BGB i.V.m. § 82 GmbHG) **sanktioniert** ist.[77] Ferner hat die Offenlegung durch die (alle) Geschäftsführer zu erfolgen, die die Handelsregisteranmeldung unterschreiben, nicht hingegen durch die Gesellschafter (vgl. § 78 i.V.m. § 57 Abs. 1),[78] obwohl Letztere von der fortbestehenden Einlagepflicht bei fehlender Tilgungswirkung der Geldeinlage unmittelbar betroffen sind. In der Satzung bzw. im Kapitalerhöhungsbeschluss wird lediglich bestimmt, dass die Einlagen in Geld zu erbringen sind. Damit trifft die Sanktion der unterlassenen Offenlegung – die Nichterfüllung der Einlageverbindlichkeit – unmittelbar den **Inferenten**, der aber **nicht Adressat der korrespondierenden Pflicht** ist.[79] Der BGH postuliert auf diese Weise eine vom Gesetzgeber nicht vorgesehene Obliegenheit des Übernehmers, die Offenlegung seitens der Geschäftsführung in der Anmeldung zu überwachen.[80] 25

Durch die **Gesetzesmaterialien zum ARUG** wurde das zentrale Argument der herrschenden Meinung – die den Gesetzesmaterialien zum MoMiG entnommene Zielsetzung der Gesetzesverfasser, eine präventive registergerichtliche Kontrolle von Vollwertigkeit und Liquidität des Rückzahlungsanspruchs zu ermöglichen – jedenfalls stark relativiert. Dort wird zu der Parallelregelung in § 27 Abs. 4 AktG ausgeführt: 26

> *„Liegen die Voraussetzungen für eine Erfüllungswirkung gemäß § 27 Abs. 4* ***S. 1*** *[Hervorheb. durch Verf.] AktG-E nicht vor, so verbleibt es bei der bisherigen Rechtslage."*[81]

Erst im folgenden Absatz wird die Offenlegungspflicht unter Verweis auf deren Strafbewehrung thematisiert. Wenngleich die Gesetzesverfasser die Qualifizierung der Offenlegungspflicht als Tilgungsvoraussetzung nicht ausdrücklich abgelehnt haben, deuten die Ausführungen in den Materialien doch stark auf ein derartiges Verständnis hin.[82] Vergegenwärtigt man sich schließlich, dass es **unter Gläubigerschutzgesichtspunkten** allein auf die Vollwertigkeit und Liquidität des Rückgewähranspruchs i.S.v. § 19 Abs. 5 Satz 1 ankommt,[83] sollte die Tilgung der Einlageschuld im Fall einer Einlagenrückzahlung gem. § 19 Abs. 5 nicht von deren Offenlegung in der Handelsregisteranmeldung abhängig sein.[84]

---

75 *Benz*, Verdeckte Sacheinlage und Einlagenrückzahlung, S. 412.

76 *Benz*, Verdeckte Sacheinlage und Einlagenrückzahlung, S. 410 f.; *G. H. Roth*, NJW 2009, 3397, 3399.

77 Vgl. näher *Herrler*, DStR 2011, 2255, 2257 f. m.w.N., auch zur Frage der Beweislast; Henssler/Strohn/*Verse*, § 19 GmbHG Rn. 94; *Wicke*, § 19 Rn. 35; a.A. – soweit ersichtlich – nur Roth/Altmeppen/*Altmeppen*, § 82 Rn. 16 f.

78 Anders bei der Gründung einer AG, vgl. § 36 Abs. 1 AktG.

79 *Herrler*, GmbHR 2010, 785, 787. Freilich wird diesem regelmäßig ein Schadensersatzanspruch gegen die Geschäftsführung zustehen, der allerdings jedenfalls in dem Zeitpunkt, in welchem typischerweise die ausstehende Einlage eingefordert werden wird, nicht notwendig werthaltig ist bzw. die damaligen Geschäftsführer unter Umständen nur noch schwer greifbar sind.

80 *Herrler*, GmbHR 2010, 785, 787.

81 AusschussB, BT-Drucks. 16/13098, S. 37 re. Sp. unten.

82 Ebenso Henssler/Strohn/*Verse*, § 19 GmbHG Rn. 86.

83 So zu Recht *Lieder*, GmbHG 2009, 1177, 1179 f.

84 *Altmeppen*, ZIP 2009, 1545, 1547 f.; *Avvento*, BB 2010, 202; Heckschen/*Heidinger*, Die GmbH in der Gestaltungs- und Beratungspraxis, 2. Aufl. 2009, § 11 Rn. 104; *Herrler*, GmbHR 2010, 785, 786 f.; ders., DStR 2011, 2255, 2256 ff.; *Illhardt/Fiebelkorn, DZWIR 2010, 526, 527; Lieder, GmbHR 2009, 1177, 1179 f.; G. H. Roth*, NJW 2009, 3397 ff.; *Seibert*, Dokumentation MoMiG, 2008, S. 27, 38; *Theusinger*, NZG 2009, 1017, 1018; Henssler/Strohn/*Verse*, § 19 GmbHG Rn. 86; *Wedemann*, GmbHR 2008, 1131, 1133 Fn. 18; *M. Winter*, in: *Goette/Habersack*, Das MoMiG in Wissenschaft und Praxis, 2009, Kap. 2 Rn. 53; *Zabel*, DZWIR 2010, 359 ff.; in der Tendenz ebenso Baumbach/Hueck/*Hueck/Fastrich*, § 19 Rn. 80.

e) Erfordernis eines Werthaltigkeits- und Liquiditätsnachweises?

27 Bei der Einlagenrückzahlung ist sowohl im Gründungsstadium als auch im Rahmen einer Kapitalerhöhung kein Erfordernis eines Werthaltigkeits- und Liquiditätsnachweises betreffend die Forderung gegen den Inferenten normiert (anders bei der Sachgründung, vgl. § 8 Abs. 1 Nr. 5, zur Sachkapitalerhöhung vgl. § 56 Rn. 11, § 57 Rn. 18). Daraus wird teilweise gefolgert, ein solcher sei im Regelfall nicht erforderlich. Die registergerichtliche Prüfung könne auf Grundlage der von den Beteiligten gemachten Angaben erfolgen, da die Versicherung i.S.v. § 8 Abs. 2 Satz 1 sämtliche Tatbestandsvoraussetzungen einer die Einlageschuld tilgenden Rückgewähr i.S.v. § 19 Abs. 5 Satz 1 erfasse. Aus § 8 Abs. 2 Satz 2 ergebe sich, dass das Gericht Nachweise nur bei erheblichen Zweifeln an der Richtigkeit der Versicherung fordern dürfe.[85]

28 Dem ist nicht zu folgen. Entsprechende Nachweise sind für eine sinnvolle Prüfung unverzichtbar. Vom Standpunkt der höchstrichterlichen Rechtsprechung gilt dies umso mehr, als ansonsten das postulierte konstitutive Offenlegungserfordernis weitgehend funktionslos bliebe. Schließlich ist auch die in § 8 Abs. 2 Satz. 2 (i.V.m. § 57 Abs. 2 Satz 2) enthaltene Wertung – ungeachtet der Gesetzesgeschichte (ursprünglich war die Regelung zur Einlagenrückzahlung in § 8 Abs. 2 Satz. 2 GmbHG-RegE enthalten) – nicht auf den Fall der Einlagenrückzahlung übertragbar.[86] Im Unterschied zur „regulären" Bareinlage kann der Geschäftsführer nicht ohne weiteres die Gewähr dafür übernehmen, dass die Tilgungsvoraussetzungen trotz absprachegemäßer Rückzahlung vorliegen. Während er die vorbehaltlose Einzahlung auf das Konto der Gesellschaft in aller Regel unschwer feststellen und versichern kann, erfordert die Beurteilung der Vollwertigkeit, insbesondere der Bonität des Inferenten, typischerweise weitreichendere tatsächliche Ermittlungen und anschließend eine (ggf. schwierige) rechtliche Würdigung. Aus diesem Grund erscheint eine hinreichende Substantiierung von Vollwertigkeit, Fälligkeit und Liquidität des Rückzahlungsanspruchs erforderlich. In jedem Fall ist das Registergericht berechtigt, auch ohne konkrete Zweifel einen Werthaltigkeits- und Liquiditätsnachweis anzufordern.[87] Aus Sicht des Geschäftsführers ist es im Übrigen schon zur Haftungsvermeidung unverzichtbar, als Grundlage der Versicherung entsprechende Nachweise zu beschaffen. Allerdings dürfen die Anforderungen an die vorzulegenden Nachweise mit Blick auf die gesetzgeberische Zielsetzung, die grundsätzliche Ermöglichung der Einlagenrückzahlung, nicht überspannt werden, sondern nur soweit gehen, wie es im Sinne eines vernünftigen Gläubigerschutzes unter Anerkennung der gesetzgeberischen Wertentscheidung geboten erscheint. Keinesfalls darf der Werthaltigkeits- und Liquiditätsnachweis ein Instrument zur faktischen Vereitelung der ordnungsgemäßen Einlagenrückzahlung i.S.v. § 19 Abs. 5 sein.[88]

aa) Bonitätsnachweis

29 Zunächst bedarf es eines Nachweises der Vollwertigkeit des Rückzahlungsanspruchs. In Betracht kommen insoweit ein – freilich in der Regel kostspieliges – **Sachverständigengutachten** (z.B. von Steuerberater oder Wirtschaftsprüfer)[89] sowie (als Spezialfall des Sachverständigengutachtens) eine zeitnah erfolgte Bonitätsprüfung durch ein Kreditinstitut (z.B. anlässlich einer Darlehensausreichung). Werden Sicherheiten gestellt, verlagert sich die Werthaltigkeitsprüfung von der Person des Inferenten auf die Sicherheiten, die ihrerseits – sofern sie an die Stelle der fehlenden oder jedenfalls undokumentierten Bonität des Gesellschafters treten – die weiteren Voraussetzungen des § 19 Abs. 5 Satz 1 erfüllen müssen (vor allem jederzeitige Fälligstellbarkeit, vgl. oben Rn. 16).[90]

---

85 *Schall*, ZGR 2009, 126, 143; *Wachter*, GmbHR 2011, 423, 424 f., der davon ausgeht, die Neuregelung in § 19 Abs. 5 sei anderenfalls faktisch „tot"; *Sirchich von Kis-Sira*, in: Gehrlein/Ekkenga/Simon, § 19 Rn. 71.

86 A.A. *Wachter*, GmbHR 2011, 423, 425.

87 Vgl. OLG München GmbHR 2011, 422 = MittBayNot 2011, 331 = NotBZ 2011, 224 und jüngst OLG Schleswig, Beschl. v. 9.5.2012 – Az. 2 W 37/12 sowie Lutter/Hommelhoff/*Bayer*, § 19 Rn. 95; *Grigoleit/Rieder*, GmbH-Recht nach dem MoMiG, 2009, Rn. 196; *Herrler*, DB 2008, 2347, 2349; *ders.*, DStR 2011, 2255, 2260 f.; Henssler/Strohn/*Verse*, § 19 GmbHG Rn. 87; *Wälzholz*, MittBayNot 2008, 425, 431; *Wicke*, § 19 Rn. 35.

88 *Herrler*, DStR 2011, 2255, 2260; in der Tendenz ebenso, wenngleich mit anderen Schlussfolgerungen *Wachter*, GmbHR 2011, 423, 425.

89 *Grigoleit/Rieder*, GmbH-Recht nach dem MoMiG, 2009, Rn. 196 m.w.N.

90 *Herrler*, DStR 2011, 2255, 2261; *Sirchich von Kis-Sira*, in: Gehrlein/Ekkenga/Simon, § 19 Rn. 73.

Ebenfalls grundsätzlich als Nachweismittel geeignet ist das **Rating** einer anerkannten Ratingagentur. Sofern ein Cash-Pool bei der Mutter- bzw. Holdinggesellschaft unterhalten wird, die sich regelmäßig Fremdkapital durch Begebung von Anleihen beschafft, ist häufig bereits ein (zeitnah erstelltes und daher aussagekräftiges) Rating vorhanden, das keine zusätzlichen Kosten verursacht. Entgegen einer teilweise vertretenen Auffassung dürfte allerdings der bloße Verweis auf ein existierendes Rating im Rahmen der Anmeldung nicht ausreichend sein. Zwar wird insoweit auf den Amtsermittlungsgrundsatz gem. § 26 FamFG verwiesen, welcher im Registerverfahren als Verfahren der freiwilligen Gerichtsbarkeit grundsätzlich Anwendung findet.[91] Nach der hier vertretenen Auffassung besteht jedoch ein über die Versicherung i.S.v. § 8 Abs. 2 Satz 1 hinausgehendes ungeschriebenes gesetzliches Erfordernis, einen Werthaltigkeits- und Liquiditätsnachweis vorzulegen. Hinter diese spezielle verfahrensrechtliche Anforderung tritt die (allgemeine) Pflicht zur Amtsermittlung nach § 26 FamFG zurück.[92] In Zusammenschau mit der Versicherung des Geschäftsführers sollte insoweit im Regelfall die Übermittlung der wesentlichen Eckdaten des Ratings (Ratingagentur, Ergebnis, Erläuterungen) ausreichend sein.[93] Auf Anforderung des Gerichts sind die ausführlichen Erläuterungen zu übersenden, die dann auch an der Handelsregisterpublizität nach § 9 HGB teilnehmen. 30

bb) Weitere Nachweise (marktgerechte Verzinsung, jederzeitige fristlose Fälligstellbarkeit)

Auch für die weiteren in § 19 Abs. 5 Satz 1 genannten Tilgungsvoraussetzungen ist grundsätzlich ein entsprechender Nachweis zu erbringen. Ohne weiteres genügt die Vorlage des vollständigen Darlehensvertrags zur Substantiierung der marktgerechten Verzinsung sowie der jederzeitigen fristlosen und voraussetzungslosen Fälligstellbarkeit des Rückzahlungsanspruchs.[94] Die Vorlage der relevanten Passagen des Vertrages sollte ebenfalls ausreichend sein.[95] Aufgrund der mit der Einreichung notwendig verbundenen Handelsregisterpublizität ist eine Preisgabe des Zinssatzes bzw. des hierfür geltenden Berechnungsmodus aber häufig nicht erwünscht. Gleichwohl dürfte aus den genannten Gründen (Rn. 28) die bloße Versicherung einer marktgerechten Verzinsung tendenziell nicht ausreichend sein.[96] 31

4. Möglichkeiten der „Heilung" einer tilgungsschädlichen Einlagenrückzahlung

Bei fehlender Werthaltigkeit, Fälligkeit und/oder Liquidität des Rückgewähranspruchs oder unterbliebener Offenlegung der Einlagenrückzahlung kommt eine nachträgliche Korrektur dieses Mangels bei der Kapitalaufbringung in Betracht. Handlungsbedarf besteht in diesen Fällen, weil nicht nur die Einlageverbindlichkeit des Inferenten, der seine Geldeinlage zurückerhalten hat, fortbesteht, sondern hierfür ebenso die Geschäftsführer nach § 9a Abs. 1 (i.V.m. § 57 Abs. 4), § 43 Abs. 2 sowie § 823 Abs. 2 BGB i.V.m. § 82 Abs. 1 Nr. 3 GmbHG und die Mitgesellschafter – freilich nachrangig – gem. § 24[97] haften. Aber auch aus Sicht des Inferenten kann eine „doppelte" Erbringung der Einlage drohen, insbesondere dann, wenn die Geldeinlage absprachegemäß an einen dem Inferenten zuzurechnenden Dritten ausgereicht wurde (z.B. an die KG bei einer beteiligungsidentischen GmbH & Co. KG oder an die zentrale Cash-Pool Gesellschaft im Konzern).[98] 32

a) Nachbesserung bis zur Eintragung

Wird ein Verstoß gegen § 19 Abs. 5 nach Eingang der Anmeldung bei Gericht, jedoch vor Eintragung der Kapitalerhöhung bemerkt – was nur ganz ausnahmsweise der Fall sein dürfte -, kann die- 33

91 So *Sirchich von Kis-Sira*, in: Gehrlein/Ekkenga/Simon, § 19 Rn. 72.
92 So auch OLG München GmbHR 2011, 422 = MittBayNot 2011, 331 = NotBZ 2011, 224.
93 Ebenso *Kilian*, notar 2012, 12, 14.
94 Vgl. jüngst OLG Schleswig, Beschl. v. 9.5.2012 – Az. 2 W 37/12; Henssler/Strohn/*Verse*, § 19 GmbHG Rn. 87; *Wicke*, § 19 Rn. 35; *Kupjetz/Peter*, GmbHR 2012, 498, 503.
95 Jedenfalls in Kombination mit der Versicherung, dass sich für die relevanten Parameter (Verzinsung, Fälligstellbarkeit etc.) aus den übrigen Vertragsbestimmungen keine Einschränkungen ergeben.
96 Vgl. zur Unanwendbarkeit der „Unwesentlichkeitsausnahme" gem. § 9c Abs. 1 Satz 2 *Herrler*, DB 2008, 2347, 2349; *Grigoleit/Rieder*, GmbH-Recht nach dem MoMiG, 2009, Rn. 196.
97 Vgl. G. H. Roth, NJW 2009, 3397, 3401 (ebenso Rechtsvorgänger, vgl. § 22).
98 Vgl. G. H. Roth, NJW 2009, 3397, 3401.

ser Fehler noch bereinigt werden, z.B. durch Abänderung des Darlehensvertrags (Verzinsungsabrede, Einführung eines jederzeitigen fristlosen Kündigungsrechts der Gesellschaft etc.) und entsprechende Mitteilung an das Gericht oder durch Nachholung der bei der Anmeldung unterlassenen Offenlegung der Einlagenrückzahlung. Für die Tilgung der Einlageschuld trotz (verabredeter) Rückgewähr der Barmittel ist zwar grundsätzlich allein der Zeitpunkt des Eingangs der Handelsregisteranmeldung maßgeblich (vgl. § 19 Abs. 5 Satz 2). Nach allgemeinen Grundsätzen kann die eingereichte Anmeldung aber jedenfalls bis zur Verfügung der Eintragung geändert bzw. ergänzt werden. Ob dies darüber hinausgehend stets noch bis zum Vollzug der Eintragung möglich ist (vgl. § 382 Abs. 1 Satz 2 FamFG),[99] erscheint im Fall einer abgeschlossenen Prüfung zumindest zweifelhaft. Nimmt der Richter die Eintragung jedoch selbst vor (vgl. § 27 Abs. 1 HRV),[100] spricht nichts gegen eine Änderung bis unmittelbar vor Vollzug der Eintragung. Wird die Anmeldung rechtzeitig geändert bzw. ergänzt, stellen die formgerecht nachgereichten Dokumente einen integralen Bestandteil derselben dar. Für die Prüfung der Werthaltigkeit und Liquidität des Rückgewähranspruchs kommt es dann auf den Eingang der geänderten Anmeldung bei Gericht an, sofern die Wiederausreichung der Geldeinlage bereits erfolgt ist.[101] Es empfiehlt sich, mit der Einreichung der geänderten Handelsregisteranmeldung eine erneute Versicherung i.S.v. § 57 Abs. 2 Satz 1 zu verbinden, da sich der maßgebliche Zeitpunkt i.S.v. § 19 Abs. 5 verschoben hat.

b) Kapitalherabsetzung und anschließende Kapitalerhöhung

34 Ferner kommt grundsätzlich eine Kapitalherabsetzung zum Zwecke des Erlasses der zu leistenden Einlagen (vgl. § 58 Abs. 2 Satz 2 Var. 2) und eine anschließende erneute Kapitalerhöhung in Betracht, bei welcher die Vorgaben von § 19 Abs. 5 beachtet werden.[102] Dieses Verfahren ist allerdings wenig attraktiv und dürfte eine eher theoretische Handlungsoption darstellen, da eine vereinfachte Kapitalherabsetzung i.S.v. § 58a zum Erlass rückständiger Einlagen nicht zulässig ist[103] und deshalb die in § 58 normierten Anforderungen gelten (u.a. Gläubigeraufruf gem. § 58 Abs. 1 Nr. 1 und Einhaltung des Sperrjahrs gem. § 58 Abs. 1 Nr. 3).

c) Endgültige Beendigung des Finanzierungsgeschäfts

35 Eine Tilgung der Einlageschuld trotz nicht ordnungsgemäßer Einlagenrückzahlung ist auch unter Geltung des MoMiG – wie der BGH jüngst in seinen Entscheidungen *Cash-Pool II* und *ADCOCOM* ausdrücklich herausgestellt hat – durch eine Rückführung des dem Inferenten von der Gesellschaft gewährten Darlehens möglich, selbst dann, wenn die Zahlung als „Darlehensrückzahlung" und nicht als Einlagenleistung deklariert wird.[104] Eine Erfüllung der Einlageverbindlichkeit setzt aber voraus, dass sich die Zahlung **objektiv eindeutig** der **Einlageschuld zuordnen lässt**, was vor allem im Cash Pool (insbesondere beim sog. Zero-Balancing) Probleme verursacht.[105] Wie schon nach früherem Recht wird auf diese Weise für den Standardfall der Wiederausreichung der Geldeinlage an den Inferenten eine – auch unter Berücksichtigung der berechtigten Gläubigerinteressen überschießende – doppelte Einlagenleistung verhindert.

d) Rückzahlung und (ggf. zeitversetzter) Neuabschluss eines Darlehensvertrags?

36 Da die endgültige Beendigung des (bislang unwirksamen) Finanzierungsgeschäfts jedoch in der Regel nicht den Vorstellungen des Inferenten entspricht, der die Geldeinlage gerade nicht unmit-

99 So *Krafka/Willer/Kühn*, Registerrecht, Rn. 81, 83.

100 Zur Zuständigkeitsverteilung Richter-Rechtspfleger vgl. § § 17, 19 Abs. 1 Satz 1 Nr. 6 RPflG sowie *Krafka/Willer/Kühn*, Registerrecht, Rn. 16 ff.

101 Vgl. *Heidinger/Herrler*, in: Spindler/Stilz, AktG, 2. Aufl. 2010, § 27 Rn. 241. Ebenfalls für eine Korrekturmöglichkeit bis zur Eintragung: *Lohse*, in: Bürgers/Körber, AktG, 2. Aufl. 2011, § 27 Rn. 57; wohl auch OLG Stuttgart BB 2011, 2897 = DNotZ 2012, 224 = DZWIR 2011, 521 = GmbHR 2012, 215 (zu § 27 Abs. 4 AktG, *obiter dictum*).

102 Vgl. BayObLG DNotZ 1978, 365 = GmbHR 1978, 132.

103 Baumbach/Hueck/*Zöllner*, GmbHG, 19. Aufl. 2010, § 58a Rn. 9; Michalski/*Waldner*, GmbHG, § 58a Rn. 3; a.A. GmbH-Centrale, Gutachtendienst, GmbHR 1999, 972.

104 BGH NJW 2009, 3091 Tz. 22 = BGHZ 182, 103 – *Cash Pool II*; NJW 2010, 1948 Tz. 16 = 185, 44 – *ADCOCOM*; vgl. auch BGH NJW-RR 2008, 1067 Tz. 6; BGH NJW 2006, 509 Tz. 9 f. = BGHZ 165, 113.

105 Exemplarisch BGH NJW 2009, 3091 Tz. 22 = BGHZ 182, 103 – *Cash Pool II*.

telbar aus eigenen Mitteln aufbringen, sondern sich von der Gesellschaft finanzieren lassen wollte, wird teilweise eine „Darlehensrückzahlung" und der anschließende (ggf. zeitversetzte) Abschluss eines neuen Darlehensvertrags mit der Gesellschaft vorgeschlagen, so dass der Inferent die Geldmittel nach kurzer Interimszeit zurückerhält.[106] Insoweit ist zunächst festzuhalten, dass es der Gesellschaft grundsätzlich gestattet ist, ihren Gesellschaftern Darlehen zu gewähren, solange darin kein Verstoß gegen die in § 30 normierten Kapitalerhaltungsregeln zu sehen ist. Allerdings ist zu berücksichtigen, dass an die Erfüllung der (bislang noch nicht erloschenen) Einlageschuld **dieselben Anforderungen wie beim erstmaligen Leistungsversuch** zu stellen sind, da es sich bei der „Rückzahlung des Darlehens" nach wie vor um eine Einlagenleistung i.S.v. § 19 Abs. 5 handelt. Diese wirkt **nur** dann **schuldtilgend, wenn** sie **zur freien Verfügung** der Geschäftsführer erfolgt (vgl. § 57 Abs. 2 Satz 1). Wurde vor „Rückzahlung" des (vermeintlichen) Erstdarlehens eine Wiederausreichung der Geldeinlage im Wege eines weiteren Darlehens verabredet, scheitert die Tilgung der Einlageschuld nach derzeit herrschender (gleichwohl abzulehnender, vgl. oben Rn. 24 ff.) Meinung jedenfalls an der fehlenden (für die Erfüllungswirkung konstitutiven) Offenlegung i.S.v. § 19 Abs. 5 Satz 2. Unabhängig von der Länge des zwischen der „Darlehensrückzahlung" und der Wiederausreichung des neuen Darlehens verstrichenen Zeitraums kommt eine Erfüllungswirkung nicht in Betracht, wenn sich eine derartige Abrede positiv feststellen lässt.[107] Eine Rückzahlung des „Darlehens" verbundenen mit einer zeitversetzten plangemäßen Wiederausreichung scheiden folglich als „Heilungsgestaltung" aus.[108] Aber auch im Übrigen besteht die Gefahr, dass eine entsprechende Absprache bei geringem zeitlichem Abstand zwischen der „Darlehensrückführung" und der Neuausreichung des Darlehens vermutet wird. Eine Interimszeit von bis zu sechs Monaten dürfte jedenfalls als kritisch anzusehen sein.[109]

e) „Heilung" nach erfolgter Eintragung?

Ob über die vorgenannten Korrekturmechanismen hinaus eine „Heilung" der zunächst fehlgeschlagenen ordnungsgemäßen Einlagenrückzahlung i.S.v. § 19 Abs. 5 unter Aufrechterhaltung des Finanzierungsgeschäfts möglich ist, indem nachträglich, d.h. nach Eintragung der Kapitalerhöhung, das für eine (tilgungsunschädliche) Einlagenrückzahlung vorgesehene Verfahren samt registergerichtlicher Prüfung (ggf. teilweise erneut) durchlaufen wird, ist umstritten. Zum Kapitalaufbringungsrecht vor Inkrafttreten des MoMiG war seit der Entscheidung des BGH vom 4.3.1996[110] anerkannt, dass der Nichttilgung der Geldeinlageverbindlichkeit aufgrund Vorliegens einer verdeckten Sacheinlage durch Umwandlung der Geld- in einer Sacheinlage mit *ex nunc*-Wirkung abgeholfen werden konnte. Hierfür waren ein formgerecht gefasster Gesellschafterbeschluss (§ 53 Abs. 2) über die Umwidmung der Geld- in eine Sacheinlage mit satzungsändernder Mehrheit, ein dem Sachgründungsbericht vergleichbarer Sacheinlagenbericht, die Vollwertigkeit der eingebrachten Forderung im Zeitpunkt der Heilung und schließlich die Anmeldung des Umwidmungsvorgangs durch alle Geschäftsführer samt Versicherung, dass die eingebrachte Forderung gegen die Gesellschaft werthaltig ist und sich endgültig in ihrer freien Verfügung befindet, erforderlich.[111] Ob ein ähnliches Verfahren für eine zunächst erfüllungsschädliche Einlagenrückzahlung in Betracht kommt, ist noch nicht abschließend geklärt. Aus den Gesetzesmaterialien ergibt sich lediglich, dass das vor Inkrafttreten des MoMiG anerkannte Verfahren zur Heilung verdeckter Sacheinlagen nach 37

106 Ausführlich *Benz*, Verdeckte Sacheinlage und Einlagenrückzahlung, S. 374 – 376, allerdings unter der Prämisse, dass § 19 Abs. 5 Satz 2 keine Erfüllungsvoraussetzung darstellt; ebenso MünchKommGmbHG/*Lieder*, § 56a Rn. 57.

107 So zu Recht *G. H. Roth*, NJW 2009, 3397, 3400. Vgl. zur zeitlichen Komponente MünchKommGmbHG/*Märtens*, § 19 Rn. 208 m.w.N.

108 Anders wohl *Bormann*/Kauka/Ockelmann, Handbuch GmbH-Recht, 2. Aufl. 2011, Kap. 4 Rn. 80.

109 Vgl. *Gehrlein*, Der Konzern 2007, 771, 783; Scholz/*Veil*, GmbHG, 10. Aufl. 2010, Nachtrag MoMiG, § 19 Rn. 28; anders Roth/Altmeppen/*Roth*, § 19 Rn. 71 (6 bis 12 Monate). Vgl. BGHZ 152, 37, 45 = NJW 2002, 3774: Keine entsprechende Vermutung bei Zeitraum von acht Monaten.

110 BGH NJW 1996, 1473 = BGHZ 132, 141.

111 Vgl. zu den Anforderungen im Einzelnen: Heckschen/*Heidinger*, Die GmbH in der Gestaltungs- und Beratungspraxis, § 11 Rn. 203 f.; *D. Mayer*, in: FS Priester, 2007, S. 445, 456 ff.; Scholz/*Priester*, 9. Aufl. 2002, § 56 Rn. 37 ff., jeweils m.w.N.

wie vor zulässig sein soll.[112] In jedem Fall bedürfte das vorgenannte Prozedere einer Anpassung, da es sich bei der Einlagenrückzahlung um einen Sonderfall der Geldeinlage handelt und daher keine Änderung der Einlagenart erforderlich ist.

38 **aa) Möglichkeit einer „Heilung"?**

Teilweise wird eine „Heilungsmöglichkeit" unter Aufrechterhaltung des Finanzierungsgeschäfts generell verneint. Dies gelte insbesondere im Hinblick auf eine unterlassene Offenlegung i.S.v. § 19 Abs. 5 Satz 2, welche mit Blick auf deren Zielsetzung (Ermöglichung einer registergerichtlichen Überprüfung) nach Eintragung der Gesellschaft bzw. nach Eintragung der Kapitalerhöhung nicht mehr nachgeholt werden könne.[113] Da das Eintragungsverfahren bereits abgeschlossen und keine weitere Eintragung durch das Registergericht vorgesehen sei, bleibe die spätere Kundgabe gegenüber dem Registergericht, dass die Vorgaben von § 19 Abs. 5 (weiterhin) gegeben sind oder nachträglich erfüllt wurden, funktionslos.[114]

39 Im Ergebnis erscheint es allerdings vorzugswürdig, eine spätere Tilgung der Einlageverbindlichkeit bei nachträglicher ordnungsgemäßer Durchführung des vorgesehenen Verfahrens samt registergerichtlicher Prüfung zuzulassen. Zum einen ist eine (ggf. erneute) Offenlegung ungeachtet des bereits durch Eintragung der Kapitalerhöhung abgeschlossenen Registerverfahrens **nicht schlechterdings funktionslos**. Denn es steht dem Registergericht frei, weitere Nachweise betreffend die Werthaltigkeit, Fälligkeit und Liquidität des Rückgewähranspruchs zu fordern[115] und diesem Wunsch im Wege des Registerzwangs (§ 14 HGB) Geltung zu verschaffen. Im Übrigen fordert der BGH auch in anderem Kontext – im Fall einer wirtschaftlichen Neugründung – eine Offenlegung samt Versicherung analog § 8 Abs. 2 gegenüber dem Registergericht, ohne dass dort eine Handelsregistereintragung vorgesehen wäre.[116] Eine Handelsregistereintragung aufgrund einer ggf. zeitgleich angemeldeten Satzungsänderung (konstitutiv) oder eines Geschäftsführerwechsels (deklaratorisch) ist kein notwendiger Bestandteil einer wirtschaftlichen Neugründung und ändert nichts daran, dass die Zäsurwirkung bereits mit dem Eingang von Offenlegung und korrespondierender Versicherung bei Gericht eintritt.[117] Schließlich hat der BGH nach früherem Recht die Heilung einer verdeckten Sacheinlage im Rahmen einer Kapitalerhöhung für möglich gehalten, obwohl die Handelsregisteranmeldung betreffend die Umwidmung der Geld- in eine Sacheinlage dort ebenfalls keine Eintragungsverfügung nach sich zog,[118] da die Festsetzungen nach § 56 Abs. 1 Satz 1 lediglich im Kapitalerhöhungsbeschluss, nicht jedoch in der Satzung enthalten sein müssen.[119] In allen vorgenannten Fällen stellt sich das Registerverfahren aber nicht deswegen als funktionslos dar, weil nicht die Verweigerung der begehrten Eintragung, sondern lediglich die Anwendung von Registerzwang gem. § 14 HGB als Sanktionsmittel zur Verfügung steht.

40 Werden sämtliche Verfahrensanforderungen an eine ordnungsgemäße Einlagenrückzahlung nachträglich erfüllt, steht auch **keine Gefährdung schutzwürdiger Gläubigerinteressen** im Raum. Eine derartige Gefährdung liegt nach der gesetzlichen Wertentscheidung nicht allein in der Rückgewähr der Geldeinlage, ungeachtet des Umstands, dass der schuldrechtliche Rückzahlungsanspruch gegenüber der Einlagenforderung bzw. den Geldmitteln bei wirtschaftlicher Betrachtung zweifellos ein Weniger darstellt. Denn die Einlagenrückzahlung als Sonderfall der Geldeinlage wird seit Inkrafttreten des MoMiG grundsätzlich als zulässige Form der Einlagenerbringung angesehen.

---

112 RegBegr., BT-Drucks. 16/6140 S. 40; AusschussB, BT- Drucks. 16/13098 S. 36 (ARUG).
113 So *G. H. Roth*, NJW 2009, 3397, 3399; Ulmer/Habersack/Winter/*Casper*, § 19 Rn. 108; *Ries*, GWR 2011, 161.
114 So *Ries*, GWR 2011, 161.
115 Vgl. OLG München GmbHR 2011, 422 m. abl. Anm. *Wachter* m.w.N. zur h.L.
116 Vgl. BGH NJW 2003, 892, 893 = BGHZ 153, 158; BGH NJW 2003, 3198, 3199 f. = BGHZ 155, 318; jüngst bestätigt WM 2012, 845 = ZIP 2012, 817 Tz. 17.
117 Vgl. *Heinze*, GmbHR 2011, 962, 964, auch zum Fall der gleichzeitig eingereichten aktualisierten Gesellschafterliste.
118 BGH NJW 1996, 1473, 1477 = BGHZ 132, 141: Im Fall der Kapitalerhöhung sei der Gesellschafterbeschluss ebenfalls „zur Eintragung in das Handelsregister anzumelden".
119 Teilweise wurde daher für einen (gesetzlich freilich nicht vorgesehenen) Vermerk betreffend die Änderung der Einlagendeckung plädiert (*D. Mayer*, MittBayNot 1996, 164, 167 mit Formulierungsvorschlag; Scholz/*Prieser*, 9. Aufl. 2002, § 56 Rn. 44).

Auf den ersten Blick scheint einer nachträglichen Heilung das (abstrakte) Vertrauen des Rechtsverkehrs darauf entgegen zu stehen, dass die Geldeinlage auf herkömmliche Weise erbracht und gerade nicht durch einen risikobehafteten schuldrechtlichen Zahlungsanspruch ersetzt wurde, da in der an der Publizität gem. § 9 HGB teilnehmenden Handelsregisteranmeldung gerade keine Einlagenrückzahlung verlautbart wurde. Insoweit gilt es aber zu bedenken, dass der BGH bislang die Heilung einer verdeckten Sacheinlage für möglich hielt, obwohl nicht nur die Handelsregisteranmeldung unvollständig bzw. unzutreffend war, sondern zusätzlich die notwendigen Festsetzungen in der Satzung (§ 5 Abs. 4) bzw. im Erhöhungsbeschluss (§ 56 Abs. 1) fehlten. Diese Verstöße wiegen aus Gläubigersicht umso schwerer, als es jenen durch die letztgenannten Sondervorschriften gerade ermöglicht werden soll, sich über die Kapitalverhältnisse der Gesellschaft und über die mit der Sachgründung bzw. -erhöhung verbundenen spezifischen Gefahren zu informieren. Dies kommt auch darin zum Ausdruck, dass die Festsetzungen i.S.v. § 5 Abs. 4 nach mittlerweile wohl h.M. in Anlehnung an § 9 Abs. 2 zehn Jahre Bestandteil der Satzung bleiben müssen.[120] Trotz Vereitelung dieser gesetzlichen Zielsetzung war eine Heilung im beschriebenen Verfahren schon bislang möglich und soll nach den Gesetzesmaterialien weiterhin zulässig sein. Da eine ordnungsgemäße Einlagenrückzahlung i.S.v. § 19 Abs. 5 – anders als eine Sachgründung – keine Satzungspublizität erfordert, sondern lediglich in der Handelsregisteranmeldung verlautbart wird, erscheint eine strengere Behandlung der zunächst fehlgeschlagenen nicht erfüllungsschädlichen Einlagenrückzahlung jedenfalls unter Publizitätsgesichtspunkten nicht gerechtfertigt. Dem steht bei zunächst unterbliebener Offenlegung ebenso wenig die klare gesetzliche Anordnung in § 19 Abs. 5 Satz 2 entgegen. Denn eine Sacheinlage ist ebenfalls in der Handelsregisteranmeldung anzugeben, unter anderem durch Beifügung der entsprechenden Verträge nach § 8 Abs. 1 Nr. 4 bzw. § 57 Abs. 3 Nr. 3, ohne dass daraus ein generelles Hindernis einer späteren Heilung abgeleitet worden wäre oder würde.

Berücksichtigt man ferner, dass jedenfalls seitens des an der nicht ordnungsgemäßen Handelsregisteranmeldung nicht beteiligten Inferenten sowie seitens der übrigen Gesellschafter, denen die Ausfallhaftung nach § 24 droht, ein **anerkennenswertes Bedürfnis** für eine Heilung besteht, dass aus dem Alles-oder-Nichts-Prinzip keine Rückschlüsse auf das Verbot einer Heilung gezogen werden können und dass durch die Gestattung einer nachträglichen „Reparatur" verhindert würde, dass die Anordnung der rückwirkenden Geltung von § 19 Abs. 5 in **§ 3 Abs. 4 EGGmbHG** gänzlich leer läuft (Heilung als **„Rückwirkung im weiteren Sinne"**), erscheint eine kategorische Ablehnung der nachträglichen Tilgung der Einlageschuld unter Aufrechterhaltung des Finanzierungsgeschäfts als unnötig streng.[121] 41

bb) „Heilungsvoraussetzungen"

In Anlehnung an die anerkannten Grundsätze zur Heilung einer verdeckten Sacheinlage (siehe oben Rn. 37) ist die Einlagenrückzahlung in jedem Fall (ggf. erneut) gem. § 19 Abs. 5 Satz 2 anzugeben (Offenlegung). Der Rückgewähranspruch der Gesellschaft gegen den Inferenten muss im Zeitpunkt des Eingangs der Offenlegung bei Gericht vollwertig, fällig und liquide sein. Zwecks Substantiierung ist ein geeigneter Werthaltigkeits- und Liquiditätsnachweis beizufügen. Da die Einlagenrückzahlung einen Sonderfall der Geldeinlage darstellt, liegt die darlehensweise Rückgewähr der Geldeinlage an den Inferenten grundsätzlich allein in der Hand der Geschäftsführung. Festsetzungen im Kapitalerhöhungsbeschluss (§ 56 Abs. 1 Satz 1) sind nicht erforderlich. Daher setzt die Heilung mangels Änderung der Einlageart keinen Beschluss der Gesellschafterversammlung voraus. Zudem bedarf es einer erneuten Versicherung nach § 57 Abs. 2 Satz 1. Zwar scheidet eine Strafbewehrung mangels ausdrücklicher gesetzlicher Anordnung aus, doch knüpfen sich ggf. zivilrechtliche Haftungsfolgen analog § 9a i.V.m. § 57 Abs. 4 an eine erneute Versicherung (relevant 42

120 Baumbach/Hueck/*Hueck/Fastrich*, § 5 Rn. 49; MünchKommGmbHG/Märtens, § 5 Rn. 218, 220; Scholz/*Priester/Veil*, § 53 Rn. 24, jeweils m.w.N.

121 Ausführlich *Herrler*, DStR 2011, 2300, 2302 ff., auch zum Aspekt der Verhaltenssteuerung durch Gestattung der Heilung.

v.a. bei Geschäftsführerwechsel sowie wegen unterschiedlichem Beginn der Verjährungsfrist nach § 9b Abs. 2 i.V.m. § 57 Abs. 4).

43 In Anlehnung an die anerkannten Grundsätze für die Heilung einer verdeckten Sacheinlage dürfte sich auch eine erneute Handelsregisteranmeldung empfehlen.[122] Zwar ist eine Anmeldung i.S.v. § 12 Abs. 1 HGB auf die Herbeiführung einer Handelsregistereintragung gerichtet. Im Unterschied zur Umwidmung einer Geld- in eine Sacheinlage, welche aufgrund der hierfür erforderlichen Satzungsänderung (vgl. § 5 Abs. 4) eine Handelsregistereintragung (vgl. § 54 Abs. 3) und damit auch eine darauf gerichtete Anmeldung voraussetzt, wird die Einlagenrückzahlung i.S.v. § 19 Abs. 5 nicht im Handelsregister verlautbart. Insoweit ist aber zu berücksichtigen, dass der BGH für die Heilung einer verdeckten Sacheinlage bei einer Kapitalerhöhung von einem Anmeldeerfordernis ausging,[123] obwohl die Umwidmung ebenfalls keiner Handelsregistereintragung bedarf, da die Festsetzungen nach § 56 Abs. 1 Satz 1 lediglich im Kapitalerhöhungsbeschluss, nicht jedoch in der Satzung enthalten sein müssen.[124] Ungeachtet dessen, dass gesetzlich keine Verlautbarung der Einlagenrückzahlung i.S.v. § 19 Abs. 5 im Handelsregister vorgesehen ist, erscheint bei Bejahung der Heilungsvoraussetzungen ein entsprechender (deklaratorischer) Vermerk im Handelsregister zweckmäßig, durch den die erst nachträgliche Erfüllung der Voraussetzungen von § 19 Abs. 5 und damit der vom Regelfall abweichende maßgebliche Zeitpunkt insbesondere für die Werthaltigkeit der Forderung verlautbart wird.[125] Vgl. Rn. 31 für Formulierungsvorschlag.

5. Exkurs: Dienstleistungen des Inferenten

44 Erbringt der Inferent im zeitlichen Zusammenhang mit einer Barkapitalerhöhung absprachegemäß **Dienstleistungen gegenüber der GmbH** (z.B. Beratungsleistungen) und wird hierfür entlohnt, fließt die Geldeinlage bei wirtschaftlicher Betrachtung wieder an ihn zurück. Nach Ansicht des BGH führt ein derartiger Vorgang nur im Ausnahmefall zur Nichttilgung der Einlageschuld. Ein abstraktes Verbot komme schon deshalb nicht in Betracht, weil eine Dienstleistung kein sacheinlagefähiger Vermögenswert i.S.v. § 19 Abs. 4 sei (vgl. § 27 Abs. 2 Hs. 2 AktG) und daher der dieser Vorschrift immanente Umgehungsvorwurf nicht greife.[126] Der BGH verzichtet aber darüber hinausgehend auf eine präventive Werthaltigkeitskontrolle durch das Registergericht nach § 19 Abs. 5 GmbHG und beschränkt sich auf eine **nachträgliche, bei § 19 Abs. 5 verortete Missbrauchskontrolle**. Schädlich soll danach zum einen die Reservierung der Geldeinlagemittel für die Bezahlung der Dienstleistung (Hin- und Herzahlen), zum anderen die verdeckte Finanzierung der Geldeinlage durch die Gesellschaft (Her- und Hinzahlen) sein. Letzteres sei dann zu bejahen, wenn die Vergütung einem Drittvergleich nicht standhalte und/oder die werthaltige Leistung aus Sicht der GmbH schlechterdings unbrauchbar sei.[127] Unklar ist allein, ob bei nur teilweiser Werthaltigkeit das Alles-oder-Nichts-Prinzip greift – dafür spräche die Verortung bei § 19 Abs. 5 – oder eine Anrechnung in Höhe der angemessenen Gegenleistung stattfindet. Ungeachtet der praktischen Schwierigkeiten bei der Bestimmung des exakten Marktpreises der Dienstleistung liegt eine Anrechnung in Anlehnung an § 19 Abs. 4 Satz 3 nahe, da in der Fallgruppe „entgeltliche Dienstleistung" – ebenso wie bei der verdeckten Sacheinlage – ein effektiver Vermögenszufluss bei der GmbH stattfindet, an welchem es bei der herkömmlichen Einlagenrückgewähr i.S.v. § 19 Abs. 5 gerade fehlt. Vor diesem Hintergrund bestehen auch durchaus Zweifel an der Berechtigung des Reservierungskriteriums. Ungeachtet der Anknüpfung an § 57 Abs. 2 Satz 1 erscheint dieses wegen der eben beschriebenen Sachnähe der entgeltlichen Dienstleistung zur verdeckten Sacheinlage nicht gerechtfertigt.[128]

---

122 So jüngst auch OLG Stuttgart BB 2011, 2897 m. Anm. *Herrler* = DNotZ 2012, 224 = DZWIR 2011, 521 m. Anm. *Illhardt* = GmbHR 2012, 215 (*obiter dictum* zu § 27 Abs. 4 AktG), leider jedoch ohne abschließende Entscheidung über die grundsätzliche Möglichkeit einer nachträglichen „Heilung".
123 BGH NJW 1996, 1473, 1477 = BGHZ 132, 141.
124 Vgl. Scholz/*Priester*, 9. Aufl. 2002, § 56 Rn. 44.
125 Vgl. *Herrler*, GmbHR 2010, 785, 790 ff.; *ders.*, DStR 2011, 2300, 2306 f.
126 BGH NJW 2010, 1747 Tz. 15 ff. = BGHZ 184, 158 – *Eurobike*; ebenso in der Tendenz bereits BGH NJW 2009, 2375 = BGHZ 180, 38 – *Qivive*.
127 BGH NJW 2010, 1747 Tz. 23 f. = BGHZ 184, 158 – *Eurobike*.
128 Näher *Herrler*, NZG 2010, 407, 408 f.

IV. Einlagenleistung im Hinblick auf künftige Kapitalerhöhung

1. Tatbestand und Rechtsfolgen; notarielle Pflichten

Im Interesse der realen Kapitalaufbringung befreien Leistungen an die GmbH im Hinblick auf eine künftige Kapitalerhöhung (vor Kapitalerhöhungsbeschluss und der damit typischerweise verbundenen Abgabe der Übernahmeerklärung) den Inferenten nur unter engen (im Detail umstrittenen) Voraussetzungen von der (im Leistungszeitpunkt noch nicht entstandenen) Einlageverpflichtung (**Vorausleistung** bzw. **Voreinzahlung**). Einvernehmen besteht insoweit, als der Vorleistende dann von seiner Einlagepflicht frei wird, wenn die **Einlagenleistung als solche im Zeitpunkt des Kapitalerhöhungsbeschlusses noch zweifelsfrei im Gesellschaftsvermögen vorhanden** ist (Arg: keine schutzwürdigen Gläubigerinteressen berührt).[129] Gerade in einer **Krisensituation**, die typischerweise die Ursache für eine Vorausleistung zu Sanierungszwecken auf eine künftige Einlageschuld ist, fehlt es aber i.d.R. an dieser Voraussetzung. In diesem Fall wird eine Leistung nur unter den nachfolgend dargestellten (siehe Rn. 46 ff.), vom Inferenten darzulegenden und ggf. zu beweisenden Voraussetzungen als befreiende Erfüllung der künftigen Einlagepflicht angesehen.[130] Anderenfalls stellt sich die Leistung als Erfüllung einer Nichtschuld dar, mit der Folge, dass die Einlageschuld fortbesteht. Der aus der vermeintlichen Einlage resultierende Bereicherungsanspruch kann lediglich im Wege der Sachkapitalerhöhung eingebracht werden, was dessen Werthaltigkeit bei Anmeldung voraussetzt. Typischerweise wird dieser Mangel der Kapitalaufbringung aber erst in einem Stadium entdeckt, in welchem der Bereicherungsanspruch bereits weitgehend wertlos ist. Mangels Tilgungswirkung der Vorausleistung ist die Einlage dann erneut zu erbringen. Auch eine Anrechnung analog § 19 Abs. 4 Sätze 3, 4[131] hilft insoweit nur bedingt weiter, weil der Herausgabeanspruch im maßgeblichen Zeitpunkt der Eintragung häufig bereits (weitgehend) wertlos ist. Vor diesem Hintergrund hält der BGH den **Notar** für verpflichtet (vgl. § 17 BeurkG) zu **prüfen**, ob Vorausleistungen erfolgt sind. Zudem muss er die Parteien über die vorgenannten Rechtsfolgen derartiger Leistungen **aufklären**. (siehe hierzu Muster bei § 55 Rn. 58).[132] 45

2. Tilgungsvoraussetzungen der Vorausleistung

Sofern die Einlage nicht ausnahmsweise noch als solche bei der nachfolgenden Beschlussfassung im Gesellschaftsvermögen vorhanden ist, wird der Übernehmer nach Auffassung des BGH nur von seiner Einlageschuld frei, wenn (1) ein **akuter Sanierungsfall** vorliegt (Rn. 47), (2) die Vorausleistung objektiv **zur Sanierung geeignet** ist und subjektiv mit dieser **Zielsetzung** erbracht wird (Rn. 48), (3) ein **enger zeitlicher Zusammenhang zwischen** der Vorausleistung und der Durchführung der Kapitalerhöhung besteht (Rn. 49), (4) der Übernehmer spätestens im Leistungszeitpunkt den **Tilgungszweck** zum Ausdruck bringt (Rn. 50) und (5) der Leistungszeitpunkt sowie der Tilgungszweck im Interesse der **Publizität** sowohl im Kapitalerhöhungsbeschluss als auch in der Handelsregisteranmeldung ausgewiesen werden.[133] Die Anforderungen gelten in gleicher Weise für Vorausleistungen von Geld- und Sacheinlagen, da einer strengeren Behandlung von Sacheinlagen durch die Anrechnungslösung in § 19 Abs. 4 Sätze 3, 4 der Boden entzogen ist (str.).[134] 46

a) Akuter Sanierungsfall

Die Vorausleistung auf eine künftige Einlageschuld kann nach (umstrittener) Ansicht des BGH nur zur Tilgung führen, wenn sie während einer **akuten Krise** der Gesellschaft (drohende Zahlungsunfähigkeit oder Überschuldung) erfolgt, da nur in der Krisensituation ein überwiegendes Bedürfnis für 47

---

129 BGH NJW 2007, 515 Tz. 13 ff. = BGHZ 168, 201; NJW 2004, 2592 = BGHZ 158, 283; NJW 2001, 67 = BGHZ 145, 150; MünchKommGmbHG/*Lieder*, § 56a Rn. 22, 27 m.w.N.; Baumbach/Hueck/*Zöllner*, § 56a Rn. 9.

130 BGHZ 168, 201, 204 = NJW 2007, 515, 516.

131 So Scholz/*Priester*, § 56a Rn. 21 a.E.

132 BGH NZG 2008, 512 Tz. 15; NJW 1996, 524, 525; krit. *Wachter*, GmbHR 2008, 768, 769.

133 Vgl. BGH NJW 2007, 515 Tz. 15 ff. = BGHZ 168, 201.

134 MünchKommGmbHG/*Lieder*, § 56a Rn. 32; *Priester*, DStR 2010, 494, 500 f., jew. m.w.N.; a.A. *Wülfing*, GmbHR 2007, 1124, 1127.

den Verbrauch der Einlage vor Anmeldung bestehe.[135] An das Vorliegen einer akuten Krise stellt der BGH strenge Anforderungen. So genügt für die Annahme drohender Zahlungsunfähigkeit (§ 17 InsO) wegen der Möglichkeit von Zahlungseingängen das Ausschöpfen der Kreditlinie nicht. Ebenso wenig kann für die Annahme drohender Überschuldung (§ 19 InsO) auf die (vorläufige) Bilanz abgestellt werden. Vielmehr bedarf es einer die Verkehrswerte einschließlich stiller Reserven ausweisenden **Liquidationsbilanz im Zeitpunkt der Voreinzahlung**.[136] Des Weiteren dürfen „andere Maßnahmen wie die Einzahlung von Mitteln in die Kapitalrücklage oder auf ein […] Sonderkonto nicht zum Ziel führen.[137]

b) Sanierungsfähigkeit und Sanierungszweck

48 Die Gesellschaft muss nach Ansicht des BGH zudem **objektiv** sanierungsfähig und die Voreinzahlung objektiv geeignet sein, die Gesellschaft durchgreifend zu sanieren. Ein zeitnah (z.B. sechs Monate nach Einzahlung) gestellter Insolvenzantrag hat indizielle Wirkung für die fehlende Sanierungsfähigkeit bzw. Sanierungseignung der Voreinzahlung. Schließlich bedarf es eines **Sanierungswillens** des Inferenten.[138] In der Literatur werden die vorgenannten Tilgungsvoraussetzungen (akuter Sanierungsfall, Sanierungsfähigkeit und –zweck) vielfach abgelehnt, da ihnen mit Blick auf die berechtigten Interessen des Rechtsverkehrs (v.a. Neugläubiger) keine Bedeutung zukomme und es daher nicht gerechtfertigt sei, die Erfüllungswirkung der Vorausleistung auf den Fall einer Unternehmenskrise zu beschränken.[139]

3. Enger zeitlicher Zusammenhang

49 Ferner ist ein enger zeitlicher Zusammenhang zwischen Vorausleistung und Durchführung der Kapitalerhöhung erforderlich. Das setzt voraus, dass die Kapitalmaßnahme im Zeitpunkt der Zahlung bereits konkret in die Wege geleitet ist, die Gesellschafterversammlung jedenfalls innerhalb der (gesetzlichen oder satzungsmäßigen) Mindestladungsfrist zusammentritt und anlässlich des Kapitalerhöhungsbeschlusses die entsprechenden Übernahmeerklärungen abgegeben werden.[140] Der BGH hat klargestellt, dass mangels einladungsbedingter Verzögerungen bei einer **Ein-Personen-GmbH** der Beschluss unverzüglich zu fassen ist (acht bzw. 13 Tage zu lang) und auch bei einer **personalistisch strukturierten GmbH** regelmäßig wegen der Möglichkeit einer Vollversammlung (§ 51 Abs. 3) die Ausschöpfung der Ladungsfrist schädlich ist.[141]

4. Tilgungsbestimmung

50 Um eine nachträgliche Umwidmung von zu anderen Zwecken geleisteten Zahlungen zu verhindern, muss der Leistende spätestens **im Leistungszeitpunkt** in eindeutiger und für Dritte nachvollziehbarer Weise offen legen, dass zum Zwecke der Erfüllung der künftigen Einlageforderung geleistet wird (z.B. Verwendungszweck „Kapitalerhöhung" auf Überweisungsträger). Aus Beweisgründen empfiehlt sich für diese Tilgungsbestimmung Schriftform. Eine Voreinzahlungsvereinbarung unter Beachtung des Formerfordernisses des § 55 Abs. 1 ist hingegen entbehrlich, ebenso eine ausdrückliche Rangrücktrittserklärung.[142]

135 So BGH NJW 2007, 515 Tz. 15 = BGHZ 168, 201; NJW 2001, 67 = BGHZ 145, 150; NJW 1995, 460, 461; OLG Karlsruhe, GmbHR 1999, 1298, 1299; OLG Stuttgart, ZIP 1994, 1532, 1534; OLG Köln, ZIP 1991, 928, 929; *Kort*, DStR 2002, 1223, 1225; Lutter/Hommelhoff/*Lutter*, § 56 Rn. 21; a.A. MünchKommGmbHG/*Lieder*, § 56a Rn. 29; *Priester*, DStR 2010, 494, 498 f.; Baumbach/Hueck/*Zöllner*, § 56a Rn. 13.
136 BGH NJW 2007, 515 Tz. 15, 24 = BGHZ 168, 201; NJW 1994, 1477, 1478 = BGHZ 125, 141.
137 BGH NJW 2007, 515 Tz. 16 = BGHZ 168, 201.
138 BGH NJW 2007, 515 Tz. 17 m.w.N. = BGHZ 168, 201.
139 MünchKommGmbHG/*Lieder*, § 56a Rn. 29; *Priester*, DStR 2010, 494, 498 f., jew. m.w.N.
140 BGH NJW 2007, 515 Tz. 20 = BGHZ 168, 201; *Priester*, DStR 2010, 494, 497 f.
141 BGH NJW 2007, 515 Tz. 20 = BGHZ 168, 201; ebenso: *Ehlke*, ZGR 1995, 426, 446; differenzierend: *Roth*, LMK 2006, 204607, der wegen des regelmäßig bestehenden Beratungsbedarfs für längere Fristen plädiert.
142 BGH NJW 2007, 515 Tz. 18 f. m.w.N. = BGHZ 168, 201; MünchKommGmbHG/*Lieder*, § 56a Rn. 29 m.w.N.; Baumbach/Hueck/*Zöllner*, § 56a Rn. 10.

5. Publizität

Schließlich ist im Interesse einer wirksamen Registerkontrolle sowie der Publizität (Vermeidung von Irrtümern über die Vermögenslage der Gesellschaft bei bereits verbrauchter Einlage) im Kapitalerhöhungsbeschluss – (nach Ansicht des BGH) unter Darlegung der finanziellen Schwierigkeiten der GmbH – der tatsächliche Zahlungszeitpunkt anzugeben. Zudem ist in der Anmeldung der Kapitalerhöhung mitzuteilen, zu welchem Zeitpunkt vor Beschlussfassung der Einlagebetrag (zwecks Überwindung einer finanziellen Krise) eingezahlt wurde.[143] 51

> Um die Tilgungswirkung von Voreinzahlungen nicht zu gefährden, sind die vom BGH aufgestellten Anforderungen genauestens zu beachten. Insbesondere sollte die akute Krise sorgfältig dokumentiert und der entsprechende Kapitalerhöhungsbeschluss innerhalb weniger Tage gefasst werden.

C. Muster

I. Muster: Kapitalerhöhungsbeschluss Voreinzahlung in der Krise 52

56

> [Ergänzung des Grundmusters bei § 55 Rn. 58 um Ziffer II.1.f)]
>
> …
>
> f) Aufgrund der drohenden Zahlungsunfähigkeit/Überschuldung der Gesellschaft (vgl. die als Anlage beigefügte, auf den … [Datum] fortgeschriebene Bilanz) wurden die vorstehend bezeichneten Einlageleistungen bereits am … erbracht.

II. Muster: Handelsregisteranmeldung Voreinzahlung in der Krise 53

57

> [Modifikation (kursiv) des Grundmusters bei § 57 Rn. 33 in Ziffer II]
>
> …
>
> **II. Versicherungen**
>
> Die Geschäftsführer wurden über die Strafbarkeit einer vorsätzlich falschen Versicherung belehrt. Sie versichern, dass auf die jeweils auf das erhöhte Stammkapital übernommenen Geschäftsanteile
>
> – von … ein Betrag in Höhe von … EUR auf dessen neuen Geschäftsanteil mit einem Nennbetrag von … EUR und
>
> – von … ein Betrag in Höhe von … EUR auf dessen neuen Geschäftsanteil mit einem Nennbetrag von … EUR
>
> auf ein Konto der Gesellschaft eingezahlt wurden, somit die Mindesteinzahlung von einem Viertel für jeden neuen Geschäftsanteil erreicht ist, eine Rückzahlung an die Einleger weder stattgefunden hat noch im Zusammenhang mit der Übernahme verabredet worden ist und sich die eingezahlten Beträge endgültig in der freien Verfügung der Geschäftsführer befinden. *Aufgrund der drohenden Zahlungsunfähigkeit/Überschuldung der Gesellschaft wurden die vorstehend bezeichneten Einlageleistungen bereits am … und damit vor Fassung des Kapitalerhöhungsbeschlusses und vor Abschluss der Übernahmeverträge erbracht.*

---

143 BGH NJW 2007, 515 Tz. 21 m.w.N. = BGHZ 168, 201.

54 III. Muster: Nachträgliche Offenlegung samt Versicherung

57a

Handelsregisteranmeldung im Nachgang zu der am ... vollzogenen Anmeldung vom ...

...

Betreff: Nachträgliche Offenlegung einer Einlagenrückzahlung i.S.v. § 19 Abs. 5 GmbHG

1. Mit Urkunde vom ... wurde die *Erhöhung des Stammkapitals von ... auf* ... zur Eintragung in das Handelsregister angemeldet. Die Einlageverbindlichkeit des Gesellschafters Z wurde nicht getilgt, da eine Einlagenrückzahlung i.S.v. § 19 Abs. 5 GmbHG verabredet und in der vorgenannten Handelsregisteranmeldung nicht ordnungsgemäß offengelegt worden war [*alternativ: da der Rückzahlungsanspruch im maßgeblichen Zeitpunkt nicht vollwertig i.S.v. § 19 Abs. 5 Satz 1 GmbHG war etc.*]. Mit der vorliegenden Anmeldung soll dieser Mangel behoben werden.

2. Hiermit wird angegeben, dass die seitens des Gesellschafters Z auf seinen Geschäftsanteil Nr. 4 geleistete Geldeinlage aufgrund des beigefügten Darlehensvertrages vom ... vollständig an diesen zurückgezahlt wurde. Der Rückgewähranspruch ist vollwertig und kann jederzeit voraussetzungslos und fristlos fällig gestellt werden. Ersteres ergibt sich aus dem beigefügten Werthaltigkeitsgutachten, zweiteres ist Ziffer ... des Darlehensvertrages zu entnehmen. Der Rückzahlungsanspruch ist auch frei von Einwendungen und Einreden sowie nach Grund und Höhe unstreitig.

3. Wir, die Geschäftsführer, versichern, dass der Gesellschafter Z den Nennbetrag des Geschäftsanteils Nr. 4 eingezahlt hat und sich der Einzahlungsbetrag – vorbehaltlich der vorstehend beschriebenen Einlagenrückzahlung i.S.v. § 19 Abs. 5 GmbHG – endgültig in unserer freien Verfügung befindet.[144]

[...]

144 Vgl. *Heckschen*, Das MoMiG in der notariellen Praxis, 2009, Rn. 159 für einen Formulierungsvorschlag für eine ordnungsgemäße Offenlegung der Einlagenrückzahlung i.S.v. § 19 Abs. 5 Satz 2 GmbHG sowie *Gustavus*, Handelsregister-Anmeldungen, A 102, und *Fleischhauer*/Preuß, Handelsregisterrecht, S. 432 f., jeweils für die Formulierung einer Anmeldung bei Verwendung einer Vorrats-GmbH bzw. eines GmbH-Mantels.

§ 57 Anmeldung der Erhöhung

(1) Die beschlossene Erhöhung des Stammkapitals ist zur Eintragung in das Handelsregister anzumelden, nachdem das erhöhte Kapltal durch Übernahme von Geschäftsanteilen gedeckt ist.

(2) In der Anmeldung ist die Versicherung abzugeben, daß die Einlagen auf das neue Stammkapital nach § 7 Abs. 2 Satz 1 und Abs. 3 bewirkt sind und daß der Gegenstand der Leistungen sich endgültig in der freien Verfügung der Geschäftsführer befindet. § 8 Abs. 2 Satz 2 gilt entsprechend.

(3) Der Anmeldung sind beizufügen:

1. **die in § 55 Abs. 1 bezeichneten Erklärungen oder eine beglaubigte Abschrift derselben;**
2. **eine von den Anmeldenden unterschriebene Liste der Personen, welche die neuen Geschäftsanteile übernommen haben; aus der Liste müssen die Nennbeträge der von jedem übernommenen Geschäftsanteile ersichtlich sein;**
3. **bei einer Kapitalerhöhung mit Sacheinlagen die Verträge, die den Festsetzungen nach § 56 zugrunde liegen oder zu ihrer Ausführung geschlossen worden sind.**

(4) Für die Verantwortlichkeit der Geschäftsführer, welche die Kapitalerhöhung zur Eintragung in das Handelsregister angemeldet haben, finden § 9a Abs. 1 und 3, § 9b entsprechende Anwendung.

Literatur

Bormann, Die Kapitalaufbringung nach dem Regierungsentwurf des MoMiG, GmbHR 2007, 897; *Büchel*, Kapitalaufbringung, insbesondere Regelung der verdeckten Sacheinlagen nach dem Regierungsentwurf des MoMiG, GmbHR 2007, 1065; *Grigoleit*, Gesellschafterhaftung für interne Einflussnahme im Recht der GmbH, 2006; *Herrler*, *Herrler*, Aktuelles zur Kapitalerhöhung bei der GmbH, DNotZ 2008, 903; ders., Kapitalaufbringung nach dem MoMiG, DB 2008, 2347; *D. Mayer*, Aufwertung der Gesellschafterliste durch das MoMiG – Fluch oder Segen?, ZIP 2009, 1037; *ders.*, Der Erwerb einer GmbH nach den Änderungen durch das MoMiG, DNotZ 2008, 403; *Veil*, Die Reform des Rechts der Kapitalaufbringung durch das MoMiG, ZIP 2007, 1241.

A. Allgemeines

Als Spezialfall der Satzungsänderung wird die Kapitalerhöhung erst mit Eintragung in das Handelsregister wirksam (§ 54 Abs. 3). Für die darauf gerichtete Anmeldung ergänzt § 57 die allgemeine Regelung in § 54. Entgegen dem Wortlaut von § 57 Abs. 1 („ist … anzumelden") besteht **keine Pflicht** der Gesellschaft **zur Anmeldung** gegenüber der Allgemeinheit oder dem Registergericht (vgl. § 79 Abs. 2). Die Geschäftsführer sind nur im Innenverhältnis der GmbH gegenüber zur Durchführung der beschlossenen Kapitalerhöhung verpflichtet (siehe § 54 Rn. 3).[1] 1

1 Baumbach/Hueck/*Zöllner*, § 57 Rn. 4; Lutter/Hommelhoff/*Lutter*, § 57 Rn. 1 f.

B. Inhalt der Regelung

I. Anmeldung (Abs. 1)

1. Zuständigkeiten und Form

2 Die Kapitalerhöhung ist gem. § 78 durch **sämtliche Geschäftsführer** (einschließlich etwaiger Stellvertreter, § 44) in der Form des § 12 HGB (elektronisch in öffentlich beglaubigter Form) beim Registergericht des Sitzes der Gesellschaft (§ 54 Abs. 3) anzumelden. Zur Frage der Stellvertretung bei der Anmeldung siehe § 78 Rn. 15 ff., zur Stellvertretung bei der Versicherung siehe Rn. 5.

2. Voraussetzungen und Inhalt der Anmeldung

3 Die Anmeldung darf nach § 57 Abs. 1 und 2 erst erfolgen, wenn der Kapitalerhöhungsbeschluss gefasst, das erhöhte Stammkapital durch entsprechende Übernahmevereinbarungen gedeckt ist und die Mindesteinlagen (Bareinlagen zu einem Viertel, Sacheinlagen vollständig, vgl. § 57 Abs. 2 i.V.m. § 7 Abs. 2 Satz 1, Abs. 3) erbracht sind (näher hierzu § 56a Rn. 2 ff.). Ein bestimmter Erhöhungsbetrag muss vollständig übernommen sein, bei einem variablen Erhöhungsbetrag setzt die Anmeldung Übernahmen innerhalb des Erhöhungsrahmens voraus (siehe hierzu § 55 Rn. 10 ff.).

4 Für den Inhalt der Anmeldung gilt das zum Kapitalerhöhungsbeschluss Gesagte (§ 55 Rn. 10) entsprechend, d.h., es genügt die Angabe des **neuen Stammkapitals**, des **Erhöhungsbetrags** oder – bei bestimmtem Erhöhungsbetrag – die bloße Bezugnahme auf das Beschlussprotokoll.[2] Üblich und empfehlenswert ist die Angabe beider Beträge. Bei variablem Erhöhungsbetrag kommt eine **Änderung noch bis zur Eintragung** in Betracht.[3] Die mit der Kapitalerhöhung notwendig verbundene Satzungsänderung muss nicht gesondert angemeldet werden.[4] Eine Sachkapitalerhöhung ist nicht notwendig ausdrücklich als solche anzumelden; sie ergibt sich allerdings aus dem Inhalt der Versicherung sowie aus den einzureichenden Unterlagen (vgl. § 57 Abs. 2, Abs. 3 Nr. 3).[5]

II. Inhalt der Versicherung (Abs. 2)

1. Allgemeines

5 **Sämtliche Geschäftsführer** haben nach § 57 Abs. 2 zu versichern, dass sich die jeweilige Mindesteinlage (Bareinlage: ein Viertel, § 7 Abs. 2 Satz 1; Sacheinlage: vollständig, § 7 Abs. 3) endgültig in der freien Verfügung der Geschäftsführer befindet. Wegen der auf die Geschäftsführer beschränkten Strafandrohung (§ 82 Abs. 1 Nr. 3) scheidet eine Stellvertretung bei der Versicherung aus.[6] Hinsichtlich der Anforderungen an die endgültige, freie Verfügung der Geschäftsführer siehe § 56a Rn. 7 ff.

a) Angabe der einzelnen Leistungen

6 Bei **Bareinlagen** sind grundsätzlich die **geleisteten Beträge aufzuführen** (für jeden Geschäftsanteil gesondert), damit das Registergericht prüfen kann, ob die Anforderungen nach § 56a i.V.m. § 7 Abs. 2 Satz 1 erfüllt sind. Pauschale Verweise auf die „Einzahlung des gesetzlich geforderten Betrags" genügen insoweit nicht (Details str.)[7] Nur im Falle der **Volleinzahlung** des neuen Stamm-

---

2 Baumbach/Hueck/*Zöllner*, § 57 Rn. 7; MünchKommGmbHG/*Lieder*, § 57 Rn. 5 f.; Scholz/*Priester* § 57 Rn. 4 f.; a.A. Lutter/Hommelhoff/*Lutter*, § 57 Rn. 4 (beide Beträge).
3 Scholz/*Priester* § 57 Rn. 5.
4 OLG Frankfurt NJW-RR 1987, 288; MünchKommGmbHG/*Lieder*, § 57 Rn. 5 m.w.N.
5 Vgl. OLG Köln, NJW-RR 1996, 1250.
6 Scholz/*Priester* § 57 Rn. 25 m.w.N.
7 BayObLG DNotZ 1994, 652 = DB 1993, 2524; DNotZ 1980, 646 = DB 1980, 438; OLG Celle NJW-RR 1986, 1482; MünchKommGmbHG/*Lieder*, § 57 Rn. 10 f. m.w.N.; Baumbach/Hueck/*Zöllner*, § 57 Rn. 10; Lutter/Hommelhoff/*Lutter*, § 57 Rn. 5; Roth/Altmeppen/*Roth*, § 57 Rn. 7; a.A. *Kanzleiter*, DNotZ 1980, 650; Scholz/*Priester* § 57 Rn. 8 f. („Geldbetrag in Höhe eines Viertels eingezahlt" ausreichend).

kapitals ist eine Einzelaufführung entbehrlich.[8] Gleiches gilt für Sacheinlagen, da diese stets vor der Anmeldung vollständig erbracht sein müssen. Der Vorlage einer Einzahlungsbestätigung (analog § 37 Abs. 1 Satz 3 i.V.m. § 188 Abs. 2 Satz 1 AktG) bedarf es hingegen nicht. Allerdings kann das Registergericht bei erheblichen Zweifeln Einzahlungsnachweise verlangen (vgl. § 8 Abs. 2 Satz 2 i.V.m. § 57 Abs. 2 Satz 2, näher § 8 Rn. 17); eine routinemäßige Anforderung von Einzahlungsbelegen ist hingegen unzulässig.

b) Angaben zur Verwendung der Einlage bis zur Anmeldung?

aa) Bareinlage 7

Da die allgemeine Vorbelastungs- bzw. Differenzhaftung des Gründungsstadiums bei der Kapitalerhöhung keine Anwendung findet (siehe § 56a Rn. 11), bedarf es grundsätzlich **keiner Versicherung, dass** die **Einlagen im Zeitpunkt der Anmeldung noch unverändert bzw. jedenfalls wertmäßig im Gesellschaftsvermögen vorhanden** sind. Ebenso wenig sind Angaben zur zwischenzeitlichen Verwendung des Einlagegegenstands erforderlich. Eine über den Wortlaut des § 57 Abs. 2 Satz 1 hinausgehende Versicherung, dass „der Einlagebetrag […] nicht an den Einleger zurückgezahlt worden ist", wurde zwar vom BGH gefordert,[9] ist allerdings weder mit dem Gesetzeswortlaut des § 57 noch mit § 19 Abs. 5 vereinbar. In der letztgenannten Vorschrift wird im Falle der (zumindest verabredeten) Rückgewähr der Geldeinlage an den Inferenten im Wege eines Darlehens o.Ä. eine Offenlegung dieses Vorgangs in der Handelsregisteranmeldung gefordert (vgl. § 19 Abs. 5 Satz 2 i.V.m. § 56a, näher zur Offenlegungspflicht, den Tilgungsvoraussetzungen sowie dem beizufügenden Werthaltigkeits- und Liquiditätsnachweis § 56a Rn. 8 ff.).[10] Im Umkehrschluss bedarf es derartiger Angaben außerhalb des Anwendungsbereichs von § 19 Abs. 5 nicht.[11]

> **!** Da verdeckte Sacheinlagen auch unter Geltung des MoMiG weiterhin unzulässig sind (drohende zivil- und strafrechtliche Verantwortlichkeit, siehe Rn. 16 ff.) und im Falle der Rückzahlung der Bareinlage die in § 19 Abs. 5 normierten Anforderungen zu beachten sind, dürfte sich ein entsprechender Zusatz in die Handelsregisteranmeldung schon aus Belehrungszwecken dennoch nach wie vor empfehlen. Zudem werden auf diese Weise Verzögerungen im Registerverfahren vermieden.[12]

bb) Sacheinlage 8

Hat die Gesellschaft **bis zum Eingang der Anmeldung** der Kapitalerhöhung bei Gericht bereits **über** den **Sacheinlagegegenstand verfügt**, ist diese Verfügung in der Anmeldung anzugeben,[13], da in diesem Fall die Einlagepflicht nur in Höhe der Werthaltigkeit des Surrogats (siehe § 56a Rn. 5) erloschen ist und demzufolge ein Eintragungshindernis nach §§ 57a, 9c Abs. 1 Satz 2 vorliegt, wenn der Wert des Surrogats nicht nur unerheblich hinter dem Nennbetrag des übernommenen Geschäftsanteils zurückbleibt (siehe näher § 57a Rn. 8). Einer „Negativerklärung" (keine Verfügung bis zur Anmeldung) bedarf es allerdings nicht.

8 OLG Düsseldorf, DNotZ 1986, 180; Baumbach/Hueck/*Zöllner*, § 57 Rn. 10; Lutter/Hommelhoff/*Lutter*, § 57 Rn. 5.
9 BGH NJW 2002, 1716 = BGHZ 150, 197.
10 BGH NJW 2002, 1716, 1717 = BGHZ 150, 197; Lutter/Hommelhoff/*Lutter*, § 57 Rn. 6.
11 Lutter/Hommelhoff/*Lutter*, § 57 Rn. 7; Scholz/*Priester* § 57 Rn. 11.
12 So auch *Gustavus*, Handelsregister-Anmeldungen, 7. Aufl. 2009, A 91 = S. 88; Schmidt/Sikora/*Tiedtke*, Praxis des Handelsregister- und Kostenrechts, 6. Aufl. 2011, Rn. 1039; anders *Fleischhauer*, in: Fleischhauer/Preuß, Handelsregisterrecht, 2. Aufl. 2010, I Rn. 7; *Krafka/Willer/Kühn*, Registerrecht, Rn. 947; *Radke*, in: Meyer-Landrut, Formularbuch GmbH-Recht, 2011, A Rn. 21.
13 A.A. Scholz/*Priester* § 57 Rn. 11; Roth/Altmeppen/*Roth*, § 56a Rn. 13, 26.

2. Zeitpunkt der Versicherung

9 Da es für die Richtigkeit der Versicherung (und damit für eine etwaige Strafbarkeit nach § 82 Abs. 1 Nr. 3) auf die absprachegemäße Zuleitung an das Registergericht ankommt, können die Geschäftsführer die Versicherung bereits **bei Beurkundung des Kapitalerhöhungsbeschlusses** unterzeichnen und beglaubigen lassen, sofern der Notar angewiesen wird, die Anmeldung samt Versicherung erst nach Bestätigung der ordnungsgemäßen Erbringung der Mindesteinlagen an das Registergericht weiterzuleiten. Indem sich die Geschäftsführer des Notars als Erklärungsboten bedienen, stellt die Versicherung vor **absprachegemäßem In-Verkehr-Bringen** ein reines (für die Zwecke des § 82 Abs. 1 Nr. 3 unbeachtliches) Internum dar.[14]

III. Beizufügende Unterlagen (Abs. 3)

1. Übernahmeerklärungen (Nr. 1)

10 Der Anmeldung als Anlagen beizufügen sind die Übernahmeerklärungen der Inferenten (§ 55 Abs. 1) im Original oder in beglaubigter Abschrift (Abs. 3 Nr. 1), nicht hingegen die korrespondierenden Erklärungen der Gesellschaft. Sofern die Übernahmeerklärungen im Kapitalerhöhungsbeschluss enthalten sind, genügt dessen Übermittlung (zu den Formanforderungen siehe § 55 Rn. 32 ff.).

2. Liste der Übernehmer (Nr. 2)

11 Ferner ist eine von sämtlichen Geschäftsführern unterschriebene Liste der Übernehmer beizufügen (Abs. 3 Nr. 2, kein Erfordernis notarieller Beglaubigung). Zur Bezeichnung der Übernehmer vgl. § 8 Abs. 1 Nr. 3 (siehe § 8 Rn. 9). Aus der Liste müssen die Nennbeträge der vom jeweiligen Inferenten übernommenen Geschäftsanteile hervorgehen. Diese müssen – anders als in der Gesellschafterliste (vgl. § 40 Abs. 1 Satz 1) – nicht nummeriert werden,[15] wobei sich eine Nummerierung im Regelfall empfiehlt. Bei Kapitalerhöhung durch Aufstockung (siehe § 55 Rn. 16) ist der jeweilige Aufstockungsbetrag anzugeben.[16]

12 Die Einreichung einer **aktuellen Gesellschafterliste** ist für die ordnungsgemäße Anmeldung der Kapitalerhöhung **nicht erforderlich**, ihr Fehlen stellt kein Eintragungshindernis dar. Denn der beurkundende Notar ist zwar nach § 40 Abs. 2 Satz 1 zur Erstellung einer aktuellen Gesellschafterliste nebst Notarbestätigung nach § 40 Abs. 2 Satz 2 verpflichtet, jedoch erst „nach Wirksamwerden" der Kapitalerhöhung, d.h. nach deren Eintragung im Handelsregister (§ 54 Abs. 3). Dennoch ist es **aus Vereinfachungsgründen** zulässig – der Notars ist hierzu allerdings nicht verpflichtet –, eine aktualisierte Gesellschafterliste sowie die Notarbestätigung zusammen mit der Anmeldung der Kapitalerhöhung an das Registergericht zu übermitteln, allerdings **mit der Anweisung**, dass die neue Liste erst mit Eintragung der Kapitalerhöhung in den online abrufbaren Registerordner eingestellt werden darf (str.). Auf diese Weise wird gewährleistet, dass der aktuelle Gesellschafterbestand sowie die aktuellen Beteiligungsverhältnisse unmittelbar nach Eintragung der Kapitalerhöhung verlautbart werden (Vermeidung längerer Listenunrichtigkeit). Um einem fehlerhaften Rechtsschein vorzubeugen, empfiehlt sich ein Vermerk in der Liste, dass die Kapitalerhöhung vom [Datum] auf [… EUR] bereits berücksichtigt ist.[17] Nach der Gegenauffassung soll der Notar erst dann zur Einreichung der Liste berechtigt sein, wenn die Kapitalerhöhung eingetragen wurde.

---

14 LG Gießen GmbHR 2003, 543; MünchKommGmbHG/*Lieder*, § 57 Rn. 9 m.w.N.; Wicke, § 8 Rn. 11.
15 *D. Mayer*, DNotZ 2008, 403, 406.
16 MünchKommGmbHG/*Lieder*, § 57 Rn. 19 f.; Scholz/*Priester* § 57 Rn. 17.
17 *Herrler*, DNotZ 2008, 903, 910, 915; *Krafka/Willer/Kühn*, Registerrecht, Rn. 1051a; MünchKommGmbHG/*Lieder*, § 57 Rn. 21; *Link*, RNotZ 2009, 193, 207 f.; *Wicke* NotBZ 2009, 1, 13; offen OLG Jena DNotZ 2011, 65, 66 = GmbHR 2010, 1038.

Neben dem Wortlaut von § 40 Abs. 2 Satz 1 beruft sie sich auf die Pflicht des Registergerichts zur unverzüglichen Einstellung der eingereichten Liste sowie auf die Gefahr unrichtiger Listen und Notarbescheinigungen i.S.v. § 40 Abs. 2 Satz 2 bei Veränderungen zwischen Listeneinreichung und Eintragung.[18] Weshalb das Registergericht verpflichtet sei, „sehenden Auges" an der Erzeugung eines unrichtigen Rechtsscheins mitzuwirken, ist aber nicht ersichtlich. Die Gefahr einer unrichtigen Liste und Bescheinigung stellt ebenfalls ein allgemeines (nicht kapitalerhöhungsspezifisches) Problem bei sich zeitlich überschneidenden Veränderungsvorgängen (Stichwort „sich kreuzende Gesellschafterlisten") dar[19] und überzeugt daher nicht.

3. Sonderfall Sacheinlage (Nr. 3)

Im Falle der Sachkapitalerhöhung sind zusätzlich die Verträge zu übermitteln, die den Festsetzungen nach § 56 zugrunde liegen oder zu ihrer Ausführung geschlossen wurden (Abs. 3 Nr. 3). Aus § 57 Abs. 3 Nr. 1 i.V.m. §§ 55 Abs. 1, 56 Abs. 1 Satz 2 ergibt sich, dass es sich hierbei nicht um die Übernahmevereinbarung handelt, sondern um Verträge, die diese vorbereiten oder begleiten (schuldrechtliche Verträge, z.B. bezüglich Gewährleistung, Besitzübergang) bzw. der Vollziehung dienen (dingliche Verträge).[20] Da § 57 Abs. 3 Nr. 3 **kein Formerfordernis** statuiert, greift die Übermittlungspflicht nur ein, wenn die betreffenden Verträge zumindest schriftlich geschlossen wurden.[21] Anderenfalls genügt ein entsprechender Hinweis in der Anmeldung.[22] 13

Wenngleich es eines Sacheinlagenberichts nicht bedarf (siehe § 56 Rn. 11), ist gleichwohl im Hinblick auf die gerichtliche Prüfungspflicht nach §§ 57a, 9c Abs. 1 Satz 2 eine **Nachweis der Werthaltigkeit** des Sacheinlagegegenstands einzureichen (z.B. Unternehmen: „bescheinigte Bilanzen"; Grundstück: Kaufpreissammlung des gemeindlichen Gutachterausschusses; gewerbliche Schutzrechte, Patente o.Ä.: Sachverständigengutachten).[23] Bei der Einlagenrückzahlung i.S.v. § 19 Abs. 5 ist aus demselben Grund ein **Werthaltigkeits- und Liquiditätsnachweis** beizufügen (näher § 56a Rn. 27 ff.). 14

4. Sonstige Anlagen

Des Weiteren sind bei der Kapitalerhöhung als Spezialfall der Satzungsänderung das **notarielle Protokoll des Kapitalerhöhungsbeschlusses** (§§ 53 Abs. 2 Satz 1, 54 Abs. 2)[24] sowie der **vollständige Wortlaut des Gesellschaftsvertrags** mit einer Bescheinigung des Notars nach § 54 Abs. 1 Satz 2 zu übermitteln.[25] Hingegen gehören Einzahlungsbelege – entgegen der Praxis mancher Registergerichte – nicht zu den beizufügenden Anlagen (Umkehrschluss aus § 8 Abs. 2 Satz 2 i.V.m. 57 Abs. 2 Satz 2, vgl. bereits Rn. 6).[26] 15

---

18 MünchKommGmbHG/*Heidinger*, § 40 Rn. 189 ff. m.w.N., insb. Rn. 192 („reale Haftungsgefahr für den Notar"); *D. Mayer*, ZIP 2009, 1037, 1048; Scholz/*Priester* § 57 Rn. 17

19 Vgl. hierzu MünchKommGmbHG/*Heidinger*, § 40 Rn. 214 m.w.N.

20 Baumbach/Hueck/*Zöllner*, § 57 Rn. 20; MünchKommGmbHG/*Lieder*, § 57 Rn. 24.

21 Ganz h.M., vgl. MünchKommGmbHG/*Lieder*, § 57 Rn. 25; Lutter/Hommelhoff/*Lutter*, § 57 Rn. 12; Michalski/*Hermanns*, § 57 Rn. 27; Rowedder/Schmidt-Leithoff/*Zimmermann*, § 57 Rn. 19; Scholz/*Priester* § 57 Rn. 20; a.A. Baumbach/Hueck/*Zöllner*, § 57 Rn. 20 m.w.N. (Angaben der Geschäftsführer über Inhalt der mündlich geschlossenen Verträge).

22 MünchKommGmbHG/*Lieder*, § 57 Rn. 25 m.w.N.

23 OLG Stuttgart BB 1982, 397, 398; MünchKommGmbHG/*Lieder*, § 57 Rn. 26; Lutter/Hommelhoff/*Lutter*, § 57 Rn. 14; Michalski/*Hermanns*, § 57 Rn. 28; Scholz/*H. Winter/Veil*, § 8 Rn. 13; Scholz/*Priester* § 57 Rn. 22; *Wicke*, § 56 Rn. 6; a.A. Meyer-Landrut/Miller/Niehus/*Meyer-Landrut*, § 57 Rn. 10; vermittelnd: Ulmer/Habersack/Winter/*Ulmer*, § 57 Rn. 17 a.E. (bei nicht vertretbaren Sachen, Immaterialgütern, Beteiligungen i.d.R. Wertnachweis erforderlich).

24 Baumbach/Hueck/*Zöllner*, § 57 Rn. 17; Scholz/*Priester* § 57 Rn. 14.

25 Ganz h.M.: OLG München DNotZ 2010, 939 f.; Baumbach/Hueck/*Zöllner*, § 57 Rn. 21; Lutter/Hommelhoff/*Lutter*, § 57 Rn. 13; Rowedder/Schmidt-Leithoff/*Zimmermann*, § 57 Rn. 16; Scholz/*Priester* § 57 Rn. 15; a.A. Roth/Altmeppen/*Roth*, § 57 Rn. 5.

26 Vgl. RegBegr., BT-Drucks. 16/6140, S. 35.

IV. Haftung bei falschen Angaben (Abs. 4)

1. Verantwortlichkeit der Geschäftsführer

a) Zivilrechtliche Verantwortlichkeit

16 **aa) Gegenüber der Gesellschaft (Innenhaftung)**

Falsche Angaben in der Anmeldung der Kapitalerhöhung, z.B. weil die Einlagen nicht endgültig zur freien Verfügung der Geschäftsführer geleistet wurden oder Sacheinlagen überbewertet wurden, lösen grundsätzlich die (**verschuldensabhängige**) **Haftung** der (anmeldenden) Geschäftsführer gegenüber der Gesellschaft gem. **§§ 9a Abs. 1 und 3, 9b i.V.m. § 57 Abs. 4** aus (siehe § 9a Rn. 2 ff., § 9b Rn. 1 ff.). Ein Verzicht ist nur eingeschränkt möglich (§§ 9b Abs. 1, 57 Abs. 4). Sofern sich die Geschäftsführer hinsichtlich der Werthaltigkeit auf ein Sachverständigengutachten verlassen haben und verlassen durften, scheitert eine Verantwortlichkeit am fehlenden Verschulden (§ 9a Abs. 3 i.V.m. § 57 Abs. 4).[27] Wegen des anzulegenden objektivierten Sorgfaltsmaßstabs liegt Verschulden bei der verdeckten Sacheinlage stets vor, da der Geschäftsführer eine dem Beschlussinhalt (Bareinlage) widersprechende Vereinbarung schließt. Auch in der unterlassenen Angabe entgegen einer gesetzlichen Offenlegungspflicht (bei beabsichtigter Einlagenrückzahlung i.S.v. § 19 Abs. 5) liegt eine haftungsauslösende „falsche Angabe" in diesem Sinne.[28] Gleiches gilt dann, wenn der Rückgewähranspruch entgegen der Versicherung nicht vollwertig, fällig und liquide ist.

17 Daneben stellen sich die falschen (oder unterlassenen) Angaben grundsätzlich als **Pflichtverletzung i.S.v. § 43 Abs. 2** dar. Im Gegensatz zur Verantwortlichkeit gem. § 9a Abs. 1 steht die Haftung nach § 43 Abs. 2 aber zur Disposition der Gesellschaft. Sie scheidet daher aus, wenn der Geschäftsführer aufgrund eines Beschlusses der Gesellschafterversammlung handelt (Weisungsgebundenheit, arg. e § 43 Abs. 3).[29]

18 In beiden Fällen muss die Gesellschaft (bzw. der Insolvenzverwalter oder die Gläubiger[30]) **darlegen und beweisen**, dass ihr durch die falschen Angaben ein Schaden entstanden ist. Wurde im Falle der **Einlagenrückzahlung i.S.v. § 19 Abs. 5** lediglich die nach § 19 Abs. 5 Satz 2 gebotene Angabe in der Anmeldung unterlassen und ist der Rückgewähranspruch im Übrigen werthaltig, fällig und liquide, dürfte eine Schadensersatzpflicht des Geschäftsführers in aller Regel am fehlenden Schaden bzw. spätestens **am Kausalitätsnachweis scheitern**. Gleiches gilt im Falle der **verdeckten Sacheinlage** i.S.v. § 19 Abs. 4 Satz 1 bei Zuführung eines werthaltigen Sachvermögensgegenstands. Die in § 19 Abs. 4 Satz 5 normierte Beweislastumkehr ändert daran nichts, wenn durch Beschaffung eines belastbaren Wertnachweises Vorsorge getroffen wurde.[31] Das durch die verdeckte Sacheinlage geschaffene Risiko der Gesellschaft besteht lediglich in der fehlenden Zuführung von Liquidität. Durch Veräußerung des Sachwerts kann dem aber abgeholfen werden. Das spezifische Risiko der verdeckten Sacheinlage liegt somit allein in Wertverlusten des Sachwerts nach Anmeldung bzw. Überlassung und in der Überbrückung des Zeitraums bis zur Verwertung des Sachwerts. Nur auf den letztgenannten Aspekten kann bei (ursprünglicher) Werthaltigkeit ein kausaler Schaden beruhen.

---

27 Baumbach/Hueck/*Zöllner*, § 57 Rn. 33.

28 Eine Schadenskausalität der unterlassenen Offenlegung ist bei einem werthaltigen, fälligen und liquiden Anspruch aber kaum vorstellbar.

29 BGH NZG 2000, 544; *Schaub*, DStR 1992, 985, 987 f.

30 Letztere können den Anspruch jedoch erst nach Pfändung und Überweisung (§§ 829, 835 ZPO) erfolgversprechend geltend machen.

31 Zur möglichen Indizwirkung des Wertgutachtens für Vorsatz hinsichtlich § 82 Abs. 1 Nr. 3 vgl. *Herrler*, DB 2008, 2347, 2351.

bb) Gegenüber Dritten (Außenhaftung) 19

Neben der zuvor beschriebenen Innenhaftung können die Geschäftsführer von Gesellschaftsgläubigern wegen vorsätzlich falscher Versicherung nach **§ 823 Abs. 2 BGB i.V.m. § 82 Abs. 1 Nr. 3** bzw. ggf. i.V.m. § 263 StGB sowie im Ausnahmefall nach § 826 BGB in Anspruch genommen werden. Wiederum wird eine Haftung bei Werthaltigkeit des Rückgewähranspruchs bzw. der „Sacheinlage" regelmäßig jedenfalls am Schadens- bzw. am Kausalitätsnachweis scheitern (siehe Rn. 18).

b) Strafrechtliche Verantwortlichkeit

Eine vorsätzlich falsche Versicherung nach § 57 Abs. 2 Satz 1 ist gem. § 82 Abs. 1 Nr. 3 strafbewehrt. **Nebenfolge** einer strafrechtlichen Verurteilung ist nach § 6 Abs. 2 Satz 2 Nr. 3 Buchst. c) ein **fünfjähriges Bestellungshindernis als Geschäftsführer** (bzw. gem. § 76 Abs. 3 Satz 2 Nr. 3 lit. c AktG als Vorstand). 20

Gerade im Hinblick auf die **verdeckte Sacheinlage** stellt sich die Strafdrohung angesichts der Anrechnungslösung in § 19 Abs. 4 Sätze 3, 4 sowie der fehlenden zivilrechtlichen Haftung bei Werthaltigkeit der zugeführten Vermögensgegenstands (siehe Rn. 18) als (einziges) geeignetes Mittel zur Sicherstellung der Einhaltung der Sondervorschriften für Sacheinlagen dar. Teilweise soll mit Blick auf den Bestimmtheitsgrundsatz des Art. 103 Abs. 2 GG bzw. darauf, dass die Versicherung schon gar nicht falsch sei, wenn eine rechtlich noch gar nicht bindende Absprache über die Rückführung der Geldeinlage im Rahmen eines Verkehrsgeschäfts getroffen wurde, eine Strafbarkeit nach § 82 Abs. 1 Nr. 3 aber bei Vorliegen einer verdeckten Sacheinlage ungeachtet des dahingehenden Willens der Gesetzesverfasser des MoMiG[32] nicht in Betracht kommen.[33] Für ein derartig restriktives Verständnis besteht jedoch keine Veranlassung. Damit stellt die Strafbewehrung (zumindest in der Theorie) ein effektives Mittel zur Prävention verdeckter Sacheinlagen dar. Angesichts dessen, dass der Notar bei jeder Gründung bzw. Kapitalmaßnahme über das Rechtsinstitut der verdeckten Sacheinlage aufklärt und auf deren Unzulässigkeit hinweist, können sich die Geschäftsführer jedenfalls nicht auf einen den Vorsatz ausschließenden Tatbestandsirrtum i.S.v. § 16 StGB mit der Begründung berufen, sie hätten hinsichtlich des normativen Tatbestandsmerkmals „endgültig in der freien Verfügung" nicht die erforderliche Parallelwertung in der Laiensphäre nachvollzogen.[34] Gleichwohl erweist sich die Strafbewehrung (wie schon vor dem MoMiG) praktisch als sehr stumpfes Schwert, da Straftaten i.S.v. § 82 Abs. 1 Nr. 3 in der Praxis – soweit ersichtlich – kaum verfolgt werden. Für die mögliche steuerrechtliche Sanktion einer verdeckten (Sach-) Einlage, die Aufdeckung der stillen Reserven, gilt im Ergebnis wohl nichts anderes.[35] 21

In Anbetracht der dargestellten Rahmenbedingungen (zum Haftungsrisiko des Inferenten siehe Rn. 23) wurde durch die Neuregelung in § 19 Abs. 4 ein **Anreiz** geschaffen, die **Sondervorschriften der Sachkapitalerhöhung zu umgehen** („Ermunterung zu Gesetzesverstößen"[36], „verdeckte Sacheinlage als bewusstes Gestaltungsmittel"[37], Vorteile: Zeit- und Kostenersparnis[38], 22

32 Vgl. AusschussB, BT-Drucks. 16/9737, S. 56; AusschussB, BT-Drucks. 16/13098, S. 36 (zum ARUG); anders noch RegBegr., BT-Drucks. 16/6140, S. 40 re. Sp.

33 Vgl. *Altmeppen*, NZG 2010, 441, 442 ff. m.w.N.; Roth/Altmeppen/*Altmeppen*, § 82 Rn. 15.

34 Vgl. Scholz/*Tiedemann*, § 82 Rn. 175.

35 Steuerlich betrachtet ist eine verdeckte Sacheinlage als verdeckte Einlage zu qualifizieren, mit der Folge, dass es unter Umständen zur Aufdeckung der stillen Reserven kommt, sofern der Kaufpreis unter dem Marktwertwert liegt (vgl. § 6 Abs. 2 Satz 2 EStG). Aufgrund der Wirksamkeit der die verdeckte Sacheinlage betreffenden Verträge (§ 19 Abs. 4 Satz 2) sowie der Anrechnungsanordnung in § 19 Abs. 4 Satz 3 ist die Buchwertfortführung gem. § 20 UmwStG im Fall einer verdeckten Einlage eines Betriebs, Teilbetriebs oder Mitunternehmeranteils seit dem MoMiG jedenfalls nicht mehr kategorisch ausgeschlossen. Die Details sind noch nicht abschließend geklärt. Eine Anwendung von § 20 UmwStG aufgrund direkter oder analoger Anwendung von § 41 Abs. 1 Satz 1 AO bejahen u.a. *Altrichter-Herzberg*, GmbHR 2009, 1190, 1192 ff.; Haritz/Menner/*Menner*, UmwStG, 3. Aufl. 2009, § 20 Rn. 196, jew. m.w.N.; a.A. Schmidt/*Wacker*, EStG, 31. Aufl. 2012, § 16 Rn. 202 unter Verweis auf BFH DStR 1992, 1802 (keine Änderung der steuerlichen Bewertung durch § 19 Abs. 4 n.F.).

36 *Büchel*, GmbHR 2007, 1065, 1070 zum RegE, BT-Drucks. 16/6140.

37 *Bormann*, GmbHR 2007, 897, 900 zum RegE, BT-Drucks. 16/6140.

38 *Henze*, ZHR 154 (1990), 105, 106; *Priester*, ZIP 1991, 345, 347.

keine Offenlegung von Geschäftsgeheimnissen bei Einbringung von Unternehmen[39]). Die auch und vor allem gläubigerschützende Funktion dieser Vorschriften (Publizität, vgl. § 9 HGB) wird dadurch nicht hinreichend berücksichtigt.[40]

2. Haftung der Gesellschafter

23 Sowohl die zivilrechtliche Haftung nach § 9a i.V.m. 57 Abs. 4 als auch die Strafsanktion nach § 82 Abs. 1 Nr. 3 trifft im Rahmen der Kapitalerhöhung – anders als bei der Gründung – nur die Geschäftsführer, nicht hingegen die Gesellschafter bzw. deren Hintermänner (Wortlaut § 57 Abs. 4, fehlende Verweisung auf § 9a Abs. 2, 4).[41] In Betracht kommen allerdings eine Verantwortlichkeit nach allgemeinem **Deliktsrecht** (§ 823 Abs. 2 BGB i.V.m. § 263 StGB bzw. § 826 BGB), die Ausfallhaftung nach § 24, die Differenzhaftung des Sacheinlegers nach § 9 Abs. 1 i.V.m. § 56 Abs. 2 sowie ggf. eine Haftung wegen **Verletzung der Treupflicht**.[42] Sofern ein Kreditinstitut eine Bestätigung über die Einzahlung des Einlagebetrags erteilt, haftet es analog § 37 Abs. 1 Satz 4 AktG für deren Richtigkeit.[43] Im Falle einer verdeckten Sacheinlage besteht die Einlageschuld zwar nach § 19 Abs.4 Satz 1 fort, doch wird der Wert des zugeführten Sachvermögensgegenstands nach § 19 Abs. 4 Sätze 3, 4 mit Eintragung auf die Einlageschuld angerechnet. Der den Inferenten treffenden Darlegungs- und Beweislast (§ 19 Abs. 4 Satz 5) kann durch Beschaffung eines belastbaren Werthaltigkeitsgutachtens vorgebeugt werden (siehe oben Rn. 18).

V. Eintragung

1. Eintragungsinhalt

24 Gemäß § 54 Abs. 2 i.V.m. § 10 Abs. 1 ist lediglich das neue Stammkapital in das Handelsregister einzutragen, nicht hingegen Zahl und Nennbetrag der neuen Geschäftsanteile sowie deren Übernehmer. Letztgenannte Informationen ergeben sich jedoch aus der nach § 57 Abs. 3 Nr. 2 einzureichenden Übernehmerliste, welche nach § 9 Abs. 1 Satz 1 HGB an der Handelsregisterpublizität teilnimmt.[44] Die Einlagenrückzahlung i.S.v. § 19 Abs. 5 wird ebenfalls nicht im Handelsregister verlautbart, sondern ist lediglich aus der Anmeldung ersichtlich. Zur **konstitutiven Wirkung** der Eintragung für die Entstehung der neuen Mitgliedschaftsrechte (§ 54 Abs. 3) siehe § 54 Rn. 15 f.

2. Bestandsschutz durch Eintragung

25 Mängel des Übernahmevertrags sowie der Handelsregisteranmeldung stellen **Eintragungshindernisse** dar,[45] Mängel des Kapitalerhöhungsbeschlusses jedenfalls dann, wenn sie zu dessen Unwirksamkeit oder Nichtigkeit führen. Bei bloßer Anfechtbarkeit des Kapitalerhöhungsbeschlusses kommt es darauf an, ob die Anfechtungsfrist bereits abgelaufen ist (vgl. § 55 Rn. 18). Erfolgt dennoch die Eintragung der Kapitalerhöhung in das Handelsregister, so werden formelle Fehler analog § 242 Abs. 1 AktG sofort[46] und materielle Fehler analog § 242 Abs. 2 AktG nach Ablauf von drei Jahren seit Eintragung geheilt.[47] Jedenfalls greift aber grundsätzlich ein **vorläufiger Bestandsschutz** in der Weise ein, dass nach den Grundsätzen der fehlerhaften Gesellschaft ein Abwicklung nur *ex nunc* stattfindet (zum fehlerhaften Kapitalerhöhungsbeschluss siehe § 55 Rn. 18 f.; zum fehlerhaften Übernahmevertrag siehe § 55 Rn. 43).

---

39 *Henze*, ZHR 154 (1990), 105, 106; *Meilicke*, Die „verschleierte" Sacheinlage – eine deutsche Fehlentwicklung, 1989, S. 65 f.
40 *Herrler*, DB 2008, 2347, 2352; ähnlich: *Veil*, ZIP 2007, 1241, 1243 zum RegE, BT-Drucks. 16/6140.
41 MünchKommGmbHG/*Lieder*, § 57 Rn. 38; Lutter/Hommelhoff/*Lutter*, § 57 Rn. 20.
42 Baumbach/Hueck/*Zöllner*, § 57 Rn. 36; zur Treupflicht: Baumbach/Hueck/*Hueck/Fastrich*, § 13 Rn. 26 ff. sowie ausführlich *Grigoleit*, Gesellschafterhaftung, S. 289 ff.
43 BGHZ 113, 335, 354 f.; Roth/Altmeppen/*Roth*, § 57 Rn. 9.
44 MünchKommGmbHG/*Lieder*, § 57 Rn. 48.
45 Vgl. MünchKommGmbHG/*Lieder*, § 57 Rn. 73 ff., insb. Rn. 77 (fehlerhafter Übernahmevertrag) sowie Rn. 84 ff. (fehlende oder fehlerhafte Anmeldung).
46 BGH NJW 1996, 257 f.
47 OLG Stuttgart NZG 2001, 40, 44 = GmbHR 2000, 721.

Wird die Kapitalerhöhung trotz **fehlerhafter Anmeldung** (z.B. fehlende Versicherung nach § 57 Abs. 2, unvollständige Anlagen nach § 57 Abs. 3) eingetragen, beeinträchtigt dies ihre Wirksamkeit grundsätzlich nicht. Allerdings kann das Registergericht Mangelbeseitigung verlangen und diesem Verlangen ggf. durch Zwangsmittel (§ 14 HGB) Nachdruck verleihen. Keinesfalls kommt aber eine Amtslöschung nach § 395 Abs. 1 Satz 1 FamFG (§ 142 Abs. 1 FGG) in Frage (Arg: bloßer Verfahrensmangel; Schutz des Rechtsverkehrs vorrangig).[48] Bei **schwerwiegenden Verfahrensfehlern** (fehlende Anmeldung, fehlende Unterschriften, rechtzeitige Antragsrücknahme) kann die Kapitalerhöhung ausnahmsweise trotz Eintragung unwirksam sein, da es an der erforderlichen Veranlassung durch die GmbH fehlt. Insoweit ist auch eine Amtslöschung nach § 395 Abs. 1 Satz 1 FamFG möglich.[49] 26

C. Notar- und Registereintragungskosten

Zu den Notarkosten für die Registeranmeldung selbst siehe § 7 Rn. 28 und „Notar- und Handelsregisterkosten im GmbH-Recht", S. 1097 ff., Rn. 12 bis 15. Die Miteinreichung von Anlagen löst allenfalls im Hinblick auf die elektronische Übermittlung zusätzliche Kosten aus (siehe „Notar- und Handelsregisterkosten im GmbH-Recht", S. 1097 ff., Rn. 25). 27

Der **Geschäftswert** der Anmeldung zur Eintragung der beschlossenen Kapitalerhöhung bestimmt sich in jedem Fall nach dem in das Register einzutragenden Erhöhungsbetrag (§ 41a Abs. 1 Nr. 3 KostO). Es kommt also bei der Anmeldung nicht darauf an, ob das erhöhte Kapital durch Bar- oder Sacheinlagen geleistet wird.

Die **Versicherung des Geschäftsführers über seine persönliche Eignung** nach § 7 Abs. 2 Satz 1 und Abs. 3 ist, wenn der Notar die Anmeldung entweder entworfen oder beurkundet hat, Teil der Anmeldung und daher nicht gesondert zu bewerten. Hat der Notar die Anmeldung weder beurkundet noch den Entwurf gefertigt, ist hierfür eine 5/10-Gebühr nach § 147 Abs. 2 KostO zu erheben. Der Geschäftswert ist nach § 30 Abs. 1 KostO zu bestimmen mit etwa 10 bis 20 % des Werts der Anmeldung (siehe auch „Notar- und Handelsregisterkosten im GmbH-Recht", S. 1097 ff., Rn. 61 und 62). 28

Für den **Entwurf der Übernehmerliste** entsteht eine weitere Gebühr nach § 147 Abs. 2 KostO. Der Geschäftswert ist nach § 30 Abs. 1 KostO zu bestimmen mit etwa 10 bis 20 % des Stammkapitals[50] (siehe im Übrigen „Notar- und Handelsregisterkosten im GmbH-Recht", S. 1097 ff., Rn. 16 und 17). 29

Die **Eintragungskosten** bestimmen sich nach der HRegGebV. Die Kapitalerhöhung durch Sacheinlage löst eine Gebühr gemäß Gebührenverzeichnis Nr. 2401 i.H.v. 210 EUR aus. Andere Kapitalerhöhungen sind Tatsacheneintragungen nach Gebührenverzeichnis Nr. 2500. Sie lösen Eintragungsgebühren von 40 EUR aus. Die Entgegennahme der Liste der Gesellschafter (§ 40 Abs. 1) kostet gemäß Gebührenverzeichnis Nr. 5002 eine Gebühr von 30 EUR. 30

---

48 MünchKommGmbHG/*Lieder*, § 57 Rn. 88 f.; Scholz/*Priester* § 57 Rn. 56 f., jew. m.w.N.

49 H.M.: MünchKommGmbHG/*Lieder*, § 57 Rn. 85 ff. m.w.N.; Rowedder/Schmidt-Leithoff/*Zimmermann*, § 57 Rn. 42; Scholz/*Priester* § 57 Rn. 58; a.A. Michalski/*Hermanns*, § 57 Rn. 65 (Arg: lediglich verfahrensrechtliche Bedeutung der Anmeldung).

50 OLG Stuttgart, JurBüro 1984, 1078; OLG Saarbrücken, MittRhNotK 1984, 222; OLG Celle, JurBüro 1994, 41 = GmbHR 1993, 294; Korintenberg/*Bengel/Tiedtke*, § 147 KostO Rn. 113; a.A. (gebührenfrei) OLG Frankfurt/M., DNotZ 1987, 641 mit abl. Anm. *Reimann* = KostRspr. § 147 KostO mit abl. Anm. *Lappe*; OLG Karlsruhe, Rpfleger 1977, 229; OLG Hamm, ZNotP 2002, 123 mit abl. Anm. *Tiedtke*.

D. Muster

31 I. Muster: Handelsregisteranmeldung Barkapitalerhöhung

58

An das Amtsgericht …

– Registergericht –

HR B …, Firma … mit dem Sitz in …

I. Anmeldung

Die Unterzeichneten [sämtliche Geschäftsführer] melden zur Eintragung in das Handelsregister an:

Das Stammkapital der Gesellschaft wurde im Wege der Barkapitalerhöhung von … EUR um nominal … EUR auf … EUR erhöht. § … (Stammkapital) der Satzung wurde geändert und neu gefasst (vgl. beigefügtes notarielles Protokoll).

II. Versicherungen

Die Geschäftsführer wurden über die Strafbarkeit einer vorsätzlich falschen Versicherung belehrt. Sie versichern, dass auf die jeweils auf das erhöhte Stammkapital übernommenen Geschäftsanteile

– von … ein Betrag in Höhe von … EUR auf dessen neuen Geschäftsanteil im Nennbetrag von … EUR und

– von … ein Betrag in Höhe von … EUR auf dessen neuen Geschäftsanteil im Nennbetrag von … EUR

nach Fassung des Kapitalerhöhungsbeschlusses auf ein Konto der Gesellschaft einbezahlt wurden, somit die Mindesteinzahlung von einem Viertel für jeden neuen Geschäftsanteil erreicht ist, eine Rückzahlung an die Einleger weder stattgefunden hat noch im Zusammenhang mit der Übernahme verabredet worden ist und sich die einbezahlten Beträge endgültig in der freien Verfügung der Geschäftsführer befinden.

III. Anlagen

Dieser Anmeldung sind als Anlagen beigefügt:

1. eine beglaubigte Abschrift der Gesellschaftsversammlungsniederschrift vom … [Kapitalerhöhungsbeschluss, Übernahmeerklärungen],
2. eine von den Anmeldenden unterschriebene Liste der Übernehmer der neuen Geschäftsanteile,
3. der vollständige Wortlaut des Gesellschaftsvertrags versehen mit einer Bescheinigung nach § 54 Abs. 1 Satz 2 GmbHG,
4. eine vom Notar erstellte, die vorliegende Kapitalerhöhung berücksichtigende aktualisierte Liste der Gesellschafter der Gesellschaft samt Notarbestätigung (§ 40 Abs. 2 Satz 1, 2 GmbHG).

Da die beiliegende Gesellschafterliste bereits die Beteiligungsverhältnisse nach Wirksamwerden der Kapitalerhöhung verlautbart, wird das Registergericht darum ersucht, diese erst nach Eintragung der Kapitalerhöhung einzustellen.

[Unterschriftsbeglaubigung]

II. Musterabwandlung: Sonderfall Aufstockung bestehender Geschäftsanteile 32

59

[Zusätzliche Versicherung im Muster Rn. 33:]

Die Geschäftsführer versichern ferner, dass

die ursprünglichen Geschäftsanteile

- voll einbezahlt sind *oder*
- noch vom Gründungsgesellschafter (oder dessen Gesamtrechtsnachfolger) gehalten werden *oder*
- eine Inanspruchnahme der Rechtsvorgänger wegen Fristablaufs (§ 22 Abs. 3 GmbHG) ausscheidet.

III. Muster: Handelsregisteranmeldung Sachkapitalerhöhung 33

60

[Wie vorstehendes Grundmuster Rn. 33 mit nachstehenden Modifikationen]

I. Anmeldung

… im Wege der Sachkapitalerhöhung …

II. Versicherungen

Die Geschäftsführer wurden über die Strafbarkeit einer vorsätzlich falschen Versicherung belehrt. Sie versichern, dass die im Kapitalerhöhungsbeschluss und den Übernahmeerklärungen näher bezeichneten Sacheinlagen auf die neu gebildeten Geschäftsanteile nach Fassung des Kapitalerhöhungsbeschlusses auf die Gesellschaft übertragen wurden, eine Rückübertragung an die Einleger weder stattgefunden hat noch im Zusammenhang mit der Übernahme verabredet worden ist und sich die Sacheinlagen daher endgültig in der freien Verfügung der Geschäftsführer befinden.

[*ggf.*: Offenlegung von Verfügungen über die Sacheinlagen zwischen deren Übertragung auf die Gesellschaft und der Anmeldung]

III. Anlagen

…

5. Unterlagen betreffend die Werthaltigkeit der Sacheinlagegegenstände,
6. Verträge, die den Festsetzungen nach § 56 GmbHG zugrunde liegen oder zu ihrer Ausführung geschlossen wurden.

[Unterschriftsbeglaubigung]

§ 57a Ablehnung der Eintragung

Für die Ablehnung der Eintragung durch das Gericht findet § 9c Abs. 1 entsprechende Anwendung.

Literatur

Noack, Der Regierungsentwurf des MoMiG – Die Reform des GmbHs-Rechts geht in die Endrunde, DB 2007, 1395.

A. Allgemeines

1 § 57a i.V.m. § 9c Abs. 1 statuiert ein **Prüfungsrecht** und eine korrespondierende **Prüfungspflicht** des Registergerichts hinsichtlich der Einhaltung der formellen und materiellen Voraussetzungen der Kapitalerhöhung (vgl. Überblick bei § 55 Rn. 5), bevor die rechtsbegründende Eintragung (§ 54 Abs. 3) verfügt wird. Liegt ein Eintragungshindernis nach § 9c Abs. 1 vor, darf das Gericht die Eintragung nicht vornehmen (Aufforderung zur Beseitigung behebbarer Mängel im Wege der Zwischenverfügung, sonst Ablehnung der Eintragung).[1] Lediglich unwesentliche Überbewertungen von Sacheinlagen hindern die Eintragung auch im Rahmen der Kapitalerhöhung nicht (§ 9c Abs. 1 Satz 2 i.V.m. § 57a). Die Beschränkung des Prüfungsrechts im Gründungsstadium nach § 9c Abs. 2 findet auf die Kapitalerhöhung mangels Verweisung in § 57a keine Anwendung, was aber (anders als bei anderen Satzungsänderungen) ohne praktische Relevanz (vgl. § 9c Abs. 2 Nr. 1 i.V.m. § 3 Abs. 2 Nr. 1).[2]

B. Inhalt der Regelung

I. Registergerichtliche Prüfung (§ 9c Abs. 1 Satz 1 i.V.m. § 57a)

1. Formelle und materielle Eintragungsvoraussetzungen

2 Die registergerichtliche Prüfung nach § 9c Abs. 1 Satz 1 i.V.m. § 57a umfasst sowohl die **formellen** (Zuständigkeit des Registergerichts, formgerechte, von sämtlichen Geschäftsführern unterzeichnete Anmeldung mit den erforderlichen Versicherungen und Anlagen, vgl. § 57 Abs. 2 und 3, dort Rn. 4 ff.)[3] als auch die **materiellen Eintragungsvoraussetzungen** (Wirksamkeit des Kapitalerhöhungsbeschlusses sowie der Übernahmevereinbarungen, Übereinstimmung des Erhöhungsbetrags im Beschluss mit dem Nennbetrag der übernommenen Geschäftsanteile, bei Sacheinlagen zusätzlich Übereinstimmung der Sacheinlagenfestsetzungen mit den Übernahmevereinbarungen, ordnungsgemäße Erbringung der Mindesteinlagen).[4]

3 Die bloße **Anfechtbarkeit** des Kapitalerhöhungsbeschlusses stellt grundsätzlich kein Eintragungshindernis dar.[5] Allerdings darf der Richter den fruchtlosen Ablauf der Anfechtungsfrist abwarten,

1 Baumbach/Hueck/*Zöllner*, § 57a Rn. 1 f.; Scholz/*Priester* § 57a Rn. 13.
2 Scholz/*Priester* § 57a Rn. 4.
3 MünchKommGmbHG/*Lieder*, § 57a Rn. 6.
4 Baumbach/Hueck/*Zöllner*, § 57a Rn. 4, 7; MünchKommGmbHG/*Lieder*, § 57a Rn. 7.
5 Vgl. Baumbach/Hueck/*Zöllner*, § 57a Rn. 6, § 54 Rn. 24 ff.; weiter gehend: BayObLG NZG 2002, 583 (vollständige Rechtmäßigkeitsprüfung des Beschlusses).

bevor er die Eintragung verfügt (vgl. § 55 Rn. 18, § 57 Rn. 25 f.). Gleiches gilt im Falle eines rechtswidrigen Bezugsrechtsausschlusses und korrespondierenden Zulassungsbeschlusses.[6] Demgegenüber darf das Registergericht nichtigen Beschlüssen im Hinblick auf die heilende Wirkung der Eintragung (analog § 242 Abs. 1 AktG bei formellen Fehlern, analog § 242 Abs. 2 AktG bei materiellen Fehlern, vgl. § 55 Rn. 19) nicht zur Wirksamkeit verhelfen.[7]

2. Insbesondere: Ordnungsgemäße Einlagenleistung

Im Hinblick auf die ordnungsgemäße Erbringung der Mindesteinlagen (insbesondere endgültige 4
freie Verfügbarkeit der Geschäftsführer über den Einlagebetrag) hat sich das Gericht grundsätzlich mit der **Versicherung nach § 57 Abs. 2 Satz 1** (sowie den nach § 57 Abs. 3 beizufügenden Unterlagen) zu begnügen (vgl. § 8 Abs. 2 Satz 2 i.V.m. § 57 Abs. 2 Satz 2). Weitere Nachweise (z.B. **Einzahlungsbeleg**) sind regelmäßig **nicht erforderlich** und dürfen insbesondere nicht routinemäßig verlangt werden.[8] Etwas anderes gilt nur dann, wenn begründete Zweifel an der Richtigkeit der Versicherung bestehen. Ein abstrakter Verdacht genügt nicht.[9] Liegt hingegen eine **Einlagenrückzahlung i.S.v. § 19 Abs. 5** als Sonderfall der Bareinlage vor, muss sich das Registergericht nicht mit der Versicherung begnügen, sondern kann einen **Werthaltigkeits- und Liquiditätsnachweis verlangen** (h.M., vgl. § 56a Rn. 27 ff.).[10] In Ermangelung konkreter Anhaltspunkte ist es dem Gericht allerdings im Interesse eines reibungslosen Eintragungsverfahrens und unter Berücksichtigung der Strafbewehrung einer falschen Versicherung (§ 82 Abs.1 Nr. 3) verwehrt, „ins Blaue hinein" nach Einlagenrückzahlungen und/oder nach verdeckten Sacheinlagen i.S.v. § 19 Abs. 4 zu forschen.[11] Ergeben sich jedoch konkrete Anhaltspunkte für eine verdeckte Sacheinlage, ist die Eintragung abzulehnen (vgl. § 19 Abs. 4 Satz 1). Näher zum Prüfungsumfang des Registergerichts § 8 Rn. 12, 17; § 9c Rn. 2 ff.

II. Sonderfall Sacheinlage (§ 9c Abs. 1 Satz 2 i.V.m. § 57a)

1. Bloße Evidenzkontrolle

Bei der Kapitalerhöhung mit Sacheinlagen hat das Registergericht zu prüfen, ob die Sacheinlagen 5
nicht unwesentlich überbewertet wurden (bloße Evidenzkontrolle, § 9c Abs. 1 Satz 2 i.V.m. § 57a). Bezugspunkt der Prüfung ist der **Nennbetrag** des bzw. der übernommenen Geschäftsanteils bzw. -teile. Ein etwaiges Aufgeld bleibt außer Betracht (siehe § 56a Rn. 3). Bei einer gemischten Sacheinlage (siehe § 56 Rn. 3) bezieht sich die Werthaltigkeitsprüfung auf den Nennbetrag zuzüglich des festgesetzten Vergütungsbetrags (str.).[12] Im Falle nur unwesentlicher Überbewertung besteht kein Eintragungshindernis. Die **Differenzhaftung** des Übernehmers nach § 9 Abs. 1 i.V.m. § 56 Abs. 2 greift zur Sicherung der Kapitalaufbringung hingegen bei jeglicher Überbewertung (siehe § 56 Rn. 16). Unterbewertungen sind aus Sicht der Kapitalaufbringung ohne Weiteres zulässig.

---

6 Vgl. MünchKommGmbHG/*Lieder*, § 55 Rn. 101, 103; § 57a Rn.74; noch weitergehend BayObLG NJW-RR 2002, 1036 (Prüfung der Gesetzes- und Satzungsmäßigkeit des gesamten Vorgangs; zur AG); a.A. Scholz/*Priester* § 57a Rn. 5 m.w.N. (nicht Aufgabe des Registergerichts, Einhaltung des gesetzlichen Bezugsrechts zu kontrollieren).

7 *Keilbach*, MittRhNotK 2000, 365, 377 f.; MünchKommGmbHG/*Lieder*, § 57a Rn. 7.

8 Vgl. BGH NJW 1991, 1754, 1758 = BGHZ 113, 335 bereits zur Rechtslage vor Inkrafttreten des MoMiG (bewusster Verzicht auf Regelung vergleichbar § 37 Abs. 1 Sätze 3, 4 AktG im Rahmen der GmbH-Novelle von 1980).

9 RegBegr., BT-Drucks. 16/6140, S. 35; MünchKommGmbHG/*Lieder*, § 57a Rn. 12. Angesichts dessen, dass das Gericht außer der Versicherung der Geschäftsführer bei der Bareinlage keinerlei weitere Informationen erhält, werden „erhebliche Zweifel" i.S.d. § 8 Abs. 2 Satz 2, d.h. ein konkreter Verdacht, nur in Ausnahmefällen gegeben sein.

10 OLG München GmbHR 2011, 422 = MittBayNot 2011, 331 = NotBZ 2011, 224 und jüngst OLG Schleswig, GmbHR 2012, 908.

11 KG NZG 1998, 777; MünchKommGmbHG/*Lieder*, § 57a Rn. 10 m.w.N.; *Priester*, ZGR 1998, 856, 870.

12 OLG Düsseldorf NJW-RR 1996, 605, 606; *Kurz*, MittBayNot 1996, 173 f.; MünchKommGmbHG/*Lieder*, § 57a Rn. 23; Michalski/*Hermanns*, § 57a Rn. 13; a.A. Scholz/*Priester* § 57a Rn. 14 (Arg: im Zweifel Minderung der Vergütung gewollt).

6 Als Grundlage der registergerichtlichen Werthaltigkeitsprüfung steht bei der Kapitalerhöhung **kein Sacherhöhungsbericht** entsprechend § 5 Abs. 4 Satz 2 zur Verfügung (siehe § 56 Rn. 11). Allerdings ist der Anmeldung irgendein **geeigneter Werthaltigkeitsnachweis** (z.B. Unternehmen: „bescheinigte Bilanzen"; Grundstück: Kaufpreissammlung des gemeindlichen Gutachterausschusses; gewerbliche Schutzrechte, Patente o.Ä.: Sachverständigengutachten) beizufügen (siehe § 57 Rn. 14). Nicht zuletzt aufgrund der Neufassung des § 9c Abs. 1 Satz 2 (Angleichung an § 38 Abs. 2 Satz 2 AktG), aber auch mit Blick auf die Regelung in § 8 Abs. 2 Satz 2, darf das Gericht **nur bei begründeten Zweifeln** an der Werthaltigkeit weitere Unterlagen (über die eingereichten Unterlagen und die Versicherung des Geschäftsführers hinaus) anfordern bzw. eigene Ermittlungen anstellen (§ 26 FamFG). Eine „Ausforschungsermittlung" findet nicht statt. Dadurch wird die Eintragungszeit erheblich verkürzt (siehe § 9c Rn. 2).[13]

2. Maßgeblicher Zeitpunkt

7 Maßgeblicher Zeitpunkt für die Werthaltigkeit des Sacheinlagegegenstands ist der Zeitpunkt der **Anmeldung** (Eingang bei Gericht), da eine dem Gründungsstadium vergleichbare Vorbelastungs- bzw. Differenzhaftung der Gesellschafter bezogen auf den Eintragungszeitpunkt nicht besteht (siehe § 56a Rn. 5, 11) und die besondere Differenzhaftung des Inferenten nach § 9 Abs. 1 i.V.m. § 56 Abs. 2 ebenfalls auf den Anmeldungszeitpunkt abstellt (zum maßgeblichen Zeitpunkt bei Gründung siehe § 9c Rn. 7 f.).[14] Ein später eingetretener Wertverfall des Sacheinlagegegenstands hindert somit die Eintragung nicht.

8 Hat die Gesellschaft nach Einbringung der Sacheinlage und vor Anmeldung über den Gegenstand der Sacheinlage verfügt, bezieht sich die Prüfung nach § 9c Abs. 1 Satz 2 i.V.m. § 57a auf den Wert des Surrogats im Anmeldezeitpunkt, da nur auf diese Weise der Zweck der (eingeschränkten) Werthaltigkeitsprüfung, die Gewährleistung der ordnungsgemäßen Kapitalaufbringung, erreicht wird (str., siehe § 56a Rn. 5).

III. Registergerichtliche Entscheidung

9 **Behebbare Eintragungshindernisse** hat das Registergericht durch **Zwischenverfügung** i.S.v. § 382 Abs. 4 FamFG unter Fristsetzung zu beanstanden (vgl. § 26 Satz 2 HRV). Eine Ablehnung der Eintragung hat nur bei nicht innerhalb der Frist beseitigten oder unbehebbaren Mängeln sowie bei einer insgesamt fehlerhaften Anmeldung zu erfolgen (näher hierzu siehe § 9c Rn. 9).[15] Zu Rechtsmitteln bei Ablehnung der Eintragung (Beschwerde nach § 58 FamFG zum OLG, Rechtsbeschwerde nach § 70 FamFG zum BGH) siehe § 9c Rn. 9.

§ 57b (weggefallen)

13 RegBerg., BT-Drucks. 16/6140, S. 36; MünchKommGmbHG/*Lieder*, § 57a Rn. 13 ff. m.w.N.

14 BGH NJW 1996, 1473, 1476 f. = BGHZ 132, 141; OLG Düsseldorf NJW-RR 1996, 605, 606; MünchKommGmbHG/*Lieder*, § 57a Rn. 24; Baumbach/Hueck/*Zöllner*, § 57a Rn. 11; Lutter/Hommelhoff/*Lutter*, § 57a Rn. 3; Roth/Altmeppen/*Roth*, § 57a Rn. 2; Scholz/*Priester* § 57a Rn. 15; a.A. Ulmer/Habersack/Winter/*Ulmer*, § 57a Rn. 14 f. (Einbringungszeitpunkt); a.A. OLG Thüringen, GmbHR 1994, 710 (Zeitpunkt des Kapitalerhöhungsbeschlusses).

15 BayObLG NJW 1998, 1161 f.; Michalski/*Hermanns*, § 57a Rn. 22 f.; Roth/Altmeppen/*Roth*, § 9c Rn. 22 ff.

§ 57c Kapitalerhöhung aus Gesellschaftsmitteln

(1) Das Stammkapital kann durch Umwandlung von Rücklagen in Stammkapital erhöht werden (Kapitalerhöhung aus Gesellschaftsmitteln).

(2) Die Erhöhung des Stammkapitals kann erst beschlossen werden, nachdem der Jahresabschluss für das letzte vor der Beschlussfassung über die Kapitalerhöhung abgelaufene Geschäftsjahr (letzter Jahresabschluss) festgestellt und über die Ergebnisverwendung Beschluss gefasst worden ist.

(3) Dem Beschluss über die Erhöhung des Stammkapitals ist eine Bilanz zugrunde zu legen.

(4) Neben den §§ 53 und 54 über die Abänderung des Gesellschaftsvertrags gelten die §§ 57d bis 57o.

Literatur

Becker, Heilung verdeckter Sacheinlagen bei der GmbH, RNotZ 2005, 569; *Beitzke*, Kapitalerhöhung teilweise oder stufenweise aus Gesellschaftsmitteln, in: Dietz (Hrsg.), Beiträge zum Arbeits-, Handels- und Wirtschaftsrecht: Festschrift für Alfred Hueck zum 70. Geburtstag, 1959, S. 295; *Blath*, Einziehung und Nennbetragsanpassung, GmbHR 2011, 1177; *Börner*, Verbindung von Kapitalerhöhung aus Gesellschaftsmitteln und Kapitalerhöhung gegen Bareinlagen bei Aktiengesellschaften, DB 1988, 1254; *Christ*, Auswirkungen von unentgeltlichen Leistungen bei Kapitalgesellschaften auf Gesellschafter, Mitgesellschafter sowie nahe stehende Personen, ZEV 2011, 10; *Fett/Spiering*, Typische Probleme bei der Kapitalerhöhung aus Gesellschaftsmitteln, NZG 2002, 358; *Gebel*, Freigebige Zuwendungen durch Leistungen ins Vermögen einer Kapitalgesellschaft, BB 1998, 510; *Gessler*, Zweifelsfragen aus dem Recht der Kapitalerhöhung aus Gesellschaftsmitteln, DNotZ 1960, 619; *v. Godin*, Ist die Ausgabe von Gratisaktien eine Gewinnausschüttung?, AcP 145 (1939), 69; *Hirte*, Anmerkung zum Urteil des BGH v. 26.5.1997, JZ 1998, 201; *Joost*, Unternehmergesellschaft, Unterbilanz und Verlustanzeige, ZIP 2007, 2242; *Lange*, Wenn die UG erwachsen werden soll – „Umwandlung" in die GmbH, NJW 2010, 3686; *Nolting*, Disquotale Aufstockung der Nennbeträge von GmbH-Geschäftsanteilen bei der Einziehung, ZIP 2011, 1292; *Pleyer*, Anmerkung zu LG Mannheim v. 28.11.1960, GmbHR 1961, 85; *Priester*, Heilung verdeckter Kapitalerhöhung aus Gesellschaftsmitteln, GmbHR 1998, 861; *Schäfer*, Rechtsprobleme bei Gründung und Durchführung einer UG, ZIP 2011, 53; *Seibert/Decker*, Die GmbH-Reform kommt!, ZIP 2008, 1208; *Stegemann*, Die steuerliche Behandlung von Gratisaktien, BB 2000, 953; *Ullrich*, Gemeinnützige Unternehmergesellschaft und Verzinsung von „eigenkapitalersetzenden" Gesellschafterdarlehen?, GmbHR 2009, 750; *Winter*, Kapitalerhöhung aus Gesellschaftsmitteln, GmbHR 1993, 153.

A. Allgemeines (Abs. 1)

I. Entstehungsgeschichte

1 Die §§ 57c bis 57o wurden durch Art. 4 des Gesetzes zur Bereinigung des Umwandlungsrechts (UmwBerG) vom 28.10.1994[1] mit Wirkung vom 1.1.1995 eingefügt.[2] Sie sind im Wesentlichen und sachlich unverändert[3] an die Stelle der §§ 1 bis 17 des **Kapitalerhöhungsgesetzes** (KapErhG) vom 23.12.1959[4] getreten, so dass Literatur und Rechtsprechung zum KapErhG als Auslegungshilfe dienen können.[5] Da auch die §§ 207 ff. AktG auf das KapErhG zurückgehen, sind Literatur und Rechtsprechung hierzu ebenfalls auf das GmbH-Recht übertragbar.[6] Vor Inkrafttreten des KapErhG wurde die Kapitalerhöhung aus Gesellschaftsmitteln von der Rechtsprechung als **Doppelmaßnahme** begriffen, nämlich als Ausschüttung von Rücklagen und sofortiger Wiedereinlage derselben im Wege der Verrechnung.[7] Das Gesetz vertritt dagegen die **Einheitstheorie**.

II. Sinn und Zweck, Bedeutung

1. Sinn und Zweck der Kapitalerhöhung aus Gesellschaftsmitteln

2 Durch die Kapitalerhöhung aus Gesellschaftsmitteln werden frei verfügbare Rücklagen in gebundenes Eigenkapital umgewandelt, was zu einer Anpassung der Stammkapitalziffer an das tatsächlich vorhandene Eigenkapital führt, weshalb sie auch als **Kapitalberichtigung** oder nominelle Kapitalerhöhung bezeichnet wird.[8] Diese verfestigte interne Kapitalausstattung kann zu einer erleichterten Außenfinanzierung führen, da das erhöhte Stammkapital die **Kreditwürdigkeit** der Gesellschaft verbessert.[9]

2. Bedeutung der Kapitalerhöhung aus Gesellschaftsmitteln

3 Abgesehen davon, dass sie eine erleichterte Umstellung auf Euro (siehe § 86 a.F.) ermöglichte,[10] hat die Kapitalerhöhung aus Gesellschaftsmitteln nur **geringe praktische Bedeutung** erlangt. Dies ist darauf zurückzuführen, dass das Ausschüttungs-Rückhol-Verfahren (siehe Rn. 14) steuerrechtlich vorteilhafter war. Mit der Abschaffung des Anrechungs- und der Einführung des **Halbeinkünfteverfahrens** hat sich dies geändert.[11] Ob sich diese Tendenz durch das Unternehmenssteuerreformgesetz 2008[12] ändern wird, ist nicht abzusehen.[13]

4 In der Literatur wird die Nachholung der §§ 57c ff. als taugliches Mittel zur **Heilung einer verdeckten Kapitalerhöhung aus Gesellschaftsmitteln** (siehe § 57i Rn. 28) angesehen, wenn also eine Kapitalerhöhung gegen Einlagen nicht durch Bareinzahlung der Gesellschafter, sondern durch

1 BGBl. I S. 3210, 3257.
2 Zum Gesetzgebungsverfahren siehe BT-Drucks. 12/6699, S. 176.
3 Vgl. BT-Drucks. 12/6699, S. 176; Gegenüberstellungen mit Erläuterung der einzelnen Änderungen finden sich bei Lutter/Hommelhoff/*Lutter/Hommelhoff*, 16. Aufl., § 57c Rn. 2, Scholz/*Priester*, 9. Aufl., Vor § 57c Rn. 5, 6 und Ulmer/*Ulmer*, Vor § 57c Rn. 6 ff., 20; § 57c Rn. 2 f.
4 BGBl. I S. 789.
5 Eine kurze Darstellungen des KapErhG mit Literaturnachweisen liefern MünchKomm-GmbHG/*Lieder*, § 57c Rn. 6 und Scholz/*Priester*, Vor § 57c Rn. 2, 3.
6 Baumbach/Hueck/*Zöllner*, Vor § 57c Rn. 1; Michalski/*Hermanns*, § 57c Rn. 1; Heybrock/*Rabe*, § 57c Rn. 5.
7 Vgl. RGZ 107, 161, 168 f.; 108, 29, 31 f.; BGHZ 15, 391, 392; anders das Schrifttum, vgl. *v. Godin*, AcP 145 (1939), 69.
8 Rowedder/Schmidt-Leithoff/*Zimmermann*, § 57c Rn. 1; Scholz/*Priester*, Vor § 57c Rn. 11.
9 BeckOK/*Rühland*, § 57c Rn. 3; Michalski/*Hermanns*, § 57c Rn. 2; MünchKomm-GmbHG/*Lieder*, § 57c Rn. 3; Rowedder/Schmidt-Leithoff/*Zimmermann*, § 57c Rn. 15.
10 LG Bonn NJW 2000, 3221, 3222; Rowedder/Schmidt-Leithoff/*Zimmermann*, § 57c Rn. 7; Scholz/*Priester*, 9. Aufl., Vor § 57c Rn. 9; krit. *Fett/Spiering*, NZG 2002, 358, 362.
11 Baumbach/Hueck/*Zöllner*, Vor § 57c Rn. 3; Lutter/Hommelhoff/*Lutter*, § 57c Rn. 3; MünchKomm-GmbHG/*Lieder*, § 57c Rn. 4; Rowedder/Schmidt-Leithoff/*Zimmermann*, § 57c Rn. 7; Scholz/*Priester*, Vor § 57c Rn. 15; Ulmer/*Ulmer*, Vor § 57c Rn. 5.
12 Vom 14.8.2007 (BGBl. I S. 1912).
13 Nach Auffassung von Ulmer/*Ulmer*, Vor § 57c Rn. 5 droht hieraus kein Bedeutungsverlust für das Ausschüttungs-Rückhol-Verfahren.

Umbuchung von Rücklagen der Gesellschafter durchgeführt wird, wobei das erforderliche Werthaltigkeitstestat entsprechend § 57i Abs. 2 nicht älter als acht Monate sein darf.[14]

Einen **Bedeutungszuwachs** erhält die Kapitalerhöhung aus Gesellschaftsmitteln durch den zwingenden Gleichlauf der Summe der Nennbeträge der Geschäftsanteile mit dem Nennbetrag des Stammkapitals (siehe § 5 Abs. 3 Satz 2). Fallen beide, wie nach der Einziehung eines Geschäftsanteils, auseinander, ist die nominelle Kapitalerhöhung ein geeignetes Instrument, diesen Gleichlauf wieder herzustellen.[15] Die **Unternehmergesellschaft** ist sogar in erster Linie zur Kapitalerhöhung aus eigenen Gesellschaftsmitteln verpflichtet (siehe § 5a Abs. 3 Satz 2 Nr. 1 und Rn. 32 f.). 5

III. Rechtsnatur

Bei der Kapitalerhöhung aus Gesellschaftsmitteln handelt es sich um eine echte Kapitalerhöhung, jedoch ohne Einlageleistung von außen,[16] sondern durch die bloß bilanztechnische Umbuchung (**Passivtausch**) von Rücklagen in Eigenkapital.[17] Dabei wird frei verfügbares, ausschüttungsfähiges Eigenkapital in gebundenes, nicht ausschüttungsfähiges Stammkapital i.S.d. § 30 umgewidmet. Das rechtstechnische Gegenstück hierzu bildet die Kapitalherabsetzung (siehe § 58).[18] 6

Als echte Kapitalerhöhung muss sie dem Grundsatz **realer Kapitalaufbringung** entsprechen. Dies soll dadurch erreicht werden, dass einerseits die umwandlungsfähigen Rücklagen definiert werden (siehe § 57d), andererseits deren Werthaltigkeit durch eine testierte Bilanz (siehe §§ 57e, 57f) sowie eine Erklärung der Geschäftsführer (siehe § 57i) garantiert wird.[19] 7

Da die umgewandelten Rücklagen nicht aus Fremdkapital stammen, sondern den Gesellschaftern anteilsmäßig zustanden, dürfen sich durch die Kapitalerhöhung **keine Anteilsverschiebungen** ergeben.[20] Deshalb werden alle Gesellschafter streng proportional an der Erhöhung beteiligt (siehe §§ 57j, 57l) und ohne dass sich die Rechte der Gesellschafter zueinander verändern (siehe § 57m). 8

IV. Anwendungsbereich

Lex specialis für die Währungsumstellung und Stammkapitalanpassung von Gesellschaften in den neuen Bundesländern ist das **DM-Bilanzgesetz**[21] vom 23.9.1990/22.3.1991.[22] 9

Die zeitliche Anwendungsgrenze bildet das **Liquidationsstadium**: Eine Kapitalerhöhung aus Gesellschaftsmitteln darf nicht mehr beschlossen werden, eine bereits beschlossene Kapitalerhöhung nicht mehr eingetragen werden, weil der auf Beendigung der Gesellschaft gerichtete Liquidationszweck dem entgegensteht.[23] Gleichzeitig mit der Kapitalerhöhung muss die Fortführung der aufgelösten Gesellschaft beschlossen werden.[24] Bei Insolvenzreife wird es jedoch an umwandlungsfähigen Rücklagen fehlen.[25] 10

14 LG Frankfurt, NJW-RR 2001, 1406 = GmbHR 2001, 478 = NZI 2001, 268; *Becker*, RNotZ 2005, 569; *Priester*, GmbHR 1998, 861; Lutter/Hommelhoff/*Lutter*, § 57i Rn. 17; Scholz/*Priester*, § 57i Rn. 19; a.A. Baumbach/Hueck/*Zöllner*, § 57c Rn. 9.

15 Vgl. BT-Drucks. 16/6140, S. 31, wo die Kapitalerhöhung aus Gesellschaftsmitteln ausdrücklich als Instrument zur Anpassung genannt wird; Scholz/*Priester*, Vor § 57c Rn. 9; zu weiteren Lösungen, eine Diskrepanz zwischen den Nennbeträgen der Geschäftsanteile und des Stammkapitals zu beseitigen siehe DNotI-Report 2010, 29; *Blath*, GmbHR 2011, 1177, 1180; dagegen hält *Nolting*, ZIP 2011, 1292 eine formlose und sogar disquotale Aufstockung der Nennbeträge für möglich.

16 Vgl. BT-Drucks. 16/6140, S. 29, 37; BeckOK/*Rühland*, § 57c Rn. 2.

17 MünchKomm-GmbHG/*Lieder*, § 57c Rn. 1; Roth/Altmeppen/*Roth*, § 57c Rn. 4; Rowedder/Schmidt-Leithoff/*Zimmermann*, § 57c Rn. 2; Scholz/*Priester*, Vor § 57c Rn. 11.

18 Rowedder/Schmidt-Leithoff/*Zimmermann*, § 57c Rn. 1; Scholz/*Priester*, Vor § 57c Rn. 11.

19 Lutter/Hommelhoff/*Lutter*, § 57c Rn. 4; Scholz/*Priester*, Vor § 57c Rn. 13.

20 Lutter/Hommelhoff/*Lutter*, § 57c Rn. 5; Scholz/*Priester*, Vor § 57c Rn. 14.

21 BGBl. II 1990 S. 889, 1169, 1245; BGBl. I 1990, S. 971.

22 Rowedder/Schmidt-Leithoff/*Zimmermann*, § 57c Rn. 9; MünchKomm-GmbHG/*Lieder*, § 57c Rn. 8.

23 Baumbach/Hueck/*Zöllner*, Vor § 57c Rn. 5; Michalski/*Hermanns*, § 57c Rn. 31; Scholz/*Priester*, Vor § 57c Rn. 18.

24 Baumbach/Hueck/*Zöllner*, Vor § 57c Rn. 5; MünchKomm-GmbHG/*Lieder*, § 57c Rn. 9; Scholz/*Priester*, Vor § 57c Rn. 18.

25 Michalski/*Hermanns*, § 57c Rn. 30; MünchKomm-GmbHG/*Lieder*, § 57c Rn. 10.

V. Kombinationsformen

1. Kombination mit effektiver Kapitalerhöhung

11 In derselben Gesellschafterversammlung können in **getrennten Beschlüssen** sowohl eine Kapitalerhöhung aus Gesellschaftsmitteln als auch eine Kapitalerhöhung gegen Einlagen nacheinander beschlossen werden (unechte Kombination).[26] Unerheblich ist, in welcher Reihenfolge diese Beschlüsse gefasst werden.[27] Die Kapitalerhöhung aus Gesellschaftsmitteln darf unter der Bedingung beschlossen werden, dass die Kapitalerhöhung gegen Einlagen gelingt, solange hiermit kein Zwang zur effektiven Kapitalerhöhung oder ein Verstoß gegen § 57j verbunden ist.[28]

12 Zulässig ist auch die echte Kombination einer nominellen und einer effektiven Kapitalerhöhung durch **einheitlichen Beschluss**.[29] Wirksam ist die Kapitalerhöhung, wenn die Voraussetzungen beider Kapitalerhöhungsarten beachtet wurden. Das Einverständnis aller Gesellschafter ist hierzu nicht erforderlich.[30]

2. Kombination mit Kapitalherabsetzung

13 **Nicht möglich** ist die Kombination mit einer Kapitalherabsetzung, weder mit einer ordentlichen (siehe § 58 Abs. 1 Nr. 3)[31] noch mit einer vereinfachten.[32]

3. Kombination mit Ausschüttungs-Rückhol-Verfahren

14 Wird eine Kapitalerhöhung im **Ausschüttungs-Rückhol-Verfahren** durch gleichzeitige Einbringung des Anspruchs auf Zahlung des Gewinnanteils als Sacheinlage durchgeführt, so sind deren Voraussetzungen an der Kapitalerhöhung aus Gesellschaftsmitteln auszurichten und nicht als (verdeckte) Sachleinlage zu behandeln.[33]

B. Inhalt der Regelung

I. Satzungsänderung (Abs. 4)

15 Abs. 4 stellt klar, dass die Kapitalerhöhung aus Gesellschaftsmitteln eine **Satzungsänderung** i.S.d. § 53 darstellt. Sie bedarf daher eines durch einen deutschen Notar[34] beurkundeten Gesellschafterbeschlusses. Für Stimmrechtsvollmacht und Genehmigung genügen Textform (§ 47 Abs. 3; siehe § 47 Rn. 18, 21).[35]

---

26 Scholz/*Priester*, Vor § 57c Rn. 19.

27 Baumbach/Hueck/*Zöllner*, § 57c Rn. 8; Michalski/*Hermanns*, § 57c Rn. 19; Scholz/*Priester*, Vor § 57c Rn. 19.

28 BeckOK/*Rühland*, § 57c Rn. 25; Roth/Altmeppen/*Roth*, § 57c Rn. 7; Michalski/*Hermanns*, § 57c Rn. 20; MünchKomm-GmbHG/*Lieder*, § 57c Rn. 12; Formulierungsbeispiel bei Lutter/Hommelhoff/*Lutter*, § 57c Rn. 14; a.A *Börner*, DB 1988, 1254.

29 OLG Düsseldorf, NJW 1986, 2060 = ZIP 1986, 437; LG München I, Rpfleger 1983, 157 (wenn sämtliche Gesellschafter zustimmen und die gesetzlichen Voraussetzungen für beide Arten der Kapitalerhöhung eingehalten werden); BeckOK/*Rühland*, § 57c Rn. 24.4; Heybrock/*Rabe*, § 57c Rn. 31; Michalski/*Hermanns*, § 57c Rn. 22; MünchKomm-GmbHG/*Lieder*, § 57c Rn. 14, 15; Scholz/*Priester*, Vor § 57c Rn. 21; *Hirte*, JZ 1998, 201, 202; a.A. Baumbach/Hueck/*Zöllner*, § 57c Rn. 8; Lutter/Hommelhoff/*Lutter*, § 57c Rn. 15; Rowedder/Schmidt-Leithoff/*Zimmermann*, § 57c Rn. 13; Ulmer/*Ulmer*, Vor § 57c Rn. 17; *Wicke*, § 57c Rn. 8; *Beitzke*, in: FS A. Hueck, 1959, S. 295, 302; *Fett/Spiering*, NZG 2002, 358, 368; *Gessler*, DNotZ 1960, 619, 627.

30 Michalski/*Hermanns*, § 57c Rn. 22; a.A. MünchKomm-GmbHG/*Lieder*, § 57c Rn. 14.

31 Heybrock/*Rabe*, § 57c Rn. 33; MünchKomm-GmbHG/*Lieder*, § 57c Rn. 16; Rowedder/Schmidt-Leithoff/*Zimmermann*, § 57c Rn. 14; Scholz/*Priester*, Vor § 57c Rn. 23.

32 Roth/Altmeppen/*Roth*, § 57c Rn. 8; Lutter/Hommelhoff/*Lutter*, § 57c Rn. 16; MünchKomm-GmbHG/*Lieder*, § 57c Rn. 17; Rowedder/Schmidt-Leithoff/*Zimmermann*, § 57c Rn. 14; Scholz/*Priester*, Vor § 57c Rn. 23; anders Baumbach/Hueck/*Zöllner*, § 57c Rn. 10, der sie nur wegen Irreführung für unzulässig hält.

33 BGHZ 135, 381 = NJW 1997, 2516 = DStR 1997, 1254 m. Anm. *Goette* = DNotZ 1998, 152 m. Anm. *Kopp* = JZ 1998, 199 m. Anm. *Hirte*; ausf. Scholz/*Priester*, Vor § 57c Rn. 18.

34 Michalski/*Hermanns*, § 57c Rn. 10; a.A. Lutter/Hommelhoff/*Lutter*, § 57c Rn. 7: Beurkundung durch ausländischen Notar genügt.

35 BeckOK/*Rühland*, § 57c Rn. 16; Michalski/*Hermanns*, § 57c Rn. 10; MünchKomm-GmbHG/*Lieder*, § 57c Rn. 20; Rowedder/Schmidt-Leithoff/*Zimmermann*, § 57j Rn. 4.

Der Beschluss bedarf nach § 53 Abs. 2 Satz 1 einer **drei Viertel Mehrheit**, sofern der Gesellschaftsvertrag nicht (auch allgemein) höhere Mehrheiten (z.B. Zustimmung aller Gesellschafter) oder besondere Erfordernisse (z.B. Zustimmung eines bestimmten Gesellschafters) vorsieht (§ 53 Abs. 2 Satz 3).[36] Eine Herabsetzung des Zustimmungsquorums ist nicht möglich.[37] Andere Erfordernisse, die sich ausdrücklich nur auf die Kapitalerhöhung mit Einlagen beziehen, gelten nicht für die Kapitalerhöhung aus Gesellschaftsmitteln.[38] Die Verweisung auf § 53 Abs. 3 hat keine Bedeutung.[39] Bei Beteiligung von minderjährigen Gesellschaftern werden diese von ihren Eltern vertreten, die Bestellung von Ergänzungspflegern ist nicht geboten. Eine familiengerichtliche Genehmigung ist nicht erforderlich.[40] 16

Für die **Anmeldung** der Satzungsänderung zum Handelsregister gelten die §§ 54, 57i (siehe § 57i Rn. 1 ff.). 17

II. Inhalt des Erhöhungsbeschlusses

1. Notwendiger Inhalt

Mindestinhalt des Kapitalerhöhungsbeschlusses ist die genaue Angabe des **Betrags**, um den das Stammkapital erhöht werden soll; die Angabe eines Höchstbetrags genügt nicht,[41] die Angabe der neuen Stammkapitalziffer und der Anzahl und Höhe der neuen Geschäftsanteile ist nicht zwingend.[42] Eine Bezifferung des Erhöhungsbetrags ist nicht erforderlich, wenn sich dieser zum Zeitpunkt der Eintragung unzweifelhaft bestimmen lässt, z.B. im Wege der Subtraktion der alten von der neuen Stammkapitalziffer.[43] Es muss ausdrücklich angegeben werden, dass die Erhöhung durch **Umwandlung von Rücklagen** erfolgt und welche **Bilanz** dem Beschluss zugrunde liegt.[44] Sind mehrere umwandlungsfähige Rücklagen vorhanden (siehe § 57d Rn. 2 ff.), sollen aber nicht alle zur Kapitalerhöhung verwendet werden, so ist die **umzuwandelnde Rücklage** hinreichend **bestimmt** zu bezeichnen.[45] Ferner muss beschlossen werden, ob die Kapitalerhöhung durch Ausgabe **neuer Anteile** (genaue Bezeichnung der Gesellschafter) oder durch **Aufstockung der Nennbeträge** (genaue Bezeichnung der Anteile) oder durch Kombination beider Verfahren erfolgen soll.[46] Nur im letzteren Fall ist eine Angabe der einzelnen Erhöhungsbeträge zwingend geboten.[47] Lautet das Stammkapital noch auf DM, so muss dieses zwingend vorab oder im Zuge der Kapitalerhöhung auf EUR umgestellt werden, § 1 Abs. 1 Satz 4 EGGmbHG.[48] 18

2. Fakultativer Inhalt

Im Kapitalerhöhungsbeschluss können weitere Bestimmungen getroffen werden, insbesondere über den Zeitpunkt der **Gewinnbeteiligung** (siehe § 57n Rn. 2) und über die **Anpassung** von Sonderrechten und -pflichten (siehe § 57m Rn. 3 ff.). 19

---

36 Lutter/Hommelhoff/*Lutter*, § 57c Rn. 6; Rowedder/Schmidt-Leithoff/*Zimmermann*, § 57c Rn. 16.
37 Heybrock/*Rabe*, § 57c Rn. 14.
38 Baumbach/Hueck/*Zöllner*, § 57c Rn. 2; MünchKomm-GmbHG/*Lieder*, § 57c Rn. 21; Scholz/*Priester*, § 57c Rn. 2.
39 BeckOK/*Rühland*, § 57c Rn. 19; Roth/Altmeppen/*Roth*, § 57c Rn. 9; Michalski/*Hermanns*, § 57c Rn. 11; MünchKomm-GmbHG/*Lieder*, § 57c Rn. 22; Scholz/*Priester*, § 57c Rn. 3.
40 *Gessler*, DNotZ 1960, 619, 624; Michalski/*Hermanns*, § 57c Rn. 11.
41 Michalski/*Hermanns*, § 57c Rn. 14; MünchKomm-GmbHG/*Lieder*, § 57c Rn. 24; Scholz/*Priester*, § 57c Rn. 5.
42 Str., wie hier: LG Mannheim, BB 1961, 303, 304; *Pleyer*, GmbHR 1961, 85, 86; Baumbach/Hueck/*Zöllner*, § 57c Rn. 3; BeckOK/*Rühland*, § 57c Rn. 21.1; *Wicke*, § 57c Rn. 6; a.A. Heybrock/*Rabe*, § 57c Rn. 19; Lutter/Hommelhoff/*Lutter*, § 57c Rn. 10.
43 Vgl. OLG Karlsruhe, ZIP 2007, 270 (allerdings zur Kapitalerhöhung bei einer AG); BeckOK/*Rühland*, § 57c Rn. 21.1; Heybrock/*Rabe*, § 57c Rn. 21; MünchKomm-GmbHG/*Lieder*, § 57c Rn. 24; *Wicke*, § 57c Rn. 6.
44 Michalski/*Hermanns*, § 57c Rn. 14; Scholz/*Priester*, § 57c Rn. 5.
45 Michalski/*Hermanns*, § 57c Rn. 14; Scholz/*Priester*, § 57c Rn. 5.
46 Michalski/*Hermanns*, § 57c Rn. 14; Scholz/*Priester*, § 57c Rn. 5; teilweise weitergehend Lutter/Hommelhoff/*Lutter*, § 57c Rn. 10.
47 Roth/Altmeppen/*Roth*, § 57c Rn. 10.
48 BeckOK/*Rühland*, § 57c Rn. 6.

II. Jahresabschluss und Ergebnisverwendung (Abs. 2)

20 Vor dem Kapitalerhöhungsbeschluss muss der Jahresabschluss für das letzte abgelaufene Geschäftsjahr (bzw. die Zwischenbilanz) festgestellt und über die Ergebnisverwendung beschlossen worden sein (siehe § 46 Nr. 1). Diese Reihenfolge ist **zwingend**, eine Ausnahme enthält aber § 57n Abs. 2 Satz 2 (siehe § 57n Rn. 6).[49] Allerdings können die Beschlüsse nacheinander in einer **einzigen Versammlung** getroffen werden.[50] Wird die letzte Jahresbilanz zugrunde gelegt, so kann die Kapitalerhöhung auch unter der **aufschiebenden Bedingung** beschlossen werden, dass der Jahresabschluss geprüft und uneingeschränkt bestätigt wird.[51] Anmeldung und Eintragung dürfen erst nach Bedingungseintritt erfolgen. Wird eine Bilanz nach § 57f verwendet, muss diese zwingend vorher geprüft worden sein (siehe § 57f Rn. 9).

III. Bilanz (Abs. 3)

21 Dem Beschluss ist entweder die letzte Jahresbilanz (§ 57e) oder eine Zwischenbilanz (§ 57f) zugrunde zu legen. Im Erhöhungsbeschluss muss nicht ausdrücklich auf die Bilanz verwiesen werden, es kann genügen, wenn sich aus der notariellen Urkunde hinreichend deutlich entnehmen lässt, welche Bilanz der Kapitalerhöhung zugrunde gelegt werden soll.[52] Durch die **geprüfte Bilanz** soll im Gläubigerinteresse die reale Kapitalaufbringung gewährleistet werden. Zu den Einzelheiten siehe §§ 57e, 57f.

IV. Rechtsfolgen bei Verstößen

22 Wird die **zwingende Reihenfolge** der Beschlussfassungen verletzt (siehe Rn. 20), so ist der Kapitalerhöhungsbeschluss analog § 241 Nr. 3 AktG **nichtig**.[53] Fehlt es an einem **notwendigen Bestandteil** des Beschlusses (siehe Rn. 18), so ist der Beschluss ebenfalls analog § 241 Nr. 3 AktG **nichtig**.[54]

23 Das Registergericht muss die Eintragung in diesen Fällen zurückweisen. Wird die Eintragung trotzdem vorgenommen, kommt eine **Heilung** nach Maßgabe des § 242 AktG analog in Betracht. Eine **Amtslöschung** nach § 398 FamFG (vgl. § 242 Abs. 2 Satz 3 AktG) ist möglich und vernichtet den Beschluss, vorbehaltlich des Schutzes Dritter nach § 15 HGB, *ex tunc*.[55]

---

49 Lutter/Hommelhoff/*Lutter*, § 57c Rn. 8; Michalski/*Hermanns*, § 57c Rn. 5; Scholz/*Priester*, § 57c Rn. 7.

50 BeckOK/*Rühland*, § 57c Rn. 7; Michalski/*Hermanns*, § 57c Rn. 5; MünchKomm-GmbHG/*Lieder*, § 57c Rn. 31; Roth/Altmeppen/*Roth*, § 57c Rn. 13; Scholz/*Priester*, § 57c Rn. 10.

51 LG Duisburg, GmbHR 1990, 85, 86; BeckOK/*Rühland*, § 57c Rn. 7; Lutter/Hommelhoff/*Lutter*, § 57c Rn. 9; Michalski/*Hermanns*, § 57c Rn. 5; MünchKomm-GmbHG/*Lieder*, § 57c Rn. 31; Scholz/*Priester*, § 57c Rn. 10; Ulmer/*Ulmer*, § 57c Rn. 13; a.A. Baumbach/Hueck/*Zöllner*, § 57c Rn. 4; *Wicke*, § 57c Rn. 4.

52 OLG Hamm FGPrax 2010, 307 = GmbHR 2010, 984 = ZIP 2010, 2347; strenger wohl BeckOK/*Rühland*, § 57c Rn. 21.2.

53 BeckOK/*Rühland*, § 57c Rn. 7, 28; Heybrock/*Rabe*, § 57c Rn. 17; Roth/Altmeppen/*Roth*, § 57c Rn. 14; Lutter/Hommelhoff/*Lutter*, § 57c Rn. 11; Michalski/*Hermanns*, § 57c Rn. 26; MünchKomm-GmbHG/*Lieder*, § 57c Rn. 33; Scholz/*Priester*, § 57c Rn. 13; a.A. OLG Hamm FGPrax 2010, 307 = GmbHR 2010, 984 = ZIP 2010, 2347 = EWiR 2010, 671 (*Wachter*); Baumbach/Hueck/*Zöllner*, § 57c Rn. 5: Beschluss ist schwebend unwirksam und kann durch Nachholung der fehlenden Beschlüsse geheilt werden.

54 BeckOK/*Rühland*, § 57c Rn. 31; Roth/Altmeppen/*Roth*, § 57c Rn. 14; Baumbach/Hueck/*Zöllner*, § 57c Rn. 5, 7; Lutter/Hommelhoff/*Lutter*, § 57c Rn. 11; Scholz/*Priester*, § 57c Rn. 13.

55 Lutter/Hommelhoff/*Lutter*, § 57c Rn. 11; Keidel/*Heinemann*, § 398 FamFG Rn. 28.

C. Weitere praktische Hinweise

I. Kosten

Für die **Eintragung** der Kapitalerhöhung ins Handelsregister werden Gebühren aufgrund der HRegGebV erhoben (§§ 79 Abs. 1, 79a KostO; künftig § 58 GNotKG-RefE). Es handelt sich um die Eintragung einer Tatsache, die gem. § 1 HRegGebV i.V.m. GV Nr. 2500 eine Gebühr von 70 EUR auslöst.[56] Für die Entgegennahme der neuen Gesellschafterliste fallen zusätzlich 30 EUR an (GV Nr. 5002). Dabei spielt es keine Rolle, dass die Liste vom beurkundenden Notar eingereicht wird.[57] 24

II. Steuerrecht

1. Einkommensteuer

Der Zuwachs der neuen Anteilsrechte stellt **keine Einkünfte** i.S.d. § 2 Abs. 1 EStG dar, so dass die Kapitalerhöhung einkommensteuerrechtlich neutral ist, vgl. § 1 KapErhStG. Voraussetzung hierfür ist, dass die Kapitalerhöhung handelsrechtlich wirksam durchgeführt worden ist.[58] § 3 KapErhStG bestimmt, dass die **Anschaffungskosten** der alten Geschäftsanteile auf diese und die neuen Anteile im Verhältnis der Anteile am Nennkapital zu verteilen sind, so dass nicht nur handelsrechtlich (siehe § 57o Rn. 1), sondern auch steuerrechtlich kein Bilanzgewinn entsteht.[59] 25

Für **vor dem Veranlagungszeitraum 2009** angeschaffte Geschäftsanteile, die im Privatvermögen gehalten werden gilt: Werden diese Geschäftsanteile erhöht und innerhalb eines Jahres veräußert, entsteht **kein Spekulationsgewinn** i.S.d. § 23 EStG a.F., da kein Anschaffungsvorgang vorliegt.[60] Die neuen Geschäftsanteile gelten zum selben Zeitpunkt angeschafft wie die alten Anteile.[61] Für **nach dem Veranlagungszeitraum 2009** angeschaffte privat gehaltene Geschäftsanteile unter einem Prozent gilt im Falle der Veräußerung die Pauschalbesteuerung mit 25 %, § 32d EStG.[62] Die Veräußerung von Beteiligungen von einem Prozent und mehr unterliegt der Teileinkünfte-Besteuerung nach § 17 Abs. 1, § 3 Nr. 40 EStG.[63] Werden in eine GmbH Aktien eingebracht, so liegt in der Neuverteilung dieser Altaktien auf eine größere Anzahl von Anteilsrechten aufgrund einer Kapitalerhöhung aus Eigenmitteln kein Neuerwerb von Aktien vor.[64] 26

2. Körperschaftsteuer

Auch körperschaftsteuerrechtlich ist die Kapitalerhöhung aus Gesellschaftsmitteln ein zunächst **neutraler Vorgang**.[65] Allerdings könnte es bei einer Kapitalerhöhung aus Gewinnrücklagen und einer **späteren Kapitalherabsetzung** zu Besteuerungslücken kommen, da die Rückzahlung von Nennkapital nicht zu Einkünften führt, so dass die Gewinnrücklagen lediglich mit der 15%igen Körperschaftsteuer belastet wären. Deshalb sieht **§ 28 KStG** vor, dass diese aus der Gewinnrücklage stammenden Beträge nach § 27 KStG festgehalten werden müssen und bei einer Kapitalherabsetzung und Auskehr wie Dividenden zu versteuern sind.[66] 27

---

56 Unzutreffend MünchKomm-GmbHG/*Lieder*, § 57c Rn. 34, der übersieht, dass die GV Nr. 2400 nicht für die GmbH gilt.
57 OLG München NZG 2010, 1231 = Rpfleger 2010, 629.
58 BFHE 212, 280 = NZG 2006, 875.
59 Rowedder/Schmidt-Leithoff/*Zimmermann*, § 57c Rn. 23; MünchKomm-GmbHG/*Lieder*, § 57c Rn. 38.
60 *Stegemann*, BB 2000, 953, 956; Roth/Altmeppen/*Roth*, § 57c Rn. 17; Lutter/Hommelhoff/*Lutter*, § 57c Rn. 18; Rowedder/Schmidt-Leithoff/*Zimmermann*, § 57c Rn. 23; MünchKomm-GmbHG/*Lieder*, § 57c Rn. 39.
61 BFHE 224, 504 = DStR 2009, 1423, 1425.
62 MünchKomm-GmbHG/*Lieder*, § 57c Rn. 40.
63 MünchKomm-GmbHG/*Lieder*, § 57c Rn. 40.
64 BFHE 224, 504 = DStR 2009, 1423, 1425; FG Baden-Württemberg DStRE 2009, 714 = EFG 2008, 1374.
65 Roth/Altmeppen/*Roth*, § 57c Rn. 16.
66 Blümich/*Danelsing*, § 28 KStG Rn. 1; Gosch/*Heger*, § 28 KStG Rn. 2; MünchKomm-GmbHG/*Lieder*, § 57c Rn. 37; Rowedder/Schmidt-Leithoff/*Zimmermann*, § 57c Rn. 28; Scholz/*Priester*, 9. Aufl., Vor § 57c Rn. 31.

3. Schenkungsteuer

28 Da der Erwerb der neuen bzw. aufgestockten Gesellschaftsanteile von Gesetzes wegen erfolgt, liegt **keine schenkungsteuerpflichtige Zuwendung** vor. Anders kann es sein, wenn der Kapitalerhöhungsbetrag aus der verdeckten Einlage eines Mitgesellschafters stammt.[67] Ein steuerpflichtiger „Verzicht" gegenüber den Mitgesellschaftern ist in Hinblick auf § 57j Satz 2 nicht denkbar (siehe § 57j Rn. 7).[68] Schenkungsteuerpflichtig kann jedoch eine unentgeltliche Zuwendung und Abtretung der neu ausgegebenen Anteile an die Mitgesellschafter sein (siehe § 57j Rn. 9).

4. Gemeinnützigkeit

29 Verfolgt die Gesellschaft steuerbegünstigte Zwecke ist gemeinnützigkeitsrechtlich in der Satzung klarzustellen, dass das so entstehende Nennkapital dem Zugriff der Gesellschafter entzogen ist, denn sie dürfen nach § 55 Abs. 1 Nr. 2 AO nur ihre eingezahlten Kapitalanteile zurückerhalten.[69]

5. Mitteilungspflichten

30 Die **Kapitalgesellschaft** hat die Erhöhung des Nennkapitals innerhalb von zwei Wochen nach der Eintragung des Beschlusses über die Erhöhung des Nennkapitals in das Handelsregister dem Finanzamt mitzuteilen und eine Abschrift des Beschlusses über die Erhöhung des Nennkapitals einzureichen, § 4 KapErhStG.[70] Der beurkundende **Notar** hat gem. § 54 EStDV innerhalb von zwei Wochen eine beglaubigte Abschrift der von ihm aufgenommenen Urkunden an das zuständige Finanzamt zu übermitteln.

III. Unternehmergesellschaft

31 Die Unternehmergesellschaft (UG) ist nach § 5a Abs. 3 Satz 1 verpflichtet, eine **gesetzliche Rücklage** i.S.d. § 266 Abs. 3 A III Nr. 1 HGB zu bilden. Diese muss mindestens ein Viertel des Jahresüberschusses abzüglich eines etwaigen Verlustvortrags aus dem Vorjahr betragen. Wegen der gläubigerschützenden Wirkung der Vorschrift sind der hiervon abweichende Feststellungsbeschluss analog § 256 Abs. 1 Nr. 1 AktG und der Ergebnisverwendungsbeschluss analog § 253 Abs. 1 AktG **nichtig**.[71]

32 Die gebildete Rücklage soll in erster Linie zum Zwecke einer **Kapitalerhöhung aus Gesellschaftsmitteln** verwendet werden (§ 5a Abs. 3 Satz 2 Nr. 1).[72] Nicht ausgeschlossen ist daneben eine Kapitalerhöhung aus Gesellschaftermitteln gem. §§ 55, 56 GmbHG.[73] Eine Sachkapitalerhöhung darf insoweit erfolgen, als das Mindeststammkapital einer GmbH zunächst durch Barmittel aufgestockt wird.[74] Keine Aussage trifft das Gesetz darüber, wann diese **Kapitalerhöhung** erfolgen muss. Richtigerweise muss diese geschehen, sobald die Anmeldung der UG als GmbH nach § 5a Abs. 2 möglich ist, also das Stammkapital in voller Höhe in der Rücklage vorhanden ist.[75] Es bleibt den Gesellschaftern aber auch unbenommen, die Kapitalerhöhung in mehreren Schritten zu vollziehen.[76]

---

67 *Gebel*, BB 1998, 510, 515; *Christ*, ZEV 2011, 10, 13.
68 *Christ*, ZEV 2011, 10, 13; anders wohl Tz. 3. 2 der gleich lautenden Erlasse der obersten Finanzbehörden der Länder vom 20.10.2010 zu Leistungen von Gesellschaftern und Dritten an Kapitalgesellschaften, BStBl. I 2010, 1207.
69 *Ullrich*, GmbHR 2009, 750, 756.
70 MünchKomm-GmbHG/*Lieder*, § 57c Rn. 41.
71 BT-Drucks. 16/6140, S. 32.
72 BGH DNotZ 2011, 705 = NJW 2011, 1881 = FGPrax 2011, 191; siehe BeckOK/*Rühland*, § 57c Rn. 4; *Joost*, ZIP 2007, 2242, 2245; *Lange*, NJW 2010, 3686; *Schäfer*, ZIP 2011, 53, 58.
73 Vgl. *Geißler*, DZWIR 2010, 485.
74 BGH NJW 2011, 1881 = DNotZ 2011, 705 = FGPrax 2011, 191; *Gasteyer*, NZG 2011, 693; a.A. OLG München NJW 2011, 464 = DNotZ 2011, 313 = FGPrax 2010, 309.
75 A.A. *Seibert/Decker*, ZIP 2008, 1208, 1209.
76 MünchKomm-GmbHG/*Lieder*, § 57c Rn. 1.

IV. GmbH & Co. KG

33 Auch bei der GmbH & Co. KG ist eine **Kapitalerhöhung** aus Gesellschaftsmitteln möglich. Die Kommanditbeteiligungen können durch **Umbuchung** von Rücklagen aufgestockt werden.[77] Die Rücklagen müssen allerdings werthaltig sein, um haftungsbefreiend eingebucht werden zu können. Die §§ 57c ff., insbesondere die Wertnachweise der §§ 57f, 57i, finden jedoch keine entsprechende Anwendung.[78]

D. Muster

Muster: Kapitalerhöhung aus Gesellschaftsmitteln[79]

34

61

UR Nr.…/2012

Niederschrift
über eine Gesellschafterversammlung

Heute, den … zweitausendundzwölf,

– […].2012 –

erschienen vor mir,

… [Name], Notar in … [Ort],

in meinen Amtsräumen in … [Ort], … [Straße]:

1. Herr [A] … [Name], geboren am … [Datum],
   wohnhaft in … [Anschrift],
   nach Angabe ledig,
   mir, Notar, persönlich bekannt,
2. Frau [B] … [Name], geboren am … [Datum],
   wohnhaft in … [Anschrift],
   nach Angabe verwitwet, nicht in fortgesetzter Gütergemeinschaft lebend,
   ausgewiesen durch gültigen deutschen Personalausweis.

Die Erschienenen erklären mit dem Ersuchen um Beurkundung:

I. Vorbemerkung

1. Sachstand

An der im Handelsregister des Amtsgerichts … unter HRB … eingetragenen Gesellschaft unter der Firma M. GmbH mit dem Sitz in … mit einem Stammkapital zu 35.000 EUR sind nach Angabe beteiligt:

Herr A mit einem Geschäftsanteil zu 30.000 EUR

Frau B mit einem Geschäftsanteil zu 5.000 EUR.

Der Geschäftsanteil von Herrn A ist vollständig eingezahlt.

Der Geschäftsanteil von Frau B ist zur Hälfte eingezahlt.

---

77 Scholz/*Priester*, Vor § 57c Rn. 25.

78 Scholz/*Priester*, Vor § 57c Rn. 26.

79 Weitere Muster und Formulare finden sich bei Beck'sche Online-Formulare/*Döbereiner*, Nr. 7.8.8.3.1.1. und 7.8.8.3.1.2.; Heybrock/*Rabe*, § 57c Rn. 36; Kersten/Bühling/*Kanzleiter*, § 144 Rn. 118M; Münchener Vertragshandbuch/*Heidenhain/Meister*, Band I/IV. 91; Würzburger Notarhandbuch/*Wilke*, Teil 5 Kapitel 3 Rn. 95 (Kapitalerhöhung bei einer UG).

2. Jahresabschluss

In der Gesellschafterversammlung vom [...].2012 haben Herr A und Frau B den von der Geschäftsführung vorgelegten Jahresabschluss für das Jahr 2011 beraten. Der Jahresabschluss wurde von der WP Wirtschaftsprüfungsgesellschaft geprüft und ist mit dem uneingeschränkten Bestätigungsvermerk versehen. Der Abschlussprüfer wurde in der Gesellschafterversammlung vom ... gewählt. Es wurde beschlossen, von dem dort ausgewiesenen Gewinn in Höhe von 43.127,35 EUR einen Betrag in Höhe von 35.000,00 EUR in die Rücklage einzustellen und im Übrigen an die Gesellschafter zu verteilen. Der Jahresabschluss zum 31.12.2011 wurde mit dieser Änderung festgestellt. Eine Abschrift dieser Gesellschafterversammlung ist dieser Niederschrift beigefügt.

[3. Zwischenbilanz

Darüber hinaus wurde die Geschäftsführung angewiesen, eine Zwischenbilanz zum 30.06.2012 aufzustellen. Zum Prüfer wurde die WP Wirtschaftsprüfungsgesellschaft bestellt. Die Geschäftsführung hat die Zwischenbilanz zum 30.06.2012 aufgestellt und den Gesellschaftern vorgelegt. Die Zwischenbilanz wurde von der WP Wirtschaftsprüfungsgesellschaft geprüft und ist mit dem uneingeschränkten Bestätigungsvermerk versehen. Die Zwischenbilanz weist eine Rücklage in Höhe von 35.000,00 EUR auf. Die Zwischenbilanz zum 30.06.2012 wird hiermit festgestellt.]

II. Beschluss über eine Kapitalerhöhung aus Gesellschaftsmitteln

Herr A und Frau B erklären unter Verzicht auf die Einhaltung sämtlicher gesetzlicher und satzungsmäßiger Form- und Fristvorschriften für die Einberufung und Abhaltung einer Gesellschafterversammlung, eine Gesellschafterversammlung abzuhalten, und beschließen einstimmig, was folgt:

1. Die Jahresbilanz der Gesellschaft zum 31.12.2011 [bzw. die Zwischenbilanz der Gesellschaft zum 30.06.2012] wird dem folgenden Beschluss zugrunde gelegt. Die dort und in der Jahresbilanz zum 31.12.2011 ausgewiesene Rücklage wird in Höhe von 35.000,00 EUR in Stammkapital umgewandelt. Das Stammkapital der Gesellschaft erhöht sich damit von 35.000,00 EUR auf 70.000,00 EUR.
2. Die Kapitalerhöhung wird durch Bildung eines neuen Geschäftsanteils und durch Erhöhung des Nennbetrags eines Geschäftsanteils durchgeführt:

   Herr A erhält einen neuen Geschäftsanteil in Höhe von 30.000 EUR.

   Frau Bs Geschäftsanteil zu 5.000 EUR wird auf 10.000 EUR erhöht.
3. Der neue Geschäftsanteil nimmt am Gewinn des ganzen Geschäftsjahres 2012 teil.
4. § 5 (Stammkapital) des Gesellschaftsvertrags wird wie folgt geändert:
   »Das Stammkapital der Gesellschaft beträgt 70.000,00 EUR.«
5. Auf die Anfechtung des Kapitalerhöhungsbeschlusses sowie der weiteren heute gefassten Beschlüsse wird verzichtet.

Damit ist die Gesellschafterversammlung beendet.

III. Kosten, Abschrift

Die Kosten dieser Urkunde und ihres Vollzugs trägt die Gesellschaft.

Je eine Ausfertigung dieser Urkunde erhalten:

1. die Gesellschafter,
2. die Gesellschaft,

Das Finanzamt – Körperschaftsteuerstelle – erhält eine einfache Abschrift dieser Urkunde.

Das Amtsgericht (Registergericht) … erhält eine elektronisch beglaubigte Abschrift dieser Urkunde.

IV. Hinweise

Der Notar hat insbesondere darüber belehrt, dass die Kapitalerhöhung erst mit ihrer Eintragung im Handelsregister wirksam wird.

Vorgelesen vom Notar, von den Beteiligten genehmigt und eigenhändig unterschrieben:

gez. … [A]
gez. … [B]
gez. …, Notar

L.S.

§ 57d Ausweisung von Kapital- und Gewinnrücklagen

(1) Die Kapital- und Gewinnrücklagen, die in Stammkapital umgewandelt werden sollen, müssen in der letzten Jahresbilanz und, wenn dem Beschluß eine andere Bilanz zugrunde gelegt wird, auch in dieser Bilanz unter »Kapitalrücklage« oder »Gewinnrücklagen« oder im letzten Beschluß über die Verwendung des Jahresergebnisses als Zuführung zu diesen Rücklagen ausgewiesen sein.

(2) Die Rücklagen können nicht umgewandelt werden, soweit in der zugrunde gelegten Bilanz ein Verlust, einschließlich eines Verlustvortrags, ausgewiesen ist.

(3) Andere Gewinnrücklagen, die einem bestimmten Zweck zu dienen bestimmt sind, dürfen nur umgewandelt werden, soweit dies mit ihrer Zweckbestimmung vereinbar ist.

Literatur

Fett/Spiering, Typische Probleme bei der Kapitalerhöhung aus Gesellschaftsmitteln, NZG 2002, 358.

A. Allgemeines

1 Die Vorschrift dient dazu, das **Gebot der realen Kapitalaufbringung** (siehe § 57c Rn. 7) zu sichern, indem nur bestimmte, wirklich frei vorhandene Kapital- und Gewinnrücklagen als umwandlungsfähig angesehen werden (Abs. 1) und hinsichtlich anderer Rücklagen aus Gründen des **Gläubiger- und Gesellschafterschutzes** Umwandlungsverbote bestehen (Abs. 2 und 3).[1]

B. Inhalt der Regelung

I. Umwandlungsfähige Rücklagen (Abs. 1)

1. Allgemeines

2 Umwandlungsfähig sind nur **„freie Rücklagen" ohne Fremdkapitalcharakter und ohne entgegenstehende Zweckbindung**, also die Kapitalrücklage nach § 266 Abs. 3 A II HGB (d.h. Rücklagen aus Leistungen der Gesellschafter) und die Gewinnrücklagen nach § 266 Abs. 3 A III HGB (d.h. Rücklagen aus einbehaltenen Jahresüberschüssen). Auch ein **Gewinn**, der einer Rücklage zugeführt werden soll, ist – anders als der reine Jahresüberschuss (§ 266 Abs. 3 A V HGB) – bei entsprechender Beschlussfassung umwandlungsfähig (siehe Rn. 10).[2]

3 Weil die Rücklage formell als solche ausgewiesen sein muss (siehe Rn. 10), können **stille Reserven**, die noch nicht aufgelöst worden sind, und **künftige Rücklagen**, die nicht im Gewinnverwendungsbeschluss ausgewiesen sind (siehe Rn. 10), nicht umgewandelt werden.[3] Wegen seiner vorübergehenden Zweckbindung ist auch ein **Gewinnvortrag** (§ 266 Abs. 3 A IV HGB) bis zu seiner Ausweisung als Kapitalrücklage nicht umwandlungsfähig.[4]

---

1 *Fett/Spiering*, NZG 2002, 358, 360; Lutter/Hommelhoff/*Lutter*, § 57d Rn. 2; MünchKomm-GmbHG/*Lieder*, § 57d Rn. 3; Scholz/*Priester*, § 57d Rn. 1; a.A. Rowedder/Schmidt-Leithoff/*Zimmermann*, § 57d Rn. 1.
2 MünchKomm-GmbHG/*Lieder*, § 57d Rn. 15; Roth/Altmeppen/*Roth*, § 57d Rn. 4.
3 Baumbach/Hueck/*Zöllner*, § 57d Rn. 1; BeckOK/*Rühland*, § 57d Rn. 13, 14, 14.1; Lutter/Hommelhoff/*Lutter*, § 57d Rn. 4; Michalski/*Hermanns*, § 57d Rn. 17; MünchKomm-GmbHG/*Lieder*, § 57d Rn. 18; Scholz/*Priester*, § 57d Rn. 9.
4 Ausf. Michalski/*Hermanns*, § 57d Rn. 17; MünchKomm-GmbHG/*Lieder*, § 57d Rn. 16; Scholz/*Priester*, § 57d Rn. 6; Ulmer/*Ulmer*, § 57d Rn. 6.

Rückstellungen (§ 266 Abs. 3 B HGB) haben Fremdkapitalcharakter und können nicht zur Kapitalerhöhung verwendet werden.[5] Auch (die mittlerweile aufgehobenen) **Sonderposten mit Rücklagenanteil** (§§ 247 Abs. 3 Satz 2, 273 HGB a.F.),[6] die aufgrund steuerlicher Vorschriften (z.B. nach dem AuslInvG) erst bei ihrer Auflösung zu versteuern sind, haben Rückstellungscharakter und sind daher trotz Nichterwähnung in Abs. 2 nicht umwandlungsfähig.[7] 4

2. Kapitalrücklagen

Umwandlungsfähig sind alle Posten, die nach §§ 266 Abs. 3 A II, 272 Abs. 2 HGB als Kapitalrücklage ausgewiesen sind. Von Bedeutung sind hierbei insbesondere das **Agio** (Aufgeld) nach § 272 Abs. 2 Nr. 1 HGB und die **Zuzahlungen für Vorzugsanteile** nach § 272 Abs. 2 Nr. 3 HGB. Keine praktische Bedeutung kommt hingegen den Rücklagen nach § 272 Abs. 2 Nr. 2 (Schuldverschreibungen für Wandlungsrechte und Optionsrechte zum Erwerb von Anteilen) und Nr. 4 (andere [freiwillige] Zuzahlungen, die Gesellschafter in das Eigenkapital leisten) HGB zu.[8] 5

Eingeforderte Nachschüsse sind nach § 42 Abs. 2 Satz 3 in der Kapitalrücklage auszuweisen. Umwandlungsfähig sind die Nachschüsse allerdings erst, wenn sie tatsächlich eingezahlt worden sind, davor handelt es sich um eine zweckgebundene Rücklage, der keine volle Einlageleistung entspricht.[9] 6

3. Gewinnrücklagen

Von den in § 266 Abs. 3 A III HGB genannten Gewinnrücklagen schied Nr. 1 vor der Einführung der Unternehmergesellschaft nach § 5a aus, da das GmbHG keine gesetzliche Rücklage kannte.[10] § 5a Abs. 3 Satz 1 verpflichtet nunmehr zur Bildung einer **gesetzlichen Rücklage** in Höhe von einem Viertel des um einen Verlustvortrag aus dem Vorjahr geminderten Jahresüberschusses (siehe § 5a Rn. 32). Diese Rücklage ist zweckgebunden und darf in erster Linie nur für eine Kapitalerhöhung aus Gesellschaftsmitteln verwendet werden (siehe § 5a Rn. 19 und § 57c Rn. 33). 7

Die **Rücklagen für Anteile an einem herrschenden oder mehrheitlich beteiligten Unternehmen** (§ 266 Abs. 3 A III Nr. 2 i.V.m. § 272 Abs. 4 HGB) können nicht in Stammkapital umgewandelt werden.[11] Dies wird aus einer direkten oder entsprechenden Anwendung von Abs. 3 und dem Sinn und Zweck des § 33 (siehe § 33 Rn. 1) gefolgert. **Eigene Anteile** sind nicht mehr in der Gewinnrücklage, sondern im gezeichneten Kapital als Sonderposten anzusetzen (§ 266 Abs. 3 A I i.V.m. § 272 Abs. 1a HGB), so dass sich die Frage zu deren Umwandelbarkeit nicht mehr stellt.[12] 8

Die **satzungsmäßigen Rücklagen** (§ 266 Abs. 3 A III Nr. 3 HGB) und **andere Gewinnrücklagen** (§ 266 Abs. 3 A III Nr. 4 HGB) sind hingegen umwandlungsfähig, soweit sie nach § 272 Abs. 3 HGB aus einem Jahresergebnis gebildet worden sind und ihre Zweckbestimmung nicht nach Abs. 3 der Umwidmung entgegensteht (siehe Rn. 14 ff.). 9

---

5 MünchKomm-GmbHG/*Lieder*, § 57d Rn. 17; Roth/Altmeppen/*Roth*, § 57d Rn. 9.

6 Vgl. BilMoG v. 25.5.2009, BGBl. I S. 1102; MünchKomm-GmbHG/*Lieder*, § 57d Rn. 19; Scholz/*Priester*, § 57d Rn. 11.

7 MünchKomm-GmbHG/*Lieder*, § 57d Rn. 19; Rowedder/Schmidt-Leithoff/*Zimmermann*, § 57d Rn. 11; Scholz/*Priester*, § 57d Rn. 11.

8 Michalski/*Hermanns*, § 57d Rn. 6; Rowedder/Schmidt-Leithoff/*Zimmermann*, § 57d Rn. 3; vgl. aber OLG Hamm, Rpfleger 2008, 309, 311 zur Umwandlungsfähigkeit anderer Zuzahlungen nach § 272 Abs. 2 Nr. 4 HGB bei einer AG; BeckOK/*Rühland*, § 57d Rn. 3.

9 BeckOK/*Rühland*, § 57d Rn. 5.2; Roth/Altmeppen/*Roth*, § 57d Rn. 10; Baumbach/Hueck/*Zöllner*, § 57d Rn. 2; Lutter/Hommelhoff/*Lutter*, § 57d Rn. 5; Michalski/*Hermanns*, § 57d Rn. 7; MünchKomm-GmbHG/*Lieder*, § 57d Rn. 12; Scholz/*Priester*, § 57d Rn. 8; a.A. Rowedder/Schmidt-Leithoff/*Zimmermann*, § 57d Rn. 6: umwandlungsfähig sind auch Nachschüsse, die lediglich eingefordert, aber noch nicht eingezahlt worden sind.

10 Michalski/*Hermanns*, § 57d Rn. 9; MünchKomm-GmbHG/*Lieder*, § 57d Rn. 7; unzutreffend daher Heybrock/*Rabe*, § 57d Rn. 8.

11 BeckOK/*Rühland*, § 57d Rn. 8; MünchKomm-GmbHG/*Lieder*, § 57d Rn. 30; Rowedder/Schmidt-Leithoff/*Zimmermann*, § 57d Rn. 4; Scholz/*Priester*, § 57d Rn. 12; *Wicke*, § 57d Rn. 4.

12 BeckOK/*Rühland*, § 57d Rn. 8; vgl. hierzu MünchKomm-GmbHG/*Lieder*, § 57d Rn. 28.

4. Ausweis der Rücklagen

10 Die Rücklagen müssen ausdrücklich als solche in der letzten Jahresbilanz bzw. im Fall des § 57f in beiden Bilanzen (Jahres- und Zwischenbilanz) ausgewiesen sein (**formeller Bilanzausweis**).[13] Auch ein zur Rücklagenbildung vorgesehener Jahresüberschuss kann nach § 268 Abs. 1 Satz 1 HGB bereits in der Bilanz ausgewiesen werden.[14] Es genügt allerdings auch, wenn im letzten **Beschluss** über die Verwendung des Jahresergebnisses (siehe § 29) **ausgewiesen** ist, dass eine Zuführung zu diesen Rücklagen beschlossen worden ist. Das wird bedeutsam, wenn die Feststellung des Jahresabschlusses und die Ergebnisverwendung von unterschiedlichen Organen entschieden wird oder diese zeitlich auseinanderfallen.[15] Im Fall des § 57f muss die Zuführung zur Rücklage stets in der Zwischen- oder Sonderbilanz ausgewiesen sein.[16]

II. Umwandlungsverbote (Abs. 2 und 3)

1. Verlust, Verlustvortrag (Abs. 2)

11 Um im **Gläubigerinteresse** das Gebot realer Kapitalaufbringung zu gewährleisten, verbietet Abs. 2 eine Umwidmung von umwandlungsfähigen Rücklagen, soweit in der zugrunde gelegten Bilanz ein **Verlust** (also ein Jahresfehlbetrag, § 275 Abs. 2 Nr. 20, Abs. 3 Nr. 19 HGB) oder ein **Verlustvortrag** (also ein Bilanzverlust des Vorjahres) ausgewiesen ist, und gestattet allenfalls die Umwandlung des **positiven Saldos** aus Rücklagen und Verlust.[17] Dies gilt auch, wenn den Verlustposten **nachrangige Gesellschafterdarlehen** gegenüberstehen.[18] Im Fall des § 57f ist ausschließlich auf die Zwischen- oder Sonderbilanz abzustellen.[19]

12 Weil die Geschäftsführer nach § 57i Abs. 1 Satz 2 versichern müssen, dass bis zum Tag der Anmeldung keine weitere Vermögensminderung eingetreten ist, ergibt sich, dass eine Umwandlung auch insoweit ausscheidet, als **zwischenzeitlich Verluste** eingetreten sind, die in der Bilanz noch nicht ausgewiesen sein konnten.[20]

13 Andere Gegenposten zum Eigenkapital als der Verlust/Verlustvortrag sind bilanztechnisch nicht mehr vorgesehen, so dass ein **derivativer Geschäftswert** nicht unter das Verbot nach Abs. 2 fällt.[21]

2. Anderweitige Zweckbestimmung (Abs. 3)

14 Um im **Interesse der Minderheitsgesellschafter** die Zweckbestimmung einer Kapital- oder Gewinnrücklage (der vom Gesetz verwendete Begriff „andere Gewinnrücklage" ist zu eng)[22] zu gewährleisten, verbietet Abs. 3 eine Umwidmung, sofern dadurch die Zweckbestimmung der Rücklage vereitelt würde.

15 Sofern die Rücklage die Anschaffung eines **aktivierungsfähigen** Wirtschaftsguts bezweckt (z.B. Investitionsrücklage) steht dies einer Umwandlung nicht entgegen, Rücklagen für **nicht aktivierungsfähige** Aufwendungen (z.B. für Spenden, Gratifikationen, Werbemaßnahmen) sind hingegen erst nach einer Aufhebung der Zweckbindung (siehe Rn. 16) verwendbar.[23]

---

13 *Fett/Spiering*, NZG 2002, 358, 361; Baumbach/Hueck/*Zöllner*, § 57d Rn. 4; BeckOK/*Rühland*, § 57d Rn. 12; Michalski/*Hermanns*, § 57d Rn. 18; Scholz/*Priester*, § 57d Rn. 4.
14 Ausf. zur Stock-Dividende: BeckOK/*Rühland*, § 57d Rn. 15, 15.1; Lutter/Hommelhoff/*Lutter*, § 57d Rn. 13.
15 Michalski/*Hermanns*, § 57d Rn. 19; MünchKomm-GmbHG/*Lieder*, § 57d Rn. 9; Scholz/*Priester*, § 57d Rn. 5.
16 Roth/Altmeppen/*Roth*, § 57d Rn. 4; Baumbach/Hueck/*Zöllner*, § 57d Rn. 5; Michalski/*Hermanns*, § 57d Rn. 20.
17 BeckOK/*Rühland*, § 57d Rn. 17; Heybrock/*Rabe*, § 57d Rn. 17.
18 Lutter/Hommelhoff/*Lutter*, § 57d Rn. 7; Scholz/*Priester*, § 57d Rn. 9.
19 Baumbach/Hueck/*Zöllner*, § 57d Rn. 7; Lutter/Hommelhoff/*Lutter*, § 57g Rn. 6; Michalski/*Hermanns*, § 57d Rn. 24; MünchKomm-GmbHG/*Lieder*, § 57d Rn. 23; Scholz/*Priester*, § 57d Rn. 10.
20 Michalski/*Hermanns*, § 57d Rn. 24; MünchKomm-GmbHG/*Lieder*, § 57d Rn. 23; Scholz/*Priester*, § 57d Rn. 10
21 Baumbach/Hueck/*Zöllner*, § 57d Rn. 6; Rowedder/Schmidt-Leithoff/*Zimmermann*, § 57d Rn. 10.
22 Baumbach/Hueck/*Zöllner*, § 57d Rn. 10; Michalski/*Hermanns*, § 57d Rn. 25; MünchKomm-GmbHG/*Lieder*, § 57d Rn. 24; Scholz/*Priester*, § 57d Rn. 13.
23 Lutter/Hommelhoff/*Lutter*, § 57d Rn. 10; Michalski/*Hermanns*, § 57d Rn. 26; MünchKomm-GmbHG/*Lieder*, § 57d Rn. 25; Rowedder/Schmidt-Leithoff/*Zimmermann*, § 57d Rn. 12.

Die Zweckbestimmung kann sich aus dem Gesetz, der Satzung oder einem Gesellschafterbeschluss ergeben und muss nicht in der Bilanz ausgewiesen sein.[24] Die Zweckbindung kann von demselben Gesellschaftsorgans, das diese beschlossen hatte, **aufgehoben** werden.[25] Beruht die Zweckbindung auf einem **einfachen Beschluss**, so genügt ein (nicht beurkundungsbedürftiger) Aufhebungsbeschluss, der konkludent im Beschluss über die Kapitalerhöhung enthalten sein kann.[26] Beruht die Zweckbindung auf einer **Satzungsregelung**, so ist eine Satzungsänderung erforderlich. Satzungsänderung und Kapitalerhöhung können in einer Versammlung beschlossen werden, die Kapitalerhöhung wird aber erst mit Eintragung der Satzungsänderung wirksam.[27] Anmeldung und Eintragung sind gleichzeitig möglich.[28] 16

III. Rechtsfolgen bei Verstößen

Verstöße gegen Abs. 1 und Abs. 2 haben die **Nichtigkeit** des Beschlusses über die Kapitalerhöhung zur Folge (§ 241 Nr. 3 AktG analog) und dürfen nicht ins Handelsregister eingetragen werden (Rechtsfolge bei Eintragung: § 242 Abs. 2 AktG analog).[29] Eine Amtslöschung kommt auch nach Ablauf von drei Jahren in Betracht.[30] Verstöße gegen Abs. 3 haben nur die **Anfechtbarkeit** des Beschlusses zur Folge.[31] 17

Eine **bilanzielle Unterdeckung** (insbesondere bei zwischenzeitlichen Verlusten) führt nicht zur Nichtigkeit des Beschlusses. Eine Unterdeckung muss nicht von den Gesellschaftern ausgeglichen werden, sondern sie bewirkt lediglich ein Ausschüttungsverbot (siehe § 57i Rn. 26).[32] 18

24 MünchKomm-GmbHG/*Lieder*, § 57d Rn. 26; Roth/Altmeppen/*Roth*, § 57d Rn. 7; Scholz/*Priester*, § 57d Rn. 13.

25 BeckOK/*Rühland*, § 57d Rn. 21; Roth/Altmeppen/*Roth*, § 57d Rn. 7; Michalski/*Hermanns*, § 57d Rn. 27; a.A. Rowedder/Schmidt-Leithoff/*Zimmermann*, § 57d Rn. 12: Zuständig ist das bilanzfeststellende Organ.

26 Heybrock/*Rabe*, § 57d Rn. 21; Michalski/*Hermanns*, § 57d Rn. 27; MünchKomm-GmbHG/*Lieder*, § 57d Rn. 27; Ulmer/*Ulmer*, § 57d Rn. 16; *Wicke*, § 57d Rn. 5; a.A. BeckOK/*Rühland*, § 57d Rn. 21.1.

27 Michalski/*Hermanns*, § 57d Rn. 27; MünchKomm-GmbHG/*Lieder*, § 57d Rn. 27; Rowedder/Schmidt-Leithoff/*Zimmermann*, § 57d Rn. 12; Scholz/*Priester*, § 57d Rn. 14.

28 Lutter/Hommelhoff/*Lutter*, § 57d Rn. 12; Scholz/*Priester*, § 57d Rn. 14; a.A. Rowedder/Schmidt-Leithoff/*Zimmermann*, § 57d Rn. 12: vorherige Eintragung der Satzungsänderung erforderlich; a.A. Baumbach/Hueck/*Zöllner*, § 57d Rn. 11: gleichzeitige Anmeldung und Eintragung erforderlich.

29 *Fett/Spiering*, NZG 2002, 358, 360; BeckOK/*Rühland*, § 57d Rn. 22; Heybrock/*Rabe*, § 57d Rn. 24; Roth/Altmeppen/*Roth*, § 57d Rn. 12; Michalski/*Hermanns*, § 57d Rn. 28; MünchKomm-GmbHG/*Lieder*, § 57d Rn. 31; Rowedder/Schmidt-Leithoff/*Zimmermann*, § 57d Rn. 13; Scholz/*Priester*, § 57d Rn. 15.

30 *Fett/Spiering*, NZG 2002, 358, 360.

31 *Fett/Spiering*, NZG 2002, 358, 360; Roth/Altmeppen/*Roth*, § 57d Rn. 12; Michalski/*Hermanns*, § 57d Rn. 29; MünchKomm-GmbHG/*Lieder*, § 57d Rn. 32; Rowedder/Schmidt-Leithoff/*Zimmermann*, § 57d Rn. 14; Scholz/*Priester*, § 57d Rn. 15.

32 Ausf. Baumbach/Hueck/*Zöllner*, § 57d Rn. 8, 9.

§ 57e Zugrundelegung der letzten Jahresbilanz; Prüfung

(1) Dem Beschluss kann die letzte Jahresbilanz zugrunde gelegt werden, wenn die Jahresbilanz geprüft und die festgestellte Jahresbilanz mit dem uneingeschränkten Bestätigungsvermerk der Abschlussprüfer versehen ist und wenn ihr Stichtag höchstens acht Monate vor der Anmeldung des Beschlusses zur Eintragung in das Handelsregister liegt.

(2) Bei Gesellschaften, die nicht große im Sinne des § 267 Abs. 3 des Handelsgesetzbuchs sind, kann die Prüfung auch durch vereidigte Buchprüfer erfolgen; die Abschlussprüfer müssen von der Versammlung der Gesellschafter gewählt sein.

A. Allgemeines

1 Die Vorschrift konkretisiert das aus § 57c Abs. 3 folgende Gebot realer Kapitalaufbringung (siehe § 57c Rn. 7) und dient somit dem **Schutz der Gesellschaftsgläubiger**. Für die Gesellschaft stellt die Verwendbarkeit der letzten Jahresbilanz eine Erleichterung dar, da bei Einhaltung der Achtmonatsfrist (siehe Rn. 9) keine Zwischenbilanz erstellt werden muss.

B. Inhalt der Regelung

I. Jahresbilanz als Grundlage (Abs. 1)

2 Grundlage des Kapitalerhöhungsbeschlusses ist die letzte **Jahresbilanz** (evtl. eines Rumpfgeschäftsjahrs[1]) ohne GuV-Rechnung und Anhang, nicht der letzte Jahresabschluss.[2] Für die Aufstellung der Bilanz gelten die allgemeinen Grundsätze der §§ 42, 42a (siehe dort) und der §§ 242 ff. HGB i.V.m. §§ 264 ff. HGB.[3] Der Jahresabschluss muss gemäß § 57c Abs. 2 **festgestellt** worden sein (§§ 45, 46 Nr. 1), was in einer Versammlung mit dem Kapitalerhöhungsbeschluss erfolgen kann (siehe § 57c Rn. 20).

II. Prüfung und Bestätigung der Jahresbilanz

3 Durch die Prüfung der Jahresbilanz und den uneingeschränkten Bestätigungsvermerk soll gewährleistet werden, dass die Bilanz die Vermögensverhältnisse der Gesellschaft **zutreffend wiedergibt.**[4] Mittelgroße und große Gesellschaften (§ 267 Abs. 2 und 3 HGB) unterliegen ohnehin der Pflichtprüfung, für kleine Gesellschaften (§ 267 Abs. 1 HGB) wird mithin ein spezielles Prüfererfordernis statuiert.

1. Auswahl und Bestellung der Prüfer (Abs. 2)

4 Bei großen Gesellschaften sind nur Wirtschaftsprüfer oder Wirtschaftsprüfungsgesellschaften **geeignete Prüfer** (§ 319 Abs. 1 Satz 1 HGB), während mittelgroße und kleine Gesellschaften auch von vereidigten Buchprüfern (Abs. 2 Hs. 1) oder vereidigten Buchprüfungsgesellschaften (§ 319 Abs. 1 Satz 2 HGB)[5] geprüft werden können. Steuerberater, die nicht zugleich Wirtschafts- oder Buchprüfer sind, können keine Abschlussprüfung vornehmen.[6]

1 MünchKomm-GmbHG/*Lieder*, § 57e Rn. 2.
2 Michalski/*Hermanns*, § 57e Rn. 2.
3 Roth/Altmeppen/*Roth*, § 57e Rn. 2.
4 Michalski/*Hermanns*, § 57e Rn. 3.
5 Ebenso Michalski/*Hermanns*, § 57e Rn. 6; Scholz/*Priester*, § 57e–57g Rn. 7.
6 BeckOK/*Rühland*, § 57e Rn. 6.

Die Prüfer müssen von der **Gesellschafterversammlung** gewählt worden sein (Abs. 2 Hs. 2), eine Beschlussfassung in Textform (§ 48 Abs. 2) genügt.[7] Eine davon abweichende **Delegation** auf ein anderes Organ (z.B. Aufsichtsrat) ist nach § 318 Abs. 1 Satz 2 HGB möglich.[8] Ausreichend ist, dass die Gesellschafter den Delegationswillen **generell** zum Ausdruck gebracht haben; eine ausdrückliche Delegation für die Wahl der Prüfer der Kapitalerhöhungsbilanz ist nicht erforderlich.[9] Liegt eine bereits von einem anderweitig bestellten Prüfer bestätigte Jahresbilanz vor, so genügt die nachträgliche Bestätigung durch die Gesellschafterversammlung.[10] Die Geschäftsführer bzw. der Aufsichtsrat (§ 52 Abs. 1 i.V.m. § 111 Abs. 2 Satz 3 AktG) müssen nach der Wahl unverzüglich den Prüfauftrag erteilen (§ 318 Abs. 1 Satz 4 HGB).[11] 5

2. Inhalt und Zeitpunkt der Prüfung

Prüfungsgegenstand ist nur die **Bilanz**, nicht der Jahresabschluss im Ganzen. Es wird geprüft, ob Aktiva und Passiva zutreffend bewertet wurden und ob die Rücklagen in Übereinstimmung mit dem Gesetz und der Satzung gebildet wurden.[12] Die **Umwandlungsfähigkeit** der Rücklagen selbst ist nicht Prüfungsgegenstand.[13] 6

Im Übrigen gelten die §§ 319 ff. HGB sinngemäß, so dass die Prüfung vor Feststellung des Jahresabschlusses durchgeführt werden muss (§ 316 Abs. 1 Satz 2 HGB). Für **kleine Gesellschaften** genügt die Einhaltung der in § 57f Abs. 3 Satz 2 in Bezug genommenen Vorschriften,[14] allerdings kann bei diesen die Prüfung auch erst nach der Bilanzfeststellung erfolgen, solange die Prüfung vor dem Kapitalerhöhungsbeschluss liegt.[15] 7

3. Bestätigungsvermerk (Abs. 1)

Die geprüfte Jahresbilanz muss mit dem uneingeschränkten **Bestätigungsvermerk** des Prüfers versehen sein. Es genügt für kleine Gesellschaften i.S. des § 267 Abs. 1 HGB die Bestätigung, „dass die Prüfung zu keinen Einwendungen geführt hat und dass die Bilanz den gesetzlichen Vorschriften und den Bestimmungen des Gesellschaftsvertrags entspricht".[16] Prüfungspflichtige Gesellschaften benötigen einen Bestätigungsvermerk entsprechend § 322 Abs. 3 HGB. Mängel der GuV-Rechnung oder des Anhangs stehen einer Bestätigung nicht entgegen, sofern der Vermerk dies klarstellt.[17] Bei **nachträglicher Änderung** der Bilanz muss eine erneute Prüfung mit neuem Bestätigungsvermerk erfolgen.[18] 8

---

7 Roth/Altmeppen/*Roth*, § 57e Rn. 5; Baumbach/Hueck/*Zöllner*, § 57e Rn. 3.

8 Roth/Altmeppen/*Roth*, § 57e Rn. 5; Baumbach/Hueck/*Zöllner*, § 57e Rn. 3; Michalski/*Hermanns*, § 57e Rn. 7; MünchKomm-GmbHG/*Lieder*, § 57e Rn. 7.

9 BeckOK/*Rühland*, § 57e Rn. 7; Michalski/*Hermanns*, § 57e Rn. 7; Scholz/*Priester*, § 57e–57g Rn. 8; MünchKomm-GmbHG/*Lieder*, § 57e Rn. 8; Ulmer/*Ulmer*, § 57e–57g Rn. 7; a.A. Baumbach/Hueck/*Zöllner*, § 57e Rn. 3: ausdr. Delegation für Prüfung der letzten Jahresbilanz erforderlich; a.A. Lutter/Hommelhoff/*Lutter*, § 57g Rn. 7; Rowedder/Schmidt-Leithoff/*Zimmermann*, § 57g Rn. 7: ausdr. Delegation für Prüfung der Zwischenbilanz erforderlich.

10 Roth/Altmeppen/*Roth*, § 57e Rn. 5; Lutter/Hommelhoff/*Lutter*, § 57g Rn. 3.

11 Lutter/Hommelhoff/*Lutter*, § 57g Rn. 9; MünchKomm-GmbHG/*Lieder*, § 57e Rn. 10.

12 Lutter/Hommelhoff/*Lutter*, § 57g Rn. 9; Rowedder/Schmidt-Leithoff/*Zimmermann*, § 57g Rn. 4.

13 Michalski/*Hermanns*, § 57e Rn. 4; MünchKomm-GmbHG/*Lieder*, § 57e Rn. 12; Rowedder/Schmidt-Leithoff/*Zimmermann*, § 57g Rn. 4; Scholz/*Priester*, § 57e–57g Rn. 11.

14 OLG Hamm FGPrax 2010, 307 = GmbHR 2010, 984 = ZIP 2010, 2347 = EWiR 2010, 671 (*Wachter*); Baumbach/Hueck/*Zöllner*, § 57e Rn. 2; BeckOK/*Rühland*, § 57e Rn. 10.1; Heybrock/*Rabe*, § 57e Rn. 8; MünchKomm-GmbHG/*Lieder*, § 57e Rn. 5; Roth/Altmeppen/*Roth*, § 57e Rn. 4; Scholz/*Priester*, § 57e–57g Rn. 6, 10; *Wicke*, § 57g Rn. 3; a.A. Michalski/*Hermanns*, § 57e Rn. 5.

15 Roth/Altmeppen/*Roth*, § 57e Rn. 4; Lutter/Hommelhoff/*Lutter*, § 57g Rn. 3; MünchKomm-GmbHG/*Lieder*, § 57e Rn. 3; Rowedder/Schmidt-Leithoff/*Zimmermann*, § 57g Rn. 5.

16 OLG Hamm FGPrax 2010, 307 = GmbHR 2010, 984 = ZIP 2010, 2347 = EWiR 2010, 671 (*Wachter*); Baumbach/Hueck/*Zöllner*, § 57e Rn. 2; BeckOK/*Rühland*, § 57e Rn. 11; Heybrock/*Rabe*, § 57e Rn. 13; Roth/Altmeppen/*Roth*, § 57e Rn. 6; Rowedder/Schmidt-Leithoff/*Zimmermann*, § 57g Rn. 8; Scholz/*Priester*, § 57e–57g Rn. 15; *Wicke*, § 57g Rn. 3; a.A. Lutter/Hommelhoff/*Lutter*, § 57g Rn. 9; Michalski/*Hermanns*, § 57e Rn. 8: auch kleinere Gesellschaften benötigen einen Prüfungsvermerk nach § 322 HGB.

17 Michalski/*Hermanns*, § 57e Rn. 8; Rowedder/Schmidt-Leithoff/*Zimmermann*, § 57g Rn. 8.

18 Lutter/Hommelhoff/*Lutter*, § 57g Rn. 9; Michalski/*Hermanns*, § 57e Rn. 8; Scholz/*Priester*, § 57e–57g Rn. 14, 15.

III. Bilanzstichtag (Abs. 1)

9 Der Stichtag der Bilanz darf höchstens **acht Monate** vor der Anmeldung der Kapitalerhöhung nach § 57i liegen. Bei Unvollständigkeit können die Anmeldung und die beizufügenden Anlagen auch **nach Fristablauf noch vervollständigt** werden,[19] so dass die Anmeldung nicht sofort zurückgewiesen werden darf, sondern durch Zwischenverfügung (§ 382 Abs. 4 FamFG) die Möglichkeit zur Nachholung eingeräumt werden muss (siehe § 57i Rn. 13).[20] Auch eine geringfügige Fristüberschreitung schadet.[21] Der Zeitpunkt der Eintragung ist unmaßgeblich.[22] Zur Fristwahrung genügt es nicht, die Anmeldung vorab per Telefax an das Registergericht zu übermitteln.[23]

10 **Beispiele für Fristberechnungen:**

Bilanzstichtag 31.12.: Anmeldung spätestens am 31.8. des Folgejahres.

Bilanzstichtag 30.6.: Anmeldung spätestens am 28. bzw. 29.2. des Folgejahres [!].

Bilanzstichtag 31.8.: Anmeldung spätestens am 30.4. des Folgejahres.

IV. Rechtsfolgen bei Verstößen

11 Fehlt eine geprüfte und uneingeschränkt bestätigte **Jahresbilanz**, so ist der Kapitalerhöhungsbeschluss **nichtig** (§ 241 Nr. 3 AktG analog),[24] erfolgt die Eintragung dennoch, gilt § 242 Abs. 2 AktG analog.[25]

12 Ist die zugrunde liegende Bilanz **älter als acht Monate**, so berechtigt dies das Handelsregister zur sofortigen Zurückweisung der Anmeldung, da eine Behebung des Mangels ausscheidet (vgl. § 57i Abs. 2).[26] Wird die Anmeldung trotzdem vollzogen, so wird der Mangel **geheilt**,[27] auch wenn die Bilanz bereits bei der Beschlussfassung älter als acht Monate war. Der Kapitalerhöhungsbeschluss ist nicht nichtig, sondern nur **anfechtbar**.[28] Eine Löschung von Amts wegen scheidet aus.[29]

---

19 Vgl. OLG Schleswig, OLGR Schleswig 2007, 663 = DNotZ 2007, 957 (zu § 17 UmwG); Baumbach/Hueck/*Zöllner*, § 57e Rn. 4; BeckOK/*Rühland*, § 57e Rn. 14; Michalski/*Hermanns*, § 57e Rn. 9; MünchKomm-GmbHG/*Lieder*, § 57e Rn. 15; Rowedder/Schmidt-Leithoff/*Zimmermann*, § 57g Rn. 9; Scholz/*Priester*, § 57e–57g Rn. 16; *Wicke*, § 57g Rn. 1; a.A. Ulmer/*Ulmer*, § 57e–57g Rn. 17 und Lutter/Hommelhoff/*Lutter*, § 57g Rn. 10, der mit unerträglicher Formstrenge nur bei versehentlicher Nichtvorlage der Bilanz „Gnade" (sic!) walten lassen will.

20 Vgl. OLG Schleswig, OLGR Schleswig 2007, 663 = DNotZ 2007, 957 (zu § 17 UmwG); *Krafka/Willer/Kühn*, Rn. 166.

21 OLG Frankfurt, BB 1981, 1253, 1254 mit abl. Anm. *Hartung*; LG Essen, BB 1982, 1901; Baumbach/Hueck/*Zöllner*, § 57e Rn. 4; Rowedder/Schmidt-Leithoff/*Zimmermann*, § 57g Rn. 9.

22 Baumbach/Hueck/*Zöllner*, § 57e Rn. 4.

23 A.A. Heybrock/*Rabe*, § 57e Rn. 16.

24 BayObLG ZIP 2002, 1398 = DB 2002, 1544 (zu § 207 AktG); BeckOK/*Rühland*, § 57e Rn. 17; MünchKomm-GmbHG/*Lieder*, § 57e Rn. 16.

25 Baumbach/Hueck/*Zöllner*, § 57e Rn. 5; Michalski/*Hermanns*, § 57e Rn. 10; Rowedder/Schmidt-Leithoff/*Zimmermann*, § 57g Rn. 13.

26 Baumbach/Hueck/*Zöllner*, § 57e Rn. 5; Scholz/*Priester*, § 57e–57g Rn. 18.

27 Roth/Altmeppen/*Roth*, § 57e Rn. 8; Baumbach/Hueck/*Zöllner*, § 57e Rn. 5; Scholz/*Priester*, § 57e–57g Rn. 18; Michalski/*Hermanns*, § 57e Rn. 11; § 57i Rn. 18.

28 Roth/Altmeppen/*Roth*, § 57e Rn. 8; a.A. Baumbach/Hueck/*Zöllner*, § 57e Rn. 5; BeckOK/*Rühland*, § 57e Rn. 19; Heybrock/*Rabe*, § 57e Rn. 17; Michalski/*Hermanns*, § 57e Rn. 11; MünchKomm-GmbHG/*Lieder*, § 57e Rn. 18; Rowedder/Schmidt-Leithoff/*Zimmermann*, § 57g Rn. 13; Scholz/*Priester*, § 57e–57g Rn. 18.

29 MünchKomm-GmbHG/*Lieder*, § 57e Rn. 18; Scholz/*Priester*, § 57e–57g Rn. 18; unentschieden Rowedder/Schmidt-Leithoff/*Zimmermann*, § 57g Rn. 13.

§ 57f Anforderungen an die Bilanz

(1) Wird dem Beschluss nicht die letzte Jahresbilanz zugrunde gelegt, so muss die Bilanz den Vorschriften über die Gliederung der Jahresbilanz und über die Wertansätze in der Jahresbilanz entsprechen. Der Stichtag der Bilanz darf höchstens acht Monate vor der Anmeldung des Beschlusses zur Eintragung in das Handelsregister liegen.

(2) Die Bilanz ist, bevor über die Erhöhung des Stammkapitals Beschluss gefasst wird, durch einen oder mehrere Prüfer darauf zu prüfen, ob sie dem Absatz 1 entspricht. Sind nach dem abschließenden Ergebnis der Prüfung keine Einwendungen zu erheben, so haben die Prüfer dies durch einen Vermerk zu bestätigen. Die Erhöhung des Stammkapitals kann nicht ohne diese Bestätigung der Prüfer beschlossen werden.

(3) Die Prüfer werden von den Gesellschaftern gewählt; falls nicht andere Prüfer gewählt werden, gelten die Prüfer als gewählt, die für die Prüfung des letzten Jahresabschlusses von den Gesellschaftern gewählt oder vom Gericht bestellt worden sind. Im Übrigen sind, soweit sich aus der Besonderheit des Prüfungsauftrags nichts anderes ergibt, § 318 Abs. 1 Satz 2, § 319 Abs. 1 bis 4, § 319a Abs. 1, § 319b Abs. 1, § 320 Abs. 1 Satz 2, Abs. 2 und die §§ 321 und 323 des Handelsgesetzbuchs anzuwenden. Bei Gesellschaften, die nicht große im Sinne des § 267 Abs. 3 des Handelsgesetzbuchs sind, können auch vereidigte Buchprüfer zu Prüfern bestellt werden.

Literatur
Fett/Spiering, Typische Probleme bei der Kapitalerhöhung aus Gesellschaftsmitteln, NZG 2002, 358.

A. Allgemeines

1 Die Vorschrift dient ebenso wie § 57e dem Gebot **realer Kapitalaufbringung**. Außerdem wird dadurch eine Kapitalerhöhung ermöglicht, auch wenn die letzte Jahresbilanz wegen **Verstreichens der Achtmonatsfrist** nicht mehr verwendet werden kann (siehe § 57e Rn. 9) oder wenn seit der letzten Jahresbilanz **Verluste abgebaut** worden sind, so dass eine **höhere Rücklage** umgewandelt werden könnte (siehe § 57d Rn. 10).[1]

2 Eine Zwischenbilanz kann jedoch nicht zur **Neubildung** oder **Erhöhung** von Rücklagen verwendet werden, da die umwandlungsfähige Rücklage auch in der letzten Jahresbilanz enthalten sein muss (siehe § 57d Rn. 10). Es können also nur die geringeren Rücklagen der Jahresbilanz verwendet werden.[2] Abhilfe kann nur durch Satzungsänderung des Geschäftsjahrs und Erstellung einer Jahresbilanz für das Rumpfgeschäftsjahr erreicht werden.[3] Hat sich die umwandlungsfähige Rücklage im Vergleich zur Jahresbilanz **vermindert**, so steht dies einer Kapitalerhöhung nicht entgegen.[4] Es können aber nur die geringeren Rücklagen der Zwischenbilanz verwendet werden.[5]

1 BeckOK/*Rühland*, § 57f Rn. 2; Lutter/Hommelhoff/*Lutter*, § 57g Rn. 6; Michalski/*Hermanns*, § 57f Rn. 1, 2; MünchKomm-GmbHG/*Lieder*, § 57f Rn. 2.
2 Lutter/Hommelhoff/*Lutter*, § 57g Rn. 4; Rowedder/Schmidt-Leithoff/*Zimmermann*, § 57g Rn. 10; Scholz/*Priester*, § 57e–57g Rn. 4.
3 *Fett/Spiering*, NZG 2002, 358, 361; Lutter/Hommelhoff/*Lutter*, § 57g Rn. 4.
4 Michalski/*Hermanns*, § 57f Rn. 1.
5 Lutter/Hommelhoff/*Lutter*, § 57g Rn. 4; Rowedder/Schmidt-Leithoff/*Zimmermann*, § 57g Rn. 10; Scholz/*Priester*, § 57e–57g Rn. 4.

B. Inhalt der Regelung

I. Zwischenbilanz als Grundlage (Abs. 1 Satz 1)

3 Grundlage ist eine speziell aufzustellende **Zwischenbilanz** (auch: Sonderbilanz oder Erhöhungsbilanz), die keine gesonderte GuV-Rechnung zu enthalten braucht.[6] Die Aufstellung der Zwischenbilanz muss der Aufstellung der Jahresbilanz (§ 42 Abs. 1 i.V.m. § 264 HGB) unter Wahrung der **Bilanzkontinuität** (§ 252 Abs. 1 Nr. 1 und 6 HGB) entsprechen: Buchungen und Abschreibungen sind zeitanteilig vorzunehmen, Rückstellungen sind zu bilden, und ein erwirtschafteter Gewinn/Verlust ist auszuweisen.[7] Für die **Bekanntgabe** gilt § 57g (siehe dort).

4 Obgleich das Gesetz keine **Feststellung** und **Ergebnisverwendung** bei der Zwischenbilanz vorschreibt, ist eine solche doch zu fordern.[8] Die Feststellung wird jedoch regelmäßig konkludent im Kapitalerhöhungsbeschluss zu erblicken sein, da die Zwischenbilanz nur zu diesem Zweck erstellt wurde.[9]

II. Prüfung und Bestätigung der Bilanz (Abs. 2)

5 Die Prüfung der Zwischenbilanz soll im Interesse der realen Kapitalaufbringung gewährleisten, dass die Bilanz die Vermögensverhältnisse **zutreffend wiedergibt**.

1. Auswahl und Bestellung der Prüfer (Abs. 3)

6 Als **geeignete Prüfer** können für große Gesellschaften nur Wirtschaftsprüfer oder Wirtschaftsprüfungsgesellschaften bestellt werden (Abs. 3 Satz 2 i.V.m. § 319 Abs. 1 Satz 1 HGB), mittelgroße und kleine Gesellschaften können auch vereidigte Buchprüfer oder Buchprüfungsgesellschaften[10] bestellen (Abs. 3 Satz 3).

7 Die **Gesellschafter** wählen die Prüfer (Abs. 3 Satz 1 Hs. 1), ggf. in Textform (§ 48 Abs. 2). Als gewählt gelten die für die Erstellung des Jahresabschlusses bestellten Prüfer, sofern nicht ausdrücklich andere Prüfer gewählt werden (Abs. 3 Satz 1 Hs. 2). Eine **Delegation** auf ein anderes Organ ist wegen des Verweises auf § 318 Abs. 2 Satz 2 HGB möglich. Ob ein ausdrücklicher Delegationsbeschluss erforderlich ist oder ein genereller Delegationswille (z.B. im Rahmen der Satzung) genügt, ist wie bei § 57e umstritten und wie dort im letzteren Sinne zu bejahen (siehe § 57e Rn. 5).[11] Den **Prüfungsauftrag** erteilen die Geschäftsführer, trotz der Nichtverweisung auf § 318 Abs. 1 Satz 4 HGB kann auch der Aufsichtsrat den Auftrag erteilen.[12]

2. Inhalt und Zeitpunkt der Prüfung (Abs. 2)

8 Für den Inhalt der Prüfung verweist die Vorschrift auf die Einhaltung von Abs. 1, so dass die Zwischenbilanz den Bestimmungen über die Gliederung der Jahresbilanz und über die Wertansätze entsprechen muss. Außerdem ist zu prüfen, ob die **Rücklagen** in Übereinstimmung mit Gesetz und Satzung gebildet wurden.[13]

9 Im Übrigen verweist Abs. 3 Satz 2 wegen der speziellen Bedeutung der Zwischenbilanz für die Kapitalerhöhung nur **eingeschränkt** auf die Prüfungsvorschriften des HGB (§ 318 Abs. 1 Satz 2,

6 Roth/Altmeppen/*Roth*, § 57f Rn. 2; Lutter/Hommelhoff/*Lutter*, § 57g Rn. 4; Michalski/*Hermanns*, § 57f Rn. 4; MünchKomm-GmbHG/*Lieder*, § 57f Rn. 3.

7 Baumbach/Hueck/*Zöllner*, § 57f Rn. 2; BeckOK/*Rühland*, § 57f Rn. 4; Lutter/Hommelhoff/*Lutter*, § 57g Rn. 4; Michalski/*Hermanns*, § 57f Rn. 4; Scholz/*Priester*, § 57e–57g Rn. 3.

8 Lutter/Hommelhoff/*Lutter*, § 57g Rn. 5; Michalski/*Hermanns*, § 57c Rn. 7; § 57f Rn. 5; MünchKomm-GmbHG/*Lieder*, § 57f Rn. 4; Rowedder/Schmidt-Leithoff/*Zimmermann*, § 57g Rn. 10; Scholz/*Priester*, § 57e–57g Rn. 3.

9 MünchKomm-GmbHG/*Lieder*, § 57f Rn. 4; Roth/Altmeppen/*Roth*, § 57f Rn. 2; Rowedder/Schmidt-Leithoff/*Zimmermann*, § 57g Rn. 10; Scholz/*Priester*, § 57e–57g Rn. 3; Ulmer/*Ulmer*, § 57e–57g Rn. 13; *Wicke*, § 57g Rn. 2; a.A. Baumbach/Hueck/*Zöllner*, § 57f Rn. 12; BeckOK/*Rühland*, § 57f Rn. 5; Heybrock/*Rabe*, § 57f Rn. 15; Lutter/Hommelhoff/*Lutter*, § 57g Rn. 5; Michalski/*Hermanns*, § 57f Rn. 5.

10 BeckOK/*Rühland*, § 57f Rn. 7; Roth/Altmeppen/*Roth*, § 57f Rn. 4; Michalski/*Hermanns*, § 57f Rn. 9.

11 Michalski/*Hermanns*, § 57f Rn. 9; MünchKomm-GmbHG/*Lieder*, § 57e Rn. 8; § 57f Rn. 6.

12 Lutter/Hommelhoff/*Lutter*, § 57g Rn. 9; a.A. Baumbach/Hueck/*Zöllner*, § 57f Rn. 8.

13 Roth/Altmeppen/*Roth*, § 57f Rn. 3; Michalski/*Hermanns*, § 57f Rn. 8; MünchKomm-GmbHG/*Lieder*, § 57f Rn. 7.

§ 319 Abs. 1 bis 4, § 319a Abs. 1, § 320 Abs. 1 Satz 2, Abs. 2, §§ 321 und 323 HGB). Aus den Besonderheiten des Prüfauftrags können sich freilich weitere Einschränkungen ergeben.[14] Aus Abs. 2 Satz 1 und 3 ergibt sich, dass der Kapitalerhöhungsbeschluss erst nach der Prüfung erfolgen darf.[15]

3. Bestätigungsvermerk

Der Bestätigungsvermerk muss zwar (mangels Verweisung in Abs. 3 Satz 2) nicht § 322 HGB entsprechen, es empfiehlt sich aber eine Orientierung an dessen Sinngehalt, allerdings bezogen auf den eingeschränkten Prüfungsgegenstand (siehe Rn. 9).[16] Bei **nachträglicher Änderung** ist eine erneute Prüfung mit Bestätigungsvermerk notwendig.[17] 10

III. Bilanzstichtag (Abs. 1 Satz 2)

Wie die Jahresbilanz darf auch die Zwischenbilanz höchstens **acht Monate** vor der Anmeldung der Kapitalerhöhung erstellt worden sein (siehe § 57e Rn. 9). 11

Beispiel für Fristberechnung: 12

Zwischenbilanzstichtag 30.06. des Folgejahres: Anmeldung spätestens am 28. bzw. 29.2. des Folgejahres [!].

IV. Rechtsfolgen bei Verstößen

Fehlt eine geprüfte und bestätigte **Zwischenbilanz**, so ist der Kapitalerhöhungsbeschluss **nichtig**.[18] Ist die zugrunde gelegte Bilanz **älter als acht Monate**, so gelten die Ausführungen bei § 57e Rn. 11 f. entsprechend. 13

14 Baumbach/Hueck/*Zöllner*, § 57f Rn. 5.
15 Michalski/*Hermanns*, § 57f Rn. 10.
16 Vgl. AG Duisburg, DB 1994, 466, 467 (mit Formulierungsvorschlägen); BeckOK/*Rühland*, § 57f Rn. 11; Roth/Altmeppen/*Roth*, § 57f Rn. 5; Baumbach/Hueck/*Zöllner*, § 57e Rn. 2; Rowedder/Schmidt-Leithoff/*Zimmermann*, § 57g Rn. 11; a.A. Lutter/Hommelhoff/*Lutter*, § 57g Rn. 9.
17 Roth/Altmeppen/*Roth*, § 57f Rn. 6.
18 Michalski/*Hermanns*, § 57f Rn. 12; MünchKomm-GmbHG/*Lieder*, § 57f Rn. 11.

§ 57g Vorherige Bekanntgabe des Jahresabschlusses

Die Bestimmungen des Gesellschaftsvertrags über die vorherige Bekanntgabe des Jahresabschlusses an die Gesellschafter sind in den Fällen des § 57f entsprechend anzuwenden.

A. Allgemeines

1 Die Vorschrift **ergänzt § 57f** und verfolgt denselben Zweck (siehe § 57f Rn. 1).

B. Inhalt der Regelung

I. Grundsatz

2 Die Vorschrift erklärt die **gesellschaftsvertraglichen Regelungen** über die Bekanntgabe des Jahresabschlusses auch auf die Zwischenbilanz für anwendbar. Dass die Bekanntgabe erfolgt ist, muss nicht dokumentiert werden.[1]

II. Fehlen einer Satzungsregelung

3 Fehlt eine solche Satzungsbestimmung, so gilt **§ 42a entsprechend**. Die Geschäftsführer haben die Sonderbilanz mit Prüfbericht unverzüglich nach Fertigstellung vorzulegen (§ 42a Abs. 1 Satz 2). Eine vorherige Vorlage an den **Aufsichtsrat** ist ebenfalls analog § 42 Abs. 1 Satz 3 erforderlich.[2]

III. Informationspflicht, Offenlegung

4 Neben der Bekanntgabepflicht besteht der **Informationsanspruch** der Gesellschafter nach § 51a.[3] Für die Zwischenbilanz besteht **keine Offenlegungspflicht** nach § 325 HGB.[4]

IV. Rechtsfolgen bei Verstößen

5 Ein Verstoß gegen die Bekanntgabevorschriften führt nicht zur Nichtigkeit, sondern nur zur **Anfechtbarkeit** des Beschlusses über die Kapitalerhöhung.[5]

---

1 Michalski/*Hermanns*, § 57g Rn. 3; MünchKomm-GmbHG/*Lieder*, § 57g Rn. 2; Scholz/*Priester*, § 57e–57g Rn. 17.
2 Roth/Altmeppen/*Roth*, § 57g Rn. 1; Michalski/*Hermanns*, § 57g Rn. 2; MünchKomm-GmbHG/*Lieder*, § 57g Rn. 3; vermittelnd: Rowedder/Schmidt-Leithoff/*Zimmermann*, § 57g Rn. 12; a.A. Scholz/*Priester*, § 57e–57g Rn. 17; unentschieden BeckOK/*Rühland*, § 57g Rn. 3.
3 Michalski/*Hermanns*, § 57g Rn. 3; MünchKomm-GmbHG/*Lieder*, § 57g Rn. 2; Scholz/*Priester*, § 57e–57g Rn. 17.
4 Roth/Altmeppen/*Roth*, § 57g Rn. 1; Baumbach/Hueck/*Zöllner*, § 57g Rn. 2; Michalski/*Hermanns*, § 57g Rn. 3; Rowedder/Schmidt-Leithoff/*Zimmermann*, § 57g Rn. 12; Scholz/*Priester*, § 57e–57g Rn. 17.
5 BeckOK/*Rühland*, § 57g Rn. 4; Rowedder/Schmidt-Leithoff/*Zimmermann*, § 57g Rn. 13; Michalski/*Hermanns*, § 57g Rn. 3; MünchKomm-GmbHG/*Lieder*, § 57g Rn. 4; unklar: Baumbach/Hueck/*Zöllner*, § 57g Rn. 1; Scholz/*Priester*, § 57e–57g Rn. 17 einerseits, Rn. 18 andererseits.

§ 57h Arten der Kapitalerhöhung

(1) Die Kapitalerhöhung kann vorbehaltlich des § 57l Abs. 2 durch Bildung neuer Geschäftsanteile oder durch Erhöhung des Nennbetrags der Geschäftsanteile ausgeführt werden. Die neuen Geschäftsanteile und die Geschäftsanteile, deren Nennbetrag erhöht wird, müssen auf einen Betrag gestellt werden, der auf volle Euro lautet.

(2) Der Beschluss über die Erhöhung des Stammkapitals muss die Art der Erhöhung angeben. Soweit die Kapitalerhöhung durch Erhöhung des Nennbetrags der Geschäftsanteile ausgeführt werden soll, ist sie so zu bemessen, daß durch sie auf keinen Geschäftsanteil, dessen Nennbetrag erhöht wird, Beträge entfallen, die durch die Erhöhung des Nennbetrags des Geschäftsanteils nicht gedeckt werden können.

Literatur

Schemmann, Asymmetrische Kapitalerhöhungen aus Gesellschaftsmitteln bei der GmbH, NZG 2009, 241; *Schippel*, Fragen der Kapitalerhöhung aus Gesellschaftsmitteln, DNotZ 1960, 353, 367.

A. Allgemeines

Die Vorschrift **erleichtert die Durchführung der Kapitalerhöhung**, indem sie wie bei der Kapitalerhöhung gegen Einlagen (allerdings ohne eine § 55 vergleichbare Beschränkung) wahlweise die Ausgabe neuer Anteile oder die Nennwertaufstockung der alten Anteile zulässt.[1] Die Vorschrift dient nunmehr auch der Umsetzung des aus § 5 Abs. 3 Satz 2 folgenden zwingenden **Gleichlaufs** der Summe der Nennbeträge der Geschäftsanteile mit dem Nennbetrag des Stammkapitals (siehe § 57c Rn. 5).[2] Das Wahlrecht wird entsprechend bei der Kapitalerhöhung aus Gesellschaftermitteln zugelassen, wenn die Geschäftsanteile voll einbezahlt sind, obwohl dort die Nennbetragsaufstockung der bestehenden Geschäftsanteile nicht erwähnt wird (siehe § 55 Rn. 16).[3] Jeder Gesellschafter erwirbt schon mit Beschlussfassung über die Kapitalerhöhung einen Anspruch und ein Anwartschaftsrecht auf die künftigen Geschäftsanteile.[4] 1

B. Inhalt der Regelung

I. Allgemeines (Abs. 1)

Die Gesellschafter haben grundsätzlich das **freie Wahlrecht**, ob sie die Kapitalerhöhung aus Gesellschaftsmitteln durch Ausgabe neuer Anteile oder durch Nennwertaufstockung durchführen. Dieses Wahlrecht wird nur **durch § 57l Abs. 2 Satz 2 eingeschränkt**, wonach teileingezahlte Anteile nur im Nennwert erhöht werden dürfen (siehe § 57l Rn. 7). 2

Beide Erhöhungsarten können bei Zustimmung der betroffenen Gesellschafter[5] auch miteinander **kombiniert** werden (vgl. auch § 57l Abs. 2 Satz 3; siehe § 57l Rn. 8), z.B. kann ein alter Anteil teil- 3

1 Roth/Altmeppen/*Roth*, § 57h Rn. 1; Rowedder/Schmidt-Leithoff/*Zimmermann*, § 57h Rn. 1.
2 Vgl. BT-Drucks. 16/6140, S. 31, wo die Kapitalerhöhung aus Gesellschaftsmitteln ausdrücklich als Instrument zur Anpassung genannt wird.
3 BGHZ 63, 116, 118 = NJW 1975, 118; OLG Celle NZG 2000, 148; *Schemmann*, NZG 2009, 241.
4 BFHE 231, 557 = BStBl. II 2011, 799 = DStR 2011, 212; vgl. auch BVerwG LKV 2004, 28.
5 Einschränkend Roth/Altmeppen/*Roth*, § 57h Rn. 5; Heybrock/*Rabe*, § 57h Rn. 15; Michalski/*Hermanns*, § 57h Rn. 7: erforderlich sei die Zustimmung aller Gesellschafter.

weise aufgestockt und teilweise durch Ausgabe eines neuen Anteils erhöht werden, oder Anteile eines Gesellschafters können aufgestockt, die eines anderen durch Neuemission erhöht werden.[6]

4 Die neuen bzw. aufgestockten Anteile müssen nach Abs. 1 Satz 2 auf einen **vollen** (also runden) **Euro-Betrag** lauten. Die Vorschrift ist überflüssig, da sich schon aus § 5 Abs. 2 Satz 1 ergibt, dass der Nennbetrag der Geschäftsanteile auf volle Euro lauten muss.

5 Nach neuer Rechtslage (§ 47 Abs. 2) gewährt jeder Euro eines Geschäftsanteils **eine Stimme**, so dass die zu §§ 47 Abs. 2, 57k, 57l a.F. entwickelten Streitfragen[7] hinfällig sind.

II. Ausgabe neuer Anteile (Abs. 1)

6 Volleingezahlte Anteile (vgl. § 57l Abs. 2 Satz 2) können durch Ausgabe neuer Anteile erhöht werden. Die neu ausgegebenen Anteile sind **selbstständig**, können isoliert abgetreten werden oder mit anderen Anteilen zusammengelegt werden.[8] Da nach § 5 Abs. 2 Satz 2 und § 55 Abs. 4 jeder Gesellschafter bei Gründung und Kapitalerhöhung gegen Einlage mehrere Anteile übernehmen kann, bestehen nunmehr keine Bedenken dagegen, dass auch im Rahmen der Kapitalerhöhung aus Gesellschaftsmitteln **mehrere neue Anteile** gebildet werden.[9] Der Nennbetrag der neuen Anteile kann unter Beachtung der Vorgabe, dass sie auf volle Euro lauten müssen, frei gewählt werden.[10]

7 Hält ein Gesellschafter **mehrere Anteile**, so muss im Regelfall eine entsprechende Anzahl neuer Anteile ausgegeben werden.[11] Mit Zustimmung des betroffenen Gesellschafters und hierdurch benachteiligter dinglich Berechtigter (z.B. Pfandgläubiger, Nießbrauchsberechtigter) kann auch die Ausgabe eines einzigen (gleichsam von Anfang an zusammengelegten) Anteils oder zahlenmäßig abweichender Anteile beschlossen werden.[12] Soweit überhaupt noch erforderlich, können **Teilrechte** eines Anteils nach Maßgabe von § 57k ausgegeben werden (siehe § 57k Rn. 3).

III. Erhöhung des Nennbetrags (Abs. 1, Abs. 2 Satz 2)

8 Eine bloße Nennbetragserhöhung ist bei **teileingezahlten Anteilen** zwingend geboten (§ 57l Abs. 2 Satz 2) und bietet sich im Übrigen auch für volleingezahlte Anteile an, wenn nicht beabsichtigt ist, den auf die einzelnen Gesellschafter entfallenden Erhöhungsbetrag als eigenständigen Anteil weiterzuveräußern,[13] weil in diesem Fall eine Zusammenlegung der Anteile nicht erforderlich ist. Nach dem schwer verständlichen[14] Abs. 2 Satz 2 darf die Nennbetragserhöhung nicht zu **ungedeckten Spitzenbeträgen** führen, muss also immer auf einen vollen (runden) Betrag lauten. Diese Einschränkung hat nur geringe Bedeutung, da im Kombinationsweg (siehe Rn. 3) auch ein neuer Anteil mit **Teilrechten** für die Gesellschafter gebildet werden kann (siehe § 57k Rn. 4).[15] Nur wenn auf **teileingezahlte Anteile** Spitzenbeträge entfallen würden, muss der Kapitalerhöhungsbetrag so angepasst werden, dass ungedeckte Spitzen vermieden werden (siehe § 57k Rn. 4, § 57l Rn. 9).

6 Baumbach/Hueck/*Zöllner*, § 57h Rn. 8; BeckOK/*Rühland*, § 57h Rn. 9; Lutter/Hommelhoff/*Lutter*, § 57h Rn. 5 (mit Beispielen); MünchKomm-GmbHG/*Lieder*, § 57h Rn. 10; Rowedder/Schmidt-Leithoff/*Zimmermann*, § 57h Rn. 2; Scholz/*Priester*, § 57h Rn. 7; *Schemmann*, NZG 2009, 241, 242; a.A. nur *Schippel*, DNotZ 1960, 353, 367.

7 Vgl. Baumbach/Hueck/*Zöllner*, § 57h Rn. 4; Lutter/Hommelhoff/*Lutter*, § 57h Rn. 3; Rowedder/Schmidt-Leithoff/*Zimmermann*, § 57h Rn. 5.

8 Baumbach/Hueck/*Zöllner*, § 57h Rn. 6; Michalski/*Hermanns*, § 57h Rn. 3.

9 BeckOK/*Rühland*, § 57h Rn. 5; Heybrock/*Rabe*, § 57g Rn. 10; Lutter/Hommelhoff/*Lutter*, § 57h Rn. 2; Scholz/*Priester*, § 57h Rn. 4; Michalski/*Hermanns*, § 57h Rn. 4; MünchKomm-GmbHG/*Lieder*, § 57h Rn. 4; *Wicke*, § 57h Rn. 1;.

10 MünchKomm-GmbHG/*Lieder*, § 57h Rn. 4; *Wicke*, § 57h Rn. 1; *Schemmann*, NZG 2009, 241, 244.

11 BeckOK/*Rühland*, § 57h Rn. 4; Roth/Altmeppen/*Roth*, § 57h Rn. 3; Baumbach/Hueck/*Zöllner*, § 57h Rn. 5; Rowedder/Schmidt-Leithoff/*Zimmermann*, § 57h Rn. 4.

12 Baumbach/Hueck/*Zöllner*, § 57h Rn. 5; BeckOK/*Rühland*, § 57h Rn. 4; a.A. *Schemmann*, NZG 2009, 241, 243 f.: die Zustimmung dinglich Berechtigter ist nicht erforderlich.

13 Baumbach/Hueck/*Zöllner*, § 57h Rn. 7; Michalski/*Hermanns*, § 57h Rn. 5; Scholz/*Priester*, § 57h Rn. 5.

14 Michalski/*Hermanns*, § 57h Rn. 6.

15 Roth/Altmeppen/*Roth*, § 57h Rn. 7; Baumbach/Hueck/*Zöllner*, § 57h Rn. 3; Michalski/*Hermanns*, § 57h Rn. 6; MünchKomm-GmbHG/*Lieder*, § 57h Rn. 8; Scholz/*Priester*, § 57h Rn. 6.

Hält der Gesellschafter **mehrere Anteile**, so nehmen diese proportional an der Nennwerterhöhung teil.[16] Mit Zustimmung des Gesellschafters und hierdurch benachteiligter dinglich Berechtigter kann der Erhöhungsbetrag auch auf einen einzigen Anteil beschränkt werden oder in einem abweichenden Verhältnis auf die Anteile verteilt werden.[17] 9

IV. Ausübung des Wahlrechts (Abs. 2 Satz 1)

Aus dem **Kapitalerhöhungsbeschluss** selbst muss sich ausdrücklich ergeben, in welcher Weise die Gesellschafter von ihrem Wahl- und Kombinationsrecht Gebrauch gemacht haben.[18] Eine konkrete **Bezeichnung**, welche Beträge der Kapitalerhöhung auf neue Anteile und Teilrechte bzw. Nennwertaufstockungen entfallen, ist auch bei einer Bildung von Teilrechten oder Kombinationsformen nicht erforderlich,[19] aber zweckmäßig und empfehlenswert.[20] Die gewählte Kapitalerhöhungsvariante kann bis zur Eintragung im Handelsregister unter Beachtung derselben Förmlichkeiten **abgeändert** werden.[21] 10

Da das Wahlrecht mit Stimmenmehrheit beschlossen werden kann, ist gegebenenfalls die gesellschaftsinterne **Treuepflicht** zu beachten.[22] Abgesehen von § 57l Abs. 2 Satz 2 kommen Differenzierungen nur bei Vorliegen eines wichtigen Grundes oder bei Zustimmung aller betroffenen Gesellschafter in Betracht.[23] Ein Anspruch des einzelnen Gesellschafters auf eine bestimmte Beschlussfassung besteht also allenfalls nach dieser Maßgabe.[24] 11

V. Rechtsfolgen bei Verstößen

Fehlt es an der Festlegung, wie die Kapitalerhöhung durchgeführt werden soll (Rn. 10), so ist der Kapitalerhöhungsbeschluss insgesamt entsprechend § 241 Nr. 3 AktG **nichtig**.[25] Gleiches gilt für einen Verstoß gegen die Gebote, die Geschäftsanteile auf volle Euro zu stellen (Rn. 4) und bei der reinen Nennbetragserhöhung keine freien Spitzen zu bilden (Rn. 8).[26] 12

---

16 BeckOK/*Rühland*, § 57h Rn. 7; Roth/Altmeppen/*Roth*, § 57h Rn. 4; Rowedder/Schmidt-Leithoff/*Zimmermann*, § 57h Rn. 4; Scholz/*Priester*, § 57h Rn. 5.

17 Scholz/*Priester*, § 57h Rn. 5, 8; a.A. *Schemmann*, NZG 2009, 241, 244: keine Zustimmung der Gläubiger erforderlich, eine disproportionale Aufstockung ist möglich.

18 Michalski/*Hermanns*, § 57h Rn. 9; Scholz/*Priester*, § 57h Rn. 9.

19 Michalski/*Hermanns*, § 57h Rn. 9; MünchKomm-GmbHG/*Lieder*, § 57h Rn. 15; a.A. Roth/Altmeppen/*Roth*, § 57h Rn. 11; Lutter/Hommelhoff/*Lutter*, § 57h Rn. 7; Rowedder/Schmidt-Leithoff/*Zimmermann*, § 57h Rn. 6.

20 MünchKomm-GmbHG/*Lieder*, § 57h Rn. 15; Scholz/*Priester*, § 57h Rn. 10.

21 Heybrock/*Rabe*, § 57h Rn. 9; MünchKomm-GmbHG/*Lieder*, § 57h Rn. 13; Roth/Altmeppen/*Roth*, § 57h Rn. 8.

22 Roth/Altmeppen/*Roth*, § 57h Rn. 9; Michalski/*Hermanns*, § 57h Rn. 10.

23 BeckOK/*Rühland*, § 57h Rn. 11; Lutter/Hommelhoff/*Lutter*, § 57h Rn. 6; Michalski/*Hermanns*, § 57h Rn. 10; MünchKomm-GmbHG/*Lieder*, § 57h Rn. 12; Scholz/*Priester*, § 57h Rn. 8; a.A. Baumbach/Hueck/*Zöllner*, § 57h Rn. 9; Roth/Altmeppen/*Roth*, § 57h Rn. 9, 10; Rowedder/Schmidt-Leithoff/*Zimmermann*, § 57h Rn. 7; *Wicke*, § 57h Rn. 3: Differenzierung nur mit Zustimmung der betroffenen Gesellschafter zulässig.

24 Scholz/*Priester*, § 57h Rn. 8.

25 BeckOK/*Rühland*, § 57h Rn. 15; Roth/Altmeppen/*Roth*, § 57h Rn. 12; Baumbach/Hueck/*Zöllner*, § 57h Rn. 10; Lutter/Hommelhoff/*Lutter*, § 57h Rn. 8; Michalski/*Hermanns*, § 57h Rn. 11; Rowedder/Schmidt-Leithoff/*Zimmermann*, § 57h Rn. 10; Scholz/*Priester*, § 57h Rn. 11.

26 BeckOK/*Rühland*, § 57h Rn. 16; Roth/Altmeppen/*Roth*, § 57h Rn. 12; Lutter/Hommelhoff/*Lutter*, § 57h Rn. 8; Michalski/*Hermanns*, § 57h Rn. 12; MünchKomm-GmbHG/*Lieder*, § 57h Rn. 16; Rowedder/Schmidt-Leithoff/*Zimmermann*, § 57h Rn. 11 bis 13; Scholz/*Priester*, § 57h Rn. 11; Ulmer/*Ulmer*, § 57h Rn. 18; nunmehr ebenso Baumbach/Hueck/*Zöllner*, § 57h Rn. 10, der anerkennt, dass bei einem Verstoß gegen Abs. 2 Satz 2 die gewichtigen öffentlichen Interessen des § 5 Abs. 3 Satz 2 an einem zwingenden Gleichlauf der Summe der Geschäftsanteile und des Stammkapitals verletzt wären.

§ 57i Anmeldung und Eintragung des Erhöhungsbeschlusses

(1) Der Anmeldung des Beschlusses über die Erhöhung des Stammkapitals zur Eintragung in das Handelsregister ist die der Kapitalerhöhung zugrunde gelegte, mit dem Bestätigungsvermerk der Prüfer versehene Bilanz, in den Fällen des § 57f außerdem die letzte Jahresbilanz, sofern sie noch nicht nach § 325 Abs. 1 des Handelsgesetzbuchs eingereicht ist, beizufügen. Die Anmeldenden haben dem Registergericht gegenüber zu erklären, daß nach ihrer Kenntnis seit dem Stichtag der zugrunde gelegten Bilanz bis zum Tag der Anmeldung keine Vermögensminderung eingetreten ist, die der Kapitalerhöhung entgegenstünde, wenn sie am Tag der Anmeldung beschlossen worden wäre.

(2) Das Registergericht darf den Beschluss nur eintragen, wenn die der Kapitalerhöhung zugrunde gelegte Bilanz für einen höchstens acht Monate vor der Anmeldung liegenden Zeitpunkt aufgestellt und eine Erklärung nach Absatz 1 Satz 2 abgegeben worden ist.

(3) Zu der Prüfung, ob die Bilanzen den gesetzlichen Vorschriften entsprechen, ist das Gericht nicht verpflichtet.

(4) Bei der Eintragung des Beschlusses ist anzugeben, daß es sich um eine Kapitalerhöhung aus Gesellschaftsmitteln handelt.

Literatur

Habel, Abtretung künftiger Aufstockungsbeträge bei Kapitalerhöhungen, GmbHR 2000, 267; *Horn*, Gegen § 78 Halb. 2 GmbHG verstoßende Handelsregisteranmeldungen und die Beseitigung ihrer Eintragung, 2006; *Jeep/Wiedemann*, Die Praxis der elektronischen Registeranmeldung, NJW 2007, 2439; *Krafka*, Grundsätze des Registerrechts, 2004; *Schnorbus*, Die Teilnahme des Scheingesellschafters an Strukturmaßnahmen in der GmbH, ZGR 2004, 126; *Temme*, Rechtsfolgen fehlerhafter Kapitalerhöhungen bei der GmbH, RNotZ 2004, 2.

A. Allgemeines

1 Die Kapitalerhöhung aus Gesellschaftsmitteln wird als **Satzungsänderung** erst mit Eintragung ins Handelsregister wirksam (§ 53c Abs. 4 i.V.m. § 54 Abs. 3) und setzt folglich eine entsprechende Anmeldung voraus (§ 53c Abs. 4 i.V.m. § 54 Abs. 1 Satz 1).[1] Die Vorschrift ergänzt § 54 in Bezug auf den Inhalt der Anmeldung (Abs. 1), in dessen Mittelpunkt die **gläubigerschützende Versicherung** nach Abs. 1 Satz 2 steht,[2] den Prüfungsumfang (Abs. 2 und 3) und den Inhalt der Eintragung (Abs. 4).

1 Baumbach/Hueck/*Zöllner*, § 57i Rn. 2; Michalski/*Hermanns*, § 57i Rn. 1; Scholz/*Priester*, § 57i Rn. 1.
2 Scholz/*Priester*, § 57i Rn. 6; es handelt sich dabei um eine nicht verallgemeinerungsfähige Sondervorschrift, vgl. BGHZ 150, 197, 200 = NJW 2002, 1716, 1718 = DNotZ 2002, 808, 810 = NZG 2002, 522, 523 f.

B. Inhalt der Regelung

I. Anmeldung

1. Anmeldepflichtige

Zur Anmeldung sind nach § 78 **sämtliche Geschäftsführer** verpflichtet (siehe § 78 Rn. 13). Eine Anmeldung durch Prokuristen oder **Bevollmächtigte** scheidet aus (siehe § 78 Rn. 17).[3] 2

2. Anmeldepflicht

Die Geschäftsführer sind gegenüber der Gesellschaft zur **Anmeldung verpflichtet**, können hierzu jedoch nicht durch Festsetzung eines Zwangsgelds vom Registergericht gezwungen werden, § 78 Abs. 2 gilt – trotz Nichterwähnung – auch für die Anmeldung der Kapitalerhöhung aus Gesellschaftsmitteln (siehe § 78 Rn. 13).[4] Eine Verletzung der Anmeldepflicht kann aber zu **Schadensersatzansprüchen** gegenüber der Gesellschaft nach § 43 Abs. 2 oder gegenüber Dritten nach § 823 Abs. 2 BGB führen.[5] Eine falsche Angabe nach Abs. 1 Satz 2 ist zusätzlich nach § 82 Abs. 1 Nr. 4 strafbewehrt. Eine Haftung der Gesellschafter besteht mangels Anmeldepflicht grundsätzlich nicht.[6] 3

3. Form der Anmeldung

Der Anmeldende muss seine Unterschrift unter der Anmeldung **öffentlich beglaubigen** lassen (§ 40 BeurkG) und sodann die Anmeldung elektronisch, d.h. in der Form des § 39a BeurkG (vgl. § 12 Abs. 2 Satz 2 HGB), beim Registergericht des Gesellschaftssitzes (siehe § 7 Rn. 12) einreichen (§ 12 Abs. 1 Satz 1 HGB; siehe § 78 Rn. 6).[7] 4

4. Inhalt der Anmeldung (§ 54 Abs. 1 Satz 1)

Inhaltlich ist der Beschluss über die Kapitalerhöhung ausdrücklich **als Kapitalerhöhung aus Gesellschaftsmitteln** (vgl. Abs. 4) und sind der **Erhöhungsbetrag** oder die neue **Stammkapitalziffer** anzumelden.[8] Dieser und weiterer Angaben bedarf es dann nicht, wenn auf den beigefügten Beschluss Bezug genommen wird.[9] Dass die Satzung geändert ist, muss nicht gesondert angemeldet werden.[10] 5

5. Anlagen der Anmeldung (Abs. 1 Satz 1, § 54 Abs. 1 Satz 2)

Als Anlagen sind der Anmeldung beizufügen das **Protokoll** über den Erhöhungsbeschluss (siehe § 57c Rn. 15) nebst etwaiger Vollmachten und Genehmigungen in elektronisch beglaubigter Abschrift und die der Erhöhung **zugrunde gelegte Bilanz** (siehe § 57e Rn. 2 und § 57f Rn. 3) sowie (im Falle des § 57f) die **letzte Jahresbilanz** (siehe § 57d Rn. 10), jeweils in elektronischer Abschrift, sofern diese nicht bereits aufgrund von § 325 HGB eingereicht worden ist. 6

Beizufügen sind außerdem der vollständige Wortlaut des (durch die Kapitalerhöhung geänderten) **Gesellschaftsvertrags** mit der Notarbestätigung gemäß § 54 Abs. 1 Satz 2 in elektronisch 7

---

3 Michalski/*Heyder*, § 78 Rn. 22; a.A. Baumbach/Hueck/*Haas*, § 78 Rn. 4; BeckOK/*Rühland*, § 57i Rn. 2; Heybrock/*Rabe*, § 57i Rn. 7; MünchKomm-GmbHG/*Lieder*, § 57i Rn. 3; Scholz/*Priester*, § 57i Rn. 2.
4 Lutter/Hommelhoff/*Lutter*, § 57i Rn. 2; Scholz/*Priester*, § 57i Rn. 1.
5 Roth/Altmeppen/*Roth*, § 57i Rn. 7; Lutter/Hommelhoff/*Lutter*, § 57i Rn. 16; Michalski/*Hermanns*, § 57i Rn. 8; MünchKomm-GmbHG/*Lieder*, § 57i Rn. 14; Rowedder/Schmidt-Leithoff/*Zimmermann*, § 57i Rn. 5; Scholz/*Priester*, § 57i Rn. 1, 7.
6 Roth/Altmeppen/*Roth*, § 57i Rn. 7.
7 *Jeep/Wiedemann*, NJW 2007, 2439.
8 Michalski/*Hermanns*, § 57i Rn. 4.
9 Roth/Altmeppen/*Roth*, § 57i Rn. 2; Baumbach/Hueck/*Zöllner*, § 57i Rn. 5; Scholz/*Priester*, § 57i Rn. 3; MünchKomm-GmbHG/*Lieder*, § 57i Rn. 4; unklar Michalski/*Hermanns*, § 57i Rn. 4.
10 Michalski/*Hermanns*, § 57i Rn. 4; MünchKomm-GmbHG/*Lieder*, § 57i Rn. 4; Scholz/*Priester*, § 57i Rn. 3.

beglaubigter Abschrift[11] und die neue **Gesellschafterliste** nach § 40 in elektronischer Abschrift: Diese kann gleichzeitig mit der Anmeldung, aber auch nachträglich nach Wirksamwerden der Kapitalerhöhung eingereicht werden.[12] Da die Kapitalerhöhung aus Gesellschaftsmitteln keiner Übernahmeerklärung bedarf, braucht auch **keine Übernehmerliste** beigefügt zu werden.[13] Soweit die **Feststellung des Jahresabschlusses** und die **Ergebnisverwendung** nicht ohnehin im Rahmen des Kapitalerhöhungsbeschlusses zuvor beschlossen worden sind, empfiehlt es sich, diese Beschlüsse in elektronischer Abschrift beizufügen.

6. Versicherung der Geschäftsführer nach Abs. 1 Satz 2

8 Alle Geschäftsführer müssen gegenüber dem Registergericht versichern, dass nach ihrer Kenntnis seit dem Stichtag der zugrunde gelegten Bilanz keine der Kapitalerhöhung entgegenstehenden **Vermögensminderungen** eingetreten sind. Diese Erklärung kann in der Anmeldung selbst enthalten sein, kann aber auch als **gesonderte Erklärung** in einfacher elektronischer Abschrift abgegeben werden und bedarf nicht der öffentlichen Beglaubigung.[14] Nicht erforderlich ist, dass die umzuwandelnden Rücklagen ungeschmälert vorhanden sind, sondern nur, dass diese bei einer Ad-hoc-Bilanzierung ungeschmälert vorhanden wären.[15]

9 Diese gläubigerschützende Versicherung erfordert eine **positive Kenntnis** der Geschäftsführer von der Vermögensentwicklung der Gesellschaft durch Einsichtnahme in die Buchführung.[16] Eine bloß negative Erklärung, dass den Geschäftsführern keine Vermögensminderungen bekannt seien, genügt nicht.[17] Zur Strafbarkeit einer vorsätzlich falschen Versicherung siehe § 82 Rn. 25.

II. Prüfung durch das Handelsregister

1. Gegenstand der Prüfung (Abs. 2, 3)

10 Die Anmeldung und die eingereichten Anlagen sind vom Handelsregister (funktionell zuständig ist der Richter, vgl. § 17 Nr. 1 Buchst. b RPflG) im Wege der Amtsermittlung (§ 26 FamFG)[18] daraufhin zu prüfen, ob sie den Anforderungen an eine **Satzungsänderung im Allgemeinen** und den **Besonderheiten** der Kapitalerhöhung aus Gesellschaftsmitteln genügen.[19] Der Richter darf dabei von der Richtigkeit der Angaben (insbesondere der Versicherung nach Abs. 1 Satz 2) ausgehen und hat weitere Ermittlungen nur bei begründeten Zweifeln anzustellen.[20]

11 Das Gericht prüft, ob die Anmeldung den in Rn. 4 bis 8 aufgestellten formellen und materiellen Anforderungen entspricht. **Nicht** zum **Prüfungsumfang** gehört, ob die Prüfer ordnungsgemäß gewählt worden sind und ob der Ergebnisverwendungsbeschluss nach § 57c Abs. 2 gefasst worden ist.[21]

---

11 Baumbach/Hueck/*Zöllner*, § 57i Rn. 11; Lutter/Hommelhoff/*Lutter*, § 57i Rn. 5; Michalski/*Hermanns*, § 57i Rn. 7; Scholz/*Priester*, § 57i Rn. 4; a.A. Roth/Altmeppen/*Roth*, § 57i Rn. 6.

12 Roth/Altmeppen/*Roth*, § 57i Rn. 3a; Baumbach/Hueck/*Zöllner*, § 57i Rn. 12; Lutter/Hommelhoff/*Lutter*, § 57i Rn. 7; Scholz/*Priester*, § 57i Rn. 5; *Wicke*, § 57i Rn. 1; die neue Liste kann gleichzeitig mit der Anmeldung eingereicht werden, es ist nicht erforderlich, die Eintragung der Satzungsänderung in das Handelsregister abzuwarten; MünchKomm-GmbHG/*Lieder*, § 57i Rn. 8; a.A. BeckOK/*Rühland*, § 57i Rn. 6; Heybrock/*Rabe*, § 57i Rn. 16.

13 Baumbach/Hueck/*Zöllner*, § 57i Rn. 12; Michalski/*Hermanns*, § 57i Rn. 7; Scholz/*Priester*, § 57i Rn. 5.

14 Rowedder/Schmidt-Leithoff/*Zimmermann*, § 57i Rn. 4; a.A. *Krafka*, S. 93; Baumbach/Hueck/*Zöllner*, § 57i Rn. 7; Heybrock/*Rabe*, § 57i Rn. 11; Michalski/*Hermanns*, § 57i Rn. 5; MünchKomm-GmbHG/*Lieder*, § 57i Rn. 10; Scholz/*Priester*, § 57i Rn. 6.

15 Baumbach/Hueck/*Zöllner*, § 57i Rn. 6; Lutter/Hommelhoff/*Lutter*, § 57i Rn. 6; a.A. Roth/Altmeppen/*Roth*, § 57i Rn. 5.

16 Lutter/Hommelhoff/*Lutter*, § 57i Rn. 6.

17 Michalski/*Hermanns*, § 57i Rn. 6; MünchKomm-GmbHG/*Lieder*, § 57i Rn. 11; Scholz/*Priester*, § 57i Rn. 6.

18 Lutter/Hommelhoff/*Lutter*, § 57i Rn. 8; MünchKomm-GmbHG/*Lieder*, § 57i Rn. 15.

19 Michalski/*Hermanns*, § 57i Rn. 9; Scholz/*Priester*, § 57i Rn. 8, 9.

20 Michalski/*Hermanns*, § 57i Rn. 9; Scholz/*Priester*, § 57i Rn. 8; weitergehend MünchKomm-GmbHG/*Lieder*, § 57i Rn. 16: Prüfungsrecht des Gerichts nur, wenn erhebliche Zweifel an der Unrichtigkeit der Versicherung bestehen.

21 Baumbach/Hueck/*Zöllner*, § 57i Rn. 13; Scholz/*Priester*, § 57i Rn. 10; Ulmer/*Ulmer*, § 57i Rn. 14.

Hinsichtlich der vorgelegten **Bilanzen** braucht der Richter nicht zu prüfen, ob diese den gesetzlichen Bestimmungen entsprechen (Abs. 3), denn dies ist Aufgabe des Prüfers,[22] sondern lediglich, ob die verwendeten **Rücklagen** tatsächlich ausgewiesen und umwandlungsfähig sind.[23] Auch bei Kapitalrücklagen, die im Wege der Sacheinlage gebildet wurden, müssen die Voraussetzungen einer Kapitalerhöhung gegen Sacheinlagen nicht zusätzlich vorliegen.[24] Bei Zweifeln an der Ordnungsmäßigkeit der Bilanz darf der Richter jedoch wegen § 26 FamFG weitere Ermittlungen anstellen.[25] 12

2. Entscheidung

Liegen **behebbare Mängel** vor, wie z.B. das Fehlen der Erklärung nach Abs. 1 Satz 2, der Bestätigungsvermerk des Bilanzprüfers oder sonstige Anlagen zur Anmeldung (siehe § 57e Rn. 9), so darf das Gericht die Anmeldung nicht sofort zurückweisen, sondern hat es eine Zwischenverfügung zu erlassen (§ 382 Abs. 4 FamFG) und unter Angabe der Mängel eine Frist zur Verbesserung einzuräumen.[26] Erst nach Ablauf dieser Frist kommt eine Zurückweisung der Anmeldung in Betracht.[27] 13

Bei Vorliegen **nicht behebbarer Mängel**, insbesondere bei Vorlage einer Bilanz, die im Zeitpunkt der Anmeldung (nicht der Prüfung bzw. Eintragung!) älter als acht Monate ist,[28] oder bei Nichtigkeit des Kapitalerhöhungsbeschlusses, muss die Anmeldung zurückgewiesen werden.[29] Ist der Beschluss lediglich **anfechtbar**, kommt eine Zurückweisung nicht in Betracht.[30] 14

Statthafte **Rechtsmittel** gegen eine Zwischenverfügung oder einen Zurückweisungsbeschluss sind die Beschwerde zum OLG (§ 58 Abs. 1, § 382 Abs. 3, 4 Satz 2 FamFG; § 119 Abs. 1 Nr. 1 b) GVG) und die Rechtsbeschwerde zum BGH (§ 70 FamFG). Bei Zurückweisung des Eintragungsantrags ist die antragstellende GmbH beschwerdebefugt (§ 59 Abs. 2 FamFG).[31] Der Beschwerdewert des § 61 Abs. 1 FamFG wird in aller Regel überschritten sein. Siehe auch § 78 Rn. 21. 15

III. Eintragung

1. Inhalt und Bekanntmachung der Eintragung (Abs. 4, § 54 Abs. 2)

Einzutragen sind die neue **Stammkapitalziffer**, die beschlossene Kapitalerhöhung mit **Datum** des Beschlusses und der Eintragung (§ 382 Abs. 2 FamFG).[32] Um Gläubigern gegenüber klarzustellen, dass die Erhöhung nicht aus der Zufuhr neuer Kapitalmittel stammt, ist sie ausdrücklich als Kapitalerhöhung **aus Gesellschaftsmitteln** zu bezeichnen (Abs. 4)[33] und bei Unterlassen nach § 17 Abs. 1 HRV zu berichtigen.[34] Im Übrigen kann auf die eingereichten Urkunden Bezug genommen werden (§ 54 Abs. 2 Satz 1).[35] 16

---

22 Lutter/Hommelhoff/*Lutter*, § 57i Rn. 8.
23 Michalski/*Hermanns*, § 57i Rn. 12; Scholz/*Priester*, § 57i Rn. 10.
24 OLG Hamm, Rpfleger 2008, 309, 311 (zu § 210 Abs. 3 AktG).
25 OLG Hamm, Rpfleger 2008, 309, 312 (zu § 210 Abs. 3 AktG); Roth/Altmeppen/*Roth*, § 57i Rn. 8; Baumbach/Hueck/*Zöllner*, § 57i Rn. 13; Michalski/*Hermanns*, § 57i Rn. 12; Scholz/*Priester*, § 57i Rn. 10, 13; Rowedder/Schmidt-Leithoff/*Zimmermann*, § 57i Rn. 6.
26 *Krafka*, S. 108; Roth/Altmeppen/*Roth*, § 57i Rn. 9; Lutter/Hommelhoff/*Lutter*, § 57i Rn. 9; Scholz/*Priester*, § 57i Rn. 12.
27 Roth/Altmeppen/*Roth*, § 57i Rn. 9.
28 OLG Frankfurt, BB 1981, 1253, 1254.
29 Roth/Altmeppen/*Roth*, § 57i Rn. 9; Lutter/Hommelhoff/*Lutter*, § 57i Rn. 9; Michalski/*Hermanns*, § 57i Rn. 11; Rowedder/Schmidt-Leithoff/*Zimmermann*, § 57i Rn. 7; Scholz/*Priester*, § 57i Rn. 11.
30 Michalski/*Hermanns*, § 57i Rn. 11.
31 OLG Hamm FGPrax 2010, 307 = GmbHR 2010, 984 = ZIP 2010, 2347.
32 Roth/Altmeppen/*Roth*, § 57i Rn. 10; Baumbach/Hueck/*Zöllner*, § 57i Rn. 14.
33 Roth/Altmeppen/*Roth*, § 57i Rn. 10; Michalski/*Hermanns*, § 57i Rn. 13; Scholz/*Priester*, § 57i Rn. 14.
34 LG Essen, BB 1982, 1821, 1822; Michalski/*Hermanns*, § 57i Rn. 19; Rowedder/Schmidt-Leithoff/*Zimmermann*, § 57i Rn. 8, 13; Scholz/*Priester*, § 57i Rn. 18; a.A. Ulmer/*Ulmer*, § 57i Rn. 19.
35 Baumbach/Hueck/*Zöllner*, § 57i Rn. 14.

17 Die Eintragung wird nach Maßgabe von § 54 Abs. 2 Satz 2 durch **Veröffentlichung** im Bundesanzeiger ihrem ganzen Inhalt nach bekannt gemacht (siehe § 10 HGB, § 383 Abs. 2 FamFG)[36] und ist der Gesellschaft bekannt zu geben (§ 383 Abs. 1 FamFG).

2. Wirkung der Eintragung

18 Die Eintragung der Kapitalerhöhung hat **konstitutive Wirkung** (§ 57c Abs. 4 i.V.m. § 54 Abs. 3). Es bedarf keines weiteren Durchführungs- oder Ausführungsakts (siehe § 57j Rn. 3). Die Kapitalerhöhung kann nur noch im Wege einer förmlichen Kapitalherabsetzung „rückgängig" gemacht werden.[37] Mit der Eintragung entstehen automatisch die neuen Mitgliedschaftsrechte und zwar bei den Personen, die zum Zeitpunkt der Eintragung Gesellschafter sind. Wird ein **künftiger (neuer) Geschäftsanteil** abgetreten, so findet ein Zwischenerwerb in der Person des bisherigen Gesellschafters statt.[38] Wird der **alte Geschäftsanteil** vor Eintragung der Kapitalerhöhung abgetreten, so nimmt der Zessionar unmittelbar an der Erhöhung teil.[39]

3. Aufbewahrung von Schriftstücken

19 Die eingereichten Unterlagen werden bei Gericht **aufbewahrt** (§ 9 HRV) und können nach Maßgabe von § 9 HGB von jedermann **eingesehen** werden, vgl. § 385 FamFG.[40]

4. Mitteilungspflichten

20 Die Gesellschaft (also deren Geschäftsführer) haben dem zuständigen **Finanzamt** innerhalb von zwei Wochen seit ihrer Eintragung die Kapitalerhöhung aus Gesellschaftsmitteln mitzuteilen und eine Abschrift des Kapitalerhöhungsbeschlusses einzureichen (§ 4 KapErhStG).

IV. Rechtsfolgen bei Verstößen

1. Mängel des Kapitalerhöhungsbeschlusses

21 Mängel des Kapitalerhöhungsbeschlusses, die **nicht zur Nichtigkeit** des Beschlusses führen, und Beurkundungsmängel (§ 242 Abs. 1 AktG analog) werden grundsätzlich mit der Eintragung geheilt.[41] **Nichtigkeitsbegründende Mängel** werden frühestens nach Ablauf von drei Jahren seit dem Tag der Eintragung geheilt (§ 242 Abs. 2 AktG).[42]

22 Bis zur Heilung bestehen keine neuen Anteilsrechte und keine Einzahlungsverpflichtung der Gesellschafter, da die Grundsätze über die fehlerhafte Gesellschaft nicht anwendbar sind.[43] Ein **gutgläubiger Erwerb** der nichtigen Anteile ist nicht möglich,[44] auch nicht nach § 16 Abs. 3, da diese Vorschrift nur den guten Glauben an die Rechtsinhaberschaft, nicht aber an den Bestand des Anteils schützt.

23 Hat an der Kapitalerhöhung ein **Scheingesellschafter** mitgewirkt, so wird der Beschluss mit Ablauf von drei Jahren seit dessen Eintragung geheilt.[45] An der Kapitalerhöhung nimmt der Scheingesellschafter dennoch nicht teil, § 16 Abs. 3 gilt hierfür nicht (siehe § 57j Rn. 3). Gutgläu-

---

36 Baumbach/Hueck/*Zöllner*, § 57i Rn. 22; Rowedder/Schmidt-Leithoff/*Zimmermann*, § 57i Rn. 9.
37 Scholz/*Priester*, § 57i Rn. 16.
38 MünchKomm-GmbHG/*Lieder*, § 57j Rn. 6.
39 *Habel*, GmbHR 2000, 267, 269; Baumbach/Hueck/*Zöllner*, § 57i Rn. 17; Scholz/*Priester*, § 57i Rn. 16.
40 Lutter/Hommelhoff/*Lutter*, § 57i Rn. 10; Rowedder/Schmidt-Leithoff/*Zimmermann*, § 57i Rn. 10; Keidel/*Heinemann*, § 385 FamFG Rn. 12 ff.
41 Michalski/*Hermanns*, § 57i Rn. 16; Scholz/*Priester*, § 57i Rn. 17.
42 Michalski/*Hermanns*, § 57i Rn. 16; Scholz/*Priester*, § 57i Rn. 17.
43 Baumbach/Hueck/*Zöllner*, § 57i Rn. 19; MünchKomm-GmbHG/*Lieder*, § 57i Rn. 25; Rowedder/Schmidt-Leithoff/*Zimmermann*, § 57i Rn. 13; *Temme*, RNotZ 2004, 2, 11; a.A. Michalski/*Hermanns*, § 57i Rn. 16; Scholz/*Priester*, § 57i Rn. 17.
44 BeckOK/*Rühland*, § 57i Rn. 21; Lutter/Hommelhoff/*Lutter*, § 57i Rn. 13; Scholz/*Priester*, § 57i Rn. 17; a.A. Baumbach/Hueck/*Zöllner*, § 57i Rn. 19.
45 *Schnorbus*, ZGR 2004, 126, 141 f.; weitergehend MünchKomm-GmbHG/*Lieder*, § 57j Rn. 4.

biger Erwerb des Anteils durch einen Dritten ist gem. § 16 Abs. 3 möglich, wenn der Anteil tatsächlich besteht (siehe Rn. 22).[46] Hat der Scheingesellschafter den alten Anteil gutgläubig nach § 16 Abs. 3 erworben, so nimmt er an einer etwaigen Kapitalerhöhung aus Gesellschaftsmitteln kraft Gesetzes (ggf. rückwirkend) teil.

2. Mängel bei Anmeldung, Eintragung und Bekanntmachung

Zu Mängeln der Anmeldung siehe Rn. 13 ff. Wird die Kapitalerhöhung trotz einer unzureichenden oder fehlerhaften Anmeldung eingetragen, so wird der entsprechende Fehler mit der Eintragung **geheilt**.[47] Eine Amtslöschung nach § 395 FamFG scheidet aus,[48] das Gericht ist wegen § 79 Abs. 2 auch nicht nach § 14 HGB berechtigt, auf eine Vervollständigung der Unterlagen hinzuwirken.[49] Zu den **heilbaren Mängeln** gehören z.B. die Überschreitung der Achtmonatsfrist[50] oder die Nichteinhaltung des § 12 HGB. Ein **heilbarer Mangel** liegt auch vor, wenn es überhaupt an einer Anmeldung fehlt, z.B. weil nicht sämtliche Geschäftsführer die Anmeldung unterzeichnet haben.[51] 24

Eine **unrichtige Eintragung**, insbesondere die Eintragung eines zu hohen oder zu niedrigen Stammkapitalbetrags, führt nicht zur Unwirksamkeit der Kapitalerhöhung, sondern entfaltet insoweit Wirksamkeit, als sich Gesellschafterbeschluss und Eintragung decken.[52] Zur Berichtigung siehe Rn. 16. 25

Eine **unrichtige Bekanntmachung** berührt nicht die Wirksamkeit der Kapitalerhöhung.[53] Entgegen der h.M. kann sich ein **gutgläubiger Dritter** jedoch gemäß § 15 Abs. 3 HGB auf eine unrichtig bekannt gemachte Tatsache, z.B. eine zu hohe Stammkapitalziffer berufen.[54] Zur Berichtigung siehe Rn. 16. 26

3. Unzureichende Rücklagen

Erweisen sich nach der Eintragung die Rücklagen als **unzureichend**, um den Kapitalerhöhungsbetrag abzudecken, so ist die Kapitalerhöhung dennoch wirksam (siehe § 57d Rn. 18).[55] Es besteht auch **keine Verpflichtung** der Gesellschafter, den Fehlbetrag durch **Einlagen** abzudecken.[56] Allerdings haben künftige Gewinnausschüttungen zu unterbleiben, bis der Fehlbetrag aus diesen Gewinnen abgedeckt werden kann (siehe § 57d Rn. 18).[57] Ansonsten kann der Fehlbetrag nur im Wege der Kapitalherabsetzung korrigiert werden.[58] 27

4. Verdeckte Kapitalerhöhung aus Gesellschaftsmitteln

Haben die Gesellschafter eine effektive Kapitalerhöhung beschlossen, jedoch in Wahrheit keine Barmittel zur Verfügung gestellt, sondern Rücklagen der Gesellschaft verwendet, so scheidet eine analoge Anwendung der Vorschriften über die **verdeckte Sacheinlage** (§ 19 Abs. 4) aus.[59] Die 28

46 MünchKomm-GmbHG/*Lieder*, § 57j Rn. 3; Roth/Altmeppen/*Roth*, § 57j Rn. 1a.
47 Roth/Altmeppen/*Roth*, § 57i Rn. 12; Michalski/*Hermanns*, § 57i Rn. 18; Scholz/*Priester*, § 57i Rn. 18.
48 *Horn*, S. 225; Roth/Altmeppen/*Roth*, § 57i Rn. 12; Scholz/*Priester*, § 57i Rn. 18.
49 A.A. Roth/Altmeppen/*Roth*, § 57i Rn. 12.
50 Str., wie hier Roth/Altmeppen/*Roth*, § 57i Rn. 12; Lutter/Hommelhoff/*Lutter*, § 57i Rn. 14; Scholz/*Priester*, § 57i Rn. 18; differenzierend: Michalski/*Hermanns*, § 57e Rn. 11; § 57i Rn. 18.
51 *Horn*, S. 234 f.; a.A. Roth/Altmeppen/*Roth*, § 57i Rn. 12; Scholz/*Priester*, § 57i Rn. 18.
52 Michalski/*Hermanns*, § 57i Rn. 19; a.A. wohl Roth/Altmeppen/*Roth*, § 57i Rn. 12, der von Unwirksamkeit ausgeht.
53 Michalski/*Hermanns*, § 57i Rn. 20.
54 Michalski/*Hermanns*, § 57i Rn. 20; MünchKomm-GmbHG/*Lieder*, § 57i Rn. 29; a.A. Lutter/Hommelhoff/*Lutter*, § 57i Rn. 13; Scholz/*Priester*, § 57i Rn. 18; *Wicke*, § 57i Rn. 3.
55 Roth/Altmeppen/*Roth*, § 57i Rn. 13.
56 BeckOK/*Rühland*, § 57i Rn. 23; Roth/Altmeppen/*Roth*, § 57i Rn. 13; Baumbach/Hueck/*Zöllner*, § 57d Rn. 9; Lutter/Hommelhoff/*Lutter*, § 57i Rn. 15; vgl. BGHZ 171, 293, 295, 297; a.A. Michalski/*Hermanns*, § 57i Rn. 21; MünchKomm-GmbHG/*Lieder*, § 57i Rn. 31, 32; Scholz/*Priester*, § 57i Rn. 21: Einlageverpflichtung der Gesellschafter besteht analog §§ 9, 24.
57 Roth/Altmeppen/*Roth*, § 57i Rn. 13; Baumbach/Hueck/*Zöllner*, § 57d Rn. 9; Lutter/Hommelhoff/*Lutter*, § 57i Rn. 15.
58 Lutter/Hommelhoff/*Lutter*, § 57i Rn. 15.
59 A.A. MünchKomm-GmbHG/*Lieder*, § 57i Rn. 34 f.; *Wicke*, § 57i Rn. 4; einschränkend auch Roth/Altmeppen/*Roth*, § 57i Rn. 14a.

gegenteilige Auffassung muss zur Überwindung der eindeutigen Gesetzeslage wirtschaftliche Erwägungen bemühen und vernachlässigt dabei, dass auf diesem Weg die strengen Regeln der §§ 57c ff., die vornehmlich dem Gläubigerschutz dienen, sanktionslos umgangen werden könnten. In Betracht kommt nur eine **Heilung durch Nachholung** der von §§ 57c ff. geforderten Voraussetzungen (s. § 57c Rn. 4).

C. Muster

29 I. Muster: Anmeldung der Kapitalerhöhung aus Gesellschaftsmitteln[60]

62

An das
Amtsgericht …
– Registergericht –

Betreff: Kapitalerhöhung aus Gesellschaftsmitteln bei der Firma M. GmbH mit dem Sitz in … HR B …

Dem Registergericht überreiche ich, der unterzeichnete Geschäftsführer,

1. elektronisch beglaubigte Abschrift des Beschlusses der Gesellschafterversammlung zu Urkunde des Notars … in … von heute (UR Nr. …/2012), in der die Kapitalerhöhung aus Gesellschaftsmitteln beschlossen wurde;
2. elektronische Abschrift des Gesellschafterbeschlusses vom …, der die Feststellung des Jahresabschlusses zum 31.12.2011, den Beschluss über die Verwendung des Ergebnisses und die Wahl der Abschlussprüfer enthält;
3. elektronische Abschrift der dem Kapitalerhöhungsbeschluss zugrunde gelegten Jahresbilanz zum 31.12.2011 mit dem uneingeschränkten Bestätigungsvermerk der WP Wirtschaftsprüfungsgesellschaft;
4. vollständigen Wortlaut des Gesellschaftsvertrags mit der Bescheinigung des Notars … in … von heute nach § 54 Abs. 1 Satz 2 GmbHG in elektronisch beglaubigter Abschrift;
5. Liste der Gesellschafter mit der Bescheinigung des Notars … in … von heute nach § 40 Abs. 2 Satz 2 GmbHG in elektronisch beglaubigter Abschrift;

[6. elektronische Abschrift der dem Kapitalerhöhungsbeschluss zugrunde gelegten Zwischenbilanz zum 30.6.2012 mit dem uneingeschränkten Bestätigungsvermerk der WP Wirtschaftsprüfungsgesellschaft].

und melde zur Eintragung an:

Das Stammkapital der Gesellschaft ist aus Gesellschaftsmitteln von 35.000,00 EUR um 35.000,00 EUR auf 70.000,00 EUR erhöht worden.

§ 5 (Stammkapital) des Gesellschaftsvertrags wurde entsprechend geändert.

60 Weitere Muster und Formulare finden sich bei Beck'sche Online-Formulare/*Döbereiner*, Nr. 7.8.8.3.2; Heybrock/*Rabe*, § 57i Rn. 30; Kersten/Bühling/*Kanzleiter*, § 144 Rn. 119M; Münchener Vertragshandbuch/*Heidenhain*/*Meister*, Band I/IV. 92; Würzburger Notarhandbuch/*Wilke*, Teil 5 Kapitel 3 Rn. 117.

Weiterhin erkläre ich, dass nach meiner Kenntnis seit dem Stichtag der zugrunde gelegten Bilanz bis zum Tag der Anmeldung keine Vermögensminderung eingetreten ist, die der Kapitalerhöhung entgegenstünde, wenn sie am Tag der Anmeldung beschlossen worden wäre.

Die Geschäftsräume befinden sich unverändert in … [Anschrift].

Es wird beantragt, der Gesellschaft und dem beglaubigenden Notar nach Eintragung im Handelsregister einen beglaubigten Registerauszug zu erteilen.

…., den ….2012

gez. … [A]

UR Nr.…/2012

Ich beglaubige hiermit die Echtheit der vorstehenden, vor mir vollzogenen Unterschrift unter dem Datum der Anmeldung von

Herrn …, geboren am …,
wohnhaft in … [Anschrift],
nach Angabe im gesetzlichen Güterstand verheiratet,
mir, Notar, persönlich bekannt,

hier handelnd

als einzelvertretungsberechtigter Geschäftsführer für die

M. GmbH mit dem Sitz in …
(HR B … des Amtsgerichts – Handelsregisters – …).

…, den …
zweitausendzwölf

…, Notar

L.S.

II. Muster: Bescheinigung nach § 40 Abs. 2 Satz 2 GmbHG mit Gesellschafterliste 30

63

UR Nr.…/2012

Bescheinigung nach § 40 Abs. 2 Satz 2 GmbHG

Gemäß § 40 Abs. 2 Satz 2 GmbHG bescheinige ich, Notar, dass die nachstehende geänderte Gesellschafterliste den Veränderungen entspricht, an denen ich mitgewirkt habe, und dass die übrigen Eintragungen in der Gesellschafterliste mit dem Inhalt der zuletzt im Handelsregister aufgenommenen Liste übereinstimmen.

…, den …
zweitausendzwölf

…, Notar

L.S.

Liste
der Gesellschafter der Gesellschaft mit beschränkter Haftung unter der Firma M. GmbH mit dem Sitz in …

lfd. Nr.	Gesellschafter	Nennbetrag
1	…, geboren am 16.9.1959, wohnhaft in … [Anschrift]	30.000,00 EUR
2	…, geborene …, geboren am …, wohnhaft in … [Anschrift]	10.000,00 EUR
3	…, geboren am …, wohnhaft in … [Anschrift]	30.000,00 EUR
Summe		70.000,00 EUR

…., den ….2012…, Notar

§ 57j Verteilung der Geschäftsanteile

Die neuen Geschäftsanteile stehen den Gesellschaftern im Verhältnis ihrer bisherigen Geschäftsanteile zu. Ein entgegenstehender Beschluss der Gesellschafter ist nichtig.

Literatur

Blath, Einziehung und Nennbetragsanpassung, GmbHR 2011, 1177; *Christ*, Auswirkungen von unentgeltlichen Leistungen bei Kapitalgesellschaften auf Gesellschafter, Mitgesellschafter sowie nahe stehende Personen, ZEV 2011, 10; *Gessler*, Die Kapitalerhöhung aus Gesellschaftsmitteln, BB 1960, 6; *Habel*, Abtretung künftiger Aufstockungsbeträge bei Kapitalerhöhungen, GmbHR 2000, 267; *Kerbusch*, Zur Erstreckung des Pfandrechts an einem GmbH-Geschäftsanteil auf den durch Kapitalerhöhung aus Gesellschaftsmitteln erhöhten oder neu gebildeten Geschäftsanteil, GmbHR 1990, 156; *Nolting*, Disquotale Aufstockung der Nennbeträge von GmbH-Geschäftsanteilen bei der Einziehung, ZIP 2011, 1292; *Pleyer*, Anmerkung zu LG Mannheim v. 30.9.1960, GmbHR 1961, 85; *Schemmann*, Asymmetrische Kapitalerhöhungen aus Gesellschaftsmitteln bei der GmbH, NZG 2009, 241; *Schnorbus*, Die Teilnahme des Scheingesellschafters an Strukturmaßnahmen in der GmbH, ZGR 2004, 126; *Simon*, Vermeidung von Spitzenbeträgen bei Kapitalerhöhung aus Gesellschaftsmitteln, GmbHR 1961, 179; *Temme*, Rechtsfolgen fehlerhafter Kapitalerhöhungen bei der GmbH, RNotZ 2004, 2.

A. Allgemeines

1 Durch die Umwandlung der Rücklagen in Stammkapital darf sich an den Beteiligungsquoten der Gesellschafter nichts ändern (siehe § 57c Rn. 8).[1] Die Vorschrift dient dazu, die **beteiligungsproportionale Zuordnung** der Kapitalerhöhung an alle Gesellschafter zu verwirklichen, und bestimmt dazu zwingend, dass der Erwerb der neuen Geschäftsanteile kraft Gesetzes und im Verhältnis der bisherigen Beteiligung erfolgt.[2] Umstritten ist, ob die Vorschrift Ausdruck eines allgemeinen Rechtsgedankens ist und in der Folge eine **disquotale Aufstockung** von Geschäftsanteilen, z.B. nach der Einziehung eines Geschäftsanteils verbietet.[3]

B. Inhalt der Regelung

2 Trotz ihres eindeutigen Wortlauts gilt die Vorschrift nicht nur für die Kapitalerhöhung durch Ausgabe neuer Geschäftsanteile, sondern entsprechend für die Kapitalerhöhung durch **Nennwertaufstockung**.[4] Keine entsprechende Anwendung findet die Vorschrift auf eine nicht den realen Wertverhältnissen entsprechende **Verschmelzung**, zu deren Durchführung das Kapital der aufnehmenden Kapitalgesellschaft um den Nominalwert der Anteile der übertragenden Kapitalgesellschaft gemäß § 55 UmwG erhöht wird.[5]

I. Erwerb kraft Gesetzes (Satz 1)

1. Grundsatz

3 Mit der Eintragung im Handelsregister erfolgt die Kapitalerhöhung **kraft Gesetzes** (*ipso iure*) bei denjenigen, die zu diesem Zeitpunkt materiell-rechtlich (unter Beachtung des § 16 Abs. 1 Satz 1)

---

1 Rowedder/Schmidt-Leithoff/*Zimmermann*, § 57j Rn. 1; Scholz/*Priester*, § 57j Rn. 1; a.A. Michalski/*Hermanns*, § 57j Rn. 2.
2 Michalski/*Hermanns*, § 57j Rn. 1.
3 So DNotI-Report 2010, 29; Heidinger/Heckschen/*Heidinger*, § 13 Rn. 245; *Blath*, GmbHR 2011, 1177, 1183; a.A. *Nolting*, ZIP 2011, 1292.
4 Michalski/*Hermanns*, § 57j Rn. 3.
5 BFHE 231, 557 = BStBl. II 2011, 799 = DStR 2011, 212; a.A. FG Köln EFG 2009, 1459.

Gesellschafter sind (nicht etwaige Scheingesellschafter).[6] Es bedarf keines weiteren Mitwirkungsakts,[7] so dass der Erwerb sogar gegen den ausdrücklichen Willen eines Gesellschafters eintritt.[8] Anders als bei der Kapitalerhöhung gegen Einlagen ist **keine Übernahmeerklärung** notwendig, so dass aber auch die Abtretung eines Bezugsrechts mit automatischem Anteilserwerb eines Dritten (Zessionar) nicht in Betracht kommt.[9] Möglich ist aber die Abtretung des alten oder des künftigen Geschäftsanteils (siehe § 57i Rn. 18).

4 Von der automatischen Kapitalerhöhung werden **volleingezahlte**, **teileingezahlte** und **eigene Anteile** (siehe § 57l Rn. 2) sowie **Teilrechte** von diesen (§ 57k) erfasst.[10] **Eingezogene Anteile** sind aber ausgeschlossen (siehe § 57l Rn. 4).[11] Natürlich nehmen auch Anteile, die zur **Sicherheit** abgetreten worden sind oder **treuhänderisch** gehalten werden, an der Kapitalerhöhung teil.[12]

2. Rechte Dritter

5 Nach h.M. erstrecken sich **Rechte Dritter**, insbesondere Pfandrecht und Nießbrauch sowie Verfügungsbeschränkungen, z.B. die Anordnung von Nacherbschaft oder Testamentsvollstreckung, ebenfalls kraft Gesetzes auf die neuen bzw. erhöhten Anteile.[13] Dem ist zu widersprechen. Vielmehr gilt auch für dingliche dasselbe wie für schuldrechtliche Rechte (Kaufverträge, Vorkaufsrechte, Optionen): Eine Erstreckung kann nur kraft **rechtsgeschäftlicher Vereinbarung** erfolgen, die notfalls im Wege der Auslegung ermittelt werden muss.[14] Zur Sicherungsabtretung und Treuhandstellung siehe Rn. 4.

II. Anteiliger Erwerb

1. Grundsatz

6 Die neuen Geschäftsanteile bzw. der jeweilige Aufstockungsbetrag steht den Gesellschaftern im Verhältnis ihrer bisherigen Beteiligung am Stammkapital zu. Aus Satz 2 ergibt sich, dass diese Beteiligungsproportionalität **zwingend** ist und nicht zur Disposition der Gesellschafter steht.[15] Dieses Ergebnis mag verfassungsrechtlich nicht geboten und rechtspolitisch sogar verfehlt sein, eine **teleologische Reduktion** scheidet aber angesichts der klaren und eindeutigen Gesetzlage aus.[16]

---

6 *Schnorbus*, ZGR 2004, 126, 136 mit ausf. Darstellung der Beteiligung eines Scheingesellschafters; Lutter/Hommelhoff/*Lutter*, § 57j Rn. 1; Michalski/*Hermanns*, § 57j Rn. 4; MünchKomm-GmbHG/*Lieder*, § 57j Rn. 3; Roth/Altmeppen/*Roth*, § 57j Rn. 1a; Scholz/*Priester*, § 57j Rn. 5; Ulmer/*Ulmer*, § 57j Rn. 3; unklar *Wicke*, § 57j Rn. 1.

7 Baumbach/Hueck/*Zöllner*, § 57j Rn. 5; Scholz/*Priester*, § 57j Rn. 5.

8 BeckOK/*Rühland*, § 57j Rn. 3; Lutter/Hommelhoff/*Lutter*, § 57j Rn. 1; Rowedder/Schmidt-Leithoff/*Zimmermann*, § 57j Rn. 4; Scholz/*Priester*, § 57j Rn. 5; OLG Dresden, DB 2001, 584, 585 mit abl. Anm. *Steiner* (betr. § 212 AktG): ein Verzicht auf den gesetzlichen Zuwachs ist nicht möglich.

9 Michalski/*Hermanns*, § 57j Rn. 4; MünchKomm-GmbHG/*Lieder*, § 57j Rn. 5; Heybrock/*Rabe*, § 57c Rn. 5.

10 Michalski/*Hermanns*, § 57j Rn. 6; Rowedder/Schmidt-Leithoff/*Zimmermann*, § 57j Rn. 4; Scholz/*Priester*, § 57j Rn. 5.

11 Michalski/*Hermanns*, § 57j Rn. 6; MünchKomm-GmbHG/*Lieder*, § 57j Rn. 9; Scholz/*Priester*, § 57j Rn. 1.

12 Baumbach/Hueck/*Zöllner*, § 57j Rn. 14; Lutter/Hommelhoff/*Lutter*, § 57j Rn. 4; Scholz/*Priester*, § 57m Rn. 24.

13 BeckOK/*Rühland*, § 57j Rn. 4; Roth/Altmeppen/*Roth*, § 57j Rn. 2; Baumbach/Hueck/*Zöllner*, § 57m Rn. 14; Lutter/Hommelhoff/*Lutter*, § 57j Rn. 4; MünchKomm-GmbHG/*Lieder*, § 57j Rn. 7, 8; Rowedder/Schmidt-Leithoff/*Zimmermann*, § 57j Rn. 4; Scholz/*Priester*, § 57m Rn. 24.

14 Ausf. *Kerbusch*, GmbHR 1990, 156, 157 f.; Michalski/*Hermanns*, § 57j Rn. 5; ebenso für schuldrechtliche Vereinbarungen: Roth/Altmeppen/*Roth*, § 57j Rn. 2; Baumbach/Hueck/*Zöllner*, § 57m Rn. 13; Lutter/Hommelhoff/*Lutter*, § 57j Rn. 5.

15 Roth/Altmeppen/*Roth*, § 57j Rn. 3; Baumbach/Hueck/*Zöllner*, § 57j Rn. 1, 4; Lutter/Hommelhoff/*Lutter*, § 57j Rn. 6; Rowedder/Schmidt-Leithoff/*Zimmermann*, § 57j Rn. 2; Ulmer/*Ulmer*, § 57j Rn. 7; kritisch hierzu *Schemmann*, NZG 2009, 241, 242.

16 Heybrock/*Rabe*, § 57j Rn. 10; MünchKomm-GmbHG/*Lieder*, § 57j Rn. 10; Roth/Altmeppen/*Roth*, § 57j Rn. 3; Lutter/Hommelhoff/*Lutter*, § 57j Rn. 6; *Wicke*, § 57j Rn. 1; zweifelnd Michalski/*Hermanns*, § 57j Rn. 2, 7; a.A. Scholz/*Priester*, § 57j Rn. 3.

2. Unzulässige Gestaltungen

Die zwingende Gleichbehandlung aller Gesellschafter kann auch nicht durch **einstimmigen Beschluss** oder **Zustimmung** bzw. **Verzicht** der benachteiligten Gesellschafter[17] und auch nicht durch abweichende Satzungsgestaltung[18] abgeändert werden. Selbst eine **geringfügige Abweichung** ist unzulässig.[19] 7

Unzulässig sind auch Umgehungsversuche durch **mittelbare Erwerbshindernisse**, z.B. ein lediglich bedingter Anteilserwerb, der Zwang, den erworbenen Anteil sofort wieder zu veräußern und abzutreten oder anderweitige Verpflichtungen gegenüber der Gesellschaft einzugehen.[20] Insbesondere ist auch eine **Bedingung** unzulässig, wonach nur derjenige an der Kapitalerhöhung teilnehmen darf, der sich an einer vorherigen oder nachfolgenden Kapitalerhöhung gegen Einlagen beteiligt.[21] Hiervon ist eine – zulässige – Bedingung des Kapitalerhöhungsbeschlusses selbst zu unterscheiden (siehe § 57c Rn. 20). 8

3. Zulässige Gestaltungen

Möglich ist, dass ein Gesellschafter, der an der Kapitalerhöhung kein Interesse hat, seinen Anteil (unter Beachtung der gesetzlichen und satzungsmäßigen Vorgaben) veräußert und abtritt. Die **vertragliche Vereinbarung** hierzu kann er auch schon vor der Kapitalerhöhung treffen.[22] 9

III. Rechtsfolgen bei Verstößen (Satz 2)

Ein Verstoß gegen Satz 1 führt zur Nichtigkeit der unzulässigen Gestaltung und hat im Zweifel nach § 139 BGB die **Gesamtnichtigkeit** des Beschlusses über die Kapitalerhöhung zur Folge, sofern nicht ausnahmsweise ein Wille zur Aufrechterhaltung der Kapitalerhöhung mit der gesetzlich zulässigen Wirkung festzustellen ist (wie z.B. bei reinen Berechnungsfehlern).[23] Die Grundsätze über die fehlerhafte Gesellschaft finden keine Anwendung, die Gesellschafter sind zur Rückabwicklung *ex tunc* verpflichtet.[24] 10

Das Handelsregister muss die Anmeldung zurückweisen, erfolgt sie dennoch, so kann entsprechend § 242 Abs. 2 Satz 1 AktG **Heilung** eintreten.[25] Eine amtswegige Löschung bleibt davon unberührt (§ 398 FamFG, vgl. auch § 242 Abs. 2 Satz 3 AktG). Die unrichtige Registereintragung kann nur durch Neuvornahme der Kapitalerhöhung geheilt werden, das bloße Nachschieben eines ordnungsgemäßen Beschlusses genügt nicht.[26] 11

---

17 OLG Dresden, DB 2001, 584, 585 mit abl. Anm. *Steiner* (betr. § 212 AktG); *Gessler*, BB 1960, 6, 8; *Christ*, ZEV 2011, 10, 13; Roth/Altmeppen/*Roth*, § 57j Rn. 3; Baumbach/Hueck/*Zöllner*, § 57j Rn. 1, 4; Lutter/Hommelhoff/*Lutter*, § 57j Rn. 6; Rowedder/Schmidt-Leithoff/*Zimmermann*, § 57j Rn. 2.

18 Baumbach/Hueck/*Zöllner*, § 57j Rn. 1; Heybrock/*Rabe*, § 57j Rn. 10.

19 *Pleyer*, GmbHR 1961, 85, 86; Roth/Altmeppen/*Roth*, § 57j Rn. 3; Baumbach/Hueck/*Zöllner*, § 57j Rn. 4; Lutter/Hommelhoff/*Lutter*, § 57j Rn. 6; Rowedder/Schmidt-Leithoff/*Zimmermann*, § 57j Rn. 5; OLG Dresden, DB 2001, 584 (betr. § 212 AktG); a.A. LG Mannheim, BB 1961, 303; *Simon*, GmbHR 1961, 179, 180; Scholz/*Priester*, § 57j Rn. 3.

20 Roth/Altmeppen/*Roth*, § 57j Rn. 3; Baumbach/Hueck/*Zöllner*, § 57j Rn. 6; Lutter/Hommelhoff/*Lutter*, § 57j Rn. 7; Michalski/*Hermanns*, § 57j Rn. 9; MünchKomm-GmbHG/*Lieder*, § 57j Rn. 11; Scholz/*Priester*, § 57j Rn. 4.

21 BeckOK/*Rühland*, § 57j Rn. 7; Roth/Altmeppen/*Roth*, § 57j Rn. 3; Baumbach/Hueck/*Zöllner*, § 57j Rn. 6; Lutter/Hommelhoff/*Lutter*, § 57j Rn. 7; MünchKomm-GmbHG/*Lieder*, § 57j Rn. 12; Scholz/*Priester*, § 57j Rn. 4; a.A. nur Michalski/*Hermanns*, § 57j Rn. 9.

22 *Habel*, GmbHR 2000, 267, 269; Michalski/*Hermanns*, § 57j Rn. 8; Rowedder/Schmidt-Leithoff/*Zimmermann*, § 57j Rn. 2; Scholz/*Priester*, § 57j Rn. 4.

23 OLG Dresden, DB 2001, 584, 585 mit abl. Anm. *Steiner* (betr. § 212 AktG); *Christ*, ZEV 2011, 10, 13; Roth/Altmeppen/*Roth*, § 57j Rn. 4; Baumbach/Hueck/*Zöllner*, § 57j Rn. 4; BeckOK/*Rühland*, § 57j Rn. 9; Heybrock/*Rabe*, § 57j Rn. 11; Lutter/Hommelhoff/*Lutter*, § 57j Rn. 8; Michalski/*Hermanns*, § 57j Rn. 10; Rowedder/Schmidt-Leithoff/*Zimmermann*, § 57j Rn. 5; a.A. LG Mannheim, BB 1961, 303; Scholz/*Priester*, § 57j Rn. 6; MünchKomm-GmbHG/*Lieder*, § 57j Rn. 13; *Wicke*, § 57j Rn. 3; Ulmer/*Ulmer*, § 57j Rn. 9.

24 *Temme*, RNotZ 2004, 2, 11.

25 Roth/Altmeppen/*Roth*, § 57j Rn. 4; Michalski/*Hermanns*, § 57j Rn. 10; Rowedder/Schmidt-Leithoff/*Zimmermann*, § 57j Rn. 5; Scholz/*Priester*, § 57j Rn. 6; *Schemmann*, NZG 2009, 241, 242.

26 *Schemmann*, NZG 2009, 241, 242; a.A. *Temme*, RNotZ 2004, 2, 16.

§ 57k Teilrechte; Ausübung der Rechte

(1) Führt die Kapitalerhöhung dazu, daß auf einen Geschäftsanteil nur ein Teil eines neuen Geschäftsanteils entfällt, so ist dieses Teilrecht selbständig veräußerlich und vererblich.

(2) Die Rechte aus einem neuen Geschäftsanteil, einschließlich des Anspruchs auf Ausstellung einer Urkunde über den neuen Geschäftsanteil, können nur ausgeübt werden, wenn Teilrechte, die zusammen einen vollen Geschäftsanteil ergeben, in einer Hand vereinigt sind oder wenn sich mehrere Berechtigte, deren Teilrechte zusammen einen vollen Geschäftsanteil ergeben, zur Ausübung der Rechte (§ 18) zusammenschließen.

Literatur

Fett/Spiering, Typische Probleme bei der Kapitalerhöhung aus Gesellschaftsmitteln, NZG 2002, 358; *Gessler*, Die Kapitalerhöhung aus Gesellschaftsmitteln, BB 1960, 6.

A. Allgemeines

1 Insbesondere unter der Geltung des § 57h Abs. 1 Satz 2 a.F. konnte die Beteiligungsproportionalität des § 57j zu **„Spitzenbeträgen"** führen, die nicht durch 10 teilbar waren oder nicht den Mindestanteilswert von 50 EUR erreichten.[1] Die Vorschrift regelt, wie solche Teilrechte zu behandeln sind. Mit der Möglichkeit, Geschäftsanteile zu einem Euro zu bilden (vgl. § 5 Rn. 17), wird § 57k erheblich an **Bedeutung verlieren**.[2]

2 **Beispiel für das Entstehen von Teilrechten:**

Am Stammkapital von 150.000 EUR sind A, B und C mit voll eingezahlten Geschäftsanteilen zu 70.000 EUR, 50.000 EUR und 30.000 EUR beteiligt. Das Kapital soll um 50.000 EUR erhöht werden. Davon entfallen auf A 23.333,33 EUR, auf B 16.666,67 EUR und auf C 10.000 EUR. Es können folgende neue Anteile gebildet werden: A erhält 23.333 EUR, B 16.666 EUR und C 10.000 EUR. Gemäß § 57k steht A an dem verbleibenden Anteil zu 1 EUR ein Teilrecht von 0,33 EUR und B ein Teilrecht von 0,67 EUR zu.

B. Inhalt der Regelung

I. Zulässigkeit der Bildung von Teilrechten

3 Da Teilrechte nur eingeschränkt ausgeübt werden können (siehe Rn. 8) und wegen der nunmehr bestehenden Möglichkeit, durch 1 teilbare Anteile zu bilden (siehe Rn. 5), verstößt eine (vermeidbare) Teilrechtsbildung grundsätzlich gegen die **Treuepflicht** und ist anfechtbar.[3] Nur bei Vorliegen eines wichtigen Grundes oder bei Zustimmung aller betroffenen Gesellschafter sind Teilrechte zulässig.[4]

4 Unzulässig ist die Teilrechtsbildung bei der **reinen Nennwertaufstockung** (siehe § 57h Rn. 2, 8), was aber wegen der Möglichkeit, diese mit der Ausgabe neuer Anteile zu kombinieren (siehe § 57h Rn. 3), praktisch bedeutungslos ist.[5] Im Beispielsfall (Rn. 2) könnte die Kapitalerhöhung durch

1 Roth/Altmeppen/*Roth*, § 57k Rn. 1.
2 Ebenso BeckOK/*Rühland*, § 57k Rn. 1.
3 Baumbach/Hueck/*Zöllner*, § 57k Rn. 1, 4; Ulmer/*Ulmer*, § 57k Rn. 5; a.A. *Fett/Spiering*, NZG 2002, 358, 364; BeckOK/*Rühland*, § 57k Rn. 7; Michalski/*Hermanns*, § 57k Rn. 4; Scholz/*Priester*, § 57k Rn. 1.
4 Baumbach/Hueck/*Zöllner*, § 57k Rn. 4.
5 Michalski/*Hermanns*, § 57k Rn. 5; Scholz/*Priester*, § 57h Rn. 6.

Nennwertaufstockung und die Ausgabe eines neuen Anteils zu 1 EUR (bestehend aus zwei Teilrechten für A und B) kombiniert werden. **Nicht volleingezahlte Anteile** können nur durch Nennwertaufstockung erhöht werden, so dass eine Teilrechtsausgabe im Kombinationsweg nur möglich ist, wenn die Teilrechte ausschließlich auf volleingezahlte Anteile entfallen. Das bedeutet, dass im Beispielsfall (Rn. 2) der Anteil zu 1 EUR dann aus Teilrechten gebildet werden kann, wenn die Anteile von A und B voll eingezahlt sind. Ansonsten muss der Betrag der Kapitalerhöhung so gewählt werden, dass die Entstehung von Spitzenbeträgen ausgeschlossen ist (siehe § 57l Rn. 9).[6]

II. Entstehen von Teilrechten

Die Teilrechte entstehen unmittelbar kraft Gesetzes mit Eintragung der Kapitalerhöhung im Handelsregister.[7] Die Höhe der Teilrechte kann im Kapitalerhöhungsbeschluss festgelegt werden.[8] Die Summe der einzelnen Teilrechte muss nicht, wie im Beispiel unter Rn. 2, stets kleiner als 1 EUR sein, sondern muss zusammen nur einen **durch 1 teilbaren Betrag** ergeben.[9] Da nunmehr auch mehrere neue Anteile an einen Gesellschafter ausgegeben werden können (siehe § 57h Rn. 6), dürfen theoretisch auch **mehrere Teilrechte** für einen Gesellschafter gebildet werden.[10] 5

III. Rechtsnatur von Teilrechten (Abs. 1)

Die Teilrechte sind **selbstständige Teile** eines Geschäftsanteils, es besteht keine Rechtsgemeinschaft nach §§ 741 ff. BGB zwischen den einzelnen Teilrechtsinhabern.[11] Nur die vollständige Ausübung der Mitgliedschaftsrechte ist nach Maßgabe von Abs. 2 beschränkt (siehe Rn. 9). 6

Das Teilrecht ist **veräußerlich**, kann also auch mit Pfandrecht oder Nießbrauch belastet und gepfändet werden; für die Veräußerung und Abtretung gilt § 15. Eine Einziehung nach § 34 ist möglich, satzungsmäßige Verfügungsbeschränkungen, Andienungspflichten und Vorkaufsrechte sind zu beachten.[12] Das Teilrecht ist **vererblich** und kann dementsprechend einer Nacherbschaft oder Testamentsvollstreckung unterworfen sein. 7

IV. Rechtsausübung von Teilrechten (Abs. 2)

Ein Teilrecht berechtigt für sich allein nicht zur Ausübung der wertgebundenen **Mitgliedschaftsrechte**, insbesondere des Stimmrechts, des Gewinnbezugsrechts und der Gewinnverteilung,[13] wohl aber zur Geltendmachung von Informations- und Klagerechten.[14] Das beispielhaft genannte Recht auf Ausstellung einer Urkunde ist bedeutungslos, da Geschäftsanteile regelmäßig gerade nicht verbrieft sind. 8

Zur vollständigen Rechtsausübung muss das Teilrecht entweder durch Hinzuerwerb weiterer Teilrechte zu einem vollständigen Geschäftsanteil in der Hand **eines Gesellschafters** vereinigt werden (Abs. 2 Alt. 1), eine Folge, die automatisch eintritt,[15] oder die **einzelnen Teilrechtsinhaber** müssen sich zur gemeinsamen Rechtsausübung zusammenschließen (Abs. 2 Alt. 2). Bei gemeinsamer Rechtsausübung entsteht zwischen den Inhabern eine Innengesellschaft nach §§ 705 ff. BGB, 9

---

6 Roth/Altmeppen/*Roth*, § 57k Rn. 2.
7 Rowedder/Schmidt-Leithoff/*Zimmermann*, § 57k Rn. 4; Scholz/*Priester*, § 57k Rn. 5.
8 Roth/Altmeppen/*Roth*, § 57k Rn. 3; Baumbach/Hueck/*Zöllner*, § 57k Rn. 3; Scholz/*Priester*, § 57k Rn. 5; a.A. Lutter/Hommelhoff/*Lutter*, § 57k Rn. 1.
9 Roth/Altmeppen/*Roth*, § 57k Rn. 1; Lutter/Hommelhoff/*Lutter*, § 57k Rn. 1; Scholz/*Priester*, § 57k Rn. 2; BeckOK/*Rühland*, § 57k Rn. 6, allerdings mit unzureichendem Beispiel in Rn. 1; a.A. Baumbach/Hueck/*Zöllner*, § 57k Rn. 3, 4; MünchKomm-GmbHG/*Lieder*, § 57k Rn. 6.
10 BeckOK/*Rühland*, § 57k Rn. 6; MünchKomm-GmbHG/*Lieder*, § 57k Rn. 5; Scholz/*Priester*, § 57k Rn. 5; *Wicke*, § 57k Rn. 1; a.A. Roth/Altmeppen/*Roth*, § 57k Rn. 3; Rowedder/Schmidt-Leithoff/*Zimmermann*, § 57k Rn. 4.
11 BeckOK/*Rühland*, § 57k Rn. 2; Michalski/*Hermanns*, § 57k Rn. 2; MünchKomm-GmbHG/*Lieder*, § 57k Rn. 3; Rowedder/Schmidt-Leithoff/*Zimmermann*, § 57k Rn. 3; Scholz/*Priester*, § 57k Rn. 6; a.A. *Gessler*, BB 1960, 6, 9.
12 Roth/Altmeppen/*Roth*, § 57k Rn. 4; Lutter/Hommelhoff/*Lutter*, § 57k Rn. 2; Michalski/*Hermanns*, § 57k Rn. 9; Rowedder/Schmidt-Leithoff/*Zimmermann*, § 57k Rn. 3; Scholz/*Priester*, § 57k Rn. 7.
13 Scholz/*Priester*, § 57k Rn. 8.
14 Michalski/*Hermanns*, § 57k Rn. 10; a.A. Baumbach/Hueck/*Zöllner*, § 57k Rn. 7.
15 Michalski/*Hermanns*, § 57k Rn. 11; Scholz/*Priester*, § 57k Rn. 9.

sofern diese nicht die Teilrechte zu einem einzigen Anteil in dem Gesamthandsvermögen einer teilrechtsfähigen Außengesellschaft vereinigen.[16] Gegenüber der Gesellschaft gilt § 18, so dass die Rechte nur einheitlich ausgeübt werden können.[17]

V. Rechtsfolgen bei Verstößen

10 Die Veräußerlichkeit und Vererblichkeit nach Abs. 1 kann wie bei Geschäftsanteilen eingeschränkt werden. Abweichungen von Abs. 2, z.B. eine vollständige Gleichstellung der Teilrechte mit Geschäftsanteilen, können wie im Rahmen des § 18 gesellschaftsvertraglich beschlossen werden.

16 Michalski/*Hermanns*, § 57k Rn. 11; Scholz/*Priester*, § 57k Rn. 10.

17 BeckOK/*Rühland*, § 57k Rn. 11; Roth/Altmeppen/*Roth*, § 57k Rn. 7; a.A. MünchKomm-GmbHG/*Lieder*, § 57k Rn. 12; Ulmer/*Ulmer*, § 57k Rn. 10: Rückgriff auf § 18 wegen der Außenrechtsfähigkeit der BGB-Gesellschaft entbehrlich.

§ 57l Teilnahme an der Erhöhung des Stammkapitals

(1) Eigene Geschäftsanteile nehmen an der Erhöhung des Stammkapitals teil.

(2) Teileingezahlte Geschäftsanteile nehmen entsprechend ihrem Nennbetrag an der Erhöhung des Stammkapitals teil. Bei ihnen kann die Kapitalerhöhung nur durch Erhöhung des Nennbetrags der Geschäftsanteile ausgeführt werden. Sind neben teileingezahlten Geschäftsanteilen vollständig eingezahlte Geschäftsanteile vorhanden, so kann bei diesen die Kapitalerhöhung durch Erhöhung des Nennbetrags der Geschäftsanteile und durch Bildung neuer Geschäftsanteile ausgeführt werden. Die Geschäftsanteile, deren Nennbetrag erhöht wird, können auf jeden Betrag gestellt werden, der auf volle Euro lautet.

Literatur

Fett/Spiering, Typische Probleme bei der Kapitalerhöhung aus Gesellschaftsmitteln, NZG 2002, 358.

A. Allgemeines

Die Vorschrift dient der konsequenten Umsetzung des Grundsatzes der **beteiligungsproportionalen Kapitalerhöhung** aller Geschäftsanteile (siehe § 57j Rn. 1). Deshalb stellt sie klar, dass auch eigene Anteile (Abs. 1) und teileingezahlte Anteile (Abs. 2) an der Kapitalerhöhung teilnehmen.[1] 1

B. Inhalt der Regelung

I. Eigene Anteile (Abs. 1)

1. Grundsatz

Eigene Anteile nehmen an der Kapitalerhöhung aus Gesellschaftsmitteln **uneingeschränkt** teil. 2
Diese Ausnahme von dem Grundgedanken, dass die mit eigenen Anteilen verbundenen Mitgliedschaftsrechte ruhen (siehe § 33 Rn. 13), ist dadurch gerechtfertigt, dass sonst die eigenen Anteile bei Nichtteilnahme an der Kapitalerhöhung in ihrem Wert gemindert wären, was zu einer bilanziellen Verminderung des Eigenkapitals führen würde.

2. Durchführung der Kapitalerhöhung

Für die Durchführung der Kapitalerhöhung aus Gesellschaftsmitteln gelten die §§ 57h, 57j und 57k 3
uneingeschränkt, so dass die eigenen Anteile durch **Aufstockung** des Nennbetrags oder **Ausgabe neuer Anteile** erhöht werden können.[2] Ein Stimmrecht steht der Gesellschaft allerdings nicht zu, weder hinsichtlich des „ob" noch des „wie" der Kapitalerhöhung aus Gesellschaftsmitteln.[3]

1 Michalski/*Hermanns*, § 57l Rn. 1; Rowedder/Schmidt-Leithoff/*Zimmermann*, § 57l Rn. 1.
2 Roth/Altmeppen/*Roth*, § 57l Rn. 1; Lutter/Hommelhoff/*Lutter*, § 57l Rn. 1; Rowedder/Schmidt-Leithoff/*Zimmermann*, § 57l Rn. 2.
3 Michalski/*Hermanns*, § 57l Rn. 3; Scholz/*Priester*, § 57l Rn. 2.

II. Eingezogene Geschäftsanteile

4 Eingezogene Geschäftsanteile werden nicht berücksichtigt, auch wenn das Stammkapital nicht entsprechend herabgesetzt worden ist,[4] was aber künftig wegen des **zwingenden Gleichlaufs** der Summe der Nennbeträge der Geschäftsanteile mit dem Nennbetrag des Stammkapitals nicht mehr möglich sein wird (§ 5 Abs. 3 Satz 2, siehe § 57c Rn. 5).[5]

III. Teileingezahlte Anteile (Abs. 2)

1. Grundsatz (Abs. 2 Satz 1)

5 Teileingezahlte Geschäftsanteile nehmen in Höhe ihres **vollen Nennbetrags**, nicht etwa nur entsprechend ihrer Einzahlung, an der Kapitalerhöhung teil, weil auch diese Gesellschafter zur Rücklagenbildung beigetragen haben.[6] Dies gilt unabhängig davon, ob der Gesellschaftsvertrag deren Mitgliedschaftsrechte von der vollen Einzahlung abhängig macht.[7] Ihre Rechte bestimmen sich ggf. nach § 57m Abs. 2 (siehe § 57m Rn. 9 f.).

6 Eine **Verrechnung** der offenen Einlageverpflichtung mit dem Kapitalerhöhungsbetrag ist als Verstoß gegen § 19 Abs. 2 Satz 2 und § 57j unzulässig.[8]

2. Durchführung der Kapitalerhöhung (Abs. 2 Satz 2)

7 Abweichend von § 57h Abs. 1 Satz 1 können teileingezahlte Geschäftsanteile **nur** im Wege der **Nennbetragsaufstockung** erhöht werden. Die Vorschrift dient dem Gläubigerschutz, damit der erhöhte Geschäftsanteil insgesamt kaduziert (§ 21) und verwertet (§ 23) werden kann, was bei Bildung neuer Anteile nicht möglich wäre.[9]

3. Vorhandensein voll- und teileingezahlter Anteile (Abs. 2 Satz 3)

8 Die Vorschrift stellt klar, dass das **Wahlrecht** des § 57h Abs. 1 Satz 1 unberührt bleibt, wenn neben teileingezahlten auch volleingezahlte Geschäftsanteile vorhanden sind.[10] Die volleingezahlten Geschäftsanteile können also entweder – wie die teileingezahlten – im Nennwert aufgestockt oder durch Ausgabe neuer Anteile erhöht werden. § 57k gilt – sofern ihm überhaupt noch Bedeutung zukommt (siehe § 57k Rn. 1) – uneingeschränkt.[11]

4. Bemessung des Nennwerts (Abs. 2 Satz 4)

9 Abs. 2 Satz 4 ist durch Art. 1 Nr. 38 MoMiG[12] an die Neufassung von § 5 Abs. 2 angepasst worden, wonach Geschäftsanteile auf volle Euro lauten müssen. In ihrer ursprünglichen Fassung hat die Vorschrift als Erleichterungsvorschrift (Nennbetrag muss nur durch 5 teilbar sein, nicht durch 10) durchaus Sinn gehabt. Nunmehr ist sie **überflüssig**, da sich aus § 57h Abs. 1 Satz 2 bzw. sogar schon aus § 5 Abs. 2 Satz 1 ergibt, dass der Nennwert auf volle Euro lauten muss.[13] Da die Bildung von Teilrechten ausgeschlossen ist (siehe § 57k Rn. 4) müssen ungedeckte Spitzen (siehe § 57h Rn. 8) durch eine Anpassung der umwandlungsfähigen Rücklage verhindert werden.

---

4 Rowedder/Schmidt-Leithoff/*Zimmermann*, § 57l Rn. 2.
5 Vgl. BT-Drucks. 16/6140, S. 31.
6 BeckOK/*Rühland*, § 57l Rn. 5; Michalski/*Hermanns*, § 57l Rn. 4.
7 Michalski/*Hermanns*, § 57l Rn. 4; Rowedder/Schmidt-Leithoff/*Zimmermann*, § 57l Rn. 3.
8 Roth/Altmeppen/*Roth*, § 57l Rn. 3; Baumbach/Hueck/*Zöllner*, § 57l Rn. 2; Michalski/*Hermanns*, § 57l Rn. 6; MünchKomm-GmbHG/*Lieder*, § 57l Rn. 10; Scholz/*Priester*, § 57l Rn. 3.
9 Roth/Altmeppen/*Roth*, § 57l Rn. 2; Lutter/Hommelhoff/*Lutter*, § 57l Rn. 2; Michalski/*Hermanns*, § 57l Rn. 7; Rowedder/Schmidt-Leithoff/*Zimmermann*, § 57l Rn. 3; Scholz/*Priester*, § 57l Rn. 5.
10 MünchKomm-GmbHG/*Lieder*, § 57l Rn. 9; Rowedder/Schmidt-Leithoff/*Zimmermann*, § 57l Rn. 3; Scholz/*Priester*, § 57l Rn. 7.
11 Roth/Altmeppen/*Roth*, § 57l Rn. 4.
12 BT-Drucks. 16/9737, S. 23.
13 Wie hier Baumbach/Hueck/*Zöllner*, § 57l Rn. 4; MünchKomm-GmbHG/*Lieder*, § 57l Rn. 3, 8.

Beispiel mit Unterschied zwischen alter und neuer Rechtslage: 10

Das Stammkapital der Gesellschaft beträgt 35.000 EUR, es bestehen zwei Geschäftsanteile A1 zu 30.000 EUR (voll eingezahlt) und A2 zu 5.000 EUR (zur Hälfte eingezahlt). Es steht eine umwandlungsfähige Rücklage von 15.000 EUR zur Verfügung. Auf A1 würden also 6/7, auf A2 ein Erhöhungsbetrag von 1/7 aus jeweils 15.000 EUR entfallen. Nach alter Rechtslage konnte für A1 ein neuer, durch 10 teilbarer Anteil gebildet werden, nach neuer Rechtslage kann ein neuer, auf volle Euro lautender Anteil gebildet werden. Der jeweils ungedeckte Spitzenbetrag würde als Teilrecht (§ 57k) behandelt. Der Anteil A2 kann nach alter und neuer Rechtslage nur im Nennwert aufgestockt werden und muss durch 5 teilbar sein (alte Rechtslage) bzw. auf volle Euro lauten (neue Rechtslage). Ungedeckte Spitzenbeträge sind unzulässig.

Nach alter Rechtslage konnte die Kapitalerhöhung nur in Höhe von 14.980 EUR durchgeführt werden, da 1/7 hieraus (= 2.140 EUR) der nächste durch 5 teilbare Betrag ist, nach neuer Rechtslage kann die Kapitalerhöhung in Höhe von 14.994 EUR durchgeführt werden, da 1/7 hieraus (= 2.142 EUR) der nächste auf volle Euro lautende Betrag ist.

IV. Rechtsfolgen bei Verstößen

Wird gegen die Vorgaben des Abs. 1 oder Abs. 2 verstoßen, so hat dies entsprechend § 57j Satz 2 11 die **Nichtigkeit** des gesamten Kapitalerhöhungsbeschlusses zur Folge.[14] Dies gilt insbesondere, wenn die zwingende Nennwertaufstockung des Abs. 2 Satz 2 nicht beachtet worden ist.[15]

14 *Fett/Spiering*, NZG 2002, 358, 365; BeckOK/*Rühland*, § 57l Rn. 9; Roth/Altmeppen/*Roth*, § 57l Rn. 5; Lutter/Hommelhoff/*Lutter*, § 57l Rn. 1; Michalski/*Hermanns*, § 57l Rn. 8; MünchKomm-GmbHG/*Lieder*, § 57l Rn. 12; Scholz/*Priester*, § 57l Rn. 8.

15 Roth/Altmeppen/*Roth*, § 57l Rn. 5; Lutter/Hommelhoff/*Lutter*, § 57l Rn. 4; Michalski/*Hermanns*, § 57l Rn. 9; MünchKomm-GmbHG/*Lieder*, § 57l Rn. 13; Rowedder/Schmidt-Leithoff/*Zimmermann*, § 57l Rn. 4; Scholz/*Priester*, § 57l Rn. 9; *Hüffer*, § 215 AktG Rn. 4; a.A. Baumbach/Hueck/*Zöllner*, § 57l Rn. 3; Heybrock/*Rabe*, § 57l Rn. 13: nur im Zweifel Gesamtnichtigkeit; Ulmer/*Ulmer*, § 57l Rn. 10: nur Teilnichtigkeit, im Einzelfall sogar automatische Nennwertaufstockung denkbar.

§ 57m Verhältnis der Rechte; Beziehungen zu Dritten

(1) Das Verhältnis der mit den Geschäftsanteilen verbundenen Rechte zueinander wird durch die Kapitalerhöhung nicht berührt.

(2) Soweit sich einzelne Rechte teileingezahlter Geschäftsanteile, insbesondere die Beteiligung am Gewinn oder das Stimmrecht, nach der je Geschäftsanteil geleisteten Einlage bestimmen, stehen diese Rechte den Gesellschaftern bis zur Leistung der noch ausstehenden Einlagen nur nach der Höhe der geleisteten Einlage, erhöht um den auf den Nennbetrag des Stammkapitals berechneten Hundertsatz der Erhöhung des Stammkapitals, zu. Werden weitere Einzahlungen geleistet, so erweitern sich diese Rechte entsprechend.

(3) Der wirtschaftliche Inhalt vertraglicher Beziehungen der Gesellschaft zu Dritten, die von der Gewinnausschüttung der Gesellschaft, dem Nennbetrag oder Wert ihrer Geschäftsanteile oder ihres Stammkapitals oder in sonstiger Weise von den bisherigen Kapital- oder Gewinnverhältnissen abhängen, wird durch die Kapitalerhöhung nicht berührt.

Literatur

Fett/Spiering, Typische Probleme bei der Kapitalerhöhung aus Gesellschaftsmitteln, NZG 2002, 358; *Gessler*, Die Kapitalerhöhung aus Gesellschaftsmitteln, BB 1960, 6.

A. Allgemeines

1 Die Vorschrift verwirklicht den Gesetzeszweck, wonach sich durch die Kapitalerhöhung **keine wirtschaftliche Änderung** der gesellschaftsinternen Beteiligungsverhältnisse ergeben darf.[1] Während § 57j die beteiligungsproportionale Teilhabe aller Gesellschafter an der Kapitalerhöhung regelt (siehe § 57j Rn. 1), stellt § 57m klar, dass auch die Rechte der Gesellschafter untereinander (Abs. 1 und 2) und die Rechte Dritter gegenüber der Gesellschaft (Abs. 3) unberührt bleiben.

B. Inhalt der Regelung

I. Rechtsbeziehungen der Gesellschafter (Abs. 1)

1. Grundsatz

2 Im Regelfall gewährleistet schon § 57j, dass die Kapitalerhöhung zu keiner Bevorzugung oder Benachteiligung einzelner Gesellschafter führt, so dass Abs. 1, insbesondere bei **nicht anteilsbezogenen Rechten**,[2] wie personengebundenen Verwaltungs-, Gewinnvorzugs-, Teilnahme- und Informationsrechten, nur deklaratorische Bedeutung hat.[3] Bestehen jedoch anteilsbezogene Son-

1 Roth/Altmeppen/*Roth*, § 57m Rn. 1; Lutter/Hommelhoff/*Lutter*, § 57m Rn. 1; Michalski/*Hermanns*, § 57m Rn. 1; Rowedder/Schmidt-Leithoff/*Zimmermann*, § 57m Rn. 1.
2 Baumbach/Hueck/*Zöllner*, § 57m Rn. 2; Rowedder/Schmidt-Leithoff/*Zimmermann*, § 57m Rn. 3.
3 Lutter/Hommelhoff/*Lutter*, § 57m Rn. 3; Michalski/*Hermanns*, § 57m Rn. 2, 3; MünchKomm-GmbHG/*Lieder*, § 57m Rn. 2.

derrechte oder Sonderpflichten einzelner Gesellschafter, die über § 57j nicht ausreichend berücksichtigt werden können, so ermöglicht § 57m **Korrekturmaßnahmen**.[4]

2. Sonderrechte

Vermögensbezogene Vorzugsrechte, die sich am Nennbetrag der Geschäftsanteile orientieren, wie beispielsweise eine Vorzugsdividende, sind so anzupassen, dass der bevorrechtigte Gesellschafter durch die Kapitalerhöhung keine quantitative Besserstellung erlangt.[5] Mit satzungsändernder Zustimmung aller Gesellschafter können stattdessen auch die alten Geschäftsanteile mit unveränderten Vorzugsrechten ausgestattet bleiben und neue, nicht bevorrechtigte Anteile ausgegeben werden.[6] 3

Beispiel:

Einem Geschäftsanteil zu 100.000 EUR steht eine Vorzugsdividende in Höhe von 10 % des Nennwerts zu. Wird dieser Geschäftsanteil im Nennwert auf 200.000 EUR aufgestockt, so würde sich die Vorzugsdividende von 10.000 EUR auf 20.000 EUR erhöhen. Die Vorzugsdividende muss deshalb auf 5 % ermäßigt werden. Wenn ein neuer Geschäftsanteil in Höhe von 100.000 EUR ausgegeben würde, so müsste die Vorzugsdividende zu jeweils 5 % auf die beiden Anteile verteilt werden. Bei Zustimmung aller Gesellschafter könnte stattdessen auch der alte Anteil mit 10 % bevorrechtigt bleiben und ein neuer, vorzugsloser Anteil gebildet werden.

Verwaltungsbezogene Vorzugsrechte, die sich an der Innehabung eines Geschäftsanteils orientieren, werden durch die Kapitalerhöhung nicht vermehrt.[7] Gewährt beispielsweise ein Anteil das Recht, einen von zwei Geschäftsführern zu benennen, so führt die Ausgabe eines neuen Anteils nicht zu dem Recht, beide Geschäftsführer zu benennen, der neue Anteil ist vorzugslos.[8] Im Regelfall handelt es sich bei Verwaltungssonderrechten ohnehin um **Sondervorteile**, die an die Person eines Gesellschafters und nicht an die Innehabung eines Anteils anknüpfen.[9] 4

Stimmrechte, auch **Mehrfachstimmrechte** oder **Stimmrechte verschiedener Gattung**, werden durch die Kapitalerhöhung nicht berührt.[10] Nachdem § 47 Abs. 2 jedem Euro eine Stimme gewährt, wirft die Stimmrechtsverteilung im Rahmen der Kapitalerhöhung aus Gesellschaftsmitteln keine Schwierigkeiten mehr auf. Soweit die Satzung jedoch Stimmrechte an das Innehaben bestimmter höherer Beträge knüpft (wie z.B. dass je 50 EUR eines Geschäftsanteils eine Stimme gewähren), kann eine Anpassung der Satzung geboten sein.[11] 5

3. Sonderpflichten

Sind einzelnen Gesellschaftern gemäß § 3 Abs. 2 **Nebenpflichten** auferlegt (siehe § 3 Rn. 39 ff.), so darf die Kapitalerhöhung nicht zu einer Vermehrung dieser Pflichten führen (§ 216 Abs. 3 Satz 2 AktG analog).[12] Bei nennwertbezogenen Sonderpflichten, müssen diese bei einer Nennwertauf- 6

---

4 BeckOK/*Rühland*, § 57m Rn. 2; Roth/Altmeppen/*Roth*, § 57m Rn. 2; Lutter/Hommelhoff/*Lutter*, § 57m Rn. 5; Michalski/*Hermanns*, § 57m Rn. 2, 3; Scholz/*Priester*, § 57m Rn. 1.

5 Roth/Altmeppen/*Roth*, § 57m Rn. 3; Baumbach/Hueck/*Zöllner*, § 57m Rn. 2; Lutter/Hommelhoff/*Lutter*, § 57m Rn. 6; Michalski/*Hermanns*, § 57m Rn. 4, 7; Scholz/*Priester*, § 57m Rn. 4.

6 Baumbach/Hueck/*Zöllner*, § 57m Rn. 3; MünchKomm-GmbHG/*Lieder*, § 57m Rn. 6; Scholz/*Priester*, § 57m Rn. 4; a.A. Ulmer/*Ulmer*, § 57m Rn. 7; Lutter/Hommelhoff/*Lutter*, § 57m Rn. 5, 11: nur durch nachfolgende Satzungsänderung möglich.

7 Roth/Altmeppen/*Roth*, § 57m Rn. 4; Lutter/Hommelhoff/*Lutter*, § 57m Rn. 7; Michalski/*Hermanns*, § 57m Rn. 10; MünchKomm-GmbHG/*Lieder*, § 57m Rn. 7; Scholz/*Priester*, § 57m Rn. 5.

8 Roth/Altmeppen/*Roth*, § 57m Rn. 4; Lutter/Hommelhoff/*Lutter*, § 57m Rn. 7.

9 Roth/Altmeppen/*Roth*, § 57m Rn. 5; Lutter/Hommelhoff/*Lutter*, § 57m Rn. 7; Michalski/*Hermanns*, § 57m Rn. 8, 9; MünchKomm-GmbHG/*Lieder*, § 57m Rn. 8; Scholz/*Priester*, § 57m Rn. 6.

10 Lutter/Hommelhoff/*Lutter*, § 57m Rn. 4; Michalski/*Hermanns*, § 57m Rn. 11 ff.; MünchKomm-GmbHG/*Lieder*, § 57m Rn. 3; Rowedder/Schmidt-Leithoff/*Zimmermann*, § 57m Rn. 3.

11 BeckOK/*Rühland*, § 57m Rn. 7.

12 Roth/Altmeppen/*Roth*, § 57m Rn. 6; Lutter/Hommelhoff/*Lutter*, § 57m Rn. 8; Michalski/*Hermanns*, § 57m Rn. 16; Scholz/*Priester*, § 57m Rn. 8.

stockung an das Beteiligungsverhältnis angepasst werden und bei Bildung neuer Anteile verhältnismäßig aufgeteilt werden.[13] Gleiches gilt für sonstige Belastungen eines Anteils, z.B. Abtretungsbeschränkungen oder Einziehungsmöglichkeiten.[14] Personenbezogene Nebenpflichten werden von der Kapitalerhöhung ohnedies nicht berührt.[15]

4. Minderheitsrechte

7 Soweit Minderheitsrechte an eine prozentuale Beteiligung am Stammkapital anknüpfen, führt die proportionale Erhöhung der Anteile nach § 57j zu **keiner Veränderung**.[16] Hängen Minderheitsrechte jedoch ausnahmsweise von der Nennbetragshöhe der gehaltenen Anteile ab, so muss dieses Quorum entsprechend der neuen Stammkapitalziffer erhöht werden.[17]

5. Anpassung der Satzung

8 Die vorstehenden auf Abs. 1 gestützten Anpassungen treten nach h.M. automatisch, also **kraft Gesetzes** ein und bedürfen keiner Festsetzung im Kapitalerhöhungsbeschluss und keiner förmlichen Satzungsänderung.[18] Allerdings sind die Gesellschafter verpflichtet, die Satzung mit satzungsändernder Mehrheit entsprechend zu berichtigen.[19] Das Registergericht muss einen an die veränderten Verhältnisse nicht angepassten Satzungswortlaut im Wege der Zwischenverfügung (siehe § 57i Rn. 13) beanstanden und bei Nichtbehebung des Mangels die Anmeldung der Kapitalerhöhung zurückweisen.[20] Es bleibt den Gesellschaftern unbenommen, darüber hinaus die Satzung nach den allgemeinen Vorschriften zu ändern (siehe § 53 Rn. 3 ff.). Diese **Satzungsänderung** wird mit Eintragung und gleichzeitig mit Eintragung der Kapitalerhöhung wirksam.[21]

II. Teileingezahlte Geschäftsanteile (Abs. 2)

1. Grundsatz

9 Bei der GmbH stehen Inhaber teileingezahlter Geschäftsanteile den Inhabern voll eingezahlter Anteile gleich (siehe §§ 29 Abs. 3, 47 Abs. 2),[22] so dass sich nach der Regel des Abs. 1 bei einer Kapitalerhöhung keine Unterschiede ergeben.[23] Nur soweit die **Satzung** vorsieht, dass sich die Rechte von Inhabern teileingezahlter Anteile nach der Einzahlungsquote bemessen, trifft Abs. 2 eine folgerichtige Regelung.[24] Die Rechte der teileingezahlten Anteile nehmen hinsichtlich ihres Erhöhungsbetrags (siehe § 57l Rn. 5, 7) **nur anteilsmäßig** in Höhe ihrer bisherigen Einzahlungs-

---

13 BeckOK/*Rühland*, § 57m Rn. 9; Roth/Altmeppen/*Roth*, § 57m Rn. 6; Lutter/Hommelhoff/*Lutter*, § 57m Rn. 8; Michalski/*Hermanns*, § 57m Rn. 16; Rowedder/Schmidt-Leithoff/*Zimmermann*, § 57m Rn. 4; Scholz/*Priester*, § 57m Rn. 8; a.A. Baumbach/Hueck/*Zöllner*, § 57m Rn. 5.

14 MünchKomm-GmbHG/*Lieder*, § 57m Rn. 11; Scholz/*Priester*, § 57m Rn. 8.

15 Michalski/*Hermanns*, § 57m Rn. 16; Scholz/*Priester*, § 57m Rn. 8.

16 BeckOK/*Rühland*, § 57m Rn. 8; Michalski/*Hermanns*, § 57m Rn. 15; MünchKomm-GmbHG/*Lieder*, § 57m Rn. 9; Scholz/*Priester*, § 57m Rn. 7.

17 BeckOK/*Rühland*, § 57m Rn. 8; Lutter/Hommelhoff/*Lutter*, § 57m Rn. 9; Michalski/*Hermanns*, § 57m Rn. 15; MünchKomm-GmbHG/*Lieder*, § 57m Rn. 9; Scholz/*Priester*, § 57m Rn. 7.

18 BeckOK/*Rühland*, § 57m Rn. 10; Roth/Altmeppen/*Roth*, § 57m Rn. 8; Baumbach/Hueck/*Zöllner*, § 57m Rn. 9; Lutter/Hommelhoff/*Lutter*, § 57m Rn. 10; MünchKomm-GmbHG/*Lieder*, § 57m Rn. 12; Rowedder/Schmidt-Leithoff/*Zimmermann*, § 57m Rn. 5; Scholz/*Priester*, § 57m Rn. 10, 11; differenzierend: Michalski/*Hermanns*, § 57m Rn. 17, 18; a.A. *Gessler*, BB 1960, 6, 10.

19 BeckOK/*Rühland*, § 57m Rn. 11; Roth/Altmeppen/*Roth*, § 57m Rn. 8; Baumbach/Hueck/*Zöllner*, § 57m Rn. 9; Lutter/Hommelhoff/*Lutter*, § 57m Rn. 10; Michalski/*Hermanns*, § 57m Rn. 19; MünchKomm-GmbHG/*Lieder*, § 57m Rn. 13; Scholz/*Priester*, § 57m Rn. 12.

20 BeckOK/*Rühland*, § 57m Rn. 11; Michalski/*Hermanns*, § 57m Rn. 19; MünchKomm-GmbHG/*Lieder*, § 57m Rn. 12; von einem bloßen Zurückweisungsrecht des Gerichts gehen aus: Baumbach/Hueck/*Zöllner*, § 57m Rn. 9; Lutter/Hommelhoff/*Lutter*, § 57m Rn. 10; a.A. Roth/Altmeppen/*Roth*, § 57m Rn. 8: kein Zurückweisungsrecht des Gerichts.

21 Roth/Altmeppen/*Roth*, § 57m Rn. 9; Baumbach/Hueck/*Zöllner*, § 57m Rn. 3; Scholz/*Priester*, § 57m Rn. 13; a.A. Lutter/Hommelhoff/*Lutter*, § 57m Rn. 11; MünchKomm-GmbHG/*Lieder*, § 57m Rn. 15; Ulmer/*Ulmer*, § 57m Rn. 15.

22 Lutter/Hommelhoff/*Lutter*, § 57m Rn. 12; Michalski/*Hermanns*, § 57m Rn. 21; Scholz/*Priester*, § 57m Rn. 14.

23 Baumbach/Hueck/*Zöllner*, § 57m Rn. 6.

24 Michalski/*Hermanns*, § 57m Rn. 22; Roth/Altmeppen/*Roth*, § 57m Rn. 10 hält die Regelung für überflüssig.

quote teil (Abs. 2 Satz 1). Werden fehlenden Einlagen eingezahlt, so erhöhen sich die Rechte aus den teileingezahlten Anteilen aber zusätzlich anteilsmäßig in Anbetracht des Erhöhungsbetrags (Abs. 2 Satz 2). Soweit die Satzung vorsieht, dass nur voll eingezahlten Anteilen die Mitgliedschaftsrechte zustehen, verbleibt es bei der Regel des Abs. 1.[25]

Beispiel[26]:

An einer Gesellschaft mit einem Stammkapital mit 100.000 EUR (K) sind A und B mit Geschäftsanteilen zu 70.000 EUR bzw. 30.000 EUR beteiligt. Der Anteil von A ist voll eingezahlt, der Anteil von B nur zur Hälfte, also zu 15.000 EUR (E). Die Rechte des B bestimmen sich nach seinem tatsächlichen Einzahlungsbetrag. Wird das Kapital der Gesellschaft nominell um 100.000 EUR (KH) auf 200.000 EUR verdoppelt, so hält A 140.000 EUR (entweder als aufgestockten alten Anteil oder in Form des alten und eines neuen Anteils) und B 60.000 EUR (den alten aufgestockten Anteil, vgl. § 57l Abs. 2). Seine Gesellschafterrechte (R) bemessen sich aber folgendermaßen:

E + (E x KH / K) = R

15.000 EUR + (15.000 EUR x 100.000 EUR / 100.000 EUR) = 30.000 EUR.

Zahlt B weitere 10.000 EUR ein, so erhöht sich seine Berechtigung nicht auf lediglich 40.000 EUR, sondern entsprechend vorstehender Formel auf 50.000 EUR.

2. Beteiligung am Liquidationserlös

Sofern in der Satzung keine abweichende Bestimmung getroffen ist, nehmen die Gesellschafter am zu verteilenden Liquidationsvermögen entsprechend dem Nennbetrag ihrer Geschäftsanteile teil (siehe § 72 Rn. 7). Nach h.M. ist jedoch **§ 271 Abs. 3 Abs. 1 AktG analog** anwendbar, d.h. vorab erhalten die Gesellschafter ihre tatsächliche Einlageleistung erstattet, und nur das verbleibende Vermögen wird nach Maßgabe der Geschäftsanteile verteilt (siehe § 72 Rn. 7).[27] Diese Regel findet entsprechend **§ 216 Abs. 2 Satz 3 AktG** auch im Falle einer Kapitalerhöhung aus Gesellschaftsmitteln Anwendung, d.h. die teileingezahlten Anteile sind also (nach Erstattung der tatsächlichen Einlage) mit ihrem **vollständigen Nennbetrag** am verbleibenden Liquidationserlös beteiligt.[28] Den Gesellschaftern steht es offen, eine hiervon abweichende Satzungsbestimmung zu treffen (§ 72 Satz 2; siehe § 72 Rn. 6), insbesondere eine Liquidationsverteilung nach Maßgabe der tatsächlichen Einlageleistung vorzusehen.[29] 10

III. Rechtsbeziehungen zu Dritten (Abs. 3)

Den Grundsatz der wirtschaftlichen Neutralität der Kapitalerhöhung aus Gesellschaftsmitteln führt Abs. 3 auch für die Rechtsbeziehungen zwischen der **Gesellschaft und Dritten** (also zu Gesellschaftern, Geschäftsführern, Aufsichtsratmitgliedern etc.) fort. So erhöhen sich **Genussrechte** oder der Gewinnanspruch eines **stillen Gesellschafters**, der an der Höhe des Stammkapitals orientiert ist, nicht durch die Kapitalerhöhung.[30] Auch **Tantiemevereinbarungen** mit Geschäftsfüh- 11

25 Roth/Altmeppen/*Roth*, § 57m Rn. 10.

26 Weitere Beispiele bei Baumbach/Hueck/*Zöllner*, § 57m Rn. 6, 7; BeckOK/*Rühland*, § 57m Rn. 14.1; Lutter/Hommelhoff/*Lutter*, § 57m Rn. 12; Michalski/*Hermanns*, § 57m Rn. 23; MünchKomm-GmbHG/*Lieder*, § 57m Rn. 19; Scholz/*Priester*, § 57m Rn. 16.

27 Baumbach/Hueck/*Zöllner*, § 57m Rn. 8; Lutter/Hommelhoff/*Lutter*, § 57m Rn. 13; Michalski/*Hermanns*, § 57m Rn. 26; MünchKomm-GmbHG/*Lieder*, § 57m Rn. 21; Rowedder/Schmidt-Leithoff/*Zimmermann*, § 57m Rn. 7; Scholz/*Priester*, § 57m Rn. 18.

28 Baumbach/Hueck/*Zöllner*, § 57m Rn. 8; Michalski/*Hermanns*, § 57m Rn. 27; MünchKomm-GmbHG/*Lieder*, § 57m Rn. 22; Rowedder/Schmidt-Leithoff/*Zimmermann*, § 57m Rn. 7; Scholz/*Priester*, § 57m Rn. 18.

29 BeckOK/*Rühland*, § 57m Rn. 16; Michalski/*Hermanns*, § 57m Rn. 28; MünchKomm-GmbHG/*Lieder*, § 57m Rn. 23; Rowedder/Schmidt-Leithoff/*Zimmermann*, § 57m Rn. 7; Scholz/*Priester*, § 57m Rn. 18.

30 *Fett/Spiering*, NZG 2002, 358, 366; Roth/Altmeppen/*Roth*, § 57m Rn. 12; Baumbach/Hueck/*Zöllner*, § 57m Rn. 11; Lutter/Hommelhoff/*Lutter*, § 57m Rn. 14; Michalski/*Hermanns*, § 57m Rn. 30; MünchKomm-GmbHG/*Lieder*, § 57m Rn. 31; Rowedder/Schmidt-Leithoff/*Zimmermann*, § 57m Rn. 8; Scholz/*Priester*, § 57m Rn. 22.

rern, die sich oftmals an dem um die Verzinsung des Stammkapitals verminderten Gewinn orientieren, bleiben nach der Kapitalerhöhung gleich.[31] Selbst **Ansprüche der Gesellschaft** gegenüber Dritten, die an die Höhe des Stammkapitals geknüpft sind (z.B. eine Dividendengarantie), werden durch die Kapitalerhöhung nicht vermehrt.[32] Die erforderlichen Rechtsänderungen (bereits bestehender!) schuldrechtlicher Vereinbarungen treten **kraft Gesetzes** ein und können im Wege der Feststellungsklage gerichtlich geltend gemacht werden.[33]

12 Unanwendbar ist Abs. 3 auf die Rechtsbeziehungen zwischen einzelnen **Gesellschaftern und Dritten**.[34] Freilich wird sich aus der bloß berichtigenden Rechtsnatur der Kapitalerhöhung aus Gesellschaftsmitteln regelmäßig ergeben, dass auch das Verhältnis der einzelnen Gesellschafter zu Dritten unverändert bleiben soll.[35] So erfasst ein vor Kapitalerhöhung abgeschlossener Kaufvertrag über einen Anteil auch den erhöhten bzw. neuen Anteil.[36] Eine Erstreckung von dinglichen Rechten Dritter kraft Gesetzes auf die neuen oder die erhöhten Anteile findet jedoch nicht statt, sondern muss im Wege der Auslegung ermittelt werden und bedarf der rechtsgeschäftlichen Umsetzung (siehe § 57j Rn. 5).[37]

IV. Rechtsfolgen bei Verstößen

13 Die Rechtsfolgen des § 57m treten kraft Gesetzes ein, so dass deren fehlende Festsetzung im Kapitalerhöhungsbeschluss unschädlich ist.[38] Treffen die Gesellschafter allerdings Regelungen, die dem Gleichbehandlungsgebot nach Abs. 1 widersprechen, so hat dies wie im Rahmen von § 57j (siehe § 57j Rn. 10) im Zweifel die **Gesamtnichtigkeit** des Beschlusses zur Folge.[39] Soweit der Beschluss außerdem in **Sonderrechte** einzelner Gesellschafter ohne deren Zustimmung eingreift, ist dieser nach § 53 Abs. 3 unwirksam (siehe § 53 Rn. 24 f.).[40] Ein Verstoß gegen Abs. 3, insbesondere eine Verkürzung der Rechte Dritter, ist als Vertrag **zu Lasten Dritter** ohne deren Zustimmung unwirksam, hat jedoch im Zweifel nicht die Gesamtnichtigkeit des Kapitalerhöhungsbeschlusses zur Folge.[41]

14 Haben die Gesellschafter die Satzung nicht berichtigt, so hat das Handelsregister im Wege der **Zwischenverfügung** eine Frist zur Nachbesserung zu setzen und nach deren fruchtlosem Ablauf der Frist die Anmeldung zurückzuweisen (siehe Rn. 8).[42] Erfolgt die Eintragung dennoch, ist die Kapitalerhöhung wirksam,[43] eine Amtslöschung kommt nicht in Betracht. Im Falle der **Nichtigkeit** gelten die Ausführungen bei § 57j Rn. 11 entsprechend.

31 *Fett/Spiering*, NZG 2002, 358, 366; Roth/Altmeppen/*Roth*, § 57m Rn. 12; Baumbach/Hueck/*Zöllner*, § 57m Rn. 11; Lutter/Hommelhoff/*Lutter*, § 57m Rn. 14; Michalski/*Hermanns*, § 57m Rn. 30; Rowedder/Schmidt-Leithoff/*Zimmermann*, § 57m Rn. 8; Scholz/*Priester*, § 57m Rn. 21; MünchKomm-GmbHG/*Lieder*, § 57m Rn. 28, 29 mit Beispiel.

32 Roth/Altmeppen/*Roth*, § 57m Rn. 12; Baumbach/Hueck/*Zöllner*, § 57m Rn. 11; Lutter/Hommelhoff/*Lutter*, § 57m Rn. 14; Michalski/*Hermanns*, § 57m Rn. 31; Rowedder/Schmidt-Leithoff/*Zimmermann*, § 57m Rn. 8; Scholz/*Priester*, § 57m Rn. 25.

33 Michalski/*Hermanns*, § 57m Rn. 32; MünchKomm-GmbHG/*Lieder*, § 57m Rn. 26; Scholz/*Priester*, § 57m Rn. 20.

34 Roth/Altmeppen/*Roth*, § 57m Rn. 13; Baumbach/Hueck/*Zöllner*, § 57m Rn. 13; Michalski/*Hermanns*, § 57m Rn. 33; MünchKomm-GmbHG/*Lieder*, § 57m Rn. 33; Rowedder/Schmidt-Leithoff/*Zimmermann*, § 57m Rn. 9; Scholz/*Priester*, § 57m Rn. 23.

35 Michalski/*Hermanns*, § 57m Rn. 34; Rowedder/Schmidt-Leithoff/*Zimmermann*, § 57m Rn. 9.

36 Baumbach/Hueck/*Zöllner*, § 57m Rn. 13; MünchKomm-GmbHG/*Lieder*, § 57m Rn. 33; Rowedder/Schmidt-Leithoff/*Zimmermann*, § 57m Rn. 9; Scholz/*Priester*, § 57m Rn. 23.

37 Michalski/*Hermanns*, § 57m Rn. 34; a.A. Heybrock/*Rabe*, § 57m Rn. 18; MünchKomm-GmbHG/*Lieder*, § 57m Rn. 34; Roth/Altmeppen/*Roth*, § 57m Rn. 13; Baumbach/Hueck/*Zöllner*, § 57m Rn. 14; Scholz/*Priester*, § 57m Rn. 24.

38 Michalski/*Hermanns*, § 57m Rn. 35.

39 Anders die h.M., die lediglich von der Anfechtbarkeit des Beschlusses ausgeht: Baumbach/Hueck/*Zöllner*, § 57m Rn. 10; BeckOK/*Rühland*, § 57m Rn. 23; Lutter/Hommelhoff/*Lutter*, § 57m Rn. 16; Michalski/*Hermanns*, § 57m Rn. 35; MünchKomm-GmbHG/*Lieder*, § 57m Rn. 35; Rowedder/Schmidt-Leithoff/*Zimmermann*, § 57m Rn. 10.

40 Baumbach/Hueck/*Zöllner*, § 57m Rn. 10; Michalski/*Hermanns*, § 57m Rn. 35; MünchKomm-GmbHG/*Lieder*, § 57m Rn. 35; Scholz/*Priester*, § 57m Rn. 26.

41 BeckOK/*Rühland*, § 57m Rn. 24; Lutter/Hommelhoff/*Lutter*, § 57m Rn. 17; Michalski/*Hermanns*, § 57m Rn. 36; MünchKomm-GmbHG/*Lieder*, § 57m Rn. 36; Scholz/*Priester*, § 57m Rn. 26.

42 Lutter/Hommelhoff/*Lutter*, § 57m Rn. 16; Michalski/*Hermanns*, § 57m Rn. 35.

43 Scholz/*Priester*, § 57m Rn. 26.

§ 57n Gewinnbeteiligung der neuen Geschäftsanteile

(1) Die neuen Geschäftsanteile nehmen, wenn nichts anderes bestimmt ist, am Gewinn des ganzen Geschäftsjahres teil, in dem die Erhöhung des Stammkapitals beschlossen worden ist.

(2) Im Beschluss über die Erhöhung des Stammkapitals kann bestimmt werden, dass die neuen Geschäftsanteile bereits am Gewinn des letzten vor der Beschlussfassung über die Kapitalerhöhung abgelaufenen Geschäftsjahrs teilnehmen. In diesem Fall ist die Erhöhung des Stammkapitals abweichend von § 57c Abs. 2 zu beschließen, bevor über die Ergebnisverwendung für das letzte vor der Beschlussfassung abgelaufene Geschäftsjahr Beschluss gefasst worden ist. Der Beschluss über die Ergebnisverwendung für das letzte vor der Beschlussfassung über die Kapitalerhöhung abgelaufene Geschäftsjahr wird erst wirksam, wenn das Stammkapital erhöht worden ist. Der Beschluss über die Erhöhung des Stammkapitals und der Beschluss über die Ergebnisverwendung für das letzte vor der Beschlussfassung über die Kapitalerhöhung abgelaufene Geschäftsjahr sind nichtig, wenn der Beschluss über die Kapitalerhöhung nicht binnen drei Monaten nach der Beschlussfassung in das Handelsregister eingetragen worden ist; der Lauf der Frist ist gehemmt, solange eine Anfechtungs- oder Nichtigkeitsklage rechtshängig ist.

Literatur
Priester, Änderung von Gewinnverwendungsbeschlüssen, ZIP 2000, 261.

A. Allgemeines

1 Die Vorschrift regelt die **Gewinnbeteiligung** der erhöhten bzw. neuen Geschäftsanteile[1] und gestattet abweichende Vereinbarungen. Die Bedeutung der Norm ist gering, und Abs. 2 ist überreglementiert.[2]

B. Inhalt der Regelung

I. Beteiligung am Jahresgewinn (Abs. 1)

2 Grundsätzlich nehmen die erhöhten bzw. die neuen Geschäftsanteile am Gewinn des **ganzen Geschäftsjahres**, in dem die Kapitalerhöhung beschlossen worden ist, teil, unabhängig davon, in welchem Geschäftsjahr die Kapitalerhöhung durch Eintragung ins Handelsregister wirksam geworden ist.[3] Für die Altgesellschafter ist die Vorschrift ohne Bedeutung, weil die Kapitalerhöhung nichts an ihrem Gewinnbezugsrecht ändert. Bedeutsam wird sie vor allem, wenn ein Geschäftsanteil nach der Kapitalerhöhung veräußert wird, weil dann eine zeitanteilige Gewinnverteilung entbehrlich ist und der Erwerber am gesamten Jahresgewinn teilnimmt.[4]

II. Einschränkung der Gewinnbeteiligung (Abs. 1)

3 Abweichend von dem Grundsatz der ganzjährigen Gewinnbeteiligung können hiervon auch **Einschränkungen** beschlossen werden, insbesondere eine lediglich zeitanteilige Gewinnbeteiligung

1 BeckOK/*Rühland*, § 57n Rn. 1; Michalski/*Hermanns*, § 57n Rn. 1; Rowedder/Schmidt-Leithoff/*Zimmermann*, § 57n Rn. 1.
2 Roth/Altmeppen/*Roth*, § 57n Rn. 1; Michalski/*Hermanns*, § 57n Rn. 1.
3 Roth/Altmeppen/*Roth*, § 57n Rn. 2; Baumbach/Hueck/*Zöllner*, § 57n Rn. 1; Michalski/*Hermanns*, § 57n Rn. 2; Scholz/*Priester*, § 57n Rn. 1.
4 Baumbach/Hueck/*Zöllner*, § 57n Rn. 1; Michalski/*Hermanns*, § 57n Rn. 2.

(z.B. ab Fassung des Kapitalerhöhungsbeschlusses), aber auch ein teilweiser oder vollständiger Ausschluss von dieser.[5] Eine solche Vereinbarung wirkt sich nur dann aus, wenn geplant ist, einzelne Anteile nach der Kapitalerhöhung an Dritte zu veräußern und den Erwerber nicht oder nicht vollständig am Gewinn des laufenden Geschäftsjahrs zu beteiligen.[6]

4 Ein Ausschluss vom Gewinnbezugsrecht über das laufende Geschäftsjahr hinaus bedarf einer **besonderen Rechtfertigung**, einer entsprechenden Satzungsänderung und der Eintragung ins Handelsregister.[7] Der Veräußerer ist in jedem Fall verpflichtet, den Erwerber auf sein eingeschränktes Gewinnbezugsrecht **hinzuweisen**.[8]

III. Beteiligung am Vorjahresgewinn (Abs. 2)

5 Eine **Vorverlagerung** des Gewinnbezugsrechts hat ebenfalls nur Sinn, wenn ein erhöhter bzw. neuer Geschäftsanteil veräußert werden soll, da das Gewinnbezugsrecht der Altgesellschafter durch die Kapitalerhöhung nicht verändert wird.[9] Anders als eine Einschränkung setzt die Erweiterung des Gewinnbezugsrechts die strikte Einhaltung der von Abs. 2 geforderten Formalitäten voraus.

6 Die Vorverlagerung des Gewinnbezugsrechts muss **im Kapitalerhöhungsbeschluss** getroffen werden (Abs. 2 Satz 1; siehe § 57c Rn. 19).[10] Abweichend von § 57c Abs. 2 muss der Kapitalerhöhungsbeschluss gefasst sein, *bevor* über die Gewinnverwendung des Vorjahres beschlossen worden ist (Abs. 2 Satz 2), weil ansonsten bereits ein unentziehbares Gewinnbezugsrecht entstanden wäre[11] und zur Kapitalerhöhung benötigte Rücklagen ausgeschüttet sein könnten.[12] Eine Beschlussfassung in einer Versammlung ist jedoch möglich (siehe § 57c Rn. 20). Bei Zustimmung aller Gesellschafter kann der Kapitalerhöhungsbeschluss mit Vorverlagerung des Gewinnbezugs dahin gehend ausgelegt werden, dass ein früher gefasster Gewinnverwendungsbeschluss **konkludent aufgehoben** worden ist.[13]

7 Schließlich muss die Kapitalerhöhung binnen **drei Monaten** nach Beschlussfassung im Handelsregister **eingetragen** worden sein (Abs. 2 Satz 4), die bloße Anmeldung genügt nicht.[14] Diese kurze Frist wird nur dadurch abgemildert, dass der Fristablauf gehemmt ist, solange eine Anfechtungs- oder Nichtigkeitsklage rechtshängig ist. Die **Hemmungswirkung** entspricht § 209 BGB.[15]

8 Der **Gewinnverwendungsbeschluss** wird erst mit Eintragung der Kapitalerhöhung im Handelsregister wirksam (Abs. 2 Satz 3), er muss jedoch nicht innerhalb der Dreimonatsfrist von Abs. 2 Satz 4 oder vor der Handelsregistereintragung gefasst werden[16] und muss auch nicht beim Handelsregister eingereicht werden.[17]

---

5 Roth/Altmeppen/*Roth*, § 57n Rn. 2; Baumbach/Hueck/*Zöllner*, § 57n Rn. 2; MünchKomm-GmbHG/*Lieder*, § 57n Rn. 8; Scholz/*Priester*, § 57n Rn. 6.

6 Roth/Altmeppen/*Roth*, § 57n Rn. 2; Michalski/*Hermanns*, § 57n Rn. 3, 5; Rowedder/Schmidt-Leithoff/*Zimmermann*, § 57n Rn. 2; Scholz/*Priester*, § 57n Rn. 6.

7 Baumbach/Hueck/*Zöllner*, § 57n Rn. 2; BeckOK/*Rühland*, § 57n Rn. 4; Michalski/*Hermanns*, § 57n Rn. 5; a.A. MünchKomm-GmbHG/*Lieder*, § 57n Rn. 10.

8 Michalski/*Hermanns*, § 57n Rn. 6; MünchKomm-GmbHG/*Lieder*, § 57n Rn. 10.

9 Lutter/Hommelhoff/*Lutter*, § 57n Rn. 2; Michalski/*Hermanns*, § 57n Rn. 7.

10 Michalski/*Hermanns*, § 57n Rn. 8.

11 Michalski/*Hermanns*, § 57n Rn. 8; Rowedder/Schmidt-Leithoff/*Zimmermann*, § 57n Rn. 3.

12 *Priester*, ZIP 2000, 261, 264; Lutter/Hommelhoff/*Lutter*, § 57n Rn. 2.

13 *Priester*, ZIP 2000, 261, 264; Lutter/Hommelhoff/*Lutter*, § 57n Rn. 2; MünchKomm-GmbHG/*Lieder*, § 57n Rn. 4; Scholz/*Priester*, § 57n Rn. 4.

14 Lutter/Hommelhoff/*Lutter*, § 57n Rn. 2.

15 Baumbach/Hueck/*Zöllner*, § 57n Rn. 9; Lutter/Hommelhoff/*Lutter*, § 57n Rn. 2; Scholz/*Priester*, § 57n Rn. 5; wohl versehentlich verweist Roth/Altmeppen/*Roth*, § 57n Rn. 3 auf § 205 BGB.

16 Baumbach/Hueck/*Zöllner*, § 57n Rn. 4; BeckOK/*Rühland*, § 57n Rn. 7; Michalski/*Hermanns*, § 57n Rn. 9; Scholz/*Priester*, § 57n Rn. 3; differenzierend Roth/Altmeppen/*Roth*, § 57n Rn. 4; zur Vorsicht rät MünchKomm-GmbHG/*Lieder*, § 57l Rn. 6; a.A. Ulmer/*Ulmer*, § 57n Rn. 4.

17 Roth/Altmeppen/*Roth*, § 57n Rn. 3; Baumbach/Hueck/*Zöllner*, § 57n Rn. 4; Lutter/Hommelhoff/*Lutter*, § 57n Rn. 2; Michalski/*Hermanns*, § 57n Rn. 9; Scholz/*Priester*, § 57n Rn. 5.

IV. Rechtsfolgen bei Verstößen

Wird entgegen Abs. 2 Satz 1 die Vorverlagerung nicht im Rahmen der Entscheidung über die Kapitalerhöhung beschlossen, so ist dieser Beschluss **unwirksam**, es gilt die gesetzliche Regel des Abs. 1.[18] **9**

Wird entgegen Abs. 2 Satz 2 der Gewinnverwendungsbeschluss vor der Kapitalerhöhung beschlossen, so ist zu differenzieren. Haben alle Gesellschafter zugestimmt, so ist der vorherige Gewinnverwendungsbeschluss **konkludent aufgehoben**, Abs. 2 Satz 2 ist nicht verletzt (siehe Rn. 6).[19] Ansonsten ist der Beschluss über die Vorverlagerung des Gewinnbezugsrechts **nichtig**.[20] Ob der gesamte Kapitalerhöhungsbeschluss nichtig ist, beurteilt sich nach § 139 BGB. Im Zweifel ist davon auszugehen, dass die Gesellschafter die Kapitalerhöhung auch ohne die Gewinnvorverlegung beschlossen haben würden.[21] **10**

Ein Verstoß gegen die Dreimonatsfrist nach Abs. 2 Satz 4 hat die Nichtigkeit des Gewinnverwendungs- und des Kapitalerhöhungsbeschlusses, also **Gesamtnichtigkeit** der Kapitalerhöhung zur Folge.[22] **11**

Das Handelsregister muss bei Verstößen gegen Abs. 2 Satz 2 und 4 die **Eintragung ablehnen**,[23] erfolgt diese dennoch gilt § 242 AktG entsprechend (siehe § 57c Rn. 23). **12**

C. Weitere praktische Hinweise

Bei abweichender Gewinnverteilung ist aus **steuerlicher Sicht** § 20 Abs. 5 Satz 2 EStG zu beachten, wonach Anteilseigner derjenige ist, dem die Anteile zum Zeitpunkt des Gewinnverwendungsbeschlusses i.S.d. § 39 AO zuzurechnen sind. Es kann somit zu einem Auseinanderfallen von Steuerpflicht und Gewinnbezugsberechtigung kommen.[24] **13**

---

18 Michalski/*Hermanns*, § 57n Rn. 11.

19 BeckOK/*Rühland*, § 57n Rn. 9.3; Roth/Altmeppen/*Roth*, § 57n Rn. 5; Baumbach/Hueck/*Zöllner*, § 57n Rn. 5; Scholz/*Priester*, § 57n Rn. 4.

20 Roth/Altmeppen/*Roth*, § 57n Rn. 5; Baumbach/Hueck/*Zöllner*, § 57n Rn. 6; Lutter/Hommelhoff/*Lutter*, § 57n Rn. 2; a.A. Scholz/*Priester*, § 57n Rn. 4: nur anfechtbar.

21 BeckOK/*Rühland*, § 57n Rn. 9.2; Roth/Altmeppen/*Roth*, § 57n Rn. 5; Baumbach/Hueck/*Zöllner*, § 57n Rn. 6; Lutter/Hommelhoff/*Lutter*, § 57n Rn. 2; MünchKomm-GmbHG/*Lieder*, § 57n Rn. 11; a.A. Rowedder/Schmidt-Leithoff/*Zimmermann*, § 57n Rn. 4: nur Gewinnverwendungsbeschluss ist unwirksam; a.A. Hachenburg/*Ulmer*, Anh 57b § 14 KapErhG Rn. 4: stets Gesamtnichtigkeit.

22 BeckOK/*Rühland*, § 57n Rn. 10; Scholz/*Priester*, § 57n Rn. 5.

23 Baumbach/Hueck/*Zöllner*, § 57n Rn. 7.

24 Michalski/*Hermanns*, § 57n Rn. 4.

§ 57o Anschaffungskosten

Als Anschaffungskosten der vor der Erhöhung des Stammkapitals erworbenen Geschäftsanteile und der auf sie entfallenden neuen Geschäftsanteile gelten die Beträge, die sich für die einzelnen Geschäftsanteile ergeben, wenn die Anschaffungskosten der vor der Erhöhung des Stammkapitals erworbenen Geschäftsanteile auf diese und auf die auf sie entfallenden neuen Geschäftsanteile nach dem Verhältnis der Nennbeträge verteilt werden. Der Zuwachs an Geschäftsanteilen ist nicht als Zugang auszuweisen.

Literatur

Gerlach, Folgen den Wertübergängen zwischen Anteilen bei Kapitalerhöhungen auch anteilige Anschaffungskosten?, BB 1998, 1506.

A. Allgemeines

1 Es handelt sich um eine **Bilanzierungsvorschrift**, die in § 3 KapErhStG ihre steuerrechtliche Entsprechung findet (siehe § 57c Rn. 26).[1] Von Bedeutung ist sie nur für bilanzierungspflichtige Gesellschafter (also Kaufleute), deren Geschäftsanteile zum Betriebsvermögen gehören.[2] Die Vorschrift bringt die bilanz- und steuerrechtliche Neutralität der Kapitalerhöhung aus Gesellschaftsmitteln zum Ausdruck (siehe § 57c Rn. 26).[3]

B. Inhalt der Regelung

I. Verteilung der Anschaffungskosten (Satz 1)

2 Der Gesellschafter hat für die neuen Anteile keine Anschaffungskosten. Deshalb sind die Anschaffungskosten für die alten Anteile auf die alten und neuen Anteile im Verhältnis ihrer Nennbeträge aufzuteilen.[4] Maßgeblich ist der durch Abschreibung **verminderte Zeitwert** (vgl. §§ 253 Abs. 3, Abs. 4, 255 Abs. 4 HGB).[5] Ein steuerliches Beibehaltungswahlrecht nach § 280 Abs. 2 HGB a.F. bzw. § 5 Abs. 1 Satz 2 EStG n.F. gilt im gleichen Verhältnis für den neuen Geschäftsanteil.[6] Erfolgt eine Erhöhung des Nennbetrags der Anteile, so ist eine Verteilung der Anschaffungskosten nicht erforderlich.

3 Bei Vorhandensein **mehrerer Geschäftsanteile** eines Gesellschafters, die unterschiedliche Werte aufweisen, wird von diesen nicht etwa der Mittelwert zugrunde gelegt (sog. Mischkurs), sondern jeder alte Geschäftsanteil wird einzeln und getrennt zu dem jeweils neuen Geschäftsanteil ins Verhältnis gesetzt.[7]

1 Baumbach/Hueck/*Zöllner*, § 57o Rn. 1.
2 Baumbach/Hueck/*Zöllner*, § 57o Rn. 1; Rowedder/Schmidt-Leithoff/*Zimmermann*, § 57o Rn. 1.
3 BFH BStBl II 2006 S. 22 = NZG 2005, 982, 983; Roth/Altmeppen/*Roth*, § 57o Rn. 1.
4 BFH NZG 1999, 737; Scholz/*Priester*, § 57o Rn. 4.
5 Baumbach/Hueck/*Zöllner*, § 57o Rn. 2; Rowedder/Schmidt-Leithoff/*Zimmermann*, § 57o Rn. 2.
6 Roth/Altmeppen/*Roth*, § 57o Rn. 2; Lutter/Hommelhoff/*Lutter*, § 57o Rn. 1.
7 Roth/Altmeppen/*Roth*, § 57o Rn. 2; MünchKomm-GmbHG/*Lieder*, § 57o Rn. 3; Baumbach/Hueck/*Zöllner*, § 57o Rn. 2.

Beispiel für die Verteilung der Anschaffungskosten:[8] 4

Gesellschafter G hat zwei Geschäftsanteile: A1 zu einem Nennwert von 2.000 EUR (Buchwert 2.000 EUR) und A2 zu einem Nennwert von 1.000 EUR (Buchwert 3.000 EUR). Aus Gesellschaftsmitteln erfolgt eine Kapitalerhöhung um das doppelte des bisherigen Kapitals. Erfolgt die Kapitalerhöhung durch **Nennbetragsaufstockung**, so hat der Anteil A1 einen Nennwert von 4.000 EUR (und weiterhin einen Buchwert von 2.000 EUR) und der Anteil A2 einen Nennwert von 2.000 EUR (und weiterhin einen Buchwert von 3.000 EUR). Erfolgt die Kapitalerhöhung durch Bildung von **zwei neuen Anteilen**, so betragen A1 (alt) und A1 (neu) jeweils 2.000 EUR (und deren Buchwert jeweils 1.000 EUR), A2 (alt) und A2 (neu) jeweils 1.000 EUR (und deren Buchwert jeweils 1.500 EUR). Erfolgt die Kapitalerhöhung durch Bildung **eines neuen Anteils**, so betragen A1 (alt) 2.000 EUR, A2 (alt) 1.000 EUR und A1+2 (neu) 3.000 EUR. Auf A1 (alt) entfällt ein Buchwert von 1.000 EUR, auf A2 (alt) ein Buchwert von 1.500 EUR und auf A1+2 (neu) ein Buchwert von 2.500 EUR.

II. Kein Zugang beim Gesellschafter (Satz 2)

Durch die Kapitalerhöhung aus Gesellschaftsmitteln tritt **keine Änderung der wertmäßigen Beteiligung** der Gesellschafter ein. Deshalb ist dieser Zuwachs an Anteilsrechten nicht als (gewinnerhöhender) Zugang oder Zuschreibung (vgl. § 268 Abs. 2 Satz 2 HGB) in der Bilanz des Gesellschafters auszuweisen.[9] 5

III. Behandlung von Teilrechten

Für Teilrechte i.S.d. § 57k gilt die Vorschrift entsprechend.[10] Keine Anwendung findet sie aber auf Teilrechte, die ein Gesellschafter zusätzlich zu seinen eigenen erwirbt.[11] Diese sind als Zugang auszuweisen und als **zusätzliche Anschaffungskosten** über Satz 1 zu verbuchen.[12] 6

8 Vgl. Baumbach/Hueck/*Zöllner*, § 57o Rn. 2.
9 Michalski/*Hermanns*, § 57o Rn. 4; MünchKomm-GmbHG/*Lieder*, § 57o Rn. 5; Scholz/*Priester*, § 57o Rn. 2.
10 Roth/Altmeppen/*Roth*, § 57o Rn. 1.
11 Roth/Altmeppen/*Roth*, § 57o Rn. 2; Rowedder/Schmidt-Leithoff/*Zimmermann*, § 57o Rn. 4; Scholz/*Priester*, § 57o Rn. 3.
12 MünchKomm-GmbHG/*Lieder*, § 57o Rn. 4; Roth/Altmeppen/*Roth*, § 57o Rn. 3; Rowedder/Schmidt-Leithoff/*Zimmermann*, § 57o Rn. 4; *Gerlach*, BB 1998, 1506, 1507.

§ 58 Herabsetzung des Stammkapitals

(1) Eine Herabsetzung des Stammkapitals kann nur unter Beobachtung der nachstehenden Bestimmungen erfolgen:

1. der Beschluss auf Herabsetzung des Stammkapitals muss von den Geschäftsführern in den Gesellschaftsblättern bekanntgemacht werden; in diesen Bekanntmachungen sind zugleich die Gläubiger der Gesellschaft aufzufordern, sich bei derselben zu melden; die aus den Handelsbüchern der Gesellschaft ersichtlichen oder in anderer Weise bekannten Gläubiger sind durch besondere Mitteilung zur Anmeldung aufzufordern;

2. die Gläubiger, welche sich bei der Gesellschaft melden und der Herabsetzung nicht zustimmen, sind wegen der erhobenen Ansprüche zu befriedigen oder sicherzustellen;

3. die Anmeldung des Herabsetzungsbeschlusses zur Eintragung in das Handelsregister erfolgt nicht vor Ablauf eines Jahres seit dem Tage, an welchem die Aufforderung der Gläubiger in den Gesellschaftsblättern stattgefunden hat;

4. mit der Anmeldung sind die Bekanntmachungen des Beschlusses einzureichen; zugleich haben die Geschäftsführer die Versicherung abzugeben, daß die Gläubiger, welche sich bei der Gesellschaft gemeldet und der Herabsetzung nicht zugestimmt haben, befriedigt oder sichergestellt sind.

(2) Die Bestimmung in § 5 Abs. 1 über den Mindestbetrag des Stammkapitals bleibt unberührt. Erfolgt die Herabsetzung zum Zweck der Zurückzahlung von Einlagen oder zum Zweck des Erlasses zu leistender Einlagen, dürfen die verbleibenden Nennbeträge der Geschäftsanteile nicht unter den in § 5 Abs. 2 und 3 bezeichneten Betrag herabgehen.

Literatur

Halm, Formelle und materielle Erfordernisse der ordentlichen Kapitalherabsetzung im Recht der GmbH, DStR 1997, 1332; *Weber*, Die Auswirkungen der Kapitalherabsetzungen auf die Geschäftsanteile der GmbH-Gesellschafter, 1996; *Wurm/Wagner/Zartmann*, Das Rechtsformularbuch, 16 . Auflage 2011.

A. Allgemeines

I. Zweck der Kapitalherabsetzung

1 Die Kapitalherabsetzung mindert die ziffernmäßige Höhe des Stammkapitals. Zweck einer Kapitalherabsetzung ist die Senkung des „Stauwehrs" der §§ 30 und 31[1] und dient entweder zur Freisetzung ausschüttbaren Vermögens oder zur Beseitigung einer Unterbilanz. Liegt eine Unterbilanz vor, dient die Kapitalherabsetzung der Anpassung des nominellen Stammkapitals an das tatsächlich vorhandene Eigenkapital, zukünftige Gewinne können ausgeschüttet und müssen nicht zur Wiederauffüllung des Stammkapitals verwendet werden.[2]

1 Wurm/Wagner/Zartmann/*Langenfeld*, S. 2008.

§ 58 regelt die Herabsetzung des Stammkapitals der Gesellschaft durch die ordentliche Kapitalherabsetzung. Neben der ordentlichen Kapitalherabsetzung besteht die Möglichkeit der vereinfachten Kapitalherabsetzung nach §§ 58a ff. Die Gründe für die ordentliche Kapitalherabsetzung können unterschiedlich sein, die vereinfachte Kapitalherabsetzung nach §§ 58a ff. kann dagegen nur zum Zwecke der Sanierung der Gesellschaft, d.h. zur Verlustdeckung vorgenommen werden (siehe § 58a Rn. 1). 2

II. Norminhalt

Grundlage für die ordentliche Kapitalherabsetzung ist zunächst der Kapitalherabsetzungsbeschluss der Gesellschafter, der ebenso wie die Kapitalerhöhung beurkundungsbedürftige Satzungsänderung (erforderlich sind drei Viertel der abgegebenen Stimmen nach § 53) ist und aus Gründen des Gläubigerschutzes im elektronischen Bundesanzeiger bekannt zu machen ist. Soweit sich Gläubiger der Gesellschaft daraufhin wegen eines Anspruchs gegen die Gesellschaft melden und der Kapitalherabsetzung widersprechen, sind diese von der Gesellschaft zu befriedigen oder sicherzustellen (Abs. 1 Nr. 2). Die Geschäftsführer der Gesellschaft haben mit der Handelsregisteranmeldung eine entsprechende Versicherung abzugeben (Abs. 1 Nr. 4). Die Kapitalherabsetzung bedarf zu ihrer Wirksamkeit ebenfalls der Eintragung im Handelsregister. Die Anmeldung dazu kann aber erst nach Ablauf eines Sperrjahrs erfolgen (Abs. 1 Nr. 3). 3

B. Inhalt der Regelung

Zu einer wirksamen Herabsetzung des Stammkapitals im Wege der ordentlichen Kapitalherabsetzung bedarf es folgender Voraussetzungen: 4

- Kapitalherabsetzungsbeschluss
- Bekanntmachung des Kapitalherabsetzungsbeschlusses
- Aufforderung an die Gläubiger
- Befriedigung oder Sicherstellung der Gläubiger
- Anmeldung der Kapitalherabsetzung zum Handelsregister
- Eintragung der Kapitalherabsetzung im Handelsregister

I. Kapitalherabsetzungsbeschluss

Die Kapitalherabsetzung ist ein satzungsändernder Beschluss, der notarieller Beurkundung und einer Mehrheit von 75 % der abgegebenen Gesellschafterstimmen bedarf. 5

Die in der Beschlussfassung anzugebenden[3] Gründe für eine Kapitalherabsetzung sind vielfältig. Abs. 2 Satz 2 nennt nicht abschließend die wichtigsten Zwecke, nämlich die Rückgewähr von Einlagen an die Gesellschafter sowie den Erlass von offenen Einlageverpflichtungen oder die Beseitigung einer Unterbilanz. Mit der Kapitalherabsetzung kann auch der Zweck verfolgt werden, nach Einziehung eines Geschäftsanteils das Kapital entsprechend anzupassen, ohne den Anteil auf einen Gesellschafter zu übertragen.

Zulässig ist auch die Angabe mehrerer Gründe, etwa der Ausgleich einer Unterbilanz und die Einstellung eines etwaigen Überschusses in die Rücklagen.[4]

---

2 Einzelheiten zu den Gründen der Kapitalherabsetzung z.B. bei Lutter/Hommelhoff/*Lutter*, § 58 Rn. 1; Scholz/*Priester*, § 58 Rn. 6 ff.; Baumbach/Hueck/*Zöllner*, § 58 Rn. 1 ff.

3 Diese Zwecksetzung ist zwingend anzugeben, vgl. BayObLG BB 1979, 2408; zur Frage der Anfechtbarkeit bei fehlender Angabe des Zwecks vgl. LG Hannover, WM 1995, 2098.

4 Vgl. Hachenburg/*Ulmer*, § 58 Rn. 32.

II. Bekanntmachung und Aufforderung

1. Bekanntmachung

6 Der von den Gesellschaftern gefasste Kapitalherabsetzungsbeschluss ist von den Geschäftsführern im elektronischen Bundesanzeiger (§ 12) bekannt zu machen.[5] Die Bekanntmachung hat einmalig zu erfolgen. Dazu ist die Bekanntmachung in drei aufeinanderfolgenden Ausgaben ausreichend, aber auch erforderlich.[6] Die Nennung des Zwecks der Kapitalherabsetzung in der Bekanntmachung ist nicht erforderlich. Die Bekanntmachungen des Herabsetzungsbeschlusses sollen eine Aufforderung der Geschäftsführer an etwaige Gläubiger enthalten, sich bei der Gesellschaft zu melden. Ein Hinweis der Gläubiger auf ihre Rechte ist jedoch nicht erforderlich.

2. Aufforderung an die bekannten Gläubiger

7 Sind der Gesellschaft bereits durch Einsicht in die Handelsbücher oder durch sonstige Weise Gläubiger bekannt, so sind diese durch eine gesonderte Mitteilung zur Anmeldung ihrer Ansprüche aufzufordern. Eine besondere Form oder Frist für die gesonderte Aufforderung ist nicht vorgeschrieben. Die Zahl der in Frage kommenden Gläubiger bestimmt sich nach dem Tag der Bekanntmachung an die Gläubiger. Die unzureichende Durchsicht der Handelsbücher nach bekannten Gläubigern kann Schadensersatzansprüche gegen den Geschäftsführer begründen.[7]

III. Befriedung oder Sicherstellung der Gläubiger

8 Widerspricht ein Gläubiger der Kapitalherabsetzung, muss die Gesellschaft den geltend gemachten Anspruch des Gläubigers befriedigen oder ihm Sicherheit leisten. Tut sie dies nicht, darf der Kapitalherabsetzungsbeschluss nicht zum Handelsregister angemeldet und auch nicht im Handelsregister eingetragen werden.[8] Eine Frist zur Erhebung des Widerspruchs muss dabei vom Gläubiger nicht eingehalten werden, der nach Anmeldung erfolgte Widerspruch stellt jedoch kein Eintragungshindernis dar.[9]

Nur bei rechtzeitigem Widerspruch, also bei Widerspruch bis einschließlich des Tages der dritten Bekanntmachung,[10] ist der Gläubiger zu berücksichtigen.

Die Gesellschaft hat sodann die Ansprüche zu prüfen und ggf. zu befriedigen oder sicherzustellen oder aber eine Befriedigung bzw. Sicherstellung abzulehnen. Einen durchsetzbaren Anspruch auf Sicherstellung oder Befriedigung hat der Gläubiger nicht, vielmehr muss bei Nichterfüllung die Kapitalherabsetzung unterbleiben.[11]

---

5 Siehe auch OLG München, Beschluss vom 04.04.2011 – 31 Wx 131/11, wonach ein Kapitalherabsetzungsbeschluss nur dann wirksam bekannt gemacht worden ist, wenn die bekanntgemachte Fassung eindeutig und aus sich selbst heraus verständlich ist.

6 Vgl. Lutter/Hommelhoff/*Lutter*/, § 58 Rn. 15; Baumbach/Hueck/*Zöllner*, § 58 Rn. 23.

7 BayObLG BB 1974, 1363; Lutter/Hommelhoff/*Lutter*/, § 58 Rn. 16 m.w.N.

8 Lutter/Hommelhoff/*Lutter*/, § 58 Rn. 20.

9 Ist jedoch der Widerspruch rechtzeitig erhoben, führt die Eintragung der Kapitalherabsetzung nicht zum Erlöschen des Anspruchs.

10 A.A. Baumbach/Hueck/*Zöllner*, § 58 Rn. 24 .

11 So Baumbach/Hueck/*Zöllner*, § 58 Rn. 26; Scholz/*Priester*, § 58 Rn. 53; ablehnend: HK-GmbHR/*Schulze*, § 58 Rn. 12.

IV. Anpassung der Geschäftsanteile und Mindestkapital

1. Grundsatz

Bei der Kapitalherabsetzung ist die Vorschrift des § 5 Abs. 1 über das Mindestkapital zu beachten. Die Herabsetzung darf daher die Stammkapitalziffer von 25.000 EUR nicht unterschreiten.[12] Die Angabe eines variablen Herabsetzungsbetrags im Kapitalherabsetzungsbeschluss ist zulässig. Durch die Herabsetzung des Mindeststammkapitals bietet sich für die Vermeidung einer Unterbilanzhaftung die Möglichkeit an, das Kapital an diesen Betrag durch Kapitalherabsetzung anzupassen. Dies ermöglicht eine zusätzliche Ausschüttungsmöglichkeit und die Vermeidung einer Unterbilanzhaftung. 9

2. Anpassung der Geschäftsanteile

Die Herabsetzung des Stammkapitals macht eine Anpassung der einzelnen Geschäftsanteile erforderlich, da der Gesamtbetrag aller Geschäftsanteile immer dem Betrag des Stammkapitals entsprechen muss (§ 5 Abs. 3 Satz 2). Die Anpassung der Geschäftsanteile erfolgt gewöhnlich **proportional** zur Beteiligung der einzelnen Gesellschafter am Stammkapital der Gesellschaft. Die Gesellschafter können jedoch auch beschließen, den Herabsetzungsbetrag auf die einzelnen Gesellschafter abweichend zu verteilen. Für eine abweichende Verteilung des Kapitalherabsetzungsbetrags bedarf es jedoch stets der Zustimmung des betroffenen Gesellschafters.[13] Erfolgt keine abweichende Bestimmung, kann eine Klarstellung vorgenommen werden. Erfolgt eine nicht proportionale Anpassung, ist die Anpassung dagegen zwingend in den Gesellschafterbeschluss über die Kapitalherabsetzung aufzunehmen. 10

Es ist darüber hinaus zu beachten, dass auch nach der Kapitalherabsetzung der Nennbetrag jedes Geschäftsanteils auf volle Euro lautet (§ 5 Abs. 2 Satz 1), unabhängig davon welcher Zweck mit der Kapitalherabsetzung verfolgt wird (zum vereinfachten Verfahren siehe § 58a Rn. 26, 28f.). 11

3. Bedeutung des Abs. 2 Satz 2 n.F.

Die Vorschrift bestimmt, soweit die Herabsetzung zum Zweck der Zurückzahlung von Einlagen oder zum Zweck des Erlasses zu leistender Einlagen erfolgt, dass die verbleibenden Nennbeträge der Geschäftsanteile nicht unter den in § 5 Abs. 2 und 3 bezeichneten Betrag herabgehen dürfen. Sie hat damit klarstellende Funktion, sodass trotz der Herabsetzung die Maßgaben nach § 5 Abs. 2 und 3 eingehalten werden. Demnach muss insbesondere der Nennbetrag jedes Geschäftsanteils auch nach Herabsetzung auf volle Euro lauten und die Summe der Nennbeträge der einzelnen Geschäftsanteile mit dem Stammkapital übereinstimmen. Im Ergebnis muss also die Summe der herabgesetzten Stammeinlagen der Summe des herabgesetzten Stammkapitals entsprechen. 12

C. Weitere praktische Hinweise

I. Inhalt der Anmeldung zum Handelsregister

Wie jede Satzungsänderung ist auch der Beschluss über die ordentliche Kapitalherabsetzung zur Eintragung im Handelsregister anzumelden. Die Anmeldung hat sich auf Folgendes zu erstrecken: 13

- Kapitalherabsetzung von einem Betrag […] um einen Betrag […] auf einen Betrag […]
- Satzungsänderung entsprechend der Kapitalherabsetzung
- Versicherung der Geschäftsführer

12 Anders nach OLG Frankfurt, Beschluss vom 20.12.2010 – 20 W 388/10 bei der Vorgesellschaft: Ein Gesellschaftsvertrag, mit dem zunächst eine GmbH mit einem Stammkapital von mindestens Euro 25.000,00 gegründet wurde, kann vor deren Eintragung in das Handelsregister, solange sie sich also im Stadium einer Vorgesellschaft ("Vor-GmbH") befindet, auch insoweit abgeändert werden, als nunmehr ein Stammkapital vereinbart wird, das unter Euro 25.000,00 liegt und somit eine Unternehmergesellschaft gegründet werden. Dem stehen weder § 58 Absatz 2 Satz 1 i.V.m. § 5 Absatz 1 GmbHG noch § 5a GmbHG entgegen.

13 Lutter/Hommelhoff/*Lutter*/, § 58 Rn. 11.

Als Anlagen sind der Handelsregisteranmeldung eine Ausfertigung oder eine beglaubigte Abschrift des Kapitalherabsetzungsbeschlusses, die Nachweise über die Bekanntmachung der Kapitalherabsetzung sowie der aktuelle Wortlaut des Gesellschaftsvertrags mit notarieller Bescheinigung nach § 54 Abs. 1 Satz 2 beizufügen.

14 Die Handelsregisteranmeldung hat gem. § 78 durch sämtliche Geschäftsführer der Gesellschaft in beglaubigter Form zu erfolgen. Es besteht keine Pflicht zur Einreichung der gesonderten Mitteilungen an die bekannten Gläubiger.

II. Folgen des Widerspruchs eines Gläubigers

15 Ein Gläubiger, der sich aber mit seinem Anspruch zu Unrecht abgelehnt fühlt, kann eine formlose Benachrichtigung gegenüber dem Registergericht machen. Das Registergericht hat dann nach pflichtgemäßem Ermessen zu entscheiden, ob es die Kapitalherabsetzung einträgt oder ob es den Gläubiger unter Fristsetzung zur Klageerhebung gegen die Kapitalherabsetzung auffordert und die Eintragung in der Zwischenzeit aussetzt. Ein einklagbarer Anspruch auf Befriedigung oder Sicherstellung hat der Gläubiger in keinem Fall, er kann jedoch Ansprüche auf Schadensersatz haben (§ 823 Abs. 2 BGB i.V.m. § 58).

III. Beachtung des Sperrjahres

16 Die Handelsregisteranmeldung kann gem. Abs. 1 Nr. 3 nicht vor Ablauf eines Jahres seit dem Tag, an dem die Kapitalherabsetzung im elektronischen Bundesanzeiger veröffentlicht wurde (sog. Sperrjahr), erfolgen. Auf den Zeitpunkt der gesonderten Mitteilungen an die bekannten Gläubiger kommt es dabei nicht an.

IV. Versicherung der Geschäftsführer

17 Die Geschäftsführer haben eine Versicherung dahin gehend abzugeben, dass die Gläubiger, die sich bei der Gesellschaft gemeldet und der Kapitalherabsetzung nicht zugestimmt haben, befriedigt oder sichergestellt wurden. Sofern kein Gläubiger Widerspruch erhoben hat, ist die Versicherung dahin gehend abzugeben, dass sich keine Gläubiger gemeldet haben oder sämtliche Gläubiger zugestimmt haben.[14]

V. Notar- und Registereintragungskosten

18 Der Geschäftswert für den Beschluss über die Kapitalherabsetzung ist mit dem Herabsetzungsbetrag zu bestimmen. Zu erheben ist eine 20/10-Gebühr nach § 47 KostO, höchstens 5.000 EUR. Die damit verbundene Änderung der Satzung ist gegenstandsgleich und löst keine weiteren Gebühren aus.

Für die Anmeldung zum Handelsregister ist der Geschäftswert gem. § 41a Abs. 1 Satz 3 KostO in gleicher Weise zu bestimmen und beträgt gem. § 39 Abs. 5 KostO höchstens 500.000 EUR. Zu erheben ist eine 5/10-Gebühr nach § 38 Abs. 2 Nr. 7 KostO, ggf. i.V.m. § 145 Abs. 1 Satz 1 KostO.

Die Eintragung einer Kapitalherabsetzung in das Handelsregister ist die Eintragung einer Registertatsache und löst gemäß HRegGebV, Gebührenverzeichnis Nr. 2500 eine Gebühr von 70 EUR aus.

VI. Steuern

19 Eine Kapitalherabsetzung, die zur **Rückzahlung** führt, ist steuerlich einer teilweisen Liquidation der Gesellschaft ähnlich. Dabei ist zu beachten, dass steuerlich das Eigenkapital der Gesellschaft gewissermaßen aus vier Komponenten besteht:

1. das Nennkapital, das aus Einlagen der Gesellschafter stammt

14 BayObLG BB 1974, 1362.

2. der Teil des Nennkapitals, der nicht aus Einlagen der Gesellschafter (sondern aus der Umwandlung von sonstigen Rücklagen durch eine Kapitalerhöhung aus Gesellschaftsmitteln) stammt, sog. Sonderausweis
3. der Teil des sonstigen Eigenkapitals, der nicht von der Gesellschaft erwirtschaftet wurde (vor allem Aufgelder und sonstige nicht in das Nennkapital geleistete Einlagen der Gesellschafter), sog. steuerliches Einlagekonto
4. das übrige sonstige Eigenkapital (insbesondere Gewinnrücklagen, Gewinnvorträge), sog. neutrales Vermögen

Durch eine Kapitalherabsetzung wird Nennkapital (Pos. 1 und 2) in sonstiges Eigenkapital (Pos. 3 und 4) umgewandelt, soweit die Einlage überhaupt erbracht war (vgl. § 28 Abs. 2 Satz 1 Hs. 2 KStG). Hierfür gilt die Regel, dass zunächst der Sonderausweis verschwindet (Umbuchung Pos. 2 auf Pos. 4), der darüber hinausgehende Betrag der Herabsetzung wird dem steuerlichen Einlagenkonto gutgeschrieben (Umbuchung Pos. 1 auf Pos. 3; § 28 Abs. 2 Satz 1 KStG). 20

Ebenso wird die **anschließende Auskehrung (Rückzahlung)** behandelt: Zunächst gilt der ehemalige „Sonderausweis" als verwendet, was beim Anteilseigner zu steuerpflichtigen Bezügen nach § 20 Abs. 1 Nr. 2 EStG führt (§ 28 Abs. 2 Satz 2 KStG). Für darüber hinausgehende Rückzahlungen gilt – soweit vorhanden – das steuerliche Einlagekonto als verwendet (§ 28 Abs. 2 Satz 3 KStG). Insoweit handelt es sich beim Anteilseigner um einen „Veräußerungspreis", der nicht unter § 20 Abs. 1 EStG (Einkünfte aus Kapitalvermögen) fällt, sondern (im Privatvermögen) unter § 17 Abs. 4 EStG bzw. – ab 2009 – § 20 Abs. 2 Satz 1 Nr. 1 i.V.m. Satz 2 EStG. Ein Veräußerungsgewinn entsteht, soweit der Rückzahlungsbetrag die Anschaffungskosten übersteigt. Das steuerliche Einlagekonto kann auf diesem Weg jedoch nicht negativ werden (§ 27 Abs. 1 Satz 4 KStG); das Einlagekonto etwa übersteigende Rückzahlungsbeträge gelten daher als Gewinnausschüttung nach § 28 Abs. 2 Satz 4 KStG, § 20 Abs. 1 Nr. 2 EStG.[15] 21

Der **Veräußerungsgewinn** (Herabsetzungsgewinn) i.S.v. § 17 Abs. 4 EStG entsteht mit Wirksamwerden der Kapitalherabsetzung (d.h. Handelsregistereintragung).[16] Eine vor diesem Zeitpunkt vorgenommene Kapitalrückzahlung kann zu einer verdeckten Gewinnausschüttung führen, wenn die Beteiligten noch nicht alle erforderlichen Schritte unternommen haben.[17] 22

Auch in anderen Zusammenhängen wird die Kapitalherabsetzung einer Veräußerung oder (Teil-) Liquidation gleichgestellt und damit als schädlich im Hinblick auf steuerliche Haltefristen angesehen. Dies gilt vor allem für die fünfjährige Behaltensfrist bei erbschaftsteuerlichen Vergünstigungen für Betriebsvermögen (§ 13a Abs. 5 Satz 1 Nr. 4 Satz 2 ErbStG) und für die siebenjährige Frist bei sperrfristbehafteten Anteilen (Ersatzrealisationstatbestand des § 22 Abs. 1 Satz 6 Nr. 3 UmwStG).[18] 23

> **!** Vor Durchführung einer Kapitalherabsetzung ist die steuerliche Zusammensetzung des Eigenkapitals festzustellen und zu prüfen, ob steuerliche Haltefristen zu beachten sind.

15 Zum Ganzen vgl. BMF-Schreiben v. 4.6.2003, BStBl. I 2003, 366.
16 Schmidt/*Weber-Grellet*, § 17 EStG Rn. 235.
17 BFH BStBl. II 1995, 725.
18 Anders bei der fünfjährigen Behaltensfrist des § 15 Abs. 2 Satz 4 UmwStG; vgl. Rödder/Herlinghaus/van Lishaut/*Schumacher*, § 15 UmwStG Rn. 227.

D. Muster[19]

24 I. Muster: Kapitalherabsetzungsbeschluss

64

Verhandelt zu … am …

Vor dem Notar … sind erschienen … und erklären:

Kapitalherabsetzung

Wir sind alleinige Gesellschafter der … GmbH und wollen eine Gesellschafterversammlung abhalten. Das Stammkapital beträgt gegenwärtig 100.000 EUR. Am Stammkapital sind beteiligt:

A mit einem voll eingezahlten Geschäftsanteil von 50.000 EUR,

B mit einem zur Hälfte eingezahlten Geschäftsanteil von 50.000 EUR.

Wir verzichten auf Fristen und Formen für die Einberufung dieser Gesellschafterversammlung und beschließen Folgendes:

1. Das Stammkapital der Gesellschaft wird von 100.000 EUR um 50.000 EUR auf 50.000 EUR herabgesetzt.

Zweck der Kapitalherabsetzung ist im Falle des A die hälftige Rückzahlung der von ihm geleisteten Stammeinlage, im Falle des B der Erlass der noch offenen Einzahlungsverpflichtung i.H.v. 25.000 EUR.[1]

Die Kapitalherabsetzung erfolgt in der Weise, dass der Nennbetrag sämtlicher Geschäftsanteile um 50 % herabgesetzt wird.[2]

Die Geschäftsanteile betragen nach Eintragung der Kapitalherabsetzung in das Handelsregister[3] demgemäß:

A = 25.000 EUR

B = 25.000 EUR

2. Der Gesellschaftsvertrag wird geändert in § … (Stammkapital) und lautet wie folgt:

§ …

Das Stammkapital beträgt 50.000 EUR.

Sämtliche Beschlüsse wurden einstimmig gefasst.

---

1 Der Beschluss hat zwingend Angaben zum Zweck der Kapitalherabsetzung (z.B. Rückzahlung von Leistungen auf Stammeinlagen, Erlass der Verpflichtung zur Leistung von Stammeinlagen) zu enthalten.

2 Auch sind Angaben zur Art der Kapitalherabsetzung – hier Nennbetragsherabsetzung – zu machen (denkbar ist auch eine Anpassung des Stammkapitals an die Summe der Nennwerte der noch vorhandenen Geschäftsanteile im Falle der Einziehung).

3 Die Kapitalherabsetzung wird erst wirksam mit ihrer Eintragung im Handelsregister (§ 54 Abs. 3).

---

19 Vgl. näher: MüVertrHdb-GesR/*Heidenhain/Müller*, IV. Pkt. 97.

II. Muster: Handelsregisteranmeldung einer Kapitalherabsetzung[20] 25

65

An das Amtsgericht
– Registergericht –
… [Ort]

Zum Handelsregister der … (Firma) überreichen die unterzeichneten sämtlichen Geschäftsführer die Ausfertigung der notariellen Urkunde über die Gesellschafterversammlung vom … (UR …, Notar …), das Belegexemplar der Nummern 10, 11, 12 des Bundesanzeigers vom …, welche die Bekanntmachung der Herabsetzung des Stammkapitals der Gesellschaft und die Aufforderung an die Gläubiger der Gesellschaft zur Anmeldung erhalten, sowie den vollständigen Wortlaut des Gesellschaftervertrags mit der Bescheinigung des Notars gem. § 54 Abs. 1 S. 2 GmbHG.

Wir melden zur Eintragung an, dass das Stammkapital der Gesellschaft von … EUR um … EUR auf … EUR herabgesetzt wurde.

§ 3 der Satzung wurde entsprechend neu gefasst. Wir versichern, dass alle Gläubiger, welche sich bei der Gesellschaft gemeldet und der Herabsetzung des Stammkapitals nicht zugestimmt haben, befriedigt oder sichergestellt wurden.

[Unterschriften sämtlicher Geschäftsführer, Beglaubigungsvermerk]

20 Wurm/Wagner/Zartmann/*Langenfeld*, S. 2011.

§ 58a Vereinfachte Kapitalherabsetzung

(1) Eine Herabsetzung des Stammkapitals, die dazu dienen soll, Wertminderungen auszugleichen oder sonstige Verluste zu decken, kann als vereinfachte Kapitalherabsetzung vorgenommen werden.

(2) Die vereinfachte Kapitalherabsetzung ist nur zulässig, nachdem der Teil der Kapital- und Gewinnrücklagen, der zusammen über zehn vom Hundert des nach der Herabsetzung verbleibenden Stammkapitals hinausgeht, vorweg aufgelöst ist. Sie ist nicht zulässig, solange ein Gewinnvortrag vorhanden ist.

(3) Im Beschluss über die vereinfachte Kapitalherabsetzung sind die Nennbeträge der Geschäftsanteile dem herabgesetzten Stammkapital anzupassen. Die Geschäftsanteile müssen auf einen Betrag gestellt werden, der auf volle Euro lautet.

(4) Das Stammkapital kann unter den in § 5 Abs. 1 bestimmten Mindestnennbetrag herabgesetzt werden, wenn dieser durch eine Kapitalerhöhung wieder erreicht wird, die zugleich mit der Kapitalherabsetzung beschlossen ist und bei der Sacheinlagen nicht festgesetzt sind. Die Beschlüsse sind nichtig, wenn sie nicht binnen drei Monaten nach der Beschlußfassung in das Handelsregister eingetragen worden sind. Der Lauf der Frist ist gehemmt, solange eine Anfechtungs- oder Nichtigkeitsklage rechtshängig ist. Die Beschlüsse sollen nur zusammen in das Handelsregister eingetragen werden.

(5) Neben den §§ 53 und 54 über die Abänderung des Gesellschaftsvertrags gelten die §§ 58b bis 58f.

A. Allgemeines

1 Die Vorschriften der §§ 58b ff. sind in Anlehnung an die §§ 229 ff. AktG geschaffen worden und erlauben die Herabsetzung des Stammkapitals im Wege des **vereinfachten Verfahrens**. Dieses sog. vereinfachte Verfahren ist nur zum Zwecke der **Sanierung** der Gesellschaft, d.h. zum Ausgleich von Wertminderungen oder zur Deckung sonstiger Verluste zulässig (Abs. 1). Kommt eine Deckung dieser Verluste auf anderem Wege als durch Herabsetzung des Stammkapitals in Betracht, so ist die vereinfachte Kapitalherabsetzung nicht möglich (Abs. 2). Das Verfahren erlaubt die Herabsetzung des Stammkapitals unter den Mindestbetrag des § 5 Abs. 1, wenn zugleich eine Kapitalerhöhung beschlossen wird, durch die der Mindestbetrag wieder erreicht wird (sog. Kapitalschnitt). Da die vereinfachte Kapitalherabsetzung nur zu Sanierungszwecken erlaubt ist, sehen die §§ 58 ff. Regelungen vor, dass die Kapitalherabsetzung gewonnener Beträge der Gesellschaft und damit mittelbar den Gläubigern der Gesellschaft zugutekommen und nicht den Gesellschaftern zufließen. Die §§ 58 ff enthalten daher Regelungen zum Schutz der Gläubiger der Gesellschaft.

B. Inhalt der Regelung

2 Die Kapitalherabsetzung im vereinfachten Verfahren erfolgt im Wesentlichen nach dem Verfahren der ordentlichen Kapitalherabsetzung nach den §§ 58 ff. (siehe § 58 Rn. 7 und 10 ff.). Nicht erforderlich ist jedoch der Gläubigeraufruf sowie der Anspruch der Gläubiger auf Befriedigung bzw. Sicherstellung. Damit bedarf es auch nicht der Einhaltung des Sperrjahrs (siehe Rn. 16). Eine Kapitalherabsetzung einer bestehenden GmbH auf einen geringeren Betrag als nach Maßgabe des § 5

ist nicht möglich, ausgenommen bei der Gründung zu einer Unternehmergesellschaft. Im Übrigen ist die Vorschrift auf Letztere nicht anwendbar.

Erforderlich sind: 3

- Sanierungszweck
- keine anderweitige Verlustdeckung
- Beschlussfassung über die Herabsetzung des Stammkapitals
- Anmeldung des Kapitalherabsetzungsbeschlusses zum Handelsregister
- Eintragung der vereinfachten Kapitalherabsetzung im Handelsregister

I. Ausgleich von Verlusten (Abs. 1)

Die Kapitalherabsetzung im Wege des vereinfachten Verfahrens setzt voraus, dass sie dem Zweck der Sanierung der Gesellschaft dient. Dies ist nach Abs. 1 der Fall, wenn die Kapitalherabsetzung zum Ausgleich von Wertminderungen oder der Deckung sonstiger Verluste erfolgt (siehe jedoch Rn. 24). Der Verlust kann sich dabei aus der Jahresbilanz oder einer gesondert aufgestellten Zwischenbilanz ergeben. Die bloße Vermutung von Verlusten reicht für eine Herabsetzung des Stammkapitals nicht aus. Zulässig ist die vereinfachte Kapitalherabsetzung aber auch bei drohenden Verlusten.[1] Eine Pflicht zur Aufstellung einer Verlustbilanz besteht nicht. 4

II. Keine anderweitige Deckung der Verluste (Abs. 2)

Das Bestehen oder Drohen eines Verlusts allein reicht für die vereinfachte Kapitalherabsetzung nicht aus, wenn der Verlust anderweitig gedeckt werden kann. Sofern die Gesellschaft daher ausreichend Kapital- oder Gewinnrücklagen aufweist, sind diese nach Abs. 2 Satz 1 aufzulösen, sofern sie einen Betrag von 10 % des Stammkapitals überschreiten. 5

Beispiel:
Die GmbH mit einem Stammkapital von 25.000 EUR und Kapital- und Gewinnrücklagen in Höhe von 100.000 EUR muss zunächst die Kapital- und Gewinnrücklagen bis zu einer Höhe von 97.500 EUR auflösen, bevor die vereinfachte Kapitalherabsetzung durchgeführt werden kann.

Die vereinfachte Kapitalherabsetzung ist auch dann nicht zulässig, wenn ein Gewinnvortrag besteht. Dieser ist zunächst vollständig zu verwenden. Es besteht jedoch keine Pflicht zur Auflösung von Rücklagen für eigene Anteile und stille Reserven.

III. Kapitalherabsetzungsbeschluss

Kapitalerhöhungsbeschluss (siehe § 55 Rn. 1 ff.) über die vereinfachte Herabsetzung des Stammkapitals hat folgenden **Inhalt**: 6

- Feststellung des Bestehens eines Verlusts
- Feststellung, dass sämtliche Kapital- und Gewinnrücklagen aufgebraucht sind
- Feststellung, dass kein Gewinnvortrag besteht
- Feststellung, dass die Kapitalherabsetzung im Wege der vereinfachten Kapitalherabsetzung erfolgt
- Feststellung der Herabsetzung des Stammkapitals von einem Betrag […] um einen Betrag […] auf einen Betrag […]

1 A.A. Baumbach/Hueck/*Zöllner*, § 58a Rn. 11.

- Regelung zur Anpassung der Geschäftsanteile
- Satzungsänderung zur Anpassung der Stammkapitalziffer

IV. Anpassung der Geschäftsanteile

7 Auch bei der vereinfachten Kapitalherabsetzung sind die Geschäftsanteile an das Stammkapital anzupassen.

V. Kombination von vereinfachter Kapitalherabsetzung und Kapitalerhöhung (Abs. 4)

8 Die vereinfachte Kapitalherabsetzung kann nach Abs. 4 der Vorschrift ausnahmsweise in einer Stammkapitalziffer resultieren, die unter dem Mindeststammkapital von § 5 Abs. 1 von 25.000 EUR liegt. Dies setzt jedoch voraus, dass in der gleichen Gesellschafterversammlung mit dem Beschluss über die vereinfachte Kapitalherabsetzung eine Kapitalerhöhung beschlossen wird, durch die das gesetzliche Mindeststammkapital wieder erreicht wird. Damit sind auch die Geschäftsanteile wiederum an die Kapitalerhöhung anzupassen.[2] Eine solche Kombination von vereinfachter Kapitalherabsetzung unter das Mindestkapital und anschließender Kapitalerhöhung ist allerdings nur dann zulässig, wenn die Kapitalerhöhung nicht gegen die Sacheinlage erfolgt. Bezugsrechte aus der Kapitalerhöhung bestimmen sich nach dem Anteil des Gesellschafters am Stammkapital vor der Kapitalherabsetzung.

C. Weitere praktische Hinweise

I. Die Anmeldung der Kapitalherabsetzung zum Handelsregister

9 Die Handelsregisteranmeldung ist von allen Geschäftsführern[3] vorzunehmen und hat regelmäßig folgenden Inhalt:

- Feststellung, dass das Stammkapital der Gesellschafter im Wege der vereinfachten Kapitalherabsetzung von einem Betrag [...] um einen Betrag [...] auf einen Betrag [...] herabgesetzt wurde
- Feststellung, dass die Satzung entsprechend der Kapitalherabsetzung geändert wurde

Als Anlagen sind der Handelsregisteranmeldung eine Ausfertigung oder eine beglaubigte Abschrift des Kapitalherabsetzungsbeschlusses sowie der aktuelle Wortlaut des Gesellschaftsvertrags mit notarieller Bestätigung nach § 54 beizufügen. Vorzulegen ist schließlich auch die Bilanz, aus der sich die Verluste ergeben.

II. Die Eintragung der Kapitalherabsetzung

10 Auch die vereinfachte Kapitalherabsetzung wird erst mit ihrer Eintragung im Handelsregister der Gesellschaft wirksam.

Die Beschlüsse einer von Abs. 4 Satz 1 erfassten Kombination aus vereinfachter Kapitalherabsetzung und Kapitalerhöhung sind innerhalb von drei Monaten nach dem Tag der Beschlussfassung im Handelsregister der Gesellschaft einzutragen. Eine rechtshängige Anfechtungs- oder Nichtigkeitsklage hemmt die Dreimonatsfrist, ebenso eine beantragte, aber noch nicht erteilte staatliche Genehmigung (Abs. 4 Satz 3).

Bei einer Kombination aus vereinfachter Kapitalherabsetzung und anschließender Kapitalerhöhung nach Abs. 4 sind beide Beschlüsse gemeinsam im Handelsregister einzutragen (Abs. 4 Satz 4). Ein Verstoß gegen die Pflicht zur gemeinsamen Eintragung bleibt ohne Folgen, wenn die Eintragung beider Beschlüsse innerhalb der Dreimonatsfrist erfolgt.[4]

---

2 Zur Beachtung von Treuepflichten beim Bezugsrecht des Gesellschafters vgl. BGH GmbHR 2005, 925.
3 Streitig, so Lutter/Hommelhoff/*Lutter*, § 58a Rn. 23.

III. Steuern

Eine vereinfachte Kapitalherabsetzung unterscheidet sich in der steuerlichen Behandlung nicht von einer Kapitalherabsetzung zur Rückzahlung (siehe § 58 Rn. 19 ff.). Lediglich der steuerlich „zweite Schritt", nämlich die Auskehrung, entfällt. Die steuerlichen Folgen beschränken sich daher auf die körperschaftsteuerliche Handhabung bei der Gesellschaft, während die Gesellschafter nicht unmittelbar betroffen werden. 11

4 Ablehnend: Scholz/*Priester*, § 58a Rn. 32.

§ 58b Beträge aus Rücklagenauflösung und Kapitalherabsetzung

(1) Die Beträge, die aus der Auflösung der Kapital- oder Gewinnrücklagen und aus der Kapitalherabsetzung gewonnen werden, dürfen nur verwandt werden, um Wertminderungen auszugleichen und sonstige Verluste zu decken.

(2) Daneben dürfen die gewonnenen Beträge in die Kapitalrücklage eingestellt werden, soweit diese zehn vom Hundert des Stammkapitals nicht übersteigt. Als Stammkapital gilt dabei der Nennbetrag, der sich durch die Herabsetzung ergibt, mindestens aber der nach § 5 Abs. 1 zulässige Mindestnennbetrag.

(3) Ein Betrag, der auf Grund des Absatzes 2 in die Kapitalrücklage eingestellt worden ist, darf vor Ablauf des fünften nach der Beschlussfassung über die Kapitalherabsetzung beginnenden Geschäftsjahrs nur verwandt werden

1. **zum Ausgleich eines Jahresfehlbetrags, soweit er nicht durch einen Gewinnvortrag aus dem Vorjahr gedeckt ist und nicht durch Auflösung von Gewinnrücklagen ausgeglichen werden kann;**
2. **zum Ausgleich eines Verlustvortrags aus dem Vorjahr, soweit er nicht durch einen Jahresüberschuss gedeckt ist und nicht durch Auflösung von Gewinnrücklagen ausgeglichen werden kann;**
3. **zur Kapitalerhöhung aus Gesellschaftsmitteln.**

A. Allgemeines

1 § 58b beschränkt die Verwendung der im Rahmen der vereinfachten Kapitalherabsetzung gewonnenen Mittel. Die aus der vereinfachten Kapitalherabsetzung (§ 58a), insbesondere der damit im Zusammenhang stehenden Auflösung von Rücklagen, gewonnenen Beträge dürfen daher grundsätzlich nur verwendet werden, um Wertminderungen auszugleichen und sonstige Verluste zu decken (Abs. 1). Eine Einstellung in die Kapitalrücklage der Gesellschaft ist nur zulässig, wenn die Höhe der gewonnenen Beträge 10 % des Stammkapitals der Gesellschaft nicht übersteigt (Abs. 2). Ist die Einstellung in die Kapitalrücklage nach Abs. 2 zulässig, so dürfen die so oder nach § 58c eingestellten Beträge nur unter den Voraussetzungen des Abs. 3 wieder an die Gesellschafter ausgekehrt werden.

B. Inhalt der Regelung

I. Verwendungsbeschränkung (Abs. 1)

2 Abs. 1 stellt die zulässige Zwecksetzung der vereinfachten Kapitalherabsetzung und die sich daraus ergebende Beschränkung, dass Beträge, die aus der Kapitalherabsetzung und einer etwaig damit verbundenen Auflösung von Kapital- und Gewinnrücklagen gewonnen werden und damit einen Gewinn der Gesellschaft darstellen, nur zum Ausgleich von Wertminderungen sowie zur Deckung sonstiger Verluste verwendet werden dürfen.

II. Einstellung in die Kapitalrücklage (Abs. 2)

Die aus der Kapitalherabsetzung gewonnenen Beträge dürfen nach Abs. 2 auch zur Auffüllung der Kapitalrücklage verwendet werden, jedoch nur bis zu einem Betrag, der 10 % des Stammkapitals nicht übersteigt. Für die Berechnung der Kapitalrücklage ist die Höhe des Stammkapitals im Zeitpunkt des Kapitalherabsetzungsbeschlusses, mindestens jedoch die gesetzliche Mindesthöhe von 25.000 EUR anzusetzen. Eine mit der Kapitalherabsetzung verbundene Kapitalerhöhung wird nicht berücksichtigt.[1] 3

III. Verwendung in die Kapitalrücklage eingestellter Beträge (Abs. 3)

Sofern die Gesellschaft Beträge in die Kapitalrücklage eingestellt hat, sind diese für einen Zeitraum von fünf Jahren gebunden und können innerhalb dieses Zeitraums nur unter den in Abs. 3 genannten Voraussetzungen an die Gesellschafter ausgeschüttet werden. 4

Die Fünfjahresfrist beginnt mit dem Datum des Kapitalherabsetzungsbeschlusses und endet mit Ablauf des fünften nach dem Tag der Beschlussfassung beginnenden Geschäftsjahrs.

Vor Ablauf der vorgenannten Frist können die in die Kapitalrücklage eingestellten Beträge nur zu den folgenden Zwecken verwendet werden:

- Ausgleich eines Jahresfehlbetrags gem. Abs. 3 Nr. 1 (vgl. § 266 Abs. 3 A V HGB)
- Ausgleich eines Verlustvortrags gem. Abs. 3 Nr. 2 (vgl. § 266 Abs. 3 A IV HGB)
- Kapitalerhöhung aus Gesellschaftsmitteln nach §§ 57c ff. gem. Abs. 3 Nr. 3

Die in Abs. 3 geregelte Verwendungsbeschränkung gilt jedoch nur für die im Zusammenhang mit der vereinfachten Kapitalherabsetzung gewonnenen und in die Kapitalrücklage nach Abs. 2 oder § 58c eingestellten Beträge. Diese sind in der Bilanz gesondert als gebundene Beträge auszuweisen. Alle übrigen in die Kapitalrücklage aus anderem Grund eingestellten Beträge unterliegen der Beschränkung des Abs. 3 nicht. Die Verwendung gebundener Beträge im Rahmen einer Kapitalerhöhung aus Gesellschaftsmitteln und anschließende Auszahlung durch reguläre Kapitalherabsetzung ist jedoch zulässig.[2] 5

IV. Rechtsfolgen

Verstoßen die Gesellschafter gegen die Beschränkungen der Abs. 1 bis 3, so führt dies zur Nichtigkeit des betroffenen Jahresabschlusses sowie etwaiger gefasster Beschlüsse über die Gewinnausschüttung (§§ 256 Abs. 1 Nr. 1, 243 Nr. 3 AktG): Eine gleichwohl erfolgte Gewinnausschüttung führt zur Erstattungspflicht der Gesellschafter[3] und kann zu Schadensersatzansprüchen gegen den Geschäftsführer führen.[4] 6

C. Weitere praktische Hinweise

Soweit Verstöße gegen die §§ 58b bis 58d zu einer **Nichtigkeit des Gewinnverwendungsbeschlusses** führen, liegen auch **steuerlich** keine ordentlichen Gewinnausschüttungen (Dividenden), sondern verdeckte Gewinnausschüttungen (vGA) vor. Auf die Steuerbelastung der Gesellschaft hat die Unterscheidung zwischen ordentlichen und anderen Gewinnausschüttungen jedoch nach dem 31.12.2006 (Neufassung der §§ 37, 38 KStG durch das Jahressteuergesetz 2008) keine Auswirkung mehr. Auf Gesellschafterebene werden Dividenden und vGA ohnehin gleich behandelt (§ 20 Abs. 1 Nr. 1 Satz 2 EStG). 7

1 Scholz/*Priester*, § 58b Rn. 6.
2 Baumbach/Hueck/*Zöllner*, § 58b Rn. 10.
3 Lutter/Hommelhoff/Lutter, § 58b Rn. 5.
4 Lutter/Hommelhoff/Lutter, § 58b Rn. 5.

§ 58c Nichteintritt angenommener Verluste

Ergibt sich bei Aufstellung der Jahresbilanz für das Geschäftsjahr, in dem der Beschluss über die Kapitalherabsetzung gefasst wurde, oder für eines der beiden folgenden Geschäftsjahre, dass Wertminderungen und sonstige Verluste in der bei der Beschlussfassung angenommenen Höhe tatsächlich nicht eingetreten oder ausgeglichen waren, so ist der Unterschiedsbetrag in die Kapitalrücklage einzustellen. Für einen nach Satz 1 in die Kapitalrücklage eingestellten Betrag gilt § 58b Abs. 3 sinngemäß.

A. Allgemeines

1 Die dem Gläubigerschutz dienende Vorschrift soll verhindern, dass die im Rahmen der Kapitalherabsetzung (zunächst) angenommenen Verluste zu einem ausschüttungsfähigen Bilanzgewinn führen, weil die Verluste in Wirklichkeit geringer waren als zunächst angenommen. Die Vorschrift bestimmt mithin, dass derartige Beträge der Verwendungsbindung des § 58b unterworfen sind.

B. Inhalt der Regelung

I. Voraussetzungen

2 Die Vorschrift greift ein, soweit eine vereinfachte Kapitalherabsetzung zu umfangreich ausgeführt wurde, da zunächst Verluste berücksichtigt wurden, die sodann ausweislich einer späteren Jahresbilanz tatsächlich nicht entstanden sind.

Die Vorschrift greift auch ein, wenn bei einem der beiden Geschäftsjahre, die der Jahresbilanz für das Geschäftsjahr des Kapitalherabsetzungsbeschlusses folgen, eine geringere Eigenkapitalunterdeckung als angenommen eintritt.

Beispiel:

Die auf null abgeschriebene Forderung geht mit 100.000 EUR doch noch ein.

3 Der ausbleibende Verlust ergibt sich nur, wenn er auch in der Bilanz in Erscheinung tritt. Stellt sich aber heraus, dass ein Gegenstand der Aktivseite zu weit abgeschrieben war, und sieht die Gesellschaft nach § 280 Abs. 2 HGB von der Beachtung des Werterfüllungsverbots ab, hat sich an der rechnerischen Situation nichts geändert.[1]

Die Vorschrift gilt mit entsprechender Anwendung auf Beträge, die auf einer den Grundsätzen der §§ 58a Abs. 2 und 58b Abs. 2 widersprechenden überhöhten Herabsetzung beruhen.[2]

II. Rechtsfolge

4 Liegen die Voraussetzungen der Vorschrift vor, sind die darunterfallenden Beträge, bzw. der Unterschiedsbetrag, in die Kapitalrücklage einzustellen, und zwar mit der Besonderheit, dass die Beträge in ihrer Verwendung beschränkt sind (vgl. § 58b Rn. 4). Die letztlich zum Zweck der Sanierung der Gesellschaft gewonnenen, nun aber nicht mehr benötigten Beträge sollen der Gesellschaft und damit mittelbar den Gläubigern zugutekommen.

1 Baumbach/Hueck/*Zöllner*, § 58c Rn. 5.
2 Baumbach/Hueck/*Zöllner*, § 58c Rn. 5.

Die Nichtbeachtung der Vorschrift bei Feststellung des Jahresabschlusses zieht die **Nichtigkeit** nach sich, weil es sich um eine gläubigerschützende Vorschrift handelt (§ 241 Nr. 3 und § 256 Abs. 1 Nr. 1 AktG). Bei Ausschüttungen an die Gesellschafter aufgrund eines derart nichtigen Jahresabschlusses/Gewinnverteilungsbeschlusses haften diese auf Rückzahlung gem. § 812 BGB.[3] 5

C. Weitere praktische Hinweise

Soweit Verstöße gegen die §§ 58b bis 58d zu einer **Nichtigkeit des Gewinnverwendungsbeschlusses** führen, liegen auch **steuerlich** keine ordentlichen Gewinnausschüttungen vor. Auf die Steuerbelastung hat die Unterscheidung zwischen ordentlichen und anderen Gewinnausschüttungen jedoch nach dem 31.12.2006 (Neufassung der §§ 37, 38 KStG durch das Jahressteuergesetz 2008) keine Auswirkung mehr. 6

3 *Lutter/Hommelhoff/Lutter*, § 58c Rn. 8; a.A. *Scholz/Priester*, § 58c Rn. 12; vgl. auch Baumbach/Hueck/Zöllner, § 58c Rn. 8.

§ 58d Gewinnausschüttung

(1) Gewinn darf vor Ablauf des fünften nach der Beschlussfassung über die Kapitalherabsetzung beginnenden Geschäftsjahrs nur ausgeschüttet werden, wenn die Kapital- und Gewinnrücklagen zusammen zehn vom Hundert des Stammkapitals erreichen. Als Stammkapital gilt dabei der Nennbetrag, der sich durch die Herabsetzung ergibt, mindestens aber der nach § 5 Abs. 1 zulässige Mindestnennbetrag.

(2) Die Zahlung eines Gewinnanteils von mehr als vier vom Hundert ist erst für ein Geschäftsjahr zulässig, das später als zwei Jahre nach der Beschlussfassung über die Kapitalherabsetzung beginnt. Dies gilt nicht, wenn die Gläubiger, deren Forderungen vor der Bekanntmachung der Eintragung des Beschlusses begründet worden waren, befriedigt oder sichergestellt sind, soweit sie sich binnen sechs Monaten nach der Bekanntmachung des Jahresabschlusses, auf Grund dessen die Gewinnverteilung beschlossen ist, zu diesem Zweck gemeldet haben. Einer Sicherstellung der Gläubiger bedarf es nicht, die im Fall des Insolvenzverfahrens ein Recht auf vorzugsweise Befriedigung aus einer Deckungsmasse haben, die nach gesetzlicher Vorschrift zu ihrem Schutz errichtet und staatlich überwacht ist. Die Gläubiger sind in der Bekanntmachung nach § 325 Abs. 2 des Handelsgesetzbuchs auf die Befriedigung oder Sicherstellung hinzuweisen.

A. Allgemeines

1 Die Vorschrift regelt die Frage, wann und in welcher Höhe ein Gewinn der Gesellschaft nach Durchführung einer vereinfachten Kapitalherabsetzung an die Gesellschafter ausgeschüttet werden darf. Dabei sind zwei Ausschüttungssperren angeordnet: eine Gewinnausschüttungssperre für die gesamte Zeit, bis die Gewinnrücklagen und die Kapitalrücklagen laut Jahresabschluss zusammen mindestens 10 % des Stammkapitals nach der Kapitalerhöhung erreicht haben, daneben eine zeitlich limitierte und relative Ausschüttungssperre von mindestens drei Jahren seit der Kapitalherabsetzung für Ausschüttungen an die Gesellschafter von mehr als 4 % des Stammkapitals.

B. Inhalt der Regelung

I. Verbot der Gewinnausschüttungen (Abs. 1)

2 Nach Abs. 1 dürfen bis zum Ablauf des fünften Jahres nach der Beschlussfassung über die vereinfachte Kapitalherabsetzung Gewinne nur dann an die Gesellschafter ausgeschüttet werden, wenn die Kapitalrücklagen zusammen 10 % des Stammkapitals erreichen. Maßgeblich ist dabei das Stammkapital nach Kapitalherabsetzung, der Gesamtbetrag der Kapital- und Gewinnrücklagen muss jedoch 10 % des Mindestkapitals nach § 5 Abs. 1 (25.000 EUR) erreichen. Unberücksichtigt bleibt eine gleichzeitig oder später beschlossene und durchgeführte Kapitalerhöhung.

Das Verbot von Ausschüttungen betrifft nur Gewinnauszahlungen an die Gesellschafter, nicht aber Zahlungen aus anderen Gründen (etwa die Rückzahlung eines Darlehens).

II. Zeitliche Beschränkung der Ausschüttung (Abs. 2)

3 Ist eine Gewinnausschüttung nach Abs. 1 grundsätzlich zulässig, haben die Gesellschafter gleichwohl nach Abs. 2 Satz 1 die Beschränkung zu beachten, die sich auf die Höhe des Ausschüttungsbetrags bezieht. Bis zum Ablauf des zweiten Geschäftsjahres nach der Beschlussfassung über die

vereinfachte Kapitalherabsetzung darf die Zahlung eines Gewinnanteils nicht mehr als 4 % des Stammkapitals betragen. Entscheidend ist der Nennbetrag des Kapitals, nicht etwa der Betrag, der sich nach Kapitalherabsetzung ergibt.

Abs. 2 Satz 2 enthält eine Ausnahme für ein Verbot der Gewinnausschüttung nach Abs. 1 Satz 2, wenn die Gesellschaft das gleiche Verfahren anwendet wie bei der ordentlichen Kapitalherabsetzung nach § 58 Abs. 1 Nr. 2 (vgl. § 58 Rn. 3, 7 ff.). Im Unterschied zu der dreimaligen Bekanntmachung bei der ordentlichen Kapitalherabsetzung genügt hier die einmalige Bekanntmachung im Rahmen des betroffenen Jahresabschlusses, aus dessen Gewinn die erhöhte Ausschüttung erfolgen soll. Die Gesellschaft hat hier die Gläubiger auf ihren Anspruch auf vorzeitige Befriedigung oder Sicherheitsleistung hinzuweisen. Nach Ablauf der Sechsmonatsfrist, die mit Veröffentlichung beginnt, darf der über 4 % hinausgehende Gewinnanteil ausgeschüttet werden. 4

Verstöße gegen § 58b führen zur Nichtigkeit des Ausschüttungsbeschlusses, Zahlung an die Gesellschafter sind dann ohne Rechtsgrund erfolgt und nach § 812 BGB zurückzugewähren.

§ 58e Beschluss über die Kapitalherabsetzung

(1) Im Jahresabschluss für das letzte vor der Beschlussfassung über die Kapitalherabsetzung abgelaufene Geschäftsjahr können das Stammkapital sowie die Kapital- und Gewinnrücklagen in der Höhe ausgewiesen werden, in der sie nach der Kapitalherabsetzung bestehen sollen. Dies gilt nicht, wenn der Jahresabschluss anders als durch Beschluss der Gesellschafter festgestellt wird.

(2) Der Beschluss über die Feststellung des Jahresabschlusses soll zugleich mit dem Beschluss über die Kapitalherabsetzung gefasst werden.

(3) Die Beschlüsse sind nichtig, wenn der Beschluss über die Kapitalherabsetzung nicht binnen drei Monaten nach der Beschlussfassung in das Handelsregister eingetragen worden ist. Der Lauf der Frist ist gehemmt, solange eine Anfechtungs- oder Nichtigkeitsklage rechtshängig ist.

(4) Der Jahresabschluss darf nach § 325 des Handelsgesetzbuchs erst nach Eintragung des Beschlusses über die Kapitalherabsetzung offengelegt werden.

A. Allgemeines

1 Die Vorschrift erlaubt unter Durchbrechung des Grundsatzes des Stichtagsprinzips (§ 252 Abs. 1 Nr. 3 HGB) die bilanzmäßige Rückwirkung der vereinfachten Kapitalherabsetzung in Bezug auf die Bilanzpositionen „Stammkapital" sowie „Kapital- und Gewinnrücklagen". Damit sollen Sanierungsbemühungen der Gesellschaft erleichtert werden, weil die Offenlegung einer Verlustbilanz vermieden werden kann.[1]

Die Bilanz für das Jahr vor der Kapitalherabsetzung kann unter den in dieser Vorschrift genannten Voraussetzungen bezüglich der beiden vorgenannten Bilanzpositionen so aufgestellt werden, als wäre die Kapitalherabsetzung bereits vorgenommen.

Die Norm hat allein bilanziellen Charakter. Eine entsprechende Rückwirkungsmöglichkeit ist auch im Fall der Kapitalherabsetzung bei gleichzeitiger Kapitalerhöhung vorgesehen (§ 58f).

B. Inhalt der Regelung

I. Grundsatz

2 Für den Fall der vereinfachten Kapitalherabsetzung können die Bilanzpositionen „Stammkapital" (§ 266 Abs. 3 A I HGB) und „Kapital- und Gewinnrücklagen" (§ 266 Abs. 3 A II und III HGB) im Jahresabschluss für das letzte vor dem Kapitalherabsetzungsbeschluss abgelaufene Geschäftsjahr in der Höhe ausgewiesen werden, in der sie gemäß dem Herabsetzungsbeschluss nach Wirksamwerden der Kapitalherabsetzung bestehen sollen. § 58e findet auf andere Bilanzpositionen keine Anwendung,[2] auch in der GuV-Rechnung ist der Verlust erkennbar.

1 Kritisch: Baumbach/Hueck/*Zöllner*, § 58e Rn. 1.
2 Lutter/Hommelhoff/*Lutter*, § 58e Rn. 2; Baumbach/Hueck/*Zöllner*, § 58e Rn. 2.

II. Voraussetzungen der Rückwirkung

1. Feststellung des Jahresabschlusses (Abs. 1 Satz 2)

Der Jahresabschluss für das letzte vor der Beschlussfassung über die Kapitalherabsetzung abgelaufene Geschäftsjahr muss von der Gesellschafterversammlung festgestellt sein (§ 46 Nr. 1). 3

2. Gemeinsame Beschlussfassung über Jahresabschluss und Kapitalherabsetzung (Abs. 2)

Wollen die Gesellschafter von der Rückwirkungsmöglichkeit Gebrauch machen, soll der Beschluss über die Feststellung des Jahresabschlusses gem. Abs. 2 gemeinsam mit dem Kapitalherabsetzungsbeschluss wegen ihres sachlichen Zusammenhangs in einer Gesellschafterversammlung gefasst werden. Ein Verstoß gegen die Sollvorschrift des Abs. 2 bleibt daher ohne Folgen. 4

3. Eintragung im Handelsregister (Abs. 3)

Die Eintragung des Kapitalherabsetzungsbeschlusses muss innerhalb von drei Monaten nach der Beschlussfassung im Handelsregister eingetragen sein (Abs. 3 Satz 1). Dies ist Wirksamkeitsvoraussetzung sowohl für den Jahresabschluss als auch für die Kapitalherabsetzung. Die Handelsregisteranmeldung ist nicht ausreichend für die Fristwahrung, jedoch hemmt eine rechtshängige Anfechtungs- oder Nichtigkeitsklage den Lauf der Frist (Abs. 3 Satz 2). 5

III. Offenlegung des Jahresabschlusses

Die Offenlegung des Jahresabschlusses im elektronischen Bundesanzeiger nach § 35 HGB darf gem. Abs. 4 erst erfolgen, wenn der Kapitalherabsetzungsbeschluss im Handelsregister eingetragen wurde, weil der festgestellte Jahresabschluss erst und nur dann wirksam ist, wenn der Kapitalherabsetzungsbeschluss gem. Abs. 3 dieser Vorschrift innerhalb von drei Monaten nach der Beschlussfassung im Handelsregister eingetragen wird. Damit soll vermieden werden, dass der (veröffentlichte) Jahresabschluss wegen nicht fristgerechter Eintragung des Kapitalherabsetzungsbeschlusses unwirksam ist. 6

§ 58f Kapitalherabsetzung bei gleichzeitiger Erhöhung des Stammkapitals

(1) Wird im Fall des § 58e zugleich mit der Kapitalherabsetzung eine Erhöhung des Stammkapitals beschlossen, so kann auch die Kapitalerhöhung in dem Jahresabschluss als vollzogen berücksichtigt werden. Die Beschlussfassung ist nur zulässig, wenn die neuen Geschäftsanteile übernommen, keine Sacheinlagen festgesetzt sind und wenn auf jeden neuen Geschäftsanteil die Einzahlung geleistet ist, die nach § 56a zur Zeit der Anmeldung der Kapitalerhöhung bewirkt sein muss. Die Übernahme und die Einzahlung sind dem Notar nachzuweisen, der den Beschluss über die Erhöhung des Stammkapitals beurkundet.

(2) Sämtliche Beschlüsse sind nichtig, wenn die Beschlüsse über die Kapitalherabsetzung und die Kapitalerhöhung nicht binnen drei Monaten nach der Beschlussfassung in das Handelsregister eingetragen worden sind. Der Lauf der Frist ist gehemmt, solange eine Anfechtungs- oder Nichtigkeitsklage rechtshängig ist oder eine zur Kapitalherabsetzung oder Kapitalerhöhung beantragte staatliche Genehmigung noch nicht erteilt worden ist. Die Beschlüsse sollen nur zusammen in das Handelsregister eingetragen werden.

(3) Der Jahresabschluss darf nach § 325 des Handelsgesetzbuchs erst offengelegt werden, nachdem die Beschlüsse über die Kapitalherabsetzung und Kapitalerhöhung eingetragen worden sind.

A. Allgemeines

1 Die Vorschrift erlaubt die Anwendung des § 58e auch für den Fall der Kombination aus vereinfachter Kapitalherabsetzung und Kapitalerhöhung und ermöglicht damit die Rückbeziehung der Kapitalerhöhung auf den Jahresabschluss des vorangegangenen Geschäftsjahrs. Die Vorschrift hat allein bilanzrechtlichen Charakter und stellt eine Durchbrechung (vgl. § 58f Rn. 1) des Stichtagsprinzips (§ 252 Abs. 1 Nr. 3 HGB) dar.

B. Inhalt der Regelung

I. Rückwirkung der Kapitalerhöhung (Abs. 1)

2 Werden vereinfachte Kapitalherabsetzung und Kapitalerhöhung verbunden, kann das Stammkapital im Jahresabschluss für das letzte vor dem Kapitalherabsetzungsbeschluss abgelaufene Geschäftsjahr in der Höhe ausgewiesen werden, in der es gemäß dem Kapitalerhöhungsbeschluss nach Wirksamwerden der Kapitalerhöhung bestehen soll.

Ein rückwirkender Vollzug allein der Kapitalerhöhung ohne rückwirkende bilanzielle Berücksichtigung der Kapitalherabsetzung ist unzulässig.

1. Voraussetzungen für die Rückwirkung

3 Eine Rückwirkung der Kapitalerhöhung ist nur dann zulässig, wenn die folgenden Voraussetzungen nach Abs. 1, 2 erfüllt sind:

- Es muss sich um eine Barkapitalerhöhung handeln.
- Kapitalherabsetzungsbeschluss und Kapitalerhöhungsbeschluss müssen (anders als in § 58 Abs. 2) in einer Gesellschafterversammlung gefasst werden.

- Nachweispflicht gegenüber Notar, Beurkundung.
- Sämtliche der neuen Geschäftsanteile müssen übernommen worden sein, d.h., es muss ein Übernahmevertrag zwischen Übernehmer und Gesellschaft zustande gekommen sein.

Die **Übernahmeverträge** können vor Beschlussfassung geschlossen werden, möglich ist aber auch die Übernahme der Stammeinlagen mit gleicher Urkunde oder durch gesonderte Erklärung nach dem Kapitalerhöhungsbeschluss.[1] Wird die Kapitalerhöhung nicht beschlossen, so sind die vorab erklärten Übernahmeerklärungen unwirksam.[2] 4

Die **Mindesteinlage** auf das übernommene Stammkapital nach §§ 56a, 57 Abs. 2, 7 Abs. 2 muss vor der Beschlussfassung über die Kapitalerhöhung zur freien Verfügung an die Gesellschafter geleistet worden sein. Da es sich nur um eine Barkapitalerhöhung handeln kann, ist gem. § 7 Abs. 2 auf jeden Geschäftsanteil mindestens ein Viertel des Nennbetrags, bei mehreren Stammeinlagen insgesamt jedoch so viel einzuzahlen, dass der Gesamtnennbetrag die Hälfte des Mindeststammkapitals gem. § 5 Abs. 1 erreicht. Beabsichtigen die Gesellschafter, mehr als die Mindesteinlage auf die übernommenen Stammeinlagen einzuzahlen, so erstreckt sich die Verpflichtung zur vorzeitigen Einzahlung auch auf die Mehrleistung. 5

2. Nachweis durch den beurkundenden Notar (Abs. 1 Satz 3)

Nach Abs. 1 Satz 3 ist dem Notar, der den Kapitalerhöhungsbeschluss beurkundet, die Übernahme der Stammeinlagen sowie die Einzahlungen auf die übernommenen Stammeinlagen nachzuweisen. Die Übernahmeerklärung kann sowohl in der Gesellschafterversammlung als auch durch gesonderte Erklärung erfolgen. Der Nachweis der Einzahlung erfolgt i.d.R. mit einer Bankbestätigung oder Bankquittung. Die Vorlage der Nachweise ist von dem Notar in der Niederschrift zu vermerken. 6

II. Rechtsfolge

Ein Verstoß gegen Voraussetzungen des Abs. 1 Satz 2 führt entsprechend § 256 Abs. 1 Nr 1 AktG zur Nichtigkeit des Feststellungsbeschlusses. Der Beschluss über die Feststellung des Jahresabschlusses sowie die Beschlüsse über die vereinfachte Kapitalherabsetzung und die Kapitalerhöhung sind nach Abs. 2 nichtig, wenn der Kapitalherabsetzungsbeschluss und der Kapitalerhöhungsbeschluss nicht innerhalb von drei Monaten nach der Beschlussfassung im Handelsregister eingetragen sind. 7

C. Weitere praktische Hinweise

I. Eintragung im Handelsregister (Abs. 2)

Kapitalherabsetzung und Kapitalerhöhung müssen binnen drei Monaten nach der Beschlussfassung im Handelsregister eingetragen worden sein (Abs. 2 Satz 1). Zur Hemmung der Frist siehe § 58e Rn. 5. 8

II. Offenlegung des Jahresabschlusses (Abs. 3)

Gemäß Abs. 3 darf die Offenlegung des Jahresabschlusses in den Gesellschaftsblättern nach § 325 HGB erst erfolgen, wenn sowohl der Kapitalherabsetzungsbeschluss als auch der Kapitalerhöhungsbeschluss im Handelsregister eingetragen wurden (siehe § 58e Rn. 5). 9

§ 59 (weggefallen)

1 Streitig, wie hier: Baumbach/Hueck/*Zöllner*, § 58f Rn. 9: a.A. (Übernahmeverträge vor dem Beschluss) Lutter/Hommelhoff/*Lutter*, § 58f Rn. 7; Scholz/*Priester*, § 58f Rn. 7.
2 Rowedder/Schmidt-Leithoff/*Zimmermann*, § 58f Rn. 10.

Abschnitt 5
Auflösung und Nichtigkeit der Gesellschaft

§ 60 Auflösungsgründe

(1) Die Gesellschaft mit beschränkter Haftung wird aufgelöst:

1. durch Ablauf der im Gesellschaftsvertrag bestimmten Zeit;

2. durch Beschluss der Gesellschafter; derselbe bedarf, sofern im Gesellschaftsvertrag nicht ein anderes bestimmt ist, einer Mehrheit von drei Vierteilen der abgegebenen Stimmen;

3. durch gerichtliches Urteil oder durch Entscheidung des Verwaltungsgerichts oder der Verwaltungsbehörde in den Fällen der §§ 61 und 62;

4. durch die Eröffnung des Insolvenzverfahrens; wird das Verfahren auf Antrag des Schuldners eingestellt oder nach der Bestätigung eines Insolvenzplans, der den Fortbestand der Gesellschaft vorsieht, aufgehoben, so können die Gesellschafter die Fortsetzung der Gesellschaft beschließen;

5. mit der Rechtskraft des Beschlusses, durch den die Eröffnung des Insolvenzverfahrens mangels Masse abgelehnt worden ist;

6. mit der Rechtskraft einer Verfügung des Registergerichts, durch welche nach § 399 des Gesetzes über das Verfahren in Familiensachen und in den Angelegenheiten der freiwilligen Gerichtsbarkeit ein Mangel des Gesellschaftsvertrags festgestellt worden ist;

7. durch die Löschung der Gesellschaft wegen Vermögenslosigkeit nach § 394 des Gesetzes über das Verfahren in Familiensachen und in den Angelegenheiten der freiwilligen Gerichtsbarkeit.

(2) Im Gesellschaftsvertrag können weitere Auflösungsgründe festgesetzt werden.

Literatur

Bacher/von Blumenthal, Die Verwertung von GmbH-Geschäftsanteilen bei Ausscheiden eines Gesellschafters, NZG 2008, 406; *Carlé/Bauschatz*, Sachauskehrung im Gesellschafts- und Steuerrecht, GmbHR 2001, 615; *Erle*, Anforderungen an die Kapitalausstattung einer aufgelösten GmbH bei ihrer Fortsetzung, GmbHR 1997, 973; *Fichtelmann*, Die Fortsetzung einer aufgelösten GmbH, GmbHR 2003, 67; *Gehrlein*, Möglichkeiten und Grenzen der Fortsetzung einer aufgelösten GmbH, DStR 1997, 31; *Grziwotz*, Die Liquidation von Kapitalgesellschaften, Genossenschaften und Vereinen, DStR 1992, 1404; *Halm/Linder*, Die Fortsetzungsmöglichkeit bei der aufgelösten GmbH nach der neuen Insolvenzordnung, DStR 1999, 379; *Heckschen*, Aktuelle Beratungshinweise bei Kündigung, Einziehung und Ausschluss von GmbH-Geschäftsanteilen, GmbHR 2006, 1254; *Heidinger/Blath*, Das Ausscheiden eines Gesellschafters aus der GmbH, GmbHR 2007, 1184; *Hoffmann*, Zur Auflösung einer GmbH, GmbHR 1975, 217; *Kallweit*, Eröffnung des Insolvenzverfahrens mangels Masse abgelehnt: Kann die aufgelöste GmbH fortgesetzt werden?, NZG 2009, 1416; *Kruse*, Noch immer keine Niederlassungsfreiheit für Gesellschaften, EWS 1998, 444; *Kussmaul/Richter/Ruiner*, Die Sitztheorie hat endgültig ausgedient!, DB 2008, 451; *Lenz*, Gestaltungsmöglichkeiten gesellschaftsvertraglicher Kündigungsbestimmungen, GmbHR 2001, 1032; *Leuering*, Kündigungsklauseln in GmbH-Satzungen, NJW-Spezial 2007, 479; *Mohr*, Die Liquidation der GmbH. Hinweise zur rechtlichen, bilanziellen und steuerlichen Abwicklung, GmbH-StB 2007, 287; *Neu*, Die Liquidationsbesteuerung der GmbH, GmbHR 2000, 57; *Petersen*, Die fehlgeschlagene Einmanngründung – liquidationsloses Erlöschen oder Fiktion des Fortbestandes?, NZG 2004, 400; *Schmidt*, Löschung und Beendigung der GmbH, GmbHR 1988, 209; *Schmidt*, Zur Ablösung des Löschungsgesetzes, GmbHR 1994, 829; *Scholz*, Die Fortsetzung der Liquidations-GmbH, GmbHR 1982, 228; *Vallender*, Auflösung und Löschung der GmbH – Veränderungen aufgrund des neuen Insolvenzrechts, NZG 1998, 249; *van Venrooy*, Mangelnde Rentabilität als statutarischer Auflösungsgrund nach § 60 Abs. 2 GmbHG, GmbHR 1993, 65.

A. Allgemeines

Die Auflösung der GmbH bedeutet nicht ihre Beendigung. Die GmbH gibt vielmehr nur ihre werbende Tätigkeit auf und wechselt in das Abwicklungsstadium, in dem zunächst die Gesellschaftsgläubiger befriedigt und sodann das verbleibende Vermögen auf die Gesellschafter verteilt wird.[1] Der Liquidation als Abwicklung folgen die Vollbeendigung der GmbH und ihre Löschung im Handelsregister. Im Sinne dieser zeitlichen Abfolge behandelt Abs. 1, allerdings nicht abschließend, die Auflösungsgründe. Zusätzlich zu diesen gesetzlichen Gründen kann der Gesellschaftsvertrag weitere vorsehen (Abs. 2). Es folgt das **Abwicklungsverfahren**, das mit der Anmeldung zum Handelsregister beginnt und nach der vermögensmäßigen Abwicklung (Gläubigerbefriedigung und Verteilung des verbleibenden Vermögens unter die Gesellschafter) sowie dem Ablauf des Sperrjahrs mit der Vollbeendigung, d.h. dem Existenzverlust der GmbH, endet. Die GmbH besteht auch während der Abwicklung als juristische Person fort. Sie ist ferner auch als Abwicklungsgesellschaft eine Handelsgesellschaft.[2] Demgegenüber ist die Beendigung von Gesellschaften ohne Abwicklungsverfahren die Ausnahme. Sie findet nur statt, wenn ein Abwicklungsverfahren gegenstandslos und deshalb entbehrlich ist.[3] 1

B. Inhalt der Regelung

I. Die gesetzlichen Auflösungsgründe (Abs. 1)

1. Zeitablauf (Nr. 1)

Voraussetzung ist die gesellschaftsvertragliche Vereinbarung einer bestimmten Zeitdauer (§ 3 Abs. 2), und zwar auch durch nachträgliche Satzungsänderung. Sie ist anders als die Auflösungsgründe nach Abs. 2 im Handelsregister einzutragen (§ 10 Abs. 2) und zu veröffentlichen (§ 10 Abs. 3).[4] Allerdings ist die **Eintragung** nur deklaratorisch.[5] Die Auflösung erfolgt automatisch mit Zeitablauf. Auch insoweit ist die Handelsregistereintragung wiederum nur deklaratorisch. Ein erneuter Gesellschafterbeschluss ist nicht erforderlich. 2

Der Auflösungszeitpunkt kann datumsmäßig bestimmt sein (z.B. „endet mit Ablauf des …"), muss dies aber nicht. Es genügt die objektive **Bestimmbarkeit**. Beispiele sind das Erreichen eines bestimmten Alters eines Gesellschafters/Geschäftsführers, der Tod eines Gesellschafters/Geschäftsführers und der Ablauf eines Patents. Bei einem unbestimmten Ereignis ist dagegen nur eine auflösende Bedingung nach Abs. 2 möglich. 3

Der Zeitpunkt kann vor dessen Eintritt durch Satzungsänderung (§ 53 Abs. 2) **verlängert**, **verkürzt** oder **beseitigt** werden. Zu diesem Beschluss ist die Zustimmung derjenigen Gesellschafter 4

1 Zum öffentlich-rechtlichen Schuldbeitritt während der Liquidation VG Koblenz, BeckRS 2011, 47809.
2 Zum Auflösungsverlust nach § 17 EStG FG München BeckRS 2009, 26027742; FG München GmbHR 2010, 488; FG München GmbHR 2010, 894; FG Sachsen-Anhalt BeckRS 2009, 26027711; FG Sachsen-Anhalt BeckRS 2012, 94471; FG Sachsen-Anhalt BeckRS 2012, 94469; FG Sachsen-Anhalt BeckRS 2012, 94466.
3 Vgl. OLG Düsseldorf GmbHR 2004, 572 = NZG 2004, 916 = ZIP 2004, 1956.
4 Anders noch RGZ 79, 418, 422 bei Zeitbeschränkung in Gründungssatzung.
5 BayObLG BB 1975, 249 = DB 1975, 296.

erforderlich, für die der Gesellschaftsvertrag Nebenleistungspflichten (§ 3 Abs. 2) vorsieht.[6] Anders ist dies, wenn lediglich noch nicht erbrachte Stammeinlagen einzuzahlen sind.[7] Die Zustimmung einzelner Gesellschafter ist auch erforderlich, wenn nach dem eindeutigen Wortlaut des Gesellschaftsvertrags diesen hinsichtlich der Auflösung ein Sonderrecht zusteht.[8] Die Verweigerung der Zustimmung kann bei einem Austritts- oder Übernahmeangebot gegen eine angemessene Abfindung missbräuchlich sein.[9] Nach Eintritt des Zeitablaufs ist nur noch ein Fortsetzungsbeschluss in Verbindung mit einer Satzungsänderung möglich.

2. Auflösungsbeschluss (Nr. 2)

5 Die Gesellschafter müssen zwingend, wenn auch nicht ausdrücklich,[10] die Auflösung beschließen. Die **Beschlusskompetenz** kann nicht auf ein anderes Organ (z.B. Aufsichtsrat) verlagert oder von dessen Zustimmung abhängig gemacht werden.[11]

6 Der Beschluss über die Auflösung – nicht nur die Einstellung der Tätigkeit[12] – bedarf einer Mehrheit von 75 % der abgegebenen, nicht vorhandenen Stimmen.[13] Dieses **Mehrheitserfordernis** stimmt mit dem einer Satzungsänderung überein. Der Auflösungsbeschluss stellt jedoch nur dann eine Satzungsänderung dar, die der notariellen Beurkundung, der Dreiviertelmehrheit und der Eintragung im Handelsregister bedarf, wenn er abweichend von Bestimmungen der Satzung erfolgt (z.B. Abkürzung der Dauer). Gleiches gilt bei satzungsmäßiger „Unauflöslichkeit", weil die Auflösung dann eine Satzungsänderung darstellt und hierfür das Erfordernis der Einstimmigkeit gilt[14]. Der Gesellschaftsvertrag kann die Möglichkeit des Auflösungsbeschlusses nicht ausschließen, sondern nur größere oder geringere Mehrheiten vorsehen[15].

7 Eine Satzungsänderung mit **Sitzverlegung** ins Ausland wurde früher als Auflösungsbeschluss angesehen.[16] Dies ist bei einer Sitzverlegung im Bereich der Europäischen Union (Art. 48 EGV) bedenklich.[17] Die Verlegung des Verwaltungssitzes ins Ausland führt nach Streichung des § 4a Abs. 2 nicht mehr zur Auflösung. Ob es notwendig ist, dass die Gesellschaft eine Postanschrift im Inland aufrechterhält, ist fraglich, aber wohl praktisch kaum problematisch (vgl. § 4a Rn. 15).

8 Die Beschlussfassung ist, falls nicht ausnahmsweise eine Satzungsänderung erforderlich wird, **formlos** möglich.[18] Bei minderjährigen Gesellschaftern ist keine familienrechtliche Genehmigung erforderlich.[19]

9 Die Auflösung der Gesellschaft erfolgt, sofern kein satzungsändernder Beschluss erforderlich ist, mit Beschlussfassung,[20] andernfalls mit Eintragung im Handelsregister. Enthält der Beschluss keinen **Termin** der Auflösung, tritt sofortige Wirksamkeit ein.[21]

6 RGZ 136, 185, 188.
7 Siehe nur Scholz/*Schmidt/Bitter*, § 60 Rn. 10; Rohwedder/Schmidt-Leithoff/*Rasner*, § 60 Rn. 13.
8 Siehe nur Hachenburg/*Ulmer*, § 60 Rn. 25.
9 S. nur Baumbach/Hueck/*Haas*, § 60 Rn. 15.
10 BayObLG DB 1995, 261 = NJW-RR 1995, 1001 (gleichzeitige Kündigung aller Gesellschafter).
11 Ebenso Scholz/*Schmidt/Bitter*, § 60 Rn. 12; Hachenburg/*Ulmer*, § 60 Rn. 26; Baumbach/Hueck/*Haas*, § 60 Rn. 17.
12 KG OLGReport 1995, 137; BAG ZIP 1998, 1284, 1286; aber wiederum abweichend BGH ZIP 1999, 281, 283 bei Vorliegen weiterer Umstände.
13 BayObLG DB 1995, 261 = NJW-RR 1995, 1001.
14 Anderer Ansicht die h.M.: lediglich Einstimmigkeit, keine Satzungsänderung; so z.B. Lutter/Hommelhoff/*Lutter/Kleindiek*, § 60 Rn. 6; Scholz/*Schmidt/Bitter*, § 60 Rn. 19.
15 Hachenburg/*Ulmer*, § 60 Rn. 1 und 29; Baumbach/Hueck/*Haas*, § 60 Rn. 17 und 22.
16 RGZ 88, 53, 54; BGHZ 97, 269; BGH EuZW 1998, 32 = NJW-RR 1998, 615 = DB 1997, 1865 = GmbHR 1997, 848 = WiB 1997, 1242 = ZIP 1997, 1696; BayObLGZ 1992, 113 = NJW-RR 1993, 43; OLG Hamm, GmbHR 1997, 848 = NJW-RR 1998, 615 = EuZW 1998, 31; OLG Hamm, ZIP 2001, 791. Zur weiterhin nicht gegebenen Eintragungsmöglichkeit OLG München, DB 2007, 2530 = DStR 2007, 1925 = GmbHR 2007, 1273 = NZG 2007, 915 = ZIP 2007, 2124.
17 Zur vorerst aufgegebenen Sitzverlegung der EU vgl. nur *Kussmaul/Richter/Ruiner*, DB 2008, 451 ff.
18 BayObLG DB 1995, 261 = NJW-RR 1995, 1001.
19 BGHZ 52, 316, 319.
20 BGH ZIP 1999, 281, 283; vgl. auch *Kruse*, EWS 1998, 444 ff.
21 Ebenso BFH BStBl. 1983 II, 433, 434; Michalski/*Nerlich*, § 60 Rn. 48. Zur Anfechtung siehe BGHZ 76, 352 = NJW 1980, 1278.

3. Hoheitsakt (Nr. 3)

Die Auflösung durch **Urteil** des ordentlichen Gerichts ist in § 61 und durch Verwaltungsakt in § 62 geregelt. Eine satzungsmäßige Änderung ist unzulässig.[22] 10

4. Eröffnung des Insolvenzverfahrens (Nr. 4)

Die Eröffnung des Insolvenzverfahrens bei Zahlungsunfähigkeit, drohender Zahlungsunfähigkeit und Überschuldung der GmbH führt zur Auflösung, und zwar in der Stunde der Insolvenzeröffnung bzw. bei Nichtangabe um 12 Uhr des betreffenden Tages (§ 27 Abs. 2 Nr. 2, Abs. 3 InsO). Auch die GmbH in Liquidation ist noch insolvenzfähig. Die Abwicklung erfolgt nicht nach den §§ 66 ff., sondern allein **nach den Regeln des Insolvenzrechts**. Die Gesellschaftsorgane bleiben bestehen; ihre Zuständigkeit wird jedoch durch diejenige des Insolvenzverwalters überlagert. Dieser hat die Liquidation zu Ende zu führen. Auch nach Beendigung der Insolvenz findet keine Abwicklung statt. Gibt der Insolvenzverwalter Vermögen der GmbH frei, fällt die Verwaltungs- und Verfügungsbefugnis an den oder die Geschäftsführer zurück.[23] 11

5. Ablehnung der Insolvenzeröffnung mangels Masse (Nr. 5)[24]

Die Auflösung erfolgt mit Rechtskraft des den Antrag auf Eröffnung des Insolvenzverfahrens **ablehnenden Beschlusses** (§ 26 Abs. 1 InsO).[25] Die GmbH kann hiergegen innerhalb einer Zweiwochenfrist sofortige Beschwerde einlegen, auch wenn sie selbst den Insolvenzantrag nicht gestellt hat. Die Auflösung führt zur Abwicklung nach den §§ 66 ff., sofern noch Vermögen vorhanden ist.[26] Andernfalls erfolgt Löschung nach § 374 Abs. 1 Satz 1 FamFG (früher § 141a FGG).[27] Die Eintragung der Auflösung erfolgt von Amts wegen durch Übersendung des mit Rechtskraftvermerk versehenen Beschlusses. Die Eintragung wirkt nur deklaratorisch. Für die Bestellung der Liquidatoren gilt § 66.[28] Sie sind zum Handelsregister anzumelden (§ 67). 12

Die in der Praxis in diesem Zusammenhang häufig gewünschte **Sitzverlegung** ist grundsätzlich unzulässig, ausgenommen wenn sie der Liquidation dient.[29] 13

6. Verfügung des Registergerichts bei Satzungsmangel (Nr. 6)

Eine **rechtskräftige Verfügung** des Registergerichts am Sitz der Gesellschaft,[30] mit der das Fehlen oder die Nichtigkeit einer Bestimmung über die Firma, den Sitz oder den Betrag der von jedem Gesellschafter zu leistenden Stammeinlage festgestellt oder die Nichtigkeit der Bestimmung über den Betrag des Stammkapitals festgestellt wird, führt zur Auflösung der Gesellschaft.[31] Dies galt früher auch für die Nichterfüllung der Verpflichtung des einmaligen Gesellschafters nach § 19 Abs. 4 a.F. Die faktische Sitzverlegung durch nachträgliches Auseinanderfallen von statuarischem und tatsächlichem Sitz führt nicht automatisch zur Auflösung. Vielmehr ist das Beanstandungs- und Auflösungsverfahren (§ 399 FamFG, früher § 144a Abs. 4 FGG) auf diesen Fall entsprechend anzuwenden.[32] 14

22 Vgl. BayObLG DB 1978, 2164, 2165.
23 Vgl. BGH ZInsO 2006, 260; OLG Karlsruhe, NJW 1993, 1931 = ZIP 1993, 133, 134; ausführlich: DNotI-Report 2008, 34 f.
24 Bis 1.1.1999 § 1 LöschG; siehe BGH NJW 1988, 2637; OLG Stuttgart, NJW-RR 1986, 836; BayObLG DB 1994, 978 = DNotZ 1995, 217; *Vallender*, NZG 1998, 249 ff. Zur Gesamtvollstreckung siehe VG Chemnitz, NVwZ-RR 1998, 309 = WiB 1997, 649.
25 Vgl. KG BeckRS 2010, 21130.
26 OLG Zweibrücken, NZI 2003, 343 = ZIP 2003, 1954.
27 Vgl. BayObLG DB 1995, 465, 466.
28 Vgl. BayObLG BB 1987, 1625; OLG Koblenz, GmbHR 1991, 315.
29 Vgl. LG Berlin, ZIP 1999, 1050, 1051; Baumbach/Hueck/*Haas*, § 60 Rn. 67; Rohwedder/Schmidt-Leithoff/*Rasner*, § 60 Rn. 24.
30 S. nur Henssler/Strohn/*Henssler*, § 60 Rn. 33.
31 Vgl. auch OLG München DNotZ 2010, 937 = GmbHR 2010, 870 = MDR 2011, 1336 = ZIP 2010, 2348. Zur Vertretungsbefugnis des bisherigen Geschäftsführers siehe BFH BFH/NV 2001, 1284 = GmbHR 2001, 839.
32 BGH DB 2008, 1906; a.A. noch BayObLGZ 1982, 140 und BayObLG NZG 2002, 828 = DB 2002, 940 = GmbHR 2002, 490.

7. Löschung wegen Vermögenslosigkeit (Nr. 7)[33]

15 Die Löschung einer GmbH mangels Vermögens von Amts wegen oder auf Antrag der Steuerbehörde (§ 349 Abs. 1 Satz 1 FamFG, früher § 141a Abs. 1 Satz 1 FGG) führt zur Auflösung. Die Gesellschaft ist zu liquidieren (§ 66). Deshalb ergibt die Auflösung nur Sinn, wenn trotz **Vermögenslosigkeit** noch Restvermögen vorhanden ist. Entscheidend ist, dass keine Vermögenswerte zur Verfügung stehen, die für eine Gläubigerbefriedigung oder eine Verteilung unter die Gesellschafter in Betracht kommen.[34] Die „Darlegungslast" für diesen Umstand trägt das Registergericht.[35] Ist die Gesellschaft tatsächlich vermögenslos und sind deshalb keine Abwicklungshandlungen mehr vorzunehmen, führt die Löschung zur Vollbeendigung.[36]

16 Wird ein **Insolvenzverfahren** durchgeführt und sind Anhaltspunkte dafür gegeben, dass die Gesellschaft noch Vermögen besitzt, ist sie von Amts wegen zu löschen (§ 349 Abs. 1 Satz 2 FamFG, früher § 141a Abs. 1 Satz 2 FGG). Deshalb bezieht sich Abs. 1 Nr. 7 nicht auf diesen Fall.[37]

8. Weitere gesetzliche Auflösungsgründe

17 Abs. 1 ist hinsichtlich der gesetzlichen Auflösungsgründe nicht abschließend. Weitere Fälle sind das rechtskräftige Nichtigkeitsurteil (§§ 75, 77), die Amtslöschung (§ 144 FGG) und der Erwerb aller Geschäftsanteile durch die Gesellschaft durch Kaduzierung, Aufgabe oder Rechtsgeschäft (§§ 21, 27 und 33).[38] Bei der **„Kein-Mann-GmbH"** tritt die Auflösung bereits mit dem Erwerb des letzten Anteils ein.[39] Die Auflösung kann nur durch Fortsetzungsbeschluss beseitigt werden.

II. Satzungsmäßige Auflösungsgründe (Abs. 2)

18 Der Gesellschaftsvertrag kann die gesetzlichen Auflösungsgründe nicht einschränken. Lediglich im Rahmen der Mehrheitsverhältnisse bei der beschlussmäßigen Auflösung sind Abänderungen möglich (vgl. Rn. 6). Das Gesetz lässt aber **weitere Auflösungsgründe** zu. Diese müssen inhaltlich eindeutig bestimmt bzw. zumindest bestimmbar sein.[40] Es soll nicht unklar bleiben, ob die Gesellschaft aufgelöst ist oder nicht. Beispiele für satzungsmäßige Auflösungsgründe sind der Tod, das Ausscheiden oder die Insolvenz eines Gesellschafters oder Geschäftsführers, der Entzug der Gewerbeerlaubnis oder einer sonstigen öffentlich-rechtlichen Gestattung, der Ablauf eines Patents oder sonstigen Schutzrechts, die Pfändung eines Geschäftsanteils, die Eröffnung der Insolvenz über das Vermögen eines Gesellschafters, das Vorliegen eines Verlusts in einer bestimmten Höhe im handelsrechtlichen Jahresabschluss oder in einer Stichtagsbilanz, das Nichterreichen eines der Höhe und des Zeitraums nach bestimmten Jahresgewinns nach bilanzrechtlichen Grundsätzen sowie der Entzug der Gemeinnützigkeit bei Non-Profit-Gesellschaften.[41]

19 Sind die Auflösungsgründe nicht hinreichend bestimmt wie z.B. der mitunter in der Satzung enthaltene „wichtige Grund" ohne nähere Konkretisierung, die „feststehende Unmöglichkeit der

33 Bis 1.1.1999 § 2 Abs. 1 Satz 2 LöschG.
34 OLG Jena BeckRS 2010, 19311 = Rpfleger 2010, 431. Zur Parteifähigkeit bei Behauptung des Vorhandenseins von Vermögen BGH GmbHR 2011, 83 = MDR 2011, 56 = NZG 2011, 26 = NJW-RR 2011, 115 = ZIP 2010, 2444. Zur Verpflichtung, der Gesellschaft Gelegenheit zur Stellungnahme zu geben (§ 394 Abs. 2 FamFG), OLG Köln GmbHR 2011, 596 = NotBZ 2011, 296 = Rpfleger 2011, 443.
35 OLG Köln BeckRS 2011, 06179.
36 Ebenso Baumbach/Hueck/*Haas*, § 60 Rn. 67; *Wicke*, § 60 Rn. 9; einschränkend: *Schmidt*, GmbHR 1994, 829, 831; FaKGesR/*Scheuffele*, § 60 Rn. 13.
37 Ebenso Baumbach/Hueck/*Haas*, § 60 Rn. 67.
38 Zu weiteren praktisch nicht mehr relevanten Fällen siehe nur Baumbach/Hueck/*Schulze-Osterloh*/*Fastrich*, § 60 Rn. 35 ff., nämlich Abwicklungsverfügung des Bundesaufsichtsamts für das Kreditwesen (§ 38 Abs. 1 Satz 1 KWG), Verbot (§§ 3 Abs. 4 Satz 3, 17 VereinsG), Nichterfüllung der Vorschriften über das Mindeststammkapital (Art. 12 § 1 Abs. 1 und 2 GmbH-Novelle 1980), Anlage I Kapitel III Sachgebiet D Abschnitt III Nr. 7 des Einigungsvertrags, § 57 Abs. 1 DMBilG, Abs. 2 und 3 sowie § 22 TreuhandG.
39 H.M., siehe nur Roth/Altmeppen/*Altmeppen*, § 60 Rn. 28; Lutter/Hommelhoff/*Kleindiek*, § 60 Rn. 24; Hachenburg/*Ulmer*, § 60 Rn. 60; a.A. mit beachtlichen Argumenten: Scholz/*Westermann*, § 33 Rn. 44 (erst wenn sich die Situation zum Dauerzustand verfestigt).
40 Unklar: *van Venroy*, GmbHR 1993, 65 ff.
41 Scholz/*Schmidt*/*Bitter*, § 60 Rn. 75. Zu Gründen in der Person eines Mitgesellschafters siehe BGHZ 16, 317 = NJW 1955, 667.

Zweckerreichung" und die fehlende Rendite,[42] kann diese Klausel Grundlage für einen entsprechenden Satzungsbeschluss sein.[43] Nicht hinreichend bestimmte Auflösungsgründe können auch ein **Kündigungsrecht geben**, dessen Folge die Auflösung der Gesellschaft ist; im Regelfall wird jedoch nur ein **Austrittsrecht** bei Fortbestehen der Gesellschaft mit den übrigen Gesellschaftern gewollt sein.[44] Da das GmbH-Gesetz keine detaillierte Regelung hinsichtlich des Ausscheidens des kündigenden Gesellschafters enthält, sind diesbezügliche gesellschaftsvertragliche Regelungen dringend geboten.[45] Die Kündigung sämtlicher Gesellschafter zum selben Termin führt zur Auflösung der Gesellschaft.[46]

III. Fortsetzungsbeschluss

Grundsätzlich ist die Fortsetzung einer aufgelösten Gesellschaft zulässig, was das Gesetz in Abs. 1 Nr. 4 für den Fall der Einstellung oder Aufhebung eines Insolvenzverfahrens ausdrücklich vorsieht. Der Fortsetzungsbeschluss **setzt voraus**, dass die Gesellschaft noch nicht durch Vollbeendigung erloschen ist, mit der Verteilung des Vermögens an die Gesellschafter noch nicht begonnen wurde[47] und das Gesellschaftsvermögen mindestens die Schulden deckt,[48] was durch einen Überschuldungsstatus zu ermitteln ist.[49] Handelt es sich wirtschaftlich um eine Neugründung, so müssen auch die dafür notwendigen Voraussetzungen vorliegen (vgl. § 3 Rn. 17 ff.). Ein Fortsetzungsbeschluss ist noch möglich, wenn mit der Verteilung des Gesellschaftsvermögens schon begonnen wurde, aber das Gesellschaftsvermögen das Stammkapital noch deckt. Der Forstsetzungsbeschluss muss mit Dreiviertelmehrheit gefasst werden, sofern der Gesellschaftsvertrag keine abweichende Mehrheit, insbesondere keine Einstimmigkeit vorsieht.[50] Der Fortsetzungsbeschluss bedarf bei Bestehen eines Sonderrechts auf Liquidation jedoch der Zustimmung der betreffenden Gesellschafter. Den überstimmten Gesellschaftern steht kein gesellschaftsvertraglich nicht vorgesehenes Austrittsrecht zu.[51] 20

Die Fortsetzung **erfordert zusätzlich** 21

- bei einer Auflösung aufgrund behördlicher Entscheidung die Aufhebung dieser Entscheidung,[52]
- bei einer Auflösung durch Urteil die Zustimmung des Auflösungsklägers,[53]
- bei einer Auflösung aufgrund der Eröffnung des Insolvenzverfahrens das Vorliegen eines in Abs. 1 Nr. 4 genannten Grunds (vgl. Rn. 20),[54]
- bei der Auflösung aufgrund Rechtskraft einer Verfügung des Registergerichts wegen eines Mangels des Gesellschaftsvertrags dessen Beseitigung,

42 Siehe nur Michalski/*Nerlich*, § 60 Rn. 108; Scholz/*Schmidt/Bitter*, § 60 Rn. 76; Hachenburg/*Ulmer*, § 60 Rn. 64; a.A. *van Venrooy*, GmbHR 1993, 65 ff.
43 Lutter/Hommelhoff/*Kleindiek*, § 60 Rn. 26.
44 Siehe BGH GmbHR 1997, 501, 502 und OLG Düsseldorf, GmbHR 2004, 356; vgl. hierzu auch Michalski/*Nerlich*, § 60 Rn. 329; *Hoffmann*, GmbHR 1975, 217, 223.
45 Roth/Altmeppen/*Altmeppen*, § 60 Rn. 60 ff.
46 BayObLG DB 1995, 261 = NJW-RR 1995, 1001.
47 Str., vgl. OLG Düsseldorf, GmbHR 1979, 276, 277; s. auch *Erle*, GmbHR 1997, 973 ff.; *Scholz*, GmbHR 1982, 228 ff.; teilw. abw.: *Fichtelmann*, GmbHR 2003, 67 ff.
48 RGZ 118, 337, 339; vgl. auch LG Köln, NJW 1951, 848; *Fichtelmann*, GmbHR 2003, 67 ff.
49 BayObLG GmbHR 1998, 540, 541.
50 Hachenburg/*Ulmer*, § 60 Rn. 88 ff.; Rohwedder/Schmidt-Leithoff/*Rasner*, § 60 Rn. 70; Scholz/*Schmidt/Bitter*, § 60 Rn. 88; a.A. RGZ 118, 337, 341 (immer Einstimmigkeit); LG Frankenthal, Rpfleger 1955, 106 zum Vereinsrecht (einfache Mehrheit genügt). Zur Zustimmungspflicht siehe BGHZ 98, 276 = NJW 1987, 189.
51 Streitig; a.A. Scholz/*Schmidt/Bitter*, § 60 Rn. 89; Roth/Altmeppen/*Altmeppen*, § 60 Rn. 45; wie hier: Hachenburg/*Ulmer*, § 60 Rn. 93; Baumbach/Hueck/*Haas*, § 60 Rn. 92; Rohwedder/Schmidt-Leithoff/*Rasner*, § 60 Rn. 72.
52 Vgl. *Gehrlein*, DStR 1997, 31 ff.
53 Streitig, wie hier BayObLG DB 1978, 2164, 2165.
54 OLG München GmbHR 2006, 91 = NZG 2006, 553 = OLGRp 2005, 714 = ZIP 2005, 2214 (nur bei Einstellung oder Aufhebung); vgl. auch *Halm/Linder*, DStR 1999, 379 ff.

- bei einer Auflösung wegen Vermögenslosigkeit das Vorhandensein von Gesellschaftsvermögen,[55]
- bei der Auflösung aufgrund Rechtskraft eines Nichtigkeitsurteils (§ 75) oder nach § 398 FamFG (früher § 144 Abs. 1 Satz 1 FGG) die gleichzeitige Beseitigung des Nichtigkeitsgrunds (streitig, vgl. § 76 Rn. 5),
- bei Löschung der Eintragung der GmbH nach § 395 FamFG (früher § 142 FGG) die Beseitigung der Mängel[56] und
- bei Auflösung wegen Entstehens einer Kein-Mann-GmbH die Veräußerung eines Geschäftsanteils an einen Außenstehenden.

Bei der Ablehnung der Eröffnung des Insolvenzverfahrens mangels Masse kommt grundsätzlich eine Fortsetzung nicht in Betracht.[57] Ausnahmsweise ist eine wirtschaftliche Neugründung unter Einhaltung der diesbezüglich bestehenden Voraussetzungen möglich.

22 Der Fortsetzungsbeschluss ist im Handelsregister einzutragen. Die **Eintragung** wirkt jedoch nur deklaratorisch, nicht konstitutiv. Die Anmeldung haben die Geschäftsführer in vertretungsberechtigter Zahl vorzunehmen. Das Amt der Liquidatoren erlischt mit dem Fortsetzungsbeschluss; dies ist ebenfalls anzumelden. Ist die Auflösung im Handelsregister nicht eingetragen worden, kann auch die Eintragung des Fortsetzungsbeschlusses unterbleiben.[58]

IV. Nachtragsliquidation

23 Stellt sich nach Löschung der GmbH im Handelsregister heraus, dass zum Zeitpunkt der Löschung **noch Gesellschaftsvermögen** vorhanden war, wird eine Nachtragsliquidation erforderlich.[59] Gleiches gilt, wenn noch weitere **Abwicklungsmaßnahmen** erforderlich werden.[60] Beispiele sind die Löschung von Rechten im Grundbuch, die Mitwirkung an der Auszahlung bei Hinterlegung,[61] die Empfangnahme eines Steuerbescheids[62] und sonstiger Zustellungen sowie die Zeugniserteilung für Arbeitnehmer.

24 Die Nachtragsliquidatoren werden vom Gericht bestellt.[63] Es besteht hierfür keine Zuständigkeit der Gesellschaftsversammlung und der früheren Liquidatoren.[64] Ein vom Gericht[65] bestellter Nachtragsliquidator kann auch von der Gesellschafterversammlung nicht abberufen werden.[66] Antragsbefugt ist jeder, der an der Nachtragsliquidation ein berechtigtes Interesse hat,[67] insbesondere Gläubiger, Gesellschafter, frühere Geschäftsführer und Liquidatoren. Gegen die Ablehnung der

---

55 A.A. die wohl h.M., die die Gesellschaft unabhängig vom Vorhandensein von Gesellschaftsvermögen als nicht fortsetzungsfähig ansieht (so OLG Celle NZG 2008, 271).

56 Vgl. OLG Celle DB 2008, 288.

57 BayObLG GmbHR 1994, 189, 190; BayObLG DB 1995, 667; BayObLG GmbHR 1995, 532; KG GmbHR 1993, 892 = DB 1993, 1918 = NJW-RR 1994, 229 = ZIP 1993, 1476; KG DB 1998, 2409; OLG Köln GmbHR 2010, 710 = MDR 2010, 879 = NZG 2010, 507 = ZIP 2010, 1183; a.A. Roth/Altmeppen/*Altmeppen*, § 60 Rn. 50 ff. (Kapitalerhöhung, die Überschuldung beseitigt, genügt); *Kallweit,* NZG 2009, 1416 ff. Keine Fortsetzung nach Schlussverteilung im Insolvenzverfahren: OLG Celle DStR 2011, 487 = GmbHR 2011, 257 = NZG 2011, 464 = ZIP 2011, 278.

58 Scholz/*Schmidt/Bitter*, § 60 Rn. 91.

59 BGHZ 53, 264, 266; BAG NZG 2002, 1175; a.A. OLG München, GmbHR 2004, 1344 bei Vorhandensein einer Prozessvollmacht aus der Zeit vor der Löschung. Vgl. auch OLG Zweibrücken, GmbHR 2004, 1472 = NZG 2005, 406; KG DB 2007, 851 = GmbHR 2007, 542 zum Erfordernis eines konkreten Vortrags.

60 Analog § 273 Abs. 4 AktG; BayObLG BB 1984, 446, 447; OLG Köln, GmbHR 1993, 823; OLG Hamm, GmbHR 1997, 75, 76; KG GmbHR 2001, 251.

61 Vgl. auch OLG Köln, GmbHR 1993, 823; Rohwedder/Schmidt-Leithoff/*Rasner*, § 60 Rn. 64, der allerdings von „nachzuholender Liquidation" spricht.

62 OLG München, DB 2008, 1311 = NZG 2008, 555 = GmbHR 2008, 821.

63 Analog § 273 Abs. 4 Satz 1 AktG, § 66 Abs. 5 Satz 2; vgl. BGHZ 53, 264, 266; KG 1982, 59, 60.

64 KG NZG 2005, 1004; OLG Koblenz, NZG 2007, 431; LG Aachen, GmbHR 2002, 696 = RNotZ 2002, 580.

65 Richterzuständigkeit (§ 17 Nr. 2a RpflG); Bestellung durch Rechtspfleger ist unwirksam (OLG Schleswig, NJW-RR 2000, 769, 770).

66 Streitig, a.A. Scholz/*Schmidt/Bitter*, § 74 Rn. 22; wie hier Hachenburg/*Hohner*, § 74 Rn. 35; Roth/Altmeppen/*Altmeppen*, § 74 Rn. 16.

67 BGHZ 105, 259, 262; KG GmbHR 2001, 252; OLG Hamburg NZG 2002, 296.

Nachtragsliquidation besteht Beschwerdebefugnis des Antragstellers.[68] Gegen Bestellung eines bestimmten Nachtragsliquidators ist die Gesellschaft beschwerdebefugt; sie wird durch ihr letztes Vertretungsorgan vertreten.[69]

Die **Vertretungsmacht** des Nachtragsliquidators bestimmt sich nach dem Anlass der Nachtragsliquidation. Sie ist wie die Vertretungsmacht der „ordentlichen" Liquidatoren unbeschränkt, wenn sie zur Abwicklung bei noch vorhandenem Vermögen erforderlich wird. Bei einzelnen Abwicklungsmaßnahmen ist sie auf diese beschränkt.[70] 25

Die Nachtragsliquidation stellt eine **Fortsetzung** der bisherigen Abwicklung dar. Deshalb sind ein erneuter Gläubigeraufruf (§ 65 Abs. 2) und die Einhaltung des Sperrjahrs (§ 73 Abs. 1) nicht erforderlich, wohl aber Liquidations-Jahresabschlüsse (§ 71 Abs. 1) und eine Liquidations-Schlussrechnung. Umstritten ist, ob im Stadium der Nachtragsliquidation ein Fortsetzungsbeschluss zulässig ist. Dies wird überwiegend verneint.[71] Allerdings spricht bei Vorliegen der sonstigen Voraussetzungen nichts gegen die Zulässigkeit einer ohnehin praktisch kaum relevanten Fortsetzung.[72] 26

Im Falle der Nachtragsliquidation besteht die gelöschte GmbH fort. Sie muss im Handelsregister wieder **eingetragen** werden, soweit dies nicht wegen der Beschränkung auf einzelne Abwicklungsmaßnahmen entbehrlich ist. Auch die Nachtragsliquidatoren müssen ins Handelsregister eingetragen werden.[73] 27

Ohne Durchführung einer Nachtragsliquidation können einzelne Gesellschafter **Ansprüche** der bereits beendeten Gesellschaft **gegen Mitgesellschafter** im eigenen Namen mit dem Begehren der Leistung an die Gesellschaft geltend machen. Eine Nachtragsliquidation wird erst erforderlich, wenn eine Leistung an die Gesellschaft erfolgen soll.[74] 28

V. Satzungsmäßige Kündigungsklauseln

Durch die Satzungsgestaltung kann in gewissem Umfang **Einfluss auf das Ausscheiden** eines Gesellschafters aus der Gesellschaft genommen werden. Betroffen sind die Einziehung sowie Ausschluss und Austritt (vgl. zur Einziehung § 21 Rn. 4 sowie zu Ausschluss und Austritt Anhang zu § 34 Rn. 15 ff.). 29

Das GmbH-Gesetz sieht keine Kündigung der Mitgliedschaft vor. Deshalb ist die Kündigung eines Gesellschafters – anders als bei einer BGB-Gesellschaft – nur möglich, wenn ein entsprechendes Kündigungsrecht satzungsmäßig vorgesehen ist.[75] Meist wird die Satzung, wenn sie ein Kündigungsrecht vorsieht, dieses an bestimmte tatbestandliche **Voraussetzungen** knüpfen, die den Grund, die Form und den Zeitpunkt der Kündigung betreffen. Regelmäßig werden auch die Folgen der Kündigung, insbesondere die Abfindung, geregelt. 30

Räumt der Gesellschaftsvertrag den Gesellschaftern lediglich eine Kündigungsmöglichkeit ein, ohne die **Folgen** zu regeln, ist durch Auslegung zu ermitteln, ob die Ausübung des Rechts zur Auflösung der Gesellschaft (Abs. 2) oder zum Ausscheiden des Gesellschafters führen soll. Die wohl überwiegende Ansicht geht davon aus, dass mangels Folgenregelung im Gesellschaftsvertrag die Kündigung die Auflösung der Gesellschaft zur Folge hat.[76] Nach anderer Ansicht führt die Kündi- 31

68 BayObLG DB 1983, 1648; OLG Schleswig NJW-RR 2000, 769; OLG Köln NZG 2003, 340, 341.
69 OLG München, DB 2008, 1311 = NZG 2008, 555 = GmbHR 2008, 821; Michalski/*Nerlich*, § 66 Rn. 99.
70 Siehe nur KG GmbHR 2001, 252; Michalski/*Nerlich*, § 74 Rn. 54.
71 Siehe nur Hachenburg/*Hohner*, § 74 Rn. 26; Rohwedder/Schmidt-Leithoff/*Rasner*, § 60 Rn. 29; Roth/Altmeppen/*Altmeppen*, § 65 Rn. 16.
72 Wie hier *Schmidt*, GmbHR 1988, 209, 211; Baumbach/Hueck/*Haas*, § 60 Rn. 110.
73 So bereits RGZ 109, 387, 391; vgl. auch Rohwedder/Schmidt-Leithoff/*Rasner*, § 74 Rn. 18 und 27.
74 Vgl. BGH GmbHR 1991, 363, 364 (Sonderfall einer zweigliedrigen GmbH); Lutter/Hommelhoff/*Lutter/Kleindiek*, § 74 Rn. 20.
75 OLG Hamm NJW-RR 1995, 550.
76 RGZ 93, 326, 327; 95, 39, 40; 113, 147, 149; OLG Karlsruhe, GmbHR 1960, 24; Baumbach/Hueck/*Schulze-Osterloh/Fastrich*, § 60 Rn. 51; Hachenburg/*Ulmer*, § 60 Rn. 67; Michalski/*Nerlich*, § 60 Rn. 329; Scholz/*Schmidt/Bitter*, § 60 Rn. 77.

gung lediglich zum Ausscheiden des kündigenden Gesellschafters.[77] Soll nach der Satzung die Gesellschaft von den verbleibenden Gesellschaftern fortgeführt werden, sofern diese nichts Gegenteiliges in einer bestimmten Frist beschließen, ist die Gesellschaft nicht aufgelöst. Ein Fortsetzungsbeschluss ist dann nicht erforderlich.[78]

32 ! Der Gesellschaftsvertrag sollte folgende Formulierung enthalten: „Durch die Kündigung wird die Gesellschaft nicht aufgelöst; vielmehr scheidet der kündigende Gesellschafter aus der Gesellschaft aus."

33 Die **Kündigung sämtlicher Gesellschafter** zum selben Termin führt zur Auflösung der Gesellschaft.[79] Anders ist dies bei der Kündigung eines Gesellschafters einer aus zwei Personen bestehenden GmbH, wenn der zweite Gesellschafter nicht kündigt. Dieser führt dann die Gesellschaft nach Ausscheiden des kündigenden Gesellschafters fort.[80]

34 Enthält der Gesellschaftsvertrag ein Kündigungsrecht, so handelt es sich auch um ein Individualrecht des einzelnen Gesellschafters, das durch eine **Satzungsänderung** nur mit seiner Zustimmung beschnitten werden kann, auch wenn die Satzungsänderung alle Gesellschafter gleichermaßen betrifft.[81] Das Kündigungsrecht aus wichtigem Grund gehört zu den zwingenden, unverzichtbaren Mitgliedschaftsrechten.[82]

35 Der Austritt nach Kündigung vollzieht sich regelmäßig in zwei Schritten:[83] Zunächst **erklärt** der kündigende Gesellschafter seinen **Austritt**. Dies ist, sofern die Satzung diesbezüglich keine besondere Form wie z.B. eingeschriebenen Brief vorsieht, formlos möglich. Danach hat die GmbH nach ihrer Wahl den Gesellschaftsanteil einzuziehen oder die Abtretung an sich oder einen Dritten zu verlangen.[84] Das Wahlrecht liegt bei der Gesellschaft.[85] Bis zum Vollzug des Ausscheidens kann der kündigende Gesellschafter grundsätzlich seine Gesellschaftsrechte weiterhin wahrnehmen.[86] Die Satzung kann aber vorsehen, dass das Stimmrecht des kündigenden Gesellschafters bis zu seinem Ausscheiden aus der Gesellschaft ruht.[87] Enthält die Satzung keine diesbezügliche Regelung, so ist das Stimmrecht des kündigenden Gesellschafters jedenfalls aufgrund der gesellschaftsrechtlichen Treuepflicht insoweit gebunden, als er Maßnahmen, die ihn nicht mehr betreffen, nicht mehr widersprechen darf.[88]

36 Das **Ausscheiden** aus der Gesellschaft erfolgt im zweiten Schritt erst durch die Einziehung, wobei die Zustimmung des ausscheidenden Gesellschafters regelmäßig in seiner Kündigung liegt, oder durch die Übertragung des Geschäftsanteils. Wirkt die Gesellschaft hieran nicht mit, kann der kündigende Gesellschafter nur die satzungsmäßigen Rechte geltend machen, insbesondere auch die

77 So OLG Düsseldorf GmbHR 2004, 356; Lutter/Hommelhoff/*Lutter/Kleindiek*, § 60 Rn. 27; wohl auch: BGH GmbHR 1997, 501, 502; wohl offen: Roth/Altmeppen/*Altmeppen*, § 60 Rn. 115.
78 BGH DStR 1997, 461 = NJW-RR 1997, 606 = GmbHR 1997, 501.
79 BayObLG DB 1995, 261 = NJW-RR 1995, 1001. Zur Abgrenzung vom Auflösungsbeschluss siehe OLG Karlsruhe, GmbHR 1982, 276.
80 OLG Düsseldorf GmbHR 2004, 356.
81 Ähnlich: Roth/Altmeppen/*Altmeppen*, § 60 Rn. 33.
82 BGHZ 116, 359 = NJW 1992, 892; BayObLG DB 1995, 261 = NJW-RR 1995, 1001; OLG Köln NZG 1999, 1222 = GmbHR 1999, 712. Zum wichtigen Grund siehe OLG Dresden NZG 1999, 1220.
83 OLG Köln NZG 1998, 779 = GmbHR 1998, 641; *Bacher/von Blumenthal*, NZG 2008, 406; vgl. auch *Heidinger/Blath*, GmbHR 2007, 1184/1188.
84 BGH DStR 1997, 461 = NJW-RR 1997, 606 = GmbHR 1997, 501; OLG Celle ZIP 1983, 442; OLG Köln NZG 1998, 779 = GmbHR 1998, 641.
85 BGH NJW 1969, 2049. Das Registergericht kann keine satzungsmäßige Erwerbsverpflichtung der verbleibenden Gesellschafter fordern, so BayObLG BB 1975, 249.
86 BGHZ 88, 320 = NJW 1984, 489; OLG Celle ZIP 1983, 442.
87 OLG Naumburg NZG 2001, 1043 = GmbHR 2002, 66.
88 BGHZ 88, 320 = NJW 1984, 489 und OLG Düsseldorf NZG 2000, 1180. Vgl. aber OLG Hamm NJW-RR 2001, 109 = NZG 2000, 1185 zur Anfechtungsklage gegen einen Gesellschafterbeschluss, mit dem die Abtretung des Anteils des kündigenden Gesellschafters an seine Tochter abgelehnt wurde. Zum Wettbewerbsverbot siehe BGH NJW-RR 1990, 226.

Vergütung für seinen Anteil verlangen,[89] nicht aber die Auflösung der Gesellschaft fordern.[90] Bis zu diesem Zeitpunkt bleibt er Gesellschafter der GmbH.[91] Dieser endgültige Verlust der Gesellschafterstellung führt zur Verpflichtung, die gesellschaftsvertraglich bedungene Abfindung zu entrichten. Enthält die Satzung diesbezüglich keine Regelung, ist die Abfindung nach dem wirtschaftlichen Wert (gemeinen Wert) des Geschäftsanteils zu bemessen.[92] Führt die im Gesellschaftsvertrag enthaltene Abfindungsbeschränkung zu einem groben Missverhältnis zwischen dem vertraglichen und dem nach dem Verkehrswert zu bemessenden Abfindungsanspruch, kann dies das Austrittsrecht in unzulässiger Weise einschränken.[93] Die Leistung der Abfindung hat Zug um Zug mit dem Ausscheiden des Gesellschafters zu erfolgen. Regelmäßig enthalten jedoch die Satzungen, die Kündigungsrechte vorsehen, auch Vereinbarungen über Art, Höhe und Fälligkeit der Abfindung, ggf. auch über die Art ihrer Ermittlung und die diesbezüglich zulässigen Rechtsbehelfe. Der Gesellschaftsvertrag kann allerdings auch regeln, dass der kündigende Gesellschafter sofort mit Zugang der Kündigung seine Gesellschafterstellung verliert und vor Zahlung der Abfindung aus der Gesellschaft ausscheidet.[94]

C. Muster

I. Muster: Liquidationsbeschluss 37

66

Liquidationsbeschluss

Wir, die unterzeichnenden alleinigen Gesellschafter, Herr/Frau …, der Gesellschaft … (Firma) mit dem Sitz in … halten hiermit unter Verzicht auf alle gesetzlichen und gesellschaftsvertraglichen Fristen der Einberufung und Ankündigung eine außerordentliche Gesellschafterversammlung ab und beschließen einstimmig:

Die Gesellschaft ist mit Wirkung zum Ablauf des … aufgelöst.

Herr/Frau … ist nicht mehr Geschäftsführerin.

Hinsichtlich der allgemeinen Vertretungsregelung für die Liquidatoren gilt:

[Auf Gesellschaftsvertrag abstimmen, sonst gilt die gesetzliche Regelung (§ 68 Abs. 1 Satz 2 GmbHG).]

Herr/Frau …, geb. am …, wohnhaft …, wird zum alleinigen Liquidator bestellt.

Herr/Frau … vertritt die Gesellschaft einzeln, solange er/sie alleiniger Liquidator ist. Ansonsten vertritt er/sie die Gesellschaft.

(konkrete Vertretungsbefugnis und ggf. Befreiung von den Beschränkungen des § 181 BGB, soweit nach der Satzung möglich)

Die Bücher und Schriften der Gesellschaft werden nach Beendigung der Liquidation durch den Gesellschafter … verwahrt, der sich hiermit dazu bereit erklärt.

Damit ist die Gesellschafterversammlung beendet.

[Ort, Datum, Unterschriften]

---

89 OLG Celle GmbHR 2002, 1063.
90 OLG Koblenz NZG 2006, 66 = GmbHR 2005, 1568 = ZIP 2005, 1873; vgl. auch OLG Köln NZG 1998, 779 = GmbHR 1998, 641.
91 BGH DStR 1997, 461 = NJW-RR 1997, 606 = GmbHR 1997, 501; OLG Köln NZG 1999, 1222 = GmbHR 1999, 712.
92 OLG Köln NZG 1999, 1222 = GmbHR 1999, 712. Zur Buchwertabfindung siehe BGH DB 2002, 261 = NZG 2002, 176 = GmbHR 2002, 265 = ZIP 2002, 258.
93 BGHZ 116, 359 = NJW 1992, 892.
94 BGH DStR 2003, 1717 = NZG 2003, 871 = ZIP 2003, 1544.

38 **II. Muster: Fortsetzungsbeschluss und Anmeldung der Fortsetzung zur Eintragung ins Handelsregister**

67

1. Fortsetzungsbeschluss

Wir, die unterzeichnenden alleinigen Gesellschafter, Herr/Frau …, der Gesellschaft … (Firma) mit dem Sitz in … halten hiermit unter Verzicht auf alle gesetzlichen und gesellschaftsvertraglichen Fristen der Einberufung und Ankündigung eine außerordentliche Gesellschafterversammlung ab und beschließen einstimmig:

Die aufgelöste Gesellschaft wird mit sofortiger Wirkung als werbende Gesellschaft fortgesetzt.

Herr/Frau … ist nicht mehr Liquidator.

Zum Geschäftsführer der Gesellschaft wird Herr/Frau … bestellt. (Vertretungsbefugnis und eventuell Befreiung von den Beschränkungen des § 181 BGB, soweit nach der Satzung möglich)

[Ort, Datum, Unterschriften]

2. Anmeldung

An das Amtsgericht

– Registergericht –

Betreff: HR B …, Firma … mit dem Sitz in …, Fortsetzung

Zur Eintragung in das Handelsregister wird angemeldet:

1. Die durch Gesellschafterbeschluss vom … aufgelöste Gesellschaft wird gemäß Gesellschafterbeschluss vom … als werbende Gesellschaft fortgesetzt.[1]
2. Herr/Frau … ist nicht mehr Liquidator.
3. Zum Geschäftsführer der Gesellschaft wurde ich, Herr/Frau …, geb. am …, wohnhaft in … bestellt.

[Vertretungsbefugnis und ggf. Befreiung von den Beschränkungen des § 181 BGB]

Ich, …, versichere[2], dass ich nicht wegen einer oder mehrerer vorsätzlich begangener Straftaten des Betrugs, des Computerbetrugs, des Subventionsbetrugs, des Kapitalanlagebetrugs, des Kreditbetrugs, der Untreue sowie des Vorenthaltens und Veruntreuens von Arbeitsentgelt (§§ 263 bis 264a, 265b bis 266a StGB) zu einer Freiheitsstrafe von mindestens einem Jahr, einer Insolvenzverschleppung, einer Insolvenzstraftat, nämlich Bankrott, Verletzung der Buchführungspflicht, Gläubigerbegünstigung, Schuldnerbegünstigung (§§ 283 bis 283d StGB), der falschen Angaben nach § 82 GmbHG oder § 399 AktG, der unrichtigen Darstellung nach § 400 AktG, § 331 HGB, § 313 UmwG oder § 17 PublG im Inland oder einer vergleichbaren Straftat im Ausland verurteilt worden bin und mir weder durch gerichtliches Urteil noch durch die vollziehbare Entscheidung einer Verwaltungsbehörde die Ausübung eines Berufs oder Berufszweigs, Gewerbes oder Gewerbezweigs untersagt worden ist.[3] Ich versichere, vom beglaubigenden Notar darüber belehrt worden zu sein, dass ich hierüber gegenüber dem Gericht unbeschränkt auskunftspflichtig bin und falsche Angaben insofern nach § 82 Abs. 1 Nr. 5 GmbHG strafbar sind.

[Ort, Datum, Unterschrift des Geschäftsführers (öffentliche Beglaubigung)]

1 Stellt die Fortsetzung eine Neugründung dar, sind die weiteren Voraussetzungen zu erfüllen; vgl. § 3 Rn. 17 ff.

2 Auf die weiteren Ausschlussgründe für die Übernahme der Stellung eines Liquidators muss sich die Versicherung nicht beziehen; allerdings kann eine diesbezügliche Erklärung der Kontrolle dienen.

3 Ggf. muss geprüft werden, ob bei Vorliegen eines entsprechenden „Berufsverbots" der Unternehmensgegenstand ganz oder teilweise mit dem Gegenstand des Verbots übereinstimmt.

III. Muster: Antrag auf Durchführung einer Nachtragsliquidation und Handelsregisteranmeldung des Nachtragsliquidators 39

68

1. Antrag auf Durchführung

An das Amtsgericht

– Registergericht –

Betreff: HR B …, Firma … mit dem Sitz in …, Nachtragsliquidation

Durch … wurde die … GmbH aufgelöst. Die Vollbeendigung der Gesellschaft wurde am … in das Handelsregister eingetragen. Nunmehr hat sich herausgestellt, dass …

Deshalb ist die Durchführung einer Nachtragsliquidation erforderlich.

Es wird beantragt, einen Nachtragsliquidator beschlussmäßig zu bestellen. Vorgeschlagen wird …

[Ort, Datum, Unterschrift]

2. Anmeldung des Nachtragsliquidators

An das Amtsgericht

– Registergericht –

Betreff: HR B …, Firma … GmbH in Liquidation mit dem Sitz in …, Nachtragsliquidation

Durch Beschluss des Amtsgerichts … vom … bin ich zum Nachtragsliquidator der im Betreff näher bezeichneten Gesellschaft bestellt worden, was bereits im Handelsregister eingetragen wurde.

Ich bin berechtigt, …

[Vertretungsbefugnis und ggf. Befreiung von den Beschränkungen des § 181 BGB angeben]

[Ort, Datum, Unterschrift (öffentliche Beglaubigung)]

IV. Muster: Austritts- bzw. Kündigungsklausel, Abfindung 40

69

Zum Muster einer Austritts- bzw. einer Kündigungsklausel und zur Abfindung siehe die Muster Nr. 27, 25 (Anhang zu § 34 Rn. 20 f.).

§ 61 Auflösung durch Urteil

(1) Die Gesellschaft kann durch gerichtliches Urteil aufgelöst werden, wenn die Erreichung des Gesellschaftszweckes unmöglich wird, oder wenn andere, in den Verhältnissen der Gesellschaft liegende, wichtige Gründe für die Auflösung vorhanden sind.

(2) Die Auflösungsklage ist gegen die Gesellschaft zu richten. Sie kann nur von Gesellschaftern erhoben werden, deren Geschäftsanteile zusammen mindestens dem zehnten Teil des Stammkapitals entsprechen.

(3) Für die Klage ist das Landgericht ausschließlich zuständig, in dessen Bezirk die Gesellschaft ihren Sitz hat.

Literatur

Becker, Typologie und Problem der (handelsrechtlichen) Gestaltungsklagen unter besonderer Berücksichtigung der GmbH-rechtlichen Auflösungsklage (§ 61 GmbHG), ZZP 97 (1984), 314; *Schwab*, Kündigung, Ausschluss und Einziehung in der GmbH, DStR 2012, 707; *Volhard*, Kann die GmbH-Satzung die Einziehung des Geschäftsanteils eines Auflösungsklägers vorsehen?, GmbHR 1995, 617.

A. Allgemeines

1 Die Vorschrift gibt den Gesellschaftern die Möglichkeit, im Fall des Vorliegens eines wichtigen Grundes die Auflösung der Gesellschaft gerichtlich zu erzwingen. Sie begünstigt nicht nur die Minderheit,[1] sondern diejenigen Gesellschafter, die die erforderliche Dreiviertelmehrheit für einen Auflösungsbeschluss nicht erreichen. Die Klage richtet sich gegen die Gesellschaft, nicht gegen die Mitgesellschafter. Sie ist gegenüber anderen, weniger einschneidenden Lösungsmaßnahmen, nämlich der Veräußerung und dem Austritt, **subsidiär**.[2]

2 Das Klagerecht kann **nicht eingeschränkt und nicht** ganz **ausgeschlossen** werden; es kann jedoch gesellschaftsvertraglich erweitert werden (z.B. Gesellschafter, deren Geschäftsanteile zusammen mindestens 5 % des Stammkapitals ausmachen, Klagerecht für jeden Gesellschafter und Zulassung der Klage auch bei „normalen", nicht nur wichtigen Gründen).[3] Umgekehrt können objektiv wichtige Gründe nicht ausgeschlossen werden.[4] Auch ein mittelbarer Ausschluss der Aufhebungsklage durch die Sanktion der Einziehung, und zwar auch bei angemessenem Entgelt,[5] und die satzungsmäßige Fortsetzung bei Erfolg der Aufhebungsklage[6] stellen eine unzulässige Einschränkung der Auflösungsklage dar.[7]

---

1 So aber die ganz h.M., siehe nur Baumbach/Hueck/*Haas*, § 61 Rn. 1; *Wicke*, § 61 Rn. 1; FaKGesR/*Scheuffele*, § 61 GmbHG Rn. 1; Roth/Altmeppen/*Altmeppen*, § 61 Rn. 1, der von einem Notrecht der Gesellschafterminderheit spricht.

2 Ebenso BGHZ 80, 346, 348; OLG Koblenz NZG 2006, 66 = ZIP 2005, 1873; OLG Brandenburg BB 2008, 1868 = BeckRS 2008, 11017; Lutter/Hommelhoff/*Kleindiek*, § 61 Rn. 1; Scholz/*Schmidt/Bitter*, § 61 Rn. 3; Rohwedder/Schmidt-Leithoff/*Rasner*, § 61 Rn. 2; Henssler/Strohn/*Arnold*, § 61 Rn. 1; teilw. abw.: Hachenburg/*Ulmer*, § 61 Rn. 4 zum Austrittsrecht. Zu den verschiedenen Möglichkeiten s. *Schwab*, DStR 2012, 707 ff.; *Goette*, DStR 2001, 533 ff.

3 BayObLG DB 1978, 2164, 2165.

4 Scholz/*Schmidt/Bitter*, § 61 Rn. 2; Michalski/*Nerlich*, § 61 Rn. 5.

5 BayObLG DB 1978, 2164, 2165; Michalski/*Nerlich*, § 61 Rn. 5, teilw. abw.: Hachenburg/*Ulmer*, § 61 Rn. 54; vgl. *Volhard*, GmbHR 1995, 617 ff.

6 Ebenso Baumbach/Hueck/*Haas*, § 61 Rn. 3; unklar Scholz/*Schmidt/Bitter*, § 61 Rn. 2.

7 Aber kein Eintragungsablehnungsrecht nach OLG München DNotZ 2010, 937 = GmbHR 2010, 870 = MDR 2010, 1356 = ZIP 2010, 2348.

B. Inhalt der Regelung

I. Vorliegen eines wichtigen Grundes (Abs. 1)

1. In den Verhältnissen der Gesellschaft liegender Grund

Das **Vorliegen eines wichtigen Grundes**, der in den Verhältnissen der Gesellschaft und nicht nur der Gesellschafter liegt, macht eine Fortsetzung der Gesellschaft – wie bei der Unmöglichkeit der Zweckerreichung – eigentlich für sämtliche Gesellschafter unzumutbar. Kommt dennoch die für einen Auflösungsbeschluss erforderliche Mehrheit nicht zustande, soll die Klage die Auflösung ermöglichen.[8] Das Vorliegen des wichtigen Grundes ist vom Revisionsgericht daraufhin zu überprüfen, ob der Begriff möglicherweise verkannt und ob der Sachverhalt erschöpfend gewürdigt wurde.[9] 3

2. Unmöglichkeit der Zweckerreichung

Der vom Gegenstand des Unternehmens zu unterscheidende **Gesellschaftszweck** darf nicht mehr zu erreichen sein. Dies wird i.d.R. der Fall sein, wenn die Erreichung des Unternehmensgegenstands unmöglich ist.[10] Es gilt aber darüber hinausgehend auch, wenn das von den Gesellschaftern mit der Gesellschaft verfolgte Ziel nicht mehr erreichbar ist. Allerdings darf es sich nicht nur um Motive einzelner Gesellschafter und deren Beteiligung an der Gesellschaft handeln.[11] Bei einer GmbH, bei der es sich nicht um eine Non-Profit-Organisation handelt, wird i.d.R. bei andauernden Verlusten der Gesellschaftszweck, nämlich die Erzielung von Gewinn, wegfallen. Dies ist allerdings noch nicht bei vorübergehenden, insbesondere konjunkturbedingten wirtschaftlichen Problemen der Fall. Ein weiteres Beispiel ist das Wegfallen einer gewerberechtlichen Erlaubnis und eines wichtigen Patents.[12] 4

3. Andere wichtige Gründe

Sie müssen den Fortbestand der Gesellschaft für einzelne Gesellschafter **unumkehrbar unzumutbar** machen.[13] Häufig führen sie gleichzeitig zur Unmöglichkeit der Zweckerreichung. Eine Differenzierung ist im Hinblick auf die Identität der Voraussetzungen und Rechtsfolgen in der Praxis entbehrlich. Es handelt sich um Gründe technischer Art (z.B. ersatzloser Wegfall einer Produktion bei einem Zulieferbetrieb), im wirtschaftlichen Bereich (anhaltende Verluste ohne Aussicht auf Änderung)[14], innergesellschaftliche anhaltende Streitigkeiten (z.B. Pattsituation, die Willensbildung verhindert, unheilbare Zerrüttung, die keine Ausschlusslösung rechtfertigt)[15] und ausnahmsweise Mängel des Gesellschaftsvertrags, die die Fortsetzung unzumutbar machen, wenn kein Verfahren nach § 399 möglich ist.[16] Weitere Auflösungsgründe stellen die Verletzung gesellschaftsvertraglicher Pflichten, die Insolvenz eines Gesellschafters und die Pfändung eines Geschäftsanteils dar.[17] Motive der Gesellschafter sind nur maßgeblich, wenn sie sich auf die Gesellschaft auswirken.[18] 5

8 Ebenso Rohwedder/Schmidt-Leithoff/*Rasner*, § 61 Rn. 5; Baumbach/Hueck/*Haas*, § 61 Rn. 6; enger: Michalski/*Nerlich*, § 61 Rn. 18, wonach der Grund die Fortsetzung unmöglich machen muss.

9 Vgl. nur Michalski/*Nerlich*, § 61 Rn. 24.

10 Michalski/*Nerlich*, § 61 Rn. 16.

11 Siehe nur RGZ 164, 129, 140.

12 Hachenburg/*Ulmer*, § 61 Rn. 18.

13 Siehe Hachenburg/*Ulmer*, § 61 Rn. 19 f.

14 Umstritten bei Haftungsgefahren wegen Unterkapitalisierung; vgl. Lutter/Hommelhoff/*Kleindiek*, § 61 Rn. 8.

15 BGHZ 80, 346, 347 = NJW 1981, 2302; BGH NJW 1985, 1901; OLG München DB 2005, 820 = GmbHR 2005, 428 = NZG 2005, 554; OLG Brandenburg BB 2008, 1868 = BeckRS 2008, 11017; OLG Naumburg DB 2012, 1372; vgl. auch BGHZ 16, 317 = NJW 1955, 667.

16 Siehe nur Hachenburg/*Ulmer*, § 61 Rn. 22 ff.; Scholz/*Schmidt/Bitter*, § 61 Rn. 19.

17 Siehe nur Michalski/*Nerlich*, § 61 Rn. 20; Rohwedder/Schmidt-Leithoff/*Rasner*, § 61 Rn. 10; zu weiteren wichtigen Gründen vgl. die Übersicht bei Hachenburg/*Ulmer*, § 61 Rn. 19; Scholz/*Schmidt/Bitter*, § 61 Rn. 18 ff.

18 Ebenso Henssler/Strohn/*Arnold*, § 61 GmbHG Rn. 6; vgl. auch FaKGesR/*Scheuffele*, § 61 GmbHG Rn. 3.

II. Auflösungsklage und Auflösungsurteil (Abs. 2 und 3)

1. Kläger (Aktivlegitimation)

6 Klagebefugt sind nur Gesellschafter, deren Geschäftsanteile insgesamt mindestens **10 % des Stammkapitals** ausmachen. Eigene Anteile der GmbH, eingezogene Anteile und kaduzierte Anteile sind dabei nicht zu berücksichtigen. Die Satzung kann eine geringere Kapitalbeteiligung vorsehen. Ein Sonderstimmrecht bleibt bei der Berechnung der Kapitalbeteiligung außer Betracht.

7 Die **Gesellschafterstellung** beurteilt sich nach § 16. Treuhandstellung, Pfandrecht und Nießbrauch am Geschäftsanteil sind ohne Bedeutung. Bei Insolvenz steht die Klagebefugnis dem Insolvenzverwalter zu.[19]

8 Mehrere klagende Gesellschafter sind notwendige **Streitgenossen** (§ 62 ZPO). Weitere Gesellschafter können beitreten (§§ 66, 69 ZPO). Die übrigen Gesellschafter sind von der Klage durch das Gericht zu benachrichtigen.[20] Bei einer Veräußerung während des Prozesses gilt nicht § 265 ZPO, da die Geschäftsanteilsabtretung keine Veräußerung der Streitsache darstellt; Eintritt des neuen Gesellschafters setzt die Einwilligung der Gesellschaft oder die Sachdienlichkeit voraus (§ 263 ZPO).

2. Beklagte (Passivlegitimation)

9 Die Klage ist **gegen die Gesellschaft** zu richten (Abs. 2 Satz 1).[21] Diese wird durch die Geschäftsführer in vertretungsberechtigter Zahl vertreten. Ein Anerkenntnis und ein Vergleich sind mangels Verfügungsbefugnis nicht möglich[22]. Bei Ausschluss oder Fehlen der Geschäftsführer ist ggf. ein Notgeschäftsführer oder ein Prozessvertreter zu bestellen (§ 29 BGB analog, § 57 ZPO).

3. Zuständigkeit

10 Ausschließlich zuständig ist das Landgericht (Kammer für Handelssachen) am Sitz der Gesellschaft (Abs. 3, § 95 Abs. 1 Nr. 5a GVG, § 17 ZPO). Der Gesellschaftsvertrag kann allerdings eine Schiedsklausel enthalten. Deren nachträgliche Einfügung setzt die Zustimmung aller Gesellschafter voraus.[23] Eine Schiedsvereinbarung zwischen den Parteien des Auflösungsprozesses ist nach h.M. zulässig.[24]

4. Gestaltungsurteil

11 Die Auflösung erfolgt durch Urteil. Liegt ein Auflösungsgrund vor, hat das Gericht so zu entscheiden. Ein Ermessen steht ihm nicht zu.[25] Mit Rechtskraft ist die Gesellschaft aufgelöst. Im Urteil ausgesprochene vorläufige Vollstreckbarkeit ist ohne Wirkung.[26] Die Abwicklung erfolgt nach den allgemeinen Vorschriften (§§ 66 ff.). Bei Schiedsgerichtsurteilen ist rechtskräftige Vollstreckbarerklärung (§ 1060 ZPO) erforderlich.[27] Gegen das Gestaltungsurteil ist die Berufung bei Überschreiten des Streitwerts von 600 EUR (§ 511 Abs. 2 Nr. 1 ZPO) zulässig, die Revision nur, falls sie vom Berufungsgericht zugelassen wurde oder einer Nichtzulassungsbeschwerde stattgegeben wird (§§ 543, 544 ZPO). Umstritten ist, ob sich der Streitwert nach dem Wert des Geschäftsanteils des Klägers oder

---

19 Michalski/*Nerlich*, § 61 Rn. 28.
20 BVerfG NJW 1982, 1635.
21 Kritisch zur Rollenverteilung: *Becker,* ZZP 97 (1984), 314, 330.
22 Siehe nur Michalski/*Nerlich*, § 61 Rn. 39.
23 OLG Karlsruhe NZG 2012, 472 = BeckRS 2012, 05996; Scholz/*Schmidt/Bitter*, § 61 Rn. 6; Hachenburg/*Ulmer*, § 61 Rn. 37.
24 Zur h.M. s. nur Scholz/*Schmidt/Bitter*, § 61 Rn. 6 m.w.Nachw. Vgl. auch BGHZ 132, 278 = NJW 1996, 1753 u. BGHZ 180, 221 = DB 2009, 1171 = DNotZ 2009, 938 = DStR 2009, 1043 = GmbHR 2009, 705 = NJW 2009, 1962 = NZG 2009, 620 = ZIP 2009, 1003.
25 RGZ 164, 129, 132 (nicht einstweilige Verfügung).
26 Hachenburg/*Ulmer*, § 61 Rn. 43.
27 H.M., BayObLG DB 1984, 1240 = MDR 1984, 496 (jedenfalls bei Eintragung im Handelsregister); Baumbach/Hueck/*Haas*, § 61 Rn. 23; Scholz/*Schmidt/Bitter*, § 61 Rn. 11; Roth/Altmeppen/*Altmeppen*, § 61 Rn. 11; a.A. Hachenburg/*Ulmer*, § 61 Rn. 42; Lutter/Hommelhoff/*Kleindiek*, § 61 Rn. 6.

nach dem Bruchteil des Beteiligungswerts richtet.[28] Eine Korrektur des Streitwerts nach billigem Ermessen analog §§ 275 Abs. 4, 247 Abs. 1 Satz 1 AktG ist zulässig.[29]

C. Muster

Muster: Auflösungsklage[30] 12

70

An das Landgericht
– Kammer für Handelssachen –
…

Klage der (Gesellschafter, die Auflösung begehren) – Kläger –

Prozessbevollmächtigte/r: …

gegen die … GmbH mit dem Sitz in … – Beklagte –

wegen Auflösung gemäß § 61 GmbHG

Namens und aufgrund Vollmacht der Kläger erhebe ich Klage mit den Anträgen:

1. Die im Handelsregister des Amtsgerichts … unter HR B eingetragene … GmbH mit dem Sitz in … wird aufgelöst.
2. Die Beklagte trägt die Kosten des Rechtsstreits.

Ich begründe die Klage wie folgt:

1. Angaben zu den Beteiligungsverhältnissen der Kläger und zum Gesellschaftszweck, der unmöglich wird, oder den anderen wichtigen Gründen für die Auflösung.

   Entsprechende Beweisangebote.

   Die Kläger haben einen Auflösungsbeschluss beantragt; dieser kam nicht zustande.
2. Die ausschließliche Zuständigkeit des angerufenen Gerichts ergibt sich aus § 61 Abs. 3 GmbHG.

Den vorläufigen Streitwert gebe ich mit … EUR an.

Beigefügt sind jeweils in Ablichtung die Satzung der Beklagten, die letzte Gesellschafterliste und ein Handelsregisterauszug.

[Ort, Datum, Unterschrift]

28 Vgl. OLG München GmbHR 1957, 43; OLG Celle Rpfleger 1974, 233; OLG Köln GmbHR 1988, 192.
29 OLG Celle Rpfleger 1974, 233 (auch zur entsprechenden Anwendung des § 247 Abs. 2, 3 AktG).
30 Siehe auch *Rück*, in: Beck´sches Prozessformularbuch, 11. Auflage 2010, II K 16.

§ 62 Auflösung durch eine Verwaltungsbehörde

(1) Wenn eine Gesellschaft das Gemeinwohl dadurch gefährdet, daß die Gesellschafter gesetzwidrige Beschlüsse fassen oder gesetzwidrige Handlungen der Geschäftsführer wissentlich geschehen lassen, so kann sie aufgelöst werden, ohne dass deshalb ein Anspruch auf Entschädigung stattfindet.

(2) Das Verfahren und die Zuständigkeit der Behörden richtet sich nach den für streitige Verwaltungssachen landesgesetzlich geltenden Vorschriften.

Literatur

Kleindiek, Ordnungswidrige Liquidation durch organisierte „Firmenbestattung", ZGR 2007, 276; *Schmelz*, Das Liquidationsrecht der GmbH, terra incognita?, NZG 2007, 135; *van Venrooy*, Zwingende Zustimmungsvorbehalte der Gesellschafterversammlung gegenüber der Geschäftsführung, GmbHR 2005, 1243.

A. Allgemeines

1 Die praktisch nahezu bedeutungslose Vorschrift enthält die Möglichkeit der verwaltungsbehördlichen Auflösung einer Gesellschaft wegen **Gefährdung des Gemeinwohls.**[1] Nicht zur Auflösung führen die Untersagung des Gewerbebetriebs (§ 35 GewO, § 16 Abs. 3 HandwO), andere Fälle der Aufhebung einer behördlichen Genehmigung sowie Verfügungen der Kartellbehörde bei Wettbewerbsverstößen. Das Auflösungsverfahren ist zudem gegenüber einer behördlichen Einzelentscheidung subsidiär.

B. Inhalt der Regelung

I. Gemeinwohlgefährdung als Auflösungsgrund (Abs. 1)

1. Gesetzwidrige Beschlussfassung

2 Aufhebungsgrund ist zum einen eine – nicht nur formell -[2] gesetzwidrige Beschlussfassung durch die Gesellschafter. Einstimmigkeit ist nicht erforderlich.[3]

2. Duldung gesetzwidriger Geschäftsführerhandlungen

3 Auch das **wissentliche Geschehenlassen** gesetzwidriger Handlungen der Geschäftsführer betrifft ein (Nicht-)Handeln der Gesellschafter. Diese müssen Kenntnis von den Handlungen der Geschäftsführer und das Bewusstsein der Gesetzwidrigkeit haben. Gleiches gilt, wenn sie sich der diesbezüglichen Erkenntnis bewusst verschließen. Ausreichend ist die Kenntnis der Gesellschaftermehrheit, wobei die „Abberufungsmehrheit" erforderlich sein dürfte.[4]

1 Vgl. auch §§ 43, 44 BGB; siehe ferner die spezialgesetzlichen Vorschriften des § 38 KWG und §§ 3, 17 Nr. 1 VereinsG. Vgl. auch MünchKommGmbHG/*Limpert*, § 62 Rn. 3. Streitig ist, ob § 62 gegenüber anderen Auflösungsnormen subsidiär ist; so FaK/*Scheuffele*, § 62 Rn. 1; Henssler/Strohn/*Arnold*, § 62 GmbHG Rn. 2.
2 Ebenso BeckOK GmbHG Ziemons/Jaeger/*Lorscheider*, § 62 Rn. 1
3 Michalski/*Nerlich*, § 62 Rn. 62; Scholz/*Schmidt/Bitter*, § 62 Rn. 4.
4 Ohne diese Einschränkung Hachenburg/*Ulmer*, § 62 Rn. 19; Scholz/*Schmidt*, § 62 Rn. 4; Rohwedder/Schmidt-Leithoff/*Rasner*, § 62 Rn. 5.

3. Gesetzwidrigkeit und Gefährdung des Gemeinwohls

Gesetzwidrigkeit liegt bei einem Verstoß gegen geltende Rechtsvorschriften vor, zu denen auch die Generalklauseln (z.B. § 138 BGB) gehören. Unerheblich sind dagegen Satzungsverstöße.[5] Die Gefährdung des Gemeinwohls als weitere Voraussetzung ist nicht bereits bei einem gesetzwidrigen Verhalten gegeben, sondern setzt zusätzlich eine gewisse **Nachhaltigkeit und** außerdem eine **Außenwirkung** voraus. Betroffen ist vor allem die Verwendung der Gesellschaft zur Verfolgung gesetzes- und sittenwidriger Zwecke (z.B. kriminelle, terroristische und staatsfeindliche Vereinigung). Darüber hinaus dürfte aber auch eine Gesellschaft, die anhaltend betrügerisch agiert, hierunter fallen (z.B. Geldwäsche-, Subventionsbetrugs- und betrügerische Anlagegesellschaften).[6] Hierzu gehört auch die organisierte Firmenbestattung.[7] 4

II. Verfahren, Zuständigkeit, Rechtsfolgen (Abs. 2)

Die Auflösung erfolgt durch **privatrechtsgestaltenden Verwaltungsakt** der zuständigen Verwaltungsbehörde. Die Bestimmungen über die Auflösungsklage der Verwaltungsbehörde beim Verwaltungsgericht sind obsolet. Gegen die Entscheidung der Verwaltungsbehörde bestehen die verwaltungsbehördlichen und -gerichtlichen Rechtsbehelfe (Widerspruch, Anfechtungsklage etc.). Die zuständige Behörde ist die oberste Landesbehörde (§ 296 Abs. 1 Satz 1 AktG analog), meist das Wirtschaftsministerium. 5

Mit Wirksamwerden der behördlichen Verfügung (Bestandskraft der Entscheidung der Widerspruchsbehörde bzw. Rechtskraft des verwaltungsgerichtlichen Urteils) ist die Gesellschaft aufgelöst. Die Auflösung ist zur Eintragung in das Handelsregister anzumelden. Für die Liquidation gelten die §§ 66 ff. Ein **Anspruch auf Entschädigung** besteht nicht (Abs. 1), da es sich um keine entschädigungspflichtige Enteignung handelt. Die Auflösung der gemeinwohlwidrigen Gesellschaft fällt unter die Sozialpflichtigkeit eigentumsrechtlicher Positionen. Unberührt bleiben Ansprüche aus Amtspflichtverletzung bei rechtswidrigem behördlichem Verhalten.[8] 6

C. Weitere praktische Hinweise

Auf die **steuerliche Behandlung** der Gesellschaft hat eine etwaige gesetzwidrige Betätigung keinen Einfluss (vgl. § 40 AO). 7

§ 63 (weggefallen)

5 Michalski/*Nerlich*, § 62 Rn. 7.

6 Ähnlich: Scholz/*Schmidt/Bitter*, § 62 Rn. 7; Rohwedder/Schmidt-Leithoff/*Rasner*, § 62 Rn. 3; Baumbach/Hueck/*Haas*, § 62 Rn. 9 zu „ausgesprochenen Schwindelunternehmen".

7 Streitig, vgl. *Kleindiek*, ZGR 2007, 276 ff. und dazu *Schmitt*, ZGR 2007, 311 ff. (Diskussionsbericht); siehe auch *Schmelz*, NZG 2007, 135 ff.

8 Siehe nur Michalski/*Nerlich*, § 62 Rn. 33.

Vorbemerkungen zu § 64

InsO § 13 Eröffnungsantrag

(1) Das Insolvenzverfahren wird nur auf schriftlichen Antrag eröffnet. Antragsberechtigt sind die Gläubiger und der Schuldner.

(2) Der Antrag kann zurückgenommen werden, bis das Insolvenzverfahren eröffnet oder der Antrag rechtskräftig abgewiesen ist.

(3) Das Bundesministerium der Justiz wird ermächtigt, durch Rechtsverordnung mit Zustimmung des Bundesrates für die Antragstellung durch den Schuldner ein Formular einzuführen. Soweit nach Satz 1 ein Formular eingeführt ist, muss der Schuldner dieses benutzen.

InsO § 14 Antrag eines Gläubigers

(1) Der Antrag eines Gläubigers ist zulässig, wenn der Gläubiger ein rechtliches Interesse an der Eröffnung des Insolvenzverfahrens hat und seine Forderung und den Eröffnungsgrund glaubhaft macht. War in einem Zeitraum von zwei Jahren vor der Antragstellung bereits ein Antrag auf Eröffnung eines Insolvenzverfahrens über das Vermögen des Schuldners gestellt worden, so wird der Antrag nicht allein dadurch unzulässig, dass die Forderung erfüllt wird. In diesem Fall hat der Gläubiger auch die vorherige Antragstellung glaubhaft zu machen

(2) Ist der Antrag zulässig, so hat das Insolvenzgericht den Schuldner zu hören.

(3) Wird die Forderung des Gläubigers nach Antragstellung erfüllt, so hat der Schuldner die Kosten des Verfahrens zu tragen, wenn der Antrag als unbegründet abgewiesen wird

InsO § 15 Antragsrecht bei juristischen Personen und Gesellschaftern ohne Rechtspersönlichkeit

(1) Zum Antrag auf Eröffnung eines Insolvenzverfahrens über das Vermögen einer juristischen Person oder einer Gesellschaft ohne Rechtspersönlichkeit ist außer den Gläubigern jedes Mitglied des Vertretungsorgans, bei einer Gesellschaft ohne Rechtspersönlichkeit oder bei einer Kommanditgesellschaft auf Aktien jeder persönlich haftende Gesellschafter, sowie jeder Abwickler berechtigt. Bei einer juristischen Person ist im Fall der Führungslosigkeit auch jeder Gesellschafter, bei einer Aktiengesellschaft oder einer Genossenschaft zudem auch jedes Mitglied des Aufsichtsrats zur Antragstellung berechtigt.

(2) Wird der Antrag nicht von allen Mitgliedern des Vertretungsorgans, allen persönlich haftenden Gesellschaftern, allen Gesellschaftern der juristischen Person, allen Mitgliedern des Aufsichtsrats oder allen Abwicklern gestellt, so ist er zulässig, wenn der Eröffnungsgrund glaubhaft gemacht wird. Zusätzlich ist bei Antragstellung durch Gesellschafter einer juristischen Person oder Mitglieder des Aufsichtsrats auch die Führungslosigkeit glaubhaft zu machen. Das Insolvenzgericht hat die übrigen Mitglieder des Vertretungsorgans, persönlich haftenden Gesellschafter, Gesellschafter der juristischen Person, Mitglieder des Aufsichtsrats oder Abwickler zu hören.

(3) Ist bei einer Gesellschaft ohne Rechtspersönlichkeit kein persönlich haftender Gesellschafter eine natürliche Person, so gelten die Absätze 1 und 2 entsprechend für die organschaftlichen Vertreter und die Abwickler der zur Vertretung der Gesellschaft ermächtigten Gesellschafter. Entsprechendes gilt, wenn sich die Verbindung von Gesellschaftern in dieser Art fortsetzt.

InsO § 15a Antragspflicht bei juristischen Personen und Gesellschaftern ohne Rechtspersönlichkeit

(1) Wird eine juristische Person zahlungsunfähig oder überschuldet, haben die Mitglieder des Vertretungsorgans oder die Abwickler ohne schuldhaftes Zögern, spätestens aber drei Wochen nach Eintritt der Zahlungsunfähigkeit oder Überschuldung, einen Eröffnungsantrag zu stellen. Das Gleiche gilt für die organschaftlichen Vertreter der zur Vertretung der Gesellschaft ermächtigten Gesellschafter oder die Abwickler bei einer Gesellschaft ohne Rechtspersönlichkeit, bei der kein persön-

lich haftender Gesellschafter eine natürliche Person ist; dies gilt nicht, wenn zu den persönlich haftenden Gesellschaftern eine andere Gesellschaft gehört, bei der ein persönlich haftender Gesellschafter eine natürliche Person ist.

(2) Bei einer Gesellschaft im Sinne des Absatzes 1 Satz 2 gilt Absatz 1 sinngemäß, wenn die organschaftlichen Vertreter der zur Vertretung der Gesellschaft ermächtigten Gesellschafter ihrerseits Gesellschaften sind, bei denen kein persönlich haftender Gesellschafter eine natürliche Person ist, oder sich die Verbindung von Gesellschaften in dieser Art fortsetzt.

(3) Im Fall der Führungslosigkeit einer Gesellschaft mit beschränkter Haftung ist auch jeder Gesellschafter, im Fall der Führungslosigkeit einer Aktiengesellschaft oder einer Genossenschaft ist auch jedes Mitglied des Aufsichtsrats zur Stellung des Antrags verpflichtet, es sei denn, diese Person hat von der Zahlungsunfähigkeit und der Überschuldung oder der Führungslosigkeit keine Kenntnis.

(4) Mit Freiheitsstrafe bis zu drei Jahren oder mit Geldstrafe wird bestraft, wer entgegen Absatz 1 Satz 1, auch in Verbindung mit Satz 2 oder Absatz 2 oder Absatz 3, einen Eröffnungsantrag nicht, nicht richtig oder nicht rechtzeitig stellt.

(5) Handelt der Täter in den Fällen des Absatzes 4 fahrlässig, ist die Strafe Freiheitsstrafe bis zu einem Jahr oder Geldstrafe.

InsO § 16 Eröffnungsgrund

Die Eröffnung des Insolvenzverfahrens setzt voraus, daß ein Eröffnungsgrund gegeben ist.

InsO § 17 Zahlungsunfähigkeit

(1) Allgemeiner Eröffnungsgrund ist die Zahlungsunfähigkeit.

(2) Der Schuldner ist zahlungsunfähig, wenn er nicht in der Lage ist, die fälligen Zahlungspflichten zu erfüllen. Zahlungsunfähigkeit ist in der Regel anzunehmen, wenn der Schuldner seine Zahlungen eingestellt hat.

InsO § 18 Drohende Zahlungsunfähigkeit

(1) Beantragt der Schuldner die Eröffnung des Insolvenzverfahrens, so ist auch die drohende Zahlungsunfähigkeit Eröffnungsgrund.

(2) Der Schuldner droht zahlungsunfähig zu werden, wenn er voraussichtlich nicht in der Lage sein wird, die bestehenden Zahlungsverpflichtungen im Zeitpunkt der Fälligkeit zu erfüllen.

(3) Wird bei einer juristischen Person oder Gesellschaft ohne Rechtspersönlichkeit der Antrag nicht von allen Mitgliedern des Vertretungsorgans, allen persönlich haftenden Gesellschaftern oder allen Abwicklern gestellt, so ist Absatz 1 nur anzuwenden, wenn der oder die Antragssteller zur Vertretung der juristischen Person oder der Gesellschaft berechtigt sind.

InsO § 19 Überschuldung

(1) Bei einer juristischen Person ist auch die Überschuldung Eröffnungsgegenstand.

(2) Überschuldung liegt vor, wenn das Vermögen des Schuldners die bestehenden Verbindlichkeiten nicht mehr deckt, es sei denn, die Fortführung des Unternehmens ist nach den Umständen überwiegend wahrscheinlich. Forderungen auf Rückgewähr von Gesellschafterdarlehen oder aus Rechtshandlungen, die einem solchen Darlehen wirtschaftlich entsprechen, für die gemäß § 39 Abs. 2 zwischen Gläubiger und Schuldner der Nachrang im Insolvenzverfahren hinter den in § 39 Abs. 1 Nr. 1 bis 5 bezeichneten Forderungen vereinbart worden ist, sind nicht bei den Verbindlichkeiten nach Satz 1 zu berücksichtigen.

(3) Ist bei einer Gesellschaft ohne Rechtspersönlichkeit kein persönlich haftender Gesellschafter eine natürliche Person, so gelten die Absätze 1 und 2 entsprechend. Dies gilt nicht, wenn zu den persönlich haftenden Gesellschaftern eine andere Gesellschaft gehört, bei der ein persönlich haftender Gesellschafter eine natürliche Person ist.

Literatur

Aleth/Harfinger, Die Fortführungsprognose i.S. von § 19 II InsO – eine Handlungsanweisung für Geschäftsführer, NZI 2011, 166; *Berger,* Insolvenzantragspflicht bei Führungslosigkeit der Gesellschaft nach § 15a Abs. 3 InsO, ZInsO 2009, 1977; *Blöse*, Haftung des Geschäftsführers und Anforderungen an eine positive Fortbestehensprognose, GmbHR 2010, 867; *Böcker,* Patronatserklärung, Gesellschafterdarlehen, Finanzplankredit – Harmonischer Dreiklang oder schiefer Akkord?, DZWiR 2011, 93; *Bretz/Gude*, Beurteilung des neuen Überschuldungsbegriffs in der InsO anhand von Bilanzinformationen, ZInsO 2010, 515; *Dahl/Schmitz*, Probleme von Überschuldung und Zahlungsunfähigkeit nach FMStG und MoMiG, NZG 2009, 567; *Drygala*, Zweifelsfragen im Regierungsentwurf zum MoMiG, NZG 2007, 561; *Ehlers*, Das Haftungspotential gegenüber Beratern in der Unternehmenskrise, NZI 2008, 211; *Erdmann*, Die fälligen Zahlungsverpflichtungen im Sinne des § 17 Abs. 2 Satz 1 InsO, NZI 2007, 695; *Fichtelmann*, Die Rechtsstellung des Geschäftsführers der GmbH in der Insolvenz der Gesellschaft, GmbHR 2008, 76; *Fleischer/Schmolke*, Faktische Geschäftsführung in der Sanierungssituation, WM 2011, 1009; *Frystatzki*, Ungeklärte Probleme bei der Ermittlung der Zahlungsunfähigkeit und der neue IDW PS 800, NZI 2010, 389; *derselbe*, Die insolvenzrechtliche Fortführungsprognose – Zahlungsfähigkeits- oder Ertragsfähigkeitsprognose?, NZI 2011, 173; *Fromm*, Die Überschuldungsprüfung im Insolvenzrecht, GmbHR 2004, 940; *Früh/Wagner*, Überschuldungsprüfung bei Unternehmen, WPg 1998, 907; *Geißelmeier/Kammeter*, Der Rangrücktritt – Bestandsaufnahme und Auswirkungen des MoMiG im Handels- und Steuerrecht, NZI 2007, 214; *Goltz/Klose*, Strafrechtliche Folgen des gezielten Ankaufs von Anteilen an insolventen Gesellschaften mit beschränkter Haftung, NZI 2000, 108; *Götker*, Der Geschäftsführer in der Insolvenz, 1999; *Groß/Amen*, Die Fortbestehensprognose – Rechtliche Anforderungen und betriebswirtschaftliche Grundlagen, WPg 2002, 225; *Groß/Amen*, Die Erstellung der Fortbestehensprognose, WPg 2002, 433; *Heeg*, Die Kündigung von Patronatserklärungen in der Krise der Gesellschaft, BB 2011, 1160; *Höfner*, Zivilrechtliche Haftung und strafrechtliche Verantwortung des GmbH-Geschäftsführers bei Insolvenzverschleppung, 2003; *Joerden*, Grenzen der Auslegung des § 84 Abs. 1 Nr. 2 GmbHG, wistra 1990, 1; *Kahlert/Gehrke*, Der Rangrücktritt nach MoMiG: insolvenz- und steuerrechtliche Aspekte, DStR 2010, 227; *Kallmeyer*, Good will und Überschuldung nach neuem Insolvenzrecht, GmbHR 1999, 16; *Krüger/Wigand*, Die Zahlungsunfähigkeit im Anfechtungs- und Haftungsprozess, ZInsO 2011, 314; *Lutter*, Zahlungseinstellung und Überschuldung unter der neuen Insolvenzordnung, ZIP 1999, 641; *Maurer*, Strafbewehrte Handlungspflichten des GmbH-Geschäftsführers in der Krise, wistra 2003, 174; *Merz/Hübner*, Aktivierung von Sicherheiten Dritter und Behandlung rangrückgetretener Forderungen im Überschuldungsstatus gemäß § 19 Abs. 2 InsO, DStR 2005, 802; *Ogiermann/Weber*, Insolvenzstrafrecht in Deutschland – status quo und Perspektiven, wistra 2011, 206; *Pape/Uhlenbruck*, Insolvenzrecht, 2. Auflage 2007; *Passarge*, Zum Begriff der Führungslosigkeit – scharfes Schwert gegen Missbrauch oder nur theoretischer Papiertiger?, GmbHR 2010, 295; *Saenger/Koch*, Cash-Pooling und Feststellung der Zahlungsunfähigkeit, GmbHR 2010, 113; *K. Schmidt,* Entbehrlicher Rangrücktritt im Recht der Gesellschafterdarlehen? – Kritik an § 19 Abs. 2 E-InsO im MoMiG Entwurf, BB 2008, 461; *K. Schmidt/Uhlenbruck*, Die GmbH in Krise, Sanierung und Insolvenz, 3. Auflage 2003; *Schulz*, Zahlungsunfähigkeit und ernsthaftes Einfordern, ZIP 2009, 2281; *Spliedt*, Überschuldung trotz Schuldendeckung? – Ein Beitrag zur Interpretation des § 19 Abs. 2 InsO, DB 1999, 1941; *Stöber*, Die Insolvenzverschleppungshaftung in Europa, ZHR 176 (2010), 326; *Strohn*, Faktische Organe – Rechte, Pflichten, Haftung, DB 2011, 158; *Tetzlaff*, Kurzfristig kündbare Patronatserklärungen – ein untaugliches Sanierungsinstrument, DZWiR 2011, 181; *Thonfeld*, Der „instabile Überschuldungsbegriff" des FMStG, NZI 2009, 15; *Vallender*, Allgemeine Anforderungen an Anträge im Insolvenzverfahren, MDR 1999, 280; *Wabnitz/Janovsky*, Handbuch des Wirtschafts- und Steuerstrafrechts, 3. Auflage 2007; *Wackerbarth*, Überschuldung und Fortführungsprognose, NZI 2009, 145; *Wessing*, Insolvenz und Strafrecht – Risiken und Rechte des Beraters und Insolvenzverwalters, NZI 2003, 1; *Wolf*, Das Erfordernis der Dokumentation von Überschuldungsbilanzen, DStR 1998, 126; *Wuschek*, Der Überschuldungsbegriff, ZInsO 2011, 1734.

A. Allgemeines

Ein **Insolvenzverfahren** wird nicht von Amts wegen eingeleitet. Erforderlich ist der **Antrag** eines Gläubigers oder des Schuldners bzw. seiner Organe (§ 13 Abs. 1 Satz 2 InsO). Der Antrag ist begründet, wenn der Schuldner materiell insolvent ist (§ 16 InsO). Diesen Zustand hat der Gesetzgeber für juristische Personen und für diesen gleichgestellte Personengesellschaften durch die Tatbestände der Zahlungsunfähigkeit (§ 17 InsO) und der Überschuldung (§ 19 InsO) konkretisiert (siehe Rn. 4 ff. bzw. Rn. 9 ff.). Darüber hinaus berechtigt auch die drohende Zahlungsunfähigkeit zur Insolvenzantragstellung (siehe Rn. 8). Anders als die beiden vorgenannten Insolvenzgründe verpflichtet sie hierzu allerdings nicht. 1

Von der Insolvenzantragsberechtigung zu unterscheiden ist die **Pflicht** der Gesellschaftsorgane, einen Antrag auf Eröffnung des Insolvenzverfahrens über das Vermögen der Gesellschaft zu stellen. Sie ist die am Gläubigerschutz ausgerichtete Kehrseite der beschränkten Haftung.[1] Insbesondere dem Eröffnungsgrund der Überschuldung kommt insoweit eine Ausgleichsfunktion zu.[2] Die einer Kapitalgesellschaft wesenseigene Möglichkeit, unter Begrenzung des Zugriffs der Gläubiger auf das Gesellschaftsvermögen am wirtschaftlichen Verkehr teilzunehmen, wird der Gesellschaft nur so lange zugestanden, wie auch ausreichend Vermögen zur Befriedigung aller Gesellschaftsgläubiger vorhanden ist. Wird diese Pflicht missachtet und das Vertrauen der Gläubiger enttäuscht, sieht das Gesetz für den Fall der schuldhaften Pflichtverletzung neben einer strafrechtlichen Sanktion (Rn. 30 ff.) zivilrechtliche Haftungstatbestände vor (siehe § 64). 2

Durch das MoMiG ist die bisher in § 64 Abs. 1 a.F. geregelte **Insolvenzantragspflicht des GmbH-Geschäftsführers** in die Insolvenzordnung überführt worden. Adressat der Antragspflicht sind nunmehr rechtsformübergreifend die Mitglieder der Vertretungsorgane juristischer Personen oder diesen gleichgestellter Personengesellschaften, bei der kein persönlich haftender Gesellschafter eine natürliche Person ist. Nach der Vorstellung des Gesetzgebers unterliegen damit auch ausländische Kapitalgesellschaften, die ihren Verwaltungssitz in Deutschland haben, der Insolvenzantragspflicht.[3] In § 15a Abs. 4, 5 InsO wurde korrespondierend eine allgemeine Strafvorschrift für die Verletzung der Insolvenzantragspflicht geschaffen. Dem alten Recht unbekannt ist die in § 15a Abs. 3 InsO formulierte subsidiäre Antragspflicht der Gesellschafter und Mitglieder von Aufsichtsorganen. 3

B. Die Insolvenzeröffnungsgründe (§§ 17 bis 19 InsO)

I. Zahlungsunfähigkeit (§ 17 InsO)

Der Schuldner ist zahlungsunfähig, wenn er nicht in der Lage ist, seine fälligen Zahlungsverpflichtungen zu erfüllen (§ 17 Abs. 2 Satz 1 InsO). Hat er die Zahlungen eingestellt, wird die Zahlungsunfähigkeit widerlegbar vermutet (§ 17 Abs. 2 Satz 2 InsO). Eine **Zahlungseinstellung** liegt vor, wenn die Gesellschaft einen wesentlichen Teil ihrer fälligen Zahlungsverpflichtungen nicht mehr erfüllt.[4] Dies gilt auch dann, wenn tatsächlich noch geleistete Zahlungen beträchtlich sind, aber im Verhältnis zu den fälligen Gesamtschulden nicht den wesentlichen Teil ausmachen.[5] 4

Liegt keine Zahlungseinstellung vor, muss das **Unvermögen zur Erfüllung der fälligen Verbindlichkeiten** festgestellt werden. Dieser Zustand ist anhand der Kriterien der Wesentlichkeit der Deckungslücke und der Dauerhaftigkeit des Unvermögens stets abzugrenzen von der bloßen Zahlungsstockung. Letztere ist anzunehmen, wenn sich das Unvermögen zur Tilgung der fälligen Verbindlichkeiten innerhalb einer kurzen Zeit beheben lässt. Die Frage, ob noch von einer vorüberge- 5

1 Lutter/Hommelhoff/*Kleindieck*, § 64 Rn. 4; siehe ferner zur Frage des anwendbaren Rechts *Stöber*, ZHR 176 (2010), 326.
2 BGHZ 126, 181, 194; Hachenburg/*Ulmer*, § 63 Rn. 26 ff.
3 BT-Drucks. 16/6140, S. 55.
4 BGH ZIP 2006, 2222.
5 BGH ZIP 2001, 524, 525; DB 2012, 1797, 1798.

henden Zahlungsstockung oder schon von einer (endgültigen) Zahlungsunfähigkeit auszugehen ist, muss allein aufgrund objektiver Umstände beurteilt werden.[6] Entscheidend ist, ob der Schuldner innerhalb von drei Wochen ausreichende Geldmittel aus seiner Geschäftstätigkeit vereinnahmen wird oder zumindest in der Lage ist, sich innerhalb dieses Zeitraums die erforderlichen Geldmittel nötigenfalls von dritter Seite zu besorgen. Nicht verlangt wird freilich, dass alle Verbindlichkeiten erfüllt werden können. Nach Auffassung des BGH ist von Zahlungsunfähigkeit auszugehen, wenn der Schuldner innerhalb von drei Wochen nicht 90 % seiner fälligen Verbindlichkeiten erfüllen kann.[7] Diese Vermutung wird nur dann widerlegt, wenn konkrete Umstände vorgetragen werden, die mit an Sicherheit grenzender Wahrscheinlichkeit erwarten lassen, dass die Liquiditätslücke demnächst vollständig oder fast vollständig beseitigt werden kann und den Gläubigern ein Abwarten nach den besonderen Umständen des Einzelfalls zuzumuten ist.[8] Beträgt die Unterdeckung hingegen weniger als 10 %, genügt dies allein nicht zum Beleg der Zahlungsunfähigkeit, schließt eine solche im Einzelfall aber auch nicht aus, wenn weitere Umstände hinzutreten. Im Ergebnis kommt es stets auf eine Gesamtbewertung der Höhe der Liquiditätslücke, der kurzfristig zu erwartenden Umsatz- und Ertragslage sowie der Fähigkeit des Unternehmens an, sich am Kreditmarkt Finanzmittel zu besorgen.

6 Die Fähigkeit eines Schuldners, seinen fälligen Verbindlichkeiten nachzukommen, wird durch einen sog. **Liquiditätsstatus** ermittelt.[9] Die im maßgeblichen Zeitpunkt verfügbaren und innerhalb von drei Wochen in Liquidität umsetzbaren Vermögensgegenstände sind in Beziehung zu setzen zu den am selben Stichtag fälligen und in den nächsten drei Wochen fällig werdenden Verbindlichkeiten. Der Status hat mithin ein stichtags- und ein zeitraumbezogenes Element. Die in diesen Status einzustellende Liquidität erstreckt sich ausschließlich auf die sog. **Geldliquidität**. Andere Vermögensgegenstände dürfen nur dann eingestellt werden, wenn sie innerhalb von drei Wochen zu einem Geldeingang führen. Bei bereits entstandenen Zahlungsansprüchen, die fällig sind bzw. in den nächsten drei Wochen fällig werden, bedarf es einer belastbaren Aussage zur Erfüllungswahrscheinlichkeit. Bei noch nicht entstandenen Forderungen muss sich die Aussage auch auf die Entstehungswahrscheinlichkeit erstrecken. Forderungen, die erst nach den drei Wochen entstehen bzw. fällig werden, sind grundsätzlich nicht berücksichtigungsfähig.[10] Bei (anderen) Gegenständen des Umlaufvermögens ist die Praxis äußerst zurückhaltend. Insbesondere bei Forderungen muss mit Zahlungseingängen bei objektiver Betrachtung zu rechnen sein. Kann dies mit Sicherheit vorhergesagt werden (z.B. bei Kündigung einer Lebensversicherung hinsichtlich des unstreitigen Anspruchs auf Auszahlung des Rückkaufwerts), kann es sodann im Einzelfall aber auch unschädlich sein, wenn der Zahlungseingang nicht genau innerhalb der drei Wochenfrist erfolgen wird.[11] Gegenstände des Anlagevermögens können unter dem Gesichtspunkt der kurzfristigen Liquidierbarkeit regelmäßig erst recht nicht in Ansatz gebracht werden. Auf der Seite der zu erfüllenden Verbindlichkeiten sind **alle Schulden** anzusetzen, **die im zivilrechtlichen Sinne fällig sind**. Soweit und solange eine Forderung rechtswirksam gestundet ist, darf sie nicht berücksichtigt werden. Fehlt es an einer Stundung, kann im Einzelfall auch das schlichte Unterlassen einer Geltendmachung durch den Gläubiger die Außerachtlassung einer Verbindlichkeit im Liquiditätsstatus rechtfertigen. Denn der BGH verlangt, dass eine Verbindlichkeit nicht nur fällig, sondern auch **ernsthaft eingefordert** worden sein muss.[12] Die Anforderungen hieran sind allerdings nicht hoch. Ein Einfordern in diesem Sinne liegt bei jeder Gläubigerhandlung vor, aus der sich der Wille ergibt, vom Schuldner Erfüllung zu verlangen. Ausreichend ist regelmäßig bereits eine einzige Zahlungsaufforderung. Erneute oder weiter gehende Durchsetzungsbemühungen sind auch im Falle

6 BGHZ 163,134,145; MünchKomm-InsO/*Eilenberger*, InsO, § 17 Rn. 6.
7 Grundlegend: BGHZ 163, 134, 145.
8 BGHZ 163, 134, 145; DStR 2012, 1286, 1287.
9 BGH ZIP 2006, 2222, vgl. insbesondere den IDW Prüfungsstandard: Empfehlungen zur Prüfung eingetretener oder drohender Zahlungsunfähigkeit bei Unternehmen (IDW PS 800), in der Neufassung vom 6.3.2009 (WPg Supplement 2/2009), dazu *Plagens/Wilkes*, ZInsO 2010, 2107; *Frystatzki*, NZI 2010, 389.
10 LG Hamburg, ZIP 2012, 1724.
11 BGH ZIP 2006, 2222.
12 So nunmehr BGHZ 173, 286; 181, 132.

der langfristigen Säumnis des Schuldners nicht erforderlich, um die Wirkung des Einforderns zu erhalten.[13] Bisher nicht abschließend geklärt ist das Verhältnis von Satz 3 zum Insolvenzgrund der Zahlungsunfähigkeit. Würde eine Zahlung an einen Gesellschafter die Zahlungsunfähigkeit verursachen, hat die Gesellschaft – anders als bei Satz 1 – nach Maßgabe des Satz 3 ein Leistungsverweigerungsrecht (str, dazu § 64 Rn. 24). Der organschaftliche Vertreter darf und muss sie nicht erfüllen. Nach m.E. zutreffender Auffassung bewirkt dieses insolvenzspezifische Leistungsverweigerungsrecht, dass die Forderung des Gesellschafters nicht in den Liquiditätsstatus einzustellen ist.[14]

! Die Abwendung oder Beseitigung einer Zahlungsunfähigkeit gelingt regelmäßig nur durch Stundungsvereinbarungen mit den Gläubigern und über die Zuführung neuer Finanzmittel durch Eigen- oder Fremdkapitalaufnahme. Besonderes Augenmerk muss der Geschäftsführer darauf legen, dass den Gläubigern langfristiger Verbindlichkeiten kein Anlass gegeben wird, diese fällig zu stellen (z.B. durch Zahlungsverzug).

Die zivil- und strafgerichtliche Praxis verzichtet im Haftungs- oder Anfechtungsprozess bzw. Strafverfahren zum Teil auf die Erstellung eines finanzwirtschaftlichen Liquiditätsstatus. Sie lässt nicht selten vielmehr bestimmte, nach **allgemeiner Lebenserfahrung auf die Zahlungsunfähigkeit hindeutende Indizien** genügen. Dies sind beispielsweise die Zunahme von Mahn- und Vollstreckungsaufträgen sowie die Nichtzahlung bzw. schleppende Zahlung von für die Betriebsfortführung existenziellen Verbindlichkeiten wie Mieten und Gehälter[15]. Besonders hervorzuheben ist der Indizwert der Nichtabführung von Sozialversicherungsbeiträgen. Wegen der hiermit verbundenen Strafbarkeit nach § 266a StGB spricht dies nach Auffassung der Rechtsprechung in erheblichem Maße für das Fehlen der erforderlichen Zahlungsmittel, da es nach allgemeiner Lebenserfahrung im vordersten Interesse der Geschäftsführung liegt, eine eigene Strafbarkeit zu vermeiden.[16] Entsprechendes gilt für Steuerzahlungen.[17] Ferner wird es im Einzelfall im Rahmen einer Ex-post-Betrachtung für ausreichend gehalten, wenn im Beurteilungszeitpunkt fällige Verbindlichkeiten bestanden haben, die bis zur Eröffnung des Insolvenzverfahrens nicht mehr beglichen worden sind.[18] 7

II. Drohende Zahlungsunfähigkeit (§ 18 InsO)

Die Zahlungsunfähigkeit droht, wenn die Gesellschaft voraussichtlich nicht in der Lage sein wird, ihre bestehenden Zahlungsverpflichtungen im Zeitpunkt ihrer Fälligkeit zu erfüllen (§ 18 Abs. 2 InsO). Die Gefährdung der Gesellschaft und der Gläubigerinteressen ist in dieser Situation zwar von geringerer Intensität als im Verhältnis zu den übrigen Insolvenzgründen, rechtfertigt nach Auffassung des Gesetzgebers aber gleichwohl, dass die Wirkungen des Insolvenzverfahrens zur Disposition der Gesellschaft bzw. ihrer Vertretungsorgane gestellt werden. Grundvoraussetzung ist, dass die **Prognose der künftigen Zahlungsströme** den Eintritt der Zahlungsunfähigkeit wahrscheinlicher erscheinen lässt als deren Vermeidung.[19] Die drohende Zahlungsunfähigkeit wird durch einen Finanzplan für einen bestimmten Prognosezeitraum festgestellt. Die vorhandene Liquidität und die Einnahmen, die bis zu dem genannten Zeitpunkt zu erwarten sind, müssen den Verbindlichkeiten gegenübergestellt werden, die bereits fällig sind oder bis zu dem Stichtag noch fällig werden.[20] In der Regel wird ein Prognosezeitraum von zwei Jahren zugrunde zu legen sein.[21] Die Dauer der anzustellenden Prognose hängt letztlich aber von der Fristigkeit der im Einzelfall als rele- 8

13 BGHZ 173, 286; eingehend: *Erdmann*, NZI 2007, 695, 696 f.; *Schulz*, ZIP 2009, 2281.
14 Siehe zur Diskussion *Dahl*, NZG 2009, 567, 570 f.; *Spliedt*, ZIP 2009, 149, 160 f.
15 BGH ZIP 2008, 706.
16 BGH DStR 2006, 591; OLG Frankfurt/M., ZInsO 2006, 943, 944.
17 BGH ZIP 2011, 1416; siehe auch BGH NZI 2012, 663, 664 zur Entkräftung dieses Indizes.
18 BGH ZIP 2006, 2222; ZIP 2012, 723.
19 *Pape/Uhlenbruck*, Insolvenzrecht, Rn. 304.
20 Umstritten ist nach wie vor, ob der Finanzplan nur bereits dem Grunde nach entstandene oder auch mit Sicherheit noch zur Entstehung gelangende Verbindlichkeiten berücksichtigen darf. Für Letzteres jedenfalls die herrschende Auffassung, statt vieler: Scholz/*K. Schmidt*, § 64 Rn. 35.
21 Jaeger/*Müller*, InsO, § 18 Rn. 7; Kübler/Prütting/*Pape*, InsO, § 18 Rn. 9.

vant eingestuften Verbindlichkeiten ab und kann daher auch andere Zeiträume rechtfertigen.[22] Je länger der Zeitraum ist, umso weniger Aussagekraft wird dem Finanzplan aber für die mit ihm zu belegende aktuelle Gefährdung der Gläubigerinteressen zukommen.

> **!** Die drohende Zahlungsunfähigkeit löst – anders als Zahlungsunfähigkeit und Überschuldung – keine Insolvenzantragspflicht aus (siehe Rn. 22), sondern gewährt nur ein Insolvenzantragsrecht. Sie spielt in Abgrenzung zur Zahlungsunfähigkeit jedoch eine bedeutsame Rolle bei Sanierungsbestrebungen mittels eines in Eigenverwaltung betriebenen Insolvenzplanverfahrens (siehe § 270b InsO).

III. Überschuldung (§ 19 InsO)

9 Eine Gesellschaft ist überschuldet, wenn ihr Vermögen bei Ansatz von Liquidationswerten die bestehenden Verbindlichkeiten nicht (mehr) deckt (rechnerische Überschuldung) und zugleich die Fortführung des Unternehmens nach den Umständen nicht überwiegend wahrscheinlich ist (negative Fortführungsprognose). Während der Gesetzgeber im Zuge der Insolvenzrechtsform der Fortführungsprognose in Abkehr von der Rechtslage unter der Konkursordnung nur noch rechtliche Bedeutung für die Bewertung der Vermögensgegenstände und Schulden beigemessen hatte, ist er mit **§ 19 Abs. 2 Satz 1 InsO in der Fassung des Finanzmarktstabilisierungsgesetzes (FMStG)**[23] mit Wirkung zum 18.10.2008[24] zur alten Rechtslage und der damals vom BGH vertretenen sog. zweistufigen Überschuldungsprüfung zurückgekehrt. In einem ersten Schritt ist mithin ein sog. **Überschuldungsstatus** aufzustellen. Die Vermögensgegenstände und Schulden sind unter der Prämisse in Ansatz zu bringen und zu bewerten, dass die Gesellschaft liquidiert wird (dazu Rn. 11 ff.). Ergibt dieser Status eine rechnerische Überschuldung, fehlt es gleichwohl an einer insolvenzrechtlichen Überschuldung, wenn der Gesellschaft im zweiten Schritt eine positive Fortführungsprognose beizulegen ist (dazu Rn. 10). Allein die positive Fortführungsprognose verhindert folglich die Überschuldung. In der Praxis wird daher häufig auf den ersten Schritt verzichtet, wenn die Prognose mit Sicherheit und belastbar positiv ist.

10 Nach der Vorstellung des Gesetzgebers ist grundsätzlich von einer negativen Fortführungsprognose auszugehen. Eine **positive Fortführungsprognose** ist auf der Grundlage einer nach betriebswirtschaftlichen Methoden zu erstellenden Ertrags- und Finanzplanung festzustellen.[25] Ein etwaiges Sanierungskonzept ist zu berücksichtigen, soweit seine Umsetzung und Umsetzbarkeit wahrscheinlich ist. Die Prognose ist positiv, wenn sowohl der **Fortführungswille des Schuldners** als auch die **objektive Überlebensfähigkeit** des Unternehmens gegeben sind.[26] Die Ertragsplanung muss auf einem schlüssigen Unternehmenskonzept beruhen und die Fähigkeit des Unternehmens dokumentieren, mittelfristig Gewinne zu erwirtschaften. Aus dem Finanzplan muss sich ferner die überwiegende Wahrscheinlichkeit dafür ergeben, dass das finanzielle Gleichgewicht gewahrt ist und mittelfristig nicht mit Eintritt der Zahlungsunfähigkeit zu rechnen ist. Die dergestalt formulierte Überlebensfähigkeit der Gesellschaft kann insbesondere auch durch harte Patronatserklärungen der Konzernmutter gesichert werden.[27] Die **Prognose** ist für eine **Zeitspanne**, die mindestens das folgende Geschäftsjahr umspannt, abzugeben.[28]

22 Scholz/*K. Schmidt*, § 64 Rn. 35.
23 BGBl. I 2008 S. 1982
24 Die Befristung, die ursprünglich nur bis zum 31.12.2011 galt, wurde durch das Gesetz zur Erleichterung der Sanierung von Unternehmen vom 24.9.2009 (BGBl. I 2009, S. 3151) bis zum 31.12.2013 verlängert. Mit dem Gesetz zur Einführung einer Rechtsbehelfsbelehrung im Zivilprozess und zur Änderung sonstiger Vorschriften vom 8.11.2012 ist die Befristung aufgehoben worden (Art. 18 des Gesetzes).
25 Eingehend: *Groß/Amen*, WPg 2002, 225 ff. und 433 ff.; *Weller*, DStR 2010, 1046 ff.
26 BGH DStR 2006, 2186.
27 BGHZ 187, 69, hierzu im Einzelnen, insbesondere zu den Anforderungen an die Patronatserklärung *Kaiser*, ZIP 2011, 2136; *Tetzlaff*, DZWiR 2011, 181.
28 Siehe zu den Anforderungen an die Darlegung der positiven Fortführungsprognose OLG Naumburg, GmbHR 2004, 361, 362; KG, GmbHR 2006, 374; OLG Schleswig, DB 2010, 722.

> **!** Den Geschäftsführer trifft in der Krise regelmäßig die Pflicht, einen Überschuldungsstatus aufzustellen und diesen fortzuschreiben (Rn. 24). Seine Erkenntnisse und Schlussfolgerungen sollte er genau dokumentieren. Dies gilt zum einen für das Unternehmenskonzept und die Ertrags- und Finanzplanung und zum anderen für die Ansätze und Bewertungen im Überschuldungsstatus selbst. Im Haftungsprozess ist der Überschuldungsstatus nämlich gerade dann, wenn keine Dokumentation erfolgt ist, äußerst streitanfällig. Dies geht zu Lasten des Geschäftsführers. Wurden in der Krise nicht zeitnah Konzept und Planung erstellt, kann er sich nicht auf eine positive Fortführungsprognose berufen. Ferner droht er mangels Dokumentation zu unterliegen, wenn er den Ansatz halbfertiger Erzeugnisse oder eines Firmenwerts durchsetzen oder im Rahmen der Bewertung weiter gehende stille Reserven aufgedeckt wissen will.

Der Überschuldungsstatus stellt eine Sonderbilanz dar, die Auskunft über das Schuldendeckungspotential der Gesellschaft gibt. Er kann nicht durch eine Unternehmensbewertung nach der Ertragswertmethode ersetzt werden.[29] Erforderlich ist vielmehr eine am **Grundsatz des Einzelansatzes und der Einzelbewertung** orientierte Vermögensaufstellung. Der Mehrwert eines betrieblichen Organismus oder besondere Eigenschaften eines Unternehmens finden vorrangig in der Bewertung der einzelnen Vermögensgegenstände ihren Niederschlag. Nur ausnahmsweise ist ein darüber hinausgehender Mehrwert als Firmen- oder Geschäftswert in Ansatz zu bringen. **11**

Bei der Aufstellung des Überschuldungsstatus kann im Ausgangspunkt auf die **Handels- bzw. Steuerbilanz** zurückgegriffen werden.[30] Diese Rechnungslegungswerke sind allerdings teilweise von Ansatz- und Bewertungsgrundsätzen geprägt, die im Widerspruch zum Zweck eines Überschuldungsstatus stehen. Die Aktivierbarkeit eines Vermögensgegenstands erfährt insbesondere keine Einschränkung durch handels- und steuerrechtliche Aktivierungsverbote. Entscheidend ist allein, ob einem Vermögensgegenstand im Verwertungsfall das Potential zukommt, Schulden der Gesellschaft zu decken. Entsprechendes gilt sinngemäß für die Passivseite. Deutlich wird dies beispielsweise bei bilanziellen Rechnungsabgrenzungsposten. Sie sind für den Überschuldungsstatus nur von Relevanz, soweit sie (künftige) Forderungen oder (künftige) Verbindlichkeiten wiedergeben.[31] Ferner orientiert sich die Bewertung in der Handels- und Steuerbilanz weniger am tatsächlichen Verkehrswert als vielmehr am zur Unterbewertung neigenden Vorsichtsprinzip. Der Überschuldungsstatus hingegen wird auf Verkehrswertbasis erstellt.[32] Die fortgeführten Anschaffungs- und Herstellungskosten bilden mithin keine Bewertungsobergrenze. Stille Reserven sind stets aufzudecken. Nicht realisierte Gewinne sind bei der Bewertung (insbesondere von halbfertigen Erzeugnissen) zu berücksichtigen, sofern ihre Vereinnahmung – unter Beachtung der Fortführungsprognose – ausreichend wahrscheinlich ist. Trotz der vorgenannten Unterschiede ist allgemein anerkannt, dass wegen der nahezu vollständigen Erfassung sämtlicher pagatorischer Daten in der Handelsbilanz bzw. unterjährig in den Summen- und Saldenlisten diese Zahlenwerke hinsichtlich Ansatz und Bewertung einen tauglichen Ausgangspunkt für die Erstellung eines Überschuldungsstatus bilden[33]. **12**

Im Überschuldungsstatus sind auf der **Aktivseite** alle Vermögensgegenstände anzusetzen, die im Falle der Insolvenz nach § 35 InsO zu den verwertbaren Bestandteilen der Masse gehören. Dies sind alle Sachen und Rechte, die zum Gesellschaftsvermögen gehören. Die Belastung eines Vermögensgegenstands (Sicherungseigentum und -abtretung, Grundpfandrechte u.Ä.) hindert den Ansatz nicht.[34] Auch selbst geschaffene immaterielle Vermögensgegenstände sind zu aktivieren, sofern ihnen ein potentieller Verwertungserlös zuerkannt werden kann. Zu aktivieren sind ferner Anspru- **13**

---

29 So zu Recht die herrschende Auffassung, statt vieler: Baumbach/Hueck/*Haas*, § 64. Rn. 48; Jaeger/*Müller*, InsO, § 19 Rn. 26 m.w.N. auch zur Gegenauffassung.
30 BGHZ 146, 264.
31 Scholz/*K. Schmidt*, § 64 Rn. 20.
32 Kübler/Prütting/*Pape*, InsO, § 19 Rn. 7.
33 BGHZ 125, 141, 146.
34 Scholz/ *K. Schmidt*, § 64 Rn. 28.

che gegen Gesellschafter auf Erbringung rückständiger Einlagen, aus Vorbelastungshaftung sowie aus § 31. Entsprechendes gilt für Ansprüche der Gesellschaft aus harten Patronatserklärungen[35] und aus Liquiditätsausstattungsgarantien sowie für Verlustausgleichsansprüche aus Unternehmensverträgen.[36] Vermögenswerte, deren Inanspruchnahme gleichwertige Gegenansprüche auslösen würden, bleiben hingegen außer Betracht. Demgemäß können Drittsicherheiten für Gesellschaftsschulden nur dann aktiviert werden, wenn die Gesellschaft mit dem Dritten rechtsverbindlich vereinbart hat, dass dieser im Falle der eigenen Inanspruchnahme durch den Sicherungsnehmer keinen Rückgriff bei der Gesellschaft nehmen wird.[37] Anderenfalls neutralisiert der Anspruch auf Erstattung oder Aufwendungsersatz den Vermögensgegenstand.[38] Kautionsguthaben und Sicherheitseinbehalte dürfen aktiviert werden, wenn der Sicherungsfall unwahrscheinlich ist.[39] Ansatzfähig sind ferner Forderungen aus schwebenden Geschäften, soweit trotz der drohenden Insolvenz mit ihrer Erfüllung zu rechnen ist. Entsprechendes gilt für die Aktivierbarkeit von halbfertigen Erzeugnissen. Der Ansatz eines Geschäfts- und Firmenwerts kommt nach herrschender Auffassung in Betracht, wenn greifbare Aussichten bestehen, das Unternehmen oder Unternehmensteile zu veräußern und dabei einen über den Substanzwert hinausgehenden Mehrerlös zu erzielen.[40] Bilanzierungshilfen hingegen kommt kein Vermögenswert zu.

14 Die Vermögensgegenstände sind mit ihrem Verkehrswert zu bewerten. Dieser ist als Liquidations- oder Fortführungswert (je nach Ergebnis der Fortführungsprognose) zu ermitteln. Die **Bewertung unter Fortführungsgesichtspunkten** misst den Vermögensgegenständen denjenigen Wert zu, der ihnen als Teil des betrieblichen Organismus von einem fiktiven Erwerber beigemessen würde. Der **Liquidationswert** berücksichtigt diesen Mehrwert regelmäßig nicht. Vielmehr ist von einer Einzelveräußerung auszugehen, sofern nicht ausnahmsweise auch bei negativer Fortführungsprognose eine Unternehmensveräußerung im Ganzen zu erwarten ist. Je nach Einzelfall kann ggf. auch nur der Zerschlagungswert sachgerecht sein. Forderungen werden mit ihrem Nennwert angesetzt. Jedoch müssen die Durchsetzbarkeit und Werthaltigkeit stets kritisch geprüft und ggf. eine Wertberichtigung vorgenommen werden. Soweit schwebende Geschäfte aktiviert werden, ist bei der Bewertung zu berücksichtigen, dass ggf. noch weitere Aufwendungen getätigt werden müssen, um diese Forderungen endgültig durchsetzbar zu machen. Insbesondere halbfertigen Erzeugnissen ist regelmäßig der Wert beizumessen, den ein fiktiver Erwerber zahlen würde, um das Erzeugnis fertigstellen bzw. den Auftrag vollenden zu können. Die Bewertung ist daher nicht auf den bisherigen Güterverbrauch im Sinne der handelsrechtlichen Herstellungskosten beschränkt, sondern erlaubt auch die Berücksichtigung einer bereits im Unternehmen eingetretenen Wertschöpfung. Voraussetzung ist freilich, dass deren Realisierung zu erwarten steht.

15 Auf der **Passivseite** sind alle Verbindlichkeiten auszuweisen, die im Insolvenzfall aus der Insolvenzmasse erfüllt werden müssen. Die Einstellung in den Überschuldungsstatus erfolgt ungeachtet einer etwaigen Besicherung des Gläubigers. Betagte und bedingte Verbindlichkeiten gelten gem. § 41 InsO im Insolvenzverfahren als fällig und sind daher zu passivieren. Für ungewisse Verbindlichkeiten sind Rückstellungen zu bilden, soweit die Inanspruchnahme der Gesellschaft zu erwarten ist. Entsprechendes gilt für drohende Verluste aus schwebenden Geschäften.[41] Hierzu gehören auch künftige Mietzinsverbindlichkeiten bis zum Ende der Vertragslaufzeit.[42] Wird der Überschuldungsstatus unter der Prämisse einer negativen Fortführungsprognose aufgestellt, sind nach wohl vorherrschender, aber äußerst umstrittener Auffassung auch solche Kosten in Gestalt einer Rückstel-

35 BGHZ 187, 69; m.E. zu Recht einschränkend *Heeg*, BB 2011, 1160, 1162: Aktivierbarkeit nur, wenn Forderungen aus der Patronatserklärung nach Eröffnung des Insolvenzverfahrens Massebestandteil wären, was insbesondere bei jederzeit kündbaren Patronatserklärungen nicht der Fall sein dürfte; siehe ferner noch *Haußer/Steeg*, ZIP 2010, 1427 ff.; *Kaiser*, ZIP 2011, 2136.

36 Lutter/Hommelhoff/*Kleindieck*, § 64 Rn. 20.

37 Eingehend: *Merz/Hübner*, DStR 2005, 802 ff.

38 Scholz/*K. Schmidt*, Vor § 64 Rn. 26.

39 Vgl. BGH DStR 2011, 130.

40 Baumbach/Hueck/*Haas*, § 64 Rn. 51; *Pape/Uhlenbruck*, Insolvenzrecht, Rn. 320.

41 Uhlenbruck/*Uhlenbruck*, InsO, § 19 Rn. 56 f.

42 BGH DStR 2011, 130.

lung zu berücksichtigen, die durch eine Abwicklung der Gesellschaft verursacht werden (z.B. Sozialplanverbindlichkeiten).[43] Nicht zu passivieren sind jedoch diejenigen Kosten, die erst durch die Eröffnung des Insolvenzverfahrens als Masseverbindlichkeiten begründet werden (insbesondere Verfahrenskosten).[44] Werden Rückstellungen wegen einer drohenden Inanspruchnahme gebildet, sind ggf. korrespondierend Erstattungs- oder Ausgleichsansprüche zu aktivieren, wenn sich die Gesellschaft bei einem Dritten schadlos halten darf. Die Bewertung dieses Vermögensgegenstands wird in aller Regel freilich kritisch zu prüfen sein. Ein Sonderposten mit Rücklageanteil ist nicht zu passivieren. Gegebenenfalls muss aber eine Steuerrückstellung gebildet werden, sofern mit einer Auflösung zu rechnen ist.

Die **Passivierungspflicht für Verbindlichkeiten entfällt**, soweit der Gläubiger eine Rangrücktrittserklärung dahin gehend abgibt, dass seine Forderung im Rang hinter sämtliche in § 39 Abs. 1 Nr. 1 bis 5 InsO genannten Forderungen zurücktritt. Das Gesetz orientiert sich damit an den von der Rechtsprechung bereits vor dem MoMiG formulierten Grundsätzen zu den Gesellschafterdarlehen.[45] Eine Gleichstellung mit den Ansprüchen der Gesellschafter auf Einlagenrückgewähr ist allerdings nicht mehr erforderlich.[46] Voraussetzung ist eine wirksame Vereinbarung zwischen Gläubiger und Schuldner über den Nachrang.[47] Notwendig ist zudem, dass der Gläubiger auf Sicherheiten verzichtet; Nachrang und Absonderungsberechtigung widersprechen sich und heben nach Ansicht des OLG Düsseldorf die Nachrangwirkung auf mit der Folge der fortbestehenden Passivierungspflicht.[48] Gegenstand einer Nachrangabrede können alle vermögensrechtlichen Ansprüche gegen die Gesellschaft sein (insbesondere Darlehen, Forderungen aus Lieferungen und Leistungen). Ein Nachrang kann ferner mit dem Sicherungsgeber einer gesellschaftsfremden Drittsicherheit in Ansehung des Rückgriffsanspruchs, der sich im Falle der Inanspruchnahme dieser Sicherheit ergibt, vereinbart werden. Dies hat nach zutreffender Auffassung zur Folge, dass die Drittsicherheit im Überschuldungsstatus zu aktivieren ist. Denn infolge des Rangrücktritts existiert kein Rückgriffsanspruch, der den der Drittsicherheit innewohnenden Vermögenswert kompensiert (Rn. 13).[49] Mit welchem Wertansatz die Drittsicherheit zu aktivieren ist, richtet sich sowohl bei Personal- als auch Sachsicherheiten grundsätzlich nach dem Haftungsumfang sowie ihrer Werthaltigkeit. 16

Die **Bewertung von Verbindlichkeiten** richtet sich grundsätzlich nach ihrem Nennwert. Sie sind abzuzinsen, soweit dies gem. § 41 Abs. 2 InsO auch im Insolvenzverfahren zu erfolgen hat.[50] Rückstellungen müssen regelmäßig geschätzt werden. 17

> Die Vermeidung oder Beseitigung einer Überschuldung setzt voraus, dass entweder das Schuldendeckungspotenzial der Gesellschaft durch die Zuführung von Eigenkapital bzw. von im Sinne von § 39 Abs. 2 InsO nachrangigem Fremdkapital erhöht oder das Volumen der nicht nachrangig zu deckenden Schulden verringert wird. Letzteres kann insbesondere durch Forderungsverzichte (ggf. gegen Besserungsschein) oder Rangrücktrittsvereinbarungen erreicht werden. Anders als im Rahmen der Zahlungsunfähigkeit kommt es in keiner Weise auf die Zuführung von Liquidität an.

43 Überzeugend: Jaeger/*Müller*, InsO, § 19 Rn. 78; Lutter/Hommelhoff/*Kleindieck*, Anh. zu § 64 Rn. 33 jeweils m.w.N.; a.A. Baumbach/Hueck/*Haas*, § 64 Rn. 53; Uhlenbruck/*Uhlenbruck*, InsO, § 19 Rn. 55.
44 Scholz/*K. Schmidt*, Vor § 64 Rn. 33.
45 Siehe nur BGHZ 146, 264, 271.
46 In diesem Sinne vor der Reform noch OLG Frankfurt/M., GmbHR 2004, 53; instruktiv mit Formulierungsbeispielen Kahlert/Gehrke, DStR 2010, 227.
47 Einzelheiten bei MünchKomm-InsO/*Ehricke*, InsO, § 39 Rn. 47.
48 OLG Düsseldorf, GWR 2012, 61; den Widerspruch hätte man freilich auch so auflösen können, dass im Insolvenzverfahren die Absonderungsberechtigung versagt wird.
49 Eingehend zum Diskussionsstand Scholz/*K. Schmidt*, Vor § 64 Rn. 26.
50 Baumbach/Hueck/*Haas*, § 64 Rn. 58.

C. Das Insolvenzantragsrecht der Geschäftsführer, Gesellschafter und Aufsichtsratsmitglieder (§ 15 InsO)

18 Zur Stellung eines Insolvenzantrags über das Vermögen einer juristischen Person ist jeder Geschäftsführer oder Liquidator berechtigt (§ 15 Abs. 1 Satz 1 InsO). Interne Regelungen sind insoweit ohne Bedeutung.[51] Wird der Insolvenzantrag ausschließlich auf die drohende Zahlungsunfähigkeit gestützt, muss er von den Geschäftsführern oder Liquidatoren in vertretungsberechtigter Zahl gestellt werden (§ 18 Abs. 3 InsO).

! Liegt nur (!) der Insolvenzgrund der drohenden Zahlungsunfähigkeit vor, gilt grundsätzlich eine umfassende Sanierungspflicht des Geschäftsführers. Will er einen Insolvenzantrag stellen (z.B. um die Sanierung der Gesellschaft in einem Insolvenzplanverfahren zu betreiben, Stichwort: „Schutzschirmverfahren"), muss er einen entsprechenden Beschluss der Gesellschafterversammlung herbeiführen. Ansonsten droht ihm eine persönliche Schadensersatzpflicht wegen pflichtwidriger Insolvenzantragstellung.[52]

Nach wie vor nicht ausdrücklich als Antragsberechtigter erwähnt wird im Gesetz der sog. **faktische Geschäftsführer**, der die Geschäfte der GmbH führt, ohne formell wirksam zum Geschäftsführer bestellt worden zu sein (§ 35 Rn. 8). Die herrschende Auffassung billigt auch diesen Personen das Antragsrecht zu.[53]

19 Ist die GmbH i.S.v. § 35 Abs. 1 Satz 2 führungslos, sieht § 15 Abs. 1 Satz 2 InsO ein **subsidiäres Antragsrecht eines jeden Gesellschafters** vor. Außerhalb dieser Ausnahmeregelung steht weder dem einzelnen Gesellschafter noch der Gesellschafterversammlung dieses Recht zu. Letztere hat jedoch die Kompetenz, die Geschäftsführung zur Insolvenzantragstellung anzuweisen. Bindend ist ein solcher Beschluss jedenfalls dann, wenn er mit der Mehrheit zustande kommt, die auch für eine Auflösung der Gesellschaft nach § 60 Abs. 1 Nr. 2 erforderlich ist. Ob dies auch für Beschlüsse mit einfacher Mehrheit gilt, ist umstritten.[54] Die Missachtung einer Weisung stellt einen wichtigen Grund für die Abberufung des Geschäftsführers dar und berechtigt ferner zur sofortigen Kündigung des Anstellungsvertrags. Grundsätzlich kommen auch Schadensersatzansprüche in Betracht. Handelt es sich bei der juristischen Person um eine Aktiengesellschaft oder eine Genossenschaft, begründet die Führungslosigkeit zudem ein Antragsrecht für jedes Mitglied des Aufsichtsrats.

20 Der Insolvenzantrag ist an das zuständige **Insolvenzgericht** zu richten. Dies ist vorbehaltlich besonderer landesrechtlicher Regelungen gem. § 2 Abs. 1 InsO das **Amtsgericht**, in dessen Bezirk ein Landgericht seinen Sitz hat. Örtlich zuständig ist das Insolvenzgericht, in dessen Bezirk die Gesellschaft den Mittelpunkt ihrer wirtschaftlichen Tätigkeit entfaltet (§ 3 Abs. 1 Satz 2 InsO).

Ansonsten richtet sich die Zuständigkeit nach dem allgemeinen Gerichtsstand der Gesellschaft, d.h. regelmäßig nach ihrem Sitz. Nach Einstellung der wirtschaftlichen Tätigkeit ist eine Verlegung des Verwaltungs- oder Satzungssitzes für die Zuständigkeit des Insolvenzgerichts nicht von Relevanz.[55] Der Antrag sollte schriftlich gestellt werden. Der Insolvenzgrund muss bei Antragstellung nur glaubhaft gemacht werden, wenn der Insolvenzantrag nicht durch alle Geschäftsführer bzw. Liquidatoren gestellt wird. In diesem Fall hat das Insolvenzgericht die übrigen Geschäftsführer oder Liquidatoren zudem zu hören (§ 15 Abs. 2 Satz 1 und 3 InsO). Die Regelung gilt entsprechend, sofern nur einer von mehreren Gesellschaftern von seinem subsidiären Antragsrecht Gebrauch macht. Die Führungslosigkeit ist hingegen stets glaubhaft zu machen (§ 15 Abs. 3 Satz 2 InsO).

---

51 BGH NJW 1994, 2149.
52 Ausführlich *Leinekugel/Skanradszun*, GmbHR 2011, 1121.
53 HK-InsO/*Kirchhof*, InsO, § 15 Rn. 6 m.w.N.
54 Zum Streitstand: Scholz/*K. Schmidt*, Vor § 64 Rn. 45.
55 BayObLG GmbHR 2003, 1492, 1493.

> Dem Gericht sollten bereits bei Antragstellung alle notwendigen Informationen zur Verfügung gestellt werden, die für kurzfristige Entscheidungen sowie für die Feststellung des Eröffnungsgrunds und die Frage der kostendeckenden Masse erforderlich sind. Dies betrifft insbesondere Angaben zum Gesellschaftsvermögen und den Schulden einschließlich etwaiger Sicherungsrechte. Aussagekräftige Nachweise sollten beigefügt werden (z.B. aktuelle betriebswirtschaftliche Auswertungen, Summen- und Saldenlisten, Kreditunterlagen). Besonders wichtig ist die Mitteilung, ob der Geschäftsbetrieb noch aufrechterhalten wird, wie viele Mitarbeiter beschäftigt sind, ob und inwieweit Löhne rückständig sind und ob Sicherungsmaßnahmen für erforderlich gehalten werden (z.B. sofortige Untersagung von Zwangsvollstreckungsmaßnahmen, die den Geschäftsbetrieb bedrohen).

Der Antrag kann bis zum Erlass des Eröffnungsbeschlusses oder bis zur rechtskräftigen Abweisung des Antrags zurückgenommen werden (§ 13 Abs. 2 InsO). 21

D. Die Insolvenzantragspflicht der Geschäftsführer, Gesellschafter und Aufsichtsratsmitglieder (§ 15a Abs. 1 bis 3 InsO)

Die **Pflicht zur Antragstellung** setzt gem. § 15a Abs. 1 InsO das objektive Vorliegen des Eröffnungsgrunds der Zahlungsunfähigkeit (§ 17 InsO) oder der Überschuldung (§ 19 InsO) voraus. Die drohende Zahlungsunfähigkeit (§ 18 InsO) löst demgegenüber die Insolvenzantragspflicht nicht aus. Adressat der Pflicht ist **jeder Geschäftsführer**, und zwar ohne Rücksicht auf die interne Aufgabenverteilung, etwaige Vertretungsregeln und seine individuelle Sachkenntnis.[56] Die Pflicht gilt für den **Liquidator** entsprechend (§ 71 Abs. 4). Ferner ist nach herrschender Auffassung auch der sog. **faktische Geschäftsführer** antragspflichtig.[57] Sind mehrere Geschäftsführer bestellt, ist die Antragstellung durch einen von ihnen ausreichend. Ein bereits gestellter Gläubigerantrag entbindet hingegen nicht von der eigenen Insolvenzantragspflicht.[58] 22

Die Insolvenzantragspflicht gilt ohne Einschränkung auch für die **Unternehmergesellschaft i.S.v. § 5a**. Wenngleich eine Gesellschaft ohne Mindestkapital gerade in der Anfangsphase der unternehmerischen Betätigung schnell in die Gefahr einer Überschuldung gerät, ist in Ansehung der schützenswerten Gläubigerinteressen keine Einschränkung geboten.[59] 23

Nach Eintritt der Zahlungsunfähigkeit und/oder Überschuldung haben die Mitglieder der Vertretungsorgane **ohne schuldhaftes Zögern, spätestens aber drei Wochen nach Eintritt des Eröffnungsgrunds**, einen Insolvenzantrag zu stellen. Für den Fristbeginn ist im Falle der Überschuldung nicht auf den objektiven Eintritt, sondern auf die Erkennbarkeit für den Geschäftsführer abzustellen.[60] Von einem organschaftlichen Vertreter wird freilich erwartet, dass er sich stets über die wirtschaftliche Lage des Unternehmens vergewissert.[61] Hierzu gehört insbesondere die Prüfung der Insolvenzreife. Ihn trifft eine gesteigerte **Beobachtungspflicht**, wenn sich Krisenanzeichen andeuten (erhöhter Liquiditätsbedarf, Forderungsausfälle, nennenswerte Umsatzrückgänge oder Kostensteigerungen etc.). Diese Pflicht verschärft sich, sobald die Hälfte des Stammkapitals verloren ist oder ein nicht durch Eigenkapital gedeckter Fehlbetrag ausgewiesen werden muss.[62] Sie trifft jeden Geschäftsführer unabhängig von einer etwaigen Ressortverteilung. Er hat einen Überschuldungsstatus aufzustellen und diesen regelmäßig fortzuschreiben. Entsprechendes gilt für 24

56 BGH NJW 1994, 2149.
57 BGHZ 104, 44, 46; vgl. aber auch OLG München, ZIP 2010, 2295; eingehend zum faktischen Geschäftsführer unter dem Aspekt Pflichten und Haftung *Strohn*, DB 2011, 158; *Fleischer/Schmolke*, WM 2011, 1009.
58 OLG Dresden, GmbHR 1998, 830.
59 Vgl. aber auch *Drygala*, NZG 2007, 561, 562 f., der eine teleologische Reduktion der Insolvenzantragspflichten in Erwägung zieht.
60 BGHZ 143, 184; siehe auch Lutter/Hommelhoff/ *Kleindieck*, § 64 Rn. 28 mit Nachw. zu beiden Ansichten.
61 BGH DStR 2007, 1174; DB 2012, 1797.
62 Lutter/Hommelhoff/*Kleindieck*, § 64 Rn. 16.

die Liquiditätsplanung, die nicht nur für die Zahlungsunfähigkeit von Relevanz ist, sondern zugleich wesentlicher Bestandteil des Nachweises der positiven Fortführungsprognose ist (siehe Rn. 10). Die Geschäftsführung muss nachvollziehbare Planungen aufstellen, die ständig fortgeschrieben werden; neuste Entwicklungen und Erkenntnisse müssen sofort eingepflegt werden. Die Liquiditätsplanung und die Feststellung der positiven Fortführungsprognose stellen einen im ständigen Fluss befindlichen Prozess dar, was auch entsprechend dokumentiert werden muss (siehe auch noch § 64 Rn. 14 und 33).[63]

! Auf die individuellen Fähigkeiten des Geschäftsführers kommt es nicht an. Sofern er selbst nicht über ausreichende Kenntnisse verfügt, muss er externen Rat in Anspruch nehmen. Dieser Pflicht genügt er nur, wenn er sich unter umfassender Darlegung der Verhältnisse der Gesellschaft und Offenlegung der erforderlichen Unterlagen von einem unabhängigen, für die zu klärende Fragestellung fachlich qualifizierten Berufsträger (i.d.R. Wirtschaftsprüfer und auf das Insolvenzrecht spezialisierte Rechtsanwälte) beraten lässt (siehe zur Haftung des Beraters noch § 64 Rn. 46).[64] Gefordert wird ferner, dass der Geschäftsführer das Prüfungsergebnis einer Plausibilitätskontrolle unterzieht. Des Weiteren gilt, dass er auf eine unverzügliche Vorlage des Prüfungsergebnisses drängen muss; die unverzügliche Auftragserteilung allein entlastet nicht.[65]

25 Erfüllt der Geschäftsführer diese Anforderungen ordnungsgemäß, wird ihm in aller Regel eine Überschuldung unmittelbar nach ihrem Eintritt bekannt werden. Erfüllt der Geschäftsführer die Anforderungen nicht, kann er sich auf eine fehlende Erkennbarkeit der Überschuldung nicht berufen. Im Falle der Zahlungsunfähigkeit werden der objektive Eintritt und Erkennbarkeit für den Geschäftsführer hingegen in aller Regel zusammenfallen.[66]

26 Die **Dreiwochenfrist** ist eine **Höchstfrist**. Sie darf nur ausgeschöpft werden, wenn ernstlich zu erwarten ist, dass der Eröffnungsgrund innerhalb der Frist nachhaltig beseitigt werden kann.[67] Selbst erfolgversprechende Sanierungsbemühungen, die jedoch innerhalb der drei Wochen nicht durchgeführt werden können, berechtigen nicht zur Ausschöpfung der Frist.[68] Vielmehr muss der Insolvenzantrag sofort gestellt werden. Bereits begonnene oder geplante Sanierungsbemühungen müssen sodann im Insolvenzeröffnungs- oder Insolvenzverfahren weiterverfolgt werden.

! Der Geschäftsführer muss sich von der Vorstellung lösen, dass die Insolvenz gleich einem Automatismus die Zerschlagung und Liquidation des Unternehmens zur Folge hat und ihn selbst mit einem Makel belastet. Vielmehr müssen auch die Möglichkeiten gesehen werden, die das Insolvenzverfahren für die Sanierung und Reorganisation eines Unternehmens bietet, sofern es noch über funktions- und sanierungsfähige betriebliche Einheiten verfügt.

Gängige Praxis ist nach wie vor die sog. übertragende Sanierung. Hierunter versteht man die Veräußerung des Anlage- und Umlaufvermögens an eine Nachfolgegesellschaft. Das Unternehmen bleibt erhalten. Im Ergebnis werden die Aktiva von den Schulden getrennt. Letztere werden ausschließlich aus dem Kaufpreis befriedigt. Haftungstatbestände, die an den Erwerb eines Unternehmens anknüpfen (z.B. § 25 HGB, § 75 AO), gelten nicht.[69]

63 *Aleth/Harlfinger*, NZI 2011, 166.
64 BGH ZIP 2007, 1265.
65 BGH DB 2012, 1797; eingehend zur Einholung fachkundigen Rates *Müller*, NZG 2012, 981.
66 Scholz/*K. Schmidt*, § 64 Rn. 18; im Einzelnen aber umstritten, siehe auch Baumbach/Hueck/*Haas*, § 64 Rn. 124.
67 BGH ZIP 2012, 723.
68 Lutter/Hommelhoff/*Kleindieck*, § 64 Rn. 37.
69 Eingehend zum Unternehmenserwerb aus der Insolvenzmasse *Krumm/Wolf*, NWB 2010, 3465 ff.

Durch einen mehrheitsfähigen Insolvenzplan kann ferner der Unternehmensträger selbst saniert werden, ggf. sogar gegen den Willen vieler Gläubiger (vgl. §§ 217 ff. InsO). Mit dem ESUG hat der Gesetzgeber mit Wirkung zum 1.3.2012 das Insolvenzplanverfahren noch effektiver gestaltet und zudem die Eigenverwaltung gestärkt.

Die **Insolvenzantragspflicht** ist eine **höchstpersönliche Pflicht**. Entgegenstehende Weisungen der Gesellschafter entbinden von ihr ebenso wenig wie die Einwilligung der Insolvenzgläubiger in das Unterlassen von der Antragsstellung.[70] Ob der Geschäftsführer sein Amt in der Krisen- bzw. Insolvenzsituation wirksam niederlegen und seine Organpflichten mit Wirkung für die Zukunft beenden kann, ist umstritten. Die Amtsniederlegung des Ein-Mann-Gesellschafter-Geschäftsführers, der zugleich keinen neuen Geschäftsführer bestellt, soll jedenfalls missbräuchlich und unwirksam sein.[71] Sofern jedoch noch weitere Geschäftsführer im Amt bleiben oder zumindest Sorge für eine Nachfolge im Amt getroffen ist, wird die Missbräuchlichkeit selbst dann zu verneinen sein, wenn die Niederlegung wegen der Krise zur Unzeit erfolgt.[72] Bestand die Insolvenzantragspflicht bereits vor der Niederlegung, kann die Haftung für den bis dahin eingetretenen Schaden nicht mehr abwendet werden. 27

Die wirksame Amtsniederlegung macht die GmbH ggf. prozessunfähig, was die Eröffnung eines Insolvenzverfahrens hindert. Jedoch kann das Insolvenzgericht gem. § 4 InsO i.V.m. § 57 ZPO einen Verfahrenspfleger bestellen.[73] 28

Durch das MoMiG neu eingeführt ist die Ausweitung der **Insolvenzantragspflicht** auf die **Gesellschafter** der GmbH im Falle der Führungslosigkeit der Gesellschaft. Voraussetzung für die Aktivierung der subsidiären Insolvenzantragspflicht ist neben dem objektiven Vorliegen der Führungslosigkeit in subjektiver Hinsicht die Kenntnis sowohl dieses Umstandes als auch der Insolvenzreife. Den Gesellschafter trifft keine eigene Beobachtungs- oder Prüfungspflicht. Ihm sollen nach dem Willen des Gesetzgebers keine ausufernden Nachforschungspflichten auferlegt werden.[74] Andererseits entlastet ihn bloße Unkenntnis dann nicht, wenn sich der Eröffnungsgrund und die Führungslosigkeit der Gesellschaft geradezu aufdrängen. Die subsidiäre Insolvenzantragspflicht erfasst ferner die Aufsichtsratsmitglieder bei einer AG; für den Aufsichtsrat einer GmbH fehlt es hingegen an einer entsprechenden Regelung (siehe allerdings zur Überwachungspflicht auch noch § 64 Rn. 3). 29

E. Die Strafbarkeit nach § 15a Abs. 4, 5 InsO

Die Verletzung der Insolvenzantragspflicht ist strafbedroht. Schutzgut ist primär das Vermögensinteresse der Gesellschaftsgläubiger,[75] wenngleich ein konkreter Schaden keine Voraussetzung der Strafbarkeit ist.[76] § 15a Abs. 4, 5 InsO normiert vielmehr ein abstraktes Gefährdungsdelikt. Neben den §§ 283 bis 283d StGB gehören die Insolvenzverschleppungsdelikte zu den Insolvenzstraftaten im engeren Sinne. In der Praxis ist ferner nicht selten ein Zusammentreffen mit weiteren Straftatbeständen auszumachen, insbesondere dem (Eingehungs-)Betrug gegenüber Vertragspartnern (§ 263 StGB), dem Kreditbetrug (§ 265b StGB), der Untreue (§ 266 StGB), dem Vorenthalten von Arbeitsentgelt (§ 266a StGB) und schließlich dem Unterlassen der gebotenen Einberufung einer Gesellschafterversammlung (§ 84). 30

70 Scholz/*K. Schmidt*, § 64 Rn. 21.
71 OLG Köln, NZG 2008, 340; BayObLG GmbHR 1999, 980; ähnlich: OLG Düsseldorf, GmbHR 2001, 144.
72 Eingehend zur Gesamtproblematik und zum Streitstand: Scholz/*K. Schmidt*, § 64 Rn. 22.
73 Dazu eingehend *Krumm/Wolf*, NWB 2010, 438 ff.
74 BT-Drucks. 16/6140, S. 55.
75 Scholz/*Tiedemann*, § 84 Rn. 7.
76 BGHSt 14, 280, 281.

> **!** Das Insolvenzgericht leitet das Insolvenzgutachten des Sachverständigen (Rn. 37) grundsätzlich an die Staatsanwaltschaft weiter. Der Sachverständige nimmt hierin unter anderem auch zum Ausmaß der Insolvenzreife und vielfach auch bereits zu etwaigen Ansprüchen gegen den Geschäftsführer aus § 64 Stellung. Aus dem Gutachten ergibt sich daher bereits in vielen Fällen der Anfangsverdacht für die Einleitung eines Ermittlungsverfahrens wegen Insolvenzverschleppung.[77]

31 Die Tatbestände des § 15a Abs. 4, 5 InsO sind echte Sonderdelikte. **Täter** kann nur sein, wer gem. § 15a Abs. 1 bis 3 InsO insolvenzantragspflichtig sein kann. Dies sind primär die **Geschäftsführer**. Ob und inwieweit auch der **faktische Geschäftsführer** tauglicher Täter ist, ist im Einzelnen wegen des strafrechtlichen Analogieverbots sehr umstritten.[78] Einvernehmen besteht weitestgehend darüber, dass allein Mängel in der Organbestellung die Tätereigenschaft nicht hindern, wenn der (fehlerhaft bestellte) Geschäftsführer seine Tätigkeit im Einverständnis mit den Gesellschaftern aufnimmt.[79] Wird die Tätigkeit ohne einen vorherigen förmlichen Bestellungsakt ausgeübt, verlangt die strafgerichtliche Rechtsprechung eine maßgebliche Einflussnahme auf die Entscheidungsprozesse, eine überragende Stellung in der Gesellschaft und zumindest ein Verhalten der Gesellschafter, das – in Abgrenzung zur angemaßten Geschäftsführung – als konkludente Bestellung zu werten ist.[80] Ausreichend soll das Einverständnis der Mehrheit der Gesellschafter sein, sofern diese Gesellschaftermehrheit nach dem Gesellschaftsvertrag ausreichend wäre, um auch eine formelle Bestellung eines Geschäftsführers zu beschließen.[81] Schließlich können nach der Neufassung auch die Gesellschafter und Aufsichtsratsmitglieder taugliche Täter sein.

32 Die Vertreterstrafbarkeit nach § 14 Abs. 2 StGB findet auf § 15a Abs. 4, 5 InsO keine Anwendung.[82] Dritte können sich daher nur der **Anstiftung** (§ 26 StGB) oder der **Beihilfe** (§ 27 StGB) zur vorsätzlichen Insolvenzverschleppung strafbar machen. Dies gilt insbesondere dann, wenn ein Dritter den Geschäftsführer dazu drängt, die Antragstellung zu unterlassen, seinen Entschluss zur Pflichtverletzung bestärkt oder durch Rat und Tat fördert. Keine Beihilfe begeht hingegen, wer ohne Einflussnahme auf den Geschäftsführer die rechtzeitige Insolvenzantragstellung verhindern oder verzögern will.[83] Die Mitglieder von Überwachungsorganen können sich der Teilnahme strafbar machen, wenn sie gegenüber einer vorsätzlichen Verletzung der Antragspflicht trotz Kenntnis nicht einschreiten.[84] Der Strafrahmen ist nach §§ 28 Abs. 1, 49 Abs. 1 StGB zu mildern, wenn die Teilnehmer nicht selbst taugliche Täter sind.

33 Das strafbare Verhalten erschöpft sich in dem Unterlassen des von § 15a Abs. 1 InsO formulierten sachlich-rechtlichen Handlungsgebots (echtes Unterlassungsdelikt). Der objektive Tatbestand knüpft akzessorisch an § 15a Abs. 1 bis 3 InsO an. Es muss mithin objektiv nach den dort formulierten Voraussetzungen die Pflicht zur Insolvenzantragstellung bestehen. Die **Überschuldungsprüfung im Strafprozess** folgt allerdings abweichenden Grundsätzen. Zugunsten des Geschäftsführers wird angesichts der strafverfahrensrechtlichen Garantien häufig von einer positiven Fortführungsprognose ausgegangen, sofern nicht ausnahmsweise der Zusammenbruch der Gesellschaft evident ist.[85] Es ist mithin im Zweifel günstig zu bewerten. Die Bestimmung der Zahlungsunfähigkeit erfährt hingegen keine Abweichungen von den zivil- und verfahrensrechtlichen Grundsätzen.

---

77 Instruktiv zur Aufklärung der Insolvenzdelikte in der strafrechtlichen Praxis *Ogiermann/Weber*, wistra 2011, 206, 212 f.
78 Zum Streitstand eingehend: Scholz/*Tiedemann*, § 84 Rn. 27 ff.
79 BGHSt 3, 32, 37.
80 BGHSt 46, 62, 64.
81 OLG Karlsruhe, NJW 2006, 1364.
82 BGHSt 31, 118.
83 BGHSt 14, 280.
84 Eingehend: *Köhler*, in: Wabnitz/Janovsky, Handbuch des Wirtschafts- und Steuerstrafrechts, 7. Kap. Rn. 25 ff.
85 Roth/*Altmeppen*, § 84 Rn. 22.

Die Insolvenzverschleppung kann sowohl **vorsätzlich** (§ 15a Abs. 4 InsO) als auch **fahrlässig** (§ 15a Abs. 5 InsO) begangen werden. Vorsatz ist der Wille zur Verwirklichung des Straftatbestands in Kenntnis aller seiner Umstände. Der Täter muss wissen, dass er Geschäftsführer, Gesellschafter bzw. Liquidator ist, und er muss die tatsächlichen Umstände kennen, aus denen sich die Pflicht zur Insolvenzantragstellung ergibt. Bedingter Vorsatz ist ausreichend. Die Unkenntnis eines dieser Umstände führt gem. § 16 StGB zum Tatbestandsirrtum, lässt jedoch die Strafbarkeit aus dem fahrlässigen Delikt unberührt. Irrt der Täter – in Kenntnis aller tatsächlichen Umstände – über seine rechtliche Verpflichtung zur Insolvenzantragstellung, liegt lediglich ein Verbotsirrtum vor (§ 17 StGB).[86] Fahrlässig handelt der Täter, wenn er die gebotene Sorgfalt nicht beachtet hat. Die gebotene Sorgfalt wird insbesondere dann verletzt, wenn der Täter die Insolvenzreife pflichtwidrig nicht erkannt hat, weil er der Pflicht zur ständigen Eigenkontrolle der wirtschaftlichen Lage der Gesellschaft nicht nachgekommen ist.[87] 34

Die vorsätzliche Begehung ist mit bis zu drei Jahren Freiheitsstrafe bedroht. Der fahrlässig handelnde Täter kann mit bis zu einem Jahr Freiheitsstrafe betraft werden. 35

> Wenngleich für die Strafbarkeit ein konkreter Gläubigerschaden nicht erforderlich ist, bestimmt sein Ausmaß jedoch nicht unerheblich die Strafzumessung. Ferner berücksichtigen die Strafgerichte zugunsten des Täters dessen Kooperation mit dem Insolvenzverwalter. Dies gilt letztlich für alle schadensbegrenzenden Maßnahmen (z.B. Vergleichsbereitschaft in Ansehung der Haftung aus § 64 Satz 1 und Leistung von Schadensersatz).

Die Verjährungsfristen betragen im Falle fahrlässiger Begehung drei und im Falle vorsätzlicher Begehung fünf Jahre (vgl. § 78 Abs. 3 StGB). Die Verjährung beginnt, wenn die Pflicht des Täters erlischt, den nach § 15a Abs. 2 InsO gebotenen Insolvenzantrag zu stellen.[88] Dies ist der Fall, wenn die Insolvenzreife beseitigt ist oder wenn der gebotene Insolvenzantrag gestellt wird.[89] Ausreichend ist der Insolvenzantrag als solcher. Rechtzeitigkeit liegt daher auch dann vor, wenn zum Insolvenzantrag keine Gläubiger-, Schuldner- und Vermögensverzeichnisse eingereicht werden, aus denen sich der Insolvenzgrund ergeben soll.[90] 36

F. Der Geschäftsführer im Insolvenzeröffnungs- und Insolvenzverfahren

Nach Eingang des Insolvenzantrags prüft das Gericht, ob ein Eröffnungsgrund vorliegt. Die **Ermittlung des Sachverhalts erfolgt von Amts wegen**. Zu diesem Zweck bestellt das Insolvenzgericht regelmäßig einen Sachverständigen, der durch gerichtlichen Beschluss ermächtigt wird, Auskünfte einzuholen und Unterlagen einzusehen. Ergänzend kann es hierzu auf der Grundlage der zivilprozessualen Beweiserhebungsvorschriften die zeugenschaftliche Vernehmung von Personen anordnen. Trifft das Insolvenzgericht über die Bestellung des Sachverständigen hinaus keine weiteren Anordnungen, hat das Insolvenzeröffnungsverfahren keinen Einfluss auf die Zuständigkeiten und Befugnisse des Geschäftsführers. Nach § 64 Satz 1 ist er jedoch (weiterhin) zur Masseerhaltung verpflichtet. 37

Sofern der Geschäftsbetrieb noch nicht eingestellt ist oder aus sonstigen Gründen Sicherungsmaßnahmen angezeigt scheinen, ordnet das Gericht die **vorläufige Insolvenzverwaltung** an. Zum vorläufigen Insolvenzverwalter wird regelmäßig der Sachverständige ernannt. Ihm obliegt die **Sicherung der künftigen Masse**. Er ist grundsätzlich zur **Betriebsfortführung** verpflichtet (§ 22 Abs. 1 Satz 2 Nr. 2 InsO). 38

86 Uhlenbruck/*Hirte*, InsO, § 15a Rn. 65.
87 Uhlenbruck/*Hirte*, InsO, § 15a Rn. 64.
88 BGHSt 28, 371, 380.
89 BGHSt 28, 371, 380.
90 BayObLG ZIP 2000, 1220.

> **!** Wird die Geschäftstätigkeit im Insolvenzeröffnungsverfahren fortgesetzt, ist der Geschäftsführer ohne jede Einschränkung zur ordnungsgemäßen Unternehmensleitung verpflichtet. Sofern er den Wechsel zu einer anderen Gesellschaft beabsichtigt, muss er den Anstellungsvertrag mit der insolventen Gesellschaft wirksam beenden. Insbesondere gilt es, etwaige (nachvertragliche) Wettbewerbsverbote zu beachten.[91]

Bestellt das Gericht einen sog. **starken vorläufigen Insolvenzverwalter**, geht die Verwaltungs- und Verfügungsbefugnis auf diesen über. In der Praxis ordnet das Gericht in aller Regel nur einen Zustimmungsvorbehalt an. Verfügungen sind dann nur noch mit Zustimmung des vorläufigen Insolvenzverwalters wirksam. Dies betrifft alle Bereiche der Unternehmenstätigkeit (Auftragsannahme, Materialbeschaffung u.Ä.). Seine Aufgabe ist vornehmlich auf die Überwachung der Geschäftsführung und der von ihr fortzusetzenden Betriebstätigkeit gerichtet.

39 Der Geschäftsführer hat dem vorläufigen Insolvenzverwalter gem. § 22 Abs. 3 Satz 3 InsO i.V.m. §§ 97, 101 InsO Auskunft über alle das Verfahren betreffenden Verhältnisse zu erteilen und ihn bei der Erfüllung seiner Aufgaben zu unterstützen. Der vorläufige Insolvenzverwalter ist ferner berechtigt, die Geschäftsräume der Gesellschaft zu betreten, dort Nachforschungen anzustellen und die Einsicht in die Geschäftsbücher und -papiere zu verlangen (§ 22 Abs. 3 InsO). Die Mitwirkungs- und Auskunftspflichten kann das Insolvenzgericht mit Zwang durchsetzen.

40 Liegt ein Insolvenzgrund vor und sind die Kosten des Verfahrens gedeckt, eröffnet das Insolvenzgericht das Insolvenzverfahren. Mit dem Erlass des Eröffnungsbeschlusses geht die Verwaltungs- und Verfügungsbefugnis auf den Insolvenzverwalter über (§ 80 Abs. 1 InsO). Der Geschäftsführer bleibt im Amt. Auch die anderen Gesellschaftsorgane bleiben erhalten. Die Verwaltungs- und Verfügungsbefugnis des Insolvenzverwalters verdrängt jedoch ihre Zuständigkeit insbesondere für das Außenverhältnis. Wirksame Verfügungen kann nur noch der Insolvenzverwalter vornehmen. Im Übrigen bleibt der Geschäftsführer zur Vertretung der Gesellschaft berechtigt und verpflichtet[92]. Er nimmt ferner die Rechte der Gesellschaft im Insolvenzverfahren wahr, die ihr in der Eigenschaft als Schuldnerin zukommen.[93] Die dem Geschäftsführer außerhalb des Insolvenzverfahrens nach § 41 obliegende Buchführungspflicht geht auf den Insolvenzverwalter über (§ 155 Abs. 1 Satz 2 InsO).

41 Die Abberufung des Geschäftsführers ist auch nach Eröffnung des Insolvenzverfahrens ausschließlich dem gesellschaftsrechtlich hierzu berufenen Bestellungsorgan vorbehalten. Der Insolvenzverwalter ist hierzu nicht befugt.[94] Von der Organstellung zu unterscheiden ist das Anstellungsverhältnis des Geschäftsführers (§ 6 Rn. 44). Der Anstellungsvertrag des Geschäftsführers wird durch die Insolvenzeröffnung nicht beendet (§ 108 InsO), kann aber von dem Insolvenzverwalter mit einer Kündigungsfrist von drei Monaten zum Monatsende ordentlich gekündigt werden (§ 113 Abs. 1 Satz 2 InsO). Die Verletzung der Insolvenzantragspflicht kann eine fristlose Kündigung rechtfertigen.[95] Nach wirksamer Beendigung des Anstellungsvertrags können keine Vergütungsansprüche des Geschäftsführers mehr im Rang einer Masseverbindlichkeit i.S.v. § 55 InsO entstehen.[96] Gleichwohl bleibt der Geschäftsführer weiterhin und insbesondere ohne Vergütungsanspruch zur Mitwirkung und Auskunft nach den §§ 97, 98, 101 Abs. 1 Satz 1 InsO verpflichtet. Erfüllt der Geschäftsführer seine (nachvertraglichen) Auskunftspflichten gegenüber dem Insolvenzverwalter nicht, macht er sich ggf. schadensersatzpflichtig.[97]

91 Instruktiv: *Fichtelmann*, GmbHR 2008, 76, 78.
92 KG, ZIP 2012, 1352, 1353; dort Verpflichtung zur Aktualisierung der inländischen Geschäftsanschrift.
93 Eingehend und mit Beispielen zur Rechtsstellung des Geschäftsführers nach Eröffnung des Insolvenzverfahrens: *Fichtelmann*, GmbHR 2008, 76.
94 Uhlenbruck/*Uhlenbruck*, InsO, § 80 Rn. 184; siehe auch BayObLG ZIP 1988, 1119 für die AG.
95 Grundlegend: BGH DStR 2005, 1370; DStR 2008, 310.
96 Uhlenbruck/*Hirte*, InsO, § 113 Rn. 127.
97 OLG Hamm, ZIP 1980, 280.

Eine besondere Verfahrensausgestaltung erfährt das Insolvenzverfahren in den Fällen der Eigenverwaltung (geregelt in den §§ 270 ff. InsO). Wesenstypisch für die Eigenverwaltung ist der Fortbestand der Verwaltungs- und Verfügungsbefugnis des Insolvenzschuldners bzw. seiner Organe (Geschäftsführer). Das Gericht bestellt einen sog. Sachwalter (§ 274 InsO). Dieser hat den Schuldner zu überwachen. Er ist ferner für die Geltendmachung bestimmter Ansprüche zuständig (siehe § 280 InsO). Ziel eines in Eigenverwaltung durchzuführenden Insolvenzverfahrens bleibt die Gläubigerbefriedigung – die freilich auch durch die Sanierung des Unternehmens (vor allem mittels eines Insolvenzplans) bewirkt werden kann. Der Gesetzgeber des ESUG hat zum 31.3.2012 die Voraussetzungen für eine Eigenverwaltung gelockert. Dies vor allem auch deshalb, weil die Eigenverwaltung als Rechtsrahmen für eine Unternehmenssanierung gestärkt werden soll. Stellt der Schuldner zusammen mit dem Insolvenzantrag einen Antrag auf Eigenverwaltung, hat das Insolvenzgericht zu prüfen, ob Anhaltspunkte dafür vorliegen, dass hierdurch die Interessen der Gläubiger gefährdet werden (§ 270 Abs. 2 InsO). Ist dies nicht der Fall, entspricht es der Intention des ESUG-Gesetzgebers, dass die Eigenverwaltung der Regelfall ist. Ungeachtet dessen lässt sich die Eigenverwaltung durch einen wohlgesonnenen vorläufigen Gläubigerausschuss (§ 22a InsO) forcieren. Eine weitere Erleichterung bietet ferner das sog. Schutzschirmverfahren nach Maßgabe des § 270b InsO. Es handelt sich um ein gewöhnliches Insolvenzverfahren in Eigenverwaltung jedoch mit der Besonderheit, dass die Bescheinigung nach § 270b InsO zum Teil die gerichtliche Prüfung der Voraussetzungen für eine Eigenverwaltung nach § 270 Abs. 2 InsO ersetzt. Zu bescheinigen ist, dass drohende Zahlungsunfähigkeit oder Überschuldung, aber keine Zahlungsunfähigkeit vorliegt und eine angestrebte Sanierung nicht offensichtlich aussichtlos ist. Bescheinigen darf ein mit Insolvenzsachen erfahrener Steuerberater, Wirtschaftsprüfer oder Rechtsanwalt oder eine Person mit vergleichbarer Qualifikation. Weitere Besonderheiten des sog. Schutzschirmverfahrens sind, dass auf Antrag des Schuldners hin Zwangsvollstreckungsmaßnahmen einzustellen sind und dass das Gericht nur unter engen Voraussetzungen von einem Vorschlag des Schuldners in Bezug auf die Person des vorläufigen Sachwalters abweichen kann. 42

§ 64 Haftung für Zahlungen nach Zahlungsunfähigkeit oder Überschuldung

Die Geschäftsführer sind der Gesellschaft zum Ersatz von Zahlungen verpflichtet, die nach Eintritt der Zahlungsunfähigkeit der Gesellschaft oder nach Feststellung ihrer Überschuldung geleistet werden. Dies gilt nicht von Zahlungen, die auch nach diesem Zeitpunkt mit der Sorgfalt eines ordentlichen Geschäftsmanns vereinbar sind. Die gleiche Verpflichtung trifft die Geschäftsführer für Zahlungen an Gesellschafter, soweit diese zur Zahlungsunfähigkeit der Gesellschaft führen mussten, es sei denn, dies war auch bei Betrachtung der in Satz 2 bezeichneten Sorgfalt nicht erkennbar. Auf den Ersatzanspruch finden die Bestimmungen in § 43 Abs. 3 und 4 entsprechende Anwendung.

Literatur

Altmeppen, Quotenschaden, Individualschaden und Klagebefugnis bei der Verschleppung des Insolvenzverfahrens über das Vermögen der GmbH, NJW 1999, 673; *Barthel*, Die Anwendbarkeit der Erstattungspflicht nach § 64 Satz 1 GmbHG auf Gesellschaften ausländischer Rechtsform mit Verwaltungssitz in Deutschland, ZInsO 2011, 211; *Bitter*, Zur Haftung des Geschäftsführers aus § 64 Abs. 2 GmbHG für „Zahlungen" nach Insolvenzreife, WM 2001, 666; *Boecker/Poertzgen*, Kausalität und Verschulden beim künftigen § 64 Satz 3 GmbHG, WM 2007, 1203; *Brand*, Zum Verhältnis von § 266a StGB und § 64 Satz 1 GmbHG, GmbHR 2010, 237; *Dahl/Schmitz*, Haftung des GmbH-Geschäftsführers aus § 64 Abs. 2 GmbHG bei Begleichung von Drittverbindlichkeiten mit zuvor von verbundenen Konzerngesellschaften zur Verfügung gestellten Mitteln, NZG 2008, 532; *Ehlers*, Das Haftungspotential gegenüber Beratern in der Unternehmenskrise, NZI 2008, 211; *Flume*, Die Haftung des GmbH-Geschäftsführers bei Geschäften nach Konkursreife der GmbH, ZIP 1994, 337; *Froehner*, Deliktische Haftung für die Beihilfe zur Insolvenzverschleppung gegenüber dem Neugläubiger, ZInsO 2011, 1617; *Geißler*, Wertgedeckte und nicht wertgedeckte Zahlungen bei Insolvenzreife der GmbH, GmbHR 2011, 907; *derselbe*, Verhaltensmaßnahmen und Rechtspflichten des Geschäftsführers in der Krise der GmbH, DZWiR 2011, 309; *Gräfe*, Haftungsgefahren des Steuerberaters/Wirtschaftsprüfers in der Unternehmenskrise des Mandanten, DStR 2010, 618; *Greulich/Bunnermann*, Geschäftsführerhaftung für zur Zahlungsunfähigkeit führende Zahlungen an die Gesellschafter nach § 64 Abs. 2 Satz 3 GmbHG-RefE – Solvenztest im deutschen Recht, NZG 2006, 681; *Greulich/Rau*, Zur partiellen Insolvenzverursachungshaftung des GmbH-Geschäftsführers nach § 64 S. 3 GmbHG-RegE, NZG 2006, 681; *Haas*, Die Verjährung von Insolvenzverschleppungsansprüchen, NZG 2011, 691; *derselbe*, Die internationale und örtliche Zuständigkeit für Klagen nach § 64 Satz 1 GmbHG, NZG 2010, 495; *derselbe*, Aktuelle Fragen zur Krisenhaftung des GmbH-Geschäftsführers nach § 64 GmbHG, GmbHR 2010, 1; *derselbe*, Die Passivierung von Gesellschafterdarlehen in der Überschuldungsbilanz nach MoMiG und FMStG, DStR 2009, 326; *Kiefner/Langen*, Massesicherungspflicht und Versagen des Überwachungsorgans – Zum Haftungsgefälle zwischen obligatorischem und fakultativem Aufsichtsrat, NJW 2011, 192; *Knof*, Die neue Insolvenzverursachungshaftung nach § 64 Satz 3 RegE-GmbHG, GmbHR 2007, 1536; *Krumm*, Insolvenzrechtliches Zahlungsverbot und rechtmäßiges Alternativverhalten, WM 2010, 296; *Leinekugel/Skauradszun*, Geschäftsführerhaftung bei eigenmächtig gestelltem Insolvenzantrag wegen bloß drohender Zahlungsunfähigkeit, GmbHR 2011, 1121; *Liebscher*, Wider die Privilegierung von Abführungspflichten gegenüber der Massesicherungspflicht in der Insolvenz, ZInsO 2009, 1386; *Mahler*, Verstoß gegen § 64 S. 3 GmbHG bei „Upstream-Securities", GmbHR 2012, 504; *Maurer/Wolf*, Strafbarkeit der Rückzahlung von Gesellschafterdarlehen in und außerhalb der insolvenzrechtlichen „Krise" einer GmbH, wistra 2011, 327; *Nentwig*, Erstattungspflicht für während der Insolvenzantragspflicht geleistete Sozialversicherungsbeiträge, GmbHR 2011, 346; *Niesert/Hohler*, Die Haftung des Geschäftsführers für die Rückzahlung von Gesellschafterdarlehen und ähnliche Leistungen, NZI 2009, 345; *Noack*, Reform des deutschen Kapitalgesellschaftsrechts: Das Gesetz zur Modernisierung des GmbH-Rechts und zur Bekämpfung von Missbräuchen, DB 2006, 1475; *Portzgen*, Geschäftsführerhaftung aus § 64 Satz 1 GmbHG – Anwendungspraxis und rechtspolitische Kritik, ZInsO 2011, 305; *derselbe*, Die Haftung des Geschäftsführers gegenüber Neugläubigern (§ 15a InsO), ZInsO 2009, 1833; *derselbe*, Organhaftung wegen Insolvenzverschleppung, 2005; *Radtke*, Nichtabführen von Arbeitnehmerbeiträgen (§ 266a StGB) in der Krise des Unternehmens, GmbHR 2009, 673; *Rodewald*, Alte und neue Haftungsrisiken für GmbH-Geschäftsführer vor und in der Krise oder Insolvenz, GmbHR 2009, 1301; *K. Schmidt*, Verbotene Zahlungen in der Krise von Handelsgesellschaften und die daraus resultierenden Ersatzpflichten – Insolvenzrechtliche Brotvermehrung durch Klagen nach § 64 Abs. 2 GmbHG?, ZHR 168 (2004), 637; *derselbe*, Debitorisches Bankkonto und Insolvenzverschleppungshaftung: Ist Geben seliger denn Nehmen?, ZIP 2008, 1401; *Tiedtke/Peterek*, Zu den Pflichten des organschaftlichen Vertreters einer Kapitalgesellschaft trotz Insolvenzreife der Gesellschaft Sozialabgaben und Lohnsteuer abzuführen, GmbHR 2008, 617; *Thiessen*, Haftung des Aufsichtsrates für Zahlungen nach Insolvenzreife, ZGR 2011, 275; *Windel*, Zur persönlichen Haftung von Organträgern für Insolvenzverschleppungsschäden, KTS 1991, 477; *Winstel/Skauradszun*, Zahlungen an mehrere

Gesellschafter in der Krise, GmbHR 2011, 185; *Weiß*, Strafbarkeit der Geschäftsführer wegen Untreue bei Zahlungen „entgegen" § 64 GmbHG, GmbHR 2011, 350; *Werres*, § 64 GmbHG – Ein Minenfeld für Geschäftsführer, ZInsO 2009, 1845; *Willemsen/Rechel*, Erweiterte Geschäftsführerhaftung beim Cash-Pooling, GmbHR 2010, 349; *Zugehör*, Haftung des Steuerberaters für Insolvenzverschleppungsschäden, NZI 2008, 652.

A. Allgemeines

1 § 64 ist einer der Eckpfeiler des Gläubigerschutzes im Recht der Kapitalgesellschaften. Mit der materiellen Insolvenz wird nicht nur die Insolvenzantragstellungspflicht (§ 15a InsO) aktiviert, sondern zugleich ein hiervon zu unterscheidendes Zahlungsverbot.[1] Nach dem Willen des Gesetzgebers ist grundsätzlich jede Zahlung nach Eintritt der Insolvenzreife – vorbehaltlich des Satzes 2 – unzulässig. Das Zahlungsverbot sichert bereits im Vorfeld der Eröffnung des Insolvenzverfahrens den Grundsatz der gleichmäßigen und gemeinschaftlichen Gläubigerbefriedigung und ist Ausdruck einer vom Geschäftsführer wahrzunehmenden insolvenzspezifischen Massesicherungs- und -erhaltungspflicht.[2] Ihre Missachtung löst einen Ersatzanspruch eigener Art[3] aus (Satz 1). Ein konkreter Schaden der Gesellschaft oder der Gläubiger wird im Rahmen dieser Insolvenzverschleppungshaftung nicht vorausgesetzt.[4]

2 Während die Massebewahrungspflicht nach Eintritt der Insolvenzreife bereits eine lange Tradition im Kapitalgesellschaftsrecht pflegt, ist die mit dem MoMiG in Satz 3 normierte Pflicht zur Beachtung der Zweckbindung des Gesellschaftsvermögens sowie die hiermit korrespondiere Haftung bisher ohne Vorgängerregelung. Es handelt sich um eine Insolvenzverursachungshaftung, die sich ausschließlich an die Vertretungsorgane der Gesellschaft richtet und das Kapitalerhaltungskonzept des GmbHG ergänzt.[5] Normzweck ist der Gläubigerschutz durch Verringerung des Insolvenzrisikos.[6] Es handelt sich um eine Pflicht zur Beachtung der Zweckbindung des Gesellschaftsvermögens.

B. Inhalt der Regelung

I. Ersatzanspruch bei Verletzung der Masseerhaltungspflicht (Satz 1)

1. Adressat der Masseerhaltungspflicht

3 Der Masseerhaltungs- und damit der Ersatzpflicht unterliegen die Personen, die nach § 15a Abs. 1 InsO zur Insolvenzantragstellung verpflichtet sind (siehe Vor § 64 Rn. 22 ff.). Eine interne Ressortaufteilung ist irrelevant.[7] Die Pflicht zur Masseerhaltung trifft auch diejenigen **Geschäftsführer**,

1 BGH DStR 2009, 1157; DB 2012, 1797.
2 BGHZ 143, 184, 186; BGH DStR 2007, 1174.
3 BGH NJW 1974, 1088, 1089; BGHZ 146, 264, 278; *Röhricht*, ZIP 2005, 505, 509.
4 OLG Celle, GmbHR 1995, 54, 55.
5 Vgl. *K. Schmidt*, GmbHR 2007, 1072, 1079.
6 *Greulich/Bunnermann*, NZG 2006, 681, 684.
7 BGH GmbHR 1994, 460.

die nicht für die Finanzen oder das Zahlungswesen verantwortlich sind. Soweit nicht ausnahmsweise die Voraussetzungen einer **faktischen Geschäftsführung** vorliegen, sind insbesondere Prokuristen und leitende Angestellte nicht Adressat des § 64.[8] Wer nicht Adressat der Masseerhaltungspflicht ist, haftet auch nicht als Teilnehmer gemäß § 830 BGB[9].

> **!** Mitglieder des Aufsichtsrates sind zwar nicht Adressat des § 64 GmbHG. Im obligatorischen Aufsichtsrat einer GmbH (vgl. MitbestG, DrittelbG, dazu § 52 Rn. 80 ff.) kann sich eine entsprechende Haftung allerdings unter dem Gesichtspunkt der Verletzung der Überwachungspflicht ergeben, wenn die Geschäftsführung unter Verstoß gegen § 64 GmbHG Zahlungen tätigt.[10]

2. Unzulässige Zahlungen

4 Satz 1 verbietet Masseschmälerungen nach Eintritt der Insolvenzreife, und zwar auch innerhalb der Dreiwochenfrist des § 15a Abs. 1 InsO. Der Zahlungsbegriff erfasst entsprechend seinem Wortsinn Geldmittelabflüsse aus dem Barbestand und Zahlungsanweisungen zu Lasten eines Bankkontos, soweit es ein Guthaben aufweist. Ob die Zahlung auf einer Überweisung, Lastschrift oder Abbuchungsermächtigung beruht, ist irrelevant.[11] Der Zahlungsbegriff kann sich hierauf aber nicht beschränken. Vielmehr sind den Zahlungsmittelabgängen in diesem engen Sinne auch sonstige Leistungen gleichzustellen (Warenlieferungen, Dienstleistungen u.Ä.), sofern sie das Gesellschaftsvermögen – hier verstanden als die künftige Insolvenzmasse – schmälern.[12] Ob dafür ein entsprechender Gegenwert an die Gesellschaft geflossen ist, ist für den Begriff der Zahlung unerheblich und wird erst im Rahmen des Satzes 2 relevant.[13]

5 Umgekehrt folgt aus dem eingangs formulierten Zweck des § 64, dass nur Vermögensschmälerungen die Haftung auslösen, die zu einer Benachteiligung der Gläubigergesamtheit führen. Auszuscheiden sind daher solche Zahlungen, die lediglich zum Nachteil einzelner Gläubiger erfolgen. In diesem Zusammenhang ist insbesondere auf den praktisch bedeutsamen Fall von **Verfügungen über ein debitorisch geführtes Bankkonto** hinzuweisen: Führt die Gesellschaft ein Bankkonto im Debet und nutzt sie durch weitere Überweisungen einen Dispositions- oder Überziehungskredit aus, geht mit Blick auf das noch zu eröffnende Insolvenzverfahren jede Verfügung allein zulasten des Kreditgebers. Die Kreditlinie ist in einem Insolvenzverfahren nicht Gegenstand der Insolvenzmasse i.S.v. § 35 InsO. Die Zahlungen zulasten des Kreditrahmens können die übrigen Gläubiger nicht benachteiligen.[14] Eine andere Beurteilung ist dagegen angezeigt, wenn die kreditnehmende Gesellschaft die Kontokorrentschuld durch eigenes Vermögen (Sicherungseigentum, Sicherungszession, Grundpfandrechte u.Ä.) besichert hat.[15] Mangels einer Gläubigerbenachteiligung greift das Zahlungsverbot ferner dann nicht ein, soweit **Gegenstände** weggegeben werden, die in einem Insolvenzverfahren **der Aussonderung (§ 47 InsO) unterliegen** und daher von vornherein nicht zur Insolvenzmasse gehören würden.[16] Entsprechendes gilt für **Zahlungen an zur Absonderung berechtigte Gläubiger** bis zur Höhe des Verkehrswerts des Absonderungsguts.

6 Der Schutzzweck des § 64 ist jedoch dann berührt, wenn auf einem **debitorisch geführten Bankkonto Zahlungseingänge** gutgeschrieben werden. Dem Kreditinstitut wird es damit ermöglicht, die offene Kreditforderung zu verrechnen und eine – dem Zweck der Massesicherungspflicht zuwiderlaufende – individuelle Befriedigung zu erlangen. Nach Auffassung der Rechtsprechung

---

8 OLG Düsseldorf, GmbHR 1993, 159.
9 BGH GmbHR 2008, 702.
10 Vgl. BGHZ 187, 60, der eine Haftung der Mitglieder des fakultativen Aufsichtsrates verneint, aber obiter dicta auf eine Haftung der Mitglieder eines obligatorischen Aufsichtsrates hinweist; dazu *Kiefer/Langen*, NJW 2011, 192, die insoweit zwischen der großen und kleinen Mitbestimmung differenzieren wollen.
11 Baumbach/Hueck/*Haas*, § 64 Rn. 65.
12 BGHZ 126, 181, 194; OLG Düsseldorf, GmbHR 1996, 616.
13 BGH NJW 1974, 1088, 1089; a.A. OLG Brandenburg, GmbHR 2002, 910, 911, wonach es bereits an einer masseschmälernden Zahlung fehlt, wenn die Gegenleistung noch wertmäßig in der Masse vorhanden ist.
14 BGH DStR 2007, 1003; DStR 2010, 661
15 BGH DStR 2010, 661; eingehend *Krumm*, WM 2010, 296, 297 ff.; *Werres*, ZInsO 2008, 1001.
16 Scholz/*K. Schmidt*, § 64 Rn. 26.

begründet dies die Haftung des Geschäftsführers für diejenigen Beträge, die die Bank zur Rückführung des Kontokorrentkredits verwendet.[17] Entsprechendes gilt für **Scheckeinreichungen**.[18]

> Nach Eintritt der Insolvenzreife kann der Geschäftsführer im Falle eines debitorischen Bankkontos seiner Massesicherungspflicht nur genügen, wenn er bei einer anderen Bank, bei der mangels Kreditverbindlichkeit keine Verrechnungsmöglichkeit besteht, ein neues Konto eröffnet und die Gesellschaftsgläubiger unverzüglich über die neue Kontoverbindung in Kenntnis setzt.[19]

Verfügt der Geschäftsführer im Rahmen des Kontokorrentkredites zur Befriedigung von einzelnen Gläubigern über eingehende Gutschriften, bildet mithin nicht die Verausgabung – diese benachteiligt nur individuell das Kreditinstitut (siehe Rn. 5) –, sondern die unterlassene Sicherung der Zahlungseingänge den Anknüpfungspunkt für die Verletzung der Masseerhaltungspflicht.

7 Teile der Literatur wollen auch das **Begründen von Verbindlichkeiten** als Verletzung der Massebewahrungspflicht werten.[20] Die herrschende Auffassung lehnt dies zu Recht ab.[21]

3. Ausnahmsweise zulässige Zahlungen (Satz 2)

8 Ausgenommen sind nach Satz 2 Zahlungen, die mit der **Sorgfalt eines ordentlichen Geschäftsmanns** vereinbar sind. Dies sind jedenfalls diejenigen Zahlungen, die die künftige Insolvenzmasse überhaupt nicht schmälern. Hierzu gehören aber auch Zahlungen, die zwar bei isolierter Betrachtung masseverkürzend wirken, durch die allerdings (noch) größere Nachteile für die Insolvenzmasse abgewendet werden sollen.[22] Beurteilungsmaßstab muss das Gläubigerinteresse an einer Erhaltung des Haftungsvermögens sein.[23] Masseminderungen sind hiernach insbesondere zulässig, sofern sie unabdingbar sind, um den Geschäftsbetrieb für die Zwecke des Insolvenzverfahrens oder die ernstlich zu erwartende Sanierung aufrechtzuerhalten.[24] Teilweise wird die Zulässigkeit von Zahlungen auch an den Befugnissen eines vorläufigen Insolvenzverwalters gemessen.[25] Die Rechtsprechung rechnet hierzu Zahlungen für Wasser, Strom und Heizung.[26] Ferner dürften hier die Löhne zu nennen sein, wenn die Arbeitnehmer ansonsten die Arbeit einstellen. Genannt wird ferner der Mietzins für die Betriebsimmobilie[27], was m.E. jedoch zweifelhaft ist, wenn durch das Ausbleiben einer konkreten Mietzinszahlung noch kein Kündigungsgrund bewirkt wird und nach Antragstellung § 112 InsO eingreift.

> Das Risiko, dass eine Zahlung im Haftungsprozess und damit im Nachhinein als mit diesen Sorgfaltsanforderungen konform qualifiziert wird, trägt der Geschäftsführer. Er muss im Einzelfall *ex ante* entscheiden, ob er eher statisch massebewahrend in Richtung auf die sofortige Insolvenz oder eher beweglich mit dem Ziel der Sanierung handelt.[28] Dieses Risiko wird maßgeblich dadurch verschärft, dass bisher vonseiten der Rechtsprechung kaum klare Abgrenzungskriterien formuliert worden sind. Die Praxis muss sich in jedem Einzelfall zumindest an der Vorgabe der „Vermeidung eines höheren Schadens" orientieren.

17 BGH DStR 2007, 1003.
18 BGH WM 1986, 237, 239.
19 BGH DStR 2007, 1003.
20 *Baumbach/Hopt*, HGB, § 130a Rn. 9 für quotenschmälernde Verbindlichkeiten.
21 BGH DStR 2009, 1104; *Röhricht*, ZIP 2005, 505, 511. Dies gilt auch für das Unterlassen der Kündigung eines Dauerschuldverhältnisses (Baumbach/Hueck/*Haas*, § 64 Rn. 66; a.A. wohl OLG Hamm, ZIP 1980, 280, 281).
22 BGH GmbHR 2008, 142.
23 Baumbach/Hueck/*Haas*, § 64 Rn. 72.
24 BGH DStR 2008, 1246; OLG Celle, GmbHR 2008, 101, 102.
25 OLG Schleswig, ZIP 2003, 856, 858.
26 BGH DStR 2008, 1246.
27 *Geißler*, DZWiR 2011, 309, 314.
28 OLG Celle, GmbHR 2008, 101, 102.

9 Den Sorgfaltsanforderungen können des Weiteren auch solche Vermögensminderungen genügen, denen weiter gehende Vermögensmehrungen gegenüberstehen[29]. Daher kann im Einzelfall die Erfüllung von **Lieferantenverbindlichkeiten** unkritisch sein, wenn durch den Verkauf oder die Verarbeitung der gelieferten Ware ein Mehrwert zugunsten der Masse generiert werden kann.[30] Die Erfüllung von Altverbindlichkeiten, um den Lieferanten zur Freigabe von Ware zu bewegen, wird gemessen hieran jedoch nur dann sorgfaltsgemäß sein, wenn gleichwohl unter dem Strich noch eine Vermögensmehrung verbleibt.

10 Ferner können strafrechtlich relevante Pflichtenkollisionen eine Haftung ausschließen. Der Geschäftsführer handelt sorgfaltsgemäß im Sinne von Abs. 2 Satz 2, wenn er sich ohne die Zahlung einer strafrechtlichen Verfolgung aussetzen würde. Dies betrifft in der Praxis vornehmlich die Zahlung von Sozialversicherungsbeiträgen und Steuern. Während es bis vor einigen Jahren noch ständiger Rechtsprechung des BGH und der Obergerichte entsprach, dass diese Zahlungen regelmäßig nicht den Sorgfaltsanforderungen genügen,[31] hat der BGH diese Rechtsprechung für die Arbeitnehmerbeiträge zur Sozialversicherung aufgegeben.[32] Dies ist insbesondere vor dem Hintergrund zu sehen, dass der BGH für Strafsachen eine Strafbarkeit nach § 266a StGB auch dann bejaht, wenn die Arbeitnehmeranteile nach Eintritt der Insolvenzreife nicht abgeführt werden.[33] Der BGH für Zivilsachen sah sich insoweit veranlasst, im Interesse der Einheit der Rechtsordnung die Pflicht aus § 64 hinter § 266a StGB zurücktreten zu lassen. Für die Lohnsteuerabführungs-und die Umsatzsteuerzahlungspflicht gilt dies entsprechend; hier bewirken § 380 AO und § 26b UStG eine vergleichbare Pflichtenkollision.[34] Die Anwendungsfälle sind nicht auf die strafbewehrte Nichterfüllung dieser und vergleichbarer öffentlich-rechtlicher Verpflichtungen beschränkt. Relevanz erlangen des Weiteren auch (zivilrechtliche) Treuhandverhältnisse. Sofern hiermit eine Verpflichtung einhergeht, die fremden Vermögensinteressen des Treugebers zu wahren, kann eine Zahlung sorgfaltsgemäß sein, wenn der Geschäftsführer sich anderenfalls der Untreue (§ 266 StGB) strafbar machen würde.[35]

11 Besonders streitanfällig sind **Zahlungen an den Geschäftsführer selbst**. Ist er zugleich auch Gesellschafter, wird ihm – abweichend von der Sichtweise bei normalen Arbeitnehmern – wegen seiner gesteigerten Treuepflicht gegenüber der Gesellschaft das Argument abgeschnitten sein, dass er ohne eigene Entlohnung nicht weiter für die Gesellschaft tätig geworden wäre und dies (hypothetisch) zum weitaus masseschmälernden Zusammenbruch des Unternehmens geführt hätte.

4. Verletzung der Massesicherungs- und -erhaltungspflicht durch den Geschäftsführer

12 Die Zahlung entgegen der Sätze 1, 2 muss eine Pflichtverletzung des Geschäftsführers darstellen. Erforderlich ist, dass er die Zahlung veranlasst hat. Die Pflichtverletzung kann daher nur dann angenommen werden, wenn die Minderung des Gesellschaftsvermögens mit seinem Wissen und Wollen geschehen ist und er dieses hätte verhindern können. Angesichts der Organisationsverantwortung des Geschäftsführers wird dies allerdings regelmäßig der Fall sein und wird lediglich ausnahmsweise dann fehlen, wenn Mitarbeiter eigenmächtig/weisungswidrig handeln oder wenn die Vermögensminderung von ihm kraft Gesetzes schon nicht verhindert werden kann (z.B. bei Vollstreckungsmaßnahmen gegen die Gesellschaft[36]).

5. Eröffnung des Insolvenzverfahrens/Antragsabweisung mangels Masse

13 Die Ersatzpflicht setzt die Eröffnung des Insolvenzverfahrens oder die Abweisung des Insolvenzantrags mangels Masse voraus. Nach Insolvenzeröffnung gehört es zu den Pflichten des Insolvenzver-

29 Vgl. OLG München, GmbHR 2008, 764.
30 Siehe zur Problematik der „wertgedeckten Zahlungen" eingehend *Geißler*, GmbHR 2011, 907.
31 Zuletzt: BGH DStR 2005, 978.
32 BGH DStR 2007, 1174; DStR 2008, 1492; nach BGH DStR 2009, 1710 bleibt es hingegen für die Arbeitgeberanteile bei der Sorgfaltswidrigkeit; eingehend: *Tiedtke/Peterek*, GmbHR 2008, 617 ff.; *Radtke*, GmbHR 2009, 673.
33 BGH DStR 2005, 1867.
34 BGH DStR 2011, 530.
35 BGH DStR 2008, 1346.
36 BGH DStR 2009, 1104; OLG München, ZIP 2011, 277.

walters, etwaige Ansprüche aus § 64 zu ermitteln, geltend zu machen und erforderlichenfalls gerichtlich durchzusetzen. Im Falle der Abweisung des Antrags mangels Masse können die Gesellschaftsgläubiger den Anspruch der Gesellschaft gegen die Geschäftsführer pfänden und sich zur Einziehung überweisen lassen.[37]

! Für den potentiell ersatzpflichtigen Geschäftsführer macht es praktisch einen erheblichen Unterschied, ob er von dem Insolvenzverwalter oder einzelnen Gesellschaftsgläubigern in Anspruch genommen wird. Die einzelnen Gläubiger gelangen kaum an die Informationen, die notwendig sind, um die Insolvenzreife der Gesellschaft substantiiert darzulegen. Auch etwaige Darlegungserleichterungen helfen regelmäßig wenig. Der Insolvenzverwalter hingegen hat den erforderlichen – ggf. mit Hilfe des Insolvenzgerichts durchsetzbaren – Zugriff auf die Finanzbuchhaltung und die sonstigen Geschäftsunterlagen (siehe zur Darlegungs- und Beweislast und insbesondere zur Beweisvereitelung noch Rn. 29 ff.). Aus diesem Grunde kommt es vielen Geschäftsführern aus haftungsrechtlichen Gründen nicht ungelegen, wenn ein Insolvenzverfahren mangels Masse nicht eröffnet wird.

6. Verschulden

Der Geschäftsführer muss schuldhaft gehandelt haben. Fahrlässigkeit ist ausreichend. Für die Vornahme der Zahlung und die Beachtung der Sorgfaltsanforderungen ist dies unstreitig. Der Fahrlässigkeitsmaßstab gilt nach herrschender Auffassung ferner für das Verkennen der Insolvenzreife und die Verletzung der Antragspflicht.[38] Entscheidend ist, ob im Zeitpunkt der Zahlung die Überschuldung bzw. Zahlungsunfähigkeit der Gesellschaft für den Geschäftsführer erkennbar war. Insoweit gelten die für die Insolvenzantragstellung von der Rechtsprechung formulierten Anforderungen an einen ordentlichen Geschäftsleiter. Jeder Geschäftsführer muss sich ständig über die wirtschaftliche Lage des Unternehmens vergewissern und sein Unternehmen dergestalt organisieren, dass er rechtzeitig über die für die Insolvenzerkennung und Insolvenzantragstellung erforderlichen Informationen verfügt. In Krisenzeiten ist er zur erhöhten Beobachtung der Liquidität und des Schuldendeckungspotentials angehalten. Verfügt er selbst nicht über ausreichende Kenntnisse, muss er externen Rat in Anspruch nehmen (Vor § 64 Rn. 25). Genügt ein Geschäftsführer diesen Anforderungen nicht, kann er sich nicht darauf berufen, die Insolvenzreife im Zeitpunkt der Zahlung nicht erkannt zu haben. 14

7. Rechtsfolge

Satz 1 sanktioniert die Verletzung der Masseerhaltungspflicht mit einem **Ersatzanspruch eigener Art**[39], der weder einen konkreten Schaden der Gesellschaft noch der Gläubiger voraussetzt.[40] Liquidiert wird vielmehr abstrakt diejenige Verkürzung des Gesellschaftsvermögens, die bei pflichtgemäßem Verhalten den Gesellschaftsgläubigern in dem nachfolgenden Insolvenzverfahren als Haftungsmasse verloren gegangen ist. Zu erstatten ist die durch die Zahlung eingetretene Verringerung der Haftungsmasse, also die Zahlung selbst. 15

Ausgehend von der Gesetzesintention, die Gleichbehandlung der Insolvenzgläubiger zu sichern, kann ein dergestalt verstandener Schaden nur insoweit entstehen, als der durch die unzulässige Zahlung bevorzugte Gläubiger bessergestellt wurde. Kein Schaden kann daher der Betrag sein, den der Gläubiger auch bei rechtzeitiger Insolvenzantragstellung als Insolvenzdividende erhalten hätte. Dieser Umstand findet jedoch bei der Bemessung der Ersatzverpflichtung keine Berücksichtigung. Die Verurteilung lautet auf die **ungekürzte Erstattung der verbotswidrig geleisteten Zahlung.** Dem Geschäftsführer steht allerdings ein eigener Erstattungsanspruch gegen die Insolvenz- 16

37 BGH DStR 2000, 1831.
38 BGH DStR 2005, 1867.
39 BGH NJW 1974, 1088, 1089; BGHZ 146, 264, 278; *Röhricht*, ZIP 2005, 505, 509.
40 OLG Celle, GmbHR 1995, 54, 55.

masse zu, der sich nach Rang und Höhe mit dem Betrag deckt, den der durch die verbotene Zahlung begünstigte Gläubiger im Insolvenzverfahren erhalten hätte, wenn er seiner Ersatzpflicht aus § 64 nachgekommen ist[41]. Die Verfolgung dieses Erstattungsanspruchs ist dem Geschäftsführer im Urteil vorzubehalten.[42]

17 Die von dem Geschäftsführer zu verantwortende Zahlung begründet u.U. zugleich einen Erstattungs- oder Rückforderungsanspruch der Insolvenzmasse gegen den Zahlungsempfänger. Die Zahlung kann insbesondere den Vorschriften über die Insolvenzanfechtung (§§ 129 ff. InsO) unterliegen. Den Geschäftsführer entlastet dies nicht. Dem Insolvenzverwalter wird vielmehr ein **Wahlrecht** eingeräumt, ob er den Geschäftsführer oder den Zahlungsempfänger in Anspruch nimmt. Es besteht keine Gesamtschuldnerschaft.[43] Der Geschäftsführer kann jedoch in analoger Anwendung des § 255 BGB verlangen, dass ihm etwaige Ansprüche gegen den Zahlungsempfänger abgetreten werden.[44] Insoweit besteht ein Zurückbehaltungsrecht.

II. Insolvenzverursacherhaftung (Satz 3)

1. Zweckbindung des Gesellschaftsvermögens

18 Das Gesellschaftsvermögen dient vorrangig der Befriedigung der Gesellschaftsgläubiger. Die Gesellschafter sind verpflichtet, diese Zweckbindung zu respektieren.[45] Ihnen steht nur der Zugriff auf das von der Gesellschaft nicht zur Befriedigung der Gesellschaftsverbindlichkeiten benötigte Vermögen zu. Dem Geschäftsführer wird mit Satz 3 in Gestalt einer Schutzpflicht die Durchsetzung dieser Zweckgebundenheit überantwortet, deren Verletzung mit einem Ersatzanspruch sanktioniert wird. Die Norm soll nach der Vorstellung des Gesetzgebers primär orientiert an der Liquidität der Gesellschaft Schutzdefizite kompensieren, die zum einen im Bereich der Kapitalerhaltung nach der Rückkehr zur bilanziellen Betrachtung im Rahmen der §§ 30, 31 und zum anderen nach der Aufgabe des bisherigen Kapitalersatzregimes bestehen (sollen).[46]

2. Zahlungen an Gesellschafter

19 Der **Begriff der Zahlung** erfasst jeden Vermögenstransfer zulasten der Liquidität der Gesellschaft. Der Rechtsgrund der Zahlung ist ebenso unbedeutend wie ihre bilanzielle Auswirkung. Entscheidend ist allein der Einfluss auf die Maßgröße Liquidität. Neben der Verringerung der reinen Geldliquidität liegt eine Zahlung daher auch dann vor, wenn Gegenstände weggegeben werden, die eine solche Liquidität vermitteln.[47] Ausgehend von dem Schutzzweck des Satzes 3 ist ferner die Bestellung einer Sicherheit durch die Gesellschaft als Zahlung zu qualifizieren, wenn bei ihrer Bestellung die Inanspruchnahme wahrscheinlich ist und kein die notwendige Liquidität vermittelnder Rückgriffsanspruch gegen den Gesellschafter besteht.[48] Im Übrigen erfüllt allein die Begründung einer fälligen Verbindlichkeit gegenüber dem Gesellschafter nicht die Voraussetzungen einer Zahlung. Der Zahlungsbegriff erfasst ferner auch nicht das Unterlassen der Geltendmachung von Ansprüchen gegen die Gesellschafter.[49]

20 **Empfänger der Zahlung** muss ein Gesellschafter sein. Insoweit gilt keine rein formale Betrachtung. Ausreichend ist die mittelbare Gesellschafterstellung. Haftungsbegründend sind des Weite-

41 BGHZ 146, 264; vgl. auch OLG Celle, GmbHR 2008, 101, 103 zu dem Sonderfall, dass die Zahlung zulasten einer Komplementär-GmbH an die Kommanditgesellschaft geleistet worden ist.
42 BGHZ 146, 264.
43 OLG Oldenburg, GmbHR 2004, 1014, 1015.
44 Baumbach/Hueck/*Haas*, § 64 Rn. 87 m.w.N.
45 BGHZ 173, 246.
46 BT-Drucks. 16/6140, S. 46 f.
47 *Knof*, DStR 2007, 1536, 1538.
48 *Greulich/Bunnemann*, NZG 2006, 681, 684; s. im Besonderen für Sicherheiten zugunsten der Muttergesellschaft *Mahler*, GmbHR 2012, 504 f.
49 A.A. *Greulich/Bunnemann*, NZG 2006, 681, 684.

ren Zahlungen an Dritte, wenn diese mit dem Gesellschafter wirtschaftlich oder rechtlich eng verbunden sind.[50] Dies betrifft insbesondere Zahlungen an verbundene Unternehmen. Erfasst werden sowohl Zahlungen auf gesellschaftsrechtlicher als auch schuldrechtlicher Grundlage. Das Gesetz unterscheidet auch nicht danach, ob und inwieweit der Gesellschafter der Gesellschaft wie ein gewöhnlicher dritter Geschäftspartner gegenübersteht. Ferner sind Zahlungen an Dritte zur Tilgung von Verbindlichkeiten des Gesellschafters erfasst.[51]

3. Herbeiführen der Zahlungsunfähigkeit

Nach dem Wortlaut muss die relevante Zahlung zur Zahlungsunfähigkeit der Gesellschaft führen. Es gilt uneingeschränkt der **Zahlungsunfähigkeitsbegriff i.S.d. § 17 InsO** (siehe Vor § 64 Rn. 4). In Abgrenzung zu Satz 1 darf die Zahlungsunfähigkeit nicht bereits vor der Zahlung eingetreten sein. 21

Die Haftung setzt einen **Ursachenzusammenhang** zwischen der Zahlung an den Gesellschafter und dem Eintritt der Zahlungsunfähigkeit voraus. Nicht ausreichend ist, dass eine Zahlung überhaupt ursächlich geworden ist. Anderenfalls ließe sich ohne Begrenzung auch an zeitlich der Zahlungsunfähigkeit teilweise weit vorgelagerte Zahlungen anknüpfen. Angesichts der Vielgestaltigkeit der Faktoren für die Zahlungsunfähigkeit eines Unternehmens werden zudem regelmäßig mehrere Kausalbeiträge identifizierbar sein. Die Ursächlichkeit ist daher eine Wertungsfrage, wonach derjenige Kausalbeitrag ermittelt werden muss, infolge dem wertungsmäßig die Grenze zur Illiquidität überschritten wurde. Die Wertung erfolgt am Schutzzweck der Norm. Es muss mithin nicht zwingend im Zeitpunkt der Zahlung an die Gesellschafter sofort die Zahlungsunfähigkeit eintreten. Entscheidend ist, dass bei Vornahme der Zahlung bereits absehbar war, dass die Gesellschaft unter dem normalen Verlauf der Dinge ihre weiteren Verbindlichkeiten nicht erfüllen können wird.[52] In der Literatur wird die Faustformel vertreten, wonach ein hinreichender Ursachenzusammenhang regelmäßig dann anzunehmen sein soll, wenn die Zahlung eine bis auf weiteres nicht behebbares Liquiditätslücke von mehr als 10 % der Gesamtverbindlichkeiten bewirken würde.[53] 22

4. Verschulden

Der Geschäftsführer haftet nicht, wenn er nicht erkennen konnte, dass die Zahlung zur Zahlungsunfähigkeit der Gesellschaft führt. Einfache Fahrlässigkeit schadet bereits. 23

! Zahlungen an die Gesellschafter sollte stets ein Solvenztest vorausgehen. Geboten ist eine Prognose über die Fähigkeit bzw. Unfähigkeit der Gesellschaft, ihre Verbindlichkeiten bei Fälligkeit erfüllen zu können. Dies setzt voraus, dass er sich ein aktuelles Bild über die bestehende und künftige Liquidität sowie die fälligen Verbindlichkeiten macht. Auch insoweit gilt wiederum der Grundsatz der Beweismittelvorsorge durch ausreichende Dokumentation.[54]

Für die Richtigkeit der Prognose haftet der Geschäftsführer mit dem in Satz 2 formulierten Maßstab der Sorgfalt eines ordentlichen Geschäftsmanns. Weisungen der Gesellschafter entlasten den Geschäftsführer nicht.[55]

5. Rechtsfolge

Satz 3 verbietet die Zahlung an den Gesellschafter. Zugleich begründet die Norm – anders als das Zahlungsverbot des Satz 1 – ein Leistungsverweigerungsrecht der Gesellschaft gegenüber dem 24

50 *Greulich/Bunnemann*, NZG 2006, 681, 685; *Knof*, DStR 2007, 1536, 1538.
51 Staub/*Habersack*, HGB, § 130a Rn. 31.
52 BT-Drucks. 16/6140, S. 46 f.
53 *Böcker/Poertzgen*, WM 2007, 1203, 1207; Staub/*Habersack*, HGB, § 130a Rn. 32.
54 *Noack*, DB 2006, 1475, 1479.
55 *Böcker/Poertzgen*, WM 2007, 1203, 1207.

Gesellschafter.[56] Verstößt der Geschäftsführer gleichwohl gegen das Zahlungsverbot des Satz 3 hat er alle zur Zahlungsunfähigkeit führenden Vermögensabflüsse zu erstatten. Bezugspunkt der Haftung ist – wie auch im Falle der Verletzung des Zahlungsverbotes nach Satz 1 – die einzelne Zahlung; diese ist ungekürzt zur Masse zu erstatten.[57]

25 **!** Neben der Erstattungspflicht besteht ein erhebliches Strafbarkeitsrisiko. Denn die Rechtsprechung beurteilt Zahlungen an Gesellschafter, die entgegen Satz 1 und Satz 3 geleistet werden, als pflichtwidrig im Sinne des Untreuetatbestandes (§ 266 StGB).[58]

26 Infolge der entgegen Satz 3 geleisteten Zahlung können ggf. zugleich unmittelbare Ansprüche gegen die Gesellschafter bestehen (z.B. §§ 135, 143 InsO und § 31). Der Geschäftsführer haftet gleichwohl auf den vollen Betrag. Der Insolvenzverwalter kann wählen, ob er den Zahlungsveranlasser oder den Zahlungsempfänger in Anspruch nimmt.[59] Er kann zugunsten der Insolvenzmasse die Kompensation des Vermögensabflusses allerdings nur einmal fordern. Sofern der Geschäftsführer seiner Erstattungspflicht nachkommt, kann er daher analog § 255 BGB die Abtretung der Ansprüche gegen die Gesellschafter verlangen.

III. Verzicht, Vergleich, Verjährung (Satz 4)

27 Ein Verzicht der Gesellschafter auf den Ersatzanspruch oder ein Vergleich der Gesellschafter über diesen Anspruch ist gem. Satz 4 i.V.m. §§ 43 Abs. 3 Satz 2, 9b Abs. 1 unwirksam, soweit ein Ersatz zur Befriedigung der Gläubiger erforderlich ist. Der Insolvenzverwalter ist an diese Beschränkung nicht gebunden. Er kann mit dem Geschäftsführer ohne diese Einschränkung Vergleiche schließen. Werden sie schenkungshalber geschlossen oder widersprechen sie dem Zweck des Insolvenzverfahrens, sind jedoch sowohl Verzicht als auch Vergleich unwirksam.[60]

28 Der Ersatzanspruch **verjährt** nach fünf Jahren (Satz 4 i.V.m. § 43 Abs. 4). Die Verjährungsfrist gilt für jede einzelne Masseschmälerung und beginnt jeweils mit der verbotenen Zahlung.[61]

C. Weitere praktische Hinweise

I. Der Haftungsprozess nach § 64

29 Die gerichtliche Durchsetzung sowohl der Insolvenzverschleppungs- als auch der Insolvenzverursachungshaftung stellt für die Insolvenzmasse regelmäßig eine nicht unerhebliche finanzielle Belastung dar (hoher Streitwert, Kosten für das Sachverständigengutachten). In der Regel ist für einen Haftungsprozess die Zustimmung der Gläubigerversammlung erforderlich (§ 160 Abs. 2 Nr. 3 InsO). Die Zustimmung ist allerdings keine Zulässigkeits- oder Begründetheitsvoraussetzung der Klage.

30 Im Prozess anlässlich der Durchsetzung des Anspruchs aus Satz 1 ist der **Insolvenzverwalter** für den Eintritt der **Überschuldung darlegungs- und beweispflichtig.**[62] Dies gilt ferner für den Zeitpunkt des Eintritts. Seiner Darlegungslast zum Merkmal der Überschuldung genügt der Insolvenzverwalter allerdings bereits dann, wenn er eine Handelsbilanz mit dem Ausweis eines nicht durch Eigenkapital gedeckten Fehlbetrags vorlegt und erläutert, ob und ggf. welche Abweichun-

---

56 LG Berlin, GmbHR 2010, 201; *Dahl*, NZG 2009, 567, 570; *Desch*, BB 2010, 2586, 2588 ff.; *Spliedt*, ZIP 2009, 149, 160; *Winstel/Skauradszun*, GmbHR 2011, 185 (dort auch zu weitergehenden Überlegungen, wenn mehrere Gesellschafter vorhanden sind); a.A. allerdings OLG München, GmbHR 2010, 815, 816 f.; *Haas*, DStR 2010, 1991 f.

57 *Böcker/Poertzgen*, WM 2007, 1203, 1207.

58 OLG Stuttgart, ZIP 2009, 1864; eingehend zu den Strafbarkeitsaspekten der Zahlung an Gesellschafter *Mahler*, GmbHR 2012, 504; *Maurer/Wolf*, wistra 2011, 327; *Weiß*, GmbHR 2011, 350.

59 *K. Schmidt*, GmbHR 2007, 1072, 1079.

60 Baumbach/Hueck/*Haas*, § 64 Rn. 15.

61 BGH NZG 2009, 582.

62 BGHZ 126, 181, 200.

gen nach Insolvenzrecht bestehen und dass danach eine Überschuldung im insolvenzrechtlichen Sinne gegeben ist.[63] Hat der Insolvenzverwalter die Überschuldung für einen bestimmen Stichtag bewiesen, so greift eine tatsächliche Vermutung dahin gehend ein, dass die Gesellschaft auch in der Folgezeit bis zur Eröffnung des Insolvenzverfahrens überschuldet war.[64] Der **Geschäftsführer** hingegen trägt die Darlegungs- und Beweislast für die Umstände, welche die **positive Fortführungsprognose** rechtfertigen.[65] Ferner trifft ihn die sekundäre Darlegungslast, wenn er den Ansatz von Vermögensgegenständen begehrt, die sich nicht bereits aus den vom Insolvenzverwalter vorgelegten Rechnungslegungswerken ergeben. Entsprechendes gilt für die Aufdeckung angeblicher stiller Reserven.[66] Hat der Insolvenzverwalter den Darlegungsanforderungen genügt und bleibt die Überschuldung streitig, entscheidet das Gericht über dieses Tatbestandsmerkmal nach Einholung eines Sachverständigengutachtens.

Der **Insolvenzverwalter** ist für den Eintritt der **Zahlungsunfähigkeit** darlegungs- und beweis- 31
pflichtig.[67] Seiner Darlegungslast genügt er jedenfalls durch die Vorlage eines Liquiditätsstatus, der sich bei zeitpunkt- und zeitraumbezogener Betrachtung im Einzelnen mit dem Verhältnis der vorhandenen und der noch zufließenden Liquidität zu den fälligen und fällig werdenden Verbindlichkeiten auseinandersetzt (siehe Vor § 64 Rn. 6). Zugunsten des Insolvenzverwalters greift jedoch die Vermutung ein, dass die bestehenden Verbindlichkeiten der Gesellschaft im Zweifel sofort fällig sind (vgl. § 271 BGB). Diese Vermutung gilt freilich dann nicht, wenn in der betroffenen Branche oder auf der in Rede stehenden Handelsstufe allgemein Zahlungsziele von mehr als drei Wochen üblich sind. Überdies trifft den Insolvenzverwalter die Darlegungs- und Beweislast dafür, dass die fälligen Forderungen ernsthaft eingefordert sind; allerdings wird man hier verlangen müssen, dass der Geschäftsführer erst einmal vorträgt, welche Verbindlichkeiten angeblich nicht ernsthaft eingefordert sind (sekundäre Darlegungslast). Für die Darlegung der Zahlungsunfähigkeit kann des Weiteren auch der Vortrag derjenigen Indizien ausreichen, die bei lebensnaher Betrachtung auf ein Fehlen ausreichender Geldmittel schließen lassen (siehe Vor § 64 Rn. 7).

! Wenn der Geschäftsführer die ihm obliegende Pflicht zur Führung und Aufbewahrung von Büchern und Belegen nach §§ 238, 257 HGB und § 41 GmbHG verletzt und dem Insolvenzverwalter bzw. Gläubiger deshalb die Darlegung oder der Beweis von Einzelheiten zur Überschuldung oder Zahlungsunfähigkeit nicht möglich ist, gelten die Voraussetzungen der Insolvenzreife nach den Grundsätzen der Beweisvereitelung (insoweit) als bewiesen.[68] 32

Macht der **Geschäftsführer** im Haftungsprozess geltend, eine Zahlung sei mit dem **Sorgfalts-** 33
maßstab i.S.v. Satz 2 vereinbar, trägt er hierfür die Darlegungs- und Beweislast. Das Gesetz sieht eine Vermutung zu seinen Lasten vor.[69] Den Geschäftsführer trifft ferner die Darlegungs- und Beweislast für das fehlende Verschulden.[70] Ihm obliegt es, die Gründe vorzutragen und zu erläutern, die ihn gehindert haben, eine tatsächlich bestehende Insolvenzreife zu erkennen. Dies ist freilich schwierig. Denn bei der Würdigung dieses Vorbringens ist immer zu berücksichtigen, dass der Geschäftsführer für eine Organisation sorgen muss, die ihm die Wahrnehmung seiner Pflichten ermöglicht und ihm vor allem jederzeit die erforderliche Übersicht über die wirtschaftlichen und finanziellen Verhältnisse garantiert.[71] Schließlich trägt der Geschäftsführer die Darlegungs- und

63 BGH DStR 2008, 1246.
64 BGH DB 2012, 1797, 1799.
65 BGH DStR 2011, 130; dazu weiterführend *Bayer/Illhardt*, GmbHR 2011, 856, 857 f.
66 BGH DStR 2009, 1384.
67 BGHZ 126, 181, 200.
68 BGH DStR 2007, 961 zur Überschuldung; BGH ZIP 2012, 723 zur Zahlungsunfähigkeit.
69 BGH NJW 1974, 1088, 1089; OLG Düsseldorf, NZG 1999, 1066, 1068; OLG Brandenburg, GmbHR 2002, 910, 911.
70 BGHZ 143, 184, 185.
71 BGH DB 2012, 1797, 1798.

Beweislast dafür, dass die Voraussetzungen für eine Ausschöpfung der dreiwöchigen Frist („ernstliche Erwartung einer rechtzeitigen Sanierung", dazu Vor § 64 Rn. 26) vorgelegen haben.[72]

34 In der Praxis bringt sich der Insolvenzverwalter spätestens vor Geltendmachung des Haftungsansprucнs in den Besitz der Buchhaltungs- und Geschäftsunterlagen. Sowohl der Geschäftsführer selbst als auch etwaige Dritte (z.B. Steuerberater) sind ihm zur Herausgabe verpflichtet. Der Geschäftsführer muss folglich mit Blick auf die Haftung aus Satz 1 im eigenen Interesse zur Beweismittelvorsorge angehalten sein. Dies ist nicht nur eine Frage der Widerlegung der Insolvenzreife bzw. der Durchsetzung des Ansatzes von Fortführungswerten (Vor § 64 Rn. 10). Der Geschäftsführer muss ferner auch mehrere Jahre nach Insolvenzeröffnung noch in der Lage sein, die Tatsachen substantiiert vortragen zu können, aus denen sich sein sorgfaltsgemäßes Verhalten ergeben soll. Der Geschäftsführer ist freilich nicht schutzlos. Er kann bei dem Insolvenzverwalter Einsicht in die in dessen Obhut befindlichen Geschäftsunterlagen nehmen. Verwehrt ihm dieser die Einsicht, kann sich die Darlegungslast zulasten des Insolvenzverwalters umkehren.[73]

35 Hat die insolvente GmbH zugunsten des Geschäftsführers eine **aussonderungsfähige Direktversicherung** abgeschlossen, gehören die Ansprüche aus dem Versicherungsvertrag nicht zur Insolvenzmasse.[74] Die Versicherungsgesellschaften verlangen allerdings in der Praxis eine Freigabeerklärung des Insolvenzverwalters. Diesem steht bis zur abschließenden Klärung und Erfüllung etwaiger Ersatzansprüche insoweit ein Zurückbehaltungsrecht nach § 273 BGB zu. Eine Aufrechnung ist ihm mangels Gleichartigkeit der Ansprüche nicht möglich. Anders ist dies hingegen, wenn die GmbH dem Geschäftsführer eine Pension zusagt und in diesem Zusammenhang eine Rückdeckungsversicherung abschließt, welche dem Geschäftsführer zur Absicherung seiner Pensionsansprüche verpfändet wurde. Macht der Insolvenzverwalter vor Eintritt der Pfandreife (= Versorgungsfall) von seinem Einziehungsrecht Gebrauch,[75] kann er ggf. mit dem Anspruch des Geschäftsführers auf Auszahlung des Rückkaufswerts aufrechnen.[76]

36 Der Insolvenzverwalter kann mit Wirkung für und gegen die Insolvenzmasse einen **Vergleichsvertrag mit dem Geschäftsführer** abschließen (Rn. 27). Gegenstand des Vergleichs kann dabei das gesamte Rechtsverhältnis zwischen dem Geschäftsführer und der Insolvenzmasse sein. Ein solcher Vergleich bietet sich zur abschließenden Gesamtbereinigung sowohl der Ansprüche aus § 64 als auch etwaiger Gegenansprüche des Geschäftsführers an.

Haftungsprozesse sind für die Insolvenzmasse nicht nur mit einem erheblichen Kostenrisiko und einer Vorfinanzierungslast verbunden (Rn. 26), sondern dauern i.d.R. auch über Jahre an. Die Insolvenz der Gesellschaft bringt nicht selten die Geschäftsführer – gerade die Gesellschafter-Geschäftsführer – persönlich in wirtschaftliche Bedrängnis. Der Insolvenzverwalter läuft daher Gefahr, den nach jahrelangem Rechtsstreit erlangten Vollstreckungstitel in Ansehung der Vermögensverhältnisse des Geschäftsführers nicht vollständig realisieren zu können. Dies gilt umso mehr, als die Inanspruchnahme des Geschäftsführers auch durch andere Gläubiger droht (Rn. 33 ff.). Vor diesem Hintergrund ist es für den Insolvenzverwalter i.d.R. attraktiver, einen sofort fälligen und ggf. durch den Geschäftsführer fremdfinanzierten Vergleichsbetrag zu erhalten.

72 BGH ZIP 2012, 723.
73 LG München, ZIP 2007, 1960, 1961. Im Entscheidungsfall machte der Insolvenzverwalter rund 750 Auszahlungen geltend, die fast fünf Jahre zurücklagen.
74 BGH NJW 2002, 3253.
75 BGH NJW 2005, 2231.
76 Eingehend dazu *Krumm*, ZIP 2010, 1782.

Der Insolvenzverwalter muss nach § 160 Abs. 2 Nr. 3 InsO die Zustimmung der Gläubigerversammlung einholen. Die Zustimmung ist keine Wirksamkeitsvoraussetzung. Es ist den Vergleichsparteien jedoch unbenommen, im Vergleich eine entsprechende Wirksamkeitsbedingung zu formulieren.

Im **Haftungsprozess nach Satz 3** trägt der Insolvenzverwalter die **Darlegungs- und Beweislast** für den Ursachenzusammenhang zwischen Zahlung und Zahlungsunfähigkeit. Einem engen zeitlichen und sachlichen Zusammenhang zwischen Zahlung und Zahlungsunfähigkeit kann hierbei besondere Indizwirkung zukommen.[77] Der Geschäftsführer muss sich hinsichtlich der Erkennbarkeit der Ursächlichkeit entlasten. Er muss darlegen und beweisen, dass er trotz Beachtung der Sorgfalt eines ordentlichen Geschäftsmanns die Auswirkungen der Zahlung an die Gesellschafter nicht erkennen konnte. Im Übrigen gelten die Ausführungen zur Durchsetzung der Insolvenzverschleppungshaftung, etwaigen Gegenansprüchen sowie der Vergleichspraxis entsprechend. 37

II. Weitere zivilrechtliche Haftungstatbestände

1. § 823 Abs. 2 BGB i.V.m. § 15a InsO

§ 15a InsO ist ein Schutzgesetz i.S.d. § 823 Abs. 2 BGB.[78] Verletzt der Geschäftsführer schuldhaft die Insolvenzantragspflicht, haftet er den Gläubigern auf Schadensersatz. Diese müssen den Eintritt und den Zeitpunkt des Eintritts der Insolvenzreife darlegen und beweisen. Das Verschulden des Geschäftsführers wird nach ständiger Rechtsprechung vermutet.[79] 38

Gläubiger, die ihre Forderungen bereits vor Eintritt des Zeitpunkts erworben haben, in dem der Insolvenzantrag nach Maßgabe des §15a InsO hätte gestellt werden müssen (sog. **Altgläubiger**), können nur den sog. Quotenschaden liquidieren. Auszugleichen ist derjenige Betrag, um den sich die bei rechtzeitiger Antragstellung zu erwartende Insolvenzquote durch die weitere Geschäftstätigkeit verringert hat. Die Altgläubiger erleiden einen **Gesamtgläubigerschaden, der von dem Insolvenzverwalter gem. § 92 InsO geltend zu machen ist.** Nur bei Verfahrensabweisung mangels Masse können die Altgläubiger ihre Ansprüche selbst verfolgen. Praktisch ist die Verfolgung allerdings auch für den Insolvenzverwalter schwierig, da er etwaige Quotenschäden der Neugläubiger nicht geltend machen darf[80] (dazu Rn. 40). Aus diesem Grunde gehen die Insolvenzverwalter regelmäßig nach § 64 Satz 1 vor, weil dieser Anspruch weitaus einfacher durchzusetzen ist. 39

Gläubigern, die ihre Forderung erst nach dem Zeitpunkt erworben haben, in dem der Insolvenzantrag hätte gestellt werden müssen (sog. **Neugläubiger**), ist der sog. **Vertrauensschaden** zu ersetzen. Nach zutreffender Auffassung kann Neugläubiger in diesem Sinne nur sein, wer aufgrund eines rechtsgeschäftlichen Kontakts Gläubiger der Gesellschaft geworden ist.[81] Anders als bei Altgläubigern (Rn. 39) liegt der Schaden eines Neugläubigers darin, dass er der Gesellschaft im Vertrauen auf deren Solvenz noch Geld- und Sachmittel zur Verfügung gestellt hat, ohne einen entsprechend werthaltigen Gegenanspruch oder eine Gegenleistung erlangt zu haben. Diese Gläubiger sind so zu stellen, als ob sie das Geschäft mit der Gesellschaft nicht vorgenommen hätten.[82] Auszugleichen ist das negative Interesse (z.B. entstandene Lohn- und Warenkosten); nicht das Erfüllungsinteresse (z.B. entgangener Gewinn). Das negative Interesse wird vom Schutzzweck der Insolvenzantragspflicht geprägt. So gehören hierzu z.B. auch Schäden, die ein Neugläubiger durch eine fehlerhafte Bauleistung der insolventen Gesellschaft erleidet, weil diese den Mangel wegen fehlender Mittel nicht mehr beseitigen kann.[83] Als Vorteilsausgleichung ist die tatsächlich bezogene bzw. zu erwartende Insolvenzdividende in Abzug zu bringen bzw. der Neugläubiger hat 40

77 *Bayer/Illhardt*, GmbHR 2011, 856, 859 m.w.Nachw.
78 BGHZ 126, 181.
79 BGH ZIP 2012, 723.
80 Henssler/Strohn/*Arnold*, Gesellschaftsrecht, § 64 GmbHG Rn. 103.
81 Roth/*Altmeppen*, § 64 Rn. 68 f.; a.A. Lutter/Hommelhoff/*Kleindieck*, § 64 Rn. 50; offengelassen von BGH DStR 2003, 1672.
82 Eingehend *Poertzgen*, ZInsO 2010, 416.
83 BGH ZIP 2012, 1455, 1457.

dem Geschäftsführer gemäß § 255 BGB seinen Anspruch gegen die Gesellschaft abzutreten[84]. Die **Anspruchsdurchsetzung obliegt jedem einzelnen Gläubiger** in Ansehung seines individuellen Schadens. Für die Verjährung gelten die für deliktische Ansprüche allgemein geltenden Vorschriften; § 43 Abs. 4 findet keine Anwendung.[85]

2. § 823 Abs. 2 BGB i.V.m. § 266a StGB

41 Enthält der Geschäftsführer der Einzugsstelle der Sozialversicherung vorsätzlich den **Arbeitnehmeranteil der Sozialversicherungsbeiträge** vor, so verwirklicht er – anders als im Falle der Vorenthaltung des Arbeitgeberanteils – den Straftatbestand des § 266a StGB. Diese Norm ist Schutzgesetz i.S.d. § 823 Abs. 2 BGB. Der Geschäftsführer ist dem Sozialversicherungsträger im Falle der Verwirklichung des § 266a StGB zum Schadensersatz verpflichtet.[86] Die Beiträge werden vorenthalten, wenn der Geschäftsführer diese im Zeitpunkt der Fälligkeit nicht an die Einzugsstelle abführt, obgleich der Gesellschaft dies möglich gewesen wäre. Subjektiv ist bedingter Vorsatz ausreichend.

42 Den Geschäftsführer entlastet weder die Überschuldung noch der Umstand, dass die Gesellschaft ihre Verbindlichkeiten nicht mehr vollständig erfüllen kann. Im Fälligkeitszeitpunkt vorhandene Geldliquidität muss zur Tilgung der Arbeitnehmeranteile eingesetzt werden. Diese **Abführungspflicht hat Vorrang vor anderen Verbindlichkeiten.**[87]

! Die Haftung nach § 823 Abs. 2 BGB i.V.m. § 266a StGB ist – neben § 69 AO – die in der Praxis wohl schärfste Haftung des Geschäftsführers für Gesellschaftsverbindlichkeiten. In der Krise werden in Unkenntnis dieses Haftungstatbestands vielfach vorrangig die Arbeitnehmer und die Lieferanten mit den vorhandenen Zahlungsmitteln bedient. Diese Gläubiger sind für die Aufrechterhaltung des Geschäftsbetriebs bei lebensnaher Betrachtung gewiss wichtiger als die Sozialversicherungsträger. Will der Geschäftsführer seine persönliche Haftung vermeiden, ist aber von dergestalt formulierten Prioritäten dringend abzuraten. Dies gilt umso mehr, als mit dem Tilgungsvorrang die Vereinbarkeit solcher Zahlungen mit Satz 2 korrespondiert (Rn. 10).

43 Sind überhaupt keine Zahlungsmittel vorhanden oder reicht der vorhandene Zahlungsmittelbestand selbst für die vorrangige Befriedigung nicht aus, entfällt die Haftung nur dann, wenn der Geschäftsführer diesen Zustand nicht pflichtwidrig herbeigeführt hat. Der Abführungspflichtige ist wegen des Tilgungsvorgangs der Arbeitnehmeranteile bei Zweifeln an der Zahlungsfähigkeit im Fälligkeitszeitpunkt verpflichtet, einen Liquiditätsplan zu erstellen, Rücklagen zu bilden und die Tilgung anderer Verbindlichkeiten zurückzustellen.[88]

3. § 826 BGB

44 Soweit Vermögensschäden nicht vom Schutzzweck des § 64 erfasst werden, kommt ferner eine Haftung gem. § 826 BGB aus vorsätzlicher sittenwidriger Schädigung in Betracht. Insbesondere die **Bundesagentur für Arbeit** nimmt auf dieser Grundlage Geschäftsführer wegen verspäteter Insolvenzantragstellung auf **Ersatz des von ihr geleisteten Insolvenzgelds** in Anspruch.[89] Hinsichtlich der objektiven und subjektiven Voraussetzungen kann auf die vorhergehenden Haftungstatbestände verwiesen werden. Darüber hinaus muss die Arbeitsverwaltung darlegen und beweisen, dass die sich aus § 183 SGB III ergebene Zahlungspflicht gegenüber den Arbeitnehmern gerade wegen der Verletzung des Insolvenzantragspflicht entstanden ist. Bei rechtzeitiger Antragstellung müssen die bestehenden Arbeitsverhältnisse mithin (hypothetisch) alsbald beendet oder die Forde-

---

84 BGHZ 171, 46.
85 BGH DStR 2011, 1045
86 BGHZ 133, 370, 379.
87 BGHZ 133, 370, 379.
88 BGHZ 134, 304, 309.
89 BGHZ 175, 58.

rungen der Arbeitnehmer noch aus Mitteln der Gesellschaft befriedigt worden sein.[90] Dieser Nachweis gelingt in der Praxis wegen der grundsätzlichen Betriebsfortführungspflicht eines vorläufigen Insolvenzverwalters selten.

4. § 43 Abs. 2

Die verspätete oder unterlassene Antragstellung kann zu Ansprüchen aus Geschäftsführer- (§ 43) bzw. Liquidatorenhaftung (§ 71 Abs. 4) führen, die mit Ansprüchen aus Satz 1 konkurrieren.[91] Die Geschäftsführer bzw. Liquidatoren haften hiernach auf den Schaden, welcher der Gesellschaft durch die verspätete oder unterlassene Antragstellung auf Insolvenzeröffnung entstanden ist.[92] Der ersatzfähige Schaden besteht hier in der Minderung des Gesellschaftsvermögens infolge der Antragsverzögerung. Beruht die Verzögerung auf der Weisung der Gesellschafter, so ist die Pflichtwidrigkeit ausgeschlossen.[93] 45

III. Regressansprüche des Geschäftsführers gegen den (Steuer-) Berater

Wird der Geschäftsführer von einem Krisen-/Insolvenzberater in Ansehung der Notwendigkeit einer Prüfung der Insolvenzreife oder gar der Insolvenzantragstellung fehlerhaft beraten und entsteht ihm hierdurch ein Schaden, insbesondere deshalb, weil er von dem Insolvenzverwalter erfolgreich aus § 64 in Anspruch genommen wird, kann er sich in der Regel bei dem Berater schadlos halten. Allerdings wird stets genau zu prüfen sein, ob die – auch wenn sie falsch war – Beratung nicht ein Verschulden des Geschäftsführers ausschließt und deshalb letztlich kein Schaden entstehen kann. In Rechtsprechung und Literatur ist derzeit sehr umstritten, ob und inwieweit sich Schadensersatzansprüche des nach § 64 in Anspruch genommenen Geschäftsführers auch gegen den Steuerberater der GmbH ergeben (können). Die Besonderheit dieser Konstellationen besteht darin, dass ein Vertragsverhältnis grundsätzlich nur zwischen dem Steuerberater und der Gesellschaft besteht. Jedenfalls für den Fall, dass Gegenstand eines solchen Beratungsvertrages auch Fragen der Insolvenzreife waren, bejaht der BGH eine Schutzwirkung dieses Vertrages sowohl für den Geschäftsführer als auch den Gesellschafter.[94] Dies überzeugt, weil für den Steuerberater erkennbar ist, dass seine Leistung eine Entscheidungshilfe gerade für den Geschäftsführer sein soll (Insolvenzantrag oder – sofern möglich – Sanierung). Der Geschäftsführer, der von einem Insolvenzverwalter später nach § 64 in Anspruch genommen wird, kann sich daher gegebenenfalls bei dem Steuerberater mittels eines eigenen Schadensersatzanspruchs schadlos halten. Allerdings sind die hier anzustellenden Kausalitätsfragen nicht unproblematisch, weil der Anscheinsbeweis für ein beratungsgerechtes Verhalten nur sehr eingeschränkt gelten soll.[95] Unter Umständen ist ferner ein Mitverschulden zu berücksichtigen.[96] Höchstrichterlich bisher nicht abschließend geklärt ist, ob und inwieweit ein Steuerberater, der nur steuerrechtlich mandatiert ist (Steuerberatungsvertrag einschließlich Erstellung von Jahresabschlüssen), auch deshalb haften kann, weil er (z.B. anlässlich der Jahresabschlussbesprechung) nicht auf eine mögliche Insolvenzantragspflicht oder zumindest die Notwendigkeit einer fachkundigen Insolvenzprüfung hingewiesen hat. Die Rechtsprechung bejaht unter dem Gesichtspunkt einer vertraglichen Nebenpflicht kraft überlegenen Wissens jedenfalls dann Hinweis- und Warnpflichten des Steuerberaters, wenn er erkennt bzw. erkennen muss, dass sich die Frage der Insolvenzreife der Gesellschaft stellt, entsprechende nähere Prüfungen erforderlich sind und er von einem Beratungsbedarf der Gesellschaft und ihrer Organe ausgehen muss.[97] Die Frage ist jedoch, ob der Steuerberatungsvertrag, aus dem diese Nebenpflicht originär erst einmal 46

90 BGHZ 175, 58.
91 Hachenburg/*Ulmer*, § 64 Rn. 46.
92 BGH NJW 1974, 1088, 1089.
93 BGH NJW 1974, 1088, 1089.
94 BGH ZIP 2012, 1353; zuvor bereits LG Wuppertal, NZI 2011, 877; *Wagner/Zabel,* NZI 2008, 660; a.A. OLG Schleswig, NZG 2012, 307; OLG Köln v. 23.2.2012, 8 U 45/11, juris.
95 Dazu instruktiv BGH ZIP 2012, 1353, 1355 ff.
96 LG Wuppertal, NZI 2011, 877
97 OLG Schleswig, NZG 2012, 307; ebenso *Gräfe*, DStR 2010, 618, 619; *Wagner/Zabel,* NZI 2008, 660; siehe auch LG Wuppertal, NZI 2011, 877.

nur gegenüber der Gesellschaft als Vertragspartner erwächst, eine Schutzwirkung zugunsten des Geschäftsführers entfalten kann und sich somit die gleichen schadensersatzrechtlichen Folgen einstellen wie bei einem explizit auf die Prüfung der Insolvenzreife gerichteten Vertrag. M.E. ist dies zu bejahen. Denn der Steuerberater kann auch hier erkennen, dass seine Hinweis- und Warnpflicht vor allem für den Geschäftsführer von Bedeutung ist. Die Tücke der hiermit aufgezeigten Regressrisiken liegt darin, dass der Umfang des Schadens vom Auszahlungsverhalten des Geschäftsführers abhängt und damit für den steuerlichen Berater unüberschaubar ist.

§ 65 Anmeldung und Eintragung der Auflösung

(1) Die Auflösung der Gesellschaft ist zur Eintragung in das Handelsregister anzumelden. Dies gilt nicht in den Fällen der Eröffnung oder der Ablehnung der Eröffnung des Insolvenzverfahrens und der gerichtlichen Feststellung eines Mangels des Gesellschaftsvertrags. In diesen Fällen hat das Gericht die Auflösung und ihren Grund von Amts wegen einzutragen. Im Falle der Löschung der Gesellschaft (§ 60 Abs. 1 Nr. 7) entfällt die Eintragung der Auflösung.

(2) Die Auflösung ist von den Liquidatoren in den Gesellschaftsblättern bekanntzumachen. Durch die Bekanntmachung sind zugleich die Gläubiger der Gesellschaft aufzufordern, sich bei derselben zu melden.

A. Allgemeines

Abs. 1 enthält den Grundsatz der **Eintragung** der Auflösung der Gesellschaft im Handelsregister und die Verpflichtung zur diesbezüglichen Anmeldung sowie die Ausnahmen hiervon. Abs. 2 regelt die **Bekanntmachung** der Auflösung der Gesellschaft durch die Liquidatoren und die Aufforderung an die Gläubiger der Gesellschaft, sich bei dieser zu melden, wobei mit der Bekanntmachung das Sperrjahr (§ 73 Abs. 1) beginnt. 1

B. Inhalt der Regelung

I. Anmeldung und Eintragung (Abs. 1)

1. Anmeldepflicht

Die Auflösung, d.h. der Eintritt der Gesellschaft in das Abwicklungsstadium, ist in das Handelsregister einzutragen (§ 15 HGB) und deshalb anzumelden. Ausgenommen sind die in § 60 Abs. 1 Nr. 4, 5 und 6 geregelten Fälle, die von Amts wegen einzutragen sind. Bei der Löschung der Gesellschaft wegen Vermögenslosigkeit nach § 394 Abs. 1 Satz 1 FamFG entfällt die Eintragung der Auflösung, da Vollbeendigung eintritt. Die Anmeldepflicht gilt nicht nur in den in § 60 genannten, sondern auch in den weiteren Sonderfällen (vgl. § 60 Rn. 17), sofern keine Eintragung von Amts wegen angeordnet ist. 2

Wurde die **Fortsetzung der Gesellschaft** wirksam beschlossen (vgl. § 60 Rn. 20), entfällt die Anmeldepflicht nach herrschender Meinung, da mit der Liquidation gleichzeitig die Fortsetzung eingetragen werden müsste.[1] Ein Bedürfnis für die Eintragung der Fortsetzung besteht nur, wenn dies für den Rechtsverkehr von Interesse ist, weil die Auflösung sich aus den Registerunterlagen (z.B. Zeitablauf) ergibt, oder wenn die Fortsetzung eine Satzungsänderung darstellt. 3

2. Anmeldepflichtige Personen

Anmeldepflichtig sind die **Liquidatoren** in vertretungsberechtigter Zahl (§ 78). Die **Geschäftsführer** haben nämlich mit der Auflösung ihre Vertretungsbefugnis verloren.[2] Anders ist dies, wenn die 4

1 Ebenso *Hofmann,* GmbHR 1975, 217, 227; Baumbach/Hueck/*Haas*, § 65 Rn. 6; Lutter/Hommelhoff/*Kleindiek*, § 65 Rn. 3; a.A. Scholz/*Schmidt*, § 65 Rn. 5.

2 BayObLG DB 1994, 977 = DNotZ 1995, 222 = GmbHR 1994, 478, 479 = MDR 1994, 566; BayObLG DB 1994, 978 = DNotZ 1995, 217 = GmbHR 1994, 481, 482. Vgl. auch MünchKommGmbHG/*Limpert,* § 62 Rn. 6.

Auflösung eine Satzungsänderung erfordert und sowohl Satzungsänderung als auch Liquidation angemeldet werden sollen.[3] Es kommt somit darauf an, ob die Eintragung deklaratorisch (dann Liquidatoren) oder konstitutiv (dann Geschäftsführer) ist. Die Anmeldepflicht besteht nicht für ausgeschiedene Geschäftsführer.[4]

> **!** Die Unterscheidung spielt keine Rolle, wenn die Liquidatoren mit den Geschäftsführern identisch sind.

Die Anmeldung muss **unverzüglich (§ 121** Abs. 1 Satz 1 BGB) erfolgen. Schuldhaftes Verzögern kann zur Schadensersatzpflicht führen. Dies ist nicht der Fall, wenn bei rechtlichen Problemen Rechtsrat eingeholt werden soll.[5]

3. Anmeldung

5 Die Anmeldung muss den **Auflösungsgrund** angeben. Entsprechende Nachweise sind beizufügen, sofern sich diese nicht wie z.B. bei einer Befristung in der Satzung aus den Akten des Registergerichts ergeben.[6] In der Praxis werden gleichzeitig das Erlöschen der Vertretungsmacht der bisherigen Geschäftsführer, die Person der ersten Liquidatoren und deren Vertretungsmacht angemeldet.[7] Zuständig ist das Registergericht am Sitz der Gesellschaft. Die Anmeldung hat in öffentlich beglaubigter Form zu erfolgen (§ 12 Abs. 1 HGB, § 129 BGB). Sie kann notfalls von den dazu verpflichteten Personen durch Festsetzung von Zwangsgeld erzwungen werden (§ 14 HGB).

4. Eintragung im Register

6 Die Eintragung ist grundsätzlich nur **deklaratorisch**. Gleiches gilt für einen Fortsetzungsbeschluss. Eine Ausnahme gilt nur, wenn die Auflösung oder die Fortsetzung eine Satzungsänderung voraussetzt.[8] Die Eintragung ist vom Registergericht im Bundesanzeiger und den registerrechtlich bestimmten Veröffentlichungsblättern bekannt zu machen (§§ 10, 11 HGB).

Die Auflösung ändert an der bestehenden **Handlungsfähigkeit** der GmbH nichts. Sie bleibt weiterhin parteifähig (§ 50 ZPO). Sie ist Formkaufmann (§ 6 HGB). Ihre Firma erlischt nicht.

II. Bekanntmachung und Gläubigeraufforderung (Abs. 2)

1. Pflicht zur Bekanntmachung und Frist

7 Die dreimalige Bekanntmachung der Auflösung nebst Gläubigeraufforderung durch die Liquidatoren ist von der Bekanntmachung der Eintragung der Auflösung durch das Gericht zu unterscheiden. Die **Bekanntmachung zur Gläubigeraufforderung** hat in den Gesellschaftsblättern (§ 12) zu erfolgen. Bei mehreren Gesellschaftsblättern muss dies in jedem Blatt erfolgen.[9]

> **!** Eine individuelle Gläubigeraufforderung, auch bekannter Gläubiger, ist entbehrlich.

8 **Eine Frist** dieser Bekanntmachung ist nicht geregelt. Die Bekanntmachung hat seit dem ARUG nur noch einmal und nicht mehr dreimalig zu erfolgen. Ein mittelbarer Druck zur Bekanntmachung besteht dadurch, dass erst mit ihr der Lauf des Sperrjahres (§ 73 Abs. 1) beginnt. Ordnungsstrafen

---

3 BayObLG DB 1994, 977 = GmbHR 1994, 478, 479.
4 Scholz/*Schmidt*, § 65 Rn. 7.
5 RGZ 145, 99, 103; vgl. auch FaKGesR/*Scheuffele*, § 62 GmbHG Rn. 2.
6 Vgl. Michalski/*Nerlich*, § 65 Rn. 13.
7 BayObLG DB 1994, 976 = DNotZ 1995, 219; vgl. OLG Oldenburg MittBayNot 2005, 71 = ZNotP 2005, 159 m. Anm. *Tiedtke* zur kostenrechtlichen Behandlung.
8 Roth/Altmeppen/*Altmeppen*, § 65 Rn. 13.
9 Michalski/*Nerlich*, § 65 Rn. 27; MünchKommGmbHG/*Limpert*, § 62 Rn. 36.

sind deshalb nicht möglich.[10] Liquidatoren können sich bei einer Verzögerung der Bekanntmachung allerdings gegenüber der Gesellschaft ersatzpflichtig machen.[11] Die Bekanntmachung dient zudem dem Gläubigerschutz.[12]

2. Inhalt

In der Bekanntmachung ist die Gesellschaft nach Firma und Sitz genau zu bezeichnen. Ferner ist die Tatsache der Auflösung (nicht jedoch der Auflösungsgrund) bekannt zu geben. Außerdem sind die Gläubiger aufzufordern, sich bei der Gesellschaft zu melden (sog. **Gläubigeraufruf**). Die Mitteilung der Auflösung und der Gläubigeraufruf sind zwingend miteinander zu verbinden. Demgegenüber sind die Liquidatoren in der Bekanntmachung nicht zu nennen. 9

Keine Bekanntmachung und Gläubigeraufforderung sind im Insolvenzfall und bei Löschung wegen Vermögenslosigkeit erforderlich, da in diesem Fall kein Verfahren nach §§ 66 ff. durchgeführt wird.[13]

C. Notar- und Registereintragungskosten

Bei Anmeldung der Auflösung der GmbH und Anmeldung des Liquidators handelt es sich um eine spätere Anmeldung ohne bestimmten Geldwert. Der Geschäftswert ist nach § 41a Abs. 4 Nr. 1 KostO zu bestimmen und beträgt 1 % des eingetragenen Stammkapitals, mindestens jedoch 25.000 EUR. Der Höchstwert beträgt gem. § 39 Abs. 5 KostO 500.000 EUR. Zu erheben ist eine 5/10-Gebühr gem. § 38 Abs. 2 Nr. 7 KostO ggf. i.V.m. § 145 Abs. 1 Satz 1 KostO. 10

Die Anmeldung der Auflösung und der Liquidatoren sind gegenstandsgleich gem. § 44 Abs. 1 KostO.[14]

Die Eintragung der Auflösung der GmbH in das Handelsregister ist Eintragung einer Registertatsache und löst gemäß HRegGebV – Gebührenverzeichnis Nr. 2500 eine Gebühr von 70 EUR aus. Die Eintragung des Liquidators ist eine weitere Registertatsache. Sie löst die Gebühr gemäß Gebührenverzeichnis Nr. 2501 i.H.v. 40 EUR aus.

Für die Eintragung der Löschung der Gesellschaft und des Schlusses der Abwicklung oder der Liquidation werden keine Gebühren erhoben (Teil 2 Vorbem. 2, Abs. 4 des Gebührenverzeichnisses).

Zu den Kosten der Bekanntmachung siehe § 54 Rn. 25 ff.

10 Siehe nur Scholz/*Schmidt*, § 65 Rn. 16.
11 BayObLG WM 1982, 1288, 1290; Michalski/*Nerlich*, § 65 Rn. 30.
12 FaKGesR/*Scheuffele*, § 65 GmbHG Rn. 1 a.E.
13 OLG Hamm, GmbHR 1987, 470 = NJW-RR 1987, 348.
14 OLG Oldenburg ZNotP 2005, 159 = GmbHR 2005, 367.

D. Muster

11 I. Muster: Anmeldung einer GmbH-Auflösung zur Eintragung ins Handelsregister

71

An das Amtsgericht
– Registergericht –

Betreff: HR B …, Firma … mit dem Sitz in …, Liquidation

Zum Handelsregister überreiche ich, der unterzeichnende Liquidator der Gesellschaft, den Gesellschafterbeschluss vom … und melde zur Eintragung in das Handelsregister an:

Die Gesellschaft ist mit Wirkung zum Ablauf des … aufgelöst.[1]

Herr/Frau … ist nicht mehr Geschäftsführer.

Ich, …, geb. am …, wohnhaft …, bin zum Liquidator bestellt worden.

Hinsichtlich der allgemeinen Vertretungsregelung für die Liquidatoren gilt: …

Ich vertrete die Gesellschaft einzeln, solange ich alleiniger Liquidator bin. Ansonsten vertrete ich die Gesellschaft gemeinschaftlich mit einem anderen Liquidator oder gemeinsam mit einem Prokuristen. Ich bin als Liquidator von den Beschränkungen des § 181 BGB befreit.

Ich, …, versichere[2], dass ich nicht wegen einer oder mehrerer vorsätzlich begangener Straftaten des Betrugs, des Computerbetrugs, des Subventionsbetrugs, des Kapitalanlagebetrugs, des Kreditbetrugs, der Untreue sowie des Vorenthaltens und Veruntreuens von Arbeitsentgelt (§§ 263 bis 264a, 265b bis 266a StGB) zu einer Freiheitsstrafe von mindestens einem Jahr, einer Insolvenzverschleppung, einer Insolvenzstraftat, nämlich Bankrott, Verletzung der Buchführungspflicht, Gläubigerbegünstigung, Schuldnerbegünstigung (§§ 283 bis 283d StGB), der falschen Angaben nach § 82 GmbHG oder § 399 AktG, der unrichtigen Darstellung nach § 400 AktG, § 331 HGB, § 313 UmwG oder § 17 PublG im Inland oder einer vergleichbaren Straftat im Ausland verurteilt worden bin und mir weder durch gerichtliches Urteil noch durch die vollziehbare Entscheidung einer Verwaltungsbehörde die Ausübung eines Berufs oder Berufszweigs, Gewerbes oder Gewerbezweigs untersagt worden ist.[3] Ich versichere, vom beglaubigenden Notar darüber belehrt worden zu sein, dass ich hierüber gegenüber dem Gericht unbeschränkt auskunftspflichtig bin und falsche Angaben insofern nach § 82 Abs. 1 Nr. 5 GmbHG strafbar sind.

Die Bücher und Schriften der Gesellschaft werden nach Beendigung der Gesellschaft durch den Gesellschafter … verwahrt.

[Ort, Datum, Unterschrift (notarielle Beglaubigung)]

---

1 Zur Eintragung siehe OLG Hamm GmbHR 2007, 762 = RNotZ 2007, 289.

2 Auf die weiteren Ausschlussgründe für die Übernahme der Stellung eines Liquidators muss sich die Versicherung nicht beziehen; allerdings kann eine diesbezügliche Erklärung der Kontrolle dienen.

3 Ggf. muss geprüft werden, ob bei Vorliegen eines entsprechenden „Berufsverbots“ der Unternehmensgegenstand ganz oder teilweise mit dem Gegenstand des Verbots übereinstimmt.

II. Muster: Auflösung – Bekanntmachungsanschreiben 12

72

Anschreiben

Bundesanzeiger Verlag GmbH

Postfach 10 05 34

50445 Köln

bzw.: https://www. bundesanzeiger.de

Sehr geehrte Damen und Herren,

ich bitte, den in der Anlage beigefügten Text wegen der Auflösung unserer Gesellschaft im Bundesanzeiger* zu veröffentlichen. Die Rechnungsstellung soll an die oben näher bezeichnete Adresse erfolgen. Den Nachweis über die Veröffentlichung bitte ich jedoch an die Notare … zu übersenden.

Mit freundlichen Grüßen

* Achtung: Ist satzungsgemäß ein anderes Bekanntmachungsblatt vorgesehen, muss die Veröffentlichung auch dort erfolgen.

Bekanntmachung der Auflösung und Gläubigeraufgebot im Bundesanzeiger

Die … Gesellschaft mit beschränkter Haftung mit dem Sitz in … ist aufgelöst. Die Gläubiger der Gesellschaft werden aufgefordert, sich bei ihr zu melden.

[Ort, Datum]

…, Gesellschaft mit beschränkter Haftung i. L.

…, Liquidator

§ 66 Liquidatoren

(1) In den Fällen der Auflösung außer dem Fall des Insolvenzverfahrens erfolgt die Liquidation durch die Geschäftsführer, wenn nicht dieselbe durch den Gesellschaftsvertrag oder durch Beschluss der Gesellschafter anderen Personen übertragen wird.

(2) Auf Antrag von Gesellschaftern, deren Geschäftsanteile zusammen mindestens dem zehnten Teil des Stammkapitals entsprechen, kann aus wichtigen Gründen die Bestellung von Liquidatoren durch das Gericht erfolgen.

(3) Die Abberufung von Liquidatoren kann durch das Gericht unter derselben Voraussetzung wie die Bestellung stattfinden. Liquidatoren, welche nicht vom Gericht ernannt sind, können auch durch Beschluss der Gesellschafter vor Ablauf des Zeitraums, für welchen sie bestellt sind, abberufen werden.

(4) Für die Auswahl der Liquidatoren findet § 6 Abs. 2 Satz 2 und 3 entsprechende Anwendung.

(5) Ist die Gesellschaft durch Löschung wegen Vermögenslosigkeit aufgelöst, so findet eine Liquidation nur statt, wenn sich nach der Löschung herausstellt, daß Vermögen vorhanden ist, das der Verteilung unterliegt. Die Liquidatoren sind auf Antrag eines Beteiligten durch das Gericht zu ernennen.

Literatur

Halm/Linder, Die Fortsetzungsmöglichkeit bei der aufgelösten GmbH nach der neuen Insolvenzordnung, DStR 1999, 379; *Leibner/Pump*, Die steuerlichen Pflichten des Liquidators einer GmbH, GmbHR 2003, 996; *Meyer*, Abberufung und Kündigung des Liquidators einer GmbH, GmbHR 1998, 1018; *Mohr*, Die Liquidation der GmbH, GmbH-StB 2007, 287; *Passarge*, Besondere Rechtsformen in der Liquidation, NZG 2010, 646; *Wachter*, Amtsniederlegung von GmbH-Geschäftsführern, GmbHR 2001, 1129; *Wälzholz*, Die Vertretung der GmbH im Liquidationsstadium, GmbHR 2002, 305.

A. Allgemeines

1 Die §§ 66 bis 74 regeln das Liquidationsverfahren. § 66 als Eingangsnorm weist die Durchführung den **Liquidatoren** zu und regelt deren Bestellung, Qualifikation und Abberufung.

2 Das Abwicklungsverfahren ist im Gläubigerinteresse zwingend vorgeschrieben. Deshalb ist die **sofortige Vollbeendigung** die Ausnahme. An die Stelle des Liquidationsverfahrens tritt im Falle der Insolvenz das Insolvenzverfahren durch den Insolvenzverwalter. Die Vorschriften über das Abwicklungsverfahren gelten auch für die Vorgesellschaft, soweit nicht auf die Eintragung als Entstehungstatbestand abgestellt wird.[1] Demgegenüber gelten die §§ 730 ff. BGB, §§ 145 ff. HGB für die Vorgründungsgesellschaft.

1 Ganz h.M., siehe nur Lutter/Hommelhoff/*Kleindiek*, § 66 Rn. 1; Michalski/*Nerlich*, § 66 Rn. 6; Scholz/*Schmidt*, § 66 Rn. 1; Baumbach/Hueck/*Haas*, § 66 Rn. 3; a.A. unter Verkennung der körperschaftlichen Struktur der Vorgesellschaft noch BGHZ 51, 27, 34; 86, 122, 127; OLG Dresden, GmbHR 1998, 1182.

B. Inhalt der Regelung

I. Aufgabe und Bestellung der Liquidatoren (Abs. 1 und 4)

1. Erforderlichkeit und Zahl

Liquidatoren sind das gesetzliche **Geschäftsführungs- und Vertretungsorgan** der GmbH im Abwicklungsstadium. Sie treten an die Stelle der Geschäftsführer und haben die Abwicklung nach Maßgabe der §§ 70 ff. durchzuführen. Eine Ausnahme gilt nur bei Eröffnung des Insolvenzverfahrens und Löschung der GmbH wegen Vermögenslosigkeit. Allerdings sind auch bei Erlöschen wegen Vermögenslosigkeit Liquidatoren zu bestellen, wenn sich nachträglich noch Vermögenswerte der GmbH herausstellen. Liquidatoren haben ferner nach Löschung der GmbH einzelne Abwicklungsmaßnahmen durchzuführen und erforderlichenfalls die eidesstattliche Versicherung („Offenbarungseid") abzugeben.[2] Wenn der Gesellschaftsvertrag hierzu keine besonderen Bestimmungen enthält, entscheiden die Gesellschafter über die Zahl[3] und die Person der Liquidatoren. Bei einer gerichtlichen Bestellung sind satzungsmäßige Regelungen für das Gericht nicht bindend. Auch stellvertretende Liquidatoren können bestellt werden. 3

2. Qualifikation

Hinsichtlich der Qualifikation der Liquidatoren verweist Abs. 4 auf die Regelung über die Geschäftsführer.[4] Demgegenüber dürften gesellschaftsvertragliche Bestimmungen in Bezug auf die Eignung der Geschäftsführer nicht ohne Weiteres auch für die Liquidatoren gelten, wenn diese von der Gesellschafterversammlung bestellt werden. Liquidatoren können unbeschränkt geschäftsfähige, natürliche Personen sein. Sie müssen nicht Gesellschafter sein, können es aber. Ausgeschlossen sind unter Betreuung stehende Personen, die einem Einwilligungsvorbehalt (§ 1903 BGB) unterliegen, Personen, die aufgrund eines gerichtlichen Urteils oder einer vollziehbaren Entscheidung einer Verwaltungsbehörde einen Beruf, einen Berufszweig, ein Gewerbe oder einen Gewerbezweig nicht ausüben dürfen, sofern der Unternehmensgegenstand ganz oder teilweise mit dem Gegenstand des Verbots übereinstimmt, und die fünf Jahre vor ihrer Bestellung wegen einer oder mehrerer vorsätzlich begangener Insolvenzstraftaten, Insolvenzverschleppung, falscher Angaben nach § 82 GmbHG und § 399 AktG, unrichtiger Darstellung nach § 400 AktG, § 311 HGB, § 313 UmwG oder § 17 PublG sowie zu einer Freiheitsstrafe von mindestens einem Jahr wegen Betrugs, Computerbetrugs, Subventionsbetrugs, Kapitalanlagebetrugs, Kreditbetrugs, Untreue, Vorenthaltens und Veruntreuung von Arbeitsentgelt verurteilt worden sind. Die Liquidatoren haben bei der Anmeldung zu versichern, dass die Berufs- bzw. Gewerbeuntersagung und die Verurteilung nicht vorliegen (§ 67 Abs. 3). Bei vom Gericht bestellten Liquidatoren wird die diesbezügliche Erklärung vor der Ernennung eingeholt. Liegt ein **Bestellungshindernis** vor, ist die Bestellung zum Liquidator unwirksam.[5] Tritt es später ein, endet das Amt von selbst, ohne dass es weiterer Handlungen (z.B. Abberufung) bedürfte.[6] 4

Anders als Geschäftsführer können Liquidatoren auch **juristische Personen** (auch des öffentlichen Rechts, nicht aber rechtlich unselbstständige Behörden) und Personenhandelsgesellschaften sein.[7] Umstritten ist dies für die BGB-Gesellschaft.[8] 5

2 OLG Köln ZIP 1990, 1330, OLG Zweibrücken, DGVZ 1990, 40, 41.
3 Umstritten ist bei der mitbestimmten GmbH, ob mindestens zwei Liquidatoren erforderlich sind (bejahend: Baumbach/Hueck/*Haas*, § 66 Rn. 8; verneinend: Scholz/*Schmidt*, § 66 Rn. 32).
4 S. auch BeckOK GmbHG Ziemons/Jaeger/*Lorscheider,* § 66 Rn. 4; vgl. *Passarge,* NZG 2010, 646 ff. zur KG und Vor-GmbH.
5 BayObLG NJW-RR 1990, 52, 53.
6 BayObLG NJW-RR 1988, 98, 99 = BB 1987, 1625, 1626.
7 Allgemeine Ansicht, siehe nur Michalski/*Nerlich*, § 66 Rn. 17 f.; Scholz/*Schmidt*, § 66 Rn. 3a; Rohwedder/Schmidt-Leithoff/*Rasner*, § 66 Rn. 8.
8 Verneinend: Scholz/*Schmidt*, § 66 Rn. 3a; MünchKommGmbHG/*Müller,* § 66 Rn. 9; Baumbach/Hueck/*Haas*, § 66 Rn. 7.

II. Bestellung (Abs. 1 und 2)

1. Geschäftsführer = Liquidatoren

6 Im Regelfall verbleibt es beim Grundsatz der Amtskontinuität. Die Geschäftsführer bleiben Liquidatoren (**geborene Liquidatoren**).[9] Ein Bestellungsakt ist nicht erforderlich. Der Anstellungsvertrag für Geschäftsführer sollte ausdrücklich die Verpflichtung der Geschäftsführer enthalten, auch eine Liquidation durchzuführen.[10] Das Amt der Geschäftsführer als geborene Liquidatoren endet mit Löschung der Gesellschaft im Handelsregister.[11]

7 ! Fällt ein durch Beschluss bestellter Liquidator später weg, wird der frühere Geschäftsführer nicht automatisch wieder Liquidator.[12]

8 Die Regelung der **Einzel- oder Gesamtvertretung** gilt, wenn der Gesellschaftsvertrag diesbezüglich keine besondere Regelung enthält, entgegen der früher h.M.[13] nicht für die bestellten und geborenen Liquidatoren.[14] Geht man davon aus, dass auch eine Amtskontinuität keine Kompetenzkontinuität beinhaltet, gilt auch eine Befreiung von den Beschränkungen des § 181 BGB nicht mehr für die Liquidatoren (siehe dazu § 68 Rn. 5).

2. Bestimmung durch die Gesellschaft

9 Der **Gesellschaftsvertrag** kann statt der Geschäftsführer andere Personen als Liquidatoren vorsehen (gekorene Liquidatoren). Dies kann auch der Inhaber eines bestimmten Amts sein (z.B. Geschäftsführer der Muttergesellschaft). Dies muss aber hinreichend bestimmt erfolgen, sodass keine zusätzliche Benennung erforderlich ist.[15] Denkbar ist auch ein diesbezügliches gesellschaftsvertragliches Sonderrecht eines Gesellschafters.

10 Nach herrschender Meinung ist es **unzulässig,** im Gesellschaftsvertrag die Bestellung der Liquidatoren an ein **Gesellschaftsorgan** außer der Gesellschaftsversammlung oder an Dritte zu übertragen. Insbesondere soll die diesbezügliche Kompetenzübertragung auf den Aufsichtsrat unzulässig sein.[16] Bei der Bestellung durch den Gesellschaftsvertrag werden die Geschäftsführer nicht Liquidatoren, und zwar auch dann, wenn die Liquidatoren das Amt nicht annehmen. Gegebenenfalls muss in diesem Fall ein Liquidator durch Gesellschaftsbeschluss oder durch Gerichtsbeschluss bestellt werden.

11 Die Gesellschafter können **durch Beschluss** Liquidatoren bestellen. Dies gilt auch dann, wenn der Gesellschaftsvertrag Liquidatoren vorsieht. Eine Ausnahme gilt nur, wenn der Gesellschaftsvertrag ein Sonderrecht enthält; in diesem Fall ist eine abweichende Liquidatorenbestellung nur zulässig, wenn ein wichtiger Grund für die Entziehung des Sonderrechts gegeben ist.[17] Auch in diesem Fall ist keine satzungsändernde Mehrheit erforderlich. Die Beschlussfassung erfolgt vielmehr mit einfa-

9 Siehe nur OLG Zweibrücken ZIP 2003, 1954; BFH DStRE 2001, 1373. Zur Gleichstellung mit dem gekorenen Liquidator: BayObLG GmbHR 1982, 274. Zum Weiterbestehen einer Vollmacht s. OLG Dresden DNotZ 2009, 305 = FGPrax 2009, 150.

10 Zur Kündigung aus wichtigem Grund bei Managern siehe Rohwedder/Schmidt-Leithoff/*Rasner*, § 66 Rn. 21.

11 Siehe nur OLG Saarbrücken GmbHR 2001, 580.

12 LG Frankenthal GmbHR 1996, 131.

13 So noch BayObLG GmbHR 1994, 478, 479 = DB 1994, 976, 977; LG Aachen, RNotZ 2005, 491 und Vorauflage.

14 BGH DB 2009, 59 = DNotZ 2009, 300 = DStR 2009, 174 = GmbHR 2009, 212 = MDR 2009, 154 = NJW-RR 2009, 333 = ZIP 2009, 34; OLG Karlsruhe GmbHR 2008, 436 = NZG 2008, 236 = ZIP 2008, 505; OLG Rostock NJW-RR 2004, 1109 = NZG 2004, 288; OLG Zweibrücken GmbHR 1999, 237 = NJW-RR 1999, 38; vgl. auch BGH BeckRS 2011, 22750.

15 RGZ 145, 99, 104.

16 So Michalski/*Nerlich*, § 66 Rn. 26; Baumbach/Hueck/*Haas*, § 66 Rn. 13; Henssler/Strohn/*Büteröwe*, § 66 GmbHG Rn. 6; FaKGesR/*Scheuffele*, § 66 GmbHG Rn. 4; Rohwedder/Schmidt-Leithoff/*Rasner*, § 66 Rn. 9, sämtliche in Anschluss an RGZ 145, 99, 104, das auf den Wortlaut des § 66 Abs. 1 und 2 GmbHG abstellt; dabei wird übersehen, dass auch für die aufgelöste GmbH die für die GmbH geltenden Regeln anwendbar sind, sofern der Zweck der Liquidation nichts Abweichendes gebietet; a.M. deshalb richtigerweise: Scholz/*Schmidt*, § 66 Rn. 10 und ihm folgend *Wicke*, § 66 Rn. 3!.

17 Scholz/*Schmidt*, § 66 Rn. 8.

cher Mehrheit, sofern nicht der Gesellschaftsvertrag für die Wahl des Geschäftsführers und/oder des Liquidators eine qualifizierte Mehrheit vorsieht.[18]

12 Sieht der Gesellschaftsvertrag eine bestimmte **Qualifikation** vor, so kann nur durch Satzungsänderung hiervon abgewichen werden. Der Beschluss muss den Liquidator eindeutig benennen. Bis zur wirksamen Beschlussfassung bleiben die Geschäftsführer geborene Liquidatoren.[19]

13 Den **Anstellungsvertrag** des durch Gesellschaftsvertrag oder Beschluss bestellten Liquidators schließt die Gesellschafterversammlung ab (§§ 69 Abs. 1, 46 Nr. 5). Bei den geborenen Liquidatoren ist der Abschluss eines Dienstvertrags nicht erforderlich. Mangels Vereinbarung über die Höhe des Honorars ist die übliche Vergütung (§ 612 Abs. 2 BGB) geschuldet.[20]

14 Abs. 1 gilt **nicht für** die **Nachtragsliquidation** und die Abwicklung einer wegen Vermögenslosigkeit gelöschten Gesellschaft, wenn sich nachträglich doch noch Vermögen herausstellt. In diesen Fällen werden die Liquidatoren durch das Gericht bestellt.

III. Gerichtliche Bestellung (Abs. 2)

1. Auf Antrag der Gesellschafter

15 Die gerichtliche Bestellung dient dem Minderheitenschutz und gilt deshalb auch für die aufgelöste Vor-GmbH.[21] Sie ist von der Bestellung eines Notliquidators (§§ 29, 48 Abs. 1 BGB), die lediglich eine einstweilige Maßnahme darstellt, zu unterscheiden. Die Bestellung von „ordentlichen" Liquidatoren durch das Gericht erfolgt deshalb auch, wenn ein Notliquidator vorhanden ist.[22] Die gerichtliche Bestellung setzt den Antrag von Gesellschaftern voraus, deren Geschäftsanteile zusammen mindestens 10 % des Stammkapitals ergeben. Der Gesellschaftsvertrag kann dieses Quorum herabsetzen, aber nicht erhöhen. Weiterhin ist das Vorliegen eines wichtigen Grunds erforderlich. Dies ist zum einen der Fall, wenn die erforderlichen Liquidatoren nicht vorhanden sind und mit einer Bestellung durch Gesellschafterbeschluss nicht gerechnet werden kann.[23] Gleiches gilt, wenn gegen die vorhandenen Liquidatoren begründete Bedenken bestehen und sie abberufen werden sollen. In diesem Fall sind beide Anträge zu verbinden.[24] Beispiele hierfür sind Parteilichkeit, Unfähigkeit und Streitigkeiten der Liquidatoren untereinander sowie mit einzelnen Gesellschaftern.[25]

16 Zuständig ist das **Amtsgericht** (§§ 376 Abs. 1, 375 Nr. 6, 377 Abs. 1 FamFG), in dessen Bezirk die Gesellschaft ihren Sitz hat, als Gericht der Freiwilligen Gerichtsbarkeit. Es handelt sich um eine rechtsgestaltende Entscheidung vorsorgender Rechtspflege im sog. unternehmensrechtlichen Verfahren.[26] Es entscheidet der Richter.[27] Die Bestellung steht nicht im Ermessen des Gerichts. Ermessen besteht aber hinsichtlich der Zahl, der Auswahl und der Vertretungsmacht.[28] Das Gericht ist bei der Zahl und der Qualifikation nicht an die Bestimmungen des Gesellschaftsvertrags gebunden; Gleiches gilt für Regelungen hinsichtlich der Vertretungsbefugnis.

18 Vgl. OLG Frankfurt/M. NZG 1999, 833, 834, wonach das diesbezügliche Erfordernis für den Geschäftsführer auch für den Liquidator gilt.
19 Siehe nur Michalski/*Nerlich*, § 66 Rn. 28.
20 BGH DStR 2005, 1782 = NZG 2005, 890 = ZIP 2005, 1738.
21 Ebenso Scholz/*Schmidt*, § 66 Rn. 11; Baumbach/Hueck/*Haas*, § 66 Rn. 18; Lutter/Hommelhoff/*Kleindiek*, § 66 Rn. 5; a.A. BGHZ 51, 30, 34 = NJW 1969, 509 (für eine vor Eintragung aufgelöste Vor-GmbH). Zur Geltung bei der Limited OLG Jena, GmbHR 2007, 1109 = NZG 2007, 877 = ZIP 2007, 1709. Die Vorgründungsgesellschaft i.L. wird durch die Gesellschafter vertreten (BGH NJW 1963, 859).
22 BayObLG GmbHR 1987, 306, 307.
23 BayObLG GmbHR 1987, 306, 307; ebenso Roth/Altmeppen/*Altmeppen*, § 66 Rn. 29; zur Bestellung eines Notliquidators vgl. BayObLG GmbHR 1996, 129, 130, wenn eine Bestellung durch Beschluss nicht zu erwarten ist.
24 Vgl. BayObLG GmbHR 1996, 129, 130.
25 Vgl. Michalski/*Nerlich*, § 66 Rn. 41 ff.; Rohwedder/Schmidt-Leithoff/*Rasner*, § 66 Rn. 14.
26 OLG Hamm NZG 2007, 905 = DB 2007, 2249 = ZIP 2007, 1905 (auch zur Prüfungskompetenz des Gerichts).
27 § 17 Nr. 2a RPflG; OLG Düsseldorf FGPrax 2011, 158; vgl. bereits OLG Schleswig NZG 2000, 317.
28 BayObLG NJW-RR 1990, 52, 53; BayObLG GmbHR 1996, 129, 130 = NJW-RR 1999, 1384.

17 Die GmbH ist Antragsgegnerin und deshalb am **Verfahren** zu beteiligen. Die Mitgesellschafter sind zu hören, desgleichen die von einer Abberufung betroffenen Liquidatoren. Liegt ein Ausschlussgrund hinsichtlich des gerichtlich bestellten Liquidators vor, ist die Entscheidung unwirksam.[29]

18 Gegen eine **Entscheidung kann** Beschwerde eingelegt werden, über die das Landgericht entscheidet (§ 402 FamFG, früher §§ 148 Abs. 1, 146 Abs. 2 FGG a.F.). Die Beschwerdefrist beträgt einen Monat (§ 63 FamFG, früher: zwei Wochen, § 22 Abs. 1 FGG a.F.). Dagegen ist die Rechtsbeschwerde zulässig (§ 70 FamFG, früher: weitere sofortige Beschwerde gem. §§ 27 ff. FGG a.F.). Beschwerdebefugt sind bei Ablehnung des Antrags die Antragsteller in der erforderlichen Zahl und bei Bestellung von Liquidatoren die Gesellschaft sowie jeder einzelne Gesellschafter.[30] Keine Beschwerdebefugnis steht dem bestellten Liquidator zu. Er ist jedoch nicht verpflichtet, das Amt anzunehmen.[31] Ausnahmsweise ist ein Liquidator aber selbst beschwerdebefugt, wenn die Bestellung gegen seinen erklärten Willen erfolgt, weil das Gericht eine Verpflichtung zur Übernahme des Amtes annimmt.[32]

19 Das Gericht ist nicht für den **Abschluss des Anstellungsvertrags** zuständig.[33] Kommt es diesbezüglich zu keiner Einigung, besteht ein gesetzlicher Auslagen- und Vergütungsanspruch entsprechend § 565 Abs. 4 AktG. Hierüber entscheidet ggf. das Gericht.[34]

2. In sonstigen Fällen

a) Notliquidator

20 Das Amtsgericht kann als Gericht der freiwilligen Gerichtsbarkeit analog §§ 29, 49 Abs. 1 BGB in dringenden Fällen vorläufig Liquidatoren bestellen.[35] Ein Mangel, der die Bestellung von Liquidatoren durch das Gericht rechtfertigt, liegt vor, wenn Liquidatoren in erforderlicher Zahl fehlen und die Handlungsunfähigkeit der Gesellschaft rasch behoben werden muss. Der Aufgabenkreis des Notliquidators (nicht aber seine Vertretungsmacht) kann beschränkt werden[36]. Antragsberechtigt sind (ehemalige) Geschäftsführer, Liquidatoren, Gesellschafter und jeder Gesellschaftsgläubiger. Es handelt sich bei der gerichtlichen Bestellung eines Notliquidators um eine vorläufige Maßnahme. Gegen die Entscheidung ist die Beschwerde (§§ 58 ff. FamFG) zulässig. Beschwerdebefugt ist jeder Antragsteller. Das Amt des Notliquidators endet mit Behebung des eine Bestellung rechtfertigenden Notstands. Gegen die Abberufung ist die Beschwerde möglich.[37]

b) Erstmaliger und Nachtragsliquidator (Abs. 5)

21 Wurde die Gesellschaft wegen Vermögenslosigkeit gelöscht (§ 394 Abs. 1 Satz 1 FamFG) und stellt sich danach heraus, dass noch verteilungsfähiges Gesellschaftsvermögen vorhanden ist, sind hierfür erstmalig Liquidatoren vom Gericht zu bestellen.[38] Gleiches gilt, wenn die Gesellschaft nach Abwicklung der Liquidation im Handelsregister gelöscht wurde und sich nunmehr noch verteilungsfähiges Gesellschaftsvermögen findet oder weitere Abwicklungsmaßnahmen erforderlich werden (vgl. § 60 Rn. 23 ff.).[39] Die Löschung ist in sämtlichen Fällen nicht Beendigungs-, sondern

29 BayObLG NJW-RR 1990, 52.
30 Zum Entfalten des Rechtsschutzbedürfnisses siehe OLG Köln GmbHR 2008, 103 = FGPrax 2007, 281.
31 BayObLGZ 1996, 129 = GmbHR 1996, 859, 860 = NJW-RR 1997, 419.
32 KG NJW-RR 2001, 900 zum Notgeschäftsführer und OLG München GmbHR 2008, 821 = MDR 2008, 817 = NZG 2008, 555 = RNotZ 2008, 498 = ZIP 2009, 490 zum Nachtragsliquidator.
33 H.M.: Lutter/Hommelhoff/*Kleindiek*, § 66 Rn. 9; Michalski/*Nerlich*, § 66 Rn. 76.
34 Lutter/Hommelhoff/*Kleindiek*, § 66 Rn. 9.
35 BayObLG Rpfleger 1987, 250 = BB 1976, 998; Michalski/*Nerlich*, § 66 Rn. 53; vgl. auch OLG Zweibrücken NZG 2012, 424 zum Notgeschäftsführer.
36 BayObLG BB 1976, 999, 1000; BayObLG GmbHR 1986, 189, 190; vgl. auch OLG München DB 2005, 1958 = GmbHR 2005, 1431 = OLGR 2005, 662; OLG Düsseldorf BeckRS 2011, 14923.
37 BayObLG DB 1978, 2165, 2166.
38 BGH NJW 1985, 2479; BayObLG DB 2003, 267 = GmbHR 2002, 1077 = ZIP 2002, 1845; KG BeckRS 2011, 27139. Zur Überflüssigkeit bei wirksamer Prozessvollmacht BayObLG DB 2004, 2258 = GmbHR 2004, 1344 = NZG 2004, 1164 = ZIP 2004, 2204. Zur Möglichkeit der Bestellung eines Prozesspflegers siehe BAG NJW 2008, 603. Zum Vorrang der insolvenzrechtlichen Nachtragsverteilung s. OLG Hamm NZG 2011, 1309.
39 Nicht erforderlich für Abgabe der eidesstattlichen Versicherung (OLG Köln, OLGZ 1991, 214).

Auflösungstatbestand.[40] Die Liquidation nach (Abs. 5) geht der Nachtragsliquidation analog § 273 Abs. 4 AktG vor.[41] Es handelt sich um eine erstmalige Liquidation, da bisher keine stattgefunden hat, und nicht um eine Nachtragsliquidation.[42] In sämtlichen Fällen wird die Gesellschaft von Amts wegen als **Liquidationsgesellschaft wieder in das Handelsregister** eingetragen, sofern dies wegen der Durchführung einzelner Abwicklungsmaßnahmen nicht ausnahmsweise entbehrlich ist. Ferner sind die Liquidatoren in das Handelsregister einzutragen.[43] Die Ernennung erfolgt durch das Gericht.[44] Gegen ihre Bestellung ist die sofortige Beschwerde gegeben (analog § 273 Abs. 5 AktG).[45] Beschwerdebefugt ist die Gesellschaft, die von ihrem letzten Vertretungsorgan vertreten wird. Keine Beschwerdebefugnis haben die einzelnen Gesellschafter und frühere Liquidatoren.[46] Ein Fortsetzungsbeschluss ist bei der Liquidation nach Abs. 5 – ebenso wie bei der Nachtragsliquidation – nach herrschender Meinung nicht möglich.[47]

IV. Abberufung (Abs. 3)

1. Durch gerichtliche Entscheidung

Für die gerichtliche Abberufung der Liquidatoren bestehen dieselben **Voraussetzungen** wie für die Bestellung (Abs. 2). Es sind somit auch hier ein Antrag der Gesellschafter unter Beachtung des Quorums von 10 % des Stammkapitals sowie das Vorliegen eines wichtigen Grunds erforderlich.[48] Dieser ist nicht mit der Amtsunfähigkeit zu verwechseln.[49] Wichtige Gründe sind grobe Pflichtverletzungen, ein heilloses Zerwürfnis der Gesellschafterliquidatoren, massive Streitigkeiten zwischen dem Liquidator und den Gesellschaftern, die Unfähigkeit des Liquidators und die Gefährdung des Abwicklungszwecks durch Handlungen des betreffenden Liquidators, wobei ein Verschulden nicht erforderlich ist.[50] Bei einem gerichtlich bestellten Liquidator liegt ein wichtiger Grund auch vor, wenn der Betreffende nicht hätte bestellt werden dürfen (z.B. Verfolgung eigennütziger Zwecke).[51] Kein wichtiger Grund ist die Berichtigung festgestellter Buchungsfehler erst im Rahmen des Jahresabschlusses und das Absehen von der Erstellung eines erläuternden Berichts zur Eröffnungsbilanz und eines Lageberichts bei einer kleinen GmbH.[52] 22

Die gerichtliche Abberufung kann gegenüber jedem Liquidator erfolgen. Die Art der Berufung (Satzung, Beschluss, Gesetz oder gerichtliche Entscheidung) ist hierfür unerheblich. Mit der **gerichtlichen Entscheidung** endet das Abberufungsverfahren. Es entspricht dem bei Bestellung eines Liquidators. Gegen die gerichtliche Abberufung eines beschlussmäßig bestellten Liquidators steht der Gesellschaft, dem abberufenen Liquidator und jedem Gesellschafter, der an dem Beschluss mitgewirkt hat, ein Beschwerderecht zu.[53] 23

40 BGHZ 48, 303, 307.
41 BayObLG BB 1984, 446, 447.
42 Scholz/*Schmidt*, § 66 Rn. 56.
43 Zum Absehen von der Eintragung OLG München GmbHR 2008, 821 = NZG 2008, 555; OLG München FGPrax 2011, 34 = GmbHR 2011, 39 = NZG 2011, 38 = ZIP 2011, 2204.
44 BayObLG DB 1998, 465 = GmbHR 1998, 384 = NJW-RR 1998, 1333 = NZG 1998, 228 = ZIP 1998, 421; OLG Frankfurt/M., GmbHR 1999, 866 = NJW-RR 2000, 491; KG GmbHR 2004, 1286 = NJW-RR 2004, 1555 = NZG 2004, 1004.
45 OLG München DB 2008, 1311. Offen noch: BayObLG DB 2004, 179 = GmbHR 2004, 367; OLG München GmbHR 2005, 1433 = NJW-RR 2005, 1561 = NZG 2005, 897 = ZIP 2006, 828 (unbefristete Beschwerde).
46 KG ZIP 1982, 59, 60; OLG Köln DB 1983, 100.
47 Siehe nur *Halm/Linder*, DStR 1999, 379, 381; Scholz/*Schmidt*, § 66 Rn. 57; a.A. Baumbach/Hueck/*Haas*, § 66 Rn. 41; Michaelski/*Nerlich*, § 66 Rn. 106; vgl. auch § 60 Rn. 24.
48 OLG Düsseldorf, NZG 1998, 853; BayObLG GmbHR 1987, 306.
49 BayObLG NJW-RR 1988, 98.
50 BayObLG GmbHR 1996, 129 = NJW-RR 1996, 1384; OLG Düsseldorf, GmbHR 1998, 1232 = NZG 1998, 853 = ZIP 1998, 1534; OLG Düsseldorf, GmbHR 2002, 68; OLG Köln, ZIP 2003, 573, 575; BayObLG GmbHR 1996, 129, 130; OLG Frankfurt/M., OLGR 2006, 502 = GmbHR 2006, 493; LG Mainz, Rpfleger 2005, 244; zum Ausschluss eines Gesellschafters aus wichtigem Grund siehe OLG Frankfurt/M., GmbHR 2002, 974 = NZG 2002, 1022.
51 KG GmbHR 2005, 1613 = NZG 2005, 934 = DB 2005, 2238.
52 OLG Düsseldorf, GmbHR 2002, 68 = NZG 2002, 90.
53 OLG Düsseldorf, GmbHR 1998, 1232 = NZG 1998, 853 = ZIP 1998, 1534.

24 Ein **Anstellungsvertrag** wird durch die gerichtliche Abberufung nicht berührt, aber bei Abberufung aus wichtigem Grund wird häufig ein Recht zur fristlosen Kündigung (§ 626 BGB) gegeben sein.

2. Durch Gesellschafterbeschluss

25 Liquidatoren können durch Gesellschafterbeschluss jederzeit abberufen werden. Eine gesellschaftsvertragliche **Einschränkung** dieser Befugnis ist nach herrschender Meinung **nicht zulässig**.[54] Etwas anderes gilt nur, wenn der Liquidator ein satzungsmäßiges Sonderrecht auf Bestellung hat; in diesem Fall ist für die Abberufung ein wichtiger Grund erforderlich. Das gilt jedoch nicht, wenn nur ein Sonderrecht auf Geschäftsführung besteht.[55] Die beschlussmäßige Abberufung gilt nicht für die gerichtlich bestellten Liquidatoren.

26 Zuständig für die Abberufung ist die Gesellschafterversammlung. Sie entscheidet mit einfacher Mehrheit, sofern nicht der Gesellschaftsvertrag eine qualifizierte Mehrheit vorsieht. Nach herrschender Meinung kann die **Kompetenz** keinem anderen Organ übertragen werden (vgl. Rn. 10). Der betroffene Gesellschafter darf – ausgenommen bei Abberufung aus wichtigem Grund – mitstimmen. Anders ist dies bei der Entscheidung über seine Entlastung.[56]

27 Die **Wirksamkeit** der Abberufung tritt mit Zugang beim betroffenen Liquidator ein.[57] Hinsichtlich des Anstellungsvertrags kommt es auf die Kündigungsmöglichkeit an. Bei Abberufung aus wichtigem Grund wird häufig eine fristlose Kündigung (§ 626 BGB) möglich sein.[58] Den abberufenen Liquidator treffen noch nachwirkende Treuepflichten; so muss er insbesondere seinen Nachfolger auf dringend zu erledigende Angelgenheiten ausdrücklich hinweisen, wenn er nicht erwarten kann, dass dieser in der zur Verfügung stehenden Zeit ausreichende Informationen zu den Unterlagen der Gesellschaft selbst findet.[59]

3. Amtsniederlegung

28 Der Liquidator kann sein Amt **grundsätzlich jederzeit niederlegen**. Der Gesellschaftsvertrag kann für die Amtsniederlegung eines Gesellschafterliquidators jedoch Einschränkungen vorsehen. Grundsätzlich ist die Amtsniederlegung mangels abweichender Regelung in der Satzung sofort wirksam. Ein wichtiger Grund muss nicht angegeben werden.[60] Ausnahmsweise kann eine Amtsniederlegung auch wegen Rechtsmissbrauchs unwirksam sein.[61] Bei Niederlegung zur Unzeit kann zudem eine Schadensersatzpflicht bestehen.[62]

29 Die Amtsniederlegung eines vom Gericht bestellten Liquidators erfolgt gegenüber dem Gericht.[63] Gleiches gilt für einen Ein-Mann-Gesellschafter-Liquidator.[64] Der gekorene oder geborene Liquidator legt sein Amt gegenüber der Gesellschaft nieder.[65] **Erklärungsgegner** sind die verbleibenden Liquidatoren und, sofern solche nicht vorhanden sind, die Gesellschafter.[66] Vom Anstellungsvertrag kann sich der Liquidator nur durch Kündigung lösen.[67]

54 KG GmbHR 1998, 1039; Hachenburg/*Hohner*, § 66 Rn. 46; Lutter/Hommelhoff/*Kleindiek*, § 66 Rn. 11; Roth/Altmeppen/*Altmeppen*, § 66 Rn. 47; a.A. Scholz/*Schmidt*, § 66 Rn. 44.
55 Roth/Altmeppen/*Altmeppen*, § 66 Rn. 47.
56 Scholz/*Schmidt*, § 66 Rn. 44.
57 Michalski/*Nerlich*, § 66 Rn. 65.
58 Weiter gehend (konkludente Kündigung): KG GmbHR 1998, 1039. Zum Rechtsweg vgl. BAG MDR 2011, 1481.
59 BGH NJW-RR 2012, 813 zum Abwickler einer AG.
60 BayObLG GmbHR 1994, 259 = NJW-RR 1994, 617 = WiB 1994, 316.
61 LG Memmingen, NZG 2004, 828.
62 Michalski/*Nerlich*, § 66 Rn. 81.
63 BGHZ 121, 263, 264.
64 BayObLG GmbHR 1994, 259, 260 = NJW-RR 1994, 617 = WiB 1994, 654; LG Memmingen, NZG 2004, 828.
65 BGH NZG 2000, 243.
66 BayObLG GmbHR 1994, 259, 260.
67 OLG Hamm, NJW 1960, 872.

C. Muster

I. Muster: Amtsniederlegung (Schreiben) 30

73 [Adressat: andere Liquidatoren oder bei deren Fehlen Gesellschafter]

[Anrede],

ich lege hiermit mit Wirkung der Eintragung im Handelsregister mein Amt als Liquidator der … GmbH i.L. nieder. Ich bitte, mir den Zugang dieses Schreibens durch Unterzeichnung und Rücksendung der beigefügten Ablichtung zu bestätigen.

[Ort, Datum, Unterschrift]

II. Muster: Anmeldung der Amtsniederlegung zur Eintragung ins Handelsregister 31

74 An das Amtsgericht

– Registergericht –

Betreff: HR B …, Firma … GmbH in Liquidation mit dem Sitz in …, Amtsniederlegung

Zur Eintragung in das Handelsregister wird angemeldet:

Ich, …, habe mein Amt als einzelvertretungsberechtigter[1] Liquidator der … GmbH i.L. mit Wirkung der Eintragung im Handelsregister niedergelegt. Ich bin ab diesem Zeitpunkt nicht mehr Liquidator.

Beigefügt sind meine Niederlegungserklärung in öffentlich beglaubigter Abschrift und die Bestätigung über den Zugang im Original.[2]

[Ort, Datum, Unterschrift (öffentliche Beglaubigung)]

1 Sonst Mitwirkung weiterer Liquidatoren in vertretungsberechtigter Zahl.

2 Die Beifügung der Niederlegungserklärung genügt nach h.M.; vgl. OLG Hamm, GmbHR 2001, 920, 922 = NZG 2002, 340 = ZIP 2001, 1918; OLG Düsseldorf, GmbHR 2001, 243 = NZG 2001, 229 = NJW-RR 2001, 902; OLG Hamm, GmbHR 2003, 111 = NZG 2003, 131 = ZIP 2003, 481; *Wachter*, GmbHR 2001, 1129 ff.; das OLG Naumburg (NZG 2001, 853 = GmbHR 2001, 569) fordert demgegenüber den Nachweis des Zugangs der Amtsniederlegungserklärung.

§ 67 Anmeldung der Liquidatoren

(1) Die ersten Liquidatoren sowie ihre Vertretungsbefugnis sind durch die Geschäftsführer, jeder Wechsel der Liquidatoren und jede Änderung ihrer Vertretungsbefugnis sind durch die Liquidatoren zur Eintragung in das Handelsregister anzumelden.

(2) Der Anmeldung sind die Urkunden über die Bestellung der Liquidatoren oder über die Änderung in den Personen derselben in Urschrift oder öffentlich beglaubigter Abschrift beizufügen.

(3) In der Anmeldung haben die Liquidatoren zu versichern, daß keine Umstände vorliegen, die ihrer Bestellung nach § 66 Abs. 4 in Verbindung mit § 6 Abs. 2 Satz 2 Nr. 2 und 3 sowie Satz 3 entgegenstehen, und daß sie über ihre unbeschränkte Auskunftspflicht gegenüber dem Gericht belehrt worden sind. § 8 Abs. 3 Satz 2 ist anzuwenden.

(4) Die Eintragung der gerichtlichen Ernennung oder Abberufung der Liquidatoren geschieht von Amts wegen.

Literatur:
Kühn, Die Versicherung juristischer Personen als Abwickler von Kapitalgesellschaften, NZG 2012, 731; *Peifer,* Die Handelsregisteranmeldung des GmbH-Liquidators, Rpfleger 2008, 408; *Struppi*, Zur Vertretungsbefugnis der Liquidatoren einer GmbH, notar 2012, 66.

A. Allgemeines

1 Abs. 1 bis 3 regeln die **Anmeldepflicht** der Liquidatoren zum Handelsregister und den Inhalt der **Eintragung**. Abs. 4 enthält die Sondervorschrift für die Eintragung der gerichtlich ernannten oder abberufenen Liquidatoren.

B. Inhalt der Regelung

I. Anmeldepflicht (Abs. 1)

2 Entgegen dem Wortlaut betrifft die Anmeldepflicht hinsichtlich der Eintragung und des Wechsels der Liquidatoren und ihrer Vertretungsbefugnis die **Liquidatoren**, da mit Auflösung der Gesellschaft die Vertretungsmacht der Geschäftsführer erlischt.[1] Die Geschäftsführer sind hinsichtlich der ersten Liquidatoren nur dann anmeldepflichtig, wenn sie aufgrund Amtskontinuität Liquidatoren sind oder die Auflösung eine Satzungsänderung voraussetzt.[2] Regelmäßig wird die Anmeldung der ersten Liquidatoren mit der Anmeldung der Auflösung und dem Wegfall der Geschäftsführer und ihrer Vertretungsbefugnis verbunden.[3] Die Erstliquidatoren sind auch anzumelden, wenn wegen Fehlens von Vermögen keine Liquidation erforderlich ist und deshalb auch das Erlöschen der Firma angemeldet wird.[4]

3 Anzumelden haben die Liquidatoren **in vertretungsberechtigter Zahl**[5] gegenüber dem Registergericht am Sitz der Gesellschaft (§ 7 Abs. 1). Sind entsprechende Liquidatoren nicht vorhanden, sind ggf. Notliquidatoren zu bestellen (§§ 29, 48 Abs. 1 BGB analog). Hat ein Liquidator sein Amt

1 OLG Oldenburg, GmbHR 2005, 367, 368; BayObLG GmbHR 1994, 478, 479; LG Bielefeld, NJW 1987, 1089.
2 BayObLG GmbHR 1994, 478.
3 Zur kostenrechtlichen Behandlung OLG Oldenburg, MittBayNot 2005, 71.
4 BayObLG WM 1982, 1288, 1290.
5 Siehe nur Michalski/*Nerlich*, § 67 Rn. 11; Scholz/*Schmidt*, § 67 Rn. 8.

niedergelegt, ist er nur dann anmeldebefugt, wenn die Niederlegung mit Eintragung im Handelsregister erfolgt. Andernfalls müssen die verbliebenen Liquidatoren, ggf. in Verbindung mit Notliquidatoren, die Anmeldung vornehmen. Die Anmeldpflicht kann durch Zwangsgeld erzwungen werden (§ 14 HGB). Anders ist dies nur, wenn die Auflösung der Gesellschaft eine Satzungsänderung voraussetzt.[6]

II. Inhalt und Anlagen (Abs. 2 und 3)

1. Form

Die Anmeldung ist in **öffentlich beglaubigter** Form abzugeben (§ 12 Abs. 1 HGB). 4

2. Inhalt

Anzumelden sind die Liquidatoren mit Name, Geburtsdatum und Wohnort, die abstrakte Vertretungsbefugnis der Liquidatoren,[7] die konkrete Vertretungsbefugnis der einzelnen Liquidatoren und ggf. ihre Befreiung von den Beschränkungen des § 181 BGB (Selbstkontrahieren, Mehrvertretung), ihre Stellung als stellvertretende Liquidatoren, Zeitpunkt und Grund der Bestellung bzw. Abberufung sowie ferner regelmäßig der Umstand der Liquidation und das Erlöschen des Amts der Geschäftsführer. Eine Versicherung des geborenen Liquidators, dass keine weiteren Liquidatoren bestellt wurden, ist nicht erforderlich.[8] 5

Die Liquidatoren haben entsprechend der Regelung für die Geschäftsführer (§§ 8 Abs. 3, 39 Abs. 3) zu **versichern**, dass ihrer Bestellung kein in § 6 Abs. 2 Satz 2 und 3 genanntes Berufsverbot entgegensteht und sie entsprechend § 53 Abs. 2 BZRG über ihre diesbezügliche unbeschränkte Auskunftspflicht hierüber (nicht über Geschäftsfähigkeit und Fehlen eines Betreuers)[9] einschließlich solcher Verurteilungen, die nicht in ein polizeiliches Führungszeugnis aufzunehmen sind, belehrt wurden.[10] Die Belehrung erfolgt in der Praxis üblicherweise durch den die Anmeldung beglaubigenden Notar. Sie kann aber auch durch einen anderen Notar oder durch einen Rechtsanwalt erfolgen.[11] 6

Die Versicherung hat **jeder Liquidator** abzugeben, auch ein Geschäftsführer als geborener Liquidator, selbst wenn er die Versicherung bereits als Geschäftsführer abgegeben hat.[12] Die Versicherung muss auch derjenige Liquidator abgeben, der an der Anmeldung nicht mitwirkt, da diese nur von Liquidatoren in vertretungsberechtigter Zahl abzugeben ist. Bei juristischen Personen und Personenhandelsgesellschaften trifft die Versicherungspflicht deren gesetzliche Vertreter. Eine Versicherungspflicht besteht nicht für gerichtlich bestellte Liquidatoren, da deren Bestellungsvoraussetzungen von Amts wegen zu prüfen sind. 7

---

6 Michalski/*Nerlich*, § 67 Rn. 14.

7 BGH DStR 2007, 1452 = DB 2007, 1580 = GmbHR 2007, 877 = MDR 2007, 1205 = NJW-RR 2007, 1261 = NZG 2007, 595 = ZIP 2007, 1367; OLG Dresden, GmbHR 2005, 1310; OLG München GmbHR 2011, 144 = MittBayNot 2011, 161; a.A. noch OLG Hamm, NJW-RR 1988, 221; OLG Hamm, GmbHR 2005, 1308. Unklar LG Kassel Rpfleger 2008, 205 = BeckRS 2008, 13031. Vgl. auch *Peifer,* Rpfleger 2008, 408 ff. u. *Struppi,* notar 2012, 66.

8 LG Bremen, ZIP 1994, 1186.

9 Zur Angleichung des Wortlauts des Abs. 3 Satz 1 an § 8 Abs. 3 Satz 1 durch das ARUG s. BT-Drs. 16/13098, S. 44, 50, 63. Vgl. bereits LG München I NZG 2009, 1236 = MittBayNot 2009, 249; OLG München DB 2009, 1181 = DNotZ 2009, 868 = GmbHR 2009, 830 = NJW-RR 2009, 970 = NZG 2009, 719 = RNotZ 2009, 492 = ZIP 2009, 1320.

10 Hierbei müssen nicht die einzelnen Vorschriften genannt werden; BGH BB 2010, 2203 = DB 2010, 1521 = DNotZ 2010, 930 = DStR 2010, 1582 = GmbHR 2010, 939 = NZG 2010, 829 = ZIP 2010, 1337; BGH DB 2011, 1569 = DNotZ 2011, 790 = GmbHR 2011, 864 = MDR 2011, 923 = NJW-RR 2011, 1257 = NotBZ 2012, 32 = NZG 2011, 871 = ZIP 2011, 1305; Roth/Altmeppen/*Altmeppen,* § 67 Rn. 12; a.A. OLG München DB 2009, 1180 = DNotZ 2009, 948 = GmbHR 2009, 831 = NJW-RR 2009, 971 = NZG 2009, 717 = NotBZ 2009, 283 = ZIP 2009, 1866 u. MünchKommGmbHG/*Müller,* § 67 Rn. 18. Zur Versicherung der Organe juristischer Personen siehe *Kühn*, NZG 2012, 731, 732.

11 LG Bremen, GmbHR 1999, 865.

12 BayObLG GmbHR 1982, 274 = WM 1982, 1291, 1292; einschränkend für den Fall, dass der Liquidator die Versicherung als Geschäftsführer kurz vorher abgegeben hat: BayObLG BB 1987, 1625, 1626.

3. Anlagen

8 Der Anmeldung sind **Nachweisurkunden** über die Person der Liquidatoren, ihre Bestellung und ihre Vertretungsbefugnis in Urschrift oder öffentlich beglaubigter Abschrift beizufügen. Beim elektronisch geführten Handelsregister erfolgt dies regelmäßig in öffentlich beglaubigter, elektronischer Form. Es handelt sich um die Niederschrift der Gesellschafterversammlung über die Bestellung, Abberufung und Vertretungsbefugnis, die Amtsniederlegung und die Sterbeurkunde. Ergeben sich die Angaben aus dem Gesellschaftsvertrag, ist ein Hinweis auf diesen mit der zusätzlichen Versicherung, dass abweichende Gesellschafterbeschlüsse nicht gefasst worden sind, ausreichend.[13]

Die früher erforderliche **Unterschriftszeichnung** zur Aufbewahrung bei Gericht sowie die Beifügung von Abschriften für Zweigniederlassungen sind entfallen.

9 Bei **gerichtlicher Bestellung und Abberufung** von Liquidatoren veranlasst dieses die Eintragung im Handelsregister. Gleiches gilt für den Notliquidator. Auch die Vertretungsbefugnis hat das Gericht von Amts wegen dem Registergericht mitzuteilen.

III. Eintragung und Bekanntmachung

10 Im Handelsregister werden die Liquidatoren mit ihrem Namen (Vorname, Familienname), Geburtsdatum und Wohnort eingetragen. Der Zeitpunkt und der Grund der Bestellung bzw. Abberufung werden nicht eingetragen. Die Eintragung hat nur **deklaratorische Bedeutung**. Hinsichtlich der Bekanntmachung gelten die §§ 10, 11 HGB. Die Eintragung und Bekanntmachung haben auch bei von Amts wegen bewirkten Bestellungen und Abberufungen zu erfolgen. Hinsichtlich des guten Glaubens bei unterlassener Eintragung und Bekanntmachung gilt § 15 Abs. 1 und 2 HGB. Der öffentliche Glaube an eine unrichtige Bekanntmachung richtet sich nach § 15 Abs. 3 HGB.

C. Weitere praktische Hinweise

11 Zu den **Notarkosten und den Registereintragungskosten** sowie zu den Kosten der Bekanntmachung siehe § 65 Rn. 10.

D. Muster

12 Vgl. zur Anmeldung der Liquidatoren § 65 Rn. 11.

13 Ebenso Scholz/*Schmidt*, § 67 Rn. 11; Michalski/*Nerlich*, § 67 Rn. 10; a.A. LG Bremen, ZIP 1994, 1186; Roth/Altmeppen/*Altmeppen*, § 67 Rn. 12, nach denen eine Versicherung, dass kein anderer Liquidator bestellt wurde, nicht erforderlich ist.

§ 68 Zeichnung durch Liquidatoren

(1) Die Liquidatoren haben in der bei ihrer Bestellung bestimmten Form ihre Willenserklärungen kundzugeben und für die Gesellschaft zu zeichnen. Ist nichts darüber bestimmt, so muß die Erklärung und Zeichnung durch sämtliche Liquidatoren erfolgen.

(2) Die Zeichnungen geschehen in der Weise, daß die Liquidatoren der bisherigen, nunmehr als Liquidationsfirma zu bezeichnenden Firma ihre Namensunterschrift beifügen.

Literatur

Reymann, Die Vertretungsbefugnis der Liquidatoren bei der GmbH, GmbHR 2009, 176; Wälzholz, Die Vertretung der GmbH im Liquidationsstadium, GmbHR 2002, 305.

A. Allgemeines

1 Abs. 1 regelt die **Vertretungsbefugnis** der Liquidatoren. Abs. 2 die **Firmenzeichnung** der Liquidatoren und den Hinweis auf das Abwicklungsstadium.

B. Inhalt der Regelung

I. Regelung der Vertretung (Abs. 1)

1. Gesamtvertretung

2 Die etwas altertümliche Formulierung bezieht sich auf die **Außenvertretung** der Gesellschaft.[1] Satz 2 geht vom Grundsatz der Gesamtvertretung bei der Abgabe von Willenserklärungen aus.[2] Mehrere Liquidatoren müssen deshalb gemeinschaftlich handeln. Ausreichend ist allerdings beim Handeln eines Liquidators, wenn die anderen ihre Zustimmung erteilen oder die Gesellschafterversammlung dies tut.[3] Fallen bei mehreren gesamtvertretungsberechtigten Liquidatoren alle bis auf einen weg, besteht für diesen keine Einzelvertretungsmacht.[4] Es muss ein weiterer Liquidator bestellt werden.

3 Bei der Entgegennahme von Willenserklärungen (**Passivvertretung**) genügt der Zugang gegenüber einem Liquidator (§ 35 Abs. 2 Satz 3 analog). Diese zum Schutz der außenstehenden Dritten bestehende Regelung kann gesellschaftsvertraglich, durch Beschluss der Gesellschafter und durch gerichtliche Bestellung nicht geändert werden.[5]

2. Gesellschaftsvertragliche und beschlussmäßige Vertretungsregelungen

4 Der **Gesellschaftsvertrag** kann hinsichtlich der Liquidatoren eine von der Gesamtvertretung abweichende Regelung enthalten. Mitunter ist dies die Einzelvertretung durch einen Liquidator und die Gesamtvertretung durch jeweils zwei Liquidatoren oder einen Liquidator mit einem Prokuristen.[6] Der Gesellschaftsvertrag kann auch eine Beschlussfassung der Gesellschafterversammlung

1 Siehe nur Scholz/*Schmidt*, § 68 Rn. 1; BeckOK GmbHG Ziemons/Jaeger/*Loscheider,* § 68 Rn. 1; zur unbeschränkten Vertretungsmacht siehe OLG Stuttgart, NJW-RR 1986, 836 = ZIP 1986, 647.
2 BGHZ 121, 263, 264 = DB 1993, 1868 = MDR 1993, 1238 = NJW 1993, 1654 = ZIP 1993, 706.
3 Siehe nur Scholz/*Schmidt*, § 68 Rn. 4.
4 BGHZ 121, 263, 264 = DB 1993, 1868 = MDR 1993, 1238 = NJW 1993, 1654 = ZIP 1993, 706; OLG Hamburg, GmbHR 1988, 67, 68; OLG Frankfurt/M., GmbHR 1988, 68 f.
5 Siehe nur Baumbach/Hueck/*Haas*, § 68 Rn. 3; MünchKommGmbHG/*Müller*, § 68 Rn. 14.
6 Allerdings kann bei der unechten Gesamtvertretung der Liquidator nicht an die Mitwirkung des Prokuristen gebunden werden (s. nur *Wicke*, § 68 Rn. 8).

über die Vertretungsregelung der Liquidatoren und ihre Befreiung von den Beschränkungen des § 181 BGB enthalten.

5 Unstrittig ist, dass eine **für die Geschäftsführer getroffene Regelung** hinsichtlich der Vertretung und der Befreiung von den Beschränkungen des § 181 BGB dann nicht gilt, wenn andere Personen zu Liquidatoren bestellt werden.[7] Umstritten ist dies, wenn die Geschäftsführer geborene Liquidatoren sind. Die überwiegende Ansicht geht davon aus, dass die Vertretungsregelung nicht fortgilt.[8] Gleiches gilt hinsichtlich einer Befreiung vom Verbot des Selbstkontrahierens und der Mehrfachvertretung (§ 181 BGB).[9]

6 Die Gesellschafter können durch **Beschluss** bei Bestellung und auch nachträglich eine – auch vom Gesellschaftsvertrag – abweichende Vertretungsregelung vorsehen (vgl. hierzu und zur erforderlichen Mehrheit nämlich grundsätzlich der einfachen Mehrheit, § 66 Rn. 11). Die Gesellschafterversammlung kann den oder die Liquidatoren auch vom Verbot des § 181 BGB befreien. Nach herrschender Meinung ist hierfür allerdings eine Ermächtigung im Gesellschaftsvertrag erforderlich,[10] wobei die diesbezügliche Ermächtigung zur Befreiung der Geschäftsführer zumindest insoweit nach überwiegender Ansicht fortgelten soll.[11] Die Beschlussfassung über die Vertretungskompetenz kann nach nicht unumstrittener Ansicht auch auf ein anderes Gesellschaftsorgan (z.B. Aufsichtsrat) übertragen werden.[12]

7 Bei der **gerichtlichen Bestellung** der Liquidatoren wird vom Gericht die Vertretung geregelt.[13] Unterbleibt eine Regelung, gilt der Grundsatz der Gesamtvertretung. Das zuständige Organ kann die Vertretung der gerichtlich bestellten Liquidatoren nicht regeln.[14] Dies gilt auch bei Not- und Nachtragsliquidatoren.

II. Zeichnung (Abs. 1 Satz 1, Abs. 2)

8 Die Liquidatoren haben bei Abgabe schriftlicher Erklärungen im Namen der Abwicklungsgesellschaft die **Firma** der Gesellschaft anzugeben und dieser ihre Namensunterschrift hinzuzufügen. Eine handschriftliche Firmenzeichnung ist nicht erforderlich.[15]

9 Die Firma der GmbH in Liquidation bleibt unverändert. Ihr ist aber ein **Zusatz** beizufügen, der auf das Abwicklungsverhältnis hinweist („in Liquidation", „i.L.", „in Abwicklung", „ i.A.", etc.).

---

7 Siehe nur Michalski/*Nerlich*, § 68 Rn. 10; Scholz/*Schmidt*, § 68 Rn. 5; *Wälzholz*, GmbHR 2002, 305, 306.

8 So BGH DB 2009, 59 = DNotZ 2009, 300 = DStR 2009, 174 = GmbHR 2009, 212 = MDR 2009, 154 = NJW-RR 2009, 333 = NZG 2009, 72 = ZIP 2009, 34; OLG Rostock, NZG 2004, 288 = NJW-RR 2004, 1109 = GmbHR 2004, 590 = ZIP 2004, 223; BayObLG GmbHR 1997, 176, 177 = DB 1997, 34 = MDR 1997, 249 = WiB 1997, 415 = ZIP 1996, 2110; BayObLGZ 1995, 335 = GmbHR 1996, 56 = DB 1995, 2516 = NJW-RR 1996, 611; BayObLG MDR 1985, 761; OLG Zweibrücken, GmbHR 1999, 237 = NJW-RR 1999, 38; OLG Düsseldorf, GmbHR 1989, 465, 466 = NJW-RR 1990, 51 = ZIP 1989, 917; OLG Karlsruhe, ZIP 2008, 505 = NZG 2008, 236; a.A. OLG Saarbrücken, OLGReport 2001, 227; LG Berlin, Rpfleger 1987, 250. Vgl. auch *Reymann,* GmbHR 2009, 176, 181.

9 OLG Rostock, NZG 2004, 288; OLG Jena, OLG-NL 2000, 168; BayObLG BB 1985, 1148, 1449 = MDR 1985, 761 = Rpfleger 1985, 301; BayObLG GmbHR 1996, 56; OLG Düsseldorf, GmbHR 1989, 465, 466; OLG Hamm, GmbHR 1997, 553 = DB 1997, 1127 = NJW-RR 1998, 1044; a.F. BFHE 195, 516 = BStBl. II 2002, 67 = DStRE 2001, 1369 = GmbHR 2001, 927 = BFH/NV 2001, 1469 f. (Alleingesellschafter und Geschäftsführer).

10 OLG Hamm GmbHR 2011, 432 = RNotZ 2010, 544; BayObLG BB 1985, 1148, 1149; OLG Hamm, GmbHR 1997, 553, 554; LG Berlin, Rpfleger 1987, 250; a.A. KG GmbHR 2002, 327 (für Einzelfallbefreiung); Baumbach/Hueck/*Haas*, § 68 Rn. 5; Scholz/*Schmidt,* § 68 Rn. 5a.

11 BayObLGZ 1995, 335 = GmbHR 1996, 56 = DB 1995, 2516 = NJW-RR 1996, 611; OLG Zweibrücken, GmbHR 1999, 237 = NJW-RR 1999, 38; LG Berlin, Rpfleger 1987, 377; a.A. noch BayObLG MDR 1985, 761 = Rpfleger 1985, 301 = BB 1985, 1148 und nunmehr OLG Hamm GmbHR 2011, 432 = RNotZ 2010, 544.

12 Siehe nur Scholz/*Schmidt*, § 68 Rn. 5; Baumbach/Hueck/*Haas,* § 68 Rn. 7.

13 Michalski/*Nerlich*, § 68 Rn. 13.

14 Siehe nur Lutter/Hommelhoff/*Kleindiek*, § 68 Rn. 3; Hachenburg/*Hohner*, § 68 Rn. 11.

15 Michalski/*Nerlich*, § 68 Rn. 15.

10 Bei einem **Verstoß** gegen diese Zeichnungsvorschriften bleibt das Geschäft dennoch wirksam. Ausreichend ist, dass sich aus den Umständen ergibt, dass der oder die Liquidatoren für die Gesellschaft handeln.[16] Auch bei Abgabe einer Willenserklärung gegenüber der Liquidationsgesellschaft ist unschädlich, wenn die Firma das Abwicklungsverhältnis nicht erkennen lässt.

11 Bei Abs. 2 handelt es sich um eine bloße **Ordnungsvorschrift** und nicht um ein Schutzgesetz i.S.d. § 823 Abs. 2 BGB.[17] Verstöße können jedoch eine Irrtumsanfechtung begründen.[18]

C. Muster

12 Vgl. zur Anmeldung der Vertretungsbefugnis § 65 Rn. 11.

16 Allgemeine Ansicht, siehe nur Scholz/*Schmidt*, § 68 Rn. 9; MünchKommGmbHG/*Müller*, § 68 Rn. 19.

17 Streitig, nach Ansicht von OLG Naumburg, OLGReport 2000, 482; OLG Frankfurt/M., NJW 1991, 3286 = GmbHR 1992, 537, 538; OLG Frankfurt/M., GmbHR 1998, 789 = NJW-RR 1998, 1246 = NZG 1998, 550; Roth/Altmeppen/*Altmeppen*, § 68 Rn. 19; Scholz/*Schmidt*, § 68 Rn. 13; Henssler/Strohn/*Büteröwe*, § 68 GmbHG Rn. 11; Baumbach/Hueck/*Haas*, § 68 Rn. 13; MünchKommGmbHG/*Müller*, § 68 Rn. 21 handelt es sich möglicherweise um ein Schutzgesetz; wie hier: Lutter/Hommelhoff/*Kleindiek*, § 68 Rn. 6; FakGesR/*Scheuffele*, § 68 GmbHG Rn. 9.

18 Rohwedder/Schmidt-Leithoff/*Rasner*, § 68 Rn. 10; vgl. aber auch Michalski/*Nerlich*, § 68 Rn. 19.

§ 69 Rechtsverhältnisse von Gesellschaft und Gesellschaftern

(1) Bis zur Beendigung der Liquidation kommen ungeachtet der Auflösung der Gesellschaft in Bezug auf die Rechtsverhältnisse derselben und der Gesellschafter die Vorschriften des zweiten und dritten Abschnitts zur Anwendung, soweit sich aus den Bestimmungen des gegenwärtigen Abschnitts und aus dem Wesen der Liquidation nicht ein anderes ergibt.

(2) Der Gerichtsstand, welchen die Gesellschaft zurzeit ihrer Auflösung hatte, bleibt bis zur vollzogenen Verteilung des Vermögens bestehen.

A. Allgemeines

1 Abs. 1 verweist hinsichtlich der auf die Liquidationsgesellschaft **anwendbaren Vorschriften auf einze**lne Bestimmungen des GmbH-Gesetzes, wobei aufgrund der Identität der Liquidationsgesellschaft mit der früheren werbenden GmbH auch weitere Vorschriften anwendbar sind, soweit sich aus den Vorschriften die Liquidation und aus dem Wesen der Abwicklung nichts anderes ergibt.[1]

2 Nach Abs. 2 bleibt der allgemeine **Gerichtsstand** (§ 17 ZPO) für die Dauer der Abwicklung erhalten.

B. Inhalt der Regelung

I. Anwendbare Vorschriften (Abs. 1)

3 Abs. 1 drückt etwas unklar den Grundsatz der **Identität der Gesellschaft** im Liquidationsstadium mit der früher werbenden Gesellschaft und deshalb die Fortgeltung des Allgemeinen GmbH-Rechts aus, sofern sich aus den Sonderregeln über die Liquidation nichts anderes ergibt. Die Beschränkung auf den 2. und 3. Abschnitt ist nur beispielhaft zu verstehen. Auch die Vorschriften des 1., 4. und 6. Abschnitts kommen zur Anwendung.[2]

4 **Modifiziert** werden insbesondere die Vorschriften über die Vertretung. Jedoch kann auch die Liquidationsgesellschaft Prokuristen haben.

5 Die weitere **Einschränkung**, dass sich aus dem „Wesen der Liquidation" nichts anderes ergeben darf, betrifft den Zweck der Liquidation. Diejenigen Vorschriften, die typisch die werbende Gesellschaft meinen, sind im Hinblick darauf, dass die Liquidation nur noch der Abwicklung dient, nicht oder nur modifiziert anzuwenden. Anwendbar bleiben das Firmenrecht und die Treuepflicht der Gesellschafter. Nicht anwendbar sind die Regelungen über den Gewinnbezug (§ 29) und nach Ablauf des Sperrjahres die Vorschriften über die Erhaltung des Stammkapitals (§§ 30 ff.).

6 Modifiziert wird die Pflicht zur **Leistung der Einlagen** (§ 19). Der Liquidator kann rückständige Einlagen ohne diesbezüglichen Beschluss und Beachtung satzungsmäßiger Fälligkeitstermine einziehen,[3] jedoch nur insoweit, als dies zur Befriedigung der Gläubiger zu einer gleichmäßigen Verteilung des Vermögens unter den Gesellschaftern erforderlich ist.[4]

1 Siehe nur OLG Köln, GmbHR 1985, 2324.
2 Baumbach/Hueck/*Haas*, § 69 Rn. 2 ff.; BeckOK GmbHG Ziemons/Jaeger/*Lorscheider*, § 69 Rn. 2, 14 und 15; Scholz/*Schmidt*, § 69 Rn. 10 ff.; Michaelski/*Nerlich*, § 69 Rn. 4 ff.; MünchKommGmbHG/*Müller*, § 69 Rn. 4 ff.
3 RGZ 138, 106, 111. Zur verbotenen vorrangigen Befriedigung „nahestehender" Gläubiger s. OLG Stuttgart GmbHR 2010, 46 = BeckRS 2009, 25485.
4 OLG Hamm, OLGR 2006, 379 = MDR 2006, 695 = NJOZ 2006, 920.

Die Kapitalerhöhung ist nur zulässig, wenn sie im Zusammenhang mit einer Fortsetzung der Gesellschaft erfolgt oder zur Gläubigerbefriedigung dient.[5] Umgekehrt darf eine Kapitalherabsetzung dem Gläubigerschutz (§§ 65 Abs. 2, 73) nicht widersprechen.[6] Weitere **Satzungsänderungen**, insbesondere die im Rahmen der Liquidation häufig gewünschte Änderung der Firma und die Verlegung des Sitzes, bleiben möglich, bedürfen jedoch im Hinblick auf die Liquidation einer besonderen Rechtfertigung. Eine Firmenänderung wird deshalb regelmäßig nur zulässig sein, wenn gleichzeitig die Firma und der Gegenstand geändert werden.[7] Eine Sitzverlegung ist nur zur Erleichterung der Abwicklung zuzulassen.[8] Gleiches gilt für sonstige Änderungen in der Struktur der Gesellschaft, insbesondere hinsichtlich der Organe und der Vertretungsbefugnis. Sonder- und Minderheitenrechte, die der Erreichung des Liquidationszwecks entgegenstehen, können mit der erforderlichen Mehrheit geändert werden. 7

II. Gerichtsstand (Abs. 2)

Der allgemeine **Gerichtsstand des Sitzes** (§ 17 ZPO) bleibt im Interesse der Gläubiger für Klagen gegen die Gesellschaft bestehen, da die GmbH ihren Sitz mit der Liquidation nicht ändert. Damit soll auch bei nicht mehr genau feststellbarem Sitz der Geschäftsleitung ein fester Gerichtsstand für Passivprozesse fixiert werden. Er bleibt auch dann bestehen, wenn die GmbH ihren Sitz verlegt.[9] Die Gesellschaft kann aber auch am Gerichtsstand ihres neuen Sitzes verklagt werden. Der Gläubiger hat insoweit ein Wahlrecht zwischen beiden Gerichtsständen. 8

Die „Versteinerung" des Gerichtsstands gilt nicht für **Zweigniederlassungen**. Deren Gerichtsstand (§ 21 ZPO) bleibt nur so lange bestehen wie die Zweigniederlassung selbst. 9

5 BayObLG GmbHR 1995, 532, 533.
6 OLG Frankfurt/M., NJW 1974, 463.
7 Vgl. BayObLG GmbHR 1995, 532, 533.
8 Streitig, vgl. Baumbach/Hueck/*Haas*, § 69 Rn. 23.
9 H.M.: Baumbach/Hueck/*Haas*, § 69 Rn. 25; Scholz/*Schmidt*, § 69 Rn. 44.

§ 70 Aufgaben der Liquidatoren

Die Liquidatoren haben die laufenden Geschäfte zu beendigen, die Verpflichtungen der aufgelösten Gesellschaft zu erfüllen, die Forderungen derselben einzuziehen und das Vermögen der Gesellschaft in Geld umzusetzen; sie haben die Gesellschaft gerichtlich und außergerichtlich zu vertreten. Zur Beendigung schwebender Geschäfte können die Liquidatoren auch neue Geschäfte eingehen.

Literatur

Müller, Einziehung von Forderungen gegen die Gesellschafter in der Liquidation der GmbH, DB 2003, 1939; *Passarge*, Pensionsverbindlichkeiten bei der GmbH-Liquidation – tatsächlich ein unüberwindbares Hindernis?, GmbHR 2007, 701; *W. Schulz*, Die masselose Liquidaton der GmbH, 1986.

A. Allgemeines

1 Die Vorschrift enthält für die Liquidatoren, die bei der Abwicklungsgesellschaft an die Stelle der Geschäftsführer treten, die **Grundregel der Geschäftsführung und Vertretung**. Ihre Aufgabe ist die Abwicklung der laufenden Geschäfte und die Verteilung des in Geld umgesetzten Vermögens, wobei sie hierzu auch neue Geschäfte eingehen können. Die Vorschrift regelt ferner die Vertretungsmacht der Liquidatoren.

B. Inhalt der Regelung

I. Außenvertretung (Satz 1 Hs. 2)

2 Die Liquidatoren haben die den Geschäftsführern entsprechende **Vertretungsmacht**. Sie vertreten die Liquidationsgesellschaft gerichtlich und außergerichtlich. Ihre Vertretungsmacht ist grundsätzlich unbeschränkt; sie wird auch durch den Liquidationszweck nicht eingeschränkt.[1] Etwas anderes gilt nur bei offensichtlichem Missbrauch der Vertretungsmacht (vgl. dazu bei Geschäftsführern § 37 Rn. 20 ff.).

II. Geschäftsführungsaufgaben (Satz 1 Hs. 1, Satz 2)

1. Bindung und Eigenkompetenz

3 Liquidatoren sind ebenso wie die Geschäftsführer an den Gesellschaftsvertrag und an Beschlüsse der Gesellschafter gebunden. Sie unterliegen der **Weisung** der Gesellschafterversammlung.[2] Grenzen ergeben sich aus dem Zweck der Liquidation, die der Erfüllung von Verbindlichkeiten und der Ausschüttung des verbleibenden Vermögens dient. Eine weitere Beschränkung ergibt sich aus dem Schutz der Gläubiger, deren Befriedigung in erster Linie Zweck der Liquidation ist. Ergibt sich bei der Erfüllung der Verbindlichkeiten, dass die Gesellschaft überschuldet oder zahlungsunfähig ist, haben die Liquidatoren binnen drei Wochen die Eröffnung des Insolvenzverfahrens zu beantragen (vgl. Vor § 64 Rn. 22). Nachrangig ist ferner das Interesse der Gesellschafter an einer gleichmäßigen Befriedigung zu beachten.

1 OLG Stuttgart, ZIP 1986, 647, 648 = NJW-RR 1986, 836; OLG Köln, DNotZ 1980, 422, 423.
2 Siehe nur Scholz/*Schmidt*, § 70 Rn. 5.

2. Beendigung der laufenden Geschäfte und Eingehung neuer Geschäfte

Der Abwicklungszweck erfordert eine Beendigung der Geschäftstätigkeit der werbenden Gesellschaft.[3] Die Gesellschaft muss jedoch ihre Verbindlichkeiten vertragsgemäß erfüllen. Kündigungsrechte sind auszuüben. Eine einvernehmliche Vertragsaufhebung kann im Interesse der Gesellschaft geboten sein. Dies gilt vor allem anstelle einer Kündigung bei langfristigen Vertragsbeziehungen (z.B. Dauerschuldverhältnissen). 4

Neue Geschäfte dürfen abgeschlossen werden, wenn dies dem Endzweck der Liquidation objektiv dient.[4] Die Liquidatoren sind entgegen dem Wortlaut nicht auf die Beendigung schwebender Geschäfte beschränkt.[5] 5

Nicht erlaubt sind dagegen Geschäfte, die ohne Fortsetzungsbeschluss die Umwandlung der Liquidationsgesellschaft in eine werbende Gesellschaft bedeuten würden.[6] Dies betrifft insbesondere den Erwerb neuen Anlagevermögens und eine nicht der Abwicklung dienende Unternehmensumstrukturierung. 6

Liquidatoren dürfen jedoch den Betrieb zeitlich begrenzt **fortführen**, um Verluste zu vermeiden. Rechtsstreitigkeiten können mit den gegebenen Rechtsmitteln zu Ende geführt werden. Dies gilt auch für öffentlich-rechtliche Streitigkeiten über betriebsgebundene Genehmigungen.[7] 7

3. Erfüllung der Verpflichtungen

Die fälligen Verbindlichkeiten der Gesellschaft sind zu erfüllen. Hierbei besteht – unter Beachtung der Vorschriften der Gläubigeranfechtung – keine Pflicht zur gleichmäßigen **Befriedigung** aller Gläubiger.[8] Eine Einschränkung gilt für die Liquidation der masselosen Gesellschaft, bei der die Eröffnung des Insolvenzverfahrens mangels Masse abgelehnt oder das eröffnete Verfahren eingestellt wurde.[9] Nicht völlig unstreitige und betagte Verpflichtungen Forderungen sind zu sichern.[10] 8

Verbindlichkeiten **aus Verkehrsgeschäften mit Gesellschaftern** sind wie Ansprüche anderer Gläubiger zu erfüllen. Die Sperre des § 30 ist zu beachten. Gleiches gilt für eigenkapitalersetzende Darlehen und für Darlehen, hinsichtlich deren der Gesellschafter einen Rangrücktritt hinter die Verbindlichkeiten anderer Gläubiger erklärt hat. Insoweit besteht ein Leistungsverweigerungsrecht der Gesellschaft, das von den Liquidatoren zu beachten ist.[11] 9

4. Einziehung von Forderungen

Die Einziehung von Forderungen betrifft **sämtliche Ansprüche**, **gleichgültig worauf sie gerichtet sind**. Der Begriff „Einziehung" ist zu eng.[12] Zu ihrer Durchsetzung kann auch eine Verwertung durch Verkauf, Abrechnung oder Aufrechnung erfolgen.[13] Von der Einziehung betroffen sind auch Ansprüche gegen Gesellschafter, und zwar sowohl aus Verkehrsgeschäften als auch aus dem Gesellschaftsverhältnis. Hierzu gehören Einlageforderungen auf das Stammkapital,[14] die Einziehung des Agios und von Nachschüssen sowie Ansprüche aus der Differenzhaftung, Vorbelastungshaftung etc. Die Einziehung ist jedoch durch den Liquidationszweck beschränkt. Soweit es der Liquidationszweck 10

---

3 Scholz/*Schmidt*, § 70 Rn. 7; Michalski/*Nerlich*, § 70 Rn. 15.
4 RGZ 72, 236; 146, 376. Vgl. auch MünchKommGmbHG/*Müller*, § 70 Rn. 21.
5 Allgemeine Ansicht, siehe nur Lutter/Hommelhoff/*Kleindiek*, § 70 Rn. 16.
6 Siehe nur LG Köln, DNotZ 1980, 422, 423.
7 OVG Lüneburg, UPR 1999, 118 = NuR 1998, 663.
8 BGHZ 53, 71, 74 = NJW 1970, 496; BGH NJW 2001, 304.
9 Vgl. Scholz/*Schmidt*, § 70 Rn. 10; *W. Schulz*, Die masselose Liquidation der GmbH, 1986, S. 160 ff.; a.A. nur Hachenburg/*Hohner*, § 70 Rn. 11; BeckOK GmbHG Ziemons/Jaeger/*Lorscheider*, § 70 Rn. 8; vgl. auch BGHZ 53, 71, 74.
10 S. nur MünchKommGmbHG/*Müller*, § 70 Rn. 10.
11 Siehe nur Michaelski/*Nerlich*, § 72 Rn. 33 f. Vgl. auch BHG DStR 2012, 1144 = MDR 2012, 784 = NZG 2012, 667. Zu steuerlichen Folgen der Auflösung von an eine überschuldete GmbH gewährten Darlehen s. FG München BB 2011, 945 = DStRE 2011, 1308 = EFG 2011, 554.
12 Zu Schadensersatzansprüchen bei Wettbewerbsverstößen EuGH BeckRS 2009, 70690.
13 Scholz/*Schmidt*, § 70 Rn. 12.
14 BGHZ 53, 71 = NJW 1970, 469; vgl. auch *Müller*, DB 2003, 1939 ff.

erfordert, ist eine Einziehung ohne Gesellschafterbeschluss möglich. Die Gesellschafter sind beweispflichtig dafür, dass die Einziehung von Forderungen zur Erreichung des Liquidationszwecks nicht erforderlich ist.[15] Zu den einzuziehenden Forderungen gehören ferner solche gegen die Geschäftsführer.

5. Umsetzung des Gesellschaftsvermögens in Geld

11 Wie bei der Auflösung anderer Gemeinschaftsverhältnisse[16] erfolgt eine **Versilberung des Gesellschaftsvermögens**, um nach Erfüllung der Verbindlichkeiten das Restvermögen an die Gesellschafter zu verteilen. Betroffen ist nur Gesellschaftsvermögen, nicht zur Nutzung durch die Gesellschaft überlassenes Sonderbetriebsvermögen einzelner Gesellschafter. Von dem Anspruch auf Barzahlung zu Gunsten einer Verteilung in Natur darf nur mit Zustimmung aller Gesellschafter abgewichen werden. Die Versilberung kann auch durch die ganze oder teilweise Veräußerung des Unternehmens mit und ohne Firma erfolgen[17]. Dies ist meist sogar der Regelfall im Rahmen der Abwicklung. Erfolgt eine Veräußerung an eine abhängige Gesellschaft, kann darin ein existenzvermindernder Eingriff liegen, wenn dieser unter Wert erfolgt.[18] Zu der Veräußerung der Firma ist ein Gesellschafterbeschluss über die Änderung der Firma der dann noch bestehenden Abwicklungsgesellschaft erforderlich. Bei Veräußerung einzelner Vermögensgegenstände oder des gesamten oder teilweisen Unternehmens an Gesellschafter kann der Gleichbehandlungsgrundsatz ein Angebot an sämtliche Gesellschafter erfordern.[19]

15 Siehe nur Baumbach/Hueck/*Haas*, § 70 Rn. 7.
16 Vgl. nur § 763 BGB.
17 Siehe nur Michalski/*Nerlich*, § 70 Rn. 27; Scholz/*Schmidt*, § 70 Rn. 14.
18 BGH DStR 2012, 1144 = MDR 2012, 784 = NZG 2012, 667.
19 Rohwedder/Schmidt-Leithoff/*Rasner*, § 70 Rn. 17.

§ 71 Eröffnungsbilanz; Rechte und Pflichten

(1) Die Liquidatoren haben für den Beginn der Liquidation eine Bilanz (Eröffnungsbilanz) und einen die Eröffnungsbilanz erläuternden Bericht sowie für den Schluss eines jeden Jahres einen Jahresabschluss und einen Lagebericht aufzustellen.

(2) Die Gesellschafter beschließen über die Feststellung der Eröffnungsbilanz und des Jahresabschlusses sowie über die Entlastung der Liquidatoren. Auf die Eröffnungsbilanz und den erläuternden Bericht sind die Vorschriften über den Jahresabschluss entsprechend anzuwenden. Vermögensgegenstände des Anlagevermögens sind jedoch wie Umlaufvermögen zu bewerten, soweit ihre Veräußerung innerhalb eines übersehbaren Zeitraums beabsichtigt ist oder diese Vermögensgegenstände nicht mehr dem Geschäftsbetrieb dienen; dies gilt auch für den Jahresabschluss.

(3) Das Gericht kann von der Prüfung des Jahresabschlusses und des Lageberichts durch einen Abschlussprüfer befreien, wenn die Verhältnisse der Gesellschaft so überschaubar sind, dass eine Prüfung im Interesse der Gläubiger und der Gesellschafter nicht geboten erscheint. Gegen die Entscheidung ist die Beschwerde zulässig.

(4) Im Übrigen haben sie die aus §§ 37, 41, 43 Abs. 1, 2 und 4, § 49 Abs. 1 und 2, § 64 sich ergebenden Rechte und Pflichten der Geschäftsführer.

(5) Auf den Geschäftsbriefen ist anzugeben, dass sich die Gesellschaft in Liquidation befindet; im Übrigen gilt § 35a entsprechend.

Literatur

Deubert/Förschle/Kropp, Schlussbilanz der werbenden Gesellschaft kein Pflichtbestandteil der Rechnungslegung von Kapitalgesellschaften in Liquidation, DB 1994, 998; *Förschle/Deubert*, Entsprechende Anwendung allgemeiner Vorschriften über den Jahresabschluss in der Liquidations-Eröffnungsbilanz, DStR 1996, 1743; *Frystatzki*, Die Hinweise des Instituts der Wirtschaftsprüfer zur Rechnungslegung in der Insolvenz, NZI 2009, 581; *Kind/Frank/Heinrich*, Die Pflicht zur Prüfung von Jahresabschluss und Lagebericht nach § 316 Abs. 1 Satz 1 HGB in der Insolvenz, NZI 2006, 205; *Mohr*, Die Liquidation der GmbH. Hinweise zur rechtlichen, bilanziellen und steuerlichen Abwicklung, GmbH-StB 2007, 287; *Peetz*, Handelsrechtliche Rechnungslegung der aufgelösten GmbH, GmbHR 2007, 858.

A. Allgemeines

1 Die Abs. 1 bis 3 betreffen die **Rechnungslegung** während der Liquidation. Abs. 4 regelt die Anwendung einzelner Vorschriften über die Geschäftsführer auf die Liquidatoren. Abs. 5 enthält die Angaben auf Geschäftsbriefen, aus denen sich das Liquidationsstadium ergeben muss.

B. Inhalt der Regelung

I. Bilanzen, Prüfung und Offenlegung (Abs. 1, 2 und 3)

2 Die Liquidatoren unterliegen ebenso wie die Geschäftsführer der Pflicht zur Bilanzerstellung.[1] Diese Pflicht ist allerdings im Hinblick auf die Liquidation modifiziert. Die Abweichungen betreffen sowohl den Zeitpunkt der Bilanzerstellung sowie auch die Bilanzierungsregeln. Es sind folgende Bilanzen bzw. Abschlüsse aufzustellen:

1 Zur Rechtsprechung in der Insolvenz s. *Frystatzki*, NZI 2009, 581 ff.

3 • Die **Schlussbilanz** der werbenden Gesellschaft mit Gewinn- und Verlustrechnung, Anhang und Lagebericht ist auf den Tag der Auflösung der Gesellschaft aufzustellen.[2] Fällt der Tag der Auflösung nicht mit dem letzten Tag des Geschäftsjahrs zusammen, ist eine Rumpfbilanz zu erstellen. Zuständig sind die Liquidatoren. Es gelten noch die Errichtungsgrundsätze für werbende Gesellschaften sowie ferner die allgemeinen Vorschriften der Abschlussprüfung und Offenlegung (vgl. § 41 Rn. 6). Die Schlussbilanz ist nach h.M. nicht mit der Liquidationseröffnungsbilanz identisch.

4 • Die **Liquidationseröffnungsbilanz** mit erläuterndem Bericht ist auf den Stichtag des Liquidationsbeginns, d.h. den Tag der Vollendung des Auflösungstatbestands aufzustellen.[3] Nicht maßgeblich ist die Eintragung im Handelsregister. Für die Rechnungslegung gelten die Regeln über den Jahresabschluss der werbenden Gesellschaft entsprechend. Die Grundsätze der Einzelbewertung, das Realisations-, das Imparitäts- und das Anschaffungswertprinzip sind anzuwenden. Im Hinblick auf die Abwicklung gilt dagegen der Grundsatz der Unternehmensfortführung nicht mehr;[4] ausnahmsweise sind die Fortführungswerte jedoch bei einer geplanten Unternehmensveräußerung im Ganzen anzusetzen. Der erläuternde Bericht tritt an die Stelle von Anhang und Lagebericht.[5] Er muss die Bestandteile des Anhangs (§§ 284 ff. HGB) enthalten und die Jahresbilanz erläutern. Dagegen muss er nicht Angaben über die Gewinn- und Verlustrechnung und die Daten des vorangegangenen Geschäftsjahres enthalten. Der Inhalt des Lageberichts, auf den nicht verwiesen wird, sollte regelmäßig Bestandteil des Berichts sein. Er soll vor allem den voraussichtlichen Verlauf der Liquidation beschreiben.

5 • Während der Liquidation ist für Kalenderjahre, beginnend mit dem Tag der Auflösung,[6] jeweils ein Jahresabschluss mit Lagebericht zu erstellen. Für den Ansatz und die Bewertung in der **Liquidationsjahresbilanz** gelten die Regeln, die auch für die Liquidations-Eröffnungsbilanz maßgeblich sind. Eine Gewinn- und Verlustrechnung ist erforderlich. Der Liquidationsanhang ist nach den allgemeinen Regeln, die auch für die werbende Gesellschaft gelten, aufzustellen. Er enthält Erläuterungen der Bilanzierungs- und Bewertungsmethoden (§ 284 Abs. 2 Nr. 1 HGB) und die Darstellung der Abweichungen der Bilanzierungs- und Bewertungsmethoden gegenüber dem vorangegangenen Liquidations-Jahresabschluss (§ 284 Abs. 2 Nr. 3 HGB). Umstritten ist, ob auch über die Unterschiede der angewandten Bilanzierungs- und Bewertungsmethoden gegenüber denen des Jahresabschlusses der werbenden Gesellschaft zu berichten ist.[7] Der Liquidationslagebericht ist ebenfalls nach den für werbende Gesellschaften geltenden Regeln aufzustellen. Er hat Aufschluss über den Stand der Liquidation sowie über einen zu erwartenden Liquidationsüberschuss oder -fehlbetrag zu geben. Umstritten ist, ob dies auch für kleine Gesellschaften gilt, die als werbende keinen Lagebericht aufzustellen brauchen (§ 264 Abs. 1 Satz 2 HGB).[8] Die Jahresabschlüsse unterliegen bei mittelgroßen und großen Gesellschaften, sofern keine Befreiung durch das Gericht erfolgt (Abs. 3), der Abschlussprüfung (§§ 316 ff. HGB). Für diese gelten die allgemeinen Regeln. Eine Befreiung kann durch das Gericht am Sitz der Gesellschaft (§§ 375 Nr. 6, 376 FamFG) auf Antrag der Gesellschaft gewährt werden, wenn die Verhältnisse der Gesellschaft überschaubar sind, sodass eine Prüfung im Interesse der Gläubiger und der

2 BFHE 113, 112, 114 = DB 1974, 1990; BayObLG GmbHR 1994, 331, 332 = BB 1994, 523; vgl. auch *Deubert/Förschle/Kropp*, DB 1994, 998 ff.
3 BayObLG DB 1994, 523 = BB 1994, 476.
4 Streitig, wie hier: Baumbach/Hueck/*Haas*, § 71 Rn. 16 und mit Modifizierungen Scholz/*Schmidt*, § 71 Rn. 22; a.A. die h.M., z.B. KG NZG 2001, 845, 846; Michalski/*Nerlich*, § 71 Rn. 58; Hachenburg/*Hohner*, § 71 Rn. 23; Lutter/Hommelhoff/*Kleindiek*, § 71 Rn. 2.
5 Scholz/*Schmidt*, § 71 Rn. 11.
6 Streitig, vgl. Lutter/Hommelhoff/*Kleindiek*, § 71 Rn. 9; Baumbach/Hueck/*Haas*, § 71 Rn. 23; Rohwedder/Schmidt-Leithoff/*Rasner*, § 71 Rn. 13; vgl. auch *Förschle/Deubert*, DStR 1996, 1743 ff.; BeckOK GmbHG Ziemons/Jaeger/*Deussen*, § 71 Rn. 6 f.
7 Vgl. dazu bejahend: Rohwedder/Schmidt-Leithoff/*Rasner*, § 71 Rn. 16; verneinend: Baumbach/Hueck/*Haas*, § 71 Rn. 26.
8 Vgl. OLG Düsseldorf, NZG 2002, 90, 91; Baumbach/Hueck/*Haas*, § 71 Rn. 27.

Gesellschafter nicht geboten erscheint.[9] Im Falle der Ablehnung steht gegen den Beschluss der Gesellschaft die Beschwerde und die Rechtsbeschwerde offen (§§ 71 Abs. 3 Satz 2 i.V.m. §§ 402, 58 ff. FamFG), im Falle der Befreiung jedem Gesellschafter und jedem Gesellschaftsgläubiger.[10]

- Die **Liquidationsschlussbilanz** haben die Liquidatoren nach Beendigung der Abwicklung und Ablauf des Sperrjahres aufzustellen. Aus ihr ergibt sich das zur Verteilung bestimmte Gesellschaftsvermögen unter Berücksichtigung der noch ausstehenden Kosten für die Vollbeendigung. Es handelt sich um einen Jahresabschluss zum Ende des letzten (Rumpf-)Geschäftsjahres.[11] Erforderlich sind ferner die Gewinn- und Verlustrechnung für den restlichen Abwicklungszeitraum und ein erläuternder Anhang mit einem Vorschlag für die Verteilung des Liquidationsüberschusses. Hingegen erübrigt sich ein Lagebericht. Die Liquidationsbilanz mit Gewinn- und Verlustrechnung und Anhang ist von den Gesellschaftern festzustellen.[12] Teilweise wird zusätzlich eine Liquidationsschlussbilanz oder an ihrer Stelle eine Schlussrechnung der Liquidatoren verlangt.[13] Enthält die Schlussbilanz das zur Verteilung bestimmte Vermögen und Vorschläge zur Vermögensverteilung im Anhang, so ist sie mit der Schlussrechnung identisch.[14] Die Schlussbilanz unterliegt vorbehaltlich der Befreiung durch das Gericht (Abs. 3) der Abschlussprüfung.[15] Dies gilt für eine gesonderte Schlussrechnung, die nur der internen Rechenschaft dient, nicht.[16] 6

Die Liquidationseröffnungsbilanz, die Liquidationsjahresabschlüsse und die Liquidationsschlussbilanz samt erläuternden Berichten, Lagebericht, Gewinn- und Verlustrechnung sowie Anhang sind nach den allgemeinen Regeln (§ 325 ff. HGB) offenzulegen. Eine Befreiungsmöglichkeit besteht nicht.[17] Keine **Offenlegungspflicht** besteht hinsichtlich der etwaigen Schlussrechnung der Liquidatoren.[18] 7

II. Anwendbarkeit der Geschäftsführerpflichten (Abs. 4)

Die **Verweisung** betrifft die Pflichten der Geschäftsführer. Sie ist nicht vollständig (vgl. §§ 68, 70). Betroffen sind die Beschränkungen der Vertretungsbefugnis durch Weisungen (§ 37 Abs. 1), die nach außen unbeschränkte Vertretungsmacht (§ 37 Abs. 2), die Verpflichtung zur ordnungsgemäßen Buchführung (§ 41), die Haftungsgrundsätze (§ 43 Abs. 1, 2 und 4), die Verpflichtung zur Einberufung einer Gesellschafterversammlung (§ 49 Abs. 1 und 2)[19] und die Insolvenzantragspflicht (§ 64).[20] 8

---

9 Streitig ist die Befreiung bei Eröffnung des Insolvenzverfahrens, siehe OLG München, NZG 2006, 69 = NZI 2006, 108 = DB 2005, 2013 = GmbHR 2005, 1434 = ZIP 2005, 2068; OLG München, NZG 2008, 229 = DB 2008, 229 = ZIP 2008, 219 = GmbHR 2008, 323; LG Frankfurt/O. BeckRS 2011, 21288; LG Paderborn, ZIP 2006, 2101; LG Dresden, ZIP 1995, 233; vgl. auch *Kind/Frank/Heinrich*, NZI 2006, 205 ff.

10 Streitig hinsichtlich der Gesellschaftsgläubiger; bejahend: Scholz/*Schmidt*, § 71 Rn. 25; MünchKommGmbGH/*Müller*, § 71 Rn. 40; verneinend: Roth/Altmeppen/*Altmeppen*, § 71 Rn. 38.

11 Siehe nur Scholz/*Schmidt*, § 71 Rn. 30; Lutter/Hommelhoff/*Kleindiek*, § 71 Rn. 12.

12 Baumbach/Hueck/*Haas*, § 71 Rn. 28.

13 S. nur MünchKommGmbHG/*Müller*, § 71 Rn. 49.

14 Zutreffend: Roth/Altmeppen/*Altmeppen*, § 71 Rn. 34; Rohwedder/Schmidt-Leithoff/*Rasner*, § 71 Rn. 26.

15 Streitig, wie hier: Scholz/*Schmidt*, § 71 Rn. 30.

16 Scholz/*Schmidt*, § 71 Rn. 35.

17 KG GmbHR 2003, 1357 = NZG 2003, 1119, 1120; LG Bonn BeckRS 2009, 03986; LG Bonn BB 2010, 1338 = NJW-RR 2010, 609; LG Bonn BB 2010, 1338 = NZG 2010, 156 = ZIP 2010, 676.

18 Scholz/*Schmidt*, § 71 Rn. 35.

19 § 49 Abs. 3 hat im Rahmen der Liquidation keine Bedeutung.

20 Vgl. BGHSt 53, 24 = DB 2008, 2574 = GmbHR 2009, 205 = NJW 2009, 157 = NZG 2009, 33 = NStZ-RR 2009, 373 = ZIP 2008, 2308 zum Unterlassen eines Insolvenzantrags, wenn die Gesellschaft, deren Insolvenz mangels Masse abgelehnt wurde, neue Vermögenswerte erhält.

III. Angaben auf Geschäftsbriefen (Abs. 5)

9 Die nunmehr verkürzte Vorschrift enthält auch im Liquidationsstadium die Verpflichtung zu den nach § 35a erforderlichen Angaben auf Geschäftsbriefen bei. Dies entspricht der Kontinuität der Gesellschaft. An die Stelle der Angaben über die Geschäftsführer treten diejenigen über die Liquidatoren. Zusätzlich ist die Angabe über das Liquidationsstadium zu machen. Ausreichend ist der Liquidationszusatz bei der Firma.[21] Die Einhaltung der Verpflichtungen kann registergerichtlich durch Zwangsgeld erzwungen werden (§ 79 Abs. 1).

! **Änderung der Geschäftsbriefe:** Ab Eintritt der Liquidation (nicht erst mit Eintragung im Handelsregister) Angabe der Liquidatoren und des Liquidationszusatzes bei der Firma.

C. Weitere praktische Hinweise

10 Die **steuerlichen Folgen** der Liquidation sind in § 11 KStG geregelt. Danach wird die gesamte Liquidation als ein einziger Veranlagungszeitraum behandelt; er soll jedoch drei Jahre nicht übersteigen.

Durch die Gegenüberstellung der letzten ertragsteuerlichen Schlussbilanz einerseits (Abwicklungs-Anfangsvermögen) und der an die Gesellschafter verteilten Vermögenswerte – abzüglich des steuerlichen Einlagenkontos – andererseits (Abwicklungs-Endvermögen) werden alle noch im Gesellschaftsvermögen vorhandenen stillen Reserven aufgedeckt und bei der Gesellschaft nach dem allgemeinen Körperschaftsteuer-Tarif (derzeit 15 % zzgl. 5,5 % Solidariätszuschlag hierauf) versteuert.

Daneben bleibt die GmbH i.L. bis zum Ende jeglicher – auch nichtgewerblicher – Tätigkeit gewerbesteuerpflichtig; das ist grundsätzlich der Zeitpunkt, in dem das Vermögen an die Gesellschaft verteilt wird.[22] Die Umsatzsteuerpflicht besteht so lange, wie die GmbH i.L. noch unternehmerisch tätig ist (§ 2 Abs. 1 UStG).

21 Siehe nur Scholz/*Schmidt*, § 71 Rn. 47; MünchKommGmbHG/*Müller*, § 71 Rn. 57.
22 R.2.6 Abs. 2 GewStR.

§ 72 Vermögensverteilung

Das Vermögen der Gesellschaft wird unter die Gesellschafter nach Verhältnis ihrer Geschäftsanteile verteilt. Durch den Gesellschaftsvertrag kann ein anderes Verhältnis für die Verteilung bestimmt werden.

Literatur

Fichtelmann, Auswirkungen der Löschung einer vermögenslosen GmbH im Handelsregister, GmbHR 2011, 912

A. Allgemeines

§ 72 betrifft den **Schlussakt** der Liquidation, die Verteilung des Gesellschaftsvermögens nach Ablauf des Sperrjahrs und der Befriedigung aller Gläubiger, und bestimmt hierzu mangels abweichender gesellschaftlicher Regelung einen Verteilungsmaßstab. 1

B. Inhalt der Regelung

I. Restvermögen (Abs. 1)

Grundsätzlich richtet sich der **Anspruch** der Gesellschafter **auf** anteilige Auszahlung des Restvermögens in **Geld**, da die Liquidatoren zur „Versilberung" verpflichtet sind (§ 70 Satz 1). Dies gilt auch für Gesellschafter, die bei Gründung oder Kapitalerhöhung Sacheinlagen erbracht haben. Allerdings kann der Gesellschaftsvertrag oder ein einstimmiger Beschluss der Gesellschafter etwas anderes vorsehen. In diesem Fall wird der Anspruch auf Beteiligung am Liquidationserlös durch Übertragung des jeweiligen Vermögensgegenstands erfüllt. Hiervon zu unterscheiden sind der Erwerb von Gegenständen von einem Gesellschafter im Rahmen der Liquidation gegen Entgelt und die Rückgabe von lediglich zur Nutzung überlassenen Gegenständen. 2

Der Anspruch auf den anteiligen Liquidationserlös **entsteht**, wenn nach Befriedigung der Gläubiger oder Sicherheitsleistung ein Liquidationsüberschuss besteht.[1] Der Anspruch wird nach Ablauf des Sperrjahres (§ 73 Abs. 1) fällig. Er verjährt nach drei Jahren (§ 195, 199 Abs. 1 BGB) und spätestens innerhalb von zehn Jahren nach seiner Entstehung (§ 199 Abs. 4 BGB). Eine Verkürzung oder Verlängerung der Verjährungsfrist ist möglich. 3

Der **Gesellschaftsvertrag** kann den Anspruch begrenzen, ändern und auch ganz ausschließen (z.B. bei Non-Profit-Organisation, insbesondere Gesellschaften, die steuerbegünstigte Zwecke verfolgen, § 55 Abs. 1 Nr. 4 AO). Eine nachträgliche Satzungsänderung bedarf der Zustimmung benachteiligter Gesellschafter. Durch Gesellschafterbeschluss können die Einzelheiten der Verteilung geregelt werden. 4

Die Verteilung eines negativen Betrags („Schulden") erfolgt nicht. Eine Nachschusspflicht besteht nicht. Die Gesellschafter haften auch nicht persönlich auf Ersatz des **Liquidationsfehlbetrags**.[2] 5

II. Verteilungsmaßstab (Satz 1 Hs. 2, Satz 2)

Der Verteilungsmaßstab bestimmt sich grundsätzlich nach dem **Gesellschaftsvertrag**. Eine Änderung ist aber durch einstimmigen Beschluss der Gesellschafter möglich. Die Gesellschafter können den Verteilungsmaßstab abweichend bestimmen. 6

1 Vgl. BGHZ 88, 205, 207.
2 Scholz/*Schmidt*, § 72 Rn. 22.

7 Mangels Vereinbarung der Gesellschafter gilt das **Verhältnis der Nennbeträge** der Geschäftsanteile der Gesellschafter als Verteilungsmaßstab. Unerheblich sind die Höhe der Einzahlung der Stammeinlagen und der Wert geleisteter Sacheinlagen. Allerdings muss bei ungleichen Einzahlungen auf Stammeinlagen eine Berücksichtigung bei der Auszahlung des Liquidationserlöses erfolgen (§ 271 Abs. 3 AktG analog).[3] Dies kann durch Erbringung der rückständigen Einlagen erfolgen oder durch Erhöhung der Ausschüttung der anderen Gesellschafter. Eigene Geschäftsanteile der Gesellschaft sind bei der Verteilung des Liquidationserlöses nicht zu berücksichtigen. Gleiches gilt für kaduzierte und preisgegebene Geschäftsanteile, soweit jeweils ein Verkauf nicht möglich bzw. nicht erfolgt ist.

8 Bei **fehlerhaften Auszahlungen**, die dem Verteilungsmaßstab nicht entsprechen, ist der überzahlte Betrag aufgrund ungerechtfertigter Bereicherung an die Gesellschaft zurückzuerstatten. Umstritten ist, ob auch ein direkter Anspruch zwischen den Gesellschaftern besteht.[4] Die Liquidatoren haften bei Fehlern gegenüber der Gesellschaft (§§ 71 Abs. 4, 43); den Gesellschaftern haften sie nur aus deliktsrechtlichen Grundsätzen bei Verschulden. Strittig ist, ob das aktienrechtliche Gläubigerverfolgungsrecht entsprechend gilt.[5]

C. Weitere praktische Hinweise

9 Ein etwaiger **Liquidationsüberschuss** ist auf der Ebene der Gesellschafter aufzuteilen. Soweit das Nennkapital sowie sonstige Beträge des steuerlichen Einlagekontos zurückgezahlt werden, gilt dies als Anteilsveräußerung. Bei vor dem 01.01.2009 angeschafften Anteilen unter 1 % Kapitalanteil im Privatvermögen (vgl. § 17 Abs. 1 Satz 1 EStG) ist dies nicht steuerbar (anders aber bei alteinbringungsgeborenen Anteilen gem. § 21 UmwStG a.F. und sperrfristbehafteten Anteilen gem. § 17 Abs. 6 EStG). Bis zur Höhe der Anschaffungskosten ist dies auch bei allen anderen – „steuerverstrickten" – Anteilen steuerneutral. Ein etwaiger Überschuss der Rückzahlung über die ansatzfähigen Anschaffungskosten ist bei „steuerverstrickten" Anteilen nach dem Teileinkünfteverfahren bzw. im Rahmen der Abgeltungsteuer zu **besteuern** (vgl. §§ 17 Abs. 4, 20 Abs. 2 Nr. 1 EStG). Unter den einschränkenden Voraussetzungen des § 17 Abs. 2 Satz 6 EStG kann ein Veräußerungsverlust nach Abschluss der Liquidation geltend gemacht werden.[6] Ausnahmsweise kann der Zeitpunkt, zu dem der Auflösungsverlust realisiert ist, schon vor Abschluss der Liquidation liegen. Voraussetzung ist, dass mit einer wesentlichen Änderung des Verlustes nicht mehr zu rechnen ist. Dies ist der Fall, sobald absehbar ist, dass keine weiteren Auszahlungen an die Gesellschafter mehr erfolgen.[7] Darüber hinausgehende Vermögensverteilungen stellen hingegen – unabhängig von der „Steuerverstrickung" der Anteile nach § 20 Abs. 1 Nr. 2 EStG Einkünfte aus Kapitalvermögen dar.

---

3 Siehe nur Michalski/*Nerlich*, § 72 Rn. 21; Rohwedder/Schmidt-Leithoff/*Rasner*, § 72 Rn. 12.

4 Bejahend: Roth/Altmeppen/*Altmeppen*, § 72 Rn. 12; Lutter/Hommelhoff/*Kleindiek*, § 72 Rn. 12.

5 Bejahend Roth/Altmeppen/*Altmeppen*, § 72 Rn. 13; vgl. auch MünchKommGmbHG/*Müller*, § 72 Rn. 22.

6 BFHE 221, 7 = BStBl II 2008, 706 = DB 2008, 1604 = DStR 2008, 1424 = GmbHR 2008, 881 = NJW-RR 2009, 390 = ZIP 2008, 1587.

7 BFH BFH/NV 2009, 561 = DStRE 2009, 539 = GmbHR 2009, 385; FG München BeckRS 2009, 26027742; FG München GmbHR 2010, 894 = BeckRS 2010, 26029003. Zusammenfassend Schmidt/*Weber-Grellet*, § 17 EStG Rn. 222.

§ 73 Sperrjahr

(1) Die Verteilung darf nicht vor Tilgung oder Sicherstellung der Schulden der Gesellschaft und nicht vor Ablauf eines Jahres seit dem Tage vorgenommen werden, an welchem die Aufforderung an die Gläubiger (§ 65 Abs. 2) in den Geschäftsblättern erfolgt ist.

(2) Meldet sich ein bekannter Gläubiger nicht, so ist der geschuldete Betrag, wenn die Berechtigung zur Hinterlegung vorhanden ist, für den Gläubiger zu hinterlegen. Ist die Berichtigung einer Verbindlichkeit zur Zeit nicht ausführbar oder ist eine Verbindlichkeit streitig, so darf die Verteilung des Vermögens nur erfolgen, wenn dem Gläubiger Sicherheit geleistet ist.

(3) Liquidatoren, welche diesen Vorschriften zuwiderhandeln, sind zum Ersatz der verteilten Beträge solidarisch verpflichtet. Auf den Ersatzanspruch finden die Bestimmungen in § 43 Abs. 3 und 4 entsprechende Anwendung.

Literatur

App, Ansprüche von Sozialversicherungsträger gegen eine schon aufgelöste GmbH und Realisierungsmöglichkeiten, NZS 1993, 249; *Erle*, Die Funktion des Sperrjahres in der Liquidation der GmbH, GmbHR 1998, 216; *Fietz/Fingerhuth*, Die vorzeitige Löschung der GmbH – ein Schwarzes Loch für Liquidatoren, GmbHR 2006, 960; *Peetz*, Haftung des GmbH-Liquidators für ausstehende Steuererklärungen, GmbHR 2002, 1008; *Rubner*, Liquidationsgesellschaft und Gesellschafterhaftung, DStR 2009, 1538; *Schmidt*, Vorfinanzierung der Liquidationsquote im Einklang mit dem Ausschüttungssperrjahr, DB 1994, 2013; *Schmidt*, Zur Gläubigersicherung im Liquidationsrecht der Kapitalgesellschaften, Genossenschaften und Vereine, ZIP 1981, 1; *Schmidt*, Das Liquidations-Sperrjahr als Liquiditätssicherung vor und nach MoMiG, DB 2009, 1971; *Schmidt*, Vermeidung des Sperrjahrs bei der Auskehrung von Gesellschaftsvermögen aus der Kapitalgesellschaft § Co., BB 2011, 707; *Wälzholz*, Aktuelle Probleme der Liquidation einer GmbH, GmbH-StB 2010, 300.

A. Allgemeines

1 § 73 ist eine **Gläubigerschutzvorschrift.**[1] Nach Abs. 1 darf die Verteilung des Vermögens nicht vor Tilgung oder Sicherstellung der Schulden und Ablauf eines Sperrjahres erfolgen. Abs. 2 sichert bekannte Gläubiger, deren Forderungen noch nicht erfüllt werden können. Abs. 3 sanktioniert Verstöße der Liquidatoren mit einer persönlichen Haftung.

B. Inhalt der Regelung

I. Sicherung bekannter Gläubiger

1. Voraussetzungen der Vermögensverteilung (Abs. 1 und 2)

2 **Voraussetzungen** für die Verteilung des Gesellschaftsvermögens an die Gesellschafter sind, dass die offenen Forderungen erfüllt sind oder ihre Erfüllung sichergestellt ist und das Sperrjahr abgelaufen ist. Vor Eintritt dieser Voraussetzungen darf die Vermögensverteilung nicht erfolgen, auch nicht im Wege von Abschlagszahlungen. Es handelt sich um eine zwingende Gläubigerschutzvor-

1 *Schmidt*, ZIP 1981, 1 ff.; vgl. auch OLG Stuttgart, BB 1995, 405 = NJW-RR 1995, 805.

schrift.[2] Eine Abweichung hiervon ist auch mit Zustimmung der bekannten Gläubiger nicht zulässig, da das Verfahren auch die unbekannten Gläubiger schützen soll.[3]

2. Bekanntheit der Forderung

3 Die Verpflichtung zur Erfüllung oder zur Sicherung gilt nur für bekannte Forderungen. **Bekannt** sind Forderungen, die Gläubiger angemeldet haben oder die in sonstiger Weise den Liquidatoren bekannt wurden. Die Kenntnis eines von mehreren Liquidatoren ist ausreichend, nicht hingegen ein Kennenmüssen.[4] Maßgeblich für das Vorliegen der Kenntnis ist der Zeitpunkt der Vermögensverteilung an die Gesellschafter, nicht der Ablauf des Sperrjahrs. Grund ist, dass die Forderungen der Gläubiger zu befriedigen sind, auch wenn sie erst später bekannt werden.

3. Tilgung, Sicherstellung

4 Unbestrittene Forderungen sind zu **erfüllen**, auch wenn der Gläubiger den Anspruch nicht angemeldet hat. Eine bestimmte Reihenfolge bei der Befriedigung der Gläubiger ist grundsätzlich nicht einzuhalten.[5] Eine Grenze ergibt sich jedoch aus dem Anfechtungsgesetz. Auch für Steuerschulden ergeben sich keine Besonderheiten.[6] Die **Sicherheitsleistung** (§§ 232 ff. BGB) erfolgt durch Hinterlegung (§ 372 Satz 1 BGB), wenn ein Gläubiger in Annahmeverzug ist. Im Übrigen (§ 372 Satz 2 BGB) ist sie durchzuführen, wenn die Gesellschaft aus einem anderen in der Person des Gläubigers liegenden Grund (z.B. Geschäftsunfähigkeit) oder infolge einer nicht auf Fahrlässigkeit beruhenden Ungewissheit über die Person des Gläubigers die Forderung nicht oder nicht mit Sicherheit erfüllen kann.[7]

5 Meldet sich ein bekannter Gläubiger bei der Gesellschaft nicht, ist der entsprechende Betrag bei Vorliegen der Hinterlegungsvoraussetzungen zu hinterlegen (Abs. 2 Satz 1). Kann die Verbindlichkeit nicht erfüllt werden, da sie noch nicht fällig ist und die Gesellschaft aufgrund der Vereinbarungen nicht zur vorzeitigen Leistung berechtigt ist, muss dem Gläubiger Sicherheit geleistet werden. Gleiches gilt bei einer aufschiebend bedingten Verpflichtung, bei einer Zug-um-Zug-Leistung und bei Entstehen der Verbindlichkeit erst nach Abwicklung. Die Sicherheitsleistung ist in diesen **Fällen der unausführbaren Berichtigung** der Forderung nicht auf die Sicherheitsleistung nach den §§ 232 ff. BGB beschränkt. Insbesondere sind auch Bankbürgschaften inländischer Kreditinstitute zu akzeptieren.[8] Eine nicht ausreichende Sicherheit ist gegebenenfalls zu ergänzen. Der Gläubiger kann seinerseits keine Sicherheit verlangen; allerdings darf dann die Gesellschaft auch nicht vorher beendet werden. Bei Forderungen, die von den Liquidatoren nach Grund oder Höhe bestritten werden, kann die Verteilung des Vermögens ebenfalls nach Sicherheitsleistung erfolgen. Keine Sicherheitsleistung muss gewährt werden, wenn die Liquidatoren die Forderung nach sorgfältiger Prüfung für unbegründet halten.

6 Für **Kosten**, die im Rahmen der **Beendigung** der Liquidation noch anfallen (Notarkosten, Registerkosten und Veröffentlichung), müssen entsprechende Beträge zurückbehalten werden.

---

2 OLG Rostock, DB 1996, 1176 = GmbHR 1996, 621, 622 = NJW-RR 1996, 1185.

3 Siehe nur Scholz/*Schmidt*, § 73 Rn. 4.

4 RGZ 92, 77, 80; Scholz/*Schmidt*, § 73 Rn. 6; Michalski/*Nerlich*, § 73 Rn. 14; MünchKommGmbHG/*Müller*, § 73 Rn. 13; *Wicke*, § 73 Rn. 1; FaKGesR/*Scheuffele*, § 73 GmbHG Rn. 1; teilw. a.A. Roth/Altmeppen/*Altmeppen*, § 73 Rn. 3; Hachenburg/*Hohner*, § 73 Rn. 10; Henssler/Strohn/*Büteröwe*, § 73 Rn. 9.

5 BGHZ 53, 71, 74 = DB 1970, 290 = GmbHR 1970, 122 = MDR 1970, 399 = NJW 1970, 469; Baumbach/Hueck/*Haas*, § 73 Rn. 3; Lutter/Hommelhoff/*Kleindiek*, § 73 Rn. 8; Roth/Altmeppen/*Altmeppen*, § 73 Rn. 5.

6 BayObLG GmbHR 1982, 274, 275.

7 Rohwedder/Schmidt-Leithoff/*Rasner*, § 73 Rn. 17.

8 Streitig für Bürgschaften von Gesellschaftern; bejahend: Rohwedder/Schmidt-Leithoff/*Rasner*, § 73 Rn. 18; verneinend: Lutter/Hommelhoff/*Kleindiek*, § 73 Rn. 7; Scholz/*Schmidt*, § 73 Rn. 11; Baumbach/Hueck/*Haas*, § 73 Rn. 7, sofern der Gläubiger nicht einverstanden ist.

4. Sperrjahr (Abs. 1)

Weitere Voraussetzung neben der Tilgung bzw. Sicherstellung von Forderungen ist der Ablauf des Sperrjahres.[9] Auf dieses kann auch nicht im Einverständnis aller bekannten Gläubiger verzichtet werden.[10] Es beginnt mit der letzten der drei in § 65 Abs. 2 vorgesehenen Bekanntmachungen. Das Sperrjahr schließt jedoch die Berücksichtigung nachträglich, d.h. vor Verteilung bekannt gewordener Forderungen, nicht aus. Erst mit seinem Ablauf werden die Auszahlungsforderungen der Gesellschafter fällig. Das Registergericht hat bei Eintragung der Vollbeendigung der GmbH (Erlöschen der Firma) die Einhaltung des Sperrjahres zu beachten. 7

> **!** Die Eintragung der Vollbeendigung im Handelsregister vor Ablauf des Sperrjahres darf nur erfolgen, wenn das Gesellschaftsvermögen durch Befriedigung der Gläubiger (nicht jedoch durch Verteilung an die Gesellschafter!) erschöpft ist.[11]

5. Haftung (Abs. 3)

Liquidatoren haften bei einem Verstoß gegen die Verpflichtung zur Einhaltung der Voraussetzungen der Vermögensverteilung der Gesellschaft. Voraussetzung ist ein schuldhaftes Handeln, das jedoch vermutet wird, sodass die Liquidatoren die **Beweislast** hinsichtlich der von ihnen angewandten Sorgfalt tragen.[12] Die Liquidatoren haften gesamtschuldnerisch (§§ 421 ff. BGB). Ein Ausgleich untereinander erfolgt nach § 426 i.V.m. § 254 BGB bzw., falls es sich um Gesellschafter handelt, nach dem gesellschaftsrechtlichen Ausgleichsmaßstab.[13] Die Verantwortlichkeit der Liquidatoren entfällt nicht deshalb, weil sie aufgrund Beschlusses der Gesellschafter handeln (Abs. 3 Satz 2 i.V.m. § 43 Abs. 3 Satz 3). Der Anspruch verjährt in fünf Jahren (Abs. 3 Satz 2, § 43 Abs. 4); die Verjährung beginnt mit der Vornahme der gesetzwidrigen Verteilung.[14] 8

Die Gesellschaft kann **Ersatz des Schadens** verlangen, der den Gläubigern durch die rechtswidrige Auszahlung entstanden ist.[15] Die Geltendmachung des Anspruchs setzt keinen Gesellschafterbeschluss voraus.[16] Zur Geltendmachung des Anspruchs hat ggf. eine Nachtragsliquidation zu erfolgen.[17] Macht die Gesellschaft den Anspruch nicht geltend, kann auch ein Gläubiger ihn gegen die Liquidatoren geltend machen (analog §§ 93 Abs. 5, 268 Abs. 1 AktG).[18] Der Anspruch richtet sich auf den Betrag der rechtswidrig ausgeschütteten Beträge. Es handelt sich um einen Geldanspruch. 9

---

9 Zur Funktion siehe *Erle*, GmbHR 1998, 216 ff.; vgl. auch *Schmidt*, DB 1994, 2013 ff.; *ders.*, BB 2011, 707.

10 Siehe nur Lutter/Hommelhoff/*Kleindiek*, § 73 Rn. 1; vgl. BFHE 215, 183 = DStR 2006, 2168 = DB 2006, 2606 = GmbHR 2007, 106.

11 OLG Köln, NZG 2005, 83 = GmbHR 2005, 108 = ZIP 2004, 2376; OLG Naumburg, DB 2002, 2317 = GmbHR 2002, 858 = ZIP 2002, 1529; OLG Hamm, GmbHR 1987, 470 = MDR 1987, 237 = NJW-RR 1987, 348; vgl. *Fietz/Fingerhuth*, GmbHR 2006, 960 ff.

12 Scholz/*Schmidt*, § 73 Rn. 26 f.

13 Vgl. BGH DB 2005, 331 = DStR 2005, 342 = GmbHR 2005, 301 = NZG 2005, 216 = ZIP 2005, 320.

14 BGHZ 179, 344, 348 = BB 2009, 1037 = DB 2009, 891 = DStR 2009, 915 = GmbHR 2009, 601 = MDR 2009, 702 = NJW 2009, 2127 = NZG 2009, 545 = ZIP 2009, 802; vgl. dazu *Rubner,* DStR 2009, 1538 ff.; *Schmidt,* DB 2009, 1971 ff.

15 Streitig, a.A. Baumbach/Hueck/*Haas*, § 73 Rn. 13; MünchKommGmbHG/*Müller,* § 73 Rn. 35: eigener Anspruch der Gesellschaft wegen Verletzung des Kapitalerhaltungsgebots in der Liquidation; wie hier: *Schmidt,* ZIP 1981, 1, 7; Roth/Altmeppen/*Altmeppen*, § 73 Rn. 18; Lutter/Hommelhoff/*Kleindiek*, § 73 Rn. 12.

16 Streitig, ebenso Scholz/*Schmidt*, § 73 Rn. 28; Lutter/Hommelhoff/*Kleindiek*, § 73 Rn. 12; Henssler/Strohn/*Büteröwe,* § 73 Rn. 12; a.A. Rohwedder/Schmidt-Leithoff/*Rasner,* § 73 Rn. 28; MünchKommGmbHG/Müller, § 73 Rn. 36; differenzierend Roth/Altmeppen/*Altmeppen*, § 73 Rn. 20.

17 Vgl. BAG NJOZ 2004, 4518 = DZWiR 2004, 113 = NZA 2004, 1406; BAGE 106, 217 = DB 2003, 2659 = GmbHR 2003, 1009 = NZA 2003, 1049.

18 Ebenso Baumbach/Hueck/*Haas*, § 73 Rn. 13; Scholz/*Schmidt*, § 73 Rn. 29; zur Haftung des Liquidators bei Erweckung besonderen Vertrauens siehe OLG Dresden, GmbHR 1999, 238 = NZG 1999, 267; zum Anspruch des Insolvenzverwalters siehe OLG Celle, NJW-RR 1995, 558.

Umstritten ist, ob der **Anspruch der Gläubiger** sich auch aus § 823 Abs. 2 BGB i.V.m. § 73 ergibt. Dies ist nur dann der Fall, wenn es sich bei § 73 um ein Schutzgesetz handelt.[19] Die Existenzvernichtungshaftung nach § 826 BGB gilt dagegen unstreitig auch für die Liquidationsphase, in der der Erhalt des Gesellschaftsvermögens zugunsten der Gläubiger in besonderer Weise geschützt ist.[20]

10 Eine Vermögensverteilung an die Gesellschafter ist auch bei einem Verstoß gegen § 73 grundsätzlich wirksam. Die Nichtigkeit des dinglichen Geschäfts tritt lediglich bei einem bewussten Zusammenwirken von Liquidator und Gesellschaftern ein.[21] Allerdings begründet ein Verstoß gegen die Vorschriften des § 73 einen schuldrechtlichen **Rückgewährsanspruch** der Gesellschaft (analog § 31 bzw. aufgrund stillschweigender Abrede[22]). Ein Bereicherungsanspruch ist daneben nicht gegeben.[23] Gläubiger des Anspruchs ist die Gesellschaft, nicht der übergangene Gläubiger. Dieser kann einen Ersatzanspruch, der durch den Betrag der übergangenen Forderung und der Ausschüttung begrenzt ist, nur pfänden.

11 Ein **Bereicherungsanspruch** der benachteiligten Gläubiger gegenüber den Gesellschaftern ist nicht gegeben, da die Gesellschafter nicht auf Kosten der Gläubiger bereichert sind.

Liquidatoren können gegen die Gesellschafter **Rückgriffsansprüche** geltend machen, soweit diese verbotene Leistungen empfangen haben (§ 31 Abs. 1 analog, § 426 Abs. 2 BGB).[24] Umgekehrt besteht ein Rückgriffsanspruch des Gesellschafters gegen den Liquidator nur im Falle der Inanspruchnahme über den empfangenen Betrag hinaus (§ 31 Abs. 3 und 6).

Liquidatoren haften ferner für **Ansprüche aus dem Steuerschuldverhältnis** bei vorsätzlicher und grob fahrlässiger Verletzung der ihnen obliegenden steuerlichen Pflichten (§ 69 AO).[25]

II. Sicherung unbekannter Gläubiger

12 Bei Einhaltung der Vorschriften über die Bekanntmachung der Sperrfrist verlieren unbekannte Gläubiger, die sich nicht bei der Gesellschaft melden, mit vollständiger Verteilung des Gesellschaftsvermögens ihre Rechte.[26] Sie können sich allerdings weiterhin aus **Sicherheiten** auch nach Vollbeendigung der GmbH befriedigen.[27] Hat diese Sicherheiten (z.B. Bürgschaft, Grundpfandrecht) ein Gesellschafter gestellt, hat er einen Rückgriffsanspruch gegen seine Mitgesellschafter. Es ist die Lage herzustellen, die bestanden hätte, wenn vor Vermögensverteilung die Forderung des Gläubigers durch die Gesellschaft befriedigt worden wäre.[28]

C. Muster

13 Vgl. zum Gläubigeraufruf und zur Bekanntmachung § 65 Rn. 12.

---

19 Bejahend: *Schmidt,* ZIP 1981, 1, 8; Lutter/Hommelhoff/*Kleindiek*, § 73 Rn. 14; Henssler/Strohn/*Bützeröwe*, § 73 Rn. 15; Michalski/*Nerlich*, § 73 Rn. 52; a.A. MünchKommGmbHG/*Müller,* § 73 Rn. 43; Hachenburg/*Hohner,* § 73 Rn. 40; Roth/Altmeppen/*Altmeppen*, § 73 Rn. 23.

20 BGHZ 179, 344 = BB 2009, 1037 = DB 2009, 891 = DStR 2009, 915 = GmbHR 2009, 601 = MDR 2009, 702 = NJW 2009, 2127 = NRG 2009, 545 = ZIP 2009, 802; vgl. auch OLG Celle GmbHR 2010, 87 = NZG 2010, 181. Vgl. auch *Wälzholz,* GmbH-StB 2010, 300 ff.

21 BGH NJW 1973, 1695.

22 BGH BB 2009, 1235 = DStR 2009, 1272 = GmbHR 2009, 712 = MDR 2009, 757 = NZG 2009, 659 = ZIP 2009, 1111.

23 A.A. OLG Rostock, DB 1996, 1176 = GmbHR 1996, 621 = NJW-RR 1996, 1185 für den Fall der Verteilung durch Gesellschafter-Liquidatoren.

24 H.M.: Baumbach/Hueck/*Haas*, § 73 Rn. 24; Scholz/*Schmidt*, § 73 Rn. 35.

25 Vgl. BFHE 123, 398, 402; BFH BB 2004, 643; vgl. auch FG Baden-Württemberg, GmbHR 2001, 741; *Peetz,* GmbHR 2002, 1008 ff.

26 So bereits RGZ 124, 210, 214.

27 Vgl. BGHZ 153, 337 = NJW 2003, 1250.

28 OLG Hamburg, ZIP 1985, 1390, 1391.

§ 74 Schluss der Liquidation

(1) Ist die Liquidation beendet und die Schlussrechnung gelegt, so haben die Liquidatoren den Schluss der Liquidation zur Eintragung in das Handelsregister anzumelden. Die Gesellschaft ist zu löschen.

(2) Nach Beendigung der Liquidation sind die Bücher und Schriften der Gesellschaft für die Dauer von zehn Jahren einem der Gesellschafter oder einem Dritten in Verwahrung zu geben. Der Gesellschafter oder der Dritte wird in Ermangelung einer Bestimmung des Gesellschaftsvertrags oder eines Beschlusses der Gesellschafter durch das Gericht bestimmt.

(3) Die Gesellschafter und deren Rechtsnachfolger sind zur Einsicht der Bücher und Schriften berechtigt. Gläubiger der Gesellschaft können von dem Gericht zur Einsicht ermächtigt werden.

Literatur

Galla, Fortsetzung einer GmbH in Nachtragsliquidation, GmbHR 2006, 635; *Schmelz*, Das Liquidationsrecht der GmbH, terra incognita?, NZG 2007, 135.

A. Allgemeines

Abs. 1 regelt die Löschung im Handelsregister nach Beendigung der Liquidation, Abs. 2 die Aufbewahrung der Bücher und Schriften der Gesellschaft und Abs. 3 das diesbezüglich bestehende Einsichtsrecht der Gesellschafter und der Gläubiger. 1

B. Inhalt der Regelung

I. Löschung und Schlussrechnung (Abs. 1)

1. Löschung

Die Löschung im Handelsregister setzt die **Beendigung der Liquidation** voraus. Dies ist nach vollständiger Verteilung des Gesellschaftsvermögens, die wiederum den Ablauf des Sperrjahres voraussetzt, der Fall. Die Begleichung der noch anfallenden Kosten, die häufig gefordert wird,[1] kann regelmäßig nicht Voraussetzung der Löschung sein.[2] Ein Zurückbehalt von Vermögen für Steuerverbindlichkeiten und für die Kosten der Aufbewahrung der Bücher und Schriften steht andererseits der Beendigung entgegen.[3] 2

> **!** In der Praxis genügt es, wenn ein Rückbehalt für die Kosten des Handelsregisters und der Veröffentlichung erfolgt. Dies ist für die Beendigung unschädlich.

Auf den **Ablauf des Sperrjahres** kann **verzichtet** werden, wenn das Vermögen der Gesellschaft durch die Befriedigung von Gläubigern völlig aufgebraucht ist und deshalb eine Verteilung an die 3

1 Roth/Altmeppen/*Altmeppen*, § 74 Rn. 5.
2 Wie hier: Baumbach/Hueck/*Haas*, § 74 Rn. 2; Michalski/*Nerlich*, § 74 Rn. 5; Scholz/*Schmidt*, § 74 Rn. 1.
3 Ebenso BayObLG GmbHR 1982, 274; Baumbach/Hueck/*Haas*, § 74 Rn. 2.

Gesellschafter nicht mehr in Betracht kommt.[4] Dies hat der Liquidator gegebenenfalls dem Registergericht gegenüber zu versichern. Stellt sich nachträglich doch noch das Vorhandensein von Vermögen heraus, hat eine Nachtragsliquidation zu erfolgen.[5]

2. Schlussrechnung

4 Die im Gesetz genannte Schlussrechnung ist mit der Liquidationsschlussbilanz identisch (streitig, vgl. § 71 Rn. 6).

3. Anmeldung des Erlöschens der Firma

5 Die Liquidatoren haben die Beendigung der Liquidation und damit die Vollbeendigung der Gesellschaft sowie das Erlöschen der Firma anzumelden. Anzumelden ist ferner das Erlöschen des Amts der Liquidatoren, wobei sich dies bereits aus der Anmeldung der Beendigung der Gesellschaft ergibt.[6] Die Anmeldung müssen die Liquidatoren in vertretungsberechtigter Zahl abgeben. Sie bedarf der öffentlichen Beglaubigung (§ 12 Abs. 1 HGB) und kann durch Festlegung eines Zwangsgelds erzwungen werden (§ 14 HGB). Anzugeben ist, wer die Bücher und Schriften der Gesellschaft verwahrt, wobei jedoch das Gericht den Vollzug der Eintragung nicht von der Angabe abhängig machen darf.

II. Aufbewahrung der Bücher und Schriften, Einsichtsrecht (Abs. 2 und 3)

1. Aufbewahrung

6 Die Aufbewahrungsfrist für die Bücher und Schriften der Gesellschaft von zehn Jahren beginnt mit der Aufbewahrung; bei späterer Nachtragsliquidation beginnt sie erneut. Die **aufbewahrende Person** wird durch Gesellschafterbeschluss bestimmt, falls nicht der Gesellschaftsvertrag eine Regelung enthält, andernfalls durch das Gericht (§§ 375 Nr. 6, 376, 377 FamFG). Antragsberechtigt sind jeder Liquidator, Gesellschafter, Gläubiger und der Insolvenzverwalter. Der Gesellschaftsvertrag oder ein Gesellschafterbeschluss können die Bestimmung auch den Liquidatoren überlassen.[7] Die verwahrende Person muss nicht ein Gesellschafter oder ein Liquidator sein. Auch ein Dritter (z.B. Steuerberater, Treuhandgesellschaft) ist möglich.[8] Eine Verpflichtung der bestimmten Person zur Übernahme der Aufbewahrung besteht nicht.[9] Eine zwangsweise Durchsetzung durch das Registergericht scheidet aus. Möglich ist nur eine Klage auf Erfüllung der Pflicht vor den ordentlichen Gerichten.

7 Die Aufbewahrung hat auch bei **Entfallen einer Liquidation** zu erfolgen. Gleiches gilt bei einer Löschung von Amts wegen.[10]

Die **Kosten der Aufbewahrung** trägt die Gesellschaft. Ein Zurückbehalt hinsichtlich dieses Betrags ist nach überwiegender Ansicht nicht zulässig.[11] Möglich ist die Zahlung an die aufbewahrende Person im Voraus.

Neben der Aufbewahrungsfrist des Abs. 2 Satz 1 bestehen die Aufbewahrungsfristen nach § 257 HGB und § 147 AO. Sind diese länger, sind sie zusätzlich einzuhalten.[12]

---

4 OLG Köln, NZG 2005, 83, 84 = GmbHR 2005, 108 = ZIP 2004, 2376; vgl. OLG Naumburg, DB 2002, 2317 = GmbHR 2002, 858 = ZIP 2002, 1529, 1530; OLG Köln, GmbHR 2004, 1020; vgl. auch *Galla*, GmbHR 2006, 635 ff.

5 OLG Hamm, GmbHR 2001, 819, 821.

6 BGHZ 53, 264, 267; BayObLG GmbHR 1994, 259, 260; OLG Hamm, GmbHR 2001, 819, 821.

7 Michalski/*Nerlich*, § 74 Rn. 20; MünchKommGmbHG/*Müller*, § 74 Rn. 18.

8 Bei gerichtlicher Bestimmung muss es sich um eine Person handeln, die auch nach dem Gesellschaftsvertrag, Beschluss oder Eignung bestimmt werden könnte (OLG Düsseldorf FGPrax 2010, 304).

9 OLG Stuttgart, KTS 1984, 491; BayObLG NJW 1986, 56; zur Aufforderung gem. § 21 gegenüber dem Verwahrer siehe OLG Jena, DB 2007, 1581 = GmbHR 2007, 982 = NZG 2007, 717.

10 OLG Oldenburg, GmbHR 1983, 200 = ZIP 1983, 572.

11 Siehe nur Scholz/*Schmidt*, § 74 Rn. 1; Michalski/*Nerlich*, § 74 Rn. 22.

12 Siehe nur Michalski/*Nerlich*, § 74 Rn. 19.

Die Liquidatoren haben die **Pflicht**, für die gesetzlich vorgeschriebene Aufbewahrung zu sorgen. Bei einer Verletzung können sie sich gegenüber der Gesellschaft schadensersatzpflichtig machen (§§ 71 Abs. 4, 43 Abs. 2). Das Gericht kann die Aufbewahrung nicht durch Festsetzung eines Zwangsgelds erzwingen.[13] 8

2. Einsicht

Ein Einsichtsrecht steht allen Gesellschaftern, auch früheren,[14] zu.[15] Ein **Einsichtsrecht** haben auch Gesamtrechtsnachfolger der Gesellschafter. Ehemalige Geschäftsführer und Liquidatoren können, sofern sie nicht gleichzeitig Gläubiger der Gesellschafter sind, Einsicht nur nach Maßgabe des § 810 BGB bei Geltendmachung eines rechtlichen Interesses geltend machen. Das Recht auf Einsicht ist zeitlich nicht begrenzt.[16] 9

Gläubiger der Gesellschaft (Abs. 3 Satz 2) und deren Rechtsnachfolger[17] können vom Gericht (§§ 375 Nr. 6, 376, 377 FamFG) zur Einsicht ermächtigt werden. Dies ist unabhängig davon, ob sie ihr Recht in der Liquidation geltend gemacht haben oder nicht.[18] Das rechtliche Interesse an der Einsicht ist glaubhaft zu machen. Eine Verjährung des Anspruchs schließt das Recht auf Einsicht nicht aus.[19] Das Einsichtsrecht erstreckt sich auch auf die Unterlagen, die aus der Zeit vor der Auflösung der Gesellschaft stammen. Das Steuergeheimnis steht dem Einsichtsrecht nicht entgegen. Gegebenenfalls kann der Persönlichkeitsrechtsschutz Dritter das Recht auf Einsichtnahme einschränken.[20] 10

Der **Antrag** ist gegen den Verwahrer zu richten, nicht gegen die Gesellschaft. Soll dieser rechtliches Gehör gewährt werden, ist ein Nachtragsliquidator zu bestellen. Das Gericht kann gegenüber dem Verwahrer die Gestattung der Einsicht anordnen und durch Zwangsgeldfestsetzung durchsetzen (§ 5 FamFG). Gläubiger können auch gegen den Verwahrer auf Gestattung der Einsicht klagen.[21] 11

III. Folgen der Löschung

Mit der Löschung im Handelsregister tritt **Beendigung** ein.[22] Stellt sich später das Vorhandensein weiteren Gesellschaftsvermögens heraus oder sind weitere Abwicklungsmaßnahmen geboten, wird eine Nachtragsliquidation erforderlich (vgl. § 60 Rn. 23 ff.). 12

Erfolgt die Löschung während eines anhängigen **Aktivprozesses**, ist ebenfalls eine Nachtragsliquidation geboten. Ist jedoch ein Prozessbevollmächtigter bestellt, tritt eine Unterbrechung des Verfahrens nicht ein (§ 246 Abs. 1 ZPO); ferner wird das Fehlen der Prozessfähigkeit nicht berücksichtigt (§§ 56 Abs. 1, 86 ZPO). Wird während eines **Passivprozesses** gegen die Gesellschaft diese gelöscht, hat ebenfalls eine Nachtragsliquidation zu erfolgen.[23] Wird der Anspruch erst nach Löschung gerichtlich geltend gemacht, so setzt die Nachtragsliquidation voraus, dass der Kläger darlegt, dass die Gesellschaft noch Vermögen hat. Eine einfache Behauptung genügt diesbezüglich nicht.[24] 13

---

13 BayObLG NJW 1968, 56.
14 Ebenso Roth/Altmeppen/*Altmeppen*, § 74 Rn. 16; Rohwedder/Schmidt-Leithoff/*Rasner*, § 74 Rn. 10; a.A. Baumbach/Hueck/*Haas*, § 74 Rn. 13.
15 Kein Nachtragsliquidator für Einsichtnahme: OLG Hamm, DB 2001, 2087 = GmbHR 2001, 819 = NJW-RR 2002, 324 = NZG 2001, 1040.
16 OLG Braunschweig, WM 1982, 1912.
17 OLG Oldenburg, GmbHR 1983, 200 = ZIP 1983, 572.
18 Siehe nur Scholz/*Schmidt*, § 74 Rn. 35; zur Einsichtnahme bei Ablehnung der Eröffnung des Insolvenzverfahrens mangels Masse siehe LG Berlin, GmbHR 1992, 539.
19 LG Köln, ZIP 1988, 1125, 1126 = GmbHR 1988, 485.
20 Vgl. BayObLG DB 2003, 761 = GmbHR 2003, 478 = NZG 2003, 439, 440 = ZIP 2003, 569 zum Bankgeheimnis bei aufgelöstem Kreditinstitut (Interessenabwägung erforderlich).
21 Streitig für Gesellschafter; vgl. Lutter/Hommelhoff/*Lutter/Kleindiek*, § 74 Rn. 16.
22 Zum Weiterbestehen einer Bürgschaft siehe LG Lübeck, GmbHR 1992, 539.
23 Zur Nachtragsliquidation für die Bekanntgabe von Bescheiden s. OLG München DB 2008, 1311 = FGPrax 2008, 171 = GmbHR 2008, 821 = MDR 2008, 817 = NZG 2008, 555 = ZIP 2009, 490.
24 KG DB 2007, 851 = GmbHR 2007, 542 = OLGR 2007, 547; vgl. auch OLG Frankfurt/M., GmbHR 2005, 1137 = OLGR 2005, 879 = ZIP 2006, 1204; OLG Karlsruhe, NJW-RR 1990, 100 = ZIP 1989, 1261.

C. Weitere praktische Hinweise

I. Notar- und Registereintragungskosten

14 Bei der Anmeldung der Beendigung der Liquidation und damit des Erlöschens der Firma liegt eine Anmeldung ohne bestimmten Geldwert vor (§ 41a Abs. 4 Nr. 1 KostO). Der Geschäftswert beträgt 1 % des eingetragenen Stammkapitals, mindestens 25.000 EUR und höchstens gem. § 39 Abs. 5 KostO 500.000 EUR. Zu erheben ist eine 5/10-Gebühr nach § 38 Abs. 2 Nr. 7 KostO, ggf. i.V.m. § 145 Abs. 1 Satz 1 KostO.

Für die Eintragung der Löschung der Gesellschaft und des Schlusses der Abwicklung oder der Liquidation werden keine Gebühren erhoben (Teil 2 Vorbem. 2, Abs. 4 des Gebührenverzeichnisses). Lediglich die Bekanntmachungskosten sind zu erstatten (§ 137 Abs. 1 Nr. 4 KostO).

Zu den Kosten der Bekanntmachung siehe § 54 Rn. 25 ff.

II. Zustimmung des Finanzamts zur Löschung

15 Die Registergerichte kontaktieren vor Eintragung der Löschung regelmäßig das zuständige Finanzamt (vgl. § 379 Abs. 2 FamFG). Solange das Finanzamt der Löschung im Hinblick auf ausstehende steuerliche Ansprüche widerspricht, wird diese nicht eingetragen.

D. Muster

16 **Muster: Anmeldung der Vollbeendigung nach Liquidation zur Eintragung ins Handelsregister**

75

An das Amtsgericht

– Registergericht –

Betreff: HR B …, Firma … GmbH mit dem Sitz in …, Beendigung

Als alleinige/-r Liquidator/-in der im Betreff näher bezeichneten Gesellschaft melde ich zur Eintragung in das Handelsregister an, dass die Liquidation der Gesellschaft beendet und deren Firma erloschen ist.

Anbei überreiche ich einen Nachweis über die Veröffentlichung, aus dem sich ergibt, dass die Auflösung der Gesellschaft und die Aufforderung an die Gläubiger, sich bei der Gesellschaft zu melden, im Bundesanzeiger bekannt gegeben worden ist.[1]

Nach Maßgabe von § … der Satzung der Gesellschaft haben Bekanntmachungen der Gesellschaft nur im Bundesanzeiger zu erfolgen.

Ich, …, habe/Herr/Frau … hat die Bücher und Schriften der Gesellschaft zur Verwahrung übernommen.

[Ort, Datum, Unterschrift (notarielle Beglaubigung)]

1 Ggf. auch Gesellschaftsblätter ergänzen.

§ 75 Nichtigkeitsklage

(1) Enthält der Gesellschaftsvertrag keine Bestimmungen über die Höhe des Stammkapitals oder über den Gegenstand des Unternehmens oder sind die Bestimmungen des Gesellschaftsvertrags über den Gegenstand des Unternehmens nichtig, so kann jeder Gesellschafter, jeder Geschäftsführer und, wenn ein Aufsichtsrat bestellt ist, jedes Mitglied des Aufsichtsrats im Wege der Klage beantragen, dass die Gesellschaft für nichtig erklärt werde.

(2) Die Vorschriften der §§ 246 bis 248 des Aktiengesetzes finden entsprechende Anwendung.

A. Allgemeines

I. Grundsätzliche Bedeutung

1 § 75 regelt die Voraussetzungen und die Herbeiführung der Nichtigkeit. Die Vorschrift hat ausschließlichen Charakter im GmbHG. Die in § 75 enumerativ aufgeführten Gründe einer Nichtigkeitsklage sind abschließend.[1] Auch kann eine Nichtigkeit nicht aus allgemeinen Vorschriften hergeleitet werden. Andere Mängel können zur Auflösung gem. §§ 399 Abs. 4 FamFG, 60 Abs. 1 Nr. 6 zur Auflösung von Amts wegen führen.

II. Praktische Bedeutung

2 Die Vorschrift hat nur geringe praktische Bedeutung. Grund dafür ist die Notwendigkeit der notariellen Beurkundung des Gesellschaftsvertrags gem. § 2. Darüber hinaus werden die in Abs. 1 genannten Mängel der Kontrolle des Registergerichts nur selten entgehen und zur Zurückweisung der Anmeldung führen. Schließlich hat das 1. Koordinierungsgesetz die Nichtigkeitstatbestände zugunsten des § 399 Abs. 4 FamFG stark eingeschränkt. Sollte also eine Eintragung einer Gesellschaft mit einem Nichtigkeitsmangel erfolgt sein, wird dieser Mangel gem. §§ 397 und 399 Abs. 4 FamFG durch den Registerrichter bereinigt.

III. Klageart und Klageverfahren

3 Bei der Nichtigkeitsklage nach § 75 handelt es sich entgegen dem Wortlaut um eine Gestaltungsklage.[2] Zum Teil wird angenommen, dass die in § 75 genannten Mängel gem. § 77 zur Auflösung führen.[3] Richtigerweise wird die GmbH für nichtig erklärt und die Vorschriften der §§ 60 bis 77 für

1 BGHZ 21, 378, 381; OLG Frankfurt/M., NZG 2002, 294.
2 Lutter/Hommelhoff/*Kleindiek*, § 75 Rn. 2; Hachenburg/*Hohner*, § 75 Rn. 23; Scholz/*Schmidt*, § 75 Rn. 15.
3 So etwa Lutter/Hommelhoff/*Kleindiek*, § 75 Rn. 1 und § 77 Rn. 1; Michalski/*Rühland*, § 75 Rn. 2.

die Auflösung analog angewandt.[4] Die Nichtigkeitsklage kann auch als Widerklage erhoben werden.[5]

Für die Anwendung des § 75 ist Voraussetzung, dass die GmbH überhaupt im Handelsregister eingetragen ist und somit als juristische Person entstanden ist. Nicht anwendbar ist die Vorschrift auf die Vor-GmbH.

4 Die Aktivlegitimation richtet sich ausschließlich nach Abs. 1 der Norm. Klagebefugt sind also Gesellschafter (§ 16 Abs. 1), Geschäftsführer, Liquidator[6] oder etwa auch die jeweiligen Mitglieder eines eventuell bestehenden Aufsichtsrats. Nicht aktivlegitimiert ist das entsprechende Organ selbst (sowohl Pflicht- als auch freiwilliges Organ), wie etwa Aufsichtsrat, ebenso wenig ein Gläubiger. Beklagte ist die GmbH. Sie wird durch den Geschäftsführer oder Liquidator (ggf. durch mehrere Geschäftsführer und Liquidatoren) und, soweit vorhanden, Mitglieder des Aufsichtsrats gemeinsam vertreten (vgl. Abs. 2 i.V.m. § 246 Abs. 2 Satz 2 AktG). Ist der Geschäftsführer selbst Kläger, vertritt der Aufsichtsrat die GmbH allein. Fehlt ein Aufsichtsrat, so ist durch Gesellschafterbeschluss ein Prozessvertreter (analog § 46 Nr. 8) oder ersatzweise gerichtlich ein Prozesspfleger (§ 57 ZPO) oder ein Notgeschäftsführer (§ 29 BGB analog) zu bestellen. Die Nichtigkeitsklage „soll" nach § 130 Nr. 1 ZPO die Vertreter der Gesellschaft einschließlich der eventuell vorhandenen Aufsichtsratsmitglieder aufführen.

5 Zuständig ist gem. Abs. 2 i.V.m. § 246 Abs. 3 AktG die Kammer für Handelssachen beim Landgericht, in dessen Bezirk die Gesellschaft ihren Sitz hat. Eine Klagefrist läuft nicht, insbesondere erstreckt sich die Verweisung des Abs. 2 nicht auf § 246 Abs. 1 AktG und die dort beschriebene Monatsfrist. Die Dreijahresfrist nach § 242 Abs. 2 oder 275 Abs. 3 AktG gilt mangels Verweisung ebenfalls nicht.[7] Durch zu langes Hinauszögern besteht jedoch die Möglichkeit der Verwirkung.[8]

IV. Heilung und Aufforderung zur Mangelbeseitigung

6 Teilweise wird davon ausgegangen, dass Nichtigkeitsklage erst nach Aufforderung zur Beseitigung des Mangels erhoben werden kann, soweit jedenfalls der Mangel der Satzung heilbar ist (vgl. § 76).[9] Jedoch spricht gegen die Erforderlichkeit vorheriger Aufforderung, dass ein Bedürfnis für eine entsprechende Anwendung des § 275 Abs. 2 AktG nicht ersichtlich ist. Soweit die Gesellschafter zur Heilung des Mangels bereit sind, entfällt das Rechtsschutzbedürfnis.[10] Gleichermaßen verhält es sich, wenn die Gesellschafter zu einer nur über § 75 zu erreichenden Auflösung entschlossen sind.

B. Inhalt der Regelung

I. Allgemeines

7 Die Vorschrift regelt Folgen von Verstößen gegen die in § 3 Abs. 1 festgelegten Erfordernisse der Satzung. Danach sind nach Nr. 1 Firma und Sitz, nach Nr. 2 der Gegenstand des Unternehmens, nach Nr. 3 der Betrag des Stammkapitals, nach Nr. 4 der Betrag der von jedem Gesellschafter übernommenen Stammeinlage als notwendige Regelungen in der Satzung aufzunehmen. Allerdings betrifft § 75 lediglich die unter Nr. 2 und 3 aufgeführten Formerfordernisse. Die unter Nr. 1 und 4 beschriebenen Anforderungen sind gem. § 399 Abs. 4 FamFG dem Tätigwerden des Registerge-

4 Ausführlich dazu Baumbach/Hueck/*Haas*, § 75 Rn. 5.
5 Achilles/Ensthaler/Schmidt/*Achilles*, § 75 Rn. 7.
6 Baumbach/Hueck/*Haas*, § 75 Rn. 23.
7 So auch Lutter/Hommelhoff/*Kleindiek*, § 75 Rn. 2; Baumbach/Hueck/*Haas*, § 75 Rn. 26; vgl. aber Roth/Altmeppen/*Altmeppen*, § 75 Rn. 24.
8 Baumbach/Hueck/*Haas*, § 75 Rn. 26.
9 So etwa Baumbach/Hueck/*Haas*, § 75 Rn. 27.
10 Hachenburg/*Hohner*, § 75 Rn. 25; Michalski/*Rühland*, § 75 Rn. 23; Rowedder/Schmidt-Leithoff/*Zimmermann*, § 75 Rn. 28.

richts überlassen. Dieses wird hierbei von Amts wegen tätig, wobei die Anregung etwa durch ein Organ der Gesellschaft, einen Gesellschafter, eine Behörde oder auch durch Dritte erfolgen kann.

Angesichts der mit der Registereintragung verbundenen Heilungswirkung bedeutet Nichtigkeit i.S.d. § 75 nicht die zivilrechtliche Nichtigkeit wegen eines Mangels bei Abschluss und Beitritt, wegen einer Scheingründung oder wegen inhaltlicher Fehler einzelner Vertragsbestimmungen, auch wenn diese gegen zwingendes Recht verstoßen und deshalb für sich nichtig sind.[11] Unter Nichtigkeit sind vielmehr nur die in Abs. 1 abschließend aufgezählten und deshalb nicht durch Analogiebildung erweiterungsfähigen Gründe zu verstehen.[12] 8

II. Nichtigkeitsgründe im Einzelnen

Die Klage kann deshalb nur auf drei Mängel gestützt werden, nämlich auf das Fehlen der Bestimmung über die Höhe des Stammkapitals, der Bestimmung über den Gegenstand des Unternehmens oder die Nichtigkeit der Bestimmungen des Gesellschaftsvertrags über den Gegenstand des Unternehmens. 9

1. Angaben zum Stammkapital

Lediglich das gänzliche Fehlen einer Bestimmung über die Höhe des Stammkapitals ist ein Nichtigkeitsgrund. Eine entsprechend § 5 Abs. 1 zu niedrige Summe oder ein Betrag in fremder Währung oder auch DM kann allenfalls nach § 399 FamFG geltend gemacht werden. Das Fehlen der wesentlichen Bestimmung über die Höhe des Stammkapitals (§ 3 Abs. 1 Nr. 3) bedeutet also bei der durch den Grundsatz der Kapitalaufbringung und -erhaltung charakterisierten Kapitalgesellschaft einen unheilbaren Mangel; eine diesbezüglich nichtige Bestimmung kann dagegen durch Satzungsänderung (§ 399 Abs. 1 Satz 1 FamFG) behoben werden.[13] 10

Das Fehlen einer solchen Bestimmung ist auch zu vermuten, wenn kein bestimmter Betrag des Stammkapitals angegeben wird, dieses vielmehr unbestimmt bleibt, wie etwa bei einer Rahmenregelung, Anheimgabe an den Geschäftsführer oder ein anderes Organ der Gesellschaft oder an einen Sachverständigen.[14] 11

2. Fehlen der Bestimmung über den Unternehmensgegenstand

Der Grund für eine Nichtigkeitsklage ist auch das Fehlen der in § 3 Abs. 1 Nr. 2 zwingend vorgeschriebenen Bestimmung über den Gegenstand des Unternehmens im Gesellschaftsvertrag. Kein Nichtigkeitsgrund, sondern nur Eintragungshindernis ist die unzureichende Konkretisierung des Unternehmensgegenstands.[15] 12

Das Fehlen der Regelung des Unternehmensgegenstands ist heilbar nach § 76 (vgl. § 76 Rn. 1 ff.).[16] Da denknotwendig selten solch ein Fall eintreten wird, ist die praktische Bedeutung dieses Tatbestandsmerkmals allerdings gering.

3. Nichtigkeit der Bestimmung über den Unternehmensgegenstand

Weiter kann ein Grund für eine Nichtigkeitsklage vorliegen, wenn der Unternehmensgegenstand gegen ein gesetzliches Verbot (§ 134 BGB) oder gegen die guten Sitten (§ 138 BGB) verstößt. 13

Das Fehlen einer notwendigen staatlichen Genehmigung, beispielsweise für den Betrieb von Bankgeschäften nach den §§ 1, 32 KWG, ist hingegen kein Nichtigkeitsgrund für eine Klage nach § 75; nach § 43 Abs. 1 KWG darf eine Eintragung im Handelsregister ohne Nachweis der Genehmigung jedoch nicht vorgenommen werden.

---

11 Achilles/Ensthaler/Schmidt/*Achilles*, § 75 Rn. 4, mit ausführlichen Verweisen.
12 Achilles/Ensthaler/Schmidt/*Achilles*, § 75 Rn. 4.
13 Roth/Altmeppen/*Altmeppen*, § 75 Rn. 15.
14 Baumbach/Hueck/*Haas r*, § 75 Rn. 13.
15 Baumbach/Hueck/*Haas*, § 75 Rn. 14.
16 Rowedder/Schmidt-Leithoff/*Zimmermann*, § 75 Rn. 2, 5 ff.

14 Weicht der tatsächliche vom vereinbarten Unternehmensgegenstand vollständig ab, wird der vereinbarte Unternehmensgegenstand nicht nachträglich „nichtig“, wenn er ursprünglich gewollt war.[17] Eine analoge Anwendung des § 75 scheidet in diesen Fällen mangels Bedürfnis aus, sondern es liegt ggf. ein pflichtwidriger Verstoß gegen die Satzung vor, der Schadensersatzpflichten, Auflösungs- und Austrittsrechte aus wichtigem Grund auslösen kann.[18] Im Einzelfall kann darin jedoch ein wichtiger Grund für eine Auflösungsklage nach § 61 liegen.

15 Nichtigkeit ist hier nur dann anzunehmen, wenn ein vorgeschobener Unternehmensgegenstand einen anderen unzulässigen verdecken soll, der betreffende Unternehmensgegenstand also nur zum Schein (§ 117 BGB) vereinbart wird.[19] Dies betrifft insbesondere die verdeckte Mantelgründung oder Vorratsgründung, bei der von den Gesellschaftern ein nicht ernstlich gewollter Unternehmensgegenstand angegeben wird, um die Eintragung der GmbH zu erreichen. Bei der offenen Mantelgründung[20] wird als Unternehmensgegenstand wahrheitsgemäß nur die „Verwaltung eigenen Vermögens“ angegeben, sodass kein Nichtigkeitsgrund nach § 75 gegeben ist.

16 Bei Angaben zum Unternehmensgegenstand, die gegen ein gesetzliches Verbot (§ 134 BGB) oder gegen die guten Sitten (§ 138 BGB) verstoßen (etwa illegale Rechtsgeschäfte wie der Handel mit Drogen), ist es gleichgültig, ob der Mangel von Anfang an bestand oder erst später, etwa durch Satzungsänderung, entstanden ist. Nach anderer Ansicht[21] können Satzungsregelungen niemals nachträglich nichtig werden, weil es eine Nichtigkeit ursprünglich wirksamer Rechtsgeschäfte nicht gebe; darin läge *petitio prinzipii*, die dem normativen Charakter von Satzungen nicht gerecht wird. Auch durch ein nachträgliches Verbot des Unternehmensgegenstands kann sich eine solche Nichtigkeit ergeben.[22]

III. Rechtsfolge

17 Die Nichtigerklärung erfolgt durch Gestaltungsurteil. Das Urteil lautet: „Die GmbH wird für nichtig erklärt.“ Es bewirkt die Auflösung der GmbH *inter omnes* gem. Abs. 2 i.V.m. § 248 Abs. 1 Satz 1 AktG. Sachlich ist die Wirkung des Urteils aber nicht die Nichtigkeit der GmbH, sondern ebenso wie im Falle von § 60 Abs. 1 Nr. 6 konstituiert seine Rechtskraft einen Auflösungstatbestand.[23]

18 Die Eintragung erfolgt, anders als bei § 60 Abs. 1 Nr. 6, nicht von Amts wegen durch das entscheidende Gericht, weil dieses hier nicht das Registergericht ist.[24] Die förmliche Anmeldung zum Handelsregister ist erforderlich.[25] Die alleinige Einreichung des Urteils gem. § 248 AktG ist ungenügend. Das rechtskräftige Nichtigkeitsurteil ist schließlich mit Rechtskraftzeugnis von den Liquidatoren beim Handelsregister einzureichen (§ 248 Abs. 1 Satz 2 AktG mit Sanktion des § 14 HGB). Ob dort von Amts wegen eingetragen wird (§ 275 Abs. 4 Satz 3 AktG), ist strittig.[26]

19 Die mit Rechtskraft des Urteils aufgelöste GmbH ist nach den allgemeinen Regeln zu liquidieren (vgl. § 77).

Eine Klageabweisung erzeugt dagegen Rechtskraft nur zwischen den Prozessparteien und bleibt abgesehen von der Kostenlast für den Kläger folgenlos. Insbesondere werden dadurch keine Schadensersatzpflichten gegenüber der Gesellschaft ausgelöst.

17 Scholz/*Schmidt*, § 75 Rn. 11; Hachenburg/*Hohner*, § 75 Rn. 20; Baumbach/Hueck/*Haas*, § 75 Rn. 16 – jeweils m.w.N.
18 Etwa Michalski/*Rühland*, § 75 Rn. 13; a.A. Lutter/Hommelhoff/*Kleindiek*, § 75 Rn. 3: bejaht die analoge Anwendung von § 75.
19 Hachenburg/*Hohner*, § 75 Rn. 19.
20 Hachenburg/*Hohner*, § 75 Rn. 18 m.w.N.
21 BayObLG BB 1982, 578.
22 Lutter/Hommelhoff/*Kleindiek*, § 75 Rn. 3.
23 Roth/Altmeppen/*Altmeppen*, § 75 Rn. 26.
24 Roth/Altmeppen/*Altmeppen*, § 75 Rn. 28.
25 A.A. Baumbach/Hueck/*Haas*, § 75 Rn. 29.
26 Baumbach/Hueck/*Haas*, § 75 Rn. 32 m.w.N.

IV. Einstweilige Verfügung

Eine Nichtigerklärung im Wege der einstweiligen Verfügung ist ausgeschlossen.[27] Eine Zulässigkeit von einstweiligen Regelungen gem. §§ 938, 940 ZPO insbesondere gegen die Geschäftsführer bleibt zu überlegen und ist bei entsprechender Erforderlichkeit hinsichtlich der Abwicklung der Nichtigerklärung zu bejahen. Zur Anregung des Registergerichts ist jedermann berechtigt. 20

V. Die Amtslöschung nach § 397 FamFG

Eine in das Handelsregister eingetragene Aktiengesellschaft oder Kommanditgesellschaft auf Aktien kann nach § 395 als nichtig gelöscht werden, wenn die Voraussetzungen vorliegen, unter denen nach den §§ 275 und 276 des Aktiengesetzes die Klage auf Nichtigerklärung erhoben werden kann. Das Gleiche gilt für eine in das Handelsregister eingetragene Gesellschaft mit beschränkter Haftung, wenn die Voraussetzungen vorliegen, unter denen nach den §§ 75 und 76 des Gesetzes betreffend die Gesellschaften mit beschränkter Haftung die Nichtigkeitsklage erhoben werden kann, sowie für eine in das Genossenschaftsregister eingetragene Genossenschaft, wenn die Voraussetzungen vorliegen, unter denen nach den §§ 94 und 95 des Genossenschaftsgesetzes die Nichtigkeitsklage erhoben werden kann.

1. Allgemeines

§ 397 FamFG stellt eine Sondervorschrift dar, die den Rückgriff auf die allgemeine Vorschrift des § 142 FGG verbietet. Handelt es sich um Löschungen sonstiger Eintragungen, so gelten die Vorschriften der §§ 395 FamFG[28]. 21

2. Verhältnis zum Nichtigkeitsprozess

Die Verfahren nach § 75 und § 397 FamFG stehen selbstständig nebeneinander und schließen sich so lange nicht wechselseitig aus, bis ein Verfahren positiv rechtskräftig entschieden worden ist. Abweisende Entscheidungen des anderen Verfahrens stehen insofern der Fortführung des anderen Verfahrens nicht entgegen. Eine Abhängigkeit bzw. Verbindung besteht diesbezüglich nicht.[29] Jedes der einzelnen Verfahren kann aber nach den Regeln der ZPO (§ 148 ZPO) bzw. des FamFG (§§ 381, 21 FamFG) bis zur Entscheidung des anderen ausgesetzt werden. 22

3. Zuständigkeit

Durch die Verweisung auf die Rechtsfolgen der §§ 395 FamFG sind das Registergericht und das Landgericht mit der Kammer für Handelssachen nebeneinander zuständig. Zuständig ist immer das Registergericht des Hauptsitzes, und zwar auch für den Fall, wenn es sich um die Löschung einer Zweigniederlassung handelt; nach Sitzverlegung einer Gesellschaft ist das neue Registergericht zuständig.[30] Funktionell zuständig ist der Richter, nicht der Rechtspfleger[31]. 23

4. Verfahren

Die Berechtigung, das Verfahren nach § 397 FamFG bei dem Registergericht anzuregen, obliegt jedermann. Antragsteller gibt es in diesem Verfahren nicht. Bei Feststellen einer der drei möglichen Mängel gem. § 75 ist das Amtslöschungsverfahren vom Registergericht einzuleiten. Dem Gericht steht entgegen seinem Wortlaut nach Abs. 1 kein Ermessen zu, weil ihm das Gesetz selbst in den schwächeren Fällen der § 399 FamFG das Vorgehen zur Pflicht macht.[32] Es kann gelten, wenn eine 24

27 Michalski/*Rühland*, § 75 Rn. 35.
28 BayObLGZ 1955, 333.
29 Scholz/*Schmidt*, § 75 Rn. 29.
30 LG Kassel, DNotZ 1950, 104.
31 BayObLG Rpfleger 1983, 443.
32 A.A. (Ermessensspielraum) Baumbach/Hueck/*Haas*, Anhang § 77 Rn. 25; Scholz/*Schmidt*, § 75 Rn. 26; Hachenburg/*Hohner*, § 75 Rn. 42.

GmbH lange Zeit unbeanstandet existiert hat und die Löschung wirtschaftlichen Schaden bringen könnte.[33] Sollte das Registergericht einen unheilbaren Nichtigkeitsgrund nach § 275 AktG, § 75 festgestellt haben, kann es danach „unter besonderen Umständen" von der Einleitung des Verfahrens gem. § 397 FamFG absehen.

25 Das Registergericht erklärt sich zunächst gegenüber der GmbH über die geplante Löschung (Gewährung rechtlichen Gehörs) mit der Aufforderung, durch Widerspruch (§§ 395 Abs. 3, 393 Abs. 3 und 5 FamFG) mögliche Einwände zu erheben. Die Widerspruchsfrist richtet sich nach §§ 397, 395 Abs. 2 FamFG, sollte also angemessen durch das Gericht bestimmt werden, jedoch nicht weniger als drei Monate betragen. Das erlaubt der GmbH, ggf. noch eine Heilung nach § 76 herbeizuführen. Gegen die Zurückweisung des Widerspruchs findet die sofortige Beschwerde gem. §§ 394, 63 Abs. 1 FamFG statt.[34] Dem folgt die Prüfung durch das Gericht, ob ein Mangel nach § 75 vorliegt. Liegt ein solcher tatsächlich vor, erfolgt ein Beschluss mit dem Tenor: „Die GmbH ist im Handelsregister zu löschen." Die Rechtswirkung der Löschung ist ebenso wie bei der Nichtigerklärung die Auflösung. Ist die Nichtigkeit im Handelsregister eingetragen, so findet die Abwicklung nach den Vorschriften über die Abwicklung bei der Auflösung statt, § 77 gilt entsprechend.

5. Kosten

26 Die Gebühren richten sich nach § 88 KostO.

VI. Auflösung wegen Mangels der Satzung gem. § 399 FamFG

1. Allgemeines

27 Die Vorschrift stellt eine Ergänzung zu den in § 397 Satz 2 FamFG vorgesehenen registerrechtlichen Eingriffsmöglichkeiten zur Beseitigung von Satzungsmängeln dar. Insofern werden die Befugnisse des Registergerichts, gegen die dort beschriebenen Satzungsmängel einzuschreiten, erweitert, indem die nach § 3 Abs. 1 nicht beschriebenen Mängel zusätzlich erfasst werden. Dazu gehören das Fehlen oder die Nichtigkeit der Bestimmungen über Firma und Sitz der Gesellschaft, Nichtigkeit der Bestimmung über den Betrag des Stammkapitals sowie Fehlen oder Nichtigkeit der Bestimmung über den Betrag der Stammeinlagen.

2. Voraussetzungen/Nichtigkeitsgründe

28 Bei der Vorschrift geht es um bestimmte dem Gesellschaftsvertrag von vornherein anhaftende Mängel im Bereich von Firma und Sitz, Stammeinlagen und Stammkapital. Nichtigkeit der gewählten Firma liegt etwa vor, wenn diese gegen zwingende gesetzliche Firmenbildungsvorgaben verstößt wie etwa § 4.[35] Keine Nichtigkeit der Sachfirma, auch nicht durch analoge Anwendung des § 399 Abs. 4 FamFG, ergibt sich aus der nachträglichen Änderung des Geschäftsbetriebs.[36] Ebenfalls keinen Auflösungsgrund mehr nach dieser Bestimmung stellt die durch nachträgliche Umstände eingetretene Unzulässigkeit der Firma dar.[37] Die Bestimmung des Sitzes ist nichtig bei missbräuchlicher Wahl, bei Begründung eines Doppelsitzes (§ 4a Rn. 11), bei Wahl eines ausländischen Sitzes.[38] Die Bestimmung des Sitzes wird durch spätere Begründung eines tatsächlich abweichenden Sitzes nachträglich nichtig.[39] Zu den Einzelheiten der Voraussetzungen vgl. auch § 3 Rn. 8 ff., zur Nichtigkeit von Bestimmungen hinsichtlich der Stammeinlagen auch § 2 Rn. 28 ff., 38 ff.

33 Vgl. etwa KG JW 1938, 3048.
34 Baumbach/Hueck/*Haas*, Anhang § 77 Rn. 27, 21.
35 Zum Streitstand etwa BayObLGZ 1989, 44, 48 f.; OLG Stuttgart, BB 1982, 1194, 1195; OLG Köln, BB 1980, 652.
36 BayObLG GmbHR 1980, 11, 12.
37 BayObLGZ 1979, 207, 208 ff; BayObLGZ 1989, 44, 48 ff.
38 Hachenburg/*Ulmer*, § 60 Rn. 48.
39 LG Memmingen, NZG 2002, 95; a.A. BayObLGZ 1982, 140; BayObLG NZG 2002, 828, 829; vgl. auch Roth/Altmeppen/*Altmeppen*, § 75 Rn. 44.

3. Verfahren

Die Gesellschaft wird von Amts wegen vom Registergericht aufgefordert, innerhalb einer durch das Gericht bestimmten Frist entweder eine den Mangel beseitigende Änderung des Gesellschaftsvertrags zur Eintragung in das Handelsregister anzumelden oder die Unterlassung durch Widerspruch gegen die Verfügung zu rechtfertigen. Gemäß § 399 Abs. 1 Satz 2 FamFG muss die Aufforderung durch das Gericht einen Hinweis auf die Mangelfeststellung nach Abs. 2 sowie auch auf die Auflösungsfolge des § 60 Abs. 1 Nr. 6 enthalten. Nach erfolglosem Verstreichen der gesetzten Frist durch Zurückweisung des Widerspruchs gem. § 399 Abs. 2 Satz 1, 2 FamFG hat das Gericht die rechtskräftige Feststellung des Mangels nach § 399 Abs. 2 FamFG zu verfügen. Gegen diese sog. Feststellungsverfügung ist eine sofortige Beschwerde gem. §§ 399 Abs. 3, 63 Abs. 1 FamFG (Zweiwochenfrist) möglich und in der Folge die weitere sofortige Beschwerde nach §§ 70, 71 ff. FamFG. Mit Rechtskraft der Feststellungsverfügung ist die Gesellschaft nach § 60 Abs. 1 Nr. 6 aufgelöst, was gem. § 65 Abs. 1 Satz 2, 3 von Amts wegen in das Handelsregister einzutragen ist. Es folgen die allgemeinen Abwicklungsregeln der §§ 65 ff. 29

VII. Auflösung einer Ein-Mann-GmbH wegen Verstoßes gegen § 19 Abs. 4 a.F.

Die Vorschrift wurde mit dem Gesetz zur Modernisierung des GmbH-Rechts und zur Bekämpfung von Missbräuchen (MoMiG) aufgehoben. Es handelt sich dabei um eine Folgeänderung aus der Aufhebung des Abs. 4 des § 19, infolge der Änderung des § 7 Abs. 2 Satz 3. Damit soll eine Vereinfachung der GmbH-Gründung erreicht werden; die besonderen Sicherungen bei Gründung einer Ein-Personen-Gesellschaft sind unter Berücksichtigung besonderer Praxisnähe verzichtbar.[40] 30

40 Vgl. Referentenentwurf des MoMiG, Stand: 29.5.2006.

§ 76 Heilung von Mängeln durch Gesellschafterbeschluss

Ein Mangel, der die Bestimmungen über den Gegenstand des Unternehmens betrifft, kann durch einstimmigen Beschluss der Gesellschafter geheilt werden.

A. Allgemeines

1 Mängel des Gesellschaftsvertrags sind grundsätzlich der Heilung zugänglich. Dies ergibt sich insbesondere aus der Vorschrift des § 399 FamFG. Bis zur Eintragung der Gesellschaft im Handelsregister gelten dazu die Regeln über den Abschluss von Gesellschaftsverträgen. Anschließend stellt sich eine Mängelheilung als Satzungsänderung dar, deshalb ist den in §§ 53 f. enthaltenen Vorgaben zu entsprechen. § 76 enthält eine Sonderregelung für die Heilung von Satzungsmängeln. In der Vorschrift findet sich eine spezielle Heilungsmöglichkeit für zwei der Nichtigkeitsgründe in § 75 und sieht dafür ein besonderes Verfahren vor.

B. Inhalt der Regelung

I. Heilungsmöglichkeiten

1. Heilbarkeit nach § 76

2 Die Vorschrift sieht die Möglichkeit der Heilung nur für die in § 75 Abs. 1 genannten, auf den Unternehmensgegenstand (§ 3 Abs. 1 Nr. 2) bezogenen Mängel vor, und zwar in beiden dort geregelten Alternativen, Fehlen und Nichtigkeit. Nicht nach § 76, aber dennoch durch Satzungsänderung (§§ 53 ff.) heilbare Mängel sind die in § 399 Abs. 4, Abs. 1 Satz 1 FamFG vorausgesetzten, nämlich Fehlen und Nichtigkeit der Bestimmung gem. § 3 Abs. 1 Nr. 1 und Nr. 4 oder Nichtigkeit der Bestimmung über den Betrag des Stammkapitals gem. § 3 Abs. 1 Nr. 3.[1]

2. Heilung über § 76 hinaus

3 Die Vorschrift umfasst ausdrücklich lediglich die Heilungsmöglichkeit in Bezug auf den Unternehmensgegenstand. Nicht genannt ist die Möglichkeit der Heilung für den weiteren nach § 75 Abs. 1 nichtigkeitsbegründenden Mangel des Fehlens einer Bestimmung über die Höhe des Stammkapitals. Nach verbreiteter Meinung ist die Heilung, wenn die Höhe des Stammkapitals (§ 3 Abs. 1 Nr. 3) überhaupt nicht bestimmt ist, ausgeschlossen.[2] Für die Heilungsmöglichkeit auch in diesem Falle spricht jedoch das Argument des § 399 Abs. 4 und Abs. 1 FamFG. Danach kann eine nichtige Bestimmung über die Höhe des Stammkapitals durch Satzungsänderung geheilt werden. Demnach ist das Fehlen der Bestimmung dem gleichzustellen. Eine beachtliche Argumentation führen auch *Kleindiek*[3] mit dem Hinweis auf § 1 Übergangsverordnung. Gründe, eine Heilung hier zu versagen, gibt es nicht, dies gilt insbesondere für die methodische Figur des *argumentum e contrario*.[4]

---

1 Baumbach/Hueck/*Haas,* § 76 Rn. 4.
2 Michalski/*Rühland*, § 76 Rn. 5 m.w.N.; Baumbach/Hueck/Haas, § 76 Rn. 3 m.w.N.; Rowedder/Schmidt-Leithoff/*Zimmermann*, § 75 Rn. 12, § 76 Rn. 1, 5.
3 Lutter/Hommelhoff/*Kleindiek*, § 76 Rn. 1.
4 Baumbach/Hueck/*Haas,* § 76 Rn. 3.

3. Nicht unter § 75 fallende Mängel

Solche Mängel des Gesellschaftsvertrags, die nicht unter § 75 fallen, wie das Fehlen oder Nichtigkeit der Bestimmung über Firma und Sitz der Gesellschaft (§ 3 Abs. 1 Nr. 1), Nichtigkeit der Bestimmung über den Betrag des Stammkapitals (§ 3 Nr. 3), Fehlen oder Nichtigkeit der Bestimmung über die Stammeinlage (§ 3 Abs. 1 Nr. 4), sind unter den Voraussetzungen des § 399 Abs. 4, Abs. 1 Satz 1 FamFG durch eine Satzungsänderung heilbar (vgl. Rn. 5). 4

II. Voraussetzungen der Heilung

1. Satzungsänderung

Nach ihrem Wortlaut verlangt die Vorschrift einen einstimmigen Gesellschafterbeschluss. Der Sinn der Bestimmung ist insofern nicht eindeutig, als in den anderen Fällen von Satzungsmängeln i.S.d. § 3 Abs. 1 Nr. 1, 3, 4 für die Heilung eine Satzungsänderung verlangt wird (§ 399 Abs. 4, Abs. 1 Satz 1 FamFG), während § 76 für Mängel betreffs § 3 Abs. 1 Nr. 2 einen einstimmigen Gesellschafterbeschluss genügen lässt[5] (vgl. Muster § 53 Rn. 32). 5

> **!** Es handelt sich hier um einen besonderen Fall der **Satzungsänderung**; Ergänzung (= Änderung) der Satzung durch Einfügung des fehlenden Gegenstands oder Stammkapitals bzw. Beseitigung des „nichtigen" und Festlegung eines zulässigen Gegenstands in der Satzung. Auf die Einhaltung der §§ 53 (notarielle Beurkundung!) und 54 Abs. 3 ist deshalb zu achten.

2. Gesellschafterbeschluss

Nach überwiegender Mehrheit[6] bedarf die Mängelheilung bei Satzungsbestimmungen über den Unternehmensgegenstand abweichend von § 53 Abs. 2 eines einstimmigen Beschlusses aller Gesellschafter. Die Gegenansicht lässt eine qualifizierte Mehrheit von ¾ der abgegebenen Stimmen (§ 53 Abs. 2 Satz 1) genügen.[7] Würde man dieser aber folgen, wäre die Bestimmung „aus heutiger Sicht überflüssig".[8] 6

Die Vorschrift ist insoweit ungenau, da ein einstimmiger Beschluss einerseits unzureichend – da die nicht anwesenden Gesellschafter bei solcher Vorgehensweise von der Mitwirkung ausgeschlossen wären –, andererseits aber übermäßig ist – da die Mitwirkung aller bei der förmlichen Beschlussfassung nicht zwingend geboten ist. Deshalb können Gesellschafter, die nicht an der Beschlussfassung teilnehmen (oder dieser nicht positiv zustimmen), nachträglich zustimmen.[9] Diese bedarf notarieller Beurkundung.[10] Die Zustimmungspflicht kann sich im Einzelfall aus der Treupflicht der Gesellschafter ergeben; das gilt insbesondere für diejenigen, die an der fehlerhaften Gründung mitgewirkt haben.[11] Den Interessen der Mitgesellschafter an der Erhaltung der GmbH kommt dabei ein besonderes Gewicht zu, da hier der Bestand der GmbH auf dem Spiel steht.[12] Der Beschluss ist laut Gesetz nicht an eine bestimmte Frist gebunden. 7

3. Eintragung ins Handelsregister

Notwendige Voraussetzung der Heilung ist die Anmeldung (§ 54) und Eintragung der Satzungsänderung ins Handelsregister. Der Zeitpunkt der Heilung wird durch die Eintragung bestimmt.[13] 8

---

5 Roth/Altmeppen/*Altmeppen*, § 76 Rn. 4.
6 Hachenburg/*Hohner*, § 76 Rn. 5; Baumbach/Hueck/Haas, § 76 Rn. 6; Lutter/Hommelhoff//*Kleindiek*, § 76 Rn. 2; Michalski/*Rühland*, § 76 Rn. 9 f.
7 Baumbach/Hueck/Haas *r*, § 76 Rn. 7.
8 Scholz/*Schmidt*, § 76 Rn. 1.
9 So die ganz h.M., vgl. etwa Baumbach/Hueck/*Haas*, § 76 Rn. 7.
10 A.A. (formlose Zustimmung genügt) Rowedder/Schmidt-Leithoff/*Zimmermann*, § 76 Rn. 7.
11 Vgl. Hachenburg/*Hohner*, § 76 Rn. 5; Rowedder/Schmidt-Leithoff/*Zimmermann*, § 76 Rn. 8.
12 Hachenburg/*Hohner*, § 76 Rn. 7 m.w.N.
13 Hachenburg/*Hohner*, § 76 Rn. 7.

Geschieht das vor Rechtskraft des Urteils nach § 75 bzw. vor Erlass des Beschlusses nach § 397 FamFG, so entzieht das diesem Verfahren die sachliche Grundlage (für ein vor Rechtskraft der Löschungsentscheidung einzustellendes Amtslöschungsverfahren gilt Entsprechendes).

> **!** Der Kläger muss eine Erledigungserklärung abgeben, um eine Klageabweisung als unbegründet zu vermeiden.

9 Sollte dennoch ein Nichtigkeitsurteil ergehen und wird dagegen kein Rechtsmittel eingelegt, führt dies trotz des Heilungsbeschlusses zu den in § 77 festgelegten Nichtigkeitsgründen, wenn der Beschluss vor Schluss der letzten Tatsachenverhandlung gefasst worden ist und deshalb bei sachgerechtem Parteivortrag hätte Berücksichtigung finden können. Das Stadium der Liquidation (§§ 66 ff.) kann nun nur durch einen erneuten nachträglichen Fortsetzungsbeschluss wieder verlassen werden.

Die Eintragung kann auch noch nach der Auflösung, aber längstens bis zum Beginn der Vermögensverteilung (§ 72) erfolgen.

> **!** Der Satzungsänderungsbeschluss kann den Fortsetzungsbeschluss bereits konkludent enthalten.[14]

14 Roth/Altmeppen/*Altmeppen*, § 76 Rn. 8.

§ 77 Wirkung der Nichtigkeit

(1) Ist die Nichtigkeit einer Gesellschaft in das Handelsregister eingetragen, so finden zum Zwecke der Abwicklung ihrer Verhältnisse die für den Fall der Auflösung geltenden Vorschriften entsprechende Anwendung.

(2) Die Wirksamkeit der im Namen der Gesellschaft mit Dritten vorgenommenen Rechtsgeschäfte wird durch die Nichtigkeit nicht berührt.

(3) Die Gesellschafter haben die versprochenen Einzahlungen zu leisten, soweit es zur Erfüllung der eingegangenen Verbindlichkeiten erforderlich ist.

A. Allgemeines

Die Vorschrift regelt in Abs. 1 die Folgen des aufgrund von § 75 ergangenen Nichtigkeitsurteils, indem auf die Vorschriften über die Auflösung verwiesen wird. Auch wenn nach dem Wortlaut „die Nichtigkeit" eingetragen werden soll, hat eine erfolgreiche Nichtigkeitsklage nach § 75 eben nicht die Nichtigkeit der GmbH von Anfang an zur Folge. Vielmehr gilt die Gesellschaft gem. Abs. 1 lediglich als aufgelöst, mit der Folge einer Liquidation in entsprechender Anwendung der §§ 65 ff. Die Parallele zum Auflösungsurteil nach §§ 60 Abs. 1 Nr. 3, 61 spricht dafür, dass die Auflösung der Gesellschaft nicht erst mit Eintragung in das Handelsregister, sondern mit Rechtskraft des Nichtigkeitsurteils eintritt.[1] Die Vorschrift gilt auch für die Löschung der Gesellschaft nach § 397 Abs. 1 Satz 2 FamFG.[2] 1

B. Inhalt der Regelung

Erwächst das Nichtigkeitsurteil in Rechtskraft, gilt, wie oben ausgeführt, die GmbH gem. Abs. 1 als aufgelöst. Als Folge hat eine Liquidation in entsprechender Anwendung der §§ 65 ff. stattzufinden. Es gelten insbesondere hinsichtlich der Liquidatoren und der Anmeldungen zum Handelsregister die §§ 60 ff., hinsichtlich der Abwicklung die §§ 70 ff. sowie die etwaigen Regelungen des § 74 hinsichtlich der Beendigung der GmbH und ihres Erlöschens als juristische Person. Bei der in § 75 geregelten Nichtigkeit handelt es sich freilich um eine reduzierte Form der Nichtigkeit, mit deren Eintritt die Gesellschaft nicht schlechterdings vernichtet wird und rückwirkend als nie existent angesehen wird; vielmehr zieht das Recht aus der Tatsache ihrer vorläufigen Existenz, der Bildung eines Gesellschaftsvermögens und der Teilnahme am Rechtsverkehr die Folge, dass die Gesellschaft ordnungsgemäß wie im Fall ihrer Auflösung abzuwickeln ist und bis zur Beendigung ihrer Abwicklung als juristische Person mit verändertem Zweck fortbesteht.[3] 2

Der Zeitpunkt der Nichtigkeit bestimmt sich nach der Rechtskraft des Nichtigkeitsurteils und nicht erst mit dessen Eintragung in das Handelsregister.[4]

1 Baumbach/Hueck/*Haas*, § 77 Rn. 3; Lutter/Hommelhoff/*Lutter/Kleindiek*, § 77 Rn. 2.
2 Baumbach/Hueck/ *Haas* § 77 Rn. 1.
3 Baumbach/Hueck/ *Haas*, § 77 Rn. 2.
4 Hachenburg/*Hohner*, § 77 Rn. 2; Rowedder/Schmidt-Leithoff/*Zimmermann*, § 75 Rn. 32; Lutter/Hommelhoff/*Kleindiek*, § 77 Rn. 2.

C. Weitere praktische Hinweise

I. Verfahren allgemein

3 Die Nichtigkeit der Gesellschaft wird von Amts wegen aufgrund des eingereichten Nichtigkeitsurteils in das Handelsregister eingetragen.

Eine Anmeldung durch die Liquidatoren nach § 65 ist entbehrlich. Es ist jedoch davon auszugehen, dass die Liquidatoren die Nichtigkeit im Verfahren nach § 65 Abs. 2 öffentlich bekannt geben und darüber hinaus die Gläubiger auffordern müssen, sich zu melden. Darüber hinaus sind nach § 67 Abs. 1 die ersten Liquidatoren und ihre Vertretungsbefugnis zur Eintragung in das Handelsregister anzumelden.

II. Abwicklung

4 Im Stadium der Liquidation bleibt die GmbH bis zu deren nunmehr anzustrebender Vollbeendigung rechts- und geschäftsfähig. Daraus folgt auch, dass entstandene Verbindlichkeiten fortbestehen und neue durch Rechtsgeschäft oder Gesetz begründet werden können. Rechtsgeschäfte mit Dritten sind wirksam, selbst wenn diese den Nichtigkeitsgrund gekannt haben.[5]

Gemäß Abs. 2 bleiben die gefassten Gesellschaftsbeschlüsse und die Bestellung der Gesellschaftsorgane (Geschäftsführer, Aufsichtsrat) wirksam.

5 Da vorrangig die Verbindlichkeiten der GmbH zu erfüllen sind, müssen die Liquidatoren die Aktiva der GmbH beiziehen; dazu gehören die noch offenen Einlageverbindlichkeiten der Gesellschafter (Abs. 3), deren Wirksamkeit durch § 75 ebenfalls nicht berührt wird. Rückständige Einlagen der Gesellschafter sind nach den allgemeinen Regeln (vgl. § 69) zu erbringen und über den Wortlaut des Abs. 3 hinaus auch insoweit, als dies zur Vermögensverteilung unter den Gesellschaftern erforderlich ist.[6] Hier muss der in Anspruch genommene Gesellschafter ebenfalls beweisen, dass die eingeforderte Einlage nicht zur Gläubigerbefriedigung und für die Vermögensverteilung benötigt wird.[7] Dass die Gesellschafter ausstehende Einlagen zu leisten haben, soweit dies zur Befriedigung der Gläubiger erforderlich ist, wie von Abs. 3 der Vorschrift gefordert wird, ist ein allgemeiner Grundsatz des Liquidationsrechts, der nicht nur im Fall der erfolgreichen Nichtigkeitsklage gilt; die Regelung des Abs. 3 ist daher im Grunde obsolet.

6 Im Innenverhältnis findet keine Rückabwicklung nach Bereicherungsrecht statt, sondern nach Abwicklungsrecht. Die Gesellschafter sind vorbehaltlich abweichender Satzungsregelungen als Liquidatoren anzumelden und einzutragen und in ihrem künftigen Tätigwerden auf den Liquidationszweck festgelegt.[8]

III. Beendigung der Gesellschaft

7 Wird die Gesellschaft infolge der Abwicklung vermögenslos, wird sie gem. § 74 Abs. 1, 2 im Handelsregister gelöscht. Im Übrigen gelten die allgemeinen Regeln (§§ 74 ff.).

IV. Verfahren im Amtslöschungsverfahren

8 Soweit die GmbH im Amtslöschungsverfahren nach § 397 FamFG aufgelöst worden ist, gilt das Gleiche. Die Auflösung tritt mit Eintrag des Löschungsvermerks ein.

---

5 Hachenburg/*Hohner*, § 77 Rn. 5.
6 Baumbach/Hueck/ *Haas,* § 77 Rn. 5.
7 Vgl. Hachenburg/*Hohner*, § 77 Rn. 6; Rowedder/Schmidt-Leithoff/*Zimmermann*, § 77 Rn. 6; Baumbach/Hueck/ *Haas*, § 77 Rn. 5.
8 Achilles/Ensthaler/Schmidt/*Achilles*, § 77 Rn. 2.

V. Fortsetzungsbeschluss

Auch im Falle eines durch Rechtskraft des Nichtigkeitsurteils bewirkten Übertritts in das Abwicklungsverfahren besteht die Möglichkeit, dass die Gesellschafter durch Fortsetzungsbeschluss die Fortführung der Gesellschaft beschließen und auf diese Weise die Auflösungsgesellschaft in eine werbende Gesellschaft zurückverwandeln. Dabei ist unerheblich, ob die Nichtigkeit bereits im Handelsregister eingetragen wurde. Entgegenstehende Gründe, einer Gesellschaft, die fortgesetzt werden soll, die Heilung zu versagen, sind dabei nicht zu finden. Eine Satzungsänderung, die zur Beseitigung des Nichtigkeitsmangels führt, ist durch Beschluss geboten. Da dies nur bei einer Satzungsbestimmung über den Unternehmensgegenstand möglich ist und § 76 hierfür Einstimmigkeit verlangt, kann die Fortsetzung bei einem aus dem Kreis der Gesellschafter stammenden Nichtigkeitskläger nicht gegen dessen Willen erzwungen werden.[9] Im Übrigen bedarf es nicht der Zustimmung eines sonstigen Nichtigkeitsklägers.[10] Der Fortsetzungsbeschluss bedarf der Eintragung ins Handelsregister, die erst möglich ist, wenn Heilung durch Eintragung der dazu erforderlichen Satzungsänderung wirksam geworden ist. Gleichzeitige Eintragung ist möglich. 9

9 Achilles/Ensthaler/Schmidt/*Achilles*, § 77 Rn. 5.
10 Streitig, vgl. Baumbach/Hueck/*Haas* § 77 Rn. 7; a.A. Rowedder/Schmidt-Leithoff/*Rasner*, § 77 Rn. 6.

Abschnitt 6
Ordnungs-, Straf- und Bußgeldvorschriften

§ 78 Anmeldepflichtige

Die in diesem Gesetz vorgesehenen Anmeldungen zum Handelsregister sind durch die Geschäftsführer oder die Liquidatoren, die in § 7 Abs. 1, § 57 Abs. 1, § 57i Abs. 1, § 58 Abs. 1 Nr. 3 vorgesehenen Anmeldungen sind durch sämtliche Geschäftsführer zu bewirken.

Literatur

Horn, Gegen § 78 Halb. 2 GmbHG verstoßende Handelsregisteranmeldungen und die Beseitigung ihrer Eintragung, 2006; *Krafka*, Einführung in das Registerrecht, 2. Aufl., 2008.

A. Allgemeines

1 Die Vorschrift regelt allgemein, **wer** die im GmbHG vorgesehenen Anmeldungen zum Handelsregister **abzugeben hat** und unterscheidet dabei Anmeldungen, die von sämtlichen Geschäftsführern, und Anmeldungen, die lediglich in zur Vertretung berechtigender Anzahl von Geschäftsführern und Liquidatoren abzugeben sind. Obwohl die Vorschrift nur Anmeldungen nach dem GmbHG erfasst, wird sie **entsprechend auf Anmeldepflichten in anderen Gesetzen** (z.B. dem HGB, UmwG) angewendet.[1] Die Anmeldung eines Unternehmensvertrags fällt als Satzungsänderung unmittelbar unter § 78, es bedarf keiner Analogie zu § 294 AktG.[2]

B. Inhalt der Regelung

I. Anmeldung

1. Rechtsnatur

2 Die Anmeldung ist keine rechtsgeschäftliche Willenserklärung, sondern eine **Verfahrenshandlung** i.S.d. §§ 23, 25 FamFG,[3] nämlich der Eintragungsantrag (vgl. § 382 FamFG).[4] Die Vorschriften über Willenserklärungen sind nicht, auch nicht entsprechend anwendbar.[5] Insbesondere sind

1 *Horn*, S. 38 f.; Michalski/*Rühland*, § 78 Rn. 1; MünchKomm-GmbHG/*Schaub*, § 78 Rn. 2; Rowedder/Schmidt-Leithoff/*Zimmermann*, § 78 Rn. 1; Scholz/*Winter/Veil*, § 78 Rn. 2; a.A. Heybrock/*Stamm*, § 78 Rn. 2.

2 Vgl. BGHZ 105, 324, 338 = NJW 1989, 295; a.A. Baumbach/Hueck/*Haas*, § 78 Rn. 1; MünchKomm-GmbHG/*Schaub*, § 78 Rn. 3.

3 BayObLG NZG 2000, 1232, 1233; DNotZ 1993, 197 = GmbHR 1992, 672, 674; OLG Hamm, FGPrax 2002, 126, 127; MünchKomm-HGB/*Krafka*, § 12 HGB Rn. 5; *Krafka*, Rn. 229ff.; Keidel/*Heinemann*, § 374 FamFG Rn. 37; Michalski/*Rühland*, § 78 Rn. 3; Scholz/*Winter/Veil*, § 78 Rn. 4; a.A. Ulmer/*Caspers*, § 78 Rn. 3: organschaftlicher Akt.

4 OLG Hamm, FGPrax 2002, 126, 127; Scholz/*Winter/Veil*, § 78 Rn. 21; a.A. Lutter/Hommelhoff/*Kleindiek*, § 78 Rn. 3, 7, der Anmeldung und Antrag als zwei voneinander trennbare Verfahrenshandlungen ansieht.

5 MünchKomm-HGB/*Krafka*, § 12 HGB Rn. 4; *Krafka*, Rn. 231; Scholz/*Winter/Veil*, § 78 Rn. 4.

die Beschränkungen des § 181 BGB nicht zu beachten.[6] Als Verfahrenshandlung kann die Anmeldung bis zum Vollzug frei widerrufen werden, sie kann aber nicht unter einer Bedingung oder Befristung abgegeben und nicht nach §§ 119 ff. BGB angefochten werden.[7] Nachdem alle Anmeldungen zum Handelsregister elektronisch einzureichen sind (§ 12 Abs. 1 HGB; siehe Rn. 5), kann für den Zugang der Anmeldung nicht mehr auf § 130 Abs. 1 Satz 1 BGB abgestellt werden.[8] Vielmehr findet **§ 130a Abs. 3 ZPO** entsprechende Anwendung (vgl. § 14 Abs. 2 Satz 2 FamFG).[9]

2. Eintragungsvoraussetzung

Da Eintragungen in das Handelsregister grundsätzlich nur auf Antrag erfolgen, ist die Anmeldung regelmäßig Eintragungsvoraussetzung.[10] Keiner Anmeldungen bedürfen Eintragungen, die von Amts wegen vorgenommen werden, die Anmeldung stellt in diesem Falle eine bloße **Anregung** an das Registergericht zum Tätigwerden dar (vgl. § 24 FamFG).[11] Beispiele für **von Amts wegen** einzutragende Tatsachen finden sich in § 65 Abs. 1 Satz 2, 3 und 4; § 67 Abs. 4, § 75 Abs. 2 i.V.m. § 248 Abs. 1 Satz 3 AktG;[12] §§ 384 Abs. 2, 394 Abs. 1 Satz 1, 395 Abs. 1 Satz 1, 397 Abs. 1 Satz 2, 398, 399 Abs. 4 FamFG, § 17 HRV.[13] 3

3. Form

Die Anmeldung ist in **öffentlich beglaubigter Form**, also im Wege der Beglaubigung der Unterschrift des Anmeldenden durch einen deutschen (oder ausländischen)[14] Notar (§ 40 BeurkG), einen Konsularbeamten (§ 10 Abs. 1 Nr. 2 KG), einen hessischen Ortsgerichtsvorsteher (§ 13 Abs. 1 Hess OrtsGG), einen baden-württembergischen Ratschreiber (§ 32 Abs. 4 LFGG), einen rheinland-pfälzischen Ortsbürgermeister, Ortsvorsteher bzw. eine rheinland-pfälzische Gemeinde- oder Stadtverwaltung (§ 2 RPBeglG) vorzunehmen (vgl. § 12 Abs. 1 Satz 1 HGB). Die notarielle **Beurkundung** oder der gerichtlich **protokollierte Vergleich** (§ 127a BGB) ersetzen die Beglaubigung.[15] 4

Die Einreichung muss **elektronisch** erfolgen (§ 12 Abs. 1 Satz 1 HGB). Zu diesem Zweck ist eine **elektronisch beglaubigte Abschrift** der Anmeldung zu erstellen (§ 12 Abs. 2 Satz 2 HGB; § 39a BeurkG) und über das elektronische Gerichts- und Verwaltungspostfach an das Registergericht zu übermitteln.[16] 5

4. Zuständigkeit

Zur Entgegennahme von Anmeldungen ist nach § 7 das Gericht zuständig, in dessen Bezirk die GmbH ihren Sitz hat. Diese Regel wird durch §§ 376 Abs. 1, 377 Abs. 1 FamFG dahin ergänzt, dass das Handelsregister grundsätzlich vom **Amtsgericht** (§ 374 Nr. 1 FamFG i.V.m. § 23a Abs. 1 Nr. 2, Abs. 2 Nr. 3 GVG) geführt wird, wo das Landgericht seinen Sitz hat. Die Länder können jedoch hiervon **abweichende Zuständigkeitsregeln** schaffen, § 376 Abs. 2 FamFG.[17] 6

6 MünchKomm-GmbHG/*Schaub*, § 78 Rn. 12.

7 BayObLG DNotZ 1993, 197 = GmbHR 1992, 672, 674; MünchKomm-HGB/*Krafka*, § 12 HGB Rn. 4; Michalski/*Rühland*, § 78 Rn. 3.

8 Anders die (noch) h.M., vgl. BayObLG NJW-RR 2004, 1039, 1040; MünchKomm-GmbHG/*Schaub*, § 78 Rn. 8; Rowedder/Schmidt-Leithoff/*Zimmermann*, § 78 Rn. 3.

9 Ähnlich: MünchKomm-HGB/*Krafka*, § 12 HGB Rn. 23.

10 Michalski/*Rühland*, § 78 Rn. 6; Rowedder/Schmidt-Leithoff/*Zimmermann*, § 78 Rn. 4; Scholz/*Winter/Veil*, § 78 Rn. 5.

11 Unzutreffend daher Heybrock/*Stamm*, § 78 Rn. 6.

12 Str., wie hier Michalski/*Rühland*, § 78 Rn. 6; a.A. Rowedder/Schmidt-Leithoff/*Zimmermann*, § 78 Rn. 5; Scholz/*Winter/Veil*, § 78 Rn. 6; Ulmer/*Caspers*, § 78 Rn. 10.

13 Michalski/*Rühland*, § 78 Rn. 6; Scholz/*Winter/Veil*, § 78 Rn. 6.

14 Vgl. Michalski/*Rühland*, § 78 Rn. 4: ggf. ist die Anerkennung der Urkunde durch Legalisierung oder Apostille erforderlich.

15 Michalski/*Rühland*, § 78 Rn. 4.

16 MünchKomm-HGB/*Krafka*, § 12 HGB Rn. 16, 21.

17 Vgl. die Übersicht bei Keidel/*Heinemann*, § 376 FamFG Rn. 10 ff.

5. Kosten

7 Für die notarielle **Beglaubigung** und elektronische Einreichung der Anmeldung entstehen Kosten nach Maßgabe der §§ 45 Abs. 1, 147 Abs. 2 KostO (künftig GV Nr. 25100 GNotKG-RefE) bzw. der §§ 145 Abs. 1 Satz 1, 38 Abs. 2 Nr. 7 KostO (künftig GV Nr. 24102, 21201 Ziff. 5 GNotKG-RefE), wenn die Anmeldung vom Notar entworfen wurde. Für die **Eintragung** werden Gebühren aufgrund der HRegGebV erhoben (§§ 79 Abs. 1, 79a KostO, künftig § 58 GNotKG-RefE).

8 **Kostenschuldner** ist gemäß § 2 Nr. 1 KostO (künftig gilt für die Gerichtskosten § 22 Abs. 1 GNotKG-RefE, für die Notarkosten § 29 Nr. 1 GNotKG-RefE) die Gesellschaft, nicht der anmeldende Geschäftsführer oder Liquidator.[18] Bei der zurückgewiesenen oder nicht eingereichten **Ersteintragung** haften allerdings der alleinige Gründungsgesellschafter bzw. die Vor-GmbH und deren Gesellschafter aufgrund § 3 Nr. 3 KostO (§ 29 Nr. 3 GNotKG-RefE).[19] Den Geschäftsführer trifft daneben auch die **Handelndenhaftung** nach § 11 Abs. 2.[20] Mit Eintragung haftet nur noch die GmbH.[21]

II. Anmeldepflicht

1. Öffentlich-rechtliche Anmeldepflicht

9 Aus § 78 selbst folgt keine Anmeldepflicht, sondern diese ergibt sich aus den einzelnen Anmeldetatbeständen.[22] Dabei ist folgendermaßen zu unterscheiden: Eine öffentlich-rechtliche Anmeldepflicht besteht nur bei **deklaratorischen** Eintragungen (§§ 39; 65 Abs. 1 Satz 1 i.V.m. § 60 Abs. 1 Nr. 1 bis 3; § 67 Abs. 1; § 74 Abs. 1 Satz 1; §§ 13 Abs. 1, 13d Abs. 1, 13e, 13g; § 53 Abs. 1 HGB), um die Richtigkeit des Handelsregisters zu gewährleisten.[23] Hiervon abweichende Beschlüsse und Weisungen der Gesellschafter sind unbeachtlich.[24] Die Anmeldepflicht kann gemäß § 79 Abs. 1 i.V.m. § 14 HGB durch Festsetzung von Zwangsgeld erzwungen werden.[25] Hat die Registereintragung hingegen **konstitutive** Wirkung (§ 11 Abs. 1; § 54 Abs. 3; § 57 Abs. 1; § 57c Abs. 4; § 57i Abs. 1; § 58 Abs. 1 Nr. 3; § 13g Abs. 4 HGB, § 58a Abs. 5; §§ 20, 131, 202 UmwG; § 294 AktG analog), so besteht keine mit Zwangsgeld durchsetzbare (siehe § 79 Rn. 6 f.) öffentlich-rechtliche Anmeldepflicht, weil es der Gesellschaft selbst überlassen bleibt, die Anmeldung herbeizuführen oder zu unterlassen.[26]

2. Privatrechtliche Anmeldepflicht

10 Es besteht jedenfalls eine privatrechtliche Pflicht des Geschäftsführers/Liquidators gegenüber der Gesellschaft,[27] die Anmeldung unverzüglich abzugeben, sofern ihm durch Beschluss keine andere Weisung erteilt worden ist.[28] Diese Verpflichtung kann analog § 46 Nr. 8 eingeklagt werden und wird nach § 894 ZPO bzw., wenn eine Versicherung oder Wissenserklärung abzugeben ist, nach § 888 ZPO vollstreckt.[29] § 16 HGB findet auf die Anmeldepflicht mehrerer Geschäftsführer keine

---

18 Korintenberg/*Lappe*, § 2 KostO Rn. 75; Scholz/*Winter/Veil*, § 78 Rn. 23.
19 Korintenberg/*Lappe*, § 2 KostO Rn. 79; § 3 KostO Rn. 33.
20 § MünchKomm-GmbHG/*Schaub*, § 78 Rn. 26; Rowedder/Schmidt-Leithoff/*Zimmermann*, § 78 Rn. 21; Scholz/*Winter/Veil*, § 78 Rn. 23; a.A. Korintenberg/*Lappe*, § 2 KostO Rn. 79 (widersprüchlich, vgl. Rn. 78).
21 Scholz/*Winter/Veil*, § 78 Rn. 23; Korintenberg/*Lappe*, § 2 KostO Rn. 78.
22 Michalski/*Rühland*, § 78 Rn. 1.
23 Jansen/von Schuckmann/Sonnenfeld/*Steder*, § 132 FGG Rn. 10, 14; Michalski/*Rühland*, § 78 Rn. 11; Rowedder/Schmidt-Leithoff/*Zimmermann*, § 78 Rn. 7; Scholz/*Winter/Veil*, § 78 Rn. 7.
24 Michalski/*Rühland*, § 78 Rn. 12; Scholz/*Winter/Veil*, § 78 Rn. 7.
25 Michalski/*Rühland*, § 78 Rn. 11; Rowedder/Schmidt-Leithoff/*Zimmermann*, § 78 Rn. 7.
26 BGHZ 105, 324, 328 = NJW 1989, 295, 296; Michalski/*Rühland*, § 78 Rn. 8; Rowedder/Schmidt-Leithoff/*Zimmermann*, § 78 Rn. 8; Scholz/*Winter/Veil*, § 78 Rn. 8.
27 BGHZ 105, 324, 328 = NJW 1989, 295, 296; Michalski/*Rühland*, § 78 Rn. 9; Rowedder/Schmidt-Leithoff/*Zimmermann*, § 78 Rn. 9; Scholz/*Winter/Veil*, § 78 Rn. 9.
28 Rowedder/Schmidt-Leithoff/*Zimmermann*, § 78 Rn. 9; Scholz/*Winter/Veil*, § 78 Rn. 9.
29 Roth/Altmeppen/*Altmeppen*, § 78 Rn. 10, 11, 12; Baumbach/Hueck/*Haas*, § 78 Rn. 10; Michalski/*Rühland*, § 78 Rn. 10.

Anwendung.[30] Eine **Verletzung** der privatrechtlichen Anmeldepflicht kann zu Schadensersatzansprüchen nach §§ 43 Abs. 2, 71 Abs. 4 führen und eine Abberufung nach § 38 Abs. 2 rechtfertigen.[31]

III. Anmeldepflichtige

1. Geschäftsführer bzw. Liquidatoren

Anmeldepflichtig sind nur die **Geschäftsführer** und nach Auflösung der Gesellschaft nur die Liquidatoren. Tritt die Auflösung erst mit Eintragung ein, können noch die Geschäftsführer, ansonsten nur die **Liquidatoren** anmelden.[32] Anmeldebefugt sind die im Zeitpunkt des Zugangs der Anmeldung bei Gericht (siehe Rn. 2) bestellten Geschäftsführer/Liquidatoren.[33] Mit Abberufung oder Amtsniederlegung erlischt das Amt und die Befugnis zur Anmeldung, es sei denn, das Ausscheiden soll erst zu einem späteren Zeitpunkt erfolgen oder steht unter der Bedingung der Handelsregistereintragung.[34] Erforderlichenfalls hat das Gericht einen **Notgeschäftsführer/Notliquidator** zu bestellen.[35] 11

Die Anmeldung muss grundsätzlich **in vertretungsberechtigter Zahl** abgegeben werden (§ 35 Abs. 2 Satz 2; § 68 Abs. 1 Satz 2), sofern das Gesetz nicht ausnahmsweise eine Anmeldung durch sämtliche Geschäftsführer/Liquidatoren fordert (siehe Rn. 13). Die Anmeldepflicht trifft aber **alle** Geschäftsführer/Liquidatoren **gleichmäßig**, so dass eine Zwangsgeldfestsetzung gegen alle zulässig ist und mit der Erfüllung der Anmeldepflicht durch einen insgesamt erlischt.[36] 12

2. Sämtliche Geschäftsführer bzw. Liquidatoren

In besonders wichtigen Fällen (vgl. § 82) haben **alle Geschäftsführer** einschließlich ihrer Stellvertreter (§ 44) die Anmeldung abzugeben,[37] nämlich im Fall der Gründung (§ 7 Abs. 1), Kapitalerhöhung (§§ 57 Abs. 1, 57i Abs. 1) und Kapitalherabsetzung (§ 58 Abs. 1 Nr. 3). Die Anmeldung einer vereinfachten Kapitalherabsetzung (§ 58a) bedarf nicht der Anmeldung durch alle Geschäftsführer, eine erweiternde Auslegung von § 78 scheidet aus.[38] Weitere Fälle finden sich in §§ 160 Abs. 1, 222 Abs. 1, 265 Abs. 1, 278 Abs. 1 UmwG. Gleiches gilt trotz Nichterwähnung für **alle Liquidatoren**.[39] 13

3. Insolvenzverwalter

Nach Eröffnung des Insolvenzverfahrens bzw. der Anordnung nach § 21 Abs. 2 Nr. 2 InsO geht die Anmeldebefugnis und -pflicht hinsichtlich der im Zusammenhang mit der Verwaltung und Verwertung der **Insolvenzmasse** stehenden Tatsachen (z.B. Einstellung einer Zweigniederlassung, Firmenänderung nach Verwertung des Firmennamens) auf den Insolvenzverwalter bzw. vorläufigen 14

---

30 Michalski/*Rühland*, § 78 Rn. 10; Scholz/*Winter/Veil*, § 78 Rn. 15; a.A. BeckOK/*Jaeger*, § 78 Rn. 10; Roth/Altmeppen/*Altmeppen*, § 78 Rn. 13, 14; Baumbach/Hueck/*Haas*, § 78 Rn. 10; Heybrock/*Stamm*, § 78 Rn. 18.

31 Roth/Altmeppen/*Altmeppen*, § 78 Rn. 10; Michalski/*Rühland*, § 78 Rn. 10; MünchKomm-GmbHG/*Schaub*, § 78 Rn. 22; Scholz/*Winter/Veil*, § 78 Rn. 9, 15.

32 BayObLG DNotZ 1995, 222, 223; Michalski/*Rühland*, § 78 Rn. 14; Scholz/*Winter/Veil*, § 78 Rn. 12.

33 Vgl. OLG Hamm, NJW-RR 2002, 761; *Krafka*, Rn. 232 ff.; Scholz/*Winter/Veil*, § 78 Rn. 10; a.A. BayObLG NJW-RR 2004, 1039, 1040; OLG Düsseldorf, DNotZ 2000, 529 mit abl. Anm. *Kallrath*; Roth/Altmeppen/*Altmeppen*, § 78 Rn. 2, 6.

34 OLG Bamberg, NJW-Spezial 2012, 624; OLG Frankfurt, FGPrax 2007, 33, 34 = DNotZ 2006, 950; OLG Zweibrücken, GmbHR 1999, 479; Baumbach/Hueck/*Haas*, § 78 Rn. 2; Lutter/Hommelhoff/*Kleindiek*, § 78 Rn. 1; Michalski/*Rühland*, § 78 Rn. 15; MünchKomm-GmbHG/*Schaub*, § 78 Rn. 29; § a.A. LG Berlin, ZIP 1993, 197 = GmbHR 1993, 291; Roth/Altmeppen/*Altmeppen*, § 78 Rn. 7; Scholz/*Winter/Veil*, § 78 Rn. 11; für den Fall der zulässigen Amtsniederlegung des einzigen Geschäftsführers.

35 Michalski/*Rühland*, § 78 Rn. 15; MünchKomm-GmbHG/*Schaub*, § 78 Rn. 30; krit. Roth/Altmeppen/*Altmeppen*, § 78 Rn. 7.

36 Scholz/*Winter/Veil*, § 78 Rn. 15.

37 Michalski/*Rühland*, § 78 Rn. 17; Rowedder/Schmidt-Leithoff/*Zimmermann*, § 78 Rn. 13; Scholz/*Winter/Veil*, § 78 Rn. 16.

38 MünchKomm-GmbHG/*Schaub*, § 78 Rn. 39; a.A. Baumbach/Hueck/*Zöllner*, § 58a Rn. 30.

39 Baumbach/Hueck/*Haas*, § 78 Rn. 9; Michalski/*Rühland*, § 78 Rn. 17; Rowedder/Schmidt-Leithoff/*Zimmermann*, § 78 Rn. 14; Scholz/*Winter/Veil*, § 78 Rn. 14.

Verwalter über.[40] Anmeldungen, die die **Insolvenzmasse nicht berühren** (z.B. Bestellung eines neuen Geschäftsführers,[41] neue inländische Geschäftsanschrift[42] oder Beschluss einer Kapitalerhöhung[43]) sind jedoch weiterhin von den **Geschäftsführern** bzw. **Liquidatoren** vorzunehmen.

4. Bevollmächtigte

15 **Prokuristen** und **Handlungsbevollmächtigte** können nicht anmelden, so dass eine Festsetzung von Zwangsgeldern gegen sie ausscheidet.[44] Sie können jedoch als besonders Bevollmächtigte (Rn. 16) oder **unechte Gesamtvertretungsberechtigte** die Anmeldung abgeben.[45] Zur Anmeldung von Grundlagengeschäften (z.B. der Abberufung eines Geschäftsführers) sind Prokuristen allein jedoch nicht befugt.[46] Für Zweigniederlassungen einer ausländischen Kapitalgesellschaft besteht die Besonderheit, dass ein **ständiger Vertreter** (§ 13e Abs. 2 Satz 4, Satz 5 Nr. 3 HGB) bestellt werden kann, den dann ebenfalls Anmeldepflichten treffen können (§ 13e Abs. 3 und 4, § 13g Abs. 3 HGB).[47]

16 Eine **Bevollmächtigung** ist grundsätzlich zulässig, auch eine Generalvollmacht, sofern in ihr nicht alle Geschäftsführungsbefugnisse delegiert werden.[48] Als Bevollmächtigte kommen nicht nur die in § 10 Abs. 2 FamFG genannten Personen in Betracht, soweit die zur Eintragung erforderliche Erklärung in öffentlicher oder öffentlich beglaubigter Form abgegeben werden müssen, § 378 Abs. 1 FamFG.[49] Dieses Vertretungsprivileg gilt aber nur, wenn die Vollmacht von einem deutschen Notar beglaubigt worden ist.[50] Die Vollmacht oder die nachträgliche Genehmigung einer Vollmachtserteilung[51] muss von den zu vertretenden Geschäftsführern/Liquidatoren in **öffentlich beglaubigter Form** (siehe Rn. 4) erteilt werden (§ 12 Abs. 1 Satz 2 HGB) und wie die Anmeldung selbst elektronisch bei Gericht eingereicht werden (siehe Rn. 5). Die Vollmacht besteht auch dann fort, wenn der die Vollmacht erteilende Geschäftsführer wechselt.[52]

17 Eine Bevollmächtigung ist auch dort **zulässig**, wo die Anmeldung durch **alle Geschäftsführer/ Liquidatoren** abzugeben ist (siehe Rn. 13).[53] Müssen die Geschäftsführer/Liquidatoren jedoch zusätzlich eine **strafbewehrte Versicherung** (siehe § 82 Abs. 1 Nr. 4, 5; Abs. 2 Nr. 1) abgeben, scheidet nach h.M. insoweit eine Bevollmächtigung aus.[54] Diese Erklärung der Geschäftsführer

---

40 Vgl. Rowedder/Schmidt-Leithoff/*Zimmermann*, § 78 Rn. 12; MünchKomm-GmbHG/*Schaub*, § 78 Rn. 35; Scholz/*Winter/Veil*, § 78 Rn. 13.

41 OLG Köln, FGPrax 2001, 214, 215 = ZIP 2001, 1553 = NJW-RR 2001, 1417; MünchKomm-GmbHG/*Schaub*, § 78 Rn. 35; Rowedder/Schmidt-Leithoff/*Zimmermann*, § 78 Rn. 12; Scholz/*Winter/Veil*, § 78 Rn. 13; Ulmer/*Caspers*, § 78 Rn. 17; a.A. LG Baden-Baden, GmbHR 1996, 682 = ZIP 1996, 1352; AG Charlottenburg, NJW-RR 1997, 31 = ZIP 1996, 683, 684; Roth/Altmeppen/*Altmeppen*, § 78 Rn. 8; Baumbach/Hueck/*Haas*, § 78 Rn. 4.

42 OLG Hamburg, GmbHR 2011, 828.

43 BayObLG NZG 2004, 582 = DNotZ 2004, 881; MünchKomm-GmbHG/*Schaub*, § 78 Rn. 35; Roth/Altmeppen/*Altmeppen*, § 78 Rn. 8.

44 Michalski/*Rühland*, § 78 Rn. 19; Rowedder/Schmidt-Leithoff/*Zimmermann*, § 78 Rn. 11; Scholz/*Winter/Veil*, § 78 Rn. 10.

45 KG NJW 1962, 1349, 1350; Michalski/*Rühland*, § 78 Rn. 13, 19; MünchKomm-GmbHG/*Schaub*, § 78 Rn. 31.

46 OLG Düsseldorf ZIP 2012, 969 = GWR 2012, 343 (*Plückelmann*).

47 Scholz/*Winter/Veil*, § 78 Rn. 18.

48 Baumbach/Hueck/*Haas*, § 78 Rn. 4; Michalski/*Rühland*, § 78 Rn. 18, 20; Rowedder/Schmidt-Leithoff/*Zimmermann*, § 78 Rn. 15; Scholz/*Winter/Veil*, § 78 Rn. 19; Ulmer/*Caspers*, § 78 Rn. 21; a.A. OLG Frankfurt, GWR 2012, 224 (*Schulteis*); BeckOK/*Jaeger*, § 78 Rn. 6; MünchKomm-GmbHG/*Schaub*, § 78 Rn. 43.

49 Keidel/*Heinemann*, § 378 FamFG Rn. 2.

50 Keidel/*Heinemann*, § 378 FamFG Rn. 2.

51 OLG Frankfurt GWR 2012, 224 (*Schulteis*).

52 OLG Hamm GmbHR 2012, 903.

53 OLG Köln, NJW 1987, 135; BeckOK/*Jaeger*, § 78 Rn. 7; MünchKomm-HGB/*Krafka*, § 12 HGB Rn. 18, 19; Roth/Altmeppen/*Altmeppen*, § 78 Rn. 5; Baumbach/Hueck/*Haas*, § 78 Rn. 4 (zumindest für die Anmeldung nach § 57i Abs. 1); a.A. BayObLG NJW 1987, 136; *Horn*, S. 125 f.; Heybrock/*Stamm*, § 78 Rn. 11; Lutter/Hommelhoff/*Kleindiek*, § 78 Rn. 2; Michalski/*Rühland*, § 78 Rn. 21; MünchKomm-GmbHG/*Schaub*, § 78 Rn. 48; Rowedder/Schmidt-Leithoff/*Zimmermann*, § 78 Rn. 16; Scholz/*Winter/Veil*, § 78 Rn. 20.

54 Roth/Altmeppen/*Altmeppen*, § 78 Rn. 5; Michalski/*Rühland*, § 78 Rn. 21; MünchKomm-HGB/*Krafka*, § 12 HGB Rn. 18; Scholz/*Winter/Veil*, § 78 Rn. 20.

kann jedoch gesondert eingereicht werden[55] und bedarf entgegen der h.M. keiner öffentlichen Beglaubigung.[56]

Wurde eine zur Eintragung erforderliche Erklärung von einem **Notar** beurkundet oder beglaubigt, gilt der Notar als ermächtigt, im Namen des zur Anmeldung Berechtigten, die Eintragung zu beantragen, § 378 Abs. 2 FamFG. Die Vorschrift stellt die konsequente Umsetzung der Vollzugspflicht nach § 53 BeurkG dar und gilt deshalb nur für den deutschen Notar, erfasst aber auch dessen Vertreter, den Notariatsverwalter und den Amtsnachfolger.[57] Als zur Eintragung erforderliche Erklärungen anzusehen sind Gesellschafterbeschlüsse, Gesellschafter- und Unternehmensverträge,[58] Übernahmeerklärungen (§ 55 Abs. 1 GmbHG),[59] sowie sonstige Erklärungen, deren Inhalt eingetragen werden soll.[60] Der Notar, der den Gesellschaftsvertrag einer GmbH beurkundet hat, ist demzufolge berechtigt, die darin enthaltene abstrakte Vertretungsregelung,[61] die Befreiung des Geschäftsführers von den Beschränkungen der § 181 BGB[62] oder eine Satzungsänderung (die höchstpersönlichen Versicherungen ausgenommen, s. Rn. 17) im Namen der Geschäftsführer zur Eintragung ins Handelsregister anzumelden. Für die Vollmachtsvermutung ausreichend ist, dass der Notar die Anmeldung beglaubigt hat.[63] Nicht erforderlich ist, dass der Notar eine Erklärung der anmeldeberechtigten Personen beurkundet oder beglaubigt hat.[64] Die **Vollmachtsvermutung** gilt sowohl bei der Anmeldung von deklaratorischen als auch von konstitutiven Eintragungen.[65] Die Vollmacht ermächtigt den Notar nicht nur zur Einreichung der Anmeldung, sondern auch zu deren Ergänzung, Änderung und Zurücknahme.[66] Der Notar ist auch bevollmächtigt, die Eintragungsbekanntmachung entgegen zu nehmen und Beschwerde gegen eine Zurückweisung oder Zwischenverfügung im Namen der Beteiligten (nicht jedoch im eigenen Namen) einzulegen.[67] Der Notar ist nicht verpflichtet, von der Vollmacht Gebrauch zu machen;[68] ihm kann außerdem über die gesetzliche Vollmachtsvermutung hinaus rechtsgeschäftliche Vollmacht erteilt werden.[69] 18

IV. Mängel der Anmeldung

1. Entscheidung des Gerichts

Behebbare Mängel der Anmeldung hat das Gericht mit Zwischenverfügung (§ 382 Abs. 4 FamFG) und unter Setzung einer angemessenen Frist zur Behebung des Mangels zu beanstanden.[70] Dabei sind die Fehler und die Wege, wie diese behoben werden können, so genau wie möglich zu bezeichnen. Hängt die Eintragung vom Bestehen oder Nichtbestehen eines Rechtsverhältnisses, insbesondere vom Ausgang eines anderen Gerichtsverfahrens ab, kann das Gericht eine **Verfahrensaussetzung** bis zur Klärung dieser Frage anordnen, vgl. § 381, 21 FamFG. Liegen **nicht behebbare Mängel** vor, so ist die Anmeldung zurückzuweisen.[71] 19

55 Michalski/*Rühland*, § 78 Rn. 22; a.A. (zumindest teilweise) MünchKomm-GmbHG/*Schaub*, § 78 Rn. 50.
56 Anders *Krafka*, Rn. 269; Michalski/*Rühland*, § 78 Rn. 22.
57 Keidel/*Heinemann*, § 378 FamFG Rn. 4.
58 BayObLGZ 1970, 235/237.
59 Haußleiter/*Schemmann*, § 378 FamFG Rn. 8.
60 *Schaub*, MittBayNot 1999, 539/543.
61 LG München I, MittBayNot 1975, 181 mit Anm. Amann.
62 LG Weiden, MittBayNot 1980, 174 mit Anm. Schmidt.
63 Keidel/*Heinemann*, § 378 FamFG Rn. 6.
64 OLG Karlsruhe, GmbHR 2011, 308.
65 Keidel/*Heinemann*, § 378 FamFG Rn. 8.
66 Keidel/*Heinemann*, § 378 FamFG Rn. 10, 13.
67 Keidel/*Heinemann*, § 378 FamFG Rn. 14.
68 Keidel/*Heinemann*, § 378 FamFG Rn. 18.
69 Keidel/*Heinemann*, § 378 FamFG Rn. 17.
70 *Krafka*, Rn. 307; Michalski/*Rühland*, § 78 Rn. 25; Scholz/*Winter/Veil*, § 78 Rn. 24.
71 Michalski/*Rühland*, § 78 Rn. 25; Scholz/*Winter/Veil*, § 78 Rn. 24.

20 Trägt das Gericht dennoch ein, so können inhaltlich **unrichtige Eintragungen** und konstitutiv wirkende Eintragungen, bei denen die Anmeldung als **wesentliche Eintragungsvoraussetzung fehlt** (siehe Rn. 9), nach § 395 FamFG von Amts wegen gelöscht werden.[72] Allerdings sind die vorrangigen §§ 397, 398 und 399 FamFG zu beachten, die in ihrem Anwendungsbereich eine Sperrwirkung entfalten.[73] Scheidet nach diesen Bestimmungen eine Löschung aus, kann sie auch nicht auf § 395 FamFG gestützt werden. **Deklaratorische Anmeldungen**, die inhaltlich richtig sind, können aufgrund einer fehlenden oder fehlerhaften Anmeldung nicht mehr gelöscht werden.[74] Haben entgegen § 78 Hs. 2 nicht alle Geschäftsführer/Liquidatoren angemeldet, so scheidet eine Amtslöschung nach § 395 FamFG aus.[75] Das Gericht kann wegen § 79 Abs. 2 auch keine formgerechte Nachholung der Anmeldung erzwingen.[76]

2. Rechtsmittel

21 Eine **Eintragung** kann nicht mit Rechtsmitteln angegriffen werden (vgl. § 383 Abs. 3 FamFG),[77] in Betracht kommt allenfalls eine Fassungsbeschwerde. Der Rechtsschutz ist mit Inkrafttreten des FamFG erheblich verkürzt worden: Gegen eine Zwischenverfügung (§ 382 Abs. 4 Satz 1 FamFG) und einen Zurückweisungsbeschluss (§ 382 Abs. 3 FamFG) steht die auf einen Monat befristete **Beschwerde** zum OLG (§ 119 Abs. 1 Nr. 1 Buchst. b) GVG) zur Verfügung (§§ 382 Abs. 4 Satz 2, 58 Abs. 1, 63 Abs. 1 FamFG), sofern der Beschwerdewert nach § 61 Abs. 1 FamFG von 600 EUR überschritten ist oder das Amtsgericht die Beschwerde zugelassen hat (§ 61 Abs. 2 FamFG). Gegen die Beschwerdeentscheidung steht nur noch die **Rechtsbeschwerde** zum BGH zur Verfügung, die jedoch vom OLG zugelassen und binnen eines Monats eingelegt werden muss (§§ 70, 71 FamFG). Eine Nichtzulassungsbeschwerde ist nicht vorgesehen.

22 **Beschwerdeberechtigt** ist nur die Gesellschaft, auch die Vor-GmbH, da die Anmeldung in deren Namen beantragt wird (§ Abs. vgl. § 59 Abs. 2 FamFG).[78] Unerheblich ist, ob es sich um eine deklaratorische oder um eine konstitutive Eintragung handelt.[79] Im Beschwerdeverfahren wird die Gesellschaft durch die Geschäftsführer/Liquidatoren vertreten. Abzulehnen ist die Ansicht, den **Geschäftsführern/Liquidatoren** stünde dann ein eigenes Beschwerderecht zu, wenn eine öffentlich-rechtliche Anmeldepflicht besteht, die nach § 79 Abs. 1 i.V.m. § 14 HGB erzwungen werden kann (siehe Rn. 9).[80] Den Geschäftsführern/Liquidatoren steht allenfalls ein eigenes Beschwerderecht im Rahmen des Zwangsgeldverfahrens zu (siehe § 79 Rn. 9, 14, 15).[81]

---

72 Rowedder/Schmidt-Leithoff/*Zimmermann*, § 78 Rn. 19; Scholz/*Winter/Veil*, § 78 Rn. 26, 27.
73 Michalski/*Rühland*, § 78 Rn. 28, 29; MünchKomm-GmbHG/*Schaub*, § 78 Rn. 55; Keidel/*Heinemann*, § 395 FamFG Rn. 7, 8.
74 MünchKomm-GmbHG/*Schaub*, § 78 Rn. 56; Keidel/*Heinemann*, § 395 FamFG Rn. 18.
75 *Horn*, S. 224 f.
76 Anders die h.M. MünchKomm-GmbHG/*Schaub*, § 78 Rn. 58; Rowedder/Schmidt-Leithoff/*Zimmermann*, § 78 Rn. 19.
77 Lutter/Hommelhoff/*Kleindiek*, § 78 Rn. 8.
78 BGHZ 105, 324, 327 f. = NJW 1989, 295, 296; BGHZ 117, 323, 325 = NJW 1992, 1824; Lutter/Hommelhoff/*Kleindiek*, § 78 Rn. 8; Scholz/*Winter/Veil*, § 78 Rn. 25; a.A. BayObLG NJW-RR 1987, 1177.
79 Heybrock/*Stamm*, § 78 Rn. 19.
80 So BayObLG NJW-RR 2000, 414 = FGPrax 2000, 40; KG FGPrax 2004, 45, 46; OLG Köln, NJW-RR 2001, 1417; OLG Nürnberg, MDR 2010, 822; Keidel/*Meyer-Holz*, § 59 FamFG Rn. 86; Roth/Altmeppen/*Altmeppen*, § 78 Rn. 9; Lutter/Hommelhoff/*Kleindiek*, § 78 Rn. 8; Rowedder/Schmidt-Leithoff/*Zimmermann*, § 78 Rn. 20.
81 Heybrock/*Stamm*, § 78 Rn. 19.

§ 79 Zwangsgelder

(1) Geschäftsführer oder Liquidatoren, die §§ 35a, 71 Abs. 5 nicht befolgen, sind hierzu vom Registergericht durch Festsetzung von Zwangsgeld anzuhalten; § 14 des Handelsgesetzbuchs bleibt unberührt. Das einzelne Zwangsgeld darf den Betrag von fünftausend Euro nicht übersteigen.

(2) In Ansehung der in §§ 7, 54, 57 Abs. 1, § 58 Abs. 1 Nr. 3 bezeichneten Anmeldungen zum Handelsregister findet, soweit es sich um die Anmeldung zum Handelsregister des Sitzes der Gesellschaft handelt, eine Festsetzung von Zwangsgeld nach § 14 des Handelsgesetzbuchs nicht statt.

A. Allgemeines

Die Vorschrift ermöglicht dem Registergericht, durch die Festsetzung von Zwangsgeld die Einhaltung der §§ 35a, 71 Abs. 5 (Abs. 1 Satz 1 Hs. 1) und die Anmeldung **deklaratorischer Eintragungen** (siehe § 78 Rn. 9) von den Geschäftsführern/Liquidatoren zu erzwingen (Abs. 1 Satz 1 Hs. 2 i.V.m. § 14 HGB). Damit dient die Vorschrift dem Schutz des Privatrechtsverkehrs vor unrichtigen Geschäftsdokumenten und Registereintragungen.[1] Zugleich stellt Abs. 2 der Norm klar, dass konstitutiv wirkende Eintragungen (siehe § 78 Rn. 9) nicht mittels Zwangsgeldfestsetzung durchgesetzt werden können.[2] 1

B. Inhalt der Regelung

I. Zulässige Zwangsgeldfestsetzung nach Abs. 1

1. Angaben auf Geschäftsdokumenten (Abs. 1 Satz 1 Hs. 1)

Über die nach § 14 HGB erzwingbare Anmeldepflicht hinaus (siehe Rn. 1) erweitert Abs. 1 Satz 1 Hs. 1 die Befugnis des Registergerichts zur Festsetzung von Zwangsgeld, um die Einhaltung der §§ 35a, 71 Abs. 5 durchzusetzen.[3] Eine Zwangsgeldfestsetzung kommt in Betracht, wenn die erforderlichen Angaben auf den **Geschäftsdokumenten** ganz fehlen oder diese unrichtig oder unvollständig sind.[4] Unerheblich ist, wer für die fehlenden bzw. fehlerhaften Angaben verantwortlich war.[5] 2

2. Anmelde- und Einreichungspflichten (Abs. 1 Satz 1 Hs. 2)

Bei **deklaratorischen Eintragungen** besteht eine öffentlich-rechtliche Anmeldepflicht (siehe § 78 Rn. 9). Die Anmeldung kann das Registergericht über § 14 HGB erzwingen, was Abs. 1 Satz 1 Hs. 2 klarstellt. Für den Bereich des Umwandlungsrechts findet sich in § 316 Abs. 1 UmwG eine vergleichbare Regelung. 3

1 Vgl. Scholz/*Winter/Veil*, § 79 Rn. 5.
2 Michalski/*Rühland*, § 79 Rn. 1; Rowedder/Schmidt-Leithoff/*Zimmermann*, § 79 Rn. 1; Scholz/*Winter/Veil*, § 79 Rn. 1.
3 MünchKomm-GmbHG/*Goette*, § 79 Rn. 6 zur Liquidationsgesellschaft.
4 Michalski/*Rühland*, § 79 Rn. 5; Scholz/*Winter/Veil*, § 79 Rn. 3.
5 Michalski/*Rühland*, § 79 Rn. 5; Scholz/*Winter/Veil*, § 79 Rn. 3.

4 Die selbstständige **Einreichung von Schriftstücken** ist vorgesehen in § 40 Abs. 1 (Gesellschafterliste), § 52 Abs. 2 Satz 2 (Bekanntmachung der Aufsichtsratsmitglieder) und in § 75 Abs. 2 i.V.m. § 248 Abs. 1 Satz 2 AktG (Nichtigkeitsurteil)[6] und kann nach § 14 HGB erzwungen werden.[7] Soweit neben Anmeldungen auch Schriftstücke einzureichen sind, ist die Begrenzung des Registerzwangs nach Abs. 2 zu beachten (siehe Rn. 6).

3. Rechnungslegungspflichten

5 Für die Verletzung von Rechnungslegungspflichten sieht § 335 HGB besondere **Ordnungsgeldbefugnisse** des Bundesamts für Justiz vor. Das Verfahren richtet sich nach den besonderen, in § 335 Abs. 2 bis 6 HGB geregelten Verfahrensvorschriften

II. Unzulässige Zwangsgeldfestsetzung nach Abs. 2

6 Bei **konstitutiv wirkenden Eintragungen** besteht keine öffentlich-rechtliche Anmeldepflicht (siehe § 78 Rn. 9).[8] Dementsprechend schließt Abs. 2 (wie § 316 Abs. 2 UmwG) eine zwangsweise Durchsetzung der Anmeldung aus. Obwohl Abs. 2 nur auf §§ 7, 54, 57 Abs. 1, § 58 Abs. 1 Nr. 3 Bezug nimmt, ist die Vorschrift auf alle konstitutiv wirkenden Eintragungen anwendbar (z.B. auch auf die Anmeldung nach § 57i Abs. 1).[9] Ist neben einer solchen Anmeldung auch die **Einreichung von Dokumenten** vorgesehen, kann das Gericht deren Beibringung nicht erzwingen, sondern hat die Anmeldung zu beanstanden und ggf. zurückzuweisen.[10]

7 Eine **erweiterte Zwangsgeldbefugnis** bei konstitutiven Eintragungen, wenn die Eintragung trotz unvollständiger oder unrichtiger Eintragungsvoraussetzungen erfolgt und eine Amtslöschung nach §§ 395 ff. FamFG nicht möglich ist, muss aus rechtsstaatlichen Erwägungen abgelehnt werden.[11] Die Offenlegung einer wirtschaftlichen Neugründung kann nicht nach § 79 erzwungen werden.[12]

Die zwangsweise Durchsetzung der Nachholung einer formgerechten und vollständigen Anmeldung und die Nachreichung fehlender Dokumente scheidet aus.[13] Das Gericht hat unter Verletzung der von ihm zu beachtenden Verfahrensregeln eine nach außen hin wirksame Eintragung veranlasst. Es gehört nicht zur Mitwirkungslast der Beteiligten, eine Amtspflichtverletzung der staatlichen Organe zu korrigieren.

III. Verfahren

1. Zwangsgeld

8 Das Zwangsgeld ist weder Kriminal- noch Ordnungsstrafe oder Bußgeld, sondern **Beugemittel** und mit dem Zwangsgeld nach § 888 ZPO vergleichbar.[14] Die Verhängung setzt **kein Verschulden** voraus, doch hat dieses Einfluss auf die ermessensgerechte Festsetzung der Höhe des Zwangsgeldes.[15] Es muss mindestens 5 EUR betragen (Art. 6 Abs. 1 Satz 1 EGStGB), darf den Betrag von 5.000 EUR (Abs. 1 Satz 2) nicht übersteigen und kann nicht durch eine Beugehaft ersetzt werden,

6 Jansen/von Schuckmann/Sonnenfeld/*Steder*, § 132 FGG Rn. 22.
7 Baumbach/Hueck/*Haas*, § 79 Rn. 4; Michalski/*Rühland*, § 79 Rn. 7; Scholz/*Winter/Veil*, § 79 Rn. 7.
8 Michalski/*Rühland*, § 79 Rn. 11; Scholz/*Winter/Veil*, § 79 Rn. 14.
9 Scholz/*Winter/Veil*, § 79 Rn. 14.
10 Michalski/*Rühland*, § 79 Rn. 7; MünchKomm-GmbHG/*Goette*, § 79 Rn. 8; Scholz/*Winter/Veil*, § 79 Rn. 7; a.A. Rowedder/Schmidt-Leithoff/*Zimmermann*, § 79 Rn. 10, 11.
11 Keidel/*Heinemann*, § 388 FamFG Rn. 6; anders die h.M. BayObLGZ 1987, 279, 288; Michalski/*Rühland*, § 79 Rn. 12; MünchKomm-GmbHG/*Goette*, § 79 Rn. 16; Rowedder/Schmidt-Leithoff/*Zimmermann*, § 79 Rn. 9; Scholz/*Winter/Veil*, § 79 Rn. 16.
12 *Bachmann*, NZG 2012, 579, 580 Fußnote 10.
13 Anders die h.M., vgl. Baumbach/Hueck/*Haas*, § 78 Rn. 4, 7; Michalski/*Rühland*, § 79 Rn. 12; MünchKomm-GmbHG/*Goette*, § 79 Rn. 17; Scholz/*Winter/Veil*, § 79 Rn. 7, 17.
14 Keidel/*Heinemann*, § 388 FamFG Rn. 2; Michalski/*Rühland*, § 79 Rn. 2; MünchKomm-GmbHG/*Goette*, § 79 Rn. 3; Rowedder/Schmidt-Leithoff/*Zimmermann*, § 79 Rn. 12; Scholz/*Winter/Veil*, § 79 Rn. 11.
15 Baumbach/Hueck/*Haas*, § 78 Rn. 5; Rowedder/Schmidt-Leithoff/*Zimmermann*, § 79 Rn. 13; Scholz/*Winter/Veil*, § 79 Rn. 13.

sondern muss (auch bei Nichteintreibbarkeit) ggf. beliebig oft festgesetzt werden (vgl. § 389 Abs. 3 FamFG).[16]

2. Verfahrensbeteiligte

Beteiligt (vgl. § 7 Abs. 2 Nr. 1 FamFG) sind die **Geschäftsführer** und ihre Stellvertreter bzw. die **Liquidatoren**, nicht die GmbH, nicht die Gesellschafter (auch bei der Einpersonen-GmbH)[17] und nicht etwaige Prokuristen oder Bevollmächtigte.[18] Erst im Einspruchs- oder Beschwerdeverfahren muss die Gesellschaft als solche beteiligt werden.[19] Ist eine juristische Person Liquidator, so ist deren Vertretungsorgan Adressat im Zwangsgeldverfahren.[20] Auch wenn nicht alle Geschäftsführer/Liquidatoren anmelden müssen, kann das Zwangsgeld gegen **jeden Geschäftsführer/Liquidator** festgesetzt werden, bis die Handlungspflicht in ausreichender Form erfüllt ist.[21] Nach Ausscheiden des Geschäftsführers/Liquidators darf das Zwangsgeld nicht mehr festgesetzt und vollstreckt werden.[22] 9

Bei Zweigniederlassungen ausländischer Kapitalgesellschaften kann die zum **ständigen Vertreter** bestellte Person wegen ihrer Anmeldepflicht (siehe § 78 Rn. 15) in Anspruch genommen werden.[23] Ist ein solcher Vertreter nicht bestellt und befindet sich auch kein Gesellschaftsorgan im Inland, so scheidet eine Zwangsgeldfestsetzung aus.[24] 10

Eine Zwangsgeldfestsetzung gegen den **faktischen Geschäftsführer** scheidet aus, da dieser keine Anmeldebefugnis besitzt.[25] Treffen einen **Notar** Einreichungspflichten (z.B. nach § 40 Abs. 2), so können diese nicht mittels Zwangsmaßnahmen erzwungen werden.[26]

3. Verfahrenseinleitung

Das Registergericht (dort der Rechtspfleger, § 3 Nr. 2 Buchst. d) RPflG) *muss* das Verfahren gemäß § 388 FamFG von Amts wegen einleiten, sobald es **glaubhafte Kenntnis** von einem Verstoß gegen § 79 Abs. 1, § 14 HGB oder § 316 UmwG erlangt hat.[27] Eine weitergehende Beweisaufnahme ist nicht erforderlich, sondern dem Einspruchsverfahren vorbehalten.[28] Kenntnis kann das Gericht auch aufgrund einer **Anregung** von Dritten (z.B. eines berufsständischen Organs i.S. des § 380 FamFG) erlangt haben, die bei Nichteinleitung des Verfahrens beschwerdeberechtigt sind (vgl. § 24 Abs. 2 FamFG).[29] 11

4. Entscheidung des Gerichts

Das Gericht hat den Geschäftsführern/Liquidatoren unter **Androhung eines Zwangsgeldes** aufzugeben, innerhalb einer gerichtlich bestimmten Frist ihren gesetzlichen Verpflichtungen nachzukommen (§ 388 Abs. 1 FamFG). Die Frist muss angemessen sein, in der Verfügung muss deutlich 12

16 Keidel/*Heinemann*, § 389 FamFG Rn. 15; Rowedder/Schmidt-Leithoff/*Zimmermann*, § 79 Rn. 14, 15; Scholz/*Winter/Veil*, § 79 Rn. 32.
17 BayObLG FGPrax 2000, 74; Keidel/*Heinemann*, § 388 FamFG Rn. 28; Rowedder/Schmidt-Leithoff/*Zimmermann*, § 79 Rn. 16; Scholz/*Winter/Veil*, § 79 Rn. 18.
18 BayObLG Rpfleger 1982, 289; Keidel/*Heinemann*, § 388 FamFG Rn. 29; Michalski/*Rühland*, § 79 Rn. 16; Rowedder/Schmidt-Leithoff/*Zimmermann*, § 79 Rn. 16; Scholz/*Winter/Veil*, § 79 Rn. 18.
19 BayObLGZ 1962, 107; Keidel/*Heinemann*, § 388 FamFG Rn. 33; Ulmer/*Ransiek*, § 79 Rn. 17.
20 KG JFG 10, 86, 87 f.; OLG München, JFG 14, 488, 492; Keidel/*Heinemann*, § 388 FamFG Rn. 28; Rowedder/Schmidt-Leithoff/*Zimmermann*, § 79 Rn. 16; Scholz/*Winter/Veil*, § 79 Rn. 18.
21 Michalski/*Rühland*, § 79 Rn. 18; Rowedder/Schmidt-Leithoff/*Zimmermann*, § 79 Rn. 17; Scholz/*Winter/Veil*, § 79 Rn. 19.
22 Keidel/*Heinemann*, § 388 FamFG Rn. 35; Michalski/*Rühland*, § 79 Rn. 17.
23 Scholz/*Winter/Veil*, § 79 Rn. 19a.
24 Scholz/*Winter/Veil*, § 79 Rn. 19a.
25 A.A. BeckOK/*Jaeger*, § 79 GmbHG Rn. 2; unentschieden Ulmer/*Ransiek*, § 79 Rn. 5.
26 OLG München, FGPrax 2009, 181; Keidel/*Heinemann*, § 388 FamFG Rn. 31; a.A. BeckOK/*Jaeger*, § 79 GmbHG Rn. 2.
27 Keidel/*Heinemann*, § 388 FamFG Rn. 27; Michalski/*Rühland*, § 79 Rn. 14.
28 Keidel/*Heinemann*, § 388 FamFG Rn. 26; Michalski/*Rühland*, § 79 Rn. 14; Scholz/*Winter/Veil*, § 79 Rn. 21.
29 Keidel/*Heinemann*, § 388 FamFG Rn. 42; Michalski/*Rühland*, § 79 Rn. 15; Rowedder/Schmidt-Leithoff/*Zimmermann*, § 79 Rn. 18f.

angegeben werden, welche Verpflichtungen zu erfüllen sind.[30] Über die Einspruchsmöglichkeit ist nach § 39 FamFG zu belehren.[31] Die Frist kann auf Antrag oder von Amts wegen verlängert werden (§ 16 Abs. 2 FamFG i.V.m. § 224 Abs. 2 ZPO).[32] Wird innerhalb der Frist weder Einspruch eingelegt noch die Handlung vorgenommen, so ist das **Zwangsgeld** unter Berücksichtigung der wirtschaftlichen Bedeutung und des Verschuldensgrads **festzusetzen** und die Androhung eines erneuten Zwangsgelds zu wiederholen (§ 389 Abs. 1 FamFG).

13 Wird die erzwungene Handlung vor der Zwangsgeldfestsetzung vorgenommen, so **erledigt** sich das Verfahren, es bedarf keiner ausdrücklichen Aufhebung der ergangenen Verfügungen.[33] Wird die Verpflichtung nach der Zwangsgeldfestsetzung erfüllt, so ist die Verfügung aufzuheben und das Verfahren **einzustellen**.[34] Da das Zwangsgeld keinen Strafcharakter besitzt, darf es auch nach Rechtskraft nicht mehr vollstreckt werden.[35]

5. Rechtsmittel

14 Gegen die Androhung eines Zwangsgelds ist nicht die Beschwerde, sondern der **Einspruch** nach § 390 FamFG statthaft.[36] Erweist sich ein Einspruch als begründet, so ist die erlassene Verfügung aufzuheben (§ 390 Abs. 3 FamFG). Gegen die Festsetzung des Zwangsgelds und die Verwerfung des Einspruchs kann die auf einen Monat befristete **Beschwerde** (§§ 391 Abs. 1, 58 Abs. 1, 63 Abs. 1 FamFG) zum OLG (§ 119 Abs. 1 Nr. 1 Buchst. b) GVG) eingelegt werden. Die Rechtsbeschwerde zum BGH ist nur nach Maßgabe des § 70 FamFG statthaft.

6. Kosten, Vollstreckung

15 Für das Zwangsgeldverfahren entstehen **Gerichtskosten** nach Maßgabe des § 119 KostO (künftig GV Nr. 13310 bis 13332 GNotKG-RefE). Wird das Zwangsgeld festgesetzt, so sind zugleich (§ 389 Abs. 2 FamFG) die Verfahrenskosten dem betroffenen Geschäftsführer/Liquidator als Kostenschuldner (§ 3 Nr. 1 KostO, künftig § 27 Nr. 1 GNotKG-RefE), nicht aber der Gesellschaft,[37] aufzuerlegen. Wird von der Festsetzung aus Billigkeitsgründen abgesehen (vgl. § 390 Abs. 4 Satz 2 FamFG), so dürfen auch keine Verfahrenskosten erhoben werden.[38]

16 Das Zwangsgeld und die Verfahrenskosten werden nach § 1 Abs. 1 Nr. 3, Abs. 4, § 2 JBeitrO **vollstreckt**.

§ 80 (weggefallen)

§ 81 (weggefallen)

30 BGHZ 135, 107 = NJW 1997, 1855; BayObLGZ 1967, 458, 463; Keidel/*Heinemann*, § 388 FamFG Rn. 37; Michalski/*Rühland*, § 79 Rn. 19; Scholz/*Winter/Veil*, § 79 Rn. 23.

31 OLG Hamm Rpfleger 1985, 302, 303; Keidel/*Heinemann*, § 388 FamFG Rn. 38a; Scholz/*Winter/Veil*, § 79 Rn. 23.

32 Keidel/*Heinemann*, § 388 FamFG Rn. 37.

33 KG KGJ 40, 83, 85 f.; Keidel/*Heinemann*, § 389 FamFG Rn. 3; Michalski/*Rühland*, § 79 Rn. 21; Scholz/*Winter/Veil*, § 79 Rn. 25.

34 Keidel/*Heinemann*, § 389 FamFG Rn. 4; vgl. BayObLG Rpfleger 1979, 215 = DB 1979, 1981.

35 BayObLGZ 1955, 124, 130, 131 = Rpfleger 1955, 239; Keidel/*Heinemann*, § 388 FamFG Rn. 5; Scholz/*Winter/Veil*, § 79 Rn. 25.

36 Ausf. Keidel/*Heinemann*, § 390 FamFG Rn. 1 ff.; Scholz/*Winter/Veil*, § 79 Rn. 26 ff.

37 Keidel/*Heinemann*, § 388 FamFG Rn. 12; Rowedder/Schmidt-Leithoff/*Zimmermann*, § 79 Rn. 21; Scholz/*Winter/Veil*, § 79 Rn. 34.

38 Keidel/*Heinemann*, § 390 FamFG Rn. 24; Rowedder/Schmidt-Leithoff/*Zimmermann*, § 79 Rn. 21; Scholz/*Winter/Veil*, § 79 Rn. 33.

§ 82 Falsche Angaben

(1) Mit Freiheitsstrafe bis zu drei Jahren oder mit Geldstrafe wird bestraft, wer

1. als Gesellschafter oder als Geschäftsführer zum Zweck der Eintragung der Gesellschaft über die Übernahme der Geschäftsanteile, die Leistung der Einlagen, die Verwendung eingezahlter Beträge, über Sondervorteile, Gründungsaufwand und Sacheinlagen,

2. als Gesellschafter im Sachgründungsbericht,

3. als Geschäftsführer zum Zweck der Eintragung einer Erhöhung des Stammkapitals über die Zeichnung oder Einbringung des neuen Kapitals oder über Sacheinlagen,

4. als Geschäftsführer in der in § 57i Abs. 1 Satz 2 vorgeschriebenen Erklärung oder

5. als Geschäftsführer einer Gesellschaft mit beschränkter Haftung oder als Geschäftsleiter einer ausländischen juristischen Person in der nach § 8 Abs. 3 Satz 1 oder § 39 Abs. 3 Satz 1 abzugebenden Versicherung oder als Liquidator in der nach § 67 Abs. 3 Satz 1 abzugebenden Versicherung falsche Angaben macht.

(2) Ebenso wird bestraft, wer

1. als Geschäftsführer zum Zweck der Herabsetzung des Stammkapitals über die Befriedigung oder Sicherstellung der Gläubiger eine unwahre Versicherung abgibt oder

2. als Geschäftsführer, Liquidator, Mitglied eines Aufsichtsrats oder ähnlichen Organs in einer öffentlichen Mitteilung die Vermögenslage der Gesellschaft unwahr darstellt oder verschleiert, wenn die Tat nicht in § 331 Nr. 1 oder Nr. 1a des Handelsgesetzbuchs mit Strafe bedroht ist.

Literatur

Altmeppen, Cash-Pool, Kapitalaufbringungshaftung und Strafbarkeit des Geschäftsführers wegen falscher Versicherung, ZIP 2009, 1545; *Heckschen*, Gründungserleichterungen nach dem MoMiG – Zweifelsfragen in der Praxis, DStR 2009, 166; *Kadel*, Die Umwandlung eines Einzelunternehmens in eine UG (haftungsbeschränkt) bzw GmbH, BWNotZ 2010, 46; *Maier-Reimer/Wenzel*, Nochmals – Die Anrechnung der verdeckten Sacheinlage nach dem MoMiG, ZIP 2009, 1185; *Roth*, Neue Fallstricke beim Hin- und Herzahlen – Cash Pool, NJW 2009, 3397; *Schluck-Amend/Penke*, Kapitalaufbringung nach dem MoMiG und der „Qivive"-Entscheidung des BGH, DStR 2009, 1433; *Seibert/Decker*, Die GmbH-Reform kommt!, ZIP 2008, 1208; *Ulmer*, Der „Federstrich des Gesetzgebers" und die Anforderungen der Rechtsdogmatik, ZIP 2008, 45; *ders.*, Die „Anrechnung" (MoMiG) des Wertes verdeckter Sacheinlagen auf die Bareinlageforderung der GmbH – ein neues Erfüllungssurrogat?, ZIP 2009, 293; *Veil*, Die Reform des Rechts der Kapitalaufbringung durch den RegE MoMiG, ZIP 2007, 1241.

A. Allgemeines

1 Die Vorschrift sanktioniert bestimmte falsche Angaben oder unrichtige Versicherungen, die im Handelsregister veröffentlicht oder anderweitig öffentlich mitgeteilt wurden, mit Strafe. Damit dienen die Straftatbestände dem **Schutz der Allgemeinheit**, die auf die Richtigkeit der Handelsregistereintragung und der sonstigen öffentlichen Mitteilungen über die Vermögensverhältnisse der Gesellschaft vertrauen sollen dürfen.[1] Da die Verwirklichung des objektiven Tatbestands weder vom Eintritt einer konkreten Gefährdung noch eines Schadens abhängt, handelt es sich um ein **abstraktes Gefährdungsdelikt**.[2] Die Strafbestimmung spielt in der Praxis offenbar keine große Rolle, da nur wenige Verurteilungen veröffentlicht worden sind.[3] In auffälligem Gegensatz hierzu wird die Vorschrift von der Kommentarliteratur exzessiv behandelt.[4]

2 Die Vorschrift ist kein Verbotsgesetz i.S. des § 134 BGB.[5] Sie dient aber mittelbar auch den Vermögensinteressen Dritter und ist deshalb zum überwiegenden Teil **Schutzgesetz** i.S.d. § 823 Abs. 2 BGB.[6] In den Schutzbereich von Abs. 1 Nr. 1 bis 4 sind gegenwärtige und künftige Gesellschaftsgläubiger sowie künftige Gesellschafter einbezogen.[7] Bei einer unrichtigen Versicherung über die Einzahlung der Kapitalerhöhungsbeträge entfällt die Haftung des Geschäftsführers nicht etwa deshalb mangels Kausalität, weil sich die Einzahlungspflicht allein aus dem Kapitalerhöhungsbeschluss ergibt, sofern der Geschäftsführer den künftigen Gesellschafter hinsichtlich der Einzahlungspflicht getäuscht hat.[8] Die zivilrechtliche Haftung trifft den Geschäftsführer, nicht etwa die Gesellschaft, so dass eine anderweitige Ersatzmöglichkeit i.S. des § 19 Abs. 1 Satz 2 BNotO besteht.[9] Der Schutzzweck des Abs. 1 Nr. 1 bis 4 hat die reale Aufbringung des Stammkapitals zum Gegenstand, ist aber nicht darauf gerichtet, Mitgründern Risiken und Nachteile abzunehmen, die mit Fragen der Kapitalaufbringung keinen Zusammenhang aufweisen.[10] Noch weitergehend soll durch Abs. 2 Nr. 2 die Allgemeinheit, z.B. gegenwärtige und künftige Arbeitnehmer, geschützt werden,[11] während Abs. 2 Nr. 1 nur die gegenwärtigen Gesellschaftsgläubiger schützt.[12] Überhaupt kein Schutzcharakter kommt Abs. 1 Nr. 5 zu, der lediglich der Entlastung des Registergerichts dient.[13] Nicht vom Schutzbereich der Norm werden gegenwärtige Gesellschafter und die Gesellschaft selbst erfasst.[14] Geschützt wird nur, wer in Kenntnis der Angaben i.S.d. § 82 **tatsächlich auf deren Richtigkeit vertraut** hat.[15]

---

1 OLG München, NJW-RR 2000, 1130 = NZG 2000, 654; OLG München, NJW-RR 1988, 290; Michalski/*Dannecker*, § 82 Rn. 12; Rowedder/Schmidt-Leithoff/*Schaal*, § 82 Rn. 1; Scholz/*Tiedemann*, § 82 Rn. 13.
2 BGH wistra 2005, 68; Lutter/Hommelhoff/*Kleindiek*, § 82 Rn. 1; Michalski/*Dannecker*, § 82 Rn. 19; Rowedder/Schmidt-Leithoff/*Schaal*, § 82 Rn. 6; Scholz/*Tiedemann*, § 82 Rn. 16.
3 MünchKomm-GmbHG/*Wißmann*, § 82 Rn. 4.
4 Vgl. insbesondere MünchKomm-GmbHG/*Wißmann*, § 82 Rn. 1 bis 357; BeckOK/*Dannecker/N. Müller*, § 82 Rn. 1 bis 274; Michalski/*Dannecker*, § 82 Rn. 1 bis 271; MünchKomm-StGB/*Kiethe/Hohmann*, § 82 GmbHG Rn. 1 bis 246; Scholz/*Tiedemann*, § 82 Rn. 1 bis 198.
5 LSG Sachsen BeckRS 2001, 30933288.
6 BGH NJW-RR 2003, 170, 171 = DStR 2003, 44, 45; OLG München, NJW-RR 2000, 1130 = NZG 2000, 654; OLG Naumburg DStR 2010, 564 = BeckRS 2010, 05519; LSG Sachsen BeckRS 2001, 30933288; Roth/Altmeppen/*Altmeppen*, § 82 Rn. 3; Lutter/Hommelhoff/*Kleindiek*, § 82 Rn. 31.
7 OLG München, NJW-RR 1988, 290; Lutter/Hommelhoff/*Kleindiek*, § 82 Rn. 31; Rowedder/Schmidt-Leithoff/*Schaal*, § 82 Rn. 2.
8 Unzutreffend OLG Naumburg DStR 2010, 564 = BeckRS 2010, 05519.
9 Unzutreffend OLG Naumburg DStR 2010, 564 = BeckRS 2010, 05519.
10 BGH NJW-RR 2003, 170, 171 = DStR 2003, 44, 45.
11 Lutter/Hommelhoff/*Kleindiek*, § 82 Rn. 31; Rowedder/Schmidt-Leithoff/*Schaal*, § 82 Rn. 2; krit. Roth/Altmeppen/*Altmeppen*, § 82 Rn. 3.
12 Lutter/Hommelhoff/*Kleindiek*, § 82 Rn. 31; Rowedder/Schmidt-Leithoff/*Schaal*, § 82 Rn. 2.
13 Roth/Altmeppen/*Altmeppen*, § 82 Rn. 24; Baumbach/Hueck/*HaasHaas*, § 82 Rn. 58; Lutter/Hommelhoff/*Kleindiek*, § 82 Rn. 31; a.A. Rowedder/Schmidt-Leithoff/*Schaal*, § 82 Rn. 2.
14 KG GmbHR 2011, 821, 822; Roth/Altmeppen/*Altmeppen*, § 82 Rn. 3; Michalski/*Dannecker*, § 82 Rn. 15, 16.
15 OLG München, NJW-RR 2000, 1130 = NZG 2000, 654; KG GmbHR 2011, 821, 823; Roth/Altmeppen/*Altmeppen*, § 82 Rn. 4; Michalski/*Dannecker*, § 82 Rn. 17; Rowedder/Schmidt-Leithoff/*Schaal*, § 82 Rn. 2.

B. Inhalt der Regelung

I. Täterschaft und Teilnahme

1. Täter

Die Vorschrift ist in allen Tatbestandsalternativen **echtes Sonderdelikt**.[16] Als Täter, Mittäter oder mittelbarer Täter kommen nur Gesellschafter (Abs. 1 Nr. 1, 2), Geschäftsführer (Abs. 1 Nr. 1, 3, 4, 5, Abs. 2 Nr. 1, 2), Geschäftsleiter einer ausländischen juristischen Person (Abs. 1 Nr. 5), Liquidatoren (Abs. 2 Nr. 2) sowie Mitglieder des Aufsichtsrats oder eines ähnlichen Organs (Abs. 2 Nr. 2) in Betracht. 3

Bei Vorhandensein **mehrerer Organwalter** (Gesellschafter, Geschäftsführer, Liquidatoren, Aufsichtsratsmitglieder) kommt Mittäterschaft in Betracht (insbesondere bei notwendiger Gesamtvertretung im Fall des § 78 Satz 2), ggf. auch durch **Unterlassen**, wenn ein selbst nicht handelnder Organwalter trotz Kenntnis der Unrichtigkeit der Angaben den Handelnden nicht von deren Abgabe abhält bzw. diese nicht berichtigt.[17] Ist die Anmeldung im Fall des § 78 Satz 2 unwirksam, weil nicht sämtliche Geschäftsführer/Liquidatoren gehandelt haben, sind die handelnden Personen dennoch strafbar.[18] Die **interne Verteilung** der Aufgaben (insbesondere unter den Geschäftsführern) lässt die strafrechtliche Verantwortlichkeit aller Organe unberührt.[19] Selbst ein **überstimmter Organwalter** ist verpflichtet, alles ihm Zumutbare zu unternehmen, um die Anmeldung oder Erklärung zu verhindern, er muss notfalls sein Amt niederlegen oder das Gericht von der Unrichtigkeit der Angaben verständigen.[20] 4

Obwohl **Gesellschafter** nicht zu den nach § 78 anmeldepflichtigen Personen zählen (siehe § 78 Rn. 10 ff.), können sie im Rahmen des Abs. 1 Nr. 1 mittelbare Täter oder Mittäter sein, wenn sie die Unrichtigkeit der Angaben kannten.[21] Täter ist, wer zum Zeitpunkt der tatbestandsmäßigen Handlung Gesellschafter ist, ein späteres Ausscheiden lässt die Strafbarkeit nicht entfallen.[22] Täter kann auch der bloß treuhänderisch fungierende **Strohmann-Gesellschafter** sein, nicht jedoch dessen Hintermann (sog. faktischer Gesellschafter).[23] Bei juristischen Personen bestimmt sich die strafrechtliche Verantwortlichkeit nach § 14 StGB.[24] 5

Wer **Geschäftsführer** ist, ist nach zivilrechtlichen Grundsätzen zu bestimmen, so dass die Stellung als Geschäftsführer zumindest einen konkludenten Bestellungsakt erfordert, Eintragung im Handelsregister ist hingegen nicht notwendig.[25] Zivilrechtliche Mängel des Bestellungsakts stehen der strafrechtlichen Verantwortlichkeit nicht entgegen, wenn der Geschäftsführer sein Amt tatsächlich ausübt.[26] Als Geschäftsführer ist auch dessen **Stellvertreter** (§ 44) anzusehen.[27] Die weiterge- 6

16 BGH NJW 2000, 2285; Lutter/Hommelhoff/*Kleindiek*, § 82 Rn. 2; Michalski/*Dannecker*, § 82 Rn. 21; Rowedder/Schmidt-Leithoff/*Schaal*, § 82 Rn. 8; Scholz/*Tiedemann*, § 82 Rn. 18.

17 Lutter/Hommelhoff/*Kleindiek*, § 82 Rn. 6; Michalski/*Dannecker*, § 82 Rn. 63ff.; a.A. Scholz/*Tiedemann*, § 82 Rn. 23, 30 (Garantenstellung nur des Aufsichtsrats, Geschäftsführer und Gesellschafter nur bei besonderer Weisungsgewalt).

18 Michalski/*Dannecker*, § 82 Rn. 61.

19 Michalski/*Dannecker*, § 82 Rn. 67; Rowedder/Schmidt-Leithoff/*Schaal*, § 82 Rn. 111; Scholz/*Tiedemann*, § 82 Rn. 30.

20 Michalski/*Dannecker*, § 82 Rn. 72; Rowedder/Schmidt-Leithoff/*Schaal*, § 82 Rn. 113, 114; a.A. Scholz/*Tiedemann*, § 82 Rn. 31 (Garantenstellung besteht beim Aufsichtsrat, bei Gesellschaftern und Geschäftsführern nur bei besonderer Weisungsgewalt).

21 BayObLG NJW 1994, 2967, 2968 (hält sogar unmittelbare Täterschaft für denkbar); KG GmbHR 2011, 821, 822; Lutter/Hommelhoff/*Kleindiek*, § 82 Rn. 4; Rowedder/Schmidt-Leithoff/*Schaal*, § 82 Rn. 9, 106; Scholz/*Tiedemann*, § 82 Rn. 35; a.A. Michalski/*Dannecker*, § 82 Rn. 37: Redaktionsversehen des Gesetzgebers.

22 Baumbach/Hueck/*Haas*, § 82 Rn. 28; Michalski/*Dannecker*, § 82 Rn. 142; a.A. Rowedder/Schmidt-Leithoff/*Schaal*, § 82 Rn. 53.

23 Michalski/*Dannecker*, § 82 Rn. 38, 39; Rowedder/Schmidt-Leithoff/*Schaal*, § 82 Rn. 9; Scholz/*Tiedemann*, § 82 Rn. 36, 37; anders wohl BGH NJW 2000, 2285, 2286.

24 Michalski/*Dannecker*, § 82 Rn. 40.

25 Michalski/*Dannecker*, § 82 Rn. 45; Scholz/*Tiedemann*, § 82 Rn. 41.

26 BGHSt 3, 32, 37 f.; RGSt 43, 407, 410, 413; Michalski/*Dannecker*, § 82 Rn. 45; Scholz/*Tiedemann*, § 82 Rn. 41.

27 Michalski/*Dannecker*, § 82 Rn. 35, 41, 42; Rowedder/Schmidt-Leithoff/*Schaal*, § 82 Rn. 7, 10; Scholz/*Tiedemann*, § 82 Rn. 39.

hende Rechtsprechung des BGH, wonach auch ein **faktischer Geschäftsführer** Täter sein kann,[28] ist hingegen abzulehnen.[29] Eine Strafbarkeit des faktischen Geschäftsführers kommt nur in Form der Anstiftung oder Beihilfe in Betracht, soweit nicht eine Täterschaft als Gesellschafter möglich ist.[30] Kein tauglicher Täter ist der Prokurist.[31]

7 Für **stellvertretende** und **faktische Liquidatoren** gelten die vorstehenden Ausführungen entsprechend. Bei juristischen Personen, die zum Liquidator bestellt werden können, bestimmt sich die Strafbarkeit nach § 14 StGB.[32] Wegen der ausdrücklichen Nichterwähnung in Abs. 1 Nr. 3 und Abs. 2 Nr. 1 scheidet eine erweiternde Auslegung dieser Vorschrift auf Kapitalmaßnahmen, die von Liquidatoren angemeldet werden, aus.[33]

8 Durch die Neufassung von Abs. 1 Nr. 5 sind nicht nur die Geschäftsführer einer inländischen GmbH, sondern auch die **Geschäftsleiter** einer ausländischen juristischen Person taugliche Täter. Die Änderung berücksichtigt, dass nunmehr auch die Geschäftsführer bzw. ständigen Vertreter (§ 13e Abs. 2 Nr. 3 HGB) einer ausländischen GmbH verpflichtet sind, bei Anmeldung einer Zweigniederlassung die Versicherung nach § 8 Abs. 3 Satz 1 und bei einer Änderung dieser Personen die Versicherung nach § 39 Abs. 3 Satz 1 abzugeben (vgl. § 13g Abs. 2 Satz 2, Abs. 5 HGB).[34] Mangels Nichterwähnung von § 67 Abs. 3 in § 13g Abs. 5 HGB scheidet eine Strafbarkeit von **Liquidatoren** ausländischer juristischer Personen aus. Zu begrüßen ist zwar, dass die Vorschrift Strafbarkeitslücken schließt, die auch die fragwürdige Rechtsprechung des BGH zur Ungeeignetheit ausländischer Vertreter[35] nicht beseitigen kann. Bedenklich ist allerdings, dass die Strafbarkeit an den gesetzlich nicht definierten Begriff des „Geschäftsleiters" anknüpft und § 13g Abs. 2 Satz 2, Abs. 5 HGB nicht ausdrücklich genannt ist.[36] Die Vorschrift verstößt daher mangels Bestimmtheit gegen Art. 103 Abs. 2 GG, § 1 StGB und ist **verfassungswidrig**.

9 **Mitglied des Aufsichtsrats** ist jeder nach dem MitBestG und dem Gesellschaftsvertrag vorgeschriebene Aufsichtsrat, ohne dass es auf die Wirksamkeit des Bestellungsakts ankommt.[37] Das einem Aufsichtsrat vergleichbare Organ (Abs. 2 Nr. 2) erfordert, dass das Gremium der **Überwachung der Geschäftsführung** dient, die bloße Wahrnehmung beratender, bilanzprüfender (z.B. Abschlussprüfer), streitschlichtender Funktionen oder die Wahrnehmung der Interessen der Arbeitnehmer (z.B. Betriebsrat) genügt hierfür nicht.[38]

2. Teilnehmer

10 Teilnehmer, also **Anstifter** (§ 26 StGB)[39] und **Gehilfe** (§ 27 StGB), kann jede andere Person sein, insbesondere wenn ihr die die Täterschaft begründenden Merkmale fehlen (z.B. Gesellschafter, Aufsichtsratmitglied, Prokurist, Vertreter etc.).[40] Der Strafrahmen ist aber nach § 27 Abs. 2 Satz 2 bzw. § 28 Abs. 1 StGB zu mildern.[41] Auch **Rechtsanwälte** und **Steuerberater** können bei vor-

---

28 BGH NJW 2000, 2285, 2286.
29 Lutter/Hommelhoff/*Kleindiek*, § 82 Rn. 2; Michalski/*Dannecker*, § 82 Rn. 47, 48; Scholz/*Tiedemann*, § 82 Rn. 42; a.A. Rowedder/Schmidt-Leithoff/*Schaal*, § 82 Rn. 11.
30 Scholz/*Tiedemann*, § 82 Rn. 42.
31 BGH NStZ-RR 2010, 79 = BeckRS 2009, 27777.
32 Scholz/*Tiedemann*, § 82 Rn. 45; Michalski/*Dannecker*, § 82 Rn. 22, 54.
33 OLG Jena, NStZ 1998, 307, 308; Lutter/Hommelhoff/*Kleindiek*, § 82 Rn. 5; Michalski/*Dannecker*, § 82 Rn. 52; Scholz/*Tiedemann*, § 82 Rn. 43.
34 BT-Drucks. 16/6140, S. 47 i.V.m. 50.
35 BGH NJW 2007, 2328 = ZIP 2007, 1306 = NZG 2007, 592.
36 Ähnlich die Stellungnahme des Bundesrats, BT-Drucks. 16/6140, S. 69, die sich allerdings nur gegen den Terminus des inländischen Geschäftsleiters richtete, aber auch gegen den des ausländischen Geschäftsleiters erhoben werden muss.
37 Baumbach/Hueck/*Haas*, § 82 Rn. 88.
38 Michalski/*Dannecker*, § 82 Rn. 58; Rowedder/Schmidt-Leithoff/*Schaal*, § 82 Rn. 16; Scholz/*Tiedemann*, § 82 Rn. 50.
39 Vgl. BGH NJW 1955, 678.
40 Roth/Altmeppen/*Altmeppen*, § 82 Rn. 2.
41 Eine kumulative Milderung scheidet aber aus, vgl. BGH wistra 1988, 303; Rowedder/Schmidt-Leithoff/*Schaal*, § 82 Rn. 122.

sätzlich falscher Beratung Teilnehmer sein.[42] Eine Teilnahme des **Notars** dürfte hingegen nur in seltenen Ausnahmefällen in Betracht kommen, z.B. wenn er in Kenntnis der Unrichtigkeit der Angaben die Handelsregisteranmeldung entworfen hat und den erforderlichen doppelten Vorsatz (siehe Rn. 31) besaß.[43] Konsequenterweise muss man auch eine mögliche Teilnahmestrafbarkeit des **Registerrichters** und **Registerrechtspflegers** bejahen, wenn diese die Handelsregistereintragung in Kenntnis der Unrichtigkeit der Anmeldung vornehmen.

II. Versuch, Vollendung und Beendigung

1. Versuch

Da es sich bei allen Tatbestandsvarianten der Vorschrift um Vergehen (§ 12 Abs. 2 StGB) handelt, 11
sind der Tatversuch und die versuchte Anstiftung jeweils **nicht strafbar** (§§ 23 Abs. 1, 30 Abs. 1 Satz 1 StGB).

2. Vollendung

Vollendet ist die Tat in den Fällen des Abs. 1 Nr. 1, 3, 4 und 5 sowie des Abs. 2 Nr. 1 erst mit 12
Zugang (siehe § 78 Rn. 2) der falschen Angaben bzw. unwahren Versicherung beim zuständigen Registergericht, nicht schon mit Unterschriftsvornahme bzw. -anerkennung vor dem beglaubigenden Notar.[44] Die Tathandlung nach Abs. 1 Nr. 2 ist bereits vollendet, wenn der Sachgründungsbericht anderen Personen (z.B. Geschäftsführer, Notar etc.) im Rahmen des Rechtsverkehrs zugeht,[45] spätestens mit Zugang beim Registergericht. Im Fall des Abs. 2 Nr. 2 muss die Mitteilung **veröffentlicht** worden sein (z.B. durch Einstellen in den elektronischen Bundesanzeiger, Zeitungsveröffentlichung oder mündliche Mitteilung).[46] In keinem Fall setzt die Tatvollendung Kenntnisnahme vom Inhalt der Erklärung voraus,[47] die Tat ist auch im Falle der Zurückweisung der Anmeldung vollendet.[48]

3. Beendigung

Die Tatbeendigung hat für den Verjährungsbeginn (vgl. § 78a StGB) und eine mögliche Beihilfe- 13
handlung Bedeutung.[49] Beendet ist die Tat nach Abs. 1 Nr. 1, 3, 4 und 5 sowie Abs. 2 Nr. 1 mit **Eintragung** der Tatsache im Handelsregister bzw. mit rechtskräftiger Zurückweisung der Eintragung.[50] Im Fall des Abs. 1 Nr. 2 ist die Tat bereits mit der **Entscheidung des Registergerichts** über die Eintragung (und nicht erst mit Eintragung),[51] im Falle des Abs. 2 Nr. 2 mit der **Kenntnisnahme** auch nur einer Person (und nicht etwa mehrerer) beendet.[52]

---

42 Vgl. LG Freiburg DStRE 2011, 1240 zur Ahndung der Mitwirkung des Steuerberaters an einer falschen Versicherung gegenüber dem Registergericht als Berufspflichtverletzung nach § 57 Abs. 1 StBerG; Lutter/Hommelhoff/*Kleindiek*, § 82 Rn. 7; Rowedder/Schmidt-Leithoff/*Schaal*, § 82 Rn. 109.

43 Ähnlich Scholz/*Tiedemann*, § 82 Rn. 25; LG Koblenz, ZIP 1991, 1284, 1290 (zu § 399 AktG).

44 BGH wistra 2005, 68; Baumbach/Hueck/*Haas*, § 82 Rn. 22; Michalski/*Dannecker*, § 82 Rn. 125, 126; Rowedder/Schmidt-Leithoff/*Schaal*, § 82 Rn. 102; Scholz/*Tiedemann*, § 82 Rn. 91, 120, 128, 136.

45 Baumbach/Hueck/*Haas*, § 82 Rn. 31; Michalski/*Dannecker*, § 82 Rn. 153; Rowedder/Schmidt-Leithoff/*Schaal*, § 82 Rn. 103; Scholz/*Tiedemann*, § 82 Rn. 107.

46 Rowedder/Schmidt-Leithoff/*Schaal*, § 82 Rn. 103; Scholz/*Tiedemann*, § 82 Rn. 162.

47 Lutter/Hommelhoff/*Kleindiek*, § 82 Rn. 8; Rowedder/Schmidt-Leithoff/*Schaal*, § 82 Rn. 102.

48 RGSt 43, 430, 431.

49 Baumbach/Hueck/*Haas*, § 82 Rn. 23.

50 BGH wistra 1987, 212; Baumbach/Hueck/*Haas*, § 82 Rn. 23; Michalski/*Dannecker*, § 82 Rn. 129; Rowedder/Schmidt-Leithoff/*Schaal*, § 82 Rn. 104; Scholz/*Tiedemann*, § 82 Rn. 94; a.A. BGH NJW 2000, 2285, der auf den Eingang des Eintragungsantrags abstellt.

51 Baumbach/Hueck/*Haas*, § 82 Rn. 32; Michalski/*Dannecker*, § 82 Rn. 154; Rowedder/Schmidt-Leithoff/*Schaal*, § 82 Rn. 104; Scholz/*Tiedemann*, § 82 Rn. 108, 120, 128, 137.

52 Baumbach/Hueck/*Haas*, § 82 Rn. 95; Michalski/*Dannecker*, § 82 Rn. 256; Scholz/*Tiedemann*, § 82 Rn. 163; a.A. Rowedder/Schmidt-Leithoff/*Schaal*, § 82 Rn. 104.

III. Objektiver Tatbestand

14 Grundsätzlich setzen alle Tatbestände des § 82 aktives Handeln voraus, so dass das vollständige **Unterlassen** einer Anmeldung, Versicherung oder Mitteilung straflos ist.[53] Eine Anmeldung/Mitteilung, die sich nachträglich als falsch erweist, muss aber vom Erklärenden **berichtigt** werden, wenn sie auf dessen Pflichtwidrigkeit beruht; aus dem vorangegangene Tun folgt hier eine Handlungspflicht.[54]

1. Gründungsschwindel (Abs. 1 Nr. 1)

15 Die Vorschrift stellt nicht etwa jede Gesellschaftsgründung mit betrügerischem Hintergrund unter Strafe, sondern typisierend nur solche, bei denen hinsichtlich der formellen und materiellen **Eintragungsvoraussetzungen** Falschangaben gemacht worden sind.[55] Strafbar sind nur solche falschen Angaben, die **zum Zwecke der Eintragung** der Gesellschaft im Handelsregister abgegeben worden sind. Erfasst sind daher nur Tathandlungen, die die **Ersteintragung** der Gesellschaft bezwecken, nicht Eintragungen zur Fortsetzung einer aufgelösten Gesellschaft.[56]

16 Tathandlung für alle Tatbestandsalternativen sind **falsche Angaben**. Dies sind Aussagen über Tatsachen und Wertungen, die nicht mit der Wirklichkeit übereinstimmen, wobei vom Empfängerhorizont eines verständigen Dritten auszugehen ist.[57] Auch **unvollständige Angaben** können falsch sein, wenn durch die nicht mitgeteilten Tatsachen der rechtliche Inhalt der Aussage verändert wird.[58] Bei Offenkundigkeit bzw. Kenntnis des Registergerichts von diesen Tatsachen liegt keine strafbare Handlung vor.[59] **Maßgeblicher Zeitpunkt** für die Beurteilung der Falschheit der Angabe ist der Zugang der Anmeldung beim Gericht.[60]

17 Strafbewehrt sind falsche Angaben hinsichtlich der **Übernahme der Geschäftsanteile** nach § 3 Abs. 1 Nr. 4, z.B. falsche Angaben hinsichtlich Höhe und Art der Einlagen (siehe zur **verdeckten Sacheinlage** Rn. 22), falsche Angaben zur Person der leistungspflichtigen Gesellschafter oder wenn verschwiegen wird, dass der Beitritt angefochten wurde oder aus sonstigen Gründen nichtig ist.[61] Das Verschweigen des Hintermanns bei der Strohmann-Gründung ist keine falsche Angabe.[62] Falsche Angaben können enthalten sein im Gesellschaftsvertrag (§ 8 Abs. 1 Nr. 1), der Gesellschafterliste (§ 8 Abs. 1 Nr. 3), den Verträgen nach § 8 Abs. 1 Nr. 4, den Unterlagen nach § 8 Abs. 1 Nr. 5 oder der Versicherung nach § 8 Abs. 2.

18 Zentraler Vorgang der Kapitalaufbringung ist die **Leistung der Einlagen**. Diese müssen bei Anmeldung der Gesellschaft endgültig erbracht worden sein und zur freien Verfügbarkeit des Geschäftsführers stehen (§§ 7 Abs. 3, 8 Abs. 2 Satz 1). Falsch sind Angaben hierüber, wenn die Geld- oder Sacheinlagen (siehe hierzu Rn. 18 ff.) ganz oder teilweise überhaupt nicht oder nur zum Schein geleistet worden sind. Dass ein Geschäftsanteil kurze Zeit nach Gründung unter dem Wert der ursprünglichen Einlageleistung veräußert wird, kann ein widerlegbares Indiz für die Nichterbringung der vollen Einlage darstellen.[63]

---

53 Michalski/*Dannecker*, § 82 Rn. 257; Scholz/*Tiedemann*, § 82 Rn. 105, 127, 157; in Betracht kommt aber eine Strafbarkeit nach § 283 Abs. 1 Nr. 7b, § 283b Abs. 1 Nr. 3b StGB.
54 Baumbach/Hueck/*Haas*, § 82 Rn. 24; Michalski/*Dannecker*, § 82 Rn. 64, 130 ff., 258 f.; Scholz/*Tiedemann*, § 82 Rn. 95 ff.; vgl. BGH NStZ 1993, 442.
55 Michalski/*Dannecker*, § 82 Rn. 77; Scholz/*Tiedemann*, § 82 Rn. 53.
56 BGH NJW 1955, 678; Rowedder/Schmidt-Leithoff/*Schaal*, § 82 Rn. 29.
57 Baumbach/Hueck/*Haas*, § 82 Rn. 10; Michalski/*Dannecker*, § 82 Rn. 86; Scholz/*Tiedemann*, § 82 Rn. 59 ff.
58 Baumbach/Hueck/*Haas*, § 82 Rn. 10; Michalski/*Dannecker*, § 82 Rn. 89; Scholz/*Tiedemann*, § 82 Rn. 62.
59 Baumbach/Hueck/*Haas*, § 82 Rn. 10.
60 Lutter/Hommelhoff/*Kleindiek*, § 82 Rn. 8; Michalski/*Dannecker*, § 82 Rn. 88; Rowedder/Schmidt-Leithoff/*Schaal*, § 82 Rn. 23.
61 Lutter/Hommelhoff/*Kleindiek*, § 82 Rn. 11; Michalski/*Dannecker*, § 82 Rn. 92 ff.; Rowedder/Schmidt-Leithoff/*Schaal*, § 82 Rn. 32; Scholz/*Tiedemann*, § 82 Rn. 66, 67.
62 Michalski/*Dannecker*, § 82 Rn. 95; Rowedder/Schmidt-Leithoff/*Schaal*, § 82 Rn. 32.
63 BGH wistra 2005, 68.

Beispiele für unrichtige Angaben:
Aufrechnung statt behaupteter Bareinzahlung;[64] unrichtige Angabe der Einzahlungssumme;[65] Zahlung erfolgt in Wirklichkeit aus einem der GmbH gewährten Darlehen;[66] Vereinbarung sofortiger Rückzahlung nach Anmeldung;[67] Einzahlung auf persönliches Konto des Geschäftsführers;[68] Leistung einer Sacheinlage statt vereinbarter Bareinzahlung (zur verdeckten Sacheinlage siehe Rn. 22);[69] Hingabe eines unsicheren Schecks oder Wechsels statt Bareinzahlung.[70]

Ein besonderes Beispiel falscher Einlageleistung stellt die falsche Angabe über die **Verwendung eingezahlter Beträge** dar. Hierunter fällt jede Verwendung, die die endgültige und freie Verfügbarkeit seitens der Geschäftsführer beeinträchtigt, betrifft also dingliche Verfügungen.[71] Wird beispielsweise Gründungsaufwand (siehe Rn. 20) vor Zugang der Anmeldung aus den Einlagen getätigt, ohne dies dem Registergericht zu offenbaren, so liegt eine unzulässige Verwendung vor.[72] Wird das auf ein Konto der Vor-GmbH eingezahlte Stammkapital vom Geschäftsführer vor Anmeldung der Gesellschaft in bar abgehoben, so liegt eine strafbare Tathandlung nur dann vor, wenn der Barbetrag entweder rechtlich oder tatsächlich nicht mehr zur uneingeschränkten Verfügung des Geschäftsführers für die Gesellschaftszwecke verwendet werden kann.[73] 19

Schließlich sind auch falsche Angaben im Gesellschaftsvertrag (§ 8 Abs. 1 Nr. 1) über **Sondervorteile** und **Gründungsaufwand** (also Gründungskosten und Vergütung für beratende Tätigkeiten) strafbar. Sind Vereinbarungen hierüber nicht in den Gesellschaftsvertrag aufgenommen worden, so sind sie unwirksam und nicht bei der Anmeldung zum Register anzugeben, es sei denn, der Geschäftsführer rechnet trotzdem mit der Erfüllung dieser unwirksamen Vereinbarungen (sog. faktische Sondervorteile bzw. faktischer Gründungsaufwand).[74] 20

Erfolgt eine Gründung durch **Sacheinlagen** (§ 5 Abs. 4), so sind Angaben über diese und deren Wert sowie die zugrunde liegenden Verträge in der Anmeldung mitzuteilen (§ 8 Abs. 1 Nr. 4, 5). Auch bei Sacheinlagen hat der Geschäftsführer zu versichern, dass sich diese zum Zeitpunkt der Anmeldung endgültig zu seiner freien Verfügung befinden,[75] was bei Grundstücken erst der Fall ist, wenn sie aufgelassen sind und der Eintragungsantrag vom Geschäftsführer beim Grundbuchamt gestellt worden ist. Eine Überbewertung der Sacheinlage (weil z.B. bestehende Belastungen verschwiegen werden) ist ebenso eine falsche Angabe wie eine unrichtige tatsächliche oder rechtliche Beschreibung des eingelegten Gegenstandes.[76] 21

Nachdem § 19 Abs. 4 nunmehr den Begriff der **verdeckten Sacheinlage** gesetzlich definiert,[77] bestehen keine verfassungsrechtlichen Bedenken mehr gegen eine Strafbarkeit bei falschen Angaben hierzu, vor allem wenn statt einer vereinbarten Bareinlage tatsächlich Sacheinlagen geleistet 22

64 RGSt 53, 149; Rowedder/Schmidt-Leithoff/*Schaal*, § 82 Rn. 38; Scholz/*Tiedemann*, § 82 Rn. 74.
65 RGSt 33, 252; Scholz/*Tiedemann*, § 82 Rn. 74.
66 Vgl. RGZ 98, 276; Lutter/Hommelhoff/*Kleindiek*, § 82 Rn. 12.
67 RGSt 24, 286; Rowedder/Schmidt-Leithoff/*Schaal*, § 82 Rn. 38; Scholz/*Tiedemann*, § 82 Rn. 74.
68 BayObLG NJW-RR 1987, 675; Scholz/*Tiedemann*, § 82 Rn. 74.
69 Scholz/*Tiedemann*, § 82 Rn. 74.
70 RGSt 36, 185; Scholz/*Tiedemann*, § 82 Rn. 74.
71 Baumbach/Hueck/*Haas*, § 82 Rn. 13; Scholz/*Tiedemann*, § 82 Rn. 78.
72 Rowedder/Schmidt-Leithoff/*Schaal*, § 82 Rn. 41; Scholz/*Tiedemann*, § 82 Rn. 79.
73 BGH ZinsO 2011, 2226 = EWiR 2012, 349 (*Floeth*).
74 Baumbach/Hueck/*Haas*, § 82 Rn. 14, 15; Michalski/*Dannecker*, § 82 Rn. 111, 113; Scholz/*Tiedemann*, § 82 Rn. 81, 83; zweifelnd Rowedder/Schmidt-Leithoff/*Schaal*, § 82 Rn. 45.
75 RGSt 48, 153; BGH GA 1959, 87, 88; Michalski/*Dannecker*, § 82 Rn. 119; Rowedder/Schmidt-Leithoff/*Schaal*, § 82 Rn. 51.
76 RGSt 49, 340; Baumbach/Hueck/*Haas*, § 82 Rn. 16; Lutter/Hommelhoff/*Kleindiek*, § 82 Rn. 16; Rowedder/Schmidt-Leithoff/*Schaal*, § 82 Rn. 51; Scholz/*Tiedemann*, § 82 Rn. 88.
77 Vgl. *Veil*, ZIP 2007, 1241, 1242.

werden, die hinter dem Wert der Einlagepflicht zurückbleiben.[78] Der Auffassung der Gesetzesbegründung, wonach § 82 wegen Nichtaufgreifens der Versicherung bei verdeckten Sacheinlagen wohl nicht einschlägig sein soll,[79] kann nicht zugestimmt werden, im Gegenteil: Nur weil der Gesetzgeber die zivilrechtlichen Folgen einer verdeckten Sachgründung abgemildert hat, folgt daraus kein strafrechtlicher Freibrief, falsche Angaben über die Art der Kapitalerbringung abzugeben.[80] Liegt eine wirtschaftliche Neugründung der GmbH vor, so stellt die unterbliebene Offenlegung gegenüber dem Registergericht keine strafbare Tathandlung dar.[81]

2. Sachgründungsschwindel (Abs. 1 Nr. 2)

23 Die Vorschrift bewehrt Falschangaben der Gesellschafter im gemäß § 5 Abs. 4 Satz 2 anzufertigenden **Sachgründungsbericht** mit Strafe, wodurch die Strafbarkeit der Gesellschafter zum Schutz der Gesellschaftsgläubiger und künftigen Gesellschafter über den Zeitpunkt des Gründungsschwindels nach Abs. 1 Nr. 1 vorverlegt wird (siehe Rn. 15 ff.).[82] Taugliche Täter können nur diejenigen Gesellschafter sein, die den Sachgründungsbericht erstellen und unterschreiben müssen.[83] Strafbar sind nur **schriftliche Falschangaben**, wobei wegen § 12 Abs. 2 HGB auch die Einreichung einer elektronischen Abschrift den Tatbestand erfüllt. Tathandlung sind unrichtige oder unvollständige Angaben im Sachgründungsbericht, die **wesentliche Umstände** über die Angemessenheit der Leistung der Sacheinlagen betreffen.[84] Wegen der enormen Unbestimmtheit dieses normativen Tatbestandsmerkmals sind nur **eindeutige Falschangaben** strafbar.[85]

3. Kapitalerhöhungsschwindel (Abs. 1 Nr. 3, 4)

24 Der Tatbestand des Abs. 1 Nr. 3 dient dazu, nicht nur bei Gründung der Gesellschaft, sondern auch bei einer **Kapitalerhöhung gegen Einlagen** (siehe §§ 55 ff.) zu gewährleisten, dass die Übernahme und Erbringung des neuen Kapitals tatsächlich erfolgt ist.[86] Unter **Zeichnung des neuen Kapitals** ist die Verpflichtung zur Übernahme der neuen Geschäftsanteile zu verstehen. Der Geschäftsführer macht hier falsche Angaben, wenn er wahrheitswidrig den Betrag der übernommenen Einlage oder den übernehmenden Gesellschafter falsch bezeichnet oder wenn er dem Registergericht gegenüber eine unwirksame Übernahmeerklärung einreicht.[87] Das neue Kapital muss – wie bei Abs. 1 Nr. 1 – so geleistet sein, dass es **zur freien Verfügung** des Geschäftsführers steht.[88] Zu den damit verbundenen Problemen, insbesondere einer (verdeckten) Sacheinlage, siehe Rn. 22. Strafbar sind nur solche falschen Angaben, die **zum Zwecke der Eintragung** der Kapitalerhöhung im Handelsregister abgegeben worden sind.

25 Abs. 1 Nr. 4 bewehrt die Versicherung nach § 57i Abs. 1 Satz 2 mit Strafe und soll sicherstellen, dass die zur **Kapitalerhöhung aus Gesellschaftsmitteln** (siehe §§ 57c ff.) verwendeten Rücklagen tatsächlich zur Verfügung stehen.[89] Die Geschäftsführer sollen dazu angehalten werden, sorgfältig

---

78 So auch: Baumbach/Hueck/*Haas*, § 82 Rn. 12; Lutter/Hommelhoff/*Kleindiek*, § 82 Rn. 12; Michalski/*Dannecker*, § 82 Rn. 172; Rowedder/Schmidt-Leithoff/*Schaal*, § 82 Rn. 44; Scholz/*Tiedemann*, § 82 Rn. 118 mit differenzierender Betrachtungsweise; a.A. LG Koblenz, ZIP 1991, 1284, 1290 (zu § 399 AktG); Roth/Altmeppen/*Altmeppen*, § 82 Rn. 13, 14.

79 BT-Drucks. 16/6140, S. 40.

80 Ebenso *Heckschen*, DStR 2009, 166, 173; *Maier-Reimer/Wenzel*, ZIP 2009, 1185, 1195; *Roth*, NJW 2009, 3397, 3398; *Schluck-Amend/Penke*, DStR 2009, 1433, 1434, 1437; *Seibert/Decker*, ZIP 2008, 1208, 1210; *Ulmer*, ZIP 2008, 45, 51; *ders.*, ZIP 2009, 293, 300 f.; in diese Richtung auch BT-Drucks. 16/6140, S. 35, BT-Drucks. 16/9737, S. 56, BGH ZIP 2009, 1561, 1563 und *Veil*, ZIP 2007, 1241, 1244; a.A. *Altmeppen*, ZIP 2009, 1545, 1550; *Kadel*, BWNotZ 2010, 46, 51.

81 BGH ZIP 2012, 817, 821.

82 Scholz/*Tiedemann*, § 82 Rn. 99.

83 KG GmbHR 2011, 821, 823.

84 Michalski/*Dannecker*, § 82 Rn. 146; Scholz/*Tiedemann*, § 82 Rn. 103.

85 Baumbach/Hueck/*Haas*, § 82 Rn. 27; Michalski/*Dannecker*, § 82 Rn. 146; Scholz/*Tiedemann*, § 82 Rn. 106; a.A Rowedder/Schmidt-Leithoff/*Schaal*, § 82 Rn. 54.

86 Scholz/*Tiedemann*, § 82 Rn. 109.

87 Michalski/*Dannecker*, § 82 Rn. 162; Rowedder/Schmidt-Leithoff/*Schaal*, § 82 Rn. 57; Scholz/*Tiedemann*, § 82 Rn. 113.

88 Vgl. BGH NJW 1955, 678, 679.

89 Michalski/*Dannecker*, § 82 Rn. 181; Rowedder/Schmidt-Leithoff/*Schaal*, § 82 Rn. 66.

zu prüfen, dass zwischen Erstellung der Erhöhungsbilanz und Anmeldung der Kapitalerhöhung keine **Vermögensminderungen** eingetreten sind, die der Kapitalerhöhung entgegenstünden (siehe § 57i Rn. 8, 9). Tatbestandsmäßig ist die unrichtige oder unvollständige Versicherung nur dann, wenn die Geschäftsführer **positive Kenntnis** von einer relevanten Vermögensminderung hatten.[90] Haben es die Geschäftsführer lediglich unterlassen, genaue Ermittlungen über die Vermögenslage anzustellen, so liegt kein strafbares Verhalten vor,[91] da fahrlässiges Handeln nicht strafbewehrt ist. Die Versicherung muss entsprechend Abs. 1 Nr. 3 **zum Zwecke der Eintragung** der Kapitalerhöhung abgegeben worden sein.[92]

4. Eignungsschwindel (Abs. 1 Nr. 5)

Die Vorschrift soll nachhaltig **ungeeignete Personen** i.S.d. § 6 Abs. 2 von der Geschäftsführung ausschließen, indem sie die falsche Versicherung über die Eignung als Geschäftsleiter (zur Verfassungswidrigkeit der Norm siehe Rn. 8), also als Geschäftsführer einer GmbH (§§ 8 Abs. 3, 39 Abs. 3) oder als ständiger Vertreter einer ausländischen GmbH (§ 13g Abs. 2 Satz 2, Abs. 5 HGB) oder als Liquidator (§ 67 Abs. 3) unter Strafe stellt.[93] Auf den **gerichtlich bestellten** Notgeschäftsführer oder Liquidator nach § 66 findet die Strafvorschrift mangels Verweisung keine Anwendung.[94] Strafbar ist **jede Auslassung** der in § 6 Abs. 2 Satz 2 Nr. 2, 3 und Satz 3 genannten Angaben (nicht aber das vollständige Unterlassen der Versicherung, siehe Rn. 14), auch tilgungsreife Vorstrafen i.S.d. § 53 Abs. 1 BZRG müssen offenbart werden.[95] Falsche oder unvollständige Angaben in § 6 Abs. 2 Satz 2 Nr. 1 sind nicht strafbar.[96] 26

Ein zur Bewährung ausgesetztes Berufsverbot (§ 70a StGB) braucht jedoch nicht offenbart zu werden.[97] Wie bei Abs. 1 Nr. 1, 3, 4 und Abs. 2 Nr. 1 ist die falsche Versicherung nur strafbar, wenn sie **zum Zwecke der Eintragung** abgegeben worden ist.[98]

5. Kapitalherabsetzungsschwindel (Abs. 2 Nr. 1)

Die Vorschrift des Abs. 2 Nr. 1 bezweckt den Schutz der von einer **Kapitalherabsetzung** betroffenen Gesellschaftsgläubiger und stellt falsche und unvollständige Angaben der Geschäftsführer im Rahmen der Versicherung nach § 58 Abs. 1 Nr. 4 unter Strafe.[99] Die vereinfachte Kapitalherabsetzung nach §§ 58a ff. ist von dem Straftatbestand nicht erfasst.[100] Unwahr ist die Versicherung auch dann, wenn der Geschäftsführer wahrheitswidrig angibt, der Kapitalherabsetzungsbeschluss sei gemäß § 58 Abs. 1 Nr. 1 in der Form des § 30 Abs. 2 bekannt gemacht worden.[101] Nur hinsichtlich solcher Gläubiger, die sich bei der Gesellschaft gemeldet haben, muss versichert werden, dass sie befriedigt oder abgesichert worden sind.[102] Unerheblich ist hingegen, ob die geltend gemachten **Forderungen bestritten** sind, so dass der Geschäftsführer in der Anmeldung darauf hinweisen sollte, dass aus diesem Grund die Forderungen nicht befriedigt oder sichergestellt worden sind.[103] Irrt sich der Geschäftsführer über den Bestand der Forderung, kommt ein Tatbestands- 27

90 Roth/Altmeppen/*Altmeppen*, § 82 Rn. 23; Rowedder/Schmidt-Leithoff/*Schaal*, § 82 Rn. 66.
91 Roth/Altmeppen/*Altmeppen*, § 82 Rn. 23; Baumbach/Hueck/*Haas*, § 82 Rn. 50; Michalski/*Dannecker*, § 82 Rn. 185; Scholz/*Tiedemann*, § 82 Rn. 119a.
92 Baumbach/Hueck/*Haas*, § 82 Rn. 53; Scholz/*Tiedemann*, § 82 Rn. 119b; a.A. Michalski/*Dannecker*, § 82 Rn. 185; Rowedder/Schmidt-Leithoff/*Schaal*, § 82 Rn. 66.
93 Baumbach/Hueck/*Haas*, § 82 Rn. 58; Michalski/*Dannecker*, § 82 Rn. 192; Scholz/*Tiedemann*, § 82 Rn. 122.
94 Baumbach/Hueck/*Haas*, § 82 Rn. 58.
95 Roth/Altmeppen/*Altmeppen*, § 82 Rn. 25.
96 OLG Brandenburg NotBZ 2012, 34.
97 Roth/Altmeppen/*Altmeppen*, § 82 Rn. 26; anders nunmehr Michalski/*Dannecker*, § 82 Rn. 199.
98 Baumbach/Hueck/*Haas*, § 82 Rn. 64; a.A. Michalski/*Dannecker*, § 82 Rn. 204; Rowedder/Schmidt-Leithoff/*Schaal*, § 82 Rn. 69.
99 Michalski/*Dannecker*, § 82 Rn. 212.
100 Michalski/*Dannecker*, § 82 Rn. 213; Rowedder/Schmidt-Leithoff/*Schaal*, § 82 Rn. 77.
101 Michalski/*Dannecker*, § 82 Rn. 217; Rowedder/Schmidt-Leithoff/*Schaal*, § 82 Rn. 79; a.A. Baumbach/Hueck/*Haas*, § 82 Rn. 71; Lutter/Hommelhoff/*Kleindiek*, § 82 Rn. 22.
102 Michalski/*Dannecker*, § 82 Rn. 219; Rowedder/Schmidt-Leithoff/*Schaal*, § 82 Rn. 80.
103 Lutter/Hommelhoff/*Kleindiek*, § 82 Rn. 21; Rowedder/Schmidt-Leithoff/*Schaal*, § 82 Rn. 81; a.A. Baumbach/Hueck/*Haas*, § 82 Rn. 71; Scholz/*Tiedemann*, § 82 Rn. 133: vorsorgliche Sicherstellung bestrittener Forderungen ist erforderlich.

irrtum in Betracht (siehe Rn. 32). Falsch ist die Versicherung, wenn die Gläubiger entgegen den Angaben des Geschäftsführers nicht (ausreichend) befriedigt (§ 362 BGB) oder gesichert (§§ 232 ff. BGB) worden sind.[104] Nicht unvollständig ist die Versicherung, wenn nicht angegeben wird, wie die Forderungen der Gläubiger sichergestellt wurden.[105] Die Versicherung muss (entgegen dem missverständlichen Wortlaut der Vorschrift) **zum Zwecke der Eintragung** der Kapitalherabsetzung erfolgt sein.[106]

6. Geschäftslagetäuschung (Abs. 2 Nr. 2)

28 Die Vorschrift soll eine **richtige und vollständige Darstellung der Vermögenslage** der Gesellschaft gewährleisten[107] und inkriminiert deshalb unwahre oder verschleiernde öffentliche Mitteilungen hierüber. Zur Subsidiarität der Norm gegenüber § 331 Nr. 1, 1a HGB siehe Rn. 38.

29 Eine **öffentliche Mitteilung** liegt vor, wenn sie mündlich, schriftlich oder in elektronischer Form (z.B. als Geschäftsbericht, Bilanz, Presseveröffentlichung, Aushang, Registeranmeldung, Prospekt) zweckgerichtet an einen Teil der Öffentlichkeit (z.B. mehrere Gläubiger) gerichtet ist.[108] Es genügt, wenn die Mitteilung ihrer Zweckbestimmung nach für Außenstehende öffentlich zugänglich ist, wie z.B. durch eine Einsichtnahme in das elektronische Handelsregister oder das Unternehmensregister.[109] Dagegen fehlt es an der Öffentlichkeit der Mitteilung, wenn sie nur an einzelne Außenstehende (z.B. einen Gläubiger) weitergegeben[110] oder nicht in der Eigenschaft als Geschäftsführer, Liquidator oder Aufsichtsrat etc., also rein privat, geäußert wird.[111] Auch interne Mitteilungen (z.B. innerhalb der Gesellschafter-, Aufsichtsrats- oder Betriebsratsversammlung) sind nicht öffentlich, auch dann nicht, wenn sie unzulässigerweise an die Öffentlichkeit getragen werden.[112]

30 Tathandlung ist eine öffentlich mitgeteilte unwahre Darstellung oder Verschleierung der Vermögenslage der Gesellschaft. Zur **Vermögenslage** zählen die Vermögens- und Ertragslage im bilanzrechtlichen Sinn insgesamt, aber auch die einzelne Elemente aus denen sich diese zusammensetzt, wie z.B. der Umsatz, die Höhe stiller Reserven, die Auftragslage, etwaige Investitionsentscheidungen oder Sanierungsbestrebungen.[113] **Unwahr** ist die **Darstellung** über die Vermögenslage, wenn sie unrichtig oder unvollständig ist, z.B. wenn wichtige Elemente eines Sanierungsplans fehlen oder in einer Zwischenbilanz gegen Bilanzierungsvorschriften verstoßen wird.[114] Auch eine zu ungünstige Darstellung der Vermögenslage kann strafbar sein.[115] Eine (leichter zu beweisende) **Verschleierung** liegt vor, wenn die Erkennbarkeit der Vermögenslage erschwert wird, indem ein Bilanzkundiger die in der Bilanz darzustellende Geschäftslage aus ihr nicht oder kaum erkennen kann.[116]

---

104 Rowedder/Schmidt-Leithoff/*Schaal*, § 82 Rn. 82.
105 A.A. Michalski/*Dannecker*, § 82 Rn. 221; Rowedder/Schmidt-Leithoff/*Schaal*, § 82 Rn. 82.
106 Rowedder/Schmidt-Leithoff/*Schaal*, § 82 Rn. 77.
107 Rowedder/Schmidt-Leithoff/*Schaal*, § 82 Rn. 83.
108 Roth/Altmeppen/*Altmeppen*, § 82 Rn. 36; Michalski/*Dannecker*, § 82 Rn. 237; Scholz/*Tiedemann*, § 82 Rn. 139, 141; a.A: Lutter/Hommelhoff/*Kleindiek*, § 82 Rn. 25: individuelle Mitteilungen an die Gläubiger, auch wenn es sich um alle Gläubiger handelt, sind nicht öffentlich.
109 Roth/Altmeppen/*Altmeppen*, § 82 Rn. 35; Baumbach/Hueck/*Haas*, § 82 Rn. 81; Michalski/*Dannecker*, § 82 Rn. 239.
110 Baumbach/Hueck/*Haas*, § 82 Rn. 81; Michalski/*Dannecker*, § 82 Rn. 238; Scholz/*Tiedemann*, § 82 Rn. 142.
111 Roth/Altmeppen/*Altmeppen*, § 82 Rn. 34; Lutter/Hommelhoff/*Kleindiek*, § 82 Rn. 27; Michalski/*Dannecker*, § 82 Rn. 232; Rowedder/Schmidt-Leithoff/*Schaal*, § 82 Rn. 84; Scholz/*Tiedemann*, § 82 Rn. 159.
112 § Rn. Baumbach/Hueck/*Haas*, § 82 Rn. 81; Michalski/*Dannecker*, § 82 Rn. 238, 241; Rowedder/Schmidt-Leithoff/*Schaal*, § 82 Rn. 87; Scholz/*Tiedemann*, § 82 Rn. 141.
113 Baumbach/Hueck/*Haas*, § 82 Rn. 82; Michalski/*Dannecker*, § 82 Rn. 242; Rowedder/Schmidt-Leithoff/*Schaal*, § 82 Rn. 88; Scholz/*Tiedemann*, § 82 Rn. 147, 149 ff.
114 Baumbach/Hueck/*Haas*, § 82 Rn. 83; Rowedder/Schmidt-Leithoff/*Schaal*, § 82 Rn. 92, 93
115 Baumbach/Hueck/*Haas*, § 82 Rn. 83; Michalski/*Dannecker*, § 82 Rn. 243; Rowedder/Schmidt-Leithoff/*Schaal*, § 82 Rn. 89; Scholz/*Tiedemann*, § 82 Rn. 148.
116 Baumbach/Hueck/*Haas*, § 82 Rn. 84; Michalski/*Dannecker*, § 82 Rn. 246; Rowedder/Schmidt-Leithoff/*Schaal*, § 82 Rn. 91, 95; Scholz/*Tiedemann*, § 82 Rn. 155; krit. zu dieser Tatbestandsalternative Lutter/Hommelhoff/*Kleindiek*, § 82 Rn. 29.

IV. Subjektiver Tatbestand

1. Vorsatz

Alle Tatbestandshandlungen des § 82 erfordern Vorsatz, wobei **bedingter Vorsatz** genügt.[117] Es bedarf insbesondere keiner Täuschungs- oder Schädigungsabsicht.[118] Fahrlässiges Handeln ist nicht strafbar (vgl. § 15 StGB). Der Vorsatz des Teilnehmers (Anstifters oder Gehilfen) ist stets ein **doppelter**, der sowohl auf die Verwirklichung der Anstiftungs- bzw. Beihilfehandlung gerichtet ist, als auch die Begehung der geförderten Haupttat umfasst. **31**

2. Tatbestandsirrtum

Ein den Vorsatz ausschließender Tatbestandsirrtum (§ 16 StGB) liegt vor, wenn der Täter in tatsächlicher oder rechtlicher Unkenntnis eines objektiven Tatbestandsmerkmals handelt. Die Abgrenzung zum Verbotsirrtum (siehe Rn. 34) ist wegen der zahlreichen normativen Tatbestandsmerkmale des § 82 schwierig.[119] Der Täter braucht keine rechtlich fundierte Kenntnis dieser Tatbestandsmerkmale zu besitzen, es genügt, wenn er diese aus seiner Laiensicht richtig gewertet hat. **32**

33

Beispiele für Tatbestandsirrtümer:

Irrtum über die freie Verfügbarkeit des Geschäftsführers über die Bar- oder Sacheinlage;[120] Unkenntnis, dass die Einzahlung auf ein persönliches Konto des Geschäftsführers keine Einzahlung auf die Geschäftsanteile darstellt;[121] Unkenntnis über die zivilrechtliche Beurteilung einer „verdeckten Sacheinlage";[122] Rechen- und Fristberechnungsfehler (z.B. bezüglich der Fünf-Jahres-Frist des § 6 Abs. 2 Satz 2 Nr. 3);[123] Unkenntnis über das Bestehen einer Forderung;[124] Unkenntnis über Tatsachen, die für die Vermögenslage der Gesellschaft von Bedeutung sind.[125]

3. Verbotsirrtum

Irrt sich der Täter über das Verbotensein seines Tuns oder glaubt er, sein Tun sei erlaubt, so liegt ein die Schuld ausschließender Verbotsirrtum vor, soweit dieser unvermeidbar war (§ 17 Satz 1 StGB). Weil der Täter gehalten ist, einen Verbotsirrtum nach Kräften zu vermeiden, liegt Unvermeidbarkeit nur selten vor, etwa wenn der Irrtum auf der Rechtsauskunft des Gerichts, des Notars oder eines Rechtsanwalts beruht und diesen der Sachverhalt vollständig und zutreffend geschildert worden war.[126] War der Irrtum vermeidbar, so kommt lediglich eine Strafmilderung nach § 49 Abs. 1 StGB in Betracht (§ 17 Satz 2 StGB). **34**

---

117 Vgl. BGH GA 1977, 341, 342 (zu § 399 AktG); BayObLG NJW 1994, 2967, 2968; NJW-RR 1987, 675; KG GmbHR 2011, 821, 823.
118 Scholz/*Tiedemann*, § 82 Rn. 168.
119 Vgl. BGH NStZ 1993, 442 (zu § 399 AktG); Baumbach/Hueck/*Haas*, § 82 Rn. 21; Michalski/*Dannecker*, § 82 Rn. 32.
120 BGH GA 1977, 341, 342 (zu § 399 AktG); Michalski/*Dannecker*, § 82 Rn. 29; Rowedder/Schmidt-Leithoff/*Schaal*, § 82 Rn. 99; Scholz/*Tiedemann*, § 82 Rn. 175.
121 BayObLG NJW-RR 1987, 675; Michalski/*Dannecker*, § 82 Rn. 29; Rowedder/Schmidt-Leithoff/*Schaal*, § 82 Rn. 99; Scholz/*Tiedemann*, § 82 Rn. 175.
122 Michalski/*Dannecker*, § 82 Rn. 176; Rowedder/Schmidt-Leithoff/*Schaal*, § 82 Rn. 99; Scholz/*Tiedemann*, § 82 Rn. 175.
123 Baumbach/Hueck/*Haas*, § 82 Rn. 65; Michalski/*Dannecker*, § 82 Rn. 29; Rowedder/Schmidt-Leithoff/*Schaal*, § 82 Rn. 99; Scholz/*Tiedemann*, § 82 Rn. 175, 178a.
124 Roth/Altmeppen/*Altmeppen*, § 82 Rn. 30; Scholz/*Tiedemann*, § 82 Rn. 179.
125 Rowedder/Schmidt-Leithoff/*Schaal*, § 82 Rn. 99; Scholz/*Tiedemann*, § 82 Rn. 180.
126 Vgl. BGH GA 1959, 87, 88; Baumbach/Hueck/*Haas*, § 82 Rn. 21; Michalski/*Dannecker*, § 82 Rn. 31.

35 **Beispiele für Verbotsirrtümer:**

Irrtum des Geschäftsführers, er sei wegen Unwirksamkeit des Bestellungsakts nicht tauglicher Täter;[127] Irrtum darüber, dass auch die Wechsel- oder Scheckhingabe eine Bareinzahlung darstellt;[128] Irrtum, dass eine falsche Angabe wegen der Mitwirkung eines Notars bei der Anmeldung erlaubt sei;[129] Irrtum darüber, eine Mitteilung sei nicht öffentlich i.S.d. Abs. 2 Nr. 2;[130] Irrtum, die wahre Vermögenslage dürfe unrichtig öffentlich mitgeteilt werden, um Sanierungsbestrebungen nicht zu vereiteln;[131] irrige Annahme, die Offenlegung einer Vorstrafe i.S.d. § 6 Abs. 2 Satz Nr. 3 sei trotz der Belehrung nach § 53 Abs. 2 BZRG unzumutbar.[132]

V. Rechtswidrigkeit und Schuld

36 Da Schutzgut des § 82 das Vertrauen der Allgemeinheit ist (siehe Rn. 1), kommt eine **Einwilligung oder Weisung** der Gesellschafter oder des Aufsichtsrats nicht als Rechtfertigungsgrund in Betracht.[133] Ein **rechtfertigender Notstand** (§ 34 StGB) wegen wirtschaftlicher Zwänge scheidet aus, die in der Literatur angeführten extremen Ausnahmefälle sind praktisch nicht vorstellbar.[134] Auch ein **entschuldigender Notstand** (§ 35 StGB), der eine nicht anders abwendbare Gefahr für Leib, Leben oder Freiheit voraussetzt, ist wohl nur theoretisch denkbar.[135]

VI. Konkurrenzen

1. Handlungseinheit

37 Handlungseinheit liegt vor, wenn in einer Anmeldung oder Mitteilung oder in mehreren Erklärungen, die aber **dieselbe Eintragung** betreffen und auf einen einheitlichen Entschluss zurückgehen, mehrere unrichtige oder falsche Angaben enthalten sind.[136] Auch die Verwirklichung mehrerer Tatbestandsalternativen des Abs. 1 Nr. 1 durch eine Erklärung ist als einheitliche Handlung, nämlich als „falsche Angabe über die Leistung der Einlagen" zu behandeln.[137]

2. Unechte Konkurrenz

38 Die Beihilfe der Gesellschafter zu einem Gründungsschwindel nach Abs. 1 Nr. 1 tritt hinter den Sachgründungsschwindel nach Abs. 1 Nr. 2 als mitbestrafte Nachtat zurück, während bei Verwirklichung von Abs. 1 Nr. 1 in Täterschaft die Tat nach Abs. 1 Nr. 2 als mitbestrafte Vortat **konsumiert** wird.[138] Die Tatbestände des Abs. 1 und Abs. 2 Nr. 1 sind im Verhältnis zu Abs. 2 Nr. 2 *lex specialis*, soweit die Abgabe der falschen Erklärung gegenüber dem Empfänger zugleich die Mitteilung an die Öffentlichkeit i.S.d. Abs. 2 Nr. 2 darstellt.[139] Gegenüber § 331 Nr. 1, 1a HGB ist Abs. 2 Nr. 2 ausdrücklich **subsidiär**. Eine Strafbarkeit nach Abs. 2 Nr. 2 kommt aber in Betracht, wenn Mitglieder eines sonstigen Organs die Falschmitteilung tätigen oder es sich um die Veröffentlichung eines

---

127 Baumbach/Hueck/*Haas*, § 82 Rn. 21.
128 BGH NStZ 1993, 442 (zu § 399 AktG); BGH GmbHR 1952, 108; Michalski/*Dannecker*, § 82 Rn. 177; Rowedder/Schmidt-Leithoff/*Schaal*, § 82 Rn. 100; Scholz/*Tiedemann*, § 82 Rn. 175; a.A. Baumbach/Hueck/*Haas*, § 82 Rn. 21.
129 BGH GA 1959, 87, 88; Rowedder/Schmidt-Leithoff/*Schaal*, § 82 Rn. 99; Scholz/*Tiedemann*, § 82 Rn. 175.
130 Baumbach/Hueck/*Haas*, § 82 Rn. 92; Rowedder/Schmidt-Leithoff/*Schaal*, § 82 Rn. 100.
131 Rowedder/Schmidt-Leithoff/*Schaal*, § 82 Rn. 100; Scholz/*Tiedemann*, § 82 Rn. 181.
132 Baumbach/Hueck/*Haas*, § 82 Rn. 65; Scholz/*Tiedemann*, § 82 Rn. 178a.
133 Michalski/*Dannecker*, § 82 Rn. 252; Rowedder/Schmidt-Leithoff/*Schaal*, § 82 Rn. 96; Scholz/*Tiedemann*, § 82 Rn. 165.
134 Ebenso Baumbach/Hueck/*Haas*, § 82 Rn. 90; Scholz/*Tiedemann*, § 82 Rn. 165.
135 Baumbach/Hueck/*Haas*, § 82 Rn. 93; Michalski/*Dannecker*, § 82 Rn. 253; Scholz/*Tiedemann*, § 82 Rn. 167.
136 Scholz/*Tiedemann*, § 82 Rn. 183; anders aber bei Rn. 186 und Michalski/*Dannecker*, § 82 Rn. 210, demzufolge Abs. 1 Nr. 1 und Nr. 5 in Tateinheit stehen sollen, wenn in einer Anmeldung sowohl falsche Angaben als auch eine falsche Versicherung enthalten sind.
137 Rowedder/Schmidt-Leithoff/*Schaal*, § 82 Rn. 116.
138 Michalski/*Dannecker*, § 82 Rn. 155; Scholz/*Tiedemann*, § 82 Rn.185.
139 So OLG Jena, NStZ 1998, 307, 308 für das Verhältnis von Abs. 1 Nr. 3 zu Abs. 2 Nr. 2.

Zwischenabschlusses oder einer sonstigen Mitteilung (also keinen veröffentlichten Jahresabschluss) handelt.[140] Im zuletzt genannten Fall kann Tatmehrheit mit § 331 Nr. 1, 1a HGB vorliegen.[141]

3. Tateinheit

Werden in verschiedenen Anmeldungen, die nicht dieselbe Eintragung betreffen, mehrere Tatbestände des Abs. 1 und 2 verwirklicht, indem z.B. mehrere GmbH-Gründungen gegenüber demselben Registergericht **gleichzeitig angemeldet** werden, so liegt **Tateinheit** vor.[142] Weiterhin können in Idealkonkurrenz zu § 82 stehen: falsche Versicherung an Eides statt (§ 156 StGB),[143] Betrug und Kapitalanlagebetrug (§§ 263, 264a StGB),[144] Untreue (§ 266 StGB),[145] Urkundenfälschung (§ 267 StGB),[146] mittelbare Falschbeurkundung (§§ 271, 272 StGB)[147] und strafbare Werbung (§ 4 UWG).[148] 39

4. Tatmehrheit

Die einzelnen Tatbestandsalternativen des Abs. 1 und 2 stehen dann in **Tatmehrheit** zueinander, wenn sie in unterschiedlichen Anmeldungen oder Erklärungen verwirklicht werden, die **nicht gleichzeitig** oder **nicht gegenüber demselben Registergericht** abgegeben werden.[149] Wird im Rahmen einer Kapitalherabsetzung gegenüber der Öffentlichkeit durch Veröffentlichung im elektronischen Bundesanzeiger die Vermögenslage unrichtig dargestellt, so liegt Tateinheit zwischen Abs. 2 Nr. 1 und Nr. 2 vor.[150] Weiterhin können in Realkonkurrenz zu § 82 stehen: falsche Versicherung an Eides statt (§ 156 StGB),[151] Betrug, Kapitalanlage-, Kredit- und Subventionsbetrug (§§ 263, 264, 264a, 265b StGB), Untreue (§ 266 StGB), Urkundenfälschung (§ 267 StGB) und Steuerhinterziehung (§ 370 AO).[152] 40

VII. Verjährung, Strafverfolgung und Rechtsfolgen

1. Verjährung

Die **Verjährungsfrist** beträgt fünf Jahre (§ 78 Abs. 3 Nr. 4 StGB) und beginnt mit Beendigung der Tat (§ 78a StGB, siehe Rn. 13). Die kurze **presserechtliche Verjährungsfrist** von sechs Monaten gilt im Rahmen des Abs. 2 Nr. 2 nur, wenn es sich um Druckwerke i.S. des jeweiligen Landespresserechts handelt, was bei Druckwerken, die nur den Zwecken des Gewerbes oder Verkehrs dienen (z.B. Anzeigen, Prospekten etc.), nicht der Fall ist.[153] 41

140 Michalski/*Dannecker*, § 82 Rn. 260; Rowedder/Schmidt-Leithoff/*Schaal*, § 82 Rn. 118; Scholz/*Tiedemann*, § 82 Rn. 145.
141 Rowedder/Schmidt-Leithoff/*Schaal*, § 82 Rn. 118.
142 Michalski/*Dannecker*, § 82 Rn. 137; Rowedder/Schmidt-Leithoff/*Schaal*, § 82 Rn. 116; Scholz/*Tiedemann*, § 82 Rn. 188.
143 Scholz/*Tiedemann*, § 82 Rn. 189.
144 Baumbach/Hueck/*Haas*, § 82 Rn. 8; Michalski/*Dannecker*, § 82 Rn. 138; Rowedder/Schmidt-Leithoff/*Schaal*, § 82 Rn. 117; Scholz/*Tiedemann*, § 82 Rn. 189.
145 Michalski/*Dannecker*, § 82 Rn. 138; Rowedder/Schmidt-Leithoff/*Schaal*, § 82 Rn. 117.
146 Michalski/*Dannecker*, § 82 Rn. 138; Rowedder/Schmidt-Leithoff/*Schaal*, § 82 Rn. 117; Scholz/*Tiedemann*, § 82 Rn. 189.
147 Baumbach/Hueck/*Haas*, § 82 Rn. 8; a.A. Michalski/*Dannecker*, § 82 Rn. 138, 260; Scholz/*Tiedemann*, § 82 Rn. 189.
148 Michalski/*Dannecker*, § 82 Rn. 138; Rowedder/Schmidt-Leithoff/*Schaal*, § 82 Rn. 117; Scholz/*Tiedemann*, § 82 Rn. 190.
149 Rowedder/Schmidt-Leithoff/*Schaal*, § 82 Rn. 119; vgl. BGH NJW 2000, 2285, 2286.
150 Anders die h.M., die von Tatmehrheit ausgeht: Michalski/*Dannecker*, § 82 Rn. 229; Rowedder/Schmidt-Leithoff/*Schaal*, § 82 Rn. 119; Scholz/*Tiedemann*, § 82 Rn. 187.
151 BGH GA 1954, 308 (Ls.).
152 Scholz/*Tiedemann*, § 82 Rn. 191.
153 BGHSt 40, 385 = NJW 1995, 892, 893.

2. Strafverfolgung

42 § 82 ist Offizialdelikt, wird also **von Amts wegen** verfolgt. Antragsberechtigt im **Klageerzwingungsverfahren** sind alle vom Schutzbereich der Norm erfassten Personen (siehe Rn. 2).[154] Zur Aburteilung ist in der Regel das **Amtsgericht** zuständig, sofern nicht ausnahmsweise eine Anklage zum Landgericht nach § 24 Abs. 1 Nr. 3 GVG in Betracht kommt. Beim Landgericht ist sowohl in der ersten Instanz als auch in der Berufungsinstanz die **Wirtschaftsstrafkammer** zuständig (§ 74c Abs. 1 Satz 1 Nr. 1, Satz 2 GVG).

3. Rechtsfolgen

43 Als Strafe kommen **Freiheitsstrafe** von einem Monat (§ 38 Abs. 2 StGB) bis zu drei Jahren oder – nach Maßgabe des § 41 StGB auch daneben – **Geldstrafe** zwischen fünf und 360 Tagessätzen in Betracht (§ 40 Abs. 1 StGB). Die Verhängung einer kurzfristigen Freiheitsstrafe scheidet regelmäßig aus.[155] Als Maßregel der Besserung und Sicherung kann ein **Berufsverbot** nach § 70 StGB verhängt werden. Unter den Voraussetzungen der §§ 73 ff. StGB bzw. §§ 74 ff. StGB können **Verfall und Einziehung** angeordnet werden. Wer wegen einer Straftat nach § 82 rechtskräftig verurteilt worden ist, darf auf die Dauer von fünf Jahren nicht zum Geschäftsführer, Liquidator einer GmbH bzw. ständigen Vertreter einer vergleichbaren ausländischen Gesellschaftsform bestellt werden (§ 6 Abs. 2 Nr. 3 Buchst. c).[156]

C. Weitere praktische Hinweise

I. Unternehmergesellschaft

44 Für die Unternehmergesellschaft (UG) gelten ohne weiteres alle Bestimmungen des GmbHG, sofern sich nicht in § 5a Sonderbestimmungen finden.[157] Damit gilt auch § 82 in vollem Umfang. Bedauerlicherweise gibt es keine besonderen Straftatbestände, die die Nichteinhaltung der in § 5a aufgestellten Pflichten sanktionieren. Daher ist besonders auf eine Strafbarkeit nach Abs. 1 Nr. 1 zu achten, wenn eine nach § 5a Abs. 2 verfrühte Anmeldung der UG erfolgt, oder nach Abs. 2 Nr. 2, wenn die fehlende Haftungsbeschränkung der UG verschwiegen wird.

II. GmbH & Co. KG

45 Die Strafvorschrift bezieht sich nur auf Angaben der GmbH, jedoch kann die Vermögenslage der GmbH & Co. KG auch für die Vermögenslage der GmbH im Rahmen des Abs. 2 Nr. 2 bedeutsam werden.[158] Mitteilungen in einer Publikums-KG an alle Kommanditisten sind öffentliche Mitteilungen i.S.d. Abs. 2 Nr. 2.[159]

III. Steuern

45 Geldstrafen sind nach § 12 Nr. 4 EStG, § 10 Nr. 3 KStG in keinem Fall steuerlich abzugsfähige Positionen; dasselbe gilt gem. § 4 Abs. 5 Satz 1 Nr. 8 EStG für Buß- und Ordnungsgelder, es sei denn, diese dienen der Abschöpfung des mit dem Gesetzesverstoß verbundenen wirtschaftlichen Vorteil.

§ 83 (weggefallen)

154 Michalski/*Dannecker*, § 82 Rn. 263.
155 Vgl. BGH wistra 2005, 68.
156 BT-Drucks. 16/6140, S. 32.
157 BT-Drucks. 16/6140, S. 31.
158 Roth/Altmeppen/*Altmeppen*, § 82 Rn. 38.
159 Rowedder/Schmidt-Leithoff/*Schaal*, § 82 Rn. 86; Scholz/*Tiedemann*, § 82 Rn. 142.

§ 84 Verletzung der Verlustanzeigepflicht

(1) Mit Freiheitsstrafe bis zu drei Jahren oder mit Geldstrafe wird bestraft, wer es als Geschäftsführer unterlässt, den Gesellschaftern einen Verlust in Höhe der Hälfte des Stammkapitals anzuzeigen.

(2) Handelt der Täter fahrlässig, so ist die Strafe Freiheitsstrafe bis zu einem Jahr oder Geldstrafe.

Literatur

Geißler, Die Haftung des faktischen GmbH-Geschäftsführers, GmbHR 2003, 1106; *Glotz/Klose*, Strafrechtliche Folgen des gezielten Ankaufs von Anteilen insolventer Gesellschaften mit beschränkter Haftung, NZI 2000, 108; *Hey/Regel*, Firmenbestatter – Strafrechtliche Würdigung eines neuen Phänomens, GmbHR 2000, 115; *Lange*, Schadensersatzpflicht des Steuerberaters wegen Beihilfe zur Insolvenzverschleppung eines GmbH-Geschäftsführers, DStR 2007, 954; *Müller*, Der Verlust der Hälfte des Grund- oder Stammkapitals, ZGR 1985, 191; *Priester*, Verlustanzeige und Eigenkapitalersatz, ZGR 1999, 533; *Richter*, Der Konkurs der GmbH aus Sicht der Strafrechtspraxis, GmbHR 1984, 113; *Wabnitz/Janovsky*, Handbuch des Wirtschafts- und Steuerstrafrechts, 3. Auflage 2007; *Weiß*, Die Unternehmergesellschaft (haftungsbeschränkt) aus strafrechtlicher Sicht, wistra 2010, 361; *Wessing*, Insolvenz und Strafrecht, Risiken des Beraters und des Insolvenzverwalters, NZI 2003, 1.

A. Allgemeines

§ 84 stellt als echtes Unterlassungsdelikt den Verstoß des Geschäftsführers gegen die Verlustanzeigeverpflichtung des § 49 Abs. 3 unter Strafe. Sanktioniert wird ein untreueähnliches Verhalten des Geschäftsführers.[1] Schutzgut ist das Vermögen der Gesellschafter, die in die Lage versetzt werden sollen, Maßnahmen zum Fortbestand der Gesellschaft zu ergreifen.[2] Ferner schützt die Norm die Gesellschaft selbst, nicht jedoch die Gesellschaftsgläubiger.[3] 1

Wenngleich § 5a Abs. 4 für den Fall der drohenden Zahlungsunfähigkeit eine dem § 49 Abs. 3 vergleichbare Organpflicht der Geschäftsführer einer **Unternehmergesellschaft** bestimmt, hat der Reformgesetzgeber § 84 nicht hierauf erweitert. Das im Strafrecht geltende Analogieverbot schließt jedenfalls trotz vergleichbarer Interessenlage eine Anwendung des § 84 im Wege der Rechtsfortbildung auf einen Verstoß gegen § 5a Abs. 4 aus.[4] 2

B. Inhalt der Regelung

I. Vorsätzliche Unterlassung der Verlustanzeige (Abs. 1)

§ 84 ist ein Sonderdelikt. **Täter** kann nur der **Geschäftsführer** sein. Nach herrschender Auffassung wird auch der **faktische Geschäftsführer** erfasst, wobei im Einzelfall zwischen dem lediglich fehlerhaft und dem durch die Gesellschafter geduldeten Geschäftsführer zu unterscheiden sein kann (Vor § 64 Rn. 31). Endet das Amt, endet die Strafbarkeit für die Zukunft. Das Unterlassen bis zur Beendigung des Amts bleibt hingegen strafbar. 3

Dritte können sich der **Anstiftung** (§ 26 StGB) oder der **Beihilfe** (§ 27 StGB) strafbar machen.[5] Strafrechtliche Relevanz erlangt insbesondere die Einflussnahme auf den Geschäftsführer dergestalt, dass dieser von einer Anzeige abgehalten oder in seinem Entschluss, diese zu unterlassen, 4

1 Scholz/*Tiedemann*, § 84 Rn. 16.
2 Allgemeine Meinung: Hachenburg/*Kohlmann*, § 84 Rn. 4; Scholz/*Tiedemann*, § 84 Rn. 11.
3 H.M.: Scholz/*Tiedemann*, § 84 Rn. 11 m.w.N.
4 Siehe auch noch *Weiß*, wistra 2010, 361.
5 Vgl. BGHSt 14, 280.

bestärkt wird. Insoweit kann jeder Dritte (Aufsichtsratsmitglieder, Rechtsanwälte, Steuerberater, Mitarbeiter) Teilnehmer sein. Fehlt es an einer derartigen Einflussnahme auf den Geschäftsführer, kann sich für die Mitglieder von Aufsichtsratsgremien eine Strafbarkeit ferner aus einem Unterlassen ergeben. Wenn für sie eine eigene gesellschaftsrechtliche Verpflichtung zur Verlustanzeige besteht, sind sie als Garant zum Einschreiten verpflichtet. Bleiben sie in Kenntnis aller Umstände untätig, kommt eine Beihilfestrafbarkeit durch Unterlassen in Betracht.[6]

5 Der objektive Tatbestand knüpft an § 49 Abs. 3 an und formuliert den **hälftigen Verlust des Stammkapitals** (siehe § 49 Rn. 9) zur Voraussetzung für die Pflicht zum Tätigwerden. In Abweichung von § 49 Abs. 3 ist jedoch die Anzeige des Verlusts ausreichend. Die Einberufung einer Gesellschafterversammlung ist nicht erforderlich.[7] Die Gesellschafter sollen durch die Anzeige in die Lage versetzt werden, auf den Verlust des Stammkapitals und die damit indizierte Krise reagieren zu können. An diesem Zweck muss sich die Anzeige messen lassen, wenn sie geeignet sein soll, die Strafbarkeit zu vermeiden. Sie kann (fern-)mündlich oder schriftlich erfolgen.[8] Zu ihrem Mindestinhalt gehören die Tatsache und die Höhe des Verlusts. Form, Inhalt und Verständlichkeit müssen der Vorbildung und den Fähigkeiten des Adressaten gerecht werden.

6 Die **Kenntnis des Geschäftsführers** von dem hälftigen Verlust des Stammkapitals ist nach herrschender Auffassung keine Voraussetzung des objektiven Tatbestands.[9] Verlangt wird ein Handeln ohne schuldhaftes Zögern nach dem objektiven Eintritt des Verlustzustands. Sind mehrere Geschäftsführer vorhanden, trifft jeden einzelnen die Pflicht.[10] Sie entfällt mit der anderweitigen Kenntniserlangung aller Gesellschafter vom Verlust oder mit der Minderung des Verlusts auf weniger als die Hälfte des Stammkapitals.[11]

7 Nach herrschender Ansicht ist das Unterlassen der Verlustanzeige selbst dann strafbar, wenn die Gesellschafter auf die Anzeige verzichtet haben.[12] In Ansehung des Schutzzwecks der Norm kann dies freilich nicht überzeugen.[13] Denn eine Strafbarkeit ist nicht gerechtfertigt, wenn der geschützte Personenkreis seine Vermögensinteressen preisgibt.

8 **Vorsatz** ist der Wille zur Verwirklichung des Straftatbestands in Kenntnis aller seiner Umstände. Der Täter muss wissen, dass er Geschäftsführer ist, und er muss die tatsächlichen Umstände kennen, aus denen sich die Pflicht zur Verlustanzeige ergibt. Bedingter Vorsatz ist ausreichend. Der Täter muss insbesondere die Relation zwischen Aktiva und Passiva in der Bilanz erkennen bzw. für möglich halten. Irrt er über diese Relation, liegt ein Vorsatz ausschließender Tatbestandsirrtum vor.[14]

II. Fahrlässige Unterlassung der Verlustanzeige (Abs. 2)

9 Abs. 2 formuliert die Fahrlässigkeitsvariante der strafbaren Verletzung der Verlustanzeigeverpflichtung. Für die Fahrlässigkeitsstrafbarkeit ist ausreichend, dass der Täter den Verlust trotz Erkennbarkeit unter Missachtung der im Verkehr erforderlichen Sorgfalt nicht bemerkt. Dies betrifft zum einen die Fälle, in denen der Täter die Krise zwar zum Anlass für die zeitnahe Ermittlung des Verlusts nimmt, diesen aber unzutreffend berechnet. Zum anderen kann der Fahrlässigkeitsvorwurf daran anknüpfen, dass der Täter die Anzeichen für den drohenden Verlust vorwerfbar verkennt oder unterschätzt. Weist ein Jahres- oder Zwischenabschluss bereits ein angegriffenes Eigenkapital aus, muss der Geschäftsführer sensibilisiert sein und ggf. zeitnah Zwischenabschlüsse aufstellen.[15]

6 So die h.M., statt vieler: Baumbach/Hueck/*Haas*, § 84 Rn. 3; Scholz/*Tiedemann*, § 84 Rn. 21 m.w.N.
7 Rowedder/Schmidt-Leithoff/*Schaal*, § 84 Rn. 21.
8 Scholz/*Tiedemann*, § 84 Rn. 54.
9 Lutter/Hommelhoff/*Kleindiek*, § 84 Rn. 6; Roth/Altmeppen/*Altmeppen*, § 84 Rn. 15; a.A. Hachenburg/*Kohlmann*, § 84 Rn. 19.
10 Baumbach/Hueck/*Haas*, § 84 Rn. 17.
11 Scholz/*Tiedemann*, § 84 Rn. 63; Lutter/Hommelhoff/*Kleindiek*, § 84 Rn. 6.
12 Hachenburg/*Kohlmann*, § 84 Rn. 24 m.w.N.
13 Überzeugend: Scholz/*Tiedemann*, § 84 Rn. 64; Roth/Altmeppen/*Altmeppen*, § 84 Rn. 16.
14 Scholz/*Tiedemann*, § 84 Rn. 68.
15 Baumbach/Hueck/*Haas*, § 84 Rn. 18.

Insoweit steht die sorgfaltswidrige Verkennung des anzeigepflichtigen Zustands stets in engem Zusammenhang mit den an einen ordentlichen Geschäftsführer zu stellenden Anforderungen an die Organisation des Finanzbereichs.

III. Strafrahmen, Verjährung

Die vorsätzliche Begehung ist mit bis zu drei Jahren Freiheitsstrafe bedroht. Der fahrlässig handelnde Täter kann mit bis zu einem Jahr Freiheitsstrafe bestraft werden. Hiermit korrespondierend betragen die Verjährungsfristen im Falle fahrlässiger Begehung drei und im Falle vorsätzlicher Begehung fünf Jahre (vgl. § 78 Abs. 3 StGB). Die Verjährung beginnt, wenn die Pflicht zum Handeln entfällt.[16] Dies ist der Fall, wenn sich der Verlust auf weniger als die Hälfte des Stammkapitals verringert hat oder die Gesellschafter vom Verlust auf andere Weise erfahren haben. 10

C. Weitere praktische Hinweise

§ 84 ist ein **Schutzgesetz i.S.v. § 823 Abs. 2 BGB**. Sowohl die Gesellschafter als auch die Gesellschaft selbst können daher von dem Geschäftsführer bei Verwirklichung der Strafvorschrift Schadensersatz verlangen.[17] Hiervon unberührt bleibt ein ggf. aus § 43 Abs. 2 folgender Schadensersatzanspruch. 11

Zur fehlenden steuerlichen Abzugsfähigkeit von Geldstrafen vgl. § 82 Rn. 46.

16 BGHSt 28, 371, 380.
17 H.M.: Lutter/Hommelhoff/*Kleindiek*, § 84 Rn. 1; einschränkend: Roth/Altmeppen/*Altmeppen*, § 84 Rn. 11, wonach lediglich die Gesellschafter in den Schutzbereich einzubeziehen sind.

§ 85 Verletzung der Geheimhaltungspflicht

(1) Mit Freiheitsstrafe bis zu einem Jahr oder mit Geldstrafe wird bestraft, wer ein Geheimnis der Gesellschaft, namentlich ein Betriebs- oder Geschäftsgeheimnis, das ihm in seiner Eigenschaft als Geschäftsführer, Mitglied des Aufsichtsrats oder Liquidator bekanntgeworden ist, unbefugt offenbart.

(2) Handelt der Täter gegen Entgelt oder in der Absicht, sich oder einen anderen zu bereichern oder einen anderen zu schädigen, so ist die Strafe Freiheitsstrafe bis zu zwei Jahren oder Geldstrafe. Ebenso wird bestraft, wer ein Geheimnis der in Absatz 1 bezeichneten Art, namentlich ein Betriebs- oder Geschäftsgeheimnis, das ihm unter den Voraussetzungen des Absatzes 1 bekanntgeworden ist, unbefugt verwertet.

(3) Die Tat wird nur auf Antrag der Gesellschaft verfolgt. Hat ein Geschäftsführer oder ein Liquidator die Tat begangen, so sind der Aufsichtsrat und, wenn kein Aufsichtsrat vorhanden ist, von den Gesellschaftern bestellte besondere Vertreter antragsberechtigt. Hat ein Mitglied des Aufsichtsrats die Tat begangen, so sind die Geschäftsführer oder die Liquidatoren antragsberechtigt.

Lieteratu

Armbrüster, Verschwiegenheitspflicht des GmbH-Geschäftsführers und Abtretung von Vergütungsansprüchen, GmbHR 1997, 56; *Caspari*, Die geplante Insiderregelung in der Praxis, ZGR 1994, 530; *Eidenmüller*, Ausländische Kapitalgesellschaften im deutschen Recht, 2004; Ganzer/Tremml, Die Verschwiegenheitspflicht der Aufsichtsratsmitglieder einer kommunalen Eigengesellschaft in der Rechtsform einer mitbestimmten GmbH – dargestellt anhand der Rechtslage in Bayern, GewArch 2010, 141; *Körber*, Geschäftsleitung der Zielgesellschaft und due diligence bei Paketerwerb und Unternehmenskauf, NZG 2002, 263; *Kunz*, Betriebs- und Geschäftsgeheimnisse und Wettbewerbsverbot während der Dauer und nach Beendigung des Angestelltenverhältnisses, DB 1993, 2482; *Kurz*, Geheimhaltungspflichten nach dem Ausscheiden von Mitarbeitern, WiB 1995, 445; *Meinecke*, Geheimhaltungspflichten im Wirtschaftsrecht, WM 1998, 749; *Quick*, Geheimhaltungspflicht des Abschlussprüfers: Strafrechtliche Konsequenzen bei Verletzung, BB 2004, 1490; *Rittmeister*, Due Diligence und Geheimhaltungspflichten beim Unternehmenskauf, NZG 2004, 1032; *Roschmann/Frey*, Geheimhaltungsverpflichtungen der Vorstandsmitglieder von Aktiengesellschaften bei Unternehmenskäufen, AG 1996, 449; *Többens*, Wirtschaftsspionage und Konkurrenzausspähung in Deutschland, NStZ 2000, 505; *van Venrooy*, Das strafrechtliche Risiko des Geschäftsführers bei Verletzung von Geheimhaltungspflichten, GmbHR 1993, 609; *Volhard/Weber*, Gesellschaftsvertragliche Verschwiegenheits- und Offenbarungspflichten bei der Veräußerung von GmbH-Geschäftsanteilen, in: Bierich u.a. (Hrsg.), Festschrift für Johannes Semler zum 70 Geburtstag: Unternehmen und Unternehmensführung im Recht, 1993, S. 387; *Ziegler*, „Due Diligence" im Spannungsfeld zur Geheimhaltungspflicht von Geschäftsführern und Gesellschaftern, DStR 2000, 249; *Zirngibl*, Die Due Diligence bei der GmbH und der Aktiengesellschaft, 2003.

A. Allgemeines

1 § 85 stellt die Verletzung von Geheimhaltungspflichten durch Geschäftsführer, Mitglieder des Aufsichtsrats und Liquidatoren unter Strafe. Der Straftatbestand bezweckt den Schutz des Wirtschaftsgeheimnisses. Bei der Vorschrift handelt es sich um ein abstraktes Gefährdungsdelikt, d.h., es kommt für die Strafbarkeit nach § 85 nicht auf einen Schaden der Gesellschaft an.[1] Straftaten nach § 85 sind Vergehen i.S.d. § 12 Abs. 2 StGB. Für eine Strafbarkeit ist gem. § 15 StGB Vorsatz erfor-

1 Baumbach/Hueck/*Schulze-Osterloh*/*Servatius*, § 85 Rn. 1; Rowedder/Schmidt-Leithoff/*Schaal*, § 85 Rn. 4; Michalski/*Dannecker*, § 85 Rn. 14.

derlich. Es genügt bedingter Vorsatz, nicht aber Fahrlässigkeit.[2] Auf ausländische Gesellschaften mit beschränkter Haftung, die ihren Sitz in Deutschland haben, ist § 85 nicht anwendbar.[3]

§ 85 ist ein Schutzgesetz i.S.d. § 823 Abs. 2 BGB. Ob die Vorschrift nur einen Schutz der Gesellschaft bezweckt[4] oder auch den Interessen der Gesellschafter[5] oder Dritter dient, ist umstritten. § 85 Abs. 1 stellt keine presserechtliche Geheimhaltungsvorschrift dar.[6] 2

B. Inhalt der Regelung

I. Unbefugte Offenbarung von Gesellschaftsgeheimnissen (Abs. 1)

Gesellschaftsgeheimnisse sind Tatsachen, Erkenntnisse und Vorgänge der Gesellschaft, die nicht offenkundig sind, an denen ein Geheimhaltungsinteresse der Gesellschaft besteht und die sie nicht offenbaren will. Das Tatbestandsmerkmal „Gesellschaftsgeheimnis" ist der Oberbegriff. Die Unterscheidung von Betriebs- und Geschäftsgeheimnissen richtet sich nach der Aufteilung in technische und kaufmännische Unternehmensbereiche.[7] Nicht offenkundig ist eine Tatsache, die nur einem eng begrenzten Personenkreis bekannt ist.[8] Das Geheimhaltungsinteresse richtet sich nach der Führung des Unternehmens. Es ist in der Regel zu bejahen, wenn der Gesellschaft durch die Offenbarung ein Schaden droht.[9] Dies gilt auch für sog. rechtswidrige Geheimnisse.[10] An einem Geheimhaltungswillen fehlt es, wenn ein Offenbarungswille der Gesellschafter vorliegt.[11] 3

Offenbarung eines Geheimnisses bedeutet Mitteilung seines Inhalts an eine Person, der das Geheimnis noch unbekannt war.[12] Hierfür kann die Bestätigung von Gerüchten genügen.[13] Offenbarung kann auch durch Unterlassen, z.B. Dulden des Lesens eines Schriftstücks, erfolgen.[14] 4

An einer **Unbefugtheit** der Offenbarung und damit an der Rechtswidrigkeit fehlt es insbesondere bei Vorliegen einer Einverständniserklärung der Gesellschafter. Darüber hinaus können gesetzliche Auskunftspflichten eine Rechtswidrigkeit ausschließen. Solche können z.B. in steuerlichen Angelegenheiten der Gesellschaft gegenüber dem Finanzamt bestehen,[15] sich aber auch aus § 51a[16] oder aus § 320 HGB[17] ergeben. Ferner kann eine Auskunftspflicht der Geschäftsführer und Liquidatoren gegenüber dem Aufsichtsrat bestehen.[18] Auch Aussagepflichten im Prozess können eine Offenbarung rechtfertigen, falls kein Zeugnisverweigerungsrecht besteht.[19] 5

---

2 Rowedder/Schmidt-Leithoff/*Schaal*, § 85 Rn. 21; Baumbach/Hueck/*Schulze-Osterloh/Servatius*, § 85 Rn. 4.
3 *Eidenmüller*, Ausländische Kapitalgesellschaften im deutschen Recht, § 9 Rn. 34.
4 So Baumbach/Hueck/*Schulze-Osterloh/Servatius*, § 85 Rn. 1.
5 So Hachenburg/*Kohlmann*, § 85 Rn. 12; Rowedder/Schmidt-Leithoff/*Schaal*, § 85 Rn. 1; Scholz/*Tiedemann*, § 85 Rn. 2; Michalski/*Dannecker*, § 85 Rn. 12.
6 OVG Hamburg AfP 2010, 617 = DÖV 2011, 42 = DVBl 2010, 1518 = NordÖR 2011, 190 = NVwZ-RR 2011, 67 = ZUM 2011, 91.
7 Scholz/*Tiedemann*, § 85 Rn. 7.
8 BGH ZIP 1996, 1341; OLG Stuttgart, NZG 1998, 994.
9 BGH ZIP 1996, 1341; OLG Hamm, GmbHR 1988, 218; OLG München, NJW-RR 1998, 1495.
10 Michalski/*Dannecker*, § 85 Rn. 41; Scholz/*Tiedemann*, § 85 Rn. 13; Baumbach/Hueck/*Schulze-Osterloh/Servatius*, § 85 Rn. 9.
11 Vgl. näher Scholz/*Tiedemann*, § 85 Rn. 8 f.; Baumbach/Hueck/*Schulze-Osterloh/Servatius*, § 85 Rn. 10.
12 Hachenburg/*Kohlmann*, § 85 Rn. 37; Rowedder/Schmidt-Leithoff/*Schaal*, § 85 Rn. 12; Scholz/*Tiedemann*, § 85 Rn. 14.
13 Baumbach/Hueck/*Schulze-Osterloh/Servatius*, § 85 Rn. 13.
14 Scholz/*Tiedemann*, § 85 Rn. 14.
15 Michalski/*Dannecker*, § 85 Rn. 73; Scholz/*Tiedemann*, § 85 Rn. 22; Baumbach/Hueck/*Schulze-Osterloh/Servatius*, § 85 Rn. 19.
16 OLG Hamm, GmbHR 1988, 218; Hachenburg/*Kohlmann*, § 85 Rn. 48; Rowedder/Schmidt-Leithoff/*Schaal*, § 85 Rn. 15, 73.
17 Scholz/*Tiedemann*, § 85 Rn. 21; Baumbach/Hueck/*Schulze-Osterloh/Servatius*, § 85 Rn. 20.
18 Rowedder/Schmidt-Leithoff/*Schaal*, § 85 Rn. 15; Scholz/*Tiedemann*, § 85 Rn. 21; Baumbach/Hueck/*Schulze-Osterloh/Servatius*, § 85 Rn. 20.
19 Scholz/*Tiedemann*, § 85 Rn. 23.

6 **Täter** eines Delikts nach Abs. 1 können nur Geschäftsführer, Aufsichtsratsmitglieder oder Liquidatoren sein. Ihre Strafbarkeit setzt vorsätzliches Handeln voraus. Der Vorsatz muss sich auf alle objektiven Tatbestandsmerkmale des Abs. 1 beziehen.

II. Qualifizierte unbefugte Offenbarung von Gesellschaftsgeheimnissen (Abs. 2 Satz 1)

7 Abs. 2 Satz 1 enthält eine Strafverschärfung, falls der Täter die Gesellschaftsgeheimnisse gegen Entgelt oder in der Absicht, sich oder einen anderen zu bereichern oder einen anderen zu schädigen, offenbart. Unter **Entgelt** in diesem Sinne ist jede in einem Vermögensvorteil bestehende Gegenleistung zu verstehen (§ 11 Abs. 1 Nr. 9 StGB). **Bereicherungsabsicht** setzt voraus, dass der Täter auf die Erlangung eines rechtswidrigen Vermögensvorteils zu seinen oder zugunsten eines anderen abzielt.[20] Die Schädigungsabsicht kann sich sowohl auf materielle als auch auf immaterielle Schäden beziehen.[21] Sie erfordert keinen Schadenseintritt.[22]

III. Unbefugte Verwertung von Gesellschaftsgeheimnissen (Abs. 2 Satz 2)

8 Abs. 2 Satz 2 verschärft die Strafdrohung für die Fälle, in denen der Täter ein Gesellschaftsgeheimnis, welches ihm in seiner Eigenschaft als Geschäftsführer, Mitglied des Aufsichtsrats oder Liquidator bekannt geworden ist, unbefugt verwertet. **Verwertung** ist Nutzbarmachung des Gesellschaftsgeheimnisses zu eigenen oder fremden wirtschaftlichen Zwecken,[23] verbunden mit Gewinnerzielungsabsicht.[24] Eine Verwertungserlaubnis der Gesellschafter schließt eine Rechtswidrigkeit mangels Unbefugtheit aus.[25]

IV. Strafantrag (Abs. 3)

9 § 85 ist ein Antragsdelikt. Dies trägt dem Geheimhaltungsinteresse der Gesellschaft Rechnung.[26] Hat ein Geschäftsführer oder ein Liquidator die Tat begangen, ist der Aufsichtsrat antragsberechtigt (Abs. 3 Satz 2 Hs. 1). Fehlt es an einem solchen, steht die **Antragsbefugnis** einem von den Gesellschaftern zu bestellenden besonderen Vertreter zu (Abs. 3 Satz 2 Hs. 2). Ist der Täter ein Mitglied des Aufsichtsrats, sind die Geschäftsführer oder Liquidatoren antragsberechtigt (Abs. 3 Satz 3).

10 Der Strafantrag ist, sofern der Aufsichtsrat antragsberechtigt ist, entweder durch alle Aufsichtsratsmitglieder oder durch einzelne, von den übrigen ermächtigte Aufsichtsratsmitglieder zu stellen.[27] Bei Antragsberechtigung der Geschäftsführer oder Liquidatoren nach Abs. 3 Satz 3 genügt eine Antragstellung in vertretungsberechtigter Zahl.[28] Der Strafantrag kann gem. § 158 Abs. 1 StPO bei den Staatsanwaltschaften, Behörden und Beamten des Polizeidiensts und den Amtsgerichten gestellt werden. Bei den Gerichten oder den Staatsanwaltschaften hat der Antrag schriftlich oder zu Protokoll und bei den anderen Behörden schriftlich zu erfolgen (§ 158 Abs. 2 StPO).

11 Die **Strafantragsfrist** beträgt gem. § 77b Abs. 1 StGB drei Monate. Der Lauf der Frist beginnt gem. § 77b Abs. 2 Satz 1 StGB an dem Tag, an dem der Antragsberechtigte von der Tat und der Person des Täters Kenntnis erlangt. Bei einer Antragsberechtigung des Aufsichtsrats ist Kenntnis

20 Scholz/*Tiedemann*, § 85 Rn. 34; Baumbach/Hueck/*Schulze-Osterloh/Servatius*, § 85 Rn. 36; Hachenburg/*Kohlmann*, § 85 Rn. 65; Michalski/*Dannecker*, § 85 Rn. 68.
21 Rowedder/Schmidt-Leithoff/*Schaal*, § 85 Rn. 28; Scholz/*Tiedemann*, § 85 Rn. 35; Baumbach/Hueck/*Schulze-Osterloh/Servatius*, § 85 Rn. 37.
22 Scholz/*Tiedemann*, § 85 Rn. 35; Hachenburg/*Kohlmann*, § 85 Rn. 67; Baumbach/Hueck/*Schulze-Osterloh/Servatius*, § 85 Rn. 37.
23 Scholz/*Tiedemann*, § 85 Rn. 15; Hachenburg/*Kohlmann*, § 85 Rn. 38; Baumbach/Hueck/*Schulze-Osterloh/Servatius*, § 85 Rn. 42.
24 Hachenburg/*Kohlmann*, § 85 Rn. 38; Rowedder/Schmidt-Leithoff/*Schaal*, § 85 Rn. 28; Scholz/*Tiedemann*, § 85 Rn. 35; Michalski/*Dannecker*, § 85 Rn. 51.
25 Baumbach/Hueck/*Schulze-Osterloh/Servatius*, § 85 Rn. 44.
26 Scholz/*Tiedemann*, § 85 Rn. 40; Baumbach/Hueck/*Schulze-Osterloh/Servatius*, § 85 Rn. 51.
27 BGHZ 41, 282; Scholz/*Tiedemann*, § 85 Rn. 41; Baumbach/Hueck/*Schulze-Osterloh/Servatius*, § 85 Rn. 52.
28 Baumbach/Hueck/*Schulze-Osterloh/Servatius*, § 85 Rn. 52.

aller Mitglieder erforderlich.[29] Eine Rücknahme des Strafantrags ist gem. § 77d Abs. 1 StGB bis zum rechtskräftigen Abschluss des Strafverfahrens möglich. Die Rücknahme kann durch die jeweils Antragsberechtigten erfolgen.

C. Weitere praktische Hinweise

Straftaten nach Abs. 1 verjähren in drei Jahren (§ 78 Abs. 3 Nr. 5 StGB), Straftaten nach Abs. 2 in fünf Jahren (§ 78 Abs. 3 Nr. 4 StGB). Die **Verjährung** beginnt gem. § 78a StGB mit Beendigung der Tat. Insoweit kommt es auf den Abschluss der Ausführungshandlung an.[30] 12

Zur fehlenden steuerlichen Abzugsfähigkeit von Geldstrafen vgl. § 82 Rn. 46.

29 Rowedder/Schmidt-Leithoff/*Schaal*, § 85 Rn. 39; Scholz/*Tiedemann*, § 85 Rn. 43.
30 Scholz/*Tiedemann*, § 85 Rn. 44.

2. Teil:

Die GmbH im Kontext

1. Nachfolgeplanung

Literatur

Bengel/Reimann, Handbuch der Testamentsvollstreckung, 4. Auflage 2010, *Bonefeld/Lange/Tanck*, Die geplante Reform des Pflichtteilsrechts, ZErb 2007, 292; *Carlé*, Die stille Gesellschaft als Instrument der Nachfolgeplanung, Verschiedene Formen für verschiedene Interessenlagen, ErbStB 2007, 276; *Crezelius*, Der Entwurf eines Gesetzes zur Reform des Erbschaftsteuer- und Bewertungsrechts (Erbschaftsteuerreformgesetz – ErbStRG), DStR 2007, 2277; *Fichtelmann/Schulze zur Wiesche/Högl/Schmitt/Ferstl*, Steuer-Formular-Handbuch, Vertrags- und Schriftsatzmuster für die Rechts- und Steuerberatungspraxis, 7. Auflage 2002; *Fleischer*, Vermögensübergabe gegen (private) Versorgungsleistung nach dem JStG 2008, ZEV 2007, 475; *Groll*, Praxis-Handbuch Erbrechtsberatung, 2. Auflage 2005; *Hannes/Onderka*, Erbschaftsteuerreform: Die Besteuerung des Erwerbs von Betriebsvermögen – keine Sternstunde der Steuervereinfachung, ZEV 2008, 16; *Herrmann/Heuer/Raupach*, Einkommensteuer- und Körperschaftsteuergesetz mit Nebengesetzen, Kommentar (Losebl.), Stand: Juni 2012; *Huber/Reimer*, Mängel bei der Abstimmung von Erbschaftsteuer und Ertragsteuern, DStR 2007, 2042; *Ivo*, Der minderjährige Gesellschafter – Gesellschafterbeschlüsse, Veräußerung von Gesellschaftsgrundbesitz und Ausscheiden aus der Gesellschaft, ZNotP 2007, 210; *Korezkij/Scholten*, Begünstigungen für Betriebsvermögen nach der Erbschaftsteuerreform – Behaltensregelungen und Nachversteuerung, DStR 2009, 304; *dies.*, Begünstigungen für Betriebsvermögen nach der Erbschaftsteuerreform – Lohnsummenprüfung, DStR 2009, 253; *dies.*, Begünstigungen für Betriebsvermögen nach der Erbschaftsteuerreform – Verwaltungsvermögen, DStR 2009, 147; *dies.*, Begünstigungen für Betriebsvermögen nach der Erbschaftsteuerreform – Begünstigte Erwerbe und begünstigtes Vermögen, DStR 2009, 73; *Langenfeld*, Testamentsgestaltung – Einzeltestament, Ehegattentestament, Unternehmertestament, 3. Auflage 2002; *Mayer, J.*, Anrechnung und Ausgleichung im Erb- und Pflichtteilsrecht – eine Einführung anhand von Beispielsfällen, ZErb 2007, 130; *Mayer, J.*, Unliebsame Folgen des Pflichtteilsverzichts, ZEV 2007, 55; *Raupach*, Der Verkehrswert als alleiniger Bewertungsmaßstab für Zwecke der Erbschaft- und Schenkungsteuer, Der Ertragswert ist tot, es lebe der Ertragswert!, DStR 2007, 2037; *Reimann*, Gesellschaftsvertragliche Bewertungsvorschriften in der notariellen Praxis, DNotZ 1992, 472; *Riedel*, Zur erbschaftsteuerrechtlichen Behandlung von Einziehungs- und Zwangsabtretungsklauseln bei Kapitalgesellschaften, ZErb 2009, 113; *Risthaus*, Ertragsteuerlich begünstigte Vermögensübergabe gegen Versorgungsleistungen soll im JStG 2008 auf Betriebsvermögen eingeschränkt werden – Nur begrenzter Bestandsschutz für Altfälle vorgesehen, ZErb 2007, 314; *Seltenreich*, Steht die private Vermögensübergabe gegen Versorgungsleistungen vor dem Aus? Geplante Einschränkungen durch das JStG 2008, ErbStB 2007, 338; *Spiegelberger*, Vermögensnachfolge, Vorweggenommene Erbfolge, Erbauseinandersetzung und Unternehmertestament – Gestaltung nach Zivil- und Steuerrecht, 1994; *Troll/Gebel/Jülicher*, Erbschaftsteuer- und Schenkungsteuergesetz, Kommentar (Losebl.), Stand: März 2012; *Viskorf/Glier/Hübner/Knobel/Schuck*, Erbschaftsteuer- und Schenkungsteuergesetz, Bewertungsgesetz, Kommentar, 2001; *Wachter*, Reform des Erbschaft- und Schenkungsteuerrechts: Erste Konturen der geplanten Neuregelung, ZErb 2007, 442; *Wachter*, Stiftungen: Zivil- und Steuerrecht in der Praxis, 2001; *Wälzholz*, Rückforderungsrechte bei Gesellschaftsanteilen nach vorweggenommener Erbfolge, Zulässigkeit, Abfindung und Vertragsgestaltung, GmbHR 2007, 1177; *Wälzholz*, Rückforderungsrechte an Gesellschaftsanteilen für den Fall von Insolvenz und Zwangsvollstreckung, Eine Herausforderung der Gestaltungspraxis, GmbHR 2007, 1319; *Wälzholz*, Die Reform des Rechts der wiederkehrenden Leistungen im Rahmen der vorweggenommenen Erbfolge, MittBayNot 2008, 93; *Wollny*, Substanzwert reloaded – Renaissance eines wertlosen Bewertungsverfahrens, DStR 2012, 716, 766.

A. Einleitung

1 Die Übertragung eines GmbH-Geschäftsanteils im Erbwege oder in vorweggenommener Erbfolge wirft zivilrechtlich weniger Probleme auf als die eines Gesellschaftsanteils an einer Personengesellschaft. Erbschaftsteuerlich sind die Unterschiede in der Behandlung zwischen Personenunternehmen und Kapitalgesellschaftsanteilen seit der Reform 2009 nicht mehr so gravierend. Der frühere Rat, vor einer Vermögensnachfolge eine Umstrukturierung in ein Personenunternehmen in Betracht zu ziehen, kann so pauschal nicht mehr aufrechterhalten werden.

2 Die Nachfolgeplanung bei unternehmerischem Vermögen betrifft neben der Gestaltung von Testamenten und Übergabeverträgen folgende Bereiche:

- die Notfallvorsorge, insbesondere für den Fall, dass ein Gesellschafter oder Geschäftsführer schon vor der geordneten Übergabe stirbt oder nicht mehr handlungsfähig ist,
- die Festlegung der gesellschaftsvertraglichen Vorgaben für die Nachfolge,
- die Ehevertragsgestaltung der Gesellschafter; die Wahl des Güterstands kann hierbei sowohl die Höhe von Pflichtteilsansprüchen als auch die Erbschaftsteuerbelastung beeinflussen,
- Absicherung der vollzogenen oder geplanten Nachfolge durch Erb- und/oder Pflichtteilsverzichtsverträge.

B. Vorüberlegungen

3 Im Wege einer unmittelbaren Übertragung kann der GmbH-Geschäftsanteil Teil eines Nachlasses oder Gegenstand einer Schenkung sein, sodass die üblichen Formen der Nachfolgeplanung auch für den GmbH-Gesellschafter in Frage kommen. Darüber hinaus bietet die Flexibilität der GmbH interessante Möglichkeiten, eine Unternehmensnachfolge schrittweise im Wege einer „gleitenden Übergabe" zu gestalten (siehe Rn. 34 ff.).

4 Die nachfolgende Darstellung geht davon aus, dass der Übergeber wesentlich an einer unternehmenstragenden GmbH beteiligt ist und eine zur Fortführung des Unternehmens willige und fähige Person als Übernehmer zur Verfügung steht. Als Übernehmer kommen dabei regelmäßig Familienangehörige in Betracht, denkbar sind aber auch dem Unternehmen eng verbundene Mitarbeiter. Wenn kein geeigneter Übernehmer vorhanden ist, bleibt nur der Verkauf des Unternehmens (siehe „Unternehmenskauf", S. 924 ff.) oder – schlimmstenfalls – die Liquidation (§§ 60 ff. GmbHG) der Gesellschaft.

! Eine objektive Bewertung, ob ein Übernehmer tatsächlich zur Firmenfortführung geeignet ist, fällt dem Übergeber aufgrund persönlicher Befangenheit oft schwer. Schon in diesem Stadium kann es daher sinnvoll sein, externen Sachverstand hinzuzuziehen. Nicht selten ist ein Verkauf zu einem angemessenen Preis für alle Beteiligten eine bessere Lösung als eine verunglückte Übergabe.[1]

Eine besondere Gestaltung ist die Überführung des Unternehmens in eine Stiftung, was sowohl zu Lebzeiten als auch von Todes wegen möglich ist. Mögliche Anteilsempfänger sind hierbei sowohl gemeinnützige Stiftungen als auch Familienstiftungen, wobei sich in Einzelfällen auch eine Kombination aus beidem (sog. Doppelstiftung) anbietet.[2] Zu beachten ist jeweils, dass es bei der Stiftung gerade keinen Unternehmensnachfolger gibt, denn das Vermögen bleibt dauerhaft in der Stiftung gebunden, die ihrerseits gerade keinen Inhaber hat. Neben einer Vielzahl steuerlicher Parameter sollte nicht übersehen werden, dass sich nur wenige Unternehmen sich tatsächlich zur Fortführung

1 Zu den steuerlichen Risiken für den Übergeber im Fall einer Veräußerung oder Betriebsaufgabe nach der Übergabe siehe Rn. 47.

2 Zu den einzelnen Gestaltungsmöglichkeiten mit entsprechenden weiterführenden Literaturhinweisen vgl. *Wachter*, Stiftungen: Zivil- und Steuerrecht in der Praxis.

in einer so unflexiblen Struktur wie der einer Stiftung eignen. Schließlich ist das eigentliche Problem der Nachfolgeplanung, nämlich die Suche nach dem richtigen Personal, durch die Überführung in eine Stiftung nicht gelöst, denn auch diese wird letztlich von Menschen geführt.

Sofern feststeht, dass das Unternehmen fortgeführt (und nicht eingestellt oder verkauft) werden soll und eine zur Übernahme bereite und befähigte Person vorhanden ist, sind in rechtlicher Hinsicht folgende Fragen zu klären: 5

- Soll das Unternehmen gleich (zu Lebzeiten) oder erst später (u.U. erst mit dem Todesfall) übertragen werden?
- Kann die Übertragung im derzeitigen Zustand vorgenommen werden oder ist eine vorherige Umstrukturierung nötig?
- In welchem Umfang soll Vermögen übertragen werden:
  - die gesamte Beteiligung oder nur Teile davon?
  - das gesamte Unternehmen oder nur ein Teilbetrieb der GmbH?
  - an die GmbH vermietete Räume oder andere Gegenstände, Lizenzen, auch im Rahmen einer bestehenden Betriebsaufspaltung (siehe „Steuerrecht", S. 1046 ff., Rn. 81 ff.)?
  - bestehende Gesellschafterdarlehen?
- Haftet der Übergeber noch persönlich für Gesellschaftsverbindlichkeiten und ist eine Schuldfreistellung zu erreichen?
- Welche Gegenleistungen sind zur Sicherung der Versorgung des Übergebers zu erbringen (Nießbrauch, wiederkehrende Zahlungen, Leistungen im Pflegefall)? Wie werden diese gesichert, insbesondere auch für den Fall einer negativen Entwicklung des Unternehmens?
- Sollen Rückforderungsrechte für den Fall von Fehlentwicklungen auf der Übernehmerseite vorgesehen werden? Falls ja: Wie werden diese gesichert?
- Wer übernimmt die Geschäftsführung?
- Sind Leistungen an andere Angehörige / pflichtteilsberechtigte Personen vorzusehen (insbesondere Ehegatte und Abkömmlinge des Übergebers)?
- Ist mit einer Geltendmachung von Pflichtteilsansprüchen zu rechnen?
- Mit welcher Steuerbelastung haben die Beteiligten zu rechnen (Schenkungsteuer, Einkommensteuer, Gewerbesteuer, Grunderwerbsteuer)?
- Wer trägt Nachforderungen aus Garantien/Produkthaftung?
- Wer trägt steuerliche und sozialrechtliche Nachforderungen (Betriebsprüfungsrisiko)?
- Was wird aus etwaigen Pensionsverpflichtungen der Gesellschaft?
- Stehen vertragliche Vereinbarungen der GmbH der Nachfolge im Wege („Change of Control"-Klauseln)?
- Ist eine überleitende Tätigkeit des Übergebers geplant? Sollen dem Übergeber künftig noch Mitwirkungs- und/oder Kontrollrechte im Unternehmen zustehen?
- Hat der Übernehmer seinerseits Vorsorge für den Fall des plötzlichen Versterbens, der Scheidung oder der Handlungsunfähigkeit getroffen (Ehevertrag, Unternehmertestament, Vorsorgevollmacht)?

C. Erbrechtliche Gestaltungsmittel

I. Erbfolge

6 Nach deutschem Erbrecht gelten für Geschäftsanteile an einer GmbH im Nachlass keine Besonderheiten. Diese gehen im Wege der Universalsukzession (§ 1922 BGB) auf den Erben oder die entstehende Erbengemeinschaft über (§ 15 Abs. 1 GmbHG). Eine hiervon abweichende Regelung ist gesellschaftsrechtlich nicht möglich.[3] Insbesondere können die aus dem Personengesellschaftsrecht bekannten „qualifizierten Nachfolgeklauseln", die die Vererblichkeit auf einen bestimmten Personenkreis einschränken, in einer GmbH so nicht verwendet werden.[4] Sollten sie dennoch aus Unachtsamkeit der Berater Eingang in eine GmbH-Satzung gefunden haben, kommt lediglich die Umdeutung in eine Abtretungsverpflichtung in Betracht.[5]

7 Die üblichen erbrechtlichen Gestaltungsmittel lassen sich auch auf GmbH-Geschäftsanteile anwenden. So können die Beteiligungen Gegenstand eines Vermächtnisses, einer Auflage, einer Vor- und Nacherbfolge[6], einer Testamentsvollstreckung[7] oder einer Teilungsanordnung sein. Davon abweichende gesellschaftsvertragliche Bestimmungen sind gem. § 2302 BGB unzulässig. Allerdings kann die Erfüllung einer solchen Anordnung durchaus gesellschaftsvertraglich beschränkt werden gem. §§ 15 Abs. 5, 17 GmbHG.

> **!** Soweit eine Satzungsbestimmung (Vinkulierungsklausel, Ankaufsrecht) nur allgemein an die „Abtretung" oder „Veräußerung" anknüpft, ist hierunter regelmäßig auch die Abtretung in Erfüllung eines Vermächtnisses oder einer Teilungsanordnung zu verstehen.[8]

Auch soweit ein Vermächtnis oder eine Teilungsanordnung die Übertragung des Geschäftsanteils vorsieht, genügt die erbrechtliche Form. Beurkundungspflichtig nach § 15 Abs. 4 GmbHG ist lediglich das Erfüllungsgeschäft (Abtretung).

II. Internationales Privatrecht

8 Die Vererbung von GmbH-Geschäftsanteilen richtet sich nach erbrechtlichen, nicht gesellschaftsrechtlichen Regeln. Daher ist auch die Frage, welches Erbrecht anwendbar ist, nach den Bestimmungen des Internationalen Privatrechts (IPR) erbrechtlich zu qualifizieren.[9] Hierfür gilt künftig (für Sterbefälle ab dem 17.8.2015) nicht mehr wie bisher (Art. 25 EGBGB) das Recht der Staatsangehörigkeit. Vielmehr wird das anwendbare Recht anhand der europäischen Erbrechtsverordnung bestimmt.[10] Gemäß Art. 21 dieser Verordnung ist für die Erbfolge das Recht des Staates maßgeblich, in dem der Erblasser zur Zeit seines Todes seinen gewöhnlichen Aufenthalt hatte, wobei nach Art. 22 eine Rechtswahl zugunsten des Rechtes der Staatsangehörigkeit des Erblassers möglich ist. Rück- und Weiterverweisungen aus dem Recht eines Drittstaates sind gem. Art. 34 der Verordnung zu berücksichtigen:

---

3 Heute unstreitig, vgl. Scholz/Winter, § 15 Rn. 21; Palandt/Edenhofer, § 1922 BGB Rn. 23 f.
4 Scholz/Winter, § 15 Rn. 22.
5 Trotz, in: Groll, Abschn. B.XI Rn. 273.
6 Dazu im Einzelnen: Scholz/Winter, § 15 Rn. 34 ff.
7 D. Mayer, in: Bengel/Reimann, Abschn. V Rn. 232 ff.
8 Scholz/*Winter*, § 15 Rn. 30.
9 Nach dem Gesellschaftsstatut richtet sich hingegen die Frage, ob die Anteile überhaupt vererblich sind; vgl. Palandt/Heldrich, Art. 25 EGBGB Rn. 15.
10 Verordnung (EU) Nr. 650/2012 Des Europäischen Parlaments und des Rates vom 4. Juli 2012 über die Zuständigkeit, das anzuwendende Recht, die Anerkennung und Vollstreckung von Entscheidungen und die Annahme und Vollstreckung öffentlicher Urkunden in Erbsachen sowie zur Einführung eines Europäischen Nachlasszeugnisses, Abl. L 201/107 vom 27.7.2012. Diese Verordnung gilt für alle EU-Mitgliedstaaten, mit Ausnahme Dänemarks, des Vereinigten Königreichs und Irlands, wobei die beiden letztgenannten Staaten das Recht haben, dieser Verordnung noch beizutreten.

Beispiel: Ein deutscher Staatsangehöriger ist mit letztem Wohnsitz/gewöhnlichem Aufenthalt in den USA (Kalifornien) verstorben. Er hinterlässt bewegliches Vermögen sowie Immobilien in Frankreich und der Schweiz. Gem. Art. 21, 36 der Verordnung gilt das Recht des Staates Kalifornien. Dieses nimmt die Verweisung hinsichtlich des beweglichen Vermögens an, soweit es sich bei dem Wohnsitz um ein „domicile" i.S. des dortigen Rechts handelt. Hinsichtlich des unbeweglichen Vermögens verweist das US-Recht weiter auf das Recht des Lageortes. Da es sich bei Frankreich um einen Mitgliedsstaat handelt, gilt für die dortige Immobilie französisches Erbrecht. Die Schweiz hingegen ist weder Mitgliedsstaat noch nimmt sie die Verweisung an (sie verweist auf den Wohnsitzstaat). Damit verbleibt es für diese Immobilie aus EU-Sicht beim kalifornischen Recht.

Die nachfolgenden erbrechtlichen Ausführungen gelten daher u.U. nicht oder nur eingeschränkt, wenn der Gesellschafter im Ausland ansässig ist oder später dorthin umzieht, selbst wenn das gesamte Vermögen im Inland belegen ist.[11]

! Auch soweit man nach diesen Regeln zur Anwendung deutschen Rechts kommt, ist dies noch keine allgemeingültige Antwort. Wird nämlich ein Gericht eines Drittstaates mit der Sache befasst, so wendet dies zunächst „sein" IPR an und kommt daher aufgrund anderer Verweisungsregelungen möglicherweise zu anderen Ergebnissen.

Jede Auslandsberührung (Staatsangehörigkeit, Wohnsitz, früherer Wohnsitz, Auslandsgrundbesitz) sollte daher Anlass geben, entsprechenden Rechtsrat einzuholen. Dies gilt für testamentarische Regelungen auch dann, wenn der Umzug ins Ausland erst für die Zukunft geplant ist, denn maßgeblich ist die Situation im Todeszeitpunkt.[12]

III. Unternehmertestament

Die gesetzliche Erbfolge bei Fehlen einer letztwilligen Verfügung führt regelmäßig zur Entstehung 9
von Erbengemeinschaften (§§ 1924 ff., 2032 ff. BGB).[13] Eine Erbengemeinschaft ist zur Fortführung des Unternehmens ungeeignet, da jeder Erbe jederzeit Auseinandersetzung verlangen kann (§ 2042 BGB) und der Nachlass grundsätzlich nur gemeinschaftlich verwaltet werden kann (§ 2038 BGB, Einstimmigkeitsprinzip).[14] Zusätzlich kompliziert wird die Handhabung, wenn an der Erbengemeinschaft minderjährige Kinder beteiligt sind.[15]

Jeder GmbH-Gesellschafter sollte daher im Wege eines Testaments Vorsorge für den Fall eines 10
unerwarteten Ablebens treffen. Dies gilt auch dann, wenn die Beteiligung ohnehin zu einem späteren Zeitpunkt zu Lebzeiten übergeben werden soll. Gängige Gestaltungen wären hierbei:

- die Einsetzung eines Alleinerben, der die Beteiligung kraft Gesetzes mit dem Ableben erwirbt;
- die Einsetzung eines oder mehrerer Erben, aber Zuweisung des GmbH-Anteils zu einer bestimmten Person im Wege eines (Voraus-)Vermächtnisses oder (seltener) einer Teilungsanordnung. In diesem Fall kann der Unternehmer die Auswahl des Nachfolgers auch einem Dritten übertragen, was insbesondere dann zu empfehlen ist, wenn die potentiellen Nachfolger noch minderjährig sind;[16]
- die Anordnung der Testamentsvollstreckung über den GmbH-Anteil, insbesondere wenn dieser vom Erstempfänger (Erbengemeinschaft) auf eine andere Person zu übertragen ist

11 Zu den Konsequenzen einer Auslandsberührung vgl. Kindler, in: Groll, Abschn. F.

12 Art. 26 EGBGB sieht Abweichungen hiervon nur für die Form, die Gültigkeit der Errichtung und die Bindungswirkung vor.

13 Kompakte Darstellung der gesetzlichen Erbfolge bei Palandt/Edenhofer, § 1924 BGB Rn. 1 ff.; ausführlich bei Groll, in: Groll, Abschn. C.I.

14 Spiegelberger, Rn. 725.

15 Ivo, ZNotP 2007, 210 ff.

16 Formulierungsvorschläge bei Langenfeld, Rn. 494.

(Vermächtnisnehmer) oder wenn die Empfänger noch nicht das zur Fortführung des Unternehmens erforderliche Mindestalter erreicht haben;

- der Abschluss eines Erbvermächtnisvertrags zwischen den (Familien-)GmbH-Gesellschaftern, wobei sich diese gegenseitig ihre Beteiligungen zuwenden, ohne ansonsten Verfügungen (etwa eine Erbeinsetzung) zu treffen. Abgesehen von diesem Sonderfall sollte jede Form erbrechtlicher Bindung – durch Vor- und Nacherbfolge, vertragsmäßige Verfügungen im Erbvertrag oder wechselbezügliche Verfügungen in gemeinschaftlichen Testamenten – bei unternehmerischem Vermögen nach Möglichkeit vermieden werden.[17]

11 Eine solche Verfügung muss stets auf ihre Vereinbarkeit mit den gesellschaftsrechtlichen Regelungen im GmbH-Vertrag (siehe Rn. 29 ff.) und auf ihre steuerlichen Auswirkungen hin (siehe Rn. 38 ff.) überprüft werden.

> **!** Die Abfassung eines Unternehmertestaments ist eine anspruchsvolle Gestaltungsaufgabe, die ohne qualifizierte rechtliche und steuerliche Beratung kaum gelingen kann. Wer sich an dieser Stelle mit „Hausmitteln" behilft, setzt die Zukunft seines Unternehmens aufs Spiel.

IV. Pflichtteilsrecht

12 Wesentlicher außersteuerlicher Störfaktor bei der Nachfolgegestaltung ist das gesetzliche Pflichtteilsrecht. Pflichtteilsberechtigt sind nach deutschem Recht Abkömmlinge, Ehegatten und Eltern des Erblassers, die von der Erbfolge ausgeschlossen sind (§ 2303 BGB). „Ausgeschlossen" i.d.S. ist nur, wer auch tatsächlich in der gesetzlichen Erbfolge zum Zuge gekommen wäre und aufgrund einer Verfügung von Todes wegen (Pflichtteilsanspruch) oder aufgrund lebzeitiger Schenkungen (Pflichtteilsergänzungsanspruch) nichts oder weniger als seinen Pflichtteil erhalten hat.[18] Eltern sind also i.d.R. nur pflichtteilsberechtigt, wenn keine Abkömmlinge vorhanden sind; Enkel i.d.R. nur dann, wenn das dazwischen stehende Kind vorverstorben ist.[19] Der Pflichtteilsanspruch ist ein reiner Geldanspruch in Höhe der Hälfte des Werts des gesetzlichen Erbteils.

> **Beispiel: Pflichtteilsanspruch**
>
> Der Alleingesellschafter A der A-GmbH ist verstorben. Er war mit seiner Frau F ohne Ehevertrag verheiratet und hat zwei Söhne (L und B) hinterlassen. Testamentarische Alleinerbin ist F; sie hat vermächtnisweise den GmbH-Anteil an L zu übertragen. Der Reinnachlass abzüglich Schulden beträgt 500.000 EUR, davon entfallen 300.000 EUR auf den GmbH-Anteil.
>
> Gesetzlicher Erbteil des B: 1/4
>
> Pflichtteil des B: 1/8 von 500.000 EUR = 62.500 EUR
>
> Diesen Betrag muss F auf Verlangen an B auszahlen. Sie kann jedoch die Übertragung der GmbH-Anteile an L verweigern, bis dieser 3/5 der Pflichtteilslast (37.500 EUR) übernimmt (§ 2318 Abs. 1 BGB).[20]

13 Gemäß § 2311 BGB ist der Geschäftsanteil zum Zweck der Pflichtteilsberechnung stets mit dem vollen Verkehrswert anzusetzen. Ob dies auch dann gilt, wenn der Erbe aufgrund einer Einzie-

17 Spiegelberger, Rn. 684.
18 In den Fällen der §§ 2305 bis 2307 BGB können Pflichtteilsansprüche auch neben einer angenommenen oder anstelle einer ausgeschlagenen letztwilligen Zuwendung bestehen. Der Pflichtteilsergänzungsanspruch kann nach §§ 2326, 2329 BGB sogar dem Alleinerben zustehen.
19 Besonderheiten können sich ergeben durch vorangehende Erb- und/oder Pflichtteilsverzichte, Pflichtteilsentziehungen oder Ausschlagungen, vgl. dazu insb. § 2309 BGB.
20 Nach Zahlung des Pflichtteils und Erfüllung des gekürzten Vermächtnisses verbleibt der Ehefrau ein Vermögen von 175.000 € und damit mehr als deren Pflichtteil (125.000 €). Auch L erhält netto mehr als seinen Pflichtteil. Somit kommt es auf die Einschränkung und Erweiterung des Kürzungsrechtes nach § 2318 Abs. 2 und Abs. 3 BGB nicht an.

hungsklausel gegen geringere Entschädigung aus der Gesellschaft ausgeschlossen werden kann, ist umstritten.[21]

Da die zur Auszahlung des Pflichtteils erforderliche Liquidität im Unternehmen meist nicht vorhanden ist und etwaige Veräußerungen zum Zweck der Pflichtteilsfinanzierung steuerlich zusätzlich sanktioniert werden (zu den erbschaftsteuerlichen Folgen siehe Rn. 47; hinzu kommen u.U. ertragsteuerliche Belastungen durch die Veräußerung oder Entnahme von Betriebsvermögen), ist es ein wesentliches Ziel der Nachfolgeplanung, Pflichtteilsansprüche zu vermeiden oder zumindest zu steuern. Hierzu sind folgende Gestaltungen üblich: **14**

- Vereinbarung eines Pflichtteilsverzichts: Der Pflichtteilsberechtigte verzichtet vertraglich auf seine Rechte am gesamten künftigen Nachlass oder bezogen auf bestimmte Gegenstände, wie etwa die GmbH-Anteile; regelmäßig erhält er im Austausch dafür eine Entschädigung zu Lebzeiten;[22]
- Vereinbarung einer Pflichtteilsstundung z.B. bis zum Ableben des länger lebenden Elternteils;
- Vereinbarung einer lebzeitigen Schenkung unter Anrechnung auf den Pflichtteil.[23]

! Pflichtteilsverzichtsverträge sind gem. § 2348 BGB nur wirksam, wenn sie notariell beurkundet sind. Eine einseitige Pflichtteilsanrechnung ist gem. § 2315 BGB nur möglich, wenn der Schenker die Anrechnung bereits vor oder bei der Schenkung bestimmt hat; nachträgliche Anrechnungsbestimmungen sind ohne Zustimmung des Pflichtteilsberechtigten nicht möglich. Nachträgliche Anrechnungen unter Zustimmung des Pflichtteilsberechtigten sind möglich, bedürfen dann aber als „Teilverzicht" auf den Pflichtteil ebenfalls der notariellen Beurkundung. .[24]

- Absicherung der Finanzierbarkeit des Pflichtteils bei unerwartet frühem Versterben, z.B. durch Abschluss einer Risikolebensversicherung
- Verminderung des Pflichtteils durch lebzeitige Übertragungen an andere Empfänger; hierdurch entstehen jedoch gem. §§ 2325 ff. BGB sog. Pflichtteilsergänzungsansprüche bei Schenkungen innerhalb von zehn Jahren vor dem Tod sowie bei Ehegattenschenkungen auch jenseits dieser Frist.

! Gem. § 2325 Abs. 3 BGB verringert sich der Pflichtteilsergänzungsanspruch nach der „Leistung" jährlich um 10%. Diese Abschmelzung beginnt jedoch erst mit der „Leistung", d.h. dann, wenn der Übergeber den Gegenstand wirklich aus der Hand gibt.[25] Vorbehaltene Nießbrauchsrechte und umfassende oder gar freie Widerrufsrechte sind daher bei drohenden Pflichtteilsansprüchen zu vermeiden. Bei Schenkungen unter Ehegatten beginnt die Abschmelzung erst mit der Scheidung der Ehe, so dass Ehegattenschenkungen kein taugliches Mittel zur Pflichtteilsreduzierung darstellen.

Nur in extremen Ausnahmesituationen können Pflichtteilsrechte gem. §§ 2333 ff. BGB entzogen werden.[26] Bloße innerfamiliäre Verwerfungen und Meinungsverschiedenheiten genügen dafür nicht. **15**

21 Palandt/Edenhofer, § 2311 BGB Rn. 10; Reimann, DNotZ 1992, 473, 485.
22 Zu den oft übersehenen Konsequenzen des Pflichtteilsverzichts J. Mayer, ZEV 2007, 556.
23 Einzelheiten bei J. Mayer, ZErb 2007, 130.
24 Formulierungsvorschlag bei *Bonefeld/Lange/Tanck*, ZErb 2007, 292, 300.
25 Palandt/*Edenhofer*, § 2325 BGB Rn. 22.
26 Hieran hat auch die gesetzliche Neuregelung seit 2010 nichts Grundlegendes verändert; vgl. Bonefeld/Lange/Tanck, ZErb 2007, 292, 296 f.

V. Gestaltungen nach dem Erbfall

16 Sofern vor dem Todesfall keine geeignete Vorsorge durch Errichtung einer geeigneten letztwilligen Verfügung getroffen worden ist, können unliebsame Folgen noch korrigiert werden, wenn die Beteiligten zusammenwirken.

17 Durch eine Erbschaftsausschlagung kann die Erbfolge selbst gesteuert werden, ohne dass hierdurch unnötige steuerliche Belastungen auftreten. Sie ist jedoch bei Inländern nur innerhalb einer Frist von sechs Wochen seit Kenntnis der Erbschaft möglich. Schlägt ein Erbe die Erbschaft aus, so gilt er hinsichtlich der Bestimmung der Erbfolge[27] als nicht vorhanden und der Nachlass geht auf die nächste Person in der Erbfolge – ggf. auf die testamentarisch bestimmten Ersatzerben – über. Eine Erbausschlagung nur zugunsten einer bestimmten Person ist hingegen nicht möglich.

Beispiel: Erbschaftsausschlagung

Die Mutter (zu 1/2) und ihre beiden Töchter (zu je 1/4) befinden sich in Erbengemeinschaft aufgrund gesetzlicher Erbfolge; im Nachlass befinden sich GmbH-Anteile.

Soll das Unternehmen von einer Tochter fortgeführt werden, ist eine Ausschlagung – u.U. gegen Abfindung – durch die Mutter, die andere Tochter und deren etwaige Abkömmlinge ein denkbares Gestaltungsmittel. Eine solche Abfindung wird gem. § 3 Abs. 2 Nr. 4 ErbStG wie eine Erbschaft vom Verstorbenen an den Ausschlagenden versteuert, so dass hier nicht die ungünstige Steuerklasse II wie bei Schenkungen von Kinder an Eltern zur Anwendung kommt.

Soll die GmbH hingegen bei der Mutter verbleiben, ist eine Ausschlagung meist nicht zielführend, da nach den Töchtern und Enkeln zunächst die Eltern, Geschwister, Nichten, Neffen und Großeltern des Verstorbenen zum Zuge kommen (§ 1931 BGB).

18 Weitere Gestaltungsmittel sind die vollständige oder teilweise Auseinandersetzung der Erbengemeinschaft. Es handelt sich hierbei um Verträge zwischen allen Erben, mit denen die Erbengemeinschaft einzelne oder sämtliche Nachlassgegenstände (z.B. Geschäftsanteil) auf die Erben überträgt.[28] Sofern der Empfänger im Gegenzug für die Übertragung einzelner Gegenstände ganz aus der Erbengemeinschaft ausscheidet, spricht man von einer Abschichtung.[29] Schließlich können auch die Erbteile als solche übertragen werden (§§ 2033 ff. BGB).[30] Die Erbteilsübertragung bedarf stets der notariellen Beurkundung. Die Auseinandersetzung ist beurkundungspflichtig, wenn Gegenstände wie Grundstücke oder GmbH-Geschäftsanteile übertragen, also aus der Erbgengemeinschaft „herausgenommen" werden; auf die im Nachlass verbleibenden Gegenstände kommt es dabei nicht an.

D. Vorweggenommene Erbfolge

I. Vorteile der vorweggenommenen Erbfolge

19 Die Übertragung einer wesentlichen Beteiligung an einer unternehmenstragenden GmbH sollte im Interesse der Unternehmensfortführung nicht der Erbfolge überlassen bleiben. So ist jede Erbschaft mit einer Ungewissheit belastet, da theoretisch noch ein späteres Testament anderen Inhalts vorhanden sein könnte. Daran ändert auch ein erteilter Erbschein nichts, denn dieser schützt nur Geschäftspartner des ausgewiesenen Erben, nicht jedoch den (Schein-)Erben selbst.[31] In jedem Fall kommt es zum Zeitverlust, bis alle Testamente abgeliefert und eröffnet sind und ein etwaiger Erbschein erteilt ist. Schlimmstenfalls kann es zum Streit über die Wirksamkeit der Testamente kommen, etwa wegen Zweifeln an der Testierfähigkeit oder aufgrund einer Anfechtung wegen Irrtums

27 Anders u.U. hinsichtlich des Pflichtteilsrechts, vgl. §§ 1371 Abs. 3, 2306 BGB.
28 Ausführlich: v. Morgen, in: Groll, Abschn. C.IV Rn. 35 ff.
29 BGHZ 138, 8 = DB 1998, 1323; BGH NJW 2005, 284 = ZEV 2005, 22.
30 Dazu Groll, in: Groll, Abschn. C.XI.
31 Palandt/Edenhofer, § 2365 BGB Rn. 2 f. sowie § 2366 BGB Rn. 1.

des Erblassers. Auch etwaige Probleme mit pflichtteilsberechtigten Personen oder steuerliche Fragen lassen sich im Vorfeld leichter und flexibler lösen als nach dem Erbfall. Vor allem jedoch gelingt die Unternehmensfortführung meist nur dann, wenn der Übernehmer schrittweise herangeführt wird und der Übergeber weiterhin beratend und kontrollierend zur Seite steht. Aus all diesen Gründen sollte die Übertragung einer unternehmerischen GmbH-Beteiligung zu Lebzeiten der Regelfall sein, was auch tatsächlich so gehandhabt wird.

! Eine geregelte Nachfolge wirkt sich weiterhin auch positiv auf das Rating der Gesellschaft und damit auf die Kreditwürdigkeit nach den Basel-2-Richtlinien aus.

II. Zivilrechtliche Gestaltung

Zivilrechtlich stellt sich die vorweggenommene Erbfolge regelmäßig als Schenkung unter Auflage gem. § 525 BGB oder als gemischte Schenkung dar.[32] Die Auflagen dienen dabei in erster Linie der Versorgung des Übergebers und seines Ehegatten, da dieser mit einem Unternehmen gerade das Vermögen aus der Hand gibt, das zur Absicherung seines eigenen Lebensunterhalts und seiner Altersvorsorge dient. Im Wege einer Nutzungsauflage behält sich der Übergeber vor, das übertragene Vermögen weiterhin selbst auf eigene Rechnung zu nutzen und die Erträge daraus zu ziehen. Dies ist in erster Linie der klassische Nießbrauchsvorbehalt. Leistungsauflagen hingegen verpflichten den Übernehmer, an den Übergeber bestimmte Leistungen, meist wiederkehrende Zahlungen, zu erbringen, wobei die erforderlichen Beträge aus dem übergebenen Vermögen zu erwirtschaften sind. 20

Die Erfüllung einer Schenkung kann auch befristet oder mit einer aufschiebenden Bedingung versehen werden. Steht die Schenkung unter der Bedingung, dass der Übernehmer den Übergeber überlebt, liegt eine Schenkung auf den Todesfall vor, die nach § 2301 BGB der erbvertraglichen Form bedarf (zu alternativen Gestaltungsformen der gleitenden Übergabe siehe Rn. 34 ff.) 21

Häufig werden die aus dem Bereich der Grundstücksüberlassung bekannten Rückforderungsrechte für den Fall bestimmter Fehlentwicklungen auf der Übernehmerseite zu Lebzeiten des Übergebers vereinbart. Typische Rückforderungsgründe sind: Weiterveräußerung, Pfändung oder Verpfändung der Anteile ohne Zustimmung des Übergebers; Vorversterben oder Insolvenz des Übernehmers; u.U. Zugriff des Ehegatten auf die Anteile nach etwaiger Scheidung. Daneben existieren die gesetzlichen Rückforderungsrechte wegen groben Undanks (§ 530 BGB) und – wegen der Überleitungspraxis der Sozialhilfeträger bei Pflegebedürftigkeit höchst relevant – bei Verarmung des Schenkers (§ 528 BGB). Wichtig ist hierbei, dass die Rückforderungsrechte nicht nur vereinbart werden, sondern im Ernstfall auch durchsetzbar sind.[33] Bei der Übertragung von GmbH-Geschäftsanteilen bietet sich hierfür eine aufschiebend bedingte Rückabtretung an, wobei die Bedingung dann eintritt, wenn der Berechtigte in einer bestimmten Form berechtigterweise von seinem Rückforderungsrecht Gebrauch macht. 22

III. Ertragsteuerlicher Rahmen

1. Entgeltlichkeit

Die ertragsteuerliche Behandlung der vorweggenommenen Erbfolge hängt neben der steuerlichen Zuordnung der Anteile (Betriebsvermögen/Privatvermögen) davon ab, ob die Anteile unentgeltlich, teilentgeltlich oder vollentgeltlich übertragen werden. Als Entgelt werden dabei insbesondere angesehen:[34] 23

32 Zur Abgrenzung: Palandt/Weidenkaff, § 525 BGB Rn. 8.
33 Umfassende Formulierungsvorschläge bei Wälzholz, GmbHR 2007, 1177 und ders., GmbHR 2007, 1319.
34 Vgl. Schmidt/Weber-Grellet, § 17 EStG Rn. 136 ff.

- Abstandszahlungen an den Übergeber oder an Dritte (z.B. Geschwister)
- die Übernahme von Verbindlichkeiten außerhalb der GmbH
- Zahlung von Veräußerungsrenten[35]

Kein Entgelt sind hingegen:

- die Verpflichtung zur Weitergabe von Teilen des übertragenen Vermögens an Dritte (Auflage)
- Nutzungsvorbehalte (Nießbrauch)
- die Zahlung von Versorgungsleistungen im Anwendungsbereich des § 10 Abs. 1 Nr. 1a EStG[36]

Ein sich danach ergebendes Entgelt unterliegt als Veräußerungserlös den allgemeinen steuerlichen Bestimmungen (siehe dazu, auch zur Behandlung teilentgeltlicher Veräußerungen, „Steuerrecht", S. 1046 ff., Rn. 68 ff.) Der Freibetrag nach § 16 Abs. 4 EStG greift nur für im Betriebsvermögen befindliche Anteile, die mit dem Betrieb oder als fiktiver Teilbetrieb nach § 16 Abs. 1 Nr. 1 Satz 2 EStG übertragen werden. Der um 44 % reduzierte Steuersatz oder die „Fünftelregelung" nach § 34 EStG werden auch dann im Hinblick auf das Halb- bzw. Teileinkünfteverfahren nicht mehr gewährt.

! Die Übernahme eines Darlehens, das zur Finanzierung des GmbH-Anteils aufgenommen worden ist, ist hier als Entgelt anzusehen und führt u.U. beim Übergeber zu einem steuerpflichtigen Veräußerungsgewinn. Wird hingegen neben der GmbH ein Besitzunternehmen im Rahmen einer bestehenden Betriebsaufspaltung (siehe „Steuerrecht", S. 1046 ff., Rn. 81 ff.) übergeben, so ist die Übernahme von dessen betrieblichen Verbindlichkeiten kein Entgelt i.d.S.[37]

2. Vorbehaltsnießbrauch

24 Im Rahmen der Übertragung eines GmbH-Anteils kann sich der Übergeber an dem Anteil einen Nießbrauch gem. §§ 1068 ff. BGB vorbehalten. Aufgrund des Nießbrauchs stehen dem Nießbraucher jedenfalls die Erträge des Geschäftsanteils (Gewinnausschüttungen) zu. Ob daneben auch Mitgliedschaftsrechte, insbesondere das Stimmrecht, dem Nießbraucher übertragen werden können, ist umstritten.[38] Richtigerweise sollte dies zumindest dann zulässig sein, wenn die Satzung eine entsprechende Ermächtigung enthält. Dennoch empfiehlt sich in jedem Fall, die Nießbrauchsbestellung mit einer entsprechenden Stimmrechtsvollmacht zu verbinden.[39]

25 Ertragsteuerlich stellt sich die Frage, ob die Gewinnausschüttungen weiterhin dem Nießbraucher oder aber dem Erwerber zuzurechnen sind. § 20 Abs. 5 Satz 3 EStG enthält hierzu die gewissermaßen tautologische Vorschrift, dass die Erträge beim Nießbraucher zu versteuern sind, wenn sie diesem zuzurechnen sind. Wann dies der Fall ist, wird hier nicht geregelt. Die Finanzverwaltung erkennt die Zurechnung beim Übergeber im Fall des Vorbehaltsnießbrauchs an, nicht jedoch beim Zuwendungsnießbrauch.[40] Nach der zutreffenden Gegenansicht hängt die Zurechnung davon ab, wer die Verwaltungsrechte tatsächlich ausübt.[41]

35 Solche liegen auch dann vor, wenn außerhalb des Anwendungsbereichs des § 10 Abs. 1 Nr. 1a EStG wiederkehrende „Versorgungsleistungen" vereinbart werden; BMF-Schreiben vom 11.03.2010, BStBl. I 2010, 227, Rn. 21, 57; vgl. Wälzholz, MittBayNot 2008, 93, 97; a.A. Fleischer, ZEV 2007, 475, 478.
36 Schmidt/Weber-Grellet, § 17 EStG Rn. 105, 144.
37 Schmidt/*Wacker*, § 16 EStG Rn. 68 f.
38 Dafür: Lutter/Hommelhoff/Hommelhoff, § 15 Rn. 50; dagegen etwa: Scholz/Winter, § 15 Rn. 192.
39 Rowedder/Schmidt-Leithoff/Rowedder/Bergmann, § 15 Rn. 76.
40 BMF-Schreiben v. 23.11.1983, BStBl. I 1983 S. 508, Tz. 55 ff.
41 Herrmann/Heuer/Raupach/Janssen, § 20 EStG Rn. 56; Hübner, in: Gosch/Schwedhelm/Spiegelberger, S. N81; Spiegelberger, Rn. 395 ff.

3. Versorgungsleistungen

Die Vereinbarung wiederkehrender Bezüge führt dazu, dass der Übernehmer die Einkünfte aus der überlassenen Einkunftsquelle (Geschäftsanteil) selbst erwirtschaften muss und anschließend die Erträge ganz oder teilweise an den Übergeber abzuführen hat. In der wirtschaftlichen Wirkungsweise ist dies einem Vorbehaltsnießbrauch nicht unähnlich, lediglich die Arbeits- und Risikoverteilung ändert sich. **26**

Die ertragsteuerliche Anerkennung einer solchen Gestaltung wird seit dem 1.1.2008 (Jahressteuergesetz 2008) an strenge Voraussetzungen geknüpft. Voraussetzung ist gem. § 10 Abs. 1 Nr. 1a Buchst. c EStG, dass **27**

- eine Beteiligung von mindestens 50% an einer GmbH[42] an einen Erwerber[43] übertragen wird,[44]
- der Übergeber bei dieser Gesellschaft als Geschäftsführer tätig war und
- der Übernehmer diese Tätigkeit fortführt.

Nicht ganz deutlich wird aus dem Gesetzeswortlaut, ob der Übergeber seine Geschäftsführerstellung aufgeben muss. Die Finanzverwaltung verlangt dies, womit also die Fortführung der Geschäftsführung durch den Übergeber schädlich ist, während die parallele Geschäftsführung durch einen Dritten unschädlich sein soll, was schwer nachvollziehbar ist. Die Verwaltung verlangt nicht, dass der Erwerber mit der Übergabe neu in die Geschäftsführung berufen wird. Allerdings möchte sie den Sonderausgabenabzug versagen, wenn der Erwerber zu einem späteren Zeitpunkt aus der Geschäftsführung wieder ausscheidet, was ebenfalls im Wortlaut keine Stütze findet.[45]

> **!** Anders als bei den ebenfalls von der Neuregelung betroffenen Personengesellschaften kommt es hier jedoch nicht auf die tatsächliche Tätigkeit der GmbH an, sodass eine Versorgungsrente auch bei der Übertragung von Anteilen an einer rein vermögensverwaltend tätigen GmbH ertragsteuerlich anzuerkennen ist, etwa bei der Übertragung eines in Form einer GmbH gehaltenen Wertpapiervermögens.

Daneben bestehen die bisherigen von Rechtsprechung[46] und Finanzverwaltung[47] entwickelten Anerkennungsvoraussetzungen fort. Diese dienen insbesondere dazu, die Versorgungsleistung von entgeltlichen „Kaufpreisrenten" und steuerlich unbeachtlichen Unterhaltsrenten abzugrenzen. Versorgungsleistungen liegen insbesondere nur dann vor, wenn sie aus den Erträgen der überlassenen Vermögenseinheit entrichtet werden können.[48] Soweit danach Versorgungsleistungen vorliegen, ist der Übernehmer berechtigt, die Zahlungen als Sonderausgaben nach § 10 Abs. 1 Nr. 1a EStG abzuziehen, während sie der Übergeber nach § 22 Nr. 1b EStG zu versteuern hat. Die frühere Differenzierung zwischen Leibrenten und dauernden Lasten ist damit weitgehend gegenstandslos geworden.[49] **28**

---

42 Nicht nachvollziehbar ist freilich, warum die GmbH / UG (haftungsbeschränkt) hier gegenüber anderen Kapitalgesellschaften privilegiert werden soll; vgl. Wälzholz, MittBayNot 2008, 93, 95; Anteile an GmbH-ähnlichen Gesellschaften anderer EU/EWR-Staaten sind der GmbH gleichgestellt, nicht dagegen Aktiengesellschaften aller Art, vgl. BMF-Schreiben vom 11.03.2010, BStBl. I 2010, 227, Rn. 15.

43 Nur bei einer 100%-Beteiligung ist eine Übertragung auf zwei Erwerber möglich, die jeweils 50 % erhalten und jeweils die Geschäftsführung übernehmen, BMF-Schreiben vom 11.03.2010, BStBl. I 2010, 227, Rn. 19.

44 Werden aufgrund eines einheitlichen Schenkungsversprechens 50% der Anteile in mehreren Etappen übertragen, so kann richtigerweise eine Versorgungsrente nach Übertragung des letzten Anteils anerkannt werden; das BMF-Schreiben vom 11.03.2010 äußert sich zu dieser Frage nicht.

45 BMF-Schreiben vom 11.03.2010, BStBl. I 2010, 227, Rn. 18.

46 Maßgeblich: BFH GrS BStBl. II 2004 S. 95, 100.

47 BMF-Schreiben vom 11.03.2010, BStBl. I 2010, 227 (sog. IV. Rentenerlass).

48 BMF-Schreiben vom 11.03.2010, BStBl. I 2010, 227, Rn. 26 ff.

49 Wälzholz, MittBayNot 2008, 93, 96; eine gewisse Rolle spielt die Unterscheidung noch bei der Besteuerung von Veräußerungsrenten, vgl. BMF-Schreiben vom 11.03.2010, BStBl. I 2010, 227, Rn. 71, 75.

E. Gesellschaftsrechtliche Gestaltungsmittel

29 Gesellschaftsrechtliche Gestaltungen im Rahmen der Vermögensnachfolge schützen die Mitgesellschafter vor einer „Überfremdung" der Gesellschaft und sichern den Einfluss des Übergebers in der Gesellschaft nach der Übergabe.

I. Schutz der Gesellschaft und der Mitgesellschafter

30 Da die Mitgesellschafter keinen Einfluss auf die Gestaltung etwaiger Übergabeverträge oder gar Testamente haben, können nur gesellschaftsvertragliche Bestimmungen den Eintritt unerwünschter Nachfolger effektiv verhindern. Zur Vorbeugung gegen unerwünschte Übergabeverträge genügt grundsätzlich bereits eine einfache Vinkulierungsklausel gem. § 15 Abs. 4 GmbHG. Dabei sollte darauf geachtet werden, dass die Klausel nicht nur den Verkauf, sondern jegliche Verfügung über die Geschäftsanteile an den Zustimmungsvorbehalt knüpft. Eine ähnliche, weniger einschneidende, Wirkungsweise entfalten Vorerwerbsrechte. Während ein reines Vorkaufsrecht im Falle unentgeltlicher Übertragungen keine Anwendung findet, erfassen Vorerwerbsrechte auch diese Fallgestaltungen. Die Mitgesellschafter könnten dann die Übergabe an einen ihnen nicht genehmen Nachfolger dadurch abwenden, dass sie selbst die Anteile gegen Entgelt übernehmen, dessen Höhe sich beispielsweise an der gesellschaftsvertraglich für den Fall der Kündigung vereinbarten Abfindung orientiert. Regelmäßig sehen derartige Klauseln weiterhin vor, dass die Gesellschafter (vorbehaltlich wichtiger Ablehnungsgründe in der Person des Erwerbers) verpflichtet sind, der Anteilsübertragung zuzustimmen, wenn sie von ihrem Vorerwerbsrecht keinen Gebrauch machen.

31 Auf die Risiken, die sich beim Versterben eines Gesellschafters ergeben, kann die Gesellschaft grundsätzlich nur im Nachhinein reagieren. Der Gesellschaftsvertrag kann jedoch vorsehen, dass im Fall des Versterbens eines Gesellschafters dessen Geschäftsanteil eingezogen werden kann. Häufig wird in Familiengesellschaften das Einziehungsrecht eingeschränkt auf Fälle, in denen der Geschäftsanteil auf Personen übergeht, die weder Mitgesellschafter noch Ehegatten oder Abkömmlinge des Verstorbenen sind. Da eine Einziehung gesellschaftsrechtlich häufig nicht möglich ist (siehe § 34 Rn. 18), kann auch eine Verpflichtung zur Abtretung an von den Gesellschaftern bestimmte Personen vorgesehen werden (sog. Zwangsabtretung, Musterformulierung siehe § 34 Rn. 31).

32 Eine solche Einziehung kann nach herrschender Auffassung auch unentgeltlich vereinbart werden,[50] da ein Ausschluss der Abfindung im Todesfall den Gesellschafter nicht an der Ausübung seiner Gesellschafterrechte zu Lebzeiten hindert (siehe § 34 Rn. 17). Allerdings dürfte praktisch kein großes Interesse an einer solchen Regelung bestehen, da das Erbschaftsteuerrecht einen steuerpflichtigen Erwerb der verbleibenden Gesellschafter von dem verstorbenen Gesellschafter fingiert (§ 3 Abs. 1 Nr. 2 Satz 2 und 3, § 10 Abs. 10 ErbStG[51]). Auch zur Vermeidung etwaiger Pflichtteilsansprüche von Geschwistern des verbleibenden Gesellschafters trägt eine solche Klausel i.d.R. nicht bei.[52]

33 Unabhängig davon empfiehlt es sich, die Gesellschaft von internen Streitigkeiten mehrerer Miterben eines Gesellschafters abzuschirmen. Dies geschieht am einfachsten, indem der Gesellschaftsvertrag anordnet, dass alle Gesellschafterrechte ruhen, solange die Erben nicht einen gemeinsamen Bevollmächtigten benannt haben.

II. Schutz des Übergebers

34 Soweit der Übergeber auf Lebensdauer oder bis zur Erreichung einer bestimmten Altersgrenze einen bestimmenden Einfluss auf die GmbH behalten möchte, stellt ihm das Recht der GmbH hierfür eine Vielzahl flexibler Instrumente zur Verfügung.

---

50 BGH GmbHR 1977, 81; Roth/Altmeppen/Altmeppen, § 34 Rn. 47; Scholz/Westermann, § 34 Rn. 31.
51 Ebenso für Abfindungsbeschränkungen bei anderweitig begründeten Einziehungen, vgl. § 7 Abs. 7 S. 2 ErbStG; vgl. Riedel, ZErb 2009, 113.
52 Palandt/Edenhofer, § 2325 BGB Rn. 12.

> Ein Interesse des Übergebers, weiterhin Kontrolle über das Unternehmen auszuüben, ist keineswegs nur psychologisch zu erklären, sondern auch dadurch, dass oft die künftigen Erträge der Gesellschaft im Wege einer Versorgungsvereinbarung (siehe Rn. 26) einen wesentlichen Teil seiner Altersvorsorge darstellen.
>
> Im Hinblick auf die drohende Nacherhebung der Schenkungsteuer (siehe Rn. 47) ist eine weiter gehende Einflussnahme des Übergebers geradezu zwingend, denn für die nachzuzahlende Steuer haftet auch er (§ 20 ErbStG)!

Zunächst kann der Übergeber Geschäftsführer der GmbH bleiben (zu den Auswirkungen auf § 10 Abs. 1 Nr. 1a EStG siehe Rn. 27). Hat der Übergeber allerdings keinerlei Anteile an der Gesellschaft zurückbehalten, so lässt sich seine spätere Abberufung durch den Erwerber und dessen etwaige Mitgesellschafter nicht rechtssicher verhindern. Ein satzungsmäßiges Sonderrecht zugunsten des Übergebers, der nicht mehr Gesellschafter ist, bringt dem Übergeber keine Sicherheit, da die Satzung stets auch ohne seine Zustimmung wieder abgeändert werden kann (siehe § 53 Rn. 14). Soll Derartiges erreicht werden, muss der Übergeber mit einem „Zwerganteil" in der GmbH verbleiben; ihm können sodann gesellschaftsvertragliche Sonderrechte auf Geschäftsführung (siehe § 53 Rn. 25) eingeräumt werden. Denkbar wäre auch die Vereinbarung eines Rückforderungsrechtes für den Fall der absprachewidrigen Abberufung. 35

Daneben kann bei der GmbH ein Beirat oder Aufsichtsrat installiert werden, dem entweder der Übergeber oder Personen seines Vertrauens angehören. Hierbei kann bestimmt werden, dass der Geschäftsführer für bestimmte weitgehende Entscheidungen im Innenverhältnis einer vorherigen Zustimmung des Beirats bedarf. Soweit der Übergeber selbst für eine Übergangszeit noch Geschäftsführer ist, kann bestimmt werden, dass der Beirat erst danach gebildet wird oder dass er bis zum Ausscheiden des Übergebers nur beratende Funktionen ausübt (Formulierungsvorschlag siehe § 52 Rn. 148 ff.) 36

Soll eine gleitende Übergabe erreicht werden, bietet sich die vorgeschaltete Ernennung des Übernehmers zum Prokuristen oder Geschäftsführer der Gesellschaft an. Möglich ist auch im Vorfeld die Vereinbarung einer stillen Beteiligung.[53] Von dieser Möglichkeit wird insbesondere Gebrauch gemacht, wenn Kinder am Ertrag der Gesellschaft beteiligt werden sollen unter Vermeidung der mit einer vollen Gesellschaftsbeteiligung verbundenen rechtlichen Schwierigkeiten. 37

F. Erbschaft- und Schenkungsteuer

I. Neuregelung

Die auf dem Beschluss des BVerfG vom 7.11.2006[54] beruhende heutige Fassung des Erbschaftsteuergesetzes ist gerade für betriebliche Vermögenseinheiten und GmbH-Anteile zwiespältig zu beurteilen. Einerseits arbeitet das Gesetz mit einem sehr hohen Ansatz des Unternehmenswertes; andererseits sieht es für privilegierte betriebliche Einheiten erhebliche Verschonungsregelungen bis hin zum Totalerlass der Steuer vor (§§ 13a, 13b, 19a ErbStG). Dies führt selbstredend zu zahlreichen Abgrenzungsschwierigkeiten und hohem Gestaltungsdruck im Grenzbereich zwischen privilegiertem und nicht privilegiertem Vermögen. Der Bundesfinanzhof hat diese Gestaltungsanfälligkeit des neuen Erbschaftsteuerrechts in seinem Vorlagebeschluss vom 27.9.2012 (II R 09/11) aufgegriffen und leitet daraus erneut verfassungsrechtliche Bedenken gegen das geltende Recht ab. Der Gesetzgeber reagiert nun und plant die Abschaffung einiger Gestaltungsmöglichkeiten.[55]. 38

---

53 Muster bei Schulze zur Wiesche, in: Fichtelmann/Schulze zur Wiesche/Högl/Schmitt/Ferstl, Abschn. E3 Rn. 68 ff.; Carlé, ErbStB 2007, 276; siehe auch hinten „Mittelbare Unternehmensbeteiligungen", S. 975 ff.

54 BStBl. II 2007 S. 192 = NJW 2007, 573.

55 Stellungnahme des Bundesrates zum Entwurf des Jahressteuergesetzes 2013 vom 6.7.2012, BR-DrS 302/12.

II. Bewertung

39 Aufgrund der Vorgaben des BVerfG musste für sämtliche Wirtschaftsgüter eine Bewertung zum Verkehrswert eingeführt werden. Danach kann eine – für unternehmerisches Vermögen durchaus zulässige – Steuervergünstigung nur in Form eines Abschlags von dem zunächst zu ermittelnden Verkehrswert gewährt werden. Für die Bewertung von GmbH-Anteilen verweist § 12 Abs. 2 ErbStG auf § 151 Abs. 1 Satz 1 Nr. 3 BewG i.V.m. § 11 Abs. 2 BewG.

40 Da für GmbH-Anteile kein geregelter Kapitalmarkt vorhanden ist, werden für die Wertermittlung zunächst nicht länger als ein Jahr zurückliegende Verkäufe unter fremden Dritten herangezogen. Sind solche – wie fast immer – nicht vorhanden, verweist das Gesetz auf die „im gewöhnlichen Geschäftsverkehr für nichtsteuerliche Zwecke übliche[n] Methode", wobei der Verkehrswert der Einzelgegenstände abzüglich Schulden die Wertuntergrenze bildet. Damit können die Grundsätze des „Stuttgarter Verfahrens"[56] nicht mehr herangezogen werden. Für dieses Verfahren sprach seine relativ unkomplizierte Anwendbarkeit. Die Formel *Uw = 0,68 • (Vw + 5 • E)* – wobei „Vw" der Vermögenswert nach Werten der Steuerbilanz und „E" der gewichtete Durchschnitt der drei letzten Jahreserträge ist – führte jedoch in vielen Fällen zu einer Unterbewertung und somit zu einer Besserstellung gegenüber börsennotierten Gesellschaften. Dennoch ist das Stuttgarter Verfahren nicht bedeutungslos geworden, da zahlreiche Gesellschaftsverträge zur Berechnung von Abfindungen auf dieses Verfahren verweisen. Nunmehr ist steuerlich im Regelfall ein sog. vereinfachtes Ertragswertverfahren[57] vorgesehen, das in den §§ 199 ff. BewG geregelt ist. Danach gilt die Formel:

Ertragswert = Jahresertrag Kapitalisierungsfaktor

wobei der Kapitalisierungsfaktor in § 203 BewG definiert ist als 1/(Basiszins + 4,5 %)[58]

Der Basiszinssatz nach § 203 BewG ist nicht identisch mit dem des § 247 BGB; es handelt sich vielmehr um die langfristig erzielbare Rendite öffentlicher Anleihen, jährlich im Bundessteuerblatt veröffentlicht.

41

Beispiel: Bewertungsvergleich (Skizze, keine exakte Bewertung)

Eine GmbH verfügt über ein Aktivvermögen von 1.000.000 EUR (Buchwert) bei Schulden von 600.000 EUR und stillen Reserven von 300.000 EUR. Der durchschnittliche Jahresertrag liegt a) bei 150.000 EUR, b) bei 50.000 EUR.

Ertragswert:

a) Ertragswert bei einem Basiszins von 4,5 %: 1.666.000 EUR

Ertragswert bei einem Basiszins von 2,44 %: 2.160.000 EUR

b) Ertragswert bei einem Basiszins von 4,5 %: 555.000 EUR, aber Mindestwert 700.000 EUR (400.000 EUR + 300.000 EUR)

Ertragswert bei einem Basiszins von 2,44 %: 720.000 EUR

42 Das Beispiel zeigt, dass nach dem derzeitigen Recht Faktoren, die weit außerhalb der Einflusssphäre des Steuerpflichtigen liegen (Entwicklung der Zinssätze infolge der Schuldenkrise), erheblichen Einfluss auf den Unternehmenswert haben. Zudem ist kritikwürdig, dass der Gesetzgeber als Mindestwert nach § 11 Abs. 2 S. 3 BewG den Substanzwert ansetzt, nicht den – im Regelfall deutlich niedrigeren – Liquidationswert.[59]

56 Vormals geregelt in den Abschn. R96 ff. ErbStR.
57 Raupach, DStR 2007, 2037.
58 Der Basiszins nach § 203 BewG beträgt für 2012 nur 2,44 %. Daraus ergibt sich ein Kapitalisierungsfaktor von 14,4, in der Folge also ein sehr hoher Unternehmenswert.
59 Vgl. hierzu die umfassende Kritik von Wollny, DStR 2012, 716, 766.

III. Betriebsvermögensprivileg

Die grundlegenden Bestimmungen zur erbschaftsteuerlichen Privilegierung von Betriebsvermögen und qualifizierten GmbH-Anteilen finden sich in den §§ 13a, 13b und 19a ErbStG. 43

1. Privilegierungen

Auf den ermittelten (Verkehrs-)Wert des begünstigen Vermögens wird zunächst ein „Verschonungsabschlag" von 85% gem. §§ 13a Abs. 1, 13b Abs. 4 ErbStG gewährt. Auf den verbleibenden Betrag wird ein „Abzugsbetrag" von 150.000 EUR gewährt (§ 13a Abs. 2 ErbStG). Der Abzugsbetrag verringert sich um die Hälfte des 150.000 EUR übersteigenden Werts. Auf den danach verbleibenden Wert werden noch die – erhöhten – persönlichen Freibeträge gem. § 16 ErbStG gewährt.[60] 44

45

Beispiel: Verschonungsabschlag und Abzugsbetrag

Verkehrswert des Anteils: 2.500.000 EUR, vererbt von Vater an Tochter (sonstiges Vermögen: 50.000 EUR)

davon Verschonungsabschlag von 85%

verbleiben: 375.000 EUR

Abzugsbetrag: 150.000 EUR – (375.000 – 150.000) / 2 = 37.500 EUR

verbleiben: 337.500 EUR

zzgl. sonstiges Vermögen: 387.500 EUR

Damit liegt der Wert unter dem geplanten persönlichen Freibetrag von 400.000 EUR; der Erwerb bleibt damit insgesamt (zunächst) steuerfrei.

Der Erwerber kann auch gem. § 13a Abs. 8 ErbStG zu einer Totalbefreiung optieren, wenn die Verwaltungsvermögensquote 10 % nicht übersteigt. Sodann verlängert sich die Behaltensfrist (dazu Rn. 47) jedoch auf 7 Jahre und erhöht sich die Mindestlohnsumme (dazu Rn. 47) im Siebenjahreszeitraum auf das Siebenfache der Ausgangslohnsumme (§ 13a Abs. 8 ErbStG).

Weiterhin wurde die Tarifbegrenzung des § 19a ErbStG aufrechterhalten, womit die Übertragung betrieblichen Vermögens stets zu den Steuertarifen der Steuerklasse I auch an entfernt oder gar nicht verwandte Personen ermöglicht wird. 46

2. Beschränkungen

Diese Begünstigungen sind jedoch an enge Voraussetzungen gebunden: 47

- Begünstigt sind Beteiligung an deutschen, EU- und EWR-Kapitalgesellschaften nur, wenn der Schenker/Erblasser mit mehr als 25% beteiligt war (§ 13b Abs. 1 Nr. 3 ErbStG).[61] Auf die Beteiligungsquote des Erwerbers kommt es – anders als bei § 10 EStG –nicht an, sodass die Begünstigung auch anwendbar ist, wenn die Anteile nur teilweise oder an mehrere Erwerber übergehen.[62] Sofern ein einzelner Gesellschafter die Beteiligungsquote von 25% nicht erreicht, ist der Anteil dennoch privilegiert, wenn zur Zeit der Übertragung eine Poolvereinbarung i.S.v. § 13b Abs. 1 Nr. 3 S. 2 ErbStG besteht und während der Behaltensfrist (5 Jahre) aufrecht erhalten wird.
- Die Begünstigung entfällt insgesamt, wenn sich im Gesellschaftsvermögen mehr als 50% „Verwaltungsvermögen" befinden (§ 13b Abs. 2 Satz 1 ErbStG).[63] Der Gesetzgeber erwägt

60 Zur Funktionsweise des begünstigen Vermögens vgl. Korezkij/Scholten, DStR 2009, 73.
61 Einzelheiten bei Hannes/Onderka, ZEV 2008, 16, 19 f.
62 Für die Aufteilung einer Beteiligung auf mehrere Erwerber ist dann aber erforderlich, dass die Übertragungen in eine Urkunde aufgenommen werden und außerdem der Übertragungsstichtag identisch ist, vgl. Troll/Gebel/Jülicher, § 13b ErbStG Rn. 223.
63 Ausführlich zum Begriff „Verwaltungsvermögen": Crezelius, DStR 2007, 2280; Korezkij/Scholten, DStR 2009, 147.

nunmehr eine Option der „Nachberechnung", wenn das Verwaltungsvermögen zeitnah nach der Übertragung in privilegiertes Vermögen investiert worden ist.[64]

- Die Begünstigung entfällt weiterhin anteilig für Verwaltungsvermögen, das seit weniger als zwei Jahren zum Gesellschaftsvermögen gehört, sog. „junges Verwaltungsvermögen" (§ 13b Abs. 2 Satz 3 ErbStG).[65]
- Der Verschonungsabschlag wird prozentual in dem Umfang gekürzt, in dem die Lohnsumme[66] innerhalb von fünf Jahren nach der Übergabe unter dem Vierfachen der Ausgangslohnsumme liegt. (§ 13a Abs. 1 Satz 5 ErbStG). Das Lohnsummenkriterium gilt nicht für Unternehmen mit weniger als zwanzig Beschäftigten.
- Verschonungsabschlag, Abzugsbetrag und Tarifbegrenzung entfallen rückwirkend anteilig, wenn innerhalb von 5 Jahren nach der Übertragung die Beteiligung veräußert wird. Gleiches gilt bei Auflösung, Kapitalherabsetzung, Teilliquidation und überhöhten Gewinnausschüttungen (§ 13a Abs. 5, 19a Abs. 5 ErbStG).[67]

G. Betriebliche Vorsorgevollmacht

48 Unabhängig von der Nachfolgeregelung sollte die GmbH auch dafür Vorsorge treffen, dass die gesundheitsbedingte Handlungsunfähigkeit eines Gesellschafters oder Geschäftsführers nicht zur Lähmung der gesamten Gesellschaft führt. Die weitere operative Führung der Gesellschaft kann abgesichert werden durch die Bestellung eines weiteren Geschäftsführers oder Prokuristen (siehe § 35 Rn. 41 ff.) oder durch die Erteilung einer Generalhandlungsvollmacht (§ 54 Abs. 1 Alt. 1 HGB). Hierbei handelt es sich um eine Vollmacht, die der Geschäftsführer namens der Gesellschaft erteilt (siehe § 35 Rn. 9).

49 Die weitere Handlungsfähigkeit der Gesellschafterversammlung bei Ausfall eines Gesellschafters kann ebenfalls durch eine entsprechende Vollmacht gesichert werden. Bei den üblichen privaten Vorsorgevollmachten handelt es sich regelmäßig um nach außen unbeschränkte Generalvollmachten, die auch die Stimmrechtsausübung mit einschließen; das Formerfordernis des § 47 Abs. 3 GmbHG ist gewahrt. Da die Vollmacht über den Tod hinaus gilt (§§ 168 S. 1, 672 BGB, transmortale Vollmacht), kann sie auch die Nachlassabwicklung erheblich erleichtern, da die Erteilung von Erbscheinen und Testamentsvollstreckerzeugnissen einige Zeit in Anspruch nimmt.

! Dabei ist zu beachten, dass die Stimmrechtsausübung durch Bevollmächtigte gesellschaftsvertraglich weiter gehend eingeschränkt sein kann (siehe § 47 Rn. 16). Gegebenenfalls empfiehlt sich eine zusätzliche Vollmacht nur für Zwecke der GmbH zugunsten eines gesellschaftsvertraglich zulässigen Bevollmächtigten.

50 H. Muster

1. Muster Nr. 76: Gegenständlich beschränkter Pflichtteilsverzicht

76 Dieses Muster enthält die Vereinbarung eines Pflichtteilsverzichts eines Abkömmlings gegen Zahlung einer Geldabfindung. Hier verzichtet der Abkömmling nicht auf sein gesamtes Pflichtteilsrecht, sondern nur bezogen auf die GmbH-Beteiligung und damit verbundene Rechte. Durch diese Vereinbarung wird der spätere Übernehmer oder Erbe der Beteiligung

64 Stellungnahme des BR-DrS 302/12 vom 6.7.2012.

65 Parallel hierzu sieht § 200 Abs. 2-4 BewG vor, dass bestimmte Wirtschaftsgüter außerhalb des geplanten Ertragswertverfahrens nach dem gemeinen Wert zu bewerten sind, darunter das sog. „junge Betriebsvermögen".

66 Zum Begriff „Lohnsumme" vgl. § 13a Abs. 4 ErbStG; dazu Korezkij/Scholten, DStR 2009, 253.

67 Vgl. Korezkij/Scholten, DStR 2009, 304.

vor der Inanspruchnahme durch die „weichenden" Abkömmlinge geschützt. Die Nachfolge selbst wird hierdurch aber nicht geregelt, es bedarf dazu eines gesonderten Testaments oder einer lebzeitigen Übergabe. Die Abfindungszahlung kann u.U. schenkungsteuerpflichtig sein nach § 7 Abs. 1 Nr. 5 ErbStG.

Im Hinblick auf das künftige Pflichtteilsrecht kann es zur Absicherung der Pflichtteilsrechte am Restnachlass (z.B. private Immobilien) angezeigt sein, durch einen Erbvertrag zwischen dem Verzichtsempfänger und dem Verzichtenden die Anrechnung der Abfindungszahlung auf den Restpflichtteil auszuschließen.

2. Muster Nr. 77: Betriebliche Vorsorgevollmacht und Generalhandlungsvollmacht

77

Dieses Muster enthält eine Variante der verbreiteten Vorsorgevollmachten, die speziell auf die Situation eines Gesellschafter-Geschäftsführers einer GmbH zugeschnitten ist. Im Gegensatz zu den üblichen Vorsorgevollmachten umfasst diese Vollmacht nicht etwaige Rechtsgeschäfte über das Privatvermögen und keine Vollmacht für persönliche Angelegenheiten (Heilbehandlung, Aufenthaltsbestimmung etc.).

Während für die Angelegenheiten der Gesellschaft eher ein Steuerberater oder Angestellter des Unternehmens in Betracht kommt, wird in den übrigen Angelegenheiten typischerweise ein naher Angehöriger bevollmächtigt. Es ist daher sinnvoll, noch neben der betrieblichen Vollmacht eine private Vorsorgevollmacht nach den üblichen Mustern zu erteilen, sofern geeignete Vertrauenspersonen vorhanden sind.

2. Unternehmenskauf

Literatur

Auktor, Praktische Probleme bei der Mehrfachvertretung von Gesellschaften, NZG 2006, 334; *Beisel/Klumpp*, Der Unternehmenskauf, 6. Auflage 2009; *Bayer*, Privatschriftliche Abtretungen deutscher GmbH-Anteile in der Schweiz?, DNotZ 2009, 887; *Blunk/Rabe*, Bilanz- und Eigenkapitalgarantien beim GmbH-Geschäftsanteilskauf, GmbHR 2011, 408; *Böttcher*, Bekannte Probleme unter neuen Vorzeichen – Zur Wirksamkeit von Auslandsbeurkundungen bei der GmbH nach Inkrafttreten des MoMiG, ZNotP 2010, 6; *Böttcher/Grewe*, Die Anwendbarkeit des § 311b Abs. 3 BGB beim Unternehmenskauf, NZG 2005, 950; *Brambring/Jerschke*, Beck'sches Notarhandbuch, 5. Auflage 2009; *v. Braunschweig*, Variable Kaufpreisklauseln in Unternehmenskaufverträgen, DB 2002, 1815; *Bremer*, Herausgabe von Informationen im Rahmen einer Due Diligence, GmbHR 2000, 176; *Engel*, Die Auslandsbeurkundung nach MoMiG und Schweizer GmbH-Reform, DStR 2008, 1593; *Eusani/Schaudinn*, Die Bindungswirkung formfreier Anteilsveräußerungen nach zwischenzeitlicher Umwandlung in eine GmbH, GmbHR 2009, 1125; *Flick*, Die Garantie beim Unternehmenskauf, Berlin 2007 (zugl. Diss. Münster, 2007); *Gaul*, Schuldrechtsmodernisierung und Unternehmenskauf, ZHR 166 (2002), 35; *Geyrhalter/Zirngibl/Strehle*, Haftungsrisiken aus dem Scheitern von Vertragsverhandlungen bei M&A-Transaktionen, DStR 2006, 1559; *Gottwald*, Grunderwerbsteuer, 3. Auflage 2009; *Götze/Bressler*, Praxisfragen der Gesellschafterliste und des gutgläubigen Erwerbs von Geschäftsanteilen nach dem MoMiG, NZG 2007, 894; *Haas/Müller*, Haftungsrisiken des GmbH-Geschäftsführers im Zusammenhang mit Unternehmens(ver)käufen, GmbHR 2004, 1169; *Heckschen*, Die Formbedürftigkeit der Veräußerung des gesamten Vermögens im Wege des „asset deal", NZG 2006, 772; *Heinze/Hüfner*, Haftung des Erwerbers eines Unternehmens vom Insolvenzverwalter nach § 25 HGB, NZG 2010, 1060; *Herrmanns*, Beurkundungspflichten im Zusammenhang mit Unternehmenskaufverträgen und -umstrukturierungen, ZIP 2006, 2296; *Hermanns*, Die Auslandsbeurkundung bei Abtretung von GmbH-Geschäftsanteilen, RNotZ 2010, 38; *Hölters*, Handbuch des Unternehmens- und Beteiligungskaufs, 7. Auflage 2010; *Holzapfel/Pöllath*, Unternehmenskauf in Recht und Praxis, 14. Auflage 2010; *Junker*, Zum Betriebsübergang, EWiR 2006, 617; *Kiem*, Das Beurkundungserfordernis beim Unternehmenskauf im Wege des Asset Deals, NJW 2006, 2363; *König/Götte/Bormann*, Das Formstatut für die dingliche Abtretung von GmbH-Geschäftsanteilen nach geltendem und künftigem Recht, NZG 2009, 881; *Körber*, Geschäftsleitung der Zielgesellschaft und due diligence bei Paketerwerb und Unternehmenskauf, NZG 2002, 263; *Kraft/Ulrich*, Zielgesellschaft GmbH & Co. KG: Zivil- und steuerrechtliche Gestaltungsmöglichkeiten bei Veräußerung und Erwerb, DB 2006, 711; *Lappe/Schmitt*, Risikoverteilung beim Unternehmenskauf durch Stichtagsregelungen, DB 2007, 153; *Leyendecker/Mackensen*, Beurkundung des Equity Commitment Letter beim Unternehmenskauf, NZG 2012, 129; *Liese*, Die Offenlegung vertraulicher Verträge in Due Diligence-Verfahren, DB 2010, 1806; *Loritz*, Die Reichweite von Vinkulierungsklauseln in GmbH-Gesellschaftsverträgen, NZG 2007, 361; *Lutter*, Due diligence des Erwerbers beim Kauf einer Beteiligung, ZIP 1997, 613; *Mankowski*, Änderungen bei der Auslandsbeurkundung von Anteilsübertragungen durch das MoMiG oder die Rom I-VO?, NZG 2010, 201; *Mayer D.*, Der Erwerb einer GmbH nach den Änderungen durch das MoMiG, DNotZ 2008, 403; *Mayer D.*, Aufwertung der Gesellschafterliste durch das MoMiG – Fluch oder Segen?, ZIP 2009, 1037; *Morshäuser/Falkner*, Unternehmenskauf aus der Insolvenz, NZG 2010, 881; *Müller*, Unternehmenskauf und notarielle Beurkundung nach § 311b III BGB, NZG 2007, 201; *Peetz*, Anmeldung einer Anteilsabtretung – eine eher unscheinbare Norm, GmbHR 2006, 852; *Picot*, Unternehmenskauf und Restrukturierung, 3. Auflage 2004; *Reichert/Weller*, Geschäftsanteilsübertragung mit Auslandsberührung (Teil I und II), DStR 2005, 250 und 292; *Renner*, Wettbewerbsbeschränkungen in Unternehmenskaufverträgen, DB 2002, 1143; *Rittmeister*, Due Diligence und Geheimhaltungspflichten beim Unternehmenskauf, NZG 2004, 1032; *Rödder/Hötzel/Mueller-Thuns*, Unternehmenskauf, Unternehmensverkauf, 2003; *Rudersdorf*, Wettbewerbsverbote in Gesellschafts- und Unternehmenskaufverträgen, RNotZ 2011, 509; *Saenger/Scheuch*, Auslandsbeurkundung bei der GmbH – Konsequenzen aus MoMiG und Reform des Schweizer Obligationenrechts, BB 2008, 65; *Scheuffele*, Stellungnahmen zu Garantie-Erklärungen beim Unternehmenskauf, GmbHR 2010, 965; *Schiffers*, Praktische Grundregeln für die Unternehmensbewertung, GmbH-StB 2005, 300; *Schmidt-Hern/Behme*, Mehrerlösklauseln in Unternehmenskaufverträgen, NZG 2012, 81; *Schmitz*, Mängelhaftung beim Unternehmenskauf nach der Schuldrechtsreform, RNotZ 2006, 561; *Seibt*, Beck'sches Formularbuch Mergers & Acquisitions, 2. Aufl. 2011; *Stiller*, Unternehmenskauf im Wege des Asset-Deal, BB 2002, 2619; *Suttmann*, Insichgeschäfte im Gesellschaftsrecht, MittBayNot 2011, 1; *Ulrich/Böhle*, Die Auslandsbeurkundung im M&A-Geschäft, GmbHR 2007, 566; *Vossius*, Gutgläubiger Erwerb von GmbH-Anteilen nach MoMiG, DB 2007, 2299; *Wegmann*, Due Diligence – Unternehmensanalyse durch externe Gutachter, DStR 2000, 1027; *Weller*, Die Übertragung von GmbH-Geschäftsanteilen im Ausland: Auswirkungen von MoMiG und Schweizer GmbH-Reform, Der Konzern 2008, 253; *Werner*, Der Asset Deal und die Notwendigkeit seiner notariellen Beurkundung, GmbHR 2008, 1135; *Wiesbrock*, Formerfordernisse beim Unternehmenskauf, DB 2002, 2311; *Wilde*, Die Gewährleistungsregelung bei der Call-Option, NZG 2010, 1176; *Wolf/Kaiser*, Die Mängelhaftung bei Unternehmenskauf nach neuem

Recht, DB 2002, 411; *Ziegler*, Due Diligence im Spannungsfeld zur Geheimhaltungspflicht von Geschäftsführern und Gesellschaftern, DStR 2000, 249.

A. Allgemeines

I. Das „Unternehmen" als Rechtsbegriff

1 Der Begriff des Unternehmens ist im deutschen Recht weder gesetzlich definiert, noch existiert eine einheitliche Definition in der Rechtswissenschaft. Gemeinhin versteht man unter einem **Unternehmen** im zivilrechtlichen Sinne eine selbstständige Organisations- und Funktionseinheit, die aus einer Gesamtheit von Sachen und Rechten besteht und in der Menschen, immaterielle Faktoren, tatsächliche Beziehungen und Erfahrungen mit dem Ziel zusammenwirken, planmäßig und dauerhaft am Markt gegen Entgelt wirtschaftliche Aktivitäten zu entfalten.[1] Neben Sachen, Personen, Forderungen und Verbindlichkeiten gehören zu dieser Einheit ggf. auch Patent-, Marken-, Namens- und Lizenzrechte sowie Geschäftsgeheimnisse, der geschäftliche Ruf und Kredit, Kundenstamm, Marktanteile, Know-how und zukünftige Geschäftschancen, allgemein als Goodwill bezeichnet.[2] Das Zielunternehmen eines Unternehmenskaufs wird häufig auch als *target* bezeichnet.

2 Trotz seiner organisatorischen Verselbstständigung ist das Unternehmen kein Rechtssubjekt. Die mit dem Unternehmen verbundenen Rechte und Pflichten, das Vermögen und die immateriellen Faktoren sind vielmehr dem jeweiligen Inhaber, d.h. dem **Unternehmensträger**, zuzuordnen.[3] Unternehmensträger kann jede natürliche Person (Einzelunternehmen, insbesondere Einzelkaufmann), Personengesellschaft (z.B. BGB-Gesellschaft, OHG, KG), juristische Person des Privatrechts (z.B. AG, GmbH) oder des öffentlichen Rechts (z.B. Gebietskörperschaft, Anstalt) sein.[4]

1 Vgl. *Beisel*, in: Beisel/Klumpp, Kap. 1 Rn. 12 ff. und *K. Schmidt*, Handelsrecht, § 4, Ziff. I 1 und 2.
2 Der Unternehmensbegriff geht somit über die Definition des Handelsgewerbes in § 1 Abs. 2 HGB hinaus, da er auch freiberuflich betriebene Praxen, Kanzleien und Büros erfasst, vgl. nur BGH DB 1995, 2157 (Rechtsanwaltskanzlei) und BGH NJW 1996, 2087 (Steuerberaterbüro).
3 Vgl. *K. Schmidt*, Handelsrecht, § 4, Ziff. I 1 und 2.
4 Die stille Gesellschaft (§§ 230 ff. HGB) hingegen ist kein Unternehmensträger, vgl. Baumbach/Hopt/*Hopt*, § 230 HGB Rn. 2.

II. Grundformen des Unternehmenskaufs

3 Die Unterscheidung zwischen dem Unternehmen und dem dahinter stehenden Unternehmensträger hat zur Folge, dass hinsichtlich des Kaufgegenstandes eines Unternehmenskaufs zwei Gestalungsmöglichkeiten bestehen. Anknüpfungspunkt des Kaufvertrags können zum einen die einzelnen, zu dem Unternehmen gehörenden Sachen und Rechte sowie immateriellen Vermögensgegenstände und ggf. Verbindlichkeiten sein (sog. **Asset Deal**), zum anderen aber auch die gesellschaftsrechtliche Beteiligung an dem Unternehmensträger, der das Unternehmen betreibt (sog. **Share Deal**), also z.B. die Geschäftsanteile einer GmbH.[5]

III. Alternative Formen der Unternehmensbeteiligung

4 Neben diesen klassischen Varianten des Unternehmenskaufs gibt es eine ganze Reihe von alternativen Wegen, sich an einem Unternehmen zu beteiligen. Neben einem Beitritt zu einer GmbH im Rahmen einer Kapitalerhöhung unter Abschluss eines Beteiligungsvertrags kommen insbesondere ein Beteiligungstausch, eine Verschmelzung nach dem Umwandlungsgesetz (vgl. ausführlich „Umwandlungsrecht", S. 995 ff.) oder ein Jointventure in Betracht.[6]

B. Ablauf eines Unternehmenskaufs

I. Grundlagen

5 Für den Ablauf einer Unternehmenstransaktion gibt es keine festen Regeln, er hängt stets von den Besonderheiten des Einzelfalls ab.[7] Grob kann man drei Verfahren unterscheiden:[8] Das klassische Verfahren ist dadurch gekennzeichnet, dass dem Verkaufsinteressenten ein einziger Kaufinteressent gegenübersteht. Beim Bieter- oder Auktionsverfahren hingegen existieren mehrere Kaufinteressenten. Dieses Verfahren ist eher bei größeren Transaktionen und solchen mit Auslandsbezug anzutreffen, wobei häufig Investmentbanken beteiligt sind. Eine dritte, für die GmbH irrelevante Variante stellt der Kauf des Unternehmens über die Börse dar.[9]

II. Vertragsanbahnung

6 Bereits vor der ersten Kontaktaufnahme zwischen Käufer und Verkäufer sollte die Transaktion intern vorbereitet und geplant werden. Hierzu gehört die Benennung eines Projektteams ebenso wie die Aufstellung eines Aktions- und Dokumentationsplans sowie die Klärung von Finanzierungsfragen.[10]

Beim klassischen Ablauf eines Unternehmenskaufs schließen sich hieran regelmäßig eine erste Kontaktaufnahme zwischen den potentiellen Vertragsparteien sowie erste, unverbindliche **Vorgespräche** an, in denen die Verkaufs- bzw. Erwerbsbereitschaft zu klären ist. Üblicherweise werden bereits in dieser Phase Vertraulichkeits- und Geheimhaltungsvereinbarungen geschlossen.[11]

Beim Bieterverfahren hingegen bereitet regelmäßig der Verkaufsinteressent eine Dokumentation über das zu verkaufende Unternehmen vor. Anschließend werden potentielle Kaufinteressenten angesprochen, die nach Abschluss einer Vertraulichkeits- und Geheimhaltungsvereinbarung diese

5 Üblicherweise werden beide Wege vom Begriff „Unternehmenskauf" erfasst, obschon eigentlich nur beim Asset Deal tatsächlich das Unternehmen veräußert wird, beim Share Deal hingegen der Unternehmensträger. Zu Vor- und Nachteilen der beiden Varianten vgl. nachstehend, Rn. 18 ff. sowie *Stiller*, BB 2002, 2619.

6 Vgl. zum Ganzen *Holzapfel/Pöllath*, Rn. 179 ff.

7 Hilfreiche Checklisten für die Wahl der richtigen Transaktionsstruktur finden sich bei *Seibt*, in: Seibt, Beck´sches Formularbuch Mergers & Acquisitions, Teil A.

8 Näher *Mueller-Thuns*, in: Rödder/Hötzel/Mueller-Thuns, § 2.

9 Zu dieser Fallgruppe gehören auch sog. öffentliche Kaufangebote nach dem Wertpapiererwerbs- und Übernahmegesetz (WpÜG). Hierzu im Einzelnen *Mueller-Thuns*, in: Rödder/Hötzel/Mueller-Thuns, § 2 Rn. 25 ff.; *Beisel*, in: Beisel/Klumpp, Kap. 14.

10 Näher *Hölters*, in: Hölters, Teil I Rn. 99 ff.

11 Unabhängig davon sind die Verhandlungspartner spätestens mit Beginn konkreter Gespräche aufgrund des entstandenen vorvertraglichen Schuldverhältnisses zur gegenseitigen Rücksichtnahme und Loyalität verpflichtet (§§ 311 Abs. 2, 241 Abs. 2 BGB).

Dokumentation erhalten. Nach deren Sichtung geben die Kaufinteressenten erste, vorläufige Kaufangebote ab.

III. Letter of Intent

Diesem ersten Stadium der Vertragsanbahnung folgt i.d.R. der Abschluss eines sog. Letter of Intent (LoI). Dabei handelt es sich i.d.R. – anders als es die Bezeichnung vermuten lässt – um eine zweiseitige, noch unverbindliche Absichtserklärung, in der die eine Partei allgemein ihren Willen bekundet, auf Grundlage der bisherigen Verhandlungsergebnisse – aber unter Vorbehalt des weiteren Verhandlungsverlaufs – einen Vertrag abzuschließen.[12] Wesentlicher Inhalt eines jeden LoI ist eine Zusammenfassung der bisher erreichten Verhandlungsergebnisse und die rechtliche Fixierung der Verhandlungsposition sowie eine Absichtserklärung zum Vertragsschluss.[13] Darüber hinaus sind häufig weitere Vereinbarungen im LoI enthalten, z.B. (beim klassischen Unternehmenskauf) eine Exklusivitätsvereinbarung dergestalt, dass der Verkaufsinteressent dem Kaufinteressenten – innerhalb bestimmter Fristen – einräumt, bis zu einem bestimmten Zeitpunkt keine Verhandlungen mit Dritten aufzunehmen. Ferner sind Vereinbarungen über die Aufteilung der Transaktionskosten bzw. die Zahlung einer Break-up-Fee, d.h. eines finanziellen Ausgleichs für den Abbruch der Verhandlungen ohne wichtigen Grund[14] ebenso denkbar wie Regelungen zu Art, Umfang und Ablauf einer Due-Diligence-Untersuchung durch den Kaufinteressenten. 7

IV. Due Diligence

1. Begriff und Zweck

Der Begriff „Due Diligence" entstammt dem angloamerikanischen Rechtskreis und hat sich auch im deutschen Recht eingebürgert. Er bedeutet so viel wie gebotene oder erforderliche Sorgfalt und bezeichnet einen Sorgfaltsmaßstab.[15] Im Zusammenhang mit Unternehmenstransaktionen ist unter Due Diligence die Analyse des zu erwerbenden Unternehmens durch den Kaufinteressenten vor dem Abschluss des Kaufvertrags zu verstehen. Eine Due Diligence kann sich dabei auf alle Bereiche des Zielunternehmens beziehen. Besondere Bedeutung haben neben der rechtlichen Prüfung auch die steuerliche, finanzielle, technische und personelle Due Diligence sowie die Prüfung auf Umweltverträglichkeit (Environmental Due Diligence).[16] 8

Zweck der Due Diligence ist in erster Linie, dass der Kaufinteressent einen detaillierten Eindruck von dem Unternehmen und dessen Wert erhält. Dies ermöglicht ihm eine fundierte Entscheidung darüber, ob das Zielunternehmen in sein unternehmerisches Konzept passt und ob der im Raum stehende Kaufpreis angemessen ist. Der Käufer kann Risiken und Schwachstellen des Unternehmens aufdecken und so gezielt auf bestimmten Gewährleistungen und Garantien durch den Verkäufer bestehen.[17] 9

2. Ablauf

In der Praxis wird den potentiellen Erwerbern zur Detailuntersuchung i.d.R. ein Datenraum (Dataroom) zur Verfügung gestellt, in dem sämtliche relevanten Daten und Unterlagen hinterlegt werden und unter Aufsicht eingesehen werden können. In jüngerer Zeit werden insbesondere im Rahmen von Bieterverfahren Due-Diligence-Prüfungen auch vermehrt online durchgeführt, wobei den 10

---

12 Vgl. *Holzapfel/Pöllath*, Rn. 7; *Semler*, in: Hölters, Teil VII Rn. 20.
13 *Semler*, in: Hölters, Teil VII Rn. 20.
14 Dazu *Geyrhalter/Zirngibl/Strehle*, DStR 2006, 1559, 1560.
15 Vgl. *Holzapfel/Pöllath*, Rn. 12; *Mueller-Thuns*, in: Rödder/Hötzel/Mueller-Thuns, § 3 Rn. 32.
16 Vgl. zu den Arten der Due Diligence: *Holzapfel/Pöllath*, Rn. 13; *Wegmann*, DStR 2000, 1027. Zur Due-Diligence bei einer Call-Option vgl. *Wilde*, NGZ 2010, 1176
17 Darüber hinaus dient die Due Diligence für beide Verhandlungspartner als Nachweis und Dokumentation über die Informationen und Unterlagen, die der Kaufinteressent über das zu erwerbende Unternehmen erhalten hat (Beweissicherungsfunktion). Näher zu den Funktionen der Due Diligence *Mueller-Thuns*, in: Rödder/Hötzel/Mueller-Thuns, § 3 Rn. 33 f.

Kaufinteressenten ein bestimmtes Zeitfenster zur Ansicht der unter einer bestimmten Adresse kennwortgeschützt abrufbaren Daten zur Verfügung gestellt wird.

3. Auswirkung der Regeln über den gutgläubigen Erwerb von GmbH-Geschäftsanteilen

11 Da die **Gesellschafterliste** keine Gewähr für die Inhaberschaft des Verkäufers bietet, kann sich ein potentieller Käufer grundsätzlich nur durch Prüfung der Gründung und sämtlicher Abtretungen und sonstiger Veränderungen im Gesellschafterbestand Gewissheit über die tatsächlichen Anteilsinhaber verschaffen. Dies ist insbesondere deshalb schwierig, weil Abtretungen oftmals aufschiebend bedingt z.B. auf Kaufpreiszahlung erfolgen, und daher auch diese nicht aus der Urkunde ersichtlichen Umstände geprüft werden müssen.

12 Auch mit der Einführung des gutgläubigen Erwerbs von GmbH-Geschäftsanteilen in § 16 Abs. 3 GmbHG hat sich dieses wesentliche Problem der gesellschaftsrechtlichen Due Diligence im Zusammenhang mit dem Erwerb von GmbH-Geschäftsanteilen nicht endgültig erledigt.[18] Zwar reicht es nunmehr für den wirksamen Erwerb eines Geschäftsanteils von einem Nichtberechtigten gem. § 16 Abs. 3 Satz 1 GmbHG grundsätzlich aus, dass der Veräußerer als Inhaber des Geschäftsanteils in der im Handelsregister aufgenommenen Gesellschafterliste eingetragen ist. Allerdings sind die **Grenzen der Gutglaubenswirkung** eng gezogen. Bereits aus dem Wortlaut von § 16 Abs. 3 Satz 1 GmbHG („vom Nichtberechtigten") wird deutlich, dass sich der gutgläubige Erwerb nur auf die Rechtsinhaberschaft des Veräußerers bezieht.[19] Nicht geschützt wird hingegen insbesondere der gute Glaube an

- die Existenz tatsächlich nicht bestehender Anteile;
- die freie Übertragbarkeit des Geschäftsanteils, d.h. das Fehlen oder Nichteingreifen von Vinkulierungsbestimmungen;[20]
- die Verfügungsbefugnis des Veräußerers, d.h. das Nichtvorliegen von Verfügungsbeschränkungen wie z.B. einer Testamentsvollstreckung;[21]
- die Lastenfreiheit des übertragenen Geschäftsanteils;[22]
- die Erfüllung der Einlagepflicht.

Ist der Gutglaubenstatbestand des § 16 Abs. 3 Satz 1 GmbHG erfüllt, scheitert ein Erwerb vom Nichtberechtigten gleichwohl, wenn einer der folgenden Ausschlussgründe vorliegt:[23]

- die Gesellschafterliste ist hinsichtlich des Geschäftsanteils weniger als drei Jahre unrichtig und die Unrichtigkeit ist dem Berechtigten nicht zuzurechnen (§ 16 Abs. 3 Satz 2 GmbHG);
- dem Erwerber ist die fehlende Berechtigung des Veräußerers bekannt oder infolge grober Fahrlässigkeit unbekannt (§ 16 Abs. 3 Satz 3 GmbHG);
- der Gesellschafterliste ist hinsichtlich des Geschäftsanteils ein Widerspruch zugeordnet (§ 16 Abs. 3 Satz 3, 4 GmbHG).

---

18 Vgl. zum gutgläubigen Erwerb im Einzelnen § 16 Rn. 11 ff.; weiterführend: *D. Mayer*, DNotZ 2008, 403, 415 ff.; *Vossius*, DB 2007, 2299; *Götze/Bressler*, NZG 2007, 894.

19 Hierzu *D. Mayer*, DNotZ 2008, 403, 417 f., *Herrler*, ZIP 2011, 615, jeweils m.w.N. sowie BGH DB 2011, 2481.

20 Vgl. insoweit BGH DB 2011, 2481 (obiter dictum).

21 Vgl. BGH DB 2011, 2481 sowie OLG München, GmbHR 2012, 39, das mangels der Möglichkeit der Überwindung einer Verfügungsbeschränkung durch gutgläubigen Erwerb die Eintragungsfähigkeit eines Testamentsvollstreckervermerks verneint.

22 Siehe das obiter dictum in BGH DB 2011, 2481. Insofern ist fraglich, welche Auswirkung die Eintragung einer Belastung in der Liste haben soll. Zulassen will die Eintragung von Belastungen (hier: Nießbrauch) das LG Aachen, NZG 2009, 1157 m. zust. Anm. *Reymann*.

23 Ausf. dazu *D. Mayer*, DNotZ 2008, 403, 420 ff.

Folglich ändert § 16 Abs. 3 GmbHG in der Praxis nichts Wesentliches am Umfang der Due Diligence.[24]

4. Rechtliche Schranken

Problematisch ist, inwiefern die **Geschäftsführer** einer GmbH bzw. deren Gesellschafter berechtigt und/oder verpflichtet sind, Dritten Informationen über die Gesellschaft offenzulegen.[25] Geschäftsführer sind grundsätzlich nicht dazu berechtigt, Informationen und Unterlagen über die Gesellschaft an einen Kaufinteressenten oder seine Berater herauszugeben, da es sich hierbei nicht um eine gewöhnliche Geschäftsführungsmaßnahme handelt.[26] Sie bedürfen daher stets eines zustimmenden Beschlusses der Gesellschafterversammlung.[27] Zu berücksichtigen ist dabei, dass die GmbH-Gesellschafter gem. § 51a Abs. 1 GmbHG grundsätzlich ein umfassendes Einsichtnahme- und Auskunftsrecht gegenüber der Gesellschaft haben. Die Geschäftsführung darf aber gem. § 51a Abs. 2 GmbHG die Erteilung von Auskünften und die Einsicht verweigern, wenn der Gesellschafter sie zu gesellschaftsfremden Zwecken verwenden und dadurch der GmbH einen nicht unerheblichen Nachteil zufügen würde. Ein gesellschaftsfremder Zweck ist dabei nicht allein deshalb anzunehmen, weil die Informationen zur Vorbereitung eines Anteilsverkaufs dienen, da ein Anteilsverkauf noch zum ordnungsgemäßen mitgliedschaftlichen Verhalten zählt.[28] **13**

Davon zu trennen ist die Frage, ob und ggf. welchen Beschränkungen ein **Gesellschafter** bei der Weitergabe der Informationen an den Kaufinteressenten unterliegt. Nach überwiegender Ansicht ist nur die Herausgabe wettbewerbsrelevanter Informationen an einen Konkurrenten der Gesellschaft unzulässig.[29] In jedem Fall erfordert die gesellschaftsrechtliche Treuepflicht, dass der Gesellschafter mit dem Kaufinteressenten eine Vereinbarung über die Geheimhaltung und Vertraulichkeit der ihm gegebenen Informationen abschließt. Das gilt auch dann, wenn es sich bei dem Kaufinteressenten nicht um einen Konkurrenten handelt.[30] **14**

V. Vertragsentwurf und -verhandlungen

Während beim klassischen Verfahren typischerweise der Kaufinteressent einen Vertragsentwurf vorlegt, bereitet im Rahmen eines Bieterverfahrens i.d.R. der Verkaufsinteressent den Kauf- und Übertragungsvertrag vor. Dabei ist zu beachten, dass gemeinhin die Partei als psychologisch im Vorteil gilt, die zuerst einen Vertragsentwurf vorlegt, da die andere Partei bei Änderungswünschen in Begründungszwang gerät. **15**

Im Anschluss daran führen die potentiellen Vertragspartner Vertragsverhandlungen; im Falle des Bieterverfahrens sind daran i.d.R. mehrere Kaufinteressenten (zeitlich parallel oder in einer bestimmten Reihenfolge) beteiligt.

VI. Signing und Closing

Wenn die Vertragsverhandlungen abgeschlossen sind, wird der eigentliche Unternehmenskaufvertrag abgeschlossen (sog. Signing). Davon zu unterscheiden ist das sog. Closing. Dieser Begriff ent- **16**

24 Auch unter Geltung von § 16 Abs. 3 GmbHG nicht möglich bleibt nach Auffassung des BGH (DB 2011, 2481) indes ein gutgläubiger Erwerb vom „noch-berechtigten" Veräußerer durch einen Zweiterwerber gemäß § 161 Abs. 3 BGB, § 16 Abs. 3 GmbHG. Der Ersterwerber ist bei einer aufschiebend bedingten Abtretung demnach auch weiterhin vor ihn beeinträchtigenden weiteren Verfügungen des Veräußerers in der Schwebezeit durch § 161 Abs. 3 BGB geschützt. Vgl. zum Ganzen *Bayer*, GmbHR 2011, 1254; *Herrler*, NZG 2011, 1321; *Kort*, DB 2011, 2897.

25 Zur Offenlegung vertraulicher Verträge in der Due Diligence allgemein *Liese*, DB 2010, 1806.

26 Vgl. *Körber*, NZG 2002, 263, 268; *Haas/Müller*, GmbHR 2004, 1169.

27 Vgl. *Rittmeister*, NZG 2004, 1032, 1036; *Mueller-Thuns*, in: Rödder/Hötzel/Mueller-Thuns, § 3 Rn. 59 f. Die Gesellschafter haben bei ihrer Entscheidung sachgerecht zwischen dem Interesse der GmbH und der Offenlegung und der Geheimhaltung der Informationen abzuwägen.

28 Siehe *Mueller-Thuns*, in: Rödder/Hötzel/Mueller-Thuns, § 3 Rn. 63. Ein Verweigerungsrecht wird aber zumindest dann angenommen, wenn der Erwerber die Informationen an einen Konkurrenten weitergeben möchte. Vgl. zum Ganzen § 51a Rn. 9 ff. sowie Baumbach/Hueck/*Zöllner*, § 51a Rn. 25.

29 Vgl. nur *Bremer*, GmbHR 2000, 176, 178; *Körber*, NZG 2002, 263, 271; *Ziegler*, DStR 2000, 249, 251; a.A. *Lutter*, ZIP 1997, 613, 615.

30 Vgl. *Bremer*, GmbHR 2000, 176, 178.

stammt der US-amerikanischen Praxis und bezeichnet den Abschluss der gesamten Transaktion. Er umschreibt zusammenfassend die zum Stichtag für den Übergang der dinglichen Rechtspositionen auf den Erwerber vorzunehmenden rechtlichen und tatsächlichen Handlungen.[31]

C. Inhalt des Unternehmenskaufvertrags

I. Vertragsparteien

17 Schon bei der Bezeichnung der Vertragsparteien und der für sie handelnden Personen ist große Sorgfalt anzuwenden. Bei der Beteiligung von Gesellschaften oder sonstigen juristischen Personen ist auf die Vertretungsbefugnis der handelnden Personen zu achten. Besondere Schwierigkeiten bereitet dabei nicht selten das Verbot der Mehrfachvertretung in § 181 BGB.[32]

II. Kaufgegenstand

1. Vergleich Asset Deal und Share Deal

18 Da die Entscheidung für eine der beiden Gestaltungsalternativen Asset Deal oder Share Deal erhebliche Konsequenzen insbesondere für die Vertragsgestaltung hat, will sie wohlüberlegt sein. Der große Vorteil des Erwerbs eines Unternehmensträgers im Wege des Share Deals ist der „automatische" Übergang des gesamten Unternehmens auf den Käufer einschließlich sämtlicher Rechtsbeziehungen. Ausgenommen sind lediglich die vom Verkäufer vorab entnommenen Gegenstände. Der dingliche Vollzug der Transaktion wird dadurch erheblich erleichtert und ist mit geringeren Transaktionskosten verbunden, da z.B. Grundbesitz nicht umgeschrieben werden muss, sondern weiter im Eigentum des veräußerten Unternehmensträgers verbleibt. Ein weiterer Vorteil des Share Deals ist die einfachere Vertragsgestaltung im Hinblick auf die Definition des Kaufgegenstandes, da im Gegensatz zum Asset Deal lediglich die Beteiligungsrechte hinreichend bestimmt sein müssen. Beim Asset Deal hingegen muss aufgrund des sachenrechtlichen Bestimmtheitsgrundsatzes jedes einzelne mitverkaufte Wirtschaftsgut im Vertrag aufgeführt werden.[33] Dieses Problem stellt sich beim Share Deal nicht.

Auf der anderen Seite birgt der Share Deal jedoch die Gefahr, dass der Erwerber versteckte Verbindlichkeiten etc. übernimmt, die beim reinen Beteiligungskauf nicht aus dem Vertrag ersichtlich sind. Diese Risiken lassen sich nur durch umfangreiche Verkäufergarantien minimieren (Rn. 35 ff.). Die vereinfachte Vertragsgestaltung beim Kaufgegenstand des Share Deal wird somit durch kompliziertere Regelungen im Bereich der Haftung und der Garantien relativiert.

Ein weiteres wichtiges Entscheidungskriterium für die Wahl der richtigen Vertragsgestaltung ist die Frage, ob und, wenn ja, welche Verbindlichkeiten und Vertragsverhältnisse auf den Erwerber übergehen sollen.[34] Beim Asset Deal sind diese einzeln zu übertragen mit der Folge, dass Zustimmungserklärungen der Gläubiger und Vertragspartner erforderlich sind (§ 415 BGB). Demgegenüber hat der Share Deal den Vorteil, dass derartige Zustimmungen nicht erforderlich sind, weil der hinter dem Unternehmen stehende Rechtsträger veräußert wird und daher die dingliche Zuordnung aller

31 Näher *Lappe/Schmitt*, DB 2007, 153 ff.; *Holzapfel/Pöllath*, Rn. 18n ff.; *Mueller-Thuns*, in: Rödder/Hötzel/Mueller-Thuns § 7 Rn. 7, 38 ff. Ein derartiger einheitlicher Stichtag empfiehlt sich insb. beim Asset Deal, um das Auseinanderfallen der Übertragungszeitpunkte im Hinblick auf die zahlreichen Einzelrechtsübertragungen zu verhindern.

32 Hierzu *Auktor*, NZG 2006, 334. Zur Problematik von Insichgeschäften im Gesellschaftsrecht allg. *Suttmann*, MittBayNot 2011, 1.

33 Der Gefahr, dass wesentliche, dem Unternehmen zuzuordnende Wirtschaftsgüter versehentlich nicht vom Kauf umfasst sind, sollte mit Auffangklauseln (sog. Catch-All-Klauseln) Rechnung getragen werden. Näher hierzu z.B. *Mueller-Thuns*, in: Rödder/Hötzel/Mueller-Thuns, § 4 Rn. 32.

34 Nachdem beim Unternehmenskauf aus der Insolvenz die Verbindlichkeiten regelmäßig nicht übernommen werden, wird die Transaktion regelmäßig in Form eines Asset Deal stattfinden. Zum Ganzen vgl. *Morshäuser/Falkner*, NZG 2010, 881.

aktiven und passiven Vermögenswerte des Unternehmens unverändert bleibt. Lediglich der Inhaber der Gesellschafterrechte ändert sich.[35]

2. Einzelheiten zum Asset Deal

Bei der Unternehmensveräußerung im Wege des Asset Deals ist im besonderen Maße auf die unterschiedlichen Anforderungen an das Verpflichtungs- und Verfügungsgeschäft zu achten. Dies liegt insbesondere darin begründet, dass das Unternehmen in seiner Gesamtheit weder als Sache im Sinne des § 90 BGB noch als Recht zu qualifizieren ist und daher eigentlich nicht in das Regelungssystem des BGB passt. 19

Nach § 453 BGB sind die Vorschriften der §§ 433 ff. BGB über den Kauf von Sachen auch auf den Kauf von „sonstigen Gegenständen" entsprechend anwendbar. Davon sind alle Wirtschaftsgüter umfasst, die weder als Sache noch als Recht einzuordnen sind, und damit auch das Unternehmen als organisatorisch-ökonomische Einheit. Wesentlich problematischer ist demgegenüber die Erfüllung des Kaufvertrags durch dingliche Übertragung des Unternehmens. Aufgrund des sachenrechtlichen Bestimmtheitsgrundsatzes (**Spezialitätsprinzip**)[36] muss der dingliche Übergang der vom Kaufvertrag umfassten Vermögenswerte einzeln entsprechend den für sie jeweils geltenden Normen unter Berücksichtigung der jeweiligen Formerfordernisse erfolgen (Rn. 57 ff.). Demgemäß müssen bewegliche und unbewegliche Sachen gem. §§ 873 ff. bzw. 929 ff. BGB übertragen, Forderungen und Rechte gem. § 398 BGB (ggf. i.V.m. § 413 BGB) abgetreten und sonstige immaterielle Vermögensgegenstände wie z.B. Patente, Marken oder Nutzungsrechte an Urheberrechten[37] transferiert werden. Die Firma des Zielunternehmens wird gem. § 22 Abs. 1 HGB übertragen.[38]

Sollen einzelne Verpflichtungen oder ganze Vertragsverhältnisse auf den Käufer übergehen, ist grundsätzlich die **Zustimmung des Gläubigers bzw. Vertragspartners** erforderlich (**§ 415 BGB**). Gesetzliche Überleitungsvorschriften existieren nur für Arbeitsverhältnisse (§ 613a BGB), Mietverträge (§ 566 BGB) und Versicherungsverträge (§ 95 VVG). Im Übrigen ist es ratsam, vor Vertragsschluss mit allen Gläubigern und Vertragspartnern Kontakt aufzunehmen, um festzustellen, ob den erforderlichen Zustimmungserklärungen Hindernisse entgegenstehen. Das gilt insbesondere auch für die Ablösung bestehender Sicherheiten, welche der Verkäufer den Gläubigern gestellt hat.[39] 20

3. Einzelheiten zum Share Deal

Erfolgt der Kauf des Zielunternehmens durch den Erwerb von Beteiligungsrechten oder Anteilen, so ist die Übertragung der einzelnen Vermögenswerte nicht erforderlich. Beim Share Deal geht das Unternehmen einschließlich aller Forderungen, Rechte und Verbindlichkeiten vielmehr „mittelbar" mit den Beteiligungsrechten auf den Erwerber über. Aus schuldrechtlicher Sicht handelt es sich beim Kauf von Anteilen an einer Gesellschaft grundsätzlich um einen Rechtskauf gem. §§ 433, 453 21

35 Zu beachten ist, dass der Verkauf und die Übernahme der Beteiligungsrechte am Unternehmensträger im Wege eines Share Deals allerdings bei einzelkaufmännischen Unternehmen, juristischen Personen des öffentlichen Rechts, Vereinen oder Stiftungen nicht möglich ist. Der Verkauf ist hier nur im Wege der Einzelrechtsnachfolge realisierbar, sofern der Verkäufer nicht zuvor eine neue Gesellschaft gründet, in die er das zu verkaufende Unternehmen einbringt oder im Wege einer Umwandlung nach dem UmwG ausgliedert oder abspaltet. Zum Umwandlungsrecht vgl. S. 995 ff.

36 St. Rspr., siehe nur BGHZ 21, 52.

37 Vgl. für Patente § 6 PatG, für Marken § 27 Abs. 1 und 2 MarkenG sowie für Nutzungsrechte an Urheberrechten § 34 Abs. 3 Satz 1 UrhG.

38 Hierfür ist eine ausdrückliche Einwilligung des Inhabers erforderlich, die allein aus der Übertragung des Handelsgeschäfts nicht entnommen werden kann, vgl. BGH NJW 1994, 2025. Bei der GmbH ist die Zustimmung der Geschäftsführer in vertretungsberechtigter Zahl erforderlich, welche ihrerseits nach h.M. der Zustimmung der Gesellschafterversammlung bedürfen, vgl. § 4 Rn. 47 sowie Scholz/*Emmerich*, § 4 Rn. 49 m.w.N. Gemäß § 23 HGB ist die Firma auch nur gemeinsam mit dem Geschäft übertragbar, für das sie geführt wird. Eine „Leerübertragung" ist nicht zulässig, vgl. Baumbach/Hopt/*Hopt*, § 23 HGB Rn. 1.

39 Hierzu *Beisel*, in: Beisel/Klumpp, Kap. 18, Rn. 34.

Abs. 1 BGB, der dinglich im Wege der Abtretung gem. §§ 398, 413 BGB zu vollziehen ist.[40] Bei der GmbH[41] sind sowohl der schuldrechtliche Vertrag als auch die dingliche Abtretung gem. § 15 Abs. 3 und 4 GmbHG beurkundungspflichtig (Rn. 61). Im Verhältnis zur Gesellschaft gilt dabei als Inhaber des Geschäftsanteils nur, wer als solcher in der im Handelsregister aufgenommenen Gesellschafterliste nach § 40 eingetragen ist (§ 16 Abs. 1 Satz 1 GmbHG n.F.).[42] Seit der Neufassung von § 16 Abs. 3 GmbHG ist bei der GmbH mittlerweile auch ein Erwerb vom Nichtberechtigten möglich. Damit weicht das GmbH-Recht vom ansonsten geltenden Grundsatz ab, dass ein Recht nicht gutgläubig erworben werden kann (vgl. Rn. 11 f.).

22 Eine häufig im Rahmen von Share Deals auftretende Frage ist die der **Überleitung von Gewinn- und Verlustanteilen** des laufenden Geschäftsjahres. Grundsätzlich stellen die aus den mit der Gesellschafterstellung verbundenen Gewinnbezugsrechten resultierenden Gewinnanteile Rechtsfrüchte i.S.v. § 99 Abs. 2 BGB dar, die nach § 101 Nr. 2 BGB – soweit nichts anderes vereinbart ist – Veräußerer und Erwerber je zeitanteilig zustehen. Demgegenüber ist der Gewinn eines Geschäftsjahrs steuerlich gem. § 20 Abs. 5 EStG stets demjenigen zuzuordnen, dem die Anteile am Kapitalvermögen im Zeitpunkt des (regelmäßig im Folgejahr gefassten) Gewinnverteilungsbeschlusses zuzurechnen sind. Gewährt man dem Veräußerer noch Anteile am Gewinn des laufenden Geschäftsjahrs, kann es somit zu steuerrechtlichen Konflikten kommen. Zu deren Vermeidung sollte der Gewinn für das ganze laufende Geschäftsjahr noch dem Käufer zugeordnet und im Gegenzug der Kaufpreis entsprechend erhöht werden.[43]

III. Kaufpreis

23 Ermittlung und Sicherung des Kaufpreises für ein Unternehmen bereiten regelmäßig größere Schwierigkeiten.[44] Insbesondere die **Unternehmensbewertung** mit ihren verschiedenen überschuss- bzw. substanzwertorientierten Verfahren ist ein komplexes Thema.[45] Ein gängiges Verfahren hat das Institut der Wirtschaftsprüfer e.V. mit seinem Standard IDW-S1 entwickelt.[46] In der Praxis des Unternehmenskaufs häufig zu finden ist ein vergleichsorientiertes Bewertungsverfahren, im Rahmen dessen ein *fair market value* ermittelt wird. Dabei wird regelmäßig das Ergebnis der gewöhnlichen Geschäftstätigkeit vor Zinsen und vor Abzug von Ertragssteuern (*earnings before interest and taxes*, „EBIT") für die letzten zwei bis drei Geschäftsjahre sowie die Planung für die nächsten zwei bis drei Geschäftsjahre ermittelt. Der Mittelwert hieraus dient als Basisgröße für die Feststellung des Unternehmenswertes und wird sodann mit einem branchenspezifischen Kapitalisierungsfaktor multipliziert.[47]

24 Was die **Höhe des Kaufpreises** und die **Zahlungsmodalitäten** angeht, so ist die üblichste Variante die Vereinbarung eines festen Kaufpreises, der in einer Summe oder auch in mehreren Raten zahlbar ist.

Daneben ist ein variabler Kaufpreis (**Earn-out**) denkbar, der sich abhängig vom Erfolg des Unternehmens automatisch anpasst.[48] Hierbei ist zu berücksichtigen, dass der Verkäufer nach Veräußerung seines Unternehmens i.d.R. keinerlei Einfluss mehr auf die Aufstellung des Jahresabschlusses hat und aus seiner Sicht daher sichergestellt werden muss, dass der Käufer nicht – z.B. über Bilan-

40 Handelt es sich bei dem Anteilskauf wirtschaftlich um einen Unternehmenskauf, so ist Kaufobjekt ein sonstiger Gegenstand i.S.v. § 453 Abs. 1 BGB und die §§ 433 ff. BGB sind über diese Verweisungsnorm anwendbar. Dies spielt insbesondere im Bereich der Haftung für Mängel eine Rolle. Näher zu dieser Frage unter Rn. 27 ff.

41 Zum (Unternehmens-)Kauf einer GmbH & Co. KG vgl. ausf. *Kraft/Ulrich*, DB 2006, 711.

42 Zur vor Inkrafttreten des MoMiG erforderlichen Anmeldung des Erwerbs bei der Gesellschaft vgl. *Peetz*, GmbHR 2006, 852.

43 Weitere Lösungen können eine Vorabausschüttung oder die (kostenintensive) Erstellung einer Zwischenbilanz bieten.

44 Vgl. *Picot*, in: Picot, Teil I Rn. 58 ff.

45 Siehe hierzu z.B. *Schiffers*, GmbH-StB 2005, 300.

46 Vgl. *Reuter/Lenz*, DB 2006, 1689.

47 Vgl. *von Braunschweig*, DB 2002, 1815. Aktuelle EBIT- und Umsatzmultiplikatoren für den Unternehmenswert veröffentlicht z.B. die Zeitschrift „Finance" unter http://www.finance-magazin.de/research/multiples/index.html.

48 Zum Ganzen ausf. *von Braunschweig*, DB 2002, 1815.

zierungswahlrechte – den Kaufpreis im Nachhinein zum Schaden des Verkäufers beeinflusst. Diesem Risiko kann dadurch vorgebeugt werden, dass der Verkäufer vorerst in der Geschäftsführung der Gesellschaft verbleibt. Dies hat jedoch für den Käufer wiederum den Nachteil, dass u.U. betriebswirtschaftlich sinnvolle Maßnahmen allein deshalb unterlassen werden, um eine Kaufpreiserhöhung durch zusätzlichen Earn-out zu erreichen.

Mitunter findet man in Unternehmenskaufverträgen auch sog. **Mehrerlösklauseln**, wonach der Käufer im Falle der Weiterveräußerung des Unternehmens an einen Dritten zu einem höheren Verkaufspreis als seinem eigenen Erwerbspreis innerhalb einer bestimmten Frist einen Teil dieses „Spekulationsgewinns" an den Verkäufer auszuschütten hat. Auf diese Weise kann Unsicherheiten in der Preisbildung begegnet werden, der Sanktionscharakter tritt hierbei – anders als etwa bei der Privatisierung öffentlichen Vermögens – in den Hintergrund.[49]

Ein **Sicherungsinteresse** im Hinblick auf den Kaufpreis hat in erster Linie der Verkäufer. Um sicherzustellen, dass ein Kaufinteressent in der Lage ist, den vereinbarten Kaufpreis aufzubringen, kann der Verkäufer bereits zu Beginn der Verhandlungen die Beibringung einer Finanzierungszusage eines Kreditinstituts (*engagement letter*) verlangen.[50] Darüber hinaus besteht das Risiko eines Währungsverfalls nach Abschluss des Vertrags. Als Sicherungsmittel hiergegen bietet sich die Aufnahme einer Wertsicherungsklausel an. Wechselkursrisiken hingegen können über Wechselkurssicherungsgeschäfte, eine beim Kaufpreis zu berücksichtigende spekulative Vorwegnahme künftiger Kursänderungen[51] oder die Vereinbarung einer Anpassung einzelner Kaufpreisraten an etwaige Wechselkursänderungen abgesichert werden. Das klassische Mittel, um sich gegen Bonitätsrisiken des Käufers zu schützen, ist – neben der Vorlage einer Bankbürgschaft durch den Käufer – die Vereinbarung einer auf die vollständige Zahlung des Kaufpreises aufschiebend bedingten dinglichen Abtretung der GmbH-Geschäftsanteile beim Share Deal bzw. der einzelnen Wirtschaftsgüter beim Asset Deal.[52] Um schließlich die Durchsetzbarkeit des Kaufpreises zu erleichtern, kann der Verkäufer ein Aufrechnungsverbot im Hinblick auf etwaige Gegenansprüche des Käufers vereinbaren oder das gesetzliche Zurückbehaltungsrecht ausschließen.[53] 25

Daneben kann auch aufseiten des Käufers ein Bedürfnis nach der Bestellung von **Sicherheiten durch den Verkäufer** bestehen, insbesondere im Hinblick auf mögliche Rechte aus Gewährleistung, Garantieabsprachen und Verschulden bei Vertragsschluss. Ebenso wie bei einer eventuell geleisteten Anzahlung auf den Kaufpreis sollte der Käufer sicherstellen, dass eine Zahlungsunfähigkeit des Verkäufers eventuelle Garantie- und andere Ansprüche nicht leerlaufen lässt. Als Sicherungsmittel kommen hier unter anderem eine Streckung der Kaufpreiszahlung auf mehrere Raten, die Bestellung einer Bürgschaft oder die Einzahlung eines Teilbetrags des Kaufpreises auf ein Treuhandkonto für die Dauer der Verjährungsfristen für Garantieansprüche in Betracht. 26

IV. Mängelhaftung

1. Gesetzliche Regelung

Für die Frage, welche Haftungsnormen beim Kauf eines Unternehmens eingreifen, ist zunächst **abzugrenzen zwischen** dem **Unternehmenskauf** (im Wege des Asset Deals oder des Share 27

49 Hierzu ausf. *Schmidt-Hern/Behme*, NZG 2012, 81.

50 Näher hierzu *Semler*, in: Hölters, Teil VII Rn. 104. In der Praxis von Private-Equity-Transaktionen üblich ist ferner ein „Equity Commitment Letter" des hinter dem Akquisitionsvehikel stehenden Fonds. Zur Frage der Beurkundungspflicht einer solchen Erklärung ausf. *Leyendecker/Mackensen*, NZG 2012, 129.

51 Dazu *Semler*, in: Hölters, Teil VII Rn. 104.

52 Hieraus können sich allerdings einige Probleme ergeben. So muss dem Käufer beim Asset Deal die Möglichkeit zugestanden werden, in der Schwebezeit Wirtschaftsgüter des Umlaufvermögens zu verkaufen. Beim Share Deal hingegen müssen Regelungen für die Gewinnbezugsrechte und die Ausübung der Stimmrechte in der Schwebezeit getroffen werden. Vgl. zu dem Problem der Gewinnbezugsrechte auch Rn. 22.

53 *Semler* in: Hölters, Teil VII Rn. 106. Zu beachten ist allerdings, dass die Berufung auf einen Aufrechnungsausschluss treuwidrig sein kann, wenn ohne die Aufrechnung die Durchsetzung des Gegenanspruchs verhindert werden würde, etwa wegen Insolvenz oder Vermögensverfall der Gegenpartei, vgl. Palandt/*Grüneberg*, § 387 BGB Rn. 17.

Deals) einerseits und dem bloßen **Kauf einzelner Gegenstände** bzw. dem schlichten Erwerb von Anteilen an einer Gesellschaft andererseits.[54] Wie bereits erläutert (Rn. 19), handelt es sich beim Kauf eines Unternehmens um den Kauf eines sonstigen Gegenstandes i.S.v. von § 453 Abs. 1 BGB, und zwar unabhängig davon, ob ein Asset oder ein Share Deal vorliegt. Demgegenüber richtet sich der Kauf einzelner Gegenstände nach den Vorschriften über den Sachkauf (§§ 434 ff. BGB) bzw. den Rechtskauf (§§ 434 ff. i.V.m. § 453 Abs. 1 BGB). Der Kauf von einzelnen Anteilen ist somit Rechtskauf.[55] Die Abgrenzung dieser Geschäfte vom Unternehmenskauf ist schwierig und im Einzelnen äußerst umstritten. Sowohl beim Asset Deal als auch beim Share Deal ist die zentrale Frage, ob begrifflich ein Unternehmen verkauft wird.

28 Beim **Asset Deal** ist dies jedenfalls dann der Fall, wenn Gegenstand des Kauf- und Übertragungsvertrags sämtliche Sachen und Rechte, immaterielle Vermögensgegenstände sowie Arbeitsverhältnisse und Verträge sind, die bei wirtschaftlicher Betrachtung zur Fortführung der bisherigen wirtschaftlichen Aktivitäten erforderlich sind (wesentliche Unternehmens- oder Betriebsgrundlagen).[56] Die Abgrenzung kann insbesondere schwierig sein, wenn Gegenstand des Kauf- und Übertragungsvertrags nur ein bestimmter Unternehmensteil ist. Maßgebend ist, ob die wesentlichen Unternehmensgrundlagen auf den Käufer übergehen, sodass er die bisherigen wirtschaftlichen Aktivitäten fortführen kann.

29 Abgrenzungskriterium beim **Share Deal** ist hingegen die erworbene Beteiligungs- bzw. Stimmrechtsquote. Ein Unternehmenskauf ist jedenfalls dann gegeben, wenn ein Käufer von einem Verkäufer die gesamte gesellschaftsrechtliche Beteiligung erwirbt.[57] Das Gleiche gilt, wenn lediglich unbedeutende Restanteile beim Verkäufer oder einem Dritten verbleiben, sodass sie die Verfügungsbefugnis des Käufers über das Unternehmen nicht entscheidend beeinträchtigen.[58] Darüber hinaus hat die Rechtsprechung bisher nicht abschließend entschieden, ab welcher Beteiligungs- oder Stimmrechtsquote der Erwerb einer gesellschaftsrechtlichen Beteiligung einen Unternehmenskauf darstellt. Maßgebliches Kriterium muss sein, ob der Käufer aufgrund des Erwerbs seinen unternehmerischen Willen in der Gesellschaft rechtlich und tatsächlich umfassend durchsetzen kann, d.h. eine beherrschende Stellung und damit die unternehmerische Leitungsmacht und Verfügungsbefugnis über das Unternehmen erlangt.[59] Bei der GmbH kann der Käufer seinen unternehmerischen Willen im Wesentlichen unbeeinflusst durchsetzen, wenn er aufgrund des Erwerbs eine Stimmrechtsquote von 75 % erlangt. In diesem Fall kann er den Gesellschaftsvertrag der GmbH ändern, sofern darin keine höhere Mehrheit vorgeschrieben ist (§ 53 Abs. 2 GmbHG). Zu berücksichtigen ist dabei, dass bei der GmbH aufgrund der weitreichenden Gestaltungsfreiheit vom Gesetz abweichende Regeln zur Stimmkraft und zur Stimmenzahl aufgestellt werden können. So sind bspw. Mehrstimmrechte zugunsten einzelner Gesellschafter denkbar (vgl. § 47 Rn. 14). Somit kommt es bei der Qualifizierung des Share Deals als Unternehmenskauf wesentlich auf die Stimmrechtsquote und nicht auf die Beteiligungsquote an, wobei die Besonderheiten jedes Einzelfalls zu berücksichtigen sind.[60]

30 Liegt nach diesen Kriterien ein Unternehmenskauf vor, so haftet der Verkäufer beim Asset Deal zum einen für Sachmängel des Unternehmens als solchen und zum anderen für diejenigen Rechts- oder Sachmängel einzelner Vermögensgegenstände (Sachen oder Rechte), die so gravierend sind, dass sie einen **Sachmangel des Unternehmens** als Ganzes zur Folge haben. Für sonstige Mängel einzelner Gegenstände haftet er nicht.[61] Beim Share Deal hingegen hat der Verkäufer dem Käufer die Geschäftsanteile frei von Rechtsmängeln zu verschaffen (§ 453 Abs. 1 i.V.m. § 433 Abs. 1 Satz 2 BGB). Dies ist der Fall, wenn Dritte im Bezug auf die Anteile keine oder nur die im Kaufver-

54 Ausf. zur Mängelhaftung beim Unternehmenskauf nach der Schuldrechtsreform *Schmitz*, RNotZ 2006, 561 ff.
55 Beachte: § 453 Abs. 3 BGB ist hier nicht anwendbar, da der bloße Erwerb eines (Geschäfts-)Anteils nicht zum Besitz einer Sache berechtigt.
56 Vgl. u.a. BGH NZG 2002, 298, 299; *Picot*, in: Picot, Teil I Rn. 27, 50 ff.
57 Grdl. BGHZ 65, 246, 249, ff., vgl. auch *K. Schmidt*, Handelsrecht, § 6 II 3 a) aa).
58 Siehe BGH WM 1970, 819, 821.
59 Vgl. *K. Schmidt*, Handelsrecht, § 6 II 3 a (aa).
60 *Mueller-Thuns*, in: Rödder/Hötzel/Mueller-Thuns, § 9 Rn. 44.
61 Vgl. zum Ganzen *Mueller-Thuns*, in: Rödder/Hötzel/Mueller-Thuns, § 9 Rn. 32 ff.

trag vereinbarten Rechte gegen den Käufer geltend machen können (§ 453 Abs.1 i.V.m. § 435 Satz 1 BGB). Relevant sind dabei insbesondere der rechtliche Bestand der Gesellschaft und der verkauften Geschäftsanteile, die Inhaberschaft des Verkäufers und die Übertragbarkeit der gesellschaftsrechtlichen Beteiligung. Ferner haftet der Verkäufer nach § 434 Abs. 1 BGB dafür, dass die Sache, d.h. das Unternehmen als Gesamtheit, frei von Sachmängeln ist, d.h. insbesondere die vereinbarte Beschaffenheit hat oder sich für die vertraglich vorausgesetzte Verwendung eignet. Auch hier bestehen zwei Ansatzpunkte, und zwar zum einen ein Sachmangel des Unternehmens als solchen und zum anderen ein Sach- oder Rechtsmangel einzelner Vermögensgegenstände, der so gravierend ist, dass er auf das Unternehmen als Ganzes durchschlägt.[62]

Ausgangspunkt für die Frage, ob ein Sachmangel vorliegt, ist der Begriff **„Beschaffenheit"** in § 434 Abs. 1 BGB. Das Gesetz definiert den Begriff nicht, sondern lässt bewusst offen, ob er nur Eigenschaften umfasst, die der Kaufsache unmittelbar physisch anhaften, oder ob auch Umstände heranzuziehen sind, die außerhalb der Sache liegen.[63] Einzelheiten hierzu sind völlig umstritten. Lässt man mit der wohl überwiegenden Auffassung als Beschaffenheit auch nach der Schuldrechtsreform nur solche Umstände gelten, die dem Kaufgegenstand unmittelbar anhaften, und diejenigen tatsächlichen, wirtschaftlichen und rechtlichen Beziehungen zur Umwelt, die ihren Grund im Zustand der Sache selbst haben, bleibt daneben Raum für eine Haftung auf negatives Interesse aus Verschulden bei Vertragsverhandlungen (c.i.c.).[64] So würde die Angabe falscher Umsatz- oder Ertragszahlen in den Anwendungsbereich der c.i.c. fallen, da Umsatz und Ertrag keine Beschaffenheitsmerkmale eines Unternehmens sein können, weil sie durch äußere Faktoren wie beispielsweise die konjunkturelle Entwicklung beeinflusst sein können.[65] 31

Die **Rechtsfolgen** bei Mängeln ergeben sich aus § 437 BGB. Danach kann der Käufer zunächst gem. § 439 BGB Nacherfüllung verlangen. Erst wenn diese verweigert wird oder scheitert, kommen weitergehende Rechte wie Rücktritt, Minderung oder Schadensersatz in Frage. Letztere sind gem. § 280 Abs. 1 Satz 2 i.V.m. § 437 Nr. 3 BGB vom Verschulden des Verkäufers abhängig. 32

Nach **§ 442 Abs. 1 BGB** sind die Rechte des Käufers wegen eines Mangels ausgeschlossen, wenn dieser den Mangel bei Vertragsschluss kennt. Ist ihm ein Mangel infolge grober Fahrlässigkeit unbekannt geblieben, kann der Käufer deswegen Rechte nur geltend machen, wenn der Verkäufer den Mangel arglistig verschwiegen oder eine Garantie für die Beschaffenheit der Sache übernommen hat. Die unsorgfältige Durchführung einer Due Diligence begründet nach herrschender Meinung im Übrigen keine grobe Fahrlässigkeit in diesem Sinne, da sie eine freiwillige, zum eigenen Nutzen getroffene Investitionsentscheidung des Käufers darstellt, die sich nicht zu seinem Nachteil auswirken können soll. Anders wird dies allerdings bei evidenten bzw. sich aufdrängenden Mängeln zu beurteilen sein.[66] 33

Aufgrund der dargestellten Unwägbarkeiten und der teilweise komplizierten Fragen der Anwendbarkeit der §§ 434 ff. BGB auf den Unternehmenskauf wird im Rahmen des Unternehmenskaufvertrags in aller Regel das gesetzliche Leistungsstörungsrecht abbedungen und ein eigenständiges Haftungsregime entwickelt, welches in Grundzügen im folgenden Abschnitt dargestellt werden soll. 34

2. Vertragliche Modifikation

Regelmäßiger Bestandteil eines Unternehmenskaufvertrags ist ein **Haftungsausschluss** nach § 444 BGB, wonach die gesetzliche Rechts- und Sachmängelhaftung ausgeschlossen wird.[67] 35

62 Ebenso *Gaul*, ZHR 166 (2002), 35, 40; *Triebel/Hölzle*, BB 2002, 521, 525; a.A. *Seibt/Reiche*, DStR 2002, 1135, 1181; *Wolf/Kaiser*, DB 2002, 411, 417.
63 Vgl. BT-Drucks. 14/6040, S. 212 f.
64 Vgl. Palandt/*Weidenkaff*, § 434 BGB Rn. 10 ff.; *Fischer*, DStR 2004, 276, 278.
65 Siehe hierzu auch *Heckschen*, in: Brambring/Jerschke, Beck'sches Notarhandbuch, Teil D V, Rn. 33.
66 Vgl. *Schmitz*, RNotZ 2006, 561, 582 f.
67 Die mit der Schuldrechtsreform entstandene Unsicherheit darüber, ob bei der Übernahme von verschuldensunabhängigen Garantien angesichts der ursprünglichen Formulierung von § 444 BGB ein Haftungsausschluss überhaupt wirksam vereinbart werden kann, haben sich mittlerweile erledigt. Die Vorschrift wurde inzwischen dahin gehend geändert, dass ein Haftungsausschluss nur eingreift, *soweit* keine Garantie übernommen wurde.

Gleichzeitig werden regelmäßig umfangreiche[68] **selbstständige Garantieversprechen** i.S.v. § 311 Abs. 1 BGB abgegeben, deren Grundlage die Vertragsfreiheit ist.[69] Vertragliche Garantien im Zusammenhang mit einem Asset Deal oder Share Deal zeichnen sich dadurch aus, dass der Verkäufer[70] gegenüber dem Käufer eine verschuldensunabhängige vertragliche Einstandspflicht für bestimmte rechtliche, tatsächliche oder wirtschaftliche Zustände, Ereignisse oder Umstände der Vergangenheit oder Zukunft übernimmt.[71] Es handelt sich typischerweise um einen (zukünftigen) Erfolg, der über die Freiheit von Sach- oder Rechtsmängeln hinausgeht.[72] Arten und Gegenstand der vertraglichen Garantien sind äußerst vielfältig und stark einzelfallabhängig.[73] Die Haftung des Verkäufers ist bei der selbstständigen Garantie in aller Regel unabhängig davon, ob er den Eintritt oder fehlenden Eintritt der von ihm garantierten Ereignisse, Zustände oder Umstände zu vertreten hat. Im Hinblick auf die Einführung des **gutgläubigen Erwerbs** von Geschäftsanteilen sollten im Übrigen trotz der damit verbundenen Entlastung der Due-Diligence-Praxis, die nun nicht mehr zwingend die gesamte „Abtretungskette" seit Gründung prüfen muss, aufgrund der Grenzen des gutgläubigen Erwerbs keine Einschränkungen bei den von Verkäufern bei Unternehmenskaufverträgen abgegebenen Garantien zur Rechtsinhaberschaft des Anteils und zu den Rechten an ihm vorgenommen werden.[74]

36 Positive Garantien setzen dabei regelmäßig voraus, dass der Verkäufer die maßgebenden Verhältnisse genau kennt oder beurteilen kann.

Beispiel:

„Es bestehen keine Arbeitsverhältnisse außer den in Anlage X aufgeführten."

37 Bei negativen Garantien überwiegen hingegen subjektiv gefasste Regelungen, die auf die **Kenntnis des Verkäufers** abstellen, weil er in diesen Bereichen die tatsächlichen Verhältnisse nicht genau kennt bzw. kennen kann.

Beispiel:

„In Bezug auf die vertragsgegenständlichen Grundstücke sind nach Kenntnis des Verkäufers derzeit keine Erschließungsmaßnahmen geplant."

Mitunter wird hier im Einzelnen definiert, auf die Kenntnis welcher beim Verkäufer tätigen Personen es genau ankommen soll. In den Vertragsverhandlungen wird der Käufer typischerweise eher objektive Garantien verlangen, wohingegen der Verkäufer oftmals nur kenntnisbezogene Garantien abgeben will.[75]

38 Ein weiterer klassischer Konfliktpunkt ist die Frage, **auf welchen Zeitpunkt** Garantien abgegeben werden. Denkbar sind im Wesentlichen drei Zeitpunkte, nämlich der Stichtag der letzten Bilanz, der

68 Demgegenüber hatte der Vertrag der BayernLB für die Übernahme der Hypo Alpe Adria lediglich 14 (!) Seiten und enthielt offensichtlich so gut wie keine Garantien, vgl. SZ v. 14.1.2010, S. 18.

69 Ausf. *Flick*, Die Garantie beim Unternehmenskauf.

70 Zur Problematik von Garantieerklärungen der Geschäftsführer einer im Wege des share-deal verkauften GmbH ausf. *Scheuffele*, GmbHR 2010, 965.

71 Aufgrund der fehlenden Konkretisierung des Kaufgegenstandes im Hinblick auf die in der GmbH befindlichen Aktiva und Passiva fallen die Garantien beim Share Deal regelmäßig weit umfangreicher aus als beim Asset Deal, weil sie sich insb. auch auf die in der GmbH befindlichen Vermögenswerte beziehen.

72 Vgl. *Mueller-Thuns*, in: Rödder/Hötzel/Mueller-Thuns, § 10 Rn. 2 m.w.N. Zur Gewährleistungsregelung bei der Call-Option vgl. i. Ü. *Wilde*, NZG 2010, 1176

73 Zu Arten und Gegenstand der Garantien bei Asset Deal und Share Deal vgl. im Einzelnen *Mueller-Thuns*, in: Rödder/Hötzel/Mueller-Thuns, § 10 Rn. 14 f. Speziell zu Bilanz- und Eigenkapitalgarantien siehe *Blunk/Rabe*, GmbHR 2011, 408.

74 So zu Recht *Götze/Bressler*, NZG 2007, 894, 899.

75 Vgl. in diesem Zusammenhang die umfangreiche Darstellung der unterschiedlichen Interessenlagen und Argumentationslinien von Käufer und Verkäufer beim Unternehmenskauf von *Schrader/Seibt*, in: Seibt, Beck'sches Formularbuch Mergers & Acquisitions, Teil C.I.

Tag des Vertragsschlusses (Signing) und der Tag des Vollzugs (Closing). Der Verkäufer wird hier oft nur auf den Bilanzstichtag bzw. den gegenwärtigen Tag abstellen wollen, während der Käufer bestimmte Dinge auch auf den Vollzugsstichtag garantiert haben will.

Beispiel:

„Der Verkäufer garantiert zum Bilanzstichtag, zum Tag der Beurkundung und zum Vollzugsstichtag, der rechtliche und wirtschaftliche Eigentümer der Geschäftsanteile zu sein."

Neben dem Tatbestand werden regelmäßig auch die **Rechtsfolgen** einer Garantieverletzung detailliert geregelt. In Betracht kommt dabei in erster Linie Naturalrestitution i.S.v. § 249 Abs. 1 BGB und in zweiter Linie ein Schadensersatzanspruch in Geld, wobei oftmals Haftungsunter- („De Minimis") bzw. -höchstgrenzen („Cap") vereinbart werden.[76] 39

Auch im Hinblick auf die **Verjährung** werden regelmäßig differenzierende Regelungen geschlossen. Grundsätzlich verjähren Gewährleistungsansprüche des Käufers in zwei Jahren ab der Verschaffung der Verfügungsmacht (§§ 438 Abs. 1 Nr. 3 und Abs. 2, 435 Abs. 1 BGB). Ansprüche des Käufers wegen nicht erfüllter vertraglicher Garantien unterliegen der regelmäßigen Verjährungsfrist von drei Jahren (§§ 195, 199 Abs. 1 BGB). Abweichend hiervon empfiehlt sich eine Regelung der Verjährung, die zwischen den verschiedenen vertraglichen Garantien differenziert und den Interessen der Vertragsparteien Rechnung trägt. Im Einzelfall kann es dementsprechend sinnvoll sein, die grundsätzlich ausreichende Verjährungsfrist von zwei Jahren ab dem Übergangsstichtag für bestimmte, schwer feststellbare Mängel wie Altlasten auf drei Jahre oder einen längeren Zeitraum zu verlängern. Das gilt auch für die Haftung des Verkäufers für Rechtsmängel, die der Käufer häufig nicht erkennen kann. Hier kann eine Verjährungsfrist von drei bis fünf Jahren vertretbar sein.[77] 40

V. Wichtige weitere Regelungen

1. Wettbewerbsverbot

Regelmäßig geht mit dem Kauf des Unternehmens auch dessen Kundenstamm auf den Käufer über. Auch ohne ausdrückliche vertragliche Regelung resultiert daraus als Nebenpflicht ein (befristetes) Wettbewerbsverbot.[78] Begründet wird dies damit, dass die dem Erwerber aufgrund des Unternehmenskaufvertrags mit Zielsetzung der Fortführung gewährten Vorteile nicht entzogen, wesentlich geschmälert oder gefährdet werden dürfen.[79] In der Praxis empfiehlt es sich jedoch, das Wettbewerbsverbot ausdrücklich im Vertragswerk zu regeln und in seinem Inhalt sowie seinem zeitlichen, räumlichen und sachlichen Umfang präzise zu bestimmen.[80] Zeitlich ist – je nach den Umständen des Einzelfalls – ein Wettbewerbsverbot von **zwei bis fünf Jahren** ab dem dinglichen Rechtsübergang oder dem davon abweichenden Übergangsstichtag zulässig.[81] Der auf Sicherheit bedachte Gestalter wird sich dabei eher an der Zweijahresfrist orientieren. Räumlich sollte das Wettbewerbsverbot nur das Gebiet umfassen, in dem der Verkäufer vor dem Abschluss des Unternehmenskaufvertrags seine Erzeugnisse abgesetzt oder seine Dienstleistung angeboten hat.[82] Nach seinem sachlichen Umfang ist ein Wettbewerbsverbot nur insoweit zulässig, als eine Konkurrenzsituation zwischen dem Verkäufer und dem Käufer entstehen kann. Daher muss sich das Wett- 41

76 Näher hierzu *Mueller-Thuns*, in: Rödder/Hötzel/Mueller-Thuns, § 10 Rn. 77 ff.

77 *Mueller-Thuns*, in: Rödder/Hötzel/Mueller-Thuns, § 10 Rn. 90 ff.

78 Vgl. nur Palandt/*Heinrichs*, § 242 BGB Rn. 29 m.w.N.; *Renner*, DB 2002, 1143. Ausf. zum Wettbewerbsverbot im Unternehmenskaufvertrag *Rudersdorf*, RNotZ 2011, 509, 518 ff.

79 Palandt/*Heinrichs*, a.a.O.

80 *Picot*, in: Picot, Teil I Rn. 122.

81 Vgl. BGH NJW 1964, 2204 (Apothekenpacht: 2–3 Jahre); BGHZ 16, 81 (Arztpraxis: 2–3 Jahre); OLG München, NJW-RR 1995, 1192 (Chemiebetrieb: 5 Jahre); *Renner*, DB 2002, 1143, 1145 m.w.N.

82 Die räumliche Reichweite des Wettbewerbsverbots hat sich also an dem jeweiligen Absatzgebiet und Markt zu orientieren. Vgl. *Picot*, in: Picot, Teil I Rn. 123; *Renner*, DB 2002, 1143, 1146.

bewerbsverbot sachlich auf die unternehmerischen Aktivitäten und Geschäftsbereiche beschränken, die Gegenstand des bisher vom Verkäufer betriebenen Unternehmens waren.[83]

Überschreitet ein Wettbewerbsverbot die beschriebenen zeitlichen, räumlichen und sachlichen Grenzen, ist es sittenwidrig (§ 138 Abs. 1 BGB). Bei der Überschreitung der zeitlichen Grenzen reduziert die Rechtsprechung die Geltungsdauer auf das zulässige Maß (sog. geltungserhaltende Reduktion).[84]

2. Schiedsabreden

42 Immer wieder vereinbaren die Parteien eines Unternehmenskaufs, dass im Falle eines Konflikts ein Schiedsgericht anstelle der staatlichen Gerichte entscheiden soll.[85] Das deutsche Schiedsverfahrensrecht ist in den §§ 1025 ff. ZPO geregelt. Die Entscheidung des Schiedsgerichts hat für die Parteien die Wirkung eines rechtskräftigen gerichtlichen Urteils (§ 1055 ZPO). Ein Vorteil des Schiedsverfahrens besteht darin, dass die Vertragsparteien die Möglichkeit haben, das Schiedsgericht mit sachkundigen und erfahrenen Personen als Schiedsrichtern zu besetzen (§ 1035 ZPO).[86] Außerdem kann in aller Regel eine deutlich schnellere Entscheidung herbeigeführt werden als in einem ordentlichen Gerichtsverfahren mit mehreren Instanzen.[87]

3. Übergabe einer Mandanten- bzw. Patientenkartei

43 Bei einer Vereinbarung zur Übernahme von bestehenden Mandanten bzw. Patienten ist unbedingt auf die berufsrechtlichen Verschwiegenheitsverpflichtungen zu achten.[88] So kann bspw. ein Kaufvertrag über eine Arztpraxis insgesamt gem. § 134 BGB nichtig sein, in dem eine uneingeschränkte Aktenübergabeverpflichtung des Verkäufers vereinbart wird, weil diese Bestimmung gegen die dem Arzt auferlegte Verschwiegenheitspflicht verstößt (§ 203 Abs. 1 Nr. 1 StGB).[89] Eine wirksame Vereinbarung setzt vielmehr voraus, dass die Verpflichtung zur Aktenübergabe auf zustimmende Mandanten beschränkt ist.[90] Regelungen über diesen wichtigen Punkt sind beim Kauf einer freiberuflichen Kanzlei oder Praxis zwingend erforderlich, auch wenn diese als GmbH organisiert ist.

4. Vertraulichkeit/Veröffentlichung

44 Jeder Unternehmenskaufvertrag sollte schließlich eine Regelung enthalten, wonach die Parteien sich dazu verpflichten, seinen Inhalt und sämtliche Umstände, die sie über den Vertragspartner erfahren haben, vertraulich zu behandeln. Ergänzend können Modalitäten der Bekanntgabe des Unternehmenskaufs in der Öffentlichkeit geregelt werden, etwa im Wege einer gemeinsamen Presseerklärung.[91]

D. Zustimmungserfordernisse und Verfügungsbeschränkungen

45 Beim Unternehmenskauf können aus einer Vielzahl von Gründen Zustimmungserfordernisse bestehen, die sich sowohl auf den Kaufvertrag als auch auf dingliche Übertragungsakte beziehen.

I. Asset Deal

46 Wenn das veräußerte Unternehmen das gesamte oder zumindest das wesentliche Vermögen der GmbH darstellt, greift beim Asset Deal als wichtigstes gesellschaftsvertragliches Zustimmungserfordernis der auf die GmbH entsprechend anwendbare **§ 179a AktG**. Die Vertretungsmacht der

83 *Mueller-Thuns*, in: Rödder/Hötzel/Mueller-Thuns, § 21 Rn. 12.
84 Siehe nur BGH NJW-RR 1996, 741; BGH, NJW 1991, 699.
85 Zum Ganzen *Klumpp*, in: Beisel/Klumpp, Kap. 17.
86 Vgl. BGHZ 54, 392, 396.
87 Siehe *Klumpp*, in: Beisel/Klumpp, Kap. 17, Rn. 9.
88 Zum Ganzen *Klumpp*, in: Beisel/Klumpp, Kap. 4, Rn. 32 ff.
89 Vgl. BGHZ 116, 268. Vgl. auch BGH NJW 1995, 2026 für eine Rechtsanwaltskanzlei.
90 Vgl. BGHZ 116, 268, 277.
91 Zu beiden Punkten *Mueller-Thuns*, in: Rödder/Hötzel/Mueller-Thuns § 21 Rn. 3 f.

Geschäftsführung deckt den Abschluss eines solchen Kaufvertrags nicht. Er bedarf vielmehr zu seiner Wirksamkeit der Zustimmung der Gesellschafterversammlung mit einer Mehrheit von drei Vierteln der abgegebenen Stimmen (§ 53 Abs. 2 GmbHG), sofern der Gesellschaftsvertrag nicht eine größere Mehrheit vorsieht.[92]

Daneben ist auch ein vertraglich für den Fall der Veräußerung des Geschäftsbetriebs oder eines wesentlichen Teils davon vereinbartes Zustimmungserfordernis eines Beirats oder Aufsichtsrats denkbar. Ein derartiger **Organ- oder Gremienvorbehalt** betrifft jedoch grundsätzlich ausschließlich das Innenverhältnis. Etwas anderes gilt nur, wenn die Vertragsparteien ausdrücklich vereinbaren, dass der Kaufvertrag oder zumindest die dinglichen Übertragungsakte unter der aufschiebenden Bedingung der Zustimmung des jeweiligen Organs oder Gremiums des Verkäufers stehen.[93] 47

Familienrechtlich spielt insbesondere **§ 1365 BGB** eine Rolle. Nach dieser Vorschrift kann sich ein Ehegatte nur mit Einwilligung des anderen Ehegatten verpflichten, über sein Vermögen im Ganzen zu verfügen. Die Regelung greift auch ein, wenn es sich bei dem Gegenstand des Unternehmenskaufvertrags um das wesentliche Vermögen des Verkäufers handelt.[94] Fehlt es an der Zustimmung, sind sowohl der Kaufvertrag als Verpflichtungsgeschäft als auch die dinglichen Übertragungsakte als Verfügungsgeschäfte unwirksam (§ 1366 Abs. 1 BGB). Eine Ausnahme besteht dann, wenn die Verfügungsbeschränkung im Rahmen einer Modifikation des gesetzlichen Güterstandes oder wegen Vereinbarung einer Gütertrennung gem. § 1414 BGB ausgeschlossen ist. 48

Ist Vertragspartei eines Asset Deals ein **Minderjähriger**, bedürfen die von den Eltern in seinem Namen getätigten Rechtsgeschäfte unter bestimmten Voraussetzungen der Genehmigung durch das Familiengericht (§ 1643 Abs. 1 BGB). Dies gilt insbesondere für einen Vertrag, der auf den Erwerb oder die Veräußerung eines Erwerbsgeschäfts gerichtet ist (§ 1822 Nr. 3 BGB) oder mit dem sich der Minderjährige zu einer Verfügung über sein Vermögen im Ganzen verpflichtet (§ 1822 Nr. 1 BGB). Sind die Eltern an der Vertretung des Minderjährigen gehindert, weil sie selbst Vertragspartner sind, ist ein Ergänzungspfleger zu bestellen, für den § 1822 Nr. 1 und 3 entsprechend gelten (§§ 1909 Abs. 1, 1915 Abs. 1 BGB). 49

Befindet sich das Unternehmen in einem Nachlass und sind mehrere Erben vorhanden (**Erbengemeinschaft**), ist für die dinglichen Übertragungsakte die Zustimmung sämtlicher Erben erforderlich.[95] Über den Nachlassgegenstand kann nur gemeinschaftlich verfügt werden (§ 2040 Abs. 1 BGB). Verfügungsbeschränkungen können sich ferner aus der Anordnung einer Vorerbschaft (§§ 2100 ff. BGB), einer Testamentsvollstreckung (§§ 2197 ff. BGB) oder einer Nachlasspflegschaft, -verwaltung bzw. -insolvenz (§§ 1975 ff. BGB) ergeben. 50

Darüber hinaus sind **öffentlich rechtliche Verfügungs- und Veräußerungsverbote** zu beachten. Hierzu gehören unter anderem die Genehmigung nach dem Grundstücksverkehrsgesetz (§ 2 Abs. 1 GrdstVG) sowie die Beschränkungen nach Eröffnung des Insolvenzverfahrens (§§ 21 Abs. 2 Nr. 2, 22 Abs. 1 Satz 2, 24 Abs. 1, 80 Abs. 1, 81 Abs. 1 InsO). Ein dem Veräußerungsverbot entsprechendes Vollzugsverbot kann sich aus den Vorschriften über die deutsche oder europäische Zusammenschlusskontrolle ergeben (§ 41 Abs. 1 GWB; Art. 7 Abs. 1 FKVO; Einzelheiten in Rn. 73 ff.). 51

Im Hinblick auf **öffentlich-rechtliche Genehmigungen und Erlaubnisse** ist zwischen persönlichen Konzessionen und sachbezogenen Genehmigungen zu unterscheiden. Eine persönliche Konzession ist beispielsweise für das Bewachungsgewerbe, einen Handwerksbetrieb oder für die Tätigkeit als Makler, Bauträger oder Baubetreuer sowie im Bereich des Gaststättengewerbes erforderlich. Zu den sachbezogenen Genehmigungen gehören insbesondere Errichtungs- und Betriebsgenehmigungen wie beispielsweise nach dem Bundesimmissionsschutzgesetz. Eine derar- 52

92 *Mueller-Thuns*, in: Rödder/Hötzel/Mueller-Thuns § 6 Rn. 14.
93 Vgl. im Einzelnen *Mueller-Thuns*, in: Rödder/Hötzel/Mueller-Thuns § 6 Rn. 15 f., 35 f.
94 Vgl. BGH NJW 1984, 609, 609 f., Palandt/*Brudermüller*, § 1365 BGB Rn. 4.
95 *Beisel*, in: Beisel/Klumpp, Kap. 8, Rn. 39.

tige sachbezogene Genehmigung ist personenunabhängig und hat infolgedessen auch nach dem Übergang des Unternehmens auf den Käufer Bestand.[96]

53 Zu beachten sind schließlich **zivilrechtliche Verfügungsbeschränkungen**, z.B. wenn der Verkäufer Gegenstände des beweglichen Sachanlagevermögens oder Vorräte unter Eigentumsvorbehalt (§ 449 Abs. 1 BGB) erworben oder einzelne Vermögensgegenstände zur Sicherheit übereignet hat. Erfolgt keine Zustimmung des Eigentümers, so erwirbt der Käufer lediglich ein Anwartschaftsrecht auf Erwerb der unter Eigentumsvorbehalt stehenden Sachen bzw. einen Anspruch (oder ein Anwartschaftsrecht) auf Rückerwerb der zur Sicherheit übereigneten Vermögensgegenstände.[97]

II. Share Deal

54 Beim Verkauf einer GmbH ist in gesellschaftsrechtlicher Hinsicht zunächst festzuhalten, dass Geschäftsanteile an einer GmbH grundsätzlich frei veräußerlich sind (§ 15 Abs. 1 GmbHG). Allerdings kann der Gesellschaftsvertrag die Abtretung der Geschäftsanteile an weitere Voraussetzungen knüpfen, insbesondere von der Genehmigung der Gesellschaft abhängig machen (§ 15 Abs. 5 GmbHG).[98] In der Praxis ist eine derartige **Vinkulierung** in der ganz überwiegenden Anzahl der GmbH-Satzungen enthalten. Diese Regelungen haben zur Folge, dass die Abtretung der Geschäftsanteile nur wirksam ist, wenn die Voraussetzungen nach dem Gesellschaftsvertrag erfüllt sind. Regelmäßig sieht der Gesellschaftsvertrag die Zustimmung aller Gesellschafter, der Gesellschafterversammlung und/oder der Gesellschaft (vertreten durch die Geschäftsführer) vor. Im Innenverhältnis ist daneben häufig ein **Organ- oder Gremienvorbehalt** zu beachten. So kann die Anteilsabtretung bspw. der Zustimmung eines Beirats oder freiwillig bestehenden Aufsichtsrats bedürfen (siehe Rn. 47).

55 **Familienrechtlich** gilt auch beim Share Deal § 1365 BGB (siehe Rn. 48). Im Falle der Beteiligung **Minderjähriger** ist zu beachten, dass ein Vertrag über den Kauf und die Übertragung von Geschäftsanteilen an einer GmbH im Sinne einer bloßen kapitalmäßigen Beteiligung grundsätzlich keiner familiengerichtlichen Genehmigung bedarf, weil es sich nicht um die Verpflichtung zum Erwerb oder der Veräußerung eines Erwerbsgeschäfts i.S.v. § 1822 Nr. 3 BGB handelt.[99] Etwas anderes gilt jedoch, wenn den Minderjährigen über die gesellschaftsrechtliche Beteiligung hinaus ein Unternehmerrisiko trifft, was bei einem Unternehmenskauf regelmäßig der Fall ist. Zur Vermeidung von Rechtsunsicherheit empfiehlt es sich, in jedem Fall entweder die familiengerichtliche Genehmigung oder eine Erklärung des Familiengerichts einzuholen, dass eine derartige Genehmigung nicht erforderlich ist. Verfügt der Minderjährige über sein Vermögen im Ganzen, gilt auch beim Share Deal § 1822 Nr. 1 BGB. Ferner ist § 1822 Nr. 10 BGB zu beachten, der bei Übernahme einer fremden Verbindlichkeit die familiengerichtliche Genehmigung anordnet. Die Vorschrift greift ein, wenn der Minderjährige im Außenverhältnis eine Schuld übernimmt, für die im Innenverhältnis aber ein anderer haftet und ersatzpflichtig bleibt.[100] Bei der GmbH wird dies relevant im Hinblick auf rückständige Leistungen der Gesellschafter auf die Stammeinlagen. Außerdem trifft den Käufer als neuen Gesellschafter bei der GmbH unter bestimmten Voraussetzungen eine Ausfallhaftung für die Verbindlichkeiten (§§ 24, 31 Abs. 3 GmbHG).

56 Im Hinblick auf erbrechtliche Verfügungsbeschränkungen gilt ebenso wie für öffentlich-rechtliche Beschränkungen das zum Asset Deal Ausgeführte (siehe Rn. 50 ff.). Eine zivilrechtliche Verfügungsbeschränkung des Verkäufers besteht beim Share Deal, wenn er seine gesellschaftsrechtliche Beteiligung zur Sicherheit abgetreten hat.

---

96 Zum Ganzen vgl. *Mueller-Thuns*, in: Rödder/Hötzel/Mueller-Thuns § 6 Rn. 24 ff.
97 Vgl. *Mueller-Thuns*, in: Rödder/Hötzel/Mueller-Thuns § 6 Rn. 28 f.
98 Zum Ganzen *Loritz*, NZG 2007, 361 ff.
99 Siehe nur Palandt/*Diederichsen*, § 1822 BGB Rn. 6.
100 Vgl. BGHZ 107, 24, 26 ff.; Palandt/*Diederichsen*, § 1822 BGB Rn. 19 ff.

E. Formerfordernisse

I. Asset Deal

Grundsätzlich bedürfen beim Asset Deal weder das Verpflichtungs- noch das Verfügungsgeschäft einer bestimmten Form. Je nach Umfang und Art der übertragenen Gegenstände gibt es jedoch Ausnahmen von diesem Grundsatz. 57

Gemäß **§ 311b Abs. 1 BGB** ist die Verpflichtung zur Übertragung des Eigentums an einem Grundstück beurkundungsbedürftig. Dieser Vorschrift unterfallen nicht nur die Vereinbarungen über die Grundstücksübertragung, sondern alle Regelungen des gesamten schuldrechtlichen Veräußerungsgeschäfts.[101] Dementsprechend ist regelmäßig der gesamte Unternehmenskaufvertrag zu beurkunden, wenn mindestens ein Grundstück zum Kaufgegenstand gehört. Eine Heilung des formnichtigen Geschäfts einschließlich aller Nebenabreden (näher Rn. 62) tritt ein, wenn das Grundstück aufgelassen und der Erwerber in das Grundbuch eingetragen wird (§ 311b Abs. 1 Satz 2 BGB). 58

Auch die Übertragung oder Belastung des gesamten gegenwärtigen Vermögens kann nach **§ 311b Abs. 3 BGB** eine Beurkundungspflicht auslösen.[102] Die Vorschrift ist nach h.M. auch auf juristische Personen als Veräußerer anwendbar.[103] Der schuldrechtliche Kaufvertrag, dessen Gegenstand der Asset Deal bildet, muss dabei nach der herkömmlichen Auffassung ausdrücklich auf die Übertragung des Vermögens oder eines Bruchteils davon gerichtet sein.[104] Nach einer aufstrebenden Ansicht soll § 311b Abs. 3 BGB jedoch auch gelten, wenn die übertragenen Gegenstände im Vertrag einzeln aufgeführt sind. Ein Schutz vor Übereilung ist auch bei einer Einzelauflistung geboten.[105] Die Differenzierung der Rechtsprechung danach, ob der Vertrag darauf gerichtet ist, das Vermögen „in Bausch und Bogen" zu übertragen bzw. sich die Vereinbarung auf „einzelne bestimmte Vermögensgegenstände" bezieht, wird daher dem Schutzzweck des § 311b Abs. 3 BGB nicht gerecht. 59

Von großer Bedeutung ist in diesem Zusammenhang eine neuere Entscheidung des **OLG Hamm**[106] Danach ist die Anwendung von § 311b Abs. 3 BGB auf den streitgegenständlichen Kaufvertrag nicht auf Grund der Bezeichnung „Inventar und Inventurgegenstände" sowie der im Vertrag erfolgten Aufzählung einzelner Gegenstände ausgeschlossen. Zwar finde die Vorschrift dann keine Anwendung, wenn einzelne Gegenstände übereignet werden sollen, ohne dass die Beteiligten damit stellvertretend das Vermögen in „Bausch und Bogen" bezeichnen wollten, selbst wenn diese Gegenstände in ihrer Summe objektiv das gesamte Vermögen betreffen. Die von den Parteien gewählte Hauptbezeichnung „Aktiva" gehe aber über diese Aufzählung hinaus und sei mehr als eine „Auffangklausel" mit der einzelne, eher untergeordnete Wirtschaftsgüter erfasst werden sollen.[107] Aus diesen Urteilsgründen lässt sich ableiten, dass schon die allgemein übliche Bezeichnung des Kaufgegenstandes als „alle Aktiva (und Passiva)" zu einer beurkundungspflichtigen Übertragung des ganzen Vermögens im Sinne von § 311b Abs. 3 BGB führen kann, selbst wenn – wie bei Unternehmenskaufverträgen in Form eines Asset Deals üblich – die einzelnen Kaufgegenstände (meist im Rahmen von Anlagen) noch einzeln aufgelistet werden.

101 Palandt/*Grüneberg*, § 311b BGB Rn. 25.
102 Vgl. *Böttcher/Grewe*, NZG 2005, 950 ff.; *Heckschen*, NZG 2006, 772 ff.; *Müller*, NZG 2007, 201 ff.; *Werner*, GmbHR 2008, 1135.
103 Siehe OLG Hamm, NZG 2010, 1189 (für eine GmbH); Palandt/*Grüneberg*, § 311b BGB Rn. 65; *Müller*, NZG 2007, 201, 204; a.A. *Kiem*, NJW 2006, 2363 ff.
104 Vgl. BGHZ 25, 1, 4; Palandt/*Grüneberg*, 311b BGB Rn. 66 m.w.N.; *Heckschen*, NZG 2006, 772 ff.
105 Erman/*Grziwotz*, § 311b BGB Rn. 91; *Herrmanns*, ZIP 2006, 2296, 2297.
106 OLG Hamm, NZG 2010, 1189; dazu *Böttcher/Fischer*, NZG 2010, 1332.
107 OLG Hamm, NZG 2010, 1189, 1190.

> **!** Vor dem Hintergrund der aufstrebenden Literaturmeinung und in Anbetracht der Entscheidung des OLG Hamm sollte der vorsichtige Berater bei dem das gesamte Vermögen des veräußernden Unternehmensträgers betreffenden Asset Deal in jedem Fall zu einer Beurkundung des Kaufvertrages raten, da ein trotz Beurkundungspflicht formlos abgeschlossener Vertrag gemäß § 125 BGB unheilbar nichtig wäre, nachdem eine Heilungsmöglichkeit im Gegensatz zu § 311b Abs. 1 BGB nicht besteht.

60 Die Übertragung von Rechten vollzieht sich grundsätzlich durch bloßen Abtretungsvertrag gem. § 398 (i.V.m. § 413) BGB. Gehören zu den als Unternehmen zu übertragenden Gegenständen GmbH-Geschäftsanteile, ist regelmäßig wegen **§ 15 Abs. 3 und 4 GmbHG** der ganze Vertrag beurkundungsbedürftig (ausführlich Rn. 61). Zur Übertragung des Eigentums an beweglichen Sachen sind Einigung und Übergabe erforderlich (§ 929 Satz 1 BGB). Das Eigentum an unbeweglichen Sachen hingegen wird durch Auflassung und Eintragung des Erwerbers ins Grundbuch übertragen (§§ 873 Abs. 1, 925 Abs. 1 BGB). Die Auflassung muss gem. § 925 Abs. 1 BGB bei gleichzeitiger Anwesenheit beider Teile (die sich allerdings auch vertreten lassen können) vor einer zuständigen Stelle erklärt werden. Für die Übertragung inländischer Grundstücke ist im Inland jeder deutsche Notar zuständig (§ 925 Abs. 1 Satz 2 BGB). Eine Form der Auflassungserklärung ist aus materiell-rechtlicher Sicht zwar nicht vorgeschrieben, wegen § 29 GBO trägt das Grundbuchamt die Eigentumsumschreibung jedoch nur ein, wenn entweder die Eintragungsbewilligung des Veräußerers oder die Einigung durch öffentliche oder öffentlich beglaubigte Urkunden nachgewiesen wird.

II. Share Deal

61 Bei einem Share Deal ist hinsichtlich der Formerfordernisse zwischen den verschiedenen Rechtsformen zu unterscheiden. Bei Geschäftsanteilen an einer GmbH ist sowohl das Verpflichtungsgeschäft (§ 15 Abs. 4 Satz 1 GmbHG) als auch die dingliche Abtretung des Geschäftsanteils (§ 15 Abs. 3 GmbHG) beurkundungsbedürftig.[108] Die fehlende notarielle Beurkundung hat grundsätzlich die Nichtigkeit des jeweiligen Vertrags zur Folge (§ 125 Satz 1 BGB). Zu beachten ist, dass der Anteilserwerber im Verhältnis zur GmbH nur dann als Gesellschafter gilt, wenn er als solcher in der gem. § 40 GmbHG im Handelsregister aufgenommenen Gesellschafterliste eingetragen ist (§ 16 Abs. 1 GmbHG).[109]

III. Nebenabreden

62 Eine in der Praxis nicht selten auftretende Frage ist, welche Abreden von einer Beurkundungspflicht z.B. gem. § 15 GmbHG oder § 311b Abs. 1 BGB erfasst sind. Grundsätzlich sind alle Vereinbarungen zu beurkunden, aus denen sich nach dem Willen der Parteien das schuldrechtliche Veräußerungsgeschäft zusammensetzt.[110] Daran ändert auch eine Aufspaltung des Unternehmenskaufvertrags in mehrere Dokumente bzw. Urkunden nichts. Angesprochen sind damit Nebenabreden, Ergänzungs- und Zusatzvereinbarungen, die häufig als *side letter* bezeichnet werden.[111] Auch derartige getrennt getroffene Vereinbarungen fallen unter die Formvorschrift, wenn sie mit dem beurkundungspflichtigen Teil „stehen und fallen", d.h. mit dem Hauptvertrag ein einheitliches Rechtsgeschäft darstellen.[112] Eine Gesamtbeurkundungspflicht besteht folglich immer dann, wenn das beurkundungspflichtige Geschäft von der an sich nicht beurkundungspflichtigen Vereinbarung (auch nur einseitig) abhängig ist, d.h. die Nebenabrede für die Parteien zwingend Teil der Gesamt-

---

108 Zu den Folgen einer Umwandlung der Personengesellschaft in eine GmbH nach formfreier Abtretung aber vor Vollzug der Abtretung vgl. *Eusani/Schaudinn*, GmbHR 2009, 1125.

109 Vor Inkrafttreten des MoMiG sah § 16 Abs. 1 GmbHG noch vor, dass gegenüber der Gesellschaft nur derjenige als Gesellschafter galt, dessen Erwerb unter Nachweis des Übergangs bei der Gesellschaft angemeldet wurde.

110 Vgl. für § 311b BGB Palandt/*Grüneberg*, § 311b BGB Rn. 25.

111 Zum Ganzen *Wiesbrock*, DB 2002, 2311, 2314.

112 Siehe BGH DB 2004, 2692; BGH NJW 1987, 1069 (zum Mietkauf); BGH NJW 1979, 915.

vereinbarung ist und das beurkundungspflichtige Geschäft somit nur gelten soll, wenn auch die unbedingt abgeschlossenen anderen Absprachen gelingen.[113] Die Formbedürftigkeit der Nebenabreden entfällt hingegen, wenn die eigentlich nicht formbedürftigen Teile des Vertrags lediglich einseitig abhängig von der beurkundungspflichtigen Abrede sein sollen. Die Abgrenzung erfolgt allgemein nach den Grundsätzen des § 139 BGB.[114] Eine eigentlich nicht beurkundungsbedürftige Abrede kann i.Ü. selbst dann der Beurkundungspflicht unterliegen, wenn sie gesondert vor der Anteilsabtretung geschlossen wird und die Parteien nicht identisch sind mit denjenigen der Anteilsabtretung. Voraussetzung ist, dass die Parteien der eigentlich nicht beurkundungsbedürftigen Abrede übereinstimmend davon ausgegangen sind, dass der Anteilserwerb nach dem Willen der Parteien des Kaufvertrages von dieser Abrede abhängig ist.[115]

IV. Auslandsbeurkundung

Gerade im Bereich des Unternehmenskaufs wird von den Beratern immer wieder eine Beurkundung im Ausland empfohlen, um die vermeintlich hohen Kosten des deutschen Notars zu sparen. **63** Abgesehen davon, dass durch Einführung der Geschäftswertobergrenze in § 18 Abs. 1 Satz 2 KostO das Kostenargument in vielen Fällen nicht mehr verfängt und darüber hinaus bei einer Auslandsbeurkundung ein deutlich höherer Zeit- und Spesenaufwand entsteht, bedarf es schon wegen des hohen Haftungsrisikos für den Berater einer sorgfältigen Prüfung, ob eine Auslandsbeurkundung aus deutscher Sicht Wirksamkeit entfaltet. Dies kann überhaupt nur dann der Fall sein, wenn die Beurkundung durch eine dem deutschen Notar gleichwertige Beurkundungsperson in einem dem deutschen Verfahren gleichwertigen Beurkundungsverfahren erfolgt.[116] Allerdings muss unbeschadet dessen die Zulässigkeit von Auslandsbeurkundungen spätestens seit Inkrafttreten des MoMiG durch die Einführung der notariell bescheinigten Liste gemäß § 40 Abs. 2 GmbHG (wieder) als äußerst fraglich eingestuft werden. Nach weit überwiegender Ansicht[117] kann die nach §§ 15, 53 GmbHG i. V. m. § 40 Abs. 2 GmbHG einzureichende Gesellschafterliste nämlich nur von einem deutschen Notar übermittelt werden. Zudem hat der Gesetzgeber des MoMiG die materielle Richtigkeitsgewähr als Zweck der Beurkundungspflicht deutlich betont[118]. Der insoweit bezweckte Schutz der Beteiligten, der Gesellschaft und etwaiger (gutgläubiger) Dritter hat Bedeutung insb. vor dem Hintergrund der Zulassung eines gutgläubigen Erwerbs auf Basis der Gesellschafterliste (§ 16 Abs. 3 GmbHG) und der Installierung der Gesellschafterliste als alleinige Legitimationsbasis für die Ausübung von Gesellschafterrechten (§ 16 Abs. 1 GmbHG[119]). Diese Auffassung wird unterstützt durch ein Urteil des LG Frankfurt a.M.[120], das in einem obiter dictum mit erstaunlicher Offenheit bezweifelt, ob unter Geltung des MoMiG Auslandsbeurkundungen noch als wirksam anerkannt werden können. Wörtlich heißt es *„Dabei verhehlt die Kammer allerdings nicht, dass unter Geltung der jetzigen Fassung des § 40 Abs. 2 GmbHG eine andere Einschätzung* [als diejenige der bisherigen Rspr.] *nicht nur möglich sondern sogar wahrscheinlich ist. Der darin aufgestellten Verpflichtung des an der Anteilsübertragung beteiligten Notars wird ein Baseler Notar wegen Fehlens von Amtsbefugnissen in Deutschland nicht nachkommen können."*[121]

---

113 Vgl. zur Parallelproblematik Bauvertrag und Grundstückskauf BGH DNotZ 2011, 196; BGH NJW 2001, 226, 226 f.; 2000, 951; BVerwG DNotZ 2010, 549 mit instruktiver Anm. von *Grziwotz*.

114 Palandt/*Grüneberg*, § 311b BGB Rn. 25.

115 So für einen Bauvertrag, der im Vorfeld eines Grundstückskaufvertrages abgeschlossen wurde BGH DNotZ 2011, 196. Vgl. auch schon BGH DNotZ 2009, 619.

116 Siehe hierzu *Reichert/Weller*, DStR 2005, 292 ff. Vgl. zur Auslandsbeurkundung ferner *Saenger/Scheuch*, BB 2008, 65 ff.; *Weller*, Der Konzern 2008, 253 ff.; *Engel*, DStR 2008, 1593 ff. Diese doppelte Gleichwertigkeit ist unter anderem für einzelne Schweizer Kantone anerkannt.

117 Vgl. nur *Bayer*, DNotZ 2009, 887; *Böttcher*, ZNotP 2010, 6; *Hermanns*, RNotZ 2010, 38; *König/Götte/Bormann*, NZG 2009, 881; *D. Mayer*, ZIP 2009, 1037; *Vossius*, DB 2007, 2299, 2304; a.A. wohl *Mankowski*, NZG 2010, 201, 204.

118 Vgl. Begr. RegE MoMiG BT-Drucks. 16/6140, S. 44; *Braun*, DNotZ 2009, 585, 589 f.; *Saenger/Scheuch*, BB 2008 65, 67 m.w.N.

119 Zu Recht *Bayer*, DNotZ 2009, 887, 894.

120 LG Frankfurt a.M., DNotZ 2009, 949. Hierzu u.a. *Mauch*, EWiR 2010, 79.

121 Anderer Ansicht (in einem wohl konstruierten Fall) OLG Düsseldorf, NZG 2011, 388; vgl. hierzu u.a. *Olk*, NZG 2011, 381.

Statusrelevante, nach deutschem Recht beurkundungspflichtige Geschäfte wie Kapitalerhöhungen, Umwandlungsmaßnahmen oder Auflassungen von Grundstücken sind hingegen in jedem Fall vor einem deutschen Notar zu beurkunden.[122]

F. Gesetzliche Haftungsnormen

64 Beim Kauf einer Gesellschaft mit beschränkter Haftung im Wege des Share Deal bestehen sowohl für den Verkäufer als auch für den Käufer eine Reihe von Haftungsrisiken. Nach **§ 16 Abs. 2 GmbHG** haftet der Erwerber neben dem Veräußerer als Gesamtschuldner für diejenigen Einlageverpflichtungen, welche zur Zeit der Aufnahme der aktualisierten Gesellschafterliste im **Handelsregister** rückständig sind.[123]

65 Führt der Erwerber[124] eines Handelsgeschäfts die **Firma** des bisherigen Unternehmensinhabers fort, haftet er für die im Betriebe des Geschäfts begründeten Verbindlichkeiten des bisherigen Inhabers gem. **§ 25 Abs. 1 HGB**[125], sofern nicht vom Insolvenzverwalter erworben wird.[126] Etwas anderes gilt dann, wenn er mit dem Veräußerer eine abweichende Vereinbarung trifft, welche allerdings gem. § 25 Abs. 2 HGB gegen Dritte nur wirkt, wenn sie in das Handelsregister eingetragen und bekannt gemacht oder von dem Erwerber bzw. dem Veräußerer dem Dritten mitgeteilt worden ist. Regelmäßig wird hier der Weg über eine Registeranmeldung gewählt, wobei nicht nur der Haftungsausschluss für alle Forderungen, sondern auch für einzelne, ganz bestimmte Verbindlichkeiten im Register eingetragen werden kann. Diese sind ggf. konkret zu benennen. Führt der Erwerber hingegen die Firma des bisherigen Unternehmensinhabers nicht fort, soll aber eine Haftung für die früheren Geschäftsverbindlichkeiten entstehen, so kann die Übernahme der Verbindlichkeiten in handelsüblicher Weise vom Erwerber bekannt gemacht werden (§ 25 Abs. 3 HGB).

66 Weitere, beachtenswerte Haftungsrisiken bestehen im **Steuerrecht** (§ 75 AO, Haftung für Betriebssteuern) sowie im **öffentlichen Recht**. So kann u.U. eine Rückzahlungspflicht im Hinblick auf früher geleistete Subventionen entstehen, wenn bestimmte Anforderungen nach dem Unternehmenskauf nicht mehr erfüllt werden. Aus **umweltrechtlicher** Sicht haftet der Erwerber u.U. als Zustandsstörer/Rechtsnachfolger gem. § 4 Abs. 3 Satz 1 BBodSchG oder unterliegt immissionsrechtlichen Abwehransprüchen (§ 1004 BGB). Der Käufer kann diese Risiken durch Gewährleistungsregeln und Garantien absichern, wohingegen eine drohende Haftung des Verkäufers durch Freistellungsvereinbarungen bzw. die Bestellung von Sicherheiten abgefangen werden kann.

G. Arbeitsrecht

67 Aus arbeitsrechtlicher Sicht ist erneut zwischen dem Asset Deal und dem Share Deal zu unterscheiden. Bei einem Asset Deal über die zu einem Betrieb oder Betriebsteil gehörenden Vermögensgegenstände und ggf. Verbindlichkeiten tritt der Käufer als neuer Betriebsinhaber und Arbeitgeber nach **§ 613a Abs. 1 Satz 1 BGB** in die Rechte und Pflichten aus den im Zeitpunkt des Übergangs mit dem bisherigen Inhaber bestehenden Arbeitsverhältnissen ein.[127] Beim Share Deal hingegen

122 Vgl. zum Ganzen mit zahlr. Nachw. *Ulrich/Böhle*, GmbHR 2007, 566.
123 Zur Geltung des Kapitalerhaltungsgebots für Veräußerer und Erwerber bei aufschiebend bedingter GmbH-Geschäftsanteilsabtretung vgl. BGH ZIP 2007, 1705.
124 Die Vorschrift gilt auch bei einer sukzessiven Übernahme des Unternehmens, BGH DNotZ 2009, 226.
125 Der Anwendungsbereich der Norm wird von der Rspr. tendenziell immer weiter ausgedehnt, vgl. BGH MittBayNot 2010, 216 m. Anm. *M. Wachter*. Abgestellt wird hinsichtlich der Fortführung des Unternehmens auf die Sicht der maßgeblichen Verkehrskreise.
126 § 25 HGB ist beim Erwerb vom Insolvenzverwalter nach einer Grundsatzentscheidung des BGH aus dem Jahr 1988 (BGHZ 104, 151 = NJW 1988, 1912) nicht anwendbar. Zweifel hieran sind allerdings durch einen im Ergebnis etwas widersprüchlichen Beschluss des OLG Stuttgart, NZG 2010, 628, aufgekommen, wonach zwar § 25 Abs. 1 HGB beim Erwerb vom Insolvenzverwalter unanwendbar, der Ausschluss der Haftung gemäß § 25 Abs. 2 HGB aber dennoch eintragungsfähig sei. Hierzu *Heinze/Hüfner*, NZG 2010, 1060; DNotI-Report 2011, 165.
127 Vgl. *Picot*, in: Picot Teil III Rn. 10 ff.

findet kein Wechsel des Betriebsinhabers und damit des Arbeitgebers statt, weil der Rechtsträger, nämlich die Gesellschaft, identisch bleibt. § 613a BGB greift somit nicht ein.

Der Übergang eines Arbeitsverhältnisses im Zusammenhang mit einem Asset Deal setzt voraus, dass ein Betrieb oder Betriebsteil auf einen neuen Inhaber übergeht (**Betriebsübergang**, § 613 Abs. 1 Satz 1 BGB). Unter einem Betrieb ist in diesem Zusammenhang eine auf Dauer angelegte organisierte Gesamtheit von Personen und Sachen zur Ausübung einer wirtschaftlichen Tätigkeit mit eigener Zielsetzung (Funktions- und Organisationseinheit) zu verstehen.[128] Dementsprechend geht es um die Frage, ob eine wirtschaftliche Einheit unter Wahrung ihrer Identität auf einen anderen Rechtsträger übertragen wird, sodass dieser in der Lage ist, die betrieblichen Funktionen auf der Grundlage der übertragenen Betriebsmittel im Wesentlichen unverändert fortzuführen.[129] Für einen Übergang unter Wahrung der wirtschaftlichen Identität des Betriebs verlangt das Bundesarbeitsgericht eine im Wesentlichen unveränderte Fortführung als Betrieb oder organisatorische Einheit. Die bloße Möglichkeit zur Betriebsfortführung reicht nicht aus.[130] Wesentliche Änderungen der Tätigkeit aufgrund von Änderungen des Konzepts bzw. des Betriebszwecks und der Struktur sind Faktoren, die einem solchen Betriebsübergang entgegenstehen können.[131] Dabei kommt es stets auf den Übergang der identitätswahrenden wirtschaftlichen Einheit als einer organisierten Gesamtheit von Personen und Sachen an. Nicht ausreichend ist die bloße Fortführung der Tätigkeit durch einen anderen Auftragnehmer (bloße Funktionsnachfolge).[132] 68

Liegt ein Betriebsübergang vor, so unterliegt der bisherige Arbeitgeber oder der neue Inhaber einer **Unterrichtungspflicht** gem. § 613a Abs. 5 BGB. Grundlage ist der subjektive Erkenntnisstand der beteiligten Arbeitgeber zum Zeitpunkt des Zugangs der Unterrichtung.[133] Da derzeit noch relativ wenig Rechtsprechung zu § 613a Abs. 5 BGB existiert, ist noch nicht abschließend zu beurteilen, welche konkreten Anforderungen an die Unterrichtung zu stellen sind, damit diese als ordnungsgemäß zu qualifizieren ist. Aus Sicherheitsgründen sollte die Unterrichtung eher ausführlich ausfallen. Für den Zugang der Unterrichtung, die in Textform i.S.d. § 126b BGB zu erfolgen hat, trifft den Arbeitgeber unabhängig von der Form die Darlegungs- und Beweislast. Der Arbeitgeber sollte sich den Empfang des Informationsschreibens daher vom Arbeitnehmer quittieren lassen. 69

Wesentliche Rechtsfolge von § 613a BGB ist neben dem automatischen Übergang des Arbeitsverhältnisses das Recht des Arbeitnehmers, dem Übergang des Arbeitsverhältnisses innerhalb eines Monats nach Zugang der Unterrichtung schriftlich zu widersprechen (§ 613a Abs. 6 BGB). Der **Widerspruch** kann sowohl gegenüber dem bisherigen Arbeitgeber als auch gegenüber dem neuen Inhaber erklärt werden. Da die Unterrichtung vor oder nach dem Betriebsübergang erfolgen kann, haben die beteiligten Unternehmer die Möglichkeit, die Widerspruchsfrist bereits vor dem Wirksamwerden des Übertragungsvorgangs in Lauf zu setzen und so bereits zu diesem Zeitpunkt eine Klärung hinsichtlich der Ausübung des Widerspruchsrechts herbeizuführen. Auf diese Weise kann der Veräußerer der Gefahr vorbeugen, dass die Arbeitsverhältnisse wichtiger Mitarbeiter nicht auf ihn übergehen. 70

Beim Erwerb eines Betriebs oder Betriebsteils gehen gem. § 613a BGB auch die Ansprüche der Arbeitnehmer aus der betrieblichen Altersversorgung auf den Erwerber über.[134] Bei der unmittelbaren **Versorgungszusage** gem. § 1 Abs. 1 Satz 2 BetrAVG bestehen insoweit keine Probleme, als die Ansprüche der Arbeitnehmer nunmehr kraft Gesetzes auf den Erwerber des Betriebs oder Betriebsteils übergehen. Diese Versorgungslasten werden i.d.R. bei der Bemessung des Kaufpreises Berücksichtigung finden. Problematischer sind die Fälle der mittelbaren Versorgungszusage, bei 71

128 *Mueller-Thuns*, in: Rödder/Hötzel/Mueller-Thuns § 12 Rn. 3, 5.

129 Bei der Prüfung dieser Frage sind eine ganze Reihe von Tatsachen zu berücksichtigen, z.B. die Art des betreffenden Unternehmens, der Übergang der materiellen Betriebsmittel, die Übernahme des Kundenstamms, der Eintritt in bestehende Verträge, die Übernahme der Hauptbelegschaft, u.Ä.

130 BAG ZIP 2006, 1268.

131 Vgl. BAG ZIP 2006, 1545 m.w.N.

132 Vgl. BAG DB 1997, 2540; BAG ZIP 2006, 1268; dazu *Junker*, EWiR 2006, 617.

133 BAG NJW 2007, 244.

134 Zum Ganzen: *Bauer/von Steinau-Steinrück*, in: Hölters, Teil VI Rn. 213 ff.

denen eine Direktversicherung (§ 1b Abs. 2 Satz 1 BetrAVG), eine Altersversorgung mittels Pensionskasse oder Pensionsfonds (§ 1b Abs. 3 Satz 1 BetrAVG) oder mittels Unterstützungskasse (§ 1b Abs. 4 Satz 1 BetrAVG) gewährt wird. Obschon auch insoweit die Versorgungszusage automatisch auf den Erwerber übergeht, bleibt das Versicherungsverhältnis zwischen dem bisherigen Arbeitgeber und dem Versicherungsunternehmen oder der Pensionskasse bestehen. Lösen lässt sich dieses Problem dadurch, dass der Erwerber in den Versicherungsvertrag mit dem Versicherungsunternehmen eintritt oder als Mitglied der Pensionskasse aufgenommen wird oder alternativ die Versicherungsverhältnisse auf ein anderes Versicherungsunternehmen übergeleitet werden.

72 Im kollektiv-rechtlichen Bereich gelten die vom Verkäufer abgeschlossenen **Betriebsvereinbarungen** als solche fort (§ 613 Abs. 1 Satz 1 BGB).[135] Dies gilt unabhängig davon, ob die Arbeitsverhältnisse beim Käufer auf kollektiv-rechtlicher oder individual-rechtlicher Grundlage beruhen. Ein im Unternehmen des Verkäufers geltender (Verbands-)**Tarifvertrag** gilt beim Käufer kollektivrechtlich fort, wenn zum einen sowohl der Käufer (aufgrund seiner Mitgliedschaft in demselben Arbeitgeberverband) als auch die Arbeitnehmer (aufgrund ihrer Mitgliedschaft in der Gewerkschaft) tarifgebunden sind und zum anderen der Betrieb in den sachlichen Geltungsbereich des Tarifvertrags fällt.[136] Ist für das Unternehmen des Käufers ein anderer Tarifvertrag oder eine andere Betriebsvereinbarung als für das Unternehmen des Verkäufers maßgebend, greift die Kollisionsregelung des § 613a Abs. 1 Satz 3 BGB ein.

H. Kartellrecht

I. Deutsche Fusionskontrolle

73 Unternehmenszusammenschlüsse, die sich auf dem Gebiet der Bundesrepublik Deutschland auswirken, unterliegen grundsätzlich der präventiven Kontrolle durch das Bundeskartellamt (BKartA).[137] Voraussetzung dafür ist, dass es sich um einen Zusammenschluss i.S.v. § 37 GWB handelt und dieser in den Geltungsbereich der deutschen **Fusionskontrolle gem. § 35 GWB** fällt. Dies ist der Fall, wenn der Vorrang der EG-Fusionskontrolle nicht eingreift (§ 35 Abs. 3 GWB) und wenn an dem Zusammenschluss nur Unternehmen beteiligt sind, deren Umsätze gewisse Schwellenwerte überschreiten.

74 Das Verfahren der Zusammenschlusskontrolle beginnt mit der Anmeldung eines Zusammenschlusses, nach der das BKartA in das sog. **Vorprüfverfahren** eintritt. Innerhalb einer Frist von einem Monat ab Eingang der vollständigen Anmeldeunterlagen wird geprüft, ob gegen den Zusammenschluss Bedenken bestehen. Ist dies nicht der Fall, gibt das BKartA den Zusammenschluss frei. Andernfalls muss es den beteiligten Unternehmen innerhalb des einen Monats mitteilen, dass es in das Hauptprüfverfahren eintreten wird (sog. Monatsbrief). Erfolgt innerhalb der Monatsfrist keine Mitteilung, gilt der Zusammenschluss mit Ablauf dieser Frist als freigegeben (§ 40 Abs. 1 GWB).

75 Im **Hauptprüfverfahren** entscheidet das BKartA über die Untersagung oder Freigabe des Zusammenschlusses. Untersagt die Behörde den Zusammenschluss im Hauptprüfverfahren nicht innerhalb einer Frist von vier Monaten seit Eingang der vollständigen Anmeldung, gilt der Zusammenschluss wiederum als freigegeben (§ 40 Abs. 2 Satz 2 GWB). Eine Freigabe kann auch mit Bedingungen und Auflagen versehen werden (§ 40 Abs. 3 GWB). Der Zusammenschluss wird hingegen untersagt, wenn von ihm zu erwarten ist, dass er eine marktbeherrschende Stellung begründet oder verstärkt. Bei der Beurteilung dieser Frage kommt es vor allem auf die Abgrenzung des sachlich, örtlich und zeitlich relevanten Marktes an. In Bezug auf die Begründung einer marktbeherrschenden Stellung enthält das Gesetz widerlegbare Vermutungen (§ 19 Abs. 3 GWB).

135 Vgl. zur Fortgeltung von Betriebsvereinbarungen und Tarifverträgen *Bauer/von Steinau-Steinrück*, in: Hölters, Teil VI Rn. 340 ff.
136 *Bauer/von Steinau-Steinrück*, in: Hölters, Teil VI Rn. 359.
137 Siehe ausf. *Mueller-Thuns*, in: Rödder/Hötzel/Mueller-Thuns, § 18.

Im Falle einer Untersagung bleibt dem Unternehmen nur der Weg über die **Ministererlaubnis** nach § 42 GWB, die der Bundesminister für Wirtschaft und Technologie auf Antrag erteilt, wenn im Einzelfall die Wettbewerbsbeschränkung von gesamtwirtschaftlichen Vorteilen des Zusammenschlusses aufgewogen wird oder der Zusammenschluss durch ein überragendes Interesse der Allgemeinheit gerechtfertigt ist. 76

II. EU-Fusionskontrolle

Bei Zusammenschlüssen von gemeinschaftsweiter Bedeutung gilt ein **Vorrang der EU-Fusionskontrolle**[138], welche unter die Zuständigkeit der Europäischen Kommission fällt.[139] Nach der Fusionskontrollverordnung (FKVO) liegt ein Zusammenschluss bei einer Fusion bisher voneinander unabhängiger Unternehmen und im Falle des Kontrollerwerbs vor (Art. 3 Abs. 1 FKVO). Des Weiteren müssen die Umsätze der beteiligten Unternehmen gewisse Schwellen überschreiten, die deutlich über den Schwellen des GWB liegen. Unabhängig von den Schwellenwerten ist allerdings einem Zusammenschlussvorhaben dann keine gemeinschaftsweite Bedeutung beizumessen, wenn die beteiligten Unternehmen jeweils mehr als zwei Drittel ihres gemeinschaftsweiten Gesamtumsatzes in ein und demselben Mitgliedstaat erzielen („Zwei-Drittel-Klausel"; Art. 1 Abs. 2b FKVO). Es darf auch keine Verweisung an die Behörde eines Mitgliedstaats vorliegen (Art. 9 Abs. 1, Abs. 3 und Abs. 1b FKVO). 77

Vom **Verfahren** her ähnelt das europäische Fusionskontrollverfahren dem deutschen. Auch hier findet zunächst eine Vorprüfung und ggf. anschließend ein Hauptprüfverfahren statt. Inhaltlich wird ebenfalls zunächst der sachlich und räumlich relevante Markt festgelegt, um dann überprüfen zu können, ob der Zusammenschluss eine beherrschende Stellung auf dem relevanten Markt begründet oder verstärkt. Anschließend wird geprüft, ob die beherrschende Stellung eine erhebliche Behinderung des Wettbewerbs zur Folge hat. 78

III. Vertragsgestaltung

Droht ein Unternehmenskaufvertrag in den Anwendungsbereich der deutschen oder europäischen Fusionskontrolle zu fallen, so sind in dem Vertrag Vorkehrungen für den Fall zu treffen, dass der Zusammenschluss untersagt wird. Ein gängiger Weg ist, die Wirksamkeit der Vereinbarungen (ausgenommen die Regelungen zur Vertraulichkeit, zum Wettbewerbsverbot und zu den Kosten) unter die aufschiebende Bedingung zu stellen, dass die zuständige Behörde den Zusammenschluss freigibt, ein Negativattest ausstellt oder eine Freigabefiktion eintritt. Dementsprechend verschiebt sich der Stichtag für den Vollzug des Vertrags (Closing) u.U. um mehrere Monate. 79

I. Kosten

Sofern der Unternehmenskauf beurkundungspflichtig ist (siehe Rn. 57 ff.), fällt für die **Beurkundung** eine doppelte Gebühr gem. § 36 Abs. 2 KostO an, da es sich um einen Austauschvertrag i.S.v. § 39 Abs. 2 KostO handelt. 80

Der **Geschäftswert** bestimmt sich grundsätzlich gem. § 39 Abs. 2 KostO.[140] Somit ist der Kaufpreis dem Wert des gekauften Unternehmens gegenüberzustellen und der höhere Betrag von beiden maßgebend. Bei einem **Share Deal** ist insoweit der Verkehrswert der verkauften Anteile mit dem Kaufpreis zu vergleichen, wobei der Notar regelmäßig den Kaufpreis als Geschäftswert heranziehen wird, wenn er keine Anhaltspunkte dafür hat, dass der gem. § 30 KostO nach freiem Ermes- 81

138 Zum Ganzen: *Mueller-Thuns*, in: Rödder/Hötzel/Mueller-Thuns, § 19.
139 Vgl. Art. 21 Abs. 1 der Verordnung EWG 4064/89 (FKVO).
140 § 20 KostO ist auf Sachgesamtheiten wie ein Unternehmen nicht anwendbar, vgl. Korintenberg/*Bengel/Tiedtke*, § 20 KostO Rn. 5.

sen zu ermittelnde Verkehrswert des Unternehmens deutlich höher ist. Maßgeblich ist jedenfalls der Reinwert der Anteile, d.h. Verbindlichkeiten sind abzuziehen.[141]

82 Beim **Asset Deal** kann es demgegenüber im Einzelfall zu erheblich höheren Transaktionskosten kommen. Dies liegt zum einen darin begründet, dass beim Asset Deal jeder Gegenstand einzeln unter Berücksichtigung der jeweiligen Formvorschriften übertragen werden muss. Im Hinblick auf Grundbesitz bspw. entstehen beim Vollzug der Urkunde Grundbuchkosten sowie Kosten für die Einholung erforderlicher Genehmigungen (GVO, GrdstVG etc.). Zum anderen ergeben sich im Hinblick auf die Beurkundungskosten bei einem verschuldeten Zielunternehmen u.U. gravierende Unterschiede. Beim Asset Deal kommt es für den Geschäftswert nämlich auf das übertragene Aktivvermögen an, und zwar gem. § 18 Abs. 3 KostO ohne Schuldenabzug, sofern nicht die Gegenleistung, also der Kaufpreis zuzüglich übernommener Schulden, höher ist.

83 Daneben fallen bei Unternehmenskaufverträgen regelmäßig **weitere Beratungskosten** für die rechtliche und steuerliche Beratung an, deren Höhe nach Qualität und Umfang der Beratung stark divergiert, sodass sich allgemeine Aussagen hierüber verbieten. Die Praxis zeigt jedenfalls, dass sich mangelnde Qualität der Beratung gerade beim Unternehmenskauf in den Verträgen deutlich widerspiegelt, weshalb hier nicht an der falschen Stelle gespart werden sollte.

J. Steuern

I. Steuerliche Unterscheidung des Erwerbs von Anteilen (Share Deal) im Gegensatz zum Erwerb von Wirtschaftsgütern (Asset Deal)

84 Die Wahl der Transaktionsform ist außerordentlich bedeutsam für deren steuerliche Folgen. Dabei ergeben sich aus Käufer- und Verkäufersicht ganz unterschiedliche Konsequenzen.

Der **Asset Deal** führt zu einer Realisierung der in den verkauften Wirtschaftsgütern vorhandenen stillen Reserven und zu deren Besteuerung beim bisherigen Unternehmensträger – sofern es sich dabei um eine GmbH handelt, also zur vollen Belastung mit Körperschaft- und Gewerbesteuer. Werden die Veräußerungsgewinne von der veräußernden Gesellschaft an deren Gesellschafter als Dividenden weitergereicht, kommt es zu den steuerlichen Folgen, wie in „Steuerrecht", S. 1046 ff., Rn. 28 ff. dargestellt. Umgekehrt kann der Erwerber die gekauften – auch immateriellen und/oder bisher nicht bilanzierten – Wirtschaftsgüter bis zur Höhe des Teilwerts (§ 6 Abs. 1 Nr. 1 Satz 3 EStG) aktivieren. Soweit der Kaufpreis die Summe der Teilwerte übersteigt, ist der erworbene Geschäftswert zu aktivieren (sog. Stufentheorie). Die einzelnen Wirtschaftsgüter können sodann innerhalb der üblichen Fristen abgeschrieben werden, wobei für den Geschäftswert eine Frist von 15 Jahren gilt (§ 7 Abs. 1 Satz 3 EStG). Etwaige Finanzierungskosten kann der Erwerber – vorbehaltlich der Zinsschranke – ohne Weiteres steuerlich geltend machen.

! Der Verkauf von Personengesellschaftsanteilen wird steuerlich wie ein Asset Deal behandelt. Finanzierungsverbindlichkeiten werden als „negatives" Sonderbetriebsvermögen berücksichtigt.

85 Beim **Share Deal** hat der Veräußerer einen eventuellen Differenzbetrag zwischen den historischen Anschaffungskosten oder Buchwerten der Anteile und dem Veräußerungserlös entsprechend den in „Steuerrecht", S. 1046 ff., Rn. 68 ff. dargestellten Grundsätzen zu versteuern. Hält eine natürliche Person als Veräußerer das gesamte Nennkapital im Betriebsvermögen, kann der Freibetrag nach § 16 Abs. 4 EStG bei Einhaltung der dort vorgesehenen Veräußerungsgewinngrenzen in

141 Über den tatsächlichen Unternehmenswert lässt sich trefflich streiten, vgl. Rn. 23. Zur Bewertung von GmbH-Geschäftsanteilsabtretungen näher Korintenberg/*Reimann*, § 30 KostO Rn. 12 f.; Korintenberg/*Schwarz*, § 18 KostO Rn. 25 f.

Anspruch genommen werden (vgl. § 16 Abs. 1 Satz 1 Nr. 1, Satz 2 EStG).[142] Der Erwerber kann die Anteile nur zum Kaufpreis einbuchen bzw. entsprechende Anschaffungskosten ansetzen; eine planmäßige Abschreibung ist hier jedoch nicht möglich; nur nachgewiesene Wertminderungen können als Teilwertabschreibung geltend gemacht werden[143]. Ansonsten wirken sich diese Beträge erst im erneuten Verkaufsfall steuermindernd aus. Ein Finanzierungsaufwand des Erwerbers kann i.d.R. nur noch beim Erwerb durch eine Kapitalgesellschaft vollständig geltend gemacht werden, bei natürlichen Personen gilt das Halbeinkünfte- bzw. künftig das Teileinkünfteverfahren (Beschränkung des Abzugs auf 50 bzw. 60 %; siehe „Steuerrecht", S. 1046 ff., Rn. 52). Auf die Buchwerte der Vermögensgegenstände der verkauften Gesellschaft hat die Veräußerung der Anteile keinerlei Einfluss; diese werden mit den bisherigen AfA-Möglichkeiten fortgeführt. Veräußert also die Gesellschaft nach dem Share Deal einen Vermögensgegenstand unter Aufdeckung stiller Reserven, so sind diese bei der Gesellschaft steuerpflichtig, auch wenn der Anteilserwerber diese stillen Reserven schon mitbezahlt hat. Da der Käufer beim Share Deal somit eine latente Steuerlast der Gesellschaft auf ihre stillen Reserven übernimmt, hat dies entsprechende Auswirkungen auf den Kaufpreis.

Zusammenfassend kann festgehalten werden, dass in den meisten Fällen der Share Deal für den Verkäufer steuerlich attraktiver ist, während der Käufer i.d.R. einen Asset Deal steuerlich bevorzugen wird. Andererseits wiegt im Regelfall der Barwertvorteil des Käufers aus einer erhöhten Abschreibungsbasis beim Asset Deal nicht den Verkäufervorteil aus dem Halb-/Teileinkünfteverfahren beim Share Deal auf. 86

II. Verlustvorträge

Sofern bei dem veräußerten Unternehmen steuerliche Verlustvorträge bestehen, erweist sich ein Share Deal als ungünstig. Nach § 8c KStG gehen körperschaftsteuerliche Verlustvorträge – anteilig oder vollständig, je nach der Höhe der übergehenden Anteile – ungenutzt verloren (siehe „Steuerrecht", S. 1046 ff., Rn. 64 ff.); Ausnahmen bestehen bei Übertragungen im Konzern (§ 8c Abs. 1 Satz 5 KStG) oder soweit dem Verlustvortrag im Inland steuerpflichtige stille Reserven gegenüberstehen (§ 8c Abs. 1 Satz 6 ff. KStG).[144] Gleiches gilt für die Gewerbesteuer. Ein Asset Deal kann hier attraktiver sein. Die Verlustvorträge können so mit dem Veräußerungsgewinn im Rahmen der Mindestbesteuerung (vgl. § 10d Abs. 2 EStG) verrechnet werden, was die Belastung des Verkäufers insoweit nicht erhöht, während der Käufer, wie oben dargestellt, neues Abschreibungspotential gewinnt. 87

Dasselbe Problem stellt sich – für Share Deal und Asset Deal gleichermaßen –, wenn die Verlustvorträge bei einer Tochter-Kapitalgesellschaft vorhanden sind. Hier hilft u.U. ein paralleler Verkauf der Wirtschaftsgüter von Mutter- und Tochtergesellschaft im Wege des Asset Deal. 88

Auch bei der Veräußerung von Personengesellschaften sind Auswirkungen auf den gewerbesteuerlichen Verlustabzug nach § 10a GewStG zu beachten. In Höhe der auf neue Gesellschafter übergehenden Anteile kommt es zum anteiligen Verlust der sog. Unternehmeridentität als Voraussetzung für den Verlustabzug.

---

142 Der ermäßigte Steuersatz nach § 34 Abs. 3 EStG greift hier nach Einführung des Halb-/Teileinkünfteverfahrens nicht mehr ein; Einzelheiten bei Schmidt/*Wacker*, § 16 EStG Rn. 161.

143 Diese sind überdies für Kapitalgesellschaften als Anteilseigner gar nicht (§ 8b Abs. 3 Satz 3 KStG) und für natürliche Personen nur im Rahmen des Teileinkünfteverfahrens (§ 3c Abs. 2 EStG) abziehbar.

144 Die sog. Sanierungsklausel in § 8c Abs. 1a KStG wird von der Europäischen Kommission als verbotene Beihilfe angesehen, Beschluß vom 26.1.2011, K (2011) 275. Sie wird seit Einleitung des Verfahrens nicht mehr angewendet, BMF-Schreiben vom 30.04.2010 BStBl. I S. 488, Gegen die Entscheidung hat die Bundesregierung eine Nichtigkeitsklage beim EuG eingereicht, ABl. EU vom 25.06.2011, Nr. C 186, S. 28. Abgesehen davon bestehen auch verfassungsrechtliche Bedenken, Verfahren 2 BvL 6/11 nach Vorlage des FG Hamburg.

III. Umsatzsteuer

89 Ein Share Deal ist regelmäßig eine steuerbefreite Geschäftsanteilsveräußerung (§ 4 Nr. 8 f) UStG), wobei gem. § 9 Abs. 1 UStG eine Option zur Steuerpflicht möglich sein kann. Die Option ist Voraussetzung für den Vorsteuerabzug (§ 15 UStG) im Hinblick auf Umsatzsteuer, die für Transaktionskosten, insbesondere Beraterkosten, in Rechnung gestellt wird; sie wird vom Käufer aber nur akzeptiert werden, wenn er insoweit selbst vorsteuerabzugsberechtigt ist, was bei reinen Transaktionsvehikeln häufig nicht der Fall sein wird. Beim Asset Deal wird oft eine nicht steuerbare Geschäftsveräußerung im Ganzen gem. § 1 Abs. 1a UStG vorliegen. Diese ist für den Vorsteuerabzug des Verkäufers unschädlich, während der Käufer die Vorsteuerberichtigungszeiträume des Verkäufers fortführt, § 15a Abs. 10 UStG. Sich aus der Unsicherheit der Einordnung im Vorhinein ergebende Risiken sollten durch Aufnahme einer entsprechenden Steuerklausel sachgerecht verteilt werden.

IV. Grunderwerbsteuer

90 Sofern sich im veräußerten Unternehmen oder in Tochtergesellschaften Grundbesitz befindet, darf die mögliche grunderwerbsteuerliche Belastung nicht übersehen werden. Beim Asset Deal ergibt sich die Steuerpflicht für die verkauften Betriebsgrundstücke aus § 1 Abs. 1 Nr. 1 GrEStG und beträgt je nach dem, in welchem Bundesland die Grundstücke belegen sind, zwischen 3,5 % und 5 % des darauf entfallenden Kaufpreises. Beim Share Deal ergibt sich die Steuerpflicht aus den verschiedenen Varianten des § 1 Abs. 3 GrEStG, für Personengesellschaften ergänzend aus § 1 Abs. 2a GrEStG.[145] Als Bemessungsgrundlage dient gem. § 8 Abs. 2 Satz 1 Nr. 3 GrEStG der sog. Bedarfswert nach § 138 BewG, der im Regelfall niedriger ist als der Verkehrswert.

K. Muster

91 Auf der CD-ROM finden sich folgende zwei Muster:

78 **1. Muster Nr. 78: Asset Deal (ohne Grundbesitz)**

79 **2. Muster Nr. 79: Share Deal mit ausführlichen Garantien.**

145 Darstellung bei *Gottwald*, Grunderwerbsteuer, Abschn. B.V und B.VI.

3. Gesellschafterdarlehen in der Insolvenz

Literatur

Altmeppen, Zur „finanzplanmäßigen Nutzungsüberlassung" als Kapitalersatz, ZIP 1996, 909; *Altmeppen*, Verschlimmbesserungen im Kapitalersatzrecht, ZIP 1996, 1455; *Altmeppen*, Das neue Recht der Gesellschafterdarlehen in der Praxis, NJW 2008, 3601; *Apfelbaum*, GmbH-Reform 2008, notar 2008, 160; *Bayer/Graff*, Das neue Eigenkapitalersatzrecht nach dem MoMiG, DStR 2006, 1654; *Bork*, Abschaffung des Eigenkapitalersatzrechts zugunsten des Insolvenzrechts, ZGR 2007, 250; *Bormann*, Kapitalerhaltung bei Aktiengesellschaft und GmbH nach dem Referentenentwurf zum MoMiG, DB 2006, 2616; *Burg/Poertzgen*, Notwendige insolvenzrechtliche Modifizierungen des MoMiG, ZInsO 2008, 473; *Burg/Westerheide*, Praktische Auswirkungen des MoMiG auf die Finanzierung von Konzernen, BB 2008, 62; *Dahl/Schmitz*, Eigenkapitalersatz nach dem MoMiG aus insolvenzrechtlicher Sicht, NZG 2009, 325; *Dahl/Schmitz*, Zum Stehenlassen der eigenkapitalersetzenden Gesellschafterleistung als anfechtbare unentgeltliche Gegenleistung, NZI 2009, 433; *Dauner-Lieb*, Die Freistellung geringfügig beteiligter Gesellschafter von der Kapitalersatzhaftung, DStR 1998, 609; *Dauner-Lieb*, Das Sanierungsprivileg des § 32a Abs. 3 Satz 3 GmbHG, DStR 1998, 1517; *Dörrie*, Das Sanierungsprivileg des § 32a Abs. 3 Satz 3 GmbHG, ZIP 1999, 12; *Drygala*, Gibt es die eigenkapitalersetzende Finanzplan-Nutzungsüberlassung?, GmbHR 1996, 481; *Ekkenga*, Eigenkapitalersatz und Risikofinanzierung nach künftigem GmbH-Recht, WM 2006, 1986; *Fliegner*, Das MoMiG – Vom Regierungsentwurf zum Bundestagsbeschluss, DB 2008, 1668; *Freitag*, Finanzverfassung und Finanzierung von GmbH und AG nach dem Regierungsentwurf des MoMiG, WM 2007, 1681; *Gehrlein*, Die Behandlung von Gesellschafterdarlehen durch das MoMiG, BB 2008, 846; *Gehrlein*, Das Eigenkapitalersatzrecht im Wandel seiner gesetzlichen Kodifikationen, BB 2011, 3; *Gehrlein*, Anfechtung versus Sanierung – Anfechtungsgefahren für Sanierungszahlungen?, WM 2011, 577; *v. Gerkan*, Der Entwurf des Kapitalaufnahmeerleichterungsgesetzes und das Recht des Eigenkapitalersatzrechts, GmbHR 1997, 677; *v. Gerkan/Hommelhoff*, Handbuch des Kapitalersatzrechts, 2. Auflage 2002; *Goette*, Chancen und Risiken der GmbH-Novelle, WPg 2008, 231; *Haas*, Aktuelle Rechtsprechung zum Kapitalersatzrecht, NZI 2002, 457; *Haas*, Das neue Kapitalersatzrecht nach dem RegE-MoMiG, ZInsO 2007, 617; *Haas*, Anfechten des Stehenlassens einer Gesellschafterhilfe, DStR 2009, 1592; *Haas/Dittrich*, Eigenkapitalersetzende Dienstleistungen?, DStR 2001, 623; *Habersack*, Der Finanzplankredit und das Recht der eigenkapitalersetzenden Gesellschafterhilfen, ZHR 161 (1997), 457; *Habersack*, Gesellschafterdarlehen nach dem MoMiG: Anwendungsbereich, Tatbestand und Rechtsfolgen der Neuregelung, ZIP 2007, 2145; *Handelsrechtsausschuss des Deutschen Anwaltvereins,* Stellungnahme zum Regierungsentwurf eines Gesetzes zur Modernisierung des GmbH-Rechts und zur Bekämpfung von Missbräuchen (MoMiG), NZG 1007, 735; *Heinze*, Die (Eigenkapital ersetzende) Nutzungsüberlassung in der GmbH-Insolvenz nach dem MoMiG, ZIP 2008, 110; *Henkel*, Der Einwand der eigenkapitalersetzenden Nutzungsüberlassung in der Insolvenz des GmbH-Gesellschafters, GmbHR 2007, 139; *Hirte*, Die Neuregelung des Rechts der (früher: kapitalersetzenden) Gesellschafterdarlehen durch das Gesetz zur Modernisierung des GmbH-Rechts und zur Bekämpfung von Missbräuchen (MoMiG), WM 2008, 1429; *Hirte*, Neuregelungen mit Bezug zum gesellschaftsrechtlichen Gläubigerschutz und im Insolvenzrecht durch das Gesetz zur Modernisierung des GmbH-Rechts und zur Bekämpfung von Missbräuchen (MoMiG), ZInsO 2008, 689; *Hirte/Knof*, Das „neue" Sanierungsprivileg nach § 39 Abs. 4 Satz 2 InsO, WM 2009, 1961; *Hölzle*, Deutscher Insolvenzrechtstag 2007: Diskussion um die eigenkapitalersetzende Nutzungsüberlassung im Entwurf des MoMiG, ZInsO 2007, 421; *Hölzle*, Gesellschafterfremdfinanzierung und Kapitalerhaltung im Regierungsentwurf des MoMiG, GmbHR 2007, 729; *Hölzle*, Nachträgliche Anschaffungskosten auf Kapitalbeteiligungen in der Fassung des RegE-MoMiG, DStR 2007, 1185; *Hörndler/Hoisl*, Auswirkungen des MoMiG auf das Mietrecht, NZM 2009, 377; *Huber*, Finanzierungsfolgenverantwortung de lege lata und de lege ferenda, in: Hommelhoff u.a. (Hrsg.), Festschrift für Hans-Joachim Priester zum 70. Geburtstag, S. 259; *Huber/Habersack*, GmbH-Reform: Zwölf Thesen zu einer möglichen Reform des Rechts der kapitalersetzenden Gesellschafterdarlehen, BB 2006, 1; *Jacoby*, Bericht über die Diskussion, ZGR 2007, 271; *Kallmeyer*, Die Rechtsfolgen der eigenkapitalersetzenden Gesellschafter-Nutzungsüberlassung im Recht der GmbH, GmbHR 1994, 290; *Kallmeyer*, Stellungnahme der Centrale für GmbH Dr. Otto Schmidt vom 2.7.2007, GmbHR 2007, 754; *Kallmeyer*, Kapitalaufbringung und Kapitalerhaltung nach dem MoMiG: Änderungen für die GmbH-Beratungspraxis, DB 2007, 2755; *Kiethe*, Konflikte zwischen dem europäischen Beihilferecht (Art. 87, 88 EG) und dem nationalen Kapitalschutz- und Insolvenzrecht – Neuere Tendenzen in Rechtsprechung und Gesetzgebung, ZIP 2007, 1248; *Kleindiek*, Krisenvermeidung in der GmbH: Gesetzliches Mindestkapital, Kapitalschutz und Eigenkapitalersatz, ZGR 2006, 335; *Knof*, Modernisierung des GmbH-Rechts an der Schnittstelle zum Insolvenzrecht – Zukunft des Eigenkapitalersatzrechts, ZInsO 2007, 125; *Koenig/Ritter*, Die EG-beihilfenrechtliche Behandlung von Gesellschafterdarlehen, ZIP 2000, 769; *Krolop*, Mit dem MoMiG vom Eigenkapitalersatz zu einem insolvenzrechtlichen Haftkapitalerhaltungsrecht?, ZIP 2007, 1738; *Krolop*, Zur Anwendung der MoMiG-Regelungen zu Gesellschafterdarlehen auf gesellschaftsfremde Dritte, GmbHR 2009, 397; *Lingl*, Eigenkapitalersetzende Finanzierungshilfen in der Insolvenz, DZWiR 2006, 276; *Löwisch*, Eigenkapitalersatzrecht, 2007; *Marotzke*, Gesellschaftsinterne Nutzungsverhältnisse nach Abschaffung des Eigenkapitalersatzrechts, ZInsO 2008, 1281; *Meilicke*, Das Eigenkapitalersatzrecht – eine deutsche Fehlentwicklung, GmbHR 2007, 225; *Michalski/Barth*, Kollision von kapitalersetzender Nutzungsüberlassung und Grundpfandrechten, NZG 1999, 277; *Michalski/de Vries*, Eigenkapitalersatz, Unterkapitalisierung und Finanzplankredite, NZG 1999, 181; *Mülbert*, Neuordnung des Kapitalrechts, WM 2006, 1977; *Mylich*, Probleme und Wertungswidersprüche beim Verständnis von § 135 Abs. 1 Alt. 2 Nr. 2 InsO n.F., ZGR 2009, 474; *Neuhof*, Sanierungsrisiken der Banken – Die Sanierungsphase, NJW 1999, 20; *Noack*, Der Regierungsentwurf des MoMiG – Die Reform des GmbH-Rechts geht in die Endrunde, DB 2007, 1395; *Obermüller*, Änderungen des Rechts der kapitalersetzenden Darlehen durch KonTraG und KapAEG, ZInsO 1998, 51; *Oppenländer*, Die Finanzplannutzung – eine Herausforderung für die Beratungspraxis, GmbHR 1998, 505; *Pentz*, Die Änderungen und Ergänzungen der Kapitalersatzregeln im GmbH-Gesetz, GmbHR 1999, 437; *Pentz*, Sanierungsprivileg und Zurechnung, ZIP 2006, 1169; *Pichler*, Unternehmenssanierung auf Grundlage des geänderten § 32a GmbHG, WM 1999, 411; *Redeker*, Kontrollerwerb an Krisengesellschaften: Chancen und Risiken des Debt-Equity-Swap, BB 2007, 673; *Rühle*, Die Nutzungsüberlassung durch Gesellschafter in Zeiten des MoMiG, ZIP 2009, 1358; *Schäfer*, Reform des GmbHR durch das MoMiG – viel Lärm um nichts?, DStR 2006, 1085; *Schiffer*, Alea jacta est? Praxisanmerkungen zur vorgesehenen Deregulierung des Eigenkapitalersatzrechts, BB 2006, 14; *K. Schmidt*, Finanzplanfinanzierung, Rangrücktritt und Eigenkapitalersatz, ZIP 1999, 1241; *K. Schmidt*, Überlegungen zum Referentenentwurf eines GmbH-Reformgesetzes (MoMiG) von 2006, ZIP 2006, 1925; *K. Schmidt*, GmbH-Reform, Solvenzgewährung und Insolvenzpraxis, GmbHR 2007, 1; *K. Schmidt*, Reform der Kapitalsicherung und Haftung in der Krise nach dem Regierungsentwurf des MoMiG, GmbHR 2007, 1072; *K. Schmidt*, GmbH-Reform auf Kosten der Geschäftsführer, GmbHR 2008, 449; *K. Schmidt*, Entbehrlicher Rangrücktritt im Recht der Gesellschafterdarlehen? – Kritik an § 19 Abs. 2 E-InsO im MoMiG-Entwurf, BB 2008, 416; *Seibert*, Der Bundestag greift in die Diskussion zum Eigenkapitalersatz ein, GmbHR 1998, 309; *Seibert*, GmbH-Reform: Der Referentenentwurf eines Gesetzes zur Modernisierung des GmbH-Rechts und zur Bekämpfung von Missbräuchen – MoMiG, ZIP 2006, 1157; *Seibert/Decker*, Die GmbH-Reform kommt, ZIP 2008, 1208; *Spindler*, Der Gläubigerschutz zwischen Gesellschafts- und Insolvenzrecht, JZ 2006, 839; *Spliedt*, MoMiG in der Insolvenz – ein Sanierungsversuch, ZIP 2009, 149; *Tettinger*, Gesellschafterdarlehen in der Insolvenz – Maßgeblicher Beurteilungszeitpunkt für das Kleinbeteiligtenprivileg, NZI 2010, 248; *Thiessen*, Eigenkapitalersatz ohne Analogieverbot – eine Alternativlösung zum MoMiG-Entwurf, ZIP 2007, 254; *Tillmann*, Der Entwurf des MoMiG und die Auswirkungen auf die Gesellschafterfremdfinanzierung – Verstrickte und privilegierte Darlehen, GmbHR 2006, 1289; *Von der Linden*, Eigenkapitalersatzrecht in der gesetzestypischen KG, DZWiR 2007, 5; *Wälzholz*, Die insolvenzrechtliche Behandlung haftungsbeschränkter Gesellschaften nach der Reform durch das MoMiG, DStR 2007, 1914; *Wälzholz*, Das MoMiG kommt: Ein Überblick über die neuen Regelungen, GmbHR 2008, 841; *Wedemann*, Das neue GmbH-Recht, WM 2008, 1381; *Weitnauer*, Die Gesellschafterfremdfinanzierung aus Sicht von Finanzinvestoren, BKR 2009, 18.

A. Allgemeines

I. Entstehungsgeschichte

1 Schon das Reichsgericht beurteilte Gesellschafterdarlehen unter dem Gesichtspunkt einer sittenwidrigen Gläubigerschädigung (§ 826 BGB).[1] Später entwickelte der Bundesgerichtshof dann spezielle Regelungen zur Behandlung eigenkapitalersetzender Gesellschafterleistungen, gestützt auf die Kapitalerhaltungsvorschriften der **§§ 30, 31 GmbHG a.F. (sog. Rechtsprechungsregeln)**.[2] Durch die GmbH-Novelle von 1980 wurde das Eigenkapitalersatzrecht in **§§ 32a, 32b GmbHG a.F.**

1 RG JW 1938, 862, 864; RG JW 1939, 229, 231.
2 BGHZ 31, 258, 272 = NJW 1960, 285; BGH WM 1963, 121; 1972, 74; BGHZ 75, 334, 337 = NJW 1980, 592.

gesetzlich kodifiziert. Die Rechtsprechungsregeln entsprechend §§ 30, 31 GmbHG wurden jedoch neben diesen gesetzlichen Vorschriften weiter angewandt.[3] Man ging von einem zweistufigen Schutzsystem aus, das durch die Rechtsprechung immer weiter verfeinert und ausgeweitet wurde.

Erste Schritte zur **Begrenzung des Anwendungsbereichs** hat das Eigenkapitalersatzrecht durch das Kapitalaufnahmeerleichterungsgesetz (KapAEG) vom 20.4.1998 mit der Einführung eines Kleinbeteiligtenprivilegs in § 32a Abs. 3 Satz 2 GmbHG a.F. (jetzt § 39 Abs. 5 InsO) und durch das Gesetz über die Kontrolle und Transparenz im Unternehmensbereich (KonTraG) vom 27.4.1998 mit der Regelung eines Sanierungsprivilegs in § 32a Abs. 3 Satz 3 GmbHG a.F. (jetzt § 39 Abs. 4 Satz 2 InsO) erfahren. 2

Durchgreifend geändert und vereinfacht wurde das Recht der Gesellschafterdarlehen mit dem Gesetz zur Modernisierung des GmbH-Rechts und zur Bekämpfung von Missbräuchen (**MoMiG**). Der gesamte Themenbereich wurde aus dem GmbH-Recht (früher §§ 32a, 32b GmbHG a.F.) in das Insolvenzrecht verlagert. Dies ermöglicht die Einbeziehung aller Gesellschaften ohne eine natürliche Person als persönlich haftender Gesellschafter. Eine Weitergeltung der auf §§ 30, 31 GmbHG a.F. gestützten Rechtsprechungsregeln zum Eigenkapitalersatz wird durch den neuen § 30 Abs. 1 Satz 3 GmbHG ausdrücklich ausgeschlossen (siehe § 30 Rn. 32). Abweichend vom bisherigen Recht (§ 32a Abs. 1 GmbHG a.F.) kommt es nicht mehr auf die Kapitalersatzfunktion des Gesellschafterdarlehens an. Jedes Gesellschafterdarlehen wird nachrangig behandelt, unabhängig davon, ob bei Erbringung der Gesellschafterleistung eine Krise der Gesellschaft vorlag. 3

II. Überblick über die gesetzlichen Regelungen

Grundtatbestand ist § 39 Abs. 1 Nr. 5 InsO, der die Nachrangigkeit einer Forderung auf Rückgewähr eines Gesellschafterdarlehens im Insolvenzverfahren anordnet. § 39 Abs. 4 Satz 1 InsO regelt den Kreis der betroffenen Gesellschaften. Die bisherigen Erweiterungen des **Anwendungsbereichs** in persönlicher Hinsicht (gleichgestellte Dritte) und in sachlicher Hinsicht (gleichgestellte Finanzierungsleistungen) werden über § 39 Abs. 1 Nr. 5 InsO erfasst. Die bisherigen Einschränkungen des Anwendungsbereichs (siehe Rn. 10) sind in § 39 Abs. 5 InsO (Kleinbeteiligtenprivileg) und in § 39 Abs. 4 Satz 2 InsO (Sanierungsprivileg) übernommen worden. 4

§ 39 InsO Nachrangige Insolvenzgläubiger

(1) Im Rang nach den übrigen Forderungen der Insolvenzgläubiger werden in folgender Rangfolge, bei gleichem Rang nach dem Verhältnis ihrer Beträge, berichtigt:

1. bis 4. […]

5. nach Maßgabe der Absätze 4 und 5 Forderungen auf Rückgewähr eines Gesellschafterdarlehens oder Forderungen aus Rechtshandlungen, die einem solchen Darlehen wirtschaftlich entsprechen.

(2) […]

(3) Die Zinsen der Forderungen nachrangiger Insolvenzgläubiger und die Kosten, die diesen Gläubigern durch ihre Teilnahme am Verfahren entstehen, haben den gleichen Rang wie die Forderungen dieser Gläubiger.

(4) Absatz 1 Nr. 5 gilt für Gesellschaften, die weder eine natürliche Person noch eine Gesellschaft als persönlich haftenden Gesellschafter haben, bei der ein persönlich haftender Gesellschafter eine natürliche Person ist. Erwirbt ein Gläubiger bei drohender oder eingetretener Zahlungsunfähigkeit der Gesellschaft oder bei Überschuldung Anteile zum Zweck ihrer Sanierung, führt dies bis zur nachhaltigen Sanierung nicht zur Anwendung von Absatz 1 Nr. 5 auf seine Forderungen aus bestehenden oder neu gewährten Darlehen oder auf Forderungen aus Rechtshandlungen, die einem solchen Darlehen wirtschaftlich entsprechen.

3 BGHZ 90, 370, 380 = NJW 1984, 1891; BGHZ 95, 188, 192 = NJW 1985, 2947.

(5) Absatz 1 Nr. 5 gilt nicht für den nicht geschäftsführenden Gesellschafter einer Gesellschaft im Sinn des Absatzes 4 Satz 1, der mit zehn Prozent oder weniger am Haftkapital beteiligt ist.

5 Neben der Nachrangigkeit (§ 39 Abs. 1 Nr. 5 InsO) wird als **Rechtsfolge** in § 135 Abs. 1 InsO die Anfechtbarkeit von Rückzahlungen auf Gesellschafterdarlehen angeordnet, die im letzten Jahr vor dem Eröffnungsantrag des Insolvenzverfahrens erfolgten.

§ 135 InsO Gesellschafterdarlehen

(1) Anfechtbar ist eine Rechtshandlung, die für die Forderung eines Gesellschafters auf Rückgewähr eines Darlehens im Sinne des § 39 Abs. 1 Nr. 5 oder für eine gleichgestellte Forderung

1. Sicherung gewährt hat, wenn die Handlung in den letzten zehn Jahren vor dem Antrag auf Eröffnung des Insolvenzverfahren oder nach diesem Antrag vorgenommen worden ist, oder

2. Befriedigung gewährt hat, wenn die Handlung im letzten Jahr vor dem Eröffnungsantrag oder nach diesem Antrag vorgenommen worden ist.

(2) […]

(3) […]

(4) § 39 Abs. 4 und 5 gilt entsprechend.

6 In § 135 Abs. 3 InsO besteht eine Sonderregelung für **Nutzungsüberlassungen.**

§ 135 InsO Gesellschafterdarlehen

(1) […]

(2) […]

(3) Wurde dem Schuldner von einem Gesellschafter ein Gegenstand zum Gebrauch oder zur Ausübung überlassen, so kann der Aussonderungsanspruch während der Dauer des Insolvenzverfahrens, höchstens aber für eine Zeit von einem Jahr ab der Eröffnung des Insolvenzverfahrens nicht geltend gemacht werden, wenn der Gegenstand für die Fortführung des Unternehmens des Schuldners von erheblicher Bedeutung ist. Für den Gebrauch oder die Ausübung des Gegenstandes gebührt dem Gesellschafter ein Ausgleich; bei der Berechnung ist der Durchschnitt der im letzten Jahr vor Verfahrenseröffnung geleisteten Vergütung in Ansatz zu bringen, bei kürzerer Dauer der Überlassung ist der Durchschnitt während dieses Zeitraums maßgebend.

(4) […]

7 **Außerhalb eines Insolvenzverfahrens** können Rückzahlungen von Gesellschafterleistungen nach § 6 AnfG angefochten werden. Die Rückabwicklung richtet sich nach § 11 AnfG.

§ 6 AnfG Gesellschafterdarlehen

(1) Anfechtbar ist eine Rechtshandlung, die für die Forderung eines Gesellschafters auf Rückgewähr eines Darlehens im Sinne des § 39 Abs. 1 Nr. 5 der Insolvenzordnung oder für eine gleichgestellte Forderung

1. Sicherung gewährt hat, wenn die Handlung in den letzten zehn Jahren vor Erlangung des vollstreckbaren Schuldtitels oder danach vorgenommen worden ist, oder

2. Befriedigung gewährt hat, wenn die Handlung im letzten Jahr vor Erlangung des vollstreckbaren Schuldtitels oder danach vorgenommen worden ist.

Wurde ein Antrag auf Eröffnung eines Insolvenzverfahrens nach § 26 Abs. 1 der Insolvenzordnung abgewiesen, bevor der Gläubiger einen vollstreckbaren Schuldtitel erlangt hat, so beginnt die Anfechtungsfrist mit dem Antrag auf Eröffnung des Insolvenzverfahrens.

(2) Die Anfechtung ist ausgeschlossen, wenn nach dem Schluss des Jahres, in dem der Gläubiger den vollstreckbaren Schuldtitel erlangt hat, drei Jahre verstrichen sind. Wurde die Handlung später vorgenommen, so ist die Anfechtung drei Jahre nach dem Schluss des Jahres ausgeschlossen, in dem die Handlung vorgenommen worden ist.

Gesellschafterbesicherte Drittdarlehen werden jetzt in §§ 44a, 135 Abs. 2, 143 InsO und §§ 6a, 11 Abs. 3 AnfG geregelt. 8

§ 44a InsO Gesicherte Darlehen

In dem Insolvenzverfahren über das Vermögen einer Gesellschaft kann ein Gläubiger nach Maßgabe des § 39 Abs. 1 Nr. 5 für eine Forderung auf Rückgewähr eines Darlehens oder für eine gleichgestellte Forderung, für die ein Gesellschafter eine Sicherheit bestellt oder für die er sich verbürgt hat, nur anteilsmäßige Befriedigung aus der Insolvenzmasse verlangen, soweit er bei der Inanspruchnahme der Sicherheit oder des Bürgen ausgefallen ist.

§ 135 InsO Gesellschafterdarlehen

(1) […]

(2) Anfechtbar ist eine Rechtshandlung, mit der eine Gesellschaft einem Dritten für eine Forderung auf Rückgewähr eines Darlehens innerhalb der in Absatz 1 Nr. 2 genannten Fristen Befriedigung gewährt hat, wenn ein Gesellschafter für die Forderung eine Sicherheit bestellt hatte oder als Bürge haftete; dies gilt sinngemäß für Leistungen auf Forderungen, die einem Darlehen wirtschaftlich entsprechen.

(3) […]

(4) […]

§ 143 InsO Rechtsfolgen

(1) […]

(2) […]

(3) Im Fall der Anfechtung nach § 135 Abs. 2 hat der Gesellschafter, der die Sicherheit bestellt hatte oder als Bürge haftete, die dem Dritten gewährte Leistung zur Insolvenzmasse zu erstatten. Die Verpflichtung besteht nur bis zur Höhe des Betrags, mit dem der Gesellschafter als Bürge haftete oder der dem Wert der von ihm bestellten Sicherheit im Zeitpunkt der Rückgewähr des Darlehens oder der Leistung auf die gleichgestellte Forderung entspricht. Der Gesellschafter wird von der Verpflichtung frei, wenn er die Gegenstände, die dem Gläubiger als Sicherheit gedient hatten, der Insolvenzmasse zur Verfügung stellt.

§ 6a AnfG Gesicherte Darlehen

Anfechtbar ist eine Rechtshandlung, mit der eine Gesellschaft einem Dritten für eine Forderung auf Rückgewähr eines Darlehens innerhalb der in § 6 Abs. 1 Satz 1 Nr. 2 und Satz 2 genannten Fristen Befriedigung gewährt hat, wenn ein Gesellschafter für die Forderung eine Sicherheit bestellt hatte oder als Bürge haftete; dies gilt sinngemäß für Leistungen auf Forderungen, die einem Darlehen wirtschaftlich entsprechen. § 39 Abs. 4 und 5 der Insolvenzordnung und § 6 Abs. 2 gelten entsprechend.

§ 11 AnfG Rechtsfolgen

(1) […]

(2) […]

(3) Im Fall der Anfechtung nach § 6a hat der Gesellschafter, der die Sicherheit bestellt hatte oder als Bürge haftete, die Zwangsvollstreckung in sein Vermögen bis zur Höhe des Betrags zu dulden, mit dem er als Bürge haftete oder der dem Wert der von ihm bestellten Sicherheit im Zeitpunkt der Rückgewähr des Darlehens oder der Leistung auf die gleichgestellte Forde-

rung entspricht. Der Gesellschafter wird von der Verpflichtung frei, wenn er die Gegenstände, die dem Gläubiger als Sicherheit gedient hatten, dem Gläubiger zur Verfügung stellt.

9 Sondervorschriften bestehen für Treuhandunternehmen (§ 56e DMBilG), für Unternehmensbeteiligungsgesellschaften (§ 24 UBGG)[4] und für Beteiligungen nach dem Finanzmarktstabilisierungsgesetz (§ 18 FMStBG). Die Vorschriften gelten wegen des Anwendungsvorrangs des **Europarechts** nicht für europarechtswidrige Beihilfeleistungen.[5]

10 Nach **altem Recht** war der Grundtatbestand des eigenkapitalersetzenden Gesellschafterdarlehens in § 32a Abs. 1 GmbHG a.F. geregelt (zum Merkmal der Krise Rn. 29). In § 32a Abs. 3 Satz 1 GmbHG a.F. wurde der Anwendungsbereich in persönlicher Hinsicht auf gesellschaftergleiche Dritte (siehe Rn. 23) sowie in sachlicher Hinsicht auf einer Darlehensgewährung wirtschaftlich vergleichbare Rechtshandlungen erweitert (siehe Rn. 38). Mit dem Kleinbeteiligtenprivileg (§ 32a Abs. 3 Satz 2 GmbHG a.F.) und dem Sanierungsprivileg (§ 32a Abs. 3 Satz 3 GmbHG a.F.) wurde der Anwendungsbereich wiederum eingeschränkt (siehe Rn. 18, 32). § 32a Abs. 1 GmbHG a.F. (§ 39 Abs. 1 Nr. 5 InsO) ordnete die Nachrangigkeit der Forderung im Insolvenzverfahren an. In §§ 32a Abs. 2, 32b GmbHG a.F. war der Sonderfall des gesellschafterbesicherten Drittdarlehens geregelt. Daneben galten die Rechtsprechungsregeln entsprechend §§ 30, 31 GmbHG a.F., die auch Fälle außerhalb der Insolvenz erfassten, aber der Höhe nach auf die Deckung des Stammkapitals begrenzt waren.

11 Die bisherigen Vorschriften in §§ 32a, 32b GmbHG a.F. – ebenso die Rechtsprechungsregeln entsprechend §§ 30, 31 GmbHG a.F.[6] – sind noch auf alle Fälle anzuwenden, bei denen das Insolvenzverfahren vor dem 1.11.2008 eröffnet wurde, Art. 103d EGInsO (**Übergangsrecht**). Das alte Recht mit dem zeitlich weiter reichenden Rückerstattungsanspruch entsprechend §§ 30, 31 GmbHG soll aber auch für Neuverfahren ab dem 1.11.2008 gelten, wenn der Erstattungsanspruch schon vor dem 31.10.2008 entstanden war.[7]

III. Dogmatik

12 Die Umqualifizierung von (früher eigenkapitalersetzenden) Gesellschafterdarlehen wird wie folgt gerechtfertigt: Durch die Finanzierung mit Gesellschafterdarlehen besteht die Gefahr der Verschleppung von Krisen. Eine GmbH erhält von ihren Gesellschaftern auch dann noch Darlehen, wenn Dritte hierzu nicht mehr bereit sind. Denn ein Gesellschafter hat aufgrund seiner Beteiligung ein besonderes Interesse am Fortbestand der Gesellschaft und kann sein Darlehen noch rechtzeitig vor der Befriedigung anderer Gesellschaftsgläubiger abziehen (Doppelrolle bzw. Insiderstellung). Der Gesellschafter darf diese Nähebeziehung nicht zum Nachteil der außen stehenden Gläubiger ausnutzen. Ihn trifft eine **Finanzierungsfolgenverantwortung**.[8] Danach ist der Gesellschafter zwar nicht verpflichtet, in der Krise der Gesellschaft, Eigenkapital oder überhaupt Kapital zuzuführen; er kann frei entscheiden, „ob" er die Gesellschaft liquidiert oder einen weiteren Finanzierungsbeitrag leistet. Entscheidet er sich jedoch für einen weiteren Finanzierungsbeitrag, übernimmt er die Verantwortung für das „Wie" dieser Finanzierung, indem seine Darlehen in der Insolvenz nur nachrangig berücksichtigt werden. Trotz der Verlagerung der Regelungen aus dem Gesellschaftsrecht in das

4 BGHZ 127, 212, 220 = NJW 1995, 47; BGHZ 140, 156, 159 = NJW 1999, 579; Baumbach/Hueck/*Hueck/Fastrich*, Anh. § 30 Rn. 78; Ulmer/Habersack/Winter/*Habersack*, §§ 32a/b Rn. 18; *Löwisch*, Eigenkapitalersatzrecht, Rn. 64.

5 BGHZ 173, 129, 135 = ZIP 2007, 1816; BGHZ 173, 103, 113 = ZIP 2007, 1760; *Koenig/Ritter*, ZIP 2000, 769; *Kiethe*, ZIP 2007, 1248; Michalski/*Dahl*, Anh. II §§ 32a, 32b Rn. 35; kritisch Roth/Altmeppen/*Altmeppen*, § 32a a.F. Rn. 14 ff.; *Löwisch*, Eigenkapitalersatzrecht, Rn. 213.

6 BGHZ 179, 249 = NJW 2009, 1277; *Wicke*, Anh. § 30 Rn. 3; Lutter/Hommelhoff/*Kleindiek*, Anh. § 64 Rn. 147.

7 OLG München ZIP 2011, 225, 226; OLG Jena ZIP 2009, 2098, 2099; Baumbach/Hueck/*Hueck/Fastrich*, § 32a Rn. 110; Ulmer/Habersack/Winter/*Habersack*, Erg. Bd. MoMiG § 30 Rn. 37; Lutter/Hommelhoff/*Kleindiek*, Anh. § 64 Rn. 148; Michalski/*Dahl*, Anh. II §§ 32a, 32b Rn. 62; a.A. Roth/Altmeppen/*Altmeppen*, Vorb. §§ 32a, b a.F. Rn. 5.

8 BGHZ 127, 17, 19 = NJW 1994, 2760; BGHZ 127, 336, 344 = NJW 1995, 326; vgl. auch BGHZ 81, 252, 257 = NJW 1981, 2570; BGHZ 90, 381, 389 = NJW 1984, 1893; Lutter/Hommelhoff/*Kleindiek*, Anh. § 64 Rn. 101; Ulmer/Habersack/Winter/*Habersack*, §§ 32a/b Rn. 11 ff.

Insolvenzrecht und trotz des Verzichts auf das Kriterium der Krise durch die Änderungen des MoMiG ist die – aus der Doppelrolle bzw. Insiderstellung resultierende – Verantwortung des Gesellschafters für die Krisenfinanzierung weiterhin die maßgebliche Rechtfertigung. Im Unterschied zur bisherigen Einzelfallprüfung wird jetzt diese Krisenverantwortung innerhalb der Jahresfrist vor Insolvenzeröffnung unwiderleglich vermutet.[9]

B. Inhalt der gesetzlichen Neuregelungen

I. Betroffene Gesellschaften

Nach altem Recht galt das Eigenkapitalersatzrecht in der GmbH (§§ 32a, 32b GmbHG a.F.), in der atypischen OHG (§ 129a HGB a.F.), in der GmbH & Co. KG (§ 172a HGB a.F.) und für den unternehmerisch beteiligten Aktionär einer AG (siehe Rn. 22). Nach **§ 39 Abs. 4 Satz 1 InsO** sind die Regelungen zu Gesellschafterdarlehen jetzt auf alle Gesellschaften anzuwenden, bei denen weder unmittelbar noch mittelbar ein persönlich haftender Gesellschafter eine natürliche Person ist. Erfasst werden **sämtliche Kapitalgesellschaften** und **atypische Personengesellschaften**. Neben der GmbH, der atypischen OHG, der GmbH & Co. KG (Rn. 20)[10] und der AG sind damit auch die atypische GbR,[11] die KGaA, die Genossenschaft, ausländische Gesellschaftsformen, insbesondere die englische Limited, und europäische Gesellschaftsformen, insbesondere die Europäische Gesellschaft (SE) einbezogen, deren Insolvenzverfahren nach deutschem Recht abgewickelt wird.[12] Erfasst werden auch Vorgesellschaften von Kapitalgesellschaften, insbesondere die Vor-GmbH, bei der die Gründungsgesellschafter grundsätzlich nur im Innenverhältnis haften.[13] Die Regelungen gelten nicht für die Stiftung und den Idealverein.[14] 13

II. Persönlicher Anwendungsbereich

1. Gesellschafter

Der Darlehensgeber muss Gesellschafter sein, wobei die materielle **Inhaberschaft am Geschäftsanteil** maßgeblich ist. Im Hinblick auf die Gläubigerschutzfunktion der Vorschriften zu Gesellschafterdarlehen kommt es nicht auf die Eintragung in der Gesellschafterliste an (§ 16 Abs. 1 Satz 1 GmbHG), wobei der nicht eingetragene Gesellschafter in jedem Fall als gleichgestellter Dritter (siehe Rn. 23) zu behandeln ist.[15] 14

Das Ziel der Vereinfachung des Rechts der Gesellschaftsrdarlehen durch unwiderlegbare Vermutung einer Krisenfinanzierung innerhalb der Jahresfrist (siehe Rn. 12) zeigt sich auch bei der Bestimmung des **maßgeblichen Zeitpunkts**, zu dem die Gesellschaftereigenschaft vorliegen muss. Bislang wurde hier auf den Zeitpunkt der Gewährung bzw. des Stehenlassens des Darlehens in der Krise abgestellt.[16] Nach altem Recht wurde daher die Umqualifizierung des Krisendarlehens nicht 15

9 Vgl. hierzu Roth/Altmeppen/*Altmeppen,* Anh. §§ 32a, b Rn. 4 ff.; Michalski/*Dahl*, Anh. II §§ 32a, 32b a.F. Rn. 6; Lutter/Hommelhoff/*Kleindiek*, Anh. § 64 Rn. 113 ff. Zu Beginn des MoMiG wurde zunächst von einer Aufgabe des Konzepts der Finanzierungsfolgenverantwortung ausgegangen, vgl. etwa *Huber*, in: FS-Priester, 2007, S. 259, 271 ff.; *Habersack*, ZIP 2007, 2145, 2146; *K. Schmidt*, ZIP 2006, 1925, 1932; anders bereits *Bork*, ZGR 2007, 250, 256.

10 Nicht die gesetzestypische KG; vgl. hierzu Scholz/*K. Schmidt*, Erg. Bd. MoMiG, Gter-Fremdfinanz Rn. 19; *Haas*, ZInsO 2007, 617, 628; *Von der Linden*, DZWiR 2007, 5, 13.

11 Insbesondere Arbeitsgemeinschaften (ARGE); *Lingl*, DZWiR 2006, 276.

12 Begründung MoMiG, BT-Drucks. 16/6140, S. 57; Roth/Altmeppen/*Altmeppen*, Anh. §§ 32a, b Rn. 18; Lutter/Hommelhoff/*Kleindiek*, Anh. § 64 Rn. 103; *Seibert*, ZIP 2006, 1157, 1161; *Schiffer*, BB 2006, 14, 17; kritisch: *Meilicke*, GmbHR 2007, 225, 231 f. Zum alten Recht BGH ZIP 2011, 1775.

13 BGH NZG 2009, 782; Begründung MoMiG, BT-Drucks. 16/6140, S. 57; Michalski/*Dahl,* Anh. II §§ 32a, 32b a.F. Rn. 8; Lutter/Hommelhoff/*Kleindiek*, Anh. § 64 Rn. 103; Henssler/Strohn/*Fleischer,* Anh. § 30 Rn. 2; *Habersack*, ZIP 2007, 2145, 2147; a.A. Roth/Altmeppen/*Altmeppen*, Anh. §§ 32a, b Rn. 17, § 32a a.F. Rn. 229 ff.

14 Henssler/Strohn/*Fleischer,* Anh. § 30 Rn. 2; Michalski/*Dahl,* Anh. II §§ 32a, 32b a.F. Rn. 8; Habersack, ZIP 2007, 1245, 2147 f.; *Gehrlein*, BB 2008, 846, 849.

15 Baumbach/Hueck/*Hueck/Fastrich*, § 30 Anh. Rn. 28.

16 Scholz/*K. Schmidt*, §§ 32a, 32b Rn. 33; Ulmer/Habersack/Winter/*Habersack*, §§ 32a/b Rn. 53.

dadurch aufgehoben, dass der Gesellschafter nach Gewährung des Krisendarlehens ausscheidet[17] oder den Anspruch auf Rückzahlung des Krisendarlehens an einen Nichtgesellschafter abtritt.[18] Das neue Recht erfasst den **ausgeschiedenen Gesellschafter** dann, wenn er innerhalb des letzten Jahres vor dem Eröffnungsantrag des Insolvenzverfahrens ausgeschieden ist. Von ihm stehen gelassene Darlehen sind nachrangig; innerhalb dieser Jahresfrist erfolgte Tilgungen seines Darlehen sind anfechtbar (§ 135 Abs. 1 Nr. 2 InsO, ebenso § 6 Abs. 1 Nr. 2 AnfG).[19] Dies gilt auch für ein Darlehen, das nach dem Ausscheiden des Gesellschafters gewährt wurde, wenn es mit seinem Ausscheiden in Zusammenhang steht, etwa im Fall der Stundung eines Abfindungsanspruchs.[20] Ebenso ist eine **Abtretung des Rückzahlungsanspruchs** dann schädlich, wenn die Abtretung an den Dritten innerhalb der Jahresfristen der §§ 135 InsO, 6 AnfG erfolgt. Auch wenn ein vor dieser Frist abgetretenes Darlehen innerhalb dieser Frist getilgt wird, ist die Tilgung nicht anfechtbar.[21] Wird ein Geschäftsanteil zusammen mit einem Gesellschafterdarlehen übertragen, unterliegt dieser Rechtsnachfolger unmittelbar dem Recht der Gesellschafterdarlehen[22].

16 Wird der Darlehensgeber **nach Darlehensgewährung Gesellschafter**, so drohte nach bisherigem Recht eine Umqualifizierung des Darlehens, wenn es in sachlichem Zusammenhang mit dem vorgesehenen Eintritt in die Gesellschaft gegeben[23] oder nach dem Anteilserwerb kapitalersetzend stehen gelassen wurde.[24] Da Letzteres nach neuem Recht kraft Gesetzes unterstellt wird (siehe Rn. 29, 31), reicht es aus, dass der Darlehensgeber innerhalb der relevanten Jahresfristen der §§ 135 InsO, 6 AnfG Gesellschafter geworden ist (zu den Besonderheiten des Sanierungsprivilegs siehe Rn. 32).[25] Es ist nicht notwendig, dass er während des gesamten Zeitraums dieser Frist Gesellschafter war. Anfechtbar sollen aber nicht solche Rückzahlungen sein, die noch vor dem Erwerb der Gesellschafterstellung erfolgten, auch wenn solche Tilgungen im relevanten Zeitraum liegen.[26]

17 In der **GmbH & Co. KG** gelten die Vorschriften für den Kommanditisten, für den Nur-Kommanditisten, der an der Komplementär-GmbH nicht beteiligt ist,[27] und für die Komplementär-GmbH selbst.[28] Im Unterschied zum bisherigen Recht (§§ 129a, 172a HGB a.F.) erwähnt § 39 Abs. 4 Satz 1 InsO nicht ausdrücklich die Darlehensgewährung durch einen Gesellschafter der Komplementär-GmbH. Dieser wird einem Gesellschafter jedenfalls nach § 39 Abs. 1 Nr. 5 InsO gleichgestellt.[29]

---

17 BGHZ 110, 342, 353 = NJW 1990, 1725; BGHZ 127, 1, 6 = NJW 1994, 2349; BGH NJW 1996, 1341, 1342; OLG Karlsruhe, GmbHR 1998, 741; Michalski/*Heidinger*, §§ 32a, 32b a.F. Rn. 130.

18 BGHZ 104, 33, 43 = NJW 1988, 1841; BGH DStR 2007, 36 = ZIP 2006, 2272; Scholz/*K. Schmidt*, §§ 32a, 32b Rn. 34; ebenso bei Vorausabtretung des Entgelts der kapitalersetzenden Nutzungsüberlassung, BGH NJW 2008, 1153; anders bei Übertragung des betroffenen Grundstücks, BGHZ 166, 125 = NJW 2006, 1800.

19 BGH NJW 2012, 682; Baumbach/Hueck/*Hueck/Fastrich*, Anh. § 30 Rn. 29; Roth/Altmeppen/*Altmeppen*, Anh. §§ 32a, b Rn. 28; Michalski/*Dahl*, Anh. II §§ 32a, 32b a.F. Rn. 14; Henssler/Strohn/*Fleischer* § 30 Anh./§ 39 InsO Rn. 12; Lutter/Hommelhoff/*Kleindiek*, Anh. § 64 Rn. 119; *Wicke*, Anh. § 30 Rn. 6; *Gehrlein*, BB 2011, 3, 6; *Hirte*, WM 2008, 1429, 1431.

20 Henssler/Strohn/*Fleischer* § 30 Anh./§ 39 InsO Rn. 12.

21 OLG Stuttgart GmbHR 2012, 577 (Haftung des Zessionars, nicht des Zedenten); Roth/Altmeppen/*Altmeppen*, Anh. §§ 32a, b Rn. 30 f.; Michalski/*Dahl*, Anh. II §§ 32a, 32b a.F. Rn. 16; Lutter/Hommelhoff/*Kleindiek*, Anh. § 64 Rn. 119; Henssler/Strohn/*Fleischer* § 30 Anh./§ 39 InsO Rn. 12; *Gehrlein*, BB 2008, 846, 850; *Gehrlein*, BB 2011, 3, 6; *Haas*, ZInsO 2007, 617, 626; a.A. Baumbach/Hueck/*Hueck/Fastrich*, Anh. § 30 Rn. 30. Zur unzulässigen Tilgung des abgetretenen Anspruchs durch Schuldanerkenntnis vgl. BGH NJW 2011, 844.

22 Roth/Altmeppen/*Altmeppen*, Anh. §§ 32a, b Rn. 29; Michalski/*Dahl*, Anh. II §§ 32a, 32b a.F. Rn. 14.

23 OLG Hamburg, ZIP 1996, 709 = GmbHR 1996, 534; Scholz/*K. Schmidt*, §§ 32a, 32b Rn. 35; Michalski/*Heidinger*, §§ 32a, 32b a.F. Rn. 131.

24 BGHZ 81, 311, 317 = NJW 1982, 383; Scholz/*K. Schmidt*, §§ 32a, 32b Rn. 35; Michalski/*Heidinger*, §§ 32a, 32b a.F. Rn.131.

25 Roth/Altmeppen/*Altmeppen*, Anh. §§ 32a, b Rn. 27; Michalski/*Dahl*, Anh. II §§ 32a, 32b a.F. Rn. 15.

26 Roth/Altmeppen/*Altmeppen*, Anh. §§ 32a, b Rn. 27; Michalski/*Dahl*, Anh. II §§ 32a, 32b Rn. 15; *Wicke*, Anh. § 30 Rn. 6; a.A. *Gehrlein*, BB 2008, 846, 850.

27 Scholz/*K. Schmidt*, Erg. Bd. MoMiG, Gter-Fremdfinanz Rn. 84; Zum bisherigen Recht: BGHZ 110, 342, 355 ff. = NJW 1990, 1725.

28 Scholz/*K. Schmidt*, Erg. Bd. MoMiG, Gter-Fremdfinanz Rn. 84; *Haas*, ZInsO 2007, 617, 629.

29 Begründung MoMiG, BT-Drucks. 16/6140, S. 57; *Habersack*, ZIP 2007, 2145, 2148.

2. Kleinbeteiligtenprivileg

Nach **§ 39 Abs. 5 InsO** gelten die Vorschriften nicht für den nicht geschäftsführenden Gesellschafter, der mit 10 % oder weniger am Haftkapital beteiligt ist. Damit wird das erst 1998 eingeführte Kleinbeteiligtenprivileg (§ 32a Abs. 3 Satz 2 GmbHG a.F.)[30] trotz erheblicher Kritik im Schrifttum[31] beibehalten. Anhand fester Kriterien wird der nicht unternehmerisch beteiligte Gesellschafter aus dem Anwendungsbereich der Vorschriften ausgenommen. 18

Maßgeblich für die Bestimmung der 10%-Grenze ist die **Beteiligungshöhe am Haftkapital**, nicht die Stimmkraft oder die Höhe der Gewinnbeteiligung.[32] Bei Stimmbindungsverträgen oder einem sonst koordinierten Verhalten von Kleingesellschaftern entfällt die Privilegierung, wenn hierdurch die 10%-Grenze überschritten wird.[33] Einem Gesellschafter nach den Grundsätzen unter Rn. 24 zurechenbare Geschäftsanteile sind mit seinem Geschäftsanteil zusammenzuaddieren, was auch zu einer Überschreitung der 10%-Grenze führen kann.[34] 19

Die Privilegierung entfällt unabhängig von der Beteiligungshöhe, wenn der Gesellschafter **geschäftsführend** tätig ist, wofür die Stellung eines faktischen Geschäftsführers reicht.[35] Gleiches gilt, wenn der Gesellschafter Liquidator ist[36]. Dagegen soll die Stellung als Prokurist oder als Handlungsbevollmächtigter nicht schaden.[37] 20

Ein darlehensgewährender Gesellschafter kann sich **nachträglich** nur dann die Privilegierung verschaffen, indem er noch vor Ablauf der relevanten Jahresfristen der §§ 135 InsO, 6 AnfG (siehe Rn. 15) seine Beteiligung auf 10 % oder weniger reduziert oder seine Geschäftsführerstellung aufgibt.[38] Andererseits führt die nachträgliche Erhöhung der Beteiligung oder Übernahme einer Geschäftsführerstellung nach Gewährung eines Darlehens zur Anwendung der besonderen Vorschriften zu Gesellschafterdarlehen, wenn die Veränderung innerhalb der relevanten Jahresfristen der §§ 135 InsO, 6 AnfG erfolgt ist (siehe Rn. 16).[39] 21

Das Kleinbeteiligtenprivileg ist auch bei den weiteren, in den Anwendungsbereich der Vorschriften einbezogenen Gesellschaften (siehe Rn. 13) anzuwenden. Die typisierende Betrachtungsweise gilt unabhängig davon, wie unternehmerisch die Mitgliedschaft in der betreffenden Gesellschaft ausgestaltet ist.[40] Bei der **AG** bedeutet dies eine Ausdehnung des persönlichen Anwendungsbe- 22

30 Nur anwendbar für kapitalersetzende Leistungen ab 24.4.1998, BGHZ 127, 129, 145 = ZIP 2007, 1816; BGH DStR 2005, 1705 = ZIP 2005, 1638; Ulmer/Habersack/Winter/*Habersack*, §§ 32a/b Rn. 18.

31 *Von Gerkan*, GmbHR 1997, 677, 678; *Dauner-Lieb*, DStR 1998, 609, 613; *Altmeppen*, ZIP 1996, 1455; vgl. auch *Thiessen*, ZIP 2007, 253, 258: Kleinbeteiligtenprivileg als Ausnahmetatbestand für die grundsätzlichen Vermutung, dass die Krise für den Gesellschafter erkennbar war.

32 Henssler/Strohn/*Fleischer* § 30 Anh./§ 39 InsO Rn. 227; Baumbach/Hueck/*Hueck/Fastrich*, § 30 Anh. Rn. 32; *Habersack*, ZIP 2007, 2145, 2149; *Gehrlein*, BB 2008, 846, 850; a.A. Rowedder/Schmidt-Leithoff/*Pentz*, § 32a Rn. 91.

33 BGH ZIP 2010, 1443; BGH DStR 2007, 684 = ZIP 2007, 1407 (koordinierte Kreditvergabe); BGH DStR 2005, 1416 = ZIP 2005, 1316; Roth/Altmeppen/*Altmeppen*, § 32a a.F. 10; Baumbach/Hueck/*Hueck/Fastrich*, § 30 Anh. Rn. 32; Scholz/*K. Schmidt*, Erg. Bd. MoMiG, Gter-Fremdfinanz Rn. 26.

34 Roth/Altmeppen/*Altmeppen*, § 32a a.F. Rn. 10; Ulmer/Habersack/Winter/*Habersack*, §§ 32a/b Rn. 193; Scholz/*K. Schmidt*, Erg. Bd. MoMiG, Gter-Fremdfinanz Rn. 26; Scholz/*K. Schmidt*, §§ 32a, 32b Rn. 205.

35 Baumbach/Hueck/*Hueck/Fastrich*, § 30 Anh. Rn. 32; Ulmer/Habersack/Winter/*Habersack*, §§ 32a/b Rn. 196; Scholz/*K. Schmidt*, Erg. Bd. MoMiG, Gter-Fremdfinanz Rn. 26; Scholz/*K. Schmidt*, §§ 32a, 32b Rn. 202.

36 Henssler/Strohn/*Fleischer* § 30 Anh./§ 39 InsO Rn. 22.

37 Roth/Altmeppen/*Altmeppen*, § 32a a.F. Rn. 9; Baumbach/Hueck/*Hueck/Fastrich*, § 30 Anh. Rn. 32; a.A. *Pentz*, GmbHR 1999, 437, 447.

38 Baumbach/Hueck/*Hueck/Fastrich*, § 30 Anh. Rn. 33; Lutter/Hommelhoff/*Kleindiek*, Anh. § 64 Rn. 129; Scholz/*K. Schmidt*, Erg. Bd. MoMiG, Gter-Fremdfinanz Rn. 26; Michalski/*Dahl*, Anh. II §§ 32a/b Rn. 19; *Obermüller*, ZInsO 1998, 51, 52; *Pentz*, GmbHR 1999, 437, 447; a.A. Begründung KapAEG, BT-Drucks. 13/7141, S. 12 = ZIP 1997, 706, 710; *Wicke*, Anh. 30 Rn. 7; *Haas*, ZInsO 2007, 620.

39 Baumbach/Hueck/*Hueck/Fastrich*, § 30 Anh. Rn. 33; Roth/Altmeppen/*Altmeppen*, Anh. §§ 32a, b Rn. 34, Michalski/*Dahl*, Anh. II §§ 32a/b Rn. 19; *Wicke*, Anh. 30 Rn. 7; *Tettinger*, NZI 2010, 248, 249 f.; *Habersack*, ZIP 2007, 2145, 2150; *Haas*, ZInsO 2007, 617, 620; *Tillmann*, GmbHR 2006, 1289, 1292; *Gehrlein*, BB 2008, 846, 851; a.A. *Freitag*, WM 2006, 1681, 1683.

40 Begründung MoMiG, BT-Drucks. 16/6140, S. 57; kritisch: *Tillmann*, GmbHR 2006, 1289, 1291.

reichs[41] gegenüber der früheren Rechtsprechung, die nur Aktionäre erfasste, die mit mehr als 25 % beteiligt sind oder die bei geringerer Beteiligung über besondere, gesellschaftsrechtlich begründete Einflussmöglichkeiten verfügen.[42] In der **GmbH & Co. KG**, an der die Komplementär-GmbH kapitalmäßig nicht beteiligt ist, kommt es allein auf das Kommanditkapital und die Festkapitalkonten an. Unerheblich ist dann eine gleichzeitige Beteiligung von über 10 % an der Komplementär-GmbH.[43] Bei der **Limited** ist die Beteiligungsquote anhand der ausgegebenen *shares* zu ermitteln.[44]

3. Gleichgestellte Dritte

23 Auch wenn **§ 39 Abs. 1 Nr. 5 InsO** im Unterschied zu § 32a Abs. 3 Satz 1 GmbHG a.F. nicht ausdrücklich von Rechtshandlungen eines Dritten spricht, werden auch die bisherigen **personellen Erweiterungen auf Dritte** übernommen.[45]

24 Ein Dritter wird dann erfasst, wenn er als **mittelbarer Stellvertreter** des Gesellschafters allein für Rechnung oder mit Mitteln des Gesellschafters handelt,[46] etwa wenn die Darlehensgewährung nicht durch die unmittelbar beteiligte KG, sondern durch deren ausgleichsberechtigte (§ 110 HGB) Komplementär-GmbH erfolgt.[47] **Familienangehörige** werden nicht ohne Weiteres, sondern nur dann einem Gesellschafter gleichgestellt, wenn das Darlehen aus Mitteln des Gesellschafters stammt,[48] auch wenn die Mittel dem Familienangehörigen zuvor zu diesem Zweck geschenkt wurden, oder wenn der Gesellschafter im Innenverhältnis einen Ausgleich schuldet.[49] Im Einzelfall ist eine Beweiserleichterung durch Anscheinsbeweis denkbar, insbesondere wenn das Darlehen von Minderjährigen oder Ehegatten ohne eigene Einkünfte gewährt wurde.[50] Allein der Umstand, dass der Ehegatte zugleich Geschäftsführer ist, reicht nicht.[51]

25 Neben dem Treuhänder als unmittelbarem Gesellschafter gelten die Vorschriften auch für den **Treugeber** als wirtschaftlich Berechtigten.[52] Nicht ohne Weiteres werden der Unterbeteiligte, der stille Gesellschafter, der Nießbraucher und der Pfandgläubiger einbezogen. Erfasst werden der **Unterbeteiligte**, wenn er ähnlich einem Treuhandverhältnis wirtschaftlich die Stellung eines Gesellschafters besitzt,[53] und der atypische **stille Gesellschafter**, wenn er ähnlich wie ein Gesellschafter die Geschicke der Gesellschaft mitbestimmt und am Vermögen und Ertrag der Gesellschaft

41 Zustimmend: Michalski/*Dahl,* Anh. II §§ 32a, 32b a.F. Rn. 18; *Huber/Habersack*, BB 2006, 1, 4; *Bork*, ZGR 2007, 250, 260; *K. Schmidt*, ZIP 2006, 1925, 1928; *Gehrlein*, BB 2008, 846, 852; kritisch: *Freitag*, WM 2007, 1681, 1682; *Tillmann*, GmbHR 2006, 1289, 1293.

42 BGHZ 90, 381, 390 = NJW 1984, 1893; BGH DStR 2005, 1416 = ZIP 2005, 1316; BGH NJW 2008, 1153; *Hüffer*, § 57 AktG Rn. 18.

43 Scholz/*K. Schmidt*, Erg. Bd. MoMiG, Gter-Fremdfinanz Rn. 89; Rowedder/Schmidt-Leithoff/*Pentz*, § 32a Rn. 240; zu weiteren Fällen: *Tillmann*, GmbHR 2006, 1289, 1292.

44 *Habersack*, ZIP 2007, 2145, 2149.

45 Begründung MoMiG, BT-Drucks. 16/6140, S. 56; Henssler/Strohn/*Fleischer* § 30 Anh./§ 39 InsO Rn. 13; Michalski/*Dahl*, Anh. II §§ 32a, 32b a.F. Rn. 11; Lutter/Hommelhoff/*Kleindiek*, Anh. § 64 Rn. 120 f.; *Knof*, ZInsO 2007, 125, 127; *Haas*, ZInsO 2007, 617, 620. Weitergehend: *Goette*, WPg 2008, 231, 236: § 138 InsO; gegen Anwendbarkeit von § 138 InsO BGH ZIP 2011, 575; *Gehrlein*, BB 2008, 846, 850. Einschränkend Baumbach/Hueck/*Hueck/Fastrich*, § 30 Anh. Rn. 36; *Habersack*, ZIP 2007, 2145, 2148 f.

46 BGH NJW 1993, 2179; Henssler/Strohn/*Fleischer* § 30 Anh./§ 39 InsO Rn. 15; Ulmer/Habersack/Winter/*Habersack*, Erg. Bd. MoMiG § 30 Rn. 44.

47 BGH NJW 1997, 740; Michalski/*Heidinger*, §§ 32a, 32b a.F. Rn. 197.

48 BGH NZG 2009, 782; BGH DStR 1991, 554 = ZIP 1991, 366; BGH NJW 1993, 2179; NJW 1999, 2123; OLG Düsseldorf, ZInsO 2007, 152; OLG Schleswig, ZIP 2007, 1217; Baumbach/Hueck/*Hueck/Fastrich*, § 30 Anh. Rn. 40; Henssler/Strohn/*Fleischer* § 30 Anh./§ 39 InsO Rn. 15; Michalski/*Dahl*, Anh. II §§ 32a, 32b a.F. Rn. 12.

49 BGH NJW 2000, 3278. Vgl. Hierzu *Johlke/Schröder* in: von Gerkan/Hommelhoff, Handbuch Kapitalersatzrecht, Rn. 5.36; *Löwisch*, Eigenkapitalersatzrecht, Rn. 164.

50 BGH DStR 1991, 554 = ZIP 1991, 366; KG GmbHR 2004, 1334; Henssler/Strohn/*Fleischer* § 30 Anh./§ 39 InsO Rn. 25; Baumbach/Hueck/*Hueck/Fastrich*, § 30 Anh. Rn. 40; *Johlke/Schröder*, in: von Gerkan/Hommelhoff, Handbuch Kapitalersatzrecht, Rn. 5.37.

51 BGH NZG 2009, 782; *Wicke*, Anh. § 30 Rn. 8.

52 BGHZ 31, 258, 266 = NJW 1960, 285; BGHZ 95, 188, 193 = NJW 1985, 2947; BGH NJW 1996, 1341, 1342; Baumbach/Hueck/*Hueck/Fastrich*, § 30 Anh. Rn. 38.

53 Baumbach/Hueck/*Hueck/Fastrich*, § 30 Anh. Rn. 45; Roth/Altmeppen/*Altmeppen*, § 32a a.F. Rn. 181; Lutter/Hommelhoff/*Kleindiek*, Anh. § 64 Rn. 125.

beteiligt ist,[54] sowie der atypische **Nießbraucher**, wenn er über zusätzliche Rechte besonderen Einfluss ausüben kann.[55] Die Praxis hat auch mit einer Einbeziehung des im vorstehenden Sinne atypischen **Pfandgläubigers** zu rechnen[56]. Für die entsprechende Anwendung des Kleinbeteiligtenprivilegs (§ 39 Abs. 5 InsO) ist allein der Beteiligungsumfang des Geschäftsanteils maßgeblich, über den die Zurechnung durch Treuhand, Unterbeteiligung, Nießbrauch, Pfandrecht etc. erfolgt.[57]

Mit der Gesellschaft oder einem Gesellschafter **verbundene Unternehmen** i.S.d. §§ 15 ff. AktG können einbezogen werden. Typische Fälle sind die Darlehensgewährung durch den Gesellschafter eines Gesellschafters (Finanzierungsleistung von Muttergesellschaft an Enkelgesellschaft) oder durch eine weitere Gesellschaft des Gesellschafters (Finanzierungsleistung durch Schwestergesellschaft, Betriebsaufspaltung). Es ist davon auszugehen dass entsprechend §§ 15 ff. AktG für die Einbeziehung ein bloßes Mehrheits- oder Abhängigkeitsverhältnis genügt.[58] Anders als im unmittelbaren Recht der Kapitalerhaltung (§ 30 Abs. 1 Satz 2 GmbHG) schließen die Ausgleichspflichten im Vertragskonzern die Anwendung der Vorschriften über Gesellschafterdarlehen nicht aus.[59] 26

III. Sachlicher Anwendungsbereich

1. Darlehen

Der Grundfall betrifft Ansprüche aus **Darlehen**, auch in Form von Sachdarlehen (§ 607 BGB). Es kommt nicht darauf an, ob eine Verzinsung vereinbart ist oder auf welchem Rechtsgrund (Gesellschaftsvertrag, Gesellschaftervereinbarung, Drittgeschäft) das Darlehen beruht.[60] Das Darlehen muss tatsächlich gewährt worden sein. Die bloße Zusage reicht nicht, da die Regelungen nur ein Abzugsverbot und ein Rückzahlungsgebot, nicht jedoch eine erstmalige Auszahlungspflicht begründen (anders Finanzplandarlehen, siehe Rn. 47).[61] Die Aufnahme eines Gesellschafterdarlehens in einen Insolvenzplan (Insolvenzplandarlehen) schließt die Anwendbarkeit nicht aus.[62] Erfasst werden auch **kurzfristige Überbrückungsdarlehen**. Mit der Einbeziehung aller Gesellschafterdarlehen 27

54 BGH Urteil v. 28.6.2012 IX ZR 191/11; BGHZ 106, 7, 11 = NJW 1989, 982; BGH DStR 2006, 860 = ZIP 2006, 703; OLG Frankfurt/M., GmbHR 1997, 892; OLG Saarbrücken, ZIP 1999, 2150; Baumbach/Hueck/*Hueck/Fastrich*, § 30 Anh. Rn. 44; Lutter/Hommelhoff/*Kleindiek*, Anh. § 64 Rn. 125; *Wicke*, Anh. § 30 Rn. 8; *Krolop*, GmbHR 2009, 397, 398; a.A. Roth/Altmeppen/*Altmeppen*, § 32a a.F. Rn. 179: besondere Einflussrechte nicht erforderlich. Abzugrenzen von der Konstellation, dass ein Gesellschafter Finanzmittel nicht in Form eines Darlehens, sondern als stille Gesellschaft bereitstellt (siehe Rn. 38).

55 *Wicke*, Anh. § 30 Rn. 8; Lutter/Hommelhoff/*Kleindiek*, Anh. § 64 Rn. 125; *Gehrlein*, BB 2008, 846, 850, *Neuhof*, NJW 1999, 20, 21; einschränkend auch Baumbach/Hueck/*Hueck/Fastrich*, § 30 Anh. Rn. 46; a.A. Roth/Altmeppen/*Altmeppen*, § 32a a.F. Rn. 183.

56 Michalski/*Dahl*, Anh. II §§ 32a, 32b a.F. Rn. 12; Lutter/Hommelhoff/*Kleindiek*, Anh. § 64 Rn. 126. Zum alten Recht BGHZ 119, 191, 195 = NJW 1992, 3035. Zu Recht ablehnend Baumbach/Hueck/*Hueck/Fastrich*, § 30 Anh. Rn. 46; Roth/Altmeppen/*Altmeppen*, § 32a Rn. 180; *Wicke*, Anh. § 30 Rn. 8; *Habersack*, ZIP 2007, 2145, 2149; *Freitag*, WM 2007, 1681, 1682. Vereinzelt werden auch bloße Darlehensgeber mit weitreichenden Einflussrechten einbezogen, vgl. Henssler/Strohn/*Fleischer* § 30 Anh./§ 39 InsO Rn. 14; ablehnend Baumbach/Hueck/*Hueck/Fastrich*, § 30 Anh. Rn. 47.

57 *Wicke*, Anh. § 30 Rn. 8; *Haas* ZInsO 2007, 617, 620.

58 Michalski/*Dahl*, Anh. II §§ 32a, 32b a.F. Rn. 13; Lutter/Hommelhoff/*Kleindiek*, Anh. § 64 Rn. 124; Henssler/Strohn/*Fleischer* § 30 Anh./§ 39 InsO Rn. 15. So bisherige Rechtsprechung BGHZ 81, 311, 315 = NJW 1982, 383; BGHZ 81, 365, 368 = NJW 1982, 386; BGH NJW 1999, 2822; BGH GmbHR 2012, 641; OLG Düsseldorf, GmbHR 1997, 353; OLG München, GmbHR 1992, 663, OLG Hamburg, ZIP 2006, 129 (Zwischenholding); OLG Karlsruhe, ZIP 2007, 1158 = GmbHR 2007, 647 (mittelbare Beteiligung); Anders Roth/Altmeppen/*Altmeppen*, § 32a a.F. Rn. 153 ff.: mittelbare Beteiligung mit Risikokapital maßgeblich, so dass Schwestergesellschaft nicht selbst den Vorschriften unterliegt; einschränkend für Schwestergesellschaften im Aktienkonzern auch BGH ZIP 2008, 1230 = GmbHR 2008, 758. Zum Teil wurde früher eine unwiderlegliche Vermutung nur für den Vertragskonzern angenommen und im Übrigen auf weitere qualifizierte Umstände abgestellt, vgl. Scholz/*K. Schmidt*, Erg. Bd. MoMiG, Gter-Fremdfinanz Rn. 22; Scholz/*K. Schmidt*, §§ 32a, 32b Rn. 149; Michalski/*Heidinger*, §§ 32a, 32b a.F. Rn. 203.

59 Zum bisherigen Recht BGHZ 168, 285 = NJW 2006, 3279; Ulmer/Habersack/Winter/*Habersack*, §§ 32a/b Rn. 35; a.A. *Hommelhoff*, WM 1984, 1110.

60 Henssler/Strohn/*Fleischer* § 30 Anh./§ 39 InsO Rn. 2; Michalski/*Heidinger*, §§ 32a, 32b a.F. Rn. 99; Scholz/*K. Schmidt*, Erg. Bd. MoMiG, Gter-Fremdfinanz Rn. 20; Scholz/*K. Schmidt*, §§ 32a, 32b Rn. 29.

61 Roth/Altmeppen/*Altmeppen*, § 32a a.F. Rn. 32; Baumbach/Hueck/*Hueck/Fastrich*, § 30 Anh. Rn. 499.

62 Baumbach/Hueck/*Hueck/Fastrich*, § 30 Anh. Rn. 24.

ohne Berücksichtigung des Tatbestands der Krisenfinanzierung ist die bisherige Rechtsprechung[63] zu diesen besonders gelagerten Ausnahmefällen (die Gesellschaft ist für kurze Zeit dringend auf die Zufuhr von Geldmitteln angewiesen und aufgrund ihrer wirtschaftlichen Lage kann mit der fristgerechten Rückzahlung objektiv gerechnet werden) auf das jetzige Recht nicht anwendbar.[64]

28 Darlehensleistungen werden auch im Rahmen eines **cash pooling** erbracht: Wenn die poolführende Gesellschaft an der (später insolventen) Gesellschaft unmittelbar oder mittelbar (siehe Rn. 26) beteiligt ist, so bedeutet der Ausgleich eines Sollsaldos dieser Gesellschaft ein Gesellschafterdarlehen. Eine spätere Verrechnung dieses Darlehens mit einem Habensaldo der Gesellschaft führt zur Anfechtbarkeit nach § 135 Abs. 1 Nr. 2 InsO.[65]

29 Die Anwendung der neuen Vorschriften setzt nicht voraus, dass die Gesellschaft im Zeitpunkt der Darlehensgewährung in der Krise war (siehe Rn. 3). Nach dem bisherigen Recht (§ 32a Abs. 1 GmbHG a.F.) lag eine **Krise** vor, wenn die Gesellschafter als ordentliche Kaufleute Eigenkapital zugeführt hätten. Hierzu wurde auf das Merkmal der **Kreditunwürdigkeit** abgestellt, die jedenfalls bei Insolvenzreife und im Übrigen dann gegeben war, wenn die Gesellschaft von dritter Seite zu marktüblichen Bedingungen keinen Kredit mehr bekommen hätte und sie ohne Zuführung von Eigenkapital oder von Gesellschafterdarlehen zu liquidieren gewesen wäre.[66] Die nachträgliche Feststellung der Kreditunwürdigkeit erfolgte in der Rechtsprechung durch verschiedene Indizien, etwa die Vereinbarung ungewöhnlicher Kreditbedingungen,[67] das Fehlen von Sicherheiten und stillen Reserven[68] oder die Verwendung des Darlehens für Investitionen, die üblicherweise zumindest teilweise eigenkapitalfinanziert werden.[69] Diese im Einzelfall schwierige Beurteilung wird nunmehr durch die typisierende Betrachtungsweise der neuen Regeln, die pauschal alle Gesellschafterdarlehen einbeziehen, aufgegeben. Zu einer Verschärfung der Haftung gegenüber dem alten Recht führt dies vor allem dann, wenn die Insolvenzeröffnung durch ein unvorhergesehenes Ereignis herbeigeführt wird und die Insolvenzanmeldung zum ehestmöglichen Zeitpunkt erfolgt, der Gesellschafter nach dem bisherigen Recht also gar keine Finanzierungsentscheidung in der Krise zulasten der Gesellschaftsgläubiger getroffen hat.[70]

30 Der Gesellschafter kann sich nicht darauf berufen, dass die Gesellschaft bei Rückzahlung des Darlehens nicht mehr in der Krise war (**Entsperrung**),[71] da generell und unabhängig von der Kreditwürdigkeit der Gesellschaft alle Rückzahlungen innerhalb des letzten Jahres erfasst werden. Die frühere Rechtsprechung entnahm schon bislang den § 32b GmbHG a.F., § 135 Abs. 1 Nr. 2 InsO die unwiderlegliche Vermutung, dass die Gesellschaft bei Rückzahlungen innerhalb des letzten Jahres vor Insolvenzeröffnung (noch) kreditunwürdig war.[72]

63 BGHZ 90, 381, 394 = NJW 1984, 1893; BGHZ 75, 334, 337 = NJW 1980, 592; BGH NJW 1997, 3171; BGH GmbHR 1995, 33; BGH DStR 2006, 2140 = ZIP 2006, 2130: zeitliche Grenze von drei Wochen entsprechend § 64 Abs. 1.
64 Michalski/*Dahl,* Anh. II §§ 32a, 32b a.F. Rn. 21.
65 Michalski/*Dahl*, Anh. II §§ 32a, 32b Rn. 33 f.; *Wicke*, Anh. § 30 Rn. 12.
66 BGHZ 76, 326, 329 = NJW 1980, 1524; BGHZ 81, 311, 318 = NJW 1982, 383; BGHZ 90, 370, 390 = NJW 1984, 1891; BGH DZwiR 2012, 196; zur Abgrenzung von Insolvenzreife und Kreditunwürdigkeit: BGH ZIP 2006, 996 = GmbHR 2006, 703.
67 BGHZ 104, 35, 41 = NJW 1988, 1841 (besonders niedrige Verzinsung); OLG Düsseldorf, ZIP 1989, 586 = GmbHR 1990, 134 (besonders hohe Verzinsung).
68 BGH ZIP 1995, 646 = GmbHR 1995, 381; BGH NJW 1996, 720.
69 Michalski/*Heidinger*, §§ 32a, 32b a.F. Rn. 55; Ulmer/Habersack/Winter/*Habersack*, §§ 32a/b Rn. 65.
70 Hierzu Lutter/Hommelhoff/*Kleindiek*, Anh. § 64 Rn. 112; *Haas*, ZInsO 2007, 617, 621; *Mülbert*, WM 2006, 1977, 1978; *Noack*, DB 2006, 1475, 1480; *Noack*, DB 2007, 1395, 1398; *Kleindiek*, ZGR 2006, 335, 358; *Schäfer*, DStR 2006, 1085, 1088; *Burg/Westerheide*, BB 2008, 62, 63; *Jacoby*, ZGR 2007, 271, 273; *Spindler*, JZ 2006, 839, 845; *Apfelbaum*, notar 2008, 160, 173; *Burg/Poertzgen*, ZInsO 2008, 473, 476.
71 *Haas*, ZInsO 2007, 617, 621; zum früheren Recht: BGHZ 90, 370, 381 = NJW 1984, 1891; BGHZ 81, 365, 367 = NJW 1982, 386; BGH DStR 2005, 117 = ZIP 2005, 82; BGH DStR 2006, 478 = ZIP 2006, 466; BGH NJW 2006, 225; OLG München, GmbHR 2006, 424; Roth/Altmeppen/*Altmeppen*, § 32a a.F. Rn. 49.
72 Von der Erkennbarkeit (§ 51a GmbHG) ist regelmäßig auszugehen, BGHZ 90, 370, 381 = NJW 1984, 1891; BGH DStR 2006, 478 = ZIP 2006, 466; BGH ZIP 1990, 98 = GmbHR 1990, 122; Ulmer/Habersack/Winter/*Habersack*, §§ 32a/b Rn. 81; kritisch: Roth/Altmeppen/*Altmeppen*, § 32a a.F. Rn. 43; Scholz/*K. Schmidt*, §§ 32a, 32b Rn. 54.

31 Die Aufgabe des Kriteriums der Finanzierung in der Krise durch die pauschale Einbeziehung aller Darlehen führt dazu, dass auch die Fälle des **Stehenlassens von Darlehen** stets erfasst sind (anders Rn. 39).[73] Früher wurden solche Darlehen nur dann umqualifiziert, wenn die Gesellschaft erst nach Gewährung des Darlehens kreditunwürdig wurde, dies für den Gesellschafter erkennbar war[74] und er – auch ohne ausdrückliche Stundungsvereinbarung[75] – die Finanzierungsleistung nicht dadurch beendete, dass er von seinem Recht zur außerordentlichen Kündigung aus wichtigem Grund Gebrauch macht[76] oder die Gesellschaft liquidiert.[77]

2. Sanierungsprivileg

32 In **§ 39 Abs. 4 Satz 2 InsO** wurde das 1998 durch das KonTraG eingeführte Sanierungsprivileg (§ 32a Abs. 3 Satz 3 GmbHG a.F.)[78] beibehalten. Damit soll es Gläubigern der Gesellschaft ermöglicht werden, sich an der Sanierung einer Gesellschaft durch die Bereitstellung von Eigenkapital zu beteiligen, ohne befürchten zu müssen, dass ihre bestehenden Darlehen sowie neue Sanierungsdarlehen den strengen Vorschriften über die Behandlung von Gesellschafterdarlehen unterliegen. Vom Privileg werden auch einem Darlehen gleichgestellte Rechtshandlungen des Sanierungsgesellschafters erfasst.[79] Der Sanierungsgesellschafter muss nicht notwendig schon Gläubiger sein; es reicht, wenn der Erwerb der Geschäftsanteile mit der Gewährung des Darlehens zusammenfällt[80].

33 Eine allgemeine Privilegierung von Sanierungsdarlehen aller Gesellschafter ist damit nicht verbunden. Das Sanierungsprivileg gilt nur für solche **Personen**, die vor dem Anteilserwerb nicht in den Anwendungsbereich des § 39 Abs. 1 Nr. 5 InsO fallen, also weder Gesellschafter noch gleichgestellte Dritte (siehe Rn. 23) sind, oder die vor dem Hinzuerwerb der weiteren Anteile noch Kleinbeteiligte (siehe Rn. 18) sind.[81]

34 Der Gläubiger muss **Anteile erwerben**, entweder durch Übernahme von Anteilen von Alteigentümern oder durch Zeichnung neuer Anteile aus einer Kapitalerhöhung.[82] Die Übernahme einer Stellung als gleichgestellter Dritter genügt, etwa die eines atypisch stillen Gesellschafters (siehe Rn. 25).[83]

35 Das bisherige Merkmal des Anteilserwerbs in der Krise der Gesellschaft wurde ersetzt durch den **Zeitpunkt** der drohenden oder eingetretenen Zahlungsunfähigkeit sowie der Überschuldung. Die

73 *Haas*, ZInsO 2007, 617, 621.

74 BGHZ 105, 168, 186 = NJW 1988, 3143; BGHZ 127, 336, 343 = NJW 1995, 326; BGH NJW 1994, 457; BGH NJW 1996, 722-.

75 BGH NJW 1992, 1169; BGHZ 127, 336, 345 = NJW 1995, 326.

76 BGHZ 75, 334, 338 = NJW 1980, 592; BGHZ 81, 252, 257 = NJW 1981, 2570; BGHZ 121, 31, 35 = NJW 1993, 392.

77 BGHZ 121, 31, 35 = NJW 1993, 392; BGHZ 127, 1, 6 = NJW 1994, 2353; BGHZ 127, 336, 345 = NJW 1995, 326; BGHZ 133, 298, 302 = NJW 1996, 3203.

78 Nur anwendbar für Anteilserwerbe ab dem 1.5.1998, BGHZ 127, 129, 145 = ZIP 2007, 1816; OLG Jena, ZIP 2005, 2218; Ulmer/Habersack/Winter/*Habersack*, §§ 32a/b Rn. 18; zu § 32a Abs. 3 Satz 2 GmbHG a.F. vgl. BGH DStR 2005, 1705 = ZIP 2005, 1638.

79 OLG Düsseldorf, GmbHR 2004, 564; Henssler/Strohn/*Fleischer* § 30 Anh./§ 39 InsO Rn. 19.

80 OLG Düsseldorf, GmbHR 2004, 564; Henssler/Strohn/*Fleischer* § 30 Anh./§ 39 InsO Rn. 19.

81 Begründung MoMiG, BT-Drucks. 16/6140, S. 57; Baumbach/Hueck/*Hueck/Fastrich*, Anh. § 30 Rn. 74; Michalski/*Dahl*, Anh. II §§ 32a, 32b a.F. Rn. 20; Henssler/Strohn/*Fleischer* § 30 Anh./§ 39 InsO Rn. 17; *Gehrlein, WM 2011, 577, 584; Hirte/Knof*, WM 2009, 1961, 1963; *Dauner-Lieb*, DStR 1998, 1517, 1520; *Pichler*, WM 1999, 411, 415; a.A. Roth/Altmeppen/*Altmeppen*, Anh. §§ 32a, b Rn. 37; *Pentz*, GmbHR 1999, 437, 449; *Dörrie*, ZIP 1999, 12, 17. Kritisch zur Beibehaltung der bisherigen Rechtslage: *Bork*, ZGR 2007, 250, 259; *Knof*, ZInsO 2007, 125, 129; *Haas*, ZInsO 2007, 617, 624; *Burg/Poertzgen*, ZInsO 2008, 473, 474; *Pentz*, ZIP 2006, 1169, 1173; *Gehrlein*, BB 2008, 846, 851;

82 Henssler/Strohn/*Fleischer* § 30 Anh./§ 39 InsO Rn. 17; Baumbach/Hueck/*Hueck/Fastrich*, § 30 Anh. 75; *Seibert*, GmbHR 1998, 309, 310; *Pentz*, ZIP 2006, 1169, 1172; zur Umwandlung von Fremdkapital in Eigenkapital *Redeker*, BB 2007, 673. Weitergehend Roth/Altmeppen/*Altmeppen*, Anh. §§ 32a, b Rn. 38 f., der stets zusätzlich die Gewährung eines Sanierungskredits verlangt.

83 OLG Düsseldorf, ZIP 2004, 508; Lutter/Hommelhoff/*Kleindiek*, Anh. § 64 Rn. 130; Baumbach/Hueck/*Hueck/Fastrich*, § 30 Anh. Rn. 76; Ulmer/Habersack/Winter/*Habersack*, §§ 32a/b Rn. 199; *Pentz*, ZIP 2006, 1169, 1173; differenzierend: Rowedder/Schmidt-Leithoff/*Pentz*, § 32a Rn. 116 ff.

Privilegierung hält bis zur nachhaltigen Sanierung der Gesellschaft an (**Dauer**).[84] Scheitert die Sanierung, so werden die Darlehen des privilegierten Sanierungsgesellschafters nicht umqualifiziert. Der Gesellschafter kann seine Forderung als normaler Insolvenzgläubiger geltend machen; erfolgte Tilgungen sind nicht zurückzuerstatten.[85] Das Sanierungsprivileg hängt nicht vom Eintritt des Sanierungserfolgs ab. Ist die Sanierung nachhaltig erfolgreich und kommt es später zur Insolvenz, so unterliegen jedoch alle Darlehen des ehemaligen Sanierungsgesellschafters den allgemeinen Vorschriften über Gesellschafterdarlehen.[86]

36 Die Beteiligung des Gesellschafters muss zum **Zweck der Sanierung** der Gesellschaft erfolgen. Dies erfordert, dass die Gesellschaft – neben dem im Regelfall als selbstverständlich zu vermutenden Sanierungswillen – nach der pflichtgemäßen Einschätzung eines objektiven Dritten im Augenblick des Anteilserwerbs objektiv sanierungsfähig ist (Sanierungsfähigkeit) und die für ihre Sanierung konkret in Angriff genommenen Maßnahmen zusammen objektiv geeignet sind, die Gesellschaft in überschaubarer Zeit durchgreifend zu sanieren (Sanierungseignung).[87] Der Sanierungswille fehlt, wenn der Anteilserwerb ausschließlich dazu dient, auf die Rückzahlung eigener Forderungen Einfluss zu nehmen.[88]

37 Die Beweislast für die Erfüllung des Merkmals „Zweck der Sanierung" trägt der Sanierungsgesellschafter, wobei es auf die Ex-ante-Prognose ankommt. Hierzu ist das **Sanierungskonzept** entsprechend zu **dokumentieren**.[89] Auch ein externes Sanierungsgutachten kann die spätere Beweisführung erleichtern.

3. Gleichgestellte Gesellschafterleistungen

38 In **§ 39 Abs. 1 Nr. 5 InsO** werden die wirtschaftlich einer Darlehensgewährung vergleichbaren Gesellschafterleistungen erfasst (bisher § 32a Abs. 3 Satz 1 GmbHG a.F.).[90] Zu den kreditähnlichen Rechtshandlungen zählen unter anderem die Gewährung einer **stillen Beteiligung**[91] neben dem Geschäftsanteil, das **unechte Factoring** (Forderungskauf mit Rückbelastungsmöglichkeit)[92], die Belieferung unter **Eigentumsvorbehalt**[93] und das **Finanzierungsleasing**, auch in Form von „Sale-and-lease-back"-Geschäften.[94]

---

84 Baumbach/Hueck/*Hueck/Fastrich*, Anh. § 30 Rn. 76; *Gehrlein, WM 2011, 577, 584 f.; Hirte/Knof*, WM 2009, 1961, 1969; *Hölzle*, GmbHR 2007, 729, 733; kritisch: *Haas*, ZInsO 2007, 617, 625; zur nachhaltigen Sanierung OLG München, GmbHR 2006, 424.

85 Roth/Altmeppen/*Altmeppen*, Anh. §§ 32a, b Rn. 46, 47, vgl. auch Rn. 44, wonach eine Privilegierung aber dann entfällt, wenn der Gesellschafter nach Feststellung des nachhaltigen Scheiterns der Sanierung sein Darlehen nicht abzieht.

86 Baumbach/Hueck/*Hueck/Fastrich*, Anh. § 30 Rn. 76; Henssler/Strohn/*Fleischer* § 30 Anh./§ 39 InsO Rn. 20; Ulmer/Habersack/Winter/*Habersack*, §§ 32a/b Rn. 204; Scholz/*K. Schmidt*, Erg. Bd. MoMiG, Gter-Fremdfinanz Rn. 30.

87 BGHZ 165, 106, 112 = NJW 2006, 279; Henssler/Strohn/*Fleischer* § 30 Anh./§ 39 InsO Rn. 18; *Hirte/Knof*, WM 2009, 1961, 1967; kritisch: Ulmer/Habersack/Winter/*Habersack*, §§ 32a/b Rn. 202; Scholz/*K. Schmidt*, §§ 32a, 32b Rn. 217.

88 Henssler/Strohn/*Fleischer* § 30 Anh./§ 39 InsO Rn. 18; Baumbach/Hueck/*Hueck/Fastrich*, § 30 An. Rn. 76.

89 BGHZ 165, 106, 113 = NJW 2006, 279; *Pentz*, ZIP 2006, 1169, 1171.

90 Begründung MoMiG, BT-Drucks. 16/6140, S. 56.

91 BGH NZG 2005, 137, 138; Henssler/Strohn/*Fleischer* § 30 Anh./§ 39 InsO Rn. 4; Baumbach/Hueck/*Hueck/Fastrich*, § 30 Anh. Rn. 54; Roth/Altmeppen/*Altmeppen*, § 32a a.F. Rn. 218; Michalski/*Heidinger*, §§ 32a, 32b a.F. Rn. 156; *Gehrlein*, BB 2008, 846, 850.

92 OLG Köln, ZIP 1986, 1585; Baumbach/Hueck/*Hueck/Fastrich*, § 30 Anh. Rn. 56; Henssler/Strohn/*Fleischer* § 30 Anh./§ 39 InsO Rn. 4; Roth/Altmeppen/*Altmeppen*, § 32a a.F. Rn. 216.

93 OLG Celle, NZG 1999, 75; Baumbach/Hueck/*Hueck/Fastrich*, Anh. § 30 Rn. 56; a.A. Roth/Altmeppen/*Altmeppen*, § 32a a.F. Rn. 211.

94 BGH ZIP 1991, 1057; OLG Düsseldorf, GmbHR 1997, 353; Baumbach/Hueck/*Hueck/Fastrich*, Anh. § 30 Rn. 56; Henssler/Strohn/*Fleischer* § 30 Anh./§ 39 InsO Rn. 4; a.A. Roth/Altmeppen/*Altmeppen*, § 32a a.F. Rn. 213, 215.

Die **Stundung einer Nichtdarlehensforderung** kann einer Darlehensgewährung entsprechen, wenn die marktüblichen Zahlungsfristen deutlich überschritten werden.[95] Einer Stundungsvereinbarung bedarf es nicht, vielmehr genügt ein bloßes Stehenlassen der Forderung, also das Unterlassen der Geltendmachung des Anspruchs.[96] Erfasst werden auch stehen gelassene Vergütungen aus Dienstleistungsverträgen, insbesondere nicht abgerufene Vergütungen eines Gesellschaftergeschäftsführers, nicht jedoch die Dienstleistung als solche.[97] Eine Stundung ist auch die nicht rechtzeitige Geltendmachung des Regressanspruchs wegen Tilgung einer Verbindlichkeit der Gesellschaft.[98] 39

4. Nutzungsüberlassung

Zu den in § 39 Abs. 1 Nr. 5 InsO gleichgestellten Gesellschafterleistungen zählt im Ergebnis weiterhin die Nutzungsüberlassung. Deren Rechtsfolgen sind in **§ 135 Abs. 3 InsO** gesondert geregelt. Nach **altem Recht** wurde die (eigenkapitalersetzende) Nutzungsüberlassung als eine der Darlehensgewährung wirtschaftlich vergleichbare Finanzierungsleistung (§ 32a Abs. 3 Satz 1 GmbHG a.F.) angesehen.[99] Mit Aufgabe des Merkmals der eigenkapitalersetzenden Funktion von Gesellschafterleistungen (siehe Rn. 3) ging man zunächst davon aus, dass der bisherigen Rechtsprechung zu den (eigenkapitalersetzenden) Nutzungsüberlassungen die dogmatische Grundlage entzogen sei.[100] Den hiergegen erhobenen Bedenken wurde im Gesetzgebungsverfahren mit der neuen Regelung des § 135 Abs. 3 InsO Rechnung getragen.[101] Nur vor diesem Hintergrund lässt sich die verunglückte, systematische Stellung der Vorschrift im Bereich der Anfechtungsvorschriften von Gesellschafterdarlehen erklären. Die Regelung passt eher zu den Vorschriften der §§ 103 ff. InsO, die neben § 135 Abs. 3 InsO zur Anwendung kommen.[102] § 135 Abs. 3 InsO hat dann Bedeutung, wenn der Insolvenzverwalter den Gegenstand zunächst weiternutzt, obwohl er das Nutzungsverhältnis im Übrigen, insbesondere bei einer Laufzeit über den Jahreszeitraum hinaus, nach § 109 InsO kündigt.[103] 40

Der Kreis der betroffenen Gesellschaftsformen (siehe Rn. 13) entspricht den allgemeinen Vorschriften über Gesellschafterdarlehen. Im Übrigen sind im Bereich des **persönlichen Anwendungsbereichs** noch viele Fragen offen. Die Verortung der Vorschrift im Bereich der Gesellschafterdarlehen rechtfertigt nicht eine pauschale Einbeziehung der nach den allgemeinen Vorschriften gleichge- 41

95 BGHZ 81, 311, 317 = NJW 1982, 383; BGH NJW 1995, 457; BGH DStR 2005, 117 = ZIP 2005, 82; Henssler/Strohn/*Fleischer* § 30 Anh./§ 39 InsO Rn. 6; Roth/Altmeppen/*Altmeppen*, Anh. §§ 32a, b Rn. 52; Baumbach/Hueck/*Hueck/Fastrich*, Anh. § 30 Rn. 53.

96 BGH NJW 1995, 457; Henssler/Strohn/*Fleischer* § 30 Anh./§ 39 InsO Rn. 7; Roth/Altmeppen/*Altmeppen*, § 32a Rn. 192.

97 BGHZ 180, 38 = NJW 2009, 2375; Roth/Altmeppen/*Altmeppen*, § 32a a.F. Rn. 219; Rowedder/Schmidt-Leithoff/*Pentz*, § 32a Rn. 169; Ulmer/Habersack/Winter/*Habersack*, §§ 32a/b Rn. 124; *Lingl*, DZWiR 2006, 276, 277; a.A. *Haas*, NZI 2002, 457, 461; *Haas/Dittrich*, DStR 2001, 623; vgl. auch OLG Hamm, DStR 1992, 591 = GmbHR 1992, 607.

98 Henssler/Strohn/*Fleischer* § 30 Anh./§ 39 InsO Rn. 5.

99 BGHZ 109, 55, 58 = NJW 1990, 516; BGHZ 121, 31, 33 = NJW 1993, 392; BGHZ 127, 1 = NJW 1994, 2349; BGHZ 127, 17 = NJW 1994, 2760; BGH DStR 2005, 705 = ZIP 2005, 660; BGHZ 166, 125 = NJW 1996, 1800; Baumbach/Hueck/*Hueck/Fastrich*, § 30 Anh. Rn. 79; a.A. Scholz/*K. Schmidt*, Erg. Bd. MoMiG, Gter-Fremdfinanz Rn. 64; Scholz/*K. Schmidt*, §§ 32a, 32b Rn. 66, 135; Roth/Altmeppen/*Altmeppen*, § 32a a.F. Rn. 202 ff.; *Kallmeyer*, GmbHR 1994, 290; zur Situation bei Insolvenz des GmbH-Gesellschafters: BGH NJW 2008, 2188; *Henkel*, GmbHR 2007, 139.

100 Begründung MoMiG, BT-Drucks. 16/6140, S. 56; Beschlussempfehlung Rechtsausschuss MoMiG, BT-Drucks. 16/9737; *K. Schmidt*, GmbHR 2007, 1, 9; *Heinze*, ZIP 2008, 110; *Habersack*, ZIP 2007, 2145, 2150; *Noack*, DB 2007, 1395, 1398; *Bayer/Graff*, DStR 2006, 1654, 1659; *Gehrlein*, BB 2008, 846, 851; einschränkend: *Hölzle*, ZinsO 2007, 421; *Hölzle*, GmbHR 2007, 729, 735; *Knof*, ZInsO 2007, 125, 129.

101 *Seibert/Decker*, ZIP 2008, 1208, 1212; *Wedemann*, WM 2008, 1381, 1385.

102 Baumbach/Hueck/*Hueck/Fastrich*, Anh. § 30 Rn. 80; Michalski/*Dahl*, Anh. II §§ 32a, 32b Rn. 54; Lutter/Hommelhoff/*Kleindieck*, Anh. § 64 Rn. 137; Roth/Altmeppen/*Altmeppen*, Anh. §§ 32a, b Rn. 82, 85; *Rühle*, ZIP 2009, 1358, 1362.

103 Beschlussempfehlung Rechtsausschuss MoMiG, BT-Drucks. 16/9737; Henssler/Strohn/*Fleischer*, § 30 Anh./§ 135 InsO Rn. 11; Scholz/*K. Schmidt*, Erg. Bd. MoMiG, Gter-Fremdfinanz Rn. 78; *Fliegner*, DB 2008, 1668, 1670; *Wälzholz*, GmbHR 2008, 841, 848. Umstritten ist die Anwendbarkeit der in § 135 Abs. 3 InsO vorgesehenen Berechnung des Nutzungsentgelts bei Fortsetzung des Nutzungsverhältnisses nach § 108 InsO, vgl. *Wicke*, Anh. § 30 Rn. 16; Michalski/*Dahl*, Anh. II §§ 32a, 32b Rn. 49.

stellten Dritten (siehe Rn. 23)[104]. Allerdings sind verbundene Unternehmen und einem Gesellschafter nahe stehende Personen schon zur Vermeidung von Umgehungsgestaltungen einzubeziehen[105], ebenso der Gesellschafter, der bei „Stehenlassen" des Nutzungsverhältnisses innerhalb der Jahresfrist entsprechend § 135 Abs. 1 Nr. 2 InsO aus der Gesellschaft ausgeschieden ist (siehe Rn. 15)[106]. Wird dagegen das Nutzungsverhältnis vor Insolvenzantrag beendet, begründet Abs. 3 keine Anfechtungsmöglichkeit durch Rückforderung der Nutzungsmöglichkeit.[107] Das Sanierungsprivileg (siehe Rn. 32) und das Kleinbeteiligtenprivileg (siehe Rn. 18) gelten entsprechend (§ 135 Abs. 4 InsO).[108]

42 Der **sachliche Anwendungsbereich** der Vorschrift betrifft bewegliche und unbewegliche Gegenstände, insbesondere Grundstücke und Gebäude, sowie Rechte (auch Schutzrechte), die für die Fortführung des Unternehmens von erheblicher Bedeutung sind (vgl. § 21 Abs. 2 Satz 1 Nr. 5 InsO). Der Insolvenzverwalter trägt hierfür die Darlegungs- und Beweislast. Typischer Anwendungsfall ist die **Betriebsaufspaltung**: Der Gesellschafter oder eine von ihm beherrschte Besitzgesellschaft verpachtet das gesamte Anlagevermögen oder dessen wesentliche Teile, insbesondere Grundbesitz, an die Betriebs-GmbH. Auch sonst wird sich die Bedeutung für die Betriebsfortführung im Regelfall aus der Art und Umfang der bisherigen Nutzung ergeben. Sie fehlt, wenn der Insolvenzverwalter lediglich zur Einnahmeerzielung den Gegenstand an Dritte weitervermieten möchte.[109] Die Vorschrift gilt nicht für Dienstleistungen des Gesellschafters.[110]

43 Abweichend vom bisherigen Recht kommt es nicht auf die Bereitstellung bzw. das Stehenlassen der überlassenen Gegenstände im Zeitpunkt der Krise an (siehe Rn. 29). Nach altem Recht war die Nutzungsüberlassung nur dann eigenkapitalersetzend, wenn die GmbH insolvenzreif oder überlassungsunwürdig war. Unterschieden wurde dabei zwischen Standardwirtschaftsgütern, deren Überlassung nur eine geringe Bonität der Gesellschaft voraussetzt, und speziellen Wirtschaftsgütern, die nur kreditwürdigen Gesellschaften vermietet bzw. verpachtet werden.[111]

44 Als **Rechtsfolge** ordnet § 135 Abs. 3 InsO an, dass der Gesellschafter seinen **Aussonderungsanspruch** während der Dauer des Insolvenzverfahrens, höchstens aber für eine Zeit von einem Jahr ab dessen Eröffnung, **nicht geltend machen** kann (Besitzrecht für die Gesellschaft). Damit muss der Gesellschafter nicht mehr die unentgeltliche Weiternutzung durch den Insolvenzverwalter für die ursprünglich vereinbarte Vertragsdauer dulden, die im Falle ihrer Unangemessenheit an die übliche Dauer angepasst wurde – so noch das bisherige Recht.[112] Das Abzugsverbot ist nunmehr auf den Zeitraum von einem Jahr ab Eröffnung des Insolvenzverfahrens begrenzt. Der Gesetzgeber geht davon aus, dass der Insolvenzverwalter bei ernsthaften Sanierungschancen innerhalb dieser Frist eine weitergehende Vereinbarung erreicht.[113] Die Rechtsfolgen in § 135 Abs. 3 InsO sind zwingend; insolvenzbezogene Lösungsklauseln in Überlassungsverträgen sind unwirksam.[114]

---

104 Roth/Altmeppen/*Altmeppen*, Anh. §§ 32a, b Rn. 85; Michalski/*Dahl*, Anh. II §§ 32a 32b Rn. 46; *Spliedt*, ZIP 2009, 149, 156; a.A. Scholz/*K. Schmidt*, Erg. Bd. MoMiG, Gter-Fremdfinanz Rn. 73; Henssler/Strohn/*Fleischer*, § 30 Anh./§ 135 InsO Rn. 10.
105 Baumbach/Hueck/*Hueck/Fastrich*, Anh. § 30 Rn. 83; *Wicke*, Anh. § 30 Rn. 17.
106 *Wicke*, Anh. § 30 Rn. 17; Michalski/*Dahl*, Anh. II §§ 32a, 32b Rn. 46; jeweils auch zum vorinsolvenzlichen Erwerber des der Gesellschaft überlassenen Gegenstands.
107 Roth/Altmeppen/*Altmeppen*, Anh. §§ 32a, b Rn. 84; Michalski/*Dahl*, Anh. II §§ 32a, 32b Rn. 59; Scholz/*K. Schmidt*, Erg. Bd. MoMiG, Gter-Fremdfinanz Rn. 72; Ulmer/Habersack/Winter/*Habersack*, Erg. Bd. MoMiG § 30 Rn. 65; *Spliedt*, ZIP 2009, 149, 158; a.A. *Marotzke*, ZInsO 2008, 1281, 1285; offen Lutter/Hommelhoff/*Kleindiek*, Anh. § 64 Rn. 141.
108 *Wicke*, Anh. § 30 Rn. 17; Lutter/Hommelhoff/*Kleindiek*, Anh. § 64 Rn. 139; a.A. Roth/Altmeppen/*Altmeppen*, Anh. §§ 32a, b Rn. 94; *Altmeppen* NJW 2008, 3601, 3607, kritisch auch Michalski/*Dahl*, Anh. II §§ 32a 32b Rn. 45.
109 Henssler/Strohn/*Fleischer*, § 30 Anh./§ 135 InsO Rn. 9.
110 Henssler/Strohn/*Fleischer*, § 30 Anh./§ 135 InsO Rn. 9; vgl. auch BGHZ 180, 38 = NJW 2009, 2375.
111 BGHZ 109, 55, 62 = NJW 1990, 516; BGHZ 121, 31, 38 = NJW 1993, 392; BGH DStR 2006, 1144 = ZIP 2006, 996; Ulmer/Habersack/Winter/*Habersack*, §§ 32a/b Rn. 108 ff.; Michalski/*Heidinger*, §§ 32a, 32b a.F. Rn. 187 ff.
112 BGHZ 127, 1, 10 = NJW 1994, 2349; BGHZ 127, 17, 26 = NJW 1994, 2760; BGHZ 140, 147, 150 = NJW 1999, 577; BGH DStR 2005, 611 = ZIP 2005, 484.
113 Beschlussempfehlung Rechtsausschuss MoMiG, BT-Drucks. 16/9737.
114 Scholz/*K. Schmidt*, Erg. Bd. MoMiG, Gter-Fremdfinanz Rn. 69.

Anders als nach dem bisherigen Recht muss der Gesellschafter nicht auf das **Nutzungsentgelt** verzichten, sondern erhält einen Ausgleich. Es handelt sich um eine Masseverbindlichkeit (§ 55 InsO). Die Höhe dieses Entgelts bestimmt sich nicht nach dem marktüblichen Nutzungsentgelt, sondern nach dem durchschnittlichen, im letzten Jahr tatsächlich bezahlten Betrag. Entgegen dem Wortlaut ist hierfür der Jahreszeitraum vor Antragsstellung und nicht der Jahreszeitraum vor Verfahrenseröffnung maßgeblich; sonst hätte die Dauer der unentgeltlichen Nutzung durch den vorläufigen Insolvenzverwalter Einfluss auf die Höhe des von ihm später an den Gesellschafter zu zahlenden Entgelts.[115] Strittig ist die Rechtslage (unentgeltliche Fortsetzung des Nutzungsverhältnisses oder Zahlung eines angemessenen Entgelts), wenn im maßgeblichen Zeitraum kein Entgelt bezahlt wurde, etwa weil ein Nutzungsentgelt nicht vereinbart war oder weil das vereinbarte Nutzungsentgelt wegen Zahlungsschwierigkeiten der Gesellschaft nicht bezahlt wurde.[116] Bei Doppelinsolvenz von Gesellschaft und Gesellschafter hat der Insolvenzverwalter der Gesellschaft nicht die Möglichkeit, das (unter Umständen marktüblich höhere) Nutzungsentgelt auf den tatsächlich gezahlten Betrag entsprechend Abs. 3 zu beschränken.[117] Das im letzten Jahr vor Eröffnung des Insolvenzverfahrens an den Gesellschafter ordnungsgemäß bezahlte Nutzungsentgelt ist nicht zurückzuerstatten.[118] Nur die jeweils gestundeten Miet- und Pachtzinsforderungen sind nachrangig zu befriedigen (§ 39 Abs. 1 Nr. 5 InsO) bzw. anfechtbar (§ 135 Abs. 1 Nr. 2 InsO), da solche Forderungen über die Stundungsgewährung unmittelbar einem Gesellschafterdarlehen gleichgestellt werden.[119] **45**

Ist das überlassene Grundstück mit einem **Grundpfandrecht** belastet, ist das Nutzungsentgelt ab Beschlagnahme des Grundstücks an den Zwangsverwalter zu entrichten (§§ 146 ff. ZVG, 1123 ff. BGB). Der zum bisherigen § 32a Abs. 3 Satz GmbHG a.F. entschiedene Vorrang der Zwangsverwaltung vor der unentgeltlichen Weiternutzung durch den Insolvenzverwalter (Vorausverfügung nach § 1124 Abs. 2 BGB[120] mit der Folge einer Wertersatzpflicht des Gesellschafters)[121] gilt grundsätzlich auch beim entgeltlichen Nutzungsrecht des § 135 Abs. 3 InsO.[122] Bedeutung wird der Vorrang nur haben, wenn das gezahlte Nutzungsentgelt geringer als das übliche Nutzungsentgelt ist. Bei einer Zwangsversteigerung bleibt ein entgeltliches Nutzungsrecht bestehen (§ 57 ZVG, § 566 BGB), kann jedoch vom Ersteigerer außerordentlich gekündigt werden (§ 57a ZVG).[123] **46**

5. Finanzplandarlehen

Die Vorschriften gelten für jedes Darlehen und damit auch für Finanzplandarlehen. Die Einordnung als Finanzplandarlehen hat jedoch Bedeutung über die gesetzlichen Nachrang- und Anfechtungs- **47**

115 Michalski/*Dahl*, Anh. II §§ 32a, 32b Rn. 57; *Wicke*, Anh. § 30 Rn. 14.

116 Roth/Altmeppen/*Altmeppen*, Anh. §§ 32a, b Rn. 87 ff.: Zahlung eines angemessenen Entgelts; a.A. Henssler/Strohn/*Fleischer*, § 30 Anh./§ 135 InsO Rn. 12; Ulmer/Habersack/Winter/*Habersack*, Erg. Bd. MoMiG § 30 Rn. 64; *Hörndler/Hoisl*, NZM 2009, 377, 380.

117 Zur Doppelinsolvenz BGH GmbHR 2009, 763; BGH NJW 2008, 2188; Roth/Altmeppen/*Altmeppen*, § 32a a.F. Rn. 199, Anh. §§ 32a, b Rn. 92; Lutter/Hommelhoff/*Kleindiek*, Anh. § 64 Rn. 140; *Dahl/Schmitz*, NZG 2009, 325, 331; *Wicke*, Anh. § 30 Rn. 18.

118 So aber bisheriges Recht: BGHZ 109, 55, 65 = NJW 1990, 516; BGH NJW 1995, 658; BGH NJW 2000, 3565; BGH DStR 2005, 705 = ZIP 2005, 660; Ulmer/Habersack/Winter/*Habersack*, §§ 32a/b Rn. 130.

119 Baumbach/Hueck/*Hueck/Fastrich*, Anh. § 30 Rn. 90; Roth/Altmeppen/*Altmeppen*, Anh. §§ 32a, b Rn. 83; Michalski/*Dahl*, Anh. II §§ 32a, 32b Rn. 51; Lutter/Hommelhoff/*Kleindiek*, Anh. § 64 Rn. 141; *Wälzholz*, GmbHR 2008, 841, 848; *Gehrlein*, BB 2008, 846, 853; *Gehrlein*, BB 2011, 3, 9; a.A. *Haas*, ZInsO 2007, 617, 624: Anfechtbarkeit auch des ordnungsgemäß bezahlten Entgelts; vgl. auch *Bayer/Graff*, DStR 2006, 1654, 1659; *Knof*, ZInsO 2007, 125, 129; *Bork*, ZGR 2007, 250, 266.

120 BGHZ 140, 147, 150 = NJW 1999, 577; BGH DStR 2000, 527 = ZIP 2000, 455; BGH DStR 2005, 611 = ZIP 2005, 484; BGH ZIP 2005, 660 = GmbHR 2005, 538; Ulmer/Habersack/Winter/*Habersack*, §§ 32a/b Rn. 137; *Michalski/Barth*, NZG 1999, 277, 279; anders Verpächterpfandrecht, KG ZInsO 2006, 1268: kein Vorrang.

121 BGH DStR 2005, 611 = ZIP 2005, 484; BGH ZIP 2005, 660 = GmbHR 2005, 538. Realisiert sich der Vorrang der Zwangsverwaltung wird man eine solche Wertersatzpflicht des Gesellschafters jedoch nicht mehr aus § 135 Abs. 3 InsO herleiten können, vgl. Michalski/*Dahl*, Anh. II §§ 32a, 32b Rn. 66; Roth/Altmeppen/*Altmeppen*, Anh. §§ 32a, b Rn. 93.

122 Baumbach/Hueck/*Hueck/Fastrich*, Anh. § 30 Rn. 88; *Wicke*, Anh. § 30 Rn. 18; Henssler/Strohn/*Fleischer*, § 30 Anh./§ 135 InsO Rn. 11; Lutter/Hommelhoff/*Kleindiek*, Anh. § 64 Rn. 140; a.A. Ulmer/Habersack/Winter/*Habersack*, Erg. Bd. MoMiG, § 30 Rn. 66.

123 Ulmer/Habersack/Winter/*Habersack*, §§ 32a/b Rn. 140; *Haas/Dittrich*, in: von Gerkan/Hommelhoff, Handbuch Kapitalersatzrecht, Rn. 8.105; *Michalski/Barth*, NZG 1999, 277, 281.

regelungen hinaus.[124] Bei Finanzplandarlehen handelt es sich um Darlehen, deren Nachrangigkeit kraft Gesellschafterwillens angeordnet ist. Voraussetzung ist eine entsprechende Abrede zwischen dem Gesellschafter und den Gesellschaftern, die eine Gleichstellung mit haftendem Eigenkapital rechtfertigt, insbesondere die ausdrückliche oder konkludente Vereinbarung des Ausschlusses der ordentlichen und außerordentlichen Kündigungsmöglichkeit.[125] Über die Regelungen zur Nachrangigkeit von Gesellschafterdarlehen hinaus begründet das Institut des Finanzplandarlehens als Rechtsfolge in der Insolvenz nicht nur ein Abzugsverbot, sondern grundsätzlich auch ein Zuführungsgebot, d.h. der Gesellschafter ist verpflichtet, noch nicht erfüllte Zusagen von Finanzplandarlehen an die Insolvenzmasse zu erfüllen.[126] Nach der Parteiabrede richtet sich dann die Frage, ob sich der Gesellschafter von dieser Zusage zu lösen vermag[127], wobei eine nachträgliche Aufhebungsvereinbarung selbst anfechtbar sein kann[128]. Neben den insolvenzrechtlichen Vorschriften über Gesellschafterdarlehen hat das Institut des Finanzplandarlehens eigenständige Bedeutung.[129]

48 Noch nicht geklärt ist, ob dies auch für sog. **Finanzplannutzungen** gilt, bei denen die Gebrauchsüberlassung auf der Grundlage einer beschlossenen Finanz- oder Investitionsplanung der Gesellschafter erfolgt,[130] soweit damit letztlich eine Fortsetzung der durch das MoMiG bewusst in § 135 Abs. 3 InsO eingeschränkten Rechtsprechung zu (eigenkapitalersetzenden) Nutzungsüberlassungen (siehe Rn. 40) droht.[131]

IV. Rechtsfolgen

49 Nach § 39 Abs. 1 Nr. 5 InsO ist der Gesellschafter mit seiner Forderung aus dem Gesellschafterdarlehen nur **nachrangiger Insolvenzgläubiger** (Rangrücktritt kraft Gesetzes). Der Rückzahlungsanspruch behält seinen Forderungscharakter und wird, soweit noch Masse vorhanden sein sollte, vor den Gesellschaftern (§ 199 Satz 2 InsO) befriedigt.[132] Nachrangige Forderungen sind jedoch nur nach Aufforderung durch das Insolvenzgericht zur Tabelle anzumelden (§ 174 Abs. 3 InsO) und werden bei Abschlagszahlungen nicht berücksichtigt (§ 187 Abs. 2 Satz 2 InsO).[133] Eine Aufrechnung ist nicht möglich.[134] Der Zinslauf wird nicht gehindert,[135] wobei die Zinsen nur nachrangig befriedigt werden (§ 39 Abs. 3 InsO). Der Nachrang gilt auch für rückständige Zinsen; bereits an den Gesellschafter geleistete Zinszahlungen unterliegen nicht der Anfechtung nach § 135 Abs. 1 Nr. 2 InsO, sondern nur allgemeinen Anfechtungsregelungen nach §§ 130 ff AnfG.[136]Auf von der Gesellschaft bereitgestellte (akzessorische und nichtakzessorische) Sicherheiten kann der Gesell-

---

124 Lutter/Hommelhoff/*Kleindiek*, Anh. § 64 Rn. 144; Baumbach/Hueck/*Hueck/Fastrich*, § 30 Anh. 21; Scholz/*K. Schmidt*, Erg. Bd. MoMiG, Gter-Fremdfinanz Rn. 95. Zur Abgrenzung und Einordnung von Finanzplandarlehen BGHZ 104, 33 = NJW 1988, 1841; BGH NJW 1999, 2809; Baumbach/Hueck/*Hueck/Fastrich*, § 30 Anh. 21; *K. Schmidt*, ZIP 1999, 1241, 1250; *Michalski/de Vries*, NZG 1999, 181, 183; *Habersack*, ZHR 161 (1997), 457, 458.

125 BGHZ 142, 116, 122 f. = NJW 1999, 2809; Michalski/*Heidinger*, §§ 32a, 32b a.F. Rn. 67.

126 Michalski/*Heidinger*, §§ 32a, 32b a.F. Rn. 64; Ulmer/Habersack/Winter/*Habersack*, Erg. Bd. MoMiG, § 30 Rn. 70.

127 BGHZ 187, 69 = NJW 2010, 3442 (Patronatserklärung); Lutter/Hommelhoff/*Kleindiek*, Anh. § 64 Rn. 144.

128 Baumbach/Hueck/*Hueck/Fastrich*, § 30 Anh. Rn. 22; *Wicke*, § 30 Rn. 10; Lutter/Hommelhoff/*Kleindiek*, Anh. § 64 Rn. 144

129 Baumbach/Hueck/*Hueck/Fastrich*, § 30 Anh. Rn. 22; *K. Schmidt*, ZIP 2006, 1925, 1933; *K. Schmidt*, GmbHR 2007, 1, 9; *Habersack*, ZIP 2007, 2145, 2152; *Ekkenga*, WM 2006, 1986, 1992; *Krolop*, ZIP 2007, 1738, 1740; offen: *Knof*, ZInsO 2007, 125, 128.

130 Hierzu OLG Karlsruhe, ZIP 1996, 918 = GmbHR 1996, 524; Michalski/*Heidinger*, §§ 32a, 32b a.F. Rn. 68; *Altmeppen*, ZIP 1996, 909, 911; *Drygala*, GmbHR 1996, 481, 485; *Oppenländer*, GmbHR 1998, 505.

131 *Vgl. hierzu* Baumbach/Hueck/*Hueck/Fastrich*, Anh. § 30 Rn. 93, Ulmer/Habersack/Winter/*Habersack*, Erg. Bd. MoMiG, § 30 Rn. 70; *Habersack*, ZIP 2007, 2145, 2152.

132 Roth/Altmeppen/*Altmeppen*, Anh §§ 32a, b Rn. 55, § 32a a.F. Rn. 88, 89; Ulmer/Habersack/Winter/*Habersack*, §§ 32a/b Rn. 87.

133 Henssler/Strohn/*Fleischer* § 30 Anh./§ 39 InsO Rn. 23.

134 BGH NJW 1995, 658, 659; Baumbach/Hueck/*Hueck/Fastrich*, Anh. § 30 Rn. 60; Ulmer/Habersack/Winter/*Habersack*, §§ 32a/b Rn. 90; Michalski/*Heidinger*, §§ 32a, 32b Rn. 257.

135 BGH DStR 2005, 117 = ZIP 2005, 82, 84; BGH NJW 1996, 1341, 1343; Roth/Altmeppen/*Altmeppen*, Anh §§ 32a, b Rn. 55, § 32a a.F. Rn. 90.

136 Roth/Altmeppen/*Altmeppen*, Anh. §§ 32a, B Rn. 54; Baumbach/Hueck/*Hueck/Fastrich*, Anh. § 30 Rn. 67; *Mylich*, ZGR 2009, 474, 496; a.A. Ulmer/*Habersack*, Erg-Band § 30 Rn. 58; *Bormann*, DB 2006, 2616, 2617.

schafter nicht zugreifen.[137] Bei einer **Doppelinsolvenz** von Gesellschaft und Gesellschafter ist das Stehenlassen des Darlehens im Insolvenzverfahren des Gesellschafters nach §§ 129 Abs. 2, 134 InsO anfechtbar.[138]

Trotz Nachrangigkeit ist das Gesellschafterdarlehen im Jahresabschluss[139] und in der **Überschuldungsbilanz** zu **passivieren** (§ 19 Abs. 2 Satz 2 InsO, ab 1.1.2014 § 19 Abs. 2 Satz 3 InsO).[140] In der Überschuldungsbilanz ist ein Gesellschafterdarlehen erst dann nicht als Verbindlichkeit zu berücksichtigen, wenn ein Rangrücktritt (Nachrang hinter § 39 Abs. 1 Nr. 1 bis 5 InsO) vereinbart ist (§ 39 Abs. 2 InsO).[141] Auch im Liquiditätsstatus zur Prüfung der Insolvenzantragspflicht wegen Zahlungsunfähigkeit ist der Rückzahlungsanspruch aus einem Gesellschafterdarlehen als Verbindlichkeit zu werten.[142] 50

Außerhalb eines Insolvenzverfahrens ist die Rückzahlung von Gesellschafterdarlehen grundsätzlich frei zulässig. Solche Rückzahlungen sind jedoch **anfechtbar** durch den **Insolvenzverwalter**, wenn die Rückzahlung im letzten Jahr vor dem Eröffnungsantrag oder nach diesem Antrag vorgenommen wurde (§ 135 Abs. 1 Nr. 2 InsO),[143] oder außerhalb eines Insolvenzverfahrens durch den Gläubiger in der **Einzelzwangsvollstreckung,** wenn die Rückzahlung im letzten Jahr vor Erlangung des vollstreckbaren Schuldtitels oder danach vorgenommen wurde (§ 6 Abs. 1 Satz 1 Nr. 2 AnfG). Wurde ein Insolvenzeröffnungsantrag mangels Masse noch vor Erlangung des vollstreckbaren Titels abgewiesen (§ 26 Abs. 1 InsO), so beginnt die Anfechtungsfrist schon mit dem Eröffnungsantrag (§ 6 Abs. 1 Satz 2 AnfG). Liegen die Voraussetzungen einer Anfechtung nach § 135 InsO nicht vor, kann weiterhin eine Anfechtung nach § 133 InsO (vorsätzliche Benachteiligung) in Betracht kommen.[144] Neben den Anfechtungsfristen sind besondere Verjährungsvorschriften für die Anfechtung in der Insolvenz (§ 146 InsO) sowie die Ausschlussfrist für die Anfechtung außerhalb der Insolvenz (§ 6 Abs. 2 AnfG) zu beachten. 51

Unter **Befriedigung** sind alle Rechtshandlungen mit Tilgungswirkung aus dem Vermögen der Gesellschaft zu verstehen, auch die Aufrechnung und sonstige Erfüllungssurrogate sowie Rückzahlungen an nahe Angehörige auf Veranlassung oder für Rechnung des Gesellschafters[145], ebenso Tilgungen durch Zwangsvollstreckung oder Verwertung einer von der Gesellschaft gestellten Sicherheit.[146] 52

Hat die Gesellschaft dem Gesellschafter innerhalb der letzten zehn Jahre eine **Sicherheit** gewährt, so ist dies anfechtbar (§ 135 Abs. 1 Nr. 1 InsO, § 6 Abs. 1 Satz 1 Nr. 1 AnfG).[147] Die freigegebene 53

---

137 BGHZ 133, 298, 305 = NJW 1996, 3203; Ulmer/Habersack/Winter/*Habersack*, §§ 32a/b Rn. 91; Baumbach/Hueck/*Hueck/Fastrich*, § 30 Anh. Rn. 69.

138 BGH ZIP 2009, 1080; Roth/Altmeppen/*Altmeppen*, § 32a a.F. Rn. 42, Anh. §§ 32a, b Rn. 51; Michalski/*Dahl*, Anh. II §§ 32a, 32b Rn. 30 f.; *Dahl/Schmitz*, NZI 2009, 429, 433; a.A. *Haas*, DStR 2009, 1592, 1594.

139 BGHZ 124, 282, 284 = NJW 1994, 724; Henssler/Strohn/*Fleischer* § 30 Anh. Rn. 4; Ulmer/Habersack/Winter/*Habersack*, Erg. Bd. MoMiG, § 30 Rn. 67; Scholz/*K. Schmidt*, Erg. Bd. MoMiG, Gter-Fremdfinanz Rn. 38.

140 Beschlussempfehlung Rechtsausschuss MoMiG, BT-Drucks. 16/9737; *Wälzholz*, GmbHR 2008, 841, 847; so bereits BGHZ 146, 264, 271 = NJW 2001, 1280; anders noch Begründung MoMiG, BT-Drucks. 16/6140, S. 56; hierzu *K. Schmidt*, BB 2008, 461.

141 Baumbach/Hueck/*Hueck/Fastrich*, § 30 Anh. Rn. 25; Henssler/Strohn/*Fleischer* § 30 Anh./19 InsO Rn. 2; *Wicke*, Anh. § 30 Rn. 1; Michalski/*Dahl*, Anh. II §§ 32a, 32b Rn. 77, Vgl. auch BGH GmbHR 2010, 752 zur „gesplitteten Einlage".

142 Baumbach/Hueck/*Hueck/Fastrich*, § 30 Anh. Rn. 22; a.A. Michalski/*Dahl*, Anh. II §§ 32a, 32b Rn. 78 ff.

143 Nach *Hölzle*, GmbHR 2007, 729, 733 ist die Jahresfrist nicht vom Zeitpunkt der tatsächlichen Antragsstellung, sondern vom Zeitpunkt der Insolvenzreife zu berechnen; ablehnend: *Gehrlein*, BB 2008, 846, 852.

144 Lutter/Hommelhoff/*Kleindiek*, Anh. § 64 Rn. 108; Baumbach/Hueck/*Hueck/Fastrich*, Anh. § 30 Rn. 70; *Gehrlein*, BB 2011, 3, 6; a.A. *Weitnauer*, BKR 2009, 18, 20; einschränkend auch Roth/Altmeppen/*Altmeppen*, Anh. §§ 32a, b Rn. 66.

145 Ulmer/Habersack/Winter/*Habersack*, §§ 32a/b Rn. 99; Michalski/*Heidinger*, §§ 32a, 32b a.F. Rn. 259; OLG Karlsruhe, ZIP 2003, 2082 = GmbHR 2003, 1352 (Aufrechnung); zu Umgehungsgestaltungen: BGH DStR 2007, 36 = ZIP 2006, 2272.

146 Henssler/Strohn/*Fleischer*, § 30 Anh./§ 135 InsO Rn. 5.

147 Nach Roth/Altmeppen/*Altmeppen*, Anh. §§ 32a, b Rn. 59 ergebe sich bereits aus der Sicherungsabrede, dass der Gesellschafter wegen des Nachrangs der Gesellschafterforderung nicht auf die bestellte Sicherheit zurückgreifen kann.

Sicherheit kann vom Insolvenzverwalter zugunsten der Masse verwertet werden.[148] Eine Sicherheit ist auch eine Pfändung durch Zwangsvollstreckung[149] und ein dem Gesellschafter eingeräumter Eigentumsvorbehalt, wenn der Kaufpreis für den an die Gesellschaft verkauften Gegenstand in marktunüblicher Weise gestundet wird.[150] Sicherheiten, die dem Gesellschafter durch Dritte bereitgestellt wurden, unterliegen nicht der Anfechtung.[151]

54 Mit der Abschaffung der **Rechtsprechungsregeln** entsprechend §§ 30, 31 GmbHG a.F. (siehe Rn. 3, 10) ist die Solidarhaftung der Mitgesellschafter nach § 31 Abs. 3 GmbHG[152] sowie die Haftung des Geschäftsführers nach § 43 Abs. 3 GmbHG[153] für unzulässige Auszahlungen weggefallen.[154] Der Geschäftsführer kann aber bei erfolgten Rückzahlungen nach § 64 Satz 3 GmbHG in Anspruch genommen werden. Strittig ist, ob sich hieraus für den Geschäftsführer ein Verweigerungsrecht gegenüber einem Rückzahlungsbegehren eines Gesellschafters außerhalb der Insolvenz ergibt.[155]

V. Gesellschafterbesichertes Drittdarlehen

55 Der Sonderfall des gesellschafterbesicherten Drittdarlehens (früher §§ 32 a Abs. 2, 32b GmbHG a.F.) wurde durch das MoMiG vollständig in das Insolvenzrecht verlagert (siehe Rn. 8). Im Unterschied zu § 39 Abs. 1 Nr. 5 InsO, der Darlehen eines gesellschaftergleichen Dritten erfasst, gelten die unter Rn. 8 aufgeführten Vorschriften für das echte Drittdarlehen, für das der Gesellschafter eine Sicherheit bestellt hat.

56 Typisches **Drittdarlehen** ist das Bankdarlehen. Erfasst werden auch wirtschaftlich vergleichbare Rechtshandlungen einschließlich Sicherheitsleistungen Dritter, etwa wenn der Gesellschafter zur Absicherung einer Bankbürgschaft ein Grundpfandrecht bestellt.[156] Drittdarlehen ist auch ein Gesellschafterdarlehen, das unter das Kleinbeteiligten- oder Sanierungsprivileg (siehe Rn. 18, 32) fällt und das durch einen anderen (nicht privilegierten) Gesellschafter abgesichert wird.[157]

57 Die Absicherung kann durch einen **Gesellschafter** oder durch einen gleichgestellten Dritten (siehe Rn. 23 ff.)[158] erfolgen. Entsprechend den Ausführungen in Rn. 14 wird auch der Gesellschafter erfasst, der innerhalb der Jahresfrist von § 135 Abs. 2 InsO, § 6a AnfG ausgeschieden ist.[159] Privilegiert wird der sichernde Gesellschafter, der selbst unter das Kleinbeteiligtenprivileg und das Sanierungsprivileg fällt (§ 135 Abs. 4 InsO, § 6a Satz 2 AnfG).

58 Der Begriff der **Sicherung** ist weit zu verstehen und meint sämtliche persönliche Sicherheiten (Bürgschaft,[160] auch Rück- oder Ausfallbürgschaft für Bürgschaft eines Dritten,[161] Schuldbeitritt,[162] Kaution/Hinterlegung,[163] Patronatserklärung[164]) und dingliche Sicherheiten (Grundpfand-

---

148 Henssler/Strohn/*Fleischer*, § 30 Anh./§ 135 InsO Rn. 4.
149 Henssler/Strohn/*Fleischer*, § 30 Anh./§ 135 InsO Rn. 3.
150 Henssler/Strohn/*Fleischer*, § 30 Anh./§ 135 InsO Rn. 3; Baumbach/Hueck/*Hueck/Fastrich*, Anh. § 30 Rn. 68.
151 OLG Hamm, NZG 1998, 551; Baumbach/Hueck/*Hueck/Fastrich*, Anh. § 30 Rn. 68.
152 BGH DStR 2005, 1705 = ZIP 2005, 1638: keine Anwendung auf Kleinbeteiligte i.S.d. § 32a Abs. 3 Satz 2 GmbHG a.F.; BGH NJW 2003, 3629.
153 BGH NJW 1992, 1166.
154 *Bork*, ZGR 2007, 250, 263; kritisch: *Thiessen*, ZIP 2007, 253, 254.
155 *Huber/Habersack*, BB 2006, 1, 3; *Schiffer*, BB 2006, 14, 16; *Handelsrechtsausschuss des Deutschen Anwaltvereins*, NZG 1007, 735, 740; *Bayer/Graff*, DStR 2006, 1654, 1656; *Knof*, ZInsO 2007, 125, 131; *K. Schmidt*, GmbHR 2007, 1072, 1078; *Hölzle*, GmbHR 2007, 729, 732; a.A. OLG München GmbHR 2010, 815.
156 BGH NJW 1990, 980; Henssler/Strohn/*Fleischer* § 30 Anh./§ 39 InsO Rn. 8, § 30 Anh./§ 44a InsO Rn. 3; Roth/Altmeppen/*Altmeppen*, § 32a a.F. Rn. 133.
157 Henssler/Strohn/*Fleischer*, § 30 Anh./§ 44a InsO Rn. 2.
158 Baumbach/Hueck/*Hueck/Fastrich*, Anh. § 30 Rn. 96.
159 Roth/Altmeppen/*Altmeppen*, Anh §§ 32a, b Rn. 72.
160 BGHZ 81, 252, 255 = NJW 1981, 2570; BGHZ 127, 336, 340 = NJW 1995, 326; BGH NJW 1996, 722; BGH DStR 2004, 1053 = ZIP 2004, 1049.
161 Henssler/Strohn/*Fleischer*, § 30 Anh./§ 44a InsO Rn. 3.
162 BGHZ 133, 71, 74 = NJW 1996, 2156.
163 BGH NJW 1989, 1733; Baumbach/Hueck/*Hueck/Fastrich*, Anh. § 30 Rn. 96; Henssler/Strohn/*Fleischer*, § 30 Anh./§ 44a InsO Rn. 3
164 OLG Celle, Urt. v. 18.6.2008 – 9 U 14/08, n.v.; Baumbach/Hueck/*Hueck/Fastrich*, Anh. § 30 Rn. 96.

recht,[165] Sicherungsübereignung/-abtretung[166]). Die Bestellung der Sicherheit muss wirksam sein, sodass bei einem Schuldbeitritt der Einwand eines Verstoßes gegen die besonderen Regeln über Verbraucherdarlehen zulässig ist.[167] Ohne Bedeutung ist der Wert der Sicherheit für das Drittdarlehen.[168] Auf die Bereitstellung der Sicherheit in der **Krise** bzw. ein Stehenlassen der Sicherheit in der Krise kommt es wegen der pauschalen Einbeziehung aller gesellschafterbesicherten Drittdarlehen nicht mehr an. Für die kreditgebenden Dritten bedeutet dies insoweit eine Verschärfung, als er bei jedem gesellschafterbesicherten Darlehen regelmäßig zunächst Zugriff auf die Gesellschaftersicherheit nehmen muss.[169] Nur wenn die Sicherheit vor Ablauf der Jahresfristen der §§ 135 Abs. 2 InsO, 6a AnfG zurückgegeben wurde, gelten die Vorschriften nicht mehr.[170]

Als Rechtsfolge im Insolvenzverfahren begrenzt der § 44a InsO (früher § 32a Abs. 2 GmbHG a.F.) den Rückzahlungsanspruch des kreditgebenden Dritten auf den Ausfallbetrag nach Inanspruchnahme der Gesellschaftersicherheit. Für die Berechnung seiner Quote ist jedoch weiterhin die Forderung in voller Höhe maßgeblich.[171] Der Verweis auf die **vorherige Inanspruchnahme des Gesellschafters** wird nicht durch einen Verzicht des Dritten auf die Sicherheit[172] oder eine Subsidiaritätsabrede (Ausfallsicherheit, Einrede der Vorausklage) ausgeschlossen.[173] Der Dritte ist jedoch zur Aufrechnung berechtigt.[174] Hat der kreditgebende Dritte sowohl von dem Gesellschafter als auch von der Gesellschaft eine Sicherheit erhalten (Doppelsicherung), ist er nicht an der vorherigen Inanspruchnahme der Gesellschaftssicherheit gehindert. Die Gesellschaft hat aber einen Freistellungs- und Erstattungsanspruch gegen den Gesellschafter (§ 143 Abs. 3 InsO analog), dessen Sicherung frei geworden ist.[175] Außerhalb eines Insolvenzverfahrens (auch bei Ablehnung mangels Masse) sind die Befriedigungsmöglichkeiten nicht eingeschränkt (zur Anfechtung siehe Rn. 60).[176] 59

Ist das Darlehen an den Dritten im letzten Jahr vor dem Insolvenzeröffnungsantrag zurückbezahlt worden, ist die Rückzahlung nach § 135 Abs. 2 InsO (früher § 32b GmbHG a.F.) **anfechtbar**. Nicht der kreditgebende Dritte, sondern der Gesellschafter ist dann nach § 143 Abs. 3 InsO zur **Erstattung** verpflichtet, der Höhe nach jedoch beschränkt auf den Umfang seiner Haftungsbefreiung.[177] Hiervon kann er sich durch Zurverfügungstellung der Sicherungsgegenstände befreien, wozu er berechtigt, jedoch nicht verpflichtet ist.[178] Wird bei der anschließenden Verwertung dieser Sicherheit ein Erlös erzielt, der die gesicherte Forderung übersteigt, erhält der Gesellschafter den Mehr- 60

165 BGH NJW 1989, 1733; BGH ZIP 1990, 95 = GmbHR 1990, 125; BGH NJW 2001, 1490; OLG Hamburg, ZIP 1984, 584.

166 BGH NJW 1989, 1733; Henssler/Strohn/*Fleischer*, § 30 Anh./§ 44a InsO Rn. 3; Ulmer/Habersack/Winter/*Habersack*, §§ 32a/b Rn. 161.

167 BGHZ 133, 71, 74 = NJW 1996, 2156; BGHZ 144, 370, 380 = NJW 2000, 3133; BGH DStR 2007, 2337 = ZIP 2008, 218; OLG Dresden, GmbHR 2002, 269; Roth/Altmeppen/*Altmeppen*, § 32a a.F. Rn. 129 ff.; Henssler/Strohn/*Fleischer*, § 30 Anh./§ 135 InsO Rn. 7. anders: Baumbach/Hueck/*Hueck/Fastrich*, § 30 Anh. Rn. 96 für den Fall der Nichtigkeit wegen Übersicherung.

168 OLG Düsseldorf GmbHR 2009, 1099 (Bürgschaft durch vermögenslosen Gesellschafter); Henssler/Strohn/*Fleischer*, § 30 Anh./§ 135 InsO Rn. 7.

169 *K. Schmidt*, ZIP 2006, 1925, 1930; *K. Schmidt*, GmbHR 2007, 1, 8.

170 Baumbach/Hueck/*Hueck/Fastrich*, § 30 Anh. Rn. 97.

171 Roth/Altmeppen/*Altmeppen*, Anh. §§ 32a, b Rn. 73; Baumbach/Hueck/*Hueck/Fastrich*, § 32a Rn. 102; Henssler/Strohn/*Fleischer*, Anh. § 30/§ 44a InsO Rn. 4; a.A. Michalski/*Dahl*, Anh. II §§ 32a, 32b Rn. 39; *Hirte*, ZInsO 2008, 689, 696; *Dahl/Schmitz*, NZG 2009, 325, 327.

172 Baumbach/Hueck/*Hueck/Fastrich*, § 30 Anh. Rn. 99; Roth/Altmeppen/*Altmeppen*, § 32a a.F. Rn. 127.

173 BGHZ 105, 168, 185 = NJW 1988, 3143, 3147; BGH NJW 1988, 824; *K. Schmidt*, ZIP 1999, 1827; Baumbach/Hueck/*Hueck/Fastrich*, § 30 Anh. Rn. 99-.

174 Baumbach/Hueck/*Hueck/Fastrich*, § 30 Anh. Rn. 103; Henssler/Strohn/*Fleischer*, § 30 Anh./§ 44a InsO Rn. 4.

175 BGH NJW 2012, 156; OLG Stuttgart GmbHR 2012, 573 (Erstattungspflicht des Gesellschafters nach Verzicht des Gläubigers auf Gesellschaftersicherheit); OLG Hamm, ZIP 2011, 1226; BGH, NJW 1985, 858; BGH NJW 1986, 429, 430; BGH NJW 1992, 1166; Baumbach/Hueck/*Hueck/Fastrich*, Anh. § 30 Rn. 100; Lutter/Hommelhoff/*Kleindiek*, Anh. § 64 Rn. 133; Roth/Altmeppen/*Altmeppen*, Anh. §§ 32a, b Rn. 75 ff.; Michalski/*Dahl*, Anh. II §§ 32a, 32b Rn. 40; a.A. (weiterhin vorherige Inanspruchnahme des Gesellschafters) *Wicke*, Anh. § 30 Rn. 13; Scholz/*K. Schmidt*, Erg. Bd. MoMiG, Gter-Fremdfinanz Rn. 58.

176 Henssler/Strohn/*Fleischer*, § 30 Anh./§ 44a Rn. 4.

177 BGH NJW 2009, 2883; Henssler/Strohn/*Fleischer*, § 30 Anh./§ 135 Rn. 2.

178 BGH NJW 1986, 429, 430; Henssler/Strohn/*Fleischer*, § 30 Anh./§ 143 InsO Rn. 2. Zur Höchstbetragsbürgschaft OLG Stuttgart GmbHR 2012, 573.

betrag.[179] Erfasst wird jede Befriedigung des Gesellschafters zulasten der Gesellschaft, z.B. auch die Tilgung einer gegen den Gesellschafter gerichteten Darlehensforderung durch Zahlung auf ein von ihm gesichertes debitorisches Konto der GmbH.[180] Die bisherige Gesetzeslücke (Anfechtung außerhalb des Insolvenzverfahrens, insbesondere auch bei Ablehnung mangels Masse) wird durch §§ 6a, 11 Abs. 3 AnfG geschlossen.

C. Weitere praktische Hinweise

I. Prüfungspflicht des Geschäftsführers; Prozessuales; Vertragsgestaltung

61 Die gesetzlichen Regelungen führen zu einer **Risikoverlagerung zulasten des Geschäftsführers**.[181] Bislang konnte ein Geschäftsführer die Rückzahlung eines Gesellschafterdarlehens unter einfachem Verweis auf die Unterbilanz verweigern (§ 30 Abs. 1 GmbHG). Nach jetzigem Recht muss der Geschäftsführer dagegen prüfen, ob die Rückzahlung des Gesellschafterdarlehens zur Zahlungsunfähigkeit der Gesellschaft führt.

> **!** Rückzahlungen von Gesellschafterdarlehen unterliegen zwar nicht mehr den Rechtsprechungsregeln nach §§ 30, 31 GmbHG (Auszahlungsverbot bei Unterbilanz). Dies führt jedoch nicht dazu, dass der Geschäftsführer jedes Gesellschafterdarlehen außerhalb eines Insolvenzverfahrens an die Gesellschafter zurückzahlen kann. Insbesondere trifft den **Geschäftsführer** eine **Prüfungspflicht** nach § 64 Satz 3 GmbHG (siehe Rn. 54).

62 Nach § 22 ZPO kann der Insolvenzverwalter die Ansprüche wegen Rückzahlung von Gesellschafterdarlehen am Sitz der Gesellschaft geltend machen (**Gerichtsstand**).[182] Dem Insolvenzverwalter obliegt im Rechtsstreit die **Darlegungs- und Beweislast** für die Voraussetzungen für den Nachrang der Gesellschafterforderungen oder einer Anfechtung.[183] Beweiserleichterungen kann es bei Darlehen von nahen Angehörigen, insbesondere Minderjährigen ohne eigene Einkünfte, geben (siehe Rn. 24). Das Vorliegen des Kleinbeteiligten- oder Sanierungsprivilegs ist vom Gesellschafter darzulegen und zu beweisen.

63 Die pauschale Einbeziehung aller Gesellschafterdarlehen ist auch bei der Gestaltung von **Unternehmenskäufen** zu beachten. Hat der Veräußerer des GmbH-Anteils der Gesellschaft ein Darlehen gewährt, sollte dieses Darlehen zusammen mit dem Gesellschaftsanteil an den Erwerber verkauft werden.[184]

II. Steuern

1. Gesellschaftsebene

64 Von der Gesellschaft an den darlehensgebenden Gesellschafter gezahlte angemessene **Zinsen** gehören zum steuermindernden betrieblichen Aufwand. Gewerbesteuerlich bleibt es bei der Hinzurechnung nach § 8 Nr. 1 GewStG (siehe „Steuerrecht", S. 1046 ff., Rn. 21). Wenn der Zinssaldo der Gesellschaft (unter Einbeziehung nicht nur von Gesellschafterdarlehen) die Freigrenze von 1 Mio. EUR überschreitet, wird eine Gesellschafterfremdfinanzierung steuerlich problematisch, denn diese kann zur Unanwendbarkeit der „Stand-alone-Klausel" und der „Escape-Klausel" führen

179 Henssler/Strohn/*Fleischer*, § 30 Anh./§ 135 InsO Rn. 8.
180 BGH DStR 2005, 706 = ZIP 2005, 659; vgl. auch BGH DStR 2007, 1003 = ZIP 2007, 1006.
181 *K. Schmidt*, GmbHR 2008, 449, 455; *Kallmayer*, DB 2007, 2755, 2758; *Gehrlein*, BB 2008, 846, 849.
182 Roth/Altmeppen/*Altmeppen*, Anh. §§ 32a, b Rn. 62; *Seibert/Decker*, ZIP 2008, 1208, 1212.
183 Henssler/Strohn/*Fleischer* § 30 Anh./§ 39 InsO Rn. 25.
184 *Wälzholz*, DStR 2007, 1914, 1920; *Apfelbaum*, notar 2008, 160, 173.

(siehe „Steuerrecht", S. 1046 ff., Rn. 56) und damit zu einem Einsetzen der Zinsschranke (Anerkennung des negativen Zinssaldos nur i.H.v. 30 % des EBITDA: § 4h Abs. 1 Satz 1 EStG).

Ein **Forderungsverzicht** – schlicht oder gegen Besserungsschein – führt bei der Gesellschaft 65

- zu einer verdeckten Einlage, soweit die Verbindlichkeit noch werthaltig ist,[185]
- soweit die Forderung nicht mehr werthaltig ist, zu einer erfolgswirksamen Ausbuchung der Verbindlichkeit.

Ein bloßer **Rangrücktritt** hingegen lässt die Passivierung der Darlehensforderung in steuerlicher Hinsicht unberührt; lediglich eine Vereinbarung, wonach die Verbindlichkeit ausschließlich aus künftigen Gewinnen zu erfüllen ist, führt steuerlich zu einer gewinnerhöhenden Ausbuchung der Verbindlichkeit (§ 5 Abs. 2a EStG; siehe „Steuerrecht", S. 1046 ff., Rn. 58). Der entsprechend § 19 Abs. 2 InsO formulierte Rangrücktritt führt nicht zur Anwendbarkeit des § 5 Abs. 2a EStG.

2. Gesellschafterebene

Soweit die **GmbH-Anteile im Privatvermögen** gehalten werden, gehört auch die Darlehensforderung des Gesellschafters zum Privatvermögen. Er erzielt daraus Zinseinnahmen nach § 20 Abs. 1 Nr. 7 EStG, die seit 2009 der Abgeltungsteuer unterliegen, sofern der Gesellschafter oder eine ihm nahe stehende Person zu weniger als 10 % an der Gesellschaft beteiligt sind (§ 32d Abs. 2 Nr. 1 Buchst. b EStG). Andernfalls gelten die allgemeinen Besteuerungsregeln, also insbesondere die Anwendbarkeit der progressiven Steuertabelle und die unbegrenzte Abzugsfähigkeit von Werbungskosten. Unabhängig davon findet ein Kapitalertragsteuerabzug hier regelmäßig nicht statt (vgl. § 43 Abs. 1 Nr. 7 EStG), so dass die Steuer im Veranlagungsverfahren erhoben wird (vgl. § 32d Abs. 3 EStG). 66

Zum alten GmbH-Recht wurde steuerlich angenommen, dass ein **Verzicht oder Verlust** eines eigenkapitalersetzenden Gesellschafterdarlehens seitens des Gesellschafters – und zwar unabhängig von der Werthaltigkeit im Verzichts- bzw. Verlustzeitpunkt – zu nachträglichen Anschaffungskosten auf seine unter § 17 EStG fallende Beteiligung führt.[186] Die steuerlichen Konsequenzen des gesellschafts- und insolvenzrechtlichen Paradigmenwechsels sind noch nicht absehbar. Einerseits wird dargelegt, dass nunmehr der Verzicht bzw. Verlust sämtlicher Forderungen, die im Insolvenzfall unter §§ 39 Abs. 1 Nr. 5, 135 InsO fallen, zu nachträglichen Anschaffungskosten führt.[187] Im Bereich von unter § 20 EStG fallenden Beteiligungen (unter 1 %) kommt dies wegen des Kleinbeteiligtenprivilegs nach § 39 Abs. 5 InsO nur in Betracht, wenn der Kleingesellschafter zugleich Geschäftsführer ist. Andererseits wird behauptet, der bisherigen (großzügigen) Rechtsprechung zur Anerkennung nachträglicher Anschaffungskosten werde durch das MoMiG die Grundlage entzogen.[188] 67

Werden die **Anteile im Betriebsvermögen gehalten**, so wird dies regelmäßig auch für die Darlehensforderung gelten. Deren Ausfall ist damit in voller Höhe gewinnmindernd beim Gesellschafter zur berücksichtigen. Dies gilt jedoch nicht für Kapitalgesellschaften als Anteilseigner aufgrund einer ab 2008 geltenden Neuregelung (§ 8b Abs. 3 Satz 4 ff. KStG). Danach sollen zu den unbeachtlichen Gewinnminderungen im Zusammenhang mit Kapitalgesellschaftsanteilen auch die Verluste eigenkapitalersetzender Darlehen bzw. aus wirtschaftlich vergleichbaren Rechtshandlungen gehören, sofern der Gesellschafter zu mehr als 25 % beteiligt ist. Das durch das MoMiG überholte Eigenkapitalersatzrecht wird auf diese Weise im Körperschaftsteuerrecht konserviert. 68

3. Anteilsübertragung

Die vorstehenden Grundsätze müssen auch im Zuge einer Anteilsübertragung berücksichtigt werden. Sofern wertlose Forderungen existieren und bei der Gesellschaft steuerliche Verlustvorträge 69

185 BFH GrS BStBl. II 1998, S. 307.
186 Umfassende Darstellung bei *Fabry*, in: Gosch/Schwedhelm/Spiegelberger, S. D 10 ff.
187 *Hölzle*, DStR 2007, 1185.
188 Schmidt/*Weber-Grellet*, § 17 EStG Rn. 172.

vorhanden sind, kann ein Verzicht im Vorfeld der Übertragung sinnvoll sein; zu den Konsequenzen nach § 8c KStG bei Veräußerung unmittelbar nach dem Verzicht im gleichen Veranlagungszeitraum vgl. Steuerrecht, S. 1046, Rn. 66. Sind keine Verlustvorträge aufgelaufen, ist es ratsam, die Darlehensforderung an den Erwerber mit zu verkaufen. Wird die Gesellschaft wieder liquide und die Forderung wieder werthaltig, so trifft den Erwerber künftig die Steuerlast auf den damit verbundenen Vermögenszuwachs im Rahmen der Abgeltungsteuer nach § 20 Abs. 2 Satz 1 Nr. 7 i.V.m. Satz 2 EStG, auch wenn er die Forderung im Privatvermögen behält. Soweit die Forderungen noch werthaltig sind, ist es aus Sicht des Veräußerers gleichgültig, ob er sie in die GmbH einlegt, dadurch höhere Anschaffungskosten kreiert und anschließend den Anteil zu einem höheren Preis verkauft oder ob er die werthaltige Forderung und den Anteil parallel veräußert. Aus Sicht des Erwerbers dürfte letztere Lösung vorzugswürdig sein, da er die künftige Finanzierung dann selbst flexibel gestalten kann.

4. Mittelbare Unternehmensbeteiligungen

Literatur

Armbrüster, Zur Beurkundungsbedürftigkeit von Treuhandabreden über GmbH-Anteile, DNotZ 1997, 762; *Armbrüster*, Treuhänderische GmbH-Beteiligung, GmbHR 2001, 941 und 1021; *Beck'sches Handbuch der Personengesellschaften*, hrsg. von Müller/Hoffmann, 3. Auflage 2009; *Beck'sches Notar-Handbuch*, hrsg. von Brambring/Jerschke, 5. Auflage 2009; *Blaurock*, Handbuch der stillen Gesellschaft, 7. Auflage 2010; *Blaurock*, Haftung eines atypischen stillen Gesellschafters, NZG 2010, 974; *Boos/Fischer/Schulte-Mattler*, Kreditwesengesetz: KWG, Kommentar, 3. Auflage 2008; *Bornemann*, Stille Publikumsgesellschaften im Spannungsfeld von Gesellschafts- und Bankaufsichtsrecht, ZHR 166 (2002), 211; *Breuer*, Treuhandverhältnisse im Gesellschaftsrecht, MittRhNotK 1988, 79; *Bunjes/Geist*, Umsatzsteuergesetz: UStG, Kommentar, 8. Auflage 2005; *Fohler/Greitemann*, Die verdeckte Treuhand an GmbH-Anteilen, DB 2005, 2488; *Geyrhalter*, Grenzüberschreitende Treuhandvereinbarungen bei GmbH-Beteiligungen, ZIP 1999, 647; *Grage*, Ausgewählte Aspekte der Verwaltungstreuhand an Geschäftsanteilen, RNotZ 2005, 251; *Greitemann*, Die Formbedürftigkeit der Erwerbstreuhand an GmbH-Anteilen, GmbHR 2005, 579; *Hohaus*, Die atypische Unterbeteiligung an einer GmbH – Wirtschaftliches Eigentum nach § 39 Abs. 2 AO?, GmbHR 2002, 883; *Kapp/Ebeling*, Kommentar zum Erbschaftsteuer- und Schenkungsteuergesetz, (Losebl.) Stand: Juli 2012; *Laier*, Die doppelnützige Treuhand als Sanierungsinstrument, GWR 2010, 184; *Lasa*, Die stille Beteiligung als Gestaltungsmittel der Vermögensnachfolge, ZEV 2010, 433; *Liebscher*, Umgehungsresistenz von Vinkulierungsklauseln, ZIP 2003, 825; *Loritz*, Stille Beteiligungen und Einlagenbegriff des Kreditwesengesetzes, ZIP 2001, 309; *Mertens*, Die stille Beteiligung an der GmbH und ihre Überleitung bei Umwandlungen in die AG, AG 2000, 32; *Reichert/Weller*, Der GmbH-Geschäftsanteil, 2006; *Schaub*, Treuhand an GmbH-Anteilen, DStR 1995, 1634; *Schaub*, Treuhand an GmbH-Anteilen – Treuhandgefahren für den Treugeber, DStR 1996, 65; *Schlitt*, Die Informationsrechte des stillen Gesellschafters in der typischen stillen Gesellschaft und in der stillen Publikumsgesellschaft, 1996; *Schulz*, Zur Formbedürftigkeit von Vereinbarungs- und Erwerbstreuhand an GmbH-Geschäftsanteilen, GmbHR 2001, 282; *Schulze zur Wiesche*, GmbH & Still, 5. Auflage 2009; *Sedlmayer*, Stiller Gesellschafter in der Umwandlung des Geschäftsinhabers, DNotZ 2003, 611; *Seidl*, Die Haftung des fremdnützigen Treuhänders als Gründungsgesellschafter einer GmbH und Möglichkeiten der Risikobegrenzung, DStR 1998, 1220; *Singhof/Seiler/Schlitt*, Mittelbare Gesellschaftsbeteiligungen, 2004; *Sommer/Menzel*, Sind unwirksame Treuhandverhältnisse an GmbH-Anteilen steuerlich anzuerkennen?, GmbHR 2003, 917; *Tebben*, Gesellschaftsvertraglicher Schutz gegen Treuhand- und Unterbeteiligungen an Geschäftsanteilen, GmbHR 2007, 63; *Tettinger*, Die fehlerhafte stille Gesellschaft – Zivilrechtlicher Anlegerschutz durch bankrechtliche Erlaubnisvorbehalte?, DStR 2006, 849 und 903; *Troll/Gebel/Jülicher*, Erbschaftsteuer- und Schenkungsteuergesetz, Kommentar (Losebl.), Stand: März 2012; *Viskorf/Glier/Hübner/Knobel/Schuck*, Erbschaftsteuer- und Schenkungsteuergesetz, Bewertungsgesetz, Kommentar, 2012; *Weigl*, Zur Eintragungspflicht einer GmbH & Still im Handelsregister, GmbHR 2002, 778; *Weigl*, Anwendungs- und Problemfelder der stillen Gesellschaft, DStR 1999, 1568; *Weigl*, Stille Gesellschaft und Unterbeteiligung, 3. Auflage 2012; *Werner*, Treuhandverhältnisse an GmbH-Anteilen, GmbHR 2006, 1248.

A. Allgemeines

Mittelbare Beteiligungen[1] an Unternehmen zeichnen sich dadurch aus, dass ein mittelbarer Teilhaber weder unmittelbar am Gesellschaftsvermögen beteiligt ist noch nach außen als Gesellschafter am Unternehmen in Erscheinung tritt. An der Gesellschaft, einem Teil dieser oder einem Mitglied der Gesellschaft besteht vielmehr eine ausschließlich „wirtschaftliche" Beteiligung.[2] Die 1

1 Zur Systematisierung vgl. *K. Schmidt*, Gesellschaftsrecht, § 61 I.
2 *Singhof/Seiler/Schlitt*, Rn. 1.

häufigsten Formen sind die **stille Gesellschaft**, die **Unterbeteiligung** und die **Treuhand**. Ähnlich ist auch die Einräumung eines Nießbrauchs. Die unterschiedlichen Formen mittelbarer Unternehmensbeteiligungen können auch kombiniert vorliegen.[3]

2 Von den Grundformen mittelbarer Unternehmensbeteiligungen sind sonstige Beteiligungsformen abzugrenzen, insbesondere **partiarische Rechtsverhältnisse** und Genussrechte. Erstere sind schuldrechtliche Austauschverträge, bei denen als Gegenleistung für eine Dienstleistung, Gebrauchsüberlassung oder Gewährung eines Darlehens eine Gewinnbeteiligung vorgesehen wird.[4] Im Gegensatz zur stillen Gesellschaft fehlt es an einer gemeinsamen Zweckverfolgung.[5] Dabei kann die Gewinnbeteiligung auch unabhängig von einem Geschäftsergebnis ausgestaltet sein, also beispielsweise als Festverzinsung oder garantierte Ausschüttung.[6] Umgekehrt liegt kein partiarisches Darlehen vor, wenn die Beteiligung sich auch auf etwaige Verluste der GmbH erstreckt.[7] Indizien, die gegen das Vorliegen eines partiarischen Darlehens sprechen, sind die Vereinbarung von Kontroll- und Mitwirkungsrechten bzw. Mitwirkungspflichten, Dauer der vertraglichen Bindung, Beschränkung der Kündigung oder Übertragung, Fehlen von Kreditsicherungen, Umwandlungsregeln oder frühere wirtschaftliche Beziehungen der Beteiligten.[8]

3 Abzugrenzen sind ferner die im Aktienrecht (§§ 160 Abs. 3 Nr. 6, 221 Abs. 3, 4 AktG) zwar erwähnten, aber gesetzlich nicht geregelten **Genussrechte**. Diese sind Dauerschuldverhältnisse eigener Art, die sich in einem bestimmten geldwerten Anspruch erschöpfen[9]. Für diese ist kennzeichnend, dass der Inhaber eines Genussrechts gegen Leistung einer Kapitaleinlage von der GmbH eine gewinnabhängige Verzinsung erhält und Anspruch auf einen Liquidationserlös hat; Genussrechte sind regelmäßig auf eine bestimmte Laufzeit beschränkt. Daneben können aber auch andere typische Rechte eines Gesellschafters, wie Stimm-, Kontroll- und Anfechtungsrechte, eingeräumt werden.[10] An den Verlusten der Gesellschaft partizipiert das Genussrecht in der Regel bis zum Ende seiner Laufzeit, sodass es typischerweise Risikokapital darstellt.[11] Genussrechte sind nicht korporationsrechtlicher, sondern nur schuldrechtlicher Natur, d.h., sie begründen lediglich ein Vermögensrecht, jedoch keine Mitgliedschaft und entsprechend keine Gesellschafterrechte.[12] Zwar können Genussrechte mit Verlustbeteiligung im Einzelfall gewisse Ähnlichkeiten zu einer stillen Beteiligung haben. Anders als bei der stillen Gesellschaft liegt der Vereinbarung eines Genussrechts nicht das Zusammenwirken zu einem gemeinsamen Zweck in Form einer gesellschaftsrechtlichen Verbindung zugrunde. Die §§ 230 ff. HGB sind auf Genussrechte daher nicht anwendbar.[13] Entgegen vereinzelter Ansichten in der Literatur sind stille Beteiligungen auch Genussrechten nicht gleichzustellen.[14]

B. Stille Beteiligung

I. Überblick

4 Die stille Gesellschaft ist eine Gesellschaft bürgerlichen Rechts in Form einer **Innengesellschaft**, die zwischen der GmbH und dem stillen Gesellschafter geschlossen wird. Der stille Gesellschafter beteiligt sich mit einer Vermögenseinlage, die in das Vermögen der GmbH übergeht (§ 230 Abs. 1 HGB). Ein gesondertes gesamthänderisch gebundenes Gesellschaftsvermögen entsteht nicht; auch

3 Nach *K. Schmidt*, Gesellschaftsrecht, § 61 I.
4 *K. Schmidt*, Gesellschaftsrecht, § 61 I; *Blaurock*, Rn. 8.37 ff.
5 OLG Schleswig, NZG 2000, 1176, 1177; BFH DStRE 2006, 239.
6 OLG Schleswig, NZG 2000, 1176, 1177; OLG Dresden, NZG 2000, 302, 303.
7 BGH DStR 2001, 266; OLG Stuttgart, NZG 2001, 750.
8 Eingehend: *Singhof/Seiler/Schlitt*, Rn. 20 m.w.N.
9 BGHZ 156, 38 = DStR 2003, 2031, 2033; BGHZ 119, 305 = NJW 1993, 57; BGH WM 1959, 434.
10 *Hüffer*, § 221 AktG Rn. 25; *Singhof/Seiler/Schlitt*, Rn. 21.
11 BGH ZIP 2006, 2171; BGHZ 119, 305, 313, 314 f. = NJW 1993, 57.
12 RGZ 83, 295, 298; 115, 227, 230; BGHZ 119, 305, 309 f. = NJW 1993, 57; BGHZ 120, 141, 146 f. = NJW 1993, 400; *Hüffer*, § 221 AktG Rn. 26.
13 MünchKomm-HGB/*K. Schmidt*, § 230 Rn. 53.
14 BGHZ 156, 38 = DStR 2003, 2031.

ist der stille Gesellschafter nicht am Vermögen der GmbH dinglich beteiligt. Im Gegenzug erhält der stille Gesellschafter (zwingend) eine Beteiligung am Gewinn und bei entsprechender vertraglicher Vereinbarung auch am Verlust (§ 231 Abs. 2 HGB). Nach Auflösung der stillen Gesellschaft ist die Einlage gem. § 235 Abs. 1 HGB, vorbehaltlich einer Verlustbeteiligung, zurückzubezahlen. Der stille Gesellschafter ist grundsätzlich von der Geschäftsführung ausgeschlossen; § 233 HGB räumt jedoch weiter ausgestaltbare Kontrollbefugnisse ein, die über den Rahmen üblicher Darlehensverträge hinausgehen. Eine Eintragung der stillen Gesellschaft im Handelsregister erfolgt in der Regel nicht.

Das Recht der stillen Gesellschaft ist lückenhaft in den §§ 230 ff. HGB geregelt; ergänzend finden die §§ 705 ff. BGB Anwendung. Im Übrigen besteht vertragliche Gestaltungsfreiheit. Nicht zur freien Disposition stehen die grundsätzliche Gewinnbeteiligung (§ 231 Abs. 2 Hs. 2 HGB), das Informationsrecht (§ 233 Abs. 3 HGB) und grundsätzlich das Kündigungsrecht (§ 234 Abs. 1 Satz 2 HGB i.V.m. § 723 Abs. 3 BGB).[15] 5

Die stille Beteiligung bietet im Vergleich zu einer unmittelbaren Beteiligung ein eingeschränktes Haftungs- und Verlustrisiko. Sie eignet sich insbesondere für **„qualifizierte Kreditverhältnisse"**, als **Alternative zur unmittelbaren Beteiligung** an einer GmbH,[16] insbesondere zur Umgehung von Wettbewerbsverboten oder Beteiligungsbeschränkungen, oder auch zur **Beteiligung von Mitarbeitern**[17] bzw. als Gestaltungsmittel der **Vermögensnachfolge**.[18] Daneben ist die stille Gesellschaft aber auch ergänzend zu einer unmittelbaren Beteiligung denkbar, insbesondere auch aus steuerlicher Sicht.

Eine stille Gesellschaft im traditionellen Sinn ist eine zweigliedrige Gesellschaft zwischen der GmbH und dem stillen Gesellschafter, die diesem weder in vermögensrechtlicher noch in mitwirkungsrechtlicher Hinsicht Rechte einräumt, die den gesetzlichen Rahmen der §§ 230 ff. HGB wesentlich erweitern (**typische stille Gesellschaft**).[19] Davon ist die **atypische stille Gesellschaft** zu unterscheiden, bei der wesentliche Abweichungen der strukturbildenden Merkmale vom gesetzlichen Leitbild erfolgen, regelmäßig mit einer weiter gehenden Mitwirkungsbefugnis des stillen Gesellschafters[20] oder einer schuldrechtlichen Beteiligung am Vermögen.[21] 6

Eine Sonderform der atypisch stillen Gesellschaft ist die **GmbH & Still**, bei der neben einer unmittelbaren Beteiligung an der GmbH eine stille Beteiligungen besteht, um sowohl die steuerlichen Vorteile der Personengesellschaften als auch die haftungsrechtlichen Vorzüge von Kapitalgesellschaften zu vereinen.[22] In der Praxis der Kapitalmärkte ist die **stille Publikumsgesellschaft** von Bedeutung, die häufig als mehrgliedrige stille Gesellschaft ausgestaltet ist.[23] 7

II. Vertragliche Ausgestaltung

Die stille Gesellschaft wird durch einen Gesellschaftsvertrag zwischen der GmbH als Inhabergesellschaft[24] und dem stillen Gesellschafter begründet. Auch an einer GmbH in Form der Unternehmer- 8

15 *Singhof/Seiler/Schlitt*, Rn. 4.
16 *K. Schmidt*, Gesellschaftsrecht, § 62 I 2 a.
17 *Weigl*, DStR 1999, 1568, 1574.
18 *Lasa*, ZEV 2010, 433.
19 *Singhof/Seiler/Schlitt*, Rn. 8.
20 MünchKomm-HGB/*K. Schmidt*, § 230 Rn. 77 f.
21 *Neu*, in: Beck'sches Handbuch der Personengesellschaften, § 13 Rn. 5; MünchKomm-HGB/*K. Schmidt*, § 230 Rn. 79 ff.
22 *K. Schmidt*, Gesellschaftsrecht, § 62 II 2 e; ausführlich: *Schulze zur Wiesche*, GmbH & Still, passim.
23 Näher: MünchKomm-HGB/*K. Schmidt*, § 230 Rn. 88 ff.; MüHdb-GesR-II/*Polzer*, § 74 Rn. 4 ff.; *Singhof/Seiler/Schlitt*, Rn. 138.
24 MüHdb-GesR-II/*Bezzenberger/Keul*, § 72 Rn. 10.

gesellschaft (haftungsbeschränkt) nach § 5a GmbHG kann eine stille Beteiligung errichtet werden.[25] **Stiller Gesellschafter** kann jeder sein, der Inhaber eines ungeteilten Rechts sein kann, auch Gesamthandsgemeinschaften oder Erbengemeinschaften.[26] Für die Begründung einer **typischen stillen Gesellschaft** an einer GmbH ist grundsätzlich der Geschäftsführer zuständig, da dessen Vertretungsmacht genügt, um den Beteiligungsvertrag auch ohne Zustimmung der Gesellschafter rechtswirksam abzuschließen.[27] Im Innenverhältnis ist ein zustimmender Gesellschafterbeschluss mit einfacher Mehrheit erforderlich.[28] Bei der Begründung einer **atypischen stillen Gesellschaft** genügt die organschaftliche Vertretungsmacht des Geschäftsführers hingegen nicht. Die erweiterte Substanzbeteiligung am Gesellschaftsvermögen und erweiterte Mitsprache- und Geschäftsführungsrechte führen zu einem faktischen Eingriff in die Organisation der GmbH, der einen besonderen Schutz der GmbH-Gesellschafter erfordert. Verlangt wird daher entweder eine ausdrückliche Ermächtigung im Gesellschaftsvertrag oder die Zustimmung aller Gesellschafter.[29]

9 Eine bestimmte **Form des Gesellschaftsvertrags** ist grundsätzlich nicht vorgeschrieben.[30] Die stille Gesellschaft an einer GmbH ist nicht als Teilgewinnabführungsvertrag analog § 292 Abs. 1 Nr. 2 AktG zu qualifizieren.[31] Die stille Gesellschaft an einer GmbH ist daher auch nicht im **Handelsregister** einzutragen.[32]

10 Soweit in Zusammenhang mit der Gründung der stillen Gesellschaft beurkundungspflichtige Rechtsgeschäfte abgeschlossen werden, ist eine **Beurkundung** des Gesellschaftsvertrags erforderlich. Dies betrifft insbesondere die schenkungsweise Zuwendung einer stillen Beteiligung (§ 518 Abs. 1 BGB) oder die Verpflichtung des stillen Gesellschafters zur Einlage oder zum Erwerb eines Grundstücks oder grundstücksgleichen Rechts (§ 311b Abs. 1 BGB) bzw. seines gesamten oder eines Bruchteils seines Vermögens (§ 311b Abs. 3 BGB). Eine notarielle Beurkundung der Gründung und des Gesellschaftsvertrags ist ebenfalls dann angezeigt, wenn die Gründung im Zusammenhang mit der Abtretung eines Geschäftsanteils oder der Verpflichtung hierzu erfolgt (§ 15 Abs. 3, 4). Ob die **Heilung** einer entgegen § 518 Abs. 1 BGB nicht beurkundeten Schenkung einer stillen Beteiligung durch Vollzug der Schenkung nach § 518 Abs. 2 BGB möglich sein soll, ist umstritten. Für die unentgeltliche Einbuchung einer stillen Beteiligung im Geschäftsvermögen der GmbH lehnt die Rechtsprechung eine Heilung ab.[33] Etwas anderes soll bei Vollzug des schuldrechtlichen Geschäfts durch Abtretung einer bereits bestehenden stillen Beteiligung gelten. Um die steuerliche Anerkennung nicht zu gefährden, empfiehlt sich im Hinblick auf die mehrfach vom BGH bekräftigte Rechtsprechung die Beurkundung.[34]

11 **Beteiligungsbeschränkungen** können sich aus dem anwendbaren Gewerbe- und Berufsrecht ergeben, wobei nicht jede stille Beteiligung bereits gegen das Berufsrecht verstoßen muss. So wird bei **Rechtsanwaltsgesellschaften** ein Verstoß gegen Art. 1 § 1 RBerG angenommen, wenn der stille Gesellschafter Möglichkeit zur Einflussnahme auf die Geschäftsführung einer Rechtsbera-

25 *Schulze zur Wiesche*, GmbH & Still, Rn. 1161.
26 MünchKomm-HGB/*K. Schmidt*, § 230 Rn. 34.
27 MünchKomm-HGB/*K. Schmidt*, § 230 Rn. 114.
28 MüHdb-GesR-II/*Bezzenberger*/*Keul*, § 76 Rn. 76; *Singhof*/*Seiler*/*Schlitt*, Rn. 43.
29 MünchKomm-HGB/*K. Schmidt*, § 230 Rn. 115 m.w.N.: Statt einer satzungsändernden Mehrheit sei insoweit Einstimmigkeit erforderlich, weil eine vom Gesellschaftsvertrag nicht gedeckte und nicht publizierte Rechtsbeeinträchtigung der Anteilsinhaber zugunsten des stillen Gesellschafters legitimiert werden soll; a.A. LG Darmstadt, ZIP 2005, 402.
30 Baumbach/Hopt/*Hopt*, § 230 HGB Rn. 10.
31 OLG München, GmbHR 2011, 487 = DStR 2011, 1139; BayObLG GmbHR 2003, 534 m. Anm. *Weigl* = DStR 2003, 1218 m. Anm. *Wälzholz*.
32 BayObLG GmbHR 2003, 534 m. Anm. *Weigl* = DStR 2003, 1218 m. Anm. *Wälzholz*; zustimmend: AG Berlin, GmbHR 2006, 258; LG Darmstadt, ZIP 2005, 402; MünchKomm-HGB/*K. Schmidt*, § 230 Rn. 116; a.A. *Weigl*, GmbHR 2003, 536; *ders.*, GmbHR 2002, 778; *ders.*, DStR 1999, 1568, 1572 f.; *Mertens*, AG 2000, 32, 33 ff.
33 *Blaurock*, Rn. 9.77; BGHZ 7, 174, 179 = NJW 1952, 1412; offengelassen in BGHZ 112, 40, 46 = NJW 1990, 2616, 2618; zuletzt: OLG Düsseldorf, NZG 1999, 652, 653; differenzierend: MünchKomm-HGB/*K. Schmidt*, § 230 Rn. 99 ff.; *Singhof*/*Seiler*/*Schlitt*, Rn. 29 ff.
34 MüHdb-GesR-II/*Bezzenberger*/*Keul*, § 76 Rn. 22.

tungsgesellschaft hat[35] oder eine Gewinnbeteiligung an Dritte erfolge (Verstoß gegen § 59e Abs. 3 Alt. 2 BRAO).[36] Nicht abschließend geklärt ist die Frage, wann stille Beteiligungen als **Einlagengeschäft** unter das KWG fallen, also als die „Annahme fremder Gelder als Einlagen oder anderer rückzahlbarer Gelder des Publikums" erlaubnispflichtig nach § 1 Abs. 1 Satz 2 Nr. 1 KWG sind.[37] Kennzeichnend für ein Einlagengeschäft i.S.d. KWG ist, dass *„von einer Vielzahl von Geldgebern auf der Grundlage typisierter Verträge darlehensweise oder in ähnlicher Weise Gelder entgegengenommen werden, wobei bankübliche Sicherheiten nicht bestellt werden."*[38] Kein erlaubnispflichtiges Einlagengeschäft wird angenommen, sofern eine nur bedingte Rückzahlbarkeit der Einlage gegeben ist,[39] bei einem Liquiditätsengpass der Gesellschaft das Auseinandersetzungsguthaben nur ratenweise ausbezahlt werden darf[40] oder ein Rangrücktritt für den Auseinandersetzungsanspruch vereinbart ist.[41] Ein Einlagengeschäft soll ebenfalls nicht vorliegen, wenn die Verlustbeteiligung des stillen Gesellschafters nicht vertraglich ausgeschlossen ist – und zwar auch nicht durch eine Mindestverzinsung seiner Einlage.[42] Einlagengeschäfte werden dagegen umso eher vorliegen, als Darlehenselemente gegenüber gesellschaftsrechtlichen Elementen überwiegen (z.B. Festverzinsung, keine gesellschaftsrechtlichen Informationsrechte etc.).

Mängel bei Vertragsschluss führen nicht zur Negierung der stillen Gesellschaft, sondern zur **12**
Behandlung als **fehlerhafte Gesellschaft**,[43] und zwar unabhängig von der Ausgestaltung als typische oder atypische stille Gesellschaft.[44] Die Grundsätze der fehlerhaften Gesellschaft sind als **einheitliches Rückabwicklungsprogramm** auf sämtliche Arten stiller Beteiligungen anzuwenden.[45]

Nach den **Grundsätzen der fehlerhaften Gesellschaft** können aus der Unwirksamkeit eines **13**
Gesellschaftsvertrags keine Folgen für die Vergangenheit gezogen werden. Der Vertrag ist grundsätzlich als wirksam zu behandeln und kann lediglich mit Wirkung für die Zukunft form- und fristlos aus wichtigem Grund gekündigt werden.[46] Ausnahmen bestehen bei gewichtigen Belangen der Allgemeinheit oder besonders schutzwürdigen Personen.[47] Die Rückabwicklung setzt voraus, dass die fehlerhafte stille Gesellschaft in Vollzug gesetzt worden ist; ausreichend ist die Leistung von Beiträgen oder Ausübung von Gesellschafterrechten.[48] Die nur *ex nunc* zulässige Kündigung führt zur Auflösung und anschließenden Auseinandersetzung zwischen den Beteiligten nach § 235 HGB. Neben seinem Auseinandersetzungsanspruch können auch **Schadensersatzansprüche** gegenüber der GmbH nach allgemeinen Regeln geltend machen (Wahlrecht).[49] Wenn der stille Gesellschafter seine Einlage als Schadensersatz zurückverlangt, ist ihm ein weiter gehender Anspruch auf Auseinandersetzung verwehrt.[50]

---

35 BGHZ 62, 234 = NJW 1974, 1201; *Blaurock*, Rn. 9.75 ff.; MüHdb-GesR-II/*Bezzenberger/Keul*, § 77 Rn. 9 f.
36 *Blaurock*, Rn. 9.77.
37 Ausführlich zum Ganzen: *Blaurock*, Rn. 9.80, 19.82 ff.; *Singhof/Seiler/Schlitt*, Rn. 334 ff.; *Loritz*, ZIP 2001, 309 9; *Bornemann*, ZHR 166 (2002), 211; *Tettinger*, DStR 2006, 849 und 903.
38 VG Berlin, DB 1999, 1377 ff.; siehe auch Boos/Fischer/Schulte-Mattler/*Schäfer*, § 1 KWG Rn. 36.
39 VG Berlin, DB 1999, 1377 ff.; BVerfG, NJW-RR 2001, 414 f.
40 BGH ZIP 2006, 1201 = BB 2006, 1405 = DB 2006, 1366.
41 *Bornemann*, ZHR 166 (2002), 211, 233 f.
42 *Singhof/Seiler/Schlitt*, Rn. 336.
43 Zum Meinungsstand: MünchKomm-HGB/*K. Schmidt*, § 230 Rn. 127 ff.; *Singhof/Seiler/Schlitt*, Rn. 48 ff.; je m.w.N.
44 BGHZ 8, 157, 166 ff.; 55, 5, 8 ff.; 75, 214, 217 f.; BGH NJW 1993, 2107; BGH DStR 2005, 295; a.A. OLG Schleswig, ZIP 2003, 74, 77 f.; MünchKomm-BGB/*Ulmer*, § 705 Rn. 272 f.; MünchKomm-HGB/*K. Schmidt*, § 230 Rn. 134.
45 BGH NZG 2005, 467; 2005, 471; 2005, 472; 2005, 476; *Singhof/Seiler/Schlitt*, Rn. 50.
46 MünchKomm-HGB/*K. Schmidt*, § 230 Rn. 127; MünchKomm-BGB/*Ulmer*, § 705 Rn. 260 ff.
47 BGH NZG 2005, 467, 468; vgl. näher *Blaurock*, Rn. 11.19 ff.; *Singhof/Seiler/Schlitt*, Rn. 52; a.A. MünchKomm-HGB/*K. Schmidt*, § 230 Rn. 127 a.E.
48 BGH NZG 2005, 261.
49 BGH NZG 2005, 469; 2005, 472; 2005, 476; zuvor bereits: BGH NZG 2004, 961; 2005, 261.
50 BGH NZG 2005, 476, 479; bestätigt in BGH BB 2006, 232 m. Anm. *Gehrlein* = DStR 2006, 245 m. Anm. *Goette*.

III. Rechte und Pflichten

14 Der stille Gesellschafter hat grundsätzlich eine Einlage zu leisten (§ 230 Abs. 1 HGB). Jedoch kann eine stille Gesellschaft auch ohne Einlageleistung begründet werden.[51] Gegenstand der **Vermögenseinlage** ist jede vermögenswerte Leistung, die in Geld bewertbar und übertragbar ist,[52] wie Bareinlagen, Sachen, Forderungen und Rechte.[53] Der **Wert der Einlage** ist frei bestimmbar[54] und legt damit häufig auch die Beteiligungsquote des stillen Gesellschafters fest. Die Einlage ist i.d.R. bilanziell als Fremdkapital zu behandeln.

> ! Ein deutliches Missverhältnis zwischen dem Wert der Einlage und der Beteiligungsquote des stillen Gesellschafters kann als unentgeltliche Zuwendung Schenkungsteuer auslösen und Auswirkungen auf die Formbedürftigkeit der Begründung der Gesellschaft haben (§ 518 Abs. 1 BGB).

15 Die **Geschäftsführung** der GmbH wird durch eine stille Gesellschaft grundsätzlich nicht verändert (§ 230 Abs. 2 HGB). Im Verhältnis zum stillen Gesellschafter ist die GmbH aber bestimmten Schranken unterworfen, die sich aus dem Gesellschaftszweck, der (gegenseitigen) Treuepflicht und der Teilhabe des stillen Gesellschafters an den Ergebnissen des Unternehmens ergeben.[55] **Grundlagengeschäfte**, vor allem wesentliche Veränderungen oder die wirtschaftliche Umgestaltung der GmbH sowie Geschäfte außerhalb des Unternehmensgegenstands bedürfen daher der Zustimmung des stillen Gesellschafters.[56] Die gesetzliche Regelung ist jedoch weitgehend dispositiv.[57]

> ! Bei einer Erweiterung der Geschäftsführungsbefugnisse des stillen Gesellschafters sind mögliche steuer- und haftungsrechtliche Konsequenzen zu beachten. Zum einen „droht" die Qualifizierung als atypische stille Gesellschaft in der Form der steuerlichen Mitunternehmerschaft, zum anderen ist die Behandlung der Einlage als haftendes Eigenkapital möglich.[58] Daneben kann der stille Gesellschafter für eine fehlerhafte Geschäftsführung haften.

16 Bei **Nichteinholung der gebotenen Zustimmung** des stillen Gesellschafters sind die Rechtsfolgen auf das Innenverhältnis beschränkt. Im Außenverhältnis bleiben die Maßnahmen wirksam.[59] Bei schuldhafter Verletzung der Pflichten kann sich der Geschäftsinhaber nach allgemeinen Grundsätzen schadensersatz- oder unterlassungspflichtig machen. Bei schwerwiegenden Pflichtverletzungen des geschäftsführenden Inhabers kann der stille Gesellschafter darüber hinaus berechtigt sein, die Gesellschaft außerordentlich zu kündigen (§ 234 Abs. 1 Satz 2 HGB i.V.m. § 723 Abs. 1 Satz 2, 3 BGB).[60]

17 Der stille Gesellschafter hat gegenüber der GmbH **Informationsrechte** nach § 233 HGB. Weiter gehende Befugnisse zur persönlichen Unterrichtung über die Angelegenheiten der GmbH bestehen nicht. Der stille Gesellschafter hat kein Recht auf „laufende Information". Das außerordentliche Kontrollrecht nach § 233 Abs. 3 HGB ist zwingend und wird im Beschlussverfahren nach § 375

51 Ausführlich hierzu *Blaurock*, Rn. 6.1 ff.; MüHdb-GesR-II/*Kühn*, § 83 Rn. 1 ff.; MünchKomm-HGB/*K. Schmidt*, § 230 Rn. 143 ff.
52 BGHZ 7, 174, 177; MünchKomm-HGB/*K. Schmidt*, § 230 Rn. 149.
53 Näher *Blaurock*, Rn. 6.7 ff.; MünchKomm-HGB/*K. Schmidt*, § 230 Rn. 147 ff.
54 BGHZ 7, 174, 178; Baumbach/Hopt/*Hopt*, § 230 HGB Rn. 22; MüHdb-GesR-II/*Kühn*, § 83 Rn. 16, 20; MünchKomm-HGB/*K. Schmidt*, § 230 Rn. 150; *Singhof/Seiler/Schlitt*, Rn. 65.
55 *Blaurock*, Rn. 12.5; MünchKomm-HGB/*K. Schmidt*, § 230 Rn. 137 ff.; *Singhof/Seiler/Schlitt*, Rn. 70.
56 *Blaurock*, Rn. 12.9 ff.; *Singhof/Seiler/Schlitt*, Rn. 71; *Weigl*, GmbHR 2002, 778, 780; *Sedlmayer*, DNotZ 2003, 611, 613; differenzierend: MüHdb-GesR-II/*Kühn*, § 80 Rn. 8.
57 Zu Widerspruchsrechten und Zustimmungsvorbehalten: *Weigl*, DStR 1999, 1568, 1570 f.
58 Baumbach/Hopt/*Hopt*, § 236 HGB Rn. 3.
59 MünchKomm-HGB/*K. Schmidt*, § 230 Rn. 178.
60 MünchKomm-HGB/*K. Schmidt*, § 230 Rn. 140.

Nr. 1 FamFG durchgesetzt; im Übrigen kann das Informationsrecht nach § 233 Abs. 1 HGB beschränkt, aber auch erweitert werden.

Nach der gesetzlichen Regelung der §§ 231, 232 HGB ist der stille Gesellschafter am **Gewinn und am Verlust** der GmbH beteiligt. Ohne vertragliche Regelung gilt als Gewinn- und Verlustbeteiligung ein „angemessener Anteil" als bedungen. Ist nur die Beteiligung am Gewinn geregelt, gilt dies im Zweifel auch für den Verlustanteil (§ 722 Abs. 2 BGB); § 722 Abs. 1 BGB ist nicht anwendbar.[61] Ein **Ausschluss der Gewinnbeteiligung** ist nicht möglich (§ 231 Abs. 2 Hs. 2 HGB).[62] Anders als die Gewinnbeteiligung kann die **Verlustbeteiligung** des stillen Gesellschafters gänzlich ausgeschlossen werden (§ 231 Abs. 2 Hs. 1 HGB). Im Übrigen erfolgt die Verlustbeteiligung durch Verrechnung mit der Einlage und den Gewinnanteilen nach § 232 Abs. 2 HGB. Eine **Nachschusspflicht** des stillen Gesellschafters für den anteiligen Verlust besteht nicht, und zwar weder nach Feststellung des Verlusts noch bei Beendigung der Gesellschaft.[63] § 232 Abs. 2 Satz 2 HGB schließt eine Verrechnung oder Rückzahlung von bereits gutgeschriebenen Gewinnanteilen (bezogener Gewinn) im Hinblick auf Verluste in späteren Geschäftsjahren aus. 18

Eine persönliche **Haftung des stillen Gesellschafters** besteht nicht. Nach außen tritt nur die GmbH auf und ist alleine berechtigt und verpflichtet (§ 230 Abs. 2 HGB). Ebenso haftet ein atypisch stiller Gesellschafter, der einem Kommanditisten gleiche Rechte und Pflichten hat, nicht im Außenverhältnis analog § 171 Abs. 2 HGB.[64] Bei **Vereinbarung einer Verlustbeteiligung** kann der typische stille Gesellschafter jedoch die Einlage im Rahmen der Leistungs- und Risikogemeinschaft der Gesellschaft verlieren und die Einlage des stillen Gesellschafters kann in der Insolvenz des Geschäftsinhabers nach § 236 HGB als haftendes Kapital behandelt werden. 19

Eine stille Gesellschaft endet durch Vereinbarung[65], Kündigung (§ 234 Abs. 1 Satz 1 HGB) oder Zweckerreichung und es folgt eine **Auseinandersetzung der stillen Gesellschaft** nach § 235 HGB.[66] Bei Eröffnung des Insolvenzverfahrens über das Vermögen der GmbH wird die stille Gesellschaft ebenfalls aufgelöst (§ 728 Abs. 2 Satz 1 BGB).[67] Der Tod eines stillen Gesellschafters führt hingegen nicht zur Auflösung der stillen Beteiligung (§ 234 Abs. 2 HGB). Das **Auseinandersetzungsguthaben** ergibt sich gem. § 235 HGB aus der Gesamtabrechnung der gegenseitigen Forderungen aus dem stillen Gesellschaftsverhältnis.[68] Da der **typische stille Gesellschafter** nur an den Erträgen beteiligt ist, ist Grundlage für die Ermittlung des Auseinandersetzungsguthabens eine Ertragsbilanz. Bei der Ermittlung des Auseinandersetzungsguthabens eines **atypischen stillen Gesellschafters** ist hingegen der schuldrechtliche Anteil am Geschäftsvermögen anzusetzen.[69] Ein negativer Abrechnungssaldo führt zu einem Ausschluss des Auseinandersetzungsanspruchs des stillen Gesellschafters. 20

Die **Insolvenz der GmbH** ist für die stille Gesellschaft in § 236 HGB geregelt. Danach kann der stille Gesellschafter im gesetzlichen Regelfall lediglich seine Auseinandersetzungsforderung nach § 236 Abs. 1 HGB als normaler Insolvenzgläubiger (§ 38 InsO) geltend machen. Die Einlage des stillen Gesellschafters kann jedoch aufgrund gesetzlicher Anordnung, Gesellschafterabrede oder einer Rangrücktrittsvereinbarung als haftendes Kapital einzuordnen sein.[70] Als ausreichend für die Qua- 21

61 MüHdb-GesR-II/*Bezzenberger/Keul*, § 83 Rn. 37; MünchKomm-HGB/*K. Schmidt*, § 231 Rn. 7; a.A. Baumbach/Hopt/*Hopt*, § 231 HGB Rn. 1.

62 Zum zulässigen Ausschluss der Gewinnbeteiligung für den Geschäftsinhaber: MünchKomm-HGB/*K. Schmidt*, § 231 Rn. 25.

63 Die Vereinbarung einer uneingeschränkten Einstandspflicht für Verluste ist jedoch möglich; diese bedarf einer ausdrücklichen Verpflichtungserklärung; vgl. *Singhof/Seiler/Schlitt*, Rn. 116.

64 BGH NZG 2010, 823; *Blaurock*, NZG 2010, 974.

65 *Blaurock*, Rn. 15.10.

66 BGH NJW 1982, 99, 100; MünchKomm-HGB/*K. Schmidt*, § 234 Rn. 1; a.A. *Blaurock*, Rn. 15.3; *Singhof/Seiler/Schlitt*, Rn. 209: Abwicklungsgesellschaft mit dem Zweck der Auseinandersetzung.

67 Dabei ist strittig, ob dies ohne Weiteres durch Wechsel der Abwicklungsgesellschaft wieder in eine „werbende" Gesellschaft oder durch Rückgängigmachung der Auflösung erfolgen kann, zum Ganzen *Singhof/Seiler/Schlitt*, Rn. 232.

68 *Blaurock*, Rn. 16.2.

69 *Blaurock*, Rn. 16.20.

70 MünchKomm-HGB/*K. Schmidt*, § 230 Rn. 171 ff.; *Blaurock*, Rn. 17.30.

lifizierung als Eigenkapital wird erachtet, wenn ein stiller Gesellschafter hinsichtlich seiner vermögensmäßigen Beteiligung und seines Einflusses auf die Geschicke der GmbH weitgehend einem GmbH-Gesellschafter gleichsteht.[71] Folge ist, dass der stille Gesellschafter in der Insolvenz des Unternehmens nicht mehr als normaler, sondern nur noch als nachrangiger Insolvenzgläubiger nach § 39 Abs. 1 Nr. 5 InsO behandelt wird und er eine ggf. erstattete Einlage zurückzahlen muss.

C. Unterbeteiligung

I. Überblick

22 Die Unterbeteiligung ist eine stille Beteiligung an einem Geschäftsanteil einer GmbH.[72] Diese wird dadurch charakterisiert, dass der Gesellschafter einer GmbH (**Hauptgesellschafter**) einem Dritten (**Unterbeteiligten**) gegen Leistung einer Einlage eine schuldrechtliche Beteiligung an seinem Anteil einräumt und damit diesen zumindest am Gewinn des Gesellschaftsanteils partizipieren lässt.[73] Unmittelbare Rechtsbeziehungen zwischen dem Unterbeteiligten und der GmbH entstehen nicht.[74] Gesetzlich ist die Unterbeteiligung nicht ausdrücklich geregelt; für ihre Rechtsverhältnisse sind die §§ 705 ff. BGB sowie ergänzend die §§ 230 ff. HGB analog anwendbar.[75] Sie ist nicht rechts- und parteifähig, verfügt über kein Gesamthandsvermögen und ist damit auch nicht insolvenzfähig.[76]

23 Wirtschaftlicher Zweck ist die Teilung der Gewinn- und Verlustchancen aus dem Geschäftsanteil.[77] Die Unterbeteiligung kann entweder als bloße Beteiligung am Gewinn eines Geschäftsanteils (**typische Unterbeteiligung**)[78] oder auch mit Beteiligung am Wert des Anteils bzw. den Verwaltungsrechten (**atypische Unterbeteiligung** mit Substanzbeteiligung[79] bzw. Verwaltungsbeteiligung[80]) ausgestaltet werden.

> **!** Die **fehlende Publizität** prädestiniert die Unterbeteiligung zur wirtschaftlichen Übertragung unübertragbarer (vinkulierter) Anteile, zur Geheimhaltung von Beteiligungen sowie zur Umgehung von Beteiligungshindernissen und Wettbewerbsverboten.[81] Die Einräumung einer Unterbeteiligung kann auch Finanzierungszwecken dienen.[82] Schließlich bietet die Unterbeteiligung auch steuerliche Vorteile durch Verlagerung von Einkünften.[83]

II. Vertragliche Ausgestaltung

24 Die Unterbeteiligung wird durch **Gesellschaftsvertrag** zwischen dem Hauptgesellschafter und dem Unterbeteiligten begründet. Eine testamentarisch angeordnete Unterbeteiligung genügt nicht zur Begründung einer Unterbeteiligung.[84] Zum **notwendigen Vertragsinhalt** gehören die Bezeichnung des Geschäftsanteils, eine Vereinbarung über den Umfang, die Regelung zur Unent-

71 BGHZ 106, 7, 10; BGH DStR 2006, 860; OLG Hamm, WM 1997, 2323, 2324; OLG Hamm, NZG 2001, 125 f.; *Blaurock*, Rn. 17.30; *Singhof/Seiler/Schlitt*, Rn. 315; MüHdb-GesR-II/*Kühn*, § 83 Rn. 41.
72 MünchKomm-HGB/*K. Schmidt*, § 230 Rn. 192.
73 BGHZ 50, 316, 318; BGH NJW 1994, 2886; *Blaurock*, Rn. 30.1.
74 BFH BStBl. II 1979 S. 768, 769.
75 MünchKomm-HGB/*K. Schmidt*, § 230 Rn. 204; *Singhof/Seiler/Schlitt*, Rn. 352.
76 *Bärwaldt,* in: Beck'sches Handbuch der Personengesellschaften, § 14 Rn. 2; Baumbach/Hopt/*Hopt*, § 105 HGB Rn. 38; MünchKomm-HGB/*K. Schmidt*, § 230 Rn. 194; *Singhof/Seiler/Schlitt*, Rn. 348.
77 *Blaurock*, Rn. 30.2.
78 *Blaurock*, Rn. 30.16.
79 MüHdb-GesR-I/*Gayk*, § 30 Rn. 8.
80 MünchKomm-HGB/*K. Schmidt*, § 230 Rn. 209; MüHdb-GesR-I/*Gayk*, § 24 Rn. 8.
81 *Singhof/Seiler/Schlitt*, Rn. 366.
82 MünchKomm-HGB/*K. Schmidt*, § 230 Rn. 206; *Blaurock*, Rn. 30.5.
83 *Blaurock*, Rn. 30.7; *Singhof/Seiler/Schlitt*, Rn. 371.
84 BGHZ 50, 316, 320; MüHdb-GesR-I/*Gayk*, § 30 Rn. 13.

geltlichkeit oder Einräumung gegen Leistung einer Einlage sowie die Höhe des Umfangs der Gewinnbeteiligung am Gewinn der Hauptgesellschaft, entsprechend § 231 Abs. 1 HGB.

> **!** Mangels gesetzlicher Regelungen ist eine Unterbeteiligung weitgehend frei gestaltbar. Zu den zweckmäßigen Vereinbarungen gehören Regelungen zu etwaigen Mitwirkungsrechten des Unterbeteiligten, zur Rechnungslegung und Ergebnisverteilung, zu Entnahmerechten, zur Zulässigkeit von Verfügungen über Gesellschafterrechte, zur Dauer der Unterbeteiligung und zu den Rechtsfolgen bei Beendigung der Unterbeteiligung, insbesondere die Berechnung der Abfindung des Unterbeteiligten und deren Zahlungsmodalitäten.

Eine **Genehmigung** des Unterbeteiligungsvertrags durch die GmbH oder deren Gesellschafterversammlung ist nicht erforderlich, auch nicht wenn eine Vinkulierung nach § 15 Abs. 5 besteht.[85] Ein Verbot von Unterbeteiligungen hat keinen Einfluss auf die Wirksamkeit eines dennoch abgeschlossenen Unterbeteiligungsvertrags.[86] 25

Der Unterbeteiligungsvertrag an einem GmbH-Anteil bedarf nicht notarieller **Form**[87], soweit nicht der Hauptgesellschafter sich verpflichtet, den GmbH-Anteil später auf den Unterbeteiligten zu übertragen.[88] Ebenso erfordert die Begründung einer Unterbeteiligung an einer GmbH mit Grundbesitz nicht eine Beurkundung nach § 311b Abs. 1 BGB[89], anders aber bei **Schenkung** (§ 518 Abs. 1 BGB)[90]. Bei einer auf den Todesfall aufschiebend bedingten Schenkung einer Unterbeteiligung erfolgt der Vollzug nach § 2301 Abs. 2 BGB bereits mit Abschluss des Gesellschaftsvertrages.[91] 26

Die Unterbeteiligung wird nicht im **Handelsregister** eingetragen und nicht in der **Gesellschafterliste** vermerkt. 27

III. Rechte und Pflichten

Die **Rechte in der GmbH** stehen auch nach Begründung einer Unterbeteiligung ausschließlich dem Hauptbeteiligten zu, dieser übt weiterhin Gesellschafterrechte in der GmbH selbst aus.[92] Umgekehrt haftet der Unterbeteiligte grundsätzlich nicht gegenüber der GmbH.[93] Bei der Verwaltung des GmbH-Anteils steht der Hauptgesellschafter in einem **doppelten Gesellschaftsverhältnis**, und zwar als Gesellschafter der GmbH und als solcher der Unterbeteiligungsgesellschaft. Bei der Ausübung seiner Rechte in der GmbH muss er daher auf die schutzwürdigen Interessen des Unterbeteiligten Rücksicht nehmen, wobei bei Zielkonflikten die Interessen der Hauptgesellschaft Priorität genießen.[94] Bei Grundlagengeschäften in der GmbH hat der Unterbeteiligte ein Mitspracherecht im Innenverhältnis.[95] 28

---

85 *Tebben*, GmbHR 2007, 63, 65; Ulmer/Habersack/Winter/*Winter/Löbbe*, § 15 Rn. 207; *Reichert/Weller*, § 15 Rn. 253; BGHZ 50, 316, 325; OLG Frankfurt/M., DStR 1992, 1661; siehe auch Baumbach/Hopt/*Hopt*, § 105 HGB Rn. 38; *Blaurock*, Rn. 30.27.

86 LG Bremen, GmbHR 1991, 269; *Bärwaldt*, in: Beck'sches Handbuch der Personengesellschaften, § 14 Rn. 10; MünchKomm-HGB/*K. Schmidt*, § 230 Rn. 221.

87 OLG Frankfurt/M., GmbHR 1987, 57; OLG Bamberg, NZG 2001, 509, 511 (zur Umdeutung eines formunwirksamen Treuhandvertrags in eine Unterbeteiligung); OLG Schleswig, GmbHR 2002, 652; *Blaurock*, Rn. 30.29.

88 *Hohaus*, GmbHR 2002, 883, 884.

89 MünchKomm-HGB/*K. Schmidt*, § 230 Rn. 223.

90 BGH WM 1967, 685; Scholz/*Winter*, § 15 Rn. 12; *Singhof/Seiler/Schlitt*, Rn. 382; differenzierend: MünchKomm-HGB/*K. Schmidt*, § 230 Rn. 224.

91 BGH DStR 2012, 471.

92 MünchKomm-HGB/*K. Schmidt*, § 230 Rn. 232.

93 *Singhof/Seiler/Schlitt*, Rn. 396.

94 MünchKomm-HGB/*K. Schmidt*, § 230 Rn. 241; BGHZ 50, 316, 324 f.; BGH WM 1977, 525, 527; *Singhof/Seiler/Schlitt*, Rn. 401.

95 *Blaurock*, Rn. 30.43; *Singhof/Seiler/Schlitt*, Rn. 408; ähnlich auch MüHdb-GesR-I/*Gayk*, § 30 Rn. 30; ferner: *Weigl*, Stille Gesellschaft und Unterbeteiligung, S. 201.

29 Der Unterbeteiligte verfügt lediglich über ein **eingeschränktes Informationsrecht** (analog § 233 HGB).[96] Eine Abschrift der Bilanz der GmbH oder eine Einsicht in deren Unterlagen ist dem Unterbeteiligten nur dann zu gewähren, wenn dem Hauptgesellschafter dies selbst gestattet ist und der Unterbeteiligungsvertrag dem Unterbeteiligten ein Recht auf Bekanntgabe einräumt.[97]

30 Die **Gewinnbeteiligung** des Unterbeteiligten ist unverzichtbar. Mangels einer abweichenden Vereinbarung ist der Unterbeteiligte aber auch am Verlust beteiligt, entsprechend § 232 Abs. 2 HGB.[98] Bei **Verlustbeteiligung** kann der Hauptgesellschafter dem Unterbeteiligten einen entstandenen Verlust bis zur Höhe der übernommenen Einlage zuweisen. Die Verlustbeteiligung ist folglich begrenzt.[99]

31 Die Unterbeteiligung endet mit Veräußerung des GmbH-Anteils,[100] durch Kündigung analog § 234 HGB i.V.m. § 723 BGB,[101] durch Zeitablauf oder bei Tod des GmbH-Gesellschafters, § 727 BGB.[102] Hingegen führt der Tod des Unterbeteiligten analog § 234 Abs. 2 HGB nicht zur **Auflösung der Unterbeteiligung**.[103] Nach Auflösung erfolgt eine Auseinandersetzung entsprechend § 235 Abs. 1 HGB, und zwar vorbehaltlich einer abweichenden Regelung in Geld;[104] eine Veräußerung oder Übertragung des GmbH-Anteils ist nicht geboten.[105] An schwebenden Geschäften der GmbH ist der Unterbeteiligte analog § 235 Abs. 2, 3 HGB zu beteiligen.[106]

D. Treuhand

I. Überblick

32 Bei einer Treuhand verfügt ein **Treuhänder** über einen Geschäftsanteil (Treugut) im Außenverhältnis zu Dritten, während er aber einer anderen Person (**Treugeber**) schuldrechtlich durch einen Treuhandvertrag verpflichtet ist.[107] Sowohl bei der Gründung von Gesellschaften als auch beim Erwerb von Gesellschaftsanteilen ist die Treuhand als Form der mittelbaren Unternehmensbeteiligung weit verbreitet. Neue Bedeutung hat die Treuhand gewonnen bei Sanierungen als sog. **Sanierungstreuhand**.[108] In der Praxis handelt es sich meist um eine fiduziarische Vollrechtstreuhand in Form einer **fremdnützigen Verwaltungstreuhand**, die der Umgehung, der Verdeckung oder der Vereinfachung dient.[109] Der Treuhänder ist zwar Inhaber des GmbH-Anteils, nimmt im Hinblick auf den Anteil aber fremde Interessen für den Treugeber wahr.[110]

33 Die – gesetzlich nicht geregelte – Treuhand besteht aus dem schuldrechtlichen **Treuhandvertrag** und dem dinglichen **Übertragungsgeschäft**. Der Inhalt des Treuhandvertrags hängt von den Umständen des Einzelfalls und der Vereinbarung der Vertragspartner ab. Ergänzend werden die

---

96 BGHZ 50, 316, 323; BGH NJW-RR 1995, 160, 161; LG Bremen, GmbHR 1991, 269; MünchKomm-HGB/*K. Schmidt*, § 233 Rn. 33; a.A. *Blaurock*, Rn. 30.45; zustimmend: MüHdb-GesR-I/*Gayk*, § 30 Rn. 36: § 716 BGB analog.
97 BGHZ 50, 316, 325; BFH BStBl. II 1995 S. 449; *Blaurock*, Rn. 30.44; kritisch: MünchKomm-HGB/*K. Schmidt*, § 234 Rn. 34.
98 *Bärwaldt*, in: Beck'sches Handbuch der Personengesellschaften, § 14 Rn. 33.
99 *Singhof/Seiler/Schlitt*, Rn. 429.
100 OLG Hamm, NJW-RR 1994, 999; MünchKomm-HGB/*K. Schmidt*, § 234 Rn. 73.
101 MünchKomm-HGB/*K. Schmidt*, § 234 Rn. 70; BGH NJW 1994, 2886, 2888; zustimmend: *Singhof/Seiler/Schlitt*, Rn. 463.
102 MünchKomm-HGB/*K. Schmidt*, § 234 Rn. 65; zweifelnd: MüHdb-GesR-I/*Gayk*, § 30 Rn. 66.
103 MünchKomm-HGB/*K. Schmidt*, § 234 Rn. 77; a.A. MüHdb-GesR-I/*Gayk*, § 30 Rn. 66.
104 OLG Hamm, NJW-RR 1994, 999.
105 BGH WM 1983, 840, 841; MünchKomm-HGB/*K. Schmidt*, § 235 Rn. 68; MüHdb-GesR-I/*Gayk*, § 24 Rn. 79.
106 MünchKomm-HGB/*K. Schmidt*, § 235 Rn. 73.
107 *Singhof/Seiler/Schlitt*, Rn. 493; MünchKomm-HGB/*K. Schmidt*, vor § 230 Rn. 35; weiter gehend: Ulmer/Habersack//Winter/*Winter/Löbbe*, § 15 Rn. 187.
108 *Laier*, GWR 2010, 184.
109 MünchKomm-HGB/*K. Schmidt*, vor § 230 Rn. 40; *Breuer*, MittRhNotK 1988, 79, 80 f.
110 *Schaub*, DStR 1995, 1634 m.w.N. Nachfolgend soll daher nur die fiduziarische Treuhand näher dargestellt werden.

gesetzlichen Regelungen über den Auftrag (§§ 662 ff. BGB), die Geschäftsbesorgung (§ 675 BGB), die Innengesellschaft (§§ 705 ff. BGB) und den Dienstvertrag (§§ 611 ff. BGB) herangezogen.[111] Die Treuhand ist grundsätzlich zulässig und stellt weder einen Grund zur Ausschließung eines Gesellschafters, zur Einziehung des Gesellschaftsanteils noch einen Grund zur Entziehung der Geschäftsführungsbefugnis dar.[112]

> **!** Wenn eine strikt personalistische Bindung gewünscht ist, sollte in der Satzung vorsorgend die Begründung von Treuhandschaften durch Klauseln zur Vinkulierung, zur Unveräußerlichkeit oder zur Unzulässigkeit von Treuhandvereinbarungen ausgeschlossen oder zumindest als Ausschließungsgrund geregelt werden.[113]

Nach Art und Weise der Begründung der Treuhänderstellung unterscheidet man zwischen der Übertragungstreuhand, der Vereinbarungstreuhand und der Erwerbstreuhand:[114] Bei der **Übertragungstreuhand** wird der Gesellschaftsanteil unmittelbar vom Alt-Gesellschafter als Treugeber auf den Treuhänder übertragen, sodass dieser neuer Gesellschafter wird, das Treugut aber weiter für den Treugeber hält. Rechtlich liegt ein Gesellschafterwechsel vor, wirtschaftlich ergibt sich jedoch keine Änderung.[115] Eine **Vereinbarungstreuhand** liegt vor, wenn sich Treugeber und Treuhänder dahingehend einigen, dass der Treuhänder einen bereits bislang von ihm gehaltenen Geschäftsanteil künftig für den Treugeber hält. Eine rechtliche Übertragung des Anteils ist damit nicht verbunden, wohl aber eine wirtschaftliche. Bei der **Erwerbstreuhand** hingegen erwirbt der Treuhänder den Gesellschaftsanteil im eigenen Namen, aber für Rechnung des Treugebers von einem Dritten oder durch originären Erwerbsakt, z.B. durch Beteiligung an einer GmbH-Gründung (auch sog. **Gründungstreuhand**) oder bei einer Kapitalerhöhung.[116] 34

II. Vertragliche Ausgestaltung

Die Begründung eines Treuhandverhältnisses erfordert, dass der Treuhänder Inhaber der Beteiligung ist, im Außenverhältnis also Gesellschafter ist. Ferner muss im Innenverhältnis zwischen den Treuhänder und dem Treugeber eine schuldrechtliche Treuhandabrede getroffen sein. Beide Elemente machen den **Kern des Treuhandverhältnisses** aus.[117] Üblicherweise erfasst eine Treuhandabrede einen Gesellschaftsanteil insgesamt; daneben ist auch die Einräumung einer **quotalen Treuhand** an einem Teil eines GmbH-Anteils möglich.[118] 35

> **!** Zur Vermeidung von Stimmrechtskollisionen und sonstigen Abgrenzungsproblemen empfiehlt sich eine vorsorgliche Teilung des Geschäftsanteils, die grundsätzlich durch Beschluss der Gesellschafter erfolgt (§ 46 Nr. 4). Anderenfalls erfordert eine quotale Treuhand an einem Geschäftsanteil spätestens bei Auflösung der Treuhand eine Teilung des Geschäftsanteils. Soweit hierzu nach der Satzung eine Genehmigung der Gesellschaft oder der Geschäftsführung erforderlich ist, sollte diese bereits vorab eingeholt werden.

1. Begründung der Beteiligung

Bei der **Übertragungstreuhand** bedarf die Übertragung des Geschäftsanteils der notariellen Form (§ 15 Abs. 3)[119]; ferner sind bei Vinkulierung Zustimmungserfordernisse zu beachten (§ 15 36

111 MüHdb-GesR-III/*Kraus*, § 26 Rn. 8; Palandt/*Bassenge*, § 903 BGB Rn. 36.
112 MünchKomm-HGB/*K. Schmidt*, vor § 230 Rn. 56; *Singhof/Seiler/Schlitt*, Rn. 519; zur Reichweite und Umgehungsresistenz von Vinkulierungsklauseln allgemein: *Liebscher*, ZIP 2003, 825.
113 *Singhof/Seiler/Schlitt*, Rn. 520; *Tebben*, GmbHR 2007, 63, 69 (mit Formulierungsvorschlag).
114 *Grage*, RNotZ 2005, 251, 252.
115 MüHdb-GesR-III/*Kraus*, § 26 Rn. 15; *Breuer*, MittRhNotK 1988, 79, 89 ff.
116 MüHdb-GesR-III/*Kraus*, § 26 Rn. 13.
117 MünchKomm-HGB/*K. Schmidt*, vor § 230 Rn. 50; zustimmend: *Singhof/Seiler/Schlitt*, Rn. 512.
118 *D. Mayer*, in: Beck'sches Notar-Handbuch, D I Rn. 168a.
119 BayObLG GmbHR 1991, 527, 574; *Grage*, RNotZ 2005, 251, 252; MüHdb-GesR-III/*Kraus*, § 26 Rn. 15.

Abs. 5). Die Zustimmung kann auch konkludent erteilt werden, indem die Gesellschafter den Treugeber entsprechend seiner Funktion behandeln.[120] Bei einer **Vereinbarungstreuhand** ist hingegen der Treugeber bereits Gesellschafter, sodass die Vereinbarung, den Anteil künftig für den Treuhänder zu halten, nicht der Beurkundung nach § 15 Abs. 3 bedarf. Die schuldrechtliche Abrede, die den Treugeber zum „wirtschaftlichen Inhaber" des Anteils macht, ist jedoch nach der Rechtsprechung des BGH nach § 15 Abs. 4 zu beurkunden, da die Vorschrift nicht nur darauf abziele, den im Hinblick auf § 16 GmbHG (a.F.) besonders wichtigen Beweis der Anteilsinhaberschaft zu gewährleisten, sondern auch verhindern solle, dass GmbH-Geschäftsanteile Gegenstand des freien Handelsverkehrs werden.[121] Die überwiegende Meinung verlangt auch bei der Vereinbarungstreuhand eine Zustimmung der Gesellschafter, da anderenfalls Vinkulierungsklauseln und der allgemeine Schutz der Gesellschaft vor Einfluss Fremder leicht umgangen werden könnte;[122] anders ist dies wenn der Treugeber bereits Gesellschafter ist.[123] Bei **Erwerbstreuhand** muss der Treuhänder erst originär durch Gründung/Kapitalerhöhung bzw. derivativ durch Anteilserwerb einen Geschäftsanteil erhalten. Die allgemeinen Form- und Zustimmungserfordernisse sind einzuhalten.

2. Treuhandvertrag

37 Bei der Verwaltung eines Gesellschaftsanteils besteht zwischen dem Treugeber und dem Treuhänder ein Geschäftsbesorgungsvertrag (§ 675 BGB) bzw. bei Unentgeltlichkeit ein Auftragsverhältnis (§ 662 BGB). Im Treuhandvertrag sollten zumindest der Zweck der Treuhandschaft, die Rechte und Pflichten der Parteien, die Beendigung der Treuhand sowie das Verlustrisiko geregelt werden.[124]

38 Der Treuhandvertrag über einen GmbH-Geschäftsanteil ist grundsätzlich zu beurkunden, da er entweder eine (aufschiebende) Verfügung über einen Geschäftsanteil umfasst (§ 15 Abs. 3) oder er eine Verpflichtung zur Abtretung nach Beendigung regelt (§ 15 Abs. 4). Auch eine Schenkung der Treugeberstellung ist beurkundungsbedürftig (§ 518 Abs. 1 BGB).[125] Im Einzelnen gilt:

- Bei der **Übertragungstreuhand** ist die Verpflichtung des Treugebers formbedürftig, den Geschäftsanteil auf den Treuhänder zu übertragen, der seinerseits verpflichtet ist, den Anteil zu erwerben. Der Treuhandvertrag stellt insoweit den Rechtsgrund für die Übertragung dar.[126]
- Auch bei einer Pflicht des Treuhänders, einen bestehenden Geschäftsanteil von einem Dritten zu erwerben (**Erwerbstreuhand**), wird überwiegend eine Formpflicht angenommen. § 15 Abs. 4 Satz 1 erfasse zwar nach seinem Wortlaut lediglich die Verpflichtung zur Abtretung, dies ist aber mit einer Pflicht zum Erwerb gleichzustellen.[127]

---

120 BGH DStR 2006, 1567 = WuB 2006, 853 m. Anm. *Bayer/Graff*; hierzu auch *Tebben*, GmbHR 2007, 63; *Werner*, GmbHR 2006, 1248.

121 BGHZ 141, 207 = NJW 1999, 2594; BGH NZG 2006, 590; siehe auch MünchKomm-HGB/*K. Schmidt*, vor § 230 Rn. 54.

122 RGZ 159, 272, 280 f.; OLG Frankfurt/M., GmbHR 1992, 668; OLG Hamburg, GmbHR 1993, 567; MünchKomm-HGB/*K. Schmidt*, vor § 230 Rn. 54; Scholz/*Winter*, § 15 Rn. 83a; von einer Zustimmungspflicht bei einer Vereinbarungstreuhand scheint nun auch der BGH (ZIP 2006, 1343) auszugehen; a.A. *Armbrüster*, GmbHR 2001, 941, 947; *Singhof/Seiler/Schlitt*, Rn. 516; differenzierend nach dem Umfang der Treuhandbindung: *Breuer*, MittRhNotK 1988, 79, 84.

123 So der Fall in OLG Hamm, GmbHR 1993, 656, 658; zustimmend: *Schaub*, DStR 1995, 1634, 1637.

124 *Schaub*, DStR 1995, 1634, 1636; MünchKomm-HGB/*K. Schmidt*, vor § 230 Rn. 51, 72.

125 Zur Formbedürftigkeit der Schenkung, insbesondere bei der Vereinbarungstreuhand, siehe *Armbrüster*, GmbHR 2001, 941, 946 f.; *Singhof/Seiler/Schlitt*, Rn. 530.

126 MünchKomm-HGB/*K. Schmidt*, vor § 230 Rn. 51; Scholz/*Winter*, § 15 Rn. 15; Baumbach/Hueck/*Fastrich*, § 15 Rn. 55; *Breuer*, MittRhNotK 1988, 79, 83; *Grage*, RNotZ 2005, 251, 253; *Schaub*, DStR 1995, 1634, 1636; *Singhof/Seiler/Schlitt*, Rn. 514, 525; a.A. (für eine teleologische Reduktion bei „nur" treuhändischer Übertragung) *Armbrüster*, DNotZ 1997, 762, 774 ff.; *ders.*, GmbHR 2001, 941, 946; ebenso: MüHdb-GesR-III/*Kraus*, § 26 Rn. 15; *Sommer/Menzel*, GmbHR 2003, 917, 919.

127 BGH NZG 2006, 590; Baumbach/Hueck/*Fastrich*, § 15 Rn. 56; Lutter/Hommelhoff/*Bayer*, § 15 Rn. 91; *Grage*, RNotZ 2005, 251, 253; *Schacht*, in: Beck'sches Handbuch der GmbH, § 12 Rn. 12; a.A. *Greitemann*, GmbHR 2005, 579; *Fohler/Greitemann*, DB 2005, 2488, 2489; *Armbrüster*, GmbHR 2001, 941, 946; *ders.*, DNotZ 1997, 762, 765.

- Die Verpflichtung des Treuhänders, sich an einer noch zu erfolgenden GmbH-Gründung oder noch zu beschließenden Kapitalerhöhung für Rechnung des Treugebers (**Erwerbstreuhand**) zu beteiligen, soll dagegen nicht von § 15 Abs. 4 Satz 1 erfasst sein[128]. Maßgeblich soll insofern sein, dass der Treuhandvertrag für einen GmbH-Geschäftsanteil vor der Beurkundung des Gesellschaftsvertrags – also im Stadium der **Vorgründungsgesellschaft** für ein noch nicht existierendes Treugut – (formfrei!) geschlossen wird. Mangels eines nur im Entstehen begriffenen Geschäftsanteils bestehe kein Raum für die Anwendbarkeit des § 15 Abs. 4 Satz 1 GmbHG.[129] Anders liegen die Dinge, wenn der Treuhandvertrag nach Gründung der GmbH, aber vor Eintragung, also im Stadium der Vorgesellschaft, geschlossen wird. Bei dieser Form der Gründungstreuhand unterliegt der Treuhandvertrag der Form des § 15 Abs. 4 Satz 1 GmbHG.[130]

Bei **Beendigung des Treuhandvertrags** ist der Treuhänder regelmäßig verpflichtet, den Geschäftsanteil an einen Treugeber bzw. auf Weisung an einen Dritten abzutreten.[131] Dem steht eine Erwerbspflicht des Treugebers gegenüber. Die Beurkundungsbedürftigkeit solcher Verpflichtungen bei GmbH-Anteilen war in der Vergangenheit umstritten und differenzierte nach der Art der Treuhand (Übertragungs-, Erwerbs- und Vereinbarungstreuhand). Regelmäßig wurde dabei angeführt, dass sich bereits aus dem zugrunde liegenden gesetzlichen Auftrags- bzw. Geschäftsbesorgungsverhältnis eine Pflicht zur Abtretung oder Übertragung bei Beendigung ergebe (Herausgabepflicht kraft Gesetzes, § 667 BGB); eine solche gesetzliche Folge bedürfe nicht der Beurkundung, da sie sich allenfalls mittelbar aus dem Treuhandvertrag ergebe.[132] Der BGH ist zu Recht von dieser Argumentation abgerückt. In einer eine **Vereinbarungstreuhand** betreffenden Entscheidung führt der BGH aus, dass mit der Feststellung, der Treuhänder habe die Beteiligung aus dem Treuhandverhältnis erlangt und er sei bei dessen Beendigung kraft Gesetzes (§ 667 BGB) zur Herausgabe verpflichtet, nichts für die Beantwortung der Frage gewonnen sei, ob der Treuhandvertrag nach § 15 Abs. 4 Satz 1 beurkundungsbedürftig ist oder nicht. Vielmehr sei nach Sinn und Zweck der Formvorschrift zu beurteilen, ob diese auch für Rechtsgeschäfte gelte, die zwar nicht ausdrücklich, aber zwangsläufig die Verpflichtung zur Geschäftsanteilsübertragung begründeten. Angesichts der Beweisfunktion und des gesetzgeberischen Ziels einer Vereitelung des freien Handelsverkehrs von GmbH-Anteilen hat der BGH die Anwendbarkeit des § 15 Abs. 4 Satz 1 bejaht.[133] Die Literatur hat sich dem angeschlossen und möchte die Entscheidung auch auf Fälle der Erwerbs- und Übertragungstreuhand erstrecken.[134] 39

> **!** Unabhängig vom Treuhandtyp ergibt sich für die Praxis die Empfehlung der Beurkundung eines Treuhandvertrags, nicht zuletzt auch um die steuerliche Anerkennung zweifelsfrei abzusichern.[135] Formbedürftig ist der gesamte Treuhandvertrag einschließlich aller mit der Übertragungsverpflichtung verbundener Abreden (**Vollständigkeitsgrundsatz**).[136]

Ist der Treuhandvertrag über einen GmbH-Geschäftsanteil entgegen § 15 Abs. 4 Satz 1 **formwidrig** abgeschlossen worden, so ist er nichtig.[137] Ausnahmsweise kann die Berufung auf einen Form- 40

128 BGHZ 141, 207; 19, 69, 70; BGH ZIP 2006, 1295; BGH WM 1971, 306, 307; OLG Celle, NZG 2001, 368; OLG Köln, NZG 2001, 810 (zukünftige Kapitalerhöhung); OLG Frankfurt/M., GmbHR 1992, 368, 369; Baumbach/Hueck/*Fastrich*, § 15 Rn. 56; Lutter/Hommelhoff/*Bayer*, § 15 Rn. 90; *Schulz*, GmbHR 2001, 282, 285.
129 Vgl. die in Fn. 128 Genannten; kritisch auch: MünchKomm-HGB/*K. Schmidt*, vor § 230 Rn. 51.
130 BGHZ 141, 207.
131 Dies gilt auch bei Fehlen einer ausdrücklichen Regelung im Treuhandvertrag, BGH WM 1971, 306, 307.
132 RGZ 124, 375, 376; BGHZ 19, 69, 70 f.; BGH NJW 1997, 2946, 2947; mit anderer Begründung auch MüHdb-GesR-III/*Kraus*, § 26 Rn. 17.
133 BGHZ 141, 207 = NJW 1999, 2594; BGH ZIP 2006, 1295; zustimmend: BFH GmbHR 2004, 683; BSG GmbHR 2006, 645.
134 *Grage*, RNotZ 2005, 251, 253 f.; *Singhof/Seiler/Schlitt*, Rn. 527; Baumbach/Hueck/*Fastrich*, § 15 Rn. 55; siehe auch Gutachten DNotI-Report 2005, 73, 75; MünchKomm-HGB/*K. Schmidt*, vor § 230 Rn. 54.
135 *Singhof/Seiler/Schlitt*, Rn. 528; *Schaub*, DStR 1995, 1634, 1636.
136 BGH NJW 1986, 2642; 2002, 142.
137 OLG Bamberg, NZG 2001, 509, 511.

mangel wegen unzulässiger Rechtsausübung bei Existenzgefährdung und besonders schwerer Treuepflichtverletzung (§ 242 BGB) aber unbeachtlich sein.[138]

III. Rechte und Pflichten

41 Ein **Treuhänder** ist ohne Einschränkung Gesellschafter.[139] Seine Gesellschafterstellung ist in der Gesellschafterliste ohne Treuhandvermerk zu veröffentlichen.[140] Den Treuhänder treffen sämtliche **Mitverwaltungs- und Vermögensrechte**, aber auch alle Pflichten eines Gesellschafters, wie beispielsweise die Treuepflicht und das daraus abgeleitete Wettbewerbsverbot. Er hat eine versprochene Einlage zu erbringen.[141] Gleichfalls trifft ihn als Inhaber des treuhänderisch gehaltenen Geschäftsanteils die **Haftung** gegenüber Gläubigern und der Gesellschaft, insbesondere auch aus Kapitalaufbringungs- und Kapitalerhaltungspflichten.[142] Im Außenverhältnis kann er sich zur Entlastung nicht auf seine Treuhänderstellung berufen.[143]

> **!** Die persönliche Haftung und Verantwortung, insbesondere auch in steuerlicher Hinsicht (§ 34 AO), ist Treuhändern häufig nicht bewusst; im Zweifelsfall kann sich der Regressanspruch gegenüber dem Treugeber als nicht durchsetzbar erweisen.

42 Dem **Treugeber** stehen grundsätzlich weder unmittelbar Rechte gegenüber der Gesellschaft zu noch unterliegt er gesellschaftsrechtlichen Pflichten ihr gegenüber. Das Gesellschaftsverhältnis von Treuhänder und Gesellschaft einerseits und das Innenverhältnis Treugeber-Treuhänder andererseits steht jedoch in einem Funktionszusammenhang.[144] Die Rechte und Pflichten des Treuhänders werden damit an den Treugeber regelmäßig weitergeleitet. Der Treuhänder hat ggf. aus dem Treuhandvertrag einen **Freistellungsanspruch** gegen den Treugeber. Für den Treugeber führt dies zu einer **mittelbaren Haftung** in Form von Entlastungs- und Regressansprüchen des Treuhänders.[145] Diesen Freistellungsanspruch kann der Treuhänder zulässigerweise an einen etwaigen Gläubiger abtreten.[146] Weiter kann im Innenverhältnis der Treuhänder von der GmbH in Anspruch genommen werden (**Innenhaftung**): Nach § 9a Abs. 4 haftet er als Gründer. Auch gelten für den Treugeber die Vorschriften über die Kapitalaufbringung und -erhaltung entsprechend, da den Treugeber entsprechend eine Finanzierungsverantwortung trifft.[147] Der Treugeber haftet auch bei unzulässiger Einlagenrückgewähr.[148] Demgegenüber besteht keine Außenhaftung des Treugebers, analog §§ 128, 130 HGB, und zwar auch nicht bei unmittelbaren Mitwirkungsrechten des Treugebers.[149]

43 Im Innenverhältnis hat der Treugeber Ansprüche aus dem **Treuhandverhältnis**, die sich mangels näherer vertraglicher Ausgestaltung nach Auftragsrecht richten. So steht dem Treugeber ein Weisungsrecht (§ 665 BGB) zu, dass seine Grenzen in den Rechtspflichten des Treuhänders gegenüber der Gesellschaft findet.[150] Weiter ist der Treuhänder zu umfassender Auskunft und Rechenschaft verpflichtet (§ 666 i.V.m. §§ 259, 260 BGB). Alles, was der Treuhänder aufgrund seiner Gesell-

---

138 BGH ZIP 2006, 1295: 20 Jahre tatsächliche Handhabung als wirksames Treuhandverhältnis.
139 St. Rspr., vgl. BGHZ 3, 354, 359 f.; 32, 17, 29; 77, 392, 395.
140 MünchKomm-HGB/*K. Schmidt*, vor § 230 Rn. 57; MüHdb-GesR-II/*Weipert*, § 47 Rn. 20.
141 OLG Köln, NZG 2006, 870; Thüringer OLG, ZIP 2007, 124; NZG 2007, 460; Lutter/Hommelhoff/*Lutter/Bayer*, § 14 Rn. 15; Baumbach/Hopt/*Hopt*, § 105 HGB Rn. 31.
142 MünchKomm-HGB/*K. Schmidt*, vor § 230 Rn. 57; *Singhof/Seiler/Schlitt*, Rn. 538 ff.; zu Möglichkeiten der Risikobegrenzung für den Treuhänder siehe *Seidl*, DStR 1998, 1220.
143 *Singhof/Seiler/Schlitt*, Rn. 539; MünchKomm-HGB/*K. Schmidt*, vor § 230 Rn. 58.
144 MünchKomm-HGB/*K. Schmidt*, vor § 230 Rn. 58.
145 BGHZ 76, 127 = NJW 1980, 1163; BGHZ 93, 246 = NJW 1985, 1776; MünchKomm-HGB/*K. Schmidt*, vor § 230 Rn. 59.
146 BGH BB 2011, 1807.
147 BGHZ 31, 258, 266 f. = NJW 1960, 285; BGHZ 118, 107, 110 ff. = NJW 1992, 2023; OLG Hamburg, BB 1984, 1253 = GmbHR 1985, 84; kritisch zum Teil die Literatur, vgl. nur MünchKomm-HGB/*K. Schmidt*, vor § 230 Rn. 60; *Singhof/Seiler/Schlitt*, Rn. 551 f. je m.w.N.
148 Thüringer OLG, DB 2006, 2624.
149 BGH NZG 2009, 57; NZG 2009, 779.
150 MünchKomm-HGB/*K. Schmidt*, vor § 230 Rn. 73; *Singhof/Seiler/Schlitt*, Rn. 570.

schafterstellung erlangt, hat er an den Treugeber herauszugeben (§ 667 BGB).[151] Umgekehrt hat der Treugeber dem Treuhänder Aufwendungen, die im Zuge der Verwaltung des Geschäftsanteils entstehen, zu ersetzen und ist ggf. vorschusspflichtig (§§ 669, 670 BGB). Wenn der Treuhänder als Gesellschafter in Anspruch genommen wird, kann er von dem Treugeber Befreiung von der Verbindlichkeit verlangen (§§ 670, 257 BGB). Dem Treuhänder steht für seine Tätigkeit regelmäßig eine Vergütung zu; diese ist im Treuhandvertrag zu vereinbaren (§§ 675, 611 BGB).[152]

Der Treuhänder hat als Gesellschafter das Recht, über den GmbH-Anteil zu verfügen, d.h., ihn zu übertragen, zu belasten oder durch Ausscheiden aus der Gesellschaft aufzugeben. Dies stellt eine erhebliche **Gefahr für den Treugeber** dar, da vertragliche Verfügungsverbote lediglich schuldrechtlich wirken (§ 137 BGB). Im Innenverhältnis macht sich der Treuhänder zwar schadensersatzpflichtig, im Außenverhältnis ist der Treugeber aber nur über die §§ 138, 823 Abs. 2, 826 BGB geschützt, soweit der Erwerber von den Umständen der Treuwidrigkeit der Verfügung Kenntnis hat.[153] Eine Anwendung der Grundsätze über den Missbrauch der Vertretungsmacht auf treuwidrige Verfügungen hat die Rechtsprechung abgelehnt, da bei der Treuhand im Gegensatz zur Stellvertretung keine Verfügung im fremden Namen vorliege.[154] 44

Zum **Schutz des Treugebers** vor einem Missbrauch der Rechtsmacht des Treuhänders sind daher entsprechende vertragliche Regelungen notwendig.[155] Empfehlenswert ist insoweit die Vereinbarung einer automatischen Rückfallklausel für den Fall, dass der Treuhänder versucht, treuwidrig über den Anteil zu verfügen. Hierzu tritt der Treuhänder bereits bei Abschluss des Treuhandvertrags den Geschäftsanteil an den Treugeber ab, allerdings unter der aufschiebenden Bedingung einer abredewidrigen Verfügung des Treuhänders.[156]

Die **Beendigung eines Treuhandverhältnisses** richtet sich nach den im Treuhandvertrag getroffenen Abreden und ergänzend nach den gesetzlichen Vorschriften. Als rechtsgeschäftliche Tatbestände kommen Befristung, auflösende Bedingungen oder vertragliche Kündigungstatbestände in Betracht. Eine Kündigung auf gesetzlicher Grundlage ist gem. §§ 675, 621 ff. BGB möglich, wobei wegen § 627 BGB auch die fristlose Kündigung ohne Vorliegen eines wichtigen Grunds zugelassen wird. Eine unentgeltliche Verwaltungstreuhand kann wegen § 671 BGB jederzeit widerrufen werden. Der **Tod des Treuhänders** führt im Zweifel zur Auflösung des Treuhandverhältnisses, da das Vertragsverhältnis wesentlich von der Person und Vertrauenswürdigkeit des Treuhänders abhängt (§§ 675, 673 BGB). Dagegen beendet der **Tod des Treugebers** im Zweifel nicht die Treuhand (§ 672 BGB); vielmehr rücken dessen Erben in die Treugeberstellung im Wege der Gesamtrechtsnachfolge ein.[157] 45

Bei Beendigung der Treuhand wandelt sich das Treuhandverhältnis in ein **Abwicklungsschuldverhältnis**.[158] Der Treuhänder ist zur Rückübertragung des Anteils an den Treugeber verpflichtet (§§ 667, 675 BGB). Dieser kann ggf. den Treuhänder anweisen, den Anteil an einen Dritten zu übertragen.[159] Für die dingliche Rückübertragung sind – soweit es nicht zu einem automatischen Rückfall aufgrund einer bedingten Abtretung im Treuhandvertrag kommt – die für eine Anteils- 46

151 *Schaub*, DStR 1995, 1634, 1637; *Singhof/Seiler/Schlitt*, Rn. 575.
152 *Singhof/Seiler/Schlitt*, Rn. 578.
153 MünchKomm-HGB/*K. Schmidt*, vor § 230 Rn. 69; *Singhof/Seiler/Schlitt*, Rn. 582.
154 BGH NJW 1968, 1471; WM 1977, 525 (treuhänderisches Unterbeteiligungsverhältnis); kritisch: MünchKomm-HGB/*K. Schmidt*, vor § 230 Rn. 69; zustimmend: *Singhof/Seiler/Schlitt*, Rn. 583, je m.w.N.
155 *Schaub*, DStR 1996, 65, 66; *Grage*, RNotZ 2005, 251, 259 f.
156 OLG Hamm, NZG 1998, 109; siehe auch *Schaub*, DStR 1996, 65, 66; *Singhof/Seiler/Schlitt*, Rn. 585; kritisch im Hinblick auf die notwendige Bestimmtheit einer solchen bedingten Verfügung: MünchKomm-HGB/*K. Schmidt*, vor § 230 Rn. 71.
157 MünchKomm-HGB/*K. Schmidt*, vor § 230 Rn. 87; *Singhof/Seiler/Schlitt*, Rn. 618.
158 BGHZ 73, 294, 299 = NJW 1979, 1503.
159 MünchKomm-HGB/*K. Schmidt*, vor § 230 Rn. 91.

übertragung geltenden Form- und Zustimmungserfordernisse (§ 15 Abs. 3, 5) zu beachten. Grundsätzlich besteht kein Anspruch auf Erteilung der Zustimmung zur Anteilsübertragung.[160]

> **!** Für eine im Treuhandvertrag enthaltene bedingte (Rück-)Abtretung ist ggf. bei einer Vinkulierung die Genehmigung der Gesellschaft nach § 15 Abs. 5 erforderlich. Die erteilte Genehmigung ist nicht widerruflich.

47 In der **Zwangsvollstreckung** gegen und im Insolvenzverfahren des Treuhänders wirkt sich dessen Doppelrolle nachteilig aus, da der Gesellschaftsanteil zwar nur treuhänderisch gehalten wird, ein Gläubiger jedoch in den Anteil vollstrecken oder ihn im Rahmen einer Insolvenz verwerten kann. Wenn die Vollstreckung von der Gesellschaft selbst (wegen einer Verbindlichkeit aus dem Gesellschaftsverhältnis) oder von Gesellschaftsgläubigern wegen der Haftung der Gesellschafter betrieben wird, kann sich der Treugeber hiergegen nicht wehren. Insofern verwirklicht sich das Gesellschafterrisiko. Soweit dieses nicht betroffen ist und ein sonstiger Gläubiger gegen den Treuhänder vorgeht, ist der Treugeber allerdings geschützt:[161] Gegen Vollstreckungsmaßnahmen in den Gesellschaftsanteil kann der Treugeber Drittwiderspruchsklage erheben (§ 771 ZPO); in der Insolvenz ist der Treugeber zur Aussonderung berechtigt (§ 47 InsO).[162]

48 Die Möglichkeit zur Aussonderung und die Berechtigung zur Klageerhebung bestehen jedoch nur, wenn das Treugut unmittelbar aus dem Vermögen des Treugebers an den Treuhänder übertragen wurde (**Unmittelbarkeitsgrundsatz**).[163] Dies ist nur bei der Übertragungstreuhand, nicht hingegen bei der Erwerbs- oder Vereinbarungstreuhand der Fall.[164] In der Literatur wird dies kritisiert, da die materiellen Erwägungen für die Ausdehnung der Rechte auf den Treugeber, nämlich die wirtschaftliche Zurechnung des Treuguts zu dessen Vermögen, für alle Treuhandverhältnisse und nicht nur für die Übertragungstreuhand gelten.[165] Bei der Vereinbarungstreuhand wird ein Publizitätsakt als ausreichend für die wirtschaftliche Inhaberstellung des Treugebers, und damit für ein Aussonderungsrecht bzw. ein die Veräußerung hinderndes Recht, angesehen. Hierfür wird bei einem GmbH-Geschäftsanteil die Beurkundung der Vereinbarungstreuhand nach § 15 Abs. 4 und die Einholung einer etwaigen Zustimmung der Gesellschafter angesehen.[166]

> **!** Der Treugeber kann jedoch durch eine vorsorgende Vertragsgestaltung geschützt werden. Wie gegen treuwidrige Verfügungen des Treuhänders empfiehlt sich auch hier eine aufschiebend bedingte (Rück-)Abtretung des GmbH-Anteils an den Treugeber für den Fall von Zwangsvollstreckungsmaßnahmen in das Vermögen des Treuhänders oder der Eröffnung des Insolvenzverfahrens über dessen Vermögen.[167] Eine solche vertragliche Gestaltung ist nicht nach § 9 AnfG anfechtbar oder wegen Gläubigerbenachteiligung nach §§ 138, 134 BGB nichtig.[168] Zu beachten ist allerdings, dass, soweit die Satzung der Hauptgesellschaft eine Einziehung des Gesellschaftsanteils im Fall der Insolvenz des Gesellschafters vorsieht, diese Vorrang hätte. Dem Treugeber bliebe nur der Anspruch auf das Abfindungsguthaben. Zweckmäßigerweise sollte daher auch der Abfindungsanspruch aufschiebend bedingt an den Treugeber abgetreten werden.[169]

160 BGHZ 24, 106, 114.
161 MünchKomm-HGB/*K. Schmidt*, vor § 230 Rn. 80; *Singhof/Seiler/Schlitt*, Rn. 600.
162 MünchKomm-HGB/*K. Schmidt*, vor § 230 Rn. 80 f. m.w.N.
163 Baumbach/Hopt/*Hopt*, § 105 HGB Rn. 32.
164 RGZ 84, 314, 18; 91, 12,14; BGH NJW 1959, 1223, 1224; BGHZ 11, 37, 41 f.; *Singhof/Seiler/Schlitt*, Rn. 602; MünchKomm-HGB/*K. Schmidt*, vor § 230 Rn. 80.
165 *Schaub*, DStR 1996, 65, 68; *Breuer*, MittRhNotK 1988, 79, 90; siehe auch *Singhof/Seiler/Schlitt*, Rn. 603 f.
166 MünchKomm-HGB/*K. Schmidt*, vor § 230 Rn. 54.
167 *Schaub*, DStR 1996, 65, 69; *Hegmanns*, ZIP 1989, 900, 902; *Singhof/Seiler/Schlitt*, Rn. 607.
168 OLG Hamm, NZG 1998, 109, 110.
169 *Schaub*, DStR 1996, 65, 69.

E. Steuern

I. Atypisch stille Beteiligung

Von den vorstehend beschriebenen Beteiligungsformen ist nur bei der stillen Beteiligung die GmbH selbst Vertragspartner, während Treuhandschaft und Unterbeteiligung den jeweiligen Gesellschaftsanteil eines bestimmten Gesellschafters zum Gegenstand haben. 49

Die **GmbH & atypisch Still** ist in der Besteuerung einer GmbH & Co. KG ähnlich (siehe dazu „Steuerrecht", S. 1046 ff., Rn. 87), bietet für die Beteiligten jedoch geringere Verwaltungskosten, weil die GmbH im Außenverhältnis alleiniger Träger der Rechte und Pflichten bleibt (keine Buchführungs- und Bilanzierungspflicht der stillen Gesellschaft selbst).[170] Zwischen der GmbH und dem atypisch stillen Gesellschafter entsteht eine Mitunternehmerschaft i.S.v. § 15 Abs. 1 Nr. 2 EStG, die nach § 15 Abs. 3 Nr. 2 EStG gewerblich geprägt ist.[171] Die GmbH führt und betreibt das Unternehmen für Rechnung der Mitunternehmerschaft, weshalb auch die Gewinnermittlung der GmbH der Besteuerung der Mitunternehmerschaft zugrunde gelegt wird. Die Erträge werden der GmbH und dem atypisch stillen Gesellschafter anteilig zugerechnet und dort der Körperschaft- bzw. Einkommensteuer unterworfen. Die Gewerbesteuer wird demgegenüber ausschließlich gegenüber dem Betriebsinhaber, also gegenüber der GmbH, erhoben. Sofern sich die atypisch stille Beteiligung auf das Gesamtgeschäft der GmbH bezieht, findet nur ein Besteuerungsverfahren statt, bei Beteiligung der atypisch stillen Gesellschafter nur an bestimmten Geschäften oder Geschäftsbereichen liegen mehrere gewerbliche Tätigkeiten vor.[172] Dennoch besteht auf der Ebene des atypisch still Beteiligten die Möglichkeit der Gewerbesteueranrechnung nach § 35 EStG.[173] 50

Die etwaigen **Anteile** des atypisch stillen Gesellschafters an der GmbH gehören zum Sonderbetriebsvermögen der Mitunternehmerschaft; die von ihm bezogenen **Dividenden** gehören daher zu seinen gewerblichen Einkünften und unterliegen dem Teileinkünfteverfahren, nicht der Abgeltungsteuer. Ist er selbst oder eine ihm nahe stehende Person an der GmbH beteiligt, so führen unangemessen hohe Gewinnanteile des atypisch stillen Gesellschafters zu einer verdeckten Gewinnausschüttung.[174] 51

Für **Verlustzuweisungen** an den atypisch stillen Gesellschafter gilt die Verlustausgleichs- und -abzugsbegrenzung nach § 15a Abs. 5 Nr. 1 EStG für negative Kapitalkonten, und zwar selbst dann, wenn im Innenverhältnis eine unbeschränkte Verlustbeteiligung des stillen Gesellschafters vereinbart ist.[175] Unabhängig davon gelten generelle Verlustausgleichs- und -abzugsverbote nach § 15 Abs. 4 Satz 6 bis 8 EStG, wenn Kapitalgesellschaften unmittelbar oder mittelbar an anderen Kapitalgesellschaften als Mitunternehmer im Rahmen einer Innengesellschaft beteiligt sind.[176] 52

II. Typisch stille Beteiligung

Im Gegensatz dazu ist eine typisch stille Beteiligung steuerlich wie die Gestellung von Fremdkapital zu behandeln. Der stille Gesellschafter hat seine Bezüge nach § 20 Abs. 1 Nr. 4 EStG als Einkünfte aus Kapitalvermögen zu versteuern.[177] Die Abgeltungsteuer greift jedoch hier nach § 32d Abs. 2 53

170 Ebenso *Weigl*, Stille Gesellschaft und Unterbeteiligung, S. 153. Unter einer atypisch stillen Gesellschaft wird hier nur eine solche verstanden, die auch steuerlich als Mitunternehmerschaft anerkannt wird, also nicht jegliche Abweichung vom Regelstatut der §§ 230 ff. HGB; zur Abgrenzung vgl. Schmidt/*Wacker*, § 15 EStG, Rn. 340 ff.

171 BFH BB 1997, 1131. Streitig ist, ob dies auch dann gilt, wenn die Voraussetzungen des § 15 Abs. 3 Nr. 2 EStG nicht erfüllt sind, also der stille Gesellschafter zur Geschäftsführung befugt ist, vgl. Schmidt/*Wacker*, § 15 EStG Rn. 359.

172 Abschn. 35 Abs. 2, 16 Abs. 5 GewStR.

173 BMF-Schreiben v. 15.5.2002, BStBl. I 2002, 533, Tz. 18.

174 Abschn. H36 Abs. 5 KStH („Stille Gesellschaft"); Schmidt/*Wacker*, § 15 EStG Rn. 357.

175 Schmidt/*Wacker*, § 15a EStG Rn. 198.

176 Diese speziellen Verlustabzugsbeschränkungen flankieren die Abschaffung der vormaligen Mehrmütterorganschaft durch das Steuervergünstigungsabbaugesetz v. 16.5.2003, siehe „Steuerrecht", S. 1046 ff., Rn. 77.

177 Anders nur, wenn die stille Beteiligung im Betriebsvermögen gehalten wird, vgl. § 20 Abs. 8 EStG.

Nr. 1 Buchst. b) EStG nicht ein, wenn der stille Gesellschafter oder eine ihm nahe stehende Person zu mindestens 10 % an der GmbH beteiligt sind.[178] Es bleibt dann beim vollen persönlichen Steuersatz, was andererseits aber auch den Werbungskostenabzug ermöglicht. Seitens der GmbH sind die (angemessenen) Zahlungen an den stillen Gesellschafter Betriebsausgaben, sie unterliegen jedoch nach § 8 Nr. 1 Buchst. c) GewStG der Hinzurechnung[179] (siehe „Steuerrecht", S. 1046 ff., Rn. 21) und gehören nach § 4h Abs. 3 Satz 2 EStG zu den nur beschränkt ansatzfähigen Zinsaufwendungen.[180] § 17 EStG findet auf die stille Einlage keine Anwendung.[181] Die Verlustausgleichs- und -abzugsverbote der §§ 15 Abs. 4 Satz 6 bis 8 und 15a EStG gelten sinngemäß (§ 20 Abs. 1 Nr. 4 Satz 2 EStG).

III. Treuhand und atypische Unterbeteiligung

54 Ein steuerlich anerkanntes Treuhandverhältnis führt dazu, dass der Treugeber als wirtschaftlicher Eigentümer des Treuguts (Gesellschaftsanteile) angesehen wird (§ 39 Abs. 2 AO). Gleiches gilt für eine atypisch ausgestaltete Unterbeteiligung, die es dem Unterbeteiligten ermöglicht, die mit dem Anteil verbundenen Vermögens- und Verwaltungsrechte auszuüben und ggf. auch gegen den Hauptgesellschafter durchzusetzen.[182] In diesen Fällen erzielt der wirtschaftliche Anteilsinhaber selbst und originär Einkünfte nach §§ 17, 20 Abs. 1 Nr. 1, 20 Abs. 2 Nr. 1 EStG.[183] Es entsteht insbesondere – anders als bei einer atypischen Unterbeteiligung an einem Personenunternehmen – keine Mitunternehmerschaft.[184]

55 Gemäß § 159 AO muss derjenige, der sich als Treuhänder auf ein Treuhandverhältnis beruft, gegenüber der Finanzverwaltung den Nachweis führen, wem das Wirtschaftsgut zuzurechnen ist; anderenfalls wird es ihm selbst zugerechnet.

In der Vergangenheit sind – tatsächliche oder auch nur nachträglich behauptete – Treuhandverhältnisse teilweise verwendet worden, um die maßgeblichen Beteiligungsgrenzen des § 17 EStG (vormals 25 %, dann 10 %, nun 1 %) zu unterschreiten. Dies hat die Finanzverwaltung und -gerichtsbarkeit veranlasst, die steuerliche Anerkennung von Treuhandverträgen an die strikte Beachtung gesellschaftsrechtlicher Kriterien zu knüpfen. Dies betrifft insbesondere die Einhaltung zivilrechtlicher Formerfordernisse.

56 ! Eine Anteilsteilung ist zur Annahme eines wirksamen Treuhandverhältnisses nicht unbedingt erforderlich, jedoch nach § 5 Abs. 2 GmbHG ohne Weiteres möglich und empfehlenswert.[185]

IV. Typische Unterbeteiligung

57 Eine typische Unterbeteiligung an einem GmbH-Anteil führt nicht zur Anerkennung des Unterbeteiligten als Gesellschafter der GmbH. Auch § 20 Abs. 1 Nr. 4 EStG greift nicht ein, da der Haupt-

---

178 Unabhängig davon unterliegen die Bezüge der Kapitalertragsteuer, vgl. § 43 Abs. 1 Satz 1 Nr. 3 EStG, nur dass diese ggf. keine Abgeltungswirkung hat.

179 Sowohl die Gewinnanteile stiller Gesellschafter als auch die Zinsen für partiarische Darlehen werden nunmehr zu ¼ hinzugerechnet, sodass die frühere Besserstellung partiarischer Darlehen aufgehoben ist.

180 BMF-Schreiben v. 4.7.2008, BStBl. I 2008, 718, Rn. 11; siehe dazu auch „Steuerrecht", S. 1046 ff., Rn. 55.

181 BFH BStBl. II 1997, 724; Abschn. H 17 Abs. 2 EStH.

182 Zu den Anforderungen im Einzelnen vgl. BFH BStBl. II 2005, 857; 2006, 253. Insofern weicht, wie der BFH klarstellt, die steuerliche Abgrenzung zwischen „typischer" und „atypischer" Unterbeteiligung von den bei Unterbeteiligungen an Mitunternehmeranteilen bekannten Kriterien ab.

183 *Streck/Schwedhelm*, in: Formularbuch Recht und Steuern, Muster A.6.48, Rn. 12.

184 Schmidt/*Wacker*, § 15 EStG, Rn. 367. Dennoch ist bei einer atypischen Unterbeteiligung eine gesonderte und einheitliche Feststellung der Einkünfte erforderlich, vgl. *Streck/Schwedhelm*, in: Formularbuch Recht und Steuern, Muster A.6.48, Rn. 13. Eine Mitunternehmerschaft würde entstehen bei einer atypischen Unterbeteiligung an einer atypisch stillen Beteiligung, letztlich eine doppelstöckige Personengesellschaft i.S.v. § 15 Abs. 1 Satz 1 Nr. 2, Satz 2 EStG.

185 BFH BStBl. II 2010, 460; anders zuvor FG Münster, EFG 2008, 947 m. Anm. *Braun*.

beteiligte kein Handelsgewerbe betreibt.[186] Richtiger erscheint bei entgeltlich erworbenen Unterbeteiligungen die Anwendung von § 20 Abs. 1 Nr. 7 EStG auf den Unterbeteiligten; problematisch ist der fehlende oder eingeschränkte Werbungskostenabzug beim Hauptbeteiligten (siehe „Steuerrecht", S. 1046 ff., Rn. 30, 52 ff.), womit Doppelbesteuerungseffekte drohen. Jedenfalls für schenkweise eingeräumte typische Unterbeteiligungen sollte es bei der Anwendung der Schenkungsteuer auf die laufenden Zahlungen bleiben (siehe dazu sogleich), während ertragsteuerlich nur der Hauptbeteiligte in Erscheinung tritt.

V. Erbschaft- und Schenkungsteuer

Die vorstehende ertragsteuerliche Einordnung ist auch maßgeblich für die Erbschaft- und Schenkungsteuer. Bei **typisch stillen Beteiligungen** handelt es sich um Kapitalforderungen, die ohne besondere Freibeträge oder Bewertungsabschläge in die Bemessungsgrundlage eingehen.[187] Für eine **typische Unterbeteiligung** an einem Kommanditanteil hat der BFH entschieden, dass in der Einräumung der Unterbeteiligung überhaupt keine relevante Vermögensverschiebung vorliegt, sondern lediglich die künftigen Ertragsanteile geschenkt sind.[188] Dies dürfte auch auf die typische Unterbeteiligung an einer GmbH übertragbar sein. 58

Für **atypische Unterbeteiligungen** an Mitunternehmerschaften ist die Finanzverwaltung wieder der Auffassung, dass diese begünstigtes Vermögen nach § 13b Abs. 1 Nr. 2 ErbStG darstellen können.[189] **Atypisch stille Beteiligungen** sind Mitunternehmeranteile, was zur Einordnung als Betriebsvermögen nach § 13b Abs. 1 Nr. 2 ErbStG führt.[190] Dies gilt jedoch zunächst nur für die Übertragung einer solchen Beteiligung und ist nicht zwingend auf die erstmalige Einräumung übertragbar.[191] 59

Auch für Treuhandvermögen ist die Finanzverwaltung wieder zur ursprünglichen Auffassung zurückgekehrt, wonach hinsichtlich der Gewährung von Begünstigungen auf die Qualität des Treuhandvermögens abzustellen ist.[192] 60

VI. Verkehrsteuern

Umsatzsteuerlich hat eine atypische oder typische stille Beteiligung keine Konsequenzen; als Unternehmer wird unverändert nur die nach außen auftretende GmbH angesehen.[193] Zu den **grunderwerbsteuerlichen** Fragen der Treuhandschaft an Gesellschaftsanteilen hat die Finanzverwaltung detailliert Stellung genommen.[194] Die steuerliche Behandlung unterscheidet sich nicht grundlegend von der bei Treuhandverhältnissen an Grundstücken, einschließlich der Anwendbarkeit des § 3 Nr. 8 GrEStG bei Rückübertragung der Anteile im Zuge einer Auflösung der Übertragungstreuhand; die Ausnahme von der Grunderwerbsteuer soll allerdings nur insoweit gelten, als die Grundstücke schon bei Begründung des Treuhandverhältnisses im Gesellschaftsvermögen vorhanden waren.[195] 61

---

186 Ungenau insofern Abschn. H 20.2 EStH („Stiller Gesellschafter") a.E. Die dort zitierte Entscheidung BFH BStBl. II 1991, 313 betrifft eine Unterbeteiligung an einem Mitunternehmeranteil; ebenso: BFH BStBl. II 2002, 460.

187 Zur Bewertung vgl. RB 12.4 ErbStR 2011.

188 BFH NJW-RR 2008, 986.

189 FM Bayern vom 23.03.2009, DStR 2009, 908.

190 FM Bayern vom 23.03.2009, DStR 2009, 908 unter Abkehr von der zwischenzeitlich abweichenden Verwaltungsmeinung.

191 Zu Ausweichgestaltungen vgl. *Lasa*, Die stille Beteiligung als Gestaltungsmittel der Vermögensnachfolge, ZEV 2010, 433, 439.

192 Koordinierter Ländererlass; FM Bayern vom 16.9.2010, DStR 2010, 2084; gegen FinMin Bayern v. 14.06.2005, DStR 2005, 1231 bzw. 11.01.2008, DStR 2008, 508.

193 Abschn. 16 Abs. 5 Satz 3 UStR; *Bunjes/Geist*, § 2 UStG Rn. 10.

194 Gleichlautende Ländererlasse v. 12.10.2007, DStR 2008, 256 = BStBl. I 2008, 761.

195 Bei Vereinbarungs- und Erwerbstreuhand bedarf es des Rückgriffs auf § 3 Nr. 8 GrEStG nicht, da die Begründung der Ansprüche des Treugebers schon nach § 1 Abs. 3 Nr. 3 GrEStG steuerpflichtig sein kann und daher die Steuer nach § 1 Abs. 3 Nr. 4 GrEStG bei Anspruchserfüllung nicht nochmals erhoben wird.

> **!** Gestalterisch bestehen hier zahlreiche Möglichkeiten, die bei Treuhandverhältnissen an Grundstücken nicht bestehen, insbesondere durch die Einschaltung mehrerer Treuhänder.[196]

196 Gleichlautende Ländererlasse v. 12.10.2007, DStR 2008, 256 = BStBl. I 2008, 761, Tz. 4.

5. Umwandlungsrecht

Literatur

Carlé/Korn/Stahl/Strahl, Umwandlungen 2. Auflage 2012; *Dauner-Lieb/Simon*, Kölner Kommentar zum Umwandlungsgesetz, Köln 2009; *Engl*, Formularbuch Umwandlungen, 3. Aufl. München 2012; *Heckschen*, Umwandlungsrecht und Insolvenz, in: Wassermeyer/Mayer/Rieger (Hrsg.), Umwandlungen im Zivil- und Steuerrecht: Festschrift für Siegfried Widmann zum 65. Geburtstag, 2000, S. 31 ff.; *Herrler/Schneider*, Von der Limited zur GmbH, München 2010; *Kallmeyer*, Umwandlungsgesetz, Kommentar, 4. Auflage 2009; *Lutter*, Umwandlungsgesetz, Kommentar, 4. Auflage 2009; *Krafka/Willer/Kühn*, Registerrecht, 8. Auflage 2010; *Mayer*, Unternehmensnachfolge und Umwandlung, ZEV 2005, 325; *Mayer/Weiler*, Neuregelungen durch das Zweite Gesetz zur Änderung des Umwandlungsgesetzes (Teil I und II), DB 2007, 1235 und 1291; *Priester*, Mitgliederwechsel im Umwandlungszeitpunkt, DB 1997, 560; *Rödder/Herlinghaus/van Lishaut*, Umwandlungsteuergesetz, Kommentar, 2. Auflage 2012; *Sagasser/Bula/Brünger*, Umwandlungen, 4. Auflage 2011; *Schmitt/Hörtnagl/Stratz*, Umwandlungsgesetz/Umwandlungssteuergesetz, Kommentar, 5. Auflage 2009; *Semler/Stengel*, Umwandlungsgesetz, Kommentar, 3. Auflage 2012; *Tiedtke*, Kostenrechtliche Behandlung von Umwandlungsvorgängen nach dem Umwandlungsgesetz (Teil I und II), ZNotP 2001, 226 und 260; *Weiler*, Fehlerkorrektur im Umwandlungsrecht nach Ablauf der Acht-Monats-Frist des § 17 Abs. 2 S. 4 UmwG, MittBayNot 2006, 377; *Weiler*, Grenzen des Verzichts auf die Anteilsgewährung im Umwandlungsrecht, NZG 2008, 527; *Widmann/Mayer*, Umwandlungsrecht, Loseblattkommentar.

A. Allgemeines

I. Das Umwandlungsgesetz 1994

1 Der Begriff „Umwandlung" erfasst grundsätzlich alle Möglichkeiten der Umstrukturierung eines Unternehmens, wobei man mit dem Begriff heute gemeinhin eine Umstrukturierung nach den Vorschriften des am 1.1.1995 in Kraft getretenen modernen **Umwandlungsgesetzes** (UmwG)[1] gleichsetzt. Aus steuerlicher Sicht fallen unter den Begriff „Umwandlung" alle Vorgänge, die vom **Umwandlungssteuergesetz** (UmwStG)[2] umfasst sind, d.h. zusätzlich zu den Umwandlungen nach UmwG insbesondere Einbringungsvorgänge.[3]

2 Bis zum 1.1.1995 war das Umwandlungsrecht auf eine Vielzahl von Einzelgesetzen verteilt.[4] Erst durch das UmwG wurden die Umwandlungsmöglichkeiten in einem Gesetz gebündelt und erheblich erweitert. Neben den bereits bekannten Rechtsinstituten der Verschmelzung und des Formwechsels wurde auch die vorher nur bestimmten Rechtsträgern vorbehaltene Möglichkeit der Spaltung eröffnet.[5] Zudem wurde der Kreis der umwandlungsfähigen Rechtsträger erheblich erweitert. Wesentliche Änderungen hat das Umwandlungsrecht im Jahr 2007 durch das Zweite Gesetz zur Änderung des Umwandlungsgesetzes[6] erfahren, mit dem die Richtlinie zur transnationalen Verschmelzung[7] in deutsches Recht umgesetzt und außerdem zahlreiche sonstige Vorschriften des UmwG angepasst wurden.[8] Die letzte größere Veränderung des UmwG enthielt das auf der Richtlinie 2009/109/EG vom 16.9.2009[9] basierende und am 15.7.2011 in Kraft getretene Dritte Gesetz zur Änderung des Umwandlungsgesetzes.[10] Dabei wurden u.a. die Berichtspflichten der Vertretungsorgane von Aktiengesellschaften und KGaAs erweitert (§ 64 Abs. 1 Satz 2 UmwG n.F.), die Vorbereitung der Hauptversammlung von Aktiengesellschaften und KGaAs im Zusammenhang mit Umwandlungsvorgängen vereinfacht und die Konzernverschmelzung unter Beteiligung von Aktiengesellschaften und KGaAs weiter erleichtert sowie ein spezieller verschmelzungsrechtlicher squeeze-out eingeführt.[11]

II. Umwandlungsarten

3 Das UmwG sieht in § 1 Abs. 1 vier verschiedene Arten der Umwandlung vor, nämlich die **Verschmelzung** (Zweites Buch, §§ 2 bis 122), die **Spaltung** (Drittes Buch, §§ 123 bis 173), die **Vermögensübertragung** (Viertes Buch, §§ 174 bis 189) und den **Formwechsel** (Fünftes Buch, §§ 190 bis 304). Die Vermögensübertragung hat im Gegensatz zu den drei anderen Umwandlungsarten so gut wie keine Praxisrelevanz und soll daher im Folgenden nicht näher behandelt werden. Bei Verschmelzung und Spaltung unterscheidet das UmwG weiter danach, ob die Umwandlung zur Aufnahme durch einen schon bestehenden Rechtsträger oder zur Neugründung des übernehmenden Rechtsträgers erfolgen soll. Im letzteren Fall sind regelmäßig die für die jeweilige Rechtsform geltenden Gründungsvorschriften einzuhalten.[12]

4 Die vorgenannten Umwandlungsarten nach dem UmwG sind abschließend geregelt und einer analogen Anwendung nicht zugänglich (**Numerus clausus**, vgl. § 1 Abs. 2 UmwG). Daneben zulässig bleiben aber sonstige zivil- und handelsrechtlichen Umstrukturierungsmöglichkeiten, wie z.B. der

1 BGBl. I 1994 S. 3210, berichtigt BGBl. I 1995 S. 428.
2 Neu gefasst durch das SEStEG am 7.12.2006, BGBl. I 2006 S. 2782, 2791; in Kraft getreten am 13.12.2006.
3 Vgl. ausf. Widmann/Mayer/*Mayer*, Bd. 8, Anh. 5.
4 Näher zur Geschichte des Umwandlungsrechts: Widmann/Mayer/*Mayer*, Einf. UmwG Rn. 1 ff.
5 Siehe Lutter/*Teichmann*, § 123 UmwG Rn. 4; Schmitt/Hörtnagl/Stratz/*Hörtnag*, Vor §§ 123–173 UmwG Rn. 12 f.
6 Vom 19.4.2007 (BGBl. I S. 542).
7 RL 2005/56/EG v. 26.10.2005.
8 Ausführlich *Mayer/Weiler*, DB 2007, 1235 ff. und 1291 ff.
9 ABl. L 259 vom 2.10.2009, S. 14.
10 BGBl. I 2011, 1338.
11 Näher zum Ganzen *Leitzen*, DNotZ 2011, 526; *Neye/Kraft*, NZG 2011, 681; *Simon/Merkelbach*, DB 2011, 1317. Speziell zum verschmelzungsspezifischen Squeeze-out *Austmann*, NZG 2011, 684; *Bungert/Wettich*, DB 2011, 1500; *Göthel*, ZIP 2011, 1541; *D. Mayer*, NZG 2012, 561; *Kiefner/Brügel*, AG 2011, 525.
12 Vgl. für die Verschmelzung zur Neugründung einer GmbH z.B. § 36 Abs. 2 Satz 1, 56 ff. UmwG.

Abschluss eines Anteilskaufvertrags, ggf. i.V.m. einem Beherrschungs- und Gewinnabführungsvertrag[13], die Übertragung von Wirtschaftsgütern des Betriebsvermögens durch Einzelrechtsübertragung, die Anwachsung nach §§ 105 Abs. 2 HGB i.V.m. § 738 BGB[14] oder die Eingliederung gem. §§ 319 ff. AktG.[15]

III. Gesetzessystematik

Das UmwG ist so aufgebaut, dass für jede der vier Umwandlungsarten neben allgemeinen Bestimmungen Sonderregeln für den jeweiligen Umwandlungsfall bestehen. Der Allgemeine Teil behandelt die Zulässigkeit der Umwandlungsart sowie die konkreten Ausgestaltungsmöglichkeiten (z.B. Verschmelzung zur Aufnahme/Verschmelzung zur Neugründung). Der Besondere Teil befasst sich mit den rechtsformspezifischen Besonderheiten. Das Gesetz bedient sich zudem einer ausgeprägten Verweisungstechnik, indem so weit wie möglich auf vorhergehende Vorschriften, i.d.R. auf jene zur Verschmelzung, Bezug genommen wird. **5**

Die Herangehensweise an einen konkreten Umwandlungsfall wird maßgeblich durch diese Struktur bestimmt: Angesichts dessen, dass unter Berücksichtigung der vom UmwG erfassten Rechtsformen und Umwandlungsarten mehr als 300 verschiedene Konstellationen denkbar sind, ist es zwingend erforderlich, sich bei jedem Umwandlungsvorgang die anzuwendenden allgemeinen Vorschriften ebenso wie die rechtsformspezifischen Sonderregelungen zu vergegenwärtigen, um keine der Eigenheiten des konkreten Falls zu übersehen.[16] **6**

IV. Umstrukturierungsmaßnahmen außerhalb des UmwG

1. Allgemeines

Der sog. numerus clausus der Umwandlungsarten[17] bedeutet nicht, dass Umwandlungen auf anderem Wege unzulässig sind. So können wirtschaftlich ähnliche Resultate anderweitig herbeigeführt werden, beispielsweise durch die Übertragung einzelner Vermögensgegenstände oder den Austausch von Anteilen. Bei jeder Umstrukturierungsmaßnahme ist daher vor Anwendung des Umwandlungsgesetzes zu überlegen, ob auf andere Weise ein wirtschaftlich gleiches Ergebnis eventuell unkomplizierter, schneller und kostensparender sowie aus steuerlicher Sicht gleichartig oder besser zu erzielen ist. Diese Gestaltungsüberlegungen werden vor allem durch gesellschafts-, steuer-, arbeits- und kostenrechtliche Aspekte bestimmt. Dabei sind insbesondere die beiden folgenden Umstrukturierungstechniken von hoher praktischer Relevanz: **6a**

2. Einbringung

Der Begriff „Einbringung" ist kein gesetzlicher Terminus des Gesellschaftsrechts, sondern vielmehr dem Umwandlungssteuerrecht entlehnt.[18] Unter Einbringung i.S.d. UmwStG versteht man die Verschaffung des zivilrechtlichen Eigentums, des wirtschaftlichen Eigentums oder des Nutzungsrechts an Unternehmen, Unternehmensteilen (Teilbetrieben) oder Mitunternehmeranteilen im Wege einer Einlage durch Einzelrechtsnachfolge.[19] Wesentlichster Gesichtspunkt dabei ist, dass ein Ansatz der eingebrachten Vermögensgegenstände mit einem niedrigeren als dem gemeinen Wert (d.h. insb. **6b**

---

13 Zum Unternehmenskauf siehe ausf. dort, S. 924 ff.

14 Ausführlich: *Kallmeyer*, ZIP 1994, 1746 ff.

15 Näher zum Ganzen sogleich, Rn. 6a ff.

16 So sind z.B. für die Spaltung von einer GmbH auf eine GmbH zur Neugründung folgende Vorschriften des UmwG anwendbar: § 1 (allg. Vorschrift); §§ 123–134 mit Ausnahme von §§ 129, 130 Abs. 2 (allg. Vorschriften über die Spaltung); §§ 135–137 (Spaltung zur Neugründung); §§ 138–140 (Spaltung unter Beteiligung einer GmbH); über §§ 125, 135 zahlr. Vorschriften des 2. Buches über die Verschmelzung; über § 135 Abs. 2 die (Sach-)Gründungsvorschriften der GmbH.

17 Siehe soeben, Rn. 4.

18 Vgl. z.B. §§ 20, 24 UmwStG. Zum Ganzen ausführlich Widmann/Mayer/*D. Mayer*, Band 8, Anhang 5.

19 Dabei ist zu beachten, dass strukturtypisch auch die Verschmelzungs- und Spaltungsfälle des Umwandlungsgesetzes Sonderfälle der Einbringung sind, weil auch hier Unternehmen oder Unternehmensteile als Sacheinlage übertragen werden, mag das Gesetz bei diesen Vorgängen auch eine Gesamtrechtsnachfolge bzw. „partielle" Gesamtrechtsnachfolge als Rechtsfolge vorsehen.

eine Buchwertfortführung) grds. nur möglich ist, wenn die Vermögensübertragung gegen Gewährung von Anteilen am übernehmenden Rechtsträger erfolgt.[20] Nicht von den Privilegien des UmwStG werden demgegenüber solche Einbringungsfälle erfasst, in denen ein Gesellschafter nur einzelne Wirtschaftsgüter an die Gesellschaft überträgt oder in denen die Einbringung nicht gegen Gewährung von Anteilen erfolgt („verdeckte Einlage").

Ein wichtiges Beispiel für einen derartigen Einbringungsvorgang ist die „Überführung" eines einzelkaufmännischen Unternehmens in eine Kapitalgesellschaft.[21] Dabei überträgt der Unternehmer sein gesamtes Unternehmen mit allen Aktiva und Passiva im Wege der Einzelrechtsübertragung auf die schon bestehende (bzw. neu zu gründende) Gesellschaft, wobei diese Einbringung zur Vermeidung einer ungewollten Aufdeckung stiller Reserven wegen § 20 UmwStG im Wege einer Sachkapitalerhöhung (bzw. Sachgründung) zu erfolgen hat. Mit dieser Alternative lässt sich dasselbe Ergebnis erzielen wie bei einer Ausgliederung aus dem Vermögen des Einzelkaufmanns gemäß §§ 152 ff. UmwG. Bei der Entscheidung darüber, welche der beiden Möglichkeiten gewählt wird, steht regelmäßig die Überlegung im Vordergrund, dass nur der Weg über §§ 152 ff. UmwG die umwandlungsrechtliche Gesamtrechtsnachfolge (d.h. vor allem den automatischen Übergang von Verbindlichkeiten und Verträgen) sowie die zivilrechtliche und steuerliche Rückwirkungsmöglichkeit innerhalb der Acht-Monats-Frist[22] ermöglicht.

3. Anwachsungsmodelle

6c Einer der wesentlichen Vorteile der Verschmelzung und der Spaltung nach dem Umwandlungsgesetz ist die umwandlungsrechtliche Gesamtrechtsnachfolge. Der damit verbundene automatische Übergang aller Immobilien, beweglichen Gegenstände, Verträge, Verbindlichkeiten etc. kann aber auch außerhalb des UmwG realisiert werden. Ein typisches Beispiel hierfür bilden die sog. Anwachsungsmodelle[23], die in vielen Fällen als Alternativgestaltung zu Verschmelzung, Formwechsel und Einbringung zur Verfügung stehen[24]. Basis aller Anwachsungsmodelle ist der Grundsatz, dass eine Personengesellschaft mindestens zwei Gesellschafter haben muss. Scheidet der vorletzte Gesellschafter aus und vereinigen sich damit sämtliche Anteile in einer Pers[25]on, wird die Personengesellschaft automatisch unter Ausschluss der Liquidation mit der Folge beendet, dass ihr Vermögen im Wege der Gesamtrechtsnachfolge auf den verbliebenen Gesellschafter überge[26]ht. Insbesondere die Umwandlung einer GmbH & Co. KG in eine GmbH kann so u. U. einfacher vollzogen werden als durch Verschmelzung oder Formwechsel.

Als sog. **einfache Anwachsung** (oder auch „Austrittsmodell") bezeichnet man das (entschädigungslose) Ausscheiden aller bis auf einen Gesellschafter einer Personengesellschaft. Im Vordergrund der Überlegungen steht dabei die Variante, dass sämtliche Kommanditisten einer GmbH & Co. KG ausscheiden mit der Folge, dass das Vermögen der Kommanditgesellschaft auf die persönlich haftende GmbH übergeht. Kernproblem dieser Gestaltung ist, dass es sich beim Austritt der Gesellschafter aus ertragsteuerlicher Sicht um eine verdeckte Einlage handelt, was eine Realisie-

20 Vgl. §§ 20 Abs. 1, 24 Abs. 1 UmwStG.

21 Daneben ist die Ausgliederung aus dem Vermögen eines Einzelkaufmanns gemäß § 152 Abs. 1 Nr. 1 UmwG zur Aufnahme durch eine Personenhandelsgesellschaft oder Genossenschaft möglich. Zum Ganzen vgl. *Kadel*, BWNotZ 2010, 46; *Perwein*, GmbHR 2007, 1214.

22 Vgl. § 17 Abs. 2 Satz 4 UmwG, § 20 Abs. 6 Satz 1 UmwStG.

23 Dieser Begriff ist genauso gebräuchlich wie unzutreffend. Unter Anwachsung versteht man im Gesellschaftsrecht nämlich den Fall, dass der Anteil eines ausgeschiedenen Gesellschafters am Gesellschaftsvermögen den übrigen Gesellschaftern zuwächst (§ 738 BGB). Bei den diskutierten Modellen geht es demgegenüber um eine Gesamtrechtsnachfolge bezüglich des Vermögens der Kommanditgesellschaft auf den einzigen verbleibenden Gesellschafter.

24 Zur Anwachsung als rechtliches und steuerliches Gestaltungsinstrument ausf. *Ropohl/Freck*, GmbHR 2009, 1076. Vgl. ferner Engl/*Fox*, Formularbuch Umwandlungen, Teil D.4.

25 Vgl. § 738 Abs. 1 Satz 1 BGB (ggf. i.V.m. §§ 105 Abs. 3, 161 Abs. 2 HGB).

26 Siehe z.B. BGHZ 32, 307 ff.; OLG München, NZG 2010, 1305. Zur Haftungsbeschränkung des einzig verbleibenden Kommanditisten vgl. DNotI-Report 2010, 45, 47.

rung der in den übertragenden Mitunternehmeranteilen enthaltenen stillen Reserven einschließlich eines Geschäfts- oder Firmenwertes zur Folge hat.[27]

Die sog. **erweiterte Anwachsung**[28] als Kombination von Anwachsung und Kapitalerhöhung durch Sacheinlage vermeidet diese in der Regel unerwünschte steuerliche Folge. Im Unterschied zum einfachen Anwachsungsmodell scheiden hierbei die Personengesellschafter (bei GmbH & Co KG: die Kommanditisten) durch rechtsgeschäftliche Übertragung ihrer Personengesellschaftsanteile auf den verbleibenden Gesellschafter (bei GmbH & Co KG: die Komplementär-GmbH) aus der Personengesellschaft aus. Diese Übertragung erfolgt im Rahmen einer Sacheinlage (Sachkapitalerhöhung) und führt – durch die Anteilsvereinigung in einer Hand – zum Erlöschen der Personengesellschaft und zum Übergang des Gesamthandvermögens auf den verbleibenden Gesellschafter (Komplementär-GmbH). Auch bei der erweiterten Anwachsung erfolgt der Vermögensübergang kraft Gesetzes ohne Liquidation im Wege der Gesamtrechtsnachfolge. Diese Gestaltung vermeidet die Aufdeckung stiller Reserven, da sie in den Anwendungsbereich des § 20 UmwStG fällt und daher eine Buchwertfortführung möglich ist.[29]

V. Wichtige Grundprinzipien des UmwG

1. Dogma der Anteilsgewährpflicht

Einer der bestimmenden Grundsätze des Umwandlungsrechts ist das Dogma der Anteilsgewährpflicht, wonach die Anteilsinhaber des übertragenden Rechtsträgers im Zuge der Umwandlung Anteile am übernehmenden Rechtsträger erhalten. Für die Verschmelzung niedergelegt ist dieser Grundsatz in § 2 UmwG[30] und in § 20 Abs. 1 Nr. 3 UmwG[31]. Korrespondierende Regelungen für alle Arten der Spaltung finden sich in § 123 Abs. 1 bis 3 UmwG und für die Auf- und Abspaltung in § 131 Abs. 1 Nr. 3 UmwG; für den Formwechsel gilt § 202 Abs. 1 Nr. 2 UmwG.[32] 7

Das Dogma der Anteilsgewährpflicht gibt nur Auskunft auf die Frage, ob Anteile gewährt werden müssen, und nicht, in welcher Form diese Anteile zur Verfügung zu stellen sind. So können bei der Beteiligung von Kapitalgesellschaften an Verschmelzungsvorgängen die zu gewährenden Anteile am übernehmenden Rechtsträger nach Wahl der Vertragsparteien ganz oder teilweise aus vier verschiedenen Quellen stammen:[33]

- Die Anteile werden durch **Kapitalerhöhung** neu geschaffen (Regelfall).
- Der übernehmende Rechtsträger verfügt bereits über **eigene Anteile,** die gewährt werden können (= Kapitalerhöhungswahlrechte der §§ 54 Abs. 1 Satz 2 Nr. 1, 68 Abs. 1 Satz 2 Nr. 1, 78 UmwG).
- Der **übertragende Rechtsträger** verfügt über **voll eingezahlte Anteile** am übernehmenden Rechtsträger, die auf diesen übergehen und daher von ihm gewährt werden können (=

27 Erhalten die Ausscheidenden eine angemessene Gegenleistung, handelt es sich um eine (gewinnrealisierende) Veräußerung.

28 Hierzu mit Musterformulierungen Engl/*Fox*, Formularbuch Umwandlungen, Teil D.4.

29 Die Steuerverwaltung akzeptiert das erweiterte Anwachsungsmodell in Tz. 1.45 letzter Absatz des UmwSt-Erlasses vom 11.11.2011 ausdrücklich. Die bisher von der Kommanditistin gehaltenen Anteile an der Komplementär-GmbH gehören dabei wohl nicht zum betriebswesentlichen Sonderbetriebsvermögen der Kommanditistin, das mit eingebracht werden muss, vgl. FSen Berlin, Erlass betr. Anteile an einer Komplementär-GmbH als funktional wesentliche Betriebsgrundlage, Verwaltungsanweisung vom 27.12.2010 – III B-S 2241-3/2003, Ziffer 2.4.

30 Danach erfolgt eine Verschmelzung „gegen Gewährung von Anteilen oder Mitgliedschaften".

31 Dort heißt es: „Die Anteilsinhaber des übertragenden Rechtsträgers werden Anteilsinhaber des übernehmenden Rechtsträgers; dies gilt nicht …"

32 Zum Ganzen vgl. nur Widmann/Mayer/*Mayer*, § 5 UmwG Rn. 15 ff. Auch Art. 3 Abs. 1 der in Widmann/Mayer, Umwandlungsrecht, Bd. 1, Abschnitt EG-Richtlinien, abgedruckten Richtlinie des Rats v. 9.10.1978, 78/855/EWG (sog. Verschmelzungsrichtlinie) erhebt die Anteilsgewährpflicht zu den Strukturmerkmalen einer Verschmelzung mit einer Aktiengesellschaft als übernehmendem Rechtsträger.

33 Vgl. dazu MünchHdbGesR III/*D. Mayer*, § 73 Rn. 114; *Ittner*, MittRhNotK 1997, 105, 109.

Kapitalerhöhungswahlrechte der §§ 54 Abs. 1 Satz 2 Nr. 2, 68 Abs. 1 Satz 2 Nr. 2, 78 UmwG).[34]

- **Anteilsinhaber des übernehmenden Rechtsträgers** übertragen eigene Anteile am übernehmenden Rechtsträger, die sie zum Zwecke der Gewährung von Anteilen an die Anteilsinhaber des übertragenden Rechtsträgers zur Verfügung stellen.

8 Abgesehen von den Fällen, in denen der Anteilsgewährung zwingende gesetzliche Wertungsgesichtspunkte entgegenstehen[35], kann davon grundsätzlich nur in den gesetzlich besonders geregelten Ausnahmefällen abgesehen werden. So entfällt z.B. gem. § 20 Abs. 1 Nr. 3 Hs. 2 UmwG eine Anteilsgewährung bei der Verschmelzung, *soweit* der übertragende Rechtsträger eigene Anteile innehat oder *soweit* der übernehmende Rechtsträger Anteilsinhaber des übertragenden Rechtsträgers ist.[36] Klassisches Beispiel in diesem Zusammenhang ist die Verschmelzung einer Tochter- auf deren Muttergesellschaft (**„upstream-merger"**).

9 Im umgekehrten Fall der Verschmelzung Mutter auf Tochter (**„downstream-merger"**) folgt aus § 54 Abs. 1 Satz 2 Nr. 2 UmwG, dass die übernehmende GmbH von einer Kapitalerhöhung absehen kann, soweit der übertragenden Gesellschaft Geschäftsanteile an der übernehmenden Gesellschaft gehören, auf welche die Einlagen vollständig erbracht sind.[37] Dementsprechend ist es möglich, die Gegenleistung an die Gesellschafter der untergehenden Mutter-GmbH allein auf deren Anteile an der Tochter-GmbH zu beschränken. Der Übergang der Geschäftsanteile von der Mutter-GmbH auf deren Gesellschafter erfolgt von Gesetzes wegen nach § 20 Abs. 1 Nr. 3 Satz 1 UmwG, d.h. automatisch ohne Durchgangserwerb bei der Tochter-GmbH.[38]

10 § 54 Abs. 1 Satz 3 UmwG für die GmbH und § 68 Abs. 1 Satz 3 UmwG für die Aktiengesellschaft sehen i. Ü. vor, dass eine Anteilsgewährung bei einer übernehmenden GmbH zur Disposition aller Anteilsinhaber des übertragenden Rechtsträgers steht, welche zu notarieller Urkunde auf die Gewährung von Anteilen vollständig verzichten können. Nach der Gesetzesbegründung dient diese Erleichterung insbesondere der Verschmelzung von Schwestergesellschaften innerhalb eines Konzerns, bei denen sämtliche Anteile von ihrer Muttergesellschaft gehalten werden.[39]

11 Die Höhe der im Regelfall zu gewährenden Anteile ist im Übrigen nicht festgelegt. Auch muss das vorher bestehende Verhältnis der Anteile nicht gewahrt werden. Für die Spaltung erlaubt § 128 UmwG ausdrücklich eine solche quotenabweichende, **nicht-verhältniswahrende Spaltung**.[40] Es ist aufgrund dieser Vorschrift sogar – in Abweichung vom Grundsatz der Anteilsgewährpflicht – zulässig, dass ein Gesellschafter der übertragenden Gesellschaft keine Anteile an der übernehmenden Gesellschaft erhält (**„Spaltung zu Null"**).[41] Voraussetzung ist allerdings die Zustimmung des betroffenen Gesellschafters.

2. Grundsatz der Identität der Anteilseigner

12 Der Gesetzeswortlaut legt nahe, dass im Umwandlungsrecht stets eine Kontinuität der Mitgliedschaft bestehen muss.[42] Während sich dies bei Verschmelzung und Spaltung im Dogma der Anteilsgewährpflicht dergestalt manifestiert, dass die Anteilsinhaber des übertragenden Rechtsträ-

34 Sogenannte „Downstream-Umwandlung"; hierzu sogleich, Rn. 9.
35 So darf z.B. Gesellschaftern von Personenhandelsgesellschaften wegen des Verbots der Mehrfachbeteiligung an einer Personenhandelsgesellschaft kein weiterer Anteil gewährt werden, sondern man muss den schon vorhandenen Anteil am Festkapital erhöhen; vgl. Widmann/Mayer/*Mayer*, § 126 UmwG Rn. 124.
36 Ergänzend gelten für diese Fälle bei der aufnehmenden GmbH die Kapitalerhöhungsverbote des § 54 Abs. 1 Satz 1 Nr. 1 und 2 UmwG. Sinn und Zweck der Vorschriften ist es, die Entstehung eigener Anteile zu verhindern.
37 Hintergrund der Regelung ist, dass in diesem Fall die Anteilsgewährpflicht auch durch Übertragung der von der übertragenden Gesellschaft gehaltenen Anteile erfüllt werden kann. Näher Rn. 64.
38 Siehe Widmann/Mayer/*Mayer*, § 5 UmwG Rn. 38 m.w.N.
39 Zur Verzichtsmöglichkeit ausf. Widmann/Mayer/*Mayer*, § 54 UmwG Rn. 10.2, 51.1 f.
40 Wichtigster Zweck der Vorschrift ist es, die Trennung von Gesellschaftergruppen und Familienstämmen zu ermöglichen.
41 Vgl. LG Konstanz, GmbHR 1998, 837; LG Essen, ZIP 2002, 893; Widmann/Mayer/*Mayer*, § 126 Rn. 274 ff.
42 Vgl. § 20 Abs. 1 Nr. 3 Satz 1 UmwG (Verschmelzung), § 131 Abs. 1 Nr. 3 Satz 1 UmwG (Spaltung), § 202 Abs. 1 Nr. 2 Satz 1 UmwG (Formwechsel).

gers in aller Regel Anteilsinhaber des aufnehmenden Rechtsträgers werden, gilt beim Formwechsel als identitätswahrender Umwandlung der Grundsatz der Identität der Anteilseigner. Gemäß §§ 202 Abs. 1 Nr. 2, 194 Abs. 1 Nr. 3 UmwG sind die Anteilseigner des Zielrechtsträgers grundsätzlich[43] automatisch dieselben wie beim Ausgangsrechtsträger.[44] Sollen Anteilseigner ausscheiden, muss dies folglich in aller Regel vor oder nach dem Formwechsel geschehen.[45]

VI. Beteiligte Rechtsträger

Welche Rechtsträger an einer Umwandlung beteiligt sein können, ergibt sich aus den Vorschriften zu den einzelnen Umwandlungsarten, nämlich aus § 3 UmwG (Verschmelzung), § 124 UmwG (Spaltung), § 175 UmwG (Vermögensübertragung) und § 191 UmwG (Formwechsel). Besonders beachtenswert sind hierbei folgende Punkte: 13

Die **BGB-Gesellschaft** gehört grundsätzlich nicht zum Kreis der umwandlungsfähigen Rechtsträger, soweit sie nicht lediglich als Zielrechtsträger eines Formwechsels beteiligt ist. Allerdings kann seit der Änderung von § 105 Abs. 2 HGB fast jede BGB-Gesellschaft über den Umweg der OHG nach Eintragung im Handelsregister auch die Vorteile des UmwG nutzen. Nicht gewerblich tätige BGB-Gesellschaften müssen den Umweg über das PartGG einschlagen. 14

Überschuldete Rechtsträger können i.d.R.[46] nicht als übertragender Rechtsträger an einer Verschmelzung oder Spaltung beteiligt sein. Im Zuge der Umwandlung sind den Gesellschaftern regelmäßig Anteile am aufnehmenden Rechtsträger zu gewähren, welche meist im Wege einer Kapitalerhöhung geschaffen werden.[47] Da es sich hierbei um eine Kapitalerhöhung gegen Sacheinlage handelt, ist dem Registergericht nachzuweisen, dass der tatsächliche Wert der Sacheinlage, d.h. des Vermögens der übertragenden Gesellschaft einschließlich stiller Reserven und Firmenwert, mindestens dem Nennbetrag der gewährten Anteile entspricht, was bei einer überschuldeten Gesellschaft nicht gelingen wird (Verbot der Unterpari-Emission). Als Lösungsmöglichkeit bieten sich an entweder 15

- eine Umwandlung ohne Kapitalerhöhung durch Verzicht auf die Anteilsgewährung nach §§ 54 Abs. 1 Satz 3, 68 Abs. 1 Satz 3 UmwG,
- die vorgelagerte Schaffung einer Mutter-Tochter-Konstellation im Wege einer Anteilsabtretung oder
- eine Umwandlung der „gesunden" auf die überschuldete Gesellschaft.

Gerade von letztgenannter Lösungsmöglichkeit wird in der Praxis im Rahmen von „Sanierungsfusionen" immer wieder Gebrauch gemacht. Damit noch nicht geklärt ist allerdings die schwierige Frage, inwieweit bei insolvenzreifen Unternehmen das Insolvenzverfahren vorrangig durchzuführen ist.[48]

Die Umwandlungsfähigkeit **aufgelöster Rechtsträger** regelt § 3 Abs. 3 UmwG. In Auflösung befindliche Rechtsträger gehören danach nur dann in den Kreis der umwandlungsfähigen übertragenden Rechtsträger, wenn deren Fortsetzung beschlossen werden kann. Das Gesetz sagt jedoch 16

---

43 Gesetzliche Ausnahme: Formwechsel aus der KGaA, §§ 233 Abs. 3 Satz 2, 236 UmwG. Daneben hat der BGH eine Ausnahme für den Formwechsel einer GmbH in eine GmbH & Co. KG anerkannt, vgl. Rn. 77 ff.

44 So auch die Gesetzesbegründung zu § 194 Abs. 1 Nr. 3 UmwG: „Mit der Vorschrift soll die Identität des am Umwandlungsvorgang beteiligten Personenkreises zum Ausdruck gebracht werden." Dazu ausf. Widmann/Mayer/*Vossius*, § 202 UmwG Rn. 44 ff.

45 Davon zu trennen ist die Frage, ob die Anteilseigner ihre Beteiligungsquote im Rahmen des Formwechsels ändern dürfen. Nach ganz h.M. ist ein sog. quotenabweichender oder nicht verhältniswahrender Formwechsel unter Zustimmung derjenigen Anteilseigner, deren Beteiligungsquote sich ändert, zulässig. Vgl. nur Kallmeyer/*Meister/Klöcker*, § 194 UmwG Rn. 34; Widmann/Mayer/*Vollrath*, § 194 UmwG Rn. 17.

46 Eine Ausnahme bilden die Fälle, in denen keine Anteile zu gewähren sind, d.h. insb. bei Mutter-Tochter-Konstellationen und beim Verzicht auf eine Anteilgewährung gem. § 54 Abs. 1 Satz 3 bzw. § 68 Abs. 1 Satz 3 UmwG.

47 Davon gehen §§ 54, 55 UmwG (für die GmbH) aus.

48 Nach ganz h.M. ist nach Eröffnung des Insolvenzverfahrens und bis zu dessen Beendigung die Beteiligung eines Rechtsträgers an einer Umwandlungsmaßnahme ausgeschlossen, vgl. Widmann/Mayer/*Fronhöfer*, § 3 UmwG Rn. 55 ff.

nichts darüber aus, ob dies auch für die Beteiligung der aufgelösten Gesellschaft als aufnehmender Rechtsträger gilt. Daraus folgert die Rechtsprechung, dass eine in Liquidation befindliche Gesellschaft zunächst ihre Fortsetzung beschließen muss, wenn sie aufnehmender Rechtsträger sein soll.[49] Ist ein solcher Beschluss nicht möglich, weil beispielsweise die Fortsetzung gesetzlich ausgeschlossen ist, so steht die Umwandlung auf einen solchen Rechtsträger als Gestaltungsrecht nicht zur Wahl.[50] Allerdings bleibt nach der Rechtsprechung auch eine entgegen § 3 Abs. 3 UmwG eingetragene Verschmelzung einer GmbH i.L., die ihre Fortsetzung nicht beschlossen hat, wirksam.[51]

17 Auch eine **natürliche Person** kann an einer Umwandlungsmaßnahme nach dem UmwG beteiligt sein. Nach den §§ 120 ff. UmwG kann das Vermögen einer Kapitalgesellschaft auf deren Alleingesellschafter verschmolzen werden, sofern eine andere Verschmelzungsart nicht möglich ist (näher Rn. 70). Daneben ist auch die Ausgliederung des von einem Einzelkaufmann betriebenen Unternehmens auf eine GmbH oder eine andere Gesellschaftsform zur Aufnahme oder zur Neugründung nach §§ 152 ff. UmwG zulässig (hierzu näher Rn. 74). Gebietskörperschaften und Zusammenschlüsse von Gebietskörperschaften können ebenfalls an einer Umwandlung nach dem UmwG beteiligt sein, und zwar als übertragende Rechtsträger einer Ausgliederung nach §§ 168 ff. UmwG. Sinn dieser Vorschriften ist es insbesondere, die Überführung kommunaler Eigengesellschaften, Regie- und Eigenbetriebe in gesellschaftsrechtliche Strukturen zu ermöglichen.[52]

18 Bis zur Entscheidung des EuGH in der Rechtssache SEVIC[53] ging die bisher überwiegende Meinung davon aus, dass Umwandlungsmaßnahmen nach den Vorschriften des Umwandlungsgesetzes entsprechend dem Wortlaut von § 1 Abs. 1 UmwG auf „Rechtsträger mit dem Sitz im Inland“, d.h. auf reine Inlandssachverhalte beschränkt sind.[54] Mit der am 15.12.2005 in Kraft getretenen Richtlinie des Europäischen Rats und des Parlaments betreffend grenzüberschreitende Verschmelzungen von Kapitalgesellschaften[55] und der Umsetzung durch den deutschen Gesetzgeber im Rahmen des Zweiten Gesetzes zur Änderung des Umwandlungsgesetzes[56] wurden zwischenzeitlich vor dem Hintergrund der Niederlassungsfreiheit gem. Art. 43 EGV die Grundlagen für grenzüberschreitende Verschmelzungen gelegt. In den Grenzen der neu eingefügten §§ 122a ff. UmwG können nunmehr auch **ausländische Rechtsträger** in Umwandlungsmaßnahmen einbezogen werden, sofern sie ihren Sitz in einem Mitgliedstaat oder einen Vertragsstaat des EWR haben.

Nach dem Gesetzeswortlaut ist diese Möglichkeit beschränkt auf die Verschmelzung von Kapitalgesellschaften.[57] Nichtsdestotrotz wird man vor dem Hintergrund der Niederlassungsfreiheit Spaltungsmaßnahmen ebenfalls als zulässig ansehen müssen und auch einer Personengesellschaft die Umwandlung über die Grenze nicht verweigern dürfen. Für den grenzüberschreitenden (identitätswahrenden) Formwechsel (z.B. GmbH in Limited) folgt dies aus der EuGH-Entscheidung in Sachen Cartesio.[58] Nach richtigem Verständnis ist danach nicht nur der Hereinformwechsel in die gem. § 191 Abs. 2 UmwG genannten Rechtsträger, sondern auch der Herausformwechsel (Satzungssitzverlegung) auf einen ausländischen Zielrechtsträger zu gestatten, sofern dieser „Zuzug“ nach dem Recht des Aufnahmestaates zulässig ist.[59] Endgültige Klärung wird diesbezüglich wohl erst die in Arbeit befindliche 14. RL über die grenzüberschreitende Sitzverlegung bringen.

49 Vgl. BayObLG ZIP 1998, 739; KG DB 1998, 2409; OLG Naumburg, GmbHR 1997, 1152; AG Erfurt, GmbHR 1996, 373.
50 Kritisch hierzu *Heckschen,* in: FS Widmann, 2000, S. 31 ff.
51 BGH ZIP 2001, 2006.
52 Siehe zum Ganzen aus notarieller Sicht *Leitzen*, MittBayNot 2009, 353; *Lepper*, RNotZ 2006, 313.
53 EuGH DB 2005, 2804 ff. (SEVIC).
54 Vgl. zum Meinungsstand Widmann/Mayer/*Heckschen*, § 1 UmwG Rn. 89 ff.
55 Richtlinie 2005/56/EG über die Verschmelzung von Kapitalgesellschaften aus verschiedenen Mitgliedstaaten, ABl. EG Nr. L 310 v. 25.11.2005, S. 1 ff. Sie gibt den Mitgliedstaaten wesentliche Teile des auf grenzüberschreitende Verschmelzungen anzuwendenden Verfahrens vor.
56 Gesetz v. 19.4.2007 (BGBl. I S. 542).
57 Zum Ganzen ausf. die Kommentierung zu §§ 122a ff. UmwG von *Heckschen* und *Mayer* in: Widmann/Mayer, die auch auf die Schwächen der Umsetzung der Richtlinie 2005/56/EG eingeht.
58 EuGH BB 2009, 11; dazu ausf. *Bayer/J. Schmidt*, ZHR 173 (2009) 735 ff.
59 Ausf. *Bayer/J. Schmidt*, ZHR 173 (2009) 735, 762; vgl. weiter *Bayer/J. Schmidt*, BB 2010, 387, 392 m.w.N. Vgl. jüngst auch EuGH NZG 2012, 871 („Vale“); hierzu u.a. *Behme*, NZG 2012, 936.

VII. Rechtsfolgen der Umwandlung

1. Vermögensübergang

Wichtigste Rechtsfolge der **Verschmelzung** ist, dass das gesamte Vermögen des übertragenden Rechtsträgers einschließlich sämtlicher Verbindlichkeiten gem. § 20 Abs. 1 Nr. 1 UmwG als Ganzes im Wege der Universalsukzession auf den übernehmenden Rechtsträger übergeht. Bei der **Spaltung** gehen hingegen nur die durch den Spaltungs- und Übernahmevertrag bzw. Spaltungsplan bestimmten Aktiva und Passiva entsprechend der dort vorgesehenen Aufteilung jeweils als Gesamtheit im Wege der „partiellen Gesamtrechtsnachfolge" auf den bzw. die übernehmenden Rechtsträger über (§ 131 Abs. 1 Nr. 1 UmwG). 19

Der große Vorteil dieser Rechtsfolge besteht darin, dass eine Zustimmung von Gläubigern oder Vertragspartnern zum Übergang von Verbindlichkeiten oder ganzen Vertragsverhältnissen gem. § 415 BGB anders als bei einer Einzelrechtsübertragung nicht erforderlich ist.[60] Mit den Mitteln des UmwG können somit Verbindlichkeiten gegen den Willen von Gläubigern übertragen werden, was den besonderen Charme des UmwG ausmacht. Auf der anderen Seite birgt die (partielle) Gesamtrechtsnachfolge auch gewisse Nachteile und Risiken. So muss bei einer Spaltung großes Augenmerk auf die Definition des zu übertragenden Vermögens gelegt werden. Dem sachenrechtlichen Bestimmtheitsprinzip folgend müssen wie bei einer Einzelrechtsübertragung alle Gegenstände genau bezeichnet werden, die auf den übernehmenden bzw. neuen Rechtsträger übergehen sollen (§ 126 Abs. 1 Nr. 9 UmwG).[61]

2. Anteilsgewährung

Die Anteilsinhaber des übertragenden Rechtsträgers werden mit Wirksamwerden der Umwandlung grundsätzlich Anteilsinhaber des übernehmenden Rechtsträgers (Dogma der Anteilsgewährpflicht; vgl. §§ 2, 20 Abs. 1 Nr. 3, 123 Abs. 1 bis 3, 131 Abs. 1 Nr. 3, 202 Abs. 1 Nr. 2 UmwG sowie ausf. Rn. 7 ff.). 20

3. Folgen für die übertragenden Rechtsträger

Bei Verschmelzung und Aufspaltung erlöschen die übertragenden Rechtsträger (vgl. §§ 20 Abs. 1 Nr. 2, 36 Abs. 1 Satz 1, 131 Abs. 1 Nr. 2, 135 Abs. 1 UmwG), bei Abspaltung und Ausgliederung bleiben sie bestehen, allerdings vermindert sich ihr Vermögen um die abgespaltenen bzw. ausgegliederten Aktiva und Passiva. Beim Formwechsel besteht der formwechselnde Rechtsträger in der im Umwandlungsbeschluss bestimmten Rechtsform fort. Die Identität der Gesellschaft bleibt also erhalten, es ändert sich allein ihre äußere Form. 21

4. Heilung

Für die Praxis von großer Bedeutung ist schließlich die Heilungswirkung der Eintragung einer Umwandlung. Gemäß § 20 Abs. 2 UmwG haben Mängel der Verschmelzung keinen Einfluss auf die Wirkungen der Eintragung, also auf die angeordnete Gesamtrechtsnachfolge.[62] Nach überwiegender Auffassung der Literatur führt diese Vorschrift zu einer umfassenden Heilung von Mängeln, die eine „Entschmelzung" entbehrlich macht.[63] Damit wird die Durchführung einer mit kaum lösbaren praktischen Schwierigkeiten verbundenen Rückabwicklung vermieden. 22

---

60 Zu Ausnahmen vom Prinzip der Gesamtrechtsnachfolge z.B. im Bereich von Unternehmensverträgen oder öffentlich-rechtlichen Genehmigungen vgl. ausf. *Weiler*, in: Notarhandbuch Gesellschafts- und Unternehmensrecht, § 22, Rn. 40.

61 Sind Grundstücke oder grundstücksgleiche Rechte Gegenstand der Spaltung, müssen diese so genau wie bei einer Einzelübertragung bezeichnet werden, d.h. unter Angabe von Grundbuchamt, Gemarkung, Blattstelle und Flurnummer, vgl. § 126 Abs. 2 Satz 2 UmwG i.V.m. § 28 GBO. Fehlt eine hinreichend genaue Bezeichnung, geht das Eigentum daran nicht nach § 131 Abs. 1 Nr. 1 UmwG über, vgl. BGH DB 2008, 517 = MittBayNot 2008, 307 m. Anm. *Weiler*.

62 Für die Spaltung vgl. § 131 Abs. 2 UmwG, für den Formwechsel § 202 Abs. 3 UmwG.

63 Siehe Lutter/*Grunewald*, § 20 UmwG Rn. 73 m.w.N.

VIII. Risiken und Schutzmechanismen

23 Gerade aufgrund der Gesamtrechtsnachfolge und der Heilungsvorschriften ergeben sich im Rahmen einer Umwandlung eine Reihe von Nachteilen und Risiken für bestimmte Gruppen. Für einige davon hat der Gesetzgeber deshalb Schutzmechanismen vorgesehen.

1. Anteilsinhaber der übertragenden Rechtsträger

24 Anteilsinhaber der übertragenden Rechtsträger schützt das Gesetz insbesondere durch die Möglichkeit, die Angemessenheit der ihnen als Gegenleistung für den Verlust der Anteile gewährten Beteiligung am übernehmenden Rechtsträger in einem gerichtlichen **Spruchverfahren** vor dem Landgericht nachprüfen zu lassen (§ 15 Abs. 1 Satz 2 UmwG i.V.m. dem Spruchverfahrensgesetz). Gleichzeitig hat der Gesetzgeber die Möglichkeiten der Anfechtung der Umwandlungsbeschlüsse dergestalt eingeschränkt, dass eine Klage nicht darauf gestützt werden kann, das Umtauschverhältnis oder der Gegenwert bzw. eine etwa erforderliche Barabfindung (Rn. 25) seien zu niedrig bemessen (§§ 14 Abs. 2, 15 UmwG). Damit soll insbesondere einem gehäuften Missbrauch der Anfechtungsklage vorgebeugt werden.[64]

25 Daneben haben Anteilsinhaber unter bestimmten Voraussetzungen einen **Anspruch auf Barabfindung**, wenn sich der Charakter ihrer Beteiligung wesentlich ändert. Nach § 29 UmwG ist dies der Fall, wenn

- ein Rechtsträger zur Aufnahme auf einen Rechtsträger anderer Rechtsform verschmolzen wird (Mischverschmelzung)[65];
- die gewährten Anteile des übernehmenden Rechtsträgers einer Verfügungsbeschränkung unterliegen und daher ihre Veräußerbarkeit eingeschränkt wird (Vinkulierung);
- eine börsennotierte Aktiengesellschaft auf eine nicht-börsennotierte Aktiengesellschaft umgewandelt wird und deshalb die Veräußerbarkeit die gewährten Anteile faktisch eingeschränkt wird („kaltes Delisting").

Voraussetzung für den Barabfindungsanspruch ist allerdings, dass der Anteilsinhaber Widerspruch zur Niederschrift gegen den Umwandlungsbeschluss eingelegt hat.

26 Schließlich haften die Organe der an der Umwandlung beteiligten Rechtsträger den Anteilsinhabern unmittelbar auf **Schadensersatz** (vgl. §§ 25 bis 27, 36 Abs. 1 Satz 1, 125, 176 Abs. 1, 177 Abs. 1, 205 f. UmwG).

2. Anteilsinhaber des übernehmenden Rechtsträgers

27 Demgegenüber etwas vernachlässigt hat der Gesetzgeber den Schutz von (Minderheits-)Gesellschaftern des übernehmenden Rechtsträgers. Besonders kritisch zu sehen ist der **Verzicht auf** eine **Anteilsgewährung** durch alle Gesellschafter des übertragenden Rechtsträgers (§§ 54 Abs. 1 Satz 3, 68 Abs. 1 Satz 3 UmwG).

---

64 Die Anfechtung eines Umwandlungsbeschlusses führt zu einer Registersperre (§ 16 Abs. 2 Satz 2 UmwG). Dementsprechend haben Anfechtungskläger – ähnlich wie die „räuberischen Aktionäre" im Aktienrecht – häufig gute Chancen, dass die Unternehmen sich eine Klagerücknahme „erkaufen", um die Eintragung der Umwandlung nicht zu lange zu verzögern. Dank des Spruchverfahrens besteht diese Gefahr im Bereich der Anteilsbewertung nicht mehr.

65 Für Auf- und Abspaltung verweist § 125 Satz 1 UmwG auf § 29 UmwG.

Beispiel: [66]

Alleiniger Gesellschafter der A-GmbH ist X, der gleichzeitig mit einem Geschäftsanteil zu 40.000 EUR am Stammkapital der B-GmbH zu insgesamt 50.000 EUR beteiligt ist. Einen weiteren Geschäftsanteil der B-GmbH zu 10.000 EUR hält der Minderheitsgesellschafter Y. Das Vermögen der A-GmbH ist auch zu Verkehrswerten negativ.

In diesem Fall könnte X im Rahmen der Gesellschafterversammlung bei der übernehmenden B-GmbH den Minderheitsgesellschafter Y überstimmen und damit im Ergebnis das (negative) Vermögen der A-GmbH auf die B-GmbH überleiten. Der einzige Schutz des Minderheitsgesellschafters Y bestand bisher darin, dass Anteile zu gewähren waren und damit eine Registerkontrolle erfolgte. Ein ausreichender Schutz der Minderheitsgesellschafter beim übernehmenden Rechtsträger hätte folglich nur erreicht werden können, wenn das Verzichtserfordernis auf sämtliche Anteilsinhaber aller am Verschmelzungsvorgang beteiligten Rechtsträger erstreckt worden wäre.

Wie die Rechtsprechung in der Praxis mit derartigen Konstellationen umgehen wird, bleibt abzuwarten.[67]

3. Inhaber von Sonderrechten

Inhabern von Sonderrechten bei einem übertragenden Rechtsträger, die mangels Stimmrecht auf den Umwandlungsbeschluss keinen Einfluss nehmen können, weil sie z.B. stimmrechtslose Anteile halten, wird ein **Verwässerungsschutz** gewährt (vgl. §§ 23, 36 Abs.1 Satz 1, 125, 133, 204 UmwG). Die ihnen beim übernehmenden bzw. neuen Rechtsträger eingeräumte Beteiligung muss wirtschaftlich mindestens gleichwertig sein. 28

4. Gläubiger

Für noch nicht fällig gewordene Forderungen gewährt das Gesetz den einzelnen Gläubigern einen Anspruch auf **Sicherheitsleistung** (vgl. §§ 22, 36 Abs. 1, 125, 133 Abs. 1 Satz 2, 204 UmwG). Voraussetzung ist, dass der Gläubiger seinen Anspruch innerhalb von sechs Monaten nach Eintragung der Verschmelzung bei der Gesellschaft, die Verbindlichkeiten bei ihm hat, nach Grund und Höhe schriftlich anmeldet. Der Gläubiger muss dabei glaubhaft machen, dass die Erfüllung seiner Forderung durch die Umwandlung gefährdet wird. Die Praxis zeigt jedoch, dass von dieser Möglichkeit nur in den seltensten Fällen Gebrauch gemacht wird. 29

Von wesentlicher Bedeutung ist daher der zweite Schutzmechanismus, nämlich der Erhalt der Zugriffsmasse. Bei Verschmelzungen ergibt sich dies – mit Ausnahme der Fälle, in denen negatives Vermögen übertragen wird – schon aus der Zusammenführung der Vermögensmassen. In allen Fällen der Spaltung jedoch können Aktiva und Passiva des übertragenden Rechtsträgers im Grunde beliebig auf die übernehmenden oder neuen Rechtsträger verteilt werden. Schutz bieten allein die rechtsformspezifischen Regeln der Kapitalaufbringung und -erhaltung je nach Rechtsform des übernehmenden Rechtsträgers. Den folglich entstehenden Risiken begegnet der Gesetzgeber durch die Anordnung einer **gesamtschuldnerischen Haftung** aller an der Spaltung beteiligten Rechtsträger (§ 133 Abs. 1 Satz 1 UmwG). Zeitlich ist diese (Nach-)Haftung – entsprechend den handelsrechtlichen Vorschriften §§ 26 Abs. 1 Satz 1, 160 Abs. 1 Satz 1 HGB – grundsätzlich auf fünf Jahre begrenzt (§ 133 Abs. 3, 6 UmwG). Eine Ausnahme besteht jedoch für die Haftung für vor dem Wirksamwerden der Spaltung entstandene Versorgungsverbindlichkeiten aufgrund des Betriebsrentengesetzes. Hier beträgt die Nachhaftungsfrist zehn Jahre (§ 133 Abs. 3 Satz 2 UmwG). 30

66 Dazu Widmann/Mayer/*Mayer*, § 5 UmwG Rn. 38.
67 Ausführlich zu dem Problem *Weiler*, NZG 2008, 527 ff.

31 Ferner haften die Organe der an der Umwandlung beteiligten Rechtsträger auch den Gläubigern gegenüber unmittelbar auf **Schadensersatz** (vgl. §§ 25, 36 Abs. 1 Satz 1, 125, 176 Abs. 1, 177 Abs. 1, 205 f. UmwG).

32 Besondere Schutzvorschriften greifen ferner im Bereich der Kapitalgesellschaften durch die Fortsetzung der **Vorschriften über die Kapitalaufbringung** im Rahmen von Umwandlungen. So ist im Rahmen von Umwandlungen zur Neugründung einschließlich des Formwechsels das Gründungsrecht der jeweiligen Rechtsform anwendbar (vgl. §§ 36 Abs. 2, 78, 125, 135 Abs. 2, 145 UmwG). Da es sich bei der Gründung einer neuen Gesellschaft im Wege der Umwandlung um eine Sachgründung mit dem Vermögen der übertragenden Rechtsträger als Sacheinlage handelt, sind dabei insbesondere die **Sachgründungsvorschriften** zu beachten (§ 5 Rn. 31 ff.). Entsprechendes gilt bei einer Umwandlung zur Aufnahme für die durch Kapitalerhöhung neu geschaffenen, den Anteilseignern der übertragenden Rechtsträger zu gewährenden Anteile. Hierbei handelt es sich um Sachkapitalerhöhungen, sodass bei der GmbH die Vorschriften der §§ 55 ff. GmbHG zu beachten sind. Insbesondere ist die Werthaltigkeit der Sacheinlage nachzuweisen.

33 Nur unzureichend schützt das Umwandlungsgesetz allerdings vor einem weiteren Risiko, dass sich in der Praxis z.B. im Zusammenhang mit sog. Firmenbestattungen nicht selten realisiert, in der umwandlungsrechtlichen Literatur bislang aber vergleichsweise wenig Beachtung findet. Die Rede ist von der **„Herabschleusung" gesetzlicher Auszahlungssperren** wie insbesondere § 30 Abs. 1 GmbHG.[68] Danach darf das zur Erhaltung des Stammkapitals erforderliche Vermögen der Gesellschaft nicht an die Gesellschafter ausgezahlt werden. Diese Vorschrift lässt sich mit den Mitteln des UmwG leicht umgehen.

5. Arbeitnehmer

34 Als eine Folge der Gesamtrechtsnachfolge gehen Arbeitsverhältnisse, die bei den übertragenden Rechtsträgern bestehen, automatisch auf den übernehmenden Rechtsträger über. Das erfordert einen gewissen Schutz der betroffenen Arbeitnehmer, die sich einem neuen Arbeitgeber gegenübersehen. Dieser Schutz wird wesentlich durch die **§§ 323 bis 325 UmwG** erreicht. Nach § 323 UmwG darf sich die kündigungsrechtliche Stellung eines Arbeitnehmers im Falle einer Spaltung zwei Jahre lang nicht verschlechtern, wenn bei dem übernehmenden Rechtsträger die für die Anwendung kündigungsrechtlicher Vorschriften, d.h. insbesondere § 23 Abs. 1 KSchG, erforderliche Zahl von Beschäftigten nicht erreicht wird. § 325 UmwG enthält demgegenüber Regelungen zur Fortgeltung der vor einer Abspaltung oder Ausgliederung bestehenden Mitbestimmungsregeln. § 324 UmwG erklärt schließlich § 613a Abs. 1, 4 bis 6 BGB bei Verschmelzung, Spaltung und Vermögensübertragung für anwendbar. Dem Arbeitnehmer steht somit insbesondere das Recht zu, dem Übergang des Arbeitsverhältnisses zu widersprechen.[69]

35 Um für diese Erklärung eine ausreichende Entscheidungsgrundlage zu haben, sind **sämtliche Arbeitnehmer über die voraussichtlichen Folgen der Umwandlung** für die Arbeitnehmer und ihre Vertretungen sowie die insoweit vorgesehenen Maßnahmen **zu unterrichten**. Dementsprechend ordnet das UmwG an, dass diese Informationen bei Verschmelzung und Spaltung in den Umwandlungsvertrag bzw. -plan, beim Formwechsel in den Umwandlungsbeschluss, aufzunehmen sind.[70] Ferner ist das entsprechende Dokument spätestens einen Monat vor dem Tage des Vertragsschlusses bzw. der Beschlussfassung dem zuständigen Betriebsrat des jeweiligen Rechtsträgers zuzuleiten (vgl. §§ 5 Abs. 3, 126 Abs. 3, 194 Abs. 2 UmwG; näher Rn. 53 ff.). Die Beachtung

68 Zum Ganzen Widmann/Mayer/*Mayer*, § 54 UmwG Rn. 10.2.

69 Nach Sinn und Zweck des Widerspruchsrechts und unter Berücksichtigung der Bestandsschutzfunktion von § 613a BGB folgt das BAG (ZIP 2008, 1296) der Auffassung, die im Wege der teleologischen Reduktion von § 613a Abs. 6 BGB in den Fällen ein Widerspruchsrecht des Arbeitnehmers ablehnt, in denen der bisherige Rechtsträger durch gesellschaftsrechtliche Umstrukturierung erlischt. Will der Arbeitnehmer das Arbeitsverhältnis nicht bei dem neuen Arbeitgeber fortsetzen, besteht ein (außerordentliches) **Kündigungsrecht** des Arbeitnehmers, auf das im Rahmen von § 5 Abs. 1 Nr. 9 UmwG (für die Verschmelzung), § 126 Abs. 1 Nr. 11 UmwG (für die Spaltung) sowie § 194 Abs. 1 Nr. 7 UmwG (für den Formwechsel) hingewiesen werden sollte.

70 Vgl. § 5 Abs. 1 Nr. 9 UmwG für die Verschmelzung, § 126 Abs. 1 Nr. 11 UmwG für die Spaltung sowie § 194 Abs. 1 Nr. 7 UmwG.

dieser Bestimmung wird dadurch gewährleistet, dass bei der Anmeldung der Umwandlung zum Handelsregister ein Nachweis über die rechtzeitige **Betriebsratszuleitung** zu erbringen ist (vgl. §§ 17 Abs. 1, 125, 199 UmwG sowie Rn. 53).[71]

B. Ablauf einer Umwandlung nach UmwG

I. Vorbereitende Maßnahmen

1. Entwurf eines Umwandlungsvertrags bzw. Umwandlungsplans

a) Allgemeines

Bei Verschmelzung, Spaltung und Vermögensübertragung bedarf die Umwandlung einer rechtsgeschäftlichen Grundlage, und zwar im Falle der Beteiligung von zwei Rechtsträgern wie bei der Verschmelzung (§§ 4 bis 7 UmwG), der Spaltung zur Aufnahme (§§ 125, 126 UmwG) und bei der Vermögensübertragung (§§ 176, 177 UmwG) eines Vertrags, bei der Spaltung zur Neugründung hingegen eines (einseitigen) Spaltungsplans (§ 136 UmwG). Der Formwechsel hingegen beruht allein auf einem Beschluss der Anteilsinhaber des formwechselnden Rechtsträgers, eine rechtsgeschäftliche Grundlage ist nicht erforderlich. 36

b) Mindestinhalt

Für den Umwandlungsvertrag bzw. -plan sieht das UmwG in den §§ 5 Abs. 1 und 126 Abs. 1 UmwG einen bestimmten Mindestinhalt vor, der vom Gesetz in einer Art Checkliste vorgegeben wird. 37

Bei der **Verschmelzung** sind gem. § 5 Abs. 1 UmwG im Einzelnen folgende Punkte aufzunehmen: 38

- Namen bzw. Firma und Sitz der beteiligten Rechtsträger (§ 5 Abs. 1 Nr. 1 UmwG)
- Vereinbarung über die Übertragung des Vermögens der übertragenden Rechtsträger als Ganzes gegen Gewährung von Anteilen (§ 5 Abs. 1 Nr. 2 UmwG)
- Umtauschverhältnis der Anteile und ggf. Höhe der baren Zuzahlung (§ 5 Abs. 1 Nr. 3 UmwG)
- Einzelheiten der Übertragung der Anteile des übernehmenden Rechtsträgers (§ 5 Abs. 1 Nr. 4 UmwG)
- Beginn der Gewinnberechtigung der neuen Anteile (§ 5 Abs. 1 Nr. 5 UmwG)
- Verschmelzungsstichtag (§ 5 Abs. 1 Nr. 6 UmwG)[72]
- besondere Rechte, die der übernehmende Rechtsträger einzelnen Anteilsinhabern und Inhabern von bestimmten Sonderrechten gewährt (§ 5 Abs. 1 Nr. 7 UmwG)
- besondere Vorteile, die bestimmten Organen und anderen Personen gewährt werden (§ 5 Abs. 1 Nr. 8 UmwG)
- Folgen der Verschmelzung für die Arbeitnehmer und ihre Vertretungen und die insoweit vorgesehenen Maßnahmen (§ 5 Abs. 1 Nr. 9 UmwG)

Bei der **Spaltung** sind zusätzlich aufzunehmen: 39

- eine (dem sachenrechtlichen Bestimmtheitsgrundsatz genügende) genaue Bezeichnung und Aufteilung der Gegenstände des Aktiv- und Passivvermögens, die an jeden der übernehmenden Rechtsträger übertragen werden, sowie die übergehenden Betriebe und Betriebsteile unter Zuordnung zu den übernehmenden Rechtsträgern (§ 126 Abs. 1 Nr. 9 UmwG)

---

71 Weiterführend: Widmann/Mayer/*Mayer*, § 5 UmwG Rn. 250 ff.

72 Der Verschmelzungsstichtag liegt nach der Auffassung der Finanzverwaltung stets zwingend einen Tag nach dem steuerlichen Übertragungsstichtag (Stichtag der Schlussbilanz gem. § 17 Abs.2 UmwG). Vgl. Tz. 02.02 des BMF-Schreibens v. 11.11.2011, BStBl. I 2011, 1314 (sog. Umwandlungssteuererlass 2011).

- bei Aufspaltung und Abspaltung die Aufteilung der Anteile oder Mitgliedschaften jedes der beteiligten Rechtsträger auf die Anteilsinhaber der übertragenden Rechtsträger sowie den Maßstab für die Aufteilung (§ 126 Abs. 1 Nr. 10 UmwG)

40 Ergänzend sieht das UmwG – je nach Umwandlungsvorgang und Rechtsform der beteiligten Rechtsträger – weitere zwingend in den Umwandlungsvertrag bzw. -plan aufzunehmende Regelungen vor.[73] Für den Fall der Verschmelzung[74] oder Spaltung[75] auf eine GmbH sieht **§ 46 UmwG** als Sondervorschrift zu § 5 Abs. 1 Nr. 3 UmwG insbesondere zwingend vor, dass der Vertrag **Einzelheiten zu den Geschäftsanteilen** enthalten muss, welche die übernehmende GmbH jedem Anteilsinhaber der übertragenden Rechtsträger zu gewähren hat.[76]

41 Unter den in **§ 29 UmwG** genannten Voraussetzungen ist bei Verschmelzung, Abspaltung und Aufspaltung[77] zur Aufnahme jedem Anteilsinhaber des übertragenden Rechtsträgers, der gegen den Umwandlungsbeschluss Widerspruch zu Protokoll erklärt, im Umwandlungsvertrag oder seinem Entwurf ein **Barabfindungsangebot** zu machen (ausführlich Rn. 25).

42 Bei einer Verschmelzung oder Spaltung zur **Neugründung** sind gem. § 36 Abs. 2 Satz 1 UmwG bzw. § 135 Abs. 2 Satz 1 UmwG auf den übernehmenden Rechtsträger die Gründungsvorschriften der entsprechenden Rechtsform anzuwenden. Insbesondere ist dem Verschmelzungsvertrag bzw. dem Spaltungsplan der Gesellschaftsvertrag des neu gegründeten Rechtsträgers beizufügen, vgl. § 37 UmwG (i.V.m. § 125 Abs. 1 UmwG).

c) Form

43 Der Verschmelzungsvertrag (§ 6 UmwG) muss ebenso notariell beurkundet werden wie ein Spaltungsvertrag oder -plan (§ 6 i.V.m. § 125 UmwG).

2. Umwandlungsbericht

44 Nach §§ 8, 125, 162, 176 f., 192 UmwG ist grundsätzlich bei jeder Umwandlung von sämtlichen[78] Vertretungsorganen der beteiligten Rechtsträger ein Umwandlungsbericht zu erstellen. Darin sind die Einzelheiten der Umwandlung zu erläutern und zu begründen. Er soll den Anteilsinhabern eine Grundlage für die Entscheidung über die Umwandlung geben und ihnen dafür hinreichende Informationen zur Verfügung stellen. Der Schwerpunkt des Berichts liegt regelmäßig in der Erläuterung der Angemessenheit des Umtauschverhältnisses und der Gegenleistung.

45 Nach der in der Praxis wichtigen Bestimmung des § 8 Abs. 3 UmwG ist ein Bericht **nicht erforderlich**, sofern alle Anteilsinhaber aller beteiligten Rechtsträger auf seine Erstattung verzichten oder sich alle Anteile des übertragenden Rechtsträgers in der Hand des übernehmenden Rechtsträgers befinden (**Tochter-Mutter-Verhältnis**). Der **Verzicht** ist in jedem Fall **notariell zu beurkunden**.

3. Umwandlungsprüfung

46 Ziel der Umwandlungsprüfung ist es in erster Linie, im Interesse der Anteilsinhaber, vor allem der Mitglieder des übertragenden Rechtsträgers, das Umtauschverhältnis der Anteile und die Gegenleistung zu begutachten. Geregelt ist die Prüfung in den allgemeinen Vorschriften, und zwar in §§ 9 bis 12, 125, 176 f. UmwG.[79] Ob sie stattzufinden hat, bestimmen jedoch die Vorschriften des

73 So bestimmt z.B. § 40 UmwG (i.V.m. § 125 UmwG), dass bei Verschmelzung oder Spaltung auf eine Personenhandelsgesellschaft für jeden Anteilsinhaber des übertragenden Rechtsträgers zu bestimmen ist, ob ihm in der übernehmenden Gesellschaft die Stellung eines persönlich haftenden Gesellschafters oder eines Kommanditisten gewährt wird. Für die Verschmelzung bzw. Spaltung auf eine Genossenschaft ist insb. § 80 UmwG zu beachten.
74 Die Vorschrift ist über den Verweis in § 56 UmwG auch auf Verschmelzungen zur Neugründung anwendbar.
75 Vgl. die Verweisung in § 125 Abs. 1 UmwG.
76 Fehlen diese Angaben, ist der Verschmelzungsvertrag unwirksam, vgl. Widmann/Mayer/*Mayer*, § 46 UmwG Rn. 8 sowie *Weiler*, MittBayNot 2006, 377, 381.
77 Für die Ausgliederung verweist § 125 Abs.1 UmwG gerade nicht auf § 29 UmwG.
78 H.M., vgl. Widmann/Mayer/*Mayer*, § 8 UmwG Rn. 13 f. m.w.N.; a.A. KG ZIP 2005, 167.
79 Im Falle des Formwechsels ist eine Prüfung nur bei eingetragenen Genossenschaften als Ausgangsrechtsträger erforderlich (§ 259 UmwG).

besonderen Teils für die einzelnen Rechtsformen. So hat bei einer Verschmelzung sowie bei einer Auf- oder Abspaltung (nicht: Ausgliederung, vgl. § 125 Satz 2 UmwG) unter Beteiligung einer GmbH die Prüfung nur auf das Verlangen eines Gesellschafters stattzufinden (§§ 48, 125 Satz 1 UmwG). Dieses Verlangen kann innerhalb einer Frist von einer Woche geäußert werden, nachdem der Gesellschafter die Dokumentation der Umwandlung gem. § 47 UmwG erhalten hat.

Die Prüfung ist von einem unabhängigen Sachverständigen durchzuführen, der über das Ergebnis einen schriftlichen Bericht zu erstatten und die Angemessenheit des Umtauschverhältnisses usw. zu testieren hat (§§ 11 f. UmwG). Prüfung und Prüfungsbericht sind **entbehrlich**, wenn alle Anteilsinhaber sämtlicher beteiligter Rechtsträger hierauf in notarieller Form **verzichten** oder wenn es sich um eine **Tochter-Mutter-Verschmelzung** handelt (§§ 9 Abs. 3, 12 Abs. 3 i.V.m. § 8 Abs. 3 UmwG). 47

4. Vorbereitung des Umwandlungsbeschlusses

Neben der rechtsgeschäftlichen Grundlage der Umwandlung ist der **Zustimmungsbeschluss** der betroffenen Anteilseigner der wichtigste Bestandteil einer Umwandlungsdokumentation. Dieser kann nur in einer Versammlung der Anteilseigner gefasst werden (§§ 13 Abs. 1 Satz 2, 125, 176 f., 193 Abs. 1 Satz 2 UmwG).[80] Die Zustimmung ist Voraussetzung für das Wirksamwerden der Umwandlung.[81] 48

Im Vorfeld muss den Anteilsinhabern regelmäßig zur **Vorbereitung der Beschlussfassung** der Umwandlungsvertrag oder -plan sowie der Umwandlungsbericht zur Verfügung gestellt werden.[82] Je nach Art des beteiligten Rechtsträgers sieht das Gesetz dabei eine Übersendung an die Anteilsinhaber, die Auslage im Geschäftsraum vor bzw. während der Versammlung und/oder die Einreichung zum Handelsregister vor.[83] 49

Besonderheiten gelten für den **Formwechsel** insoweit, als hier nur ein Beschluss und keine rechtsgeschäftliche Grundlage für die Umwandlung erforderlich ist. So sind die bei Verschmelzung und Spaltung im Umwandlungsvertrag bzw. -plan enthaltenen Mindestangaben (§§ 5, 126 UmwG) beim Formwechsel in den Beschluss aufzunehmen. Nach § 194 Abs. 1 UmwG sind das: 50

- die Rechtsform, welche der Rechtsträger durch den Formwechsel erlangen soll (§ 194 Abs. 1 Nr. 1 UmwG)
- Name bzw. Firma und Sitz des Rechtsträgers neuer Rechtsform (§ 194 Abs. 1 Nr. 2 UmwG)
- Angaben über die Beteiligung der bisherigen Anteilsinhaber an dem neuen Rechtsträger (§ 194 Abs. 1 Nr. 3 UmwG)
- Einzelheiten im Hinblick auf die Anteile, welche die bisherigen Anteilsinhaber durch den Formwechsel erlangen sollen oder die einem beitretenden persönlich haftenden Gesellschafter eingeräumt werden (§ 194 Abs. 1 Nr. 4 UmwG)
- besondere Rechte, die einzelnen Anteilsinhabern und Inhabern von bestimmten Sonderrechten gewährt werden (§ 194 Abs. 1 Nr. 5 UmwG)
- ein (wegen des Wechsels der Rechtsform[84] grundsätzlich bei jedem Formwechsel) zu unterbreitendes Barabfindungsangebot gem. § 207 UmwG, sofern nicht zur Wirksamkeit des

80 Geregelt ist das Beschlusserfordernis in den §§ 13, 65, 125, 128, 176 f., 193, 194 Abs. 1 UmwG.

81 Zu den Folgen von inhaltlichen Mängeln im Umwandlungsbeschluss vgl. *Weiler*, MittBayNot 2006, 377, 383 f.

82 Vgl. für mögliche Umwandlungsfälle unter Beteiligung einer GmbH nur §§ 47, 49 Abs. 2, 125, 176 Abs. 1, 177, 230, 232 Abs. 1, 238 Satz 1, 239 Abs. 1, 274 Abs. 2 UmwG.

83 Diejenigen dieser Vorschriften, welche die Information der Anteilsinhaber und deren ordnungsgemäße Einladung zum Inhalt haben, sind Schutzvorschriften, auf deren Einhaltung die Gesellschafter nach h.M. verzichten können. Näher hierzu Widmann/Mayer/*Heckschen*, § 13 UmwG Rn. 9.4.

84 Zum Barabfindungsangebot bei Mischverschmelzung siehe bereits Rn. 25.

Beschlusses die Zustimmung aller Anteilsinhaber erforderlich ist[85] oder an dem formwechselnden Rechtsträger nur ein Anteilsinhaber beteiligt ist (§ 194 Abs. 1 Nr. 6 UmwG)[86]

- Folgen des Formwechsels für die Arbeitnehmer und ihre Vertretungen und die insoweit vorgesehenen Maßnahmen (§ 194 Abs. 1 Nr. 7 UmwG)

5. Umwandlungsbilanz

51 Bei Verschmelzung und Spaltung[87] ist gem. §§ 17 Abs. 2, 125 Satz 1 UmwG der Anmeldung zum Register jedes übertragenden Rechtsträgers eine Schlussbilanz (nicht: der Jahresabschluss)[88] dieses Rechtsträgers beizufügen. Nach § 17 Abs. 2 Satz 4 UmwG darf das Registergericht die Verschmelzung bzw. Spaltung[89] nur eintragen, wenn die Bilanz auf einen höchstens acht Monate vor der Anmeldung liegenden Stichtag aufgestellt worden ist.[90] Gegebenenfalls ist eine Zwischenbilanz zu erstellen. Der Stichtag dieser der Verschmelzung bzw. Spaltung zugrunde gelegten Bilanz ist der „steuerliche Übertragungsstichtag" und liegt zwingend einen Tag vor dem Verschmelzungs- bzw. Spaltungsstichtag gemäß §§ 5 Abs. 1 Nr. 6, 125 Satz 1 UmwG.

> ! Sofern das Geschäftsjahr der übertragenden Gesellschaft dem Kalenderjahr entspricht und der Umwandlung die Schlussbilanz zum 31. Dezember eines Jahres zugrunde gelegt wird, muss die Registeranmeldung spätestens am **31. August** des Folgejahres beim Registergericht eingehen. Gerade angesichts der zahlreichen Vorbereitungsmaßnahmen (insb. Betriebsratszuleitung, Vorbereitung der Versammlung der Anteilseigner, etc.) empfiehlt es sich daher, frühzeitig mit der Vorbereitung der Umwandlungsmaßnahme zu beginnen.

52 Grundsätzlich muss die Schlussbilanz wie jede Bilanz den Anforderungen des HGB genügen, d.h., sie ist in jedem Falle von sämtlichen Vertretungsorganen bzw. persönlich haftenden Gesellschaftern persönlich zu unterschreiben (vgl. § 17 Abs. 2 Satz 2 UmwG, §§ 245, 264 Abs. 1, 2 HGB). Bei prüfungspflichtigen Unternehmen ist gem. § 316 Abs. 1 Satz 1 HGB eine geprüfte Bilanz vorzulegen.

6. Betriebsratszuleitung

53 Der Umwandlungsvertrag/-plan oder dessen Entwurf bzw. beim Formwechsel der Entwurf des Formwechselbeschlusses sind spätestens einen Monat vor der Versammlung der Anteilseigner jedes beteiligten Rechtsträgers, in der über die Zustimmung zu der Umwandlung Beschluss gefasst wird, dem zuständigen[91] Betriebsrat zuzuleiten (§§ 5 Abs. 3, 126 Abs. 3, 194 Abs. 2 UmwG, siehe auch schon Rn. 35). Der Betriebsrat kann allerdings auf die Einhaltung der Frist verzichten. Gegen-

85 Vgl. z.B. § 217 UmwG für den Formwechsel einer Personenhandelsgesellschaft.

86 Ein Barabfindungsangebot ist außerdem entbehrlich, wenn alle Anteilsinhaber auf ein solches verzichten, vgl. Widmann/Mayer/*Vollrath*, § 207 UmwG Rn. 20.

87 Beim Formwechsel ist mangels Vermögensübertragung eine Bilanzvorlage nicht erforderlich und daher lediglich die steuerrechtliche Acht-Monats-Frist der §§ 9 Satz 3, 25 UmwStG beim Übergang von einer Kapitalgesellschaft in eine Personengesellschaft und umgekehrt zu beachten, vgl. hierzu Widmann/Mayer/*Widmann*, § 24 UmwG Rn. 196, 482.

88 Nach dem klaren Wortlaut des § 17 Abs. 2 UmwG ist lediglich die Bilanz vorzulegen, nicht etwa der gesamte Jahresabschluss, vgl. LG Stuttgart, DNotZ 1996, 701; LG Dresden, GmbHR 1998, 1086 sowie (m.w.N. auch zur Gegenmeinung) Schmitt/Hörtnagl/Stratz/*Hörtnagl*, § 17 UmwG Rn. 14. Die Vorlage des Jahresabschlusses ist jedoch unschädlich, vgl. Schmitt/Hörtnagl/Stratz/*Hörtnagl*, § 17 UmwG Rn. 14.

89 Bei Formwechseln ist mangels Vermögensübertragung eine Bilanzvorlage nicht erforderlich und daher lediglich die steuerrechtliche Achtmonatsfrist der §§ 9 Satz 3, 25 UmwStG beim Übergang von einer Kapitalgesellschaft in eine Personengesellschaft und umgekehrt zu beachten. Vgl. hierzu Widmann/Mayer/*Widmann*, § 24 UmwG Rn. 196, 482.

90 Die Frist dient in erster Linie dem Interesse der Gläubiger, einen zeitnahen Einblick in die Vermögensverhältnisse des übertragenden Rechtsträgers zu erhalten. Insbesondere kann die Schlussbilanz den Gläubigern Anhaltspunkte für die Prüfung geben, ob sie eine Sicherheitsleistung gem. § 22 UmwG verlangen sollen. Vgl. Widmann/Mayer/*Mayer*, § 5 UmwG Rn. 206 und Widmann/Mayer/*Widmann*, § 24 UmwG Rn. 38; LG Frankfurt/M., GmbHR 1998, 380, 381; LG Dresden, NotBZ 1997, 138.

91 Die Frage der Zuständigkeit steht bei größeren Unternehmen oft im Raum. Besteht ein örtlicher Betriebsrat, ein Gesamtbetriebsrat und ein Konzernbetriebsrat, so sollte der Entwurf an alle zugeleitet werden.

über dem Registergericht wird die rechtzeitige Zuleitung bzw. der Fristverzicht regelmäßig durch Vorlage einer schriftlichen Empfangsbestätigung nachgewiesen. Nicht endgültig geklärt ist hingegen, ob über den Gesetzeswortlaut hinaus ein Verzicht auf die Zuleitung möglich ist.[92]

Erfolgt die Zuleitung nicht rechtzeitig und verzichtet der Betriebsrat nicht auf die Fristeinhaltung, kommt grundsätzlich eine Anfechtung des Beschlusses in Betracht. Eine Anfechtungsklage vonseiten der Arbeitnehmer oder von Arbeitnehmervertretungen würde allerdings an der fehlenden Anfechtungsbefugnis, eine Klage von Anteilseignern am fehlenden Rechtsschutzbedürfnis scheitern.[93] Ein Verstoß gegen die Zuleitungspflicht des § 5 Abs. 3 UmwG wirkt sich also ausschließlich im Eintragungsverfahren aus. Der Richter darf bei Nichtbeachtung der Monatsfrist nur eintragen, wenn der Betriebsrat auf die Einhaltung der Zuleitungsfrist verzichtet.[94] Verzichtet der Betriebsrat nicht auf die Rechtzeitigkeit der Zuleitung, besteht ein dauerndes Eintragungshindernis.[95] 54

Probleme bereiten in der Praxis insbesondere die Grenzen der **Abänderungsmöglichkeit des Vertragsentwurfs** nach Zuleitung. Einigkeit besteht jedenfalls darüber, dass die Angaben zu den Folgen der Umwandlung für die Arbeitnehmer nicht mehr nachträglich geändert werden dürfen, reine Formalien und Schreibversehen aber ohne weiteres korrigiert werden können. Darüber hinaus sind die Einzelheiten äußerst umstritten. Richtigerweise sollte die Frage anhand des Schutzzwecks der Norm entschieden werden, der sich auch in der Regierungsbegründung niederschlägt.[96] Danach ist eine erneute Zuleitung nur erforderlich, wenn die Änderung Auswirkungen für die Arbeitnehmer oder ihre Verpflichtungen nach sich ziehen kann.[97] 55

II. Abschluss Umwandlungsvertrag/Aufstellung Umwandlungsplan

Regelmäßig wird die rechtsgeschäftliche Grundlage der Umwandlung vor oder parallel mit den Zustimmungsbeschlüssen der Anteilseigner gelegt. Es ist aber auch möglich, über einen Entwurf des Umwandlungsvertrags abstimmen zu lassen und nur im Falle der Zustimmung den Vertrag tatsächlich abzuschließen. Eine solche Vorgehensweise kann sich aus Kostengesichtspunkten empfehlen, wenn die Zustimmung der Anteilseigner fraglich ist. 56

III. Umwandlungsbeschluss

Die Beschlussfassung ist je nach Rechtsform unterschiedlich geregelt. Ganz überwiegend ist die im Hinblick auf den jeweiligen Rechtsträger für Satzungsänderungen **notwendige Mehrheit** erforderlich.[98] So bedarf z.B. gem. § 50 Abs. 1 Satz 1 UmwG der Verschmelzungsbeschluss der Gesellschafterversammlung einer GmbH einer Mehrheit von mindestens drei Vierteln der abgegebenen Stimmen, was der Regelung in § 53 Abs. 2 Satz 1 GmbHG entspricht. Für den Ablauf der Beschlussfassung gelten im Übrigen die Regeln der jeweiligen Rechtsform, bei der GmbH also die §§ 47 ff. GmbHG sowie die vom Gesetz abweichenden bzw. dieses ergänzenden Satzungsbestimmungen. 57

In bestimmten Fällen ist neben der Zustimmung der Gesellschafterversammlung im Wege des Beschlusses auch die **Zustimmung einzelner Anteilsinhaber** vorgeschrieben, z.B. wenn die Abtretung der Anteile eines übertragenden Rechtsträgers von der Zustimmung bestimmter Anteils- 58

92 Eine Verzichtsmöglichkeit auf die Zuleitung ablehnend u.a. OLG Naumburg, NZG 2004, 734; Lutter/Lutter/*Drygala*, § 5 UmwG Rn. 109 m.w.N. Für die Zulässigkeit des Verzichts u.a. Semler/Stengel/*Simon*, § 5 UmwG Rn. 146 m. ausf. Begründung; Widmann/Mayer/*D. Mayer*, § 5 UmwG Rn. 266.

93 Siehe Widmann/Mayer/*Mayer*, § 5 UmwG Rn. 265 m.w.N.

94 Vgl. ausf. Widmann/Mayer/*Mayer*, § 5 UmwG Rn. 264 ff.

95 Zur weiter gehenden Frage, was im Falle der Zuleitung des Vertrags an den Betriebsrat nicht nur nach Ablauf der Frist des § 5 Abs. 3 UmwG, sondern darüber hinaus auch nach Ablauf der Achtmonatsfrist gilt, vgl. *Weiler*, MittBayNot 2006, 377, 380.

96 Vgl. RegBegr. zu § 5 UmwG, BR-Drucks. 75/94, abgedruckt in: Widmann/Mayer, Bd. 1, Begr. UmwG 95.

97 So im Erg. auch LG Essen, ZIP 2002, 893.

98 Eine wichtige Ausnahme stellt die sog. nicht-verhältniswahrende Spaltung gem. § 128 UmwG dar, bei der Anteilsinhaber des übertragenden Rechtsträgers an dem oder den übernehmenden oder neuen Rechtsträgern nicht mit derselben Quote beteiligt werden wie beim Ausgangsrechtsträger. Hier müssen alle Gesellschafter des jeweiligen übertragenden Rechtsträgers zustimmen.

inhaber abhängt (§§ 13 Abs. 2, 193 Abs. 2 UmwG). Sowohl der Umwandlungsbeschluss selbst als auch die Zustimmungserklärungen einzelner Anteilsinhaber bedürfen der notariellen Beurkundung (§§ 13 Abs. 3, 125, 176 Abs. 1, 177 Abs. 1, 192 Abs. 3, 193 Abs. 3 UmwG).

IV. Registeranmeldung

59 Grundsätzlich haben die Vertretungsorgane der an der Umwandlung beteiligten Rechtsträger, d.h. bei der GmbH deren Geschäftsführer in vertretungsberechtigter Zahl[99], die Umwandlung beim Handelsregister des Sitzes der von ihnen vertretenen Gesellschaft anzumelden. Eine Ausnahme besteht bspw. beim Formwechsel in eine Personenhandelsgesellschaft, wo alle Mitglieder des künftigen Vertretungsorgans und bei einer AG und KGaA zusätzlich alle Mitglieder des Aufsichtsrats die Anmeldung vorzunehmen haben (§ 222 Abs. 1 Satz 1 UmwG). Eine Erleichterung enthalten bei Verschmelzung und Spaltung zur Aufnahme die Vorschriften der §§ 16 Abs. 1 Satz 2, 129 UmwG, wonach die Vertretungsorgane der *übernehmenden* Gesellschaft auch die Anmeldung bei der *übertragenden* Gesellschaft vornehmen können. Hiervon wird in der Praxis häufig Gebrauch gemacht.

60 Im Übrigen gilt: Je nach Umwandlungsart und Rechtsform stellt das Umwandlungsgesetz unterschiedliche Anforderungen an die Anmeldung und deren Anlagen. Insbesondere ist bei **Verschmelzung** und **Spaltung** zu unterscheiden zwischen der Verschmelzung durch Aufnahme (§§ 16, 17, 19 UmwG) und zur Neugründung (§§ 36 Abs. 1, 38 UmwG) einerseits und der Spaltung zur Aufnahme (§ 125 Satz 1 i.V.m. §§ 16, 17, 19 UmwG) und zur Neugründung (§§ 135 Abs. 1, 137 UmwG) andererseits. Die Anforderungen bei Umwandlungen zur Neugründung sind dabei regelmäßig höher, da dort zusätzlich zu den Vorgaben des UmwG die Gründungsvorschriften des neu gegründeten Zielrechtsträgers einzuhalten sind (vgl. §§ 36 Abs. 2 Satz 1, 135 Abs. 2 Satz 1 UmwG). Gleiches gilt gem. § 197 UmwG für den **Formwechsel**, bei dem die Anmeldung stets beim Register des Ausgangsrechtsträgers zu erfolgen hat (§ 198 Abs. 1 UmwG).

61 Der Anmeldung sind diejenigen **Anlagen** beizufügen, die es ermöglichen, die Ordnungsmäßigkeit der Umwandlung zu prüfen, d.h. insbesondere der Umwandlungsvertrag bzw. -plan, die Umwandlungsbeschlüsse und Zustimmungserklärungen der Anteilseigner, ggf. der Umwandlungsbericht und Prüfungsbericht bzw. entsprechende Verzichtserklärungen, die Umwandlungsbilanz, der Nachweis über die rechtzeitige Zuleitung des Vertragsentwurfs an den Betriebsrat (§§ 17 Abs. 1, 125, 199 UmwG) sowie – falls erforderlich – staatliche Genehmigungen (vgl. im Einzelnen §§ 17, 52, 86, 125, 140, 148, 176 Abs. 1, 177 Abs. 1, 199 UmwG.)

V. Wirksamwerden der Umwandlung

62 Für die Frage, wann eine Umwandlung wirksam wird, kommt es auf den konkreten Umwandlungsfall an. Bei der **Verschmelzung** tritt die Wirksamkeit ein mit Eintragung der Verschmelzung in das Register des Sitzes des *übernehmenden* Rechtsträgers (§ 20 Abs. 1 UmwG). Umgekehrt ist die Rechtslage bei der **Spaltung**, die schon mit Eintragung beim *übertragenden* Rechtsträger wirksam wird (§ 131 Abs. 1 UmwG). Es zeigt sich also auch im Eintragungsverfahren, dass die Spaltung und die mit ihr verbundene Trennung von Vermögensmassen das Gegenstück der Verschmelzung ist. Der **Formwechsel** schließlich wird gem. § 202 UmwG mit **Eintragung der neuen Rechtsform** wirksam.

C. Wichtige Umwandlungsfälle unter Beteiligung einer GmbH

63 Im Folgenden sollen einige besonders wichtige Konstellationen von Umwandlungen mit GmbH-Beteiligung dargestellt werden:

---

99 Ausnahmsweise müssen insb. dann *alle* Geschäftsführer die Anmeldung des übernehmenden Rechtsträgers unterschreiben, wenn darin die Kapitalerhöhung zur Durchführung der Verschmelzung angemeldet wird (vgl. § 78 i.V.m. 57 Abs. 1 GmbHG). Bei einer Verschmelzung zur Neugründung haben die Vertretungsorgane aller beteiligten Rechtsträger den neuen Rechtsträger anzumelden (§ 38 Abs. 2 UmwG).

I. Verschmelzung

1. Kapitalgesellschaft auf GmbH zur Aufnahme

Neben den allgemeinen Bestimmungen der §§ 2 bis 35 UmwG sind auf eine Verschmelzung unter GmbH-Beteiligung zur Aufnahme die §§ 46 bis 55 UmwG anwendbar, wobei insbesondere folgende Punkte zu beachten sind: **64**

- **§ 46 UmwG** sieht als Sondervorschrift zu § 5 Abs. 1 Nr. 3 UmwG als **Inhalt des Verschmelzungsvertrages** zwingend vor, dass dieser Einzelheiten zu den Geschäftsanteilen enthalten muss, welche eine übernehmende GmbH jedem Anteilsinhaber der übertragenden Rechtsträger zu gewähren hat. Fehlen diese Angaben, ist der Verschmelzungsvertrag unwirksam.[100] Insbesondere hat der Verschmelzungsvertrag oder sein Entwurf nach § 46 Abs. 1 UmwG für jeden Anteilsinhaber eines übertragenden Rechtsträgers den Nennbetrag des Geschäftsanteils zu bestimmen, den ihm die übernehmende GmbH zu gewähren hat. Darüber hinaus sind gemäß § 46 Abs. 2 UmwG etwaige Abweichungen von im Zuge der Verschmelzung durch Kapitalerhöhung geschaffenen Geschäftsanteile gegenüber originären Anteilen an der GmbH und gemäß § 46 Abs. 3 UmwG besondere Bestimmungen für Gesellschafter des übertragenden Rechtsträgers, die bereits vorhandene Geschäftsanteile übernehmen sollen, anzugeben.
- Bei jeder an einer Verschmelzung beteiligten GmbH ist die Verschmelzung als Tagesordnungspunkt in der **Einberufung** der **Gesellschafterversammlung** anzukündigen. Spätestens zusammen mit der Einberufung sind den Gesellschaftern der Verschmelzungsvertrag oder sein Entwurf und der Verschmelzungsbericht zu übersenden (§ 47 UmwG). Von der Einberufung an sind die Jahresabschlüsse und Lageberichte der letzten drei Geschäftsjahre in den Geschäftsräumen auszulegen. Auf Verlangen ist den Gesellschaftern Auskunft zu geben (§ 49 UmwG).
- Eine **Verschmelzungsprüfung** hat bei einer an der Verschmelzung beteiligten GmbH nur stattzufinden, wenn ein Gesellschafter dies innerhalb von einer Woche verlangt, nachdem er die in § 47 UmwG genannten Unterlagen erhalten hat (§ 48 Satz 1 UmwG).
- Die notwendige **Mehrheit** für den Zustimmungsbeschluss einer GmbH zu einer Verschmelzung liegt grundsätzlich bei 75 % der abgegebenen Stimmen, sofern die Satzung keine größere Mehrheit oder weitere Erfordernisse bestimmt. Inhaber von Sonderrechten etc., deren Rechte durch die Verschmelzung beeinträchtigt werden, müssen der Verschmelzung in jedem Fall zustimmen (§ 50 Abs. 1 UmwG).
- **Besondere Zustimmungs- und Darlegungserfordernisse** stellen §§ 51 f. UmwG für den Fall auf, dass bei einer der beteiligten Gesellschaften nicht voll einbezahlte Geschäftsanteile bestehen.[101]
- Regelmäßig entstehen die den Gesellschaftern des übertragenden Rechtsträgers zu gewährenden Anteile an einer übernehmenden GmbH durch **Kapitalerhöhung**. Hierzu enthält § 55 UmwG einige Sonderregeln im Vergleich zu den Kapitalerhöhungsvorschriften bei der GmbH. § 54 UmwG wiederum enthält folgende Ausnahmen von der Regel, dass eine Kapitalerhöhung durchzuführen ist:
  - § 54 Abs. 1 Satz 1 UmwG beinhaltet drei **Kapitalerhöhungsverbote**. So darf die übernehmende GmbH nach § 54 Abs. 1 Satz 1 Nr. 1 und Nr. 2 UmwG ihr Kapital zur Durchführung der Verschmelzung nicht erhöhen, soweit sie Anteile am übertragenden Rechtsträger hält (Upstream-Verschmelzung) oder ein übertragender Rechtsträger eigene Anteile innehat. Beide Regelungen verhindern die Entstehung eigener Anteile des übernehmenden Rechtsträgers. Darüber hinaus verbietet § 54 Abs. 1 Satz 1 Nr. 3

100 Vgl. Widmann/Mayer/*D. Mayer* § 46 UmwG Rn. 8 sowie *Weiler*, MittBayNot 2006, 377, 381.
101 Näher hierzu *Weiler*, in: Notarhandbuch Gesellschafts- und Unternehmensrecht, § 22, Rn. 191.

UmwG eine Kapitalerhöhung, soweit ein übertragender Rechtsträger Geschäftsanteile des übernehmenden Rechtsträgers hält (Downstream-Verschmelzung), auf welche die Einlagen nicht in voller Höhe bewirkt sind. Auf diese Weise wird vermieden, dass sich Schuldner und Gläubiger des Einlageanspruchs in der Person des übernehmenden Rechtsträgers vereinigen und der Anspruch damit entgegen den Kapitalerhaltungsgrundsätzen untergeht.

- § 54 Abs. 1 Satz 2 UmwG hingegen kodifiziert **Kapitalerhöhungswahlrechte**. Insbesondere kann eine Kapitalerhöhung unterbleiben, soweit die übernehmende Gesellschaft eigene Anteile innehat (§ 54 Abs. 1 Satz 2 Nr. 1 UmwG), da die Anteilsgewährpflicht an die Anteilsinhaber des übertragenden Rechtsträgers in diesem Fall auch mit den eigenen Anteilen erfüllt werden kann. Weitergehend kann nach § 54 Abs. 1 Satz 2 Nr. 2 UmwG eine Kapitalerhöhung unterbleiben, wenn ein übertragender Rechtsträger Geschäftsanteile des übernehmenden Rechtsträgers hält (Downstream-Verschmelzung), auf welche die Einlagen bereits in voller Höhe bewirkt sind. In diesem Fall kann die Anteilsgewährpflicht an die Anteilsinhaber der übertragenden Mutter-Gesellschaft mit den von dem übertragenden Rechtsträger gehaltenen Anteilen erfüllt werden, wobei der Übergang der Anteile von der Mutter-Gesellschaft auf deren Gesellschafter von Gesetzes wegen nach § 20 Abs. 1 Nr. 3 Satz 1 UmwG, d.h. automatisch ohne Durchgangserwerb bei der Tochter-Gesellschaft erfolgt.
- Schließlich besteht nach § 54 Abs. 1 Satz 3 UmwG die Möglichkeit, dass sämtliche Anteilsinhaber des übertragenden Rechtsträgers **auf eine Anteilsgewährung verzichten**. Auch in diesem Fall ist eine Kapitalerhöhung entbehrlich (hierzu bereits Rn. 10).

2. GmbH auf AG zur Aufnahme

65 Bei der Verschmelzung einer GmbH auf eine AG oder KGaA sind ergänzend die hier nicht in allen Einzelheiten zu behandelnden Sonderregeln für die Verschmelzung unter Beteiligung einer AG in den §§ 60 bis 72 UmwG zu berücksichtigen.[102]

Insbesondere zu beachten sind dabei die Spezialregelungen zur Bekanntmachung des Verschmelzungsvertrags (§ 61 UmwG) sowie zur Vorbereitung (§ 63 UmwG) und Durchführung (§ 64 UmwG) der Hauptversammlung der übernehmenden AG.

Befinden sich mindestens 90 % des Stammkapitals der übertragenden GmbH in der Hand der übernehmenden AG, ist ein Verschmelzungsbeschluss bei der übernehmenden AG ausnahmsweise entbehrlich (§ 62 Abs. 1 UmwG). Allerdings gilt dies nur, wenn nach ordnungsgemäßer Information der Aktionäre über den Verschmelzungsvorgang (§ 62 Abs. 3 UmwG) kein Verlangen von Aktionären mit insgesamt mindestens 5 % des Grundkapitals auf Einberufung einer Hauptversammlung gestellt wird (§ 62 Abs. 2 UmwG). Ist die übernehmende Aktiengesellschaft alleinige Gesellschafterin der übertragenden Kapitalgesellschaft, entfällt gemäß § 62 Abs. 4 Satz 1 UmwG darüber hinaus das Erfordernis eines Beschlusses bei der übertragenden Kapitalgesellschaft. Bei der Verschmelzung einer Tochter-Kapitalgesellschaft auf ihre Mutter-Aktiengesellschaft oder KGaA entfällt somit das Beschlusserfordernis bei allen beteiligten Gesellschaften. Die Verschmelzung wird zur reinen Geschäftsführungsmaßnahme.[103]

3. GmbH & Co. KG auf GmbH zur Aufnahme

66 Bei dieser häufigen Konstellation stellt sich insbesondere die Frage, was im Hinblick auf das Dogma der **Anteilsgewährpflicht** betreffend die Komplementär-GmbH der übertragenden Gesellschaft zu beachten ist, nachdem diese regelmäßig nicht am Vermögen der KG beteiligt sein wird und

102 Vgl. ausf. MüHdb-GesR-III/*Mayer*, § 73 Rn. 263 bis 290. Zur Verschmelzung unter Beteiligung von Aktiengesellschaften vgl. ferner *Weiler*, in: Notarhandbuch Gesellschafts- und Unternehmensrecht, § 22, Rn. 201 ff.

103 Hierzu *Ising*, NZG 2011, 1368; *Leitzen*, DNotZ 2011, 526, 528 ff.; *Neye/Jäckel*, AG 2010, 237, 239 f.; *Simon/Merkelbach*, DB 2011, 1317, 1319 f.

auch keine Anteile an der entstehenden GmbH erhalten soll. Wie bereits ausgeführt ist nach §§ 2, 20 Abs. 1 Nr. 3 Satz 1 UmwG grundsätzlich jedem Gesellschafter der übertragenden Kommanditgesellschaft ein Anteil am übernehmenden Rechtsträger zu gewähren (ausführlich Rn. 7 ff.). Dementsprechend muss auch der Komplementärin ein Anteil zugewiesen werden, selbst wenn eine Beteiligung an der aufnehmenden GmbH nicht angestrebt ist. Gelöst wird dieses Problem durch eine Vereinbarung im Verschmelzungsvertrag dergestalt, dass die Komplementär-GmbH den ihr gewährten „Mini-Anteil" (welcher aufgrund der Neufassung von § 5 Abs. 2 Satz 1 GmbHG lediglich 1 EUR betragen muss) nur treuhänderisch für einen näher bezeichneten anderen Gesellschafter der übertragenden Kommanditgesellschaft hält. Dieser künftige Geschäftsanteil wird dann im Rahmen der Verschmelzung – aufschiebend bedingt auf deren Wirksamwerden – unter ausdrücklicher Aufhebung des vereinbarten Treuhandverhältnisses auf den Treugeber übertragen.[104]

Diese komplizierte Struktur ließe sich zivilrechtlich zwar durch einen Verzicht auf die Anteilsgewährung durch alle Anteilseigner der übertragenden KG gem. § 54 Abs. 1 Satz 3 UmwG vermeiden[105]; aus **steuerlicher Sicht** muss dabei allerdings beachtet werden, dass bei der Verschmelzung einer Personenhandelsgesellschaft auf eine Kapitalgesellschaft nach § 20 Abs. 1 UmwStG eine Buchwertfortführung nur möglich ist, wenn alle Gesellschafter der übertragenden Personenhandelsgesellschaft (und damit auch eine persönlich haftende GmbH) neue Anteile an der aufnehmenden Kapitalgesellschaft erhalten. **67**

Einen schlichten Austritt der Komplementär-GmbH im Augenblick der Verschmelzung sieht das UmwG im Übrigen nicht vor. Obschon der BGH[106] für einen Formwechsel Aktiengesellschaft in GmbH & Co. KG in einem obiter dictum geäußert hat, dass die Komplementär-GmbH in dieser Konstellation abweichend vom Grundsatz der Identität der Anteilseigner im Augenblick des Formwechsels der Gesellschaft beitreten kann, kann diese Entscheidung nicht ohne weiteres auf den Beitritt im Rahmen einer Verschmelzung oder Spaltung und erst recht nicht auf den Austritt von Gesellschaftern im Rahmen von Verschmelzungen, Spaltungen oder Formwechseln übertragen werden.

4. GmbH auf Personenhandelsgesellschaft zur Aufnahme

Für die übertragende GmbH gelten hier die in Rn. 64 erläuterten Grundsätze. Hinsichtlich der aufnehmenden Personenhandelsgesellschaft ist insbesondere Folgendes zu beachten: **68**

- Sind Gesellschafter der GmbH bereits an der übernehmenden Personenhandelsgesellschaft beteiligt, dürfen ihnen keine weiteren Anteile gewährt werden, sondern die bestehenden Anteile sind aufzustocken (**Verbot der Mehrfachbeteiligung** an Personengesellschaften, hierzu bereits Fn. 35).
- Nach § 40 UmwG muss der Verschmelzungsvertrag die **künftige Stellung der** bisher nicht persönlich haftenden **GmbH-Gesellschafter** als persönlich haftende Gesellschafter oder als Kommanditisten sowie die Festsetzung der Höhe der Einlage jedes Gesellschafters bestimmen.
- Da es sich um eine Mischverschmelzung handelt, ist gem. § 29 Abs. 1 Satz 1 Alt. 1 UmwG ein **Barabfindungsangebot** erforderlich, sofern nicht alle Gesellschafter der übertragenden GmbH hierauf verzichten (vgl. hierzu schon Rn. 25).
- Ein **Verschmelzungsbericht** ist für die aufnehmende Personenhandelsgesellschaft nicht erforderlich, wenn alle Gesellschafter dieser Gesellschaft zur Geschäftsführung berechtigt sind (§ 41 UmwG).

104 Näher Widmann/Mayer/*Mayer*, § 5 UmwG Rn. 24.7.
105 Zu beachten ist, dass auf den umgekehrten Fall der Verschmelzung einer GmbH auf eine Personengesellschaft die Verzichtsmöglichkeit schon deshalb nicht besteht, weil § 54 UmwG aufgrund seiner systematischen Stellung nur auf GmbHs als übernehmende Rechtsträger Anwendung findet, vgl. *Mayer/Weiler*, DB 2007, 1235, 1238 f.
106 BGH NZG 2005, 722, 723. Ausf. zu dieser Entscheidung unten, Rn. 79.

- Allen bei der aufnehmenden Personenhandelsgesellschaft von der Geschäftsführung ausgeschlossen Gesellschaftern sind der Verschmelzungsvertrag oder sein Entwurf sowie der Verschmelzungsbericht spätestens zusammen mit der **Einberufung** der Gesellschafterversammlung, die über die Zustimmung zu der Verschmelzung entscheidet, zu übersenden (§ 42 UmwG).
- Eine **Verschmelzungsprüfung** hat bei der aufnehmenden Gesellschaft stattzufinden, wenn ein Gesellschafter dies innerhalb einer Woche verlangt, nachdem er die in § 42 UmwG genannten Unterlagen erhalten hat (§ 44 Satz 1 i.V.m. § 43 Abs. 2 UmwG).
- Der **Zustimmungsbeschluss** bei der aufnehmenden Personenhandelsgesellschaft bedarf gem. § 43 Abs. 1 UmwG der Zustimmung aller anwesenden Gesellschafter. Ferner müssen ihm auch alle nicht erschienenen Gesellschafter zustimmen. Abweichend hiervon lässt § 43 Abs. 2 UmwG gesellschaftsvertragliche Mehrheitsklauseln zu, soweit sie auf eine Mehrheit von mindestens 75 % abstellen.[107]

5. Verschmelzung zur Neugründung einer GmbH

69 Auf die Verschmelzung zur Neugründung einer GmbH sind gem. §§ 36, 56 UmwG die §§ 46 bis 55 UmwG mit einigen Ausnahmen (§§ 51, 52 Abs. 1, 53, 54 Abs. 1 bis 3 sowie 55 UmwG) entsprechend anwendbar. § 36 Abs. 2 Satz 1 UmwG erklärt darüber hinaus die Gründungsvorschriften des GmbHG für anwendbar. Ein Sachgründungsbericht entfällt jedoch, wenn eine Kapitalgesellschaft übertragender Rechtsträger ist, da das jeweilige Organisationsrecht die Kapitalsicherung hinreichend gewährleistet (§ 58 Abs. 2 UmwG).

Nach § 37 UmwG muss der Gesellschaftsvertrag der neu zu gründenden Gesellschaft Bestandteil des Verschmelzungsvertrages sein. Zu beachten ist, dass gem. § 57 UmwG in die Satzung die Festsetzungen über Sondervorteile, Gründungsaufwand, Sacheinlagen und Sachübernahmen aufzunehmen sind, die in den Gesellschaftsverträgen, Partnerschaftsverträgen, Satzungen oder Statuten der übertragenden Rechtsträger enthalten waren und hinsichtlich derer die Beibehaltungsfristen noch nicht abgelaufen sind.[108] Ist aber ein Sachgründungsbericht erforderlich, sind auch Geschäftsverlauf und Lage der übertragenden Rechtsträger darzulegen (§ 58 Abs. 1 UmwG).

Wirksam wird der Gesellschaftsvertrag gem. § 59 UmwG erst, wenn ihm die Anteilsinhaber aller übertragenden GmbHs durch Beschluss zustimmen. Dies gilt entsprechend für die Bestellung der von den Anteilsinhabern zu wählenden Mitglieder eines etwaigen Aufsichtsrats der neuen Gesellschaft.

6. GmbH auf Alleingesellschafter

70 Nach den §§ 120 ff. UmwG kann das Vermögen einer GmbH oder einer anderen Kapitalgesellschaft auf deren Alleingesellschafter verschmolzen werden, sofern eine andere Verschmelzungsart nicht möglich ist. Die §§ 120 bis 122 UmwG setzen zwar nicht dem Wortlaut, aber nach der Gesetzesbegründung voraus, dass es sich bei dem Alleingesellschafter um eine natürliche Person handelt.[109]

Grundsätzlich muss sich der noch nicht im Handelsregister eingetragene Alleingesellschafter zuvor eintragen lassen. Wie vom BGH[110] entschieden und vom Gesetzgeber in § 122 Abs. 2 UmwG klargestellt, kann die Verschmelzung allerdings auch dann durchgeführt werden, wenn eine Eintragung des Alleingesellschafters nicht möglich ist, z.B. weil es sich um einen Freiberufler handelt. Er muss also nicht unternehmerisch oder kaufmännisch tätig sein.

107 Vgl. dazu auch Widmann/Mayer/*Mayer*, § 43 Rn. 111 ff.
108 Zu den Beibehaltungsfristen vgl. BeckNotarHdb/D. *Mayer/Weiler*, Kap. D.I. Rn. 76, 89.
109 Vgl. RegBegr. zu § 120 UmwG, BR-Drucks. 75/94, abgedruckt in: Widmann/Mayer, Bd. 1, Begr. UmwG 95.
110 BGH ZIP 1998, 1225.

7. Verschmelzung unter Beteiligung einer Unternehmergesellschaft (haftungsbeschränkt)

Grundsätzlich ist die haftungsbeschränkte Unternehmergesellschaft (UG) als Unterform der GmbH gemäß § 3 Abs. 1 Nr. 2 UmwG verschmelzungsfähiger Rechtträger. Allerdings ergeben sich aufgrund der Sonderregelungen des § 5a GmbHG im Vergleich zur GmbH zahlreiche Einschränkungen.[111] Während für die Verschmelzung einer UG als übertragender Rechtsträger grundsätzlich keine Beschränkungen im Vergleich zu einer vollwertigen GmbH bestehen, kann eine UG nicht als neuer Rechtsträger aus einer Verschmelzung zur Neugründung hervorgehen, da es sich hierbei um eine Sachgründung handeln würde, die nach § 5a Abs. 2 Satz 2 GmbHG bei der UG ausdrücklich ausgeschlossen ist.[112] **70a**

Auch als übernehmender Rechtsträger kann die UG grundsätzlich nicht an einer Verschmelzung zur Aufnahme beteiligt sein, wenn eine Kapitalerhöhung erforderlich ist. Jede Kapitalerhöhung bei einer übernehmenden Gesellschaft zur Schaffung der den Gesellschaftern des übertragenden Rechtsträgers aufgrund der in § 20 Abs. 1 Nr. 3 Satz 1 UmwG niedergelegten Anteilsgewährpflicht zu gewährenden Geschäftsanteile ist nämlich zwingend Sachkapitalerhöhung. Etwas anderes gilt nur, wenn durch die umwandlungsbedingte Sachkapitalerhöhung ein Stammkapital von 25.000 EUR erreicht wird, da das Verbot gemäß § 5a Abs. 5 GmbHG nach Ansicht des BGH[113] schon auf die Kapitalerhöhung auf mindestens 25.000 EUR keine Anwendung mehr findet.[114] Findet die Verschmelzung aus einem der in § 54 UmwG genannten Gründe ohne eine Kapitalerhöhung statt, kommt das Verbot von Sacheinlagen gemäß § 5a Abs. 2 Satz 2 GmbHG ohnehin nicht zum Tragen.

II. Spaltung

1. Besondere Vorschriften für Spaltungen unter GmbH-Beteiligung

In wesentlichen Teilen verweist das Spaltungsrecht auf die Vorschriften zur Verschmelzung (vgl. § 125 UmwG). Insoweit gilt das soeben Geschilderte entsprechend. Daneben sind die §§ 123 bis 137 UmwG als allgemeine Vorschriften über die Spaltung zu beachten. Für Spaltungen unter GmbH-Beteiligung bestehen darüber hinaus mit §§ 138 bis 140 UmwG lediglich **drei Sondervorschriften**.[115] **71**

§ 138 UmwG ordnet an, dass ein **Sachgründungsbericht** gem. § 5 Abs. 4 GmbHG stets erforderlich ist. Unausgesprochen bleibt, dass dies natürlich nur bei Spaltungen zur Neugründung gilt. Das Erfordernis eines Sachgründungsberichts ergibt sich im Grunde schon aus § 135 Abs. 2 UmwG. § 138 UmwG beinhaltet insofern lediglich eine Klarstellung, dass § 58 Abs. 2 UmwG bei der Spaltung nicht anwendbar ist. **72**

Hintergrund von **§ 139 UmwG** ist die **Vermeidung einer Unterbilanz** bei einer übertragenden GmbH im Zuge einer Abspaltung oder Ausgliederung (vgl. § 30 Abs. 1 GmbHG).[116] Diese verliert im Zuge einer Spaltung Vermögen, weshalb sichergestellt sein muss, dass das Restvermögen den Nennbetrag des Stammkapitals noch deckt. Notfalls ist eine (vereinfachte) Kapitalherabsetzung durchzuführen (näher § 58a Rn. 1 ff.), wobei die Spaltung erst nach deren Wirksamwerden eingetragen werden darf. In der Registeranmeldung einer Abspaltung oder Ausgliederung bei einer übertragenden GmbH haben dementsprechend deren (= alle) Geschäftsführer gem. **§ 140 UmwG** zu **versichern**, dass die durch Gesetz und Satzung vorgesehenen Voraussetzungen für die Gründung im Zeitpunkt der Anmeldung vorliegen, d.h. insbesondere der Nennbetrag der Stammeinlagen durch das (verbliebene) Reinvermögen gedeckt ist. **73**

---

111 Näher zum Ganzen BeckNotarHdb/*D. Mayer/Weiler*, Kap. D.I. Rn. 98; *Tettinger*, Der Konzern 2008, 75; *Meister*, NZG 2008, 767.

112 Vgl. zur wertungsmäßig identischen Konstellation einer Neugründung durch Abspaltung BGH DB 2011, 1263.

113 BGH DB 2011, 1216.

114 Siehe zum Ganzen nur *Römermann*, NZG 2010, 175 m. zahlr. Nachw. sowie Michalski/*Miras*, § 5a GmbHG Rn. 37, *Wicke*, § 5a GmbHG Rn. 14 und Roth/Altmeppen/*Roth*, § 5a GmbHG Rn. 26.

115 Sind an der konkreten Spaltungsmaßnahme Gesellschaften anderer Rechtsform beteiligt, müssen selbstverständlich auch die für diese jeweils anwendbaren Vorschriften beachtet werden.

116 Bei der Aufspaltung verschwindet der übertragende Rechtsträger, sodass sich dieses Problem nicht stellt.

2. Ausgliederung vom Einzelkaufmann auf GmbH

74 Eine äußerst praxisrelevante Umwandlungsmaßnahme stellt die Ausgliederung des von einem Einzelkaufmann betriebenen Unternehmens auf eine GmbH zur Aufnahme oder zur Neugründung nach §§ 152 ff. UmwG dar.[117] Sie ist die klassische Alternativgestaltung zu der Übertragung der einzelnen Vermögensgegenstände durch Einbringung, welche im Regelfall wegen § 20 Abs. 1 UmwStG im Wege der Sachgründung oder einer Sachkapitalerhöhung gegen Gewährung eines neuen Geschäftsanteils erfolgt, da sonst eine Buchwertfortführung ausscheidet.[118]

Vergleicht man die beiden Gestaltungsalternativen, so ist sowohl bei der Einzelübertragung der Vermögensgegenstände als auch bei der Ausgliederung das sachenrechtliche Bestimmtheitsgebot zu wahren, denn auch bei Spaltungen nach dem UmwG müssen die zu übertragenden Vermögensgegenstände genau bezeichnet sein (§ 126 Abs. 1 Nr. 9 UmwG). Vorteile gegenüber der Einzelrechtsübertragung bietet insbesondere die umwandlungsrechtliche Gesamtrechtsnachfolge (§ 131 Abs. 1 Satz 1 UmwG), da bei der Ausgliederung keinerlei Zustimmungen von Gläubigern oder Vertragspartnern zur Überleitung von Verbindlichkeiten oder ganzen Vertragsverhältnissen gem. § 415 BGB erforderlich sind. Allerdings haftet der Kaufmann den Gläubigern – in Ermangelung einer Zustimmung ihrerseits – noch für die Dauer von fünf Jahren ab Bekanntmachung der Eintragung der Spaltung in das Handelsregister neben dem übernehmenden Rechtsträger für die übertragenen Verbindlichkeiten (§ 157 UmwG). Daneben können Gläubiger Sicherheitsleistung verlangen wenn sie glaubhaft machen, dass durch die Spaltung die Erfüllung ihrer Forderungen gefährdet wird (§ 22 UmwG, siehe Rn. 29).

3. Spaltung unter Beteiligung einer Unternehmergesellschaft (haftungsbeschränkt)

74a Zur haftungsbeschränkten Unternehmergesellschaft als aufnehmendem Rechtsträger einer Spaltung gilt das zur Verschmelzung Gesagte entsprechend. Die UG kann nur dann aufnehmender Rechtsträger im Rahmen eines Spaltungsvorgangs sein, wenn entweder eine Kapitalerhöhung nicht erforderlich ist oder ihr Kapital auf mindestens 25.000 EUR erhöht wird.[119] Bei der Aufspaltung überträgt ein Rechtsträger sein ganzes Vermögen unter Auflösung ohne Abwicklung und gegen Gewähren von Anteilen gleichzeitig auf mindestens zwei übernehmende oder neu zu gründende Rechtsträger (§ 123 Abs. 1 UmwG). Da der übertragende Rechtsträger in diesem Fall aufgelöst wird, ergeben sich bei der UG keine Unterschiede im Vergleich zur GmbH.

Soll die UG als übertragender Rechtsträger an einer Abspaltung und Ausgliederung teilnehmen, ist zu beachten, dass für die UG als Unterform der GmbH die §§ 138 ff. UmwG als Sondervorschriften für die Spaltung unter Beteiligung von Gesellschaften mit beschränkter Haftung gelten. Zur Vermeidung einer Unterbilanz und damit zum Schutz der Gläubiger des übertragenden Rechtsträgers ist in diesen Fällen eine Kapitalherabsetzung erforderlich. Als problematisch erweist sich in diesem Zusammenhang, dass im Rahmen einer Kapitalherabsetzung gemäß § 58 Abs. 2 Satz 1 GmbHG das Mindeststammkapital des § 5 Abs. 1 GmbHG in Höhe von 25.000 EUR zwingend zu wahren ist. Da die UG dieses Mindeststammkapital jedoch nicht aufweist, kann sie keine Kapitalherabsetzung vornehmen.[120] Ist daher mit der Abspaltung oder Ausgliederung zur Vermeidung einer Unterbilanz zwingend eine Kapitalherabsetzung verbunden, so ist eine Beteiligung der UG als übertragender Rechtsträger nicht möglich. Ist hingegen keine Kapitalherabsetzung erforderlich, kann die UG ohne Weiteres als übertragender Rechtsträger an einer Abspaltung oder Ausgliederung beteiligt sein.

117 Zum Ganzen *Kadel*, BWNotZ 2010, 46; *Perwein*, GmbHR 2007, 1214.
118 Umfassend zur Einbringung außerhalb des UmwG mit zahlreichen Mustern: Widmann/Mayer/*Mayer*, Bd. 8, Anh. 5.
119 Vgl. BGH ZIP 2011, 955 = DB 2011, 1216.
120 Etwas anders gilt, wenn die UG durch Erhöhung ihres Kapitals auf über EUR 25.000,- bereits zur GmbH „erstarkt" ist, gemäß § 5 a Abs. 5 Hs. 2 GmbHG aber weiter die Bezeichnung „UG" führt. Hier handelt es sich entgegen dem äußeren Anschein um eine vollwertige GmbH, bei der das Stammkapital (unter Beachtung des Mindeststammkapitals von EUR 25.000,-) herabgesetzt werden kann.

Bezüglich einer Spaltung auf eine haftungsbeschränkte Unternehmergesellschaft als neuem, aus der Spaltung hervorgehendem Rechtsträger gilt dasselbe wie im Rahmen der Verschmelzung zur Neugründung. Auch bei der Spaltung zur Neugründung handelt es sich um eine Sachgründung. Über den Verweis in § 135 Abs. 2 Satz 1 UmwG sind insofern die Gründungsvorschriften des GmbH-Rechts zu beachten. Somit gilt auch bei der Spaltung zur Neugründung einer UG das Sacheinlagenverbot gemäß § 5 a Abs. 2 Satz 2 GmbH. Eine Spaltung zur Neugründung einer UG ist daher nicht möglich. Dies hat der BGH mit Beschluss vom 11.04.2011 für den Fall einer Abspaltung bestätigt.[121]

III. Formwechsel

1. GmbH & Co. KG in GmbH

Im Hinblick auf die seit der Unternehmenssteuerreform 2008 gesunkenen Körperschaftssteuersätze hat der Weg aus der Personenunternehmung in die GmbH an Attraktivität und Praxisrelevanz gewonnen. Neben den allgemeinen Regelungen zum Formwechsel in §§ 190 bis 213 UmwG und den gem. § 197 UmwG anwendbaren (Sach-)Gründungsvorschriften der GmbH sind hier die §§ 214 ff. UmwG als Sonderregeln für den Formwechsel einer Personenhandelsgesellschaft anzuwenden. Zu erwähnen ist dabei insbesondere § 220 UmwG, der anordnet, dass der Nennbetrag des Stammkapitals der entstehenden GmbH das nach Abzug der Schulden verbleibende Vermögen der formwechselnden KG nicht übersteigen darf (Prinzip der Reinvermögensdeckung). Dadurch ist gewährleistet, dass es zu keiner Unterbilanz bei der neuen GmbH kommt. 75

Im Gesellschaftsvertrag der entstehenden GmbH ist im Hinblick auf § 5 Abs. 4 Satz 1 GmbHG i.V.m. § 197 UmwG anzugeben, dass das Stammkapital durch Formwechsel der GmbH & Co. KG (unter Angabe von Firma, Sitz und HRA-Nummer) erbracht wurde. Aus der Anwendbarkeit der Gründungsvorschriften wird weiter gefolgert, dass analog der Vorschrift des § 26 Abs. 2 AktG, der bei einer „normalen" GmbH-Gründung entsprechend anzuwenden ist,[122] der Formwechselaufwand als Gründungsaufwand für die Gesellschaft in der Satzung genannt werden muss. 76

2. GmbH in GmbH & Co. KG

Für den Formwechsel einer GmbH in eine Personengesellschaft sind ergänzend zu den allgemeinen Vorschriften die §§ 228 bis 237 UmwG anzuwenden, aus denen sich einige Besonderheiten ergeben. So stellt § 234 Nr. 3 UmwG bspw. klar, dass die für den Beschluss über den Formwechsel im Regelfall erforderliche Dreiviertelmehrheit des § 233 Abs. 2 UmwG auch für die Festlegung des Gesellschaftsvertrags der Personengesellschaft gilt, Grundsätzen der obgleich der Gesellschaftsvertrag im Bereich der Personengesellschaften sonst nur einstimmig gefasst und geändert werden kann (vgl. § 119 Abs. 1 HGB). Ferner wird abweichend von den allgemeinen Gesellschaftsvertrag einer durch Formwechsel entstehenden Personengesellschaft dem Formerfordernis der notariellen Beurkundung unterworfen. 77

Besondere Probleme bereitet beim Formwechsel GmbH in GmbH & Co. KG der **Grundsatz der Identität der Anteilseigner** (siehe Rn. 12), da die nicht am Ausgangsrechtsträger beteiligte Komplementär-GmbH am Zielrechtsträger beteiligt sein soll. In der Praxis wurde hier so verfahren, dass die Komplementär-GmbH bereits vor Durchführung des Formwechsels durch Übertragung eines „Mini-Geschäftsanteils" von z.B. 1 EUR an der formwechselnden Ausgangsgesellschaft beteiligt wurde. Da es zumeist unerwünscht war, dass die Komplementär-GmbH anschließend auch bei der GmbH & Co. KG einen entsprechenden festen Kapitalanteil erhält, wurde dieser Anteil der Komplementärin nur treuhänderisch übertragen, verbunden mit einer schon im Voraus vereinbarten, aufschiebend auf das Wirksamwerden des Formwechsels bedingten Rückabtretung (sog. **Treuhandmodell**). 78

121 BGH DB 2011, 1263 = ZIP 2011, 1054 = DNotZ 2012, 70 = EWiR 2011, 419 (*Priester*).
122 Vgl. BGH GmbHR 1989, 250.

79 Nachdem schon bisher zahlreiche Stimmen in der Literatur zur Vermeidung dieses gekünstelt wirkenden Modells den Grundsatz der Identität der Anteilseigner zur Disposition der Parteien stellen wollten[123], hat der BGH[124] mittlerweile eine wichtige Ausnahme von diesem Grundsatz anerkannt. In einem *obiter dictum* hat er beim Formwechsel einer Aktiengesellschaft in eine GmbH & Co. KG einen Betritt der Komplementär-Kapitalgesellschaft im Zuge des Formwechsels zugelassen. Auch wenn einige Registergerichte annehmen, dass diese Entscheidung aufgrund der Beurkundungsbedürftigkeit von GmbH-Anteilsabtretungen nur für eine Aktiengesellschaft & Co. gelten kann, geht die überwiegende Praxis davon aus, dass sich das Treuhandmodell auch für den Formwechsel in die GmbH & Co. KG erledigt haben dürfte. Nichtsdestotrotz empfiehlt es sich dringend, dieses Vorgehen im Vorhinein mit den zuständigen Registergerichten abzustimmen. Ob sich diese Ansätze des BGH auch auf den Fall des Austritts von persönlich haftenden Gesellschaftern übertragen lassen, ist zweifelhaft. Aus Sicherheitsgründen sollte dieser Weg daher vorerst nicht gewählt werden.

3. GmbH in AG

80 Diese Variante des Formwechsels wird in vielen Fällen in der Vorbereitung eines Börsenganges genutzt. Neben den allgemeinen Vorschriften über den Formwechsel gelten hier §§ 226 f. UmwG für den Formwechsel von Kapitalgesellschaften sowie §§ 238 ff. UmwG speziell für den Formwechsel einer Kapitalgesellschaft in eine Kapitalgesellschaft anderer Rechtsform.

81 Neben dem grundsätzlichen Erfordernis der Einhaltung der Gründungsvorschriften der AG (vgl. § 197 UmwG) sind vor allem **folgende Besonderheiten** zu beachten:

- Festsetzungen über Sondervorteile, Gründungsaufwand, Sacheinlagen und Sachübernahmen, die in der Satzung der formwechselnden Gesellschaft enthalten sind, müssen in die Satzung der AG übernommen werden, sofern deren Streichung nach GmbH-Regeln noch nicht in Betracht kommt (§ 243 Abs. 1 Satz 2 UmwG). Daneben ist der Formwechselaufwand anzugeben (siehe soeben, Rn. 76).
- In der AG-Satzung ist weiterhin anzugeben, dass das Grundkapital durch Formwechsel der GmbH (unter Angabe von Firma, Sitz und HRB-Nummer) erbracht wurde (§ 27 Abs. 1 Satz 1 AktG i.V.m. § 197 UmwG).
- Die den einzelnen Gesellschaftern gewährten Aktien müssen nicht mit ihren Geschäftsanteilen bei der Ausgangs-GmbH übereinstimmen (§ 243 Abs. 3 Satz 1 UmwG).
- Es gilt auch hier das Prinzip der Reinvermögensdeckung; § 220 UmwG ist gem. § 245 Abs. 1 Satz 2 UmwG entsprechend anzuwenden.
- Die Nachgründungsvorschriften des § 52 AktG sind auf die entstehende AG nicht anzuwenden, wenn die GmbH vor dem Wirksamwerden des Formwechsels bereits länger als zwei Jahre in das Register eingetragen war (§ 245 Abs. 1 Satz 3 UmwG).
- Anders als beim Formwechsel AG in GmbH (vgl. § 245 Abs. 4 UmwG) ist ein Sachgründungsbericht nach allgemeinen Grundsätzen (§ 197 UmwG) erforderlich.
- Die Anmeldung erfolgt durch die Geschäftsführer der GmbH in vertretungsberechtigter Zahl (§ 246 Abs. 1 UmwG). Eine Versicherung nach § 37 Abs. 1 AktG ist nicht erforderlich (§ 246 Abs. 3 UmwG).

4. Formwechsel unter Beteiligung einer Unternehmergesellschaft (haftungsbeschränkt)

81a Die haftungsbeschränkte Unternehmergesellschaft (UG) steht als **Zielrechtsträger** eines Formwechsels nicht zur Verfügung, da sich der Formwechsel im Lichte des in § 197 UmwG enthaltenen Verweises auf die Gründungsvorschriften der neuen Rechtsform als Sachgründung darstellt, welche bei der UG nach § 5a Abs. 2 Satz 2 GmbHG ausdrücklich ausgeschlossen ist. **Ausgangs-**

123 Vgl. nur *Priester*, DB 1997, 560, 562 ff. m.w.N.
124 BGH NZG 2005, 722 = DStR 2005, 1539 ff.

rechtsträger eines Formwechsels kann die UG als Kapitalgesellschaft und Unterform der GmbH gemäß § 191 Abs. 1 Nr. 2 UmwG jedoch sein.

D. Kosten

I. Beurkundungskosten

Die Kosten notarieller Beurkundungen und Beglaubigungen im Zusammenhang mit Umwandlungsmaßnahmen richten sich nach dem **Geschäftswert** der konkreten Maßnahme (vgl. § 39 KostO). Dieser bestimmt sich bei Umwandlungen in aller Regel nach dem in der Umwandlungsbilanz ausgewiesenen Aktivvermögen des übertragenden Rechtsträgers (im Fall der Verschmelzung oder des Formwechsels) bzw. dem übergehenden Aktivvermögen (im Falle der Spaltung), und zwar gem. § 18 Abs. 3 KostO grds. ohne Schuldenabzug.[125] Verlustvorträge auf der Aktivseite sind jedoch ebenso in Abzug zu bringen wie ein ggf. vorhandener nicht durch Eigenkapital gedeckter Fehlbetrag gem. § 268 Abs. 3 HGB.[126] **82**

Für den rechtsgeschäftlichen Teil der Umwandlung fällt nach § 36 Abs. 2 KostO eine 20/10-Gebühr hieraus an, wenn es sich um einen **Vertrag** handelt. Demgegenüber ist bei Ausgliederung, Auf- oder Abspaltung zur Neugründung eine 10/10-Gebühr gem. § 36 Abs. 1 KostO geschuldet, da der Spaltungsplan lediglich eine einseitige rechtsgeschäftliche Erklärung darstellt.[127] Der **Höchstwert** für den Umwandlungsvertrag oder -plan beträgt 5 Mio. EUR (§ 39 Abs. 4 UmwG), was bei zweiseitigen Verträgen zu einer Gebühr von maximal 15.114 EUR netto führt (Umwandlungsplan: 7.557 EUR).[128] **83**

Notariell zu beurkundende **Verzichts- oder Zustimmungserklärungen** (z.B. gem. § 8 Abs. 3 UmwG im Hinblick auf den Umwandlungsbericht) sind als einseitige rechtsgeschäftliche Erklärungen nach § 36 Abs. 1 KostO zu bewerten. Bei Verschmelzung und Spaltung sind diese jedoch gegenstandsgleich i.S.v. § 44 Abs. 1 KostO mit dem Vertrag bzw. Plan, weshalb eine gesonderte Bewertung regelmäßig nicht in Betracht kommt. Eine Ausnahme besteht dann, wenn aus sachlichen Gründen eine gesonderte Beurkundung erfolgt. **84**

Jeder **Zustimmungsbeschluss** bei den beteiligten Rechtsträgern ist ebenso wie ein Formwechselbeschluss ein Beschluss mit bestimmtem Geldwert, wobei der Geschäftswert nach den in Rn. 82 genannten Grundsätzen zu bestimmen ist. Wird bei einem übernehmenden Rechtsträger das Kapital erhöht oder werden sonstige Beschlüsse gefasst, so sind diese hinzuzurechnen. Zu erheben ist eine 20/10-Gebühr, höchsten jedoch 5.000 EUR (§ 47 KostO). Werden mehrere Beschlüsse in einer Urkunde zusammengefasst, so sind diese gegenstandsgleich nach § 44 Abs. 1 KostO. Es fällt also nur eine 20/10-Gebühr aus dem Geschäftswert an. **85**

Für die **Registeranmeldungen** gilt, dass es sich bei Verschmelzung und Spaltung zur Aufnahme um Anmeldungen ohne bestimmten Geschäftswert handelt, sodass die § 41a Abs. 4 Nr. 1 bis 4 KostO eingreifen. Bei einer GmbH beträgt der Geschäftswert somit nach § 41a Abs. 4 Nr. 1 KostO ein Prozent des Stammkapitals, mindestens aber 25.000 EUR. Der Nennbetrag einer evtl. Kapitalerhöhung ist diesem Wert hinzuzurechnen. Bei einem neu entstehenden Rechtsträger, sei es durch Verschmelzung bzw. durch Spaltung zur Neugründung oder durch Formwechsel, ist Geschäftswert gem. § 41a Abs. 1 Nr. 1 KostO das einzutragende Grund- bzw. Stammkapital. Nach § 38 Abs. 2 Nr. 7 KostO fällt eine 5/10-Gebühr an. **86**

125 BayObLG, GmbHR 1999, 720; OLG Karlsruhe, ZNotP 2002, 121.

126 Korintenberg/*Bengel*/*Tiedtke*, § 39 KostO Rn. 60.

127 Zu beachten ist in diesem Zusammenhang, dass es sich bei einer Ausgliederung aus dem Vermögen eines Einzelkaufmanns auf eine schon existierende GmbH selbst dann um einen Vertrag handelt, wenn der Einzelkaufmann alleiniger Gesellschafter der GmbH ist, OLG Zweibrücken, MittBayNot 1999, 402.

128 Zur Frage, unter welchen Umständen bei mehreren Verschmelzungen von einem einheitlichen Vorgang auszugehen ist mit der Folge, dass der Höchstwert nur einmal zum Ansatz kommt, vgl. *Tiedtke*, ZNotP 2001, 226; OLG Hamm, MittBayNot 2004, 68.

87 Von kostenrechtlicher Relevanz sind schließlich Anträge **Grundbuchberichtigung**. Aufgrund der umwandlungsrechtlichen Gesamtrechtsnachfolge (vgl. Rn. 19) geht der Grundbesitz automatisch auf den übernehmenden Rechtsträger über, sodass das Grundbuch nicht mehr korrekt ist und berichtigt werden muss. Gleiches gilt beim Formwechsel, wenn der formwechselnde Rechtsträger in neuer Rechtsform fortbesteht. Bei Mitbeurkundung des Berichtigungsantrags im Rahmen eines Umwandlungsvertrags oder -plans liegt Gegenstandsgleichheit vor (§ 44 KostO). Eine zusätzliche Bewertung kommt nur in Betracht, wenn der Antrag aus sachlichen Gründen getrennt gestellt wird, z.B. weil bei Beurkundung des Umwandlungsvertrags der übergehende Grundbesitz noch nicht endgültig feststeht. Beim Formwechsel ist der Antrag stets zu bewerten, da § 44 KostO beim Aufeinandertreffen von Beschluss und Berichtigungsantrag keine Anwendung findet. Wegen der Wahrung der Identität des Rechtsträgers ist hier die Annahme eines Geschäftswerts von 10 bis 20 % des Werts des Grundbesitzes angemessen.[129] Bei allen anderen Umwandlungsmaßnahmen ist Geschäftswert der volle Wert des Grundbesitzes. Die nach § 38 Abs. 2 Nr. 5a KostO anfallende Gebühr beträgt 5/10.

II. Sonstige Kosten

88 Die **Gerichtskosten** sind im Umwandlungs- wie auch im sonstigen Gesellschaftsrecht nach der Handelsregistergebührenverordnung (HRegGebV) nicht geschäftswertabhängig. Nach dem § 1 HRegGebV als Anlage beigefügten Gebührenverzeichnis fallen für die Eintragung einer Umwandlung im Handelsregister A (Personengesellschaften und Einzelkaufleute) pro Rechtsträger grundsätzlich[130] zwischen 150 EUR (Ersteintragung Einzelkaufmann aufgrund Umwandlung) und 180 EUR (Ersteintragung Gesellschaft aufgrund Umwandlung oder spätere Eintragung) an. Die Gebühren für Eintragungen von Umwandlungen im Handelsregister B (Kapitalgesellschaften) liegen bei 240 EUR für eine spätere Eintragung, 260 EUR für die Ersteintragung einer GmbH aufgrund Umwandlung und 660 EUR für die Ersteintragung einer Aktiengesellschaft oder KGaA aufgrund Umwandlung. Eintragungen im Genossenschaftsregister kosten zwischen 300 EUR und 360 EUR.

89 Daneben fallen Kosten für **sonstige Beratungstätigkeiten** an, insbesondere in steuerlicher Hinsicht. Hierzu gehören auch die Erstellung der Umwandlungsbilanz sowie – im Falle einer Kapitalerhöhung – die Kosten einer Werthaltigkeitsbescheinigung. Diese Kosten richten sich i.d.R. nach einer Gebührenvereinbarung mit dem Berater. Ansonsten gilt für die Steuerberatung die Steuerberatergebührenverordnung.

E. Grundlagen des Umwandlungsteuerrechts

I. Allgemeines

90 Nicht alle denkbaren Fälle der Umwandlung sind zugleich auch steuerlich relevant. Da in der Besteuerung zwischen den einzelnen Formen der Kapitalgesellschaft keine Unterschiede bestehen, löst beispielsweise der Formwechsel einer AG in eine GmbH für sich gesehen keine steuerlichen Folgen aus (möglicherweise aber die damit verbundenen Anteilsverschiebungen und Kapitalmaßnahmen). Gleiches gilt für die im Umwandlungsgesetz nicht erfassten Varianten der „identitätswahrenden Umformung" zwischen verschiedenen Formen der Personengesellschaft.[131] Steuerlich relevant sind dagegen stets Transaktionen, die zu einer Rechtsformänderung zwischen Personenunternehmen einerseits und Kapitalgesellschaften andererseits (z.B. „heterogene" Formwechsel) oder zu einem Vermögensübergang zwischen zwei oder mehr verschiedenen Rechtsträgern füh-

129 Vgl. Korintenberg/*Reimann*, § 30 KostO Rn. 35; vgl. auch BayObLG MittBayNot 1995, 325.
130 Bei der Ersteintragung einer Gesellschaft mit mehr als drei Gesellschaftern entstehen zusätzliche Kosten i. H. v. 70 EUR pro weiterem Gesellschafter, vgl. Gebührenverzeichnis, Ziff. 1104 f.
131 Schmitt/Hörtnagl/Stratz/*Schmitt*, § 24 UmwStG, Rn. 35. Steuerlich bedeutsam ist eine solche Umformung allerdings, wenn dadurch die gewerbliche Prägung einer Gesellschaft nach § 15 Abs. 1 Nr. 3 EStG entsteht oder verloren geht.

ren. Steuerlich werden hier auch bestimmte Fälle der Einzelrechtsnachfolge einbezogen (Sacheinlage, Anteilstausch, Einbringung), die vom UmwG nicht erfasst sind.

Unter bestimmten Voraussetzungen erlaubt das UmwStG, dass Umwandlungsvorgänge nicht zur Aufdeckung stiller Reserven führen und damit die wirtschaftlich sinnvolle und gesellschaftsrechtlich mögliche Umwandlung nicht unnötig steuerlich erschwert wird. Hingegen versucht der Gesetzgeber zu verhindern, dass stille Reserven im Vorfeld einer geplanten Veräußerung der „steuergünstigsten" Rechtsform zugewiesen werden oder die Versteuerung im Inland entstandener stiller Reserven dem Zugriff des deutschen Fiskus entzogen wird. **91**

Mit dem SEStEG vom 7.12.2006 hat der Gesetzgeber hier einen Paradigmenwechsel vollzogen. Die vollständige Aufdeckung der stillen Reserven im Umwandlungsfall ist nunmehr die Regel, während die Fortführung der Buchwerte durch umfassende Ausnahmetatbestände zugelassen wird.

Dies setzt in der Regel einen entsprechenden Antrag voraus, wobei der Gesetzgeber beabsichtigt, die Antragserfordernisse zu vereinheitlichen.[132]

Eine praktisch wichtige Erleichterung besteht darin, dass das UmwStG in vielen Fällen eine steuerliche Rückwirkung zum steuerlichen Übertragungsstichtag zulässt (§§ 2, 20 Abs. 6, 24 Abs. 4 Hs. 2 UmwStG). Dies betrifft auch Fälle des Formwechsels, in denen gesellschaftsrechtlich (mangels eines Rechtsträgerwechsels) kein Übertragungsstichtag existiert (§§ 9 Satz 3, 25 Satz 2 UmwStG). Diese Rückwirkung gilt jedoch nur für Ertragsteuern einschließlich der Gewerbesteuer, also insbesondere nicht für die Umsatzsteuer und die Erbschaftsteuer.[133] **92**

Dies ist in der praktischen Abwicklung einer Umwandlung häufig mit erheblichen Schwierigkeiten verbunden, weil es aus Gründen der Umsatzsteuer vom zivilrechtlichen Wirksamwerden der Umwandlungsmaßnahme (Handelsregistervollzug) abhängt, ab welchem Zeitpunkt die EDV-Systeme für Debitoren (Ausgangsrechnungen) und Kreditoren (Eingangsrechnungen) umzustellen sind.

Die Grundsystematik des UmwStG lässt sich – vereinfacht – folgendermaßen veranschaulichen:[134] **93**

Rechtsträger	Ziel: Kapitalgesellschaft (§§)	Ziel: Personenunternehmen (§§)
Ausgang: Kapitalgesellschaft	11–14 (Verschmelzung) 15 (Ab-/Aufspaltung) 19 (Gewerbesteuer) 20–23 (Sacheinlage, Ausgliederung)	3–8 (Verschmelzung) 16 (Ab-/Aufspaltung) 18 (Gewerbesteuer) 9 (Formwechsel) 24 (Einbringung, Ausgliederung)
Ausgang: Personenunternehmen	20–23 (Sacheinlage, Verschmelzung, Spaltung) 25 (Formwechsel)	24 (Einbringung, Verschmelzung, Spaltung u.a.)

132 BR-DrS 302/12, S. 98.
133 Rödder/Herlinghaus/van Lishaut/*van Lishaut*, § 2 UmwStG, Rn. 6 ff.
134 Vgl. im Einzelnen zum Anwendungsbereich § 1 Abs. 1 bis 4 UmwStG sowie die Übersichten in Tz. 01.08 ff. des BMF-Schreibens vom 11.11.2011, BStBl. I 2011, 1314.

> **!** Eine Umwandlung führt häufig zu komplizierten steuerlichen Fragestellungen, da stets drei Ebenen der Besteuerung im Auge behalten werden müssen:
>
> – die Besteuerung des übertragenden Rechtsträgers
>
> – die Besteuerung des übernehmenden Rechtsträgers
>
> – die Besteuerung der Anteilseigner
>
> Die nachfolgende Übersicht erfasst nur einige Grundfälle und ermöglicht auch dort allenfalls eine erste Orientierung. Dies ersetzt keinesfalls die detaillierte steuerliche Analyse im Einzelfall.
>
> Die nachfolgend dargestellten Möglichkeiten steuerneutraler Transaktionen gelten regelmäßig nur für reine Inlandssachverhalte.

II. Typische Gestaltungen

1. Verschmelzung zweier GmbHs

94 § 11 UmwStG lässt bei einer Verschmelzung zweier GmbHs die Fortführung der Buchwerte zu, soweit der Zugriff des deutschen Fiskus auf die stillen Reserven der übergehenden Wirtschaftsgüter gewährleistet bleibt und über die Gewährung von Geschäftsanteilen hinaus keine Gegenleistung (also insbesondere keine Aufzahlung) erbracht wird. In diesem Fall kann die übertragende GmbH wählen, ob sie die Aktiva in ihrer Schlussbilanz mit dem ertragsteuerlichen Buchwert,[135] dem gemeinen Wert oder einem Zwischenwert ansetzt.[136] Das Wahlrecht kann dabei nur einheitlich und für alle Wirtschaftsgüter gleichmäßig ausgeübt werden.[137]

> **!** Es bedarf hierzu eines Antrags, der spätestens mit erstmaliger Einreichung der Schlussbilanz beim Finanzamt durch die übertragende Gesellschaft zu stellen ist (§§ 3 Abs. 2 Satz 2, 11 Abs. 3 UmwStG).
>
> Üblicherweise werden die Gesellschaften im Verschmelzungsvertrag Vereinbarungen dazu treffen, wie die entsprechenden Wahlrechte auszuüben sind. Steuerlich bindend (auch für die übernehmende Gesellschaft) sind jedoch nur die Erklärungen der übertragenden Gesellschaft gegenüber der Finanzverwaltung.

Den sich ergebenden Buchgewinn (Übertragungsgewinn) hat die übertragende Gesellschaft als laufenden Gewinn zu versteuern, wobei insbesondere die dort bestehenden Verlustvorträge im Rahmen der Mindestbesteuerung (vgl. § 10d Abs. 2 EStG) noch genutzt werden können.

95 Die übernehmende GmbH muss die Buchwerte aus der Schlussbilanz in ihrer Steuerbilanz fortführen[138] und tritt auch sonst steuerlich in die Rechtsstellung der übertragenden Gesellschaft ein (§ 12 UmwStG). Bisher nicht genutzte Verlust- und Zinsvorträge der übertragenden Gesellschaft gehen hierbei jedoch verloren (§§ 12 Abs. 3, 4 Abs. 2 Satz 2 UmwStG).[139] Soweit die übernehmende Körperschaft an der übertragenden Körperschaft beteiligt war („upstream-merger"), entsteht ein Übernahmeergebnis, das nach § 12 Abs. 2 UmwStG außer Ansatz bleibt, also außerhalb der Bilanz

---

135 Definiert in § 1 Abs. 5 Nr. 4 UmwStG.

136 Für die Handelsbilanz besteht ein solches Wahlrecht nicht, vgl. § 17 Abs. 2 UmwG.

137 Schmitt/Hörtnagl/Stratz/*Schmitt*, § 11 UmwStG Rn. 30.

138 Das für die Handelsbilanz geltende Bewertungswahlrecht nach § 24 UmwG bleibt hiervon unberührt und hat keinen Einfluss auf die steuerliche Wahlrechtsausübung bei der übertragenden Gesellschaft; die früher diskutierte diagonale Maßgeblichkeit zwischen der Handelsbilanz der Übernehmerin und der Steuerbilanz der Übertragerin bzw. das Konzept der phasenverschobenen Wertaufholung in der Steuerbilanz der Übernehmerin wurden aufgegeben, vgl. Rödder/Herlinghaus/van Lishaut/*Rödder*, § 12 UmwStG Rn. 42 ff.

139 Nach geltendem Recht möglich ist jedoch die Verschmelzung auf einen Rechtsträger mit einem steuerlichen Verlustvortrag. Der Gesetzgeber plant hier, dass positive Einkünfte der übertragenden Gesellschaft im Rückwirkungszeitraum nicht mehr mit Verlusten der übernehmenden Gesellschaft verrechnet werden können, vgl. BR-DrS 302/12, S. 95 f.

für steuerliche Zwecke zu korrigieren ist.[140] Allerdings kommt es nach § 12 Abs. 2 Satz 2 UmwStG zur entsprechenden Anwendung des § 8b Abs. 3 KStG, was im Ergebnis zur Steuerpflicht in Höhe von 5 % des auf die Anteile der Übernehmerin entfallenden Übernahmegewinns führt.[141] Im praktischen Regelfall, z.B. bei postakquisitorischen Umstrukturierungen mit der Verschmelzung einer Ziel-GmbH auf eine Akquisitions-GmbH, kommt es jedoch zum Übernahmeverlust, der ebenfalls außer Ansatz bleibt, sodass die dem Veräußerer abgegoltenen stillen Reserven bzw. Firmenwerte nicht in steuerminderndes Abschreibungspotential des Erwerbers umgemünzt werden können.

Sofern das deutsche Besteuerungsrecht für Anteilsveräußerungsgewinne gewahrt bleibt, ist die Verschmelzung auch für die Gesellschafter der übertragenden Gesellschaft steuerlich neutral. Die ihnen gewährten Anteile an der übernehmenden Gesellschaft werden mit den ursprünglichen Anschaffungskosten bzw. Buchwerten der untergehenden Anteile fortgeführt. Ein in diesem Zusammenhang häufig übersehenes Problem ist die Übertragung steuerlich nachteiliger Merkmale (Beispiele: (Alt-)Einbringungsgeborenheit; Sperrbetragsbehaftung) von den untergehenden auf die neu gewährten Anteile.[142] Wird auf eine Anteilsgewährung verzichtet (z.B. nach § 54 Abs. 1 Satz 3 UmwG), kommt es zu einer „Infektion" der bereits bestehenden Anteile an der übernehmenden Gesellschaft. 96

! Auch bei einer konzerninternen Verschmelzung bedarf es einer Due Diligence der Anteile an der übertragenden Gesellschaft, um festzustellen, ob im Rahmen einer nicht wertentsprechenden Kapitalerhöhung (oder eines Verzichts auf die Kapitalerhöhung) steuerlich nachteilige Merkmale von den Anteilen an der übertragenden Gesellschaft auf die Anteile an der übernehmenden Gesellschaft überspringen.

2. Abspaltung zur Neugründung einer GmbH

Die Fortführung der Buchwerte der im Rahmen einer Abspaltung übergehenden Wirtschaftsgüter setzt neben den für die Verschmelzung bestehenden Anforderungen voraus, dass 97

- ein Teilbetrieb abgespalten wird,
- bei der übertragenden Gesellschaft ein Teilbetrieb verbleibt (§ 15 Abs. 1 Satz 2 UmwStG),
- durch die Spaltung keine Veräußerung an Außenstehende erfolgt oder die Voraussetzungen dafür geschaffen werden[143] und
- im Falle einer Trennung von Gesellschafterstämmen eine Vorbesitzzeit von fünf Jahren gewahrt bleibt; gemeint sind damit nicht verhältniswahrende Spaltungen, wobei viele Einzelheiten ungeklärt sind.[144]

Dabei gelten auch Mitunternehmeranteile und 100%-Beteiligungen an Kapitalgesellschaften als Teilbetrieb, sofern diese nicht innerhalb der letzten drei Jahre begründet oder aufgestockt worden sind (§ 15 Abs. 1 Satz 3, Abs. 2 Satz 1 UmwStG).

Verlust- und Zinsvorträge der übertragenden Gesellschaft werden anteilig gekürzt und gehen auch hier nicht auf die übernehmende Gesellschaft über (§ 15 Abs. 3 UmwStG). 98

Sofern das Teilbetriebskriterium erfüllt ist, können die Anschaffungskosten bzw. Buchwerte der Anteile an der übertragenden GmbH entsprechend dem Verhältnis der gemeinen Werte **des im Rahmen der Spaltung den beteiligten Gesellschaften zugewiesenen Vermögens auf die**

140 BMF-Schreiben v. 11.11.2011, BStBl. I 2011, 1314, Tz. 12.05.
141 Umstritten ist, ob auch die weiteren Ausnahmetatbestände des § 8b KStG eingreifen, vgl. Rödder/Herlinghaus/van Lishaut/*Rödder*, § 12 UmwStG Rn. 88 ff.
142 Rödder/Herlinghaus/van Lishaut/*Trossen*, § 13 UmwStG Rn. 46.
143 Vgl. § 15 Abs. 2 Satz 2 bis 4 UmwStG; problematisch sind insofern Anteilsveräußerungen innerhalb von fünf Jahren nach dem steuerlichen Übertragungsstichtag, die mehr als 20 % der vor Wirksamkeit der Spaltung bestehenden Anteile umfassen.
144 Schmitt/Hörtnagl/Stratz/*Hörtnagl*, § 15 UmwStG, Rn. 215 ff.

im Ergebnis der Spaltung zugewiesenen Anteile verteilt werden, sodass die Spaltung auch für die Gesellschafter steuerneutral ist.[145]

3. Formwechsel GmbH in eine gewerbliche Kommanditgesellschaft

99 Der Wechsel von der Körperschaft in das Personenunternehmen wird steuerlich in zweierlei Hinsicht erfasst: als Besteuerung offener Rücklagen – entsprechend einer Totalausschüttung (sog. Dividendenteil) – und als Übernahmegewinn – entsprechend einer Veräußerung der Kapitalgesellschaftsanteile (sog. Veräußerungsteil).

100 Zunächst hat der Anteilseigner seinen rechnerischen Anteil am Eigenkapital der GmbH, abzüglich des steuerlichen Einlagenkontos, als eine „letzte Dividende" der Gesellschaft zu versteuern (§§ 7 und 9 UmwStG). Hierfür gelten die allgemeinen Grundsätze der Dividendenbesteuerung (siehe „Steuerrecht", S. 1046 ff., Rn. 28 ff.). Anschließend gelten die als Betriebsvermögen oder nach § 17 EStG steuerverstrickten Anteile an der GmbH als zum Buchwert/zu Anschaffungskosten in die KG eingebracht (§ 5 Abs. 2 und 3 UmwStG), sodass steuerlich eine Aufwärtsverschmelzung fingiert wird. Auf der Ebene des Personenunternehmens ist sodann das Übernahmeergebnis als Unterschiedsbetrag zwischen dem Buchwert der Anteile und dem in der Schlussbilanz der Körperschaft angesetzten Wert der auf die KG übergehenden Wirtschaftsgüter zu ermitteln. Auf das Übernahmeergebnis wird wiederum – zur Vermeidung einer Doppelerfassung – die Totalausschüttung nach § 7 UmwStG angerechnet (§ 4 Abs. 4 und 5 UmwStG). Ergibt sich dabei – wie im Regelfall – ein Übernahmeverlust, ist dieser – vereinfacht – nur bis zur Höhe der für den Anteilseigner steuerpflichtigen Totalausschüttung ansatzfähig (§ 4 Abs. 6 UmwStG). Damit wird insbesondere erreicht, dass die postakquisitorische Umwandlung einer Ziel-GmbH nicht zur Schaffung von Abschreibungspotential der mit dem Kaufpreis für die Anteile abgegoltenen stillen Reserven/Firmenwerte genutzt werden kann. Soweit sich – was allenfalls bei einem zwischenzeitlichen Kauf der GmbH-Anteile unter dem Nennwert der Fall sein kann – ein Übernahmegewinn ergibt, wird dieser für jeden Gesellschafter einzeln ermittelt, aber auf der Ebene der Gesellschaft einheitlich und gesondert festgestellt und sodann wie ein Veräußerungsgewinn besteuert (§ 4 Abs. 7 UmwStG).[146]

Die für den Gesellschafter-Geschäftsführer gebildeten Pensionsrückstellungen bleiben bestehen; sie können jedoch in der KG nicht mehr steuerwirksam aufgestockt werden, solange der Pensionsberechtigte Mitunternehmer ist.[147]

4. Gründung einer Holding-GmbH

101 Soll eine bestehende GmbH in eine neu zu gründende Holding-GmbH überführt werden, so bietet sich hierfür die Sachgründung/Sachkapitalerhöhung gegen Einbringung der Anteile an, ggf. auch die Ausgliederung nach dem UmwG.

Steuerlich ist eine solche Transaktion als Anteilstausch ohne Aufdeckung stiller Reserven möglich, wenn die eingebrachten Anteile der übernehmenden Gesellschaft unmittelbar die Mehrheit der Stimmrechte vermitteln und – vereinfacht – keine überschießenden sonstigen Gegenleistungen erbracht werden (§ 21 Abs. 1 Satz 2 und 3 UmwStG). Die Wertansätze der eingebrachten Anteile können bei der übernehmenden Gesellschaft (Holding) fortgeführt werden und gelten zugleich als Anschaffungskosten für die Anteile an der Holding-GmbH. Veräußert der Einbringende anschließend die Anteile an der Holding-GmbH, greifen die allgemeinen Regeln der Versteuerung eines Veräußerungsgewinns, der – aufgrund der Fortführung historischer Anschaffungskosten – ggf. entsprechend höher ausfällt. Zudem gilt für den einbringenden Gesellschafter kein veränderter „Status" hinsichtlich der Veräußerungsgewinnbesteuerung (als Körperschaft gem. § 8b KStG, sonst Teileinkünfteverfahren oder Abgeltungsteuer).

145 Rödder/Herlinghaus/van Lishaut/*Schumacher*, § 15 UmwStG Rn. 188.
146 BMF-Schreiben vom 11.11.2011, BStBl. I 2011, 1314, Rn. 04.27; Rödder/Herlinghaus/van Lishaut/*van Lishaut*, § 4 UmwStG Rn. 139.
147 BMF-Schreiben vom 29. Januar 2008 (BStBl. I S. 317).

Nach heutigem Recht gewähren die §§ 20, 21 UmwStG die Steuerneutralität auch dann, wenn neben Gesellschaftsanteilen auch weitere Gegenleistungen erbracht werden (Zuzahlungen). Der öffentlichkeitswirksame Fall VW / Porsche, in dem nach Presseberichten die Gewährung einer Aktie im Wert von 119 EUR nebst einer Zuzahlung von 4,5 Mrd. EUR als steuerneutraler Anteilstausch gewertet wurde, wird evtl. den Gesetzgeber zu einer Verschärfung veranlassen, vgl. BR-DrS 302/12 S. 97 f.

Veräußert hingegen die Holding innerhalb von sieben Jahren die erhaltenen Anteile an der Tochter- 102
GmbH, so muss der einbringende Gesellschafter die Einbringung nachträglich als Veräußerung zum – damaligen – gemeinen Wert versteuern, wenn er selbst keine durch § 8b KStG begünstigte Körperschaft ist (Einbringungsgewinn II, vgl. § 22 Abs. 2 UmwStG); die Anschaffungskosten für die Holding-Anteile werden im gleichen Umfang aufgestockt. Damit soll der „Statusverbesserung" des veräußernden Rechtsträgers infolge des Anteilstauschs Rechnung getragen werden. Der steuerpflichtige Einbringungsgewinn mindert sich dabei mit Ablauf jedes seit dem steuerlichen Einbringungszeitpunkt abgelaufenen Zeitjahres um ein Siebtel (§ 22 Abs. 2 Satz 3 UmwStG).

> **!** Als „Veräußerung" gilt dabei auch, wenn dem Finanzamt nicht jährlich bis spätestens 30.5. nachgewiesen wird, dass keine Veräußerung stattgefunden hat (vgl. § 22 Abs. 3 UmwStG).

5. Einbringung von GmbH-Anteilen in ein Personenunternehmen

Wird ein im Privatvermögen gehaltener GmbH-Anteil entgeltlich oder gegen Gewährung einer 103
Darlehensforderung in das Betriebsvermögen eines Personenunternehmens überführt, so handelt es sich um eine nach den allgemeinen Grundsätzen steuerpflichtige Veräußerung. Als entgeltlich (tauschähnlich) wird auch die Einbringung gegen Gewährung von Gesellschaftsrechten angesehen.[148] Die Fortführung der historischen Anschaffungskosten gem. § 6 Abs. 1 Nr. 5 EStG kommt nur zur Anwendung:

- bei der Einlage in das Betriebsvermögen eines Einzelunternehmens
- bei der Einlage ausschließlich in das Sonderbetriebsvermögen einer Personengesellschaft ohne Veräußerung
- bei der Einlage in das Gesamthandsvermögen einer Personengesellschaft ohne Gegenleistung, d.h. Verbuchung ausschließlich als Ertrag der Gesellschaft oder zugunsten der gesamthänderisch gebundenen Rücklage (verdeckte Einlage)

Wird ein bereits im Betriebsvermögen befindlicher Anteil bewegt, so kann dies nach § 6 Abs. 5 104
EStG auch gegen Gewährung von Gesellschaftsrechten (Gutschrift auf Kapitalkonto) steuerneutral geschehen. Anderenfalls liegt hier eine steuerpflichtige Veräußerung oder Entnahme vor. Lediglich eine im Betriebsvermögen befindliche und das gesamte Nennkapital umfassende GmbH-Beteiligung gilt als Teilbetrieb i.S.v. § 24 UmwStG.[149] Diese Situation kann beispielsweise im Rahmen einer Betriebsaufspaltung entstehen, wenn der Inhaber des Besitzunternehmens zugleich Alleingesellschafter der Betriebs-GmbH ist. Eine solche Beteiligung kann unter den Voraussetzungen des § 24 UmwStG zum Buchwert, Teilwert oder Zwischenwert eingebracht werden.

Anders als § 20 UmwStG erfordert § 24 UmwStG nicht eine Übertragung des gesamten Betriebs; 105
es ist vielmehr unschädlich, wenn ein Teil davon lediglich Sonderbetriebsvermögen bei der aufnehmenden Mitunternehmerschaft wird.[150] Allerdings muss auch hier eine Gewährung oder Aufstockung einer Mitunternehmerstellung stattfinden; die Einbringung allein in das Sonderbetriebsvermögen genügt daher nicht.[151] Eine steuerliche Rückwirkung ist hier – anders als bei § 20 UmwStG

148 BFH BStBl. II 2000, 230; BMF-Schreiben v. 29.3.2000, BStBl. I 2000, 462.
149 BMF-Schreiben vom 11.11.2011, BStBl. I 2011, 1314, Tz. 24.02; Schmitt/Hörtnagl/Stratz/*Schmitt*, § 24 UmwStG Rn. 75 ff; a.A. Rödder/Herlinghaus/van Lishaut/*Rasche*, § 24 UmwStG Rn. 42.
150 BMF-Schreiben vm 11.11.2011, BStBl. I 2011, 1314, Tz. 24.05.
151 Rödder/Herlinghaus/van Lishaut/*Rasche*, § 24 UmwStG Rn. 60.

– nur im Wege einer Gesamtrechtsnachfolge nach dem UmwG möglich (§ 24 Abs. 4 Hs. 2 UmwStG), z.B. bei Ausgliederung aus dem Vermögen eines Einzelkaufmanns (als Besitzunternehmen).

III. Grunderwerbsteuer

106 Soweit Umwandlungsvorgänge zu einem formalen Eigentumsübergang von Grundstücken oder zum Übergang von Gesellschaftsanteilen an grundbesitzhaltenden Tochtergesellschaften führen, muss auch an die entstehende Grunderwerbsteuerbelastung nach § 1 Abs. 1 Nr. 3, Abs. 2a und Abs. 3 GrEStG gedacht werden. Ein Formwechsel gilt insoweit jedoch nicht als Eigentumsübergang,[152], kann aber dennoch Grunderwerbsteuer auslösen, z.B. die Nachversteuerung nach § 5 Abs. 3 GrEStG, wenn Grundbesitz steuerfrei in eine Personengesellschaft eingebracht wurde und diese innerhalb der Haltefrist in eine GmbH umgewandelt wird. Soweit wirtschaftlich entsprechender Spielraum besteht, sollte die grundbesitzhaltende Gesellschaft als übernehmender Rechtsträger fungieren. Die Steuerbelastung kann durch verschiedene Gestaltungen minimiert werden, die jedoch aufgrund der damit verbundenen Wartefristen und Strukturvorgaben meist nur für konzerninterne Umstrukturierungen verwendbar sind.[153]

F. Muster

107 Auf der CD-ROM finden sich die folgenden Muster zu einigen wesentlichen Umwandlungsvorgängen:

80-93

1. **Muster Nr. 80 bis 83: Verschmelzung auf GmbH (Rechtsform der übertragenden Gesellschaft variabel; mit oder ohne Kapitalerhöhung; vgl. Rn. 64, 66);**
2. **Muster Nr. 84 bis 87: Verschmelzung GmbH auf deren Alleingesellschafter (vgl. Rn. 70);**
3. **Muster Nr. 88 bis 91: Ausgliederung Einzelkaufmann auf GmbH (vgl. Rn. 74);**
4. **Muster Nr. 92 und 93: Formwechsel GmbH in GmbH & Co. KG (Lösung ohne Treuhand, vgl. Rn. 77 ff.).**

---

152 Die frühere anderslautende Verwaltungsauffassung zum heterogenen Formwechsel wurde zwischenzeitlich aufgegeben, vgl. *Boruttau/Fischer*, § 1 GrEStG Rn. 545 ff.

153 Vgl. *Salzmann/Loose*, DStR 2004, 1941.

6. GmbH-Konzernrecht

Literatur

Altmeppen, Die Haftung des Managers im Konzern, 1998; *Assmann*, Der faktische GmbH-Konzern, in: Lutter u.a. (Hrsg.), Festschrift 100 Jahre GmbH-Gesetz, 1992, S. 657; *Bauer*, Zur Abhängigkeit einer AG von einem Konsortium, NZG 2001, 742; *Baumann/Reiß*, Satzungsergänzende Vereinbarungen – Nebenverträge im Gesellschaftsrecht, ZGR 1989, 157; *Beuthien*, Konzernbildung und Konzernleitung kraft Satzung, ZIP 1993, 1589; *Binnewies*, Die Konzerneingangskontrolle in der abhängigen Gesellschaft, 1996; *Bork/Schäfer*, GmbHG, 2010; *Bouchon*, Konzerneingangsschutz im GmbH- und Aktienrecht, 2002; *Bultmann*, Der Gewinnabführungsvertrag in der Insolvenz, ZInsO 2007, 785; *Dielmann*, Die Beteiligung der öffentlichen Hand an Kapitalgesellschaften und die Anwendbarkeit des Rechts der verbundenen Unternehmen, 1977; *Emmerich*, Konzernbildungskontrolle, AG 1991, 303; *Emmerich/Habersack*, Aktien- und GmbH- Konzernrecht, 6. Auflage 2010; *Eschenbruch*, Konzernhaftung, 1996; *Führling*, Sonstige Unternehmensverträge mit einer abhängigen GmbH, 1993; *Geitzhaus*, Verlustausgleichspflicht als Motor der Konzernplanung, GmbHR 1989, 397; *Grauer*, Konzernbildungskontrolle im GmbH-Recht, 1991; *Halm*, Aktuelle Zweifelsfragen bei der Begründung und Beendigung von Unternehmensverträgen mit der GmbH als Untergesellschaft, NZG 2001, 728; *Hoffmann*, Das GmbH-Konzernrecht nach dem Bremer-Vulkan-Urteil, NZG 2002, 68; *Hoffmann-Becking*, Gelöste und ungelöste Fragen zum Unternehmensvertrag der GmbH, WiB 1994, 57; *Hommelhoff*, Konzernleitungspflicht, 1982; *Jungkurth*, Konzernleitung bei der GmbH – Die Pflichten des Geschäftsführers, 2000; *Kirchner*, Ökonomische Überlegungen zum Konzernrecht, ZGR 1985, 214; *Konzen*, Geschäftsführung, Weisungsrecht und Verantwortlichkeit in der GmbH und GmbH & Co. KG, NJW 1989, 2977; *Kowalski*, TBB – Rückkehr zu Autokran?, GmbHR 1993, 253; *Korff*, Begründung eines Abhängigkeitsverhältnisses bei der GmbH mittels Unternehmensvertrags, GmbHR 2009, 243; *Krieg/Jannott*, Änderung und Beendigung von Beherrschungs- und Gewinnabführungsverträgen im Aktien- und GmbH-Recht, DStR 1995, 1473; *Krieger*, Inhalt und Zustandekommen von Beherrschungs- und Gewinnabführungsverträgen im Aktien- und GmbH-Recht, DStR 1992, 432; *Liebscher*, GmbH-Konzernrecht, 2006; *Lutter/Timm*, Konzernrechtlicher Präventivschutz im GmbH-Recht, NJW 1982, 409; *Maul*, Aktienrechtliches Konzernrecht und Gemeinschaftsunternehmen (GU), NZG 2000, 470; *Mertens/Cahn*, Wettbewerbsverbot und verdeckte Gewinnausschüttung im GmbH-Konzern, in: Kübler u.a. (Hrsg.), Festschrift für Theodor Heinsius zum 65. Geburtstag, 1991, S. 545; *Mimberg*, Konzernexterne Pachtverträge im Recht der GmbH, 2000; *Noack/Casper/Schäfer*, Gesellschaftsrecht, 2006; *Orth*, Haftung des herrschenden Gesellschafters im einfachen faktischen GmbH-Konzern, DStR 1994, 250; *Pache*, Spätlese – Die Rechtsentwicklung nach dem „Supermarkt"-Beschluss des BGH, GmbHR 1995, 90; *Paulus*, Konzernrecht und Konkursanfechtung, ZIP 1996, 2141; *Raiser*, Wettbewerbsverbote als Mittel des konzernrechtlichen Präventivschutzes, in: Lutter u.a. (Hrsg.), Festschrift für Walter Stimpel zum 68. Geburtstag, 1985, S. 855; *Raiser/Veil*, Recht der Kapitalgesellschaften, 4. Auflage 2005; *Röhricht*, Das Wettbewerbsverbot des Gesellschafters und des Geschäftsführers, WPg 1992, 766; *Scheffler*, Konzernmanagement, 1992; *K. Schmidt*, Konzernrecht, Minderheitenschutz und GmbH-Innenrecht, GmbHR 1979, 121; *Schneider*, Beherrschungs- und Gewinnabführungsverträge in der Praxis der GmbH, 1989; *Seydel*, Konzernbildungskontrolle bei der Aktiengesellschaft, 1995; *Timm*, Rechtsfragen der Änderung und Beendigung von Unternehmensverträgen, in: Goerdeler u.a. (Hrsg.), Festschrift für Alfred Kellermann zum 70. Geburtstag, 1991, S. 461; *Timm*, Unternehmensverträge im GmbH-Recht, GmbHR 1989, 11; *Ulrich*, Gewinnabführungsverträge im GmbH-Konzern, GmbHR 2004, 1000; *Vetter*, Eintragung des Unternehmensvertrags im Handelsregister des herrschenden Unternehmens?, AG 1994, 110; *Zeidler*, Ausgewählte Probleme des GmbH-Vertragskonzernrechts, NZG 1999, 692; *Ziemons*, Die Haftung der Gesellschafter für Einflussnahmen auf die Geschäftsführung der GmbH, 1996.

A. Grundlagen und Grundbegriffe

I. Einleitung

1 Das GmbH-Konzernrecht behandelt die Rechtsfragen der Unternehmensverbindungen, denen eine GmbH als herrschendes oder abhängiges Unternehmen angehört. Den ökonomischen Vorteilen von Konzernen gegenüber unabhängigen Einzelunternehmen[1] stehen Gefahren für die Minderheitsgesellschafter und die Gläubiger der abhängigen Gesellschaft, aber auch für die Gesellschafter der Obergesellschaft[2] entgegen, denen das Konzernrecht begegnet. Im Mittelpunkt des GmbH-Konzernrechts steht dabei die GmbH als abhängiges Unternehmen, deren Schutz gegen die Einflussnahme eines herrschenden Unternehmens nach dessen Grundsätzen gewährleistet wird. Bei Unternehmensverbindungen mit herrschender GmbH unterliegt dieser Schutz dagegen prinzipiell den konzernrechtlichen Grundsätzen des Gesellschaftsrechts der abhängigen Rechtsform, sodass das GmbH-Recht nur für die Fragen der Zulässigkeit der Konzerneinbindung und die organisationsrechtlichen Fragen der Ausübung der Leitungsmacht (Konzernbildungs- und -leitungskontrolle; siehe Rn. 17 ff.) relevant ist. Dies macht auch deutlich, dass regelmäßig kein einheitliches Recht für ganze Konzerne (mit meist einer Vielzahl von Konzernunternehmen) besteht, sondern Gegenstand der konzernrechtlichen Regelungen immer nur die einzelne Unternehmensverbindung ist.

2 Eine einheitliche Kodifizierung des GmbH-Konzernrechts existiert nicht. Die Entwicklung des Rechtsgebiets wurde daher von der Rechtsprechung, insbesondere des BGH, geprägt. Anwendbare Vorschriften finden sich unter anderem vereinzelt im GmbH-Gesetz (bspw. §§ 47, 51a), in § 17 KStG, §§ 1 Abs. 2 und § 5 MitbestG, §§ 290 ff. HGB sowie im AktG. Die Vorschriften des AktG, die im GmbH-Konzernrecht Bedeutung erlangen, sind zunächst die rechtsformunabhängig formulierten Definitionsnormen der §§ 15 ff. AktG (Rn. 3 ff.) Das kodifizierte Konzernrecht der §§ 291 ff. AktG kommt dagegen grundsätzlich nur zur Anwendung, wenn eine AG als abhängiges Unternehmen an einer Unternehmensverbindung beteiligt ist, unabhängig von der Rechtsform des herrschenden Unternehmens und daher auch bei herrschenden GmbHs. Darüber hinaus haben die Vorschriften für das GmbH-Konzernrecht im Rahmen der Rechtsfortbildung erhebliche Bedeutung erlangt, vor allem im Zuge der analogen Anwendung auf abhängige GmbHs.

II. Definitionsnormen der §§ 15 bis 19 AktG

3 Die §§ 15 bis 19 AktG werden als allgemeiner Teil des Konzernrechts angesehen, da sie die Zentralbegriffe einheitlich für alle Rechtsformen definieren.[3]

1. Verbundene Unternehmen (§ 15 AktG)

4 Der Begriff der verbundenen Unternehmen steckt als Oberbegriff den Anwendungsbereich aller konzernrechtlichen Regelungen ab, hat aber keinen eigenständigen Regelungsgehalt. Erfasst werden nicht nur unmittelbare, sondern auch mittelbare Verbindungen zwischen Mutter- und Enkelgesellschaften.[4] Zugleich stellt die Norm klar, dass das Konzernrecht nur bei Verbindungen zwischen Unternehmen, nicht aber unter Beteiligung von Privatpersonen anwendbar ist. Dabei wird der Unternehmensbegriff weit gefasst: Der BGH sieht die Unternehmensqualität bei einem Gesellschafter als gegeben an, bei dem neben der Beteiligung an der GmbH noch wirtschaftliche Interessenbindungen außerhalb der GmbH bestehen, die groß genug sind, um die ernste Besorgnis zu

---

1 Siehe u.a. *Scheffler*, Konzernmanagement, S. 3; *Kirchner*, ZGR 1985, 214.
2 MüHdb-GesR-III/*Decher*, § 67 Rn. 3.
3 Vgl. statt aller: BGHZ 115, 187 = NJW 1991, 3142; BGHZ 107, 7 = NJW 1989, 1800; Lutter/Hommelhoff/*Lutter* Anh. § 13 Rn. 6; Hachenburg/*Ulmer*, Anh. § 77 Rn. 5, 16; Michalski/*Servatius*, Syst., Darst. 4 Rn. 7; Baumbach/Hopt/*Hopt*, § 105 Rn. 101.
4 *Hüffer*, § 15 AktG Rn. 16.

begründen, er mache seinen Einfluss zum Erreichen außergesellschaftlicher Ziele geltend[5] (sog. Konzernkonflikt). Eine Unternehmensverbindung wird daher schon dann angenommen, wenn ein Gesellschafter sich außerhalb der Gesellschaft noch in anderer Weise unternehmerisch betätigt oder wenigstens betätigen kann. Hierfür ausreichend ist es, wenn die Beteiligung so stark ist, dass dem Gesellschafter durch sie die Möglichkeit der Einflussnahme mit der potentiellen Folge eines konzernrechtlichen Interessenkonflikts eröffnet wird.[6] Ein tatsächliches Einwirken auf die andere Gesellschaft ist nicht erforderlich.[7] Nicht entscheidend ist die Rechtsform des Gesellschafters, mithin können auch Einzelpersonen Unternehmen i.S.d. Konzernrechts sein. Hierfür genügt es, wenn sich diese Person als Einzelkaufmann unternehmerisch betätigt oder eine maßgebliche Beteiligung an einer anderen Gesellschaft hält.[8] Maßgeblich sind dabei nur solche Beteiligungen, die einen unternehmerischen Einfluss vermitteln, was regelmäßig erst bei einer Mehrheitsbeteiligung[9] oder bei persönlich haftenden Gesellschaftern einer Personengesellschaft der Fall ist. Auch die öffentliche Hand wird ohne Weiteres als Unternehmen im konzernrechtlichen Sinne aufgefasst, sodass die Beziehungen der öffentlichen Hand zu einer abhängigen GmbH stets dem Konzernrecht unterliegen.[10]

2. Mehrheitsbeteiligung (§ 16 AktG)

Eine Mehrheitsbeteiligung nach § 16 Abs. 1 AktG mit der Folge der Vermutungen der Abhängigkeit nach § 17 Abs. 2 AktG und eines Konzerns nach § 18 Abs. 1 Satz 3 AktG liegt vor,[11] wenn ein Unternehmen die Mehrheit der Anteile an oder der Stimmrechte in einem anderen Unternehmen besitzt. § 16 Abs. 2 und 3 AktG enthalten Regeln für die Berechnung. Gemäß § 16 Abs. 4 AktG werden auch diejenigen Anteile zugerechnet, die nicht dem herrschenden Unternehmen selbst, sondern einem von ihm abhängigen Unternehmen gehören oder von einem Treuhänder für Rechnung des herrschenden Unternehmens gehalten werden. **5**

Der **Begriff** der Mehrheitsbeteiligung (§ 16 Abs. 1 AktG) umfasst mit der Kapital- und der Stimmrechtsmehrheit zwei Alternativen, die nebeneinander anwendbar sind und auch auseinanderfallen können. Dadurch kann es auch zu einer doppelten Mehrheitsbeteiligung an derselben GmbH kommen, wenn ein Unternehmen über die Kapital- und ein anderes über die Stimmrechtsmehrheit verfügt. Das Konzernrecht greift dann gegenüber beiden ein. Eine Kapitalmehrheit setzt bei der GmbH voraus, dass die Stammeinlage des Geschäftsanteils des Gesellschafters zusammen mit ihm nach § 16 Abs. 4 AktG zurechenbaren Anteilen mehr als die Hälfte des Stammkapitals gekürzt um eigene Geschäftsanteile der GmbH und für diese treuhänderisch gehaltene Anteile (§ 16 Abs. 2 Satz 2, 3 AktG) beträgt. Welcher gesellschaftsinterne Einfluss damit tatsächlich verbunden ist, bleibt im Rahmen des § 16 AktG außer Betracht. **6**

In Bezug auf die GmbH stellt die **Stimmrechtsmehrheit** die wichtigste Grundlage der Wahrnehmung unternehmerischer Interessen dar, denn die Mehrheit in der Gesellschafterversammlung kann regelmäßig die Einsetzung und Abberufung der Geschäftsführer durchsetzen sowie Weisungen in Fragen der Geschäftspolitik erteilen (vgl. §§ 37, 45, 46 GmbHG). Da die Stimmrechtsverteilung im GmbH-Recht satzungsmäßig abweichend von der Kapitalbeteiligung geregelt werden kann, kommt der zweiten Alternative hier eigenständige Bedeutung zu. Sie setzt voraus, dass das Unternehmen über mehr als die Hälfte der Stimmrechte verfügt, die in der Gesellschaftsversammlung ausgeübt werden können (unter Berücksichtigung der Zurechnungen nach § 16 Abs. 4 AktG). **7**

5 BGHZ 69, 334 = NJW 1978, 104; BGHZ 115, 187 = NJW 1991, 3142; BGHZ 135, 107 = NJW 1997, 1855; BGHZ 148, 123 = NJW 2001, 2973.
6 BGHZ 148, 123 = NJW 2001, 2973; Scholz/*Emmerich*, Anh. § 13 Rn. 16; Lutter/Hommelhoff/*Lutter*; Anh. § 13 Rn. 8; Michalski/*Servatius*, Syst. Darst. 4 Rn. 12.
7 So aber früher der BGH WM 1994, 203.
8 BGHZ 135, 107 = NJW 1997, 1855; Scholz/*Emmerich*, Anh. § 13 Rn. 15.
9 BGHZ 148, 123 = NJW 2001, 2973.
10 BGHZ 69, 334 = NJW 1978; BGHZ 135, 107 = NJW 1997, 1855; OLG Celle, GmbHR 2001, 342; *Dielmann*, S. 153.
11 Die Abhängigkeitsvermutung kann im Einzelfall widerlegt werden, vgl. Rowedder/Schmidt-Leithoff/*Koppensteiner*, Anh. § 52 Rn. 11; Scholz/*Emmerich*, Anh. § 13 Rn. 19.

Auf die tatsächliche Präsenz kommt es nicht an. Soweit in der Satzung der GmbH differenzierte Regelungen der Stimmrechtsverteilung für unterschiedliche Beschlussgegenstände getroffen werden, kann eine Stimmrechtsmehrheit nur angenommen werden, wenn ein Gesellschafter eine Stimmrechtsmehrheit in den Fragen der Bestellung des Geschäftsführers und der Erteilung von Weisungen an ihn sowie der Ergebnisverwendung hat; mithin in solchen Fragen, die den Auftritt der Gesellschaft am Markt betreffen.[12]

3. Abhängigkeit (§ 17 AktG)

8 Abhängigkeit i.S.d. § 17 Abs. 1 AktG ist dann gegeben, wenn ein anderes Unternehmen auf ein rechtlich selbstständiges Unternehmen einen beherrschenden Einfluss ausüben kann. Hierfür reicht es nach der Rechtsprechung aus, wenn das herrschende Unternehmen gesicherte gesellschaftsrechtliche Möglichkeiten der Herrschaft über das abhängige Unternehmen besitzt, ohne dass hiervon real Gebrauch gemacht wird.[13]

9 Eine solche **Beherrschungsmöglichkeit** entsteht häufig durch eine Mehrheitsbeteiligung an der GmbH, durch die die Abhängigkeitsvermutung nach § 17 Abs. 2 AktG begründet wird (siehe Rn. 5 ff.). Aber auch eine Minderheitsbeteiligung kann ausreichen, sofern sich aus weiteren verlässlichen Umständen rechtlicher und/oder tatsächlicher Art ein ausreichender Einfluss auf das abhängige Unternehmen ableitet.[14] Dies spielt im GmbH-Konzernrecht aufgrund der in § 45 GmbHG statuierten weitreichenden Gestaltungsfreiheit der Gesellschafter bezüglich des Innenverhältnisses der GmbH eine große Rolle. Im Gegensatz zur AG (vgl. § 23 AktG) können in der GmbH-Satzung Regelungen getroffen werden, die den Einfluss des Mehrheitsgesellschafters reduzieren (mit der Folge der Widerlegung der Vermutung des § 17 Abs. 2 AktG) oder den Einfluss des Minderheitsgesellschafters derart verstärken, dass dieser zum herrschenden Unternehmen wird.[15] Beispielsweise können in der Satzung Sonderrechte im Hinblick auf die Bestellung oder Abberufung der Geschäftsführer geregelt sein, die in Verbindung mit den weiteren Einflussmitteln abhängigkeitsbegründend sein können. Insoweit kommt es auf eine Einzelfallbetrachtung an.

10 Abhängigkeit kann auch von mehreren Gesellschaftern zusammen bestehen, man spricht dann von **Mehrmütterherrschaft**, die in der Praxis vor allem bei den sog. paritätischen Gemeinschaftsunternehmen eine große Relevanz hat. Die gemeinsame Herrschaft kann sich auf vertragliche und organisatorische Bindungen (bspw. durch Stimmbindungsverträge), aber auch auf rechtliche und tatsächliche Umstände sonstiger Art gründen, solange nur das Zusammenwirken auf Dauer gesichert ist.[16]

4. Konzern und Konzernunternehmen (§ 18 AktG)

11 In § 18 Abs. 1 AktG ist der sog. **Unterordnungskonzern** geregelt. Bei diesem bilden ein herrschendes sowie ein oder mehrere abhängige Unternehmen (i.S.v. § 17 AktG) einen Konzern, wenn sie unter der einheitlichen Leitung des herrschenden Unternehmens zusammengefasst sind (vgl. § 18 Abs. 1 Satz 1 AktG). Irrelevant ist dabei das Mittel der Leitung, sodass ein Konzern auch ohne Begründung eines Weisungsrechts aufgrund von Personalverflechtungen oder anderen Formen informeller Einflussnahme bestehen kann, soweit diese zur Durchführung einer einheitlichen Unternehmenspolitik eingesetzt werden.[17] Beim sog. Gleichordnungskonzern gem. § 18 Abs. 2 AktG hingegen erfolgt eine Zusammenfassung der Unternehmen unter einheitlicher Leitung, ohne dass ein Abhängigkeitsverhältnis besteht. Grundlage ist meist eine als bürgerlich-rechtlicher Gesell-

12 Scholz/*Emmerich*, Anh. § 13 Rn. 18; Lutter/Hommelhoff/*Lutter*, Anh. § 13 Rn. 10; Hachenburg/*Ulmer*, Anh. § 77 Rn. 25.
13 BGHZ 62, 193 = NJW 1974, 855; OLG München, NJW-RR 1995, 1066; MüHdb-GesR-III/*Decher*, § 67 Rn. 31.
14 BGHZ 69, 334 = NJW 1978; BGHZ 125, 366 = NJW 1994, 1801; BGHZ 135, 107 = NJW 1997, 1855; Scholz/*Emmerich*, Anh. § 13 Rn. 25; *Baumann/Reiß*, ZGR 1989, 157; *Geitzhaus*, GmbHR 1989, 397.
15 Vgl. MüHdb-GesR-III/*Decher*, § 67 Rn. 32; Rowedder/Schmidt-Leithoff/*Koppensteiner*, Anh. § 52 Rn. 11; Lutter/Hommelhoff/*Lutter*, Anh. § 13 Rn. 10.
16 BGHZ 62, 193 = NJW 1974, 855; BGHZ 74, 359 = NJW 1979, 2401; Hachenburg/*Ulmer*, Anh. § 77 Rn. 29; *Bauer*, NZG 2001, 742; *Maul*, NZG 2000, 470.
17 *Hüffer*, § 18 AktG Rn. 11, 12.

schaftsvertrag (§ 705 BGB) zu qualifizierende Vereinbarung, auf deren Grundlage ein gemeinsames Konzernleitungsgremium gebildet wird. Auch hier können indes andere Leitungsmittel wie insbesondere Personalverflechtungen als ausreichend anzusehen sein.

Das Merkmal der **einheitlichen Leitung** i.S.d. § 18 Abs. 1 Satz 1 und 2 AktG ist nach h.M. im Sinne eines weiten Konzernbegriffs zu verstehen. Gemeint ist damit, dass ein Konzern nicht nur bei einem zentralen Finanzwesen, also einer konzernweiten Planung und Steuerung des Einsatzes finanzieller Ressourcen, vorliegt (enger Konzernbegriff), sondern schon dann, wenn in einem anderen wesentlichen Bereich unternehmerischer Entscheidungen eine einheitliche Planung und Steuerung vorliegt und dieser hinreichend bedeutsam für die Unternehmensleitung insgesamt ist.[18] 12

Ein **Konzern** wird gem. § 18 Abs. 1 Satz 2 AktG unwiderlegbar **vermutet**, wenn ein Beherrschungsvertrag (§ 291 Abs. 1 Satz 1 AktG) zwischen den Unternehmen besteht. Im Falle einer Abhängigkeit nach § 17 AktG besteht hingegen eine widerlegbare Vermutung gem. § 18 Abs. 1 Satz 3 AktG. Im GmbH-Konzernrecht ist diese Konzernvermutung jedenfalls bei Bestehen eines auf einer Stimmenmehrheit beruhenden Abhängigkeitsverhältnisses aufgrund des Weisungsrechts der Gesellschafterversammlung in Fragen der Geschäftsführung praktisch nicht widerlegbar.[19] 13

Unmittelbar an den Konzernbegriff knüpft § 290 Abs. 1 HGB als **Rechtsfolge** die Verpflichtung zur Aufstellung eines Konzernabschlusses und eines Konzernlageberichts, wobei hierfür bereits eine Mehrheitsbeteiligung ausreicht (§ 290 Abs. 2 HGB). Nach § 5 MitbestG kommt es für die Zwecke der unternehmerischen Mitbestimmung (insbesondere für die Arbeitnehmerschwelle des § 1 Abs. 1 MitbestG) im Unterordnungskonzern ferner zur Zurechnung der Arbeitnehmer der Untergesellschaft zum herrschenden Unternehmen. 14

5. Wechselseitig beteiligte Unternehmen (§ 19 AktG)

a) Einfache wechselseitige Beteiligung

Eine einfache wechselseitige Beteiligung von Unternehmen i.S.d. § 19 Abs. 1 AktG liegt dann vor, wenn zwei inländische Kapitalgesellschaften jeweils Beteiligungen von mehr als 25 % aneinander besitzen. Besteht eine wechselseitige Beteiligung der GmbH mit einer AG oder KGaA, gelten die Rechtsfolgen des § 328 AktG. § 328 Abs. 1 AktG legt fest, dass hinsichtlich der Anteile, die die Grenze von 25 % übersteigen, grundsätzlich eine Ausübungssperre besteht. Nach § 328 Abs. 2 AktG trifft diese Folge indes nur die Anteile der Untergesellschaft, da das zuerst beteiligte Unternehmen (regelmäßig die Obergesellschaft) seine Rechte unbeschränkt ausüben darf. Auf den zu einer wechselseitigen Beteiligung zwischen GmbH führenden Anteilserwerb findet § 33 Abs. 2 GmbHG analoge Anwendung, und zwar richtigerweise nicht erst bei Erwerb einer Mehrheitsbeteiligung,[20] sondern schon bei Entstehen einer einfachen wechselseitigen Beteiligung mit einer Beteiligung in Höhe von mehr als 25 % (Wertung des § 19 Abs. 1 AktG).[21] 15

b) Qualifiziert wechselseitige Beteiligung

Wenn zu der wechselseitigen Beteiligung i.S.d. § 19 Abs. 1 AktG ein Abhängigkeitsverhältnis oder eine Mehrheitsbeteiligung hinzutritt, spricht man von einer qualifiziert wechselseitigen Beteiligung, die auch beidseitig bestehen kann (§ 19 Abs. 2, 3 AktG). Rechtsfolgen ergeben sich in den Fällen einer von einer AG oder KGaA abhängigen GmbH vor allem aus den §§ 56 Abs. 2, 71 ff. AktG, was dazu führt, dass kein weiterer originärer Aktienerwerb zulässig ist (§ 56 Abs. 2 AktG) und der beherrschten GmbH keine Mitgliedschaftsrechte in der herrschenden AG zustehen (§§ 71d Satz 4, 71b AktG). Die GmbH muss zudem ihren Anteil an Aktien innerhalb eines Jahres auf 10 % redu- 16

---

18 In diesem Sinne: MünchKomm-AktG/*Bayer*, § 18 Rn. 28 ff.; BayObLG, AG 1998, 523 f.; LG Mainz, AG 1991, 30 f. (beide zu § 5 MitbestG); zum engen Konzernbegriff vgl. *Hüffer*, § 18 AktG Rn. 9; KK-AktG/*Koppensteiner*, § 18 Rn. 19 ff.
19 Vgl. *Liebscher*, Rn. 131 ff.; Hachenburg/*Ulmer*, Anh. § 77 Rn. 39.
20 So aber Scholz/*Westermann*, § 33 Rn. 13; Baumbach/Hueck/*Fastrich*. § 33 Rn. 21.
21 Scholz/*Emmerich*, Anh. § 13 Rn. 35 f.; Michalski/*Sosnitza* § 33 Rn. 51; Lutter/Hommelhoff/*Lutter*, § 33 Rn. 41; Roth/Altmeppen/*Altmeppen*, § 33 Rn. 41.

zieren (§§ 71d Satz 2 und 4, 71c AktG). Bei einer qualifizierten wechselseitigen Beteiligung zwischen GmbHs ist die analoge Anwendung des § 33 Abs. 2 GmbHG ferner unstreitig.[22]

B. Konzernbildungs- und Konzernleitungskontrolle

17 Um einen wirkungsvollen Schutz gewährleisten zu können, müssen konzernrechtliche (Schutz-) Regeln bereits mit der Begründung der Abhängigkeit bzw. des Entstehens eines Konzerns eingreifen. Diese vorbeugenden Schutzmechanismen werden allgemein unter dem Stichwort der „Konzernbildungskontrolle" zusammengefasst und diskutiert.[23] Zu trennen sind dabei die Probleme, die auf der Stufe der abhängigen sowie auf der Stufe der herrschenden GmbH entstehen. Unter „Konzernleitungskontrolle" versteht man die Kontrolle von Verwaltungsmaßnahmen der herrschenden Gesellschaft in bestehenden Konzernen, insbesondere durch die Anteilseigner.[24]

I. Konzernbildungskontrolle

1. Abhängige GmbH

18 Zunächst geht es bei der Konzerneingangskontrolle um den Schutz bisher unabhängiger GmbHs gegen die Begründung von Abhängigkeitsverhältnissen und eine Konzerneinbindung. Gerade durch die Konzerneinbindung ergibt sich eine erhebliche Gefährdung der Interessen der Minderheitsgesellschafter, ist doch wegen des Konzernkonflikts keine strikt am wirtschaftlichen Eigeninteresse der GmbH orientierte Unternehmenspolitik mehr gewährleistet. Hieraus resultiert die Frage, welcher Schutz gegen eine Konzerneinbindung vorgesehen werden kann und inwieweit es einer Mitwirkung der Gesellschafter bedarf.[25] Aufgrund der Gestaltungsfreiheit bezüglich der GmbH-Satzung bestehen zahlreiche Möglichkeiten, bereits im Gesellschaftsvertrag minderheitsschützende Regelungen zu treffen, die für einen vorsorglichen Schutz gegen eine mögliche Abhängigkeit Sorge tragen.

19 In Betracht kommt hier die **Anteilsvinkulierung** nach § 15 Abs. 5 GmbHG, die, um einen wirksamen Schutz zu gewährleisten, den Ausschluss des betroffenen Gesellschafters vom Stimmrecht[26] und/oder die Zustimmung aller Gesellschafter zur Veräußerung regeln sollte.[27] Soll zwar der Erwerb einer Anteilsmehrheit zugelassen werden, aber der damit eigentlich einhergehende Einfluss begrenzt werden, so können bspw. **Höchststimm- und Mehrfachstimmrechte** und **Stimmverbote** in den Gesellschaftsvertrag aufgenommen werden.[28] Ferner können in der Satzung Wettbewerbsverbote für eine unternehmerische Tätigkeit der Gesellschafter außerhalb der Gesellschaft[29] geregelt werden, wobei hierdurch aber nur die besonders gefährliche Abhängigkeit von einem Konkurrenzunternehmen vermieden werden kann, nicht aber eine Konzerneinbindung insgesamt. Ein **Wettbewerbsverbot** wird darüber hinaus sogar unmittelbar aus der gesellschaftsrechtlichen Treuepflicht heraus anerkannt, setzt also nicht notwendigerweise eine Satzungsregelung voraus. In der „Werbeagentur"-Entscheidung hat der BGH entschieden, dass aus der Treuepflicht ein Wettbewerbsverbot zulasten eines herrschenden Gesellschafters abzuleiten ist, welches ihm zumindest fremdunternehmerische Aktivitäten im Geschäftsfeld der Gesellschaft untersagt.[30] Voraussetzung ist aber, dass den Mitgesellschaftern die Konkurrenztätigkeit des Gesellschafters bei Gründung bzw.

22 Vgl. nur Scholz/*Emmerich*, Anh. § 13 Rn. 37; Hachenburg/*Ulmer*, Anh. § 77 Rn. 46.
23 Siehe m.w.N.: Scholz/*Emmerich*, Anh. § 13 Rn. 41; Bork/Schäfer/*Weller*, Anh. § 13 Rn. 43 ff.; *Bouchon*, S. 1 ff.; *Seydel*, S. 1 ff., *Grauer*, S. 1 ff.
24 Vgl. Hachenburg/*Ulmer*, Anh. § 77 Rn. 94 ff.; MüHdb-GesR-III/*Decher*, § 68 Rn. 17 ff.; *Jungkurth*, S. 1 ff.
25 Zu den Anforderungen bei Abschluss eines Beherrschungsvertrags vgl. Rn. 28 ff.
26 Vgl. MüHdb-GesR-III/*Decher*, § 68 Rn. 4; Baumbach/Hueck/*Zöllner*, Anh. Die GmbH im Unternehmensverbund (GmbH-KonzernR) Rn. 94; *K. Schmidt*, GmbHR 1979, 121; *Lutter/Timm*, NJW 1982, 409.
27 Scholz/*Emmerich*, Anh. § 13 Rn. 49; *Bouchon*, S. 68 ff.
28 Bork/Schäfer/*Weller*, Anhang zu § 13 Rn. 43; *Liebscher*, Rn. 240; *Binnewies*, S. 157; *Emmerich*, AG 1991, 303.
29 *Bouchon*, S. 79 ff.; Michalski/*Servatius*, Syst. Darst. 4 Rn. 421; *Raiser*, in: FS Stimpel, S. 855; *Mertens/Cahn*, in: FS Heinsius, S. 545.
30 BGHZ 89, 162 = NJW 1984, 1351 (auch „Heumann-Ogilvy"-Entscheidung genannt).

dessen Anteilserwerb (soweit dieser der Mitwirkung der Gesellschafter erforderte) nicht bekannt war (§ 112 Abs. 2 HGB analog).

Für die **Befreiung von einem Wettbewerbsverbot** hat der BGH in der „Süssen"-Entscheidung materielle Zulässigkeitsvoraussetzungen aufgestellt, soweit hierdurch ein Abhängigkeitsverhältnis von einem Konkurrenten entsteht. Dieser Beschluss ist danach generell rechtswidrig, es sei denn, dass die Abwägung aller widerstreitenden Interessen des abhängigen Unternehmens sowie der Gesellschafter ergibt, dass er sachlich geboten ist und dass keine weniger einschneidende alternative Maßnahme möglich ist.[31] Ferner unterliegt der betroffene Gesellschafter bei der Beschlussfassung einem Stimmverbot (§ 47 Abs. 4 GmbHG). Dieser unmittelbar aus der Treuepflicht resultierende materielle Maßstab ist nach h.M. allgemein auf alle Beschlüsse anzuwenden, durch die eine GmbH in eine Abhängigkeit geraten kann.[32] Hierunter fallen insbesondere solche Beschlüsse, die auf die Aufhebung von zur Verhinderung von möglichen Abhängigkeiten errichteten Schutzklauseln in der Satzung oder die Zustimmung zum abhängigkeitsbegründenden Anteilserwerb bei Vinkulierung gerichtet sind. Bei Beschlüssen, die eine Abhängigkeit durch Stimmrechtsveränderungen (z.B. Mehrfachstimmrechte) begründen, bedarf es dagegen einer Inhaltskontrolle nicht, da solche Satzungsänderungen ohnehin den Kernbereich der Mitgliedschaft betreffen und daher die Zustimmung aller nachteilig betroffenen Gesellschafter erforderlich ist.[33] 20

In den verbleibenden Fällen wird ein **genereller Präventivschutz** gegen die nachträgliche Konzerneinbindung aus der gesellschaftsrechtlichen Treupflicht diskutiert.[34] Die Begründung eines Abhängigkeitsverhältnisses ohne vorherige Zustimmung der Mitgesellschafter durch (einfachen oder qualifizierten) Mehrheitsbeschluss wird von einer starken Literaturmeinung als treupflichtwidrig angesehen, da der Schutz der Unabhängigkeit der GmbH zu den Gesellschafterpflichten gezählt wird. In der Rechtsprechung hat diese Sichtweise bisher indes keinen Anklang gefunden und auch die heute wohl h.M. sieht einen derart weit gezogenen Konzerneingangsschutz der Gesellschaft kritisch.[35] In der Praxis kann dies daher außer Betracht bleiben. Lediglich in den Fällen einer qualifizierten Konzernierung, die durch eine besonders intensive Einwirkung auf die Leitung der GmbH und eine konsequente Ausrichtung der Unternehmenspolitik am Konzerninteresse geprägt ist, wird eine Zustimmung sogar aller Gesellschafter gefordert, da der Übergang von einer am wirtschaftlichen Eigeninteresse orientierten zu einer konzernorientierten Zwecksetzung als Änderung des Gesellschaftszwecks (§ 33 Abs. 1 Satz 2 BGB) anzusehen ist.[36] Entscheidend dürfte hierbei die Aufgabe der Verfolgung des Eigenerwerbszwecks der GmbH zugunsten des Konzerns sein, nicht die Intensität der Einflussnahme. 21

2. Herrschende GmbH

Auch auf der Ebene der herrschenden GmbH können die Interessen der Gesellschafter durch die Konzernierung gefährdet werden, sodass sich auch hier die Frage nach Mitwirkungsrechten stellt. Insbesondere ergibt sich dies aus der Gefahr einer Konzernhaftung (siehe Rn. 63 ff.) oder wegen des Mediatisierungseffekts, also die Verringerung des Einflusses der Gesellschafter auf das in Tochtergesellschaften verlagerte Vermögen. Der BGH hat daher im Rahmen der „Holzmüller"-Entscheidung für das Aktienrecht deutlich gemacht,[37] dass konzernbildende Maßnahmen, die Auswirkungen auf die Interessen der Gesellschafter der herrschenden Gesellschaft haben, der **Zustimmung** 22

31 BGHZ 80, 69 = NJW 1981, 1512.

32 MüHdb-GesR-III/*Decher*, § 68 Rn. 5; *Lutter/Timm*, NJW 1982, 409, 418;; *Binnewies*, S. 224 ff.; Rowedder/Schmidt-Leithoff/*Koppensteiner*, Anh. § 52 Rn. 33 ff.; *Grauer*, S. 76 ff.

33 Michalski/*Hoffmann*, § 53 Rn. 138.

34 *Liebscher*, Rn. 245 ff.; Baumbach/Hueck/*Zöllner*, Anh. KonzernR Rn. 93 ff.; Emmerich/Habersack/*Habersack*, Anh. § 318 Rn. 4ff.

35 BGHZ 159, 30 = NZG 2004, 575; LG Duisburg, AG 2004, 159; LG Frankfurt/M., NZG 1998, 113; Roth/Altmeppen/*Altmeppen*, Anh. § 13 Rn. 129 ff.; Michalski/*Servatius*, Syst. Darst. 4 Rn. 417; *Grauer*, S. 102 ff.

36 Roth/Altmeppen/*Altmeppen*, Anh. § 13 Rn. 120; Rowedder/Schmidt-Leithoff/*Koppensteiner*, Anh. § 52 Rn. 41; *Emmerich*, AG 1991, 303.

37 BGHZ 83, 122 = NJW 1982, 1703.

der Hauptversammlung bedürfen. Diese Rechtsprechung wurde nachfolgend noch einmal in den „Gelatine"-Entscheidungen ausdrücklich vom BGH bestätigt.[38]

23 Obwohl die „Holzmüller"-Entscheidung sich mit der Problematik bei einer AG befasst, müssen die Wertungen auch auf das GmbH-Konzernrecht übertragen werden. Rechtlicher Ansatzpunkt ist im GmbH-Recht der Grundsatz, dass in der GmbH alle Fragen von grundsätzlicher Bedeutung für die Gesellschaft den Gesellschaftern zur Entscheidung vorzulegen sind, also nicht von der Geschäftsführungskompetenz gedeckt sind (sog. Grundlagenkompetenz, arg. § 49 Abs. 2 GmbHG).[39] Die engen Voraussetzungen, die der BGH in „Gelatine" im Aktienrecht für eine ungeschriebene Hauptversammlungskompetenz statuiert hat, sind dabei nicht auf das GmbH-Recht zu übertragen. Vielmehr ist hier davon auszugehen, dass die erstmalige Konzernbildung (sowie jede wesentliche Umgestaltung des Konzerns) als Frage grundsätzlicher Bedeutung anzusehen ist und daher der Zustimmung der Gesellschafter bedarf,[40] die allerdings bereits in der Satzung erteilt werden kann (Konzernklausel). Darüber hinaus müssen die durch den satzungsmäßigen Unternehmensgegenstand gezogenen Grenzen beachtet werden, da auch die Tätigkeitsgebiete einer Tochtergesellschaft an diesem Maßstab zu messen sind. Die Ausgliederung von wesentlichen Vermögensgegenständen auf Tochtergesellschaften und der Erwerb von wesentlichen Beteiligungen sind der Geschäftsführung daher nur gestattet, sofern die Konzernbildung im Gesellschaftsvertrag vorgesehen ist und sich die Maßnahme im Rahmen des satzungsmäßigen Unternehmensgegenstands hält. Andernfalls bedarf es der Einwilligung der Gesellschafterversammlung zur Durchführung der Maßnahme, im Fall der Überschreitung des Unternehmensgegenstands sogar einer Satzungsänderung.

II. Konzernleitungskontrolle

24 Die Konzernleitungskontrolle im GmbH-Konzernrecht befasst sich mit der Frage der Mitwirkung der Gesellschafter bei der Ausübung der Konzernleitungsmacht durch die Organe der Obergesellschaft, vor allem bei Ausübung von Mitverwaltungsrechten in den Tochtergesellschaften (insbesondere zur Herbeiführung von Grundlagenbeschlüssen) und bei Umstrukturierungen innerhalb eines Konzerns. Aus der Grundlagenkompetenz (siehe Rn. 23) der Gesellschafter ergibt sich, dass die Geschäftsführer – obwohl die Verwaltung von Beteiligungen und damit auch die Ausübung von Mitverwaltungsrechten in Tochtergesellschaften grundsätzlich zur Geschäftsführung zählt – von sich aus bei für den Gesamtkonzern wesentlichen Maßnahmen verpflichtet sind, die Zustimmung der Gesellschafterversammlung einzuholen. Hierunter sind Strukturmaßnahmen, die den Bestand des Konzerns in seiner bisherigen Form betreffen, wie z.B. die Beteiligung Dritter, Kapitalerhöhungen, Begründung von mehrstufigen Abhängigkeitsverhältnissen sowie sämtliche wesentliche Umstrukturierungsmaßnahmen auf der Ebene der Tochter- wie auch der Enkelgesellschaften, zu verstehen.[41] Mitwirkungsrechte der Gesellschafter bestehen also nicht bei der normalen, laufenden Verwaltung der Beteiligungsrechte, wohl aber bei außergewöhnlichen Maßnahmen mit erheblicher wirtschaftlicher Bedeutung, ohne dass auch hier der strenge Maßstab des Aktienrechts übertragen werden könnte.[42]

C. Vertragskonzernrecht

I. Einleitung

25 Das GmbHG enthält, anders als das Aktienrecht in den §§ 291 ff. AktG, keine Regelungen des Vertragskonzernrechts. Aus den einschlägigen steuerrechtlichen Normen[43] lassen sich keine Rück-

---

38 BGHZ 159, 30 = NJW 2004, 1860; näher: Spindler/Stilz/*Hoffmann*, § 119 AktG Rn. 22 ff.
39 Scholz/*Emmerich*, Anh. § 13 Rn. 62; Bork/Schäfer/*Weller*, Anh. § 13 Rn. 16; Rowedder/Schmidt-Leithoff/*Koppensteiner*, Anh. § 52 Rn. 42 ff.; *Jungkurth*, S. 27 ff.
40 Scholz/*Emmerich*, Anh. § 13 Rn. 62a; MüHdb-GesR-III/*Decher*, § 70 Rn. 10 ff.; Bork/Schäfer/*Weller*, Anh. § 13 Rn. 24 ff.
41 Scholz/*Emmerich*, Anh. § 13 Rn. 64 f.; MüHdb-GesR-III/*Decher*, § 70 Rn. 17 ff.; *Hommelhoff*, S. 442 ff.
42 Scholz/*Emmerich*, Anh. § 13 Rn. 62a.
43 §§ 14, 17 KStG; § 2 Satz 2 GewStG.

schlüsse auf die gesellschaftsrechtlichen Anforderungen an Abschluss und Inhalt solcher Organisationsverträge ziehen.[44] Die Rechtsprechung hat den Fragenkreis primär durch Rückgriff auf allgemeine Vorschriften des GmbH-Rechts und ergänzend durch analoge Anwendung der aktienrechtlichen Vorschriften geregelt. Grundlegende Bedeutung für das Rechtsgebiet haben die „Supermarkt"[45]- und „Siemens"[46]-Beschlüsse des BGH.

Diese Grundsätze betreffen vor allem Vertragskonzerne, bei denen die abhängige Gesellschaft die Rechtsform der GmbH hat, ohne Rücksicht auf die Rechtsform der herrschenden Gesellschaft. Nach der ganz h.M. werden die Regelungen der §§ 291 ff. AktG analog bei einer abhängigen GmbH angewendet, soweit eine vergleichbare Situation zu einer abhängigen AG vorliegt und keine GmbH-rechtliche Beurteilung eine andere Wertung erfordert.[47] Darüber hinaus regelt das GmbH-Konzernrecht aber auch die Anforderungen an den Vertragsschluss auf der Ebene einer herrschenden GmbH. Nur wenn die abhängige Gesellschaft eine AG ist, sind die §§ 291 ff. AktG dagegen direkt anwendbar, auch wenn die herrschende Gesellschaft eine GmbH ist. 26

Ein Vertragskonzern wird durch einen **Unternehmensvertrag** gegründet. Gemäß den §§ 291, 292 AktG sind Beherrschungs- und Gewinnabführungsverträge nach § 291 AktG sowie andere Unternehmensverträge (Gewinngemeinschaft, Teilgewinnabführungsverträge, Betriebspacht- und -überlassungsverträge) nach § 292 AktG zu unterscheiden. Die rechtliche Einordnung insbesondere des Beherrschungsvertrags beschreibt der BGH dahin gehend, dass „ein solcher Unternehmensvertrag kein schuldrechtlicher Vertrag (sei), sondern ein gesellschaftsrechtlicher Organisationsvertrag, der satzungsgleich den rechtlichen Status der beherrschten Gesellschaft ändert. Diese Änderung besteht insbesondere darin, dass die Weisungskompetenz der Gesellschafterversammlung auf die herrschende Gesellschaft übertragen, der Gesellschaftszweck unter Aufhebung der unabhängigen erwerbswirtschaftlichen Teilnahme am Wirtschaftsverkehr bei einem in der Regel gleichbleibenden Unternehmensgegenstand am Konzerninteresse ausgerichtet und in das Gewinnbezugsrecht der Gesellschafter eingegriffen wird."[48] Trotz dieser weitreichenden Bedeutung ist die grundsätzliche Zulässigkeit der Beteiligung von GmbH an Unternehmensverträgen sowohl als herrschendes als auch als abhängiges Unternehmen heute unbestritten. 27

Der Grundsatz der Satzungsfreiheit in Bezug auf das Innenverhältnis der Gesellschafter (vgl. § 45 GmbHG) erlaubt nach h.M. eine Satzungsgestaltung, die einen **Unternehmensvertrag überflüssig** macht, da durch sie ein größtenteils identisches Ergebnis erzielt werden kann.[49] Allerdings ist mit der h.M. zu fordern, dass bei satzungsändernden Beschlüssen, die einen Unternehmensvertrag ersetzen, auch die Anforderungen erfüllt werden müssen, die an einen solchen Vertrag gestellt werden.[50]

II. Beherrschungs- und Gewinnabführungsverträge

1. Beherrschungsvertrag

a) Vertragsschluss

Durch einen solchen Vertrag überträgt eine abhängige GmbH das Weisungsrecht bezüglich der eigenen Leitung auf ein oder mehrere andere Unternehmen, er ist also ein Vertrag zwischen der abhängigen GmbH und einem/mehreren herrschenden Unternehmen. Es wird die in § 37 Abs. 1 GmbHG geregelte Weisungskompetenz der Gesellschafterversammlung auf das bzw. die herrschenden Unternehmen abgegeben mit der Folge, dass Weisungen direkt den Geschäftsführern 28

44 BGHZ 105, 324 = NJW 1989, 295; OLG Düsseldorf, NJW-RR 1995, 233.
45 BGHZ 105, 324 = NJW 1989, 295.
46 BGH NJW 1992, 1452 ff. = AG 1992, 192 ff.
47 Scholz/*Emmerich*, Anh. § 13 Rn. 133; *Liebscher*, Rn. 569.
48 BGHZ 105, 324 = NJW 1989, 295.
49 *K. Schmidt*, Gesellschaftsrecht, § 38 III 3, 39 II; *Korff*, GmbHR 2009, 243 ff.; *Liebscher*, Rn. 572; a.A. wohl Scholz/*Emmerich*, Anh. § 13 Rn. 136 f.
50 Vgl. nur Hachenburg/*Ulmer*, Anh. § 77 Rn. 186; *Beuthien*, ZIP 1993, 1589; Roth/Altmeppen/*Altmeppen*, Anh. § 13 Rn. 20 ff.

der abhängigen GmbH erteilt werden können, ohne hierzu die Gesellschafterversammlung zu befragen.

29 Für den Abschluss des Beherrschungsvertrags sind **aufseiten der abhängigen GmbH** die Geschäftsführer zuständig (§§ 35, 37 GmbHG), Wirksamkeit erlangt er jedoch erst durch die Zustimmung der erforderlichen Mehrheit der Gesellschafterversammlung. Welches Mehrheitserfordernis hier gilt, hat der BGH im „Supermarkt"-Beschluss ausdrücklich offengelassen. In Betracht kommen wegen des satzungsgleichen Charakters des Beherrschungsvertrags lediglich die qualifizierte Mehrheit (§ 53 Abs. 2 GmbHG) oder das weiter gehende Erfordernis der Zustimmung aller Gesellschafter (nicht nur der bei der Gesellschafterversammlung erschienenen, arg. § 53 Abs. 3 GmbHG). Richtigerweise bedarf es mit der wohl h.M. der Zustimmung aller Gesellschafter, da durch den Unternehmensvertrag massiv in die Mitwirkungsrechte der Gesellschafter und damit in den Kernbereich der Mitgliedschaft[51] eingegriffen wird.[52]

30 **Aufseiten der herrschenden Gesellschaft** ist § 293 Abs. 2 AktG im GmbH- Konzernrecht analog anwendbar,[53] d.h., die Gesellschafter einer herrschenden GmbH müssen dem Vertrag mit qualifizierter Mehrheit zustimmen. Auch insoweit ist die Zustimmung als Wirksamkeitsvoraussetzung des Vertragsschlusses anzusehen, ihm kommt also nicht nur gesellschaftsinterne Bedeutung zu.[54]

31 Für den Abschluss eines Beherrschungsvertrags gilt auch im GmbH-Konzernrecht die **Schriftform** analog §§ 293 Abs. 3, 294 AktG.[55] Darüber hinaus sind auf den **Zustimmungsbeschluss der Gesellschaftsversammlung** der abhängigen Gesellschaft die Erfordernisse der §§ 53, 54 GmbHG analog anzuwenden. Es bedarf daher einer **notariellen Beurkundung** des Zustimmungsbeschlusses (§ 53 Abs. 2 GmbHG) und der Anmeldung zum Handelsregister der abhängigen Gesellschaft (unter Beifügung des Zustimmungsbeschlusses der herrschenden Gesellschaft), wobei der Eintragung konstitutive Wirkung zukommt.[56] Aufseiten der herrschenden Gesellschaft sind dagegen die weiteren Voraussetzungen eines satzungsändernden Beschlusses nicht zu wahren und auch einer Eintragung in das Handelsregister der herrschenden Gesellschafter bedarf es nicht, unabhängig ob es sich dabei um eine GmbH oder um eine AG handelt.[57]

b) Konzernklauseln (Ermächtigungsklauseln)

32 Zur Vereinfachung des Abschlusses von Beherrschungsverträgen wird in der Literatur diskutiert, ob die Ermächtigung zum Abschluss solcher Verträge von vornherein geregelt werden kann. Dies könnte in der Satzung oder durch Gesellschafterbeschluss geschehen. Eine allgemeine Ermächtigung der Geschäftsführer einer abhängigen GmbH ist jedoch nach ganz herrschender Ansicht nicht möglich.[58] Lediglich bei Bagatellfällen können diese Einwilligungen als zulässig angesehen werden.[59] Bei herrschenden GmbHs sind solche Klauseln ebenfalls unzulässig, wenn sie generell abgefasst sind. Beziehen sie sich hingegen auf genau spezifizierte Einzelfälle, sind sie zulässig.[60]

33 Ebenfalls wird versucht, durch **Herabsetzung der Zustimmungsquote** der Gesellschafter eine praktische Vereinfachung zu erzielen. Bei der Obergesellschaft muss hier jedoch auch für die GmbH § 293 AktG beachtet werden, der eine Herabsetzung der Quote verbietet. Auch bei der abhängi-

---

51 Näher: Michalski/*Hoffmann*, § 53 Rn. 89.

52 Ebenso: Hachenburg/*Ulmer*, § 53 Rn. 145 f.; Scholz/*Emmerich*, Anh. § 13 Rn. 144 ff.; *Zeidler*, NZG 1999, 692; Michalski/*Hoffmann*, § 53 Rn. 157; a.A. LG Dortmund, GmbHR 1998, 941; *Halm*, NZG 2001, 728; Roth/Altmeppen/*Altmeppen*, Anh. § 13 Rn. 37.

53 BGHZ 105, 324 = NJW 1989, 295; BGHZ 115, 187 = NJW 1991, 3142; BGH LM Nr. 2 zu § 293 AktG = NJW 1992, 1452.

54 BGHZ 105, 324 = NJW 1989, 295; Scholz/*Emmerich*, Anh. § 13 Rn. 148; Michalski/*Servatius*, Syst. Darst. 4 Rn. 60, 51.

55 BGHZ 105, 324 = NJW 1989; Hachenburg/*Ulmer*, § 53 Rn. 141; *Hoffmann-Becking*, WiB, 1994, 57; a.A. *Pache*, GmbHR 1995, 90.

56 Vgl. nur BGHZ 116, 37 = NJW 1992, 505; *Pache*, GmbHR 1995, 90; *Hoffmann-Becking*, WiB, 1994, 57.

57 AG Erfurt, GmbHR 1997, 75; Bork/Schäfer/*Weller*, Anh. § 13 Rn. 26; Roth/Altmeppen/*Altmeppen*, Anh. § 13 Rn. 46; Lutter/Hommelhoff/*Lutter*, Anh. § 13 Rn. 55 ff.

58 MüHdb-GesR-III/*Decher*, § 70 Rn. 12; *Timm*, GmbHR 1989, 11; *Krieger*, DStR 1992, 432.

59 *Hoffmann-Becking*, WiB 1994, 57; Scholz/*Emmerich*, Anh. § 13 Rn. 156.

60 *Krieger*, DStR 1992.

gen GmbH wird man im Regelfall eine generelle Herabsetzung der Zustimmungsquote als unzulässig anzusehen haben. Eine Ausnahme liegt allerdings dann vor, wenn dies in der Satzung von Anbeginn an geregelt ist und zugleich eine Vereinbarung von Ausgleichs- und Abfindungsleistungen analog §§ 304, 305 AktG für die Minderheitsgesellschafter mit geregelt wurde. Bei einer später eingefügten Klausel kann dies nicht gelten, hier gilt das Erfordernis der Zustimmung aller Gesellschafter analog § 53 Abs. 3 GmbHG.

c) Fehlerhafte Unternehmensverträge

Wenn ein Unternehmensvertrag solch schwerwiegende Mängel aufweist, derentwegen seine Wirksamkeit zweifelhaft ist, so spricht man von „fehlerhaften" Verträgen. Nach der Rechtsprechung des BGH werden solche Verträge, wenn sie trotz der Mängel vollzogen worden sind, nach den Regeln über die fehlerhafte Gesellschaft behandelt.[61] Demnach sind sie für die Vergangenheit wirksam. Für die zukünftige Wirksamkeit gilt, dass, wenn es zwischenzeitlich nicht zu einer Heilung des Mangels gekommen ist, die Parteien jederzeit durch Kündigung aus wichtigem Grund den Vertrag mit Ex-nunc-Wirkung beenden können.[62] 34

d) Vertragsinhalt

Das herrschende Unternehmen erlangt durch den Beherrschungsvertrag das Weisungsrecht gegenüber der abhängigen Gesellschaft analog § 308 AktG, wodurch es Weisungen an die Geschäftsführung direkt erteilen kann. Hierdurch wird auch die eigentliche Kompetenz der Gesellschafter bezüglich der Zustimmung zu Maßnahmen der Geschäftsführung überdeckt.[63] Es tritt dadurch eine Vereinfachung ein, die zudem dadurch, dass solche Weisungen im Gegensatz zu Beschlüssen der Gesellschafterversammlung nicht angefochten werden können, zu einer effizienteren Struktur innerhalb des Konzerns führt. Bezüglich der Weisungen gilt, dass sie, solange Konzerninteressen damit verfolgt werden, nachteilige Folgen für die abhängige Gesellschaft haben können und dürfen. Die Grenze findet das Weisungsrecht dort, wo zwingendes Recht für bestimmte Maßnahmen besteht.[64] Auch bei Geschäften, die praktisch eine Änderung der Satzung darstellen, besteht eine Beschränkung, wobei hier die Abgrenzung streitig ist.[65] Entscheidend wird man darauf abstellen müssen, ob die in Frage stehende Maßnahme als von der Satzung der Gesellschaft gedeckt angesehen werden kann oder nicht.[66] 35

Auch wenn aufgrund des „Bremer Vulkan"-Urteils des BGH,[67] in dem sich der BGH inhaltlich mit der Haftung im vertragslosen Konzern befasst, Rückgriffshaftungsregeln, die ohne eine analoge Anwendung der §§ 302, 303 AktG auskommen, möglich erscheinen, so spielt dies in der momentanen GmbH-Vertragskonzernrechtspraxis keine Rolle. Denn die Anwendung der §§ 302, 303 AktG analog sind im Vertragskonzernrecht zwingend für die steuerrechtliche Absicherung der Organschaft mit einer abhängigen GmbH.[68] Das herrschende Unternehmen ist von daher entsprechend § 302 AktG zur Ausgleichung des Jahresfehlbetrags verpflichtet, der beim abhängigen Unternehmen sonst entstehen würde. Hierfür dürfen gem. § 272 Abs. 3 HGB auch Gewinnrücklagen benutzt werden, die während der Laufzeit des Unternehmensvertrags gebildet wurden. Nach Ende des Vertrags besteht die Verpflichtung der Obergesellschaft zur Sicherheitsleistung nach § 303 AktG analog. 36

61 BGHZ 103, 1 = NJW 1988, 1326; BGHZ 105, 168 = NJW 1988, 3143; BGHZ 116, 37 = NJW 1992, 505; BGH ZIP 2002, 35.
62 MüHdb-GesR-III/*Decher*, § 70 Rn. 15.
63 OLG Stuttgart, NZG 1998, 601; Roth/Altmeppen/*Altmeppen*, Anh. § 13 Rn. 50; *Grauer*, S. 158 ff.
64 Beispiele hierfür sind die Änderung des Satzungsvertrags, die Bestellung von Geschäftsführern sowie die Erhöhung des Stammkapitals.
65 Vgl. Scholz/*Emmerich*, Anh. § 13 Rn. 177.
66 *Eschenbruch*, Rn. 3051.
67 BGHZ 149, 10 = NJW 2001, 3622.
68 MüHdb-GesR-III/*Decher*, § 70 Rn. 3; im Unterschied zum Steuerrecht (§ 17 Satz 2 Nr. 2 KStG) ist die Anwendung der §§ 302, 303 AktG analog auch unabhängig von einer Regelung im Unternehmensvertrag, da sie zwingendes Recht darstellen.

37 Bei einer Verletzung der genannten Pflichten oder einer sich aus dem Unternehmensvertrag in Zusammenhang mit den §§ 241 Abs. 2, 242 BGB ergebenden Pflichten[69] entsteht ein Anspruch der abhängigen Gesellschaft gegenüber der Obergesellschaft auf Schadensersatz. Dieser Anspruch steht neben der persönlichen Haftung der gesetzlicher Vertreter der Obergesellschaft analog §§ 309 Abs. 2, 310 Abs. 1 AktG und des Geschäftsführers und der Mitglieder des Aufsichtsrats bei der abhängigen Gesellschaft.[70]

e) Unternehmensvertragsänderung und Unternehmensvertragsbeendigung

aa) Änderung

38 Man versteht unter einer Änderung eines Unternehmensvertrags eine zweiseitige rechtsgeschäftliche Vereinbarung der Vertragsparteien, die ihre Wirksamkeit bereits während der Laufzeit des Vertrags entfalten soll und die die Regelungen des Vertrags inhaltlich verändert.[71] Für den Abschluss des Änderungsvertrags gelten die §§ 145 ff. BGB.

39 Nicht entscheidend für die Annahme, ob eine Vertragsänderung vorliegt, sind der Umfang sowie die Wichtigkeit. Daher sind sowohl wichtige als auch marginale Änderungen hierunter zu fassen. Beispiele für mögliche Änderungen beginnen somit bei auf Gründen der Rechtssicherheit beruhendem, lediglich redaktionellem Austausch einzelner Wörter oder Passagen im Unternehmensvertrag[72] und reichen bis zum Beitritt einer neuen Vertragspartei[73] oder der Auswechslung des herrschenden Unternehmens.[74]

40 Fraglich ist, ob **§ 295 AktG**, also eine Norm, die unmittelbar lediglich nur für Unternehmensverträge mit einer AG im Abhängigkeitsverhältnis gilt, im GmbH-Konzernrecht für abhängige GmbHs Geltung erlangt. Dies wird ganz überwiegend bejaht.[75] Allerdings besteht Uneinigkeit darüber, ob die Gesellschafterversammlung der GmbH einstimmig dem Änderungsvertrag zustimmen muss oder ob hierfür eine qualifizierte Mehrheit genügt, wobei stets vertreten wird, die Höhe des Zustimmungserfordernisse müsse mit dem bei dem Neuabschluss eines Unternehmensvertrags identisch sein.[76] Daher ist auch hier, genau wie beim originären Vertragsschluss, die Zustimmung aller Gesellschafter der abhängigen GmbH zu fordern (siehe Rn. 29). Aufseiten der herrschenden Gesellschaft ist, unabhängig davon, ob es sich hierbei um eine AG oder GmbH handelt, analog §§ 293 Abs. 2, 295 AktG die Zustimmung der Gesellschafter zu der Vertragsänderung zu verlangen.

bb) Beendigung

41 Eine Beendigung des Unternehmensvertrags kann verschiedene Gründe haben: In Betracht kommen unter anderem eine vertraglich fixierte Kündigung, eine Kündigung aus wichtigem Grund, eine Vertragsaufhebung sowie Zeitablauf, Auflösung, Umwandlung, Rücktritt und Anfechtung.

42 **§ 296 AktG** regelt die Vertragsaufhebung im Aktienrecht. Diese Regelung findet nach Meinung der Rechtsprechung[77] sowie der überwiegenden Meinung im Schrifttum[78] auch im GmbH-Konzernrecht entsprechende Anwendung. Dies bedeutet, dass nach § 296 Abs. 1 Satz 1 AktG analog die Aufhebung nur zum Ende eines Abrechnungszeitraums erfolgen darf. Nach § 296 Abs. 1 Satz 2 AktG ist eine rückwirkende Aufhebung unzulässig, sodass entsprechende Klauseln nichtig sind. § 296 Abs. 1 Satz 3 AktG sieht die schriftliche Form der Aufhebung vor.

---

69 Bspw. Verstöße gegen die Grenzen des Weisungsrechts oder die Sorgfaltspflicht bei der Weisungserteilung.
70 Scholz/*Emmerich*, Anh. § 13 Rn. 184; *Eschenbruch*, Rn. 3192 ff.
71 BGH NJW 1979, 2103; OLG Frankfurt/M., AG 2005, 353.
72 *Hüffer*, § 295 AktG Rn. 3; MüHdb-III/*Decher*, § 70 Rn. 29; KK-AktG/*Koppensteiner*, § 295 Rn. 5; a.A. *Krieger*/*Jannott*, DStR 1995, 1473.
73 BGHZ 119, 1 = NJW 1992, 2760; *Timm*, in: FS Kellermann, S. 461.
74 MüHdb-GesR-III/*Decher*, § 70 Rn. 36; *Krieger*/*Jannott*, DStR 1995, 1473.
75 Vgl. nur *Hoffmann-Becking*, WiB 1994, 57; Hachenburg/*Ulmer*, Anh. § 53 Rn. 153 ff.; Scholz/*Emmerich*, Anh. § 13 Rn. 186.
76 *Liebscher*, Rn. 803 f.
77 LG Essen, NZG 1998, 860.
78 Vgl. nur *Ulrich*, GmbHR 2004, 1000; *Eschenbruch*, Rn. 3189; Rowedder/Schmidt-Leithoff/*Koppensteiner*, Anh. § 52 Rn. 118; Baumbach/Hueck/*Zöllner*, Anh. Die GmbH im Unternehmensverbund (GmbH-KonzernR) Rn. 72.

Auch die analoge Anwendung von **§ 297 AktG** ist im GmbH-Konzernrecht anerkannt. Daher kann gem. § 297 Abs. 1 AktG analog aus wichtigem Grund **außerordentlich gekündigt** werden. Ein wichtiger Grund ist exemplarisch in § 297 Abs. 1 Satz 2 AktG benannt: Danach liegt ein solcher vor, wenn der andere Vertragsteil (das herrschende Unternehmen) seine Verpflichtungen voraussichtlich nicht erfüllen kann. Umgekehrt, d.h., wenn sich die ökonomische Situation der abhängigen Gesellschaft verschlechtert, besteht kein wichtiger Grund, da das gesamte unternehmerische Risiko vom herrschenden Unternehmen getragen wird. Weitere zur außerordentlichen Kündigung berechtigende wichtige Gründe sind ein fehlerhafter Unternehmensvertrag oder sonstige schwere Pflichtverletzungen.[79] Die ordentliche Kündigung ist im AktG nicht geregelt. Die Rechtsprechung lässt daher eine ordentliche Kündigung nur zu, wenn im Unternehmensvertrag selbst eine Kündigungsklausel enthalten ist.[80] Auch wenn dies in der Literatur umstritten ist,[81] sollten die Parteien aufgrund der sich ansonsten ergebenden Unsicherheiten unbedingt eine Klausel zur ordentlichen Kündigung in den Unternehmensvertrag einbauen, um dadurch Rechtssicherheit zu erlangen. 43

Ebenfalls äußerst umstritten ist die Frage, ob die Insolvenz einer der Vertragsparteien ein Beendigungsgrund ist.[82] Während die überwiegende Meinung, der zu folgen ist, von der Beendigung des Vertrags durch die Insolvenz ausgeht,[83] wird auf der anderen Seite vertreten, dass der Unternehmensvertrag bestehen bleibe, dass aber eine Kündigung aus wichtigem Grund bestehe.[84] 44

2. Gewinnabführungsvertrag

Der Gewinnabführungsvertrag ist in § 291 Abs. 1 Satz 1 Alt. 2 AktG geregelt und ist ein Vertrag, durch den sich eine abhängige Gesellschaft verpflichtet, ihren ganzen Gewinn an ein anderes Unternehmen, die herrschende Gesellschaft, abzuführen. Oftmals wird ein Beherrschungsvertrag mit einem Gewinnabführungsvertrag verbunden (sog. Organschaftsverträge). Der Abschluss des Gewinnabführungsvertrags weist keine Besonderheiten zu den bei den Beherrschungsverträgen genannten Regelungen auf, auch bezüglich der Zustimmungsregelungen kann auf die dortigen Ausführungen verwiesen werden (siehe Rn. 28 ff.). Mit dem Vertragsschluss ändert sich der Zweck der Gesellschaft dahin gehend, dass er jetzt nicht mehr auf die Gewinnerzielung im gemeinsamen Interesse der Gesellschafter, sondern für die Obergesellschaft gerichtet ist.[85] 45

Die §§ 300 ff. AktG werden im GmbH-Konzernrecht analog angewendet, sodass die dort geregelten Beschränkungen in Bezug auf die Höhe des Gewinns, der abzuführen ist (§§ 300, 301 AktG), und die Übernahmepflicht der Jahresfehlbeträge (§ 302 AktG) sowie die Gläubigerschutzregelungen des § 303 AktG auch für Gewinnabführungsverträge gelten. 46

III. Andere Unternehmensverträge

In § 292 AktG sind andere Unternehmensverträge geregelt, die zwischen einer abhängigen GmbH und einer Obergesellschaft geschlossen werden können. Es sind dies namentlich der Teilgewinnabführungsvertrag nach § 292 Abs. 1 Nr. 2 AktG, die Gewinngemeinschaft nach § 292 Abs. 1 Nr. 1 AktG, der Betriebspacht- und Betriebsüberlassungsvertrag nach § 292 Abs. 1 Nr. 3 AktG sowie der Managementvertrag, auf den § 292 Abs. 1 Nr. 3 AktG analog angewendet wird. 47

1. Teilgewinnabführungsvertrag

Von großer praktischer Bedeutung ist der Teilgewinnabführungsvertrag, der gegeben ist, wenn sich eine abhängige Gesellschaft (dies kann auch eine GmbH sein) dazu verpflichtet, einen Teil ihres 48

79 Vgl. *Liebscher*, Rn. 832 ff.
80 BGHZ 122, 211 = NJW 1993, 1976.
81 Wie der BGH wohl Scholz/*Emmerich*, Anh. § 13 Rn. 191; a.A. *Timm*, in: FS Kellermann, S. 461.
82 Siehe zur Behandlung von Unternehmensverträgen in der Insolvenz *Paulus*, ZIP 1996, 2141.
83 Baumbach/Hueck/*Zöllner*, Anh. Die GmbH im Unternehmensverbund (GmbH-KonzernR Rn. 73; MünchKomm-AktG/*Altmeppen*, § 297 Rn. 43.
84 *Noack/Casper/Schäfer*, Gesellschaftsrecht, Rn. 723; *Bultmann* ZInsO, 2007, 785, 788 ff.
85 Vgl. Scholz/*Emmerich*, Anh. § 13 Rn. 201.

Gewinns abzuführen.[86] Dies liegt unter anderem immer dann vor, wenn eine stille Beteiligung vereinbart wird, da der stille Gesellschafter an den Gewinnen des Unternehmens partiell partizipiert.[87] Die Nichteinhaltung der Formvorschriften des Rechts der Vertragskonzerne führt in der Rechtsprechung der Instanzgerichte[88] oftmals dazu, dass die Regelungen für fehlerhafte Unternehmensverträge Anwendung finden (siehe Rn. 34). Dies hat zur Folge, dass eine Kündigung lediglich mit zukünftiger Wirkung ausgesprochen werden kann und dass die Wirkungen für die Vergangenheit wirksam bleiben. Der BGH hält einschränkend jedoch Ansprüche auf Schadensersatz für die stillen Gesellschafter wegen Verschuldens bei Vertragsschluss sowie Prospekthaftungsansprüche für möglich.[89]

49 Problematisch sind Teilgewinnabführungsverträge vor allem deshalb, weil die Schutzvorschriften des Gewinnabführungsvertrags im großen Rahmen nicht gelten, obwohl es möglich ist, den Gewinn bis auf einen kleinen Teil weitgehend abzuführen, was auf eine eklatante Reduzierung des Minderheitenschutzes hinausläuft. Hier bestehen verschiedene Lösungsansätze, diesem Problem gerecht zu werden. Der richtige Weg erscheint, den Vertragsschluss von der Zustimmung aller Gesellschafter abhängig zu machen[90] und zusätzlich eine analoge Anwendung des § 302 AktG (Verlustübernahme) in der Höhe zu fordern, in der die Gewinne abgeführt werden.[91]

50 Viel diskutiert ist die Frage, ob die Vertretungsmacht der GmbH-Geschäftsführer nach § 37 Abs. 2 GmbHG den Abschluss von Teilgewinnabführungsverträgen umfasst oder ob es der Zustimmung der Gesellschafterversammlung bedarf. Nach richtiger Ansicht kann hier keine unterschiedliche Behandlung bei einer GmbH im Gegensatz zu einer AG gegeben sein, da bei beiden der Einschnitt in die Organisation der Gesellschaft gleich tief ist.[92] Daher bedarf es der Zustimmung der GmbH-Gesellschafter zu dem Vertrag, und zwar wiederum in einer einstimmigen Entscheidung.

2. Gewinngemeinschaft

51 Gewinngemeinschaften liegen dann vor, wenn sich mehrere Unternehmen wechselseitig verpflichten, ihren Gewinn zur Aufteilung eines gemeinschaftlichen Gewinns zusammenzulegen. Durch den Gewinngemeinschaftsvertrag gründen die an diesem beteiligten Unternehmen eine BGB-Gesellschaft, auf die die §§ 705 ff. BGB anwendbar sind.[93] Die Regelungen des Aktienrechts finden unmittelbar nur dann Anwendung, wenn eine AG bzw. KGaA an der Gewinngemeinschaft beteiligt ist.[94] Analog gelten diese Regelungen jedoch auch für GmbHs. Die Geschäftsführer haben keine Vertretungsmacht zum Abschluss des Vertrags zur Gründung der GbR. Ein solcher Abschluss obliegt den Gesellschaftern, die einstimmig zustimmen müssen.[95] Wird der Vertrag ohne einen einstimmigen Gesellschafterbeschluss trotzdem durchgeführt, so sind die §§ 30 f. GmbHG anwendbar und es entstehen Ansprüche aufgrund Verstoßes gegen den Gesellschaftsvertrag gegen die Mehrheitsgesellschafter.[96]

3. Betriebspacht- und Betriebsüberlassungsvertrag

52 Beim Betriebspachtvertrag verpachtet eine Gesellschaft ihre gesamten Betriebsanlagen, die vom Pächter weitergeführt werden. Dadurch wird die verpachtende Gesellschaft zu einer „Rentnergesellschaft".[97] Beim Betriebsüberlassungsvertrag liegt lediglich der Unterschied vor, dass der Über-

---

86 Siehe Michalski/*Servatius*, Syst. Darst. 4 Rn. 333; Scholz/*Emmerich*, Anh. § 13 Rn. 213.
87 LG Darmstadt, ZIP 2005, 402; sich ergebende Probleme bei der Eintragung von stillen Gesellschaftsverträgen sind vom Gesetzgeber erkannt worden, woraufhin er § 294 Abs. 1 Satz 1 Hs. 2 AktG neu gefasst hat.
88 OLG Hamburg, AG 2003, 519; OLG Stuttgart, NZG 2003, 1160; OLG Frankfurt/M., NZG 2004, 136.
89 BGH NZG 2004, 961.
90 So auch Scholz/*Emmerich*, Anh. § 13 Rn. 215; *Raiser/Veil*, § 57 Rn. 13.
91 Ähnlich: *Liebscher*, Rn. 607.
92 Scholz/*Emmerich*, Anh. § 13 Rn. 214; *Schneider*, in: Schneider (Hrsg.), S. 7, 26 ff.; a.A. Hachenburg/*Ulmer*, Anh. § 77 Rn. 203a.
93 BGHZ 24, 279 = NJW 1957, 1362.
94 Siehe Scholz/*Emmerich*, Anh. § 13 Rn. 210.
95 *Schneider*, in: Schneider (Hrsg.), 7, 26 ff.; a.A. *Liebscher*, Rn. 674.
96 Rowedder/Schmidt-Leithoff/*Koppensteiner*, Anh. § 52 Rn. 84.
97 Dieser Begriff wird von Scholz/*Emmerich*, Anh. § 13 Rn. 216, verwendet.

nehmer die Geschäfte aufgrund einer Vollmacht gem. § 54 HGB weiterführt. In beiden Fällen handelt der Übernehmer auf eigene Rechnung.

Die Gefahr bei dieser Art von Verträgen ist, dass oft ein verdeckter Beherrschungsvertrag bzw. Gewinnabführungsvertrag vorliegt. Ist dies der Fall, so gelten die für diese Verträge geltenden Vorschriften, die bezüglich des Schutzes weiter gehend sind. 53

Auch für den Abschluss von Betriebspacht- und Betriebsüberlassungsverträgen muss die Gesellschafterversammlung einstimmig ihre Zustimmung erteilen.[98] 54

4. Managementverträge

Diese Verträge, die oft auch als Betriebsführungsverträge bezeichnet werden, sind dadurch gekennzeichnet, dass das herrschende Unternehmen Eigentümer und das abhängige Unternehmen Betriebsführer ist. Hier ist mit der h.M. die Zustimmung der Gesellschafter für den Vertragsabschluss zu verlangen,[99] davon ist jedoch unstreitig Abstand zu nehmen, wenn lediglich einzelne Betriebe überlassen werden.[100] 55

D. Faktisches Konzernrecht

Faktische GmbH-Konzerne haben in der Praxis eine große Bedeutung, sie sind zahlenmäßig wahrscheinlich häufiger anzutreffen als GmbH-Vertragskonzerne. Die besondere Gefahr, die hier besteht, ist, dass aufgrund der Zuständigkeitsordnung der GmbH, die von der AG verschieden ist, das nunmehr herrschende Unternehmen über die von ihm dominierte Gesellschafterversammlung nahezu allmächtig wird und die Lenkung der GmbH alleine bestimmen kann, was zur Folge hat, dass das Eigeninteresse der GmbH verdrängt wird und damit unberücksichtigt bleibt. Die aktienrechtlichen Regelungen können aufgrund der unterschiedlichen Konzeptionen im GmbH- und AG-Recht nicht ohne Weiteres angewendet werden, sodass es spezieller, vom aktienrechtlichen Modell unabhängiger eigenständiger Lösungen bedarf. 56

Das herrschende Unternehmen kann auf die abhängige GmbH nahezu ungehindert Einfluss ausüben und im Zuge der Leitungsmacht in diese eingreifen. Aufgrund der Organisation der GmbH besteht zugunsten der Obergesellschaft durch ihre Mehrheit in der Gesellschafterversammlung eine sehr umfassende Macht, die sich vor allem in der Weisungsgebundenheit des Geschäftsführers zeigt. Aus dieser Situation heraus ist es ein Leichtes, die Interessen der abhängigen GmbH zu übergehen, um dadurch Vorteile für das herrschende Unternehmen zu erlangen. Diesen Vorteilen stehen die Nachteile vor allem der Minderheitsgesellschafter der abhängigen GmbH, aber auch deren Gläubigern gegenüber.[101] 57

Diese Notwendigkeit der Sicherung der Rechte der abhängigen GmbH und ihrer Minderheitsgesellschafter sowie ihrer Gläubiger hat zur Entwicklung einer sog. **Treuepflicht des herrschenden Unternehmens** geführt.[102] Diese Treuepflicht besagt, dass sich die herrschende Gesellschaft schadensersatzpflichtig macht, wenn sie auf die abhängige GmbH dergestalt Einfluss nimmt, dass diese hierdurch grundlos geschädigt wird oder dass hierdurch die Rechte der Minderheitsgesellschafter beeinträchtigt werden, ohne dass hierzu eine Notwendigkeit bestand.[103] Eine Anwendung des § 311 AktG, nach dem im Aktienrecht nachteilige Einzelmaßnahmen gegen Leistung eines Nachteilsausgleichs möglich sind, auf abhängige GmbHs kommt nach einhelliger Ansicht weder unmittelbar noch analog in Betracht.[104] Daher dürfen keine Maßnahmen, die gegen die Treupflicht ver- 58

98 So auch *Mimberg*, S. 144 ff.; Scholz/*Emmerich*, Anh. § 13 Rn. 219; anders die wohl h.M.: *Führling*, S. 167 ff.; Michalski/*Servatius*, Syst. Darst. 4 Rn. 356.
99 Siehe MüHdb-GesR-III/*Decher*, § 70 Rn. 44.
100 MüHdb-GesR-III/*Decher*, § 70 Rn. 44.
101 MüHdb-GesR-III/*Decher, § 68 Rn.3.*
102 Siehe *Ziemons*, S. 113; *Konzen*, NJW 1989, 2977; Hachenburg/*Ulmer*, Anh. § 77 Rn. 76 und 90.
103 Scholz/*Emmerich*, Anh. § 13 Rn. 68; *Orth*, DStR, 1994, 250.
104 Siehe dazu nur BGHZ 95, 330 = NJW 1986, 188; BGHZ 149, 10 = NJW 2001, 3672; Hachenburg/*Ulmer*, Anh. § 77 Rn. 55; MüHdb-GesR-III/*Decher*, § 68 Rn. 18.

stoßen, ausgeführt werden, solange nicht alle Gesellschafter ihre Zustimmung erklären.[105] Werden durch die herrschende Gesellschaft Maßnahmen veranlasst, die gegen die Treuepflicht verstoßen, und haben nicht alle Gesellschafter der abhängigen GmbH diesen zugestimmt, so kann hiergegen eine Klage auf Unterlassung erhoben werden.

59 Wenn eine entsprechende Maßnahme durchgeführt worden ist, bestehen **Schadensersatzansprüche**, die auf Rückgängigmachung der getroffenen Maßnahme gerichtet sind bzw. – wenn dies nicht mehr möglich ist – auf Geldersatz gerichtet sind.[106] Der Schadensersatzanspruch muss grundsätzlich von den Gesellschaftern der abhängigen GmbH nach § 46 Nr. 8 GmbHG beschlossen werden. Das herrschende Unternehmen ist hierbei nicht stimmberechtigt (47 Abs. 4 Satz 2 GmbHG). Sofern die Geltendmachung der Ansprüche von der Gesellschafterversammlung treuwidrig verweigert werden, kann auch der einzelne Gesellschafter auf Leistung an die Gesellschaft klagen.[107] Anspruchsgegner ist das herrschende Unternehmen. Daneben besteht u.U. auch eine Haftung des Geschäftsführers der abhängigen GmbH, die nur dann ausscheidet, sofern er eine Weisung erhalten hat, die für ihn bindend gewesen ist.[108]

60 Ein **Verstoß gegen die Treuepflicht** liegt immer dann vor, wenn Leistungsbeziehungen innerhalb eines Konzerns nicht gemäß den Marktbedingungen wie zwischen unabhängigen Dritten abgewickelt werden.[109] Dies ist auch dann der Fall, wenn die abhängige GmbH dem herrschenden Unternehmen eine sog. Konzernfinanzierung zu unangemessen günstigen Bedingungen bietet, wobei diese im Einzelfall sehr unterschiedlich ausgestaltet sein kann.[110] Auch durch Strukturmaßnahmen kann ein Verstoß gegen die Treupflicht bewirkt werden.[111] Ein solcher liegt auch bei einer übertragenden Auflösung vor, wenn das herrschende Unternehmen einen unangemessen niedrigen Preis für die abhängige GmbH zahlt.[112] Eine weitere Fallgruppe des treuwidrigen Verhaltens berührt das Ausnutzen von Geschäftsmöglichkeiten, sofern die vom herrschenden Unternehmen ausgenutzte Chance eigentlich und ausschließlich der abhängigen GmbH zustand.[113]

61 Auch bei **mehrstufigen Konzernverbindungen** besteht eine Treuepflicht dahin gehend, dass es der Muttergesellschaft mit den oben dargestellten Konsequenzen untersagt ist, ihre Machtstellung zuungunsten der Enkelgesellschaft missbräuchlich einzusetzen.

E. Der existenzvernichtende Eingriff

62 Der BGH hat im „Bremer Vulkan"-Urteil[114] die Rechtsfigur des qualifiziert-faktischen Konzerns für Geschichte erklärt und stattdessen eine vom Konzernrecht unabhängige Durchgriffshaftung wegen existenzvernichtenden Eingriffs eingeführt. Dieser wurde in der Folgezeit bestätigt.[115] Nichtsdestotrotz ist der Hauptanwendungsbereich im Konzernrecht anzusiedeln.

63 Zunächst muss ein existenzvernichtender Eingriff vorliegen. Dieser liegt bei einem Zugriff auf das Gesellschaftsvermögen in einem ins Gewicht fallenden Maß vor, der ohne die erforderliche Rücksicht auf die Erhaltung der Fähigkeit zur Bedienung der Verbindlichkeiten der Gesellschaft erfolgt.[116] Daraus folgt die zweite Voraussetzung: Durch den Eingriff muss eine ins Gewicht fallende Beeinträchtigung der GmbH, ihre Verbindlichkeiten ganz oder teilweise zu erfüllen, verur-

105 MüHdb-GesR-III/*Decher*, § 68 Rn. 18.
106 Vgl. Scholz/*Emmerich*, Anh. § 13 Rn. 85 ff.
107 Im Wege der sog. *actio pro societate*; hierzu BGHZ 65, 15 = NJW 1975, 2101; Hachenburg/*Ulmer*, Anh. § 77 Rn. 90; *Assmann*, in: FS 100 Jahre GmbHG, S. 657.
108 *Eschenbruch*, Rn. 4223; *Altmeppen*, S. 419.
109 BGHZ 65, 15 = NJW 1975, 2101.
110 MüHdb-GesR-III/*Decher*, § 68 Rn. 23.
111 *Kowalski*, GmbHR 1993, 253; Hachenburg/*Ulmer*, Anh. § 77 Rn. 137.
112 Siehe MüHdb-GesR-III/*Decher*, § 68 Rn. 24.
113 *Röhricht*, WPg 1992, 766.
114 BGHZ 149, 10 = NJW, 2001, 3622.
115 BGHZ 151, 181 = NJW 2002, 3024; BGHZ 150, 61 = NJW 2002, 1803.
116 Vgl. BGHZ 151, 181 = NJW 2002, 3024.

sacht werden,[117] der Eingriff muss mithin existenzvernichtend sein. Zwischen diesen beiden Voraussetzungen muss Kausalität bestehen.[118] Letzte Voraussetzung ist, dass keine Möglichkeit des Ausgleichs des zugefügten Nachteils nach den §§ 30, 31 GmbHG besteht.

Bei der Haftung aufgrund eines existenzvernichtenden Eingriffs handelt es sich um eine **Durchgriffshaftung**.[119] Wenn die beschriebenen Voraussetzungen erfüllt sind, ist eine volle Haftung gegeben. Eine Beschränkung der Haftung nach § 13 Abs. 2 GmbHG kommt nicht zum Zuge. Die Rechtsfolge ist von daher die persönliche Haftung der Gesellschafter, bei denen die Voraussetzungen erfüllt sind. Erfasst sind hiervon alle die Forderungen, die zum Zeitpunkt des Eingriffs gegen die GmbH begründet sind. Bestehen gegen mehrere Gesellschafter Ansprüche aufgrund existenzvernichtenden Eingriffs, so haften diese gesamtschuldnerisch gem. § 421 BGB. Verteidigen können sich die aufgrund der Durchgriffshaftung in Anspruch genommenen Gesellschafter mit der GmbH zustehenden Einwendungen analog § 129 HGB.[120] **64**

F. Muster

Auf der CD-ROM finden sich die folgenden drei Muster: **65**

1. Muster Nr. 94: Gewinnabführungsvertrag

94

Das Muster enthält einen einfachen Gewinnabführungsvertrag zwischen zwei Gesellschaften mit beschränkter Haftung zur Herbeiführung einer körperschaftsteuerlichen Organschaft. Die Regelungen in § 3 sind nur erforderlich, wenn außenstehende Gesellschafter vorhanden sind. Der Vertrag bedarf der Schriftform und kann seitens der beteiligten Gesellschaften nur durch die gesetzlichen Vertreter (Geschäftsführer) abgeschlossen werden.

2. Muster Nr. 95: Zustimmung der Gesellschafterversammlung der Tochtergesellschaft zum Gewinnabführungsvertrag

95

Das Muster enthält das Protokoll der Gesellschafterversammlung der Tochtergesellschaft, die über die Zustimmung zu einem Gewinnabführungsvertrag beschließt. Wenn kein einstimmiger Beschluss zustande kommt oder außenstehende Gesellschafter vorhanden sind, müssen nach §§ 293a bis 293g AktG weitere formale Bestimmungen beachtet werden. Der Zustimmungsbeschluss der Muttergesellschaft ist nicht beurkundungsbedürftig, wenn es sich bei dieser um eine GmbH handelt (anders bei einer AG gemäß §§ 293 Abs. 2 Satz 2 i.V.m. Abs. 1 Satz 2, 130 Abs. 1 Satz 3 AktG).

3. Muster Nr. 96: Anmeldung Gewinnabführungsvertrag zum Handelsregister

96

Das Muster enthält die erforderliche Anmeldung eines Gewinnabführungsvertrags zur Eintragung in das Handelsregister bei der Tochtergesellschaft. Die Anmeldung ist von den Geschäftsführern der Gesellschaft in vertretungsberechtigter Zahl zu unterzeichnen. Der Vertrag wird erst mit seiner Eintragung in das Handelsregister wirksam (§ 294 Abs. 2 AktG, siehe dazu „Steuerrecht", S. 1046 ff., Rn. 80).

117 BGHZ 151, 181 = NJW 2002, 3024.
118 *Hoffmann*, NZG 2002, 68.
119 BGHZ 151, 181 = NJW 2002, 3024; BGH GmbHR 2005, 225 f. = ZIP 2005, 117.
120 OLG Jena, GmbHR 2002, 112; *Hoffmann*, NZG 2002, 68.

7. Steuerrecht

Literatur
Bergemann/Markl/Althof, Die Gewerbesteuer im Lichte des Regierungsentwurfes zur Unternehmensteuerreform 2008, DStR 2007, 693; *Binz*, Unternehmensteuerreform 2008: Rechtsformspezifische Steuerwirkungen im Überblick, DStR 2007, 1692; *Binz/Sorg*, Die GmbH & Co. KG im Gesellschafts- und Steuerrecht, 10. Auflage 2005; *Brinkmeier*, Die geplante Unternehmensteuerreform 2008 – Überblick über die Auswirkungen des Referentenentwurfs für GmbH, GmbH-StB 2007, 81; *Brandmüller*, Die Betriebsaufspaltung nach Handels- und Steuerrecht, 7. Auflage, 1997; *Busch*, Verlustnutzung als Gestaltungsmissbrauch, DStR 2007, 1069; *Carlé*, Die Betriebsaufspaltung – Gestaltung, Beratung, Muster, 2003; *Crezelius*, Aktuelle Steuerrechtsfragen in Krise und Insolvenz, NZI 2012, 446; *Dieterlen/Winkler*, Konzernsachverhalte im Rahmen der neuen „Mantelkauf"-Regelung des § 8c KStG, GmbHR 2007, 815; *Dörfler/Wittkowski*, Verschärfung der Verlustnutzung bei Kapitalgesellschaften: Wie § 8c KStG-E das Kinde mit dem Bade ausschüttet, GmbHR 2007, 513; *Eilers*, Fremdfinanzierung im Unternehmen nach der Unternehmensteuerreform 2008, FR 2007, 733; *Fichtelmann/Schulze zur Wiesche/Högl/Schmitt/Ferstl*, Steuer-Formular-Handbuch, Vertrags- und Schriftsatzmuster für die Rechts- und Steuerberatungspraxis, 7. Auflage 2002; *Forst/Schaaf*, Die Thesaurierungsbegünstigung für Personengesellschaften, Regelungsinhalt, Wirkungen und Handlungsempfehlungen, EStB 2007, 263; *Frey/Sälzer*, Die deutsche Konzernbesteuerung im Umbruch, BB 2012, 294; *Glanegger/Güroff*, Gewerbesteuergesetz, Kommentar, 6. Auflage 2006; *Glaser*, Auf dem Weg zu einer sachgerechten Konzernbesteuerung – die GKKB als Leitbild? DStR 2011, 2317; *Gosch/Schwedhelm/Spiegelberger*, GmbH-Beratung, Gesellschaftsrecht und Steuerrecht, Loseblatt, Stand: Mai 2012; *Harle/Kulemann*, Besteuerung der Kapital- und Personengesellschaften nach der Unternehmensteuerreform 2008 – ein Belastungsvergleich, GmbHR 2007, 1138; *Heeg/Schramm*, Der steinige Weg aus der Pensionszusage – Vermögensverwaltende „Rentner-GmbH" vom BFH nicht akzeptiert, DStR 2007, 1706; *Hesselmann/Tillmann/Mueller-Thuns*, Handbuch der GmbH & Co. KG, Gesellschaftsrecht, Steuerrecht, 19. Auflage 2005; *Herzig*, Die Organschaft im Umbruch, Beihefter zu DStR 30 2010, 61; *Hey*, Unternehmensteuerreform: das Konzept der Sondertarifierung des § 34a EStG-E – Was will der Gesetzgeber und was hat er geregelt?, DStR 2007, 925; *Hoffmann*, Rangrücktrittsvereinbarung als Steuerungsinstrument, GmbH-StB 2004, 351; *Hölzle*, Nachträgliche Anschaffungskosten auf Kapitalbeteiligungen in der Fassung des Reg-E MoMiG, DStR 2007, 1185; *Homburg*, Die Abgeltungsteuer als Instrument der Unternehmensfinanzierung, DStR 2007, 686; *Homburg*, Die Zinsschranke – eine beispiellose Steuerinnovation, FR 2007, 717; *Jestädt*, Haftung gemäß § 74 AO und Betriebsaufspaltung, DStR 1989, 243; *Köhler*, Erste Gedanken zur Zinsschranke nach der Unternehmensteuerreform, DStR 2007, 597; *Korezkij*, Schenkungen unter Beteiligung von Kapitalgesellschaften - Überlegungen und Anwendungsbeispiele zu § 7 Abs. 8 und § 15 Abs. 4 ErbStG, DStR 2012, 163; *Korn*, Steuerliche Charakterisierung von Rückflüssen aus Besserungsscheinen nach Übertragung der Geschäftsanteile, GmbHR 2007, 624; *Meyering/Serocka*, Abgeltungsteuer nach dem BeitrRLUmsG: Automatisiertes Verfahren für den Kirchensteuerabzug, DStR 2012, 1378; *Melchior*, Unternehmensteuerreform 2008 und Abgeltungsteuer, DStR 2007, 1229; *Neu/Neumann/Neumayer*, Handbuch GmbH-Besteuerung – Die besteuerungsrelevanten Sachverhalte der GmbH und ihrer Gesellschafter, 1999; *Neumann*, Abgeltungsteuer nach dem Unternehmensteuerreformgesetz 2008 – Die Grundzüge im Überblick, EStB 2007, 333; *Neumann*, Neuregelung für vGA und verdeckte Einlagen – Die Wirkungsweise der „korrespondierenden Besteuerung" nach dem JStG 2007, GmbH-StB 2007, 112; *Passarge*, Pensionsverbindlichkeiten bei der GmbH-Liquidation – tatsächlich ein unüberwindbares Hindernis? GmbHR 2007, 701; *Paukstadt/Luckner*, Die Abgeltungsteuer ab 2009 nach dem Regierungsentwurf zur Unternehmensteuerreform, DStR 2007, 653; *Prinz/Simon*, Kuriositäten und Ungereimtheiten des UntStFG: Ungewollte Abschaffung des gewerbesteuerlichen Schachtelprivilegs für Kapitalgesellschaften? DStR 2002, 149; *Rödder*, Unternehmensteuerreformgesetz 2008, Beihefter zu DStR 2007, Heft 40; *Rödder/Herlinghaus/van Lishaut*, Umwandlungsteuergesetz, Kommentar, 2007; *Schiffers*, Die mittelständische GmbH & Co. KG im Rechtsformvergleich nach der Unternehmensteuerreform 2008 – Eine erste Analyse auf Grundlage des Regierungsentwurfes vom 14.3.2007, GmbHR 2007, 505; *Schiffers*, Unternehmensteuerreform 2008: Sondertarif für nicht entnommene Gewinne nach § 34a EStG – Fluch oder Segen? GmbHR 2007, 841; *Schmidt*, Einkommensteuergesetz, Kommentar, 31. Auflage 2012 *Schuhmann*, Umsatztantieme: Muss sie immer verdeckte Gewinnausschüttung sein? GmbHR 2007, 977; *Stollenwerk*, Ausweitung der Gewerbebesteuerung durch das UntStRefG 2008 – Geänderte Belastungswirkungen für GmbH und GmbH & Co. KG, GmbH-StB 2007, 276, 313; *Töben*, Die Zinsschranke – Befund und Kritik, FR 2007, 739; *Wälzholz*, Vertragsgestaltung bei Rangrücktritt und Forderungsverzicht, Zivil- und steuerrechtliche Hinweise zur Vermeidung einer Überschuldung, GmbH-StB 2006, 76; *Watrin/Wittkowski/Strohm*, Auswirkungen der Unternehmensteuerreform 2008 auf die Besteuerung von Kapitalgesellschaften, GmbHR 2007, 785; *Wiese/Klass/Möhrle*, Der Regierungsentwurf zur Unternehmensteuerreform 2008 – Überblick und erste Anmerkungen, GmbHR 2007, 405; *Zerwas/Fröhlich*, § 8c KStG – Auslegung der neuen Verlustabzugsbeschränkung, DStR 2007, 1933.

A. Überblick

Die Besteuerung der GmbH kann nicht unabhängig von der Besteuerung ihrer Gesellschafter und Geschäftsführer betrachtet werden. Zwar ist die GmbH in jeder Hinsicht ein eigenständiges Steuersubjekt (Trennungsprinzip), allerdings ist die steuerliche Behandlung der verschiedenen Akteure derart miteinander verzahnt, dass eine sinnvolle steuerliche Beratung, Planung und Steuerung nur in einer Gesamtschau möglich ist. 1

I. Trennungsprinzip

Eine einheitliche Unternehmensteuer existiert in Deutschland – ungeachtet der zahlreichen rechtspolitischen Forderungen und Modellvorschläge – bislang nicht.[1] Das Steuerrecht differenziert nach wie vor zwischen ertragsteuerlich transparenten Personenunternehmen einerseits und körperschaftsteuerpflichtigen Kapitalgesellschaften andererseits. 2

Während bei Personenunternehmen die Erträge bei den einzelnen Gesellschaftern/Inhabern der Einkommensteuer mit dem individuellen Steuersatz unterliegen – grundsätzlich unabhängig davon, ob sie entnommen wurden oder nicht[2] –, wird bei Kapitalgesellschaften auf der Ebene der Gesellschaft die **Körperschaftsteuer** als Definitivbelastung erhoben und nach Ausschüttung an die Gesellschafter – soweit es sich um natürliche Personen handelt – nochmals eine (u.U. reduzierte) **Einkommensteuer**. Dagegen werden gewerbe- und umsatzsteuerlich Personen- und Kapitalgesellschaften gleichermaßen als Steuerpflichtige behandelt. Hinsichtlich der Auswirkung der Gewerbsteuer wiederum ergeben sich zwischen Kapitalgesellschaften und Personenunternehmen erhebliche Unterschiede. 3

Der bestehende Dualismus beschränkt sich nicht auf die Besteuerung laufender Einkünfte, sondern führt zu gravierenden Unterschieden auch bei der Versteuerung von Veräußerungsgewinnen (siehe Rn. 68 ff.), bei der Behandlung von Unternehmensübergaben (siehe „Nachfolgeplanung", 4

1 Maßgeblich insbesondere der Vorschlag des Sachverständigenrats zur Begutachten der gesamtwirtschaftlichen Entwicklung in seinem Jahresgutachten 2003/2004 „Staatsfinanzen konsolidieren – Steuersystem reformieren" sowie der Vorschlag einer allgemeinen Unternehmensteuer der Kommission „Steuergesetzbuch" unter dem Dach der Stiftung Marktwirtschaft.

2 Eine Ausnahme hiervon stellt die mit dem Unternehmensteuerreformgesetz 2008 geschaffene Thesaurierungsbegünstigung des § 34a EStG dar (siehe Rn. 43).

S. 907 ff., Rn. 23 ff., Einbringungen und Umwandlungen (siehe „Umwandlungsrecht", S. 995 ff., Rn. 90 ff.) bis hin zur Grunderwerbsteuer (siehe § 15 Rn. 35 ff.).

II. Besteuerung der GmbH

1. Körperschaftsteuer

5 Die Erträge der GmbH unterliegen zunächst der Körperschaftsteuer (vgl. § 1 Abs. 1 Nr. 1 KStG) zzgl. Solidaritätszuschlag. Diese bemisst sich nach dem zu versteuernden Einkommen der Gesellschaft i.S.d. EStG (§ 7 KStG) und beträgt für die Veranlagungszeiträume seit 2008[3] konstant 15 % (§§ 23, 34 Abs. 11a KStG n.F.).[4] Bei der Körperschaftsteuer handelt es sich seit der Einführung des Halbeinkünfteverfahrens (heute Teileinkünfteverfahren) durch das StSenkG vom 23.10.2000 um eine Definitivbelastung, die nicht auf die individuelle Steuer der Anteilseigner angerechnet wird.[5]

a) Bemessungsgrundlage

6 Die Ermittlung der Bemessungsgrundlage (zu versteuerndes Einkommen) ist in Abschn. R 29 KStR 2004 schematisch dargestellt. Im Unterschied zur Einkommensteuer kennt die Körperschaftsteuer keine „Einkunftsarten", vielmehr sind sämtliche Einkünfte der Körperschaft stets als gewerbliche Einkünfte zu behandeln (§ 8 Abs. 2 KStG). Dies gilt sogar für Bezüge, die bei einer natürlichen Person gar nicht als Einkünfte behandelt würden, weil sie unter keiner der Einkunftsarten zu erfassen sind.[6]

7 Ausgangspunkt für die Besteuerung ist der sich aus dem Vergleich der zum Beginn und zum Ende des Wirtschaftsjahres aufgestellten Steuerbilanz ergebende oder nach § 60 Abs. 2 EStDV aus der Handelsbilanz abgeleitete Gewinn bzw. Verlust. Dabei entspricht das Wirtschaftsjahr dem handelsrechtlichen Geschäftsjahr, wobei der Gewinn dem Veranlagungszeitraum zuzurechnen ist, in welchem das Geschäftsjahr endet (§ 7 Abs. 4 KStG).

> **!** Während es bei der Gründung der Gesellschaft ohne weiteres zulässig ist, eine nachträgliche Umstellung vom Kalenderjahr auf ein abweichendes Geschäftsjahr festzulegen, ist eine nachträgliche Umstellung vom Kalenderjahr auf ein abweichendes Geschäftsjahr steuerlich nur wirksam, wenn sie vom Finanzamt genehmigt wird. Diese Genehmigung wird i.d.R. nur erteilt, wenn die Umstellung vorgenommen wird, bevor das entstehende Rumpfgeschäftsjahr abgelaufen ist.

Dieser Ausgangsbetrag wird jedoch durch zahlreiche Hinzurechnungen und Abzüge verändert, wobei besonders hervorzuheben sind:

aa) Verdeckte Gewinnausschüttungen und verdeckte Einlagen

8 Der Körperschaftsteuer soll das tatsächlich von der Gesellschaft erwirtschaftete Ergebnis – und nur dieses – unterworfen werden. Dies setzt voraus, dass Einlagen der Gesellschafter ebenso wie die Ergebnisverteilung die Bemessungsgrundlage nicht berühren. Bei offenen Einlagen[7] und Ausschüttungen ist dies ohnehin der Fall; anders jedoch bei sog. verdeckten Gewinnausschüttungen und verdeckten Einlagen, die als schuldrechtlicher Leistungsaustausch daherkommen und deshalb im handelsrechtlichen Jahresabschluss (handelsrechtlich korrekt) als Betriebseinnahmen oder Betriebsausgaben behandelt werden können.

---

3 Unternehmensteuerreformgesetz 2008 vom 14.8.2007; dazu *Melchior*, DStR 2007, 1229; *Rödder*, Beihefter zu DStR 2007, Heft 40.
4 Zur Historie der Steuersätze seit 1977 vgl. *Neu/Neumann/Neumayer*, S. 51.
5 Zum früheren Anrechnungsverfahren (Veranlagungszeiträume 1977–2000) vgl. *Neu/Neumann/Neumayer*, S. 48 ff.; zu den Modalitäten des Übergangs auf das Halbeinkünfteverfahren BMF-Schreiben v. 6.11.2003, BStBl. I 2006, 575; *Brinkmeier*, in: Gosch/Schwedhelm/Spiegelberger, S. K71 ff.
6 BFHE 162, 439 = BStBl. II 1991, 250; BFH GmbHR 1997, 317.
7 Zu den steuerlichen Folgen von Kapitalerhöhungen siehe § 55 Rn. 53.

Im Grundsatz sind dabei auch Leistungsbeziehungen zwischen der GmbH und ihren Gesellschaftern (z.B. Miet-, Darlehens- oder Anstellungsverträge) körperschaftsteuerlich als solche anzuerkennen.[8] Soweit jedoch Vermögensverschiebungen zwischen Gesellschaft und Gesellschafter ihre Ursache wirtschaftlich gesehen im Gesellschaftsverhältnis haben und nicht in einem sonstigen Leistungsaustausch, werden diese für steuerliche Zwecke außerhalb der Bilanz rückgängig gemacht (§ 8 Abs. 3 KStG).[9] 9

> Die verdeckte Gewinnausschüttung an nahestehende Personen eines Gesellschafters wird in der Rechtsprechung schenkungsteuerlich nicht als Zuwendung des Gesellschafters an den ihm nahestehenden Leistungsempfänger behandelt, da insoweit regelmäßig eine zivilrechtliche Leistungsbeziehung fehlt.[10] Der BFH deutet jedoch an, dass eine schenkungsteuerpflichtige Zuwendung durch die GmbH (gemischte Schenkung) vorliegen könnte.
>
> Der Gesetzgeber hat inzwischen mit § 15 Abs. 4 ErbStG eine Regelung geschaffen, die an derartige Sachverhalte anknüpfen könnte, selbst allerdings nur das maßgebliche Rechtsverhältnis, nicht den Besteuerungstatbestand regelt.
>
> Für den Umkehrfall (verdeckte Einlage oder disquotale Einlage) hat die Rechtsprechung angenommen, dass die mittelbare Werterhöhung des Geschäftsanteils anderer Gesellschafter im Verhältnis zum einlegenden Gesellschafter keine unentgeltliche Zuwendung darstellt.[11] Der Gesetzgeber hat hierauf mit einem „Nichtanwendungsgesetz"[12] reagiert und den Sachverhalt nun in § 7 Abs. 8 ErbStG gegensätzlich geregelt.[13]

Nach ständiger Rechtsprechung des BFH[14] ist eine **verdeckte Gewinnausschüttung** eine 10

- Vermögensverminderung oder unterlassene Vermögensmehrung,
- die durch das Gesellschaftsverhältnis veranlasst ist,
- sich auf die Höhe des Einkommens auswirkt und
- nicht im Zusammenhang mit einer offenen Gewinnausschüttung steht.

Der Nachweis einer Veranlassung durch das Gesellschaftsverhältnis wirft dabei stets Probleme auf. 11
Eine solche Veranlassung wird dann angenommen, wenn die Gesellschaft einem Gesellschafter oder einer diesem nahestehenden Person einen Vermögensvorteil zuwendet, den sie bei Aufwendung der Sorgfalt eines ordentlichen Kaufmanns (§ 43 GmbHG) einem Nichtgesellschafter nicht gewährt hätte.[15]

Im Verhältnis zu beherrschenden Gesellschaftern wird der Maßstab noch weiter verschärft. Eine 12
Veranlassung durch das Gesellschaftsverhältnis wird in diesen Fällen schon dann vermutet, wenn eine zivilrechtlich wirksame, klare, eindeutige und im Voraus abgeschlossene Vereinbarung über den Leistungsaustausch fehlt oder eine solche Vereinbarung nicht tatsächlich vollzogen wird.[16]

Probleme im Zusammenhang mit verdeckten Gewinnausschüttungen stellen sich in erster Linie in 13
kleinen Gesellschaften mit wenigen Gesellschafter-Geschäftsführern, in Familiengesellschaften und

8 Dies ist ein entscheidender Unterschied zur Personengesellschaft, vgl. § 15 Abs. 1 Nr. 1 Satz 2 EStG.
9 BFHE 175, 347 = BStBl. II 2002, 366.
10 BFH NJW-RR 2008, 988.
11 BFH BStBl. II 2010, 566.
12 BeitrRLUmsG vom 07.12.2011 (BGBl. I 2011, 2592).
13 Vgl. dazu *Korezkij*, DStR 2012, 163; das Gesetz wird allgemein als viel zu weit gefasst angesehen; zur restriktiven Anwendung der Verwaltung vgl. gleich lautende Erlasse der obersten Finanzbehörden der Länder v. 14.03.2012; Schenkungen und Beteiligungen von Kapitalgesellschaften oder Genossenschaften, BStBl. 2012 I S. 331.
14 Seit BFHE 156, 177 = BStBl. II 1989, 475; BFHE 156, 428 = BStBl. II 1989, 631.
15 *Nagel*, in: Gosch/Schwedhelm/Spiegelberger, S. V28 f.
16 Abschn. R 36 Abs. 2 KStR.

in konzernabhängigen Gesellschaften. Neuralgische Punkte sind dabei stets die Gehälter und Pensionszusagen für Gesellschafter-Geschäftsführer (siehe Rn. 45 ff. und Rn. 62 ff.)[17]

> Gerade bei kleinen Gesellschaften ist das Auffinden verdeckter Gewinnausschüttungen ein zentraler Punkt jeder Betriebsprüfung.
>
> Die daraus resultierenden Nachforderungen können für die Gesellschaft existenzbedrohend sein. Daher ist es geboten, jegliche Leistungsbeziehungen der Gesellschaft zu Gesellschaftern und deren Familien genauestens zu dokumentieren, auf den Fremdvergleich hin zu prüfen und akkurat abzuwickeln.

14 Entsprechend werden im Umkehrfall auch verdeckte Einlagen der Gesellschafter behandelt, also durch das Gesellschaftsverhältnis veranlasste Zuwendungen an die Gesellschaft, die nicht zu einer offenen Kapitalerhöhung führen. Diese stellen bei der Gesellschaft keine körperschaftsteuerpflichtigen Einnahmen dar und sind bei dem Gesellschafter als nachträgliche Anschaffungskosten des Geschäftsanteils zu behandeln (siehe „Umwandlungsrecht", S. 995 ff., Rn. 90 ff.; § 5 Rn. 70 ff., § 56 Rn. 18).[18] Eine Ausnahme sieht § 8 Abs. 3 Satz 4 bis 6 nach dem Jahressteuergesetz 2007 vor, wenn die Beträge seitens des Gesellschafters als Betriebsausgaben oder Werbungskosten abzugsfähig sind (z.B. überhöhter Zinsaufwand oder überhöhte Mieten) sowie in bestimmten Dreieckskonstellationen.

> Verfahrensrechtlich wird der Zusammenhang zwischen der Veranlagung der Gesellschaft und der Gesellschafter über § 32a KStG (ebenfalls eingefügt durch das Jahressteuergesetz 2007) hergestellt, der entsprechende Folgeanpassungen ermöglicht und den Ablauf der Festsetzungsfristen (§§ 169 ff. AO) hemmt.

bb) Weitere Hinzurechnungen und Kürzungen

15 Wegen Hinzurechnungen und Kürzungen:

- nach § 8b KStG (siehe Rn. 34 ff., 72 ff.),
- im Zusammenhang mit Umwandlungen (siehe „Umwandlungsrecht", S. 995 ff., Rn. 90 ff.),
- aufgrund des internationalen Steuerrechts (siehe Rn. 18),
- aufgrund bestehender Organschaft siehe (Rn. 77 ff.).

b) Steuerbefreiungen

16 Anders als das Einkommensteuerrecht kennt das Körperschaftsteuerrecht subjektive Steuerbefreiungsgründe. Gemäß § 5 Nr. 9 KStG sind Körperschaften, Personenvereinigungen und Vermögensmassen steuerbefreit, wenn sie nach Satzung und tatsächlichem Geschäftsgang ausschließlich (§ 56 AO) und unmittelbar (§ 57 AO) gemeinnützigen (§ 52 AO), mildtätigen (§ 53 AO) oder kirchlichen Zwecken (§ 54 AO) dienen. Diese Bestimmung wird in erster Linie von gemeinnützigen eingetragenen Vereinen und gemeinnützigen Stiftungen genutzt, kommt jedoch auch der gemeinnützigen GmbH[19] zugute.[20]

17 Zu den steuerlichen Folgen der Gesellschafterfremdfinanzierung, die seit Neufassung durch das Unternehmensteuerreformgesetz 2008 nicht mehr als verdeckte Gewinnausschüttung behandelt wird, siehe Rn. 54 ff.
18 Vielfach werden steuerlich verdeckte Einlagen einer Veräußerung ausdrücklich gleichgestellt, etwa in den §§ 17, 23 EStG.
19 Zur Firmierung als „GGmbH" siehe § 4 Rn. 37.
20 Die Möglichkeit, bis zu einem Drittel der Erträge dem Familienkreis zukommen zu lassen, steht dagegen nur der Stiftung offen (vgl. § 58 Nr. 5 AO).

c) Körperschaftsteuerrückstellung

Für erwartete KSt-Nachzahlungen ist in der Handelsbilanz eine Rückstellung zu bilden.[21] Steuerlich hingegen stellt die Körperschaftsteuer eine Ertragsteuer dar, die ihre eigene Bemessungsgrundlage nicht mindert (§ 10 Nr. 2 KStG). 17

d) Grenzüberschreitende Tätigkeit

Die Körperschaftsteuer ermittelt sich grundsätzlich aus dem Welteinkommen der GmbH (unbeschränkte Steuerpflicht, § 1 Abs. 2 KStG) wenn sich Sitz oder Geschäftsleitung der Gesellschaft im Inland befinden (siehe § 4a Rn. 36 ff.). Soweit die GmbH eine Betriebsstätte in einem anderen Staat unterhält, mit dem ein Doppelbesteuerungsabkommen besteht, wird das Besteuerungsrecht für die Gewinne der Betriebsstätte regelmäßig dem anderen Staat zugewiesen.[22] Je nach Abkommen kann Deutschland dann die ausländische Steuer auf die inländische Steuer anrechnen oder – häufiger – die entsprechenden ausländischen Erträge von der inländischen Besteuerung freistellen. 18

2. Gewerbesteuer

Da das Gewicht der Körperschaftsteuer im Zuge der Unternehmensteuerreform 2008 deutlich gesunken ist, erhöht sich das relative Gewicht der Gewerbesteuer, deren Nominalbetrag nunmehr im städtischen Gebiet häufig über dem der Körperschaftsteuer liegt.[23] Weiterhin hat das Unternehmensteuerreformgesetz 2008 auch die Bemessungsgrundlage für die Gewerbesteuer in Teilen ausgeweitet.[24] 19

Die Gewerbesteuer unterliegt dem verfassungsrechtlich verbürgten (Art. 28 Abs. 2 Satz 3 GG) Hebesatzrecht der Gemeinden. Die Hebesätze variieren bei größeren Gemeinden zwischen dem gesetzlichen Mindestsatz von 200 % und derzeit 490 % (München). Verfügt ein Unternehmen über Betriebsstätten in mehreren Gemeinden (siehe § 4a Rn. 36 ff.), wird der vom Finanzamt festgesetzte Gewerbesteuermessbetrag nach einem Schlüssel (i.d.R. anhand der Lohnsumme) auf die einzelnen Gemeinden verteilt („zerlegt") und anschließend dort mit dem jeweiligen Hebesatz multipliziert (§ 29 GewStG). 20

! Die bloße Eröffnung eines „Briefkastensitzes" in einer anderen Gemeinde führt daher meist nicht zu einer Gewerbesteuerersparnis. Anders ist dies nur in Gesellschaften, die ohne Arbeitskräfte auskommen (z.B. Vehikel im Rahmen einer internen Konzernfinanzierung).

a) Bemessungsgrundlage

Bemessungsgrundlage der Gewerbesteuer ist der **Gewerbeertrag**; dies ist der körperschaftsteuerliche Gewinn, soweit er inländischen Betriebsstätten zuzurechnen ist (§ 2 Abs. 1 Satz 3 GewStG)[25], unter Hinzurechnung der in § 8 GewStG genannten Beträge und Kürzung der in § 9 GewStG genannten Positionen (vgl. § 7 Satz 1 GewStG). 21

Bedeutende **Hinzurechnungen** betreffen:

- ein Viertel der Entgelte für Schulden, Renten, dauernde Lasten
- ein Zwanzigstel der Entgelte für die Nutzung des beweglichen Anlagevermögens
- ein Achtel[26] der Entgelte für die Nutzung unbeweglicher Wirtschaftsgüter
- ein Viertel der Bezüge stiller Gesellschafter

---

21 *Brinkmeier*, in: Gosch/Schwedhelm/Spiegelberger, S. K68.
22 So Art. 7 OECD-MA; maßgeblich ist dann der Betriebsstättenbegriff des jeweiligen Abkommens, nicht § 12 AO.
23 Vgl. die umfassende Darlegung der Belastungswirkungen bei *Bergemann/Markl/Althof*, DStR 2007, 693.
24 Dazu ausführlich *Stollenwerk*, GmbH-StB 2007, 276 ff., 313 ff.
25 Zu inländischen Betriebsstätten von in Nicht-DBA-Staaten ansässigen Unternehmen vgl. § 2 Abs. 6 GewStG.
26 Vgl. Gesetz vom 22.12.2009, BGBl. I S. 3950.

- ein Sechzehntel der Entgelte für bestimmte Lizenzen

Die Beträge aus diesen fünf Punkten werden nur hinzugerechnet, soweit sie insgesamt den Betrag von 25.000 EUR übersteigen (vgl. § 8 Nr. 1 GewStG).

- Verlustanteile aus gewerblichen Mitunternehmerschaften (§ 8 Nr. 8 GewStG)
- Dividenden aus Beteiligungen an Tochtergesellschaften unter 15 % (siehe Rn. 33, 35)

22 Wichtige **Kürzungen** umfassen:

- 1,2 % vom Einheitswert des grundsteuerpflichtigen Vermögens (§ 9 Nr. 1 GewStG)
- die erweiterte Kürzung für Grundstücksverwaltungsunternehmen[27]
- Gewinnanteile aus gewerblichen Mitunternehmerschaften (§ 9 Nr. 2 GewStG)
- Auslandsgewinne (§ 9 Nr. 3 GewStG)[28]
- Dividenden aus Tochtergesellschaften, an denen eine Beteiligung von mindestens 15 % (vor 2008: 10 %) besteht (siehe Rn. 33, 35)

> **!** Die Hinzurechnungstatbestände des § 8 GewStG verdienen besondere Beachtung bei jeder Steuerplanung, weil sie zu einer Gewerbesteuerbelastung auch dann führen können, wenn die Gesellschaft mit Verlust abgeschlossen hat, folglich zu einer Besteuerung der Unternehmenssubstanz.

Seit 2008 mindert die Gewebesteuer die Bemessungsgrundlage der Körperschaftsteuer und ihre eigene Bemessungsgrundlage nicht mehr (§ 4 Abs. 5b EStG).

b) Steuersatz

23 Der Gewerbesteuermessbetrag beträgt seit 2008 3,5 % des Gewerbeertrags. Danach ergibt sich folgende Gewerbesteuerbelastung.

> **Beispiel: Nettobelastung durch Gewerbesteuer**
>
> Eine GmbH mit einem steuerpflichtigen Einkommen und Gewerbeertrag von 100.000 EUR hat ihren Sitz in einer Gemeinde, die einen Hebesatz von 400 % festgesetzt hat. Die Wirkungen des Solidaritätszuschlags bleiben außer Betracht:
>
> vor 2008: 16.666 EUR GewSt (5/6-Methode)
>
> dafür KSt-Ersparnis durch Betriebsausgabenabzug: 4.166 EUR
>
> Nettobelastung: 12.500 EUR
>
> ab 2008: 14.000 EUR GewSt Nettobelastung
>
> Mehrbelastung GewSt: 1.500 EUR

27 Hierzu *Brinkmeier*, in: Gosch/Schwedhelm/Spiegelberger, S. G141. Die Kürzung umfasst nicht etwaige Zinserträge aus der Anlage der Mieten, BFH IMR 2008, 1044; die Kürzung wird bereits dann versagt, wenn die Gesellschaft auch an einer vermögensverwaltenden KG beteiligt ist, vgl. BFH BStBl. II 2011, 367.

28 Dies folgt grundsätzlich schon aus § 2 Abs. 1 Satz 3 GewStG, vgl. Glanegger/Güroff/*Güroff*, § 9 Nr. 3 GewStG Rn. 1.

Dennoch hat sich die **Hebesatzkonkurrenz** verschärft, wie das nachfolgende Beispiel zeigt. 24

Beispiel: Auswirkungen eines höheren Hebesatzes (Ertrag: 100.000 EUR)

	Hebesatz 320	Hebesatz 490
bis 2007		
– GewSt	13.790	19.680
– KSt-Ersparnis	3.448	4.920
– Nettobelastung	10.342	14.760
– Mehrbelastung durch Hebesatz 490:		*4.418*
ab 2008		
– GewSt	11.200	17.150
– Mehrbelastung durch Hebesatz 490:		*5.950*

Der Differenzbetrag von 1.532 EUR zeigt, dass sich durch die Reform 2008 die Rentabilität einer Betriebsverlagerung in eine Gemeinde mit niedrigerem Hebesatz erhöht hat.[29]

3. Umsatzsteuer

Umsatzsteuerlich wird die GmbH als Unternehmer i.S.v. § 2 UStG erfasst. Umsätze einer **Vor-GmbH** werden der späteren GmbH zugerechnet, sodass auch der Vorsteuerabzug nicht verloren geht.[30] Eine etwaige **Vorgründungsgesellschaft** ist umsatzsteuerlich selbstständig; ein Vorsteuerabzug steht dieser selbst zu, da sie einen (nach § 1 Abs. 1a UStG nicht steuerbaren) Ausgangsumsatz ausführt.[31] Umsatzsteuerpflichtig sind auch etwaige Geschäftsführungsleistungen der GmbH gegenüber anderen Gesellschaften, insbesondere als Komplementär-GmbH im Rahmen einer GmbH & Co. KG.[32] 25

Die **Übertragung von GmbH-Geschäftsanteilen** ist steuerbefreit nach § 4 Nr. 8 Buchst. f) UStG, wobei – zur Erreichung des Vorsteuerabzugs – nach § 9 Abs. 1 UStG auf die Steuerbefreiung verzichtet werden kann, wenn der Umsatz zwischen Unternehmern stattfindet (siehe auch „Unternehmenskauf", S. 924 ff., Rn. 84 ff.). Hingegen sind nicht alle gesellschaftsrechtlich veranlassten Vermögensverschiebungen steuerbefreit. So kann eine Sachkapitalerhöhung Umsatzsteuer auslösen, wenn der Inferent als Unternehmer handelt und kein Fall des § 1 Abs. 1a UStG (Geschäftsveräußerung im Ganzen) vorliegt.[33] 26

Die GmbH benötigt im grenzüberschreitenden Geschäftsverkehr eine USt-ID-Nummer gemäß § 27a UStG. Diese kann im Rahmen einer Neugründung auch bei dem örtlich zuständigen Finanzamt beantragt werden.[34] 27

29 Dieser Effekt ist dadurch zu erklären, dass vorher Bund und Länder über den Betriebskostenabzug einen Teil des hohen Hebesatzes „subventioniert" haben. Die „Entflechtung der Finanzierungsströme" war eines der erklärten Ziele der Unternehmensteuerreform 2008, so die Begründung des RegE, BR-Drucks. 220/07, S. 56.

30 *Brinkmeier*, in: Gosch/Schwedhelm/Spiegelberger, S. U5.

31 EuGH Slg. 2004, I-5547 = NJW 2004, 3098 (Faxworld).

32 BFHE 199, 49 = BStBl. II 2003, 36; Centrale-Gutachterdienst, Umsatzsteuerbarkeit der Geschäftsführerbezüge bei GmbH & Co. KG, GmbHR 2004, 489; richtigerweise jedoch nicht bei einer Einheits-GmbH & Co. KG, da eine umsatzsteuerliche Organschaft nach § 2 Abs. 2 Nr. 2 UStG vorliegt, vgl. *Helde*, in: Hesselmann/Tillmann/Mueller-Thuns, § 4 Rn. 173; *Binz/Sorg*, § 18 Rn. 6 ff.; dagegen jedoch noch Abschn. 21 Abs. 2 Satz 2 UStR.

33 Zu den Einzelheiten vgl. Abschn. 6 UStR.

34 Abschn. 282a Abs. 1 Satz 2 UStR.

Gemäß § 14 Abs. 4 Nr. 2 UStG muss die Steuernummer oder die USt-ID-Nummer auf jeder Rechnung der GmbH angegeben werden. Die Beantragung dieser Nummern ist daher im Rahmen einer Neugründung äußerst dringlich, anderenfalls kann die Gesellschaft ihre Tätigkeit kaum aufnehmen.

III. Laufende Besteuerung der Gesellschafter

28 Im Zentrum der verschiedenen Reformen der Unternehmensbesteuerung stand stets die Frage, wie die Doppelbelastung der Unternehmensgewinne mit Körperschaftsteuer auf Gesellschaftsebene und Einkommensteuer auf Gesellschafterebene vermieden oder kompensiert werden kann. Das nunmehr seit der Unternehmensteuerreform 2008 geltende Steuerrecht versucht, die Definitivbelastung bei der Gesellschaft durch einkommensteuerliche Vergünstigungen auf der Gesellschafterebene auszugleichen.

29 Ob und wann der Gesellschafter einer GmbH die ihm in Form von **Dividenden** zukommenden Erträge einer GmbH versteuern muss, hängt danach im Wesentlichen von der Person des Gesellschafters selbst ab.

1. Anteile im Privatvermögen

30 Handelt es sich um eine natürliche Person, die die Anteile im Privatvermögen hält, so stellen die Dividenden Einkünfte aus Kapitalvermögen i.S.v. § 20 Abs. 1 Nr. 1 EStG dar. Das zwischenzeitliche Halbeinkünfteverfahren ist nach dem Unternehmensteuerreformgesetz 2008 in diesem Fall ab 2009 nicht mehr anwendbar, sodass die Dividenden vollständig zu versteuern sind. Sie unterliegen allerdings ab 2009 der Abgeltungsteuer nach § 32d EStG n.F. i.H.v. 25 %.[35] Eine individuelle Steuerveranlagung ist dann entbehrlich, es genügt der Steuerabzug im Wege der Kapitalertragsteuer (siehe Rn. 36). Ein Werbungskostenabzug ist in diesem Fall nicht mehr möglich (§ 20 Abs. 9 Satz 1 Hs. 2 EStG), und zwar auch dann nicht, wenn der Gesellschafter (wegen geringer anderweitiger Einkünfte) die Veranlagung zum individuellen Steuersatz nach § 32d Abs. 6 EStG wählt (siehe Rn. 52 ff.).[36] Eine Option zum Teileinkünfteverfahren (siehe Rn. 31) ist für Anteile im Privatvermögen nur einmalig unter den Voraussetzungen des § 32d Abs. 2 Nr. 3 EStG möglich, wenn der Gesellschafter entweder zu mindestens 25% an der Gesellschaft beteiligt ist oder zu mindestens 1% beteiligt und zugleich dort auch beruflich tätig ist.

2. Anteile im Betriebsvermögen

31 Werden die Anteile im Betriebsvermögen eines Einzelunternehmens oder im Gesamthands- oder Sonderbetriebsvermögen einer Mitunternehmerschaft gehalten, so gehören die Erträge zu den betrieblichen Einkünften (§§ 13, 15, 18 i.V.m. § 20 Abs. 8 EStG). In diesem Fall kommt das „Teileinkünfteverfahren" nach § 3 Nr. 40 EStG zur Anwendung, wonach 40 % der Dividenden steuerbefreit sind. Die verbleibenden 60 % unterliegen hingegen dem vollen Steuersatz. Entsprechend können hier gem. § 3c Abs. 2 EStG auch die mit der Beteiligung im Zusammenhang stehenden Betriebsausgaben immerhin zu 60 % berücksichtigt werden. Die Abgeltungsteuer greift hier nicht ein.

32 **Gewerbesteuerlich** werden die einer Personengesellschaft zukommenden Dividenden auf der Ebene einer Mitunternehmerschaft erfasst. Die gewerbesteuerliche Behandlung der Dividenden hängt jedoch davon ab, zu welchen Anteilen an der Mitunternehmerschaft natürliche Personen oder Körperschaften beteiligt sind. Insoweit ist die Mitunternehmerschaft gewerbesteuerlich transparent (§ 7 Satz 4 GewStG).

33 Soweit die Anteile mittelbar oder unmittelbar von natürlichen Personen gehalten werden, gilt Folgendes:

35 Zur Abgeltungsteuer vgl. *Pauckstadt/Luckner*, DStR 2007, 653.
36 Zu den Auswirkungen der Abgeltungsteuer auf die Finanzierungsentscheidung *Homburg*, DStR 2007, 686.

- Erreicht die Beteiligung mindestens 15 %[37], so werden die nach § 3 Nr. 40 EStG verbleibenden 60 % der Dividenden gewerbesteuerlich von der Bemessungsgrundlage abgezogen (§ 9 Nr. 2a GewStG). Die Kürzung verringert sich jedoch um die (ertragsteuerlich abgezogenen) 60 % der Beteiligungsaufwendungen. Im Ergebnis werden daher weder die Dividenden noch die damit verbundenen Aufwendungen gewerbesteuerlich berücksichtigt.
- Wird diese Beteiligungsschwelle nicht erreicht, so werden die einkommensteuerfreien 40 % gewerbesteuerlich hinzugerechnet (§ 8 Nr. 5 GewStG); allerdings sind dann auch die Aufwendungen in voller Höhe abzugsfähig.

3. Anteile im Vermögen einer Kapitalgesellschaft

Werden die Anteile schließlich von einer Kapitalgesellschaft gehalten, so sind die Erträge steuerfrei nach § 8b Abs. 1 KStG, gelten jedoch zu 5 % als nicht abzugsfähige Betriebsausgaben (§ 8b Abs. 5 KStG). Im Ergebnis werden danach nur 5 % der Erträge auf der Ebene der Obergesellschaft besteuert, während die Betriebsausgaben im Übrigen vollständig abgezogen werden können.[38] 34

Soweit Dividenden unmittelbar oder mittelbar (§ 7 Satz 4 GewStG) einer Körperschaft zuzurechnen sind, gilt **gewerbesteuerlich**: 35

- Wird die Beteiligungsschwelle von 15 % erreicht, verbleibt es bei der entsprechenden Anwendung von § 8b KStG. Einer Kürzung nach § 9 Nr. 2a GewStG bedarf es hier nicht, da die Dividenden bei der Gewinnermittlung nicht angesetzt worden sind. Daher mindern die Beteiligungsaufwendungen (bis auf 5 %) auch die gewerbesteuerliche Bemessungsgrundlage. Die nach § 8b Abs. 5 KStG nicht abziehbaren 5 % sind allerdings auch gewerbesteuerpflichtig (§ 9 Nr. 2a Satz 4 GewStG).
- Wird die Beteiligungsschwelle von 15 % nicht erreicht, werden die Dividenden in voller Höhe gewerbesteuerlich hinzugerechnet (§ 8 Nr. 5 GewStG). Die unter § 8b Abs. 5 KStG fallenden Aufwendungen sind sodann aber gewerbesteuerlich abzugsfähig.

4. Kapitalertragsteuer

Im Zuge der Abgeltungsteuer wird die Erhebung von Steuern aus Kapitalerträgen im Wege des Steuerabzugs an der Quelle (Kapitalertragsteuer) weiter an Gewicht gewinnen. Da die Besteuerung keine Rücksicht mehr auf individuelle Merkmale der Gesellschafter nimmt (persönlicher Steuersatz; Werbungskosten), kann die Veranlagung für Einkünfte aus Kapitalvermögen weitgehend durch den **Quellensteuerabzug** ersetzt werden. Aus diesem Grund wurde die Kapitalertragsteuer ab 2009 einheitlich auf 25 % festgesetzt (§ 43a Abs. 1 Satz 1 Nr. 1 EStG). Im Fall der Dividendenausschüttung ist die Kapitalertragsteuer zzgl. Solidaritätszuschlag (§ 3 Nr. 5 SolZG) und ggf. Kirchensteuer (§ 51a Abs. 2b EStG) **von der Gesellschaft abzuführen** (§ 44 EStG).[39] Im Fall des Kirchensteuerabzugs wird die Kapitalertragsteuer zur Berücksichtigung der damit einhergehenden Sonderausgaben reduziert (§ 43a Abs. 1 Satz 2 EStG).[40] 36

37 Für die Ermittlung der Beteiligungsschwelle sind Anteile im Gesamthandsvermögen einer Mitunternehmerschaft und Anteile im Sonderbetriebsvermögen der Gesellschafter zusammenzurechnen, vgl. Abschn. 61 Abs. 1 Satz 4 GewStR.

38 Zur Anwendung des § 8b KStG vgl. BMF-Schreiben v. 28.4.2003, BStBl. I 2003, 292; die Gesetzesfassung wurde allerdings in der Zwischenzeit mehrfach geändert.

39 Zur Funktionsweise vgl. *Neumann*, EStB 2007, 333, 336.

40 Die Einzelheiten des Kirschensteuerabzugsverfahrens sind nunmehr für die Veranlagungszeiträume ab 2014 in § 51a Abs. 2c bis 2e geregelt. Danach hat der Abzugsverpflichtete (Gesellschaft) im Zeitraum September/Oktober eines Jahres beim Bundeszentralamt für Steuern abzufragen, ob der Steuerschuldner (Gesellschafter) am 31.08. des Jahres kirchensteuerpflichtig ist. Der Steuerpflichtige kann der Übermittlung seiner Religionszugehörigkeit allerdings widersprechen, er muss dann die der Abgeltungssteuer unterliegenden Einküfte wie früher in seine Einkommensteuererklärung aufnehmen; vgl. zum Verfahren ausführlich *Meyerin/Serocka*, DStR 2012, 1378.

> **!** Die Pflicht zur Abführung der Kapitalertragsteuer trifft jede ausschüttende GmbH. Im Zuge des Kirchensteuerabzugsverfahren verbleibt einiges an Bürokratie bei der Gesellschaft, insbesondere muss diese den Gesellschafter über den Datenabruf und sein Widerspruchsrecht informieren, vgl. § 51a Abs. 2c Nr. 3 Satz 4 EStG.

5. Zufluss und Zurechnung

37 Bei **nicht im Betriebsvermögen** gehaltenen Anteilen entsteht die Steuer erst im Zeitpunkt des Zuflusses der Dividende beim Gesellschafter (§ 11 Abs. 1 EStG). Dazu genügt bereits die Gutschrift auf einem Verrechnungskonto, beim beherrschenden Gesellschafter sogar schon der bloße Ausschüttungsbeschluss.[41] Werden die Anteile im **Betriebsvermögen** gehalten, so setzt die Aktivierung der Auszahlungsansprüche grundsätzlich einen entsprechenden Gewinnverwendungsbeschluss voraus. Nur in Ausnahmefällen kommt eine sog. phasengleiche Aktivierung in Betracht.[42] Steuerlich ist die Aktivierungspflicht die Regel, handelsrechtlich die Ausnahme.[43]

38 Hingegen sind die Ausschüttungen gem. § 20 Abs. 5 EStG (bisher Abs. 2a) stets demjenigen steuerlich zuzurechnen, der zur Zeit des Gewinnverwendungsbeschlusses wirtschaftlicher Anteilseigner war. Dies bereitet insbesondere bei Anteilsveräußerungen Schwierigkeiten, wenn der Veräußerer noch Gewinne aus früheren Zeiträumen beziehen möchte, über deren Ausschüttung zum Tag der Anteilsabtretung noch nicht entschieden ist. Hier droht dem Erwerber, dass er die Dividenden gem. § 20 Abs. 5 EStG versteuern muss, während er deren Weiterleitung lediglich als Anschaffungskosten des Geschäftsanteils ansetzen kann. Der Veräußerer wiederum muss zwar nicht die Dividenden nach § 20 EStG, allerdings einen ansprechend erhöhten Veräußerungserlös versteuern. Gängige Lösungsansätze sind Vorabausschüttungen,[44] Vereinbarung aufschiebender Bedingungen[45] oder Nießbrauchsbestellungen (siehe „Nachfolgeplanung", S. 907 ff., Rn. 25).

IV. Haftung für steuerliche Verbindlichkeiten der GmbH

39 Für steuerliche Verbindlichkeiten haftet die Gesellschaft – ebenso wie für alle anderen Verbindlichkeiten – nur mit ihrem Gesellschaftsvermögen, während eine persönliche Haftung der Gesellschafter oder Geschäftsführer nur im Ausnahmefall eingreift.
Eine persönliche Haftung der Geschäftsführer kann sich über § 69 AO ergeben, wenn eine vorsätzliche oder grob fahrlässige Pflichtverletzung zu Steuerschäden (unterbleibende oder verspätete Festsetzung oder Erfüllung sowie unberechtigte Steuervergütung oder -erstattung) führt.[46]

40 Eine erweiterte Haftung der Gesellschafter ergibt sich neben den allgemeinen Grundsätzen (Unterbilanzhaftung, Eigenkapitalersatzrecht etc.) aus § 74 AO, der insbesondere den Fall der Betriebsaufspaltung erfasst. Danach haftet der wesentlich beteiligte Gesellschafter für betriebliche Steuern (vor allem Gewerbesteuer, Umsatzsteuer) des Unternehmens, jedoch gegenständlich beschränkt auf die in seinem Eigentum stehenden und dem Unternehmen dienenden Gegenstände.[47]

---

41 Zu Einzelheiten vgl. Abschn. H 20.2 („Zuflusszeitpunkt bei Gewinnausschüttungen") EStH.
42 Zu den Anforderungen an eine phasengleiche Aktivierung in der Handelsbilanz BGHZ 137, 378 = NJW 1998, 1559, sowie EuGH Slg. 1996, I-3133 (Tomberger); zur Steuerbilanz BFH GrS NJW 2000, 3804.
43 BGHZ 137, 378 = NJW 1998, 1559.
44 In Mehrpersonengesellschaften ist dies häufig nicht praktikabel. In Betracht kommt hier nur eine inkongruente Vorabausschüttung, deren steuerliche Anerkennung jedoch nicht gesichert ist; dafür BFHE 189, 342 = BStBl. II 2001, 43 = NJW-RR 2000, 176; dagegen BMF-Schreiben v. 7.12.2000, BStBl. I 2001, 47. Weiterhin muss in diesem Fall dafür Sorge getragen werden, dass der Restgewinn dem Anteilserwerber nicht zusteht, möglichst durch eine Satzungsänderung.
45 Dies ist die einfachste Möglichkeit, sie entspricht aber i.d.R. nicht den wirtschaftlichen Interessen des Anteilserwerbers.
46 Einzelheiten bei *Luxem*, in: Gosch/Schwedhelm/Spiegelberger, S. H30.
47 Einzelheiten bei *Jestädt*, DStR 1989, 243.

Schließlich ergibt sich neben der strafrechtlichen Verantwortlichkeit eine persönliche Haftung für hinterzogene Steuern der GmbH nach § 71 AO.

V. Belastungsvergleich

Eine eindeutige Aussage darüber, welche Rechtsform steuerlich vorzugswürdig ist, lässt sich nicht treffen. Der Belastungsvergleich hängt stets von verschiedenen Faktoren ab; die in den vorliegenden Modellrechnungen nur teilweise abgebildet werden können.[48] Maßgeblich sind insbesondere: 41

- der individuelle Steuersatz der Gesellschafter
- die geplante Gewinnverwendung (Vollausschüttung/Teilausschüttung/Thesaurierung/spätere Folgeausschüttung)
- die Finanzierung der Gesellschafter
- die Verlustrisiken
- Sonderbeziehungen zum Gesellschafter, welche die Körperschaftsteuer mindern (Geschäftsführergehälter, Gesellschafterdarlehen, Pensionsrückstellungen)

Eine detaillierte Übersicht der steuerlichen Belastungswirkungen bei Kapitalgesellschaften und Personenunternehmen vor und nach der Unternehmensteuerreform 2008 hat *Binz*[49] vorgelegt. Nach wie vor ist im hohen Einkommensbereich die Kapitalgesellschaft im Vorteil bei thesaurierten Gewinnen, während im Ausschüttungsfall die Personengesellschaft niedriger belastet ist.[50] Bei einem sehr hohen persönlichen Grenzsteuersatz (sog. „Reichensteuer" mit 45 %) ist die Belastung im Ausschüttungsfall nahezu gleich. Liegt der persönliche durchschnittliche Einkommensteuersatz unter der Thesaurierungsbelastung der GmbH (bei einem GewSt-Hebesatz von 380 sind dies 28,3 %[51]), steht die GmbH selbst bei Vollthesaurierung schlechter als die Personengesellschaft. Auch mittels eines Geschäftsführergehalts kann dann bestenfalls die volle Besteuerung zum persönlichen Steuersatz erreicht werden. Die steuerlichen Nachteile der GmbH im Verlustfall (siehe Rn. 64 ff.) wiegen dann meist schwerer als die Vorteile (insbesondere die Möglichkeit steuerwirksamer Pensionsrückstellungen – dazu Rn. 62 ff. –, § 8b KStG, Rn. 34, 72 ff.). 42

Die neu geschaffene Thesaurierungsbegünstigung für Personenunternehmen (§ 34a EStG) führt nicht zu der vom Gesetzgeber in Aussicht gestellten Rechtsformneutralität.[52] Im Fall einer vorübergehenden Thesaurierung und späteren Folgeausschüttung ist die Belastung der Personengesellschaft nominal oft höher als bei sofortiger Vollausschüttung, allerdings immer noch etwas günstiger als bei Vollausschüttung durch eine Kapitalgesellschaft.[53] 43

Zusammenfassend kann festgehalten werden, dass die Unternehmensteuerreform 2008 zu einer deutlichen Verringerung der rechtsformspezifischen Belastungsunterschiede geführt hat.[54] Soweit es jedoch nicht gelingt, die Erträge durch Sonderbeziehungen (Geschäftsführergehalt, stille Beteiligung, Darlehen etc.) körperschaft- und gewerbesteuermindernd auf die Gesellschafter zu übertragen, ist die ausschüttende Personengesellschaft gegenüber der ausschüttenden Kapitalgesellschaft nach wie vor im Vorteil. 44

---

48 Zu den gewerbesteuerlichen Belastungswirkungen vgl. *Stollenwerk*, GmbH-StB 2007, 276 ff., 313 ff.
49 *Binz*, DStR 2007, 1692.
50 Dies gilt jedenfalls für die zeitnahe Vollausschüttung. Bei Abzinsung mit einem angenommenen Zinsfuß von 8 % ergibt sich nach ca. vier Jahren ein Vorteil für die Kapitalgesellschaft bei nachträglicher Vollausschüttung.
51 15 % KSt und 380 % x 3,5 % GewSt; der SolZS kann hier vernachlässigt werden, da er natürliche Personen und Körperschaften gleichermaßen trifft. Ein Durchschnittssteuersatz von 28,3 % wird im Grundtarif erst bei einem zu versteuernden Einkommen von etwa 60.000 EUR erreicht. Die in einem Personenunternehmen anfallende Gewerbesteuer wird bei einem Hebesatz von 380 % unter günstigen Umständen vollständig auf die Einkommensteuer angerechnet (vgl. § 35 EStG) und kann daher zur Vereinfachung für das Personenunternehmen ebenfalls vernachlässigt werden.
52 So schon die Untersuchung von *Hey*, DStR 2007, 925; zur Thesaurierungsbegünstigung *Forst/Schaaf*, EStB 2007, 263, sowie *Schiffers*, GmbHR 2007, 841.
53 Bei Diskontierung mit einem angenommenen Zinssatz von 8 % ergibt sich hier ein Vorteil der Thesaurierungsbegünstigung nur, wenn die Folgeausschüttung mindestens drei Jahre später erfolgt.
54 So auch *Harle/Kulemann*, GmbHR 2007, 1138, sowie *Schiffers*, GmbHR 2007, 505.

B. Sonderprobleme

I. Geschäftsführergehalt

1. Behandlung des Gehalts bei der Gesellschaft

45 Während bei einer Personengesellschaft das „Gehalt" des in der Gesellschaft tätigen Gesellschafters (Mitunternehmer) steuerlich wie ein Vorabgewinn behandelt wird und daher zu den gewerblichen Einkünften des Mitunternehmers aus der Mitunternehmerschaft gehört (§ 15 Abs. 1 Nr. 2 EStG), kann eine GmbH das von ihr gezahlte Geschäftsführergehalt grundsätzlich als Betriebsausgabe ansetzen. Das Geschäftsführergehalt mindert daher die Bemessungsgrundlage für Körperschaft- und Gewerbesteuer der Gesellschaft, ist freilich umgekehrt beim Geschäftsführer zum persönlichen Steuersatz zu versteuern.

46 Dies gilt grundsätzlich auch dann, wenn der Geschäftsführer an der Gesellschaft wesentlich oder gar allein als Gesellschafter beteiligt ist. Allerdings unterliegen die Geschäftsführergehälter von Gesellschaftern und diesen nahestehenden Personen einer steuerlichen Angemessenheits- bzw. Fremdvergleichsprüfung. Nur im angemessenen/fremdüblichen Umfang ist das Geschäftsführergehalt als Betriebsausgabe abziehbar. Anderenfalls wird steuerlich angenommen, dass die Zahlung nicht durch die Geschäftsführungstätigkeit, sondern durch die Gesellschafterstellung veranlasst ist. Insoweit gilt die Zahlung als verdeckte Gewinnausschüttung (§ 8 Abs. 3 KStG) und wird auf Gesellschafts- und Gesellschafterebene wie eine Ergebnisverteilung besteuert (vgl. § 20 Abs. 1 Nr. 1 Satz 2 EStG, siehe Rn. 8 ff.).

47 Die Gefahr der Annahme einer **verdeckten Gewinnausschüttung** besteht insbesondere in folgenden Fällen:

- überhöhtes Gehalt im Verhältnis
  - zum Umfang der Tätigkeit
  - zum Gewinn der Gesellschaft (verbleibende Kapitalverzinsung) oder
  - zu vergleichbaren Unternehmen (Fremdvergleich)
- Gehaltszahlung ohne vorherige klare und wirksame schriftliche Vereinbarung (hierbei ist insbesondere auf die ordnungsgemäße Vertretung der Gesellschaft beim Abschluss des Geschäftsführer-Anstellungsvertrags Wert zu legen (siehe § 46 Rn. 16 sowie „Arbeitsrecht und Geschäftsführeranstellung", S. 1071 ff., Rn. 36)
- unübliche Gehaltsbestandteile oder Zahlungsmodalitäten, z.B. Überstundenvergütungen; 1/3 des Festgehalts überschreitende Tantiemen (siehe „Arbeitsrecht und Geschäftsführeranstellung", S. 1071 ff., Rn. 75)[55]; Tätigkeit gegen bloße Pensionszusage ohne sofortige Vergütung (siehe Rn. 62)

48 Diese Einschränkungen gelten wohlgemerkt nicht für Fremdgeschäftsführer, die in keinem Näheverhältnis zu den Gesellschaftern stehen. Bei diesen werden auch außergewöhnliche Gehaltsgestaltungen grundsätzlich anerkannt, beispielsweise ein Verzicht auf ein Fixgehalt zugunsten einer hohen Gewinn- oder Umsatzbeteiligung.[56]

49 Gesellschaftsrechtlich problematisch ist die steuerliche Einordnung als verdeckte Gewinnausschüttung vor allem dann, wenn an der Gesellschaft mehrere Gesellschafter beteiligt sind und nur einzelne von diesen durch die verdeckte Gewinnausschüttung begünstigt worden sind. Bei einem hohen persönlichen Steuersatz steht der einzelne Gesellschafter bei Annahme einer verdeckten Gewinnausschüttung u.U. sogar besser als zuvor, er erhält also eine Steuererstattung, während die Gesellschaft (also letztlich die Gesamtheit aller Gesellschafter) erhebliche Nachzahlungen leisten muss.[57]

---

55 Zu Umsatztantiemen vgl. *Schuhmann*, GmbHR 2007, 977.
56 *Schulze zur Wiesche*, in: Fichtelmann/Schulze zur Wiesche/Högl/Schmitt/Ferstl, Abschn. K3 Rn. 169.
57 Zur steuerlichen Verknüpfung der Besteuerung auf Gesellschafts- und Gesellschafterebene vgl. *Neumann*, GmbH-StB 2007, 112.

> **!** Hierzu werden häufig Klauseln empfohlen, die einen Gesellschafter zum Ersatz des der Gesellschaft entstandenen Schadens verpflichten. Dies ist zwar möglich, sollte aber gut durchdacht werden. Die verdeckte Gewinnausschüttung kann auf diesem Wege jedenfalls nicht rückgängig gemacht werden (zu den steuerlichen Folgen einer solchen Erstattung siehe § 5 Rn. 70 ff., § 9a Rn. 16 und § 9b Rn. 10).

2. Behandlung des Gehalts beim Geschäftsführer

Der Geschäftsführer erzielt ebenso wie ein Arbeitnehmer steuerlich Einkünfte aus nichtselbstständiger Arbeit i.S.v. § 19 EStG. Die steuerliche Behandlung weicht insofern also von der arbeits- und sozialversicherungsrechtlichen (siehe „Arbeitsrecht und Geschäftsführeranstellung", S. 1071 ff., Rn. 56 ff.) Einordnung ab. 50

Nur ausnahmsweise kann der Geschäftsführer selbst als Unternehmer angesehen werden mit der Folge, dass seine Bezüge gewerbe- und umsatzsteuerpflichtig werden (siehe „Arbeitsrecht und Geschäftsführeranstellung", S. 1071 ff., Rn. 69).[58] Dies kommt insbesondere dann in Betracht, wenn der Geschäftsführer selbst das Entgeltrisiko trägt (starke gewinnabhängige Komponenten im Gehalt). Gegen die Annahme der Selbstständigkeit sprechen beispielsweise vertraglich vereinbarte Zustimmungsvorbehalte der Gesellschafter, Lohnfortzahlung im Krankheitsfall und ein Urlaubsanspruch. 51

> **!** Im Bereich kleiner Gesellschaften gibt es hier durchaus Gestaltungsspielraum. Je nachdem, ob die Selbstständigkeit (etwa im Hinblick auf den Vorsteuerabzug) gewünscht oder (wegen eines hohen Gewerbesteuerhebesatzes) nicht gewünscht ist, kann der Anstellungsvertrag des Geschäftsführers gestaltet werden.

Beispiel: Vergleich zwischen Gewinnausschüttung und Geschäftsführergehalt

Die K-GmbH hat einen Gewinn von 75.000 EUR erzielt. Sie zahlt 50.000 EUR an den Alleingesellschafter und Geschäftsführer Herrn K, der sonst keine Einkünfte hat. Die Übersicht zeigt die steuerlichen Auswirkungen dieser Zahlungen in Abhängigkeit davon, ob es sich um eine Gehaltszahlung oder um eine Gewinnausschüttung handelt.

Kapitalertragsteuer, SolZS, Kirchensteuer sowie etwaige Sozialversicherungsbeiträge bleiben außer Betracht. Die Anteile werden im Privatvermögen gehalten. Zugrunde gelegt wird die Rechtslage VZ 2012:

	Zahlung als angemessenes Geschäftsführergehalt	Zahlung als (offene oder verdeckte) Gewinnausschüttung
Belastung auf Ebene der K-GmbH		
steuerpflichtiger Gewinn:	25.000 EUR (75.000 ./. 50.000)	75.000 EUR
KSt	3.750 EUR	**11.250 EUR**
GewSt (HS 400)	3.500 EUR	**10.500 EUR**

58 BFH BStBl. II 2005, 730 = GmbHR 2005, 794; BMF-Schreiben v. 21.9.2005, BStBl. I 2005, 936 = GmbHR 2005, 1378.

Belastung auf Ebene des Herrn K		
Einnahmen	50.000 EUR	50.000 EUR
nach Werbungskosten (1.000) und Sonderausgaben (10.000)	39.000 EUR	kein Werbungskostenabzug, Pauschbetrag von 801 EUR 39.199 EUR
individuelle Steuer (Grundtabelle)	8.648 EUR	**8.725 EUR**
Vergleichswert: Abgeltungsteuer	entf.	12.300 EUR
Gesamtbelastung	**15.898 EUR**	**30.475 EUR**

II. Finanzierungskosten des Gesellschafters

52 Der Übergang zur Abgeltungsteuer führt zu erheblichen Veränderungen bei der steuerlichen Berücksichtigung der Finanzierungskosten eines Gesellschafters.

Die Zinsen für ein Darlehen, das zum Erwerb einer GmbH-Beteiligung aufgenommen wurde, konnten bislang als Werbungskosten bei den Einkünften aus Kapitalvermögen abgezogen werden; ab 2002 jedoch nur noch zur Hälfte (§ 3c Abs. 2 EStG). Mit der Abgeltungsteuer entfällt diese Möglichkeit vollständig, sodass in nicht wenigen Fällen die Besteuerung von echten Verlustgeschäften droht.

53 Soweit die Dividenden nicht unmittelbar zum Lebensunterhalt benötigt werden, ist es in diesem Fall besonders empfehlenswert, die Gesellschaftsanteile über eine Kapitalgesellschaft zu finanzieren und zu halten, die ihrerseits auch weitere (positive) Einkünftequellen hält.

Beispiel: Fremdfinanzierte Anteile

A (pers. Steuersatz 30 %) bezieht Mieteinnahmen aus einer Immobilie von 50.000 EUR; weiterhin Dividenden aus einer GmbH-Beteiligung (über 15 %) von 50.000 EUR, denen jedoch Finanzierungslasten von 40.000 EUR gegenüberstehen. Nettoeinnahmen also: 60.000 EUR Kirchensteuer, SolZS, Kapitalertragsteuer, Pauschbetrag bleiben außer Betracht:

Variante 1: A hält alles im Privatvermögen	Variante 2: A hält alles in einer GmbH
Steuern für Mieteinnahmen: 15.000 EUR (30 % aus 50.000 EUR)	Gewinn: 50.000 EUR (VuV) ./. 40.000 EUR (Zinsen) + 2.500 EUR (nicht abziehbare Betriebsausgaben von 5 % aus 50.000 EUR) = 12.500 EUR Gewerbeertrag: 12.500 EUR[59]

59 Die Kürzung nach § 9 Nr. 1 GewStG wurde hier vernachlässigt. Die nicht abziehbaren Betriebsausgaben nach § 8b Abs. 5 KStG sind auch gewerbesteuerpflichtig, eine Kürzung nach § 9 Nr. 2a GewStG scheidet aus (siehe Rn. 35). Eine Hinzurechnung nach § 8 Nr. 1 GewStG scheidet aus, da der Schwellenbetrag von 100.000 EUR nicht überschritten ist. Eine Hinzurechnung nach § 8 Nr. 5 GewStG kommt ebenfalls nicht in Betracht, da die 15%-Schwelle des § 9 Nr. 2a GewStG erreicht ist; vgl. hierzu *Prinz/Simon*, DStR 2002, 149, 151.

Abgeltungsteuer: 12.500 EUR (25 % aus 50.000 EUR)	KSt: 1.875 EUR GewSt (400 %): 1.750 EUR
Gesamtbelastung: 27.500 EUR (ca. 45 % von 60.000 EUR)	Gesamtbelastung: 3.625 EUR (ca. 6 % von 60.000 EUR)

Solange die Erträge also nicht vom Gesellschafter benötigt werden und thesauriert werden können, verbleibt es infolge der Zwischenschaltung einer GmbH bei einer Steuerbelastung von nur 6 %.

Bei späterer Ausschüttung der verbleibenden 56.000 EUR fällt nochmals eine Abgeltungsteuer von 25 % (14.000 EUR) an. Die Gesamtbelastung beträgt dann 17.625 EUR und liegt mit ca. 29 % immer noch deutlich unter dem Niveau der Variante 1.

! Ein steuerlicher Effekt, der etwa auf dem Belastungsniveau im Ausschüttungsfall liegt, ließe sich erzielen durch Einbringung der Beteiligung und der Immobilie in ein Betriebsvermögen, beispielsweise in eine gewerblich geprägte Personengesellschaft (GmbH & Co. KG).

III. Gesellschafterfremdfinanzierung

Die Regeln zur sog. Gesellschafterfremdfinanzierung waren in den letzten Jahren häufig Anlass steuerpolitischer Auseinandersetzungen. **54**

Hintergrund der Auseinandersetzung ist wiederum das Trennungsprinzip, das es dem Gesellschafter ermöglicht, durch die Wahl seiner Finanzierungsentscheidung die Steuerlast der Gesellschaft zu beeinflussen. Führt er anstelle von Eigenkapital der Gesellschaft Fremdkapital zu (Gesellschafterdarlehen), so führt dies zu zusätzlichen Betriebsausgaben und damit zu einer Körperschaft- und Gewerbesteuerentlastung bei der Gesellschaft. Dieser Effekt verstärkt sich noch, wenn der Zinsempfänger im Ausland ansässig ist und die Zinserträge dem Zugriff des deutschen Fiskus (abgesehen von möglichen Quellensteuern) entzogen sind. Insbesondere im Konzernbereich befürchtet die Finanzverwaltung hier erhebliche Gewinnverlagerungen in Niedrigsteuergebiete.

Diesem Zustand versucht der Gesetzgeber mit der durch das Unternehmensteuerreformgesetz 2008 eingeführten **„Zinsschranke"** zu begegnen (§ 4h EStG).[60] Danach ist im Grunde der Abzug von Zinsaufwendungen eines Betriebs[61], die den Zinsertrag übersteigen (Zinssaldo), – von Ausnahmen abgesehen – nur eingeschränkt möglich, und zwar unabhängig davon, ob die Zinsen Gesellschaftern oder Dritten zufließen.[62] **55**

Die Ausnahmen sind (§ 4h Abs. 2 EStG):

1 eine Freigrenze (kein Freibetrag!) von 3.000.000 EUR, bezogen auf den Zinssaldo

2 die „*Stand-alone*-Klausel", danach findet die Zinsschranke nur auf Konzernsachverhalte Anwendung (allerdings gilt schon eine Person, die zwei GmbHs beherrscht, als Konzern)

3 die „*Escape*-Klausel", danach kann ein Konzern nachweisen, dass die Finanzierung der Gesellschaft dem Konzerndurchschnitt entspricht (die Toleranzgrenze liegt hier zwischen zwei Prozentpunkten).

Die Ausnahmen 2. und 3. finden allerdings keine Anwendung in Fällen der Gesellschafterfremdfinanzierung, sodass dieser Terminus auch im neuen Recht eine Rolle spielt (vgl. § 8a Abs. 2 und 3 **56**

60 Umfassende Darstellung bei *Köhler*, DStR 2007, 597.
61 Als ein „Betrieb" in diesem Sinne gilt auch ein Organkreis (vgl. § 15 Satz 1 Nr. 3 KStG, siehe Rn. 78).
62 Zur rechtspolitischen Kritik an der Zinsschranke vgl. *Töben*, FR 2007, 379; europarechtliche Bedenken stellen *Eilers*, FR 2007, 733, sowie *Homburg*, FR 2007, 717, dar.

KStG sowie § 4h Abs. 2 Satz 2 EStG). Eine schädliche Gesellschafterfremdfinanzierung liegt vor, wenn Zinsen in Höhe von über 10 % des Zinssaldos an

- zu mehr als ein Viertel unmittelbar oder mittelbar beteiligte – nicht konzernzugehörige[63] – Gesellschafter,
- diesen nahestehende Personen oder
- rückgriffsberechtigte Dritte[64]

fließen.[65]

57 Wenn die Ausnahmen nicht eingreifen, können die Zinsen nur bis zur Höhe von 30 % des Gewinns vor Steuern, Zinsen und Abschreibungen (EBITDA) steuerlich geltend gemacht werden. Für die verbleibenden nicht abzugsfähigen Zinsen bleibt es bei einem „Zinsvortrag". Dieser steht allerdings gem. § 8a Abs. 1 Satz 3 KStG ebenso wie ein körperschaftsteuerlicher Verlustvortrag unter dem Vorbehalt des § 8c KStG (siehe Rn. 65).

Aufgrund der ersten Ausnahme (Freigrenze) werden die Bestimmungen des § 4h EStG, § 8a KStG für die meisten kleinen und mittelständischen GmbH ohne Bedeutung bleiben. Die Ausnahmen 2. und 3. sind hingegen mit zahlreichen Unsicherheiten versehen. Dennoch besteht auch bei kleinen Gesellschaften Beratungsbedarf im Hinblick auf die gewerbesteuerliche Hinzurechnung (siehe Rn. 21) sowie die gesellschaftsrechtlichen Folgen der Gesellschafterdarlehen (siehe „Gesellschafterdarlehen in der Insolvenz", S. 951 ff.).

58 Zu steuerlichen Problemen im Rahmen der Gesellschafterfremdfinanzierung können auch Rangrücktrittsvereinbarungen (siehe Vor § 64 Rn. 16) führen, wenn sich aus diesen ergibt, dass die Verbindlichkeiten nur aus künftigen Gewinnen zu erfüllen sind. Liegt eine solche Vereinbarung vor, sind die Verbindlichkeiten gem. § 5 Abs. 2a EStG gewinnerhöhend auszubuchen.[66]

IV. Wettbewerbsverbote

59 Gesellschaftergeschäftsführer unterliegen ebenso wie Fremdgeschäftsführer gesetzlichen Wettbewerbsverboten, soweit sie hiervon nicht eigens befreit sind (zu den zivilrechtlichen Grundlagen siehe § 43 Rn. 22 ff.).

Aus steuerlicher Sicht problematisch ist dies, wenn der Gesellschaftergeschäftsführer ein solches Wettbewerbsverbot verletzt und die Gesellschaft ihrerseits keinerlei Ersatz verlangt. In diesem – durch das Gesellschaftsverhältnis – veranlassten Verzicht auf die Geltendmachung eines Ersatzanspruchs kann eine verdeckte Gewinnausschüttung liegen. Dieser Effekt lässt sich vermeiden, indem die Gesellschaft den Geschäftsführer vom Wettbewerbsverbot förmlich befreit.

60 Eine solche Befreiung muss zivilrechtlich wirksam im Voraus getroffen werden, dies geschieht üblicherweise per Gesellschafterbeschluss über den Anstellungsvertrag. Soweit es sich um einen beherrschenden Gesellschafter-Geschäftsführer handelt, ist hierfür eine satzungsmäßige Ermächtigung oder zumindest ein Beschluss mit satzungsändernder Mehrheit erforderlich.[67]

---

63 § 8a Abs. 3 Satz 2 KStG, hierzu *Brinkmeier*, GmbH-StB 2007, 81, 82.

64 Dieser Rechtsbegriff war schon in der Vorgängerregelung des § 8a Abs. 1 Satz 2 KStG a.F. problematisch und wurde einschränkend gehandhabt, vgl. *Wiese/Klass/Möhrle*, GmbHR 2007, 405, 408.

65 Zu den rechnerischen Auswirkungen vgl. das Beispiel in der Stellungnahme der Centrale für GmbH vom 26.3.2007 zum Gesetzesentwurf der Bundesregierung eines Unternehmensteuerreformgesetzes 2008 vom 14.3.2007, GmbHR 2007, 421, 428.

66 *Fabry*, in: Gosch/Schwedhelm/Spiegelberger, S. D17; vgl. hierzu BFH DStR 2012, 450; BFH NJW 2006, 1456 = BStBl. II 2006, 618; BMF-Schreiben v. 8.9.2006, BStBl. I 2006, 496; zur Formulierung von Rangrücktrittsvereinbarungen *Wälzholz*, GmbH-StB 2006, 76 sowie *Hoffmann*, GmbH-StB 2004, 351.

67 *Schwetlik*, in: Gosch/Schwedhelm/Spiegelberger, S. W5.

Früher[68] forderte die Finanzverwaltung weiterhin 61

- eine klare Aufgabenabgrenzung zwischen der Gesellschaft und der Konkurrenztätigkeit, die eine spätere willkürliche Zuordnung der Geschäfte vermeidet, und
- die Vereinbarung einer Gegenleistung, wenn die Gesellschaft bereits in dem entsprechenden Bereich tätig ist (also nicht bei Neugründung).

Dies ist aufgrund der Rechtsprechung des BFH[69] nicht mehr erforderlich, allerdings ist die Vereinbarung einer angemessenen (marktüblichen) Gegenleistung nach wie vor zwingend, wenn der Gesellschafter-Geschäftsführer eine konkrete Information oder Geschäftschance außerhalb der Gesellschaft ausnutzt.[70]

> **!** In diesem Bereich greifen zivilrechtliche Probleme und steuerliche Konsequenzen eng ineinander, sodass eine Beratung in beiderlei Hinsicht erforderlich ist, wenn ein Gesellschafter vergleichbare Geschäfte neben der GmbH auch auf einem anderen Weg betreibt.

V. Pensionszusagen

Einer der steuerlichen Vorteile der GmbH gegenüber der Personengesellschaft ist die Möglichkeit, steuerwirksame Rückstellungen (§ 6a EStG) für Verpflichtungen aus Pensionszusagen gegenüber Gesellschaftergeschäftsführern zu bilden (siehe „Arbeitsrecht und Geschäftsführeranstellung", S. 1071 ff., Rn. 76). Zwar kann auch eine Personenhandelsgesellschaft solche Rückstellungen bilden, hier ist jedoch auf der Seite der Mitunternehmer eine Forderung in gleicher Höhe in der Sonderbilanz zu verbuchen, so dass sich die Rückstellung nur auf die Ergebniszurechnung, nicht auf die Höhe des Gesamtergebnisses auswirkt.[71] 62

Maßgebliche Determinanten für die steuerliche Anerkennung einer Pensionsrückstellung sind: 63

- das **Alter** des Geschäftsführers bei der Pensionszusage im Verhältnis zum vorgesehenen Pensionseintritt
- die **„Ernsthaftigkeit"**, d.h. die äußere Ausgestaltung der Bedingungen
- die **„Erdienbarkeit"**, d.h. die Möglichkeit des Geschäftsführers, die Pension während der in Aussicht genommenen Restdienstzeit noch zu verdienen, ohne dass die Aktivbezüge einschließlich der Rückstellungen die Grenze der Angemessenheit übersteigen
- die **Angemessenheit** der absoluten Höhe der Pensionszusage im Verhältnis zur Funktion des Geschäftsführers (Fremdvergleich)
- das Verhältnis der Pensionsaufwendungen zu den Aktivbezügen (**30%-Grenze**; keine Anerkennung einer Nur-Pension)[72]
- das Verhältnis der Pensionshöhe zu den Aktivbezügen (Überversorgung, **75%-Grenze**)

> **!** Allein diese Auflistung zeigt, dass die Vereinbarung einer steuerlich wirksamen Pensionszusage intensiver sachkundiger Beratung im Einzelfall bedarf. Gleiches gilt für die spätere Ablösung oder Auflösung von Pensionszusagen, etwa im Fall einer Veräußerung oder Liquidation der Gesellschaft.[73]

68 BMF-Schreiben v. 4.2.1992, BStBl. I 1992, 137.
69 BFH NJW 1997, 1804 = GmbHR 1997, 363.
70 Zum Ganzen *Schwetlik*, in: Gosch/Schwedhelm/Spiegelberger, S. W6 ff.
71 Schmidt/*Wacker*, § 15 Rn. 585 ff.; vgl. dazu BMF-Schreiben vom 28. Januar 2008 (BStBl. I S. 317).
72 BFHE 178, 203 = BStBl. II 1996, 204; BFH NJW 2006, 1696 = DStR 2006, 83; Sächs. FG DStRE 2007, 756 (rkr. nach Rücknahme der Revision).
73 Zur Problematik bei Liquidationen vgl. *Passarge*, GmbHR 2007, 701; *Heeg/Schramm*, DStR 2007, 1706; Centrale-Gutachtendienst, Gesellschafter-Geschäftsführer: Steuerliche Auswirkungen des Verzichts auf eine Pensionszusage, GmbHR 2007, 1144.

Die steuerliche Behandlung einer späteren Ablösung einer zugunsten eines Gesellschafter-Geschäftsführers erteilten Pensionszusage oder eines Verzichts auf eine solche Zusage hängt davon ab, ob der Vorgang privat oder betrieblich veranlasst ist. Von einem **betrieblich veranlassten Verzicht** kann ausgegangen werden, wenn die Zusage aufgrund der wirtschaftlichen Lage der Gesellschaft ohnehin wertlos war.[74] In diesem Fall ist die Rückstellung gewinnerhöhend aufzulösen.[75] Handelt es sich hingegen um einen **privat veranlassten Verzicht** (etwa zum Zweck der Veräußerung der Gesellschaft) wird ein steuerpflichtiger Zufluss beim Geschäftsführer in Höhe des Teilwertes der Pensionsverpflichtung fingiert.[76] Die fiktiven Wiederbeschaffungskosten einer gleichwertigen Pensionszusage sind danach von dem Geschäftsführer als Einkünfte nach § 19 EStG zu versteuern[77] und gelten sogleich als verdeckt in die GmbH eingelegt. Sie erhöhen damit die Anschaffungskosten des Anteils und seitens der Gesellschaft das steuerliche Einlagekonto. Soweit ein Gesellschaftergeschäftsführer eine **Abfindung** für die Aufhebung der Pensionszusage erhält, verringert sich die verdeckte Einlage entsprechend. Die zugeflossene Abfindung kann eine Tätigkeitsvergütung nach § 19 EStG darstellen, meist wird jedoch eine verdeckte Gewinnausschüttung vorliegen.[78]

VI. Verlustbehandlung

64 Mag auch die Besteuerung der Gewinne einer GmbH dem Vergleich mit Personenunternehmen im Großen und Ganzen standhalten (siehe Rn. 41 ff.), so können die Auswirkungen im Verlustfall für die Gesellschafter und Gesellschafter-Geschäftsführer existenzbedrohend sein. Der Vorteil der GmbH, Gewinne zu thesaurieren und somit dem steuerlichen Zugriff auf der Ebene der Gesellschafter entziehen zu können, erweist sich im Verlustfall als erheblicher Nachteil. Dann können auch die aufgelaufenen Verluste nur in der GmbH als Verlustvorträge gespeichert werden. Erzielt der Gesellschafter daneben anderweitige steuerpflichtige Einkünfte, muss er diese vollständig der Einkommensteuer unterwerfen und hat im Normalfall keine Möglichkeit, diese mit den Verlusten „seiner" GmbH zu verrechnen. Ebenso muss der Gesellschafter-Geschäftsführer sein Geschäftsführergehalt versteuern, auch wenn die GmbH mit Verlust arbeitet.

65 Der dadurch entstehende körperschaftsteuerliche und gewerbesteuerliche Verlustvortrag bei der Gesellschaft kann steuermindernd nur realisiert werden, wenn die Gesellschaft in Zukunft wieder einen entsprechenden Gewinn erzielt. Es greift dann jedoch die Mindestbesteuerung nach § 10d Abs. 2 EStG, § 10a GewStG ein. Von dem 1 Mio. EUR übersteigenden Gewinn des Folgejahres sind 40 % in jedem Fall körperschaft- und gewerbesteuerpflichtig, auch wenn entsprechende Verlustvorträge vorhanden sind. Sofern der Verlust nicht konjunkturbedingt ist, sondern seine Ursache im Geschäftsfeld der GmbH selbst hat, verfällt dieser Verlustvortrag mit Liquidation der GmbH ersatzlos. Etwaige Versuche, den Verlustvortrag durch eine Veräußerung der unternehmenslosen GmbH dennoch zu nutzen (sog. Verlusthandel), unterbindet nunmehr § 8c KStG, der wesentlich weitreichender ist als die Vorgängernorm des § 8 Abs. 4 KStG.[79] Auch im Fall einer Unternehmensumwandlung geht der Verlustvortrag nach neuem Recht regelmäßig verloren (siehe „Umwandlungsrecht", S. 995 ff., Rn. 90 ff.).

---

74 Die Finanzverwaltung erkennt eine betriebliche Veranlassung regelmäßig nur dann an, wenn die Zusage tatsächlich nicht finanzierbar wäre oder die Überschuldung droht und die Maßnahme mit weiteren Sparmaßnahmen verbunden wird; vgl. Bayerisches Landesamt für Steuern, Verfügung vom 15.2.2007, S. 2742-26 St31N, DStR 2007, 993.

75 Dies ist für die in wirtschaftlichen Schwierigkeiten befindliche Gesellschaft meist unproblematisch, da der Gewinn mit den aufgelaufenen Verlusten verrechnet werden kann (siehe Rn. 64 ff.).

76 BFH GrS BStBl. II 1998, S. 307. Der gewinnerhöhenden Auflösung der Pensionsrückstellung steht dann ein entsprechender Gehaltsaufwand der Gesellschaft gegenüber, sodass die Gesellschaft in Höhe der bis dahin stillen Pensionslasten steuerlich wirksame Aufwendungen geltend machen kann. Denkbar wäre auch eine Einordnung als verdeckte Gewinnausschüttung, vgl. Centrale-Gutachtendienst, Gesellschafter-Geschäftsführer: Steuerliche Auswirkungen des Verzichts auf eine Pensionszusage, GmbHR 2007, 1144 f.

77 Dieser Betrag kann weit über die Höhe der vorhandenen Rückstellung nach § 6a EStG hinausgehen; u.U. findet die sog. die Fünftelregelung nach §§ 24 Nr. 1, 34 Abs. 2 Nr. 2 EStG Anwendung, vgl. BFH BStBl. II, S. 177.

78 Zu den Folgen vgl. Centrale-Gutachtendienst, Gesellschafter-Geschäftsführer: Steuerliche Auswirkungen des Verzichts auf eine Pensionszusage, GmbHR 2007, 1144. 1146.

79 Hierzu *Dörfler/Wittkowski*, GmbHR 2007, 513; *Zerwas/Fröhlich*, DStR 2007, 1933.

§ 8c KStG führt beim Erwerb einer qualifizierten Minderheitsbeteiligung (über 25 % bis 50 %) zu einem anteiligen Untergang des Verlustvortrags; bei Erwerb der Mehrheitsbeteiligung geht der Verlustvortrag vollständig verloren. Dies gilt nach § 10a Satz 9 GewStG für die Gewerbesteuer entsprechend. Da dieser Steuernachteil alle Gesellschafter trifft, auch wenn sie ihn nicht verursacht haben, können die Rechte der verbleibenden Gesellschafter sinnvollerweise nur durch eine Vinkulierungsklausel nach § 15 Abs. 5 GmbHG geschützt werden.[80] Im Jahr der Veräußerung erzielte Gewinne können jedoch richtigerweise noch mit dem Verlustvortrag des Vorjahres verrechnet werden, bevor dieser durch die Veräußerung untergeht.[81] 66

Erwarten daher die Gründer einer Gesellschaft zunächst nicht unerhebliche Anlaufverluste bei entsprechendem Einsatz von Eigenmitteln, so ist die GmbH nicht die geeignete Rechtsform. Im Rahmen von Personenunternehmen kann der Gesellschafter zumindest den Verlustanteil steuerlich mit seinen übrigen Einkünften verrechnen, den er nach den wirtschaftlichen Gegebenheiten tatsächlich selbst tragen muss (§ 15a EStG). 67

VII. Entgeltliche Beteiligungsveräußerung

Die Besteuerung der Beteiligungsveräußerung steht in engem Zusammenhang mit der Besteuerung der laufenden Bezüge der Gesellschafter, wobei sich die unter Rn. 28 ff. gebildeten Fallkonstellationen wiederfinden.[82] Neben der Frage, inwiefern sich das Ergebnis der Anteilsveräußerung steuerlich auswirkt, sind aber auch weitere steuerliche Aspekte bei der Veräußerung eines Geschäftsanteils zu beachten: 68

- grunderwerbsteuerliche Folgen (siehe „Unternehmenskauf", S. 924 ff., Rn. 84 ff.)
- Mitveräußerung des Besitzunternehmens bei bestehender Betriebsaufspaltung (siehe Rn. 85)
- Untergang bestehender Verlustvorträge (siehe Rn. 66)
- Schicksal bestehender Gesellschafterdarlehen und Besserungsscheine[83]
- Behandlung bestehender Pensionszusagen (siehe Rn. 63)

Zur Abgrenzung zwischen entgeltlicher und unentgeltlicher Veräußerung siehe „Nachfolgeplanung", S. 907 ff., Rn. 23.

1. Beteiligung unter 1 % im Privatvermögen

Handelt es sich bei der Beteiligung um eine solche, die 1 % am Kapital nicht erreicht, so war die Veräußerung früher nur in Spekulationsfällen (Haltedauer unter einem Jahr) steuerpflichtig gem. § 23 EStG. Für ab dem 1.1.2009 angeschaffte Anteile greift hierfür unabhängig von der Haltedauer die Abgeltungsteuer, sodass pauschal 25 % des Veräußerungsgewinns zu versteuern sind.[84] Für Veräußerungsverluste gilt nunmehr § 20 Abs. 6 EStG, wonach eine Verlustverrechnung nur mit anderen Einkünften aus Kapitalvermögen möglich ist. Satz 5, der die Verlustverrechnung nochmals einschränkt, gilt ausdrücklich nur für Aktienveräußerungen und betrifft damit dem GmbH-Gesellschafter nicht. 69

2. Beteiligungen ab 1 % im Privatvermögen

Für Beteiligungen ab 1 % bleibt es bei der Anwendung des § 17 EStG. Aufgrund des Teileinkünfteverfahrens (§ 3 Nr. 40 EStG) ist hier ein Anteil von 60 % des Veräußerungsgewinns zu versteu- 70

80 Für eine einschränkende Auslegung des § 8c KStG in reinen Konzernsachverhalten *Dieterlen/Winkler*, GmbHR 2007, 815; ausdrücklich dagegen jedoch das BMF-Schreiben vom 4.7.2008, DB 2008, 1598, Tz. 11, 12.

81 BFH NZG 2012, 359 gegen die Verwaltungsauffassung BMF, BStBl. I 2008, 736 Rn. 31; vgl. dazu *Crezelius*, NZI 2012, 446, 448.

82 Übersicht bei *Watrin/Wittkowski/Strohm*, GmbHR 2007, 785, 790.

83 Zu Letzteren *Korn*, GmbHR 2007, 624.

84 Ein Quellensteuerabzug findet hier, anders als bei den Dividenden, nicht statt, sodass es zur Veranlagung nach § 32d EStG kommt, vgl. *Neumann*, EStB 2007, 333, 337.

ern, allerdings mit dem vollen individuellen Steuersatz. Soweit Veräußerungsverluste überhaupt zu berücksichtigen sind,[85] greift wiederum § 3c Abs. 2 EStG ein, der nur einen anteiligen Abzug zulässt (bis 2008 50 %, danach 60 %). Im Fall einer teilentgeltlichen Veräußerung wird der Vorgang anhand des Verhältnisses zwischen dem Wert der Anteile und dem Wert der Gegenleistung in einen unentgeltlichen Teil und einen vollentgeltlichen Teil aufgespalten („Trennungstheorie"); die im Bereich der Personenunternehmen herrschende „Einheitstheorie" gilt hier also nicht.[86] § 17 Abs. 3 EStG gewährt bei geringen Veräußerungsgewinnen einen besonderen Steuerfreibetrag.

3. Beteiligung im Betriebsvermögen eines Personenunternehmens

71 Das Teileinkünfteverfahren findet auch Anwendung, wenn GmbH-Beteiligungen aus dem Betriebsvermögen eines Personenunternehmens veräußert werden. Lediglich die Besonderheiten des § 17 EStG gelten dann nicht, da die Gewinne nach den allgemeinen Regeln der §§ 4 ff. EStG ermittelt werden. Wird das Personenunternehmen insgesamt oder ein Mitunternehmeranteil daran oder der Teilbetrieb,[87] in dem sich die Anteile befinden, veräußert, so greift § 16 EStG ein. Für die Abgrenzung zwischen entgeltlicher und unentgeltlicher Veräußerung gilt dann die sog. Einheitstheorie. Danach ist der Vorgang insgesamt als unentgeltlich zu behandeln, wenn die Gegenleistungen das buchmäßige Eigenkapital nicht übersteigen (siehe auch „Nachfolgeplanung", S. 907 ff., Rn. 23).[88]

4. Beteiligung im Vermögen einer Kapitalgesellschaft

72 Gemäß § 8b Abs. 2 KStG bleiben Gewinne aus der Veräußerung einer Beteiligung an einer Kapitalgesellschaft durch eine Kapitalgesellschaft grundsätzlich steuerfrei,[89] allerdings sind auch hier 5 % des Veräußerungsgewinns als nicht abzugsfähige Betriebsausgaben zu versteuern (§ 8b Abs. 3 KStG).

73 Der Gesetzgeber fingiert hierbei, dass der Gesellschafter die Wahl hat, ob er den in der Gesellschaft erzielten Gewinn durch Ausschüttung oder durch Veräußerung seiner Anteile realisiert; er soll jedoch in beiden Fällen etwa gleich besteuert werden. Korrespondierend damit können auch Veräußerungsverluste nicht steuerlich geltend gemacht werden (§ 8b Abs. 3 Satz 3 KStG). Diese Regelung erfasst nach dem JStG 2008 auch Teilwertabschreibungen auf Darlehensforderungen gegen die Tochtergesellschaft (Sätze 4 bis 8).

5. Einbringungsfälle und Sperrfrist

74 Besondere Probleme stellen sich, wenn die Anteile an der Kapitalgesellschaft durch die Einbringung von Betriebsvermögen zum Buchwert erworben worden sind. Der Gesetzgeber möchte hier vermeiden, dass steuerverstrickte stille Reserven in ganz oder teilweise steuerfreie Veräußerungsgewinne aus Gesellschaftsanteilen umgewandelt werden.

75 Für Einbringungen bis 2006 geschah dies über das Instrument der „einbringungsgeborenen Anteile, vgl. hierzu die Erläuterungen der Vorauflage.

76 Mit dem heutigen Umwandlungsteuerrecht in der durch das SEStEG geänderten Fassung (7.12.2006) wurde eine neue Lösung gefunden. Nunmehr wird im Fall der Veräußerung der Anteile innerhalb von sieben Jahren rückwirkend eine Einbringung zu einem höheren Wert fingiert. Der sog. Einbringungsgewinn I (Unterschiedsbetrag zwischen dem gemeinen Wert des eingebrachten Vermögens und dem seinerzeit bei der Gesellschaft angesetzten Buch- oder Zwischenwert) wird für jedes abgelaufene Zeitjahr um 1/7 verringert und ist nach § 16 EStG zu versteuern; umgekehrt steigen dadurch die Anschaffungskosten der Anteile, was den ggf. steuerpflichtigen Veräußerungser-

---

85 Zu den Einschränkungen vgl. § 17 Abs. 2 Satz 6 EStG; zur Anwendbarkeit des § 42 AO in diesem Zusammenhang vgl. *Busch*, DStR 2007, 1069.

86 Schmidt/*Weber-Grellet*, § 17 EStG Rn. 82 ff., 105.

87 Als Teilbetrieb gilt dabei auch eine im Betriebsvermögen befindliche das gesamte Nennkapital umfassende Beteiligung an einer GmbH (vgl. § 16 Abs. 1 Nr. 1 Satz 2 EStG).

88 Schmidt/*Wacker*, § 16 EStG Rn. 57 ff.

89 Ausnahmen gelten bei vorangegangenen Teilwertabschreibungen (§ 8b Abs. 2 Satz 4 KStG) und bei Veräußerungen durch institutionelle Anleger (§ 8b Abs. 7 bis 10 KStG).

lös der Anteile senkt. Der verbleibende Veräußerungserlös wird nach den allgemeinen Regeln besteuert. Die zunächst eintretende Verdoppelung der stillen Reserven (niedriger Buchwertansatz in der übernehmenden Gesellschaft und niedriger Wertansatz für die gewährten Anteile) wird durch die nachträgliche Erhöhung der Anschaffungskosten beim Gesellschafter und die nach § 23 Abs. 2 UmwStG ebenfalls mögliche Aufstockung der Buchwerte bei der Gesellschaft ausgeglichen.[90]

Beispiel zu § 22 Abs. 1 UmwStG n.F.:

A hat Anfang 2009 einen Betrieb zum Buchwert von 500.000 EUR (gemeiner Wert: 1.200.000 EUR) in eine GmbH eingebracht. Ende 2012 veräußert er die GmbH-Anteile für 1,5 Mio. EUR.

– Einbringungsgewinn 1: (1.200.000 EUR./.500.000 EUR) * 4/7 = 400.000 EUR (§ 22 Abs. 1 UmwStG, § 16 EStG; es wird eine Einbringung in 2009 zum Wert von 900.000 EUR fingiert)
– Veräußerungsgewinn: 1.500.000 EUR./.(500.000 EUR + 400.000 EUR) = 600.000 EUR (§§ 22 Abs. 1 Satz 4 UmwStG, §§ 17, 3 Nr. 40 EStG; Teileinkünfteverfahren)
– ggf. erfolgsneutrale Buchwertaufstockung bei der A-GmbH um 400.000 EUR gem. § 23 Abs. 2 UmwStG in 2010

VIII. Organschaft

Die Trennung der steuerlichen Sphären zwischen Gesellschaft und Gesellschafter kann sich insbesondere in Verlustzeiträumen als problematisch erweisen (siehe Rn. 64 ff.) Für konzernzugehörige Gesellschaften stellt das Gesetz hier das Gestaltungsmittel der körperschaftsteuerlichen „Organschaft" gem. § 14 ff. KStG bereit. Die Organschaft ermöglicht zwar nicht die Ermittlung der steuerlichen Bemessungsgrundlage aufgrund einer (konsolidierten) Konzernbilanz, jedoch wird das steuerliche Ergebnis der Untergesellschaften (Organgesellschaft) der Konzernmutter (Organträger) zugerechnet.[91] **77**

! Organträger können dabei auch natürliche Personen oder gewerbliche Mitunternehmerschaften sein. Bei Letzteren ist jedoch erforderlich, dass die Personengesellschaft selbst die Anteile an der Organgesellschaft hält und dass sie eine eigene gewerbliche Tätigkeit ausübt (§ 14 Abs. 1 Satz 1 Nr. 2, Satz 2 und 3 KStG). Eine bloße Poolgesellschaft (früher: Mehrmütterorganschaft) genügt dafür nicht mehr.

Gewerbesteuerlich führt die Organschaft dazu, dass die Organgesellschaft nach § 2 Abs. 2 Satz 2 GewStG als Betriebsstätte des Organträgers anzusehen ist (gewerbesteuerliche Organschaft). Der BFH hält die Zulassung einer grenzüberschreitenen Organschaft für europarechtlich geboten.[92]

Vorteile der Organschaft sind insbesondere: **78**

- Verluste der Tochtergesellschaft können mit Gewinnen anderer konzernangehöriger Gesellschaften verrechnet werden.
- die 5%-Besteuerung auf jeder Konzernebene gem. § 8b Abs. 5 KStG entfällt.

Hinsichtlich der Anwendbarkeit der Zinsschranke gem. § 4h EStG sind die Auswirkungen ambivalent. Sind die einzelnen Gesellschaften im Organkreis unterschiedlich finanziert, kann die Organschaft vorteilhaft sein, da der Zinssaldo für den gesamten Organkreis berechnet wird (§ 15 Satz 1 Nr. 3 KStG). Haben alle Gesellschaften im Organkreis überschießenden Zinsaufwand, so erweist

90 Rödder/Herlinghaus/van Lishaut/*Stangl*, § 22 UmwStG Rn. 13.
91 Das Organschaftsmodell wird allgemein als unvollkommen angesehen; zu den derzeitigen Reformbemühungen vgl. Glaser, DStR 2011, 2317; Frey/Sälzer, BB 2012, 294; Herzig, Beihefter zu DStR 30 2010, 61.
92 BFH, DStR 2011, 762; dieses Urteil wurde jedoch von der Finanzverwaltung mit einem Nichtanwendungserlass belegt, vgl. BMF-Schreiben vom 27.12.2011, BStBl. I 2012, S. 119.

sich die Organschaft als nachteilig, da die Freigrenze nur insgesamt für den Organkreis anwendbar ist, nicht für jede einzelne Gesellschaft.[93]

79 Die Begründung einer steuerlichen Organschaft ist jedoch an strenge Voraussetzungen geknüpft:

- **finanzielle Eingliederung**: Die Obergesellschaft muss während des Wirtschaftsjahrs ununterbrochen mehrheitlich (mittelbar oder unmittelbar) an der Untergesellschaft beteiligt sein.
- Es muss ein **Gewinnabführungsvertrag** abgeschlossen und auf eine Dauer von mindestens fünf Jahren aufrechterhalten und durchgeführt werden. Eine vorzeitige Aufhebung oder unzureichende Durchführung des Unternehmensvertrags lässt die Organschaft rückwirkend wieder entfallen.

80 Die Zurechnung der Verluste der Untergesellschaft zur Obergesellschaft setzt daher auch voraus, dass die Obergesellschaft (gem. § 302 AktG) bereit ist, diesen tatsächlich zu übernehmen (siehe „GmbH-Konzernrecht", S. 1029 ff., Rn. 46).

!

Im Rahmen der Begründung der Organschaft ist darauf zu achten, dass der Gewinnabführungsvertrag noch während des Wirtschaftsjahrs wirksam werden, d.h. im Handelsregister bei der abhängigen Gesellschaft eingetragen sein muss (§ 294 AktG). Eine rechtzeitige Einreichung der Unterlagen beim Handelsregister genügt hier, anders als im Umwandlungsrecht, nicht.

Weiterhin ist darauf zu achten, das sich der Vertrag nicht von den gesetzlichen Regelungen der §§ 300 ff. AktG entfernt. So wird ein Gewinnabführungsvertrag, der hinsichtlich der Verlustübernahmepflicht die Verjährungsnorm § 302 Abs. 4 AktG ausklammert, als unzureichend angesehen.[94]

IX. Betriebsaufspaltung

81 Eines der wichtigsten und gleichzeitig gefährlichsten steuerlichen Gestaltungsmittel im Zusammenhang mit der GmbH ist die Betriebsaufspaltung. Darunter ist eine Situation zu verstehen, in der ein einheitliches Unternehmen in ein Besitzunternehmen und ein Betriebsunternehmen aufgespalten wird. Das Besitzunternehmen stellt dem Betriebsunternehmen dabei wesentliche Betriebsgrundlagen, insbesondere Betriebsgrundstücke, zur Verfügung (**sachliche Verflechtung**).[95] Eine Betriebsaufspaltung im steuerlichen Sinne entsteht dabei jedoch nur dann, wenn Betriebs- und Besitzunternehmen von denselben Personen gesteuert werden (**personelle Verflechtung**; siehe Rn. 84). Im letzteren Punkt unterscheidet sich die Betriebsaufspaltung von einer bloßen Betriebsverpachtung, die auch zwischen voneinander unabhängigen Dritten möglich ist.

1. Besteuerung

82 Wenn eine steuerliche Betriebsaufspaltung vorliegt, wird das „Besitzunternehmen" ebenso wie die Betriebsgesellschaft als gewerbliches Unternehmen behandelt. Folglich gehören alle Zahlungen des Betriebsunternehmens an das Besitzunternehmen zu den gewerblichen Einkünften des Unternehmers. Dies betrifft insbesondere Miet- und Pachtzahlungen der Betriebsgesellschaft, aber auch die Gewinnausschüttungen einer GmbH, denn zum Betriebsvermögen des Besitzunternehmens gehört auch die Beteiligung an der Betriebs-GmbH selbst.

83 Dies ist im Hinblick auf die Regelung des § 8 Nr. 1 GewStG problematisch. Sobald der dortige Freibetrag von 100.000 EUR überschritten ist, kann die Betriebsgesellschaft Zins- und Pachtzahlungen

93 *Schiffers* in Gosch/Schwedhelm/Spiegelberger, S. O11.
94 Vgl. zuletzt BFH BStBl. II 2010, 932; BMF-Schreiben vom 16.12.2005, BStBl. I 206, 12.
95 Die Grenze der „wesentlichen Betriebsgrundlage" ist jedoch fließend, zu den Einzelfällen vgl. Schmidt/*Wacker*, § 15 EStG Rn. 808 ff.; *Carlé*, Die Betriebsaufspaltung, Rn. 316 ff.

nicht mehr im vollen Umfang gewerbesteuerlich abziehen. Hingegen sind die Zahlungen bei dem Besitzunternehmen gleichfalls gewerbesteuerpflichtig.[96]

2. Vermeidung

Eine steuerliche Betriebsaufspaltung lässt sich vermeiden, indem die personelle Verflechtung ver- 84
mieden wird. Dafür genügt es, dass an dem Besitzunternehmen eine Person beteiligt ist und über ein Vetorecht verfügt, die nicht am Betriebsunternehmen beteiligt ist.[97] Da die Anteile von Ehegatten regelmäßig nicht zusammengerechnet werden, führt auch eine Verpachtung durch einen Ehegatten an die GmbH des anderen Ehegatten nicht zu einer steuerlichen Betriebsaufspaltung (sog. Wiesbadener Modell).[98]

3. Auflösung

Ebenso wie die Betriebsaufspaltung durch Herstellung der sachlichen und personellen Verflechtung 85
begründet werden kann, kann sie durch Aufhebung dieser Sacherhalte auch wieder beendet werden.[99] Dies kann insbesondere geschehen durch:

- Stilllegung der Betriebsgesellschaft
- Beendigung der personellen Verflechtung, z.B. durch die isolierte Übertragung eines Teilunternehmens oder durch die getrennte Vererbung
- Beendigung der sachlichen Verflechtung, z.B. durch den Umzug der Betriebsgesellschaft in andere Räumlichkeiten.

Dabei kommt es regelmäßig zur Betriebsaufgabe hinsichtlich des Besitzunternehmens, das ja für sich gesehen keine gewerbliche Tätigkeit ausübt, mit der Folge der Sofortversteuerung aller stillen Reserven (§ 16 EStG).

Soll dies vermieden werden, so muss das Vermögen des Besitzunternehmens zuvor in „ewiges Betriebsvermögen" umgewandelt werden, was i.d.R. im Wege einer Einbringung in eine GmbH & Co. KG geschieht.

Ein Hauptrisiko der Betriebsaufspaltung liegt darin, dass sie u.U. unbeabsichtigt begründet[100] und 86
ebenso unbeabsichtigt wieder beseitigt werden kann. Dies kann auch dann zu einer erheblichen Steuerbelastung führen, wenn die Betriebsaufspaltung selbst nur kurze Zeit bestanden hat.

Beispiel: Wirkung eines „Berliner Testaments"

Unternehmer U ist Alleingesellschafter der U-GmbH. Die Geschäftsanteile hat er bei Gründung der Gesellschaft für 50.000 DM erworben; die Anteile haben inzwischen einen Marktwert von 300.000 EUR. Das Betriebsgrundstück steht im Alleineigentum der Ehefrau des U und wird von dieser an die GmbH verpachtet. Die Eheleute U haben ein sog. Berliner Testament errichtet, wonach sie sich gegenseitig zu Alleinerben eingesetzt haben.

Stirbt nun die Ehefrau, so entsteht eine Betriebsaufspaltung. Zum Betriebsvermögen des Besitzunternehmens gehören das Betriebsgrundstück (zum Teilwert eingebracht) und die GmbH-Anteile. Zwar löst die Einbringung der Anteile in das Besitzunternehmen keine Steuer nach § 17 EStG aus, aber die Anteile gelten als zum Anschaffungspreis eingebracht, also mit 50.000 DM (§ 6 Abs. 1 Nr. 5 Satz 1 Buchst. b) EStG).

---

96 Die erweiterte Kürzung des § 9 Nr. 1 GewStG greift hier nicht ein, vgl. Glanegger/Güroff/*Güroff*, § 9 Nr. 1 GewStG Rn. 26.

97 Typisch hierfür ist die Vereinbarung eines Einstimmigkeitsprinzips beim Besitzunternehmen, das allerdings nicht nur für außergewöhnliche Geschäfte gelten darf, vgl. Schmidt/*Wacker*, § 15 EStG Rn. 825.

98 Vgl. *Carlé*, Betriebsaufspaltung, Rn. 145.

99 Ausführlich zu den Beendigungstatbeständen *Brandmüller*, S. 382 ff.

100 Zu steuerlichen Risiken bei der Begründung einer Betriebsaufspaltung vgl. BFH BStBl. II 2008, 579.

Wird nun das Besitzunternehmen aufgegeben, etwa im Wege einer Übergabe der GmbH-Anteile (ohne Grundbesitz) an die nächste Generation, so entsteht ein steuerpflichtiger Aufgabegewinn in Höhe der Differenz zwischen den Anschaffungskosten und dem Zeitwert der GmbH-Anteile; der entstehende Steuerschaden würde sich im Beispiel bei einem hohen persönlichen Steuersatz auf ca. 120.000 EUR belaufen.

X. GmbH & Co. KG

87 Eine GmbH & Co. KG ist eine Personengesellschaft und wird als solche besteuert,[101] während auf die Komplementär-GmbH die vorstehenden Darstellungen ohne Weiteres anwendbar sind.

In einer beteiligungsidentischen GmbH & Co. KG ist darauf zu achten, dass die nicht am Vermögen beteiligte Komplementär-GmbH für ihre Leistungen eine angemessene Vergütung erhält. Ein Verzicht auf diese Vergütung kommt unmittelbar den GmbH-Gesellschaftern in ihrer Rolle als Kommanditisten zugute und stellt daher regelmäßig eine verdeckte Gewinnausschüttung der GmbH an ihre Gesellschafter dar.[102]

88 Daher sollten zugunsten der GmbH mindestens vereinbart werden:

- ein angemessener Auslagenersatz für ihre Geschäftsführungstätigkeit
- eine angemessene Provision für die Übernahme der persönlichen Haftung

Diese Bezüge der Komplementär-GmbH sind i.d.R. umsatzsteuerpflichtig (siehe Rn. 25). Die von den Kommanditisten gehaltenen GmbH-Geschäftsanteile sind regelmäßig als „Sonderbetriebsvermögen II" steuerlich verstrickt, gehören also steuerlich zum Betriebsvermögen der GmbH & Co. KG, was sich auf die steuerliche Zuordnung etwaiger Dividenden auswirkt (zur Geschäftsführer-Vergütung siehe „Arbeitsrecht und Geschäftsführeranstellung", S. 1071 ff., Rn. 69).[103]

C. Muster

89 Auf der CD-ROM findet sich folgendes

Muster Nr. 97: Schreiben an Finanzamt – Erteilung einer verbindlichen Auskunft nach § 89 Abs. 2 AO

Das Muster enthält ein Formular für einen Antrag auf Erteilung einer verbindlichen Auskunft in Steuersachen nach § 89 Abs. 2 AO. Die Erläuterungen in den Fußnoten geben die Rahmenbestimmungen wieder (insbesondere Ausführungen im Anwendungserlass zur Abgabenordnung [AEAO] zu § 89 AO sowie die Steuer-Auskunftsverordnung vom 30.11.2007). 97

101 Dazu die umfassenden Darstellungen bei *Hesselmann/Tillmann/Mueller-Thuns* sowie *Binz/Sorg*.
102 Umgekehrt stellt eine überzogen hohe Provision eine verdeckte Einlage dar; zum Ganzen vgl. *Eckl*, in: Hesselmann/Tillmann/Mueller-Thuns, § 8 Rn. 191 ff.
103 BFHE 168, 52 = BStBl. II 1992, 937; *Klotz*, in: Hesselmann/Tillmann/Mueller-Thuns, § 8 Rn. 412 ff.

8. Arbeitsrecht und Geschäftsführeranstellung

Literatur

Bauer, Arbeitsrechtliche Aufhebungsverträge, 8. Auflage 2007; *Brandmüller*, Der GmbH-Geschäftsführer im Gesellschafts-, Steuer- und Sozialversicherungsrecht; 18. Auflage 2006; *Dernbach*, Abberufung und Kündigung des GmbH-Geschäftsführers, BB 1982, 1266; *Diller*, Gesellschafter und Gesellschaftsorgane als Arbeitnehmer, 1994; *Fleck*, Das Organmitglied – Unternehmer oder Arbeitnehmer, in: Dieterich u.a. (Hrsg.), Festschrift für Marie Luise Hilger und Hermann Stumpf, 1983, S. 197; *Freckmann*, Der GmbH-Geschäftsführer im Arbeits- und Sozialversicherungsrecht, DStR 2008, 52; *Gissel*, Arbeitnehmerschutz für den GmbH-Geschäftsführer, 1987; *Goll-Müller/Langenhahn-Komus*, Der Geschäftsführer mit Arbeitsvertrag und dennoch ohne Kündigungsschutz, NZA 2008, 687; *Gottwald*, Insolvenzrechts-Handbuch, 4. Auflage 2010 (zitiert: Gottwald/*Bearbeiter*); *Gravenhorst*, Das Anstellungsverhältnis des GmbH-Geschäftsführers nach seiner Abberufung, GmbHR 2007, 417; *Groß*, Das Anstellungsverhältnis des GmbH-Geschäftsführers im Zivil-, Arbeits- Sozialversicherungs- und Steuerrecht, 1987; *Haase*, Der Erholungsurlaub des Geschäftsführers einer GmbH aus rechtlicher Sicht, GmbHR 2005, 265 (Teil 1) und 338 (Teil 2); *Habersack/Verse*, Rechtsfragen der Mitarbeiterbeteiligung im Spiegel der neueren Rechtsprechung, ZGR 2005, 451; *Heilmann*, Arbeitsverhältnisse von Organen juristischer Personen im Konkurs, ZIP 1980, 344; *Henssler*, Das Anstellungsverhältnis von Organmitgliedern, RdA 1992, 289; *Heyll*, Die Anwendung von Arbeitsrecht auf Organmitglieder, 1994; *Horstmeier*, Geschäftsführer und Vorstände als „Beschäftigte" – der Diskriminierungsschutz für Organe nach dem Allgemeinen Gleichbehandlungsgesetz, GmbHR 2007, 125; *Hueck*, Bemerkungen zum Anstellungsverhältnis von Organmitgliedern juristischer Personen, in: Dieterich u.a. (Hrsg.), Festschrift für Marie Luise Hilger und Hermann Stumpf, 1983, S. 365; *Jula*, Der GmbH-Geschäftsführer, 3. Auflage 2009; *Kitzinger*, Der GmbH-Geschäftsführer zwischen Arbeits- und Gesellschaftsrecht, 2001; *Lieb*, Der GmbH-Geschäftsführer in der Grauzone zwischen Arbeits- und Gesellschaftsrecht, 1987; *Münchener Handbuch zum Arbeitsrecht*, hrsg. von Richardi/Wlotzke, Band 1, Individualarbeitsrecht, 3. Auflage 2009 (zitiert: MüHdb-ArbR/*Bearbeiter*); *Oberrath*, Anwendung von Arbeitsrecht auf den GmbH-Geschäftsführer, MDR 1999, 134; *Oppenländer/Baumann*, Praxishandbuch der GmbH-Geschäftsführung, 2011 (zitiert: Oppenländer/Baumann/*Bearbeiter*); *Reiserer*, Die außerordentliche Kündigung des Dienstvertrags des GmbH-Geschäftsführers, BB 2002, 1199; *Reiserer/Peters*, Die anwaltliche Vertretung von Geschäftsführern und Vorständen bei Abberufung und Kündigung, DB 2008, 167; *Remmert/Schmalz*, Wirksamkeit von Gesellschafterbeschlüssen unter Beteiligung des Mehrheitsgesellschafter-Geschäftsführers über die Einführung oder Erhöhung seiner Geschäftsführervergütung, GmbHR 2008, 85.

A. Einleitung

1 Grundsätzlich weist die GmbH als Arbeitgeber ihrer „normalen" Mitarbeiter keine Besonderheiten gegenüber anderen Arbeitgebern auf. Da eine allgemeine Darstellung zum gesamten Arbeitsrecht nicht Ziel bzw. Inhalt dieses Abschnitts sein kann, befasst sich dieser vorrangig mit arbeits-, dienst- und sozialversicherungsrechtlichen Fragen im Zusammenhang mit dem oder den Geschäftsführer(n) einer GmbH. Für die Unternehmergesellschaft gelten dabei im Grunde keine Besonderheiten, so dass diese nicht gesondert behandelt wird, sondern im Folgenden stets als mit angesprochen gilt.

B. Allgemeine Grundsätze für „normale" Mitarbeiter

I. Vertretung der GmbH bei Vertragsschluss und Vertragsbeendigung, Registerpublizität, Wissenszurechnung

2 Wie jede juristische Person muss auch die GmbH naturgemäß bei Abschluss und Kündigung von Arbeitsverhältnissen wirksam bzw. ordnungsgemäß **vertreten** werden. Hinsichtlich der **Anstellung „normaler" Mitarbeiter** (zu den Abweichungen bei Geschäftsführer siehe Rn. 36 ff.) sind die bei den §§ 35 ff. GmbHG dargestellten Grundsätze zu beachten, wonach die Vertretung grundsätzlich durch Geschäftsführer (organschaftliche Vertretung) und/oder Prokuristen (rechtsgeschäftliche Vertretung) in zur Vertretung berechtigender Anzahl erfolgt. Auch der Abschluss durch sonstige rechtsgeschäftliche Vertreter, wie etwa einen entsprechend bevollmächtigten Personalleiter, ist natürlich möglich. Aus dem Schriftformerfordernis des Nachweisgesetzes ergibt sich keine Notwendigkeit, die Vollmacht eines solchen Bevollmächtigten schriftlich zu erteilen. Die Grundsätze der Anscheins- oder Duldungsvollmacht sind anzuwenden. Erfolgt eine Kündigung durch einen Bevollmächtigten, erfordert wegen § 167 Abs. 2 BGB auch das Schriftformerfordernis gem. § 623 BGB keine schriftliche Vollmacht. Allerdings gilt hier wie bei jeder Vollmachtsvertretung § 174 BGB, wonach der Erklärungsempfänger bei einem einseitigen Rechtsgeschäft die Erklärung unverzüglich zurückweisen und damit unwirksam machen kann, wenn eine Vollmachtsurkunde nicht vorgelegt wird und nicht der Vollmachtgeber den Erklärungsempfänger von der Bevollmächtigung in Kenntnis gesetzt hat. Auf gesetzliche Vertreter wie die Organe der GmbH ist § 174 BGB dagegen nicht anwendbar, weil hier das Handelsregister der Unsicherheit über die in Anspruch genommene organschaftliche Vertretungsmacht entgegenwirkt.[1] Kündigt jedoch ein gesamtvertretungsberechtigter Geschäftsführer alleine, besteht analog § 174 BGB ein Zurückweisungsrecht, wenn die Ermächtigung nicht urkundlich nachgewiesen ist.[2]

3 Der Grundsatz der **Registerpublizität** hinsichtlich der Geschäftsführer- oder Prokuristenstellung gilt auch in Bezug auf die Begründung und Beendigung von Arbeitsverhältnissen durch diese mit „normalen" Mitarbeitern. Die an sich rein deklaratorische Eintragung und Löschung des Geschäftsführers (vgl. § 39 GmbHG) können somit über § 15 HGB und nach allgemeinen Rechtsscheinsgrundsätzen relevant sein. Ein zwar bereits abberufener, aber noch im Handelsregister eingetragener Geschäftsführer darf nicht mehr, kann aber noch wirksam Arbeitsverträge für die GmbH abschließen und beenden. Freilich wird vielfach positive Kenntnis des Vertragspartners von der Abberufung vorliegen; dann kommt es auf die Eintragung nicht an. Besteht zwischen den Gesellschaftern Streit, z.B. über die Wirksamkeit eines Abberufungsbeschlusses, macht aber allein die Kenntnis hiervon die Wirkungen der Registerpublizität nicht zunichte. Der bestellte, aber noch nicht eingetragene Geschäftsführer ist wegen des deklaratorischen Charakters der Eintragung bereits vollwirksam Geschäftsführer und kann daher unproblematisch Arbeitsverhältnisse begründen und beenden. Allerdings empfiehlt sich, bei Kündigungen einen schriftlichen Nachweis über die Bestellung beizufügen, da sonst in diesem Sonderfall die Zurückweisung gem. § 174 BGB dro-

1 BGH NJW 2002, 1194.
2 BGH NJW 1981, 2374; LAG Köln, MDR 2003, 95.

hen könnte, weil das Argument der Registerpublizität dessen Anwendung hier nicht entgegengehalten werden kann.

Auch die **Wissenszurechnung** – wie etwa bei den Gründen für eine außerordentliche fristlose Kündigung – richtet sich nach den allgemein für juristische Personen geltenden Grundsätzen, die insbesondere von den Rechtsgedanken der §§ 28 und 166 BGB geprägt sind.[3] Der GmbH als Arbeitgeber wird somit z.B. ein Kündigungsgrund in für § 626 BGB fristauslösender Weise bekannt, wenn er einem von mehreren (auch gesamtvertretungsberechtigten) Geschäftsführern bekannt wird. Anders als bei Personengesellschaften wird auch das Wissen von ausgeschiedenen, ggf. verstorbenen Organmitgliedern berücksichtigt.[4] Größe und Arbeitsteilung einer Gesellschaft dürfen nach ständiger Rechtsprechung nicht zu einer Bevorzugung bei der Wissenszurechnung führen, sodass bei entsprechenden Zuständigkeiten, z.B. für die Einstellung, bzw. bei arbeitsteiliger Entscheidungskompetenz im Personalwesen auch die Kenntnis eines Vertreters der GmbH ausreichen kann, der nicht zu deren Organen gehört. 4

II. Vorgründungsgesellschaft, GmbH i.Gr., GmbH i.L. sowie Insolvenz

Für Arbeitsverhältnisse, die zwischen Mitarbeitern und der **Vorgründungsgesellschaft** begründet werden, ergibt sich kein automatischer Übergang auf die GmbH. Entsprechend der in § 11 Rn. 12 ff. bzw. 36 ff. dargestellten Grundsätze zur Vorgründungsgesellschaft wird bei Auftreten für die künftige GmbH ohne Offenlegung der ausstehenden Gründung nach den Grundsätzen des betriebsbezogenen Geschäfts der wahre Unternehmensrechtsträger, d.h. die Vorgründungsgesellschaft als OHG oder der einzelne Gründer als Einzelkaufmann, verpflichtet. Ein späterer Übergang müsste ausdrücklich und einvernehmlich vereinbart werden. Auch bei Offenlegung des Ausstehens der Gründung wird diese Folge nur dann vermieden, wenn der Vertrag unter der aufschiebenden Bedingung (§ 158 BGB) der Entstehung der GmbH geschlossen wird. 5

Bei der GmbH in Gründung (**Vorgesellschaft**) gehen die Arbeitsverhältnisse wie alle anderen Vertragsverhältnisse automatisch auf die GmbH über, sobald diese durch Eintragung entsteht. Ein Widerspruchsrecht für die betroffenen Arbeitnehmer gibt es nicht. Die Vorgesellschaft wird bereits durch ihre künftigen Organe vertreten, wobei die Einzelheiten zur Vertretungsmacht umstritten sind (vgl. § 11 GmbHG). Ein stets von der Vertretungsmacht gedecktes Gründungsgeschäft dürfte bei der Begründung von Arbeitsverhältnissen mit Nicht-Geschäftsführern kaum je vorliegen. Regelmäßig dürfte aber dort, wo schon Mitarbeiter eingestellt werden, eine Ermächtigung seitens der Mitgesellschafter zur Aufnahme des vollen Geschäftsbetriebs gegeben sein; so insbesondere, wenn ein schon bestehendes Unternehmen eingebracht wird. Bei echten Neugründungen ist schon wegen der mittlerweile recht raschen Eintragung durch die Registergerichte aber stets vorzugswürdig, mit dem Abschluss von Arbeitsverträgen (wie mit allen anderen verschiebbaren Geschäften) bis zur Entstehung der GmbH durch Eintragung zu warten. Hinzuweisen ist insoweit besonders auf die Verlustdeckungs- und die Handelndenhaftung. 6

Die GmbH in der **Liquidation** weist in arbeitsrechtlicher Hinsicht keine Unterschiede zur normalen GmbH auf, es besteht völlige Identität des Arbeitgebers. Im Falle eines Fortsetzungsbeschlusses etwa gibt es in Bezug auf die ungekündigten Arbeitsverhältnisse keinen Handlungsbedarf, es gab nie irgendeinen „Übergang" (vgl. § 60 GmbHG zu den unveränderten Außenbeziehungen der aufgelösten GmbH). Freilich wird im Rahmen des Erreichens des nunmehr ja auf Abwicklung gerichteten Gesellschaftszwecks die (betriebsbedingte) Kündigung der Arbeitsverhältnisse naheliegen. Als Dauerschuldverhältnisse müssen sie seitens des Liquidators zum voraussichtlichen Ende der Abwicklung aufgelöst werden (ggf. eben durch Kündigung), da Aufgabe der Liquidatoren die Beendigung der Geschäftstätigkeit insgesamt ist (vgl. § 70 GmbHG zu den Aufgaben der Liquidatoren). 7

3 Zur Anwendung von § 166 BGB auch auf die Organe juristischer Personen vgl. z.B. BGHZ 41, 282.
4 BGHZ 109, 327.

8 In der **Insolvenz** richtet sich das Schicksal der Arbeitsverhältnisse auch bei der GmbH nach den Regelungen der InsO. Nach herrschender Meinung[5] kann der Insolvenzverwalter gem. § 113 InsO mit einer Frist von drei Monaten zum Monatsende kündigen. Kürzere Fristen bleiben unberührt, längere Fristen und Kündigungsausschlüsse gelten nicht.[6] Allein die Insolvenz als solche ist kein wichtiger Grund gem. § 626 BGB.[7] Die bis zur Eröffnung des Insolvenzverfahrens entstandenen Vergütungsansprüche der Mitarbeiter sind einfache Insolvenzforderungen gem. § 38 InsO, nach Insolvenzeröffnung entstandene Vergütungsansprüche sind Masseverbindlichkeiten gem. § 55 Abs. 1 Nr. 2 InsO.

C. Der GmbH-Geschäftsführer

I. Die persönliche Stellung des Geschäftsführers

1. Trennung zwischen Organstellung und persönlicher Stellung

9 Der Geschäftsführer wird durch seine Bestellung seitens der Gesellschafterversammlung oder ggf. auch durch den Aufsichtsrat zum Organ der Gesellschaft. Seine Rechte und Pflichten in dieser Eigenschaft als Organ ergeben sich vor allem aus dem Gesetz, der Satzung und den Gesellschafterbeschlüssen. Im Einzelnen ist hierzu auf die Kommentierung bei §§ 35 ff. GmbHG zu verweisen. Diese *organschaftliche* Stellung bzw. die Bestellung als Organisationsakt ist strikt von der *persönlichen* Stellung des Geschäftsführers bzw. dem Anstellungsvertrag als der flankierenden schuldrechtlichen Vereinbarung abzugrenzen (sog. **Trennungstheorie**).[8]

2. Bedeutung des Anstellungsvertrags

10 Die persönliche Stellung des Geschäftsführers wird primär durch den **Anstellungsvertrag** geregelt. Dabei ist der die gesellschaftsrechtliche Bestellung flankierende Abschluss eines schuldrechtlichen Anstellungsvertrags nicht Voraussetzung für eine voll funktionsfähige und wirksame Organeigenschaft. Gerade in der Ein-Mann-GmbH wird u.U. kein Anstellungsvertrag geschlossen werden, vor allem dann, wenn die Tätigkeit des Geschäftsführers geringfügig ist. In solchen Fällen eines fehlenden Anstellungsvertrags bestimmen die Regelungen der §§ 664 ff. BGB zum Auftragsrecht die persönliche Stellung des Geschäftsführers. Wird jedoch – wie üblich – ein Anstellungsvertrag geschlossen, ist dieser die Grundlage für die persönliche Stellung des Geschäftsführers.

3. Freier Dienstvertrag oder Arbeitsvertrag?

11 Zwischen Geschäftsführer und GmbH besteht bei Existenz eines Anstellungsvertrags ein Dienstvertrag i.S.d. § 611 BGB. Grundsätzlich könnte dieser sowohl als freier Dienstvertrag oder auch als Arbeitsvertrag ausgestaltet sein. Mit der herrschenden Meinung in Literatur und gesellschaftsrechtlicher Rechtsprechung ist die Anstellung des GmbH-Geschäftsführers regelmäßig als freies Dienstverhältnis einzustufen, der Geschäftsführer ist also **regelmäßig kein Arbeitnehmer**.[9]

12 Grundvoraussetzung für eine Einstufung als Arbeitsverhältnis bzw. Arbeitnehmer ist nach den allgemeinen Abgrenzungsregelungen des Arbeitsrechts eine **Weisungsgebundenheit** des Geschäftsführers insbesondere bezüglich Zeit, Ort und Ausübung seines Diensts. Das normale Weisungsrecht der Gesellschafterversammlung führt nicht zu einer Weisungsgebundenheit in diesem Sinne. Hinsichtlich wichtiger Indizien für die insoweit stets einzelfallbezogene Prüfung des Vorliegens einer entsprechenden Abhängigkeit wird auf die in Rn. 58 enthaltene Liste verwiesen.

13 Ein (Gesellschafter-)Geschäftsführer, der durch eine eigene Mehrheit in der Gesellschafterversammlung oder auch durch sonstige faktische Möglichkeiten, deren Entscheidungen zu bestimmen,

---

5 OLG Naumburg, GmbHR 2004, 423; Baumbach/Hueck/*Zöllner/Noack*, § 35 Rn. 190 m.w.N.
6 BAG NZA 1999, 1331.
7 OLG Düsseldorf, NZG 2000, 1044; OLG Naumburg, GmbHR 2004, 423.
8 Zum Beispiel BGHZ 79, 38; 78, 82; BGH GmbHR 1990, 345; heute praktisch nicht mehr bestritten.
9 Baumbach/Hueck/*Zöllner/Noack*, § 35 Rn. 171 ff.

keine unerwünschten Weisungen der Gesellschafter zu befürchten hat, kann in keinem Fall Arbeitnehmer sein. Letzteres ist z.B. für das Familienoberhaupt der Familie, die zusammen die Mehrheit der Geschäftsanteile hält, zu bejahen. Diese Möglichkeit, ihm unangenehme Weisungen zu verhindern, hat auch ein Geschäftsführer, der wegen seiner überlegenen bzw. für die Gesellschaft unentbehrlichen Geschäftskontakte, Patente, durch eine atypisch stille Beteiligung an der Gesellschaft oder auch eine Sperrminorität auf die Entscheidungen der Gesellschafter maßgeblichen Einfluss hat. Er ist nicht abhängig, also keinesfalls Arbeitnehmer. Lediglich in Fällen eines Fremd- oder Minderheitsgesellschafter-Geschäftsführers kommt demnach eine Eingliederung in eine fremde Arbeitsorganisation und damit eine Arbeitnehmerstellung überhaupt in Betracht.

Nach **Auffassung des BGH** schließen sich die organschaftliche Stellung des Geschäftsführers und eine Stellung als Arbeitnehmer jedoch auch in diesem Fall zwingend wechselseitig aus.[10] Der Geschäftsführer steht nach dieser Auffassung nie in einem Arbeitsverhältnis zur GmbH als juristischer Person, sondern repräsentiert die juristische Person unmittelbar als deren Organ bzw. als Arbeitgeber.[11] Die Frage nach der Arbeitnehmereigenschaft lasse sich nur sinnvoll beantworten, wenn man auch bedenkt, wer als Arbeitgeber in Betracht kommt. Dessen Funktion freilich übt der Geschäftsführer als Organ für die GmbH aus. Diese Arbeitgeberfunktion schließt es folglich aus, dass der Geschäftsführer zugleich arbeitsrechtlich den Status eines Arbeitnehmers einnimmt. **14**

Das **BAG** kommt im (seltenen) Einzelfall hingegen durch Abgrenzung nach den allgemeinen Kriterien zu dem Ergebnis, dass ein Arbeitsverhältnis vorliegt.[12] Dies könne nicht allein wegen der Organstellung ausgeschlossen werden, es bestehe kein striktes Ausschlussverhältnis. Nur für den Fall eines Mehrheitsgesellschafter-Geschäftsführers schließt auch das BAG eine Arbeitnehmereigenschaft gänzlich aus.[13] **15**

Die Auffassung des BGH bzw. der gesellschaftsrechtlichen Rechtsprechung vermeidet den Wertungswiderspruch, dass gerade derjenige, der (jedenfalls gegenüber allen anderen Mitarbeitern) die Arbeitgeberfunktion für die GmbH wahrnimmt, zugleich als Arbeitnehmer eingestuft wird. Für sie sprechen auch die dogmatische Klarheit bzw. die Grundsätze des Organverhältnisses bei juristischen Personen. Der Haupthintergrund der Gegenansicht, auch dem (abhängigen) Geschäftsführer einen gewissen Sozialschutz zuzubilligen, verliert an Strahlkraft, wenn die Möglichkeiten zur Vertragsgestaltung bedacht werden. Niemand ist gehindert, bei seiner Anstellung auf die Vereinbarung entsprechender Schutzrechte zu achten und damit selbst mit zu entscheiden, ob er arbeitnehmerähnlichen Sozialschutz genießt oder eher den Status eines selbstständigen Unternehmers. Missbrauch im Sinne fingierter Geschäftsführungspositionen für „normale" Mitarbeiter lässt sich im Einzelfall auch ohne Aufgabe der dogmatischen Klarheit begegnen. **16**

Die zutreffende generelle Verneinung des Arbeitnehmerstatus hindert den Rechtsanwender allerdings nicht, bei Bedarf einzelne arbeitsrechtliche Regelungen analog oder (mit gleichem Ergebnis) im Rahmen des gesellschaftsrechtlichen Treueverhältnisses[14] auf den abhängigen Geschäftsführer anzuwenden. Die Einstufung als Arbeitnehmer wiederum macht keineswegs die gesamte Bandbreite der Arbeitnehmerschutzvorschriften anwendbar. Im konkreten Fall führen beide Auffassungen daher kaum zu unterschiedlichen Ergebnissen, was auch erklärt, warum es bei einem solchen Massen-Sachverhalt über Jahrzehnte eine divergierende Einschätzung oberster Bundesgerichte geben kann. **17**

Im Einzelfall kommen neben den nachstehenden Sonderfällen als Grundlage der Geschäftsführertätigkeit auch ein Auftragsverhältnis gem. §§ 662ff. BGB (bei unentgeltlichem Tätigwerden) oder z.B. bei vorübergehender Tätigkeit auch ein Beratervertrag (ebenfalls ein Dienstvertrag) in Betracht.

---

10 BGHZ 79, 291; 49, 30; BGH NJW 1978, 1335; 1981, 1270.

11 MüHdb-ArbR/*Ricardi*, § 17 Rn. 56.

12 BAG GmbHR 1999, 925; 2003, 1208; anders dagegen: BAG GmbHR 1986, 263 und BAG BB 1999, 1437.

13 BAG AP Nr. 95 zu § 611 BGB.

14 Prononciert gegen eine analoge Anwendung des materiellen Arbeitsrechts und für eine Lösung über das gesellschaftsrechtliche Treueverhältnis: *Haase*, GmbHR 2007, 820 und GmbHR 2005, 265 ff., 338 ff.

4. Sonderfall: „Beförderung" zum Geschäftsführer

18 Wird ein bisheriger „normaler" Arbeitnehmer der GmbH zum Geschäftsführer berufen und schließt einen entsprechenden Dienstvertrag mit ihr ab, stellt sich die Frage, ob das bisherige Arbeitsverhältnis damit vollständig beendet ist oder ob es lediglich vorübergehend ruht.

19 Für den Fall eines „beförderten" Arbeitnehmers der GmbH selbst ist das Ende der Arbeitnehmereigenschaft mit dem BGH wie dargestellt zwingend, weil alleine schon die Organstellung diese ausschließt. Das BAG sah dabei die Gefahr, dass Mitarbeiter zur Erleichterung der Kündigung kurzfristig in eine Geschäftsführerposition berufen werden, um sie dann ohne Kündigungsschutz entlassen zu können. Ohne Verbesserung der übrigen Vertragsbedingungen habe – so das BAG – der betreffende Arbeitnehmer keinen Anlass, auf den Bestandsschutz seines bisherigen Arbeitsverhältnisses zu verzichten.[15] Sein bisheriges Arbeitsverhältnis bleibe daher auch während der Geschäftsführertätigkeit in einer Art Ruhezustand bestehen und lebe bei dessen Beendigung wieder auf. Das BAG spricht insoweit von einem **„ruhenden Arbeitsverhältnis"**. Später wurde diese Rechtsprechung durch das BAG im Wesentlichen fallen gelassen.[16] Zwar schließt die gesellschaftsrechtliche Rechtsprechung die Existenz dieses Rechtskonstrukts nicht aus,[17] im Zweifel ist aber mittlerweile (auch mit dem BAG) im Zweifel von einer vollständigen Beendigung des Arbeitsverhältnisses auszugehen.[18] Nur bei kurz befristeter Übertragung der Geschäftsführerstellung bei sonst gleichen Bedingungen kommt ein Fortbestand des Arbeitsverhältnisses in Betracht. Ein höheres Gehalt und höheres soziales Ansehen sind dagegen Indizien für eine vollständige Beendigung des Arbeitsverhältnisses zugunsten des freien Dienstverhältnisses als Geschäftsführer.[19]

20 § 623 BGB mit seinem Schriftformerfordernis für die Kündigung bzw. Aufhebung eines Arbeitsverhältnisses steht diesem Ergebnis auch dann nicht im Weg, wenn lediglich der neue Anstellungsvertrag als Geschäftsführer schriftlich abgeschlossen wird, nicht dagegen die Aufhebung des bisherigen Arbeitsverhältnisses schriftlich niedergelegt wird. Denn durch den schriftlichen Anstellungsvertrag als Geschäftsführer wird das Schriftformerfordernis des § 623 BGB für die Aufhebung des bisherigen Arbeitsverhältnisses gewahrt.[20] Das Problem, dass die GmbH bei der Aufhebung des Arbeitsvertrages eigentlich von dem Geschäftsführer und nicht von der den Geschäftsführervertrag abschließenden Gesellschafterversammlung vertreten werden müsste, wird man dabei mit einer „Annexkompetenz" der Gesellschafterversammlung zu lösen haben.[21] Die Auslegung des neuen Anstellungsvertrags wird durch die Formvorschrift des § 623 BGB nicht eingeschränkt bzw. gehindert.[22] Für die durch Auslegung zu ermittelnde Antwort auf die Frage, ob die Parteien das bisherige Arbeitsverhältnis (konkludent) beenden wollten, ist deshalb auch auf außerhalb der Vertragsurkunde liegende Umstände zu achten. Wird der Geschäftsführervertrag dagegen nur mündlich abgeschlossen, kann das vorher bestehende Arbeitsverhältnis dadurch nicht aufgehoben werden und es bleibt dann insoweit auch beim Rechtsweg zu den Gerichten für Arbeitssachen.[23]

15 BAG, AP Nr. 3 zu § 5 ArbGG 1979; BAG, AP § 1 Angestelltenkündigungsgesetz Nr. 2.
16 BAG NZA 1994, 212; BAG GmbHR 2000, 1092.
17 OLG Hamm, GmbHR 2007, 821.
18 BAG NJW 2007, 3228; DB 2011, 1400.
19 BAG GmbHR 2006, 1101.
20 BAG DB 2011, 1400.
21 Vgl. Lücke/Simon § 35 Rn. 53 m.w.N.
22 BAG NJW 2007, 3228; NJW-Spezial 2007, 484.
23 BAG DB 2011, 1400.

! Die Frage des „ruhenden Arbeitsverhältnisses" sollte man weder dem Zufall noch der Rechtsprechung überlassen. Bei der Bestellung eines Mitarbeiters zum Geschäftsführer sollte vielmehr im Anstellungsvertrag auch explizit festgelegt werden, ob das bestehende Arbeitsverhältnis aufgehoben wird oder während der Dauer der Geschäftsführertätigkeit lediglich ruht. Das Unternehmen wird regelmäßig an der erstgenannten Variante interessiert sein, der Geschäftsführer in spe an der letztgenannten, die ihm seinen Kündigungsschutz erhält.

5. Sonderfall: Drittanstellung

a) Konzernsachverhalte und Anstellung bei echten Drittfirmen

Im speziellen Fall der sog. **Drittanstellung**, bei der nicht die GmbH selbst, sondern z.B. eine Konzerngesellschaft oder ein Unternehmen, das Managementdienstleistungen anbietet, den Geschäftsführer anstellt und im Rahmen dieser Anstellung gewissermaßen zur Geschäftsführung in die GmbH „entsendet", ist Arbeitsrecht des Öfteren anwendbar. War die Anstellung als Arbeitnehmer bei der Konzern-Muttergesellschaft von Beginn an darauf angelegt, als Organ einer Tochtergesellschaft eingesetzt zu werden und dabei den Weisungen der Muttergesellschaft auch als Arbeitgeberin zu unterliegen, liegt dies auf der Hand. Die Beteiligten haben sich ja bewusst für eine Drittanstellung bei der Muttergesellschaft entschieden, der Betreffende ist dem Willen der Beteiligten nach für die Muttergesellschaft tätig.[24] Gleiches gilt stets, wenn die Anstellung bei einem außenstehenden Unternehmen erfolgt, das der GmbH den Fremdgeschäftsführer entgeltlich zur Verfügung stellt. Dieser bleibt Arbeitnehmer des ihn entsendenden Unternehmens. 21

War die Anstellung bei einer Muttergesellschaft dagegen nicht planmäßig darauf ausgelegt, Geschäftsführer bei einer Tochtergesellschaft zu werden, bzw. ist der neue Geschäftsführer ab seiner Bestellung nur mehr für die Tochtergesellschaft tätig, kommt eine Aufhebung des bestehenden Arbeitsverhältnisses unter Neubegründung eines Dienstverhältnisses mit der GmbH in Betracht. Anders als beim Arbeitnehmer der GmbH selbst (dazu Rn. 19) und auch anders als bei der GmbH & Co. KG (dazu Rn. 25 ff.) bleibt mit dem BAG in Konzernsachverhalten der bisherige Arbeitsvertrag zur Konzernmutter aber im Zweifel bestehen. Der bestehende Anstellungsvertrag wird nicht durch die Bestellung stillschweigend aufgehoben. Er ist dann vielmehr selbst der Anstellungsvertrag als Geschäftsführer, wenn sich die sonstigen Bedingungen nicht geändert haben.[25] Es kann also der mit der Konzernobergesellschaft abgeschlossene Arbeitsvertrag die Rechtsgrundlage für die Geschäftsführerbestellung bei der Tochtergesellschaft sein.[26] 22

Werden die Bedingungen erheblich geändert – etwa die Vergütung des nunmehrigen Geschäftsführers deutlich erhöht – bzw. wird für die Geschäftsführerposition explizit ein neuer Anstellungsvertrag abgeschlossen, ist dagegen von einem Ende der Arbeitnehmereigenschaft auszugehen. In letzteren Fällen kommt mit der bisherigen Rechtsprechung des BAG regelmäßig wiederum ein **„ruhendes Arbeitsverhältnis"** in Betracht. Wird der Betreffende als Organ der Tochtergesellschaft abberufen, lebt sein Anstellungsverhältnis zur Muttergesellschaft im ursprünglichen Zustand wieder auf.[27] Ob diese Rechtsprechung gegenüber der Auffassung, ein Ruhen des Arbeitsverhältnisses komme bei Abschluss eines Geschäftsführervertrags nur bei ausdrücklicher Vereinbarung zwischen den Parteien in Frage,[28] Bestand haben wird, bleibt abzuwarten. Ist dagegen unklar, ob überhaupt ein neues (ggf. zusätzliches) Anstellungsverhältnis zwecks Geschäftsführertätigkeit zustande gekommen ist, so gilt: Behauptet der (im Streitfall zumeist bereits gekündigte) Geschäftsführer, es hätten zwei schuldrechtliche Rechtsverhältnisse bestanden (Geschäftsführerdienstver- 23

24 Näher zur Drittanstellung mit detaillierter Fallgruppenbildung: *Freckmann*, DStR 2008, 52 ff.
25 BAG ZIP 1996, 514.
26 BAG BAGE 95, 62, 66 m.w.N.
27 BAG NZA 1986, 792.
28 So Ulmer/Habersack/Winter/*Paefgen*, § 35 Rn. 138 m.w.N.

hältnis und ruhendes Arbeitsverhältnis), hat er im Einzelnen die Tatsachen darzulegen, aus denen sich ergeben soll, dass eine klar unterscheidbare und trennbare Doppelstellung vorlag.[29]

24 Ist der **Geschäftsführer einer Tochtergesellschaft zugleich** noch in anderer Funktion **für die Muttergesellschaft tätig** und hat **mit beiden Verträge abgeschlossen**, ist entscheidend, ob die Verträge eine Einheit bilden oder rechtlich zu trennen sind. Kriterien für eine Einheit sind dabei:

- gleichzeitiger Vertragsschluss
- einheitlicher Inhalt der verschiedenen Vereinbarungen
- gleiche rechtliche Behandlung und
- wechselseitige Abhängigkeit.[30]

Liegt demnach eine Einheit vor, ist nach dem Schwerpunkt der Tätigkeit zu entscheiden. Liegt dieser in der (ohne besondere Einschränkungen gestalteten) Geschäftsführertätigkeit, liegt ein freies Dienstverhältnis vor. Liegt er in der Tätigkeit beim herrschenden Unternehmen in nachgeordneter Stellung, liegt insgesamt ein Arbeitsvertrag vor. Fehlt die Einheit, sind beide Verträge für sich zu bewerten und es kann ohne Weiteres im Verhältnis zur einen Gesellschaft ein Arbeitsverhältnis, zur anderen ein freies Dienstverhältnis bestehen.[31]

b) GmbH & Co. KG

25 Eine eigene Fallgruppe in der Rechtsprechung des BAG bilden die **Geschäftsführer der Komplementär-GmbH einer GmbH & Co. KG.** Hier sind mit der Entscheidung, ob der Geschäftsführer bei der KG oder der GmbH angestellt wird, weitreichende Folgen für dessen arbeitsrechtliche Einstufung verbunden:

Wird der Anstellungsvertrag mit der GmbH selbst abgeschlossen, ergeben sich keine Besonderheiten. Die Einstufung des Vertragsverhältnisses erfolgt nach den dargestellten allgemeinen Grundsätzen.

26 Wird der Geschäftsführer dagegen mit der Zielsetzung der Geschäftsführungsübernahme der Komplementär-GmbH ausschließlich bei der (GmbH & Co.) KG angestellt, muss mit dem BAG nach allgemeinen arbeitsrechtlichen Grundsätzen inhaltlich (persönliche Abhängigkeit, Weisungsgebundenheit …) geprüft werden, ob ein Arbeitsverhältnis vorliegt.[32] Wenn der Anstellungsvertrag dem Geschäftsführer keine Beschränkungen auferlegt, die über die auch für Fremdgeschäftsführer üblichen Regelungen hinausgehen, und er eine Vergütung deutlich über der eines gehobenen Angestellten erhält, geht das BAG regelmäßig von einem freien Dienstverhältnis aus.[33]

27 Ist der spätere Geschäftsführer zunächst im normalen Anstellungsverhältnis für die KG tätig und wird dann – unter Aufgabe der Tätigkeit für die KG – zum Geschäftsführer der GmbH bestellt, wird dies wie die Beförderung eines Angestellten der GmbH zum Geschäftsführer behandelt (vgl. Rn. 19). Im Zweifel kommt es also zu einer vollständigen Aufhebung des bisherigen Angestelltenverhältnisses, das nicht als ruhend fortbesteht.[34]

28 Wird der Geschäftsführer für die GmbH *und* für die KG tätig, ist zu prüfen, ob der Anstellungsvertrag mit der KG und jener mit der GmbH voneinander abgrenzbar sind oder ob es sich um aufeinander abgestimmte Verträge handelt, die eine Einheit bilden. Während der abgrenzbare Vertrag mit der KG regelmäßig zum Vorliegen eines Arbeitsverhältnisses mit dieser führt, ist bei einem einheitlichen Vertrag insgesamt ein freies Dienstverhältnis naheliegend.[35]

---

29 BAG NZA 2008, 168.
30 BAG DB 1972, 2358; *Freckmann*, DStR 2008, 52, 55.
31 *Freckmann*, DStR 2008, 52, 55.
32 BAG NJW 1983, 2405; BAG ZIP 1992, 1496.
33 BAG ZIP 1992, 1496.
34 BAG GmbHR 2000, 1092 und speziell für die KG unter Aufgabe der eigenen früheren Rechtsprechung (z.B. BAG NJW 1983, 2405), die in dieser Drittanstellungskonstellation stets von einem Arbeitsverhältnis ausging: BAG NJW 2003, 3290.
35 Näher hierzu: *Freckmann*, DStR 2008, 52 ff.

Insgesamt ist insbesondere in den Fällen der GmbH & Co. KG eine sorgfältige Vorüberlegung und eine klare Vertragsgestaltung unerlässliche Voraussetzung für die Vermeidung von Abgrenzungs- und Auslegungsschwierigkeiten. Die Entscheidung, mit welcher Gesellschaft der Anstellungsvertrag geschlossen wird, sollte unter keinen Umständen unüberlegt getroffen werden.

6. In jedem Fall unanwendbare arbeitsrechtliche Regelungen

Unabhängig von der dogmatischen Einordnung als freies Dienstverhältnis oder Arbeitsvertrag sind die allgemeinen **Kündigungsschutzregelungen** des KSchG auf Geschäftsführer aufgrund ausdrücklicher Anordnung des Gesetzgebers in § 14 Abs. 1 Nr. 1 KSchG i.V.m. § 17 Abs. 5 Nr. 1KSchG nicht anwendbar. Auch die **besonderen Kündigungsschutzvorschriften** für Schwerbehinderte, Schwangere und sich in Elternzeit befindende Mütter und Väter sind nach herrschender Auffassung unanwendbar.[36] Die generelle Nichtanwendbarkeit des Gesetzes zur Einführung des Elterngelds[37] erscheint in ihrer Pauschalität allerdings zweifelhaft. Auch bezüglich des Mutterschutzes erscheint die Frage jedenfalls nicht eindeutig. Impulse ergeben sich hierzu insbesondere aus dem europarechtlichen Bereich. Der EuGH vertritt generell einen recht weitgefassten unionsrechtlichen Arbeitnehmerbegriff. Nach diesem kann u.U. allein der Umstand, dass die Fortdauer der Geschäftsführertätigkeit allein vom Wohlwollen der Gesellschafter abhängt, den unionsrechtlichen Arbeitnehmerstatus für einen Fremdgeschäftsführer begründen. In seiner sogenannten „Danosa-Entscheidung“[38] hat der EuGH jedenfalls den Arbeitnehmerstatus für eine Fremdgeschäftsführerin bejaht. In dieser Entscheidung ging es um den Schutz einer schwangeren Fremdgeschäftsführerin vor Diskriminierung aufgrund ihres Geschlechts.[39] Das Recht zur Inanspruchnahme des Mutterschutzes nach der „Mutterschutz-Richtlinie“ 92/85/EWG wurde bejaht. Wenngleich das Europarecht lange nicht so in das deutsche Arbeitsrecht bzw. den Arbeitnehmerbegriff hineinwirkt, wie der Rechtsanwender es etwa aus dem Verbraucherrecht kennt, ist diese Entscheidung doch ein Indiz für die nicht abgeschlossene Entwicklung in Sachen Geschäftsführer und Mutterschutz/Elternzeit. In jedem Fall kann natürlich im Anstellungsvertrag die Anwendbarkeit der genannten gesetzlichen Regelungen vereinbart werden. Im zunehmenden Wettbewerb um „die besten Köpfe“ und unter dem Aspekt der „diversity“ dürfte hier auch losgelöst von rechtlichen Zwängen eine gewisse Dynamik entstehen. 29

Wegen entsprechender Regelung des Gesetzgebers unanwendbar ist zudem **das Arbeitszeitgesetz** (§ 18 ArbZG i.V.m. § 5 Abs. 3 BetrVG). Soweit nichts anderes vereinbart ist, schuldet der Geschäftsführer gegen Zahlung seines Jahresgrundgehalts seine vollständige Arbeitsleistung. Nacht-, Sonn- und Feiertagsarbeit werden nur dann gesondert vergütet, wenn dies ausdrücklich vereinbart ist.[40] Ebenso unanwendbar ist das **Betriebsverfassungsgesetz** (§ 5 Abs. 2 Satz 1 BetrVG). Eine kollektiv-arbeitsrechtliche Einordnung des Geschäftsführers als Arbeitnehmer verbietet sich auch im Übrigen, da er z.B. dem Betriebsrat oder streikenden Arbeitnehmern gegenüber gerade den Arbeitgeber vertritt. Ein Streikrecht für den Geschäftsführer etwa kommt nicht in Betracht. Auch die Regelung des **§ 613a BGB** (Betriebsübergang) ist mit dem BAG nicht anwendbar.[41] Im Übrigen erhebt diese Aufzählung nicht den Anspruch der Vollständigkeit.

36 BGH DB 1978, 878 und BAG, AP Nr. 1 zu § 38 (Schwerbehinderte) bzw. OLG Hamm, GmbHR 2007, 820 (mit Anm. *Haase*): „insgesamt nicht vereinbar mit Stellung und Funktion eines Vertretungsorgans“; ebenso: Baumbach/Hueck/*Zöllner/Noack*, § 35 Rn. 178; Scholz/*Schneider*, § 35 Rn. 163.

37 *Freckmann*, DStR 2008, 52, 56

38 EuGH, 11.11.2010 - C-232/09, NJW 2011, 2343

39 Art. 10 Richtlinie 76/207/EWG

40 OLG Dresden GmbHR 1998, 197.

41 Gegen eine entsprechende Anwendung auf Geschäftsführer: BAG NZA 2003, 552.

7. Direkt oder analog anwendbare Normen bzw. Regelungsgedanken des Arbeitsrechts

30 Wo das Gesetz keine anderweitige Anordnung trifft, kommt grundsätzlich eine Anwendung arbeitsrechtlicher Vorschriften in Betracht, soweit eine entsprechende persönliche Abhängigkeit des Geschäftsführers vorliegt. Je nach Sachverhalt und Auffassung zur rechtlichen Einordnung des Dienstvertrags handelt es sich dabei um eine direkte oder analoge Anwendung bzw. einen Ausfluss des gesellschaftsrechtlichen Treueverhältnisses. Die so verstandene Anwendbarkeit einer konkreten arbeitsrechtlichen Regelung auf den GmbH-Geschäftsführer ist dabei im Einzelfall nach ihrem Sinn und Zweck zu prüfen. Wiederum ohne Anspruch auf Vollständigkeit sind hier zu nennen:

31 Eine **Gehaltsfortzahlung im Krankheitsfall** ist regelmäßig geschuldet, was sich bei Verneinung der Arbeitnehmereigenschaft nicht aus dem Entgeltfortzahlungsgesetz, wohl aber **aus §§ 611, 616 BGB** ergibt. Danach verliert der Dienstverpflichtete seinen Vergütungsanspruch nicht, wenn er durch einen in seiner Person liegenden Grund für eine „verhältnismäßig nicht erhebliche Zeit" ohne sein Verschulden gehindert ist, die Dienstleistung zu erbringen, worunter eben insbesondere eine Erkrankung fällt. Ein **Urlaubsanspruch** des Geschäftsführers ergibt sich bei Verneinung der Arbeitnehmereigenschaft nicht aus dem BUrlG. Aus der Treuepflicht der Gesellschaft gegenüber dem Geschäftsführer lässt sich indes mit gutem Grund jedenfalls für die Urlaubsgewährung als solche ein Anspruch auf Mindestniveau des BUrlG ableiten.[42]

32 Die Vorschriften des **Gesetzes über die betriebliche Altersversorgung** sind auf den arbeitnehmerähnlichen Geschäftsführer anzuwenden (§ 17 Abs. 1 Satz 2 und 3 BetrAVG). Des Weiteren können die von der Rechtsprechung entwickelten Wertungssystematiken des „arbeitsrechtlichen **Gleichbehandlungsgrundsatzes**" und der „**betrieblichen Übung**" nach zutreffender Ansicht auf einen abhängigen Geschäftsführer anwendbar sein,[43] Letzteres allerdings nur, soweit sich der Geschäftsführer die wiederholten Leistungen nicht eigenmächtig (sondern auf Basis entsprechender Weisungen der Gesellschafterversammlung) zuerkannt hat. Auch das **Allgemeine Gleichbehandlungsgesetz** ist auf GmbH-Geschäftsführer anwendbar, was in § 6 Abs. 3 AGG – mitten im Abschnitt „Schutz der Beschäftigten" – ausdrücklich normiert ist.[44] Soweit hierzu vertreten wird, neben den ausdrücklich angesprochenen Bedingungen für den Zugang (= Geschäftsführerbestellung) und Aufstieg (= etwa Beförderung zum Sprecher der Geschäftsführung) betreffe dies noch weitere Phasen der Geschäftsführerstellung[45], ist dem zu widersprechen.[46] Im Übrigen ist zum AGG auf Rn. 39 zu verweisen.

33 Auch im Bereich des **Pfändungsschutzes** (§§ 850 ff. ZPO) wird der Geschäftsführer wegen der vergleichbaren Situation wie ein Arbeitnehmer behandelt, wenn ihn seine Tätigkeit vollständig oder zu einem wesentlichen Teil in Anspruch nimmt. Die Geschäftsführervergütung unterliegt dann den gleichen Pfändungsschutzvorschriften wie Arbeitslohn[47], auch beim Gesellschafter-Geschäftsführer[48].

42 BGH LM Nr. 5; *Haase*, GmbHR 2005, 265 ff.
43 *Oberrath*, MDR 1999, 134; vgl. auch BAG NJW-RR 1990, 1313: grundsätzliche Anwendung auf den nicht oder nicht nennenswert an der Gesellschaft beteiligten Geschäftsführer.
44 § 6 Abs. 3 AGG lautet: „Soweit es die Bedingungen für den Zugang zur Erwerbstätigkeit sowie den beruflichen Aufstieg betrifft, gelten die Vorschriften dieses Abschnitts für Selbstständige und Organmitglieder, insbesondere Geschäftsführer und Geschäftsführerinnen und Vorstände entsprechend."
45 So *Horstmeier*, GmbHR 2007, 125.
46 Das Gesetz formuliert ausdrücklich „soweit". Entgegen *Horstmeier*, GmbHR 2007, 125 lässt sich allein aus dem Umstand, man hätte *noch* präziser formulieren können, keine ausufernde Anwendung herleiten.
47 BGH NJW 1978, 756.
48 Wie hier: Baumbach/Hueck/*Zöllner*/*Noack*, § 35 Rn. 192; Hachenburg/*Stein*, § 35 Rn. 213; a.A. BGHZ 41, 288 (für Vorstandsmitglieder).

> **!** In all diesen Fällen sind in der Praxis verbreitet konkrete vertragliche Regelungen zu finden, die deutlich über die gesetzlichen bzw. von der Rechtsprechung zugebilligten Mindestansprüche hinausgehen. Jedem Geschäftsführer ist im Ergebnis dringend zu raten, seine Rechte und Pflichten durch klare und umfassende Regelungen in einem Anstellungsvertrag festzulegen. Für den Fremd- oder Minderheitsgesellschafter-Geschäftsführer liegt die Bedeutung des Vertrags dabei in einer adäquaten Ausgestaltung seiner persönlichen Stellung. Auch der beherrschende Gesellschafter-Geschäftsführer kann durch klare vertragliche Regelungen aber transparente und damit diskussionsfeste Grundlagen für Leistungen der Gesellschaft an ihn – und damit unter anderem für den Umgang mit dem auch den Minderheitsgesellschaftern anteilig zustehenden Gesellschaftsvermögen – niederlegen. Selbst für den Alleingesellschafter sind klare Regelungen unter steuerrechtlichen Gesichtspunkten von großer Bedeutung. Eine Übersicht über einige besonders wichtige Regelungsinhalte und Fundstellen für entsprechende Vertragsmuster finden sich in Rn. 79 bzw. 77.

8. Rechtsweg

Bei einem Streit zwischen GmbH und ihrem Geschäftsführer in Bezug auf das schuldrechtliche Dienstverhältnis stellt sich die Frage nach dem richtigen **Rechtsweg** in Form der Entscheidung zwischen Arbeitsgerichtsbarkeit und normaler Zivilgerichtsbarkeit. Gemäß § 2 Abs. 1 Nr. 3 ArbGG ist notwendige Voraussetzung für die Eröffnung des Wegs zu den Arbeitsgerichten die Arbeitnehmer- und Arbeitgebereigenschaft der streitenden Parteien. § 5 ArbGG versucht den Arbeitnehmerbegriff für die Zwecke des ArbGG zu definieren. Für den GmbH-Geschäftsführer maßgeblich ist dabei § 5 Abs. 1 Satz 3 ArbGG mit seiner negativen Fiktion: Da der GmbH-Geschäftsführer organschaftliche Vertretungsmacht hat, *gilt* er nicht als Arbeitnehmer. Regelmäßig zuständig sind vielmehr die **Kammern für Handelssachen im Bereich der ordentlichen Gerichtsbarkeit** (§§ 13, 95 Abs. 1 Nr. 4 Buchst. a GVG). GmbH und Geschäftsführer könnten jedoch für arbeitsrechtliche Streitigkeiten eine Zuständigkeit des Arbeitsgerichts vereinbaren, da sie gem. § 2 Abs. 4 ArbGG zur Prorogation dieses Rechtswegs befugt sind. Tatsächlich wird diese Möglichkeit praktisch nicht genutzt. **34**

Auch das gerichtliche Vorgehen gegen die organschaftliche Abberufung, das ausschließlich in einer Klage auf Feststellung der Geschäftsführerstellung bzw. in diesbezüglichem einstweiligem Rechtsschutz bestehen kann, erfolgt vor den Kammern für Handelssachen an den Landgerichten. Hierbei kann zum einen die Nichtigkeit des Abberufungsbeschlusses und zum anderen das Fehlen eines nach dem Gesellschaftsvertrag etwa erforderlichen Grundes (vgl. § 38 Abs. 2 GmbHG) geltend gemacht werden.[49] **35**

II. Abschluss und Änderung des Anstellungsvertrags, AGB-Klauselkontrolle und AGG, Befristung

Abgesehen von den Sonderfällen der Drittanstellung stellt sich die Frage, wer die GmbH bei Abschluss, Änderungen und Beendigung des Anstellungsvertrags vertritt. Hier ist regelmäßig die **Gesellschafterversammlung** zuständig. Mit der in § 46 Nr. 5 GmbHG normierten Zuständigkeit für die Bestellung des Geschäftsführers geht als **Annex** die **Kompetenz zum Abschluss des Anstellungsvertrags** einher.[50] Die Entscheidung erfolgt – vorbehaltlich abweichender Regelung im Gesellschaftsvertrag – gem. § 47 Abs. 1 GmbHG mit einfacher Mehrheit. Ist der anzustellende Geschäftsführer selbst Mitglied der Gesellschafterversammlung, so ergibt sich hieraus **kein Stimmverbot**. Zwar ist eine Interessenskollision gegeben, die nach dem Rechtsgedanken der § 47 Abs. 4 GmbHG, § 43 GenG, § 34 BGB und § 136 Abs. 1 AktG zu einem Stimmverbot führen könnte. Vorrang hat aber das Mitverwaltungsrecht des Gesellschafters beim vorliegenden ver- **36**

---

49 Ausführlich zu den Aspekten der anwaltlichen Vertretung von Geschäftsführern bei Abberufung und Kündigung: *Reiserer/Peters*, DB 2008, 167 ff.

50 Allgemeine Meinung, z.B. OLG Hamm, GmbHR 2007, 820; Baumbach/Hueck/*Zöllner*, § 46 Rn. 36.

bandsrechtlichen Beschluss. Hierunter fällt auch die Entscheidung über die Vergütung.[51] Der Gesellschafter-Geschäftsführer kann also an der Entscheidung über seinen eigenen Anstellungsvertrag teilnehmen. Im Einzelfall erfolgt jedoch eine Missbrauchskontrolle,[52] wonach z.B. Dienstbezüge unangemessen sind, die in einem Missverhältnis zu den der Gesellschaft geleisteten Diensten stehen. Maßgebend ist dabei eine Gesamtschau aller vom Geschäftsführer erbrachten und aller ihm gewährten Leistungen.[53] Freilich kann diese „Selbstbedienung" eines Mehrheitsgesellschafter-Geschäftsführers auch bei objektiver Angemessenheit zu Spannungen im Gesellschafterkreis führen. Schon bei der Gestaltung des Gesellschaftsvertrags kann daher angezeigt sein, solchen Konfliktfällen vorzubeugen, etwa durch die Begründung der Zuständigkeit eines fakultativen Aufsichtsrats. Ist nämlich ein **Aufsichtsrat** für die Geschäftsführerbestellung zuständig, was bei der mitbestimmten GmbH zwingend und beim fakultativen Aufsichtsrat bei entsprechender Kompetenzzuweisung der Fall ist, so ist folgerichtig dieser Aufsichtsrat auch für den Anstellungsvertrag zuständig,[54] ohne dass insoweit beim mitbestimmten Aufsichtsrat wie zur Bestellung[55] eine Zweidrittelmehrheit erforderlich wäre, weil der Abschluss des Anstellungsvertrags nicht § 31 MitbestG unterliegt.

37 Stimmt der (künftige) Geschäftsführer selbst mit ab, kann ausnahmsweise sogar der Beschluss, an dem der Anzustellende mitgewirkt hat – vorausgesetzt natürlich diese Mitwirkung bestand in seiner Zustimmung – als Anstellungsvertrag eingeordnet werden.

38 Im Übrigen ist es nicht erforderlich, dass alle Gremienmitglieder den Vertrag unterschreiben. Dies wäre schon im Hinblick auf die Möglichkeit einer Mehrheitsentscheidung, deren Gegner dann ggf. gerichtlich zur Unterschrift gezwungen werden müssten, eine unsinnige Anforderung. Es reicht aus, wenn die Gesellschafterversammlung bzw. der Aufsichtsrat durch Beschluss den Inhalt des Anstellungsvertrags vorgeben bzw. absegnen und festlegen, wer zur Unterzeichnung ermächtigt wird. Auch ohne ausdrückliche Ermächtigung im entsprechenden Beschluss reicht es aus, wenn der beherrschende Gesellschafter den Vertrag unterzeichnet. Die Unterzeichnung durch einen nicht ausdrücklich ermächtigten Minderheitsgesellschafter ist ebenfalls genügend, wenn ein wirksamer Gesellschafterbeschluss zum Anstellungsvertrag als solchem vorhanden ist und die Umstände ergeben, dass alle Gesellschafter mit der Unterzeichnung durch den Handelnden einverstanden sind. Der Inhalt des Anstellungsvertrags muss im Übrigen nicht bis ins letzte Detail durch das zuständige Gremium festgelegt werden. Insbesondere kann das Aushandeln der Einzelheiten auch einem Dritten – etwa auch einem professionellen Personalberater – überlassen werden.

! Bestand mit dem künftigen Geschäftsführer bisher ein Arbeitsverhältnis (vgl. Rn. 19 f.), sollte der Anstellungsvertrag als Geschäftsführer, wenn er zugleich als Aufhebung des bisherigen Vertrags dienen soll, vorsorglich nicht nur aus dem Gesellschafterkreis, sondern auch vom für die Aufhebung des bisherigen Vertrags eigentlich zuständigen Organ unterzeichnet werden. Die Problematik dieser unterschiedlichen Zuständigkeit für die Beendigung des Arbeitsvertrags und den Abschluss des Geschäftsführervertrags ist höchstrichterlich bislang ungeklärt.[56]

39 Ein **Formerfordernis** für den Anstellungsvertrag besteht – jedenfalls soweit der Anstellungsvertrag nicht ausnahmsweise als Arbeitsvertrag einzustufen ist – nicht. Nicht zuletzt aus steuerrechtlichen Gründen ist ein schriftlicher Vertragsschluss aber selbst beim Alleingesellschafter-Geschäftsführer dringend anzuraten. Soll der Anstellungsvertrag zugleich die Beendigung eines bisher bestehenden Arbeitsverhältnisses beinhalten, ist hierzu wegen § 623 BGB Schriftform erforderlich.

---

51 BGHZ 18, 205; BGH GmbHR 1991, 363; Scholz/*K. Schmidt* § 46 Rn. 70, 75.
52 Vgl. im Einzelnen *Remmert/Schmalz*, GmbHR 2008, 85 ff.
53 BGH WM 1976, 1226; BGHZ 111, 224.
54 So für den Fall des Mitbestimmungsgesetzes von 1976 ausdrücklich: BHGZ 89, 48 ff.; ebenso: Baumbach/Hueck/*Zöllner/Noack*, § 52 Rn. 275.
55 § 31 Abs. 2 MitbestG schreibt zunächst eine Mehrheit von 2/3 der besetzten Aufsichtsratsstellen vor; scheitert dies, tritt der besondere Ausschuss in Aktion.
56 Vgl. *Goll-Müller/Langenhan-Komus*, NZA 2008, 687, 688 f.

Der Anstellungsvertrag kann sowohl einer **Kontrolle nach den Regelungen über Allgemeine Geschäftsbedingungen** (§§ 305ff. BGB), als auch einer Prüfung nach dem **AGG** unterliegen. Das BAG sieht den Anstellungsvertrag des Fremdgeschäftsführers einer GmbH als **Verbrauchervertrag** i.S.d. § 310 Abs. 3 Nr. 2 BGB an.[57] Auch bei nur einmaliger Verwendungsabsicht liegen demnach bei Vorformulierung und Stellung des Vertrages durch die anstellende GmbH AGB i.S.d. § 305 Abs. 1 BGB vor. Neben der Weisungsgebundenheit gegenüber den Gesellschaftern stellt das BAG für die Bejahung der Verbrauchereigenschaft (§ 13 BGB) des Geschäftsführers darauf ab, dass dieser seine Tätigkeit im Namen und auf Rechnung der Gesellschaft ausübt, so dass er das wirtschaftliche Risiko seiner Tätigkeit nicht unmittelbar selbst trägt.[58]

! Ohne dass hier näher auf AGB-rechtliche Fragestellungen eingegangen werden könnte, ist doch auf drei Dinge besonders hinzuweisen: Gemäß der Regelung des § 305c Abs. 2 BGB gehen Unklarheiten zu Lasten des Klauselverwenders, also der GmbH. Bei komplexeren Fragen wie etwa Tantiemeberechnungsregeln sind die Gesellschafter daher ganz besonders gehalten, eindeutige und klare Formulierungen zu verwenden. Zum zweiten bedeutet die Anwendung der AGB-Regelungen nebst Bejahung der Verbrauchereigenschaft vor allem auch eine Inhaltskontrolle gem. den §§ 307 ff. BGB. Insbesondere Vertragsstrafenregelungen, Wettbewerbsverbote, der Wegfall von Zahlungsansprüchen durch Widerrufsvorbehalt oder Bindungsklausel und ähnliche wirtschaftlich wichtige Regelungen können so rasch Zulässigkeitszweifeln begegnen. Eine gewissenhafte und fachkundige Prüfung ist daher unerlässlich. Zum dritten ist für den Fall individueller Vertragsverhandlungen – mit der Folge, dass keine gestellten AGB vorliegen und deutlich mehr zulässig geregelt werden kann – zu einer lückenlosen und intensiven Dokumentation zu raten. Die Darlegungslast des angeblichen Klauselverwenders für ein echtes Verhandeln und zur Disposition stellen ist oft erdrückend. Jede Email, Jede Aktennotiz und insbesondere jede Entwurfsfassung des Anstellungsvertrages sollten in einem solchen Fall aufbewahrt werden.

Angesichts der weitreichenden Kompetenzen eines Geschäftsführers und seiner unternehmerischen Aufgaben werden umsichtige Gesellschafter freilich nicht übersehen, wie überragend die Bedeutung der nachhaltigen Motivation des Geschäftsführers ist. Ein unangemessenes bzw. einseitiges Klauselwerk ist vor diesem Hintergrund nicht nur rechtlich problematisch. Es birgt auch die Gefahr, über die praktisch kaum objektiv feststellbare und nicht justiziable „Minderleistung" eines wegen (seines Erachtens) schlechter Bedingungen bzw. Behandlung demotivierten Geschäftsführers ein Mehrfaches dessen zu verlieren, was man sich durch ein ausgefeiltes Klauselwerk zu gewinnen hoffte.

Auch das AGG, das Schutz vor Ungleichbehandlungen aus einem der in § 1 AGG genannten Gründe (Rasse, ethnische Herkunft, Geschlecht, Religion, Weltanschauung, Behinderung, Alter und sexuelle Identität) bietet, ist bei der Bestellung und den Anstellungsbedingungen eines Geschäftsführers zu beachten. Nach § 6 Abs. 3 AGG finden die Bestimmungen der §§ 6-19 des AGG auf Organmitglieder Anwendung. Wie in Rn. 32 bereits angedeutet, gibt es nach Auffassung des Verfassers wenig Anhaltspunkte für eine ausgedehnte Anwendung. Die jüngere Rechtsprechung hindert das allerdings nicht, z.B. auch die Beweislastumkehr gem. § 22 AGG auf Organmitglieder anzuwenden.[59] Auch der Begriff des „Zugangs zur Erwerbstätigkeit" wird weit ausgelegt, so dass nicht nur die erstmalige Bestellung, sondern auch die Wiederbestellung eines Geschäftsführers an den Maßgaben des AGG zu messen ist.[60] Ob pauschale Altersgrenzen für Geschäftsführer etwa im Gesellschaftsvertrag dann, wenn sie unterhalb des gesetzlichen Rentenalters liegen, vor dem AGG Bestand haben können, darf bezweifelt werden.

57 BAG NJW 2010, 2827
58 BAG a.a.O.
59 So OLG Köln NZA 2011, 211, bestätigt durch BGH vom 23. April 2012 – II ZR 163/10
60 OLG Köln und BGH a.a.O.

> **!** Das AGG wird künftig zunehmende Bedeutung bei GmbH-Geschäftsführern erlangen. Gesellschafter einer GmbH, die ihren bisherigen Geschäftsführer gegen dessen Willen nicht wiederbestellen und durch einen jüngeren Kandidaten ersetzen und das dann z.B. in einer Pressemitteilung mit einem „Generationenwechsel" begründen, können den Scheck für die Entschädigungszahlungen nach dem AGG beinahe schon ausstellen. Eine absolut saubere Dokumentation und Kommunikation der nicht vom AGG disqualifizierten Entscheidungsgründe ist unabdingbar.

Fremdgeschäftsführer, die im Einzelfall Arbeitnehmer i.S.d. §§ 6 Abs. 1, 2 Abs. 2 AGG sind, sind bezüglich sämtlicher in § 2 Abs. 1 AGG genannter Aspekte vor Diskriminierung geschützt.

40 Für **Änderungen** des Anstellungsvertrags gelten die vorstehenden Ausführungen entsprechend, sodass auch insoweit Gesellschafterversammlung bzw. Aufsichtsrat zuständig sind. Insbesondere hat der BGH seine frühere Rechtsprechung, wonach Änderungen auch durch Mitgeschäftsführer möglich sein sollten, bereits vor längerer Zeit aufgegeben.[61] Diese zutreffende Auffassung verhindert, dass sich Mitgeschäftsführer wechselseitig und unter Ausschluss der Gesellschafter Gehaltserhöhungen u.Ä. zukommen lassen.

41 Für die grundsätzlich ohne Weiteres mögliche **Drittanstellung** ist der gesetzliche Vertreter des anstellenden Unternehmens zuständig. In der nicht mitbestimmten GmbH reicht ein Gesellschafterbeschluss zur entsprechenden Delegation des Anstellungsvertragsabschlusses weg von der Gesellschaft(erversammlung) aus. Solange die von der Anstellung strikt zu trennende Berufung als Organ in der Zuständigkeit der Gesellschafterversammlung bleibt, bedarf es keiner entsprechenden Satzungsbestimmung. In Fällen einer nach der Montanmitbestimmung oder dem Mitbestimmungsgesetz von 1976 mitbestimmten GmbH bedarf eine Drittanstellung hingegen angesichts der oben dargestellten Zuständigkeiten zumindest der Zustimmung des Aufsichtsrats.

42 Mangels Vorliegen eines Arbeitsvertrags i.S.d. § 620 Abs. 3 BGB sind die Beschränkungen für **Befristungen** des TzBfG auf die Geschäftsführeranstellung nicht anzuwenden. Befristungen können daher ohne Sachgrund und wiederholt erfolgen.[62] In jedem Fall zulässig ist die Befristung, wenn auch die Bestellung zum Organ befristet erfolgt und die Befristung des Anstellungsvertrags daran gekoppelt ist.

III. Fehlerhafter Anstellungsvertrag

43 Auch wenn der Anstellungsvertrag als Geschäftsführer wie dargelegt regelmäßig kein Arbeitsverhältnis ist, ergibt sich doch in allen Fällen eine vergleichbare Problemstellung im Falle einer Nichtigkeit. Eine Nichtigkeit ergibt sich z.B., wenn es an einem notwendigen Gesellschafterbeschluss als Grundlage der Anstellung fehlt oder wenn eine wirksame Anfechtung erfolgt ist. Konsequenz einer Nichtigkeit ist grundsätzlich eine Unwirksamkeit *ex tunc*, also von Anfang an. Dies ist unproblematisch, wenn der Geschäftsführer seinen Dienst noch nicht angetreten hat. In diesem Fall wird das Anstellungsverhältnis ohne Korrekturbedarf als von Anfang an unwirksam behandelt.

44 Wie bei einem bereits in Vollzug gesetzten Arbeitsverhältnis werden die unmodifizierten Rechtsfolgen einer solchen Nichtigkeit den Interessen der Beteiligten jedoch dann nicht gerecht, wenn der Geschäftsführer seinen Dienst bereits angetreten hat. Die gleichen Erwägungen, die zur Rechtsfigur des faktischen Arbeitsverhältnisses geführt haben, unter anderem also die zeitliche Komponente bzw. die fehlende Rückgewährfähigkeit der Leistung des Geschäftsführers und das Interesse beider Seiten, für die Zeit der tatsächlichen Leistungserbringung die beabsichtigten wechselseitigen Rechte und Pflichten zu haben, führten deshalb zur Rechtsfigur des **fehlerhaften Anstellungsvertrags**[63]. Dabei werden trotz der Unwirksamkeit des in Vollzug gesetzten Vertragsverhältnisses alle Rechte und Pflichten für die Vergangenheit angenommen, die bei einer Vertragswirksamkeit

---

61 BGH NJW 1991, 1680.
62 Baumbach/Hueck/*Zöllner/Noack*, § 35 Rn. 215; Rowedder/Schmidt-Leithoff/*Koppensteiner*, § 38 Rn. 44.
63 BGHZ 47, 341 (zur AG).

bestanden hätten. Für die Zukunft kann ein solches Arbeitsverhältnis freilich – unabhängig von etwaigen Befristungen, die eben Teil eines unwirksamen Vertrags sind – von jeder Seite beendet werden. Die wechselseitige Treuepflicht gebietet dabei jedoch eine Abwicklungsphase, die insbesondere sicherstellt, dass die GmbH (bei gehöriger Anstrengung) einen neuen Geschäftsführer verpflichten kann, bevor der fehlerhaft angestellte Geschäftsführer seine Tätigkeit einstellt.

IV. Kündigung des Anstellungsvertrags, Wissenszurechnung, Beendigung bei Rechtsformwechseln, Insolvenz

Die **Zuständigkeiten** für die Kündigung entsprechen denen der Anstellung.[64] Die Ausführung des unter Beachtung der Zuständigkeit gefassten Kündigungsbeschlusses kann Dritten überlassen werden.[65] Der Gesellschafter-Geschäftsführer ist grundsätzlich nicht an der Mitwirkung an dem entsprechenden Gesellschafterbeschluss gehindert, weder mit seinen eigenen Stimmanteilen noch als (von § 181 BGB befreiter) Vertreter für andere Gesellschafter. Für den Fall einer **außerordentlichen Kündigung aus wichtigem Grund** hat er jedoch **kein Stimmrecht** und ist auch von einer Vertretung ausgeschlossen.[66] Zutreffend ist, diesen Stimmrechtsausschluss auch auf eine vom Geschäftsführer beherrschte Personengesellschaft zu erstrecken.[67] 45

Auch bei der Kündigung sind naturgemäß **Abberufung als Organ** und Beendigung des Anstellungsvertrags als grundsätzlich **getrennte Vorgänge** zu betrachten. So hat z.B. eine rechtskräftige Entscheidung über das Vorliegen eines wichtigen Grunds für die Abberufung keine Rechtskraftwirkung für das Vorliegen eines wichtigen Grunds für die Kündigung des Anstellungsvertrags.[68] Diese Trennung zwischen Abberufung aus der Organstellung und Kündigung des Dienstverhältnisses entspricht indes oft nicht den Interessen der Gesellschaft, sodass sich in Geschäftsführeranstellungsverträgen öfter eine **Koppelung von Abberufung und Kündigung** findet. Diese Koppelung ist bislang als grundsätzlich zulässig von der Rechtsprechung anerkannt.[69] Die Koppelung einer Beendigung des Anstellungsvertrags an die Abberufung als Organ aus wichtigem Grund erspart den Kündigenden die Doppelprüfung, ob der Abberufungsgrund auch als Grund i.S.v. § 626 BGB tauglich ist, sowie das Fristproblem des § 626 Abs. 2 BGB. Allerdings regt sich hiergegen nicht unerheblicher Widerstand in der Literatur[70], dessen Begründung durchaus beachtlich ist. Besonders mit Blick auf die Entwicklung in Sachen AGB-Kontrolle von Geschäftsführeranstellungsverträgen ist hier auch bezüglich der künftigen Rechtsprechung große Vorsicht angebracht. Dies gilt namentlich bei befristeten Anstellungsverträgen. Denn da die Befristung, oder auch eine unüblich lange Kündigungsfrist bei einem unbefristeten Vertrag, ja ein besonderes Vertrauen in die Zeitdauer des Anstellungsverhältnisses begründen, ist das Konterkarieren durch eine Kopplungsklausel unter dem Aspekt der überraschenden Klausel und auch der unangemessenen Benachteiligung sehr problematisch. Die gleichen Erwägungen gelten für die Konstruktion einer Kopplung durch Festlegung der Abberufung als auflösende Bedingung für das Anstellungsverhältnis. Diese hat der BGH bisher als zulässig angesehen[71], wobei der BGH zur Vermeidung von Unbilligkeiten durch Anwendung von § 622 BGB die (kurze) gesetzliche Kündigungsfrist an die Stelle der regelmäßig sofortigen Wirkung der Abberufung treten lässt. 46

Besteht keine Befristung, so ist eine **ordentliche Kündigung** durch beide Vertragsteile grundsätzlich jederzeit und ohne rechtfertigenden Grund möglich.[72] Umstritten ist, welche **Fristen** hierfür 47

64 BGHZ 91, 217.
65 BGH WM 1968, 570; *Goette*, DStR 1999, 1537.
66 Vgl. unter anderem BGHZ 86, 177; BGH ZIP 1992, 760; BGH NJW 1969, 1484; OLG Zweibrücken, GmbHR 1998, 373.
67 Vgl. OLG Karlsruhe, NZG 2000, 264.
68 BGH GmbHR 1990, 345.
69 BGH NZG 1999, 1215; BGH NJW 1989, 2683 (zu Vorstandsverträgen).
70 Lücke/Simon § 35 Rn. 101 mit zahlreichen weiteren Nachweisen
71 BGH NJW 99, 3263f.
72 BGH GmbHR 1994, 57.

zu beachten sind, wenn der Anstellungsvertrag entgegen der hiermit ausgesprochenen dringenden Empfehlung hierzu keine Regelung trifft. Eine solche Regelung kann auch kürzere Fristen und für den Fall einer Koppelung an eine Abberufung als Organ aus wichtigem Grund auch Fristlosigkeit vorsehen. Für den Fall der Koppelung der Anstellungsvertragsbeendigung an eine „normale" Abberufung aus der Organstellung greift diese nur mit der Maßgabe, dass die Kündigung nicht sofort, sondern nur mit der für das Dienstverhältnis maßgeblichen Frist für eine ordentliche Kündigung wirkt.[73]

48 Ist keine vertragliche Regelung getroffen, kommen für die Fristbestimmung § 621 Nr. 3 BGB (Kündigung von Dienstverhältnissen im Allgemeinen) und § 622 Abs. 1 und 2 BGB (Kündigung von Arbeitsverhältnissen) in Betracht. Die Rechtsprechung wendet für beherrschende Gesellschafter-Geschäftsführer § 621 Nr. 3 BGB an[74], im Übrigen § 622 Abs. 1 und (in entsprechender Anwendung) Abs. 2[75] an, was trotz der Wortlautproblematik und nur eingeschränkt vergleichbaren Situation auch in der Literatur Zustimmung findet.[76] **Ausgeschlossen** ist die ordentliche Kündigung wie bei jedem Dienstverhältnis dann, wenn es auf befristete Zeit vereinbart wurde und das ordentliche Kündigungsrecht während der Laufzeit nicht ausdrücklich vorbehalten wurde. Auch ohne Befristung kann im Anstellungsvertrag der Ausschluss der ordentlichen Kündigung (zum Schutz des Geschäftsführers) vereinbart werden. Eine solche Vereinbarung kann z.B. auch in einem Verweis auf die Regelungen des BAT liegen.[77]

49 Ist eine ordentliche Kündigung nicht oder nicht rechtzeitig möglich, bleibt stets die **außerordentliche Kündigung**, wenn ein wichtiger Grund vorliegt. Das OLG Frankfurt fasste hierzu prägnant und treffend zusammen, ein wichtiger Grund zur Kündigung des Anstellungsverhältnisses sei gegeben, „wenn Tatsachen vorliegen, aufgrund derer für die Gesellschaft unter Berücksichtigung aller Umstände des Einzelfalls und unter Abwägung der beiderseitigen Interessen die Fortsetzung des Anstellungsvertrages bis zu seiner ordentlichen Beendigung unzumutbar ist. Bei der erforderlichen Interessensabwägung sind insbesondere die Schwere von Verfehlungen, deren Folgen für die Gesellschaft, der Grad des Verschuldens sowie eine Wiederholungsgefahr und andererseits etwaige Verdienste um das Unternehmen, soziale Folgen (…) und Lebensalter zu berücksichtigen".[78] Maßstab ist die Sicht eines objektiven Betrachters. Verschulden ist nicht erforderlich,[79] da es allein darauf ankommen muss, ob einer weiteren Zusammenarbeit die Grundlage entzogen ist. Aufseiten des Geschäftsführers kommen hier insbesondere schwerwiegende, unberechtigte Vorwürfe aus dem (Mit-)Gesellschafterkreis, die eine Fortsetzung unzumutbar machen,[80] nachträgliche Befugnisbeschränkungen im Kernbereich der Geschäftsführertätigkeit[81] oder das Verlangen der Gesellschafter nach gesetzwidrigen Maßnahmen – etwa das Unterlassen des aus Sicht des Geschäftsführers erforderlichen Insolvenzantrags – in Betracht. Aus Sicht der Gesellschaft sind unter anderem schwere *oder* wiederholte Pflichtverletzungen wie Vorteilsnahme bzw. Untreue[82], sonstige Treueverstöße wie Verletzung der Verschwiegenheitspflicht, unangemessene Spekulationsgeschäfte[83] oder nachhaltiger Verstoß gegen Wettbewerbsverbot[84], eine Zerrüttung im Verhältnis zu (Mit-)

---

73 BGH NJW 1989, 2683 (zu Vorstandsverträgen).
74 BGH GmbHR 1984, 312.
75 BGH GmbHR 1981, 158; 1984, 312.
76 Vgl. Baumbach/Hueck/*Zöllner/Noack*, § 35 Rn. 243; Roth/Altmeppen/*Altmeppen*, § 6 Rn. 81; Staudinger/*Preis*, § 621 Rn. 7 ff.; *Heyll*, S. 209; *Bauer*, Rn. 24.
77 BGH GmbHR 1998, 375.
78 OLG Frankfurt v. 15.02.2010 – 13 U 33/07, http://openjur.de/u/50233.html
79 Baumbach/Hueck/*Zöllner/Noack*, § 35 Rn. 218.
80 BGH GmbHR 1992, 301.
81 OLG Frankfurt, GmbHR 1993, 288.
82 BAG NJW 1973, 533 (Schmiergelder); OLG Karlsruhe, GmbHR 1988, 484 (Übernahme entgeltlicher Tätigkeit für GmbH durch eigene Firma des GF ohne Unterrichtung der Gesellschafter); BGH GmbHR 1997, 998 (Verwendung von GmbH-Personal beim Bau des Privathauses); OLG Brandenburg, NZG 2000, 143 (Für Gesellschaft nachteilige Geschäfte mit Verwandten).
83 BGH BB 1967, 731; BGH WM 1975, 176.
84 BGH DB 1995, 970; OLG Düsseldorf, GmbHR 2000, 1050; 2005, 541.

Gesellschaftern oder Mitgeschäftsführern[85], aber auch geschäftliches Versagen[86] zu nennen. Die Verletzung der Insolvenzantragspflicht berechtigt ebenfalls zur fristlosen Kündigung.[87] Eine schwere Erkrankung kann hingegen bei Möglichkeit der ordentlichen Kündigung eine fristlose außerordentliche Kündigung nicht begründen – der Geschäftsführer ist nicht einseitig von Treuepflichten gebunden.

Besonders im Hinblick auf die Frist des § 626 Abs. 2 BGB (außerordentliche Kündigung innerhalb von zwei Wochen nach Kenntnis des Kündigungsgrunds), aber auch in Anfechtungsfragen ist relevant, wessen **Wissen** hier der GmbH **zuzurechnen** ist. Hierbei kommt es allein auf die Kenntnis derjenigen Personen an, denen das Recht zur Kündigung zusteht, bzw. bei der Anfechtung auf diejenigen, die den Vertrag geschlossen haben. Somit ist allein die Kenntnis der **zusammengetretenen Gesellschafterversammlung** bzw. wo einschlägig des Aufsichtsrats der GmbH relevant.[88] Deren bzw. dessen Einberufung darf nicht unangemessen verzögert werden.[89] Erlangt ein Mitglied des für die Kündigung zuständigen Organs von zur Kündigung berechtigenden Umständen Kenntnis und wirkt nicht auf die Einberufung einer Gesellschafterversammlung hin, wird für den Fristbeginn auf den Zeitpunkt abgestellt, an dem eine Versammlung bei unverzüglicher Einberufung stattgefunden hätte.[90] Die außerhalb der Gesellschafterversammlung erlangte Kenntnis aller Gesellschafter genügt für den Fristbeginn nicht,[91] auch hier ist auf den Zusammentritt abzustellen. Ist der zu kündigende Geschäftsführer der einzige Geschäftsführer und verweigert er die Einberufung einer Gesellschafterversammlung, muss es dem einberufungsberechtigten Gesellschafter gestattet sein, die für eine durch ihn erfolgende Einberufung nach § 50 Abs. 3 S. 1 GmbHG angemessene Frist abzuwarten. **50**

Nochmals betont sei, dass die vorstehenden Ausführungen nur den Anstellungsvertrag, nicht die Organstellung als Geschäftsführer betreffen. Letztere endet ohne Weiteres durch entsprechenden Abberufungsbeschluss der Gesellschafterversammlung bzw. des Aufsichtsrats. Wegen der erforderlichen Handelsregisteranmeldung sei auch an dieser Stelle darauf hingewiesen, dass die ersatzlose Abberufung des einzigen Geschäftsführers zur Ermöglichung der entsprechenden Handelsregisteranmeldung aufschiebend bedingt erfolgen sollte. Wird mit sofortiger Wirkung der einzige Geschäftsführer abberufen, kann niemand die Anmeldung der Abberufung vornehmen. Auch die Neufassung des § 35 Abs. 1 GmbHG hilft hierbei nicht weiter. Denn § 35 GmbHG regelt nur den *Empfang* von Willenserklärungen durch und Zustellungen an eine geschäftsführerlose Gesellschaft – nicht die *Abgabe* einer Anmeldung. Erforderlich ist letztlich immer die Beendigung beider Rechtsverhältnisse. Freilich kann dieses Ergebnis durch vertragliche Koppelung von Abberufung und Kündigung erreicht werden und auch ohne Koppelung die Beendigung beider Rechtsverhältnisse durch einheitliche Erklärung erfolgen, die dann aber klar erkennen lassen muss, dass sie auf die Beendigung von Berufung und Anstellung gerichtet ist. **51**

! Will man beide Rechtsverhältnisse (Organstellung und Anstellungsvertrag) beenden, ist eine Abberufung mit Wirkung vor Zugang der Kündigung mit Blick auf § 14 Abs. 1 Nr. 1 KSchG zumeist untunlich: Ist bei Zugang der Kündigung des Anstellungsvertrags die Organstellung infolge vorher wirksamer Abberufung bereits beendet, kommt die in § 14 Abs. 1 Nr. 1 KSchG angeordnete negative Fiktion (d.h. der Ausschluss des Kündigungsschutzes – vgl. Rn. 29) nicht zum Tragen. Es gilt daher insoweit: Erst kündigen, dann abberufen.

---

85 LG Karlsruhe, GmbHR 1998, 684.
86 BGH WM 1976, 379; OLG Düsseldorf, BB 1986, 567.
87 BGH NJW 2005, 3069 und Hinweisbeschluss des BGH NZA 2008, 648.
88 Vgl. BGH NJW 1993, 464 bzw. zum Aufsichtsrat: *Reiserer*, BB 2002, 1199.
89 Vgl. Palandt/*Weidenkaff*, § 626 BGB Rn. 24.
90 BGH DB 1980, 1686; *Reiserer/Peters*, DB 2008, 170.
91 Vgl. BGH NJW 1998, 3274.

52 Oft wird die **Abberufung vor der Kündigung** des Anstellungsvertrags wirken. Regelmäßig wird für diese Phase, in der der Geschäftsführer seine vertraglich eigentlich geschuldete Tätigkeit – die Geschäftsführung – nicht mehr erbringen kann, eine einvernehmliche Vereinbarung– zumeist wohl ein Verzicht auf weitere Dienste und Zahlung einer Abfindung – zwischen den Beteiligten getroffen. Andernfalls besteht der **Vergütungsanspruch** des Geschäftsführers auch nach seiner Abberufung fort, wenn er seine Dienste der Gesellschaft anbietet. Nimmt diese das Angebot nicht an, gerät sie in Annahmeverzug (§§ 294 ff. BGB), der Vergütungsanspruch bleibt, ohne dass der Geschäftsführer nachleisten müsste (§ 615 Satz 1 BGB). Dabei geht die Rechtsprechung davon aus, dass der ehemalige Geschäftsführer bis zur Beendigung auch des Anstellungsvertrags eine seinen Kenntnissen und Fähigkeiten angemessene leitende Stellung übernehmen muss, wenn ihm dies aufgetragen wird und er eine fristlose Kündigung vermeiden will.[92] Die Kritik an dieser Auffassung, eine Tätigkeit unterhalb der Geschäftsführerebene im selben Betrieb sei regelmäßig unzumutbar,[93] übersieht die Unzumutbarkeit einer Zahlung fürs Nichtstun. Denn typischerweise wird nur der abberufene Geschäftsführer einer Aufhebung des Anstellungsvertrags im Wege stehen, der noch keine neue Beschäftigung gefunden hat. Will er in dieser Phase eine Vergütung, sollte auch eine leitende und angemessene Arbeitsleistung zumutbar sein.[94] Dabei hat der Gesellschaft nach zutreffender Auffassung der Rechtsprechung als Konsequenz der Verweigerung einer entsprechenden Tätigkeit auch die fristlose Kündigung offenzustehen, da diese Reaktionsmöglichkeit auf eine vollständige Leistungsverweigerung verbleiben muss.[95] Freilich kann dies im Einzelfall – etwa bei ersichtlich missbräuchlichem bzw. schikanösem oder treuwidrigem Vorgehen der Gesellschafter – anders zu beurteilen sein. Ein wegen angeblichem Vertrauensbruch abberufener Geschäftsführer braucht auch in anderer Funktion nicht für das Unternehmen tätig zu bleiben,[96] auch Verschuldensgesichtspunkte sind hier mit einzubeziehen. Wählt die Gesellschaft den Weg einer anderweitigen Beschäftigung im eigenen Unternehmen nicht, so bleibt ihr gegen die Zahlungsansprüche des abberufenen Geschäftsführers nur § 615 Satz 2 BGB, wonach dieser sich anrechnen lassen muss, was er infolge des Unterbleibens der Dienstleistung an Aufwendungen erspart und was er durch anderweitige Verwendung seiner Arbeitskraft erwirbt oder böswillig zu erwerben unterlässt.[97]

Vom Gehaltensein des abberufenen Geschäftsführers eine ähnliche Beschäftigung unterhalb der Organebene während der Restdauer des Anstellungsvertrages anzunehmen ist die Frage zu unterscheiden, ob er (neben seinen Vergütungsansprüchen) auch einen Anspruch auf eine solche Weiterbeschäftigung hat. Ein solcher Anspruch besteht nach Auffassung der Rechtsprechung grundsätzlich nicht.[98] Weil der Anstellungsvertrag regelmäßig nur die Beschäftigung als Geschäftsführer zum Inhalt hat, kann er grundsätzlich nicht im Sinne einer sonstigen Beschäftigungspflicht ausgelegt werden. Freilich kann etwas anderes ausdrücklich im Anstellungsvertrag vereinbart werden,[99]

Jedenfalls bereits fällige Vergütungsansprüche des Geschäftsführers können von diesem auch im **Urkundenprozess** geltend gemacht werden.[100]

53 Auch sei darauf hingewiesen, dass in Fällen eines „ruhenden Arbeitsverhältnisses" (siehe Rn. 19) die Beendigung der Geschäftsführeranstellung zum Wiederaufleben dieses ruhenden Arbeitsverhältnisses führen kann. Soll dieses gleichzeitig mit dem Anstellungsvertrag gekündigt werden, muss sich dies aus den Erklärungen des Kündigenden ergeben. In einem solchen Fall steht dem Geschäftsführer als dem Kündigungsgegner dann auch der Weg zu den Arbeitsgerichten für eine Kündigungsschutzklage offen.

---

92 BGH DB 1966, 1306; BGH GmbHR 1978, 85; OLG Karlsruhe, GmbHR 1996, 208.
93 Oppenländer/Trölitzsch/*Baumann*, § 13 Rn. 75.
94 So im Erg. auch *Dernbach*, BB 1982, 1266.
95 A.A. *Gravenhorst*, GmbHR 2007, 417.
96 OLG Karlsruhe GmbHR 1996, 208, wo die (nach Arbeitsverweigerung ausgesprochene) außerordentliche Kündigung auch des Anstellungsvertrags deshalb im Ergebnis keinen Bestand hatte.
97 Im Einzelnen zum Anstellungsverhältnis nach Abberufung: *Gravenhorst*, GmbHR 2007, 417.
98 BGH DB 2011, 49
99 BGH a.a.O.
100 Vgl. (mit näheren Ausführungen zum gerichtlichen Vorgehen) *Reiserer/Peters*, DB 2008, 170.

Mitunter ist auch in Fällen ohne „ruhendes Arbeitsverhältnis" eine längerdauernde Weiterbeschäftigung des abberufenen Geschäftsführers im ausdrücklichen Interesse der Parteien, etwa wenn dem Unternehmen Kenntnisse und Fähigkeiten des ehem. Geschäftsführers erhalten bleiben soll und deshalb eine neue Position mit attraktiven Konditionen angeboten wird. Hier wandelt sich das bisherige Anstellungsverhältnis nicht automatisch in ein Arbeitsverhältnis um.[101] Auch wenn hier durch zusätzliche Anhaltspunkte ein konkludenter Abschluss eines Arbeitsverhältnisses zustande kommen kann, ist eine ausdrückliche Vereinbarung stets vorzugswürdig. Soll bei Anstellung eines von extern kommenden Geschäftsführers diese Nachbeschäftigung bereits ausdrücklich vereinbart werden, kommt neben einer Vereinbarung der Umwandlung im Anstellungsvertrag auch der Abschluss eines gewissermaßen „dahinterliegenden" ruhenden Arbeitsverhältnisses in Betracht. Bei interner Rekrutierung des Geschäftsführers drängt sich auf, das bestehende Arbeitsverhältnis eben für ruhend zu erklären.

Zu beachten ist auch, dass die Geschäftsführerstellung durch **Umwandlungsvorgänge** enden kann. Wenn etwa eine GmbH in eine (kleine) AG umgewandelt wird, endet die Geschäftsführerstellung automatisch, nicht dagegen der Anstellungsvertrag. Soll der bisherige Geschäftsführer nicht Vorstand werden, muss der Anstellungsvertrag gekündigt werden; andernfalls ist er entsprechend an die neue Stellung anzupassen. 54

Bei **wesentlicher Verschlechterung der wirtschaftlichen Verhältnisse** – und damit im Regelfall schon deutlich vor der Insolvenzsituation – ist der GmbH-Geschäftsführer aufgrund seiner Treuepflicht gehalten, einer Herabsetzung seiner Bezüge zuzustimmen[102]. Dies entspricht dem Rechtsgedanken aus § 87 II AktG, auch wenn dieser im GmbHG keinen ausdrücklichen Niederschlag fand.[103] Das Anstellungsverhältnis des Geschäftsführers als solches wird hingegen weder beim Fremd- noch beim Gesellschafter-Geschäftsführer durch **Insolvenz** automatisch aufgelöst, sondern besteht wie die Organstellung fort. Insbesondere die für Geschäftsbesorgung geltenden §§ 116, 115 InsO finden hier keine Anwendung, so dass gem. § 108 InsO das Dienstverhältnis mit Wirkung für die Insolvenzmasse fortbesteht. Unerfüllte Gehaltsansprüche aus der Zeit vor der Insolvenzeröffnung sind einfache Insolvenzforderungen i.S.d. § 38 InsO, Ansprüche für die Zeit nach Verfahrenseröffnung sind Masseschulden nach § 55 I Nr. 2 InsO. Der Insolvenzverwalter kann die Geschäftsführeranstellung in jedem Fall nach den Maßgaben des § 113 I 1 InsO beenden, wobei die Rechtsprechung die „normale" Frist bei nicht beherrschenden Geschäftsführern dem § 622 BGB, bei beherrschenden Geschäftsführern dem § 621 BGB entnimmt. Eine unverzügliche Prüfung einer solchen Kündigung gerade bei kleinen GmbHen ist Pflichtprogramm des Insolvenzverwalters. Natürlich kann der Insolvenzverwalter auch eine außerordentliche Kündigung gem. § 626 I BGB aussprechen. Den hierfür notwendigen wichtigen Grund stellt die Eröffnung des Insolvenzverfahrens allerdings ebenso wenig dar wie eine Stellung als Allein-Gesellschafter-Geschäftsführer. Vor diesem Hintergrund ist umstritten, ob bei Mehrheitsgesellschafter-Geschäftsführern, die sich selbst bestellen und die Bedingungen ihrer Anstellung selbst festlegen konnten, dem Insolvenzverwalter nicht auch das Wahlrecht gem. § 103 InsO zuzubilligen ist. Danach könnte er die weitere Erfüllung des Dienstvertrags schon vor dessen Beendigung ablehnen und den Geschäftsführer auf die einfache Insolvenzforderung wegen Nichterfüllung beschränken[104], Die herrschende Meinung spricht sich gegen die Anwendbarkeit des § 103 InsO aus[105], freilich teils nicht ohne die Problematik zu sehen und über Ausnahmevorschläge die unbilligsten Folgen lösen zu wollen[106]. Zutreffend ist, § 103 im Falle von beherrschenden Gesellschafter-Geschäftsführern anzuwenden. Zwar gibt es 55

101 BGH NJW 99, 839ff.; BAG NZA 08, 1002ff.
102 BGH BB 1992, 1583ff.; Bauder BB 1993, 369ff.
103 BGH BB 1992, 1583ff.; Das OLG Köln NZG 08, 637f. geht ohne nähere Begründung von einer Analogie zu § 87 II AktG aus. Da der Gesetzgeber aber auch bei seinen jüngeren Reformen des GmbH-Rechts auf die Einführung einer entsprechenden Regelung verzichtet hat, erscheint das wenig überzeugend, die Lösung über eine (im Ausnahmefall eintreffende) Treuepflicht stimmiger.
104 Vgl. hierfür z.B. Baumbach/Hueck/*Zöllner/Noack*, § 35 Rn. 190; *Heilmann*, ZIP 1980, 344.
105 Neben vorvorgehender Fußnote BGHZ 75, 209, 211f.; OLG Brandenburg NZI 2003, 324f.; OLG Hamm NZI 2000, 475
106 Vgl. Gottwald/Haas/Hossfeld § 92 Fn. 923

gewiss Fälle, in denen auch ein Gesellschafter-Geschäftsführer die Fristen der InsO benötigt, um sich eine neue Vollzeitbeschäftigung zu suchen.[107] Er hatte jedoch vor allen anderen Gelegenheit, die Schieflage des Unternehmens zu erkennen, ggf. auch gegenzusteuern oder sich selbst und seinen Mitarbeitern die Situation rechtzeitig einzugestehen und nach neuen Möglichkeiten Ausschau zu halten. Wenn dann der Insolvenzverwalter im Sinne der von ihm zu schützenden Interessen die sofortige Beendigung der Anstellung für erforderlich hält, darf die Masse nicht noch durch erhebliche Auszahlungen an den beherrschenden Gesellschafter-Geschäftsführer geschwächt werden. Dort, wo die Leistung nicht werthaltig ist, noch über Monate zulasten anderer Gläubiger ein unverändertes Gehalt an den Gesellschafter-Geschäftsführer auszahlen zu müssen[108], wäre in der Tat anstößig[109]. Ein Geschäftsführer andererseits, der bis zuletzt voll werthaltig für seine GmbH arbeitet und plötzlich (z.B. durch unerwarteten Schuldnerausfall) von der Insolvenz überrascht wird, so z.B. der voll mitarbeitende Meister in der kleinen Handwerker-GmbH, wird regelmäßig vom Wahlrecht des Insolvenzverwalters nichts zu befürchten haben.

V. Geschäftsführeranstellung und Sozialversicherungspflicht

1. Grundsätze

56 Die Frage der **Sozialversicherungspflicht** des GmbH-Geschäftsführers hängt von der Einstufung seiner Geschäftsführeranstellung als versicherungspflichtige Beschäftigung ab. Dabei stuft die Sozialgerichtsbarkeit die Tätigkeit einer Person in einem Unternehmen enumerativ als abhängige Beschäftigung, unternehmerische Tätigkeit oder selbstständige Dienstleistung ein. Da die GmbH als solche der Unternehmer bzw. Arbeitgeber ist, ist für den Geschäftsführer eine Einordnung als selbstständiger Dienstleister oder als abhängig Beschäftigter vorzunehmen. § 7 Abs. 1 SGB IV enthält zu Letzterem die relativ amorphe Definition. Danach ist (versicherungspflichtige) Beschäftigung „die nicht selbstständige Arbeit, insbesondere in einem Arbeitsverhältnis". Auf diese Definition greifen sowohl § 1 Satz 1 Nr. 1 SGB VI zurück, der die Rentenversicherungspflicht normiert, als auch §§ 20 Abs. 1, 25 SGB III, die die Versicherungspflicht in der Arbeitslosenversicherung normieren. Eine Konsequenz dieser unpräzisen Definition ist, dass in den verschiedenen Zweigen des Sozialversicherungsrechts unterschiedliche Verständnisse des Beschäftigungsbegriffs bestehen. Immerhin verdeutlicht der Zusatz „insbesondere in einem Arbeitsverhältnis", dass der sozialversicherungsrechtliche Begriff „Beschäftigungsverhältnis" nicht mit dem arbeitsrechtlichen Begriff „Arbeitsverhältnis" deckungsgleich ist, sondern darüber hinausgeht. Die Frage, ob die Organstellung des Geschäftsführers nicht zwingend seine Arbeitnehmereigenschaft ausschließt (vgl. Rn. 14), ist für das Sozialversicherungsrecht deshalb belanglos.

57 Für das Sozialversicherungsrecht schließt die Organstellung die Abhängigkeit nicht aus.[110] Das wesentliche Merkmal für die Behandlung des Geschäftsführers im Sozialversicherungsrecht ist somit allein seine **persönliche Abhängigkeit**. Diese entscheidet, ob die Tätigkeit „nichtselbstständig" ist. Freilich werden für die Feststellung der persönlichen Abhängigkeit auch seitens des BSG die Begriffe der Eingliederung in den Betrieb und der Unterordnung unter die Weisungen des Arbeitgebers als Abgrenzungskriterien in den Vordergrund gestellt,[111] sodass im Ergebnis nur geringe Unterschiede zur in Rn. 12 aufgezeigten Abgrenzung bestehen. Die Einstufung durch die Beteiligten ist dabei nicht maßgeblich. Die Einstufung folgt vielmehr der objektiv gegebenen Rechtslage. Behandeln die Beteiligten den Geschäftsführer als selbstständigen Dienstleister, ist er aber nach den objektiven Umständen abhängig, liegt ein Fall der „Scheinselbstständigkeit" vor.

107 So die tragende Argumentation bei Lutter/Hommelhoff/*Kleindiek*, Anh. § 6 Rn. 69.
108 Das könnte ein „gewitzter" Gesellschafter-Geschäftsführer, der sich sein Gehalt nach Quartalen bemisst, was wegen der durch die Rechtsprechung herangezogenen Regelung des § 621 BGB ggf. zur Verlängerung der Kündigungsfrist führte, durchaus erreichen. Vor allem müssen die in der Praxis eintretenden Verzögerungen durch die Bearbeitungszeit des Insolvenzverwalters, bei der schnell einmal der erstmögliche Termin versäumt ist, gesehen werden.
109 So zutreffend: Baumbach/Hueck/*Zöllner/Noack*, § 35 Rn. 190.
110 BSG NZA 1991, 869.
111 Vgl. neben vielen: BSG GmbHR 2006, 645;

Hauptindizien gegen bzw. für eine Abhängigkeit sind dabei: 58

- (fehlende) Teilhabe am Gesellschaftskapital mit Möglichkeit zur Verhinderung ungenehmer Entscheidungen
- (fehlende) Möglichkeit, die Entscheidungen der Gesellschafter aus sonstigen besonderen Gründen leiten zu können
- (fehlende) vertragliche Weisungsunterworfenheit und Eingliederung in den Betrieb (gegen eine Abhängigkeit unter anderem: freie Verfügung über eigene Arbeitskraft inklusive Befugnis zur Tätigkeit für andere, Urlaubsantritt ohne Genehmigung, Befugnis zur Aufgabendelegation, weitgehend frei gestaltete Tätigkeit, freie Wahl von Beginn und Ende der Arbeitszeit und [soweit sachlich möglich] frei gewählter Arbeitsort)
- (fehlende) faktische Abwicklung einer selbstständigen Arbeit gemäß
- (kein) unternehmerisches Auftreten am Markt und
- (fehlendes) Unternehmerrisiko
- (fehlende) Befreiung vom Selbstkontrahierungsverbot.

Ergänzend sind formelle Kriterien beachtlich, wie etwa: 59

- Abführung von Lohnsteuer und Sozialversicherungsbeträgen
- Gewährung von Urlaub bei Gehaltsfortzahlung
- Gehaltsfortzahlung im Krankheitsfall
- Führung einer Personalakte.

Maßgeblich ist stets eine Gesamtschau aller Indizien, die je nach Einzelfall und dessen Eigenarten zu gewichten sind.

2. Teilhabe am Gesellschaftskapital versus Weisungsunterworfenheit

Entscheidend ist, ob die Stellung des Geschäftsführers so stark ist, dass er ihm nicht genehme Entscheidungen verhindern und relativ weisungsfrei agieren kann. Bei einem **Mehrheitsgesellschafter-Geschäftsführer** kommt deshalb Sozialversicherungspflicht nur in krassen Ausnahmefällen in Betracht, in denen (z.B. über Treuhandverhältnisse oder atypisch stille Beteiligungen) tatsächlich eine Drittbeherrschung möglich ist und ausgeübt wird. 60

Ein **Minderheitsgesellschafter-Geschäftsführer** und ein **Fremdgeschäftsführer**[112] sind regelmäßig abhängig und damit sozialversicherungspflichtig.[113] Zu Letzterem gibt es jedoch eine Reihe praktisch relevanter Ausnahmen: Minderheitsgesellschafter können bei entsprechendem Einfluss in der Gesellschafterversammlung (z.B. bei Stimmrechtsquoren, die eine Mitwirkung des Minderheitsgesellschafters jenseits der gesetzlichen Anforderungen erforderlich machen) oder auch dann, wenn die Gesellschafter ihre Kontrollrechte tatsächlich nicht ausüben,[114] sozialversicherungspflichtsfrei sein. Besondere Bedeutung kommt bei familiären Gesellschafterkreisen der Frage zu, ob die Interessen der Beteiligten gleich gelagert sind und ein Direktionsrecht daher nicht ausgeübt zu werden braucht bzw. aus familiärer Rücksichtnahme nicht ausgeübt wird. Der „Fremd"geschäftsführer, hinter dem sich der „Unternehmenspatriarch" verbirgt, der steuerlich motiviert einzelne Gesellschaften schon auf die nächste Generation übertragen hat, ohne seine faktische Bestimmungsbefugnis aufzugeben, unterliegt mangels Abhängigkeit nicht der Sozialversicherungspflicht,[115] ebenso wenig der Fremdgeschäftsführer, der als Einziger im Unternehmen die notwendigen Fachkenntnisse hat und faktisch schalten und walten kann, wie er es will.[116] Letztlich 61

112 BSG NZG 2002, 431.
113 Grundlegend: BSG GmbHR 2002, 324.
114 BSG GmbHR 2004, 494; 2006, 645 mit Anm. *Löw*.
115 BSG v. 23.9.1982 – 10 Rar 10/81, SozR 2100 § 7 Nr. 7; BSG GmbHR 2001, 668.
116 LSG Hessen, GmbHR 2007, 487 mit Anm. *Löw* (Revision zugelassen).

handelt es sich aber stets um Entscheidungen im konkreten Einzelfall, auch Familienkonstellationen sind keine Garantie für eine Sozialversicherungsfreiheit.[117]

62 Eine abhängige Beschäftigung kann schließlich nicht allein deshalb bejaht werden, weil der Geschäftsführer teilweise – z.B. bei besonders wichtigen Unternehmensentscheidungen – Weisungen unterliegt oder Genehmigungen einholen muss. Jeder Dienstleister ist einem gewissen Weisungsrahmen unterworfen. Entscheidend ist vielmehr, ob der Geschäftsführer in Bezug auf die Ausführung seiner Arbeit (Zeit, Ort, Art und Weise der Tätigkeit, Fällen von Entscheidungen etc.) Weisungen unterworfen ist oder diese eben im Wesentlichen selbst bestimmt.

3. Faktische Abwicklung, Unternehmerrisiko, sonstige Indizien

63 Nicht zu unterschätzen ist auch die **Indizienwirkung der tatsächlichen Abwicklung** durch die Beteiligten. Ein klar dokumentierter Wille, die Tätigkeit auf Verrichtung selbstständiger Arbeit auszurichten und eine Behandlung der Geschäftsführervergütung als Gewinnentnahme sprechen *für*, die Abführung von Lohnsteuer *gegen* eine Selbstständigkeit. Zwar ist mangels Deckungsgleichheit zwischen Sozial- und Steuerrecht die Einschätzung des Finanzamts nur von indizieller Bedeutung, aber eben nicht bedeutungslos. Trägt der Geschäftsführer durch Haftung, durch Darlehensgewährung an die Gesellschaft o.Ä. ein unternehmerisches Risiko, spricht auch dies gegen seine Abhängigkeit. Erhält er dagegen ausschließlich eine gewinnunabhängige Festvergütung, ist dies ein Indiz für eine abhängige Beschäftigung.

64 ! In der Praxis werden der Befreiung von den Beschränkungen des § 181 BGB und der Einzelvertretungsbefugnis hohe Indizwirkung beigemessen. Soll etwa der Geschäftsführer einer Konzerngesellschaft sozialversicherungsfrei beschäftigt werden, kann dies ggf. durch Einräumung einer gewissen Beteiligung und eben Befreiung von § 181 BGB sowie Einräumung von Einzelvertretungsbefugnis begünstigt werden. Freilich wird der Geschäftsführer in diesen wie in allen anderen Fällen darauf achten müssen, dass ihm auch ausreichend Mittel für die dann nötige eigene Vorsorge bzw. entsprechende privatversicherungsrechtliche Absicherungen gewährt werden.

4. Ein-Mann-GmbH und Scheinselbstständigkeit

65 Personen, die im Zusammenhang mit ihrer selbstständigen Tätigkeit regelmäßig keinen versicherungspflichtigen Arbeitnehmer beschäftigen *und* auf Dauer und im Wesentlichen nur für einen Auftraggeber tätig sind, droht die Einstufung als „**Scheinselbstständiger**". Durch das Urteil des BSG vom 24.11.2005[118] entstanden Irritationen im Bereich der Ein-Mann-GmbH. Deren Geschäftsführer hat mit „seiner" GmbH ja nur *einen* Auftraggeber und persönlich i.d.R. keine Mitarbeiter beschäftigt. Das BSG hielt diese Sachlage in der Person des Geschäftsführers für maßgeblich. Durch § 2 Satz 1 Nr. 9 und Satz 4 Nr. 3 SGB VI in der Fassung des Haushaltsbegleitgesetzes vom 29.6.2006[119] hat der Gesetzgeber aber klargestellt, dass es bei Gesellschaftern auf die Auftraggeber der Gesellschaft ankommt und ihnen die Mitarbeiter der Gesellschaft zugerechnet werden.

5. Anfrageverfahren

66 Sicherheit über Bestehen oder Nichtbestehen einer Sozialversicherungspflicht kann ein Anfrageverfahren gem. § 7a SGB IV schaffen. Bei Gesellschafter-Geschäftsführern, die der Krankenkasse (als zentraler Einzugsstelle für die Sozialversicherungsbeiträge) mit entsprechendem Statuskennzeichen

117 Vgl. etwa LSG Bayern, GmbHR 2007, 490 (Revision nicht zugelassen), das die als Geschäftsführerin von § 181 BGB befreite Ehefrau des Alleingesellschafters, die zudem zuvor selbst Alleingesellschafterin gewesen war, als nichtselbstständig einordnet. Mitentscheidend dürfte dort jedoch gewesen sein, dass auch der Ehemann als (Gesellschafter-)Geschäftsführer der GmbH tätig war und eine Reihe wichtiger Einzelkriterien wie etwa fehlende Einzelvertretungsbefugnis, Überstundenzuschläge, Festgehalt etc. für eine Nichtselbstständigkeit stritten.
118 BSG GmbHR 2006, 367.
119 BGBl. I 2006 S. 1402.

gemeldet werden, wird automatisch ein **Verfahren zur Prüfung der Sozialversicherungspflicht seitens der BfA** durchgeführt. Dieses Anfrageverfahren kann aber auch durch eigenen Antrag eingeleitet werden. An das in diesem Verfahren gefundene Ergebnis sind die Sozialversicherungsträger (gem. § 366 SGB III auch die Bundesagentur für Arbeit) auch leistungsrechtlich gebunden.

Besteht Sozialversicherungspflicht, ist der Geschäftsführer ganz normal in der Kranken-, Renten- **67**
und Arbeitslosenversicherung beitragspflichtig und leistungsberechtigt. Besteht keine Sozialversicherungspflicht, kann sich der Geschäftsführer gleichwohl freiwillig in der gesetzlichen Kranken- und Rentenversicherung, nicht aber in der Arbeitslosenversicherung versichern.[120]

VI. Geschäftsführeranstellung und Steuerrecht

Komplexität und Umfang des Steuerrechts lassen eine abschließende Darstellung im vorliegenden **68**
Rahmen nicht zu. Lediglich zur groben ersten Orientierung, der eine individuelle Beratung durch den steuerlichen Berater nachfolgen muss, sollen hier die wichtigsten Punkte angesprochen werden.

Die Einkünfte des bei der GmbH **angestellten Geschäftsführers** für seine Tätigkeit als solche sind **69**
Einkünfte aus nichtselbstständiger Arbeit i.S.d. § 19 EStG. Die Einordnung als Arbeitnehmer bzw. abhängig Beschäftigter ist dafür nicht erforderlich. Lohnsteuerrechtlich ist der *angestellte* Geschäftsführer nichtselbstständiger Arbeitnehmer. Umsatzsteuerrechtlich wird gem. Abschnitt 17 Abs. 2 Satz 1 UStR nach denselben Grundsätzen über das Vorliegen einer Selbstständigkeit i.S.d. § 2 Abs. 1 UStG geurteilt wie bei der Einkommen- und Gewerbesteuer. Dabei können die in H67 LStH 2007 unter dem Stichwort „Allgemeines" genannten Kriterien sinngemäß herangezogen werden. Somit ist der angestellte Geschäftsführer regelmäßig auch umsatzsteuerlich nichtselbstständig tätig.[121]

Für den bei der Komplementär-GmbH einer GmbH & Co. KG angestellten Geschäftsführer, der **70**
gleichzeitig Kommanditist ist, wird ertragssteuerlich dagegen Selbstständigkeit unterstellt. Die Vergütung, die er erhält, gehört zu den Gewinneinkünften gem. § 15 Abs. 1 Satz 1 Nr. 2 EStG (Einkünfte als selbstständiger Mitunternehmer der KG). In umsatzsteuerrechtlicher Hinsicht ist die Frage der Selbstständigkeit jedoch auch in diesem Fall unter Anwendung der allgemeinen Grundsätze zu beurteilen.[122]

Ist der bei der GmbH angestellte Geschäftsführer jedoch zugleich Gesellschafter oder steht er **71**
einem Gesellschafter nahe, so werden nicht alle als im Zusammenhang mit der Geschäftsführertätigkeit stehend deklarierten Zahlungsflüsse an ihn steuerlich als solche anerkannt. Insbesondere beim Gesellschafter-Geschäftsführer ist vielmehr zwischen Arbeitslohn einerseits und Gewinnausschüttungen andererseits zu unterscheiden. Mit dem Stichwort der **„verdeckten Gewinnausschüttung"** werden dabei in diesem Zusammenhang Auszahlungen an den Geschäftsführer bezeichnet, die als Arbeitslohn deklariert sind, tatsächlich aber auf der Gesellschafterstellung oder einem Näheverhältnis zum Gesellschafterkreis beruhen. Dieser werden steuerlich – wie die offenen Gewinnausschüttungen bzw. Dividendenzahlungen – zu den Einkünften aus Kapitalvermögen gem. § 21 EStG gerechnet. Nach der Rechtsprechung des BFH sind verdeckte Gewinnausschüttungen Vermögensvorteile, die eine Kapitalgesellschaft ihren Gesellschaftern (oder diesen nahe stehenden Personen) außerhalb der gesellschaftsrechtlichen Gewinnverteilung zuwendet, wenn sie diesen Vermögensvorteil bei Anwendung der Sorgfalt eines ordentlichen und gewissenhaften Geschäftsleiters nicht auch einem Dritten (unter sonst gleichen Umständen) gewährt hätte.[123] Insbesondere Gehaltszahlungen an den Gesellschafter-Geschäftsführer dürfen daher nur in „angemessener Höhe" als Betriebsausgaben abgezogen werden.[124]

---

120 Eine umfassende Übersicht über die jeweiligen Pflichten und Leistungsansprüche sowie zu den Möglichkeiten freiwilliger Versicherung für die wichtigsten Zweige der Sozialversicherung findet sich unter anderem bei *Brand*, in: GmbH-Handbuch, Teil IV – Sozialversicherungsrecht, insb. Rn. 1312 ff.

121 Vgl. BMF-Schreiben v. 31.5.2007 – IV A 5 S 7100/07/0031, GmbHR 2007, 893.

122 Vgl. BMF-Schreiben v. 31.5.2007 – IV A 5 S 7100/07/0031, GmbHR 2007, 893 – Beispiel 4.

123 Vgl. hierzu auch Ulmer/Habersack/Winter/*Paefgen*, § 35 Rn. 153 ff.

124 BFH BB 1995, 966.

72 Die Geschäftsführereinkünfte gem. § 19 EStG unterliegen „nur" der direkten Einkommensbesteuerung beim Geschäftsführer, bei der GmbH werden sie als Betriebsausgaben abgezogen. Die Höhe der Steuerbelastung hängt damit allein von der persönlichen Gesamteinkünftesituation des Gesellschafters bzw. von seiner individuellen Steuerlast ab. Einkünfte, die beim Gesellschafter-Geschäftsführer unter § 21 EStG fallen, sind bei der GmbH hingegen nicht als Betriebsausgaben abzugsfähig und deshalb zunächst auf deren Ebene der Besteuerung unterworfen (Körperschafts- und Gewerbesteuer). Auf Ebene des (Geschäftsführer-)Gesellschafters unterliegen die tatsächlich ausgeschütteten Beträge (= der um die Steuerlast der Gesellschaft gekürzte ausgekehrte Gewinnbetrag) in voller Höhe der Pauschalbesteuerung von 25 % (§ 32d EStG in der Fassung ab 1.1.2009).

73 Seit dem Ende 2006 in § 32a Abs. 1 KStG normierten **Korrespondenzprinzip**, wonach der persönliche Steuerbescheid des Gesellschafters bzw. Zahlungsempfängers bei Feststellung einer verdeckten Gewinnausschüttung auf Gesellschaftsebene unabhängig von dessen individueller Bestandskraft aufgehoben oder geändert werden kann, ist die zuvor größte Gefahr einer verdeckten Gewinnausschüttung – eine echte Doppelbesteuerung – beseitigt. Je nach individueller Situation kann es indes unverändert wichtige Gründe geben, eine verdeckte Gewinnausschüttung zu vermeiden.

74 **!** Maßgeblich bei Prüfung einer verdeckten Gewinnausschüttung ist die Gesamtausstattung der Geschäftsführung. Hierzu zählen neben dem Festgehalt insbesondere auch Nebenleistungen wie ein Dienstwagen und Pensionszusagen. Diese dürfen eine Höhe nicht überschreiten, die die GmbH bei normaler Geschäftslage ihrem Geschäftsführer zu zahlen in der Lage und bereit ist. Verglichen wird nicht nur innerhalb des Unternehmens mit etwa vorhandenen Fremdgeschäftsführern oder den leitenden Angestellten. Verglichen wird vielmehr mit vergleichbaren Unternehmen der gleichen Branche. Maßgeblich sind Aufgabenstellung, zeitliche Beanspruchung und Verantwortung des Geschäftsführers sowie natürlich Größe und wirtschaftliche Stärke der Gesellschaft. Hilfreich kann hierzu ggf. ein entsprechendes Sachverständigengutachten bzw. die gutachtliche Äußerung einer Personalberatungsfirma sein.

75 Besonders häufig Anlass zu Streit mit der Finanzverwaltung bildet in der Praxis der Bereich der variablen Gehaltsbestandteile (sog. Tantiemen). **Tantiemen** müssen grundsätzlich so gestaltet sein, dass den Gesellschaftern als solchen eine angemessene Kapitalverzinsung erhalten bleibt. Tantiemen, die vom Umsatz abhängen, werden nur im Ausnahmefall – etwa bei einer reinen Vertriebstätigkeit der Gesellschaft – als Leistungsvergütung anerkannt. **Gewinntantiemen** dagegen finden regelmäßig problemlos steuerliche Anerkennung, wenn die Regelanforderungen des BFH zu deren Ausgestaltung eingehalten werden:

- Die Tantieme muss sich auch an den Gewinnaussichten der Gesellschaft ausrichten.
- Die gewährten Tantiemeversprechen an den oder die Gesellschafter-Geschäftsführer dürfen 50 % des Jahresüberschusses der Gesellschaft nicht überschreiten, sonst spricht ein Anscheinsbeweis für eine verdeckte Gewinnausschüttung.
- Die Jahresgesamtbezüge sollten sich regelmäßig in etwa 75 % Festgehalt und 25 % Tantiemeanteil aufteilen, ein bei Festlegung absehbares Überschreiten der 25%-Grenze ist gut zu begründen.
- Der variable Tantiemeanteil ist formelmäßig in Relation zu dem erwarteten Durchschnittsgewinn auszudrücken.
- Die Gewinntantieme ist regelmäßig mit der tatsächlichen Gewinnsituation abzugleichen. Liegt etwa der Gewinn wesentlich höher als erwartet, so kann dadurch die 75%-25%-Relation ohne schädliche Folgen verletzt werden. Durch entsprechende Herabsetzung des Tantieme-Prozentsatzes ist die Regelung aber für die Zukunft anzupassen.

Pensionszusagen, die im Rahmen des § 6a EStG zu Pensionsrückstellungen führen, können zur (Alters-)Absicherung des Geschäftsführers verwendet werden, ohne sofort die Liquidität der Gesellschaft zu belasten. Ihre steuerliche Wirkung bzw. die mit einer Rückstellung verbundene Steuerersparnis mindert sogar den aktuellen Liquiditätsabfluss. Für die steuerliche Anerkennung ist eine Reihe von Voraussetzungen zu beachten, die sich vor allem aus § 6a EStG selbst ergeben. Unter anderem sind dies: 76

- Vollendung des 28. Lebensjahrs des Zusagebegünstigten bis spätestens 30.6. des Jahrs der Rückstellung oder unverfallbare Anwartschaft nach dem Betriebsrentengesetz
- zivilrechtliche Wirksamkeit einer von künftigen gewinnabhängigen Bezügen unabhängigen Verpflichtung der Gesellschaft
- Widerruflichkeit nur in Ausnahmefällen
- eindeutige schriftliche Regelungen zu Art, Form, Voraussetzungen und Höhe der künftigen Pensionsleistungen
- Daneben droht auch hier die Einstufung als verdeckte Gewinnausschüttung, wenn die Pensionszusage durch das Gesellschaftsverhältnis veranlasst ist. Rechtsprechung und Finanzverwaltung gehen dabei im Wesentlichen von folgenden Voraussetzungen für Gesellschafter-Geschäftsführer aus Sicht des Zusagezeitpunkts aus:
- Angemessenheit der Versorgung (inklusive anderer Versorgungsansprüche z.B. aus der gesetzlichen Rentenversicherung maximal 75 % der Gesamtbezüge)[125]
- Erdienbarkeit der Pension (beim herrschenden Gesellschafter-Geschäftsführer: mindestens zehn Jahre zwischen Zusage und Ruhestandseintritt, Ruhestandseintritt nicht vor dem 65. Lebensjahr, bei Zusage 60. Lebensjahr noch nicht vollendet; beim nicht beherrschenden Gesellschafter-Geschäftsführer: Ruhestandseintritt frühestens zwölf Jahre seit Betriebseintritt und drei Jahre seit Zusage)
- Voraussagbarkeit einer ausreichenden Ertragslage der Gesellschaft (15 Monate nach Neugründung bei Fehlen eines Vorläuferunternehmens noch nicht gegeben)[126]
- hinreichende Gewissheit über die Qualifikation des Geschäftsführers, insbesondere durch Ablauf einer Erprobungszeit (Zeitraum zwischen sechs Monaten und fünf Jahren, je nach objektiver Qualifikation und Vorerfahrung)[127]

VII. Sollinhalt eines Geschäftsführervertrags

Ein qualitativ akzeptables Muster für einen Anstellungsvertrag würde den im Rahmen des vorliegenden Werks darstellbaren Umfang sprengen. Daher sei hier auf einige Fundstellen hingewiesen, bei denen sich Muster für einen Anstellungsvertrag als GmbH-Geschäftsführer finden lassen.[128] Außerdem soll – ohne Anspruch auf Vollständigkeit – im Sinne einer Checkliste auf einige wichtige Regelungspunkte hingewiesen werden. 77

Eine auf den Einzelfall zugeschnittene inhaltliche Ausgestaltung der einzelnen Punkte bedarf dabei der individuellen Beratung. Gerade bei anspruchsvollen Geschäftsführerpositionen ist dringend zu raten, entsprechend fachkundigen Rat einzuholen. Bei Beteiligungsmodellen kann die Geschäftsführervereinbarung wegen § 15 GmbHG der notariellen Beurkundung bedürfen. 78

125 Vgl. BMF-Schreiben v. 3.11.2004, IV B 2 – S 2176 – 13/04, in: BStBl. I 2004 S. 1045.
126 Vgl. BFH GmbHR 1998, 893 und BFH NJW 2000, 535.
127 Vgl. BFH GmbHR 1998, 342.
128 Ausführliche – gleichwohl nicht abschließende – Muster für einen Geschäftsführeranstellungsvertrag finden sich etwa bei *Brandmüller* am Ende und bei *Jula* im Anhang

79 **Wichtige Regelungspunkte** sind unter anderen:

- Beginn, Laufzeit bzw. Kündigungsregelungen für den Anstellungsvertrag
- eindeutige Aussage zur Aufhebung oder zum Ruhen eines vor Geschäftsführerberufung etwa schon bestehenden Arbeitsverhältnisses
- Aufgabenbereich und Pflichten (einschließlich Treuepflichten und Betriebsgeheimnissen) sowie Arbeitszeit (insbesondere Klarstellung, ob haupt- oder nebenberufliche Tätigkeit geschuldet ist)
- Vertretungsberechtigung, insbesondere Hinweis auf die Vertretungsmacht, die im Außenverhältnis eingeräumt werden soll (Einzel- oder Gesamtvertretung, ggf. Befreiung von § 181 BGB), und Regelungen zum Innenverhältnis, vor allem Festlegung von im Innenverhältnis der vorherigen Genehmigung der Gesellschafterversammlung/des Aufsichtsrats oder einer Abstimmung unter den mehreren Geschäftsführern bedürfenden Geschäften
- Haftungsvereinbarungen, insbesondere etwaige Vereinbarung des Arbeitnehmerprivilegs, Ausschlussfristen, Anspruch auf und Wirkung von Entlastungen
- Regelungen zum Wettbewerbsverbot während und nach der Anstellung – bei Letzterem insbesondere Regelungen zur Kompensation und Berechnung derselben
- Vergütung, soweit gewünscht insbesondere steuerrechtlich abgesicherte Vereinbarung zu variablen Gehaltsbestandteilen
- Urlaubsanspruch
- Regelung zur Fortzahlung im Krankheitsfall
- Vorsorgeleistungen, z.B. D&O-Versicherungen, Direktversicherungen, Pensionszusage, Hinterbliebenenversorgung, Unfallversicherung und Berufsunfähigkeitsabsicherung
- Sonderleistungen, z.B. Dienstwagen, Telefon, Dienstwohnung
- Regelungen zu etwaigen Beteiligungsmodellen[129].

129 Näher hierzu (insbesondere zur Zulässigkeit von Hinauskündigungsklauseln im Rahmen sog. Managermodelle): BGH NJW 2005, 3641 sowie *Habersack/Verse*, ZGR 2005, 451.

9. Notar- und Handelsregisterkosten im GmbH-Recht

Literatur

Elsing, Gesellschafterliste und Anzeigen von Gesellschaftsanteilsabtretungen mit Blick auf das MoMiG, ZNotP 2007, 332; *Filzek*, KostO, 4. Auflage 2009; *Herrler/König*, Aktuelle Praxisfragen zur GmbH-Gründung im vereinfachten Verfahren, DStR 2010, 2138; *Jeep/Wiedemann*, Die Praxis der elektronischen Registeranmeldung, NJW 2007, 2446; *Korintenberg/Lappe/Bengel/Reimann*, Kostenordnung, Kommentar, 18. Auflage 2010; *Lappe*, Die Entwicklung des Gerichts- und Notarkostenrechts im Jahr 2006, NJW 2007, 273; *Mayer*, Der Erwerb einer GmbH nach den Änderungen durch das MoMiG, DNotZ 2008, 403, 410; *Notarkasse München, A.d.ö.R., München*, Streifzug durch die Kostenordnung, 9. Auflage 2012; *Otto*, Notarkosten im Umfeld der elektronischen Registeranmeldung – am Beispiel einer neu gegründeten GmbH –, JurBüro 2007, 120; *Rohs/Wedewer*, Kostenordnung, Kommentar (Losebl.), Stand: November 2011; *Schmidt/Sikora/Tiedtke*, Praxis des Handelsregister- und Kostenrechts, 6. Auflage 2011; *Schwab*, Geschäftswert bei GmbH-Anteilsabtretungen, MittBayNot 2006, 307; *Sikora/Regler/Tiedtke*, Die Auswirkungen des MoMiG auf die Notarkosten, MittBayNot 2008, 437; *Tiedtke/Sikora*, Kosten im Elektronischen Rechtsverkehr, MittBayNot 2006, 393; *Wicke*, Abweichungen und Änderungen des Musterprotokolls gem. § 2 Abs. 1a GmbHG, DNotZ 2012, 15.

A. Gründung der GmbH

I. Geschäftswert für die Errichtung der GmbH

Der Geschäftswert eines Gründungsvertrags bestimmt sich nach § 39 Abs. 1 Satz 1 KostO nach dem Wert der Einlagen aller Gesellschafter; Verbindlichkeiten sind nach § 18 Abs. 3 KostO nicht abzuziehen.[1] Bei einer Bargründung mit Stammkapital i.H.v. 25.000 EUR beträgt die Beurkundungsgebühr 168 EUR gem. § 36 Abs. 2 KostO (Gründung durch mehrere Personen) bzw. 84 EUR gem. § 36 Abs. 1 KostO (Gründung durch eine Person). Wird eine Sacheinlage eingebracht, ist der Wert dieser Sacheinlage Geschäftswert, Schulden dürfen gem. § 18 Abs. 3 KostO nicht abgezogen werden. **Grundbesitz** ist nach § 19 Abs. 2 KostO mit dem Verkehrswert zu berücksichtigen. 1

1 Korintenberg/*Bengel/Tiedtke*, § 39 KostO Rn. 56 ff, § 18 Rn. 11.

2 Verpflichtet sich ein Gründungsgesellschafter zu **Dienstleistungen**, sind diese nur dann als Einlagen zu berücksichtigen, wenn sie ausdrücklich als solche behandelt werden. Werden **Bürgschaften** zugunsten der Gesellschaft übernommen, sind diese mit dem Nennbetrag (Höchstbetrag) zu berücksichtigen.[2]

3 Die im Gesellschaftsvertrag **mitbeurkundete Erfüllung** der Einlageverpflichtung (bei Einbringung von Grundbesitz auch die Auflassung) löst keine zusätzlichen Gebühren aus, da diese gegenstandsgleich mit dem Gründungsvertrag gem. § 44 Abs. 1 KostO ist.[3]

4 Der Geschäftswert eines Gesellschaftsvertrags ist auf den **Höchstwert** von 5 Mio. EUR begrenzt (§ 39 Abs. 5 KostO). Der Höchstwert darf auch bei Mitbeurkundung eines Einbringungsvertrages (Erfüllungsgeschäft) nicht überschritten werden, auch nicht für eine mitbeurkundete oder gesonderte Auflassung.[4]

5 Bei Beurkundung der Gründung einer GmbH mittels **Musterprotokoll** (§ 2 Abs. 1a GmbHG) ergeben sich, was die Geschäftswertermittlung angeht, keine Besonderheiten. § 41d KostO bestimmt zwar, dass der Mindestwert nach § 39 Abs. 5 KostO (25.000 EUR für Gesellschaftsverträge) bei Verwendung des gesetzlichen Musterprotokolls keine Anwendung findet, jedoch bleibt es trotzdem beim Mindestwert von 25.000 EUR, da auch das Mindeststammkapital 25.000 EUR beträgt.

6 Bei Gründung einer **Unternehmergesellschaft – UG – (haftungsbeschränkt)** mit einem Stammkapital von weniger als 25.000 EUR (§ 5a Abs. 1 GmbHG) ergeben sich, sofern die Gründung nicht unter Verwendung des gesetzlichen Musterprotokolls erfolgt, keine Besonderheiten. In diesem Fall gilt gem. § 39 Abs. 5 KostO der Mindestgeschäftswert von 25.000 EUR. Eine Gründung mittels **Musterprotokoll** ist unter den Voraussetzungen des § 2 Abs. 1a GmbHG möglich. Für sie gelten nach **§ 41d KostO Privilegierungen**. Nach § 41d KostO ist als Geschäftswert der Nominalbetrag des Stammkapitals anzunehmen, ohne dass der Mindestwert nach § 39 Abs. 5 KostO von 25.000 EUR zu beachten wäre. Bei Gründung durch eine Person entsteht (bei einem Stammkapital von beispielsweise 500 EUR) eine 10/10-Gebühr nach § 36 Abs. 1 KostO i.H.v. 10 EUR, bei Gründung durch zwei oder drei Personen eine 20/10-Gebühr nach § 36 Abs. 2 KostO i.H.v. 20 EUR. Bei Abweichung vom Musterprotokoll, etwa durch Aufnahme einer Vinkulierungsklausel bezüglich der Geschäftsanteile, liegt keine Gründung im vereinfachten Verfahren nach § 2 Abs. 1a GmbHG mehr vor. Dies führt zwangsläufig auch zum Wegfall der kostenrechtlichen Privilegierung nach § 41d KostO, sodass in diesem Fall Geschäftswert – auch bei Annahme eines Stammkapitals von beispielsweise 500 EUR – der Mindestwert gem. § 39 Abs. 5 KostO von 25.000 EUR ist.

II. Gebühr

7 Für den Gesellschaftsvertrag fällt eine 20/10-Gebühr gem. § 36 Abs. 2 KostO an. Die Errichtung einer GmbH durch eine Person („Ein-Personen-GmbH") erfolgt durch einseitige Erklärung des Gründers. Hierfür fällt nur eine 10/10-Gebühr nach § 36 Abs. 1 KostO an.[5] Gleiches gilt für die Errichtung einer UG (haftungsbeschränkt) durch eine Person. Bei einer Ein-Personen-Gründung mit Sacheinlagen und Mitbeurkundung vertraglicher Einbringungsvereinbarungen fällt anstelle der vollen Gebühr die doppelte Vertragsgebühr an.[6]

8 Für die Anmeldung zum Handelsregister fällt im Falle der Beurkundung eine 5/10-Gebühr nach § 38 Abs. 2 Nr. 7 KostO an. Wird die Registeranmeldung vom Notar entworfen und darunter Unterschriften beglaubigt, entsteht eine 5/10-Gebühr nach § 145 Abs. 1 Satz 1, § 38 Abs. 2 Nr. 7 KostO. Für die erste Unterschriftsbeglaubigung fällt daneben gem. § 145 Abs. 1 Satz 4 KostO keine weitere Gebühr an. Weitere Unterschriftsbeglaubigungen unter der Registeranmeldung lösen gesonderte Gebühren nach § 45 KostO aus.

---

2 Korintenberg/*Reimann*, § 30 KostO Rn. 27; BayObLG MittBayNot 1981, 44 = JurBüro 1981, 264.
3 Korintenberg/*Bengel/Tiedtke*, § 44 KostO Rn. 61; BayObLG DNotZ 1964, 552.
4 Korintenberg/*Bengel/Tiedtke*, § 39 KostO Rn. 142.
5 Korintenberg/*Bengel/Tiedtke*, § 36 KostO Rn. 6; BayObLG DNotZ 1983, 252 = MittBayNot 1983, 29.
6 Korintenberg/*Bengel/Tiedtke*, § 36 KostO Rn. 6.

III. Bestellung des Geschäftsführers

Die Bestellung des Geschäftsführers **in der Satzung** (§ 6 Abs. 3 Satz 2 GmbHG) löst keine zusätzlichen Gebühren aus, da sie Bestandteil des Gesellschaftsvertrags ist; erfolgt sie außerhalb der Satzung **durch Beschluss**, entsteht zusätzlich eine Gebühr nach § 47 KostO.[7] Der Geschäftswert für den Beschluss bestimmt sich nach § 41c Abs. 1 i.V.m. § 41a Abs. 4 Nr. 1 KostO. Danach ist 1% des Stammkapitals, mindestens jedoch ein Betrag von 25.000 EUR und höchstens ein Betrag von 500.000 EUR anzunehmen. Bei Bestellung mehrerer Geschäftsführer liegt gem. § 41c Abs. 2 Satz 3 KostO nur ein Beschluss vor (Wahlen). Auch für den Beschluss der Gesellschafterversammlung bei einer Ein-Personen-Gesellschaft fällt gem. § 47 KostO eine 20/10-Gebühr an. Der Beschluss ist nicht beurkundungspflichtig. Verzichten die Beteiligten auf die Mitbeurkundung und entwirft der Notar die Beschlussvorlage, fällt ebenfalls eine doppelte Gebühr nach §§ 145 Abs. 1 Satz 1, 47 KostO an. Der Geschäftswert bestimmt sich wie bei der Beurkundung. 9

Bei Gründung der GmbH mittels **Musterprotokoll** ergeben sich im Hinblick auf die Geschäftsführerbestellung folgende Besonderheiten: Das Musterprotokoll enthält in Ziffer 4 die Bestellung des ersten Geschäftsführers sowie seine Befreiung von den Beschränkungen des § 181 BGB. Mit diesem Verfahren hat der Gesetzgeber gem. § 1 Abs. 2a GmbHG ein bisher dem deutschen Recht unbekanntes einheitliches Gründungsverfahren besonderen Zuschnitts geschaffen. In *einem* Dokument sind Gründungsvorgang, Satzung, Gesellschafterliste und Geschäftsführerbestellung zusammengefasst. 10

Das Musterprotokoll enthält in Bezug auf den ersten Geschäftsführer nicht nur dessen Bestellung, sondern auch seine Befreiung von den Beschränkungen des § 181 BGB – die Einzelvertretungsbefugnis ergibt sich schon aus seiner zwingenden Alleinstellung –. In der Bestellung des Geschäftsführers liegt kein Beschluss. Auch wird man nicht davon ausgehen müssen, dass die Geschäftsführerbestellung als – möglicherweise sogar echter – Satzungsbestandteil anzusehen ist. Der Gründer einer GmbH mittels Musterprotokoll wird mit der Eintragung des Namens der Person, die Geschäftsführer werden soll, nur die gesetzlichen Vorgaben erfüllen. Die Geschäftsführerbestellung ist daher bei Verwendung des Musterprotokolls ebenso wie die Gesellschafterliste als gegenstandsgleicher (§ 44 Abs. 1 KostO) Bestandteil eines einheitlichen Gründungsvorgangs in diesem besonderen Verfahren anzusehen. Die Geschäftsführerbestellung ist daher neben den Gründungserklärungen nicht gesondert zu bewerten. 11

IV. Anmeldung

Der Geschäftswert für die Anmeldung bestimmt sich sowohl bei der Bar- wie auch bei der Sachgründung immer nach dem einzutragenden Stammkapital (§ 41a Abs. 1 Nr. 1 KostO). Der Wert einer Anmeldung beträgt gem. § 41a Abs. 1, § 39 Abs. 5 KostO mindestens 25.000 EUR und höchstens 500.000 EUR. Nach § 38 Abs. 2 Nr. 7 KostO ist im Falle der Beurkundung der Anmeldung eine 5/10-Gebühr zu erheben. S. i.Ü. Rn. 8. Daneben fallen die Dokumentenpauschale und sonstige Auslagen plus Mehrwertsteuer an. 12

Die Mitanmeldung des Geschäftsführers löst keine zusätzlichen Gebühren aus. Fertigt der Notar zur Einreichung an das Registergericht die Liste der Gesellschafter, fällt hierfür eine 5/10-Gebühr gem. § 147 Abs. 2 KostO aus einem Teilwert gem. § 30 Abs. 1 KostO an (etwa 10–20% aus dem Stammkapital).[8] 13

Bei der Anmeldung einer neu gegründeten GmbH ergeben sich auch bei Verwendung des gesetzlichen Musterprotokolls nach § 2 Abs. 1a GmbHG keine Besonderheiten. Die in § 41d KostO bestimmte Ausnahme, dass der Mindestwert gem. § 41 Abs. 1 Nr. 1 KostO 25.000 EUR beträgt, 14

7 OLG Celle, DNotZ 2011, 70 = MittBayNot 2010, 417 = JurBüro 2010, 260 = NotBZ 2010, 148 = ZNotP 2010, 199 = FGPrax 2010, 149 = RNotZ 2010, 425 = BWNotZ 2010, 208.

8 BGH DNotZ 2012, 389 m. Anm. *Diehm* = ZNotP 2012, 196 m. Anm. *Tiedtke* = notar 2012, 208 = Rpfleger 2012, 408 = RNotZ 2012, 324 m. Anm. *H. Schmidt* = JurBüro 2012, 372; OLG Hamm, Beschl. vom 31.05.2012, 15 W 687/10 (u.v.).

hat hier wegen des weiterhin gesetzlich vorgeschriebenen Mindestkapitals keine unmittelbaren Auswirkungen.

15 Bei der Anmeldung einer **Unternehmergesellschaft – UG – (haftungsbeschränkt)** mit Stammkapital von z.B. 500 EUR mittels **Musterprotokoll** beträgt der Geschäftswert gem. §§ 41a Abs. 1 Nr. 1, 41d KostO z.B. 500 EUR. Die hieraus zu erhebende Gebühr nach § 145 Abs. 1 Satz 1 i.V.m. § 38 Abs. 2 Nr. 7 KostO beträgt 10 EUR.[9] Weicht das Musterprotokoll jedoch vom gesetzlich vorgeschriebenen Inhalt ab, z.B. durch Aufnahme einer Vinkulierungsklausel usw., gilt das Kostenprivileg des § 41d KostO nicht. Für diesen Fall ist der Geschäftswert für die Registeranmeldung auch bei einem Stammkapital von z.B. 500 EUR mit dem Mindestwert gem. § 41a Abs. 1 Nr. 1 KostO (25.000 EUR) anzunehmen.

V. Gesellschafterliste[10]

16 Bei Gründung einer GmbH ist gem. § 40 Abs. 1 GmbHG eine Liste der Gesellschafter zum Handelsregister durch den/die Geschäftsführer einzureichen. Neben Name, Vorname, Geburtsdatum und Wohnort der Gesellschafter sowie der Nennbeträge der Geschäftsanteile ist eine fortlaufende Nummerierung der Geschäftsanteile zwingend notwendig. Hierdurch soll die Identifizierung der jeweiligen Geschäftsanteile vereinfacht werden. Bei Gründungen im vereinfachten Verfahren gilt das Musterprotokoll gem. § 2 Abs. 1a GmbHG auch als (erste) Gesellschafterliste. Die Gesellschafterliste ist seit dem Inkrafttreten des MoMiG – unter den Voraussetzungen des § 16 Abs. 3 GmbHG – Grundlage für einen gutgläubigen Erwerb von Geschäftsanteilen.

17 Wird eine **GmbH ohne Verwendung des Musterprotokolls gegründet**, gilt unverändert, was durch den BGH[11] zumindest für die Entwurfserstellung der Gesellschafterliste für die Rechtslage seit Inkrafttreten des MoMiG (1.11.2008) bestätigt sein dürfte: Übernimmt der Notar auftragsgemäß die Erstellung (Entwurf) der Liste, liegt eine gebührenpflichtige Tätigkeit vor. Zu erheben ist, da eine Spezialnorm in der Kostenordnung nicht enthalten ist und auch keine Entwurfstätigkeit i.S.v. § 145 KostO vorliegt, eine 5/10-Gebühr nach § 147 Abs. 2 KostO.[12] Gegen die Auffassung der Rechtsprechung,[13] welche in dem Entwurf der Gesellschafterliste eine gebührenfreie Nebentätigkeit gem. § 35 KostO zur Registeranmeldung sieht, sprach schon vor der Rechtsprechung des BGH die Haftung und Verantwortlichkeit des Notars für den Inhalt der von ihm entworfenen Erklärungen. Durch die Aufwertung der Liste als Legitimationsgrundlage für einen gutgläubigen Erwerb von Geschäftsanteilen sind deren Bedeutung für den Rechtsverkehr und somit auch Haftung und Verantwortlichkeit erheblich gestiegen. Das haben sowohl das OLG Frankfurt/M.[14] und der BGH[15]in gleicher Weise gesehen. Der Geschäftswert bestimmt sich nach § 30 Abs. 1 KostO mit einem Teilwert. Etwa 10–20 % des Stammkapitals der einzutragenden Gesellschaft wird als angemessen und sachgerecht angesehen.[16] Bei einem Stammkapital von 25.000 EUR und Annahme eines Teilwertes von 10 % ergibt sich ein Geschäftswert von 2.500 EUR, die daraus zu erhebende 5/10-Gebühr nach § 147 Abs. 2 KostO beträgt 13 EUR.

18 Bei **Gründung der GmbH oder UG** (haftungsbeschränkt) **mittels Musterprotokoll** gem. § 2 Abs. 1a GmbHG ist keine eigene Gesellschafterliste notwendig. Nach Satz 4 der Norm gilt das Mus-

9 *Sikora/Regler/Tiedtke*, MittBayNot 2008, 437.

10 Siehe hierzu BGH, II. Zivilsenat, Beschluss vom 14.2.2012, II ZB 18/10 (Fundstelle siehe Fn. 8).

11 Beschluss vom 14.2.2012, II ZB 18/10, Rn. 25 der Beschlussbegründung.

12 So schon bisher: OLG Stuttgart, JurBüro 1984, 1078; OLG Saarbrücken, MittRhNotK 1984, 222; OLG Celle, JurBüro 1994, 41 = GmbHR 1993, 294; Korintenberg/*Bengel/Tiedtke*, § 147 KostO Rn. 113; a.A. – gebührenfrei – OLG Frankfurt/M., DNotZ 1987, 641 m. abl. Anm. *Reimann* = KostRspr. KostO, § 147 Nr. 101 m. abl. Anm. *Lappe*; dasselbe mit dem Vorlagebeschluss, ZIP 2010, 2446; OLG Karlsruhe, Rpfleger 1977, 229; OLG Hamm, ZNotP 2002, 123 m. abl. Anm. *Tiedtke*.

13 OLG Frankfurt/M., DNotZ 1987, 641 m. abl. Anm. *Reimann* = KostRspr. KostO, § 147 Nr. 101 m. abl. Anm. *Lappe*; OLG Karlsruhe, Rpfleger 1977, 229; OLG Hamm, ZNotP 2002, 123.

14 ZIP 2010, 2446.

15 Beschluss vom 14.2.2012, II ZB 18/10 (Fundstellen siehe Fn. 8); nunmehr auch OLG Hamm, Beschluss vom 31.05.2012, 15 W 687/10 (u.v.).

16 *Notarkasse*, Streifzug, Rn. 1257 m.w.N.; OLG Hamm, Beschluss vom 31.05.2012, 15 W 687/10 (u.v.), u.U. bis zu 100 %.

terprotokoll zugleich kraft gesetzlicher Fiktion als Gesellschafterliste. Gesonderte Kosten entstehen für die Gesellschafterliste demnach nicht, weil das Musterprotokoll nur einmal und einheitlich zu bewerten ist.[17]

VI. Beispiele

Beispiel 1: Bargründung einer GmbH in Geld 19

A und B errichten die ABC-GmbH mit Stammkapital 25.000 EUR. Das Stammkapital wird in bar eingezahlt.

A wird durch Beschluss zum Geschäftsführer bestellt.

Gebühren: 20/10 gem. § 36 Abs. 2 KostO aus 25.000 EUR für die Gründung = 168 EUR und 20/10 gem. § 47 KostO aus 25.000 EUR für den Beschluss = 168 EUR. Hinzu kommen die Dokumentenpauschale, sonstige Auslagen wie Kosten für Telefon, Fax, Porto und die Mehrwertsteuer (§ 151a KostO).

Erfolgt die Gründung nur durch A, fällt anstelle der 20/10-Gebühr nach § 36 Abs. 2 KostO nur eine 10/10-Gebühr nach § 36 Abs. 1 KostO an = 84 EUR. Die übrigen Kosten ändern sich nicht.

Anmerkung:

Bei Gründung der GmbH mittels Musterprotokoll (§ 2 Abs. 1a GmbHG) ist kein Beschluss notwendig (siehe Rn. 10, 11). Die Gebühr nach § 47 KostO entfällt. Sonst ergeben sich keine Änderungen.

Beispiel 2: Sachgründung einer GmbH 20

Gleicher Sachverhalt wie Beispiel Rn. 19, mit dem Unterschied, dass das Kapital nicht in bar geleistet wird, sondern durch Einbringung eines Grundstücks mit einem Verkehrswert i.H.v. 500.000 EUR (Belastungen i.H.v. 475.000 EUR bleiben bestehen und werden von der GmbH übernommen). Die Auflassung wird mitbeurkundet.

Gebühren: 20/10 gem. § 36 Abs. 2 KostO aus 500.000 EUR für die Gründung samt Einbringung und Auflassung = 1.614 EUR + Gebühr für den Beschluss wie bei Beispiel Rn. 19. Zusätzlich sind die Dokumentenpauschale und die sonstigen Auslagen sowie die Mehrwertsteuer zu erheben.

Beispiel 3: Gründung einer Unternehmergesellschaft – UG – (haftungsbeschränkt) mittels Musterprotokoll 21

Die Gründung erfolgt durch A (Ein-Personen-Gründung). Das Stammkapital beträgt 500 EUR. A wird zum Geschäftsführer bestellt.

Gebühren: 10/10 gem. § 36 Abs. 1 KostO aus 500 EUR für die Gründung = 10 EUR (Mindestgebühr). Hinzu kommen die Dokumentenpauschale, sonstige Auslagen wie Kosten für Telefon, Fax, Porto und die Mehrwertsteuer (§ 151a KostO).

Die Geschäftsführerbestellung ist Inhalt des Musterprotokolls und damit gegenstandsgleich gem. § 44 Abs. 1 KostO mit der Gründung. Es liegt weder ein Beschluss vor, noch handelt es sich dabei um einen echten Satzungsbestandteil.

Erfolgt die Gründung durch zwei oder drei Personen, fällt anstelle der 10/10-Gebühr nach § 36 Abs. 1 KostO eine 20/10-Gebühr nach § 36 Abs. 2 KostO an = 20 EUR.

---

17 *Sikora/Regler/Tiedtke*, MittBayNot 2008, 437.

22
Beispiel 4: Anmeldung von GmbH-Gründungen

Der Geschäftswert sowohl für die Bargründung (gem. Rn. 19) als auch für die Sachgründung (gem. Rn. 20) beträgt 25.000 EUR, hieraus 5/10-Gebühr gem. § 145 Abs. 1 Satz 1 i.V.m. § 38 Abs. 2 Nr. 7 = 42 EUR. Bei Fertigung der Gesellschafterliste und Annahme eines Teilwertes von 10% fällt bei beiden Beispielen aus 2.500 EUR eine 5/10-Gebühr nach § 147 Abs. 2 KostO an = 13 EUR.

Der Entwurf des Sachgründungsberichts zum Beispiel Rn. 20 ist wie folgt zu bewerten: Teilwert aus 500.000 EUR, bei 20% = 100.000 EUR, hieraus 10/10-Gebühr nach § 145 Abs. 1 KostO = 207 EUR.

Anmerkung:

An der Bewertung ändert sich auch dann nichts, wenn die GmbH (allerdings nur Bargründung) mittels des Musterprotokolls gem. § 2 Abs. 1a GmbHG erfolgt, jedoch entfällt eine besondere Gebühr für die Gesellschafterliste. Diese ist im Musterprotokoll enthalten.

23
Beispiel 5: Anmeldung einer mittels Musterprotokoll errichteten Unternehmergesellschaft – UG – (haftungsbeschränkt)

Der Geschäftswert ist gem. § 41a Abs. 1 Nr. 1 i.V.m. § 41d KostO mit dem Nominalbetrag des Stammkapitals anzunehmen. Bei Gründung mit einem Stammkapital von 500 EUR beträgt der Geschäftswert somit 500 EUR. Der Mindestwert gem. § 41a Abs. 1 Nr. 1 KostO von 25.000 EUR gilt gem. § 41d KostO ausdrücklich nicht. Zu erheben ist eine 5/10 Gebühr nach § 145 Abs. 1 Satz 1 i.V.m. § 38 Abs. 2 Nr. 7 KostO i.H.v. 10 EUR.

Anmerkung:

Eine besondere Gebühr für die Gesellschafterliste entfällt. Diese ist im Musterprotokoll enthalten. Bei Abweichung vom Musterprotokolls gem. § 2 Abs. 1a GmbHG beträgt der Geschäftswert für die Anmeldung jedoch 25.000 EUR (Mindestwert gem. § 41a Abs. 1 Nr. 1 KostO), da in diesem Falle das Privileg nach § 41d KostO nicht gilt. Wenn keine privilegierte Gründung vorliegt, muss eine besondere Gesellschafterliste eingereicht werden, da in diesem Fall keine Gründung mittels Musterprotokoll vorliegt.

VII. Elektronische Einreichung[18]

24 Mit Inkrafttreten des Gesetzes über elektronische Handelsregister und Genossenschaftsregister sowie das Unternehmensregister (EHUG) zum 1.1.2007 sind Registeranmeldungen und die dazugehörenden Unterlagen (z.B. Gesellschaftsvertrag, Beschlussurkunde, Listen, Sachgründungsberichte, Bilanzen usw.) elektronisch einzureichen.

Die **zusätzlichen Tätigkeiten, die durch die elektronische Einreichung veranlasst sind**, können weitere Gebühren auslösen. Hierzu die nachfolgende Übersicht:

18 *Tiedtke/Sikora*, MittBayNot 2006, 393; Otto, JurBüro 2007, 120.

Vorgang	Eigene Urkunde/eigener Entwurf des Notars	Fremdurkunde oder fremder Entwurf
Einscannen	Dokumentenpauschale gem. § 136 Abs. 1, 2 KostO, bei Berechnung der Dokumentenpauschale für die Papierurkunde wird ein Exemplar zusätzlich berechnet	
Elektronische Beglaubigung der Ablichtung gem. § 39a BeurkG	Keine Gebühr gem. § 132 KostO	Beglaubigungsgebühr gem. § 55 KostO (pro Seite 0,50 EUR, mind. 10 EUR[19])
Strukturierung der XML-Daten (allerdings streitig)[20]	5/10-Gebühr nach § 147 Abs. 2 KostO aus 20–30% des Wertes der Anmeldung	
Elektronische Übermittlung als Dateianhänge	Dokumentenpauschale je Datei 2,50 EUR gem. § 136 Abs. 3 KostO (Tiff-Datei und pkcs7-Datei pro Dokument sind eine Datei)	
Übermittlung der Daten	Gebührenfrei gem. § 147 Abs. 4 Nr. 1 KostO	5/10-Gebühr aus Teilwert der Anmeldung (ca. 10% gem. § 30 Abs. 1 KostO)

25

B. Änderung des Gesellschaftsvertrags

I. Änderung vor Eintragung der GmbH

26 Die Änderung des Gesellschaftsvertrags einer GmbH **vor Eintragung** in das Handelsregister ist nach **§ 42 KostO** (10/10-Gebühr) zu bewerten, es sei denn, es handelt sich um einen neuen Gesellschaftsvertrag, der eine 20/10-Gebühr nach § 36 Abs. 2 KostO wie für die Gründung auslöst (z.B. bei Auswechslung der Gesellschafter). Liegt eine Änderung i.S.v. § 42 KostO vor, ist der Geschäftswert nach § 30 Abs. 1 KostO zu bestimmen, z.B. bei Änderung der Firma 10–20% des Wertes des Gesellschaftsvertrags, im Übrigen Wertbestimmung nach dem Umfang der Änderung (§ 39 Abs. 1 Satz 2 KostO).

27 Bei Änderung des Gesellschaftsvertrags für eine **GmbH oder UG** (haftungsbeschränkt), die mittels **Musterprotokoll** errichtet worden ist, gelten die nachfolgenden Besonderheiten: § 41d KostO bestimmt, dass die in §§ 39 Abs. 5, 41a Abs. 1 Nr. 1 und Abs. 4 Nr. 1 KostO, auch i.V.m. § 41c Abs. 1 KostO bestimmten Mindestwerte (25.000 EUR) für Änderungen des Gesellschaftsvertrags nicht anzuwenden sind, wenn von dem in der Anlage zu dem Gesetz festgelegten Musterprotokoll nicht abgewichen wird. Für Änderungen gem. § 39 Abs. 1 Satz 2 KostO ist der Geschäftswert, soweit er betragsmäßig nicht feststeht, nach § 30 Abs. 1 KostO zu bestimmen. Hierbei bleibt es auch bei Änderungen des Gesellschaftsvertrags vor Eintragung der GmbH oder der UG (haftungsbeschränkt). Privilegiert sind aber nur redaktionelle Änderungen des Musterprotokolls. Wird das

19 Andere, jedoch abzulehnende Auffassung des OLG Düsseldorf, MittBayNot 2010, 334 m. abl. Anm. *Diehn* = ZNotP 2010, 319 m. abl. Anm. *Tiedtke* = RNotZ 2010, 352 m. abl. Anm. *Neie* = JurBüro 2010, 312, das eine Anwendung von § 55 Abs. 1 KostO auf elektronische Dokumente ablehnt.

20 Gebührenfreies Nebengeschäft zur Registeranmeldung: OLG Hamm, MittBayNot 2009, 325 m. abl. Anm. Sikora = NotBZ 2009, 281 m. abl. Anm. *Diehn* = notar 2009, 309 m. Anm. *Wudy* = ZNotP 2009, 246 m. abl. Anm. *Tiedtke* = RNotZ 2009, 415 m. abl. Anm. *H. Schmidt* = JurBüro 2009, 373 = FGPrax 2009, 133 = NJW-RR 2009, 935 = MDR 2009, 893; OLG Celle, FGPrax 2009, 279; OLG Düsseldorf, JurBüro 2009, 652 = RNotZ 2009, 672 m. abl. Anm. *Elsing*; LG Braunschweig, JurBüro 2010, 95 m. Anm. *Bund*; für eine Gebühr nach § 147 Abs. 2 KostO: Korintenberg/*Bengel/Tiedtke*, § 41a Rn. 126; *Schmidt/Sikora/Tiedtke*, Rn. 1994; *Schwab*, MittBayNot 2007, 1; *Filzek*, § 147 Rn. 50; *Jeep/Wiedemann*, NJW 2007, 2446; *Lappe*, NJW 2007, 273; *Tiedtke/Sikora*, MittBayNot 2006, 397; *Otto*, JurBüro 2007, 123; Streifzug, Rn. 431.

Musterprotokoll darüber hinaus abgeändert, entfällt das in § 41d KostO normierte Privileg auch bei einer Änderung des Gesellschaftsvertrags vor Eintragung der Gesellschaft in das Handelsregister, wird aber durch die Begrenzung des Wertes der Änderungen auf den Wert des Rechtsverhältnisses (§ 39 Abs. 1 Satz 2 KostO) auf andere Weise wieder eingeführt, wonach der Wert des Gründungsvorgangs nicht überschritten werden darf. Führen jedoch die Änderungen insgesamt zu einem neuen Rechtsverhältnis (z.B. Wechsel der Gründungsgesellschafter), gelten die Grundsätze der Bewertung eines Gründungsvorgangs ohne Musterprotokoll.

II. Änderung nach Eintragung im Handelsregister

28 Änderungen des Gesellschaftsvertrags (Satzung) **nach Eintragung** der GmbH im Handelsregister können nur durch **Beschluss** erfolgen. Es handelt sich, mit Ausnahme bei Kapitalveränderungen, um Beschlüsse ohne bestimmten Geldwert. Der Geschäftswert ist also nach § 41c Abs. 1 i.V.m. § 41a Abs. 4 Nr. 1 KostO 1% des eingetragenen Stammkapitals, mindestens jedoch 25.000 EUR und höchstens 500.000 EUR. Mehrere Satzungsänderungen sind *ein* Beschluss, Gleiches gilt für die Neufassung der ganzen Satzung.

29 Für **Beschlüsse** ist **immer eine 20/10-Gebühr nach § 47 KostO** zu erheben, auch wenn das Beschlussorgan nur aus einer Person besteht (bei der Ein-Personen-GmbH).

29a Notwendige Anpassungen des Textes beim Musterprotokoll sind dann gem. § 41d KostO privilegiert, wenn die Änderungen nicht über die Bestandteile des Musterprotokolls hinausgehen. Ist die Gesellschaft einmal durch Eintragung im Handelsregister entstanden, würde z.B. bei einer Sitzverlegung allein durch Austausch des Sitzortes nach außen suggeriert, die Gesellschaft wäre bereits mit dem geänderten Sitz gegründet worden. Gleiches ist bei Änderung des Unternehmensgegenstandes oder der Firma der Fall. Diese Widersprüchlichkeiten müssen demgemäß durch Anpassungen des Textes des Musterprotokolls beseitigt werden. Um in solchen Fällen das Kostenprivileg des § 41d KostO nicht leer laufen zu lassen, wird man davon ausgehen müssen, auch erforderliche Textanpassungen unter das Gebührenprivileg einzuordnen. Gleiches wird auch dann der Fall sein, wenn das auf den Gründungsvorgang zugeschnittene Musterprotokoll insgesamt dergestalt anpasst, dass alle auf die Neugründung hinweisenden Textpassagen gestrichen werden. Allerdings wird man das Gebührenprivileg des § 41d KostO nicht mehr anwenden können, wenn die Änderungen über die Bestandteile des Musterprotokolls hinausgehen. Anders ausgedrückt: § 41d KostO bleibt anwendbar, wenn die Gesellschaft unter Berücksichtigung aller Änderungen im Falle der Neugründung privilegiert wäre.[21]

III. Beispiele

30

Beispiel 1: Änderung vor Eintragung

Der Notar beurkundet einen Nachtrag zur Bargründung (Stammkapital 25.000 EUR). Gegenstand der Nachtragsbeurkundung ist die Änderung der Firma. Geschäftswert nach § 30 Abs. 1 KostO etwa 20% der Haupturkunde = 5.000 EUR, hieraus 10/10-Gebühr nach § 42 KostO = 42 EUR (hinzu kommen Dokumentenpauschale, sonstige Auslagen und die Mehrwertsteuer).

21 Vgl. insbesondere die zutreffenden Schlussfolgerungen von *Wicke*, DNotZ 2012, 15; Streifzug, Rn. 979 ff.

Beispiel 2: Änderungen bei GmbH-Gründung oder Gründung einer UG (haftungsbeschränkt) mittels Musterprotokoll 31

Kostenrechtliche Auswirkungen bei Änderungen der Firma: Bei einer mit Musterprotokoll errichteten GmbH beträgt das Stammkapital mindestens 25.000 EUR, sodass sich bei einem Teilwert in Höhe von 10% nach § 30 Abs. 1 KostO ein Geschäftswert 2.500 EUR ergibt. Die 10/10-Gebühr nach § 42 KostO beträgt hieraus 26 EUR. Bei der mittels Musterprotokoll gegründeten UG (haftungsbeschränkt) sind die §§ 41d, 30 Abs. 1 KostO maßgeblich. Ein Teilwert von 10% aus einem Stammkapital von 500 EUR liegt bei 5 EUR; die Gebühr nach § 42 KostO beträgt dann 10 EUR Mindestgebühr (hinzu kommen jeweils Dokumentenpauschale, sonstige Auslagen und die Mehrwertsteuer).

Beispiel 3: Änderung nach Eintragung nicht individuell gegründeter GmbH 32

Der Notar beurkundet den Beschluss für die Änderung der Satzung (Sitzverlegung). Geschäftswert nach §§ 41c Abs. 1 i.V.m. § 41a Abs. 4 Nr. 1 KostO 1% aus dem Stammkapital (dieses beträgt hier 25.000 EUR) = 250 EUR, Mindestwert aber 25.000 EUR, hieraus 20/10-Gebühr gem. § 47 KostO = 168 EUR (hinzu kommen Dokumentenpauschale, sonstige Auslagen und die Mehrwertsteuer).

Beispiel 4: Registeranmeldungen bei Änderung des GmbH-Vertrags vor Eintragung 33

Beim Beispiel Rn. 30 ist keine zusätzliche Anmeldung erforderlich, wenn vom Registergericht aber verlangt: Geschäftswert nach § 41a Abs. 4 Nr. 1 KostO 1% des Stammkapitals, jedoch Mindestwert 25.000 EUR, hieraus 5/10-Gebühr nach §§ 145 Abs. 1 Satz 1, 38 Abs. 2 Nr. 7 KostO = 42 EUR. Beim Beispiel Rn. 32 fällt die 5/10-Gebühr aus 25.000 EUR in Höhe von 42 EUR an. Die Dokumentenpauschale, sonstige Auslagen und die Mehrwertsteuer fallen jeweils zusätzlich an.

Beispiel 5: Registeranmeldungen bei Änderung einer GmbH-Gründung mittels Musterprotokoll vor oder nach Eintragung 34

Geschäftswert nach § 41a Abs. 4 Nr. 1 KostO 1% des Stammkapitals, wenn 25.000 EUR, Geschäftswert 250 EUR (Mindestwert von 25.000 EUR gilt nicht, wenn keine Abweichung vom Musterprotokoll), hieraus 5/10-Gebühr nach §§ 145 Abs. 1 Satz 1, 38 Abs. 2 Nr. 7 KostO = 10 EUR. Die Dokumentenpauschale, sonstige Auslagen und die Mehrwertsteuer fallen jeweils zusätzlich an. Dabei bleibt es auch, wenn alle auf die Gründung hinweisenden Passagen des Musterprotokolls angepasst werden, der Rahmen des gesetzlichen Umfangs des Musterprotokolls jedoch nicht überschritten wird (vgl. Rn. 29a).

Anmerkung:

Bei Abweichung vom Musterprotokoll, also Änderungen über das Musterprotokoll hinaus (z.B. Aufnahme einer Vinkulierungsklausel) findet das Privileg des § 41d KostO keine Anwendung, Mindestwert dann 25.000 EUR (§ 41 Abs. 1 Nr. 1 KostO).

Für Kapitalmaßnahmen (Erhöhung oder Herabsetzung des Stammkapitals) gilt § 41 Abs. 1 Nr. 3 KostO.

C. Anteilsabtretungen

I. Geschäftswert allgemein

35 Der Wert eines Geschäftsanteils an einer GmbH ist nach § 30 Abs. 1 KostO nach freiem Ermessen zu bestimmen. Er soll mit den im Wirtschaftsleben zugrunde gelegten Werten möglichst übereinstimmen.[22] Im Rahmen der Wertbestimmung ist in aller Regel der Kurs als Wert maßgebend, notfalls der Steuerkurs.[23] Ist weder ein Kurs noch ein Steuerkurs ermittelt, kann der Wert aus anderweitigen Verkäufen abgeleitet werden, die mit der Bewertung in einem angemessenen zeitlichen Zusammenhang stehen. Liegen keine anderen verwertbaren Anhaltspunkte für einen höheren Wert vor, kann der Wert unter Berücksichtigung des Reinvermögens der Gesellschaft (Aktivvermögen lt. Bilanz abzgl. Schulden) und der Ertragsaussichten der Gesellschaft bestimmt werden.[24] Diese Grundsätze sind auch dann maßgebend, wenn sämtliche Anteile übertragen werden.[25] Der Nominalwert ist nicht zur Wertbestimmung geeignet, ausgenommen bei einer neu gegründeten GmbH.[26] Der Nominalbetrag ist auch bei einer gemeinnützigen GmbH, also einer GmbH im sogen. Nonprofit-Bereich, als Geschäftswert maßgebend, es sein denn, bei einer Veräußerung wird ein höherer Kaufpreis erzielt oder ein höherer Wert steht anderweitig fest.[27]

II. Austausch bei entgeltlicher Veräußerung

36 Beim **Verkauf** eines Geschäftsanteils handelt es sich um einen **Austauschvertrag** nach § 39 Abs. 2 KostO. Dem Wert des Geschäftsanteils ist der Wert der Gegenleistungen gegenüberzustellen. Der höhere Wert ist als Geschäftswert maßgebend. In der Regel wird der Kaufpreis dem objektiven Wert des Anteils entsprechen,[28] es sei denn, es liegt ein Verkauf unter Wert vor (z.B. bei Kauf unter Verwandten, meist auch bei Kaufverträgen zu 1 EUR[29]).

37 Verpflichtet sich der Käufer zu weiteren Leistungen gegenüber dem Verkäufer, sind diese dem Kaufpreis hinzuzurechnen. Um weitere Leistungen handelt es sich z.B. bei der Übernahme von Verbindlichkeiten durch den Käufer in schuldbefreiender Weise, der Verpflichtung zur Freistellung des Verkäufers aus Bürgschaften, der Übernahme der Verpflichtung zur Einzahlung noch nicht geleisteter Einlagen).[30]

38

Beispiel: Geschäftsanteilsverkauf mit zusätzlicher Verpflichtung des Käufers

A verkauft seinen Geschäftsanteil zu nominal 25.000 EUR zum Kaufpreis von 50.000 EUR an B. B verpflichtet sich darüber hinaus, A von Bürgschaften über 200.000 EUR (die Bürgschaft sichert derzeit noch Verbindlichkeiten in Höhe von 100.000 EUR) freizustellen. Geschäftswert nach den Gegenleistungen 50.000 EUR Kaufpreis + Freistellungspflicht 100.000 EUR, gesamt: 150.000 EUR. Anhaltspunkte für einen höheren Wert des Geschäftsanteils sind nicht vorhanden. Gebühr: 20/10 nach § 47 KostO = 564 EUR. Hinzu kommen die Dokumentenpauschale, sonstige Auslagen und die Mehrwertsteuer.

---

22 BayObLG JurBüro 1992, 183.
23 Korintenberg/*Schwarz*, § 18 KostO Rn. 25.
24 Korintenberg/*Schwarz*, § 18 KostO Rn. 26; BayObLG MittBayNot 1977, 139; BayObLG MittBayNot 1982, 141; BayObLG MittBayNot 1983, 246 = JurBüro 1988, 1199; OLG Karlsruhe notar 2008, 279 m. Anm. *Wudy* = ZNotP 2009, 39 m. abl. Anm. *Tiedtke* = FGPrax 2008, 219 = BWNotZ 2008, 195; *Schmidt/Sikora/Tiedtke*, Rn. 2981.
25 Korintenberg/*Schwarz*, § 18 KostO Rn. 25.
26 Korintenberg/*Bengel/Tiedtke*, § 39 KostO Rn. 11.
27 OLG Jena ZNotP 2010, 446 m. Anm. *Tiedtke* = NotBZ 2011, 50 m. Anm. *Wudy*; *Notarkasse*, Streifzug Rn. 998.
28 Korintenberg/*Bengel/Tiedtke*, § 39 KostO Rn. 11; BGH DNotZ 1975, 748; BayObLG JurBüro 1992, 183.
29 *Notarkasse*, Streifzug Rn. 1007.
30 S. im Übrigen Streifzug, Rn. 999 ff.

III. Gesellschafterliste

Gemäß § 40 Abs. 1 GmbHG ist es Pflicht der Geschäftsführer, unverzüglich nach Wirksamwerden jeder Veränderung in den Personen der Gesellschafter oder des Umfangs ihrer Beteiligung eine von ihnen unterschriebene Liste der Gesellschafter zum Handelsregister einzureichen, die die in § 40 Abs. 1 GmbHG enthaltenen Angaben ausweist. Für den Entwurf der Liste durch den Notar entsteht keine Entwurfsgebühr nach § 145 KostO, sondern eine 5/10-Betreuungsgebühr nach § 147 Abs. 2 KostO.[31] Der Geschäftswert ist nach § 30 Abs. 1 KostO zu bestimmen (etwa 10–20% des Stammkapitals). Hat der Notar an Veränderungen nach § 40 Abs. 1 S. 1 GmbHG mitgewirkt, hat er unverzüglich nach deren Wirksamwerden ohne Rücksicht auf etwaige später eintretende Unwirksamkeitsgründe die Liste anstelle der Geschäftsführer zu unterzeichnen, dem Registergericht einzureichen, eine Abschrift der Gesellschaft zu übermitteln und mit der Bescheinigung nach § 40 Abs. 2 Satz 2 GmbHG zu versehen. Eine vergleichbare Regelung wie in § 47 KostO (Kostenfreiheit der Satzungsbescheinigung, wenn diese mit einer anderen gebührenpflichtigen Tätigkeit zusammenhängt) fehlt trotz Anlehnung an § 54 GmbHG.[32] Kostenrechtlich gilt Folgendes: 39

1. Gesonderte Bewertung der Entwurfsfertigung

Fraglich ist, ob die in § 40 Abs. 2 GmbHG normierte Pflicht des Notars, eine mit einer Bescheinigung versehene Liste einzureichen, auch die Fertigung des Entwurfs der Liste einschließt. Hiergegen spricht, dass auch die vom Notar gem. § 40 Abs. 2 GmbHG verlangte Bestätigung nichts am Grundsatz des § 40 Abs. 1 GmbHG ändert, wonach es die Pflicht der Geschäftsführer ist und bleibt, Veränderungen in einer Liste zusammenzustellen. Vom Notar wird gem. § 40 Abs. 2 GmbHG neben der Bescheinigung und Einreichung der Liste lediglich deren „Unterzeichnung", nicht aber auch deren Erstellung verlangt. Die auftragsgemäße Erstellung der Liste durch den Notar ist damit auch unter den Voraussetzungen des § 40 Abs. 2 GmbHG kostenpflichtig. Insoweit bestehen keine Besonderheiten (siehe Rn. 17). 40

2. Prüfung der Wirksamkeitsvoraussetzungen und Notarbescheinigung

Hat der Notar an Veränderungen nach § 40 Abs. 1 Satz 1 GmbHG mitgewirkt, muss er zusätzlich die Wirksamkeit der Veränderung prüfen. Insbesondere bezieht sich diese Pflicht auf die Feststellungen, ob Bedingungen oder Befristungen, von denen die Wirksamkeit abhängt, eingetreten sind. Die vom Notar nach § 40 Abs. 2 GmbHG zu erstellende rechtliche Feststellung ist Tatsachenbescheinigung nach § 50 Abs. 1 Nr. 1 KostO.[33] Der Geschäftswert ist mangels einer speziellen Regelung nach § 30 Abs. 1 KostO zu bestimmen.[34] Als Bezugswert ist der Vorgang maßgeblich, der Anlass für die Unterzeichnung und Einreichung der Gesellschafterliste durch den Notar ist, also den von ihm beurkundeten Sachverhalt, der die Veränderungen im Gesellschafterbestand (z.B. Geschäftsanteilsabtretung) oder des Umfangs ihrer Beteiligungen (z.B. Kapitalerhöhung) betrifft. Ein Teilwert zwischen 20 und 50 %, unter Umständen auch darüber, je nach Prüfungsumfang des Notars, erscheint angemessen und sachgerecht. 41

Die zusätzliche rechtsgutachtliche Feststellung des Eintritts der Wirksamkeitsvoraussetzungen ist Teil der Bescheinigung nach § 40 Abs. 2 KostO und löst neben der Gebühr nach § 50 Abs. 1 Nr. 1 KostO keine weitere Gebühr aus.[35] 42

---

31 *BGH, Beschluss vom 14.2.2012, II ZB 18/10,* Fundstellen siehe Fn. 8 (nach der Rechtslage vor dem Inkrafttreten des MoMiG gebührenfreies Nebengeschäft, danach sei wegen der erheblichen Bedeutung der Liste eine Gebührenpflicht in Erwägung zu ziehen); *Sikora/Regler/Tiedtke*, MittBayNot 2008, 437; Streifzug, Rn. 1257.

32 *Mayer*, DNotZ 2008, 403, 410.

33 *Elsing*, ZNotP 2007, 232, 233; *Sikora/Regler/Tiedtke*, MittBayNot 2008, 437; OLG Hamm, Beschluss vom 31.05.2012, 15 W 687/10 (u.v.), nur Gebühr nach § 147 Abs. 2 KostO für das Erstellen der Liste, aber höherer Wert je nach Prüfungsumfang 25–100 %.

34 *Sikora/Regler/Tiedtke*, MittBayNot 2008, 437; a.A. *Elsing*, ZNotP 207, 232, 233, der vom vollen Wert ausgeht.

35 *Sikora/Regler/Tiedtke*, MittBayNot 2008, 437.

Die Gebühr nach § 50 Abs. 1 Nr. 1 KostO schließt den Entwurf der Liste nicht ein. Für die der Bescheinigung vorausgehende Einsichtnahme in die in das Handelsregister aufgenommene Liste fällt daneben nicht zusätzlich die Gebühr nach § 150 Nr. 2 KostO an. Die Einsichtnahme ist gebührenfreies Nebengeschäft zur Bescheinigung nach § 50 Abs. 1 Nr. 1 KostO.

Kostenschuldner der bescheinigten Liste sind z.B. die an der Veräußerung des Geschäftsanteils beteiligten Veräußerer und Erwerber, nicht jedoch die Gesellschaft selbst, es sei denn, die Gesellschaft wird durch ihren Geschäftsführer mit.[36]

D. Beschlüsse

I. Allgemeine Unterscheidungsgrundsätze

43 Zu unterscheiden ist zwischen

- Beschlüssen, die einen bestimmten Geldbetrag betreffen, und
- Beschlüssen ohne bestimmten Geldwert.

II. Beschlüsse mit bestimmtem Geldbetrag

44 Beschlüsse bestimmten Geldwertes sind solche, die sich mit einem **bestimmten Geldbetrag** oder einem **bestimmten Wert** befassen.[37]

Beschlüsse, die einen bestimmten Geldbetrag betreffen, sind z.B.:

- Beschlüsse über Maßnahmen der Kapitalbeschaffung;
- Beschlüsse über Maßnahmen der Kapitalherabsetzung;
- Aufhebungsbeschlüsse, wenn der aufgehobene Beschluss einen bestimmten Geldbetrag betroffen hat;
- Zustimmungsbeschlüsse zur Abtretung von Geschäftsanteilen;[38]
- Beschlüsse nach dem Umwandlungsgesetz (Formwechsel-, Verschmelzungs- und Spaltungsbeschlüsse).

III. Beschlüsse ohne bestimmten Geldwert

45 Beschlüsse, die keinen bestimmten Geldbetrag haben, sind solche, bei denen der **Wert ziffernmäßig nicht feststeht** oder sich aus den vorliegenden Unterlagen nicht ohne weitere Berechnung ergibt.[39] Um solche Beschlüsse handelt es sich beispielsweise bei:

- Wahlen; hierunter fallen alle Beschlüsse über die Bestellung und/oder Abberufung von Vertretungsorganen (Geschäftsführer, Prokuristen);
- Änderung der Satzung (mit Ausnahme der Kapitalerhöhung und -herabsetzung); dies gilt auch für die vollständige Neufassung der Satzung;
- Befreiung eines Vertretungsorgans von den Beschränkungen des § 181 BGB zum Abschluss eines bestimmten Rechtsgeschäfts;
- Beschlüssen über die Zusammenlegung oder Teilung von Geschäftsanteilen.[40]
- Beschlüssen über die Nummerierung von Geschäftsanteilen.

36 Vgl. Streifzug, Rn. 1016.
37 Korintenberg/*Bengel/Tiedtke*, § 41c KostO Rn. 18 und 24 ff.
38 Rohs/Wedewer/*Rohs*, § 41c KostO Rn. 14.
39 Korintenberg/*Bengel/Tiedtke*, § 41c KostO Rn. 48 ff.; BayObLG MittBayNot 1982, 198.
40 OLG Hamm, JurBüro 1975, 639.

IV. Geschäftswert

1. Beschlüsse mit bestimmtem Geldwert

§ 41c Abs. 1 KostO verweist nur für Beschlüsse, deren Gegenstand **keinen bestimmten Geldwert** hat, auf **§ 41a Abs. 4 KostO**. 46

Für Beschlüsse, die einen **bestimmten Geldbetrag** betreffen, gibt es **keine spezielle Regelung**. Für sie gelten somit die allgemeinen Wertvorschriften. Wird über einen bestimmten Geldbetrag beschlossen, ist dieser Betrag als Geschäftswert maßgebend. Betrifft der Beschluss Sachwerte, ist deren Wert maßgebend, wobei das allgemeine Schuldenabzugsverbot gem. § 18 Abs. 3 KostO gilt. Sind Rechte oder Mitberechtigungen Gegenstand des Beschlusses, so ist deren Wert maßgebend (z.B. Geschäftsanteile, Gesellschaftsanteile). Ein Höchstwert ist für Beschlüsse nicht bestimmt; zur Höchstgebühr s. Rn. 50.

2. Beschlüsse ohne bestimmten Geldwert

Der Geschäftswert für Beschlüsse ohne bestimmten Geldwert beträgt z.B. bei der GmbH durch den Verweis auf § 41a Abs. 4 Nr. 1 KostO **wie für Anmeldungen** ohne bestimmten Geldwert 1% des eingetragenen Stammkapitals, mindestens jedoch 25.000 EUR und höchstens 500.000 EUR. Der Mindestwert gilt nur dann nicht, wenn eine mit Musterprotokoll gegründete GmbH oder UG (haftungsbeschränkt) satzungsändernde Beschlüsse fasst und diese nicht über den Rahmen des Musterprotokolls hinausgehen (§ 41d KostO). 47

V. Geschäftsführerwechsel bei GmbH oder UG (haftungsbeschränkt) – Errichtung mittels Musterprotokoll

Auch bei einem Beschluss über einen Geschäftsführerwechsel bei einer GmbH oder einer UG (haftungsbeschränkt), die mittels Musterprotokoll gegründet worden ist, handelt es sich um einen Beschluss ohne bestimmten Geldwert. § 41d KostO ist bei Geschäftsführerwechseln nicht anzuwenden, auch wenn die GmbH oder die UG (haftungsbeschränkt) mit dem Musterprotokoll gem. § 2 Abs. 1a GmbHG errichtet worden ist.[41] In diesem Falle wird nicht der im Musterprotokoll enthaltene Gesellschaftsvertrag, sondern eine Gründervereinbarung geändert. Bei Abberufung und Neubestellung eines Geschäftsführers liegt *ein* Beschluss vor, für den der Mindestwert gem. § 41c Abs. 1 i.V.m. § 41a Abs. 4 Nr. 1 KostO anzunehmen ist. Tritt neben den bereits vorhandenen Geschäftsführer ein weiterer Geschäftsführer hinzu, ist ohnehin der Anwendungsbereich des § 41d KostO verlassen. 48

VI. Mehrheit von Beschlüssen

Bei der Beurkundung mehrerer Beschlüsse gilt § 44 KostO entsprechend (§ 41c Abs. 3 Satz 1 KostO). Die Werte mehrerer gegenstandsverschiedener Beschlüsse sind gem. § 44 Abs. 2 Buchst. a) KostO zusammenzurechnen. **Mehrere Wahlen** oder Wahlen zusammen mit Beschlüssen über die Entlastung der Verwaltungsträger gelten gem. § 41c Abs. 3 Satz 3 KostO immer als *ein* Beschluss. Auch die „Abwahl" fällt unter Wahlen.[42] Zu den Verwaltungsträgern i.S. dieser Vorschrift zählen auch **Prokuristen**.[43] Die **Satzungsänderung ist ein Beschluss** (ausgenommen Kapitalerhöhung oder -herabsetzung), auch wenn die Satzungsänderung in mehreren Punkten erfolgt.[44] Auch die **Neufassung** der Satzung ist *ein* Beschluss. 49

41 Streifzug, Rn. 1099.
42 Korintenberg/*Bengel/Tiedtke*, § 41c KostO Rn. 101 ff.
43 Korintenberg/*Bengel/Tiedtke*, § 41c KostO Rn. 101.
44 Korintenberg/*Bengel/Tiedtke*, § 41c KostO Rn. 91.

VII. Gebühr

50 Der Gebührensatz für Beschlüsse beträgt 20/10 gem. § 47 KostO, höchstens jedoch 5.000 EUR. Dies gilt auch für Beschlüsse, die einen bereits gefassten Beschluss ändern oder ergänzen, da § 42 KostO bei Beschlüssen keine Anwendung findet. Die 20/10-Gebühr nach § 47 KostO fällt auch an, wenn das **Beschlussorgan nur aus einer Person** besteht, z.B. bei einer Ein-Personen-GmbH[45].

VIII. Beschlüsse und rechtsgeschäftliche Erklärungen

51 Ein Zusammenrechnen der Werte für Beschlüsse (§ 47 KostO) und der Werte für rechtsgeschäftliche Erklärungen (z.B. § 36 KostO) scheidet aus, da hier **§ 44 KostO nicht anwendbar** ist,[46] z.B. Beschlüsse über Kapitalerhöhung und Übernahmeerklärung. Es müssen somit getrennte Gebühren berechnet werden.

E. Kapitalerhöhungsbeschluss/Kapitalherabsetzungsbeschluss

I. Kapitalerhöhung (bar)

52 Es handelt sich um **Beschlüsse mit bestimmtem Geldwert**. Erfolgt die Erhöhung durch Einzahlung von Geld (Barerhöhung), richtet sich der Geschäftswert gem. § 41c Abs. 1 KostO nach dem Erhöhungsbetrag. Verpflichtet sich der zugelassene Gesellschafter, nicht nur den Erhöhungsbetrag einzuzahlen, sondern **zusätzlich ein Aufgeld**, ist der Geschäftswert nach dem Betrag der **Kapitalerhöhung plus Aufgeld** zu bestimmen. Gleiches gilt für die Übernahmeerklärung.

Nicht selten werden Kapitalerhöhungen zur Beteiligung von Investoren beschlossen. Verpflichten sich die Investoren in einer dem Kapitalerhöhungsbeschluss vorausgehenden Gesellschaftervereinbarung zu Einzahlungen in die Kapitalrücklage, ist für den Beschluss und die Übernahmeerklärung folgendes zu beachten:[47]

- Wird die Einzahlungspflicht in der Beschlussurkunde wiederholend mitbeurkundet, zählt die Einzahlungspflicht sowohl beim Beschluss, als auch bei der Übernahmeerklärung mit;
- Bei Erhöhung des Kapitals nur zum Nominalbetrag (in der Beschlussurkunde werden keine Bestimmungen über die Einzahlung in die Kapitalrücklage mehr mitbeurkundet), bleibt es beim Nominalbetrag, wenn es sich auf bei der vorausgehenden Verpflichtung um ein sogen. unechtes Aufgeld nach § 272 Abs. 2 Nr. 4 HGB handelnd (auch schuldrechtliches Aufgeld bezeichnet);
- Handelt es sich dagegen um eine „echtes Aufgeld" nach § 272 Abs. 2 Nr. 1 HGB, liegt eine Verknüpfung mit der Kapitalerhöhung vor. Das echte Aufgeld unterliegt dem Reservefonds und damit der Ausschüttungssperre. Das echte Aufgeld ist mit seinem Nominalbetrag auch dann beim Kapitalerhöhungsbeschluss und der Übernahmeerklärung zu berücksichtigten, wenn in der Beschlussurkunde keine konkreten Bestimmungen hierüber mitbeurkundet werden. Die Verpflichtung in der vorgelagerten Gesellschaftervereinbarung ist untrennbar mit dem Kaptalerhöhungsbeschluss verbunden.

II. Kapitalerhöhung (Sacheinlage)

53 Bei einer Kapitalerhöhung durch Sacheinlage bestimmt sich der Geschäftswert nicht nach dem Erhöhungsbetrag, sondern nach dem **Wert der Sacheinlage**, nach § 18 Abs. 3 KostO **ohne Schuldenabzug**. Nur wenn ausnahmsweise der Erhöhungsbetrag den Wert der Sacheinlage übersteigen sollte, ist dieser maßgebend.[48]

---

45 Korintenberg/*Bengel/Tiedtke*, § 41c KostO Rn. 13.
46 Korintenberg/*Bengel/Tiedtke*, § 41c KostO Rn. 107.
47 Streifzug, Rn. 1126 ff.
48 Korintenberg/*Bengel/Tiedtke*, § 41c KostO Rn. 33.

III. Kapitalerhöhung aus Gesellschaftsmitteln

Das Stammkapital kann gem. § 57c Abs. 1 GmbHG durch **Umwandlung von Rücklagen in Stammkapital** erhöht werden (Kapitalerhöhung aus Gesellschaftsmitteln). Es ergeben sich keine Besonderheiten. Der Geschäftswert für den Beschluss richtet sich nach dem Nennbetrag der Erhöhung, da ein **Beschluss mit bestimmtem Geldwert** vorliegt.[49] 54

IV. Kapitalherabsetzung

Ein Beschluss über eine Kapitalherabsetzung ist immer ein Beschluss mit bestimmtem Geldwert. 55
Der Geschäftswert bestimmt sich nach dem Nominalbetrag der Kapitalherabsetzung.

V. Übernahmeerklärung

Zur Übernahme der auf das erhöhte Stammkapital zu leistenden Stammeinlagen bedarf es gem. 56
§ 55 Abs. 1 GmbHG einer **notariell aufgenommenen oder beglaubigten Erklärung** des Übernehmers. Lediglich bei einer Kapitalerhöhung aus Gesellschaftsmitteln oder bei einer Kapitalerhöhung im Rahmen einer Verschmelzung oder Spaltung (Ausgliederung) ist keine Übernahmeerklärung erforderlich. Kostenrechtlich liegt eine **einseitige Erklärung** vor, welche eine 10/10-Gebühr auslöst, bei Beurkundung nach § 36 Abs. 1 KostO, bei Entwurffertigung mit anschließender Unterschriftsbeglaubigung gem. §§ 145 Abs. 1 Satz 1, 36 Abs. 1 KostO.

Der Geschäftswert ist für die Übernahmeerklärung in gleicher Weise zu bestimmen wie für den Kapitalerhöhungsbeschluss. Die Wertgrenze des § 39 Abs. 5 KostO gilt nicht für Übernahmeerklärungen. Zu erheben ist eine 10/10-Gebühr nach § 36 Abs. 1 KostO; wenn nur entworfen wird, nach §§ 145 Abs. 1 und 36 Abs. 1 KostO. Wird lediglich die Unterschrift unter der dem Notar vorgelegten Übernahmeerklärung beglaubigt, entsteht die Beglaubigungsgebühr nach § 45 KostO in Höhe von max. 130 EUR.

VI. Einbringungsvertrag

Einbringungsverträge werden oft mitbeurkundet, wenn die neu übernommene Stammeinlage als 57
Sacheinlage zu leisten ist und sogleich die Einbringung erfolgen soll. Ist die Sacheinlage ein Grundstück, muss die Einbringung samt Auflassung gem. § 311b BGB ohnehin beurkundet werden. Der Geschäftswert entspricht dem Wert der Sacheinlage ohne Schuldenabzug (§ 18 Abs. 3 KostO). Auch hier gilt die Höchstwertvorschrift des § 39 Abs. 5 KostO nicht. Nach § 36 Abs. 2 KostO ist eine 20/10-Gebühr zu erheben.

VII. Übernahmeerklärung und Einbringungsvertrag

Bei Zusammenbeurkundung von Übernahmeerklärung und Einbringungsvertrag ist § 44 KostO 58
anzuwenden. Es liegt derselbe Gegenstand vor (§ 44 Abs. 1 KostO), sodass nur die 20/10-Gebühr nach § 36 Abs. 2 KostO anfällt.

VIII. Registeranmeldungen

Bei Anmeldung einer Kapitalerhöhung oder Kapitalherabsetzung liegt immer eine Anmeldung vor, 59
bei der ein bestimmter Geldbetrag eingetragen wird. Gemäß § 41a Abs. 1 Nr. 3 KostO ist der Betrag der Erhöhung oder Herabsetzung (also der Unterschiedsbetrag zum bereits eingetragenen Betrag) als Geschäftswert maßgebend. Zu erheben ist eine 5/10-Gebühr nach § 38 Abs. 2 Nr. 7 KostO, bei Entwurf mit Unterschriftsbeglaubigung nach §§ 145 Abs. 1, 38 Abs. 2 Nr. 7 KostO. Hinzu kommen die Dokumentenpauschale, sonstige Auslagen und die Mehrwertsteuer.

49 Rohs/Wedewer/*Rohs*, § 41c KostO Rn. 17.

IX. Übernehmerliste, Bescheinigung

60 Fertigt der Notar zur Einreichung an das Registergericht die Liste der Übernehmer, fällt hierfür eine 5/10-Gebühr gem. § 147 Abs. 2 KostO aus einem Teilwert gem. § 30 Abs. 1 KostO an (etwa 10–20% aus dem Nominalbetrag der Kapitalerhöhung). Im Übrigen gelten die Ausführungen gem. Rn. 39 ff. zur Bescheinigung gem. § 40 Abs. 2 GmbHG entsprechend.

X. Versicherungen des Geschäftsführers

61 Die Versicherungen gem. § 8 Abs. 2 Satz 3 GmbHG sind Teil der Anmeldung und lösen daher keine zusätzlichen Gebühren aus.

XI. Belehrung der Geschäftsführer

62 Die Belehrung der Geschäftsführer durch den Notar ist ebenfalls gebührenfreies Nebengeschäft, wenn der Notar die Registeranmeldung beurkundet oder den Entwurf fertigt.[50] Wird die Handelsregisteranmeldung weder beurkundet noch der Entwurf vom Notar gefertigt, also lediglich die Unterschrift beglaubigt (Gebühr: § 45 KostO), fällt für die Belehrung der Geschäftsführer neben der Gebühr nach § 45 KostO eine Gebühr nach § 147 Abs. 2 KostO an. Der Wert ist nach § 30 Abs. 1 KostO zu schätzen, etwa 10–20% des Wertes des Gesellschaftsvertrags sind angemessen.

XII. Beispiele

63

Beispiel 1: Kapitalerhöhung (Bareinlage) mit Übernahmeerklärung

Die Gesellschafterversammlung der ABC-GmbH beschließt die Erhöhung des Stammkapitals von 25.000 EUR auf 50.000 EUR. Zur Übernahme wird A zugelassen. Dieser erklärt die Übernahme der neuen Stammeinlage. Geschäftswert für den Beschluss: 25.000 EUR, hieraus 20/10-Gebühr gem. § 47 KostO = 168 EUR + Geschäftswert für die Übernahmeerklärung (25.000 EUR), hieraus 10/10-Gebühr gem. § 36 Abs. 1 KostO = 84 EUR + Dokumentenpauschale, sonstige Auslagen und Mehrwertsteuer.

64

Beispiel 2: Kapitalerhöhung (Sacheinlage) mit Übernahmeerklärung und Einbringungsvertrag

Gleicher Sachverhalt wie Beispiel Rn. 63, sjedoch mit dem Unterschied, dass keine Bareinlage zu leisten ist, sondern von A ein Grundstück einzubringen ist (unterstellter Wert: 200.000 EUR, belastet mit einer Grundschuld zu 175.000 EUR, die voll valutiert ist). A erklärt die Übernahme und vereinbart mit der GmbH, vertreten durch den Geschäftsführer, die Einbringung des Grundstücks samt Auflassung. Geschäftswert für den Beschluss: Aktivwert der Sacheinlage ohne Schuldenabzug = 200.000 EUR, hieraus 20/10-Gebühr gem. § 47 KostO = 714 EUR + Geschäftswert für den Einbringungsvertrag (Übernahmeerklärung nicht gesondert zu bewerten, da derselbe Gegenstand gem. § 44 Abs. 1 KostO): 200.000 EUR, hieraus 20/10-Gebühr gem. § 36 Abs. 2 KostO = 714 EUR + Dokumentenpauschale, sonstige Auslagen und Mehrwertsteuer.

---

50 Prüfungsabteilung der Notarkasse München, MittBayNot 1982, 51, 53.

Beispiel 3: Satzungsänderungen, Abberufung und Neubestellung von Geschäftsführern 65

Die Gesellschafterversammlung der ABC-GmbH (Stammkapital 25.000 EUR) fasst folgende Beschlüsse: Die Satzung wird insgesamt neu gefasst, A wird als Geschäftsführer abberufen, D wird zum neuen Geschäftsführer bestellt.

Die Neufassung der Satzung ist insgesamt ein Beschluss ohne bestimmten Geldwert, Geschäftswert gem. § 41c Abs. 1 i.V.m. § 41a Abs. 4 Nr. 1 KostO 1% des Stammkapitals, jedoch mindestens 25.000 EUR + Beschluss über die Abberufung und Neubestellung der Geschäftsführer (ein Beschluss, da Wahlen, s. § 41c Abs. 3 Satz 3 KostO), gleiche Berechnung des Geschäftswertes wie bei Satzungsneufassung, also 25.000 EUR, Gesamtwert gem. §§ 41c Abs. 3 Satz 1, 44 Abs. 2 Buchst. a) KostO 50.000 EUR, hieraus 20/10-Gebühr gem. § 47 KostO = 264 EUR + Dokumentenpauschale, sonstige Auslagen und Mehrwertsteuer.

F. Sonstige Registeranmeldungen

Solche sind z.B. die Anmeldung über 66

- Neubestellung oder Abberufung von Vertretungsorganen (Geschäftsführer, Prokurist). Werden mehrere Geschäftsführer bestellt oder abberufen, richtet sich die Zahl der Anmeldungen nach der Anzahl der Veränderungen (Veränderungen nach Köpfen). Die Bewertung der Anmeldungen weicht also von der Bewertung von Beschlüssen (gem. § 41c Abs. 3 Satz 3 KostO – ein Beschluss – Wahlen) ab,[51]
- Formwechsel nach UmwG,
- Firmenänderung,
- Sitzverlegung,
- Anmeldung der neuen inländischen Geschäftsanschrift, trifft sie mit der Anmeldung der neu gegründeten Gesellschaft oder später mit einer Sitzverlegung zusammen, liegt der gleiche Gegenstand vor,
- Änderung des Gesellschaftszwecks,
- Änderung des Wirtschaftsjahres,
- Anmeldung der Umstellung des Stammkapitals von DM auf EUR,
- Auflösung der GmbH,
- Bestellung oder Abberufung eines Liquidators,
- Anmeldung der Beendigung der Liquidation.

Der Geschäftswert für Registeranmeldungen bei einer GmbH, die keinen bestimmten Geldwert haben, richtet sich nach § 41a Abs. 4 Nr. 1 KostO. Maßgebend ist 1% des Stammkapitals, mindestens jedoch 25.000 EUR und höchstens 500.000 EUR (§ 39 Abs. 5 KostO). Dieser Höchstwert ist auch maßgebend, wenn in einer Anmeldung mehrere Anmeldevorgänge enthalten sind. Die Besonderheiten nach § 41d KostO sind jedoch zu beachten. 67

Die Gebühr ist immer eine 5/10-Gebühr nach § 38 Abs. 2 Nr. 7 KostO, bei Entwurffertigung mit Unterschriftsbeglaubigung i.V.m. § 145 Abs. 1 Satz 1 KostO. Entwerfen die Beteiligten die Anmeldung selbst, entsteht für die Beglaubigung der Unterschriften nur eine 1/4-Beglaubigungsgebühr, maximal 130 EUR. 68

51 BGH DNotZ 2003, 297 = ZNotP 2003, 119 m. Anm. *Tiedtke*.

G. Nebentätigkeiten

I. Allgemeines

69 Inhalt und Umfang der Amtstätigkeit des Notars, soweit er bei der Beurkundung über Willenserklärungen tätig wird, ergeben sich aus den §§ 8 ff. BeurkG. Gemäß § 17 BeurkG sind dem Notar dabei Belehrungs- und Prüfungspflichten auferlegt. Diese Tätigkeiten sind mit der Beurkundungsgebühr abgegolten, es kann also keine zusätzliche Gebühr hierfür angesetzt werden. Etwas anderes gilt aber bei der Beurkundung von Beschlüssen, da die §§ 36 ff. BeurkG keine den §§ 8 ff. BeurkG vergleichbaren Tätigkeitsvorschriften des Notars beinhalten.

Im **Regelfall** wird sich die Tätigkeit des Notars im Rahmen der Beurkundung eines Beschlusses nicht auf die Protokollierung des Beschlusses beschränken.

II. Gebührenfreie Nebentätigkeiten

70 Gebührenfreie Nebentätigkeiten sind solche Tätigkeiten, die das Hauptgeschäft fördern, ohne selbst als eigenständiges Geschäft in Erscheinung zu treten, also alles, was zwingend zur Durchführung und zum Vollzug des beurkundeten Hauptgeschäfts notwendig ist, es sei denn, die Kostenordnung regelt ohnehin eine zusätzliche Gebühr (z.B. § 150 Nr. 1 oder Nr. 2 KostO). Ausdrücklich regelt § 147 Abs. 4 KostO, dass der Notar neben der Gebühr für das Hauptgeschäft keine zusätzliche Gebühr erhält für die dort in sechs Unterziffern geregelten Nebengeschäfte.

III. Gebührenpflichtige Nebentätigkeiten

71 Nebentätigkeiten, die über den Kreis der gebührenfreien Tätigkeiten hinausgehen, sind gebührenpflichtig, entweder nach § 147 Abs. 1 Satz 1 KostO, § 147 Abs. 2 KostO oder § 150 KostO. Gebührenpflichtige Nebentätigkeiten sind vor allem solche Tätigkeiten, die nicht unmittelbar mit dem gebührenpflichtigen Hauptgeschäft zusammenhängen, namentlich solche Tätigkeiten, die der Notar im Auftrag der Beteiligten zusätzlich übernimmt, auch wenn diese Tätigkeiten möglicherweise zur Vorbereitung eines gebührenpflichtigen Geschäfts dienen. Treffen mehrere gebührenpflichtige Nebentätigkeiten zusammen, müssen nach dem System des § 147 Abs. 2 KostO getrennte Gebühren erhoben werden.

72 Gebührenpflichtige Nebentätigkeiten sind beispielsweise:

- Beratung des Versammlungsleiters,
- Entwurf der Gesellschafterliste/Übernehmerliste (siehe jedoch Rn. 17),
- Einholung von Stellungnahmen bei der IHK,[52]
- Beratung in steuerrechtlicher Hinsicht,
- Einholung von Genehmigungserklärungen (Vollmachtsbestätigungen) nicht erschienener Beteiligter, ohne Übersendung eines Entwurfs. Der Geschäftswert bemisst sich nach § 30 Abs. 1 KostO (ca. 20–30% des Wertes der Erklärungen, welchen zugestimmt wird, bei Mitberechtigung aus dem Anteil gem. § 40 Abs. 2 KostO). Sind mehrere Genehmigungserklärungen (Vollmachtsbestätigungen) einzuholen, sind getrennte Gebühren nach § 147 Abs. 2 KostO zu erheben;
- Belehrung des Geschäftsführers nach § 51 Abs. 2 BZRG, wenn die Registeranmeldung vom Notar weder beurkundet noch entworfen wird. Neben der Gebühr nach § 45 KostO (1/4-Gebühr für die Unterschriftsbeglaubigung) ist eine 5/10-Gebühr nach § 147 Abs. 2 KostO zu berechnen. Geschäftswert nach § 30 Abs. 1 KostO, etwa 10–20% des Wertes der Anmeldung;
- Zusammenstellung des aktuellen Satzungstextes (streitig).[53]

---

52 BGH, Beschluss vom 14.2.2012, II ZB 18/10 (Fundstellen siehe Fn. 8).

53 S. hierzu insbes. Streifzug, Rn. 1271 ff. mit Hinweis auf die unterschiedliche Rechtsprechung.

H. Registereintragungskosten für die GmbH

Die Gerichtskosten bestimmen sich ausschließlich nach der **Verordnung über Gebühren in Handels-, Partnerschafts- und Genossenschaftsregistersachen (HRegGebV)**.[54] Es handelt sich hierbei um aufwandsbezogene Eintragungsgebühren und nicht, wie vor Inkrafttreten der HRegGebV, um Wertgebühren. Gemäß § 79a KostO bestimmt das Bundesministerium der Justiz mit Zustimmung des Bundesrats durch Rechtsverordnung die Höhe der Eintragungsgebühren. 73

Es gelten die folgenden wesentlichen Grundsätze:

- Für Eintragungen in das Handels-, Partnerschafts- oder Genossenschaftsregister, die Entgegennahme, Prüfung und Aufbewahrung der einzureichenden Unterlagen, werden Gebühren nach dem Gebührenverzeichnis erhoben (§ 1 HRegGebV);
- Neben der Gebühr für die Ersteintragung werden nur Gebühren für die gleichzeitig angemeldete Eintragung der Errichtung einer Zweigniederlassung und für die Eintragung einer Prokura gesondert erhoben. Betrifft dieselbe spätere Anmeldung mehrere Tatsachen, ist für jede Tatsache die Gebühr gesondert zu erheben. Das Eintreten oder das Ausscheiden einzutragender Personen ist hinsichtlich einer jeden Person eine besondere Tatsache. Jeweils nur eine Tatsache sind die Anmeldung einer zur Vertretung berechtigten Person und die gleichzeitige Anmeldung ihrer Vertretungsmacht oder deren Ausschlusses sowie die Anmeldung der Verlegung der Hauptniederlassung, des Sitzes oder der Zweigniederlassung und die gleichzeitige Anmeldung der Änderung der inländischen Geschäftsanschrift. Als jeweils dieselbe Tatsache sind zu berücksichtigen mehrere Änderungen eines Gesellschaftsvertrages oder einer Satzung, die gleichzeitig angemeldet werden und nicht die Änderung eingetragener Angaben betreffen. Gleiches gilt für die Änderung eingetragener Angaben und die dem zugrunde liegende Änderung des Gesellschaftsvertrags oder der Satzung (§ 2 HRegGebV).
- Anmeldungen, die am selben Tag beim Registergericht eingegangen sind und dasselbe Unternehmen betreffen, werden als eine Anmeldung behandelt (§ 2 Abs. 4 HRegGebV).
- Gem. § 88 Abs. 1 KostO werden für Löschungen nach § 395 FamFG keine Gebühren erhoben.

Derzeit sind folgende Gebührenbeträge bestimmt (Anlage 1 zu § 1 HRegGebV – Ausschnitte):[55] 74

Teil 2 – Eintragungen in das Handelsregister Abteilung B

Nr.	Gebührentatbestand	Gebührenbetrag
	Abschnitt 1 Ersteintragung	
2100	Eintragung einer Gesellschaft mit beschränkter Haftung – außer aufgrund einer Umwandlung nach dem UmwG –	150,00 EUR
2101	Es wird mindestens eine Sacheinlage geleistet: Die Gebühr 2100 beträgt	240,00 EUR
	Eintragung aufgrund einer Umwandlung nach dem UmwG	

54 Handelsregistergebührenverordnung – HRegGebV v. 30.9.2004 (BGBl. I S. 2562), geändert durch Art. 5 des zweiten Gesetzes zur Änderung des Umwandlungsgesetzes v. 19.4.2007 (BGBl. I S. 542), zuletzt geändert durch die am 1.11.2011 in Kraft getretene Zweite Verordnung zur Änderung der Handelsregistergebührenverordnung v. 29.11.2010 (BGBl. I S. 1731).

55 In der Fassung durch die am 1.11.2011 in Kraft getretene Zweite Verordnung zur Änderung der Handelsregistergebührenverordnung v. 29.11.2010 (BGBl. I S. 1731).

2104	- einer Gesellschaft mit beschränkter Haftung	260,00 EUR
	Abschnitt 2 Errichtung einer Zweigniederlassung	
2200	Eintragung einer Zweigniederlassung..	120,00 EUR
	Abschnitt 3 Verlegung des Sitzes	
2300	Eintragung bei dem Gericht, in dessen Bezirk der Sitz verlegt worden ist	140,00 EUR
	Die Gebühr wird nicht erhoben, wenn das bisherige Gericht zuständig bleibt; Abschnitt 5 bleibt unberührt.	
	Abschnitt 4 Besondere spätere Eintragung	
	Eintragung	
2401	- der Erhöhung des Stammkapitals durch Sacheinlage oder der Erhöhung des Stammkapitals zum Zwecke der Umwandlung nach dem UmwG	210,00 EUR
	Eintragung einer Umwandlung nach dem UmwG	
2402	- in das Register des übertragenden oder formwechselnden Rechtsträgers	240,00 EUR
2403	- in das Register des übernehmenden Rechtsträgers.................	240,00 EUR
	Für Eintragungen über den Eintritt der Wirksamkeit werden keine besonderen Gebühren erhoben.	
	Abschnitt 5 Sonstige spätere Eintragung	
2500	Eintragung einer Tatsache	70,00 EUR
2501	Eintragung der zweiten und jeder weiteren Tatsache aufgrund derselben Anmeldung..	40,00 EUR
	Die Gebühr 2500 beträgt jeweils Tatsachen ohne wirtschaftliche Bedeutung sind nicht als erste Tatsache zu behandeln	
2502	Die Eintragung betrifft eine Tatsache ohne wirtschaftliche Bedeutung: Die Gebühren 2500 und 2501 betragen	30,00 EUR

Teil 4 Prokuren

Nr.	Gebührentatbestand	Gebühren-betrag
4000	Eintragung, Änderung oder Löschung einer Prokura	40,00 EUR
4001	Die Eintragungen aufgrund derselben Anmeldung betreffen mehrere Prokuren: Die Gebühr 4000 beträgt für die zweite und jede weitere Prokura jeweils .... Eine Prokura, wegen der die Gebühr 4002 erhoben wird, ist nicht als erste Prokura zu behandeln.	30,00 EUR
4002	Die Eintragung betrifft ausschließlich eine Tatsache ohne wirtschaftliche Bedeutung: Die Gebühr 4000 beträgt	30,00 EUR

Teil 5 Weitere Geschäfte

Nr.	Gebührentatbestand	Gebühren-betrag
	Entgegennahme	
5002	- der Liste der Gesellschafter (§ 40 Abs. 1 GmbHG)	30,00 EUR

10. Rechtsanwalts- und Prozesskosten

Literatur

Hartmann, Kostengesetze, 41. Auflage, 2011.

A. Rechtsanwaltskosten

I. Allgemeines

1 Unter Rechtsanwaltskosten sind diejenigen Gebühren und Auslagen zu verstehen, die ein Rechtsanwalt aufgrund seiner Tätigkeit von seinem Auftraggeber verlangen kann. Grundlage der anwaltlichen Vergütung ist das **Rechtsanwaltsvergütungsgesetz (RVG)**, das die Vergütung des Rechtsanwalts für seine außergerichtliche und gerichtliche Tätigkeit dem Grunde nach regelt.

2 Die rechtlichen Beziehungen zwischen dem Rechtsanwalt und seinem Mandanten richten sich nach dem bürgerlichen Recht. Nach zutreffender Auffassung besteht zwischen dem Rechtsanwalt und seinem Mandanten ein Dienstverhältnis, d.h. der Rechtsanwalt erhält seine Vergütung für das Tätigwerden an sich, nicht aber für den Eintritt eines bestimmten (Prozess-)Erfolgs.

3 Schuldner der Vergütung des Rechtsanwalts ist der Mandant, für den der Rechtsanwalt tätig und gegenüber dem er seine Dienstleistung erbringt. Die Kostenerstattungspflicht des Mandanten gilt auch dann, wenn dieser gegen seinen Prozessgegner einen kostenrechtlichen Erstattungsanspruch hat.

II. Höhe der Rechtsanwaltsgebühren in Zivilsachen

4 Die Höhe der Rechtsanwaltsgebühren in Zivilsachen ist einerseits von der Art der anwaltlichen Tätigkeit und andererseits von der Höhe des Streitwerts abhängig. Die insoweit wichtigsten Gebührentatbestände sind die sog. **Geschäftsgebühr**, die die außergerichtliche Tätigkeit des Rechtsanwalts betrifft, die sog. **Verfahrensgebühr**, die das erstinstanzliche Tätigwerden des Rechtsanwalts erfasst, und die sog. **Vergleichsgebühr**, die anfällt, wenn der Rechtsanwalt beim Abschluss eines Vergleichs mitwirkt. In der Regel beträgt der **Gebührenansatz** für die Geschäftsgebühr und die Verfahrensgebühr 1,3 Gebühren (vgl. VV RVG 2300 und VV RVG 3100). Betreffen die Geschäftsgebühr und die Verfahrensgebühr denselben Streitgegenstand, war der Rechtsanwalt also in derselben Sache zunächst außergerichtlich und anschließend gerichtlich tätig, wird die Geschäftsgebühr auf die Verhandlungsgebühr anteilig angerechnet (Anrechnung der halben Gebühr, maximal bis zu 0,75 der Geschäftsgebühr). Dagegen fällt die Vergleichsgebühr zusätzlich zur Geschäfts- und/oder Verfahrensgebühr an.

Beispiel:

In derselben Angelegenheit ist der Rechtsanwalt sowohl außergerichtlich als auch gerichtlich für seinen Mandanten tätig gewesen. Die Angelegenheit ist von durchschnittlichem Umfang und von durchschnittlicher Schwierigkeit. Im Termin zur mündlichen Verhandlung einigen sich die Parteien unter Mitwirkung des Rechtsanwalts auf einen Vergleich. Es sind folgende Gebühren entstanden:

Geschäftsgebühr(Mittelgebühr), VV RVG 2300	1,3
Verhandlungsgebühr VV RVG 3100	1,3
Anrechnung der halben Geschäftsgebühr (0,65) auf die Verhandlungsgebühr (1,3)	1,95
Vergleichsgebühr VV RVG 1003	1,0

Der Rechtsanwalt hat vorliegend Anspruch auf einen Gebührensatz von 2,95.

Neben dem Gebührenansatz ist für die Vergütung des Rechtsanwalts der **Streitwert** maßgeblich. 5
Mit dem Streitwert soll das wirtschaftliche Interesse wiedergegeben werden, das der Mandant bzw. der Prozessgegner in der Sache verfolgen. Die Höhe des Streitwerts ist von der Rechtsnatur des zu prüfenden oder geltend gemachten Anspruchs abhängig. Bei Zahlungsansprüchen etwa ergibt sich der Streitwert i.d.R. unmittelbar aus dem geltend gemachten Anspruch selbst.

Beispiel (Fortsetzung):

Gegenstand des Rechtsstreits ist ein Zahlungsanspruch des Mandanten aus einer Warenlieferung in Höhe von 400.000 EUR. Damit beläuft sich der Streitgegenstand des Verfahrens auf diese 400.000 EUR, die damit Grundlage für die Berechnung der Rechtsanwaltsgebühr sind. Bei einem Streitwert von 400.000 EUR beträgt eine Gebühr (1,0) 2.642 EUR.

Insgesamt hat der Rechtsanwalt bei einem Gebührensatz von 2,95 (siehe Rn. 4) und einem Streitwert von 400.000 EUR damit in der ersten Instanz einen Vergütungsanspruch gegen seinen Mandanten in Höhe von 7.793,90 EUR (= 2.642 EUR x 2,95).

Beträgt der Streitwert in derselben Sache dagegen nur 400 EUR, beläuft sich eine Gebühr auf 45 EUR. In diesem Fall erhält der Rechtsanwalt also – obwohl die Sache genauso umfassend und schwierig sein kann – nur 132,75 EUR.

Zudem hat der Rechtsanwalt noch Anspruch auf die Erstattung seiner Auslagen (Telekommunikationsentgelte, Kopierkosten etc.). Soweit keine höheren Kosten nachgewiesen werden, beträgt die **Auslagenpauschale** 20 EUR. Entstehen dem Rechtsanwalt **Reisekosten**, sind auch diese zu erstatten. 6

Zu beachten sind auch die Neuregelungen des anwaltlichen Vergütungsrechts zum 1.7.2008 durch das Gesetz zur Neuregelung des Verbots der Vereinbarung von Erfolgshonoraren. Danach kann im Einzelfall die Vereinbarung eines **Erfolgshonorars** zwischen Rechtsanwalt und Gesellschaft (Mandant) zulässig sein, wenn die Gesellschaft aufgrund ihrer wirtschaftlichen Situation bei verständiger Betrachtung ohne die Vereinbarung eines Erfolgshonorars von der Rechtsverfolgung abgehalten würde (vgl. § 4a RVG). 7

B. Gerichtskosten

I. Allgemeines

8 Gerichtskosten sind öffentliche Abgaben, mit denen die Tätigkeit der Gerichte abgegolten wird. Der Umfang und die Höhe der jeweiligen Gerichtskosten ergeben sich in zivilrechtlichen Angelegenheiten insbesondere aus dem Gerichtskostengesetz (GKG).

9 In Klageverfahren werden die Gerichtsgebühren nach § 6 GKG grundsätzlich mit der Einreichung der Klageschrift zur Zahlung fällig und müssen deshalb durch den Kläger vorgeleistet werden. Für bürgerliche Rechtstreitigkeiten – zu denen die meisten Rechtsstreitigkeiten der GmbH zählen – gibt § 12 Abs. 1 Satz 1 GKG an, dass die Klage erst nach der Zahlung der Gebühr für das Verfahren im Allgemeinen zugestellt werden soll.

! Da eine Klage die Verjährung eines Anspruchs erst mit ihrer Erhebung hemmt (§ 204 Abs. 1 Nr. 1 BGB), die Klage aber erst mit der Zustellung beim Beklagten erhoben ist (§ 253 Abs. 1 ZPO), kann die fehlende Zahlung des Gerichtskostenvorschusses dazu führen, dass der mit der Klage geltend gemachte Anspruch dennoch verjährt.

10 Schuldner der Gerichtskosten ist nach § 22 Abs. 1 Satz 1 GKG in bürgerlichen Rechtsstreitigkeiten derjenige, der das Verfahren des Rechtszugs beantragt hat. Die Konsequenz dieser Regelung ist, dass der Kläger, wenn er im Verfahren ganz oder teilweise obsiegt hat, keine Kostenerstattung durch das Gericht erhält, sondern diese gegenüber seinem Prozessgegner im Rahmen des sog. **Kostenfestsetzungsverfahrens** geltend machen muss. Insoweit ist der auf den Kostenfestsetzungsantrag einer Partei ergehende Kostenfestsetzungsbeschluss des Gerichts ein eigenständiger Vollstreckungstitel gegen den unterliegenden Prozessgegner, der der obsiegenden Partei die Zwangsvollstreckung eröffnet.

! Kann der unterliegende Beklagte die Kosten nicht aufbringen, verbleibt die Kostenlast damit beim Kläger, der den Rechtsstreit begonnen hat.

II. Höhe der Gerichtsgebühren in Zivilsachen

11 Die Höhe der Gerichtskosten hängt einerseits von der Art der gerichtlichen Tätigkeit und andererseits – wie bei der Berechnung der Rechtsanwaltsgebühren – von der Höhe des Streitwerts ab. Entscheidet das Gericht in einer bürgerlich-rechtlichen Streitigkeit durch Urteil, fallen nach Nr. 1210 der Anlage 1 des GKG 3,0 Gebühren an. Wird der Rechtsstreit durch einen Vergleich beendet, reduzieren sich die Gerichtsgebühren auf 1,0. Diese Reduzierung der Gerichtsgebühren bei Abschluss eines Vergleichs ist darauf zurückzuführen, dass das Gericht kein Urteil mit Entscheidungsgründen abfassen muss und zudem den Parteien ein Anreiz dafür geboten werden soll, sich gütlich zu einigen.

Beispiel (Fortsetzung):

Bei einem Streitwert von 400.000 EUR beläuft sich eine Gerichtsgebühr auf 2.506 EUR. Fällt das Gericht ein Urteil (3,0 Gebühren), entstehen somit Gerichtskosten in Höhe von 7.518 EUR. Bei einem Vergleich (1,0 Gebühren) belaufen sich die Gerichtskosten dagegen nur auf 2.506 EUR.

Stichwortverzeichnis

Die mageren Zahlen bezeichnen die Randnummern in der Kommentierung des jeweiligen GmbHG-Paragrafen bzw. des thematischen Beitrags im 2. Teil (Beispiel: **1.** 44 = 2. Teil, 1. Nachfolgeplanung Rn. 44).